国家出版基金项目
NATIONAL PUBLICATION FOUNDATION

中国红十字运动通史（1904—2014）

总主编　池子华

第五卷

中国红十字文化

郭进萍　著

合肥工业大学出版社

第五卷

目　　录

第一章　红十字文化走近中国

红十字文化是在国际红十字运动中逐渐形成、发展的。说到红十字文化的创生，红十字运动之父亨利·杜南功不可没。红十字文化的人道主义特点，首先与亨利·杜南的生活经历密切相关。

1828 年 5 月 8 日，亨利·杜南出生于瑞士日内瓦一个中产阶级家庭，是法国传教士后裔。杜南从小生长在一个宗教氛围浓郁且富有爱心的家庭。其父雅克·杜南，在 1827 年结婚之前边从事商业活动，边宣传基督教义，同时兼任法院监护机构的督导员，管理并帮助穷苦的孤寡老人、弃儿和一些被剥夺了公民权的人。杜南的母亲安冬丽特·柯莱东出身名门，一生中的许多时间都奉献在慈善活动中。这种家庭环境，造就了杜南善良慈悲的品格。杜南 8 岁时和父母一起去劳改所参观，那里有一些服刑的犯人。他看到犯人遭虐待的情景，十分愤懑，当时就发誓："长大了，我要写一本书，反对这种极不公正的社会行为。"① 人道主义的种子，在幼年时期的杜南心里开始生根发芽。

1859 年 6 月 25 日，31 岁的杜南在意大利商业旅行途中，目睹了索尔费里诺战役中两军殊死搏斗、尸横遍野、血流成河的惨烈场面，由此萌发了防止在未来战争中造成这种痛苦或改善这种状况的思想——建立伤兵救护组织，"人性和文明急切呼唤着成立这样的伤兵救护组织"②。一旦战争爆发，"这些协会将号召每一个人以真诚的博爱精

---

① ［瑞士］马克·德斯贡伯：《亨利·杜南传》（苏兰媛、王庆侗译），《中国红十字报》1992 年 1 月 3 日。

② ［瑞士］亨利·杜南：《索尔费里诺回忆录》（杨小宏译），社会科学文献出版社 2013 年版，第 78 页。

神，全身心地投入到战时的慈善工作中去”①，实施有效的救护。战争结束后，杜南开始撰写《索尔费里诺回忆录》，通过对那场血淋淋战争细节的真实描写来唤起人们的恻隐之心，进而呼吁“以批准一项不可侵犯的公约的形式来确立一些国际准则”，一旦公约得到同意和批准，“就可以成为欧洲各国伤兵救护协会成立的依据”②，保障人道主义的实施。

在杜南的奔走呼吁下，1863 年 2 月 9 日，“伤兵救护国际委员会”（1880 年改称红十字国际委员会）在瑞士日内瓦成立，标志了红十字会的诞生。1864 年 8 月 8 日至 22 日，在日内瓦召开了有 12 国全权代表参加的外交会议，签署了《1864 年 8 月 22 日改善战地陆军伤者境遇之日内瓦公约》，规定了红十字会特殊的中立地位。日内瓦会议的召开和公约的签署，如杜南所称，是“伟大的外交创举，举起了人道主义的新的战旗”③。由此红十字运动在西方蓬勃发展起来，以人道主义为宗旨的红十字文化也如燎原之火迅速传播开来。而中国，在门户洞开、西学东渐的时代潮流下，红十字的“准入”也是大势所趋。

第一节　西学东渐：尊西趋新的时代心态

红十字文化作为舶来品，何以东渐并成功在中国登陆？这与晚清西学东渐的时代风向密不可分。一般而言，对外来文化的大规模吸收都是在本国文化处于相对弱势地位时才会发生。以日本为例，其对外来文化的吸收具有明显的周期性，每当崇外主义占优势时，就出现对外来文化的“热情吸收期”。相反，当鄙外主义占上风时，就会出现对外来文化的“冷漠抵触期”④。这一点对中国而言也是适用的。红十字文化登陆中国，即是在西学冲击、国人文化自卑的境况下趁势而入的。

由于中国拥有悠久的历史文化和灿烂的古代文明，中国人向来对自己的文化充满优越感，轻易不向他种文化“低头”。鸦片战争以后，国人眼界大开，开始“睁眼看世界”。随着欧风美雨的浸灌和中国在历次反侵略战争中的

---

① ［瑞士］亨利·杜南：《索尔费里诺回忆录》（杨小宏译），社会科学文献出版社 2013 年版，第 72 页。

② 参见［瑞士］亨利·杜南：《索尔费里诺回忆录》（杨小宏译），社会科学文献出版社 2013 年版，第 78 页。

③ 池子华：《红十字与近代中国》，安徽人民出版社 2004 年版，第 5 页。

④ 参见武安隆：《文化的抉择与发展——日本吸收外来文化史说》，天津人民出版社 1993 年版，第 36 页。

失败，国人逐渐意识到西方在器物、政治制度乃至文化上的优越性，颂扬西方政教文化者日渐增多。从中国对西方称呼由19世纪60年代前的“夷务”，到七八十年代改称“洋务”和“西学”，再到20世纪初普遍称西方为“泰西”的变化过程看，也明显体现出中国社会尊西趋新的时代潮流。

1891年，康有为已发现，当时读书人“稍知西学，则尊奉太过，而化为西人”。戊戌维新前后，更出现极富想象力的“进种改良”或“合种通教”之说，即通过整体的黄白通婚一次性地实现中西“合种”，从人种上“化为西人”。后来从梁启超到《国粹学报》之人，也至少都向往过中西“两大文明结婚”，觊觎着文化上的“合种通教”①。更有甚者，由于西方文化的强势地位，20世纪以来由西方学界倡导，中国新派学者信仰提倡之中国文化西源说也蔚为风行②。到1904年，邓实回顾这段西力东侵的历程时说：由于中国在近代中外竞争中屡屡失利，“忧时之士，愤神州之不振、哀黄民之多艰，以谓中国之弱，弱于中国之学；中国之学，必不足以强中国。于是而求西学。尊西人若帝天，视西籍如神圣”③。邓实那段时间基本活动在上海，耳濡目染着中国最为尊西的风尚，因此他的言论具有相当的代表性。

在尊西趋新的时代心态下，各种西学（包含西方的人道、博爱理念）纷纷涌入中国。据笔者粗略统计（见表1－1），1884—1910年间各类报刊对人道的探讨相当热烈。

表1－1　1884—1910年部分报刊刊载宣传西方人道学说文章统计表

年份	篇名	来源
1884	人道辨	《益闻录》第345期，145—146页
1898	人伦说	《蜀学报》第2期，20—22页
1900	时论译录：欧洲列国与人道（译日本报）	《清议报》第59期，3765—3768页
	瀛海纵谈：人道乎抑人道之贼乎	《清议报》第66期，4185页
	时论译录：西洋人与人道	《清议报》第67期，4251—4253页

① 罗志田：《学无常师》（上），《读书》2010年第6期。

② 详见王尔敏：《中国近代思想史论续集》，社会科学文献出版社2005年版，第44—67页。

③ 邓实：《国学保存论》，《政艺通报》1904年3月31日。转引自罗志田：《学无常师》（上），《读书》2010年第6期。

（续表）

年 份	篇 名	来 源
1903	杂录：记人道教育会	《大陆报》第5期，5—8页
	杂评：人道与人道之贼	《新民丛报》第33期，74—75页
1904	来稿丛录：人道论	《万国公报》第190期，38—40页；第191期，32—35页
1905	外稿：人道论	《万国公报》第193期，44—46页
1907	人道纲目读法	《竞立社小说月报》第1期，1—2页
	人道纲目卷一	《竞立社小说月报》第1期，1—30页
	人道纲目：凡例八则	《竞立社小说月报》第1期，2—4页
	人道纲目一	《竞立社小说月报》第2期，31—56页
1908	“人道”报言支那革命	《新世纪》第34期，1页
1910	无人道之惨杀世界	《大同报》第14卷第4期，4—9页
	来稿：无人道之惨杀世界	《广益丛报》第239期，1—3页
	国内紧要新闻：劳乃宣反对刑律用人道进化主义	《大同报》第14卷第4期，27页

近代中国对人道主义纷繁复杂的输入在一定程度上促进了国人对人道主义的认知，为红十字人道主义的顺利传播做了初步奠基。与此同时，西方的博爱理念也伴随着传教士的涌入而在中华大地广为传播。1837—1910年，各类报刊对西方的博爱也有诸多介绍（如表1-2所统计）。这样，人们接触以人道博爱为宗旨的红十字文化时就显得不那么陌生，甚或有几分好感了。

表1-2　1837-1910年部分报刊刊载宣传西方博爱学说文章统计表

年 份	篇 名	来 源
1837	博爱	《东西洋考每月统记传》205下—206上页
1878	公报弁言：且博爱之谓仁行而宜之之谓义	《万国公报》第502期，2页
1903	闽峤琐闻：泉州：欧人博爱	《鹭江报》第37期，3页

（续表）

年 份	篇　名	来　源
1906	说博爱的好处	《敝帚千金》第11期，19—20页
1907	博爱主义实行家墨德女士传	《中国新女界杂志》第5期，1—10页
1910	博爱主义	《南报》第3期，1—5页

伴随尊西趋新的时代潮流，西医在与中医的竞争中也以优势胜出。值得一提的是，红十字文化传播伴随着西方先进医疗技术的输入，故而红十字文化在华传播与西医在中国的命运紧密相连。早在19世纪七八十年代，国人对西医的优越性已有了比较深刻的认识，有“上医医国”之说，并认为“西医之法将大行于中国”①。基于此，有学者指出：“在中国近代思想文化界与医疗界对西方文化及其医学的认识逐渐加深并日益客观公正的进程中，西医已经成为舆论界公认的优越于中医的医疗技术和手段，与西医联系密切的红十字会医疗技术也获得当时中国社会的赞赏，只要遇到战争的因缘，纯西方式的红十字慈善医疗组织在中国的设立也就水到渠成。”②

与此同时，一批以传教士为代表的在华西人在传教布道和济世救人的多重动机下在中国通商口岸及内地兴办了学校、医院、孤儿院、育婴堂等诸多慈善事业，潜移默化地推动着中国慈善救济理念的近代化。在西学的全方位渗透下，中国社会的关注热点也开始向西方的慈善领域转移。从19世纪70年代起，舆论界要求积极“仿行西法”，以西方慈善理念和办理模式为参照，改革中国传统慈善事业的呼声日益高涨。据统计，1872—1895年，仅《申报》就发表学习西方慈善事业的文章共计18篇（见表1－3）。

表1－3　1872—1895年《申报》刊载宣传、鼓励学习西方慈善事业文章统计表

时　间	题　名	年份数量
1872. 12. 20	西教为劝善之教	1872年1篇
1878. 6. 22	论西人助赈中国并无他意	1878年1篇
1879. 7. 5	中国宜设疯狂院说	1879年1篇
1880. 10. 7	论西法切于民生	1880年1篇

① 《医国篇》，《申报》1888年9月29日；《论西医将行于中国》，《申报》1887年9月14日。

② 靳环宇：《晚清义赈组织研究》，湖南人民出版社2008年版，第166—167页。

（续表）

时　间	题　名	年份数量
1889. 3. 1	论聋瞽哑学塾	1889 年 3 篇
1889. 3. 5	论西人能为其难	
1889. 3. 6	论西人赈捐有法	
1891. 7. 31	论栖养流民宜参用西法	1891 年 2 篇
1891. 9. 27	论取法西人未可厚非	
1893. 9. 3	善堂宜仿西法以臻美善论	1893 年 5 篇
1893. 9. 17	推广善堂宜仿西法论	
1893. 10. 23	论泰西善举之善	
1893. 11. 13	论善堂仿西法之利	
1893. 12. 17	论泰西善举之有益	
1895. 3. 4	论行善举宜取法于泰西	1895 年 4 篇
1895. 9. 30	宜在上海倡设众善堂	
1895. 11. 16	论创设疯人院以救疯人之苦	
1895. 12. 3	述客言中国宜广设医院	
合　计	18 篇	

资料来源：靳环宇：《晚清义赈组织研究》，湖南人民出版社 2008 年版，第 170—171 页。

由表 1－3 可见，在整个 70 年代，《申报》所发表的相关文章仅有 3 篇，到 80 年代末 90 年代初，《申报》对西方慈善事业的探讨则颇为集中。1889—1893 年，共计 10 篇，再加上 1895 年则有 14 篇。可以说，到 19 世纪 90 年代，中国社会已经形成了适于西方慈善组织生存的良好的舆论环境。在 1904 年，甚至有时人将慈善事业提到救国的高度，大声倡议：“慈善事业之不可一日辍于天下，是固理论家之所同认者也，而施之于中国为尤切。欲救今日之中国，必自改良风俗始，必自增进民德始，必自联合人群始，而是数者，皆非以慈善事业诱掖而将助之，则终无以立其基础。”①

在一批早期出洋考察的学人、士绅和官员等思想先驱的鼓吹与倡导下，近代中国慈善救济思想吸收了西方国家的济贫思想和实践经验，被赋予了新

① 《论慈善事业中外之不同》，《东方杂志》1904 年第 1 卷第 11 期，第 262 页。

的内涵与特征。主要表现在：（1）慈善与救济的内容与对象有所更新和扩大，加进了慈善教育和慈善医疗的内容；救济对象也有所扩大，不仅仅限于对鳏寡孤独、贫病残疾之人的救济，更侧重于面向社会大众，使慈善事业具有了近代慈善公益活动的特征。（2）树立了教养并重的救济理念。（3）赋慈善救济于发展经济中①。由此可见，“通过西方人士在华凡十年的具体办善实践，以及中国社会内部对西方慈善诸问题的辩难、争论，至少是在社会的上层人士中间已经达成了应该学习西方先进慈救理念和办理模式的共识，并且这种认识上的需要日益迫切”②。这就为此时红十字文化进入中国提供了良好的社会环境。

第二节　中西会通：江南慈善文化传统与中国红十字运动的兴起

红十字文化东渐登陆中国并得以成功“着陆”，是多种力量交互作用的结果。如果说西学冲击是外力的话，那么中国传统的慈善文化积淀则为红十字文化的落地准备了适宜的土壤。作为“舶来品”的红十字会，不是在其他地方而是首先在江南③落地生根，这与江南社会所特有的浓郁的慈善文化传统不无关系。

一、源远流长的慈善文化传统

江南慈善文化传统源远流长，至晚从宋代开始，伴随着经济重心的南移，江南作为繁荣富庶之地，就在各种善举的兴办方面颇有声色，并呈现出以下明显的特点：一是机构设置早；二是设施种类多、济助对象广；三是机构规

---

① 任云兰：《西方慈善救济思想在近代中国的传播与影响分析》，《天津大学学报》2007 年第 5 期。

② 靳环宇：《晚清义赈组织研究》，湖南人民出版社 2008 年版，第 173 页。

③ 对“江南”地域范围的界定，中外学者如李伯重、陈忠平、樊树志、范金民、包伟民、徐茂明、黄宗智、森正夫、滨岛敦俊等都有过探讨，但尚未达成共识。本书拟采用李伯重的观点，他指出，对江南地域范围作界定，在标准上不但要具有地理上的完整性，而且在人们的心目中应是一个特定的概念。据此，江南的合理范围应当包括今天的苏南浙北，即明清时期的苏州、松江、常州、镇江、江宁、杭州、嘉兴、湖州八府及后来由苏州府划出的太仓直隶州；这八府一州之地不但在内部生态条件上具有统一性，同属于太湖水系，在经济方面的相互联系也十分紧密，而且其外围有天然屏障与邻近地区形成了明显的分隔。参见李伯重：《简论“江南地区”的界定》，《中国社会经济史研究》1991 年第 1 期。

模大、设施全；四是出现了民间慈善活动[1]。宋初名臣范仲淹在苏州创办范氏义庄，以义田所得资助同族衣食及婚嫁丧葬用度，这一做法受到广泛的称道和效仿。据清人记载："范氏设义庄以赡族之贫，至今吴人效法者颇众。"[2]至明清时代，江南地区民间慈善活动的兴盛成为一个非常引人注目的现象，且江南自明清以来一直是全国范围内善会善堂最为发达的地区（见表1-4）。

表1-4　明清时代江南善堂的地区性数量分布表

数量及占比 类别	苏（占全省%）	浙（占全省%）	苏+浙	全　国	两省数占全国%
育婴堂（所）	182（18.78）	131（36.69）	313	973	32.17
普济堂	27（2.79）	9（2.45）	36	399	9.02
施棺局	255（26.32）	87（23.71）	342	589	58.06
清节堂	105（10.84）	27（7.36）	132	216	61.11
栖流所	16（1.65）	18（4.90）	34	331	10.27
综合	131（13.52）	14（3.81）	145	338	42.90
其他	253（26.11）	81（22.07）	334	743	44.95

资料来源：梁其姿：《施善与教化：明清的慈善组织》，河北教育出版社2001年版，第331页。

江南好善之风盛行，素有"东南好义之名称天下"[3]之美誉。这种善风在苏州、上海等城市体现得尤为明显。正如冯桂芬指出的："今世善堂、义学之法，意犹近古，能行之者，惟我江苏为备。江苏中，又惟苏州、上海为备。虽都会如江宁，膏腴如扬州，弗逮也。"[4]

苏州是民间慈善最为发达的地区，据史料载："吾苏好善之多也，生长是邦，耳濡目染，因视善善为分内事，与抑上之人为之倡率，俾之得行其志，而益劝于为善也。吾苏全盛时，城内外善堂可缕指数者，不下数十，生有养，死有葬，老者、废疾者、孤寡者、婴者，部分类叙，日饩月给，旁建惜字、

① 王卫平：《明清时期江南地区的民间慈善事业》，《社会学研究》1998年第1期。

② 《同治苏州府志》卷二四《公署四》，参见《中国地方志集成》（江苏府县志辑7），江苏古籍出版社1991年版，第35页（总第582页）。

③ 刘宗志：《清代慈善机构的地域分布及其原因》，《河南师范大学学报》2007年第5期。

④ 冯桂芬：《显志堂稿》卷三《上海果育堂记》，参见沈云龙主编：《近代中国史料丛刊续编》第79辑，（台北）文海出版有限公司1981年版，第30页（总第361页）。

义塾、放生之属，靡弗周也。”① 所行善举领域也非常广泛，“恤养老幼贫病，施舍棺药，收埋尸柩等项善举，无一不备”②。《（民国）吴县志》载：“吴中富厚之家多乐于为善，冬则施衣被，夏则施帐扇，死而不能殓者施棺，病而无医者施药，岁荒则施粥米。近时又开乐善好施建坊之例，社仓、义仓给奖议叙，进身有阶，人心益踊跃矣。”③

上海也毫不逊色，《法华乡志》载：“富人率皆好善，遇便人事，争先为之，故事易集。今虽户鲜盖藏，而尚义之风较他处尤为奋勉。”④ 可见乡镇之中亦多乐善好施之风，另如宝山月浦“地瘠民贫而乐善好施者则亦不鲜，往往慷慨解囊，集涓滴而成巨款，存典生息，资以施济，俾茕茕无告之民以及无主尸身皆得其所”⑤。不仅如此，上海还出现了综合性善堂。嘉庆九年（1804）设立的上海同仁堂开展的救济活动主要有“一恤嫠，凡旧族孀居，贫苦无依者，月给钱七百；一赡老，凡年过六十，贫苦无依或残疾不能谋生者，月给钱六百；一施棺，凡贫无以敛（殓）者，予之棺并灰砂百斤；一掩埋，凡无主棺木及贫不能葬者，一例收埋。后又建义学，施棉衣，收买字纸以及代葬、济急、水龙、放生、收瘗路毙浮尸等事。他如栖流、救生、给过路流民口粮，悉预焉”。因此，同仁堂成为上海“诸善堂之冠”⑥。至近代，伴随上海的开放和崛起，各类善行义举的开办更是在全国为甚，这从《申报》对上海善堂林立，是“众善之门”⑦“法良意美”⑧“义举极多”⑨ 的批量报道中即可窥见一斑。江南的善风通过“示范—模仿”⑩ 的路径随处流播，蔚成风气。

---

① 《同治苏州府志》卷二四《公署四》，参见《中国地方志集成》（江苏府县志辑 7），江苏古籍出版社 1991 年版，第 4 页（总第 567 页）。

② 苏州博物馆等编：《明清苏州工商业碑刻集》，江苏人民出版社 1981 年版，第 259 页。

③ 《民国吴县志》卷五二上《风俗一》，参见《中国地方志集成》（江苏府县志辑 11），江苏古籍出版社 1991 年版，第 3 页（总第 848 页）。

④ 《法华乡志》卷二《风俗》，参见《中国地方志集成》（乡镇志专辑 1），上海书店 1992 年版，第 1 页（总第 27 页）。

⑤ 《月浦里志》卷一〇《救恤志》，参见上海市地方志办公室编：《上海乡镇旧志丛书》（10），上海社会科学院出版社 2005 年版，第 90 页。

⑥ 俞樾、方宗诚：《同治上海县志》卷二《建置》，同治十年刻本，第 23 页。

⑦ 《论善堂义冢切宜深埋事》，《申报》1872 年 7 月 15 日。

⑧ 《拟请各善堂将收捐少年改用老者》，《申报》1874 年 2 月 4 日。

⑨ 《便贫民即所以化莠民说》，《申报》1882 年 12 月 8 日。

⑩ 这方面的例子有：乾隆五十六年，孙传之等在湖州菱湖创设义塚，即受到江南其他地区善风的影响。他提到：“为善之道，莫甚于重民命，如苏州之同仁、嘉兴之同善、本郡之宁绍寄棺所，善事之传闻，指不胜屈。菱湖虽处偏隅，亦当仿而行之。向来创建留婴以及设局施棺、建置骨塔均不失为胜举。”参见《菱湖镇志》卷二《义塚附》，《中国地方志集成》（乡镇志专辑 24），上海书店 1992 年版，第 9 页（总第 783 页）。

众所周知，一种新式制度的传播或移植，在很大程度上受制于其与移植国原有的价值观念及意识形态等传统文化的相容程度。而江南慈善文化传统与红十字运动的高度相容性，为后者在中国的兴起提供了肥沃的土壤。

二、似曾相识：江南善会善堂与红十字会的融通

江南好善之风浓郁悠长，善会善堂林立，且在业务活动和征信机制方面与外来的红十字会颇为相似，这对红十字运动在中国的兴起，至关重要。

（一）业务活动的相通

善堂是在中国盛行的一种慈善组织，它的职能就是“行善”，“所行善举，则育婴焉、恤嫠焉、施棺焉、掩埋焉，冬则施衣，夏则施药，地方之穷而无告者养生送死之事，皆于是赖焉。凡此善举，无论通都大邑、城乡镇市之间，皆大略相同”①。这些都是中国人耳熟能详之事，而红十字会以博爱恤兵为宗旨，“遇战事，疗伤瘗骼，固其天职，而平时济荒赈饥，亦其当尽之义务”②。故而当红十字会走近中国之时，人们就有一种“似曾相识”的感觉。最初，红十字会的活动即被视为一种“善举”。1895 年 2 月，一批在华西人在营口设立红十字医院，《申报》代其向上海中外人士募捐时就将之称为“善会”③，称开办营口医院者为“西国善士”，他们的救济行为“非寻常善举”④。不仅报界将红十字会视为传统善会之一种，官方也持类似看法。1904 年 3 月 26 日，中国驻美使臣梁诚在给清政府的奏折中这样说道，红十字会“命意略如内地善堂，以拯灾恤难为义务”，“各省善堂成效昭著，董其事者，富而好善”，可以“兼办（红十字会），可毋庸另设会所”。因此他建议把善堂改造成红十字会加以仿行，“以京师善堂为总会，复于行省商埠酌设分会。平时施衣赠药，兼办军医学堂，战时防病疗伤，责令随营照料。遇有他国兵事亦一视同仁，派人前往。经历愈多，收效愈广，军医可资补助将士侍以无虞”⑤。从这些言论中我们可以发现，把红十字会比附善堂，屡见不鲜。这种“似曾相识”的感觉为红十字走进中国，架起了一座桥梁。

值得一提的是，由于这种相通性，中国红十字会成立后，不但分担了传统慈善团体的大部分救济工作，甚至将救济作为中心业务。1913 年，《中国红

---

① 《论清查善堂事》，《申报》1897 年 3 月 15 日。

② 沈敦和：《〈人道指南〉发刊词》，《人道指南》第 1 号（1913 年 3 月），第 1 页。

③ 《善会募捐》，《申报》1895 年 2 月 7 日。

④ 《募捐小引》，《申报》1895 年 2 月 7 日。

⑤ 《出使美国大臣梁奏拟请联约各国仿设红十字会折》，《东方杂志》1904 年第 1 卷第 11 期，第 418 页。

十字会杂志》上刊载了红十字会的 7 项宗旨，分别为恤兵、拯灾、赈饥、治疫、医药、救护、瘗亡①。不难窥见，红十字会所从事的业务工作除恤兵外仍不脱江南传统慈善活动的范围，究其原因，“这可能和许多西方的理念传播到中国的结果类似，中国社会往往选择与其文化背景最为契合的部分予以接受甚至融合”②。江南善会善堂与红十字会业务活动的相通打破了民众对外来文化的排拒心理，为红十字登陆中国营造了良好的舆论氛围。

（二）征信机制的趋同

取信于民是慈善组织能否生存的前提条件，也是其吸纳捐助的基本保障。在征信机制上，红十字会与传统善会善堂也存在趋同性。所谓征信，是慈善机构接受外界的捐款捐物后，要如实将数目公布出来，以求取信于人。传统的做法是印成小册子，即“征信录”③。征信录是当时的年度事业报告书和财务报告书的统称，二者编制在一起。内容除了刊载相关章程和事件经过外，捐献者、捐献数目以及所有支出的内容，都要记述清楚，目的是让社会各界放心，也激发人们再踊跃捐献④。

对于征信录，江南善会善堂并不陌生，据《海宁州城重设留婴堂征信录（光绪十七年至十九年）》章程记载：“年终汇刻征信录。每年正二月付刻印定，不过三月。过者司事议罚。印就由州尊申送各大宪衙门牙厘局宪备案，州署暨硖石海昌两厘局并出资商人，由堂中分投呈送。至钱洋出入，固宜择诚实可靠之人，然自信适以招疑。应照月总例，一册请州尊牒送城隍神前焚化，一册由董自备香烛行礼，向城隍神前焚化，以表心迹。”⑤ 这种通过《征信录》取信于神、人的方式在当时的善会善堂中非常具有代表性。郑观应也曾提到：“所有款项遴委本地公正廉勤之绅士实心经理，酌定章程（章程仿善堂，岁刻征信录）。”⑥

---

① 中国红十字会总会编：《中国红十字会历史资料选编，1904—1949》，南京大学出版社 1993 年版，第 220 页。

② 张建俅：《中国红十字会初期发展之研究》，中华书局 2007 年版，第 308 页。

③ 关于“征信录”，日本学者夫马进在《中国善会善堂史研究》一书文末“附篇二：关于‘征信录’”中，对《征信录》的诞生、性质、机能及意义做了翔实的考证和阐述。他指出，《征信录》的出版始于明末清初；而编制《征信录》的原因，大概是因为明末清初以后的民营社会福利事业是以一县一府为单位的，活动领域非常广大，而运动的资金也是数目庞大的，所以在来自周围的怀疑的目光中有必要采用征信的形式。参见［日］夫马进：《中国善会善堂史研究》（伍跃、杨文信、张学锋译），商务印书馆 2005 年版，第 706—722 页。

④ 张祖平：《清代慈善组织的信息披露机制》，《辽东学院学报》2010 年第 5 期。

⑤ 李芳：《清朝善会善堂自治制度探悉》，《河北法学》2008 年第 6 期。

⑥ 郑观应著、王贻梁评注：《盛世危言——首为商战鼓与呼》，中州古籍出版社 1998 年版，第 247 页。

无独有偶，红十字会的征信也主要诉诸定期刊行《征信录》（一般一年一次，也有一月一次）这一方式。1904 年，《东三省红十字普济善会章程并启》第三十二条明确规定，对于捐款要刊发征信录："各省如有助款入会者，不拘多寡，请寄上海总局，刊发征信录，并随时登报，以昭核实。"① 截至 1922 年，中国红十字会总办事处共计编就八届征信录。是年 7 月 8 日，常议会议决，"嗣后征信录一年一报告，不用连年并计。每届以七月始，今届止于六月，职是之故"②，将征信录作为一种制度固定下来。

显然，在制度设计上，红十字会汲取了江南传统慈善组织的惯用做法，具有趋同性。诚如夫马进所指出的，"比什么都重要的是，红十字会等新的慈善团体结成的时候，也是沿着与旧善会完全一样的手续缔结而成的。慈善会和善会没有什么特别不同的地方"③，即是最好的注脚。

三、有机对接：地方传统的时代更生与红十字运动本土化的实践

尽管江南浓郁的慈善文化传统为红十字扎根中国提供了民众认同的观念基础，但红十字毕竟是舶来品，要消弭二者之间的本质差异，还须借助外力的冲击。在近代西学的全方位渗透下，江南慈善文化传统也在悄然变革，通过融通与转型实现着与西式慈善组织的趋同。

（一）江南慈善文化传统的时代更生——晚清义赈的兴起

江南善会善堂在晚清各种力量的合力推动下实现了时代更生，催生了义赈。"所谓义赈，是指由民间义士组织领导的大规模的跨区域的赈灾活动。灾荒发生后，民间自发地进行募捐，有组织有计划地到灾区放粮放款，赈济灾民"④。有学者考证，晚清义赈的真正肇始是光绪三年开办的山东赈灾行动，到 19 世纪末，义赈在江南已经蔚然成风，而江南善会善堂对于义赈的组织作用主要表现在两个方面：一是代理义赈领导机构的作用；二是代理义赈分支机构的作用⑤。不管怎样，"就义赈初期组织机构的整体结构而言，江南善会

---

① 《东三省红十字普济善会章程并启》，《申报》1904 年 3 月 3 日。

② 中国红十字会总办事处编：《中国红十字会二十周年纪念册》，1924 年印行，第 42 页。

③ ［日］夫马进：《中国善会善堂史——从"善举"到"慈善事业"的发展》（胡宝华译），参见常建华主编：《中国社会历史评论》第 7 卷，天津古籍出版社 2006 年版，第 5 页。

④ 陈桦、刘宗志：《救灾与济贫：中国封建时代的社会救助活动（1750—1911）》，中国人民大学出版社 2005 年版，第 437 页。

⑤ 参见朱浒：《地方性流动及其超越：晚清义赈与近代中国的新陈代谢》，中国人民大学出版社 2006 年版，第 161 页。

善堂在其中的主导地位是毋庸置疑的”，因为“义赈组织活动最初的主要依托，或者说对义赈初期活动起到重大组织作用的机构，正是在江南地区有着长期历史且相当繁盛的传统慈善组织——善会与善堂”①。诚如《（光绪）松江府续志》所载：“光绪四年，直豫秦晋四省旱灾，松江府属各善堂绅士劝募巨资，解交接济……六年，复因直隶天河水灾，赈大清河工赈，郡邑各善堂劝募如前……越境拯灾，为自古以来不恒见之举，而各捐户之踊跃乐从者，上自士大夫，下逮商贾佣工嫠妇，无不感激奋兴，倾囊相助……俾各善堂得以藉手成事。”② 即使后期义赈在组织机构上出现了一个重大变化，“即义赈以协赈公所为中心所组建的义赈网络取代了早先对善会善堂的依托，但是此时的义赈网络仍须大力借助江南的善会善堂体系”③。

义赈的兴起在很大程度上超越了传统的地方性慈善事业，呈现出跨地域的新特点，“救灾及数千里之远”④。兹以丁戊奇荒时期的重要赈济机构——“沪上协赈公所”为例加以透视。该公所于 1877 年由经元善创办，最初专办豫赈，后因陕西灾情渐重，又兼办秦赈。不久，再将赈济范围扩大到直隶和山西两省，从而涵盖了整个华北灾区。为适应不断扩展的救灾需要，“沪上协赈公所”扩大了组织机构，增设 25 处赈捐代收处，除 4 处在上海外，其余 21 处分别设立于松江、苏州等地，还有建在国外者，如美国的旧金山，日本的横滨、长崎等地⑤。义赈所呈现出的新特点无疑与红十字会“不谋而合”，为后者扎根中国提供了实践基础。

（二）义赈与红十字运动本土化的实践

伴随红十字在中国的登陆，“中国义赈组织与西方慈善精神和西方现代性的慈善组织出现了一定程度的认同、互信与融合”⑥，因而当红十字登陆上海滩后，很快被接纳并在民间义赈的基础上付诸行动。

1900 年，一批上海绅商为了搭救在八国联军侵华战争中流落华北的东南各省人士，仿红十字会有关原则，组织了救济善会和济急善局，前赴华北地区展开救助行动。救济善会和济急善局都有意识地借用红十字会的名义和理

---

① 朱浒：《跨地方的地方性实践——江南善会善堂向华北的移植》，参见常建华主编：《中国社会历史评论》第 6 卷，天津古籍出版社 2006 年版，第 34 页。

② 博润等修、姚光发等纂：《（光绪）松江府续志》卷九《建置志》，光绪九年刊本影印本，第 52 页。

③ 朱浒：《地方社会与国家的跨地方互补——光绪十三年黄河郑州决口与晚清义赈的新发展》，《史学月刊》2007 年第 2 期。

④ 刘宗志：《清代慈善机构的地域分布及其原因》，《河南师范大学学报》2007 年第 5 期。

⑤ 陈桦：《晚清的灾荒与义赈》，《中国社会科学报》2013 年 1 月 30 日。

⑥ 靳环宇：《中国民间慈善组织的历史嬗变》，《中州学刊》2006 年第 2 期。

念开展救援活动。救济善会的负责人陆树藩曾在《申报》上刊出公启，“声明此系东南各善士募资创办，亦如外国红十字会之例，为救各国难民及受伤兵士起见”①，并在章程中明确规定“凡善会执事之人登列名册，衣上有红十字记号，洋文写明‘中国红十字会执事人’字样。外人不得仿照钉用红十字希图冒混，如敢故违查出究罚”②。其后成立的济急善局在其章程中也申明“此系仿照红十字会意办理”③。值得一提的是，陆树藩在天津遇到一批“甘从洋兵，以身试险”的苦工时，虽认为其“贪利北来”，“本不应救”，但念及“红十字会例，以平等救人为主，故仍一体援之”④。在救助行动大致结束后，陆树藩还产生了“筹办红十字会，以垂永久”⑤ 的念头。

这场救援行动的红十字会性质在当时引发了广泛的社会反响。有认可的声音，如在《申报》馆协赈所发出的劝募声明中即认为，救济善会和济急善局的宗旨都“与泰西红十字会相同”⑥。时人陶濬宣赋诗直称：“救济会原红十字，温拯宁止活千家。登高一啸群山应，天地回春顷刻花。”⑦ 也有批评的声音，批判中国人对于国际规约的忽视：“然未入会者，不得用红十字徽章。案庚子救济善会用红十字标帜为西人所限制由，当事者不明此理由也。”⑧ 因为在当时西方人看来，救济善会的举动属于滥用红十字会标识，理应受到谴责。无论是认可还是批评的声音，江南义赈组织的救济活动都使“红十字”三个字眼进一步走进国人的视野。

1904 年 2 月，日俄战争爆发，历办义赈的江南绅商沈敦和、任锡汾、施则敬等积极奔走联络，依据以往经验，拟仿照庚子救济会之例，发起成立东三省红十字普济善会。但因“格于会中公法，窒碍难行”，普济善会无法得到日俄交战双方认可而举步维艰。随后沈敦和等绅商联合在华西人共同发起成立上海万国红十字会，由此终于宣告了中国红十字会的诞生。

以上史实充分展示了江南义赈机构在红十字这一新生事物走近中国的过程中所发挥的纽带作用。上海作为晚清义赈活动的中心地，“到上海万国红十

---

① 《救济善会启》，《申报》1900 年 9 月 9 日。

② 《署直隶臬司孙麟伯廉访致陆纯伯部郎函》，《申报》1900 年 12 月 24 日。

③ 《济急公函》，《申报》1900 年 9 月 30 日。

④ 陆树藩：《救济日记》，参见阿英编：《庚子事变文学集》下册，中华书局 1959 年版，第 1050 页。

⑤ 《北方救济并归顺直春振启》，《申报》1901 年 3 月 22 日。

⑥ 《劝募救济兵灾捐款》，《申报》1900 年 9 月 9 日。

⑦ 《来函照登》，《申报》1900 年 11 月 14 日。

⑧ 乾慧译述、智度笔受：《译件：稗瀛一粟：英国女杰涅几柯儿传》，《女学报》1902 年第 4 期，第 41 页。

字会成立时，该处义赈活动已有将近三十年的历史。其头面人物虽经历了数次更迭，但其活动传统从来没有发生过中断，其社会影响也一直未衰”①。可以说，首先在上海发起成立中国红十字会实现了新的跨越，但这也是顺其自然、水到渠成之事。

四、一脉相承：江南善人群体和红十字会创建者

正是基于义赈与红十字运动的勾连，历办赈举的江南慈善家也顺理成章地成为红十字会在中国的创建者。据研究成果显示，“明清江南不仅善人义举众多，而且日益呈现群体性特征，这里也成为近代慈善家的摇篮”，或许可以说已经出现了“善人群体”②。考诸中国红十字运动的兴起史实，江南善人群体发挥了中坚力量的作用。

1904 年 3 月 10 日，上海万国红十字支会（3 月 17 日正式定名上海万国红十字会）成立，宣告了中国红十字会的诞生。上海万国红十字会采用董事会制，由 45 名中外人士组成，除西董 35 人外，另有华董 10 人，他们是沈敦和、施则敬、严小舫、朱葆三、周金箴、徐润、苏宝森、陈润夫、曾少卿、朱礼琦。

为便于考察江南善人群体与中国红十字会在办理人员方面的承继关系，有必要对这些中方董事的社会身份稍作考察（见表 1－5）。

表 1－5 中国红十字会发起人之华董简历表

姓名（字号）	籍 贯	官衔/任职	其他慈善活动
沈敦和（字仲礼）	浙江宁波	张家口洋务局督办、山西省洋务局督办、山西大学堂督办、江南水师学堂提调、吴淞自强军营机处总办、上海记名海关道	参与创办华洋义赈会、上海时疫医院、中国公立医院等慈善机构
施则敬（字临元，号子英）	江苏震泽	因赴山东堵筑黄河漫口有功，保升知州，加四品衔，先后九次奉旨嘉奖，加至二品顶戴	历办山东、江苏、河南、安徽等地抗洪劝捐义赈，曾参与创办义赈会、救济善会、济急善局、上海贫儿院等慈善机构

① 朱浒：《中国红十字会的地方性起源》，《石家庄学院学报》2005 年第 4 期。

② 黄永昌：《清代的善人群体与慈善网络——以江南为中心》，《三峡大学学报》2012 年第 1 期。

（续表）

姓名（字号）	籍　贯	官衔/任职	其他慈善活动
严信厚（字筱舫，又字小舫）	浙江宁波	河南盐务督销、长芦盐务督销、署理天津盐务帮办	曾参与1890年浙中赈济；1892年顺、直工赈；1896年永定河决，劝募棉花；1897年淮、徐、海水灾，奉旨筹垫巨款；1899年安徽赈饥；1900年庚子之难，参与创办救济善会、济急善局；1900—1903年顺、直、秦、晋先后大灾，筹办捐务；1902年上海平粜；1903年山东赈济等诸端
朱葆三（名佩珍）	浙江宁波	/	曾参与创办华洋义赈会、济良所、四明公所、四明医院、吴淞防疫医院、上海公立医院、上海孤儿院、普益习艺所、妇孺救济会、贫民平粜局、上海时疫医院等
周金箴（号晋镳）	浙江宁波	曾任江西广昌县知县、南昌县知县	于1919年参与发起成立中华慈善团全国联合会
徐润（又名以璋，字润立）	广东香山	担任轮船招商局会办	曾为辅元堂、清节堂、仁济堂、元济堂、格致书院董事
苏宝森	浙江鄞县	曾任《新闻报》华人董事	/
陈润夫（字作霖）	江西清江	/	曾发起济生会
曾铸（字少卿）	福建同安	/	曾捐资创设上海贫儿院
朱仲宾（字礼琦）	浙江	曾任上海总商会及沪宁铁路书记	/

资料来源：苕水外史：《沈敦和》，集成图书公司1911年版，第4—5页；吴海林、李延沛编：《中国历史人物辞典》，黑龙江人民出版社1983年版，第763页；徐润：《清徐雨之先生润自叙年谱》，参见王云五主编：《新编中国名人年谱集成》第20辑，（台北）商务印书馆1981年版，第29页；曹雪娟主编：《吴江名人录》，上海文艺出版社2009年版，第148页；沈雨梧：《“为‘宁波帮’开路的严信厚”》，参见浙江省政协文史资料委员会编：《宁波帮企业家的崛起》，浙江人民出版有限公司1989年版，第69页；沈云龙主编：《近代中国史料丛刊》三编第8辑，（台北）文海出版社1986年版，第194—195页；韩信夫、杨德昌主编：《张弼士研究专辑》，社会科学文献出版社2009年版，第240页。

由表1-5可见，上海万国红十字会的中方董事，大体都是晚清时期绅商阶层中的精英人士和江南义赈机构的主要负责人，他们大多既从事工商实业活动，又同时享有传统功名和职衔。这批绅商尽管籍贯不同，但都长期在上海活动，热心社会公益事业，热心赈灾救恤，是上海社会中的头面人物。因上海开风气之先的独特地理优势，这批绅商也具有了不同于其他地域绅商的特质，即不一般的国际视野和世界意识。他们在积极投身赈务之余，耳濡目染了西式慈善组织的理念和运作，继而通过思考与比较，推动中国传统慈善事业的近代转型。从施则敬的办赈经历中可以鲜明勾勒出江南绅商与红十字发生关联的内在轨迹。

1855年，施则敬生于江苏震泽"一个书香门第、积学好德、急公好义的大家族中"①，后随父迁居上海，经营丝业。其父施善昌是清末有名的慈善家，曾在1876至1878年的丁戊奇荒中，与江南绅商联手"首轫义赈于苏、浙"，开展了卓有成效的赈济活动。施善昌举办的各种义赈活动，施则敬均积极参与，资料记载道："直、鲁、晋、豫、皖诸行省水旱偏灾，辄奔走募赀赴赈，父子躬其役，不惮劳勤，所募金以数十百万计，义声震天下。"② 在办理义赈的过程中，由西方传入的红十字会引发了施则敬的积极关注。甲午战争中，由施则敬领导的仁济善堂、丝业会馆筹赈公所积极为红十字医院募捐；庚子之难中，施则敬又相继参与发起救济善会、济急善局，仿红十字例救济难民；1904年日俄战争爆发后，施氏又积极推动成立东三省红十字普济善会，并参与发起上海万国红十字会。

值得一提的是，在上海万国红十字会发起过程中居幕后指挥，后来成为中国红十字会首任会长的盛宣怀也系江南历办赈举之绅商中一员。据史料载，"盛宣怀及其家族在上海赈务活动中历来系头面人物"③。不仅如此，盛宣怀还对具有红十字性质的慈善组织始终给予行政和道义上的支持。以济急善局为例，在一定程度上，盛宣怀可以说是济急善局的幕后主持人，因为该会的主要负责人施则敬曾明确地说自己是"随同盛京卿诸公承办济急善局"④ 的；另外，盛宣怀在该会成立不久，还领衔与济急善局同人向各省督抚等地方官员发出筹捐通电⑤，大力支持济急善局的救济行动。

---

① 施嘉远、周毅平：《施氏家族与中国红十字会》，参见吴江市政协文史和学习委员会编：《吴江文史资料》第16辑，1998年印行，第78页。

② 池子华：《中国红十字运动史散论》，安徽人民出版社2009年版，第11页。

③ 易惠莉：《郑观应评传》（上），南京大学出版社2011年版，第220页。

④ 《声明代办》，《申报》1900年11月23日。

⑤ 参见《东南各省同人公电》，《申报》1900年10月6日。

正是这批具有“不一般国际视野”和丰富办赈经验的江南善人群体的积极实践，才最终促使红十字会在中国落地生根。

考察红十字运动在中国兴起的这一史实，可以发现其与江南慈善文化传统之间存在着剪不断的延续性，江南浓郁的慈善文化传统为红十字运动在中国的扎根提供了民众认同的观念基础、实践基础和人力资本。诚如夫马进所说：“事实上，正是因为有了善会善堂的传统，才能出现从未有过的、共同追求新目标的‘新式社团’。”① 或许可以用上海与红十字会的关系来映射江南与红十字运动的渊源，即江南是中国红十字会的策源地和发祥地。红十字会在江南，不论是历史的或者是现实的，好像血统一样，总脱不了其“流长的渊源”②。可以说，没有江南慈善文化传统的积淀，红十字运动在中国的兴起必将是一个漫长而曲折的过程。

需要指出的是，中国红十字运动的兴起虽植根于江南慈善文化传统，但却发生在近代中国西学东渐、国门洞开的时代背景下。毕竟江南慈善文化传统于中国红十字运动而言，仅是必要条件之一。要消弭二者之间的本质差异，还须借助外力的冲击，实现传统文化的更生和转型。这或许又进一步印证了所谓的“冲击—反应”模式。在笔者看来，这并非单纯的西方中心论，它也包含着中国自身文化传统对外来文化的自主选择和调适。事实也证明，在中国红十字运动兴起后，江南慈善文化传统依然扮演了如影随形的角色，强烈而持久。这一问题有待进一步探讨。不管怎样，江南慈善文化传统在中国红十字运动的兴起过程中占有一席之地是不容忽视的。

第三节　现实需要：战祸、匪祸、灾荒交织的国情

如果说在西学东渐的时代背景下红十字文化登陆中国乃大势所趋，其与江南传统慈善文化的会通又为之在华传播提供了思想基础，那么近代中国战祸、匪祸、灾荒连绵不断的国情，则为其迅速传播和普及提供了现实可能性。

据《清史稿》统计，自清初到鸦片战争前夕共发生战事 735 次，平均每年 4.7 次，大致与元明时期相当。而鸦片战争之后，中国社会急遽变迁，迎来“数千年未有之变局”。这一时期，内忧外患并存、战乱多于和平。就近代

① ［日］夫马进：《中国善会善堂史——从“善举”到“慈善事业”的发展》（胡宝华译），参见常建华主编：《中国社会历史评论》第 7 卷，天津古籍出版社 2006 年版，第 5 页。

② 参见《本会新闻：五月二十日上海同仁联欢会》，《红十字月刊》第 30 期（1948 年 6 月），第 25 页。

战争而言，也呈现出内外战交织、战争数量明显增多的特点。据相关统计资料，自1840年至1911年，这一时期共有战争1968次，平均每年约25次，大大超越了中国古代任何一个时期的战争年平均数①。民国以降，战祸尤为频仍。资料显示，从1916年至1924年，每年战区平均达7省，而自1925年至1930年，6年之间，战区展拓，平均竟达14省②。残酷的战祸使得中国民众对战争救护的人道需求比以往任何一个时期都要强烈。

战祸之外，匪祸也雪上加霜。土匪是近代中国一个严重的社会问题，不仅人数众多（到1930年，土匪人数的保守估计，为2000万左右③），而且分布面广，遍布全国各地，可以说"民国创立后，没有一片区域没有土匪，没有一年土匪偃旗息鼓"④。因而近代中国也被称为"土匪王国"和"盗匪世界"。土匪是以暴力掠夺来维持其生计的，具有强烈的破坏欲和报复社会的反社会倾向⑤。土匪之中虽不乏劫富济贫、伸张正义的绿林好汉，但多数匪帮纪律松弛，所过之处洗劫一空，给人民带来无穷的灾难⑥。在整个民国时期，各类报刊充斥着内地农村土匪骚动和行凶的耸人听闻的报道，而一些地方志中也反映了当时老百姓的抱怨："国家不像国家，简直成了土匪世界！"⑦

与战祸、匪祸如影随形的是灾荒。中国历来是一个灾荒频仍的国度，"灾荒之多，世罕其匹，就文献所可征者言，则自西历纪元前十八世纪，直至纪元后二十世纪之今日，此三千数百余年间，几于无年无灾，从亦无年不荒。西欧学者甚有称我国为'饥荒之国度'者，诚非过言"⑧。据统计，中国自公元前1766年至公元1937年的共计3703年间，"各种灾害共达5258次，平均约每6个月强即罹灾一次。若仅就旱灾而言，则此3703年间亦达1074次，平均约每三年四个月强即罹一次；又仅就水灾而言，则此同时期中所发生者，亦达1058次，平均每三年五个月即罹一次"⑨。中国历代灾害次数统计如表1－6所示。

---

① 施和金：《中国近现代战争的时空分布》，《中国社会科学报》2010年4月27日。

② 邓云特：《中国救荒史》，上海书店1984年版，第105页。

③ 朱新繁：《中国农村经济关系及其特质》，上海新生命书局1930年版，转引自［英］贝思飞：《民国时期的土匪》（徐有威等译），上海人民出版社1992年版，第1页。

④ ［英］贝思飞：《民国时期的土匪》（徐有威等译），上海人民出版社1992年版，第1页。

⑤ 邵雍：《民国绿林史》，福建人民出版社2001年版，第2页。

⑥ 蔡少卿主编：《民国时期的土匪》，中国人民大学出版社1993年版，第1页。

⑦ 转引自［英］贝思飞：《民国时期的土匪》（徐有威等译），上海人民出版社1992年版，第1页。

⑧ 邓云特：《中国救荒史》，上海书店1984年版，第1页。

⑨ 邓云特：《中国救荒史》，上海书店1984年版，第51页。

表1－6　中国历代灾害次数统计表

朝　代	年　限	灾害次数	备　注
西周东周	867	89	最显著的灾害
秦　汉	440	375	
三国两晋	215	304	
隋　朝	29	22	大灾
唐　代	289	493	
两　宋	487	874	
元　代	163	513	
明　代	276	1011	
清　朝	296	1121	以努尔哈赤建立后金（1616年）为起点
民　国	26	77	较大灾害；统计年份：1912—1937

资料来源：邓云特：《中国救荒史》，上海书店1984年版，第9、11、13、18、22、26、30、32、40页。

上表直观地显示了我国历史上灾荒的普遍性，“无年无灾”“无年不荒”，且灾害的频数呈现出一个朝代比一个朝代繁密的特点。

在近代中国时局动荡、战祸连绵、匪祸滋长的“人祸”催生下，灾荒尤为惨重。有资料统计，从1840至1911年，全国共发生各种自然灾害1354起，按年次计，少则5起（1891），多则35起（1887），平均每年22.36起，每月将近两次。这个频度从整体上基本显示了灾荒在近代社会中的持续性和多发性的基本态势。对于灾荒在地域上的广泛性，有学者抽选了近代史10%的年份进行考察。统计说明，受灾地区遍及清政府版图的所有省区，平均每年约有18个省区遇到各式各类的灾情。进而言之，许多省区动辄即有数十州县被灾，个别州县受灾的情况反而成了少见的现象。这表明，在近代中国，灾荒不仅“无时不在”，而且还“无处不在”①。另根据有关史籍的记录，统计特定时期内灾荒的死亡人数显示，仅清朝嘉庆十五年（1810）至光绪十四年（1888）的79年间，灾荒中死亡的人口合计为6278万人；1920—1936年的17年中，死于灾荒的人口竟达1800多万人②。

① 刘仰东：《灾荒：考察近代中国社会的另一个视角》，《清史研究》1995年第2期。

② 麻光炳：《西方近代保险思想在中国的传播及中国民族保险业的兴起》，《贵州大学学报》2000年第5期。

晚清民国时期，残酷的战争、匪祸和弥漫的灾荒使广大民众深陷水深火热之中。由战争产生的大量伤病兵和难民潮，以及匪祸、灾荒引发的灾民大军都迫切需要开展大规模的救护赈济活动，并施以人道的关怀。而红十字文化填补了晚清天灾战祸连绵不绝的情势下广大民众对人道主义迫切需求的思想空隙。这一时期，伴随西学东渐、欧风美雨的浸润，传统文化面对“数千年未有之大变局”无能为力，不再具有往日的吸引力，逐渐被国人鄙弃。红十字文化以其独有的人道博爱思想，不仅填补了因传统文化式微所形成的思想空间，而且给国人开辟了一条新的安身立命之道。

第四节 舆论动员：《申报》与中国近代红十字事业的起步

红十字文化作为舶来品，要实现在中国的“着陆”，并非一帆风顺，因为如果“没有启蒙宣传而欲使红十字博爱之光‘照耀于中国二十一行省’，不啻为梦呓。舆论先导，这是红十字走近中国的先决条件”[①]。红十字文化传播的起步即与舆论动员相伴生，其中以《申报》为代表的近代报刊对红十字文化的宣传与介绍功不可没。

创刊于1872年的《申报》是旧中国出版时间最久、发行量最大的报纸之一，它包罗万象，“凡国家之政治，风俗之变迁，中外交涉之要务，商贾贸易之利弊，与夫一切可惊、可愕、可喜之事，足以新人听闻者，靡不毕载，务求其真实无妄”[②]。“新人听闻”是《申报》的价值立场。该报纸在1873年以一首散文诗来定义自身渴望的身份：“申报者，新报也。贵新也，弗新者删也。”致力于告知中国读者有关现代化的益处。在它发行的第一个月中，24篇首页社论中的13篇，要么支持革新的采用，诸如铁路、蒸汽船和西方药物；要么批判恶行，例如缠足、卖淫和吸食鸦片[③]。红十字作为表征“新”“异”的符号，《申报》对其一开始的关注或许仅仅是因为它“足以新人听闻”，但其后连篇累牍的报道却在客观上创设了红十字事业起步的舆论环境。

这一时期，舆论动员主要围绕以下几个方面展开。

---

① 池子华：《红十字与近代中国》，安徽人民出版社2004年版，第7页。

② 《本馆告白》，《申报》1872年4月30日。

③ ［美］艾志端：《铁泪图：19世纪中国对于饥馑的文化反应》（曹曦译），江苏人民出版社2011年版，第171页。

一、红十字事业起步的可能性——报道在华西人的红十字活动

《申报》对红十字活动的有关报道至迟可追溯至1874年5月。其时，日本在中国台湾寻衅滋事，中日两国发生冲突。9月，《字林西报》刊发了一篇大力宣介当时救治战争伤病的红十字会的文章①。《申报》主笔全文翻译了此文，称“亚细亚诸国之从事于战阵也，以戮杀俘囚为常，故驻扎东洋及中国之各泰西钦使每存仁义之见，应协力向两国商议，务须舍弃旧习，两面定议战败之俘囚不献馘，被虏之伤疾不加害。且于（开）战后，不分彼此，两造所有创伤者，均令设法调治焉”，并希望中国能仿照办理此善举，“约束诸兵，使不纵悍心猛气，而杀害局外善济之人”②。不过两家报纸的讨论都没有直接提及“红十字”这三字，当时的中国人还不可能知道“红十字”究竟是什么。尽管如此，这两篇文章可以说是红十字知识在近代中国传播的先声。

19世纪80年代，英国人梅威令医生在台湾设立医学堂，除日常施医救病外，还专门培养战时可资应用的红十字医疗救护人员。在他看来，“临阵对敌，非死即伤。死者已矣，伤者必为之救拯，而中国则向无此法”③，“故发此心愿为中国创此未有之奇”④。《申报》对此颇为关注，做了跟踪报道，相继刊载《译西报述考试医学事书后》《颁给凭据》《述台湾打狗慕德医院办理原由》《述台湾打狗慕德医院学生考试情形》《论西医将行于中国》《论梅威令医生教习之认真》《书本报领恳志盛事后》和《医国篇》等文章⑤，对梅威令医生的红十字人才培养善举及在上海的试演情况详为介绍，使国人对西方以救护战争伤病为职志的红十字组织有了一个懵懂的认识，具有重要的启蒙意义。1888年，梅威令带领一些学有所成的西医学生专程到上海举行救护演习，“其人腰佩利刀，左手持红十字小旗，肩荷药笼医具，衣袖亦以红十字为记号，出入于白草黄沙之内，施其妙技，井井有条”⑥。这是目前所见史料记载的第一场救护演习，而当时的上海道龚煦瑗对梅威令的工作给予高度重视，“不但当众鸣谢，而且次日特往梅医生处踵谢以宠之”。《申报》据此评论道：

---

① 参见周秋光、靳环宇：《早期红十字会在中国的演变》，《光明日报》2006年2月21日。

② 《交战时宜预筹保护人命》，《申报》1874年9月7日。

③ 《论梅威令医生教习之认真》，《申报》1888年7月28日。

④ 《书本报领恳志盛事后》，《申报》1888年8月7日。

⑤ 参见《申报》1887年7月21日、24日、28日、29日和9月14日，以及1888年7月28日、8月7日、9月29日。

⑥ 《创兴红十字会说》，《申报》1898年5月9日。

“盖中国之有西医自此而始，故视之若不胜郑重也。”①

1894 年，甲午中日战争爆发，以传教士为主体的在华西人肩负起了筹办红十字医院的重任，积极参与伤病兵的救治工作。《申报》对此做了大量报道，据笔者粗略统计，1894—1895 年间《申报》登载与红十字医院相关的文章多达 40 篇，仅 1895 年即有 38 篇之多。当时《申报》这样描述红十字会：“教会中有所谓红十字会者，其人专习医伤之技，每逢战阵，衣袖上缀红色十字之衣，腋下悬利刀，提药笼而出。见有中弹中刃者，舁归药室，敷以刀圭，又有舍身妇人悉心奉侍，称药量水，劳瘁不辞。此等人出自善心并不受国家诏糈，故无论敌人与本营卒伍，但见伤者，即舁归医之。敌人亦敬其为善会中人，任其出入于枪林炮雨中，不准有人加害”②；“闻之泰西教中人创行红十字会，择医士之技能出众者，制备医伤诸药，约集同志，身衣袖上缀红色十字之衣，亲赴战场为两国受伤人悉心敷治，不分畛域，一视同仁”③。如此等等，不一而足。当中日两国开战之时，日本的红十字会组织——赤十字社也随军前来，《申报》对日本赤十字社不分畛域的救护活动也做了报道：“赤十字社中医生及看护妇之驰赴战地者多至十万人，不特日兵临阵受伤蒙其医疗，即华兵之中弹而仆者，亦不分畛域，一体留医。”④ 这些报道无疑“使国人从直接的‘观摩’中受到刺激与启发，认识到红十字之于战争救护的重要性和弥补这一缺陷的必要性、紧迫性。这样，以甲午战争为嚆矢，中国红十字的启蒙运动——红十字知识的传播，以江苏为‘桥头堡’，开始兴起”⑤。

二、红十字事业起步的可行性——系统介绍红十字会的相关知识

尽管红十字事业的起步存在可能性，但是从可能到现实还有很多阻力，这就必须加强对创办红十字事业可行性的宣传。《申报》在这方面做了大量报道。

（一）系统介绍红十字会的历史、性质、宗旨、原则和标志等相关知识

《申报》多次刊文普及红十字会的相关知识，强调红十字会的性质是“泰

① 《书本报领恳志盛事后》，《申报》1888 年 8 月 7 日。

② 《行军以医生为要说》，《申报》1894 年 12 月 19 日。

③ 《论倭奴残暴》，《申报》1894 年 12 月 5 日。

④ 《中国亟宜创兴红十字会说》，《申报》1899 年 4 月 10 日。

⑤ 池子华、郝如一：《近代江苏红十字运动（1904—1949）》，安徽人民出版社 2007 年版，第 11 页。

西各国临阵救护受伤兵士之善举也。其议创自英人，而瑞典（士）人实成之”①；红十字会的宗旨“专在救伤疗疾，减军民之痛苦，埋尸卫生，免生存者之疫疠。何地开战，即行驰赴救护之劳役，盖与战事相终始”②；红十字会的中立原则，“军医祇治本国之兵，红十字会则敌军亦一律敷疗”③，“会中人专以医疗受伤军士为宗，一视同仁，无分畛域”④；红十字会的标志“公定以瑞士国国旗覆而用之。瑞士国旗系红地白十字，此会则用白地红十字旂……凡环球各国，无分大小，得邀公许加入此盟者，方准用此旗帜，会外不得滥用”⑤。

《申报》还特别介绍了红十字运动史上的典范人物，不遗余力地描述了南丁格尔和亨利·杜南两人的卓越贡献。在克里米亚战争中，南丁格尔及其同伴们“逢伤必救，不嫌污秽，遇疫必疗，不惧传染，遂使三国之在战地者，上自将帅，下及兵卒，莫不出水火而登衽席，起死人而肉白骨”⑥，《申报》称她为“救护被疮兵士之鼻祖而各国红十字会之滥觞”⑦。亨利·杜南“箸（著）书立说，发明战场救护受伤人之法，遍赠列国好善士，求为佽助，一时志士仁人上政自政府下逮议员，无不踊跃乐从，集议数回，遂创立红十字会”⑧；又“请自守局外中立之条，战国不得枉害会中员役。观战无过虑，救伤无歧视，良法美意兼而有之。……因矢博济之怀，扩救护之量，恳恳勤勤，数年如一日”，“惟诚格天，有志竟成”⑨。此种典型宣传使国人受到很强的感染，进一步加深了人们对红十字的印象。

（二）具体介绍红十字战地救护设施及治伤方法，使国人知所仿效

关于救护队员装备，《申报》撰文指出：

> 当会中医士赴战地时，器物须随身携带，所最要者以小口袋置猫肠线、直针、弯针、各式利刀，紧扣腰带间，又以皮袋盛细麻、绒布卷、象皮膏、止血机、葡萄酒、凉水、冰水、吗啡水、玻璃水、节、剪刀、石膏粉、鲸油、哥啰仿、鸦片酒负之于肩，盖以备临时急救之用也⑩。

---

① 《创兴红十字会说》，《申报》1898年5月9日。
② 《红十字会说》，《申报》1898年11月16日。
③ 《创兴红十字会说》，《申报》1898年5月9日。
④ 《中国宜入红十字会说》，《申报》1904年3月5日。
⑤ 《红十字会说》，《申报》1898年11月16日。
⑥ 《红十字会说》，《申报》1898年11月16日。
⑦ 《红十字会历史节译》，《申报》1898年5月30日。
⑧ 《红十字会历史节译》，《申报》1898年5月30日。
⑨ 《红十字会说》，《申报》1898年11月16日。
⑩ 《创兴红十字会说》，《申报》1898年5月9日。

关于战地救护的方法和程序，《申报》介绍得也很详细：

其救人也，分为四站：第一站，医士当与战士同行，见有受伤者，或用布被或用安车舁至第二站交代。其第二站须设在离战场七百码或九百码之远，务使敌军弹丸不能飞至。既有受伤者送到，医士急为之止血止痛，饮以美酒，葆其精神，并整理其折断之骨，然后送交第三站。至第三站，须离战场一千码，医士之职在查明伤之轻重，或截去肢体，或扎缚血管，或整其碎骨，然后开列一单送交第四站。其第四站，名曰战场医局，须离战场约十华里至十二华里，受伤者由车送到，即安置养病处，依期施治至告痊而后止①。

此外，《申报》对日本赤十字社的成立经过、组织状况、救护事迹，以及土耳其、暹罗等国的建会历史，也都有生动的叙述。

（三）通过辩论争鸣的方式扫除国人的认知障碍

《申报》在大力宣传红十字会基本知识的同时，还时常通过辩论争鸣的方式，积极寻求适合中国人接受的红十字事业的“理想”模式。

针对时人对红十字存在的偏见和误解，《申报》多次刊文予以辩驳。例如，针对所谓“十字为西教中标志，我中国既不入其教，则创兴斯会，不妨另立一名，何必即以其名名之，致与彼教相混乎?”的观点，《申报》刊文指出：“红十字会已通行于欧亚美各洲，我苟另立一名，则各国会中人未必肯同舟共济，与其各行其是，致失辅车之相依，曷若借用其名而得互相联络?”又如，针对“我中国军中本有伤科，何必更兴斯会?”的反对意见，《申报》辩论道：“临阵医生务须朴实耐劳，与寻常施医者迥别，且军士多至数万或数十万，交战既毕，满目疮痍，岂每营一二医生所能奏手?”并以“日本祇蕞尔地，而入红十字会者多至十余万人，昔年随军士赴辽东者亦以万计”的事例予以驳斥，“岂我中国一二医院中西法医士与夫营中挂名食俸之官医所能肆应咸宜足敷分派哉?”② 还如，针对“中国既有军中医士，即无红十字会，亦可疗军前被恤之人”的反对声音，《申报》旗帜鲜明地指出：“各国交战定章，军医海则居舰中陆则留营内，非若红十字会中之医士可以遄行无阻，四出施医。入会之人，手执白地红十字小方旗，腰悬长刀，肩荷洋枪，背负医囊，其装束与军医迥乎不同，而实足辅军医之所不及。”③

这些辩论和争鸣，一定程度上澄清了国人对红十字会的认知误区，为红

① 《创兴红十字会说》，《申报》1898年5月9日。
② 《创兴红十字会说》，《申报》1898年5月9日。
③ 《中国亟宜创兴红十字会说》，《申报》1899年4月10日。

十字会在中国的创办扫除了思想认识上的阻力，创设了中国红十字事业起步的可行性。

三、红十字事业起步的必要性和紧迫性——多角度宣传红十字会的利益

尽管红十字事业的起步存在可能性和可行性，但是要使红十字会在中国真正落地，还必须加强对红十字事业创办的必要性进行论证和宣传。大体而言，《申报》对创办红十字会利益的宣传主要集中在以下几个层面。

（一）从民族国家的角度倡导中国仿行红十字组织

1898年是《申报》大力宣传红十字会利益的一年。3月26日，《申报》发表大阪商人孙淦撰写的《创兴善会》一文，陈述兴办红十字会的“四利”：

疾伤有恃，军士气壮，鼓行而前，图功自易，一利也；万邦善政，是则是效，结盟诸国，人不敢轻，二利也；国有病疫，大凶大札，会众疗治，保全必多，三利也；我国医学，讲求未精，此会若成，研究益易，四利也。具此四利而无一害，用敢不揣冒昧，欲在中国各地捐集巨资，试办斯会①。

该文又重点从民族国家的高度阐述了创办红十字会的必要性，指出“地球各国除非洲、南洋诸野蛮外，莫不有此会”，万国公法之中，“以此会为近数十年至善之大政，凡有军事，必认此会为中立，其有加害，万国得而讨之。其爱人也如彼，其见重于人也如此，此万国之所同也”，在此基础上强调“以亚洲文明之大国，而万国共行之善政，我独阙如，坐令西方之人以野蛮相待，蔑我滋甚，其于国体所关匪轻”②。

5月9日，《申报》刊载《创兴红十字会说》一文，进一步从野蛮与文明的角度出发阐述了创办红十字会的必要性：

今则合欧亚美诸洲，除野蛮外，凡有教化之邦，无不踵兴斯会，所未兴者惟我中国及朝鲜耳。朝鲜孱弱，几不克自存，原在不论不议之列。若中国则声名文物照耀寰区，王者之师最重仁义，而坐令兵卒于效命疆场之际，断脰折胫，惨怛呼号，而无人焉为之尽力扶持，拯其困苦，不特中心有所不忍，且不将贻四邻之笑而鄙之为野蛮乎？③

---

① 《创兴善会》，《申报》1898年3月26日。

② 《创兴善会》，《申报》1898年3月26日。

③ 《创兴红十字会说》，《申报》1898年5月9日。

11 月，《申报》又相继刊载《红十字会说》和《接录红十字会说》，就红十字会的发轫、继起、定帜、会名解释等问题详加解说，称誉红十字会“系国政改良之磁石，有感化人心之力”，因为“国有异俗，人无异性，以猛鸷如土耳其、褊小如暹罗而亦列入会籍，则知地球之上，无论为大国，为小国，为强国，为弱国，不入此会则不仁，居今之时而不入此会则不智”，呼吁政府提倡，“速为筹建，与政教、交际、卫生、兵事均有关系，且使仁爱忠义之士尽列此会，得沾博济之荣名而享公共之利益”①。

1904 年，日俄战争爆发后，《申报》再次刊文指出：“迩岁以来，如暹罗，如越南，如波斯，如土耳其，凡百小邦，莫不入红十字会……以我中国声明文物之邦而亦漠然置之，非特贻诮友邦，即自问亦能无所愧恧乎？”② 进一步从民族国家的高度呼吁：中国亟须创建红十字会。

（二）从战地救护、战争士气的角度阐述红十字会的利益

早在甲午战时，《申报》就刊文呼吁中国仿行红十字组织。“今中国于行军之道事事效法泰西，而营中尚乏医生，致一旦两国交兵，则呻吟疾苦之声几致惨难入耳。岂非武备中一大缺陷哉！”希望时人可以积极培养西法之医，“于军行之际，必携医士随行，俾兵士一或受伤即可为之敷疗”③。1896 年，南京驻军在军中拟设西医院，即鉴于“与日本交争，借助于泰西红十字会”的伤痛，指出当“两军相见，砲声喧天，肉薄血飞，死亡相继”时，军中西医院就要发挥类似泰西红十字会的作用。“不第平日为弁勇治疾已也”，“当令西医生于诊疾之暇，聚兵士而教授之，一以避敌人之弹丸，一以救我军之伤损”④。

1898 年，《申报》进一步刊文强调红十字会在战地救护中的重要性，声称中国“以堂堂大邦，文教之隆甲于大地，近岁海疆多事，军兴频仍，而数十年来未创此会，行伍疾疫未尝预防，士卒伤夷委之而去”，致使“军心一馁则立蹶焉”，触犯“兵家所大忌”⑤。

（三）从社会灾害救济的角度宣讲红十字会的利益

《申报》刊文指出，红十字会的作用绝不仅限于硝烟弥漫的战场，“红十字会中人平日遇有疹疠、天花，或则洪涛漭瀁之中轮船失事，皆得施其神术

① 《接录红十字会说》，《申报》1898 年 11 月 17 日。
② 《中国宜入红十字会说》，《申报》1904 年 3 月 5 日。
③ 《行军以医生为要说》，《申报》1894 年 12 月 19 日。
④ 《论金陵拟设西医院事》，《申报》1896 年 5 月 24 日。
⑤ 《创兴善会》，《申报》1898 年 3 月 26 日。

以拯生灵”①。

总之，《申报》对红十字会利益多角度多方面的宣传，使国人对兴办红十字会的重要性和必要性有了较为全面的、理性的认识，为红十字事业在中国的起步营造了良好的舆论氛围。

特别值得一提的是，《申报》对红十字事业的大力宣传也引发了其他各类报刊对红十字会这一新生事物的“注目”。1898 年，《广智报》对上海所创设的红十字会、日本红十字会以及法国红十字会进行了热情的介绍②。《时务报》刊载了《大坂商人孙淦呈请裕钦使转咨总署奏设红十字会禀》一文，并翻译了法国红十字会的相关情况③。《集成报》也转载了孙淦禀文及裕庚的批示④，为创设红十字会的呼声造势。同年，《湘报》还发表了皮嘉祐的《平等说》，指出：“因平等而有弭兵会，因平等而有红十字会。”⑤《岭学报》则对加入日本赤十字社的中国人做了专门报道：“支那人陈恒口氏曾在长崎营业多年，今经在长崎演武会会员中根正秀氏之绍介，刻曾列在红十字会中，在该地能列入红十字会中者，伊古以来祇陈氏一人，然则如陈君者，可谓先声特唱矣。”⑥

此外，《申报》还大力引介红十字会的条约、章程，仅 1904 年中国红十字会诞生之年，《申报》就相继刊载《红十字会条约》《沈仲礼观察译万国公法内杰乃法盟约》《上海万国红十字会暂行简明章程》⑦ 等文，为中国红十字事业的起步提供了良好的制度保障。

四、《申报》舆论动员的社会影响

《申报》以各种形式宣传红十字事业起步的可能性、可行性、必要性及章程制度，创设了中国红十字事业起步的舆论环境，产生了重要的社会影响，即逐渐影响了国人对红十字会的观念认知，推动了红十字文化在中国的传播。

---

① 《中国亟宜创兴红十字会说》，《申报》1899 年 4 月 10 日。

② 参见《医理汇：上海创设红十字会二则》《医理汇（隶格物门）：日本红十字会进步》《医理汇（隶格物门）：法国红十字会》，《广智报》1898 年第 9 期、第 26 期和第 27 期。

③ 参见《大坂商人孙淦呈请裕钦使转咨总署奏设红十字会禀》，《时务报》1898 年第 55 期，第 6—7 页；《法文译编：法国红十字会（海防捷报西六月十八号）》（潘彦译），《时务报》1898 年第 68 期，第 20—21 页。

④ 《大坂华商孙淦呈请裕星使转咨总署奏设红十字会禀》，《集成报》1898 年第 30 期，第 24—27 页。

⑤ 皮嘉祐：《平等说》，参见《湘报》报馆编：《湘报》第 60 号（1898 年 5 月 14 日），中华书局 2006 年版，第 237 页。

⑥ 《东西文译篇：清民列入红十字会（译长崎新报）》，《岭学报》1898 年 5 月 10 日第 10 册，第 27 页。

⑦ 参见《申报》1904 年 3 月 29 日、30 日和 7 月 29 日。

在《申报》的强势舆论宣传和甲午战争期间传教士红十字医疗实践活动的影响下，处于时代前沿的中国知识精英对红十字组织产生了深刻的印象，并公开实践和宣传红十字组织。还在甲午战时，中国即出现了试办红十字会的义举，据《申报》载："有中国妇人金氏者，前在美国习医，至此适卒业而归，遂与泰西某女医同立红十字会，更得奥国总领事相助为劝募诸各善士，集得洋银三千元，受伤者遂医药有资，渐渐痊愈。"① 事后此妇人还受到了皇上的嘉奖，"赐以御书横额，以奖其功，其额长六尺，阔二尺三寸，髹以黄色大书'恒乐慈善'四字"②。其后，1897 年，谭嗣同在《仁学》一书中写道："若夫日本之胜，则以善仿效西国仁义之师，恪遵公法，与君为仇，非与民为敌，故无取乎多杀。敌军被伤者，为红十字会以医之；其被虏者，待和议成而归之。"③ 同年，孙中山出版他唯一的一部翻译作品《红十字会救伤第一法》，公开宣传红十字会的宗旨和目标。1898 年 4 月，陈玉树在《论保国会》一文中提到，"泰西立会之最善者无如杰乃法（即日内瓦——引者）之红十字会"④。这些举动是对《申报》舆论动员的有力回应，同时也进一步强化了宣传，对红十字事业在中国的起步具有重要的启蒙作用。

总之，在 19 世纪 70 年代至 20 世纪初期，以《申报》为主体的各类报刊对红十字事业进行了广泛的舆论动员，其形式包括对红十字事业的一般性新闻报道、发表连续的红十字专题论说、结合时事评说红十字问题等。而就舆论动员的内容来说，有对发生在中国的相关红十字活动的报道，有对红十字会相关知识的系统介绍，有对时人红十字会认知偏见的辩驳，有对兴办红十字事业利益的直接宣传，还有对红十字条约章程的引介。其目的主要是引起中国社会各阶层特别是"当局者"对红十字会的兴趣，从而培育要求兴办红十字会的力量，推动中国红十字事业的发轫。可以说，正是《申报》的舆论动员使红十字会的名目在中国社会中得到了一定程度的宣传，使国人对红十字组织的性质产生了初步的感性认识并加以实践。在这个层面上，舆论动员对红十字事业在中国的起步具有不可低估的意义。

另外，红十字文化走近中国还与当时中国流行的两大思潮——世界主义和民族主义的相互激荡密不可分。

世界主义主张世界是一个共同体，人类不分国家、种族、宗教信仰，均为其中的平等一员。作为一个不太严密的思想理念，其有大同、地球村、一

① 《宸翰褒功》，《申报》1897 年 2 月 8 日。

② 《宸翰褒功》，《申报》1897 年 2 月 8 日。

③ 加润国选注：《仁学——谭嗣同集》，辽宁人民出版社 1994 年版，第 81 页。

④ 邹振环：《译林旧踪》，江西教育出版社 2000 年版，第 93 页。

体化等不同称谓。而红十字文化无分国界，超越民族、种族和宗教信仰，提倡不分畛域，一视同仁，是一种典型的世界主义。在近代中国，西方世界主义先后几度受到中国知识界的热捧，形成了甚嚣尘上的世界主义思潮。归纳起来，大致有戊戌时期、五四时期、抗战胜利前后三个时期。这与红十字文化在近代中国的传播脉络不无相关。

戊戌时期，中国在经历了甲午战争的惨败之后，社会思想、文化发生了比较大的转向。突出表现在：不再固守中外对立与对抗，希望打破中西之藩篱，融合中西古今，表现出鲜明的世界主义倾向，反映了先进的中国人急于融入新世界、新时代的激情与渴望。这一时期，受甲午战争期间日本赤十字社战地救护实践的刺激，中国人要求仿行西法，创设红十字会的呼声不断高涨，以《申报》为例，1898—1899 年间，《申报》多次刊文呼吁创设红十字会，参与国际竞争，加入国际舞台。

1900 年爆发的义和团事件是近代社会思潮发展中的一个分水岭，新兴的民族主义替代了世界主义。有学者指出："20 世纪头十五年，是中国民族主义开始勃兴、学习西方建立现代民族国家的时期。""事实上，引进民族主义建立现代民族国家正是在这一时段（1900—1915）发生的。"① 由此开始，世界主义思潮逐渐衰竭，民族主义思潮成为时代的主旋律②。尽管如此，表征世界主义的红十字文化却在中国落地生根，它的动因也由参与国际竞争转到了民族国家的发展壮大。可以说，红十字文化在中国的传播是世界主义和民族主义两股思潮相互激荡的产物，二者的此消彼长助推了红十字会在中国的发轫和发展。

通过以上论述，或可对红十字文化走近中国的社会背景做一简短的小结。

红十字文化作为舶来品而被中国社会接受，有其必要性、可能性和现实性等条件，是多种因素、各方人士综合作用的产物，如尊西趋新的时代潮流、中西会通的慈善文化、民众的现实需要等，它与中国自身深刻的社会政治经济革新密不可分。

纵览红十字文化走近中国的社会背景，或可归纳抑或印证了外来文化传播发生的要素和选择标准。

其一，文化传播得益于开放的社会环境，由社会接触而发生。诚如学者观察到的，"文化传播的确和传染病的流行一般，一接触便要传播。所以文化

① 金观涛、刘青峰：《观念史研究：中国现代重要政治术语的形成》，法律出版社 2009 年版，第 243 页。

② 马克锋、孙钦梅：《近代中国世界主义的思想历程》，《教学与研究》2014 年第 3 期。

传播的最要关键，在于交通和接触。”① 反之，一个社会要是闭关自守，和其他社会不发生任何接触，那么，外来文化自然不会传入。红十字文化走近中国即得益于近代中国国门洞开、西学东渐的时代背景。

其二，文化传播具有一种选择作用，选择的标准大体有以下方面：

一是合于本社会的文化模式。“一个社会，必定有他的特殊文化模式。所以在文化接触之时，他社会的文化，凡不和本社会文化模式相抵触，或和本社会文化相接近的，都易输入。反之，凡显然和本社会模式相抵触的必不易立见采用”②。简言之，文化的选择与否基本与其和本社会文化模式的接近与否呈正相关。凡和本社会文化模式愈接近，其采用愈速；愈不接近，其采用愈迟。不言而喻，中国传统慈善文化与红十字文化的会通，为后者走近中国提供了思想基础。

二是合于社会的利用。凡一切的事物，其利用价值大者，必易为民众所采用。“要之，文化的传播，和其利用价值成一比例。凡没有外力干涉时，文化的利用价值愈大，其传播愈易；反之，文化的利用价值愈小，其传播愈不容易”③。红十字文化的传入与西式医疗技术在中国的竞争优势地位息息相关，红十字文化也恰如其时地满足了这一时期饱受天灾战祸之苦的广大民众对人道主义的特殊精神需求。

三是合于好奇的心理。人类之采用事物，往往只因其新奇。红十字文化源于西方，在当时的国人心中即是新奇的代名词。在近代中国社会弥漫着尊西趋新的时代心态下，红十字文化作为新奇的代名词，更易于受到国人的青睐和接纳。

四是合于民族性。由特殊历史地理和文化发展过程所造就的特殊民族性，往往会影响文化的传播。凡以自我为中心，妄自尊大的民族，往往会觉得本民族的文化制度是最高尚和最优秀的，在与外来文化接触时，不但不愿采取外来文化，而且可能“取自家的文化，去支配异民族”。反之，则会积极采纳外来文化。而中华民族，“历来讲究谦让为怀，虚心接物；所以极易见到他民族的好处，而极愿意接受他民族的优点。因此之故，中国自和欧美交通后，

---

① 孙本文：《文化的传播及其选择作用》，《国立中央大学半月刊》1929 年第 1 卷第 1 期，第 42 页。

② 孙本文：《文化的传播及其选择作用》，《国立中央大学半月刊》1929 年第 1 卷第 1 期，第 42 页。

③ 孙本文：《文化的传播及其选择作用》，《国立中央大学半月刊》1929 年第 1 卷第 1 期，第 44 页。

欧风美雨，日渐东来，如水下流，而不可制止了”①。梁启超也曾指出：“中国人信佛宗释伽牟尼，信道宗太上老君，信基督教宗基督，同时可以并容，决不像欧洲人的绝对排斥外教。”② 可见，红十字文化在华传播也与中国兼容并包、虚怀若谷的民族性紧密相连。

综上所述，可知红十字文化走近中国是一个选择的过程。红十字文化因合于中国社会的文化模式、社会的利用、好奇的心理以及民族性等选择标准，所以顺利登陆中国。

① 孙本文：《文化的传播及其选择作用》，《国立中央大学半月刊》1929 年第 1 卷第 1 期，第 45 页。

② 梁启超：《中国历史研究法》，上海古籍出版社 2006 年版，第 253 页。

第二章　近代红十字文化的演进轨迹

作为舶来品，红十字文化在登陆中国的过程中不可避免地与传统慈善文化发生碰撞。为化解冲突，融入异质文化圈，中国红十字会采用附会传统文化、宣扬功德果报思想的方式，以适应中国民众的心理诉求。之后，随着战时红十字会救护实践的开展，红十字会在宣传理念方面，以责任服务说代替功德果报说，意欲将红十字事业从传统慈善事业中剥离出来，实现转型。然而红十字文化并未截然与传统慈善文化相割裂，而是在求同存异中走向融会。

红十字文化的演进轨迹反映的是红十字文化和传统慈善文化间的博弈与较量，也揭示了外来文化传播的一般原理和机制，即经历一个“接触—碰撞—适应—转型—融会”的过程，最终成功融入异质文化圈。这一过程既是红十字文化主动选择和适应中国传统慈善文化的过程，也是中国传统慈善文化在红十字文化影响下悄然转型和更生的过程。

第一节　碰撞：异质文化的相遇

19 世纪末，在以《申报》为代表的各类刊物大张旗鼓的宣传下，红十字文化开始走近中国。这一时期，社会各阶层、各势力都不同程度地对红十字组织表达了好感与认同，但对红十字文化的认识还存在不少偏颇之处，主要体现在以下方面。

一、对红十字标志的认知抵牾

红十字符号是集体约定俗成的结果，入会各成员国必须遵守。红十字之标记，本无宗教上之意义，诚如法国著名国际法学家鲁努尔氏所说："只因第一次会议开于瑞士，特以表敬意于瑞士，且瑞士为永久中立国，乃与红十字条约目的相合之国，故用瑞士之国旗而反其色，易红地白十字为白地红十字，成为红十字会之标记。此标记制作既易且极明白，故为红十字条约所采用。"[①]然而由于红十字标志与基督教十字架之间的"形似"，国人始终对之心存芥蒂。杨儒对红十字旗式字样的认知就清楚地显示了这一点。作为第一个提出设立中国红十字会的官员，杨儒虽倡导设立红十字会，但又认为"中国文教不同，未便沿用十字"，建议"另拟字样"。他提出以"中"或"万"字来代替"红十字"的主张，"拟加两画写成中华之中字或加四画写成万年之卍字以示区别"[②]。这种认识在国人中具有普遍的代表性，在早期倡设红十字会之时，中国社会中就曾有因红十字标志而对创办红十字会发出争议的声音：

或曰"十字为西教中标志，我中国既不入其教，则创兴斯会，不妨另立一名，何必即以其名名之，致与彼教相混乎？"[③]

"世人不察，每谓既用十字，类于耶稣教中之所为，殊不知土耳其亦用十字旂。观此则一个疑团不可打破乎？"[④]

这种将红十字标志与基督教相联系的看法贯穿于红十字文化在近代中国传播的始终，颇耐人寻味。

二、对红十字性质的认知偏差

起初，对于红十字会这个全新的组织，国人并不清楚它的性质。这从甲午战争中伤病兵和难民对红十字的认知中可略窥一二。首先是在战争中受伤的伤病兵，他们对红十字医院起初是排斥和抗拒的。参战的许多中国士兵不知红十字会为何物，不明白"两国用兵，红十字会行乎期间，例不得有所伤害"的国际惯例，但见外国人，便误为敌方，以致"华兵有伤害红十字会人

---

① 转引自棫材东蒙：《考据：红十字会考（二续）》，《圣教杂志》1919 年第 8 卷第 3 期，第 99 页。

② 《使俄杨儒奏遵赴和兰画押请补签日来弗原议并筹办救生善会摺》，王彦威纂辑：《清季外交史料》，书目文献出版社 1987 年影印版，第 2327 页。

③ 《创兴红十字会说》，《申报》1898 年 5 月 9 日。

④ 《红十字会历史节译》，《申报》1898 年 5 月 30 日。

者，西人咸讪笑之”①。资料显示，当红十字旗帜飘扬在旅顺的西人医院中时，中国军队曾威胁说，除非“这个外国信号”被拆除，否则会引发骚乱。甚至当红十字旗已经降下来后，军队仍攻击和洗劫医院②。随着战火的蔓延和红十字医院救伤实践的开展，华兵对红十字的态度发生了急剧转变。他们意识到一个事实，即“飘扬在他们头顶的旗帜表示一个可以为伤员提供庇护和援助的地方，并提供免受敌人伤害的保护”③，从而对红十字医院充满感激之情。其次，交战区的难民也意识到红十字标志的护身符作用。在日军进攻营口时，为避免日本人骚扰，许多人将红十字刷在板子上，或者缝在旗子上，甚至有人将红十字旗竖在鸦片烟馆上以求保护。尽管并不清楚红十字代表什么，但却很肯定“你要有这个（指红十字——引者），外国人就不惹你了”④。这种种举动无不折射出国人红十字意识的淡薄。

伴随《申报》对红十字医院战地救伤活动的大举宣传报道，红十字会以“善会”的形象进入国人的视野。在将红十字会与传统善会相比附的同时，一批绅商有意将红十字会宗旨与中国本土的义赈组织进行嫁接，产生了中国施医局、救济善会、济急善局、东三省红十字普济善会等借用红十字名义和理念的组织，积极开展救济活动。这种实践表明国人最初对红十字会性质的认知还停留在传统善会的层面。

三、对红十字原则的认知误区

尽管甲午战时国人踊跃捐助红十字医院，但红十字“不分畛域救治”的中立立场对国人而言显然是陌生的。当时《申报》对这种现象曾有描述：“会中人当两国交兵，不论何国之人凡有伤者，一律舁回医治，今劝华人捐助而倭人亦蒙其恩，在捐者恐心有所不愿。”为激发国人对红十字医院的捐助热情，《申报》采取了策略性的宣传，称“倭人自设慈善会……西人以为倭国既自有行善之医生广疗兵士，故营口所设医院不复疗及倭人，即或舁来，亦必挥之门外”，则“华人及西人所捐之款祇以疗治华兵，人何乐而不各解腰总以

---

① 《论保鸟会》，《中外日报》1899 年 8 月 20 日。转引自闵杰：《近代中国社会文化变迁录》第 2 卷，浙江人民出版社 1998 年版，第 182 页。

② 《字林西报》1894 年 12 月 7 日。转引自［美］Caroline Beth Reeves, *The Power of Mercy: the Chinese Red Cross Society*, 1900 - 1937, unpublished PhD dissertation, Harvard University, 1998.

③ 《字林西报》1895 年 3 月 22 日。转引自［美］Caroline Beth Reeves, *The Power of Mercy: the Chinese Red Cross Society*, 1900 - 1937, unpublished PhD dissertation, Harvard University, 1998.

④ 戚其章主编：《中国近代史资料丛刊续编·中日战争》（第 6 册），中华书局 1993 年版，第 370 页。

纾兵士之痛楚乎?"[①] 据此，甲午战争期间在华西人所创办的红十字医院在救助对象上并没有保持中立的立场，专门医治“华兵之被药弹所伤者”，“至于日本兵士之伤者，院中概不敷疗”[②]，“即有送来者，亦必麾之门外”[③]。不仅如此，国人对日本赤十字社不分畛域的救护活动也感到不解甚至反感。旅顺一役，“负伤者为数益多，既无官医前往施医，致劳西国红十字会诸君附图南轮船往救，及至，则倭奴已代为敷疗”。对此，不少有识之士感到羞辱，认为“以食毛践土之人，而反受敌人之恩惠”，不免“恧然!”[④] 这种看法无疑折射出中国传统伦理对外来红十字文化的道德挑战。

以上诸多文化上的交锋和碰撞，究其原因，在于以人道主义为旗帜的红十字文化毕竟是一种外来文化，与中国传统慈善文化有着本质的区别。在近代，已有时人认识到这一点：尽管“人道名词，我国产生最早，义经四子等书，见诸记载”，但“排斥异己，黜落百家。其所见者小而人道卒未发明。然如上所说，皆人道之由来，非人道之主义”[⑤]。具体而言，二者的差异主要体现在以下方面：

其一，从行善动机而言，以儒家为代表的中国传统文化，最大的特点在于理性的世界观和功利的人生观[⑥]。在这种人生观的指引下，中国民众的行善带着强烈的功利色彩，积功德即是深刻的动机之一。“中国之为慈善者，皆先以祸福之酬报为心，而慈善之事业实为此祸福之刍狗者也。”[⑦] 与之相较，红十字文化秉承人道主义，以救人为天职、为义务，不因国籍、种族、宗教信仰和政治见解而有所歧视，努力保障人的生命、健康和尊严。

其二，就人际关系而言，传统慈善文化虽提倡仁爱，然而这种仁爱却根植于深厚的血缘背景，是一种有差等、分亲疏、推己及人的爱。这种人际关系诚如费孝通所指出的差序格局，即“不是一捆一捆扎清楚的柴，而是好像把一块石头丢在水面上所发生的一圈圈推出去的波纹。每个人都是他社会影响所推出去的圈子的中心”[⑧]。这也导致中国传统文化的封闭性和内敛性，从而使得所谓的德行外推泽及他人的时候，“脱不去己身中心主义的性格”。“从施与者方面，我们看到的是一种高高在上的恩赐；从被施与者方面，我们看

---

① 《劝助行营医院经费说》，《申报》1895 年 2 月 10 日。

② 《敬募营口烟台军士医伤费》，《申报》1895 年 3 月 5 日。

③ 《善会募捐》，《申报》1895 年 2 月 7 日。

④ 《行军以医生为要说》，《申报》1894 年 12 月 19 日。

⑤ 朱瑞五：《人道说》，《中国红十字会杂志》第 2 号（1914 年 6 月），第 2 页。

⑥ 参见姚传德：《林语堂论中国优秀传统文化》，《唐山学院学报》2009 年第 1 期。

⑦ 《论慈善事业中外之不同》，《东方杂志》1904 年第 1 卷第 11 期，第 266 页。

⑧ 费孝通：《乡土中国　生育制度》，北京大学出版社 1998 年版，第 26 页。

到的是一种卑恭屈膝的乞讨”①。这使得传统慈善带着居高临下的色彩。而红十字文化建基于人格和权利平等基础之上，提倡无等级、无差别的爱，是一种充分的人道主义。

由于这种本质的差异，加之文化的维模功能②，传统慈善文化本能地会对外来文化进行筛选，并开启自我保护机制，故红十字文化登陆中国的过程并非一帆风顺，也存在着排拒现象。

第二节　本土适应

文化的适应原理认为，当一种文化试图进入另一文化圈时，它必须适应异质文化圈的特殊情形，就好像一棵树要移植，它须先适应所移植地区的土壤一样。为化解冲突，中国红十字会采取附会中国传统文化、诉诸功德果报理念的方式，以适应中国民众的传统心理，进而逐步融入中国文化土壤。

一、附会中国传统文化

考察红十字文化在华演进历程，一个显著特征即附会中国传统慈善文化，以期消解民众的排拒心理。

在 1913 年红十字会的首份机关刊物《人道指南》的发刊词中，时任中国红十字会副会长的沈敦和便认为：“夫仁爱者，即人道主义之大纲也。”③ 其后，红十字系统积极致力于从中国传统文化中挖掘人道主义的渊源。

1914 年，《中国红十字会杂志》刊发朱瑞五的《人道说》一文，称“人道名词，我国产生最早，义经四子等书，见诸记载。虽其主义不同，而隐与之合者亦多。所发明如子舆氏之论人者仁也，训人为仁，谓人道即仁道，实含有近世人道主义”。在他看来，人道主义约可分为三项：一为平等主义；二为博爱主义，“人之所以异于禽兽者，以能爱群故也。孔氏言博施，佛氏言慈悲，耶氏言兼爱，乃知提倡爱群以发挥人道者，早见诸二千年以前。迩来各

---

① 刘再复、林岗：《传统与中国人——关于“五四”新文化运动若干基本主题的再反省与再批评》，生活·读书·新知三联书店 1988 年版，第 320—321 页。

② 文化维模是指一种文化对自己文化模式维护的功能。这种功能使一种文化在与其他文化接触中能够对异文化进行自我保护性的选择。当异文化有利于本文化的发展、稳定时，予以接受，从而发展和丰富本民族文化；当异文化损害甚至破坏本文化，或者文化主体认为威胁到本民族文化时，对异文化予以斥拒。参见李岗：《跨文化传播引论——语言·符号·文化》，巴蜀书社 2011 年版，第 189 页。

③ 沈敦和：《〈人道指南〉发刊词》，《人道指南》第 1 号（1913 年 3 月），第 1 页。

民国谓之共和，文明人竞言同胞。玩其意，即博爱之代名词也”[①]；三为大同主义。显然，人道主义可以在中国传统文化中找到丰富的对接资源。江晦鸣也指出，红十字崇高的博爱行动，“实渊源于中国孔子的大同思想，也就是礼运篇的‘货恶其弃于地也，不必藏于己，力恶其不出于身也，不必为己’的两句话，启发了人类的服务心与创造欲”[②]。与此同时，不少人将红十字会视为全球臻于大同之桥梁或纽带，“今世界倘欲渐趋于大同之轨乎，其必导源红十字会无疑也”[③]；“全球能臻大同，谁云非尽善尽美。但果何从而至哉，则惟有红十字会之机关”[④]。

1931 年，《中国红十字会月刊》的发刊词开宗明义：“红十字会之在世界，无种族阶级之分，无国际界限之别，本平等自由之精神，践互助博爱之正义。其在中国历史文化上之地位，养老育婴等等，即儒家所谓老吾老以及人之老，幼吾幼以及人之幼，上老老而民兴孝……出入相友、守望相助、疾病相扶持也。”[⑤] 这进一步阐述了红十字文化与中国传统文化的会通之处。

在附会传统文化的同时，红十字系统亦普遍将红十字会视为慈善事业之一种。

1913 年，《人道指南》在发刊词中明确将红十字会定位为“最纯粹最硕大之慈善法团”[⑥]。《中国红十字会杂志》多次公开声称，“红十字会实为全国最大之慈善团体”[⑦]。其后，红十字系统沿袭了这种说法，如安徽太和分会直言红十字会“实在是福国利民的慈善法团”[⑧]；济南红十字分会也宣称“慈善团体规模之宏，济施之博，物我无间于东西，情谊能通乎中外，莫如红十字会”[⑨]；湖州红十字分会甚至称“红十字会为中国惟一之慈善机关”[⑩]。

值得一提的是，除了红十字刊物强调红十字会在慈善团体中的重要性和唯一性之外，其他大众媒体也常常将红十字会与慈善事业相关联。以《申报》

---

① 朱瑞五：《人道说》，《中国红十字会杂志》第 2 号（1914 年 6 月），第 2 页。

② 江晦鸣：《红十字会的使命》，《会务通讯》第 24 期（1944 年 1 月），第 14 页。

③ 《中国红十字会之新年希望》，《中国红十字会月刊》第 15 期（1923 年 1 月），第 3 页。

④ 楚照吉：《大同浅说》，《中国红十字会月刊》第 23 期（1923 年 9 月），第 38 页。

⑤ 《发刊词》，《中国红十字会月刊》第 1 卷第 1 期（1931 年 5 月），第 3—4 页。

⑥ 沈敦和：《〈人道指南〉发刊词》，《人道指南》第 1 号（1913 年 3 月），第 2 页。

⑦ 《本会十周纪念刊行好生之德启》，《中国红十字会杂志》第 2 号（1914 年 6 月），不著页码。

⑧ 张文华、薛绍彬：《红十字会白话浅说》，《中国红十字会月刊》第 1 期（1921 年 10 月），第 5 页。

⑨ 《纪本堂李博士赴晋演讲并由山西育才馆开会欢迎事》，《尚贤堂纪事》1922 年第 13 卷第 4 期，第 42 页。

⑩ 《湖州通讯（浙江）：发起红十字会》，《兴华》1924 年第 21 卷第 5 期，第 20 页。

为例，如“红十字会者，系体天地好生之德，最大之慈善事业也”[①]，“政府以红十字会为全国唯一慈善事业，力任维持”[②] 等说法层出不穷。这种种宣传形塑了国人对红十字事业与慈善事业合二为一的认知观念。

二、宣扬功德果报思想

从宋朝以来，江南社会就广泛流行着“行善以改变命运”的观念，透过“善书”和“宣讲”，传布于社会的各个角落[③]。经过宋以后历朝官府和地方士绅的大力宣扬与倡导，行善积德理念逐渐内化为民众的日常生活常识。而如何将红十字文化纳入传统行善积德的话语体系成为红会人思考的焦点议题。杜月笙曾指出，红十字会的事业“若照我国旧伦理的看法，正可以积功修德，广结善缘。所以红十字会的事业，放在我们同胞的传统思想中，应该为我国人人所乐于赞助的事业”[④]。基于此，中国红十字会在宣传普及红十字文化时大力宣扬功德果报思想，以激发民众的参与热情。

1912 年民国成立后，诉诸功德果报理念成为中国红十字会经常使用的募款策略，并在一二十年代达到高峰，甚至连公开征文也以此为题[⑤]。1913 年，《人道指南》发刊后，随即登载系列文章对为善积德的观念进行大张旗鼓的宣传。例如，《好生之德》一文即用 22 页的篇幅和插图说明为善积德的道理。文章开门见山地指出：“因果报应不是鬼神迷信烧香拜佛吃素念经的说话，是的的确确亲眼看见的。人家晓得的，到后来多福多寿，多子多孙，享富贵荣华的福气。诸君要积阴功，要做好事，现有极好的机会，这机会错过了，穿了铁草鞋也赶不上了。”接着以上海发达的慈善业为例，“几十年来，不曾听见水旱偏灾、瘟疫危难的事体，就像民国二年，制造局大战五次，炮火喧天，流弹如雨，不但红十字会管救护的，管掩埋的没有伤一个，就是红十字会的会员和捐过钱的人也没有受过一点点伤”[⑥]，以此论证为善可以“逢凶化吉，遇难呈祥”。继之，文章列举大量有代表性的实例加以印证，从绅商大善（盛宣怀、施则敬）到一般民众赞助红会而获病愈、得子；从伙计、堂倌、学徒乐善助捐，到穷源和尚的善举得以保一方平安，再到吝啬施舍、一味积财于子孙反倒贻害子孙的事例，从正反两方面力证行善积德可获福报的观念，倡

---

① 王熙普：《创设红十字会之理由》，《申报》1907 年 7 月 3 日。

② 《红十字会开会忙》，《申报》1912 年 10 月 16 日。

③ 参见宋光宇：《宋光宇宗教文化论文集》，佛光人文社会学院 2002 年版，第 588 页。

④ 杜镛：《红十字周的展望》，《会务通讯》第 11 期（1942 年 10 月），第 7 页。

⑤ 在中国红十字会南京征文社第二次征文题目中即有一题是《天道福善祸淫，古语作善降祥，试历举数事以证其说》，参见《中国红十字会南京征文社第二次征文题》，《申报》1913 年 11 月 25 日。

⑥ 《好生之德》，《人道指南》第 2 号（1913 年 4 月），第 2 页。

导“积财与子孙不如积德与子孙”[①]。文章最后还勉力呼吁各阶层积极乐捐：“奉劝热心君子趁没有事的时候，一段一段的讲给儿子孙子家人仆妇听听，还求乡村上的老先生，逢着初一、十五到镇市上去演说演说，给不识字的讲讲，这就比自己捐钱也是一样的功德无量呢。”[②] 这种“大白话”的语言风格加之大量报应不爽的鲜活案例，无疑迎合了普通民众的功利心理，易于激发广泛的捐助热情。

除红十字刊物外，中国红十字会还借《申报》这个平台不遗余力地宣传因果报应和行善积德的理念。1914 年，中国红十字会在《申报》刊文称“语云：我不绝人，天不绝我。此循环之定理，并非信迷因果之说。即如本会以恤灾救兵为宗旨，往往好善之士或为父母抱病，或因自己违和，或因儿女不适，皆许捐助本会，心愿一经解囊，立占勿药，以故此种捐款日有数起。”对于捐助红十字会可获福报的原因，红十字会解释称“缘本会专以救人性命为目的，与寻常善举迥乎不同，故能感格天心，其应如响也”。在此基础上，红十字会呼吁社会各界“或为父母、自己、儿女求病速愈，以及求家宅平安者，均可捐助本会”，宣称“诸君既能出资以救人，则天心必可以默相，化险为夷，逢凶成吉”，并将“以前之求病获效捐款诸君姓氏、捐数胪列于后，以供众览，而昭核实”[③]，以此进一步强化行善积德的理念。

在红十字会“兴师动众”的宣传下，效果自然不言而喻。仅从《申报》连篇累牍的报道中就可略见一斑。据笔者粗略统计，1913 年，《申报》登载红十字会各类致谢广告多达 84 篇；1914 年，上涨到 169 篇；1915 年，达到高峰，有 254 篇之多；1916 年，有 77 篇。捐助者涉及社会各个阶层、团体，尤以绅商居多。绝大多数捐款都是基于功利的心理，最常见的有宝塔捐、百岁捐、平安捐、求子、求病愈、求平安康健以及为亲友造福等诸种诉求。

在捐款源源涌入之余，红十字会不忘登报致谢，进一步强化功利引导。1916 年，中国红十字会借感谢洪太夫人捐助洋 100 元之机，宣扬“积善之家，必有余庆”和“报施毫厘不爽”的思想，并举洪太夫人的例子为“乐善得报之一证”。兹将洪太夫人来函照录如下：

小婿王竹铭，去年七月杪因病殁化，膝下无男，异常惨痛。适其妾怀有遗娠，予闻红十字会捐款济人，有求必应，当即许愿捐施，冀获宁馨，以承王氏宗嗣。乃竟于去腊祀社日得生一男，如愿以偿，谨即捐洋百元，并以后

---

① 《好生之德》，《人道指南》第 2 号（1913 年 4 月），第 18 页。

② 《好生之德》，《人道指南》第 2 号（1913 年 4 月），第 21—22 页。

③ 《中国红十字会请同胞诸君注意我不绝人天不绝我》，《申报》1914 年 9 月 3 日。

月助宝塔捐洋五元，以为是儿造福[①]。

此外，诸如“款到病除，如有神助”，“敝会登报之因病许愿，万试万应，信而有征，初非迷信可比”[②]，“仁行善举，上格苍穹，旧病立痊，即时康复”[③] 的宣传在《申报》中俯拾皆是。

20 年代初，积功德依然是红十字会常用的宣传理念。以 1921 年《中国红十字会月刊》为例，该刊相继登载一系列宣扬功德果报思想的文章，以《红十字会白话浅说》和《论热心赞助中国红十字会之福报》最具代表性。前者以通俗易懂的白话形式将红十字会的职责和加入红十字会的利益娓娓道来，指出加入红十字会可免劫，“为善获福，自然之理。眼前如刀兵水火瘟疫蝗虫等劫，在会的平安无事，人多不信，然出门将配章、金表挂胸前，居家将证书招牌挂门上，能避兵劫，又是人所共见”[④]。后者开篇即言：“自求多福，热心慈善，不望报而福报自来，有如影之随行也。”并以癸丑之役为例，说明赞助中国红十字会者可获福报，“兵士大肆抢掠，百无一免。事后调查，略有未遭蹂躏者，均系累代仁慈好行其德之家”[⑤]。

质言之，中国红十字会大力宣扬功德果报思想，虽与红十字文化的人道主义宗旨和博爱情怀有若干差异，但是符合近代中国国弱民穷、民智未开的国情，也确实收到了良好的效果。因为在近代民智未开的时代背景下，迷信祸福思想毕竟是中国绅商、一般民众乃至下层知识分子参与红十字事业的重要动机之一[⑥]。强力的宣传加上大量信而有征的现报实例对普通民众而言无疑具有强大的吸附力。广大民众在积功德理念的引导下踊跃输将，蔚为壮观，支撑了红会经费的大部来源[⑦]。

---

① 《中国红十字会谨谢洪太夫人喜添外孙完愿洋一佰元》，《申报》1916 年 2 月 8 日。

② 《中国红十字会再敬谢石省斋李祖康君因求病大愈捐助医队急振洋各五十元》，《申报》1914 年 9 月 12 日。

③ 《中国红十字会敬谢延陵氏大善士求病速愈捐金镯两副计重六两四钱》，《申报》1914 年 10 月 27 日。

④ 张文华、薛绍彬：《红十字会白话浅说》，《中国红十字会月刊》第 1 期（1921 年 10 月），第 4—7 页。

⑤ 《论热心赞助中国红十字会之福报》，《中国红十字会月刊》第 6 期（1922 年 3 月），第 1—2 页。

⑥ 据夫马进的考察，《申报》的读者群基本上是知识分子，往往还兼有商人身份。而《申报》大量宣传因果报应思想，说明清代的知识分子，特别是下层知识分子非常重视报应的问题。参见［日］夫马进：《中国善会善堂史研究》（伍跃、杨文信、张学锋译），商务印书馆 2005 年版，第 706—707、722 页。

⑦ 据张建俅统计，1918—1919 年捐款收入占全部收入的 51.12%，1920—1921 年激增至 83.67%。参见张建俅：《中国红十字会经费问题浅析（1912—1937）》，《近代史研究》2004 年第 3 期。

第三节 剥离转型

“世界各国红十字会，试一追溯其历史，无不因战争而生，因战争而成长，再因战争而发达，实不啻为一战争的产物。中国红十字会投胎于万国红十字会，其生长与发达，自非例外”①。1937 年全面抗战爆发，中国红十字会积极组织救护队投入伟大的救护事业中，“救护军民二千六百万人”②，为抗战胜利做出了巨大贡献。红会的光辉业绩也带动了红十字文化传播理念的演变。

一、与传统慈善事业相剥离

战时红十字会救护实践的开展促使红会同仁对红十字会的性质及工作认识产生了一系列变化。其中一个引人注目的现象是，这一时期中国红十字会极力与传统慈善事业划开界限。诸如“红十字会的事业，虽是充满国际性中立性的救护事业，在中国传统思想中却认为是慈善事业”③，“红十字会对于人类应尽之义务，决非慈善家功利之怀抱，而应激发为保障人类文明之责任心”④ 之类的看法在报刊上屡见不鲜。这一观念的变化至迟在 1935 年已初露端倪。

1935 年，《中国红十字会月刊》复刊后的第一期刊载专文，历述红十字会的历史、现实工作及将来工作计划，将战事救护、防御灾变和服务社会列为红会工作范围中最重要的“前驱”工作⑤，并将“促进民众之认识”作为中国红十字会将来工作计划之一，把红十字会的意义与宗旨解释为：（一）中立地位；（二）义勇性质；（三）世界公认；（四）宗旨和平。文章还指出这样一个事实：“中国红十字会已有三十一年之历史，在人民心目中虽亦有红十字会之印象，但皆认为一般普通之慈善团体而已。所有上述之四项意义类皆漠然不知或尚不尽了解，故促进民众对于红会意义有深切之认识亦属完成其

---

① 蒋梦麟：《复员期间的中国红十字会》，《大公报》1946 年 2 月 17 日。

② 蒋梦麟：《本会筹募事业基金之意义》，《红十字月刊》第 18 期（1947 年 6 月），第 1 页。

③ 江晦鸣：《慈善事业的技术问题——为第二届红十字周而作》，《会务通讯》第 11 期（1942 年 10 月），第 21 页。

④ 江晦鸣：《红十字周与健康保险》，《会务通讯》第 23 期（1943 年 12 月），第 5 页。

⑤ 参见曹云祥：《国人对于红十字会应有之认识》，《中国红十字会月刊》第 1 期（1935 年 7 月），第 9 页。

事业使命之基本要素也。”[①] 这里不但将“服务社会”作为红会的工作任务提出来，而且开始有意识地区分红十字会与一般慈善团体的差异。

1937 年全面抗战初起，庞京周即犀利地指出，“救护事业，乃增加国力之积极工作，而非迷信谶念之消极慈善，钓名沽誉，言过其实”[②]。这里明确将红十字会与“消极慈善”相区分。这种看法很快在红十字会系统形成共识。如袁松人认为，中国红十字会在抗战途中迈进之目的即在“变消极慈善事业而为积极社会事业”[③]。1943 年，胡兰生在救护总队茶话会上申言：“本会与以往的不同，大家只有责任而无功利。”[④] 汤蠡舟也敏锐地观察到红十字会抗战救护工作对慈善观念的影响：“八年来，红十字会的救护工作，纯粹以科学的医药技术贡献于人类，事实告诉了大家，它不是施舍，它也不是行善，它是有技术的、有计划的、有责任的为人类同胞服务，为人类同胞解放疾苦。”救护影响了慈善观念，即要“破除了个人的乐善好施的观念，做社会事业，谋大家福利”[⑤]。江晦鸣也意识到红十字会性质在抗战前后所发生的变化，指出“战前的救护工作，整个是消极的，而不是积极的”；他打了个比喻：“战前的救护工作精神，还脱不了佛家‘悲天悯人’的胸怀，但他看见恒河的水泛滥起来，溺死了多少人，祇可尽力施救，却不能像荷兰人一样筑堤防堵。”[⑥] 对红十字会观念的转变，江晦鸣明确指出：红十字会的工作主题是“救护第一”。从中国红十字会的历史上看它的发展和趋势，在抗战以前纯然是具慈善之怀、行慈善之事，这观念至今犹深在一部分人心。抗战以还，中国红十字会的救护事业，配合战斗的需要，始如紫蔓乘春风而长，形势逐渐壮丽改观。这个转变，方才由慈善的观念，转到责任的观念，方才变消极为积极，方才指引出中国红十字会的前途[⑦]。

战后复员时期，将红十字会与其他慈善团体严格划分界限的观念仍在延续。作为会长的蒋梦麟根据形势变化，指出“抗战八年来中国红十字会的救护工作，已从慈善家的功利心，进而为保障人类文明的责任心”，因而红十字会的工作理念和业务活动亟待变更，复员期间中国红十字会的发展方向为，

---

① 曹云祥：《国人对于红十字会应有之认识》，《中国红十字会月刊》第 1 期（1935 年 7 月），第 16—17 页。

② 庞京周：《非常时期之医药救护》，《中国红十字会月刊》第 20 期（1937 年 2 月），第 6 页。

③ 袁松人：《战时救护工作之影响》，《救护通讯》第 22 期（1944 年 9 月），第 1 页。

④ 胡兰生：《贵阳之行》，参见贵阳市档案馆编：《战地红十字——中国红十字会救护总队抗战实录》，贵州人民出版社 2009 年版，第 44 页。

⑤ 汤蠡舟：《救护工作第八年》，《救护通讯》第 23 期（1944 年 10 月），第 3 页。

⑥ 江晦鸣：《战后救护工作之趋向》，《救护通讯》第 4 期（1943 年 12 月），第 1 页。

⑦ 江晦鸣：《战后救护工作之趋向》，《救护通讯》第 4 期（1943 年 12 月），第 2 页。

“她要彻底解放旧慈善的观念，她要具有责任感的为人群服务，她要为改造新社会而努力”；至于分会组织，则“要卸除陈旧的慈善外衣，而换一个从事现代社会活动的新装”①。曾大钧在阐述战后红十字会的新机运时指出：“回溯既往，中国红十字会之工作，虽救灾恤难，仁爱博施，然其观念，乃为慈善，有功利心无责任感；要其工作领域，只限于战争及灾变范围。”而伴随战后世界思潮的变化，“倡社会安全者，首揭免去人群生活之匮乏，以为根本之图”②。在宣扬红十字会对于人类文明的贡献时，他进一步强调红十字会具有明显的与其他慈善机关相区别的教育作用，即“并不用激动人民的情绪为方法，劝导他们作施舍之善举，一如各种宗教团体及慈善机关所为者”，而是“启发人们的理知，认识社会的依存，合教育与事业为一举”③。杨宝煌则比较了红十字会与一般善堂的不同，指出“善堂是怜悯的同情，红十字会是正义的同情，善堂的救济由于好生之德甚或沽获个人的声誉，而红十字会的工作基于人道，基于社会的共同责任”④。

不仅在总会，一些在分会工作的人员在宣传时也极力强调红十字会的新变化及与一般慈善事业的不同。

北平分会总干事吕芝山明确指出，“自抗战胜利后，本会一切事业，变消极为积极，变慈善性为社会性，变局部性为普遍性，成为一划时代之运动，今后中国红十字会之工作范围，并不限于医药救济，而以社会服务为本”⑤。上海分会在1947年《告上海市各界书》中这样阐明红十字会有别于一般慈善机关的特质：“一般人以为红十字会只不过是一个慈善机关，或则是专门救护伤兵、难民贫病的医院；其实这不过是红十字会的一部分的任务。红十字会的基本任务，因为是国际性的、社会的、博爱的、和平的，所以他的工作目标是‘天下一家’。”⑥

这些言论都在有意凸显红十字会与其他慈善组织的不同，欲将红十字会从传统慈善事业中剥离出来。在他们看来，慈善事业是功利的、消极的，而红十字事业则具有服务性和积极性。一个在成立伊始即打着慈善外衣的组织，在利用慈善宣传了一二十年获得发展壮大后却有意抛开它最初的慈善面纱，

---

① 蒋梦麟：《复员期间的中国红十字会》，《大公报》1946年2月17日。

② 曾大钧：《中国红十字会之新机运》，《红十字月刊》第1期（1946年1月），第2页。

③ 曾大钧：《红十字会对于人类文明的贡献》，《红十字月刊》第6期（1946年6月），第3页。

④ 杨宝煌：《红十字业务之推进在于公共关系之建立》，《红十字月刊》第32期（1948年8月），第12页。

⑤ 吕芝山：《红十字会之新使命》，《红十字会刊》1947年3月1日，第2页。

⑥ 《红十字会是什么？做什么?：中国红十字会上海市分会告上海市各界书》，《红十字月刊》第17期（1947年5月），第27页。

原因何在？颇耐人寻味。

二、宣扬责任服务理念

抗战救护工作不但影响了红十字人的慈善观念，使红十字会欲从传统慈善事业中分离出来，而且为红十字会的责任服务理念奠定了基调。

抗战时期，红会同仁在将红十字事业与慈善事业相剥离之时，往往强调红十字会的工作是基于责任和服务意识，以此与慈善事业的功利性和消极性形成鲜明对比。事实上，宣扬责任服务理念是红十字会系统的共识。例如，胡兰生大声疾呼："红十字会为人生而服务，出于'仁爱'，本于'利他'，起于一者，利天下也。"① 寄平指出"红十字会的工作，是一个为人类而服务的工作，也就是福利社会的工作。"② 谢爽秋在第三届红十字周献词中这样写道：红十字会的守则是"仁爱"，工作的中心是"服务"，它是"人性"的代表者，"温暖"的散放室，是人类向上创造的推动机③。陆诒号召民众"贡献自己一份力量，给中国红十字会，这不仅仅是为了同情心的驱使，也本了'己饥己溺'的责任感"④。会长蒋梦麟在为第三届红十字周撰文中明确提出，"红十字的事业，以纯然服务人群为目的"⑤。1944 年，蒋梦麟会长更手订救护信条 8 条：一、具丰富情感；二、抱牺牲志愿；三、本博爱襟怀；四、献科学身手；五、作精密准备；六、求迅确效率；七、谋民族健康；八、增人类幸福⑥。这为战后的服务信条（"具丰富情感、抱牺牲志愿、本博爱襟怀、献科学身手、作精密准备、求迅确效率、策社会安全、增人群幸福"⑦）奠定了基础。

红会职责"厥为人群服务"。红十字会以前的工作领域多限于战争和灾变范围，工作重在救护和赈济，其他方面难以兼顾。而"救护工作只不过红十字会的工作之一种"，各国红十字会"早已担任普遍而广泛的'精神''物

---

① 胡兰生：《为人生而服务》，《会务通讯》第 30 期（1944 年 12 月），第 15 页。

② 寄平：《红十字会的复员工作》，《会务通讯》第 24 期（1944 年 1 月），第 11 页。

③ 谢爽秋：《扩大"人性"战斗的阵容》，《会务通讯》第 21、22 期合刊（1943 年 11 月），第 35 页。

④ 陆诒：《救苦救难的红十字会》，《会务通讯》第 21、22 期合刊（1943 年 11 月），第 34 页。

⑤ 蒋梦麟：《回顾与瞻望》，《大公报》1943 年 10 月 1 日。

⑥ 《蒋会长手订救护信条（1944 年订）》，《救护通讯》第 15 期（1944 年 5 月），第 1 页。其中，"献科学身手"涉及慈善事业的技术问题，而对技术的关注缘于抗战救护工作的推动，详见江晦鸣：《慈善事业的技术问题——为第二届红十字周而作》，《会务通讯》第 11 期（1942 年 10 月），第 21—22 页。

⑦ 《红十字会服务信条》（蒋梦麟手订，宋如海释义），《红十字月刊》第 9 期（1946 年 9 月），第 2—3 页。

质’并重的经济工作”[①]。抗战胜利，和平伊始，中国社会进入复员时期[②]。红十字会的工作重心也随之发生转移，“必定是从救护计及救济”，具体而言，“不仅是消极的供给被救济的人一切生活上的必需，还须要积极的训练被救济的人必有的生活技能”[③]。至于救护工作，也要从消极向积极转变，从而达到“维持民族健康以至于复兴民族”[④] 的目的。战后“为世界永久和平而努力是时代赋予红十字会的使命”[⑤]，红十字会顺应时代潮流，将工作重心确定为“服务社会，博爱人群”，努力拓展工作领域，奠定社会和平的基础。

“战后救济，百端待开”[⑥]。为指导新时期工作，总会首先制定《复员期间中华民国红十字会总会初步工作实施计划纲要》，规定红十字会的两大工作目标：“一、红十字会工作之准绳，在本人生服务之目的，博爱为怀之精神，以发展人群生活，增进社会福利。二、复员期间红十字会初步工作之实施，须能适应社会福利之需要，免人群生活之匮乏，从事积极性、保育性、集体性之服务工作，以期奠立永久事业之基础。”[⑦] 蒋梦麟会长将之概括为两点：“一、打定会的基础；二、促进社会安全。”[⑧]

目标确定后，为打开工作局面，红十字会制定了 11 项工作项目：“一，调整总会组织；二，增进分会机能；三，推广征募运动；四，建立服务中心；五，扩大医药救济；六，推行会员保健；七，训练专业人才；八，加强国际联络；九，出版宣传书刊；十，整理本会会史；十一，搜集服务资料。”[⑨]

“积极性的社会服务，尚以复员期间为嚆矢”。为推进“服务社会，博爱人群”目标的实现，红十字会制定《复员期间中华民国红十字会服务中心实验区计划纲要》，确定工作项目分社会服务、青年服务、妇女服务、儿童服务 4 大部 12 项活动（健康保险、医药诊疗、婚姻指导、荣军咨询、康乐活动、书报供应、健康检查、营养补助、家庭访视、志愿训练、儿童保育、小型生

---

① 蒋梦麟：《认清大势加紧努力》，《会务通讯》第 29 期（1944 年 11 月），第 4 页。

② 所谓复员，即战争结束以后，又使军队由战时的组织回复到平时的组织。参见寄平：《红十字会的复员工作》，《会务通讯》第 24 期（1944 年 1 月），第 11 页。

③ 寄平：《红十字会的复员工作》，《会务通讯》第 24 期（1944 年 1 月），第 13 页。

④ 江晦鸣：《战后救护工作之趋向》，《救护通讯》第 4 期（1943 年 12 月），第 1 页。

⑤ 汤蠡舟：《红十字会今日之任务：兼论红十字周的标的》，《红十字月刊》第 32 期（1948 年 8 月），第 1 页。

⑥ 胡兰生：《为人生而服务》，《会务通讯》第 30 期（1944 年 12 月），第 14—15 页。

⑦ 《复员期间中华民国红十字会总会初步工作实施计划纲要》，《红十字月刊》第 1 期（1946 年 1 月），第 8 页。

⑧ 蒋梦麟：《复员期间的中国红十字会》，《大公报》1946 年 2 月 17 日。

⑨ 参见《复员期间中华民国红十字会总会初步工作实施计划纲要》，《红十字月刊》第 1 期（1946 年 1 月），第 8—9 页。

产）。在此指导下，红十字会系统在社会服务工作方面，多有试办推进，涉及医疗、儿童、妇女、青少年、会员、乡村、文化等诸多领域，新人耳目。此外，总会在其创办的机关刊物《红十字月刊》中，为“尽指导宣传之使命”，特辟社会服务通讯专栏。据笔者粗略统计，《红十字月刊》所辑文章标题中含“服务”字样的多达271处，在这个意义上，“服务”可谓复员时期红十字会工作的重中之重。

总而言之，抗战时期红十字文化传播观念发生转变，以责任取代功利，以服务代替救护。战后，红会顺应时代潮流，工作重心发生转移，社会服务范围大大扩展，以全新的姿态肩负起“促进社会安全”的新使命，堪称红十字文化传播的转型时期，诚如曾大钧副秘书长所言，红十字工作“在复员期间，为一最大之转折点，另言之，须使本会一切之事业，变消极性为积极性，变慈善性为社会性，变局部性为普遍性，成为划时代一大转变。将从量的扩充，质的改进，以达成一切皆合于现代化之标准”①。

红十字文化传播理念由积功德到诉诸服务和责任意识的转变颇耐人寻味，毋庸置疑，这与时势变迁多有干系。例如，民国社会的动荡使得赞助红十字会可以免劫的宣传效果大打折扣。1921年，涟水分会会员潘彩元一家被土匪洗劫，“家中财物搜罗一空，次孙鸿宝毙于乱炮之下，孙媳、孙女、重孙女三人均被架去，临行时将房屋烧毁”。该会员“志愿入会，无非为尊重人道，保全善类起见。乃遽罹横祸，家遭不测，非特不能救人并且不能自救”②。这种加入红会却未能获得福报的鲜活事例无疑会对红会宣扬的行善免劫说产生巨大的冲击。

抗战军兴以来，日军不顾人道，肆意践踏国际公法，危害红会人员的报道屡见不鲜。据资料披露，印度救伤队来华服务期间，时遭日机轰炸，虽高竖红十字旗，也“在所不免”③。而早在1932年的淞沪抗战期间，中国红十字会救护队第七队队长刘祁瑞，为日军枪杀殒命④。第二救护队队长薛振翼，在救护伤兵难民时，遭日兵射击，“虽高悬红十字旗，日军竟不之顾”⑤，致使多人受伤。红十字会济字第一〇〇号救护员袁士兴也曾目睹了日军的野蛮和

---

① 《曾副秘书长大钧报告》，参见中华民国红十字会总会编：《复员期间中华民国红十字会第一届理事会议事录》，1946年内部印行，不著页码。

② 《训令：江苏省长公署训令第三千五百二十号（通缉中国红十字会总办事处函称涟水分会会员潘彩元被盗烧杀案内凶匪务获解究）（不另行文）》，《江苏省公报》1921年第2618期，第2页。

③ 《同情中国抗战印救伤队队长过港》，《申报》1939年7月9日。

④ 《红会救护队刘祁瑞被日兵射死经过》，《申报》1932年2月18日。

⑤ 《日军不顾国际公法枪击红会人员》，《申报》1932年2月4日。

残暴，称“当日机投弹时，飞度极低，必能看清红十字会旗，乃竟追逐投弹，足见其蛮横之极，不恤破坏万国公约”[①]。

对于日军践踏国际公约的种种行为，时人愤怒地谴责道：“我们所遭遇的敌人，是世界上最不讲信义，最不讲人道的”，因此“他们即使据有红十字标记的救护汽车或救护列车，仍加以残暴的攻击。”不仅如此，“种种暴行，在八一三以后的上海战场，以及几年来的南北战场上不知演出过好多次。……许多参加红十字会做战地救护的工作人员，曾惨遭毒手，为庄严的工作而英勇推进”[②]。由于日本对国际公约肆无忌惮的破坏，红十字会员的生命安全往往得不到保障，这都使得传统的行善积德理念不再适用于战时的情况，故而红十字会开始诉诸责任和服务理念，以民族主义为号召，动员民众赞助和参与红十字事业。

需要指出的是，政府的管控和倡导也对红十字的传播理念产生了潜移默化的影响。红十字的理念逐渐向“服务”宗旨和“责任”意识倾斜，与南京国民政府的执政理念息息相关。

我国的社会服务事业，由党政机关正式倡导始于1939年，旨在本孙中山“人生以服务为目的”之遗训，以求社会生活之改善与社会福利之增进。简言之，社会服务事业之任务在于“一面解除人民痛苦，防止社会病态之发生；一面满足人民生活之需要，以达到社会福利之增进”[③]。自1940年11月社会部改隶行政院以后，积极推进各种新兴社会服务事业，且“由于战时社会之迫切需要，社会服务之进行，已呈突飞猛进之现象，且能表现服务成绩，逐渐深入民间，发挥其倡导服务之作用”[④]。在孙中山“人生以服务为目的”的信条基础上，蒋介石进行了充分阐释，他在《中国之命运》一书中指出了具体办法，即“制度要归本于民生，技术要为人生而服务”。换言之，“要以战争的技术来作保卫人类的生存，以生产的技术来发展人类的生活”[⑤]。基于此，中国红十字会的宗旨在抗战后逐渐侧重于“服务”信条，在战后复员时期达到高潮。红十字会以“发展人群生活，增进社会福利”为准绳，不断开拓工作新领域。凡有利于社会安全，有利于民生者，均属红会工作范围。就工作

---

① 《红蓝十字会掩埋阵亡将士，团长团附挥泪视殓》，《申报》1932年2月7日。

② 陆诒：《救苦救难的红十字会》，《会务通讯》第21、22期合刊（1943年11月），第33页。

③ 秦孝仪主编：《革命文献第96辑　抗战建国史料——社会建设（一）》，“中国国民党中央委员会党史委员会”1983年版，第34页。

④ 秦孝仪主编：《革命文献第96辑　抗战建国史料——社会建设（一）》，“中国国民党中央委员会党史委员会”1983年版，第34页。

⑤ 江晦鸣：《第三届红十字周献辞》，《大公报》1943年10月1日。

对象而言，“举凡儿童、青年、妇女、荣军及天下无告者，皆属之”①。

总体而言，红十字会系统围绕“服务社会，博爱人群”的宗旨所做的探索与尝试，已经走出传统慈善团体的窠臼，而成长为致力于积极改良社会、“促进社会安全”的一支重要力量。可以说，红十字会的伤兵救济和社会服务工作皆在政府的主导和影响下展开，“悉以三民主义为南针，以抗战建国纲领为准绳，务期配合当前实际需要，以争取抗战胜利，弼成建国大业”②。在红十字文化演进过程中，我们不难窥见政府权力在其间发挥的持久而深远的影响，诚如米歇尔·福柯所言，现代社会中的权力具有隐蔽性、分散性和毛细化的特征，这使得“权力可以如水银泻地般地得到具体而微的实施，而只需花费最小的代价”③。红十字文化传播理念的演变即承载着无孔不入的政府权力的印迹。

第四节　相互融会

尽管战时救护的实践推动了红十字文化的转型，但红十字事业欲从传统慈善事业中剥离出来，却阻力重重。这从积功德理念的“回流”即可窥其一斑。在1937年国难当头之际，积功德的理念又一次见诸红会的宣传中：“浩劫将临之际，惟力求为善或可消灾于无形，倘仍片善不为，则恐噬脐莫及矣。纵使积些银钱，又有何用？盈虚消长原有定理，范氏有麦舟之助，父子二人同登相位。许翁有还金之义，子孙七人同列上卿。天道好还，报应无私，集腋成裘，聚沙成塔，群策群力，共维此国际慈善法团，完成伟大之使命，永兴而弗坠。”④ 红十字会一方面宣扬责任服务理念，一方面在现实的压力面前又不得不诉诸功德果报思想，这种尴尬的处境无疑使红十字文化的转型显得“有心无力”。

此外，红十字会系统中将自身列为慈善团体的看法依然存在。潘小萼在1942年发表对红十字会新认识的看法时谈道：“红十字会的事业，既是博爱牺牲救人事业，因之属于慈善事业之范畴。”⑤ 陆诒则将对红十字会的两种认知

---

① 曾大钧：《中国红十字会之新机运》，《红十字月刊》第1期（1946年1月），第2页。

② 秦孝仪主编：《革命文献第96辑　抗战建国史料——社会建设（一）》，“中国国民党中央委员会党史委员会”1983年版，第48—49页。

③ 于海：《西方社会思想史》，复旦大学出版社2005年版，第339页。

④ 虔修道：《红十字会问答概要》（沈金涛校），《中国红十字会月刊》第19期（1937年1月），第5页。

⑤ 潘小萼：《新形势与新认识》，《会务通讯》第11期（1942年10月），第11页。

糅合在一起，宣称“中国红十字会，是一个救苦救难的慈善团体。……中国红十字会的事业，是为中国人民服务的事业，所以会得到人民的赞勉与支持”①。这种认识上的混杂也为红十字文化的转型增添了阻力。因之，受时代环境所限，红十字文化不可能脱离传统慈善文化，“遗世而独立”。事实上，红十字文化也一直保持着与传统慈善文化剪不断理还乱的联系。就附会中国传统文化而言，一直贯穿于民国时期红十字事业发展的始终。

抗战时期，尽管红十字事业意欲和传统慈善事业划清界限，但红会中人将红十字文化与传统文化相比附的看法依然层出不穷。在潘小萼看来，红十字会的精神，一以贯之，曰“博爱”，曰“牺牲”，与墨子的“兼爱”精神，若无二致②。汤蠡舟将红十字会的精神概括为三个方面：

> 一曰大我之精神，红十字会之工作，以救灾恤邻，扶伤省疾为主旨，举儒家之同仁，墨家之兼爱，佛家之普渡诸说，悉为红十字会所融会贯通，而融铸为契合国父“博爱大同”之主张。……一曰勇健之精神，“天行健君子以自强不息”。……一曰坚苦之精神……③

战后复员时期，红十字会的工作围绕社会安全计划而展开。红会系统同仁随即致力于为社会安全计划从传统文化中寻找依据。江晦鸣撰文宣称，中国自古以来有一个最高的社会理想，就是“幼有所长，壮有所用，老有所终，鳏寡孤独废疾者皆有所养”，与社会安全计划之理想原无二致。因此，为保持中国最优秀的传统文化，“吾人更应为红十字会而努力，共谋全世界全人类康乐安全之幸福”④。这一方面折射出中西文化竞争中西方文化的领头羊地位，以及国人为改变中国文化劣势地位的焦虑感；另一方面，从传统文化中寻求依据也是为了减少文化传播的阻力，增强国人的认同感。揆诸史实，红十字文化并未截然与传统慈善文化相割裂，而是在与传统文化的求同存异中获得立足之地，最终促成二者的融会。

一、推动传统慈善文化转型

晚清时期，在社会需求的催生下，慈善组织纷纷涌现，蔚为大观，据时人观察，“考吾中国国中各种善举之经济力，统计之巨大无垠，且根深蒂固”，但遗憾的是，“各私为谋，分道而驰，无统驭之机关，如一盘散沙，不能粘

---

① 陆诒：《救苦救难的红十字会》，《会务通讯》第21、22期合刊（1943年11月），第33页。

② 潘小萼：《新形势与新认识》，《会务通讯》第11期（1942年10月），第10页。

③ 汤蠡舟：《激扬红十字会的新精神》，《会务通讯》第11期（1942年10月），第17—18页。

④ 江晦鸣：《第四届红十周献辞》，《会务通讯》第30期（1944年12月），第6页。

合，良可慨也”[①]。此外，尽管“我国固有之社会救济团体，如各省同乡会、同仁堂、善堂等，每遇天灾人祸之时，辄皆分别从事施衣、施食、施药、施棺等义举，盖皆本人道主义为之”，但“惟或限于一地，限于一时，或限于一种性质”[②]。

传统义赈组织在19世纪中期陷入困境。对此，时人曾坦言：“吾国人于慈善事业之组织，往往可暂而不可久，务虚而乏实际。清季义赈之流弊，与近年救灾之保案，大为外人所诟病，诚有美中不足之憾。”[③] 对于传统慈善事业的暂时性和应景性，潘小萼也深有体会：“一般做慈善事业的机关，在过去并不为人视作一种事业，遇到天灾人祸的来临，凭着一鼓作气的热情，展开旗帜，点缀应景一番，但等到灾害敉平，任务也就同时宣告结束，怎可由人在平时就能充分的计划，去实现一个理想的工作地境?”[④] 与之相较，红十字会“博施济众范围及于全人类，平时贫病水旱疫疠受灾难民之救济，战时受伤将士及流离失所灾黎之救护”[⑤]。可以说，正是西方红十字组织的出现，为传统慈善组织的发展指明了道路，即由“原来依托于某一经济组织的义赈组织，逐渐地过渡到独立的具有国际视野和背景的民间慈善组织”[⑥]。

受红十字会影响，中国出现了诸多仿效红十字会的社会团体。1898年，衡州府开办任学会，即有意参照西方红十字会的例则，其章程第二条明确提出：“本会先从衡州开办，海内同志愿与乐成分立斯会者，本会即视同一会，必不以方域歧视（如泰西教会红十字会诸例）。”[⑦] 同年，亚细亚协会的章程也规定：“拟先设亚洲协会月报，次仿西人设军中红十字会例，预选名医备筹药费。如亚洲各国遇有灾难，会中人须出其财力以相资助，不可坐视推诿。”[⑧] 1923年，固始分会理事长张智溪“以向所经理之同善会，款尽势蹙，孱弱难支。因作穷便通久之计，改组为红十字分会，以固其基础”[⑨]。可以说，红十字文化在华传播，使“中国义赈组织与西方慈善精神和西方现代性的慈善组

---

① 张淦：《纪念辞：中国红十字会二十年纪念辞》，《中国红十字会月刊》第20期（1923年6月），第5页。

② 龙云：《吾人对红十字会应有之认识》，《会务通讯》第2期（1941年2月），第1页。

③ 《开封分会欢迎名誉会长张督理张省长词及二公答词》，《中国红十字会月刊》第20期（1923年6月），第7—8页。

④ 潘小萼：《新形势与新认识》，《会务通讯》第11期（1942年10月），第11页。

⑤ 龙云：《吾人对红十字会应有之认识》，《会务通讯》第2期（1941年2月），第1页。

⑥ 周秋光、靳环宇：《早期红十字会在中国的演变》，《光明日报》2006年2月21日。

⑦ 《湘报》报馆编：《湘报》第17号（1898年3月25日），中华书局2006年版，第67页。

⑧ 《湘报》报馆编：《湘报》第69号（1898年5月25日），中华书局2006年版，第275页。

⑨ 《会员善绩》，《中国红十字会月刊》第19期（1923年5月），第27页。

织出现了一定程度的认同、互信与融合”①，从而成为推动中国传统慈善组织实现近代化转型的重要契机。

二、助力红十字文化本土化

纵观红十字文化在华演进的历史轨迹，红十字文化也在不断地本土化。从最初的人道、中立主张，到广为宣传的博爱理念，红十字文化内涵的演变折射了本土文化的印迹。

19 世纪末，红十字逐渐进入国人的视野。在那个战火连绵的时代，红十字会在东渐登陆中国之初就被赋予了“博爱恤兵”的使命。无论是甲午之战中积极参与伤病兵救治工作，抑或是日俄战争中救伤赈济的义举，都闪烁着红十字“博爱恤兵”的本色。1911 年辛亥革命爆发之初，时任中国红十字会副会长的沈敦和在《中国红十字会试行章程》绪言中明确揭示了红十字会的宗旨为博爱恤兵，“惟是烽火烛天，干戈满地，兵连祸结，来日方长，自应广征会员，扩充办法，以达本会博爱恤兵之目的”②。1913 年 3 月，中国红十字会最早的机关刊物《人道指南》在上海创刊，沈敦和在发刊词中开宗明义指出：“红十字会者，以博爱恤兵为宗旨。”③

抗战时期，中国红十字会积极组织救护队，秉承“博爱恤兵，救死扶伤”的宗旨投入伟大的救护事业。作为中国红十字会战时宣传阵地之一的《会务通讯》宣称红十字会的精神为“博爱、牺牲”，《救护通讯》则进一步将红十字的精神发展为“博爱恤兵，救死扶伤，平时有备，战时有能”。大体而言，“博爱恤兵”这个宗旨，一直被红十字会系统从民初沿用到抗战胜利前夕。

复员时期，红十字会顺应时势发展，以“服务社会，博爱人群”为宗旨。不难窥见，在近代中国“博爱”似乎比“人道”更受欢迎，究其原因，与政治气氛息息相关。

“博爱”是孙中山政治学说中的一个核心思想，孙中山将“博爱”视为终生努力奋斗的理想，孜孜以求地宣传和践履。据《孙中山题词遗墨汇编》一书的统计，孙中山关于“博爱”的题词多达 64 件④，在孙中山所有题词中数量最多，足见博爱思想在孙中山思想体系中的分量。在孙中山看来，“天下

---

① 靳环宇：《中国民间慈善组织的历史嬗变》，《中州学刊》2006 年第 2 期。

② 周健英：《一个八十年前的文件——〈中国红十字会试行章程绪言〉》，《中国红十字》第 215 期（1992 年 8 月），第 56 页。

③ 沈敦和：《〈人道指南〉发刊词》，《人道指南》第 1 号（1913 年 3 月），第 1 页。

④ 刘望龄：《孙中山题词遗墨汇编》，华中师范大学出版社 2000 年版。转引自简海燕、池子华主编：《〈红十字会救伤第一法〉——孙中山唯一译著的整理与研究》，合肥工业大学出版社 2014 年版，第 149 页。

为公”“世界大同”“博爱”是“人类宝筏，政治极则”①。早在1906年，孙中山就在《中国同盟会革命方略》中宣告：我等“于驱除鞑虏，恢复中华之外，国体民生尚当与民变革，虽经纬万端，要其一贯之精神则为自由、平等、博爱”，今日之国民革命是求“一国之人皆有自由、平等、博爱之精神”② 的革命。在这里，孙中山首次提出“博爱”口号，并视之为国民革命“一贯之精神”。后来他在作《三民主义》演讲时，又把法国革命的口号与三民主义加以比较，强调实现三民主义，就是要体现自由、平等、博爱的精神。1912年10月，孙中山进一步指出：“社会主义者，人道主义也。人道主义，主张博爱、平等、自由。社会主义之真髓，亦不外此三者，实为人类之福音。”在孙中山看来，“社会主义为人类谋幸福，普遍普及，地尽五洲，时历万世”，因此“社会主义之博爱，广义之博爱也”③。在这个层面上，可以说“博爱”是近代的政治术语。在当时的政治语境下，红会高举“博爱”旗帜也就不难理解了。值得一提的是，孙中山与红十字运动在中国的兴起和发展也有着不解之缘，他不仅第一个引进《红十字会救伤第一法》并译为中文，而且在中华民国成立后准予红十字会立案之请，使红会实现平稳过渡。他还曾为番禺红会题词“博爱”，在红十字会史上有举足轻重的一席之地④。

至于作为国际红十字会原始主张的人道原则，在中国的推行不大顺畅，溯其缘由，或在于其与中国传统文化伦理的冲突有关。众所周知，红十字会的创建源于对战场伤病兵、俘虏的救护，而中国向无救护战俘的先例，反而以坑杀战俘为常：战国时期秦赵长平之战后，白起下令坑杀赵国战俘40万人；楚汉之争中，项羽坑杀秦降卒20万人；官渡之战后，曹操坑杀袁绍降卒8万人。此类史实，不胜枚举。除此之外，战场上的其他不人道行为也屡见不鲜。唐朝张巡在睢阳血战时，为免兵士忍饥挨饿战败，声言“宁惜一妾而坐视士饥?”“乃杀以大飨”，强令兵士食之；不仅如此，因“被围久，初杀马食，既尽，而及妇人老弱，凡食三万口”⑤。这种举动虽野蛮，违背人道，却长久受到社会主流意识的褒扬。直至1874年，《字林西报》《申报》还撰文称

① 1922年孙中山对孔祥熙的谈话，参见1942年4月23日《扫荡报》。转引自广东省社会科学院历史与孙中山研究所编：《广东省社会科学院历史与孙中山研究所建所五十周年纪念文集》，银河出版社2008年版，第806页。

② 孙中山：《中国同盟会革命方略》，参见《孙中山全集》第1卷，中华书局1981年版，第296页。

③ 孙中山：《在上海中国社会党的演说》，参见《孙中山全集》第2卷，中华书局1982年版，第510页。

④ 关于孙中山对红十字文化传播的贡献，具体可参见池子华：《略论孙中山对中国红十字运动的贡献》，《民国档案》2006年第6期。

⑤ （宋）欧阳修、宋榮撰：《新唐书》卷一九二，中华书局1975年版，第5538、5540页。

“亚细亚诸国之从事于战阵也，以戮杀俘囚为常”[①]。

有鉴于此，“博爱”因契合当时的政治术语，因而成为红十字文化在中国传播时首要宣扬的主张，也是近代红十字会最广为人知的一张名片。它反映的是中国近代革命话语体系下对红十字精神的诉求，是红十字文化本土化的鲜明表征。

回望红十字文化在华演进的历程，一个显著的特征即红十字的人道主义与中国传统慈善文化的碰撞、适应、剥离和融会，二者始终保持着若即若离的“暧昧关系”。由于红十字文化和本土慈善文化的本质差异，二者的碰撞在所难免。为消解民众的排拒心理，强化认同，在处理红十字文化与传统文化的关系上，红十字会系统采用了附会中国传统文化的方式，致力于从传统文化中挖掘资源，为红十字文化的合理性寻求中国式依据。为获得民众的认同，中国红十字会还诉诸功德果报理念，以“迎合”各个阶层对于行善积德的普遍心理诉求。随着战时救护实践的开展，红会中人逐渐摒弃了行善积德的理念，开始以责任服务说代替功德果报说，意欲将红十字事业从传统慈善事业中剥离出来，却“欲罢不能”，最终走向融会。这一过程映射的是红十字文化和传统慈善文化间的博弈与较量，揭示了外来文化传播的一般原理和机制，即经历了一个“接触—碰撞—适应—转型—融会”的过程，最终成功融入异质文化圈。红十字文化在华演进过程既是红十字文化主动选择和适应中国传统慈善文化的过程，也是中国传统慈善文化在红十字文化影响下悄然转型和更生的过程。该过程相互影响、盘根错节，温和而渐进，最终两种异质文化在不断的碰撞中走向了融会和涵化，实现了文化的新陈代谢和重构。

① 《交战时宜预筹保护人命》，《申报》1874 年 9 月 7 日。

第三章　近代红十字文化的传播

“红十字会为一社会服务团体，尽人皆知，而对其基本精神与服务范围，则知者甚为聊聊”。因而“为期使社会澈底瞭解红十字会之任务，服务范围与夫其基本精神，胥赖广事宣传，以博取社会对于红十字会之认识，增进对国民对于红十字会之兴趣，从而乐于赞助，以收群策群力之功，则宣传力量之重要，不可不注意者也”①。中国红十字会自诞生后，积极致力于文化传播活动，助力红十字事业的发展。

第一节　媒体传播

媒体是传播主体对传播对象施加力量的手段，也是建立传播活动中主体和受体之间联系的中介和纽带。近代媒介的迅猛发展以及传播业的民间化为红十字文化传播提供了相应的技术支撑。中国红十字会成立后借助一系列媒介开展文化传播活动，扩大了红十字会的社会影响。

一、印刷媒介：以报纸刊物为考察中心

在近代红十字文化传播中，报刊自始至终发挥着重要的作用。国人对红十字文化的最初接触得益于《字林西报》和《申报》的报道，之后《申报》更是承担了早期红十字文化传播的主力军重任。1912 年，中国红十字会实现“统一”后，逐渐开始创办自己的机关刊物，大力传播红十字

① 路士良：《红十字周的宣传资料》，《红十字月刊》第 32 期（1948 年 8 月），第 7 页。

文化。作为红十字运动喉舌的红十字期刊，不仅为我们留下了大量的历史资料，也为我们审视其传播效用打开了一扇窗口。民国时期中国红十字会发行的主要刊物如表 3－1 所示。

表 3－1　民国时期中国红十字会会刊和出版物一览表

刊物名称	出版时间	期　数	备　注
人道指南	1913 年 3 月—4 月	1—2 期	/
中国红十字会杂志	1913 年 5 月—1914 年 6 月	1—2 期	/
中国红十字会月刊	1921 年 10 月 10 日—1924 年 6 月	1—31 期	/
	1931 年	1 卷 1—7 期	/
	1935 年 7 月—1940 年 6 月	1—60 期	尚出版 1—60 期，目录 1 册
会务通讯	1941 年 1 月—1945 年 8 月	1—34 期	全称《中国红十字会会务通讯》，从第 11 期（1942 年 10 月）起改称《中华民国红十字会会务通讯》
救护通讯	1943 年 10 月—1945 年 8 月	1—44 期	抗战时期总会救护总队部编印
红十字月刊	1946 年 1 月—1948 年 12 月	1—36 期	/
红十字会刊	1947 年		北平市分会编印

资料来源：中国红十字会总会编：《中国红十字会历史资料选编，1904—1949》，南京大学出版社 1993 年版，第 102 页；池子华：《中国红十字运动史散论》，安徽人民出版社 2009 年版，第 214—226 页。笔者根据以上资料整理而成，并对其中错误之处做了订正。

此外，中国红十字会总会尚出版《工作简报》以及宣传手册等资料，各地分会如上海、南京、常熟、青浦、下关分会等，也都印制了纪念册及宣传手册。不言而喻，这些数量可观的报纸和出版物是传播红十字文化的有效载体。大体而言，报刊等印刷媒介对红十字文化传播的作用主要体现在以下几个方面。

（一）舆论引导——鼓动民众参与红十字事业

各类报刊在鼓动民众参与红十字事业方面不遗余力，尤以红十字刊物为最，主要表现在以下方面。

其一，刊载专门文章，传播红会宗旨，阐明红十字会的重要性并劝人为善。这方面的代表文章有山东黄县经纬老人所作《劝告同胞赞助红会书》，安徽太和分会所作《红十字会白话浅说》，四川巫山分会所作《红十字会现身说法》，巫山县大昌分会所作《红十字会十大利益说》，美国华侨谭某作《告国人以中国红十字会之重要》，沈金涛所作《红十字会之追本溯源》，虔修道所作《红十字会问答概要》，天津社会教育办事处总董林兆翰所撰《慈善家注意：诸君呀，快快拿钱，捐助红十字会，救护我们伤亡的同胞罢》以及《论热心赞助中国红十字会之福报》等。检阅这些报道的内容，大体可归类为以下几个方面：

一是对红十字会宗旨、原则及业务活动的宣传。兹举例如下：

1910年，《申报》报道称："红十字会宗旨，在平时救灾恤邻，以辅行政之不及，战时扶伤拯溺，以补军医之缺憾。"① 次年，《直隶保定红十字救济会简章》直接宣称"本会纯属慈善性质，以人道主义，尽保护义务"，并规定红十字救济医院的宗旨为："本医院凡救济关于战地上之受伤军士及关于战地之受伤非军士，经过保定者，均为调治保养，无政见之歧别。"②

1913年，《申报》刊载专文称红十字会"以人道为宗旨，畛域无分，力谋救护"③，强调红十字会以"博爱、恤兵，尊重人道"为唯一宗旨④。同年，《人道指南》发刊后对红十字会的性质广而告之，"红十字会者，专行慈善事业者也。其范围至广，其大要不外乎博施济众，体上天好生之至德，弥世界人道之缺遗，故其宗旨曰博爱曰恤兵。其性质迥异他会，不涉宗教，不涉党派"⑤。

1922年，《上海中国红十字会出发救护队临时章程》规定，红十字会的性质为"世界最高尚、最慈善之事业"，原则为中立，"救护队在战地除救护病伤之外，概不干预他事"，并强调"凡受伤兵民，不论何国，皆应一律待遇，不得歧视"⑥，彰显了红十字会不分畛域、一视同仁的特质。1923年，开封分会也宣扬红十字会"救济战地伤亡，一以慈善为主，毫无畛域国界之分"⑦。

抗战时期，胡兰生对红十字文化的内涵做了这样的解读："全世界在同一

① 《军谘处奏详核红十字会原奏敬陈管见折》，《申报》1910年6月19日。

② 《汇编：章程类（第十四集）：直隶保定红十字救济会简章（未完）》，《北洋官报》1911年第2968期，第58页。

③ 《救护队自当优待》，《申报》1913年7月19日。

④ 《中国红十字会临时通告二》，《申报》1913年7月26日。

⑤ 《敬告非会员》，《人道指南》第1号（1913年3月），第3页。

⑥ 《上海中国红十字会出发救护队临时章程》，《中国红十字会月刊》第6期（1922年3月），第22页。

⑦ 《开封分会欢迎名誉会长张督理张省长词及二公答词》，《中国红十字会月刊》第20期（1923年6月），第10—11页。

红十字旗下，所致力不遑者，厥有二义：曰博爱恤兵，曰救死扶伤，无种族之歧，无地域之别，而其目的，乃在消弭国与国间之仇恨，增进人与人间之情爱。”① 江晦鸣则从人类的进化、世界的常态以及国家和民族的状态角度出发，指出红十字会的工作“无不充分表现互助、和平、平等、协和之精神。盖其服务之宗旨，急难扶伤是互助的，是和平的；博爱恤兵，是平等的，是协和的”②。

红十字会的业务活动也是宣传的焦点。《告国人以中国红十字会之重要》一文开篇即讲到，“举凡天灾人祸，如水旱疠疫、兵燹伤亡，名为红十字会者，闻风命员，赈济救护，无微不到。……闲尝推究红十字会宗旨，概持人道、博爱、拯救为前提”③。陈寿源也撰文指出：“夫红十字会，固以救伤为职志，然遇天灾地变，人民之疮痍疾苦，无不发厥慈悲而力救焉。”④

二是宣扬红十字会或慈善事业的重要性，劝导国人赞助红会。各大报刊对红十字会的重要性进行了多角度的宣传。

首先，强调红十字会或慈善事业对于国运发展的重要性，如“以人道之命脉为国本之培滋，将必能以慈善立国”⑤；红十字会“关欧亚历国邦交”，“关系我中华国体”⑥；红十字会“力可联络国交”，“提倡国家之模范也”⑦；“欧美人常以红会程度之增加觇一国文明之进步，有关国际，关系匪轻”⑧ 的宣传不胜枚举。王培元也曾提到：“外人以慈善事业为国内文化之标准，而慈善事业以红十字会为首领，慎重至极点，务须注目在国际上，不至使吾堂堂之中国落后。”⑨ 1922 年，杨小川副会长在演说时，极力强调红会之发达与国家文明之间的关系，“盖慈善思想之发皇与慈善事业之光大，乃民族之荣誉、国家之体面。欧美人常以此觇国人之文明程度”⑩。甚至有时人将我国孱弱的原因归咎于民众对于加入红十字会的态度不积极：“查十字会之在欧美各国，人皆以入会为荣。考之吾民则异是，无怪中邦之孱弱也。”倘若人人踊跃加入

---

① 胡兰生：《为人生而服务》，《会务通讯》第 30 期（1944 年 12 月），第 14 页。

② 江晦鸣：《第四届红十周献辞》，《会务通讯》第 30 期（1944 年 12 月），第 4 页。

③ 《告国人以中国红十字会之重要》，《中国红十字会月刊》第 5 期（1922 年 2 月），第 1 页。

④ 陈寿源：《一般国民对于红十字会之关系》，《竹秀园月报》1921 年第 8 期，第 1 页。

⑤ 《通告各分会来赴会员大会启》，中国红十字会总办事处编：《中国红十字会二十周年纪念册》，1924 年印行，不著页码。

⑥ 《中国红十字会立募东省救护急捐请海内外同胞公鉴》，《申报》1914 年 8 月 27 日。

⑦ 韩慈敏：《美国红十字会在中国集款之纲要》，《兴华》1918 年第 15 卷第 22 期，第 8 页。

⑧ 《中国红十字会之新年希望》，《中国红十字会月刊》第 15 期（1923 年 1 月），第 4 页。

⑨ 王培元：《万国红十字会第十次联合大会议案摘译序言》，《中国红十字会月刊》第 10 期（1922 年 7 月），第 26 页。

⑩ 《杨副会长到汕头之欢迎会》，《中国红十字会月刊》第 14 期（1922 年 12 月），第 9—10 页。

红十字会，则“吾国之兴，其有艾乎！”① 战时，红十字会的重要性在于保全人力，诚如时人所说：“战时，人力是决胜的基础。……在战场上救活一个伤兵，即等于为军队保持了一分战斗力量。在战区内，救出一个难民，即等于为国家增加一分生产力量。”② 红十字会所做的，就是这样意义伟大的工作。

其次，强调红十字会或慈善事业对于人群发展的重要性，“人不能遗世而独立，故必有家以相养，有群以相保。……能与人共乐，斯谓之真乐，与人共乐，当先自发达慈善事业始。慈善事业发达，则举国鲜无告之民，人道无缺陷之点。然而求慈善事业之发达，则又不得不自红十字会始”③。基于此，呼吁民众积极入会，推广红会事业。

再次，强调红十字会对个人的重要性，大力宣传入会利益。比如缴纳红十字会会费成为会员，可以“明避兵灾，暗邀天佑，获福则为无尽”④。又如宣传红十字会有益于国民，“非南山之竹可得而尽数焉”，称“人民之遇创伤者，固得救矣。他如北伐军与及陈龙之役、讨龙之役、粤军凯旋之战，有赖于红十字会者，指不胜屈”⑤。

这些宣传使民众对红十字会的性质、宗旨、业务活动及重要性都有了一个比较直观的认识，进而生发“了解之同情”，积极参与和支持红十字事业。

其二，设立各种专栏。

首先，登载人物传记，主要记载红十字运动的创始人以及对红十字会发展有重要贡献的国内外人物事迹，如表 3－2 对于《中国红十字会月刊》的统计。

表 3－2　《中国红十字会月刊》刊载部分人物传记一览表

人　物	身　份	主要事迹	来　源
南丁格尔	英国创办看护之极仁慈女子	看护克里米亚战争受伤士兵	1921 年第 1 期，第 23—24 页；1935 年第 1 期，第 143—144 页
峨利生	救护医员	武汉举义，早夕临治，未尝稍息，积劳逝世	1921 年第 2 期，第 27—28 页；1935 年第 2 期，第 107 页
唐露园	中国红十字会理事长	秉性仁慈，急于公益	1921 年第 3 期，第 23—24 页；1935 年第 3 期，第 119—121 页

① 陈寿源：《一般国民对于红十字会之关系》，《竹秀园月报》1921 年第 8 期，第 2 页。
② 陆诒：《救苦救难的红十字会》，《会务通讯》第 21、22 期合刊（1943 年 11 月），第 33—34 页。
③ 《敬告非会员》，《人道指南》第 1 号（1913 年 3 月），第 4 页。
④ 《中国红十字会之新年希望》，《中国红十字会月刊》第 15 期（1923 年 1 月），第 5 页。
⑤ 陈寿源：《一般国民对于红十字会之关系》，《竹秀园月报》1921 年第 8 期，第 1 页。

（续表）

人　物	身　份	主要事迹	来　　源
陈毓峰	衡山分会第一任会长	对于慈善事业靡不本恻隐之仁，以尽安危之责	1922 年第 4 期，第 29 页；1935 年第 5 期，第 87 页
欧彬	中国红十字会常议员	慷慨好义，热心捐振	1922 年第 5 期，第 9—10 页；1935 年第 4 期，第 93 页
陈琚	赤水分会会长	救护济急	1922 年第 13 期，第 29 页；1935 年第 5 期，第 87—88 页
熊景章	赣县分会理事长	扶伤瘗亡，厥功甚伟	1923 年第 15 期，第 33 页；1936 年第 10 期，第 93 页
眭润沧	衡山分会第二任会长	服务维勤，扩充红会	1923 年第 15 期，第 33—34 页；1936 年第 15 期，第 91 页
祝世仪	永州分会会长	兢兢会务前后六年，活人无算，积劳逝世	1923 年第 20 期，第 25—27 页；1936 年第 11 期，第 71—72 页
朱清甫	兴化刘庄分会会长	解囊争倡，施舍不倦	1924 年第 27 期，第 37—38 页；1936 年第 14 期，第 79 页
陈翔庭	惠民分会会长	精于医，著手成春，活人无算	1924 年第 27 期，第 38 页；1936 年第 8 期，第 81 页
旷君	潜江分会会长旷世伟从父	笃于友谊，无负托孤；宅心慈善，勇义必俱	1924 年第 27 期，第 38—39 页；1936 年第 10 期，第 93—94 页
孙景周	寿县分会名誉会长	捐金千元以作急赈，全活无算	1935 年第 6 期，第 87—89 页
王得斋	乐山分会会长	于地方公益，多所赞助	1936 年第 7 期，第 73 页
刘少玉	大善士	赞助宜都红十字分会，擘划会务，劝募捐输，不遗余力	1936 年第 8 期，第 81 页
曾介孚	固始分会会长	对于慈善事业悉心筹画	1936 年第 9 期，第 83 页
罗朗山	南昌分会会长	凡有地方善举，无不首为之倡	1936 年第 12 期，第 91 页
张智溪	固始分会理事长	热心公益	1936 年第 13 期，第 157—158 页

此外，《红十字月刊》对亨利·杜南、杜月笙等人的事迹也进行了大张旗鼓的宣传，从《亨利·杜南史略》《亨利·杜南传》《杜月笙先生大事记》《杜副会长在本会服务史略》[①] 等文章标题即可见一斑。通过对红十字会系统先进人物的大力宣传，无疑可以起到良好的示范导向作用，促进民众对红十字文化的认知。

其次，登载诗歌和小说。开辟诗歌和小说专栏的主要目的在于增进读者的兴趣，以文人喜闻乐见的方式传播红十字知识。此类文字在《中国红十字会月刊》上尤为突出，如《南京被劫记》《苦兵吟》《苦水吟》《哀荆南》《醴陵荒状之写真》《鸦片烟》《芷江荒年实情纪事杂咏二十四首》《芷江逃难民白话歌》《芷江荒年词》《芷民饥饿歌》《苦民吟》《兵祸调寄蝶恋花》《匪害调寄一丛花》《饥荒调寄踏莎行》《瘟灾调寄卜算子》《浩劫歌》等。而《红十字月刊》则在1946年第9期专载“东归诗历”系列诗歌，达11首之多[②]。

1922年10月10日，借庆祝国庆之机，红会中人特编《中国红十字旗歌》[③]，讴歌红会的救护业绩。

中国红十字旗歌

一滴一滴灾民血，鲜红十字浑无别。红旗之下诉灾魂，何堪庆此双十节。
大风狂暴水波扬，山洪海浪来汤汤。飓风到处成灾害，十字旗开救护忙。
潮汕飓风浙温水，红旗救护遥飞至。此旗可作招魂旛，将死还魂鬼亦喜。
故鬼当年哭武昌，武昌今又苦乾荒。骄阳不雨逾三月，赤地焦枯少稻芒。
奉直粤赣战祸始，又看闽疆战争起。一家骨肉自摧残，救护红旗忙不已。
愿澹沉灾更弭兵，国旗五色始鲜明。况有红旗飘十字，节逢双十庆重生。
昨死今生庆双十，国旗红旗同屹立。舞凤蟠龙相荡摩，潮平风定弥煌熠。
国庆人人颂祷多，我编红十字旗歌。去年三十今双十，歌罢红旗意者何？

除红十字会总会“旗歌”外，分会也有会歌，例如：

中国红十字会章丘分会会歌

红会设立何所为？组织救护队，战地发慈悲，
疗伤兵埋死尸，不分谁和谁。

① 参见《红十字月刊》第29期（1948年5月），第3页；第31期（1948年7月），第16—17页；第20期（1947年8月），第14—17页。

② 参见渊雷：《东归诗历》，《红十字月刊》第9期（1946年9月），第33页。

③ 《中国红十字旗歌》，《中国红十字会月刊》第13期（1922年11月），第33页。

安上收容所，难民有所归，良民脱危险，善名永昭垂。

见义勇为，舍生救人，疆场走一回[①]。

此外，还有各地红会会员关于红会具体工作内容的唱和诗文多篇。据笔者统计，《中国红十字会月刊》所刊载的文章中，仅标题含有“红十字会纪事诗”字样的有15首之多，集中叙写红十字会的救护、掩埋、放赈、医院等日常活动。兹摘录中国红十字会特别会员、芷江分会文牍员、主任张熙和所作《红十字会纪事诗四律》[②] 如下，以管中窥豹：

救护

炮火连声响半空，尸横遍地血流红。恤兵气迈千军勇，爱国恩施万个雄。

愿得临时全善果，奚图异日奏奇功。旃书十字遵盟约，救护伤亡息战戎。

掩埋

争权夺利起狼烟，残害生灵下九泉。逞勇士兵亡旷野，立功将校落鞍鞯。

地方有会当为善，畛域无分总结缘。效死疆场随埋掩，坟台碑记姓名镌。

放振

世变时迁起甲兵，农无棲地不归耕。男男女女成饥色，户户家家动哭声。

军事未休仍旁午，灾民乏食竟呼庚。多捐义粟随时振，趁此凶荒好救生。

医院

医院重门大且深，缘防病疫反相侵。全凭手上施良济，急救床中绝苦吟。

多备泰西长命药，永存民国恤兵心。竭吾十字回生力，不望活人颂德愔。

仪征分会筹备处文牍主任段春晖所作《咏中国红十字会慈善事业诗》[③]，也以诗性的语言赞美红会的善举：

水旱灾

天灾人事两相催，遍地疮痍感劫灰。

独有宅心慈善者，仁浆义粟恤民来。

疫疠

劳苦余生已不支，那堪二竖互相欺。

古时扁鹊今何在，幸喜中原有国医。

---

① 《中国红十字会章丘分会会歌》，《中国红十字会月刊》第14期（1936年8月），第64页。

② 张熙和：《红十字会纪事诗四律》，《中国红十字会月刊》第4期（1922年1月），第45—46页。

③ 段春晖：《咏中国红十字会慈善事业诗》，《中国红十字会月刊》第18期（1923年4月），第30页。

刀兵

廿世纪中人类争，寰球无处不刀兵。
已知浩劫诚难避，斯会偏能保此生。

水火劫

水火无情不可当，哀鸿满目实堪伤。
谁能施展回天手，赖有仁人意不忘。

以上这些诗歌通过有节奏、有韵律、含蓄凝练的语言，热情讴歌了红会救伤瘗亡的善举和博爱恤兵的宗旨，在潜移默化中传播了红十字文化。

除诗歌外，一些小说如《疫》《梦水灾》《救护队》《不堪回首》《劝人猛省》等，寓红十字知识于故事之中，使人们在轻松阅读的同时，感受红十字文化的濡染。例如，小说《劝人猛省》的作者从红十字会的发端说起，谈及中国红十字会的救护成绩，劝诫民众争做红十字会会员，争先恐后帮助红十字会的经费，尤其劝诫嫖赌、吸纸烟、坐车子、上茶馆喝茶之人“将零钱聚了起来送到红十字会去”，并以自身经历相劝导：“在下现在有一件天大的恨事，就是从前没有把钱捐到红十字会去。不料到了南京被劫的时候，家里的东西被活强盗抢得连丝毫也不剩，到今天吃尽了苦，那强盗也不来体恤体恤，只有那红十字会办了什么振抚局、借贷局、征文社接济我们。早知道如此，倒不如把家中所有一并捐到红十字会去，也强似那强盗抢的了。何况红十字会能周济我们，胜如同还我们一样的。”文末更是将红十字会比作保险公司，“诸君若是听了在下的话，猛然醒悟过来，照样的认捐，把红十字会抬了起来，那红十字会就是我们的保险公司。诸君想想是不是咧”①。真切的感受、发自肺腑的劝导配以“大白话”风格的语言无疑具有强烈的说服力，易激发民众的共鸣和赞助热情。

（二）借鉴融通——助推中国红十字事业的国际化发展

红十字会是一个中立性的国际组织，及时报道国际红十字会的动态是红十字文化传播的一项重要内容。中国红十字会成立初期，对国际红十字会的关注集中于对相关国际公约、章程的宣传介绍以及各缔约国的缔约年代、会员发展情况的报道，这在红十字文化传播的起步和发展阶段最为明显②。抗战时期，中国红十字会接受外援的力度空前加大，对国外红十字会动态的关注

① 邢慧民：《劝人猛省》，《中国红十字会杂志》第2号（1914年6月），第4—6页。

② 例如《大公报》在1915年10月4日至6日连载章锡琛所撰写的《各国之红十字事业》，详细介绍各国红十字会之历史、徽章及各国红十字事业的发展情况。

也明显强化，主要是国外红十字会的物资援助情况，当然也包括青年工作[①]及民众健康等信息。复员时期，红十字会的业务活动发生重大转向，以“服务社会，博爱人群”为宗旨，而中国红十字会素乏这方面的经验，于是掀起向国外红十字会“取经”的热潮。据笔者统计，从1946—1948年，《红十字月刊》刊载的文章中，仅标题含有“国际红十字会动态”字样的就多达168篇(1946年48篇，1947年60篇，1948年60篇)，涉及救灾、培训、输血、征募、医疗、妇女、儿童、青年等全方位的社会服务活动。除此之外，《红十字月刊》还开辟专栏，介绍各国的红十字会，如该刊于1946年第10期、11期，分“各国红十字会介绍特辑”（上）、（下）两辑，连载美国、芬兰、墨西哥、荷兰、丹麦、澳大利亚、加拿大、巴西等国家的红十字事业；“青年红友”园地则对各国红十字青年会员的活动详为介绍。

通过对国际红十字运动动态的宣传和介绍，广大民众和会员可以从中了解红十字事业发展的新动向，从而推动中国红十字事业与国际接轨。

“一种新媒介的长处，将导致一种新文明的产生”[②]。报刊作为近代新兴的主流媒介，在形塑新文化方面功不可没。不同于书籍“给人以观点的个人自白形式”，报纸是“一种群体的自白形式，它提供群体参与的机会”[③]。总体而言，红十字会机关刊物的宣传，无疑是透过宣传红十字会系统的典型人物和具体业务活动，加深民众对红十字会的认识和理解，进而号召民众积极参与红十字事业。需要指出的是，文字传播方式虽面向社会大众，但不难看出，其宣传主要是针对有读书识字能力的阶层。因为刊物主要是以文字印刷形式传播辐射的，这种传播形态要求有相应的、有文化的受众，但近代社会民众的低程度文化水平现状显然是不能够胜任的[④]，因此红十字刊物的影响力对这一群体而言明显大打折扣。

---

① 参见陈湘泉：《考察各国红十字会青年部报告书》，《中国红十字会月刊》第21期（1937年3月），第107—113页；第22期（1937年4月），第92—94页；第23期（1937年5月），第129—133页；第24期（1937年6月），第81—87页；第25期（1937年7月），第65—68页；第26期（1937年8月），第57—61页。

② ［加］哈罗德·伊尼斯：《传播的偏向》（何道宽译），中国人民大学出版社2003年版，第28页。

③ ［加］马歇尔·麦克卢汉：《理解媒介——论人的延伸》（何道宽译），商务印书馆2000年版，第256页。

④ 美国著名的现代化理论专家吉尔伯特·罗兹曼认为，清代中国的识字率接近德川时期的日本，他引述饶懿伦的研究结论说：“18和19世纪的识字率也许‘比以前的推测要高。男女间识字率是不平衡的，大约有30%—45%的男性和只有2%—10%的女性具有某种程度的读写能力’。”参见［美］吉尔伯特·罗兹曼主编：《中国的现代化》（国家社会科学基金“比较现代化”课题组译），江苏人民出版社2003年版，第168页。

文字传播之外，图像也是一种常见的传播媒介。从早期刊刻灾民图到后来的工作照片，中国红十字会一直比较重视运用这种直观形象的方式来传播文化。在红十字刊物中，恤兵救灾、服务社会等反映红会工作的照片俯拾皆是。1913 年，中国红十字会即“积有照片五百数十纸，凡关战务救护，无不留影”[①]。与此同时，红十字会还决议在出版的杂志中“附刊各种图画，并灾区灾民惨象铜版”[②]，以飨社会，借以报告。1917 年京直水灾中，为筹募赈款，天津分会“用照相法将灾状摄影”[③]，“分别放大翻印张挂会门并通衢，以引起一般善士乐助观念”。照片仅挂出一个星期即收到良好效果，“捐款颇多，法公董局捐送银二千五百两，连同零星之款，已集有一万八千余元”[④]。1925 年，滁州分会于苏奉军冲突时，积极救伤瘗亡，有“战地救护情形照片七纸，三张为炮火击中之死伤惨状，四张为掩埋队之工作情形”，红会总办事处将这些照片置于门前的玻璃架内，以这种直观形象的方式展现红十字会的博爱恤兵宗旨，“观者咸为酸鼻”[⑤]。

图像传播具有文字传播难以企及的优势，它可以吸引广泛的、非精英的读者参与到红十字事业中来。因为更多的人在看完图画后可以直观了解灾难的程度，故而更易于激发他们的恻隐之心，进而参与到赈济中来。诚如时人所观察到的：“盖自各省水旱以来，劝捐之启、劝赈之文虽不为少，然必须识字通文者始能阅之。今此图一出，虽野老、村夫、妇人、孺子无不能阅。阅之，亦必有因之感动者，其于赈捐必大有裨益也。”[⑥] 日本赤十字社法学博士有贺长雄也建议采用图像的方式，“用各处战地写真演为影戏，令人见肉飞之惨，其好善之心遂油然而生”[⑦]。对于图像传播的独特优势，有着丰富红十字工作经验的江晦鸣也深有同感。在他看来，“一般图画比文字的效力为大，所以在标语、广告、传单、特刊里，可以参插图画、漫画、照片、图案等等，以引起读者注意，启发读者兴趣，帮助读者了解”[⑧]。事实确也如此，在第七届红十字周展览时，观览者“对展览品最感新奇的是那些各国红十字会的宣传图画”，因为这些画里都含有极深的教育意义，例如“红十字会像个行侠的

① 《红十字会大宴会》，《申报》1913 年 9 月 8 日。

② 《红十字会之筹赈忙》，《申报》1913 年 1 月 12 日。

③ 《中国红十字会谨募赈衣并报告天津紫竹林之灾状》，《申报》1917 年 9 月 15 日。

④ 《红十字会纪事两则》，《申报》1917 年 10 月 9 日。

⑤ 《滁红会寄来救护照片》，《申报》1925 年 10 月 31 日。

⑥ 《阅河南奇荒铁泪图书后》，《申报》1878 年 3 月 15 日。

⑦ 《中国红十字会之过去及将来（续）》，《新闻报》1912 年 1 月 30 日。

⑧ 江晦鸣：《为何举办红十字周？如何举办红十字周?》，《红十字月刊》第 32 期（1948 年 8 月），第 2 页。

武士，勇敢地迈向灾难的战场”，“地球像在滚钢丝，红十字会要设法保护它，免于灾难”的这些解说，都是以画来表明的。而国际通讯关于红十字会保护战场伤患和俘虏的图表也吸引了参观者的注意。“这项工作在感受战乱流离之痛的人们心中，是有很深的印象”①。

大体而言，图像传播的优势主要体现在“客体被固定在照片上，于是它的物质痕迹就永远保留下来了”，而且“摄影胶片把客体曾经放射出来的光芒保留下来，这种光芒是客体自身的表现”②。简言之，图像可以弥补文字叙述的平面化，丰富历史的细节感，“给那些原先在文字书写中‘没有历史的’人或物提供鲜活、具体的历史实相”③，从而更加生动地展现红十字会的业务实态和精神风貌。

二、电子媒介

（一）广播

伴随近代传播业的发展，电子媒介也被广泛运用于红十字文化传播。

1935 年，第二次征求会员大会期间，红十字会“函请全沪无线电台四十余处于八九两月内逐日义务播音”④，播送特别节目，借以吸引各界人士积极入会，获得播音界的积极支持。华兴电台两次播送特别节目⑤，佛音电台更先后 6 次提供时段给红十字会制作特别节目。节目内容先以演讲方式讲述红十字会宗旨及征求会员的重要性，再益以各项表演，如各种乐器演奏（口琴、钢琴和琵琶）、戏曲（粤曲、昆曲和平剧）以及流行歌曲演唱。9 月 29 日最后一次播音，甚至请到以影星胡蝶为首的演艺人员前来为红十字会义演⑥。

1937 年，为筹募救济难民款项，红十字会上海救济委员会先后于 9 月 19 日和 9 月 25 日开展广播募捐，指定中西电台，“全日广播特殊精彩节目，并由全沪电台转播，筹募救济难民款项”⑦，另外又“邀请梅兰芳博士及周信芳等各大名伶，借本市富星电台，广播特殊精彩节目，筹募救济捐款”。广播结

---

① 黎阳：《第七届红十字周展览记》，《红十字月刊》第 34 期（1948 年 10 月），第 11 页。

② ［德］哈拉尔德·韦尔策编：《社会记忆：历史、回忆、传承》（季斌、王立君、白锡堃译），北京大学出版社 2007 年版，第 77 页。

③ 复旦大学历史学系、复旦大学中外现代化进程研究中心编：《新文化史与中国近代史研究》，上海古籍出版社 2009 年版，第 340 页。

④ 《无线电台播音宣传》，《中国红十字会月刊》第 4 期（1935 年 10 月），第 42 页。

⑤ 《无线电台播音宣传》，《中国红十字会月刊》第 4 期（1935 年 10 月），第 44 页。

⑥ 参见《征求会员末次播音》，《中国红十字会月刊》第 5 期（1935 年 11 月），第 50—51 页。

⑦ 《救济工作——各收容所亟盼捐款，难民继续遣送回籍》，《申报》1937 年 9 月 20 日。

束后，“募得捐款有万余元之巨”①。

在各类广播宣传中，复员时期上海市分会的“流动服务站”和“流动诊疗车服务”尤其别出心裁。1946 年夏，上海霍乱流行，严重威胁市民的健康。为控制时疫的蔓延，上海市分会除开办诊疗所免费注射防疫针外，还借来新式大卡车一辆，“用红十字的大标识和布标语，替卡车穿上了一件美丽的外衣”，并装置广播器，一边播音宣传防疫的重要性和霍乱的危险性，答复医药咨询：

诸位：这辆车子是中国红十字会上海市分会的服务车，现在上海的霍乱，已经闹得很利（厉）害，染传的人一天一天在多起来，传染到这个毛病的人，利（厉）害一点的就可在二十四小时以内死掉，并且又呕又吐，非常的痛苦。传染的速度又非常的快，所以只有事先想法预防，预防的方法，就只有打防疫针，不要吃生冷的东西……我们红十字会是以服务社会为目的的机关，因此就设立这个流动服务站，便利各处的市民，可以就近打到防疫针，我们并不强迫，并不要费用，凡是知道霍乱的利（厉）害，而愿意打防疫针的市民，请就来打吧！

另一边开展征求会员的宣传：

中国红十字会上海市分会，现在正在举办征求会员大会，因为中国红十字会上海市分会是上海市市民的红十字会，所以希望全上海的市民，都去参加做一个会员。

红十字会工作的目的是“服务社会，博爱人群”，红十字会是“伤兵之母，难民之友”。红十字会是“贫病的救星，健康的导师”。“免去人群生活的匮乏，奠定社会秩序的安全”，是今后红十字会的重大使命。“丰富人的生命，涵煦人的精神，启迪人的智慧，泯除人的痛苦”，是今后红十字会的重要工作。

要使世界各国对中国国民服务社会的精神得到一个新的认识，必先奠定中国红十字会的基础，要想增进上海市市民在国际上的地位，必先发展红十字会上海市分会的事业。

加入红十字会做一个会员，一方面是享受会员的权利，一方面是尽了我们的义务。红十字会的会员越多，服务社会的力量就越大，蒙受到利益的人也就越广。

红十字会是国际性的社会团体，是万国公认的人民自动组织的团体，发

---

① 《市救济会昨请梅兰芳广播》，《申报》1937 年 9 月 26 日。

扬人类互助精神的最崇高的团体。

要得到医药顾问，要保障身体健康，要享受团体生活，要希望服务社会，请加入红十字会。中国红十字会上海分会的会址在新闸路卡德路口，电话是三四三六六，各界如要加入做会员，请打电话接洽。

各区区公所也同红十字会代收会员，各位可以到区公所讨取志愿书入会。

现在各位假使愿意入会，就可以来填写志愿书，我们马上可以发给会证①。

在播音器的声浪中，市民愈聚愈多，服务员请他们排成两队，依次注射防疫针。征求会员的演讲，也打动着市民，“于是有好多人走到车旁陈设着笔砚的写字桌前，填写入会的志愿书”。播音器里不断地报告着上面所记的宣传内容，“伸着臂膀需要注射的市民自朝至暮总是保持着长长的两行，申请入会的朋友们你来我往的连绵不绝”②。

上海市分会举办的流动诊疗车服务也是将广播宣传和业务开展有效结合的典范，这种双管齐下的方式有力地推动了红十字文化的传播。

为筹募基金，上海市分会与市民营广播电台同业公会自1947年9月15日至17日，举行空中劝募，由18家民营电台全体播送特别节目。节目种类丰富多彩，平剧由南北名票名伶，越剧由沪上全体名票名伶，歌唱有电影明星、名媛及弹词名票等大会串。此外，聘请市长、卫生局长及王晓籁等做广播演讲，讲演流动诊疗的意义③，并“阐述红会使命甚详”④。无线电听众踊跃输将，综合三天特别节目，“计募得国币一亿二千七百余万元，并蒙美国红十字会等慨助药品及救护车一辆，经多方之努力筹划并将救护车迅速改装为第一辆诊疗车”⑤。

流动诊疗车自1947年10月10日开始服务，共设沪南、沪西、沪东、沪北四区诊疗站，“依着日程时间排列”，轮流到各站点，“给全市人民做免费的医疗工作”，并利用节假日，开到青浦、嘉定乡间，“给那些毫无近代医药设

① 《记流动服务站怎样服务了一天》，中华民国红十字会上海市分会编：《中华民国红十字会上海市分会三十五年度工作特辑》，1946年内部印行，第41页。

② 《记流动服务站怎样服务了一天》，中华民国红十字会上海市分会编：《中华民国红十字会上海市分会三十五年度工作特辑》，1946年内部印行，第41—42页。

③ 参见《空中劝募诊疗车，大会串节目精彩》，《申报》1947年9月12日。

④ 申屠长真：《三个月来的流动诊疗车：上海市民营电台公会与本会上海市分会合办的医药服务事业》，《红十字月刊》第25期（1948年1月），第15页。

⑤ 《本会新闻：白色诊疗车流动服务：陈范我先生编赠歌词》，《红十字月刊》第24期（1947年12月），第22页。

备的农民去服务"①，各民营电台及时追踪广播该项业务②。流动诊疗车服务获得了广泛的民众反响，沪上名中医陈范我先生曾编赠歌词一阕，题为"穷人的救星开篇"，热情赞颂此项为民众服务的事业。词句剀切动人，特录之以飨读者：

朔风凛凛近黄昏，秋尽冬来夜色沉。小楼一角声寂寂，独对寒灯闷黄昏。想我是药炉茶社相依命，无端一病到如今。（可怜我）骨立形消成病态，面黄肌瘦误青春。（可怜我）胃口全无胸膈闷，一盂薄粥过黄昏。（可怜我）咳嗽频来气又急，鲜红吐血沾衣襟。（可怜我）小鹿心头如烈火，肢酸足软苦呻吟。（可怜我）白发双亲来看护，劬老未报不安心。（可怜我）家无财产身沾病，典质无门两袖清。（可怜我）出门劳碌求医苦，来去奔波怨煞人。（如今是）忽来喜信传消息，确是穷人好救星。电台公会多提倡，红十字会诸公自赞成。

（合办那）流动诊疗车一辆，施医给药好良心。内外各科多预备，更将药品送穷人。不须跋涉多行路，（仿佛那）出诊医生到我门。此中功德令人敬，永留印象好声名。（但是那）经费还须多劝募，（方能够）左右逢源事业成。诸君怜惜穷人苦，慷慨捐款表同情。集腋成裘从古道，聚沙为塔不虚文。（将来是）扩充内部范围大，毕竟穷人有救星，保佑（你）诸君多子孙③。

流动诊疗车服务无疑在贫苦民众心中洒下了红十字的甘霖，使民众对红十字会的人道主义精神有了较为熟悉的和亲切的认知。

（二）电影

电影作为一种新兴媒介，也经常被用来宣传红十字文化。1922 年 6 月底，在中美红会代表欢迎会上，曾"映演关于华美两国红会事业之电影，以供观摩"④。同年 12 月，王培元在国际红十字协会暹罗大会上演讲中国红十字会之各种服务时，也提出了借用电影方式普及红会知识的构想，称"教育红会之义务，如用电影图书书籍以及演剧等事，亦次第举行"⑤。1938 年，为辅助难

---

① 申屠长真：《三个月来的流动诊疗车：上海市民营电台公会与本会上海市分会合办的医药服务事业》，《红十字月刊》第 25 期（1948 年 1 月），第 15 页。

② 直至 1948 年 6 月，流动诊疗车仍在积极开展服务，据《申报》载，"定每星（期）六下午五时，假亚美麟记电台，广播该会业务。"参见《本市简讯》，《申报》1948 年 6 月 6 日。

③ 《本会新闻：白色诊疗车流动服务：陈范我先生编赠歌词》，《红十字月刊》第 24 期（1947 年 12 月），第 22 页。

④ 《中美红会代表之欢会：映演红会事业之电影》，《医药杂志》1922 年第 6 卷第 1 期，第 45 页；另见《中美红会代表之欢会》，《申报》1922 年 7 月 1 日。

⑤ 《万国红会在暹开会之报告》，《申报》1922 年 12 月 23 日。

民教育，中国红十字会国际救济委员会“在有电力设备及广大场所之各收容所，轮映电影，期于娱乐之中灌输各项知识”①。此外，还有以亨利·杜南和南丁格尔为原型的电影《万人心上》和《白衣观音》在中国上映，引起了强烈的社会反响。

三、言语媒介：以演讲为中心

言语媒介也称语言媒介，“一人之辨，重于九鼎之宝，三寸之舌，强于百万之师”②。在红十字文化传播方式中，以演讲为主体的言语媒介也扮演着举足轻重的角色。

所谓演讲，“是指在特定的时空环境中，以有声语言和相应的体态语言为手段，公开向听众传递信息，表述见解，阐明事例，抒发感情，以期达到感召听众的目的”，是“对众人有计划、有目的、有主题、有系统的口头传播”③。中国红十字会成立之初，就比较重视运用演讲的方式向国人宣传红十字的理念和宗旨。演讲的内容“不外乎红十字会的性质、任务、历史、工作，以及敦劝协助”④。

（一）演讲红十字会的性质、宗旨

1904年，《北京杂志》和《大公报》相继发表《演说红十字会敬告全国》一文，对红十字会的原由、性质、宗旨等向国人详为演说。兹节录如下：

诸君诸君，前几日之上谕有中国附入万国红十字会一事，当已为诸君所熟知矣。此为最文明之举动，亦为最紧要之事体。惟红十字会之原由及其作用知者甚尠，吾今特将该会之性质及各人对于该会之义务为诸君分别详陈之。

该会之宗旨专以仁慈为主，遇两国开战时，不但救治本国之兵民，即敌国之兵民亦一律救治。虽当两军交战，并不围红十字会之船，亦不伤红十字会之军医，万国同盟，是诚仁人君子所乐为之事也，今世界著名之国不论大小无不入盟者。惟欲知该会之作用，当先知该会之原由。吾特将红十字会之历史为诸君述之。先是西历一千八百五十三年至五十六年，英法合攻俄国。俄兵共二十万，在克里米亚地方，鏖战四年之久，死人无算，死尸既多，日

① 《中国红十字会上海国际委员会近讯：电影教育续志》，《中国红十字会月刊》第40期（1938年10月），第47—48页。

② （梁）刘勰：《文心雕龙注》上册（范文澜注），商务印书馆1960年版，第329页。

③ 参见游梓翔：《演讲学原理：公众传播的理论与实际》，（台北）五南图书出版股份有限公司2000年版，第6—7页。

④ 江晦鸣：《为何举办红十字周？如何举办红十字周?》，《红十字月刊》第32期（1948年8月），第3页。

久尽成腐臭。其未死者，为臭气所熏蒸，多染瘟疫，展转相传，死者又不可胜数。维时英国有一慈善之女子特发恻隐之心，约集多数之女子奔赴克里米亚地方，拯救难民，收殓战亡兵丁。英法俄三国人无不同声感激。及至该女士回国后，各处争送赀财，使之得以糊口。岂知该女士有爱群爱国之诚，无自私自利之念。凡有送以赀财者，自己概不享用，即以此款建一病院以普济同胞，此即为红十字会之发端也。后瑞士国亦有一大善士名图南者，订定红十字会章程十分完备。至西历一千八百六十四年，各国始约会同盟，所以红十字会约又名图南条约。各国即推瑞士国为盟主，凡地球上之文明国无不入会者。我中国近亦知此会之最关紧要，苟不附入此会，是自摈于文明国之外，不但为各国所歧视，即自视亦未免生惭。故商之各国列入同盟，诚要举也，乃不知者多因此訾议政府，是实为愚谬之甚者。须知恻隐之心人皆有之，外国本恻隐之心以立会，我中国亦本恻隐之心以入会，当仁且不让于师，岂此等善举独让外国为之乎？议者过矣。（以下略）①

这一篇演说词虽有一些错误之处，如将南丁格尔建病院普济同胞视为“红十字会之发端”，但总体而言不啻为传播红十字文化的一篇极好素材，类似的宣传还有《红十字会演说志略》②《天津红十字会劝捐浅说》③《红十字会组织概要》④ 等。另外，各地分会对红十字文化的演讲宣传也颇多，例如1920年，柴连复发表万国红十字会信阳分会的演讲，对红十字会以及万国红十字会的原由、标帜、任务（“战时专在战线救护伤兵或人民；平时设医院救时疫并水旱灾施赈等等”）等详为演说，并对基督教的红十字与红十字会的标帜做了鲜明区分，指出前者“即我亚洲大救世主被钉十字架流血而死之谓也”，而红十字会的标帜则“以瑞士国旗为根据，惟瑞士国旗系红底白十字，而红十字会则改为白底红十字”⑤。这次演说旨在为信阳分会征求会员和募捐造势。

（二）演说红十字公约和国际人道法

1924年，因“伤兵在红会养伤，往往不知自检”，红十字会总办事处“特请职员中有军事知识者马少卿、边砥斋两君，轮流往各医院演讲劝化，告

---

① 《演说红十字会敬告全国》，《北京杂志》1904年第2期，第20—23页；《大公报》1904年6月5日及6月6日。

② 《红十字会演说志略（天津）》，《广益录》1915年第197期，第5—6页。

③ 《天津红十字会劝捐浅说》，《大公报》1912年1月16日。

④ 曹云祥：《演讲：红十字会组织概要》，《医事汇刊》1936年第8卷第2期，第217—223页。

⑤ 柴连复：《万国红十字会信阳分会之演词》，《新民报》1920年第7年第10期，第5—6页。

知红会对于伤兵义务及国际条约”①。9月26日，上海青年会派郝伯阳到红十字会接洽，“拟由青年会每日派十二人，分投红会十二临时医院，演讲道德劝化伤兵”②。抗战时期，为灌输难民道德思想计，中国红十字会上海国际委员会曾“派员轮赴各所演讲，题为自助、品格、责任、勤俭、互助、勇敢、公益、诚实等，每月约讲二百数十次，每次一小时两小时不等”③。

（三）宣讲卫生常识

1919年8月，上海时疫流行期间，医士杨钟甫演讲霍乱症状及急救方法④。为推进难民卫生运动，1938年中国红十字会国际委员会专门“派员向难民演讲卫生常识，如预防霍乱，扑灭蚊蝇，以及洗涤清洁之重要，均为详细说明”⑤。此外，中华妇女运动同盟会为使妇女界明了防毒防空常识，特“举行防空防毒演讲，讲员由中国红十字会总会派员担任”⑥。

演讲借助语言和肢体动作往往能获得报刊等书面文字所不能企及的优势，从而更具鼓动性和感染力。1918年，南洋女子师范学校全体学生在校长胡韫吟女士的演说鼓动下，“咸愿入会”⑦，即是一例。红十字的演讲有时甚至还负有“使世人咸闻大道，振发仁心，变戾气为祥和，化干戈为玉帛”⑧的目的。

综之，多种媒介交织的媒体传播在红十字知识的普及和国人慈善观念的进步方面，具有推进之功。红会的善举凭借其宣传，使得现代意义上的人道、博爱、服务理念和救护知识及卫生常识等逐渐为国人所认识和接受，启牖了民识，在一定程度上改造和形塑了近代民众的国民观念。

第二节　仪式传播

在仪式的经典定义中，其通常被认为是象征性、表演性、具有一定文化规约作用的一整套活动。在仪式活动中，群体和个体采用语言、礼仪等符号来表达某种观念、信仰、情感或传统，从而达成一种认同或秩序。这一过程

① 《红会救护杂讯》，《申报》1924年9月14日。
② 《红十字会消息》，《申报》1924年9月27日。
③ 《国际红十字会一年来会务报告》，《申报》1938年11月6日。
④ 《关于时疫之消息》，《申报》1919年8月11日。
⑤ 《国际红十字会一年来会务报告（续昨）》，《申报》1938年11月7日。
⑥ 《中华妇运会举办防空防毒演讲》，《申报》1937年9月8日。
⑦ 《女学界赞助美红会》，《申报》1918年5月30日。
⑧ 《王一亭电请段正元演讲》，《申报》1935年3月28日。

饱含传播元素的作用[①]。基于此，有学者认为，任何形式的仪式都是一种传播。中国红十字会成立后，经常借助大型纪念活动和征募运动的场合，开展一系列有组织、有计划的活动，推动红十字文化传播。

一、纪念活动——以红会周年纪念活动为例

1914年，中国红十字会迎来创会10周年，副会长沈敦和鉴于“英、美、日本各国每逢十周、五周纪念有开会之祝典”，特“编辑《好生之德》一书，详述行善报施及关于道德人心之助，后附癸丑成绩撮要，首页精印百岁老人发明百岁捐、宝塔捐，从事劝募”[②]。《好生之德》印就后，获得邮务局、电报局和知事署“异常踊跃”的积极推介，报纸称此“足以觇国民慈善观念之发达也”[③]。上海邮务局允为分送1.5万册，“按巨商号、大宅第，挨户分送”。中国红十字会登报宣称，“此书印本甚巨，乃竭灾民膏血印成者，诸君如不暇劝募，请转赠他人或退还本会”[④]。除印制分送《好生之德》外，中国红十字会还“特创十年纪念宝塔捐，以资劝募”[⑤]，获得社会人士的积极响应。

1924年，红十字会为庆祝建会20周年，发行《中国红十字会二十周年纪念册》（以下简称《纪念册》），“将该会成立以来经过事实以及历届救护情形，详细叙述，分条约、纪事、章程、近录等十六门”，旨在纪念以往所办救护事务，彰显成绩，并“分送各省机关法团，以留鸿爪”[⑥]。各军政要人，如黎元洪、颜惠庆、王正廷、曹锟、吴佩孚、唐继尧、李济臣、冯玉祥、顾维钧等纷纷在《纪念册》上题词[⑦]，颂扬红十字会的功绩，以此提倡红会事业。《申报》亦积极予以宣传，对《纪念册》做了如下的描述：“全书五百余页，有华英文合璧，内容丰富，又有铜版图画一百四十帧，详尽各省前后救灾之事，并各界名人题词，书法精妙，万国红会联约及海陆军条约之注释全载，中国红会及各医院防疫、救护、看护学校一切章程及慈善近录。又有名人列传、论说、诗文、小说，俱有趣味。如有愿入本会为纪念会员者，除赠红会纪念徽章外，特赠以《纪念册》，仅收回成本两元而已。”[⑧]

---

① 肖荣春：《仪式传播研究：概念、现状与问题》，《今传媒》2014年第9期。

② 《红会之好生之德》，《申报》1914年6月1日。

③ 《红会之好生之德》，《申报》1914年6月1日。

④ 《中国红十字会谨送好生之德善书》，《申报》1914年6月2日。

⑤ 《中国红十字会谨谢南昌昌武将军李》，《申报》1914年11月26日。

⑥ 《红十字会印就二十周年纪念册》，《申报》1925年2月28日。

⑦ 参见中国红十字会总办事处编：《中国红十字会二十周年纪念册》，1924年印行，不著页码。

⑧ 《中国红十字会二十年纪念册出版征求纪念会员》，《申报》1925年2月23日。

此外，中国红十字会还在《申报》上为《纪念册》招登广告称：

本会成立自前清光绪三十年甲辰，迄今民国十二年癸亥，阅二十周。所有经过，国内国外救济事项，业已编辑成册，华英合璧，以留纪念。印成十万部，发行东西各国及本国二十二行省，流传至广。一册风行，环球遍历，舟车所致，风气胥通。吾华物品丰盈，甲于邻国，一切天产人产不可胜数。凡我大商家大实业家，有欲推销商品发展事业者乎，尽即飞速驾临九江路念六号接洽，取价从廉，濡笔以待，时哉勿失①。

《纪念册》除宣传红会业绩外，还担负着募捐赈灾的使命。1925 年，川黔滇旱灾奇重，红十字会总办事处在《申报》登载广告，拟出售《纪念册》以赈灾，称“拟将是项《纪念册》尽数出售，每册仅收回成本半价洋一元，以所售册价，悉数拨助川黔滇灾黎。且此册华洋合璧，内容丰富，如蒙慈善君子购置一册，即活人一命，并可观觉历年灾状，报施不爽，诚一举两得，造福实无涯”②。

《纪念册》印就后，反响很大。德国柏林中国通讯社曾致函红会，“甚希望得一份以为向外宣传之资”③，获得红会奉赠一本。

此前，为迎接红会成立 20 周年，红十字会特刊登广告，征求红会会员慈善事迹，称“俟汇成一集，编入中国红十字会二十年纪念史中之列传一门，务祈赐教不吝，无任欢迎”④。其后，红会将征求到的会员善迹在《中国红十字会月刊》陆续登载，以扩大宣传，如表 3－3 所示。

表 3－3　1923 年《中国红十字会月刊》登载会员善绩一览表

会　员	善　绩	褒　奖
蚌埠分会会长邓愚山	热心公益，频年施送医药，劝募捐款，创办时疫医院	推奖头等纪念徽章
朝阳分会庶务员梁文华	开粥厂赈济、修路，守红会宗旨，不辞劳瘁	/
蚌埠分会理事长邓椿龄、医长李振九	救治皖北时疫，不惮劳辛	/

① 《中国红十字会二十周纪念册招登广告》，《申报》1924 年 6 月 27 日。

② 《中国红十字会出售二十周纪念册移助川黔滇灾赈广告》，《申报》1925 年 8 月 5 日。

③ 《红会近事纪》，《申报》1926 年 1 月 14 日。

④ 《征求中国红十字会会员慈善事迹广告》，《中国红十字会月刊》第 17 期（1923 年 3 月），第 19 页。

（续表）

会　员	善　绩	褒　奖
固始分会理事长张智溪	办戒烟医院，冒险救护兵灾、匪灾，掩瘗医治	大总统题颁“热诚公益”匾额，以彰潜德
吉安分会理事长胡邦宪	筹款救护伤兵赈济灾民	/
沘源分会常议会副议长郭鸿勋父子	父郭鸿勋：热心慈善，介绍会员不遗余力； 子郭云亭：热心慈善	邀三等奖状
安阳分会副理事长周允中叔侄	周允中：热心慈善，家中施药，频年不懈，又捐助城中施药局，男女棲流所。 周佩珍：性好慈善，劝募修路	/
南昌分会会长罗兆栋	商场巨擘，慈善大家，声名卓著	推奖一等纪念章
南昌分会议事员包发鸾	捐万余金建医院	/
黎川分会会长刘明夫	首先筹垫医院救护队	/
黎川分会理事长刘慎五	屡次排难解纷	/
安阳分会文牍员及医员	完全义务之勤劳	/
重庆分会魏会长	仁慈可敬	/

资料来源：《中国红十字会月刊》第 17 期（1923 年 3 月），第 17—19 页；第 19 期（1923 年 5 月），第 27—30 页；第 20 期（1923 年 6 月），第 31—32 页；第 23 期（1923 年 9 月），第 19—24 页；第 24 期（1923 年 10 月），第 22 页。

反观红十字会的周年纪念活动，大多场面隆重，不仅有各大媒体争相报道，而且有军政要人积极提倡。红十字会为庆祝周年纪念活动，往往刊印并分发杂志、纪念册等各类出版物，同时登报宣传，从而引发民众的积极响应。而民众的响应又借助媒介的进一步报道形成更大的社会影响。红十字文化通过这样一个良性互动的过程在社会上广泛传播开来。

二、征募运动——以红十字周为个案

征募会员是红十字会常年举办的一项会务，一般而言，目的有二：一为扩大宣传，一为通过征求会员筹集捐款。而欲期征募效果美满，“事先必须有充分之筹备与适当之宣传。盖征求会员之时，亦即红十字会向社会公众说明红十字会工作方针，表现红十字会工作成绩，与向公众提出博爱的要求之时。

此时须能做到'有钱出钱，有力出力'，而这需要无数热心同情红十字会者出为奔走宣传，务使人人有入会之志愿，人人有出钱之机会，如此做到深入民众，争取民众的爱护"[①]。在这个意义上，宣传与征募可谓如影随形，诚如时人所说，"征募运动的过程，也是红十字会的一种宣传，一种召号力的表现"[②]。

历史上红十字会曾掀起多次征募运动，如1934年到1937年的三次大规模征求会员运动，以及从抗战一直持续到复员时期的红十字周运动。兹结合红会史上的红十字周运动[③]对红十字文化传播方式做一考察。

（一）举办红十字周的缘起及意义

红十字周的举办缘于抗战爆发后动员民众参与红十字事业的时代需求，而这需要使社会大众了解红十字会、支持红十字事业的发展，因而宣传显得格外重要。举办红十字周的目的也首在扩大宣传，"以期加强社会人士对于红十字会之认识，并增进对于红十字会之同情，俾红十字会之服务普及社会"[④]。江晦鸣也指出，开展红十字周的最大效用是宣传，即"全国各地同时展开红十字的宣传"，"使每个人都知道红十字是什么，做什么，怎么做，为什么要做，引起大家的注意，引起大家的同情，以此进而展开会员的征求，甚至捐款的筹募，以达到红十字业务的顺利进行"[⑤]，也就是以宣传带动业务发展。

通过宣传，"要使全国民众对于红十字会有深切的认识，对于红十字会所办的事业有彻底的了解，要使全国民众人人做红十字会会员，人人替红十字会服务，人人输财输力来协助红十字会的事业，造成红十字会的光荣记录"[⑥]。无疑，宣传的目的在于征求会员和募集基金，希望"我国各地同胞，对红十字会的意义加强认识，都能够参加这个博爱恤兵的工作，有钱者出钱，有力者出力，福利国家，嘉惠人群"[⑦]。

---

① 吴耀麟：《红十字会工作技术之一：如何征求会员》，《红十字月刊》第3、4期合刊（1946年4月），第5页。

② 杨宝煌：《关于征募的几个小问题》，《红十字月刊》第18期（1947年6月），第23页。

③ 对于红十字周的考察，已有相关论述，参见池子华：《红十字与近代中国》，安徽人民出版社2004年版，第389—395、451—456页；吕志茹、马红英：《中国红十字会会史上的"红十字周"综论》，《河北大学学报》2009年第4期。

④ 蒋梦麟：《第七届中国红十字周献辞》，《红十字月刊》第34期（1948年10月），第1页。

⑤ 江晦鸣：《为何举办红十字周？如何举办红十字周?》，《红十字月刊》第32期（1948年8月），第2页。

⑥ 王正廷：《为什么要举办红十字周》，《大公报》1941年1月13日。

⑦ 杜镛：《红十字周的希望》，《大公报》1941年1月13日。

（二）历届红十字周宣传概览

中国红十字会于1941年开始举办红十字周，以后每年举办一次。1945年因忙于处理抗战胜利后的各项事宜停办一届，1946年恢复并延续到1948年，总计举办7届。

第一届红十字周于1941年1月1日至1月10日举行（以后几届，则分别改在10月1日至10日，只有1944年延续了一个月）。由于红十字周在中国，“尚为破题儿第一遭，恰巧又系在战时举办的。须知战时各地情形变化多端，断不能如承平时代之得以从容筹备”，所以总会通令各分会“暂斟酌各该地情形分别举办，不拘仪式，不尚铺张，以实际的宣传，作初步的推进”①。为营造声势，红十字会积极联络当时各大媒体，邀请《大公报》、中央通讯社等14家报社、通讯社的记者30余人，向他们通报红十字会的工作情况及红十字周的意义。各大报纸如《昆明朝报》、成都《华西日报》《成都快报》《新中国日报》、固始《三民日报》及四川《万县日报》等都于1月10日发行红十字周特刊，贵阳方面于1月30日在《中央日报》发行特刊②。兹以《大公报》为例略窥其豹。

《大公报》于1月13日推出“中国红十字周特刊”，刊载王正廷《为什么要举办红十字周》、金宝善《国民对于红十字会应有之认识》、谷正纲《抗战建国必胜之必成之保证——为中国红十字会征求会员特刊作》、洪兰友《红十字周献词》、杜镛《红十字周的希望》、许世英《抗战以来中国红十字会的工作及举行红十字周的意义》、潘小萼《今后红会事业之展望》、刘鸿生《中国红十字会战时工作的各方面》以及《红十字周速写》等系列文章③，造成浩大的声势。同时，还刊出系列宣传标语④，令人耳目一新，如：

——博爱恤兵，是人类高尚理智的表现！
——实行有钱出钱有力出力，将来加入红十字会！
——参加红会工作与参加前方工作同样重要！
——人类伟大的同情，要救人胜于救己！
——民众为国致力最切要的目标，便是致力红十字会事业！
——中国红十字会事业的发展，是中国人的荣誉！
——答谢友邦的医药资助，我们更得发扬光大红十字会事业！

---

① 王正廷：《为什么要举办红十字周》，《大公报》1941年1月13日。
② 朱子会：《中国红十字周史话》，《红十字月刊》第20期（1947年8月），第10页。
③ 参见《大公报》1941年1月13日。
④ 《中国红十字会周宣传标语》，《大公报》1941年1月13日。

——充实红十字会的力量，是我民众全体之责任！
——众擎易举，欢迎各界都来赞助红十字会的事业！

除报刊宣传外，红十字会还举行救护工作照片、模型、图表展览，参观人士极为踊跃，“三天之内参观者，达一万五千人，入会者四百余人”①。

此外，红十字会还借助广播广为宣传。1月3日，许世英理事发表题为《为什么举行红十字周》的广播，刘鸿生副会长则在国际电台用英语进行广播（先播送马尼拉而后转播美国）②。为强化宣传效果，红十字会还于1月10日举行游艺会，招待新入会会员。游艺节目有话剧《卫生列车》，著名魔术家刘化影先生之新奇魔术及红会救护工作影片，励志社电影新闻片等③。

第二届红十字周于1942年10月1日在重庆开幕，仍以孔祥熙担任征募总队长，卫生署长金宝善、军医署长卢致德为副总队长，一些社会名流及红会正副会长、理监事担任征求队长。总会除在《大公报》刊登“红十字周特刊”外，还在《会务通讯》第11期出版红十字周的专号，以资推动。为加强宣传效果，总会还约请重庆市各支球队举行篮球表演赛并“特制红十字杯银杯一只，赠与冠军以示纪念”④，借以引起民众的关注。此外，昆明、贵阳、安康等分会也开展了颇具特色的宣传活动。

第三届红十字周除依例举行开幕礼之外，并添国画展览义卖一事。宣传方面，除10月1日假《大公报》刊出专号外，并于《会务通讯》发行特辑，“政府首长如孔祥熙、张治中、朱家骅、许世英、潘公展诸先生均惠有题词，贺耀组、胡定安等先生并撰赐宏文，而谢爽秋先生之《扩大人性战斗的阵容》一文，尤为知音之作”⑤。贵阳方面则由救护总队部主办，举行茶会招待各界人士，并报告救护总队部在抗战6年半中努力于前线救护及后方治疗工作的经过。10月2日，救护总队部商借贵阳大戏院放映电影巨片《铁马》一场，并加映红十字会战时工作新闻片。同时邀请图云剧社在贵州省党部大礼堂公演《重庆二十四小时》话剧，“观者甚众，亟收宣传之效果”。10月3日，举行足球义赛，由东方足球队与合群、华南两队精锐混合编组的上海、香港两队对赛，轰动全市，观者一千余人⑥。

---

① 朱子会：《中国红十字周史话》，《红十字月刊》第20期（1947年8月），第9页。

② 参见《红十字会征求会员》，《新华日报》1941年1月4日；朱子会：《中国红十字周史话》，《红十字月刊》第20期（1947年8月），第10页。

③ 朱子会：《中国红十字周史话》，《红十字月刊》第20期（1947年8月），第10页。

④ 朱子会：《中国红十字周史话》，《红十字月刊》第20期（1947年8月），第11页。

⑤ 朱子会：《中国红十字周史话》，《红十字月刊》第20期（1947年8月），第11—12页。

⑥ 朱子会：《中国红十字周史话》，《红十字月刊》第20期（1947年8月），第12页。

第四届红十字周于 1944 年 10 月 1 日举行，以“扩大征求会员及募捐”为中心工作。10 月 5 日，总会假青年会举行茶会招待重庆区征求队长及新闻记者，由蒋梦麟会长首先报告会务概况，继之说明红十字周的意义。

贵阳方面自 10 月 1 日至 7 日由救护总队部在贵阳科学馆举办救护活动展览，展出照片和模型，并举行广播宣传。展览活动受到参观者的一致好评，“看过展览品的人们，都说这是工作的实况，是工作成绩最好的说明”。除救护展览外，救护总队部还为一般公务人员、学生、工人等举行健康检查，并试行健康保险制度，“每个新入会会员，赠送健康福利券一张，在一年内可享受健康检查或疾病诊治”。这种福利活动收到了极佳的效果，“前往科学馆参观救护展者每日达二千人，自动加入为会员者极多”①。

抗战胜利后，在 1946 年 8 月 13 日召开的复员时期中华民国红十字会总会第一次常务理事会上，关颂声提议“明定每年十月一日至十日为中国红十字宣传周，全国各地分会同时举行宣传，并扩大征募运动”。在他看来，红十字周在战时“收效虽未普遍，但易深入人心，良法美举，似应赓续进行，俾宏宣传”②。提案获得大会通过，红十字周遂成为复员期间中国红十字会的法定宣传周、征募周。

为配合复员时期服务社会的需要，“挑起全国人民爱护红十字会的心弦”，红十字会系统开展了轰轰烈烈的红十字周运动，宣传方式更加活泼多样，各地分会活动亦有声有色。以南京分会为例，该会于 1946 年 10 月 1 日到 10 日的第五届红十字周期间举行了丰富多彩的宣传活动。具体为：

第一日为新闻日：由总会在《和平日报》发行特刊，并在《中央日报》《大刚报》发刊专稿，进行宣传。

第二日为广播日：由总会蒋梦麟会长和分会沈慧莲会长分别在中央和益世两大广播电台播讲“请大家加入红十字会”和“介绍红十字会”。

第三日为教师联谊日：分会在南京玄武湖服务站招待各中小学校校长，宣传红十字会的事业，以广泛征求学生会员。

第四日为康乐活动日：组织红十字青年会员到玄武湖服务站举办露营活动和其他体育活动。

第五日为征募日：宣布各队的征募成绩。

第六日为音乐日：晚上在公余联欢社中正堂举行郎毓英独唱音乐会。

---

① 朱子会：《中国红十字周史话》，《红十字月刊》第 20 期（1947 年 8 月），第 12—13 页。

② 中华民国红十字会总会编：《复员期间中华民国红十字会总会第一次常务理事会议事录》，1946 年内部印行，不著页码。

第七日为妇婴运动日：在中华路儿童营养站举办母亲会和儿童会，邀请曾在该站领奶的母亲和儿童进行联谊活动，并分发童衣。

第八日为体格检查日：为儿童进行体格检查，举办健康竞赛。

第九日为慰劳日：分会派人携带食品和衣物分赴中山陵和孤儿院慰问军人和孤儿。

第十日为庆祝国庆纪念日：分会派救护车跟随游行行列出动①。

声势浩大的宣传活动也促进了南京红会征募运动的开展，“宣传周展开后，红十字会的真形态，算已大白于世。一件值得爱戴的事业，总是为多数人爱戴的，所以结束宣传后，征募运动的进行是更加活跃了”。南京“差不多每十五人即有一红十字会会员。这些会员是包括各个阶层的人物，上之如党国首要孙科、黄旭初、白崇禧、冯玉祥、顾祝同、马超俊、何应钦夫人等，下之如各工会的会员，而占百分比最多者为中小学校的学生，几乎全市的中小学生都是红十字会的青年会员。‘红十字青年’倒底是最光荣的封号”②。通过红十字周的大力宣传，南京分会的征募运动取得了可观的成绩，仅 10 月“红十字周”期间即征募会员 47804 人③，接近预定目标（5 万名会员）。

北平市分会的宣传活动也颇有特色，李宗仁担任征求总队长，并致开幕词。期间，放映“介绍红十字会工作”影片并在典礼中收录“灌音片”④，大力宣传红十字事业。

1947 年 10 月 1 日至 10 日的第六届红十字周期间，南京分会继续举办“十日”活动，分别开展了发展业务、慰劳过境军人、防痨运动、健康检查、康乐活动、营养补助、母婴保健、广播宣传、会员联谊和国庆日等活动⑤，加强宣传。筹募事业基金是第六届红十字周的中心议题。借助精彩纷呈的宣传服务活动，南京分会在筹募事业基金中共收捐款国币 302409500 元，超出了

---

① 参见朱子会：《中国红十字周史话》，《红十字月刊》第 20 期（1947 年 8 月），第 13 页；另见朱子会：《十个不同的活动：南京市分会的淡写》，《红十字月刊》第 12 期（1946 年 12 月），第 28—29 页，其中记载第五日为音乐日，第六日为征募日，次序略有不同。

② 朱子会：《十个不同的活动：南京市分会的淡写》，《红十字月刊》第 12 期（1946 年 12 月），第 29 页。

③ 池子华：《红十字与近代中国》，安徽人民出版社 2004 年版，第 452 页。

④ 《红十字周在北平：放映电音“介绍红十字会工作”》《红十字周在北平：典礼中收录“灌音片”》，《红十字月刊》第 11 期（1946 年 11 月），第 1 页。

⑤ 《举办第六届红十字周，南京市分会十日活动》，《红十字月刊》第 22 期（1947 年 10 月），第 22—23 页。

预定的目标3亿元①，再次超额完成任务。北平分会于10月4日举行征求会员运动大会开幕典礼，副总队长胡适、吴铸人、常文熙等均行参加。征求队共聘正副队长120人，多系各机关首长担任。征募为期一个月，计划征募人数3万人，资金4亿元②。

1948年，为配合第七届红十字周之宣传，总会特于10月8日至10日在南京社会服务处举办展览会。至于举办展览会的缘由与意义，时人指出：展览本是一种进步的宣传，“最有力的宣传就是实际的工作，展览是以实际工作的事迹表现工作的成绩，所以常能收到极好的宣传效果”③。展览品“琳琅满目，蔚为巨观”，约分为20种，主要有照片、图表、画图、证章、奖章、杂志刊物、模型、急救箱、救济物资、红十字少年手工品等④。展览之余，还置有一本“恭请批评”的簿子，希望通过参观者的批评来改进事业。各界参观人士踊跃留言，如国民党元老、前司法院院长居正先生在参观之后所写的评语是“人生以服务为目的必自少年始”，中央农工部马超俊部长所留的评语是“助人为人生最快乐之事也”，社会学家朱亦松教授的评语是“红十字会的工作是最伟大最圣洁最仁爱的工作”。此外，“请对于国人查询通讯方面多加提倡”和“战时俘虏及非战斗人员之优待条例应多灌输于青年脑中”等诸多评语⑤，都极富建设性和启发意义。

为扩大宣传，展览会还“义卖《红十字月刊》、《红十字史话》、红十字襟章、各种急救箱以及各校红十字少年手制的毛巾书包”。展览会极富宣传和教育意义，以图文并茂的形式向民众展示了红十字事业与人道主义宗旨，在文化传播方面颇有成效。参观者中以军人与学生为最多，“前者是本会在八年抗战中服务的对象”，“后者是本会于复员以后所注重工作的对象，尤其对他们之营养、健康以及各种服务技能，更有足多的帮助”，所以他们对红会的性质与事业已有“很深的认识和很浓的兴趣”⑥。

各地分会在第七届红十字周期间也开展了丰富多彩的宣传活动。在南京，南京市分会按照预定节目排列日程，计有母亲会、分发儿童礼品、健康检查、广播等项活动⑦。在镇江，镇江市分会于10月20日在伯先公园举行第七届红

---

① 《筹募事业基金初期揭晓，荣誉队南京区同时公布》，《红十字月刊》第23期（1947年11月），第18—19页。

② 《红十字会今开征求会员会》，《华北日报》1947年10月4日。

③ 黎阳：《第七届红十字周展览记》，《红十字月刊》第34期（1948年10月），第9页。

④ 参见黎阳：《第七届红十字周展览记》，《红十字月刊》第34期（1948年10月），第9页。

⑤ 黎阳：《第七届红十字周展览记》，《红十字月刊》第34期（1948年10月），第10页。

⑥ 黎阳：《第七届红十字周展览记》，《红十字月刊》第34期（1948年10月），第10页。

⑦ 《本会新闻：会务杂志》，《红十字月刊》第34期（1948年10月），第22页。

十字周及诊疗所开幕典礼，同时举办展览三天，其热烈隆重，“据闻为镇江空前所未有”①。

纵观7届红十字周，虽具体开展的活动各有特色，但也有诸多共性：首先，报告会务开展状况，是历届红十字周在开幕时的重要事项；其次，宣传方式基本都采用了广播、报纸、展览、宣传小册子、标语等方式；再次，聘请各界名人参加，提高红十字会知名度②。此外，《红十字月刊》还连篇累牍地登载国际红十字会的红十字周动态，如《瑞典的红十字周》《意大利的青年红十字周》《智利红会一九四六年红十字周》以及《卢森堡红会的红十字周》③ 等系列文章，为中国红十字周运动提供参照和借鉴。

值得一提的是，红十字周还带动了理论研究的热潮，特别是对宣传和征募的研究。1947年，《红十字月刊》发表《中国红十字周史话》一文，对前5届红十字周在中国的举办盛况进行不厌其详的追忆；1948年更刊载系列文章，对红十字周展开系统研究，如发表于31期（1948年7月）的王耀庭《红十字会征募工作之商榷》，发表于32期（1948年8月）的汤蠡舟《红十字会今日之任务：兼论红十字周的标的》、江晦鸣《为何举办红十字周？如何举办红十字周?》、朱子会《红十字周与征募运动：兼释统一募捐办法》、路士良《红十字周的宣传资料》，以及发表于33期（1948年9月）的朱子会《本届红十字周的一人一元运动》等文章，分别论及红十字会使命、宣传手段、资料、募捐办法等，为红十字周的顺利开展提供理论指导。

第三节　文娱活动

如果说刊物的受众主要是有读书识字能力的群体的话，那么以民众喜闻乐见的形式来呈现的文娱活动则有可能被及下层群众，因为无须具备识字能力也能理解和感知。中国红十字会开展文娱活动，旨在增强人们对红十字会精神、宗旨的了解。这些文娱活动主要包括征文比赛、演讲比赛、灯会、游艺会、慈善球赛④以及演剧助赈等形式。

---

① 朱子会：《红十字周在镇江》，《红十字月刊》第34期（1948年10月），第17页。

② 参见吕志茹、马红英：《中国红十字会会史上的“红十字周”综论》，《河北大学学报》2009年第4期。

③ 参见《红十字月刊》第9期（1946年9月），第38—39页；第14期（1947年2月），第44页；第22期（1947年10月），第25页。

④ 参见《昨日慈善足球赛志盛》，《申报》1927年1月24日；《上海国际救济会为今日上午准时举行慈善足球赛通告》，《申报》1939年3月5日。

一、征文比赛和演讲比赛

1913 年 9 月至 12 月，中国红十字会常议员沈鼎臣、哈少甫、沈少庭、沈惺叔、江绍墀等发起的中国红十字会会员集资征文社，连续举办了三次征文活动（每月一次，连办三次）。鉴于癸丑之役中金陵一地“惨言铁血，人道废弛，强力扩张，溃军括余，暴匪继之，十室九空，满城似洗，财产继绝，生命奚存”的惨况，征文“仅限于南京一隅”。第一次征文活动的题目为“南京被劫记”“赈抚善后策”和“中国红十字会创办十年，其成绩以何时最著?近来会事发达，一日千里，试说明其理由”。酬金分三等：“最优等十名，一名酬洋二十元，二、三名酬洋十元，四至十名酬洋七元；优等二十名，前十名每名酬洋五元，后十名每名酬洋三元；中等无定额，每名酬洋一二元不等。”① 第一次征文计收到 1401 篇，“佳作如林”，其中颇多编辑著述，“书记缮写之材，且学堂教员法政毕业者亦多”②。评定结果为，“计最优等十名，优等二十名，一等一百七十名，中等六百名，备取六百零一名。共计奖洋一千三百九十一元”③。

11 月，征文社发起第二次征文，题为“止杀篇；天道福善，祸淫古语，作善降祥，试历举数事以证其说；拟白话募捐启”④。限 12 月 10 日截稿，共收征文 2041 篇。本定“只取二百名”，结果取 600 名，共计征文酬资洋“五百八十四元一角”⑤。

第三次征文于 12 月 27 日发起，题目三则如下：“（一）人道说；（二）红十字会与宗教之关系；（三）劝人为善文（白话体）”，“限旧历十二月初十截卷，岁内揭晓，额取二百名。”⑥ 第三次征文共收到 1887 篇，同样取 600 名，“共计征文酬资洋六百零四元”⑦。三次征文活动都紧扣红十字文化主题，获得了良好的反响。

抗战初期，上海市救护委员会为使各界人士明了前线救护工作状况，举行以“前线救护经验谈”为主题的征文竞赛，规定“凡该会所属救护队急救队服务人员，均得应征。每队至少应征一篇，尤鼓励集体写作，并附以照片

---

① 《中国红十字会南京征文》，《申报》1913 年 9 月 26 日、27 日、28 日。
② 《红十字会纪事》，《申报》1913 年 10 月 19 日。
③ 《红十字会纪事》，《申报》1913 年 11 月 6 日。
④ 《中国红十字会南京征文社第二次征文题》，《申报》1913 年 11 月 25 日、26 日。
⑤ 《中国红十字会会员集资征文社南京征文收支清单》，《申报》1914 年 3 月 15 日。
⑥ 《红十字会第三次征文题》，《申报》1913 年 12 月 27 日、28 日。
⑦ 《中国红十字会会员集资征文社南京征文收支清单》，《申报》1914 年 3 月 15 日。

或漫画，字数以一千至三千为原则，文稿内容必须具体翔实，文章必须生动流利”①。

抗战胜利后，北平市分会为“谋求青年对于本会之认识及兴趣”，举行征文比赛，分甲乙两组，（甲）大学组题目为：（一）博爱；（二）红十字会与世界安全。（乙）中学组题目为：（一）服务即人生；（二）理想中的红十字会②。每组各征得50余篇，并分别评选出前三名发给奖金，以资鼓励。其中，大学组第一、二名的获奖文章还在《红十字月刊》上全文登载③，扩大宣传。

鉴于“红十字会之历史与事业在欧美各邦早已童稚皆知，惟在吾华虽提倡有年，除少数确有新知者外，鲜能道其究竟”的现状，中国红十字会于1919年5月底及6月初举行四分钟之演讲竞赛会，“藉以昌明其宗旨，启发其事业，俾引起普通人民注意”。红会还制定8条简章，规定了参赛选手的资格、演讲的主题（“红会之生活或历史”）、最后决赛的时间地点、选手应操语言（官话或沪语两种）、评判准则以及竞赛优胜员之奖品等内容④。

二、慈善义演

慈善义演是“近代中国新出现的一种社会文化事象，主要是通过演艺筹集资金用于社会慈善活动”⑤。作为一种新兴的助善方式，慈善义演经常被红十字会系统采用，不仅达到了筹款的目的，也扩大了红十字会的社会影响。

1917年，为赈济京直特大水灾，中国红十字会于11月18日至22日，在苏州拙政园举办“筹赈游览大会”，游览券每张洋5角。为激发民众兴味，中国红十字会举办了令人目不暇接的会场游艺，其主要活动如下：

吴县诸大教育家化妆游戏、时曲幻术、省立第二中学军乐队、省立第一师范学堂音乐会、省立第二工业学校军乐队、县立第二三高等小学军乐队、苏州苦儿院军乐队、大魔术家韩敬文魔术、邱聘卿三弦拉戏、苏州名校书会唱、吴石生幻术、文明宣卷、郑少庚滩簧、光裕社会书、女子滩簧、女说书、女子新剧、天津各国租界大水发时真象并本会救灾留养妇孺活动影戏、苏州滩簧、八足龙驹、各国红十字会救护灯彩、余兴灯彩、水灾惨状灯彩、异样

---

① 《市救护委员会工作扩大》，《申报》1937年11月7日。

② 《征文比赛会》，《红十字会刊》1947年3月1日，第4页。

③ 桂立刚：《博爱》，《红十字月刊》第13期（1947年1月），第39页。林大成：《红十字会与世界安全》，《红十字月刊》第13期（1947年1月），第36—38页；第14期（1947年2月），第40页。

④ 《红会筹备四分钟演讲竞赛》，《申报》1919年5月7日；另见《童子智育：红十字会演讲竞赛会》，《童子声》1919年第1卷第63期，封3页。

⑤ 郭常英、岳鹏星：《寓善于乐：清末都市中的慈善义演》，《史学月刊》2015年第12期。

焰火、退思斋所藏前清内廷南薰殿唐宋元明清五朝帝王皇后御容并宋元明清名画、消防队、苏州各种商店。除以上各种游艺并每日增添外，再罗列名菊点缀秋光。

这种五彩纷呈的游览会对民众自然十分具有吸引力，游客“既极游观之乐，实拯饥溺之灾”①。

1918 年，红十字会举办协济湘赈游艺会，开会宗旨为“提倡人道教育”。先由马相伯演说，“谓人道即仁道，人而仁方谓之人”，并表示举办游艺会旨在“昌明人道，即所以昌明仁道”。游艺会表演项目有琵琶弹奏、昆曲演出、足球比赛、中西音乐会、幻术表演以及“童子军游戏、拳曲、电光世界等”。此外，校中设立贩卖团数处，“售有《人道教育》及《潇湘劫》等书”，还有红十字会陈列宋元名人书画颇多，以致“观者如堵”，“目不暇给”②，起到了良好的宣传作用。

总会之外，一些地方红十字组织也经常使用慈善义演的方式筹募捐款。1914 年，天津妇女红十字协济会因存款无多，假借广东会馆开游艺捐款会，有钢琴独奏、英文歌唱、演说、军乐、演剧等内容③，极为丰富。1915 年，该会联合基督教青年会男女各热心善士，召开游艺大会，“奏琴唱诗及各样游艺，时临售票，其所得茶资均归本会办理慈善事件”④。

复员时期，红十字会开展的慈善义演活动也有声有色，尤以园游会为特色。为推进保健，“养成身心之康乐”，上海分会于 1946 年双十节及 10 月 27 日在沪西中山公园举行青年会员园游会，到会会员极为踊跃。计两次园游会之表演节目，有上海基督教主日学会之军乐、延平小学之舞蹈、南屏女中之歌唱、第五区中心小学之体育表演、口琴专家石人望先生之口琴独奏，以及精武体育会之双杠、单杠、国术、摔跤等。除表演游艺节目外，并请名人演讲以“宣扬红十字会之使命”与“青年会员之责任”⑤。

慈善义演在近代是一个引人注目的社会现象，这种寓善于乐的方式颇受民众欢迎。更重要的是，慈善义演这一新兴方式，吸引了大量民众对红十字

---

① 《中国红十字会假座苏州拙政园特开京直水灾筹赈游览大会》，《申报》1917 年 11 月 19 日、20 日；另见《中国红十字会假座苏州拙政园特开京直水灾筹赈游览大会续延初七八两天》，《申报》1917 年 11 月 21 日、22 日。

② 《协济湘赈游艺会初记》，《申报》1918 年 12 月 1 日。

③ 《演剧捐款》，《大公报》1914 年 4 月 19 日。

④ 《天津妇女红十字协济会开会广告》，《大公报》1915 年 5 月 15 日。

⑤ 黎阳：《海上两红影：一在黄浦江头，一在珠江桥畔》，《红十字月刊》第 14 期（1947 年 2 月），第 31 页。

事业的关注，进而使之直接参与到红十字事业中来，有力助推了红十字文化的传播，并在一定程度上推动了慈善新风尚的构建。

简言之，红十字会所开办的文娱活动寓教于乐，或为扩大宣传，或为筹募捐款，虽初衷不一，但都在一定程度上宣传了红十字事业，推动了文化传播。

第四节　范例传播：以红会史上南丁格尔在华形象建构为中心

弗洛伦斯·南丁格尔（1820 年 5 月 12 日—1910 年 8 月 13 日），英国护士，现代护理事业创始人和现代护理教育奠基人，国际红十字运动先驱，被誉为“克里米亚的天使”和“提灯女神”。19 世纪末，在晚清民族国家建构和女性解放的话语体系下，南丁格尔事迹传入中国，并通过报刊、灯会、广播、电影等渠道发扬光大，一度成为新女性标杆，深受社会各界喜爱，有效促进了国际红十字运动在中国的传播。

一、南丁格尔在红会史上的地位演变

耐人寻味的是，在晚清各类期刊中，南丁格尔的名字逐渐成了国际红十字会的代名词，成为传播红十字文化的一个符号和载体。

（一）作为红十字会引线和嚆矢的南丁格尔

据现有资料来看，提及南丁格尔和红十字会关系的论说至迟可追溯至 1898 年。该年 5 月，《申报》登载日本寓沪医学士原口谦尔所作《红十字会历史》一文的节译，称红十字会起自克里米亚战争，英国女子南丁格尔，“夙以慈善著名，组约同志赴沙场，亲为受伤人疗治，多方措置，恳切肫诚，受伤者大为感激，几于泣下沾襟，是为救护被疮兵士之鼻祖而各国红十字会之滥觞也”。而后瑞士国人亨利·杜南，“恻然悯之，箸（著）书立说，发明战场救护受伤人之法，遍赠列国好善士，求为佽助，一时志士仁人上政自政府下逮议员，无不踊跃乐从，集议数回，遂创立红十字会”①。该文将南丁格尔视为各国红十字会之滥觞，而视亨利·杜南为红十字会的创始人，合乎事实。11 月，《申报》连载旅日侨商孙淦对红十字会的介绍文章。孙淦热情讴歌了南丁格尔在克里米亚战争中“逢伤必救，不嫌污秽，遇疫必疗，不惧传染”

① 《红十字会历史节译》，《申报》1898 年 5 月 30 日。

的义举及创设南丁格尔病院的事迹，并感慨道：“红十会之引线，伏于此矣！”① 孙淦此说被各大报刊纷纷转载，红十字会系统在宣传中也多次照搬和引用②，视南丁格尔在克里米亚的义举为红十字运动之“引线”或“嚆矢”。这种说法一直延续到20年代初期。

（二）重塑：被视为红十字会创始人的南丁格尔

一个引人注目的现象是，在20世纪二三十年代，红十字会系统常常在不经意间将南丁格尔视为红十字会的创始人，这方面的资料不胜枚举。

1923年，浏阳分会称“自英奈丁格尔创红十字会扶危济难，实行冒险救人，愿力弘大”③。在1924年编印的《中国红十字会二十周年纪念册》中，各地红会在分会颂词中都不约而同地将南丁格尔视为红十字会的创始人。例如，沘源分会议事长高清举的颂词开篇即写道：“红会创始，英女格兰。瑞士发起，环球遍传。”④ 涟水分会颂词称：“南丁格尔女英奇，红会由来创自伊。”⑤ 蚌埠分会所作《中国红十字会劝捐歌》也持相同的看法：“红十会，细表根源。英国内，女学士，鼐鼎盖儿。立大志，创此会，中外结缘。尊人道，含慈善，恤兵救难。”⑥ 太和分会所作《红十字会白话浅说》，开篇即称：“红十字会是英国女子鼐鼎盖儿创起的。”⑦ 甚至有专门以之命名的《创始红十字会南丁女士传》，“南丁，观音也，或译为鼐鼎。鼐鼎盖儿者，英国创办看护之极仁慈女子”⑧。

此外，“红十字会为英国女士所创兴，以瑞士小邦为总会”⑨，“红十字会的起源，在于一千八百五十四年克里米亚战争中，英国一位妇女迺亭格尔氏，发起救护战场伤病兵士的组织”⑩ 等，诸如此类的说法，层见叠出。

---

① 《红十字会说》，《申报》1898年11月16日。

② 《录大阪侨商上海孙淦君于前清光绪二十三年提倡中国红十字会说》，《中国红十字会杂志》第2号（1914年6月），第1—3页。

③ 《分会成绩》，《中国红十字会月刊》第21期（1923年7月），第40页。

④ 《分会颂词》，中国红十字会总办事处编：《中国红十字会二十周年纪念册》，1924年印行，第9页。

⑤ 《分会颂词》，中国红十字会总办事处编：《中国红十字会二十周年纪念册》，1924年印行，第10页。

⑥ 蚌埠分会：《中国红十字会劝捐歌（善士到处宣传功德无量）》，池子华、崔龙健主编：《中国红十字运动史料选编》第1辑，合肥工业大学出版社2014年版，第359页。

⑦ 张文华、薛绍彬：《红十字会白话浅说》，《中国红十字会月刊》第1期（1921年10月），第5页。

⑧ 《创始红十字会南丁女士传》，池子华、崔龙健主编：《中国红十字运动史料选编》第1辑，合肥工业大学出版社2014年版，第321页。

⑨ 《中国红十字会之新年希望》，《中国红十字会月刊》第15期（1923年1月），第4页。

⑩ 曼倩：《红十字会的起源》，《军事杂志（南京）》1931年第33期，第112页。

（三）修正：作为红十字会起源动机的南丁格尔

考察中国红十字会史，在20世纪30年代中期，红十字刊物在宣传中已对南丁格尔在国际红十字运动史上的地位做了修正，不再提及南丁格尔是红十字运动的“创始人”，而将她视为红十字运动起源的动机，如报道称克里米亚战争爆发之时，南丁格尔亲临战地，“实施博爱恤兵宗旨，由此发起战地救护以后，因之成立红十字会”[①]。其后，大众媒介在宣扬南丁格尔时，开始有意识地将焦点集中于南丁格尔在开创护士教育方面的功绩，以及对红十字会成立的推动作用。如1939年，《申报》报道南丁格尔诞辰纪念活动，称红十字会的发起缘由为克里米亚战争结束后，“各国激于女士热忱，乃创设红十字会，专做救护及其他各项慈善事业”[②]。这与此前的宣传形成了强烈反差。

尽管如此，大众媒介将南丁格尔视为红十字会创始人的说法依然零星地见于报端。1936年，大众媒介在宣传以南丁格尔为原型的电影《白衣观音》时，直接称该电影描述的是“看护学制定者兼红十字会创始人福劳仑丝南丁格兰女士之一生奋斗成功史”，“对人类之同情，社会之正义，及德智二育俱有极深之贡献，于寻求娱乐之人士，予以正义之熏陶，其益匪浅，堪称教育影片之尤”[③]。1942年，《福建妇女》在追述了南丁格尔在克里米亚战争的壮举后，称她“努力创造了现在普及全世界的红十字会”[④]。

揆诸史实，南丁格尔的形象由红十字会创设的引线、嚆矢到红十字会创始人，再到红十字会创设的动机，经历了一个嬗变过程，这也从侧面印证了红十字运动在中国从鲜为人知到普遍知晓的传播进程。令人颇感兴趣的是，南丁格尔是红十字会创始人的说法何以在一个时期成为红十字会系统的集体记忆？时人也曾注意到这个问题，认为主要是因为南丁格尔救护成绩卓著、声闻遐迩：“英女士乃丁戬而（Nightingale）特发宏愿，亲临军中看护病伤军士，成绩卓著，声闻遐迩。故时人多谓红十字会实于斯嚆矢。”[⑤] 事实确也如此。1872年，在伦敦红十字会成立仪式上，杜南应邀发表演说时强调：“大家都认为我是红十字会与日内瓦协定的创始人。可是，这个组织与协定的产生，事实上因为受到一位杰出的英国女性的强烈震撼和启迪，她就是曾在克里米

---

① 《各国红十字会近闻》，池子华、丁泽丽主编：《中国红十字运动史料选编》第5辑，合肥工业大学出版社2016年版，第417页。

② 《护士鼻祖奈丁格尔诞辰纪念》，《申报》1939年5月13日。

③ 娟娟：《平安上映之“白衣观音”》，《语美画刊》1936年第2期，第3页。

④ 《妇女史迹：奈丁格尔》，《福建妇女》1942年第1卷第1期，第36页。

⑤ 械材东蒙：《考据：红十字会考》，《圣教杂志》1919年第8卷第1期，第5页。

亚英勇备战的南丁格尔小姐。”[①] 也正是基于此，杜南被誉为“国际红十字之父”，而南丁格尔被誉为“国际红十字之母”。

二、多彩纷呈的传播方式

南丁格尔作为宣传红十字文化的一个符号、一面旗帜，被大众媒介作为“样板”反复宣传，大体有以下方式：

（一）刊物宣介

南丁格尔在晚清传入中国时有多个译名，如奈经慨卢、那伊丁格尔、涅几柯儿、南的搿尔、奈挺格尔等。在晚清民族国家建构和女性解放的话语体系下，南丁格尔受到时人热情洋溢的讴歌和赞美。红十字刊物就多次刊载专文介绍南丁格尔，如《人道指南》1913 年第 2 号刊载《女慈善家（红十字会之功臣）》；1921 年、1936 年、1939 年，《中国红十字会月刊》分别刊载《鼐鼎盖儿女士传》《鼐鼎盖儿女士遗像》《南丁格兰传》等文章；1946 年，《红十字月刊》刊载《护士之祖：南丁格尔生平》。凡此种种，无一不是透过南丁格尔这一红十字运动的标杆人物，来宣扬人道、博爱的红十字文化，加深民众对红十字会的认知，进而激发参与热情。此外，有关南丁格尔的传记、译述作品还散见于晚清和民国时期的各类刊物中（见表 3－4、表 3－5 的统计）。

表 3－4　部分晚清报刊中有关南丁格尔的翻译和介绍统计表

<table>
<tr><th>刊　名</th><th>年　份</th><th>刊　数</th><th>栏　目</th><th>题　目</th></tr>
<tr><td>译书会公报</td><td>1897</td><td>第 1 期</td><td>东报会译</td><td>日本红十字会</td></tr>
<tr><td rowspan="2">女学报</td><td rowspan="2">1902</td><td rowspan="2">第 4 期</td><td rowspan="2">译件</td><td>英国女杰涅几柯儿传</td></tr>
<tr><td>世界十女杰演义：西方美人</td></tr>
<tr><td>女报
（上海苏报馆）</td><td>1902</td><td>第 5 期</td><td>演说</td><td>泰西妇女近世史</td></tr>
<tr><td>大陆报</td><td>1903</td><td>第 4 期</td><td>史传</td><td>那伊丁格尔女史传</td></tr>
<tr><td rowspan="4">女子世界</td><td rowspan="3">1904</td><td>第 2 期</td><td>译林</td><td>赤十字社之看护妇</td></tr>
<tr><td>第 5 期</td><td>传记</td><td>军阵看护妇南的搿尔传</td></tr>
<tr><td rowspan="2">第 13 期</td><td rowspan="2">丛谈</td><td rowspan="2">战场之美人</td></tr>
<tr><td>1905</td></tr>
</table>

① 左刚强、姚忠泰改编：《南丁格尔》，中国地质大学出版社 2004 年版，第 142—143 页。

（续表）

刊　名	年　份	刊　数	栏　目	题　目
中国新女界杂志	1907	第 1 期	图画	创设赤十字看护妇队者奈挺格尔夫人之像
		第 2 期	译述	创设万国红十字看护妇队者奈挺格尔夫人传（白话体）
			史传	创设万国红十字看护妇队者奈挺格尔夫人传（续第 1 期）
教育杂志	1911	第 1 期	图画	南丁格尔女士（万国赤十字会之始祖）

另外，晚清时的 1903 年 5 月，《世界十女杰》出版，对南丁格尔的事迹做了事无巨细的叙写。1904 年 7 月出版的《女子新读本》一书，也有大量关于南丁格尔事迹的介绍。

表 3－5　部分民国报刊中有关南丁格尔的翻译和介绍统计表

刊　名	年份	刊　数	题　目
女子世界	1915	第 3 期	慈善家南丁格尔
妇女生活	1936	第 3 卷第 3 期	从“白衣观音”说到中国妇女（附照片）
妇女共鸣	1937	第 6 卷第 5 期	纪念南丁格尔
女子月刊	1937	第 5 卷第 3 期	一位不朽的看护妇弗洛棱萨奈丁格尔
小朋友	1937	第 767 期	南丁格尔女士
江苏儿童	1937	第 56 期	南丁格尔尽力看护事业（附图）
妇女界	1940	第 3 期	护士界之母：奈丁格尔女士小传
中国画刊	1940	第 5 期	介绍女杰：首创看护的娜丁格尔女士、德国圣女贞德女士（附图）
湖南妇女	1941	第 3 卷第 6 期	南丁格尔女士的故事
福建妇女	1942	第 1 卷第 1 期	妇女史迹：奈丁格尔
战斗中国	1945	第 1 卷第 7 期	南丁格尔轶事
基督教丛刊	1946	第 14 期	南丁格尔传（未完）
		第 15 期	南丁格尔传（续）
报报	1946	第 2 卷第 7 期	南丁格尔小传
华中医务杂志	1946	第 1 卷第 2 期	南丁格尔传略

（续表）

刊　名	年份	刊　数	题　目
艺文画报	1946	第 1 卷第 5 期	护士誓（附照片）
华中医务杂志	1946	第 1 卷第 2 期	南丁格尔传略
福幼报	1947	第 33 卷第 5 期	南丁格尔：一个可敬的伟人（附图）
妇女与家庭	1947	第 6 期	护病事业鼻祖：南丁格尔女士小传
物调旬刊	1948	第 46 期	南丁格尔生平
镜湖医药报告	1949	第 4 期	护士鼻祖：南丁格尔女士史略

在形形色色的报刊中，尤以各类女报引人眼球。不难想见，各类女报对南丁格尔的宣介，意在号召中国女性打破社会陋习和偏见，积极投身社会事业，谋求女性解放。诚如研究者所指出的，载录于各类期刊中的南丁格尔传记，“为中国女性提供了一种新的创建主体性和民族性的技术”，“鼓励一个致力于教育、群体行为或者人道主义工作的社会自我之培育”[①]，肯定女性成为英雄人物的潜能。

（二）灯会展示

1917 年，京兆、直隶地区连日大雨，酿成特大水灾。中国红十字会于 9 月 8 日至 12 日在上海大世界举办京直水灾救护灯会（15 日、16 日续开两日），展出欧战中红十字会救护器械、武装汽车、救护汽车等新奇照片，还有南丁格尔肖像、看护妇、红十字会各医院模型灯彩，“均极光怪陆离之致”。通过这种民众喜闻乐见的形式，“藉以披露灾情及世界红会种种救护真相，以兴起沪人士好善观念”[②]，受到上海市民的普遍关注。门票收入，全部移作赈款，赈济京、直水灾。

（三）演讲广播

1920 年，万国红十字会信阳分会在演说中，不厌其详地宣讲了南丁格尔在克里米亚战争中看护伤兵的义举，称南丁格尔为“开导军中看护之先声”[③]。1935 年，中国红十字会开展会员征募运动，在佛音电台播送的演讲

① ［加］季家珍：《扩充女性/国族的想象：晚清妇女期刊中的社会女英雄及女战士》（曹南屏译），复旦大学历史学系、复旦大学中外现代化进程研究中心编：《新文化史与中国近代史研究》，上海古籍出版社 2009 年版，第 65 页。

② 《中国红十字会假座大世界特开京直水灾救护灯会露布》，《申报》1917 年 9 月 5 日。

③ 柴连复：《时事论说门：万国红十字会信阳分会之演词》，《新民报》1920 年第 7 卷第 10 期，第 6 页。

中，对南丁格尔的事迹做了一次普遍的宣传，“讲到红十字会的起源，是动机于一位英国小姐，名叫南鼎盖儿，自幼即具慈善心肠……后来克里米亚战争发生，她竟率领同志，亲往战地，救护伤兵难民”①。

（四）电影放映

电影作为一种新兴媒介，也常被用来宣传红十字文化。1936 年，以南丁格尔为原型的电影《白衣观音》在上海放映。《申报》多次刊登广告，称其“为女性争光，为人群造福”，“抱着自我牺牲的精神，救护效命沙场的爱国男儿”，赞誉该片为“轰轰烈烈宣扬人道主义的历史战事悲壮热烈巨片”②。不少人士纷纷撰写影评，发表感受，赞扬南丁格尔“脱离家庭为人类而服务的精神，可作为中国女性的模范”③。

此外，红十字会系统和护士界在每年 5 月 12 日还会举办丰富多彩的南丁格尔诞辰纪念活动，集中宣传南丁格尔事迹（详见表 3－6）。

表 3－6　部分刊物中登载的纪念南丁格尔诞辰庆祝活动一览表

刊　名	年　份	刊　数	题　目
南京卫生	1937	第 1 卷第 8 期	卫生消息：护士京会游艺会，庆祝南丁格尔诞辰
中国红十字会月刊	1939	第 48 期	会讯：红十字新闻：昨纪念奈丁格尔诞辰
中华护士报	1939	第 20 卷第 2 期	南丁格尔国际纪念基金会
			南丁格尔国际纪念基金会之分析
	1940	第 21 卷第 4 期	卫辉惠民医院护士学校庆祝南丁格尔诞辰纪念
			卫辉惠民护士学校庆祝南丁格尔诞辰记
			我们所欠之债务（一九四〇年五月十二日南丁格尔诞辰演说辞）
中国妇女	1940	第 2 卷第 6 期	南丁格尔

① 《会讯：佛音电台播送特别节目》，《中国红十字会月刊》第 4 期（1935 年 10 月），第 46 页。

② 《大光明戏院》，《申报》1936 年 7 月 30 日。

③ 凌鹤：《从“白衣观音”说到中国妇女》，《妇女生活（上海 1935）》1936 年第 3 卷第 3 期，第 52—53 页。

（续表）

刊　名	年　份	刊　数	题　目
妇女界	1940	第 4 期	纪念奈丁格尔：我们护士的三项要求
西风副刊	1940	第 24 期	改良战地医院的英国护士南丁格尔：[照片]
中华护士报	1941	第 22 卷 第 3 期	中华护士学会上海分会纪念护士母亲南丁格尔女士诞辰摄影：[照片]
			纪念南丁格尔女士
布道杂志	1941	第 14 卷 第 5/6 期	南丁格尔："白衣天使"
妇女界	1941	第 3 卷 第 3 期	记南丁格尔纪念大会
江西妇女	1941	第 5 卷 第 4/5 期	妇女动态：国内方面：（四）桂林纪念护士泰斗南丁格尔女士诞辰
会务通讯	1941	第 4 期	纪念南丁格尔：渝市举行纪念会
			当前护士界所负的使命：为纪念南丁格尔诞辰作
先锋医务	1946	第 2 卷 第 1 期	为什么要纪念南丁格尔
中国护士季刊	1947	第 1 卷 第 2 期	纪念南丁格尔女士向护士同志进言
	1948	第 2 卷 第 2 期	南丁格尔女士纪念歌

纵览各大媒介对南丁格尔的宣传报道，关注点主要集中在以下方面：

其一，介绍南丁格尔的事迹，宣扬南丁格尔的博爱奉献精神，强化南丁格尔"红十字会之母"的形象。通过多样化的传播方式，介绍南丁格尔的生平事迹，尤其是对南丁格尔奔赴战场救护克里米亚战争伤病兵的人道义举进行不厌其详的铺陈和渲染，称颂其积极投身社会事业、奉献自我的精神。

其二，号召学习南丁格尔精神，为国家民族服务。在近代中国救亡图存的时代主旋律下，南丁格尔抛弃自己的幸福享受，奔赴前线忠诚为国服务的精神，尤其值得国人"效法而加以追思"。许多宣传指出，"鼐女士是我们崇高的典型"。当时中国弥漫着抗日的硝烟，提醒着国人"我们国家正缺少了像在克利米亚战中的鼐鼎盖儿女士”，号召国人学习南丁格尔服务精神：“忠诚坦白态度，有伟大牺牲精神替国家民族服务。”① 1941 年纪念南丁格尔诞辰之际，红十字会系统号召护士界从以下 6 个方面学习南丁格尔的精神：创伤的治疗、病室的护理、精神慰藉、贯注思想、讲解卫生常识和为俘虏治疗②。

显而易见，大众媒介颂扬作为现代西方女性模范的南丁格尔，是“立足于民族的、全球的层面”，旨在使国人“获得直接通往公众和政治领域的通道”③，反映了民族主义在红十字运动领域的投射。

三、积极热烈的传播反响

随着各类媒介对南丁格尔事迹铺天盖地的宣传，南丁格尔一度成为红十字会在近代中国的“代名词”，被誉为“红十字之母”和“伤兵之母”，成为新女性的标杆。在南丁格尔事迹的感召下，中国社会“英雄辈出”，一些在红十字事业中做出突出贡献的女性也往往被冠以“南丁格尔”的美誉。1911 年，张竹君发起赤十字会，赴战地救死扶伤，被誉为“南丁格耳（尔）之再见”④。抗战时期，中国大地涌现出了许多“南丁格尔”式的人物⑤：护士小姐陈骊珠，助人、爱人、扶人、救人，被称为“华西坝的南丁格尔”⑥；蒋鉴在抗战爆发后，创办民众诊所，并进入第五陆军医院做义务护士，情系伤兵，赤诚服务于战地伤病兵护理工作，后积劳成疾不幸逝世，被誉为“伤兵之母”和“中国的南丁格尔”⑦。

护士林美玉在抗战中积极参加中国红十字会医疗队，也是基于南丁格尔精神的感召。她在回忆中写道：

> 1938 年 11 月，上海沦陷，眼看祖国的大好河山被日本帝国主义者践踏，

① 花新人：《纪念护士事业创始人》，《申报》1937 年 5 月 11 日。

② 参见邵振德：《当前护士界所负的使命：为纪念南丁格尔诞辰作》，《会务通讯》第 4 期（1941 年 6 月），第 3—4 页。

③ ［加］季家珍：《扩充女性/国族的想象：晚清妇女期刊中的社会女英雄及女战士》（曹南屏译），复旦大学历史学系、复旦大学中外现代化进程研究中心编：《新文化史与中国近代史研究》，上海古籍出版社 2009 年版，第 73 页。

④ 《上海五洲药房经理项松茂致上海医院院长张竹君女士书》，《申报》1911 年 10 月 21 日。

⑤ 罗叔章：《在许多中国奈丁格尔中间》，《妇女生活（上海 1935）》1937 年第 5 卷第 3 期，第 19—20 页。

⑥ 《助人，爱人，扶人，救人的护士小姐陈骊珠：华西坝的南丁格尔》，《海棠》1948 年第 36 期，第 20—21 页。

⑦ 子冈：《中国的奈丁格尔蒋鉴女士》，《妇女生活（上海 1935）》1938 年第 5 卷第 6 期，第 25—27 页；《介绍“伤兵之母”：蒋鉴女士》，《会务通讯》第 1 期（1941 年 1 月），第 17—18 页。

无数的同胞被无辜屠杀，我的心实在难以平静下来。我是个护士，一个白衣战士怎样才能报效自己的祖国呢？我想起在护校学习时学到的“南丁格尔”。南丁格尔是英国豪门贵族出身的女护士，在第一次世界大战中，她丢掉富裕的生活，奔赴前线为伤员服务，留下了“牺牲自我，服务人群”的南丁格尔精神。我也是护士，要有南丁格尔精神，决不当亡国奴，决不让日本法西斯蹂躏我的祖国。我要去抗日前线……为抗日的伤病员服务①。

其后，她同12个男女青年于1939年出发辗转抵达贵阳，被编入中国红十字会医疗队第403分队，从事伤兵救护工作。

清末民初，南丁格尔作为来自西方世界的女英雄形象被引进中国，以鼓励中国女性担任与政治相关的护士工作，并对她们进行红十字会的知识启蒙，借此培育全球性的人道主义视野②。在此期间，南丁格尔的媒介形象经历了一个被重塑和修正的过程，其间说法多元混杂，但无一不折射出南丁格尔在国际红十字运动史上的崇高地位。从某种意义上讲，南丁格尔也成为民族精神和现代性的表征，吸引广大女性走出家门，投身战地救护工作，在为红十字事业做出积极贡献的同时，也促进了自身解放和国家民族的解放。

红十字文化作为异质文化，欲在中国顺利传播可谓举步维艰。为强化民众对红十字文化的认同，中国红十字会采取了一系列方式和手段推进红十字文化“接地化”。具体而言，有以下几个方面：

一是通过各类媒介宣扬红十字会的宗旨、原则以及加入红十字会的各种“利益”，比如可以保身家、博名誉，并以大量信而有征的现报实例加以印证，以此强化民众对红十字文化的认同。1911年，沈敦和在征集会员广告中即以会员享有的权利——战乱年代的护身符作用——吸引民众入会，对于会员，先赠暂用徽章。“佩带此章得以出入战地，认为红会会员，加以保护”③。沈敦和形容这是“不特赞襄义举，抑且保卫己身，一举而两善备焉”④。

二是利用红会周年纪念及红会史上重要人物的诞辰纪念和征募运动等仪式活动来强化民众对红十字的认同感。每次举办大规模征募运动和纪念活动，

---

① 林韫山：《回忆抗战中我参加医疗队抢救伤员的经过》，谷城县政协文史资料研究委员会编：《谷城文史资料》第1辑，1987年印行，第131—132页。按：文中称南丁格尔于“第一次世界大战中”奔赴前线，有误，应为“克里米亚战争中”。

② 参见［加］季家珍：《扩充女性/国族的想象：晚清妇女期刊中的社会女英雄及女战士》（曹南屏译），复旦大学历史学系、复旦大学中外现代化进程研究中心编：《新文化史与中国近代史研究》，上海古籍出版社2009年版，第60页。

③ 《红十字会征集会员广告》，《申报》1911年11月1日。

④ 《急募红十字会捐款启》，《申报》1911年11月12日。

红十字会都会动用报刊、广播等各大媒介进行大张旗鼓的宣传，并通过社会名流的题词、倡导和演讲等名人效应，强化认同。

三是通过举办民众喜闻乐见的文娱活动和形塑典型人物的方式来传播红十字文化。

此外，红十字会还时常分发一些反映博爱恤兵宗旨的纪念品，以扩大红十字文化的感召力。1913 年，因感念捐户在赈济温处、顺直水灾中的积极和热情，红十字会“向瑞士钟表厂定制红宝石及红十字金表为募捐及格人之纪念品”①，分赠捐户。同年底，中国红十字会召开第七次常议会，提议值红十字会成立十年之际，“置各种红十字纪念品分赠各捐户，并推广募捐手续”②。1924 年江浙战事结束后，为犒劳办事人员的辛劳付出，红会特“定制纪念饭碗一种，上刊江浙战争救护纪念八字，并绘营垒及红会救护伤兵图，题曰博爱恤兵”③，分赠出力人员及有关团体机关留念。1932 年，为纪念一·二八事变中第五伤兵医院的救护事迹，中国红十字会编辑出版《第五伤兵医院纪念刊》，以资征信，“凡曾捐助各院经费物品诸君及各团体个人，均可迳向静安寺路张家浜中德医院索取，一律照赠”④。同年，为犒劳第二十二伤兵医院在一·二八事变中的救护义举，红十字会专门制造“对于服务员之纪念章及纪念征信录”，分送给“凡曾在该院服务及捐助款物诸君”⑤。全面抗战爆发后，国际救济会为救济难民，推行每日一角捐款，获得各界热烈响应。因感念捐款人之热忱，该会特制备一角捐纪念章，“中嵌该会会徽，四周镶以蓝边，巧小玲珑，佩诸胸前，极为美观”，“凡各界人士或团体机关认捐一角满三元以上者，即赠送一枚”⑥。

这些纪念品大多蕴含了红十字文化的内涵，精巧美观，又在一定程度上迎合了受众的心理需求，不啻为传播红十字文化的有效载体。

值得一提的是，红十字会还通过将红十字素材纳入教育系统的方式来传播文化。随着公益慈善事业在近代的勃兴，红十字会作为一个有生命力的公益组织进入了民国教科书编写者的视野。由庄俞、沈颐编订于 1913 年的教材《共和国教科书新国文》高小第四册第十六课收录了《红十字会》一文，用四五百字的篇幅对红十字运动的起源与推动红会创生的重要人物亨利·杜南

---

① 《红十字会之筹赈忙》，《申报》1913 年 1 月 12 日。

② 《红会第七次常议会纪事》，《申报》1913 年 12 月 2 日。

③ 《红十字会分赠纪念品》，《申报》1924 年 11 月 28 日。

④ 《第五伤兵医院纪念刊出版》，《申报》1932 年 9 月 24 日。

⑤ 《廿二伤兵医院分送一二八纪念章》，《申报》1933 年 4 月 11 日。

⑥ 《各界热烈参加一角运动——开始赠送纪念章》，《申报》1937 年 12 月 5 日。

和南丁格尔做了一次广泛的宣传和普及，并对红十字会在辛亥革命和民国创建中的贡献大加赞扬，称其为“此我国有战争以来，所最足纪念者也”[①]。将红十字会纳入中小学教材，“对数百万甚至上千万的小学生来说也是一次心灵的净化。更为可贵的是，编辑者充分顾及课文内容彼此间的承接关系，在《红十字会》之前，还有第十四课《慈善事业》和第十五课《南丁格兰》，以爱心、医护为枢纽，将三篇课文有机地连为一体，既有利于此类知识的学习和理解，也能不断加深小学生对红十字的认同和崇尚，做到了知识教育和人格培养的兼顾。试想，当一个十二三岁的少年，将这篇课文熟能成诵后，红十字的知识定能影响他的一生，永不会磨灭”[②]。教材在一个人成长过程中所扮演的角色再怎么夸大也不过分。不难想见，只要使用过那个版本教材的人，就会在脑海中留下红十字的恒久印迹。

毋庸置疑，推动红十字文化传播最重要的方式依然是红十字会救伤瘗亡的实践活动。红十字胚胎于战争，只要有战争的地方，就必然活跃着红十字的影子。可以说，红十字是战争的伴生物，是战争创伤的有机组成部分。只要经历或感受过战争的民众，就会唤起对红十字的情感诉求和认同感。显然，在红十字文化传播过程中，各方力量和资源都被整合起来，合力塑造了红十字的新形象、新风貌。

---

① 张涛：《民国教材中的红十字课文》，严晓凤、池子华、郝如一主编：《〈红十字运动研究〉2013 年卷》，合肥工业大学出版社 2013 年版，第 170—171 页。

② 张涛：《民国教材中的红十字课文》，严晓凤、池子华、郝如一主编：《〈红十字运动研究〉2013 年卷》，合肥工业大学出版社 2013 年版，第 171 页。

第四章　近代红十字文化的社会认同

在近代风雨如磐的艰难岁月里，中国红十字会排除万难，殚精竭虑地开展文化传播活动，教化民众，启牖民智，推动现代民族国家的建构。那么红十字文化在近代中国的社会认同情况如何？本章就此问题略做考察。

一般意义上的“认同”有两种含义：一是认为跟自己有共同之处而感到亲切，承认、认可和赞同；二是自觉地以所认可对象的规范要求自己，按所认可对象的规范行事。简言之，认同就是“对某一现象承认认可并且自愿地按其规范行事”的含义①。红十字文化的社会认同即社会大众对红十字文化的认可、践履情况，反映了红十字文化的传播成效。由于红十字文化的社会认同是一个综合体，很难量化分析，且主要体现在受众一方；而作为受众的广大普通民众基本可以说处于一种失语状态，这就更进一步增加了研究的难度。有鉴于此，笔者拟主要从国人对红十字标志的认知、社会各界对红十字会募捐的响应及女性群体对红十字事业的参与等层面予以透视。

第一节　国人对红十字标志的认知

红十字标志作为红十字文化的载体，是国人认知红十字事业最直接的表征。时人对此有生动的描述：“每当佩着红十字标帜的朋友显现在我眼前的时候，我就生动的难以忘记的记起着法西斯魔手的罪恶，争取‘人性’斗争的胜

① 李素华：《对认同概念的理论述评》，《兰州学刊》2005 年第 4 期。

利也越发鼓舞着我！”[①] 要考察红十字文化的社会认同，有必要先凝视国人对红十字标志的认知状况。

一、排拒：与基督教十字架标志相联系

由于“红十字”符号的多歧性，民众往往将红十字标志与以十字架为标志的基督教相联系。这在中国红十字会成立早期体现得尤为明显，且伴随着近代红十字事业发展的始终。

1915 年，章锡琛在介绍各国红十字事业时，直言红十字之徽章，“为希腊派耶稣教会所用之十字架，加椭圆型之外圆，除回回教国外，通行于世界各地”[②]。这一时期，沙市天主堂红十字会成立后引发的社会纠纷再次将红十字标志与基督教的联系推进民众视线之内。

1918 年，荆襄战起，传教士积极投身其中，救伤恤亡。其间，沙市天主堂积极组织红十字会开展各项救护赈济事业，称天主堂红十字会。该会主要发起人和看护妇多为传教士，其经费由沙市绅董捐集，征得入会会员百余人，“制有徽章旗帜，书明天主堂红十字会字样，或佩身上，或悬门前，以期保护”[③]。天主堂红十字会成立后，即收容医治南军受伤兵士百余名。然而该会却遭到社会人士的非议，有自称沙市红十字会会员名萧英者表示反对，并在《大公报》刊登《教堂设会敛财之黑幕》一文，诬捏四条登之报章，称：

> 该堂组织斯会之初，既不曰万国缔盟红十字会，更不曰万国红十字分会，而独标曰天主堂红十字会。天主堂红十字之木牌遍钉街衢，于法律上不合者一也；匿藏溃兵武器，靳不交出，欲交出又索相当之代价，于条约上破坏者二也；当战事正盛之时，引渡灾民，辄索重金，否则掉头不顾，于条约上破坏者三也；出发队员每藉十字名义，诈欺取财，该堂主教充耳不闻，于条约上破坏者四也。以上四端确于本会名誉上、发展上有绝对密切之关系，并失本会之尊严。函请严加取缔，以符条约而重名誉[④]。

该事件一经登载，即引发轩然大波。荆州总司铎马修德闻悉之后，当即照会沙市商会，针对萧英的诬蔑进行一一反驳，声称天主堂发起红十字会，“乃体上主爱人之德，念基督救世之心，原非专为名誉起见，但任意诬蔑，将

---

① 谢爽秋：《扩大“人性”战斗的阵容》，《会务通讯》第 21、22 期合刊（1943 年 11 月），第 35 页。

② 章锡琛：《各国之红十字事业》，《大公报》1915 年 10 月 4 日。

③ 《近事：本国之部：湖北：荆襄等处南北军激战情形》，《圣教杂志》1918 年第 7 卷第 4 期，第 186 页。

④ 《教堂设会敛财之黑幕》，《大公报》1918 年 3 月 6 日。

以阻后来办理慈善之心”，并请求沙市商会查明“沙市红十字会设于何地，成于何时，创于何人，其会员确有萧英与否”，以便天主堂与萧英交涉，“为赔偿名誉之举，是为至要”①。其后，沙市商会查明“沙市红十字会尚未成立，亦无会员萧英名目，其为冒名捏诬情形显然”。于是，沙市商会致函《大公报》，将沙市天主堂红十字会成立的来龙去脉悉数道来，并对萧英所诬蔑的几条再次予以批驳和澄清，强调该会“其款项公任之，其用途公定之，其账目亦公同监督之，并未募化会外人捐款，亦未由天主堂三司铎经手”。此外，沙市商会还通函各报馆登载更正，恢复天主堂红十字会名誉②。至此，该事件水落石出。萧英对沙市天主堂红十字会的指摘，纯系捏造污蔑，这既有损红会声誉，也折射出红十字会与基督教之间千丝万缕的联系，以及时人对于基督教的排拒心理。从另一方面而言，天主堂红十字会单就名字而言确实不伦不类，难怪国人生疑误解。

直至20世纪二三十年代，将红十字标志与基督教相联系的看法依然层见叠出。1920年，孟司铎在四川省武胜县红十字会的成立仪式上宣讲道，红十字会始于欧西，“其旗帜上书一大红十字者，系记耶稣昔日曾藉十字圣架，舍身救人，倾流圣血也。”③ 不单宗教界人士如此认知，一般民众也持类似看法。1921年，时人在谈到红十字会的命名原因时直言：“红十字者，西方救主耶稣丁（钉）于十字架上救世流血之一大纪念也。故西国凡有义举，一以红十字为标识。”④ 更令人啼笑皆非的是，红十字会系统中竟也有人将红十字标志与基督教相联系。1922年，红十字会常议员金邦平在总办事处迎接新职员的演说中称，“红十字会根据耶稣舍己爱人，流血十字架而发生，凡红会职员，当思耶稣杀人成仁之宗旨”⑤。

这样的认知对红十字事业的发展不无窒碍。1929年，安国县红会地址遭党部收归，缘由竟是“该县党部谓红会为迷信，为帝国主义，应即消灭”⑥。30年代，仍有人认为红十字会旗章“直接虽摩仿瑞士国旗，间接仍迷信‘十字’刑架”，主张取消中国红十字会，建立人会。这方面以林有壬为代表，他刊文指出“十字”之弊称：

---

① 《湖北：沙市设立天主堂红十字会等情》，《圣教杂志》1918年第7卷第6期，第277—278页。

② 参见《来函》，《大公报》1918年4月19日。

③ 《近事：本国之部：四川：孟司铎对于武胜成立红十字会之演说》，《圣教杂志》1920年第9卷第9期，第417页。

④ 借亭：《说十》，《中国红十字会月刊》第1期（1921年10月），第3页。

⑤ 《红会欢迎新职员纪》，《申报》1922年7月17日。

⑥ 《河北省政府民政厅训令民字第二〇一号（不另行文）》，《河北省政府公报》1929年第246期，第7页。

我国除最少数人外，均与耶稣风马牛不相及，即无取“十”字以名我国中最大慈善团体之理由。若强名之，是贬吾国为基督教征服国，强吾国最大多数同胞崇拜其所不愿拜之“十”字；反基督教之爱国青年，或且因反对“十”字而波及红会；其不知“十”字历史者，将视十字旗章为毫无意义，无以启其景仰赞助之忱；于红会发展前途，不无妨碍。

随后，他建议改用白底“人”字旗，乃至提议政府将红十字会易名为“中国人道会”①。尽管应者寥寥，但这种零星声音的出现本身即是对红十字标志排拒的表征。1942 年，时人在第二届红十字周的祝词中这样描述红十字会在抗战时期的巨大作为，“中国红十字会在这抗战期中五年来所完成的工作，真的好像耶稣基督一样的负着十字架，为人类的幸福努力，博得海内外人士的钦敬”②。这种类比也在无意中流露了红十字与基督教之间剪不断的联系。

二、接纳：基于红十字的护身符效应

伴随红十字会业务活动的普遍开展和文化传播实践的推动，红十字标志逐渐被国人接纳。

对普通民众而言，能在动荡的时局中保全身家性命是他们最渴望也最迫切的需求。而加入红十字会成为会员即可为自己的身家性命提供一个“保护伞”，诚如红十字刊物所大力宣扬的“世道有治乱，陵谷有变迁。当乱离变迁之时，惟红十字会乃能引之出险而保护其身体之健康，惟入红十字会之人乃能自保其身家，勿见疑于军士，勿见俘于敌人。且尤可以享慈善之荣誉而受人之尊敬于平时”③。在战火纷飞的年代，“红十字”的护身符效应对普通民众而言尤其具有吸引力。为保身家平安，许多民众选择缴纳会费，成为红十字会的一员。

民国时期，军阀混战频发，政府威信陵替。1916 年，袁世凯窃国称帝，护国运动爆发。当时军队风纪败坏，强拉伕役、强占民房成为普遍现象。宜宾红十字分会曾炳文以理事长身份，商得驻军长官同意，凡是会员住宅贴有红十字分会标记的，一律不住军队；戴有红十字分会符号的，一律不拉伕役。风声所播，数月之间，自愿捐资 25 元取得会员资格者，达 200 余人。还有部

① 林有壬：《取消中国红十字会建设“人会”的管见》，《中南杂志》1931 年第 1 期，第 11—12 页。

② 刘维炽：《祝第二届红十字会周》，《大公报》1942 年 10 月 1 日。

③ 《敬告非会员》，《人道指南》第 1 号（1913 年 3 月），第 4 页。

分人捐资1000元为荣誉会员，捐资200元为特别会员者[①]。震泽红十字分会于1924年的一度发展也是因为“一时风传，入会者可保一身一家”，故“纷纷入会者达百余人”[②]。类似的情形也出现在息县。息县红十字分会成立后，住息县城内的居民入会的较多，估计全县会员有300人左右，而入会的原因则是“一人入会，全家平安”：

当时入会的会员，均发有红十字会会旗（布质）一面，每日早晨插在大门口的左上边；还发有红十字会会章（当时叫金针银牌）一枚，可佩带在自己的左胸前外衣上；另外，还发有红十字会袖章（系布质的），白底红十字，带在自己的外衣左臂上。以后还印发有红十字会会员门牌，是一大张厚纸印制的。中间直行写的大字是：万国联盟中国红十字会会员门牌。直行字的两边还印有“博爱恤兵”四个大横字（一边两字），下面还有说明的几行小字。这个门牌都贴在特制的木板上，挂在住宅的大门左上边，与会旗上下映照。

在那个时候，国民党的官兵，来往行军，多住在居民的住宅内。凡门前挂有红十字会会旗和红十字会会员门牌的住户，国军官兵不去住。官兵也能自觉地遵守红十字会有关章程的规定[③]。

抗战时期，红十字的护身符效应被进一步放大。据时人的认知，当时只要扛着“红十字会”的旗帜就有人身安全，“即使残暴成性的日军，瞪着充满怀疑的目光看着它也奈何不得”[④]。红十字会有统一的会旗（白布方旗，中间为大红十字），每位会员都有一旗，会旗可插在会员门口或分会机构门口，其标志醒目，就连日本人也不得进入。会员胸前佩带有园（圆）形证章，铸有“中国红十字会会员”字样，尚有会员证需随身携带[⑤]。在硝烟弥漫的抗战时期，“人们认为，只要钉上红十字会门牌，就可能避免战争的灾难”[⑥]。

这种将红十字标志视为护身符的心理，是近代处于战火连绵境况下广大民众的普遍心理，在著名作家叶圣陶笔下刻画的避难人物潘先生身上，这种

---

① 杨德称供稿、陈树萱整理：《宜宾“红十字会”史略》，宜宾县政协文史资料研究委员会编：《宜宾县文史资料选辑》第4辑，1985年印行，第76页。

② 《纪事：震泽：红十字分会之经过》，《吴江》1924年11月2日。

③ 宋德远：《追忆中国红十字会息县分会概况》，息县政协文史资料研究委员会编：《息县文史资料》第2辑，1988年印行，第81—82页。

④ 王宝琪：《抗战期间的胶县红十字会》，胶州市政协文史资料委员会编：《胶州文史资料》第13辑，2000年印行，第152页。

⑤ 丁振中：《中国红十字会修武分会活动始末》，修武县政协文史资料研究委员会编：《修武文史资料》第4辑，1988年印行，第48页。

⑥ 徐洪林：《昌邑县红十字会》，昌邑市政协文史资料研究委员会编：《昌邑文史资料》第8辑，1996年印行，第88页。

心理体现得淋漓尽致。潘先生作为一所普通学校的主事人，在1924年纷乱的时局下，他选择缴纳会费成为一名红十字会会员。红十字会办事处给了他红十字的旗子，好在学校门前张起来；又给他红十字的徽章，标明他是红十字会的一员。

潘先生接旗子和徽章在手，像捧着救命的神符，心头起一种神秘的快慰。"现在什么都安全了！但是……"想到这里，便笑向办事处的职员道，"多给我一面旗，几个徽章吧。"他的理由是学校还有个侧门，也得张一面旗，而徽章这东西太小巧，恐怕偶尔遗失了，不如多备几个在那里。办事员同他说笑话，这东西又不好吃的，拿着玩也没有什么意思，多拿几个也只作一个会员，不如不要多拿吧。但是终于依他的话给了他①。

结果"学校的侧门上并没有旗，原来移到潘先生家的大门上去了。一个红十字徽章早已缀上潘先生的衣襟，闪耀着慈善庄严的光，给与潘先生一种新的勇气。其余几个呢，重重包裹，藏在潘先生贴身小衫的一个口袋里。他想，'一个是她的，一个是阿大的，一个是阿二的。'虽然他们远处在那渺茫难接的上海，但是仿佛给他们加保了一重险，他们也就各自增加一种新的勇气"②。

这种对潘先生心态的细腻刻画生动展示了红十字标志在战乱时对普通民众特殊精神需求的满足，即给予他们对于生命安全的一重保险和一种勇气。这种保险和勇气还体现在"红十字会派人在前方办理救护的事情，常有人搭着兵车回来，要打听消息自然最可靠了"，"红十字会究竟是可以得到真消息的机关"③。

民众接纳红十字标志继而入会，除"保身家平安"的诉求外，还有不少是出于免征壮丁、享受医药优惠等方面的动机。

尽管在开展各种业务活动时，红十字会员所付出的劳务，都是无代价、无工资的义务工作。但红十字会员也享有一些权利，比如"凡加入红十字会的会员，可免征壮丁"④。南京国民政府行政院曾发文通知全国，凡在红十字会工作的青年人，可免于抽壮丁，这样红十字会便成了"壮丁保护伞"。例如，麻城红十字分会成立后，宋埠、铁门、中驿、白果、城关等地区的青年

---

① 叶圣陶：《叶圣陶文集》，吉林文史出版社2002年版，第190页。

② 叶圣陶：《叶圣陶文集》，吉林文史出版社2002年版，第191页。

③ 叶圣陶：《叶圣陶文集》，吉林文史出版社2002年版，第192页。

④ 丁振中：《中国红十字会修武分会活动始末》，修武县政协文史资料研究委员会编：《修武文史资料》第4辑，1988年印行，第48页。

都纷纷参加该会成为会员。闵集乡有一个红十字会会员被抓去当壮丁，县红会急电报告南京总会，很快得到南京复电，指定麻城县政府予以释放。这样，入会的人就更多了①。另外，入会会员还可享受一定的福利。息县分会曾规定，凡入会的会员，凭证件均可到息县红十字会医院或外地红十字会医院就诊，并可享受免费待遇或减收医疗费用。故入会的人员，也就逐渐增多②。

总体而言，接纳红十字标志进而加入红十字会的民众，“与其说是认同作为舶来品的人道主义，不如说更多的是出于乱世求安的考虑”③。

三、滥用：基于红十字的光环效应

“符号的生命在于社会的约定，对于象征符号来说，约定性更具有特别重要的意义”④。而“红十字”作为象征符号，它的创立和使用完全依赖于某社会群体的约定。所以遵守尤为重要，严禁滥用。

红十字条约明确规定：“红十字之标记，惟加入日来弗条约缔盟之各国，方准享用，会外不得滥用。”⑤ 并对滥用红十字标记的行为做出了明确的惩戒规定，兹列举部分条目，以管中窥豹：

第二条，凡无红十字标记及其名目者，如竟用此项标记名目或与相混之标记名目于其货物包裹上，或将此项货物出售，或已经出售，以及一切另以他法冒用此项标记名目者，均科以五百佛郎以内及一月以内监禁之罚，或与此相当之监禁及罚金。若至裁决之日起，未过三年，重犯此罪，则此罚可以倍之。

…… ……

第五条，凡商号会名有用第一、第二两条禁止者，不准在商册中注册。凡制造标记、商务标记以及工业样本图画与此次法律相背者，概不准存储注册。如因错误而将此类标记注册，或将此类样本图画存储，应由各该管监察处命令，将其存储标记，一并取消。

第六条，军人值战争之际，乱用白底红十字标记及红十字或日来弗十字字样者，科以六月以内之监禁。如不甚重要，则照寻常违犯军纪论罪，承平

---

① 胡金勇：《麻城市红十字会发展概况》，麻城市政协文史资料委员会编：《麻城文史资料》第3辑，1990年印行，第155—156页。

② 宋德远：《追忆中国红十字会息县分会概况》，息县政协文史资料研究委员会编：《息县文史资料》第2辑，1988年印行，第82页。

③ 高鹏程：《近代红十字会与红卍字会比较研究》，合肥工业大学出版社2015年版，第85页。

④ 黄华新、陈宗明主编：《符号学导论》，河南人民出版社2004年版，第92页。

⑤ 械材东蒙：《考据：红十字会考（二续）》，《圣教杂志》1919年第8卷第3期，第100页。

时军人犯之者亦然。

第七条，战争时如有常人乱用红十字旗帜及臂章者，科以六月以内之监禁①。

尽管有以上法律法规的保驾护航，但在近代法制不完善的社会背景下，各类假冒红十字会诈捐、骗捐以及盗卖红十字旗帜、徽章等损害红十字会信誉的负面事件依然层出不穷。大体而言，近代社会对红十字标志的滥用主要体现在以下几个方面。

（一）假冒红十字名义骗募捐款

1910年9月14日，有人手持时疫医院捐册向某公司募捐，沈仲礼、朱葆三等获悉后当即登报声明："查本院捐册均经鄙人等分交绅商各界劝募，并无饬令茶房在外募捐情事，显系假冒谎骗，情实可恶，除严密访查送究外，为亟登报广告。"② 1913年，滥用红十字标志的现象甚嚣尘上，叠见报端。据资料显示，社会人士傅宗溪、古勇和女子张汉秋等自称是上海广东红十字会代表南洋欧美劝捐员，在南洋槟港等埠，"手持中华上海广东红十字医院照会到处募捐"③；杭州人金奎向竟异想天开，仿造红十字会图章，意图骗取捐款，结果被拘入捕房，判押捕房两月④；社会人士曹桂卿以九龙镇红十字会分局医生王正平的名义在社会上骗捐，"佯称善于治病，骗去洋卅元"⑤；另有社会人士沙淦用红十字名义募捐；又有新闸浜北共和路协兴衖衕（胡同）内诸某假冒红十字名义募捐⑥。

在这些形形色色的不法行为中，甚至出现了"夫妻档"骗捐的现象。据爪哇泗水商务总会称，"有曹鼎钟、古勇等由三宝垅转至泗水厲，在该会以筹办南京广东红十字医院并高等医学校名义到处募捐，其章程单内发起人且有沈仲礼列名"。另有"南京红十字会周召南藉高等医学校名义在外冒捐"等事，因该校去冬早经停办，南京部分学生被骗学膳等费。此外，周召南还以南京红十字会创办高等医学校名义在芜湖募捐。红十字会以该女士所称南京红十字会并未得有总会正式承认，饬即取缔。其后查悉，周召南即系曹鼎钟之妻，"是其通同一气，擅借本会名义到处骗捐，确凿可证，殊于本会名誉大

---

① 械材东蒙：《考据：红十字会考（二续）》，《圣教杂志》1919年第8卷第3期，第100—101页。

② 《时疫医院声明假冒收捐》，《申报》1910年9月30日。

③ 《内务部咨各省都督民政长准中国红十字会函称傅宗汉等在南洋槟港等埠募捐各节请将此案始末咨请饬属查照严行取缔等因希查照文》，《政府公报》1913年第323期，第9页。

④ 《冒刻红会图章》，《新闻报》1913年8月8日。

⑤ 《中国红十字会声明曹桂卿骗钱》，《申报》1913年4月11日。

⑥ 《中国红十字会悬赏缉拿冒收捐款》，《申报》1913年8月4日。

有妨碍，自非从严究办不足以资儆戒”。据此，中国红十字会咨请内政部“严饬周召南等取销红十字会名称，以惩撞骗而杜影射”①。

1915 年，中国红十字会特别会员、前充南昌分会理事长的曾纪祐退职后假冒红十字会名义，“擅组支会，甚至招摇欺骗，敛钱扛讼”②，被中国红十字会褫夺特别会员资格。1917 年，无赖程志英（即程杰）带同党羽梁逸仙扮作仆人，持江皖水灾急赈募捐启等赴南汇大团镇等处冒名募捐，募得捐款 145 元③。1927 年，有社会人士自称红会派出医生，“伪造证书，态度阔绰，以奉命派往各埠代人诊病为词，其骗钱方法，始则仅言扬名施药，迨药入口则称非参即珠，大肆敲诈，甚至吞剑吐火，作种种江湖丑态，以达其目的”④。

1937 年全面抗战爆发后，竟发生冒充红十字会会长诈财的现象，“有陆金龙者，冒充红十字会北平分会会长名义向各方募助，伪称慰劳绥远前方将士，诈得款项甚巨”⑤。1938 年，上海发生多起“假冒红十字会募难民金行骗”的情形，而“就近店铺，多出是项捐款。款额最多五角，少则一角”⑥。上海慈联救济会已停职之万云收容所管理员汪孝若，“纠合失业青年王中华等三人，冒名慈联会及国际红十字会名义，持捐簿沿途向各大商店及住户募款骗钱”，“自称为难民请命，捐款不论多寡”⑦，后被巡捕房逮捕。又有安徽人卞宏钧，“专假童子军及红十字会名义，在四处募捐自肥”，先后以伤兵和红十字会第二难民医院代表的身份到处骗捐，后被拘获，以诈欺提起公诉⑧。此类事件不仅损害红会信誉，而且害及难胞。

（二）滥用红十字标志谋求身份认同

辛亥革命时期，据统计红十字会先后成立分会 65 处，“大彰于武汉之师”，然据吕海寰的观察：“辛亥以后，风会所趋，各立门户，假慈善之名称，

---

① 《内务部咨各省都督民政长准中国红十字会函称傅宗汉等在南洋梹港等埠募捐各节请将此案始末咨请饬属查照严行取缔等因希查照文》，《政府公报》1913 年第 323 期，第 9 页。另见应德闳：《本省法令：民政：江苏省行政公署训令第一千三百四十一号（中华民国二年四月三日）：令江宁县知事：严饬周召南等将红十字会名称取消》，《江苏省公报》1913 年第 128 期，第 16 页。

② 《中国红十字会褫夺会员布告》，《申报》1915 年 8 月 21 日。

③ 《续志骗子冒名募赈——前清候补知县之伎俩》，《申报》1917 年 3 月 20 日。

④ 《中国红十字会总办事处紧要告白》，《申报》1927 年 7 月 31 日。

⑤ 《冒充红十字会会长》，《大公报》1937 年 2 月 25 日。

⑥ 《假冒红十字会骗难民捐》，《中国红十字会月刊》第 35 期（1938 年 5 月），第 24 页。另见《公平日报》1938 年 4 月 12 日。

⑦ 《冒名募款被捕》，《中国红十字会月刊》第 36 期（1938 年 6 月），第 37 页。另见《力报》1938 年 5 月 24 日。

⑧ 参见《会讯：红十字新闻：冒伤兵募捐》，《中国红十字会月刊》第 40 期（1938 年 10 月），第 19—20 页。

开权利之渊薮，既不听总会之节制，遂致轶救济之范围。”① 颇可见时人成立分会之动机鱼龙混杂。另有资料显示，“自辛亥民军起义时，纷纷私立会社，宗旨既不纯正，名目好尚新奇，稍一不慎，贻害红会救济大事，斯为同盟所窃笑”②。1911年，北京组织一保护妇孺会，“凡妇女出费一元，即能在美国教会报名购票，凡得票者，妇女幼孺皆得入避难所，惟男孩至十岁以上不得入会避难。会所悬红十字旗”③。1913年，发生数起社会团体滥用红十字标志的事件，影响较大者有上海法租界大马路救护团假冒红十字的名义募捐、南京一女子救护团未经授权使用红十字标志请求军队保护、汉口人道总会滥用红十字标志出发救护等事件。对此，红十字会以有悖于红十字条约，妨害国际信誉为由，呈请政府一律取缔。1920年，南京广利慈善会内附设红十字会，不仅有违定章，且“该会系一种设坛扶乩，迹近巫觋，恐涉招摇”④，红十字会函请取缔。

（三）冒用红十字标志非法从事军事活动

红十字标志具有保护性作用，“惟红十字人员得有往来各处及深入战地之殊权”，这往往会被一些别有用心的人士利用，诚如时人所担忧的：“现在军事方殷，在在有汉奸踪迹，贵社徽章价廉名美，设有人利用之以售其奸，……而时局将蒙不可测之祸。”⑤ 事实也确实如此，在近代，军队盗用滥用红十字标志的行为屡见不鲜。

辛亥革命时期，“北军陆军卫生队野蛮无理，亦佩红十字佩章”，并借红十字会名义杀人。据报道，俄界红十字医院救护队救得伤兵3人，“正待唤夫役抬送时，忽来有红十字记号之工役二人，袖出利刃，将伤兵杀死”⑥。张竹君的见闻也印证了这一点：“闻十字会中有为敌军间谍者，有冒名诓骗者，诸如此类，不可胜计。是大污我十字会名誉也。”此外，她亲眼所见“有四人冒十字会名义为汉奸者”，寄望社会各界“勿以十字会为儿戏”⑦。

1912年，颍州之战中，倪嗣冲部下多滥用红十字标志从事侦探活动，“惟贼军在颍多著我军服装或红十字会旗帜在战线外侦探”⑧。

1913年，癸丑之役爆发，军队中出现了大量假冒盗用红十字名义的不法

① 《中国红十字会会长吕海寰呈请辞职文并批令》，《政府公报》1915年第997期，第18页。
② 《红十字会纪事》，《申报》1913年7月31日。
③ 《北京现组织一保护妇孺会》，《申报》1911年11月18日。
④ 《南京快信》，《申报》1920年9月24日。
⑤ 《姚勇忱君致沈仲礼君函》，《申报》1912年1月25日。
⑥ 《红十字会短讯》，《申报》1911年11月25日。
⑦ 《赤十字会会长张竹君女士演说词（续）》，《申报》1911年12月30日。
⑧ 《公电——皖北军界电》，《申报》1912年2月3日。

现象。据报道，张勋之军队入南京城后，“城内满悬红十字旗号”[①]；“湘督谭延闿来电宣布取消独立罢兵，而武汉江面竟有湖南党人所派之小轮三艘，冒挂红十字会旂帜，轮上之人亦冒红会装饰，以窥探湖北军情及地域形势”[②]；有军队私造红十字旗、红十字袖章并“有奸细多人假冒红十字会潜赴制造局附近战线内，并私置红十字旗，挟藏鱼雷”[③]；“有某国人十三四名混用红十字会名义及旗号运送子弹约五万粒”[④]；“多数某国人系红十字袖章在战地售药”以及探险员所报告的“某军用红十字会袖章作侦探之事”[⑤]。诸如此类事件不胜枚举，以致上海万国商团巡捕洋兵每日游行交界处，“查验假冒红十字会员及查禁为某军作战机关之某国间谍”[⑥]，中国红十字会称此“实属人道之贼，致误本会进行，大害伤兵性命”[⑦]。

军队滥用红十字标志的行为伴随战事的推进愈演愈烈，甚至明目张胆。1932年，“在黄埔滩见有装货汽车满装军火，插有红十字旗一面”，并“见有搬场汽车插用红十字会旗，满挂标语”[⑧]。凡此种种，不一而足。

（四）盗用红十字标志谋取商业利益

“红十字标志系为全世界红十字会所公有，其他个人或协会等，不得使用，更不得假冒此项红十字之符号及名称为商业或其他目的之用途”[⑨]。1907年，清政府就将商标禁用红十字一事提上议事日程，另订专律，称“查商标禁用红十字徽章一节，我国现已画押，自以订定专条为宜。本馆修订刑律，现正起草所有滥用该徽章罚则，当即酌量编入，以示新律完全之证”[⑩]。尽管如此，商业机关滥用红十字标志的现象仍然并不鲜见，以永泰红十字油公司为例稍加管窥。

1929年，上海市四马路永泰油行公然发售红十字油，“各界无不乐用，每年运销国内外，数达万万”[⑪]。“红十字标记之滥用有关外交之威信，若不严

---

① 《警信——南京电》，《申报》1913年9月2日。

② 《湘鄂宣布罢兵后之小战》，《申报》1913年8月19日。

③ 《红十字会纪事》，《申报》1913年8月5日。

④ 《南北军剧战警报》，《申报》1913年7月26日。

⑤ 《中国红十字会临时通告二》，《申报》1913年7月26日。

⑥ 《红十字会报告》，《申报》1913年7月30日。

⑦ 《中国红十字会临时通告二》，《申报》1913年7月26日。

⑧ 《中国红十字会紧急启事》，《申报》1932年2月1日。

⑨ 《本会新闻：总会：红十字为红十字会专用，医师药房改用绿蓝色；本会函医师公会采用，南京一医师首先响应》，《红十字月刊》第22期（1947年10月），第21页。

⑩ 《商标禁用红十字一事当由本馆编入新律由》，（台北）“中央研究院近代史研究所”馆藏档案，档号：02-13-026-02-041。

⑪ 《红十字油照常出售》，《申报》1929年7月31日。

加取缔，一经发觉，则贻笑外人之口实，影响国际至重且巨”[①]。出于“彰国信”的考虑，中国红十字会总会致函内政部和工商部以永泰红十字油公司“违背日来佛红十字条约，以红十字为制造标”[②]，要求一律取缔，不准发卖。这一请求经工商部函达后，获得河北省政府、江苏省政府和北平市政府的批准，训令各厅县局准工商部咨请取缔永泰红十字油[③]。最终永泰红十字油公司将“樽颈绘有之红色十字删去，惟名称则一仍其旧，照常出售”，因此“各大公司、药房、杂货店、烟纸店及各省市镇均有出售”，且“灵效异常”[④]，颇受市场欢迎。其后，在红十字会的不断努力下，“商标法第二条第三款已明定相同或近于红十字章不得作为商标，此后如有此项红十字章商标，无论相同或近似来局申请註（注）册，自当依法予以取缔”[⑤]。

值得一提的是卫生机构和医药界滥用红十字标志的现象。据资料载：“国内各地卫生机构开业医师及药房等，普遍应用白地红十字符号已有数十年之历史，揆其动机，似袭本会博爱服务之旨，未可厚非，然对条约信守，实属大悖。”[⑥] 红会曾于抗战时期呈请政府取缔，政府亦经三令五申饬禁有案。复员时期，红会就此现象一方面再行呈请行政院通令各省市并函请卫生署通令各省市卫生主管当局转饬所属机关会同严加取缔，“以正国际视听”[⑦]，一方面函请中央通讯社及京沪各大报纸发布新闻，警醒各界改正。“惟医药各界习用红十字已久，严予取消，实难澈底”，有鉴于此，红会又函请经济部商标局禁止用红十字为货品之商标或标记，并以世界各国的潮流为例，建议“医师

---

① 刘纪文：《社会：取缔以红十字为商标案：训令首都公安局，社会局为准内政部咨以取缔红十字为商标及标纪以维国信由（训令第一四四六号，十八年五月六日）》，《首都市政公报》1929 年第 36 期，第 72—73 页。另见《社会局取缔红十字商标》，《申报》1929 年 5 月 21 日。

② 《河北省政府训令第四一二三号》，《河北省政府公报》1929 年第 334 期，第 1 页。

③ 参见《河北省政府训令第四一二三号》，《河北省政府公报》1929 年第 334 期，第 1 页；《建设：严令查禁永泰红十字油商标》，《江苏省政府公报》1929 年第 172 期，第 14—15 页；《呈复市政府奉令查禁永泰公司红十字商标出品遵经调查平市并无此项商标出品仍随时注意调查取缔再行呈报祈鉴核由》，《北平特别市市政公报》1929 年第 5 期，第 4—5 页。

④ 《红十字油照常出售》，《申报》1929 年 7 月 31 日。

⑤ 《本会新闻：总会：红十字为红十字会专用，医师药房改用绿蓝色；本会函医师公会采用，南京一医师首先响应》，《红十字月刊》第 22 期（1947 年 10 月），第 21 页。

⑥ 《本会新闻：总会：红十字为红十字会专用，医师药房改用绿蓝色；本会函医师公会采用，南京一医师首先响应》，《红十字月刊》第 22 期（1947 年 10 月），第 21 页。

⑦ 吴国桢：《上海市政府训令沪秘四（三五）字第一一九〇五号：令本府所属各机关：为奉行政院令取缔用红十字标识一案令仰本府所属各机关遵照由》，《上海市政府公报》1946 年第 13 期，第 287 页。

以绿十字，药房以蓝十字为符号”[①]，获得了一些响应。战前上海医师公会已用绿十字为会员证章，南京一医师也率先响应。

这些负面现象，“或以十字会为发财之媒介物，或以十字会为奸细之传舍居”[②]，严重损害了红十字会的声誉。1924 年，江浙战争期间，浏河地方竟有人冒充红会职员，“率领土匪多人，入人家宅，居民初以为红会前来救护出险，讵知彼等即施劫掠，抢夺一空”。浏河方面居民，“每有谓红会人员扰及民间之说”[③]。非但如此，甚至军队也痛恨红十字会。据资料载：“红十字徽章，于战争时，往往有假之以侦查军事者，亦有非战斗员利用之以谋身体之安全者，其他种种之滥用，殆难悉数。因是之故，遂使佩红十字徽章以执红十字任务之人，迷惘无所适从，或有竟用法兰绒片代红十字徽章者，此军队之所以憎恶红十字会，而红十字运动之所以缓于进步也。”[④] 庞京周对此也深有感触，他在全面抗战爆发后的演讲中明确指出：“因为社会上一般人的不知尊重红会，往往把红会旗帜，作不正当的用途，所以特区当局对伤兵的出入，时时发生很大的周折。”[⑤] 这些滥用现象也折射出那个时代国人有关红十字标志保护的意识淡薄。

事实上，对于滥用红十字标志的各种现象，中国红十字会高度重视，不仅即时登报声明和通告，还联合政府积极惩处，而且采取金钱悬赏和名誉奖赏的方法[⑥]广泛发动民众，以最大限度降低负面事件所造成的信誉危机，然而各类滥用事件仍然屡禁不止。对此，有研究者一针见血地指出：“其实红十字标记之所以多年以来屡遭仿冒滥用，主要是因为缺乏法律切实的保障。民国成立以来，北京政府根本不曾注意保护红十字标记的问题。国民政府时期，虽然三令五申，以行政命令禁止滥用红十字标记，但所谓徒法不足以自行，由于缺乏罚则，以至于禁者自禁，民间仿冒、滥用者仍然不绝如缕。……这不能不说，是政府的责任，同时也代表当时中国并未忠实履行日内瓦公约的规定。”[⑦] 另外，“满足安全需要，谋求认同、标明身份，获取经济利益是国人使用红十字标识的主要动机”[⑧]，颇有几分道理。

---

① 《本会新闻：总会：红十字为红十字会专用，医师药房改用绿蓝色；本会函医师公会采用，南京一医师首先响应》，《红十字月刊》第 22 期（1947 年 10 月），第 21 页。

② 《赤十字会会长张竹君女士演说文（续）》，《新闻报》1912 年 1 月 1 日。

③ 《浏河拘获冒充红会职员之匪党》，《申报》1924 年 10 月 1 日。

④ 章锡琛：《各国之红十字事业》，《大公报》1915 年 10 月 4 日。

⑤ 《抗战中救护事业底一个断面》，《申报》1937 年 9 月 7 日。

⑥ 郭进萍、池子华：《红十字标志保护史》，《中国红十字报》2017 年 5 月 19 日。

⑦ 张玉法主编：《“中华民国”红十字会百年会史（1904—2003）》，（台北）致琦企业有限公司 2004 年印行，第 299 页。

⑧ 高鹏程：《近代红十字会与红卍字会比较研究》，合肥工业大学出版社 2015 年版，第 26 页。

四、国人对红十字标志的多元解读

需要指出的是，国人对红十字标志的认知并非沿着“排拒—接纳—滥用”的轨迹线性发展的，而是一个相互交错的过程，即“晚清以来国人对红十字标识的认知、接纳和使用是交错的，甚至是跳跃的。倘若片面地认为国人必须遵循先认知，然后接纳，最后使用的路径，恐怕是大大低估了历史事实的复杂性”①。在这一过程中，国人对红十字标志的认知逐步深化，并打上了鲜明的本土化色彩。除了将红十字标志与耶稣之十字架相联系的观感外，时人对红十字标志还有着其他多元的解读。

一是从传统文化中找寻与红十字标志榫接的资源。1919 年，蔡廷干发表演说称：“红十字会之徽章系一十字，古语有十目所视十手所指，廷干意今之红十字会当为万国所视万国所指，我们应该做一番轰轰烈烈的事为万国看看，将来拟出一红十字会会报，使人读之能生出一种爱人之观念。”② 这种看法一直延续了下来，1947 年，《红十字月刊》在解读红十字标志时即称：“红是代表仁爱的象征，十字是具有牺牲救人的精神。不论红十字的定义是否如此解说，在一般人的心理上确是如此的反映。”③

二是从中西词源学的角度对红十字标志的含义进行解读。1921 年，时人借亭从“十”字“一横一竖，东西南北皆备”的古文含义出发，指出红十字的精神即“以救主爱人如己之精神，贯澈（彻）于东西南北，即以东西南北之人互相团结其精神，而维持于不敝者也”④，勉励全国民众积极赞助红会。与之相较，鹿门从“十”字英文的角度出发，对红十字标志做了这样一番解读：

> 十字在西文里为 cross，是表示四通八达的意思，也就是普遍广大的意思，红色是表示热烈而博爱的意思，“十”在我们中国适为“十”字，因此用“十字”两字表之。十字而用红色，就表示用热烈的博爱的情感施于普遍广大的领域，是一种仁慈救济的意义。所以凡属于救济性质的团体或是个人，常用红十做他们的标记，用得最多的就是医院、医生、慈善团体、救护队以及军队中的卫生兵、卫生舰、军医等等，都用这个符号。这个符号的意义已经

---

① 高鹏程：《近代红十字会与红卍字会比较研究》，合肥工业大学出版社 2015 年版，第 24—25 页。

② 《红会副会长宴会沪绅商记》，《申报》1919 年 8 月 2 日。

③ 《本会新闻：总会：红十字为红十字会专用，医师药房改用绿蓝色；本会函医师公会采用，南京一医师首先响应》，《红十字月刊》第 22 期（1947 年 10 月），第 21 页。

④ 借亭：《说十》，《中国红十字会月刊》第 1 期（1921 年 10 月），第 3 页。

普遍于全世界，为全世界人士所认识了①。

三是从为现实政治服务的角度出发解读红十字标志，这在抗战时期体现得尤为明显。1941 年，中国红十字会救护总队部政治部主任王洽民撰文，对红十字标志做了这样一番解读：

红十字标识的来源，是为了纪念瑞士的慈善家显利涂南（亨利·杜南），于是把瑞士的国旗红地白十字，变为白地红十字。但我认为我们红十字的标识，正是代表我们的革命事业与革命人生观。红的颜色自然是表示勇敢与热烈，这可以说是革命事业的两个最基（本）的条件。十字一纵一横，横是代表全体人类，纵是代表宇宙无穷。我们佩带了红十字的徽章，不啻是说我们必须以最勇敢最热烈的革命精神，来从事于增进全体人类之生活、创造宇宙继起之生命的工作。

另从十字的上下一笔左右一笔来解释，又可以说我们的救护工作必须自上至下自左至右，无所不至；若我们专注意到官长，而忽视了士兵；专注意到前方，而漠视了后方，这都不应该是我们应有的心理与现象。

救护事业是神圣的，革命人生观是伟大的，红十字的意义是深长的，我们必须抱定革命人生来执行救护事业，方才对得起我们红十字的徽章②。

中国红十字会副会长刘鸿生继承并发展了这种看法，认为红十字标志：

自然是红的颜色表示勇敢与热烈，白地颜色表示纯洁与朴真，应该是天生为人的一种不能自已之情。至于十字一纵一横，横是代表全体人类，纵是代表宇宙无穷，以勇敢与热烈的情绪，以纯洁与朴真的至性，为人类谋取福利，为宇宙创造生命，当以红十字之大纛为天下先了③。

显然，作为红十字会的精英人士，王洽民和刘鸿生虽然对红十字标志的来历一清二楚，但还是从政治的角度出发对红十字标志的含义做了发挥，以服务于现实政治。

国人对红十字标志的多样解读尽管在某种程度上与红十字标志的初始含义大相径庭，但却在无形中融化了异质文化间的坚冰，有助于国人的接纳。在战争年代，红十字的标志带给了民众力量和希望，诚如美国总统罗斯福所言，“红十字的标记，是人人所爱敬的，因为红十字会不是为自己谋什么，是

---

① 鹿门：《论著：红十字和红十字会》，《中国红十字会月刊》第 46 期（1939 年 4 月），第 1 页。

② 王洽民：《革命人生观与战时救护事业》，《会务通讯》第 2 期（1941 年 2 月），第 5 页。

③ 刘鸿生：《红十字会展望》，《红十字月刊》第 9 期（1946 年 9 月），第 6 页。

为人群服务的，在目前一片纷扰的世界中，红十字的标记，确给我们唯一的一种希望”①。

第二节 社会各界对红十字会募捐的响应

对于作为民间志愿组织的红十字会而言，捐款是维系其业务活动最重要的经费来源，因而国人对红十字会募捐的响应程度如何，就成为衡量红十字文化社会认同的一个直观指标。在近代，社会各界对红十字会的赞助热情源源不断，或出于务实的功利心理，或出于悲天悯人的慈善情怀。虽赞助初衷不一，但都在客观上折射了对红十字文化的认同。

一、捐助群体的广泛性

早在甲午战争时，由传教士创设的红十字医院就获得了普通民众的踊跃捐助。据统计，1895 年 2 月至 3 月间，《申报》所载申报馆与仁济善堂、丝业会馆经收红十字会医院经费捐户达 220 户以上，地域遍布国内外，计有江苏、浙江、安徽、湖北、广东、直隶、山西等地，而以江浙一带最为集中；并且国内捐户中也有外国人士捐款，捐户涵盖面也很广泛，既有社会名流，也有官员，但更多是各地的绅商；另外，闺阁中人、方外人士也有乐捐者②。在普通民众的捐助来函中，红十字的字眼数见不鲜，如“幸得泰西各善士设立红十字会为之医治，生死肉骨，恩德无量”③；“西人之好善者，爰就营口烟台两处，创为红十字会医院，凡我华军之伤而未死者一律收养疗治”④；“牛庄红十字会医院中近又有受伤华兵六百名就医”，“众义士为国家效死出力摧锋陷阵，受伤者如鱼鳞，幸赖红十字会泰西诸善士为之医治”⑤；“因前敌军士创巨痛深，承泰西诸善长创为红十字会，专疗诸军之受伤者，庶得病起杀贼。秦越一家，无分畛域，凡我华民，无不感极涕下”⑥，等等。这种积极的响应折射了国人对红十字会这种新生组织的认可和支持。

---

① 转引自胡兰生：《天下一家》，《会务通讯》第 21、22 期合刊（1943 年 11 月），第 17 页。另见詹尊泮：《红十字会工作的展望》，《会务通讯》第 30 期（1944 年 12 月），第 16 页。

② 参见靳环宇：《晚清义赈组织研究》，湖南人民出版社 2008 年版，第 189—190 页。

③ 《顾恤疮痍》，《申报》1895 年 2 月 10 日。

④ 《敬募营口烟台军士医伤费》，《申报》1895 年 2 月 22 日、25 日及 3 月 1 日、5 日、19 日均有登载。

⑤ 《仁恩远需》，《申报》1895 年 3 月 6 日。

⑥ 《恩同再造》，《申报》1895 年 3 月 10 日。

1911 年辛亥事起，中国红十字会迅速开展救伤瘗亡工作，社会各界掀起自发捐助红会的热潮。据《大公报》载，上海士绅窦砚峰、吉润泉、卞耀庭及保卫局诸绅在辛亥事发后，极力维持红会财政及一切事务；静海县某女士典卖首饰得款 50 元，捐助红会，以为女界同胞倡；美人赫立德邀请欧美男女善士开音乐劝捐会以及“某君拟联合戏界同胞演唱义务戏”，得款亦助红会等等，《大公报》据此断定：“观此，则该会前途定能发达矣。”[①]

在近代社会各界对红会的广泛赞助中，戏剧界显得尤为突出。

1904 年，中国红十字会成立伊始，就获得戏剧界的积极支持。例如，“赓春集同人准于四月初四、五、六等夜，假天仙茶园客串昆戏，所得戏资悉以捐助红十字会”[②]。李提摩太也注意到这一现象，“现在华人捐款踊跃，除恩帑十万两及各处官绅所捐巨款外，即如上海戏园四家亦各分班合演，以所得戏资之半移助本会经费，可见同心好善，深为可喜”[③]。

1911 年辛亥之役中，作为红十字一支的赤十字会获得了戏剧界的积极支持，迎贵茶园、新舞台、虹口北四川路维多利亚大戏园、桂花厅等团体自发演剧资助赤十字会经费。12 月 10 日，中国赤十字会第二团发表声明称：“先后承大慈善家热心资助，演剧筹捐，共祇四次。第一次为丹桂第一舞台，九月十一日日演；第二次为迎贵茶园，九月二十一日夜演；第三次为鸣盛茶园，九月二十七、八两日夜演；第四次为赵氏扆虹园，十月初五、初六两日日夜合演。”[④]

梳理报刊上的相关报道，据不完全统计，辛亥革命期间自发捐助红会的戏剧界团体多达 20 余个，如天仙茶园、迎贵茶园、新舞台、维多利亚大戏园、丹桂舞台、丹桂茶园、鸣盛茶园、赵氏扆虹园、桂花厅、下天仙园、天仙茶园、奥界上天仙茶园、日界天仙园、大舞台、新舞台、正乐育会、百代公司、天蟾舞台、新欣舞台、春和戏院等，戏剧界参与的广泛性可见一斑。他们或捐助戏资，或助以茶资，除基本开支外，大都是悉数捐助。以丹桂茶园为例可见一斑：1912 年 1 月，丹桂茶园诸君为捐助红十字会经费起见，“特发起于初四初五初六演唱义务戏三天”[⑤]，所得茶资悉数捐助红十字会经费；1913 年 7 月 9 日，丹桂第一台称愿演剧一天，戏资悉数充助时疫医院经费，“并蒙后台全部艺员热心义务，各允排演拿手好戏，最难得者如小杨月楼及吴

① 《红十字会纪事》，《大公报》1911 年 12 月 26 日。

② 《万国红十字会来函》，《申报》1904 年 5 月 16 日。

③ 《详记万国红十字会问答之词》，《申报》1904 年 7 月 1 日。

④ 《中国赤十字会第二团声明广告》，《申报》1911 年 12 月 10 日。

⑤ 《戏界善举》，《大公报》1912 年 1 月 24 日。

铁庵二艺员，见义勇为，自愿担任，至四处兜销票子，以尽义务”①；1915 年 1 月，为赈济山东灾民，南市丹桂茶园演唱义务戏三天，以筹赈款，除开支外，“实得戏价洋三百二十元零七角二分”②；1917 年，正乐育化会全体艺员假丹桂茶园演剧一日，除费用外共得票资大洋 150 元，小洋 300 角③，统归红十字会赈济穷黎。

需要一提的是，中国红十字会虽欢迎来自戏剧界的热心捐助，但对于戏剧界滥用红十字标志的行为则严词拒绝，致力于维护红十字的纯洁性。1912 年 2 月，朱连魁戏班未经红十字会授权，即以红十字会名义发布广告，招揽生意，“本班会同花四宝坤班在张园演剧，拟以百分之二十五捐为中国红十字会经费，乃初六、初七两天所得看资提成，核送红十字会”④。中国红十字会针对朱连魁自发演剧捐助红会经费的侵权举动，在《申报》登载声明：“本会向无演剧募捐等事，刻见朱连魁登报告白及传单，知有在张园演剧提成捐助本会经费之举，本会不能承认，除嘱朱连魁登报取消各项广告外，特此声明，以昭核实。”⑤

对红十字会的捐助，书画界也表现得相当踊跃。

早在辛亥革命时期，一些书画家就积极捐助红十字会。于啸仙铁笔捐助红十字会，“所得笔资悉数充捐”⑥；周铁珊将润笔费减半价定格，“提半数充作红会经费”⑦。1914 年，梅韵生、尹澂甫等人组织书画慈善会，以售出书画所得之资“捐助红十字会购买玉面”⑧，以赈济贫民。1917 年，为赈济京直水灾，天津书画慈善会举办书画展览会为水灾助赈，“承海内收藏大家各出秘藏、名迹、孤本共计六朝唐宋五代宋元明清诸大家书画数百种之多”⑨，蔚为大观。另有书画家陈无咎、林蓉圃、冯左泉鬻书画助赈，“愿以所书楹联万副助会，每副减售洋一元，所售之资除提纸价外，悉数充赈”⑩。书画慈善会的善举反响很大，1917 年，仅津西大柳□村“蒙十字书画慈善会挨户施放玉面，灾民百五十余家得以安度年关”，故“该村老弱咸感激”⑪。1929 年，陕甘七

① 《丹桂第一台初九日日戏补助时疫医院经费》，《申报》1913 年 7 月 9 日。
② 《赈款报告》，《大公报》1915 年 1 月 21 日。
③ 《红慈两会之筹赈》，《大公报》1917 年 1 月 19 日。
④ 《朱连魁全班张园演剧不助红十字经费声明》，《申报》1912 年 2 月 25 日。
⑤ 《中国红十字会不收朱连魁演剧捐款声明》，《申报》1912 年 2 月 25 日。
⑥ 《于啸仙铁笔捐助红十字会》，《申报》1911 年 12 月 12 日。
⑦ 《书画润笔助捐广告》，《大公报》1912 年 1 月 7 日。
⑧ 《书画慈善会启事》，《大公报》1914 年 1 月 21 日。
⑨ 《空前大观之书画展览会水灾助赈》，《大公报》1917 年 11 月 23 日。
⑩ 《中国红十字会介绍书画家陈无咎、林蓉圃、冯左泉君鬻书画助赈》，《申报》1917 年 10 月 19 日。
⑪ 《书画仁慈》，《大公报》1918 年 2 月 24 日。

省发生罕见灾荒，常州书画筹赈会同人联络当地书法家，“为有钱出钱、无钱出力之善举，一则对客挥毫，一则争购名笔，集成善款五百七十三元”①，资助红会。更可贵者，书画界还积极支持国际红十字事业。1937 年 4 月，上海书画名家“赠送尺页屏幅及古玩等数十余件”②，捐助英国红十字会的活动。全面抗战爆发后，中国画展及女子书画会主办慰劳将士书画展览会，“共销去抽签券三百十三张，计国币三千一百三十元，各界投标者计四千零六十七元，共计收入七千二百五十七元”③，此款用于购办前方应用物品，慰劳作战将士。

“我国海外侨胞，爱国乐善，素著声名”④，在近代天灾人祸横行的社会环境下，华侨群体积极捐助和支持红十字事业，尤为引人注目。

1904 年，中国红十字会的成立在海外侨胞中引起巨大反响。次年 5 月 8 日，外务部收到爪哇岛华商洋信译文称：“今本国政府拟设红十字会以救满洲之难民，凡侨寓爪哇岛之华民闻之无不欣悦。华民等甚愿捐资以助此举，惟不知会之名，故难由银行汇寄捐款，为此仰恳大人将此会之名并在何地设立一并示知，俾得从速汇寄捐款。华民等深望本国多行此类之仁政，并祝此会得收美效也。”⑤

1937 年全面抗战爆发后，由 91 个华侨团体组织成立的旧金山美国战事救济会，“以为救济中国战区难民之用，该会除募集捐款外，并供给医药用具以及衣服等，以救济各战区内伤兵及难民之用”⑥，所募捐款，分发中国红十字会上海国际委员会等慈善机构。

檀香山华侨对于国内公益善举，“向甚热心赞助”，战事发生以来，源源汇寄捐款，为数颇巨。“巨商钟宇君，捐赠本会上等白米一百袋，以充救济难民之用”⑦。后以国内受伤患病兵民，为数甚巨，又成立檀岛华灾医药协济会，“系旅檀华侨及各界热心人士所组织，接济中国红十字会上海国际委员会，先后已达八万元之谱”⑧。

---

① 《中国红十字会筹赈处敬谢常州书画家筹赈会洋五百七十三元》，《申报》1929 年 12 月 19 日。

② 《中国红十字会捐助英红会国产品》，《申报》1937 年 4 月 27 日。

③ 《慰劳画展结束收入七千余元，悉购慰劳物品》，《申报》1937 年 11 月 12 日。

④ 《附录中国红十字会国际委员会记事》，《中国红十字会月刊》第 38 期（1938 年 8 月），第 29 页。

⑤ 《示知红十字会在何地设立俾得从速汇寄捐款由件》，（台北）“中央研究院近代史研究所”档案馆馆藏档案，档号：02-21-014-01-005。

⑥ 《美国中华战事救济会捐集巨款》，《中国红十字会月刊》第 33 期（1938 年 3 月），第 45 页。

⑦ 《附录中国红十字会国际委员会记事》，《中国红十字会月刊》第 38 期（1938 年 8 月），第 30 页。

⑧ 《檀岛华侨续汇捐款》，《中国红十字会月刊》第 43 期（1939 年 1 月），第 14 页。

海外女侨胞亦热忱助赈，“尤为难得”。抗战爆发后，除伦敦中国妇女救济会捐助 1 万元外，危地马拉女侨，虽仅二三十人，亦凑集 1200 余金，汇寄中国红十字会，俾充救济难民经费。后中国红十字会又收到菲律宾华侨妇女慰劳会捐款 1 万元[①]。

抗战时期，在民族主义旗帜的感召下，各个社会阶层都涌现出爱国捐助的热情，积极投入赈济难民的时代大潮。例如，教员学生群体“为难民缝制衣被，甚为忙迫”[②]。上海海格路海格公寓各职工，有感于难民苦况，“解囊输助者，计有屠幸章等四十人，合捐国币三十元另五角”，“款虽无几，热忱可佩也!”[③] 更有社会人士“垂念难民苦况”，以寿仪悉数助赈[④]。1938 年 10 月 10 日国庆节当天，上海各界市民有鉴于难民“给养堪虞”，遂“自动节衣缩食，捐款送往国际红十字会、国际救济会等善团，以救济难民”[⑤]。

二、捐助动机的多元性

考察社会大众的捐助动机，无疑多元而复杂，想完全予以厘清，诚非易事。但颇值得关注的一个现象是普通民众对红十字会的心声表达，尤其是在捐助红会时的心声可作为其捐助动机的直观参照，颇为珍贵。大体而言，有以下几个方面的动机。

（一）积功德

1904 年，上海万国红十字会成立伊始，在社会各界高涨的赞助热情中即流淌着行善积德的因子。据《申报》载：6 月 5 日，“丙辰、丁酉、己酉、甲戌求子合助银二百两，又求身体康健捐银四十二两六钱一分三厘”[⑥]；6 月 8 日，苏州陈芝山善士“将筵资洋一百元移助善举，为诸亲友祝福”[⑦]；6 月 25

① 《附录中国红十字会国际委员会记事》，《中国红十字会月刊》第 38 期（1938 年 8 月），第 29 页。

② 《各校女教员学生参加为难民缝制衣被》，《中国红十字会月刊》第 31 期（1938 年 1 月），第 79 页。

③ 《附录中国红十字会国际委员会记事》，《中国红十字会月刊》第 38 期（1938 年 8 月），第 31 页。

④ 《附录中国红十字会国际委员会记事》，《中国红十字会月刊》第 38 期（1938 年 8 月），第 31 页。

⑤ 《国庆节市民节衣缩食捐款救济难胞》，《中国红十字会月刊》第 41 期（1938 年 11 月），第 15—16 页。

⑥ 《万国红十字会来函》，《申报》1904 年 6 月 5 日。

⑦ 《六秩筵资移助红十字会善举》，《申报》1904 年 6 月 8 日。

日，周澍三“奉严命，移助贵会经费洋百元，为二老添寿，并为诸君子造福等”①；7 月 26 日，“感诚悔过小子求儿病愈捐助鹰洋三十元”②；8 月 3 日，“金陵庚源庄交来求子孙蕃莪人捐助龙洋六元、求家室平安人捐助龙洋四元；扬州刘广生求病愈捐助英洋十元；蔡椿熙求父病速愈捐助英洋一元”③。此类之事不胜枚举。

（二）同胞爱

同胞爱是民众捐助红十字事业的另一大动机，兹例举红十字会的劝捐广告，略窥一二。1923 年，《中国红十字会月刊》登载天津社会教育办事处总董林兆翰撰写的一篇劝捐文，全文摘录如下：

诸君，现在是幸而逃开了炮火的危险了。诸君知道那战场上被炮火打的七零八落是怎么个情形吗？我们在这风云万变的漩涡里，难免不了受些惊，担些怕，或是搬搬家，逃逃难，花钱带受罪。要是比较那战线内的苦同胞，还是在天堂哪。战区内开火的那几天，真是枪林弹雨，横竖乱飞，兵士死伤的很多，那就不用说了。可怜战线附近的村庄，无力逃难的苦百姓们，被那不睁眼的枪子炮弹误打死伤的，可亦真不少。死的无钱掩埋，伤的无钱医治。我们替他们想一想，能不盼人急速来救么？现在红十字会派了医队，分作几路到战区里救济伤亡，死的要设法掩埋，免得尸气熏蒸，到秋后闹瘟疫，活的要设法去救治他，免得呻吟痛楚，成了残废的国民，或竟因此身死。要是止知道战事完了，任听这般苦同胞，他受他的罪，我们仍然是喫歀玩乐，一概管不着，我们扪心自问，觉著安么？论人道，论公益，都有些忍不过去。幸赖有红十字会仰体上天好生之德，实行那救护的主义，莫有甚么你厚我薄。但是此次战区太广，被灾的有二十余县之多，分头出发，费用很繁。红十字会是一个慈善机关，那有许多的钱呢？我们既不能随同出发，尽点儿义务，要再不量力拏出几个钱来，帮助他们作事，把我们伤亡的同胞救济救济，怎么对得住人，怎么对得住天，怎么对得住自己的心呢？我并不是劝大家拏许多的钱，因为近来各人的景况，困乏的总十有八九，宽裕的未必有十之二三，拏钱多了，难免喫力，然而要比较那战区里的苦同胞，总是强的多。我们既是比他稍强，就应该仰体上天好生之意，量力的去救济他，那同胞两个字才不是口头禅。所以我今天劝劝大家，能拏十个钱的拏十个，能拏一千的拏一千，能拏一万的拏一万，数目不拘多少，只要肯拏，就是这般苦同胞的福星。

---

① 《筵资移助红十字会经费》，《申报》1904 年 6 月 25 日。

② 《万国红十字会来函》，《申报》1904 年 7 月 26 日。

③ 《红十字会来文》，《申报》1904 年 8 月 3 日。

红十字会有了这笔钱，能够多买药，多派人，救济的很快，死的不致臭在地上，酿成瘟疫杂灾，活的不致因伤残废，不但是一件德行事，亦是一件于人于己全有益的事，因为甚么呢？因为伤的残废，中国便少了许多康健农民，粮食必然贵，我们经济上亦要受影响；死的不掩埋，闹起瘟疫来，我们亦保不住准传染不上。有人问这个钱是交给谁呢？我说不用费周折，诸位能捐多少，直接送到红十字会，随时可以掣取收条。他们会里得了大众的帮助，亦可以随时筹画进行，岂不是又简捷又妥当吗？我不是受了那一方的委托来鼓吹这回事，实在因为听见许多人说到苦同胞的凄惨，又看见许多逃难的那般情景，不觉得心里难过，想作这回事，但是这个事亦不是一两个人能担任起来的，所以作这一篇白话，请诸君大发慈悲才好①。

这篇劝捐文从人性恻隐之心和同胞爱出发，号召民众“仰体上天好生之意”，量力地去救济受苦的同胞，“那同胞两个字才不是口头禅”，动之以情，晓之以理，极富感染力。

（三）民族主义感召力

抗战时期，各个阶层在民族主义的政治动员下，呈现出空前的捐助热潮。1937 年，上海邮政总局包裹收寄处人员王裕功将女儿弥月贺礼移购药包 1000 包，交慰劳委员会运送作战将士备用；8 岁童子浦家凤，将航空奖券金加平时储蓄，购单眼望远镜一具，送交上海市慰劳委员会，指献钟松将军②；杨子舞厅鉴于“忠勇将士浴血苦战，受伤后亟需救护”，“将每日营业所得，提出百分之二，交申报馆代转本市救护委员会，充救护经费之用”③；1938 年，理发业举行同业篮球赛，“所售门票，悉充善举”④，指充难民寒衣之用；1942 年，中华电影公司“在大光明影剧院特别演映国联影片公司出品之《博爱》一片，门票收入包括工部局娱乐捐在内，净获五二八一〇元，拨款善举之用”⑤，中国红十字会第一医院为指定分派慈善机关之一。显然，抗战时期民族主义体现得尤为突出，可以说，推动中国红十字会各项救援工作的很大一部分力量来自民族主义，而“民族主义对于该会工作的影响，可由其逐渐由救济工作转向战地救护，尤其是抗战时期中国红十字会的种种作为更为明显”⑥。

---

① 林兆翰：《慈善家注意：诸君呀，快快拏钱，捐助红十字会，救护我们伤亡的同胞罢》，《中国红十字会月刊》第 18 期（1923 年 4 月），第 1—3 页。

② 《慰劳将士》，《申报》1937 年 10 月 20 日。

③ 《杨子舞厅热心救护》，《申报》1937 年 10 月 21 日。

④ 《理发业慈善篮球赛，票资悉充寒衣捐》，《申报》1938 年 10 月 26 日。

⑤ 《中华电影公司拨款捐助善举》，《申报》1942 年 11 月 16 日。

⑥ 张建俅：《中国红十字会初期发展之研究》，中华书局 2007 年版，第 313 页。

需要指出的是，民众的捐助动机往往不是单一的“非此即彼”，而是多元而混杂的。时人吴丙申的捐助心理即为一鲜活的素材。1913 年顺直、温处水灾之际，吴丙申女士向红十字会慨助赈款洋 100 元，并附来函一份，描述自己对灾害及助赈的心理：

敬启者：顺直、温处两地灾民，数逾百万，嗷嗷待哺，冻馁堪怜。丁此冰雪交加，风餐露宿，其何以生？谁无父母，谁无兄弟，谁无子女？一为想念及之，何忍使其道殣相望？惜无郑侠《流民图》遍贴要道，无从感发。故居此乐土之人对此非常灾，仍有付之不见不闻者，往往以有用之金钱用于无谓之消遣，不肯为孙儿造福，失此善举，殊为可惜。月前母氏悯温处奇灾，心实不忍，勉助洋百元，余之疟疾由此小愈，以是知救人救己之言定为不诬。用特将自小积聚，或□自亲友，或授自父母，并平日刺绣所入，亦行凑洋百元，祈即汇解灾区散放为幸。明知杯水车薪，无济于事，聊尽个人一分子之义务，希冀病躯立健，以慰母心，藉消罪愆耳。女生吴丙申谨上[①]。

上述材料生动展示了助捐人的复杂心理，既有人性之恻隐之心，对同胞的怜爱，“风餐露宿，其何以生？谁无父母，谁无兄弟，谁无子女？一为想念及之，何忍使其道殣相望”，也流露着鲜明的积功德心理，“希冀病躯立健”，同时也隐含着作为国民一分子的责任感，“聊尽个人一分子之义务”。这也从侧面印证了民众捐助动机的多元性。

三、乐善不倦的经纬老人

经过几十年的人道主义实践活动，红十字文化日渐深入人心。社会中涌现出一批认同和赞助红十字事业的善人，不仅全家入会成为会员，并介绍戚友多加入者，不乏其人，典型者如山东黄县经纬老人，以及“苏州王伯和君、沘源郭鸿勋君均可为国人模范”[②]。这里以经纬老人为代表，略加缕述，以窥一斑。

经纬老人，原名丁毓别，字子范，山东黄县会员，热心红十字事业，“一门老幼男女，无不入红会为会员者”，乐善不倦，“洵堪为全国楷模”[③]。

（一）“极有恒心之慈善家”

经纬老人于 1915 年 1 月加入中国红十字会，成为正会员。此后随时捐

---

① 《中国红十字会谨谢吴丙申女士》，《申报》1913 年 1 月 16 日。

② 中国红十字会总办事处编：《中国红十字会二十年大事纲目》，1924 年印行，第 47 页。

③ 《本会之新年希望——中国红十字会》，《申报》1923 年 1 月 1 日。

输，“不拘多寡，寡则一元，多则千数”，捐助红会20余年不辍，是“一极有恒心之慈善家”[①]。1917年4月，经纬老人被推赠为名誉会员，“凡遇救灾助振，无役不从”[②]。1918年国庆日，老人捐助红会银圆千元，并介绍其夫人、子女共11人全体入会，皆为正会员，并积极介绍他人入会，乐善不倦。但令人遗憾的是，抗战爆发后，红十字会屡次搬迁，“人事变动过巨，遂与老人失落联系”[③]。尽管如此，经纬老人赞助红会的热情丝毫不减。据资料显示，经纬老人捐助红十字会一直持续到去世的前一年。1939年4月，“（救护捐）经纬老人（第二百九十度捐）一元”[④]。每月一度，一年十二度，至此经纬老人已连续不辍捐助红会长达24年又2个月之久，“诚世上罕见之热心红十字会之标准会员”[⑤]。

（二）“一息尚存，绝不稍懈”

“经费为事业之母”，而红会的经济来源，“向无一定基础”[⑥]。经纬老人对红十字会的经费筹募问题殚精竭虑，不仅连年不辍地捐助红会，而且不遗余力地劝告国人赞助红会。据经纬老人的自述，他自1920年8月22日起“以经纬老人名义随时随地敬劝世人捐助中国红十字会，一息尚存，绝不稍懈”[⑦]。此外，经纬老人还曾请愿组织红十字会银行，苦心规划，但遗憾的是，常议会启议未能立决。

经纬老人曾作《劝世白话文》一篇，事无巨细地向国人讲述了红十字会的博爱恤兵宗旨，以及在此宗旨引导下的恤兵救灾活动、红会经费来源、各类会员的缴纳会费标准等，并从为人恻隐之心的道德角度出发劝导国人缴纳会费成为会员。“恻隐之心，人皆有之，贫富不同，力难从心。敬劝中外兄弟姊妹，若能纳会费，请入中国红十字会”；如若银钱不便，也可量力臂助，“逢人讲解，到处传扬，劝人为善，功德无量”[⑧]。文辞真切朴实，令人动容。

---

① 《会讯：摘录上海各大报所载之新闻：经纬老人提倡红会常捐》，《中国红十字会月刊》第2期（1935年8月），第85页。

② 陈履平：《一个热心的会员：经纬老人》，《红十字月刊》第20期（1947年8月），第28页。

③ 陈履平：《一个热心的会员：经纬老人》，《红十字月刊》第20期（1947年8月），第28页。

④ 《中国红十字会总会鸣谢》，《申报》1939年4月2日。

⑤ 陈履平：《一个热心的会员：经纬老人》，《红十字月刊》第20期（1947年8月），第28页。

⑥ 中华民国红十字会总会编：《复员期间中华民国红十字会第一届理事会议事录》，1946年内部印行，不著页码。

⑦ 参见《山东黄县经纬老人广告》，《政府公报》1922年第2337期，第59页；1924年第2879期，第428页；1925年第3269期，第143页。

⑧ 《慈善近录：经纬老人乐善不倦》，《中国红十字会月刊》第1期（1921年10月），第26页；《慈善近录：经纬老人乐善不倦（又志）》，《中国红十字会月刊》第2期（1921年11月），第31页。

1937 年，经纬老人又撰写《劝告同胞赞助红会书》一文称："凡我同胞俱有入会之必要。同心协力巩固基业，以尽国民之天职。"① 他劝勉国人"当仁勿让"，每月捐助红十字会 1 元，以壮大红会事业根基。

值得一提的是，经纬老人甘愿解囊承担刊登《劝告同胞赞助红会书》一文四分之一的广告费用长达 10 年，"俾全国同胞时时寓目提撕，警觉赞助钧会"②，以推进会务发展，增进民族幸福。事实上，《劝告同胞赞助红会书》自《中国红十字会月刊》第 5 期起至 1940 年 6 月 1 日第 60 期该月刊停止出版为止，均逐期登载，"上半页登劝告同胞赞助红会书，下半页照录老人来函"③。依当时广告条例，全年 33 元，10 年为 330 元。经纬老人之爱护红会，虔诚婆心，感人良深。此项广告登载后，国人对于经纬老人之热心，非特加以尊崇，"且极表同情，纷向该会捐助"④。

（三）征集"国宝"

"世界各国，常以红十字会员之多寡，以验其国民道德之盛衰"⑤。1921 年 3 月，各国红十字会在瑞士开第十次大会，以全国人数比较红会会员多寡，"中国为最少，列末位"。有感于此，经纬老人"夙夜思维，善人国宝，自古为昭，征集国宝始能雪此国耻"⑥。在分析红会现状的基础上，经纬老人于 1922 年提议征集中国红十字会二十年纪念会员，"自中国红十字会二十年一月一日起至该年十二月三十一日止，凡未入红十字会者一律征集为纪念会员"，并"援照学生会员定章，以一元为会费，款轻易举，事可速成"，以使慈善事业"蒸蒸日上"，中国红十字会"善冠全球"⑦，与列强相抗衡。与此同时，经纬老人还致函黄县劝学所，望其积极"介绍多数学生会员，以壮国际观瞻"⑧。

为呼应征集纪念会员的提议，经纬老人还撰写《山东黄县经纬老人敬告四万万同胞特别注意》一文，加以广泛号召："万国红会十次大会，中国竟列末位，鄙人坐不安席，食不甘味。若十一次大会中国再列孙山，鄙人生不甘

① 经纬：《劝告同胞赞助红会书》，《中国红十字会月刊》第 25 期（1937 年 7 月），第 110 页。

② 《照录经纬老人来函》，《中国红十字会月刊》第 25 期（1937 年 7 月），第 110 页。

③ 陈履平：《一个热心的会员：经纬老人》，《红十字月刊》第 20 期（1947 年 8 月），第 28 页。

④ 《会讯：摘录上海各大报所载之新闻：经纬老人提倡红会常捐》，《中国红十字会月刊》第 2 期（1935 年 8 月），第 85 页。

⑤ 《民政：保护各地红十字会分会》，《江苏省政府公报》1930 年第 387 期，第 8 页。

⑥ 《山东黄县经纬老人敬告四万万同胞特别注意》，《政府公报》1922 年第 2295 期，第 368 页。

⑦ 《山东黄县经纬老人敬告四万万同胞特别注意》，《政府公报》1922 年第 2295 期，第 368 页。

⑧ 《慈善近录：经纬老人致黄县劝学所函（十一年三月二十二日）》，《中国红十字会月刊》第 8 期（1922 年 5 月），第 9—10 页。

心，死不瞑目。”从这些字眼颇可看出经纬老人对中国红会事业投注的热情和心血，这种强烈的感受是基于“中国竟列末位”的耻辱之心，为此经纬老人苦心孤诣劝告同胞赞助红会，“希望中国红十字会强出万国一首”①。因为在他看来，“堂堂中国位列孙山，此事不但中国红十字会慈善关系，实中华民国全国人格关系”。有志者事竟成，经纬老人的一片赤诚之心终于得到了回应。1923 年，经纬老人请愿推广纪念会员，倡议每人捐款 1 元加入红十字会的提议，获得常议会通过，“惟一元之数改增为两元”②。

（四）“为国际增荣光，为同胞谋幸福”

经纬老人缘何如此热心红十字事业？他用“为国际增荣光，为同胞谋幸福”③ 几个字做了铿锵有力的回答。具体言之，经纬老人乐捐、劝捐的义举中流露着以下几个动因：一是源于人性之恻隐之心。经纬老人曾在劝世白话文中明确表达：“泰东西各国，视未经缔盟入会者，谓无道德观念，不得谓之国，其尊重红十字会，有如此者。恻隐之心，人皆有之，贫富不同，力难从心。敬劝中外兄弟姊妹，若能纳会费，请入中国红十字会。”④ 二是源于国民之责任感。经纬老人在 1937 年撰写的《劝告同胞赞助红会书》一文中这样写道：“凡我同胞俱有入会之必要。同心协力巩固基业，以尽国民之天职。”⑤在这种国民责任感的引导下，经纬老人不仅热心捐助红十字事业，对其他社会事业也积极参与，如朱全璣所言，“余自奉委巡行三年，到处讲演，每将开会情形随时填册造报，呈县转详。民国九年、十年报告清册，蒙邑绅经纬老人捐印成本”⑥；“余历年游行，每著游记，屡为吾邑义士经纬老人及李茂堂君捐资印刷成册，遍赠全国政教商报各大机关及热心社会诸大君子台览，助挽浇风”⑦。三是源于民族主义的感召。这在经纬老人提议征集纪念会员的动因中体现得尤为强烈。

正是基于“为国际增荣光，为同胞谋幸福”的人道博爱情怀，经纬老人受到各大媒体的关注和青睐。《中国红十字会月刊》多次刊载专文称颂经纬老

---

① 《山东黄县经纬老人敬告四万万同胞特别注意》，《政府公报》1922 年第 2415 期，第 479 页；《政府公报》1922 年第 2416 期，第 499 页。

② 中国红十字会总办事处编：《中国红十字会二十年大事纲目》，1924 年印行，第 47 页。

③ 《经纬老人提倡红会常捐》，《中国红十字会月刊》第 2 期（1935 年 8 月），第 84—85 页。

④ 《慈善近录：经纬老人乐善不倦》，《中国红十字会月刊》第 1 期（1921 年 10 月），第 26 页。

⑤ 经纬：《劝告同胞赞助红会书》，《中国红十字会月刊》第 25 期（1937 年 7 月），第 110 页。

⑥ 李日、朱良迅、郭春香编：《朱全璣社会教育讲演集》，人民出版社 2014 年版，第 3 页。

⑦ 李日、朱良迅、郭春香编：《朱全璣社会教育讲演集》，人民出版社 2014 年版，第 147 页。

人“乐善不倦”[1]；《申报》数次登载经纬老人热心红会的事迹，赞其“慷慨好施”[2]“无役不从”[3]；《时事新报》称誉经纬老人“为一极有恒心之慈善家”；《政府公报》也不厌其烦地在广告一栏刊登经纬老人的劝捐书。经纬老人的事迹也为社会名人所津津乐道。著名社会教育家朱全瓅就对经纬老人推崇备至，称“纵观千古为社会造福之仁人义士，虽不乏人，未见有如经纬老人与李君茂堂者。二君以富贵之资，专心慈善事业。……永垂卓识，善人高超千古于不朽”[4]。

经纬老人是民国时期国人热心赞助红会事业的翘楚。经纬老人的事迹为我们打开了一扇透视民国红十字文化社会认同的窗口，具有典型和示范意义。尤为值得一提的是，经纬老人的事迹通过各大媒体的宣传报道，在社会上形成了广泛的影响，他乐善不倦的形象因之得到塑造，红十字文化也借由经纬老人的提倡和带动效应获得了更为广泛的传播。

第三节　女性群体对红十字事业的参与

近代中国，救亡图存成为时代最强音，在探索民族解放道路的过程中，时人从器物、制度、文化乃至国民素质等层面出发全方位反思中国积贫积弱的根源，女性解放议题就在这民族大义下浮出了历史的地表。

一、报刊对妇女参与红十字事业的舆论引导

红十字会作为现代文明的表征进入各式报刊的视野，受到积极推介和倡导。各式报刊对红十字会和看护妇的宣传，引发了时人对于女性与红十字会关系的积极关注，大体认为妇女对红十字运动非常重要，因为她们是红十字看护的理想代表。与此同时，社会上也逐渐出现鼓励女子外出就业的呼声，一些了解西医体系的人，更以护士为女子之理想行业。因为女子通常较男性体贴、有耐心，适合从事看护工作，而且具备看护知识后不仅可以在平时照顾家人，瘟疫发生时又能预防疾病，甚至还可作为终身职业，战时更能救护沙场将士。因此，护士实为“女子之适当职业”的类似说法，经常出现在民

---

① 《慈善近录：经纬老人乐善不倦》，《中国红十字会月刊》第1期（1921年10月），第26页；《慈善近录：经纬老人乐善不倦（又志）》，《中国红十字会月刊》第2期（1921年11月），第29页。

② 《中国红十字会敬谢经纬老人》，《申报》1916年3月11日。

③ 《中国红十字会敬谢经纬老人》，《申报》1916年3月30日。

④ 李日、朱良迅、郭春香编：《朱全瓅社会教育讲演集》，人民出版社2014年版，第2页。

国成立后至30年代的报纸杂志上①。大体而言，论述的焦点主要集中在以下方面。

（一）大力宣扬妇女在红十字事业中的重要性

1909年，《女报》将看护妇列为女子慈善事业之一种，并大加宣扬女子在其中的贡献："今之反对女权者，每谓女子不能从军，故其权利不得与男子等。此谬说也，固无论世界大同，军事必废，即以今日论，女子有赤十字社之组织，凡天灾兵灾均驰往救护，此义务岂非与男子之从军等乎？且男子之从军不过忠君爱国耳，此举则于忠爱之外，又为莫大之慈善事业。"②

1911年，日本赤十字社有贺长雄在演说中称："俾红十字会中第一紧要人物，中国现虽未备，然亦不难逐渐养成。中国每有妇人丧夫之后守志终身，又有受聘未婚之女以夫亡守节不再适人者，最宜以此等人充当看护妇……中国如以寡妇为看护，必收极好效果。"③

1924年，厉家福撰文呼吁妇女积极参与红十字事业："吾极愿我国妇人效奈轻脟娘、马厚夫人、李渣夺生夫人之博爱慈善，日本皇族贵妇人之降尊救护，以尽笃志看护之义务，则以精细之女性，体恤入微，和软周至，精励其任务，使受伤痛苦呼号求救之患者，皆受柔和之看护，不啻出水火而登衽席矣。举其效果，则纤弱之妇女，其立功当不让勇将猛卒也。"其目的旨在"以冀我国红十字会之发达，将与泰东西各国并驾齐驱"④。

战后复员时期，为发动广大民众响应红十字会服务社会的号召，南京市分会会员林慕照撰写了《红十字会与妇女》一文，强调妇女在红十字事业发展中的独特地位：

第一，红十字会的工作是潜在的，十分重要，不容忽视。战地的救护，前线士兵和家属的联系，社会的救济，护士的训练，还有那驰名的血浆监制，皆由红十字会担任——可说是几乎全由妇女们担任。

第二，红十字会的工作适合妇女，因为妇女的性情比较慈祥温和。

第三，红十字会的工作是义务性的。我国有许多中上阶级的主妇，是不用负担家庭生活而且雇有佣工照料家务，如果她们能抽出时间来，为红十字会服务，真是最理想的人物了。

第四，红十字会的工作是大众的。因此，我们十分欢迎本市妇女能牺牲

① 周春燕：《妇女与抗战时期的战地救护》，《近代中国妇女史研究》2014年第24期，第143页。
② 《女子之慈善事业：广东赤十字社看护救伤》，《女报》1909年第1卷第4期，第1页。
③ 《中国红十字会之过去及将来（续）》，《新闻报》1912年1月30日。
④ 厉家福：《论说：红十字地位之妇女观》，《广济医刊》1924年第1卷第12期，第14页。

他们一部分宝贵的时间，为红十字会服务，即使是每星期一两点钟，也是对于红会工作推展有莫大的裨益①。

文章还介绍了美国妇女为红十字会服务的情形，“她们有些是全日义务工作或半日工作，最多的是钟点工作，即每星期来会工作几小时。甚至有些是贡献数十小时工作的服务人员。她们认为能够为红会工作是件光荣的事”②。行文至此之目的，在于以美国妇女的热忱服务精神为模范，激励南京市妇女群体积极协助红会推进工作。

（二）从国民责任感的角度加以感召

1904 年，《女子世界》登载专文介绍日本赤十字社看护妇，指出：“赤十字社之造福于世界大矣，吾国尚在军人胎育之时代，似不足语及此。”但女子作为“国民之母”，不可以放弃养护国民之责任，“苟任放弃，即丧人格，外患深矣，亡种在即”；继而提及“对俄同志女会之发起，闻其议案之发端，即为创设中国赤十字会”，以此断言“中国非无爱国之女子，非无女界之军人”，并热情洋溢地称“此会之前途，其即中国一脉生机之朕兆乎”③。这里将妇女参与红十字事业视为“养护国民之责任”，为爱国的表征，加以号召。

1936 年，沈金涛通过追忆南丁格尔之功绩，寄望女界同胞：“急起直追，当仁不让。莫为鼐女士专美于前，国家幸甚，世界幸甚，否则徒以摩登是尚，隔江犹唱后庭花，则殆矣。”④

1942 年，纪念南丁格尔 122 周年诞辰之际，时人号召我国妇女学习南丁格尔精神，“我国青年妇女当有牺牲服务精神，脱离安舒之家庭，不折不挠，受相当训练，以护士为专门职业，以尽妇女界天职”⑤。

（三）从女性解放的角度予以提倡

1907 年，《中国新女界杂志》登载南丁格尔的传记，称其为“创设万国红十字看护妇队者”，借南丁格尔战地看护的事迹来说明“女子是可以打破从前固执的陋习与偏见，妇人的地位也要大变动一下”⑥，以鼓励中国女性迈出“户内三尺地”，从事看护病人事业，并指出“看护病人无论战时平时，在女

---

① 参见林慕照：《红十字会与妇女》，《新妇女》1948 年第 21 期，第 3 页。

② 林慕照：《红十字会与妇女》，《新妇女》1948 年第 21 期，第 11 页。

③ 慕卢：《译林：赤十字社之看护妇》，《女子世界》1904 年第 2 期，第 11 页。

④ 沈金涛：《论文：追忆鼐女士之勋绩有感》，《中国红十字会月刊》第 12 期（1936 年 6 月），第 2 页。

⑤ 薛艺：《南丁格尔女士诞辰之感想》，《新闻报》1942 年 5 月 12 日。

⑥ 《创设万国红十字看护妇队者奈挺格尔夫人传》，《中国新女界杂志》第 1 期（1907 年 2 月 5 日），第 63—64 页。

子是最适当的事业”①。

1913年，《人道指南》从人道主义发达对男女平等的要求的角度出发，对妇女参与红十字事业的重要性做了一番掷地有声的宣讲，“世界文明，男女平等。诸君既不屑俯首于须眉，则于人道主义更宜有所发挥。慈善事业更宜有所表见［现］，况世界文明全系于社会之发达，社会之发达全系于人道主义之昌明。人道主义昌明，斯有男女平权之真理”②。

1934年，慧成在汉口红十字会产科学校第一学期散学式上发表演说，提及红十字职业对女性自立的重要性时称：“大凡一个人，在社会上，总要自立，生活所需，决不能依赖他人，尤其是女子——被人所讥为靠男子吃饭的女子——更不能不有一种职业。产科医生，亦女子职业之一，所以到这里来求学，是求一种专门的技能。有了技能，便有职业。有了职业，便不依赖他人，便可自立。”③

此外，各类报刊还积极报道世界各国妇女参与红十字事业的风采，以激发中国女性的参与热情，这从诸如“阿国女看护，加入红十字会担任救伤工作”④、英妇女界总动员“女明星爱琳，亦起而投影从戎，加入英红十字会任救护车司机之职，俾为国效劳”⑤、德国“红十字会女看护捐输血液”⑥ 等图文并茂的报道中可透视一二。这些报道引发了中国女性团体的积极关注，以中国女界红十字会为例，其发起人朱其慧在会议中明确提出：

> 中国数千年习惯，女子多遵古训，注重家事，对于国政及社会事业鲜有与闻而尽力者。此次欧洲大战，各国妇女从事于制造军火、代理职工、救护伤残之事无虑数百万人，其侨居国外者，亦皆撙节衣食，亲手缝纫，不远万里以寄征人，如驻京各友邦公使夫人、教会门徒及各贤媛、令媛之所办善举，皆为其慧等所共闻。故以此次欧战胜利，女子之功亦为甚伟，各国许以参政良有由来。本会同人每一念及，咸为振奋⑦。

不能窥见，各类报刊对世界各国妇女参与红十字事业的报道在一定程度和范围内影响了中国女性，使之认识到自身的价值，“女子之功亦为甚伟”，

---

① 《创设万国红十字看护妇队者奈挺格尔夫人传》，《中国新女界杂志》第1期（1907年2月5日），第64页。

② 《敬告非会员》，《人道指南》第1号（1913年3月），第5页。

③ 慧成：《在红十字会产科学校讲话》，《正信》1934年第3卷第15期，第7—9页。

④ 《负国家安危之阿国军政大员抱匹妇有责思想之阿国妇女：夫战妇随之同命鸳鸯：阿国女看护，加入红十字会担任救伤工作》，《世界军情画报》1935年第1期，第10页。

⑤ 《全国皆兵·英妇女界总动员（附照片）》，《世界：战事画报》1940年第2期，第28页。

⑥ 《少女报国：（上）红十字会女看护捐输血液》，《沙漠画报》1941年第4卷第42期，第3页。

⑦ 《中国女界红十字会开会记（续）》，《大公报》1918年12月24日。

进而走出家门，积极参与社会事业。

二、女性红十字组织的涌现

在各大刊物的宣传报道下，红十字这一新生事物逐渐走入中国女性群体，并引发了该群体对红十字事业的积极关注和参与。以留日女学生为代表，要求创设红十字会的呼声屡见报端。

1903 年，留日女学生上书贝子载振，请求设立红十字会："某等亦吾国之民，宇寅一苍赤，无一业之建树，是自外于生成，安怪千年来女权之摧残凌迟以至今日也。"① 继而介绍红十字会的缘起和宗旨，"查各国赤十字会之设，其宗旨为大同，为博爱。战地疗伤，无分敌我"②，并为中国尚未加入这样一个组织而感痛惜。

1904 年，正值日俄战争之际，"有居留广东省垣之美国女医士发起赤十字会，同志六百人，愿联赴亚东助日本赤十字会疗治战伤军队"③。

（一）中国妇人会

在近代女性救济团体中，影响最大的要数中国首个具有红十字会性质的妇女团体——中国妇人会。1906 年，京师卫生女学医院院长邱彬忻④在北京发起成立中国妇人会，该会成立之缘起盖"以吾国女界向不发达，必欲于一般之妇女社会中增求幸福等因"。1905 年，还在日本游历时，留学界就力劝廖太夫人（邱彬忻）归国竭力举办红十字会，为全国同胞爱国爱种之代表。恰逢 1906 年旧金山发生罕见大地震，廖太夫人遂以此为契机，"于京师创立中国妇人会，隐寓红十字会之意"⑤。

该会成立后，即发动女界积极救助美国旧金山地震中的华侨，"力谋女界昌达，共结团体以互相扶助、互相关切，热心爱国，勉副其国民一分子之责任"。其儿媳、廖劭闲夫人钟稚珊作为上海天足会之代表积极响应，携带中国妇人会募赈旧金山华侨捐册千份"慷慨北来，必欲使该会成效达其极点"。时人发表评论称："以孱弱之女士而创此伟大之问题，航海万里，奔走呼号，不

---

① 《留学纪录：女学生上振贝子书》，《湖北学生界》第 5 期（1903 年 5 月 27 日），第 136 页。

② 《留学纪录：女学生上振贝子书》，《湖北学生界》第 5 期（1903 年 5 月 27 日），第 137 页。

③ 《记事：内国：赤十字会》，《女子世界（上海 1904）》1904 年第 4 期，第 4—5 页。

④ 邱彬忻，字冰欣，四川广汉人，度支部部郎廖邵闲之母，人称廖太夫人，医术精湛，热心公益事业和妇女解放运动。1903 年，她在宣武门外珠巢街（今珠朝街）寓所开办京师卫生女学医院，是为京师首家华人妇女创办的医院。参见池子华：《廖太夫人：女界参与红十字运动首倡者》，《中国红十字报》2018 年 7 月 20 日。

⑤ 《中国妇人会之发起》，《大公报》1906 年 5 月 10 日。

惜牺牲一己，以拯我同胞之厄难。大丈夫之号为热侠者，不过是也，而巾帼中之女杰竟出于此"①，继而感慨道："一般社会之妇女感其热血，能勿影响？故该会之发达正未可预量也，不图黑暗女界中乃有此放大光明之一日。"据相关研究显示，中国妇人会在北京设总会，在上海设立南洋分会，在天津设立北洋分会，还在日本设立东瀛分会。1907 年，中国妇人会会员已有 300 多人。除了救助美国旧金山地震中的华侨外，该会还与上海万国红十字会合作开展战争救助②。

（二）天津妇女红十字协济会和北京女界红十字会

民国成立后，女性红十字组织纷纷涌现。1912 年，天津妇女红十字协济会发起成立，"以筹备红十字会所需各品以协济各会为宗旨"③，"颇蒙各界女同胞解囊资助"④。《大公报》对此做了事无巨细的报道，有关天津妇女红十字协济会的广告更是屡见不鲜。为赈济因天津兵变的被灾民众，该会发起售品会，呼吁各大善士积极捐助，"捐品以中国刺绣、绣花活计、中国画本、瓷器、象牙、檀香等雕刻品、景泰蓝及各种玩物为宜，无论多寡"⑤，售品会所得售资尽数捐助救济天津被难灾民。据报道，"各国领事夫人及中外士女到会者不下四五百人，争先购买物品，颇极踊跃"⑥。1914 年，该会因山东省冬赈，"捐助棉衣五十套、洋一百元"⑦。

1913 年，北京女界红十字会正式成立，章宗祥夫人担任理事长。其后，在京津附设妇孺救济会，获得妇女界的积极捐助⑧。1920 年，直皖战争爆发，北京女界红十字会积极参与战争救护，除组织救护队外，还设立妇孺救济会、妇孺收容所等，成绩突出，赢得社会各界的普遍赞誉。1924 年，因东北战事日益激烈，北京女界红十字会为救护兵民起见，特组织救护队前往热河等处实行救护⑨。

值得一提的是，北平女界红十字会还率先开启社会服务活动，于 1933 年冬设立社会部，"其目的系采用科学方法，协助北平贫民改善其家庭生活状

① 《中国妇人会之发起》，《大公报》1906 年 5 月 10 日。

② 赵晓华：《清末民初女性的赈灾实践及角色变迁》，《妇女研究论丛》2008 年第 3 期。

③ 《天津妇女红十字协济会广告》，《大公报》1914 年 4 月 15 日。

④ 《天津妇女红十字会广告》，《大公报》1912 年 1 月 26 日。

⑤ 《为善最乐》，《大公报》1912 年 5 月 9 日。

⑥ 《本埠·售品会志盛》，《大公报》1912 年 5 月 30 日。

⑦ 《赈款报告》，《大公报》1915 年 1 月 21 日。

⑧ 《北京女界红十字会启事》，《大公报》1920 年 8 月 12 日。

⑨ 《国内记事：女界红十字会救护队赴热河》，《医事月刊》1924 年第 13 期，第 72 页。

况，而使其自食其力，特予以相当贷款，及其便利方法，令其得谋生计”①，其主要工作为“职业介绍、免费医疗介绍等”②。《中国红十字会北平女界分会社会部年报》（以下简称《年报》）即该部自1933年11月16日至1935年6月的工作报告。据《年报》显示：《救济类别及统计表》列出“资助洋车费”“资助儿童牛乳费”“介绍去协和医院就医”“介绍职业”“贷款”等救济类别达32类共1906件；《救济人口》表列出被救济人口共3354人，并按男、女、已婚、未婚，鳏寡、离异、儿童列出百分比，并附有照片3幅，为被救济者之合影；《救济妇孺统计表》列出该部帮助妇女、儿童，介绍就医、就学、就职、抱养婴儿等17项工作情况，表后刊有被救济妇孺的照片5幅；《小本贷款工作类别统计表》开列救济城市贫民37种小本行业118户的借款金额共931元，后附有被救济的小摊贩照片3幅。工作报告的最后一部分为《个案实例》，举3个实例（孀妇、伤兵、失业店伙）说明该部救济贫民的情况。《年报》最后刊载《北平女界红十字会社会部附属贫民家庭协助社简章》，包括“宗旨”“组织”“调查”（对申请救济者的调查程序）“贷款”（贷款章程）“会计”（财务制度）“附则”共6章21条③。这充分展示了北平女界红十字会在社会服务方面的显著成绩，以及其组织化、规范化的运作流程。

（三）中国女界红十字会和山西女界红十字会

1914年，中国女界红十字会由时任内阁总理熊希龄夫人朱其慧发起创办，从事救济贫民、补助贫儿院及各种赈灾救护活动。该会名誉会长由时任总统的徐世昌夫人席元棣担任。席氏提倡慈善事业，以身作则，“为天下先，尤可为异日中国女界之模范”④。该会还彰显了近代女性作为国民一份子的责任意识，“慈爱之心本为女子天性，故救济贫民亦以女界为最切”，呼吁“吾人必须群策群力，己饥己溺，以期救民于水深火热之中，方尽吾辈女子之天职”⑤。

1927年，山西女界红十字会发起成立，公举阎锡山夫人为正会长，孟石兰、高淑英为副会长。一切设置，均极完备。该会成立以来，“具有良好之成

---

① 姜纬堂、刘宁元主编：《北京妇女报刊考（1905—1949）》，光明日报出版社1990年版，第514页。

② 秦孝仪主编：《革命文献第100辑　抗战建国史料——社会建设（五）》，“中国国民党党史委员会”1984年版，第182页。

③ 姜纬堂、刘宁元主编：《北京妇女报刊考（1905—1949）》，光明日报出版社1990年版，第514—515页。

④ 《中国女界红十字会开会记（续）》，《大公报》1918年12月24日。

⑤ 《中国女界红十字会开会记（续）》，《大公报》1918年12月24日。

绩，亦足以模范全国者”[①]。1927年，晋奉事起，山西女界红十字会同人组织义勇救护队，担任后防医院救护事宜。兹将《山西女界红十字会义勇救护队全体队员敬告受伤兵士词》摘录于下：

为奋勇杀敌而受伤的众位武装同志呵，我们女界红十字会特意组织义勇救护队，就为的是来安慰你们，救护你们，我们为什么要这样办理呢，因为你们是北方国民革命军的前锋，是为救国救民而奋斗的英雄好汉。你们拼命的牺牲，为的是解除我们北方民众的痛苦，为的是换取自由平等的幸福，为的是造成光明灿烂的革命历史。众位的使命，既是如此的重大，我们因为受良心的嗾使，竭尽绵薄的力量，来帮助你们，祝你们早日平安痊愈，继续努力，继续奋斗[②]。

该敬告词将红十字会的博爱恤兵宗旨表达得淋漓尽致，散发后，“各兵士多能看读，感激欢呼，喜形于色”[③]。山西女界红十字会成立后，救护成绩斐然，据资料载：

保定之役，晋军以奋斗最烈，受创甚巨，伤兵三四千人，陆续运回后防医院，即由该队长等督率同人，朝夕从事于救治，其伤在上身者，即由医疗长等自行料理，其属下之部者，则请由男医士帮同治疗。自该队成立以至北伐成功，晋军转载经年，迭有创伤。该会工作亦未尝一日间断，生全者殆不可以数计。队长阎夫人并发起慰劳伤兵，与该会同人捐资备物，不辞劳苦，亲赴各师旅慰劳分赠，武装同志既感再生之德，复受施与之惠，故能效命疆场，助阎总司令以完成北伐之工作。而阎夫人及该会同人等之热心国事，殊足为我国女界同胞之倡导[④]。

鉴于山西女界红十字会的广泛影响，《今代妇女》杂志特于1928年推出专版，连续报道山西女界红十字会的工作实况，并刊出女界红十字会主要负责人员及治伤、扎裹、割出子弹等工作照片多幅，以图文并茂的形式向读者展示山西女界红十字会的风采。

（四）张竹君与中国赤十字会

张竹君（1876—1964），民国女权运动者，辛亥革命先驱，中国第一位女

---

① 《妇女消息：山西女界红十字会之调查》，《今代妇女》1928年第5期，第16页。

② 《政教述闻：本省政教：各地政教现况撷要：山西女界红十字会义勇救护队成立志盛》，《来复》1927年第465期，第5页。

③ 《政教述闻：本省政教：各地政教现况撷要：山西女界红十字会义勇救护队成立志盛》，《来复》1927年第465期，第5页。

④ 《妇女消息：山西女界红十字会之调查》，《今代妇女》1928年第5期，第16页。

西医。她一生以振兴女权为己任，致力开办女学，培养女性医护人员，创办了上海最早的女子中西医学堂，有“女界梁启超”之称。

1911 年，武昌起义爆发后，虽有上海万国红十字会驰往救护，但官办色彩浓厚。基于此，张竹君经多方奔走、联络，在同年 10 月 19 日成立中国赤十字会，拟前往战地从事救护活动，“女子医学堂，学生二十余人，皆欣然乐从。闻务本女塾毕业生某某二女亦愿随往。此外，闻有是役者，多纷然请同行”①。上海五洲药房经理项松茂迅速响应，在 21 日出版的《申报》上刊登致张竹君的公开信，对张之义举大加赞赏：“顷读报章，知贵女士有赤十字会之发起，躬率高足驰赴战地，施展仁术，救死扶伤，志虑宏远，宗趣正大，南丁格耳（尔）之再见，人道主义之日昌，诚足以上格天心，近回人祸，甚盛！甚盛!”并志愿捐助药品以襄盛举，“备就军用药品十种，另单开列，又奉自来血五打为补养病伤之需，一俟义旌起程之日，专人送至轮船，届时尚祈点收为荷。此后贵会如有需用药料，仍望随时函示，本药房是当照本代办。区区绵薄，辄惭寡当，闻风慕义，各尽微忱，想贵女士亦必允许而受之也”②。

中国赤十字会成立后，张竹君迅速组建了“红十字会救伤队”，“以第一团出发，尽女子看护救伤之职”③。10 月 24 日，赤十字会出发救护，响应者颇多，据报道，“闻往妇女多至五十余人，此果我国女界之创举，所尤奇者闻某学堂学生多有奋然愿往者，吾国女界之不畏艰险而热心慈善，其进化乃至是乎”④。

张竹君率中国赤十字会第一队赴汉口后，“队中男女医士及看护员皆热心任事，饥渴劳瘁，虽苦不厌，军士感之，至为泣下”⑤。救护途中，张竹君深入前线，数次遇险，这从她的演说中可略窥一二。11 月 14 日，张在汉口登船去武昌，清军开枪乱击，“被北军连放七枪，幸未一中”⑥。23 日，张竹君率队渡江途中“又遇开花炮弹，幸在空中炸裂。到汉阳后，借得小轮一艘，尽将百余伤者运回汉口。沿江炮弹乱飞，幸无一中”⑦。25 日，张竹君在汉阳率同会友抬出受伤兵士，“或送与同事各会，或送入武昌”。途中，“被弹从耳边飞过（弹子长约八寸），略受小伤，亦云幸矣”⑧。

---

① 《发起中国赤十字会》，《新闻报》1911 年 10 月 18 日。

② 《上海五洲药房经理项松茂致上海医院院长张竹君女士书》，《申报》1911 年 10 月 21 日。

③ 《中国赤十字会第二团广告》，《申报》1911 年 10 月 24 日。

④ 《沪事谈屑》，《新闻报》1911 年 10 月 24 日。

⑤ 《赤十字会赴镇记》，《申报》1911 年 11 月 20 日。

⑥ 《赤十字会会长张竹君女士演说词（续）》，《申报》1911 年 12 月 30 日。

⑦ 《赤十字会会长张竹君女士演说词（续）》，《申报》1911 年 12 月 30 日。

⑧ 《来件：赤十字会会长张竹君女士演说文（续）》，《新闻报》1911 年 12 月 31 日。

张竹君不顾个人安危，深入前线从事救伤活动的义举淋漓尽致地展现了红十字会博爱恤兵的宗旨。对此，她有明确表达，“本会冒险至战地救伤，实为人道主义，非假借赤十字以沽名，并言货利至轻，名誉至重”①，并明确指出红十字会的中立原则，“置身十字会中，则无分仇怨，无分种族”，“深望十字会诸君认定宗旨，勿在汉军中为虎作伥也”，并告诫社会大众“勿以十字会为儿戏”②。11 月 17 日，张竹君的救伤队驻地移往汉阳，她在这天的日记中写道：“该处一见‘十字会’三字，频送受伤者来，自朝至夕，应接不暇。”当天晚上，她又赶到革命军战时司令部查看伤员，日记记载道：“时已夜深，路途不辨，且路广不满六尺，左是田，右是塘，余在马上十分惊恐，几陷塘中。又值军事紧急，艰苦万状，不可言喻。回院后，满地伤人，盖以棉胎，垫以稻草，至十二钟后始无伤者送来。炮火连天，一夜不绝。”③

此外，张竹君秉行人道主义，对战争中受伤之士兵垂怜有加，曾设法筹募捐款为 40 多名残疾士兵“装假足”④。

张竹君组织赤十字会前往战地救护的义举，引发了广泛的社会反响。此举被称为“我国破天荒之文明举动”，“而一般女学生之风从者争先恐后，更足见吾国年来风气之开通，女界慈善思想之发达，军人资格之渐见尊重”⑤。辛亥救护结束后，鄂军都督黎元洪赠予张竹君“巾帼伟人”匾额，沪防福字营司令长刘福彪赠予其“泽被军人”⑥ 匾额，以表谢意。中华民国临时政府成立后，又授予她“立国纪念勋章”“赤金红十字军功勋章”及“中华民国忠裔纪念章”，以表彰其功德。有一个叫沈淑贞的女子致书张竹君称其为“第二南丁格尔”⑦，表达了她对张竹君的敬仰及加入赤十字会的志愿。

在辛亥革命中，张竹君“收医伤军颇众，又创设赤十字会，亲至武汉医治受伤军士，以助红十字会之不足”⑧，在两个月中救疗受伤士兵 1300 余人，被媒体赞为“热心办事，可为中国四万万人模范”⑨。

---

① 《赤十字大会记》，《申报》1911 年 12 月 26 日。

② 《赤十字会会长张竹君女士演说词（续）》，《申报》1911 年 12 月 30 日。

③ 《赤十字会会长张竹君女士演说词（续）》，《申报》1911 年 12 月 30 日。

④ 《上海医院开会记》，《申报》1912 年 4 月 28 日。另见《上海医院开会记》，《新闻报》1912 年 4 月 28 日。

⑤ 《海上闲谈》，《申报》1911 年 10 月 19 日。

⑥ 《刘司令赠匾志感》，《新闻报》1912 年 9 月 29 日。

⑦ 沈淑贞：《致赤十字会会长张竹君女士书》，《妇女时报》1911 年第 4 期，第 85 页。

⑧ 《张女士尊重人道》，《申报》1913 年 7 月 19 日。

⑨ 《赤十字大会记》，《民立报》1911 年 12 月 26 日。

三、女界广泛捐助红十字会

在捐助红十字会的群体中，女界是一支不容忽视的力量。在近代红十字事业的捐助史上，女学生、女艺术家、女医士、女佣，甚至妓女等职业女性都留下了活跃的身影。

早在甲午战争时，就涌现出一批女性积极捐助红十字医院的善举。例如，瑶林馆主湘人女士“聚针黹所余，得洋十元”捐助营口红十字医院，以为女界同胞倡，并表示：“嗣后当于娣姒间苦口劝募，陆续送呈，仍望天下之女中丈夫各解私囊，同心济助，较之烧香念佛，其功德尤不可限量也。”①

1911 年辛亥事起，中国红十字会迅速开展救伤瘗亡工作，社会各界掀起自发捐助红会的热潮。据《大公报》载，静海县某女士典卖首饰得款 50 元，捐助红会，以为女界同胞倡②。

另外值得一提的，是妓界在辛亥之役中赞助红会的义举。1912 年，同庆部名妓杨金子、赵湘云热心公益，“因闻天津红十字会款项支拙，特商之同庆茶園掌柜，定期约集名花演艺资助，定于二十七八两日晚间演艺，将该两晚所得茶资全数捐助天津红十字会，以资补助”③。更可贵者，杨金子、赵湘云二妓分往各妓馆向各妓女竭力劝捐以助红会经费。捐启原文照录如下：

> 敬启者，现在各战地受伤兵士急待救济者甚多而闻之殊堪怜悯，故天津诸大慈善家在津创设红十字会以便分往各战地设法救济，惟闻需款极多，碍难筹措。我辈操业虽贱，岂无人心？亦应略节脂粉之资以为涓流之助，如蒙慨允，则造福无穷矣。

在二人的劝募下，“有捐三十元者，有捐十元五元者，有捐一元二元者，颇为踊跃”④。

戏剧界女性群体对红十字会的捐助也颇为引人注目。例如，迎贵茶园发起人翁梅倩如是说，“当此物力艰难之际，募捐大非易易。梅倩一弱女子，未能效力于其间，殊为怅惘，然亦系国民之一分子，不忍坐视，故恳同志艺员协力而助，择于九月二十二晚借宝善街丹桂茶园演剧，即以所售入场券资除

① 《仁恩远霈》，《申报》1895 年 3 月 6 日。

② 《红十字会纪事》，《大公报》1911 年 12 月 26 日。

③ 《妓界善举》，《大公报》1912 年 1 月 12 日。

④ 《再纪妓界善举》，《大公报》1912 年 1 月 13 日。

开支外，悉数捐助赤十字会、普济善会，聊尽义务”①。

女学生是参与红十字募捐极为活跃的人群，扮演着独特的角色。1937 年，中国红十字会上海国际委员会为救济难民灾童起见，发起红十字募捐周运动。各校女学生纷纷加入劝募行列，由青心、中西、培成、穆尔堂及工部局女校等共同组织之街头募捐队，“分赴两租界热闹区域。各队员均穿白色看护制服沿街募捐，态度和蔼，各界亦以灾黎待救，莫不踊跃捐输”②。

抗战时期，女性群体涌现出爱国捐助的热潮。据资料载，上海市爱文义路蒋公馆，雇有高姓、曾姓两女佣，每月工金 5 元，“两女佣自沪战发生以来，在无线电中闻战争胜利消息，殊为兴奋，每听各医院伤兵惨状，转为流泪，特于旧历中秋日，各将领得之工金五元，送红十字会捐助，作救护伤兵医药之资”。对此，时人不无感慨：“观此未受教育之女佣，能自动将其血汗换得之金钱，作爱国捐款，诚为我国家民族良好现象也。”③ 中国妇女会也巾帼不让须眉，慨助赈款，于 1938 年“捐赠难民产妇医院开办费及第一月经费”，并捐助中国红十字会上海国际委员会“国币二千八百九十二元及港币一千八百九十七元四角五分”④，协助难民赈济工作。

四、女界积极从事红十字救护事业

女性对红十字事业的参与还体现在积极从事红十字救护事业。女性对于看护事业的重要性诚如时人所观察到的，“看护为救护队中之主要，然惟诸君始能肩此至重且要之责任”⑤。

近代，在民族国家建构的时代主题下，不少女性纷纷走出家门，投身红十字救护事业。据资料载，当武汉举义、南北两军血战时，红十字会组织救护队，尅日驰往，韦增瑛、范孟园、傅光宇诸女士“皆以名门闺秀，而躬任看护，随队遄征。当枪林弹雨之中，极被髪缨冠之义，而调羹作药，昼夜无间，其一片血忱，直足震烁古今，辉扬中外，方之乃丁戥而女士，诚无多让，不足为吾红十字会历史上增益其荣光哉!”⑥

1926 年夏，广东国民政府决定北伐，北伐军组织了一支战地救护队，由

① 《中国赤十字会广告》，《申报》1911 年 11 月 12 日。另见《女艺员热心红十字会》，《民立报》1911 年 11 月 11 日。

② 《各校女学生沿街募捐救济难民　红十字募捐周积极推动》，《新闻报》1937 年 12 月 3 日。

③ 《女佣亦知爱国慨捐血汗金钱》，《中国红十字会月刊》第 28 期（1937 年 10 月），第 98 页。

④ 《附录中国红十字会上海国际委员会记事》，《中国红十字会月刊》第 38 期（1938 年 8 月），第 30 页。

⑤ 《敬告非会员》，《人道指南》第 1 号（1913 年 3 月），第 5 页。

⑥ 《女慈善家（红十字会之功臣）》，《人道指南》第 2 号（1913 年 4 月），第 5 页。

高恬波任队长，并随军出征。北伐途中，救护队在高恬波的带领下冒着枪林弹雨，积极救护伤员。在叶挺独立团攻打汀泗桥的激烈战斗中，高恬波带领队员冒死冲上火线抢救伤员，不幸左腿中弹，顿时鲜血直流，倒在地上。当她苏醒过来时，强忍着剧痛，自己包扎好伤口，艰难地爬回阵地。事后，官兵们更喜爱这支活跃在前线的救护队了，称救护队员为“女兵”，高恬波则被称为救护队的“女将军”①。

在参与救护事业的女性群体中，女学界是一个独特的存在。她们接受了一定的教育，思想觉悟普遍比较高，对于救护事业十分热忱。江浙战争爆发后，由三师附属县立女师、荣氏女学、圣婴女学、德慧女学等10校女教习组织的无锡女界社会服务团，主动致函红十字会“颇愿追随”，“如关于看护等事，敝团当全体出席，以助义举，而尽天职”②。

全面抗战爆发前夕，苏州振华女校组织了“女同志军”。八一三淞沪抗战打响后，苏州红十字会赴前线担任救护工作，振华“女同志军”也有5人参加，分别是沈延平、曹美琳、谢满珍、沈治琳、张珊华。她们在前方工作了一个多月，后来由于需要，被安排到后方抢救和转移伤兵。沈延平的耳朵在一次轰炸中被震伤，从此落下了耳聋的毛病，但她并未后悔，“一天又一天，就这样夜以继日的工作着，我们在体力上虽十分疲劳，但精神上是振奋的，因为自己总算也在为抗击日本侵略者而出力了”。苏州女性的英勇给人留下了深刻的印象，沈延平回忆道：上海电影明星来苏州慰问演出，郑君里、胡萍等明星看到她们的工作，以敬佩的口吻对她说：“你们辛苦了。我们都以为苏州小姐是‘糯’的，现在看到你们的工作，真是泼辣勇敢，可敬可佩。”她们的工作也得到了振华师生们的支持和赞誉，王季玉校长表彰她们是“振华的骄傲”，“不愧是一辈中华的好儿女”③。

著名电影明星秦怡也曾不无感慨地说：“红十字会对我来说，却有着一种特殊的感情。”④ 她回忆自己早年参加中华职业学校红十字会的情形时写道：

当我还只有十四岁时，我在学校参加了红十字会的队伍。那时非常简单，有比我高班的土木科的三位女同学及和我同班的一位，加上我共五人。土木科的女同学个个长得壮实高大，她们的脾气也和她们的人一样，单纯、热情、

① 感恩、向文：《广东第一位女共产党员——高恬波》，《源流》2017年第2期。

② 《女学界热心看护》，《新无锡》1924年8月31日。

③ 沈延平口述、钱正整理：《抗战初期苏州“女同志军”琐记》，苏州市政协文史资料研究委员会编：《苏州文史资料》第16辑，1987年印行，第45页。

④ 秦怡述文、刘澍编著：《四季美人秦怡画传：海伦的诉说》，中共党史出版社2008年版，第14页。

豪爽，见义勇为。她们几乎不太像一般的女孩子，她们的外表也像个男孩子，个个都是短发，红润的脸蛋。该死的我现在竟想不起她们的名字了，但她们的形象却是那样清晰，她们处理工作的一举一动还是历历在目。我记不清是怎么和她们走到一起的，好像是她们贴出了布告，建议参加校红十字会，国难当头，每个中国人都有神圣的义务等等。我是一个"热水瓶"式的人物，外表安静，内心却非常容易激动，类似这样的号召，我一定会被吸引。我成了首先的呼应者，于是我们五个人就成为校红十字会的骨干。那时不像现在有许多名义，参加就做事，只有分工，如宣传、保管、救护训练、对外联系等等。首先号召全校女生做军包、棉鞋、棉帽、棉手套，落实到每个人身上。然后，我们五个人除了以上工作，就紧张练习战地急救工作，当我们学会以后，再去一批批教别人。看来事情简单，但也有困难，我是瞒着家里人去做的，但红十字会的活动很多要利用放学后的时间去做，我就要为晚回家而编造一些理由。而且棉鞋、棉手套我也不会做，无奈只得告诉了大姐，最后仍是在家人帮助之下完成这项任务。但救护工作则是靠我自己的了，课余之间就苦练，全身的各个部位怎么包扎都要学会。抬担架较容易，只要身体壮、力气大，不过遇到山坡怎么抬，走台阶怎么抬，后边的人怎样使劲，前边的人怎样使劲，也都有窍门，我在四川生活一段时间后，倒很有这方面的知识了。后来有一次，我抬着一位伤员跨过一个门槛时一绊，几乎连伤员和我都摔到地下。当时我被训斥了，面红耳赤，对自己的笨拙生了几天气，几乎泄气想不干了。可是，土木科高年级的三位同学却安慰我说："你比我们年龄小，体力也不如我们，本来不该让你干这重活。"于是以后的日子里，她们总是抢着抬担架，只允许我做包扎工作。

以后我离开了这个学校，也离开了她们。最后又离开了上海。在很多年以后，抗日战争胜利后我才得知，这三位女同学中的两位已在前线牺牲，另一位也在救护伤员时，感染了传染病而病故，我为之十分悲痛。尽管她们与我在学校里除红十字会活动外，并无十分亲密的交往，但她们高尚的情怀，对祖国的热爱，奔赴疆场为国捐躯的精神境界，不是一般人所能比拟的。她们虽然不过是一名普通的红十字会会员，可是她们的精神是不朽的！①

以上材料为我们展示了女校学生参与红十字救护事业的鲜活画面，令人动容。

近代妇女参与红十字救护事业的新风尚受到了各类媒介的青睐，纷纷刊

① 秦怡述文、刘澍编著：《四季美人秦怡画传：海伦的诉说》，中共党史出版社 2008 年版，第 14—15 页。

载专文报道，或者登载照片，以展现新女性的精神风貌，这为我们透视女性救护员的工作和生活实态提供了丰盈而生动的素材。

例如，一位名字叫“丽”的护士，她参加过淞沪抗战的救护工作，之后，又服务于红十字伤病医院。这位女护士曾骄傲地对人说：在苏州时，工作是非常苦的，“记得有二位男同志志愿到院服务，不到一天便逃之夭夭，后来抓回来，整天在院中哭”，“但是我们几个女同志倒却愿意为抗战吃些苦的，从来也没有哭哭逃逃的事情”①。

又如，一个叫作“珍”的护士，也是中国红十字医疗队的成员，同样在前线工作。她眼里的护士生活是这样的：

我们的生活非常有趣，我们有不少时间是迫近火线工作的，像抢救、担架、医疗等，我们都参加。……我们医疗队是男女混合而成的，先时男同志常常窃窃私议女同志的工作力，甚至于轻视她。因此，我们女同志更加团结，……从此什么工作都不落后于男同志，就是担架等等重事，也经常负担起来。

这位护士还提到：有一次，她们事先没联络好落脚处，所以请男同志去设法处置，没想到百姓们一看穿军装的男人，都不欢迎；后来，出动女同志去洽谈，很快就找到一户民家过夜了，“从此，男同志们再也不歧视我们了”②。

另外，中国红十字会救护总队护理组主任周美玉也曾回忆说：在她所带领的救护队中，有一位名叫畅革新的女护士，在敌军迫近下镇定地找到两匹马，赤手空拳地将供应物资安全运回总部。而且，总部队每次征召队员前往某战区服务时，“自告奋勇的人之中，女孩子特别多”。因为很多男人有家累，反而无法像单身的女子般，无牵无挂、勇往直前③。

关于女性救护员的工作情形，作为战地记者的史沫特莱也多有报道。她在随新四军经南昌时，就目睹了一次红十字医疗队的紧急救护：

第二天又遇到一次吓人的空袭，过后，我走过硝烟滚滚的街巷，前往红十字会医疗队工作的一〇九战地医院。……刘医生告诉我：空袭警报响了。红十字会外科手术队在动大手术。炸弹在头顶下落，他们不为所动。我们穿好白工作服戴上白帽后进入手术室。一个伤兵躺在手术台上，一个美国医生

---

① 杜丝：《女护士的话》，《妇女生活》1939 年第 8 卷第 3 期，第 13 页。

② 杜丝：《女护士的话》，《妇女生活》1939 年第 8 卷第 3 期，第 14 页。

③ 参见张朋园访问、罗久蓉记录：《周美玉先生访问记录》，（台北）“中央研究院近代史研究所”1993 年版，第 49 页。

坐在床头边在打麻药，一个瘦弱的外科中国女医生弯腰倚靠病人在切腿，她和她的助手们目不转睛一直低着头把手术作完。等她摘下口罩，我才看出她就是香港来的志愿援华医疗队麻队长①。

近代，在救亡图存的时代主旋律下，妇女与红十字会的关系被各大媒介反复强化宣传。女性群体开始“走出家庭”，参与红十字事业，这一新气象又反过来受到各大媒介的积极关注和广泛报道，在社会上形成了一股号召女性参与红十字事业的舆论导向，表4－1是以红十字刊物1913—1914年的报道为例所进行的统计。

表4－1　1913—1914年红十字刊物登载女慈善家善绩一览表

女慈善家	善　绩
乃丁戡而	赴克里米亚战地救护
克兰巴耳敦	成立美国红十字会，女士之慈善事业，不独见于战争。他如水旱疾疫地震火灾，凡社会上一切祸害，无不力任救济
日本明治皇后	日俄血战时，尝亲临战地红十字医院为看护，战事定，后嘉红十字会之有大功于人道，助日金十万于瑞士红十字联合会
黎夫人	亲临医院，慰抚伤痍，且愿为看护；捐银千圆于本会；尊重人道，热心慈善
施淑贞	夙好慈善事业，尤尊重红十字会，积极捐助，四出捐募
周芝君	积极助赈
何德贞	捐百金为倡，且为本会赞助员，到处鼓吹，介绍同志入会
韦增瑛、范孟园、傅光宇	躬任看护，于枪林弹雨中调羹作药，昼夜无间
孙阆仙	慨捐巨款，组织扬州红十字分会，从事博爱恤兵、拯灾恤患之事
郭坚忍	创设天足分会、女子公学校、平民学校、扬州施药局，组织扬州红十字分会

资料来源：《人道指南》第2号（1913年4月），第3—6页；《中国红十字会杂志》第2号（1914年6月），第8页。

以上报道展示了红十字事业中的一批杰出女性，她们或创办红十字会，或积极救护，或踊跃捐款，都以一己之力参与社会公共事业，以服务社会。

① ［美］史沫特莱：《史沫特莱文集1：中国的战歌》（袁文等译），新华出版社1985年版，第220—221页。

这些杰出人物的事迹又进一步引导和激励广大女性投身红十字事业。女性的红十字参与实践与大众媒介的舆论引导相得益彰，共同助推了红十字事业的发展。

伴随红十字文化的广泛传播和各类媒介的宣传报道，越来越多的女性开始投身红十字事业，在为红十字事业做出积极贡献的同时，也为自身的解放开辟了道路。诚如恩格斯所说："只要妇女仍然被排除于社会的生产劳动之外而只限于从事家庭的私人劳动，那么妇女的解放，妇女同男子的平等，现在和将来都是不可能的。妇女的解放，只有在妇女可以大量地、社会规模地参加生产，而家务劳动只占她们极少的工夫的时候，才有可能。……并且它还力求把私人的家务劳动逐渐溶化在公共的事业中。"①

走出家庭、从事公共事务，对女性的解放具有重要意义。在传统社会"男主外女主内"的道德思想束缚下，女性被限制在"户内三尺地"的范围之内，日复一日地从事着琐碎性、单调性的家庭劳动而"习焉不察"。列斐伏尔认为，"日常生活是现代性的无意识"。柯西克认为，日常生活是一种可怕的"历史无意识"，一种可怕的"社会健忘症"，以至于"连上断头台也能成为习惯"②。日常生活的习惯性、惰性、无意识化和庸俗化等特征，使得身处其中的女性认识不到日常生活的异化，从而无法从自发走向自觉。妇女只有摆脱日常生活空间的压抑和束缚，才能够与男子平等地参与社会劳动，进而走向公共生活，去实现自我价值，也才能够有机会、有能力实现自身的彻底解放③。

女性群体"走出家庭"，突破"女主内"的传统道德束缚，既实现了社会性别角色的转换，也打开了经济独立的大门。有学者强调指出："妇女要求解放，必须经济独立，要谋得经济的独立，必须在家庭以外从事自由的职业。照这种主张看来，妇女在社会从事职业实在是她们达到解放的关键。"④ "职业可以使妇女得到解放"⑤，女性群体积极参与红十字事业，担任红十字会看护妇，获得了一份职业，这就为她们的经济独立创造了条件。诚如时人指出的："要知道世上的男子也不是善长仁翁，要他们自动的去提高女权，反正是

---

① 《马克思恩格斯选集》第4卷，人民出版社2012年版，第178—179页。

② 转引自李小娟主编：《走向中国的日常生活批判》，人民出版社2005年版，第162页。

③ 郭彩霞：《从日常生活走向公共生活——列斐伏尔女性观对当代妇女解放的启示》，《马克思主义与现实》2016年第5期。

④ 金仲华：《妇女问题》，商务印书馆1933年版，第39页。转引自池子华：《近代中国"打工妹"群体研究》，中国社会科学出版社2015年版，第411页。

⑤ 赵清阁：《妇女职业指导》，上海杂志公司1937年版，第6页。转引自池子华：《近代中国"打工妹"群体研究》，中国社会科学出版社2015年版，第411页。

与虎谋皮一样，欲御侮的必先要有自卫，想平等的必先要有自立，自立就是女人们自卫之道。”① 可见，从事公共生活，谋求经济独立是妇女解放的前提和关键。

需要指出的是，近代女性积极参与红十字事业是中国社会由传统向近代转型过程中出现的新事物，尽管颇具开拓性，但广泛性值得商榷，毕竟传统力量始终根深蒂固。这在英国女记者弗雷特·厄特利的亲历亲闻中即可见一斑。她这样记录了自己在抗战时期的中国所观察到的女性护理人员的情形：

人们很少发现女护理人员，甚至也很难看见到医院从事基本料理工作的妇女。无疑，绝大多数中国妇女把伤员看成是危险的人物，或者是幼时的教养和社会习俗妨碍她们在士兵中间从事工作。然而，现代的中国青年学生和知识妇女比之日本妇女，男女平等的社会观念要强得多。中国的军队中有一些女兵，还有由女孩组成的“慰问团”，后者到前线为士兵唱歌，或向他们做爱国主义演讲。一些勇敢的女子沿着交通线来到前线，向士兵和伤员提供茶点，甚至帮助他们与农民建立良好的关系。在南昌这个充满死亡的城市，我发现一群妇女干着最出色的工作：救护空袭受害者，照料难民，在农民中帮助军队，在难民中发起新的生产活动。她们中有一个叫褚诺拉的人，其丈夫和五个孩子都居住在相对安全的重庆，可她自己却留在南昌从事妇女组织工作。不过，这样的妇女是一种例外，而且难找到②。

在弗雷特·厄特利看来，即使上层阶级和中产阶级中的中国妇女也很难理解战时从事艰苦而且烦琐的工作正是她们的职责，一些人以宋美龄为榜样，“或为士兵和难民缝制夏衫，或投身于她领导的新生活运动，在乡村或难民中从事工作”，然而“绝大多数的中国妇女就像她们在和平时期一样，过着一种闲散无聊的生活”③。

尽管目前并无确切数据可以得知，近代女性参与红十字事业到底发挥了多少作用。但就当时的中国实际而言，能在兵荒马乱中动员女性参与红十字事业，尽管为数可能不多，但其成就仍然值得肯定。

清末民初，女性红十字组织的出现、女性广泛参与和捐助红十字事业的救助实践，既体现了女性对红十字文化的认同，也折射出女性在性别平等、

---

①《妇女职业种种》，《今代妇女》1930 年第 13 期，第 13 页。

②［英］弗雷特·厄特利：《蒙难的中国——国民党战区纪行》（唐亮等译），解放军出版社 1987 年版，第 145 页。

③［英］弗雷特·厄特利：《蒙难的中国——国民党战区纪行》（唐亮等译），解放军出版社 1987 年版，第 146 页。

社会参与、经济独立等方面的努力和进步。这既是女性社会地位提高的表现，也成为近代女性走向解放和民间慈善事业有所发展的重要标志。

第四节　红十字文化认同的影响因素

红十字文化认同是一个综合体，影响红十字文化认同的因素也是多元而复杂的。一般而言，可以分为正向和负向两个方面。

一、正向影响因素

（一）红十字文化的感召力

红十字文化奉行人道主义，不分畛域，以博爱恤兵为宗旨，战时救伤瘗亡，灾时赈济救助，有社会教化功能，可引导向善之心。诚如史料所载："骨肉相残，遑言救世，生性之恶，未有恶于人类之多矣，其何引到性善之路乎，红十字会，实其向导也。"①

就民众对红十字文化的反馈而言，应该说相当一部分是源自红十字文化的感召力。据史料披露，"即猛鸷若虎之军阀与杀人如麻之恶魔，对于红会人员尚不敢加以非礼"②。还在1904年中国红十字会刚成立之际，盗贼纵横，"肆行剽掠，尤无忌惮"，红会欲勘视各战地情形，"代表人独毅然深入，归遇马贼一人，不惟不加损害，且为之保护过山，导入一村，遇以优礼"。可见红会"善举竟能感动匪类，人性本善，信不诬也"③。另据史料载，敌兵因见会员着红会服，"称为红十字会老先生，坐者均起立，足见敬重慈善之意"④。

灌县分会的发展历程就是对红十字文化感召力的生动注解。灌县分会成立于1917年，在会的工作人员，初时除工友两人系用工资雇佣外，会务执事人员均由会员担任，不受工资，义务尽职。多数会员把红十字作为终身事业，从创立分会就服务于此且一直工作到年老病故的颇不乏人。在灌县分会发起人中，有一家两代、三代人都为红会服务的。例如，欧阳颂平老先生是分会医院第六届院长，其子欧阳健坤则被选为医院第十二届院长；又如，在医院任药剂员的罗恩鸿，其祖父罗玉堂为分会发起人之一，其父与叔均在分会任

① 《发刊词》，《中国红十字会月刊》第1卷第1期（1931年5月），第1页。

② 《张宗昌罪大恶极：杀害红会救护员》，《兴华》1929年第26卷第17期，第28页。

③ 《中国红十字会成绩》，《中国红十字会杂志》第1号（1913年5月），第38页。

④ 《中国红十字会正会员大竹分会文牍主任兼医院院长（黄丽昌）步韵》，池子华、崔龙健主编：《中国红十字运动史料选编》第1辑，合肥工业大学出版社2014年版，第331页。

职，祖孙三代为红会服务；还如，董南口老先生，感于年事已高，为红会服务的时间不多了，便把儿子董春明送来分会，继他未尽之业以服务人群，其后董春明担任了最为艰苦的掩埋队队长一职。更值得称道的是工友王文才的事迹，从 1927 年受雇担任分会勤杂工起，他在靠微薄工资难于维持全家人生活的情况下，仍然忠实勤恳地服务于红十字事业，尽心参加战地救护、殓棺掩埋、灾区送粮、放赈等事务；新中国成立后，王文才继续在红十字会医院工作，后随红会医院一起并入县人民医院，直到 1962 年才退休；时年已经 72 岁的高龄王文才，服务红十字事业的时间长达 35 年之久，其守职尽责、服务人群的精神，真是难能可贵![①] 综上所述，没有对红十字事业的热爱和认同，这种持之以恒的坚持是难以想象的。

（二）良好的业务工作

红十字文化的认同从实质上说，取决于它的作为。民国北京政府时期，红十字会的业务工作已获得了较为广泛的社会认同："年来各处战祸、匪祸，经分会全活甚众。一般慈善救人不分畛域之观念，早经印入国民脑海中甚深。"[②] 天下万邦，妇女孺子，莫不异口同声称道："红十字会，遍满全球，慈善事业，伟大绝伦也。"[③]

业务工作的良好开展使红十字文化逐渐浸润到底层民众的心中。尽管我们今天所能看到的关于下层民众和大众文化的描述，大多经过了"精英的过滤"或是"完全被精英话语霸权所掩盖"[④]，但我们依然可以探赜索隐，发掘民众的微声。《快活林》于 1947 年刊载的一篇文章中，将民众对红十字医院的观察和感受直白地展露在读者面前：

> 日前偶然到红十字医院去看病，碰巧有一位妇人陈赵氏因患咳嗽病也到那里去门诊。不料那位医生，听到他（她）的肺部以后，便以为是一种很严重性的"肺炎"，两边肺已烧坏了。可是她是贫户，无力住院，而医院的三等病房，早经客满。这位医师便很热心送她到中山医院，不许她回去。
>
> 虽然经过了一星期的治疗，终告无效而亡故，这位医生的服务是可佩的。他诊断她病症的严重，便引为己任，不怕麻烦，不怕别人责怪，而见义勇为。

---

① 杨子长、欧阳健坤、李稚达：《灌县红十字会史略》，灌县政协文史资料工作委员会编：《灌县文史资料》第 1 辑，第 14 页。

② 《开封分会欢迎名誉会长张督理张省长词及二公答词》，《中国红十字会月刊》第 20 期（1923 年 6 月），第 11 页。

③ 《告国人以中国红十字会之重要》，《中国红十字会月刊》第 5 期（1922 年 2 月），第 1 页。

④ 王笛：《走进中国城市内部——从社会的最底层看历史》，清华大学出版社 2013 年版，第 62 页。

这种行为，正是医生们所要效法的。为避免替人宣传，本文所以单举事实，不列姓名，我知这位大医生也绝不会在乎别人的捧场①。

以中国红十字会时疫医院为例，民众在受到医院救助后多寄函表达心声。1913 年，患者陈俊英将自己接受红十字会时疫医院救助的情形和自己在医院的见闻感受登诸报章，从中可窥一斑：

日前，俊英忽患吐泻，手足麻木，危险异常，急赴大马路巡捕房后面时疫医院。经中西医士竭诚诊治，转危为安，现已全愈，再生之德，感念不忘。目睹诸医士、救护员终夜不寐，汗流如雨，接救伤兵，收埋兵尸，每晚派赴西乡、浦东各处分送饼干、面包、痧药等物，终日奔驰，舍己救人，而在院养病兵民经医院理事邓笠航君早夕慰问，体恤周至。俊英身历其境，拜服无地。特登报端，以告同胞②。

1923 年刊发的《中国红十字会时疫医院征信录》披露了大量受众接受红十字会时疫医院救助后的反馈信息，使受众这一“失语群体”对红十字会的心声有了明确而直接的表达，弥足珍贵。表 4－2 是统计的受众反馈情况。

表 4－2　1923 年《中国红十字会时疫医院征信录》中病人反馈情况统计表

病　人	病　情	对时疫医院的描述	对时疫医院的赞誉
任永康、任启干兄弟	先后染疫	昼夜调护；霍然出院	再生之德
杨幼如	陡患急痧，呕吐交作	治疫如神，久着成绩；悉心施救，护庆更生；不时慰问，调护周至	恩同再造
张进云	陡患急痧，四肢麻木	评症给药，不数时顿觉精神爽快；尽力看护，不辞劳瘁	救命之恩
唐志学	陡患急痧，吐泻交作	治疫神速，竭诚施救，殷切慰护	救命之恩；实为上海之普济慈航
陈李氏	身患急痧，危险万分	不数时而神志清爽，转危为安；轮流看护，不时慰问，颇为周至	有起死回生之术；施救之神速，手术之灵敏，实为上海独帜

① 陈少德：《红十字医院一个好医生》，《快活林》1947 年第 45 期，第 11 页。

② 《谨谢中国红十字会时疫医院》，《申报》1913 年 8 月 14 日。

（续表）

病　人	病　情	对时疫医院的描述	对时疫医院的赞誉
王少英	患上吐下泻之症，历一昼夜而不止，病甚沉重	精神办事，慰问周至；一经诊治，莫不妙手回春	活命之德
吉凤云	陡患急痧，人事不知	如法施救，得庆更生，调护慰问备至	再造之恩

资料来源：1923年《中国红十字会时疫医院征信录》。

纵观上表，这些来自普通民众的心声和大量信而有征的事实无疑是红十字文化最强有力的“代言”和“名片”。他们对红十字会时疫医院的感激和认可，显然与该医院良好的工作业绩息息相关。

值得一提的是，红十字分会在各地实施的一系列赈灾救护、扶危济困的活动，也收获了不少来自中下层民众的好感与认同，一些民众纷纷入会支持和参与红十字事业。修武分会成立后，开展了一些社会慈善工作，除施粥救济灾民外，同时还免费为群众医治疾病，受到群众的欢迎，要求入会群众日渐增多①。垫江县红十字会于1920年成立后，因当时红十字会办有战地医疗救护队、死难军民埋葬队、双方战俘交换（或遣返回家）营，敌对双方和广大军民都拥护红十字会，因此“自愿参加红十字会、出钱出力的人就越来越多了”②。

红十字会救护工作的良好开展，同样收获了来自军队的感谢和认可。1923年，川军彭远耀师长在崇庆分会六周年纪念时演说道：“红十字会是慈善团体中最高尚、最和平之法团，对于吾等军人有切密之关系。两军交战，均承认为中立地位。”③ 1913年，南军陈其美司令函谢“红十字会救护之功”④。另据资料载，停泊于黄浦江之各国兵船见红十字救护船启碇，一律升红十字旗致敬⑤。下文摘录的是1923年，重庆第一师负伤官兵为重庆分会魏会长的博爱恤兵义举而登报致谢之辞：

---

① 丁振中：《中国红十字会修武分会活动始末》，修武县政协文史资料研究委员会编：《修武文史资料》第4辑，1988年印行，第48页。

② 杨正心：《中国红十字会垫江县分会的成立和发展》，垫江县政协文史资料委员会编：《垫江县文史资料》第2辑，第68—69页。

③ 《崇庆分会六周纪念之开会演说》，池子华、崔龙健主编：《中国红十字运动史料选编》第1辑，合肥工业大学出版社2014年版，第273页。

④ 《红十字会报告》，《申报》1913年7月30日。

⑤ 《援救南京难民续志》，《申报》1913年8月25日。

兵等于负伤后，衣仅军服，食则枵腹，兼之连天风雨，气候寒冽，伶仃孤苦，惨不胜言，惟有一死而已。惟念年老双亲，弱妻幼子，寸心难割，欲死未能，欲生又不得。正在无可奈何，忽闻人言临江门红十字会魏会长博爱恤兵，前此滇川黔鄂各军溃伤均赖生还，胡不投之？兵等乃赴医院，竟蒙收容。院已满，而来者不绝。会长又设临时医院于苦力病院，以治疗兵等，办事员亦推诚相待。未一月而伤愈者达百人，均领护照川资得归故里。尤可敬者，此次胡院长与兵等共三百元交由某医生代发，某竟欲吞蚀，将原函涂抹改为二百元并于每兵项下扣伙食三元。兵等以红会不收伙食款诘周，周又支吾。兵等不得已诉之会长，始得照院长原函指定发数，分别领讫。不足，会长又垫补以竣事，似此仁慈，真为可敬，兵等无以为报，惟有登报鸣谢而已。

第一师负伤官兵同叩[①]

1924 年，四川伤兵登报感谢万县红十字分会的救护之恩，称万县红十字会“随军救护，伤者救治，死者掩埋。其办理慈善如此认真，诚川中独一无二之红十字会也”[②]。

全面抗战爆发后，红十字会医疗队以良好的伤兵救护工作，赢得了广大伤兵的认可。汉口红十字医疗队的工作即是一个生动的例证。该医疗队“每天工作十八个小时，整整一星期打扫垃圾，准备草垫，建立护理卫生制度，修建手术室和手术台，给病人规定特别饮食和洗澡制度”。这一系列活动使伤兵们感到惊讶莫名，“不到一个星期，能够走动的伤兵个个都找医生看病，无不低声下气表示感谢。对医疗队扔砖头恶语伤人的事再也没有了”。据记载，“这个医疗队留在前线工作两年，没有回后方休息过一次”[③]。

随着战事的发展，以战地救护为天职的红十字会的影响力空前扩大，甚至辐射至偏远地区。老百姓虽然并不清楚红十字代表什么，但看到红十字的字样，“照例围上来讨奎宁”。一个老人看到救护车上的大红十字字样，便低声地说：“我的女儿病倒了，给我点药行吗？”[④] 据史料载，“云南驿远处僻壤，乡村民众尚多缺乏常识，平时既不知公共卫生，有病亦不送院求诊”。

---

① 《会员善绩：重庆分会魏会长之仁慈可敬》，《中国红十字会月刊》第 24 期（1923 年 10 月），第 22 页。

② 《四川伤兵感谢万县分会医院救护之认真》，池子华、崔龙健主编：《中国红十字运动史料选编》第 1 辑，合肥工业大学出版社 2014 年版，第 294 页。

③ ［美］史沫特莱：《史沫特莱文集 1：中国的战歌》（袁文等译），新华出版社 1985 年版，第 203—204 页。

④ ［美］史沫特莱：《史沫特莱文集 1：中国的战歌》（袁文等译），新华出版社 1985 年版，第 218 页。

1942 年，新运第 6 医疗队全体队员，两人一组分赴各村庄，先作家庭访问，“最初去时，村妇尚多惊疑，甚至不理队员”，红十字队员“仍忍耐与之攀谈。遇患病者，给以药品，为其调服，即至药到病除。本队医疗工作在彼等中立有确切之信仰，再去访问时，全村妇孺均来团团围聚，热烈欢迎。有问身世者、有敬茶果者、有请医病者、有求给药者、甚至烹鸡蛋、煮汤团以留食者”①，足见民众对红十字队员的情感。

战后复员时期，中国红十字会系统围绕“服务社会，博爱人群”的宗旨开展了一系列艰苦而富有创新的工作，人们把红十字会亲切地称作“难民之友”“灾难的救星”②。在惠及大众的同时，红十字会也扩大了在民众中的影响力。如南京分会举办的母亲会活动，颇受“母亲的热烈的拥护”。在第三次活动中，有母亲代表发言，表示“感谢红十字会的伟大服务精神，将来亦愿为红十字会义务工作”③，引起了大家的热烈鼓掌。

以上资料有力地印证了一个铁律：良好的工作是最有力的宣传，是影响红十字文化认同的重要因素。

二、负向影响因素

总体而言，红十字文化的社会认同并不尽如人意，下面从其具体体现及影响因素两方面进行论述。

（一）负向认同的主要体现

1. 不了解红十字会的性质、宗旨

1914 年，时人坦言：“红会二字，果何种名词，吾不能解也。红会为何种机关，缔审之不能定也。”④ 1919 年，某传教士在对某地红十字分会调查中称，会员有的竟“不知其为何物”⑤，这颇能说明红十字文化认同的有限性。

在近代，由于受时势所限，广大民众对红十字会的认知普遍停留在一般慈善组织的层面，《申报》刊载的诸多致谢函、各大报刊的募捐广告词⑥以及

① 《新运第 6 医疗队 1942 年 2 月份工作报告》，贵阳市档案馆编：《战地红十字——中国红十字会救护总队抗战实录》，贵州人民出版社 2009 年版，第 286 页。

② 中国红十字年鉴编辑部主编：《中国红十字会通志，1904—2015》，中华工商联合出版社 2016 年版，第 61 页。

③ 赵昌敏：《母亲会回忆》，《红十字月刊》第 21 期（1947 年 9 月），第 32 页。

④ 《游戏文：特别招牌汇志：红会重地》，《娱闲录：四川公报增刊》1914 年第 10 期，不著页码。

⑤ 周秋光：《民国北京政府时期中国红十字会的会内宣传与经费筹措》，《湖南师范大学社会科学学报》2004 年第 4 期。

⑥ 例如《红会募捐》，《大公报》1918 年 1 月 16 日；《莫错过了造福的机会》，《吴语》1924 年 10 月 19 日，等等。

文人墨客所作的酬唱诗作，为此提供了大量的例证。民众的认知和红十字会日常开办的业务活动息息相关。除战地救护外，红十字会开展的其他救济活动基本不脱传统慈善事业的窠臼。“服务项目均为施舍性慈善工作”，故“与善堂性质相仿佛”。例如，1924年河南郾城分会的工作，主要就包括医疗病伤、保赤种痘、救灾防疫、施舍茶水、筹办冬赈、施棺掩埋等6项，可“见其慈善之性质”①。抗战胜利后，红十字会虽因战时的成就影响日渐扩大，但一般较偏僻的分会，“依然不少停滞在善堂式的境况下”②。

红会中人对此也有思考，朱子会指出，“红十字会的工作目的是什么？红十字会办了些什么事业？这是国人所须要知道的问题，也是我们红十字会同人时刻想要宣告于各位同胞的。虽然在文字间或语言中，我们对此问题已常作有系统的或个别的阐述与解答，但格于时间和空间的限制，能看到我们的文章或听到我们的话语的，只是极少数之人士。大多数同胞，恐仍尚无所知”③；王耀庭也认为“对于红十字会明晓者故然很多，但是不明瞭红会内幕或误认不过是慈善团体者恐怕要占多数，这全是因为怕过份宣传而没尽量宣传的结果”④。

抗战胜利后，仍有众多的民众以功利的心态看待红十字会。“尚有人说：加入红十字会有甚么利益呢？这就是对于红十字会的宗旨尚未明瞭了，无怪退却不前，不肯踊跃加入，不肯出钱捐助呢。”⑤ 1946年，总会发起征募运动，会员陈履平坦言：“人民自动加入红十字会，究竟是少数，大多数的惰性，需要征募运动予以激迫解除。”⑥ 尽管如此，征募运动的结果与会长蒋梦麟制订的募集红十字事业基金50亿元的目标相差甚远，截至1948年10月，仅收到捐款“265200万元”⑦。个中缘由之一，即一般民众对红十字会的认识还很肤浅。“无数人受过红十字的救助，然而他并不知道红十字会究竟是怎么样一个团体，甚至曾经参加红十字会工作的人也未见得对红十字会具有深刻的瞭解。红十字会四个字也许已经妇孺皆知，但是他们并没有知道红十字会

---

① 胡兰生：《中华民国红十字会历史与工作概述》，《红十字月刊》第18期（1947年6月），第4页。

② 杨宝煌：《关于征募的几个小问题》，《红十字月刊》第18期（1947年6月），第23页。

③ 朱子会：《中国红十字周史话》，《红十字月刊》第20期（1947年8月），第9页。

④ 王耀庭：《红十字会征募工作之商榷》，《红十字月刊》第31期（1948年7月），第4页。

⑤ 吴善初：《为善最乐行仁为先：敬告饶平各界书》，《红十字月刊》第22期（1947年10月），第18页。

⑥ 陈履平：《征募和宣传》，《红十字月刊》第15期（1947年3月），第25页。

⑦ 参见中国红十字会总会编：《中国红十字会的九十年》，中国友谊出版公司1994年版，第102页。

的真正性质”①。

另外，从红十字青年会员的所见所闻中也可见一斑。1947 年，南京明德女子中学的王煦仁曾追忆道：“我记得我参加‘红十字南京分会青年会员’的第一天，吴总干事向众会员发问，对本会会员，未参加前的观念，而所得到的回答，也衹是很肤浅的言语：‘想学得有些卫生常识’；‘想对红十字会的工作有所认识’等等，无非是学习、认识等语而已。这当然是不能责怪，因为我们正和一般人士，同样的没有将红十字会多多的认识，在我们做会员的人，不能认识清楚，何况社会一般人士?”②

南京中华女中的李明珂也描述了周围同学朋友对红十字会的认知：“一次，一个朋友告诉我说，她准备加入红十字会，原因是听人讲，红会会员每人可以领一大包巧克力糖吃。还有一次，碰到一位从前的同学，我偶然提到红十字会，她很惊异地问：‘怎么？战争早结束了，那儿来的伤兵医院给红十字会活动?’”在她看来，“社会上对红会的了解太不够了，受过教育的人犹如此，其它一般人就更不必说。他们只晓得红会有一辆辆漂亮的白色卡车，红会有一只只不花钱的游艇摆在玄武湖，红会有一罐罐喝不尽的牛奶，有一包包吃不完的巧克力糖……当然，他们也模模糊糊知道红会是做好事的，但到底做些什么好事？为何做？怎样做？他们却大半茫然不知!”总体而言，“‘红十字会’对于大多数的人们，仍是一个颇为陌生的名字”③。

2. *危害红十字会*

俗语称：因了解而生同情，因不了解而生误会。“社会上一般人对红十字会没有深刻的认识，这足以变成阻障红十字业务发展的重要因素。因为不了解，便无从体会她的意职、她的价值，更无从抒发同情促起帮助；因为不了解，一般应该被救助的人无法取得救助，甚至发生误会；因为不了解，有些人会歪曲了红十字会的崇高使命，以她的工作来满足他一己的欲求，乃致引起社会一致的不满和评（抨）击”④。发生于复员时期上海的筱快乐舌战红十字会之事即属此类，本来一件平常的医患纠纷，却被唱滑稽戏的筱快乐拿来大做文章，“他认为是大好的材料了，连忙编成小调，在电台大事攻击，每天

① 江晦鸣：《为何举办红十字周？如何举办红十字周?》，《红十字月刊》第 32 期（1948 年 8 月），第 2 页。

② 王煦仁：《理想的红十字会青年会员》，《红十字月刊》第 14 期（1947 年 2 月），第 41 页。

③ 李明珂：《红十字青年会员的心声——我的希望》，《红十字月刊》第 15 期（1947 年 3 月），第 34 页。

④ 江晦鸣：《为何举办红十字周？如何举办红十字周?》，《红十字月刊》第 32 期（1948 年 8 月），第 2 页。

把红十字会骂得体无完肤”[①]。对于这种蓄意抹黑，红十字会极力容忍，最后通过法医尸检，澄清真相，婴孩的死亡与红会医院无关。尽管此事经《大晚报》更正，将诊断详细事实一一披露报端，还了红十字会清白，然而筱快乐的不实言辞显然给红会造成了恶劣影响。

早在1911年辛亥革命中，危害红十字会的行为便屡见不鲜。从《北军近又枪毙赤十字会人员》《上海红十字会会员某君被官军枪伤甚重》《红十字会医员王培元被北军放枪》等文章标题和报道中即可见一斑[②]。又据旅京西报记者报道，清军在京师的行为，“其野蛮残暴，实出人情之外”，不但“无故杀无辫发之人”，而且“枪击红十字会中人，毙其一”[③]。

民国北京政府时期，军阀混战，社会动荡，红十字会员的生命安全时常得不到保障。据资料载，1912年“陕西匪乱甚炽，屠戮劫掠，无所不至，中外所共知，甚至杀教士，杀红十字会员，四出滋扰，妨害治安”[④]。1929年，军阀张宗昌悍然杀害红会救护员，缘由竟是“福山红十字会分会，不允将护救受伤之国军交出，恼羞成怒，即将救护员孙明琦等九人杀害，实开万国红十字会新纪录”[⑤]。

（二）影响红十字文化认同的负向因素

揆诸史实，影响红十字文化认同的负向因素是多方面的，分述如下。

1. 生产力发展水平低下

一般而言，人类社会对红十字文化的响应力取决于如下三个因素：一是生产力发展水平；二是政府与法律的支持；三是红十字会领袖人物的贡献和民众的参与。而生产力发展水平是响应力中最重要的因素。只有在生产力发展的前提下，在人们能够维持最低限度温饱的情况下，才有可能对来自外界的红十字人道主义感召力产生比较有力的响应[⑥]。而近代中国贫穷落后，生产力低下，战争、灾害、瘟疫使人们处于水深火热之中，几乎没有能力去履行对同胞发生灾害时的救助义务，因而对红十字人道主义的响应只能是有心无力。尽管中国红十字会一再大力宣传红十字文化，号召民众入会，但响应的人数始终不尽如人意。会员人数直到1931年尚未达到10万[⑦]。直至抗战胜

① 斯斯：《筱快乐舌战红十字会》，《海晶》1946年第38期，不著页码。

② 参见《申报》1911年11月11日、26日。

③ 《可笑可怜之京师》，《申报》1912年1月20日。

④ 《不认陕西民军之要电》，《大公报》1912年1月12日。

⑤ 《张宗昌罪大恶极：杀害红会救护员》，《兴华》1929年第26卷第17期，第37页。另见《红会请求通缉张宗昌》，《申报》1929年5月1日。

⑥ 于清亚：《红十字学研究》，远方出版社1997年版，第76页。

⑦ 《本会征求会员启》，《中国红十字会月刊》第1卷第1期（1931年5月），第8页。

利，国内经济凋敝的状况也未改变，生产下降，法币贬值，物价飞涨，民不聊生。美国驻华大使司徒雷登1948年9月向美国政府报告说："经济方面：通货膨胀的螺旋上升在加速继续，物价已成了天文数字。它们上涨得这样快，使政府来不及印出每天所需要的钞票……局势的恶化已经进展到接近崩溃的地步。"① 政局的动荡，经济的不稳定，使众多普通民众的生活日益艰难，"许许多多的工人只好在吃光、当光、卖光的悲惨情况下，在饥饿线上挣扎"②。基于如此状况，何以参加红十字事业？而在1947年上海分会的征募大会开幕礼上，王正廷情绪热烈地表示："希望八十万工人中，每人出一万二千元，则总数即有九十亿元以上矣。"③ 显然，他过高地估计了工人的经济实力。受经济困窘所限，征募运动势难达成所望。经济的衰败也使捐助之事极难开展。据时人描述："近几年来，我们的国家愈闹愈穷，社会越来越贫乏，而相对的，捐款的事情也是越来越多，层见不已，所以一般人一见到拿有捐册的人上门就都回避不及，这并不是他们的善心仁性起了变质作用，而是本身力量之限制。（那些富而不仁的人当然例外）譬如一个公务员，每月收入维持一小家人最简单的衣食已感不足，那还有余力应付这些善人善事呢？"④

在这种破败的经济条件下，多数民众无法解决自身温饱问题，根本没有能力响应红十字文化的号召，参与救助他人的慈善活动。另一方面，"经手捐款的人，也是一个很大的关键"，在社会经济凋敝的情形下，"谁好意思在朋友为着柴米油盐愁苦不迭的时候，还向他去捐一笔？""同时因为社会经济之变更，大家的思想都变得非常现实，凡是得不到一点有实际利益的事情，不管是出钱或出力，都不愿意去干。换句话说，凡是得不着一点报酬的事情，都引不起人家的兴趣。募捐也是一样，如果对经募的人多少给以一点好处，那他自然而然地会多出一点力气。这站在受捐人的立场来说，也应该如此，人家为你出了一阵力气，如不给以相当的报酬，是难引起人类的向善之心"⑤。这既揭示了募捐受制于经济状况这一客观现实，也说明迎合民众的功利心理对于文化传播的至关重要性。

在经济衰败的条件下，民众的善心终会为现实的生存问题所困而夭折。传教士明恩溥的观察也印证了这一点。在他看来，金钱和粮食，是中国人的椭圆中的两个焦点：

---

① 转引自张平等著：《解放战争史话》，中国青年出版社1987年版，第274页。
② 池子华、吕志茹：《"复员时期"的中国红十字会》，《河北大学学报》2004年第6期。
③ 《红十字会沪分会征募大会开幕礼》，《申报》1947年6月2日。
④ 朱子会：《本届红十字周的一人一元运动》，《红十字月刊》第33期（1948年9月），第5页。
⑤ 朱子会：《本届红十字周的一人一元运动》，《红十字月刊》第33期（1948年9月），第6页。

中华帝国广大民众的极度贫困，他们为获得最必需的生存条件而持久进行的可怕斗争，使他们在承受各种令人难以想象的苦难时表现出了某种最为奇怪的方式。一个中国人，无论他多么的仁慈，在现实面前都完全是无能为力的，甚至无法使他所见到的全部苦难减少千分之一——何况在每一个灾年，这样的苦难还会成倍地增长。任何一个有脑子的中国人都会意识到，为减轻灾害所做的那些努力全都是徒劳无益的，无论是个人的善举还是政府的干预。所有这些办法即便得到了最好的实施，也都是治标不治本的，完全无助于消除灾害。他们的做法，就像慈善机构给患伤寒发高烧的病人分发小冰块那样——每位病人都能分到多少盎司的冰块，却没有医院，没有食品，没有药物，也没有护理。因此，中国人未能在实践中表现出更多的善心，这并不让人感到奇怪①。

上述材料深刻地揭示了中国人缺乏善心的背后原因。因“极度贫困”，所以“为获得最必需的生存条件而持久进行可怕斗争”，这使得中国人的仁慈“在现实面前都完全是无能为力的”。毋庸讳言，凋敝困窘的经济，困住了民众的善心，进而制约了传播效果。

2. 传播理念淡薄

传播理念是传播生命力之魂，然而在近代，中国红十字会并没有明确的文化传播理念。受经济困窘所限，红十字会的中心工作一直是征求会员和筹募经费。在这个目标下，传播红十字文化往往属于附带品，甚至可有可无，这在会员征求运动中体现得尤为明显。1935 年，红十字会开展第二次征求会员运动，但“值此不景气之时，征求会员，殊非易事”。为“引起征求会员之兴趣”，红十字会不但通过电台播送“特别节目”，而且聘请沪上名票名角“合演拿手好戏”，规定“购戏票五张，可得一红会会员，购票十元，可得红会一永久会员”，并宣称，“戏票每张仅定价一元，如此好戏价廉，而得视听之乐，又可为红会会员，想届时定必异常热闹也”②。如此征求，显系是为了迎合民众，但滥竽充数所征之会员，其对红十字文化的认同情况便可想而知了。

文化传播理念的淡薄随之带来一系列问题，未建立文化传播的长效机制即是一大缺憾。以红十字刊物为例，近代红十字会虽办了不少机关刊物，但遗憾的是，几乎无一种刊物与近代红十字事业的发展相始终。有的只出一两期即停刊，有的则断断续续。在 1924—1931 年间，红会机关刊物几乎销声匿迹。抗战初期，红十字会也由于种种原因未能及时、有效地向社会进行宣传，致使业务

① ［美］明恩溥：《中国人的气质》（刘文飞、刘晓旸译），东方出版社 2014 年版，第 174—175 页。

② 《红会演剧征求会员》，《申报》1935 年 9 月 26 日。

活动严重受阻。对此，红十字会秘书长庞京周感同身受，他在演讲中称："这次华北战事发生，京周奔走京沪庐山间，曾对救护事业，做过几次的演讲，发表过三四篇的文字，并且播过一二次的音，有所报告，有所论列，而所得效果，似乎不免听者藐藐。后来虹桥事件发生了，红十字会曾经用巨幅广告，征求人材物品，以为准备，不过所得捐款，未足一千，投效的人，绝无专材。"对于这种情形，庞京周认为大体有两个原因，"一方面因为工作紧张，无暇宣传，也无庸宣传；另一方面，也因为受军部约束（见八月二十七日红会通告），对于华洋杂处的上海社会，不应透露和军情有关的消息，所以工作情形，对社会绝少报告"。结果这种不事宣传的做法给红会事业造成极大的窒碍，"初不料海上人士，仍以未能免俗，喜事宣扬，竟因红会工作的秘而不宣，对红会加以莫大的怀疑，就是协作团体，也不免渐加责难"。为此，他发表演讲，"选择一些可以向国人披露的工作经过，陈告一下，希望国人——尤其是上海人士——多多指导赞助，俾便集思广益，共策进行"①。会长王正廷在提及募捐时也"感到本会宣传工作之缺乏。大抵本会同人，都抱'只要自家做事，不必告诉人晓得'之宗旨，不过本会为募捐起见，自有使国人明瞭本会之工作之必要……假使侨胞明瞭我人工作之全般，则捐款自必增加"②。

另外，红十字会所办刊物在内容上也存在不少问题，江晦鸣曾对之做过检讨，指出四大缺憾：（一）论文的内容不够充实，适合于红十字会精神的材料，尤其觉得太少；（二）在版面上图画和别种工作照片、传真等，简直贫乏得寥寥可数；（三）医药、保健、心理卫生等专门性的材料，格外空虚；（四）红十字会工作实录、报告、统计或分会动态一类文字，发表的终嫌不足③。在他看来，"由于抗战期间的印刷困难，使《会务通讯》不脱中国古老的外衣，而《救护通讯》又不脱黄牙学语的幼稚"④。红会机关刊物在时间上的断裂性和内容上的不完善势必对传播成效造成桎梏。

未建立文化传播长效机制还体现在以下两个方面：一是在地理分布上呈现极大的不平衡性；二是在时间上则表现出明显的短暂性。从地理分布上看，文化传播活动主要集中于总会及极少数大城市的分会，其中以南京、上海、北平等分会的文化传播活动比较有声色，主要体现在积极出版刊物⑤、定期组

① 庞京周：《抗战中救护事业底一个断面》，《申报》1937年9月7日。

② 《王正廷谈红十字会战时工作》，《申报》1939年3月4日。

③ 江晦鸣：《编余》，《红十字月刊》第3、4期合刊（1946年4月），第14页。

④ 江晦鸣：《编余》，《红十字月刊》第1期（1946年1月），第14页。

⑤ 例如南京分会：《中华民国红十字会南京市分会三十五年度工作简报》；上海分会：《中华民国红十字会上海分会三十五年度工作特辑》；北平分会：《红十字会刊》，等等。

织宣传活动等方面。其他绝大多数分会受各种条件所限，文化传播活动尚未铺开。在时间上，宣传活动一般多伴随征募运动的开展或是募捐的需要，被视为“点缀”和“一件例行公事”，而非一项常规活动，这也或多或少制约了传播成效。诚如复员时期红会同仁所强调的“宣传须随时进行，绝对不可仅于征募时间偶一为之，这样的宣传工作，不但是一曝十寒，而且贻人以‘募化’之议。这是最要避免其发生的”①。

传播理念的淡薄还体现在未能充分关照舆论领袖在文化传播中的独特地位。舆论领袖是一个社会中掌握有更多社会资源，对其追随者具有较大影响力的人群。如果一种新的信息或观念被这个群体排斥，那么其在社会中的流行与传播就会十分困难；反之，如果舆论领袖率先接受这些新信息和新观念，那么这些新信息和新观念就很容易在社会中立足，并流行与传播开来②。尽管在近代红十字文化传播过程中，红十字会积极创立红十字刊物、出版书籍，把目标瞄准中国的知识分子，希望通过影响这个群体来传播红十字文化，然而效果并不理想。庞京周在抗战初期曾提出若干项红会改革建议，其中之一即“尽量吸收智识分子参加”③，或可以断定智识分子在红会中的比例是比较低的，亦即对红会的响应力比较微弱。这从侧面反映了红十字文化传播的一个缺憾。

3. 负面事件制约

在近代，除了滥用红十字标志、损害红会信誉的行为层出不穷外，红会业务活动的不尽如人意也制约了民众对红十字文化的认同。复员时期的中国红十字会医院就是一个鲜活的反面素材。

因为违背红十字会的宗旨，实行各种“反宣传”的行为，中国红十字会医院屡屡被推到舆论的风口浪尖。1946 年，在上海红十字会的征募大会上，担任征募队队长的“橡胶业大王”王靖东径直对红十字会医院提出批评，称：“过去上海的红十字会所办的医院，使市民是有最不良好的印象，尤其是医院的看护、发药的人，多数是瞧不起贫病的市民，甚至有见死不救的情形，这是很影响红十字会的名誉的。”他更攻击红十字会医院，“捐了人民的钱，不替人民谋福利”④。王靖东对红会的犀利指责引起了强烈的反响，尽管红十字会的医务高级人员辩称，“医院不是自己办的，虽是挂红十字会牌子，实际另

① 陈履平：《征募和宣传》，《红十字月刊》第 15 期（1947 年 3 月），第 25 页。

② 谢明：《当代中国基督教传播方式研究》，中国社会科学院研究生院 2010 年博士学位论文。

③ 《庞京周谈改革红会之计划》，《中国红十字会月刊》第 26 期（1937 年 8 月），第 54 页。

④ 《红十字会征募大会发生舌战，橡胶业大王大开联珠炮》，《飘》1946 年第 8 期，第 9 页。

有主持的人”①，但王靖东对这个解释并不满意。同年，红十字会医院被一群投考中央政治学校的学生集体投诉，缘由是衙门作风太严重，“九时起检验，医生十时还未到”，挂号费也高得离谱，索要1.3万元，被质疑有“生财”之嫌②。1948年，中国红十字会医院因非法抬高诊费，被病家举报。代理院长王霖生被上海市警察局逮捕，拘役三天，以示惩戒。该院被责令“尅日纠正诊费”，“以惠病家”③。可以窥见，红十字文化社会认同的不尽如人意和红十字会业务活动的弊端息息相关。

值得一提的是，红十字文化认同的负向影响因素与传统文化的排拒也脱不开干系。有学者指出，“中国是一个血性浓烈的国度。在血缘意识得到发扬伸展的客观条件下，它可以具有很大的包容性，表现出四海之内皆兄弟的‘哥儿们’胸怀。但在全面危机的时代，包容性很可能就要让位于排他性，‘非我族类，其心必异’”。在近代内忧外患的国情下，传统文化由包容走向排他，进而演变成对人道主义的排拒，“把人性尊严问题还原为具体枝节问题，以血缘亲情来代替或阻止普遍权利问题的提出”。因而人道主义的观念虽然很早就输入中国，而且在五四时代被大力弘扬，但在近代各种主义遍地开花的背景下，人道主义的传播始终不尽如人意，“被理解者少，被曲解者多，被批判者更多”④。红十字文化的发展史鲜明地印证了这一论断。

传统慈善事业在明末清初最为发达，有学者通过研究认为，明清慈善组织的功能一直停留在教化社会，而非经济问题的解决。善会善堂的主持者往往是中下层儒生，他们既是管理人又可能是受惠者，他们的价值观混合着正统儒家思想与通俗信仰，他们参与慈善组织的动机往往是为了从中获得一些实质的利益，及借着善会的力量维护儒家价值，以保住其本身的社会文化地位⑤。

中国红十字会虽然在实践上与这些善堂善会有相互交融会通之处，如无论是明清善堂还是中国红十字会，地方精英始终占有举足轻重的分量；在宣传方式上，都曾采取刊刻灾民图的方式；在宣传策略上，则迎合民众的功利心理。但就整体而言，作为舶来品的红十字会实已突破传统慈善组织家族式、地域性和官方主导的格局，带有鲜明的跨地域和民间主导的色彩。具体表现为：在领导阶层中，绅商始终占了相当的分量；在传播方式上，红十字文化

---

① 《红十字会征募大会发生舌战，橡胶业大王大开联珠炮》，《飘》1946年第8期，第9页。

② 参见《救命机关·衙门作风　指定检验索费骇人》，《益世报（上海）》1946年10月16日。

③ 《红十字会医院抬高诊费被罚　代理院长王霖生拘役》，《中华时报》1948年9月11日。

④ 刘再复、林岗：《传统与中国人——关于“五四”新文化运动若干基本主题的再反省与再批评》，生活·读书·新知三联书店1988年版，第323页。

⑤ 参见梁其姿：《施善与教化——明清的慈善组织》，河北教育出版社2001年版，第239—247页。

传播受近代媒介发展之惠，更加灵活多样，并在传播文化的同时，给中国带来了当时西方先进的医疗卫生知识和技术，体现着鲜明的时代性；在传播策略上，则采用诉诸大众的公开透明的运作方式。此外，红十字会捐款来自海内外，其分会、会员遍布全国各省市，而其工作内涵和外延也大大拓展，不再局限于消极的救济和教化层面。“如果说社会教化是明清善堂主要的关怀，那么推动民国时期中国红十字会各项救援工作主要的力量可能就是民族主义，民族主义对于该会工作的影响，可由其逐渐由救济工作转向战地救护，尤其是抗战时期中国红十字会的种种作为更为明显”①。笔者同意这一看法，即红十字文化代表的是一个慈善观念的革新，它超越了明清以来以社会教化为主要关怀的慈善理念，进而彰显人道和民族主义两项诉求，在多个方面都具有革命性的意义②。以红十字文化对国民性的改造为例，略加说明。晚清以降，社会动荡，世风日下，人心不古。据史料披露：“我国自逊清末叶以还，人心变坏，道德沦丧，已达极点。政府虽不乏种种方策时加挽救，无奈国人罹下流社会之习气太深，以致文字运动遽难奏效。”③ 要改良这一时期社会风气败坏和国民劣根性的现状，红十字文化成了一剂良药。诚如时人所说，红十字会以仁爱精神，“付诸实际之表现，为社会风气之倡导，为国人努力之南针，则其于国家社会之功绩又岂止消极之医疗防护而已哉！”④ 红十字文化传播，启牖民识，在一定程度上推进了国人责任感的觉悟、同情心的唤醒和民族意识的觉醒，从而促进了国民性的改造。

历史从来没有“述而不作”的，在研究红十字文化这类问题时，单一的结论几乎是不可能的。西方史学主流年鉴派一贯倡导综合研究的方法。布罗代尔曾将历史比喻成一组极为复杂的方程式，它们之间可能相互依存，又或许彼此独立，其间充满了各种意想不到的惊奇；更重要的是，我们时常都不能求得它们的“根”⑤。红十字文化传播亦是一个盘根错节、相互交织和牵缠的过程，这使得它的传播效果是长期的、社会的和潜移默化的，诚如施拉姆所说：“虽然我们可能无法说出任何特定时间的特定节目所有的特殊的效果，但其长期的效果将存在于我们生命的所有时日之中。”⑥

① 张建俅：《中国红十字会初期发展之研究》，中华书局2007年版，第313页。

② 参见张建俅：《中国红十字会初期发展之研究》，中华书局2007年版，第315—316页。

③ 刘思敬：《论文：从教育的效率上谈到参用红十字会教材的刍言》，《中国红十字会月刊》（1937年3月）第21期，第2页。

④ 徐堪：《博爱与互助》，《会务通讯》第23期（1943年12月），第1—2页。

⑤ 参见华民等著：《制度变迁与长期经济发展》，复旦大学出版社2006年版，第172页。

⑥ ［美］威尔伯·施拉姆、威廉·波特：《传播学概论》（陈亮、周立方、李启译），新华出版社1984年版，第266页。

第五章　新中国成立初期红十字文化的改造和融入

新中国的建立，给红十字工作的开展带来了新的生机和任务，这是它“转向新生的开始”。中国红十字会“珍惜这个美好的开始，不断的奋斗，不断的改造，丢掉旧的，迎接新的，努力奔向那广阔的道路”①。

第一节　红十字文化的改造

新中国的成立，给红十字工作的重新发展开辟了广阔的道路。红十字会主动接受改造，成为人民卫生救护团体，服从和服务于国家建设事业。红十字文化也顺势融入新中国的思想体系，以“爱国主义、国际主义和革命的人道主义”为内核。

一、红十字会的改组筹备工作

中国红十字会的命运始终与政局变动系于一体。经过辽沈、淮海、平津三大战役，南京国民政府在大陆的统治分崩离析，陷于瓦解。中国红十字会的部分领导人业已离职，总会及各地分会陷入瘫痪状态，难以为继。中国红十字会被推到时代的风口浪尖，面临着新的抉择。

1949 年 5 月 28 日，上海解放后，总会人员迁往上海，

① 《新的转变，新的开始——记中国红十字会总会改组经过》，《新中国红十字》第 1 期（1950 年 9 月），第 2 页。

与总会设在上海的办事处合并。5月30日，中国红十字会总会鉴于全国大部分地区已经解放，特颁布《中华民国红十字会解放区分会目前会务注意要点》，强调："解放区各地分会在新工作纲领未公布前，应恪守博爱人群、服务社会之宗旨"，"要特别重视为劳动大众服务"，"分会不得迁离所在市县"，"分会所有土地依照人民政府法令办理"，"分会得向当地人民政府登记，并接受其领导"①。该《注意要点》表达了红十字会渴望向人民政府靠拢的一片赤诚之心，这是中国红十字会在新的历史条件下做出的新的抉择。

1949年10月1日，中华人民共和国宣告成立，揭开了中国历史的新篇章，中华大地呈现出万象更新的局面。中国红十字会总会及许多分会同仁积极要求中央人民政府接管领导中国红十字会。为了"脱胎换骨"，向人民政府积极靠拢，1950年3月，总会在上海新闸路856号召集各地分会代表40余人，举行红十字工作检讨会，共商中国红十字会的前途命运。上海市军管会外事处、卫生处各派代表参加会议。会议决定推选总会秘书长胡兰生、职工会主席朱子会和南京分会会长杨登瀛等7人组成中国红十字会代表团去北京，向中央人民政府汇报工作。这次工作检讨会，"可以说是改组工作的发动点。经过了这次会议，我们才毅勇的走向人民，那就是推举代表团来北京，向政府反映改组的要求"②。

会后，以胡兰生为团长的代表团一行7人来到北京，拜访中央人民政府卫生部、内务部、外交部。卫生部部长李德全、副部长苏井观等接见了代表团，并听取了胡兰生秘书长关于中国红十字会历史、现状的汇报以及红会同仁要求人民政府接管红会的意见。接着卫生部党组书记、副部长贺诚专门接见了胡兰生秘书长，并应允将代表团的意见转报周恩来总理。5月初，胡兰生秘书长再次进京商谈总会迁京和改组事宜，中国人民救济总会秘书长伍云甫接见胡兰生并告以：根据周总理指示，经卫生部、外交部商议，提出4点意见：

（一）鉴于红十字会的特性及历史状况，采取改组方式而不是接管方式，将旧中国红十字会改为新中国红十字会；

（二）总会搬迁北京，现有总会职工除不愿赴京者外，全部留用；

（三）总会所有资财要妥善保管，不得随意处理；

（四）将北京东城干面胡同22号房屋（民国初期设在北京的中国红十字

① 《1949年中国红十字会准备迎接改组》，《中国红十字报》1998年10月23日。

② 《新的转变，新的开始——记中国红十字会总会改组经过》，《新中国红十字》第1期（1950年9月），第2页。

会总会旧址）腾让出来，作为总会迁京后的会址[①]。

显然，红十字会以改组而非接管的方式融入新中国，与其在新中国成立前“曾经作过一些有益于人民的事情”[②] 相关，尤其与红十字会在抗日战争期间的重要贡献紧密相关。抗战期间，据不完全统计，红十字会救护总队及其所属医疗队共进行外科手术 119856 人次，骨折复位 35522 人次，敷伤 8784731 人次；内科方面：住院人数 2142997 人，门诊军人 2481685 人，门诊平民 2002996 人，预防接种 4632446 人[③]。红十字会不分畛域的抗战救护工作也得到了共产党领导的敌后根据地军民的好评，毛泽东曾为医疗队亲自题词，称赞医疗队“救死扶伤，实行革命的人道主义精神”。可以说，因为“救死扶伤”的独特价值，红十字运动为进行社会主义革命和社会主义建设的新中国所接纳[④]。

1950 年 7 月，总会全部人员陆续到达北京，“迈出了改组的第一步”[⑤]。8 月 2 日，中国红十字会协商改组会议在北京召开，通过了中国红十字会改组事宜。周恩来总理亲自审阅了改组报告，并亲笔修改会章，为红十字会的顺利改组倾注了大量心血，诚如时人回忆称：“新中国的红十字会可以说是在周总理亲自关怀下成立起来的”，“或者可以说旧中国红十字会是在周总理的帮助下获得了新生。”[⑥]

9 月 6 日，中央人民政府政务院批准公布新的《中国红十字会会章》（以下简称《会章》）。《会章》共 6 章 25 条，对中国红十字会的名称、性质、宗旨、任务、标志、会址、职权、责任、分会设置等都做了明确规定。《会章》规定：中国红十字会为中央人民政府领导下的人民卫生救护团体。根据“预防为主”的卫生工作总方针及“动员和组织人民实行自救助人”的救济福利方针，以协助各级人民政府，面向人民大众，宣传并推广防疫、卫生、医药及救济福利事业为宗旨[⑦]。这次会议，是中国红十字事业转向新生的开始，为新中国红十字事业的发展奠定了基础，也揭开了全国范围内各级红十字分会

① 中国红十字会总会编：《中国红十字会的九十年》，中国友谊出版公司 1994 年版，第 122—123 页。

② 李德全：《纪念中国红十字会成立五十周年》，《新中国红十字》第 44、45 期合刊（1954 年 9、10 月），第 5 页。

③ 中华民国红十字会总会编：《中华民国红十字会战时工作概要》，1946 年内部印行，第 5—6 页。转引自池子华：《中国红十字会救护总队抗战救护的几个断面》，《苏州大学学报》2004 年第 4 期。

④ 中国红十字会总会编：《中国红十字会若干问题研究》，2015 年内部印行，第 41 页。

⑤ 周辑：《改组》，《中国红十字》第 113 期（1983 年 9 月），第 8 页。

⑥ 晓尉、刘峰：《龚普生访谈录》，《中国红十字》第 212 期（1992 年 2 月），第 17 页。

⑦ 《中国红十字会会章》，《新中国红十字》第 1 期（1950 年 9 月），第 8 页。

改组工作的序幕。

二、红十字会角色和职能的重塑

新中国红十字会建筑在旧的基础上，因之对旧有基础之整理，就成为新中国红十字会成立后最首要的任务。“整理之目的，是为扭转过去不正确的方针，所以整理的工作首先是思想建设，除了肃清那些旧的错误的思想，同时还要建立一套新的思想体系，并指示今后工作的具体方向和发展步骤，这样才能使新中国红十字会的事业顺利的推进，不致走太多的弯路”①。因此，红十字会协商改组会议的一项重要议题即为对新中国成立前红十字会工作的全面检讨和反思。

（一）对新中国成立前红十字会工作的检讨和反思

在协商改组会议上，胡兰生秘书长做了《中国红十字会总会会务报告》，概括了中国红十字会过去46年的历史沿革和以往各个历史时期的工作概况，在肯定过去46年为中国人民做了大量有益的工作的同时，也对思想、观点、组织、工作、经济等方面存在的问题做了检讨，分述如下：

首先是思想和观点问题。胡兰生指出，红十字会所标榜的中立和一律“博爱”观点是绝对错误的，强调中国红十字会只有一个立场，“即是人民的立场，既没有中立，也不能超然”。

其次是工作问题。胡氏指出，过去因为在观点上认为红十字会是一种消极性的慈善事业，所以在工作上常是“被动的、应付的、任其自然发展的、没有坚定的目标和切实的计划”，以至虽有46年的历史、全国范围的组织，而事业反而日渐衰微。“这固然与过去的政治环境有连带的关系，但我们主观上对人民利益负责的态度不够，亦是主要原因”。

最后是组织问题。在胡氏看来，过去的组织，在某一时期中完全脱离了人民。“由于反动政府对红十字会的管理和监督，使我们中国红十字会虽名为人民团体，实际上并无群众基础，尤其自抗战以后，上层领导机构，全由国民党政府控制，会员对会无法表示一点意见。领导方面人士的调动，不是根据群众意见和工作的需要，而是一种政治上的推荡和安排。所以不理事的人当了理事，想理事的人反而受了压制不能出头理事，以致整个的组织就这样的拖沓松懈了下去。这是红十字会发展的一个极大阻碍”。

除此之外，经济问题也是阻碍红会事业发展的因素，必须解除。胡兰生

---

① 李德全：《新中国红十字会的工作方向与发展步骤》，《新中国红十字》第5期（1951年1月），第15页。

表示："过去反动政府一方面要控制红十字会，但又不愿意红十字会事业发展。我们每次请求补助，不是敷衍一下随便发给几个钱，就是训令一通，说我们是人民团体（这时倒记起了我们是人民团体），要我们自己想办法，弄得我们经常为着经费焦虑，根本谈不上发展事业。"他在报告的最后说："为了红十字会事业的发展，更好的为人民服务，上面这些问题，必须澈底的解决，同时我们也相信在我们人民自己的政府领导和帮助之下，这些问题也必定可以解决的。我们庆祝着这个团体的新生，我们企望着这个团体的发展。"①

卫生部部长李德全在会上做了《中国红十字会今后工作的任务》的报告，肯定了中国红十字会过去的工作成绩，并对改组后的中国红十字会的任务提出了明确的要求，即新中国红十字会必须改变旧的一套，改变"所谓慈善的或是中立的，而实际上不是为人民服务的思想作风，要建立起新的革命的人道主义思想，全心全意的为广大工农兵群众服务"②。该讲话为中国红十字事业的发展指明了方向。

救济总会秘书长伍云甫在会上做了《对调整中国红十字会有关问题的报告》，指出："中国红十字会目前组织机构是极不健全的，许多工作也在停顿状态中。但中国目前状况需要红十字会这样的民间组织来医治战争创伤及救济人民的灾难"，因此"有改组旧红十字会的必要，务必使其组织健全，工作加强，以适应新的需要。从长远着想，这与全国人民的经济建设工作也有密切关系。"③ 此外，他对红十字会的中立性、与国外救护工作的关系及对外物资接受等问题也做了检讨：

其一，红十字会的原则一贯是标榜中立的，但在事实上由于过去统治者对红十字会的控制和利用而不能实现中立。在他看来，中立应有稳固的立脚点，这就是人民立场。因此，要揭穿假的中立，站稳人民立场，确立人民观点。

其二，与国外救护工作的关系。对外救护的工作，不仅是有救济的观点，而且应有反对侵略、保护世界和平的观点，对正在进行民族解放斗争的国家，以及进行其他革命斗争的人民，我们有救灾助人的义务。

其三，对外物资接受问题。过去红十字会是靠外国捐助物资的，今天观点应转变，我们不希望靠外国物资作救济工作，我们要靠人民大众及政府的补助。我们要靠自力更生，不争取外援。对外来物资要加以区别，善意的外

---

① 胡兰生：《中国红十字会总会会务报告》，《新中国红十字》第1期（1950年9月），第5页。

② 李德全：《中国红十字会今后工作的任务》，《新中国红十字》第1期（1950年9月），第6页。

③ 伍云甫：《对调整中国红十字会有关问题的报告》，《新中国红十字》第1期（1950年9月），第7页。

援可以接受，不利于中国人民的外援不接受。

在此基础上，伍云甫指出红十字会的发展步骤应为：“先整顿旧有组织，对旧有会员加以训练教育，建立人民观点，以便开展新的工作。工作地区：先从城市作起，而后乡村。因城市较集中，乡村较分散，应采取由近及远，由小而大的做法。业务方面：包括医疗卫生及社会救济福利工作，先搞前者，而后后者。”①

其后，已当选为中国红十字会会长的李德全在《新中国红十字会的工作方向与发展步骤》的报告中，对旧中国红十字会的会务情况和思想情况做了一番梳理和考察，指出旧中国红十字会的产生和46年的工作，“在思想上是遵循了封建主义和资本主义相结合的虚伪的并含有毒素的人道主义，在组织上是历受封建军阀政客官僚反动阶级的把持与控制”，所以红十字会虽是群众团体，而并未与群众结合；虽打着为社会服务的招牌，而所起的作用是冲淡人民对统治者反抗的情绪，甚至做了反动阶级麻醉人民的工具。除了在抗日战争特定的历史任务之下，贡献了一些救护成绩以外，红会的工作就只能是“消极的、被动的、可有可无的、得不到人民的拥护的，以之事业的范围也就越来越小、愈做愈困难了”②。

此外，就思想情况而言，大体存在以下几种问题：

1. 一般的存在着很浓厚的依赖思想，认不清人民团体的本质，这因为过去工作是依靠地主军阀官僚少数统治阶级及“美援”，不是依靠人民，没有群众基础。

2. 部分的人仍认为红会是“中立性”的、“国际性”的、“超政治性”的团体，其工作方针不应受人民政府政策的拘束。虽经过批判，但还有一部分人存在这种思想。

3. 部分的人认为红会是一种有历史性的单纯的医务团体，他的工作平时应该是办些医院和诊所，战时组织一些救护队。

4. 少数人仍认为红会是慈善机构，由少数有钱人主持办理一些像放赈和冬赈之类的消极工作。

5. 许多分会不了解如何走群众路线，如何下手改组，过去糊里糊涂，提

① 伍云甫：《对调整中国红十字会有关问题的报告》，《新中国红十字》第1期（1950年9月），第8页。

② 李德全：《新中国红十字会的工作方向与发展步骤》，《新中国红十字》第5期（1951年1月），第14—15页。

出改组之后却又感到办法很少①。

李德全指出，以上几种情况，体现了旧中国红十字会的方针不是面向人民、为人民服务的，“它和广大人民不能联系起来，因而它并没有也不可能发挥更大的力量，为人民健康尽到最大的责任”。为此，她指出红十字会的发展步骤，“应该是由小到大，由点到面，先作好业务而后发展会务，先整理旧组织而后推设新组织，先由政府给予经费补助，将业务充实之后，而后走向半自给与全自给”②。根据这一工作方向和发展步骤，中国红十字事业实现了平稳过渡，迎来了发展的新机遇。

（二）革命人道主义指导思想的确立

新中国成立初期，红十字会系统通过对新中国成立前红会工作的认真检讨和反思，明确了新中国红十字会的指导思想应当是：（一）爱国主义；（二）国际主义；（三）革命的人道主义。概括来说，三种指导思想就是一种思想——革命的人道主义，因为革命的人道主义必须是人民立场③。

革命人道主义被确立为新中国红十字会的指导思想，有着深刻的时代背景。

1941 年 7 月，毛泽东为延安中国医科大学第十四期毕业生题词：“救死扶伤，实行革命的人道主义。”④ 其后，革命人道主义的口号响彻中国，成为医务工作者的基本道德要求。伴随革命人道主义的风行，其与人道主义的区分成了亟待廓清的问题。1949 年，《新华周报》登载专文，对革命人道主义和人道主义做了原则上的区分，文章指出：

革命人道主义是从阶级的爱憎出发；“人道主义”是从个人的爱憎、利害出发。革命人道主义者对于人民有着无限的热爱，能毫无条件地为人民服务，对于人民的敌人则有无穷的憎恨，毫不怜悯、毫不妥协地为消灭人民的敌人而斗争；而“人道主义”者呢？常常是怜悯人民的敌人，他爱的只是个人的名利，有时他也同情弱者，那是因为这一“同情”可以沽名钓誉或有利可图。“人道主义”者常常是反对战争的，连革命的正义的反侵略战争，他也反对，这一方面是为了表示他是悲天悯人的“救世主”，另一方面正是为了替反动统

---

① 李德全：《新中国红十字会的工作方向与发展步骤》，《新中国红十字》第 5 期（1951 年 1 月），第 15 页。

② 李德全：《新中国红十字会的工作方向与发展步骤》，《新中国红十字》第 5 期（1951 年 1 月），第 15 页。

③ 中国红十字会总会编：《新中国红十字会的工作方向与发展步骤》，1951 年内部印行，第 38 页。

④ 参见文司勋整理：《关于毛主席题“救死扶伤，实行革命的人道主义”一词的时间和原由的考查》，《人民军医》1963 年第 8 期。

治阶级效劳，因为“人道主义”本质上便是反动统治阶级的东西。原来，反动统治阶级是靠压迫人剥削人来生存发展的，为了掩饰他们的血腥气味，他们不得不提倡“恻隐”“慈善”，用小恩小惠来麻痹人民对他们大罪大恶的认识，这样，“人道主义”便应运而生了。革命人道主义则是在共产主义的道德标准下产生的①。

上述文字从阶级立场出发，批判了人道主义的“反动”和“伪善”，热情洋溢地赞美了革命人道主义。不难想见，在革命人道主义大行其道的时代背景下，其被确立为新中国红十字会的指导思想也是顺理成章的事。

新中国成立初期，受各种因素的影响，在很长的一段时间内，人道主义一直被视作修正主义横遭批判，红十字会系统也不例外。时任中国红十字会副秘书长的林士笑在回溯国际红十字会及中国红十字会产生背景和发起动机的基础上，指出红十字会的思想基础虽是人道主义的，但由于夹杂了那些不纯的野心的统治者的毒素——帝国主义的毒素和封建主义的毒素，就不但冲淡了人道主义的成分，而且“把人道主义由麻醉剂变成了毒饵”。它不但麻痹了中国某些人民和世界某些人民辨别灾难的总根源，而且使这些人们丧失了探求造成一切不幸的总根源的勇气，以及为根治灾难而斗争的实践精神；所以很多的慈善家，他们之为人生一切不幸呼号，为某些遭遇不幸的人们作些救济工作，只不过是出于良心的谴责。林士笑直白地指出很多慈善家行善的目的，或是为了个人的“阴德”，为了“修积来世”，为了怕“神鬼”对自己不满，为了能够“上天堂”，或是因讨厌乞丐的肮脏和纠缠而伸手给以施舍，甚至还有的一边做着损人利己的罪恶勾当，一边也做一点慈善工作，企求人们忘了他的罪恶，反而歌颂他。还有假红十字会人道主义的招牌，俨然以红十字会工作者自居，而贪污舞弊营私肥己的②。基于以上批判，林士笑明确指出，“新中国红十字会的指导思想，不是含有毒素的人道主义，而是以消灭造成中国人民种种苦难与不幸的总根源——帝国主义、封建主义、国民党反动派三大敌人为奋斗目标，并以根治三大敌人所造成的创伤，建设和平、幸福、康乐、富强的新中国为前提的革命底人道主义；不是含糊的所谓不偏不倚的中立主义，而是具有人民立场的爱国主义和国际主义”③。这种说法得到了广泛的认可，中央卫生部副部长傅连暲在中国红十字会全国工作会议上的讲话

① 《革命人道主义和人道主义》，《新华周报》1949 年第 2 卷第 6 期，第 2 页。

② 参见中国红十字会总会编：《新中国红十字会的工作方向与发展步骤》，1951 年内部印行，第 36—37 页。

③ 中国红十字会总会编：《新中国红十字会的工作方向与发展步骤》，1951 年内部印行，第 38 页。

即明确地指出："新中国红十字会的指导思想就是爱国主义、国际主义和革命人道主义。"①

在革命人道主义的指导思想下，社会各界对旧中国红十字会的批判也甚嚣尘上。1951 年，在肃清反革命分子的运动中，据初步统计，有 12 个分会负责人或工作人员共 13 人，因怙恶不悛进行反革命活动而被人民政府处决或逮捕。这一事实在红十字会系统引发强烈的反响，使红会人员清楚地认识到旧中国红十字组织的复杂性。"有的是被反革命份子、封建地主、或恶霸、或特务所把持，也有的是各该分会负责人的麻痹，造成了这些人的防空洞。他们假藉在红会工作为名，而仍行其反革命活动"②。尤其是旧天津分会以会长舒敏杰为首的贪污案的爆发更是将红十字会推到了风口浪尖，对旧中国红十字会的批判成了一个宣泄口。诸如"披着'人道主义'和'慈善事业'的外衣""挂羊头卖狗肉""藏垢纳污"③"欺人之谈""反动的本质、伪善的嘴脸"等词汇层出不穷，以致旧中国红十字会被完全"污名化"，"旧的红会就是这样一个被反动统治阶级所利用所操纵把持的机构，是这样一个完全效忠于统治者剥削者的反革命分子麇集的组织"④。对此，红十字会多次发出呼吁：正视旧红会的落后性、复杂性，提高警惕，"为纯洁红十字会内部组织而斗争"，向潜藏在新红会内部的敌人展开无情的斗争，对"以封建地主官僚买办的恩赐观点、伪善作风为其主要温床的旧红十字会，在人事上、组织上、思想意识上、工作作风上，处处需要我们以最大的严肃来加以检查，加以清算，以最大的努力来批判旧的因素，肃清旧的残余，才能为发展新的组织和事业来创造前提，铺平道路"⑤。

新中国成立初期，受国际形势变化和国内政治环境的影响，人道主义横遭批判。对此，曾担任中宣部副部长的周扬在后来做了深刻的反省，他检讨了"文革"前的"十七年"，自称："我们对人道主义与人性问题的研究，以及对有关文艺作品的评价，曾经走过一些弯路。……那个时候，人性、人道主义，往往作为批判的对象，而不能作为科学研究和讨论的对象。在一个很长的时间内，我们一直把人道主义一概当作修正主义批判，认为人道主义与

---

① 傅连暲：《更加努力，发挥红十字会更大的作用》，《新中国红十字》第 24 期（1953 年 1 月），第 17 页。

② 《总会通知各分会认真学习并提高警惕以肃清反革命份子》，《新中国红十字》第 9 期（1951 年 5 月），第 1 页。

③ 《为纯洁本会内部而斗争》，《新中国红十字》第 12 期（1951 年 8 月），第 11 页。

④ 《向在潜藏新红会内部的敌人展开无情的斗争》，《新中国红十字》第 12 期（1951 年 8 月），第 1 页。

⑤ 《为纯洁本会内部而斗争》，《新中国红十字》第 12 期（1951 年 8 月），第 11 页。

马克思主义绝对不相容。这种批判有很大片面性，有些甚至是错误的。”① 受这些“弯路”的影响，身为舶来品的红十字组织，不可能公然宣扬被认定是资产阶级专属的“人道”和“博爱”，只能冠之以“革命的人道主义”。红十字文化就以这样的新形态融入了新中国的思想体系。

三、作为人民卫生救护团体的红十字会

在人民政府的领导下，中国红十字会经过协商改组，通过了新的会章，指出了新的方向：根据“预防为主”的卫生方针，及“动员和组织人民实行自救助人”的救济福利方针，协助各级人民政府，面向人民大众，宣传并推广防疫、卫生、医药及救济福利事业②。这个决定性的转折，给中国红十字会带来了新的任务。具体而言，有以下几个方面：

1. 团结群众，担任救护训练及宣传公共卫生。2. 推动卫生防疫工作，进行医疗服务。3. 办理灾害救助及救济性医药卫生工作。4. 在必要情形下，经中央人民政府政务院批准担负国际性救助及医疗服务。其目的是协助政府医治战争创伤和消灭灾难，开展群众的卫生运动和救护运动，从而提高人民的卫生文化水平及健康水平，证保国家的经济建设。他的政治基础是根据《中国人民政治协商会议共同纲领》第48条：“提倡国民体育，推广卫生医药事业，并注意保护母亲、婴儿和儿童的健康”。他的思想基础是爱国主义、国际主义和革命的人道主义。这一切综合起来，就构成了新中国红十字会的性质和他今后所应努力的方向③。

围绕红十字会的方针和任务，红十字会系统积极开展工作，在改组的最初几年内，焕发出勃勃生机。

在医药卫生工作方面，据不完全统计，至1952年10月，中国红十字会部分分会医院、诊所和各医防队共诊病2998931人，共接生19097人，产前检查43830人，产后访视17917人，X光透视215078人，摄影36910人，手术54570次，各种检验192万多次，接种牛痘2924462人。此外，并调整了各分会的医疗机构和教育机构，训练了中级助产、护理等技术人员422人，初级卫生人员1547人，举办了妇幼保健训练班，培养妇幼保健员4867人，成立妇幼保健院23处，训练了急救员8215人，成立了急救站191处，救治了

---

① 周扬：《关于马克思主义的几个理论问题的探讨》，《人民日报》1983年3月16日。

② 《发刊词》，《新中国红十字》第1期（1950年9月），第1页。

③ 李德全：《新中国红十字会的工作方向与发展步骤》，《新中国红十字》第5期（1951年1月），第14页。

28744 人[①]。

此外，中国红十字会还在60余座城市中积极推行初级卫生训练工作，尤其在一些厂矿、建筑及水陆运输等工种的工人中，以及在学生、农民、居民中推行急救训练，“教育和组织人民自己来保护自己的健康”[②]。红十字会员还在全国性的爱国卫生运动中发挥了骨干作用。

在毛泽东主席“一定要把淮河修好”的号召下，1951年1月29日，中国红十字会组成一个医疗防疫服务大队（其后定名为“中国红十字会第一医防服务大队”），开赴凤台、颍上、正阳关等地，协助治淮工程的顺利进行，并开展皖北农村的医疗工作。该医防服务大队由总会领导，并调聘西安、济南、汉口、上海、镇江、南京、青浦、万县等地分会医护人员137人组成，下设5个分队[③]。在短短的5个月中，中国红十字会第一医防服务大队在防疫方面，各队共注射160001人，种痘613542人，为136851人灭虱；在治疗方面，门诊人数内科46433人，外科66796人；在环境卫生方面，共改良与新建厕所12198个，改良与新建水井4070个。对此成绩，中央水利部给予高度评价：“承蒙中国红十字会组织医防服务大队，开赴淮河担任民工医防工作，给我们以极大的支援，保障了民工的健康，使胜利地完成治淮工作，我们是非常感激的。”[④]

此后到1954年的整整4年中，红十字会团结广大的医务工作者，组织了各种形式的医防服务队，参加了为彻底消灭水旱灾害而修建的各项水利工程。在治淮、荆江分洪和河南的治黄、岳阳的南洞庭湖整修、澄锡运河拓浚以及孝昌县金盆浴鲤水库等各项水利建设中，红十字医防服务队都发挥了忘我的工作精神，贡献了自己的力量。这些医防服务队还积极地参加了湘桂铁路、成渝铁路的建设工程以及丰沙铁路、官厅水库水力发电站等建设工程的工作。红十字会并深入工厂、矿山和大中城市的建筑工地工作。此外，红十字会还组织了医防服务队到农村和少数民族地区工作，使长期威胁兄弟民族的地方性疾病基本上得到控制，降低了婴儿的死亡率。

在外交方面，中国红十字会积极参与各项国际活动，如在历次国际红十字会议上对保卫世界和平的努力、抗美援朝的医疗救护工作、协助日侨归国工作和在朝鲜协助遣返战俘等工作。这些人道活动都彰显了新中国红十字事

---

① 李德全：《中国红十字会总会改组两年来的工作》，《新华月报》1952年第10期。

② 李德全：《纪念中国红十字会成立五十周年》，《新中国红十字》第44、45期合刊（1954年9、10月），第6页。

③ 《中国红十字会组成医疗队，为治淮民工防治疫病》，《人民日报》1951年1月30日。

④ 池子华、郝如一主编：《中国红十字历史编年，1904—2004》，安徽人民出版社2005年版，第127—128页。

业焕然一新的面貌。

红十字会的人道实践活动在社会上产生了广泛的影响，党政领导和社会名流纷纷为红会题词。1952 年 9 月，为纪念中国红十字会改组两周年，中央人民政府副主席宋庆龄题词："在保卫世界和平的旗帜下，揭露帝国主义侵略者的滔天罪行，给予致命的打击；并以具体行动消灭疾病与灾害的根源，发扬革命的人道主义。"中央人民政府副主席张澜、文化教育委员会主任郭沫若、教育部长马叙伦、华侨事务委员会主任何香凝、卫生部副部长贺诚以及梅兰芳、方石珊等知名人士也都题词祝贺。同年 12 月，中国红十字会召开全国工作会议期间，内务部长谢觉哉、卫生部副部长傅连暲等到会讲话，水利部部长傅作义题词："祝贺中国红十字会总会工作进一步的发展，并感谢你们对人民水利建设的热情帮助。"①

除此之外，广大群众对红会工作也是交口称赞。据资料载，在治淮医防队开展卫生防疫工作的过程中，四队的民工都叫红十字医防队的队员"老先生"，显得很尊重，队员上堤去，他们见到了就嚷："老先生又来了啊！我们要加油搞啊!"普遍的反映是"红十字会的先生好""红十字会看病管"。民工很听队员的话，如告诉民工不要脱光衣服，着凉要得病的，民工就会很听从地穿上衣服。晒被子、晒铺草、扫地、洗衣服已养成了习惯，工棚里收拾的干净，而开始时民工的卫生都不是这样的。民工都说："卫生就是为了我们好，咱们要听老先生的话"，"灭虱真好，一睡下不觉就天亮了。"②

这一时期，社会各界对红十字会的好评不胜枚举。1951 年 5 月 14 日，中国红十字会接到皖北寿县居民武鸿顺的来信，称红十字会第一医防服务大队挽救了他妻子的生命，因此他认识到红十字会为广大群众服务的"真精神"，同时感谢毛主席对人民的正确领导。兹将原函照录于下：

红十字会总会会长：

你们红会医防第三队在皖北寿县实在做到了为人民服务的真精神，自从他们来到这里，不知抢救了多少我们贫苦无力治病的灾民的生命！每天看病的人拥挤不堪胜数。去年浙江医防队在此地，也没有这种情形。许多病人蒙你们红会医防队解救了病苦，都是感恩不绝于口。就如我的家眷，于四月二十一日，因病小产，家贫无钱请医，自己将儿身拖下，儿头断在腹内，经过半天仍未下来。我们的市民会帮忙请人抬到××院去施行手术，经过一时半的

---

① 《50 年代初，中国红十字会改组一周年、二周年纪念活动》，《中国红十字报》1998 年 12 月 18 日。

② 《让红十字旗帜更光辉的飘扬在淮河两岸》，《新中国红十字》第 9 期（1951 年 5 月），第 17 页。

时间，也无法取出来。那里医生说，没有什么，叫我们抬回来。此时情形颇为危险，我们无法，又请红十字会第三队苏队长及产科同志们来我家施术取出儿头及衣包，但因产时出血太多，曾发生两次危险，晕迷人事不知！均经红会先生们细心诊治，几天几夜不辞劳苦，前来打针救治，他们真是关心人民生命与痛苦。此次我的家眷难产危险，若不是你们红会在寿县，我妻一定性命难保！别说我们灾民无钱请医，就是有钱，医生要请才来，而红会先生们不要请，一天他们自动的要来六七次，终将我妻转危为安，这样大德难忘！本想借钱买匾送红会，永作纪念，他们又坚决不要，我心日夜不安。除登报鸣谢外，只有专函感谢总会长，我更感激毛主席及人民政府派红会医防队来我们这里。

此致

敬礼！

皖北寿县北大街二五三号居民武鸿顺谨上

五月八日①

1953年8月7日深夜，福州市台江区大同居民委员会地段白舍路新民染织厂失火。台江区所有的居民红十字急救站闻讯后及时赶到，救护了重伤2人、轻伤30余人。群众反映说："红十字急救员不但能替我们医护创伤，而且帮我们救火搞善后工作，只有在新社会里红十字会才有这样为人民服务的表现。"②

群众对红会工作的普遍好评，极大地鼓舞了红十字工作者的热情。万县分会工作人员吴兴洲受红十字精神的感召，发愿"决心为红十字事业而努力奋斗"③。治淮医防队的同志们"政治觉悟比以前提高了，也加强了劳动观点、群众观点、为人民服务的思想，尤其是面向农村为广大劳苦群众服务认识上有着显著转变"。他们工作热情积极、态度耐心而又诚恳，"对民工及受灾群众的健康表现了极大的关心，大部分同志都学会了几句皖北的土语"④。

总体而言，新中国红十字会的一切工作、活动，"都是按照人民的意志，通过群众来进行的。它用自己配合国家建设的各项活动，证明了它是真正地

---

① 《"关心人民的生命与痛苦"——寿县居民向第一医防队致谢》，《新中国红十字》第9期（1951年5月），第27页。

② 《红十字急救员帮我们救火还搞善后工作》，《新中国红十字》第33期（1953年10月），第7页。

③ 《决心为红十字事业努力奋斗》，《新中国红十字》第30期（1953年7月），第11页。

④ 《让红十字旗帜更光辉的飘扬在淮河两岸》，《新中国红十字》第9期（1951年5月），第17—18页。

获得了新生。它不再是过去在狭小范围内应付灾难的消极力量，而是能够参加到建设美好生活的斗争之中，为劳动群众进行各种医疗服务，并发扬救死扶伤的革命人道主义的积极力量”①。

1966 年“文革”爆发，尽管红十字会提倡革命人道主义宗旨，以示与“资产阶级人道主义”的区别。但这一指导思想在极“左”思潮猖獗时并没有对红十字组织起到保护作用。由于国际条约的限制，总会只保留国际部分以对外，国内工作机构和地方各级组织，都被当作“封资修”的东西加以撤销，红十字国内事业全面停滞。显而易见，红十字组织的活动在那个时代不可能有所创新，更不可能相对独立，但能够维系并行动着，就是其存在的历史意义。

第二节　红十字文化的融入：以爱国卫生运动为考察中心

在 20 世纪 50 年代末以政治运动为中心的社会氛围下，红十字会的中心工作主要是配合爱国卫生运动。围绕这一任务，各级红十字会积极配合政府卫生部门，踊跃投入其中，彰显了以爱国主义、国际主义和革命人道主义为思想基础的红十字文化。

一、爱国卫生运动的发起和动员

爱国卫生运动的开展源于抗美援朝期间的反美“细菌战”。1952 年 2 月 29 日，美国飞机共 14 批 148 架次侵入中国安东（丹东）、抚顺、风城等地，先在抚顺后来又在其他地区撒布带有病毒、细菌的昆虫，对中国发动了细菌战争。抗美援朝、保家卫国浪潮推动了群众性卫生防疫运动的深入开展，人民群众称之为“爱国卫生运动”。党中央肯定了这个名称并指示该运动的各级领导机构，以后统称为“爱国卫生运动委员会”。与此同时，党中央把“卫生工作与群众性卫生运动相结合”定为卫生工作的一项原则。毛泽东号召：“动员起来，讲究卫生，减少疾病，提高健康水平，粉碎敌人的细菌战争。”1952 年 3 月 14 日，政务院第 128 次会议决定成立中央防疫委员会，下设办公室，其任务是领导反细菌战，开展爱国卫生运动。3 月 19 日，中央防疫委员会向

① 李德全：《纪念中国红十字会成立五十周年》，《新中国红十字》第 44、45 期合刊（1954 年 9、10 月），第 7 页。

各省、市、自治区发布反细菌战的指示，要求各地做好灭蝇、蚊、蚤、鼠以及其他病媒昆虫的工作。3 月 24 日，《人民日报》首次使用“爱国的卫生防疫运动”一词称呼当时的卫生工作，并号召全国各地的城市、农村、机关、工厂、学校，都要开展爱国的卫生防疫运动，做好防御细菌战的准备工作，使人人都来参与爱国的卫生防疫运动①。由此拉开爱国卫生运动的序幕。由于该运动的发起具有强烈的保家卫国的政治目的，全国各地各级政府部门都高度重视。

1953 年 1 月 8 日，《人民日报》发表《卫生工作必须与群众运动相结合》的社论，指出经过 1952 年的爱国卫生运动，在推行卫生工作方面取得了很多经验，而最根本的经验是卫生工作与群众运动相结合。2 月 26 日，《人民日报》再次发表《为彻底粉碎美国的细菌战而斗争》的社论，揭露了美国在朝、中两国进行大规模细菌战的罪行，号召全国人民继续大力开展爱国卫生运动，粉碎敌人的细菌战争。由此掀起了历史上规模空前的“除四害，讲卫生”的群众性爱国卫生运动。

1955 年后，爱国卫生运动以“除四害、讲卫生、消灭疾病”为主要内容。1956 年 1 月 26 日，中共中央公布《全国农业发展纲要》，其中第 27 条除“四害”规定，从 1956 年起，在 12 年内，在一切可能的地方，基本上消灭老鼠、麻雀、苍蝇和蚊子（1959 年将麻雀改为臭虫）；第 28 条“努力消灭危害人民最严重的疾病”规定，从 1956 年起，在 12 年内，在一切可能的地方，基本消灭危害人民最严重的疾病，并指出爱国卫生运动的根本精神是，为了消灭疾病，人人振奋，移风易俗，改造国家②。其后，爱国卫生运动不断向广度和深度发展。

二、爱国卫生运动中的红十字会

红十字会作为政府卫生部门的助手，在爱国卫生运动中不遗余力地进行舆论动员、大力开展卫生宣讲活动、积极投入环境改造运动，发挥了先锋和骨干作用。

（一）广泛进行舆论动员

新中国建立后，中国红十字会总会经过改组，以崭新的面貌出现在人们面前，在万象更新的时代背景下，《新中国红十字》杂志应运而生。作为红十

① 《防御美国侵略者的细菌战，人人都来参加爱国的卫生防疫运动》，《人民日报》1952 年 3 月 24 日。

② 参见吴玉才编：《1949—1956 年间的中国》，人民出版社 2016 年版，第 238 页。

字会的机关刊物，《新中国红十字》围绕“预防为主”的卫生工作总方针，积极传达爱国卫生运动的指示，大力报道爱国卫生运动的实况进展，在运动中扮演了急先锋的角色。以1953年为例，《新中国红十字》刊载了大量与爱国卫生运动相关的文稿，例如，在论著方面有《为继续开展爱国卫生运动而斗争》《贯彻“卫生工作与群众运动相结合”对红十字事业发展的重要意义》《在春季爱国卫生突击运动的基础上继续前进》《密切结合群众利益是开展卫生运动的关键》《继续推动爱国卫生运动是一九五三年每一个红十字工作者的首要任务》《卫生工作必须与群众运动相结合》《卫生工作必须与生产相结合》，在指示方面有《中央人民政府政务院关于一九五三年继续开展爱国卫生运动的指示》《中央爱国卫生运动委员会关于进行春季爱国卫生突击运动的指示》《总会关于一九五三年春季开展爱国卫生运动的指示》《总会抄发中央卫生部关于一九五三年预防天花的指示》《总会通知学习〈关于一九五三年继续开展爱国卫生运动的指示〉等文件》等。

此外，该刊还对各地分会在爱国卫生运动中的积极作为进行了实况报道，如《福州市红十字会员在爱国卫生运动中》《西安市分会在爱国卫生运动中发挥了助手作用》《西安市分会乡区巡回卫生医防队的乡村爱国卫生工作》《万县寿县两分会在爱国卫生运动中》《广州市分会的爱国卫生工作》《青浦分会的儿童扑蝇队》《江阴分会的经验教训》《各分会各医防队积极参加春季爱国卫生突击运动》《小型卫生座谈会是推行爱国卫生运动的一个好办法》《不断宣传动员是搞好爱国卫生运动的关键》《北京市西四区帅府胡同分支会组织挖蛹宣传队掀起了挖蛹热潮》《麻城的行业卫生学习》《春季爱国卫生运动中的优抚工作》《卫生运动必须与群众利益相结合》《福州小桥区达道分支会爱国卫生运动打开了局面》《我校红十字少年积极带头开展了全校捕蝇运动》《结合积肥是开展乡村卫生运动的好办法》《安岳县分会积极配合爱国卫生运动》，如此等等，不一而足。这些文稿为爱国卫生运动积极宣传造势，在社会上营造了良好的舆论氛围。

（二）大力开展卫生宣讲活动

爱国卫生运动是一项全民运动，只有广泛深入地开展宣传教育工作，才能充分发动群众，群策群力。

为配合爱国卫生运动的开展，赣州分会组织了多样化的宣讲活动，主要内容包括：解释五净、五灭、一捕和饮水消毒等卫生常识，并结合讲解爱国卫生运动的政治意义。赣州分会及医院工作人员，每日抽调30人出动宣传，每一居民组或读报组分派1人进行宣教工作，争取使70%以上人口能了解爱国卫生运动的基本意义。此外，赣州分会还组织了一个幻灯宣传组，作街头放映，并派人在各居民组或读报组，用口试或笔试、抽查或访问等方式进行测验①。1953年底，赣州分会举办了一个规模较大的卫生展览会，内容有美帝细菌战铁的事实、急性传染病、地方病、妇幼保健、卫生模范事迹等；总会发的会务图片也配合展出，展品有模型、实物、图片、表格等。全部展览品都是用以说明在过去旧社会下卫生状况的低落，解放后新中国在毛主席与中国共产党领导下，卫生事业随着国家经济、文化建设的发展而逐步改观的情况，从而指出今后卫生工作的方向。展览会展期共20天，参观人数达6万余人，全市80%的人受到了一次具有政治性、思想性的卫生教育②，给今后开展卫生工作打下有利基础。通过展览，群众对于新中国红十字会的工作活动和方针、任务也有了大概的了解。

1953年，福州市群众因为存在着以下几种思想情况：（一）认为政府应该先把下水道等修好再来谈卫生；（二）认为环境条件不如其他区，卫生搞不好；（三）认为“我们的卫生已经不错了”。所以对爱国卫生运动劲头不大。针对这些情况，福州市分会联合有关单位，先后在24个居民小组召开了29次小型卫生座谈会，共有937人参加③，收效显著。此外，为了使会员在爱国卫生运动方面起到骨干作用，福州市分会还举办了宣传员训练班。课程有：一、卫生与政治相结合的报告；二、幻灯技术教学；三、实习等。通过这次训练，大多数学员对爱国卫生运动的意义与作用有了更进一步的认识。在结业会上，他们提出保证，要做到：一、面向广大劳动群众；二、爱护幻灯及一切器材；三、保持队与队间的经常联系与交流经验；四、不怕困难，哪里需要宣传就到哪里去④。

梧州市分会在1953年春季爱国卫生运动突击月中，通过持续的宣传动员，推动了爱国卫生运动不断掀起热潮。在第一阶段——大扫除阶段，该分会通过召开居民代表会议，卫生模范、积极分子座谈会，放映幻灯片，出版大字报、黑板报、快报，家庭访问、个别谈心等方式，进行宣传动员后，群众普遍认识了卫生突击运动的重要性，掀起了运动的高潮。但当运动进入第二阶段（即修理沟渠、改良厕所、挖蛹阶段）时，有些群众满足于“五净”

① 《赣州市分会参加该市第二阶段爱国卫生运动》，《新中国红十字》第22期（1952年11月），第30页。

② 《赣州市分会配合市爱国卫生运动展览会展出红十字会务图片》，《新中国红十字》第38期（1954年3月），第28—29页。

③ 范厚裕：《小型卫生座谈会是推行爱国卫生运动的一个好办法》，《新中国红十字》第27期（1953年4月），第8页。

④ 王悟淦：《福州市分会办了宣传员训练班》，《新中国红十字》第24期（1953年1月），第38页。

成绩，不愿意再动；有的说："冬天没有蛹！"有的说："吃饱饭没事做，东挖西挖"，"又脏又臭，还说讲卫生呢！"这些思想，使原来已经发动起来的群众开始松懈消极。分会针对这些情况，积极展开宣传，说明挖蛹工作的重要性，并着重指示修理沟渠、改良厕所、挖蛹是消灭蚊子、苍蝇的治本办法等①。由于层层动员，民众的思想障碍逐渐被打破，又重新掀起了工作热潮。

为配合市爱国卫生运动委员会开展"六净五灭一捕"工作，安阳分会配合卫生科先后在市区各街巷及城外近郊地带进行了5天的街头宣传，内容有《消灭美帝细菌战》《苍蝇自传》（快板）及"大扫除"歌剧、活报剧《审问虱子》、相声《灭蚊》等节目②。

在爱国卫生运动中，岳阳县分会抽调干部组织了宣传小组，进行街头图片展览宣传和放映幻灯。此外，还与卫生院联合开展卫生宣传周，在工厂、南津港、卫生院等处举办卫生展览宣传，观众达7300余人③。

安岳县分会在爱国卫生运动的宣传工作中除结合种痘做挨家挨户的口头宣传外，并每逢星期日用挂图解说、花鼓、莲花落、金钱报等方式作街头宣传；此外，还印发了《爱国卫生运动宣传纲要》作幻灯宣传，并办了黑板报，写了标语来配合④。在宣传中，该分会时刻结合当地的中心运动，如宣传婚姻法时，即向群众说要有美满的婚姻和幸福的家庭，必须有健康的身体，也就必须讲究卫生；宣传农业增产时，就说要搞好生产就要有足够的劳动力和足够的肥料等。这样的宣传方式，直白易懂，群众易于接受，推动了运动的顺利开展。

西安市分会通过组织"三防""三净"秧歌队和发放夏令卫生通俗宣传品的方式，进行街头宣传。此外，西安市分会还积极组织乡村巡回卫生医防队赴蓝田县焦岱镇开展爱国卫生宣传工作。焦岱镇交通困难，农村生活穷苦，文化比较落后，卫生常识更谈不上。"生了病，只有凭信游医或巫婆，不然就是求神问卜"。针对当地卫生情况落后、群众对自觉性的卫生运动缺乏认识的状况，医防队开展了有声有色的宣传活动，受到了广大农民的热烈欢迎。仅1952年10月15日、16日两个晚上，就有1600多名观众观看放映的幻灯片。民众看了《鸭绿江上血泪仇》和《美帝侵华史》等片子后，纷纷表示要响应

① 黄耀森、廖寿桂：《不断宣传动员是搞好爱国卫生运动的关键》，《新中国红十字》第27期（1953年4月），第9页。

② 张页：《安阳市分会四、五月份工作动态》，《新中国红十字》第30期（1953年7月），第29页。

③ 《岳阳县分会上半年宣传工作简况》，《新中国红十字》第34期（1953年11月），第30页。

④ 参见袁大可：《安岳县分会积极配合爱国卫生运动》，《新中国红十字》第30期（1953年7月），第30页。

政府号召，保证做好卫生工作，粉碎美国侵略者细菌战的阴谋①。

（三）积极投入环境改造运动

各地分会在各级爱国卫生运动委员会的领导下，采取“一面宣传，一面行动”的办法，发动广大群众积极投入爱国卫生运动，改造环境，颇有声色。

1953年，福州、芜湖等分会积极开展了帮助烈军属大扫除的活动，受到社会好评。一位军属老太太说：“这样的热情，我只有写信给儿子鼓励他加强学习，多杀敌人!”②

1954年，零陵县、麻城县、高密县、梧州市、芜湖市、武汉市、安庆市、常州市、天津市等9九个分会和泗阳县诊所，在当地党政领导及爱国卫生运动委员会统一布置下，在工厂、城镇积极开展春季爱国卫生运动。

零陵县在运动开始时，即提出“卫生工作必须为生产服务，不能脱离生产单搞卫生，以搞好卫生来提高生产效率和产品质量”的总要求。遵照此要求，零陵县分会先后在10个工厂开展了春季爱国卫生运动，以工厂环境卫生、车间卫生及安全卫生检查为主要内容。这次运动疏通了9条共长百余丈的阴沟，全厂环境焕然一新。车间和纺织房的工人也改变了过去不习惯戴口罩的现象。在运动进行的同时，分会还组织各厂进行车间及电气的安全检查，将不合格的重新装修，保证了生产的安全③。

麻城县分会结合生产积肥开展运动，提出“屋内光、屋外光、田地光”的口号。具体要求：彻底清扫屋内垃圾和牲畜栏圈里的粪便，洗刷衣服；屋外清扫周围环境和污水沟，以达到找肥的目的。据统计，全县在卫生积肥运动中共积肥121028担，以每斗田80担计算，可下150多斗田，抵豆饼75640斤，值人民币68075000元。另外还打扫了64个公共场所，清除渣子6万担，新建厕所18个，每月可积肥800担④。

福州市分会的各区会员与医务、卫生工作者共同负责包干各区卫生任务，仓山、台江、小桥、鼓楼、大根5个区支会号召了1589个会员参加⑤。

除清洁环境外，除害灭病也是爱国卫生运动的主要内容。各地分会以消

① 周克任、艾庄：《西安市分会乡区巡回卫生医防队的乡村爱国卫生工作》，《新中国红十字》第25期（1953年2月），第10页。

② 《春季爱国卫生运动中的优抚工作》，《新中国红十字》第27期（1953年4月），第11页。

③ 参见《各分会积极在工厂、城镇展开春季爱国卫生运动》，《新中国红十字》第40、41期合刊（1954年5、6月），第14页。

④ 《各分会积极在工厂、城镇展开春季爱国卫生运动》，《新中国红十字》第40、41期合刊（1954年5、6月），第14—15页。

⑤ 乔凤：《福州市红十字会员在爱国卫生运动中》，《新中国红十字》第24期（1953年1月），第39页。

灭病媒虫，防止传染病发生为主要任务，普遍推行挖蛹减蝇、清除病媒寄生处所和做好饮水卫生、预防接种等工作。如梧州市分会积极发动群众，组织挖蛹小组到粪坑、厕所、猪栏、污水坑、垃圾堆等最脏的地方去挖，并提出“挖蛹灭蝇、消灭疾病、保证生产、抗美援朝”的口号。经过一个月的突击运动，梧州市分会收获了可观的成绩：清除垃圾及污泥216600斤，疏通沟渠共2378尺，修理沟渠共1688尺，改良厕所47所，拆除不合理猪栏13只，建造沙井2只，消灭净蛹81斤10两[①]。在此基础上，梧州市分会订立“卫生公约”，建立“爱国卫生日”，将运动常态化。

安庆市分会在开展挖蛹时，编印了“挖蛹减蝇”的宣传材料，并利用黑板报、大字报、广播、口头讲解等方式进行宣传；此外，还组织了16个挖蛹大队，200多个小组，普遍开展挖蛹运动[②]。

天津市分会也组织职工利用星期日在市郊进行挖蛹。

泗洪县诊所发动群众把一个靠近污水的饮水码头迁到濉河上游，解决了将近3000多人口的饮水问题，减少了肠胃传染病的发生。

爱国卫生运动是保证国家大规模经济建设的一项重要工作，“只有继续开展爱国卫生运动，才能获得全面的、有力的解决，从而保障劳动大军的健康的工作条件和生活条件，使能完成国家经济建设的巨大任务”[③]。在1958年“除四害、讲卫生”的群众运动中，南京市各区红十字卫生员积极投入其中，负责面积较大的污水塘沟和工矿企业单位内部厕所的定期消毒工作[④]。北京市红十字会迅速发动基层红十字会，组织起捕鼠队、卫生突击队、消灭蚊蝇队，出现了不少先进人物和单位[⑤]。天津市各级分会通过在各电影院放映卫生幻灯片，在市中心繁华地区和大的商场内设置卫生图片画廊和橱窗的方式开展宣传，有些基层还利用相声、鼓词、活报剧及拉译片等文艺形式来宣传[⑥]，颇受群众欢迎。

总体而言，参加爱国卫生运动的红十字会，在党政及卫生部门的具体领

---

① 黄耀森、廖寿桂：《不断宣传动员是搞好爱国卫生运动的关键》，《新中国红十字》第27期（1953年4月），第10页。

② 《各分会积极在工厂、城镇展开春季爱国卫生运动》，《新中国红十字》第40、41期合刊（1954年5、6月），第15页。

③ 金宝善：《继续开展爱国卫生运动提高劳动人民的健康》，《新中国红十字》第36期（1954年1月），第10页。

④ 张慧卿：《南京百年城市史（1912—2012）·卫生体育卷》，南京出版社2014年版，第246页。

⑤ 孙敬敏编纂：《北京市红十字会的65年（1928—1993）》，文津出版社1995年版，第60页。

⑥ 贾鸽：《新中国成立初期天津的疫病及其防治（1949—1966）》，南开大学2011年博士学位论文。

导和有关单位的密切配合下，都发挥了主动性和积极性，“真正起到了卫生部门助手的作用”①。红十字会急救员和会员一般都发挥了骨干和模范带头作用，推动了爱国卫生运动的发展。如北京市第五分支会会员谢振福是全市捕鼠模范，超额完成十月份目标，捕鼠 305 只，并以他为首组织捕鼠队，有力地带动了当地捕鼠运动的开展；福州市分会会员王番番，为了疏通一条淤塞已 14 年的臭水沟，自己先跳进臭沟，带动群众一天内清除污泥、污水 400 余担，搬出 500 多斤重的一块大石头，疏通了臭水沟，受到区、市表扬②。开封市 1956 年在全市评选爱国卫生运动和“除四害”个人模范 283 名，红十字会员和卫生员就占 85%③。1957 年，麻城县 5700 多名红十字会会员共组织 107 个突击队，灭鼠 509060 只，灭蝇挖蛹 755 斤多。武汉、零陵、常州等分会的急救员在运动中也都起了推动与配合的作用。在这个意义上，红十字会被亲切地誉为“爱国卫生运动的有力助手”④ 和“医疗防疫机构的耳目手足”⑤。

三、爱国卫生运动使“红十字”深入人心

爱国卫生运动是一种独具中国特色且适合我国国情的社会大卫生工作模式，旨在动员和组织人民群众及全社会力量，讲究卫生，改善环境，除治病害，达到增进身体健康的目的⑥。运动规模之大，参加人数之多，收效之显著，都是空前的。据不完全统计，从反细菌战开始至 9 月初的半年里，全国就清除垃圾 1500 多万吨，疏通渠道 28 万公里，新建、改建厕所 490 万个，改建水井 130 万眼；共捕鼠 4400 多万只，消灭蚊、蝇、蚤共 200 多万斤，还填平了一大批污水坑塘。广大城乡的卫生面貌有了不同程度的改善。爱国卫生运动不仅得到全国上下的一致拥护和参与，而且得到了国际上的赞誉。在社会主义革命和社会主义建设的各个历史时期，显示出它的“移风易俗，改造国家”的伟大作用⑦。

各分会在开展爱国卫生运动中，紧密结合红十字会的性质、任务和发展

---

① 《各分会积极在工厂、城镇展开春季爱国卫生运动》，《新中国红十字》第 40、41 期合刊（1954 年 5、6 月），第 15 页。

② 参见《贯彻“卫生工作与群众运动相结合”对红十字事业发展的重要意义》，《新中国红十字》第 25 期（1953 年 2 月），第 3 页。

③ 伍云甫：《加强红十字会工作，开展群众卫生活动》，《人民日报》1957 年 4 月 10 日。

④ 伍云甫：《红十字会是爱国卫生运动的有力助手》，《新华半月刊》1958 年第 7 号。转引自李洪河：《新中国的疫病流行与社会应对（1949—1959）》，中共党史出版社 2007 年版，第 267 页。

⑤ 伍云甫：《加强红十字会工作，开展群众卫生活动》，《人民日报》1957 年 4 月 10 日。

⑥ 徐国普：《辉煌十五年（1950—1965）》，安徽人民出版社 2009 年版，第 129 页。

⑦ 吴玉才编：《1949—1956 年间的中国》，人民出版社 2016 年版，第 237 页。

方向进行宣传，“以改变旧红会在群众中遗留的不良影响，使群众认识到新中国红十字会的性质、任务和方向，使群众感到参加新红十字会可以更多的在群众卫生工作上，为人民、为乡里、邻居服务的光荣”①。有些人过去对红十字会不够了解，看过展览也有了初步认识，“知道了红十字会是人民自己的组织”②。

当涂县分会在开展卫生宣传时，通过实物宣传和放映普选、农业生产和爱国卫生运动等幻灯片的方式，使群众受到了一次普遍的教育。群众纷纷反映说：“红十字会是个好卫生团体。”③

西安市分会乡村巡回卫生医防队在开展爱国卫生运动中，向群众大力宣传了新中国红十字会的性质和任务，激发了民众对红十字会的好感和认同，不少民众发自肺腑地说：“人民时代的红十字会变了样，不但给我们放映幻灯，还给我们讲说卫生常识，我们一定要争取当一个红十字会会员。”④

作为一场席卷全国的群众运动，爱国卫生运动在多方面产生了深远的影响，它不仅粉碎了美帝国主义的细菌战，提升了中国的国际形象，破除了一些迷信，改善了国民的卫生环境和健康水平，而且使“红十字”深入人心，推动了红十字文化的大彰。

---

① 《总会关于一九五三年春季开展爱国卫生运动的指示》，《新中国红十字》第25期（1953年2月），第5页。

② 《怎样开好展览会》，《新中国红十字》第28、29期合刊（1953年5、6月），第6页。

③ 《当涂分会做了防治血吸虫病宣传》，《新中国红十字》第34期（1953年11月），第30页。

④ 周克任、艾庄：《西安市分会乡区巡回卫生医防队的乡村爱国卫生工作》，《新中国红十字》第25期（1953年2月），第10页。

第六章　新中国成立初期红十字文化的宣教

“宣传工作是新中国红十字会联系群众，开展业务、会务的重要环节”①。新中国成立初期，围绕“预防为主”的工作总方针，红十字会系统以卫生知识和会务知识的宣传与教育为主，开展了丰富多彩、颇有声色的活动，促进了民众对红十字文化的认知，扩大了红十字会的社会影响。

第一节　多样化的宣教方式

新中国成立初期，开展红十字工作遇到了很多障碍，首要的阻力便是民众对红十字会性质和宗旨的不了解。

1952 年 6 月，中国红十字会第一医防队的一个工作小组赴苏北泗阳县众兴镇开展工作，结果却被当地干部和民众误解为“宗教团体、会道门等”，并直接质问红十字会人员“你们是不是含有宗教性质？我们这里不需要”②。类似的情况并不鲜见。如内江市分会虽已改组新生，但大部分群众对红十字会的认识还是模糊的，不正确的。“有的认为红十字会，原来是教会办的，今天被政府接收了；有的认为是国际性的，因各国都有，中国不能没有。又有的认为红十字会，是单纯的治疗机构，作生意性质的等等”③。非

① 《关于开展宣传工作的几个问题》，《新中国红十字》第 19 期（1952 年 8 月），第 19 页。

② 孙英杰：《加强宣传是开展工作的必要步骤》，《新中国红十字》第 27 期（1953 年 4 月），第 18 页。

③ 余能：《我会的会务宣传为什么展不开》，《新中国红十字》第 24 期（1953 年 1 月），第 37 页。

但如此，更有甚者，在内江市分会组织的一次讨论会上，大部分工作人员说：我们虽然在红十字会工作了一二年或几个月，但我也不清楚红十字会的任务、方针和发展前途到底是什么？要是别人问我，我也答不出来；有的说：宣传工作，是会务人员的责任，会长、理事和总干事等，应该多知道，或者多找几个宣传员；还有些说：要搞宣传，与广播台接好头，找他多广播几次就行了，何必还要我们做宣传呢?[①] 杭州市分会通过座谈会和访问等方式，发现大多数会员过去入会时对于做一个会员的意义是认识不清的。他们以为本人是医药卫生人员，所以应该加入红十字会；又如浙江医学院第二医院有一位曾经参加志愿医药队的同志说："我因为要到朝鲜去工作，所以加入红十字会。"[②]

面对这样的情况，开展工作必然困难重重。于是红十字会系统结合地方卫生部门的中心任务，运用群众喜闻乐见的各种方式进行宣传，以扫除社会各界的思想障碍，推动红十字业务工作的开展。

一、红十字刊物和卫生宣传品

新中国成立初期，为配合红十字事业的开展，《新中国红十字》月刊于1950年9月30日创刊发行。这本综合性机关刊物，既是新的刊物，也是对早在1913年创刊的《中国红十字会杂志》的继承。它的办刊方针是：根据"预防为主"的卫生工作方针与"动员和组织人民实行自救助人"的救济福利方针，协助各级人民政府，面向人民大众，宣传并推动防疫、卫生、医药及救济福利事业的发展。具体任务是：

一、传达总会各种政策、计划及重要报告（登载本刊的文件，不另行文）。

二、报道总会、分会、国际红十字会的动态，及有关团体机关的重要消息。

三、提出并讨论红十字会的特殊问题，举出工作中的典型例子，交流经验。

四、进行卫生教育和救济福利政策教育。

五、进行红十字会工作及红十字工作者的批评与自我批评。

《新中国红十字》"努力于中国红十字会总会与各地分会、与会员群众、与红十字工作者、与红会事业有关的机关团体和个人之间，建立密切的联系，

---

① 余能：《我会的会务宣传为什么展不开》，《新中国红十字》第24期（1953年1月），第37页。

② 董浩：《我们的会务宣传工作——记杭州市分会宣传月转为经常性宣传的经过》，《新中国红十字》第24期（1953年1月），第36页。

使会与群众联为一气，共同为搞好红十字会工作而努力”①。

《新中国红十字》创刊后，遵循办刊方针和任务，月月准时出刊，将中国红十字运动的各种信息，传送到全国各地分会，“以帮助他们了解红十字会的政策和会务发展的情况，并从实际中否定旧的，创立新的，找出红十字会今后发展的方向；又寄发中央人民政府有关单位、各民主党派、各人民团体以及全国卫生民政行政机构，以冀全国行政首长及各级干部对新中国的红十字会有所了解，更好地指导和协助人民红十字会事业的展开。该刊还广泛地寄发全国医药界、救济福利界、各医学校、各大医院、各大图书馆以及北京市工会、文化馆等，希望引起广大群众对红十字会的认识与兴趣”②。此外，《新中国红十字》还组织编写关于妇幼卫生、初级急救、常见病多发病的防治等方面的小册子，分发各地，普及卫生知识。

《新中国红十字》是当时为数不多的刊物之一，对推动中国红十字会走上“新生”之路，对推进中国红十字事业的发展，起了重要的“导向”作用③。

为普及卫生知识与扩大红十字会的社会影响，少数分会也编印了一些宣传品（详见表6－1）。

表6－1　1952—1954年部分红十字分会编印宣传品一览表

年份	分会名称	宣传品	内容
1952	北京	宣传画4幅，印发万余份	预防天花宣传
1953	北京	卫生常识小册子22种30多万份	预防麻疹、猩红热、煤气中毒、灭虱等卫生常识
	西安	《工厂防痨》《肠胃病预防》《灭蚊预防大脑炎》宣传画和连环画	预防痨病、肠胃病和大脑炎
	开封	《灭蚊防病》《扑灭苍蝇、预防肠胃传染病》宣传画	介绍扑灭蚊蝇的各种有效方法
	杭州	《苏联红十字与红新月联合会在战后期间的事业及其目前任务》《人道主义和红十字会》《社会主义的保健事业与苏联红十字会》《苏联的急救工作》等文件	介绍苏联红十字会的业务工作
	无锡	《怎样防止生疥疮和痱子》《预防伤风》《如何预防煤气中毒》等材料	预防季节性传染病
	汲县	扑灭蚊蝇宣传画，防疫卫生大字报	乙型脑炎防疫卫生宣传

① 《发刊词》，《新中国红十字》第1期（1950年9月），第1页。

② 池子华：《中国红十字运动史散论》，安徽人民出版社2009年版，第218页。

③ 池子华：《中国红十字运动史散论》，安徽人民出版社2009年版，第219页。

（续表）

年份	分会名称	宣传品	内容
1954	福州	做好饮水站消毒工作宣传画	预防夏令胃肠传染病
	武汉	扑灭苍蝇宣传画	预防夏令胃肠传染病

资料来源：董浩：《我们的会务宣传工作——记杭州市分会宣传月转为经常性宣传的经过》，《新中国红十字》第24期（1953年1月），第36页；《西安、开封两分会与卫生部门联合印制卫生宣传品》，《新中国红十字》第32期（1953年9月），第18页；冯钟勤：《汲县分会进行季节性的卫生宣传》，《新中国红十字》第34期（1953年11月），第29—30页；《无锡市分会在工厂里进行卫生宣传工作》，《新中国红十字》第40、41期合刊（1954年5、6月），第12页；孙敬敏编纂：《北京市红十字会的65年（1928—1993）》，文津出版社1995年版，第57—58页。

这些图文并茂的宣传品，在普及民众卫生常识、提高民众健康水平方面发挥了良好的作用。

二、展览会

根据若干城市爱国卫生运动的经验，组织小型展览会，进行实物宣传，效果显著。

1953年，开封、泸州、芜湖、柳州、零陵、即墨、梧州、遂宁、孝感、乐山、青岛、江阴等12个分会，配合当地春季爱国卫生运动或婚姻法宣传月举办了展览会，观众达30余万人。其中开封分会的展览会共展览了20天，参观人数达11.6万多人，占全市人口近二分之一。泸州市分会主办的妇幼卫生展览会，观众达3.2万余人，打破该市解放三年来各种展览会观众数目的纪录[①]。同年，什邡县分会与卫生院、卫协会联合举办了“什邡县卫生图片展览”，并在展览结束后选择了5个重点乡镇继续巡回展出。展览时间共一个多月，观众达7.3万余人。展览内容除各种卫生展览图片外，还有该县卫生模范单位的工作照片[②]。岳阳县分会与县各卫生单位联合举办了为期5天的卫生展览会，展览品包括卫生挂图、标本、模型、显微镜玻片和会务图片，统计观众约4800余人。六一儿童节前夕，岳阳分会又与县各卫生单位联合举办儿童卫生展览，3天内观众达2500余人[③]。垫江县分会和县文化馆在国庆节期间联合举办了小型展览会，展览品有介绍祖国工农业建设、苏联工人幸福生

① 《怎样开好展览会》，《新中国红十字》第28、29期合刊（1953年5、6月），第6页。
② 若谷：《什邡县分会的卫生图片巡迴展览》，《新中国红十字》第31期（1953年8月），第20页。
③ 《岳阳县分会上半年宣传工作简况》，《新中国红十字》第34期（1953年11月），第30页。

活的图片和关于妇幼卫生、预防传染的图片、模型等，两天的时间内，参观观众达1.8万多人。这次展览在提高人民政治觉悟、普及卫生知识等方面都产生了很大影响，群众反映说："新中国四年来，在各方面就有这许多成就，真是伟大!"① 有的孕妇看过展览就立刻去到接生站作产前检查。直到展览会结束后，还有许多农村的农民和妇女们前去参观。

1954年，青浦县卫生院、防治站、红十字会保健所等单位组成卫生宣教组，筹办了以血吸虫病防治为中心，配合预防季节性传染病、妇幼卫生等内容的爱国卫生展览会。在筹备期间，宣教组派人重点深入农村搜集真实事例，并绘成了图画，制成了模型。事实证明，这些真人真事材料的展出，收效极大。3月4日到4月18日，展览会先后在全县7个区的13个乡镇展出，采用了座谈、放幻灯、广播、黑板报、茶馆街头宣传等方式组织观众。展览会每在一地展出，小小的村庄集镇就顿时活跃起来。妇女们都打扮得整整齐齐的结伴来看展览；矿山工人、工人家属、各学校学生也都利用工余、课余时间整队前来参观；有的人自己看了两三遍，还动员了别人来看，并且自动向他们讲解；闻讯从三四里外赶来看展览会的也很多。通过展出真实事例的对比，增加了群众的卫生常识。宣教组在春季农村巡回展览工作结束后，还加入了饮水卫生展览材料，鼓励群众疏河、筑坝、挖土井，并结合市场管理对饮食摊贩行业和卖药草、捉牙虫、流动伤科和渔民等人员进行了教育②。

为把爱国卫生运动和防治地方病结合起来，福州市分会和市防疫站联合举办了"捕鼠工作"小型展览会，在各区巡回展出，宣传"捕鼠，保粮，又可防病"的道理和卫生常识。展览的主要内容有老鼠危害人类健康及损害粮食、家具的情况，捕鼠、防鼠和灭蚤的方法，捕鼠模范郑书莘（红十字会员）的模范事迹介绍等。"捕鼠工作"小型展览会结束后，接着举办了"预防肠胃传染病"小型展览会③。

宝鸡市红十字会也和市爱国卫生运动委员会联合举办了卫生展览会，展览会内容分为环境卫生、妇幼卫生、传染病及其预防、生理卫生、食品营养、新中国红十字会介绍等部分。针对群众对传染病认识较差的情况，展览会特别加强了预防传染病部分的解说工作，并利用广播做了多次专题报告。为开好展览会，宝鸡市分会印发"展览会内容介绍"，张贴标语等宣传品，并通过

① 《垫江分会在国庆节举办了小型展览会》，《新中国红十字》第34期（1953年11月），第30页。

② 参见《青浦县的爱国卫生展览会》，《新中国红十字》第42、43期合刊（1954年7、8月），第27页。

③ 章虎臣：《福州市分会逐步展开经常性的卫生宣传工作》，《新中国红十字》第40、41期合刊（1954年5、6月），第12页。

黑板报、电影广告、广播站广播等不同方式进行了宣传动员，省卫生厅电影放映队也在市内及各区、乡放映电影，配合宣传。由于宣传工作做得比较好，展览会观众共达11万余人，占全市人口三分之二强①，全市大多数居民都受到一次卫生常识教育。

同年，高密县分会也和县卫生院联合举办了展览会，陈列出模型、挂图、标本等，并以预防传染病、环境卫生和妇幼保健为重点，结合总路线的宣传，用扩音器向群众宣传卫生常识，下乡的电影队也配合放映了卫生影片。观众反响良好，认识到卫生工作和生产的关系，有的反映说："卫生好、身体好，身体好能多生产；常常打扫能多积肥，又干净。"展览宣传也增进了群众对新法接生的认识，展览会开过后，分会所属妇幼保健站的产前检查和接生人数都有了增加②。4月下旬，北京市分会宣武区支会配合区卫生防疫站在十五工区工地、第八工务所5个工地的工厂中举行了预防胃肠传染病及大脑炎的图片展览，用显微镜、放大镜及电影配合宣传，并在工人宿舍及工人家属中展出，颇受欢迎。

总体而言，大多数分会的展览会都是主动配合当地爱国卫生运动委员会、卫生科、卫生院、民主妇联、文化馆、卫协会、中苏友好协会等有关单位，共同举办；展览的内容一般包括爱国卫生运动、环境卫生、个人卫生、传染病、妇幼卫生和新旧婚姻的连环画，以及苏联妇女和儿童幸福生活的图片、中国红十字会工作活动的图片等。这些展览都在配合爱国卫生运动、普及卫生知识等方面起到了一定的作用。例如：芜湖市的工人赵邦义看过展览会后，在意见本上写到："看过展览，更使我们仇视美国侵略者细菌战的毒害，我们相信在人民政府的领导下，广大人民一定能扑灭这种无耻的行为。"即墨七区尹至欣老大爷说："过去害肠胃病不知道是苍蝇作的怪，现在知道了，回去赶快叫家里人做蝇拍拍苍蝇！"妇女们看过新、旧法接生对比的展览都反映说："这样作（指新法节生）救了多少孩子和妈妈！"③

三、卫生讲座

卫生讲座是一个有力的宣传方式，具有"宣传面广、简便、需用经费少、效果比较显著等优点"④。

---

① 曾尚贤、刘澐：《宝鸡市分会的宣传工作》，《新中国红十字》第40、41期合刊（1954年5、6月），第13页。

② 《卫生展览宣传》，《新中国红十字》第39期（1954年4月），第5页。

③ 《怎样开好展览会》，《新中国红十字》第28、29期合刊（1953年5、6月），第6页。

④ 《福州、广州、汕头、杭州等分会举办卫生讲座》，《新中国红十字》第46、47期合刊（1954年11、12月），第28页。

为了对会员进行卫生教育以提高会员群众的卫生知识水平，再通过会员传播给广大群众，北京市东四区试办了卫生常识讲座。1953 年 12 月，工作组挑选了几个分支会，先后举行了 5 次卫生讲座，讲演的人由做医务工作的会员担任，参加听讲的人有 600 人左右。卫生讲座收到了良好的反响，“每次讲演之后，效果很好，群众都要求以后再讲”①。通过卫生讲座的学习，工人增长了卫生知识，过去夜班随地小便和乱吃乱喝等不卫生的现象纠正了，减少了一般疾病的感染机会，缺勤率也逐渐降低了；此外对保护工人家属的健康，配合工厂提倡吃粗粮、预防煤气中毒及沙眼防治等工作也都起了一定的作用。后来，厂领导把每月办讲座的这一天列为红十字活动日，当初“试试看”办起来的卫生讲座成了厂内“职工们的朋友”②。

1954 年，北京、广州、福州、杭州、汕头等地举办了定期的卫生讲座。为使讲座内容紧密配合当地卫生中心任务，切合实际，各分会在讲座举办前一般都做了周详的准备工作。以福州市分会为例，首先确定了该市的“卫生工作是什么，就讲什么”的原则，在每次讲座前，举行会员卫生讲座传授报告会，“吸收各区开业医师和卫生所干部听讲，并聘请他们担任红十字卫生宣传员，由他们把报告内容在各区会员卫生讲座上向会员及卫生基层干部传达，再通过会员和卫生基层干部带动周围群众开展经常性的卫生工作”③。该市鼓楼区宣传员练敬倩在讲演预防麻疹时，以该区某老太太护理不得法的真实事例向群众做宣传，群众反映说：“这样的讲座又好听，又记得牢。”④

各分会对举办卫生讲座的时间、地点和组织听众的工作也很重视。福州市分会采取先向分支会干部说明讲座内容、性质，再经分支会干部向会员详细解说，并通过居民委员会所属各组织协助动员等办法组织听众；广州市分会也和各单位联系，尽量保证急救员的听讲时间；杭州市分会采用了先向群众说明讲座性质，再由群众自行报名领听讲证的办法组织听众。

各分会的卫生讲座除讲演外，还配合文娱节目。广州、汕头两处都由市防疫站配合放映了卫生电影。福州市分会除放映卫生电影配合外，还组织会员试办了“卫生评话”“卫生小对唱”在讲座上演出，使卫生讲座更充实、

① 杨瑞娟：《北京市东四区试办卫生讲座》，《新中国红十字》第 25 期（1953 年 2 月），第 16 页。

② 参见汪文豪：《我们这样办工厂卫生讲座》，《新中国红十字》第 44、45 期合刊（1954 年 9、10 月），第 17 页。

③ 章虎臣：《福州市分会逐步展开经常性的卫生宣传工作》，《新中国红十字》第 40、41 期合刊（1954 年 5、6 月），第 12 页。

④ 《福州、广州、汕头、杭州等分会举办卫生讲座》，《新中国红十字》第 46、47 期合刊（1954 年 11、12 月），第 28 页。

活泼。为帮助群众熟记讲座内容，杭州、汕头两分会还组织各机关、团体、工厂、学校的听众按单位或地区分别进行漫谈讨论，以巩固听众听讲收获。杭州市分会也曾两次发出简单的测验题，调查听众理解程度及对讲座意见。广州市分会通过急救站长汇报、派人参加讲座及到各站了解，以及调查讲座效果、掌握听众人数和听众情绪、收集听众反映等，及时改进讲座工作①。

各分会举办的卫生讲座，都在一定程度上推动了当地卫生防疫工作的开展。如福州市分会在举办了“麻疹的预防与护理”“夏令肠胃传染病预防”两讲卫生讲座后，对该市的预防麻疹和推行饮水消毒工作都起了一定的配合作用。

四、幻灯、电影放映

幻灯机在宣传工具上较为轻便，使用简易，并且能灵活地结合当地具体情况，配合讲解工作，使群众容易懂而且印象深。爱国卫生运动开展以来，各地分会医防队都积极使用幻灯机，以发挥其宣传效力。据资料显示，温州市分会在 1952 年 7 月间共放映 135 次，观众约 11. 8 万人；8 月间共放映 233 次，共计观众达 32. 5 万余人②。也就是说，单幻灯机一项宣传，一个月中就有 30 多万人受到爱国卫生运动教育。

1953 年，梧州市分会急救站在开展下乡注射活动时，群众对打防疫针缺乏正确认识，有的说怕痛、怕反应大会影响生产，甚至有的说打了针会生病。为打破群众的思想顾虑，梧州市分会除举办卫生和会务图片展览外，还放映幻灯，演出宣传防疫注射的卫生剧，这样一面宣传、一面注射，做到了“宣传、工作两收益”。群众反映说：“有戏睇，有图片看，又得打针，真是一举三得。”③ 同年 8 月下旬，洪江市分会组织秋季幻灯队，深入各街道进行卫生宣传，收到了良好的反响。如第二街的一些居民看了幻灯后，明确了讲卫生的重要性，搞卫生工作就起劲了，第二天把所有的太平水缸都换了水，饮水消毒工作也加强了。到 9 月中旬，该分会已放映幻灯 9 次，群众达 3500 余人④。事实证明，使用幻灯机进行卫生宣传效果显著，很容易调动群众的积极

---

① 《福州、广州、汕头、杭州等分会举办卫生讲座》，《新中国红十字》第 46、47 期合刊（1954 年 11、12 月），第 28 页。

② 张景和：《温州市分会的幻灯宣传工作》，《新中国红十字》第 24 期（1953 年 1 月），第 41 页。

③ 廖寿桂：《一面作卫生宣传一面进行预防注射》，《新中国红十字》第 31 期（1953 年 8 月），第 20 页。

④ 贺在雄：《洪江市分会进行卫生宣传工作》，《新中国红十字》第 34 期（1953 年 11 月），第 30 页。

性，为顺利开展工作创造了条件。

为了充分利用电影这一宣传工具教育会员，福州市分会还建立了电影教育工作队，在市区会员群众中有计划地放映有关卫生教育、科学知识的短片。从1954年3月初到4月底，共放映了卫生影片14场，颇受群众欢迎[①]。

五、实物宣传

用实物宣传卫生常识也是一种民众喜闻乐见的方式。1953年，孝感分会配合县卫生院在沙沟乡开展钩虫病患者调查统计工作。虽然工作组采用放映幻灯、个别谈话等方式进行了一些宣传，但有些人还是觉得大便太脏，不愿拿来检查。于是工作人员转而采用实物宣传，一面把显微镜摆开给群众看，一面把肚子里有钩虫就会生病的道理讲给大家听。许多人从显微镜下看到粪便里真有钩虫，就嚷着说："我们以前认为黄病（当地把钩虫病叫作黄病）是吃的不好得来的病，现在明白了，这是有钩虫吸血的原故，我们一定要检查。"当天，该村百分之四十的居民都做了检查[②]。当涂县分会在乌溪镇物资交流会上开展卫生宣传时利用显微镜做实物宣传，介绍了血吸虫病的来源和预防方法。农民们看到玻璃片下蠕动着的血吸虫卵，都异口同声地说："有了这许多怪虫，在血里作祟，人怎么不瘦。"晚间，宣传小组放映了普选、农业生产和爱国卫生运动等幻灯片。3天里，观众达1.8万多人[③]。

此外，发行红十字邮票也是一种潜移默化的宣传方式。世界上第一枚红十字邮票，是葡萄牙于1889年发行的，这是邮政当局为红十字会发行的一枚免资邮票，无面值，黑色边框，白底盾牌，正中为一个鲜红的十字。从那时起，共有140多个国家和地区发行了1000多种红十字纪念邮票和小型张，成为深受广大集邮者及各国红十字会员喜爱的一种专题邮票[④]。新中国成立后，曾于1955年发行"中国红十字会成立50周年纪念（纪31）邮票"。该票为绿色，左上角有一个红十字标志，画面以林立的工厂厂房为背景，描绘了上海国棉一厂的工人手持《群众卫生》小册子，肩背红十字药箱，展望红十字工作的美好未来的形象，既说明了中国红十字会成立于上海，又反映出该会为生产、为群众、为和平服务的方针[⑤]。此外，1966年发行的"服务行业中

① 参见章虎臣：《福州市分会逐步展开经常性的卫生宣传工作》，《新中国红十字》第40、41期合刊（1954年5、6月），第12页。

② 李万杰：《孝感分会利用实物宣传效力大》，《新中国红十字》第31期（1953年8月），第20页。

③ 《当涂分会做了防治血吸虫病宣传》，《新中国红十字》第34期（1953年11月），第30页。

④ 黄明心：《漫谈红十字专题邮票》，《中国红十字》第157期（1987年5月），第14页。

⑤ 谢宇主编：《邮票百科科普馆　民俗与节日（1）》，河北少年儿童出版社2012年版，第37页。

的妇女”特种邮票、1969年发行的“知识青年在农村”邮票、1974年发行的“赤脚医生”编号邮票，都出现过带有红十字标志的卫生箱[①]。

需要指出的是，各分会开展宣传工作并不是采取单一方式，而是多管齐下，多种方式并举。为加强卫生宣传工作，重庆市分会在夫子池设立卫生宣传站。该站常设卫生书报阅览室，陈列各种医药、卫生及红十字会的书籍、期刊、报纸，并适当加入通俗的政治、时事、文艺书籍，供群众阅读；设卫生展览室，展览各种卫生图片、模型及会务图片，供群众阅览；设广播室，运用多种文艺方式进行广播宣传；视群众需要排定内容与日期，按时巡回放映幻灯；按期在分会及医院附近出版黑板报周刊及散发各种标语、图画等[②]。1952年，西安分会除举办三期卫生讲习班外，又组织“乡区巡回卫生医防队”。至7月，医防队在宣传教育方面，进行20次幻灯宣传，观者6120余人；卫生画展两天，参观者610人；办黑板报17处，共更换3次；配合各村卫生行政干部检查卫生30次；在各小学作卫生讲座18次；召开卫生小组长会议15次、各村干部会52次、群众会14次、妇女会6次；在夜校作妇幼卫生宣传2次[③]。1953年，江阴县分会除布置卫生展览会外，又分别在11月17、18、19日三天，演出了两个歌剧《消灭血吸虫》和《新法接生》，观众约2.5万余人；总计该年度在长泾、青旸两区的宣传活动，前后演出有关群众卫生的节目有十次，根据不完整统计，观众约6万人[④]。同年8月，杭州市分会在文化宣教方面，举办了3次会务讲座，宣传红十字会的性质、任务、工作方向和指导思想等；刊发全市性及全区性的黑板报稿各1次，介绍急救站的性质和工作情况；与文化馆、俱乐部联合举行了5次图片展览，观众1.1万多人；培养了6个宣传员，还在电影院放映有关会务、卫生方面的幻灯片；分发各基层组织（急救站）月刊98本、宣传小册子68本[⑤]。

尽管新中国成立初期，红十字会在“预防为主”的卫生工作方针下将卫生防疫宣传作为中心工作来开展，但红十字会的会务宣传工作也在一定范围内稳步推进，这从万县分会和泗阳县诊所的会务宣教活动中可见一斑。

万县市分会利用每星期日的早晨，组织会员开展对《新中国红十字会的

---

① 黄明心：《漫谈红十字专题邮票》，《中国红十字》第157期（1987年5月），第14页。

② 《重庆市分会设立卫生宣传站》，《新中国红十字》第34期（1953年11月），第30页。

③ 参见池子华、郝如一主编：《中国红十字历史编年，1904—2004》，安徽人民出版社2005年版，第137页。

④ 《江阴县分会青旸医院及保健站展开卫生宣传》，《新中国红十字》第24期（1953年1月），第38页。

⑤ 参见福贞：《杭州市分会的会务宣传工作》，《新中国红十字》第33期（1953年10月），第28页。

工作方向与发展步骤》和《中国红十字会概况》等文件的学习，并利用晚间自习的时间，组织会员阅读《新中国红十字》月刊。此外，该分会还在候诊室中结合卫生常识教育工作，宣传新中国红十字会的概况；用黑板报重点地介绍新中国红十字会的工作方向；在候诊室的墙壁挂上玻璃盒子，内置有总会发下的各种小册子、活页文选，以供候诊的人自由取阅。特别是在中苏友好月内，该分会把全院同志根据每个人在宣传上的长处分了3个宣传组：第一组是幻灯放映组，由中苏友协配备一部分幻灯片，先后到郊区农民中以及学校、工厂中放映幻灯。每次放映前都做了口头宣传，介绍苏联红十字会及新中国红十字会的概况，然后放幻灯。这种宣传方式很受观众的欢迎。第二组是口头宣传组，配合化装舞蹈、金钱板，在宣传前表演各种节目，然后进行口头宣传介绍苏联先进医学经验，如组织疗法及无痛分娩法等，并举出实际的例子。这种宣传方式生动晓畅，颇受群众欢迎，收效也很大。第三宣传组，是用黑板报、标语分别进行文字的宣传，内容同前两组一样①。通过宣传，万县群众渐渐认识到新中国红十字会是人民的卫生救护团体。

为了争取广大干部和群众对红十字事业的大力支持，泗阳县诊所在会务宣传方面采用了以下方式：

1. 将《新中国红十字》月刊及总会配发的其他有关书籍分头赠送给县委会、县人民政府、青年团、总工会、农会、县委宣传部、卫生科、妇联会等机关团体，请他们轮流传阅；并且将一整套月刊及介绍苏联红十字与红新月联合会活动情况等其他几种书籍，放在文化馆图书室内给群众阅读，使干部和群众随时可以从书刊中了解我们。

2. 拟定宣传标语十多条，在镇内各要道墙壁上用石灰、红土等刷写成醒目的大标语，吸引来往行人的注意。

3. 制了三种宣传玻璃片，在幻灯放映时提前映出，并当场作口头讲解。

4. 派员分头按行政组织系统召开各种类型的群众会议，如街民会、妇女会等，使大家都认识红十字会是人民群众自己的团体②。

通过以上宣传，泗阳的干部与群众逐渐纠正了过去对红十字会的错误认识，为红十字会务工作的开展创造了较顺利的条件。

总体而言，各地红十字分会所举办的文化宣教活动，都旨在促进群众对

---

① 参见管致厚：《万县市分会的会务学习和会务宣传》，《新中国红十字》第24期（1953年1月），第37—38页。

② 参见孙英杰：《加强宣传是开展工作的必要步骤》，《新中国红十字》第27期（1953年4月），第18页。

新中国红十字会的了解和认知，有系统地灌输给群众各种卫生常识，逐步提高群众卫生文化水平，搞好个人卫生与公共卫生，从而减少疾病，增加生产，为国家的经济建设事业服务。

第二节　红十字文化宣教工作的初步探索

新中国成立初期，面对红十字文化宣教工作在实践中取得的经验以及遇到的问题和困难，红十字会系统群策群力，积极建言献策，在理论方面进行了初步的探索。

一、宣教工作的重要性

红十字会是人民政府领导下的人民卫生救护团体，需要广大人民群众作基础，所以“先决条件除了要做好业务工作之外，还要做好宣传工作。要使群众对新旧红十字会，有一个明确的认识，扭转不正确的看法，这样才能够说初步的开展红十字会工作”[①]。因此，“向群众进行卫生常识的宣传，提高群众卫生的水平，应该是红十字工作者在国家建设时期的重要任务之一”[②]。只有广泛地进行宣传和组织群众学习卫生常识，通过群众的自觉行动，才能完成红十字会人民卫生救护团体的任务。

在总会召开的四次分会宣传工作座谈会上，许多同志表示：在今后红十字事业逐步开展的情况下，需要、也完全有必要对宣传工作予以更多的注意。总会宣传组将宣传工作的内容主要分成以下几个方面：

一、广泛宣传红十字会的方针、性质、任务与工作活动的成就；

二、配合发展会员与群众卫生等方面的工作活动进行宣传鼓动工作；

三、运用各种方法进行群众性的卫生宣传教育，普及卫生常识；

四、进行爱国主义、国际主义、特别是革命人道主义的思想教育与宣传[③]。

这些内容是由新中国红十字会的性质和任务决定的。作为人民卫生救护团体，红十字会有责任首先通过自己的会员积极地发动和组织群众，响应政

① 余能：《我会的会务宣传为什么展不开》，《新中国红十字》第24期（1953年1月），第37页。

② 王立章：《卫生宣传是红十字工作中的一项重要工作》，《新中国红十字》第39期（1954年4月），第4页。

③ 《对一九五三年分会宣传工作的几点意见》，《新中国红十字》第25期（1953年2月），第14页。

府号召，做好群众性的卫生工作。“我国大规模的经济建设正在开始，为了保证建设的顺利进行，更需要有身体强壮的劳动大军。因此特别有必要在广大劳动人民中进行广泛的卫生宣教和初级卫生训练工作，使他们懂得科学的卫生常识，知道预防疾病的办法，革除旧有的不合卫生要求的生活习惯，改进环境卫生和个人卫生”①。围绕这一任务，总会发出倡言，呼吁各地分会重视提高人民卫生水平的卫生科学宣传工作，“经过各种各样的组织工作、宣传鼓动工作，向人民灌输卫生知识，把卫生知识的宣传工作订到自己的工作计划上，并认真地进行”②。

对于宣传工作的重要性，一些分会也感同身受。岳阳市分会在开展工作中深刻地体会到：“卫生宣传是搞好群众性卫生工作的桥梁，开展群众性的卫生工作必要做好卫生宣传工作；宣传不能空谈理论，要举出实际事例。”③ 杭州市分会也直言：“随时进行宣传，随时有或多或少的收获。”该分会曾想通过报纸进行宣传，但初步与浙江日报社的宣传组同志接洽，却被告知不了解红十字会的性质，不能刊登。后来该分会把两年来工作总结报告拿给报社编辑部看，他们才知道红十字会是一个人民团体，允许刊载。显然，“要宣传，就得把事实拿出来看，光靠宣传，缺乏实际的工作，是不易获得效果的”④。

二、宣教工作的针对性

宣教工作是开展红十字事业的一柄利器。那么如何开展宣教工作呢？总会号召各地红十字组织，首先开展对工业生产单位工人健康的卫生教育，在城市、工矿区，举行定期的卫生讲座、卫生展览会、巡回宣传、开办急救训练班等都是很好的宣传教育方法。宣传之前要先调查了解宣传对象的健康、疾病、卫生条件的情况，要针对他们的健康卫生情况，说明道理，提出切实可行的办法。不仅要从疾病本身的道理说明，而且要注意他们的生活环境与卫生条件可能改善的程度。“把卫生科学方法，不要提成可望而不可及的东西，要变成群众可能接受的东西；不要把卫生科学描写成为微妙难解的东西，要把它成为广大的劳动群众所能了解的东西；应当学会用不是书本上的公式，而是可能为群众生活

---

① 《贯彻“卫生工作与群众运动相结合”对红十字事业发展的重要意义》，《新中国红十字》第25期（1953年2月），第3页。

② 王立章：《卫生宣传是红十字工作中的一项重要工作》，《新中国红十字》第39期（1954年4月），第4页。

③ 《岳阳县分会上半年宣传工作简况》，《新中国红十字》第34期（1953年11月），第30页。

④ 董浩：《我们的会务宣传工作——记杭州市分会宣传月转为经常性宣传的经过》，《新中国红十字》第24期（1953年1月），第36页。

中有所体会并乐意接受的知识；避免一般性的说教，避免一时难以作到的空谈；这样费力不讨好，效果自然不会好，反而使群众不满”。开展卫生宣传应坚持实事求是、耐心说服的作风，“因为在生产部门中进行卫生教育，要达到鼓舞生产情绪的目的，才是我们卫生宣传工作的政治意义”①。

展览会的宣传方式因效果显著，各地分会在积极开办的基础上还总结了办好展览会的几点经验，颇有参考推广价值：

（一）开展览会要注意主动配合中心工作，与有关部门合作，选择有利时机举办；

（二）要有周密的计划与正确的估计；

（三）要适当组织与处理展览材料；

（四）要宣传、要组织观众，必要时可采用通知邀请、分别动员等方式发动与组织群众自觉自愿的来参观；

（五）要注意解说工作。解说员必须具备积极、热诚、和蔼、热心的工作态度，熟悉自己所讲解的材料，运用清晰、通俗、熟练的口语，分别不同对象（如学生与农民，老年与青年），采取不同方式，有中心、有重点的进行宣传解说②。

对于如何举办卫生讲座，分会也有进行探索的。北京市东四区在试办工厂卫生讲座的实践基础上，总结出以下几点经验，具有良好的指导意义和推广价值。

一、讲演员的挑选要恰当，准备工作要做好，讲演内容要通俗浅显。在讲演时要注意避免用医学名词或照本宣读，要简单明瞭地说明问题，尽可能采用群众易懂的语言。对讲演方式还要注意经常虚心地征求听讲人的意见和要求来改进③。

二、讲课严格掌握时间。

三、讲课的内容结合季节和工厂在卫生方面的中心任务，提出来的要求和目的也应简单明瞭，使大家容易办。

四、注意吸收听众各方面的意见④。

---

① 王立章：《卫生宣传是红十字工作中的一项重要工作》，《新中国红十字》第39期（1954年4月），第4页。

② 参见《怎样开好展览会》，《新中国红十字》第28、29期合刊（1953年5、6月），第6—7页。

③ 杨瑞娟：《北京市东四区试办卫生讲座》，《新中国红十字》第25期（1953年2月），第16页。

④ 参见汪文豪：《我们这样办工厂卫生讲座》，《新中国红十字》第44、45期合刊（1954年9、10月），第17页。

杭州市分会在开展工作中加强了对医药卫生人员的宣传，“连带想到宣传方法、宣传材料，尽可能多方面，而且深浅要适合对象，不能千篇一律；同时更体会到宣传必须走群众路线，多多吸收群众的反映，根据群众的需要和疑问，加以适当的宣传，这种宣传，才会有更大的收获”。基于此，该分会积极总结经验，依据总会“先搞好业务，再发展会务”的指示，对会务宣传拟定了经常性的计划：对会员，结合换发会员证，到各支会小组举行座谈会进行宣传工作；对居民、学生，用广播和分发宣传品方式，结合急救训练，进行宣传工作；对郊区农民，结合幻灯放映及巡回免费医疗的方式，进行宣传工作。“设计了一辆双人式的三轮车，车厢改制木箱，木箱上加设人字板，两旁可以安置书报，车厢可以安置药品及幻灯物件，一方面给农民看病，一方面就做宣传工作，晚上可以放映幻灯”①，希望以此帮助农民们来认识红十字会。通过这些宣传方式，不但提高了群众对红十字会的认识，同时对发展会员、组织群众工作也大有裨益。

三、宣教工作的实效性

对于宣教工作中出现的问题和困难，总会积极开展检查工作，集中反馈，并给出相应的指导意见，以提高宣教工作的实效性。

一是关于月刊编辑部分，不少分会建议月刊多介绍苏联红十字会活动的先进经验，多介绍分会情况、急救员活动情况及经验；建议月刊的文章要短小，多用图片，文字活泼、形式美观。总会肯定了这个建议，并强调“今后拟每期都有一至二篇介绍苏联或其他兄弟国家红十字会活动情况的文章；从第三十期起月刊也已恢复分会园地一栏，但要做好广泛介绍分会情况及时交流经验的工作，必须各地分会、医防队能与我们密切合作，经常的及时的报导工作活动情况，学习月刊上的重要文章，并拍摄有关各项工作活动的图片供给月刊”。

二是关于宣传部分，总会根据各分会的问题分别予以具体指示：

(1) 希望多出通俗化的教材及卫生挂图并请多发连环画

总会宣传组因限于力量目前还不能够做。希望各分会医防队一方面尽量利用总会已经配发之书刊、画册与宣传器材，使其发挥应有之作用，另方面与当地卫生部门商量就地解决。

(2) 请发广播宣传设备及广播宣传材料

关于广播宣传设备如扩音器之类，总会因限于预算不能配发，今后均由

① 董浩：《我们的会务宣传工作——记杭州市分会宣传月转为经常性宣传的经过》，《新中国红十字》第24期（1953年1月），第36、37页。

分会协同卫生部门根据精简节约原则就地解决。

广播材料宣传由总会统一发是不妥当的，因为这样既不可能及时，也难于切合各地实际情况，故各分会、医防队应结合当地中心工作及本身具体情况与有关部门商量解决。关于卫生宣传方面，可参考卫生部出版之《卫生宣传工作》。

（3）希望组织电影放映队轮流放映

我们认为没有必要也没有可能在今天组织电影放映队。宣传的方式方法是多种多样的，目前应采取花钱少而收效大为群众所乐于接受的方式，如卫生常识广播宣传，小型卫生展览会，候诊教育等等较为适宜。

（4）希望继续配发幻灯片

过去总会曾配发了一些幻灯片，但根据反映及此次检查工作所了解，因这些片子是在北方购买的，不适合于南方某些地区的风俗习惯，这样不但无助于工作，且形成浪费。因之本年度起总会已取消此项预算，今后不再配发。如分会有此需要，可自行选购，用费在本单位宣传费内开支。

（5）会务学习中碰到的疑难问题应如何解决？

应首先就地解决，如仍有困难时可将情况反映给我们①。

以上问题和建议不仅可以促进总、分会之间关于宣传工作的双向交流，而且有助于改进总、分会的工作方法，推进红十字事业的顺利开展。

宣传是一件繁杂、艰巨而又细致的工作，要提高宣传的实效性，需注意以下几点：

一、紧密配合当地的和本会的中心任务和主要工作。

二、明确目的，认清对象，结合群众思想情况与要求作好准备工作。

三、尊重当地主管宣传部门与卫生部门的指导。

四、作好联系工作。要作好与当地工会、妇联、学联、医联、卫协、中苏友协等等有关团体以及当地报社、新闻、出版机构、广播电台、广播站、文化馆等单位的联系工作，协助、配合，加强宣传力量。

五、讲究方式、方法。

六、认真检查效果，并总结与交流经验②。

此外，总会宣传组还提出了与宣传有关的几个问题。一是宣传干部的问

---

① 《宣传组对分会所提有关意见的答覆》，《新中国红十字》第32期（1953年9月），第17—18页。

② 参见《对一九五三年分会宣传工作的几点意见》，《新中国红十字》第25期（1953年2月），第14页。

题。作好宣传工作需要具备一定宣传能力与经验的宣传干部。二是充分发挥宣传器材的作用，厉行精简节约。三是关于分会出版刊物的问题。各分会应首先着手建立或培植《新中国红十字》月刊通讯员，做到经常给《新中国红十字》写稿。与总会共同办好《新中国红十字》月刊，是各分会经常性的重要任务之一①。

除了提纲挈领的指导，总会还从细微处入手，指导宣传工作的开展。比如“做宣传工作的人，对于自己的宣传对象没有调查，没有研究，没有分析，就乱讲一顿，是万万不行的”。因此做宣传必须认清对象、明确目的、禁绝空谈，要具体地告诉群众如何学（如学习急救等卫生常识）、如何作（如学习后怎样担任群众卫生工作）②。在宣传器材的正确使用方面，总会一再强调宣传器材是用来对群众做宣传的。因此，宣传画要贴在群众能看到的地方；挂图可以用来放在业务单位里作候诊教育或卫生展览（有些还可以配合教学）之用；会务图片可以配合卫生宣传展览；幻灯在中小城市及农村较受欢迎，还是可以放映的③。凡此种种，不乏其例。

红十字会是人民卫生救护团体，宣传卫生常识、提高群众的卫生防病知识显然是红十字会宣教工作的中心任务。《新中国红十字》登载专文对卫生宣传工作进行指导，明确提出：在大力开展卫生宣传的时候，除了说明疾病的危害、疾病的来源、防治的方法外，要强调群众性斗争的重要性，“要建立大众的、长远的、全面的利益观念”，使群众了解“一人发病，祸及四邻（岂止四邻?!）”，纠正卫生上“各人自扫门前雪，不管他人瓦上霜”自私观点，说服那些不知卫生的倔强态度，把个人的卫生利益与大众的卫生利益联系起来④。只有把卫生工作建立在群众团结互助的集体安全思想基础上，卫生宣传工作才能正确地达成其政治任务。

针对分会使用月刊中存在的一些现象，总会宣传组积极检讨了月刊存在的问题和缺点，“如思想性、指导性不强，介绍经验不系统、不全面、不及时等等”，并肯定了月刊对分会开展工作的指导意义，如福州市分会从月刊上吸取了经验使急救训练顺利地开展起来；孝感分会从一张刷墙头标语的图片中得到启发，刷了很多墙头标语并准备刷墙头宣传画。为此，总会发出倡言，“必须反对将月刊随便弃置或者束诸高阁等不良现象，克服把月刊当作消遣品

① 参见《对一九五三年分会宣传工作的几点意见》，《新中国红十字》第25期（1953年2月），第14—15页。

② 《对分会印发宣传品的意见》，《新中国红十字》第32期（1953年9月），第17页。

③ 《谈谈注意充分使用宣传器材的问题》，《新中国红十字》第30期（1953年7月），第17页。

④ 《正确地进行卫生宣传工作》，《新中国红十字》第12期（1951年8月），第6页。

的思想，应该将重视和正确地使用月刊，看成是开展红十字事业的一个重要环节”①。

总体而言，新中国成立初期红十字文化宣教工作始终坚持与“预防为主”的方针相结合、与生产相结合、与群众相结合、与社会主义工业化建设相结合，积极学习和借鉴苏联经验，为政权建设和经济建设服务，具有鲜明的中国特色。

第三节　红十字文化的宣教成效

新中国成立初期，中国红十字会积极开展文化宣教活动，充分发挥了“政府卫生部门助手”的作用，在提高人民卫生文化水平，保证国家经济建设方面贡献了重要的力量。红十字文化宣教活动证明，当群众掌握科学卫生知识后，就会发挥巨大的力量。仅据南昌市分会 1953 年不完全的统计，全市 2000 余名红十字急救员在一年工作中，节省工时损耗所提供的生产价值约合 15 亿元②。

一、普及卫生常识，提高民众健康水平

多样化的宣教方式对民众的思想产生了深刻的影响。大家都能认识到，“卫生”“健康”“生产”三者是分不开的，因此有力推动了环境卫生工作。在江阴，里巷居民都能乐于接受卫生的措施，如预防接种和注射，并经常保持室内外清洁，自觉自愿地在粪坑上加盖、河里不倒马桶，集体送验大便以检查血吸虫也进行得很顺利。妇女们对于新法接生的认识和信心更提高了，在江阴县分会妇幼保健站，“接生和产前检查的数字，逐月不断地在增加着”③。在汲县，经过宣传，居民环境卫生有了显著提高。“卫生工作搞得不够好的，平均只有一两户。各街清洁的户数已普遍增加”④。

西安市卫生医防队的宣教工作也使焦岱镇的面貌焕然一新，赶集的老乡们都惊奇地说：“焦岱镇变了样！”焦岱镇的卫生工作经验又进一步推广到广

---

① 《要重视并使用月刊》，《新中国红十字》第 30 期（1953 年 7 月），第 16 页。

② 李德全：《纪念中国红十字会成立五十周年》，《新中国红十字》第 44、45 期合刊（1954 年 9、10 月），第 6 页。另注：15 亿元为旧币。

③ 《江阴县分会青旸医院及保健站展开卫生宣传》，《新中国红十字》第 24 期（1953 年 1 月），第 38 页。

④ 冯钟勤：《汲县分会进行季节性的卫生宣传》，《新中国红十字》第 34 期（1953 年 11 月），第 29—30 页。

大的山地农村，普遍提高了群众的卫生意识。最显著的如关帝庙村的农民在卫生委员吴振起的领导下，大家洗刷门墙，疏通水渠，修垫街道，迁移粪堆，用白土刷了锅灶，并商议订立卫生公约，巩固基层组织。在妇幼卫生方面，大部分妇女都认识了旧法接生的坏处，自动要求学习新法接生的就有154人之多。在学校卫生方面，大部分小学生受到卫生教育之后，不但懂得了应该怎样防治各种病虫对人的危害，而且表示“对于灭蝇、灭蚊、灭蚤、捕鼠等卫生工作，都要从个人做起，再推动全家，推动全村，还要组织起来，协助老师搞好学校卫生”①。

在湖北孝感县，很多观众观看了该分会宣传的彩色卫生墙画后，纷纷说：“这画的内容很对，我们一定要搞好卫生。”② 在沈阳市铁西区，谭老太太听了红会的种痘宣传后，不由地感慨道：“今天公家真是替咱们老百姓着想啊！种痘还不要钱。我75岁啦，死倒不怕，可是不能因为我闹病，去传染给别人，所以不但叫家中小孩种痘，我自己也要种。”③ 可见群众的卫生意识提高了，并自觉成为拥护卫生运动的一分子。青浦县有些村民看了血吸虫病的害处，认识到不应再在河里洗澡；有些妇女主动提出：“回去一定不在河里洗马桶。”练塘乡的船民看过展览说：“我们船上也要做好卫生工作，粪便不再倒在河里，我们自己也要吃河水的。”④ 梧州市分会在建筑工地中开展的卫生知识教育，“使工人在工地中一般都能做到洗了手再吃饭，还制定了轮流打扫的制度，经常注意安全卫生检查”⑤。这说明红十字会的宣教工作，确实增加了民众的卫生常识，推动了卫生理念的广泛传播。

二、破除封建迷信，形成良好的道德风尚

红十字会开展的宣教活动批判了迷信观念和漠视卫生工作的看法，在社会上形成了良好的道德风尚。

1953年，江苏武进马鞍乡的一个村子疾病流行，于是村子里传开了谣言，说是村外一个死水潭子里的水有仙气，于是“携瓶带罐的求‘仙水’的人们，络绎不绝，废时失事，贻害病人”。为此，县里派了武进县分会的8位同志下

---

① 周克任、艾庄：《西安市分会乡区巡回卫生医防队的乡村爱国卫生工作》，《新中国红十字》第25期（1953年2月），第10页。

② 王善普：《孝感县分会的墙画》，《新中国红十字》第34期（1953年11月），第29页。

③ 《正确地进行卫生宣传工作》，《新中国红十字》第12期（1951年8月），第6页。

④ 《青浦县的爱国卫生展览会》，《新中国红十字》第42、43期合刊（1954年7、8月），第27页。

⑤ 《各分会积极在工厂、城镇展开春季爱国卫生运动》，《新中国红十字》第40、41期合刊（1954年5、6月），第14页。

乡给村民治病。他们向群众进行宣传教育，白天片刻不停地给贫病的人们治病讲道理，晚间更分别到各个村子里去放映土电影（幻灯），介绍科学的卫生常识。红十字会的医生给费老奶奶的孙儿仔细问诊给药，告诉她："孩子患了肺炎，服药后给孩子好好睡一会，病势就会减轻的。"次日，费老奶奶急匆匆地赶到卫生站，感激地说："谢谢毛主席救活了我的孩子。"红十字会卫生工作组进村后仅仅10天的时间，死水潭子可以治病的谣言就"像是个历史上的陈迹，已很快被遗忘而不再有人理会它了"①。

孝感分会在进行卫生宣传时，注重消除民众的思想障碍，在破除迷信观念方面也取得了良好的成效。该县有一个村于1953年患疟疾和大肚子病死亡的有10多人，但村民很迷信，不愿意搞卫生，认为村里死人是因为修堤把地脉挖断了，所以树立了三丈多高的制地气符牌。分会人员给他们进行卫生宣传，讲到中途，他们就溜光了。他们说："搞卫生也死人，乡里人离屎不能吃饭，讲不成卫生。"后来同志们在休息间隙和他们聊天，说说不讲卫生的害处、生病的原因，卫生工作搞好病人就会少，生产也会搞好的道理，使他们破除了迷信思想，以后开始搞卫生了②。

三、加强民众对红十字会的认同，改善党群关系

1952年9月8日，为庆祝总会改组两周年，杭州市分会邀请了100多个单位代表参加了该会举办的庆祝晚会，在会上做了一些会务宣传，收到了良好的反响。很多会员在思想上明确了新中国红十字会的性质和任务，纠正了过去对红十字会的模糊看法。有会员代表说："我以前对红十字与红万字搞不清楚，现在才明白了。"另外有一位机关代表说："我以为红十字会是医药团体，原来还是群众性的卫生救护组织。"还有两位说："我们从前以为红十字会只是战时的机构，现在才知道红十字事业的广泛性。"③

1953年，为扩大会务宣传，泗阳县分会诊所召开了一个规模较大的座谈会，会上讲述了新中国红十字会的性质、方针与任务，以及改组两年来在国内外已做出的成绩，并且介绍了苏联及各人民民主国家红十字会情况。很多到会的同志都翻看了《中国红十字会手册》及《新中国红十字会的工作方向

---

① 《红十字会卫生工作组帮助我们破除了迷信》，《新中国红十字》第30期（1953年7月），第11页。

② 《卫生运动必须与群众切身利益相结合》，《新中国红十字》第28、29期合刊（1953年5、6月），第5页。

③ 董浩：《我们的会务宣传工作——记杭州市分会宣传月转为经常性宣传的经过》，《新中国红十字》第24期（1953年1月），第36页。

与发展步骤》等宣传品，表示在听了报告之后对红十字会事业才有了较具体的认识，并号召各级干部今后主动地配合、协助红十字会医防队开展工作。泗阳县人民代表会议常务委员会秘书金老先生还说：“到今天才明确知道红十字会是我们人民群众自己的团体，那我们还有什么理由不主动地去帮助他们搞好工作呢。”① 1954年，宝鸡市分会组织干部学习红十字会的业务，使大家基本上认识了新旧红十字会的区别与革命人道主义的精神②。这些反应说明红十字会的宣传拉近了会员与红十字会之间的距离，强化了会员对红十字会业务活动的认知。

作为人民政府领导下的人民卫生救护团体，红十字会的作为是政府形象的一面镜子。伴随红十字宣教活动的开展，广大民众充分感受到了党和政府对人民健康的重视和关怀，纷纷表达心声。1953年六一儿童节时，郏县分会举行小型卫生图片展览，对儿童及家长宣讲妇幼家庭卫生常识和疾病预防知识，并给600多名儿童做了免费医疗。群众纷纷对人民政府称颂有加：“从前孩子们都没人关心，谁理呀。现在人民政府这样的关心，真是为人民服务啊。”③ 听了汲县分会的乙型脑炎防疫卫生宣传后，许多群众反映说：“反动派统治的时候，就没有听说过乙型脑炎这个名。老百姓死了，也不知道是怎样死的。要不是在毛主席领导下，怎能知道啥是脑炎！咱回家赶快把瓦罐里的水倒了；把卫生工作搞好，要不，发生了这个病多么厉害！”④ 青浦县的许多妇女反映说：“毛主席爱护我们妇女，保护小囡，新法接生好处说不完。”⑤ 该县东朱舍村夏阿五宝在解放前，儿子因感染血吸虫病而死去；大儿子患头痛，当时只知求神吃仙丹，花了许多钱还瞎了眼睛。夏阿五宝看了展览会，激动地说：“毛主席比爷娘还要好，教我们懂得了卫生，再也不会迷信了。”⑥ 这些只言片语，直观反映了红十字文化宣教活动加强了民众对党和政府的爱戴，对新生人民政权的拥护。

整体而言，新中国成立初期红十字文化宣教工作是比较薄弱的，“尤其有

---

① 孙英杰：《加强宣传是开展工作的必要步骤》，《新中国红十字》第27期（1953年4月），第18页。

② 曾尚贤、刘澐：《宝鸡市分会的宣传工作》，《新中国红十字》第40、41期合刊（1954年5、6月），第13页。

③ 《郏县等分会“六一”儿童节举行儿童健康检查》，《新中国红十字》第30期（1953年7月），第28页。

④ 冯钟勤：《汲县分会进行季节性的卫生宣传》，《新中国红十字》第34期（1953年11月），第29页。

⑤ 《青浦县的爱国卫生展览会》，《新中国红十字》第42、43期合刊（1954年7、8月），第27页。

⑥ 《青浦县的爱国卫生展览会》，《新中国红十字》第42、43期合刊（1954年7、8月），第27页。

关会务宣传更少，有时虽然做了一些，但也是不具体的，片段的，一点不深入”①。造成这种局面的因素有以下几个方面：

其一，“人民卫生救护团体”的性质局限。红十字会接受政府改组后，成为人民卫生救护团体，开展的一切工作均以卫生防疫为中心，服务于国家的经济建设大局，无形中使得红十字事业单一化和片面化。诚如红十字会副会长胡兰生所言，“中国红十字会是人民卫生救护团体，它的工作首先必须与国家卫生建设计划密切结合”。而在地方，红十字会的工作“要与地方卫生工作相结合而不能相脱离，既不是叠床架屋的自树一帜，也不是不顾需要的盲目冒进。这样才能担负起‘红十字会是人民政府卫生部门的助手’之任务”②。在国家经济建设的大局下，红十字文化宣教事业只能处于配合和从属地位，所宣教的内容也只能围绕“预防为主”的方针，协助各级人民政府，面向人民大众，宣传并推广防疫、卫生、医药及救济福利事业。

其二，宣教理念淡薄，宣教工作未能常规化开展，带有短暂性和应景性。由于宣教理念淡薄，红十字会并没有建立固定的宣传队伍，红十字宣传员大都是由医务工作人员临时组成的。如福州市卫生讲座由红十字会与市防疫站主办，并经各区卫生所推荐了医务卫生工作干部及个别开业医生共 29 人任红十字卫生宣传员；汕头市分会的卫生讲座，由一些卫生单位和开业的医生担任讲演员；广州市分会的卫生讲座，由广州市卫生工作者协会的会员们担任讲演员，许多设有急救站的单位医生也踊跃地担任了讲演员的工作③。

由于没有固定的宣传队伍，宣传的专业性也颇受掣肘。例如，有的在宣传种痘时，为了劝告群众来种痘防天花，在宣传内容上用了“不种痘，得天花，侥幸不死，落一脸大麻子，怎么找对象?”“变成了麻子脸，未婚妻要与你退婚的”。显然，这样的宣传不但“抹煞了卫生工作伟大的政治意义”，而且“对于防疫保健工作前途上，反而会增加了一层障碍”④。从这个角度而言，“宣传得不够，还不能正确地掌握宣传方法，以致群众不能很好的接受”是影响红十字文化宣教成效的一个重要因素。

宣教理念的淡薄还体现在分会对机关刊物——《新中国红十字》的态度上。据资料显示，有些分会的工作人员根本不知道有这个刊物；有些分会将刊物送到各有关单位去后就算完成任务了；有的将刊物垫在褥子底下；有的

---

① 余能：《我会的会务宣传为什么展不开》，《新中国红十字》第 24 期（1953 年 1 月），第 37 页。

② 胡兰生：《一九五四年中国红十字会的展望》，《新中国红十字》第 36 期（1954 年 1 月），第 9 页。

③ 《福州、广州、汕头、杭州等分会举办卫生讲座》，《新中国红十字》第 46、47 期合刊（1954 年 11、12 月），第 28 页。

④ 《正确地进行卫生宣传工作》，《新中国红十字》第 12 期（1951 年 8 月），第 6 页。

整整齐齐地锁在橱子里。另一种情况是：大家随便翻翻看看，或者看看图片，没有图片就说内容枯燥；或者找找文艺作品，没有就说不能引起阅读兴趣。有些分会则是临到要开展某项工作了，才翻月刊找经验①。这些现象说明这些分会（首先是分会的领导人员）没有正确认识到月刊的指导意义。分会对红十字会机关刊物在思想上尚且不重视，更不要提对宣传器材的重视了。据资料披露：

有的分会把宣传画贴在偏僻的、少人看到的地方；镇江市分会把展览图片里的首长题词，抽出来贴在办公室里；永城县分会把展览图片随便用一条绳子穿挂起来就算是展览了，大风一阵，噼啪作响，看的人很少，自然谈不上宣传效果了。另外有一些分会根本没有想到怎样去使用这些展览品，有的甚至把宣传品装饰了自己的宿舍。郏县、临颍两分会，把展览图片放在办公室里任人翻阅；江门、黄石两分会在收到展览图片之后就存放起来，从未使用过；郏县分会还把妇幼卫生挂图贴在女宿舍里，把儿童卫生挂图贴在男宿舍里；夏邑县分会把幻灯机长期借出去了，汲县分会的幻灯机也是根本没有使用过②。

这些现象无不折射出红十字工作人员文化宣教理念的淡薄。

此外，分会对宣传品印发的态度也颇能说明问题。1953 年，总会宣传组将所搜集的无锡、开封、武汉等十几个分会的会务宣传品做了初步的研究，发现不少分会在印发宣传品工作上存在着相当严重的错误与偏差，主要表现在以下几方面：其一，不看对象，盲目抄袭，滥印滥发。一般地说，这些宣传品都存在着公式化、一般化的毛病，宣传的对象和目的也不明确。其二，存在着严重的无组织、无纪律的现象。其三，文字不严肃，犯了政治与技术上的错误。显然，这些错误“不仅不能帮助群众正确认识新中国红十字会的性质、任务，甚至使群众对本会产生错觉，造成严重不良的社会影响与政治影响。而其在经济上则造成了浪费”③。究其原因，在于分会领导和工作人员对宣传品的印发没有引起足够的重视。

新中国成立初期，在政治因素的强大影响下，红十字会的一切工作都自觉或不自觉地卷入了波澜壮阔的政治运动之中，文化宣教工作几度中断，这从红十字会刊物的命运沉浮中即可见一斑。当中国红十字会总会经过改组，以崭新的面貌出现在人们面前时，为适应红十字会角色和职能的转变，《新中

① 《要重视并使用月刊》，《新中国红十字》第 30 期（1953 年 7 月），第 16 页。

② 《谈谈注意充分使用宣传器材的问题》，《新中国红十字》第 30 期（1953 年 7 月），第 17 页。

③ 《对分会印发宣传品的意见》，《新中国红十字》第 32 期（1953 年 9 月），第 16 页。

国红十字》月刊于1950年9月30日创刊发行，对传播红十字文化起到了一定的作用。可惜命途多舛，该刊仅出了47期，就于1954年底“停刊整顿”。两年后，1956年4月，它以《中国红十字》的面目再度出现在人们面前。可是到了1958年底，由于总会机构发生变动，总会国内工作部门（组训部、宣传部）与中央爱国卫生运动委员会办公室合署办公，中国红十字会的地位一落千丈，《中国红十字》再次停刊。同年10月11日，中央宣传部批复：“同意将《新中国红十字》（月刊）和《讲卫生》（月刊）合并，改名为《爱国卫生》（半月刊）。唯编辑方针应明确规定以宣传爱国卫生运动为主，不必强调宣传红十字会的方针政策。”① 这种变化与中国红十字会的国内工作逐步走向单一（主要是群众性卫生工作）有关。《爱国卫生》于1959年出刊，以宣传报道爱国卫生运动、防病治病常识为主，只保留了一个《红十字园地》栏目。即便如此，《爱国卫生》也没存在多久，1961年停办。由于中国红十字会的国内工作长期停顿，红十字文化事业也遭封杀，“红十字”在人们心目中的崇高形象几乎荡然无存。“红十字”变成陌生的字眼②。

从这些历史的影像中，我们可以窥见红十字的命运沉浮始终与政治变动系于一体。这说明，红十字事业要获得健康稳定的发展，必须正确定位和处理与政府之间的关系。另外，作为国际红十字运动七项基本原则之一的独立性原则，也赋予红十字会具有一定的超然独立品格，可以独立自主开展符合宗旨的人道事务而不受约束。因而，保持红十字会社会团体的独立性是红十字事业良性健康发展的命脉所在。

---

① 《〈新中国红十字〉办刊始末》，《中国红十字报》1998年8月7日。

② 池子华：《中国红十字运动史散论》，安徽人民出版社2009年版，第219页。

第七章　改革开放以来红十字文化的新生

1978 年 12 月召开的党的十一届三中全会，实现了具有深远意义的伟大转折，开启了改革开放的历史新时期。国家各项事业蓬勃发展，中国迎来了“思想的解放、经济的发展、政治的昌明、教育的勃兴、文艺的繁荣、科学的春天”①。春回大地，万物复苏，生机勃发，中国红十字文化也乘着改革的春风，获得了新生。

第一节　人道主义回归红十字运动本位

“红十字运动的强大生命力，蕴藏于它对人类不存歧见的人道思想”②。人道主义是红十字事业的核心和灵魂。从人道主义在世界各地的发展及中国红十字人道主义的具体历史实践来看，我国社会各界对红十字人道主义的认识经历了一个发展演变的过程。

一、从革命人道主义走向人道主义

“文革”期间，由于受极“左”思潮的影响，人道主义被斥为“阶级调和论”“资产阶级人性论”而遭横加批判。在这种错误倾向下，人们对人道主义讳莫如深，避而不谈。有的同志说过去我们一边在实行人道主义，一边在违心批判，以至做了大量人道主义的好事，而给人的印象

---

① 胡锦涛：《在纪念党的十一届三中全会召开三十周年大会上的讲话》，《十七大以来重要文献选编》上，中央文献出版社 2009 年版，第 789 页。

② 中国红十字会总会编：《国际红十字与红新月运动基本知识传播手册》，2008 年内部印行，第 47 页。

确是反对人道主义，不要人道主义[①]。这种自相矛盾的现象正是人们对人道主义认识困惑的鲜明写照。党的十一届三中全会开启了改革开放的新时期，也开启了思想上拨乱反正的潮流。尽管如此，不少人依然心有余悸，将人道主义视作资产阶级的专利，不敢理直气壮地讲出来。还有人认为人道主义是极其高尚且高不可攀的道德情操，以致敬而远之。这些错误认识严重阻碍了红十字事业的发展。

1979 年，中国红十字会第三次全国会员代表在北京召开。此次会议明确了新时期红十字会的使命，过去曾一度中断的卫生救护、社会福利、红十字青少年等各项工作重新蓬勃开展起来。钱信忠在会上做了《为新时期的人民卫生救护事业努力奋斗》的工作报告。报告主要围绕三个问题展开：（一）红十字会过去的工作和经验；（二）林彪、“四人帮”对红十字会的干扰、破坏；（三）在社会主义现代化建设中，红十字会要做出更多的贡献。报告明确指出，中国红十字会是卫生部门开展群众卫生救护工作的助手。“救死扶伤，实行革命的人道主义”是中国红十字会的崇高宗旨[②]。毋庸讳言，改革开放初期，红会人对红十字宗旨的认识还停留在“革命人道主义”的层面，不敢理直气壮地举起人道主义的旗帜。

与此同时，一场关于人道主义的讨论热潮正在全国悄然兴起。著名理论家、时任《人民日报》副总编的王若水对此现象做了一个形象的比喻：“一个怪影在中国知识界徘徊——人道主义的怪影。”据资料显示，1980 年前后的三年时间，有关“人”的问题的论文发表了 400 多篇，其中有相当一部分是探讨马克思主义的人道主义的，还有一些从根本上否定人道主义，认为这是一种异端。他们举出的理由主要是：

——人道主义是资产阶级的意识形态；

——人道主义讲的人是抽象的人；

——人道主义早已被马克思批判过和加以抛弃了[③]。

1978 年，著名美学家朱光潜发表专文，探讨文艺复兴至 19 世纪的西方资产阶级文学家、艺术家有关人道主义、人性论的言论，明确指出人道主义思想是与资产阶级的历史发展相终始的。他以哲学和文艺作品为切入口，对人道主义在资本主义各个历史发展阶段的内容、作用及性质进行了条分缕析：

---

① 葛毓臣、赵树才：《人道主义与精神文明建设》，《中国红十字》第 164 期（1987 年 12 月），第 5 页。

② 中国红十字会总会编：《中国红十字会历史资料选编，1950—2004》，民族出版社 2005 年版，第 126 页。

③ 王若水：《为人道主义辩护》，生活 · 读书 · 新知三联书店 1986 年版，第 217 页。

在文艺复兴时代，它是作为反封建反教会的武器而提出的，它的主要内容是肯定人的地位和现世幸福生活的价值，其中最有价值的东西是人能借以认识自然而征服自然的思想。到了十七八世纪，资产阶级力量日渐强大，资产阶级革命的问题已提到日程上，人道主义就由一般文化思想战线上转而集中到政治战线上，于是人权、自由、平等和理性这些概念成为它的主要内容。资产阶级改变了剥削方式而没有改变剥削制度，想以一个阶级代表全民说话，所以自由平等之类概念仍有它们的局限性和欺骗性。但是这些思想促成了资产阶级革命，所以基本上还是进步的。到了十九世纪，西方各国资产阶级相继获得了或巩固了政权，阶级分化日益加剧，资产阶级和无产阶级的矛盾也日益尖锐化，于是人道主义一方面转化为博爱主义，作为阶级调和论的基础，另一方面突出地表现为个人主义以及它的直接后果，悲观主义和颓废主义。人道主义到此就演变成为它的对立面：反人道主义，因此也就变成极端反动了①。

尽管该文尚不敢冲破传统意识形态的束缚，仍将人道主义视为“一种资产阶级性的意识形态”，但是文章却暗含着认为人道主义具有普遍价值的思想。该文对人道主义展开的长时段考察以及细致入微、鞭辟入里的分析为我们认识人道主义打开了一扇窗口。

对待人道主义问题的分化态度，使理解“什么是人道主义？”这个问题显得尤为关键。“人道主义”本来是一个外来名词，事实上，相当多的人对它的含义的了解是模糊的、不准确的。王若水在综合了几本权威工具书里对“人道主义”的界说后，将人道主义的概念界定为：“人道主义”一词，最初是指文艺复兴的思想主题（这是狭义的人道主义，一般也译为“人文主义”）；后来泛指一切以人、人的价值、人的尊严、人的利益或幸福、人的发展或自由为主旨的观念或哲学思想（这就是广义的人道主义）②。

总体而言，这一时期围绕“人道主义”的积极讨论主要集中在以下几个方面：

其一是批判人道主义是资产阶级的专利品。尽管有形形色色的“人道主义”，但它们有共同的原则，“简单地说就是人的价值”③。“人道主义”一词，无非是指建立在强调人的价值这一原则上的各种思想体系和思想倾向；我们

① 朱光潜：《文艺复兴至十九世纪西方资产阶级文学家艺术家有关人道主义、人性论的言论概述》，《社会科学战线》1978年第3期。

② 王若水：《为人道主义辩护》，生活·读书·新知三联书店1986年版，第219页。

③ 王若水：《为人道主义辩护》，生活·读书·新知三联书店1986年版，第220页。

不应该把一般的人道主义和它在特定历史阶段上的特殊形式混为一谈①。

王若水指出，尽管我国从60年代初就展开了对人道主义的批判，可是从来没有彻底抛弃过这个概念；即使在极“左”思潮猖獗的十年内乱时期，在医院里仍然还可以赫然看到“救死扶伤，实行革命的人道主义”这个口号。如果我们承认有革命的人道主义，那么我们就不能笼统说，人道主义是资产阶级的世界观，不能说人道主义是资产阶级的专利品②。

其二是明晰革命人道主义的局限性。“革命人道主义”的提出，本意在于和资产阶级的人道主义划分界限，但却仅限制在救死扶伤、宽待俘虏这样的事情上。问题是，在现代世界上，救死扶伤、宽待俘虏已经成了国际公认的准则。红十字会就是一种国际性的救护、救济团体。日内瓦公约也规定，对战俘给予人道待遇。如果把“革命的人道主义”的意义和应用范围限制得如此狭隘，那就很难同资产阶级的人道主义区别开来。对此，王若水一针见血地指出：

> 如果只要救死扶伤就是革命人道主义的话，那么世界上的众多红十字会组织、资本主义国家学校里的童子军、甚至宗教性的团体如“救世军”等，都可以说是“革命人道主义”的了。本来是想用“革命人道主义”这个词来同资产阶级人道主义划清界限，这样一来却反而混淆了界限③。

其三是肯定社会主义人道主义。“文革”结束后，有人宣称“人道主义”这个口号本身就是欺骗，加上“社会主义的”，就是双重的欺骗。为了要不要肯定“社会主义人道主义”和“马克思主义人道主义”的口号，理论界进行了三年多的争论，最终肯定了这两个口号（对第二个口号是有保留的肯定）④。王若水明确强调，社会主义需要人道主义。“在进行社会主义现代化建设的今天，我们需要社会主义的人道主义。”其意义在于：

——它意味着坚决抛弃十年内乱期间的“全面专政”和残酷斗争；抛弃把一个人神化而把人民贬低的个人崇拜；坚持在真理和法律面前人人平等，公民的人身自由和人格尊严不受侵犯。

——它意味着反对封建的等级和特权观念，反对资本主义的拜金思想，反对把人当作商品或单纯的工具；它要求真正把人当人看，并且从一个人本身而不是从他的出身、职位或财产去衡量他的价值。

---

① 王若水：《为人道主义辩护》，生活·读书·新知三联书店1986年版，第232页。

② 王若水：《为人道主义辩护》，生活·读书·新知三联书店1986年版，第221页。

③ 王若水：《为人道主义辩护》，生活·读书·新知三联书店1986年版，第234页。

④ 王若水：《为人道主义辩护》，生活·读书·新知三联书店1986年版，第236页。

——它意味着承认人是目的，不仅是社会主义生产的目的，而且是一切工作的目的；要建立和发展体现社会主义精神文明的互相尊重、互相爱护、互相帮助、友好合作的新型社会关系，反对漠视人的官僚主义和损人利己的极端个人主义。

——它意味着重视社会主义建设中人的因素，发扬劳动人民的主人翁精神和创造性；重视教育，重视人才的培养和人的全面发展……①

在此讨论热潮下，“社会主义人道主义”得到学界的呼应，也受到了党的重视和关注。1983 年 10 月 12 日，邓小平同志在党的十二届二中全会上的讲话中指出：“人道主义作为一个理论问题和道德问题，当然是可以和需要研究讨论的。但是人道主义有各式各样，我们应当进行马克思主义的分析，宣传和实行社会主义的人道主义（在革命年代我们叫革命人道主义），批评资产阶级的人道主义。”② 这一论述，明确指出人道主义作为理论和道德问题可以和需要加以研究讨论，但“在社会背景和意识形态迥然不同的情况下，对各式各样的人道主义必须进行马克思主义的分析”③。

伴随着改革开放的步伐，人道主义的讨论热潮不减，人们对红十字人道主义的认识也在不断深入。1985 年，中国红十字会第四次全国会员代表大会对红会章程做了重大修改，宗旨方面，将原来章程总则中“救死扶伤，实行革命的人道主义”修改为“实行人道主义”。做出这样的修改主要基于以下因素的考量：

一是“救死扶伤，实行革命的人道主义”这句话，一方面有它的局限性，只限于救死扶伤；另一方面与国际通用名词不一致。无论是日内瓦公约，还是在各种国际场合，都使用“人道主义”一词。我国既是日内瓦公约的签署加入国，我国红十字会又是与国际关系密切的组织，那么自应与国际采取相同的语言，以利工作的开展。

二是中华人民共和国是社会主义国家，中华人民共和国的群众组织当然是实行社会主义的人道主义，即使不用“革命的人道主义”，只使用“人道主义”一词，并不意味着就背离了我国的社会主义性质。而且，中国红十字会还要在祖国统一事业中发挥积极作用。所以中国红十字会的宗旨，还应当体现我国对港、澳、台实行“一国两制”的方针，有利于祖国统一④。

从“革命的人道主义”到“人道主义”，尽管只有三个字之差，但结果

---

① 王若水：《为人道主义辩护》，生活·读书·新知三联书店 1986 年版，第 233 页。

② 《邓小平文选》第 3 卷，人民出版社 1993 年版，第 41 页。

③ 《人道主义及其传媒理念漫议》，《中国红十字报》2001 年 6 月 8 日。

④ 中国红十字会总会编：《红十字手册》，辽宁科学技术出版社 1988 年版，第 39 页。

却引发了一场争论。据时任红会副会长的谭云鹤回忆称：

为了这三个字，不仅在红会内部发生了争论，而且卫生部党组也有同志从关心的角度出发，给我打电话，希望我慎重行事，不要勾掉“革命的”三个字，以免政治上犯错误。但我认为：挂着“革命的”招牌，不干革命的事，还是不革命的；不挂“革命的”招牌，但干革命的事，终究还是革命的。并且，中国红十字会是红十字与红新月国际联合会的成员，而国际章程上写的“实行人道主义”，那我们这个“实行革命的人道主义”的红会，怎么去参加这个“不革命”的国际组织呢？所以，这一条就这么修改了，第四次全国代表大会也正式通过了①。

中国红十字会“四大”通过的新会章，明确规定中国红十字会以实行人道主义为宗旨，旗帜鲜明地把人道主义提到红会建设的战略地位，指明了红十字会思想建设的方向和道路。尽管如此，关于人道主义的认识迷雾依然盘旋在民众脑海之中，亟待廓清。

1986 年，《中共中央关于社会主义精神文明建设指导方针的决议》指出：“在社会公共生活中，要大力发扬社会主义人道主义精神，尊重人，关心人，特别要注意保护儿童，尊重妇女，尊敬老人，尊敬烈军属和荣誉军人，关心帮助鳏寡孤独和残疾人。”② 在中共历次代表大会上，把人道主义鲜明地写入党的决议中，这还是第一次。它的重大意义，就在于给予人道主义应有的地位。在此背景下，红会人开始探索革命人道主义和社会主义人道主义的异同，以加深对人道主义的认识。同年，中国红十字会副秘书长范雨田撰文对三者之间的关系做了梳理，指出：人道主义是泛指一切强调人的地位，肯定人的价值，维护人的尊严和权利的思想体系。社会主义的人道主义是革命人道主义的发展，革命人道主义是社会主义人道主义的前身，两者本质是一致的③。《中国红十字报》刊发专文指出，人道主义思想与共产主义的理论相结合，便成为社会主义的人道主义。它不单指导人们去从事以“仁爱”为本的慈善事业，而且着眼于人类精神文明建设，改造人们的世界观，树立大公无私、完全彻底为人民服务的高尚道德情操④。《中国红十字》也刊文遥相呼应：“社

---

① 谭云鹤：《见证历史——一个平凡人在不平凡的时代》，中国工人出版社 2002 年版，第 303 页。

② 《十二大以来重要文献选编》下，人民出版社 1988 年版，第 1182 页。

③ 范雨田：《红十字会与精神文明建设》，《中国红十字》第 161 期（1987 年 9 月），第 3—4 页。

④ 方宝树：《试论中国红十字会的社会主义特色》，《中国红十字报》1987 年 7 月 5 日。

会主义人道主义应成为红十字青少年工作的指导思想。”①

不仅如此，《中国红十字》还刊文为人道主义正名，明确指出，人道主义是一种起码的道德和精神，是一种广泛性的做人要求，属于社会主义精神文明的范畴，因此“中国红十字会应当具备的最基本的特色，应当是最充分地体现社会主义人道主义这个特征，离开这一点，就谈不到中国的特色、社会主义的特色”②。除此之外，关于大力发扬社会主义人道主义精神，建立和发展社会主义新型人际关系问题，《中国红十字报》先后发表专文进行论述，指出红会各项活动中应充分体现社会主义人道主义的宗旨，强调“四大”通过的新章程所规定的“人道主义”是作为社会主义伦理原则和道德规范的人道主义③；同时对社会上围绕人道主义的争议和错误看法做了厘清，打破了“社会主义人道主义”的思想桎梏，明确主张：“人道主义同一切科学成果一样，是人类文明进步的产物，是全人类共同的精神财富。它决不是资产阶级的专利。”“其实人道主义，只是做人的基本要求，是一种起码的道德和精神。”④ 只要社会各界坚定信心，高举人道主义旗帜，红十字精神就一定会发扬光大。

1988 年，时任中国红十字会总会宣传部长的熊世琦撰文，事无巨细地回溯了红十字人道主义思想的起源以及我国传统文化中所蕴含的人道主义思想，以此说明“我国久已有之的慈善事业与国际红十字会的宗旨是一致的”，并回溯了新中国成立后红十字事业的发展，指出：“不论过去和现在，国内和国外，红十字组织与人道主义都是相通的。实际执行过程中某些程度不同的偏离，那是执行者的认识问题，而不是红十字人道主义思想所使然。”在此基础上，他对形形色色的人道主义做了辨析后指出：“人道主义就是人道主义，不需要任何附加物。”在他看来，人道主义如同自然科学成果一样，“是人类的一项共同精神财富。如果硬要给人道主义附加什么东西，不论怎么加，都是与人道主义的本来意义无关的”⑤。

至此，红十字会系统终于廓清了对人道主义的认识迷雾，不再给人道主义冠以各种头衔，开始理直气壮地高举人道主义旗帜。1990 年，中国红十字

---

① 《社会主义人道主义应成为红十字青少年工作的指导思想——与教育工作者何承基同志的谈话》，《中国红十字》第 155 期（1987 年 3 月），第 28 页。

② 葛毓臣、赵树才：《人道主义与精神文明建设》，《中国红十字》第 164 期（1987 年 12 月），第 4 页。

③ 葛毓臣：《红会的特色体现在哪里?》，《中国红十字报》1988 年 5 月 5 日。

④ 葛毓臣：《红十字会的辩证法》，《中国红十字报》1991 年 11 月 5 日。

⑤ 熊世琦：《红十字人道主义思想的起源及其在我国的发展》，《中国红十字报》1988 年 11 月 5 日。

会“五大”通过的章程中进一步明确规定：中国红十字会以实行人道主义为宗旨[①]。其后，《中国红十字报》发表社论：“中国红十字会以实行人道主义为宗旨，因此必须高举人道主义的旗帜来开展工作。偏离了这个宗旨，红会的工作就没有特点，就失去了生命力。”社论旗帜鲜明地指出：红会倡导的人道主义正是人类交往、生存的最基本准则，是文明社会的公德，也是衡量民族素质的标准之一。中国红十字会把人道主义宗旨具体化为“救死扶伤、扶危济困、敬老助残、助人为乐”，所有红会组织及会员都要理直气壮地坚持、实行和宣传，对此不应有丝毫犹疑[②]。

此后，人道主义作为中国红十字会的宗旨被坚定不移地确立下来。“红十字会提倡的人道主义思想是当今人类社会公认的最起码的道德要求”[③]，成为红十字会系统的共识。伴随人道主义在思想界的解冻，慈善也逐渐得以正名。慈善事业，本是一种互相关心、援助危急的事业，但由于历史的原因，学界对慈善二字讳莫如深。诚如时人所观察到的，“多年来，我们却不敢提及慈善二字，对红十字会的性质，也不敢发自内心地阐明她是一个慈善性质的群众团体，好像一提慈善二字，就会敌我不分”。事实上，“慈善二字丝毫无损于我国红十字会的宗旨：救死扶伤，实行革命的人道主义精神”。时人甚至直言，“我们要敢于亮出我国红十字会是全国性的人民慈善救护团体这一实质”[④]，积极开创红十字工作的新局面。

二、从“人民卫生救护团体”到“从事人道主义工作的社会救助团体”

中国红十字会在新中国成立时被定位为“人民卫生救护团体”，结果使一个具有独立法人地位的国际性组织变成了政府行政部门所属的一部分。伴随思想界对人道主义的认识深化，红十字会的性质和宗旨逐渐回归本位。这从历次中国红十字会会员代表大会通过的会章中可见一斑（详见表7－1）。

---

① 中国红十字会总会编：《中国红十字会历史资料选编，1950—2004》，民族出版社2005年版，第216页。

② 《坚持人道主义宗旨　开创中国特色的红十字事业》，《中国红十字报》1991年5月5日。

③ 曲折主编：《中国红十字事业》，广东经济出版社1999年版，第24页。

④ 罗庆堂：《为慈善事业正名》，《中国红十字》第10期（1983年6月），第3页。

表7-1　1979—1999年《中国红十字会章程》规定的红十字会性质和宗旨一览表

年　份	历次大会	红十字会性质	红十字会宗旨
1979	三大	全国性的人民卫生救护团体	救死扶伤，实行革命的人道主义
1985	四大	全国性的人民卫生救护、社会福利团体	实行人道主义
1990	五大	全国性的人民卫生救护和社会福利团体。受政府委托代表中华人民共和国参加国际红十字组织	实行人道主义
1994	六大	从事人道主义工作的社会救助团体	保护人的生命和健康，发扬人道主义精神，促进和平进步事业
1999	七大	从事人道主义工作的社会救助团体	发扬人道主义精神，保护人的生命和健康，促进人类和平进步事业

资料来源：中国红十字会总会编：《中国红十字会历史资料选编，1950—2004》，民族出版社2005年版，第130、131、154、216、300、395页。

通过以上梳理可以明显看出，改革开放以来红会系统对自身性质和宗旨的认识经历了一个转变过程。红十字会性质由“全国性的人民卫生救护团体”（1979年），到“全国性的人民卫生救护、社会福利团体”（1985年），再到“从事人道主义工作的社会救助团体”（1994年）的转变，反映了“中国红十字会从国家体制中脱嵌并成为独立法人的过程”①。

实践是认识的来源，也是认识的发展动力。对红十字会性质认识的每一次深化都建立在深刻总结红十字事业实践经验的基础之上。

1985年，中国红十字会“四大”章程将红十字会性质修改为“人民卫生救护、社会福利团体”，是基于在多年的实践中，“中国红十字会所做的工作，除开展人民卫生救护活动，还有许多工作是属于社会福利的”。加之“随着社会情况的变化，适应人民群众的需要，中国红十字会的社会福利工作，日益活跃”②。这一新的界定扩展了红会性质的内涵，突破了单纯从事卫生救护工作的局限，显然更符合工作实际，更有利于开展工作。

1994年，中国红十字会“六大”的召开进一步实现了对红十字会性质认识上的巨大飞跃，红十字会被赋予了全新的角色——“从事人道主义工作的

① 中国红十字会总会编：《中国红十字会若干问题研究》，2015年内部印行，第63页。
② 中国红十字会总会编：《红十字手册》，辽宁科学技术出版社1988年版，第39页。

社会救助团体”。这一性质是在深刻总结中国红十字事业多年实践经验的基础上，参照国际通行做法，大胆改革、创新开拓而提出的建设有中国特色红十字事业的崭新观点①。它大大拓展了红十字会的工作领域，只要是符合人道主义宗旨的工作，只要是致力于“减轻人类因各种情况造成的苦难”的工作，红十字会都可以去做，都应该去做，可以勇敢地进行开拓和创造，把红十字事业积极推向社会发展的前沿。

对红十字会社会救助团体性质的理解应是一个“救”和一个“助”。“救”，是红十字运动以人道主义宗旨出发开展活动的初衷，也是红十字运动的精髓和强大生命力之所在；“助”，使红十字运动具有更加广泛的发展方向，能够对因各种情况陷入困境的人们提供各种帮助。就我国实际情况和红十字事业的发展而言，中国红十字会的工作职责主要是：救护、救灾、救济、救助②。总之，对人道主义社会救助工作的确认，才有了红十字会生存和发展的基础。

中国红十字会是从事人道主义工作的社会救助团体，按照《民法通则》，中国红十字会从成立之日起即具有法人资格，是具有独立法人地位的社会团体。各地方红会比照总会也应依法取得独立法人地位、具有独立法人资格。但由于历史的原因，民众在观念上依旧认为红会是卫生部门的事，长期挂靠在卫生部门，因而“独立自主地开展红会工作也就落空了”③。随着红会作用的日益凸显，中国红十字会六届三次理事会鲜明地提出红会要实行两个转变：一是性质、任务的转变，从“人民卫生救护和社会福利团体”转变为“从事人道主义工作的社会救助团体”；二是组织体制的转变，从依附、挂靠于卫生行政部门转变为按照国家行政区划单独设置，独立自主地开展工作④。两者相互联系又相互促进。第一个转变是前提，是历史发展和社会实践提出的要求，也是中国红十字事业进入新的历史时期的主要标志；第二个转变是为第一个转变服务的，并为第一个转变提供组织保证⑤。大体而言，红十字会实行“两个转变”主要基于以下几个因素：

其一是与国际红十字运动接轨的需要。

自新中国成立以来，中国红十字会的性质就被局限为人民卫生救护团体，

---

① 沈德煌：《浅谈红十字的“救”与“助”》，《中国红十字报》1995年4月7日。

② 沈德煌：《浅谈红十字的“救”与“助”》，《中国红十字报》1995年4月7日。

③ 黄菊操：《红会必须依法与卫生部门脱钩》，《中国红十字报》1996年2月9日。

④ 李鸿昌、朱友庆：《浅谈红十字会实行两个转变》，《中国红十字报》1996年5月10日。

⑤ 《中国红十字会副会长孙柏秋在中国红十字会第六届三次理事会议上的总结讲话》，《中国红十字报》1996年4月12日。

先后由内务部和卫生部指导联系。其后，中国红十字会又经过了合并、撤销、复建等过程，逐渐演变为依附挂靠卫生部的社团组织。国际红十字运动有三个主要特征：一是以弘扬人道主义为基本宗旨；二是以改善易受损害群体境况为基本目标；三是以人道、公正、中立、独立、统一、普遍性和志愿服务为行动基本原则。可以说，在新中国成立后相当长的一段时期内，我国红十字事业已经远离了国际红十字运动的基本准则。

其二是贯彻执行《中华人民共和国红十字会法》的需要。

1993 年 10 月，我国颁布实施了《中华人民共和国红十字会法》（以下简称《红十字会法》）。《红十字会法》第二条明确规定“中国红十字会是从事人道主义工作的社会救助团体”；第四条规定“中国红十字会独立自主地开展工作”；第八条规定“县级以上按行政区域建立地方各级红十字会”；第十一条规定“地方各级红十字会依法取得社会团体法人资格”①。以上各条都说明，县以上红会机构应该单独设置。根据《红十字会法》的有关规定，我国红十字会需要尽快实现红十字会性质任务和组织体制的转变。这两个转变是发展中国特色红十字事业的基础，是贯彻《红十字会法》的核心，也是红十字会依法履行职责、独立开展工作的基础保证②。

其三是红十字工作的不可替代性。

红十字会具有国际性、社会性、群众性的特殊优势，随着我国改革开放的深入和国际交往的增多，在我国民间外事的诸多活动中，红十字会发挥着独特作用，有其不可替代性，有些工作非红会莫属，有些工作由红会出面办理更为有效，而这些都要求红会必须实行“两个转变”③。

伴随红十字会的“两个转变”，对人道主义事业和社会福利事业异同的认识也摆在红十字人面前。长期以来，由于没有区分好二者的不同，总是把红十字会的人道主义事业，与其他部门的社会福利事业等同起来，导致了对红十字会的地位和作用估计不足，从而影响了红十字事业的发展。伴随红十字会工作实践的开展，红十字人逐渐认识到人道主义事业与社会福利事业的本质不同（详见表 7－2）。

---

① 李鸿昌、朱友庆：《浅谈红十字会实行两个转变》，《中国红十字报》1996 年 5 月 10 日。

② 杜海岚：《实施红十字会法：为何举步维艰——写在〈红十字会法〉颁布四周年之时》，《中国红十字报》1998 年 1 月 16 日。

③ 李鸿昌、朱友庆：《浅谈红十字会实行两个转变》，《中国红十字报》1996 年 5 月 10 日。

表 7 – 2　人道主义事业和社会福利事业的差异一览表

	人道主义事业	社会福利事业
法律依据	国家的宪法和法律	部门的法规和政策
视野范围	国际性的，不受政治、宗教、信仰、种族的影响	国家内部某个地区某个部门的事业
服务对象和工作内容	为改善最易受损害群体的境况，以维护人类的尊严，保护人类的健康为己任	只在部门之间开展，为烈军属、孤寡老人、残疾人服务
资金来源	国际捐助和社会募捐	政府拨款
国际影响和社会效益	增进各国之间的友谊与合作，促进人类和平；在国内，陶冶人们的情操，净化人们的灵魂，促进社会风气的好转，增进社会的安定团结	受到地区部门政策规定的限制，与人道主义事业无法比拟

资料来源：陈济雄：《浅谈人道主义事业与社会福利事业的区别》，《中国红十字报》1993 年 9 月 24 日。

对人道主义事业和社会福利事业二者本质的不同认识，为红十字事业的发展扫清了思想上的障碍。

2012 年，国务院出台的《关于促进红十字事业发展的意见》强调：中国红十字会为“中华人民共和国统一的红十字组织和国际红十字运动的重要成员”，是“人道领域的政府助手”，是“社会主义和谐社会建设的重要力量、精神文明建设的生力军和民间外交的重要渠道”，“红十字事业是中国特色社会主义事业的重要组成部分”。这些规定进一步明确和彰显了中国红十字会独一无二的性质和地位。

三、人道主义与社会主义精神文明建设

1986 年，《中共中央关于社会主义精神文明建设指导方针的决议》把人道主义真正纳入精神文明建设的范畴和轨道，使人道主义成为精神文明建设的一个重要的有机组成部分①。围绕人道主义和社会主义精神文明建设的关系，业界展开了一系列探索。有业内人士指出，中国红十字会的宗旨是实行人道主义，红十字工作中总结出的 16 字方针——“救死扶伤，扶危济困，敬

① 葛毓臣、赵树才：《人道主义与精神文明建设》，《中国红十字》第 164 期（1987 年 12 月），第 4 页。

老助残，助人为乐”——就充分说明了红十字会工作是社会主义精神文明建设的组成部分，因此宣传和实行社会主义人道主义是社会主义精神文明建设的需要，也是红十字会工作的宗旨。具体体现在以下方面：

第一，它是同各种违背社会主义人道主义原则的丑恶现象做斗争的思想武器。

第二，充实和丰富了以共产主义思想为核心的伦理道德教育内容。

第三，澄清在人道主义问题上各种错误的宣传。

第四，它鲜明地驳斥了国内敌对分子和国际上别有用心的人对我国人民民主专政的国家政治制度的攻击①。

发展红十字事业是社会主义精神文明建设的需要。国务委员李铁映在中国红十字会“五大”上说：“中国是世界上人口最多，经济底子很薄的国家。政府不可能把所有的事情都包揽下来。不少事情需要充分发挥群众团体的作用。……红十字的无私奉献精神在社会主义精神文明建设中是大有可为的。”②他从我国红十字发展的历史事实出发，说明红十字事业是一项伟大而崇高的事业。红十字会的任务是与社会主义现代化建设和改革开放的方针相联系的，是社会主义精神文明建设的重要组成部分。红十字组织是造福于人民、为统一祖国大业服务、促进世界和平和人类进步事业的社会团体组织。

1996 年，党的十四届六中全会做出的《关于加强社会主义精神文明建设若干重要问题的决议》（以下简称《决议》），对精神文明建设的目的、意义、目标和实施方法做了明确具体的规定。《决议》号召在全国形成物质文明和精神文明建设协调发展的良好局面，指出社会主义精神文明建设是群众性的事业，要“形成各级主要领导负总责，各有关部门和团体共同参与、分工协作、齐抓共管的新格局”。这对中国红十字事业的发展起到了导向作用、推动作用和保障作用③。红十字会是从事人道主义工作的社会救助团体，弘扬人道主义，开展救灾、救护、扶危济困和敬老助残等社会救助工作，无一不是精神文明建设的具体行动。从广义上说红十字会工作属于精神文明建设的范畴。从实质看，《决议》不仅把红十字会的工作和红十字精神都包含其中，而且给红十字会的工作开拓了新领域。对这两者关系，中国红十字会会长钱正英有过多次讲话。

---

① 范雨田：《红十字会与精神文明建设》，《中国红十字》第 161 期（1987 年 9 月），第 3—4 页。

② 转引自刘静湖：《论红十字会在我国社会发展中的地位和作用》，《中国红十字报》1993 年 11 月 12 日。

③ 钱正英：《积极参与精神文明建设　塑造中国红十字会新形象——在中国红十字会第六届理事会第四次会议上的讲话》，《中国红十字报》1997 年 4 月 4 日。

1996年3月，她在第六届三次理事会议上就提出，“时代呼唤红十字精神，精神文明建设也包含着红十字精神”，初步表达了两者的关系；其后在当年纪念“5·8”世界红十字日的讲话中，她进一步呼吁，红十字会要积极配合国家的精神文明建设，弘扬人道主义精神。“人道、博爱、奉献”是红十字精神的集中体现，也是精神文明建设的重要内容。各级红十字组织要发挥这个优势，通过宣传教育和开展各种救助活动，使广大会员并通过他们去影响周围群众，提高道德水准①。10月下旬，她在视察湘鄂两省红十字会工作时又进一步指出：“我们要更加积极主动地把红十字会工作和红十字精神纳入到精神文明建设中去，精神文明建设要带动红十字会工作，红十字会工作要为精神文明建设服务。”为此，中国红十字会呼吁全系统工作人员，着力开展好以下工作：

1. 加强理论研究，进一步找准红十字运动基本精神和原则与我国社会主义精神文明建设的结合点，把“决议”提出的目标、内容和要求同红十字会法规定的宗旨、性质和任务联系起来，确定我会在国家精神文明建设中应承担的任务；

2. 制订出各级红十字组织参与精神文明建设的规划，把我会工作融入各级政府的精神文明建设工作之中；

3. 加强干部培训工作，提高理论（包括政治思想理论、红十字运动理论）水平和业务素质，建立一支强有力的骨干队伍，使各级红十字会都能抓住时机，开拓工作，使红十字事业与精神文明建设同步发展，相互促进；

4. 进一步加强和改进宣传工作，使社会各界（首先是党政领导干部）都能明确认识红十字会法赋予中国红十字会的地位和使命②。

关于红十字会参与精神文明建设的途径和方式。钱正英指出，各级红十字会在参与精神文明建设时要采取与自己性质、宗旨、职责相符合的方式体现出红十字运动的色彩。从总体上说，应注意和把握这样几点：一是以发扬“人道、博爱、奉献”精神为号召；二是以改善易受损害人群境况为工作目标；三是开展实实在在的救助服务工作，通过基层组织和广大会员的活动去影响周围群众；四是加强与政府及有关部门的联系，主动当好政府在人道领

① 钱正英：《弘扬人道主义精神　发展红十字事业——纪念五·八世界红十字日》，《中国红十字报》1996年5月3日。

② 顾英奇：《全面贯彻〈红十字会法〉　加速两个转变　在我国两个文明建设中发挥更大作用——在中国红十字会第六届理事会第四次会议上的工作报告》，《中国红十字报》1997年4月18日。

域的助手①。

1996年，中国红十字会常务副会长顾英奇也对红十字人道主义和精神文明建设的关系表达了自己的看法。在他看来，“红十字会属于社会保障体系的一部分，作为社会团体应当主动承担这部分工作。……发展红十字事业应该作为加强道德建设和精神文明建设的一个组成部分，使红会工作在精神文明建设方面占据一席之地。因为红十字会崇尚人道、博爱、奉献，提倡互助互爱，无私奉献，对净化社会风气，改善人际关系无疑会起到很好的推动作用”②。

值得一提的是，人道主义是社会主义精神文明的有机组成部分这一认识，也得到了党和国家领导人的肯定。1999年，时任中国红十字会名誉会长、国家主席的江泽民在接见中国红十字会“七大”代表的讲话中指出：“红十字事业是崇高而伟大的事业，它所倡导的人道主义精神和为社会奉献的精神，符合社会主义精神文明的要求。随着我国改革开放和现代化建设的发展，中国红十字事业的前景将会越来越广阔。”③ 这为红十字人道事业的发展注入了一剂强心针。

在社会主义精神文明建设的时代浪潮中，各级红十字会响应号召，积极争取各级政府的支持，将有关人道主义内容作为社会主义精神文明建设的一部分，写进地方各级政府关于当地国民经济和社会发展的计划中，将人道主义精神有机融入新世纪精神文明建设之中，绽放了红十字人道主义的不朽魅力和时代风采。

四、人道、博爱、奉献成为时代最强音

（一）“救死扶伤、扶危济困、敬老助残、助人为乐”的红十字精神

伴随改革开放的春风，红十字会逐渐“解冻”，越来越多地参与到社会服务中去。学术界也围绕人道主义先后出现多次讨论热潮。人道主义不再像洪水猛兽，令人望而生畏，红十字运动逐渐回归本位。1990年，中国红十字会第五次全国会员代表大会召开期间，李鹏总理在贺信中说：“中国红十字会遵

① 钱正英：《积极参与精神文明建设　塑造中国红十字会新形象——在中国红十字会第六届理事会第四次会议上的讲话》，《中国红十字报》1997年4月4日。

② 侯丽荣：《为红十字事业“鼓与呼”——顾英奇常务副会长访谈录》，《中国红十字报》1996年4月26日。

③ 中国红十字年鉴编辑部编：《中国红十字年鉴：2004/2005》，台海出版社2006年版，第162—163页。

循人道主义宗旨，在救死扶伤、扶危济困、敬老助残、助人为乐等方面发挥了重要的作用。替政府分忧，为群众解难，深受广大群众的欢迎。”① “救死扶伤、扶危济困、敬老助残、助人为乐”，这十六字箴言也是20世纪80年代红十字会开展工作的指导思想。

追根溯源，这十六字方针最早是由北京市红十字会集多年工作之经验提炼而成。1978年恢复工作后，为让群众了解红十字会到底是干什么的，北京市红会根据红十字会“实行人道主义”的宗旨及“群众性的卫生救护团体”的性质，提出了“讲卫生、讲人道”的工作方针。1981年，北京市红会领导经过反复琢磨、提炼，把“讲卫生、讲人道”发展为“救死扶伤、扶危济困、敬老助残、助人为乐”。这十六个字被确定为北京市红十字会工作方针，并于1985年写进了《北京市红十字会组织通则》中②。这十六字方针由于生动易解，朗朗上口，颇具中国特色，所以在全国广泛流传起来。

（二）从人道主义奉献精神到人道、博爱、奉献

20世纪80年代末90年代初，“奉献”成为时代主旋律。1989年央视春晚上一曲《爱的奉献》，红遍了大江南北，也将“奉献”这个字眼撒播到了红十字人的心田。它反映出人们在新的历史时期对重建新型人际关系、呼唤人性复归的渴望。歌中那句“只要人人都献出一点爱，世界将变成美好的人间”，后来成为呼吁爱心的标志性口号。在这个背景下，红会系统顺应时代潮流，将奉献融入自己的思想文化体系，进而将人道主义和奉献连用起来以阐述红会宗旨。

1991年，中国红十字会常务副会长顾英奇明确指出，红十字的宗旨和原则基本点是人道主义和奉献精神③。在此思想指引下，同年，天津举办“人道与奉献”摄影比赛，北京崇文区红十字会举行了“人道·奉献”演讲比赛。1992年，《中国红十字报》改版扩刊之际，将“博爱·人群”作为副刊，开设《爱在人间》专栏，以各种形式歌颂人间纯情，弘扬人道主义和无私奉献精神④。沉寂多时的“博爱”字眼开始在红会系统复苏。

1994年，中国红十字会隆重召开“六大”暨中国红十字会成立九十周年纪念大会。顾英奇在工作报告中，首次提出“在传播人道、奉献、博爱精神，维护社会稳定，增进人民团结，救灾赈济，参与社会保障事业，促进精神文

① 中国红十字会总会编：《中国红十字会历史资料选编，1950—2004》，民族出版社2005年版，第202页。

② 《“十六字方针”的由来》，《中国红十字报》1992年1月3日。

③ 顾英奇：《开拓中国特色的红十字事业》，《中国红十字报》1991年10月5日。

④ 《本报“博爱·人群”副刊告白》，《中国红十字报》1991年12月5日。

明建设等方面，红十字会都能够有所作为”[①]。同年5月20日，《中国红十字报》的刊文中首次提到“弘扬人道、博爱、奉献、敬业精神”[②]。1995年4月，钱正英会长在中国红十字会六届二次理事会上的讲话也明确指出，“人道、博爱、奉献”是红十字精神的集中体现，亦是精神文明建设的重要内容。其后，“人道、博爱、奉献”的红十字精神这一说法如紫蔓乘春风而起，在之后的历次红会领导讲话和各地红会活动中被广泛使用，成了红十字会系统的共识。

综合本节所述，在红十字文化的演变过程中，人道主义是红十字文化的核心话语，但长期以来却受到各种各样的干扰，在“文革”中更是走向极端，有如洪水猛兽，横遭批判。改革开放后，伴随人道主义的讨论热潮，人们逐渐加深了对人道主义的认识，但不少人不敢理直气壮地举起人道主义旗帜，而冠之以社会主义人道主义。显然，在意识形态领域，每次对人道主义的批判都会给国内红十字运动带来消极影响。新中国成立前的40多年战乱、新中国成立后的10年“文革”及其他政治运动，使红十字事业几经波折。直至20世纪90年代后，中国红十字会才被赋予“从事人道主义工作的社会救助团体”的定位。

事实上，人道主义是起源于欧洲文艺复兴时期的一种思想体系，在漫长的历史过程中，其表现形式多种多样，但概括起来，人道主义不外是这样一些内容：强调以人为本，肯定个人的价值，维护个人尊严和权利，用“人的本性”为真、善、美的尺度，并以此来观察、衡量人类社会和其他事物。在这个意义上，可以说“作为伦理原则和道德规范的人道主义属于人类文明中共同的精神财富”[③]。与之相较，红十字所讲的人道主义则有它具体、特定的内涵。红十字会的人道主义的核心是“保护人的生命和健康”，所以它提倡“战时行善”——实行战地救护和以“人道致和平”——鼓励对人的尊重，为增进人与人之间的相互帮助、友谊、合作和持久和平而工作[④]。红十字人道主义提倡关怀人、爱护人、尊重人，是一种以人为本、以人为中心的世界观。它绝不是资产阶级的专利，而“是人类文明进步的产物，是全人类共同的精神财富”[⑤]。所以我们必须坚定信心，坚守本位，毫不动摇地坚持人道主义宗旨，将红十字精神发扬光大。

---

① 《遵循圣洁宗旨　坚定奉献精神　高举人道旗帜　创造辉煌明天——顾英奇在“六大”全体会议上做工作报告》，《中国红十字报》1994年4月25日。

② 《缅怀红十字运动创始人　亨利·杜南雕像在闽落成》，《中国红十字报》1994年5月20日。

③ 曲折主编：《中国红十字事业》，广东经济出版社1999年版，第22页。

④ 曲折主编：《中国红十字事业》，广东经济出版社1999年版，第23页。

⑤ 葛毓臣：《红十字会的辩证法》，《中国红十字报》1991年11月5日。

第二节 “中国特色红十字事业”理论研究

1985年5月31日至6月1日，中国红十字会召开第四次全国会员代表大会，钱信忠会长做工作报告时第一次明确提出：中国红十字会今后要“逐步探索出一条建设具有中国特色的红十字工作道路”①。这成为新时期红十字事业发展的行动指南。而要搞好中国特色的红十字工作，必须要有正确、深刻、符合中国国情的理论做指导。任何工作如果没有正确的理论做指导就将迷失方向，“或南辕北辙，或事倍功半”②。

一、理论研究蔚然兴起

1988年，谭云鹤在中国红十字会第四届理事会第三次会议的工作报告中指出，红十字事业还没有立法，也缺少在理论上的研究和探讨，使我们许多工作还不能从“我国处于社会主义初级阶段”的这个理论出发，从理论高度去认识，还缺乏自觉性。他还建议加强对国际红十字运动的调查研究，熟悉它的历史，了解和掌握国际红十字运动的现状和动态，有针对性地开展工作，以推动国际红十字运动的健康发展，扩大中国红十字会在国际上的影响③。

在此背景下，红会人纷纷集思广益，建言献策。总体而言，这一时期对中国特色红十字会的讨论尚无系统全面的阐述。仅列举几个看法，以供参考。

1987年，《中国红十字报》刊文指出，创办有中国特色的红会事业，必须坚持人道主义，这是中国红十字会的首要的特色。另外，“广泛发动会员和人民在社会生活中开展助人为乐的活动，处处体现着鲜明的群众性特色”④。有学者认为，红会的特色主要体现在以下方面：（一）各项活动中，应充分体现社会主义人道主义的宗旨；（二）为经济建设服务的任务；（三）当好助手；（四）自力更生，艰苦创业⑤。另有观点认为，人道主义是最能体现红十字事业特色的，要凸显红十字事业的特色，首先必须要突破狭隘的人道主义观念。红会应该理直气壮地亮出人道主义这面旗帜⑥。还有学者撰文，建议开

---

① 《中国红十字会历届全国代表大会简介》，《中国红十字报》1994年4月22日。

② 李铁成、郭春英：《试谈人道主义的悖论与差异》，《中国红十字报》1994年10月21日。

③ 谭云鹤：《中国红十字会第四届三次理事会的工作报告》，《中国红十字报》1988年3月5日。

④ 方宝树：《试论中国红十字会的社会主义特色》，《中国红十字报》1987年7月5日。

⑤ 葛毓臣：《红会的特色体现在哪里?》，《中国红十字报》1988年5月5日。

⑥ 杨俊：《要突破旧观念的束缚》，《中国红十字报》1988年8月5日。

展对红十字事业的理论研究和探讨，并主张从以下三方面入手：

（1）研究发展我国红十字事业的方针、政策、法规和规划，提出建议；

（2）协调全国红会工作研究和探讨，研究国内外的红十字活动情况、现状、动向、趋势、经验等；

（3）制订红会干部培训计划，提高干部素质，加强队伍建设。总会与省、市会每年要有计划地举办各类专题培训班[①]。

在重视理论研究的热潮驱动下，地方各级红会也纷纷将理论研究纳入常规工作，“重视和加强对红十字运动的历史和理论的研究，不断充实和完善红十字会的宗旨、性质等一系列重大问题的内涵，为中国红十字运动的发展奠定了理论基础”[②]。

1993 年，天津市在各级红十字会专兼职干部中开展“有中国特色的红十字事业”理论研讨活动，围绕“什么是中国特色的红十字事业”“中国特色的红十字事业包括哪些内容”等进行研讨，并形成文字，由市红会择优向《中国红十字报》推荐，参加征文活动[③]。福建省红十字会把苦练“内功”作为增强红会综合实力的一项基础工程来抓，组织会员系统学习总会编写的《对建设有中国特色红十字会理论的初步探讨》一书[④]。江西省红会将“开展红十字理论的研究，组织高校红会和红会专干对建设有中国特色的红十字运动理论进行研讨”[⑤] 作为 1997 年要抓好的 10 件大事之一列入计划。1997 年 10 月，湖南省常德市红十字会举行了全市“红十字运动理论研讨会暨纪念红十字会法颁布 4 周年座谈会”，会议研究了面向 21 世纪红会工作所面临的形势，还评选出 7 篇对全市红会工作具有指导意义的优秀论文[⑥]。上海作为中国红十字运动的发源地，在红十字理论研究方面也独树一帜，1998 年 6 月 27 日，上海市红十字会理论研究室正式挂牌成立，并召开了第一次理论研讨会[⑦]。

值得一提的是，国内率先开启对红十字理论进行系统研究的当推于清亚。1997 年，时任四平市红十字会副会长的于清亚出版《红十字学研究》一书，尝试将红十字运动理论纳入社会科学的范畴。在该书中，他从红十字人道主义的发生（原理、决定因素、相关因素、必然性）、发展（动力、感召法则、

---

① 尹连先：《我国红十字工作现状、需求与对策》，《中国红十字报》1988 年 6 月 5 日。

② 钱正英：《弘扬人道主义精神　发展红十字事业——纪念五·八世界红十字日》，《中国红十字报》1996 年 5 月 3 日。

③ 《天津开展“有中国特色的红十字事业”理论研讨活动》，《中国红十字报》1993 年 8 月 13 日。

④ 林正铭：《福建红会加强理论学习苦练“内功”》，《中国红十字报》1995 年 10 月 6 日。

⑤ 《江西红会计划今年要抓好 10 件大事》，《中国红十字报》1997 年 1 月 10 日。

⑥ 《常德市红会举办“红十字运动理论研讨会”》，《中国红十字报》1997 年 11 月 21 日。

⑦ 《加强红会理论研究　上海市红十字会理论研究室成立》，《中国红十字报》1998 年 7 月 24 日。

特征、精髓、重要主张等方面)、红十字与红新月运动中的社会现象、对红十字人道主义的展望等4个方面展开研究，揭示了红十字人道主义客观运行的规律，在红十字理论研究方面抛出了一块“金砖”。他尤其重视理论研究工作，呼吁“各国红十字会或红新月会，都应该建立理论研究机构，拥有一定规模的理论家队伍”，“真正把红十字理论看作是一门科学，看作是一门学问，努力探索其科学规律，尊重客观规律，按客观规律办事，促进红十字人道主义的良性运行”①。

1999年，中国红十字会“七大”确定了今后5年的奋斗目标和任务，列在第一位的即是加强理论建设，“要认真组织红十字会内外的专家学者和研究人员，加强红十字理论的研究，把红十字运动的理论纳入社会科学的范畴，以指导全国红十字工作，提高广大红十字工作者的理论水平，使红十字会人员的行动更具自觉性，增大社会宣传的力度”②。此后，红十字运动理论研究蔚然成风，以2011年为例，这一年，中国红十字会的工作主题为“以制度建设为重点的能力建设年”，学界、业界围绕这一主题积极开展理论探讨，催生了一批佳作，如《红十字会能力建设的理论思考》《以制度建设推动能力建设》《制度建设：要有精品意识》等系列文章，对能力建设的路径、策略、手段等进行了多层次、多角度探索；《“危机管理”化解危机》《危机公关和领导艺术》《危机中维护公信力》等系列文章，对如何应对危机管理进行了深入探讨，进一步丰富了红十字理论研究的内容③。在红十字理论研究的大潮中，红会史的研究尤为引人瞩目。

二、红十字会史整理和研究方兴未艾

对红十字人而言，红十字会的百年奋进历史是一笔不该忘却的财富。1990年召开中国红十字会“五大”以来，红十字会系统重视和加强对红十字会的理论研究，其中对红十字会史的整理和研究一时成为一种热潮。

《中国红十字会总会1992年工作设想》提出，要“抓紧红会历史资料的收集和整理。在1991年的基础上，总会与各地红会要继续收集整理有关我国红会的历史资料，如像片、人物传记、回忆录等。有条件的地方可以编写地方红十字会历史的专题材料。各级红会要注意对红会的理论问题进行研究，

① 于清亚：《红十字学研究》，远方出版社1997年版，第88页。

② 中国红十字会总会编：《中国红十字会历史资料选编，1950—2004》，民族出版社2005年版，第392页。

③ 池子华、郝如一：《星星之火正在燎原》，《中国红十字报》2012年1月6日。

为红十字运动的发展提供理论依据”[①]。在此思想指导下，各地红会掀起了写史修志的风气，一时方兴未艾。

1990 年，湖北省红十字会尤德新编写《闪光的红十字》一书，较系统地介绍了国际国内红十字的基本知识、中国红十字会的工作内容及其工作方法，并对红十字有关理论进行了探讨[②]。1993 年，总会组织力量编辑出版了《中国红十字会历史资料选编，1904—1949》，包括晚清时期、民国时期和综合资料三个部分，洋洋洒洒 50 余万字，内容丰富，“大体上能够反映出中国红十字会在旧中国几个历史阶段的真实面貌，对于我们了解和研究过去这段历史具有重要的参考价值”[③]。1994 年，为纪念中国红十字会成立 90 周年，总会主持编写了《中国红十字会的九十年》一书，是“系统记述我国红十字会 90 年历史的第一部大型书籍”，对于向广大会员和社会各界宣传中国红十字会，促进红会事业的发展具有重要的历史和现实意义，特别是配合向社会宣传红十字会法提供了丰实的宣传资料[④]。此外，总会还发行了《中国红十字会九十周年》画册，收集了江泽民、李鹏、乔石等党和国家领导人为中国红十字会成立 90 周年的题词，红十字国际委员会主席索马鲁加、国际联合会主席兰德尔的贺信，从中国红十字会初创时期至 1994 年红会“六大”时的照片 150 余幅，以及 20 个省、自治区、直辖市红会和铁路红会提供的照片 60 余幅。画册以中英文对照、图表、表格等形式，凝练、形象地再现了中国红十字会 90 年来的发展历程和各地红会的工作概况[⑤]。

与此同时，对国际红十字运动起源历史的介绍也显得尤为重要。1996 年 4 月 25 日至 10 月 25 日，《山东红十字报》连载红十字会创始人亨利·杜南所著的《索尔费里诺回忆录》。1998 年，山东省红十字会引进了该书，填补了该书出版 100 余年来没有中文版的空白，成为学习、研究、宣传红十字会历史的十分珍贵的重要文献。该书受到总会领导的高度重视和积极推荐，常务副会长顾英奇亲自为该书题词志贺[⑥]。

2000 年，周秋光在《近代史研究》上发表《晚清时期的中国红十字会述论》一文，“对晚清时期的中国红十字会展开全面论述”，该文资料翔实，论

---

① 《中国红十字会总会 1992 年工作设想》，《中国红十字报》1992 年 2 月 28 日。

② 《〈闪光的红十字〉一书将再版》，《中国红十字报》1992 年 6 月 26 日。

③ 中国红十字会总会编：《中国红十字会历史资料选编，1904—1949》，南京大学出版社 1993 年版，第 1 页。

④ 《关于征订、发行〈中国红十字会的九十年〉一书的通知》，《中国红十字报》1994 年 4 月 15 日。

⑤ 《〈中国红十字会九十周年〉纪念画册出版》，《中国红十字报》1995 年 4 月 7 日。

⑥ 山东省红十字会编著：《山东红十字事业九十年》，山东友谊出版社 2002 年版，第 191 页。

述深刻，是21世纪中国红十字研究的开篇之作。继之，张建俅、池子华、朱浒、杨念群、靳环宇等学者的研究著述相继问世，使20世纪初年的红十字运动研究出现了一个小高潮，形成了学界的一个研究热点。其中，由孙柏秋主编，池子华、杨国堂等著的《百年红十字》一书“作为首部系统研究中国红十字会百年史的著作，出版意义重大，不仅弥补了相关研究的不足，而且对拓展史学研究的领域，推动中国慈善事业的发展，都有着不可低估的借鉴价值”①。继《百年红十字》之后，池子华、郝如一又推出《红十字与近代中国》一书。该书作为第一部系统研究中国近代红十字会史的力作，“在占有丰富翔实历史资料的基础上对中国红十字会与近代中国的互动关系作了多层次、多角度、跨学科的考察”，“作为第一部系统研究中国近代红十字会史的力作，它的出版不仅弥补了相关研究的不足，拓宽了中国社会史研究的领域，而且为中国红十字事业的可持续发展提供了有益的历史借鉴”②。

2004年是中国红十字会建会100周年，总会和地方各级红十字会以此为契机，大力宣传红十字事业，开展“做实事，庆百年”的系列纪念活动。总会编辑出版了《中国红十字会百年》画册、《奋进中的红十字事业》和《百件实事迎百年——红十字在行动》等一批书刊。许多省级红十字会也编辑出版了介绍本会历史和工作的书籍③。而为了庆祝分会成立100周年，地方各级红会纷纷著书立传，《山西省红十字会百年史》《苏州红十字会百年纪事》《百年红十字运动在成都》《济南市红十字会百年大事记》《厦门红十字百年回望》《江西红十字运动百年回眸》等大批著作的相继诞生，对各地红十字运动的百年发展脉络进行了梳理与考证。截至2014年，相关研究论文已达百余篇，专著近60部。整体而言，这些著作研究内容相当广泛，既有通史性质的，也有专题性质的；既有总论全国的，还有专述某区域或某组织的。这些丰硕的成果为进一步开展红十字运动理论研究奠定了坚实的基础。

三、“中国特色红十字事业”讨论如火如荼

为推进中国特色红十字事业的深入开展，《中国红十字报》于1993年3月20日起开辟关于《有中国特色的红十字事业》④ 的讨论专栏，引发了广泛的社会关注，全国各地红十字会的干部、会员及许许多多读者，踊跃参加这

---

① 茅家琦：《〈百年红十字〉简评》，《历史教学》2004年第3期。

② 杨红星、池子华：《近年来中国红十字运动研究综述》，《河北大学学报》2009年第4期。

③ 中国红十字会总会编：《中国红十字会历史资料选编，1950—2004》，民族出版社2005年版，第496—497页。

④ 《告读者》，《中国红十字报》1993年10月29日。

次讨论，提出了很多有价值的见解。全部讨论征文本定于 1994 年 3 月底截止，实则一直开展至 1995 年 7 月。据不完全统计，此次讨论共在《中国红十字报》刊发来稿 68 篇，内容涵盖红十字事业的方方面面。一时理论探讨形成一股热潮，蔚为壮观。讨论的主题主要包括以下几个方面。

（一）红十字会的重要性

由于红十字国内组织和各项工作在十年动乱中被迫停止，在恢复和重建初期，围绕对红十字会重要性的认识，业界曾不时听到一种议论，甚至是“可有可无，没有独立存在的必要”。随着红十字组织的发展和各项红十字活动的开展，一些对红十字组织的作用认识不清的人，在事实面前，开始发出新的感叹：“原来红十字会能起这么大的作用。”① 越来越多的事实说明，红十字会是政府部门不可缺少的有力助手，其工作是任何别的部门所不能替代的，并不是“可有可无”，而是非有不可的。红十字会的地位和作用，在一定程度上决定于红十字会工作所取得的成绩和成绩的大小。“可有可无”这个认识上的争论，在红十字会工作广泛开展的地方逐渐消失。

围绕红十字会在社会发展中的重要地位和作用，理论界的探讨主要聚焦以下几个方面：

其一，从国际红十字运动和中国红十字会发展史来看，中国红十字会是我国最早成立的群众团体之一，做了大量有益于人民的好事。

其二，从当前现状看，中国红十字会作为各级政府在人道领域的助手，开展了大量致力于社会主义精神文明建设和物质文明建设的活动，尤其在社会主义精神文明建设中大有可为，从社会生活的一个侧面体现出社会主义精神文明建设的生动内容，是社会主义精神文明建设的重要组成部分②。

其三，红十字会在社会保障中具有“辅助地位和不可替代的重要作用”。研究者指出，在整个社会保障体系中，政府始终处于主导地位，红十字会和其他慈善机构处于辅助、补充的地位。但是，红十字会人道救助团体的性质和国际性、群众性、广泛性等特点，又决定了它起着不可缺少、不可替代的特殊作用③。

其四，红十字会在灾害救助中的作用不容忽视。《红十字会法》规定红十字会的职责之一为：“开展救灾的准备工作，在自然灾害和突发事件中，对伤

---

① 《小议“可有可无”》，《中国红十字报》1988 年 10 月 5 日。

② 参见刘静湖：《论红十字会在我国社会发展中的地位和作用》，《中国红十字报》1993 年 11 月 12 日。

③ 张立明：《试谈红十字会在社会保障中的地位和作用》，《中国红十字报》1998 年 2 月 13 日。

病人员和其他受害者进行救助。”① 这赋予了红十字会在灾害救助中的独特地位。

总体而言，中国红十字会在我国社会发展中扮演着多重角色，既是“人道”原则的捍卫者和政府人道工作助手，又是救灾救难的特殊力量和社会建设的独特力量②。红十字运动的实践证明，在人道领域的工作中，无论是救灾、救护，还是参与输血献血工作，红十字会始终是“博爱天使”，是“中国政府人道工作的好助手”③。改革开放以来，中国红十字会弘扬人道主义精神，为政府排忧，替群众解难，在维护国家的政治安定和社会的稳定方面谱写了光辉的一页。

（二）中国特色红十字事业的内涵和定位

1996 年，中国红十字会会长钱正英指出，有中国特色红十字会应当是国际红十字运动基本精神与中国特色社会主义的结合体。“建设好有中国特色的红十字会，既能够增强她在国内、国际从事或参与人道主义救助工作的能力，又可使社会主义中国形象更为鲜明和高大”④。

在研究者眼中，红十字事业应该是：以实行人道主义为主要使命，战时行善，平时倡导和平，维护人的尊严，通过人道活动达到世间和平的目的。中国特色简单地说，就是在中国国情下形成的中国风格⑤。

另有学者指出，所谓建设有中国特色的红十字事业，就是从中国国情出发，遵循国际惯例，对实行人道主义宗旨，从形式和内容上，有科学的创造性的发展。“在中国，政府对红十字事业的领导，是符合国情的，是制度的优越所决定的，是中国的特色。……人道主义得到如此广泛的实行，是中国的特色。把红十字会工作重点放到农村是中国的特色。红十字青少年工作与国家教育方针相辅相成，是中国特色”⑥。

在中国特色红十字事业的讨论框架下，研究者对中国特色红十字会的办会模式也展开了探索。《中国红十字会九十年代工作纲要》明确指出，中国红

---

① 王立忠：《在中国红十字会“红十字博爱送万家”新闻通报会上的讲话》，《中国红十字报》2001 年 1 月 19 日。

② 参见中国红十字会总会编：《中国红十字会若干问题研究》，2015 年内部印行，第 45—48 页。

③ 林正铭：《红十字会法是我国红十字事业发展的重要里程碑　纪念〈中华人民共和国红十字会法〉颁布施行三周年》，《中国红十字报》1996 年 10 月 18 日。

④ 钱正英：《弘扬人道主义精神　发展红十字事业——纪念五·八世界红十字日》，《中国红十字报》1996 年 5 月 3 日。

⑤ 吴厚冬：《符合国情便是中国特色》，《中国红十字报》1993 年 4 月 23 日。

⑥ 参见于清亚、徐恩萍、陈立平：《试论中国红十字事业的特色》，《中国红十字报》1993 年 7 月 30 日。

十字会要“增加综合实力，提高自我完善自我发展力；形成自身体系的组织网络，独立自主地开展工作”。可以说，这是中国特色红十字会的一种办会模式和发展方向。研究者指出，建设有中国特色的红十字会要注意纠正两种倾向：一种倾向是卫生行政部门直接干预红会活动的“官办红会”。应当明确：红会是具有独立法人地位的社会团体，要按照自己的《章程》开展活动。另一种倾向是照搬一些西方发达国家的办法，红会仅仅办医院、办血液中心（血站）、办护士学校、办慈善中心等大型社会福利事业。这种办会模式超越我国的经济社会发展水平，不符合国情。

在明确办会模式的前提下，要突出红十字会工作的特色。

其一，红十字会是从事人道救助的社会团体，是带有国际性的、政府在人道领域内的助手。红会的工作不是“拾遗补阙”，红会也不是“万金油”，而是从事和人道救助有关的工作。

其二，红会在赈灾、卫生救护、血液事业、青少年工作，乃至外事、台湾事务等方面，几乎全与国家民政、卫生、教育、外交等部门的工作交叉。红会不应该也不可能行使或替代行政职能部门的工作，而应根据自己的宗旨、原则定位行事，“有所为，有所不为”①。

研究者建议根据多年来红会开展的工作及发挥的作用，可将救灾（救济）和公民无偿献血两项工作作为突破口。此外，还应建设有中国特色红十字会的保障体系，包括经济保障体系和法律保障体系②。

（三）红十字会与卫生系统

发展中国特色的红十字事业，关键在于正确认识我国红十字会与卫生系统的异同。围绕红十字会与卫生系统的关系，理论界主要有以下几种观点。

一是红会离不开卫生系统，必须依靠卫生系统。理由是：从我国红十字会的发展历史来看，“救护”是红十字工作的出发点与落脚点。因此，中国特色的红十字事业，仍应以救护为基础，把它的活动融于救济、救灾、营救等具体工作中，如此则不能离开卫生系统。也就是说，并不存在“划分出来的时机已基本成熟”的条件③。

二是红会应该而且必须离开卫生系统。理由基于以下几点：

其一，红十字会性质与卫生系统不同，红十字会从事的工作非卫生部门所能承担。从宗旨上看红十字会是实行“人道主义”，而卫生系统是进行“医

---

① 刘峰：《红十字“公正”原则之浅见》，《中国红十字报》1995 年 2 月 24 日。

② 刘静湖：《建设中国特色红会浅议》，《中国红十字报》1993 年 6 月 11 日。

③ 刘中祥：《红会离不开卫生系统》，《中国红十字报》1993 年 9 月 17 日。

疗保健”，而且按照国际惯例，红会是绝对独立的，绝对不能从属于卫生系统。就新的红会章程 11 条任务来看，与卫生部门有相关联系的仅 3 条，其余 8 条与卫生部门无联系，若把红十字会继续挂靠在卫生部门，势必阻碍红会职能范围内的工作进展①。

从中国红十字会的历史与现实发展看，红会活动辐射面广，显非卫生部门所能胜任。红十字会在赈灾救灾过程中起到了政府助手的作用，它还能受政府委托出面做政府不便出面做的某些工作②。因此，把红会看作是卫生系统属下的一个机构，会使红会工作性质受到局限。

其二，将红会与卫生部门混同的认识会阻碍红十字事业的发展。由于多年来红会一直“寄养”在卫生机构篱下，由卫生系统扶持，故许多群众把红十字会标志和医疗卫生单位等同起来，甚至认为红十字标志就是治病机构的标志，哪里有医疗卫生单位，哪里就有“红十字”。这在客观上削弱了红十字会的力量，在实际工作中混淆了红十字会和医疗卫生单位的界限，在社会上降低了红十字会的影响力③。

其三，将红会从卫生系统划分出来的时机已成熟，体现在全国人大常委会已经对《红十字会法》进行审议并即将获得通过，这正是最难得的好“时机”④。

三是红会与卫生系统既有联系，又有区别；既不等同，更不能割裂。

红十字会与卫生系统之间有着天然的联系。二者的联系最早是从战争中抢救伤员开始的，红十字队伍中大多是医护人员。新中国成立后，红十字会的恢复、改组和发展都是靠卫生行政部门的领导、支持和帮助，绝大部分红会是靠卫生部门调剂人力、财力建立起来的。卫生救护和输血既是红会的工作内容之一，同时也是卫生工作的组成部分⑤。基于两者之间天然的联系，红十字会的发展，特别是红十字救护、灾后防疫和输血、献血等工作，同样需要在卫生部门统筹下进行。与之相对，红十字会与卫生系统又有着各自的“独立性”。为便于考察起见，二者的差异如表 7-3 所示。

---

① 黄菊操：《红会必须依法与卫生部门脱钩》，《中国红十字报》1996 年 2 月 9 日。

② 石光志：《红十字会与卫生系统》，《中国红十字报》1993 年 11 月 19 日。

③ 石光志：《红十字会与卫生系统》，《中国红十字报》1993 年 11 月 19 日。

④ 沈晏力：《红会离不开卫生系统吗——与刘忠祥先生商榷》，《中国红十字报》1993 年 10 月 29 日。

⑤ 彭清华：《浅谈基层红会与卫生部门关系》，《中国红十字报》1995 年 12 月 29 日。

表 7－3　红十字会和卫生系统差异一览表

类　别	红十字会	卫生系统
宗旨	人道主义	医疗保健
性质	从事人道主义工作的社会救助团体	社会主义公益性福利事业
职责	初级卫生救护培训、宣传无偿献血、人道服务活动和国际人道救援工作等	防治疾病，包括健康教育、妇幼卫生、预防保健
服务对象和范围	侧重于扶危济困，无国界、种族、宗教、信仰之分，服务范围更加广泛	侧重于身心失去健康的人（狭义的）
开展工作的身份和角度	以国际上有广泛联系的社会团体的身份开展工作，体现了民间性、群众性	以政府机关的身份开展工作，体现了国家的强制力和行政性
国际影响和社会效益	具有世界范围的统一性和普遍性，提高国际声誉；在国内，陶冶人们的情操和灵魂，促进社会主义精神文明建设	为社会提供身心健康的劳动者，提高人民的健康水平，局限在国家范围内

资料来源：李群良：《正确认识红会与卫生系统》，《中国红十字报》1993 年 12 月 17 日；彭清华：《浅谈基层红会与卫生部门关系》，《中国红十字报》1995 年 12 月 29 日。

由表 7－3 可见，红十字会和卫生系统属于不同的概念范畴，二者相对独立，也即“医疗卫生”不能替代“红十字”。

总体而言，《红十字会法》的颁布实施，为红十字会的独立提供了法律依据。红会的工作关系并不属于哪个部门，更不是“离不开卫生系统”。但红会工作涉及许多部门，需要方方面面的配合与支持。因而红会开展工作，既要体现独立性，又不能孤立地进行，必须充分依靠和利用各有关部门的力量，争取多方面的协作与支持①，因此需要卫生系统的帮助也在所难免。

（四）红十字会与政府

实践证明，红会是政府的好助手，是党和政府联系群众的好纽带。

其一是红会的地位需依赖政府。“因为中国特殊国情所致，红会必须依赖政府”，“中国红十字会地、县级基层组织的存亡与否，取决于政府”。如果中

① 戴国翰：《红会应多方位开展工作》，《中国红十字报》1993 年 12 月 31 日。

国红十字会总会不将诸如此类问题提到自己的重要议事日程并提请国务院研究解决，那么中国红十字会将会成为一个头重脚轻无根底的组织①。

其二是地位保证作为，作为促进地位。肯定红会系统长期流行的“要想有地位，必须有作为”的说法的合理性，突出地位是“作为”的先决条件，是“作为”的基本保证和物质基础。在此基础上，强调“作为”的重要性，指出没有作为也就没有地位。总之，《红十字会法》从宏观上、整体上、法律上确立了红会的地位，保证了、推动了红会事业的发展。但是，另一方面，我们的主观努力有所作为，也必将促进和巩固红会的地位，促进红会事业蓬勃发展。二者相辅相成、缺一不可②。

作为红会人，一方面应充分认识红会在两个文明建设中的重要地位和作用，理直气壮地、独立自主地开展工作；另一方面，时刻不忘我们是政府的助手，自觉地将我们置于协助的位置③。

此外，在如何加强红会管理方面，有同仁倡议创建有中国特色的红会管理学，具体内容涵盖宣传教育管理、会员组织管理、财务物资管理、档案信息管理和决策调查管理几个方面④。基于备灾和灾害救助工作的重要性，有同仁从灾害的定义、种类，红十字会救助工作的性质，红十字会备灾工作的定义、目标、组成部分以及中国红十字会备灾工作的有利和不利因素等 7 个方面探讨了红十字会备灾工作的理论，对红十字备灾工作的开展颇有启发和指导价值⑤。

1994 年，中国红十字会常务副会长顾英奇在中国红十字会“六大”的工作报告中强调要“重视对红十字会理论的研究”，并指出了理论研究的方向和内容，“要研究中国特色红十字会的内涵，如在市场经济条件下如何更好地发挥红十字会的作用，红十字会的机构模式，红十字会的工作和政府、社会及群众之间的结合点，以及与各部门之间的工作关系等等。从性质宗旨、发展道路、与政府的关系、主要任务、组织模式、国际性等几个方面进行研究，并在实践中不断完善，以便逐步形成中国特色红十字事业的理论体系”⑥。根据“六大”提出的要求，总会拟定下发了《建设有中国特色红十字会理论研讨提纲》。许多省级红十字会召开专门研讨会，组织专门人员写出了不少有分

① 石光志：《红会的地位需依赖政府》，《中国红十字报》1995 年 7 月 14 日。

② 葛鲁戈：《地位保证作为　作为促进地位——与石光志等同志商榷》，《中国红十字报》1995 年 12 月 22 日。

③ 葛毓臣：《红十字会的辩证法》，《中国红十字报》1991 年 11 月 5 日。

④ 《创建有中国特色的红会管理学》，《中国红十字报》1995 年 7 月 28 日。

⑤ 参见杨绪生：《关于红十字会备灾工作理论的介绍》，《中国红十字报》2001 年 4 月 27 日。

⑥ 《遵循圣洁宗旨　坚定奉献精神　高举人道旗帜　创造辉煌明天——顾英奇在“六大”全体会议上做工作报告》，《中国红十字报》1994 年 4 月 25 日。

量的理论文章，在《中国红十字报》上开展讨论。福建省红十字会还成立了编外的理论研讨机构。综合各地意见及国内外有关资料，总会编写了《建设有中国特色红十字会理论五个专题解说》，在此基础上，又于1995年3月组织召开了“建设有中国特色红十字会理论研讨会”①，进行了比较系统和深入的研讨，取得了初步成果。

伴随中国特色红十字事业的理论探索热潮，中国红十字事业日渐深入人心，蓬勃发展，“成为净化社会，纯洁人类，提高国民素质的健康力量，在波澜壮阔的世界红十字运动中，掀起绚丽多彩的浪潮”②。

四、理论研究机构和平台骈兴错出

（一）“中国红十字运动研究会”的筹备

《中国红十字会一九九六年工作设想》将加强理论建设纳入红会工作的重心，提出抓紧筹备成立“中国红十字运动研究会”的工作。“以会内人员为主、吸收会外有关研究机构和学术团体的人士参加，建立理论研究队伍，使红十字运动的理论学说能够早日纳入社会科学范畴，理论研究应坚持与实际相结合以应用为主的原则，坚持总会与地方红十字会研究相结合以总会研究为主的原则，为逐步形成理论研究网络奠定基础”③。

成立理论研究会是适应我国红十字事业发展的必然趋势，是加强红会思想理论建设的重要举措，是把整个红十字运动从实践与理论的结合上提到一个新水平的实际步骤。

一方面，多年来，广大会员在实际工作中创造和积累了不少有益的经验体会，但大都是就事论事，缺乏理论的深度。由于缺乏统一的策划和指导，没有专门的人员和组织队伍，致使理论研究受到一定的制约，没有形成系统完整的红十字运动的理论学说而被纳入社会科学的范畴。同时，由于缺乏系统完善的理论指导，广大会员及各级组织，只能摸着石头过河，很多工作缺乏自觉性，陷于盲目性。另一方面，长期以来，许多人认为红会就是助人为乐、行善积德做好事，有什么理论可言？一些做红会工作的同志也存有这种偏见。事实上，红会工作有许多理论问题需要探讨。就拿红会的宗旨人道主义来说，就有很深的学问，如人道主义的起源、人道主义在中国的发展、人

---

① 顾英奇：《依法建会　依法兴会　建设有中国特色的红十字事业——在中国红十字会第六届二次理事会上的工作报告》，《中国红十字报》1995年4月21日。

② 《坚持人道主义宗旨　开创中国特色的红十字事业》，《中国红十字报》1991年5月5日。

③ 《中国红十字会一九九六年工作设想》，《中国红十字报》1996年4月12日。

道主义同马克思主义的关系、人道主义同精神文明建设的关系、人道主义的发展趋势及异化等，就不是三两篇文章和三两年时间能研究透彻的。其他问题也都有大量的理论研究价值①。因此，成立研究会是我国红会事业发展的现实需要，也是建设中国特色红十字会的迫切需要。

围绕“中国红十字运动研究会”的筹备工作，时人积极建言献策，呼吁开展理论研究，应本着由浅入深、循序渐进、抓住重点、各个击破的原则。在内容上，坚持一般研究和重点探讨相结合，以重点探讨为主的原则；在时间上，坚持历史问题与现实问题相结合，以现实问题为主的原则；在看法上，坚持理论与实际相结合，以实际应用为主的原则；在队伍组成上，坚持总会与地方红会相结合以总会研究为主的原则，会内人员与会外人员相结合以会内人员为主的原则。根据这些原则，总会应做出统一计划，全面安排，有计划、有步骤、务实高效地开展研究工作②。

资料显示，1996 年，总会筹建的“中国红十字运动学会”已向国家有关部门申请登记，并邀请了几位伦理学家参与筹备。但遗憾的是，“中国红十字运动研究会”（后改称“中国红十字运动学会”）由于种种原因，迟迟未能“落地”。尽管如此，成立“中国红十字运动研究会”的提出意义重大，旨在建立理论队伍，使红十字运动的理论系统能够早日纳入社会科学范畴。这为理论研究指明了方向和道路。

（二）“红十字大学”的倡议

与筹备“中国红十字运动研究会”遥相呼应，有学者倡议中国应该办一所红十字大学，为理论研究保驾护航。“兵马未动，粮草先行”，理论历来是先驱，而理论和培训的基地就是大学，“有了自己的大学，红十字运动就能规范、深入，也才能有后劲有实力。有了自己的大学，红十字事业才能根深叶茂繁荣昌盛。有了自己的大学，才能有地位。有了自己的大学，红十字工作者可以不再来自退居二线或精简人员之中，而是来自‘有文化、有知识、有道德、有理想’的朝气蓬勃年轻有为的一代‘四有’新人，逐步使红十字运动的人道主义战士成为一支精锐之师，以适应未来一个人口庞大的中国的人道主义事业的需要”③。

至于红十字大学要培养什么样的人才？随着时代进步、事业发展，对红十字工作人员素质的要求越来越高，迫切需要综合型人才。“要懂行政管理，又要

---

① 鲁戈：《加强红十字会理论建设的重大举措》，《中国红十字报》1996 年 7 月 5 日。

② 鲁戈：《加强红十字会理论建设的重大举措》，《中国红十字报》1996 年 7 月 5 日。

③ 骆刚强：《中国应该办一所红十字大学》，《中国红十字报》1996 年 5 月 3 日。

懂经济管理，要有文化又有科学技术；要会外语会电脑会驾车，更要能长篇大论地写文章搞演讲，也要精通医疗急救知识，还必须有备灾救灾的专业知识和独立发展的能力等等。把这些才能积于一身还不够，还必须有奉献精神”。

红十字大学应该培养出这样的人才，即使红十字会当前没有能力办一所大学或学院，但可以先与某个大学合办一个红十字专业，必须有国家承认的学历，如此发展下去，则中国红十字大学可望创办①。

《中国红十字报》编者强力推荐该文，称其“言而有据、言而有物且见解独到，行文精辟”。尽管这篇文章仅仅是提出了一种设想或建议，但它至少指出了中国红十字运动的某种发展趋势和这种趋势所必要和必需的“硬件”与“软件”，富有前瞻意义。

（三）“红十字运动研究中心”和基地的成立

进入 21 世纪以来，红十字运动研究机构建设迈上了一个新台阶。特别值得一提的是，2005 年 12 月 7 日，由苏州大学社会学院与苏州市红十字会共同发起、池子华等人筹划的红十字运动研究中心正式挂牌成立，这是全国第一家以红十字运动为专门研究对象的学术机构。2009 年 4 月，研究中心被江苏省红会冠名为“江苏红十字运动研究基地”，同年被江苏省教育厅批准为“江苏省人文社会科学重点研究基地培育点”。

2006 年 5 月 8 日，研究中心网站（http：//www. hszyj. net）正式开通，为全国第一家红十字公益性学术性网站，为红十字运动研究搭建了学术交流平台。此外，还出版了国内第一份红十字运动研究的学术理论期刊。这三个“第一”的出现，极大地拓展了红十字运动研究的空间。

红十字运动研究中心成立以来，相继出版《红十字运动研究》“年刊”系列，以及“红十字书系”“江苏红十字运动研究系列”“红十字文化丛书”等系列图书，催生了红十字运动理论研究的热潮，红十字运动区域研究、专题研究如雨后春笋，遍地开花。

2012 年，国务院《关于促进红十字事业发展的意见》出台，明确提出“深入开展红十字理论研究，大力宣传红十字文化在引领社会道德风尚、提升精神文明程度和推动文化大发展大繁荣中的积极作用”。开展红十字理论研究，已成为社会发展和文化繁荣的现实需要。而建立研究基地，可以更好地凝聚研究力量，建设理论研究队伍，形成“智库”新平台，为红十字事业发展提供智力支撑②。

---

① 参见骆刚强：《中国应该办一所红十字大学》，《中国红十字报》1996 年 5 月 3 日。

② 池子华：《创建研究基地　强化理论研究》，《中国红十字报》2015 年 5 月 15 日。

在此背景下，各地红十字运动研究基地纷纷建立，截至2014年，红十字运动研究中心共建有嘉定、嘉兴、盐都3个研究基地。此外，研究平台悄然兴起，红十字运动研究的“苏州模式”不断拓展。如徐州市红十字会与江苏师范大学合作成立“红十字文化研究中心”、青岛市红十字会与中国海洋大学合作成立“红十字文化与公益事业研究中心”、南通市红十字会与南通大学合作成立“红十字事业发展研究中心”、宁波市红十字会与宁波大学合作成立“红十字理论研究会”等等。这些平台的建立为红十字理论研究提供了有力的智力支持，在新的历史阶段不断推动红十字“文化工程”深入开展。

第三节　红十字文化的理论探索

红十字文化以人道主义为宗旨，《国际红十字与红新月运动章程》的序言中明确指出：红十字运动是“一个世界性的人道主义运动，其任务是防止并减轻无论发生在何处的人类疾苦；保护人的生命和健康；保障人类尊严，尤其是在发生武装冲突和其他紧急情况的时候；为预防疾病、增进健康和社会福利而工作；鼓励志愿服务，鼓励本运动的成员随时做好准备提供帮助，鼓励对那些需要本运动保护和帮助的人持有普遍的同情感。”人道主义是红十字运动创始人亨利·杜南的信仰，是全球数以亿计红十字会会员及志愿者的世界观，是历经150余年形成的一种普遍认同的人道主义思想体系，也是190多个国家和地区红十字会奉行的宗旨、道义和追求。

红十字运动之所以能遍及全世界，被不同种族、不同国家、不同信仰的人们所接受，就是因为其倡导的人道主义与世界多种文化同源。“呼唤保护生命，呼唤人类生存所不可少的人道行为，是响彻千古的声音，是不同文化的相同召唤”①。

设在日内瓦的国际红十字与红新月博物馆用6个灯光展示板生动揭示了红十字文化来源的多样性，包括基督教文化、儒教文化、佛教文化、伊斯兰教文化，以及现代交战国之间宽待俘虏的协议书。第一展板是摩西（Moses）法律，号召人们“要爱邻居，像爱自己一样”。第二展板是中国孔子教导人们“己所不欲，勿施于人”。第三个是信奉佛教的古印度阿育王在帝国境内到处刻立石柱，谴责战争的暴力。第四个是《马太福音》记述耶稣基督说：“我饿了，你给我吃，渴了，你给我喝，我坐牢，你们来探视我。”第五展板是伊斯

① 中国红十字会总会编：《中国红十字会若干问题研究》，2015年内部印行，第13页。

兰教先知说："俘虏是你的兄弟，凭真主的保佑，他才落入你的手中。"第六展板展示了18世纪的《卡特尔条约》和战争的人道主义化。从以上这6块展板来看，休戚与共的感情与行为，同情和善的道德情操，在所有的文化中都存在，其倡导的都是人道主义思想。而红十字运动从其起源起，就以人道主义为宗旨，为保护人的生命和健康而奋斗。因此红十字运动的理念比较集中地体现了世界各国文化发展的理念，可谓同源同脉，"是世界上不同文化中伦理道德观念的结晶"①。

红十字文化的传播过程也是独一无二的，"红十字会从一隅之地发展到地球的每一个角落，在任何一种文化土壤中都能生根发芽，在任何一个民族中，都能获得认同，它的扩张史中，没有像某些宗教传播时那样发生残酷的战争和根绝异己行动，也没有像某些极端思想那样，要别人为坚持不同的看法而付出生命代价，在文化学、人类学、和平学等领域内，极具研究价值"②。

伴随红十字事业的发展和文化软实力重要性的凸显，学界、业界对红十字文化的探索蔚然兴起，主要集中在以下几个方面。

一、红十字文化的重要性

红十字文化是红十字事业感召力的源泉。一个红色的"十"字，150多年来在国际社会中拥有如此之大的权威性和号召力，缘由均来自它所提出的一种最具人性的理念："尊重人类生命，为所有受难者提供救援。"③ 作为红十字文化核心的红十字精神有着"唤起民众，启迪爱心，净化灵魂"的社会效应④。社会呼唤红十字精神，"红十字所代表的那种人道原则和志愿精神，可能是比互联网更便捷更富人情味的沟通渠道，可能是比联合国决议更有效的和平倡议"⑤。

1997年4月1日，中国红十字会第六届理事会第四次会议根据长期实践经验，进行理论总结，正式提出了创建"红十字博爱系列工程"的号召。这个"博爱系列工程"就是众所周知的生命工程、救援工程、爱心工程。其后，池子华于2009年撰文呼吁，"文化工程"应成为红十字会总体建设目标之一，并提出编纂出版《中国红十字会志》、编辑出版《中国红十字运动资料长编》、筹建中国红十字历史博物馆、依托苏州大学建立继续教育基地（红十字

① 济南市红十字会编：《红十字精神与建设和谐社会》，济南出版社2005年版，第4—5页。

② 张生：《中国红十字运动史研究刍议》，《史学月刊》2009年第9期。

③ 严卫民：《都市况味》，学林出版社2002年版，第27页。

④ 李鸿昌、朱友庆：《浅谈红十字会实行两个转变》，《中国红十字报》1996年5月10日。

⑤ 严卫民：《都市况味》，学林出版社2002年版，第26页。

学院)、构建红十字文化传播的“多媒体”等五大构想①，进一步丰富和发展了红十字会能力建设的内涵，将文化工程提上日程。同年，福建省红十字会、厦门市红十字会与厦门大学合作，探讨新时期红十字文化的实践议题，其研究成果不仅在《厦门通讯》和学术刊物上刊登，还得到总会的肯定并推广应用。

为探讨红十字工作定位和红十字文化，2010 年 1 月，由厦门红十字会牵头举办了第一届红十字文化研讨会。“各地红十字同仁集中起来探讨红十字文化，在全国也是首次!”课题组联合完成的《红十字会在构建社会主义和谐社会中的功能研究》，在会上进行了交流研讨，引起了与会者的广泛注意。很多与会者表示：“以前对红十字的认识，并未上升至文化这一层次。这次会议之后，感受到了红十字文化传播对于红十字事业的重要性。”② 为“趁热打铁”，厦门市红十字会课题组还撰文呼吁重视文化的力量，强调红十字文化与生命教育、灾害文化、危机意识等一脉相承；红十字组织应将“生命至上”作为现阶段重点宣传的理念；在文化传播中，红十字会必须把自己放在一个营销者或推广者的角色上③。

红十字文化的重要性还在于它有助于凸显“红十字特色”，“使红十字会在众多的社团组织中彰显独特的个性特征，有助于团结红十字会员和志愿者为人道事业携手共进，有助于扩大和巩固红十字会组织，转换管理体制和运行机制，最终有助于建设有中国特色的红十字事业”④。

学界、业界对红十字文化的呼吁逐渐引起了红十字会领导层的重视。全国人大常委会副委员长、中国红十字会会长华建敏多次在公开场合强调，要认真研究红十字理念与中国传统文化的关系，研究红十字理念与社会主义核心价值观的关系，把人道精神与传统文化结合起来，用通俗易懂的语言传播人道精神。

2011 年 6 月，华建敏在浙江调研时强调，中国特色红十字事业是中国特色社会主义事业不可或缺的重要组成部分，中国特色的红十字事业应该具有中国特色的红十字文化。华建敏指出，形成中国特色的红十字文化，必须深入研究、充分挖掘中国传统文化中的慈善理念，并与国际红十字运动的宗旨紧密结合起来。要用群众喜闻乐见的方式宣传红十字文化，让老百姓真正理

① 池子华：《“文化工程”应成为红十字会总体建设目标之一》，《中国红十字报》2009 年 12 月 11 日。

② 《“一枝独秀的尝试”》，《中国红十字报》2010 年 11 月 30 日。

③ 厦门市红十字会课题组：《重视文化的力量》，《中国红十字报》2010 年 1 月 12 日。

④ 杨红星：《挫折后的振起，1966—2004》，安徽人民出版社 2009 年版，第 358 页。

解红十字的内涵，为更好地发展中国特色红十字事业巩固群众基础、营造社会环境①。同年12月7日，华建敏在中国红十字会第九届理事会第三次会议上再次强调："要深化理论研究，充分挖掘红十字文化内涵，推进红十字文化中国化，广泛传播人道理念，在全社会推动形成良好的道德风尚。"② 2014年12月26日，华建敏在纪念中国红十字会成立110周年座谈会上的讲话中再次特别强调，要着力构建中国特色红十字事业的理论体系和红十字文化。他指出："我们一定要建立起中国特色的红十字理论体系，我们的红十字文化既要体现国际红十字运动的宗旨，也要植根于中华民族的传统文化，并且符合我们的时代精神与社会主义核心价值观。"③ 围绕华建敏的讲话精神，有学者结合湖北省红十字会的文化传播实践，指出研究红十字理念，播扬红十字文化，要以8个关键词统领：展示、传递、示范、传承、升华、牵引、凝练、固化④。这一理论探索颇具推广和示范效应。

总而言之，红十字文化是一种动态文化，红十字文化传播工作具有阶段性和时代性。应通过"润物细无声"的长期渗透和积淀，让红十字文化成为经济、社会生活等多个方面的道德催化剂⑤。

二、红十字文化的内涵

（一）红十字文化的界定

什么是红十字文化，可以说见仁见智。早在20世纪90年代中国特色红十字事业的理论探索热潮中，就有不少人聚焦红十字文化。1994年，研究者撰文指出，从经典意义上说，红十字文化是"人道主义思想的自然延伸，它摒弃了一切种族、肤色、国籍、财产、地位的差别，以爱护人生的博大胸怀关怀每一位处于危急和困难之中的人，帮助他们摆脱困境，克服困难。红十字文化所颂扬的、所追求的就是平等、博爱、大同，它把平等、博爱、大同视为至爱的道德境界并为之付出了最大的努力"。在此基础上，"红十字文化具有行为文化的一切特征，它在理想准则的指导下衍化出人道主义的种种实践性。只要是有战争、灾害、疾病和需要救助保护的地方，红十字行动就会出现在那里"。文章还探讨了红十字文化与医疗卫生之间的渊源关系，指出：

---

① 《要形成中国特色的红十字文化》，《中国红十字报》2011年6月17日。

② 《中国红十字会九届三次理事会在京召开》，《中国红十字报》2011年12月7日。

③ 华建敏：《构建理论文化　推进改革创新　续写百年辉煌——在纪念中国红十字会成立110周年座谈会上的讲话》，《中国红十字报》2015年1月13日。

④ 涂文涛：《红十字文化传播八个关键词》，《中国红十字报》2014年7月25日。

⑤ 杨方方：《红十字文化特征探析》，《中国红十字报》2017年10月31日。

红十字文化更多地以医疗卫生的形式出现在世人面前，这就很自然形成了“救死扶伤”的文化背景。“救死扶伤”虽是红十字文化的一个重要内容，却绝不是它的全部内涵。最后，文章进一步强调红十字文化的崇高性决定了红十字标志是一个专用标志，不是医疗、卫生、清洁、药品的一般性符号，呼吁民众维护红十字的纯洁性①。尽管这篇文章在论述红十字文化方面略显碎片化，但却做出了一个可贵的探索。1995 年，有学者撰文对红十字的“公正”原则做了剖析，指出红十字运动的公正原则对象是人和人群，是广泛和彻底的，不以敌友、亲疏等主观感情为标准，并强调公正原则不是平均主义，具有“救急”性②。

其后，围绕红十字文化的探讨一直在持续着，学界、业界也多把红十字文化等同于红十字精神，下面这种观点颇具代表性。

红十字文化，是红十字会创建以后，在红十字运动和一切红十字会务活动中所形成的精神财富。这种精神财富，不仅超越地域、民族和国界为全人类所共有（这是红十字文化与其他文化的根本区别），而且是红十字精神的升华，其精髓可以大体概括为：人道为本，博爱为怀，奉献为荣。当然，红十字文化并不是一个抽象的概念，而具有丰富的内涵。它包含红十字的宗旨、精神、七项基本原则和道德、理念、教育，以及红十字组织和个人创作的文学、艺术、作品、著作、书籍，创办的报纸、杂志，在红十字工作中积累的具有历史价值的资料和形成的工作总结、历史经验等③。

随着红十字事业的发展和理论研究的深入，研究者逐渐从物质、精神、制度等层面界定红十字文化。

观点之一：呼吁红十字会系统不断提高文化建设能力，以增强影响力、感召力、凝聚力，提升“软实力”。在作者看来，文化建设能力不仅包含红十字精神文化的继承和弘扬，还包含各种规章制度的不断完善、物质文化遗产的保护与开发、“品牌”的打造、理念的创新以及学习能力、研究能力的提高等，这些都属于文化建设能力的范畴。文化是灵魂，是红十字会能力建设的永恒主题④。

观点之二：红十字文化具有层次性，包括精神层、制度层和物质层三个层面：

---

① 沈锡伦：《红十字文化》，《中国红十字报》1994 年 7 月 8 日。

② 刘峰：《红十字“公正”原则之浅见》，《中国红十字报》1995 年 2 月 24 日。

③ 江苏省红十字会编：《红十字运动传承与发展》，东南大学出版社 2013 年版，第 107 页。

④ 池子华：《红十字会“能力建设”的理论思考》，《中国红十字报》2010 年 4 月 13 日。

精神文化：价值观、信念和行为准则；

制度文化：一系列规范人们行为的法律、法规和规章，主要内容包括国际人道法体系、日内瓦国际公约、七项基本原则和《中华人民共和国红十字会法》；

物质文化：主要表现为红十字的标识，红十字会组织的形象设计等，蕴含精神层和制度层的内容，是红十字文化的“物化”和“符号化”①。

观点之三：进一步拓展了红十字文化的内涵，指出红十字文化包含4个方面：

精神理念：人道主义宗旨、博爱与奉献精神、体现人类互爱互助的全球共识，且与中国传统文化的仁爱思想共融互通；

法律制度：国际人道法、七项基本原则、红十字会法、红十字标志使用办法、红十字会章程，以及公开透明和公平公正的工作规范；

标志形象：红十字是全球公认的人道主义标志，其保护性和标明性用途凸显了红十字运动神圣不可侵犯的国际形象；

理论研究：对国际、国内、地方红十字运动的历史、实践、经验、创新、制度、人物的研究，形成指导我国人道主义实践的红十字运动理论②。

以上几种界说可以说是大同小异。总体而言，我们或可将红十字文化界定为红十字组织在人道救援实践中所创造的以价值观为核心的观念体系、规范体系和物质符号体系。红十字文化的三方面构成集中体现于红十字运动的宗旨、七项基本原则、国际人道法、红十字会与红新月会国际联合会章程、红十字标识、红十字服务各类产品、红十字运动其他遗产，等等③。

在对红十字文化开展探索之余，有研究者尝试界定中国特色的红十字文化，将之定义为：红十字文化在中国传播过程中所积淀的具有中国地域色彩和文化传统的观念体系和行为规范。它是红十字文化民族性的体现，既具有红十字文化的一般特性，又打上了鲜明的中国烙印，蕴含着中国传统文化和现代慈善文化的因子④。

---

① 潘世建：《略论红十字文化》，厦门市红十字会编：《厦门红十字百年回望》，厦门大学出版社2012年版，第2页。另见杨方方：《红十字文化特征探析》，《中国红十字报》2017年10月31日。

② 郝如一、刘斌：《社会主义核心价值观与红十字精神》，《中国红十字报》2014年3月4日。

③ 中国红十字会总会编：《中国红十字会若干问题研究》，2015年内部印行，第15页。

④ 郭进萍：《培育中国特色的红十字文化刍议》，严晓凤、池子华、郝如一主编：《〈红十字运动研究〉2013年卷》，合肥工业大学出版社2013年版，第15页。

（二）国际红十字运动七项基本原则的形成及内涵

红十字文化主要体现在它所奉行的基本原则之中。人道、中立、公正、独立、志愿服务、统一、普遍作为红十字与红新月运动的七项基本原则，既是红十字人道主义文化的行动纲领，又规定着红十字人道主义文化的前进方向，它“把人类最低的生存需求和最高的理想准则神奇地维系在一起”[①]。

七项基本原则是以亨利·杜南在《索尔费里诺回忆录》中所提出的基本理念为基础，随着运动的实践和发展逐步形成的。形成的过程大致如下：

1875 年，伤兵救护国际委员会 5 位委员之一的莫瓦尼埃提出了四项工作原则：深谋远虑、休戚与共、集中统一、一视同仁。

1921 年，红十字国际委员会确定修订章程，确定以“公正”“对政治、宗教、经济的独立”“运动的普遍性”和“各成员的平等”等四项为基本原则。

1946 年，红十字会协会理事会第 19 次会议将这四项原则发展成为十七项原则：人道、平等、适当、公正、中立、独立、普遍、无私、免费服务、志愿服务、国家辅助、自主权、利众主义、各国红十字会平等、团结一致、休戚与共、深谋远虑。

1965 年，红十字国际委员会将上述十七项原则浓缩为现行的七项原则，作为红十字运动的基本原则，提交第 20 届红十字与红新月国际大会通过。

1986 年，在日内瓦召开的第 25 届红十字与红新月国际大会，经过投票决定，把这七项原则纳入红十字运动章程和序言之中，并再次提出红十字运动所信奉的箴言：“战时行善”和“通过人道致和平”，共同表达了运动的理想。

国际红十字运动七项基本原则的内涵及解读如表 7－4 所示。

表 7－4　国际红十字运动七项基本原则的文化、文本涵义及解读表

基本原则	文化含义	文本含义（运动章程）	解　读
人道	根本价值	不加歧视地救护战地伤员，不管是国际冲突还是国内冲突。努力防止并减轻人们的疾苦，不论这种疾苦发生在什么地方。本运动的宗旨是保护人的生命和健康，保障人类的尊严；促进人与人之间的相互了解、友谊和合作，促进持久和平	防止、减轻、保护、保障

① 袁惠章、田永波主编：《红十字理论与实践》，上海医科大学出版社 2000 年版，第 3 页。另见严卫民：《都市况味》，学林出版社 2002 年版，第 27 页。

（续表）

基本原则	文化含义	文本含义（运动章程）	解　读
公正	行动规范：态度	本运动不因国籍、种族、宗教信仰、政治见解而有所歧视，仅根据需要，努力减轻人们的疾苦，优先救济困难最紧迫的人	不歧视；给予苦难者与其痛苦程度相称的帮助；排除个人偏见
中立	行动规范：立场	为了继续得到所有人的信任，本运动在冲突双方之间不采取立场，任何时候也不参与涉及政治、种族、宗教或意识形态的争论	军事中立；意识形态中立；红十字国际委员会特殊中立
志愿服务	行动规范：无回报	本运动是志愿救济运动，绝不期望以任何方式得到回报	人道的行为和象征；国家红会独立性的体现；对本运动的一种经济支撑
独立	组织规范：外部规范	本运动是独立的。虽然各国红会是本国政府人道工作的助手并受本国法律的制约，但必须始终保持独立，以便任何时候都按本运动的原则行事	抵御干扰
统一	组织规范：内部规范	任何一个国家只能有一个红十字会或红新月会。它必须向所有人开放，必须在全国范围内开展人道工作	国家红会必须是该国独一无二的红十字组织；一视同仁地吸收会员；工作活动遍及整个国家领土
普遍	组织规范：组织间规范	国际红十字运动遍及全世界，各红十字会享有同等地位，负有同样责任和义务，并相互支援	共同职责；为发展而合作；权利的平等

资料来源：中国红十字会总会编：《中国红十字会若干问题研究》，2015 年内部印行，第 22 页；中国红十字会总会编：《国际红十字与红新月运动基本知识传播手册》，2008 年内部印行，第 48—57 页。

考察七项基本原则的内涵，不难窥见人道是红十字文化的根本价值，公正、中立和志愿服务分别从态度、立场和无回报的角度规定了红十字文化的行动规范，而独立、统一和普遍则是对红十字文化的组织规范①。

① 参见中国红十字会总会编：《中国红十字会若干问题研究》，2015 年内部印行，第 21 页。

七项基本原则中，人道原则占有特殊的地位，它是红十字运动的基础，是一切活动的出发点和落脚点。公正、中立、独立原则是保证该运动达到其目标的基本要素。志愿服务、统一和普遍原则是该运动组织上的取向（组织原则）。因此，人道原则是实体或基础原则，其余的原则都是人道原则的引申和补充（衍生原则）[1]。具体见图7－1所示。

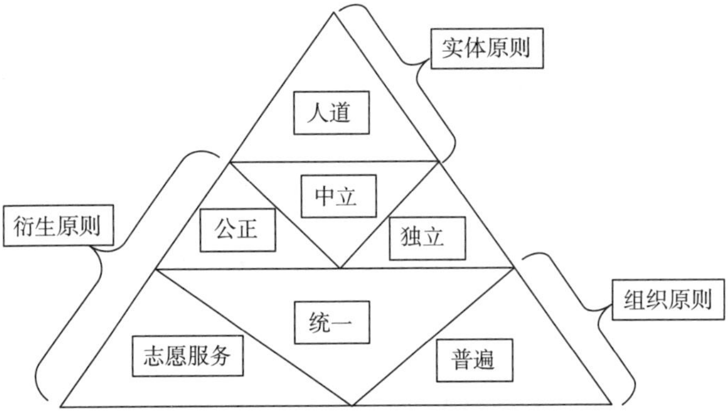

图7－1　红十字运动七项基本原则的内在关系图

可以说，七项基本原则之间，互为作用，相辅相成，是红十字运动理论的基石。对基本原则的尊重和执行是红十字运动赖以生存的基础，否则红十字运动所具有的特质就难以体现，优势和活力也就难以充分发挥。

“原则是行为规范的准绳，是指导活动的界标”。红十字运动的七项基本原则也规定了它不同于其他组织的特色和不可替代性。如红会救护工作不同于卫生部门，红会救护工作的着力点是应急的、现场的、初级的、群众性的救护，而不是所有病人；红会的救灾工作不同于民政部门，红会的救灾是在灾情发生之初，而不是把社会上的所有灾情或贫困现象作为自己的赈济目标，即“救灾不救贫”。再如红十字精神是真、善、美的完美组合，是人类共有的精神财富，它对人性的教化，对启迪人做一个高尚的人所能起到的作用是其他组织都不可替代的[2]。

（三）中国特色红十字精神：人道、博爱、奉献

红十字文化的核心层次为精神层，“人道、博爱、奉献”是我国多年来使用的红十字运动的口号，是我国红十字文化核心内涵的提炼。大体而言，红

① 参见中国红十字会总会编：《国际红十字与红新月运动基本知识传播手册》，2008年内部印行，第58页。

② 吴厚冬：《红会不可替代的内涵》，《中国红十字报》1995年5月5日。

十字精神文化具有以下特征：

首先是系统性。“人道、博爱、奉献”有着紧密的逻辑关联。人道是信仰，博爱是情感，奉献是行动；人道是价值观，博爱是指导原则，奉献是行为方式、是不求回报的付出；人道是基础，博爱是桥梁，奉献是结果；人道代表对生命的尊重，博爱代表生命的平等，奉献是对生命的救援；人道是在呼唤爱，博爱是在歌颂爱，奉献是在实践爱。

其次是可扩展性，“人道、博爱、奉献”与生命理念（生命至上、生命平等）、灾害文化（科学避险，积极防范）、现代慈善价值观等一脉相承。

再次是实践性，“人道、博爱、奉献”可以渗透进生活的方方面面①。

“人道、博爱、奉献”三个关键词是我国红十字精神文化的内核。人道被视为“普世的价值”，博爱是“至善的举动”，奉献是“崇高的境界”，无论是过去、现在，还是将来，都应该奉行。需要指出的是，新时期红十字精神还有待丰富和发展。不少专家认为“人道、博爱、奉献”这样的口号过于政治化，不利于公众的理解和参与，如“奉献”这个词对中国人而言，总是意味着单方面的牺牲或者是舍己为人的含义，不符合转型期公众自我意识增强的潮流。在社会转型发展的信息时代，要将舍己的含义尽量消除，建议应该更强调尊重，像尊重自己一样尊重他人，而不是舍己的概念，如加入“互惠”“平等”“和睦”“互助”等表示尊重而不是给予的概念。“舍己”等过高的社会要求会抑制了公众参与的愿望和热情②。另外，不少专家认为，服务是我们目前应该特别强调的，可以将红十字运动重新表述为“人道、博爱、奉献、服务”这 8 个字。

显然，随着时代的发展，红十字文化也应该与时俱进，结合红十字文化的国际性与本土性，适当增加新的时代元素，如“服务”“平等”“互助”“志愿”“创新”等，以更好地回应社会关切。

三、红十字文化与传统慈善文化

红十字文化与传统慈善文化的关系也是学界、业界关注的一个热点议题。一个比较普遍的看法是红十字文化和中国传统文化之间存在高度的会通性。

红十字文化的核心价值观是人道主义，强调保护人的生命和健康以及对最易受损人群的关怀和扶助。人道、公正、中立、独立、统一、普遍、志愿

---

① 潘世建：《略论红十字文化》，厦门市红十字会编：《厦门红十字百年回望》，厦门大学出版社 2012 年版，第 3—4 页。另见杨方方：《红十字文化特征探析》，《中国红十字报》2017 年 10 月31 日。

② 中国红十字会总会编：《中国红十字会若干问题研究》，2015 年内部印行，第 77—78 页。

服务是国际红十字与红新月运动的七项基本原则，也是红十字文化的集中体现。这些宗旨和原则在中国传统文化中可以找到丰富的对接资源。中国传统文化视生命为第一权利，讲求“天地之性人为贵”、上天有好生之德以及“为民制产”等观念。尊重生命体现在中国传统文化的方方面面，无论是儒家文化的恕道、大同、性善论，还是道教文化提倡的“仙道贵生，无量度人”，以及主张“慈善为本，普度众生”的佛教文化，都是中华民族传统文化在人道主义思想方面的体现①。

在日内瓦红十字与红新月国际博物馆，一进门就有一块用隶书书写的警示牌：“子贡问曰：‘有一言而可以终身行之者乎?’子曰：‘其恕乎？己所不欲，勿施于人。’”无疑，儒家的“恕道”被视为红十字人道主义思想的一个来源，颇能说明中国传统主流文化“恕道”与“红十字文化”有共通之处。

儒家文化的核心是“仁”，倡导对生命价值的肯定和尊重，孔子提倡“仁者，爱人”“泛爱众”“己所不欲，勿施于人”“己欲立而立人，己欲达而达人”，孟子也倡导“老吾老以及人之老，幼吾幼以及人之幼”，这些与红十字文化的博爱有着高度的共通性。提及博爱，人们往往视之为舶来品，其实不然。在中国传统文化中，“博爱”一词屡见不鲜，可谓中国的“土特产”。在儒家文化经典中，学术界多把韩愈在《原道》中的“博爱之谓仁”作为“仁”与“博爱”共通的依据②，认为“仁”即是“博爱”。

儒家认为，作为有理想、有抱负的有志之士，当“铁肩担道义”，为道德理想可以献出一切。孔子说：“志士仁人，无求生以害仁，有杀身以成仁。”孟子也说：“生亦我所欲也，义亦我所欲也；二者不可得兼，舍生而取义者也。”这与红十字的奉献精神息息相通。

儒家的最高社会理想是“大同”。《礼记·礼运》篇描述大同世界的社会景象说：“大道之行也，天下为公，选贤与能，讲信修睦。故人不独亲其亲，不独子其子，使老有所终，壮有所用，幼有所长，矜、寡、孤、独、废疾者，皆有所养。男有分，女有归。货，恶其弃于地也，不必藏于己；力，恶其不

① 池子华、郭进萍等：《红十字：文化传播、危机管理与能力建设》，合肥工业大学出版社2014年版，第25页。

② 事实上，“仁”与“博爱”发生关联有一个逐渐演变的过程。最先将“博爱”作为“仁”的重要内容而加以讨论的，就今天所见的材料来看，是西汉董仲舒的《春秋繁露》，其书卷一〇云：“忠信而博爱，敦厚而好礼，乃可谓善，此圣人之善也。”同书卷一八又提到圣人“泛爱群生，不以喜怒赏罚，所以为仁也”，这里的“泛爱”意近“博爱”。降及汉晋之际，以“博爱”论“仁”，乃至直接以“博爱”释“仁”的意见大量出现，如东汉末年徐干所著之《中论》，其文云：“夫君子仁以博爱，义以除恶，信以立情，礼以自节。”等等。参见刘宁：《韩愈“博爱之谓仁”说发微——兼论韩愈思想格局的一些特点》，《中国典籍与文化》2006年第3期。

出于身也，不必为己。是故，谋闭而不兴，盗窃乱贼而不作，故外户而不闭，是谓大同。”①

近代《博爱恤兵是实行大同主义》一文，驳斥红十字会效法欧美的时论，力证红十字文化和大同主义的契合。文章指出，红十字会之博爱即大同之“所谓使老有所终，壮有所用，幼有所长，鳏（矜）、寡、孤、独、废疾者皆有所养也”，红十字会之从事卫生勤务即大同之“所谓力不必为己也”，红十字会之解囊输捐，即大同之“所谓货不必藏于己也，欲选贤与能，讲信修睦，尽人不独亲其亲，不独子其子”。“或谓红会博爱，注重恤兵，尝与大同有别，而不知仁者无不爱也，要当务其所急”，并直言“本会博爱恤兵之行动，即大同之初步也”，“欲行大同之行者，盖先尽本会之义务”②。红十字博爱恤兵与儒家大同主义之关联由此可见一斑。

作为中国传统文化重要一支的道教文化提倡“人生可贵，生命神圣”理念，与红十字文化也深相契合。《度人经》中有一句口号“仙道贵生，无量度人”，《太上老君内观经》也宣扬“万物之中，人称最灵。性命合道，当保爱之”的思想，主张要乐生、重生，体现了道教对人生命价值的高度关怀。

“齐同慈爱”的处世方式也是道教文化所倡导的。每个人都应该具有慈爱之心，乐人之成，悯人之苦，济人之危，平等一心，和同一切，“不杀不害，不嫉不妒，不淫不盗，不贪不欲，不憎不忌，言无华绮，口无恶声”③，最终达到“齐同慈爱，异骨成亲”的和谐境界，即所有的人，不分亲疏，都互相仁慈友爱。从广义上讲，道教的爱是对人类普遍广博的爱，这与红十字精神之博爱是相通的。

佛教文化中也蕴含着丰富的人文关怀理念。“平等”是佛教大力弘扬和提倡的一个核心理念。佛教的平等，是指一切现象均平齐等，无本性、本质，乃至高下、浅深的差别。唐代慧沼《金光明最胜王经疏》卷二末载文：“‘直心以何为本?’答：‘以于一切众生平等心为本。’”④ 一切众生平等，没有远近亲疏恩怨的分别，一概一视同仁，这种平等与红十字的公正、统一原则及不分畛域的精神极为相通。

由平等而生慈悲心。中国佛教推崇慈悲精神，宣扬“菩萨兴行救济为先，

---

① 转引自金涛主编：《四书五经典藏本》，外文出版社 2012 年版，第 256 页。

② 乔炳：《博爱恤兵是实行大同主义》，《中国红十字会月刊》第 22 期（1937 年 4 月），第 1—2 页。

③ 济南市红十字会编：《红十字精神与建设和谐社会》，济南出版社 2005 年版，第 47 页。

④ 方立天：《佛教平等理念对和平与发展的启导意义》，《中国宗教》2004 年第 1 期。

诸佛出世大悲为本"[①] 的理念，倡导不杀生和布施。佛教不杀生，体现了一种尊重生命、保护生命的哲学，蕴含着深刻的人道精神。布施要求佛教徒以自己的力量去救助贫困者和需要者，并强调不带任何利己动机，这与红十字奉献原则的非功利性深相契合。“博爱”是布施的一种。在汉译佛典中，“博爱”一词十分常见。唐宋典籍中，多以“博施”“博爱”指称佛教之慈悲，如宋人之文章提及某氏乐于佛氏之说，“非取其所谓报施因果，乐其博爱而已”[②]。佛教的博爱涵盖一切有生之物，以普度众生同得解脱为最高目标。这与红十字的博爱、奉献最为相通。

此外，墨家提倡“兼爱”，与红十字的“博爱”也非常接近。墨家要求人们抛却血缘和等级差别的观念，爱人如己。用墨子的话说就是“视人之国若视其国，视人之家若视其家，视人之身若视其身”，以此达到“国与国不相攻，家与家不相乱，盗贼无有，君臣父子皆能孝慈”的良好局面。

总之，作为中国传统文化三大主流的儒、道、释以及墨家文化，其最基本的思想中都蕴涵了红十字的人道精神和国际红十字与红新月运动的基本原则，这是红十字文化能在中华大地生根发芽，迅速地传播开来的思想文化基础[③]。

大体而言，研究者大多致力于从中国传统文化中挖掘与红十字文化相对接的资源，为红十字文化寻找“中国式依据”。如《中华传统文化与红十字精神》一文缕析了中国传统文化与红十字精神的相通之处，指出孔孟的“仁爱”观、墨子的“兼爱”观、荀子的“义利”观，从不同角度论述了人的道德观，形成了朴素的人道主义理论体系，是红十字“人道、博爱、奉献”精神的理论基础之一，也是中华民族对国际红十字运动的伟大贡献[④]。另有学者以红十字运动的七项基本原则为切入口，探讨了红十字精神与中国传统文化的交融，指出红十字会的“人道性、公正性、独立性、志愿服务、统一性、普遍性”的基本原则与中国传统文化中的“中和”“平等”“大同”“兼爱”思想有颇多相通之处[⑤]，而这也是中国红十字事业不断发展壮大的精神动力。

此外，还有学者深入挖掘了中国传统文化与国际人道法的渊源，指出人

---

① （唐）释道世：《法苑珠林校注》（周叔迦、苏晋仁校注）卷六四，中华书局 2003 年版，第 1922 页。

② 转引自刘宁：《韩愈“博爱之谓仁”说发微——兼论韩愈思想格局的一些特点》，《中国典籍与文化》2006 年第 3 期。

③ 济南市红十字会编：《红十字精神与建设和谐社会》，济南出版社 2005 年版，第 49 页。

④ 胡晓强：《中华传统文化与红十字精神》，《中国红十字报》2009 年 2 月 27 日。

⑤ 樊艳美：《论红十字精神与中国传统文化的交融——从红十字运动的基本原则谈起》，池子华、郝如一主编：《红十字运动与慈善文化》，广西师范大学出版社 2010 年版，第 83 页。

道法的不少原则都能在中国历史上找到踪迹。比如，春秋战国时期就已出现了一些战争规则：不追逃敌，不用诈术，不伐丧，不鼓不成列，不重伤，不禽二毛等。这些是构成人道法的最基本的要点①。

在认同红十字文化和中国传统文化高度相通的同时，不少学者开始深入思索二者之间的差异，主要集中于对人道和慈善关系的探讨（详见表7－5）。

表7－5　人道和慈善的差异一览表

类别＼名称	人　道	慈　善
性质	一种世界观，以保护人的生命、健康和尊严为己任	慈心加善举，一种朴素的观念和行为
最高主旨	止恶	行善
关注焦点	人类生命权、生存权和健康权等最基本的权利，关乎人类生存的底线	涉及范围更加宽泛，重在改善人类生活以及生活环境
组织形态和行为模式	宏观组织行为，能调动政府资源，甚至代表国家和地区进行人道主义关怀、干预、救助；致力于人道精神的传播	立足于微观，宣扬守望相助的传统道德，侧重强调个人的主观能动性和自觉性
法律体系和运行规则	有完善的法律体系和国际通用标准	一般没有单独立法，统一受慈善法约束
行为者的角色	志愿；平等性	功利；居高临下

资料来源：郝如一：《红十字文化传播：实务与理论》，合肥工业大学出版社2013年版，第172页；陈凡：《人道与慈善，究竟有何不同》，《中国红十字报》2017年1月24日；宋玫：《试论人道与慈善的异同》，《中国红十字报》2017年6月27日；郭进萍：《也谈人道与慈善》，《中国红十字报》2017年8月15日。

由表7－5可见，人道和慈善是相互区别的两个服务范畴，但二者并不是竞争关系。相反，二者均根源于利他主义价值观，有相互汇通和交融的部分。因此，红十字会虽是一个人道组织，但民众却往往将之视为慈善组织。当前，我国正处于社会转型期，各种价值观激烈碰撞、重组，“人道”和“慈善”混淆一时并不为过。但是，随着社会发展的加速和国民素养的普遍提升，人道服务必将成为红十字运动的归宿。需要指出的是，红十字人道主义与中国

① 朱文奇：《中国与国际人道法》，《中国红十字报》2014年12月19日。

传统慈善文化的合流在促进文化传播方面是一个必然的趋势，甚至可以说在相当长的一段时期内，人道与慈善都将以一个如影随形的共生体形式存在。这也启示我们在推进红十字文化本土化的过程中，必须重视对传统文化资源的挖掘和整合，积极探索一种能被我国民众普遍接受的传播范式，让红十字精神深入人心。

值得关注的是，在慈善事业与红十字事业混为一谈的当下中国，慈善理念似乎出现了回流，“人人积德行善，个个收获吉祥”“助人为乐香在人间，与人为善福在心头”等宣传标语随处可见。传统与现代价值观的张力依然在无声地延续着，红十字文化是该融入传统还是引领传统向现代迈进，颇值得思考。未来走向如何，尽管我们难以扮演“善逮未来的猎手”，但历史可以启迪未来。红十字文化曾推动传统慈善组织的近代转型和社会风气的改良，在现代性的推进之路上扮演着领头羊的角色。新时期，面对新的世情和民情，红十字文化必然会继续充当标杆，引领慈善组织的发展潮流和改革方向，让我们拭目以待。

四、红十字文化与社会主义核心价值观

培育和践行社会主义核心价值观，是推进中国特色社会主义伟大事业、实现中华民族伟大复兴中国梦的战略任务。何为社会主义核心价值观？党的十八大报告明确提出：倡导富强、民主、文明、和谐，倡导自由、平等、公正、法治，倡导爱国、敬业、诚信、友善，积极培育和践行社会主义核心价值观。富强、民主、文明、和谐是国家层面的价值目标，自由、平等、公正、法治是社会层面的价值取向，爱国、敬业、诚信、友善是公民个人层面的价值准则，这24个字是社会主义核心价值观的基本内容，为培育和践行社会主义核心价值观提供了基本遵循。

2012年，国务院《关于促进红十字事业发展的意见》明确提出：弘扬红十字精神是加强社会主义核心价值体系建设的重要内容。“人道、博爱、奉献”的红十字精神，与中华民族优秀传统文化一脉相承，与社会主义核心价值体系高度契合，是人类社会文明进步的重要体现。弘扬红十字精神，传播红十字文化，是繁荣和发展社会主义文化、加强社会主义核心价值体系建设的重要内容，是提高中华民族思想道德素质、推动社会主义精神文明建设的必然要求。国务院的《意见》为红十字文化和社会主义核心价值观的关系做了科学界定。

毋庸置疑，以人道主义为宗旨的红十字文化在当代具有鲜明的时代价值，对社会主义核心价值体系的构建不无裨益。一般而言，社会的核心价值，必

须是一种可以协调各阶层群体和各方利益的价值观，是一种求同存异，具有广泛代表性、基础性、多元性和包容性特点的价值观。而红十字文化宣扬人道主义，具有多元性和超越性。从来源看，除了基督教的博爱之外，还有佛教、儒家及伊斯兰文化等来源，因而红十字文化超越了国界、种族、宗教信仰、阶级及政治见解等，易于在各种阶层群体中获得认同。更重要的是，红十字文化具有很强的可扩展性，与生命理念（生命至上、生命平等）、灾害文化（科学避险、积极防范）、现代慈善价值观等一脉相承①。这显然符合以上诸多特点，完全可以成为弘扬社会主流价值的生动载体。

红十字文化和社会主义核心价值体系之间还存在着辩证关系：红十字文化属于社会主义精神文明建设的重要范畴。红十字文化和运动促进、丰富、融合于社会主义核心价值体系建设，是社会主义核心价值体系建设的有机组成部分，为发展当代马克思主义理论形态提供了重要的实践场所和理论要素。马克思主义指导下的社会主义核心价值体系则是引领、指导红十字文化和运动科学发展与顺利开展的根本指导和主流文化保障②。总体而言，社会主义核心价值体系与红十字文化的价值指向，“都是服务于我国社会主义和谐文化建设的，只不过前者是根本、基础，后者则是和谐文化的重要组成部分、建设平台”③。

具体而言，社会主义核心价值观与红十字文化的契合主要体现在以下方面：从“人道”的角度看，社会主义核心价值观第一层面涵盖了红十字人道主义的宗旨和理念。从“博爱”的角度看，社会主义核心价值观第二层面与红十字运动基本原则相通相融。社会主义核心价值观关于“平等、公正”的表述，恰好与红十字运动基本原则之“公正、中立”相融合，与国人期盼达到的公平社会之美好愿望相对接。从“奉献”的角度看，社会主义核心价值观第三层面是塑造高素质的公民群体，红十字奉献精神与爱国、敬业、诚信、友善的价值观有着天然的趋同性④。基于此，红十字会在培育践行社会主义核心价值观方面具有得天独厚的优势。作为党和政府人道工作的助手以及规模最大、历史悠久的人道主义组织，红十字会要积极发挥自身优势，在理念传播上承担起培育核心价值观的责任，在人道实践和日常管理中注重体现价值导向，在社会管理中发挥好“社会稳定器、政府好助手、弱者保护伞”的作

---

① 潘世建：《略论红十字文化》，厦门市红十字会编：《厦门红十字百年回望》，厦门大学出版社2012年版，第3页。

② 江苏省红十字会编：《红十字运动传承与发展》，东南大学出版社2013年版，第17—18页。

③ 江苏省红十字会编：《红十字运动传承与发展》，东南大学出版社2013年版，第13页。

④ 郝如一、刘斌：《社会主义核心价值观与红十字精神》，《中国红十字报》2014年3月4日。

用。具体可以发挥红十字文化传播、贯彻《红十字会法》等相关法律、红十字青少年活动、“三救三献”核心业务、红十字志愿服务、国际救援行动等在培育、弘扬和践行社会主义核心价值观中的优势①。

红十字文化与社会主义核心价值的融合，还集中表现在人道工作和人道服务的现代化，将人道主义理念和精神灌输到国家治理和社会治理的相关脉络中。在国家层面：倡导和践行人道主义思想和原则，以高度的文化自觉、自信和自强，把人道理念和中国传统优秀文化有机融合，为红十字运动奠定坚实的民族基础；在社会层面：倡导和践行平等理念，引导全社会共同操守和责任，促进社会成员之间的相互理解和尊重；在个人层面：倡导人道层面的志愿服务，将红十字精神融入志愿服务体系，积极开展人道宗旨的社会服务②。此外，红十字会系统还可以尝试从教育涵化、舆论引导、体验感悟和传统滋养等方面展开实践探索，推动红十字文化和社会主义核心价值观的有效融合。

总体而言，我国红十字文化理论研究的任务依然任重道远。存在的主要问题有：红十字文化理论研究相对滞后，红十字的人道主义和传统慈善文化未能很好地整合，红十字文化在社会上尤其在青年中的接受度并没有走出低点。面对这些艰巨的任务，红十字理论工作者理应将红十字文化的研究提上议事日程，潜心思考，以匡正和指导红十字的实践活动，并提出具有建设性的理论和建议。尤其是如何应对公众对红十字的信任危机，更需要这种建设性的研究，中国从来没有像今天这样需要对红十字文化的理论研究。中国红十字会总会提出不断加强红十字理论研究的议题，其意义也正在此。

① 郝如一、刘斌：《社会主义核心价值观与红十字精神》，《中国红十字报》2014 年 3 月 4 日。

② 中国红十字会总会编：《中国红十字会若干问题研究》，2015 年内部印行，第 77 页。

第八章　新时期红十字文化的保护

红十字文化以人道主义为宗旨，以奉献为表征，提倡尊重人的尊严，保护人的生命和健康，是一种神圣而崇高的文化，这使得红十字文化的保护成为题中之义。1993 年 10 月 31 日，《中华人民共和国红十字会法》公布实施（以下简称《红十字会法》），通过强制性的法定规范，保障红十字会的性质、宗旨和活动。其后，《中华人民共和国红十字标志使用办法》的颁布进一步为红十字标志的保护保驾护航。法律的保护加之政府的重视为红十字文化构筑了坚固的“屏障”，使我国红十字事业走上了法制化建设的轨道。

第一节　《红十字会法》的出台

1993 年 10 月，《中华人民共和国红十字会法》的颁布施行，是我国红十字事业发展史上一座重要的里程碑，标志着中国红十字运动进入了法制轨道，并与国际人道主义接轨。它的颁布施行，对于建设中国特色红十字事业具有重要意义。

一、《红十字会法》出台的必要性和重要性

纵观红会发展历史上的几次“大起大落”，最根本的原因在于红十字工作没有法律保障。具体而言，《红十字会法》的出台有以下几方面的因素。

（一）履行日内瓦公约和国际红十字与红新月运动的迫切需要

中国红十字会是世界上最大的红十字会组织之一。随着国际社会对红十字事业需要的持续增长，中国红十字会将要和必然会发挥其日益重要的作用。显然，制定和颁布一部《红十字会法》，对于明确中国红十字会的法人地位，确保其有效地履行国际上的有关法律承诺，进一步开展与其他国家、地区以及国际联合会组织之间的正常交流，加强中国红十字会在世界上的影响，将起到意义深远的作用①。尽管中国红十字会是国际红十字组织的重要成员，但由于迟迟未立法，按照日内瓦公约的要求开展各项活动得不到法律上的确认与保障。基于此，中国红十字会常务副会长顾英奇明确指出："尽快制定中华人民共和国红十字会法，既是依法履行我国参加日内瓦公约的迫切需要，又是遵循国际红十字和红新月运动的基本原则。"②

（二）中国红十字事业发展的现实需求

对于国内从事红十字工作的各级干部和千百万红十字会员来说，制定和颁布《红十字会法》是现实的需要。中国红十字会是从事人道主义救助工作的社会团体，而不是一级政府机构。因而，红十字会在开展工作时，往往没有行政命令作为凭借手段。在这种状况下，红十字会的工作不免会遇到这样那样的困难，甚至受到严重的干扰。此外，社会各界对红十字标志的滥用、误用现象也屡禁不止，严重损害了红十字会的声誉和国际形象。一位红十字会干部说：由于种种原因，我国没有《红十字会法》，因此红十字标志一传入我国，就没有取得应有的"专利"。这就给现在纠正滥用误用红十字标志带来困难。从纠正社会上滥用、误用红十字标志的角度讲，红十字会立法也迫在眉睫③。显然，"用法律的方式明确中国红十字会的权利、义务和同政府的关系，将有利于中国红十字事业更好地沿着法制化轨道发展"④。

（三）国家和社会对红十字事业的客观要求

中国红十字会曾在许多重大事件、突发事件及抗御自然灾害等工作中发挥了其他社会组织、社会团体所不能替代的作用。随着社会对人道需求的不断增长，中国红十字会应有的、特有的作用只会逐渐增强。显然，中国红十

---

① 《红十字事业的需要》，《中国红十字报》1993 年 9 月 3 日。

② 《〈中华人民共和国红十字会法（草案）〉经第五次国务院常务会议讨论原则通过》，《中国红十字报》1993 年 6 月 18 日。

③ 张建平：《症结在何处？——关于红十字标志的话题》，《中国红十字报》1992 年 5 月 29 日。

④ 《〈中华人民共和国红十字会法（草案）〉经第五次国务院常务会议讨论原则通过》，《中国红十字报》1993 年 6 月 18 日。

字运动的发展与其他事业一样，必须纳入法制的轨道，“不仅要受法律保护，依法办事，还要受法律监督，以使自己的工作不断完善，自身建设不断加强”[①]。

在此背景下，《红十字会法》的出台乃众望所归。中国红十字会第五届理事会把立法工作提上了重要议事日程。《中国红十字会总会1992年工作设想》提出，要加快立法工作的进程，加强与国务院有关部门的联系，取得支持和帮助，年内与国务院法制局、人大法工委、卫生部共同就《红十字会法》的立法工作进行国内外调研和论证[②]。1993年10月31日，第八届全国人大常委会第四次会议通过《中华人民共和国红十字会法》，并由国家主席江泽民签署第十四号令颁布施行。

《红十字会法》是我国第一部红十字会法典，是国家为了在人道工作上与国际惯例接轨，履行国际人道主义法和遵照红十字运动七项基本原则的要求，适应国际红十字运动发展趋势，加速我国红十字事业发展而制定的。它的出台，是国家对红十字事业高度重视的体现，是社会主义精神文明建设的重要标志，是对国际红十字与红新月运动的大力支持，为中国红十字运动注入了强大的活力。

二、《红十字会法》的法律保障

《红十字会法》是一部国家法律，对红十字会的宗旨、性质、活动原则、与政府关系、组织体系、机构、编制、经费、法律地位、职责、权利和红十字标志使用等做了原则规定，其内容概括集中，含义深刻，涉及面广，表述科学[③]。《红十字会法》的出台，标志着红十字事业是建设有中国特色社会主义伟大事业的一部分，同时也标志着我国红十字人道主义救助工作已经从民间的、群众性的自发状态变成了有国家法律认可并保障，政府支持、资助、保障和监督下的工作，也使中国红十字事业走上了法制化发展的轨道[④]。

1994年4月23日，中国红十字会常务副会长顾英奇在中国红会“六大”上做了题为《认真实施红十字会法，努力发展中国特色的红十字事业》的工作报告，强调：“红十字会法体现了国家对红十字事业的高度重视和支持，在机构与编制、财产与经费、权利与职责、红十字会与政府的关系，以及独立

① 《红十字事业的需要》，《中国红十字报》1993年9月3日。

② 《中国红十字会总会1992年工作设想》，《中国红十字报》1992年2月28日。

③ 《红会法制建设结硕果》，《中国红十字报》1997年8月15日。

④ 王立忠：《推进有中国特色红十字事业向广度和深度发展——在纪念红十字会法颁布施行八周年暨“四五”普法动员电视电话会议上的讲话》，《中国红十字报》2001年11月2日。

自主开展工作等关键问题上用法的形式给予确认，为中国红十字会更好地生存和发展提供了法律保障。”[①] 中国红十字会“六大”依法规范了内部事务，并聘请国家主席江泽民任名誉会长。这些都为中国红十字运动的发展提供了良好的外部环境。

《红十字会法》是一部跨越历史的法律，是一部融合保障、改革和发展中国红十字事业于一体的法律。它的出台不是为了肯定既成的事实，而是为了指导和保障我国红十字事业的改革与发展。更具体地说，就是将以“人民卫生救护团体”规范的、在计划经济体制下形成的、与国际规则脱节的中国红十字会的旧体制，改变为与国际惯例和国内形势变化相适应的新体制。《红十字会法》的这个改革精神，主要体现在下列几个方面：

一是红十字会的宗旨，明确规定为“保护人的生命和健康，发扬人道主义精神，促进和平进步事业”。这不仅在用语上与国际接轨，而且把红十字工作的意义提到人类历史发展的高度，与当今世界的两大主题——和平与发展联系起来。特别是把“人道主义”一词列进国家法律，更体现了意识形态上的一大突破，可以扫除人们对红十字工作的陈旧观念和不正确的认识，使人道主义成为社会生活中的一项重要的法律准则，使红十字事业成为一项崇高的社会事业，从而在思想认识上为发展红十字事业廓清了道路。

二是对红十字会的性质和任务做了新的规定，将新中国成立初期确定的“人民卫生救护团体”改变为“从事人道主义工作的社会救助团体”。这个改变大大拓宽了红十字会的活动范围，也大大提高了红十字会的地位，使它成为国家法定的专门从事人道主义救助工作的社会组织，具有了更加深厚的潜在功能和更加广阔的活动空间。

三是在组织原则上，明确规定红十字会在遵守本国宪法和法律、遵循国际人道主义法和红十字运动基本原则的条件下，独立自主地开展工作；按照行政区域建立地方各级红十字会，按行业系统建立行业红十字会。这是对红十字会体制的重大改革。特别是以法律条文保障红十字会独立自主开展工作，尤为重要。这是国家履行国际人道主义法最基本的要求，也是国家实行政治改革，正确处理政府与社团的关系的一项重要内容[②]。

四是明确规定红十字会与人民政府的关系，人民政府对红十字会给予支持和资助，保障红十字会依法履行职责，并对其活动进行监督。红十字会协

---

① 《遵循圣洁宗旨　坚定奉献精神　高举人道旗帜　创造辉煌明天——顾英奇在“六大”全体会议上做工作报告》，《中国红十字报》1994 年 4 月 25 日。

② 《社论：历史的跨越——纪念〈中华人民共和国红十字会法〉颁布实施五周年》，《中国红十字报》1998 年 10 月 30 日。

助人民政府开展与其职责有关的活动，因此人民政府对红十字会的职责是“支持、资助、保障、监督”。作为红十字会来说，最重要的就是支持和协助本国政府开展与人道有关的工作，这是成立红十字会的初衷，也是检验红十字会工作的标尺。但是红十字会不是政府的一个部门，该法对此做出明确规定，对于发挥红十字组织的作用至关重要①。

《红十字会法》共6章28条，每个条款都有实际内容，实际上涵盖了红十字会工作的所有问题，既切合实际，又具有前瞻性。总体而言，《红十字会法》有5大特征：（1）与国际人道法和国际惯例接轨；（2）授权性条款多；（3）内容包容量大、可创性强；（4）没有明确执法主体；（5）具有很强的改革性和前瞻性②。

《红十字会法》是一部保障红十字会开展工作的法律，它对红十字事业的保障性体现在诸多方面。例如，规定了红十字会有权处分其接受的救助物资，执行救助任务的人员、物资和交通工具有优先通行的权利，红十字会为开展救助工作可以进行募捐活动，红十字会接受捐赠物资享受减税免税；规定中华人民共和国公民承认红十字会章程并缴纳会费的，可以自愿参加红十字会；规定县级以上按行政区域建立地方各级红十字会，红十字会具有社会团体法人资格；还规定，红十字会履行七项职责，红十字标志具有保护作用和标明作用，对于滥用红十字标志的，红十字会有权要求其停止使用，拒绝停止使用的，红十字会可以提请人民政府按照有关法律法规的规定予以处理。这种授权性条款有15条之多，超过了总条款的一半，这是《红十字会法》的显著特征③。《红十字会法》通过强制性的法定规范，保障红十字会的活动，充分体现了红十字事业在我国社会中的地位和国家对红十字会活动的重视。

需要说明的是，由于《红十字会法》属于社团法的范畴，按照我国的法律体制，社团法一般不明确执法主体。法律条款涉及哪个部门，哪个部门就应贯彻执行。因此，《红十字会法》没有明确执法主体，争取各级政府及有关部门对红十字会的支持和保护，是各级红十字会的首要任务。

《红十字会法》颁布后，与之相配套的法规政策也相继出台。全国各省、自治区、直辖市先后制定了实施《红十字会法》的地方性法规。

---

① 中国红十字会总会编：《国际红十字与红新月运动基本知识传播手册》，2008年内部印行，第106页。

② 参见中国红十字会总会编：《国际红十字与红新月运动基本知识传播手册》，2008年内部印行，第107—108页。

③ 中国红十字会总会编：《国际红十字与红新月运动基本知识传播手册》，2008年内部印行，第107页。

《红十字会法》的颁布施行具有重要的意义：（一）向世界表明我国是一个崇尚人道、热爱和平的国家；（二）为扩展红十字事业提供了法律依据；（三）充分反映了我国社会保障和社会文明事业的发展与进步[①]。可以说，《红十字会法》是建设中国特色红十字事业最有力的武器。全面贯彻执行这部法律，将会对红十字事业的发展产生巨大的动力。

三、《红十字会法》的宣传和普及

一部法律，从正式颁布到全面实施执行，需要一个过程。在此过程中，法律的宣传普及工作至关重要。《红十字会法》颁布后，红十字会系统积极开展《红十字会法》的宣传普及工作，掀起多次群众性学法、识法、普法活动的高潮。中国红十字会总会和各级分会举办各种宣传活动，编写学习宣传材料，组织《红十字会法》知识竞赛，还通过报告会、座谈会、培训班、纪念"5·8"世界红十字日等形式，对《红十字会法》进行宣传普及。这里以江西省为例略加管窥。

1994年，江西省红会与总会同时举办《红十字会法》知识竞赛，以刊登在4月1日《中国红十字报》上的试题为竞赛题[②]。据统计，省红会共收到答卷7433份，经阅卷评审，有效答卷4925份，占66.25%[③]。1995年12月20日，江西省第八届人大常委会第19次会议审议通过了《江西省实施〈中华人民共和国红十字会法〉办法》，并于年底颁布实施，这是江西省红十字运动史上的一件大事，也是继天津、北京、内蒙古之后，颁布《实施办法》较早的省份[④]。1996年，南昌市红十字会举办了《红十字会法》讲习班，组织各县、区红十字会和红十字青少年工作委员会的负责人、红会干部学习红十字会的相关法律、法规，探讨如何将学法与用法结合起来，依法兴会，从而开创南昌红十字事业的新局面[⑤]。南丰县西溪乡红会根据山区人员分散及农忙季节的特点，召开了一次广播大会，乡党委书记和乡红会会长分别就如何宣传贯彻《红十字会法》、如何开展农村红会工作做了专题讲话[⑥]，各乡镇企业领导及行政村的村主任、学校领导、群众及学生近千人收听了广播，取得了良好的

---

① 王立忠：《推进有中国特色红十字事业向广度和深度发展——在纪念〈红十字会法〉颁布施行八周年暨"四五"普法动员电视电话会议上的讲话》，《中国红十字报》2001年11月2日。

② 《江西省红会与总会同步举办"红会法"知识竞赛》，《中国红十字报》1994年3月4日。

③ 《江西省红十字会1994年工作总结和1995年工作要点》，内部资料。

④ 《江西省红十字会1995年工作总结》，内部资料。

⑤ 《南昌市红十字举办"红会法"讲习班》，《中国红十字报》1996年5月3日。

⑥ 《西溪乡红会注意发挥广播作用》，《中国红十字报》1996年8月30日。

效果。在江西省红会的积极努力下，省法制宣传领导小组将《红十字会法》列入全省“四五普法规划”，并作为2002年重点普及法律。在2002年“5·8”红十字会系列活动期间，江西省红十字会与省法宣办联合举办以“宣传红十字会法，弘扬人道主义”为主体的纪念活动，“社会需要法律秩序、人人需要法制环境”“依法兴会，大力发展红十字事业”等现场宣传标语精彩纷呈。据统计，“5·8”期间共有4590位红十字工作者、志愿人员和会员参加活动；义诊、咨询31232人次；全省共散发《红十字会法》和红十字运动基本知识宣传单165300张，宣传标语404条，制作宣传板块249块①，极大地宣传了《红十字会法》。江西的省、市、县红十字会还积极参与当地普法办组织的《红十字会法》学习辅导讲座，既宣讲《红十字会法》，又扩大了红十字会的影响。2002年9月7日，省直机关工委组织15家省直机关单位举办送法下乡活动。在法律咨询现场，红十字工作者散发了1000余份红十字会宣传单和200册《红十字运动基本知识》手册②，在农民中宣传了红十字的“人道、博爱、奉献”精神和红十字运动知识，扩大了红十字组织在农村的影响。

为更好地宣传普及《红十字会法》，《中国红十字报》还刊文进行理论指导，强调：宣传红会法，首先要宣传的是它的重大意义，即红会法是由国家最高权力机关制定的一部国家法律。其次，对红会法的宣传应该是全面的。法律的原则精神及每一具体条款，无论是涉及红十字会的性质、地位、作用，还是有关经费、标志等内容，都要先讲清楚。再次，在宣传红会法的具体工作中，既要有所侧重，又要照顾全局。一方面，各地红十字会要向当地党政领导和有关政府机关大力宣传红会法，促成一个各级领导带头学习贯彻红会法的局面；另一方面要面向全社会，向广大人民群众普及宣传红会法，努力使红会法家喻户晓，人人皆知。同时，在对外交往中，也应不失时机地宣传介绍红会法，使国外、境外人士理解和认识这部法在中国红十字运动和国际红十字运动中的特殊意义，从而增进多方面的对外交流与合作③。

为更好地学习领会《红十字会法》的内容，有红会同仁将《红十字会法》的6章28条归纳为7点：

1. 一个统一的红十字会组织，就是从事人道主义工作的社会救助团体（见第一章第二条）。

2. 两大独立地位（独立法人资格、独立自主的工作，见第一章第四条和

① 《江西省红十字会2002年工作总结》，内部资料。

② 《普及红会法　送法到乡下——江西省红十字会参加送法下乡活动》，《江西红十字简报》第6期（2002年10月25日），第3—4页。

③ 《大张旗鼓地宣传红会法》，《中国红十字报》1993年11月19日。

第一章第十一条)。

3. 三种机构形成:(1)中国红十字会总会;(2)县以上地方各级红十字会;(3)行业红十字会(见第二章第八条)。

4. 四方面经费来源(见第五章第二十条)。

5. 五条监督措施(见第五章第二十四、二十五条)。

6. 六项权利(见第五章第二十一、二十二、二十三条)。

7. 七项职责(见第三章第十二条)①。

自1993年《红十字会法》颁布实施后,红会系统多次开展《红十字会法》知识竞赛活动,通过以赛促教的方式向社会传播。1994年1月,总会发出《关于开展〈中华人民共和国红十字会法〉知识竞赛的通知》,呼吁各级红会积极参加。截至3月30日,参加人数已逾80万人。这是红会法颁布以来一次大规模学习、贯彻红会法的高潮,也是对我国各级红十字会组织力量的一次大检阅②。同年4月28日,北京市红会在北京电视台举办“人间第一情——红十字会法知识竞赛”,全市10多万会员踊跃参加,各区、县及厂、矿、高校红会召开了红会法宣讲会、“红会法”文艺晚会、“红会法”理论研讨会等③。哈尔滨市香坊区红会和区教育红会联合举办中小学生“红十字会法”知识竞赛,来自全区10所中学、15所小学的50名红十字青少年参加了激烈的角逐④。1995年,在《红十字会法》颁布实施两周年之际,苏州市平江区红十字会组织3300余名会员参加了知识竞赛活动,气氛浓厚,声势热烈⑤。

宣传贯彻《红十字会法》是红十字会的立会之本,可以最大限度地使红十字会工作得到有效的保护,保障红十字会依法履行职责。《红十字会法》颁布实施后,各级红会组织采用展览会、报告会、板报、知识竞赛、有奖征文等多种形式,广泛宣传《红十字会法》,收到了较好的效果。但是应该看到,学习和宣传的广度和深度还不够,社会各界对红十字会的性质、地位、作用还不很清楚,社会上误用、滥用红十字标志还十分普遍。为此,《红十字会法》刚颁布,总会即协助国务院法制局对红十字标志的诞生、演变,红十字标志的真正意义及使用,以及日内瓦公约和红十字国际组织有关会议关于红十字标志使用规定等内容,进行搜集整理和研讨。在此基础上,《中华人民共

① 《归纳红会法　易懂又易记》,《中国红十字报》1993年11月19日。

② 参见《80万人大参赛　普及红会法掀巨澜》,《中国红十字报》1994年4月1日。

③ 《“五·八”期间各地纪念活动丰富多彩》,《中国红十字报》1994年5月6日。

④ 《哈尔滨市香坊区中小学举办“红会法”知识竞赛》,《中国红十字报》1994年12月16日。

⑤ 《平江区三千余会员参加红会法知识竞赛》,《中国红十字报》1995年12月8日。

和国红十字标志使用办法》（以下简称《红十字标志使用办法》）于 1996 年 1 月发布施行。

《红十字标志使用办法》对红十字标志的使用与禁止使用等做了规定，并明确规定：在本办法规定的范围以外需使用标明性红十字标志的，由红十字会总会批准①。在不到三年的时间里，国家先后颁布两部与红十字会直接相关的法律法规，为红十字事业提供法律保障，充分体现了国家对红十字事业的关心与重视，向世人展示了我国政府支持红十字会工作的国际承诺，“为红十字事业发展奠定了坚强的柱石，这是中国红十字运动的百代基业”②。

第二节　红十字标志的保护

红十字标志是红十字文化的物质载体和表征。根据日内瓦公约的规定，国际公认红十字标志是特定场合保护人类生命和财产的专用标志，它的使用有严格规定。在武装冲突的任何时候，交战各方均不得攻击展示白底红十字标志的人员、车辆、船只、飞机和建筑物；而和平时期，红十字标志只显示被标示体与红十字运动有关③。滥用不仅是非法的，严重的还将受到国际制裁。

一、滥用冒用，层出不穷

（一）滥用、误用红十字标志

众所周知，我国在过去相当长一段时间里，“红十字”漫天飞舞。20 世纪 90 年代，滥用红十字标志的现象“令人触目惊心”④，以至这一“特定场合下保护人类生命的法定标志”受到严重的侵犯，成为“中国最大的侵权案”⑤，造成了极恶劣的影响。

长期以来，由于种种原因，红十字标志被误认为是医疗卫生的标志，滥

① 《红会法制建设结硕果》，《中国红十字报》1997 年 8 月 15 日。

② 《顾英奇常务副会长在中国红十字会报刊暨宣传网络工作会议上的讲话》，《中国红十字报》1996 年 10 月 4 日。

③ 《“红十字”不是医院的招牌，不是商品的标签　必须制止司空见惯的滥用红十字标志》，《中国红十字报》1991 年 10 月 5 日。

④ 《我的红十字“纠滥”观》，《中国红十字报》1996 年 5 月 10 日。

⑤ 《关于正确使用红十字标志问题致新闻界同仁的一封公开信》，《中国红十字报》1993 年 11 月 12 日。

用现象在民众中司空见惯。一些商标、商业性广告、非红十字会或者非武装力量的医疗机构、药店、兽医站，擅自使用红十字标志，一些商品的包装、公司的标志也都未经许可滥用、误用红十字标志，甚至墙壁、厕所、电杆上乱涂乱贴的祖传秘方、专治性病等骗人的游医广告也赫然用上了红十字标志，连污物桶、卫生器具上也时有红十字标志出现①。此外，还有将红十字标志装订在鞋面上的②，如此种种，不一而足。

以北京市滥用、误用红十字标志为例，据资料显示，北京宣武区华仁路这条不足百米的街道上，张贴在电线杆、墙壁上的此类广告达8处之多。北京友谊医院的急诊室、儿童门诊部门口的果皮箱上印有红十字标志，崇文京都门诊部的窗户玻璃上印有红十字标志。在他们的观念中，挂红十字标志是天经地义，理所当然③。北京某区的一所康复医院自挂红十字牌子，堂而皇之地自称红十字医院。事前，市、区红十字会一无所知，前去指出其侵权行为，该院领导称："我是红十字医院，又不是红十字会医院，为什么要通过你们？其它医院都能挂红十字的牌子，我为什么不能？"——原来，享受公费医疗的病人在康复医院看病不能报销，导致医院的效益下降。而挂了红十字标志，像是吃肥肉，"咬一口，就冒油"④。显然，这是由于对红十字标志误解而导致的误用和滥用，是对圣洁红十字的亵渎。

由于认识上的模糊，新闻媒体在宣传报道时滥用、误用红十字标志也是常有之事。在一些报刊专栏、电视专题节目中，红十字还被当作健康与卫生的栏图和题图，大量标有红十字的广告出现在屏幕上、报刊上⑤。据载，1992年2月28日，《南方周末》第二版以红十字标志为栏头，发表《老年人哮喘的特点和防治》；3月12日21点零5分，中央电视台第一套节目播出的《卫生与健康》节目，以红十字标志为片头背景⑥。报纸上赞扬白衣战士的高尚医德和救死扶伤事迹用的标题是"闪光的红十字"；揭露卖假药、造假医学论文、批评医德医风不良等说它是"红十字上的阴影"⑦。有医疗卫生单位及人员做了损害群众利益的事，便有"红十字在哭泣""红十字下的罪恶"等风

---

① 《应当建立正确使用红十字标志的执法队伍》，《中国红十字报》1996年6月14日。

② 参见《山东枣庄滥用红十字标志一例》，《中国红十字报》1991年5月20日。

③ 鲁戈：《正确使用红十字标志　卫生部门要带好头》，《中国红十字报》1996年4月19日。

④ 《"红十字"不是医院的招牌，不是商品的标签　必须制止司空见惯的滥用红十字标志》，《中国红十字报》1991年10月5日。

⑤ 《关于正确使用红十字标志问题致新闻界同仁的一封公开信》，《中国红十字报》1993年11月12日。

⑥ 《滥用误用"红十字"标志现象一瞥》，《中国红十字报》1992年3月20日。

⑦ 顾英奇：《正确认识和使用红十字标志》，《中国红十字报》1994年7月22日。

马牛不相及的说法和写法，严重侵犯了红十字会的合法权益和声誉形象。毋庸讳言，在对红十字标志的滥用、误用现象中，新闻传媒起到了相当大的误导和推波助澜作用。

以上几例，仅是管中窥豹，实际上滥用、误用红十字标志的情况要普遍得多、严重得多。这些现象给人们造成“红十字”就是一般代表医疗、卫生、药品、清洁的符号的错觉。中国红十字会对“红十字”标志有维护权。然而，具有讽刺性的是，在中国红十字会总会机关的医务室内竟有一个印有红十字标志的污物桶①。

滥用、误用红十字标志，不仅有损红十字会的声誉，影响红十字会在紧急状态下履行职责，更严重的是影响到了我国在国际社会中的形象和声望。北京医科大学一位长期从事标志设计研究的专家说：我们习惯上把红十字标志作为医疗卫生标志，因而在对外交往中闹出了许多笑话。1989 年，“中美脑缺损合作项目”会谈在京举行，我方代表将红十字作为该项目的标志，美方代表大吃一惊，最后请专家设计了另一种标志才算为国人挽回了一点面子②。1992 年，在全国政协七届四次会议上，六位政协委员联名提案，建议采取措施限时纠正滥用红十字标志的现象，称“有些外国友人和国际红十字会的朋友对发生在中国的这种现象非常敏感，很直率地提出了意见”③。同年 9 月，红十字国际委员会主席科纳里奥·索马鲁加来华访问，先后向中国红十字会和李鹏总理郑重地提出了此类问题，并建议我国尽早制定相应的法规以纠正滥用红十字标志的现象④。

（二）盗用红十字标志行骗

伴随红十字人道主义宗旨的深入人心以及商品经济的洪波涌起，社会上一些利欲熏心的不法之徒常打着红十字会的招牌招摇撞骗，大发不义之财，严重损害了红十字会的声誉。山东《大众日报》发表的《有人打着红十字会旗号行骗》的来信即是其中一例⑤。另据资料载，1992 年 1 月，湖南省大庸市永定区国营农场职工王某的儿媳和孙子，被一名自称是长沙市红十字会名叫“李朝晖”的男青年拐走，下落不明；武汉市铸造厂一名胡姓的女青年与自称长沙市红十字会的“颜明明”谈恋爱，却不知长沙市红会根本没有“颜明明”这个人。据长沙市红十字会介绍，还发现多起盗用市红会名义在省内

---

① 《滥用误用“红十字”标志现象一瞥》，《中国红十字报》1992 年 3 月 20 日。
② 张建平：《症结在何处？——关于红十字标志的话题》，《中国红十字报》1992 年 5 月 29 日。
③ 《正确使用“红十字”标志》，《中国红十字》第 213 期（1992 年 4 月），第 1 页。
④ 《我的红十字“纠滥”观》，《中国红十字报》1996 年 5 月 10 日。
⑤ 参见葛毓臣：《红十字不容玷污》，《中国红十字报》1995 年 3 月 24 日。

外联系工作、洽谈业务，甚至进行拐骗、诈骗等犯罪活动[①]。手段恶劣，严重损害了红十字会的声誉。

除了利用红十字做招牌行骗外，更有甚者，直接打着红十字会的旗号，并且手续、证件（行医证、工作证盖有钢印，协议书盖有公章）齐备进行诈骗。其中，尤为引人瞩目的是天津市的“红十字会疑难病研究中心”，波及范围广，影响恶劣。涉及十几个省、市的数十名受骗者先后给天津市红十字会来电来函，诉说他们被所谓“天津市红十字会疑难病研究中心”的两位“大夫”诈骗钱财之事，要求严惩盗用红十字会名誉的不法之徒，维护人道主义的尊严[②]。为此，社会各界人士呼吁各级红会组织和会员在人道领域里深入持久地进行“打假战”！

此外，还有一些不法分子利用红十字会的名义，打着救灾的幌子牟取私利。1993 年，有一个骗子以镇江市红十字会的名义在苏南某市一厂家行骗，谎称镇江市红十字会要加工 6 万条棉毯运往东北救灾，厂方按期完成，结果该骗子却一直没露面，给厂方造成了严重的经济损失。其他地方也有用中国红十字总会的名义行骗的，他们以招揽生意、签订合同的形式达到其骗钱的目的[③]。

（三）滥用红十字标志的动因

考察社会各界滥用、误用红十字标志层出不穷的现象，背后的动因大体有以下几个方面。

其一是历史的原因。滥用红十字标志在我国是一个复杂的历史现象。由于历史的原因，我国卫生系统与红十字会有着十分密切的关系。新中国成立前，红十字会一直承担着救死扶伤的使命，从事救灾、救护等事宜。新中国成立初期，中国红十字会经过改组，成为中央人民政府领导下的人民卫生救护团体。因为这个缘故，在我国医疗卫生部门使用红十字标志一直沿袭下来，以致后来加以演变扩大，最后红十字竟被误认为是医疗卫生标志，甚至被理解为医疗、血液、清洁卫生的符号，所以上自卫生行政领导，下至医疗卫生技术人员，对于各自系统单位以及社会上滥用、误用红十字标志的现象，都习以为常，没有任何疑义。如果问“红十字”代表什么？十有八九的人会说

---

① 《警惕！有人利用红十字行骗》，《中国红十字报》1992 年 7 月 24 日。

② 《警惕打着红十字会招牌行骗　天津没有“红十字会疑难病研究中心”》，《中国红十字报》1993 年 5 月 28 日。

③ 《应维护红十字的圣洁》，《中国红十字报》1993 年 11 月 26 日。

代表医疗卫生[①]。

揆诸史实，绝大多数滥用者几乎没有什么恶意。相反，在很大程度上是出于对红十字的崇尚和敬仰。纵观其发展过程，由崇尚到误用，再到滥用，最终受损害的当然是红十字形象。无怪乎时人谑称，90年来，中国红十字会一直充当了“一位伟大的悲剧角色”[②]。

其二是红十字意识淡漠。由于历史的原因，长期以来，红十字标志被堂而皇之地悬挂于医疗卫生单位上方，尤其是在各个医院里，红十字标志更是充斥于每一个角落。在门厅上方，各种医疗器械上，甚至是在痰桶上，该标志都是无处不在。由于医疗卫生单位习惯性的误用行为，老百姓见了红十字就很自然地想到这是一所医院。其他的单位、工作、用品等，只要能挨上医疗卫生边的也都挂上或标有红十字，如爱国卫生、计划生育、药店、兽医站、医药箱、急救包、急救车，甚至厕所、痰盂、卫生纸等。更有甚者，一些想象力丰富的修车、修鞋工也挂上了赫然的大红十字，表明了他们专为“生了病”的车、鞋“治病”[③]。

医疗卫生部门的误用，使社会各界对红十字标志产生普遍的误解，以为它是医疗卫生系统的专用标志，进而在无形中导引了社会其他部门的误用。如新闻传媒、个体诊所和江湖游医等。对此，时人曾一针见血地指出，白底红十字标志被如此广泛的滥用，“绝非来源于对该标志正确含义的理解，而是源于极为普遍的误解”[④]。更有甚者，有的报刊编辑明知红十字标志是专用标志，不能乱用，但法制观念淡薄，对正确使用的规定漠然置之，以至继续错用而不以为然[⑤]。这显系红十字意识淡漠的体现。

其三是红十字的光环效应。红十字作为救护团体应有的识别标志，本身具有神圣性。从报纸上所揭露的一些不法之徒打着红十字旗号从事非法行骗的行为中，不难看出红十字标志被盗用与红十字的光环效应息息相关。红十字会在群众中拥有崇高的威望，其人道博爱、扶危济困的宗旨，有着巨大的感染力和号召力，易于被不法之徒或“有心之人”利用牟取私利。发生于2011年的“郭美美事件”就是利用红十字标志的光环效应在网上炫富，结果

---

① 《关于正确使用红十字标志问题致新闻界同仁的一封公开信》，《中国红十字报》1993年11月12日。

② 李葆真、林燕：《怎样纠正滥用“红十字”标志》，《中国红十字报》1994年4月25日。

③ 吴厚冬：《立法之本在落实——武汉市红会举办红十字标志使用办法学习班》，《中国红十字报》1996年4月12日。

④ 师韫：《从街头“红十字”想到的》，《中国红十字报》1994年5月20日。

⑤ 鲁戈：《报刊应该首先正确使用红十字标志——学习“红十字会法”札记》，《中国红十字报》1995年4月21日。

引起轩然大波，给红十字会的公信力造成严重冲击。

二、建言献策，制止滥用

滥用红十字标志，无疑严重侵犯了红十字会的合法权益，成为阻碍我国红会事业发展的不利因素，诚如时人所观察到的，“当前，滥用红十字标志非常普遍，以至引起群众把红十字标志当成医疗机构的专用标志。非红会医疗卫生单位滥用红十字标志加深了人们对红会性质、宗旨、作用的错误认识，损害了红会名誉。所以，非红会医疗卫生单位滥用红十字标志现象，应坚决纠正，以法处理”①。基于此，如何迅速、有效地纠正滥用红十字标志的现象，成为推动我国红会事业发展的一项重要工作。围绕这一议题，业界积极建言献策，臂助“纠滥”工作。

（一）“纠滥”工作首先要从医疗卫生部门和新闻传媒行业开展

滥用、误用红十字标志哪里最多？医疗卫生系统最多。北京市一位长期从事红会领导工作的同志说：

> 君不见，中央级、省级、市级、县级、区级、街道级的医院全都用红十字标志，不受任何约束；社会办医、个体行医、街头郎中紧随其后。推而广之，医院的用品，如脸盆、床单、床架、痰盂、药箱、污桶甚至暖水瓶、毛巾上也都印上红十字；引而申之，医药广告、商店、书皮封面、报纸栏头，也都是红十字。如果对医疗卫生系统滥用误用红十字标志没有具体措施，纠正社会上滥用误用红十字标志现象将成为一句空话②。

基于此，纠正滥用红十字标志首先需要卫生部门带个好头，从医药卫生界做起，引导整个社会规范使用红十字。只要医药卫生界彻底纠正，其他新闻媒介、计划生育、宾馆饭店、工厂企业等部门行业自然也会逐渐纠正，一些骗人游医、不法之徒也自然无空可钻③。

医疗卫生部门之外，新闻传媒行业也是“纠滥”的重点领域。研究者指出，要杜绝滥用、误用红十字会标志，应首先在新闻界和医疗卫生界内下功夫，“以达事半功倍”④。

新闻媒体肩负着舆论引导的重要使命，因此更应当做依法使用红十字标志、正确使用红十字名称的模范。然而，《红十字会法》颁布后，有少数报刊

---

① 《新闻报导应注意红十字的用法》，《中国红十字报》1994 年 9 月 23 日。

② 张建平：《症结在何处？——关于红十字标志的话题》，《中国红十字报》1992 年 5 月 29 日。

③ 鲁戈：《正确使用红十字标志　卫生部门要带好头》，《中国红十字报》1996 年 4 月 19 日。

④ 赵健丽：《杜绝误用滥用红十字标志从这做起》，《中国红十字报》1994 年 1 月 14 日。

仍然无视红十字标志的法定作用，继续滥用（如表8－1所示）。

表8－1　1993-1995年部分刊物滥用红十字标志一览表

刊　名	发行日期	标　题	内　容
法苑杂志	1993年第10期	行医“有方”，红十字的困惑	讲述医疗行业的医德乱象
特区卫生报	1993年第4期	仰望神圣的十——海南乡镇卫生院的现状与出路	讲述乡镇卫生院的情况，“红十字”描述达4次之多
中国卫生信息报	1994年第846期	红十字下的困惑	医疗单位医疗费用外欠问题
民主与法制	1994年第3期	红十字下的困惑	揭露医疗市场的混乱现象，呼吁健全医疗市场秩序
知识与生活	1995年第1期	红十字下的阴影——中国医德忧思录	揭露种种缺乏医德现象
山东卫生报	1995年2月4日	沉重的红十字——白衣天使之艰难困苦备忘录	讲述医院广泛存在的经营艰难的现实

资料来源：曹凤根：《行医“有方”，红十字的困惑》，《法苑杂志》1993第10期；赵健丽：《杜绝误用滥用红十字标志从这做起》，《中国红十字报》1994年1月14日；《新闻报导应注意红十字的用法》，《中国红十字报》1994年9月23日；鲁波：《莫再让红十字无辜受责》，《中国红十字报》1994年5月20日；刘华鹰：《必须坚决制止侵权行为》，《中国红十字报》1994年11月11日；鲁戈：《报刊应该首先正确使用红十字标志——学习“红十字会法”札记》，《中国红十字报》1995年4月21日。

由表8－1显见，新闻传媒界滥用红十字标志，让红十字无辜受责、“背黑锅”，不仅容易使读者对红十字会造成误解，而且严重侵害了红十字的名誉。

此外，影视业滥用红十字标志的现象也不鲜见。1994年，一部反映医学伦理道德的电视片，却冠予《红十字的呼唤》的片名，显然有文不对题之嫌，是对红十字标志的错误认识引起的误用、错用，是一种明显的侵权行为①。

有鉴于此，业界人士大声疾呼：“一些报刊、电视的医疗卫生专栏和节

① 刘华鹰：《必须坚决制止侵权行为》，《中国红十字报》1994年11月11日。

目，往往以红十字做栏题、栏标，助长了群众对红十字标志的误解，也应彻底纠正，以正视听。”[①]

（二）呼吁对卫生系统的使用标志拿出意见

医疗卫生系统是滥用红十字标志的“罪魁祸首”，要彻底“纠滥”就必须正本清源，确立卫生系统的专属标志。因此，有观点指出，卫生系统行政机关、事业单位到底应该使用什么标志，国家应拿出意见，使《中华人民共和国红十字会法》早日严肃实施[②]。对于“卫生系统用什么标志”这个问题，浙江省萧山市卫生系统做了有益的探索。在“纠滥”的过程中，萧山市妇幼保健院病房放弃了红十字标志，而采用妇幼保健统一的标志，并在服务证的徽证上也用妇幼标志。萧山市第二人民医院门诊大楼重新装修时，不但去掉了红十字标志，而且自行设计了象征医院、反映本院的院徽、院记。故此，有建言者指出，可采纳萧山市的办法，根据行业特点、本单位特色自行设计标志[③]。锦州市红会建议，全市各医疗卫生机构可以在原有红十字内再涂白色十字，留出红边，变成红框的白十字[④]。昆明市卫生局则要求卫生系统在国家卫生部没有下达统一标志以前，除救护车暂时维持现状不变外，其他物品、用品、建筑物上的红十字标志一律改为绿十字[⑤]。

值得一提的是，1997 年卫生部做出了《关于蓝十字作为医疗机构标志的决定》，并从当年 5 月 1 日起正式开始使用。这一决定是根据《红十字会法》和《红十字标志使用办法》的有关规定，为规范医疗机构标志，便于识别，方便患者就医而作出的[⑥]。医疗机构标志的出台，为红十字“纠滥”工作提供了有利的契机。

（三）深入探讨“纠滥”工作“有禁不止”的原因，对症下药

《红十字会法》颁布实施后，滥用红十字标志的现象日益受到重视。红会发出通知、报刊发表文章，大声呼吁依法禁止滥用红十字标志。但滥用现象依然十分严重，不论在城市还是农村，随处可见印有红十字标志的车辆、匾牌、广告。医疗卫生单位不用说，甚至在厕所、电杆、墙壁上到处张贴的祖

---

① 刘鲁波：《依法禁止滥用红十字标志的几点设想》，《中国红十字报》1994 年 1 月 28 日。

② 刘金荣、刘兴舟：《卫生系统用什么标志?》，《中国红十字报》1994 年 9 月 30 日。

③ 孙国铭：《萧山卫生单位改正“张冠李戴”　红十字标志只归红会所有》，《中国红十字报》1994 年 10 月 21 日。

④ 郭春英：《锦州市纠正误用、滥用红十字标志现象五百八十起》，《中国红十字报》1995 年 9 月 15 日。

⑤ 谢钧：《医院改用绿十字标志如何?》，《中国红十字报》1996 年 10 月 25 日。

⑥ 《从今年 5 月 1 日起蓝十字将为全国医疗机构统一标志》，《中国红十字报》1997 年 1 月 24 日。

传秘方，一些吹牛、骗人的行医广告上，也堂而皇之印着很醒目的红十字。有的生活用品广告、商标上也有红十字，连爱国卫生运动委员会办公室的铜牌上也有红十字。一些游医、庸医也堂而皇之披上红十字外衣来行骗钱的勾当①。

红十字标志何以屡禁不止？原因显然是多方面的。

一是由于历史的原因，卫生部门滥用红十字标志最严重，而红十字会与卫生部门合署办公，不便提出具体意见。

二是红会干部没有精力去抓，这一现象长期无人问津，症结所在是红会工作没有引起足够的重视，红会工作人员力不从心②。

三是红会缺乏行动，有法不依，执法不严③。

四是说明《红十字会法》宣传贯彻还不够广泛深入，甚至连舆论宣传部门也不甚了之，一再错用。

事实上，不少基层红会领导同志和滥用者一样，对正确使用红十字标志在思想上是模糊不清的。他们既是“纠滥”领导人，又是“制滥”责任人，不解决他们的认识问题，“纠滥”就无法启动。解决他们的认识问题，首要的是使他们懂得“红十字”标志不是医疗卫生部门的专用标志，就像红十字会不是卫生部门的从属单位一样。认识统一了，“纠滥”才可能由“虚”入“实”，自觉地清理自己的“门户”④。

此外，来自社会的认知阻力也是一大因素。不少人持“凡是现实的就是合理的”的看法，认为“纠滥”没有必要。如北京一家大医院的院长主张：“我个人的看法是医院使用红十字是合理的。铁路有标志，民航有标志，邮政有标志，医院当然也应该有标志。不管白天晚上，本地的还是外地的，熟悉的还是不熟悉的，一看到红十字，就知道是医院，有了病不愁找不到地方，方便群众就医。为什么要改变呢?”⑤ 这种看法颇具代表性，也在无形中制约了“纠滥”工作的成效。

为此，有研究者指出，禁止滥用红十字标志，必须体现在行动上。滥用、误用红十字标志是一个历史遗留问题，并非很快就能迎刃而解。所以，“重中之重在于抓落实，使其变为实际的行动。我们既不能畏难发愁，也不可盲目

① 吴云高：《不能乱用红会名称及标志》，《中国红十字报》1994 年 8 月 12 日。
② 张铭芳：《对红会地位与作用的再认识》，《中国红十字报》1994 年 3 月 18 日。
③ 刘鲁波：《更重要的是行动起来》，《中国红十字报》1994 年 8 月 26 日。
④ 李葆真、林燕：《怎样纠正滥用“红十字”标志》，《中国红十字报》1994 年 4 月 25 日。
⑤ 张建平：《症结在何处？——关于红十字标志的话题》，《中国红十字报》1992 年 5 月 29 日。

乐观；只要坚持不懈地抓下去，扎扎实实地落实，滥用红十字标志的现象一定能根除”[1]。另外，“以具体行动禁止滥用红十字标志，也是一种宣传，而且宣传效果更好”[2]。此外，有研究者建议红十字会应该建立一支《红十字标志使用办法》的执法队伍[3]，或是尝试仿效使用简化字的运动措施来解决滥用、误用红十字标志的现象。时人指出，《红十字会法》更大程度上需要人们从内心深处去接受它、认可它，所以“也许只有采取这种社会效应比较直接的宣传方式才能使该法真正深入民心”[4]。这些建言献策都闪烁着不少真知灼见，为“纠滥”工作营造了良好的舆论氛围。

三、多管齐下，综合治理

红十字是特定场合下保护人类生命的标志，受日内瓦公约保护。对这类规定的检查和对违犯规定的处罚必须通过立法或由行政部门用行政手段解决。

1991 年 11 月，红十字会与红新月会国际联合会在布达佩斯通过了《各国红会使用红十字标志的规定》。为此，总会在 1992 年工作设想中强调“要围绕正确使用红十字标志开展宣传工作，以维护红十字标志的尊严”[5]。同年 1 月 22 日，卫生部和中国红十字会总会联合向各省、自治区、直辖市卫生厅(局)、红十字会发出《关于正确使用“红十字”标志的通知》，指出：红十字标志是国际人道主义法认可的用于保护性目的的可见性符号，而不是一般医疗、清洁、卫生、药品等的代表符号。《通知》规定了我国可以使用红十字标志的几种情况，并要求对目前社会上滥用“红十字”标志的情况，必须采取有力措施，予以制止：

1. 全国卫生系统和红十字会系统要正确使用“红十字”标志，并向社会广泛宣传国际上使用“红十字”标志的有关规定及正确使用“红十字”标志的意义。

2. 对误用和滥用“红十字”标志的现象，有关部门，特别是商业、旅游业、服务业等部门应采取必要措施，禁止在使用的物品或出售的商品上使用“红十字”标志。

3. 药品生产单位和销售部门在药品包装箱上和药店的牌匾上可用“绿十

---

① 鲁戈：《杜绝滥用现象　关键在抓落实》，《中国红十字报》1996 年 3 月 22 日。

② 刘鲁波：《更重要的是行动起来》，《中国红十字报》1994 年 8 月 26 日。

③ 《应当建立正确使用红十字标志的执法队伍》，《中国红十字报》1996 年 6 月 14 日。

④ 师韫：《从街头“红十字”想到的》，《中国红十字报》1994 年 5 月 20 日。

⑤ 《中国红十字会总会 1992 年工作设想》，《中国红十字报》1992 年 2 月 28 日。

字”标志，不要再使用“红十字”标志[①]。

该《通知》对社会上滥用、误用“红十字”标志现象提出批评，并监督其改正，同时呼吁各级红十字会组织、所有红会会员及志愿工作者，都来宣传正确使用红十字标志的规定和意义，维护红十字标志的庄严性。

在此背景下，对红十字标志的保护一时成为红会工作的重心。

（一）法律手段

1993年颁布的《红十字会法》就红十字标志开列专章，对红十字标志的作用、使用，以及禁止滥用红十字标志，都做了明确规定。然而遗憾的是，《红十字会法》没有明确执法主体，赋予红会的“纠滥”权力只有“要求其停止使用”，当要求被拒绝后“可以提请人民政府按照有关法律、法规的规定予以处理”（《红十字会法》第19条），这实际上是让红会在“纠滥”中走了一个弯道。对此，时人曾敏锐地指出：“红十字会自己不能纠正自己所受到的侵犯，这在逻辑上能否说得过去？如果说因为红会是社会团体，不能行国家职权的缘由，那么，有没有可以变通的办法？譬如人民政府可授权或委派红十字会把‘纠滥’工作更直接地抓下去。”[②]

其后，1996年1月29日正式颁布的《红十字标志使用办法》，为维护红十字标志的严肃性，为正确使用红十字标志提供了法律依据，主要体现在以下几个方面。

其一，从法规角度明确了红十字标志的重要性、严肃性及其特殊性。红十字标志是国际人道主义保护标志，是武装力量医疗机构的特定标志，是红十字会的专用标志。正确认识、使用和尊重这一标志是尊重、落实国际人道法的重要体现，对于开展人道保护和救助具有至关重要的意义。

其二，明确了红十字标志的正确使用。红十字标志分为保护性使用和标明性使用。《红十字标志使用办法》对于武装冲突与和平时期的正确使用做出了明确规定，有效地规范了红十字标志的使用。

其三，明确了红十字标志的禁止使用。红十字标志的使用必须有法律法规依据，对于违反规定使用红十字标志的人员、单位、组织等，红十字会有权予以劝阻，并要求其停止使用；对拒绝停止使用的，可以提请人民政府责令其停止使用。违法使用红十字标志的还要承担一定的法律责任[③]。

---

① 《卫生部、中国红十字会总会联合发文要求正确使用“红十字”标志》，《中国红十字报》1992年2月21日；另见《正确使用“红十字”标志》，《中国红十字》第213期（1992年4月），第1页。

② 李葆真、林燕：《怎样纠正滥用“红十字”标志》，《中国红十字报》1994年4月25日。

③ 中国红十字会总会编：《国际红十字与红新月运动基本知识传播手册》，2008年内部印行，第108—109页。

《红十字标志使用办法》是贯彻落实《红十字会法》，正确使用和纠正滥用红十字标志的法规指南，为恢复红十字的本来面目，为社会各界正确认识和使用红十字标志铺平了道路，甚至有人将它誉为“纠滥”的“尚方宝剑”①。

2004年，西安光中影视与海南光中影业以纪实的手法共同制作了一部披露当今医疗行业中欺骗患者、丧失医德等令人愤慨的种种劣行的20集电视连续剧《红十字背后》。由于片中多次使用红十字标志，属违法行为，已构成侵权，不仅给红十字会的名誉造成了严重的侵害，而且造成很坏的国际影响。中国红十字会总会诉至法院，索赔名誉损失100万元②。其后，经法院公开判决，双方达成和解，该剧更名为《背后》，由电视剧制作方在相关媒体向总会致歉并支付赔偿费1元，为红十字会正名。

因红十字会标志的使用问题而诉诸法律，这是自1993年《红十字会法》施行以来的第一例，引起了社会广泛关注。总会相关负责人明确表示：“打这场官司并不是为了钱，而是要通过这个案例普及法律，告诉人们如何正确使用红十字标志。”③ 这起案件尽管结果颇富戏剧性，但却折射了《红十字会法》和《红十字标志使用办法》在保障红十字事业发展中的重要地位。

（二）行政手段

《红十字会法》和《红十字标志使用办法》的顺利出台，标志着“纠滥”的“大气候”已经形成，“纠滥”有了法律依据。全国许多省、市、县开展了轰轰烈烈的依法“纠滥”运动，并取得了阶段性成果。总体而言，“纠滥”运动有以下几个特点：

一是领导重视，政府部门积极参与。北京市政府在《红十字标志使用办法》一颁布，就召开会议贯彻执行；山西省大同市政府发出通知，贯彻执行《红十字标志使用办法》，纠正滥用红十字标志的现象；吉林省政府、省军区联合发出通知，要求各级政府、部门、驻省各部队在深入宣传、自查自纠的基础上，依法加强监督检查；云南省卫生厅制定下发了《关于卫生系统贯彻执行〈办法〉的意见》。上海市、山东省和青岛市、牡丹江市等地政府都纷纷发出通知，要求认真贯彻执行《红十字标志使用办法》，纠正滥用红十字标志的现象。例如，青岛市政府发布《青岛市人民政府办公厅关于贯彻实施〈中

---

① 鲁戈：《杜绝滥用现象　关键在抓落实》，《中国红十字报》1996年3月22日。

② 参见《中国红十字会总会诉医疗揭黑电视剧〈红十字背后〉侵权》，《中国青年报》2006年2月21日。

③ 中央人民广播电台法制部《现在开庭》栏目组编：《现在开庭11》，中国方正出版社2008年版，第313页。

华人民共和国红十字标志使用办法〉的通知》，要求各部门、各有关单位互相配合做好宣传工作，加大对《红十字标志使用办法》的宣传力度，使有关单位、有关人员准确掌握红十字标志的使用范围和使用方法，广泛宣传正确使用红十字标志的重要意义，创造一个依法使用红十字标志的氛围，认真执行好《红十字标志使用办法》，以维护红十字标志的严肃性和纯洁性①。海南省各级红十字会积极与公安、工商、卫生、监察等政府执法部门联系，召开协调会议，联合组成执法检查组，依法开展清理纠正工作。据统计，此次清理整顿工作共出动执法人员300多人次。2001年，辽宁省红十字会会同卫生、法制、工商、公安等部门联合行动，分宣传、自查、清理、验收四个阶段②，重拳出击，依法查处，取得了较明显的成效。

领导的重视和政府各级部门的配合为红十字标志的保护注入了一剂强心针，在很大程度上维护了红十字这一巨大的无形资产。

二是覆盖范围广、涉及领域多。“纠滥”运动遍及全国各地，见诸报道的各市级红十字会机构有锦州市、铁岭市、深圳市、胶州市、大同市、武汉市、邯郸市、连云港市、苏州市、南通市、广元市、牡丹江市、哈尔滨市、长春市、青岛市、四平市、内江市、杭州市等。据不完全统计，仅1996年一年，《中国红十字报》刊载的“纠滥”运动涉及的省市就达50余处，在全国形成一股热潮，盛极一时。

就清理整顿工作涉及的领域而言，一般包括医院、个体诊所、宾馆、制药厂、广告公司、街头小广告、出版社等多个行业与部门。一些市、县红十字会还把清理整顿工作深入各乡镇和市郊、自然村。北京市密云县红十字会组织力量对全县30家医疗单位、19所社会办医和村卫生室误用滥用红十字标志进行清理，并限期改正。清理范围包括医院、门诊部的匾牌，医务人员胸卡、病人服装、被褥、污物桶、诊包、药品柜、卫生宣传牌、一次性卫生用品等③。值得一提的是，红十字青少年也加入清理整顿的队伍中，扩大了覆盖面。如连云港师范学校青少年们一方面向这些单位宣传红十字标志正确的使用办法，另一方面对其滥用、误用现象进行劝阻④。通过清理整顿滥用红十字标志，人们对红十字会和红十字标志的使用有了进一步的了解，扩大了红十字会的影响，维护了红十字标志的严肃性。

---

① 《青岛市清理滥用红十字标志取得成效》，《中国红十字报》1996年12月13日。

② 《辽宁省人民政府加大力度清理整顿滥用红十字标志、名称现象》，《中国红十字报》2001年8月24日。

③ 《密云县红十字会清理滥用红十字标志》，《中国红十字报》1996年6月28日。

④ 《连云港红十字青少年纠正滥用红十字标志》，《中国红十字报》1996年5月10日。

三是教育与惩治并重。在淮阴，由市红十字会、公安、工商、卫生和新闻单位等有关人员共同参与的清理整顿工作小组，要求滥用、误用红十字标志的单位和个体诊所等限期清除，对清理对象进行逐一登记，并在电视、报纸等新闻媒体开展宣传教育，对超期仍不清理的，依法进行必要的罚款和强行清除①。

湖南永州市红十字会在“纠滥”运动中，分宣传发动、自查自纠和整顿验收三步走，并明确表示：“对滥用、误用红十字标志而没有消除的，将进行强制清除，对个别思想不通，阻挠清除工作的，除强制清除外，将按照红十字标志使用办法的有关条款，给予行政处罚。”②

在山东武城，县红十字会一方面向全县滥用红十字标志的单位和个人发放宣传材料，并通过电视台反复播放《红十字标志使用办法》及清除滥用红十字标志的意义；同时还责令滥用红十字标志的单位和个人限期清除，逾期不改者，除上报县政府令其停业整顿外，还进行经济处罚③。

在广西南宁，市红会除了发放宣传资料外，还联合电视台对南宁市滥用红十字标志的部分典型案例予以曝光。对滥用者逾期不改，南宁市红十字会将提请市政府，依照《红十字标志使用办法》予以处罚④。

在四川广元，清理工作的通知要求，“对在规定时间内拒不清除红十字标志的单位和个人，红十字会将按红十字标志使用办法第二十条之规定进行处罚，并提请人民政府追究当事人的责任”⑤。

处罚的具体数额虽不明确，但从重庆市奉节县的“纠滥”行动中可窥其一斑。资料显示，1998年，奉节县开展了清理滥用红十字标志的活动，明确规定：“对擅自使用红十字标志的，责令其停止使用，没收非法所得，处以一万元以下罚款。对阻碍红十字会工作人员依法履行职责的，将由公安机关依法给予治安管理处罚或者追究刑事责任。”⑥

四是清理成效显著。通过整顿，滥用红十字标志的现象得到了有效纠正，红十字标志的使用日趋规范。这里重点以1996年的清理成效为例加以管窥。

在广东海丰县红十字会“纠滥”工作中，仅一个月，海丰县红十字会纠

① 《淮阴市政府召开贯彻实施红十字标志使用办法会议》，《中国红十字报》1997年1月3日。

② 《湖南永州市纠正滥用红十字标志》，《中国红十字报》1996年8月16日。

③ 《武城县加大执法力度清除滥用红十字标志》，《中国红十字报》1996年9月6日。

④ 《广西全区加大宣传执法力度　尽快纠正滥用红十字标志现象》，《中国红十字报》1996年6月14日。

⑤ 《广元市清理滥用误用红十字标志》，《中国红十字报》1996年6月28日。

⑥ 《奉节县政府加大清理整顿滥用红十字标志力度》，《中国红十字报》1998年7月10日。

正滥用红十字标志的卫生站、私人诊所等达 560 所（间），占应“纠滥”的 99.9%；共拆除建筑物上的大型红十字标志 15 个，消除招牌（匾牌）上的红十字标志 425 个、灯箱招牌红十字标志 38 个、药箱红十字标志 466 个、门窗桌椅红十字标志 93 个①。

在青岛，据不完全统计，全市清除建筑物上的红十字标志 158 处，标志牌、诊包上的红十字标志 3091 件，对 97 辆救护车上的红十字标志全部予以清除②。

在黑龙江省鸡东县，全县 180 所村级诊所及县、乡两级 80 家诊所滥用红十字标志的现象（如牌匾、床单、医疗器械等）得到了清理③。

在吉林四平市，截至 1996 年底，全市 631 家曾使用红十字标志的院、站、店、所和个体医疗机构中已有 602 家滥用红十字标志的现象得到纠正和清除，其中伊通满族自治县，四平市铁西区、铁东区，梨树县清理纠正率达 100%④。

在江苏阜宁县，依法纠正了滥用红十字标志的 32 所村卫生室，同时取缔了 17 所无证行医、游医药贩挂红十字标志的各种“诊所”⑤。

为进一步贯彻落实《红十字会法》和《红十字标志使用办法》，维护红十字标志的严肃性，总会于 2001 年 4 月 11 日发出《关于进一步清理滥用红十字标志、名称的通知》，部署在全国开展清理纠正滥用红十字标志及名称的工作。辽宁省人民政府办公厅转发省红十字会通知，要求全省认真搞好清理纠正滥用红十字标志及名称的工作；山西省红十字会联合卫生厅、公安厅、工商行政管理局等 8 个厅局发出《关于进一步清理滥用、误用红十字标志、名称的通知》，增强了此项工作的力度。在海南，各县在为期 5 个月的清理检查工作中清查了 500 多家单位，纠正滥用红十字标志 300 多家、招牌 400 多块；纠正乱用红十字名称 8 家；清理以红十字标志做广告的街头大、小广告牌（粘贴画）300 余幅。此外，卫生和工商部门还对两家抗拒执法的个体诊所做出没收营业执照的处理⑥。在杭州，据不完全统计，2001 年 5—10 月各级

① 《海丰县红十字会全面清除滥用红十字标志》，《中国红十字报》1996 年 10 月 25 日。

② 《青岛市清理滥用红十字标志取得成效》，《中国红十字报》1996 年 12 月 13 日。

③ 《鸡东县清理整顿滥用红十字标志》，《中国红十字报》1996 年 12 月 13 日。

④ 《吉林省四平市红十字会清理纠正滥用红十字标志》，《中国红十字报》1997 年 1 月 10 日；另见《四平市清理滥用红十字标志取得明显效果》，《中国红十字报》1997 年 2 月 7 日。

⑤ 《阜宁县红十字会集中整治误用、滥用红十字标志》，《中国红十字报》1996 年 6 月 28 日。

⑥ 《海南省红十字会清理滥用红十字标志现象》，《中国红十字报》2001 年 12 月 28 日。

红十字会已清理滥用红十字标志、名称近400处①。

通过检查清理，社会各界进一步了解了红十字标志的真正含义，维护了红十字标志的尊严，同时也扩大了红十字会的社会影响。在“纠滥”运动中，各级红十字会积极主动参与其中，与政府部门通力合作，多管齐下，为红十字标志的保护铸造了一道道“安全阀”。

（三）宣传手段

红十字标志是国际人道主义保护标志，是武装力量医疗机构的特定标志，是红十字会的专用标志。然而社会上滥用、误用现象严重，尤其是在红十字标志的标明性使用方面，更是五花八门、无奇不有。这些滥用、误用现象说明社会上的相当一部分人还不清楚红十字标志的正确含义。这里仅以大同市民众对红十字标志的认知为例加以说明。大同市误用和滥用红十字标志主要表现在以下几个方面：一是认为红十字标志就等于医院的标志；二是认为红十字标志就等于医药卫生的标志；三是认为红十字只代表“救死扶伤”；四是认为红十字标志无论什么样的医疗单位都能使用②。这些看法颇具普遍性和广泛性。因此只有开展全社会的宣传活动，统一认识，才有可能扫除社会上滥用、误用红十字标志的现象。

要做到正确使用红十字标志，首先必须正确了解红十字标志，这方面内容涉及红十字会诞生，红十字标志的设立、含义和作用以及使用规则等方面。新闻媒体作为大众获取信息和知识的主要渠道，对大众正确理解和使用红十字标志起着举足轻重的作用。在《红十字会法》正式颁布之际，《中国红十字报》就刊文呼吁新闻媒体：共同宣传和正确使用红十字标志，以杜绝误用、滥用红十字标志现象，维护我国的国际形象与中国红十字会声誉③。

《中国红十字》1991年刊载专文介绍了红十字标志的缘起、意义和使用范围，向社会做了一次较为普遍的宣传④。1992年，《中国红十字》刊登了日内瓦公约关于白地红十字标志的使用规定，以及美国红十字会对红十字标志的使用限制，文末指出，白地红十字是红十字会专用的标志，呼吁“每个红

① 《杭州市各级红十字会清理滥用红十字标志工作取得明显成效》，《中国红十字报》2001年11月23日。

② 参见杨竹梅：《六届三次理事会材料之五　为维护红十字标志的圣洁性而努力》，《中国红十字报》1996年6月28日。

③ 《关于正确使用红十字标志问题致新闻界同仁的一封公开信》，《中国红十字报》1993年11月12日。

④ 参见徐威：《谈谈国际人道主义法（续）》，《中国红十字》第205期（1991年5月），第14—15页。

十字会员，都应爱护和保护这个标志”①。同年,《中国红十字报》连载了“各国红十字会使用红十字标志的规定”②；此外，还转载了日内瓦公约关于在国际上使用红十字标志的有关规定，以期读者对红十字标志有比较全面而正确的认识③。

“正确使用红十字标志是一个国家、民族文明程度的体现”④。《红十字标志使用办法》颁布后，各地分会也开展了声势浩大、颇具特色的宣传活动，以 1996 年为例略加管窥。

昆山市红十字会利用昆山创建文明城市这一契机，举办“创建杯”文明知识电视大奖赛，巧妙地把《红十字标志使用办法》及有关知识贯穿于必答题、抢答题、观众题、游戏以及录像片找错误中，以红十字标志的由来、红十字标志的作用、哪些地方不得使用红十字标志等问题吸引在场观众⑤。

大同市红会把学习、宣传《红十字标志使用办法》列入该市“三五普法”教育之中，进行开卷考试和举办红十字标志知识竞赛活动。此外，大同市红会还与市广播电台联合举办直播活动，就如何正确使用红十字标志等有关问题向广大群众进行介绍，播出当日就收到询问电话 30 多个，来电者中有个体医生、大中小型医院、药店、兽医站等。他们过去错误地认为“红十字标志就是卫生工作和医院的标志”，通过收听广播才知道，这认识是错误的⑥。除了直播节目之外，红会还与广播电台在黄金时间联合开办《闪光的红十字》栏目，对《红十字标志使用办法》和《红十字会法》的有关知识进行系统的介绍，持续 2 个多月，收到了良好的宣传效果。广播电视宣传之外，市红会注重与《大同日报》社联系，将《红十字标志使用办法》全文刊登，并开设“两法咨询台”，解答群众的疑难问题。同时，设立了红十字会热线电话，安排专人接受群众咨询。此外，还积极与大同市委机关刊物《煤城之光》杂志社联系开设红会工作栏目，宣传“两法”知识，并会同市卫生局健康教育影视中心组织开展专题宣传，拍摄“两法”宣传教育专题电视片，着重介绍《红十字会法》和《红十字标志使用办法》的有关规定，将大同市误用和滥

① 禾青:《白地红十字标志的使用限制》,《中国红十字》第 213 期（1992 年 4 月），第 37 页。

② 《各国红十字会使用红十字标志的规定（摘要）》,《中国红十字报》1992 年 6 月 19 日；《各国红十字会使用红十字标志的规定（摘要）（三）》,《中国红十字报》1992 年 7 月 10 日；《各国红十字会使用红十字标志的规定摘要（四）》,《中国红十字报》1992 年 8 月 14 日。

③ 参见《〈日内瓦公约〉关于使用红十字标志的有关规定》,《中国红十字报》1992 年 3 月 13 日。

④ 顾英奇:《正确认识和使用红十字标志》,《中国红十字报》1994 年 7 月 22 日。

⑤ 《昆山市红会举办正确使用红十字标志电视大赛》,《中国红十字报》1998 年 7 月 10 日。

⑥ 杨竹梅:《大同红会采取措施依法维护红十字标志的圣洁性》,《中国红十字报》1996 年 3 月 8 日。

用红十字标志的单位进行曝光，以扩大宣传范围①。

焦作市红十字会对全市各级红会专兼职干部及部分会员共3000余人进行了《红十字标志使用办法》知识测验。市红会还组织市直团体会员单位在市区主要街道摆放宣传板、悬挂大横幅标语宣传《红十字标志使用办法》和有关红十字知识。全市共印制发放宣传材料4万余份。电台、电视台在黄金时间插播《红十字标志使用办法》，新闻单位对当地红会组织宣传活动也进行了报道②。

邯郸市红十字会在市博物馆广场举行大型宣传活动，主要形式有电台直播、散发宣传资料、展示宣传牌、张贴标语、有奖知识竞答、专家义诊服务、红会现场募捐等。散发宣传资料1.5万余份，张贴标语50幅，展出宣传牌10块，竞赛答题100多道，专家义诊服务1400人次，咨询问题2000余人，红会收集捐款500元。邯郸市广播电台进行了全面现场直播，市日报、晚报及中原经济报记者现场采访并各自刊登了消息。此外，《邯郸日报》法制专版于3月13日全文登载了《红十字标志使用办法》③。

淮南市红十字会抓住4月7日世界卫生日之契机，在市中心主干道旁"卫生宣传一条街"上，打出"清理滥用红十字标志，净化城市环境，配合创建文明城"的口号，格外引人注目。市红十字会将印制的《红十字标志使用办法》和《中国红十字报》编发的社论，以及有关红十字标志常识等5000份宣传材料向十几家卫生单位和行人散发，并进行宣传解释，收到了良好效果。一位医院院长感叹道："不看不知道，一看吓一跳！我们卫生行业滥用红十字标志现象太严重了，这次回去要认真向职工宣传，自我清理纠正！"一位市民惊呼："真不知道天天都见到这么多的红十字原来都是假的，真正的红十字标志如此重要和严肃！"④

多渠道、多媒体的深入宣传，在全社会营造了纠正误用、滥用红十字标志的良好氛围。越来越多的民众对红十字标志有了正确认识，"不再认为红十字标志就是医院、卫生……整个社会红十字意识有所增强"⑤，滥用红十字标志的现象也有不同程度的减少。但从整体上讲，《红十字标志使用办法》的普

---

① 参见杨竹梅：《六届三次理事会材料之五　为维护红十字标志的圣洁性而努力》，《中国红十字报》1996年6月28日。

② 李玉梅：《焦作红会宣传"红十字标志使用办法"有力度》，《中国红十字报》1996年3月15日。

③ 《邯郸广泛宣传〈红十字会法〉和〈红十字标志使用办法〉》，《中国红十字报》1996年4月26日。

④ 《抓住契机　广泛宣传　淮南红会积极宣传红十字标志使用办法》，《中国红十字报》1996年5月10日。

⑤ 《红会法制建设结硕果》，《中国红十字报》1997年8月15日。

及面还不够广泛，贯彻执行的力度还不够强劲。其主要原因有三个方面：一是许多地方把《红十字标志使用办法》当成了红十字会的内部文件，只是在本地搞些宣传学习，成效不大；二是认为国家以经济建设为中心，政府对经济法关注较多，《红十字标志使用办法》不属于经济法规，不可能引起政府的重视；三是在消极等待卫生医药系统专用标志的发布，认为卫生医药系统不出台专用标志，《红十字标志使用办法》就无法贯彻执行①。因为认识上的问题，带来了工作上的停滞不前。2011 年爆发的"郭美美事件"即是一起对红十字标志的恶性侵权事件。因为法律的滞后，红十字会名誉严重受损，遭遇前所未有的信任危机。鉴于此，2012 年出台的国务院《关于促进红十字事业发展的意见》明确提出：加强《中华人民共和国红十字会法》《中华人民共和国红十字标志使用办法》等法律法规的宣传教育，加强执法监督检查，保障红十字会依法办会，依法履责，独立自主开展工作；推动修订和完善相关法律法规；加大对红十字标志的保护力度，依法查处擅自使用或滥用、篡改红十字标志的违法行为。总而言之，红十字会法制建设是一项长期的艰巨任务，与《红十字会法》相配套的法规体系建设尚处于起步阶段，红十字标志的保护一直在路上。

值得一提的是，在红十字文化的保护中，中国政府扮演着举足轻重的角色。中国作为日内瓦公约的缔约国，一直认真履行承诺，重视人道与和平进步事业，支持红十字会开展工作。以红十字文化的重要组成部分——国际人道法为例，中国政府对于有关国际人道法的国际协定和条约均持积极的态度。早在 1904 年 6 月 29 日，当时的清政府就已加入了《改善战地陆军伤者境遇之日内瓦公约》；1904 年和 1910 年，还分别签署并批准了 1899 年和 1907 年的两个海牙公约。1912 年中华民国成立后，又立即宣布继承这两个海牙公约。

新中国成立后，根据 1949 年《中国人民政治协商会议共同纲领》第 55 条规定："对于国民党政府与各国政府所订立的各项条约和协定，中华人民共和国中央政府加以审查，按其内容，分别予以承认，或废除，或修订，或重订。"1956 年 11 月 5 日，中国批准日内瓦四公约，这是新中国成立后正式批准加入的第一个国际公约。1983 年 9 月，中国又批准加入 1977 年的两个附加议定书，这反映了中国政府对国际人道法所持的积极立场。

为履行国际义务，中国还于 1981 年 6 月制定了《惩治军人违反职责罪暂行条例》，对掠夺、残害无辜居民，虐待俘虏等罪行做了明确的处罚规定，其中专门为保护平民和俘虏设立了两项条款，规定："在军事行动地区，掠夺、

① 参见《吉林纠正滥用红十字标志有新举措》，《中国红十字报》1996 年 11 月 15 日。

残害无辜居民的，处7年以下有期徒刑”（第20条）；“虐待俘虏，情节恶劣的，处3年以下有期徒刑”（第21条）。1997年修订颁布的《刑法》第446条规定：战时在军事行动地区，残害无辜居民或者掠夺无辜居民财产的，处5年以下有期徒刑；情节严重的，处五年以上10年以下有期徒刑；情节特别严重的，处10年以上有期徒刑、无期徒刑或死刑①。1997年颁布的《国防法》明确规定，“中华人民共和国在对外军事关系中遵守同外国缔结或者加入、接受的有关条约和协定”（第67条）。上述相关立法都为中国执行和遵守国际人道法提供了法律保障和依据。

作为日内瓦四公约及其附加议定书的缔约国，新中国在实施和保护国际人道法方面享有良好的国际声誉。《红十字国际评论》主编葛瑟尔博士曾著文强调：“现行的规则必须由国家依照其各自制度规定的程序加以接受，这正是中国政府所做出的。中国是联合国安理会五大常任理事国中在80年代就承认所有现代国际人道法条约的国家。”②

21世纪以来，局部地区武装冲突频繁发生，人道主义灾难加剧，国际人道法受到国际社会的高度重视。随着综合国力的增强，中国越来越多地参与国际事务，国际人道法的研究与传播也因此提上议事日程。2007年12月初，中国国际人道法国家委员会获批成立。该委员会由中国红十字会总会牵头，外交部、司法部、教育部、国家文物局等部门参加。该委员会研究涉及国际人道法的各种问题，促进国际人道法国内传播和实践国际人道法的活动，协调我国参与国际人道法事务的国际交流与合作③。中国国际人道法国家委员会的成立，进一步表明了中国对推动国际人道法传播和发展的积极态度。

政府对红十字文化的保护不仅体现在相继出台法律法规，为红十字事业提供法律保障和行政支持，还体现在对红十字精神的高度重视和颂扬，营造弘扬红十字文化的舆论环境。历届国家元首大多受聘担任中国红十字会名誉主席一职，并躬亲出席中国红十字会的重大庆祝纪念活动，且多次在公开场合阐述红十字精神，为红十字“点赞”。2004年10月27日，国家主席胡锦涛会见中国红十字会“八大”代表时，指出“红十字事业是一项造福人类的崇高事业。红十字会作为国际人道主义组织，在发扬人道主义精神、保护人的

① 唐钟离：《中国与国际人道法》，《中国红十字报》2001年9月14日；另见朱文奇：《中国与国际人道法》，《中国红十字报》2014年12月19日。

② 转引自袁灿兴：《国际人道法在华传播与实践研究（1874—1949）》，合肥工业大学出版社2015年版，第3页。

③ 《中国国际人道法国家委员会成立》，《中国红十字报》2007年12月4日。

生命和健康、促进人类和平与进步事业等方面发挥着积极作用”①。

2013 年 5 月 13 日，国家主席习近平在人民大会堂会见红十字国际委员会主席彼得・莫雷尔，高度评价红十字国际委员会成立 150 年来在国际人道主义事务方面所做的大量工作，感谢红十字国际委员会积极参与中国人道救援。习近平表示，红十字不仅是一种精神，更是一面旗帜，跨越国界、种族、信仰，引领着世界范围内的人道主义活动。人道主义事业是全人类共同的事业，相信红十字精神将不断发扬光大。习近平强调，中国高度重视和支持红十字事业，愿同红十字国际委员会加强合作，积极参与国际人道援助，为更多弱势群体提供帮助，在力所能及的范围内履行国际责任和义务，为国际人道主义事业做出更大贡献②。2014 年 7 月 4 日，习近平访问韩国期间，在韩国国立首尔大学发表演讲，生动讲述了中国红十字志愿者张宝为韩国患者捐献造血干细胞的故事。

此外，为加强中国红十字会的工作，国务院办公厅相继下发《关于进一步加强中国红十字会工作的意见》和《关于促进红十字事业发展的意见》；卫生部、民政部、教育部、财政部等部委也出台了一系列的政策措施支持红十字会的工作。毋庸讳言，中国政府对红十字事业和红十字精神的高度重视和颂扬为红十字文化提供了强大的精神动力。

改革开放以来，对红十字历史文化遗产的保护也逐渐提上议事日程。

在南京，1987 年 11 月，南京红十字会启动整修重立“南京癸丑掩埋阵亡军士纪念碑”的工作，以昭红十字人道精神。这块纪念碑的背后辉映着红十字人道主义的光芒：民国初年，袁世凯倒行逆施，各地革命志士奋起反袁，1913 年爆发了“癸丑战役”。当时的南京分会出于人道主义和卫生防疫的需要掩埋了 7350 具阵亡军士尸体，并立碑纪念。1988 年 11 月 4 日，南京癸丑掩埋阵亡军士纪念碑整修重立揭幕仪式，在南京灵谷寺风景区举行，中国红十字会副会长谭云鹤、江苏省红会常务副会长盛天任为纪念碑揭幕③。

2010 年，总会发出通知，在全国范围征集与红十字会有关的纪念地和纪念物品，征集范围包括中国红十字会诞生后各个历史阶段里总会及总会直属单位的遗址、房屋、纪念碑、文献资料以及玉器、陶器、瓷器、书法、绘画等。通知要求各级红十字会动员红十字会历史亲历者、红十字事业发展见证

---

① 中国红十字年鉴编辑部主编：《中国红十字会通志，1904—2015》，中华工商联合出版社 2016 年版，第 161 页。

② 参见池子华、邓通主编：《中国红十字历史编年，2010—2014》，合肥工业大学出版社 2016 年版，第 192 页。

③ 《南京市红会整修重立“南京癸丑掩埋阵亡军士纪念碑”》，《中国红十字报》1988 年 11 月 20 日。

者，共同做好纪念地及纪念物品征集工作。总会将对各地红十字会报来的纪念地进行考察调研，确认后颁发“中国红十字会宣传教育基地”牌匾，并视情况申报爱国主义教育基地；对成绩突出的集体和个人，总会将予以奖励[①]。这一举措颇有远见。

对红十字人来说，中国历史是最好的营养剂。无数红十字先烈留下的优良传统是激励和滋养当代红十字人前进的宝贵资源。为了纪念这笔不该忘却的财富，广大红十字人在革命年代抛头颅、洒热血，救国救民的义举被熔铸成有形的物质文化遗产，向世人无言地传递着跨越时空的人道力量。如南京癸丑阵亡将士纪念碑、罗店红十字纪念碑、中国红十字会救护总队部图云关旧址（1939—1945）等，都闪耀着红十字文化的光芒，散发着人性的芬芳。新时期，这笔历史文化遗产理应加以关爱和保护，为红十字事业积蓄前行的不竭动力。

① 《征集与红会有关的纪念地和纪念品》，《中国红十字报》2010 年 10 月 19 日。

第九章　新时期红十字文化的传播

红十字文化的传播是对“经济、社会生活中多个方面的文化洗礼和道德催化”，是红十字事业能够成为国家“软实力”的重要载体①。新时期，红十字会系统通过宣传先导、品牌感召和教育涵化等方式传播文化，使红十字文化绽放出绚丽的时代风采。

第一节　宣传先导

不懈地开展卓有成效的宣传，是顺利开展红会工作的前提和保证，这是由红会的群众性、社会性、福利性等性质决定的②。毋庸讳言，复会之初红十字会系统的宣传工作是十分薄弱的。以河北省为例，复会之初宣传工作的形式概括起来主要有两点：一是在每年的5月8日（世界红十字日）前后组织红十字宣传周活动；二是定期编写和印发简报和信息，以反映全省红十字会工作情况③。这在红十字会系统颇具代表性。又如，直至1995年，江西省人大常委会在审议《江西省实施〈中华人民共和国红十字会法〉办法》的小组会上，不少常委还发出感慨：“过去对红十字会很不了解，这次审议中听了介绍，原来红十字会是有这么悠久的历史、崇高的理想和特殊作用的组织，真了不起！”④

---

① 潘世建：《略论红十字文化》，厦门市红十字会编：《厦门红十字百年回望》，厦门大学出版社2012年版，第4页。另见厦门市红十字会课题组：《重视文化的力量》，《中国红十字报》2010年1月12日。

② 刘鲁波：《由“打红会旗号行骗”想到的》，《中国红十字报》1995年8月4日。

③ 参见河北省地方志编纂委员会编：《河北省志·卫生志》，中华书局1995年版，第516页。

④ 谢钧：《宣传报道工作应加大力度》，《中国红十字报》1996年6月28日。

由此可见，在这个层面上的人对红十字会的了解尚且如此，更不用讲广大民众了。

1990年，中国红十字会“五大”对宣传工作做了重要部署：宣传工作要面向基层，面向群众，面向社会；要拓展阵地，坚持经常，注重质量，提高效果；特别要注意多向各级领导及有关部门领导汇报，介绍红十字会情况，以取得了解和支持；要积极争取新闻单位的大力支持，使之对红十字会的宗旨、性质、任务以及活动情况、工作成绩、出现的好人好事及时进行宣传报道。同时，还要努力做好会务知识、国际人道主义法、卫生防病、治病知识等方面的宣传工作。在宣传手段上，有条件的地方要努力多制作一些形象直观的宣传材料，如图片、幻灯、电影、录像等；每年5·8世界红十字日和中国红十字会建会90周年（1994年）前后，各地要因地制宜开展大规模的宣传活动；《中国红十字》杂志和《中国红十字报》要进一步丰富内容，提高质量；要健全通讯员队伍，改进和加强报刊的发行工作，增强报刊的指导性、知识性、群众性、可读性，使报刊真正成为交流经验、褒扬先进、普及知识、探讨理论、推动红十字活动开展的有力工具①。

中国红十字会“五大”对宣传工作的重视和积极部署，使宣传工作有了长足的发展。中国红十字会系统把宣传工作列入重要议程，通过一些重要节日如“5·8”世界红十字日、“5·12”防灾减灾日、“6·14”世界献血日、世界急救日、“12·1”世界艾滋病日等，集中开展宣传活动，传播红十字文化。此外，还采用美术、书法、摄影与其他文艺活动并举，电影与电视并举，报纸杂志与简报、信息并举的方法，多角度、多侧面、广泛地宣传红十字会的人道主义宗旨、奉献精神和会务知识，扩大了红十字会的社会影响②。

一、线上线下协同联动：自有宣传阵地

在红十字文化传播过程中，红十字刊物始终扮演着主力军的角色。兹将改革开放以来中国红十字会发行的刊物梳理于下。

（一）《中国红十字》

1979年底，卫生部“卫宣字第1755号”文件同意中国红十字会总会“恢复《中国红十字会》杂志，月刊、16开本，不超过48页，公开发行”③。

① 中国红十字会总会编：《中国红十字会历史资料选编，1950—2004》，民族出版社2005年版，第214页。

② 中国红十字会总会编：《中国红十字会的九十年》，中国友谊出版公司1994年版，第259页。

③ 中国红十字会总会编：《中国红十字会历史资料选编，1950—2004》，民族出版社2005年版，第135页。

1980 年 7 月，《中国红十字》杂志复刊。《中国红十字》是以红十字基层组织、卫生和其他有关部门基层单位、会员以及广大群众为对象的群众性刊物，“着重宣传群众卫生、献血、‘三防’、急救、护理、医药等方面的知识和技术，报道红十字会、血站、人防等基层单位的活动和工作经验，介绍国际红十字组织的重大活动和有关国外科技知识，致力于我国人民群众卫生水平的提高、全民族科学文化水平的提高”①。1988 年初，总会经过研究，对《中国红十字》杂志的内容和版面做了调整，“由过去以专业为主转为以会务为主，从而突出该杂志的会刊性质”②，更好地为红十字事业的发展服务。

1992 年 2 月，改刊后的《中国红十字》杂志第 1 期双月刊问世，所设栏目有：独家文章、名人与红十字、海峡两岸、人物专访、昨夜星辰、人道天地、社会广角、服务窗、红十字论坛、警戒线、寰宇红十字、史海钩沉、社会问题反思录、红会史料、往事漫忆、红十字经纬、悬壶济世、输血献血、四海之内等，形式丰富多彩，新人耳目。

（二）《中国红十字报》

1985 年，中国红十字会“四大”召开后，红十字事业进入新的发展时期，原有的《中国红十字》杂志由于篇幅所限和出版周期长，已不能适应红十字工作的需要。1986 年，总会在继续办好《中国红十字》杂志的同时，经中宣部批准，创办《中国红十字报》，并在国内外公开发行③。为祝贺《中国红十字报》的创刊，会员张信大特作祝歌一首：

祝贺您，
中国红十字报。
会员们，
见创刊喜讯奔走相告。
神州南北，海峡两岸，
期待着您的来到。
您是会员的新伙伴，
您是红十字组织的链桥。
您是新增的友谊窗口，

① 《中国红十字·复刊词》，《中国红十字》1980 年第 1 期。转引自孙柏秋主编，池子华、杨国堂等：《百年红十字》，安徽人民出版社 2003 年版，第 604 页。

② 《蔡壬癸副会长在全国红十字报刊通讯发行工作座谈会上的讲话》，《中国红十字报》1988 年 10 月 5 日。

③ 《蔡壬癸副会长在全国工作会议上的讲话（摘要）》，《中国红十字报》1987 年 2 月 5 日。

您是一把红十字运动的号。
人道主义的旗帜啊！
将在地球上升得更高、更远。
腾飞啊，中国红十字报①。

《中国红十字报》试刊第1期于1986年10月5日出版，全国政协副主席赵朴初亲自为《中国红十字报》的创刊题词："为发扬社会主义人道主义精神，救灾纾难谋求人民福利，维护世界和平尽宣传报道的神圣职责"；中国红十字会名誉会长钱信忠题词："在两个文明建设中发挥红十字会作用"；卫生部原副部长黄树则题词："发扬人道主义精神，普及卫生科学知识"；中国红十字会副会长谭云鹤题词："及时交流经验，共同开拓前进"。

《中国红十字报》月出一期，但随着时间的推移，由于周期过长难以适应事业发展需要，1991年1月起，缩短刊期，改为半月一期。1992年1月，经国家新闻出版署批准，《中国红十字报》改为对开周报，逢周五出版（2007年起改为每周二、周五出版）。

在1992年《中国红十字报》改版扩刊之际，"博爱·人群"代替"和平鸽"正式成为该报的副刊。"副刊肩负着社会主义精神文明建设的重要使命，关系着舆论导向问题，与道德、情趣相联系，它以各种表现形式潜移默化地去影响读者"②。副刊创刊之初，就明确了"坚持文学性、知识性、艺术性及社会性品位"的办刊方针③。围绕此方针，"博爱·人群"开设方家近作、雏凤新声、爱在人间、热土、海阔天空、无影灯、热点·焦点、为您咨询、含英咀华、瞬间板块等10个专栏，此外还开设漫画专栏及中、长篇连载等栏目④。扩版后的《中国红十字报》，立足红会，面向社会，以崭新的面貌走近读者。

《中国红十字报》以人道主义为宗旨，涉及社会、生活等诸多领域，是社会"了解红十字事业的一个窗口"⑤。刊头由赵朴初先生亲笔题写，版面安排：一版为要闻版，主要宣传中国红十字会的有关方针政策，国内、国际红十字运动重大活动；二版为"传真"——亮点、聚焦、集锦、通联；三版为"纪实"——论坛、基金、救助、校园；四版为"文萃"——特写、艺苑、

① 《创刊祝歌》，《中国红十字报》1987年2月5日。
② 《报纸副刊肩负着社会主义精神文明建设的重要使命》，《中国红十字报》2001年5月4日。
③ 《无可奈何花落去——为副刊即将改头换面致读者》，《中国红十字报》1995年12月29日。
④ 《本报"博爱·人群"副刊告白》，《中国红十字报》1991年12月5日。
⑤ 《把一报"变"两报》，《中国红十字报》1992年1月3日。

史话、百科①。

《中国红十字报》的栏目应事业发展的需求而不断丰富更新。1993 年，为达到进一步增加信息量及扩大报纸影响的目的，二版在保留原有博爱园、会员园地、简讯、红十字青少年、社会广角、读者之声、大家谈及图片新闻等栏目的基础上，新增国际红十字、人道法庭、人物专访、社会新闻、摄影之窗等栏目②。1996 年，为增强报纸的引导性、实用性和可读性，服务广大会员，《中国红十字报》新辟“红十字在校园”和“会员角”两个栏目③。2001 年，为庆祝中国共产党成立 80 周年，《中国红十字报》开设了“会长笔谈”专栏。2002 年 3 月 8 日起，为落实总会与红十字国际委员会达成的《2002—2004 年国际人道法和国际红十字运动基本知识传播工作合作计划》，《中国红十字报》特辟《传播工作》专栏，为各地宣传干部提供分享信息、交流经验的园地。2014 年，《中国红十字报》开设《图说 110 年》专栏，借助建会 110 周年契机，加强正面宣传。

（三）《博爱》

1993 年，经新闻出版署批准，《中国红十字》更名为《博爱》（双月刊，2003 年 1 月改为月刊）与广大读者见面。刊物冠以“博爱”，更直接形象地体现了红十字运动的宗旨和底蕴。

《博爱》为综合性双月刊，设有《红十字经纬》《人道天地》《五彩世界》《热点追踪》《心理咨询门诊》《悬壶济世》《无影灯下》《谈情说爱》《海峡两岸》等多种栏目，内容涉及社会、历史、法律、心理、卫生和文学艺术诸领域，独具特色、雅俗共赏④。《博爱》载读者厚望，应时代潮流，想读者所想，展人道风采，获得了社会的广泛好评。

《博爱》的忠实读者一捺这样写道：“《博爱》突出了‘博爱’的主旨，开办了丰富多彩的各色栏目，一册《博爱》，犹如一支万花筒。”武汉市读者姚朴写道：“我尤其喜爱‘悬壶济世’和‘心理咨询门诊’这两个栏目。我的家人和朋友常从这两个栏目中得到许多有益的东西，使我解除了许多不必要的忧愁和烦恼。我谢谢你们！”⑤

中国作协副主席陈荒煤也对《博爱》情有独钟，指出：“一定要把这份刊物办好，可以请一些专家，社会学的、哲学的、历史的、文学的，就人道主

① 孙柏秋主编，池子华、杨国堂等：《百年红十字》，安徽人民出版社 2003 年版，第 608 页。

② 《二版主持人告读者》，《中国红十字报》1993 年 9 月 24 日。

③ 参见鲁戈：《喜读两个新专栏》，《中国红十字报》1996 年 5 月 31 日。

④ 《〈博爱〉杂志的历史沿革》，《中国红十字报》1993 年 9 月 24 日。

⑤ 《读者来信》，《中国红十字报》1993 年 9 月 24 日。

义问题具体地谈一谈，一条一条地谈，要让一般的群众了解人道主义，启发他们的博爱精神。”①

以上简略介绍了改革开放以来中国红十字会机关刊物的演变历史。作为宣传红十字运动的喉舌，机关刊物在推进中国红十字事业、传播国际人道主义法诸方面发挥了至关重要的作用，也见证了中国红十字运动跌宕起伏的发展历程。

2001 年，中国红十字会常务副会长王立忠在总会报刊工作会议上的讲话中指出，要特别强调红十字报刊的特色，“要体现出新闻以事实为生命，报纸以新闻为主导，期刊以文化为内涵的新闻出版要求，增强对于红十字人道主义事业的舆论传播和新闻报道”②，使红十字报刊全面反映红十字会专兼职工作者和志愿工作者的意愿与心声。

2004 年，总会报刊社提出“打造全新形象　创立报刊品牌”的奋斗目标，对《中国红十字报》和《博爱》杂志进行了重新定位和全面改版。《中国红十字报》的定位是：立足系统、面向国内外、具有权威性的人道主义大报。《博爱》杂志的定位是：面向大众的、生活情感类杂志，其办刊宗旨为“关注民生、记录情感，在亲情、友情、爱情、人际之情的讲述中凸显世道人心，弘扬博爱精神”③。经过改版，《中国红十字报》从“简报化倾向”的模式向“对重大问题发言，体现其权威性；提供高质量的信息，体现其指导性；用生动活泼的语言、具体感人的故事增加可读性”的方向努力④。《博爱》杂志则在内容和风格上雅俗共赏，更适合市场需求。

除此之外，地方各级红十字会也创办了各类地方性报纸，及时交流信息和经验，推动工作的开展。如《上海红十字报》《山东红十字报》《云南红十字报》《人道报（河北）》《北京红十字报》《江苏红十字报》《沈阳红十字报》等都以新颖的形式、健康有益的内容、鲜明的特色赢得了读者，成为基层红会的宣传阵地和会员的学习园地。据资料显示，1993 年，全国省、市级红十字会办的报纸已达到 16 家⑤。值得一提的是，厦门市红会依托社会力量创办刊物《厦门红十字》，编辑团队从红十字的“人道、博爱、奉献”出发，

---

① 《陈荒煤情钟〈博爱〉》，《中国红十字报》1993 年 9 月 24 日。

② 王立忠：《认真办好中国红十字会的报纸期刊　为建设有中国特色红十字事业服务——在中国红十字会总会报刊工作会议上的讲话》，《中国红十字报》2001 年 9 月 14 日。

③ 《〈中国红十字报〉大事记》，《中国红十字报》2006 年 9 月 29 日。

④ 中国红十字年鉴编辑部编：《中国红十字年鉴：2004/2005》，台海出版社 2006 年版，第 482 页。

⑤ 中国红十字会总会编：《中国红十字会的九十年》，中国友谊出版公司 1994 年版，第 262 页。

“费尽心思设置不同的栏目，用不同的形式、角度、题材来体现这种精神”，并动员知青群体做文化志愿者，“利用这些知青的经历、号召力、感召力，同时也可以让这些老同志在红十字找到精神家园”，这种举措被誉为“一枝独秀的尝试”①。

除红十字报纸、杂志外，总会还编写了《红十字手册》《红十字会员手册》《中国红十字会年报》，在会内和社会上发行。为了配合重大活动和专项工作，总会和一些省级红十字会还编印了大量红十字宣传折页、小册子、大型宣传画，如《世界红十字日在中国》《血液——生命之河》《南丁格尔在中国》等，起到了良好的宣传作用。

（四）一报一刊征订工作

中国红十字会报刊的征订工作是人道领域传播工作的先行条件。多年来，总会倡导“全会办报刊”的方针，使各基层红十字组织以及会员、志愿工作者认识到红十字报刊征订工作的重要性，“多订阅一份红十字报刊，多扩大一份红十字事业的影响”②。为将征订工作落到实处，总会要求“各地红十字会为本会理事每人订一份红十字报刊，使他们及时了解、掌握中国红十字会全国会员代表大会、理事会、常务理事会、执委会、总会的有关方针、政策以及各地红十字事业发展情况，充分发挥其对本地区红十字会工作的指导作用，推动红十字事业发展；在本系统做好订阅工作的基础上，要积极深入机关、厂矿、学校、医院、血站、救护站和社区以及乡镇等社会各个方面，广泛宣传，扩大影响，拓宽订阅的范围；对团体会员单位要明确职责”；“各省、自治区、直辖市红十字会根据本地基层组织数确定并落实订阅范围和读者对象。凡在订阅总会报刊工作中取得业绩的单位可获完成任务奖或超额奖；排名在前的省（区、市）以及院校和企业，均能在报刊上得到常年鸣谢或登载基层组织名录的优惠，同时赠送广告版面等”③。各级红会也十分重视发挥一报一刊的指导作用，经常采取有效措施，确保报刊征订工作落到实处。

《中国红十字报》和《博爱》杂志（以下简称一报一刊）是中国红十字会的机关报刊，也是全国各级红十字会及全体会员自己的报刊，以传播

---

① 《“一枝独秀的尝试”》，《中国红十字报》2010年11月30日。

② 《提高综合素质　强化宣传意识　江苏省召开红十字报刊工作会议》，《中国红十字报》2001年10月19日。

③ 《中国红十字会总会关于做好2002年〈中国红十字报〉〈博爱〉杂志征订工作的通知》，《博爱》2001年第6期，“封底”。转引自孙柏秋主编，池子华、杨国堂等：《百年红十字》，安徽人民出版社2003年版，第609页。

人道、和平为宗旨，传达总会的有关方针、政策、工作部署，交流各地工作经验和世界各国红十字运动信息、动态，探讨红十字有关理论，“是指导和促进红十字事业发展的有效手段与工具”①。2006年，在总会报刊社新闻业务培训班的讲话中，郭长江副会长再次强调一报一刊的重要性。他指出，“一报一刊是中国红十字事业的重要组成部分，是开展各项工作的宣传阵地和舆论阵地，是传播人道、博爱、奉献精神的重要渠道，是红十字组织联系社会各界群众的纽带和桥梁、门户和平台，是中国红十字会系统交流学习的重要手段，也是世界各国红十字会了解中国红十字会的窗口”②。为办好机关报刊，中国红十字会几乎每年都要召开报刊工作会议，还专门设立全国报刊发行工作最佳奖、优秀奖、先进奖、表扬奖以及优秀特约记者工作奖、好新闻奖等，以资推动。

（五）新媒体传播

新时期，随着新媒体迅猛发展，移动互联网异军突起，不仅冲击着印刷媒体，“使报纸、期刊陷入无法争先只有恐后的境地，就连在电子媒体中做过先导而统率全球的广播、电视，也很难争宠于网络在线目前所处的先锋与前卫的优势”③。以网络为代表的新媒体所独具的时效性和覆盖率优势受到红十字会系统的瞩目，各级红会积极拓展红十字宣传途径，借助微信公众号、微博平台等各类新媒体，持续、广泛地传播红十字理念、精神，而且通过这些平台及时掌握社会公众对红十字事业的舆论，及时调整发展思路，正面引导社会舆论。

总会报刊社主动适应新形势，依托中国红十字会系统，整合各方资源，加强新媒体舆论阵地建设，不断推进红十字宣传工作创新。2004年，总会报刊社创办官方网站，2014年改版为“中红在线”。改版后的新网站功能更加强大，实现了与新媒体的无缝链接，《中国红十字报》和《博爱》杂志电子版、新闻客户端、官方微博一“网”打尽；同时，与地方红会网站链接，努力打造全国红会视频新闻精品区；此外，进一步增加了服务功能，除增设“急救学堂”“公益app推荐”等实用性栏目外，还开设了专为地方红会提供的新闻宣传平台——“地方频道”④。报刊社新媒体建设进入新的发展阶段。

---

① 《顾英奇常务副会长在中国红十字会报刊暨宣传网络工作会议上的讲话》，《中国红十字报》1996年10月4日。

② 《总会报刊社新闻业务培训班在湖南吉首举办》，《中国红十字报》2006年5月26日。

③ 《人道主义及其传媒理念漫议》，《中国红十字报》2001年6月8日。

④ 《“中红在线”正式上线　功能更加强大搜索更加便捷》，《中国红十字报》2014年8月19日。

2013年，总会报刊社与搜狐网联合制作手机新闻客户端。2014年，中国红十字会开通“红十字新闻”微信公众订阅号，播发红十字新闻和红十字知识，开通中国人道网，发布新闻稿3万余篇，总浏览量达2400余万次①。

在总会的引领下，地方红会也在采纳新媒体传播红十字文化方面多有建树。如江苏省盐城市盐都区红十字会在博爱文化传播方面，以“有效整合、资源共享、价值认同”为目标，积极适应网络发展和形势的变化，改版升级区红十字会网站，与立方科技传媒合作，开通并运行“博爱盐都”公益微信平台②。武汉市开通“博爱江城”微信公众号，吸引百万粉丝。

此外，不少红十字分会积极实施红十字网络公益项目，把网上红十字会建设引向深入。青海创建红十字会捐赠信息公开平台，贵州推进红十字政务网站集群和“博爱云”建设，江西推出“江小红”系列网络文化产品等。红十字会自有宣传阵地已然形成了传统媒体与新媒体融合发展的格局，在“讲好红十字故事，传播好红十字声音”方面发挥着日益重要的作用。

二、精心组织、全国联动：相约“5·8”

世界红十字日，是红十字会与红新月会国际联合会、红十字国际委员会以及190多个国家和地区的分会共同的纪念日。1948年，国际红十字会第二十届理事会决定，把亨利·杜南的生日5月8日作为世界红十字日。在这之后，红十字日的名称几经变化，最后于1984年确定为现在的“世界红十字与红新月日”③。中国红十字会系统从1986年开始，在每年的“5·8”期间都会开展丰富多彩的宣传纪念活动，集中弘扬红十字文化。兹将中国红十字会复会后历年世界红十字日主题口号胪列于下：

1986年：捐献血液，拯救生命；

1987年：保护儿童生命；

1988年：发展；

1989年：保护人类生命；

1990年：保护人类生命和人类尊严；

① 中国红十字年鉴编辑部主编：《中国红十字会通志，1904—2015》，中华工商联合出版社2016年版，第206页。

② 吴玉林主编：《盐都红十字事业》，合肥工业大学出版社2016年版，第210页。

③ 《世界红十字与红新月日的起源》，《中国红十字报》2001年5月4日。

1991 年：保护战争受害者；

1992 年：人道——团结起来共御灾害；

1993 年：人人享有尊严；

1994 年：人人享有尊严——关心儿童；

1995 年：人人享有尊严——尊重妇女；

1996 年：结合备灾救灾人道救助；

1997 年：集善款做善事博爱助人；

1998 年：集善款做善事博爱助人；

1999 年：人道的力量；

2000 年：人道的力量——迎接新世纪；

2001 年：捐献骨髓，关爱生命，展示人道力量；

2002 年：红十字在行动——关爱生命；

2003 年：办实事、庆百年——红十字在行动；

2004 年：停止歧视；

2005 年：自救互救——红十字在行动；

2006 年：健康援助进农家——红十字在行动；

2007 年：携手为人道；

2008 年：汇聚人道力量，共建和谐社会；

2009 年：坚持以人为本，大力弘扬“人道、博爱、奉献”精神，求真务实，开拓创新；

2010 年：赞美您生命的礼物；

2011 年：携手人道促和谐，志愿服务为民生；

2012 年：红十字——人道力量；

2013 年：汇聚人道力量・服务新区建设；

2014 年：我与红十字的故事。

以上这些世界红十字日纪念活动的主题口号，“记录了人类传播红十字人道主义行动的轨迹”①，彰显了人道的力量。

1987 年“5・8”世界红十字日期间，从总会到全国28 个省、自治区、直辖市的分会，红十字组织在同一天围绕“为了儿童健康”的主题开展了声势浩大、丰富多彩的纪念活动。总会在“5・8”活动筹备阶段召开了记者招待会，介绍“5・8”纪念活动的意义与红十字会工作。为配合纪念世界红十字日活动，总会与中国邮票博物馆联合举办了首次“国际红十字邮票展览”，并

① 孙柏秋主编，池子华、杨国堂等：《百年红十字》，安徽人民出版社 2003 年版，第 628 页。

发行了首日封。5月8日晚，在北京人民大会堂举行了大型纪念义演，有国家领导人、各国驻华使节和近万名群众参加。各地红十字会领导人在电视台、电台纷纷发表讲话，广大的红十字会员、红十字青少年走上街头，有的散发宣传材料，有的进行医疗咨询和义诊，有的用图片、黑板报宣传，还组织了义演、义务理发和家用电器修理等服务活动①。

在北京：首都15个区、县红十字会的十几万会员参加了儿童健康咨询、科学育儿知识宣传、为社会做好事及敬老助残等活动，宣传教育和社会服务站达三四百处。

在南京：江苏省和南京市红十字会，与省、市卫生、妇联、计生委、电视台等有关部门联合举办了“家庭育儿知识竞赛”活动。南京市有上千个家庭参加了竞赛活动。决赛时，省电视台还做了实况录像，并向全省多次播放，向广大观众普及育儿知识，受到广大青年夫妇的欢迎和好评。“江苏省红十字青少年知识竞赛”专题录像被送往北京参加了广播电视部、国家科委、卫生部联合举办的全国教育片评奖活动，获三等奖②。

在广州：市红十字会组织多个医疗单位的红十字会员在各自医院的门前为儿童义诊，他们响亮地提出：为“细佬仔”的健康！（“细佬仔”，广州话即“儿童、小孩”之意——笔者注）。

在福建：省红十字会会长张格心发表了题为“发展红十字事业，为社会的卫生福利，为世界和平做出新的贡献”的电视讲话。福州红十字医院的医务人员在院领导的率领下，带着显微眼等轻便检查仪器及常用药物，上街开展医疗咨询服务活动，获得社会好评：“真是为群众办好事！”

在甘肃：省红十字会开设儿童保健服务点13个，出动宣传车4辆；接受健康咨询指导和计划免疫宣传的儿童7890人次；免费为聋哑等残疾儿童查体看病409人，为中学生检查、矫治龋齿760人。

透过这些场景，各级红十字会广泛向社会做了一次人道主义的宣传，使民众感受到人性和社会的温暖，诚如残疾儿童所言：“全社会这么关心我们，红十字会给我们送来温暖，我们从心眼里感谢党和人民！”③

2014年是中国红十字会成立110周年，全国各地以110年庆典为契机，在“5·8”期间举办了形式多样、内容丰富的庆祝活动（详见表9-1）。

---

①　谭云鹤：《中国红十字会第四届三次理事会的工作报告》，《中国红十字报》1988年3月5日。

②　江苏省红十字会编著：《江苏红十字运动八十八年（1911—1999）》，东南大学出版社2001年版，第163页。

③　《全国各地红会广泛开展活动　隆重纪念“五八”世界红十字日》，《中国红十字报》1987年6月5日。

表9－1　2014年“5·8”世界红十字日期间各地红会宣传活动一览表

地点	活动主题	活动内容	参与主体
北京	纪念“5·8”世界红十字日人道博爱文化月启动仪式暨国有企业应急救护展演活动	国有企业红十字应急救援队对突发事件进行实景救援演练	北京市国资委
浙江	纪念“5·8”世界红十字日暨“最美浙江人——红十字感动人物”推选宣传活动	表彰“浙江省第六届红十字公益之星”“浙江省红十字功勋奖”先进集体和个人；举行人体器官捐献题材微电影《明天的太阳》首映式	浙江省红十字会
吉林	纪念“5·8”世界红十字日	大型公众应急救护知识普及	长春市红十字会
山东	纪念“5·8”世界红十字日报告会	报告红十字会业务活动	济南市红十字会
青海	“扶贫万里行·博爱高原情”	为7个国家级贫困县实施“幸福1+1”公益活动，为贫困家庭婴童发放食品物资，并进行重大疾病筛查，向村民提供义务医疗咨询，普及“红十字掌上急救”免费手机客户端	中国红十字基金会
天津	“红十字‘救’在身边”	向市民教授应急救护技能，普及红十字急救掌上学堂手机应用软件	市应急办、市科协、河西区政府
上海	“大爱无疆　生命永续”造血干细胞捐献、无偿献血志愿者征募活动	用快闪、RAP等形式，再现志愿者无私奉献的故事	上海市血液管理办公室、静安区红十字会、上海安可艺术团等
重庆	“人道心·中国梦”	85个爱心企业和市民举牌捐赠款物，合计8650万元	重庆市卫生局、市血液中心、江北区人民政府
河北	“尊重人的尊严”	救护演练和大病救助；红十字会工作人员和参加义诊的医务人员带头献血	石家庄市红十字会

（续表）

地点	活动主题	活动内容	参与主体
山西	“与爱相髓·生命同歌”纪念“5·8”世界红十字日暨捐献造血干细胞100例活动	山西省第100例造血干细胞捐献者姜维获得“山西省红十字会荣誉会员”和“2014年山西省优秀青年志愿者”称号	/
陕西	“人道心·中国梦”世界红十字日纪念活动暨2014年红十字博爱周	向市民讲解红十字急救知识，发放急救包及防范恐怖袭击与自救互救指南等宣传品	西安市红十字会、未央区红十字会
河南	博爱中原·文明河南——红十字在行动	志愿服务广场展示；为11支红十字志愿服务队伍授旗；义诊	河南省文明办、郑州市红十字会、郑州市文明办
辽宁	百年红十字——人道、博爱、奉献在辽宁	向市民宣传红十字精神和“三救三献”工作，并向贫困群众发放价值20万元的救助物资	/
江苏	纪念江苏红十字运动暨南京市红十字会建会110周年座谈会	与会代表结合“我与红十字的故事”主题，回顾亲历红十字事业发展的点滴，讲述帮助他人、快乐自己的体会	/
湖北	“5·8”世界红十字日纪念大会	现场应急救护演练，心理健康咨询、义诊。11家爱心企业现场捐赠125万元	/
湖南	彩虹桥第二届名家书画义卖会	艺术家捐赠42幅名作，共拍得354.5万元，用于救助贫困尿毒症患者	湖南省文史馆、省文联、省九三学社等
四川	“5·8”红十字博爱周造血干细胞宣传及捐献活动	发放红十字运动基本知识及“三献”宣传资料，现场采集造血干细胞血样	绵阳市红十字会
贵州	纪念“5·8”世界红十字日主题活动	发放宣传资料，现场演示救护技能，义诊	/
广东	纪念“5·8世界红十字日”开放周活动	邀请社会各方力量走进红十字会，了解广东红十字事业发展成果	/

（续表）

地点	活动主题	活动内容	参与主体
广西	2014年世界红十字日——中国红十字会总会事业发展中心捐赠仪式	将100台电视、200辆轮椅、100张护理床、200套床上用品等物品交到10家曜阳托老所的每一家代表手上	中国红十字会总会
甘肃	世界红十字日纪念宣传活动	通过多种形式介绍红十字会的来历、宗旨、精神，普及应急救护知识	兰州市红十字会
新疆	新闻媒体记者座谈会	通报红会捐款募集和使用，救护培训进校园工作，大众卫生、供水救援队志愿者招募等情况	/
宁夏	新闻推介及优秀志愿者先进事迹通报会	介绍红十字会基本情况及重点工作，向2014年“小天使基金”彩票公益金项目第六批受助群众发放救助款	/

资料来源：《在世界红十字日传播人道力量》，《中国红十字报》2014年5月9日；《汇聚人道的力量》，《中国红十字报》2014年5月13日。

上表显见，“5·8”世界红十字日呈现出政府重视、积极协助，红会精心组织、全国联动，各级红十字会与社会爱心力量联合互动的鲜明特点。在宣传方式上也不断推陈出新，如青海红十字会教贫困民众普及“红十字掌上急救”免费手机客户端，天津红十字青少年教市民下载红十字急救掌上学堂手机应用软件，上海红十字会用快闪、RAP等形式，再现志愿者无私奉献的故事，这些都充分体现了新媒体在红十字文化宣传中的蓬勃生命力。

经过多年的努力，世界红十字日在我国各地已成为每年一度的红会传统宣传日，其规模和影响正在不断扩大，“5·8”博爱周甚至博爱月的出现即为明证。纵观历届“5·8”世界红十字日纪念活动，一个引人瞩目的特色即注重宣传工作，形式新颖多样。每年“5·8”世界红十字日期间，各地红会都围绕主题，积极筹划，认真组织，开展了一系列符合红十字会宗旨的宣传活动。整个活动期间，各级各类新闻媒体深度报道，形成聚合效应。中国红十字会系统开展“5·8”世界红十字日宣传活动的形式主要有：举办讲座、知识竞赛、义诊、咨询、便民服务、救护培训、无偿献血、捐献造血干细胞、大型纪念文艺会演等，并利用各种宣传途径，如电视、广播、报纸、杂志、黑板报、宣传橱窗等，大力宣传红十字会的性质、任务、宗旨和活动。内容丰富，形式新颖，年年有突破，除常规宣传活动外，红十字会系统还创造性地组织了社区爱心血站、书画作品捐赠、造血干细胞采样、捐献遗体器官签名、公益屏展示、成立志愿服务队伍、为企业服务、送医药下乡、召开工作会议、与民营企业共同成立博爱基金会等活动。这些贴合民众需求、反映红十字文化的活动，进一步扩大了红十字会的社会影响，使“人道、博爱、奉献”的红十字精神更加深入人心。

概言之，“5·8”世界红十字日期间，各地红会集中、广泛地开展大规模宣传纪念活动，很大程度上提高了红会的知名度，扩大了红会的影响，弘扬了红十字文化，对推动红十字事业的发展大有裨益。需要指出的是，红十字日或红十字周只是一个契机，更重要的是业务活动的推广，诚如红十字先辈所言，“我们更需要经过红十字周的活动，努力充实各项业务，在服务中表现博爱，在服务中完成博爱，在博爱的服务中赢取社会的信任和支助，在博爱的服务中发扬人道的真义，在爱人爱己彼此互助的精神中感到人性的温暖，达成天下一家的崇高境界”①。

三、政府承诺、有条不紊：国际人道法传播

“人道主义法是国际公法的一个分支。它的灵感来自对人道的认识，它的宗旨是保护人”②。国际人道法在中国已有100多年的发展历程。1949年以前，国际人道法由以关注战争中伤病者为中心的日内瓦法体系，及以限制杀伤性武器、给予俘虏以人道待遇为中心的海牙法体系构成。1949年，国际社会将这两个体系融合，形成了日内瓦四公约。1977年6月8日，形成了两个附加议定书，2005年12月8日，又订立了第三附加议定书，在此基础上形成了完整的国际人道法。

中国政府高度重视国际人道法传播工作，多次在国际大会的场合做出庄严承诺。在1999年第27届红十字与红新月国际大会上，中国政府就传播国际人道法和红十字运动基本知识做出了庄严承诺：“一、履行日内瓦四公约及其附加议定书等中国批准、加入的国际人道法文书的有关规定；二、广泛进行和加强人道主义法的传播与教育。”③ 中国红十字会把传播国际人道法及红十字运动基本知识作为四项主要工作之一，并与红十字国际委员会达成了在

---

① 江晦鸣：《为何举办红十字周？如何举办红十字周?》，《红十字月刊》第32期（1948年8月），第3页。

② 李铁成、郭春英：《试谈人道主义的悖论与差异》，《中国红十字报》1994年10月21日。

③ 中国红十字会总会编：《中国红十字会历史资料选编，1950—2004》，民族出版社2005年版，第403页。

1998—2001年开展传播工作的合作计划。在2003年召开的第28届红十字与红新月运动国际大会上，中国政府再次重申："一、履行日内瓦四公约及其附加议定书等中国批准、加入的国际人道法文书的有关规定；二、加强国际人道法传播，包括在军队中进行人道法教育。"① 中国红十字会也从自身角度出发，承诺宣传推广红十字会运动和国际人道法的相关知识。

中国红十字会是从事人道主义工作的社会救助团体，是中国政府人道工作领域的助手，"宣传国际红十字和红新月运动的基本原则和日内瓦公约及其附加议定书"是《红十字会法》赋予中国红十字会的法定职责。多年来，在政府的高度重视和支持下，中国红十字会系统在国际人道法和红十字运动基本知识宣传方面做了大量的工作。

其一，大力宣传国际人道法。以红十字刊物为例，《中国红十字》杂志1991年第4期、第5期连载专文《谈谈国际人道主义法》，从国际人道主义法的组成部分、同人权法的区别、诞生、发展、四个日内瓦公约及其两个附加议定书的共有原则、红十字标志、红十字会在国际人道主义法中的地位、各国政府的承诺和违约行为制裁、我国在宣传和贯彻国际人道主义法方面所做的努力以及结语等十个部分，对国际人道主义法做了一次较为系统的介绍和宣传。

2001年，《中国红十字报》在8月3日、17日、24日连载新元的《浅谈国际人道法》一文，分别从国际法的一般概念及知识、国际人道法的基本概念及基本原则、日内瓦公约及其附加议定书基本内涵及基本规则、国际人道法的发展以及国际人道法与国际人权法等五个方面系统介绍了国际人道法的相关知识。9月7日和14日，《中国红十字报》又连载唐钟离的《中国与国际人道法》，从中国古代与国际人道法、中国政府与国际人道法、中国军队与国际人道法、中国红十字会与国际人道法等方面阐述了中国在国际人道法方面所做的大量工作。此外，9月14日，《中国红十字报》还刊载专文，对国际人道法及红十字运动基本知识传播工作涉及的一些概念，诸如战争法、武装冲突法、国际人道法、日内瓦公约及其附加议定书等的内涵、外延以及相互间的关系进行了梳理和廓清②。

在2007年中国国际人道法国家委员会成立前后，《中国红十字报》相继刊载《妇女和国际人道法》《习惯国际法知识点问答》《习惯国际法知识问

① 中国红十字会总会编：《中国红十字会历史资料选编，1950—2004》，民族出版社2005年版，第468页。

② 参见新元：《试论国际人道法与日内瓦公约及其附加议定书》，《中国红十字报》2001年9月21日。

答》《国际人道法的实施：从法律到行动》《高校首个国际人道法研究机构成立》及《中国国际人道法国家委员会召开第一次全体会议》等系列文章①，对国际人道法进行了一次集中宣传。

其二，举办关于国际人道法的研讨会和培训班。1987 年 5 月 11—16 日，国际委员会与中国红十字会合作，首次在北京举办了国际人道主义法讲习班。参加讲习班的有来自政府有关部门、部队、大学国际法专业、新闻界、红十字会的 100 多名代表。红十字会与红新月会协会亦派代表参与讲习班的活动②。其后，中国红十字会将传播国际人道法作为一项常规工作，以大范围讲习班、小规模研讨会等形式（可参见表 9－2 的统计），向司法、军队、新闻等社会各界进行介绍③，推动国际人道法的传播和实施。

表 9－2　1988-2001 年中国红十字会总会举办的部分国际人道法培训班一览表

年　份	主　题	内　容	对　象
1988	“国际人道主义法圆桌会议”研讨会	讲解人道主义法文件，了解红十字国际委员会的工作情况，观看 6 部国际人道主义法在世界上实施情况的录像片	红十字工作者、军队代表
1994	红十字运动研讨会	就国际红十字运动的信息、当代国际关系中的人道规则和活动、国际人权规则与人权以及红十字国际委员会与新闻媒介等问题展开研讨	新闻记者和红十字宣传工作者
1995	国际红十字与红新月运动知识培训班	讲授国际红十字运动、红十字国际委员会及国际联合会的相关知识；国际人道主义法的定义、实施范围、传播和基本原则等	各省、自治区、直辖市的 80 余名红会专职干部
1998	国际人道法和红十字基本知识宣传干部培训班	红十字运动和国际人道法基本知识传播的一些基本方法	各级红会系统干部

① 参见《中国红十字报》2007 年 11 月 20 日、12 月 18 日；2008 年 1 月 1 日、2 月 5 日、4 月 4 日、5 月 13 日。

② 中国红十字会总会编：《红十字手册》，辽宁科学技术出版社 1988 年版，第 139 页。

③ 谭云鹤、顾英奇主编：《红十字会员手册》，生活·读书·新知三联书店 1990 年版，第 22—23 页。

（续表）

年　份	主　题	内　容	对　象
2001	红十字运动基本知识（西南片）传播培训班	传播国际人道主义法；讲解红十字国际委员会开展的查人转信工作	各级红会系统干部
2001	国际红十字运动基本知识培训班	讲授红十字运动基本知识	总会机关部室领导和工作人员及在京直属单位负责同志

资料来源：《总会与国际委员会联合召开国际人道主义法圆桌会议》，《中国红十字报》1988年12月5日；《深刻了解红十字与红新月运动的基本原则　总会举办红十字运动研讨会》，《中国红十字报》1994年11月18日；《深刻了解红十字与红新月运动的基本原则　总会在晋举办红十字运动培训班》，《中国红十字报》1995年8月4日；《中国红十字会国际人道主义法培训班在大理举办》，《中国红十字报》2001年3月30日；《国际红十字运动基本知识培训班在总会举办》，《中国红十字报》2001年5月18日。

由表9－2可知，总会举办的各种国际人道法传播培训班主要面向系统内的专职工作人员，也有少数面向新闻媒体和军队，辐射面相对较窄，传播内容较缺乏吸引力。

2001年是中国红十字会系统大力传播国际人道法的一个重要年份。除总会举办国际人道法传播培训班外，不少地方分会也举办了培训班。6月，北京市通州区红十字会与通州区老年书画协会联合举办“人道法”与红十字运动基本知识传播报告会，北京军区干休所师级离退休干部及通州区离退休老干部近百人参加了报告会，系统学习了红十字运动的起源、构成、发展思路、立法等知识①。10月，青海省红十字会举办了3场国际人道法和红十字运动基本知识讲座，青海省卫生系统和青海大学等高等院校的领导、红十字会会员及师生共2300多人参加了听讲②。此外，2001年，新疆红十字会共举办国际人道法和红十字运动基本知识传播培训班10期，培训人数445人③。

据资料显示，截至2001年8月，总会举办了1期全国性的培训班，举办了华南、西北、华东、华中、西南等5个地区的培训班。各省、自治区、直辖市红十字会也普遍开展了传播工作。通过传播、培训，国际人道法及红十

① 《北京市通州区红十字会国际人道法传播试点工作启动》，《中国红十字报》2001年6月22日。
② 《青海省红十字会举办国际人道法知识讲座》，《中国红十字报》2001年10月5日。
③ 新疆维吾尔自治区地方志编纂委员会编：《新疆年鉴2002》，新疆年鉴社2002年版，第360页。

字运动基本知识在全系统得到普及，并逐步向社会层面辐射、渗透。近1/3的专兼职干部和一大批红十字青少年参加了培训，同时形成了一支既具有较为完备的专业知识，又掌握了传播工作技巧的骨干队伍，为最终在全国范围内建立传播工作网络打下了基础。另外，总会还配合红十字国际委员会在中国人民解放军军事院校举办了国际人道法讲习班①。

进入21世纪以来，国际人道法的传播方式呈多元化态势。比如，2000年，由红十字国际委员会和澳门特别行政区红十字会合作设立“国际人道法推广活动中心”，宗旨是协助红十字国际委员会发展国际人道法的传播工作，主要活动包括：在澳门及所属地区内广泛地传播红十字运动知识、国际人道法、红十字标志的使用，举办有关人道法的培训班、研讨会和讲座，设立国际人道法文献资料中心等，并以资源共享的途径发展地区性的传播信息网络②。

2007年10月，由红十字国际委员会编撰的《习惯国际人道法》中文版正式发行，该书分为两卷：第一卷是对习惯国际人道法规则的总结和评述，第二卷是对各国实践的归纳③。该书的出版进一步促进了国际人道法在中国的传播和推广。

2008年，武汉大学与红十字国际委员会合作成立国际人道法研究中心，致力于国际人道法的研究和传播工作。此外，香港红十字会通过连续举办“国际人道法模拟法庭比赛”的形式，提高亚太地区法律专业的学生对国际人道事件的关注④。

上海市红十字会自2004年底拉开“探索人道法”项目的序幕后，积极探索新方法、新路径，成效瞩目。作为“上海市红十字青少年知识传播与急救技能培训中心”的同济小学，各种各样的国际人道法教育方式令人耳目一新，国际人道法基本知识被创造性地融入图片、实物乃至电脑游戏之中，让学生们在游戏中受到教育。上海市红会还在华东政法大学设立国际人道法研究与传播中心，在中山学校设有探索人道法教学与培训中心，辐射对象分别为高校和中学师生。自2011年起，市红会与市教委在每年春季都会举办“大学生

① 唐钟离：《中国与国际人道法》，《中国红十字报》2001年9月14日。

② 中国红十字年鉴编辑部编：《中国红十字年鉴：2007/2008》，中华工商联合出版社2011年版，第1000页。

③ 《〈习惯国际人道法〉中文版发行》，《中国红十字报》2007年10月16日。

④ 《秉持人道理念致力服务社群》，《中国红十字报》2007年6月29日。

国际人道问题辩论赛”，成为上海高校红十字文化传播的“闪亮品牌”[①]。总体而言，国际人道法传播工作有序开展。

宣传和传播工作，不仅扩大了中国红十字会的影响，也为政府支持红十字会工作、社会各界了解参与红十字会工作营造了良好的舆论氛围。一方面，广大专兼职干部加深了对红十字运动的理解，有了理论的根基，在开展其他各项活动时更具积极性与主动性；另一方面，扩大了红十字会的影响，在社会各界更具吸引力和凝聚力。中国红十字会传播国际人道法及红十字运动基本知识的工作得到了红十字国际委员会的充分肯定与赞扬，在红十字运动大家庭得到很好的反响[②]。

需要指出的是，国际人道法在华传播工作也存在一些亟待解决的问题：一是国际人道法传播内容缺乏吸引力和感染力，未能细分受众、进行准确定位；二是中国媒体仍缺乏既能准确把握国际人道法概念、又熟练掌握新闻传播技巧的人才；三是国际人道法在中国主流报纸上未得到足够的重视[③]。基于此，如何提升国际人道法传播的亲和力和辐射面，依然是摆在红十字人面前的一道难题。

四、精彩纷呈、喜闻乐见：常规文娱宣传

（一）比赛、展览和广告

举办各类比赛是宣传红十字文化的一种有效方法。例如1983年，结合世界红十字日主题，中国红十字会响应红十字会与红新月会协会的倡议，在国内开展了“全国红十字摄影比赛”活动，征集得来的一部分摄影佳作，选送协会参赛，其中南京市红十字会杨开禄所摄《假日》获一等奖[④]。1991年，北京崇文区红十字会举行“人道·奉献”演讲比赛[⑤]，天津市红会举办“人道与奉献”摄影比赛[⑥]。此外，各级红十字会组织的《红十字会法》知识竞赛、无偿献血演讲比赛、国际人道法辩论赛、急救知识和技能比赛及红十字初级救护志愿者服务比赛等各种活动，因形式新颖，民众喜闻乐见，都获得了良好的社会反响。

---

① 郝如一、刘贵朝、路琮玮：《让人道主义精神代代相传——上海市红十字青少年工作纪实之一》，《中国红十字报》2014年10月17日。

② 唐钟离：《中国与国际人道法》，《中国红十字报》2001年9月14日。

③ 胡鹏：《国际人道法在华传播研究——路径、问题与对策》，《北京社会科学》2015年第6期。

④ 中国红十字会总会编：《红十字手册》，辽宁科学技术出版社1988年版，第161页。

⑤ 《崇文区红十字会举行“人道·奉献”演讲比赛》，《中国红十字报》1991年11月5日。

⑥ 《天津举办〈人道与奉献〉摄影比赛》，《中国红十字报》1991年11月5日。

此外，举办展览也是宣传红十字人道主义精神的一个有效载体。

1987年，总会举办以人道主义为主题的摄影比赛和“中国红十字首届美术、书法、摄影展览”，收到全国各地参展作品5000多幅。获奖作品和部分参展作品于1988年1月在中国美术馆展出，展期7天。据统计，共有17500人参观了展览①。同年11月，总会又在北京举办以“让生活充满爱”为主题的漫画展览。1989年，中国红十字会成立85周年之际，总会在北京举办了中国红十字会图片展览。

2007年5月8日，在第二届“红十字博爱周”启动仪式上，中国红十字会会长彭珮云点击并启动了首届红十字公益广告展评活动，旨在通过征集公益广告这一形式，使“人道、博爱、奉献”的红十字精神更加富有感召力，让红十字精神撒播到人间的每一个角落。此次展评面向电视、报纸杂志、网络、广告公司及个人征集作品，参评的各类广告作品均以“人道、博爱、奉献”为主题，主要涉及“关爱农民，关注健康”“博爱中国，共建和谐”“红十字会与奥运同行”等内容；设立平面公益广告文案奖、公众最满意的电视公益广告奖、网络公益广告创意奖等三大类别180多个奖项②。据资料显示，此次活动共征集作品200多件，其中平面类公益广告169幅，影视类作品69件，网络类作品4件③。该活动通过作品征集、参选作品展示、作品评选、颁奖晚会、获奖作品展播共5个阶段，在社会上掀起了弘扬红十字精神的热潮。

红十字邮票展也是传播红十字文化的一种常见载体。改革开放以来，1979年发行的“从小爱科学”特种邮票中，曾出现过带有红十字标志的卫生箱④。此外，1984年还专门发行了“中国红十字会成立80周年（J102）”纪念邮票，邮票图案由红十字会员、红十字青少年及献血、抢救、扶助老弱等图案内容组成。红十字会会徽是在白底上由五个正方形组成的红十字⑤。1987年，为配合纪念世界红十字日活动，总会与中国邮票博物馆联合举办了首次“国际红十字邮票展览”，并发行了首日封⑥。1996年，江西省红十字会举办了首次“红十字专题集邮展”，来自94个国家和地区的410多枚邮票、40多枚实寄封或首日封参加了展出。用邮票的形式宣传红十字运动、宣传人道主

---

① 《中国红十字会首届美术书法摄影展览闭幕》，《中国红十字报》1988年2月5日。

② 《“首届红十字公益广告展评活动”网站开通》，《中国红十字报》2007年5月15日。

③ 《首届红十字广告展评揭晓》，《中国红十字报》2008年1月25日。

④ 黄明心：《漫谈红十字专题邮票》，《中国红十字》第157期（1987年5月），第14页。

⑤ 石安佑编著：《中华人民共和国纪念邮票和特种邮票图释（一九七四——一九八五）》，湖南文艺出版社1987年版，第83页。

⑥ 谭云鹤：《中国红十字会第四届三次理事会的工作报告》，《中国红十字报》1988年3月5日。

义精神在江西省尚属首次，这在红十字会的宣传内容上又增添了一种新的形式①。

公益广告也是一种富有感染力的传播方式。例如，20 世纪 90 年代台湾红十字组织的一则广告就颇新人耳目，兹将广告词抄录于下：

我你助他人

助人者，人恒助之。

在我们脑海中，战争、饥荒、洪水、地震、疾病都是一张张熟悉的生活书页，我们甚至在上一辈亲人脸上，每天温习着这些苦难的烙印！或许我们太习以为常了，在我们追求个人幸福时，两手紧紧地抓住唯恐会溜走的机会而不愿放手。

我们忘了，如果不张开自己的手掌，如何能得到东西？

幸运的是，我们之中还有人不断地在付出，不断地伸出援手递出关怀与爱，只要有人需要帮助，不管多远，他们的手便能伸得多长。

红十字会，正是其中之一。

如果说战争、饥荒、疾病、洪水等已离开我们周遭的现实太远，那只能说明了，我们正处于安逸的日子，正是有能力去关心某些角落里的苦难的时候。学着如何伸出我们的双手吧，红十字会除了赈灾与人道关怀之外，水上救生、一般急救训练、老人护理等各项课程训练，都传运着：尊重生命、保护生命。在苦难降临之前，借着这种救生知识和技能的传播推广，让你、我都可以随时地挽救周围宝贵的生命，就是这么简单，没有高调。

了解我们，加入我们，让我们一起训练自己，帮助别人！②

台湾红十字组织的这个广告倡导助人为乐的处世哲学，宣扬红十字会“尊重生命、保护生命”的宗旨，晓之以理，动之以情，颇具感召力。

（二）影视宣传

随着我国红十字事业的发展，红十字影视宣传日趋活跃。自改革开放以来，总会与有关部门联手制作了多部影视片，向社会宣传红十字会的工作和历史。

1985 年，中国红十字会首次参加第 11 届瓦尔纳电影节③，参赛影片是

① 刘华鹰：《江西举办“红十字专题集邮展”》，《中国红十字报》1996 年 5 月 31 日。

② 金涛声、徐舟汉主编：《中外广告精品探胜》，国际文化出版公司 1995 年版，第 355 页。

③ 瓦尔纳电影节是由保加利亚红十字会于 1965 年发起组织的，它的全名是“红十字与卫生影片国际电影节”，因在保加利亚黑海之滨的风景名城瓦尔纳举行，又称瓦尔纳电影节。每两年举行一次，到 1985 年已经举办过 11 届。参见中国红十字会总会编：《红十字手册》，辽宁科学技术出版社 1988 年版，第 158 页。

《崇高的义务》；1987年，又送出《喜鹊登枝》和《刘连仁》两部电视片，参加第12届瓦尔纳电影节的活动。1986年总会摄制的电视短剧《妈妈，你在哪里?》和1988年广西南宁市红十字会拍摄的《溺水救护》先后在匈牙利第九、十届国际红十字电影节上获奖，展示了中国红十字事业蓬勃向上的精神风貌。其中《妈妈，你在哪里》得到很高的评价，被授予最高特别奖。评委认为这部电视片“把传统的电影和现代录像技术很好地结合了起来，内容好，结构完整，表演真切”①。

为加强红十字影视宣传，总会于1990年12月7日至10日在京举办首届中国红十字影视节。北京电视台的《走向太阳》、天津电视台的《情融游子心》获一等奖②。1991年，总会制作的电视片《中国红十字会走向世界》，在纪念“5·8”世界红十字日期间由中央电视台播放。同年10月25日，由红十字国际委员会资助，北京科学电影制片厂拍摄的新闻纪录片《红十字运动》首映式在北京举行。首映式上，中国红十字会常务副会长顾英奇首先就影片的内容做了概括性的介绍：红十字运动是一个全球性的有亿万人参加的志愿运动，它不分种族、不分国籍，高举人道主义旗帜，为减轻人类的痛苦而努力工作③。通过影片，中国公众更多地了解红十字会并受到红十字精神的感召。

1993年，由中国电影评论学会联合中国残联、中国红十字会、中影公司举办的首届“生力杯”人道主义优秀影片评选中，《女大学生之死》《启明星》和《白求恩》等10部影片榜上有名，获“生力杯”人道主义精神优秀影片称号④。获奖影片名单在《人民日报》上以刊登大幅广告的形式隆重推出，进一步扩大了人道主义的影响力。

在总会的带动下，不少地方红会组织也拍摄了相当数量的影视片。20世纪90年代，天津市红十字会狠抓宣传工作——这个红十字事业发展中的“先行官”，与天津电视台合办电视专题片《闪光的红十字》。该专题节目设《红十字动态》《知识园地》《人道与奉献》3个栏目，每年播出12期，每月首播一次，重播两次，每次10分钟，分别在天津电视台29频道和12频道播出⑤。

---

① 中国红十字会总会编：《红十字手册》，辽宁科学技术出版社1988年版，第161页。

② 《首届中国红十字影视节在京举行　部分获奖影视片将被推荐参加国际电影节》，《中国红十字报》1991年1月5日。

③ 《〈红十字运动〉首映式在京举行》，《中国红十字报》1991年11月5日。

④ 《首次人道主义精神优秀影片评选揭晓》，《中国红十字报》1993年4月23日。

⑤ 《天津电视台设立〈闪光的红十字〉专题节目》，《中国红十字报》1991年9月20日。

据不完全统计，该节目创办以来半年多时间，已有数十万群众观看了这一节目[①]，反响热烈。1992年，新疆维吾尔自治区红十字会成立了全国红十字会系统的第一家红十字影视制作中心[②]。1999年，总会录制8集专题电视片《中国红十字》在中央电视台播放，并荣获行业电视“华药杯”二等奖和中国电视金鹰奖。

进入21世纪以来，影视宣传已成为传播红十字文化的常规方式而被广泛应用。2008年5月11日，由总会与北京伊里雅国际影视文化发展有限公司联合摄制的我国首部眼角膜捐献题材影片《母亲的眼睛》首映，彭珮云会长观看了影片后，力赞影片的公益性与思想性，称赞其是“故事感人、内容丰富深刻的好影片”[③]。2011年，由总会制作的反映红十字人道精神的纪录片《25个字》上映，新华社以“纪录片《25个字》揭秘红十字通信历史”为题进行报道[④]。此外，襄阳市讲述人体器官捐献典型事迹的大型纪录片《生死接力》，感动无数网友；荆州市《好人开讲》之“人道暖流”在当地掀起了红十字热。

2000年以来，红十字会将宣传和公益活动性质的业务相结合，以业务带动宣传，以宣传推动业务，形成良性互动。以2000年为例，总会通过参与平遥国际摄影节、中国品牌节以及举办“博爱中国”大型晚会、公益广告展评等活动广泛宣传红十字精神。据不完全统计，全年全国各级报纸期刊登载报道红十字会信息34235篇，电视台播报红十字会节目30381条[⑤]。

2001年，各主要媒体报道总会组织的活动稿件约400篇。2002年，总会在各种媒体上共发布新闻391条[⑥]。总体来看，红会宣传工作呈现出上下联动、传统媒体和新媒体相互激荡的新格局，势头也在不断加强且持续发展。但与业务活动相比，宣传工作还是比较薄弱的，一些长期困扰红十字事业发展的问题依然存在，亟待解决，例如：宣传网络的建设发展不平衡，有的地区至今没有落实；宣传工作中的协调配合不够，宣传工作还处在各自为政、分散出击的状态；有分量的宣传项目不多，精品更少；宣传经费严重不足，

---

① 《报上有名　广播中有声　电视上有影　天津市红十字宣传有声有色》，《中国红十字报》1992年3月6日。

② 中国红十字会总会编：《中国红十字会的九十年》，中国友谊出版公司1994年版，第261页。

③ 《〈母亲的眼睛〉：为“5·8”博爱周献礼》，《中国红十字报》2008年5月13日。

④ 中国红十字年鉴编辑部主编：《中国红十字会通志，1904—2015》，中华工商联合出版社2016年版，第204页。

⑤ 中国红十字年鉴编辑部主编：《中国红十字会通志，1904—2015》，中华工商联合出版社2016年版，第201页。

⑥ 参见中国红十字年鉴编辑部主编：《中国红十字会通志，1904—2015》，中华工商联合出版社2016年版，第201、202页。

制约了工作的开展[①]。

在2010年10月举办的全国红十字宣传工作座谈会上，中国红十字会副会长郭长江指出，构建红十字大宣传格局是深化红十字宣传工作机制建设的重要任务；围绕构建社会主义和谐社会和推进红十字事业发展两大主题，重点做好以下三项工作：第一，采取多种形式，广泛传播红十字精神，提升红十字品牌形象；第二，精心策划和开展特色性红十字宣传活动，逐步培育有影响有代表性的项目；第三，加强媒体资源建设，不断提高红十字新闻宣传工作水平[②]。构建红十字大宣传格局已成为新时期红十字宣传事业的指针，引领着红十字事业阔步前进。

第二节　品牌感召

“人道、博爱、奉献”的红十字精神，每个红十字人都耳熟能详，但如何使这一高尚的精神不至于凌空高蹈，而是切实体现在工作中却并不容易。红十字品牌建设作为红十字会“软实力”的构成要件，在弘扬红十字精神、传播红十字文化等方面发挥着重要的作用。诚如一位红会干部所言，“从狭义到广义，从内涵到外延，红十字品牌无不深深蕴藏着红十字文化的元素。一个品牌成长的过程，就是红十字文化宣传与实践的过程，是红十字运动核心价值得到具体诠释的过程”[③]。新时期，面对新的形势，红十字人与时俱进，开拓进取，积极培育品牌，传播红十字文化。

一、品牌：一种文化现象

21世纪以来，品牌被红十字会系统提到一个战略高度加以重视，但品牌究竟是什么尚未在学界、业界达成共识。20世纪50年代，美国的大卫·奥格威第一次提出品牌概念；而在中国，直到90年代才出现这个概念。尽管业内外对品牌的定义林林总总，但大体而言，品牌是在营销或传播过程中形成的，用以将产品与消费者等关系利益团体联系起来，并带来新价值的一种媒介[④]。这里透露出三点信息：其一，品牌是种媒介，具有联系功能；其二，品牌的

① 《顾英奇常务副会长在中国红十字会报刊暨宣传网络工作会议上的讲话》，《中国红十字报》1996年10月4日。

② 《加快构建红十字大宣传格局》，《中国红十字报》2010年11月29日。

③ 郝如一：《相信品牌的力量》，《中国红十字报》2012年1月6日。

④ 余明阳：《品牌学》，安徽人民出版社2002年版，第7页。

形成是一种互动传播过程；其三，品牌能带来价值。

品牌的魅力在于它的多元价值，体现在经济、文化、国家、教育、心理等多个方面。有学者指出，严格说来，广泛意义上的品牌包括三个层面的内涵：首先，品牌是一种商标，这是从其法律意义上说的；其次，品牌是一种牌子，是金字招牌，这是从其经济的或市场的意义上说的；再次，品牌是一种口碑，一种品位，一种格调，这是从其文化或心理的意义上说的①。归根结底，品牌是一种极富经济内涵的文化，品牌的内部支持系统中最重要的就是品牌文化。品牌文化，是指文化特质在品牌中的沉积和品牌经营活动中的一切文化现象，以及它们所代表的利益认知、情感属性、文化传统和个性形象等价值观念的总和。日本学者山本一郎这样阐述品牌："品牌实际上是一种文化，已经融入各民族、各阶层和各种职业中。"②

品牌是文化的载体，以文化来增强其商品的附加值，人们可以从中审视出其文化寓意。社会在创立品牌过程中产生了一系列文化心态、文化习惯、文化观念和文化现象，这些都是品牌活动的衍生物③，对于品牌事业和社会发展有着深刻的影响。

基于此，我们可以说品牌是一种文化现象，蕴含着丰富的文化内涵，从来没有不具备文化属性的品牌，优秀的品牌都有深厚的文化底蕴。随着品牌价值的彰显，品牌被视为一种无形资产，在社会中的影响力迅速升温。红十字会系统也不例外，纷纷将打造品牌作为加大宣传力度的切入点和创新红会工作的亮点，积极探索，相继催生了一批品牌。在诸多红十字品牌中，中山市红十字会创立的"慈善万人行"和青岛市红十字会创立的"微尘"，发挥了良好的示范作用。

二、中山"慈善万人行"："中华民族慈善文化的一面旗帜"

"慈善万人行"是中山市典型的公益慈善品牌，被誉为"中华民族慈善文化的一面旗帜"④。万人行活动以弘扬孙中山先生"博爱"精神、广泛募集资金帮助困难群体为目标。"慈善万人行"是一项全民参与的大型公益活动，在

① 参见王海涛、王润涛、李天祥：《品牌竞争时代：开放市场下政府与企业的品牌营运》，中国言实出版社1999年版，第36—37页。

② 转引自余明阳：《品牌学》，安徽人民出版社2002年版，第76页。

③ 余明阳：《品牌学》，安徽人民出版社2002年版，第568页。

④ 殷昭举：《创新社会治理机制》，广东人民出版社2011年版，第338页。

中山有着深厚的群众基础。活动定在民间传统节日“人日”或者“元宵”，游行队伍与醒狮、麒麟、鹤舞、凤舞、飘色、腰鼓、秧歌等民间艺术表演相结合，文化与慈善相得益彰①。

（一）品牌的培育

“慈善万人行”起源于1988年中山市政府举办的“’88敬老万人行”，1989年由中山市红十字会牵头举办，并更名为“慈善万人行”。“慈善万人行”旨在培育民众的公益精神，强调“人人参与，人人都在活动中得到表现和满足，是众人来筹款，筹款为众人”②。活动始终坚持自愿捐助，重在参与，绝不搞“奉旨”捐款、暗箱操作。

万人行活动与春节群众文化结合在一起，最初定于正月初七举行。正月初七是“广府文化”中众人的“生日”，在“人日”来举行推动人的公益慈善观念和行为的活动是最适合的，而初七正好是春节公众假期的最后一天，参加者利用假期最后的一夜参加活动，不占用上班时间，更显民间活动的本质。夜间举行，还避开了烈日当空、交通高峰的情况，也更适宜营造欢乐氛围。

为推动公益慈善观念的落地，中山市红十字会积极推动万人行主题歌和徽章的创作。《中山万人行之歌》在众多作品中脱颖而出：

手相牵，心相连，万双脚步齐向前。
行行脚印似鲜花朵朵，齐齐奉献给公益乐园。
敬老助人应本分，扶危解困倍心甜。
中山兴盛文明事，齐行善举过新年③。

这首歌由中山当地人陈锦昌作词、文石耳作曲，直白、接地气，富有“中山味”。当时为“慈善万人行”创作的歌曲还有好几首，如郑胜创作的《慈善万人行之歌》，林润洪作词、梁翠媛作曲的《我为慈善向前行》及高永作词作曲的《播种爱心一粒籽》等，都同时在中山的大街小巷唱响。

与主题歌相得益彰的是，“慈善万人行”的徽号也在公开征集评选中诞生，由马中设计的、三个心形图案叠加在一起，形成一个“众”字的图案入选，表示众人聚合力量大的意思。三个心形叠在一起，又形似“山”字，更

① 广东省社会科学院编：《“广东精神”在身边》，广东教育出版社2012年版，第3页。

② 吕伟雄：《我生命中的夏天——中山改革腾飞亲历者口述回忆》，广东人民出版社2015年版，第253页。

③ 吕伟雄：《我生命中的夏天——中山改革腾飞亲历者口述回忆》，广东人民出版社2015年版，第247页。

形象地表现出中山人的意志和力量[①]。这个徽号简单、形象地体现了万人行的宗旨，认可度极高。此外，“慈善万人行”还有每年专属的邮政纪念封。这些文化产品都默默承载着中山的慈善、博爱精神，将“慈善万人行”这个品牌加以传承和光大。

“慈善万人行”自举办以来，从未间断，经过近30年的不断探索和完善，逐步形成了慈善事业的“中山模式”，主要有以下6个特点：

其一，运作机制规范严谨。中山市成立市“慈善万人行”总指挥部及各镇区万人行指挥部，负责统筹、协调和指导全市“慈善万人行”活动的相关工作。同时还发展了55个农民义工队和68个社区义工队配合各镇区、各系统、各行业、各企事业单位组织举办一系列义演、义卖、义赛、义诊、义修等活动，发动社会各界踊跃捐款。

其二，活动形式不断创新。由开始的单纯方阵游行，逐步发展为融“慈善嘉年华”“百家企业义卖”“电视直播晚会”“博爱火炬传递”“博爱真情送温暖”“大型综艺表演”“彩车巡游”等诸多品牌活动项目于一体的大型民间群体活动。

其三，民俗文化有机融合。活动期间，中山各地的民俗活动、民间艺术，如沙溪鲤鱼灯、游龙、鹤舞和凤舞、张溪彩凤、黄圃飘色、古镇云鹤、起湾沙龙、漆头金龙、长洲醉龙等纷纷走上街头，精彩的表演成为一道亮丽的风景线。

其四，参与范围日益扩大。由原来的以本地居民、企业为主，逐渐发展到全国各地红十字会代表、海外华侨、港澳乡亲、外来务工人员等各地域、各阶层共同参与。

其五，善款使用公开透明。经过多年的实践，“慈善万人行”已经形成了公开透明的监督机制，确保每笔善款用之有道。在每年的“慈善万人行”启动会上都要对上一年捐赠使用情况进行公示，接受社会的监督；捐款人也可以在网站上查询自己的捐款使用情况；对捐款200元以上的个人和捐款1000元以上的单位，《中山日报》万人行专版《捐款芳名录》会公开刊登；每年的善款使用情况，还必须接受专门的审计监督并及时对外公布。

其六，媒体宣传气氛热烈。每年活动举办期间，《人民日报》《光明日报》及中央电视台、凤凰卫视等媒体都专门组团采访报道，中山电视台除了进行直播外，还通过全市大型户外LED屏幕及公共信息电视对活动进行全程

---

① 吕伟雄：《我生命中的夏天——中山改革腾飞亲历者口述回忆》，广东人民出版社2015年版，第262页。

转播，使博爱、祥和、欢乐的气氛传遍全城①。

经过近30年的丰厚积淀，“慈善万人行”业已成为中山最响亮的城市精神文化品牌，成为最受群众欢迎的慈善“嘉年华”，成为享誉海内外的城市名片，成为“广东乃至全国红十字运动的一面旗帜”②。

（二）品牌的影响力

“慈善万人行”自举办以来，不断完善机制，创新活动形式，形成了“党委重视、政府引导、红会牵头、部门配合、全民参与”的运作模式，累计筹集捐款逾10亿元（见表9-3）。

表9-3　历年“慈善万人行”筹款数额及用途表

年　份	筹款数（单位：万元）	善款使用方向
1988	7.2	捐助福利院
1989	72	兴办启智学校
1990	113	兴建颐乐楼、创办红十字门诊部
1991	278	继续兴建颐乐楼、创办中心血站
1992	354	创办急救中心
1993	518	创办红十字培训中心等
1994	3938	筹建博爱医院
1995	3336	继续筹建博爱医院
1996	2630	筹建一中高中部
1997	5266	红十字基金
1998	3812	红十字基金
1999	2008	红十字基金
2000	2330	红十字基金
2001	2427	红十字基金
2002	2628	红十字基金
2003	2329	红十字基金
2004	2656	红十字基金
2005	3867	红十字基金

① 殷昭举：《创新社会治理机制》，广东人民出版社2011年版，第338—340页。

② 《伟人故里”的“慈善嘉年华”》，《中国红十字报》2016年5月13日。

（续表）

年　份	筹款数（单位：万元）	善款使用方向
2006	4009	红十字基金
2007	5368	红十字基金
2008	6163	红十字基金
2009	6639	红十字基金
2010	7668	红十字基金
2011	7869. 05	红十字基金
2012	8006. 13	红十字基金
2013	8669. 5	红十字基金
2014	8848. 1	红十字基金

资料来源：《“伟人故里”的“慈善嘉年华”》，《中国红十字报》2016年5月13日；殷昭举：《创新社会治理机制》，广东人民出版社2011年版，第341—343页。

以上数据清晰地呈现了“慈善万人行”的发展历程：在募集金额上，从1988年7.2万元，上升至2014年8848.1万元；在活动形式上，从松散自发的单一活动、当日活动，发展成拥有固定节日、欢快主题曲、鲜明商标、跨时3个月，义捐、义卖、义赛、义演、义诊等多种方式综合的慈善公益系列活动；在实践效果上，实现了从自发到自觉、从物质到精神的大转变和大提升，“红十字精神成为市民的文化自觉，成为城市精神文明建设的重要内容”①。显然，中山“慈善万人行”，唤醒了人们对中华民族乐善好施传统美德的记忆，展示和传播了新时代的公益精神，“是凝聚公民道德力量的重要载体，是培养现代公民意识的绝好课堂”②。

“慈善万人行”先后获得“全国精神文明建设创新奖”“全国十大公益品牌奖”，2008年度更是获得我国政府最高规格的慈善奖项——“中华慈善奖”。2010年，“慈善万人行”申请参展上海世博会，在全球80多个城市提交的106个有效自荐案例的激烈角逐中脱颖而出，成功参展，向全世界展现了名城中山因博爱、慈善而带来的和谐之美。“慈善万人行”的品牌效应不断彰显，2010年成功注册“中山慈善万人行”标志。“慈善万人行”不仅在全国红十字会系统产生辐射影响，还享誉国际。1995年在韩国首尔召开的亚太

① 张钦、涂文涛：《五个维度看“中山慈善万人行”》，《中国红十字报》2016年12月9日。

② 广东省社会科学院编：《“广东精神”在身边》，广东教育出版社2012年版，第5页。

地区红十字会与红新月会志愿工作者大会上，其经验得到31个国家和地区与会代表的高度赞誉。

随着“慈善万人行”品牌价值的彰显，红十字会系统多次掀起学习中山模式和经验的交流研讨活动，以期推广中山经验。

作为新时期公益活动品牌的“慈善万人行”，它有如此大的号召力和凝聚力，能够普遍激发起群众的善心，原因固然很多，但一个不容忽视的原因是“慈善万人行”从起始阶段“每年所捐的款项全部集中用在群众看得见，造福弱势群众的实事上来，也就是只去雪中送炭，绝不锦上添花”①。

毋庸讳言，“慈善万人行”蕴含着鲜明的时代价值和现实意义，主要体现在以下方面：

其一，融洽政府与民间社会的关系，增进社会群体之间的团结与合作；

其二，培育和谐文化，促进社会和谐；

其三，丰富企业文化内涵，提升企业综合竞争力；

其四，突破人际关系的障碍，造就健康的社区文化；

其五，彰显华侨文化特色，整合市内市外社会资源；

其六，改变精神面貌，优化居住环境，创造生活方式②。

新时期，“慈善万人行”已成为传播人道主义、传承博爱精神、践行社会主义核心价值观的平台，成为海内外中山人传承中华民族传统美德、弘扬文明新风、乡情交融的平台，成为捐献者、志愿者、受益者、组织者交流互动的平台，成为社会人道资源充分整合利用、全民动员与全民参与行善、为善、向善的平台，成为推进中国红十字事业星火燎原的平台，并努力走在成为“中华民族慈善公益文化旗帜和标杆”③ 的路上。

（三）品牌的维护

近年来，“慈善万人行”也面临着新的挑战。一是压力捐赠。历届“慈善万人行”在组织募捐形式上都是采取层层发动的形式，这种募捐形式不管怎么强调捐赠的自愿性，也会存在实际上的压力捐赠。压力捐赠十分不利于慈善事业的发展。诚如研究者所指出的：“在压力继续存在的时候，也许能够勉强捐赠数额上的体面和表面上的繁荣，一旦压力减小或消失时，这种虚假的繁荣也就不复存在。更为可怕的是，它会伤害公众对慈善的感情，从心底里

---

① 吕伟雄：《我生命中的夏天——中山改革腾飞亲历者口述回忆》，广东人民出版社2015年版，第253页。

② 《中山“慈善万人行”的当代价值》，《中国红十字报》2009年2月3日。

③ 张钦、涂文涛：《五个维度看“中山慈善万人行”》，《中国红十字报》2016年12月9日。

抵触慈善，使那些本来富有善心的人也对慈善寒心。长久以往，慈善必然走向灭亡之路。”①

被誉为中山“慈善万人行”首创者的吕伟雄在回忆自己任“慈善万人行”总指挥的5年经历时，曾动情地说：这5年正是“慈善万人行”从起始走向成熟的阶段。在这个阶段，参与的人都发自内心，所有活动也源自民间，连起步时间也是在大年初七“人日”的晚上，不占用工作时间。筹款的数额虽不巨大，但没有摊派，也不求“大款”，是真正的“集腋成裘”。每年的捐款都集中起来为弱势群体办一件实事。这个阶段充满了真情实感，人人都把“慈善万人行”当作分内事，没有公差感②。他坦言，作为“慈善万人行”活动的执行者，我心里明白，发动捐款不是我的本质责任，我的根本责任应该是通过“慈善万人行”着重培育中山人的“公益精神”。公益精神的培育，才是“慈善万人行”活动的本质要求③。如果每年的“慈善万人行”只是想把当年的捐款数字超过上一年，也就本末倒置了④。

二是透明度不高。新时期，中山市红十字会主要通过报刊、电视广播、网站、宣传海报等媒介向公众披露“慈善万人行”的信息。披露内容主要集中在筹款的情况、万人行的实施方案、部分慈善活动的开展情况以及部分年度的政府审计报告；时间主要集中在万人行游行举办前后；基本目的是为募捐做宣传以及展示其成绩。而对于其善款的具体使用以及效果很少披露。目前，红十字会网站上只是披露了善款使用的大概方向。而审计报告只公布了审计结果，具体细节无从得知。也就是说，“慈善万人行的透明度非常低”⑤。

品牌的创立固然不易，品牌的维护更弥足珍贵。“慈善万人行”从1988年算起，已走过了近30年的历程，时代在飞速发展，新观念层出不穷。整个社会经济发展起来了，如今缺的不是钱，缺的是人与人之间的互信、社会群体之间的关怀信赖。这些都是用钱不能解决的问题。诚如“慈善万人行”首创者吕伟雄所担忧的：

---

① 周秋光、贺永田等：《中山慈善万人行研究（1988—2010）》，中国社会出版社2011年版，第277页。

② 吕伟雄：《我生命中的夏天——中山改革腾飞亲历者口述回忆》，广东人民出版社2015年版，第237—238页。

③ 吕伟雄：《我生命中的夏天——中山改革腾飞亲历者口述回忆》，广东人民出版社2015年版，第256页。

④ 吕伟雄：《我生命中的夏天——中山改革腾飞亲历者口述回忆》，广东人民出版社2015年版，第259页。

⑤ 周秋光、贺永田等著：《中山慈善万人行研究（1988—2010）》，中国社会出版社2011年版，第277页。

我担心“万人行”越办越“专业”，从而缺少了广大群众的参与；越办越“年晚煎堆”做做样子，而缺乏实质性的精神内容。没有了为解决社会底层及弱势群体的需要而筹款，没有了弘扬“博爱”精神的核心价值，“万人行”也就没有了生命力！①

新时期，面对新的挑战，“慈善万人行”是该考虑“转型升级”了。有研究者指出，民办是“慈善万人行”发展的目标，建议构建政府、慈善组织、媒体合力互动模式，政府要充分发挥领航、护航作用，慈善组织要加强自身建设，创新活动形式，媒体要发挥新闻宣传和舆论监督作用②。不管怎样，中山市红十字会最需要做的就是不忘初心，保持脚踏实地、实干而又求实效的作风，把已经获得的好声誉维护下去、发扬开去。

三、青岛“微尘”：“一座城市的良心”

“微尘”是青岛市红十字会的品牌，也是青岛的一张城市名片。在中央电视台“感动中国·2006年度十大人物”的颁奖盛典上，对“微尘”的“感动印象”是这样写的：“她来自人群，像一粒尘土，微薄、微细、微乎其微。寻找不到，又随处可见。她自认渺小，却塑造了伟大。这不是一个人的名字，这是一座城市的良心。”

（一）品牌的打造范式

“微尘”由支援印度洋海啸灾区捐款不留姓名的典型人物经过青岛市红十字会的精心打造，成为群众自发参与红十字募捐救助的公益品牌。2004年底，印度洋突发海啸灾难，一对中年夫妇走进了青岛市红十字会，他们说是要替朋友为印度洋海啸灾区的灾民捐款5万元，留下了“微尘”的化名。在青岛市红十字会记录中，这个化名“微尘”的市民曾在抗击“非典”、新疆喀什地震捐助、救治白血病儿童、救助湖南灾区等公益活动中捐款近20万元。这位热心公益事业、化名“微尘”的好心人，多次捐款且数额较大，但却一直不愿露面。青岛市红十字会敏锐地抓住这一典型，及时宣传“微尘”事迹，以“微尘见真情，博爱遍岛城”为核心理念，动员社会开展了“寻找微尘”行动，引发社会的广泛关注。

网友们纷纷留言表达对“微尘”的敬意和祝福。一位网友说：我们的社

---

① 吕伟雄：《我生命中的夏天——中山改革腾飞亲历者口述回忆》，广东人民出版社2015年版，第259页。

② 周秋光、贺永田等：《中山慈善万人行研究（1988—2010）》，中国社会出版社2011年版，第298页。

会需要这样有公益心的人，不一定要有多少钱才可以，重要的是有这样的爱心。也有网友认为，“微尘”是个值得尊重的人，她不图名、不图利，只想以自己的方式做善事，那么市民就该尊重她的生活方式，也希望“微尘”这两个字成为青岛公益事业的一个符号。在“微尘”精神的感召下，社会上掀起了向“微尘”学习的高潮，越来越多的市民自发地以“微尘”名义参加各种公益捐助活动。在为印度洋海啸募捐的短短几周里，以“微尘”名义向市红十字会捐款就高达290多万元，占个人捐款总额的一半以上①。“微尘”从最初的一个普通市民，扩展为一个充满爱心的群体；从市民自发行为，发展成为支持慈善公益事业、奉献爱心的城市精神②。

青岛市红会抓住这一契机，面向全社会开展公开征集“微尘”标识的活动，以期用一个物化的标识让“微尘”走近大众。青岛市红会将征集的设计方案在新闻媒体上进行公布，并通过短信、网络、信函等多种形式，让市民投票选择，最终“五颗手牵手的五角星”标识入选。它代表不同的人群心心相连，连接成一条充满爱的纽带，象征着“微尘”虽然是一个个小小的个体，但每一个个体汇聚到一起，就能编织一个充满爱的世界。五颗星采用五大洲的色彩，寓意“微尘”精神将成为世界的精神③。“微尘”成为红十字会特有的文化内涵和文化象征④，“微尘”品牌应运而生。

品牌需要呵护和培育，才能走向民间，扎根社会。为此，青岛市红十字会殚精竭虑，将一系列行动方案付诸实施。例如，2005 年，青岛全市红十字募捐箱改为“微尘箱”；2005 年 6 月 1 日，推出首批 1000 枚微尘徽章，这是自微尘爱心标识确定后的首批爱心产品，每枚徽章的底价 10 元，不限上价，结果千枚微尘徽章却义卖了 20 万元；2007 年 10 月，发起成立了“微尘车友会”；2010 年，发起“读早报晚报，做微尘”大型公益活动。此外，还有发行微尘银行卡，成立微尘合唱团、微尘基金，聘请宋佳、李永波担任微尘博爱大使，等等。这些行动，使“微尘”在青岛家喻户晓，深入人心。

青岛市红会不仅精心培育“微尘”品牌，还整合社会多方资源，力求扩大“微尘”品牌的影响力，使之走出青岛，走向全国。2005 年 10 月 16 日，“微尘”获得第二届全国十大社会公益之星状元并在“中华慈善奖”中金榜

---

① 全国政协文史和学习委员会主编：《十四个沿海城市开放纪实·青岛卷》，中国文史出版社 2015 年版，第 489 页。

② 蔡勤禹、王永君主编：《山东红十字会百年史》，中国海洋大学出版社 2012 年版，第 158 页。

③ 全国政协文史和学习委员会主编：《十四个沿海城市开放纪实·青岛卷》，中国文史出版社 2015 年版，第 489 页。

④ 由文芳：《红十字文化建设的实践探讨》，《中国红十字报》2006 年 11 月 17 日。

题名。2006 年 4 月，中共中央政治局常委李长春在《人民日报》关于“微尘”的报道上作出重要批示：“这是我们社会的正气歌”；中宣部把“微尘”作为第四个“公民道德宣传日”的重大典范；山东省委宣传部组织“微尘”事迹报告团在省直单位及威海、淄博、泰安、日照等 4 市做巡回报告，使“微尘”事迹和“微尘”品牌广泛传播，影响扩大[①]。2007 年 2 月 26 日，“微尘”荣获中央电视台“感动中国”年度人物奖；2008 年 8 月，“微尘”成为青岛市首个国家注册的公益商标；2009 年 10 月 27 日，“微尘”被写入中国红十字会“九大”报告；同年，青岛红会联合市委宣传部、市文化局拍摄电影《寻找微尘》，用电影的形式成功再现“微尘”的感人事迹和伟大精神，激起巨大的社会反响。《光明日报》刊登《人间大爱　感动中国》观后随想，感叹道：“一部催人泪下、劝人向善的好电影。”中宣部领导在观后批示：“《寻找微尘》是讴歌时代精神和社会主义道德的好影片。”[②] 这些轰动性事件，使“微尘”成为举国瞩目的“公众人物”。

与此同时，青岛市红会高瞻远瞩，寻求建立品牌维护的长效机制。2005 年 6 月 15 日，“微尘”标志、徽章及相关资料被青岛市档案局永久收藏。这是新中国成立以来该馆第一次整体收藏一项公益活动的资料，市档案局将追踪收藏其后出现的一切有关“微尘”的资料，不断记录着这个城市的文明足迹。“微尘”的精神感动着青岛的人们，青岛泛亚商标事务所和青岛雷迅科技发展有限公司愿意免费代理“微尘”标识的工商注册和网络实名注册。2008 年，“微尘”正式成为青岛市首个经国家商标局注册的公益商标。2011 年 9 月 26 日，“微尘”作为青岛市唯一公益类商标荣获“青岛市著名商标”称号。这些举措，为“微尘”的可持续发展提供了法律和制度上的保障。

从青岛市红会精心打造“微尘”品牌并成功运作的案例中，我们可以发现形成“微尘”品牌战略的五环：品牌意识—发现品牌—培育品牌—扩大品牌影响力—建立品牌维护的长效机制。“微尘”品牌战略的成功运作，为全国红十字会系统创建品牌提供了可资借鉴的“范式”或“模板”[③]。

为进一步探讨和挖掘“微尘”品牌的文化内涵，形成清晰的品牌共识，2010 年 5 月 25 日，青岛市红十字会、市委宣传部联合总会报刊社共同举办“微尘与人道”公益组织发展论坛，从多元视角对红十字精神和人道主义核心价值、“微尘”精神与人道主义传播、“微尘”公益品牌的规范发展、公益组

① 蔡勤禹、王永君主编：《山东红十字会百年史》，中国海洋大学出版社 2012 年版，第 158 页。

② 参见吕进福：《提炼出品牌的文化因子——“微尘现象”观察与思考之文化篇》，《中国红十字报》2012 年 4 月 10 日。

③ 池子华：《“微尘”范式：品牌战略的成功运作》，《中国红十字报》2010 年 6 月 8 日。

织转型与能力建设等方面进行了深入探讨，结集红十字文化研究文章18篇。与会专家一致认为，“微尘精神为公民社会提供了符合时代要求的精神纽带”，由“微尘”事迹、“微尘”现象、“微尘”品牌等形成的“微尘”精神，已经内化为红十字特有的精神内涵，其中体现的人道主义、关爱他人、无私奉献、感恩社会的理念，为公民社会的成长和社会主义核心价值体系的建立提供了强大的道德文化支持①。

（二）品牌的扩散效应

品牌注重一种情感精神的诠释。公益品牌所蕴含的人间情味，所传达的和谐美好的人际关系，往往使受众产生强烈的向往和归属感，从而生发出强大的品牌效应。伴随“微尘”事迹的深入宣传，用“微尘”的名义捐款参加公益活动，已经内化为青岛市民积极自觉的行动。据资料显示，青岛市常年有40余万人参加志愿者公益活动；有近千人获得“全国无偿献血奉献奖”和“促进奖”，占全国获此奖项者总数的五分之一；全市以“微尘”名义捐款捐物累计达3.5亿元，其中，2008年全市以“微尘”名义向四川汶川地震灾区捐款捐物就达2.97亿元②。

为进一步发挥“微尘”品牌的辐射扩散效应，青岛市红十字会于2008年11月成立“青岛红十字微尘基金”，开展“微尘”爱心公益活动，推出助医、助老、助学等20多个“微尘”救助项目。从2009年开始，红十字微尘基金每年都会举办一次公益盛典，通过现场捐款、爱心拍卖等形式募集爱心款物（见表9－4的统计）。

表9－4 历届微尘基金公益盛典筹款数额表

年 份	筹款额（单位：万元）
2009	150
2010	743.68
2011	280.34
2012	325.68
2013	363.53
2014	470.5
合计	2333.73

资料来源：根据《中国红十字报》及《半岛都市报》相关资料整理汇总所得。

① 吕进福：《提炼出品牌的文化因子——“微尘现象”观察与思考之文化篇》，《中国红十字报》2012年4月10日。

② 全国政协文史和学习委员会主编：《十四个沿海城市开放纪实·青岛卷》，中国文史出版社2015年版，第491页。

上表显见，微尘基金自2008年设立以来发展势头迅猛，呈现出蓬勃的生命力，前6届公益晚宴共募集2300多万元善款，主要用于关注儿童“生命、健康、教育”项目。据资料显示，6年来微尘基金共接受捐款3700余万元、非实物及物资捐赠1000余万元。截至2014年6月，微尘基金募捐账户累计余额为912万余元；先后成立了14支分基金，开展了20多个救助、助学等项目，涉及全国16个省级行政区，直接受益人群达5万余人①。

“微尘”继续前行，“微尘”品牌的聚拢效应在不断发酵，诚如青岛市红十字会负责人所言，“越来越多的企业和个人参与微尘基金，表明‘微尘’精神日益形成燎原之势”，“‘微尘’作为岛城的公益名片已深入人心”②。

2008年，报告文学集《寻找微尘——一座城市的良心》出版，其“序言”中论道：“一座城市的动人之处，不仅在于它的发展程度和速度，还在于它的城市精神的灵魂之美；一座城市的伟大之处，也不仅在于它已经获得了什么，还在于它能否将所得到的长远留存，并化为一种催人向上的精神力量，更在于这种美好的精神、强劲的力量能够转化为一种文化，在这座城市的市民中代代相传。”③ 时至今日，“微尘”品牌已然转化为一种文化，如涓涓细流滋育着齐鲁大地。

中山“慈善万人行”和青岛“微尘”的鲜活案例充分彰显了红十字公益品牌的巨大感召力。显而易见，红十字品牌凝聚了“人道、博爱、奉献”的红十字精神，也凝聚了构建社会主义和谐社会的道德力量，可以强化红十字的社会认同，提高社会关注度，从而提升红十字发展动力，创造自身和社会的双赢效果。随着传播技术的日新月异和品牌价值的彰显，珍视本土文化传统，深挖地方文化资源，打造地域红十字文化品牌，已然成为业界的自觉呼声。2006年，中国红十字会会长彭珮云在八届二次理事会暨宣传工作会议上强调：“一定要着力打造公益品牌。具有号召力、公信力的公益品牌项目能激发公众的参与热情，广泛吸引社会资源……着力打造红十字会的品牌项目，动员更多热心于公益事业的社会力量参与到公益事业中来。”④ 围绕这一讲话精神，红十字会系统兴起了培育和创建品牌的热潮，一系列公益品牌照耀中华大地。红十字文化依托品牌的力量获得了前所未有的大发展、大繁荣。

---

① 《微尘基金晒账本教育最花钱》，《青岛早报》2014年6月18日。

② 《飞跃：从150万元到743万元》，《中国红十字报》2010年6月22日。

③ 李旭：《寻找微尘——一座城市的良心》，青岛出版社2008年版，第2页。

④ 彭珮云：《不懈的追求——蓬勃发展的中国红十字事业》，社会科学文献出版社2010年版，第70页。

第三节　教育涵化：以红十字青少年工作为考察中心

在中国，红十字青少年工作同国家教育方针具有一致性。红十字青少年的各种活动能改善和补充德育、智育、体育之不足，师生们都把红十字活动视为必不可缺少的第二课堂①。邓小平同志多次强调：社会主义精神文明建设要从青少年抓起，从娃娃抓起。红十字青少年工作以人道主义为宗旨，通过各项活动，为加强精神文明建设，贯彻国家的教育方针服务。做好这项工作关系着培养有理想、有道德、有文化、有纪律的一代新人的大事②。

为加强红十字青少年工作，中国红十字会与国家教育委员会于1986年12月18日联合发出通知，要求各省、市、自治区在学校中积极开展红十字青少年活动。这些活动的开展，有利于全面贯彻教育方针，对促进社会主义精神文明建设、培育一代新人大有好处③。

为进一步做好青少年工作，1987年3月23日，总会与国家教委联合发文，要求在全国大中小学校逐步建立红十字青少年组织，开展红十字青少年活动，并于同年11月在成都共同召开了全国红十字青少年活动的收获和经验交流会，研究了红十字青少年工作的任务，讨论了《红十字青少年组织规程》。

为加强对红十字青少年活动的领导，总会于1988年下半年成立了红十字青少年部，统一指导全国的红十字青少年工作。1993年3月，总会根据事业的发展需要，把青少年部与组织建设部合并，改为组织青少年部④。青少年工作渐趋活跃，红十字青少年组织和会员蓬勃发展。许多地方成立了红十字学校工作委员会，按青少年特点，广泛开展以宣传人道主义精神、健康防病、敬老助残、助人为乐为内容的丰富多彩的第二课堂活动，使红十字精神在广大青少年中得到传播。截至2005年底，各级各类学校建立红十字会数量已达到3万多所，红十字青少年会员已发展到1380多万，约占全国红十字会员总数的54%⑤。

---

① 于清亚、徐恩萍、陈立平：《试论中国红十字事业的特色》，《中国红十字报》1993年7月30日。

② 江鸣皋：《红十字青少年工作是培育一代新人的好途径》，《中国红十字报》1994年7月1日。

③ 《总会与国家教委联合行文要求各地在学校中开展红十字青少年活动》，《中国红十字报》1987年1月5日。

④ 中国红十字会总会编：《中国红十字会的九十年》，中国友谊出版公司1994年版，第256页。

⑤ 《让青春在人道主义旗帜上飞扬》，《中国红十字报》2006年8月18日。

一、青少年德育和素质教育培养的“第二课堂”

过去，不少人总认为红十字会是卫生医疗机构的事，与学校关系不大。红十字青少年工作的开展，使社会端正了对学校红十字会的认识，尤其是红十字会工作在学校德育及素质教育中所扮演的重要角色。正如一位红会领导所指出的：红会工作是现在社会非常需要的工作，“在保证全社会安全、教育青少年、提倡社会道德风貌方面，红会都是一个很好的组织”；“提倡志愿服务，提倡人关心人，提倡不是干什么都有偿对青少年很重要，红会在这方面能发挥很好的作用”①。实践证明，红十字青少年活动与学校道德品质教育相结合，同学校其他学生组织配合，把红十字会活动作为第二课堂，对培养德、智、体、美、劳全面发展的一代新人可以起到重要作用②。

（一）红十字会工作与青少年德育教育

青少年是红十字事业的未来。在学校建立红十字会组织，发展红十字青少年会员，突出人道主义特点，围绕学校的中心工作，为培养德智体全面发展的人才而开展各种活动，受到了广大教职员工的欢迎和国家教委的肯定。

1987 年 11 月和 1991 年 7 月，中国红十字会总会和国家教育委员会两次专门召开会议研究总结红十字青少年工作，提出要把红十字的宗旨教育与学校的思想教育、国情教育、爱国主义教育、革命传统教育、国际主义教育相结合，培养青少年高尚的道德品质，这是红十字会工作的一个重要方面③。

《中国红十字会九十年代工作纲要》指出，各级红会组织在工作中要注意发挥红十字青少年队伍的作用，使他们从参加红会组织的活动中受到人道主义、爱国主义和国际主义的教育，促进德、智、体、美、劳全面发展。总会将与国家教委合作，逐步把红十字会卫生救护、献血输血等方面的内容分别编入中、小学教材，促使学校红十字青少年工作向制度化、规范化方向发展④。

在此背景下，不少人士围绕红十字会工作和学校德育教育二者之间的关系做了深入的探讨。有学者明确指出，学校德育教育与发扬红十字精神关系十分密切，学校红会工作与德育工作在工作目标、活动内容和组织领导方面都具有一致性。基于此，红会工作是学校德育教育的好形式。在活动的安排上应注意穿插法，内容上要体现渗透性，方法上要强调灵活性，目标上要做

---

① 《“红会工作是现代社会非常需要的工作”——访全国人大常委四川省红会名誉会长康振黄》，《中国红十字报》1993 年 12 月 17 日。

② 谭云鹤：《中国红十字会第四届三次理事会的工作报告》，《中国红十字报》1988 年 3 月 5 日。

③ 印兴胜、张玉村：《红会在高校德育教育工作中的作用》，《中国红十字报》1996 年 5 月 17 日。

④ 《中国红十字会九十年代工作纲要》，《中国红十字报》1993 年 3 月 5 日。

到一致性，以德育工作带动红十字会活动的开展，以红十字精神推动德育工作的深化[①]。另有学者指出，学校红十字活动具有其他组织活动不可替代的、特殊的德育价值，具体体现在：一是广泛的德育价值。在组织原则上，红会不受年龄、职业、阶级和政治倾向的限制，能够把共青团、少先队之外的学生吸收进来，享受组织的温暖和帮助，通过红会活动受到思想教育，从而具有其他组织所不及的广泛性和群众性；在活动内容上，用人道主义思想充实和丰富共产主义思想教育，使学生得以全面发展；在教育手段上，突破了观念说教和理论灌输的单一模式，强调面向社会、面向群众开展多种活动，使教育阵地立体化。二是自我认识价值。红会活动能够帮助学生从课堂上被动的地位，改变为主动走向社会，以强者身份去帮助陷于困境的人，振奋学生自学、自爱、自强、奋进的精神。三是意志养成价值。青少年时期是可塑性最强的时期，也是价值观和人生观形成并为今后打下基础的重要时期，组织青少年经常参与红会活动，可以养成无私奉献的牺牲精神，有利于培养青少年坚强的意志[②]。

在加强学校红十字工作的热潮中，不少学者将目光聚焦于高校红十字会工作，提出了许多有益的观点。例如，以人道主义为宗旨的红十字会工作应属于高等院校的学生德育工作的组成部分。红十字会德育功能的实现主要靠开展各种知识性、技术性、服务性的活动，这些活动更容易为不同思想层次的学生所接受，寓德育于其中，也就易于在更广大的范围内产生感召力和凝聚力，这正是红十字会的德育优势所在，高校红十字会同其他群众组织一样应当成为思想道德教育的阵地，为精神文明建设做出应有的贡献[③]。又如，高校红十字会责无旁贷地负有德育教育的光荣使命，红会在高校德育教育工作中的作用主要体现在以下几个方面：一、红十字的宗旨、方针，体现了德育教育的重要内容；二、红十字会的活动内容具有强烈的感召力和凝聚力；三、为社会培养了一大批品学兼优，实践能力强的学生骨干队伍[④]。还如，高校红十字工作在校园文明建设、促进广大学生的身心健康、推动无偿献血及青年学生全面发展等方面都有重要的意义[⑤]。

红十字青少年工作为学生的德育教育吹进了一股新风。很多老师说："红

---

① 宗树山：《红会工作是学校德育教育的好形式》，《中国红十字报》1995 年 11 月 10 日。

② 江鸣皋：《红十字青少年工作是培育一代新人的好途径》，《中国红十字报》1994 年 7 月 1 日。

③ 任梦云、毕东明：《高校红十字会工作应成为德育的组成部分》，《中国红十字》第 205 期（1991 年 5 月），第 24—25 页。

④ 印兴胜、张玉村：《红会在高校德育教育工作中的作用》，《中国红十字报》1996 年 5 月 17 日。

⑤ 顾涛、杨颖：《校园文明建设的组成部分——谈高校开展红十字活动的意义》，《中国红十字报》1996 年 3 月 15 日。

十字青少年工作已成为贯彻党和国家教育方针的重要组成部分。红十字青少年不仅是红十字运动的后备力量，也是未来社会主义事业的建设者和接班人。"①

综上所述，红十字青少年活动是学校德育工作的一个重要内容，为培养青少年的人道主义意识，全面贯彻教育方针，促进社会主义精神文明建设发挥了积极作用②。

（二）红十字会工作与青少年素质教育

红十字青少年工作不仅是学校德育教育的重要内容，而且在实施素质教育中也扮演了举足轻重的角色。

红十字以它特殊的性质和独特的功能，在实施素质教育过程中所起的作用，主要体现在三个方面：一是红十字精神丰富了素质教育的内容，包括思想道德素质、身体素质和心理素质；二是红十字组织拓宽了素质教育的途径，使更多的社会力量成为教育工作者；三是红十字活动因广泛性、新颖性和实践性，提高了素质教育的成效③。具体言之，红十字会的活动有利于培养学生适应社会生活的能力，可以使学生获取不少课堂上学不到的知识，如医疗卫生救护知识和防病治病常识。红十字会活动几乎都是社会性的，参加者不可避免地要与他人交往，这为培养、锻炼学生的社会交往能力提供了更多的机会和更广阔的场所。不少学生会员把红十字会称之为"第二课堂"④。

1998 年，北京市西城区大水车小学红十字会在将红会工作纳入学校素质教育方面做出了积极的尝试。校红会组织学生踊跃参加市、区组织的各项活动，如参加募集"西城区红十字会备灾救助基金"、历届"我心中的红十字"演讲说唱活动、四大技术比赛、公民义务献血等，为红十字会在学校工作中搭建了一个可供施展的舞台⑤。同年，北京市宣武区右安门第二小学将红十字工作纳入学校日常工作，建立起行之有效的红十字工作规章制度，推动了红十字工作的活跃。校领导体会到：利用红十字活动对青少年进行思想品德和行为规范教育，是学校育人的一条重要渠道；红十字组织具有强大的凝聚力

---

① 《人道主义事业的"希望工程"　我国红十字青少年工作蓬勃发展》，《中国红十字报》1992 年 5 月 29 日。

② 《培养人道主义意识　宣传红十字精神　岳阳市南区开展红十字青少年活动十年如一日》，《中国红十字报》1996 年 3 月 15 日。

③ 参见许焕衡、张焕南：《红十字与学校素质教育》，《中国红十字报》1995 年 6 月 23 日。

④ 任梦云、毕东明：《高校红十字会工作应成为德育的组成部分》，《中国红十字》第 205 期（1991 年 5 月），第 25 页。

⑤ 《把红会工作纳入学校素质教育中》，《中国红十字报》1998 年 6 月 19 日。

和号召力，今后将进一步把红十字会作为学校素质教育的重要载体，继续做好红十字工作，让红十字之花在校园开得更加绚丽多彩①。

天津市各中小学红十字会充分发挥红十字青少年的骨干作用，通过开展“救死扶伤、扶危济困”的人道救助活动，不但使青少年懂得了卫生保健和自救互救知识，而且还培养了他们助弱帮困、乐于助人的高尚品德，从而加强了校园精神文明建设，为提高中小学生素质开辟了一条新路②。

2001 年，彭珮云会长在中国红十字会第七届理事会第二次会议上的讲话中指出：“开展红十字青少年活动是中国红十字会工作的一个重要方面，是学校进行素质教育和德育工作的一个有效载体，不仅有益于广大青少年的健康成长，还可以培养红十字事业的后备力量。实践证明，开展红十字青少年活动，学生喜欢，家长赞成，社会也欢迎。”③

红十字青少年工作可以补助教育的发展，“使学生养成勤俭耐劳的美德；养成讲究卫生、健全体魄、发扬人道主义精神，成为国家合格人才。在他们未成年之前，培养了服务的能力，充实自己的身心，有了同情他人、为人服务的信念，有了团体生活和博爱人群的品德，种下天下一家的理想乃是人类幸福和平的源泉”④。毋庸置疑，红十字会工作在学校充分发挥了第二课堂育人的重要作用，成为培养全面发展并具有良好素质的新一代青少年的一方“沃土”⑤。

二、课本中的红十字

鉴于红十字工作在青少年德育和素质教育中的重要性，不少学界、业界人士开始积极尝试将红十字融入课堂教学，以弘扬人道主义精神，并在这方面做了一些有益的探索。

（一）红十字融入课堂教学的倡言和实践

1993 年，苏州市平江区在开设健康教育课的过程中，为解决教材出版滞后、“巧妇难为无米之炊”的问题，平江区红十字青少年工作委员会组织了以区实验小学惠桦老师为主编的专门班子，自编自印《健康教育读本》。根据 1 ~6 年级学生的不同情况分别编出深浅程度不同的 1 ~6 册读本，发到辖区内

① 《学校红十字会是学校素质教育的重要载体》，《中国红十字报》1998 年 10 月 16 日。

② 《为中小学生素质教育辟新路——天津普教系统将开展“红十字标准校”活动》，《中国红十字报》1997 年 12 月 5 日。

③ 彭珮云：《在中国红十字会第七届理事会第二次会议上的讲话》，《中国红十字报》2001 年 2 月 23 日。

④ 曲秀贤：《红十字青少年运动的起源》，《中国红十字》第 215 期（1992 年 8 月），第 25 页。

⑤ 《红十字青少年活动是素质教育的“沃土”》，《中国红十字报》1997 年 2 月 7 日。

各小学校试用。一个学期下来，这本内容丰富、通俗易懂的读本，受到教师、学生和家长们的普遍欢迎[①]。

1995年，四平市红十字会秘书长于清亚提出在中小学开设红十字教育课、从小培养学生人道主义精神的设想，得到办公室同志的一致同意和支持。吉林省梨树县红十字会秘书长李铁峰和干部刘秉文，立刻动手编写中小学红十字试用课本。梨树县四小老校长孙克玉认为："开设红十字课，对学校、对学生有百利而无一害，符合教育方针，我们把它纳入教学计划，我们十分愿意开设这一课。"[②] 此后，红十字在梨树不仅进入了学校课堂，也进入了师生们的心中。

1997年初，江苏省通州市金沙小学红会召开红会理事与小组长联席会议，提出把宣传红会知识与教学结合起来，把红会知识渗透到文化课中，要求分学科研究、探索。经过一年的尝试，已见成效。数学组一位老师在教长方形、正方形面积计算题时，先出示一面红十字会旗，让学生回答这是一面什么旗，中间的红十字表示什么，接着要学生计算这面旗的面积和中间红十字的面积。语文组老师在教《罗盛教》一课时，提示红十字会员在别人遇到危险或困难的时候进行救助，是一种什么精神，将课文内容学习与红会宗旨教育融合起来。体育老师有意识地教育学生对外伤进行处理与救护，并做示范动作，使学生在体育课上学习救护知识。美术老师要学生把红十字活动的场面画在纸上。书法老师则选红会知识的题材让学生写书法，并开展美术、书法评比展览。该校宣传红会的做法很有新意，反响良好，被誉为一种"创举"[③]。2005年11月，中国青年出版社出版了中国内地第一部"生命教育"的专业教材——《生命教育》，该书一经出版就被上海、黑龙江、辽宁、北京和山东等省、市多所中小学加以不同程度的试用[④]。

（二）新时期小学课本中的红十字素材

新时期，红十字的素材也被写进教科书，用于对小学生的人道主义教育。被誉为"伤兵救护之母"的南丁格尔尤其受到教科书编者的青睐。比如"语文A版"四年级上册第25课的课文、"语文S版"[⑤] 五年级下册第12课的课

---

① 《平江区抓学生健康教育有成效》，《中国红十字报》1994年2月4日。

② 《红十字课进入学生课堂》，《中国红十字报》1995年12月29日。

③ 《宣传红会知识　渗透各种教学　金沙小学宣传红十字知识有新招》，《中国红十字报》1998年3月6日。

④ 共青团上海市委员会编：《生态文明与当代青年——2013上海青年发展报告》，上海人民出版社2014年版，第70页。

⑤ "语文A版"教材由语文出版社教材研究中心编写，史习江、李守业任主编，因其最先通过教育部教材审定专家的立项审定和编写审定，故按音序排为A版。"语文S版"教材由语文出版社和12个省的小学语文教材编委会共同编写，王均、杨曙望任主编，因12省编委会打头字母是S，故称S版。

文，以及西师大版小学《语文》六年级上册第28课的课文均是《提灯女神》，虽然内容不尽相同，但都围绕着南丁格尔的生平，尤其是南丁格尔在克里米亚战争中的伤兵救护事迹展开，均强调：为了纪念她，1912年，国际护士理事会和国际红十字会，把她的生日定为“国际护士节”，并决定以她的名字命名最高护士荣誉奖，这就是著名的“南丁格尔奖”。毋庸置疑，通过教科书潜移默化的影响，南丁格尔的人道主义精神也润物无声地灌注在小学生的内心深处。

江苏省六年制小学的《健康教育》一书也将红十字素材纳入其中，六年级下册第10课即为《红十字会组织》，节录如下：

我们每个学校都有红十字会组织，中国和世界上许多国家也都有红十字会组织，你知道红十字会是怎么来的吗？

1863年，在瑞士成立了“伤兵救护国际委员会”，其作用是在各种武装冲突中，作为“中立人”向武装冲突人员及平民提供相关方面的帮助和救济。委员会成员之一阿皮亚医生，最先提出用“白底红十字”的臂章作为这个救护团体志愿人员的识别标志。委员会采纳了他的建议，并做出了相应的决议。以后的日内瓦公约也曾明文指出红十字标志是改变瑞士国旗颜色而成的，这样做是为了对其发祥地表示敬意。此后，许多国家和地区也逐步建立起这样的组织，就这样白底红十字的旗帜逐渐飘扬到世界各个角落。人们看到“红十字”，就会想到人道主义，也就会想到红十字运动发祥地——瑞士。

1919年，国际上正式成立了红十字协会组织，1983年10月更名为“红十字会”。红十字会是非政府、非政治、非种族、非教派的独立的人道主义团体。倡导和弘扬人道主义、促进人类文明和社会进步。

中国红十字会于1904年在上海创立，起初叫“万国红十字会上海支会”。红十字会刚一建立，就利用各地商人及衙门募捐的20余万两银款和朝廷颁发的10万两银款，组派义务工作队赶赴东北，救出难民数万人，并给予了他们很大的帮助①。

该文通过对红十字组织发起缘起、宗旨及标志等的介绍，对小学生进行人道主义的教育。

此外，北师大版《品德与社会》六年级下册教材第一单元《不堪回首的战争风云》中的第三个主题即为《闪光的红十字》，该主题主要是通过介绍国际国内红十字会的相关知识和标志，使小学生了解红十字会的作用，感知南

① 江苏省中小学《健康教育》编写组编写，张维和、李泽平主编：《九年义务教育六年制小学健康教育》（六年级下册），江苏少年儿童出版社2003年版，第58—59页。按：文中称，1983年10月更名为“红十字会”有误，应为“红十字会与红新月会协会”。

丁格尔精神。

2007 年，天津市红十字青少年工作取得重大突破。该市将红十字运动基本知识编入九年制义务教育地方课程，并在小学五年级下学期的《天津与世界》教科书中使用。在该教材中，《说说红十字》一课共分 5 部分，采用图文并茂的形式，向学生生动、形象地介绍了国际红十字运动知识和天津市红十字会活动的基本情况，使学生了解红十字会性质、国际红十字运动起源、认识红十字标志、了解红十字会所开展的主要工作等，鼓励学生志愿参加红十字青少年活动。此举受到中国红十字会会长彭珮云的充分肯定。

天津师范大学率先在学校开设红十字公共选修课，使红十字运动知识正式进入大学课堂。该课程教学安排为每学期 36 课时，2 学分。不到几年的时间，全校已有 1000 多名学生选修这门课①。

红十字青少年是红十字会工作的生力军。浙江省红十字会也积极加快对学校红十字课程的探索，取得了良好的成效。宁波大学、宁波卫生职业技术学院分别将急救技术设为校本课程以及纳入学校创新创业技能学分考评。杭州市青蓝小学针对不同年级学生特点，编写了 6 册红十字会教材，作为学校的必修课程，让每一名学生在学校就能接受系统的学习和实践。湖州市吴兴高级中学红十字会主编的校本选修课程《博爱百年》《红十字精神》《红十字急救技能》被列为该市精品课程②。在浙江乃至全国很多地方，学校已成为红十字会工作最具朝气的生长点。

三、“我心中的红十字”

“我心中的红十字”绘画、征文竞赛是中国红十字会系统常年举办的一项宣传活动，旨在宣传国际人道主义法、红十字运动及其基本原则，促进全国青少年对红十字运动的广泛了解和普遍参与。

1994 年，总会与红十字国际委员会东亚办事处共同主办全国少年儿童“我心中的红十字”绘画、征文竞赛活动。本次活动要求在“要得到帮助的儿童、帮助他人的儿童、社会生活中的儿童、与他人同甘共苦的儿童、为什么红十字要一视同仁地对待需要帮助的人”等 8 个分命题中选择其一创作出作品参赛③。同年，乌鲁木齐市新市区组织了“红十字在我心中”征文活动。

---

① 中国红十字年鉴编辑部编：《中国红十字年鉴：2007/2008》，中华工商联合出版社 2011 年版，第 536 页。

② 王冬梅：《加强理论指导实践研究》，《中国红十字报》2014 年 5 月 13 日。

③ 《了解红十字知识　参与红十字运动　“我心中的红十字”少年儿童绘画征文竞赛在全国展开》，《中国红十字报》1994 年 11 月 18 日。

驻该区10所中（小）学校的400多名学生参加了此次活动，征文反映了红十字青少年在救死扶伤、扶危济困、敬老助残、助人为乐活动中的好人好事。乌鲁木齐市29中学残疾同学李萍在作文中记述了她作为一名残疾学生因得到红十字会的关怀而认识了红十字会，之后她又作为一名红十字会员去帮助孤儿的经历。文中写道：红十字会是一个以实行人道主义为宗旨的组织，她奉献给人的是人世间最崇高、最伟大的珍品——爱，她不分国籍、不分肤色，哪里有灾难，哪里就有她。红十字就是爱的播种机，它将爱种撒向全人类①。此次征文活动，使广大红十字青少年更加热爱红十字事业，弘扬了人道主义精神，培养了青少年良好的道德风尚。

1995年，北京市红十字会积极响应总会号召，组织少年儿童参加“我心中的红十字”绘画、征文活动，取得了良好的成效。西城区学校工委在活动期间，举办了全区中小学生“我心中的红十字”演讲会；丰台和通县学校工委举办了绘画作品展览。全市16个区、县985所中小学183431名少年儿童参加了这次活动，共征集作品绘画108925幅、文章74506篇②，充分体现了青少年们对红十字精神的敬仰。

2000年以来，伴随学校红十字活动的蓬勃开展，青少年讴歌红十字精神的作品不断涌现，汇聚了红十字事业的无限希望和力量。下文是云南省开远市大庄中心校龙泉小学三（2）班学生马亚麒的诗歌作品，用诗的语言热情赞美了中国红十字会发扬人道主义精神做出的好事善举，以及渴望加入红十字会的强烈意愿。

红十字会

红十字会，一个多么亲切的名字。
为了让山里的孩子继续上学，
他翻山越岭，
把希望送到。

红十字会，一个多么响亮的名字！
为了挽救我们村一个心脏病女孩，
他慷慨解囊，
让小女孩的生命得以延续。

---

①《新市区举行“红十字在我心中”征文颁奖仪式》，《中国红十字报》1994年7月22日。

②《普及国际人道主义法、强化红十字意识　北京市红十字会“我心中的红十字”绘画、征文活动结束》，《中国红十字报》1995年7月28日。

红十字会，一个多么动听的名字！
看见一个受伤的男孩生命垂危，
他争分夺秒，
把小男孩送往医院抢救。

红十字会，一个多么动人的名字，
为了让灾难中的人们看到希望，
他不远万里，
废寝忘食将救援物资送到。

红十字会，一个多么可爱的名字！
你慷慨，
你善良，
你博爱，
我希望加入你，把爱心传递！①

该诗运用排比递进的手法将红十字会的善行义举娓娓道来，韵律和谐、明白晓畅，读来朗朗上口，充分体现了新时期青少年良好的精神风貌。

四、红十字青少年活动有声有色

（一）红十字青少年活动掠影

活动是红会的生命。1986 年，中国红十字会总会、国家教委下发《关于在学校中积极开展红十字青少年活动的通知》后，全国各地各级各类学校大部分都成立了学校红十字会组织。1990 年，中国红十字会“五大”之后，各级红十字会和教育部门密切配合，把红十字青少年活动当作贯彻国家教育方针的一个重要方面，积极发展学校红十字组织，开展内容新颖、形式多样、师生喜闻乐见的活动。这里仅列举《中国红十字报》1992 年的相关报道，以管中窥豹。

哈尔滨市长虹小学红十字青少年坚持送盲人上下班 22 年，共有 11 届 44 名同学参加了这项活动，被当地群众传为佳话。

武汉市红十字青少年组成的送温暖小组长年坚持“三定一包”，使散居在社会上的几千名孤寡老人感受到社会主义的温暖和儿女之情。

① 开远文库系列丛书编纂委员会编：《凤凰花开》，云南人民出版社 2014 年版，第 71—72 页。

大连市红十字青少年把开展卫生救护训练和学校保健工作结合起来，全市小学生的近视率由1987年的19.39%下降到了去年的14.11%，沙眼患病率由1979年的30%下降到去年的11.67%，率先达到了世界卫生组织规定的标准。

四川省广元市红十字青少年于水一幅《神圣的星》，使红十字会与红新月会国际联合会的专家们赞叹不已，获得了日内瓦国际儿童绘画比赛一等奖，为祖国争得了荣誉①。

从以上资料可以看出，红十字青少年活动的内容主要是经常性的文明行为、卫生习惯养成教育和各类社会服务活动及其他适合青少年特点的活动。

进入21世纪以来，青少年工作受到党和政府的高度重视。2004年，中共中央、国务院先后下发《关于进一步加强和改进未成年人思想道德建设的若干意见》和《关于进一步加强和改进大学生思想政治教育工作的意见》，要求形成全党全社会共同关心支持青少年思想政治教育的强大合力。2005年，彭珮云会长在全国红十字青少年工作会议上的讲话中强调，青少年是祖国的未来和希望，青少年培养是“保证中国特色社会主义事业兴旺发达、后继有人的基础性工作，也是实现亿万家庭最大愿望和切身利益的民心工程”②。

围绕相关文件和讲话精神，红十字青少年活动与时俱进，焕发出新的时代风采。例如，盐城市红十字青少年工作，紧密结合教学活动，渗透关爱生命的内涵。学校除在语文课、思想品德课等课堂主渠道渗透红十字知识外，还借助一系列红十字教育活动来提升红十字内涵，如在“预防艾滋病日”组织学生观看预防艾滋病知识的图片展，在校园设立心理咨询室，开辟心理松弛区，对学生进行心理健康救助，以及通过经常组织学生走进社区为孤寡老人、伤残人做力所能及的事等向校外延伸的德育活动，有机地渗透进红十字的内容，使红十字的“人道、博爱、奉献”精神在学生幼小的心田上生根发芽③。

上海市红会自2010年起，与市教委联手举办一年一度、为期半年的红十字青少年文化节，把国际红十字运动宗旨与中华传统优秀文化及社会主义核心价值观三者有机结合，贯穿于上海大中小学校的教学实践中，以此推进校园红十字文化建设。历届红十字青少年文化节活动内容丰富多彩，包括邀请

---

① 《人道主义事业的“希望工程” 我国红十字青少年工作蓬勃发展》，《中国红十字报》1992年5月29日。

② 中国红十字年鉴编辑部编：《中国红十字年鉴：2005/2006》，台海出版社2007年版，第294页。

③ 参见《红十字青少年工作浅探》，《中国红十字报》2005年11月18日。

专家学者办讲座、开论坛，开设国际人道法模拟法庭，文化节主题歌、吉祥物、标识征集、微电影视频创作，红十字知识和急救技能比赛，海报、书签、招贴画、明信片设计征集，自编自演文艺会演，"唱响心中的红十字"歌咏比赛等①。这些活动都有益于青少年身心健康，且喜闻乐见，"对于培养他们成为德、智、体、美全面发展的社会主义事业建设者和接班人起到了很好的作用，对于构建社会主义和谐社会也有重要的意义"②。

（二）红十字青少年活动经验集锦

各地在开展红十字青少年活动中探索了很多经验，颇值得推广。

在苏州，红十字青少年工作委员会从1994年起在市区各类学校逐步推行了统一程序的学生入会宣誓仪式。凡新会员都要经过宣誓方可正式成为红十字青少年一员。宣誓仪式由7项程序组成：首先由校红会中分工组织发展的理事宣布入会仪式开始；然后是全体立正，出红十字旗；接着齐唱《红十字青少年之歌》；接下来由老会员向新会员授红十字徽章和青少年会员臂章；再下来是举起右手，握拳宣誓，誓词全市统一："我是红十字会员，我遵循红十字宗旨，实行人道主义，积极参加救死扶伤、扶危济困、敬老助残、助人为乐的活动，为人类和平与进步，为祖国繁荣与昌盛，奉上一片爱心，作出一份贡献。"誓词念完后，轮流报出宣誓人姓名；最后由学校红会会长讲话③。推行入会宣誓仪式，有利于维护红十字会的权威和声誉，有利于增强青少年会员的光荣感和责任感，也有利于新会员确立严肃而又规范的行为观念。

在成都，市实验小学采用"以情动人，以形感人，以理导人，以境育人"的方式开展教育活动，让孩子们体会到："人道主义无私奉献"精神的发扬，不仅在小学而且在中学、大学乃至走上社会，终身都是需要的。这种种尝试获得了良好的反响，该校的一批批毕业生自豪地说："我们是终身的红会会员，走到哪里都要以人道主义精神为社会、为他人服务，为红十字事业奉献自己的爱心。"④

在扬州，扬州二中红十字会把红会宗旨教育同国情教育、爱国主义教育

---

① 郝如一、刘贵朝、路琮玮：《让人道主义精神代代相传——上海市红十字青少年工作纪实之一》，《中国红十字报》2014年10月17日。

② 中国红十字年鉴编辑部编：《中国红十字年鉴：2005/2006》，台海出版社2007年版，第295页。

③ 《在红十字旗帜下宣誓　苏州市推行青少年入红会宣誓仪式效果好》，《中国红十字报》1996年5月10日。

④ 《人道主义的启蒙——成都市实验小学培养红十字青少年的作法》，《中国红十字报》1993年2月5日。

有机结合，广泛开展敬老助残的社会服务活动，开展救护培训及献爱心活动。此外，该校红会还积极开展横向联系，多次向日本红十字会，以及我国香港、台湾地区红十字组织赠送交流会员制作的工艺品、纪念卡等，增进与国内外、海内外红十字青少年间的友谊，创造了具有特色的红十字青少年活动的经验，先后被评为市、省和全国红十字先进集体。扬州二中红十字青少年活动的显著成绩，被收入《'94 扬州年鉴》①。

在天津，红十字人道主义教育已成为学校贯彻教育方针，教书育人的有效途径之一。全市各类学校红十字青少年走出校门为社会上孤老病残者服务已形成风气。实验中学红会坚持 10 余年与退休职工养老院建立服务联系点；红桥丁字沽一号路小学红十字青少年坚持 7 年到老年公寓定点服务，孩子们分别认那里的孤老为“爷爷、奶奶”，组成了“特殊家庭”。他们除定期为孤老服务外，每逢过年过节还开展“祖孙”团聚活动。据不完全统计，1994 年有 7 万多名红十字青少年参加社会服务活动。另外，为提高青少年卫生急救水平，天津已建立红会的学校每学期都安排 10 至 20 个课时的培训课程，有近 3 万名红十字青少年参加卫生救护培训，成为学校卫生工作的骨干②。

《红十字会法》颁布后，红十字青少年纷纷走上街头开展宣传活动，还积极参加中国红十字会组织的《红十字会法》知识竞赛。这些行为既进一步增强了青少年的红十字意识，也扩大了红十字会在民众中的影响。

红十字青少年活跃在校园内外，做了大量体现人道主义和精神文明的工作，涌现了无数新人新事，各地也创造了不少这方面的经验，这些都迫切需要媒体予以充分报道和反映。鉴于此，天津市红十字会率先做出了尝试。从 1992 年 11 月 10 日起，《天津日报》为红十字会开辟了一块宣传阵地——《红十字青少年》专栏，每周刊出一期，每期约 1000 字，系统报道天津市红十字青少年的活动情况③。其后，《中国红十字报》于 1996 年 4 月 19 日（299 期）新辟《红十字在校园》栏目，用于集中反映广大红十字青少年的生活、学习和各项活动，进一步推动了学校红十字青少年工作的深入开展和校园精神文明建设。

1997 年，钱正英会长在中国红十字会六届四次理事会开幕式上的讲话中指出：广大青少年的健康成长是中华民族的希望所在。《爱国主义教育实施纲要》和《中共中央关于加强社会主义精神文明建设若干重要问题的决议》都把青少

① 《扬州二中红会被收入〈扬州年鉴〉》，《中国红十字报》1995 年 2 月 24 日。

② 《天津市把人道主义教育作为教书育人内容》，《中国红十字报》1995 年 3 月 10 日。

③ 参见《天津日报开辟“红十字青少年”专栏》，《中国红十字报》1992 年 12 月 11 日。

年作为提高全民族思想道德素质的重点。我们红十字会应服从和顺应这个形势，进一步加强学校红十字工作。总会将在国家教委的支持和协作下，认真落实六届四次理事会精神，大力开展红十字青少年助人爱人和乐于奉献的文明健康活动，积极组织红十字青少年参加“博爱系列工程”，并对各项活动制订具体办法。总结促进精神文明建设的经验，推动学校红十字工作再上新水平①。

中国红十字青少年是中国红十字运动的生力军，是推动红十字事业持续、健康发展的一支重要力量，在人道救助领域取得了显著成就。总体而言，丰富多彩的红十字青少年活动体现了人道主义宗旨，做到了“与思想品德教育相结合，与其他群团活动相结合，与劳动教育相结合，与卫生保健工作相结合”②。

（三）红十字青少年活动的社会反响

多年来，红十字青少年积极开展红十字运动基本知识和国际人道法传播工作，深入开展救护知识普及和救护培训工作，组织开展了无偿献血、捐献造血干细胞、宣传预防艾滋病知识和关爱艾滋病患者等活动，参加了大量具有红十字特色的志愿服务活动③。通过活动，增强了红十字青少年的社会责任感，激发了他们蓬勃向上的生命活力。红十字青少年活动也获得了广泛的社会好评。1987 年，《中国红十字》刊载《红十字少年之歌》④，对红十字青少年活动进行了热情洋溢的讴歌和赞美：

红十字少年之歌

（刘宽词，滕矢初曲）

我们是红十字少年，她的宗旨牢记心间，
五讲四美助人为乐助人为乐，团结友爱携手向前，
我们是红十字少年，她的宗旨牢记心间，
五讲四美助人为乐助人为乐，团结友爱携手向前，
啊！闪光的红十字，
你的旗帜永远飘扬在蓝天，
五讲四美助人为乐助人为乐，团结友爱携手向前，
团结友爱携手向前。

另从读者来信《老人来信夸少年》⑤ 中也可见一斑：

---

① 《红十字青少年工作需要教育部门的支持》，《中国红十字报》1997 年 7 月 11 日。
② 江鸣皋：《红十字青少年工作是培育一代新人的好途径》，《中国红十字报》1994 年 7 月 1 日。
③ 《让青春在人道主义旗帜上飞扬》，《中国红十字报》2006 年 8 月 18 日。
④ 《红十字少年之歌》，《中国红十字》第 155 期（1987 年 3 月），第 32 页。
⑤ 《老人来信夸少年》，《中国红十字报》1988 年 3 月 5 日。

中国红十字会总会：

我叫戴炳云，今年七十五岁，是个孤寡老人。我身边无儿无女而且腿脚行走不便，独立生活比较困难。苏州市金阊区实验小学四（2）中队的红十字青少年得知后，自去年九月起，经常利用课余时间来看望我，照顾我。每天早上，他们送来热气腾腾的早点，课余时还为我扫地、提水，并把我家里整理得有条不紊。他们关心我，照顾我，亲热地叫我爷爷。我虽无儿无女，可他们就像我的亲生儿女，使我感到社会主义大家庭的温暖。请代我好好表扬这些红十字青少年尊敬老人、助人为乐的好品德。

此致

敬礼！

江苏省苏州市宝莲寺前3号居民戴炳云

1988年1月16日

红十字运动是一个国家、民族文明进步及和谐程度的一个重要标志。组织尽可能多的青少年参加红十字知识的学习及其相关的活动，使他们成为“人道、博爱、奉献”精神的实践者和传播者，不仅保证了红十字运动后继有人，更有助于培养构建和谐社会的促进者和建设者[①]。总而言之，红十字青少年工作宣传人道主义精神，呼唤爱心奉献，对于推进社会主义精神文明建设、培养一代新人发挥了重要的作用。作为红十字文化精髓的人道主义，在青少年这一年龄特征中的表现就是关心、友爱、互助、奉献，它体现了中华民族优良的道德传统，体现了现代文明的基本要求[②]。红十字的人道、博爱、奉献精神借由青少年的红十字活动潜移默化地渗透到青少年的心中，起到了教育涵化的作用。

第四节　传播工作省思与瞻望

新时期，红十字文化传播工作呈现颇多亮点。红十字文化传播载体日新月异，应接不暇，呈现多元态势。比如，成都市红十字会有效利用“博爱园主题园景”“红标出租车”“红标公交车”“红标购物手拖车”[③] 等载体，传

---

① 张立明：《历史的责任　现实的要求》，《中国红十字报》2005年9月30日。

② 许焕衡、张焕南：《红十字与学校素质教育》，《中国红十字报》1995年6月23日。

③ 《成都卫生年鉴》编纂委员会编：《成都卫生年鉴2013》，四川科学技术出版社2015年版，第66页。

播人道精神；厦门市红十字会创建厦门市遗体与器官捐献文化馆，并建成全国第一个红十字文化广场；上海市红十字会打造上海红十字历史文化陈列馆；呼和浩特市红十字会创建红十字文化主题公园“博爱苑”等，这些都成为传播红十字文化的有效载体和重要场所。红十字文化传播欣欣向荣，迎来新的发展机遇。

一、传播工作成效及制约因素

传播工作直接关系到红十字会的社会影响和社会形象。整体而言，社会大众对红十字会知道的多，了解和认可的少。尤其是 2011 年“郭美美事件”爆发后，红十字会的名字一时间“家喻户晓”，然而遗憾的是真正了解红会宗旨和工作的人却寥寥无几。这种对红会的认知度在一定程度上也折射了红十字文化这么多年的传播成效。这不禁让人讶异：红十字会系统这么多年的宣传工作为何成效寥寥？症结究竟何在？诚如有红会工作者所观察到的，“虽然这些年来我们做了大量的宣传，但为什么还未被大多数人所了解？”①

究其原因，一在于宣传力度还不够大，宣传面还不够广，受众面积小；二在于宣传不到位。常有人问：“红会不可替代，请问指的是什么？”红会人回答这个问题，往往会列举红会在社会福利、卫生救护、扶贫救灾、红十字青少年等方面所做的大量工作，并以此说明红会工作的重要意义和不可替代性。然而，有时是红会人说了半天，成绩也很显赫，听者却更加困惑不解。于是问：红会做的工作民政、卫生、教育、工、青、妇等部门都在做，而且现在全国上下又出现了残联、减灾委员会、急救中心、弱者权利保护中心等组织，红会做的不仅别人在做，而且论规模、实力，红会还远不及他人。结论自然是红会不是不可替代②。这既暴露了红十字会在传播工作方面存在的不足，也折射出新时期红十字会特色的弱化。这也是制约红十字文化传播成效的一大因素。

特色是红十字会立足的根本，消解或丧失了自身的特色，那么最终必然“泯然于众慈善组织”。红十字事业在新时期的发展历程或可予我们以启迪。

伴随改革开放的春风，红十字事业逐步走出行政化禁锢，越来越多地参与到社会服务中去。从 20 世纪 80 年代的“救死扶伤、扶危济困、敬老助残、助人为乐”，到 90 年代逐步形成“救援”（备灾救灾、应急救援等）、“生命”

---

① 方娅：《在全省红十字会秘书长座谈会上的讲话》（2003 年 10 月 19 日），江西省红十字会内部资料。

② 吴厚冬：《红会不可替代的内涵》，《中国红十字报》1995 年 5 月 5 日。

（保护生命和健康的各项工作）、“爱心”（社会救助、便民利民、助人为乐等）三个系列的博爱工程，一方面，红十字运动的包容性和覆盖面达到了前所未有的程度，另一方面，红十字运动也陷入了“过度社会化”陷阱，弥散到“助人为乐”的一般社会行为。过度社会化使得红十字运动不再聚焦其人道宗旨，资源和服务越来越多地离开需要帮助的面临人道危机的群体，一方面造成了人道资源的浪费和服务对象的受损，另一方面也给红十字组织发展带来了极大困惑①。

红十字会与众多从事募捐和救济工作的部门、团体在业务活动上的相似或雷同使得社会人士对红会的认知始终停留在一般慈善机构的层面，从而导致自身特色的弱化和发展方向的不明确，诚如一位红会干部所说，“红十字会与众多从事募捐和救济工作的部门、团体，基本上采用了相似的运作模式，没有真正发挥自身特点和优势，由此造成红十字会在公益项目中虽然涉足领域宽、覆盖范围广，但深入程度低的现状。独特的、有影响力的重点项目少，项目的发展方向不明确”②。与此同时，越来越多的红会工作者意识到，应该将“助困、助孤、助医、助学、助残、助老、爱心一对一”等一般意义上的社会救助行动让给一般的慈善机构，不要“种了别人田，荒了自己地”。国际联合会的工作集中在4个核心领域：促进人道主义，灾害应对，防灾准备，健康与社区人道照顾。中国红十字运动的工作重心也应该逐步回归主业。中国红十字会“九大”以来，华建敏会长将中国红十字会日常主要工作概括为“三救”“三献”，为中国红十字运动的发展指明了方向。其实质是引导中国红十字运动突出自己的宗旨，成为一个纯粹的人道工作机构，回归红十字运动的本位③。

揆诸现实，红十字事业从过度社会化到回归本位，是对新时期红十字会特色的探索。弄清红十字会的不可替代性和工作特点，才可以对红十字的任务和行动有明确的界定，不仅对宣传红会大有益处，而且有利于克服红会工作中的盲目与混乱，创出自己的特色。

此外，信息公开透明度不够也是影响民众对红会认同度的一个重要因素。作为一个以公众爱心为养料的社会组织，公众有权知晓自己的捐款流向和相关信息。然而，我国的慈善组织长期以来账目基本不对外公开。据《2010年度中国慈善透明报告》显示，逾半数受访公众会经常捐款捐物，但近九成受访者表示从未收到过慈善机构的信息反馈④。红十字会系统也存在类似情况，

① 中国红十字会总会编：《中国红十字会若干问题研究》，2015年内部印行，第42页。

② 吴玉林主编：《盐都红十字事业》，合肥工业大学出版社2016年版，第105页。

③ 中国红十字会总会编：《中国红十字会若干问题研究》，2015年内部印行，第43页。

④ 王卫明：《慈善传播：历史、理论与实务》，社会科学文献出版社2014年版，第122—123页。

捐款人在红会官网的查询系统上往往只能查到善款是否到账，而对捐款的流向和使用情况根本无从知晓。审计署每年会对红会的政府拨款进行审计，而针对红会所募集来的善款和物资却没有进行过多的审核。同时，根据《红十字会法》，红会也没有义务向公众公示财务收支情况和项目支出情况①。显然，红十字会尚未建立完善的信息披露机制，还存在信息披露平台建设滞后、信息公开渠道不畅、信息透明度不够等问题。这些隐患也直接引发了“天价帐篷”“万元餐”“郭美美事件”等一系列危机事件，给红十字会的公信力造成严重冲击，进而使红十字文化传播效果大打折扣。

公信力是红十字文化感召力的重要来源，彭珮云会长曾多次在公开场合强调公信力的重要性，“良好的社会信誉是红十字会的无形资产。公信度越高，无形资产就越大，所带来的有形资产也会越多。因此，我们要像爱护眼睛一样爱护红十字会的信誉”②。

二、“工作是最好的宣传”

尽管多年来红十字会系统为推动红十字文化传播开展了大量工作，但成效并不尽如人意。事实上，对于宣传作用的有限性，作为红十字运动先辈的江晦鸣早有明言：“宣传只不过是宣传，最大的效果限制于瞭解真象甚至激起同情”，红十字会真正信誉的建立，“还在平日工作推进的过程中表现”。他一针见血地指出，“工作是最好的宣传，良好的工作才是最有效的宣传”，因而要高度重视各种“反宣传”的行为，“假使红十字周打打闹闹红极一时，等待十月十日一过便无声无息了，或是只注意宣传工作，对于实际业务无力推动，或是救济时不公正，或者以施主的姿态加予受救济者，或是诊病时候态度欠和，甚或利用救济品做私人的人情，甚或利用业务上的方便，从事政治活动。这非但违背红十字会的宗旨，而且损害了红十字会的信誉，灭煞了红十字会的崇高精神。也许当外宾来参观访问的时候，把自己的功绩描述得有声有色，却不能使明智之士对你借公济私的劣迹冲淡，决不能掩着你利用红十字会的野心。说了不兑现，服务时缺乏爱心，主持的人蔑视人道主义，这些将得到最强烈的反宣传的效果”③。虽时过境迁，但先辈的卓识跨越时空依然熠熠生辉。

---

① 焦子宇、董小玉：《慈善机构如何利用危机重塑公信力——以中国红十字会为例》，《新闻爱好者》2013 年第 6 期。

② 彭珮云：《不懈的追求——蓬勃发展的中国红十字事业》，社会科学文献出版社 2010 年版，第 70 页。

③ 江晦鸣：《为何举办红十字周？如何举办红十字周?》，《红十字月刊》第 32 期（1948 年 8 月），第 3 页。

“工作是最好的宣传”。红十字人道主义救助的实践活动，是形成红十字人道主义感召力的重要因素。救助实践活动的规模越大，参与的人数越多，活动出现得越频繁，对社会所做的宣传越广泛，这种客观存在作用于人的感官也就越大、越深刻，形成的红十字人道主义感召力也就越大①。红十字国际委员会主席彼得·毛雷尔称：“谈到‘声誉’，我们不是在谈如何推销，而是如何作为。国际红会的声誉在成立150年以来的行动中累积。此外，财务透明和公众问责是获取信任的基础。”② 毋庸讳言，打造透明慈善是提升红十字文化社会认同度的一柄利器。美国卡耐基基金会前主席卢塞尔说：慈善组织要有玻璃做的口袋，“玻璃做的口袋，就是说你的口袋有多少钱，你做什么事情，要透明到像玻璃一样，人人都可以看见”③。打造透明慈善，需要培育红十字生态系统的自我调节能力，具体而言，既需要从内部自我改革以增强恢复力，也需要从外部以开放倒逼改革从而提升抵抗力。

一方面，加强自身监管，完善信息披露机制。

公众捐款流向是牵动民众善心的一大砝码。“国人不缺爱心，缺的是一个让你放心释放（爱心）的平台”④。因而加强对红十字组织资金运作的监管是促进红十字会责信机制建设，进而提高公信力的一条有效路径。监管通常包括法律监督、理事责任、社会专业评估和公民问责等形式。社会专业评估方面，应积极引入独立的第三方评估机构来发挥引导的作用，提供独立于政府的评估报告，以促进信息的公开化。此外，公民充分行使法律赋予的问责权也可以大大增加监管的效力，正如业界人士所说，“捐款人手里握着一把提高公益组织透明度的钥匙”⑤。捐款人对于自己问责权的行使和知情权的维护，是推动红十字会透明化的另一股强大外力。

在信息披露方面，红十字会应尽快健全捐赠信息发布平台，拓宽信息公开渠道等，全面推进会务公开。坚持以公开为常态，推进决策公开、执行公开、管理公开、服务公开、结果公开。在谣言和炒作面前，不公开透明的结果很可能被污名化。只有阳光才能驱除阴暗。

另一方面，坚持开放性原则，打造多元竞争的慈善生态格局。

慈善是善心的自然涌动，是一项最没有门槛的事业，故而慈善生态理应是一个多元开放的系统。“在充分竞争的环境下，那些不公开、不透明和管理

① 于清亚：《红十字学研究》，远方出版社1997年版，第28页。

② 中国红十字会总会编：《中国红十字会若干问题研究》，2015年内部印行，第91页。

③ 孙发锋：《信息公开：我国慈善组织公信力建设的突破口》，《理论导刊》2012年第9期。

④ 赵芗：《红会高额餐费缘何难以服众》，《京华时报》2011年4月18日。

⑤ 转引自侯雪竹：《郭美美伤害了谁?》，《京华时报》2011年7月4日。

低效的机构会被民众用‘不捐’来淘汰；那些挪用善款的腐败行为会由捐款人提起的法律诉讼来惩罚”[①]。事实证明，求同存异、多元竞争的格局方是最有利于慈善事业健康良性发展的生态环境。这样的生态环境遵循“优胜劣汰”的生存法则，有利于从外部倒逼红十字会改革，从而提升透明度。

“包容、开放、透明是红十字运动发展的气质，不会随着历史的容颜而老去”[②]。面对一系列危机事件，中国红十字会痛定思痛，化危机为转机，切实反思自身管理体制，积极推进公开透明化建设。近年来，“中国红十字会总会捐赠信息发布平台”的上线运行、第三方独立监督机构——中国红十字会社会监督委员会的成立、中国红十字会信息化系统的推进，都彰显了“开放”“透明”是红会推行改革的关键词。需要指出的是，中国慈善事业的体制改革是一项系统工程，具有长期性和艰巨性。让以红十字会为标杆的慈善事业走出舆论困境或许需要一个较长过程，它不仅意味着慈善体系本身不断合理化，还意味着“政府公信力必须有所恢复，并成为社会内部信任强大的新支点”[③]。在这一过程中，“任何一个国家的公益组织都不可能完全避免丑闻，不能因一件丑闻而完全丧失对公益慈善机构的信心”[④]，把慈善机构一棒子打死。中国红十字事业还得继续向前，前进的力量，来自社会的理性和热情。

三、构建理论、传播双轮驱动的新格局

近20年来，在改革浪潮的席卷之下，红十字文化的传播出现重大变革。新媒体日渐取代传统纸媒的传播，红十字运动研究中心及基地的打造则成为新媒体拓展传播空间的利器。这一切的发生及发展，与业界和学界的理论自觉密不可分。20世纪90年代，中国红十字会系统发出“建设中国特色红十字事业”的倡议，理论研究被提到一个前所未有的高度。“中国红十字运动研究会”的筹备及“红十字大学”的倡议即是这一时期重视红十字理论研究的生动写照。进入21世纪以来，重视红十字运动理论研究成为学界的自觉取向。学界系统回顾红十字运动在中国的发展历程，总结经验教训，形成了一道亮丽的学术景观。学界的理论反思，进一步明确了红十字运动研究的学科理想和发展方向，即立足中国、建立为本国红十字事业发展服务的“红十字学”。

事实上，早在1993年，福建省红十字会秘书长何钟生就提出“红十字学”这一概念；1997年，吉林省四平市红十字会副会长于清亚出版了《红十

① 王维嘉：《从红十字会风波看健康的慈善生态》，《公益慈善周刊》2013年第15期。

② 中国红十字会总会编：《中国红十字会若干问题研究》，2015年内部印行，第93页。

③ 《“炫富门”与红十字会廉洁疑云》，《环球时报》2011年6月27日。

④ 谢苗枫、刘琰琰：《疯狂微博下的慈善危机》，《南方日报》2011年7月1日。

字学研究》的著作。尽管这本书发行量较小，没有引起普遍的关注，所探讨的问题也不是严格学科意义上的“红十字学”，但其价值不应忽视。21 世纪以来，随着红十字运动理论研究的深入开展，加之时代的迫切呼唤，2009 年，池子华再次发出“创建红十字学”的呼吁，并初步探讨了“红十字学”的研究范畴，即“红十字学”是以红十字运动为专门研究对象的一门综合性学科，由一系列分支学科组成，包括红十字灾害学、红十字法学、红十字管理学、红十字历史学、红十字伦理学、红十字外交学、红十字文化学等，由这些分支学科组成红十字学学科群①。这种学科理想的提出，不仅顺应了学科发展的趋势，而且满足了社会对红十字学科的需要。学界的理论自觉得到了业界的积极呼应，红十字理论研究蒸蒸日上。

2005 年，苏州大学社会学院与苏州市红十字会合作发起成立了国内第一家“红十字运动研究中心”、创建了红十字运动研究中心网站、搭建了国内第一个红十字运动研究的学术平台——《红十字运动研究》，在不断拓展红十字运动研究空间的同时，也带动了红十字文化传播模式的更新和转换。各地纷纷效仿，红十字理论研究机构如雨后春笋，蓬勃发展。

在学界理论研究的积极推动下，建设中国红十字文化传播教育基地和红十字国际学院的倡议也被业界积极采纳，推动了红十字文化传播的健康可持续发展。建设上海、辽宁营口、贵州图云关、陕西延安等四大红十字文化传播教育基地，是总会“十三五”期间确立的重点建设项目。基地名称即昭示了其具有的传播和教育“双核”功能，是新时代有效拓展红十字文化输出的重要路径，也是增强红十字会“软实力”建设的重要平台。此外，红十字国际学院的建设已被提上议事日程，积极落实，稳步推进。这些举措高瞻远瞩，为传播红十字文化、弘扬人道主义精神注入了强劲的动力。

红十字运动以生动鲜活的实践有力地印证了理论研究在红十字事业发展中的引领和指导作用，扮演着文化传播“轻骑兵”的角色。不言而喻，新时期红十字文化生机勃勃的发展得益于业界、学界的良好互动协作。学界积极参与红十字理论研究，业界重视和支持理论研究，并积极吸纳学界最新研究成果加以创造性转化，从而实现理论研究与文化传播的相互促进、相得益彰。在这个意义上，构建理论、传播双轮驱动的新格局是增强红十字会“软实力”建设、推进红十字文化传播的有效利器。可以预见，伴随红十字理论研究的深入开展和文化传播的积极实践，红十字文化必会迎来大发展、大繁荣的可喜局面。

---

① 池子华：《创建“红十字学”刍议》，《中国红十字报》2009 年 4 月 17 日。

余论：红十字文化本土化刍议

物换星移，时移世易，自 1904 年发轫起，中国红十字事业已在风雨兼程中走过了 110 年的发展历程。110 年中，它冲锋陷阵、披荆斩棘，在战时救伤瘗亡、灾时赈济救助和平时社会服务等领域谱写了一曲曲闪光的人道赞歌。中国红十字会的 110 年发展史也是一部红十字文化不断本土化的历史。

纵观红十字文化内涵的演变历程，民国初年至抗战时期，红十字会高举博爱恤兵的旗帜。抗战胜利后的复员时期，红十字会以“服务社会，博爱人群”为宗旨。新中国成立初期，“革命人道主义”成为红十字会开展工作的指导思想。20 世纪 80 年代，红十字会以“救死扶伤、扶危济困、敬老助残、助人为乐”为行动指南，90 年代中后期，“人道、博爱、奉献”的红十字精神日渐深入人心，成为红十字会系统高举的旗帜。这些都是红十字文化本土化的产物，大大丰富和拓展了红十字文化的内涵和外延。不难窥见，在近代中国“博爱”因契合当时的政治术语，因而成为红十字文化首要宣扬的主张，它反映的是中国近代革命话语体系下对红十字精神的诉求。新中国成立初期，革命人道主义口号的提出是对开展社会主义革命和建设的新中国的因应之道；而改革开放以来，“人道、博爱、奉献”的红十字精神则是对新时期时代精神和社会核心价值的彰显，既与中华民族优秀传统文化一脉相承，也与社会主义核心价值观高度契合，是社会文明进步的重要体现。红十字文化内涵的演变是多种力量交织互动的结果，糅合了优秀传统慈善文化、时代精神等多重因素。中国红十字会在百余年人道救助实践中所积淀的这些丰富遗产为红十字文化的大发展大繁荣提供了宝贵的精神资源[①]。

新时期，如何推进红十字文化本土化，推动红十字事业的繁荣发展，依然是摆在我们面前的一个时代命题。回望历史、凝视现实，或许会对此问题有所启迪。

一、推进红十字文化本土化的必要性

红十字文化本土化，一言以蔽之，就是将红十字文化的普遍价值同中国具体文化传统及中国红十字事业发展的实际情况相结合，从而形成适合中国国情的红十字文化。它有两层含义，一是将中国红十字运动的实践经验和历史经验提升为理论；二是中国红十字事业的改革和发展需要把红十字文化植根于中国的优秀传统文化之中。那么为何要推进红十字文化本土化呢？简言之，这是由红十字文化自身特性决定的。文化具有世界性和民族性，红十字文化也不例外。要想成功地释放红十字文化的价值，必须将其和本国的具体社会环境相融合。这也是红十字文化“放之四海而皆准”的力量源泉。具体而言，有以下两个方面因素。

首先，这是总结我国红十字事业发展的历史经验和教训后得出的郑重结论。

在红十字文化登陆中国的过程中存在一种倾向，那就是教条主义态度，将红十字文化当作语录，开口闭口“人道主义”“博爱恤兵”，却忽略了引出这些结论的具体历史背景。红十字文化的诞生具有特定的时代背景。它发轫于生产力高度发达的资本主义社会，孕育于西方基督文化的浓郁环境下，在人文主义的沃土中应运而生。红十字文化虽与宗教无涉，但人道主义和基督信仰却是催生红十字文化的精神源泉。红十字会创始人亨利·杜南是一位单纯的基督徒，他在《索尔费里诺回忆录》一书中明确指出，既然战争难以避免，那么“我们为什么不利用相对安定平静的时期，在人道和基督教的立场上去调查研究或想办法解决这样一个在世界范围内如此重要的问题呢？”[②] 显然，红十字文化诞生的环境与中国大相径庭。红十字文化建基于人格和权利平等基础之上的无等级、无差别的充分人道，与中国传统慈善文化中有差等、分亲疏、推己及人的仁爱也有相当差异。生搬硬套地将它应用到中国这个血

---

① 郭进萍：《从“博爱恤兵”到“人道、博爱、奉献”——谈红十字文化内涵的演变历程》，《中国红十字报》2018 年 1 月 16 日。

② ［瑞士］亨利·杜南：《索尔费里诺回忆录》（杨小宏译），社会科学文献出版社 2013 年版，第 71 页。

缘背景深厚、信仰多元的东方社会，一定会犯“水土不服”的毛病。移植红十字文化看似取到了“真经”，但实际上脱离了中国社会的实际，始终接不了“地气”。故红十字文化登陆中国并非一个一帆风顺的过程，也存在排拒现象。于是红十字文化在移植中国的过程中逐渐开始了本土化的探索。以募捐理念为例，起初红十字会希望宣扬人道主义，以唤醒国人的爱心、善心，“不过这种理念对当时中国社会来说，可能仍是陈义过高”①。其后，红十字会转而诉诸积功德理念，因与中国传统文化务实功利的人生观不谋而合，故收到了良好的效果。抗战时期，红会中人以责任和服务意识等现代国民理念为引导，意欲将红十字事业从传统慈善事业中剥离出来，然而效果并不可观。以史为鉴，可以得出这样一个结论：没有红十字文化的本土化，红十字事业在中国的发展犹如无源之水、无本之木，举步维艰。

其次，这是我国红十字事业发展的现实需要。

一方面，红十字文化具有鲜明的时代性，它不是一成不变的，而是以现实环境的变化为转移。进入 21 世纪以来，中国红十字会本着开拓创新的精神，不断拓展业务范围，红十字事业出现了一些新特点，比如业务由战争救护、救灾赈济、社会救助拓展到“博爱系列工程”，再到现在的“三救三献”，这些新生事物集中体现了新时期社会发展的需要，亟待红十字文化的更新。另一方面，红十字会是一个面向社会从事人道主义救助的组织，需要社会各方力量的支持和参与，而这些都需要红十字文化能够“接地化”，契合民众的心理诉求。伴随经济与社会发展，民众的诉求也进一步趋向多元化，如何满足不同阶层民众日益增长的人道需求，彰显红十字的人道主义宗旨和博爱人群风采也是发展红十字事业难以回避的一个问题。这也启示我们要推进红十字文化本土化，着眼于新的实践问题，反映时代精神，在实践中丰富和发展红十字文化。

二、推进红十字文化本土化的路径

红十字文化作为红十字事业发展的血脉和灵魂，其发达与否直接关乎红十字事业能否健康可持续发展。那么如何推动红十字文化本土化？从总体上讲，应强调以下几点。

首先，以传统为根，依托历史积淀，为红十字文化本土化提供文化滋养。

红十字文化的精髓是人道主义，强调对人价值的肯定和对生命的尊重，以及对弱势群体的关怀和扶助，这在中国传统文化中可以找到丰富的对接资

---

① 张建俅：《中国红十字会经费问题浅析（1912—1937）》，《近代史研究》2004 年第 3 期。

源。儒家的仁爱、恕道、性善论，墨家的兼爱，道教的贵生主义以及佛教的慈悲为怀、普度众生等均有与之共融汇通之处。但从总体而言，红十字文化的普遍价值观与中国传统文化的功利主义取向有很大差异。因而，推进红十字文化本土化必须因势利导，深入挖掘传统文化资源以实现与红十字文化的有效榫接和整合。20 世纪 80 年代，红会“四大”“五大”提出的“救死扶伤、扶危济困、敬老助残、助人为乐”的发展理念，即是红十字文化本土化的一种象征和体现，既蕴含了国际红十字精神的内涵，又赓续了中华优秀传统文化，更贴近民众的心理，易引发认同。进入新世纪，青岛红会的“微尘精神”、中山红会的“慈善万人行”以及苏州红会的“善字系列计划”即是结合地方文化资源，打造本土红十字文化特色品牌的成功探索。

此外，中国传统文化的功利务实也决定了红十字文化必须提升感召力才能激发民众参与的热情。具体而言，可从物质、精神和信用等层面予以激励①，以此激发民众的爱心和善行。

本土化是红十字文化在中国扎根立足的时代命题，本土化的历史经验是红十字事业不断前行的宝贵资源。纵观红十字文化在中国的传播轨迹，红十字文化在不断地本土化中实现与中国传统文化的共生和融会。总结这种共生和融会，可以得出以下几个方面的经验：一是广泛开展以红十字刊物为载体的文化事业，加强会史资料的搜集、整理，倡议设立红十字博物馆，开展文化服务活动；二是一批理论家群体和专业人才队伍的涌现，孜孜开展理论探索和技术指导；三是公开透明的征信机制和激励机制的引导，采用一些“迎合”本土民众心理需求的宣传方式和策略，如嫁接传统文化、诉诸功德、运用名人效应等；四是创新和扩展业务活动，针对社会需要进行服务。中国红十字会在人道救助实践中所积淀的这些宝贵经验为红十字文化的大发展大繁荣提供了丰富的历史信息资源，理应纳入红十字文化本土化的体系中。

其次，以时代为翼，注重实践创新，为红十字文化本土化注入现实动力。

红十字文化具有鲜明的实践特征。红十字人道主义救助实践是推进红十字文化本土化的动力源泉。红十字文化理应反映时代精神，回答时代主题，引领时代潮流，在实践探索中焕发时代风采。

一般而言，文化的传播效果与受众的社会地位、身份、心理观点和立场等方面相关。受众是传播活动的积极参与者，也是传播效果的最后鉴定者。在进行传播时要因人而异，有的放矢，“投其所好”，才会引人“兴味”，取

---

① 参见郭进萍：《培育中国特色的红十字文化刍议》，严晓凤、池子华、郝如一主编：《〈红十字运动研究〉2013 年卷》，合肥工业大学出版社 2013 年版，第 16 页。

得事半功倍的效果。这从盐城市盐都区红十字会共享阳光工作站的创建和实施过程中可见一斑。盐都区红十字会针对精神病患者、艾滋病毒携带者、特殊残障人士、有缺陷的新生儿、孤儿、单亲儿童以及80岁以上老人等特定群体需要多方面共同管制和帮扶的社会实际，本着人道关怀理念，聚集各方力量，建立起全国第一家共享阳光工作站，为这些人群提供心理干预、就业培训、家居帮扶、康复指导等专业志愿服务，使他们的生命尊严和身心发展得到进一步慰藉和保障，共享社会发展的阳光雨露。

除了业务创新外，文化创新也不可或缺。应针对不同层次民众的文化需求，开发具有创意、人性和时代精神的红十字文化产品。如统一发行红十字公益彩票、纪念邮票等，以激发公众的行善热情。

在实践探索中，我们也可以尝试将红十字人道主义教育纳入中小学生德育培养系统中。红十字在百年发展历程中不仅流传了大量丰富生动的历史故事，而且积淀了救护训练、卫生常识及健康教育等素材，极易设计开展教学。民国时期，对红十字文化纳入学校教育这一问题，曾有系列理论文章加以探讨①，而且还有专门的红十字课文，可资借鉴。

再次，以理论为基，加强红十字文化理论研究，为红十字文化本土化提供智力支持。

理论是指导红十字人道主义良性运行的灵魂。正确的理论导向，对红十字人道主义的良性运行至关重要②。理论家在推进红十字文化本土化过程中具有引领地位。依据葛兰西的文化领导权理论，文化的传播和渗透不是自发的，而是通过有组织的文化事业和知识分子来实现的，即“通过他们所掌握的学校、报纸、书刊、教会，乃至对家庭的控制，把统治阶级的道德观念、价值体系、审美趣味、行为规则和思维习惯，渗透到市民生活的各个层次和角落”③。由于这种影响的潜移默化，从而可以更为有效地产生“一致同意，舆论一律”的强大社会心理效应。理论家的主要职责在于构建理论研究平台，组织出版各种理论著作，定期或不定期举办各种专题理论研讨会，开展学术交流，为推进红十字文化本土化提供科学的理论指导。

尽管红十字文化是直接面向大众的文化，然而要在普通民众中深入人心，

---

① 这方面的代表文章有：沈金涛：《愿教育家倡导红十字会》，《中国红十字会月刊》1936年第14期，第1—2页；刘思敬：《从教育的效率上谈到参用红十字会教材的刍言》，《中国红十字会月刊》1937年第21期，第1—2页；吴耀麟：《如何发动中小学教师倡导红十字青年工作》，《红十字月刊》第13期（1947年1月），第11—14页。

② 于清亚：《红十字学研究》，远方出版社1997年版，第87页。

③ 张怡：《葛兰西的文化政治思想》，《外国文学》2000年第4期。

还需要一个理论转化的过程，转化为大众广为接受的价值理念、视觉符号和行为规范，这就需要通过广大理论工作者的不懈努力来推进。理论家应以红十字会的现实作为研究的出发点，着眼于红十字文化的实践运用，不断赋予红十字文化新的内涵，在实践中丰富和发展中国特色红十字事业的理论体系。

复次，以宣传为抓手，构建与大众传媒的良性互动平台，为红十字文化本土化提供舆论引导。

乔·马可尼在《宣传活动全面指南》一书中强调："更具影响力的宣传是宣传人员与竞争日益激烈的媒体的成员培养、建立关系发生的结果。"① 在文化媒介化的时代，大众媒体在普及群众的慈善意识、动员社会参与慈善事业、落实社会救助等方面，具有不可低估的作用，对人们时刻进行着潜移默化的社会教育。因而要推进红十字文化本土化就必须积极探索大众媒体参与红十字事业的有效方式，鼓励其发挥社会责任感，宣传和普及红十字文化。

实践证明，红十字会的影响在于宣传，红十字宣传的途径、形式与方法多种多样，充分利用新闻媒介传播信息快、舆论覆盖广、宣传能量大的特点，可收事半功倍之效。基于此，新闻报道在红十字宣传工作中具有"半壁江山"② 之地位，或可尝试采用以下方式：一是将红十字会在中国的历史编制成图文并茂、脍炙人口的宣传册和画报或借助影视、戏剧等大众喜闻乐见的方式，演绎有关红十字会的历史剧或文化剧，普及红十字历史知识，使红十字走进千家万户的视野；二是积极发挥大众媒体在红十字文化传播中的舆论引导、建言献策和监督协调功能，"不断创新宣传形式和方法，完善信息公开和新闻发言人制度，把握正确的舆论导向和话语权，运用灵活多样、喜闻乐见的形式，大力宣传红十字先进典型，传播红十字理念，提升红十字品牌"③。特别是在应对危机和突发事件时，应积极引导大众媒介秉承理性，发挥媒体的社会良知，致力于客观公正的报道，形成建设性。

众所周知，外来文化在移植过程中，无论其冲击力有多大，皆不能回避传统文化；而无论传统文化的惰性力有多强，也不能回避外来文化。因此，外来文化的移植过程也是其与本土文化的一个整合和融汇的过程，不可能存在纯粹意义上的"本土化"。

中国红十字会110年的历史告诉我们，红十字运动产生于客观需要，红十字文化是倡导人道、人权和尊严的文化，是参与文明理性社会建设的一支

① 转引自唐晓音主编：《红十字宣传指南》，五洲传播出版社2003年版，第50页。

② 郝如一：《红十字宣传工作的"半壁江山"》，《中国红十字报》1992年10月16日。

③ 《市红十字会召开第一次会员代表大会》，《宜春日报》2011年12月17日。

重要力量。推进红十字文化本土化是一项系统工程，必须整合多方资源，多管齐下。诚如红十字先辈所言，红十字业务之推进在于公共关系之建立，“红十字会要建立普遍的社会关系：每个人与她的关系；要建立与地方上领导力、物资来源、有关业务协助以及所有地方人士的关系；要建立与政府机构的关系；要建立不幸者与她的关系，与分会总会的密切关系”①。可以想象，当公共关系面面具立时，推行业务的困难自然会迎刃而解。我们要以今天中国红十字事业的发展现实作为研究的出发点，在继承和弘扬中国优秀传统慈善文化与吸收国际先进慈善理念和管理方式的基础上，将红十字的理念与现实工作的“具体场景”及和谐社会的构建结合起来，注重实践探索，从时代精神和社会大众的需求中汲取养分，不断开拓创新，实现文化的更生和繁荣，让红十字文化真正地影响到每一个角落、激励每一个人。

红十字文化积淀着红十字人最深层的精神追求，代表着红十字会独特的精神标识。新时期，站在一个无比广阔的时代舞台上，吸吮着红十字事业百余年积淀的文化养分，我们发展中国特色红十字事业具有无比强大的定力。红十字人应坚定文化自信，不忘本来、吸收外来、面向未来，更好构筑中国红十字精神和价值，为红十字事业提供精神动力，插上腾飞的翅膀。

---

① 杨宝煌：《红十字业务之推进在于公共关系之建立》，《红十字月刊》第32期（1948年8月），第12页。

主要参考文献

一、文献资料

俞樾、方宗诚：《同治上海县志》卷二《建置》，同治十年刻本。

博润等修、姚光发等纂：《光绪松江府续志》卷九《建置志》，光绪九年刊本影印本。

中国红十字会总办事处编：《中国红十字会二十年大事纲目》，1924年印行。

中国红十字会总办事处编：《中国红十字会二十周年纪念册》，1924年印行。

中华民国红十字会上海市分会编：《中华民国红十字会上海市分会三十五年度工作特辑》，1946年内部印行。

中华民国红十字会总会编：《复员期间中华民国红十字会第一届理事会议事录》，1946年内部印行。

中华民国红十字会总会编：《中华民国红十字会战时工作概要》，1946年内部印行。

中国红十字会总会编：《新中国红十字会的工作方向与发展步骤》，1951年内部印行。

阿英编：《庚子事变文学集》下册，中华书局1959年版。

沈云龙主编：《近代中国史料丛刊续编》第79辑，（台北）文海出版社1981年版。

王云五主编：《新编中国名人年谱集成》第20辑，（台北）商务印书馆1981年版。

秦孝仪主编：《革命文献第96辑　抗战建国史料——社会建设（一）》，“中国国民党中央委员会党史委员会”

1983年版。

吴海林、李延沛编：《中国历史人物辞典》，黑龙江人民出版社1983年版。

秦孝仪主编：《革命文献第100辑　抗战建国史料——社会建设（五）》，（台北）“中国国民党中央委员会党史委员会”1984年版。

宜宾县政协文史资料研究委员会编：《宜宾县文史资料选辑》第4辑，1985年印行。

沈云龙主编：《近代中国史料丛刊》第3编第8辑，（台北）文海出版社1986年版。

谷城县政协文史资料研究委员会编：《谷城文史资料》第1辑，1987年印行。

苏州市政协文史资料研究委员会编：《苏州文史资料》第16辑，1987年印行。

王弢夫：《清季外交史料》，书目文献出版社1987年影印版。

息县政协文史资料研究委员会编：《息县文史资料》第2辑，1988年印行。

修武县政协文史资料研究委员会编：《修武文史资料》第4辑，1988年印行。

中国红十字会总会编：《红十字手册》，辽宁科学技术出版社1988年版。

浙江省政协文史资料委员会编：《宁波帮企业家的崛起》，浙江人民出版社1989年版。

麻城市政协文史资料委员会编：《麻城文史资料》第3辑，1990年印行。

谭云鹤、顾英奇主编：《红十字会员手册》，生活·读书·新知三联书店1990年版。

《中国地方志集成》（江苏府县志辑7），江苏古籍出版社1991年版。

《中国地方志集成》（江苏府县志辑11），江苏古籍出版社1991年版。

《中国地方志集成》（乡镇志专辑1），上海书店1992年版。

《中国地方志集成》（乡镇志专辑24），上海书店1992年版。

戚其章主编：《中国近代史资料丛刊续编·中日战争》（第6册），中华书局1993年版。

中国红十字会总会编：《中国红十字会历史资料选编，1904—1949》，南京大学出版社1993年版。

昌邑市政协文史资料研究委员会编：《昌邑文史资料》第8辑，1996年印行。

吴江市政协文史和学习委员会编：《吴江文史资料》第 16 辑，1998 年印行。

胶州市政协文史资料委员会编：《胶州文史资料》第 13 辑，2000 年印行。

池子华、郝如一主编：《中国红十字历史编年，1904—2004》，安徽人民出版社 2005 年版。

上海市地方志办公室编：《上海乡镇旧志丛书》（10），上海社会科学院出版社 2005 年版。

中国红十字会总会编：《中国红十字会历史资料选编，1950—2004》，民族出版社 2005 年版。

中国红十字年鉴编辑部编：《中国红十字年鉴：2004/2005》，台海出版社 2006 年版。

中国红十字年鉴编辑部编：《中国红十字年鉴：2005/2006》，台海出版社 2007 年版。

中国红十字会总会编：《国际红十字与红新月运动基本知识传播手册》，2008 年内部印行。

曹雪娟主编：《吴江名人录》，上海文艺出版社 2009 年版。

贵阳市档案馆编：《战地红十字——中国红十字会救护总队抗战实录》，贵州人民出版社 2009 年版。

《十七大以来重要文献选编》上，中央文献出版社 2009 年版。

严晓凤、池子华、郝如一主编：《苏州红十字会志资料长编》（上下册），安徽人民出版社 2010 年版。

池子华、严晓凤、郝如一主编：《〈申报〉上的红十字》，安徽人民出版社 2011 年版。

中国红十字年鉴编辑部编：《中国红十字年鉴：2007/2008》，中华工商联合出版社 2011 年版。

池子华、傅亮、张丽萍、汪丽萍主编：《〈大公报〉上的红十字》，合肥工业大学出版社 2012 年版。

严晓凤、池子华、郝如一主编：《〈红十字运动研究〉2013 年卷》，合肥工业大学出版社 2013 年版。

池子华、丁泽丽、傅亮主编：《〈新闻报〉上的红十字》，合肥工业大学出版社 2014 年版。

池子华、崔龙健主编：《中国红十字运动史料选编》第 1 辑，合肥工业大学出版社 2014 年版。

《成都卫生年鉴》编纂委员会编：《成都卫生年鉴2013》，四川科学技术出版社2015年版。

池子华、丁泽丽主编：《中国红十字运动史料选编》第2辑，合肥工业大学出版社2015年版。

马强、池子华主编：《红十字在上海资料长编（1904—1949）》，东方出版中心2015年版。

中国红十字会总会编：《中国红十字会若干问题研究》，2015年内部印行。

池子华、邓通主编：《中国红十字历史编年，2010—2014》，合肥工业大学出版社2016年版。

池子华、欧贺然主编：《中国红十字运动史料选编》第3辑，合肥工业大学出版社2016年版。

池子华、阎智海主编：《中国红十字运动史料选编》第4辑，合肥工业大学出版社2016年版。

池子华、丁泽丽主编：《中国红十字运动史料选编》第5辑，合肥工业大学出版社2016年版。

池子华、李欣栩主编：《中国红十字运动史料选编》第6辑，合肥工业大学出版社2016年版。

中国红十字年鉴编辑部主编：《中国红十字会通志，1904—2015》，中华工商联合出版社2016年版。

池子华、崔龙健主编：《中国红十字运动史料选编》第7辑，合肥工业大学出版社2017年版。

垫江县政协文史资料委员会编：《垫江县文史资料》第2辑，印行时间不明。

灌县政协文史资料工作委员会编：《灌县文史资料》第1辑，印行时间不明。

（台北）“中央研究院近代史研究所”档案，档号：01-25-046-02-016、01-28-001-02-005、02-21-013-01-005、02-21-014-01-005。

《申报》　《大公报》　《民国日报》

《新闻报》　《民立报》　《新民报》

《广智报》　《时务报》　《北洋官报》

《集成报》　《岭学报》　《大同报》

《万国公报》　《湘报》　《广益录》

《医事汇刊》　《童子声》　《协和报》

《国立中央大学半月刊》 《中西医学报》 《广济医刊》
《尚贤堂纪事》 《语美画刊》 《新华日报》
《字林西报》 《中外日报》 《竹秀园月报》
《邮话》 《兴华》 《快活林》
《大同报（上海）》 《先锋医务》 《海棠》
《中国护士季刊》 《女报》 《女学报》
《福建妇女》 《中国新女界杂志》 《女子世界》
《正信》 《新妇女》 《世界军情画报》
《沙漠画报》 《世界：战事画报》 《湖北学生界》
《医事月刊》 《今代妇女》 《来复》
《妇女时报》 《妇女生活》 《新无锡》
《吴语》 《中华时报》 《飘》
《海晶》 《娱闲录：四川公报增刊》 《河南省政府公报》
《政府公报》 《内政公报》 《河北省政府公报》
《上海市政府公报》 《首都市政公报》 《江苏省政府公报》
《江苏省公报》 《医药杂志》 《江西省政府公报》
《北平特别市市政公报》 《军事杂志（南京）》 《东方杂志》
《北京杂志》 《圣教杂志》 《集邮杂志》
《新光杂志》 《青年杂志》 《中南杂志》
《人道指南》 《中国红十字会杂志》 《中国红十字会月刊》
《会务通讯》 《救护通讯》 《红十字月刊》
《红十字会刊》 《新中国红十字》 《中国红十字》
《中国红十字报》 《新华周报》 《人民日报》
《新华月报》 《宜春日报》 《环球时报》
《江西红十字简报》 《南方日报》 《京华时报》
《青岛早报》

二、学术专著

茗水外史：《沈敦和》，集成图书公司 1911 年版。

行政院新闻局印行：《中国红十字会》，1947 年版。

（梁）刘勰：《文心雕龙注》上册（范文澜注），商务印书馆 1960 年版。

（宋）欧阳修、宋祭撰：《新唐书》卷一九二，中华书局 1975 年版。

苏州博物馆等编：《明清苏州工商业碑刻集》，江苏人民出版社 1981

年版。

邓云特：《中国救荒史》，上海书店 1984 年版。

［美］威尔伯·施拉姆、威廉·波特：《传播学概论》（陈亮、周立方、李启译），新华出版社 1984 年版。

［美］史沫特莱：《史沫特莱文集 1：中国的战歌》（袁文等译），新华出版社 1985 年版。

张瀚：《松窗梦语》，中华书局 1985 年版。

王若水：《为人道主义辩护》，生活·读书·新知三联书店 1986 年版。

［英］弗雷特·厄特利：《蒙难的中国——国民党战区纪行》（唐亮等译），解放军出版社 1987 年版。

石安佑编著：《中华人民共和国纪念邮票和特种邮票图释（一九七四——一九八五）》，湖南文艺出版社 1987 年版。

张平等著：《解放战争史话》，中国青年出版社 1987 年版。

刘再复、林岗：《传统与中国人——关于“五四”新文化运动若干基本主题的再反省与再批评》，生活·读书·新知三联书店 1988 年版。

闵杰：《近代中国社会文化变迁录》第 2 卷，浙江人民出版社 1988 年版。

姜纬堂、刘宁元主编：《北京妇女报刊考（1905—1949）》，光明日报出版社 1990 年版。

［英］贝思飞：《民国时期的土匪》（徐有威等译），上海人民出版社 1992 年版。

蔡少卿主编：《民国时期的土匪》，中国人民大学出版社 1993 年版。

武安隆：《文化的抉择与发展——日本吸收外来文化史说》，天津人民出版社 1993 年版。

张朋园访问、罗久蓉记录：《周美玉先生访问记录》，（台北）“中央研究院近代史研究所”1993 年版。

加润国选注：《仁学——谭嗣同集》，辽宁人民出版社 1994 年版。

中国红十字会总会编：《中国红十字会的九十年》，中国友谊出版公司 1994 年版。

金涛声、徐舟汉主编：《中外广告精品探胜》，国际文化出版公司 1995 年版。

孙敬敏编纂：《北京市红十字会的 65 年（1928—1993）》，文津出版社 1995 年版。

于清亚：《红十字学研究》，远方出版社 1997 年版。

费孝通：《乡土中国　生育制度》，北京大学出版社 1998 年版。

郑观应著、王贻梁评注：《盛世危言——首为商战鼓与呼》，中州古籍出版社 1998 年版。

郭庆光：《传播学教程》，中国人民大学出版社 1999 年版。

曲折主编：《中国红十字事业》，广东经济出版社 1999 年版。

王海涛、王润涛、李天祥：《品牌竞争时代：开放市场下政府与企业的品牌营运》，中国言实出版社 1999 年版。

［加］马歇尔·麦克卢汉：《理解媒介——论人的延伸》（何道宽译），商务印书馆 2000 年版。

游梓翔：《演讲学原理：公众传播的理论与实际》，（台北）五南图书出版股份有限公司 2000 年版。

袁惠章、田永波主编：《红十字理论与实践》，上海医科大学出版社 2000 年版。

邹振环：《译林旧踪》，江西教育出版社 2000 年版。

江苏省红十字会编著：《江苏红十字运动八十八年（1911—1999）》，东南大学出版社 2001 年版。

梁其姿：《施善与教化——明清的慈善组织》，河北教育出版社 2001 年版。

邵雍：《民国绿林史》，福建人民出版社 2001 年版。

山东省红十字会编著、张心宝主编：《山东红十字事业九十年》，山东友谊出版社 2002 年版。

宋光宇：《宋光宇宗教文化论文集》，佛光人文社会学院 2002 年版。

谭云鹤：《见证历史——一个平凡人在不平凡的时代》，中国工人出版社 2002 年版。

严卫民：《都市况味》，学林出版社 2002 年版。

叶圣陶：《叶圣陶文集》，吉林文史出版社 2002 年版。

余明阳：《品牌学》，安徽人民出版社 2002 年版。

［加］哈罗德·伊尼斯：《传播的偏向》（何道宽译），中国人民大学出版社 2003 年版。

［美］吉尔伯特·罗兹曼主编：《中国的现代化》（国家社会科学基金“比较现代化”课题组译），江苏人民出版社 2003 年版。

江苏省中小学《健康教育》编写组编写，张维和、李泽平主编：《九年义务教育六年制小学　健康教育》（六年级下册），江苏少年儿童出版社 2003 年版。

孙柏秋主编，池子华、杨国堂等：《百年红十字》，安徽人民出版社 2003

年版。

唐晓音主编:《红十字宣传指南》，五洲传播出版社 2003 年版。

池子华:《红十字与近代中国》，安徽人民出版社 2004 年版。

黄华新、陈宗明主编:《符号学导论》，河南人民出版社 2004 年版。

张玉法主编:《“中华民国”红十字会百年会史（1904—2003)》，(台北)致琦企业有限公司 2004 年印行。

左刚强、姚忠泰改编:《南丁格尔》，中国地质大学出版社 2004 年版。

陈桦、刘宗志:《救灾与济贫:中国封建时代的社会救助活动（1750—1911)》，中国人民大学出版社 2005 年版。

[日] 夫马进:《中国善会善堂史研究》(伍跃、杨文信、张学锋译)，商务印书馆 2005 年版。

济南市红十字会编:《红十字精神与建设和谐社会》，济南出版社 2005 年版。

李小娟主编:《走向中国的日常生活批判》，人民出版社 2005 年版。

王尔敏:《中国近代思想史论续集》，社会科学文献出版社 2005 年版。

于海:《西方社会思想史》，复旦大学出版社 2005 年版。

常建华主编:《中国社会历史评论》第 6 卷、第 7 卷，天津古籍出版社 2006 年版。

华民等著:《制度变迁与长期经济发展》，复旦大学出版社 2006 年版。

梁启超:《中国历史研究法》，上海古籍出版社 2006 年版。

朱浒:《地方性流动及其超越:晚清义赈与近代中国的新陈代谢》，中国人民大学出版社 2006 年版。

池子华、郝如一:《近代江苏红十字运动（1904—1949)》，安徽人民出版社 2007 年版。

[德] 哈拉尔德·韦尔策编:《社会记忆:历史、回忆、传承》(季斌、王立君、白锡堃译)，北京大学出版社 2007 年版。

李洪河:《新中国的疫病流行与社会应对（1949—1959)》，中共党史出版社 2007 年版。

张建俅:《中国红十字会初期发展之研究》，中华书局 2007 年版。

广东省社会科学院历史与孙中山研究所编:《广东省社会科学院历史与孙中山研究所建所五十周年纪念文集》，银河出版社 2008 年版。

郝如一、池子华主编:《苏州红十字会志》，安徽人民出版社 2008 年版。

靳环宇:《晚清义赈组织研究》，湖南人民出版社 2008 年版。

李旭:《寻找微尘——一座城市的良心》，青岛出版社 2008 年版。

秦怡述文，刘澍编著：《四季美人秦怡画传：海伦的诉说》，中共党史出版社 2008 年版。

池子华：《中国红十字运动史散论》，安徽人民出版社 2009 年版。

复旦大学历史学系、复旦大学中外现代化进程研究院中心编：《新文化史与中国近代史研究》，上海古籍出版社 2009 年版。

金观涛、刘青峰：《观念史研究：中国现代重要政治术语的形成》，法律出版社 2009 年版。

徐国普：《辉煌十五年，1950—1965》，安徽人民出版社 2009 年版。

杨红星：《挫折后的振起，1966—2004》，安徽人民出版社 2009 年版。

池子华、郝如一主编：《红十字运动与慈善文化》，广西师范大学出版社 2010 年版。

彭珮云：《不懈的追求——蓬勃发展的中国红十字事业》，社会科学文献出版社 2010 年版。

［美］艾志端：《铁泪图：19 世纪中国对于饥馑的文化反应》（曹曦译），江苏人民出版社 2011 年版。

李岗：《跨文化传播引论——语言·符号·文化》，巴蜀书社 2011 年版。

易惠莉：《郑观应评传》（上），南京大学出版社 2011 年版。

殷昭举：《创新社会治理机制》，广东人民出版社 2011 年版。

周秋光、贺永田等著：《中山慈善万人行研究（1988—2010）》，中国社会出版社 2011 年版。

蔡勤禹、王永君主编：《山东红十字会百年史》，中国海洋大学出版社 2012 年版。

广东省社会科学院编：《“广东精神”在身边》，广东教育出版社 2012 年版。

厦门市红十字会编：《厦门红十字百年回望》，厦门大学出版社 2012 年版。

郝如一：《红十字文化传播：实务与理论》，合肥工业大学出版社 2013 年版。

［瑞士］亨利·杜南：《索尔费里诺回忆录》（杨小宏译），社会科学文献出版社 2013 年版。

江苏省红十字会编：《红十字运动传承与发展》，东南大学出版社 2013 年版。

王笛：《走进中国城市内部——从社会的最底层看历史》，清华大学出版社 2013 年版。

池子华、郭进萍等：《红十字：文化传播、危机管理与能力建设》，合肥工业大学出版社 2014 年版。

共青团上海市委员会编：《生态文明与当代青年 2013 上海青年发展报告》，上海人民出版社 2014 年版。

简海燕、池子华主编：《〈红十字会救伤第一法〉——孙中山唯一译著的整理与研究》，合肥工业大学出版社 2014 年版。

李日、朱良迅、郭春香编：《朱全璘社会教育讲演集》，人民出版社 2014 年版。

［美］明恩溥：《中国人的气质》（刘文飞、刘晓旸译），东方出版社 2014 年版。

王卫明：《慈善传播：历史、理论与实务》，社会科学文献出版社 2014 年版。

张慧卿：《南京百年城市史（1912—2012）·卫生体育卷》，南京出版社 2014 年版。

池子华：《近代中国“打工妹”群体研究》，中国社会科学出版社 2015 年版。

高鹏程：《近代红十字会与红卍字会比较研究》，合肥工业大学出版社 2015 年版。

吕伟雄：《我生命中的夏天——中山改革腾飞亲历者口述回忆》，广东人民出版社 2015 年版。

全国政协文史和学习委员会编：《十四个沿海城市开放纪实·青岛卷》，中国文史出版社 2015 年版。

袁灿兴：《国际人道法在华传播与实践研究（1874—1949）》，合肥工业大学出版社 2015 年版。

吴玉才编：《1949-1956 年间的中国》，人民出版社 2016 年版。

盐都区红十字会编、吴玉林主编：《盐都红十字事业》，合肥工业大学出版社 2016 年版。

三、研究论文

朱光潜：《文艺复兴至十九世纪西方资产阶级文学家艺术家有关人道主义、人性论的言论概述》，《社会科学战线》1978 年第 3 期。

李伯重：《简论“江南地区”的界定》，《中国社会经济史研究》1991 年第 1 期。

刘仰东：《灾荒：考察近代中国社会的另一个视角》，《清史研究》1995

年第2期。

［美］Caroline Beth Reeves，*The Power of Mercy：the Chinese Red Cross Society*，1900-1937，unpublished PhD dissertation，Harvard University，1998.

王卫平：《明清时期江南地区的民间慈善事业》，《社会学研究》1998年第1期。

池子华：《红十字的起源及其在中国的传播》，《合肥学院学报》2004年第1期。

池子华：《中国红十字会救护总队抗战救护的几个断面》，《苏州大学学报》2004年第4期。

池子华、吕志茹：《"复员时期"的中国红十字会》，《河北大学学报》2004年第6期。

方立天：《佛教平等理念对和平与发展的启导意义》，《中国宗教》2004年第1期。

麻光炳：《西方近代保险思想在中国的传播及中国民族保险业的兴起》，《贵州大学学报》2000年第5期。

茅家琦：《〈百年红十字〉简评》，《历史教学》2004年第3期。

张建俅：《中国红十字会经费问题浅析（1912—1937）》，《近代史研究》2004年第3期。

张怡：《葛兰西的文化政治思想》，《外国文学》2000年第4期。

周秋光：《民国北京政府时期中国红十字会的会内宣传与经费筹措》，《湖南师范大学社会科学学报》2004年第4期。

朱浒、杨念群：《现代国家理念与地方性实践交互影响下的医疗行为——中国红十字会起源的双重历史渊源》，《浙江社会科学》2004年第5期。

池子华：《中国红十字会救助1928至1930年西北华北旱荒述略》，《社会科学战线》2005年第2期。

李素华：《对认同概念的理论述评》，《兰州学刊》2005年第4期。

朱浒：《中国红十字会的地方性起源》，《石家庄学院学报》2005年第4期。

池子华：《略论孙中山对中国红十字运动的贡献》，《民国档案》2006年第6期。

靳环宇：《中国民间慈善组织的历史嬗变》，《中州学刊》2006年第2期。

刘宁：《韩愈"博爱之谓仁"说发微——兼论韩愈思想格局的一些特点》，《中国典籍与文化》2006年第3期。

周秋光、靳环宇：《早期红十字会在中国的演变》，《光明日报》2006年2

月21日。

刘宗志:《清代慈善机构的地域分布及其原因》,《河南师范大学学报》2007年第5期。

任云兰:《西方慈善救济思想在近代中国的传播与影响分析》,《天津大学学报》2007年第5期。

朱浒:《地方社会与国家的跨地方互补——光绪十三年黄河郑州决口与晚清义赈的新发展》,《史学月刊》2007年第2期。

朱华:《20世纪30年代中国的报刊与科学宣传——以〈科学世界〉和〈科学时报〉为例》,《河北大学学报》2007年第1期。

李芳:《清朝善会善堂自治制度探悉》,《河北法学》2008年第6期。

赵晓华:《清末民初女性的赈灾实践及角色变迁》,《妇女研究论丛》2008年第3期。

吕志茹、马红英:《中国红十字会会史上的"红十字周"综论》,《河北大学学报》2009年第4期。

吴佩华、池子华:《从战地救护到社会服务——简论抗战后期中国红十字会的"复员"构想》,《民国档案》2009年第1期。

杨红星、池子华:《近年来中国红十字运动研究综述》,《河北大学学报》2009年第4期。

姚传德:《林语堂论中国优秀传统文化》,《唐山学院学报》2009年第1期。

张生:《中国红十字运动史研究刍议》,《史学月刊》2009年第9期。

崔家田:《全面抗战时期河南红十字运动的历史经验——以〈会务通讯〉为中心》,《河南师范大学学报》2010年第5期。

罗志田:《学无常师》(上),《读书》2010年第6期。

施和金:《中国近现代战争的时空分布》,《中国社会科学报》2010年4月27日。

谢明:《当代中国基督教传播方式研究》,中国社会科学院研究生院2010年博士学位论文。

张祖平:《清代慈善组织的信息披露机制》,《辽东学院学报》2010年第5期。

池子华:《辛亥革命期间中国红十字会新建分会数量考》,《苏州科技学院学报》2011年第3期。

贾鸽:《新中国成立初期天津的疫病及其防治(1949—1966)》,南开大学2011年度博士学位论文。

黄永昌：《清代的善人群体与慈善网络——以江南为中心》，《三峡大学学报》2012 年第 1 期。

孙发锋：《信息公开：我国慈善组织公信力建设的突破口》，《理论导刊》2012 年第 9 期。

陈桦：《晚清的灾荒与义赈》，《中国社会科学报》2013 年 1 月 30 日。

焦子宇、董小玉：《慈善机构如何利用危机重塑公信力——以中国红十字会为例》，《新闻爱好者》2013 年第 6 期。

王维嘉：《从红十字会风波看健康的慈善生态》，《公益慈善周刊》2013 年第 15 期。

马克锋、孙钦梅：《近代中国世界主义的思想历程》，《教学与研究》2014 年第 3 期。

周春燕：《妇女与抗战时期的战地救护》，《近代中国妇女史研究》2014 年第 24 期。

郭常英、岳鹏星：《寓善于乐：清末都市中的慈善义演》，《史学月刊》2015 年第 12 期。

胡鹏：《国际人道法在华传播研究——路径、问题与对策》，《北京社会科学》2015 年第 6 期。

郭彩霞：《从日常生活走向公共生活——列斐伏尔女性观对当代妇女解放的启示》，《马克思主义与现实》2016 年第 5 期。

感恩、向文：《广东第一位女共产党员——高恬波》，《源流》2017 年第 2 期。

郭进萍、池子华：《红十字标志保护史》，《中国红十字报》2017 年 5 月 19 日。

郭进萍：《从“博爱恤兵”到“人道、博爱、奉献”——谈红十字文化内涵的演变历程》，《中国红十字报》2018 年 1 月 16 日。

郭进萍：《江南慈善文化传统与中国红十字运动的兴起》，《江南大学学报》2018 年第 3 期。

郭进萍：《“提灯女神”与近代中国》，《中国红十字报》2018 年 8 月 7 日。

图书在版编目(CIP)数据

中国红十字运动通史(1904—2014). 中国红十字文化/郭进萍著. —合肥:合肥工业大学出版社,2018. 12

ISBN 978-7-5650-4281-2

Ⅰ. ①中… Ⅱ. ①郭… Ⅲ. ①红十字会—历史—中国—1904-2014②红十字会—文化—中国—1904-2014 Ⅳ. ①D632. 1

中国版本图书馆 CIP 数据核字(2018)第 271265 号

中国红十字运动通史(1904—2014) 第五卷

中国红十字文化

郭进萍 著

选题策划	钟小要 李克明 朱移山
责任编辑	章 建 江 鼎
责任印制	郑 洁 樊珊珊
出版发行	合肥工业大学出版社
地 址	(230009)合肥市屯溪路 193 号
网 址	www. hfutpress. com. cn
电 话	总 编 室:0551-62903038 市场营销中心:0551-62903198
开 本	710 毫米×1010 毫米 1/16
总 印 张	176. 25
总 字 数	3150 千字
版 次	2018 年 12 月第 1 版
印 次	2018 年 12 月第 1 次印刷
印 刷	安徽联众印刷有限公司
书 号	ISBN 978-7-5650-4281-2
总 定 价	400. 00 元(共 6 卷)

如果有影响阅读的印装质量问题,请与出版社市场营销中心联系调换。

国家出版基金项目
NATIONAL PUBLICATION FOUNDATION

中国红十字运动通史（1904—2014）

总主编　池子华

第四卷

中国红十字外交（1949—2014）

吴佩华　著

合肥工业大学出版社

图书在版编目(CIP)数据

中国红十字运动通史(1904—2014). 中国红十字外交(1949—2014)/吴佩华著.
—合肥:合肥工业大学出版社,2018. 12
ISBN 978-7-5650-4281-2

Ⅰ.①中… Ⅱ.①吴… Ⅲ.①红十字会—历史—中国—1904-2014②红十字会—外交—中国—1949-2014 Ⅳ.①D632.1

中国版本图书馆 CIP 数据核字(2018)第 271258 号

中国红十字运动通史(1904—2014) 第四卷
中国红十字外交(1949—2014)

吴佩华 著

选题策划	钟小要 李克明 朱移山
责任编辑	章 建 张 慧
责任印制	郑 洁 樊珊珊
出版发行	合肥工业大学出版社
地 址	(230009)合肥市屯溪路 193 号
网 址	www. hfutpress. com. cn
电 话	总 编 室:0551-62903038 市场营销中心:0551-62903198
开 本	710 毫米×1010 毫米 1/16
总 印 张	176. 25
总 字 数	3150 千字
版 次	2018 年 12 月第 1 版
印 次	2018 年 12 月第 1 次印刷
印 刷	安徽联众印刷有限公司
书 号	ISBN 978-7-5650-4281-2
总 定 价	400. 00 元(共 6 卷)

第四卷

目　　录

第一章　中国红十字外交历程

1904年，红十字运动开始在中国落地生根，中国红十字会很快就成为国际红十字组织中的一员。中国红十字会自成立至中华人民共和国建立之前，在人道主义的指引下，本博爱胸怀，救死扶伤，扶危济困，解民于倒悬，发挥红十字会国际性优势，拓展与密切中国人民同世界其他国家人民之间的联系与交往，加深友谊，扩大影响，为中国走向世界舞台做出了重要贡献；同时，努力凝聚世界和平与正义的力量，服务于和贡献于中华民族解放的正义事业。尤其是“抗战时期，中国红十字会就积极参与开展‘民间外交’，争取各国人民的同情与支持”①，为中国抗战的胜利，从而为第二次世界大战的早日结束做出了贡献。二战结束后，中国红十字会积极参与国际红十字运动，在推动国际红十字运动章程的修改、在促进国际红十字运动为世界和平做出贡献等方面发挥作用。正因如此，中国红十字会在国际红十字运动中的地位与作用日益彰显。1945年，在巴黎召开的国际红十字会协会顾问会议和理事会议上，中国红十字会第一次被选举为副主席②。1948年，中国红十字会参加了第17届国际红十字大会，同年当选为“红十字国际联合会理事会副主席”③。

1949年10月1日中华人民共和国成立，开启了中华民族伟大复兴的道路。要推进民族复兴大业，必需凝聚各方力量。中国红十字会自成立以来，做了许多利国利民的事，

---

① 张生：《中国红十字运动史研究刍议》，《史学月刊》2009年第9期，第6页。

② 中国红十字会总会编：《中国红十字会的九十年》，中国友谊出版公司1994年版，第90页。

③ 《九十纪要》编辑委员会：《九十纪要》，（台北）致琦企业有限公司1994年印行，第219页。

具有广泛的社会基础。为更好地发挥红十字会的优势，使之更好地服务新中国的建设与发展事业，1950 年 8 月，中央人民政府决定对中国红十字会进行改组。

自改组以来，中国红十字会走过了 60 余个春秋，在新中国现代化建设中留下了闪光的足迹。尤其是在涉外领域，中国红十字会继续高举人道主义旗帜，在党和国家的引导下，积极应对复杂的国际环境，通过民间外交的方式，广交朋友，积极争取，努力推进世界和平与发展事业，走出了一条具有中国特色的人道外交之路。

为对中国红十字外交有一全面的认识与了解，本书大致以 1955 年、1985 年、1993 年为界，分四个时段：即 1955 年底国务院明确中国红十字会和中国人民救济总会分工，红十字会以国际工作为主；1985 年红十字会第四届全国会员代表大会通过章程，明确中国红十字会以实行人道主义为宗旨；1993 年《中华人民共和国红十字会法》明确：中国红十字会遵守宪法和法律，遵循国际红十字和红新月运动确立的基本原则，依照中国参加的日内瓦公约及其附加议定书和中国红十字会章程，独立自主地开展工作；此后，中国红十字会沿着法制的轨道，独立自主地开展人道主义外交，促进人类和平进步事业。以此四个时段，对红十字外交进行扫描，作为对中国红十字外交进一步研究的基础。

第一节　重返国际舞台

红十字会是一个国际性的人道主义组织，根据相关国际条约，可广泛参与与人道主义有关的外交活动。这就是红十字会人道外交与其他国际组织开展外交的最大区别。中华人民共和国成立之初，中国红十字会与中国人民救济总会有着千丝万缕的联系，在中国红十字会对外交往中，常常伴随着中国人民救济总会，直至 1955 年，国务院明确中国红十字会与中国人民救济总会合署办公，红十字会的工作以国际为主①。在此期间，中国红十字会担负起时代赋予的任务，重返国际舞台，为新中国逐步冲破“竹幕”“铁幕”、走向世界舞台中央并发挥积极作用奠定了一定的基础。这是中国红十字外交的第一个时段。

---

① 池子华、郝如一主编：《中国红十字历史编年，1904—2004》，安徽人民出版社 2005 年版，第 154 页。

一、改组时的任务

1950 年 8 月，中国红十字会改组协商会议通过了《中国红十字会会章》，9 月获中央人民政府政务院批准。该会章规定：本会为中央人民政府领导下的人民卫生救护团体。根据“预防为主”的卫生工作总方针及“动员和组织人民实行自救助人”的救助福利方针，以协助各级人民政府面向人民大众，宣传并推广防疫、卫生、医药及救济事业为宗旨。中国红十字会的任务是：团结群众，担任救护训练及宣传公共卫生；推动卫生防疫工作，进行医疗服务；办理灾害救助及救济性医药卫生工作；在必要情形下，经中央人民政府政务院批准，担负国际性救助及医疗服务①。从该会章规定的中国红十字会的性质、方针、宗旨和任务来看，红十字会是“协助救总（中国人民救济总会）推行救济工作”②，其“任务”中第四款与红十字外交有关，在于实施“国际性救助及医疗服务”③。显然，这是“中国目前状况极需要红十字会这样民间的组织来医治战争创伤及救济人民的灾难”④，由此决定了红十字会的性质及工作任务等。

中国人民救济总会（以下简称“救总”）成立于1950 年4 月，《中国人民救济总会章程》明确：“本会为在中央人民政府领导下的群众性救济组织，团结并领导全国从事救济福利事业之团体及个人，协助政府组织群众进行生产节约、劳动互助，以推进人民大众的救济福利事业。”⑤ 中国红十字会定位为“人民卫生救护团体”，显然是救总“团结并领导”的对象。从红十字会总会领导层来看，会长李德全，副会长熊瑾玎、胡兰生，常务理事苏井观、陈其瑗、伍云甫、林仲，理事曹孟君、邓裕志，副秘书长倪斐君等均为救总执委会委员或监察委员会委员，李德全为救总的副会长，伍云甫是救总秘书长。从这种定位与组织人事安排来看，红十字会的职能与救总之间是“关系万千

---

① 《中国红十字会章程》，中国红十字会总会编：《中国红十字会历史资料选编，1950—2004》，民族出版社 2005 年版，第 3 页。

② 伍云甫：《对调整中国红十字会有关问题的报告》，中国红十字会总会编：《中国红十字会历史资料选编，1950—2004》，民族出版社 2005 年版，第 3 页。

③ 《中国红十字会章程》，中国红十字会总会编：《中国红十字会历史资料选编，1950—2004》，民族出版社 2005 年版，第 3 页。

④ 伍云甫：《对调整中国红十字会有关问题的报告》，中国红十字会总会编：《中国红十字会历史资料选编，1950—2004》，民族出版社 2005 年版，第 2 页。

⑤ 《中国人民救济总会章程》（1950 年 7 月 17 日政务院批准），国务院法制办公室编：《中华人民共和国法规汇编，1949—1952》第 1 卷，中国法制出版社 2005 年版，第 66 页。

重”，红十字会成了救济总会的“助手”①。在对外交往中亦然。两会常常共同对外发声，如《中国人民救济总会　中国红十字会总会　拥护世界和平理事会宣言及一切决议的声明》②，《我红十字会总会和救济总会发表联合声明　抗议美国侵略者疯狂扩大细菌战　各地红十字会分会一致表示决心打败美军细菌战》③，等等。

周恩来在亲笔致毛泽东、刘少奇等的信中说：“国际红十字会的组织，苏联及东欧国家也都在内，他们需要我们参加进去。”④ 红十字会改组时，朝鲜战争已经爆发。红十字会作为国际性民间组织，难以置身事外。因此，伍云甫在《对调整中国红十字会有关问题的报告》中专门对中国红十字会“与国外救护工作的关系”进行了深入的解读：“对外救护的工作，不仅是有救济的观点，而且应有反对侵略，保卫世界和平的观点。对正在进行民族解放斗争的国家，以及进行其他革命斗争的人民，我们有救灾助人的义务”⑤；“同时在国际红十字会组织方面也必须贡献力量，使全世界红十字会都能真正做到拥护世界和平、发扬国际间互助友爱的精神而不为帝国主义所利用”⑥。

二、爱国主义、国际主义和革命的人道主义

1950 年 8 月，红十字会改组会议明确：“今天，在医治战争创伤，改善人民生活，加强国家经济建设这一新情况和新任务之下，人民仍需要她完全站在人民的立场为人民的利益而服务。”⑦ 胡兰生在《中国红十字会总会会务报告》中做了深刻的剖析：“过去我们常常是强调着红十字会是国际性团体，是慈善的事业，对于人类不分敌我，不分阶级，一律‘博爱’。在国际上标榜着中立，在国内标榜着超然。这些思想和观点，都是绝对错误的。中国红十字会是中国人的组织，他只有国际关系而并非国际组织的支体，他只有一个立场，即是人民的立场，既没有中立，也不能超然。”⑧ 李德全在《中国红十字会今后工作的任务》中进一步提出：“它（中国红十字会）一定应该改变旧的一套，所谓慈善的或是中立的，而实际上不是一套为人民服务的思想作风，

---

① 《周恩来年谱，1949—1976》上卷，中央文献出版社 1997 年版，第 60 页。

② 中国红十字会总会编：《中国红十字会历史资料选编，1950—2004》，民族出版社 2005 年版，第 18 页。

③ 《人民日报》1952 年 3 月 9 日。

④ 《周恩来书信选集》，中央文献出版社 1988 年版，第 431 页。

⑤ 伍云甫：《对调整中国红十字会有关问题的报告》，中国红十字会总会编：《中国红十字会历史资料选编，1950—2004》，民族出版社 2005 年版，第 2 页。

⑥ 《在改组中国红十字会协商会议上胡兰生李德全伍云甫作报告》，《人民日报》1950 年 10 月 24 日。

⑦ 《新的转变　新的开始》，《新中国红十字》第 1 期，第 2 页。

⑧ 胡兰生：《中国红十字会总会会务报告》，《新中国红十字》第 1 期，第 5 页。

要建立起革命的人道主义思想，全心全意地为广大工农兵群众服务。”[①] 提出“革命的人道主义”，是对《中国红十字会会章》的补充，在指导思想上与红十字运动“人道主义原则”相通，也点明了中国红十字会在“新的转变”后的鲜明特色。

朝鲜战局的发展变化对中国红十字会提出了新的要求，中国红十字会如何更好地参与其中，并发挥好作用，必须首先进一步拓宽中国红十字会的指导思想。1951 年 1 月 25 日，《中国人民救济总会　中国红十字会总会为响应和大号召的联合通知》中要求，各地分会必须向大众说明“爱国主义必须与国际主义相结合”，“救济朝鲜难民，就是‘自助救人’、‘革命人道主义’精神的具体体现”[②]。在此基础上，李德全会长遂鲜明地提出红十字会的思想基础是“爱国主义、国际主义和革命人道主义”[③]。

三、工作以国际为主

在“爱国主义、国际主义和革命人道主义”思想的指导下，中国红十字会积极发挥红十字组织的国际性特点，努力拓展与加强同各国红十字会的交往，从民间外交的角度，发展与各国的友好关系和友谊，拓展与加强同世界各国人民之间的联系与交往，增进了解，促进合作。

在与社会主义国家交往方面，主要有：1951 年 11 月，中国红十字会代表团访问苏联红十字会与红新月会联合会；在 1954 年苏联红十字会与红新月会联合会第三届全苏会员代表大会上，中国红十字会代表团团长致辞，热烈祝贺大会的召开；1955 年 5 月 20 日，陈毅副总理接见了应邀来我国访问的捷克斯洛伐克红十字会代表团；1955 年国庆节，周恩来总理接见了应邀来我国参加国庆观礼的苏联红十字会与红新月会联合会代表团。

在拓展与资本主义国家关系方面，主要有：1953 年初，中国红十字会从受托负责遣送在华日侨归国开始，逐步架设中日友好关系的桥梁，实现了两国人民之间的友好交流，从民间外交的角度为中日关系的正常化奠定了基础[④]；1955 年 6 月，李德全会长应邀率中国红十字会代表团访问英国，受到英国红十字会会长伍尔顿爵士、卫生大臣艾·诺·麦克里奥德、外交副大臣里丁侯爵和英国红十字会副会长利麦里克伯爵夫人等的热情款待，李德全会

① 李德全：《中国红十字会今后工作的任务》，《新中国红十字》第 1 期，第 6 页。

② 《中国人民救济总会　中国红十字会总会为响应和大号召的联合通知》，《新中国红十字》第 5 期，第 1 页。

③ 李德全：《新中国红十字会的工作方向与发展步骤》，《人民日报》1951 年 2 月 1 日。

④ 参见吴佩华：《建国初期中国红十字会对日外交》，池子华、郝如一主编：《红十字运动与慈善文化》，广西师范大学出版社 2010 年版，第 295—312 页。

长表示，“相信中、英两国的红十字会将增进已经建立起来的接触，并且竭诚希望今后继续维持彼此之间的友好关系”[①]；当年10月，英国红十字会副主席雷蒙克里夫人即取道莫斯科来中国访问，无疑，两国红会之间的交往为中英关系的深入发展注入了活力。

在国际红十字组织方面，众所周知，红十字运动由三个部分组成，即红十字国际委员会（简称国际委员会）、红十字会与红新月会国际联合会（简称国际联合会）以及国家红十字会或红新月会。

国际联合会成立于1919年5月，当时称为国际红十字会协会，1983年更名为红十字会与红新月会协会，1991年又更名为红十字会与红新月会国际联合会。它是各国红十字会之间联络、协调和学习的常设机构，在国际上，尤其是在处理涉及国际联合会大会通过的决定和建议等事宜时，担任各国红十字会的正式代表，并担任各国红十字会独立完整的监护人和其利益的保护人。可以说，国际联合会是“各国红十字会以及各国红十字会与国际社会之间联络和合作的桥梁”[②]，各国红十字会与国际联合会的关系如同联合国各成员国与联合国的关系一样。国际联合会的最高机构为大会（以前称为理事会），通常每两年召开一次，选举联合会的主席和副主席，每个国家红十字会在大会上有一票表决权，其最高执行机构为领导委员会（以前为执行委员会）。自1919年国际联合会成立伊始，中国红十字会便一直参与国际红十字会协会（联合会）的工作。

1950年，中国红十字会改组后，即于当年10月应邀出席在摩纳哥召开的第21届国际红十字会协会理事会，中国红十字会顺利与会，并与其他11个国家红十字会一道当选为执行委员会委员；1952年，中国红十字会成功恢复在国际红十字组织中的合法地位，“一个中国原则”得到国际社会的认可，“这是新中国在国际组织中恢复的第一个合法席位”[③]，彰显了红十字外交的魅力。

总之，在爱国主义、国际主义和革命人道主义思想的指引下，中国红十字会活跃在国际舞台，逐步突破了以美国为首的一些主要资本主义国家欲把

① 池子华、郝如一主编：《中国红十字历史编年，1904—2004》，安徽人民出版社2005年版，第151页。

② 中国红十字会总会编：《国际红十字与红新月运动基本知识传播手册》，2008年内部印行，第19页。

③ 中国红十字会总会编：《中国红十字会的九十年》，中国友谊出版公司1994年版，第159页。

中国局限在“半个舞台上”[①] 的企图。红十字外交，无论是指导思想还是工作实践，都远远超出了救济的范畴，红十字外交有其自身的独特性。“满园春色关不住，一枝红杏出墙来”，1955 年 11 月，国务院明确中国红十字会与中国人民救济总会合署办公，将中国人民救济总会所管的国内救济工作并入内务部统一办理，所管的国际救济工作划归中国红十字会办理[②]。至此，红十字会的工作遂以国际为主。

第二节　努力突破“半个舞台”

1985 年，中国红十字会第四次全国会员代表大会讨论并通过了《中国红十字会章程》，该章程提出，“中国红十字会以实行人道主义为宗旨”[③]。从“革命的人道主义”到“人道主义”的转变，是中国红十字会 30 余年来努力突破“半个舞台”，积极融入国际社会的结果。

一、新中国外交的一个窗口

1954 年日内瓦会议、1955 年亚非会议成功举行，推动世界局势趋向缓和。在国内，中国社会主义建设欣欣向荣。国际、国内环境的改善，为中国红十字外交营造了良好的氛围，有利于中国红十字会扩大对外交流。

在与社会主义国家、第三世界国家交往方面，人员互访的频次比以往要高，来访和接待的规格也比较高，访问地域范围更广。兹列举如下：1956 年 6 月，中国红十字会代表团应邀访问了捷克斯洛伐克；1957 年 4 月，中国红十字会代表团应邀访问了保加利亚；1957 年 9 月，以伍云甫为团长的中国红十字会代表团应邀访问了南斯拉夫；1958 年 9 月，中国红十字会代表团先后访问了波兰、民主德国、罗马尼亚三国；1963 年 10 月，朝鲜红十字会代表团来华访问，并受到周恩来总理的接见；1964 年 9 月，阿尔巴尼亚红十字会代表团来华访问；1966 年 5 月，中国红十字会代表团对坦桑尼亚红十字会进行了友好访问；同年 6 月，中国红十字会代表团访问了埃塞俄比亚和埃及，代表团在埃塞俄比亚访问期间，受到了内阁宫廷大臣、埃塞俄比亚红十字会副

---

① 章百家：《改变自己　影响世界——20 世纪中国外交基本线索刍议》，《中国社会科学》2002 年第 1 期，第 14 页。

② 中华人民共和国民政部大事记编委会：《中华人民共和国民政部大事记，1949—1986》，中国社会出版社 2004 年版，第 69 页。

③ 《中国红十字会章程》，中国红十字会总会编：《中国红十字会历史资料选编，1950—2004》，民族出版社 2005 年版，第 154 页。

会长塔法拉·沃克·基达内·沃尔德的接见；1966 年 7 月，刚果（布）红十字会代表团应邀来华访问，陈毅副总理接见了代表团全体成员，并同他们进行了亲切友好的交谈；1967 年 5 月，罗马尼亚红十字会代表团应邀来华进行友好访问；1974 年 4 月，中国红十字会代表团应邀访问了土耳其；1975 年 5 月，罗马尼亚红十字会代表团再次应邀来华访问，访问期间，全国人大常委会副委员长李素文会见了客人。通过这些友好往来，不仅进一步密切了中国同这些社会主义国家和第三世界国家之间的友好关系，同时也带回了这些国家和人民对中国及中国人民真挚的友谊。

在同资本主义国家交往方面，以访问法国和澳大利亚的意义较为重大。1964 年 9 月，中国红十字会代表团应邀访问法国，这对加强两国人民之间的友好关系具有重要作用。1965 年 10 月，应中国红十字会邀请，以会长纽曼·莫里斯为首的澳大利亚红十字会代表团来华访问。法国是联合国安理会常任理事国，又是西欧的大国；澳大利亚是英联邦成员国，又是大洋洲最大的国家，两国在国际上具有一定的影响力。在当时东西方对立局势下，中国红十字会能冲破种种阻力，同这两个国家红十字会顺利实现友好交往，为中国同这些国家的友好关系的发展发挥了积极作用。不难看出，红十字会之间这些友好往来，促进和加强了新中国同这些国家和人民之间的联系与友谊。

红十字会是一个有广泛影响力的国际性组织，在世界两极格局中，亦成为中国表达和平诉求的一个舞台与渠道。1963 年 7 月，美、苏、英三国在莫斯科举行会议，达成部分禁止核试验条约，企图垄断核武器以称霸世界①。而当时中国正在研制核武器，美国中央情报局评估认为，由于中国正研制核武器，一旦拥有了核打击力量，“中国对美国的利益，特别是在亚洲的利益，所造成的危害将加大”；及至 1965 年，中国将完全发挥一个主要的世界大国的作用，无论它是否加入联合国②。莫斯科会议的目的显然是在压制中国③。在近现代史上，中国因为“技不如人”而饱受西方列强船坚炮利的凌辱；在朝鲜战争中，美国还一度威胁要对中国使用核武器。中国历来主张全面、彻底、干净、坚决地禁止和销毁核武器。但鉴于该条约的虚

---

① 1962 年 8 月，苏联通知中国，称其接受了美国关于通过禁止向无核国家转让核技术、制止核扩散的建议，无核国家也应同意不据有核武器。由此单方面中断了对中国核技术的转让与帮助，以阻止中国拥有单独的核力量。

② *FRUS*, 1958 - 1960, Vol. 19, pp. 739 - 741。转引自陶文钊主编：《中美关系史，1949—1972》，上海人民出版社 2004 年版，第 239—240 页。

③ 正如三国谈判达成协议之际美国代表哈里曼所说：“我们能够合作防止中国获得核力量。”而在协议达成的前 60 天，苏共中央总书记赫鲁晓夫曾坦言：“这个条约是骗人的。”参见吴冷西：《十年论战：1956—1966 中苏关系回忆录》，中央文献出版社 1999 年版，第 628、698 页。

伪性以及中国的历史遭遇，对中国而言，发展核武器是“被迫而为的”，“完全是为了自卫”①，是进行自卫的必要手段与有力武器。1964 年，中国进行核试爆后郑重宣布：在任何时候、任何情况下，中国都不会首先使用核武器，主张不对无核国家使用核武器，不对无核地区使用核武器，倡导利用核能为世界和平与发展服务。

作为人道主义的团体，中国红十字会以国际红十字运动百年庆典为契机，在 1963 年 8 月 28 日至 9 月 10 日于日内瓦召开的“国际红十字一百周年纪念大会”上，公开阐明了对核武器的立场和观点，提出全面禁止和彻底销毁核武器的提案，表示全力支持中国政府 1963 年 7 月 31 日关于主张全面、彻底、干净、坚决地禁止和销毁核武器，倡议召开世界各国政府首脑会议的声明，并号召各国红十字会推动本国政府承担义务，逐步禁止和彻底销毁核武器，为防止核战争和维护世界和平而努力②。在这次大会上，中国红十字会还粉碎了苏联企图强使大会表示“红十字会组织对于三国条约应表示很大满意”③、以吹捧莫斯科会议三国部分禁止核试验条约在促进与维护和平方面发挥作用的图谋。

进入 20 世纪 70 年代后，中国红十字会通过国际红十字运动的舞台表达中国政府对战争、对和平的态度与观点，努力促进世界和平进程。例如 1973 年 11 月，中国红十字会代表团参加了在伊朗举行的第 32 届红十字会协会理事会和第 22 届国际红十字大会，在讨论各项议题时，中国红十字会“积极发言阐明我们的观点和主张，起到了应有的作用”；1974 年 10 月，中国红十字会参加了红十字会协会第 90 次执委会，“在会上就召开和平大会的问题发言阐明了我国的原则立场”④；在 1975 年 10 月于日内瓦召开的红十字会协会第 33 届理事会上，中国代表团“谴责苏联代表利用会议的讲坛来大肆吹嘘欧安会的所谓成果，并驳斥了苏联代表在会上散布的‘缓和’、‘裁军’等荒谬论调”，终使会议通过决定不讨论苏联这一提案⑤。

中国红十字会通过以上外交活动，宣扬并树立了新中国热爱和平、促进与维护世界和平的形象，为更多的国家和人民了解新中国提供了渠道。同时又从一个侧面向世界表明，新中国对于亚洲和世界来说，不是“危害和平的

---

① 《周恩来年谱：1949—1976》中卷，中央文献出版社 1997 年版，第 676 页。

② 《纪念世界上成立红十字会一百周年　中国红十字会举行报告会》，《人民日报》1963 年 9 月 1 日。

③ 《中朝阿等国代表在国际红十字会大会上坚持斗争》，《人民日报》1963 年 9 月 14 日。

④ 中国红十字会总会编：《中国红十字会的九十年》，中国友谊出版公司 1994 年版，第 183 页。

⑤ 《红十字会协会理事会开会　我代表驳斥苏联代表散布的“缓和”“裁军”等谬论》，《光明日报》1975 年 11 月 4 日。

因素”，而是“维护世界和平的一支不容忽视的新兴力量”①。

二、革命的人道主义的负担

进入20世纪60年代，在国际社会“大动荡、大分化、大组合”中，中国国内形势也发生了变化，“革命”的氛围越来越浓厚，最终导致“文化大革命”的爆发，以及由此所引发的十年动荡。受“革命”的影响，人道外交也深深地打上“革命性”的烙印。

1961年10月，中国红十字会在北京召开了第二次全国会员代表大会，提出“红十字会的国内工作必须有计划、有重点，根据需要与可能，适当发展”，“国内国际工作结合进行”②。在这一方针的指导下，中国红十字事业健康稳步发展，对外工作也呈现出蓬勃发展的态势。然而，随着国际局势的变化，国内“左”的思想日益抬头，终于导致“文化大革命”的发生。这场“由领导者错误发动，被反革命集团利用，给党、国家和各族人民带来严重灾难的内乱”③，持续了10年之久。在这“史无前例”的运动中，中国红十字会由于从事人道主义工作，遂“在劫难逃”。1966年12月22日，中国红十字会在复函部分省市红十字会时声明：“当前无产阶级文化大革命运动正处于高潮，这个运动预计还会进行一个相当长的时期。……对于业务工作，可以根据具体情况予以适当安排，以无产阶级文化大革命运动为中心，搞好业务工作。不破不立，将在运动以后彻底大破的基础上提出新的具体部署，届时红会如何开展工作当另行通知。”④ 这是“文革”中总会发出的最后一封复函，此后，红十字会的国内工作不得不完全停顿，甚至总会内设的国内各业务部门和各级地方红十字会组织机构都被撤销。但由于红十字会仍有很多外事工作要做，如国际救济和援外工作，在外交部的坚持下，总会才得以“留下几个人应付外事”。

受此影响，中国红十字会的外交工作“也只能在维持中艰难跋涉”⑤。

在出席国际会议方面，1966年10月，红十字会总会副秘书长王敏率团出席了在日内瓦举行的红十字会协会第86次执委会。1969年9月，第21届国际红十字会大会在土耳其举行，由于美国继续借此制造“两个中国”，中国红

---

① 逄先知、金冲及主编：《毛泽东传（1949—1976）》，中央文献出版社2003年版，第545页。

② 池子华、郝如一主编：《中国红十字历史编年，1904—2004》，安徽人民出版社2005年版，第173页。

③ 《关于建国以来党的若干历史问题的决议》，人民出版社1981年版，第25页。

④ 池子华、郝如一主编：《中国红十字历史编年，1904—2004》，安徽人民出版社2005年版，第190页。

⑤ 孙柏秋主编，池子华、杨国堂等著：《百年红十字》，安徽人民出版社2003年版，第340页。

十字会为此表示极大的愤慨和强烈的抗议，拒绝参加大会，并发表严正声明：对大会通过的一切决议将不受约束，也不承担任何义务。这也是中国政府和中国红十字会在新中国成立以后唯一没有参加的一次国际红十字大会。1973年11月，中国红十字会派团参加了在伊朗举行的第32届红十字会协会理事会和第22届国际红十字大会。在第32届协会理事会上，中国红十字会当选为执行委员。1974年10月，中国红十字会参加了在日内瓦举行的红十字会协会第90次执委会，会上，就召开和平大会的问题发言，阐明了中国红十字会的原则立场。1975年10月，中国红十字会参加了在日内瓦举行的红十字会协会第33届理事会，并就所讨论的问题发了言。

在与国际红十字组织的交往方面，除上述会议之外，仅见1971年9月红十字国际委员会主席纳维尔和夫人应邀来华访问，先后参观了北京、上海、杭州、无锡等地的工厂、学校、农村，其间李先念副总理接见了客人。

在与其他国家红会双边交往方面，中国红十字会接待了日本、刚果、瑞典、阿尔及利亚、罗马尼亚、土耳其等国红十字会或红新月会代表团。中国红十字会代表团也先后访问了非洲数国以及罗马尼亚、土耳其等国，受到欢迎①。

“革命性”的影响还表现在红十字会对外人道援助方面，就是援助规模与金额比较大，人道主义援助的负担过重。新中国成立以来，“由于受西方反动势力的封锁，以救济总会和红十字会的名义开展活动是我国打通对外关系的一个重要渠道”②，因此，党和国家比较重视以红十字会的名义对外实施的人道援助，尤其是经济援助。随着中国日益步入国际大舞台，对外交往的范围日渐扩大，对外人道援助的规模也逐渐增大。以1956年为例，中国红十字会共向尼泊尔、伊朗、阿富汗、埃及、土耳其、南斯拉夫、意大利、法国、阿尔巴尼亚等13个国家提供了15次援助，单笔援助的金额一般都是几万元人民币。这些国家集中在西亚及地中海一带，主要以阿拉伯世界和南欧为主。在当时社会主义与资本主义和平竞赛的国际氛围之中，通过这些援助，无疑凸显了中国社会主义的优越性。然而，60年代末、70年代初，中国红十字会对外人道主义援助（主要指经济方面）突然出现大幅度的提高。如1970年6月，中国红十字会拟为秘鲁地震捐款人民币5万元，而毛泽东主席指示，“给秘鲁救济5万元人民币太少……可否给秘鲁救济100万或150万人民币?”③再如，1970年11月，外交部建议以中国红十字会的名义向越南南方解放红十

① 参见中国红十字会总会编:《中国红十字会的九十年》，中国友谊出版公司1994年版，第183页。

② 伍绍祖:《伍绍祖文集·社会交往卷》，人民出版社2011年版，第245页。

③ 《建国以来毛泽东文稿》第12册，中央文献出版社1998年版，第282页。

字会赠送价值200万元人民币的物资。毛泽东批示："宜增至500万。"① 据估算，从1971年至1975年，中国每年对外援助占国家财政支出的比例都在5%以上，当然这中间包括红十字会的对外人道主义援助。对外援助达到如此高的比例，在全世界也是不多见的。

总之，在"革命"的影响下，"革命的人道主义"导致红十字会的组织基本涣散，对外交往了无生趣，对外人道主义援助负担过重。这样的"革命的人道主义"指导下的红十字外交没有国内基础，不可持续。

三、以人道主义为宗旨

1978年2月，第五届全国人大一次会议提出：动员全国各族人民团结起来，为建设社会主义现代化强国而奋斗。在此基础上，这一年的12月底，党的十一届三中全会又胜利召开，全会决定"全党工作的重点应该从1979年转移到社会主义现代化建设上来"②，从而"结束了两年徘徊局面，将长期偏离正确轨道的党的指导思想重新转到正确轨道上来；全会提出以经济建设为中心的政治路线，解放思想，实事求是，实践是检验真理的唯一标准的思想路线以及恰当的组织安排，奠定了新时期长足发展的雄厚基础"③。作为政府助手的中国红十字会，也必须解放思想，从实际出发，摸清情况，加强研究，开展工作，"有必要发挥红十字会这个人民卫生救护团体的作用"④，为加快实现四个现代化，做出应有的贡献。

1978年4月，伊朗红狮与太阳会会长沙姆斯公主访华，其间将访问中国红十字会。从中国整体外交考虑，接待好伊朗公主的来访可以加强与促进中国红十字会同伊朗红狮与太阳会、同伊朗人民及阿拉伯世界之间的联系与友谊，因此，此时不宜再以中国红十字会正在"整顿"为由，阻隔伊朗红会与中国红十字会的接触。这就要求中国红十字外交摆脱自"文革"以来的思想桎梏，从实际出发参与外交活动。

1978年8月，国际红十字会协会来中国了解被越南当局驱逐到中国的难侨情况。1973年，越美签署《巴黎协定》，越美战争宣告结束。该协定的签署，本应为越南带来和平，为中南半岛带来安宁。然而，越南在苏联的支持下推行地区霸权主义，甘愿为苏联在东南亚的势力扩张充当马前卒。越南在

① 《建国以来毛泽东文稿》第12册，中央文献出版社1998年版，第283页。

② 《三中全会以来重要文献选编》上册，人民出版社1982年版，第1页。

③ 宇剑等：《中华人民共和国历史纪实·改革扬帆（1976—1984）》，红旗出版社1994年版，第59页。

④ 《外交部卫生部关于恢复红十字会国内工作的报告》，中国红十字会总会编：《中国红十字会历史资料选编，1950—2004》，民族出版社2005年版，第124页。

经历此前长期的战争之后，仍然穷兵黩武，采取强迫驱赶侨民和本国公民的政策，搜刮财物，以图从中攫取军费。这些被驱逐的难民大多是华人，到处奔涌，处境悲惨，不仅给临近的东南亚各国和地区带来许多社会问题，成为“亚洲的浩劫”①，而且也成为一个“国际性的灾难”，引起了国际社会的广泛关注。难民问题，既是一个政治问题，又是一个人道主义的问题。对此，国际红十字组织也给予了高度关注。中国是越南近邻，有大批难民纷纷来华。中国红十字会受中国政府委托，穿梭斡旋，努力安置好流入中国的难民，并主动提出，为缓解东南亚一些国家和地区的压力，在中国已安置20多万难民的情况下，再安置3万人。正是基于此，国际红十字会协会决定派员来中国调查了解这些难民的情况。鉴于国际红十字组织在国际社会中的地位与作用，国际红十字会协会派员来华调查越南难民问题，就为中国红十字会进一步加强同国际红十字组织的合作提供了契机。

1979年2月，中国红十字会召开了第三次全国会员代表大会，会议在总结中国红十字会成立以来，尤其是新中国成立以来中国红十字会对外工作后认为，“中国红十字会是开展人民外交的一个渠道。中国红十字会参加了红十字国际组织，与许多国家红十字会建立了联系，通过国际联系，开展人民外交活动，成为我国人民外事活动的一条渠道。一方面，通过国际讲坛，阐明我国政府和人民的主张，广交朋友；另一方面，进行国际救济，支援各国人民，增进友谊；再一方面，外国红十字会的某些业务技术，可供借鉴，我们可以学习外国的好经验，引进先进技术，为我所用”②。在此基础上，大会通过的修改后的《中国红十字会章程》规定，中国红十字会的宗旨是“在中华人民共和国政府的领导下，救死扶伤，实行革命的人道主义”，“在国际活动中，增进与各国红十字会组织和人民的友谊，发展友好关系，反对侵略战争，维护世界和平，为人类的进步事业服务”。会议还提出“地方红十字会必须在外事部门和总会的安排下妥善完成涉外任务”③。虽然《章程》中仍坚持以“革命的人道主义”为指导，但从红十字会所承担的任务来看，“革命”已然在淡化。

1981年1月，四川省道孚县发生强烈的地震。地震发生后，红十字会协会和南斯拉夫、巴基斯坦、朝鲜、瑞典、美国、尼泊尔等国的红十字会或红新月会纷纷致电中国红十字会，向地震灾民表示慰问。红十字会协会2月6

---

① 《美〈芝加哥论坛报〉评越南难民问题：亚洲的浩劫》，《参考消息》1978年7月18日。

② 钱信忠：《为新时期的人民卫生救护事业努力奋斗》，中国红十字会总会编：《中国红十字会历史资料选编，1950—2004》，民族出版社2005年版，第128页。

③ 钱信忠：《为新时期的人民卫生救护事业努力奋斗》，中国红十字会总会编：《中国红十字会历史资料选编，1950—2004》，民族出版社2005年版，第130页。

日为中国这次地震发出国际救济呼吁。到27日，中国红十字会已收到由红十字会协会转来的比利时、加拿大、丹麦、日本、芬兰、英国、卢森堡、荷兰、新西兰、挪威、瑞典、瑞士、美国等国红十字会的捐赠。这是新中国成立以来中国红十字会第一次接受国际救灾援助①，也是对“革命的人道主义”一次重要的跨越，开始回归到“人道主义”。

1985年5月，中国红十字会召开第四次全国会员代表大会，提出“国际工作要积极贯彻我国外交路线，坚持对外开放政策，进一步加强计划性、目的性，主动地多做工作，增进同各国红十字会之间的友谊，为世界和平，为争取社会主义的和平环境，为四化建设贡献力量。积极参加国际会议，加强同国际红十字会组织和各国红十字会的联系往来，广交朋友，增进友谊，交流经验，互相促进。积极参加国际红十字会组织的各种性质的工作和活动，扩大中国红十字会在国际组织中的影响。开辟更多的国际渠道，进行技术交流与合作，为国内建设服务”②。会议还修改了《中国红十字会章程》，提出：中国红十字会以“实行人道主义”为宗旨；在国际上，增进与各国红十字会、红新月会和人民的友谊合作，为世界和平和人类进步事业服务③。

中国于1956年12月已签署日内瓦公约。1983年9月，全国人民代表大会常务委员会决定，中国加入《1949年8月12日日内瓦四公约关于保护国际性武装冲突受难者的附加议定书》《1949年8月12日日内瓦四公约关于保护非国际性武装冲突受难者的附加议定书》两个附加议定书，但对“引渡问题”提出保留④。至此，中国已完成对日内瓦相关公约的签署，这就从国际法上进一步扫清了与红十字运动基本原则接轨的障碍。

总之，提出“中国红十字会以人道主义为宗旨”，是国家指导思想转变、国际国内环境变动的结果，也是中国红十字会在外交领域不断探索的结果，必将有力地推动中国红十字运动的发展。

---

① 池子华、郝如一主编：《中国红十字历史编年，1904—2004》，安徽人民出版社2005年版，第224页。

② 钱信忠：《中国红十字会第四次全国会员代表大会工作报告》，中国红十字会总会编：《中国红十字会历史资料选编，1950—2004》，民族出版社2005年版，第151页。

③ 《中国红十字会章程》，中国红十字会总会编：《中国红十字会历史资料选编，1950—2004》，民族出版社2005年版，第154页。

④ 池子华、郝如一主编：《中国红十字历史编年，1904—2004》，安徽人民出版社2005年版，第233页。

第三节　活跃在国际大舞台

1979 年，在中国红十字会第三次全国会员代表大会上，钱信忠会长提出，红十字外交“要配合国际斗争，团结一切可以团结的力量，结成广泛的反霸统一战线。积极支援第三世界国家和人民，做好与第二世界国家和人民交朋友的工作，反对苏修霸权主义。……做好国际救济工作，增进我国政府和人民同受灾国政府和人民的友谊。积极参加红十字国际会议，加强同红十字会协会、红十字国际委员会和各国红十字会的联系往来，广交朋友，增进友谊，交流经验，互相促进”[①]。此后，随着红十字会指导思想的转变，钱信忠会长上述所提内容基本得到实施，甚至有所发展，从而使得中国红十字会日益活跃在国际大舞台。

正是由于红十字会卓有成效的外交工作，1993 年，总会制定的《关于深化红十字会工作改革的几点意见》[②] 出台，同时全国人大常委会通过并实施《中华人民共和国红十字会法》，从而在法律上明确：“中国红十字会遵守宪法和法律，遵循国际红十字和红新月运动确立的基本原则，依照中国参加的日内瓦公约及其议定书和中国红十字会章程，独立自主地开展工作。”[③] 这又进一步为中国红十字会拓展外交空间提供了国内法基础。

一、当选国际红十字会协会副主席

在“人道主义”指导下，中国红十字外交日趋活跃。例如，1980 年 5 月，中国红十字会代表团应邀访问美国，这是新中国成立后中国红十字会首次访美；1980 年 6 月，阿尔及利亚红新月会代表团应邀来华访问，并受到国务院副总理姬鹏飞的接见；1982 年 5 月，中国红十字会代表团访问阿尔及利亚、突尼斯、摩洛哥三国红新月会；1983 年 10 月，中国红十字会代表团对南斯拉夫、瑞士、瑞典三国进行了友好访问；1984 年 6 月，匈牙利红十字会代表团应邀访问中国，受到国务委员姬鹏飞的接见；1985 年 7 月，圣多美和普

---

① 中国红十字会总会编：《中国红十字会历史资料选编，1950—2004》，民族出版社 2005 年版，第 128 页。

② 《关于深化红十字会工作改革的几点意见》，中国红十字会总会编：《中国红十字会历史资料选编，1950—2004》，民族出版社 2005 年版，第 255 页。

③ 《中华人民共和国红十字会法》，中国红十字会总会编：《中国红十字会历史资料选编，1950—2004》，民族出版社 2005 年版，第 274 页。

林西比红十字会代表团来华访问，受到全国政协副主席、中国红十字会名誉会长赵朴初的接见；1985 年 9 月，联邦德国红十字会代表团应邀来华访问，全国人大常委会副委员长黄华接见了代表团；1987 年 11 月，中国红十字会代表团应邀对美国进行了友好访问，与美国红十字会就两会共同关心的问题进行了会谈，等等。正是如此频繁的对外交往，结出了较为丰硕的成果，例如，对于合理安置印支难民的问题，中国红十字外交的贡献甚大。

在此背景下，中国红十字会对外交往更加务实。一方面，中国红十字会与有关国家红十字会和国际组织开展相关合作，接受外援，引进技术，提升业务能力水平，增强自身综合实力，更好地发挥社会救助团体的作用。自 80 年代开始，中日、中美两国红十字会就逐步深化在血液领域的合作，这无疑对提高中国医疗水平，保障中国人民的生命健康具有重大的影响。1986 年 3 月，丹麦红十字会应邀来华访问，“希望就福利和卫生等方面的问题同中国红十字会交换意见、积极开展合作，这对两国都是有利的”[①]。在国际红十字组织及各国红十字会的援助与支持下，1986 年 9 月，“凝聚国际友谊的大厦”——中国红十字会训练中心大楼落成，这对中国红十字事业的发展具有积极意义，也为中国红十字会在国际社会更好地发挥作用起到了一定的促进作用。

另一方面，中国红十字会也更积极参与国际红十字运动。例如，由于种种原因，非洲大陆遭受的人道灾难最为深重，引起了国际社会的广泛关注。80 年代初，非洲大陆遭受严重旱灾，灾民遍地，加剧了非洲的动荡。为帮助非洲人民缓解灾难带来的痛苦，同时也为促进非洲地区的和平与稳定，中国红十字会共募捐 1000 多万元人民币，全部捐给非洲诸国，表达了中国红十字会“为维护亚太地区和世界和平做出自己贡献”[②] 的愿望，显示了“中国人民对非洲人民的友谊”[③]，体现了中国人民“爱国主义和国际主义精神”[④]。又如，在 1986 年召开的第 25 届国际红十字大会上，非洲国家强烈要求驱逐执行种族歧视政策的南非代表团，对此，中国政府代表、中国红十字会代表都

① 池子华、郝如一主编：《中国红十字历史编年，1904—2004》，安徽人民出版社 2005 年版，第 246 页。

② 池子华、郝如一主编：《中国红十字历史编年，1904—2004》，安徽人民出版社 2005 年版，第 243 页。

③ 钱信忠：《中国红十字会第四次全国会员代表大会工作报告》，中国红十字会总会编：《中国红十字会历史资料选编，1950—2004》，民族出版社 2005 年版，第 150 页。

④ 《中国红十字会为非洲旱灾灾民募捐总结报告》，中国红十字会总会编：《中国红十字会历史资料选编，1950—2004》，民族出版社 2005 年版，第 160 页。

表示支持，最终驱逐了南非代表团，维护了红十字运动的基本原则①。中国红十字会对非洲的这些援助与声援不仅赢得了非洲国家、人民的友谊，也受到国际社会的普遍赞赏。

正是由于中国红十字会的积极努力，各项工作得到世界各国及各国人民的认可，这就为中国红十字会当选为红十字会与红新月会协会执行理事、副主席做好了准备。1985 年 10 月，在第 4 届红十字会与红新月会协会大会上，中国代表团为竞选执行理事散发书面声明：“我们希望担任协会执行理事是由于我们认为红十字事业与世界各国人民爱好和平和维护人道主义原则的愿望是一致的。中国红十字会和中国人民是热爱和平和维护人道原则的，这已明确写入我们的会章。我们对国际红十字大家庭寄予很大的希望，我们认为它应该是一个民主、平等、和睦的大家庭，每个成员都享有平等的权利并履行自己应尽的义务。我们愿意和红十字会与红新月会协会、红十字国际委员会以及各姐妹红十字会与红新月会一起，为进一步加强友好合作关系，为我们共同的事业，竭尽一切努力。”② 会议经过紧张热烈的讨论后，中国红十字会以 104 票（最多票）当选为执行理事。这意味着中国红十字会在“以后的国际红十字运动中起到了更积极的作用”③。

在 1986 年举行的第 25 届国际红十字大会上，中国红十字会就当前红十字运动中的一些问题、章程修改和名称等积极提出意见，引人关注④。1988 年 11 月召开的第 6 届红十字会与红新月会协会大会上，中国红十字会提出的两项议案均获通过。一些国家的代表热情称赞：“中国红十字会代表团出席国

① 根据日内瓦公约，红十字运动的目标之一就是维护人的尊严。而种族歧视是一种残酷摧残人的制度。80 年代仍在顽固坚持这一种族歧视政策的主要是南非，这与世界发展潮流不符。二战以后，非洲地区的人民通过积极的斗争，纷纷赢得了国家的独立、种族的平等，只有南非的黑人仍在白人的统治之下。南非黑人为争取国内各民族之间的平等权进行了长期斗争。这些斗争都得到了非洲各国人民的热情支持，也赢得了世界上许多爱好和平国家人民的同情。为支持南非黑人为争取种族平等的斗争，在 1986 年 10 月召开的第 25 届国际红十字大会上，由于南非白人政权所奉行的种族隔离政策根本违背了国际红十字运动的宗旨和人道主义的基本原则，众多非洲国家提议，要求大会终止南非政府代表团参加大会的资格。会上，钱嘉东大使代表中国政府和中国红十字会代表团热烈支持此项提议，指出：“比勒陀利亚政权对南非黑人犯下的罪行是对人类尊严和国际正义的挑战，它的所作所为与红十字原则和人道主义精神完全背道而驰，并激起了国际社会的极大义愤。假如大会对此熟视无睹，那就有损于红十字运动的声誉。”中国代表的发言赢得了大多数代表的赞同。在中国等国的支持下，该项提议获得通过，南非代表被逐出大会。参见王小华：《为人道而团结——记第 25 届国际红十字大会》，《中国红十字报》1987 年 1 月 5 日。

② 中国红十字会总会编：《中国红十字会的九十年》，中国友谊出版公司 1994 年版，第 284—285 页。

③ 中国红十字会总会编：《中国红十字会的九十年》，中国友谊出版公司 1994 年版，第 285 页。

④ 孙柏秋主编，池子华、杨国堂等：《百年红十字》，安徽人民出版社 2003 年版，第 677 页。

际会议，一次比一次有进步，现在，我们真正听到了中国红十字会代表的声音。”[1] 1989 年 10 月，在日内瓦举行的红十字会与红新月会协会第 7 届大会上，中国红十字会以最多票顺利当选为协会副主席。当选举结果公布时，场上一片赞叹声和掌声，因为竞选的国家中只有中国突破 100 票，可以说是以最高票当选。“大会共同的心愿是希望中国能在协会不负众望，发挥更大的作用”[2]，“这是我国红十字发展史上的一件大事，标志着我国红十字事业已经进入一个新的历史阶段；标志着我国红十字会的国际威望不断提高”[3]。

二、率先适应国际格局的转换

20 世纪 80 年代末，东欧剧变，两极对立的格局正在解体，世界多极化的发展趋势日益显现；与此同时，1989 年之后，国际上一些国家以人权为借口，纷纷中断与中国的友好关系，政府间的往来受到很多限制。在此关键时期，中国红十字会积极发挥自身独特的优势，在前期打下的坚实基础之上，活跃于国际舞台，率先适应国际格局的转换，为中国改革开放事业营造良好的环境与氛围，为中国适应并融入多极化的世界创造条件。

1989 年，中国发生的风波虽然迅速平息，但一些别有用心的人却利用变化的世界格局，以维护所谓的人权为借口，不断向中国施加各种压力，曾经活跃的官方对外友好交流也受到各种抵制，大有黑云压城之势。1992 年，中国共产党第十四次全国代表大会胜利召开，大会提出抓住机遇、加快发展的决策和战略部署，并确立社会主义市场经济体制的改革目标[4]，把提高综合国力、实现中华民族的伟大复兴作为主要任务。十四大开启了中国社会主义现代化建设的新时期，这就要求中国必须从“中国之世界”向“世界之中国”转变；从“局外者”向“局内者”转变[5]。中国红十字事业是“建设中国特色社会主义伟大事业的组成部分，必须紧紧跟随国家改革开放和进行现代化建设的步伐”[6]，“为提高中国红十字会在国际上的地位和影响服务，为中国

---

① 中国红十字会总会编：《中国红十字会的九十年》，中国友谊出版公司 1994 年版，第 285 页。

② 孙柏秋主编，池子华、杨国堂等：《百年红十字》，安徽人民出版社 2003 年版，第 659 页。

③ 《中国红十字报》1989 年 12 月 5 日。

④ 《1992 年十四大提出建立社会主义市场经济体制》，人民网，2008 年 3 月 12 日。

⑤ 门洪华：《国际机制与中国的战略选择》，《中国社会科学》2001 年第 2 期，第 181 页。

⑥ 顾英奇：《坚持依法建会　加大改革力度　将中国红十字事业全面推向二十一世纪——在中国红十字会第七次全国会员代表大会上的报告》（1999 年 10 月 11 日），《中国红十字会第七次全国会员代表大会文件汇编》，1999 年内部印行，第 34 页。

红十字会国内重点工作服务，为国家民间外交工作服务”[①]。

1989 年适逢国际红十字运动 125 周年，世界各地纷纷开展活动进行纪念，中国红十字会也开展了形式多样、丰富多彩的纪念活动，重点是大力宣传国际人道法，以扩大红十字运动在中国的影响，争取更多的人了解并支持红十字事业，并以国际人道法为准绳，积极开展各项红十字外交活动。当年 5 月 27 日，国务委员李铁映发表电视讲话，指出：中国“愿意同各国红十字会、红新月会和红十字国际组织一道更加积极地行动起来，广泛传播国际人道主义法，为促进国际人道主义法的实施做出更大的努力”[②]。这充分表达了中国政府、中国红十字会对人道主义、人道法的尊重与关切。

1989 年是中国红十字会成立 85 周年，也是国际援华医疗队来华参加抗战救护 50 周年。1939 年，国际援华医疗队在人道主义指引下，冲破重重阻力来到中国，在艰难困苦的环境中，与中国人民并肩战斗，为中国取得抗战的胜利贡献了力量，为世界和平付出了努力。1989 年 11 月 7 日，中国红十字会举行仪式，授予 50 年前率队来华的国际援华医疗队保加利亚医学教授甘扬道中国红十字会“荣誉会员”[③] 称号，近百位各界人士参加；随后，中国红十字会总会还召开了以“人道・友谊”为主题的座谈会[④]。中国红十字会向国际友人授予“荣誉会员”的称号和举行座谈会，诠释了本年度世界红十字运动“保护人类生命”的主题，显示了中国对生命的尊重和对人道主义的重视；也向世界表明，人道主义不仅可以获致和平，更能赢得各国人民之间的友谊与尊重，其是构建和谐世界的一个重要组成部分。

正是在此基础之上，1989 年风波之后，中国红十字会的外事活动畅行无阻。例如，1989 年 8 月，中国红十字会名誉会长钱信忠率团出访朝鲜，受到朝鲜红十字会中央委员会委员长孙圣弼的热烈欢迎。朝鲜劳动党中央政治局委员、党中央书记许锬会见了代表团。许锬在高度评价中国坚持高举社会主义革命旗帜，使生产、生活走上正轨之后，表示“两国红十字会之间的友谊和友好合作是很重要的。红十字会在人道主义方面有着大量的工作，进一步发展这种友好合作关系，我们将为世界和平事业做出更大贡献”[⑤]。

---

① 顾英奇：《依法建会　依法兴会　建设有中国特色的红十字事业——在中国红十字会第六届二次理事会议上的工作报告》（1995 年 4 月 11 日），《中国红十字会第六届二次理事会议文件汇编》，1995 年内部印行，第 35 页。

② 《纪念国际红十字和红新月运动 125 周年》，《中国红十字报》1989 年 7 月 5 日。

③ 于长洪：《保加利亚医学教授甘扬道成为我红十字会荣誉会员》，《人民日报》1989 年 11 月 8 日。

④ 《总会召开欢迎甘扬道夫妇座谈会》，《中国红十字报》1989 年 12 月 5 日。

⑤ 《钱信忠名誉会长率团访问朝鲜》，《中国红十字报》1989 年 10 月 5 日。

1989 年 9 月，缅甸红十字会代表团应邀来华访问，并参加了中国国庆 40 周年庆祝活动，双方表示，要在“国际红十字运动中相互支持、密切合作”①。

1990 年 5 月，应美国国际援助公司的邀请，中国红十字会副会长孙柏秋率团访美。访美期间，代表团还访问了美国红十字会总部②。

1990 年 7 月，以副秘书长曲折为团长的中国红十字会代表团首次对蒙古红十字会进行友好访问。代表团在访问期间，分别拜会了蒙古红十字会会长苏来、达尔汗市市委书记包力德、蒙中友协副主席艾尤尔扎那、国家卫生社会福利部长尼玛达瓦等，并进行了友好交谈，双方就共同关心的问题交换了意见，表示要进一步加强相互往来与合作③。1991 年 8 月，登布日勒达西副会长率蒙古红十字会代表团应邀对中国红十字会进行友好访问，中国红十字会副会长孙柏秋、副秘书长曲折会见了全体成员。双方之间的友好交往促进了中蒙睦邻友好关系的发展，为中蒙两国关系的恢复铺平了道路。

1990 年 9 月，首次中国红十字展览在意大利国际红十字博物馆隆重开幕，原意大利议长夫人范范尼、意大利红十字会特派员路易·季贾尼科以及意大利各地红十字会负责人等 300 多人出席了开幕式。在参观展览的过程中，范范尼及意大利红十字会负责人一再表示，愿加强同中国红十字会的合作④。

综上，朝鲜、缅甸、蒙古是中国的邻国，美国是超级大国，意大利是欧洲的大国，中国红十字会通过这些友好往来，既加深了同周边国家的友谊，又为继续保持和发展同世界各国红十字会的友好关系拓宽了道路。

1991 年苏联的解体，标志着两极对立格局的终结。为应付突如其来的局面，使中国自如地应对并适应变化了的格局，中国红十字会做出了切实的努力。苏联是个军事大国，解体后，新成立的独联体动荡不定，容易造成大规模杀伤性武器（包括核武器）的流失，引发世界安全问题。对此，中国红十字会从人道主义出发，于 1992 年 3 月，通过中国驻俄罗斯大使馆向乌克兰赠送了一批药品，以帮助消除切尔诺贝利核电站事故所造成的后果⑤，一方面表示对这些问题的关切，另一方面也是加强同这些国家的联系。事实证明，这些联系为中国以后顺利实现与这些国家建立外交关系打下了比较好的基础。

对于原东欧各国，中国红十字会积极开展工作，取得了良好的效果，这

---

① 《缅甸红十字代表团访问我国》，《中国红十字报》1989 年 11 月 5 日。

② 《我红会代表团访美》，《中国红十字报》1990 年 7 月 5 日。

③ 《中国红十字会代表团首访蒙古》，《中国红十字报》1990 年 9 月 5 日。

④ 《中国红十字展览在意大利隆重开幕》，《中国红十字报》1990 年 10 月 5 日。

⑤ 《我向乌克兰等国赠物品》，《参考消息》1992 年 3 月 22 日。

从中国红十字会同罗马尼亚红十字会的关系中可见一斑。在原东欧社会主义国家中，罗马尼亚同中国的关系较好，1989 年 5 月 30 日，罗马尼亚红十字会代表团应邀来华访问，但半年之后的 12 月 22 日，罗马尼亚发生政变。在此微妙的时刻，12 月 26 日下午，中国外交部副部长田曾佩会见罗马尼亚驻华大使米库列斯库，告之中国红十字会决定向罗马尼亚提供紧急人道主义援助，并表示中国人民对罗马尼亚人民一直怀有友好的感情，尊重罗马尼亚人民的选择。中国政府愿在和平共处五项原则的基础上继续同罗马尼亚保持和发展友好关系①。罗马尼亚虽然发生了政权更替，但中罗红十字会之间的联系一直是畅通的。例如，1994 年、1995 年中国援助南斯拉夫难民的食品及药品，由于不能直接运送，都是经过罗红十字会的帮助，由布加勒斯特转运。正是在这样的基础上，1995 年 10 月，罗马尼亚红十字会主席尼古拉・尼科阿拉应中国红十字会钱正英会长邀请，来华访问，双方就立法、救灾、宣传、国际交流等问题进行了交流②。随后，中国红十字会常务副会长顾英奇，借参加第 26 届红十字会与红新月会国际大会之机，于当年 12 月 2 日与罗马尼亚红会主席尼古拉・尼科阿拉在日内瓦签署双边合作与交流协议书，决定依照中罗两会之间传统的友好关系及红十字运动的有关章程，开展两会之间的合作与定期互访，从而使两国红十字会友好关系进入一个新的阶段③。

值得一提的是，1991 年 7 月底，应韩国红十字会的邀请，由副秘书长曲折率领的中国红十字会代表团对韩国进行了为期一周的考察访问。“这是中国红十字会首次访问韩国。这次访问使中韩两国红十字会开始了正式联系，对促进中韩两国的建交具有重要的历史意义”④。同年 10 月，曲折副秘书长率中国红十字会代表团访问朝鲜，这就为中韩建交进一步扫清了障碍。1994 年，顾英奇副会长坦言：“在中韩两国建交前我会就组团出访了韩国红十字会，通过互访，增进了了解和友谊，较好地发挥了人民外交的作用”⑤。1995 年 10 月，中国红十字会会长钱正英应韩国红十字会的邀请，率中国红十字会代表团参加韩国红十字会成立 90 周年庆祝活动。访问期间，钱正英会长与韩国红

---

① 《我红十字会提供紧急人道主义援助》，《人民日报》1989 年 12 月 27 日。

② 《钱正英会长顾英奇常务副会长分别会见罗马尼亚红十字会代表团》，《中国红十字报》1995 年 10 月 13 日。

③ 《中罗红会双边合作与交流协议书签署》，《中国红十字报》1995 年 12 月 8 日。

④ 池子华、郝如一主编：《中国红十字历史编年，1904—2004》，安徽人民出版社 2005 年版，第 296 页。

⑤ 顾英奇：《认真实施红十字会法　努力发展中国特色的红十字事业》（中国红十字会第六次全国会员代表大会工作报告），中国红十字会总会编：《中国红十字会历史资料选编，1950—2004》，民族出版社 2005 年版，第 292 页。

会会长姜英勋进行了友好会谈，并代表两国红会签署《中韩两国红十字会六年合作计划协议书》。韩国总理李洪九、副议长李汉东会见了钱正英会长①。钱正英会长访韩，深化了中韩两国红十字会之间的友好合作关系，有助于促进中韩友好关系的发展。

三、举办第4届亚太区域大会

在与国际红十字组织的联系与交往中，中国红十字会注重加强履行联合会副主席的职责，尽力融入其中并积极推动国际红十字运动的健康发展。1985年6月，国际红十字常设委员会主席阿布古拉和红十字会与红新月会协会主席德拉玛塔应邀访问中国，受到中国红十字会名誉会长赵朴初的会见，客人表示，“国际红十字组织将进一步加强和密切与中国红十字会的合作”②。1988年2月，红十字会与红新月会协会主席维拉罗尔·兰德尔一行3人来华访问，与中国红十字会就共同关心的国际红十字与红新月运动问题交换意见。10月，红十字国际委员会副主席莫里斯·奥贝尔一行5人访华，外交部部长钱其琛会见代表团全体成员。1991年11月，中国红十字会代表团出席了在布达佩斯举行的第8届国际联合会大会及其后的代表会议，在这些会议上，“中国红十字会根据国际红十字运动的实际情况和自己的实践经验，就九十年代发展战略的执行，红十字运动内部各组成部分之间的团结合作，发表了自己的意见，受到与会者的好评”③。

1992年9月，红十字国际委员会主席索马鲁加应邀访华，中国红十字会常务副会长顾英奇与其进行会谈，国务院总理李鹏接见索马鲁加一行。索马鲁加还与外交部、公安部、司法部及解放军总政治部负责人进行会晤，对中国政府和红十字会在履行日内瓦公约、红十字基本原则等方面所做的大量工作有了较为广泛深入的了解。

红十字国际委员会东亚地区代表处总代表孔培德、总代表隋纳启及代表傅天羽分别于1992年3月、9月访问中国红十字会，就该组织与中国红十字会之间合作的具体事宜进行磋商。国际联合会亚太部主任塔尔博特、审计部部长克雷毕于1992年10月来华进行业务访问。中国红十字会与两组织间的交往增进了相互了解，为今后的交流与合作奠定了良好的基础④。

---

① 中国红十字会总会：《中国红十字会年报》（1995年），内部印行，第22页。

② 池子华、郝如一主编：《中国红十字历史编年，1904—2004》，安徽人民出版社2005年版，第243页。

③ 中国红十字会总会：《中国红十字会年报》（1991年），内部印行，不著页码。

④ 中国红十字会总会：《中国红十字会年报》（1992年），内部印行，不著页码。

1994年5月，中国红十字会代表团赴日内瓦参加国际联合会执行理事会第35次会议，并与国际联合会秘书长乔治·韦伯、国际委员会副主席罗斯利斯伯格进行会谈。1995年5月，国际联合会秘书长乔治·韦伯和亚太部部长塔尔博特在结束朝鲜红十字会之行后访问了中国红十字会，与中国红十字会举行工作会谈。钱正英会长会见了韦伯一行。

通过这些友好往来，拓展了中国红十字会同两个国际红十字组织之间的友谊，有助于促进国际红十字运动的健康发展。

中国红十字会利用参加各种国际会议的机会，反复阐明中国红十字会对发展国际红十字运动的观点、建议，有些重要的意见得到了国际上的重视。例如，在1989年10月举行的国际红十字会与红新月会协会第7届大会上，中国红十字会作为“协会九十年代战略委员会成员”之一，在讨论制定90年代发展战略的过程中发挥了重要作用并当选为协会副主席。1992年9月，中国红十字会常务副会长顾英奇、副会长吴常康应邀出席在斯威士兰召开的红十字会与红新月会国际联合会第3届泛非地区会议，就非洲地区红十字会90年代工作重点、加强地区合作等问题进行探讨。总之，通过这些外交活动，中国红十字会已成为国际红十字运动中“比较活跃的一员”[①]。

由于中国红十字会在维护与促进世界和平中的地位与作用日益彰显，中国红十字会的国际威望与日俱增，为国际联合会第4届亚太区域会议在中国的召开准备了条件。

1993年5月24日，红十字会与红新月会第4届亚太区域大会在北京隆重召开。在历时6天的会议中，来自亚太区域和世界各国的红十字会代表团及观察员100多人，分备灾、发展和卫生3个委员会，就共同关心的问题进行热烈的讨论，同时对国际社会所面临的人道危机、国际红十字运动的重大问题，特别是国际联合会90年代战略工作计划等进行了广泛的探讨。在中国红十字会的努力下，大会通过了《北京宣言》。

《北京宣言》作为亚太地区各国红十字会的纲领性文件，致力于解决本地区面临的主要问题，它的签署对提高亚太地区国家、地区红会的合作与整体作用，加强这一地区的抗灾能力，减轻人类所遭受的苦难意义重大。在《北京宣言》的指导下，至1996年，国际联合会亚太各国红十字会的工作已取得

① 谭云鹤：《振奋精神　群策群力　把建设具有中国特色的红十字事业继续推向前进》，中国红十字会总会编：《中国红十字会历史资料选编，1950—2004》，民族出版社2005年版，第208页。

了丰硕的成果[①]。在1996年11月召开的国际联合会执委会会议上，“与会代表普遍认为1993年5月由中国红十字会在北京组办的第4届亚太地区红十字会与红新月会会议非常成功，是地区性会议的一个范例。该次会议通过的《北京宣言》在地区发展工作中起着里程碑的作用，是其他地区会议参照学习的一个成功模式”[②]。

红十字会与红新月会国际联合会第4届亚太区域会议是国际红十字组织第一次在中国境内举行的重要国际会议，是国际红十字运动史上的大事，更是中国红十字运动史上的盛事。为办好此次会议，会前，中国红十字会多次同国际联合会进行协调与沟通，并请国际联合会相关人士前来指导。这种办会方式，体现了会议的开放性与透明度，赢得了广泛认可，密切了中国红十字会与国际联合会之间的关系，为会议的顺利举行做好了充分准备。会议的成功举办，“向世人展示了改革开放后中国红十字会新的风貌和实力，进一步扩大了中国红十字会在国际上的影响”[③]。同时，这也是中国外交史上的一件大事。东欧剧变、苏联解体，在世界格局转换之际，虽然中国平稳、妥善地应对了国际格局的飙转豹变，但也面临着西方一些国家施加的强大压力。成功举办国际联合会第4届亚太区域会议无疑展示了中国良好的形象，为突破西方封锁、加强与扩大中国同世界各国及各国人民之间的友好交流与合作提供了新的契机。

四、依法外交

冷战结束后，国际格局发生了重大变化，国际人道需求更为多样，红十字人道外交空间进一步扩大。1989年，中国红十字会当选为红十字会与红新月会协会副主席，成为国际红十字组织的重要成员。因此，制定一部红十字法，明确红十字会的独立法人地位，是遵循国际红十字和红新月运动的基本原则、依法履行我国参加日内瓦公约的迫切需要。

1993年制定的《中国红十字会九十年代工作纲要》提出，要“扩大红十

① “国际联合会亚太部塔尔·博特最近总结了国际联合会与亚太各国红十字会在贯彻《北京宣言》方面所取得的进展，这些进展是：建立了工作组审议合作进程的发展框架；扩大了联合会亚太地区代表团的规模；由澳大利亚红会召开了第二次国际人道主义法地区会议；亚洲地区急救标准课程得以发展，相继出版了课程手册；建立了亚洲红十字与红新月艾滋病预防工作协调组织——这是世界上第一个预防艾滋病工作的跨国项目；在本地区红会中加强了初级卫生工作；增强了本地区红会间的资源和人力交流与合作”。参见宣肖：《国际联合会亚太部长近日总结贯彻〈北京宣言〉所取得的进展》，《中国红十字报》1996年4月5日。

② 王小华：《中国红十字会代表团出席国际联合会执行理事会会议》，《中国红十字报》1996年11月22日。

③ 孙柏秋主编，池子华、杨国堂等：《百年红十字》，安徽人民出版社2003年版，第664页。

字领域的对外开放”，“要认真学习其他国家红十字会先进经验，扩大红十字领域的国际交往与合作，争取一些外援”，“要积极参与国际红十字运动，注意响应国际联合会的呼吁，尽我们的力量向联合会的救济项目捐款或捐物，向遭受各种灾害的姊妹红十字会提供力所能及的援助”，以“提高中国红十字会在国际红十字运动中的作用”①。

在随后制定的《关于深化红十字会工作改革的几点意见》中，中国红十字会再次指出：“红十字会的国际工作要不失时机地进一步扩大对外开放，不断发展双边和多边的对外合作与交流，认真学习和研究兄弟国家红十字会的先进经验，积极引进更多的资金、技术和装备，以增强我会的力量。同时，我们也要尽自己的力量，积极地参与国际红十字运动，支持国际联合会的工作，向遭受各种灾害国家的红十字会提供帮助。根据现状和今后的任务，要认真研究国际合作的趋势和可能性。对较好而又有可能成功的双边或多边合作项目进行深入准备，争取实现。”②

1993 年，第八届全国人大常委会第四次会议通过并公布了《中华人民共和国红十字会法》，明确“中国红十字会遵守宪法和法律，遵循国际红十字和红新月运动确立的基本原则，依照中国参加的日内瓦公约及其议定书和中国红十字会章程，独立自主地开展工作”，“中国红十字会根据独立、平等、互相尊重的原则，发展同各国红十字会和红新月会的友好合作关系”③，从法律上廓清红十字会对外开放之路。

从此，中国红十字会依法独立参与国际红十字运动及有关活动，积极担负起与大国地位相称的责任。

第四节　担负起大国红会的责任

冷战结束后，随着世界多极化的发展，“各国相互联系、相互依存和利益交融达到了前所未有的程度，要和平、谋发展、促合作已成为不可阻挡的时

① 《中国红十字会九十年代工作纲要》，中国红十字会总会编：《中国红十字会历史资料选编，1950—2004》，民族出版社 2005 年版，第 251—253 页。

② 《关于深化红十字会工作改革的几点意见》，中国红十字会总会编：《中国红十字会历史资料选编，1950—2004》，民族出版社 2005 年版，第 259 页。

③ 《中华人民共和国红十字会法》，中国红十字会总会编：《中国红十字会历史资料选编，1950—2004》，民族出版社 2005 年版，第 274 页。

代潮流”[①]。但是，随着全球化的加速，传统与非传统的人道危机呈现出相互交织的现象。我们既要面对局部战争、武装冲突、自然灾害等传统的人道威胁，更要应对气候变化、环境恶化、粮食、水和能源危机、公共卫生、恐怖主义、核威胁、人口迁移等非传统的人道挑战。人道工作与各类安全问题的联系越来越紧密，例如，“水资源安全”“能源安全”“环境安全”“卫生安全”等，人道工作已经上升到国家安全和国际安全的高度，人道工作和安全议题挂钩成为全球化现象[②]，从而导致“国内问题和国际问题之间的界限越来越模糊”[③]，“内政和外交之间已不存在不可逾越的界限，国内问题国际化和国际问题国内化两种趋势交织发展”。这就迫切需要国际社会加强协商、扩大合作、共迎挑战。

根据形势发展，红十字国际委员会提出把工作领域逐步从“战争救护”向“灾难救济”发展，其主要战略是：支持、资助一些国家成立备灾中心，加强备灾工作；与世界卫生组织协调，积极参与社区卫生工作（包括卫生知识教育、急救技能训练、输血以及防治艾滋病等）；配合其他社团救助孤儿、残疾人和贫困老人[④]。因此，1993 年制定的《中华人民共和国红十字会法》明确了中国红十字会的任务是：“保护人的生命和健康，发扬人道主义精神，促进和平进步事业”[⑤]，从而切实担负起大国红十字会的责任[⑥]。

一、备灾防灾减灾

1987 年 12 月，第 42 届联合国大会通过第 169 号决议，决定把从 1990 年开始的 20 世纪最后 10 年定为“国际减灾十年”。这与红十字运动的宗旨“保护人的生命和健康”相符。中国地域辽阔，地形复杂，气候多样，常常受到自然灾害的侵袭，造成生命财产损失。参与国际减灾工作，不仅是全世界各

---

① 唐家璇：《中国和平发展的理论任务》，《公共外交季刊》2011 年第 1 期，第 1 页。

② 赵白鸽：《中国人道事业的发展与未来》，《中国红十字报》2012 年 5 月 11 日。

③ 牛军主编：《后冷战时代的中国外交》，北京大学出版社 2009 年版，第 39 页。

④ 彭玉：《考察国际红十字组织的印象及启示——在中国红十字会第六届理事会第五次会议上的发言》（1998 年 4 月 1 日），《中国红十字会第六届理事会第五次会议文件汇编》，1998 年内部印行，第 77 页。

⑤ 《中华人民共和国红十字会法》，中国红十字会总会编：《中国红十字会历史资料选编，1950—2004》，民族出版社 2005 年版，第 274 页。

⑥ 2010 年，中国红十字会常务副会长王伟答记者问的中心内容是“担负起大国红会的责任”，3 月 12 日《中国红十字报》以此作为头版头条新闻的标题。这一醒目标题充分表达了广大中国红十字会工作人员、志愿者、热心和关注我国红十字事业发展的人们的心声，对中国红十字会在国际红十字和红新月运动中的作用给出了准确的定位。参见曹嵩生：《担负起大国红会的责任是我们共同的心声》，《中国红十字报》2010 年 6 月 4 日。

国的共同愿望，更符合中国的利益。

根据联合国的减灾决议，1989 年 4 月，中国成立了中国国际减灾十年委员会①，并制订了相应的计划。作为中国国际减灾十年委员会成员，中国红十字会积极参与减灾备灾工作，由此“可以得到其他国家红十字会或红新月会的大力支持，进一步扩大中国红十字会的灾害救助工作，使更多的受灾群众受益。同时，通过与国际联合会的合作，可以帮助中国红十字会的救灾工作与国际联合会救助工作的接轨”②。正如中国红十字会会长钱正英所说：“当今世界的特点是和平与发展密不可分，经济工作成为国际交往的主旋律。这个潮流和形势必然反映到红十字运动中来，我们要适应这个形势，拓宽国际交往的渠道，以增强中国红十字会的国内外开展救助工作的实力。”③ 中国红十字会遂根据国务委员李铁映关于“红会既然是社会团体，可以大胆仿效国际通行做法”的指示精神④，与国际红十字组织和各国红十字会紧密合作，筹建中国备灾救灾中心。

根据中国红十字会在第五次全国会员代表大会提出的“积极争取国际支援，逐步建立备灾救灾体制”的要求，结合中国红十字会多年救灾工作的实践和中国灾害频发的实际，1990 年 6 月，中国红十字会同国际红十字会与红新月会协会在北京举办中国红十字救灾工作研讨班，迈开了与国际红十字组织在备灾救灾领域合作的步伐。

1991 年 5 月，中国红十字会参照《红十字与红新月灾害救济原则与条例》，结合中国实际，制定《中国红十字会参与自然灾害救济工作的若干规定》（1992 年 12 月制定出《实施细则》），积极建构法律框架，理顺体制机制，参与救灾减灾工作。

1991 年 11 月，在布达佩斯举行的第 8 届国际联合会大会及其后的代表会议上，中国红十字会代表团根据国际红十字运动的实际情况和中国红十字会的实践经验，就 90 年代发展战略的执行发表意见，受到与会者的好评⑤。接着，根据 1992 年 5 月第 29 次红十字国际联合会执行理事会通过的《九十年代战略工作计划》，中国红十字会于 1993 年初制定《中国红十字会九十年代

① 中国国际减灾十年委员会于 1989 年 4 月成立，2000 年 10 月更名为中国国际减灾委员会，2005 年 4 月更名为国家减灾委员会。

② 杨绪生：《充分发挥人道主义助手作用》，《中国红十字报》2003 年 10 月 10 日。

③ 钱正英：《弘扬人道主义精神　发展红十字事业——纪念五·八世界红十字日》，《中国红十字报》1996 年 5 月 3 日。

④ 中国红十字会总会编：《中国红十字会的九十年》，中国友谊出版公司 1994 年版，第 278 页。

⑤ 中国红十字会总会编：《中国红十字会年报》（1991 年），内部印行，不著页码。

工作纲要》，提出把救灾备灾中心的建设作为90年代的重点工作。

为提高救灾工作的应急能力和效能，中国红十字会提出按中国大陆地理分布，建立6个区域性备灾救灾中心的计划，并吁请国际联合会的帮助与支持。随即，国际联合会向有关国家红十字会吁请，支持中国红十字会建立备灾救灾体系。由于中国红十字会备灾救灾中心建设的“计划富有开拓性，符合国际联合会90年代战略工作计划的精神”[①]，因而得到日本、美国、加拿大、德国等国的红十字会的响应，中国红十字会救灾备灾中心规划得以逐步实施，至1997年建成杭州、湖北孝感、沈阳、广州、成都、西安等6个备灾救灾中心，初步形成覆盖全国的备灾救灾网络。

为使备灾救灾工作做得更加充分完备，1997年6月，中国红十字会代表团应邀赴日内瓦，参加国际联合会召开的有12个捐款国家和地区红十字会的代表参加的“中国备灾救灾工作圆桌会议”[②]。2014年8月，国际联合会秘书长 Elhadj Amaduo G Sy、亚太地区主任 Jagan Chapagain 等视察上海市红十字备灾救灾中心，Elhadj Amaduo G Sy 秘书长在视察该中心计算机教室时，欣然在黑板上写下了“Thank you to Shanghai Red Cross for excellent work!”（感谢上海市红十字会的出色工作!）

中国是世界大国，也是世界上人口最多的国家，中国红十字会积极参与国际合作，做好防灾减灾工作，减轻灾害给广大人民群众造成的损失与危害，提高其物质、文化生活水平，使其安居乐业，也是对世界和平与稳定的贡献。“备灾救灾中心建设是提高抗灾救灾能力的有效措施，是红会对国家备灾救灾工作的重要贡献”[③]。

中国红十字会在同各国红十字会及世界红十字组织合作筹建这些备灾救灾中心的过程中，密切了彼此之间的友好关系。例如，中美两国红十字会以合作建设广州备灾救灾中心为契机，加强和深化了彼此之间的联系与友谊，并使得此后双边合作得到进一步的发展和扩大。2003年10月，彭珮云会长应邀访问美国红十字会，双方还签署了合作备忘录，从而“掀开了中美两国红十字会友好合作的历史新篇章”[④]。

---

① 顾英奇：《抓住时机　努力开拓　争取新的更大胜利——在中国红十字会第五届四次理事（扩大）会议上的工作报告》（1993年1月30日），《中国红十字会第五届四次理事（扩大）会议文件汇编》，1993年内部印行，第15页。

② 中国红十字会总会：《中国红十字会年报》（1997年），内部印行，第26页。

③ 陈敏章：《在中国红十字会第五届四次理事（扩大）会议开幕式上的讲话》（1993年1月30日），《中国红十字会第五届四次理事（扩大）会议文件汇编》，1993年内部印行，第7页。

④ 《共同掀开中美两国红十字会友好合作的历史新篇章》，《中国红十字报》2003年10月24日。

中国红十字会同国际联合会的合作，也得到了国际联合会的肯定与赞赏。1996年，国际联合会秘书长乔治·韦伯来中国访问时就表示："国际联合会与中国红十字会的友好关系与合作是具有代表性的典范，愿意继续加强与中国红十字会的合作与发展。"① 中国红十字会与国际红十字组织合作筹建备灾救灾中心也是对《北京宣言》提出的"合作的战略"，以及"发展、备灾、卫生"三个具有内在联系的中心问题的逐步实现，为中国减少意外灾害造成的损失做出了贡献，为顺利推进各项经济建设提供了保障。

进入21世纪以来，中国先后遭受了汶川地震、舟曲泥石流等意外灾害，严重的自然灾害表明，"灾害预防"仍是任重道远。2011年，日本地震引发了核泄漏，意外的"核灾"引起世界广泛的关注与重视。2011年10月25日，中国红十字会常务副会长赵白鸽在会见国际联合会东亚地区代表处主任马丁·法勒时就强调："目前中国红十字会正在积极推动改革，以适应社会发展的需要。中国红十字会将由灾害救助更多地转向灾害预防，通过宣传教育提高民众的防灾备灾意识，真正实现'挽救生命'的愿景。"② 2012年5月，中国红十字会秘书长王汝鹏应邀出席在日本东京召开的"国家红十字会核灾害防备国际研讨会"，他在代表中国红十字会的发言中指出："我们也应当看到，潜在的核灾害人道危机形势依然严峻。中国政府一贯重视核安全问题，并积极采取措施提高整体核安全水平。"他表示，作为国际红十字运动的重要成员，中国红十字会将与国际联合会、各国红十字会一道，积极参与和应对非传统人道危机给我们带来的新挑战，努力为国际红十字运动的新发展做出应有的贡献③。

在2014年6月于泰国曼谷举办的第6届亚洲部长级减灾大会（6th AMCDRR）上，中国红十字会积极响应《亚太2014年减轻灾害风险曼谷宣言》，以推动全球减灾蓝图《兵库行动纲要》的实施；同时，中国红十字会承诺：进一步加强基层社区减灾能力，加强投入，加强与私营机构在减灾方面的合作④。

在对外灾害救助方面，中国红十字会更是积极参与，捐款捐物，甚至出动救援队亲临现场，协助救灾。正如2010年中国红十字会常务副会长王伟所

---

① 《钱正英会长亲切会见韦伯先生》，《中国红十字报》1996年6月7日。

② 池子华、邓通主编：《中国红十字历史编年，2010—2014》，合肥工业大学出版社2016年版，第114页。

③ 《王汝鹏出席"国家红会核灾害防备国际研讨会"》，中国红十字会网，2012年5月19日。

④ 池子华、邓通主编：《中国红十字历史编年，2010—2014》，合肥工业大学出版社2016年版，第237页。

说："改革开放30年来，我国的经济实力和综合国力有了很大提高，中国红十字会的社会影响力和救助实力也逐步增强。国际联合会和发展中国家红会对中国红十字会的要求也随之逐步提高。特别是当国际上发生严重自然灾害时，希望中国红十字会承担相应国际责任和人道主义援助义务的呼声也在增高。从履行红十字会的国际义务，密切我国同第三世界发展中国家和周边国家的友好合作互助关系的角度而言，中国红十字会也应当积极发挥在国际救援中的作用。"① 2000年以后，在世界上历次较大的灾害中，中国红十字会都做出了积极的努力，如印度洋大海啸、菲律宾风灾、日本核灾和智利震灾等，充分展现了一个大国红十字会高度负责任的形象（具体见后文论述）。

二、合作防治艾滋病

艾滋病被称为"世纪瘟疫"，是当今世界医疗界的头号难题。艾滋病自出现以来，迅速蔓延，成为威胁人民生命健康的"杀手"，日益受到世界各国、各地区的高度关注，联合国秘书长安南对此的评断："人类正面对着两个威胁：恐怖主义和艾滋病。与恐怖主义相比，艾滋病夺走了更多人的生命。"据统计，1995年全世界艾滋病患者新增130万人；至1995年年底，全球艾滋病患者总计有580万人，而感染者（携带病毒但尚未发病者）有2200多万人，女性感染者为880万人，还有100多万儿童感染了艾滋病毒。此外，全世界因艾滋病失去双亲的孤儿已达500万②。中国艾滋病发病人数也呈持续增长趋势。2006年，中国艾滋病死亡率已超过乙肝，成为传染病死亡最主要的杀手③。

在2000年9月召开的联合国千年首脑大会上，联合国秘书长安南在报告中引用了1999年盖洛普国际主持的对60个国家5.7万名成人进行的一次千年调查结果，强调"世界各地的人民都认为身体健康和家庭幸福比任何其他东西更宝贵"④。身体健康与家庭幸福是全球普遍关注的问题，更是从事人道主义工作的红十字组织所关心的问题，因为艾滋病的广泛流行是一种人道危机，艾滋病防治涉及红十字运动基本原则中的三项："人道——努力预防并减轻人类遭受的苦难；公平——努力无歧视地减轻个体的痛苦；志愿服务——志愿

① 转引自曹嵩生：《担负起大国红会的责任是我们共同的心声》，《中国红十字报》2010年6月4日。

② 张田勘：《从11届世界艾滋病大会看艾滋病防治》，《中国红十字报》1996年9月6日。

③ 《惊闻艾滋病死亡人数超乙肝》，《江南时报》2006年2月16日。

④ 参见联合国秘书长在2000年9月联合国千年首脑会议上的报告：《我们民众：秘书长千年报告》，http：//www. un. org/chinese/aboutun/prinorgs/ga/millennium/sg/report/ch2. htm。

者没有受到私利的驱动。”① 而且红十字会有较为健全的组织网络和较高的社会诚信度、较为完善的管理体制、广泛的国际合作、灵活多样的工作方式，因此红十字会参与防控艾滋病责无旁贷，也容易形成防控艾滋病的合力。

1993 年通过的《北京宣言》要求“各国红十字会必须对预防和控制艾滋病毒感染这一优先工作的必要性做出评估，必须积极参与对艾滋病的防治，……反对歧视感染艾滋病毒的人是另一个工作重点”②。1994 年 8 月，国际联合会设立亚太地区艾滋病特别工作组，每年开会两次，共同讨论对艾滋病的防治。2002 年，国际联合会重新修订了艾滋病政策：“每个国家红十字会有责任在遵循联合会各项政策的前提下，明确自己在国家艾滋病项目中的作用”，红十字与红新月运动应“将艾滋病预防与关怀作为人道主义活动的核心责任之一。”③ 这表明，“预防和控制艾滋病是全社会的共同责任”④。

2005 年，国家主席胡锦涛批示：“艾滋病防治是关系我中华民族素质和国家兴亡的大事。”为更好地促进对艾滋病的防治，中国红十字会做了大量的工作：

第一，中国红十字会多次参与或召开国际会议，以推进艾滋病防治工作。

1991 年 3 月 14 日，中国预防和控制艾滋病国际合作会议在北京召开，来自 16 个国家和国际组织以及国内 24 个相关部委、社会团体和学术机构的代表参加，会议审议通过了《中国艾滋病预防和控制中期规划》。1992 年 11 月，中国红十字会参加了首届亚洲红十字会与红新月会艾滋病研讨会。

1996 年 5 月 8 日，中国首次举办了第 4 次国际联合会亚太地区艾滋病工作会议，原中央政治局常委、中国红十字基金会荣誉会长宋平亲切会见全体会议代表。宋平指出，艾滋病是可以预防的，有红十字会的积极参与，艾滋病是可以得到控制的⑤。

在中国红十字会的努力与推动下，1993 年《北京宣言》进一步强调对艾滋病预防与控制的国际合作，为使《北京宣言》得以贯彻落实，在国际联合会的推动下，“建立了亚洲红十字与红新月艾滋病预防工作协调组织——这是世界上第一个预防艾滋病工作的跨国项目”⑥。1999 年，中国红十字会再次推

---

① 《正视艾滋病　告诉你我他》，《中国红十字报》2003 年 5 月 2 日。

② 《北京宣言》，中国红十字会总会编：《中国红十字会历史资料选编，1950—2004》，民族出版社 2005 年版，第 262 页。

③ 《正视艾滋病　告诉你我他》，《中国红十字报》2003 年 5 月 2 日。

④ 《预防和控制艾滋病是全社会的共同责任》，《中国红十字报》2005 年 5 月 27 日。

⑤ 《第四次国际联合会亚太地区艾滋病工作会在京召开》，《中国红十字报》1996 年 5 月 17 日。

⑥ 宣肖：《国际联合会亚太部长近日总结贯彻〈北京宣言〉所取得的进展》，《中国红十字报》1996 年 4 月 5 日。

动《河内宣言》所强调的对“新出现的致命疾病和正以令人担忧的速度重新出现的旧的疾病”[①] 的关注。2001 年，中国红十字会和国际联合会在昆明共同举办“湄公河流域红十字会艾滋病预防控制和关怀研讨会”，努力促进地区间合作防治艾滋病。

第二，加强国际合作，推动与促进血液安全。

由于艾滋病毒主要是通过血液来进行传染的，因而保证用血安全便成为防控的关键。为此，中国红十字会自 80 年代开始便同日本、美国等国红十字会进行合作，加强技术交流，努力提高血液质量，保证用血安全。

第三，通过人道主义援助的方式，向有关国家和地区提供相关药物与用品，共同预防与治疗艾滋病。

中国红十字会多年来向周边国家提供了大量的预防与治疗艾滋病的药物与用品。例如，2010 年 7 月，中国红十字会应邀访问蒙古红十字会，蒙方希望在继续合作开展艾滋病预防项目的基础上，探索在更多领域进一步开展合作的可能。

第四，寻求国际合作，开展预防宣传及青年同伴教育等。

例如，2005 年，中国红十字会同澳大利亚、荷兰、加拿大、美国、挪威、瑞士、瑞典等国红十字会合作，在中国 22 个省（自治区、直辖市）开展预防控制艾滋病青年同伴教育。再如，2010 年 11 月，中国红十字会与美国红十字会合作开展“中国艾滋病预防与能力建设项目”，对 24 名同伴教育主持人进行了培训。

进入 21 世纪后，全球移民浪潮汹涌澎湃，再加之其他一些因素，艾滋病有进一步扩展的势头。有鉴于此，国际联合会于 2006 年发起成立艾滋病全球行动同盟。2007 年 6 月，中国红十字会在北京启动东亚地区艾滋病全球同盟。以此为起点，中国红十字会与国际奥委会、联合国艾滋病规划署、盖茨基金会合作，以参与奥运服务为契机，在运动员中推广艾滋病预防与关爱知识、与艾滋病感染者开展植树等活动[②]。在此基础上，中国红十字会积极推动成立“中国红十字会艾滋病全球行动同盟”。

2008 年 3 月 28 日，“中国红十字会全球艾滋病行动同盟计划”在北京正式启动，成为国际联合会在亚太地区开展的两个试点之一[③]。该计划旨在运用

① 《河内宣言》（第 5 届亚洲与太平洋地区红十字会与红新月会会议通过），中国红十字会总会编：《中国红十字会历史资料选编，1950—2004》，民族出版社 2005 年版，第 371—372 页。

② 中国红十字会总会编：《中国红十字会年报》（2007 年），内部印行，第 31 页。

③ 中国红十字年鉴编辑部主编：《中国红十字会通志，1904—2015》，中华工商联合出版社 2016 年版，第 221 页。

新的“行动模式”，创建一种新的可以“提升工作能力的框架”，使红十字会的艾滋病预防工作能够做得“更多”和“更好”；同时，加强同国内外其他从事艾滋病预防工作的单位和组织的联盟，整合各方面资源，提高工作效率和效益，服务更多的目标人群，从而达到控制艾滋病进一步传播的目的。中国红十字会会长彭珮云、国务院防治艾滋病工作委员会办公室常务副主任郝阳、联合国艾滋病规划署驻华代表施贺德博士、国际联合会秘书长艾滋病工作特使慕凯士，盖茨基金会中国首席代表叶雷等出席了中国红十字会艾滋病全球行动同盟启动会议暨防艾培训班开幕式。中国红十字会艾滋病全球行动同盟的启动，标志着中国红十字会艾滋病预防工作步入了一个新的阶段①。

改革开放以来，由于种种原因，中国艾滋病的发病率有日渐扩大的趋势，寻求与国际红十字组织及周边国家红十字会的合作，参与艾滋病的预防与控制，既是中国红十字会履行自身人道职责、保护人民身体健康、维护人类尊严的内在要求，也是中国红十字会努力促进世界和平友爱、促进共同发展的重要举措。通过艾滋病防治，中国红十字会不断深化国际合作，以期实现《中国红十字会九十年代工作纲要》提出的“改善‘最易受损害群体的境况’，逐步拓宽人道领域中的社会服务”② 的目标。防治艾滋病的国际合作也加强了中国红十字会同其他相关国际机构、国际组织的联系，合作逐步扩展到“联合国儿童基金会、联合国艾滋病规划署、澳大利亚国际发展署、欧洲前景集团等组织”③。2005 年 6 月，云南省红十字会荣获联合国防治艾滋病特殊贡献奖，联合国副秘书长、联合国艾滋病规划署执行主任彼得·皮奥特博士向云南省红十字会颁奖④，从而提高了中国红十字会在国际红十字运动中的地位，扩大了影响，树立了中国维护人权、热爱人道的国际形象⑤。

三、推动国际红十字运动深入发展

在推动国际红十字运动深入发展方面，中国红十字会的工作主要表现在以下三个层面：一是参与国际委员会和国际联合会的相关工作，积极争取，合理介入，推动红十字运动深入发展；二是继续承办红十字会与红新月会亚

---

① 《中国红十字会艾滋病全球行动同盟启动》，《中国红十字报》2008 年 4 月 1 日。

② 池子华、郝如一主编：《中国红十字历史编年，1904—2004》，安徽人民出版社 2005 年版，第 318 页。

③ 《中国红十字会举办对外交往与合作培训班》，《中国红十字报》2003 年 12 月 19 日。

④ 《云南省红十字会荣获联合国“防艾”特殊贡献奖》，《中国红十字报》2005 年 6 月 10 日。

⑤ “今天，中国日益融入世界。中国的国际形象不仅关系到中国的国际信用从而影响直接投资和对外贸易，而且从长远讲，与中国的‘软国力’密切相关，已经成为中国的无形资产”。参见王义桅：《公共外交：塑造中国国际形象》，《解放日报》2003 年 9 月 25 日。

太地区大会，以期推动国际红十字组织通过的相关决议能在亚太区域各国落实；三是以举办中非合作论坛为切入点，凝聚人道力量，深化国际交流。

（一）在国际联合会大会做出庄严承诺

为应对共同的人道危机，历次国际联合会大会都会确定一个主题。例如，1999 年，第 27 届大会的主题是“人道的力量”；2003 年，第 28 届的大会主题为“维护人类尊严”；2008 年，第 30 届大会的主题为“携手为人道”；2011 年，第 31 届大会主题为“共同的世界，你我的行动”。为宣示各国政府尊重并履行国际人道法的义务和决心，以及显示运动各方的团结和力量，国际大会号召与会各国政府和红十字会代表团依照大会宣言和行动计划的原则精神，结合实际情况和需要，做出专项承诺，提交大会秘书处收录并公布。

在这几届大会上，中国政府代表团和中国红十字会代表团均郑重递交了承诺书，表示要认真履行国际人道法和相关公约的义务，继续支持国际红十字运动的人道工作，在国内推动红十字事业全面发展，加强红十字会能力建设，更好地发挥红十字会在构建和谐社会、推动世界和平发展中的作用。

（二）进一步密切与国际联合会和国际委员会的关系

2000 年，国际联合会在北京设立东亚办事处；2003 年，中国红十字会与国际联合会东亚地区办事处建立了定期会晤制度①。2005 年，国际委员会也在中国设立东亚办事处。中国同国际红十字两组织之间的联系得以进一步强化。

2010 年 6 月，中国红十字会与国际委员会签署《中国红十字会与红十字国际委员会 2010—2012 年合作框架协议》，双方以《国际红十字与红新月运动基本原则》等文件为基础，同时参考《中国红十字事业 2010—2014 年发展规划》，在推动实施人道法传播等活动的过程中，注重加强中国红十字会各级组织的能力建设，促进中国红十字会与政府有关部门和专业研究机构的交流与合作，进一步推动中国红十字会与国际委员会在开展国际人道法传播、重建家庭联系、探索人道法等活动中的合作，使合作项目的实施更加规范化②。

（三）再次当选为国际联合会副主席

由于中国红十字会的影响与作用的日益扩大，2005 年 11 月，在韩国召开的第 15 届国际联合会大会上，中国红十字会以 136 票的绝对优势当选为联合

① 中国红十字会总会编：《中国红十字会年报》（2004 年），内部印行，第 32 页。
② 《中国红十字会与国际委员会签署框架协议》，中红在线，2010 年 6 月 11 日。

会领导委员会成员，随后参与并推动国际联合会第15届大会通过关于联合会改革的决议①。

2013年11月，在国际联合会第19届全体大会上，中国红十字会常务副会长赵白鸽以128票当选国际联合会副主席，成为这个重要国际组织的领导者。中国红十字会在推动中国走向世界、为中国争取更大国际影响力和话语权的征程上，再一次做出重要贡献。

（四）承办第9届红十字会与红新月会亚太地区大会

根据《红十字会与红新月会国际联合会章程》，地区大会原则上每4年召开一次，旨在促进地区内国家红十字会间的合作，共同探讨本地区各国红十字会共同关切的人道领域问题以及挑战，并为落实国际大会等法定会议决议建立地区性战略。

中国红十字会曾于1993年在北京承办了第4届亚太地区大会，并通过了《北京宣言》，对推进区域内各国红十字会合作起到了积极的作用。2010年，第8届亚太地区大会在约旦安曼召开，共有来自46个国家的200多名代表参会，大会通过了《安曼承诺》；鉴于中国红十字会在国际上的地位与影响，在此次大会上，国际联合会亚太地区副主席穆罕默德·艾哈迈迪提出，“希望中国红十字会承办2014年第9届亚太地区大会”②。经研究，从2012年开始，中国红十字会着手申办第9届亚太地区大会。2012年4月24日至25日，由国际联合会秘书处管理支持、政策执行和监督部部长Frank Mohrhauer、国际联合会亚太地区代表团合作事务部部长Sofia Stoimenova、国际联合会秘书处高级地区顾问Carine Layoun、国际联合会东亚地区代表处主任Martin Faller组成的评估小组，在北京对中国红十字会申办2014年第9届亚太地区大会的准备情况进行了评估考察。2014年3月，中国红十字会在云南举办亚太地区红会智库研讨会，来自南太平洋、东南亚、中东、远东、中亚的10位国家红十字会的会长、秘书长，以及国际联合会亚太地区代表团团长、中东北非区代表团团长出席会议，国际联合会主席近卫忠辉也专程到会，会议就10月在中国北京举行的亚太地区大会的主题和大会内容达成初步共识③，这为会议的成功召开奠定了基础。

2014年10月22日，第9届国际联合会亚太地区大会在北京开幕，大会

① 中国红十字会总会编：《中国红十字会年报》（2006年），内部印行，第23页。

② 中国红十字年鉴编辑部编：《中国红十字年鉴：2010/2011》，中华工商联合出版社2014年版，第329页。

③ 《亚太地区红会智库研讨会召开》，《中国红十字报》2014年3月25日。

的主题是“创新力、影响力、行动力：开启亚太新时代”。国际联合会副主席弗朗西斯科·卢卡、赵白鸽，秘书长哈吉·阿马杜·阿西，红十字与红新月常设委员会主席格雷格·维克里，国际委员会副主席克里斯蒂娜·伯莉等红十字组织代表和54个国家红十字会代表出席会议，探讨如何共同应对新形势下的人道需求和挑战，破解灾害管理难题，加强人道领域合作。会议经过认真讨论达成共识，形成《北京创新呼吁》成果性文件。此次地区大会对国际联合会和中国红十字会来说都是很重要的会议，有利于加深国际组织与各国红十字会在相关领域的交流与合作。

在10月25日于北京召开的东亚5国（中国、蒙古、朝鲜、韩国、日本）红十字会领导人会议上①，与会人员针对《北京创新呼吁》的成果和即将开展的行动进行了讨论，各参会国分别做主题发言。与会人员表示，未来将进一步相互学习，加强合作，尤其在备灾救灾、筹资和青少年志愿服务等方面开展合作②。

（五）举办中非合作论坛

中非人民在漫长的历史岁月中结下了深厚的友谊，当前在人道领域共同面对的挑战，迫切要求中非进一步拓展合作领域，在发展社会事业、改善民生、实施人道援助等方面加强务实合作。2012年5月8日，由中国红十字会、商务部、江苏省人民政府共同举办的中非国家红会合作论坛暨中非国家红会能力建设研讨班在江苏太仓开幕。全国人大常委会副委员长、中国红十字会会长华建敏，国际委员会总干事伊夫·达科尔，中国红十字会副会长郭长江、郝林娜、王海京，秘书长王汝鹏等出席活动。来自国际委员会、国际联合会、20多个国家和地区红十字会的代表，以及国内各省级红十字会、铁路系统红十字会和香港特别行政区红十字会的代表共500余人参加开幕式。本次活动的主题是“红十字——人道的力量”，旨在为中非国家红会在人道领域的高层交流与合作提供平台，分享和探讨相关经验与做法，加强双方在资源动员、备灾救灾、危机应对、志愿者管理等方面的交流与合作。会议围绕全球人道援助发展现状及趋势、非洲地区人道援助需求和行动、人道援助的资源筹集、红会的能力建设、合作伙伴关系建立、国际救援和中国红十字会灾害管理与国际工作等7个专题进行研究和探讨，寻找新的国际背景下中非红十字会在

---

① 东亚5国红十字会领导人会议是国际联合会主办的地区例会，每年召开一次，旨在为东亚地区5国红十字会领导人提供会晤和磋商的机会。

② 池子华、邓通主编：《中国红十字历史编年，2010—2014》，合肥工业大学出版社2016年版，第258页。

人道领域合作的新机遇和新途径，分享当今国际先进的人道救援理念及做法，并就中非双方共同关注的问题进行广泛交流，以推动中非人道领域的深入合作与国际人道领域的长远发展。

国际委员会总干事伊夫·达科尔、国际联合会东亚地区代表处主任范马丁、肯尼亚红十字会会长保罗·伯雷奇等对中国红十字会在积极履行国际责任、推动国际交流合作方面做出的努力给予了肯定。他们认为，在当前全球人道挑战日益增多的形势下，加强各国红会在人道领域的国际合作，有助于进一步提高能力，更好地发挥国家红会在人道领域的作用①。

2013 年 5 月 13 日，“发展与人道”中非合作部长级研讨班在北京举行，这是中国红十字会第二次召集各国红十字会和红新月会的代表以及来自非洲国家的政府官员齐聚一堂。此次研讨旨在通过政府、红十字会、国际组织等不同角度对这一主题进行深入讨论，为人道领域的交流合作搭建高层次的国际平台，分享国际上的先进经验、理念和观点，共同推动中国和非洲红十字运动的发展与国际合作。国际委员会主席彼得·莫雷尔，国际联合会秘书长比开利·格雷塔，联合国开发计划署驻华代表罗黛琳应邀出席②。

（六）人道主义事业是全人类共同的事业

中国红十字会在力所能及的范围内履行国际责任和义务，“为国际人道主义事业做出了更大贡献”③。2011 年 8 月，红十字国际委员会主席克伦贝格尔访华，对中国红十字会在人道领域取得的巨大成就表示赞赏。他说，中国红十字会是红十字国际大家庭中的重要一员，是国际红十字运动的有力支持者和推动者④。克伦贝格尔对中国红十字会的评价非常中肯。尤其是 2012 年以来，中国红十字会以中非合作论坛为契机，逐步建立中国与非洲、中亚和亚太地区国家红会合作战略与交流平台，积极配合国家总体外交，加强国际援助的战略规划，确立中国红十字会以非洲和中亚、亚太地区为主开展人道合作的战略布局⑤，自觉融入“一带一路”倡议，为早日实现中华民族伟大复兴的“中国梦”积极贡献力量。

---

① 《深化国际交流　凝聚人道力量》，《中国红十字报》2012 年 5 月 11 日。

② 参见《“发展与人道”中非合作部长级研讨班 13 日开班》，中国政府网，2013 年 5 月 16 日；《“发展与人道”中非合作部长级研讨班在京举行》，新华网，2013 年 5 月 13 日。

③ 《习近平会见红十字国际委员会主席》，中国新闻网，2013 年 5 月 13 日。

④ 《华建敏会见红十字国际委员会主席克伦贝格尔》，中国红十字会网，2011 年 8 月 25 日。

⑤ 中国红十字年鉴编辑部主编：《中国红十字会通志，1904—2015》，中华工商联合出版社 2016 年版，第 224 页。

第五节　中国红十字外交及其特点

中国红十字外交的历史，是一部改善国际间最易受损害人群的境遇、维护人的尊严的历史，是一部中国人民通过红十字组织与世界各国人民加强联系、交往并加深友谊的历史，亦是一部中国人民通过红十字运动促进世界和平与发展的历史。

由此可见，红十字外交，就是在人道主义指引下，以红十字会名义开展的努力改善国际间最易受损害人群的境遇、维护人类尊严、积极促进国际合作与友好交流、共同促进世界和平与发展的各项活动。中国红十字外交，就是在人道主义指引下，中国红十字会以中国政府所签署并履行的国际人道法为依据，积极开展的努力改善国际间最易受损害人群的境遇、维护人的尊严、积极促进国际合作与友好交流、推动国际红十字运动健康发展、共同促进世界和平与发展的各项活动。显而易见，中国红十字外交具有如下特点。

一、政府外交的“得力助手”

外交的实质是国家对外行使主权的行为。中国红十字会是中国政府在人道领域的助手。自新中国成立以来，中国红十字会高举人道主义旗帜，以中国政府所签署的日内瓦公约为准绳，积极开展广泛的国际交流与合作，充分发挥了政府助手的作用。尤其是在国家关系面临困境或难题的时候，中国红十字会往往走在“破冰”的前列，为加深与拓展中华民族同世界各国人民之间的联系与友谊，为维护与促进世界和平与发展做出贡献。

例如，20 世纪 50 年代以来，在推动中日关系正常化过程中，中国红十字外交就发挥了桥梁与纽带的作用。又如，在两极格局解体后，为推动东北亚地区的和平与稳定，中国红十字会在促进中韩建交的过程中发挥了独特的作用。再如，2010 年 1 月海地发生强烈地震，灾情牵动着中国政府和人民的心。由于中国尚未与海地建立外交关系，中国政府通过中国红十字会向海地捐款 100 万美元并派救援队前往海地参加紧急救援，为促进中国与海地关系的发展“发挥了不可替代的作用”①。党的十八大以来，为推进“一带一路”倡议的实施，中国红十字会也对外做了大量卓有成效的工作。可见，红十字外交既是政府外交的重要组成部分，又是对政府外交的必要补充，与政府外交“是

① 郝林娜：《构建“一带一路”民间外交新格局》，《中国红十字报》2015 年 4 月 28 日。

有机的整体，二者相互渗透，互为补充”[①]。

二、不可替代性

“不可替代性”主要表现在两个方面：一是红十字组织的国际性；二是红十字组织高举的“人道主义”旗帜。

众所周知，红十字会是与联合国、奥委会并称的世界三大国际组织之一，在国际上具有广泛的影响力。目前，国际委员会、国际联合会均已成为联合国观察员，可广泛参与世界上与人道主义有关的各种事务。且世界上绝大部分国家都签署了日内瓦公约，使得红十字组织与各国政府的关系更为紧密。红十字会的国际性，决定了其从事的工作内容与范围既十分广泛，又易获得政府的支持，各国红十字组织都能为政府出面做许多政府不便出面做的事情。

新中国成立初期，中国红十字会与中国人民救济总会有着非常密切的关系，从当时中国红十字会的章程与人员构成来看，红十字会就是中国人民救济总会的“助手”。但是，由于红十字组织具有国际性，中国人民救济总会无法替代中国红十字会开展必要的对外工作，因此1955年，国务院明确中国红十字会与中国人民救济总会的分工：中国红十字会的工作以国际为主。中国红十字会正是凭借红十字组织的国际性，广泛开展各种外交活动，取得了很好的成效，成为新中国成立初期中国对外交往的一个窗口。

新中国成立之初，中国红十字会定位为“卫生救护团体”，因此会长由卫生部部长兼任，看重的是红十字会“救死扶伤”的核心业务。1950年8月通过的《中国红十字会会章》没提“人道主义”。朝鲜战争爆发后，当中国红十字会准备进入朝鲜进行国际救助时，则需要高举“人道主义”的旗帜。如1951年1月，中国人民救济总会与中国红十字会联合通知，开展慰劳和劝募运动，提出救济朝鲜难民就是“自助救人”“革命的人道主义”精神的具体体现[②]。2月1日，李德全会长在《新中国红十字会的工作方向与发展步骤》一文中正式提出，中国红十字会的思想基础是“爱国主义、国际主义和革命的人道主义”[③]。在经历30余年的实践之后，1985年，中国红十字会第四次全国会员代表大会修改会章，把红十字会的指导思想由“革命的人道主义”改为“人道主义”，与国际红十字运动的七项基本原则接轨。1993年，《中华人民共和国红十字会法》颁布实施，从法律上确立红十字会“是从事人道主义工作的社会救助团体”，至此明确了中国红十字外交以“人道主义”为

---

① 钱其琛：《民间外交要随时代发展不断前进》，《人民日报》2002年5月29日。

② 《救济总会与红十字会总会通知　开展慰劳和劝募运动》，《人民日报》1951年1月28日。

③ 李德全：《新中国红十字会的工作方向与发展步骤》，《人民日报》1951年2月1日。

指引。

追根溯源，红十字运动的“人道主义”是不可替代的。在党的十二届二中全会上，邓小平就明确指出：“人道主义作为一个理论问题和道德问题，当然是可以和需要研究讨论的。但是人道主义有各式各样，我们应当进行马克思主义的分析，宣传和实行社会主义的人道主义（在革命年代我们叫革命人道主义），批评资产阶级的人道主义。”① 实际上，人道主义一般认为具有两层含义，一是伦理原则和道德规范，二是世界观和历史观。红十字的人道主义属于前者，是一种人类共有的伦理原则和道德规范，而不是作为一种思潮，不是具有阶级立场和革命色彩的世界观和历史观，虽然红十字人道主义与人道主义思潮两者间存在一定的关系。红十字的人道主义，是指保护生命和健康，维护尊严，努力防止和减轻处于一切困境之中的人们的痛苦。红十字运动因此倡导“战时行善”和“人道主义和平”，即在战时，不加区别地实施战地救护；在和平年代，鼓励对人的尊重，并为增进人与人之间的相互了解、友谊、合作和持久和平而工作②。红十字会秉持的人道主义伦理原则与道德规范，当然也渗透在红十字外交中。

三、广泛性与灵活性

广泛性源于两个方面，一是人道主义内容与范围具有广泛性，二是红十字会的特殊地位，使其对外交往的对象具有广泛性。

首先，红十字会以人道主义为指引，而人道主义涉及的内容与范围亦相当广泛，自然灾害、人为伤害等等，都是红十字会关注的对象与内容，这就决定了红十字外交的范围是广泛的。如前所述，60 余年来，中国红十字会通过紧急援助和非紧急援助的方式，开展不同项目，广泛接触世界各国，形成多层面的合作机制，进行了务实有效的合作。再如，为配合“一带一路”倡议，中国红十字会成立“丝路基金”，以基金为基点，不断积聚善款，不断创新项目，紧扣“一带一路”沿线国家的人道需求，并引导民间慈善机构共同走出国门，让受援国人民真正感受到来自中国的温暖，“让世界血脉相连”。

其次，红十字会的特殊地位所带来的交往对象的广泛。红十字会介于政府与民间之间，具有相对独立性，具有亦官亦民、非官非民的身份地位，是其他社会组织所无法代替的。红十字会是民间法人社团，是政府在人道领域

---

① 《邓小平文选》第 3 卷，人民出版社 1993 年版，第 41 页。

② 徐国普：《试析红十字精神与社会主义核心价值观的内在关联》，2016 年 10 月 26 日“五大发展理念与红十字事业”研讨会交流论文（未刊稿）。

的助手，其外交对象可以是政府，可以是某个组织，可以上至王公贵族、总统总理，下至平民百姓。中国红十字会作为国际红十字运动大家庭成员之一，可广泛地和世界各国及国家红十字会、国际组织包括红十字组织等建立友好关系，开展交流与合作项目。

广泛性与灵活性息息相关。正是由于红十字外交对象的广泛性，其在开展与自身相符的外交活动时，可以灵活务实地选择对象与内容，从而也就决定了其外交的灵活性。

综上所述，红十字是一种精神，更是一面旗帜。新中国成立以来，中国红十字会在人道主义旗帜的指引下，积极参与对外人道援助，发展与各国、有关国际组织的友好合作关系，成为中国政府在人道领域的得力助手。尤其是进入21世纪以来，中国红十字会积极参与重大人道危机的救援救助，充分发挥人道外交、民间外交的亲和力和影响力，展示了一个崛起中国的人道博爱形象，为和谐世界的建构，为推进“一带一路”倡议的实施做出了贡献。红十字外交是中国“民间外交的重要渠道”①。

而今，各国的外交已超越传统意义上的官方外交范式，国家交往的主体和载体呈现多元化趋势。非政府组织等开展的民间外交“已成为国家整体外交的组成部分”②，民间外交在国家整体外交中的地位进一步提升。中国政府一贯高度重视民间外交，正如习近平同志2012年5月在会见全国友协第十届全国理事会代表时所指出的，“民间外交是增进人民友谊、促进国家关系发展的基础性工作，是国家总体外交的重要组成部分”③。红十字组织是国际性民间组织，在新的时代，红十字外交会更加凸显活力，前景更加广阔。

---

① 《中国红十字会“九大”举行第一次全体会议》，《中国红十字报》2009年10月28日。

② 范集湘：《中央企业在对非洲整体外交中的独特优势》，《建筑》2010年第8期，第18页。

③ 《习近平会见全国友协第十届理事会会议与会代表》，《人民日报》2012年5月16日。

第二章　战争时期的红十字外交："化干戈为玉帛"

新中国成立之初，美国不仅拒不承认新中国，还先后在中国东面朝鲜半岛、南面越南扩大战争，严重威胁到新中国的国家安全和各项建设事业。在西南方向，印度竭力推行"前进政策"，企图鲸吞中国国土，破坏中印之间的友谊。改革开放之初，越南在苏联的支持下推行地区霸权主义，企图建立印支联邦，向南妄图吞并柬埔寨，向北逐步蚕食中国领土，严重影响世界和平和中国的国家安全。在这种"非常时期"，中国红十字会通过自身的努力，诠释人道主义的真谛。

第一节　朝鲜战争与中国红十字外交

朝鲜战争是新中国成立后面临的一个重大国际问题，是对中国和平外交的重大考验。刚刚改组后的中国红十字会秉持人道主义、国际主义理念，坚决"反对侵略，保卫世界和平"①，以自身独特的方式参与外交活动，为朝鲜战争的早日和平结束做出了贡献。

一、揭露并积极制止美国侵略朝鲜

1950 年 6 月 25 日，朝鲜战争爆发。这本来是朝鲜南北双方之间为半岛的统一而展开的民族统一战争，是一场内

① 伍云甫：《对调整中国红十字会有关问题的报告》，中国红十字会总会编：《中国红十字会历史资料选编，1950—2004》，民族出版社 2005 年版，第 2 页。

战。而美国从反对共产主义出发，自以为这是中苏“在不诉诸全面战争的情况下”确保“共产党对整个远东的控制”①，从而认为“这是一次预先就有计划的行动”②。以“自由世界领袖”③自居的美国，为确立战后自身的霸权地位，维护自己的盟友南朝鲜，便以朝鲜战争“已经引起联合国的权威，甚至继续存在以危及自由世界的国家——包括美国和它的太平洋的军队——的安全问题”为由④，“决心进行军事干涉，并组织了联合国军，在联合国的名义下开始进行反革命战争。由内战开始的朝鲜战争，竟发展为被称作‘朝鲜战争’的国际战争了”⑤。与此同时，美国第七舰队于6月27日进入台湾海峡，阻挠新中国对台湾的统一；美国还“增加对菲律宾和法国及印度支那成员国的军队的军事援助”⑥。显然，美国欲借朝鲜战争之机，以反共为名，不惜践踏《联合国宪章》的宗旨与原则，对新中国进行封锁与包围，肆意对他国进行侵略与干涉，妄图称霸世界。这其中朝鲜半岛的问题尤为严峻与迫切，朝鲜战争已成为当时东西方严重对立的一个焦点。

朝鲜战争爆发后，中国外交部长周恩来号召“全世界一切爱好和平正义和自由的人类，尤其是东方各被压迫民族和人民，一致奋起，制止美国帝国主义在东方的新侵略”⑦，并表示“中国人民热爱和平，但是为了保卫和平，从不也永不害怕反抗侵略战争。中国人民绝不能容忍外国的侵略，也不能听任帝国主义者对自己的邻人肆行侵略而置之不理”⑧，中国人民“将永远站在朝鲜人民方面，正如数十年来朝鲜人民站在中国人民方面一样，坚决地反对美帝国主义侵略朝鲜的罪行，坚决地反对美帝国主义扩大战争的阴谋”⑨。因而，“反对侵略战争，拥护世界和平，这是全世界当前的

---

① 沈志华、杨奎松主编：《美国对华情报解密档案（1948—1976）》第7册，东方出版中心2009年版，第51页。

② 世界知识出版社编：《中美关系资料汇编》第2辑（上），世界知识出版社1960年版，第94—95页。

③ ［美］哈里·杜鲁门：《杜鲁门回忆录》下（李石译），东方出版社2007年版，第537页。

④ 世界知识出版社编：《中美关系资料汇编》第2辑（上），世界知识出版社1960年版，第94—95页。

⑤ ［日］信夫清三郎：《日本外交史》下（天津社会科学院日本问题研究所译），商务印书馆1980年版，第773页。

⑥ 世界知识出版社编：《中美关系资料汇编》第2辑（上），世界知识出版社1960年版，第97页。

⑦ 世界知识出版社编：《中华人民共和国对外关系文件集》第1集，世界知识出版社1957年版，第131页。

⑧ 《周恩来外交文选》，中央文献出版社1990年版，第24页。

⑨ 世界知识出版社编：《中华人民共和国对外关系文件集》第1集，世界知识出版社1957年版，第149页。

主要斗争任务”①，“反帝爱国争取持久和平运动”将是每一个中国人的“中心任务”②。

改组后的中国红十字会是人民的组织，是主张和平的团体。鉴于当时中国所面临的国际环境，中国红十字会必然要参与抗美援朝，以自身独特的方式，为维护世界和平做出贡献。

朝鲜战争的初期，朝鲜民主主义人民共和国军队曾一度把南朝鲜和美国军队压缩到半岛南部狭窄的三角地带。为改变战场的颓势，美国借由联合国的名义，打着维护“和平”的旗号，纠集仆从国，大量出动飞机对朝鲜军民进行狂轰滥炸，企图摧毁朝鲜军队的战斗力。为支持朝鲜军民的正义斗争，为维护红十字运动的原则与精神，1950 年 7 月 26 日中国红十字会单独、8 月 22 日会同中国各民主党派和各人民团体一道发表声明，抗议美国“大量出动空军，对朝鲜平民施以盲目残忍的轰炸”，抗议在美国操纵下的联合国安全理事会对于这种野蛮轰炸的放纵，并指出这“无疑地是破坏了《联合国宪章》”，“更是蔑视 1949 年 12 月 8 日的日内瓦战时平民保护公约”③。

1950 年 9 月 15 日，美军在仁川登陆成功，取得战场优势。10 月初，美国公然违背相关协定，派军队越过三八线，大举侵略朝鲜民主主义人民共和国，战火延烧到中朝边境鸭绿江畔，并不时对中国东北等地进行轰炸。中朝山水相连，唇齿相依。为反对侵略，保卫和平，中国被迫派遣志愿军入朝参战。

中国人民志愿军入朝以后，1950 年 11 月 6 日，中国红十字会发表抗美援朝宣言，指出：“美帝国主义者自发动侵略朝鲜战争后，即直接侵略中国领土台湾，不断侵入中国东北和山东的领空，屠杀中国人民，炮击中国商船，近来又不顾一切，把侵略朝鲜的战争扩展到中国鸭绿江边。这一连串的事实，不仅证实了侵略者的无耻，制造出无比的灾害，更且破坏了世界和平，严重地威胁着中国的安全。”④ 适值第二届保卫世界和平大会在华沙召开，为表达维护世界和平的意愿，11 月 21 日，中国红十字会联名致电中国人民保卫世界和平反对美国侵略委员会，指出“美帝不顾全世界人民要求和平的意志，挑起侵朝战争，威胁中国安全，制造无穷灾难”，表示“坚决拥护大会的召开，

① 《建国以来重要文献选编》第 1 册，中央文献出版社 1992 年版，第 245 页。

② 陈其瑗：《新中国红十字会的辉煌前途》，《新中国红十字》1951 年第 1 期，第 12 页。

③ 《中国红十字会抗议美机滥炸朝鲜侵犯中国领空》，《新中国红十字》1950 年第 1 期，第 15 页。

④ 《中国红十字会分会干部学习会及总会全体职工抗美援朝宣言》，《新中国红十字》1950 年第 3 期，第 2 页。

为保卫世界和平，反对美帝侵略而斗争到底”①。

中国人民志愿军入朝后，相继挫败麦克阿瑟“感恩节回家”“圣诞节回家”“结束战争总攻势”“可以保持阵地”等攻势②，使联合国军遭到“决定性的失败”③。美国为“妄想挽救其一蹶不振的颓势”，一方面把视线转向联合国，1951 年初操纵联合国污蔑中国侵略朝鲜；另一方面开始对日片面媾和及武装日本，以使日本成为其远东的新依靠，以阻止所谓共产主义威胁的扩展④。若美国单独与日本媾和，日本势必纳入美国的势力范围，美国肯定会与日本缔结相关军事条约，使之成为远东所谓抵抗共产主义的桥头堡。“这一切都表明了它（美国）对朝鲜问题，丝毫没有和平解决的诚意，蓄意扩大侵略战争，破坏世界和平”，中国红十字会表示“坚决反对美帝对日片面媾和及武装日本”，要以“具体的行动，为消灭灾难的制造者——美帝国主义而努力，为彻底粉碎美帝国主义的一切侵略阴谋而奋斗”⑤。中国红十字会还号召各国红十字组织共同起来反对美国单独对日媾和与重新武装日本，为“消除东方的侵略战争的温床而努力”⑥。

1951 年 3 月底，美军再度攻占汉城后，麦克阿瑟随即发出谈判声明。不过，“这个声明带有威胁性，即除非接受他的建议，否则联合国军把战争扩大到中国大陆，使红色中国面临军事崩溃的危险”⑦。为压迫朝中方面接受其无理要求，所谓的联合国军依然违反日内瓦战时平民保护公约，利用其制空优势，更加疯狂地对广大的和平居民、民用建筑物进行轰炸，有明显的红十字标识的物体也难以幸免⑧；美国还冒天下之大不韪，公然破坏国际公法，在朝

① 《中国人民救济总会及中国红十字会总会致二届和大电》，《新中国红十字》1950 年第 3 期，第 11 页。

② 《救济总会和红十字会总会斥麦克阿瑟无耻狂言》，《人民日报》1951 年 3 月 31 日。

③ 王泰平：《新中国外交 50 年》，北京出版社 1999 年版，第 98 页。

④ 顾维钧：《顾维钧回忆录》第 9 册，中华书局 1989 年版，第 2 页。

⑤ 《中国人民救济总会　中国红十字会对周外长严正声明的声明》，《新中国红十字》1951 年第 6 期，第 1 页。

⑥ 《中国红十字会向世界各国红十字会发表声明反对美国重新武装日本》，《新中国红十字》1951 年第 6 期，第 1 页。

⑦ 顾维钧：《顾维钧回忆录》第 8 册，中华书局 1989 年版，第 348 页。

⑧ 《美机野蛮轰炸医疗机关　朝鲜红十字会严正抗议》，《人民日报》1951 年 4 月 25 日。

鲜前线使用毒气[①]，使用日内瓦公约所禁止的细菌武器[②]。对此，中国红十字会利用参加国际红十字会协会会议及国际红十字大会的机会，公开谴责美国违反日内瓦公约的非人道行为，尤其是美国利用志愿军战俘进行细菌实验[③]、美国在中朝边境使用细菌武器等行为，揭露以“维护和平”为使命的所谓联合国军在朝鲜战场的真正所作所为。

在第18届国际红十字大会上，中国红十字会冲破美国的阻挠[④]，通过召开记者招待会、散发大量图片等形式[⑤]，以铁证如山的事实，披露以美国为首的联合国军在朝鲜战场上公然践踏日内瓦公约的真相。就在该次大会召开之前，7月16日，英国坎特伯雷教长约翰逊也承认“美国使用了这种大批屠杀的凶恶武器”，并说：“瑞士红十字会委员会是不能使人信任的。它曾经调查纳粹集中营，说纳粹集中营情况良好。在南朝鲜的红十字会代表们都穿着美军制服，服从美国的法律。”[⑥] 该次大会之后，加拿大和平大会主席文幼章博士认为：“我们相信这些控诉的真实性的人认为其中一字不多，一字不假。美国人进行细菌战是大家有耳共闻、有目共睹的事实。”[⑦] 美国《纽约时报》在8月10日的“一周述评”中也指出：“在全世界人民反对细菌武器的浩大声势的压力下，美国也不得不举手同意大会通过波兰（关于禁用细菌武器）的提案”，说明“全世界都反对美国准备及发动细菌战的罪恶政策”[⑧]，这就使

---

① 《李德全建议全世界红十字会制止侵朝美军用毒气》，《人民日报》1951年3月14日。

② 《我红十字会总会彭泽民发表谈话　抗议侵朝美军使用细菌武器》，《人民日报》1951年5月19日。另见陈时伟：《朝鲜战争时期围绕细菌战问题的三场国际政治动员——基于中英两国档案的解读》，《历史研究》2006年第6期。按：通过仔细地调查被俘美国空军战俘，1952年5月17日，中国在北京和平壤同时公布了由这些战俘所提供的相关材料及谈话录音。此事一经公布，世界舆论哗然。事隔半个世纪，加拿大历史学家还在《美国与生物战：来自冷战初期的秘密》一书中引用大量事实证明美国在朝鲜战争中使用生化武器。见黄耀昆：《朝鲜战场上的细菌战》，《纵横》2002年第8期，第52页。2014年，郑州大学孟涛的博士学位论文《朝鲜战争若干问题再研究——以美国档案文献为基础》中“有关朝鲜战争中美军实施细菌战争论的再考察”一节，作者对有关朝鲜战争中美军实施细菌战的史实进行了梳理，就朝鲜战争爆发前后美国政府对细菌战的基本政策及研发过程进行了考察，并核实了美国有关档案文献，从而进一步证实：“美国在朝鲜战争中对中朝军队实施细菌战是不可否认的事实。”（见该博士论文第90页）

③ 《侵朝美军竟用志愿军被俘人员作细菌武器实验》，《人民日报》1951年5月4日。

④ 《美国在幕后把持和破坏国际红十字大会》，《人民日报》1952年7月29日。

⑤ 《我国红十字会代表团在加举行记者招待会》，《人民日报》1952年8月6日。

⑥ 《约翰逊在伦敦盛大集会上演说　盛赞我国的成就并揭露美国细菌战罪行》，《人民日报》1952年7月19日。

⑦ 《文幼章宣布加拿大选出代表参加和平会议并痛斥国际红十字大会拒绝研究美国进行细菌战的罪证》，《人民日报》1952年9月13日。

⑧ 东方明：《参加第十八届国际红十字大会胜利归来》，《新中国红十字》1952年第12期，第5—7页。

热爱和平的人们更加清楚地认识到美国并非朝鲜的和平使者。

在朝鲜战场上，由于中朝人民军队的英勇反击，联合国军接连遭到失败，美国遂威胁要使用原子弹。若使用原子弹，必将使战争进一步升级，第三次世界大战"绝非虚言"①，将意味着"毁灭世界"②，原子弹的威力在1945年已经显现。为避免朝鲜战争的升级，中国红十字会在制止使用核武器方面也做了大量的工作。

1950年10月，在第21届国际红十字会协会理事会上，中国红十字会赞成苏联红会关于"禁止把原子能用于战争"的提案③。1951年10月，中国红十字会同中国人民救济总会发表联合宣言，表示坚决拥护斯大林提出的"建立国际管制，禁止使用原子武器，停止原子武器的生产，并把已经制成的原子弹完全用于民用方面的决定"的谈话，并呼吁"一致起来制止美帝侵略集团发动新的世界大战的阴谋，主张立即建立禁止原子武器和停止原子武器生产的国际管制，使原子武器完全服务于人类和平生产和建设的事业"④。在随后11月举行的红十字会协会执委会会议上，中国红十字会会长李德全建议：赞成禁止原子武器和建立国际监督以保证各国遵守这项禁令⑤。在1952年第18届国际红十字大会上，中国红十字会代表团再次支持"苏联代表团禁用原子武器的提案"⑥。

当时，红十字国际委员会对美国有所袒护，对美国明显违反人道主义的行为进行百般遮掩，中国红十字会对其不坚持人道主义的原则、不保持中立

① 日本学者中村政则在其《日本战后史》一书中对此有分析，认为虽然杜鲁门总统在记者会中提到，不排除使用原子弹，但是，从军事上、政治上、道义上来看，没有任何将使用原子弹加以正当化的理由。因为原子弹对当时的军事效果不大；使用原子弹，意味着与中国进入全面战争，亦有把苏联卷入的危险，且招致亚洲各国不满。正是因为当时不具备使用原子弹的条件，从而避免了第三次世界大战的爆发，但可以说是千钧一发。见［日］中村政则：《日本战后史》（张英莉译），中国人民大学出版社2008年版，第40页。

② 《周恩来军事文集》第4卷，第322页，转引自沈志华：《毛泽东、斯大林与朝鲜战争》，广东人民出版社2003年版，第478页。参见［美］约翰·刘易斯·加迪斯：《冷战》（翟强、张静译），社会科学文献出版社2013年版，第54—58页。

③ 《国际红十字会协会举行理事会，我代表团出席并当选为执委》，《人民日报》1950年10月，24日。

④ 《制止侵略集团发动新战争的阴谋 禁止、管制并停止生产原子武器——中国人民救济总会及本会为拥护斯大林同志关于原子武器谈话的联合宣言》，《新中国红十字》1951年第2期，第33页。

⑤ 《红十字会协会执行委员会在日内瓦举行会议 我国代表李德全呼吁制止侵朝美军暴行》，《人民日报》1951年12月21日。

⑥ 《我代表团支持苏代表团禁用原子武器的提案》，《新中国红十字》1952年第8期，第15页。

的态度进行了有力的抨击①。

1951 年 5 月 3 日，中国红十字会总会向红十字国际委员会和红十字会协会控诉美国用被俘志愿军做细菌武器试验。同时，针对美国在朝鲜进行细菌战，中国红十字会还协同国际科学调查团对美国在中国东北和朝鲜进行细菌战罪行进行调查②。经广泛而又细致的调查，委员会得出结论："朝鲜及中国东北的人民，确已成为细菌武器的攻击目标；美国军队以许多不同的方法使用了这些细菌武器，其中有一些方法，看起来是把日军在第二次世界大战期间进行细菌战所使用的方法加以发展而成的"③。1952 年 9 月 17 日，《人民日报》再次发表《调查在朝鲜和中国的细菌战事实国际科学委员会报告书》，历数通过调查收集到的确凿罪证，粉碎了艾奇逊、李奇微关于"联合国军过去未进行、现在也未进行任何细菌战"的谎言④，此举"从战略上起到了阻遏美国在朝鲜半岛进一步使用核武器和把战争扩大到中国本土的作用"⑤，正如基辛格后来在其《核武器与外交战略》一书中所说："共产党在心理战方面的技巧也可以从韩战时期中共指控我们使用细菌武器事件中略见一斑。这或许是制止我们使用核武器或轰炸其领土的一种策略。"⑥

从人道主义的角度揭露美军在朝鲜战场的种种非人道主义行为，有利于让全世界热爱和平的国家和人民正确认识朝鲜战争，有利于在全世界树立新中国热爱和平、维护和平的新形象；同时，中国红十字会通过国际红十字运动的舞台，表达对和平的热望与关切，并以红十字外交方式制止美国扩大对朝鲜的侵略，有力地配合了当时中国政府为促使朝鲜战争和平顺利解决的外交行动。

在中国红十字会的努力下，在广大爱好和平的国家及人民正义的压力下，

---

① 例如：《所谓红十字"国际"委员会供认美军"甄别"暴行》，《人民日报》1952 年 5 月 20 日；《中苏等国代表在国际红十字大会上斥责红十字国际委员会掩饰战犯罪行》，《人民日报》1952 年 8 月 1 日；《美方忠顺走卒"红十字国际委员会"的"视察"报告书再次暴露美方扣留和屠杀战俘的无耻罪行》，《人民日报》1952 年 11 月 21 日，等等。

② 为了配合国际调查团工作，中国红十字会和中国人民保卫世界和平委员会专门成立了由中方专家组成的接待委员会。委员会主任委员由中国红十字会会长李德全担任，副主任委员廖承志任联络员。参见《廖承志率团赴朝鲜》，外交部档案，118-00165-08。转引自陈时伟：《朝鲜战争时期围绕细菌战问题的三场国际政治动员——基于中英两国档案的解读》，《历史研究》2006 年第 6 期，第 130 页。

③ 《国际科学委员会报告书结论》，《人民日报》1952 年 9 月 15 日。

④ 《全世界人民抗议美国侵略者使用细菌武器》，《人民日报》1952 年 3 月 26 日。

⑤ 陈时伟：《朝鲜战争时期围绕细菌战问题的三场国际政治动员——基于中英两国档案的解读》，《历史研究》2006 年第 6 期，第 136 页。

⑥ Henry A. Kissinger, *Nuclear Weapons and Foreign Policy*, NewYork: Harper & Brothers, 1952, p376。转引自陈时伟：《朝鲜战争时期围绕细菌战问题的三场国际政治动员——基于中英两国档案的解读》，《历史研究》2006 年第 6 期，第 136 页。

主张狂轰滥炸并叫嚣把战争扩大到中国的麦克阿瑟于 1951 年 4 月被解除职务，接替其职务并发动细菌战的李奇微也于 1952 年 5 月遭受麦克阿瑟同样的命运。热爱和平的人民也逐渐认识到：新中国是促进朝鲜半岛和平与稳定的中坚力量；维护世界和平离不开新中国，有新中国的世界才能真正维护世界和平。

二、派遣红十字国际医防服务队

"抗美援朝，保卫和平"① 是当时新中国所面临的主要任务，是"爱国主义和国际主义的伟大实践；是全世界人民保卫持久和平、争取人民民主的反帝、反侵略运动的一个重要组成部分"②。为了增强抗美援朝、保卫世界和平的力量，中国红十字会从人道主义出发，热烈响应第二届世界保卫和平大会和中国人民保卫世界和平反对美国侵略委员会的号召，组建中国红十字会国际医防服务队，入朝主要从事"包括中国人民志愿军、朝鲜人民军战伤医治及朝鲜难民医疗防疫工作"③ 等任务。因为"救济朝鲜难民与医疗中朝人民战士伤病员，是抗美援朝运动中不可缺少的部分"④，所以"这种伟大的行动，……将大大加强我们兄弟国家人民的斗争的勇气和力量"⑤。国际医防服务队的组成，"是中国人民深厚的国际主义精神的具体表现"，是"革命的人道主义的伟大实践"⑥，是把外交主张化为具体的行动，从而扩大了外交影响。派遣国际医防服务队可谓是一条"特殊的外交途径"⑦。

国际医防服务队在朝鲜充分发扬白求恩大夫救死扶伤的国际主义精神，本着"医好一个人，便等于多造了一个炮弹，为反侵略战争增加一分力量"⑧ 的原则，大力医治朝鲜战争中受伤的志愿军战士及朝鲜军民，"打垮了细菌

---

① 《周恩来外交文选》，中央文献出版社 1990 年版，第 28 页。

② 李德全：《中国红十字会国际医防服务队的组织经过及其任务》，《新中国红十字》1951 年第 7 期，第 1 页。

③ 《我国保卫和平委员会和红十字会总会发出关于组织医疗队的通知》，《人民日报》1951 年 2 月 9 日。

④ 《全国救济福利界人士　我救济总会和红十字会总会声明做好援朝救济和医疗工作》，《人民日报》1951 年 3 月 5 日。

⑤ 《我保卫和平反美侵略委员会举行盛会　欢送中国红十字会国际医防服务队赴朝》，《人民日报》1951 年 3 月 11 日。

⑥ 陈叔通：《欢送中国红十字会国际医防服务队赴朝大会演讲词》，《新中国红十字》1951 年第 7 期，第 5 页。

⑦ 吴佩华：《朝鲜战争与中国红十字外交》，郝如一、池子华主编：《〈红十字运动研究〉2009 年卷》，安徽人民出版社 2009 年版，第 133 页。

⑧ 《欢送光荣的队伍英勇赴朝》，《新中国红十字》1951 年第 7 期，第 9 页。

战”①，“来彻底粉碎帝国主义者恶毒的侵略计划，来保证伟大祖国的生产建设的成功，来争取全世界人民的持久和平与民主解放”②，因而“积极鼓动了朝鲜人民的抗战和生产情绪，这无论在实际上和精神上对美帝都是一分打击的力量”③。为此，国际医防服务队被朝鲜誉为“高贵的生命之恩人”，并获得了“朝鲜最高人民会议功劳章”④。由此可见，国际医防服务队“卓越的工作鼓舞了反侵略战士的战斗意志，挽救了伤病员的生命，加强了中朝人民牢不可破的友谊，对抗美援朝运动和保卫世界和平的事业做出了巨大的贡献”⑤。

除医治朝鲜军民之外，中国红十字会国际医防服务队还担负了对俘虏的医治等人道主义工作。中国红十字会国际医防服务队“有一部分队员深入到战俘营里，为那些失去了抵抗能力的人服务。他们不仅对营地里的环境卫生和传染病的管理予以极大的注意，并且供给战俘以丰富的饮食，和其他生活必需品，并为他们建立了俱乐部，里面设有各种乐器和玩具，使患病的战俘过着适当的文化娱乐生活”；“营地里发现流行病，他们就马上为战俘蒸洗衣被，实行隔离，并以先进的苏联医学治愈了他们的战伤和常年未愈的痼疾。生活在战俘营里的病俘，没有一个不感到中国大夫的亲切”⑥。正如金日成、彭德怀两位将军在复函李奇微时所说：“我方……都本着宽待战俘的精神和政策，给予他们以完全合乎人道的待遇。伤、病战俘都能够从为他们安排的医疗设备和医务人员那里得到有效的治疗。”⑦ 也恰如美、英战俘通过他们的和平委员会向全世界人民发出的呼吁那样：“我们被俘后，受到各种优待和中国人民志愿军所得到的一样。”⑧ 美国第8集团军作战研究室向美国提供的情报中也坦率承认：“在整个战役期间，敌人对美国伤员的态度让人不可思议”，“那里面的美国伤员和中共军队都处于同一个军营。”⑨

对战俘施以人道主义的关怀是一项琐碎的日常活动，事实证明，一些细枝

---

① 施楚恩：《我们打垮了细菌战》，《新中国红十字》1952年第7期，第14页。

② 《李德全会长向国际医防服务队献旗致辞》，《新中国红十字》1951年第7期，第6页。

③ 《中国红十字会组织国际医防服务队工作总结报告》，中国红十字会总会编：《中国红十字会历史资料选编，1950—2004》，民族出版社2005年版，第27页。

④ 池子华：《抗美援朝与中国红十字会的国际救援》，《钟山风雨》2009年第2期，第7页。

⑤ 孙柏秋主编，池子华、杨国堂等著：《百年红十字》，安徽人民出版社2003年版，第309页。

⑥ 东方明：《中国红十字会国际医防服务队在朝鲜》，《新中国红十字》1952年第9期，第15页。

⑦ 《关于红十字国际委员会访问战俘营问题金、彭两将军函复李奇微》，《新中国红十字》1952年第1期，第8页。

⑧ 王立忠、江亦曼、孙隆椿主编：《中国红十字会百年》，新华出版社2004年版，第132页。

⑨ 沈志华、杨奎松主编：《美国对华情报解密档案（1948—1976）》第7册，东方出版中心2009年版，第144—145页。

末节的小事，却能"润物细无声"，逐步影响与感化这些战俘，"改变了他们对伟大新中国的认识"①，"鼓舞了世界爱好和平的人民，争取和平的情绪"②。俘虏们通过各种方式表示厌弃战争，表达了拥护和平、维护和平的愿望，这就极大地争取了世界舆论，为朝鲜战争的早日和平结束奠定了基础。例如，许多战俘表示"从此将结束我的军队生活"，"回国后不只我不再当兵，如果我儿子被征时，我将要把他藏到山里去"③。美俘梅尔华德写信告诉家人："这个战争能结束得越早，我也就可以越早地跟你们再团聚在一起，因此，你们应该在美国尽力尝试帮助制止这场非正义的战争。"英俘哈洛宾也写信告诉家人："我将把许多愉快的回忆带回去，告诉我们英国的人民；并且把中国人民的高尚品德和善意也告诉他们，中国人民对任何人都没有宿恨，我希望他们在未来的年代里将继续进行这种对世界人民的良好工作。"④ 又如，被志愿军从枪林弹雨中救回的、被美军所抛弃的重伤美军战俘贝克说，"中国和美国人民都是爱好和平的，要战争的是美国华尔街大老爷"。美英俘虏们还请求转告全世界人民："进一步地起来迫使美国政府迅速结束这个血腥的可怕的战争！"⑤

在朝鲜战争中，中国红十字会国际医防服务队被誉为"国际主义与革命人道主义最辉煌的标志"⑥，不仅赢得了广大朝鲜英勇战士与劳动人民的爱戴，激发了他们更高的战斗精神和生产情绪，而且通过对战俘的人道主义服务，赢得了他们友谊，更为国家赢得了声誉。总之，"抗美援朝的胜利是与国际医疗工作成绩分不开的"⑦。

三、努力促使战俘问题的合理解决

朝鲜停战谈判，战俘问题是关键。根据1929年和1949年的日内瓦战时俘虏待遇公约：俘虏在任何情况下都应受到人道的待遇，不得虐待其本身，侮辱其人格，更不得拘留人质，执行死刑，在敌对行动一经停止后应一律无条件释放并遣送回国。这本来应该是一个很简单的人道主义问题，而美国却利用战俘大做文章，战俘问题于是成为整个朝鲜战争中最难解决的问题。

---

① 《国际医防队第四大队一个队员的来信：我们教育了俘虏》，《新中国红十字》1952年第1期，第10页。

② 《中国红十字会组织国际医防服务队工作总结报告》，中国红十字会总会编：《中国红十字会历史资料选编，1950—2004》，民族出版社2005年版，第27页。

③ 转引自杜平：《在志愿军总部》，解放军出版社1989年版，第493页。

④ 参见《英美俘虏感谢我们的宽待》，《新中国红十字》1952年第1期，第11页。

⑤ 转引自姜庆肇：《被志愿军救活的美英俘虏》，《新中国红十字》1952年第1期，第9—10页。

⑥ 李济深：《国际主义和革命人道主义的辉煌标志》，《新中国红十字》1951年第7期，第6页。

⑦ 曹孟君：《热烈祝贺总会改组一周年纪念》，《新中国红十字》1952年第1期，第21页。

在对待战俘方面，中国坚持不杀俘虏、不侮辱俘虏人格、不搜俘虏腰包、尊重战俘的宗教信仰，一直主张按照日内瓦公约的精神，善待宽待俘虏，并主张直接遣返一切战俘，早日和平结束朝鲜战争。中国人民志愿军入朝作战之初，于1950年11月18日就本着人道主义的精神释放了被俘的美、韩战俘100余人，在国际舆论界引起了极大的反响，以致联合国军都知道“当俘虏比作战安全”。而且，许多美军战俘也说：“在战场上，我们打伤了志愿军，……被俘后才知道你们是真正爱和平的人……你们的人道主义精神，是世界上最好的、真正的人道主义”①。战俘营“是一个学校，简直不像战俘营”。在战俘遣返时，这些战俘写了上千封感谢信，许多战俘称俘虏营中的教员是“再生父母”②。这样，按照日内瓦公约的精神，充分尊重战俘的人权，对战俘实行革命的人道主义，就向国际社会充分展示了新中国热爱和平、维护和平的良好形象，有力地粉碎了“有许多传说和证据说明共产党人对俘虏采取不人道的待遇”③ 的谰言。

而美国方面，因在中朝军队的坚强打击下，美军往往以失败告终，故美国转而“打定主意要在战俘问题上制造纠纷，以便最后破坏谈判，继续和扩大战争”④。美国不仅在战俘数目上玩数字游戏⑤，还独出心裁提出所谓的“自愿遣返”，即“美方在其战俘营中明目张胆地利用蒋介石和李承晚匪帮的特务分子，用种种惨无人道的野蛮手段强迫战俘放弃要求遣返回家的愿望”⑥，

① 转引自杜平、杜安平：《忆志愿军优待战俘和瓦解敌军工作的成功经验》，《军事历史》2001年第1期，第59页。

② 转引自鲍明荣：《中国人民志愿军在抗美援朝战争中的战俘政策》，《军事历史》2001年第6期，第15页。

③ ［美］哈里·杜鲁门：《杜鲁门回忆录》下（李石译），东方出版社2007年版，第577页。

④ 《一年来整个战俘问题的讨论过程彻底暴露美国是日内瓦公约的破坏者》，《新中国红十字》1953年第1期，第42页。

⑤ 《美方在遣俘问题上玩弄数字把戏矛盾百出　证明美方所谓遣俘方案是一个无耻骗局》，《人民日报》1952年5月27日。

⑥ 《一年来整个战俘问题的讨论过程彻底暴露美国是日内瓦公约的破坏者》，《新中国红十字》1953年第1期，第42页。曾被俘的志愿军老战士张泽石通过对当年被俘的志愿军战士进行采访后，在其所编、所著的《美军集中营亲历记》（中国文史出版社1996年版）、《考验：志愿军战俘美军集中营亲历记》（中国文史出版社1998年版）、《我从美军集中营归来》（中国文史出版社1988年版）、《战俘手记》（青海人民出版社1995年版）、《我的朝鲜战争——一个志愿军战俘的自述》（时事出版社2000年版）、《我的朝鲜战争——一个志愿军战俘的六十年回忆》（金城出版社2011年版）等书中，详细地记载了当时这些志愿军战士在战俘营中受虐迫的情景。另外，曾任联合国军司令部谈判代表团团长的美国人阿德米雷尔·特纳·乔伊在其日记中也描述了联合国军俘虏营中战俘的“困境”，并透露出对“自愿遣返”政策的不安，特别是在确定战俘对遣返“意愿”的“甄别”时期。见［美］罗斯玛丽·福特：《80年代以来西方学者对朝鲜战争的政策分析》（沈志华译），《当代中国史研究》1995年第6期，第54页。

这实际上是剥夺了日内瓦公约所规定的俘虏应享有的权利，必然遭到被俘人员的反对。巨济岛、釜山、永川等战俘营中朝中被俘人员的英勇斗争，尤其是巨济岛事件[①]，让全世界人民看清了美国名为"自由遣返"实为"逼迫"的真面目，也是对美国总统杜鲁门冠冕之词的嘲讽："不能按共产党所坚持的那样强迫遣返战俘。同意遣返战俘是不可想象的。这样做将违反基本的道义和人道原则，而这些原则是我们在朝鲜行动的基础。用武力强迫遣返我们所拘留的战俘，会造成痛苦和流血，而使美国和联合国的名誉永受玷辱。"[②]

"战俘自愿遣返是一个对中国主权和社会主义正统性提出重大挑战的问题"[③]，究其实，美国是"企图扣留16.6万余名朝中方面被俘人员，送交蒋介石和李承晚集团"[④]，"把这一问题引申到全球进行反共政治斗争的高度"[⑤]。正如美国总统杜鲁门坦言："我不同意进行任何战俘买卖，这可能造成把非共产党人强迫送回到共产党控制区去的后果。同意这样做不但是不人道的和悲惨的，而且也是可耻的，因为我们在战俘营中的调查证明，为我方所俘的大部分的中国人和朝鲜人都不愿意在这样的情况下遣返回去。因而，我们建议交换所有愿意遣返的人。"[⑥] 这显然是"想通过所谓'大多数被俘者不愿遣返'的这场人为制造出的活剧，在全世界面前丑化共产党领导的国家"[⑦]。而且，在谈判过程中，美军谈判代表哈里逊公然说："中国有四万万人口，为了几千名志愿军战俘不愿意回去而拖延冲突，不顾只有很少人口与有限资源的北朝鲜继续遭受痛苦与灾害。"[⑧] 企图破坏中朝友谊，把停战的罪名强加在中国头上。

中国红十字会用大量事实，不断地揭露并谴责美国虐待中朝战俘、违反日内瓦公约、企图以残酷的折磨迫使中朝战俘屈从于美国意志的行为，并指出美国的目的就是拖延战争。中国红十字外交的种种举措在国际上产生了巨大反响，使美国的"自愿遣返"原则遭到世界各国的反对。英、法等国认为，

---

① 参见李长久、施鲁佳：《中美关系二百年》，新华出版社1984年版，第181页。另见李丹慧主编：《冷战国际史研究》第6册中"四国士兵话朝战"，世界知识出版社2008年版，第335—366页。

② ［美］哈里·杜鲁门：《杜鲁门回忆录》下（李石译），东方出版社2007年版，第578页。

③ ［加］柯让：《周恩来的外交》（汪永红译），东方出版社1992年版，第66页。

④ 宫力：《毛泽东与中美外交风云》，红旗出版社2014年版，第78页。

⑤ 徐焰：《毛泽东与抗美援朝战争——正确而辉煌的运筹帷幄》，解放军出版社2003年版，第301页。

⑥ ［美］哈里·杜鲁门：《杜鲁门回忆录》下（李石译），东方出版社2007年版，第579—580页。

⑦ 徐焰：《毛泽东与抗美援朝战争——正确而辉煌的运筹帷幄》，解放军出版社2003年版，第302页。

⑧ 转引自杜平：《在志愿军总部》，解放军出版社1989年版，第475页。

“自愿遣返”“可能破坏日内瓦公约”。美联社报道，加拿大已提请美国注意，“美国在朝鲜停战谈判中的战俘政策是不符合日内瓦公约的”①。美国也有众多官员和政客批评“自愿遣返”的原则不仅违反日内瓦公约，而且得不到国内公众的支持，政府应该更多地考虑美国战俘的生命安全以及他们如何能早日回家，而不是那些跑到“联合国军”一边的人②。苏联外长维辛斯基在第六届联合国大会上也谴责这种“原则”根本违反了所有国际公约、所有与此有关的国际法最基本的准则和全部国际惯例③。

最终，旷日持久的战争不仅日益遭到美国盟国的反对，也引起了美国国内民众的反对，更受到世界人民的谴责，美国只得放弃所谓的“自愿遣返”，承认中国方面坚持的依照日内瓦公约规定的遣俘原则，即“各方所收容的全部战俘须尽速予以释放与遣返”④。在1953年5月和10月举行的国际红十字会协会执委会上，中国红十字会分别提出“关于敦促迅速实现朝鲜停战维护世界和平的发言和提案”“关于红十字与朝鲜战俘命运的发言和提案”，指出：朝鲜停战“不但符合朝鲜人民和其他有子女在战线两边的各国人民的利益，也符合全世界人民的和平要求”⑤，未被直接遣返的2.2万多名朝中战俘，应该“自由地行使他们被遣返的权利”⑥，并“要求朝鲜谈判双方按照日内瓦公约的原则，在合理的基础上，迅速解决战俘遣返问题，从而实现朝鲜停战，获致远东和平”⑦。中国红十字会的提案获得一致通过，有力地维护了日内瓦公约所规定的人道原则，保障了战俘不可剥夺的被遣返的权利，粉碎了美国破坏停战的阴谋。

1953年7月，朝鲜停战协定签署后，根据“联合红十字会小组工作协议”，中国红十字会可以到联合国军战俘营“访问战俘，散发馈赠品，提供必要的紧急医疗，视察战俘的生活状况和战俘营中的战俘福利设备。在必要和

---

① 转引自杜平：《在志愿军总部》，解放军出版社1989年版，第450页。

② 参见徐焰：《毛泽东与抗美援朝战争——正确而辉煌的运筹帷幄》，解放军出版社2003年版，第305页。

③ 参见杜平：《在志愿军总部》，解放军出版社1989年版，第450页。

④ 《一年来整个战俘问题的讨论过程彻底暴露美国是日内瓦公约的破坏者》，《新中国红十字》1953年第1期，第42页。

⑤ 《在红十字协会执行委员会上中国红十字会代表团关于敦促迅速实现朝鲜停战维护世界和平的发言和提案》，中国红十字会总会编：《中国红十字会历史资料选编，1950—2004》，民族出版社2005年版，第41页。

⑥ 《在红十字协会执行委员会第二次会议上中国红十字会代表团关于红十字与朝鲜战俘命运的发言和提案》，中国红十字会总会编：《中国红十字会历史资料选编，1950—2004》，民族出版社2005年版，第44页。

⑦ 转引自王立忠、江亦曼、孙隆椿主编：《中国红十字会百年》，新华出版社2004年版，第124页。

可能的时候，小组人员可以在战俘被遣返途中随同战俘，为战俘提供服务"[①]。虽然美方极力破坏中方参与联合红十字会小组按停战协定的规定对中方战俘进行正常的访问、解释等工作[②]，但是通过访问，中方仍然证实了美方违反停战协定和日内瓦公约、迫害与虐杀朝中被俘人员的行为，企图拖延遣俘以达到扣留中方大量俘虏的目的。为保证遣俘的顺利进行，中国红十字会提出抗议：联合国军当局严重地破坏了"关于战俘待遇之日内瓦公约"第十三条和第四十六条的规定，要求联合国军立即采取有效措施，尽速制止上述暴行，保证尚待遣返的万千战俘免受死亡与灾难的威胁，顺利重返家园过和平生活，以维护日内瓦公约和人道主义精神[③]。为谋求和平解决遣俘问题，在 1953 年 11 月召开的国际红十字会协会执委会上，中国红十字会代表苏井观指出："美国军事当局并没有放弃他们的计划。他们在战俘营中布置了特务，继续恐吓和威胁战俘，利用一切阴谋诡计来强迫扣留战俘，并剥夺战俘回家过和平生活的机会。"[④]

由于联合国军战俘营管理当局无理限制中国红十字会代表访问战俘营，中方被迫撤回到联合国军方面访问的红十字人员[⑤]，按停战协定所规定的访问与解释工作没有顺利完成。后经中立国组成的联合红十字会小组的调查，证实美国确实阻挠与破坏了中国红十字会会员对志愿军战俘的解释工作[⑥]。中立国监察委员会在小组调查报告中指出：美方所以对联合红十字会小组的工作加以种种阻挠与破坏的一个原因，"是由于美方深恐战俘与朝中红十字会代表接触后，将进一步暴露美方违反停战协定和日内瓦公约，虐杀迫害朝中被俘人员，并强力阻止他们要求遣返的不可告人的事实真相"[⑦]。

在美国的阻挠与破坏下，最后只有 7000 多名志愿军战俘回到祖国，而有 1.4 万余名战俘被美国转交给台湾当局。美国战俘中却有 347 名明确表示不愿

① 《"联合红十字会小组工作协议"在板门店签订》，《人民日报》1953 年 8 月 4 日。

② 《美方阻挠朝中红十字会代表活动的主要事实》，《人民日报》1953 年 8 月 24 日。

③ 《联合红十字会小组协调组朝中方面代表抗议美方虐待朝中被俘人员的暴行》，《人民日报》1953 年 8 月 15 日。

④ 《红十字会协会执委会会议通过苏联提案　号召各国政府尽力谋求和平解决朝鲜问题　我国代表苏井观谴责美国阻挠战俘遣返工作》，《人民日报》1953 年 11 月 4 日。

⑤ 《访问济州岛的中朝两国红十字会代表发表声明》，《人民日报》1953 年 8 月 17 日；《我红十字会代表揭露美方的无理阻挠行为》，《人民日报》1953 年 8 月 18 日；《美方蓄意阻挠联合红十字会小组对战俘提供人道主义服务，我方红十字会代表被迫自釜山返回板门店》，《人民日报》1953 年 8 月 20 日。

⑥ 《美军武装人员打伤我红十字会代表事件，经联合红十字会小组协调组调查完全属实》，《人民日报》1953 年 8 月 18 日。

⑦ 转引自杜平：《在志愿军总部》，解放军出版社 1989 年版，第 627 页。

意回去，中国红十字会充分尊重这批战俘的意愿，同意接受这批战俘，并表示当将来朝鲜政治会议或其他有关国际会议讨论战俘问题时，朝中红十字会将负责对这批战俘做出交代。最终，“美方通过种种阴谋诡计，扣留我方被俘人员，企图向世人表明共产主义世界不如他们那个‘自由世界’，从政治上给我们脸上抹黑。他们没有想到，21 名美国人和 1 名英国人却不愿回到那个‘自由世界’去，给他们的脸上抹了黑”①。

纵观整个遣俘过程，按照中方提出的依据日内瓦公约解决战俘问题，朝鲜战争至少可以提前一年多结束。中国红十字会参与战俘问题的合理解决，实际上就是“为粉碎美方破坏停战谈判的阴谋，为维护日内瓦公约、保障战俘的不可剥夺的被遣返的权利而斗争的过程”②。俘虏问题的合理解决，为朝鲜战争的和平解决创造了条件，为远东和世界和平奠定了基础。

四、“推开铁幕的手”

国际红十字运动的目的是“促进持久和平”，作为国际红十字运动的组成部分，中国红十字会向来痛恨侵略、酷爱和平、保卫和平。

在朝鲜战争时期，中国红十字会“先后 14 次发表严正声明”③，指出美国破坏了《联合国宪章》，是对 1949 年 12 月 8 日日内瓦战时平民保护公约的蔑视，并号召美国和其他各国的红十字会会员，团结本国人民，一致奋起，制止美国对朝鲜的侵略与暴行④，努力促进世界持久和平；同时，又提出“缔结和平公约”主张，并认为“每一个国家的人民都有权处理自己国家的问题，朝鲜内政只能由朝鲜人民自行决定，这是最公平合理的”⑤。在此过程中，中国红十字会通过国际红十字运动这个大舞台，以确凿的证据揭露美国侵略朝鲜、侵略中国的事实，以无可辩驳的事实向全世界人民说明朝鲜战争的真相，表达新中国被迫参加抗美援朝、保家卫国的正义立场，发挥了政府助手的独特作用，这不仅赢得了热爱和平的世界各国人民的广泛同情与支持，树立了新中国热爱和平、维护和平的良好形象，也为美国从战争走向谈判并以和平的方式解决朝鲜问题打下了基础。

---

① 杜平：《在志愿军总部》，解放军出版社 1989 年版，第 647—648 页。

② 《一年来整个战俘问题的讨论过程彻底暴露美国是〈日内瓦公约〉的破坏者》，《新中国红十字》1953 年第 1 期，第 42 页。

③ 参见孙柏秋主编，池子华、杨国堂等著：《百年红十字》，安徽人民出版社 2003 年版，第 318 页。

④ 《中国红十字会总会抗议美国侵略朝鲜》，《人民日报》1950 年 7 月 28 日。

⑤ 《中国人民救济总会中国红十字会拥护世界和平理事会宣言及一切决议的声明》，《新中国红十字》1951 年第 7 期，第 25 页。

朝鲜战争期间，美国凭借其强大的威势，胁迫他国以反共、防共为借口，在国际舞台上竭力丑化新中国的形象、恶化新中国的国际环境。新中国奉行和平外交政策，这就决定了中国的外交任务要“团结世界人民”[①]，“人民力量越强，打（战争）的可能性就越小。因为国际上的斗争也是力量的对比”[②]。由于美国拒绝承认新中国，中国跟美国没有直接的官方外交关系，“美国人民尚被控制在垄断资本主义之下，我们的消息不能进到他们国内去”，因此“我们要影响美国人民，这种义务是不能拒绝的”[③]。朝鲜战争爆发后，人道努力将两国人民直接联系起来。中国红十字会以人道为本，教育、感化被俘的联合国军军人，并通过这些战俘不仅向美国，也向全世界发出反对战争、要求和平的强烈呼声，向世界各国传播了和平的愿望，种下了友谊的种子。

总之，朝鲜战争时期，中国红十字外交就如一双缓缓推开铁幕的手，让分隔在铁幕后面的人民能透过掀开的缝隙，加深认识，促进理解，为今后携手共建和谐世界提供了机遇、创造了条件。

第二节　中印边境自卫反击战与中国红十字外交

1962 年的中印边境自卫反击战是“中国政府和中国人民所不愿意看到的，也是全世界爱好和平的国家和人民所不愿意看到的”[④]，“的确是一件令人感到遗憾和痛心的事情”[⑤]，它不仅影响到之后相当长一段时期中印之间的友好关系，而且也产生了深远的国际影响。

一、选择民间外交

中印两国山水相连，有着 2000 多年的友好交往历史，彼此之间没有根本的利害冲突。近代以来，两国曾深受帝国主义的殖民统治与压迫，都具有反帝反殖的共同经历。新中国成立后，印度很快就同新中国建立了外交关系，尤其是 1954 年两国共同倡导的和平共处五项原则，开创了新型国际关系的先

---

① 《周恩来外交文选》，中央文献出版社 1990 年版，第 51 页。

② 《周恩来外交文选》，中央文献出版社 1990 年版，第 12 页。

③ 《周恩来外交文选》，中央文献出版社 1990 年版，第 14 页。

④ 世界知识出版社编：《中华人民共和国对外关系文件集》第 9 集，世界知识出版社 1964 年版，第 109 页。

⑤ 王宏纬：《喜马拉雅山情结：中印关系研究》，中国藏学出版社 1998 年版，第 277 页。

河。建交后，两国关系发展势头良好，共同为亚太、印度洋地区及世界其他地区的和平与安宁做出了贡献。正如当时美国情报评估所认为的，中印“两国的友好关系是亚洲和平的关键”①。

从20世纪50年代后期开始，随着国际局势的逐步缓和，美苏两国也朝着“和平竞争”的方向发展。在这一大的国际环境下，印度倡导不结盟，并使不结盟运动在国际上产生了较大的影响力。印度的国际影响力和地缘优势，使之成为美苏两大国极力争取的对象，在一定程度上提高了印度的国际地位，扩大了印度总理尼赫鲁的声望。而此时，中国却面临着咄咄逼人的安全形势。由于中苏关系破裂，苏联在中国北部沿中苏、中蒙边境部署百万雄兵，时刻威胁着中国的安全；美国肯尼迪政府在“新边疆政策”的指引下，酝酿逐步扩大对越南的侵略，从南边进逼中国；在东南面，台湾欲在美国的支持下借大陆发生自然灾害之机“反攻”大陆；在东边，中国自1958年撤回在朝鲜的志愿军后留下的政治真空，因旅日朝侨的归属问题逐渐显现，日、韩、朝之间矛盾不断，处理不当，又会使东北亚地区陷入动荡的境地。在中国国内，经历“大跃进”后又遇天灾，经济尚在恢复之中，而由国内经济问题进而引发了中国内部围绕中苏关系、国际形势等问题的分歧与争论进一步扩大。正是在中国“内困外忧”之际，印度充当了反华的急先锋。

中印边界问题是一个历史遗留问题，两国应本着友好协商的原则加以合理解决。然而，印度尼赫鲁政府却继承了英国殖民主义者的衣钵，“不断进行蚕食乃至武装侵占”西藏部分地区②。特别是1959年西藏上层反动集团发动叛乱后不久，印度加大执行“前进政策”，擅自提出“边界线事实上已经划定的论点”，以“争取国际支持”③。至1962年，印度认定此时正是在中印边界全线进攻的“良好时机”④，遂挑起中印战争。

1962年10月，印度军队向中印边境中方一侧发动了大规模的进攻，10月20日，中国军队实施自卫反击作战。经过近一个月的战斗，中国军队多次打退印军的进攻，歼灭了部分来犯之敌，顺利收复了部分失地。10月24日，中国政府提出和平解决中印边界问题的声明，希望双方都要克制，“以中印十

① 转引自沈志华、杨奎松主编：《美国对华情报解密档案（1948—1976）》第8册，东方出版中心2009年版，第117页。

② 张彤：《对印自卫反击战前后的回忆》，外交部外交史编辑室：《新中国外交风云》，世界知识出版社1990年版，第66页。

③ ［澳］内维尔·马克斯韦尔：《印度对华战争》（陆仁译）：世界知识出版社1981年版，第135页。

④ 邓礼峰：《1962年中印边境自卫反击战》，转引自张树军：《中南海三代领导集体与共和国外交实录》上卷，中国经济出版社1998年版，第255—256页。

一亿人民的根本利益为重，以两国人民反对帝国主义斗争的共同利益为重，以亚洲和亚非团结的利益为重"①，既要尊重历史，也要正视现实，共同合理谈判解决两国间的边界问题。11 月 22 日，中国边防部队在中印边界全线停火。但印度却拒绝谈判。

鉴于中印之间源远流长的友谊，鉴于中印在近代共同的历史遭遇和面临的现实任务，鉴于印度的国际地位和影响力，因而通过民间外交途径寻求中印之间的和平、团结与友谊便成为一种策略选择。

二、受托遣返战俘

中印边境自卫反击战爆发后，印度在国际上极力制造恐慌气氛以博取同情，引起了世界各国的广泛关注。战争期间，印度先借战俘问题大做文章，企图利用国际红十字组织扩大中印边界冲突的影响。

印度在没有通过正常的外交途径同中国协商合理解决被中国边防部队俘虏的印军的情况下，擅自向红十字国际委员会"求助"，诬蔑中国方面"决心"把被俘人员当作"人质"②，要求红十字国际委员会插手印俘问题。随后，印度于 1962 年 10 月 23 日晚通知中国方面，"印度已要求红十字国际委员会提供关于在中国人手中的军事和非军事俘虏的情况"，还说"印度没有（中国的）俘虏"③，并要求"早日运送御寒的衣服、毛毯和药品"给印俘④。显然，其目的一方面是污蔑中国不遵守日内瓦公约，违反人道主义，借国际反华"大联唱"之机把事态扩大化，故意丑化中国的形象，即"企图把自己扮成是一个受害者和愿意谈判者，把中国说成是一个侵略者和顽固不化者"⑤，为国际社会插手干涉中印边境问题铺路；另一方面，利用国际红十字组织为其在国内肆意迫害华侨张目。

与邻为善，以邻为伴，睦邻友好，是新中国对外交往原则，且中印友好关系源远流长，虽然因为边界问题两国发生了冲突，但广大的印度人民、印度官兵只是印度当局扩张政策的执行者，他们本身没什么过错。战败被俘，受到宽待，是两国人民友好交往的必然，符合新中国对外交往原则，更符合国际人道主义精神。1950 年中印已建交，虽然两国之间发生了战争，但外交

---

① 世界知识出版社编：《中华人民共和国对外关系文件集》第 9 集，世界知识出版社 1964 年版，第 156 页。

② 参见王宏纬：《喜马拉雅山情结：中印关系研究》，中国藏学出版社 1998 年版，第 246 页。

③ 《参考消息》1962 年 11 月 26 日。

④ 《参考消息》1962 年 11 月 3 日。

⑤ 王宏纬：《喜马拉雅山情结：中印关系研究》，中国藏学出版社 1998 年版，第 250 页。

关系并没有断绝，两国红十字会之间仍可以自由交往，战俘问题完全可以通过两国红十字会来解决。

为推动中印边界问题的和平解决，同时也考虑到被俘印军人员早日与家人团聚的愿望，中国红十字会受中国政府委托负责遣返印俘有关事宜。

首先，传递人道信息。中国红十字会按照日内瓦公约的精神，在交通受阻的情况下，分 5 批①将所有印俘名单、通讯处和健康状况通知印度政府和印度红十字会，并且协助他们同家人建立通讯联系，传递了印方送给他们的包裹②。

其次，按人道主义精神善待战俘。1963 年 4 月 28 日，中国红十字会小组访问了设在西藏的一座俘虏收容所，了解到收容所食物种类很丰富，按印度传统习惯制作，印俘很爱吃；宗教生活完全与印俘过去一样，每天祈祷三次，收容所当局还供给他们敬神的灯油；医疗条件很好，被俘人员的健康有充分的保证，从而证实了中国方面对于印军被俘人员的待遇实际上远远超过了日内瓦战俘待遇公约的规定。难怪战俘们见到红十字小组时，都异口同声高呼："中印人民友谊万岁！"并表示"这里充满了人道主义精神和兄弟般的情谊，我们非常感激"③。

第三，按照日内瓦公约的精神遣俘。1962 年年底，中国红十字会联系印度红十字会，并通知印度驻华使馆，中国将于 1962 年 12 月 5 日、12 日和 13 日分别于邦迪拉、梅楚卡、德让宗、瓦弄等地先后释放 200 余名印度俘虏，其中含 12 名伤病人员、3 名随军修路人员，另骨灰 1 盒，要求印度红十字会按时到指定地点进行交接④。在交接时，中国方面人员向印方人员介绍了这些被俘印军伤病人员的抢救、治疗和生活情况，并将每人的病历表一份和伤病人员总名册一份交给了他们。印度红十字会派来接运这些伤病人员的医生，对于中方给予被俘印军伤病人员的治疗情况表示满意⑤。这些被俘印军伤病人员对于中国边防部队给予的积极治疗和细心护理，十分感激。在达旺地区发动进攻而受伤被俘的几个印军士兵，对为他们精心治疗的中国边防部队医务人员说："永远不忘中国军医的人道主义。"一个被俘印军连长还说，他的

---

① 参见《人民日报》1962 年 12 月 17 日、31 日，1963 年 1 月 24 日、2 月 1 日；中国红十字会总会编：《中国红十字会历史资料选编，1950—2004》，民族出版社 2005 年版，第 83 页；池子华、郝如一主编：《中国红十字历史编年，1904—2004》，安徽人民出版社 2005 年版，第 176—178 页。

② 《外交部办公厅主任韩念龙致电红十字国际委员会　重申我国在中印问题的立场》，中国红十字会总会编：《中国红十字会历史资料选编，1950—2004》，民族出版社 2005 年版，第 84 页。

③ 转引自《中国红十字会小组访问西藏一座俘虏收容所》，《人民日报》1963 年 5 月 3 日。

④ 参见《人民日报》1962 年 12 月 1 日、9 日和《光明日报》1962 年 12 月 1 日、8 日。

⑤ 《我边防部队释放第一批被俘印军伤病人员》，《人民日报》1962 年 12 月 6 日。

"左手和左腿负伤，左臂骨折断了，得到了中国军医良好的治疗和照顾，表现出中国人的友好态度"。另一个被俘印军校级军官对西藏边防部队俘虏收容所管理人员说："你们对我们的友好态度，完全像对待朋友。我们的伤病人员被俘后走不动，你们的士兵还背着他，这种事从前我没有见过，也没有听说过。"[①]

特别值得一提的是，为满足部分印度军官要求到中国内地参观的愿望，同时也为了表达中国方面争取两国友好和解的诚意，中国红十字会接受政府委托，安排以达尔维准将为首的印军27名校级以上军官到武汉、南京、上海、杭州、无锡、北京参观[②]。为照顾他们的自尊心，中国陪同人员向他们保证不报道、不拍照、不派记者采访。这些军官过去对中国有一些了解，但也听到许多歪曲宣传。在参观中，他们发现中国各城市街上无乞丐、无妓女、交通秩序良好，并没有任何鼓动反对印度的宣传，对此他们表示惊讶。后来他们还提出想经香港回国，也得到中国方面的同意。但是印度政府出于维护面子和担心他们到香港后会扩大此事的影响，反对他们继续旅行，经中方同意后，决定在昆明予以遣返[③]。中国不仅按照国际有关公约宽待善待俘虏，而且还给予他们如此高的礼遇，这在中外遣俘史上实属罕见[④]。

中国红十字会对待这些被俘官兵的宽容与关爱，深深地感动了他们；在朝夕相处的过程中，他们也逐步明白了是由于印度政府实行错误的"前进政策"，破坏了边界现状，才使中国方面不得不进行反击。在所有遣俘的过程中，印俘都热烈地和中方工作人员握手、拥抱，高呼："中印人民是兄弟!""我们两国人民的友谊，万古长青；我们之间兄弟般的关系，永世长存。""感谢中国政府!"[⑤] 这无异于对印度当局蓄意歪曲的有力回击。

1963年4月、5月间，中国红十字会受托分批将所有印俘分别遣送完毕[⑥]。中国红十字会按照日内瓦公约精神善待战俘，并"释放和遣返全部被俘

---

① 《中国红十字会通知印度红十字会　我将陆续释放被俘印军伤病员》，《人民日报》1962年12月1日。

② 《我西藏新疆边防部队委托中国红十字会在昆明释放遣返二十七名被俘印军军官》，《人民日报》1963年5月5日。

③ 王宏纬：《喜马拉雅山情结：中印关系研究》，中国藏学出版社1998年版，第245页。

④ 罗山爱在《外交档案揭秘三千印俘在中国的真实生活》（《档案春秋》2010年12期）一文中对中方善待印俘做了很好的描述。

⑤ 《中印红十字会昨日办理交接印俘手续》，《人民日报》1963年4月11日。

⑥ 参见《人民日报》1963年4月3日、11日、14日、30日，5月3日、5日、6日、12日；《光明日报》1963年4月11日、14日、30日，5月5日、12日、26日。

印度人员，是中国政府为争取和平解决中印边界问题所做的又一次重大努力”①。

三、主动送还印军阵亡将士的尸骨

除战俘问题之外，印度当局还在阵亡将士的尸骨问题上向中国发难。

在战争进行中和战后对冲突另一方军人的尸体进行掩埋处理，符合通常的国际惯例和日内瓦公约的精神。中国边防部队甚至在西段中印边境冲突还在进行的时候，就尽可能地掩埋了一部分印军尸体；在冲突停止以后，立即进行清查，并且掩埋了全部印军尸体。中国方面已经尽了自己应尽的责任。然而，印度却歪曲事实，试图利用阵亡将士的尸骨问题煽动两国人民之间的仇恨。对此，中国红十字会进行了有力的回应与反击。

1962 年，中印边境自卫反击战爆发后不久，中国西藏地方边防部队进驻德让宗和打陇宗地区后，在普冬村附近清扫战场时，从被俘的印军士兵中了解到，印军尸体中有一具是印军第 62 步兵旅旅长霍希尔·辛格准将。随后，中国边防军找出了这具尸体，并在尸体身上发现了贴有照片的身份证、两个准将臂章、两个领章和帽徽，从而证实了死者的身份。中国西藏地方边防部队把这具印军准将的尸体用毛毯裹好以后，埋葬在坦加帕尼河上普冬桥北头约 20 米处，在墓前竖立了写明死者姓名和职位的标志。霍希尔·辛格准将是在战斗中死亡的，由于战场上双方部队都在迅速移动，因此很难断定他死亡的确切日期。然而，印度当局却以怨报德，其报业托拉斯于 1962 年 12 月 14 日说，辛格准将是在向中国边防部队投降时被枪杀的，其实这是“无耻的造谣和诬蔑，其目的显然是为了制造仇恨，煽动反华”。中国红十字会经查实，将发现印军旅长辛格尸体的经过如实告知印度有关方面，及时澄清了印度“恶意的诽谤”②，并指出，中国方面对辛格准将尸体的处理是仁至义尽的，符合人道主义精神，“任何了解和尊重事实的人都会看出，印度政府在这个问题上对中国所做的指责，完全是恶意污蔑”③。

在中国方面宣布主动停火和主动后撤 4 个半月之后，印度方面却提出要派人进入中印边界西段中国境内的非军事区来“收集”印军尸体。在遭到中国的断然拒绝后，印度又污蔑中国“不顾涉及宗教仪式的问题”，“故意不

① 王宏纬：《喜马拉雅山情结：中印关系研究》，中国藏学出版社 1998 年版，第 243 页。

② 《我红十字会电复印红十字会　说明我方发现印军旅长辛格尸体经过》，《人民日报》1962 年 12 月 22 日。

③ 世界知识出版社编：《中华人民共和国对外关系文件集》第 10 集，世界知识出版社 1965 年版，第 126 页。

让"印度人对这些尸体进行火葬。此外，印度竟然无视中国主权，擅自决定印方人员进入中国境内的时间、地点和使用的交通工具等等，要中国方面在它指定的地点、时间接待印方人员，意欲在中国的土地上为"保卫"他们国家而牺牲的"卫国英雄"举行"宗教仪式"，态度蛮横之极。众所周知，这些印军死亡人员是为执行印度政府武力侵华政策而殉难的，并非其所称的"卫国英雄"。这种颠倒黑白的做法，无非想乘机钻入中国境内，制造紧张气氛，为重新挑起冲突做准备。

鉴于印方一再要求，中国红十字会接受中国政府的委托，不畏险阻，派遣工作人员进入有关地区清理和焚化印军人员尸体，然后把骨灰和一部分尸体交给印方，由印方领回按照自己的风俗习惯处理。中国的这种做法，"是史无前例的友好作法，是对印方的破格照顾，表现了中国方面的高度人道主义精神，也表现了中国方面维护中印友谊的真诚愿望"①。

印度被俘人员中，有20余名因伤势过重，医治无效死亡，中国红十字会认真负责地将他们的死亡诊断书连同骨灰或尸体一起交给印方。对这些人留下来的钱财、手表等个人物件，也一一进行登记，交印度红十字会转给死者家属。对于中方的这些行动，印度俘虏颇为感动，他们说："中国真是最人道的国家。"印度红十字会的代表也感慨万千，认为这在各国战争史上是从未有过的事情②。

中国红十字会通过主动送还这些印军的尸骨，有力地维护了国家的主权，也加深了中印两国人民之间的友谊。

四、"团结与友谊的使者"

近代以来，印度曾为英国殖民地。独立之后，作为新兴的民族国家，印度面临的主要任务是发展民族经济，反对帝国主义，促进与维护世界和平。印度与中国有相似的经历并怀有共同的愿望，中印之间不应该发生冲突，而应该是好邻居、好伙伴。事实证明，中国红十字会这些外交努力，有理、有利、有节，向世界表明了中国政府对维护本国领土主权的坚定决心，充分表达了中国希望中印两国人民能秉承几千年来友好交往的传统共同维护双方建立起来的友谊，共同努力，和平解决存在于彼此之间的历史矛盾与纠纷。通过中国红十字会的努力也确实教育和团结了许多印度人民，如有些印度俘虏

① 世界知识出版社编：《中华人民共和国对外关系文件集》第10集，世界知识出版社1965年版，第126—128页。

② 参见王宏纬：《喜马拉雅山情结：中印关系研究》，中国藏学出版社1998年版，第245页。

被释放回国后，著书立说，向世人讲述中印边界冲突的真实情况，证明中国并没有侵略印度，边界问题是有历史渊源的，是殖民主义留下的后患，中国与印度应该携手合作，以和平与发展事业为重，边界问题可以进行谈判、协商，友好解决。

中印边境自卫反击战爆发，引起一些亚非国家对此问题的强烈关注，希望中印双方能合理解决边界纠纷，勿使边界冲突扩大危及世界和平。中国红十字会积极妥善地解决与战争有关的诸如战俘、尸骨等问题，使这些国家对新中国的和平外交政策有了新的认识和理解，对中印战争的认识也更加全面，从而为中国拓展同这些亚非国家之间的友好关系奠定了基础。这从此后中国同许多亚非国家扩大交流与合作便可得到证明。曾参加过中印边界战争的印度陆军第4师师长尼兰詹·普拉沙德坦言："中国人在战场上是胜利者，在舆论上也是胜利者。"① 更有西方学者对此评论道：中国以这种"独特的方式结束了对抗，使任何'帝国主义''修正主义'都无法再帮尼赫鲁什么忙"②。

总之，新中国红十字会奉"人道、博爱、奉献"精神，持"人道获致和平"理念，受中国政府委托，通过善待印军战俘并协助遣返、送还印度阵亡将士的尸骨等外交行动，避免了其他国际势力插手、干涉中印争端，涵养了中印两国人民之间的友谊，较好地发挥了政府的助手、民间交往的桥梁和纽带的作用，为改善中印关系、宣传中国和平外交政策和促进世界和平做出了贡献。

第三节　越南战争与中国红十字外交

"中越情谊深，同志加兄弟。"自新中国成立至70年代越南独立期间，对这个饱受外来侵略的兄弟，中国红十字会本着人道主义精神，对其抗击外来侵略、维护独立统一也十分关注，从多方面对其进行支援与帮助。然而，随着世界局势的变幻，中国红十字会对越外交也经历了转向。

---

① 罗山爱：《外交档案揭秘三千印俘在中国的真实生活》，《档案春秋》2010年12期，第10页。

② 参见［美］费正清、罗德里克·麦克法夸尔主编：《剑桥中华人民共和国史，1949—1965》（王建朗等译），上海人民出版社1990年版，第575页。

一、越战与中国红十字外交的转向

中越山水相连，新中国成立后，美国从所谓的“多米诺骨牌理论”① 出发，认为越南是阻滞共产主义扩张的关键。如杜勒斯所言，“朝鲜是重要的，但真正重要的是印度支那。美国可能失去朝鲜，但美国可以使这一损失的后果不影响别的地区。但要是印度支那失去的话，东南亚失去的话，我们就很难使其后果不影响到其他的地区”②。1956 年，约翰·肯尼迪（即 1961 年上任的总统）在《美国在越南的利害关系》演讲中宣称，越南是“东南亚自由世界的基石”和“顶梁柱”，是同中国日益增长的威望和影响相对抗的“亚洲民主的实验基地”，也是“考验美国的义务和意志”的地方③。故美国认为，“越南战争乃是决定性的一役，它将判别游击战可否制止、冷战能否胜利”④，因而取代法国逐步介入越南事务，破坏日内瓦和平协定，从在越南南方扶持代理人，到直接出兵参战，使越南战争步步升级，给越南带来了惨重的损失，直接威胁到东南亚的和平与稳定，也成为当时国际问题的焦点。尤其是继 1964 年 8 月“北部湾事件”之后，1965 年 3 月，美国又发动“雷鸣行动”，以此为契机，美军地面部队开始直接和南越一起共同与越南人民武装力量作战，美国海空军亦加强了对中国领海、领空的侵扰，危及中国南部边境的安全。

与此同时，在美国的指使下，南朝鲜于 1965 年 1 月决定派遣 2000 人赴越协助美国发动侵越战争，这是“美帝国主义破坏日内瓦协议，扩大印度支那战火，进一步使侵略南越的战争国际化的又一个严重步骤”，也是“美国‘用亚洲人打亚洲人’的恶毒计划的一部分”。中国是日内瓦协议的签字国，是越南唇齿相依的邻邦。中国政府再次声明：“如果美帝国主义继续推行扩大南越侵略战争的阴谋，甚至使南越战争国际化，中国政府和人民就不能不进一步考虑他们对维护这一地区和平所应尽的责任。”⑤ 正如多年之后《人民日报》的一篇评论文章所指出的：“美国对越南民主共和国的侵犯，就是对中国的侵

---

① 参见［美］亨利·基辛格：《大外交》（顾淑馨、林添贵译），海南出版社 1998 年版，第 604 页。

② 转引自蔡佳禾：《双重的遏制：艾森豪威尔政府的东亚政策》，南京大学出版社 1999 年版，第 37 页。

③ *The US Government and the Vietnam War*, Part Ⅱ, p. 5。转引自陶文钊主编：《中美关系史，1949—1972》，上海人民出版社 2004 年版，第 239 页。

④ ［美］亨利·基辛格：《大外交》（顾淑馨、林添贵译），海南出版社 1998 年版，第 623 页。

⑤ 《美国扩大印度支那战火的一个严重步骤》，《人民日报》1965 年 1 月 14 日。

犯，中国人民绝不会见死不救"[①]。因此"全力以赴地支持越南抗美救国战争成为中国维护国家安全的重要措施"，而且"这一行动承载着远比维护国家安全更为重大的使命"[②]。

以维护和平为使命的中国红十字会也表示："美帝国主义对越南民主共和国的战争挑衅，也是对中国人民和全世界爱好和平人民的挑衅。中国红十字会将在自己的工作岗位上坚决支持越南人民的正义斗争，并随时准备着响应政府的号召，给越南人民以一切必要的援助。"[③] 中国红十字会围绕着越南战争的变化开展了一系列外交行动，并随着形势的发展而逐步地发生转向。

二、红十字外交的主要方式与内容

越南战争从1955年爆发至1973签订停战协定，前后长达近20年之久。在此过程中，中国红十字会参与越战外交，方式多样，内容丰富。

（一）以物资援越抗美

近代以来，越南逐步沦为西方国家的殖民地，在长期的反帝斗争中，越南几乎耗尽了所有财富。越南要想取得抗美战争的胜利，没有坚实的物质基础是不可想象的。毛泽东曾指出，"在帝国主义存在的时代，任何国家的真正人民革命，如果没有国际革命力量在各种不同方式上的援助，要取得自己的胜利是不可能的。胜利了，要巩固，也是不可能的。"[④] 因此，向越南提供必要的援助，对越美双方力量对比的变化、对越南夺取抗美救国战争的胜利，具有重要意义。

中国红十字会从人道主义出发，曾先后给予越南红十字会、越南南方解放红十字会大量无私的人道主义援助。从现有公开的材料来看，1955年捐赠20万元的物资[⑤]；1963年7月捐助10万元药品和医疗器械，8月捐助194箱

---

① 《援越抗法、抗美斗争时期的中越关系——二评越南外交部关于越中关系的白皮书》，《人民日报》1979年11月21日。

② 沈志华、杨奎松主编：《美国对华情报解密档案（1948—1976）》第3册，东方出版中心2009年版，第265—266页。

③ 《随时准备给越南以一切援助》，《人民日报》1964年8月9日。

④ 《毛泽东选集》第4卷，人民出版社1991年版，第1473—1474页。

⑤ 中国红十字会认为，"9月初我曾捐款10万元人民币救济印度水灾，越南此次风灾甚严重，并在其国家恢复建设初期，似应多捐一些……"最后决定捐赠价值20万元人民币物资。见《救济越南风灾事（1955年10月17日至11月29日）》，外交部档案馆，106-00090-01（1）。转引自殷晴飞：《1949—1965年中国对外人道主义援助分析》，《当代中国史研究》2011年第4期。

医药物资；1964 年捐助 100 万元物资；1970 年、1971 年、1973 年各捐 500 万元物资[①]。这些人道主义援助无疑增强了越南抗美的物质基础，“这是越南许多领导人深有感受和一再肯定的”[②]。

（二）谴责美国违反日内瓦公约

尽管越南物质条件薄弱，但由于越战是民族解放战争，因而赢得了越南国内广大人民的坚决支持。正如范文同告诉《纽约时报》资深记者索尔兹伯里所言：“虽然美国军事上强过北越太多，最后却必输无疑，因为愿意为越南捐躯的越南人远多于美国人，而且更有决心要耗下去打一场持久战。”[③] 因此，无论美国武器如何先进，必然会陷入越南人民战争的汪洋大海，最终注定要失败。为挽回败局，美国悍然违反日内瓦公约，在越南战场使用毒气、毒药，还惨无人道地滥炸医院、疗养院和水利工程，造成大量无辜平民伤亡，给越南人民的生产、生活带来了巨大的危害[④]。对此，越南红十字会、越南南方解放红十字会纷纷予以谴责与反对。

中国红十字会也给予坚决支持。例如，针对美国在越南使用毒气，中国红十字会发表声明[⑤]，指出“美帝国主义的这些罪行粉碎了约翰逊的所谓‘和平’‘仁义’、只进攻‘钢筋水泥’和‘军事目标’等狡猾论调，暴露了美帝国主义的好战和侵略面目以及极其野蛮的法西斯原形，是越南人民和全世界进步人民的不共戴天的敌人”。因此“美国企图用使用毒气的办法挽救它在南越即将总崩溃的命运，这是永远办不到的”[⑥]，中国红十字会并“号召全世界红十字组织行动起来，严厉谴责和制止美国强盗的暴行”，认为“红十字国际组织和国际会议绝不应该对美帝国主义这一践踏国际公约和违犯人道的

---

① 例如《支援遭受美帝国主义侵略的越南南方人民　我红十字会捐赠医药物资启运》，《人民日报》1963 年 8 月 6 日；《我红十字会捐助物资　支援南越灾民克服困难》，《人民日报》1964 年 11 月 29 日；《我红十字会把一批医药等物资赠给越南南方解放红十字会》，《人民日报》1964 年 12 月 21 日。

② 郭明主编：《中越关系演变四十年》，广西人民出版社 1992 年版，第 64 页。

③ 转引自［美］亨利·基辛格：《大外交》（顾淑馨、林添贵译），海南出版社 1998 年版，第 638 页。

④ 《越南卫生部强烈谴责美机轰炸扫射医疗单位的罪行》，《人民日报》1965 年 7 月 17 日；《制止美国强盗在侵越战争中使用毒气》，《人民日报》1965 年 9 月 25 日。

⑤ 《中国红十字会谴责美帝国主义在越南南方使用毒气的声明》，中国红十字会总会编：《中国红十字会历史资料选编，1950—2004》，民族出版社 2005 年版，第 104 页。

⑥ 《我红十字会等团体抗议美帝在南越使用毒气》，《人民日报》1965 年 3 月 28 日；《越南外交部强烈谴责美帝野蛮杀害南越人民》，《人民日报》1965 年 10 月 5 日；《我政法学会和红十字会发表声明　声讨美帝在南越大肆使用毒气毒药》，《人民日报》1966 年 1 月 13 日。

严重罪行保持沉默"[①]。再如1964年8月，越南民主共和国红十字会代表团应邀访华时，中国红十字会组织集会严厉谴责美帝国主义对越南民主共和国的武装侵犯[②]，等等。中国红十字会通过这些形式，既是对美国违反国际公约侵略越南进行的谴责，也是对越南的正义斗争给予的有力帮助，从而在国际上为越南抗击美国的侵略赢得了同情与支持。

（三）维护越南的独立统一

1954年日内瓦会议后，美国不甘心自己的失败，公然破坏日内瓦协议在越南的实施，有计划、有步骤地渗入越南南方，变南越为美国的殖民地和推行扩张侵略的军事基地，逐步"把南越建立成社会、政治、经济和军事上均能独立担当的国家"[③]，企图分裂越南，这有悖于二战后获得全世界共识的民族自决原则。

为阻止美国分裂越南，中国红十字会全力支持与维护越南领土主权的完整和统一。例如，北部湾事件后的1964年8月，越南民主共和国红十字会代表团应邀访华，中国红十字会以隆重热烈的方式欢迎该代表团[④]，向国际社会表明越南只有一个正遭受美国侵略的越南民主共和国。

此外，根据国际红十字运动的"统一"原则，为维护越南的独立统一，中国红十字会也做出了积极的努力。

例如，1965年第20届国际红十字大会居然邀请美国扶持的西贡地方政权及红十字会代表团参会，企图制造"两个越南"。对此，1965年9月28日，中国外交部办公厅主任董越千打电报给奥地利红十字会会长汉斯·冯·劳达博士，表示"中国政府和中国红十字会坚决支持越南反对西贡傀儡参加国际红十字大会的严正立场，并且指出，只有越南南方民族解放阵线建立的红十字会才是真正为越南南方人民利益服务的红十字组织"[⑤]。

随后，在1966年10月4日于日内瓦红十字会协会第86次执委会会议上，中国红十字会代表团又一次抗议红十字会协会不顾中国红十字会代表团在会前一再提出的警告，紧密配合美、苏在越南问题上玩弄新的"和平谈判"骗局，坚持邀请不代表任何人的南越傀儡政权红十字会的"代表"以观察员身

① 《中国红十字会谴责美帝国主义在越南南方使用毒气的声明》，中国红十字会总会编：《中国红十字会历史资料选编，1950—2004》，民族出版社2005年版，第104页。

② 《北京市红十字会集会　欢迎越南红十字会代表团》，《人民日报》1964年8月20日。

③ ［美］亨利·基辛格：《大外交》（顾淑馨、林添贵译），海南出版社1998年版，第622页。

④ 《越南红十字会代表团到京》，《人民日报》1964年8月6日。

⑤ 《我外交部办公厅主任致电奥红十字会长　支持越南反对西贡傀儡参加国际大会》，《人民日报》1964年9月29日。

份参加会议，在越南民主共和国和越南南方民族解放阵线红十字会没有派代表出席会议的情况下讨论所谓在越南"恢复和平"的问题。中国红十字会决定退会①。

鉴于国际势力企图再次借红十字会协会第31届理事会会议分裂越南的图谋，1971年10月9日，中国红十字会致电红十字会协会秘书长，抗议红十字会协会邀请阮文绍傀儡集团参加会议，表示只有越南南方共和临时革命政府才是越南南方人民的唯一真正代表；只有越南南方解放红十字会才有权派代表出席红十字会协会第31届理事会会议，坚决维护与支持越南领土主权的完整与统一。

1973年11月2日，在伊朗德黑兰举行的第32届红十字会协会理事会会议上，中国红十字会当选为执行委员。11月8日，第22届国际红十字大会亦在德黑兰举行，在参加完此次会议后的11月15日，中国政府代表团团长、中国驻伊朗大使陈辛仁和中国红十字会代表团团长欧阳竞，设宴招待出席大会的越南民主共和国政府代表团团长阮文琉、越南红十字会负责人陈氏嫡。这显然是对一个越南的支持。

（四）关怀越南侨民

由于越南深陷战争之中，且国家面临被分裂的危险，因而，在外越南侨民往往难以得到越南政府的关怀与照顾②。中国红十字会从人道主义出发，对这些越南侨民也给予了人道关怀。

1968年，在美国的支持下，泰国当局为配合美国扩大侵越战争的需要，竟撕毁1965年9月8日越南民主共和国红十字会与泰国红十字会签订的《关于暂缓遣返越南侨民的协议》，勾结西贡政权，企图强迫旅泰越侨去南越充当战争的炮灰，"这是美帝国主义进一步扩大侵越战争的又一罪恶阴谋"。中国红十字会从维护日内瓦公约出发，"要求泰国当局必须立即停止迫害越南侨民的一切罪恶活动，立即释放所有被捕人员，尊重越泰两国红十字会所签订的协定，切实保障越侨的生命、财产安全与正常的来往和谋生的权利"③，维护越南侨民的正当权利，努力谋求越南问题的尽早解决。

---

① 《坚决反对红十字会协会配合美苏在越南问题上玩弄和谈阴谋　我代表团退出红十字会协会执委会会议》，《人民日报》1966年10月8日。

② 例如1959年1月30日，越南总理范文同曾就5万名受到泰国当局迫害的旅泰越南侨民的现状写信给周恩来总理，建议越泰两国红十字会尽早接触和商谈，解决越侨的居留和归国问题。2月19日，周恩来复信范文同，表示中国政府完全支持越南政府的建议。参见《周恩来年谱，1949—1976》中卷，中央文献出版社1997年版，第207页。

③ 《我红十字会强烈谴责美泰反动派迫害越侨的野蛮行径》，《人民日报》1968年1月17日。

（五）遣返战俘

1973 年，越南和平协议在巴黎签署，这给中南半岛的和平带来了希望。为促进有关中南半岛的各项问题得到顺利解决，1974 年 1 月 31 日和 2 月 5 日，中国红十字会根据日内瓦公约，协助遣返两批在西沙群岛自卫反击战中被俘的南越战俘 48 人和 1 名美国人，以推进中南半岛的和平进程。

三、“国家利益的现实选择”

越南战争旷日持久，牵动各方，成为举世瞩目的焦点问题之一。20 世纪 50 年代，美国取代法国，公开扩大侵略越南战争，不仅极大地破坏了世界和平，而且也给越南人民带来了深重的灾难。美国是以遏制共产主义为名入侵越南的，而越南又是中国的近邻，中国不能置身事外。鉴于朝鲜战争的历史经验，中国没有直接出兵越南，美国也采取了一些节制措施，从而有效避免了中美之间的另一场“热战”。中国红十字会从人道主义出发，支持越南人民的正义斗争，争取早日恢复中南半岛的和平局面，是值得充分肯定的。与朝鲜战争时期相比，围绕着越南战争，中国红十字外交的内容、手段、方式有了显而易见的变化，主要是从物质上支持越南抗战、政治上支持越南独立统一，但从总的目的来说，都是促进世界和平，异曲同工。

新中国成立后，为帮助越南实现民族独立和领土主权的完整与统一，在国际上，一直是中国、也主要是中国给予越南以大力的支持。然而，进入 60 年代以后，随着中苏关系的破裂，苏联开始插手干预越南战争，在给予越南大量援助的同时，极力挑拨中国与越南的友好关系。因而，当 1964 年美国逐步扩大侵越战争之后，在苏联的干扰下，中越之间的关系开始出现一些裂痕。而此时，中国却提出要“结成最广泛的统一战线”以支持世界革命①，中国红十字外交工作受外交部指导，因此在这一思想的指导下，中国红十字会给予越南的援助是慷慨的、大量的、无私的，范围是广泛的。

70 年代初，随着国际形势的变化，特别是苏联势力的到处扩张，中国为应对日益复杂的国际环境和周边环境，对外关系逐步趋向务实。在此带动与影响下，中美关系逐渐松动并朝着关系正常化的方向发展，这对中越关系产生了重要的影响，以致越南认为被中国“出卖”。在这变化的关键时期，中国

---

① 例如，1965 年 5 月 12 日，毛泽东在《支持多米尼加人民反对美国武装侵略的声明》中号召：“社会主义阵营各国人民联合起来，亚洲、非洲、拉丁美洲、各国人民联合起来，全世界各大洲的人民联合起来，所有爱好和平的国家联合起来，所有受到美国侵略、控制、干涉和欺负的国家联合起来，结成最广泛的统一战线，反对美帝国主义的侵略政策和战争政策，保卫世界和平。”参见《世界知识》1985 年第 10 期。

红十字会于1970年、1971年和1973年向越南提供了大量的经济援助，在国际红十字运动中公开支持"一个越南"的原则，以实际行动表明了中国对越南坚定的支持。1973年，越南停战协定签字后，中国红十字会协助遣返中国在自卫反击战中俘获的南越战俘和美俘，积极为越南的和平创造条件，也为中国营造了安全环境。可见，中国红十字会的这些外交活动，不仅仅是人道主义的表现，更是国家利益的现实选择。

总之，中国红十字会通过上述种种外交活动与努力，有力地支持了越南人民抗击美国侵略的斗争，鼓舞了越南人民的斗志，从而为越南最终赢得战争胜利做出了贡献。但是，从新中国成立到1973年越南停战协定签字这20多年之间，世界局势发生了重大的变化。面对这一发展变化的形势，中国政府及时调整了外交政策，表现出较为灵活的务实性，而中国红十字外交与政府外交同声相应，实现了外交的转向。

第四节　对越自卫反击战争与中国红十字外交

1979年的对越自卫反击战争，是中国确立改革开放政策后，为打击越南的地区霸权主义行为，为创造和平稳定的周边环境和国际环境而采取的自卫措施。对越自卫反击战争期间，中国红十字会以自己独特的方式展开外交活动，做出了应有的贡献。

一、遣返战俘以推动中越关系的发展

20世纪70年代初，在中国等国的努力下，越南停战协定终于签署。协定的签署本应给东南亚带来和平与稳定。然而，越南在1976年完成统一后却改弦易辙，1978年与苏联签订实为军事同盟的《友好合作条约》，实施穷兵黩武的扩张政策，肆意推行地区霸权主义，妄图建立包括柬埔寨、老挝等国在内的所谓印支联邦，遂于这一年年底大举入侵柬埔寨，力图控制老挝并威胁泰国的安全，给东南亚地区带来灾难与动荡。

与此同时，越南还一步一步向中国边境侵犯，"煽动对华战争"①，妄图侵占中国领土。正如1979年1月7日《中华人民共和国政府声明》中所言，越南的扩张"是推行地区霸权主义的一个重要步骤，也是苏联争霸亚洲和远

① 《越南当局穷兵黩武煽动对华战争》，《人民日报》1979年2月17日。

东的战略的一个重要组成部分”[①]。越南成为“破坏亚洲和世界和平与稳定的罪人”[②]，其扩张政策受到国际社会的广泛谴责和批评。

为维护地区稳定，促进世界和平，亦为中国推行改革开放政策创造和平稳定的国际环境，1979 年 2 月，中国被迫对越进行自卫还击。在取得对越自卫反击战的胜利之后，3 月 16 日，中国主动把边防部队撤回到中国边境线，并提出通过谈判解决两国之间包括边界和领土等在内的有关问题。中国反复强调，“我们不要越南的一寸土地，也不在越南留驻一兵一卒。我们要的只是一条和平与安宁的边界”，“中越之间的争端应当通过谈判解决，中越两国之间的关系应当恢复正常”[③]。谈判期间，越南不仅多次对广西、云南边境进行武装挑衅，还煽动反华仇华情绪，“毒化谈判气氛”[④]，而且在各种国际场合制造反华阴谋[⑤]。这一切清楚地表明，“越南方面是在利用谈判大造反华舆论，为在中越边境加紧军事部署，为进一步恶化中越关系制造口实，同时转移世界人民对他们加紧侵略柬埔寨和控制老挝的注意力”[⑥]。

为改善中越关系，逐步创造东南亚和平稳定的氛围，中国政府决定委托中国红十字会首先单方面释放遣返一批被俘的越南人员，以显示中国对谈判的“诚意”。在中越谈判会议上，中国多次提出“中越双方同意尽早遣返中越边境武装冲突中双方全部被俘人员，有关事宜由两国红十字会具体商谈和办理”[⑦]。对这一合情合理的建议，越方却横生枝节，拒不同意，反而歪曲事实，欺骗舆论。4 月 30 日至 5 月 6 日，以马赛尔·纳维尔为首的红十字国际委员会代表团应邀前往广西、云南访问越南俘虏收容所，代表团对中国按照日内瓦公约精神善待越俘表示赞赏[⑧]。5 月 11 日，中国宣布，“为使双方被俘人员能早日同家人团聚，中国政府准备随时遣返全部被俘的越南武装人员，同时要求越南方面释放全部被俘的中国人员”[⑨]。同日，中国红十字会致电越南红十字会：“中国红十字会受中国政府委托，办理遣返双方被俘人员事宜。……建议越南红十字会派出代表，佩戴红十字标志，于 1979 年 5 月 19 日 10 时

① 《中华人民共和国政府声明（1979 年 1 月 7 日）》，《人民日报》1979 年 1 月 8 日。

② 《必须制止无法无天的侵略》，《人民日报》1979 年 1 月 7 日。

③ 《中越争端的症结何在》，《人民日报》1979 年 3 月 17 日。

④ 《越南当局煽动反华仇华　毒化谈判气氛》，《人民日报》1979 年 4 月 20 日；《越当局加紧反华战争动员　大搞扩军备战》，《人民日报》1979 年 4 月 26 日。

⑤ 例如污蔑中国威胁老挝，见《苏越向东南亚扩张的新动向》，《人民日报》1979 年 4 月 22 日；《许多国家代表仗义执言　挫败苏越古反华阴谋》，《人民日报》1979 年 4 月 20 日。

⑥ 《韩念龙团长在河内举行记者招待会》，《人民日报》1979 年 5 月 5 日。

⑦ 《又一个诚意的行动》，《人民日报》1979 年 5 月 12 日。

⑧ 《姬（鹏飞）副委员长会见国际红十字代表团》，《人民日报》1979 年 5 月 8 日。

⑨ 《我决定首先单方面释放遣返一批越被俘人员》，《人民日报》1979 年 5 月 12 日。

（北京时间）到达友谊关至同登公路零公里处与中国红十字会代表会晤，并商谈遣返双方全部被俘人员问题。”① 中国红十字会“希望越南方面能积极响应中国这一主动行动，尽快释放遣返中国被俘人员，并对中国红十字会提出的建议作出答复”②。

人道的力量使得越南方面不得不同意中国方面的建议。5 月 12 日，越南方面在表示“同意中国方面提出的关于由两国红十字会具体商谈和办理遣返双方被俘人员有关事宜的建议”的同时，却攻击中国单方面释放越俘，“这是一种蛮横的作法”，中方的诚意“值得怀疑”等等，企图继续抹黑中国。越方提出由于“技术理由”，建议双方红十字代表团会晤时间为 1979 年 5 月 21 日 10 时③。5 月 14 日，中国红十字会致电越南红十字会，同意越方的建议，同时宣布 5 月 21 日释放的越方被俘武装人员伤病员为 120 名，其中有 18 名重伤员不能自己行走，请越南红十字会接收人员准备担架和救护车辆；不仅如此，中国红十字会还邀请红十字国际委员会代表到场观看交接过程④。

5 月 21 日，中国红十字会代表团与越南红十字会代表团在友谊关至同登公路零公里处进行会晤并办理交接手续。中国红十字会代表团将《交接越方被俘武装人员名册》1 份和《俘虏残废证明书》41 份交给越南红十字会代表团。越方红十字会代表团在交接书上签了名。这些被释放的越南武装人员，他们负伤后被越方遗弃在阵地上、岩洞里。许多人由于得不到及时的救治，伤口感染化脓。被俘后，得到了中方认真的救治和护理，一些重伤俘虏转危为安，一些轻伤俘虏迅速恢复了健康。释放时，他们一再向中方医护人员表示感谢。红十字国际委员会代表多米尼克·保海尔到场⑤，见证了“中国人民和越南人民的友谊永远是这样”（如被交换的战俘所唱的《越南—中国》这首歌曲中所描绘的那样）⑥。同时，越方将定于 21 日释放的 43 名《被俘的中国士兵和伤病员名单（越文）》1 份交给中国红十字会代表团。此举直接推动了中越双方红十字会代表团的第一次会谈。

5 月 22 日，中越双方红十字会代表团在中国友谊关口岸举行了第一次会谈。双方达成协议：中国方面将于 5 月 28 日在友谊关至同登公路零公里处释

---

① 《我红十字会致电越南红十字会　建议派代表接收获释越俘》，《人民日报》1979 年 5 月 12 日。

② 《我决定首先单方面释放遣返一批越被俘人员》，《人民日报》1979 年 5 月 12 日。

③ 《中越谈判第四次会议讨论遣返被俘人员问题》，《人民日报》1979 年 5 月 13 日。

④ 《为释放第一批越方被俘武装人员　我红十字会再次致电越南红十字会》，《人民日报》1979 年 5 月 18 日。

⑤ 《我释放首批越南被俘人员 120 人》，《人民日报》1979 年 5 月 22 日。

⑥ 《零公里处——记中国方面首批释放越南被俘武装人员》，《人民日报》1979 年 5 月 22 日。

放被中国云南边防部队俘获的118名越南武装人员伤病员；越方同意将于同一天释放20名中国被俘人员；同时，双方就释放第二批被俘人员及第二次会谈的时间、将讨论的内容达成协议①。就在同一天，参加中越政府副外长级谈判的中国代表团团长韩念龙就中越谈判问题在北京举行记者招待会，指出中越谈判分歧的主要根源是“霸权主义”②。两国红十字会的首次会谈与韩副外长的记者招待会在同一天举行，向世界表明了中国反对霸权主义的决心，希望越南当局改弦易辙，并表达了谋求中越和平与友谊的愿望。

在此推动之下，5月26日，中越双方红十字会第二次会谈顺利举行。双方同意交换全部被俘人员名单，并达成协议，这些被俘人员共分5批释放完毕，交接地点都在中国广西友谊关至同登公路零公里处③。

纵观遣返越南战俘的过程，中国红十字会本人道主义精神，积极同红十字国际委员会及其他有关组织进行沟通与合作，有力地配合了中国政府的外交活动，为推动中越两国朝着和平友好方向发展做出了贡献。1980年，红十字国际委员会主席亚历山大·海访问中国时，对中国政府和中国红十字会严格按照日内瓦公约办事，正确对待越南战俘表示赞赏④。

二、协助政府安置印支难民

越南推行地区霸权主义给东南亚地区带来了灾难与动荡。为继续其穷兵黩武政策，越南当局采取种种非常措施，强制驱赶并压榨其领土内的居民，以获取资金⑤。这些不堪忍受的居民，只得大量出逃他国，流离失所，成为难民。时评把越南当局的这种做法称之为“肮脏事业”⑥。据保守估计，自1975年至1980年，从越南逃出的难民（不包括因逃难而葬身海底的难民）多达100万人，其中华侨约占一半⑦。他们大多涌向东南亚诸国和中国寻求庇护，给流入地带来了严重的社会问题和经济负担，有些国家已到了不堪忍受的程度。新加坡总理李光耀认为：“难民（其中大部分是华裔）从越南外流正在给

---

① 《中越红十字会代表团举行首次会谈》，《人民日报》1979年5月23日。

② 《中越谈判的主要分歧》，《人民日报》1979年5月23日。

③ 《中国红十字会与越南红十字会举行第二次会谈》，《人民日报》1979年5月27日。

④ 《廖承志会见红十字国际委员会主席》，《人民日报》1980年11月6日。

⑤ 参见《越南当局穷兵黩武　人民生活水深火热》，《人民日报》1979年1月5日。另据联合国难民事务高级专员办事处负责人说，仅在1979年4月份，越南当局就从难民身上捞到了2.4亿美元。据估计，越南当局1979年从难民身上搜刮钱财达到30亿美元。参见《二十世纪的两幕人间惨剧》，《人民日报》1979年7月2日。

⑥ 梁丽：《出口难民的肮脏事业》，《人民日报》1979年1月12日。

⑦ 方辉：《越南华侨问题概述》，《东南亚研究资料》1981年第3期，第89页。

自己有大量华侨的东南亚非共产党国家造成极其棘手的、多变的局面"，苏联支持越南肆意妄为，"显然是想在东南亚引起反华的反应，从而为苏进入东南亚铺平道路"。越南难民在国际上引起了强烈的震动，各国舆论纷纷谴责越南当局输出难民[①]。美国《芝加哥论坛报》称之为"亚洲的浩劫"[②]，是一个国际性的"灾难"。

事实上，因地缘和历史的原因，自古以来就有大量的华人华侨居住在越南。他们与越南当地人民同甘苦，共患难，共同维护与建设美好家园。然而，越南当局却无视历史，在侵略扩张尤其是在中越战争期间，肆行反华、排华政策，因而在这些难民中，有相当一部分是华人华侨。中国政府历来关心和爱护华人华侨，尽力维护他们的合法权益。美国评论认为，"越南对中国华侨的迫害也许是对中国最严重的冒犯"[③]。有鉴于此，为缓解从越南涌出的大量难民对本地区造成的混乱与压力，早日恢复东南亚地区的和平与稳定，并合理照顾这些华人华侨的利益，维护华人华侨的权益，中国政府不得不有所行动。

1979年6月29日，七国首脑会议在东京闭幕。会议讨论了国际形势以及印支难民等政治问题，并通过了关于印支难民问题的《特别声明》，呼吁早日召开有关印支难民的国际会议。正在印尼巴厘岛讨论印支难民问题的东盟外长会议得此消息，认为这是对东盟的支持。会上，印尼外长强调：现在已经到了对难民流出根源的越南采取"行动"的时候[④]。6月30日，东盟部长级会议发表联合公报，要求越南从柬埔寨撤军并停止大量输出难民。同日，联合国秘书长瓦尔德海姆宣布，将于7月20—21日在日内瓦召开一次讨论印度支那难民问题的部长级专门会议。7月5日，中越谈判第七次会议中方代表团团长韩念龙要求越南当局立即停止迫害华侨、华裔越南公民和少数民族并把他们驱赶到中国的野蛮行径，要求越南当局立即改变制造和输出难民的罪恶政策[⑤]。7月20日，联合国难民署在日内瓦就这些被驱赶的难民问题举行专门会议。在此次会议上，中国代表团团长、外交部副部长章文晋表示，中国前后累计共收留越南难民25万余人，仅中国中央政府拨付难民的有关费用相

① 《各国舆论纷纷谴责越南当局输出难民》，《人民日报》1979年7月1日。

② 《美〈芝加哥论坛报〉评越南难民问题：亚洲的浩劫》，《参考消息》1978年8月18日。

③ [美]麦克法夸尔、费正清编：《剑桥中华人民共和国史》下卷（俞金戈等译），中国社会科学出版社1992年版，第447页。

④ 《东京七国首脑会议通过能源宣言限制石油进口　东盟外长会议欢迎七国首脑呼吁召开难民会议》，《人民日报》1979年7月1日。

⑤ 《韩念龙团长在中越谈判第七次会议上发言　要求越南方面停止制造和输出难民》，《人民日报》1979年7月6日。

当于4.5亿美元，有关地方政府的各种拨款尚未计算在内。尽管如此，中国仍愿意同联合国难民办事处合作，做出有秩序的安排，接受一些已在东南亚（特别是难民较多的国家）和香港地区临时收容的、确系自愿来华定居的难民，其总数可以多到1万人。会上，章文晋还提出解决越南难民问题的5点建议①。随后，国务院成立了由民政部部长程子华任组长、中国红十字会副会长杨纯任副组长及有关部委参加的安置难民领导小组，国务院指示中国红十字会协助政府做好接待难民的有关工作。

为协助做好难民的安置工作，中国红十字会派员到难民安置点了解情况，慰问难民，并做好相关的医疗、卫生、防疫及宣传等方面的工作，努力使这些被安置的难民安居乐业。此外，中国红十字会在做好接待国际红十字组织视察和接受补充救济的准备工作的同时，还与国际红十字组织合作，共同探讨合理解决难民问题的途径，并呼吁越南停止其霸权主义政策，以从根源上解决难民问题。

鉴于东南亚诸国不堪难民的压力，一方面，在中国已安置24万多难民的情况下，中国红十字会还赴泰国②、马来西亚等国家，以及我国香港地区进行调查，又陆续安置从这些地区转移过来的大约3万难民，大大减轻了这些国家和地区的负担；另一方面，中国红十字会还通过向泰国等国红十字组织提供人道主义援助的方式予以协助，以期共同做好难民安置工作，共同促进与维护东南亚地区的和平与稳定。

在1979年10月召开的国际红十字会协会大会上，中国红十字会副会长杨纯介绍了中国红十字会安置印支难民情况："到目前为止，被驱赶到中国的难民和无家可归的人已有25万左右。中国政府和中国红十字会本着人道主义的精神，做了大量的接待和安置工作，已有近20万人安置在150个国营农场、4个工厂和2个渔业人民公社里。但是，由于种种困难，尚有5万难民未得到安置。"③ 他并就印支难民的救济问题发出呼吁。大会对中国红十字会"积极妥善安置难民的人道主义精神十分赞赏"④。合众国际社评论说，"与其他亚洲国家不同的是，中国的政策是向难民提供永久住所并享有当地居民享

---

① 《救济安置难民同时必须制止越南输出难民》，《人民日报》1979年7月22日。

② 以中国红十字会理事许晖为组长的中国红十字会接受印度支那难民工作组于1979年10月25日乘机抵达曼谷，与泰国红十字会联系接收印支难民有关事宜。参见《我红十字会接受印支难民工作组抵曼谷》，《人民日报》1979年10月26日。至1980年2月10日，中国共从泰国接受14批、共888户、2552名自愿申请到中国定居的印支难民。这些难民来自越南、老挝、柬埔寨三个国家，其中老挝难民占多数。见《我国已从泰国接运二千五百名印支难民》，《人民日报》1980年2月14日。

③ 《红十字会协会首次大会在日内瓦举行》，《人民日报》1979年10月8日。

④ 中国红十字会总会编：《中国红十字会的九十年》，中国友谊出版公司1994年版，第208页。

有的全部权利，而不是提供临时避难所，使难民能够逃避河内共产党政权”。1979 年 12 月初，红十字会协会、红十字国际委员会难民考察团来中国进行为期 10 天的难民安置情况考察。在结束考察后，他们表示：“迄今为止，中国是世界上安置印支难民最多的国家之一”；“安置难民是很复杂的工作，而中国也遇到不少困难，但中国政府和红十字会在这方面的组织工作是很成功的。”① 通过考察，他们“看到了中国红十字会在为印支难民勤奋地工作，中国是救济难民的模范”，并表示“搞救济愿意跟中国红十字会合作”。考察团在视察时，还拍摄了《中国红十字会与印支难民》和《中国红十字会的基层活动》两部录像片。考察结束后，国际红十字会协会还拨款 300 万瑞士法郎给中国红十字会，作为筹建 10 家医院的费用。

时过境迁，2005 年 6 月 20 日，为纪念第五个世界难民日，联合国难民署驻华代表处在北京举行“一个叫作家的地方——纪念印支难民在华安置 25 周年”图片展。这些图片真实反映了在华印支难民的生活情况。在开幕式上，难民署官员称赞“中国政府处理印支难民的政策和方式已经成为国际上解决难民事务的成功案例”，并表示“希望今后能与中国红十字会尤其是在难民问题上开展合作”②。中国安置印支难民的举措可谓影响深远。

三、促进和平稳定的重要因素

中国对越自卫反击战争时期，中国红十字外交有着特殊的意义。

1978 年，党的十一届三中全会胜利召开，全会做出把工作重点转移到社会主义现代化建设上来的战略决策，实现了历史性转变，从而确定了党在新的历史时期以经济建设为中心的政治路线，并逐步做出关于战争危险、时代主题的新判断和外交战略的新转变，由此开启了中国改革开放的新时代。但越南奉行的地区霸权主义，影响到我国改革开放的进程和东南亚地区的和平。因此，为了给改革开放创造和平稳定的国际环境，中国被迫进行对越自卫反击战。中国红十字会通过遣返越南战俘推动中越对话，力促开辟新的形式和渠道，建构东南亚地区的和平与稳定。应该说，中国红十字会的外交努力富有成效，达到了预期的目的。

针对造成国际灾难的印支难民问题，中国红十字会响应并支持国际红十字组织的号召，积极协助中国政府妥善安置了约 28 万难民；同时，中国红十字会还多次向有关国家，如泰国，进行捐款捐物，帮助这些国家做好难民救

---

① 《国际红十字会难民考察团成员谈访华观感》，《人民日报》1979 年 12 月 12 日。

② 《联合国难民署驻华代表处在京举办图片展》，《中国红十字报》2005 年 6 月 24 日。

济与安置工作[①]。通过救助难民、帮助安置难民等工作，中国红十字会以实际行动向国际社会明确表明“反对霸权主义，维护世界和平”是中国对外的基本立场，中国是维护地区安全与稳定的力量，中国红十字会愿协助中国政府为促进地区和平与安全，尽力做出自己的贡献。

由于历史原因，有许多华人华侨居住在东南亚地区，如泰国、马来西亚等东南亚国家就有很多华人华侨。新中国成立以来，这些国家对新中国一直存有疑虑，长期执行对华不友好的政策，致使居住在该国的华人华侨遭受到种种不公平的待遇，甚至是虐待与摧残。中国红十字会救助印支难民的举措，不仅有利于缓解难民们所面临的困境，更有利于促进该地区的稳定和东南亚各国对中国和平外交政策的了解，为中国同东南亚诸国友好关系的发展提供机遇与条件。

中国红十字会在协助安置难民过程中，注意加强与国际红十字组织之间的联系与合作，通过同国际红十字组织之间的切实友好合作，加深了彼此的了解，扩大了自身的国际影响，为与国际红十字组织之间的长期良好的合作奠定了基础，并开启了与其他国家红十字会的友好交往大门。例如，随后联邦德国红十字会援建的海南兴隆红十字医院、国际红十字组织和其他一些国家红十字会合作援建的中国红十字会训练中心等，就是很好的例证。

① 例如1979年11月5日，中国红十字会打电报给泰国红十字会，“得悉从柬埔寨逃入泰国境内的难民为数颇多，对难民困境深表同情。为协助泰国救助难民，现决定捐赠3490公斤药品、12970公斤罐头食品、18120米布匹救济柬埔寨难民，请泰国红十字会分发”。《我红十字会决定协助泰国救济柬难民》，《人民日报》1979年11月11日。

第三章　和平状态下的红十字外交：国家间关系的“润滑剂”

在战争状态下，红十字外交有其独特的作用，而在和平状态下，红十字会的外交能量同样不可小视。它可以成为国与国之间建立邦交的试金石，或加深邦交的纽带。本章以中国红十字外交在促进中日邦交、中美关系正常化、加深中苏友谊等方面发挥的积极作用为例，进行具体的考察。

第一节　夯实中日友好关系的基础

新中国成立初期，由于特殊的历史原因与国际环境，中日之间没有邦交，处于一种不正常甚至敌对的状态。为加强两国人民的交往、促进中日邦交正常化，中国红十字会着眼于人道，进行了大量外交努力。

一、协助日侨归国

新中国成立后，美国从遏制与对抗共产主义出发，视日本为亚欧新月形地带“不沉的航空母舰”和桥头堡，“是远东形势中的心脏和灵魂”①，遂逐渐改变对日本进行民主改造的政策，而把日本纳入其战略轨道，在战后两极对立格局中，体现美国“战争边缘”政策②。美国政策设计委

① 蔡佳禾：《双重的遏制：艾森豪威尔政府的东亚政策》，南京大学出版社1999年版，第129页。

② 蔡宪昌：《中国趋势之分析：两岸关系之研究》，《嘉义大学通识学报》2004年第2期，第45页。

员会曾提出一份《关于对日本和约问题的备忘录》，从美国远东战略利益出发提出了三个排列组合：一个真正友好的日本与一个有名无实的敌对中国，美国会感到相当安全，它不会带来很大的危害；一个有名无实的友好中国与一个真正敌对的日本，其危害已为太平洋战争所证明；如果是一个敌对的中国和一个敌对的日本，事情就会更糟①。朝鲜战争爆发后，美国便积极酝酿重新武装日本，并于1952年签订和约，实现了对日单独媾和，而“对日媾和从作为第二次世界大战的最后结束手段转化为反对亚洲革命的反革命手段”②。在美国的压力下，日本在对外关系上支持美国的冷战政策，与台湾当局保持着密切联系，拒不承认新中国，并企图离间中苏友好关系。不仅如此，美日更是沆瀣一气，对新中国实行全面贸易禁运政策，试图封锁与削弱新中国的力量。这“完全违背了中日两国人民重建和发展睦邻关系的愿望”③，严重威胁到亚洲的和平。

虽然日本当局紧紧追随美国，制造紧张局势，但中日为一衣带水的邻邦，两千多年来，和平友好是两国及两国人民交往的主旋律，广大日本人民，甚至包括日本执政当局的部分人物，迫切要求恢复与发展经济，极力摆脱美国对日本的控制，强烈要求改善同新中国的关系④，加强与促进中日两国的传统友谊，共同维护远东与世界和平。中国奉行和平外交政策，努力“治愈战争的创伤，恢复和发展人民的经济事业和文化教育事业，巩固国防，使我们新中国富强起来”⑤。中国人民深切同情日本人民在美国军事占领下的痛苦境遇，希望日本人民不被卷入新的军事冒险，“希望日本能够摆脱外国的控制，成为一个独立的、民主的和爱好和平的国家”⑥，使中日两国的正常关系能够迅速建立起来，并向着和平友好方向发展。“重建和发展中日睦邻友好关系不仅符合两国人民的根本利益，而且有利于亚洲和世界的和平与稳定”⑦。

---

① 徐菁菁：《日本的强国企图与历史现实》，参见《MEMO2013：〈三联生活周刊〉的观察与态度》，生活·读书·新知三联书店2014年版，第53页。

② ［日］信夫清三郎：《日本外交史》下（天津社会科学院日本问题研究所译），商务印书馆1980年版，第759页。

③ 裴坚章：《中华人民共和国外交史，1949—1956》，世界知识出版社1994年版，第156页。

④ 出于战后发展经济的压力，日本极力想保有中国市场，迫切希望发展同新中国的关系。1949年，吉田茂首相曾说：“我不管中国是红色，还是绿色，中国是一个自然市场，日本必须考虑市场问题。”*Tucker*, *Patterns in the Dust*, p35. 转引自翟强：《美日同盟与毛泽东“一边倒”决策（1947—1950）》，牛大勇、沈志华主编：《冷战与中国的周边关系》，世界知识出版社2005年版，第129页。

⑤ 《中华人民共和国万岁》，《人民日报》1949年10月1日。

⑥ 1954年9月23日，周恩来在第一届全国人民代表大会第一次会议上的报告，转引自谢益显：《中国外交史，1949—1979》，河南人民出版社1988年版，第315页。

⑦ 王泰平：《新中国外交50年》，北京出版社1999年版，第383页。

新中国成立前夕，毛泽东在中国人民政治协商会议第一届全体会议上开宗明义地讲：“我们必须和一切爱好和平自由的国家和人民团结在一起。”① 1950年初，周恩来提出：“中国要不失时机地利用国际场合争取打开中日民间关系，先从民间交往入手，争取日本人民的同情和支持，恢复中日邦交正常化符合中日两国长远利益。”② 鉴于近代以来日本军国主义的扩张给中国带来的深重灾难，针对新中国成立后中日关系的特殊情况，周恩来高瞻远瞩，在制定对日政策时强调要“严格区分日本人民与日本军国主义。发动侵略战争，给中国和亚洲各国人民造成巨大灾难的是日本军国主义，而日本人民也是受害者”，要“正确对待两千年与50年的关系。中国人民一方面应牢记1895—1945年的50年间遭受日本军国主义侵略的历史，另一方面也不能忘记中日两国人民长达两千年之久的友好交往史”。同时，周恩来又提出“瞻前顾后，日积月累，水到渠成”的方针③。1952年，周恩来指出：“我们要团结世界各国人民，不仅兄弟国家的人民，就是原殖民地半殖民地国家和资本主义国家的人民我们也都要争取。”④ 这为新中国成立后开展对日外交指明了方向，相信“人民之间的友好往来一定会由涓涓之水变成滔滔洪流”⑤。中国红十字会成为执行这一原则与方针的先行者。

中国红十字会打开中日民间交往的大门是从协助日本侨民归国开始的。

日本侵华期间，大批侨民来到中国，至抗日战争结束，约有130万日侨留居中国。1948年前已有大批日侨归国，新中国成立后留下来约有3.4万人⑥。他们多数有回国的愿望，日夜思念故乡、思念亲人，但因两国无外交关系，归国的热望成为奢望中的难圆之梦。

这种希望回国的愿望是正当的，中国政府愿意帮助他们。由于中日之间没有邦交，中国红十字会受中国政府委托，担负起协助日侨回国这一重任。

中国红十字会协助在华日侨归国经历了一个曲折的过程。1950年10月，中国红十字会会长李德全出席在摩纳哥召开的国际红十字会协会第21届理事会会议时，周恩来特意指示她主动同日本红十字会（赤十字会）会长岛津忠承接触⑦，岛津忠承也请求李德全会长协助调查在华日侨情况。日本红十字会

---

① 《毛泽东文集》第5卷，人民出版社1996年版，第344页。

② 转引自张历历：《百年中日关系》，世界知识出版社2006年版，第281页。

③ 转引自钱嘉东、王效贤：《周恩来与中日关系述论》，《党的文献》2007年第6期，第58页。

④ 《周恩来选集》下卷，人民出版社1984年版，第88页。

⑤ 吴学文、王俊彦：《廖承志与日本》，中共党史出版社2007年版，第128页。

⑥ 中国红十字会总会编：《中国红十字会的九十年》，中国友谊出版公司1994年版，第164页。另见吴学文、王俊彦：《廖承志与日本》，中共党史出版社2007年版，第142页。

⑦ 钱嘉东、王效贤：《周恩来与中日关系述论》，《党的文献》2007年第6期，第59页。

把中国愿意帮助这些在华日侨归国的喜讯带回日本后，“立即在日本各界人士和日侨在国内的亲属中引起强烈反响”①。1951 年 3 月，红十字国际委员会主席吕格来北京访问时也讨论过该问题。但鉴于当时的特殊情况，大规模协助在华日侨归国还不现实。1951 年 7 月，朝鲜战争转入边打边谈的阶段，朝鲜半岛紧张局势渐趋缓和，日本国内一些有识之士也充分认识到此时改善同新中国的关系，对日本的经济发展、政治独立等具有重大的意义，进而带动与促进了中日民间交往日趋活跃，这为中日关系的改善带来了契机。1952 年 5 月，来华洽谈贸易的日本国会议员、同时也是日本海外同胞归返特别委员会成员的高良富，会见了中国司法部长史良，中国红十字会会长、卫生部长李德全，最高人民法院院长沈钧儒等，并获准接触在华日侨。高良富也向中国请求解决在华日侨问题②。1952 年，在第 18 届国际红十字大会上，通过了“要求各国红十字会劝告政府对第二次世界大战造成的未归国人员提供释放、调查、慰问的便利”的决议。基于这一决议，日本再次请求中国红十字会帮助解决在华日侨的调查、归国事宜③。

为解决中日之间这一战后遗留问题，1952 年 7 月，党和政府批准了协助日本侨民归国计划，并成立由中国红十字会等有关部门组成的中央日侨事务委员会。9 月，制定《中共中央关于处理在华日侨问题的决定》《政务院关于处理日侨若干问题的规定》等文件，总的方针是，除少数战犯及刑事罪犯应该依法处理外，对在华日侨本着自愿原则，分期分批协助他们回国。1952 年 12 月 1 日，中国政府以《就“关于在中国的日本侨民的各项问题”中央人民政府有关方面答新华社记者问》的形式发表公开声明，宣布中国政府保护守法日侨和协助愿意回国的日侨回国的一贯立场，并表示欢迎日本方面的相当机关或人民团体派人来华同中国红十字会就日侨回国的具体问题进行协商，使之得到妥善解决。接着，中国红十字会声明受中央人民政府委托协助日侨回国，同时指出这并不意味着“遣送日侨”④。

中国的人道之举在日本朝野引起巨大反响，广大日本人民对此都表示热烈赞扬。日侨在日本的家属和日本各界人士纷纷来函来电表示深切感谢，许

---

① 高粱：《不能忘却的历史情缘》，《参考消息》2002 年 6 月 13 日。

② ［日］高良女史の提供資料について（外務省アジア局第五課、昭和 27 年 8 月 9 日），“ソ連地区邦人引揚関係（中共地区を含む）”K’ 7 - 1 - 2 - 1（K’ 0062），日本外務省外交史料館所蔵。转引自刘建平：《战后中日关系之“人民外交”的生成：过程与概念》，《开放时代》2008 年第 3 期，第 22 页。

③ 刘建平：《战后中日关系之“人民外交”的生成：过程与概念》，《开放时代》2008 年第 3 期，第 22 页。

④ 王泰平：《新中国外交 50 年》，北京出版社 1999 年版，第 398 页。

多团体和组织表示愿来中国就日侨归国各项具体问题进行协商[①]。而日本吉田政府却打算只让日本红十字会代表团到中国来，仅交涉“如何把愿意回国的日侨运回日本”，不追问日侨的数目；并宣传在华日侨实际上有6万多人，没归国的是被中国扣留[②]，蓄意破坏中日关系。但迫于日本国内各方面的压力，吉田政府最后也不得不改变原意，表示将“积极采取措施使侨民归国”[③]。

日本红十字会首先致电中国红十字会，提出“将与日本各界各阶层合作，就解决这一问题立即派遣代表和进行其他准备工作”[④]。为保证协助在华日侨归国能顺利进行，经多方联系，中国红十字会确定由日本红十字会、日本和平联络委员会及日中友好协会协商，共同组成代表团来北京，与中国红十字会“根据中华人民共和国政府有关方面在1952年12月1日的谈话”精神[⑤]，“商讨来船手续以及日侨归国的各项具体问题”，同意“日方代表团由岛津忠承、工籐忠夫、内山完造、加岛敏雄、平野义太郎、畑中政春、高良富七先生组成”，“并同意日方代表团自（1953年）1月15日以后即可由广州入境”[⑥]。

1953年1月，由日本红十字会、日中友好协会和日本和平联络委员会三团体（以下简称“三团体”）组成的代表团来华商谈日侨归国各项具体事宜。他们是新中国成立以来，首次持日本政府签发的“公务护照”[⑦]（护照上第一次明确写上目的地：中华人民共和国[⑧]）来华的代表团。

1953年2月15日，中国红十字会代表团与日本三团体代表团举行第一次正式会谈，中国红十字会代表团首席代表廖承志[⑨]在会谈中坦诚指出：现在日

① 由于日本方面希望派团来华商洽此事的团体比较多，1953年1月8日，中国红十字会在《人民日报》登载《我红十字会就协助日侨回国问题发表声明》：“至于欲来中国访问问题则应与接洽日侨返国问题分别办理。在上述三团体关于日侨返国问题接洽完毕以后，日本人民方面如愿促进中日两国人民间的友好关系，组织适当的代表团前来中国访问，并愿接待中国人民方面为了同一目的派遣代表团赴日本访问，那么此事将会受到我国有关人民团体的考虑。”

② 参见王效贤：《跟随廖承志开展对日工作》，《中共党史资料》2006年第2期，第91页。

③ 转引自王泰平：《新中国外交50年》，北京出版社1999年版，第398页。

④ 转引自吴学文、王俊彦：《廖承志与日本》，中共党史出版社2007年版，第144页。

⑤ 《中国红十字会电复日本红十字会等三团体，同意日方岛津忠承等七人组代表团前来协商日侨归国问题》，《人民日报》1953年1月8日。

⑥ 《本会复电日本三团体　同意由七人组成代表团来中国商讨日侨归国问题并就此发表声明》，《新中国红十字》1953年第1期，第6页。

⑦ 高粱：《不能忘却的历史情缘》，《参考消息》2002年6月13日。

⑧ 孙平化：《中日友好随想录》，世界知识出版社1986年版，第11页。

⑨ 20世纪50年代以后，廖承志长期负责侨务工作，深受广大华侨敬仰，当时曾流行“回北京三件大事：毛主席接见、天安门观礼、听廖公作报告”。参见徐焰：《廖承志：中日邦交的使者》，《北京青年报》2001年12月29日。

本的吉田政府正企图复活日本军国主义，执行反动政策，敌视中华人民共和国，直到今天，中日两国的战争状态尚未结束，因而威胁着远东及世界的和平，所有这些，是中国人民所坚决反对的。中日两国的人民都是爱好和平的，是愿意相互友好的。中国人民把一切爱好和平的日本人民看作是自己的朋友，把他们和吉田政府区别开来。廖承志还介绍了在中国大陆解放之后，留在中国的守法的日本侨民在新中国快乐、自由的生活，并表示："凡是愿意回国的日侨，中国人民政府都会协助他们返回日本；凡是愿意留下来的日侨，中国政府是准许的，只要他们遵守中国人民政府的法令。"事实上，自中华人民共和国成立以来，已有不少日侨回国，但因日本政府的阻挠以及船只缺乏而中止。廖承志还特意纠正，"日本国内竟有人把我们协助愿意回去的日侨回国，说成是'遣返'。这是错误的，不符合事实的。谁都知道，只是对于战争俘虏才有遣返的问题。而在中国的所有日本战俘，除为蒋介石、阎锡山匪帮所扣留的少数人外则早在中华人民共和国成立之前，都已遣送完毕。因此现在中国的日本人除少数战犯外都是侨民，根本不发生所谓'遣返'问题。至于少数战犯的处理问题，乃是我国政府方面的事"。中国红十字会已请求中国政府批准"使用天津、秦皇岛、上海三地作为日侨归国的出境港口，并已做好了每批集中三千人至五千人同时分由上述三个港口出发的准备"；"除了我国政府所规定的禁止出口品及违禁品外，凡属日侨私人的东西在按照规定向海关办理手续后都可带走，不加限制"；"中国红十字会为了照顾日侨的困难，对他们从开始集中到上船前的费用愿意帮助解决"①。日本红十字会岛津会长在会谈中表示，"日本对中国的战争使中国人民遭受了很大的牺牲，现在回想起来，感到非常难过"，这种善待善送归侨的措施，"将有助于中日两国人民的友好"②。会谈结束后，日方代表团成员坦言："很解决问题"，"中国真有大国风度。"③

会谈期间，中国方面允许日方三团体将会谈情况随时用电报通报给它们设在东京的办事处，三团体办事处又通过媒体及时把会谈情况介绍给日本人民。中国方面的友好立场和给予归国日侨的优厚照顾，在日本民众中引起了

---

① 《中国红十字会首席代表廖承志在第一次正式会谈上的发言全文》，《新中国红十字》1953 年第 3 期，第 14 页。

② 转引自《我红十字会代表团与日本代表团就协助日侨归国问题举行首次正式会谈》，《人民日报》1953 年 2 月 19 日。另见《协助日侨回国旨在增进中日人民之间的友好关系》，《廖承志文集》上卷，人民出版社 1990 年版，第 209—212 页。

③ 转引自中国红十字年鉴编辑部主编：《中国红十字会通志，1904—2015》，中华工商联合出版社 2016 年版，第 85 页。

良好反响。

经过多次会谈，3月5日，中国红十字会代表团同日本三团体代表团“就来船手续和各项有关问题取得了一致意见”①，并一致通过《关于商洽日侨回国问题的公报》，商定了中日之间协助日侨归国的各项原则与具体方式、方法②。会谈的成功表明：“只要中国人民和爱好和平的日本人民之间加强团结，困难是可以克服的，中日两国人民的友好关系是可以进一步加强的。”③

在协助日侨归国的过程中，中国红十字会除认真贯彻落实1953年3月5日两国红十字会达成的协议外，每次日侨归国，中国红十字会还“召开联欢会、赠送纪念品，就像送自己的同志调到新单位工作那样热烈、周到。廖承志等还亲自到港口送行。许多归国日侨热泪盈眶，依依不舍”④。自1953年3月至10月，中国红十字会共协助7批日侨回国，人数达26026名⑤。中国红十字会表示，“今后如仍有个别日侨愿意返回日本，愿意继续给以协助”⑥。到1958年7月，中国红十字会共分21次送回了约3.5万名日侨归国⑦。

当第一批归国日侨乘船抵达日本舞鹤港时，在码头上被迎接他们的家属以及新闻记者们团团围住，洋溢着久别重逢的喜悦。合众社、法新社、美联社等纷纷报道：归国日侨“对中国方面热诚协助表示感谢”，坦陈他们在中国的幸福生活，并“盛赞新中国在政治、经济、文化各方面的成就”。日本三团体代表归国后纷纷表达对中国诚心诚意的感谢。尤其是日方代表团团长、日本红十字会会长岛津忠承回国后，不仅通过广播发表谈话，而且还代表日本红十字会“对中国红十字会这次协助在中国的日本侨民回国所做的人道的努力，表示深切感谢”。这就使得在“竹幕”与“铁幕”笼罩下的敌视新中国或不了解新中国的各国人民对新中国、对中国共产党有了全新的、真实的认识，正如当时《日本经济新闻》所报道：“毫无疑问，中国在政治、经济、社会和教育各方面都有相当大的进步。这必须归功于共产党政权，因为它完成

---

① 《我会代表团与日本代表团就协助日侨归国问题取得一致意见》，《新中国红十字》1953年第3期，第13页。

② 《中国红十字会关于商洽协助日侨回国问题的公报》，中国红十字会总会编：《中国红十字会历史资料选编，1950—2004》，民族出版社2005年版，第39—40页。

③ 《我会代表团与日本代表团就协助日侨归国问题取得一致意见》，《新中国红十字》1953年第3期，第13页。

④ 王俊彦：《开国外交》，时事出版社1999年版，第447页。

⑤ 孙柏秋主编，池子华、杨国堂等著：《百年红十字》，安徽人民出版社2003年版，第323页。

⑥ 《我会协助日侨分批回国工作结束》，《新中国红十字》1953年第11期，第26页。

⑦ 王俊彦：《开国外交》，时事出版社1999年版，第448页。孙平化认为“总共送走近4万日本侨民”，见孙平化：《中日友好随想录》，世界知识出版社1986年版，第13页。肖冬连认为总计只有3.2万多名日侨回到日本，见肖冬连：《六十年国事纪要》外交卷，湖南人民出版社2009年版，第121页。

了国民党政府不能做的事情。”① 由此在日本涌现出一股中国热，促使“日本政界、财界有识之士，纷纷呼吁政府改善日中关系”②。受此影响，1953 年 5 月，日本政界、财界和知识分子中的有识之士，组成了“调整日中、日苏邦交筹备会”，接着，在朝鲜战争停战协定缔结后不久的 7 月 29 日，日本国会通过了促进日中贸易的决议③。从此，日本各种来华访问团络绎于途，中日之间各种民间交往呈现出活跃的局面。

这些归国日侨回国后组织了“在华日侨归国者全国联络会”，“决心为加强日中友好与和平运动而奋斗”。1954 年元旦，“在华日侨归国者全国联络会”向中国红十字会发来感谢信，针对归国后遭受到经济困难及政治迫害，他们“重新想到过去在中国度过的有意义的幸福生活”，“深刻感到在中国共产党领导下的中国人民政府和广大中国人民的友谊及其强大力量”，表示 1953 年“归国日侨与广大的国民群众团结一起，传播了新中国的真相，这不但突破了反动派的所谓‘竹幕’的说法——遮蔽日本国民耳目的妨碍物——给群众灌输了新鲜的气氛，改变了他们对新中国的看法；而且逐渐地使群众加深了认识，明了只有在中日友好发展的基础上，才能使日本获得独立、繁荣并巩固亚洲的和平”④。

作为对中国红十字会人道之举的回应，日本红十字会等友好团体随后协助数千名旅居日本的华侨回国，还成立了“中国殉难者慰灵实行委员会”，不仅调查战争中各种虐待俘虏事件，还收集遗留在日本的遗骨，并将遗骨郑重送还中国⑤。这“对两国人民的感情是很大的安慰”⑥，有助于中日交往的扩大与加深。

总之，中国红十字会协助日侨归国是中国开展中日民间外交的“又一重要方面”⑦，反响巨大。美国情报评估认为，此举“在塑造中共领导人及其政策的‘理智’和‘寻求和平’的形象方面取得了巨大的成功”⑧，不仅推动了中日两国人民友好关系的发展，也使得中国“冲破以美国为首的封锁禁运和

---

① 转引自《日本红十字会会长商洽日侨回国问题　日方代表团团长岛津忠承感谢中国人民真诚协助日侨回国》，《人民日报》1953 年 4 月 2 日。

② 逄先知、金冲及主编：《毛泽东传（1949—1976）》，中央文献出版社 2003 年版，第 596—597 页。

③ ［日］信夫清三郎：《日本外交史》下（天津社会科学院日本问题研究所译），商务印书馆 1980 版，第 806 页。

④ 《归国日侨感谢我红十字会对他们的协助》，《人民日报》1954 年 2 月 4 日。

⑤ 《中国民间对日索赔第一案》，《天津日报》2003 年 11 月 29 日。

⑥ 肖冬连：《六十年国事纪要》外交卷，湖南人民出版社 2009 年版，第 121 页。

⑦ 王泰平：《新中国外交 50 年》，北京出版社 1999 年版，第 399 页。

⑧ 转引自沈志华、杨奎松主编：《美国对华情报解密档案（1948—1976）》第 3 册，东方出版中心 2009 年版，第 336 页。

重重阻挠，打开大门，走向更广阔的世界”①。

二、李德全会长首次访日

日本三团体在来华商洽在华日侨归国各项具体问题期间，承诺邀请中国红十字会代表团访日，以作为友好回报。1953 年 3 月，日本红十字会会长岛津忠承向中国红十字会正式发出邀请②。与此同时，在华日侨返回故里后，向亲朋好友、左邻右舍介绍了中国政府委托中国红十字会帮助他们平安回国的情况，使当地居民深受感动，许多市、町、村的议会纷纷提出邀请中国红十字会代表团访问日本。但吉田政府却从“反共追美”的立场出发，认为：“即使邀请中国代表团访日，今后日本人回国的实现也没有保证；如果认可同没有邦交的共产党中国入境，恐被引为先例，有被日共对日工作和日本左翼团体运动利用之虞；而且邀请中共官员会被认为有‘亲中共’的态度而招致台湾、美国的反对”③，故吉田政府迟迟不肯同意中国红十字会代表团访日。

1953 年 7 月朝鲜战争结束，东北亚局势趋于缓和。9 月 28 日，周恩来会见日本全国和平委员会主席大山郁夫时亦明确表示，中国政府愿意在平等互利基础上建立中日贸易关系和恢复中日正常关系④。根据变化了的形势，同年 12 月，周恩来总理提出了著名的“和平共处五项原则”⑤。1954 年 4 月，日内瓦会议召开，“五项原则”受到关注，表明不同制度的国家完全可以和平共处。和平共处“不仅是中国代表团在日内瓦会议上奉行的指导方针，也是中国政府在很长一段时间内谋求睦邻友好、与不同社会制度的国家和平共处的外交指导方针”⑥。正如同年 8 月毛泽东在会见以英国工党领袖、前首相艾德礼为团长的英国工党访华团时所说，“不同社会制度的国家，只要相互愿意，可以和平共处”⑦。

1954 年 10 月 12 日，中国政府和苏联政府发表了关于对日本关系的联合宣言，指出，“目前日本的局势在亚洲和远东各国人民中间造成了一种理所当然的不安情绪，他们担心日本会被利用来执行既与日本人民利益相违背，也

---

① 金冲及主编：《周恩来传（1949—1976）》，中央文献出版社 1998 年版，第 189 页。

② 李宝俊：《当代中国外交概论》，中国人民大学出版社 1999 年版，第 87 页。

③ ［日］日本赤十字社编：《日本赤十字社社史稿》第 6 卷，第 257—258、298 页；［日］古川万太郎：《日中战后关系史》，原书房 1981 年版，第 104—105 页。转引自刘建平：《战后中日关系之“人民外交”的生成：过程与概念》，《开放时代》2008 年第 3 期，第 25 页。

④ 《周恩来年谱，1949—1976》上卷，中央文献出版社 1997 年版，第 328 页。

⑤ 《周恩来同印度政府谈判代表团谈话记录》，1953 年 12 月 31 日，转引自逄先知、金冲及主编：《毛泽东传（1949—1976）》，中央文献出版社 2003 年版，第 569 页。

⑥ 逄先知、金冲及主编：《毛泽东传（1949—1976）》，中央文献出版社 2003 年版，第 562 页。

⑦ 逄先知、金冲及主编：《毛泽东传（1949—1976）》，中央文献出版社 2003 年版，第 566 页。

与维护远东和平任务相违背的战略计划”；宣言表示，“两国（中苏）政府对日关系的政策，是根据不同社会制度的国家可以和平共处的原则”的，两国政府“愿意采取步骤，使它们自己同日本关系正常化”[①]。国际环境的变化，中国对外政策的调整，为中国红十字会访日提供了前提与条件。

与此同时，由于中日民间交往的日益扩大，以日本红十字会为首的许多团体纷纷向日本当局施加压力，要求兑现中国红十字会访日的承诺。在日本人民团体的许多集会上，曾不断通过决议，要求实现对中国红十字会代表团的邀请[②]。且由于朝鲜战争结束后美军在日“特需”订货急剧减少，日本经济开始持续衰退，要求发展中日贸易关系的呼声强烈[③]。日本国内涌动着要求同中国交往的潮流，这些为中国红十字会代表团访日奠定了基础。

在日本国内要求同新中国发展友好关系的强大压力下，1954 年 8 月 3 日，日本政府外务省终于表示同意邀请中国红十字会代表到日本访问。随后，日本红十字会会长岛津忠承来电，正式邀请中国红十字会在 9 月间派代表团访问日本。中国红十字会会长李德全复电，因中国红十字会的代表们工作繁忙，建议将访问时间改在 10 月上旬。岛津忠承复电表示接受[④]。

为欢迎中国红十字会代表团访问日本，日本各团体不仅组成了“促进邀请中国红十字会代表团访问日本协议会”，商定“为了迅速实现邀请中国红十字会的代表访问日本的诺言，今后要向舆论呼吁，并开展签名运动，使吉田政府不再进行阻挠”[⑤]，还特意从 9 月下旬到 10 月下旬举行“日中友好月”活动，活动期间，日本人民将和中国人民开展写贺信、互相交换民间艺术品等友谊活动[⑥]。

1954 年 10 月 24 日，中国红十字会代表团准备由北京出发。行前，周恩来总理指示代表团：“在今天复杂的情况下，只要能到达日本，便是胜利；在日本只谈友好不谈其他，要说明中国的和平政策和友好态度，表明中国人民

① 世界知识出版社编：《中华人民共和国对外关系文件集》第 3 集，世界知识出版社 1958 年版，第 178 页。

② ［瑞士］卡普尔：《觉醒中的巨人——一个外国人看新中国前三十年的外交政策》（彭致斌译），国际文化出版公司 1987 年版，第 143—144 页。

③ 邓峰：《美国对日经济复兴政策与日本加入关贸总协定的进程（1948—1955）》，崔丕主编：《冷战时期美国对外政策史探微》，中华书局 2002 年版，第 89 页。

④ 《日本红十字会邀请我国红十字会代表访日》，《人民日报》1954 年 8 月 22 日。

⑤ 《日本众议院和参议院一致通过邀请我会代表访日》，《新中国红十字》1954 年 5、6（合）期，第 22 页。

⑥ 《庆祝中国国庆和欢迎中国红十字会代表访问日本　日本各地人民开始进行“日中友好月”活动》，《人民日报》1954 年 9 月 22 日。

不念旧恶，日本人民应该和中国人民一起来防止战争再起”①，“对在日华侨要鼓励他们爱护祖国，团结互助；同时也要尊重居住国的风俗习惯和法令，不参与居住国的政治纠纷。”“周总理的指示是这次访问取得很大成功的重要保证”②。

10月30日，代表团抵达东京，这是新中国成立后出访日本的第一个民间代表团。李德全团长在机场发表讲话，强调：“我们这次的访问，表示中日两国人民间的互相友好往来有了新的发展，同时也会促成中日两国人民相互间的进一步了解。为促进亚洲和平作出努力是当务之急，双方都要做现实的努力。”廖承志副团长引用鲁迅的话说：“‘世上本没有路，走的人多了，也便成了路。’只要我们走下去，自然就会开出一条中日友好的大道。”③ 日本各界人士对新中国第一个民间使节团的到来，给予极为热烈而盛大的欢迎，在李德全一行抵达东京的当天，日本三团体有关人员、各政党议员、日侨家属、旅日华侨、朝侨及新闻记者涌向羽田机场，各界代表400多人把候机大厅围得水泄不通，机场外还聚集了约3000名欢迎的群众。一时间“人群杂沓，拥挤不堪”，日本舆论慨叹：“这种热烈欢迎的情景说明：一般人士对新中国的关心是多么高涨。”④ 11月12日，代表团离开日本，在日本进行了为期13天的友好访问。

访日期间，中国红十字会代表团访问了东京、京都、大阪、名古屋和神户等大城市，参观了日本红十字会的设施、日本的陶瓷工厂、丝织工厂、电视设备以及日本的文化古迹，观看了日本歌舞伎与“文乐”（木偶戏）的演出，所到之处受到日本人民的热烈欢迎。代表团所参观或游览的地方，到处都飘扬着欢迎的旗帜，到处都可以听到掌声和欢呼声。代表团仅参加的东部日本国民欢迎大会、西部日本国民欢迎大会、京都国民欢迎大会以及“日中和平座谈会”、妇女座谈会等的人数就有七八万人。代表团共参加了19次各界、各团体和各地方代表的国民欢迎大会和各种座谈会、17次宴会和茶会，并举行了13次记者招待会、播音和电视广播，转达了中国人民对日本人民的友好感情，表达了希望同日本人民和平共处、长期友好、共同防止战争再起的心愿。代表团还受到了留日华侨和朝鲜侨民的热烈欢迎⑤。

---

① 转引自王泰平：《新中国外交50年》，北京出版社1999年版，第393页。

② 纪锋：《揭开中日关系史上新篇章的一次访问》，《中国红十字》1992年第4期，第21页。

③ 转引自吴学文、王俊彦：《廖承志与日本》，中共党史出版社2007年版，第162页。

④ 转引自宋成有等：《战后日本外交史（1945—1994）》，世界知识出版社1995年版，第201页。

⑤ 李德全：《中国红十字会代表团访问日本报告》，《人民日报》1954年12月5日。

中国红十字会代表团还与日本皇室及政府官员实现了首次接触。日本红十字会名誉总裁良子皇后，名誉副总裁天皇的弟弟和弟媳——高松宫夫妇和三笠宫夫妇——都排除阻力主动同中国红十字会代表团会见。会见时，三笠宫对日本军阀侵略中国向李德全会长表示歉意，并希望能多多促进日中友好。日本厚生相草叶隆园在会晤中国红十字会代表团时说："中日两国应该多相往来，希望中国方面也和日本政府多打些交道，不要把我们抛在一边。"国务大臣安腾正纯在众议院议长堤康次郎为中国代表团举行的招待会上说："我觉得只有中日两国之间的友好，才能保证亚洲的和平。"[①] 日本参议院议长河井弥八说：从日本的立场说，必须尽早地建立中日两国的和平关系，加深人民的友好，开展文化与贸易交流，日本才能得到和平和繁荣。这次中国红十字会代表团访问日本，给予中日两国友好往来以良好机会[②]。东京都、大阪府、京都府和爱知县等地的知事和议会议长，以及京都、大阪、横滨、舞鹤、布施、神户、八尾、池田、藤泽、伊丹和堺等市市长及市议会议长等都出面热烈欢迎中国红十字会代表团。

此外，代表团还同日本各党派、各团体领导人就国际形势和两国关系交换了看法[③]，并亲自听到了日本各阶层热望中日友好、要求加强往来和恢复中日正常关系的呼声。日本的公众领袖、日本拥护和平委员会主席大山郁夫说："日本必须同亚洲各国人民团结一起，尤其是同新中国的人民团结起来。"日本经济团体联合会副会长植村甲午郎说："现在日中两国的经济关系虽然处于不自然的状态，但是我认为这种状态不应长久继续，在不久的将来一定会由于大多数人们的努力而正常起来。我相信，由于李会长这回访日，一定会加深日中两国的相互了解，促进日中两国间的友好，并使经济交流向前发展。"日本国际贸易促进协会副会长田岛正雄在关西地区经济界 180 人的欢迎宴会上说："我们相信随着中国建设的进展，中日两国可以互相增进经济交流。我们对发展中日两国经济交流的希望是很殷切的。最近世界各国之间，不管政治组织和社会制度的不同，认为可能和平共处和要求促进东西贸易的声浪，日益澎湃。在这种情况下，日本也认为无论如何总要促进中日两国间的贸易关系，这已成为绝大多数经济界人士的公论。"大阪大学校长今村荒男说："战后，日本人民处在极其复杂而困难的内外环境之中，大多数的人们都是对中国抱着亲密的感情的。我们相信中日两国人民即使有政治主义上的不同，

① 转引自吴学文、王俊彦：《廖承志与日本》，中共党史出版社 2007 年版，第 170—171 页。

② 李德全：《中国红十字会代表团访问日本报告》，《人民日报》1954 年 12 月 5 日。

③ 王效贤：《跟随廖承志开展对日工作》，《中共党史资料》2006 年第 2 期，第 93 页。

也可以互相握手共存共处，这是无可置疑的。在这种意义上，我们希望中国红十字会代表团的访问日本能够成为中日两国友好合作的开端。”

日本的舆论界方面，“中部日本新闻”社社长与良说：“中国红十字会代表团的访问日本，给日本全国以很大影响；给名古屋市民以莫大的感动，所有这些，将使中日两国人民的友好合作日益加深。”日本工会总评议会主席藤田藤太郎说：“日本人民殷切地希望中国红十字会代表团的访问，能成为将来中日友好的出发点。”全日本妇女团体联合会会长平冢雷鸟说：“日本能初次邀请新中国的和平使节，这是爱好和平的日本妇女最喜欢的事情，因为这可以加强中日两国的了解和友好，促进亚洲和世界的和平。”她并且说：“中苏两国政府关于对日关系的联合宣言给了日本妇女很大的希望。”此外，日本的农民、渔业、宗教、医学等各界团体的代表都从各个角度抒发了热望日中友好的心情①。

代表团访日期间，于11月1日参加日本各界人士筹备已久的为中国人民音乐家聂耳建立纪念碑的落成式。落成式开始时，日本著名音乐家关鉴子指挥由二三百人组成的歌唱团，歌唱聂耳的伟大作品《义勇军进行曲》——中华人民共和国国歌。中国红十字会代表团团长李德全会长在落成式上致辞：聂耳是伟大的人民音乐家。他不仅活在中国人民的心里，也为日本人民所敬爱。在这里建立聂耳纪念碑，是中日友好进一步发展的标志，是和平愿望的象征。11月2日，代表团参加了在东京浅草东本愿寺举行的追悼中国殉难俘虏全国联合大会，追悼战时在日本牺牲的中国抗日烈士②，表达了对日本军国主义的谴责，倾注了对和平的期盼。

代表团访日期间还同日本三团体举行两次会谈，签署了关于日侨和日本战犯等问题的备忘录，规定：中国方面不仅将继续协助愿意回国的日侨和日本战犯回国，还将协助他们和家属通信，调查下落不明的人，家属有愿意去中国探亲的也可考虑予以协助。

中国红十字会代表团首次访日，“是一次全方位、深层次的大交往”③，“是新中国和平外交政策的成功范例”④，“突出体现了中日两国人民要求友好相处的共同愿望，揭开了中日关系史上的重要一页”⑤。“通过中国红十字会

① 李德全：《中国红十字会代表团访问日本报告》，《人民日报》1954年12月5日。

② 《日本各界举行追悼我国抗日烈士大会　中国红十字会代表团参加聂耳纪念碑落成式》，《人民日报》1954年11月5日。

③ 王效贤：《跟随廖承志开展对日工作》，《中共党史资料》2006年第2期，第95页。

④ 孙柏秋主编，池子华、杨国堂等：《百年红十字》，安徽人民出版社2003年版，第332页。

⑤ 王效贤：《跟随廖承志开展对日工作》，《中共党史资料》2006年第2期，第95页。

代表团访日，两国人民终于把‘竹幕’拉开了”[①]。正如1954年11月20日郭沫若答记者问时所说：“从我国红十字会代表团访日这件事实本身，可以证明日本人民的力量是强大的，可以影响日本政府的态度。”[②] 这次访问对中国制定对日政策也产生了深远的影响，随后，周总理提出了“以民促官”的设想，使得中日民间交往更加频繁[③]。1955年11月，周恩来在与日本前首相片山哲以及日本拥护宪法国民联合会代表团会谈后，发表联合公报，确认和平共处五项原则为处理两国关系的准则[④]。

中国红十字会成功访日，在日本国内也产生了重大影响。日本著名学者、和平人士柳田谦十郎说：“日本人民如此盛大地欢迎外宾还是头一次。”[⑤] 在随后召开的“促进邀请中国红十字会代表团访问日本协议会”上，日本工会评议会事务局局长搞野实说：“这次中国红十字会代表团来日本实在具有很大的意义。要求日中友好的呼声如雨后春笋般的出现在全国各地。”日中友好协会常任理事加岛敏雄报告他在中国红十字会访日代表团回国后去长野市看到的情况说：“过去对日中友好不表示关心的市民也都充满信心地谈论中国和日本友好是当然的了。”其他代表也都以自己看到的具体事实，说明各团体和各地人民热烈要求中日两国友好的情况，并一致强调应该进一步发扬和普及这种精神[⑥]。为了更广泛地开展恢复邦交运动，日本“调整日中、日苏邦交筹备会”于10月发展成为“恢复日中、日苏邦交国民会议”，其中除议长风见章之外，还有村田省藏、平塚常次郎这样的财界实力人物也都参与其中[⑦]。“从此，中日民间关系的发展从经济交往扩大到政治交往，日本各党派和各界友好人士陆续来华访问”[⑧]。

李德全会长率中国红十字会代表团访日后不久，1954年12月10日，顽固反对扩大中日友好交往的吉田政府垮台，对华友好的鸠山一郎组阁。11日，鸠山内阁外相重光葵发表声明，表示有条件地恢复同中国的正常关系。19日，鸠山首相又说：“应该采取步骤结束同中苏两国的战争状态，作为恢复关系的

---

① 《纵横》精品丛书编委会：《共和国外交实录》，中国文史出版社2002年版，第303页。

② 《关于促进中日关系正常化的一些问题　郭沫若答〈世界知识〉杂志记者问》，《人民日报》1954年11月21日。

③ 王效贤：《跟随廖承志开展对日工作》，《中共党史资料》2006年第2期，第95页。

④ 王泰平：《新中国外交50年》，北京出版社1999年版，第396页。

⑤ 转引自王效贤：《跟随廖承志开展对日工作》，《中共党史资料》2006年第2期，第93页。

⑥ 《日本“促进邀请中国红十字会代表团访问日本协议会”举行会议　报告我红十字会代表团访日的广泛影响》，《新中国红十字》1954年第11、12合期，第8页。

⑦ ［日］信夫清三郎：《日本外交史》下（天津社会科学院日本问题研究所译），商务印书馆1980年版，第807页。

⑧ 王泰平：《新中国外交50年》，北京出版社1999年版，第393页。

第一步，有关国家应该互换商务使节。”[①] 发展中日友好关系已成普遍的共识。

中国红十字会的成功访日，也产生了深远的国际影响。1954 年 11 月 1 日至 13 日在日内瓦举行的红十字会协会第 23 届理事会执行委员会第二次会议上，中国红十字会代表团介绍了李德全会长访日情况，指出这次访问促进了中日两国红十字会及人民的相互了解与和平友好的关系。中国红十字会代表团报告完毕，全体与会代表热烈鼓掌，日本列席代表（日本驻日内瓦总领事）当即起立向中国红十字会表示衷心感谢，由此也推动了该次大会上“各国红十字会之间的了解和对工作的研究也极有价值，建议各国红十字会考虑相互访问的可能性”提案的通过[②]。这为因不同制度原因阻隔的各国红十字会之间互相往来提供了依据。

三、协助获得宽赦的日本战犯回国

中国红十字会协助获得宽赦的日本战犯回国是中国政府为促进中日邦交正常化的又一举措。

自古以来，“中国人在对外关系中始终秉承‘强不执弱’、‘富不侮贫’的精神，主张‘协和万邦’”[③]。与邻为善，以邻为伴，睦邻友好，既是新中国对日的一贯政策，也是两千多年来中华民族对日交往的原则。即使在烽火连天的战争岁月，中国共产党和中国人民都从睦邻友好出发，对从战场上俘获的战俘予以宽待、善待。早在 1937 年毛泽东会见英国记者贝特兰时就说过，“我们对被俘的日本士兵和那些被迫作战的下级干部要给以宽大待遇，向他们说明两国人民的利益是一致的”[④]。“延安日本工农学校”就是一个典型的范例[⑤]。许多战俘后来被释放回日本后，都积极从事中日友好工作。

新中国成立后，中日之间没有恢复邦交，按照国际法，中日之间仍处于战争状态。但是随着中日民间交往范围的日益扩大，毛泽东和周恩来从中日两国人民的长远利益出发，提出了宽大处理日本战犯的方针。在红十字会代表团 1954 年访日前，中国政府宽赦了西井建一等前日本军人 417 名，由中国

---

① 转引自吴学文、王俊彦：《廖承志与日本》，中共党史出版社 2007 年版，第 186 页。

② 《协会理事会执行委员会开会》，《新中国红十字》1954 年 11、12 合期，第 8—9 页。

③ 胡锦涛：《在美国耶鲁大学的演讲》，《人民日报》2006 年 4 月 23 日。

④ 转引自《纵横》精品丛书编委会：《共和国外交实录》，中国文史出版社 2002 年版，第 304 页。

⑤ 何立波：《抗战期间的延安日本战俘学校》，《湘潮》2007 年第 11 期。另见陈辉：《八路军新四军对日本战俘的改造》，《文史精华》2007 年第 2 期，第 10 页。

红十字会协助他们回国[①]；在红十字会代表团访日时，李德全会长又亲自将全部在华的日本战犯名单交给日方，并表示中国红十字会愿意本着人道主义精神尽可能地对他们予以照顾和帮助；在代表团访日归来后，1954 年 11 月 20 日，郭沫若在答记者问时也谈到，“我们对日本战犯，也将采取人道主义的立场，宽大处理，并遣送他们回去”[②]。

中国红十字会代表团访日后不久，1954 年 12 月，对华友好的鸠山一郎组阁。有鉴于此，在 1954 年 12 月全国政协二届一次全体会议上，周恩来表示“中国将准备采取步骤，使中国同日本的关系正常化”[③]。公开宣布中国政府谋求中日关系正常化的方针政策，标志着中国政府对日政策开始发生重要变化。

继 1954 年日内瓦国际和平会议以后，1955 年 4 月，万隆会议成功举行。万隆会议所确立的“和平共处十项原则”为世界各国和国际社会所承认，成为处理国与国关系的主要原则。7 月，美、苏、英、法日内瓦会议顺利召开；8 月，华沙中美大使级会谈开始。这些重大国际活动“将缓和、对话之风推向全世界，中国的国际地位显著提高，从而为中日间的交往创下良好的国际环境”[④]。1955 年 10 月 15 日，毛泽东在接见日本国会议员代表团时谈到，“过去的老账并不妨害我们，今天制度的不同也不妨害我们。过去的事情已经过去了，主要是将来的问题”[⑤]。11 月，周恩来与来访的日本前首相片山哲和日本拥护宪法国民联合会代表团会谈后，发表了联合公报，确认和平共处五项原则[⑥]。这表明中日两国愿意在和平共处五项原则的基础上解决彼此之间的问题。此外，在多年来逐步积累的基础上，日本各界对中日发展友好关系的反应愈加强烈。这就为日本在华战犯问题的解决提供了基础与条件。

1956 年 4 月 5 日，周恩来总理在第二次驻外使节会议上作报告时指出：“亚非各国的情况虽不尽相同，但总的趋势是要走和平中立的道路，这对缓和国际紧张局势是有利的；我们应予支持，认真去推动该地区和平中立主义的发展，扩大和平地区。”[⑦] 4 月 18 日，周恩来总理致信日本鸠山首相，对鸠山

---

① 《就协助获得宽赦的前日本军人和日侨回国事宜中国红十字会电告日本红十字会等三团体》，《人民日报》1954 年 8 月 27 日。

② 《关于促进中日关系正常化的一些问题　郭沫若答〈世界知识〉杂志记者问》，《人民日报》1954 年 11 月 21 日。

③ 转引自《不尽的思念》，中央文献出版社 1987 年版，第 402 页。

④ 宋成有等：《战后日本外交史（1945—1994）》，世界知识出版社 1995 年版，第 207 页。

⑤ 《毛泽东外交文选》，中央文献出版社、世界知识出版社 1994 年版，第 222 页。

⑥ 王泰平：《新中国外交 50 年》，北京出版社 1999 年版，第 396 页。

⑦ 转引自宋恩繁、黎家松主编：《中华人民共和国外交大事记》第 1 卷，世界知识出版社 1997 年版，第 255 页。

首相谈话中几次提到要同自己会晤所表现的友好精神表示欢迎，并代表中华人民共和国政府邀请鸠山首相适当的时候前来中国访问，就有关两国共同利益的问题交换意见[①]。正是在这种大背景下，宽赦日本在华的战犯，“把这些不愉快的事情结束了，再开始中日间全面的友好合作”[②]，就具有重大的现实意义和深远的影响。

1955年10月，日本国会议员代表团访华，再次提及在华日本战犯问题。鉴于当时渐趋缓和的国际形势和中日友好发展的势头，中国方面表示，“战犯问题提得早了一点，把正常的外交关系恢复了，就尽可能争取迅速地解决这个问题。这道理很简单，我们并不需要扣留这批战犯。扣留他们有什么好处呢？日本有人把政治问题说成是技术问题，说中日并没打仗，为什么是战争状态呢？但从法律上说，中日就是处于战争状态。你们把恢复中日关系放在第一条，这是很好的”[③]；“处理战犯是属于中国主权的事，并且将于近期间把处理战犯的结果公布”[④]。日本侵华期间，这些战犯在中国犯下了罪行，惩处他们既是中国人民的正义要求，也是中国人民应有的庄严权利。但随着中日之间交往的扩展，“我们不但恢复了有二千年历史的友谊，并且在新的基础上增进了友谊，这种新的基础就是两国人民都希望和平共处、友好合作、平等互利、互不侵犯和互不干涉内政”[⑤]。把这些战后遗留问题逐渐解决了，就等于是“为中日两国建立外交关系铺平道路”，“最后只剩两国外长签字”了[⑥]。为促进中日关系的发展，1956年，中国政府决定大规模宽赦在华日本战犯。

1956年3月，全国政协常委会专门讨论战犯处理问题时，周恩来以政协主席身份主持会议，他指出：“这些人现在是战犯，但20年以后就会成为朋友，会成为关心中日友好的朋友。”[⑦] 4月25日，中国公布《关于处理在押日本侵略中国战争中战争犯罪分子的决定》。该《决定》指出：“现在在我国关

---

① 宋恩繁、黎家松主编：《中华人民共和国外交大事记》第1卷，世界知识出版社1997年版，第258页。

② 《周恩来外交文选》，中央文献出版社1990年版，第169页。

③ 《毛泽东外交文选》，中央文献出版社、世界知识出版社1994年版，第226—227页。

④ 《中华人民共和国全国人民代表大会常务委员会秘书长彭真和日本国会议员访华团团长上林山荣吉的联合公报》，世界知识出版社编：《中华人民共和国对外关系文件集》第3集，世界知识出版社1958年版，第378页。

⑤ 《周恩来外交文选》，中央文献出版社1990年版，第168页。

⑥ 《周恩来外交文选》，中央文献出版社1990年版，第171页。

⑦ 转引自《纵横》精品丛书编委会：《共和国外交实录》，中国文史出版社2002年版，第305页。

押的日本战争犯罪分子，在日本帝国主义侵略我国的战争期间，公然违背国际法准则和人道原则，对我国人民犯了各种罪行，使我国人民遭受了极其严重的损害。按照他们所犯的罪行本应该予以严惩，但是，鉴于日本投降后10年来情况的变化和现在的处境，鉴于近年来中日两国人民友好关系的发展，鉴于这些战争犯罪分子在关押期间绝大多数已有不同程度的悔罪表现，因此，决定对这些战争犯罪分子按照宽大政策分别予以处理。”①

截至1956年5月，在中国的日本战犯共1062名，即曾加入蒋军或阎锡山军队作战、1948年至1949年被解放军俘虏的140名战犯，以及1945年被苏军俘获并于1950年移交中国的969名战犯，其中在押中病亡47名②。经过中国法庭审理，在大量确凿的证据面前，这些战犯都对其在侵略战争中所犯的罪行一一低头认罪。这些审判程序是完全符合国际惯例和国际法准则的。中国政府本着人道主义的精神，同时也照顾到法律正义的要求，根据这些战犯罪行的轻重，分别做了处理。

1956年5月29日，中国红十字会邀请日本三团体访华，协商遣返第一次释放的日本战犯归国问题，同时提议协商今后归国者输送业务及未释放战犯家属来华会面的问题。经商议，中国红十字会于6月28日同日本三团体就协助宽赦在华的日本战犯回国等问题发表联合公报，并举行了签字仪式③。在举行签字仪式之前，27日上午，日本三团体代表访问了中国红十字会，对中国政府释放日本战犯和中国红十字会对这些被释放的日本人所给予的协助，表示感谢。访问时，日本和平联络会代表阿部行藏向李德全会长赠送和平纪念章。27日下午，周恩来总理接见日本三团体代表长野重右卫门、阿部行藏、冈田好治、松井松次、中原淳吉、池田利子和中岛利重④。

第一批免予起诉的日本战犯于1956年6月24日在天津由中国红十字会移交给日本三团体⑤；第二批被释放的328名日本战犯和被假释的武部六藏于7

---

① 《全国人大常务委员会关于处理在押日本侵略中国战争中战争犯罪分子的决定》（1956年4月25日），世界知识出版社编：《中华人民共和国对外关系文件集》第4集，世界知识出版社1959年版，第58页。

② 世界知识出版社编：《日本问题文件汇编》第2集，世界知识出版社1958年版，第139—140页。

③ 《中国红十字会和日本三团体会谈结束　议定关于移交被释放的日本战争犯罪分子等事项》，《人民日报》1956年6月29日。

④ 《周总理接见日本三团体代表　日本三团体代表访问中国红十字会》，《人民日报》1956年6月28日。

⑤ 《首批释放的日本战犯已移交给日方　中国红十字会代表和日本三团体代表在移交证书上签字》，《人民日报》1956年6月25日。

月24日在天津由中国红十字会移交给日本三团体[①]；第三批被释放的354名战犯于8月26日移交给日本三团体[②]。至此，在押的1017名日本战犯已被宽大释放，剩下45名罪行严重的战犯分别判处8年至20年有期徒刑，但没有1人被判处死刑。至1964年4月最后3名战犯获释，全部战犯皆遣返回日本[③]。

根据6月28日的联合公报，中国红十字会还将对前往中国探望亲人的日本战犯家属，给予必要的便利和协助[④]。7月24日，中国红十字会从人道主义出发，对前来探望被判刑的日本战犯的18名家属所提出的在中国逗留时间从6天延长到三星期到四星期的要求，表示同意[⑤]。“如战犯本人及其妻子都有要求，允许同居”[⑥]。这些人道之举，使昔日的侵略分子“知道了真正的人应该走的道路”，变成“为反对侵略战争保卫和平而斗争”的战士，获得了“恢复了良心和理性”后的新生[⑦]。

宽大而不失严正地处理日本战犯，是中国对日外交的有力举措。这些被宽赦释放的日本战犯在离开中国时，纷纷表示对中国人民的感激，对战争中所犯下的罪行深表忏悔，并表示要为促进中日友好而努力。1956年6月24日，在天津移交战犯时，“被释放的战争犯罪分子争先恐后地和日本三团体的代表述说了他们对中国人民的感激：感激中国人民的宽大，侵略战争给大家带来了不幸，再也不要战争，要幸福的生活。中日两国人民应该携起手来友好、和平地生活，这才是日本人民真正的利益”[⑧]。被释放的日本战犯宫崎弘说：“过去日本军国主义发动侵略战争，使我们在中国犯了罪。我们回想起这些，内心都充满了忏悔。我们回去后一定要为日本的建设和中日两国友好而努力。”[⑨] 还有的表示“贡献后半生为坚决反对侵略战争、争取持久和平而斗争，中日两国人民的永远的友谊万岁”；“作为一个日本人，不能不感谢中国

---

① 《我红十字会和日本三团体举行签字仪式　移交释放的和假释的日本战争犯罪分子》，《人民日报》1956年7月25日。

② 《被释放的第三批日本战争犯罪分子由我国红十字会移交日本代表》，《人民日报》1956年8月27日。

③ 李德安等译：《周恩来与日本朋友们》，中央文献出版社1992年版，第239页。

④ 世界知识出版社编：《中华人民共和国对外关系文件集》第4集，世界知识出版社1959年版，第471页。

⑤ 《我红十字会和日本三团体举行签字仪式　移交释放的和假释的日本战争犯罪分子》，《人民日报》1956年7月25日。

⑥ 《纵横》精品丛书编委会：《共和国外交实录》，中国文史出版社2002年版，第305页。

⑦ 李倩：《新中国对日伪战犯的改造》，《吉林日报》2005年9月18日。

⑧ 《我红十字会代表和日本三团体代表就有关问题交换意见》，《人民日报》1956年6月26日。

⑨ 《我红十字会和日本三团体举行签字仪式　移交释放的和假释的日本战争犯罪分子》，《人民日报》1956年7月25日。

人民对日本战争犯罪分子的宽大处理。我们回国后一定团结起来为世界和平和中日友好而努力”[①]。

中国对日本战犯的宽大处理，有利于中日两国关系的改善和中日两国人民友好关系的发展，得到了中国人民的拥护，在日本也深得人心，诚如国际法学家、远东国际军事法庭中国法官梅汝璈所说：“总的说来，我国政府的宽大措施，对于增进中日友好和保卫远东和平不但不会带来丝毫损害，而且会产生一定有利的影响。同时，这样处理对于进一步地和缓国际局势和进一步地打击战争阴谋，也会产生一定有利的影响。”[②] 事实正是如此，1956 年 6 月 25 日，日本外相重光葵就表示，“最近中国释放了日本战犯，这是令人感到非常高兴的事情”[③]。许多战犯获释回国后组织“中国归国者联盟”[④]，怀着“日中两民族永远化干戈为玉帛”的良好愿望，在“日中不再战”的口号下，致力于日中友好事业，成为中日友好的一支力量[⑤]。“中国归国者联盟”成员主要是抚顺战犯管理所提前释放的原日本战犯，会长是藤田茂（原军衔为中将）。藤田归国后，多次率团来华访问，也多次受到毛泽东主席和周恩来总理的接见，一直为中日友好而尽力。“正如周总理所预言的，这些释放回国的战犯同归国日侨一样，多数成了日中友好运动的骨干，至今还站在揭露日军侵华罪行的第一线”[⑥]。

四、李德全会长第二次访日

中国红十字会代表团自 1954 年 10 月访日以来，中国红十字会本着人道精神，在中国政府的大力支持下，和中国人民一起继续协助日本侨民回国、协助被宽大处理和释放的日本战犯回国、协助日本妇女回日本探亲、送还死亡在中国的日本人遗骨回日本、帮助调查日本人的消息等方面进行不断的努力。通过这些努力，中日两国人民的友好往来有了不断的发展，因而日本人民中间要求迅速恢复中日邦交的愿望日益增长。

中日友好不仅符合中日两国人民的共同利益，而且也有助于远东和世界和平，为此中国政府曾经不止一次地向日本政府建议，中日两国政府应该就

---

① 《日本战争犯罪分子向我红十字会告别》，《人民日报》1956 年 9 月 1 日。

② 《我国国际法学家梅汝璈发表谈话》，《人民日报》1956 年 6 月 23 日。

③ 《我国从宽处理日本战争犯罪分子　日本外务相表示欢迎》，《人民日报》1956 年 6 月 26 日。

④ 《中国民间对日索赔第一案》，《天津日报》2003 年 12 月 2 日。

⑤ 王泰平：《新中国外交 50 年》，北京出版社 1999 年版，第 401 页。

⑥ 《纵横》精品丛书编委会：《共和国外交实录》，中国文史出版社 2002 年版，第 305 页。

促进中日关系正常化问题进行商谈①。然而，十分遗憾的是，日本政府对中日关系正常化问题却采取同中国政府和中国人民完全不同的态度。1956 年 10 月，日苏恢复邦交之后不久，12 月日本加入联合国，日本俨然成为世界一个大国。1957 年 2 月，岸信介内阁上台后，日本更是雄心勃勃，提出开创“日美新时代”，企图修改《日美安全条约》，复活日本军国主义，实现对东南亚市场的扩张。岸信介“反复重申无意承认中国和恢复邦交”，其意在于“对美国造成‘反共基地日本’和‘反共亲美的岸信介’的印象”②。岸信介于 1957 年出访东南亚和美国期间，发表了一系列诋毁中华人民共和国的言论，并且前往台湾，与蒋介石集团举行会谈，由此造成了中日贸易的中断。无疑，这是“开中日友好关系的倒车”。

与此同时，日本在日侨问题上大做文章，要求中国政府调查在中国的所谓“下落不明的日本人”，借此掀起反共逆流。“这显然是企图混淆日本人民视听，抹杀贵我双方过去的成就，尤其是企图抹杀中国红十字会和中国政府几年来协助在华日侨回国的努力”③。

为了在加强中日两国人民的友谊方面做出新的贡献，1956 年 10 月 4 日，李德全会长致函“中国人俘虏殉难者慰灵实行委员会”，以方便代表中国人民和烈士家属当面感谢日本人民为送还烈士遗骨所做的努力和追悼在日殉难烈士为由，表示中国红十字会希望派遣代表团再度访日。1957 年 6 月 3 日，经由日本 70 多个民间团体组成的中国红十字会代表团欢迎委员会会长大谷莹润

① 1955 年 8 月 17 日，中国驻日内瓦总领事沈平致函日本驻日内瓦总领事田付景一，请田付转达中国外交部发言人的声明，表示日本政府如果希望解决中日间的重要问题，中国政府欢迎日本政府派代表团到北京进行商谈。同一天，周恩来在接见日本新闻、广播界代表团时指出，中国人民反对旧金山对日和约的态度并不妨碍中日关系正常化，关键是两国政府实行独立自主的外交，只要日本政府具有发展两国关系的诚意，实现中日关系正常化的途径是可以寻找得到的。10 月，毛泽东在接见日本国会议员访华团时，表示中日之间应“互相帮助，互通有无，和平友好，文化交流，建立正常的外交关系。”（参见《毛泽东外交文选》，中央文献出版社、世界知识出版社 1994 年版，第 226 页）11 月 4 日，沈平再次致函田付，指出中日关系正常化是最迫切需要解决的问题，中国政府认为就促进两国关系正常化问题进行商谈的时机已经成熟，欢迎日本政府派遣代表团来北京就两国关系正常化问题进行商谈［参见《日本问题文件汇编》（第 2 集），世界知识出版社 1958 年版，第 32 页］。11 月 20 日，《人民日报》发表《为建立中日两国友好睦邻关系而努力》的社论，表示“中国人民将尽自己最大的力量，为建立两国人民之间的长远的友好睦邻关系而努力”。1956 年 1 月，在全国政协二届二次会议上，周恩来再次强调了中日关系的重要性，并且第三次提议中日两国政府就促进中日关系正常化问题进行商谈。

② ［日］信夫清三郎：《日本外交史》下（天津社会科学院日本问题研究所译），商务印书馆 1980 年版，第 819 页。

③ 《中国红十字会就所谓下落不明的在华日本人问题致日本红十字会、日中友好协会、日本和平联络委员会三团体联络事务局电》，《中华人民共和国对外关系文件集》第 4 集，世界知识出版社 1958 年版，第 499—500 页。

先生的正式邀请，又经日本各方面朋友的多次努力和敦促，终于实现了中国红十字会对日本的第二次友好访问。中国红十字会代表团在团长李德全、副团长廖承志率领下，于1957年12月2日离开北京，6日到达东京，27日结束了正式的访问日程，1958年1月9日离开日本回国①。

12月6日晚，中国红十字会代表团到达东京羽田机场。李德全会长在致辞中指出，自1954年中国红十字会首次访日以来，中日两国人民及两国人民团体之间的来往和联系有相当大的进展；两国的友谊日益增进，相互的理解也日益加深，这一切都足以说明，中日两国友好合作的前途是光明的；任何力量都不能阻止中日两国人民友谊的发展；并表示愿为中日友好和保卫和平而努力。中国红十字会代表团欢迎委员会会长大谷莹润当即表示：当迎接和平、友好和人道主义的使节——中国红十字会代表团的时候，觉得如果能够把双方的和平与友好的愿望结合在一起，并且互相合作，一定能够很快地消除目前摆在两国之间的不合理的状态，恢复中日正常邦交②。

7日上午，代表团访问了中国人殉难者慰灵实行委员会、恢复日中邦交国民会议、日中友好协会、日本和平联络会和日本红十字会，并且同这些组织的负责人进行了广泛深入的交谈。晚上，日本8个经济界、贸易界和渔业界的团体联合举办酒会，欢迎中国红十字会访日代表团。8日中午，中国红十字会代表团到达日本北海道的首府札幌市访问；9日，应邀访问日本北海道的小樽市和函馆市，受到当地市民和地方当局的热烈欢迎③；9日晚，日本北海道函馆市民举行有近千人参加的大会，欢迎中国红十字会访日代表团。14日，日本岐阜县各界人士在鹈沼町天野山脚下“中国人殉难者纪念碑”前举行追悼会，悼念中国抗日殉难烈士，中国红十字会代表团参加追悼会。14日晚，中国红十字会访日代表团出席大阪日本近畿地方两府五县各界代表欢迎大会。15日上午，代表团来到神户，随即参加兵库县和神户市各界代表在关帝庙举行的中国殉难烈士追悼会。

中国红十字会代表团第二次访日，比第一次访日时访问了更多的城市和乡村，更广泛地接触了日本各阶层人民，把中国人民对日本人民的友好愿望传达给日本人民。代表团在各地的讲话中都指出，中日两国有几千年的友好历史关系，只有最近短短的几十年有过不愉快的关系，但已经成为过去的事情了。在第二次世界大战以后，中国和日本都经历了很大的变化，解放了的

① 池子华、郝如一编：《中国红十字历史编年，1904—2004》，安徽人民出版社2005年版，第161页。

② 《我国红十字会代表团到达东京受热烈欢迎》，《人民日报》1957年12月7日。

③ 《我红十字会代表团访问北海道城市》，《人民日报》1957年12月10日。

中国人民现正在建设祖国的社会主义社会，日本人民则为和平和独立而进行斗争。代表团表达了中国人民对于日本人民今天的处境和日本人民所进行的斗争的同情与支持。代表团告诉日本人民，中国政府对日本所采取的友好合作、和平共处的政策是中国和平外交政策的重要部分，因为中国人民知道中日两国人民的友好不但符合两国人民的利益，而且也有利于亚洲和平和世界和平。代表团同时还指出，目前的国际形势已经发生了根本的变化，和平的力量已经超过了战争的势力，世界形势因而进入了新的转折点。日本人民要求中日友好和恢复两国邦交的呼声，比起三年以前更加普遍也更加发展了，在这样的基础上培植起来的中日人民友谊之树是任何台风也吹不倒的。代表团还给日本人民介绍了中国几年来建设的成就和远大计划的前景，并表示今后需要更加发展两国之间的经济、文化和技术上的交流。代表团告诉日本人民，尽管有些西方国家的执政者不喜欢并且不承认新中国，但是世界上没有任何力量能够阻挡六亿四千万中国人民前进的道路。代表团还多次强调了中国人民一定要解放台湾、反对任何制造“两个中国”的政治阴谋，阐明了中国的坚定立场。

在代表团第二次访日前夕，1957 年 10 月 28 日，中国红十字会和中国人民对外友好协会等团体，同日本的日中友好协会在北京签订《关于增进两国人民友谊和促进日中邦交正常化诸问题的共同声明》①。10 月 28 日至 11 月 7 日，在印度召开的第 19 届国际红十字大会上，日本提出禁止核试爆的提案，这对美国是一个大的打击。这表明经过几年来中日两国人民的友好交往，两国人民都有实现中日邦交、共同维护和平与稳定的良好愿望，这也是本次中国红十字会代表团访问取得成功的基础与保证。

代表团所到之处，不仅表达了“中国人民是愿意同日本人民友好的”，而且也实地感受到了“日本人民也是愿意和中国人民友好的”②。日本各阶层人士热望中日两国人民永远友好、和平相处，早日恢复邦交，并进一步进行经济、文化、技术等交流，这是任何外来力量都不能破坏或阻碍的。正如日本国会议员、前自由民主党副总干事筱田弘作所说：“日中两国的友好关系已经建立起来，成了血肉相连的关系。”访问过中国的有田八郎也表示：“日中两国邦交虽然没有恢复，但为恢复两国邦交的基础早已建立起来。”日本地方政府负责人和所有的日本朋友一致表示，中日两国传统的友好关系必须得到恢

---

① 池子华、郝如一编：《中国红十字历史编年，1904—2004》，安徽人民出版社 2005 年版，第 162 页。

② 《周恩来总理就中日关系对日本记者的谈话》（1957 年 7 月 25 日），《中华人民共和国对外关系文件集》第 4 集，世界知识出版社 1958 年版，第 356 页。

复；他们反对企图制造“两个中国”的阴谋，并表示愿克服一切困难来促使早日与中华人民共和国建立邦交；他们认为，中国红十字会代表团的这次访问促进了两国关系的进一步发展。日本冈山市市长田渊久直接表示：“冈山县从县知事到一百六十万县民只承认中华人民共和国政府，日中两国邦交一定要恢复。”这段话正是代表千百万日本人民的真诚愿望。田渊久还表示，大阪人民相信在第三次欢迎中国红十字会代表团的时候，中日两国已经恢复了邦交①。

代表团访日期间，各地的华侨和旅日朝鲜侨民也都特别热情地欢迎代表团，代表团也给侨胞们介绍新中国建设的巨大成就，并勉励侨胞加强团结，热爱祖国，遵守居住国的法律，促进中日两国人民的友好关系。

总之，中国红十字会代表团在日本各地所进行的友好访问和广泛的接触，亲身感受到了日本人民要求努力实现日中两国友好关系、尽早恢复日中两国邦交的愿望，感受到了日本人民坚决反对战争、决不许再重复日本帝国主义过去所犯的错误、决心依靠亚非来保持和促进世界持久和平的愿望，从而进一步加强了中日两国人民之间的了解，增进了友谊。

五、协助在日华侨归国

中日友好关系的发展，也为在日华侨的归国创造了条件，推进了日本送还牺牲在日本的烈士遗骨行动的顺利进行。

自近代以来，广大海外侨胞心系祖国，为中华民族抗击外侮、争取独立，为国家的繁荣与富强贡献了力量。二战结束后，由于种种原因，还有许多中国人居住在日本，成为侨民。20世纪50年代初，中国在日侨民有4万多人②。党和政府一直很关心海外华侨的荣辱与安危。促成愿意归国的在日华侨顺利归国，既是党和政府关心华侨的一贯政策，也是“一个中国”原则的具体体现。在日方三团体代表团来华商洽在华日侨归国各项具体事项期间，1953年2月，日本三团体“表示愿意为协助在日华侨的回国而尽最大的努力”③。中国红十字会也多次向日方表明，希望日本红十字会对愿意返回中国的在日华

① 李德全：《转达日本人民的深厚友谊——中国红十字会代表团第二次访问日本的报告》，《人民日报》1958年2月15日。

② 陈正雄著、李俭光编译：《旅日中国人的基本情况》，《华侨华人历史研究》1990年第3期，第47页。

③ 《我红十字会代表团与日本代表团就协助日侨回国问题取得一致意见》，《人民日报》1953年3月8日。

侨进行协助[①]。

而日本当局却对促进在日华侨归国有些迟疑，企图借此在台海两岸渔利。1953年5月20日，日本三团体发表声明，批评日本政府阻挠协助华侨回国不合于“国际信义”及“正义、人道与和平”；日本共产党也于5月22日抗议日本政府；在日华侨、留学生则给中央人民政府华侨事务委员会写信，指责日本政府“以相反的手段对待我国方面施予日侨的恩义”，中国政府对此表示极大的关切。与此同时，日本方面得知，5月间第三批接运在华日侨归国船只完成任务后，日侨回国接运被停止，这也与在日华侨问题有关，日本政府遂准许从第四批接运日侨的船只开始，搭载华侨前往中国。先后共6次约3000余名华侨被送还归国[②]。

愿意归国的在日华侨的归国历程并非一帆风顺，1955年底发生的“滨松事件”[③] 就是显著的一列。正当中日关系顺利发展之际，日本政府却于1955年11月公然违背中国红十字会与日本三团体之间的有关协议以及1955年10月的联合公报精神，将一批中国侨民强迫送往台湾。这是蔑视中华人民共和国的行为，违背了当时中日之间发展友好关系的潮流。对于日本政府这种违反人道的暴行，中国红十字会当即表示严重抗议。中国红十字会认为，日本三团体有义务对此进行调查，并且将调查结果迅速告知中国红十字会；更盼望日本三团体根据协议，采取有效措施，继续协助愿意回国的在日华侨返回中国。中国红十字会认为，关于中日双方侨民自由往返中日两国之间等问题，

---

① 《李德全会长在接见日本“国会议员促进日中贸易联盟”代表团时的谈话》，《新中国红十字》1953年第12期，第37页。

② 刘建平：《战后中日关系之“人民外交”的生成：过程与概念》，《开放时代》2008年第3期，第24页。

③ 1955年11月，在滨松拘留营拘留的200多名华侨，已经服满了“强加”在他们头上的罪行的刑期，“大部分的被拘留者希望住在日本；而有一些人希望到共产党中国去，如果他们一定要受到驱逐的话。”4日清晨，他们被日本当局用暴力从滨松“收容所”押送去神户，准备送往台湾。这时，有7位华侨拒绝被送往台湾，并且“要求把他们送到中国去”。但是，滨松“收容所”的“警卫人员想要强迫把他们拉走”。留在滨松拘留营的90多位华侨挺身出来支援他们的受难同胞，日方警卫人员竟“叫来了警察”，于是，“双方拼命挥舞木棒开始了一场紧张的战斗”，“一百四十个警察用警棍镇压”。日本政府入国管理局的官员说，这次冲突持续了4小时。有1位华侨受重伤，另外70位中国侨民和日本人也受了伤，虽然伤势并不那么严重。有18位华侨已被日本警察当局扣留起来。结果这批“原籍台湾和原籍广东、山东等大陆各省的人各占半数”的中国侨民120人于当天下午3时，被日本当局违反他们的意志强制装上日船“白龙丸”，启碇驶往台湾的基隆。为了要镇压他们的反抗，日本政府特地派出了“第五管区海上保安本部公安科长乡原和警备官等约计三十人同行”。这次流血冲突事件发生之后，据合众社说，“七名拒绝遣送的人中有六名被绑到神户……送上船”，另外1人因为被打伤才得以留在滨松治疗。参见《中国红十字会致电日本红十字会等三团体联络事务局　严重抗议日政府强制把一批华侨送往台湾》，《人民日报》1955年11月6日。

应根据1955年10月18日中国全国人大常委会秘书长彭真和日本国会议员访华团团长上林山荣吉的联合公报中已经达成的协议来解决[①]。

11月21日，中国红十字会再次致电日本三团体，就最近日本政府在名古屋逮捕的自愿返回中国的洪进山、迄今仍拘留在滨松“收容所”中自愿返回中国的潘广坤、郭全灶、顾敏生、蔡晋修共5人受日本政府阻拦不得回国一事，表示非常遗憾，并表示：“我国人民密切注视的这一问题，务请贵三团体联络事务局速向日本政府交涉，使上述五名华侨能够根据其自愿搭乘兴安丸返回中国。”[②] 26日，日本三团体的代表要求法务相牧野良三立即释放被日本当局拘留的中国侨民洪进山等5人，要求日本政府应该尊重洪进山的愿望，使他回到中国去。代表们还向牧野良三指出，11月初在滨松“收容所”发生的冲突事件，显然是由于日本政府毫无理由地把拘留在这个“收容所”的100多名中国侨民强制送到台湾去的行动引起的[③]。日本政府却给日本三团体一份“报告书”，表示必须对潘广坤、郭全灶、顾敏生、蔡晋修等4人进行的“刑事诉讼”和对洪进山的“全面调查”结束以后，才能释放他们。当天晚上，鸠山内阁副官房长官田中英一向日本三团体的代表葛西嘉资等人重申：日本政府“现在不能让这五个人上船”。28日，田中英一在同外务省事务次官门胁季光讨论之后，又再次宣布日本政府拒绝允许洪进山等5人搭乘“兴安丸”回国。

为了使洪进山等5人及早顺利归国，从日本来华的“兴安丸”号一再推迟起航日期。鉴于日本当局的强硬态度，为顾全大局，本着促进与加强两国人民友好关系出发，11月30日，中国红十字会再次致电日本三团体，对洪进山、潘广坤等5名华侨返回中国的问题提出自己的意见。中国红十字会在电报中首先对日本三团体为使洪进山、潘广坤等5名华侨能乘“兴安丸”返回天津所做的种种努力表示感谢，并且对它们的努力一直未能获致结果，从而使它们陷于极度困难的境地表示同情；接着，中国红十字会表示：“中国方面一贯尊重在中国的日本侨民的返国志愿并且协助他们返国。在日本的华侨和一切主持正义的贵国人士对于洪进山等五人这次不能志愿返国而奋起力争，

---

① 《中国红十字会致电日本红十字会等三团体联络事务局　严重抗议日政府强制把一批华侨送往台湾》，《人民日报》1955年11月6日。“中日两国应积极地照顾双方侨民，使他们能够自由的来往本国”，见《中华人民共和国全国人民代表大会常务委员会秘书长彭真和日本国会议员访华团团长上林山荣吉的联合公报》，《中华人民共和国对外关系文件集》第3集，世界知识出版社1958年版，第378页。

② 《我红十字会抗议日政府一再阻难华侨回国》，《人民日报》1955年11月23日。

③ 《日本社会党和日本红十字会等三团体要求日本政府立即释放被拘留的五名华侨》，《人民日报》1955年11月28日。

足以证明两国侨民志愿返国的人道原则是得到中日两国人民的共同支持的。”最后指出：“既然日本有关当局也承认志愿返国的原则，为了摆脱目前的困难，中国红十字会建议日本三团体联络事务局从日本有关当局方面获得洪进山、潘广坤、郭全灶、顾敏生、蔡晋修五人能在最近期间返回中国的保证后，即据此向在日本的华侨进行解释，使‘兴安丸’得以起航，以实现中日两国侨民和他们各自在国内的家属早日团聚的愿望。”① 但日本政府的态度使得上述三团体的努力没有获得结果，违背了本次预定回国的两国侨民与家人早日团聚的愿望，日本的许多团体和社会人士对日本政府的这种态度表示强烈不满和指责。

12 月 2 日，日本三团体来电，感谢中国红十字会为打破耽误“兴安丸”起航僵局的明智的建议。日本三团体说，它们反复地尽了最大限度的努力以求洪进山先生搭乘此次“兴安丸”，但遗憾的是没有成功。日本三团体表示，将进一步遵照中国红十字会 11 月 30 日电报中所表示的希望，继续与日本政府进行协商，为洪进山等 5 人根据他们的志愿在最近的将来回国获得保证，并认为已经获得了这样的保证，同时表示会承担起实现此事的责任。日本三团体还承诺将向在日华侨说明情况，以便愿意回国的华侨能够尽速登船，使“兴安丸”早日起航②。

这些在日华侨问题皆因战争而来，也是战后中日邦交正常化需认真对待和解决的问题。中国红十字会本着人道主义，与日本三团体密切联系，竭力促使这些在日华侨顺利归国，为中日邦交正常化扫清了障碍，做出了努力。

六、迎接烈士遗骨归国

日本侵华期间，日本政府先后颁布了《国家总动员法》（1938 年 3 月）、《防止从业人员移动令》（1939 年 4 月）、《国民征用令》（1939 年 7 月）、《关于向国内移进华人劳工事项的决定》（1942 年 11 月）等多种涉及劳工的法令，如《关于向国内移进华人劳工事项的决定》规定：“鉴于内地（指日本国内）劳动供需关系日益紧张，尤其是重体力劳动部门劳力显著不足的状况，根据下述要领，将华人劳工移进内地，以便使其参与大东亚共荣圈的建设。”③ 据此，日本政府及相关企业从中国先后强行抓走了大量的俘虏和百姓到日本做苦役，以弥

① 《中国红十字会致电日本红十字会等三团体　提出对五名华侨返国问题的意见》，《人民日报》1955 年 12 月 1 日。

② 《日本三团体联络事务局复电中国红十字会　答复关于洪进山等五名华侨回国的问题》，《人民日报》1955 年 12 月 4 日。

③ 张国通：《花冈事件》，河南人民出版社 1999 年版，“前言”。

补其国内劳动力的不足[1]，其中有许多人惨死在日本。这也是日本军国主义对华犯下的滔天罪行之一。1953 年 2 月 25 日，日本三团体来华商洽在华日侨归国各项具体问题时，日方代表团“表示愿意协助把战争期间在日本殉难的中国俘虏的骨灰，送到中国来”[2]。2 月 27 日，日本红十字会联合一些团体在东京发起并成立了“中国人俘虏殉难者慰灵实行委员会”，委员长是当时的日本国会参议员、僧人大谷莹润。该委员会的主要任务，“一是调查战争中各种虐待俘虏事件；二是调查收集遗留在日本的遗骨；三是将遗骨郑重送还中国”[3]。

4 月 1 日，“中国人俘虏殉难者慰灵实行委员会” 在东京浅草东本愿寺举行隆重纪念大会，纪念在日本秋田县花冈矿山遇难的被俘中国士兵和被强征的中国工人，即“花冈惨案” 受害中国劳工[4]。开慰灵会，是“日本人民把这种行动看作是对战争的忏悔，和对和平的祈求”[5]，“意味着他们开始以实际行动反省侵略战争给中国人民带来的灾难，开始正确地认识和总结这段历史，这样对日本人民，对世界和平，对促进中日两国的友好关系都是大有裨益的”[6]。对此，中国红十字会发电表示感谢，并深信中国人民和爱好和平的日本人民的合作与努力，定能消除由于美国侵略者的操纵而导致的日本军国主义的再起所加深的战争威胁，中日两国人民的和平友好万岁！[7]

1953 年 7 月 7 日，第一批 560 具烈士遗骨从日本神户港运抵天津塘沽新港。在迎接遗骨仪式上，廖承志对二战期间日本军国主义所犯下的罪行进行了谴责，并坚信：日本爱好和平的人民一定能够粉碎复活日本军国主义的阴谋，在保卫东方和全世界的和平斗争中，发挥他们的力量。日本护送团团长

---

① 据日本官方统计，仅自 1943 年 3 月至 1945 年 5 月，即强行从中国掠走 38935 名劳工至日本。而据 1990 年 12 月 20 日出版的、由日本田中宏等人编著的《强掳中国人的记录》一书记载，“实际被赶上船运往日本的中国人由于饥饿、疾病和迫害，乘船劫运前已死亡 2823 人，强掳中国实际应为 41758 人”。

② 《我红十字会代表团与日本代表团就协助日侨回国问题取得一致意见》，《人民日报》1953 年 3 月 8 日。

③ 《中国民间对日索赔第一案（032）》，《天津日报》2003 年 11 月 29 日。

④ 1945 年日本投降前夕，共有近千名中国劳工被押往花冈铜矿，被迫为“鹿岛组”（今鹿岛建设公司）做苦工。他们在花冈中山寮——“人间地狱”——从事修改河道的苦役。由于不堪忍受这种非人的折磨，劳工们决心以死反抗，1945 年 6 月 30 日晚，激情难抑的 700 名中国劳工终于发动暴动。次日就遭到日本当局的残酷镇压，418 名工人惨死在屠刀之下，这就是闻名于世的“花冈惨案”，又称“花冈事件”。1948 年 3 月，联合国远东国际军事法庭横滨 B、C 级军事法庭（第八军法会议），以杀害虐待俘虏罪对“鹿岛组”的 4 名监工以及 2 名警察判处死刑或 20 年徒刑（后均被释放）。

⑤ 《我国红十字会代表团访问日本群众团体　东京举行追悼中国殉难烈士大会》，《人民日报》1957 年 12 月 8 日。

⑥ 白介夫：《历史不容歪曲》，参见张国通：《花冈事件》，河南人民出版社 1999 年版，“序一”。

⑦ 《本会与中国人民救济总会致电日本红十字会等团体　对日本人民找寻中国烈士遗骨的友谊表示感谢》，《新中国红十字》1953 年第 4 期，第 21 页。

中山理理表示：“当这些骨灰送来时，我将要在贵国人民面前表示衷心的歉意。在过去，假如我们爱好和平的日本人民的意志能够更强烈，力量能够更大的话，我们一定能够保卫这些烈士的生命。但是，惭愧得很，事实刚好相反。我们仰天伏地在贵国人民和诸烈士遗族面前表示谢罪。我们惭愧之心愈深，在殉难烈士的遗骨和贵国人民面前为了和平与友好而宣誓的心也更加强烈。日本与中国两国人民之间没有任何理由再来作战。日本、中国、朝鲜的人民应该永远像兄弟一样，以诚实的、友好的精神紧紧地团结在一起。”①

7 月 8 日，天津隆重举行“在日本牺牲的抗日烈士追悼大会”。廖承志再次申明，“日本军国主义分子不仅是亚洲和中国人民的敌人，同时也是日本人民的敌人”，日本友好团体“克服吉田反动政府的重重阻挠，把烈士遗骨送回中国来，这事正表明日本人民反对军国主义复活的巨大决心”②。日方护送团团长中山理理在会上也再次表示：“我们日本人民今后决不从事战争。我们要在亚洲人的国土上建筑起一条杜绝战争的大墙，以此告慰在天英灵。”③

中国红十字会代表团 1954 年和 1957 年两次访日期间，均在日本参加了对这些死难烈士的追悼，希望日中两国人民加强友好，保卫和平。日本各界也借此表达了要求中日和平友好的愿望。例如 1957 年访问日本时，中国红十字会代表团全体人员于 12 月 7 日参加了中国红十字会代表团欢迎委员会和全日本佛教会在东京永平寺为过去和现在已经发现的在日本殉难的 6830 位中国烈士举行的追悼大会。日方大谷莹润、西川景文、内山完造、风见章、冈本繁穗等先后致唁词，他们在唁词中一致强调，必须努力实现日中两国的友好关系，维护世界和平，并且恢复日中两国邦交，以慰烈士们的英灵④。15 日，代表团到达神户后，随即参加兵库县和神户市各界代表在关帝庙举行的中国殉难烈士追悼会。神户市日中友好协会会长、前神户市长中井一夫在追悼会上致辞说，把中国殉难烈士的遗骨送还中国是日本人的义务，这表示了兵库县人民要求中日两国之间确立巩固的和平、不再发生战争的愿望⑤。

从 1953 年 7 月到 1964 年 11 月，“中国人俘虏殉难者慰灵实行委员会”

---

① 转引自《抗日烈士遗骨由日本运回祖国》，《新中国红十字》1953 年第 7 期，第 20 页。

② 《抗日烈士的斗争精神鼓舞着我们——廖承志同志在死难于日本的抗日烈士追悼会上的讲话》，《新中国红十字》1953 年第 7 期，第 21 页。

③ 转引自《中国民间对日索赔第一案（033）》，《天津日报》2003 年 11 月 30 日。

④ 《我国红十字会代表团访问日本群众团体　东京举行追悼中国殉难烈士大会》，《人民日报》1957 年 12 月 8 日。

⑤ 《我红十字会代表团传播友谊种子　在日本到处受到热情欢迎　岐阜、神户等地集会追悼中国殉难烈士》，《人民日报》1957 年 12 月 16 日。

先后9次将遗骨送还中国，前8次送还的遗骨合计2858具，第9次送还遗骨15盒[①]。总之，挖遗骨、送还遗骨已成为“中日民间友好往来的载体，也成为中日双方和平运动的一个组成部分”[②]。

综上所述，中国红十字会高举人道主义旗帜，本着中日友好的愿望，从协助中国政府遣返在华日侨开始，着手解决中日战争遗留的一些问题，逐步扩大与日本各界的交往，并于1954年顺利实现首次访日，架起了中日友好关系的桥梁，为中日之间关系的正常化铺设了道路。

另外值得一提的是，自20世纪80年代后期起，花冈惨案幸存者及死难者遗属代表向日本东京地方法院提起诉讼，状告鹿岛建设公司残酷虐待、加害中国劳工的罪行，并提出给予民间赔偿的正当要求。该案最终与日本有关方面达成和解，由日方提供5亿日元成立花冈基金，用于“利用各种资料及线索寻找受难者及其遗属，并为他们发放信托金；每年6月30日在日本举办祭奠、追悼活动；向受难者及其遗属发放奖学援助金，并在中国、日本开展各种培训、纪念活动等”[③]。花冈基金是中国民间就中日战争遗留问题进行司法诉讼以来第一个达成和解的基金。1999年，中国红十字会应花冈诉讼案中国原告方（中国当事人）的请求，同意作为受托人参加花冈诉讼案的和解。根据和解条款的规定，中国红十字会作为受托人，主要职责是将5亿日元信托金设为“花冈和平友好基金”，并负责该基金的管理[④]。2000年以来，中国红十字会协助花冈基金管理委员会做了大量工作，保证基金按照既定要求顺利运行。2014年6月27日至7月1日，中国红十字会副会长郭长江与花冈事件受难劳工遗属代表一同访问日本，参加由秋田县大馆市政府举办的花冈事件死难中国劳工祭奠仪式，并对日本红十字会进行访问。此次代表团的出访，具有非常鲜明的指向性，正如郭长江副会长所指出的，代表团看到了致力于中日两国友好交往的日本民间的正义力量，为了中日友好，两国要加强民间交流，增进相互了解，让更多日本人了解过去的不幸历史，珍惜今天来之不易的和平。日本红十字会亦表达了与中国红十字会加强交流与合作的意愿[⑤]。中国红十字会受托负责花冈和解基金的后续工作，无疑对中日友好关系持续发展具有促进作用。

---

① 《中国民间对日索赔第一案（034）》，《天津日报》2003年12月1日。孙平化说，日方“共送还遗骨3000多具”。孙平化：《中日友好随想录》，世界知识出版社1986年版，第13页。

② 《是否赔偿金？由谁说了算？——质疑“花冈和解案”》，《南方周末》2002年6月12日。

③ 《花冈基金管理委员会发布基金运行、财务管理等情况》，《中国红十字报》2011年11月18日。

④ 《中国红十字会回应“花冈基金”问题》，《中国红十字报》2011年10月25日。

⑤ 《发挥民间外交作用　致力中日友好》，《中国红十字报》2014年7月4日。

第二节　中美关系正常化与中国红十字外交

中美关系正常化无疑是当时轰动世界的一件大事。在推动中美关系的缓和与发展的过程中，中国红十字会同样做了许多有益的工作，显示出红十字外交的能动作用。

一、助推中美大使级会谈顺利进行

中美大使级会谈对缓和中美两国之间的关系至关重要，而在促成双方顺利进行谈判的过程中，中国红十字外交也发挥了作用。

1953 年朝鲜战争结束，1954 年日内瓦会议成功召开，世界局势走向缓和，为各国人民友好交往创造了条件。然而，美国当局却公然违背这一潮流，不仅“中止了对中国的一切外交举动”[①]，拒不恢复中美之间的友好关系，还竭力阻挠中美两国人民之间的友好往来。1954 年 5 月，美国拼凑所谓的东南亚条约组织，从南面、西南面包围、遏制并威胁中国；同年年底，美国公然与台湾当局签订共同防御条约，企图分裂中国，并把台湾作为“遏制中国大陆的前沿阵地”[②]。为了打击美国的嚣张气焰，1954 年 11 月，中国政府决定对阿诺德等 11 名美国间谍进行审判。在确凿的证据面前，这些间谍分子都对自己的罪行供认不讳。根据这些间谍分子的罪行，中国政府给予他们以相应的处罚。1955 年初，中国发动了一江山岛战役，一举收复被美蒋霸占的中国东南沿海部分岛屿，有力地维护了国家主权。对此，美国大造反华舆论，污蔑新中国欲掀起战争，破坏世界和平，从而煽动起更大规模的反华浪潮。

美国一直以反对共产主义为由，拒绝承认新中国，不愿同新中国接触。1954 年，中国对美国间谍分子的审判，是对美国敌视和破坏新中国的回应，也激起了美国人民对这些因执行美国政府错误政策而被捕的间谍分子的同情，纷纷要求美国政府使他们及其他在中国的美国侨民归国。而美国执政当局却把这些间谍分子同朝鲜问题、战俘问题扯到一起，“把问题扩大到被共产党中国监禁的一切美国人都包括在内”，大肆污蔑中国“违反停战协定”，说这些被判处罪行的间谍都是“朝鲜战争时期的联合国军人”，是美国的“平民”，

---

① ［美］亨利 · 基辛格：《论中国》（胡利平等译），中信出版社 2012 年版，第 151 页。

② 徐京利：《解密中国外交档案》，中国档案出版社 2005 年版，第 297 页。

并联合一些国家向联合国施压，要求联合国秘书长哈马舍尔德出面斡旋，以便使他们能顺利回归美国[①]。审判间谍分子原本属于中国内政，这些间谍分子是受到美国政府的蒙蔽，与朝鲜战争无关。美国却趁机借助联合国向中国施加压力，想迫使中国屈服。当时中国也有侨民尤其是许多留学生在美国，他们都盼望着早日回到新中国参加社会主义建设。但是由于美国当局的阻挠，他们归国的愿望遥遥无期，这就使中美之间的侨民问题成为世界舆论关注的焦点。

为推动这一问题的合理解决，缓和中美关系，1955 年，周恩来总理参加亚非万隆会议时，中国主动释放了 4 名曾因参与间谍活动而被捕的美国飞行员，中国红十字会接受委托护送其出境，以实际行动“表明了中国愿意同美国缓和紧张关系的立场，在国际社会收到良好效果，得到不少国家的赞许，同时也影响到美国国内的舆论”[②]。同年 6 月，有 3 名美籍联合国军士兵[③]，提出离开中国的申请，中国有关方面从人道主义出发，同意其离开中国，并委托中国红十字会负责护送其出境；7 月 10 日，中国红十字会按约定把他们交给英国红十字会香港分会，并办理完毕交接事项[④]。在万隆会议上，周恩来总理声明：“中国人民同美国人民是友好的。中国人民不要同美国打仗。中国政府愿意同美国政府坐下来谈判，讨论和缓远东紧张局势的问题，特别是和缓台湾地区的紧张局势问题。”[⑤] 在此情势下，美国虽倍感意外，但也不得不表示愿意坐下来同中国进行谈判，以解决相互之间共同关心的问题，尤其是侨民的归国问题。这为中美大使级谈判烘托了气氛。

为了进一步表明和解的态度，中国在大使级会谈开始之际，1955 年 7 月 31 日，中国最高人民法院军事法庭依照中国法律程序，判决阿诺德等 11 名在押的美国间谍人员提前释放。中国红十字会受托负责他们出境。当日傍晚，当最高人民法院的工作人员到监狱宣布决定时，这些人简直不敢相信。他们中有的人失声痛哭，有的人伸出大拇指，用半生不熟的中国话连声说：“中国

---

① 参见徐京利：《解密中国外交档案》，中国档案出版社 2005 年版，第 290—325 页。

② 宫力：《毛泽东与美国：毛泽东对美政策思想的轨迹》，世界知识出版社 1999 年版，第 97 页。

③ 这 3 名士兵是格里格斯、贝尔和科华特。朝鲜停战后，他们拒绝回到美国，经由中国红十字会联系，安排他们来中国。当时，对于这些士兵，朝中方面曾指出，由于未予直接遣返的战俘问题未能按照“中立国遣返委员会的职权范围”所规定的基本目标和步骤取得解决，因此，当战俘问题在停战协定所规定的政治会议或其他有关国际会议上提出讨论时，朝鲜停战缔约双方必须就此项问题做出满意的交代和取得解决。

④ 《三名美籍士兵等候去香港》，《人民日报》1955 年 7 月 9 日；《三名前联合国军士兵去香港》，《人民日报》1955 年 7 月 12 日；《一名土耳其籍士兵出境》，《人民日报》1956 年 3 月 3 日。

⑤ 《周恩来外交文选》，中央文献出版社 1990 年版，第 134 页。

伟大，中国伟大。”[1] 此举“使国际社会再次感受到中国政府对此次会谈是富有诚意的”[2]。中国的人道之举为中美大使级会谈营造了良好的氛围，终于使中美大使级谈判开始后不久，1955 年 9 月，双方就平民回国问题达成协议，主要内容是：中美双方承认，在各自国家内的对方平民享有返回的权利，并宣布已经采取措施且将继续采取适当的措施，使他们能够尽速行使其返回的权利[3]。这是中美大使级会谈期间最早达成的协议，也是中美会谈期间唯一达成的协议。

在中美大使级会谈时，中国政府出于人道考虑，同意“因犯罪而被扣押的美国侨民和军事人员通过中国红十字会与他们的家属通信，家属也可以给他们邮寄小包裹”[4]，还表示同意让美犯的亲属前来中国探亲。但美国政府出于种种目的，一直蒙骗这些被押人员的家属，不仅禁止他们前来中国探视，还鼓动他们通过红十字会写信给中国有关方面，向中国施加压力，以图把阻挠破坏中美两国人民之间友好往来的罪名归于中国方面。尽管如此，中国的友好意愿还是在美国产生了巨大的反响，在舆论的压力下，1957 年美国不得不宣布允许美犯的直系亲属来中国探亲。1958 年 1 月 6 日，在中国进行间谍活动而被中国政府判刑监禁的美犯唐奈的母亲玛丽·唐奈和他的弟弟威廉·唐奈，美犯费克图的母亲杰茜·费克图，以及美犯雷德蒙的母亲露思·雷德蒙等 4 人来中国探望这些在押的美国犯人[5]。这些美犯亲属入境后，得到了中国红十字会的有力协助。他们在中国的活动不仅是自由的，也是安全的，戳穿了美国在国内大肆宣传“到中国大陆人身安全不保”的谎言。而此时，美国对中美大使级谈判采取消极回避的政策，甚至单方面中断中美大使级会谈，为中美关系的发展制造障碍。与之相反，中国红十字会保证这些来华美犯家属的安全，既符合国际红十字运动精神，也表明中国同美国发展友好关系的愿望是一贯的，中美大使级会谈中断的责任在美方。面对国际国内的压力，美国政府不得不重新返回谈判桌前。

侨民问题是促成中美大使级会谈的直接原因之一。中国红十字会接受中国政府委托，通过协助被宽大而获释的在华美囚及美侨归国、通过协助遣返前联合国军人回国等，为中美大使级谈判营造了氛围，注入了动力；在中美大使级谈判的过程中，通过中国红十字外交，显示了中国发展同美国友好关

① 石丁主编：《往事千年：历史长河中的精彩瞬间》，世界知识出版社 2005 年版，第 252 页。

② 宫力：《毛泽东与美国：毛泽东对美政策思想的轨迹》，世界知识出版社 1999 年版，第 98 页。

③ 世界知识出版社编：《中华人民共和国对外关系文件集》第 3 集，世界知识出版社 1958 年版，第 346 页。

④ 王淇、陈志凌主编：《中共党史人物传》第 70 卷，中央文献出版社 2000 年版，第 143 页。

⑤ 《美国犯人的亲属四人到达广州》，《人民日报》1958 年 1 月 8 日。

系的意愿，对中美大使级谈判的顺利进行起到了助推的作用。

二、中美关系走向正常化的“试剂”

在促进中美大使级谈判过程中，中国红十字外交功不可没。而中美关系的改善，红十字外交也助益良多。

20世纪60年代末70年代初，由于国际形势的变化，又因为受中苏关系破裂的影响，中美关系得以改善。而在中美关系微妙变动的时刻，中国红十字外交成为此时中美关系解冻、逐步走向正常化的“试剂”。

经过新中国成立以来十几年的发展，中国已成为一支独立于两个超级大国之外的重要国际力量。“苏、美、中大三角关系开始形成，这不仅极大地促进了世界朝着多极化的方向发展，而且使中美接近有了可能”①。当时中苏关系的破裂，对于世界战略格局尤其对中美关系也产生了巨大影响，1969年3月发生的中苏珍宝岛之战更是一个划时代的事件。二战后由于美国实力的相对衰落，珍宝岛战争让美国看到联合中国制约苏联的契机。8月14日，尼克松在国家安全委员会会议上指出，“苏联是更具有侵略性的一方，如果听任中国在一场中苏战争中被摧毁，那是不符合我们的利益的”②。这个观点表明，尼克松已经认识到中美未来的战略利益，因此转变对华关系势所必然。换言之，苏联对中国的现实威胁，中国也有联合美国的必要。

尽管双方都有进一步改善关系的愿望，但由于中美长期对峙，两国关系犹如一潭深水，仍旧波澜不惊。

“春江水暖鸭先知。”1969年2月16日，美国人鲍德温和唐纳德两人所驾游艇在香港海面倾覆，他们乘救生艇误入广东珠海附近海域，被中国边防军俘获。10月27日，美国驻香港总领事致函中国有关方面探询该两人的下落、健康及释放之事。经调查了解，中国方面决定通过中国红十字会主动送还该两人，此举向美国传递了愿意改善关系的信息，也是对美国总统尼克松“明确地、无保留地表示愿意寻求同中国关系正常化”③ 的响应。“这是中美两国心照不宣的一次微妙对话”④。

随后，美国频频向中国发出改善两国关系的信号，例如，1969年6月以

---

① 宫力：《跨越鸿沟：1969—1979年中美关系的演变》，河南人民出版社1992年版，第26页。

② 转引自［美］亨利·基辛格：《白宫岁月——基辛格回忆录》第1册（陈瑶华等译），世界知识出版社1980年版，第238页。

③ 章百家、贾庆国：《对抗中的方向盘、缓冲器和测试仪：从中国的角度看中美大使级会谈》，《当代中国史研究》2000年第1期，第49页。

④ 宫力：《跨越鸿沟：1969—1979年中美关系的演变》，河南人民出版社1992年版，第42页。

后，美国连续通过领导人讲话和中间人向中国传递改善两国关系的信息；7月，美国又宣布放宽对中国贸易和旅行限制；12月，美国驻波兰大使斯托塞尔主动“追逐”中国驻华沙外交官，急于传递美国欲改善与中国关系的意愿。在这种情况下，1970年7月10日，中国提前释放了以间谍罪被捕的美国人詹姆士·华理柱。中国红十字会再次受托，负责詹姆士·华理柱出境事宜。释放并送回詹姆士·华理柱，是对美国发出改善中美关系的一连串信号的一种含蓄的回答，表达中国改善中美关系的诚意。此举果然引起了白宫的注意，白宫认为这是有象征意义的[①]。

1971年，基辛格秘密访华，中美关系峰回路转；1973年，越南停战协定签字，这为中美关系的改善提供了有利的条件与环境。为表示友好，中国方面同意在越南释放美国战俘的时限内，通过中国红十字会释放两名在越南战争期间入侵中国领空而被俘的美国飞行员。1973年3月15日，该两名飞行员由中国红十字会护送由深圳出境。此外，鉴于1972年来华访问的美国总统尼克松当面向周恩来总理承认约翰·唐奈[②]在中国犯了罪，要求中国宽大处理，并表达约翰·唐奈76岁的老母希望能在死前见到儿子的愿望[③]，基于人道主义考虑，中国决定释放唐奈。1973年3月12日，中国红十字会将其护送出境。

总之，通过中国红十字会，“中美两国在相互敌对时期所遗留下来的有关人员问题的最后一笔老账也就不复存在了”[④]，这就为徘徊中的中美关系增添了活力，推动了中美关系正常化的进程。

三、成为推动中美关系发展的桥梁

从二战结束到中美建交这段时间，中国和美国基本上处在敌对、猜疑、相互隔绝和互不了解的状态，至基辛格当上美国国务卿后还认为：“中国是我们面临的最抱敌意的国家。”[⑤] 尼克松也说：“二十年来，我们两国隔着一条

---

① 宫力：《毛泽东与美国：毛泽东对美政策思想的轨迹》，世界知识出版社1999年版，第216页。

② 约翰·唐奈系美国中央情报局间谍，1952年11月29日乘间谍飞机深入中国东北地区收集情报时被中国击落而被捕，1954年11月被中国判处无期徒刑。1958年1月和1960年8月，唐奈的母亲曾两次来中国看望正在服刑的唐奈。中美关系缓和以后，1971年12月13日，唐奈又被中国改判有期徒刑。

③ 晓音：《建国初震惊中外的美国间谍案》，《党史纵览》2000年第1期，第32页。

④ 宫力：《跨越鸿沟：1969—1979年中美关系的演变》，河南人民出版社1992年版，第203页。

⑤ 转引自孙培松：《民间外交更能打动人心》，《环球时报》2008年2月15日。

敌视和猜疑的鸿沟彼此冷眼相看。”① 之所以出现这种状况，根本原因在于，美国政府当时奉行了一条敌视中国共产党及其领导下的新中国的错误政策，而中国政府是无可指责的②。中美对抗，既不符合两国人民的愿望，也危及世界的和平与安全。当年毛泽东在会见美国友好人士斯诺时表示，“中美关系今后的发展寄希望于两国人民之间的交流”③。作为民间组织的中国红十字会，受中国政府委托，以自己特有的方式促进和加强中美之间人民的友好交流，逐步融化中美之间的“坚冰”，为中美关系的峰回路转带来了机遇。随着形势的发展，美国一些有识之士也越来越认识到改善同中国关系的重要性。1968 年 8 月，尼克松（总统候选人）强调：“我们必须不要忘掉中国，我们必须经常寻找机会同它对话，……我们不仅要注视着变化，而且必须设法促成变化。”④ 中国红十字外交成为跨越这条彼此冷眼相看“鸿沟”的桥梁与促成中美关系“变化”的纽带。

在此过程中，中国红十字会还协助中国政府负责做好在美中国侨民回国事宜。当时，中国在美国的侨民主要是留学生和一些已经在美国工作的高科技人才，他们是国家的宝贵财富。1949 年新中国即将成立，这些留美学生及已在美国工作的高科技人才纷纷表示愿意回国参加社会主义建设，为振兴中华而努力。但美国政府极力阻挠，甚至进行通缉，以致有人不得不“改换姓名”“东奔西走”；有的以生病为由被强制送疗养所“休养”，行动和通讯的自由都被限制，连“生命亦成问题”，而且终于不明不白死在美国。当中美达成关于尽速遣返对方侨民的协议后，美国一方面宣称“人道”和“尊重构成稳定国际秩序的基础的国际义务”；另一方面又规定不合理的短促离境期限，或者借口欠税故意刁难，甚至强迫留学生申请美国籍和领取台湾入境证，抑或以增薪和学位等进行利诱，凡此种种，企图改变中国留学生回国的愿望⑤。

美国强制扣留中国留学生，既违反国际法，又不合人道主义⑥。为促使尽速遣返对方侨民协议的内容落到实处，让更多的留学生和高科技人才顺利归国，中国红十字会做了大量的工作，付出了艰辛的努力。刘永铭就是其中的一例。

刘永铭，留美学生。当美国得知刘永铭想要回国之后，1949 年 5 月把刘

---

① 转引自冬梅：《中美关系资料选编（1971. 7—1981. 7）》，时事出版社 1982 年版，第 98 页。

② 宫力：《跨越鸿沟：1969—1979 年中美关系的演变》，河南人民出版社 1992 年版，第 5 页。

③ 转引自《中国与美国》，《合肥晚报》2002 年 2 月 21 日。

④ 转引自［美］亨利·基辛格：《白宫岁月——基辛格回忆录》第 1 册（陈瑶华等译），世界知识出版社 1980 年版，第 217—218 页。

⑤ 《美国政府必须停止对中国留学生的野蛮迫害》，《新华半月刊》1956 年第 8 号，第 10 页。

⑥ 《周恩来年谱，1949—1976》上卷，中央文献出版社 1997 年版，第 376 页。

永铭关进密苏里州一个“精神病院”，实质上是中国学生拘留所。1951 年，美国准备把刘永铭驱逐出境，随即又以“不适于旅行”为由①，强行关押，拒不让刘永铭归国。当中美达成有关平民回国协议后，根据刘永铭家属的请求，中国一方面由王炳南大使写信给美国约翰逊大使，要求交代刘永铭的下落；另一方面又请求印度方面根据中美会谈的协议进行协助。中国红十字会也致电美国红十字会，请予以协助。由于中国方面点名要刘永铭，1956 年 1 月 5 日，美国移民局不得不宣布释放刘永铭，让他在 1 月 8 日坐船回国。2 月 5 日晚，刘永铭到达香港。6 日，在中国红十字会代表纪锋陪同下，刘永铭顺利回到祖国②。

1955 年 8 月 1 日以后的 4 个多月时间里，在中国红十字会的参与和协助下，有 16 名美侨离开中国回国，有 26 名在中国服刑的美国人通过中国红十字会回到了美国。1955 年下半年至 1965 年底，从美国返回中国的科学家有 130 多人，其中包括钱学森③等著名科学家④，主要都是通过红十字会这个渠道回国的。

这些在美国的中国侨民陆续归国，为新中国的科技进步奠定了基础。在华美国侨民及来访的美国公民陆续返国，为更多的美国人重新正确认识和了解新中国提供了机会，增强了美国人民要求同中国人民发展友好关系的愿望，从而为中美关系正常化提供了持久的动力。正如周恩来总理在欢迎到访的尼克松总统宴会上所言：“人民，只有人民，才是创造世界历史的动力。”⑤ 事实证明，中美关系的改善，“不仅有利于中国和美国，而且有利于今后多年的世界”⑥。而在此过程中，中国红十字会所扮演的角色，是不能忽视的。

第三节　中苏友好关系的深化与中国红十字外交

自新中国成立至 1960 年中苏友好关系破裂的这段“蜜月”时期，由于“中苏两国人民有着深厚的兄弟友谊。在中国革命和建设事业中，苏联人民给

---

① 陈龙：《美国当局是怎样释放刘永铭的》，《人民日报》1956 年 1 月 10 日。

② 《刘永铭的妻子等到香港》，《人民日报》1956 年 2 月 6 日；《留美学生刘永铭回到祖国怀抱》，《人民日报》1956 年 2 月 7 日。

③ 王存福：《周恩来用美国战俘交换钱学森》，《中国档案报》2005 年 1 月 7 日。

④ 周溢潢：《中美关系风云录》，山西人民出版社 2003 年版，第 178 页。

⑤ 《周恩来选集》下卷，人民出版社 1984 年版，第 475 页。

⑥ ［美］约翰·刘易斯·加迪斯：《冷战》（翟强、张静译），社会科学文献出版社 2013 年版，第176 页。

予了我们最大的同情和支持”①，这也同样在两国红十字会的交往中得到充分的体现。中国红十字会注意加强与苏联红十字组织之间的合作与友谊，从民间外交的角度，促进了中苏友好关系的深化。

一、国际社会中的“亲兄弟”

中国红十字会改组后面临的第一个问题就是重返国际红十字组织。鉴于当时波谲云诡、变幻莫测的国际环境，取得苏联的支持与帮助是至关重要的。

根据国际惯例，中华人民共和国成立后，理所当然地应继承原国民政府在国际组织中的一切合法权益。据此，1950 年 4 月 28 日，外交部部长周恩来和中国红十字会秘书长胡兰生分别致电国际红十字会协会秘书鲁希、红十字国际委员会秘书长杜旭沙，指出中华人民共和国中央人民政府是代表中国人民的唯一合法政府，要求其正式否认在这两个组织中的中国国民党反动派残余集团的所谓“代表”；待中国红十字会改组完毕，即将派遣代表参加以上两组织，并出席该两组织的各项会议；同时请他们转知该两组织的各机构及有关各国红十字会②。

中国的正当要求得到苏联的支持。在随后 5 月召开的国际红十字会协会执委会上，苏联和波兰两国代表支持中华人民共和国中央人民政府的声明，并提议把国民党代表开除出国际委员会；在遭到会议主席美国人奥康纳的蛮横阻挠后，苏联等国代表团遂退出会场，声明在国际红十字会协会正式承认中华人民共和国红十字会为国际委员会委员以前，将不参加此次会议③。正是由于苏联的大力支持，中国红十字会得以顺利参加 1950 年 10 月在摩纳哥召开的国际红十字会协会第 21 届理事会，并顺利当选为大会执委。在 1952 年第 18 届和 1957 年第 19 届国际红十字大会上，为维护中国红十字会在国际红十字组织中的合法席位，苏联红十字会代表团亦鼎力相助④，从而使得中国红十字会成为新中国成立后第一个恢复在国际组织中合法席位的团体。

红十字会以维护与促进世界和平为宗旨，在维护人道主义原则和保卫世界和平中，中苏两国红十字会在各领域都展开了良好的合作，亲如兄弟。例如，朝鲜战争期间，针对美国在朝鲜战场滥施轰炸、屠杀和平居民、虐杀战

---

① 《建国以来毛泽东文稿》第 6 册，中央文献出版社 1992 年版，第 425 页。

② 《亚洲及远东经济委员会将在曼谷开会，周外长致电联合国秘书长通知我派冀朝鼎代表出席并电国际红十字会协会否认残匪“代表”》，《人民日报》1950 年 4 月 29 日。

③ 《国际红十字会协会国际委员会议　苏波代表拒绝出席　抗议保留国民党残匪代表》，《人民日报》1950 年 5 月 15 日。

④ 参见吴佩华、高鹏程、周小蓉：《建国初期中国红十字会恢复巩固国际合法席位的斗争》，《河北大学学报》（哲学社会科学版）2009 年第 4 期。

俘、使用毒气和进行细菌战等严重破坏日内瓦公约的非人道行为，中国红十字会在重返国际红十字组织后，在国际红十字会协会第21届理事会第二、第三次执委会、第22届理事会及第18届国际红十字大会上，提议“禁止使用大规模杀人类的原子武器”，提议“红十字会协会与世界和平理事会建立关系”，号召“各国红十字会会员签名拥护订立五大国和平公约”，“提议修改国际红十字章程和细则”，“取消所谓红十字国际委员会的不合理的特权”等等[①]，中国的这些提议都得到苏联红十字会的积极支持与配合。再如，为了澄清美国在朝鲜战场及中国东北违反日内瓦公约使用细菌武器这一事实，在中苏两国的强烈要求下，由瑞典、法国、英国、意大利、巴西、苏联等国科学家组成的“调查在朝鲜和中国的细菌战事实国际科学委员会”，经过两个月的紧张努力，完成调查工作，于1952年8月31日在北京举行报告书签字仪式[②]。报告书证实了美国军队在朝鲜和中国东北使用细菌武器的罪行，有力地配合了中苏两国红十字会在第18届国际大会上的斗争，争取了更多爱好和平的国家和人民对朝鲜战争的关切。鉴于美国扬言要在朝鲜战场使用原子弹，1951年10月6日，斯大林发表了有关“建立国际管制，禁止原子武器，停止原子武器的生产，并把已经制成的原子弹完全用于民用方面的决定”的谈话，这实际上是对美国发出的警告。中国红十字会同中国人民救济总会随即发表联合宣言，表示坚决拥护斯大林的谈话[③]。

在红十字国际舞台上，中国红十字会与苏联红十字会桴鼓相应，彼此支持。

1949年4月，苏联在红十字会协会执行委员会会议上提出“为了防止战争应与世界保卫和平大会建立联系的提案”，但遭到反对。新中国成立后，由于世界和平运动广泛深入的发展，维护和平的呼声日益高涨，对此，中国红十字会积极响应。在1950年摩纳哥红十字会协会第21届理事会上，苏联代表团再次“指出了红十字会协会在1948年到1950年期间对于保卫和平没有采取有效措施，漠不关心地坐视美国侵略者在朝鲜违背人道与国际公法的罪恶行径”，得到中国红十字会代表团的拥护[④]。中国红十字会李德全会长在出席10月于波兰华沙召开的世界保卫和平大会归来后，1951年3月，中国红十

① 向远亮：《中国红十字会为维护人道主义原则和保卫世界和平而奋斗》，《新中国红十字》1952年第10期，第4页。

② 刘志青：《恩怨历尽后的反思——中苏关系七十年》，黄河出版社1998年版，第381页。

③ 《制止侵略集团发动新战争的阴谋，禁止、管制并停止生产原子武器——中国人民救济总会及本会为拥护斯大林同志关于原子武器谈话的联合宣言》，《新中国红十字》1951年第2期，第33页。

④ ［苏］斯别列也夫：《苏联红十字会为和平而奋斗》，《新中国红十字》1952年第10期，第24页。

字会发表声明，表示拥护世界和平理事会提出的“缔结和平公约”，提出“每一个国家的人民都有权处理自己国家的问题，朝鲜内政只能有朝鲜人民自行决定，这是最公平合理的”[①]，希望通过缔结和平公约的方式制止战争，促进和平共处，以及用和平的方式解决朝鲜问题。

鉴于红十字国际委员会常设委员会常常“依据华尔街的命令行事”[②]，中苏两国红十字会利用国际红十字会议的场所，相互配合，提出要改变常设委员会这种不合理的特权。如在第18届国际红十字大会上，中苏及其他社会主义国家红十字会代表团重申它们对所谓红十字国际委员会的立场，并在新章程、细则与其他决议提付表决时投票反对其中关于红十字国际委员会享有特权的全部条款。中国和罗马尼亚代表团还宣布不受那些条款的约束，并要求把他们的声明列入大会记录[③]，其目的在于“使国际红十字机构符合于民主精神与和平宗旨”。虽然该提案未获通过，但是该提案的提出“使侵略者在真理和人道主义面前丑态毕露，狼狈不堪”[④]。

为了吸取先进经验，中国红十字会多次访问苏联红十字会。中国红十字会代表团每次出席国际性红十字会议道经苏联时，都得到了热情的接待；在国际会议的斗争中，也学到了许多苏联经验。这些不仅增进了中国人民和苏联人民之间的友谊，也有助于加强维护人道主义原则与保卫世界和平的力量[⑤]。

随着中苏两国红十字会友好交往的日益加深，1955年9月28日，应中国红十字会邀请，苏联红十字会与红新月会联合会代表团前来中国参加国庆观礼，中国红十字会会长、卫生部部长李德全，中华医学会总干事方石珊，中华护士学会副理事长王琇瑛和红十字会北京分会会长严镜清等前往机场欢迎。10月12日，国务院总理周恩来接见了应邀前来中国访问的苏联红十字会与红新月会联合会执行委员会主席格·阿·米捷列夫、乌克兰红十字会中央委员会主席瓦·阿·潘钦科和白俄罗斯红十字会中央委员会主席彼·伊·巴拉涅斯基，这是对中苏两国红十字会友好合作的鼓励与肯定。此外，中国红十字

---

① 《中国人民救济总会　中国红十字会拥护世界和平理事会宣言及一切决议的声明》，《新中国红十字》1951年第7期，第25页。

② ［苏］巴洛扬：《苏维埃红十字会为社会主义的人道主义而斗争》，《新中国红十字》1952年第1期，第30页。

③ 《在多伦多第十八届国际红十字大会上》，《新中国红十字》1952年第8期，第11页。

④ 向远亮：《中国红十字会为维护人道主义原则和保卫世界和平而奋斗》，《新中国红十字》1952年第10期，第4页。

⑤ 李德全：《中国红十字会总会改组后两周年来的工作》，《新中国红十字》1952年第9期，第9页。

会还应邀派团参加苏联红十字会与红新月会全苏代表大会①，密切彼此之间的联系。

二、北京苏联红十字医院

新中国成立之初，“中苏两国红十字会的亲密友谊在与日俱增，这个友谊与合作的另一个具体表现，就是北京苏联红十字医院在我国首都开幕”②。之前，李德全会长多次利用出席国际会议途径苏联的机会，与苏联红十字会商谈合作事宜，提出苏联红十字会来华办医院的设想。1952 年 1 月 17 日，苏联红十字会与红新月会联合会副主席、莫斯科大学教授巴什科夫等一行，应中国红十字会的邀请来华访问，“在中国红十字会总会的协助下，（巴什科夫）在北京进行筹办苏联红十字会医院的工作”③，使“（北京苏联红十字）医院的成立获得了具体的决定”④。不久，在中国北京开设苏联红十字医院的决定获得苏联部长会议的同意。

1952 年 6 月 19 日举行开幕典礼，北京市市长彭真、中国红十字会会长李德全，副会长胡兰生，副会长、中国人民保卫世界和平反对美国侵略委员会委员彭泽民，常务理事、中央人民政府内务部副部长陈其瑗等，以及苏联驻华大使罗申及使馆人员出席典礼。

北京苏联红十字医院除了“一般的诊断治疗外，还要研究解决中国医学界所不能解决的一些医疗上的困难问题，推广苏联先进的医疗技术和经验，并有计划有步骤地来培养和提高我国的医务工作干部”⑤。实践证明，北京苏联红十字医院在中国的设立和它的全部活动，对新中国卫生保健事业的发展和在医学领域学习苏联方面，产生了积极的影响，因为“当中华人民共和国成立不久，我国的卫生事业还处在幼年时期的时候，当我国的医务技术干部还不能满足革命事业迅速发展需要的时候，当我国的医务干部正在迫切的要求学习苏联先进医学经验的时候，苏联红十字医院的建立对于我们确是非常宝贵的援助”⑥。正因为如此，北京苏联红十字医院“在中国医学界和广大人

① 例如 1959 年 4 月 11 日，李德全会长率团赴莫斯科出席将于 13 日召开的苏联红十字会与红新月会全苏第四次代表大会。见池子华、郝如一主编：《中国红十字历史编年，1904—2004》，安徽人民出版社 2005 年版，第 167 页。

② 李德全：《应将苏联红十字活动先进经验作为会务学习的重要内容》，《新中国红十字》1952 年第 11 期，第 5 页。

③ 《苏红十字会与红新月会联合会副主席巴什科夫来北京访问》，《人民日报》1952 年 2 月 22 日。

④ 《北京苏联红十字医院开幕》，《新中国红十字》1952 年第 7 期，第 8 页。

⑤ 吴晗：《热烈庆祝“北京苏联红十字医院”的诞生》，《新中国红十字》1952 年第 7 期，第 11 页。

⑥ 朱仲丽：《北京苏联红十字医院的五年》，《人民日报》1957 年 3 月 13 日。

民群众中留下了深刻的影响”[1]，“这又一次证明了苏联人民对自己伟大的邻居——中国人民友谊的忠诚的帮助”[2]。

毫无疑问，北京苏联红十字医院的开设是“中国红十字会与苏联红十字会根据共同的国际主义和革命人道主义的思想，进行合作的一个具体实践”[3]。正如北京苏联红十字医院副院长朱仲丽所言，“他们的伟大的国际主义精神，象征着中苏两国牢不可破的友谊正在无穷无尽地增长”[4]。

根据中苏两国的协议，苏联政府决定于1957年3月12日将北京苏联红十字医院全部设备无偿赠送给中国。周恩来总理在赠送仪式举行前接见了该医院的苏联专家们，并且一起合影留念[5]。在移交仪式上，李德全会长代表周恩来总理一一给苏联专家佩戴“中苏友谊万岁”纪念章。外交部副部长姬鹏飞、苏联驻华大使尤金参加了移交仪式。为了永远纪念中苏两国人民的友谊和北京苏联红十字医院的功绩，中国决定把北京苏联红十字医院改名为北京中苏友谊医院[6]。作为中苏友谊的象征，它承载着中国人民对苏联人民的感激之情，正如毛泽东所说：“当目前中华人民共和国正在苏联的慷慨援助下，沿着苏联所胜利地走过的社会主义工业化和国民经济的社会主义改造的光荣道路上前进的时候，我国人民比以往任何时候都更感觉到中苏两国人民之间的亲密无间，和两国友好的无上珍贵。”[7]

三、深化中苏友谊的纽带

新中国成立之初，卫生事业的基础极为薄弱，广大人民群众深受病痛疾疫的困扰，影响到新中国经济建设的健康发展，因而中共中央提出“首要任务是根除最有危险性的传染病”[8]。根据1951年9月9日中共中央发布的《关于加强卫生防疫和医疗工作的指示》，“每年全国人民因缺乏卫生知识和卫生

① 李德全：《感谢苏联无私的帮助——为北京苏联红十字医院无偿地移交中国而写》，《人民日报》1957年3月13日。

② ［苏］甫罗哈洛夫：《北京苏联红十字医院开幕词》，《新中国红十字》1952年第7期，第9页。

③ 李德全：《祝贺“北京苏联红十字医院”的开幕》，《新中国红十字》1952年第7期，第10页。

④ 朱仲丽：《在和苏联同志相处的日子里》，《在北京苏联红十字医院里》，大众出版社1956年版，第5页。

⑤ 沈传亮：《周总理与红十字的不解之缘》，《中国红十字报》2016年1月12日。

⑥ 《北京苏联红十字医院改名为北京中苏友谊医院》，《人民日报》1957年3月22日。池子华、郝如一主编：《中国红十字历史编年，1904—2004》，安徽人民出版社2005年版，第160页。

⑦ 转引自彭明：《中苏友谊史》，人民出版社1957年版，第294页。

⑧ 转引自巴任诺夫：《两年来的北京苏联红十字医院》，《新中国红十字》1954年第7、8合期，第16页。

工作引起疾病和死亡所受人力畜力和经济上的损失，可能超过每年全国人民所受旱灾风虫各项灾荒所受的损失，因此至少要将卫生工作和救灾防灾工作同等看待，而决不应该轻视卫生工作”①。1950 年 8 月中国红十字会改组后，遂将“协助各级人民政府，面向人民大众，宣传并推广防疫、卫生、医药及救济福利事业”② 作为其“中心事业”③。

1950 年 7 月 10 日和 8 月 6 日，香港和锡兰（今斯里兰卡）政府“竟无理宣布中国厦门港为鼠疫港”，以“混淆视听”，破坏中国政府形象④；朝鲜战争爆发后，美国又在朝鲜和中国东北撒播病菌，“企图大规模杀害我们”⑤。可见，快速提高中国的医疗防疫技术水平，不仅对保护人民群众的生命安全显得十分紧迫，也是对外树立国家形象的迫切要求。而在中苏两国长期友好合作的基础上提升中国医疗水平是切实可行的⑥，因为苏联红十字会把“协助友邦巩固并展开红十字会的事业”⑦ 作为其任务之一。因而通过红十字会向苏联学习先进的医学技术及相关的管理知识，“将使我们少走许多弯路，大大加速我国建设的速度”⑧，必然成为中国红十字外交的重要内容，也具有特别重要的意义，无疑将有助于深化中苏两国及两国人民之间的友谊。

中国红十字会改组后，与苏联红十字会往来密切，借助国际红十字运动的大舞台，在重大的国际场合经常与苏联红十字会互相配合，并肩作战，不仅成为新中国突破“半个国际舞台”的重要渠道，更是宣传新中国和平外交

---

① 刘国新主编：《共和国史记》第 1 卷，吉林人民出版社 1996 年版，第 525 页。

② 《中国红十字会会章》，中国红十字会总会编：《中国红十字会历史资料选编：1950—2004》，民族出版社 2005 年版，第 3 页。

③ 李德全：《中国红十字会总会改组后两周年来的工作》，《新中国红十字》1952 年第 9 期，第 8 页。

④ 《卫生部发言人斥香港及科伦坡政府无理宣布我厦门为鼠疫港》（1950 年 11 月 4 日），世界知识出版社编：《中华人民共和国对外关系文件集》第 1 集，世界知识出版社 1957 年版，第 167 页。

⑤ 李德全：《祝贺“北京苏联红十字医院”的开幕》，《新中国红十字》1952 年第 7 期，第 10 页。

⑥ 中苏在这方面的合作是有基础的。如解放前，东北是一个鼠疫流行的地区，“自 1947 至 1949 年，苏联红十字红新月协会应我国邀请，每年都派遣防疫队来东北帮助进行防治工作，为控制与扑灭东北鼠疫做出了很大的贡献”。见傅连暲：《学习苏联的先进医学》，《新中国红十字》1952 年第 11 期，第 7 页。1949 年 10 月 14 日，在察北康保境内联合县租银地发现鼠疫，数日后呈流行趋势。26 日已侵入张家口市。染病者快则 1 天，慢则 3 至 5 天即死。尽管政务院迅速采取有效措施，至 11 月 8 日，察哈尔盟和察哈尔省共死亡 75 人。中央防疫委员会估计今后疫情不会继续过大蔓延，但要消灭疫症，尚需相当时日。28 日，毛泽东致电斯大林请苏联帮助防治鼠疫。参见刘国新主编：《共和国史记》第一卷，吉林人民出版社 1996 年版，第 75 页。

⑦ ［苏］郝洛得克夫：《苏联红十字会的任务》，《新中国红十字》1952 年第 8 期，第 6 页。

⑧ 傅连暲：《学习苏联的先进医学》，《新中国红十字》1952 年第 11 期，第 7 页。

政策的窗口，在促进与维护世界和平方面取得了可喜的成绩。中央人民政府内务部副部长、中国红十字会总会常务理事陈其瑗曾坦言："中国红十字会加强与各国红十字会尤其苏联和各人民民主国家红十字会的密切合作，并努力揭破有些资本主义国家的'人道主义'、'和平主义'的假面具，这在目前保卫世界和平的严重关头上，尤其具有头等重要的意义。"① 红十字会是国际民间性组织，中苏两国红十字会在共同维护世界和平与发展的事业中，不仅扩展了两国之间的合作，也加深了中苏两国红十字会、两国人民之间的友谊。

总之，新中国成立初期，中国红十字会在深化与扩展中苏两国的友谊与合作方面做出了贡献，充分体现了两国人民之间的深情厚谊。诚如毛泽东所言："伟大的中苏两国人民是最亲密的兄弟和最可爱的战友。在加强社会主义阵营的团结，维护世界和平和促进人类进步的崇高事业中，我们中国人民同苏联人民是坚决地站在一起的"，"这种团结和友谊，不仅是我们两国社会主义和共产主义建设事业中的有利因素，而且也是社会主义各国团结的重要部分，也是世界和平和人类进步事业的可靠保证。"②

---

① 陈其瑗：《为"剥掉帝国主义身上伪装和平的外交"而努力》，《新中国红十字》1952年第9期，第11页。

② 《建国以来毛泽东文稿》第6册，中央文献出版社1992年版，第427—429页。

第四章　红十字援外外交：友谊与博爱的见证

天灾人祸之际，正是彰显人道主义力量之时。中国红十字会自改组以来，本博爱胸怀，以人道主义为指引，对外进行了大量的援助，尤其是经济物质援助。通过这些援助，涵养了中国同世界各国人民的友谊。

第一节　援外是外交的有机组成部分

每逢天灾人祸，各国红十字会之间根据国际红十字运动的“人道、公正、中立”等基本原则，相互援助。由于红十字会是政府在人道主义领域的助手，因此，通过红十字会对外援助亦能洞察其国家的外交。

一、援外能反映其外交

根据国际红十字运动与红新月运动章程，各国红十字会之间可以“相互支援”[①]，负有同样的责任和义务。显然，红十字会对外援助既是其七项基本原则的体现，也是“通过人道获致和平”箴言的内在要求。虽然红十字运动的基本原则之一是中立，但“对于援助国来说，完全不带目的的援助是不存在的”[②]，摩根索的观点可为代表：“无论什么形式的对外援助，本质都是政治性的，主要目标都是

① 中国红十字会总会编译：《国际红十字与红新月运动基本文件汇编》，2008 年内部印行，第 6 页。

② 《中国援外花钱不少，为何非洲人更喜欢日本人?》，《国际先驱导报》2010 年 9 月 9 日。

促进和保护国家利益。"[①] 因此，国际问题专家认为，通过红十字会的援助"或许能看到些许政治现象"[②]。

新中国成立后，把"保障世界的持久和平"[③] 确定为对外政策的总纲。作为中国政府人道主义领域的助手，中国红十字会改组后把"爱国主义、国际主义和革命的人道主义"[④] 作为其外交的思想基础，这与国际红十字运动的目的"促进持久和平"[⑤] 是一致的，亦与中国政府外交指导思想"坚持国际主义""坚持爱国主义"[⑥] 具有内在的一致性。中国红十字会秉承国际红十字运动的基本原则，在世界各国发生天灾人祸之际进行必要的援助是必然的，也是应该的。

中国红十字会自改组以来，虽然经过几次改隶，但其外交事项主要归外交部指导。外交无小事，例如，1953 年初西欧英国、比利时、荷兰均遭受水灾，损失惨重，中国红十字会从人道主义出发，分别给予这三国 10.5 亿元、2.6 亿元、15.7 亿多元的经济援助[⑦]，为这些国家和人民渡过灾难提供了帮助与支持。而此时此刻，这些国家却仍然有军队在朝鲜战场同中国人民志愿军和朝鲜人民军打仗。中国红十字会不以意识形态划线，对其进行援助，这充分表明了新中国热爱和平、努力维护世界和平的真切愿望；同时，中国红十字会的援助也教育和团结了这些国家人民，增强了这些国家人民对新中国的正确了解与比较全面的认识，为建立正常的外交关系奠定了一定的社会基础。显然，中国红十字会的外援是紧密结合国际红十字运动的相关原则和中国政府外交而进行的，根本目的在于促进和维护世界和平。再如，1968 年 5 月缅甸风灾、6 月伊拉克水灾，中国红十字会分别援助 1 万元和 3 万元。而根据中国内部文件显示，中国红十字会在向这两国提供援助时，相关文件分别抄送给了"总理、康生、江青、文元、陈毅"和"总理、康生、陈毅、外办"[⑧]。

---

① Hans Morgenthau, *A Political Theory of Foreign Aid*, American Political Science Review 56.2. (June 1962), p301-309。转引自周弘主编：《对外援助与国际关系》，中国社会科学出版社 2002 年版，第 14 页。

② 《西方援助中国水灾》，《环球时报》2002 年 8 月 29 日。

③ 世界知识出版社：《中华人民共和国对外关系文件集》第 1 集，世界知识出版社 1959 年版，第 1 页。

④ 《新中国红十字会的工作方向与发展步骤》，《人民日报》1951 年 2 月 1 日。

⑤ 中国红十字会总会编译：《国际红十字与红新月运动基本文件汇编》，2008 年内部印行，第 5 页。

⑥ 《周恩来外交文选》，中央文献出版社 1990 年版，第 55 页。

⑦ 这里指的是当时流通的旧币。1955 年 3 月 1 日起，中国人民银行发行新的人民币，一直使用至今。新人民币 1 元等于旧人民币 1 万元。

⑧ 《中国红十字会援外救济工作统计表（1966—1976）》，中国红十字会总会编：《中国红十字会历史资料选编，1950—2004》，民族出版社 2005 年版，第 121 页。

红十字会是人民群众的组织，其对外几万元的援助需报给政府总理等中央领导人，由此完全可以证明外交无小事，通过红十字会援外也是政府外交的有机组成部分。又如，1968 年 8 月，印度发生严重水灾，几百万人流离失所①。中印自古以来山水相连，世代友好，在 50 年代因中印友好而被美国中情局誉为“亚洲和平的关键”②。面对印度遭受如此惨重的水灾，中国红十字会却没有伸出援手，显然这与中印边境自卫反击战后两国关系随着国际局势的变幻一直没有恢复大有关联。换句话说，从中国红十字会对外援助可管窥中国外交的动向。近年来，有学者通过对外交部解密档案进行分析研究，认为：虽然这些人道主义援助是通过诸如红十字会之类的非政府组织进行的，但政府拥有对援助与否、援助数额与形式的决定权，从而使得这些人道主义援助可以更好地服务于外交战略③。

自新中国成立以来，中国红十字会也自觉把援外当作配合国家政府外交的推手。在 1950 年中国红十字会改组大会上，常务理事伍云甫就指出：中国红十字会“对外救护的工作，不仅是有救济的观点，而且应有反对侵略，保卫世界和平的观点”④。改组后的会章也明确提出，“在必要情形下，经中央人民政府政务院批准，担负国际性救助及医疗服务”⑤。这在中国红十字会随后的对外援助中表现得非常明显。例如在越南战争期间，中国红十字会向越南红十字会和越南南方解放红十字会不仅提供巨额援助⑥，而且还通过国际红十字运动的舞台给予越南以政治上和道义上的支持。再如，以色列在美国支持下在中东实行扩张主义政策，严重威胁到中东和平进程，中国红十字会从人道主义出发，多次给予巴勒斯坦红新月会以援助⑦，支持其反对以色列的正

---

① 孙柏秋主编，池子华、杨国堂等：《百年红十字》，安徽人民出版社 2003 年版，第 345 页。

② 参见沈志华、杨奎松主编：《美国对华情报解密档案（1948—1976）》第 8 册，东方出版中心 2009 年版，第 117 页。

③ 参见殷晴飞：《1949—1965 年中国对外人道主义援助分析》，《当代中国史研究》2011 年第 4 期，第 94 页。

④ 伍云甫：《对调整中国红十字会有关问题的报告》，中国红十字会总会编：《中国红十字会历史资料选编，1950—2004》，民族出版社 2005 年版，第 2 页。

⑤ 《中国红十字会会章》，中国红十字会总会编：《中国红十字会历史资料选编，1950—2004》，民族出版社 2005 年版，第 3 页。

⑥ 例如 1970 年 11 月，因风灾水灾，中国红十字会向越南南方解放红十字会提供 500 万元物资；1971 年 11 月，再因同样的原因向越南南方解放红十字会提供 500 万元物资；1973 年 11 月，还因同样原因向越南南方解放红十字会提供 500 万元物资。显然，这些援助为越南南方成功抗击美国侵略奠定了一定的物质基础。

⑦ 例如 1972 年 1 月 6 日，为支持巴勒斯坦人民正义斗争，中国红十字会向其提供 20 万元物资；1978 年 4 月，为支持巴勒斯坦抗击以色列犹太复国主义侵略的正义斗争，中国红十字会向其提供一批物品；1982 年 6 月 15 日，为支持其正义斗争，中国红十字会捐赠药品 20 吨和一批医疗器械。

义斗争。可见，红十字会的对外援助，也是“为了新中国在国际社会中争取更大的外交空间而服务”[①]。

中国红十字会历次大会的资料及相关文件亦表明，红十字会对外援助是有一定目的性的。在1978年中国红十字会第三次全国会员代表大会上，钱信忠会长提出，“要配合国际斗争，……做好国际救济工作，增进我国政府和人民同受灾国政府和人民的友谊”[②]。在1985年召开的第四次全国会员代表大会上，钱信忠再次强调，要“认真贯彻落实党的十二届三中全会的决议，实事求是，从实际出发，以改革的精神，……积极贯彻对外开放的政策，开创红十字会工作的新局面，……为四化建设服务，为统一祖国大业服务，为世界和平和人类进步做出贡献”[③]。

冷战结束后，发生世界大战的因素有所减少，但因领土、主权、种族、宗教等方面矛盾以及霸权主义和强权政治引起的局部战争或武装冲突仍连绵不断；加之全球生态恶化、自然灾害和疾病增多、经济发展不平衡等原因，世界上遭受苦难的人（包括难民、灾民和绝对贫困人口）增多，对人道援助的需要有增无减。“红十字会作为传统的人道主义的社会救助组织，必然要向前发展，承担起更多的任务”[④]。因此，1993年中国红十字会又提出，“为贯彻落实党的‘十四大’精神，适应改革开放的深入和社会主义市场经济的发展，促使中国红十字会工作更快更好地上一个新台阶，在当前国际环境有利、国内条件具备的情况下，中国红十字会及其各级组织要以人道主义为宗旨，大胆仿效国际通行做法，进一步深化改革，发展壮大自己，增强综合实力，提高整体效能，更好地发挥红十字会的作用”[⑤]。在此思想的指导下，中国红十字会在《九十年代工作纲要》中再次明确提出：“我们要积极地参与国际红十字运动，注意响应国际联合会的呼吁，尽我们的力量向联合会的救济项目捐款或捐物，向遭受各种灾害的姊妹红十字会提供力所能及的援助。”[⑥] 2004

---

① 王为衡：《二十世纪新中国援助非洲政策的建构演变及成效分析》，参见《中共中央文献研究室个人课题成果集（2012）》，中央文献出版社2013年版，第876页。

② 钱信忠：《为新时期的人民卫生救护事业努力奋斗》，中国红十字会总会编：《中国红十字会历史资料选编，1950—2004》，民族出版社2005年版，第128页。

③ 钱信忠：《中国红十字会第四次全国会员代表大会工作报告》，中国红十字会总会编：《中国红十字会历史资料选编，1950—2004》，民族出版社2005年版，第150页。

④ 《李岚清副总理在中国红十字会第七次全国会员代表大会上的讲话》，中国红十字会总会编：《中国红十字会历史资料选编，1950—2004》，民族出版社2005年版，第380页。

⑤ 《中国红十字会九十年代工作纲要》，中国红十字会总会编：《中国红十字会历史资料选编，1950—2004》，民族出版社2005年版，第255页。

⑥ 《中国红十字会九十年代工作纲要》，中国红十字会总会编：《中国红十字会历史资料选编，1950—2004》，民族出版社2005年版，第254页。

年，《国务院办公厅转发中国红十字会总会关于进一步加强红十字会工作意见的通知》中明确："根据外交工作需要，对红十字会参与国际人道主义救助工作以及开展民间外交的经费给予支持"，并提出要"配合国家外交工作需要积极向遭受战乱和自然灾害的国家和地区提供国际人道主义救助。"[①] 在2009年8月中国红十字会召开的国际工作会议上，对外援助更直接表述为"配合国家总体外交，履行国际人道主义义务"[②]。而今，"对外援助已成为我国外交战略的重要抓手"，中国红十字会作为推进外交战略的组成部分，功不可没。

红十字外援包括人力、物力、财力、道义等方面，由于资料的限制，本研究主要以新中国成立以来中国红十字会对外财力、物力的援助为主要研究对象进行考察，以期深化对中国红十字外交的认识。

二、对外援助的多角度透视

60多年来，中国红十字会对外援助连绵不绝（具体见本书附表一）。透过外援，我们可以发现红十字外交的动向及旨趣，也可以更深刻领略红十字外交作为国家整体外交有机组成部分的不可分割性。

第一，从援助的动因看，主要以天灾人祸、疾病等为主，诸如风灾、地震、干旱、洪涝、艾滋病等等。其中有的是对正义斗争的支持，如1956年支持埃及收复运河的斗争，中国红十字会向埃及红新月会捐赠10万元物资，并拟派医疗队赴埃及[③]。再如前所述，对越南南方解放红十字会的援助、对巴勒斯坦红新月会的援助等。

有的是对难民的援助，如1979年7月，救济流入泰国的难民20万元人民币；1979年11月，向逃入泰国的柬埔寨难民提供3490公斤药品、12970公斤罐头、18120米布匹的援助；1980年6月，再次向逃入泰国的柬埔寨难民提供50万元物资的援助；1983年1月，为支援巴基斯坦开展阿富汗难民医疗保健事业，向其赠送3辆救护车和389箱药品及医疗设备。

有的只是人道主义援助，如1980年7月，向柬埔寨提供100万元人民币物资的人道援助。第24届国际红十字大会召开前夕，为挫败越南在苏联的支持下企图使柬埔寨韩桑林政权红十字会合法化的图谋（为越南地区霸权主义服务），1981年9月中国红十字会代表团访问柬埔寨回国后，于10月再次向

---

① 《国务院办公厅转发中国红十字会总会关于进一步加强红十字会工作意见的通知》，国办发〔2004〕85号。

② 《中国红十字会国际暨台港澳工作会议召开》，《中国红十字报》2009年8月4日。

③ 参见裴坚章：《中华人民共和国外交史，1949—1956》，世界知识出版社1994年版，第282—283页。

柬埔寨提供了5万元物资的人道主义援助。1983年6月，向冈比亚提供20万元的人道主义援助。

还有的仅仅是因为同情而捐赠。如1981年2月，因同情向科摩罗提供5500余公斤大米的援助；2000年12月，因为对伊拉克遭制裁表示同情向其提供15万元人民币物资的捐助。

进入新世纪以来，恐怖主义袭击时常造成意外灾难，对此，中国红十字会亦十分关注。如2004年，俄罗斯北奥塞梯斯兰市发生恐怖分子劫持人质事件，造成特大人员伤亡，引起世界广泛关注和一致谴责。“在这一特殊时刻，中国人民坚定地与俄罗斯人民站在一起，愿与俄罗斯人民共同分担这一巨大的悲痛和不幸”，继中国政府向北奥塞梯共和国别斯兰市提供1000万元人民币的紧急医疗设备援助后，中国红十字会接着向俄方提供10万美元的现金援助①。

这些援助，缓解了这些国家和人民所遭受的痛苦，加深了中国人民同这些国家和人民之间的友谊。如1970年索马里旱灾，中国红十字会向其提供4万元物品的援助，索马里最高革命委员会第一副主席、内政部部长科尔谢勒表示非常感谢，并说“这种援助是索马里和中国两国政府和人民之间长期友好联系的又一个表现”②。1971年索马里再次旱灾，中国红十字会向其提供100万元物资的援助，索马里最高革命委员会委员、索马里全国救济委员会主席、内政部部长侯赛因·库勒米代表索马里最高革命委员会、最高革命委员会主席、索马里政府和人民对此表示深切感谢，表示“中国帮助索马里人民，这已经不是第一次了。这一行动将铭记在索马里人民的心中”③。

第二，从援助地域范围看，20世纪50年代主要援助南亚、东南亚、中东、北非、巴尔干半岛、西欧、南欧一些国家和地区，60年代、70年代仍以阿拉伯世界、非洲以及中国周边国家为主，但已逐步扩大到南美洲、大洋洲及世界其他区域。外援范围的扩展，显现了新中国从最初成立时被局限于“半个舞台”逐步融入国际社会的轨迹。个中原因，不难想见。在50年代，东西方壁垒森严，人员物资等难以相互流通，通过红十字会向社会主义国家之外的国家或地区提供必要的人道主义援助亦很困难。随着世界局势的逐步缓和，以及越来越多的国家和人民逐步了解中国人民和新中国和平外交政策，

---

① 《中国红十字会向俄罗斯提供10万美元援助》，《经济日报》2004年9月13日。

② 池子华、郝如一主编：《中国红十字历史编年，1904—2004》，安徽人民出版社2005年版，第195页。

③ 池子华、郝如一主编：《中国红十字历史编年，1904—2004》，安徽人民出版社2005年版，第198页。

中国红十字会的外援范围也逐渐在扩大。70年代，中国恢复在联合国合法席位以后，真正迈上了国际舞台，从而使得中国红十字会的外援能逐步扩大到全球绝大多数国家和地区。尤其是进入80年代以后，中国红十字会对外援助已遍及全世界。这一方面表明，中国红十字会对外援助地域范围的逐步扩大是与中国政府在国际上地位与影响逐步扩大息息相关的，红十字外交是政府外交必要的组成部分；另一方面，也凸显了中国对现存国际体系之态度。新中国成立初期，因种种原因，中国红十字会曾提出改革现存的国际红十字组织的要求。但经过长期的实践，中国已认识到，“国际体系的改变不是一个简单的以新代旧的斗争，我国必须加入现存的国际体系，取得并保护自己的利益”①。通过红十字组织对世界各国进行援助，表明新中国对现存国际红十字组织的认可。正是由于这一观念的转变，1989年中国红十字会才有可能当选为国际联合会的副主席。

若对这些援助区域进行进一步的审视，还会发现中国红十字会对外援助主要集中于中国周边地区、阿拉伯世界和非洲大陆。这显然与中国对外基本政策——第三世界是基础、周边是重点、大国是关键——有内在的一致性。从80年代开始，世界银行统计资料显示，中国经济发展速度一直领跑世界。而自70年代以来，“西方发达国家正经历着一次30年代以来最深刻的经济危机，影响所及，全世界特别是第三世界国家的经济发展受到严重阻碍。许多国家生产停滞或下降，贸易条件恶化，国际收支出现巨额逆差，濒临外债清偿危机。这既影响第三世界国家经济发展和振兴，也加剧了国际局势的动荡和不稳”②。通过人道主义的援助，适当减轻或缓解第三世界国家的困难，显示了中国对世界和平稳定的关切。正如1983年在北京召开的南南会议中方主席、中国社会科学院顾问宦乡所说：“现在越来越多的人士都已认识到，只有发展中国家发达起来了，才会给整个世界经济和政治带来复兴和稳定；对发展中国家执行‘杀鸡取卵’‘涸泽而渔’的政策，最终将是‘搬起石头压自己的脚’。”③ 以中国红十字会对非洲援助为例。自50年代后期以来，中国红十字会向非洲各国、非洲统一组织提供了大量的无私的援助，为缓解非洲大陆人道主义危机起到了一定的作用，对推动非洲经济社会发展也做出了一定的贡献。事实证明，“中国向非洲国家提供了力所能及的援助，非洲国家也给

---

① 章百家：《从“一边倒”到“全方位”——对50年来中国外交格局演进的思考》，《中共党史研究》2000年第1期，第28页。

② 《增强第三世界经济实力推进南北谈判 改革旧的国际经济秩序建立新的秩序》，《人民日报》1983年4月5日。

③ 《北京南南会议开幕》，《人民日报》1983年4月5日。

予中国诸多有力的支持”，为中非源远流长的友好关系注入了活力。中国是第三世界国家的一员，中国的改革开放事业与世界的和平稳定休戚与共，外援以第三世界为基础，可谓意义深远。

第三，从援助物的转交看，无论是援外物资还是援外资金，绝大部分都是通过中国驻外使领馆代表中国红十字会向受援国进行转交的，而且绝大部分是转交给受援国政府，并非受援国红十字组织，足见在对外援助过程中，红十字外交与政府外交常常是互为一体的，实质是政府主导。当然，这种转交的方式对促进中国同受援国政府之间的友好关系收到了良好效果，例如1983年7月，中国红十字会向中非提供援助，中非卫生部长当即表示“中国向我国的捐赠无疑是两国之间友谊的象征”①。1984年2月，中国红十字会向冈比亚提供了援助，在交接仪式上，“（冈比亚）副总统对中国人民的馈赠和体现的友好合作精神，表示感谢”②。但是在让受援国人民真正感受和分享中国人民的友谊方面似乎有所欠缺，根据中国红十字会总会退休干部曹嵩生在日内瓦工作多年的观察与分析，以中国红十字会的名义通过中国驻外使领馆转交给受援国政府物资与资金后，由于种种原因，许多受援国往往并没有及时或完全没有交给本国红十字组织。当受援国人民看到中国红十字会援助的报道时欢呼雀跃，而当这些援助没有如期到达灾民手中的时候，这些灾民往往显得有些失望③。“中国援外花钱不少，为何非洲人更喜欢日本人?”这个问题确实值得反思。

第四，从援助的金额来看，由于资料所限，总数目前仍然不详。总的来说，中国对外援助是慷慨的、大方的，正如1956年毛泽东同埃及驻华大使哈桑·拉贾卜所说：“你们有什么需要，只要我们能力所及，一定帮助。”④ 从援助的金额单位看，50年代、60年代基本上是以“万元人民币”为单位捐助的，进入80年代后，基本上是以“万美元”为单位进行援助。从人民币到美元，表明中国对现存国际关系体系认识的改变，并主动融入其中。再从单笔援助来看，改革开放之前最大的单笔援助是60年代、70年代给越南南方解放红十字会的500万元人民币物资，改革开放后最大的单笔援助是1999年4月给南斯拉夫的1000万元人民币。

---

① 池子华、郝如一主编：《中国红十字历史编年，1904—2004》，安徽人民出版社2005年版，第231页。

② 池子华、郝如一主编：《中国红十字历史编年，1904—2004》，安徽人民出版社2005年版，第236页。

③ 2010年10月24日，曹嵩生来苏州看望参加会议的国际友人时，笔者对曹先生进行了访谈。

④ 《毛泽东外交文选》，中央文献出版社、世界知识出版社1994年版，第249页。

据分析，对外援助若超过国内生产总值一定的比例，对施援国来说则是沉重的负担，甚至会影响国内社会经济的发展。六七十年代中国对外援助大增，最高时占国家（年度）财政支出的6% ~7%，而国内经济又不是十分景气，显然有些超出了国力。但不管怎样，中国总是以一个大国的心态和担当，积极主动向一些国家提供人道主义援助。

第五，从外援的时段看，有几个时段值得注意。根据现有的统计资料，改革开放之前对外援助次数最多的年份是1956年，中国红十字会共向尼泊尔、伊朗、阿富汗、埃及、土耳其、南斯拉夫、意大利、法国、阿尔巴尼亚等13个国家提供了15次援助，这些国家集中在西亚及地中海一带，主要以阿拉伯世界和南欧为主。显然，这与世界总体局势呈现缓和以及美苏在中东地区的争夺有关。

1954年，中国正式提出把和平共处五项原则作为对外关系的基本准则。五项原则“超越了冷战时代尖锐的意识形态对立，是新中国突破美国遏制和孤立政策的锐利武器”①，为中国独立自主发展对外友好关系奠定了基础。1954年日内瓦会议、1955年亚非会议成功举行，世界局势趋向缓和。1956年，美国实行艾森豪威尔政策，中东地区便成为美国与苏联争夺势力范围的主战场。而经济上的独立对于这些国家巩固政治上的独立具有重要的意义，在这种局势下，中国政府明确，“在自己进行经济建设的同时，也愿意在可能的范围内贡献我们的微薄力量，帮助其他国家的经济发展”②。通过中国红十字会对阿拉伯世界和南部欧洲的援助就是其中的一个方面，为中国逐步与这些国家和地区拓展友好关系创造了条件。

新中国成立之初，中国红十字会曾多次通过国际红十字组织呼吁对西亚、北非等遭受灾难的地区提供人道主义援助，但由于朝鲜战争的爆发，中国红十字会没有及时跟进。1953年朝鲜战争停战后，中国随即开展了大规模的现代化建设，经过两年多的发展，中国各项事业都呈现出勃勃生机。尽管当时中国国内也遭受到自然灾害③，但在社会主义与资本主义“和平竞赛”的国际氛围之中，通过中国红十字会向这些国家提供援助，无疑凸显了社会主义的优越性，表明了一个欣欣向荣的社会主义国家是有能力支援和帮助这些遭

① 章百家：《探索建立新型外交关系的历程》，《北京社会科学》2009年第5期，第14页。

② 1956年6月周恩来在一届人大三次会议上的讲话，参见石林：《当代中国的对外经济合作》，中国社会科学出版社1989年版，第37页。

③ 如1956年中国遭受自然灾害的受灾面积约2.3亿亩，受灾人口约7000万。这是几十年来我国受灾最严重的一次。参见金冲及主编：《周恩来传（1949—1976）》，中央文献出版社1998年版，第390页。

受灾难国家的，一个不断发展的社会主义中国是世界和平的有力维护者与推动者。

除了1956年之外，70年代初1970、1971、1972这三年，中国红十字会对外援助动辄几十万元，甚至是百万元，也值得关注。例如1970年，尼泊尔水灾，中国红十字会于8月援助了30万元物资；越南南方风灾水灾，11月给予500万元物资的援助；罗马尼亚水灾，5月给予50万元援助；秘鲁地震，6月给予150万元的援助；匈牙利水灾，6月给予50万元的援助。1971年，马来西亚水灾，1月给予50万元物资的援助；肯尼亚旱灾，3月给予20万元现款另加80万元物资的援助；智利暴风雨雪，6月给予500万元的援助；阿富汗旱灾水灾，8月给予500万元物资的援助。1972年，秘鲁水灾，3月给予60万元的援助；伊朗地震，4月给予30万元现款另加20万元物资的援助；菲律宾台风暴雨，7月给予100万元物资援助……这些受援国都是第三世界国家。与此前此后相比，这些援助确实是慷慨大方的。查看中国这几年的财政收入，并未见有突飞猛进的增长。而与此相对照的是，1972年日本水灾，中国红十字会仅于8月去电表示慰问。另外，自1970年开始，中美关系已显现出缓和的迹象，1971年基辛格秘密访华，同年中国恢复在联合国安理会常任理事国席位；1972年尼克松总统访华，中国作为一个大国的地位也就被世界确认了。中美关系的缓和与发展必将对世界格局产生重大影响。显然，通过中国红十字会对第三世界国家进行大规模的援助，表明中国在逐步改善与西方国家关系的同时，与第三世界国家一直是休戚与共的。毛泽东曾说，中国是被第三世界国家抬进联合国的，这些援助无疑是最好的明证。

值得注意的是，1996—2000年，中国红十字会每年向外提供的援助不少于30次，遍及五大洲四大洋。众所周知，1996年东南亚金融危机爆发后迅速向世界各地蔓延，严重影响到各国经济的发展。而此时，尽管1998年中国长江流域水患严重，但中国经济强劲增长的势头依然成为世界经济增长的引擎。中国政府在加大同东南亚各国合作的同时，宣布人民币不贬值，尽力帮助东南亚诸国渡过危机，帮助恢复受损的世界经济。

进入新世纪后，中国对外最大规模援助当数对东南亚海啸受灾诸国的援助（见后文）。而在这期间，2005年对美国的援助特别引人瞩目。当年9月，美国突发“卡特里娜”飓风，损失惨重，“这一次，世界上经济最发达的国家成为了令全世界深深同情的受援国”①。灾情发生后，中国红十字会迅速向美国捐赠10万美元并配合中国政府援助美国赈灾，这是新中国成立以来首次官

① 《中国首次大规模援助美国》，央视国际，2005年9月13日。

民并举共同大规模援助美国。2005 年 9 月 8 日《人民日报》评论道："地球变小了，同时对国际间的合作需求更大了……维护共同安全需要合作，实现共同发展需要合作，推进不同文明和谐共存需要合作，应对'卡特里娜'飓风之类灾难还是需要合作。"可见，通过中国红十字会扩大对世界各国的援助，更显示了中国对维护和促进世界和平稳定的关切；一个发展中的中国、一个强大的中国是维护和促进世界和平稳定的关键力量。

第六，从中国红十字会对红十字国际委员会的资助中，可以清晰显示中国红十字会与之关系的变化。根据资料，中国红十字会自 1955 年始，连续 4 年（1955—1958）每年向国际委员会捐赠 1 万瑞士法郎。由于在朝鲜战争期间红十字国际委员会的一些不公正言行，中国红十字会曾一度宣称它是美国用以反对社会主义中国的工具而与之疏远，甚至提出改组动议①。中国红十字会李德全会长几次日内瓦之行，没有专程拜访国际委员会。朝鲜战争停战后，尤其是 1954 年日内瓦会议后，世界局势逐步缓和。在此背景下，中国红十字会向国际委员会进行资助，表明中国红十字会对国际委员会认识的转变，由当初的冷淡到接受并参与。然而，1957 年美国利用第 19 届国际大会企图分裂中国，红十字国际委员会常设委员会中的有些委员自觉充当了美国的帮手，有鉴于此，中国红十字会一度中止与国际委员会的合作，捐助自然暂停。1979 年中国改革开放之后，中国红十字会与国际委员会建立了比较友好的关系，中国红十字会向国际委员会的捐助渐次恢复。

总之，60 多年来中国红十字会对外提供了慷慨的人道主义援助，得到了国际社会的广泛赞誉，提高了中国的国际地位，使中国"成为对世界局势发展的一个主要发言人"②，也彰显了中国负责任大国的形象。中国红十字会对外援助，符合日内瓦公约精神，与中国的政府外交具有内在的一致性，都是为了维护和促进世界和平与发展大业；但同时，中国红十字会的对外援助，也反映出中国红十字会同现存国际体系之间关系的变化。

---

① 参见《李德全在国际红十字大会上发言　反对赋予红十字国际委员会不合理权利》，《人民日报》1952 年 8 月 7 日；《中苏等国代表在国际红十字大会发表声明　宣布不受关于红十字国际委员会享有特权的条款的约束》，《人民日报》1952 年 8 月 8 日。

② Harry Harding, *China's Changing Roles in the Contemporary World*, in Harry Harding, ed., China's Foreign Relations in the 1980s, New Haven and London: Yale University Press, 1984, p207。转引自王勇：《西方关于毛泽东国际战略思想与中国对外政策研究述评》，国际战略研究基金会编：《环球同此凉热——一代领袖们的国际战略思想》，中央文献出版社 1993 年版，第 299 页。

第二节　和平与友谊的见证

对于中国红十字会的援外外交，通过援助非洲、印度洋海啸救援等个案研究，可以得到更深刻的理解。

一、拓展加深与非洲的友谊——以援助非洲为例

20 世纪 50 年代以来，“第三世界在战后国际舞台上的崛起是我们时代的头等大事”，“今后，随着我国经济建设的发展，我们将不断扩大同第三世界国家和人民的友好合作”①。进入 80 年代后，在推进建立国际政治经济新秩序的过程中，非洲诸国发挥了不可小视的作用，是中国重要的国际朋友。根据中国红十字会第四次全国会员代表大会提出的要求，中国红十字会要为密切同非洲诸国之间的友谊做出新的贡献。

80 年代初，非洲大陆遭受严重旱灾，灾民遍地，加剧了非洲的动荡，严重影响到非洲的和平与稳定。1984 年，第 39 届联合国大会通过《关于非洲紧急情况宣言》，要求国际社会增加对非洲粮食和其他紧急用品的援助。为帮助非洲人民渡过灾难，1985 年中国红十字会根据国务院批示精神，在国内一些大中城市进行了一次“为了非洲旱灾灾民”的募捐活动。此次募捐活动得到社会各界的支持，共募集到 1000 多万元捐款。这 1000 多万元捐款承载了“中国人民对非洲人民的友谊”②，体现了中国人民“爱国主义和国际主义精神”③，表达了中国红十字会“为维护亚太地区和世界和平做出自己贡献”④的愿望，在社会各界引起了强烈反响，也赢得了国际红十字组织的赞赏。1985 年 6 月 15 日，全国政协副主席、中国红十字会名誉会长赵朴初会见了国际红十字常设委员会主席阿布古拉和红十字会与红新月会协会主席德拉玛塔，

---

① 《十二大以来重要文献选编》上，人民出版社 1986 年版，第 44 页。

② 钱信忠：《中国红十字会第四次全国会员代表大会工作报告》，中国红十字会总会编：《中国红十字会历史资料选编，1950—2004》，民族出版社 2005 年版，第 150 页。

③ 《中国红十字会为非洲旱灾灾民募捐总结报告》，中国红十字会总会编：《中国红十字会历史资料选编，1950—2004》，民族出版社 2005 年版，第 160 页。

④ 池子华、郝如一主编：《中国红十字历史编年，1904—2004》，安徽人民出版社 2005 年版，第 243 页。

两位客人表示，“国际红十字将进一步加强和密切与中国红十字会的合作”①。1986 年 9 月，德拉玛塔还再次感谢中国政府对非洲灾民的援助，表示“中国在这方面的行动值得其他国家效仿”。

这是改革开放后中国红十字会自民间募集捐款援助非洲灾民，体现了中国人民对于非洲人民的友谊，也标志着中国红十字会对外援助开始了新变化，改变了单纯由政府拨款对外援助的局面。此后，1986 年 6 月 19 日，中国红十字会为纪念“非洲难民日”，决定通过非洲统一组织向非洲难民捐赠价值 50 万元人民币的救济物资。1986 年 7 月 28 日，中国红十字会总会联合其他 7 个团体在首都体育馆举办“支援非洲灾民义演”，这次义演是“为了表示中国人民同非洲人民的团结”，因为“在中国最困难的时刻，以及在中国争取恢复联合国席位、反帝反殖和建设民族经济的斗争中，非洲人民都给予了我们真诚的支持”，而“同第三世界的团结是我国外交政策的基石”，“中国永远是第三世界国家中的一员”②。中国红十字会通过这些方式援助非洲灾民，在国内对人民是“一次现实的国际主义教育”③，对外也树立了中国的新形象，促进了中非人民的友谊。正如中国外交学会会长陈昊苏所言，非洲国家“是中国外交赖以支持和取得成就的稳固基础之一”，因而“中国怀着极大的热情与非洲国家建立并发展友好合作关系”④。

红十字运动的目标之一是维护人的尊严。种族歧视是一种残酷虐待人、摧残人的制度，在 1981 年召开的第 24 届国际红十字大会上，对“红十字会反对虐待的行动”⑤ 进行了广泛的讨论，引起了各国的关注。80 年代，仍在顽固坚持这一种族歧视政策的主要是南非，这与世界发展潮流不符。二战以后，非洲人民通过斗争纷纷赢得了国家的独立、种族的平等，只有南非的黑人仍在白人的统治之下。南非黑人为争取国内各民族之间的平等权进行了长期的斗争，这些斗争得到非洲各国人民的热情支持，也赢得了世界上许多爱好和平国家人民的同情。由于南非白人政权所奉行的种族隔离政策根本违背了国际红十字运动的宗旨和人道主义的基本原则，在 1986 年 10 月召开的第 25 届国际红十字大会

---

① 池子华、郝如一主编：《中国红十字历史编年，1904—2004》，安徽人民出版社 2005 年版，第 243 页。

② 池子华、郝如一主编：《中国红十字历史编年，1904—2004》，安徽人民出版社 2005 年版，第 249 页。

③ 钱信忠：《中国红十字会第四次全国会员代表大会工作报告》，中国红十字会总会编：《中国红十字会历史资料选编，1950—2004》，民族出版社 2005 年版，第 150 页。

④ 陆苗耕、黄舍骄、林怡主编：《同心若金——中非友好关系的辉煌历程》，世界知识出版社 2006 年版，陈昊苏“序”。

⑤ 《第二十四届国际红十字大会闭幕》，《人民日报》1981 年 11 月 16 日。

上，非洲国家要求大会终止南非政府代表团参加大会的资格。为支持南非黑人为争取种族平等的斗争，钱嘉东大使代表中国政府和中国红十字会代表团坚决支持此项提议，指出："比勒陀利亚政权对南非黑人犯下的罪行是对人类尊严和国际正义的挑战，它的所作所为与红十字原则和人道主义精神完全背道而驰，并激起了国际社会的极大义愤。假如大会对此熟视无睹，那就有损于红十字运动的声誉。"中国代表的发言赢得了大多数代表的赞同，在中国等国的支持下，该项提议获得通过，南非代表被逐出大会[①]。此举支持了非洲人民尤其是南非黑人为争取种族平等与自由的斗争，更彰显了中国红十字会维护红十字运动基本原则与促进人道主义精神的形象与力量。

冷战结束以来，现代科学技术和经济全球化的发展，并没有使世界各国都普遍受益，世界发展中的不平衡现象更趋严重。这表现在南北差距的进一步扩大，尤其是广大非洲国家日益贫困化。贫困，既是经济问题，也是政治问题，更何况越来越多的人民日益陷入贫困之中。正如江泽民主席 2000 年 9 月 6 日在联合国千年首脑大会所说："维护世界和平，是促进共同发展的必要前提；促进共同发展，又是维护世界和平的重要保证。支持和促进广大发展中国家的发展，努力减少和消除贫困，已成为一个紧迫的全球性问题。"[②] 正是在此背景下，中国红十字会响应党和国家的号召，积极拓展与加深同非洲各国人民的联系与友谊，为国家的大外交服务，主要通过"举办国际研修班，帮助非洲国家红十字会加强能力建设"[③]，并提供援助，努力改善和提高非洲各国人民的生存状况[④]，促其共同发展，共享世界文明发展的成果。特别是 2005 年，为配合新中国与非洲国家开启外交关系 50 周年而举行的中非合作论坛，中国红十字会并先后与纳米比亚和埃及红十字会签署合作协议[⑤]；2006 年又向纳米比亚、肯尼亚等非洲国家红十字会提供发展项目资助；另外，通过红十字"爱心企业联盟"，支持 8 个非洲国家红十字会开展基层红十字会工作。不仅如此，受商务部委托，中国红十字会还首次承办两期以发展中国家政府和红十字会高层官员为对象的"'加强国家能力建设'和'社区卫生'

---

① 王小华：《为人道而团结——记第 25 届国际红十字大会》，《中国红十字报》1987 年 1 月 5 日。

② 《江泽民主席在联合国千年首脑会议上发表重要讲话》，新华网，2000 年 12 月 3 日。

③ 江亦曼：《彰显人道　促进和谐　实现中国特色红十字事业新跨越——中国红十字会第九次全国会员代表大会工作报告》，《中国红十字会第九次全国会员代表大会文件汇编》，2009 年内部印行，第 14 页。

④ 根据 2000 年联合国千年大会前夕，即 1999 年盖洛普国际主持的对 60 个国家的 5.7 万名成人进行的一次千年调查，世界各地的人民都认为身体健康和家庭幸福比任何其他东西更宝贵。见联合国秘书长在 2000 年 9 月联合国千年首脑会议上的报告：《我们民众：秘书长千年报告》。

⑤ 中国红十字会总会编：《中国红十字会年报》（2006 年），内部印行，第 23 页。

国际研讨班”①。这些举措，对巩固和发展中非友谊与合作大有裨益。近几年来，中国红十字会多次举办中非合作部长级研讨班，围绕发展和人道的主题，探讨和非洲诸国建立更好的对话机制，探索更有效的合作模式。

饥饿、贫困必然影响健康。中国红十字会本着人道主义精神，不断加强和非洲诸国的医疗合作与援助，努力改善非洲地区卫生状况，提高非洲人民的健康水平，赢得了非洲人民的友谊。以2014年援助加纳为例，当年6月以来，霍乱疫情在加纳全国蔓延，短短3个月就已有超过1万人感染，近百人死亡。医疗卫生领域一直是中加合作的重点领域，中方不仅持续多年提供抗疟疾药物，还援建了两所医院、派遣医疗队援助加纳。9月22日，中国红十字会向加纳红十字会提供5万美元援助，以帮助该国抗击疫情。在25日举行的交接仪式上，中国驻加纳大使孙保红又宣布，中国将向加纳提供价值500万元人民币的物资援助，帮助该国预防正在西非蔓延的埃博拉疫情。加纳外交部副部长夸泰称赞，“这是中加两国同甘共苦的又一个有力证明”②。

总之，审视中国红十字会对非洲的援助，方式和手段是多样的，这些援助缓解了非洲诸国因灾难而带来的困苦，推动了非洲各国人民争取和平幸福生活的进程，从而逐步加深了中非人民之间的友谊，对维护和促进世界和平与发展具有重要的意义。诚如美国情报评估机构所认为的：“中共视非洲为一块充满机会的大陆，在他们争取赢得国际承认和获得国际影响力的努力中，他们在这里既能获得长期的收益，也能获得短期的收益。”③

二、展示大国形象——以援助印度洋大海啸为例

2004年12月26日，印度尼西亚苏门答腊岛附近海域发生里氏8.7级强烈地震，引发海啸，大海啸瞬间席卷了包括斯里兰卡、印度、泰国、印度尼西亚、马尔代夫、缅甸和马来西亚等在内的东南亚、南亚和非洲的许多国家，造成近30万人死亡，数百万人失去家园，这在人类灾难史上极为罕见，地震的震动如此强烈以至于地球的自转都受到了影响。西方媒体将许多遭受海啸袭击的灾区形容为“海边停尸房”④。联合国秘书长安南亦称之为：“史无前例的、全球性的灾难。”⑤ 面对这一空前的国际灾难，中国红十字会紧急行动，开展了大规模的救援行动。

---

① 中国红十字会总会编：《中国红十字会年报》（2007年），内部印行，第30页。

② 《中国红十字会援助加纳抗击霍乱疫情》，新华网，2014年9月23日。

③ 转引自沈志华、杨奎松主编：《美国对华情报解密档案（1948—1976）》第6册，东方出版中心2009年版，第402页。

④ 《印度洋，全球的痛》，《北京晚报》2005年1月3日。

⑤ 转引自《美终于将救灾款增至3.5亿》，《扬子晚报》2005年1月1日。

海啸发生后，中国红十字会依据《中华人民共和国红十字会法》赋予的“参加国际人道主义救援工作”，“为开展救助工作，可以进行募捐”等职责与权利，发起大规模募捐行动，以救助印度洋大海啸受灾各国。全国由此开展了一场爱心接力，上至国家领导人，下至普通公民，无论是花甲老人，还是在校学生，纷纷伸出援手。刚上小学的学生都捐了款，还得到联合国秘书长的称赞。2004 年 12 月 31 日，中国国家领导人先后通过中国红十字会向地震和海啸受灾国捐款，以“表示对有关国家救援行动和重建工作的真诚支持”①。在救助印度洋海啸期间，中国红十字会共筹集款物 4.43 亿元人民币（约合 5000 万美元）。

2005 年 1 月 25 日，中国红十字会宣布，将在国际红十字组织和受灾国以及中国驻受灾国使馆的帮助下继续参与受灾国的整体重建工作，承担一些重建项目，如学校、医院、村庄、孤儿院等，“这些项目将使中国人民的爱心和奉献精神在受灾国留下永久的标记，见证中国人民与受灾国人民的友谊和相互关爱”②。2005 年 3 月，在国际联合会于香港举行的印度洋海啸救助工作论坛期间，中国红十字会代表团还进行了广泛的双边和多边活动，分别和海啸受灾国红十字会领导人举行会谈，争取尽快落实中国红十字会对这些受灾国家的救助项目③。随后，中国红十字会同这些受灾国签约，帮助其援建安置房、医院、学校等项目。2005 年 4 月 25 日，中国国家主席胡锦涛和印度尼西亚总统苏西洛在雅加达共同出席了中国红十字会为印尼海啸灾民修建友谊村签字仪式④。至 2007 年年底，中国红十字会援建的友谊村 9 个、永久性安置房 1487 套以及医院、学校等项目全部完成，并已交付灾民居住和使用。中国红十字会“援助项目的完成时效、工程质量与其他援建国家和组织相比均名列前茅，受到受援国政府、红十字会和受益人的好评和赞扬。是迄今为止我会开展的规模最大、效果最好的国际救援行动，积累了有益的国际经验”⑤。这与国际社会对这些受灾国的援助形成鲜

---

① 《国家领导人捐款赈灾》，《文汇报》2005 年 1 月 1 日。

② 《中国红十字会参与海啸受灾国重建的计划初步确定》，中国新闻社，2005 年 1 月 25 日。

③ 《红十字与红新月在香港举办印度洋海啸救助论坛》，《中国红十字报》2005 年 3 月 11 日。

④ 《中国红十字会 340 万美元为印尼海啸灾民修建友谊村，胡锦涛主席与苏西洛总统出席签字仪式》，《中国红十字报》2005 年 5 月 6 日。

⑤ 中国红十字会总会编：《中国红十字会领导讲话选编（2004—2009 年）》，2009 年内部印行，第 366 页。

明的对比[①]。亦如中国红十字会副会长苏菊香所言，“这次我们行动快，救助资金又比较到位，所以国际红十字会和受灾国红十字会都感到非常高兴，他们发来传真表示感谢，对我们这么快的行动，表示非常赞赏”，“中国红十字会的积极行动，本身就表明我们是一个负责任的大国”[②]。法新社对此评论道：“这表明，第一人口大国正在世界舞台扮演越来越重要的角色。”美国《洛杉矶时报》则称赞“中国之星正在升起”[③]。

对受灾诸国的援建工作带动了中国与这些国家的联系与交往的加深。2006年恰逢中国与泰国建交30周年，作为两国友好活动的一部分，2月6日，中泰两国红十字会首次举行研讨会，以“为更美好的明天建立希望：红十字会与人道主义使命”为主题，就备灾救灾、卫生救护、青少年和志愿服务、社区服务、红十字会的筹资等专题相互交换意见和分享经验。泰国红十字会副会长诗琳通公主当晚还向彭珮云会长授予功勋奖章，表彰其为红十字事业所做的卓越贡献。2月7日，两国红十字会签署《中国红十字会和泰国红十字会联合声明》，确立未来双方在人道事业进行交流与合作的框架，为双方交流经验、知识和技术、增进了解提供了平台，有助于促进双方源远流长的友好关系，以造福两国人民，增进两国人民的友好交往，这“标志着双方交流与合作新的开端”[④]。2月8日，中国红十字会会长彭珮云还应邀出席由中国红十字会与泰国红十字会合作共建的“中泰红十字友谊村”的落成仪式，“中泰红十字友谊村”是中泰两国人民、两国红十字会友谊的结晶[⑤]。

2月11日，中国红十字会代表团在会长彭珮云的带领下，应柬埔寨红十字会会长文拉妮·洪森之邀到达金边访问。彭珮云和文拉妮会晤后签署《中柬红十字会合作协议》。根据协议，双方将加强在信息交换、人员交流、抗灾救灾以及协助寻找战乱失散家属等方面的友好合作。访问期间，彭珮云还分别拜会柬埔寨国王西哈莫尼和首相洪森[⑥]。这些外交活动，促进了中泰、中柬两国人民之间的友好关系，有益于和谐亚洲的构建。

---

① 根据红十字会与红新月会国际联合会2005年的统计数字，虽然“全球有超过一百个国际组织向该会认捐善款，实质到位的善款不足一成五。当中最大的十个组织，承诺捐款仅达目标的百分之七点四，可见大部分认捐的善款至今仍是‘纸上谈兵’，实际支付的赈灾款项比所认捐的少得多”。参见《全球助印度洋海啸捐款多纸上谈兵　澳红会善款八成到位》，《澳门日报》2006年12月11日。

② 王立侠：《中国红十字会副会长苏菊香：救灾中的中国红十字会》，《21世纪经济报道》2005年1月13日。

③ 王学信：《“天下一家”——印度洋大劫难激起全球华人爱心潮》，《海内与海外》2005年第2期，第14页。

④ 《中泰红十字研讨会闭幕　确立人道事业合作的框架》，中国新闻社，2006年2月8日。

⑤ 《“中泰红十字友谊村”在泰国南部海啸灾区落成》，中国新闻社，2006年2月9日。

⑥ 《中柬红十字会签署协议加强人员交流及人道援助合作》，中国新闻社，2006年2月13日。

2014年11月14日至18日，中国红十字会副会长兼秘书长王汝鹏率团访问斯里兰卡红十字会，应邀出席国际联合会在科伦坡举行的印度洋海啸10周年纪念活动暨T10峰会。代表团实地考察了位于斯里兰卡南部高尔和北部贾夫纳的灾后重建项目。在中国援建的“中斯红十字村”（共102套，至今仍是当地最好的建筑），村子里插满了中国国旗和中国红十字会会旗，男女村民载歌载舞，用最传统的方式欢迎中国红十字会代表团，真诚表达当地民众对中国人民的感激之情。访问期间，斯里兰卡红十字会会长阿贝辛哈、秘书长迪萨会见了王汝鹏一行并进行了工作会谈，双方就进一步加强两国红会在灾后重建工作中的合作以及推动地方分会间的友好交往达成了共识①。印度洋海啸发生后，中国红十字会累计向斯里兰卡红十字会提供了6400多万元人民币的人道援助，整体援建了1个“中斯红十字村”，参与援建了3个“中斯友谊村”。中国红十字会对斯里兰卡的援助，无疑进一步加强了中斯两国、两国红十字会及两国人民之间的传统友好关系。

在此次印度洋大海啸的救助过程中，中国红十字会按照党和国家关于“统一指挥、归口管理、协调行动、整体推进”的原则展开工作，这对“我国改善与加强和东南亚某些国家的联系，对进一步优化我国周边安全环境，深化与东盟各国的睦邻友好关系；对保护东南亚国家华侨华裔的利益，都将产生积极而又深远的影响”②。总之，中国红十字会在印度洋海啸救援中“经受住了严峻的挑战和考验，向党和人民交了一份满意的答卷”③。

三、驰援海地、智利地震

2010年，当地时间1月12日16时53分（北京时间13日5时53分），加勒比岛国海地发生里氏7.3级强烈地震。据海地官方估计，有20万人在这次地震中遇难，首都太子港四分之三的地区需要重建④；实际死亡约30万人，有100万人无家可归，整个国家几近陷于瘫痪，“这是200多年来海地发生的最严重的一次地震灾害”⑤。自1804年独立以来，由于政治动荡等原因，海地成为世界上最贫穷的国家之一，75%的人生活在赤贫状态下，全国只有20%的居民能用上自来水，文盲率高达80%。自然灾害频繁，治安极差，社会暴

① 《王汝鹏率团访问斯里兰卡红十字会》，《中国红十字报》2014年11月21日。

② 郝如一：《国际救援中应有的眼光和胸襟》，《中国红十字报》2005年3月18日。

③ 《中国红十字会总会召开印度洋海啸救援工作总结暨表彰大会》，《中国红十字报》2005年2月18日。

④ 《海地的不幸是人类的缩影》，《中国红十字报》2010年1月27日。

⑤ 《驰援海地：全球救灾总动员》，《中国红十字报》2010年1月19日。

力事件层出不穷。美国佛罗里达大学理查德·奥尔森教授说："如果列举西半球最多灾多难的国家，那一定是海地。"① 海地已成为"最穷和最危险的代名词"②。此次大地震，不仅给海地带来巨大的人道灾难，而且也带来巨大的次生灾害，进一步加重了海地的灾情。

强震，吹响了国际救援的集结号。地震发生后，国际货币基金组织、世界银行、世界粮食计划署、欧盟委员会、中国、美国等有关国际组织和国家立即宣布向海地提供紧急人道主义援助。作为最大的人道主义组织，国际红十字组织更是积极行动。国际委员会及时提供了紧急医疗用品等物资，并派出专家赶赴海地，为遗体挖掘和身份辨认等相关工作提供支持，还开辟了专门网页，为海地国内外与亲人失散者提供帮助。国际联合会在震后第一时间启动紧急援助资金，对海地灾民实施最大程度的救助。14 日，国际联合会为海地发出 1000 万美元的紧急募捐呼吁。16 日，国际联合会宣布，将国际呼吁款额提高至 1.03 亿美元。各国红十字会也纷纷行动，积极驰援海地地震。

中国与海地虽无邦交，但海地巨大的人道灾难牵动了中国人的心，中国政府和中国人民立即行动，汇入驰援海地的洪流。

1 月 15 日，中国政府宣布向海地紧急提供价值 3000 万元人民币的人道主义救灾援助。16 日中午，首批约 90 吨救灾物资启运，包括 20 余万份药品、1000 顶帐篷、240 套便携式应急灯、2 套水净化设备、1250 公斤食品和饮用水、4080 件单衣等当地急需物品。17 日，饱含中国人民深情厚谊的第二批救援物资也抵达海地太子港。

作为政府在人道领域的助手，中国红十字会更是积极行动，捐款捐物，派遣救援队紧急援助海地，并积极参与海地灾后重建工作，以实际行动赢得了海地政府及人民的友谊。

获悉海地大地震后，1 月 14 日，中国红十字会总会在其官方网站公布了银行、邮局、短信、网上捐款等方式。随即，中国各级红十字会也全面展开接收社会各界救助海地地震灾区捐款的工作。山西红十字会接收到的第一笔捐款 11.5 万元；江苏徐州 76 岁李奶奶为海地地震灾区捐出 100 元钱爱心款；安徽省淮南市著名的爱心老人谢傻子把乞讨半个月的收入 100 元和一床新棉被捐给海地灾区，还用自学的不标准的英语写了一封慰问信；2008 年遭受汶川地震的四川各地捐款更为踊跃。社会各界爱心汇聚，正如山西的一位捐款人所说："我看到他们，就想到前年我们国家汶川遭受的灾难，希望有更多的

① 《为何灾情如此惨重》，《中国红十字报》2010 年 1 月 19 日。

② 《海地：最穷和最危险的代名词》，《中国红十字报》2010 年 1 月 19 日。

好心人为他们捐款。”[1] 截至1月29日16时，中国红十字会总会已收到各界为救助海地地震灾区捐款1583.1万元[2]。“笔笔捐款承载浓浓深情”[3]，海地驻中国贸易发展办事处代表多尔沃尔纳致电中国红十字会总会，对总会在官方网站上公布信息、接收为海地地震灾民捐款深表感谢[4]。

港澳红十字会也在积极行动。1月15日，香港红十字会宣布拨款20万港元，支援海地地震灾区。同时，还呼吁港人慷慨解囊，支持海地地震的救灾工作[5]。澳门红十字会也迅即拨出20万澳门元汇往国际联合会，用作紧急救灾款项。截至1月19日，澳门红十字会已筹得支持海地赈灾善款约95万澳门元[6]。

此外，为响应国际联合会为海地地震发出的紧急募捐呼吁，1月21日，中国红十字会向国际联合会捐款50万美元，用于海地地震灾区的救援及灾后建设工作；中国红十字会先后分两批共向联合会捐款120万美元用以海地援建[7]。

除捐款之外，中国红十字会还第一时间派出救援队赴海地救援。1月13日，中国国际救援队一行60余人出发前往海地抢险救灾。在海地总理府，中国救援队第一个开设流动医疗点。满目疮痍的太子港街头，中国医生手臂上的“红十字”标志成为海地人民生活的希望[8]。

灾难发生后，国际社会迅速行动，为海地提供了各种形式的人道主义援助。但由于海地政局动荡，治安恶化，自然灾害不断，使得重建工作进展缓慢。为此，国际联合会于2011年2月中旬在太子港召开海地重建战略协调委员会会议，来自国际联合会、国际委员会、海地红十字会及美国、加拿大、西班牙、英国、日本等24个捐款国红会的70多名代表参加了会议。会议回顾了联合会及各国红十字会、红新月会一年多来参与海地地震救援和重建工作的情况，审议并原则通过了指导性文件《联合会系统海地战略框架》，并就重建工作各个领域的努力方向进行了深入探讨，以期对联合会系统在海地灾后重建工作中的资源和规划等进行全面整合与协调。中国红十字会高度重视此次海地重建协调会议，派出两名代表前往参加。会议期间，中国红十字会代表分别与国际联合会驻海地代表团和海地红十字会就加快落实中国红十字

① 《“第一笔”捐款温暖海地人民》，《中国红十字报》2010年1月19日。

② 《1580余万元善款助海地》，《中国红十字报》2010年2月5日。

③ 《笔笔捐款承载浓浓深情》，《中国红十字报》2010年2月22日。

④ 《总会收到各界援助海地捐款逾1100万元》，《中国红十字报》2010年1月29日。

⑤ 《香港红会20万港元支援海地》，《中国红十字报》2010年1月22日。

⑥ 《澳门红会积极筹款支援海地赈灾》，《中国红十字报》2010年1月22日。

⑦ 《中国红十字会响应国际联合会紧急呼吁捐款50万美元援助海地》，《中国红十字报》2010年1月27日。

⑧ 《中国红十字会积极参与海地灾后重建》，《中国红十字报》2011年2月22日。

会援助海地重建项目事宜进行交流，并探讨具体实施计划。这是中国红十字会继印度洋海啸后又一次积极参与国际红十字运动的重大救援活动[①]。

海地地震发生不久，2010 年 2 月 27 日，智利发生里氏 8.8 级强烈地震，余震还引发海啸，造成大量的人员伤亡和财产损失。据智利政府估计，此次地震造成的经济损失将在 150 亿美元至 300 亿美元之间。

智利地震发生后，国际社会表示出极大关注。联合国秘书长潘基文十分关注灾后事态的发展，包括环太平洋地区可能面临的海啸危险。一些国家领导人分别以各自方式向智利表达慰问。

中国国家主席胡锦涛向智利总统巴切莱特、政府和人民表示诚挚慰问，并提出愿向智利提供紧急救灾援助[②]。中国政府立即部署向智利救灾事宜，并要求中国红十字会配合做好救援工作。2 月 28 日，中国红十字会总会召开紧急会议，传达、落实国务院应急办关于智利地震的会议精神，研究、部署对智利地震灾区的人道援助工作。会议决定：以中国红十字会会长华建敏的名义向智利红十字会发出慰问电；紧急提供 10 万美元人道主义援助；要求各救灾备灾中心做好救灾物资准备工作。同时，中国红十字会向社会公布总会及中国红十字基金会的募捐账号，接受社会捐款。中国国际救援队也密切关注智利震情发展[③]。

2 月 28 日，中国红十字会会长华建敏向智利红十字会会长洛伦萨发出慰问电。慰问电[④]全文如下：

尊敬的洛伦萨会长：

惊闻贵国中南部发生 8.8 级地震，使当地人民生命财产遭受巨大损失。

我谨代表中国红十字会向受灾群众表示诚挚的慰问，对不幸遇难者表示深切哀悼。

我们相信，在智利政府、红十字会和全国人民的共同努力下，灾区人民能够早日克服困难，恢复正常生活。

中国红十字会将根据灾区需求，愿意为贵会开展的救助工作提供及时的人道援助。

致以良好的祝愿。

中国红十字会会长　华建敏

二〇一〇年二月二十八日

---

① 《中国红十字会积极参与海地灾后重建》，《中国红十字报》2011 年 2 月 22 日。

② 《国际社会施援智利》，《中国红十字报》2010 年 3 月 3 日。

③ 《总会就智利地震召开紧急会议》，《中国红十字报》2010 年 3 月 3 日。

④ 《华建敏向智利红十字会发出慰问电》，《中国红十字报》2010 年 3 月 3 日。

3 月 1 日，中国红十字会总会收到中国红十字会常务理事、江苏黄浦再生资源利用有限公司董事长陈光标送来的 100 万元捐款，这是中国红十字会总会收到的第一笔社会捐款，充分体现了中国企业家的国际主义人道情怀[①]。

尽管智利这次地震震级高于海地，但是，由于地震造成的破坏程度轻于海地，且智利是一个相对发达的国家，智利这次遇到的灾难相对没有海地那么严重。

总之，中国红十字会积极发挥了政府在人道领域助手的作用，通过捐款、派出救援队并参与海地灾后重建等，有力地促进了中国和海地以及中国人民和海地人民之间的情谊，为两国友好关系的发展“发挥了不可替代的作用”[②]。同时，也为进一步密切中国和智利之间的友好关系做出了贡献。

近几年来，中国红十字会还参加了菲律宾风灾、尼泊尔地震的救援，积极推进“一带一路”建设，有力地展示中国富强、民主、文明、负责任的大国形象。然而，随着中国综合国力的进一步增强，国际上一些别有用心的人却鼓吹“中国威胁论”。东南亚诸国多为小国，加上历来华人华侨因素，因而有些国家对中国心怀戒心，这从“美国应被纳入东亚共同体以制衡中国”[③] 等论调中可见一斑。2005 年，美国副国务卿佐利克关于中国应当成为国际社会中“利益攸关方”的演讲，加剧了国际社会对所谓“中国威胁论”的疑虑，更使得国际社会高度关注“中国责任”[④]。中国红十字会对东南亚、美洲等国家灾害的援助，是继 1997 年东南亚金融“海啸”之后中国政府又一次大规模的援助东南亚诸国的行为。中国的援助对受灾诸国灾民生产生活的恢复与重建起到了重要的作用，对于消除国际社会对于中国崛起的担忧也不无裨益，同时亦是中国树立形象、构建和谐世界的一个有力的举措。诚如约瑟夫·奈所言：“如果（外交）政策是基于涵盖广泛和规划长远的国家利益之上，就比狭隘和短视的政策更容易吸引人。同样，如果政策要传递的重要价值观为大家共享，政策会更具吸引力。”[⑤] 救灾义举再度表明，“中国的崛起跟亚洲的振兴是一起的”[⑥]，一个强大的中国、一个繁荣的中国是促进世界和平与稳定的中坚力量，中国“以人为本”的执政理念，是推进人类命运共同体建构的基础。

---

① 《陈光标为智利地震捐款 100 万元》，《中国红十字报》2010 年 3 月 3 日。

② 郝林娜：《构建“一带一路”民间外交新格局》，《中国红十字报》2015 年 4 月 28 日。

③ 《李光耀：美国应被纳入东亚共同体制衡中国》，新华网，2009 年 11 月 1 日。

④ 参见鲁世巍：《进一步树立中国负责任的国家形象》，《公共外交季刊》2011 年 2 月 22 日。

⑤ ［美］约瑟夫·奈：《软力量：世界政坛成功之道》（吴晓辉、钱程译），东方出版社 2005 年版，第 61 页。

⑥ 《近邻有难中国支援》，央视国际，2005 年 1 月 6 日。

第五章　祖国统一中的红十字外交：和平统一的有力推手

根据国际红十字运动的“统一”原则，一个国家只有一个红十字会。但由于各种原因，红十字运动中的“统一”原则常常遭到人为的破坏，成为一国或某种势力干涉并分裂他国的借口。因而，一国根据国际红十字运动的“统一”原则以维护本国红十字运动的统一，往往就成为一场艰难的外交斗争。新中国成立后，中国红十字会为维护国家的和平与统一进行了艰苦的努力。

第一节　维护“统一”原则的斗争

新中国成立后，把“维护民族独立和领土主权完整、捍卫新生革命政权作为中国外交政策的优先目标”①。台湾自古以来就是中国不可分割的一个组成部分。1943 年中美英三国《开罗宣言》和 1945 年《波茨坦公告》均明确，近代以来日本窃取的中国领土，包括台湾、澎湖列岛等必须归还中国。1945 年 9 月，日本政府“接受美中英三国元首 7 月 26 日在波茨坦公告宣布的，及以后由苏联附署的公告各条款”②，从而进一步从国际法上明确了台湾和澎湖列岛归属中国的法律地位。1945 年 10 月，中国政府代表陈仪正式接收台湾和澎湖列岛。

---

① 沈志华、杨奎松主编：《美国对华情报解密档案（1948—1976）》第 3 册，东方出版中心 2009 年版，第 260 页。

② 《反法西斯战争文献》，世界知识出版社 1955 年版，第 323 页。

新中国成立之后，以美国为首的一些资本主义国家不甘心其势力从中国被逐出，遂利用盘踞在台湾的国民党残余势力，借助各种国际场合，企图把台湾从中国分离出去，制造“两个中国”或“一中一台”，“由此酿成中美之间在台湾问题上的尖锐对抗”①。由于红十字运动的国际性，且由于红十字会在国际上的影响，因而，美国又把分裂中国的活动带进国际红十字运动的舞台，引发了一场旷日持久的斗争。中国红十字会为维护国际红十字运动的统一原则，为维护国家的统一与独立，做了不懈的努力。

一、“初战告捷”

“统一”原则是国际红十字运动的七项基本原则之一，即任何一个国家只能有一个红十字会。新中国成立之后，改组后的中国红十字会应该，而且也只有改组后的中国红十字会才能代表中国参与国际红十字组织的各项活动。但由于美国等国的阻挠，台湾当局仍窃据中国在国际红十字组织中的合法席位，这就免不了一番斗争。

第21届国际红十字会协会理事会将于1950年10月在摩纳哥召开。1949年，中华人民共和国成立后，为取得新中国红十字会在国际红十字会协会中的合法席位，1950年4月28日，外交部长周恩来致电国际红十字会协会秘书鲁希、红十字国际委员会秘书长杜旭沙，声明“中华人民共和国中央人民政府是代表中国人民的唯一合法政府。对于完全没有资格参加国际红十字会协会和出席其各种会议的中国国民党反动派残余集团的所谓‘代表’，正式加以否认。请即将其从国际红十字会协会开除出去，并转知国际红十字会协会各机构及有关各国红十字会为荷”。同日，中国红十字会秘书长胡兰生②致电鲁希和杜旭沙，告以中国红十字会机构正在改组，一俟改组完毕，即将派遣代表参加以上两组织，并出席该两组织的各项会议；同时请他们转知该两组织的各机构及有关各国红十字会③。

中国政府的声明和中国红十字会的说明，在1950年5月10日于日内瓦召开的国际红十字会协会执委会中引发了严重的分歧与斗争。苏联和波兰两国代表支持该项声明，提出开除台湾国民党“伪代表”的职务。而会议主席美国人奥康纳却蛮横阻挠，企图继续保留国民党残余势力的代表。苏联、波兰

① 宫力：《毛泽东与中美外交风云》，红旗出版社2014年版，第41页。

② 胡兰生为中国红十字会秘书长，曾代表中国红十字会出席过1949年前几年的世界红十字大会及国际红十字会协会会议，并签署过相关文件。

③ 《亚洲及远东经济委员会将在曼谷开会　周外长致电联合国秘书长通知我派冀朝鼎代表出席并电国际红十字会协会否认残匪“代表”》，《人民日报》1950年4月29日。

代表团遂提出抗议，并退出会场，提出除非正式承认新中国红十字会的合法地位，否则将不参加此类会议①。这使国际红十字运动面临分裂的危险。迫于压力，国际红十字组织决定派员来中国实地考察。他们遍访中国台湾岛，却找不到任何红十字会负责人和任何会所，而在中国大陆却找到了中国红十字会及其相关机构，国际红十字组织遂于 8 月承认了新中国红十字会②。9 月 5 日，中国红十字会电告国际红十字会协会，“已完成中国红十字会的改组，并决定派代表参加协会第 21 届理事会”③。

1950 年 10 月 16 日至 21 日，第 21 届国际红十字会协会理事会在摩纳哥召开，出席的各国红十字会代表团共 57 个，会议由理事会主席奥康纳主持。中国红十字会代表团在李德全会长的率领下，顺利与会，并与其他 11 个国家红十字会一道当选为执行委员会委员。

国际红十字会协会是红十字运动的主要组成部分，在国际上具有广泛的影响力。这是新中国继参加万国邮政联盟会议之后出席的又一次重要的国际会议。摩纳哥是法国的保护国，新中国派出代表团参会并当选为执行委员，意味着各国对新中国的默认。中国红十字会“冲破协会内外各方面力量的阻挠和留难，正式加入了协会，当选为执委，并把台湾当局的所谓代表驱逐出去，使新中国的五星红旗第一次鲜明地飘扬在国际会议的会场上”④。初战告捷，这就为进一步打击国际分裂势力奠定了良好的基础。

二、“一个中国”原则得到认可

虽然中国红十字会当选为国际红十字会协会的执行委员，但根据国际红十字运动的相关规定，承认和恢复一国红十字会在国际红十字组织中的合法席位需得到国际红十字大会的承认，因为国际大会是红十字运动的最高审议和决策机构，每 4 年召开一次，它由各国红十字会、国际委员会、国际红十字会协会（国际联合会）和日内瓦公约缔约国等四方面的代表组成，每个代表团都拥有一票表决权。毫无疑问，国际大会是一个国际斗争的大舞台。第 18 届国际红十字大会将于 1952 年 7 月 26 日至 8 月 7 日在加拿大召开。中国红十字会争取在国际红十字组织中合法席位的斗争肯定将异常激烈。

会前，台湾当局为压缩新中国的外交空间，要求其所谓的“外交部”，

---

① 《国际红十字协会国际委员会议　苏波代表拒绝出席》，《人民日报》1950 年 5 月 15 日。

② 张玉法主编：《“中华民国”红十字会百年会史，1904—2003》，（台北）致琦企业有限公司 2004 年印行，第 571 页。

③ 中国红十字会总会编：《红十字手册》，辽宁科学技术出版社 1988 年版，第 24 页。

④ 《报道国际红十字协会二十一届理事会》，《新中国红十字》1950 年第 4 期，第 18 页。

“指示驻美国加拿大使节分向驻在国政府和红十字会领导人探询意见，并寻求支持”①，还制订了与会的种种方略②，极力谋取在国际红十字大会上的“合法”席位。而此时，美国也相应调整了其东亚政策，对台湾的态度迅速发生转变，准备在可能的情况下把台湾从中国分裂出去，让其独立。若台湾当局取得在国际红十字组织中的“合法”席位，可为今后“两个中国”或“一中一台”制造借口，故美国当局积极支持台湾参加该次大会。结果，大会在邀请中国红十字会和中国政府代表团参加的同时，居然也邀请台湾当局以与中华人民共和国政府代表团同样的“平等”地位出席③，这显然有悖于日内瓦公约的原则和红十字运动的基本精神，在事实上给人造成了“两个中国”的印象，影响恶劣。

当获悉台湾当局被邀请之后，在周恩来总理亲自参与下，中国政府和中国红十字会制订了参加这次大会的对策。

1952 年 6 月 28 日，中国红十字会会长李德全致电加拿大红十字会中央理事会主席麦考雷，并转国际红十字会常设委员会主席庞赛，严正声明：“唯有中华人民共和国中央人民政府和中国红十字会的代表，才有资格代表中国和中国红十字会出席国际红十字大会。因此，邀请中华人民共和国中央人民政府和中国红十字会的代表以外的任何人员代表中国和中国红十字会出席国际红十字大会，将违反国际红十字章程和大会细则，以及第十七届国际红十字大会所通过的承认各国红十字会之条件决议，因而是完全非法的。”④

在国际红十字大会第一次全体会议上，中国代表团团长、中国红十字会会长李德全向大会提出强烈的抗议，反对“给台湾残余的国民党分子以中华人民共和国政府代表团同样的‘平等’地位”这一违犯国际红十字会规章并且发生破坏作用的非法决定，并指出“这个决定是没有任何理由和根据的”，“众所周知，无论在事实上或在法理上，中华人民共和国中央人民政府是代表中国的唯一合法的政府。它获得了全中国人民的一致支持。这个政府已经解放了除台湾孤岛以外的全部中国领土。仅仅由于与中国人民为敌的美国政府的公开军事干涉，台湾的解放才被迫推迟。逃到台湾岛上依靠美国保护的一小撮国民党残余分子早已遭到中国人民的唾弃和憎恨，他们无论在事实上或在法理上都没有任何资格代表中国人民。很明显，中国只有一个政府，这个

---

① 张力：《“中华民国”恢复国际红十字会会籍的奋斗》，（台北）《近代中国》2003 年第 155 期，第 52 页。

② 参见张玉法主编：《“中华民国”红十字会百年会史，1904—2003》，（台北）致琦企业有限公司 2004 年印行，第 571—577 页。

③ 《在多伦多第十八届国际红十字大会上》，《新中国红十字》1952 年第 8 期，第 9 页。

④ 朱开宪：《新中国恢复的第一个国际合法席位》，《世界知识》2007 年第 12 期，第 51 页。

政府就是中华人民共和国中央人民政府。只有中华人民共和国中央人民政府才有权代表中国参加各种国际会议，包括国际红十字大会在内。被中国人民打倒了的国民党残余分子早已丧失了参加任何国际会议的资格”，由此她提出“驱逐国民党残余匪帮代表的动议”①。

李德全会长的发言合理合法，掷地有声，不仅得到苏联、捷克斯洛伐克和罗马尼亚等国的坚决支持，也赢得了许多其他国家及国际组织的认可。大会上除了古巴、尼加拉瓜、厄瓜多尔、巴西等国家代表外，没有一个欧洲国家愿意出来替“国民党残余匪帮”讲话。最后，大会承认：“台湾国民党残余分子无权代表中国”②，只有中华人民共和国才是唯一合法的代表，台湾当局只能以观察员身份留在大会。在此种尴尬的局面下，台湾当局的所谓“代表”不得不于7月31日声明退出大会。

大会期间，虽然“美国指使逃亡在美洲的国民党匪帮残余和东欧人民民主国家的逃亡叛国分子，公开在大会内外散发传单，招待记者，对和平民主国家肆意污蔑”③，但由于第二次世界大战后世界和平民主力量的进一步壮大，中国代表团经过激烈的斗争，使大会正式承认新中国红十字会是唯一能代表全中国的红十字会，挫败了极少数国家妄图使台湾的所谓“红十字会代表”参加大会合法化的图谋。“这是新中国在国际组织中恢复的第一个合法席位”④，有力地维护了国家的独立和领土主权的统一完整。会后，国际红十字会协会从其会员名单中将台湾当局红十字会剔除。

三、再次挫败台湾当局的图谋

1954年，国际红十字会协会获得联合国经社理事会乙种咨询资格，由于中国红十字会已是国际红十字会协会中的正式成员，这就进一步扩大了新中国的外交空间。由此也导致了第19届国际红十字大会上的较量更加激烈。

根据商定，第19届国际红十字大会将于印度召开。为制造“两个中国”，一些别有用心的国家和一些顽固分子，仍蓄谋邀请台湾当局出席第19届国际红十字大会，如国际红十字常设委员会于1955年9月和1956年5月拟定以“福摩萨政府（正式代表）和福摩萨红十字会（观察员）”名义邀请台湾当局

① 《国际红十字大会在美国操纵下竟通过让蒋匪帮代表继续出席的荒谬提案》，《人民日报》1952年7月31日。

② 东方明：《参加第十八届国际红十字大会胜利归来》，《新中国红十字》1952年第12期，第6页。

③ 东方明：《参加第十八届国际红十字大会胜利归来》，《新中国红十字》1952年第12期，第5页。

④ 中国红十字会总会编：《中国红十字会的九十年》，中国友谊出版公司1994年版，第159页。

参会[①]；1957 年 8 月，常设委员会又以“台湾政府”名义邀请台湾当局与会。由于新中国红十字会已于 1952 年国际红十字大会上获得了合法席位，且由于新中国坚决反对借国际红十字舞台制造“两个中国”[②]，台湾当局也自知无正当的理由参会，遂决定不参加该次大会。

“树欲静，风不止。”会前，美国获悉日本将在本次大会上提出“停止核弹试验禁用核子试器案”[③]，使这一问题再起波澜。

原来，1954 年 3 月，日本渔船“第五福龙丸”船员在比基尼环礁海域遭受美国热核试验放射性尘埃的伤害，还导致一名船员死亡[④]，由于日本国民对 1945 年美国投下的两颗原子弹所引起的死伤记忆犹新，日本国民心中对核危害的阴影挥之不去；且该事件发生后围绕受害者的治疗与赔偿问题波折不断，日本国民担心在当时两极对立的格局下，世界范围内的核威胁将会给日本带来毁灭性的影响[⑤]。由此，日本国内遂爆发了声势浩大的抗议运动。同时，随着当时国际局势的日趋缓和，日本当局也逐渐发现，维持同周边国家，尤其是发展同新中国、苏联的友好关系，对日本政治稳定、经济发展至关重要。因此，日本红十字会决定将在第 19 届国际红十字大会上提出该提案，主动缓和同周边国家，尤其是同中国、苏联的紧张关系，以利于开展同中国与苏联的交往，争取自身在国际上的主动权，提高自身的国际地位。日本的提案，

---

① 参见孙柏秋主编，池子华、杨国堂等著：《百年红十字》，安徽人民出版社 2003 年版，第 646 页。

② 例如：1956 年 11 月 1 日，周恩来总理致电大会东道国印度红十字会主席考尔，表明坚决反对“两个中国”的严正立场。1957 年 10 月 14 日，周恩来总理在接见印度驻华使馆代办辛格时指出，国际红十字常设委员会决定邀请“福摩萨”是在制造“两个中国”，如果不放弃这一错误决定，中国拒绝出席大会，并请辛格将谈话内容转告尼赫鲁总理。见孙柏秋主编，池子华、杨国堂等：《百年红十字》，安徽人民出版社 2003 年版，第 647 页。

③ 张玉法主编：《“中华民国”红十字会百年会史，1904—2003》，（台北）致琦企业有限公司 2004 年印行，第 580 页。

④ 1954 年 3 月 1 日，美国在太平洋进行“布拉沃”（Bravo）热核实验，该氢弹的核爆力是 1500 万吨，比预期的 500 万吨要多两倍。另见 Roger Dingman. *Alliance in Crisis*：*The Lucky Dragon Incident and Japanese American Relations*，in Warren and Akira Iriye eds.，*The Great Power in East Asia*，1953-1960，Columbia University Press，1990. 转引自崔丕：《冷战时期美国对外政策史探微》，中华书局 2002 年版，第 162 页。

⑤ 艾森豪威尔接任美国总统后，一直主张“应该可以将核武器作为军事手段”。1955 年他还说：“在任何一场战斗中，如果能够将核武器用于纯粹是军事的目标，服务于纯粹是军事目标的话，我认为，就像我们会使用一颗子弹或者任何别的武器一样，我们应该可以使用核武器”。参见［美］约翰·刘易斯·加迪斯：《冷战》（翟强、张静译），社会科学文献出版社 2013 年版，第 73 页。他的这些言论，无疑加剧了世人对核武器的恐惧。而 1955 年 11 月，苏联第一次试验了从空中投掷热核弹。若苏美战争爆发，双方都使用热核武器的话，世界定将毁灭。

与中、苏等和平民主国家提出的提案接近[①]。为抵消日本提案带来的负面影响，美国决定改变原定方针，极力敦促台湾当局派代表参会，为其政策张目。由于美国的需要，台湾当局转而积极配合。

第19届国际红十字大会于1957年10月在印度新德里召开，以中国驻印度大使潘自力为团长的政府代表团和以李德全会长为团长的中国红十字会代表团受邀正式出席该次会议。为使台湾有“合理”的名义参会，在大会的第二天，即10月25日下午的常设委员会上，美国代表突然提出改以“中华民国”名义邀请台湾当局与会，且态度蛮横强硬，并以退会相要挟。苏联代表团坚决反对，同时提出不以任何名义邀请台湾当局的决议。双方僵持不下。26日晚，美国指使国际红十字会常设委员会法籍主席庞赛以个人名义致电台湾当局所谓的“中华民国外交部”，邀其参会。此外，美国还通过外交途径，欲强使28日、29日大会通过“对一切被邀请参加大会的政府应用其各自的正式名称加以称呼”的提案，企图以所谓“中华民国”的名义达到台湾当局正式与会的目的[②]。对此，中国红十字会代表团团长李德全及时澄清，台湾当局是被中国人民所推翻的旧政权，不可能与东、西德相提并论，台湾问题是中国的内政，“在中国台湾省行使权力的当局和该地的红十字组织不得以任何名义参加国际红十字大会”[③]。当时对垒交锋，惊心动魄[④]。

11月7日，大会对美国提案秘密投票表决，该提案获得通过。随即，中国政府代表团团长潘自力指出，“刚才所通过的美国提案是违反国际红十字章程的。它是在美国的操纵下通过的，因此它是非法的、无效的。中华人民共和国政府代表团和中国红十字会代表团强烈抗议美国在这个庄严的人道主义的国际会议上进行这种制造‘两个中国’的卑鄙活动”[⑤]，并宣布退出大会。中国的正义要求与行为得到了许多国家的支持。随后，苏联等10多个国家的代表纷纷退席抗议，考尔也率印度代表团退席[⑥]。“印度红十字会副秘书长乔利向中国代表团致歉，并且马上摘掉会议厅内悬挂的台湾傀儡政权旗帜”[⑦]，

---

① 《国际红十字大会讨论保护平民规则　中苏等国主张规定禁止核武器》，《人民日报》1957年10月31日。

② 《不许蒋帮以任何名义出席国际红十字大会》，《人民日报》1957年11月7日。

③ 《中国只有一个合法政府　蒋帮无权参加国际会议——李德全在国际红十字大会上发言全文》，《人民日报》1957年10月30日。

④ 参见张希林：《半个世纪前的较量——谨以此文献给为新中国红十字事业做出贡献的前辈》，《中国红十字报》2002年2月8日。

⑤ 《国际红十字大会全体会议在严正谴责声中结束》，《人民日报》1957年11月9日。

⑥ 《美国强迫国际红十字大会让蒋帮出席　中印苏等十七国代表团纷纷退出会场表示抗议》，《人民日报》1957年11月8日。

⑦ 段永林主编：《中华人民共和国大事典，1949—1989》，吉林人民出版社1991年版，第719页。

东道主都退场了，大会实际只接着开了十几分钟，便草草结束，连原订的闭幕式也没有举行[①]。虽然台湾当局在美国的要求与支持下以这种方式参会，但是会籍却并没有恢复。

由于中国代表团采取了积极斗争的正确方针，以及国际正义力量的支持，挫败了美国等妄图制造“两个中国”的阴谋，在这场关系到国家主权尊严和国际红十字运动章程及原则严肃性的斗争中取得了重大胜利。正如印度《国民先驱报》的社论所说：“美国不承认中国，不认识事实，因为它为了自己的目的想要人们承认两个中国”，“美国代表团损害了红十字会。”[②]“退场风波”影响深远，原定4年一届的国际红十字大会被延迟到1965年才召开。

该次大会以后，台湾当局四处活动，欲谋“正式恢复”在国际红十字组织中的“合法席位”。但由于新中国的影响及新中国红十字会已被国际红十字组织承认的事实，台湾当局处处碰壁。在1961年10月召开的红十字会协会第26届理事会会议上，中国代表团发表备忘录，“不允许再次发生在新德里召开的上届国际红十字大会上所发生的事件”，“避免同类事件重演的正确方法，在于制止美国在国际红十字大会中重复制造‘两个中国’的阴谋”[③]。诚如1963年8月28日国际红十字会相关人士所说的那样：中国红十字会并非新设，而是继承；台湾当局的红十字会活动范围仅限于台湾，同一国家与领土之内不能有两个全国性红十字会[④]。由于当时台湾当局仍窃据中国在联合国常任理事国席位，台湾当局虽积极与会，却无正式会籍，1965年只派出了所谓的“政府代表团”参加第20届国际大会。为表抗议，中国拒绝参加该次会议。1967年，为抗议“一贯追随美帝国主义的国际红十字的一些领导人，一贯为美帝国主义敌视中国人民、制造‘两个中国’的阴谋服务”，中国红十字会宣布不出席9月5日召开的红十字会协会第29届理事会和代表会，并不再担任红十字会协会的执行委员，对会议通过的一切决议，亦不受任何约束，也不承担任何义务[⑤]。由于1969年第21届国际红十字大会情况照旧，为表抗议，中国再次拒绝参加。

1971年，中国恢复在联合国安理会的合法席位，中国红十字会代表团和中国政府代表团遂作为中国唯一代表出席国际红十字组织相关会议，彻底挫

---

① 晓尉、刘锋：《龚普生访谈录》，《中国红十字》1992年第1期，第18页。

② 《印度报纸愤怒抨击美国的破坏行动》，《人民日报》1957年11月9日。

③ 《我红十字会代表团在国际红十字会协会理事会上发表备忘录》，《光明日报》1961年10月12日。

④ 参见张玉法主编：《“中华民国”红十字会百年会史，1904—2003》，（台北）致琦企业有限公司2004年印行，第583页。

⑤ 《我红十字会发表严正声明》，《人民日报》1967年9月4日。

败了台湾红十字组织合法化的图谋。这就有力地维护了国际红十字运动的基本原则，有效地贯彻与维护了“一个中国”的原则，并产生了深远的国际影响。

四、维护统一原则的其他方面

中华人民共和国成立初期，国际上欲分裂、干涉中国的势力比较强大，有时简直到了无孔不入的地步。在国际红十字运动中，中国红十字会除利用各种国际会议的机会与之进行针锋相对的斗争外，还在其他方面也进行了不懈的努力，这在国际红十字运动有关报告等出版物中表现得比较明显。

例如，常设委员会于1960年出版了第19届国际红十字大会报告书，执行主席麦考雷在美国指使下，在报告书中篡改会议记录，混淆是非，歪曲会议真实情况，实为美国制造“两个中国”的阴谋作扩大宣传。此前，为制止大会执行主席这一非法行为并为制止美国在大会报告书中继续进行制造“两个中国”的阴谋活动，中华人民共和国政府代表团曾一再向负责大会的有关方面严正提出，必须正确处理第19届国际红十字大会的报告书，中华人民共和国政府代表团团长潘自力大使的各次发言全文必须正确无误地刊载于第19届国际红十字大会报告书上，蒋介石集团分子名单和在美国操纵下非法通过的所谓大会“第36项决议”必须从报告书中删去。该报告书出版后，中国红十字会会长李德全受中国政府委托，代表中国红十字会致函国际红十字常设委员会主席庞赛提出严重抗议，拒绝接受这份报告书，并且声明，如果国际红十字大会的有关负责方面继续坚持错误，就势必危害中国方面今后同国际红十字组织的合作关系。

再如，1962年，国际红十字会协会秘书长工作报告及协会救济局第164号通函中都列有“台湾蒋帮捐赠的消息”，对此，中国红十字会提出抗议。最终，国际红十字会协会秘书长比尔“承认是一个错误”，并表示“协会只承认中华人民共和国政府所承认的中国红十字会”。虽然比尔认错，但是国际红十字会协会救济局仍把中华人民共和国和“台湾蒋介石集团”并列，1963年1月11日，中国红十字会再次致电国际红十字会协会，表示抗议①。

还如，1964年，国际红十字会协会在寄给中国红十字会的地图上对“中国大陆和台湾分别着色、对中印边界线的画法也有重大错误”，中国红十字会

---

① 《中国红十字会致电红十字会协会反对制造“两个中国”》，中国红十字会总会编：《中国红十字会历史资料选编，1950—2004》，民族出版社2005年版，第88页。

再次表示抗议①。更为严重的是，国际红十字会协会季刊《红十字世界》1965 年第 4 号中竟将中国台湾列为“没有得到国际承认的红十字会的国家”。这一年，由于中国因抗议邀请台湾当局参会而没有出席该年召开的第 20 届国际红十字大会，而此地图事件有配合分裂中国的企图，当然遭到中国的反对②。在中国红十字会的抗议下，国际红十字会协会最终只得声明：“今后出版地图仅供说明之用，没有任何政治意义”；“协会秘书处从未鼓吹‘两个中国’的政策，今后也不会这样”；“中华人民共和国红十字会是协会的中国成员的做法是正确的，对红十字运动是非常好的。”③ 这就有力地维护了国际红十字运动中的“统一”原则，打击了欲制造“两个中国”或“一中一台”的图谋，维护了“一个中国”的原则。

国际分裂势力除了在台湾问题上发难之外，还不断地制造事端，利用中国的民族问题和历史问题企图分裂中国。

例如，西藏很早就是中华民族大家庭的一个组成部分，即使是在近代中华民族遭受外来侵略严重的时刻，西藏亦从未公开提出从中华民族的大家庭中分离出去。然而，在中国人民解放军和平解放西藏的过程中，有一小撮“长期压迫、残杀西藏人民，罪行累累”的农奴主们叛逃到瑞士后，瑞士红十字会居然多次伙同“瑞士援藏协会”为这些逃到瑞士的“叛匪”们募捐。20 世纪 60 年代初，瑞士红十字会在其《瑞士红十字会》月刊中不仅把西藏称为一个“小国”，而且把中国对西藏的解放说成是“侵略”，并说由此造成了“西藏难民”。中国红十字会对于此种有损中瑞两国人民友谊的事情提出强烈抗议，多次严正声明，要求瑞士红十字会勿以支援“西藏难民”的名义救济这些“叛匪”，要求瑞士红十字会立即停止一切援助西藏“叛匪”的活动和反华宣传，勿支持他们的“叛国活动”④。这些抗议与声明，向国际社会说明了瑞士称之为“西藏难民”的真实原委，表明了中国对维护国家主权与独立的坚定态度，有利于对这些问题的解决。

再如，1964 年，日本红十字青少年手工教材《日本青少年赤十字世界、

① 《中国红十字会致电红十字会协会　指出协会输血工作地图上中印国界线画法上的错误》，中国红十字会总会编：《中国红十字会历史资料选编，1950—2004》，民族出版社 2005 年版，第 94 页。

② 《中国红十字会致电红十字会协会　就协会季刊上刊登的世界红十字地图上的错误抗议制造“两个中国”》，中国红十字会总会编：《中国红十字会历史资料选编，1950—2004》，民族出版社 2005 年版，第 114 页。

③ 《红十字会协会就协会季刊上刊登的世界红十字地图上的错误复电中国红十字会》，中国红十字会总会编：《中国红十字会历史资料选编，1950—2004》，民族出版社 2005 年版，第 114—115 页。

④ 《中国红十字会就“瑞士援藏协会”反华募捐一事致电瑞士红十字会（1968 年 1 月 24 日）》，中国红十字会总会编：《中国红十字会历史资料选编，1950—2004》，民族出版社 2005 年版，第 115—116 页。

赤十字少年手册》中印有“旧满洲国”字样，中国红十字会立即致电日本红十字会指出，向日本青少年宣传伪“满洲国”是不利于中日两国人民的友谊，希望其“采取有效措施消除上述错误”①。中国红十字会此举不仅有利于维护两国人民的友好关系与长远利益，更有利于维护国家的统一与完整。

总之，新中国成立后，美国等资本主义国家对华实行遏制政策，竭力阻挠新中国恢复在联合国及其他国际组织中的合法席位；与此同时，台湾当局在美国的庇护下窃据联合国“合法席位”，俨然一个“独立主权”国家。这就决定了新中国维护国家领土主权的独立完整是一个异常艰难与复杂的过程，其斗争也异常激烈。国际红十字组织虽为民间组织，但因其在国际社会中享有崇高的地位与广泛的影响力，因而，新中国维护国家领土主权的独立完整必然被延伸到红十字运动的舞台。事实证明，尽管以美国为首的一些资本主义国家拒绝承认新中国，但它们“无法阻挡新中国像巨人一样登上国际政治舞台的步伐”②，1971 年新中国恢复在联合国的合法席位后，中国成为无可争议的国际法主体。自 1973 年第 22 届国际红十字大会起，中国红十字会以中国唯一代表身份参会。由此可见，在台湾问题上，“美国总是低估中国人民百余年来在反抗外来侵略斗争中所形成的，对维护国家主权、领土完整所具有的高度敏感的民族心理，总是指望中国能够默认‘两个中国’或‘一中一台’的所谓既成事实。在这一点上，美国显然是错打了算盘”③。

在这场捍卫国家领土主权独立完整的斗争中，中国红十字会依据国际红十字运动的基本原则，采取合理合法的外交斗争，取得了重大的胜利，不仅有效地维护了红十字运动的基本原则，而且也有力地捍卫了“一个中国”的原则和国家领土主权的独立完整。因此，中国红十字会坚持国际红十字会运动的“统一”原则，实则是维护“一个中国”的原则，维护国家的独立完整，维护国家的核心利益④。这既是当时新中国外交斗争的重要组成部分，也是当时新中国外交斗争的一个缩影。

---

① 《中国红十字会致电日本红十字会　反对印制的红十字青少年手工教材上印有“旧满洲国”字样》，中国红十字会总会编：《中国红十字会历史资料选编，1950—2004》，民族出版社 2005 年版，第 94 页。

② 王炳南：《中美会谈九年回顾》，世界知识出版社 1985 年版，第 5 页。

③ 宫力：《毛泽东与美国：毛泽东对美政策思想的轨迹》，世界知识出版社 1999 年版，第 133 页。

④ 2011 年 9 月 6 日，中国政府发表的《中国的和平发展》白皮书中界定了中国核心利益的范围包括：国家主权，国家安全，领土完整，国家统一，中国宪法确立的国家政治制度和社会大局稳定，经济社会可持续发展的基本保障。

第二节 在香港澳门顺利回归中的特殊作用

1997 年 7 月 1 日，香港回归祖国；1999 年 12 月 20 日，澳门回归祖国。在香港、澳门回归的过程中，中国红十字会发挥了特殊的作用。

一、力促香港红十字会顺利回归

香港（含香港岛、九龙和新界）自古以来为中国领土，1840 年鸦片战争之后被迫陆续割让，或强行租借给英国。二战结束后，由于种种原因，香港仍然在英国的控制之中。1984 年 12 月 19 日，中英两国政府签署了《关于香港问题的联合声明》，确认中华人民共和国政府于 1997 年 7 月 1 日恢复对香港行使主权，英国政府于 1997 年 7 月 1 日起将香港交还给中华人民共和国。《联合声明》发表后，英国却不愿意顺利把香港归还给中国，处处制造麻烦。这在香港红十字会回归的过程中表现亦然。

新中国成立后，一直关注香港同胞的疾苦安危，每逢香港同胞有难处，内地同胞往往能通过红十字的纽带，向香港同胞传达祖国的问候与关怀[①]。1984 年，中英《关于香港问题的联合声明》发表后，针对港英当局同意联合国指定香港为越南难民“第一收容港”[②] 而造成的诸多问题，为保持香港的繁荣稳定，中国红十字会广泛呼吁，希望国际社会共同关注，及早妥善解决越南难民问题；并多方磋商，寻求解决这些难民的良方，尤其是敦促英国政府、港英当局从香港的长治久安与持久繁荣发展考虑，及早合理解决好这个难题[③]。与此同时，中国红十字会多次派人去香港进行调查，接收并安置了部分从香港转来的越南难民[④]；对于曾在内地安置过的难民返港问题，中国政府

① 例如 1961 年，香港霍乱流行，中国红十字会向香港中华总商会赠送霍乱疫苗 30 万毫升；1971 年，香港受台风影响，损失甚重，为帮助香港同胞克服风灾带来的困难，中国红十字会通过香港红十字会向灾民提供 300 万元人民币的赠款；1972 年，香港暴雨成灾，中国红十字会再次通过香港红十字会向灾民提供 200 万元人民币的赠款。见池子华、郝如一主编：《中国红十字历史编年，1904—2004》，安徽人民出版社 2005 年版，第 173、199、202 页。

② 《香港回归十年发展进程》，《文汇读书周报》2007 年 6 月 22 日。

③ 中国政府的一贯立场是：英国政府有责任采取有效措施在 1997 年前解决滞留在香港的越南难民问题。如果这一问题不能及时得到合理解决，势将影响到 1997 年的顺利过渡，并会给未来的香港特别行政区政府带来不应有的负担。参见《就滞港越南难民问题外交部新闻司司长答记者问》，《人民日报》1989 年 2 月 18 日。

④ 参见《中国红十字会接受印支难民工作组离京去曼谷》，《人民日报》1979 年 10 月 22 日。

也是积极予以追回安置[①]，最大限度地维护和促进了香港的繁荣稳定。通过这些努力，凝聚了香港同胞对祖国的热爱与向心力，这在1991年华东地区抗洪救灾中表现得很明显。1991年，长江流域大水，两岸一片汪洋。闻此灾情，香港同胞纷纷解囊相助，通过香港红十字会多次向内地受灾地区转来了巨额援助，为受灾地区成功抗击洪水灾情、帮助灾民灾后重建做出了很大的贡献[②]。诚如总会副会长孙柏秋所说，"救灾工作也加深了我们和港澳台地区同胞、红会同仁和国际红十字大家庭的友爱之情"[③]。对香港同胞的热情帮助，中国红十字会及时到香港进行答谢，转达内地同胞，特别是灾区群众的深切谢意。在答谢的过程中，中国红十字会与香港各界进行了广泛的接触，对香港社会有了进一步了解，从而更加密切了彼此之间的联系与友谊。这就为香港红十字会顺利回归打下了基础。

香港红十字会成立于1950年，为英国红十字会的分会。1976年，香港立法局赋予香港红十字会法人地位，确认香港红十字会为一个可自行管理会务及财政的社会服务团体。随着香港回归的日益临近，为使香港红十字会顺利加入中国红十字会，使之成为中国红十字会大家庭中的一个重要而特殊的成员，中国红十字会积极与香港红十字会、英国红十字会及国际红十字组织等多方进行联络与磋商。

根据中英联合声明，为了维护国家的统一和领土完整，保持香港的繁荣和稳定，并考虑到香港的历史和现实情况，中国决定在对香港恢复行使主权时，根据《中华人民共和国宪法》第31条的规定，设立香港特别行政区，并按照"一个国家，两种制度"的方针，实行"港人治港，高度自治"。为保障国家对香港的基本方针政策的实施，根据《中华人民共和国宪法》，1990年全国人民代表大会特制定并通过《中华人民共和国香港特别行政区基本法》(以下简称《基本法》)，1997年7月1日起生效。《基本法》成为香港回归过渡时期各项工作安排的原则与指针。

1993年10月，顾英奇常务副会长与来内地访问的香港红十字会代表团团长、香港红十字会主席郑栋材首次围绕回归涉及的主要问题进行磋商，根据《基本法》的原则确定处理这些问题的基调与框架。在此基础上，1996年1

---

① 参见《我外交部发言人说中国对越南难民涌入香港十分关注》，《人民日报》1993年7月23日；张才龙：《内地代表团与香港政府代表团达成协议　原安置内地越南难民将分批接回》，《人民日报》1993年8月25日。

② 从1991年6月3日至10月3日，香港红十字会共为赈济华东水灾筹款1.3亿港元。见池子华、郝如一主编：《中国红十字历史编年，1904—2004》，安徽人民出版社2005年版，第303页。

③ 《中国红十字会副会长孙柏秋在五届三次理事扩大会议闭幕式上的讲话（摘要）》，《中国红十字报》1992年3月6日。

月，中国红十字会秘书长李长明率团访问香港红十字会，代表团认真听取香港红十字会及政府有关部门的情况介绍，广泛接触香港红十字会的董事会成员，与香港红十字会进行了两次具有建设性会谈，并与以郑栋材为首的香港红十字会领导人就香港回归涉及“中国红十字会与香港红十字会的相互关系、互相衔接”[①] 等事宜进行工作会谈。经多方磋商，1996 年 8 月，双方签署了《中国红十字会秘书长与香港红十字会领导人会谈纪要》[②]。11 月，中国红十字会常务副会长顾英奇在伦敦与英国红十字会理事会主席艾斯伯丝·托马斯、财务委员会主席亚历山大·戈登、秘书长麦克·惠特拉姆等就香港红十字会问题进行会谈，达成共识并签署会谈纪要[③]。12 月 5 日，中国红十字会总会领导与应邀来访的香港红十字会代表团董赵洪娉总监、林胡秀霞总监和方敏生秘书长等 5 人就 1997 年 7 月 1 日香港回归祖国后涉及双方之间的相关事宜在亲切友好的气氛中进行了工作会谈。这些会谈主要涉及以下两个问题：

第一，关于中国红十字会与香港红十字会的相互关系问题。

红十字会是一个非政府独立法人团体，且红十字组织具有国际性，因而，在香港红十字会回归祖国的过程中，要处理好两个关系：既要按照《基本法》的精神，切合“一国两制”的实情，使之与“港人治港，高度自治”相一致；又要使之符合国际红十字运动相关原则与精神，以利于中国红十字运动的统一和健康发展，以期更好地同其他国际组织、国家之间发展友好合作关系，共同推动世界和平与进步事业。这是香港红十字会顺利回归的前提与基础。

根据《基本法》的精神，香港回归后，香港红十字会应是中国红十字会的重要组成部分。同时，根据《国际红十字运动章程》和《国际联合会章程》中关于“统一性”原则的条款，“任何一个国家只能有一个红十字会或红新月会。它必须向所有的人开放，必须在全国范围内开展人道主义工作”；且《国际红十字运动章程》第 4 条规定：红十字国际委员会承认的国家红十字会“是该国唯一的全国性红十字会或红新月会，并由一个中央机构领导”。正如香港红十字会秘书长陈启明所形容的：“其他国际机构可选择独立，但我们则像中英会谈一样，独立不是一个 option（选择）!”[④] 因此，按照《基本

① 李长明：《关于〈中国红十字会秘书长与香港红十字会领导人会谈纪要〉有关情况的通报》，《中国红十字会第六届理事会第四次会议文件汇编》，1997 年内部印行，第 53 页。

② 《中国红十字会秘书长与香港红十字会领导人会谈纪要》，《中国红十字会第六届理事会第四次会议文件汇编》，1997 年内部印行，第 48—52 页。

③ 中国红十字会总会编：《中国红十字会年报》（1996 年），内部印行，第 27 页。

④ 《与内地结盟十年享高度自主权　红十字会培训奥运急救员》，《星岛日报》2007 年 7 月 3 日。

法》的精神和国际红十字运动的相关原则，香港回归后，香港红十字会必然要成为中国红十字会中享有高度自治的地方红十字会。

经双方洽商，中国红十字会同香港红十字会就相互关系达成如下共识：

香港红十字会回归后，其名称改为“中国香港特别行政区红十字会”（英文：The Red Cross of the Hong Kong Special Administrative Region of the People's Republic of China），简称“香港红十字会（中国红十字会分会）”［英文：Hong Kong Red Cross（Branch of the Red Cross Society of China）］；自回归之日起，香港红十字会将使用中国红十字会会徽，香港红十字会自行决定其会服。其内部运作、业务工作方面享有自主权，中国红十字会总会不干涉其内部事务。香港红十字会可自行制定和修改香港红十字会的章程，只提交中国红十字会总会备案。《中华人民共和国红十字会法》和《中国红十字会章程》不应用于香港红十字会，但香港红十字会董事会可参照《中华人民共和国红十字会法》和《中国红十字会章程》的有关条文，按具体情况需要通过决议对香港红十字会的章程作适当修改。中国红十字会将把理事会的决议和有关文件传达于香港红十字会，目的是加强相互沟通；香港红十字会在内务上有自决权，中国红十字会理事会的决议不要求香港红十字会必须依照执行。香港红十字会支持中国红十字会总会履行日内瓦公约及其附加议定书，以及国际红十字组织章程的有关规定①。

在香港红十字会对外交往方面，双方同意根据《国际红十字运动章程》第4条规定：“在与本运动的其他成员交往时，中央机构是唯一有资格代表该会的。”而根据《基本法》第149条：香港特别行政区的教育、科学、技术、文化、艺术、体育、专业、医疗卫生、劳工、社会福利、社会工作等方面的有关团体和宗教组织可同世界各国、各地区及国际的有关团体和组织保持和发展关系，各该团体和组织可根据需要冠用“中国香港”的名义，参与有关活动；以及《基本法》第152条：对以国家为单位参加的、同香港特别行政区有关的、适当领域的国际组织和国际会议，香港特别行政区可派遣代表作为中华人民共和国代表团的成员或以中央人民政府和上述有关国际组织或国际会议允许的身份参加，并以“中国香港”的名义参加不以国家为单位参加的国际组织和国际会议。经过双方多次磋商，同意：凡以国家红十字会为单位参加的国际组织和会议，由中国红十字会总会代表中国红十字会参加，必要时可以吸收香港红十字会适当人员作为中国红十字会代表团的成员。香港

① 《中国红十字会秘书长与香港红十字会领导人会谈纪要》，《中国红十字会第六届理事会第四次会议文件汇编》，1997年内部印行，第48—50页。

红十字会可与国际和世界各国、各地区红十字组织保持和发展适当的业务往来和联系，如有相互合作或重要往来，应根据国际惯例，报知中国红十字会总会；对于必须由国家红十字会联系办理的事宜应在中国红十字会总会与有关国际或国家红十字组织之间进行。至于香港红十字会同中国红十字会各分会之间的关系，双方都赞同：香港红十字会与台湾红十字组织在互不隶属、互不干涉和互相尊重的基础上，可保持和发展关系。但要在维护“统一性”的原则下进行。中国红十字会总会支持香港红十字会与内地分会之间建立友好合作关系，这种关系应在总会指导和协调下进行①。

理顺中国红十字会与香港红十字会之间的相互关系，为 1997 年 7 月 1 日接纳香港红十字会为中国红十字会的一个分会做了必要准备。

第二，关于互相衔接等问题。

如何使香港红十字会脱离英国红十字会之后顺利加入中国红十字会并真正成为中国红十字会的一个组成部分，这就涉及香港红十字会的工作与各方面的衔接问题。主要涉及三个方面：一是香港红十字会顺利加入中国红十字会并成为中国红十字会的重要一员；二是香港红十字会顺利脱离与英国红十字会的一切隶属关系，不带有任何“包袱”；三是与国际红十字运动顺利衔接，不因其隶属关系的变更而影响香港红十字会在国际红十字运动中的地位、作用与对外友好交往。

为使香港红十字会顺利加入中国红十字会并成为其中重要的一员，一方面中国红十字会利用各种机会组织活动，如中国红十字会多次赴港答谢香港红十字会对内地抗震救灾的援助、举办国际会议、开办青少年夏令营等，扩大与香港红十字会之间的联系、交往与合作，密切相互之间的关系，增强其民族认同感，为其顺利加入奠定良好的社会基础；另一方面，根据中国红十字会组织的实际，聘请经香港红十字会推荐的相关人员成为中国红十字会理事会成员。例如 1992 年 2 月，经中国红十字会第五届理事会第三次会议研究决定，聘任胡郭秀萍为中国红十字会第五届理事会名誉理事②；1993 年 1 月，经中国红十字会第五届理事会第四次会议审议通过，增补香港红十字会主席郑栋材为中国红十字会第五届理事会名誉理事③。

---

① 《中国红十字会秘书长与香港红十字会领导人会谈纪要》，《中国红十字会第六届理事会第四次会议文件汇编》，1997 年内部印行，第 48—50 页。

② 《关于聘任胡郭秀萍女士为中国红十字会第五届理事会名誉理事的决议》（1992 年 2 月 24 日），《中国红十字会第五届三次理事（扩大）会议文件汇编》，1992 年内部印行，第 54 页。

③ 《关于增选李政道、郑栋材为中国红十字会五届理事会名誉理事的决议》（1993 年 1 月 28 日），《中国红十字会第五届四次理事（扩大）会议文件汇编》，1993 年内部印行，第 61 页。

为使香港红十字会回归后，能全面认识、了解并参与中国红十字会的各项工作，经中国红十字会同香港红十字会商议，决定："中国红十字会总会邀请香港红十字会选派二至三名观察员参加中国红十字会第六届四次理事会议，并在此次会议上，通过自1997年7月1日起该二至三名观察员自动转为中国红十字会第六届理事的特别决议"①。这样，通过扩大相互交往的方式，通过制度性安排，为香港红十字会与中国红十字会各项工作的顺利衔接扫清了障碍，铺平了道路。

根据中国红十字会同香港红十字会达成的共识，"香港红十字会在适当时间向英国红十字会通报自1997年7月1日起脱离关系，同时，以文件形式向中国红十字会总会申请为中国红十字会的成员"②。1996年10月20日，香港红十字会根据英国《红十字会章程》向英国红十字会递交了将于1997年7月1日脱离属会关系的正式知会文件，并于同年12月3日得到英国红十字会理事会通过，同意香港红十字会在香港回归中华人民共和国的大前提下与英国红十字会脱离属会关系。1997年1月24日，香港红十字会依据《基本法》，遵照1996年8月27日中国红十字会与香港红十字会共同签署的《中国红十字会秘书长与香港红十字会领导人会谈纪要》，向中国红十字会递交了入会申请。1997年4月，中国红十字会第六届理事会第四次会议通过了"接纳香港红十字会为中国红十字会分会"的特别决议③。同时，经中国红十字会第六届理事会讨论通过，自1997年7月1日起由香港红十字会推荐的郑栋材、董赵洪娉、林胡秀霞三人以个人身份成为中国红十字会第六届理事会理事，并同时免去郑栋材原先担任的名誉理事④。这样香港红十字会回归时相互衔接的各项安排落实到位。

与此同时，1996年11月，中国红十字会常务副会长顾英奇访问英国，与英国红十字会理事会主席艾斯伯丝·托马斯、秘书长麦克·惠特拉姆及有关人员就香港红十字会将于1997年7月1日成为中国红十字会香港特别

---

① 《中国红十字会秘书长与香港红十字会领导人会谈纪要》，《中国红十字会第六届理事会第四次会议文件汇编》，1997年内部印行，第51页。

② 《中国红十字会秘书长与香港红十字会领导人会谈纪要》，《中国红十字会第六届理事会第四次会议文件汇编》，1997年内部印行，第51页。

③ 《中国红十字会第六届理事会第四次会议关于接纳香港红十字会为中国红十字会分会的特别决议》（1997年4月4日），《中国红十字会第六届理事会第四次会议文件汇编》，1997年内部印行，第64页。

④ 《中国红十字会第六届理事会第四次会议关于增补郑栋材先生、董赵洪娉、林胡秀霞女士为第六届理事会理事的特别决议》（1997年4月4日），《中国红十字会第六届理事会第四次会议文件汇编》，1997年内部印行，第68页。

行政区分会的有关问题进行工作会谈。顾英奇向英国红十字会介绍了中国红十字会与香港红十字会就后者加入中国红十字会问题达成的协议，并阐明了中国红十字会的立场和态度①。最终，双方达成共识，并签署了会谈纪要②。

在1997年7月1日即将到来之际，6月27日，中国红十字会常务副会长顾英奇在日内瓦向国际联合会、国际委员会两个国际组织正式提交了《中国红十字会公告》。公告声明：随着1997年7月1日零时中华人民共和国政府恢复对香港行使主权，设立香港特别行政区，香港红十字会也将自1997年6月30日24时起正式与英国红十字会脱离隶属关系。中国红十字会第六届理事会第四次会议已通过决议：依据《中华人民共和国香港特别行政区基本法》以及《国际红十字与红新月运动章程》《红十字会与红新月会国际联合会章程》，接纳香港红十字会为中国红十字会的一个享有高度自治权的地方分会。至此，香港红十字会加入中国红十字会已是“水到渠成”。

1997年7月1日，随着香港主权移交中国，香港特别行政区红十字会成为中国红十字会一个享有高度自治权的分会。香港红十字会重新修订的章程亦自同年7月1日起生效。根据新的章程，香港特别行政区行政长官董建华应邀担任香港红十字会赞助人。与此同时，香港红十字会主席郑栋材博士、总监林胡秀霞女士、总监董赵洪娉女士均获任中国红十字会理事。香港红十字会所有会员同时成为中国红十字会会员。同年11月，中国红十字会钱正英会长、顾英奇常务副会长及李长明秘书长应邀率团参加香港红十字会举行的“九七红心同心显爱心会操嘉年华”庆祝活动，也是香港红十字会回归后首次举行的重大活动，以“庆祝两会的新隶属关系”③。

二、接纳澳门红十字会

香港红十字会的顺利回归为澳门红十字会的顺利回归提供了很好的范例和借鉴，诚如1997年6月30日国务院副总理兼外交部长钱其琛在香港回归前夕会见葡萄牙外长伽马时所说：“香港问题的解决，将为中葡双方更好地解决

① 王小华：《中国红十字会代表团出席国际联合会执行理事会会议》，《中国红十字报》1996年11月22日。

② 中国红十字会总会编：《中国红十字会年报》（1996年），内部印行，第27页。

③ 香港红十字会（中国红十字会分会）：《1997至1998年年报》，香港红十字会（中国红十字会分会）内部资料，第8页。

澳门问题提供可借鉴的宝贵经验。”①

澳门自古以来就是中国的领土，16 世纪中叶以后被葡萄牙逐步占领。根据 1987 年 4 月 13 日《中葡关于澳门问题的联合声明》，中国政府将于 1999 年 12 月 20 日恢复对澳门行使主权。为了维护国家的统一和领土完整，为了有利于澳门的社会稳定和经济发展，考虑到澳门的历史和现实情况，中国政府在对澳门恢复行使主权时，根据《中华人民共和国宪法》第 31 条的规定，将设立澳门特别行政区，按照“一个国家，两种制度”的方针，澳门将同香港一样享有高度的自治权。这是 1999 年 12 月 20 日澳门回归后澳门红十字会成为中国红十字会大家庭中特别一员的基础与前提。

澳门红十字会 1922 年成立后即加入葡萄牙红十字会，成为其分会之一，名为葡萄牙红十字会澳门分会，1987 年正式采用“澳门红十字会（葡萄牙红十字会分会）”的名称。长期以来，中国红十字会与澳门红十字会在相互交往中建立了深厚的友谊。在中国红十字会关心和爱护澳门红十字会工作的同时，澳门红十字会亦对中国红十字会的工作给予帮助和支持，例如，每逢澳门遭遇灾荒之际，中国红十字会都给予捐助，而澳门红十字会对内地救灾、传播国际人道主义法等工作也提供了力所能及的帮助。在长期友好合作的基础上，并且又有了香港红十字会顺利回归的经验，因此澳门红十字会的回归自然是“一帆风顺”。

在相互协商的基础上，1998 年 11 月 30 日，中国红十字会常务副会长顾英奇、副会长王立忠等与到访的由左立基会长率领的澳门红十字会代表团就 1999 年 12 月 20 日澳门回归涉及双方之间的相关事宜举行了正式会谈。通过会谈，双方达成共识，并草签了《会谈纪要》②。根据《会谈纪要》，澳门红十字会向葡萄牙红十字会提出自 1999 年 12 月 19 日 24 时起正式与其脱离隶属关系的申请，获得葡萄牙红十字会的同意。

1999 年 4 月 8 日，澳门红十字会向中国红十字会提出加入的申请。10 月 10 日，中国红十字会召开第六届理事会第六次会议，审议并批准了澳门红十字会自 1999 年 12 月 20 日加入中国红十字会的申请，通过了《关于接纳澳门红十字会为中国红十字会高度自治分会的特别决议》③。第六届理事会又将该决议向 10 月 11 日至 13 日召开的中国红十字会第七次全国会员代表大会做了

① 《中华人民共和国年鉴》编辑部编：《中华人民共和国年鉴，1998》，中华人民共和国年鉴社 1999 年版，第 339 页。

② 《顾英奇常务副会长与澳门红十字会代表团会谈纪要》，中国红十字会总会编：《中国红十字会历史资料选编，1950—2004》，民族出版社 2005 年版，第 405—406 页。

③ 中国红十字年鉴编辑部编：《中国红十字年鉴：2004/2005》，台海出版社 2006 年版，第 270 页。

报告。10 月 13 日，中国红十字会第七届理事会第一次会议审议通过增补澳门红十字会左立基、曹国希以个人身份自 1999 年 12 月 20 日起为中国红十字会第七届理事会理事的决议[1]，理顺了澳门红十字会顺利回归后的人事基础；同日，中国红十字会第七次全国会员代表大会通过新修订的《中国红十字会章程》，规定：特别行政区红十字会为中国红十字会高度自治的分会，名称为“中国特别行政区红十字会”，简称红十字会（中国红十字会分会）。这就从规章制度上确立了澳门红十字会回归后的特殊地位[2]。

中国红十字会还对外发表公告，就澳门红十字会顺利回归的法理依据、称谓、与中国红十字会总会的相互关系等做了说明，进一步夯实了澳门红十字会回归的基础。公告称：

依据《中华人民共和国澳门特别行政区基本法》（以下简称《基本法》）、《红十字会与红新月会国际联合会章程》和《国际红十字与红新月运动章程》，基于《基本法》和国际红十字运动七项基本原则中的“统一性”原则，1999 年 12 月 20 日澳门回归时，澳门红十字会将脱离葡萄牙红十字会并同时加入中国红十字会。澳门红十字会将成为中国红十字会的一个享有高度自治权的地方分会，即在其内部机构设置与运作、行政决策、资产管理业务工作等方面享有自主权。中国红十字会总会不干涉澳门红十字会的内部事务。届时，澳门红十字会可根据原有制度自行决定人员聘用，可依据《基本法》和澳门特别行政区法律取得自身在澳门的合法地位并自行决定其内部事务和服务方式。依据国际红十字运动“统一性”原则，自 1999 年 12 月 20 日起，澳门红十字会名称为“中国澳门特别行政区红十字会”［英文：The Red Cross of the Macau Special Administrative Region of the People's Republic of China］，简称：澳门红十字会（中国红十字会分会）［Macau Red Cross（Branch of the Red Cross Society of China）］。澳门红十字会可根据《基本法》和澳门特别行政区政府的法律自行制定和修改澳门红十字会章程。依据《基本法》第 18 条，《中华人民共和国红十字会法》和《中国红十字会章程》不应用于澳门红十字会，但澳门红十字会可以参照有关条文，按澳门具体情况对澳门红十字会的章程作修改。自 1999 年 12 月 20 日起，澳门红十字会将使用中国红十字会会徽、会旗，自行决定其会服。

---

① 《关于增补左立基先生、曹国希先生为第七届理事会理事的特别决议》（1999 年 10 月 13 日），《中国红十字会第七次全国会员代表大会文件汇编》，1999 年内部印行，第 85 页。

② 《中国红十字会章程》（1999 年 10 月 13 日中国红十字会第七次全国会员代表大会通过），中国红十字会总会编：《中国红十字会历史资料选编，1950—2004》，民族出版社 2005 年版，第 399 页。

中国红十字会总会支持澳门红十字会与内地各分会之间建立友好合作关系，但这种关系应在总会指导和协调下进行。依据国际红十字运动的“统一性”原则和《基本法》，凡以国家红十字会为单位参加的国际组织和有关国际会议，由中国红十字会总会代表中国参加，必要时可吸收澳门红十字会人员作为代表团成员。澳门红十字会可与国际和世界各国、各地区红十字会或红新月会保持适当的业务往来和联系，如有相互合作或重要往来，应根据国际惯例，报知中国红十字会总会。对于必须由国家红十字会之间进行联系的事宜，应在中国红十字会总会与有关国际或国家红十字组织之间进行。澳门红十字会支持中国红十字会总会履行日内瓦公约及其附加议定书，以及红十字国际组织章程的有关规定。澳门红十字会与台湾红十字组织在互不隶属、互不干涉和互相尊重的基础上，可保持和发展关系。但要在维护“统一”原则下进行。为加强相互沟通，中国红十字会将把理事会的决议和有关文件传达于澳门红十字会。澳门红十字会在内务上有自决权，中国红十字会理事会的决议不要求澳门红十字会必须依照执行①。

10 月 26 日，中国红十字会常务副会长王立忠在率团出席于日内瓦召开的红十字会与红新月会国际联合会第 12 届大会后访问了葡萄牙红十字会，双方就澳门红十字会的顺利回归进一步交换意见，从而奠定了澳门红十字会顺利回归的基础。

12 月 17 日，全国人大常委会副委员长、中国红十字会会长彭珮云向澳门红十字会会长左立基发出贺信，热烈欢迎澳门红十字会加入中国红十字会。12 月 20 日零时整，随着澳门上空冉冉升起的五星红旗，澳门红十字会正式脱离葡萄牙红十字会，成为中国澳门特别行政区红十字会，成为中国红十字会大家庭的一员。

红十字组织虽为国际性民间组织，但鉴于红十字组织在国际上的广泛影响力，在香港、澳门回归的过程中其红十字组织是否能顺利回归，关系民心向背、关乎国家领土主权统一完整，也是回归过程中必须合理解决的重要问题之一。在香港、澳门回归的过程中，中国红十字会依据《基本法》的精神和国际红十字运动七项基本原则中的“统一性”原则，创造性地将“一国两制”与国际红十字运动的基本原则相结合，接纳香港红十字会、澳门红十字会为高度自治的分会，积极妥善地解决了香港、澳门回归以后两地红十字会与中国红十字会、国际红十字组织及其他国际组织之间的关系，

---

① 《关于澳门红十字会加入中国红十字会的公告》，中国红十字会总会编：《中国红十字会历史资料选编，1950—2004》，民族出版社 2005 年版，第 407 页。

有利于增强香港红十字会、澳门红十字会的活力和中国红十字运动的统一与繁荣。

总之，中国红十字外交在香港、澳门回归的过程中发挥了“特殊作用”[①]，为“一国两制”的成功实践“创造了新鲜经验”[②]，被誉为“对国际红十字运动的一个创造性贡献”[③]。

---

① 《国务院办公厅转发中国红十字会总会关于进一步加强红十字会工作意见的通知》（国办发〔2004〕85号），2004年11月26日。

② 彭珮云：《齐心协力　再接再厉　努力开拓我国红十字事业的新局面——在中国红十字会第七次全国会员代表大会闭幕式上的讲话》（1999年10月13日），《不懈的追求——蓬勃发展的中国红十字事业》，1999年内部印行，第3页。

③ 顾英奇：《坚持依法建会　加大改革力度　将中国红十字事业全面推向二十一世纪——在中国红十字会第七次全国会员代表大会上的报告》（1999年10月11日），《中国红十字会第七次全国会员代表大会文件汇编》，1999年内部印行，第27页。

余论　“一带一路”与中国红十字外交

“一带一路”（英文：the Belt and Road，缩写B&R）是“丝绸之路经济带”和“21世纪海上丝绸之路”的简称。2013年9月和10月，习近平总书记在出访中亚和东南亚国家期间，先后提出共建“丝绸之路经济带”和“21世纪海上丝绸之路”的重大倡议。

“一带一路”中，“一带”指的是陆地“丝绸之路经济带”，从中国出发，它有三个走向：一是经中亚、俄罗斯到达欧洲；二是经中亚、西亚至波斯湾、地中海；三是中国到东南亚、南亚、印度洋。“一路”指的是“21世纪海上丝绸之路”，重点方向是两条：一是从中国沿海港口过南海到印度洋，延伸至欧洲；二是从中国沿海港口过南海到南太平洋。“一带一路”沿线国家至少包括东南亚、中亚、中东欧等地区的65个国家，这些国家经济社会发展水平、文化传统、地理环境等差异很大，但“千百年来，丝绸之路承载的和平合作、开放包容、互学互鉴、互利共赢精神薪火相传”①。

“一带一路”不是一个实体和机制，而是合作发展的理念和倡议，是依靠中国与有关国家既有的双、多边机制，借助既有的、行之有效的区域合作平台，旨在借用古代“丝绸之路”的历史符号，高举和平发展的旗帜，主动地发展与沿线国家的经济合作伙伴关系，共同打造政治互信、经济融合、文化包容的利益共同体、命运共同体和责任共

① 《习主席的“丝路新语”：和平合作　开放包容　互学互鉴　互利共赢》，《人民日报》2014年7月2日。

同体。“一带一路”秉持共商、共建、共享的原则，不是封闭的，而是开放包容的；不是中国一家的“独奏”，而是沿线国家的“合唱”。“一带一路”是党中央、国务院统揽政治、外交、经济、社会发展全局做出的重大决策，具有深远内涵和重大意义。

一、红十字外交的再转型

国际红十字运动已经有150年的历史，红十字组织是全世界影响范围最广、认同程度最高的国际组织。中国红十字事业是中国特色社会主义事业的重要组成部分，作为党和政府在人道领域的助手，中国红十字事业必然要融入“一带一路”倡议，并且应在为“一带一路”沿线各国“分享中国发展机遇，实现共同繁荣”中做出积极贡献，以更好地展现中国的大国形象与风范。

当前，国际体系和国际秩序深度调整，和平与发展仍是时代主题，但局部冲突和战争不断，人道危机与恐怖主义、能源、气候、环境等问题相互交织，人道需求不断增长。红十字运动的箴言是“人道获致和平”。红十字是一种精神，更是一面旗帜，跨越国界、种族、信仰，引领着世界范围内的人道主义运动。复杂的国际环境，特定的“一带一路”区域范围，无疑给中国红十字外交带来巨大的挑战，当然，更多的还是开拓创新的机遇。这就要求中国红十字会高举人道主义旗帜，融会中国元素、中国特色，实行外交转型，在“一带一路”建设中发挥好先行兵、民间亲善大使的作用，尤其是在人心相通方面做更多的工作，充分发挥人道外交、民间外交的亲和力和影响力，展示人道和博爱的国际形象，为增进中外人民友谊、建设持久和平共同繁荣的和谐世界做出更大的贡献。

2012年，国务院发布《关于促进红十字事业发展的意见》提出：“支持和指导红十字会积极参与国际红十字运动和国家对外人道援助工作，将红十字会对外人道援助工作纳入国家对外援助整体部署。支持和指导红十字会依照有关规定设立民间国际人道援助基金，建立以专职工作人员为骨干、志愿人员为主体的民间救援队伍，提高红十字会参与国际人道救援的能力。”

近几年来，围绕推进“一带一路”建设，以及贯彻落实国务院《关于促进红十字事业发展的意见》，中国红十字会不断加强国际人道合作，通过资金、技术、人员培训、派出紧急救援队、在国外社区开展“博爱家园”项目等多种渠道，积极开展对外工作，形成多层面的合作机制，以共同应对日益严重的人道挑战；尤其是在非洲、中亚、东南亚等国家开展的深入基层、让民众受惠的外援项目，受到普遍欢迎；中国红十字会依法履行国际责任和义务，主动转型，参与国际红十字运动规则制定，扩大国际影响力，积极发挥了民间外交的重要渠道作用。

二、更加重视国际间的交流与合作

“一带一路”秉持共商、共建、共享的原则，积极推动人类命运共同体建设。作为一个综合国力不断提升的大国，中国需要在重要的国际组织中担当重任，需要在国际人道领域有更大影响。红十字会是国际上最具影响力的人道组织，因此积极参与国际红十字与红新月运动，进一步发挥多边合作机制的作用，在力所能及的范围内履行国际责任和义务，在参与国际红十字运动规则制定、重大议题讨论等方面发挥积极作用，增强话语权，更好地把“一带一路”倡议融入国际红十字运动，进一步扩大中国的国际影响力，中国红十字会责无旁贷。

在国际红十字运动中，红十字会与红新月会国际联合会发挥了很大的作用，具有一定的世界影响力。因而，谋求在国际联合会中更高的地位，推动国际红十字运动深入发展，不断提升中国红十字会的国际影响力，更加有利于“一带一路”倡议的实施：一是有利于中国在国际人道战略、政策和规划的制定中发挥更大更重要的作用，为推动中国在人道领域的创新和经验推广营造良好的政策和规则环境，对于提升中国在国际人道领域的地位和影响力，树立负责任大国形象具有重要意义；二是有利于增强和激发国内团体和个人积极参与人道工作的自信心和积极性，从而发挥红十字会在开展人道救助、反映民生诉求、化解社会矛盾等方面的独特优势；三是有利于更好地学习国际上的先进经验，创新管理手段，推动中国在应急救援、应急救护及人道救助等方面与国际标准体系衔接，更好地将社会的人力资源、技术资源、爱心资源凝聚起来，合理科学地配置和传递给最需要帮助的人①。

2013 年 11 月，在国际联合会会议期间，中国代表团积极开展全方位、多层次交流，大力宣传中国红十字会的战略思路——通过“南—北—南”合作模式，促进发达国家和发展中国家在人道资源分配、人道事务协调、人道责任担当等方面的沟通与交流，将共同合作、协同发展的思路融入国际人道组织未来发展战略。中国红十字人道事业的新形象、新举措、新行动引起了国际同行的高度关注和肯定，赢得与会国家广泛支持。最终，中国红十字会常务副会长赵白鸽以 128 票的压倒性优势当选国际联合会副主席。时评认为，这是“中国红十字会在推动中国走向世界、为中国争取更大国际影响力和话语权的征程上，再一次做出重要贡献”，“这是中国的成功!”亦如阿富汗红十

① 李孟宇：《悉尼作证：这是中国的成功》，《中国红十字报》2013 年 12 月 6 日。

字会秘书长丁德尔对中国红十字会赵白鸽常委副会长成功当选后的贺词所言，“你们赢得了整个世界”[①]。

成为国际联合会的副主席，有力地拓展了中国红十字会的国际活动空间，进一步提升了中国红十字会的影响力。例如，2014 年 3 月，国际联合会副主席赵白鸽受邀出席在迪拜召开的国际人道主义援助和再发展会展大会，在会上她介绍了国际联合会性别战略，并呼吁全世界关注人道灾害对妇女和儿童的影响，呼吁对处于紧急状况下的妇女和女童进行保护；同时，她还同与会者分享了中国红十字会在菲律宾和缅甸的援助行动中关注妇女需求的经验，获得积极反响[②]。再如，2014 年 8 月，赵白鸽应邀出席联合国发展计划署代表联合国驻华机构召集的“中国的国际人道主义援助和中国红十字会的作用”主题会议，并作为特邀演讲嘉宾做主题发言。赵白鸽围绕国际人道事业面临的形势及挑战，中国红十字会的组织性质、核心业务和改革措施，以及中国国际人道援助的发展现状等进行了详细阐述和介绍。与会人员对中国红十字会在国际人道援助工作中的积极行动和所取得的成绩表示高度肯定和赞赏[③]。这对提升中国的软实力和人道主义事业的国际影响力发挥了重要作用。

地区大会是国际联合会章程规定的法定会议，每 4 年召开一次。2014 年 10 月 22 日，第 9 届国际联合会亚太地区大会在北京召开，此次会议的主题为“创新力、影响力、行动力：开启亚太新时代”。国务委员王勇、中国红十字会会长华建敏出席并致辞。王勇在致辞中强调，中国政府高度重视红十字人道主义事业的发展，积极支持中国红十字会加强与亚太、中东地区及世界各国红会的交流合作，并表示中国政府愿与亚太、中东地区以及世界各国一道，积极应对新形势下的人道需求和挑战，为发扬人道主义精神、保护人的生命和健康，促进世界和平与发展而不懈努力[④]。华建敏会长进一步表示，中国红十字会愿进一步加强与红十字运动大家庭其他成员的交流合作，为构建一个和谐的亚太和世界做出重要贡献[⑤]。经过认真讨论，会议达成共识，形成《北

① 李孟宇：《悉尼作证：这是中国的成功》，《中国红十字报》2013 年 12 月 6 日。

② 《赵白鸽出席国际人道主义援助和再发展会展大会》，《中国红十字报》2014 年 3 月 27 日。

③ 《赵白鸽出席人道主义国际会议》，《中国红十字报》2014 年 8 月 29 日。

④ 《第九届红十字会与红新月会国际联合会亚太地区大会开幕》，《人民日报》2014 年 10 月 23 日。

⑤ 《第九届红十字会与红新月会国际联合会亚太地区大会开幕》，《中国红十字报》2014 年 10 月 24 日。

京创新呼吁》成果性文件[1]，为亚太与中东各国红十字会与红新月会提供了联合行动愿景计划，对各国红十字会增强创新能力、提高灾害应对水平、进一步提升红十字运动的影响力，将起到重要的促进作用。

在举办第9届国际联合会亚太地区大会的同时，第2届亚太地区青年峰会2014年10月19—21日在北京举行。中国红十字会历来重视红十字青少年工作。进入新世纪以来，中国红十字会重点推进青年网络建设、领导力开发、人道传播、志愿服务等方面的工作，并积极为国际联合会“青年参与战略”的制定、推广贡献智慧和经验，取得了丰硕成果，因此借助青年大会这个平台，既可推动红十字运动深入发展，亦是展示中国形象的良好契机。此次峰会以“青年人道主义者在行动”为主题，就青年在国际红十字与红新月运动中的作用进行交流探讨[2]。峰会签署的《北京青年承诺》提出：尊重红十字标识，确保志愿者和他们行动的安全，并为各自国家的人道外交做出努力；支持社交媒体和交流技术的使用，以提高服务水平，增进相互交流；在国家红会制定或修订青年政策和青年参与战略时占据主导地位；在国家红会的所有程序和服务中设计青年领导计划；参与到青年领导力和青年领导战略的全球工具包发展，以培育青年参与决策网络；参与红十字会与红新月会国际联合会的全球进程；和国家红会代表一起准备和参与地区和国际会议；和国家红会一起继续组织青年会议，等等[3]。

2014年是《1864年日内瓦公约》及国际红十字与红新月运动150周年。150年来，国际红十字运动形成了现在的国际人道法，建立了包括红十字国际委员会、国际联合会和189个国家红会所组成的网络，这对世界人道运动来说，是保障事业成功的根本。国际人道法引导了全球人道运动的开展，对全球社会产生深刻的影响[4]。2014年8月，外交部、红十字国际委员会在北京举行“纪念《1864年日内瓦公约》及国际红十字与红新月运动150周年研讨会”。红十字国际委员会主席彼得·莫雷尔，中国红十字会常务副会长、红十

---

① 《北京创新呼吁》主要观点包括：筹集资金鼓励创新方式服务社区；拓展志愿者基础，推进志愿服务；通过社区韧性等项目增进对气候变化和卫生等风险应对能力；通过经验和资源共享应对流行疾病等卫生威胁；鼓励青少年参与红会工作，特别是参与决策；与各方合作拓展筹资来源，提供更切近群众的可持续性服务；使用各类媒体和通讯工具拓展服务、分享知识；发挥助手作用，加强与政府关系，明确与军方在灾害管理中的关系；以更具可持续性的业务模式加强联合会的协调能力；定期开展评估，保证工作公开透明。《第九届红十字会与红新月会国际联合会亚太地区大会闭幕》，《中国红十字报》2014年10月31日。

② 《青年人道主义者在行动——第二届亚太地区红十字青年峰会在北京开幕》，《中国红十字报》2014年10月21日。

③ 《第二届亚太地区红十字青年峰会闭幕》，《中国红十字报》2014年10月24日。

④ 张薇：《赵白鸽：中国红十字会是国际人道法参与者，也是实践者》，光明网，2014年8月29日。

字会与红新月会国际联合会副主席赵白鸽，中国外交部副部长王超等出席研讨会并致辞。会议旨在回顾公约执行情况，反思150年来国际人道法和人道行动的发展，探讨现在和将来所面临的挑战，共同推动国际人道主义行动不断向前发展[①]。

会前，中国红十字会会长华建敏会见红十字国际委员会主席彼得·莫雷尔，双方就进一步加强沟通与合作进行了交流。莫雷尔高度评价国际委员会与中国红十字会之间的合作，并表示双方合作成果显著，在一些武装冲突、自然灾害等事件的处理中都进行了有预见性的工作；他希望扩大中国红十字会同红十字国际委员会之间的合作领域，在更广泛的世界舞台上进行进一步的密切合作。华建敏表示，愿意与国际委员会在国际救援领域进一步加强合作[②]。

由上述可见，中国红十字会自2013年当选国际联合会副主席以来，“紧紧围绕国家外交大局和‘一带一路’发展战略，秉持亲、诚、惠、容的周边外交理念”，积极发展与国际组织及“一带一路”沿线国家红十字会或红新月会的交往，拓展合作项目，扩大合作层次，夯实友好基础，多边、双边交流日益频繁、深入、富有成效，促进了相互之间的了解，为深化合作打下了坚实基础，亦为推动“一带一路”倡议融入国际红十字运动做出了积极的努力。

三、对外人道援助的新形式

新中国成立以来对外进行了大量的人道主义援助，为加强中国人民同世界各国人民之间的联系与友谊、促进世界和平与发展做出了贡献。进入新千年以来，人道主义援助更是被纳入包括可持续发展、千年发展目标、气候变化等在内的更广泛的全球发展议程，中国政府更加重视对外人道主义援助。

2013年11月，党的十八届三中全会提出：“加快同周边国家和区域基础设施互联互通建设，推进丝绸之路经济带、海上丝绸之路建设，形成全方位开放新格局。”2013年以来，中国红十字会已向“一带一路”沿线国家，如几内亚、柬埔寨、缅甸、加纳等国提供了人道主义援助和救助，这“不但改善了当地最易受损民众的生产生活条件，而且促进了国家红会自身能力建设，有力支持了当地红会开展人道工作，加深了两国民众间的友谊和感情”。诚如中国红十字会副会长郝林娜所言，协助政府开展国际人道主义救援工作，是

① 池子华、邓通主编：《中国红十字历史编年，2010—2014》，合肥工业大学出版社2016年版，第249—250页。

② 《华建敏会见彼得·莫雷尔》，《中国红十字报》2014年8月29日。

中国红十字会发挥“政府在人道领域重要助手”作用的鲜明体现，“在这一点上，我们的作用是不可替代的”①。红十字会与红新月会国际联合会主席近卫忠辉亦盛赞，“中国红十字会在国际人道主义救援及对外交流合作方面正发挥越来越重要的作用”②。

2007年1月，中国红十字会总会向国务院递交《关于解决影响红十字事业发展的困难和问题的请示》，提出顺应国际援助形式的新趋势，把对外援助重心转向以扶持发展的非紧急援助。因为小额的非紧急援助虽然资金少，但影响大，操作灵活便捷。通过非紧急援助项目，既可支持周边及非洲等经济欠发达国家红十字会的发展项目，亦可配合国家整体外交方针，与受援国红十字会保持长期紧密的关系，促进双边关系的发展。当年12月，由商务部举办，中国红十字会承办的第一期援外培训班“国家红十字会加强能力建设研修班”开班③。随后，中国红十字会或单独，或在相关部门、地方政府的支持下，相继举办包括项目管理、社区服务、备灾和灾后重建、艾滋病预防和宣传等培训班、研修班，以帮助这些国家（地区）红十字会共同提高应对不同人道需求的能力。

例如，2013年9月，由商务部、国家行政学院、中国红十字会举办，国际联合会、国际委员会和联合国开发计划署协办的“发展与人道”亚太地区国家红会合作研讨班在北京开班。来自国际联合会、国际委员会，以及美国、柬埔寨、朝鲜、斐济、马来西亚、蒙古、尼泊尔、巴布亚新几内亚、斯里兰卡、越南等国家红十字会和政府部门的代表等80多人参加会议。与会代表围绕发展与人道、国家红会治理与能力建设、红十字核心业务、红十字品牌管理、红十字青少年等主题进行研讨和演讲，使研讨班成为亚太地区红十字和红新月运动的一个十分重要的合作与交流平台④。

2014年3月，亚太地区红十字会智库研讨会在云南召开，国际联合会主席近卫忠辉专程到会。会议围绕亚太地区人道事业发展趋势、挑战和机遇、气候变化影响、灾害管理与创新、人道外交、红会治理和能力建设、志愿者和青年以及红十字会核心业务等议题展开深入讨论。国际联合会副主席赵白

---

① 《拉近中国与世界的距离——“九大”以来中国红十字会对外交往工作回顾》，《中国红十字报》2014年12月5日。

② 《中国红会在国际事务中作用愈发重要　国际联合会主席近卫忠辉接受采访》，《中国红十字报》2015年10月30日。

③ 贺晔：《架起民间外交的彩桥》，《中国红十字报》2011年2月21日。

④ 池子华、邓通主编：《中国红十字历史编年，2010—2014》，合肥工业大学出版社2016年版，第202页。

鸽主持讨论，并代表中国红十字会就“趋势、合作、创新”议题做了重点陈述①。

2014 年 4 月，亚欧国家红十字会人道工作能力建设研修班在北京开幕，来自白俄罗斯、塔吉克斯坦、吉尔吉斯斯坦等 7 个国家的 22 名官员参加此次培训。研修班旨在加强中国与亚欧各国在红十字事业上的交流与合作，增进彼此的了解与友谊，进一步拓宽合作渠道，共同推进人道事业发展②。

2014 年 8 月，由商务部、中国红十字会共同举办的中非人道合作部长级研讨班在北京举行。中国红十字会常务副会长、国际联合会副主席赵白鸽及来自埃塞俄比亚、肯尼亚、苏丹、坦桑尼亚、乌干达、赞比亚、埃及、马拉维、津巴布韦等 9 个非洲国家红十字会负责人及政府相关部门官员参加研讨班。这是中国红十字会第三次组织非洲国家红会高层就中非人道合作进行交流，旨在建立中非人道合作长期对话机制，探索有效合作途径，建立资源动员平台，推进中国和非洲国家在人道领域的交流与合作。国际联合会秘书长哈吉・阿马杜・西对此次会议给予高度的评价，认为，中国和非洲大陆的人道主义领袖共同携手应对日益复杂的国际人道主义危机，是一件水到渠成的事情。此次峰会中，互惠互利将成为中国红十字会和非洲国家红十字会的广泛共识③。

这几年的实践表明，中国红十字会以培训、论坛等项目形式开展的对外非紧急援助，进一步丰富了红十字外交的内容，“对于中国红十字会发挥民间外交作用起到了积极作用”④。

2013 年是贯彻国务院《关于促进红十字事业发展的意见》的第一年，也是“一带一路”倡议提出的第一年。中国红十字会除了广泛开展培训、论坛等形式的对外交流活动外，还创新国际救援的形式，以国际救援的“中国模式”，推进“一带一路”倡议。

例如，2013 年 11 月 8 日，第 30 号台风“海燕”重创菲律宾，引起国际社会普遍关注，多个国家或地区及国际组织向菲律宾提供人道援助⑤。菲律宾灾情牵动着中国人民的心。11 月 13 日，国家主席习近平致电菲律宾总统，就菲律宾遭受超强台风袭击、造成大量人员伤亡和重大财产损失，代表中国人民向菲律宾人民表示诚挚的慰问，向遇难者表示深切的哀悼，祝愿菲律宾人

---

① 《亚太地区红会智库研讨会召开》，《中国红十字报》2014 年 3 月 25 日。

② 《亚欧国家红会代表来京培训》，《中国红十字报》2014 年 4 月 15 日。

③ 《加强中非合作　实现互利共赢——中非人道合作部长级研讨班在京开幕》，《中国红十字报》2014 年 8 月 22 日。

④ 贺晔：《架起民间外交的彩桥》，《中国红十字报》2011 年 2 月 21 日。

⑤ 《30 多个国家向菲律宾提供赈灾援助》，《上海商报》2013 年 11 月 14 日。

民早日战胜灾害、重建家园①。

中国红十字会多措并举，开始了大规模的国际救援。首先，中国红十字会先后派出三支国际救援队奔赴菲律宾灾区，开展现场急救工作②。不仅设立医疗救助点，开展直接医疗服务，还积极开展普及防疫知识、进行卫生培训和巡回医疗、向当地医院赠送急需药品、承担遇难者遗体搜寻等任务。其次，在救援款项与物资援助方面，11月11日，中国红十字会向菲律宾提供10万美元的人道主义紧急赈灾现汇援助；之后，中国三批救援队先后将超过400万元的救灾药品、医疗设备、医用耗材及大批救灾装备捐赠给菲律宾红会。第三，台风过后，中国红十字会派出专家参加风灾救援国际专家小组，评估菲律宾灾情，指导救灾工作③。第四，中国红十字救援队结合当地环境，搭建活动板房，援建临时校舍，到2014年2月13日，中国国际救援队为当地灾民留下了近万平方米校舍及一批志愿者和先进的建筑设备。“这些人员、技术和物资，将成为菲律宾红十字会下一步民房建设项目的‘种子’，帮助灾区人民尽快渡过难关”。救援队也被当地政府誉为“最专业、最勤奋、最受当地民众欢迎”的国际救援队，中国救援队第一任领队孙硕鹏认为：“此次赴菲救援，是新中国成立以来，中国红十字会首次向遭受重大自然灾害的国家派遣综合救援队，实现了历史性突破。”

近几年来，中国红十字国际救援队多次出国参与救援，充分发挥不怕苦、专业化的优势，圆满完成了历次救援任务，特别是中国红十字会在成建制、分梯次执行国际救援任务中所展现出的“中国样本”，赢得了国际红十字运动伙伴的尊重，向国际社会传递了来自中国的人道声音，契合国家“一带一路”倡议，“体现出中国红十字会作为党和政府在人道领域的助手和民间外交的重要渠道作用”④，标志着中国红十字会已经成为国际紧急人道主义救援的重要参与方⑤。

四、新时代红十字外交及展望

自2013年“一带一路”倡议提出以来，中国红十字会在积极履行红十字运动的职责与使命的基础上，围绕“一带一路”倡议，不断创新工作思路，

---

① 《习近平向菲律宾人民表示慰问》，《人民日报（海外版）》2013年11月14日。

② 参见《中国红十字国际救援队首批赴菲律宾救援队员出发》，《光明日报》2013年11月20日；《中国红十字医疗救援队从上海飞抵菲律宾》，《天天新报》2013年11月25日；《中国救援队抵菲重灾区》，《新华日报》2013年11月24日；《中国红十字会国际救援队赴菲救灾第二批志愿者回国》，《光明日报》2013年12月26日。

③ 《赴菲应急医疗队整装待发》，《京华时报》2013年11月19日。

④ 《中国红十字国际救援队赴斯里兰卡开展救援》，《中国红十字报》2017年6月6日。

⑤ 《从汶川到塔克洛班》，《中国红十字报》2014年3月11日。

拓展外交领域，积极提升在国际红十字运动中的话语权和影响力，不断开拓紧急和非紧急援助项目，在促进“民相亲、心相通”方面做出了很大的成绩，逐步开创了中国红十字外交的新局面。而今，中国已迈入新时代。新时代对中国红十字事业的发展提出了新的要求，从而对中国红十字外交也提出了新的课题：作为政府在人道领域的助手，中国红十字会如何通过更加灵活务实的外交，展示中国的软实力和亲和力，以进一步配合国家的大外交，合力推进人类命运共同体的建设，实现中华民族的伟大复兴。换句话说，作为一个负责任的大国红十字会，应该有更大的担当。

（一）更加注重对外援助的顶层设计与项目的选择

实践和研究均表明，对外援助是促进和维护国家利益、推行对外政策的重要手段，是一个国家展示与履行国际社会责任的关键，也是展示软实力与国家形象的最好机会。中国已是世界第二大经济体，国际上对中国履行大国责任寄予厚望，红十字国际组织也一直期待中国由受援国转变为捐赠国，许多第三世界国家的红十字会或红新月会都希望得到中国的援助。可见，进一步做好顶层设计，通过红十字会扩大对外物资和经费等援助仍有提升的空间，亦可更好地服务于国家外交战略。

从援助的区域来看，中国周边的亚太地区是中国红十字会重点援助区域。“亚太地区是世界上最常发生灾害的地区之一。2004—2013 年，有近一半的自然灾害发生在这一区域”①，亚太区域遭受灾害的严重性可见一斑。历史表明，无论是自然灾害，还是人为的灾害，不仅威胁到全体社会的福利，甚至会威胁到国家的安全。从 20 世纪 80 年代以来，联合国就十分重视世界范围内的防灾减灾。作为国际性的人道组织，红十字会历来也十分关心和注重防灾减灾，做了大量的卓有成效的工作。因此，通过红十字会继续加强对亚太地区的人道主义援助是十分必要的，也是积极助推“一带一路”建设的题中之意。

从援助的目标来看，援助不仅要讲求实效，更应着眼于长远，援助方式也应灵活多样。这几年，中国红十字会积极参与“一带一路”建设，通过对沿线国家的分析和了解，确定人道外交的方向和重点，且援外内容丰富，形式多样。研究表明，世界上越来越多的对外援助已不再专注于支持某个特定机构或者某个特定项目，而是把视角放在了社会问题本身，努力寻求最佳解决方案，如饥饿、疟疾、女童教育等等，覆盖面广，复杂性高，需在全球范围内寻求解决之道②。因此，对外援助还需进一步加强与世界其他国家、国际

① ［新加坡］尚穆根：《减灾是维持长期经济增长关键》，《联合早报》2015 年 3 月 16 日。

② 李颖生：《全球慈善新运动，中国如何定位》，《中国红十字报》2014 年 4 月 11 日。

组织，尤其是国际红十字组织之间的合作，既要重视全球范围内的合作与学习，重视在实践中总结、积累和共享经验，又要大胆探索和实践，认真选择合适的项目，“配合国家大外交战略和当地居民形成互动交流，增进民间友谊”①。因此需要积极探索中国作为大国的红十字援外模式，开展共享经验技术、人力资源的项目交流与合作，涵养真正持久发展的动力，形成成熟的中国红十字会援外的“中国样本”。

不仅如此，对外援助应坚持不附带任何政治条件，不干涉受援国内政，充分尊重受援国自主选择发展道路和模式的权利，不强加自己的观点；与他国政府和民间社会组织精诚合作，依照需求慎重选择援助重点，因为“一个崛起的中国必须不再重复过去西方崛起的陈旧逻辑，这是中国在21世纪的重大使命”。因此对外援助的总体目标应该是“让受援国真正感到不同于西方国家的人情和温暖”，自觉“承担着自身探索、转型和消除西方世界‘中国威胁论’的任务”②。

（二）进一步提升在国际红十字运动中的话语权、主导权

经过几十年的发展，中国外交事业已经一步步走向“新高地”。所谓“新高地”，指的是今天和未来一段时期中国在全球政治与国际关系中所处的不断上升的位置。“站在新高地上的中国外交，一定要有好的心态与新的立足点”③。中国红十字会是政府在人道领域的助手，在对外方面，必须服从于、服务于国家的需要。因此，站上“新高地”的红十字外交，也必须要有“新的立足点”。

冷战结束后，红十字会在国际舞台上扮演着重要的角色，发挥着越来越重要的作用。而进一步提升中国红十字会在国际红十字运动中的地位，参与制定相关规则，掌握话语权，保障国家利益，应该成为今后红十字外交的“新的立足点”。要实现这一目标，首先要求在“一带一路”倡议的框架下，加强与国际委员会、国际联合会的交流合作，积极参与国际红十字运动事务和议程设计，广泛开展多边交流，努力扩大在国际组织中的影响力和话语权。

其次，还需向红十字国际组织派驻更多的人员，以便广泛参与国际组织内部活动，深入了解组织内部运作与外部协调机制，从而更好地引领红十字

① 郝林娜：《构建“一带一路”民间外交新格局》，《中国红十字报》2014年4月28日。

② 邱震海：《中国援外：为更成熟的国家定位展开探索》，人民日报社主办：《台港澳报刊参阅》第35期（总第782期），2010年9月9日，第5页。

③ 林美芬：《〈中国外交新高地〉：高处不胜寒》，人民日报社主办：《台港澳报刊参阅》第25期（总第772期），2010年7月1日，第11页。

运动的健康发展。

再者，中国是一个大国，应进一步鼓励基层红十字组织参与对外交往与合作，让基层组织在总会的指导下，因势利导，激发活力，创新形式，充分发挥好“民心相通”的枢纽作用。近几年来，中国红十字会还积极鼓励相关经济发达省份红十字会与外国地方红十字会之间的友好往来与合作，为地方红十字会积极参与当地“一带一路”建设架桥铺路。

（三）联合开展红十字理论文化研究

2013 年，马来西亚经济学家胡永泰在接受采访时，曾尖锐地提出“中国融入世界的能力问题”，他说：“问题是中国是否具备融入世界的能力。内部的问题也许可以依靠自己的力量解决，但是外部世界里，你必须要别人来与你合作。当务之急，中国必须向世界展示和解释自己的‘理念’，而不仅仅是展示自己‘有钱’——有钱可以买到东西，但买不到尊重。很多西方国家现在跟中国交好并不是因为尊重。中国是否有明确而长远的与西方、邻国及中东非洲交往的战略呢？大国常常出现的一个毛病，就是迷失在自己的问题里。美国也是如此。我认为外部世界才是中国真正的挑战。”①

所谓的“尊重”及“精神准备或道义准备”，归结其根本，就是理论文化问题。这就需要中国红十字会提出自己的“理念”作为旗帜，以凝聚广泛共识。众所周知，亨廷顿在其《文明的冲突与世界秩序的重建》中提出，冷战后的世界，冲突的基本根源不再是意识形态，而是文化方面的差异，主宰全球的将是“文明的冲突”。在当今的媒介环境里，国与国之间的抗衡、地区与地区之间的矛盾和冲突，更多的是一种文化、价值观、理念上的冲突和竞争。从根本上说，正是文化理念的差异，使得“融入”成了一个问题与挑战。

国际红十字运动迄今已有 150 年历史，这一运动不仅有 189 个国家承认并签署的日内瓦公约及其附加议定书作为最基本的法律框架，同时还有国际红十字与红新月运动章程、议事规则、标志规则以及灾害救援行为守则、欺诈和腐败的预防与控制政策、企业界伙伴关系政策等一整套完备的法规体系，形成了比较丰富的红十字文化。因此，中国红十字会今后应加强对国际形势和红十字运动所面临的机遇与挑战进行分析，加深对红十字国际组织所出台的重要政策文件的研究，积极寻找中国红十字会的切入点，搭建好合作与交流的平台。

国之交在于民相亲，民心相通是“构建人类命运共同体”的基础。因此我们还要研究红十字文化中国化、研究红十字文化的普适性，也要研究红十

---

① 转引自马国川：《看中国》，中信出版集团 2015 年版，第 159 页。

字文化与各国各地区文化融合的独特性；站高点，看远点，才能更好地凝聚共识，积极促进民心相通，提前为政府间的合作创造条件，从而使政府间达成的一系列共识具有广泛的文化基础和务实的可操作性。

2014 年 8 月，中国红十字会会长华建敏在会见红十字国际委员会主席彼得·莫雷尔时表示，加强对中国古代人道理念和博爱思想的研究，对于丰富和深化红十字文化很有意义，中国红十字会愿意在红十字文化研究方面加强与国际委员会的合作。莫雷尔表示赞同，认为必须进一步加深对人道理念的理解，并建议与中国红十字会形成合作协议，今后在具体领域的研究上加强合作①。令人欣喜的是，中国红十字会正在积极筹建红十字国际学院，筹设“一带一路”智库，搭建平台，积极培养和凝聚联合开展红十字理论文化研究的人才，亦为更好地开展国际联合研究做准备。

总之，“一带一路”必将为中国红十字会提供良好的发展机遇，必将进一步拓展其外交空间。中国红十字会应顺势而为，奋勇开拓，充分运用国际红十字运动的舞台，发挥好大国红十字会的作用，谱写好“中国梦”之“红十字篇章”，为“一带一路”倡议的深入推进贡献力量。

---

① 《华建敏会见彼得·莫雷尔》，《中国红十字报》2014 年 8 月 29 日。

附录一　中国红十字会部分对外援（捐）助统计表

<table>
<tr><th>接受救济的国家、地区或组织</th><th>灾害类别</th><th>捐赠日期</th><th>捐款捐物[1]</th><th>备注</th></tr>
<tr><td>印度</td><td>粮荒</td><td>1951 年 6 月 21 日</td><td>20 亿元</td><td rowspan="5">新中国成立之初的旧币制，与现行币制比例为 10000：1</td></tr>
<tr><td>印度</td><td>水灾</td><td>1953 年 3 月 11 日</td><td>15 亿元[2]</td></tr>
<tr><td>英国</td><td>水灾</td><td>1953 年 2 月</td><td>10.5 亿余元</td></tr>
<tr><td>比利时</td><td>水灾</td><td>1953 年 2 月</td><td>2.6 亿余元</td></tr>
<tr><td>荷兰</td><td>水灾</td><td>1953 年 2 月</td><td>15.7 亿余元</td></tr>
<tr><td>英国</td><td>水灾</td><td>1954 年 5 月</td><td>7218 英镑</td><td></td></tr>
<tr><td>希腊</td><td>地震</td><td>1955 年 6 月</td><td>2 万瑞士法郎（约合 1.2 万元）[3]</td><td></td></tr>
<tr><td>印度</td><td>水灾</td><td>1955 年 8 月</td><td>10 万元</td><td></td></tr>
<tr><td>巴基斯坦</td><td>水灾</td><td>1955 年 9 月</td><td>5 万元</td><td></td></tr>
</table>

① 本栏中凡未注明币种的均为人民币。

② 原拟捐赠 10.5 亿元，由于得知苏联捐赠 25 万卢布（约合人民币 17 亿元），毛泽东批示“款数似应增加至 15 亿或 20 亿人民币”，见《我红十字会及救济总会救济印度水灾（1953 年 9 月 16 日至 11 月 11 日）》，外交部档案馆：105-00243-01（1）。殷晴飞：《1949—1965 年中国对外人道主义援助分析》，《当代中国史研究》2011 年第 4 期。

③ 原拟捐款 3 万元人民币，但外交部认为，鉴于中希关系，“特别是与印度捐款相形之下，捐款数三万似太大”。见《关于我红十字会救济希腊地震灾区事（1955 年 5 月 13 日至 7 月 5 日）》，外交部档案馆：110-00153-02（1）。殷晴飞：《1949—1965 年中国对外人道主义援助分析》，《当代中国史研究》2011 年第 4 期。

（续表）

接受救济的国家、地区或组织	灾害类别	捐赠日期	捐款捐物	备注
越南	台风	1955 年 11 月	价值 20 万元物资①	
黎巴嫩	水灾	1956 年 1 月 1 日	2 万元	
黎巴嫩	地震	1956 年 3 月	3 万元	
法国	寒潮	1956 年 2 月	2 万元	
意大利	寒潮	1956 年 2 月	2 万元	＊李德全参加了在魁里纳尔宫举行的捐赠仪式，并受到意大利总统夫人、红十字会会长当纳·格隆基的欢迎
南斯拉夫	雪崩水灾	1956 年 2 月	3 万元②	
柬埔寨	水灾	1956 年 2 月	8 万元	＊西哈努克亲王致函感谢
阿尔巴尼亚	雪崩	1956 年 2 月	2 万元	
匈牙利	水灾	1956 年 3 月	5 万元	
土耳其	风雪水灾	1956 年 2 月	1 万元	
土耳其	寒潮	1956 年 3 月	2 万元	
红十字国际委员会	/	1956 年 7 月	1 万瑞士法郎	
埃及	反抗侵略斗争	1956 年 11 月	10 万元	
阿富汗	水灾	1956 年 5 月 28 日	1 万元	

① 红十字会曾考虑援赠 20 万元人民币，认为“9 月初我曾捐款 10 万元人民币救济印度水灾，越南此次风灾甚严重，并在其国家恢复建设初期，似应多捐一些，但另一方面又因对资本主义国家捐款短期内不可能太多，因此，以红十字会名义对越亦不应过多，不致显得过分厚此薄彼。”最后乃决定捐赠价值 20 万元人民币物资。见《救济越南风灾事（1955 年 10 月 17 日至 11 月 29 日）》，外交部档案馆：106-00090-01（1）。殷晴飞：《1949—1965 年中国对外人道主义援助分析》，《当代中国史研究》2011 年第 4 期。

② 考虑到苏联向南斯拉夫捐款 4.5 万卢布，红十字会拟捐助 1.5 万～2 万卢布，但由于中南建交不久，关系友好，陈毅批示将款额增至 3 万元人民币（1955 年人民币改革后，其与卢布的汇率约为 1∶2），略高于苏联的捐助额。见《关于中国红十字会捐款救济南斯拉夫雪灾的文电（1956 年 2 月 17 日至 25 日）》，外交部档案馆：109-01061-06（1）。殷晴飞：《1949—1965 年中国对外人道主义援助分析》，《当代中国史研究》2011 年第 4 期。

（续表）

接受救济的国家、地区或组织	灾害类别	捐赠日期	捐款捐物	备注
希腊	地震	1956 年 7 月 9 日	1 万 瑞士法郎	由红十字会协会转交
尼泊尔	防痨	1956 年 9 月 20 日	2 万元	
伊朗	水灾	1956 年 8 月	2 万元	
伊朗	地震	1957 年 7 月	1.5 万元	*伊朗红狮和太阳会先后两次来电感谢“珍贵的捐助”
日本	捐赠给日本的原子弹受害者	1957 年 8 月	5 万元	
印度尼西亚	水灾	1957 年 1 月	6574.85 元	
保加利亚	暴雨	1957 年 8 月	10 万元	*保加利亚感谢电：你们的慰问和伟大的救济更进一步地加强了保中两国的友谊
蒙古	地震	1957 年 12 月	7 万元	
锡兰①	水灾	1958 年 1 月	2 万元	*班达拉奈克总理回电：“这些捐赠是我们两国人民和政府之间存在着的融洽的关系和友谊的又一个标志”
红十字国际委员会	捐赠	1958 年 6 月	1 万 瑞士法郎	1956、1957、1958 年连续三年均同
泰国	霍乱	1958 年 8 月	霍乱菌苗 50 万毫升	
印度尼西亚	水灾	1959 年 3 月	100 吨大米	
乌拉圭	水灾	1959 年 5 月	2 万元	
阿根廷	水灾	1959 年 5 月	2 万元	

① 今斯里兰卡。

（续表）

接受救济的国家、地区或组织	灾害类别	捐赠日期	捐款捐物	备注
日本	救济因回国受到阻挠而生活困难的旅日朝侨	1959 年 10 月	10 万元	由日本红十字会转交旅日朝鲜人总联合会
印度	水灾	1959 年 11 月	5 万元	
摩洛哥	地震	1960 年 3 月	5 万元	
巴西	旱灾	1960 年 3 月	3000 元	
智利	地震	1960 年 5 月	2.5 万元	
阿尔巴尼亚	地震	1960 年 6 月	3 万元	
菲律宾	水灾	1960 年 9 月	1.5 万元	
印度	水灾	1960 年 10 月	3 万元	
巴基斯坦	旋风和海潮	1960 年 11 月	1.5 万元	
香港、澳门	霍乱	1961 年 8 月	赠香港中华总商会霍乱疫苗 30 万毫升、澳门镜湖医院 14.8 万毫升	
阿尔及利亚	战争灾害	1961 年	5000 元	
缅甸	水灾	1961 年 8 月	1 万元	
柬埔寨	洪水	1961 年 11 月 15 日	1 万元	
南斯拉夫	地震	1962 年 2 月 27 日	5000 元	
菲律宾	霍乱	1962 年 1 月 27 日	50 万毫升疫苗	
伊朗	地震	1962 年 9 月 18 日	1 万元	

（续表）

接受救济的国家、地区或组织	灾害类别	捐赠日期	捐款捐物	备注
阿尔巴尼亚	地震	1963 年 3 月 27 日	2 万元	＊阿尔巴尼亚红会回电：你们兄弟般的同情和支援，生动地表现了伟大的中国人民及其以毛泽东同志为首的共产党对阿尔巴尼亚人民的真诚热爱，是我们两国兄弟人民永恒友谊的又一次证明
阿尔及利亚	/	1963 年 6 月 13 日	20679 元	＊帮助该会遣返在摩洛哥和突尼斯的阿尔及利亚难民
阿尔及利亚	灾害	1962 年 9 月	27572 元	
巴基斯坦	水灾	1962 年 9 月	2 万元	救济东巴难民
伊朗	地震	1962 年 9 月	1 万元	
越南	灾害	1963 年 8 月 3 日	194 箱医药物资	
古巴	飓风	1963 年 10 月 15 日	50 万元及价值 50 万元的药品	
南斯拉夫	地震	1963 年 10 月 15 日	2.5 万元	
尼泊尔	山崩	1963 年 10 月	1 万元	
缅甸	霍乱	1963 年 5 月	30 万毫升疫苗	
巴基斯坦	飓风	1963 年 5 月 4 日	3 万元	
越南南方解放红十字会	支持反美爱国斗争	1963 年 7 月 14 日	价值 10 万元药品和医疗器械	
日本国民救援会	煤矿爆炸	1963 年 11 月 21 日	1 万元	
肯尼亚	水灾	1963 年 5 月 14 日	1000 磅	
日本国民救援会	地震	1964 年 6 月 21 日	5 万元	

（续表）

接受救济的国家、地区或组织	灾害类别	捐赠日期	捐款捐物	备注
巴基斯坦	东巴水灾	1964 年 8 月 8 日	8 万卢比	
越南南方解放红十字会	水灾	1964 年 11 月 28 日	100 万元物资	
阿尔及利亚	水灾	1964 年 11 月 4 日	2 万元及价值 8 万元物资	
蒙古	雪灾	1964 年 11 月	3 万元医药物资	
巴基斯坦	飓风	1964 年 11 月	2 万元	
南斯拉夫	水灾	1964 年 11 月	5000 元	
锡兰	风灾	1964 年 11 月	3 万锡兰卢比	
刚果（布）	侨民	1965 年 2 月	530 万非洲金融共同体法郎	
土耳其	麻疹	1965 年 4 月 3 日	2 万元	
巴基斯坦	风灾	1965 年 4 月	20 万卢比	
智利	地震	1965 年 4 月 10 日	1.5 万元	
马里	水灾	1965 年 8 月	10 万	
智利	水灾	1965 年 8 月	7 万元①	
菲律宾	火山爆发	1965 年 10 月 15 日	1 万元及价值 1 万元物资	
南斯拉夫	水灾	1965 年 10 月	1 万元	
阿尔及利亚	地震	1965 年 10 月	4 万元物资	

① 外办认为，“我驻智商务代表处系今年新设；我总工会代表团正在赴智利途中；我经济贸易代表团和民族歌舞团也将于近期访智。为扩大我国政治影响，有助于我商务代表处和代表团的活动，并促使智利离美倾向的继续发展，我对智利灾民似应发电慰问和捐助”，故外交部建议“以不多于对马里的援助（10 万元），也不少于 1960 年对智利的捐助（7.1 万，其中红十字会捐 2.5 万元）为宜”。见《关于智利灾情的请示报告及慰问和捐助智利灾民事（1965 年 8 月 14 日至 21 日）》，外交部档案馆：111-00392-03。最后确定由全国总工会捐赠 2000 美元，另由红十字会捐赠 7 万人民币。见《中华全国总工会党组关于援助智利灾民两千美元的请示（1965 年 8 月 13 日）》，外交部档案馆：111-00392-02。殷晴飞：《1949—1965 年中国对外人道主义援助分析》，《当代中国史研究》2011 年第 4 期。

（续表）

接受救济的国家、地区或组织	灾害类别	捐赠日期	捐款捐物	备注
土耳其	水灾	1966 年 3 月 10 日	1 万元	
乌干达	地震	1966 年 4 月 2 日	1 万元	
尼泊尔	地震	1966 年 7 月 8 日	5 万卢比	* 刘少奇打电报慰问
尼泊尔	霍乱	1966 年 9 月 19 日	5 万毫升疫苗	
土耳其	地震	1966 年 9 月	3.5 万元	
巴基斯坦	飓风	1966 年 10 月 18 日	1 万元	
巴基斯坦	水灾	1967 年 8 月 10 日	5 万元	
苏丹	水灾	1967 年 8 月	2 万元	
马里	水灾	1967 年 11 月 2 日	10 万元	
阿尔及利亚	水灾	1967 年 12 月 21 日	4 万第纳尔	
索马里	水灾	1968 年 1 月 8 日	3 万元物资	4 月又捐 1100 多箱罐头
坦桑尼亚	水灾	1968 年 5 月 14 日	4 万先令	
柬埔寨	疟疾	1966 年 5 月 12 日	20 万元物资	
缅甸	风灾	1968 年 5 月	1 万元	抄送：总理、康生、江青、文元、陈毅
圭亚那	水灾	1968 年 6 月 7 日	2 千元	
伊拉克	水灾	1968 年 6 月 11 日	3 万元	抄送：总理、康生、陈毅、先念、外办
东巴基斯坦①	水灾	1968 年 7 月 21 日	5.2 万元	
阿尔巴尼亚	地震	1969 年 4 月 7 日	50 万元	“以表示我们的情谊”
尼泊尔	牛瘟	1969 年 9 月 15 日	5000 元	
伊朗	地震	1969 年 11 月 25 日	1 万元	
东巴基斯坦	暴风	1969 年 5 月 2 日	10 万元	
尼泊尔	牛瘟	1969 年 9 月 15 日	100 万人份疫苗	

① 今孟加拉国。

（续表）

接受救济的国家、地区或组织	灾害类别	捐赠日期	捐款捐物	备注
南斯拉夫	地震	1969年11月25日	5万元	
阿尔及利亚	水灾	1969年10月21日	4万元物资	
索马里	旱灾	1970年1月14日	4万元物品	*“这种援助是索马里和中国两国政府和人民之间友好联系的又一个表现”
阿尔及利亚	/	1970年1月20日	4万元物资	
锡兰	水灾	1970年1月26日	80吨大米	
摩洛哥	水灾	1970年2月3日	1000条毛毯	
巴勒斯坦	解放斗争	1970年3月23日	10万元物资	*应巴红新月会请求支援该会救护受伤的突击队员和难民
巴勒斯坦	解放斗争	1970年9月26日	100万元药品等	
尼泊尔	水灾	1970年8月19日	30万元物资	
越南南方解放红十字会	风灾水灾	1970年11月13日	500万元物资①	
苏丹	旱灾	1970年3月27日	4万元	
罗马尼亚	水灾	1970年5月21日	50万元	
秘鲁	地震	1970年6月9日	150万元②	
匈牙利	水灾	1970年6月12日	50万元③	
阿拉伯也门	旱灾	1970年6月27日	5000吨小麦	
东巴基斯坦	水灾	1970年8月8日	50万元及价值50万元物资	

① 11月，外交部在《关于对越南南方五省受灾的慰问和赠款问题的请示报告》中，建议以中国红十字会名义向越南南方解放红十字会捐赠价值200万元人民币的物资。毛泽东批示“宜增至500万”。见《建国以来毛泽东文稿》第12册，中央文献出版社1998年版，283页。

② 6月3日，中国红十字会为救济秘鲁地震拟以该会名义向秘鲁红十字会捐款人民币5万元。6月7日，毛泽东口头指示，“给秘鲁救济5万元人民币太少……可否给秘鲁救济100万或150万元人民币”。见《建国以来毛泽东文稿》第12册，中央文献出版社1998年版，第282页。

③ 6月，外交部建议红十字会向匈牙利遭水灾地区居民捐款15万元人民币，毛泽东批示“似太少，可赠50万元”。见《建国以来毛泽东文稿》第12册，中央文献出版社1998年版，282页。

（续表）

接受救济的国家、地区或组织	灾害类别	捐赠日期	捐款捐物	备注
东巴基斯坦	旋风	1970 年 11 月 17 日	300 万元物资和现款	
索马里	旱灾	1971 年 1 月	50 万元物资	*“中国帮助索马里人民，这已经不是第一次了。这一行动将铭记在索马里人民的心中”
马来西亚	水灾	1971 年 1 月 29 日	50 万元物资	
伊拉克	水灾	1967 年 3 月	1.5 万元	
肯尼亚	旱灾	1971 年 3 月 2 日	20 万元及价值 80 万元物资	*肯总统表示感谢
土耳其	地震	1971 年 5 月 28 日	150 万元	
乍得	霍乱	1971 年 6 月 20 日	100 万元及价值 20 万人份疫苗	
智利	暴风雨雪	1971 年 6 月 29 日	500 万元	
阿富汗	旱灾水灾	1971 年 8 月 2 日	500 万元物资	
英国红十字会	香港台风	1971 年 8 月 23 日	300 万元	
阿尔及利亚	水灾	1971 年 3 月 3 日	10 万元	
玻利维亚	水灾	1971 年 3 月 22 日	20 万元	
越南南方解放红十字会	风灾水灾	1971 年 11 月 1 日	500 万元物资	
赞比亚	矿区爆炸	1971 年 12 月 17 日	5 万元	
阿尔及利亚	水灾	1972 年 3 月 2 日	10 万元	
秘鲁	水灾	1972 年 3 月 22 日	60 万元	
苏丹	救济难民	1972 年 6 月 6 日	4000 吨小麦、25.26 万米棉布、642 包针织品、22 吨药品和 55 吨搪瓷用品	

（续表）

接受救济的国家、地区或组织	灾害类别	捐赠日期	捐款捐物	备注
英国红十字会	香港暴雨	1972 年 6 月 29 日	200 万元	
伊朗	地震	1972 年 4 月	30 万元及价值 20 万元物资	
巴勒斯坦解放组织	正义斗争	1972 年月 16 日	20 万元物资	
菲律宾	台风暴雨	1972 年 7 月 24 日	100 万元物资	
阿拉伯也门	灾难	1972 年 9 月 14 日	5 万元物资	
斐济	飓风	1972 年 11 月 4 日	10 万元	
尼加拉瓜	地震	1972 年 12 月 28 日	50 万元及价值 50 万元物资	
冰岛	火山爆发	1973 年 2 月 4 日	15 万元	
阿富汗	旱灾水灾	1973 年 3 月 29 日	10 万元	*这笔捐款显示了两国人民之间存在的友谊
秘鲁	水灾	1971 年 3 月 20 日	50 万元	
上沃尔特①	麻疹	1973 年 4 月 12 日	30 万人份疫苗和 10 万元药品	
毛里塔尼亚、马里、塞内加尔、乍得、尼日尔、上沃尔特	旱灾	1973 年 4 月起	共计 3.5 万吨粮食	
马里	/	1973 年 6 月 12 日	30 万人份麻疹疫苗	
阿拉伯也门	旱灾	1973 年 7 月 16 日	5000 吨小麦	
巴基斯坦	水灾	1973 年 8 月 19 日	100 万元及价值 100 万元物资	
埃塞俄比亚	旱灾	1973 年 10 月 13 日	1 万吨小麦	
牙买加	水灾	1973 年 10 月 27 日	10 万元	

① 今布基纳法索。

（续表）

接受救济的国家、地区或组织	灾害类别	捐赠日期	捐款捐物	备注
越南南方解放红十字会	风灾水灾	1973 年 11 月 27 日	500 万元物资	
澳大利亚	水灾	1974 年 1 月 21 日	/	
秘鲁	水灾	1974 年 6 月 19 日	30 万元和 1 万条毛毯	
洪都拉斯	飓风	1974 年 9 月 29 日	10 万元	
孟加拉国	水灾	1974 年 8 月 29 日	200 万元物资	
塞浦路斯	武装冲突中受难者	1974 年 9 月 3 日	30 万元物资	
塞内加尔	旱灾	1974 年 9 月 3 日	2000 吨玉米	
缅甸	水灾	1974 年 9 月 5 日	40 万元物资	
洪都拉斯	风灾水灾	1974 年 9 月 29 日	10 万元	
秘鲁	地震	1974 年 10 月 10 日	/	
卢旺达	雨灾	1974 年 10 月 20 日	500 吨小麦	
苏丹	水灾	1974 年 10 月 22 日	1000 吨高粱	
毛里塔尼亚	旱灾	1974 年 10 月 22 日	6000 吨粮食	
菲律宾	台风	1974 年 11 月 20 日	15 万元物资	
索马里	旱灾	1974 年 12 月 4 日	4000 吨高粱和 5 万元物资	
巴基斯坦	地震	1975 年 1 月 2 日	20 万元物资	
马里	旱灾	1975 年 1 月 21 日	30 万人份预防麻疹疫苗	
毛里求斯	飓风	1975 年 2 月 20 日	2 万元的食品罐头	
马尔加什①	风灾水灾	1975 年 4 月 3 日	5 万元	
苏丹	水灾	1975 年 9 月 30 日	5 万元	

① 今马达加斯加。

（续表）

接受救济的国家、地区或组织	灾害类别	捐赠日期	捐款捐物	备注
罗马尼亚	水灾	1975 年 8 月 6 日	50 万元	
尼泊尔	水灾	1975 年 9 月 15 日	5 万元	
土耳其	地震	1975 年 9 月 16 日	10 万元	
也门民主人民共和国	水灾	1975 年 10 月 18 日	一批物资	
危地马拉	地震	1976 年 2 月 16 日	5 万元	
马达加斯加	龙卷风	1976 年 2 月 13 日	15 万元	
阿富汗	地震水灾	1976 年 5 月 10 日	1 吨药品	
菲律宾	地震	1976 年 8 月 20 日	20 万元物资	
埃塞俄比亚	旱灾	1976 年 8 月 20 日	1000 吨玉米和 1 万条毛毯	
冈比亚	/	1976 年 9 月 8 日	500 吨大米	
土耳其	地震	1976 年 11 月 30 日	10 万元	
“文革”十年中，中国红十字会共向 138 个受灾国灾民提供了 169 次援助，款物合计 1 亿多元人民币				
罗马尼亚	地震	1977 年 3 月 9 日	50 万元及价值 20 吨药品	
莫桑比克	水灾	1977 年 3 月 10 日	5000 吨食品和 5 吨药品	
马达加斯加	风灾	1977 年 5 月 13 日	5 万元及一批气象器材	
阿根廷	地震	1977 年 11 月 26 日	/	
伊朗	地震	1977 年 12 月 24 日	/	
塞内加尔	旱灾	1978 年 2 月 9 日	1000 吨小麦	
毛里塔尼亚	旱灾	1978 年 3 月 25 日	10 万元	

（续表）

接受救济的国家、地区或组织	灾害类别	捐赠日期	捐款捐物	备注
巴勒斯坦解放组织	抗击以色列侵略的正义斗争	1978 年 4 月 13 日	一批物品	
坦桑尼亚	水灾	1978 年 4 月 11 日	5 万元	
苏丹	水灾	1978 年 8 月 8 日	20 万元药品	
老挝	水灾	1978 年 9 月 13 日	5 万元	
泰国	水灾	1978 年 10 月 14 日	3 万美元	
斯里兰卡	龙卷风	1978 年 12 月 8 日	5 万元物资	
毛里求斯	风灾	1979 年 4 月 4 日	2 万毛里求斯卢比	
斐济	飓风	1979 年 4 月 7 日	5000 元	
圣文森特	火山爆发	1979 年 4 月 23 日	1 万元	
泰国	救济难民	1979 年 7 月 20 日	20 万元	
多米尼加	飓风	1979 年 9 月 8 日和 18 日	2 万元	* 给多政府和红十字会各 1 万元
泰国	救助逃入泰国的柬埔寨难民	1979 年 11 月 5 日	3490 公斤药品、12970 公斤罐头、18120 米布匹	请泰国红会代为分发
巴基斯坦	救助流入巴基斯坦的阿富汗难民	1980 年 2 月 17 日	30 万元物资	
巴勒斯坦解放组织	反侵略斗争	1980 年 2 月 17 日	30 万元	
伊朗	水灾	1980 年 2 月 29 日	2000 条毯子和 200 顶帐篷	

（续表）

接受救济的国家、地区或组织	灾害类别	捐赠日期	捐款捐物	备注
泰国	救助逃入泰国的柬埔寨难民	1980年6月10日	50万元物资	
柬埔寨	人道救援	1980年7月22日	100万元物资	
尼泊尔	地震	1980年8月21日	1万美元	
意大利	地震	1980年11月26日	/	
伊朗	地震	1981年6月13日	/	
卢旺达	霍乱和杆菌痢疾	1981年6月23日	一批药品	
乌干达	干旱	1981年10月6日	4万元	
民主柬埔寨	人道援助	1981年10月21日	5万元物资	*9月代表团访问柬埔寨后做出决定的
科摩罗	旱灾	1981年2月12日	5500余公斤大米	
马达加斯加	飓风洪水	1982年2月25日	2万元	*2月19日捐救灾款4万元
汤加	飓风	1982年3月3日	2万美元	*3月22日捐救灾款2万元
博茨瓦纳	旱灾	1982年5月5日	1万美元	
玻利维亚	水灾	1982年4月4日	3万美元	
南也门	水灾	1982年4月6日	1万美元	
所罗门群岛	旋风	1982年4月8日	1万美元	
所罗门群岛	旱灾	1982年5月7日	5万元	
莫桑比克	旱灾	1982年5月7日	20万元物资	*5月6日捐救灾款5万元
巴勒斯坦解放组织	斗争	1982年6月15日	1万美元	*6月15日捐药品20吨和医疗器械，支持其正义斗争
黎巴嫩	反抗以色列侵略	1982年6月15日	药品20吨和医疗器械	

（续表）

接受救济的国家、地区或组织	灾害类别	捐赠日期	捐款捐物	备注
卢旺达	救助难民	1982 年 10 月 31 日	1 万美元	
突尼斯	暴雨	1982 年 11 月 6 日	2 万美元	
津巴布韦	/	1982 年 11 月 16 日	15 箱药品	
巴基斯坦	向在巴基斯坦的阿富汗难民捐赠，支援其医疗保健事业	1982 年 11 月 21 日	4 辆吉普车	1983 年 1 月 22 日赠送了 3 辆救护车和 389 箱药品及医疗设备，移交仪式在卡拉奇举行
马里	旱灾	1982 年 12 月 2 日	1 万美元	
阿拉伯也门	地震	1982 年 12 月 17 日	3 吨药品	
多哥	斗争	1983 年 2 月 18 日	3 万美元	
澳大利亚	火灾	1983 年 2 月 24 日	1 万美元	
秘鲁	水灾	1983 年 2 月 25 日	1 万美元	
阿根廷	水灾	1983 年 3 月 8 日	2 万美元	
玻利维亚	水灾	1983 年 4 月 2 日	2 万美元	
哥伦比亚	地震	1983 年 4 月 5 日	4 万美元	还递交了中国政府就哥伦比亚遭受地震灾害给哥伦比亚政府的慰问电①
埃塞俄比亚	旱灾	1983 年 4 月 6 日	4 万美元	*4 月 1 日捐救灾款 2 万美元
哥伦比亚	地震	1983 年 4 月 6 日	2 万美元	*4 月 5 日捐救灾款 4 万美元
莫桑比克	遭受轰炸	1983 年 6 月 4 日	5 万美元	*6 月 2 日捐救灾款 2 万美元
毛里塔尼亚	/	1983 年 6 月 16 日	1000 吨小麦	
冈比亚	人道援助	1983 年 6 月 20 日	50 万元	*冈比亚副总统向中国和中国人民表示感谢

① 《中国红十字会捐款援助哥伦比亚灾民》，《人民日报》1983 年 4 月 7 日。

（续表）

接受救济的国家、地区或组织	灾害类别	捐赠日期	捐款捐物	备注
中非	旱灾	1983 年 7 月 3 日	2 万美元	*7 月 5 日捐救灾款 5 万美元。“中国向我国的捐赠无疑是两国之间友谊的象征”
圣多美和普林西比	帮助其红会的福利工作	1983 年 7 月 29 日	5000 美元	*向来访的总统夫人、红会会长当面捐赠
斯里兰卡	/	1983 年 9 月 8 日	救济物资一批	
乌干达	援助其流离失所者	1983 年 11 月 1 日	20 吨大米	*乌干达总理感谢中国在困难时期赠送这批救济品
泰国	水灾	1983 年 11 月 8 日	2 万美元	
尼泊尔	水灾	1983 年 11 月 21 日	12 吨大米、500 条毯子	
巴西	旱灾	1983 年 12 月 5 日	2 万美元	
几内亚	地震	1983 年 12 月 31 日	1 万美元	
尼日尔	旱灾	1984 年 1 月 14 日	2 万美元	
贝宁	旱灾	1984 年 2 月 10 日	1 万美元	
安哥拉	水灾	1984 年 2 月 11 日	1 万美元	
莫桑比克	暴风雨	1984 年 2 月 15 日	40 万法郎	* 捐救灾款 2 万美元
冈比亚	旱灾	1984 年 2 月 20 日	1.4 万英镑	*冈比亚副总统对中国人民的馈赠和体现的友好合作精神，表示感谢
毛里塔尼亚	旱灾	1984 年 2 月 22 日	1 万美元	
阿富汗	援助在巴基斯坦的阿富汗难民	1984 年 3 月 6 日	一批药品和医疗器械	*由出访的国务院副总理田纪云将清单转交给巴基斯坦财政、经济事务和商业部长

（续表）

接受救济的国家、地区或组织	灾害类别	捐赠日期	捐款捐物	备注
佛得角	旱灾	1984 年 3 月 8 日	1 万美元	
塞内加尔	/	1984 年 3 月 10 日	5 万美元	
博茨瓦纳	旱灾	1984 年 3 月 14 日	1 万美元	
毛里塔尼亚	旱灾	1984 年 3 月 21 日	40 万法国法郎	
加纳	/	1984 年 3 月 23 日	72 箱药品和一批小麦	
索马里	旱灾	1984 年 3 月 31 日	2 万美元	
马达加斯加	风灾	1984 年 4 月 4 日	2 万美元	
安提瓜和巴布达	购买种子	1984 年 4 月 18 日	1 万美元	
泰国	救助进入泰国境内的柬埔寨难民	1984 年 4 月 19 日	10 万元物资	
莱索托	旱灾	1984 年 4 月 20 日	10 万元物资	*4 月 18 日捐救灾款 1 万美元
柬埔寨	斗争	1984 年 4 月 21 日	5000 人份疫苗	
埃塞俄比亚	旱灾	1984 年 4 月 23 日	2 万美元	
津巴布韦	旱灾	1984 年 6 月 7 日	2 万美元	
阿根廷	地震	1985 年 2 月 16 日	4 万美元	
智利	地震	1985 年 3 月 12 日	5 万美元	
莫桑比克	弥补因 3 月 26 日晚被大风刮断的由南非通往马普托的高压输电线所造成的损失	1985 年 5 月 8 日	2 万美元	
孟加拉国	旋风	1985 年 5 月 30 日	5 万美元	*6 月 4 日再捐 50 万美元救灾物资
墨西哥	地震	1985 年 9 月 24 日	1.5 万美元	*捐 5 万美元

（续表）

接受救济的国家、地区或组织	灾害类别	捐赠日期	捐款捐物	备注
援助非洲	旱灾	1985 年 9 月 25 日	共募集 13870146.33 元，全部用于救济非洲灾民	
哥伦比亚	火山爆发	1985 年 11 月 22 日	4 万美元	
黎巴嫩	援助遭受以色列入侵的黎南部难民	1986 年 2 月 4 日	5 万元（约 1.5 万美元）	
乌干达	帮助安置难民	1986 年 2 月 17 日	5 万美元	
孟加拉国	捐助孟国际腹泻症研究中心	1986 年 3 月 9 日	1 万美元	*李先念主席夫人林佳楣在陪同出访该国该中心时以中国红十字会的名义捐赠
圣多美和普林西比	疟疾	1986 年 4 月 3 日	5000 美元	
马达加斯加	飓风	1986 年 4 月 7 日新华社报道	2 万美元	
乌干达	安置难民		5 万美元	
缅甸	火灾		1 万美元	
所罗门	龙卷风	1986 年 6 月 3 日	5 万元	
援助非洲	通过非洲统一组织向非洲难民赠送，以纪念“非洲难民日”	1986 年 6 月 19 日	50 万元物资	*1990 年 2 月 8 日非洲统一组织秘书长艾哈迈德·萨利姆对中国政府向非洲人民提供救灾物资表示感谢
援助非洲	/	1986 年 7 月 28 日	支援非洲难民义演，全部收入捐赠给非洲灾民	
喀麦隆	火山爆发	1986 年 8 月 28 日	1 万美元	
萨尔瓦多	地震	1986 年 10 月 14 日	5 万美元	*捐 3 万美元

（续表）

接受救济的国家、地区或组织	灾害类别	捐赠日期	捐款捐物	备注
巴勒斯坦解放组织	帮助在黎巴嫩的巴难民摆脱困境	1987 年 2 月 14 日	5 万美元	*巴解政治部负责人贾法尔：中国红十字会的捐款将有助于减轻在难民营的巴勒斯坦人的痛苦，并且也是对他们精神上的支持
厄瓜多尔	地震	1987 年 3 月 16 日	1.5 万美元	
巴勒斯坦解放组织	支援以色列占领区人民的斗争	1988 年 1 月 13 日	食品药品	*呼吁国际社会尽快行动起来，谴责以色列当局的野蛮行径
巴西	水灾	1988 年 3 月 1 日	1 万美元	
埃塞俄比亚	旱灾	1988 年 3 月 18 日	20 万元食品	
毛里塔尼亚	蝗灾	1988 年 5 月 2 日	100 箱灭蝗农药	
苏联	亚美尼亚地震	1988 年 12 月 7 日	救援物资一批，首次使用包机运达	
阿富汗	救助居住在巴基斯坦的阿富汗难民	1989 年 4 月 24 日	8 万美元药品	*交给阿富汗难民署首席专员
毛里塔尼亚	安置侨民	1989 年 6 月 24 日	1 万美元	
罗马尼亚	紧急人道主义援助	1989 年 12 月 26 日	/	
突尼斯	水灾	1990 年 1 月 30 日	2 万美元	
赞比亚	霍乱	1990 年 2 月 23 日	50 万克瓦查（约 1.25 万美元）	
圣多美和普林西比	霍乱	1990 年 6 月 9 日	1 万美元	
伊朗	地震	1990 年 6 月 23 日	50 万元物资	
布基纳法索	/	1990 年 7 月 12 日	一批缝纫用具和文教用品	

（续表）

<table>
<tr><th>接受救济的国家、地区或组织</th><th>灾害类别</th><th>捐赠日期</th><th>捐款捐物</th><th>备注</th></tr>
<tr><td>菲律宾</td><td>地震</td><td>1990 年 7 月 24 日</td><td>1 万美元</td><td></td></tr>
<tr><td>苏丹</td><td>地震</td><td>1990 年 7 月 31 日</td><td>2 万美元</td><td></td></tr>
<tr><td>安哥拉</td><td>帮助旱灾灾民和防止霍乱疫情蔓延</td><td>1990 年 9 月 5 日</td><td>10 万元物资</td><td></td></tr>
<tr><td>阿富汗</td><td>/</td><td>1990 年 11 月 11 日</td><td>50 万元救济物品</td><td>＊由中国红十字会和中国伊斯兰教协会 1991 年 5 月 28 日转交</td></tr>
<tr><td>红十字国际委员会</td><td>援助海湾地区战争受害平民</td><td>1991 年 2 月 16 日</td><td>100 万元的药品和儿童食品</td><td></td></tr>
<tr><td>马拉维</td><td>水灾</td><td>1991 年 3 月 27 日</td><td>2 万美元</td><td></td></tr>
<tr><td>马达加斯加</td><td>弥补飓风所造成的损失</td><td>1991 年 4 月 17 日</td><td>1.5 万美元</td><td></td></tr>
<tr><td>缅甸</td><td>火灾</td><td>1991 年 4 月 18 日</td><td>1 万美元</td><td></td></tr>
<tr><td>孟加拉国</td><td>飓风</td><td>1991 年 5 月 19 日</td><td>40 万美元救济物品</td><td></td></tr>
<tr><td>厄瓜多尔</td><td>防治霍乱</td><td>1991 年 8 月 27 日</td><td>5 万美元药品和一批净化器</td><td>＊“中国近来正遇严重水灾，因此，这笔馈赠显得特别珍贵”</td></tr>
<tr><td>土耳其</td><td>地震</td><td>1992 年 3 月 18 日</td><td>3 万美元</td><td></td></tr>
<tr><td rowspan="2">乌克兰</td><td rowspan="2">帮助消除切尔诺贝利核电站事故所造成的影响</td><td rowspan="4">1992 年 3 月 19 日</td><td>一批药品</td><td></td></tr>
<tr><td rowspan="3">食品</td><td></td></tr>
<tr><td>俄罗斯</td><td>/</td><td rowspan="2"></td></tr>
<tr><td>白俄罗斯</td><td>/</td></tr>
<tr><td>纳米比亚</td><td>旱灾</td><td>1992 年 3 月 30 日</td><td>1 万美元</td><td></td></tr>
</table>

（续表）

接受救济的国家、地区或组织	灾害类别	捐赠日期	捐款捐物	备注
马达加斯加	饥荒	1992 年 5 月 29 日	1.5 万美元	
阿富汗	解决阿难民药品紧缺	1992 年 7 月 15 日	30 万元药品	
土库曼斯坦	紧急援助	1992 年 7 月 20 日	价值 10 万元物资和药品	
赞比亚	霍乱	1992 年 8 月 6 日	1 万美元	
布隆迪	流脑	1992 年 10 月 12 日	1 万美元	
菲律宾	救助火山灾民	1992 年 10 月 30 日	2 万美元	
波黑	人道主义捐款	1992 年 11 月 5 日	5 万美元	通过红十字国际委员会转交
圭亚那	霍乱	1993 年 2 月 27 日	300 万片土霉素	
伊朗	水灾	1993 年 3 月 6 日	100 万元物资	
瓦努阿图	救灾	1993 年 4 月 5 日	1.5 万美元	
安哥拉	捐赠	1993 年 4 月 19 日	20 万元物资	*3 月份已赠送了 100 万元物资
布隆迪	细菌性痢疾	1993 年 9 月 13 日	1 万美元	
印度	地震	1993 年 10 月 4 日	5 万美元	
洪都拉斯	热带风暴	1993 年 10 月 18 日	2 万美元	
哈萨克斯坦儿童基金会	/	1993 年 10 月 18 日	价值 10 万元药品	*曲折副秘书长会见来访的哈萨克斯坦总统夫人时捐赠
莫桑比克	救灾	1994 年 4 月 15 日	2 万美元	
扎伊尔	救助卢旺达难民	1994 年 8 月 4 日	2 万美元	
日本	地震	1995 年 1 月 17 日	*钱正英会长表示中国红十字会愿视日方需要向灾区提供医疗和人员救助方面的帮助。21 日捐 10 万美元，25 日援助 25 万元人民币物品	

（续表）

接受救济的国家、地区或组织	灾害类别	捐赠日期	捐款捐物	备注
白俄罗斯	治疗切尔诺贝利核电站事故中的受害者	1995 年 1 月 18 日	“仙姬系列制剂”	与国家科委共同捐赠
马其顿	人道主义援助	1995 年 5 月 31 日	5 万美元	＊国务院副总理兼外长钱其琛在钓鱼台国宾馆接见马其顿外长时表示的
俄罗斯	地震	1995 年 6 月 5 日	10 万美元	
马达加斯加	风灾	1996 年 2 月 9 日	2 万美元	
国际输血协会	/	1996 年 2 月 16 日	70 美元	
马达加斯加	飓风	1996 年 3 月 5 日	2 万美元	
莫桑比克	水灾	1996 年 3 月 25 日	1 万美元	
刚果	民房	1996 年 3 月 25 日	1 万美元	
刚果	帮助灾民重建家园	1996 年 6 月 3 日	50 吨建筑物资	
红十字国际委员会	/	1996 年 3 月 25 日	69433 瑞士法郎	
红十字国际委员会	/	1996 年 3 月 25 日	45 万瑞士法郎	
红十字国际委员会	/	1996 年 3 月 25 日	163672 瑞士法郎	
朝鲜	水灾	1996 年 4 月 16 日	2 万美元	
玻利维亚	滑坡	1996 年 4 月 20 日	1 万余美元	
黎巴嫩	难民	1996 年 4 月 24 日	415149 元	
厄瓜多尔	霍乱	1996 年 4 月 29 日	1 万美元	
布隆迪	难民	1996 年 5 月 16 日	1 万美元	
蒙古	火灾	1996 年 5 月 16 日	3 万美元	
乍得	脑膜炎	1996 年 5 月 24 日	1 万美元	
国际输血协会	/	1996 年 5 月 24 日	45 美元	

（续表）

接受救济的国家、地区或组织	灾害类别	捐赠日期	捐款捐物	备注
坦桑尼亚	沉船	1996 年 6 月 18 日	2 万美元	
纳米比亚	旱灾	1996 年 6 月 26 日	1 万美元	
吉布提	旱灾	1996 年 6 月 26 日	123422. 25 元	
也门	水灾	1996 年 7 月 1 日	1. 5 万美元	
伊拉克	难民	1996 年 7 月 17 日	234693. 87 元	
乍得	霍乱	1996 年 7 月 22 日	8 万元	
乌干达	会议	1996 年 7 月 23 日	1000 美元	
利比里亚	发展	1996 年 7 月 29 日	2 万美元	
圭亚那	水灾	1996 年 8 月 3 日	447580. 7 元	
红十字博物馆	/	1996 年 8 月 5 日	250 瑞士法郎	
刚果	儿童	1996 年 9 月 26 日	1 万美元	
苏丹	水灾	1996 年 9 月 28 日	1 万美元	
帕劳	桥坍塌	1996 年 10 月 3 日	5 万美元	
柬埔寨	水灾	1996 年 10 月 4 日	8 万美元	
伊拉克	儿童	1996 年 10 月 23 日	5 万元	
古巴	飓风	1996 年 10 月 25 日	5 万美元	
阿尔巴尼亚	脊灰炎	1996 年 10 月 30 日	1 万美元	
佛得角	旱灾	1996 年 10 月 30 日	2 万美元	
厄瓜多尔	空难	1996 年 10 月 30 日	3 万美元	
秘鲁	地震	1996 年 11 月 15 日	2 万美元	
洪都拉斯	水灾	1996 年 11 月 26 日	1. 5 万美元	
越南	水灾	1996 年 11 月 29 日	2 万美元	
乍得	旱灾	1996 年 12 月 9 日	1 万美元	
佛得角	/	1996 年 12 月 16 日	1 万美元	
尼日尔	粮荒	1997 年	3 万美元	
马来西亚	风暴	1997 年	2 万美元	
加蓬	埃博拉病毒	1997 年 1 月 24 日	2 万美元	

（续表）

接受救济的国家、地区或组织	灾害类别	捐赠日期	捐款捐物	备注
蒙古	雪灾	1997年1月27日	2万美元	
朝鲜	水灾	1997年2月3日	253575.74元	
肯尼亚	旱灾	1997年2月12日	2万美元	
马达加斯加	飓风	1997年2月12日	2.5万美元	
塔吉克斯坦	伤寒	1997年2月25日	250272.04元	
秘鲁	泥石流	1997年2月27日	2万美元	
伊拉克	受灾儿童	1997年2月27日	10万元	
莫桑比克	水灾	1997年2月27日	3万美元	
伊朗	地震	1997年3月3日	5万美元	*5月10日捐价值50万元人民币物资
巴基斯坦	地震	1997年3月5日	2万美元	
图瓦卢	飓风	1997年3月14日	1万美元	
红十字国际委员会	/	1997年3月21日	66887元瑞士法郎	
国际联合会	/	1997年3月21日	158415瑞士法郎	
塞拉利昂	病毒	1997年4月6日	114221.67元	
厄瓜多尔	水、旱灾	1997年4月6日	2万美元	
汤加	飓风	1997年4月9日	2万美元	
坦桑尼亚	旱灾	1997年4月11日	3万美元	
伊朗	地震	1997年5月11日	513871.6元	
孟加拉国	风灾	1997年5月22日	2万美元	
乍得	霍乱	1997年6月12日	1万美元	
吉尔吉斯斯坦	泥石流	1997年6月18日	2万余美元	
捷克	水灾	1997年7月7日	2.5万美元	
波兰	水灾	1997年7月7日	2.5万美元	
白俄罗斯	风暴	1997年7月9日	2万美元	

（续表）

接受救济的国家、地区或组织	灾害类别	捐赠日期	捐款捐物	备注
墨西哥	飓风	1997 年 10 月 15 日	1 万美元	
厄瓜多尔	暴雨	1997 年 11 月 19 日	2 万美元	
库克	风暴	1997 年 11 月 24 日	2 万美元	
索马里	暴雨	1997 年 11 月 26 日	2 万美元	
吉布提	霍乱	1997 年 11 月 28 日	178913.37 元	
红十字国际委员会	/	1997 年 12 月 9 日	46 万瑞士法郎	
玻利维亚	水、旱灾	1998 年 1 月 16 日	2 万美元	
汤加	飓风	1998 年 2 月 4 日	5000 美元	
科摩罗	霍乱	1998 年 2 月 4 日	2 万美元	
尼日尔	粮荒	1998 年 2 月 4 日	5 万美元	
阿富汗	地震	1998 年 2 月 10 日	4 万美元	
玻利维亚	滑坡	1998 年 2 月 18 日	1 万美元	
喀麦隆	爆炸	1998 年 2 月 20 日	2 万美元	
亚美尼亚	建房	1998 年 3 月 9 日	2 万美元	
巴基斯坦	洪水	1998 年 3 月 11 日	2 万美元	
智利	医院	1998 年 3 月 11 日	84135.8 元	
密克罗尼西亚	旱灾	1998 年 3 月 11 日	1 万美元	
格鲁吉亚	旱灾	1998 年 3 月 20 日	1 万美元	
红十字国际委员会	/	1998 年 3 月 23 日	47 万瑞士法郎	
国际联合会	/	1998 年 3 月 23 日	148267 瑞士法郎	
圭亚那	旱灾	1998 年 4 月 1 日	1 万美元	

（续表）

接受救济的国家、地区或组织	灾害类别	捐赠日期	捐款捐物	备注
瓦努阿图	风灾	1998 年 4 月 13 日	1 万美元	
红十字国际委员会	/	1998 年 4 月 23 日	59100 瑞士法郎	
阿根廷	水灾	1998 年 4 月 27 日	3 万美元	
塔吉克斯坦	水灾	1998 年 5 月 6 日	1 万美元	
俄罗斯	学校	1998 年 5 月 11 日	2000 美元	
吉尔吉斯斯坦	水灾	1998 年 5 月 25 日	249975.9 元	
苏丹	水灾	1998 年 5 月 25 日	3 万美元	
玻利维亚	地震	1998 年 5 月 27 日	3 万美元	
阿富汗	地震	1998 年 6 月 1 日	5 万美元	
埃塞俄比亚	难民	1998 年 6 月 23 日	2 万美元	
罗马尼亚	水灾	1998 年 6 月 25 日	5 万美元	
白俄罗斯	水灾	1998 年 6 月 29 日	2 万美元	
佛得角	难民	1998 年 7 月 3 日	2 万美元	
纳米比亚	旱灾	1998 年 7 月 6 日	2 万美元	
厄立特里亚	难民	1998 年 7 月 21 日	2 万美元	
孟加拉	水灾	1998 年 8 月 27 日	2 万美元	
马达加斯加	/	1998 年 9 月 22 日	5000 美元	会议费
苏丹	水灾	1998 年 10 月 7 日	202130.8 元	
柬埔寨	自然灾害	1998 年 11 月 11 日	3 万美元	
几内亚比绍	内战	1998 年 11 月 29 日	3 万美元	
佛得角	干旱	1998 年 12 月 4 日	2 万美元	
刚果（布）	内战	1999 年 1 月 13 日	2 万美元	

（续表）

接受救济的国家、地区或组织	灾害类别	捐赠日期	捐款捐物	备注
斐济	水灾	1999 年 1 月 28 日	2 万美元	
哥伦比亚	地震	1999 年 1 月 28 日	3 万美元	
哥伦比亚	地震	1999 年 1 月 28 日	394295.48 元	
国际联合会	/	1999 年 2 月 25 日	166335 瑞士法郎	
摩尔多瓦	滑坡	1999 年 3 月 15 日	2 万美元	
莫桑比克	水灾	1999 年 3 月 15 日	3 万美元	
安哥拉	难民	1999 年 3 月 30 日	2 万美元	
南斯拉夫	难民	1999 年 4 月 8 日	5 万美元	
南斯拉夫	难民	1999 年 4 月 8 日	1000 多万元	
喀麦隆	火山	1999 年 4 月 15 日	2 万美元	
红十字国际委员会	/	1999 年 5 月 11 日	48 万瑞士法郎	
国际联合会	/	1999 年 5 月 25 日	18 万瑞士法郎	
巴基斯坦	飓风	1999 年 5 月 25 日	5 万美元	
塔吉克斯坦	水灾	1999 年 7 月 19 日	3 万美元	
加蓬	难民	1999 年 8 月 10 日	3 万美元	
土耳其	地震	1999 年 8 月 18 日	504533.30 元	
朝鲜	水灾	1999 年 8 月 27 日	1 万美元	
希腊	地震	1999 年 9 月 10 日	3 万美元	
几内亚	霍乱	1999 年 9 月 27 日	11261.2 元	
东帝汶	独立	1999 年 9 月 28 日	10 万美元	
刚果（布）	水灾	1999 年 11 月 5 日	3 万美元	
越南	水灾	1999 年 11 月 8 日	455880 元	
土耳其	地震	1999 年 11 月 15 日	3 万美元	

（续表）

接受救济的国家、地区或组织	灾害类别	捐赠日期	捐款捐物	备注
多哥	水灾	1999 年 11 月 15 日	3 万美元	
红十字国际委员会	/	1999 年 11 月 16 日	57338 瑞士法郎	
刚果（金）	水灾	1999 年 12 月 13 日	3 万美元	
委内瑞拉	水灾	1999 年 12 月 20 日	5 万美元	
国际联合会	/	2000 年 1 月 25 日	178833 瑞士法郎	
红十字国际委员会	/	2000 年 1 月 27 日	61600 瑞士法郎	
博茨瓦纳	水灾	2000 年 2 月 14 日	2 万美元	
莫桑比克	水灾	2000 年 2 月 21 日	3 万美元	
红十字国际委员会	/	2000 年 2 月 21 日	49 万瑞士法郎	
埃塞俄比亚	旱灾	2000 年 2 月 21 日	2 万美元	
蒙古	牧灾	2000 年 2 月 28 日	2 万美元	
津巴布韦	风、水灾	2000 年 2 月 29 日	2 万美元	
瓦努阿图	学校	2000 年 6 月 29 日	1 万美元	
伊拉克	对伊拉克遭制裁表示人道主义的关心	2000 年 12 月 22 日	15 万元物资	出访时随机带
越南	水灾	2000 年 9 月 25 日	2 万美元	
红十字国际委员会	/	2001 年 1 月 27 日	61600 瑞士法郎	
国际联合会	/	2001 年 1 月 25 日	178833 瑞士法郎	

（续表）

接受救济的国家、地区或组织	灾害类别	捐赠日期	捐款捐物	备注
博茨瓦纳	水灾	2001 年 2 月 14 日	2 万美元	
莫桑比克	水灾	2001 年 2 月 20 日	3 万美元	
红十字国际委员会	/	2001 年 2 月 21 日	49 万瑞士法郎	
埃塞俄比亚	旱灾	2001 年 2 月 21 日	2 万美元	
蒙古	牧灾	2001 年 2 月 28 日	2 万美元	
津巴布韦	风、水灾	2001 年 2 月 28 日	2 万美元	
罗马尼亚	水灾	2001 年 4 月 17 日	5 万美元	
吉布提	旱灾	2001 年 4 月 26 日	3 万美元	
巴基斯坦	旱灾	2001 年 5 月 9 日	5 万美元	
苏丹	难民	2001 年 5 月 30 日	3 万美元	
印尼	地震	2001 年 6 月 7 日	2 万美元	
肯尼亚	旱灾	2001 年 6 月 27 日	5 万美元	
白俄罗斯	肺结核项目	2002 年 1 月 4 日	1 万美元	
瓦努阿图	地震	2002 年 1 月 4 日	1 万美元	
国际联合会	/	2002 年 1 月 15 日	198874 瑞士法郎	
红十字国际委员会	/	2002 年 1 月 17 日	67544 瑞士法郎	
加蓬	艾滋病宣传	2002 年 1 月 22 日	1 万美元	
红十字国际委员会	/	2002 年 2 月 2 日	51 万瑞士法郎	

（续表）

接受救济的国家、地区或组织	灾害类别	捐赠日期	捐款捐物	备注
印尼	水灾	2002 年 2 月 4 日	2 万美元	
土耳其	地震	2002 年 2 月 5 日	2 万美元	
加蓬	埃博拉病毒	2002 年 2 月 22 日	3 万美元	
玻利维亚	水灾	2002 年 2 月 22 日	3 万美元	
阿富汗	地震	2002 年 3 月 28 日	5 万美元	
格鲁吉亚	地震	2002 年 4 月 28 日	5 万美元	
科摩罗	霍乱	2002 年 5 月 8 日	2 万美元	
菲律宾红会	/	2002 年 5 月 10 日	2000 瑞士法郎	
吉布提	发展	2002 年 5 月 13 日	3 万美元	
牙买加	水灾	2002 年 6 月 7 日	3 万美元	
叙利亚	水灾	2002 年 6 月 14 日	2 万美元	
坦桑尼亚	火车相撞	2002 年 7 月 2 日	1 万美元	
伊朗	地震	2002 年 6 月 25 日	5 万美元	
马里	水灾	2002 年 8 月 2 日	1 万美元	
韩国	风灾	2002 年 9 月 3 日	2 万美元	
朝鲜	风灾	2002 年 9 月 3 日	2 万美元	
巴布亚新几内亚	地震	2002 年 9 月 24 日	3 万美元	
秘鲁	水灾	2003 年 2 月 9 日	1 万美元	
国际联合会	/	2003 年 3 月 10 日	215018 瑞士法郎	
伊拉克	难民	2003 年 3 月 21 日	10 万美元	
玻利维亚	滑坡	2003 年 4 月 2 日	3 万美元	
土耳其	地震	2003 年 5 月 2 日	3 万美元	

（续表）

接受救济的国家、地区或组织	灾害类别	捐赠日期	捐款捐物	备注
孟加拉国	风灾	2003 年 5 月 7 日	3 万美元	
吉尔吉斯斯坦	滑坡	2003 年 5 月 7 日	5000 美元	
肯尼亚	水灾	2003 年 5 月 13 日	1 万美元	
马达加斯加	飓风	2003 年 5 月 15 日	3 万美元	
斯里兰卡	水灾	2003 年 5 月 20 日	5 万美元	
阿尔及利亚	地震	2003 年 5 月 22 日	5 万美元	
巴基斯坦	水灾	2003 年 8 月 1 日	5 万美元	
苏丹	水灾	2003 年 8 月 7 日	5 万美元	
韩国	风灾	2003 年 9 月 19 日	5 万美元	
国际联合会	/	2003 年 10 月 16 日	18 万美元	
红十字国际委员会	/	2003 年 10 月 16 日	70954 瑞士法郎	
印尼	水灾	2003 年 11 月 5 日	2 万美元	
红十字国际委员会	/	2003 年 11 月 11 日	52 万瑞士法郎	
玻利维亚	水灾	2003 年 12 月 25 日	5 万美元	
伊朗	地震	2003 年 12 月 26 日	10 万美元	
肯尼亚	旱灾	2004 年 8 月 16 日	价值 2 万美元的玉米面粉	
朝鲜	意外灾害	2004 年 8 月 31 日	125098. 8 元	
俄罗斯	别斯兰人质事件	2004 年 9 月 13 日	10 万美元	
国际联合会	印度洋海啸	2004 年 12 月 27 日和 30 日	30 万美元	中国红十字会共募集海啸救助资金超过 4 亿元

（续表）

接受救济的国家、地区或组织	灾害类别	捐赠日期	捐款捐物	备注
印尼	印度洋海啸	2004 年 12 月 31 日	10 万美元	
斯里兰卡	印度洋海啸	2004 年 12 月 31 日	10 万美元	
泰国	印度洋海啸	2004 年 12 月 31 日	5 万美元	
印度	印度洋海啸	2004 年 12 月 31 日	5 万美元	
缅甸	印度洋海啸	2004 年 12 月 31 日	2 万美元	
马来西亚	印度洋海啸	2004 年 12 月 31 日	2 万美元	
马尔代夫	印度洋海啸	2004 年 12 月 31 日	2 万美元	
印尼	地震	2005 年 3 月 29 日	30 万美元	
美国	飓风	2005 年 9 月 1 日	10 万美元	
巴基斯坦	地震	2005 年 10 月 8 日	10 万美元	
印度	地震	2005 年 10 月 8 日	5 万美元	
菲律宾	泥石流	2006 年 2 月 18 日	5 万美元	
印尼	地震	2006 年 5 月 27 日	5 万美元	
朝鲜	麻疹	2007 年 3 月	3 万美元	
阿富汗	救灾	2007 年 4 月 2 日	5 万美元	
柬埔寨	预防登革热	2007 年 7 月	3 万美元	
墨西哥	水灾	2007 年 11 月 11 日	3 万美元	
援助非洲 8 国	/	2007 年 12 月 19 日	7430 辆自行车	非洲 8 国：纳米比亚、博茨瓦纳、津巴布韦、肯尼亚、埃塞俄比亚、南非、莱索托和斯威士兰

（续表）

接受救济的国家、地区或组织	灾害类别	捐赠日期	捐款捐物	备注
肯尼亚	紧急人道主义援助	2008 年 1 月 19 日	30 万美元和 5 万美元	
玻利维亚	水灾	2008 年 2 月 2 日	5 万美元	
马达加斯加	飓风	2008 年 3 月 15 日	具体不详	马卫生、计划生育与社会保障部长感谢中方再次在马危急时刻提供援助，这体现了中国人民对马人民的真挚情谊
牙买加	热带风暴	2008 年 9 月 5 日	5 万美元	牙买加红十字会总干事克拉克对中国红十字会和中国政府的及时援助表示衷心感谢，并表示，牙买加现正处于风暴灾后救援和重建的关键阶段，中国红十字会的援助充分体现了牙中两国和两国人民的长期友谊
巴基斯坦	地震	2008 年 10 月 31 日	5 万美元	
孟加拉国	风暴	2009 年 5 月	205 万塔卡（约合 3 万美金）	
印度尼西亚	大地震	2009 年 9 月	5 万美元	
柬埔寨	台风	2009 年 10 月	3 万美元	
阿尔巴尼亚	水灾	2010 年 1 月 18 日	3 万美元	

（续表）

接受救济的国家、地区或组织	灾害类别	捐赠日期	捐款捐物	备注
海地	地震	2010 年 1 月 21 日	50 万美元	
智利	地震	2010 年 3 月 1 日	10 万美元	
巴基斯坦	水灾	2010 年 10 月 14 日	先提供 5 万美元，再追加捐赠 200 万元	
新西兰	地震	2011 年 2 月 24 日	5 万美元	
玻利维亚	洪灾	2011 年 3 月 14 日	3 万美元	
日本	地震	至 2011 年 3 月 12 日、15 日和 29 日	共捐 2600 万元	4 月 6 日，香港红十字会向日本捐 3000 万港元
“非洲之角”	人道援助	2011 年 8 月 16 日	800 万元	肯尼亚，200 万元；埃塞俄比亚，200 万元；余下 400 万元通过国际联合会援助受灾国
利比亚	紧急人道援助	2011 年 8 月	500 万元物资	
塞内加尔	非紧急援助	2011 年 9 月	25 万美元	
巴基斯坦	洪水	2011 年 9 月	5 万美元	
加纳	非紧急援助	2011 年 9 月	20 万美元	
土耳其	地震	2011 年 11 月	5 万美元	
越南	洪灾	2011 年 11 月	3 万美元	
菲律宾	洪灾	2011 年 11 月	3 万美元	
秘鲁	地震	2011 年 11 月 3 日	3 万美元	
朝鲜	/	2012 年 1 月 16 日	30 万元食品	

（续表）

接受救济的国家、地区或组织	灾害类别	捐赠日期	捐款捐物	备注
科摩罗	暴雨	2012 年 6 月 25 日	3 万美元	
柬埔寨	人道救助	2012 年 11 月 27 日	20 万美元	
南非	非紧急人道援助	2012 年 12 月 12 日	130 万元	
斐济	飓风	2013 年 1 月	5 万美元	
萨摩亚	飓风	2013 年 1 月	3 万美元	
几内亚	非紧急人道援助	2014 年 2 月 12 日	130 万元物资	
柬埔寨	非紧急人道援助	2014 年 2 月 13 日	130 万元物资	
缅甸	/	2014 年 2 月 22 日	1 万个“赈济家庭箱”，价值 500 万元	
柬埔寨	人道援助	2014 年 8 月	800 万元	

说明：上表是根据《中国红十字历史资料选编，1950—2004》《中国红十字历史编年，1904—2004》《中国红十字历史编年，2005—2009》《中国红十字历史编年，2010—2014》以及《中国红十字报》等已公开出版的书刊报纸整理而成。备注中加“＊”号的内容出自《中国红十字历史编年，1904—2004》，有的是做补充说明，以便对中国红十字援外有更深的认识；有的是援助金额、援助日期等有些不一致，在没有看到原始的一手材料之前，录此存疑。

附录二　日内瓦四公约及其三个附加议定书

一九四九年八月十二日改善战地武装部队伤者病者境遇之日内瓦公约

（1949年8月12日日内瓦第一公约）
（1949年8月12日订于日内瓦）

下列签署之各国政府全权代表出席自1949年4月21日至8月12日在日内瓦举行之外交会议，为修订1929年7月27日在日内瓦订立之改善战地伤病军人境遇公约，议定如下：

第一章　总则

第一条　各缔约国承诺在一切情况下尊重本公约并保证本公约之被尊重。

第二条　于平时应予实施之各项规定之外，本公约适用于两个或两个以上缔约国间所发生之一切经过宣战的战争或任何其他武装冲突，即使其中一国不承认有战争状态。

凡在一缔约国的领土一部或全部被占领之场合，即使此项占领未遇武装抵抗，亦适用本公约。

冲突之一方虽非缔约国，其他曾签订本公约之国家于其相互关系上，仍应受本公约之拘束。设若上述非缔约国接受并援用本公约之规定时，则缔约各国对该国之关系，亦应受本公约之拘束。

第三条　在一缔约国之领土内发生非国际性之武装冲突之场合，冲突之各方最低限度应遵守下列规定：

（一）不实际参加战事之人员，包括放下武器之武装部队人员及因病、伤、拘留、或其他原因而失去战斗力之人员在内，在一切情况下应予以人道待遇，不得基于种族、肤色、宗教或信仰、性别、出身或财力或其他类似标准而有所歧视。

因此，对于上述人员，不论何时何地，不得有下列行为：

（甲）对生命与人身施以暴力，特别如各种谋杀、残伤肢体、虐待及酷刑；

（乙）作为人质；

（丙）损害个人尊严，特别如侮辱与降低身份的待遇；

（丁）未经具有文明人类所认为必需之司法保障的正规组织之法庭之宣判，而遽行判罪及执行死刑。

（二）伤者、病者应予收集与照顾。

公正的人道团体，如红十字国际委员会，得向冲突之各方提供服务。

冲突之各方应进而努力，以特别协定之方式，使本公约之其他规定得全部或部分发生效力。

上述规定之适用不影响冲突各方之法律地位。

第四条　中立国对于在其领土内所收容或拘禁之伤者、病者、医务人员、随军牧师及所发现之死者，应准用本公约之规定。

第五条　本公约应适用于落于敌人手中之被保护人，直至彼等最后遣返为止。

第六条　于第十、十五、二十三、二十八、三十一、三十六、三十七及五十二各条明文规定之协定之外，各缔约国对其认为需另作规定之一切事项得订立特别协定。是项特别协定不得对本公约关于伤者、病者、医务人员或随军牧师所规定之境遇有不利的影响，亦不得限制本公约所赋予彼等之权利。

除在上述或后订之协定中有相反之明文规定，或冲突之一方对彼等采取更优待之措施外，伤者、病者、医务人员及随军牧师，在本公约对其适用期间，应继续享受是项协定之利益。

第七条　在任何情况下，伤者、病者、医务人员及随军牧师不得放弃本公约或上条所述之特别协定——如其订有是项协定——所赋予彼等之权利之一部或全部。

第八条　本公约之适用应与保护国合作并受其监察。保护国之责任为维护冲突各方之利益。为此目的，保护国在其外交或领事人员之外，得自其本国国民或其他中立国国民中指派代表。上述代表应经其执行任务所在国之认可。

冲突各方对于保护国之代表之工作应尽最大可能予以便利。

保护国之代表，在任何情况下，不得逾越本公约所给予之任务。彼等尤须顾及其执行任务所在国之安全上迫切的必要。仅遇有迫切的军事需要时，始能作为一种例外及暂时的措施而限制其活动。

第九条　本公约之规定并不妨碍红十字国际委员会或其他公正的人道组织，在有关冲突各方之同意之条件下，从事保护与救济伤者、病者、医务人员及随军牧师之人道活动。

第十条　各缔约国得随时同意将根据本公约应由保护国负担之任务，委托于具有公允与效能之一切保证之组织。

当伤者、病者，或医务人员及随军牧师，不拘为何原因，不能享受或已停止享受保护国或本条第一款所规定之组织的活动之利益时，则拘留国应请一中立国或此种组织担任依照本公约应由冲突各方指定之保护国所执行之任务。

若保护不能依此布置，则拘留国应在本条之规定之约束下，请求或接受一人道组织，如红十字国际委员会，提供服务，以担任依本公约由保护国执行之人道的任务。

任何中立国或任何组织经有关国家邀请或自愿提供服务而执行任务时，在行为上须对本公约所保护之人员所依附之冲突一方具有责任感，并须充分保证能适当执行其所负之任务，且能公允执行之。

各国间订立特别协定，如其中一国因军事关系，特别是因其领土之大部或全部被占领，以致该国与其他一国或其盟国谈判之自由受限制，即或是暂时的，本公约上列规定不得因该项特别协定而有所减损。

凡本公约中提及保护国，亦适用于本条所指之代替组织。

第十一条　保护国认为于被保护人之利益适宜时，尤其遇冲突各方对于本公约之适用与解释意见有分歧时，应从事斡旋以期解决分歧。

为此目的，各保护国得应一方之请求，或主动向冲突各方建议，可能在适当选择之中立领土召开代表会议，负责管理伤者、病者之当局代表和医务人员与随军牧师之代表尤须参加。冲突各方对于为此目的而提出之建议负有实行之义务。各保护国得于必要时，提请冲突各方同意，特邀一中立国人员或红十字国际委员会委派之人员参加此项会议。

第二章　伤者与病者

第十二条　受伤或患病之下条所列武装部队人员或其他人员，在一切情况下，应受尊重与保护。

冲突之一方，对于在其权力下之此等人员应予以人道之待遇与照顾，不得基于性别、种族、国籍、宗教、政治意见或其他类似标准而有所歧视。对其生命之任何危害或对其人身之暴行均应严格禁止；尤其不得加以谋杀或消灭，施以酷刑或供生物学的实验；不得故意不给予医疗救助及照顾，亦不得造成使其冒传染病危险之情况。

只有医疗上之紧急理由，可予提前诊治。

对于妇女之待遇应充分顾及其性别。

冲突之一方被迫委弃伤者、病者于敌人时，在军事的考虑许可范围内，应留下一部分医疗人员与器材，以为照顾彼等之助。

第十三条　本公约适用于下列各类之伤者、病者：

（一）冲突之一方之武装部队人员及构成此种武装部队一部之民兵与志愿部队人员；

（二）冲突之一方所属之其他民兵及其他志愿部队人员，包括有组织之抵抗运动人员之在其本国领土内外活动者，即使此项领土已被占领。但须此项民兵或志愿部队，包括有组织之抵抗运动人员，合乎下列条件：

（甲）有一为其部下负责之人统率；

（乙）备有可从远处识别之固定的特殊标志；

（丙）公开携带武器；

（丁）遵守战争法规及惯例进行战斗。

（三）自称效忠于未经拘留国承认之政府或当局之正规武装部队人员；

（四）伴随武装部队而实际并非其成员之人，如军用机上之文职工作人员、战地记者、供应商人、劳动队工人或武装部队福利工作人员，但须彼等已获得其所伴随之武装部队的准许；

（五）冲突各方之商船队之船员，包括船长，驾驶员与见习生，以及民航机上之工作人员，而依国际法之任何其他规定，不能享受更优惠之待遇者；

（六）未占领地之居民，当敌人迫近时，未及组织成为正规部队，而立即自动拿起武器抵抗来侵军队者，但须彼等公开携带武器并尊重战争法规及惯例。

第十四条　在第十二条规定之限制下，交战国的伤者、病者之落于敌人手中者，应为战俘，国际法有关战俘之规定并应适用于彼等。

第十五条　无论何时，特别在每次战斗之后，冲突各方应立即采取一切可能的措施以搜寻并收集伤者、病者，加以保护借免抢劫虐待，而予以适宜之照顾，并搜寻死者而防其被剥劫。

环境许可时，应商定停战或停火或局部办法，以便搬移、交换及运送战场上遗落之受伤者。

冲突各方之间亦得商定局部办法，以便搬移、交换被包围地区之伤者与病者；并使送往该地区之医疗与宗教人员及器材得以通过。

第十六条　冲突各方应尽速登记落于其手中之每一敌方伤者、病者，或死者之任何可以证明其身份之事项。

可能时，此项记录应包括：

（甲）所依附之国；

（乙）军、团、个人番号；

（丙）姓；

（丁）名；

（戊）出生日期；

（己）身份证或身份牌上所表明之任何其他事项；

（庚）被俘或死亡之日期及地点；

（辛）有关伤病之情况或死亡之原因。

上述登记材料应尽速转送一九四九年八月十二日关于战俘待遇之日内瓦公约第一百二十二条所述之情报局，该局应通过保护国及战俘中央事务所转达上述人员所依附之国。

冲突各方应制备死亡证书，并通过前项规定之情报局互送死亡证书或经证实之死亡表；亦应搜集并通过该局转送死者尸体上发现之双身份牌之一半，遗嘱或对于其最近亲属具有重要性之其他文件、金钱及一般具有实质价值或情感价值之物品。此项物品连同未能辨认其所有人之物品，应以密封包裹寄送，并附说明书载明死者身份之详情以及包裹内容之清单。

第十七条　冲突各方应保证在情况许可下将死者分别埋葬或焚化之前，详细检查尸体，如可能时，应经医生检查，以确定死亡，证明身份并便作成报告。双身份牌之一半，或整个身份牌，如其系单身份牌应留于尸体上。

除因卫生上迫切之理由，或出于死者所奉宗教之动机外，尸体不得焚化。如举行焚化，则在死亡证明书或经证实之死亡表上应详注焚化之情况及理由。

冲突各方更应保证死者得到荣誉的安葬，可能时，应按照彼等所属宗教之仪式埋葬之，其坟墓应受尊重，于可能时，按死者之国籍集中一处，妥为维护，并加以标志，俾随时可觅见。因此，冲突各方在战事开始时应即组织正式坟墓登记处，以便事后迁葬，并保证认明尸体，不论坟墓位置如何，及可能运回本国。此项规定应适用于骨灰，骨灰应由坟墓登记处保管，直至依照本国愿望处理时为止。

一俟情况允许，并至迟在战事结束之时，各坟墓登记处应通过第十六条第二项所指之情报局互相交换表册，载明坟墓之确实地点与标志以及有关该处埋葬的死者之详细情形。

第十八条 军事当局得号召居民以慈善精神，自愿在其指导下，收集与照顾伤者、病者。并对于响应此项号召之人予以必要之保护及便利。倘敌方控制或再控制该地区，则对于上述之人亦应予以同样之保护及便利。

军事当局，即令在侵入或占领地区，亦应准许居民或救济团体自动收集与照顾任何国籍之伤者、病者。一般平民应尊重此种伤者、病者；尤不得施以暴行。

任何人不得因看护伤者、病者而被侵扰或定罪。

本条规定并不免除占领国对于伤者、病者给予身体上及精神上照顾之义务。

第三章　医疗队及医疗所

第十九条 医务部门之固定医疗所，及流动医疗队，在任何情况下不得被攻击，而应随时受冲突各方之尊重及保护。倘落于敌方之手，在俘获国自身对于发现在该医疗所及医疗队之伤者、病者未能保证必需之照顾期中，其人员仍应有执行其任务之自由。

负责当局应保证上述医疗所及医疗队尽可能如此设置，以期不致因对军事目标之攻击而危及其安全。

第二十条 一九四九年八月十二日改善海上武装部队伤者病者及遇船难者境遇之日内瓦公约所保护之医院船，不得自陆上加以攻击。

第二十一条 医务部门之固定医疗所及流动医疗队应得之保护不得停止，除非此等组织越出其人道任务之外，用以从事有害于敌方之行为。惟如经给予相当警告，并依各个情形，指定合理之时限而警告仍被忽视时，始得停止保护。

第二十二条 下列情形不得认为剥夺第十九条所保证的对于医疗队或医疗所之保护：

（一）医疗所或医疗队之人员配有武器，且因自卫或保护伤者、病者而使用武器；

（二）医疗所或医疗队因无武装勤务员，而由警卫或哨兵或护送卫士保卫；

（三）医疗所或医疗队发现有由伤者、病者身上所解除之小型武器及弹药而尚未缴送主管机关者；

（四）在医疗所或医疗队发现有兽医人员及器材，但并不构成该所或该队不可分之一部；

（五）医疗所或医疗队或其人员扩展其人道的活动及于伤病平民之照顾。

第二十三条　平时各缔约国及战事开始后冲突各方，均得在其领土内，于必要时在占领地内，设立医院地带及处所，加以适当的组织以便保护伤者、病者，及在该地带处所负责组织与管理工作以及照顾集中于该处人们之人员，俾免受战争影响。

在战事开始时，及其进行中，有关各方得缔结协定互相承认其所设立之医院地带及处所。为此目的并得执行本公约所附协定草案之规定，连同其所认为必要之修改。

为便利此等医院地带及处所之设立与承认，保护国及红十字国际委员会当被邀从事斡旋。

第四章　人员

第二十四条　专门从事寻觅、收集、运送、医治伤者、病者及预防疾病之医务人员，专门从事管理医疗队及医疗所之职员以及随军牧师，在一切情况下应受尊重与保护。

第二十五条　武装部队中曾受特别训练以备于需要时充当医院勤务员、护士、或辅助担架员，从事寻觅、收集、运送或诊疗伤者及病者之人员，如其执行任务时与敌人接触，或落于敌方之手，应同样受尊重与保护。

第二十六条　凡经本国政府正式认可并核准之各国红十字会及其他志愿救济团体之人员，如担任第二十四条所述人员同样之任务，则应与该条所述人员处于同样地位，但此类团体之人员应受军事法规之约束。

每一缔约国应将在其责任下准许从事协助其武装部队的正规医疗工作之各团体之名称，通知其他一方。此项通知，应于平时，或战事开始时，或战事进行中，但无论如何，在实际使用各该名称以前为之。

第二十七条　凡中立国认可之团体，必须经其本国政府之事先同意及有关冲突一方之核准，始得以其医疗人员及医疗队协助该冲突之一方。此项人员及此等医疗队应受该冲突一方之管制。

该中立国应将此项同意通知接受协助国家之敌方。接受此项协助之冲突一方在利用之前，必须通知敌方。

此种协助在任何情况下不得视为对于冲突之干预。

对于第一款所指之人员于离开其所属之中立国前，应发给第四十条所规定之身份证。

第二十八条　第二十四条及二十六各条所指人员之落于敌方手中者，仅在战俘之健康状况精神需要以及人数上均有此要求时，方得留用之。

因上述情形而留用之人员不得视为战俘。但至少应享受一九四九年八月十二日关于战俘待遇之日内瓦公约所规定之利益。上项人员应在拘留国军事法规范围内，并在该国主管部门管辖下，本其职业之道义，继续为战俘，尤其属于其本国武装部队者，执行其医疗及精神任务。此等人员为执行上项任务，应享受下列便利：

（甲）彼等应许其定期访问战俘营外之劳动队或医院中之战俘。拘留国应供给所需之交通工具。

（乙）关于每一战俘营中留用医务人员之职务上活动，由该营最高级医官对该营军事当局负责。为此目的，在战事开始时，冲突各方应就医务人员相当等级之事取得协议，其中包括第二十六条所列团体之医务人员之等级。上述医官及随军牧师有权直接与该营之军事及医务当局接洽有关职务之一切问题，该军事及医务当局应予彼等以有关此项问题之通讯所必需之便利。

（丙）营中留用人员虽应服从内部纪律，但不得令其从事医疗或宗教任务以外之任何工作。

在战事中，冲突各方应制定关于可能时遣返留用人员之办法，并决定遣返之程序。

上述各规定并不解除拘留国对于战俘医疗及精神上之福利所应尽之义务。

第二十九条 第二十五条所指人员落于敌方手中者，应为战俘，但于需要时应令其担任医务工作。

第三十条 非系第二十八条所规定之必需留用人员，一俟归路可通及军情许可，应将其送回其所属之冲突一方。

上述人员在等候回国期间，不应视为战俘，但至少应享受一九四九年八月十二日关于战俘待遇之日内瓦公约所规定之利益。彼等并应在敌方指挥下，继续执行其任务，尤以派其照顾其所同属冲突一方之伤者、病者为宜。

彼等出发时，应携带其所有行李、个人用品、贵重品及工具等。

第三十一条 依第三十条规定，送回人员之选择，应不拘种族、宗教或政治意见之任何考虑，但宜按照其被俘日期之次序及身体健康之状况为之。

自战事开始时起，冲突各方得以特别协定，按照战俘之人数之比例及战俘营中此等人员之分配，决定留用人员之百分比。

第三十二条 第二十七条所指之人员落于敌方之手者，不得拘留。

除另有协议外，应许其返回本国，如其不可能，则一俟归路可通及军情许可，应准予返回其所服役之冲突一方的领土。

等候释放期间，彼等应在敌方指导下，继续其工作，尤以担任看护其所服役之冲突一方之伤者、病者为宜。

彼等出发时，应携带其行李、个人用品、贵重品、工具、武器，并于可能时，其所有之交通工具。

冲突各方对于在其权力下之此种人员，应予以与本国武装部队相等人员同样之食物、居所、津贴及薪给。在任何情形下，食物之质、量，及种类均应足以维持人述人员之正常健康状况。

第五章　建筑物及器材

第三十三条　武装部队之流动医疗队落于敌方之手者，其器材应留作照顾伤者及病者之用。

武装部队之固定医疗所的建筑物、器材及物资，应仍受战争法规之拘束，但在其为照顾伤者、病者所必需之期间，不得移作别用。惟战地司令遇紧急军事需要时得使用之，但须彼等预订关于在该所疗养之伤者、病者的福利之办法。

本条所指之器材与物资不得故意摧毁。

第三十四条　凡许予本公约的特权之各救济团体，其不动产与动产应视为私有财产。

战争法规及惯例所承认之交战国征用权，仅在紧急需要的场合，并在对伤者、病者之福利已有保证后，始得行使。

第六章　医疗运输

第三十五条　伤者及病者或医疗设备之运输队，应与流动医疗队受同样之尊重及保护。

此项运输队或车辆如落于敌方手中时，应受战争法规之拘束；但以俘获该项运输或车辆之冲突一方在一切情形下，应保证照顾其所载运之伤者、病者为条件。

文职人员及由征用所得之一切运输工具应受国际法一般规则之拘束。

第三十六条　对于医务飞机，即专用以搬移伤者、病者，及运送医务人员及设备之飞机，不得袭击，而在各有关交战国间所特别约定之高度、时间及航线飞行时，应受各交战国之尊重。

此项飞机在其上下及两侧面应显明标以第三十八条所规定之特殊标志，以及其本国国旗。并应备有战事开始时或战事进行中经各交战国间同意之任何其他标志或识别方法。

除另有协议外，在敌人领土或敌人占领地上空之飞行应予禁止。

医务飞机应服从一切降落命令。如被令降落而需要检查时，则经过检查后，该机载其乘员得继续航行。

非自愿降落于敌人领土或敌人占领地时，机内之伤者、病者及飞行人员应为战俘。医务人员应按第二十四条及以下各条待遇之。

第三十七条　冲突各方之医务飞机，在本条第二款规定之拘束下，得在中立国之领土上空飞行，必要时，得在该国领土降落，或用以为停留站。

该项飞机之飞越上述领土，应预先通知各中立国，并服从一切水陆降落之命令。仅在冲突各方与有关中立国特别约定之航线、高度及时间飞行时，始免受袭击。

但中立国对于医疗飞机之飞越其领土或在其领土降落，得规定条件或限制。此项可能的条件与限制对于冲突各方应一律适用。

除中立国与冲突各方另有协议外，凡经地方当局之同意由医务飞机运至中立国领土之伤者、病者，如国际法有此要求，应由中立国以适当方式予以拘留，俾彼等不能再行参加战斗。收容与拘禁之费用应由其所依附之国负担。

第七章　特殊标志

第三十八条　为对瑞士表示敬意，白底红十字之旗样，系将其联邦国旗翻转而形成者，留作武装部队医务部门之标志与特殊记号。

但各国如已采用白底红新月或白底红狮与日以代替红十字之标志者，此等标志亦为本公约规定所承认。

第三十九条　在军事主管当局之指导下，上项标志应标明于旗帜、臂章，及医务部门所使用之一切设备上。

第四十条　第二十四、二十六、二十七各条所指之人员，应在左臂佩带由军事机关发给并盖印而具有特殊标志之防水臂章。

此种人员除应携带第十六条所述之身份牌外，应另携带具有此项特殊标志之特种身份证。此证应有防水之效能，并具有适当的尺寸以便携带于衣袋内。其上应用本国文字，至少载明持用者之姓名、出生日期、等级、番号，并应注明其以何种身份享受本公约之保护。该证应附有本人像片，及其签字或指纹，或二者俱备。该证并应加盖军事当局之钢印。

同一武装部队所使用之身份证应式样一致，并尽可能使各缔约国之武装部队使用类似的式样。冲突各方可参照本公约所附之示范格式。在战事开始时，冲突各方应互相通知其所采用之式样。在可能范围内，身份证至少应制备两份，其中一份存于本国。

在任何情况下对上述人员不得剥夺其符号或身份证，或佩戴臂章之权利。如遇遗失时得领取身份证副本或补领符号。

第四十一条　第二十五条所指之人员，仅于执行医疗任务时，应佩带白色臂章，中有小型特别符号；此项臂章由军事当局盖印发给。

此种人员所携带之军事证明文件，应注明其所受之特别训练，其所担任任务之临时性以及佩戴臂章之权利。

第四十二条　本公约特殊旗帜之悬挂仅限于依本公约应受尊重之医疗队

及医疗所，并须经军事当局同意。

流动医疗队与固定医疗所，均得加悬其所属冲突一方之国旗。

但落于敌方手中之医疗队，除本公约之旗帜外，不得悬挂其他任何旗帜。

冲突各方，于军情许可下，应采取必要之步骤，使标明医疗队所之特殊标志易为敌方海陆空军所辨识，以避免任何敌对行动之可能。

第四十三条　属于中立国之医疗队经获准依照第二十七条所规定之条件协助一交战国者，在该交战国欲利用第四十二条所给予之特许时，除悬挂本公约之旗帜外，应加悬该交战国之国旗。

除受负责军事当局相反的命令之拘束外，此等医疗队得于一切情况下悬挂其本国国旗，即使其落于敌方手中。

第四十四条　除本条下列各款所列情形外，白底红十字标志及“红十字”字样，或“日内瓦十字”字样，不论在平时或战时，只能用以标明或保护本公约及规定类似事项之其他公约所保护之医疗队及医疗所，以及其人员与器材。对于使用第三十八条第二款提及之标志之国家，本规定应适用于该项标志。第二十六条所指之各国红十字会及其他救济团体仅在本款所指范围内有权使用给予本公约之保护之特别标志。

此外，各国红十字会（红新月、红狮与日）在平时依照其本国法律，得使用红十字名义及标志，以从事其他符合国际红十字大会所定之原则之活动。若在战时进行此项活动，则使用该项标志之条件，应足以使该标志不致被认为赋予本公约之保护；此项标志应用比较小的尺寸，并不得置于臂章或屋顶上。

国际红十字组织及其正式委派之人员，不论何时均得使用白底红十字之标志。

作为一种例外措施，本公约之标志，得依照本国内法律并经本国红十字会（红新月、红狮与日）之一的明白许可，于平时得用以辨别用作救护车之车辆及标明专为免费治疗伤者、病者之救护站所在地。

第八章　公约之执行

第四十五条　冲突各方应通过其总司令保证以上条款之详细执行，并依照本公约之一般原则规定预料不到之事件。

第四十六条　对于本公约所保护之伤者、病者、工作人员、建筑物或设备之报复行为，均予禁止。

第四十七条　各缔约国在平时及战时应在各该国尽量广泛传播本公约之约文，尤应在其军事，并如可能时在公民教育计划中，包括本公约之学习，俾本公约之原则为全体人民，尤其武装战斗部队、医务人员及随军牧师所周知。

第四十八条 各缔约国应通过瑞士联邦委员会，在战时则通过保护国，互相通知本公约之正式译文，及其所采用以保证实施本公约之法律与规则。

第九章 滥用及违约之取缔

第四十九条 各缔约国担任制定必要之立法，俾对于本身犯有或令人犯有下条所列之严重破坏本公约之行为之人，处以有效之刑事制裁。

各缔约国有义务搜捕被控为曾犯或曾令人犯此种严重破坏本公约行为之人，并应将此种人，不分国籍，送交各该国法庭。该国亦得于自愿时，并依其立法之规定，将此种人送交另一有关之缔约国审判，但以该缔约国能指出案情显然者为限。

各缔约国应采必要之措施，以制止下条所列严重破坏本公约之行为以外之一切违反本公约之规定之行为。

在一切情况下，被告人应享有适当的审讯及辩护之保障。此种保障，不得次于一九四九年八月十二日关于战俘待遇之日内瓦公约第一百零五条及其以下各条所规定者。

第五十条 上条所述之严重破坏公约行为，应系对于受本公约保护之人或财产所犯之任何下列行为：故意杀害，酷刑或不人道待遇，包括生物学实验，故意使身体及健康遭受重大痛苦或严重伤害，以及无军事上之必要，而以非法与暴乱之方式，对财产之大规模的破坏与征收。

第五十一条 任何缔约国不得自行推卸，或允许任何其他缔约国推卸，其本身或其他缔约国所负之关于上条所述之破坏公约行为之责任。

第五十二条 经冲突之一方之请求，应依有关各方所决定之方式，进行关于任何被控违犯本公约的行为之调查。

如关于调查程序不能获致协议，则各方应同意选定一公断人，由其决定应遵行之程序。

违约行为一经确定，冲突各方应使之终止，并应迅速加以取缔。

第五十三条 除按本公约有权使用者以外，一切个人、公私团体、商号或公司，不论其使用之目的及采用之日期为何，使用“红十字”或“日内瓦十字”之标志或名称以及其他仿冒之标志或名称，无论何时均应禁止。

因为依采用翻转的联邦国旗而对瑞士表示之敬意，及瑞士国徽与本公约之特殊标志之间可以发生之混淆，任何私人、团体、或商号，不论系作为厂标或商标，或此种厂标商标之一部分，或出于违反商业信义的目的，或在可以伤害瑞士国家情感之情况下，使用瑞士国徽，或仿冒此项国徽标志，无论何时，均应予禁止。

但未参加1929年7月27日日内瓦公约之各缔约国对于早已使用前款规定之各种符号标志者，得限期令其停止使用。此项期限自本公约生效之日起，不得超过三年。但此种使用，在战时，不得视为系受本公约之保护。

本条第一款所规定之禁止事项，亦适用于第三十八条第二款所指之标志及符号，但不影响其过去使用所获得之权利。

第五十四条　各缔约国，若其立法尚未完备，应采取必要之措施，以便随时防止及取缔第五十三条所规定之各种滥用行为。

最后条款

第五十五条　本公约以英文及法文订立。两种文字之约文具有同等效力。

瑞士联邦委员会应准备本公约之俄文及西班牙文之正式译文。

第五十六条　本公约以本日为订立之日期，至1950年2月12日为止，凡参加1949年4月21日日内瓦会议各国，以及未参加该次会议，但系一八六四年、一九〇六年或一九二九年救济战地军队伤者病者之日内瓦公约之缔约国，均可签字。

第五十七条　本公约应尽速批准，其批准书应交存于伯尔尼。

每一批准书交存时，应予登记，并由瑞士联邦委员会将该项登记之证明的抄本分送业经签字或通知加入本公约之各国。

第五十八条　本公约在至少两国批准书交存后六个月发生效力。

嗣后，本公约对于每一缔约国自其批准书交存后六个月发生效力。

第五十九条　在各缔约国间之关系上，本公约代替一八六四年八月二十二日、一九〇六年七月六日及一九二九年七月二十七日之各公约。

第六十条　本公约自生效之日起，任何未签字本公约之国家均得加入。

第六十一条　本公约之加入应以书面通知瑞士联邦委员会，自加入之通知收到之日起六个月后发生效力。

瑞士联邦委员会应将此项加入通知所有业经签字或加入本公约之国家。

第六十二条　第二条及第三条所载之情况应使在战事开始或占领之前或后，冲突各方所交存之批准书及加入之通知立即生效。瑞士联邦委员会应将其从冲突各方收到之任何批准书或加入之通知，以最迅速方法通告之。

第六十三条　每一缔约国得自由退出本公约。

退约须用书面通知瑞士联邦委员会，并由该委员会转告所有缔约国政府。

退约须于通知瑞士联邦委员会后一年发生效力。但如缔约国于作退约通知时已卷入冲突，则其退约须待至和议成立后，并在有关本公约所保护之人员之释放及遣返之工作完毕后，始能生效。

退约仅对该退约国有效，但并不减轻冲突各方依国际法原则仍应履行之义务，此等原则系产自文明人民间树立之惯例，人道法则与公众良心之要求。

第六十四条 瑞士联邦委员会应将本公约在联合国秘书处登记，并应将其所接获之所有关于本公约之批准、加入及退约通知联合国秘书处。

为此，下列签署人于交存全权证书后，签署本公约，以昭信守。

1949年8月12日以英文法文订于日内瓦。正本应交存于瑞士联邦委员会之档案中。瑞士联邦委员会应将证明之抄本送交每一签字及加入之国家。

附件一 关于医院地带及处所之协定草案（略）

附件二 附属武装部队之医疗及宗教人员之身份证（略）

一九四九年八月十二日改善海上武装部队伤者病者及遇船难者境遇之日内瓦公约

（1949年8月12日日内瓦第二公约）

（1949年8月12日订于日内瓦）

下列签署之各国政府全权代表出席自1949年4月21日至8月12日在日内瓦举行之外交会议，为修订1907年10月18日推行1906年日内瓦公约之原则于海战之第十海牙公约，议定如下：

第一章　总则

第一条　各缔约国承诺在一切情况下尊重本公约并保证本公约之被尊重。

第二条　于平时应予实施之各项规定之外，本公约适用于两个或两个以上缔约国间所发生之一切经过宣战的战争或任何其他武装冲突，即使其中一国不承认有战争状态。

凡在一缔约国的领土一部或全部被占领之场合，即使此项占领未遇武装抵抗，亦适用本公约。

冲突之一方虽非缔约国，其他曾签订本公约之国家于其相互关系上，仍应受本公约之拘束。设若上述非缔约国接受并援用本公约之规定时，则缔约各国对该国之关系，亦应受本公约之拘束。

第三条　在一缔约国之领土内发生非国际性的武装冲突之场合，冲突之各方最低限度应遵守下列规定：

（一）不实际参加战事之人员，包括放下武器之武装部队人员及因病、伤、拘留、或其他原因而失去战斗力之人员在内，在一切情况下，应予以人道待遇，不得基于种族、肤色、宗教或信仰、性别、出身或财力或其他类似标准而有所歧视。

因此，对于上述人员不论何时何地不得有下列行为：

（甲）对生命与人身施以暴力，特别如各种谋杀、残伤肢体、虐待及酷刑；

（乙）作为人质；

（丙）损害个人尊严，特别如侮辱与降低身份的待遇；

（丁）未经具有文明人类所认为必需之司法保障的正规组织之法庭之宣判，而遽行判罪及执行死刑。

（二）伤者、病者及遇船难者应予收集与照顾。

公正的人道团体，如红十字国际委员会，得向冲突之各方提供服务。

冲突之各方应进而努力以特别协定之方式，使本公约之其他规定得全部或部分发生效力。

上述规定之适用不影响冲突各方之法律地位。

第四条 遇有冲突各方之陆海军作战时，本公约之规定仅适用于在舰上之部队。

登陆之部队，应立即受一九四九年八月十二日改善战地武装部队伤者病者境遇之日内瓦公约的规定之拘束。

第五条 中立国对于在其领土内所收容或拘禁之伤者、病者、遇船难者、医务人员与随军牧师及所发现之死者，应准用本约之规定。

第六条 于第十、十八、三十一、三十八、三十九、四十、四十三及五十三各条明文规定之协定之外，各缔约国对其认为需另作规定之一切事项得订立特别协定。是项特别协定不得对本公约关于伤者、病者、遇船难者、医务人员或随军牧师所规定之境遇有不利的影响，亦不得限制本公约所赋予彼等之权利。

除在上述协定或后订之协定中有相反之明文规定，或冲突之一方对彼等采取更优待之措施外，伤者、病者、遇船难者、医务人员及随军牧师，在本公约对其适用期间，应继续享受是项协定之利益。

第七条 在任何情况下，伤者、病者、遇船难者、医务人员及随军牧师不得放弃本公约或上条所述特别协定——如其订有是项协定——所赋予彼等之权利之一部或全部。

第八条 本公约之适用应与保护国合作并受其监察。保护国之责任为维护冲突各方之利益。为此目的，保护国在其外交或领事人员之外，得自其本国国民或其他中立国国民中指派代表。上述代表应经其执行任务所在国之认可。

冲突各方对于保护国之代表之工作应尽最大可能予以便利。

保护国之代表在任何情况下不得逾越本约所畀予之任务。彼等尤须顾及其执行任务所在国之安全上迫切的必要。仅遇有迫切的军事要求时，始能作为一种例外及暂时的措施而限制其活动。

第九条 本公约之规定并不妨碍红十字国际委员会或其他公正的人道组织，在有关冲突各方之同意之条件下，从事保护与救济伤者、病者、遇船难者、医务人员及随军牧师之人道活动。

第十条 各缔约国得随时同意将根据本公约应由保护国负担之任务，委托于具有公允与效能的一切保证之组织。

当伤者、病者、遇船难者或医务人员及随军牧师，不拘为何原因，不能享受或已停止享受保护国或本条第一款所规定之组织的活动之利益时，则拘留国应请一中立国或此种组织担任依照本公约应由冲突各方指定之保护国所执行之任务。

若保护不能依此布置，则拘留国应在本条之规定之约束下，请求或接受一人道组织，如红十字国际委员会，提供服务，以担任依本公约由保护国执行之人道的任务。

任何中立国或任何组织经有关国家邀请或自愿提供服务而执行任务时，在行为上须对本公约所保护之人员所依附之冲突一方具有责任感，并须充分保证能执行其所负之任务，且能公允执行之。

各国间订立特别协定，如其中一国因军事关系，特别是因其领土之大部或全部被占领，以致该国与其他一国或其盟国谈判之自由受限制，即或是暂时的，本公约上列规定不得因该项特别协定而有所减损。

凡本公约中提及保护国，亦适用于本条所指之代替组织。

第十一条　保护国认为于被保护人之利益适宜时，尤其遇冲突各方对于本公约之适用与解释意见有分歧时，应从事斡旋以期解决分歧。

为此目的，各保护国得因一方之请求，或主动向冲突各方建议，可能在适当选择之中立领土召开代表会议，负责管理伤者、病者、遇船难者之当局代表和医务人员与随军牧师之代表尤须参加。冲突各方对于为此目的而提出之建议负有实行之义务。各保护国得于必要时，提请冲突各方同意，特邀一中立国人员或红十字国际委员会委派之人员参加此项会议。

第二章　伤者病者及遇船难者

第十二条　在海上受伤、患病或遇船难之下条所列武装部队人员或其他人员，在一切情况下，应受尊重与保护，而“船难”一词应了解为系指任何原因之船难，并包括飞机被迫降落海面或被迫自飞机上跳海者在内。

冲突之各方对于在其权力下之此等人员，应予以人道之待遇与照顾，不得基于性别、种族、国籍、宗教、政治意见或其他类似标准而有所歧视。对其生命之任何危害或对其人身之暴行，均应严格禁止；尤其不得加以谋杀和消灭，施以酷刑或供生物学的实验，不得故意不给予医疗救助及照顾，亦不得造成使其冒传染病危险之情况。

只有医疗上之紧急理由始可予提前诊治。

对于妇女之待遇应充分顾及其性别。

第十三条　本公约适用于下列各类之海上伤者、病者及遇船难者：

（一）冲突之一方之武装部队人员及构成此种武装部队一部之民兵与志愿部队人员；

（二）冲突之一方所属之其他民兵及其他志愿部队人员，包括有组织之抵抗运动人员之在其本国领土内外活动者，即使此项领土已被占领；但须此项民兵或志愿部队，包括有组织之抵抗运动人员，合乎下列条件：

（甲）由一为其部下负责之人统率；

（乙）备有可从远处识别之固定的特殊标志；

（丙）公开携带武器；

（丁）遵守战争法规及惯例进行战斗。

（三）自称效忠于未经拘留国承认之政府或当局之正规武装部队人员；

（四）伴随武装部队而实际并非其成员之人，如军用机上之文职工作人员、战地记者、供应商人、劳动队工人或武装部队福利工作人员，但须彼等已获得其所伴随之武装部队的准许；

（五）冲突各方之商船队之船员，包括船长、驾驶员与见习生，以及民航机上之工作人员，而依国际法之任何其他规定不能享受更优惠之待遇者；

（六）未占领地之居民，当敌人迫近时，未及组织成为正规部队，而立即自动拿起武器抵抗来侵军队者，但须彼等公开携带武器并尊重战争法规及惯例。

第十四条 交战国之一切军舰应有权要求交出军用医院船，属于救济团体或私人之医院船，以及商船、游艇或其他船只上之伤者、病者、或遇船难者，不拘国籍，但须伤者与病者处于适合移动之情状，而该军舰具有必要的医治之适当设备。

第十五条 如伤者、病者或遇船难者被收容于中立国军舰或军用飞机上，如国际法有此要求，应保证此等人员不再参加战争行动。

第十六条 在第十二条规定之限制下，交战国之伤者、病者及遇船难者之落于敌方手中者，应为战俘，并对之适用国际法有关战俘之规定。俘获者得按情况决定是否便于扣留送至俘获国之港口、中立国港口、甚或敌国领土内之港口。如属最后一情形，被送回本国之战俘，在战争期间不得服役。

第十七条 如中立国与交战国间无相反之协定，经地方当局之许可，在中立国港口登陆之伤者、病者或遇船难者，遇国际法有此要求时，应由中立国加以看守，务使彼等不能再参加战争行动。

医院收容及拘禁费用应由伤者、病者或遇船难者所依附之国负担。

第十八条 每次战斗之后，冲突各方应立即采取一切可能之措施以搜寻并收集遇船难者、伤者与病者加以保护借免抢劫及虐待，而予以适宜之照顾，并搜寻死者而防其被剥劫。

环境许可时，冲突各方应商定局部办法以便经由海路搬移被包围地区之伤者与病者，并使送往该地区之医疗与宗教人员及器材得以通过。

第十九条 冲突各方应尽速登记落于其手中之每一敌方遇船难者、伤者、病者或死者之任何可以证明其身份之事项。可能时，此项记录应包括：

（甲）所依附之国；

（乙）军、团、个人番号；

（丙）姓；

（丁）名；

（戊）出生日期；

（己）身份证或身份牌上所表明之任何其他事项；

（庚）被俘或死亡之日期及地点；

（辛）有关伤病之情况或死亡之原因。

上述登记材料应尽速转送一九四九年八月十二日关于战俘待遇之日内瓦公约第一百二十二条所述之情报局，该局应通过保护国及战俘中央事务所转达上述人员所依附之国。

冲突各方应制备死亡证书，并通过前项规定之情报局互送死亡证书或经证实之死亡表；亦应搜集并通过该局转送死者尸体上所发现之双身份牌之一半，或整个身份牌如其系单身份牌，遗嘱或对于其最近亲属具有重要性之其他文件、金钱及一般具有实质价值或情感价值之物品。此项物品连同未能辨认其所有人之物品，应以密封包裹寄送，并附说明书载明死者身份之详情以及包裹内容之清单。

第二十条 冲突各方应保证在情况许可下分别海葬死者之前，详细检查尸体，如可能时，经医生检查，以确定死亡，证明身份并便作成报告。如用双身份牌者，则其一半应留在尸体上。

如死者运抵陆上时，则应适用一九四九年八月十二日改善战地武装部队伤者病者境遇之日内瓦公约之规定。

第二十一条 冲突各方得呼吁中立国商船、游艇或其他中立国船只之船长以慈善精神收容与照顾伤者、病者或遇船难者于其船上，并收集死者。

响应此项呼吁之任何种类船只以及自动收集伤者、病者或遇船难者之船只，均应享受特别保护及为执行此项协助之便利。

上述船只绝不得因从事此项运输而受拿捕；但上述船只若有违反中立之行为，除非有相反之诺言，仍得予以拿捕。

第三章 医院船

第二十二条 军用医院船即各国特别并专用以救助、医治并运送伤者、病者及遇船难者而建造或装备之船只，在任何情况下，不得加以攻击或拿捕，而应随时予以尊重与保护，但须于使用前十日，将该船之名称及其说明通知冲突各方。

通知书内必须载明之特征，应包括注册之总吨位，自船首至船尾之长度以及桅杆、烟囱之数目。

第二十三条 岸上建筑物之应受一九四九年八月十二日改善战地武装部队伤者病者境遇之日内瓦公约之保护者，应予以保护，免受海上之炮轰或攻击。

第二十四条 各国红十字会及官方承认之救济团体或私人所使用之医院船，如经其所依附之冲突一方正式委任，并已遵照第二十二条关于通知之规定者，应享受与军用医院船同样之保护并应免予拿捕。

此等船只，必须备有负责当局发给之证明书，载明该船只于装备及出发时已在该当局之管辖下。

第二十五条 各中立国之红十字会及官方承认之救济团体或私人所使用之医院船，如受冲突一方之管辖，经其本国政府之预先同意及该冲突一方之认可，并已遵照第二十二条关于通知之规定者，应享受与军用医院船同样之保护并免予拿捕。

第二十六条 第二十二、二十四及二十五各条提及之保护，适用于任何吨位之医院船及其救生艇，不论其活动地点何在。但为保证最大限度之舒适与安全，冲突各方务须使用总吨位在二千吨以上之医院船，以运送远距离及在公海上之伤者、病者及遇船难者。

第二十七条 在第二十二及二十四各条所规定之同样条件下，国家用或官方承认之救济团体为沿海岸救生用之小型船只，在行动需要之许可范围内，亦应予以尊重及保护。

前项规定应尽可能适用于前述船只在其人道的任务上所专用之海岸固定设备。

第二十八条 若在军舰上发生战斗，则病室应予以尊重，并尽可能予以保全。病室及其设备应受战争法规之限制，在伤者与病者需要期中，不得改作其他用途。但病室落于敌方司令之权力下，而该司令在保证对疗养中之伤者与病者予以适当之照顾后，于紧急军事需要时，得将病室改作他用。

第二十九条 凡泊于陷落敌方手中之港口之任何医院船，应准其离去该港。

第三十条 第二十二、二十四、二十五及二十七各条所述之船只应不拘国籍，对于伤者、病者及遇船难者予以救济与协助。

各缔约国承诺不将此等船只作任何军事用途。

此等船只绝不得妨碍战斗员之行动。

在每次战斗中及战斗后，此等船只行动上所冒危险，自负其责。

第三十一条　冲突各方应有权管制及搜查第二十二、二十四、二十五及二十七各条提及之船只，并得拒绝其协助，命令其离去，指定其航线，控制其无线电及其他通讯工具之使用，如因情况之严重性有此必要时，并得扣留之，其期限自截留之时起，不超过七日。

冲突各方得派员暂时驻在船上，其唯一任务应为保证根据上款规定所发布之命令均予执行。

冲突各方应尽可能将发给医院船船长之命令以该船长所了解之文字，记录于该船航海日志。

冲突各方得单独或依特别协定，安置中立国视察员在其船上，该员等应检定本公约规定之严格遵行。

第三十二条　第二十二、二十四、二十五及二十七各条所述之船只，就其在中立国港口停泊而言，不列为军舰。

第三十三条　商船之改装为医院船者，在全部战事期间不能移作他用。

第三十四条　医院船及舰上病室应得之保护不得停止，除非此等船室越出其人道任务之外，用以从事有害于敌方之行为。惟如经给予相当警告，并依各个情形指定合理之时限而警告仍被忽视时，始得停止保护。

医院船尤其不得备有或使用密码，为无线电或其他通讯方法之用。

第三十五条　下列情况不得认为剥夺医院船及舰上病室应得之保护：

（一）医院船或病室之船员为维持秩序，自卫或保护伤者、病者而配有武器；

（二）船上有专为便于航行或通讯用之装备；

（三）医院船上或舰上病室内发现有由伤者、病者及遇船难者身上所解除之随身武器及弹药而尚未缴送主管部门者；

（四）医院船及舰上病室或其船员扩展其人道之活动及于伤、病或遇船难之平民之照顾；

（五）运送专为医疗任务之用的设备及人员，而超过正常之需要。

第四章　人员

第三十六条　医院船上之宗教、医务及医院工作人员以及其船员，应受尊重及保护；不论船上有无伤者及病者，在医院船上服务期间，不得被俘。

第三十七条　凡宗教、医务及医院工作人员被派担任医务上或精神上照顾第十二及十三两条所指之人者，如落于敌方手中，应受尊重及保护；在需要照顾伤者及病者之期间，得继续执行其职务。一俟管辖此项人员之总司令认为可行时，应将其送回。彼等离船时得携带其私人财物。

但如发觉因战俘之医疗上及精神上之需要，须留用若干人员时，则应尽一切可能使其尽早登陆。

留用人员登陆后，即受一九四九年八月十二日改善战地武装部队伤者病者境遇之日内瓦公约规定之拘束。

第五章　医疗运输

第三十八条　为此项目的而租用之船只，应准其运输专为医治武装部队之伤者与病者或防止疾病用之设备，但须将该船航行之事项通知敌国，并经其认可。敌国保留登船检查之权，但不得予以拿捕或截留其所载之设备。

经冲突各方之协议，中立国观察员得驻在该项船只上，以检定所载之设备。为此目的，应准其自由检视此项设备。

第三十九条　医务飞机，即专用以搬移伤者、病者及遇船难者以及运送医务人员与设备之飞机，不得为袭击之目标，而在有关冲突各方所特别约定之高度、时间及航线飞行时，应受冲突各方之尊重。

此项飞机在其上下及两侧面，应显明标以第四十一条所规定之特殊标志，以及其本国国旗，并应备有战事开始时或战事进行中经冲突各方间同意之任何其他标志或识别方法。

除另有协议外，在敌人领土或敌人占领地上空之飞行应予禁止。

医务飞机应服从一切水陆降落之命令。如被令降落而需受检查时，则经过检查后，该机载其乘员得继续飞行。

非自愿降落于敌人领土或敌人占领地之陆上或水面时，伤者、病者及遇船难者以及飞行人员应为战俘。医务人员应按第三十六条及三十七条两条待遇之。

第四十条　冲突各方之医务飞机，在本条第二款规定之拘束下，得在中立国之领土上空飞行，必要时，得在该国领土降落，或用以为停留站。该项飞机之飞越上述领土，应预先通知各中立国，并服从一切水陆降落之命令。仅在冲突各方与有关中立国特别约定之航线、高度及时间飞行时，始免受袭击。

但中立国对于医务飞机之飞越其领土或在其领土降落，得规定条件或限制。此项可能的条件与限制对于冲突各方应一律适用。

除中立国与冲突各方另有协议外，凡经地方当局之同意由医务飞机运至中立国领土之伤者、病者或遇船难者，如国际法有此要求，应由中立国以适当方式予以拘留，俾彼等不能再行参加战斗。医院收容与拘禁之费用应由其所依附之国负担。

第六章　特殊标志

第四十一条　在军事主管当局之指导下，白底红十字之标志应标明于旗帜、臂章及医务部门使用之所有设备上。

但各国如已采用白底红新月或白底红狮与日以代替红十字之标志者，此等标志亦为本公约规定所承认。

第四十二条　第三十六及三十七两条所指之人员，应在左臂佩戴由军事机关发给并盖印而具有特殊标志之防水臂章。

此种人员除应携带第十九条所述之身份牌外，应另携带具有此项特殊标志之特种身份证。此证应有防水之效能，并具有适当之尺寸以便携带于衣袋内。其上应用本国文字，至少载明持用者之姓名、出生日期、等级、番号，并应注明其以何种身份享受本公约之保护。该证应附有本人像片，及其签字或指纹，或二者具备。该证并应加盖军事当局之钢印。

同一武装部队所使用之身份证应式样一致，并尽可能使各缔约国之武装部队使用类似的式样。冲突各方可参照本公约所附之示范格式。在战事开始时，冲突各方应互相通知其所采用之式样。在可能范围内，身份证至少应制备两份，其中一份存于本国。

在任何情况下对上述人员不得剥夺其符号或身份证，或佩戴臂章之权利。如遇遗失时得领取身份证副本或补领符号。

第四十三条　第二十二、二十四、二十五及二十七各条所指之船只，应特别标志如下：

甲、一切外表应为白色。

乙、在船身之两侧及其平面，应涂漆而显露可能最大之深红十字一个或多个，其位置以自海上及空中最易于望见者为宜。

一切医院船应悬挂本国国旗，如属于中立国者并应悬挂其所受指挥的冲突一方之国旗，以资识别。大桅杆上应在可能高处悬挂白底红十字旗。

医院船之救生艇、海岸救生艇及医务部门所使用之一切小型船只均应漆成白色，并加画鲜明之深红十字，大体应遵照上述医院船识别之方法。

上述船艇，如欲于黑夜及可视度减少之时间保证其应得之保护，则应在其管辖之冲突一方的同意下，采取必要措施，务使其所漆颜色及特殊标志充分显明。

依第三十一条暂时为敌人扣留之医院船，必须将其所服役或其所受指挥之冲突一方的旗帜降下。

海岸救生艇，如其经占领国同意，从被占领之基地继续活动，于离开该基地时，得准其继续悬挂其本国国旗连同白底红十字旗，但须先通知有关冲突各方。

本条有关红十字之一切规定，应一律适用于第四十一条所列之其他标记。

冲突各方应随时设法达成相互的协议，俾使用其所有之最现代化方法，以便利各医院船之辨别。

第四十四条 除其他国际公约或有关冲突各方间另有协定外，第四十三条所指之特殊标志，无论平时或战时，只能用以标明或保护该条提及之船只。

第四十五条 各缔约国，若其立法尚未完备，应采取必要之措施，以便随时防止及取缔第四十三条所规定关于特殊标志之任何滥用行为。

第七章 公约之执行

第四十六条 冲突各方应通过其总司令保证以上条款之详细执行，并依照本公约之一般原则规定预料不到之事件。

第四十七条 对于本公约所保护之伤者、病者、遇船难者、工作人员、船只或设备之报复行为，均予禁止。

第四十八条 各缔约国在平时及战时应在各该国尽量广泛传播本公约之约文，尤应在其军事，并如可能时在公民教育计划中，包括本公约之学习，俾本公约之原则为全体人民，尤其武装战斗部队、医务人员及随军牧师所周知。

第四十九条 各缔约国应通过瑞士联邦委员会，在战时则通过保护国，互相通知本公约之正式译文，及其所采用以保证实施本公约之法律与规则。

第八章 滥用及违约之取缔

第五十条 各缔约国担任制定必要之立法，俾对于本身犯有或令人犯有下条所列之严重破坏本公约之行为之人，处以有效的刑事制裁。

各缔约国有义务搜捕被控为曾犯或曾令人犯此种严重破坏本公约行为之人，并应将此种人，不分国籍，送交各该国法庭。该国亦得于自愿时，并依其立法之规定，将此种人送交另一有关之缔约国审判，但以该缔约国能指出案情显然者为限。

各缔约国应采取必要之措施，以制止下条所列严重破坏本公约之行为以外之一切违反本公约之规定之行为。

在一切情况下，被告人应享有适当的审讯及辩护之保障。此种保障，不得次于一九四九年八月十二日关于战俘待遇之日内瓦公约第一百零五条及其以下各条所规定者。

第五十一条 上条所述之严重破坏公约行为，应系对于受本公约保护之人或财产所犯之任何下列行为：故意杀害、酷刑或不人道待遇，包括生物学实验，故意使身体及健康遭受重大痛苦或严重伤害，以及无军事上之必要，而以非法与暴乱之方式，对财产之大规模的破坏与征收。

第五十二条　任何缔约国不得自行推卸，或允许任何其他缔约国推卸，其本身或其他缔约国所负之关于上条所述之破坏公约行为之责任。

第五十三条　经冲突之一方请求，应依有关各方所决定之方式，进行关于任何被控违犯本公约的行为之调查。

如关于调查程序不能获致协议，则各方应同意选定一公断人，由其决定应遵行之程序。

违约行为一经确定，冲突各方应使之终止，并应迅速加以取缔。

最后条款

第五十四条　本公约以英文及法文订立。两种文字之约文具有同等效力。

瑞士联邦委员会应准备本公约之俄文及西班牙文之正式译文。

第五十五条　本公约以本日为订立之日期，至1950年2月12日为止，凡参加1949年4月21日日内瓦会议各国，以及未参加该次会议，但系推行一九〇六年日内瓦公约之原则于海战之一九〇七年十月十八日第十海牙公约缔约国，或一八六四年、一九〇六年及一九二九年关于救济战地军队伤者病者之日内瓦公约之缔约国，均可签字。

第五十六条　本公约应尽速批准，其批准书应交存于伯尔尼。

每一批准书交存时，应予登记，并由瑞士联邦委员会将该项登记之证明的抄本分送业经签字或通知加入本公约之各国。

第五十七条　本公约在至少两国批准书交存后六个月发生效力。

嗣后，本公约对于每一缔约国自其批准书交存后六个月发生效力。

第五十八条　在各缔约国间关系上，本公约代替推行一九〇六年日内瓦公约之原则于海战之一九〇七年十月十八日第十海牙公约。

第五十九条　本公约自生效之日起，任何未签字本公约之国家均得加入。

第六十条　本公约之加入应以书面通知瑞士联邦委员会，自加入之通知收到之日起六个月后发生效力。

瑞士联邦委员会应将此项加入通知所有业经签字或加入本公约之国家。

第六十一条　第二条及条三条所载之情况应使在战事开始或占领之前或后，冲突各方所交存之批准书及加入之通知立即生效。瑞士联邦委员会应将其从冲突各方收到之任何批准书或加入之通知，以最迅速方法通告之。

第六十二条　每一缔约国得自由退出本公约。

退约须用书面通知瑞士联邦委员会，并由该委员会转告所有缔约国政府。

退约须于通知瑞士联邦委员会后一年发生效力。但如缔约国于作退约通知时已卷入冲突，则其退约须待至和议成立后，并在有关本公约所保护之人员之释放及遣返之工作完毕后，始能生效。

退约仅对该退约国有效，但并不减轻冲突各方依国际法原则仍应履行之义务，此等原则系产自文明人民间树立之惯例，人道法则与公众良心之要求。

第六十三条　瑞士联邦委员会应将本公约在联合国秘书处登记，并应将其所接获之所有关于本公约之批准、加入及退约通知联合国秘书处。

为此，下列签署人于交存全权证书后，签署本公约，以昭信守。

1949 年 8 月 12 日以英文法文订于日内瓦。正本应交存于瑞士联邦委员会之档案中。瑞士联邦委员会应将证明之抄本送交每一签字及加入之国家。

附件　附属于海上武装部队之医务及宗教人员之身份证（略）

一九四九年八月十二日关于战俘待遇之日内瓦公约

（1949 年 8 月 12 日日内瓦第三公约）

（1949 年 8 月 12 日订于日内瓦）

下列签署之各国政府全权代表出席自 1949 年 4 月 21 日至 8 月 12 日在日内瓦举行之外交会议，为修订 1929 年 7 月 27 日在日内瓦订立之关于战俘待遇公约，议定如下：

第一部　总　则

第一条　各缔约国承诺在一切情况下尊重本公约并保证本公约之被尊重。

第二条　于平时应予实施之各项规定之外，本公约适用于两个或两个以上缔约国间所发生之一切经过宣战的战争或任何其它武装冲突，即使其中一国不承认有战争状态。

凡在一缔约国的领土一部或全部被占领之场合，即使此项占领未遇武装抵抗，亦适用本公约。

冲突之一方虽非缔约国，其它曾签订本公约之国家于其相互关系上，仍应受本公约之拘束。设若上述非缔约国接受并援用本公约之规定时，则缔约各国对该国之关系，亦应受本公约之拘束。

第三条　在一缔约国之领土内发生非国际性的武装冲突之场合，冲突之各方最低限度应遵守下列规定：

（一）不实际参加战事之人员，包括放下武器之武装部队人员及因病、伤、拘留、或其它原因而失去战斗力之人员在内，在一切情况下应予以人道待遇，不得基于种族、肤色、宗教或信仰、性别、出身或财力或其它类似标准而有所歧视。

因此，对于上述人员，不论何时何地，不得有下列行为：

（甲）对生命与人身施以暴力，特别如各种谋杀、残伤肢体、虐待及酷刑；

（乙）作为人质；

（丙）损害个人尊严，特别如侮辱与降低身份的待遇；

（丁）未经具有文明人类所认为必需之司法保障的正规组织之法庭之宣判，而遽行判罪及执行死刑。

（二）伤者、病者应予收集与照顾。

公正的人道团体，如红十字国际委员会，得向冲突之各方提供服务。

冲突之各方应进而努力，以特别协议之方式，使本公约之其它规定得全部或部分发生效力。

上述规定之适用不影响冲突各方之法律地位。

第四条　（子）本公约所称之战俘系指落于敌方权力之下列各类人员之一种：

（一）冲突之一方之武装部队人员及构成此种武装部队一部之民兵与志愿部队人员。

（二）冲突之一方所属之其它民兵及其它志愿部队人员，包括有组织之抵抗运动人员之在其本国领土内外活动者，即使此项领土已被占领，但须此项民兵或志愿部队，包括有组织之抵抗运动人员，合乎下列条件：

（甲）有一为其部下负责之人统率；

（乙）备有可从远处识别之固定的特殊标志；

（丙）公开携带武器；

（丁）遵守战争法规及惯例进行战斗。

（三）自称效忠于未经拘留国承认之政府或当局之正规武装部队人员。

（四）伴随武装部队而实际并非其成员之人，如军用机上之文职工作人员、战地记者、供货商人、劳动队工人或武装部队福利工作人员，但须彼等已获得其所伴随之武装部队的准许，该武装部队应为此目的发给彼等以与附件格式相似之身份证。

（五）冲突各方之商船队之船员，包括船长、驾驶员与见习生，以及民航机上之工作人员，而依国际法之任何其它规定不能享受更优惠之待遇者。

（六）未占领地之居民，当敌人迫近时，未及组织成为正规部队，而立即自动拿起武器抵抗来侵军队者，但须彼等公开携带武器并尊重战争法规及惯例。

（丑）下列人员亦应依照本公约以战俘待遇之：

（一）现属于或曾属于被占领国武装部队之人员，而占领国认为因此种隶属关系有加以拘禁之必要者，即令占领国于该占领区外进行战事时原曾将其释放，特别是曾企图再行参加其原来所属而正在作战之武装部队未获成功，或并未遵从对彼等所发出之拘禁令者。

（二）属于本条所列举各类人员之一种，为中立国或非交战国收容于其领土内，依照国际法应由该国拘禁者，惟不碍及该国之愿对彼等予以更优惠之待遇，但第八、十、十五、三十（第五款）、五十八——六十七、九十二、一百二十六各条除外，且若冲突之各方与有关中立国或非交战国有外交关系存在，则有关保护国之各条亦除外。若有此种外交关系存在时，则此项人员所依附之冲突各方可对彼等执行本公约所规定之保护国之任务，但不碍及该各方依照外交与领事惯例及条约正常执行之任务。

（寅）本条无论如何不得影响本公约第三十三条所规定之医务人员与随军牧师之地位。

第五条　本公约对于第四条所列之人员之适用，应自其落于敌方权力下之时起至最后被释放及遣返时为止。

凡曾从事交战行为而陷落于敌方者，其是否属于第四条所列举各类人员之任何一种发生疑问时，在其地位未经主管法庭决定前，应享受本公约之保护。

第六条　于第十、二十三、二十八、三十三、六十、六十五、六十六、六十七、七十二、七十三、七十五、一百零九、一百一十、一百一十八、一百一十九、一百二十二、及一百三十二各条明文规定之协议之外，各缔约国对其认为需另作规定之一切事项得订立特别协议。是项特别协议不得对本公约关于战俘所规定之境遇有不利的影响，亦不得限制本公约所赋予彼等之权利。

除在上述或后订之协议中有相反之明文规定，或冲突之一方对彼等采取更优待之措施外，战俘在本公约对其适用期间应继续享受是项协议之利益。

第七条　在任何情况下，战俘不得放弃本公约或上条所述之特别协议——如其订有是项协议——所赋予彼等权利之一部或全部。

第八条　本公约之适用应与保护国合作并受其监察。保护国之责任为维护冲突各国之利益。为此目的，保护国在其外交或领事人员之外，得自其本国国民或其它中立国国民中指派代表。上述代表应经其执行任务所在国之认可。

冲突各方对于保护国之代表之工作应尽最大可能予以便利。

保护国之代表在任何情况下不得逾越本公约所畀予之任务。彼等尤须顾及其执行任务所在国之安全上迫切的必要。

第九条　本公约之规定并不妨碍红十字国际委员会或其它公正的人道组织，在有关冲突各方之同意之条件下，从事保护与救济战俘之人道活动。

第十条　各缔约国得随时同意将根据本公约应由保护国负担之任务，委托于具有公允与效能之一切保证之组织。

当战俘，不拘为何原因，不能享受或已停止享受保护国或本条第一款所规定之组织的活动之利益时，则拘留国应请一中立国或此种组织担任依照本公约应由冲突各方指定之保护国所执行之任务。

若保护不能依此布置，则拘留国应在本条之规定之约束下，请求或接受一人道组织，如红十字国际委员会，提供服务，以担任依本公约由保护国执行之人道的任务。

任何中立国或任何组织经有关国家邀请或自愿提供服务而执行任务时，在行为上须对本公约所保护之人员所依附之冲突一方具有责任感，并须充分保证能执行其所负之任务，且能公允执行之。

各国间订立特别协议，如其中一国因军事关系，特别是因其领土之大部或全部被占领，以致该国与其它一国或其盟国谈判之自由受限制，即或是暂时的，本公约上列规定不得因该项特别协议而有所减损。

凡本公约中提及保护国，亦适用于本条所指之代替组织。

第十一条 保护国认为于被保护人之利益适宜时，尤其遇冲突各方对于本公约之适用与解释意见有分歧时，应从事斡旋以期解决分歧。

为此目的，各保护国得应一方之请求，或主动向冲突各方建议，可能在适当选择之中立领土召开代表会议，负责管理战俘之当局代表尤须参加。冲突各方对于为此目的而提出之建议负有实行之义务。各保护国得于必要时，提请冲突各方同意，特邀一中立国人员或红十字国际委员会委派之人员参加此项会议。

第二部 战俘之一般保护

第十二条 战俘系在敌国国家手中，而非在俘获彼等之个人或军事单位之手中。不论个人之责任如何，拘留国对战俘所受之待遇应负责任。

拘留国仅能将战俘移送至公约之缔约国，并须于拘留国对于接受国实施本公约之意愿与能力认为满意后行之。战俘在此种情形下被移送时，其在接受国看管期间，本公约的实施之责任即由该接受国担承之。

在若该接受国在任何重要方面未能实行本公约之规定，则原移送战俘之国，一经保护国通知，即应采取有效办法以纠正此种情况，或要求将战俘送还。此项要求必须照办。

第十三条 战俘在任何时须受人道之待遇。拘留国任何不法行为或因不法行为可导致其看管中之战俘死亡或严重危害其健康者须予禁止，并当视为严重破坏本公约之行为。尤其不得对战俘加以肢体残伤，或供任何医学或科学试验而非为有关战俘之医疗、治疗或住院诊疗所应有且为其本身利益而施行者。

战俘亦应在任何时候受到保护，尤其免致遭受暴行或恫吓及侮辱与公众好奇心的烦扰。

对战俘之报复措施应予禁止。

第十四条 战俘在一切情况下应享受人身及荣誉之尊重。

对于妇女之待遇应充分顾及其性别，并在一切情形下彼等应享受与男子同等之优遇。

战俘应保有被俘时所享受之全部民事能力。除因在俘关系之需要外，拘留国不得限制战俘在该国领土内外行使此种能力所赋予之权利。

第十五条　拘留战俘之国家应免费维持战俘生活及给予其健康状况所需之医药照顾。

第十六条　拘留国对于所有战俘，除因本公约关于其等级及性别之规定以及因健康状况、年龄或职业资格得予以特别待遇外，应同样待遇之，不得基于种族、国籍、宗教信仰、或政治意见、或根据类似标准之任何其它区别而有所歧视。

第三部　在俘

第一编　在俘之开始

第十七条　每一战俘，当其受讯问时，仅须告以其姓名、等级、出生日期，及军、团、个人番号，如其不能，则提供相当之材料。

如其故意违犯此项规则，则可因此而被限制其原有等级或地位所应得之权利。

冲突之每一方对于在其管辖下有资格成为战俘之人，应为之制备身份证，记载持用者之姓名、等级、军、团、个人番号或相当之材料及出生日期。身份证上并得有持用者之签字或指纹，或二者具有，以及冲突之一方愿列入其武装部队所属人员之其它材料。该证之尺寸应尽可能为 6.5×10 公分，并应颁发正副两份。此证遇要求时应由战俘出示之，但绝不得自其本人取去。

对战俘不得施以肉体或精神上之酷刑或任何其它胁迫方式藉以自彼等获得任何情报。战俘之拒绝答复者不得加以威胁、侮辱，或使之受任何不快或不利之待遇。

战俘，因身体及精神状态不能言明其身份者，应送交医疗机构。此种战俘之身份应用各种可能方法证明之，但受前款规定之限制。

讯问战俘应以其所了解之语言执行之。

第十八条　凡自用物品除武器、马匹、军事装备及军事文件外，应仍归战俘保有，钢盔、防毒面具及其它为保护个人而发给之物品亦然。衣食所用之物品亦应仍归战俘保有，即使此等物品系军队规定装备之一部分。

无论何时战俘不得无身份证明文件。对于无身份证明文件之战俘，拘留国应发给此种文件。

战俘之等级与国籍之徽章、勋章，以及特别具有个人或情感价值之物品不得自其本人取去。

除依官长之命令，并经将银钱数目及所有者之详情登记在特别账册内并给予详细之收据，收据上清晰记有出具收据者之姓名、等级及单位外，战俘所带之银钱不得被取去。其银钱如系拘留国之货币，或经战俘请求换成该国货币者应按第六十四条之规定存入战俘账目。

拘留国只可由于安全的理由自战俘身上取去贵重物品；当此种物品取去时，应适用关于押收银钱之手续。

此种物品，以及拘留国货币以外之银钱未经原主要求兑换而被取去者，应由拘留国保管之，并应于其在俘终了时原样归还战俘。

第十九条 战俘应在被俘获后尽速撤退至处于远离战斗地带足使其免于危险之地区之战俘营。

惟战俘之因受伤或患病以致撤退之危险反大于停留原处者，始得暂时留于危险地带。

在等候自战斗地带撤退时，不得令战俘冒不必要之危险。

第二十条 战俘之撤退必须经常依人道方式，并于与拘留国部队换防时相类似之条件下执行之。

拘留国对撤退之战俘应供给足够之食物与饮水以及必需之衣服与医药照顾。拘留国应采取各种适当戒备以保证战俘撤退时之安全，并应尽速编造被撤退之战俘名单。

如战俘撤退时须经过转运营，其停留于转运营之时间务求其短速。

第二编 战俘之拘禁

第一章 总 则

第二十一条 拘留国得将战俘拘禁。得令战俘不得越出拘留营一定界限，若上述拘留营设有围栅，则不得越出围栅范围。除适用本公约关于刑事与纪律制裁之规定外，不得将战俘禁闭，但遇为保障其健康有必要时，且仅在必需予以禁闭之情况继续存在期中，则为例外。

在战俘所依附之国法律允许下，得将战俘部分或全部依宣誓或诺言释放。此种办法，在有助于改善战俘健康状况之场合，尤应采取。任何战俘不得强令接受宣誓或诺言释放。

战事开始时，冲突之每一方应将准许或禁止其本国国民接受宣誓及诺言释放之法律及规则通知对方。依照此项通知之法律及规则而宣誓或给予诺言之战俘，应以其个人之荣誉保证对于所依附之国及俘获国严守其所宣誓或承诺之条件。在此种情况下，其所依附之国不得要求或接受彼等从事违反其宣誓或诺言之任何服役。

第二十二条 战俘仅能拘禁于陆地上之场所而具有卫生与健康之保证者。

除在战俘本身利益所许可之特殊场合外，不得将彼等拘禁于反省院中。

战俘之被拘禁于不合卫生之地区，或其气候对彼等身体有害之处所者，应从速移送至气候较适宜之地区。

拘留国应按战俘之国籍、语言、及习惯，集中于各营或营场，但除经本人同意外，此种战俘不应与同属于其被俘时所服役之武装部队之战俘分开。

第二十三条　无论何时不得将战俘送赴或拘留于战斗地带炮火所及之地，亦不得利用彼等安置于某点或某地区以使该处免受军事攻击。

战俘应备有与当地平民同等之防御空袭或其它战争危险之避难所。除从事于保护其居所免受上述危险之人外，彼等可于警报发出后尽速进入避难所。任何其它保护居民之措施亦应适用于战俘。

拘留国，应通过保护国之媒介，将有关战俘营地理位置一切有用的情报提交有关各国。

在军事考虑许可时，战俘营在白天应标明自高空清晰可见之PW或PG字母。有关各国亦得商定其它标志方法。惟战俘营始得如此标志之。

第二十四条　永久性之转运营或分发营应按本编所述之同样条件布置之，其中之战俘亦应与其它各营之战俘享受同样待遇。

第二章　战俘之住宿，饮食与衣服

第二十五条　战俘住宿之条件应也与同一区域内拘留国驻扎之部队居住之条件同样优良。上述条件应顾及战俘之习惯与风俗，并绝不得有害其健康。

上述规定尤应适用于战俘之宿舍，如关于总面积与最低限度之立方空间，及一般设备、垫褥、被毯等。

为战俘个人或集体设置之住所，应全无潮湿之患，并应有充足之温度与光线，特别是在黄昏与熄灯之时间内。对于火灾应采取一切预防措施。

任何战俘营，如同时收容男女战俘，应为其分设宿舍。

第二十六条　每日基本口粮在量、质，与种类上应足够保持战俘之健康及防止体重减轻或营养不足。战俘所习惯之饮食亦应顾及。

拘留国应为作工之战俘供给因其从事之劳动所需之额外口粮。

对战俘应供给以充足之饮水。吸烟应被准许。

战俘应尽量参与其膳食之准备，彼等得为此目的在厨房工作。此外，并应给予战俘以自行烹调其自有的额外食品之工具。

为供战俘用膳，应备适当之场所。

饮食上的集体处罚措施应予禁止。

第二十七条　服装、内衣、及鞋袜应由拘留国充分供给战俘，并应顾及拘留战俘地区之气候。拘留国缴获之敌军制服，若与气候相适，应充作战俘服装之用。

拘留国应保证上述衣物之按期更换与修补。此外，作工之战俘，凡因工作性质之需要，应给予适当之服装。

第二十八条 在各战俘营内应设贩卖部，俾战俘得购买食品、肥皂、烟草、及日常用品。其售价不得超过当地市价。

战俘营贩卖部所获得之利润应为战俘之利益而使用；为此目的应设立一项特别基金。战俘代表应有权参与贩卖部及该项基金之管理。

战俘营结束时，特别基金之结余，应交与一国际福利组织，以供与凑集基金之战俘同一国籍之战俘的利益而使用。如遇全数遣返，此项利润，除有关各国间议有相反之办法外，应由拘留国保存。

第三章 卫生与医药照顾

第二十九条 拘留国应负责采取保证战俘营清洁、卫生及防止传染病所必要之卫生措施。

战俘应有，不论昼夜，可以使用之合于卫生规则并经常保持清洁的设备。战俘营之收容女俘者，应另有设备供其使用。

战俘营除应设之浴盆及淋浴外，应供给战俘足够之用水及肥皂以备个人盥洗及洗濯衣物之用；并应为此目的给予彼等以必需之设备、便利、及时间。

第三十条 每一战俘营内应设有适当之医疗所，俾战俘可获得所需之照顾与适当之饮食。必要时对于传染病或精神病患者应另设隔离病房。

战俘之患重病或需要特别医疗，外科手术，或住院治疗者，任何军用或民用医疗机构之能作此项诊疗者均须予以收容，即使彼等将于最近被遣返。在遣返前，对于残废者，尤其对于盲者之照顾及其复原，应予以特别便利。

战俘最好由其所依附之国之医疗人员照顾，如可能时，由其同国籍者照顾。

战俘请求医疗当局检查时，不得予以阻止。拘留当局一经请求，应对已受治疗之战俘发给正式证书，说明其疾病或伤害之性质，及所受治疗之期限及类别。此项证书之副本应送交战俘中央事务所。

医疗费用，包括维持战俘健康需用之器具，尤其假牙及其它假装置，以及眼镜等费用，应由拘留国负担。

第三十一条 战俘之健康检查至少应每月举行一次。检查应包括对每一战俘体重之衡量及记载。其目的应特别为监察战俘之一般健康状况，营养及清洁，并察觉传染病，特别是肺结核、疟疾及性病。为此目的，应采用最有效之方法，如定期集体小型照相透视，以便及早察觉肺结核。

第三十二条 战俘中之医生、外科医生、牙医、护士或医事服务员，虽非其本国武装部队之医疗工作者，拘留国得令彼等为其所依附之国之战俘的利益执行医疗任务。在此种情况下，此项人员应仍视为战俘，但应与拘留国所留用之相当之医务人员享受同样待遇。彼等应免除第四十九条中之任何工作。

第四章　被留用协助战俘之医务人员及随军牧师

第三十三条　拘留国为协助战俘而留用之医务人员及随军牧师不得视为战俘。但彼等至少应享受本公约之利益与保护，并应给予彼等以从事战俘之医疗照顾及宗教工作所必需之一切便利。

彼等应在拘留国军事法规范围内，并在该国主管部门管辖下，按照其职业上之道义，继续为战俘，尤其属于其本国武装部队者，执行其医疗及精神任务。此等人员为执行其医疗及精神任务，应享受下列便利：

（甲）彼等应准定期访问战俘营外之劳动队或医院中之战俘。为此目的，拘留国应供给以所需之交通工具。

（乙）关于各战俘营中留用医务人员之活动一切事项，由该营上级医官对该营军事当局负责。为此目的，在战事开始时，冲突各方应就医务人员相当等级之问题取得协议，其中包括一九四九年八月十二日改善战地武装部队伤者病者境遇之日内瓦公约第二十六条所列团体之医务人员之等级。上述上级医官及随军牧师有权与战俘营之主管当局商洽与其职务有关之一切问题。该当局应予彼等以有关此项问题之通讯所必需之便利。

（丙）彼等在被留用营中虽应服从内部纪律，但不得强迫其作任何医务或宗教以外之工作。

在交战期间，冲突各方关于留用人员之可能遣放应成立协议，并决定遣放之程序。

上述各规定并不解除自医疗及精神的观点上拘留国对于战俘应尽之义务。

第五章　宗教、文化与体育活动

第三十四条　战俘应有履行其宗教义务之完全自由，包括参加其所信仰宗教之仪式，但以遵守军事当局规定之例行的纪律措施为条件。

为举行宗教仪式之用，应供给以适当之场所。

第三十五条　落于敌国手中之随军牧师，其为协助战俘而留下或被留用者，应准依其宗教道义，对战俘执行宗教任务，并在属于同一宗教之战俘中自由执行宗教任务。彼等应分派至属于同一部队，使用同一语言，或遵奉同一宗教之各战俘营或劳动队。彼等应享有访问本营以外之战俘必需之便利，包括第三十三条所提之交通工具。彼等应得与拘留国教会当局及国际宗教组织自由通讯，商讨有关宗教职务事项，但其通讯得受检查。彼等为此目的发出之信件或邮片，应在第七十一条之规定之限额以外。

第三十六条 战俘中之牧师其未经正式委派为其所属部队之随军牧师者，不论其教派为何，得自由对其本教教徒自由执行宗教任务。为此目的，彼等应享受与拘留国留用之随军牧师同样之待遇。彼等不得被强迫从事任何其它工作。

第三十七条 当战俘中并无留用之随军牧师或同一宗教之战俘牧师协助时，应依有关战俘之请求，指派一属于战俘之教派或类似教派之牧师担任此项工作。若此等牧师亦无之，则在宗教信仰观念认为可行时，应指派一合格之非宗教人员担任之。此项人员之指派，须经过拘留国核准，并须取得有关战俘团体之同意，必要时并应经当地同一信仰之宗教当局核准。此种指派之人员应遵守拘留国为维护纪律及军事安全而制定之一切规则。

第三十八条 拘留国应在尊重战俘个人兴趣之条件下，鼓励战俘之文化、教育、及娱乐、运动与游戏活动。并应采取必要措施，供给适当之场所及必需之设备，以保证其实行。

战俘应有作健身活动之机会，包括运动、游戏及户外停留。所有战俘营均应设置为此目的所必需之充足之空场。

第六章 纪律

第三十九条 各战俘营应由属于拘留国正规部队之负责军官直接管辖之。此项军官应备有本公约一份；应保证该营职员及警卫均知悉其中条款，并应在其政府指示下，负责本公约之实施。

战俘，除军官外，对拘留国一切军官均须敬礼，并表示其本国部队适用的规则所规定之礼貌。

军官战俘仅须向拘留国军官中等级较本人为高者敬礼；但对战俘营长官，不论其等级为何，必须敬礼。

第四十条 佩带等级及国籍徽章以及勋章均应许可。

第四十一条 各战俘营应以战俘本国文字，将本公约及其附件之条文及第六条所规定之特别协议之内容张贴在人人均能阅读之处。战俘之无法前去阅读此项张贴文件者，如请求发给抄本时，应供给之。

与战俘行为有关之各种规则、命令、通告及印刷品，应以其所了解之文字发给之。此项规则，命令及印刷品应照上述方式张贴之，并应将抄本交与战俘代表。所有对战俘个别发出之命令亦须使用彼等所了解之文字。

第四十二条 对战俘，尤其对脱逃或企图脱逃之战俘，使用武器，应属最后之手段，并应每次先予以适合于当时情况之警告。

第七章 战俘之等级

第四十三条 战事开始时，冲突各方应互相通知本公约第四条所述人员之军衔及等级，以保证等级相当之战俘之待遇平等。嗣后设置之名义及等级亦应同样通知之。

战俘被擢升之等级，而经其所依附之国正式通知者，拘留国应予承认。

第四十四条　军官及与其地位相等之战俘之待遇，应依其等级及年龄而定。

为保证军官营内之勤务，应从同一武装部队中派遣适当数目之其它等级人员，在可能范围内，应择其使用同一语言者，并须顾及军官及相当地位之战俘之等级，此种服务员不应令其从事其它工作。

对于军官之自行管理膳食，应予以一切便利。

第四十五条　军官及与其地位相等之战俘以外之战俘所受待遇应依其等级及年龄而定。

对于战俘之自行管理膳食，应予以一切便利。

第八章　战俘入营后之移送

第四十六条　拘留国于决定移送战俘时，应考虑战俘本身之利益，尤须避免增加其遣返之困难。

战俘之移送应始终依人道办理。其情形不得劣于拘留国部队调动之情形。战俘所习惯之气候状况必须顾及，其移送情形绝不得有害其健康。

拘留国在移送时，应供给战俘以充足之食物及饮水以维持其健康，以及必需之衣服、住宿及医药照顾。拘留国应采取适当之慎重措施，以保证彼等迁移时，尤其在海空运输时之安全，并应在其启程前，编造被移送战俘之全部名单。

第四十七条　患病或受伤之战俘，除因其安全必须移送者外，在旅行有碍其复原期间，不得迁移。

如战区逼近战俘营时，该营中之战俘不得移送，除非其移送能在适当安全情形下实行，或者其继续留在该地所冒之危险大于移送之危险。

第四十八条　在移送时，应向战俘正式通知其行期及新通信地址。此项通知应及时发出，俾彼等得以收拾行李及通知其最近亲属。

彼等应准携带个人物品及所收到之函件与包裹。在移送情形有此必要时得限制其随身携带行李之重量，以每人所能适当负荷者为度，但绝不得超过二十五公斤。

寄到旧战俘营之函件及包裹，应予转递，不得迟延。战俘营长官，于征得战俘代表同意后，应采取一切必要措施，保证运送战俘之公共财物以及因本条第二款之限制不能随身携带之行李。

移送之费用应由拘留国负担。

第三编　战俘之劳动

第四十九条　拘留国得斟酌战俘之年龄、性别、等级及体力，并特别以保持战俘之身心健康为目的，而利用体力合格之战俘之劳动。

战俘中之士级军官应仅令其从事监督工作，其无此项工作者得要求其它适当之工作，而应尽力为之觅得。

若军官或与其地位相等之人要求适当工作，应尽可能为之觅获。但在任何情况下不得强迫彼等工作。

第五十条　于有关战俘营之管理、设备，或保养工作外，战俘仅得强迫其从事下列各类所包括之工作：

（甲）农业；

（乙）与生产或采炼原料有关之工业及制造工业，但冶金、机械与化学工业除外；无军事性质或目的之公共工程及建筑；

（丙）非军事性质或目的之运输与物资管理；

（丁）商业、美术与工艺；

（戊）家庭役务；

（己）无军事性质或目的之公用事业。

遇有违反上列条款情事，战俘应准按第七十八条行使提出申诉之权利。

第五十一条　对战俘须给予适当之工作条件，尤其关于居住、饮食、衣着及设备；此等条件不得劣于拘留国人民从事类似工作所享有者；气候状况亦应顾及。

拘留国在利用战俘劳动时，应保证在战俘工作区域，适当遵行该国保护劳工之立法，尤其关于工人安全之规则。

对于战俘从事之工作，拘留国应与对其本国人民同样给予适合其工作之训练与保护装备。在第五十二条规定之限制下，战俘得令其冒普通工人所冒之通常危险。

劳动条件绝不得因纪律措施而使更为劳苦。

第五十二条　战俘除自愿者外，不得使其从事有害健康或危险性之劳动。

拘留国本国武装部队人员所视为屈辱之劳动，不得派战俘担任之。

扫雷或扫除类似装置，应视为危险性之劳动。

第五十三条　战俘每日劳动时间，包括往返路程之时间，不应过度，绝不得超过拘留国本国普通工人在该区从事同样工作者所许可之时间。

战俘在每日工作之中间，必须给予不少于一小时之休息。若拘留国工人之休息时间较长，则战俘之休息亦应与之相同。每周应另给予连续二十四小时之休息时间，以星期日或其本国所遵行之休息日为宜。此外工作满一年之战俘应给予连续八日之休息，在此期间工资应予照付。

如采用计件工作等类方法时，其工作时间亦不得因而致其过长。

第五十四条 战俘工资应按本公约第六十二条规定订定之。

战俘因工作遭致意外，或在工作期间染病或因工作致病，应予以其情况所需之一切照顾。拘留国对此项战俘并应发给医疗证明书，使其能向其所依附之国提出请求，并应将证明书副本送交第一百二十三条所规定之战俘中央事务所。

第五十五条 战俘是否宜于工作，应定期作健康检查，至少每月一次，以资证明。检查时应特别顾及战俘所须担任工作之性质。

任何战俘若认为其本人不能工作时，应许其往见该营之医务当局。医生或外科医生如认为该战俘不宜工作，得建议免除其工作。

第五十六条 劳动队之组织与管理应与战俘营相类似。

每一劳动队应仍受其战俘营之管辖，在行政上构成该营一部分。军事当局及该营长官，在其政府指导下，应负在劳动队中遵行本公约之责任。

战俘营长官应备有该营所属各劳动队之到新近为止之记录，并应将该记录递交前来视察战俘营之保护国，红十字国际委员会，及其它救济战俘组织之代表。

第五十七条 战俘之为私人工作者，即使该私人为负责看守及保护战俘之人，对于该战俘之待遇不得低于本公约所规定者。拘留国、军事当局及该战俘所属战俘营长官，对于此项战俘之给养、照顾、待遇、及工资之付给，应完全负责。

此项战俘应有与其所属战俘营之俘虏代表保持通讯之权利。

第四编 战俘之经济来源

第五十八条 在战事开始时并在与保护国商定前，拘留国得决定战俘可保有现金或类似款项之最大数目。其超过之数目，确属彼等所有而自彼等取去或扣留者，应连同其自行交存之银钱，悉数记入彼等之账目，未经其同意，不得兑成其它货币。

若战俘经准许在战俘营外以现款购取役务或物品，此种款项应由战俘自行付给，或由该营管理当局付给而记入该战俘之账目。拘留国关于此事得订立必要之规则。

第五十九条 战俘被俘时，依照第十八条而自彼等所取去之现款，如其为拘留国之货币，应照本编第六十四条之规定列入其各别之账目。

其于同时自战俘取去之他国货币兑成拘留国货币者，亦应按拘留国货币数目存入其各别账目。

第六十条 拘留国应对所有战俘按月垫发薪给，其数目应照以下所列折成该国货币。

第一类：中士以下之战俘：八瑞士法郎。

第二类：中士及其它士级军官或相当等级之战俘：十二瑞士法郎。

第三类：上士及少校以下之军官或相当等级之战俘：五十瑞士法郎。

第四类：少校、中校、上校或相当等级之战俘：六十瑞士法郎。

第五类：将官或相当等级之战俘：七十五瑞士法郎。

但相关之冲突各方得以特别协议更改对上列各类战俘垫发薪给之数目。

又若上列第一款所列之数目高于拘留国武装部队之薪给，或因任何理由致使拘留国极感困难时，则在与战俘所依附之国缔结特别协议更改上列数目前，拘留国：

（甲）应按第一款所列数目继续存入战俘之账目；

（乙）得暂时将垫发薪给中可为战俘自用而支取之数目限制到一合理之数目，但对第一类而言，则此数目，绝不得低于拘留国给予本国武装部队人员之数目。

任何限制之原因当随即通知保护国。

第六十一条 战俘所依附之国寄交战俘之款项，拘留国应予接受，以之分发战俘为补助薪给，惟同一类中之战俘每人所得之数应均相同，且该类中所有该国战俘均应发给，并应依照第六十四条之规定尽早存入其各别账目。此项补助薪给并不解除拘留国在本公约下之任何义务。

第六十二条 拘留当局应直接付给战俘以公平之工资，其工资数额应由该当局规定，但对于每一人全日之工作其数额绝不得低于四分之一瑞士法郎。拘留国应将其所规定之每一人每日工资数额通知战俘，并通过保护国，通知战俘所依附之国。

战俘之被派长期担任与营内管理、设备、保养有关之职务或熟练、半熟练之工作，以及战俘之须为同伴战俘执行精神上或医疗上之任务者，应同样由拘留当局付给工资。

战俘代表及其助理人员之工资应从贩卖部利润之基金中付给，该代表如有顾问亦然。此项工资之标准应由战俘代表规定，并经战俘营长官批准。若无此项基金，则应由拘留当局对此种战俘付给公平之工资。

第六十三条 战俘应准其接受寄交彼等个人或集体之汇款。

下条规定之战俘账目中结存款项，在拘留国规定数目内，战俘得自由支配，拘留国应依其请求付给之。在拘留国认为必要之金融或货币管制之许可限度内，战俘得向国外汇款。在此种场合，战俘寄交受赡养人之汇款应有优先权。

在任何情形下，经战俘所依附之国的同意，战俘得照下列办法向其本国汇款：拘留国应通过保护国向上述国家发出通知，载明有关该战俘之各种必要的事项，汇款之受益人，以及按拘留国货币计算之汇款数额。上述通知应由战俘签署，并由战俘营长官加签。拘留国应自该战俘账目中扣除该款，并将扣除之款存入战俘所依附之国之账目。

拘留国为实施上述各项规定，宜参照本公约附件五之示范规则。

第六十四条　扣留国应为每一战俘开立账目，至少记有下列各项：

（一）应归战俘所有或其收到之垫付薪给、工资，或自其它来源所得之数目；自该战俘取去之拘留国货币数目；自该战俘取去之款项经其本人请求，而兑成拘留国货币之数目。

（二）付给战俘之现款或其它类似形式之款项；经其请求而为其付出之款项；按第六十三条第三款转账之款项。

第六十五条　登入战俘账目之每一项目应由其本人加签或简签，或由俘虏代表代签。

战俘应有随时查看其账目及领取其账目之抄本之相当的便利。保护国代表在视察战俘营时，亦得检查该项账目。

当战俘自一营移送至另一营时，其私人账目应随同移去。若自一拘留国移送至另一拘留国，其所有之钱币而非该拘留国之货币者，亦随之移去，其账上所存之其它钱币，应另发给证书。

有关冲突各方得议定于特定期间通过保护国互相通知战俘账目之数额。

第六十六条　在俘终了时，不论系因被释放或被遣返，拘留国应发给战俘一清单，该项清单经该国授权军官签署，载明该战俘当时结存之款项。拘留国并应通过保护国将各表册送交战俘所依附之政府，此项表册记载因遣返、释放、脱逃、死亡或其它原因而在俘终止之所有战俘之一切关系事项，并表明其结存款项之数目。此项表册每张均应经拘留国授权代表证明。

本条上列任何规定得经冲突之任何两方相互同意改变之。

在俘终了时，战俘所依附之国应负责与战俘结清其在拘留国所存余之款项。

第六十七条　按照第六十条之规定垫付战俘之薪给应视为系代战俘所依附之国付给者。此项垫付之薪给以及按第六十三条第三款及第六十八条由拘留国所付之款项，在战事终止时，应由有关各国协议处理之。

第六十八条　战俘因工作受伤或成为残废，而要求补偿者，应通过保护国向其所依附之国提出。拘留国当依照第五十四条，在一切情形下，给与有关战俘一说明文件，载明其受伤或残废之性质，事件发生之情形及所受之医疗或医院诊治之详情。此项说明文件应由拘留国负责军官签署，其医疗情形由医官证明之。

战俘关于其个人物品、金钱或贵重品之按第十八条由拘留国押收而在其遣返时未经发还，或关于认为因拘留国或其任何人员之过失所致之损失而提出之赔偿要求，应同样向战俘所依附之国提出。但任何此类个人物品而为战俘在俘期间需用者应由拘留国担负补还。拘留国在一切情形下，当发给战俘一说明文件，由负责军官签署，载明关于此项物品、金钱，或贵重品何以未经发还之理由之一切可提供的情报。此项说明文件之抄本应通过第一百二十三条所规定之战俘中央事务所转达战俘所依附之国。

第五编　战俘对外间之关系

第六十九条　战俘一经落入拘留国权力内，拘留国应将其实施本编各项规定之措施立即通告彼等，并通过保护国通知战俘所依附之国。此种措施嗣后如有修改，应同样通知有关各方。

第七十条　战俘一经俘获之后，或在到达战俘营后一星期内，即使其为转运营，又如患病或移送医院或其它战俘营，均应许其直接写邮片分寄其家庭及第一百二十三条规定之战俘中央事务所，将其被俘事实，通信处及健康状态通知其亲属，此项邮片于可能时当与本公约所附之式样相类似。上述邮片应尽速转递，绝不得迟延。

第七十一条　战俘应准其收寄信件及邮片。若拘留国认为必需限制每一战俘所发信件及邮片之数量，其数量应不得少于每月信件二封及邮片四张，第七十条所规定之被俘邮片在外。其格式尽可能与本公约所附式样一致。惟遇保护国确认拘留国因未能觅得足用之合格语文人才以从事必要之检查，而引起之翻译困难，为有关战俘之利益计，须限制通信时，得再加限制。若必须限制寄交战俘之信件，则仅能由战俘所依附之国下令为之，可能出于拘留国之请求。此等信件及邮片必须由拘留国以其所有最迅速方法转递之，不得以纪律理由而缓递或扣留。

战俘之久未得音信者，或不能由普通邮路获得其最近亲属之消息或向彼等寄递消息者，以及离家遥远者，应许其拍发电报，其费用自战俘在拘留国之账目中扣付，或以其所持有之货币支付。遇有紧急情况，彼等亦应同样享受此种办法之利益。

通常战俘通信，应用其本国文字。冲突各方亦得许其使用其它文字通信。

装置战俘邮件之袋，必须妥为封固，清晰标明其内容，并寄交目的地之局所。

第七十二条　战俘应准其接受由邮递或依其它方法寄来之个人包裹，或集体装运物资，尤其内装食物、衣服、医药用品，及应彼等所需之宗教、教育，或娱乐性质之物品，包括书籍、宗教用物、科学设备、试验纸、乐器、运动用品，及供战俘从事研究或文化活动之材料。

此等装运物资并不免除本公约所加诸拘留国之义务。

对于此等装运物资，只能依保护国为战俘本身利益之提议，或依红十字国际委员会或其它协助战俘之组织因运输或交通之特殊困难，专就其装运物资之提议，而加以限制。

寄递个人包裹与集体救济品之条件，必要时应由有关各国特别协议之，此等国家，应使战俘及时收到此项救济物品，绝不得延误。书籍不得装入衣服及食物之包裹内，药品通常应以集体包裹寄递。

第七十三条　有关各国对于集体救济装运物资之接受与分配之条件，如无特别协议，则应适用本公约所附关于集体装运物资之条款与规则。

上述特别协议绝不得限制战俘代表接收寄交战俘之集体救济装运物资，进行分配，或为战俘利益而处置此项物品之权利。

此项协议亦不得限制保护国，红十字国际委员会或其它协助俘虏及负责转送集体装运物资之组织之代表，监督分配此项物品于受物人之权利。

第七十四条　所有寄交战俘之救济装运物资，应豁免进口，海关及其它税捐。

由邮局直接或通过第一百二十二条所规定之情报局及一百二十三条所规定之战俘中央事务所而寄交战俘之信件，救济装运物资，及核准之汇款，或战俘寄出之汇款，在发信国、收信国及转递国应一律免收邮费。

倘寄给战俘之救济装运物资，因过重或其它原因，不能邮寄时，则拘留国应负担在其所管辖境内之运费。参加本公约之其它各国应负担各该国境内之运费。

有关各国间如无特别协议，则与此项装运物资运输有关之费用，除上述豁免之费额外，应由寄件人负担。

各缔约国应尽可能减低战俘拍发电报，或寄交彼等之电报之收费。

第七十五条　若军事行动致有关国家不能履行其义务保证第七十，七十一，七十二及七十七各条所载之装运物资之输送时，则有关之保护国，红十字国际委员会，或其它经冲突各方正式承认之组织，得采取适当方法（火车、汽车、船舶，或飞机等）以保证此等装运物资之运送。为此目的，各缔约国应设法供给此项运输工具，并准其通行，尤须发给必需之通行证。

此种运输工具亦可用以载送：

（一）第一百二十三条所载之战俘情报中央事务所与第一百二十二条所载之各国情报局间交换之信件、表册及报告；

（二）保护国，红十字国际委员会或任何其它协助战俘之组织与其所派之代表间或与冲突各方间交换之有关战俘之通讯与报告。

此项规定绝不影响任何冲突一方自愿布置其它运输工具之权利；亦不妨碍在彼此同意条件下，对该项运输工具发给通行证。

若无特别协议，使用此项运输工具之费用应由受益人所依附之冲突各方比例负担之。

第七十六条 对于战俘来往信件之检查，应尽速办理。邮件仅得由发信国及收信国检查，每一国仅能检查一次。

对于寄交战俘之装运物资之检查，不得在致使内装之物品受损坏之情形下执行，除手抄或印刷品外，检验应在收件人或其所正式委托之同伴战俘面前执行。个人或集体之装运物资，不得以检查困难为借口而延迟交付于战俘。

任何冲突一方，为军事或政治理由，对于通信之禁止应仅属暂时性，其期间务求其短。

第七十七条 拘留国对于通过保护国或第一百二十三条所规定之战俘中央事务所而送交战俘或自彼等寄发之证件、文书、尤其委托书或遗嘱之转递，应给予一切便利。

在一切情形下，拘留国对于为战俘准备及执行此类文件，应予以便利；尤其应准许彼等咨询律师，并采取一切为证实彼等之签署所必要之措施。

第六编　战俘与当局之关系

第一章　战俘关于在俘情况之申诉

第七十八条 战俘有权向管辖之军事当局提出其关于彼等在俘情况之请求。

彼等并有无限制之权利通过其代表，或如其认为必要时，直接向保护国之代表请求注意彼等关于在俘情况有所申诉之处。

此项请求与申诉不得加以限制，或认为构成第七十一条所指之通信限额之一部分，并须立即传递。即使认为此项请求与申诉并无根据，亦不得因此加以处罚。

战俘代表得向保护国代表致送关于战俘营情况及战俘的需要之定期报告。

第二章　战俘代表

第七十九条 凡有战俘之处，除该处有军官外，每六个月，并遇缺额时，由战俘以秘密投票方式自由选举战俘代表，以便在军事当局，保护国，红十字国际委员会及其它协助彼等之组织之前代表彼等。此等战俘代表得连选连任。

在军官或与其地位相等人员之战俘营或混合战俘营内，战俘中之上级军官应认为该营之战俘代表。在军官战俘营内，该代表应由军官推举之顾问一人或多人协助。在混合战俘营内，其助理人员应自非军官之战俘中选择之，并应由战俘自行选举。

在战俘劳动营内应驻有同一国籍之军官战俘，以便执行应由战俘负责之营内管理任务。此等军官得被选举为本条第一款所规定之战俘代表。在此种场合，战俘代表之助理人员，应自非军官之战俘中推举。

各当选代表须经拘留国批准后，始有权执行任务。拘留国于拒绝批准同伴战俘所选举之战俘时，须将拒绝之理由通知保护国。

在一切场合，战俘代表必须与其所代表之战俘具有同一之国籍、语言及习惯。因此，按国籍、语言或习惯而分配于一战俘营内各别部分之战俘，每一部分应按照前数款之规定，有其自己的战俘代表。

第八十条　战俘代表应增进战俘之物质、精神、及文化福利。

于本公约其它规定赋予战俘代表之特别任务之外，若战俘决定自行组织互助制度时，此项组织尤当属于战俘代表之任务范围。

战俘代表不得因其任务关系而使之对于战俘所为之任何过犯负责任。

第八十一条　战俘代表不得令其担任其它工作，假使因此将使其任务的完成更为困难。

战俘代表得自战俘中指派其所需之助理人员。彼等应获有一切物质上之便利，尤其为完成其任务所需之某种之行动自由（视察劳动队，接受供应品等）。

战俘代表应准视察拘留战俘之场所。每一战俘均应有自由咨询其战俘代表之权利。

对于战俘代表并应予以与拘留当局、保护国、红十字国际委员会及其代表、混合医务委员会，及与协助战俘之团体等邮电通讯之一切便利。劳动队之战俘代表应享受与主要战俘营之战俘代表同样之通讯便利。此项通讯不得加以限制，并不得认为构成第七十一条所指限额之一部分。

战俘代表之被移送者，应许其有相当时间以便将进行中之事务告知其后任。

遇免职时，应将免职之理由通知保护国。

第三章　刑事及纪律制裁

一、总则

第八十二条　战俘应受拘留国武装部队现行法律、规则，及命令之拘束；

拘留国对于战俘任何违犯此项法律、规则或命令之行为，得采取司法或纪律上之措施。但不许有与本章之规定相反之程序或处罚。

若拘留国任何法律、规则、或命令规定战俘所犯之行为应受处罚，而同样行为如为拘留国武装部队人员所犯则不受处罚，则该项行为应仅受纪律性的处罚。

第八十三条 拘留国在决定对于战俘被控之过犯之处理程序究应属司法性或纪律性时，应保证主管当局尽量从宽，而尽可能采取纪律性而非司法性之措施。

第八十四条 战俘应只由军事法庭审判，除非按照拘留国现行法律明文之规定，普通法庭得审讯该拘留国武装部队人员，如其犯有战俘被控之特种过犯。

战俘在任何情况下不得由不能保证一般认为必要的独立与公正之任何法庭审判，尤其法庭之诉讼程序之不能给予被告以第一百零五条所规定之辩护权利及方法者。

第八十五条 战俘之因被俘前所犯之行为而依据拘留国法律被诉追者，即令已定罪，应仍享有本公约之利益。

第八十六条 战俘不得因同一行为或同一罪名而受一次以上之处罚。

第八十七条 拘留国军事当局及法庭对于战俘判处刑罚不得超出对其本国武装部队人员犯同一行为所规定之刑罚。

判处刑罚时，拘留国法庭或当局应尽量顾及以下事实，即被告，因非拘留国人民，不受对该国效忠义务之拘束，且系因不在其本人意志支配下之环境关系落于拘留国权力下。上述法庭或当局应得自由减轻对战俘被控之罪行所定之刑罚，因此并无必须援用规定的最低刑罚之义务。

因个人行为而予集体处罚、体刑、监禁于无日光之场所，以及任何形式之酷刑或残暴，应予一律禁止。

拘留国不得剥夺战俘原有之等级，或禁止其佩戴徽章。

第八十八条 军官、士级军官及兵士而为战俘者，在受纪律性或司法性处罚时，其所受之待遇不得苛于拘留国本国武装部队中相当等级之人员因同样处罚所受之待遇。

对女战俘所给予或判处之刑罚或在其受刑罚时所予之待遇不得较苛于拘留国武装部队之女性人员因类似过犯所受之刑罚或待遇。

对女战俘所给予或判处之刑罚或在其受刑罚时所予之待遇绝不得较苛于拘留国武装部队男性人员因类似过犯所受之刑罚或待遇。

凡受过纪律性或司法性处罚之战俘，其待遇不得异于其它战俘。

二、纪律制裁

第八十九条　适用于战俘之纪律性处罚如下：

（一）罚款不得超过战俘按照第六十及六十二两条之规定所应能获得的不超过三十日期间之垫发薪给与工资之百分之五十。

（二）停止其超过本公约规定的待遇之特权。

（三）每日不超过两小时之疲劳服役。

（四）禁闭。

第（三）项所列之处罚不得适用于军官。

纪律性处罚绝不得非人道，残暴，或危害战俘健康。

第九十条　每次处罚之时期绝不得超过三十日。等候违反纪律行为的审讯或纪律处罚的宣判之禁闭时期，应自战俘所判处罚之日期中减去之。

即使战俘在被判处罚时，同时犯有数种行为，亦不论其所犯行为有无关联，上项规定之三十日之最高限期不得超过。

纪律性处罚的宣判及其执行之相隔时期，不得超过一个月。

战俘再度被判纪律性处罚时，如其前后两次处罚中之一次之时期为十日或十日以上，则该两次处罚之执行，其间至少须隔三日。

第九十一条　战俘脱逃应认为完成，如：

（一）彼已参加其所依附之国或其盟国之武装部队；

（二）彼已离开拘留国或其盟国所控制之领土；

（三）彼已逃登悬有其所依附之国或其盟国的国旗之船只，而该船在拘留国领水内，但不为其所控制。

凡在本条意义下完成脱逃之战俘而又重被俘获者，不得为其前次之脱逃而受任何处罚。

第九十二条　战俘企图脱逃而未能在第九十一条之意义下完成脱逃以前而重被俘获时，对于该行为应只受纪律性处罚，纵属累犯。

凡重被俘获之战俘，应立即送交主管军事当局。

不论第八十八条第四款之规定如何，因脱逃未完成而被处罚之战俘得受特别监视。此种监视不得影响其健康，须于战俘营中行之，并须不剥夺本公约赋予彼等之任何保障。

第九十三条　战俘因在脱逃或企图脱逃中所为之过犯受司法审判时，其脱逃或企图脱逃，纵属累犯行为，不得成为加重处罚之情由。

按第八十三条所述之原则，战俘纯为便利脱逃所为之过犯而未对于生命或肢体施暴行者，如侵害公物，非为利己意图之盗窃，制作或使用伪造文件，穿著平民衣服，应仅受纪律性处罚。

凡协助或唆使脱逃或企图脱逃之战俘应仅因此受纪律性处罚。

第九十四条 脱逃之战俘，若被重俘，应按第一百二十二条所规定之方式通知其所依附之国，如其脱逃曾经通知。

第九十五条 战俘被控违犯纪律，在候审期间不得予以禁闭，除非拘留国武装部队人员犯被控有类似过犯时亦受禁闭，或为战俘营之秩序与纪律计须如此办理。

战俘因违犯纪律等候处理之禁闭期间，应尽量减短，并不得超过十四日。

本章第九十七、九十八两条之规定应适用于违犯纪律等候处理而受禁闭之战俘。

第九十六条 构成违犯纪律之行为应立即调查之。

在不妨碍法庭及上级军事当局之权限范围内，纪律性处罚仅能由以战俘长官之地位具有纪律权之军官或代替该长官之负责军官或其所委付以纪律权之军官命令之。

此项权力绝不得委托战俘或由战俘行使之。

在纪律判决宣布前，应将关于其所被控之过犯之确切案情通知被告人，并予以解释其行为及辩护之机会。尤应许其召唤证人，并于必要时，使用合格之译员。判决应向被告战俘及战俘代表宣布之。

纪律性处罚之纪录应由战俘营长官保存之，并得由保护国代表检查。

第九十七条 战俘绝不得移送于反省机关（监所、反省院、已决犯监狱）受纪律性处罚。

执行纪律性处罚之处所应合于第二十五条所规定之卫生条件。受纪律性处罚之战俘，应使其能依照第二十九条自行保持清洁。

军官或相当地位人员不得与士级军官或士兵同住一处。

受纪律性处罚之女战俘之禁闭地方应与男战俘分开，并应由妇女直接监管。

第九十八条 作为纪律性处罚而受禁闭之战俘，应继续享受本公约规定之利益，但因其被禁闭之事实，致不能适用者除外。第七十八及一百二十六两条所规定之利益决不得剥夺之。

被判纪律性处罚之战俘不得剥夺其所属等级应有之特权。

被判纪律性处罚之战俘应许其运动及在露天地方停留，每日至少二小时。

战俘请求时，应许其参加每日之健康检查。彼等应获得其健康情况所需之照顾，并应于必要时，移送战俘营之疗养所或医院。

彼等应准阅读及书写并收发信件。寄给彼等之包裹及汇款得予扣留，直致其处罚满期为止；在此期间，此等物款应交与战俘代表保管，战俘代表当将包裹中易于腐坏之物品交与疗养所。

三、司法程序

第九十九条 战俘之行为，在其犯此行为时，非为当时有效之拘留国法律或国际法所禁止者，不得因此而受审判或处刑。

对战俘不得加以精神或身体上之胁迫，使之对其所被控之行为自认有罪。

战俘在未有提出辩护之机会及合格之辩护人或律师之协助前，不得定罪。

第一〇〇条 按拘留国法律得处死刑之罪行应尽速通知战俘及保护国。

嗣后其它罪行非经战俘所依附之国之同意不得以死刑处罚。

对战俘不得判处死刑，除非法庭曾经依照第八十七条第二款被特别提醒注意以下事实，即被告因非拘留国人民，不受对该国效忠义务之拘束，且系因不在其本人意志支配下之环境关系落于拘留国权力下。

第一〇一条 若有战俘被宣判死刑，则应在保护国于其指定之地址接获第一百零七条所规定之详细通知后至少满六个月，始得执行。

第一〇二条 对于战俘之判决只有经审判拘留国武装部队人员之同一法院，按照同样程序而宣布，并曾遵照本公约之各项规定者，始属有效。

第一〇三条 关于战俘之司法侦查，应依环境所许从速进行，以便其审判得以尽早开始。战俘在候审期间不得禁闭，除非拘留国武装部队人员犯同一罪行者亦将禁闭，或为国家安全计必须如此办理。在任何情况下此项禁闭时期不得超过三个月。

战俘因候审禁闭之期间，应自其所判处之监禁中减去之，在判处任何刑罚时，此项期间亦应顾及。

本章第九十七及九十八两条之规定适用于禁闭候审之战俘。

第一〇四条 拘留国如决定对某一战俘进行司法程序，应尽速通知保护国，并至少在开审前三周通知之。此三周期限应自该项通知到达保护国事先向拘留国指定之地址之日算起。

上述通知应包括下列情报：

（一）战俘之姓名、等级，所属军、团及个人番号，出生日期，及职业或行业，如其有之。

（二）拘禁或禁闭地点。

（三）战俘被控之某一种或某数种罪名及其适用之法律条文。

（四）承审该案之法庭及开审之日期与地点。

同样通知，应由拘留国发给战俘代表。

在开审时，若无证据提出以证明保护国，战俘及有关之战俘代表至少已在开审前三周接获上述通知，则此项审判不得举行而必须延期。

第一〇五条 战俘有权由其同伴战俘之一人协助，由其自行选定之合格辩护人或律师为之辩护，召唤证人，及在其认为必要时，使用胜任之翻译员。拘留国应于审判前适当时期将此等权利通知战俘。

若战俘并未自行选定辩护人或律师，则保护国应代为觅请，为此目的该国应至少有一周之支配时间。拘留国一经请求，应将有资格出庭辩护人之名单送交该保护国。若战俘或保护国均未选定辩护人或律师，则拘留国应指定一合格之辩护人或律师进行辩护。

为战俘辩护之辩护人或律师，在开审前应至少有两周之支配时间及一切必要之便利，以便为被告人准备辩护。尤其彼得自由往访被告人，并作秘密晤谈。彼得为从事辩护与任何证人（包括战俘在内）商谈。彼得享有上述一切便利，直致上诉或诉愿时期届满为止。

战俘被控之罪名的详情，以及依照拘留国武装部队现行法律通常致送被告人之文件，应以其所了解之文字，在开审前及时通知被告战俘。同样之通知，亦应在同样情形下，致送于为战俘辩护之辩护人或律师。

在审判时，保护国代表应有权到庭旁听，除非为国家安全的利益例外的禁止旁听。在此种场合拘留国应照此通知保护国。

第一〇六条 每一战俘应与拘留国武装部队人员同样对其所受之判决具有上诉与诉愿之权利，以期撤销或变更判决或重行审讯。此项上诉与诉愿权及其期限应全部通知战俘。

第一〇七条 对战俘所宣布之判决应立即摘要通知保护国，并说明其是否有权上诉，以期撤销此项判决或重行审判。此项通知亦应送交有关之战俘代表。若宣布判决时，被告本人不在场，则应以其所了解之文字将此项通知送交该被告战俘。战俘使用或放弃其上诉权之决定，亦应由拘留国立即通知保护国。

又若战俘最后被定罪或初审判决即判处死刑，拘留国应尽速致送一详细通知于保护国，其内容包括：

（一）事实认定及判决之正确措辞；

（二）初步侦查及审判之摘要报告，尤着重起诉及辩护之要点；

（三）如属可行时，执行判决之处所之通知。

上列各项所规定之通知应按拘留国事先获悉之地址，送达保护国。

第一〇八条 在正式定罪后，对战俘所宣判之处刑应在与拘留国武装部队人员犯者服刑之同一场所，并在同样条件下执行之；此项条件，应在一切情形下合乎健康及人道之要求。

被判处刑之女战俘应在分别处所禁闭，并由妇女监管之。

被判处刑之战俘，无论如何，应保有享受本公约第七十八及第一百二十六两条规定之利益。此外，彼等得收发函件，收取救济包裹至少每月一次，作定规的露天运动，获得其健康状况所需之医药照顾，及其所愿有之精神帮助。彼等所受之刑罚应合乎第八十七条第三款之规定。

第四部　在俘之终止

第一编　直接遣返及中立国之收容

第一〇九条　除受本条第三款之规定之限制外，冲突各方必须遵照下条第一款之规定，将经过治疗后适于旅行之重伤与重病之战俘，不论其数目或等级如何，遣返其本国。

在战事期间，冲突各方，应依有关中立国之合作，努力商定办法使下条第二款所列之患病及受伤战俘收容于中立国。此外，彼等并得缔结协议，俾将经过长期在俘之健壮战俘直接遣返，或拘禁于中立国。

根据本条第一款之规定有资格被遣返之患病或受伤之战俘，在战事期间不得违反其意志将其遣返。

第一一〇条　以下所列者，应予直接遣返：

（一）不能医治之伤者及病者而其精神与体力似已严重减损者。

（二）根据医生意见不象能在一年内复原之伤者及病者而其病况需要治疗且其精神与体力似已严重减损者。

（三）业已复原之伤者及病者，但其精神与体力似已严重的且永久的减损者。

以下所列者，得收容于中立国：

（一）伤者及病者之可希望于自其受伤之日或患病之日起，一年之内复原，如其在中立国治疗或可有更确定及迅速复原之希望者。

（二）根据医生意见，战俘之身心健康因继续在俘而受严重威胁，如其收容于中立国可免除此种威胁者。

收容于中立国之战俘，为获准遣返所必须满足之条件以及其身份，应由有关各国协议决定之。在一般上，收容于中立国之战俘而属于下列各类者，应予遣返：

（一）健康状况已衰颓至合乎直接遣返之条件者；

（二）虽经治疗而身心健康依然相当损坏者。

若冲突各方未经缔结特别协议，以决定应予直接遣返或收容于中立国之残废及疾病之问题，则此种问题应依照本公约所附之关于直接遣返及中立国收容伤病战俘之示范协议及混合医务委员会规则所定之原则决定之。

第一一一条 拘留国，战俘所依附之国，及该两国同意之中立国，应努力订立协议，俾战俘得拘禁于该中立国境内直至战事终了为止。

第一一二条 战事开始时，应指派混合医务委员会从事检查伤病战俘，并作关于彼等之适当之决定。此等委员会之指派、任务及工作，应符合本公约所附规则之规定。

但据拘留国医务当局之意见，战俘系显然受重伤或患重病者，得不经医务委员会之检查而予遣返。

第一一三条 除拘留国医务当局所指定者外，凡伤病战俘属于下列各类者，应有受前条所规定之混合医务委员会检查之权利：

（一）伤者病者之经在其战俘营执行任务，而属于该战俘之同一国籍，或属于与该战俘所依附之国同盟的冲突一方之国民之医生或外科医生提出者。

（二）伤者病者之由战俘代有提出者。

（三）伤者病者之由其所依附之国或经该国正式承认之协助战俘之组织提出者。

战俘之不属于上述三类之一者，亦可请求混合医务委员会检查，惟仅能在属于上述各类之人之后检查之。

混合医务委员会检查时，自请检查之战俘之同国籍之医生与外科医生，以及该战俘之代表，应许其在场。

第一一四条 战俘如遭遇意外，除非自伤，得享有本公约关于遣返及中立国收容之规定之利益。

第一一五条 凡判纪律性处罚之战俘而合于遣返或收容于中立国之条件者，不得以其尚未受处罚为借口而予以扣留。

因司法诉追或定罪而被拘留之战俘，被指定遣返或收容于中立国者，如得拘留国之同意，得于诉讼终结前或处罚执行完毕前，享有此项办法之利益。

冲突各方应互相通知其将予拘留至诉讼终了或处罚执行完毕为止之战俘之名单。

第一一六条 战俘遣返或送往中立国之费用，应自拘留国边境起，由该战俘等所依附之国负担。

第一一七条 被遣返之人员不得使其服军事现役。

第二编 战事结束后战俘之释放与遣返

第一一八条 实际战事停止后，战俘应即予释放并遣返，不得迟延。

冲突各方为停战而缔结之协议中，如无关于上述事项之规定，或不能成立此项协议者，各拘留国应即依照前款所定之原则，自行制定并执行遣返计划，不得迟延。

在任一情形下，其所采取之办法应使战俘知悉。

在一切情形之下遣返战俘之费用，应由拘留国与战俘所依附之国公平分摊。分摊应在下列基础上执行之：

（甲）如两国接壤，则战俘所依附之国应负担自拘留国边境起之遣返费用。

（乙）如两国不接壤，则拘留国应负担运送战俘通过其国土，直至边境或达到距战俘所依附之国最近的乘船港口之费用。其余费用应由有关各国商定公平分摊。此项协议之缔结绝不得作为迟延遣返战俘之理由。

第一一九条　战俘之遣返应在与本公约第四十六条至四十八条所规定之关于移送战俘相类似之条件下实行之，亦应顾及第一百一十八条及下列各款之规定。

遣返时，根据第十八条押收战俘之任何贵重品及任何未经兑换成拘留国货币之外国货币，应一律交还彼等。如在遣返时，不论因何种理由，未经交还战俘之贵重品及外国货币，则应寄交依第一百二十二条设立之情报局。

战俘应准携带其个人物品及已收到之寄给彼等的任何信件及包裹，此项行李之重量，如遣返情形有此必要时，得以每人所能适当负荷者为度，至少应各准携带二十五公斤。

遣返之战俘之其它个人物品，应由拘留国负责保管，一俟该国与战俘所依附之国订成关于上项物品送还之协议，规定运输条件及费用之偿付后，即行转送战俘。

战俘因刑事上之犯罪，诉追程序正在进行中者，得将其拘留至该项程序终结为止，必要时，至刑罚执行完毕为止。此项规定，对于因刑事上之犯罪业已定罪之战俘亦适用之。

冲突各方应将被扣留至刑事程序终结，或刑罚执行完毕为止之战俘之名单，相互通知。

应依冲突各方间之协议，设立委员会以寻觅散失之战俘，并保证彼等之迅速遣返。

第三编　战俘之死亡

第一二〇条　战俘之遗嘱应依照其本国法律所规定之生效条件而作成，其本国须设法将此方面之条件通知拘留国。依战俘之要求，以及在一切情形下，于其死亡后，其遗嘱应立即送达保护国；其证明之抄本并应送交战俘中央事务所。

依照本公约所附格式之战俘死亡证或由负责军官证明之一切战俘死亡名单，应尽速送交依第一百二十二条设立之战俘情报局。死亡证或证明之名单上应载明第十七条第三款所列之身份事项与死亡日期及地点，死亡原因，埋葬日期及地点，以及为辨认坟墓所必须之一切详情。

在战俘埋葬或焚化前，其身体应经医生检查，以确定其死亡而便于作报告，并于必要时，证明身份。

拘留当局应保证在俘中死亡之战俘，得到荣誉的安葬，可能时，按照彼等所属宗教之仪式埋葬之，其坟墓予以尊重而妥为维护，并加以标志，俾随时可以寻见。如其可能，应将依附同一国之死亡战俘埋葬于同一地方。

死亡之战俘，应埋葬于个别之坟墓中，除非在无法避免之情况下必须采用集体坟墓。遗体仅得因迫切的卫生理由，死者之宗教关系或其本人表明之意愿，方得予以焚化。如举行焚化，则此项事实与理由应载明于死者之死亡证。

为便于随时寻见坟墓，所有关于埋葬与坟墓之详情应在拘留国所设立之坟墓登记处登记。坟墓单及战俘埋葬于公墓及其它地点之详情应转送该战俘等所依附之国。控制此领土之国家，如系本公约之缔约国，应担负照顾此项坟墓及登记嗣后尸体移动之责任。此项规定亦应适用于骨灰，骨灰应由坟墓登记处保管，直到依照其本国之愿望适当处理为止。

第一二一条　战俘之死亡或重伤，系由于或疑为由于哨兵，另一战俘或其它任何人所致者，以及原因不明之死亡，应由拘留国立即从事正式调查。

该事件应立即通知保护国。应从证人，尤其从战俘中之证人取得供词，并将包括此项供词之报告，送达保护国。

如上述调查指名一人或多人犯罪，拘留国应采取一切必要之措施对负责人或人们进行诉追。

第五部　战俘情报局及救济团体

第一二二条　在冲突发生时，及在一切占领之场合，冲突之每一方应为在其权力下之战俘设立一正式情报局。中立国或非交战国，凡在其领土内收容属于第四条所指之各类之一种之人员者，关于此项人员应采取同样行动。有关国家应保证战俘情报局备有必要之房屋，设备及工作人员以便进行有效的工作。情报局在本公约关于战俘工作之一编规定之条件下，得自由雇用战俘。

在尽可能最短时期内，冲突之每一方应将本条第四、五、六各款所述关于落于其权力下之第四条所列各类敌人之情报通知其情报局。中立国或非交战国关于在其领土内所收容之属于此类之人员，亦应采取同样行动。

情报局应立即以最迅速之方法将此类情报通过保护国以及第一百二十三条所规定之中央事务所，转达有关国家。

此项情报应能尽速通知有关最近亲属。在第十七条之规定之限制下，此项情报应包括情报局所获得之关于每一战俘之姓名、等级、军、团、个人番号、出生日期及地点、所依附之国家、父名、及母亲本名、被通知人之姓名与地址，以及寄交该战俘信件之地址。

情报局应从各有关部门获得关于移送、释放、遣返、脱逃、送入医院、及死亡之情报，并应照上列第三款所述方式将此项情报转送之。

关于患重病或受重伤之战俘之健康状况之情报，亦应按期供给，可能时每周供给之。

情报局并须负责答复一切关于战俘之询问，包括在俘中死亡之战俘在内；如关于所询问之事项，该局未备有情报则应作一切必要之调查以获取之。

情报局之书面通知，应以签字或盖章为凭。

情报局又应负责搜集被遣返或释放、脱逃或死亡之战俘所遗留之一切个人贵重物品，包括除拘留国货币以外之款项，以及于其最近亲属有重要关系之文件，并应将此等贵重物品转送有关国家。此等物品应由情报局以密封包裹寄送，并附说明书，清晰详载关于此项物品所有人之身份事项，及包裹内容之清单。此等战俘之其它个人物品应依有关冲突各方协议之办法转送之。

第一二三条　在中立国境内应设立一战俘情报中央事务所。红十字国际委员会认为必要时，应向有关各国建议组织此项事务所。

该事务所之任务在搜集一切自官方或私人方面可能获得关于战俘之情报，并尽速将此项情报转送战俘的本国或其所依附之国。冲突各方应给予该事务所以转送此项情报之一切便利。

各缔约国特别是其人民享受中央事务所服务之利益之国家，对该事务所应予以所需之经济援助。

上述各规定绝不得解释为限制红十字国际委员会或第一百二十五条所规定之救济团体之人道的活动。

第一二四条　各国情报局及中央事务所应享受邮政免费，及第七十四条所规定之一切豁免，并应尽可能豁免电报费，或至少大减其费率。

第一二五条 在拘留国认为保证其安全或适应其它合理需要所必要之措施之限制下，宗教组织、救济团体，或其它任何协助战俘之组织之代表，应得为其本人及其正式委派之代理人，自拘留国获得一切必要之便利以访问战俘，分发为供宗教、教育或娱乐目的用之任何来源的救济物资，并协助战俘在营内组织其空闲时间。此等团体或组织得在拘留国境内或任何其它国家内组成，或具有国际性质。

拘留国得限制派有代表在其领土内及在其监督下从事活动之团体及组织之数目，但该项限制不得妨碍对全体战俘之适当救济之有效活动。

红十字国际委员会在该方面之特殊地位无论何时均应予以承认及尊重。

为上述目的之救济物资，一经交给战俘，或于交给后短时间内，战俘代表为每批装运物资签署之收据，应即送交运寄此项物资之救济团体或组织。同时负责看管战俘之行政当局亦应为此等装运物资出具收据。

第六部　本公约之执行

第一编　总则

第一二六条 保护国之代表，应许其前往战俘所在之一切地方，尤其拘禁、监禁及劳动之地方，并可进入战俘居住之一切场所；彼等亦应准许前赴被移送战俘之出发、经过或到达之地点。彼等又应能亲自或通过译员与战俘，尤其战俘代表会晤，而不须有他人在场。

保护国之代表，应有选择其愿访问地点之充分自由。访问之时间及次数不得加以限制。除因迫切的军事需要之理由，且仅作为一种例外及暂时的措施外，不得禁止此种访问。

必要时，拘留国及该战俘所依附之国得同意允许战俘之同国人参加访问。

红十字国际委员会之代表应享受同样特权。此项代表之指派应取得拘留其所访问之战俘之国家之同意。

第一二七条 各缔约国在平时及战时应在各该国尽量广泛传播本公约之约文，尤应在其军事，并如可能时在公民教育计划中，包括本公约之学习，俾本公约之原则为全部武装部队及全体人民所周知。

在战时负战俘事宜任何军事或其它当局必须备有本公约之约文，并须对其各项规定受有特别之教导。

第一二八条 各缔约国应通过瑞士联邦委员会，在战时则通过保护国，互相通知本公约之正式译文，及其所采用以保证实施本公约之法律与规则。

第一二九条　各缔约国担任制定必要之立法，俾对于本身犯有或令人犯有下条所列之严重破坏本公约之行为之人，处以有效的刑事制裁。

各缔约国有义务搜捕被控为曾犯或曾令人犯此种严重破坏本公约行为之人，并应将此种人，不分国籍，送交各该国法庭。该国亦得于自愿时，并依其立法之规定，将此种人送交另一有关之缔约国审判，但以该缔约国能指出案情显然者为限。

各缔约国应采取必要之措施，以制止下条所列严重破坏本公约之行为以外之一切违反本公约之规定之行为。

在一切情况下，被告人应享有适当的审判及辩护之保障。此种保障，不得次于本公约第一百零五条及其以下各条所规定者。

第一三〇条　上条所述之严重破坏公约行为，应系对于受本公约保护之人或财产所犯之任何下列行为：故意杀害，酷刑或不人道待遇，包括生物学实验，故意使身体及健康遭受重大痛苦或严重伤害，强迫战俘在敌国部队中服务，或故意剥夺战俘依本公约规定应享之公允及合法的审判之权利。

第一三一条　任何缔约国不得自行推卸，或允许任何其它缔约国推卸，其本身或其它缔约国所负之关于上条所述之破坏公约行为之责任。

第一三二条　经冲突之一方之请求，应依有关各方所决定之方式，进行关于任何被控违犯本公约的行为之调查。

如关于调查程序不能获致协议，则各方应同意选定一公断人，由其决定应遵行之程序。

违约行为一经确定，冲突各方应使之终止，并应迅速加以取缔。

第二编　最后条款

第一三三条　本公约以英文及法文订立。两种文字之约文具有同等效力。

瑞士联邦委员会应准备本公约之俄文及西班牙之正式译文。

第一三四条　在各缔约国间之关系上，本公约代替 1929 年 7 月 27 日之公约。

第一三五条　在受 1899 年 7 月 29 日或 1907 年 10 月 18 日海牙陆战法规与惯例公约之拘束并为本公约之缔约国之各国关系上，本公约应为上述海牙公约所附规则第二编之补充。

第一三六条　本公约以本日为订立之日期，至 1950 年 2 月 12 日为止，凡参加 1949 年 4 月 21 日日内瓦会议各国，以及未参加该次会议，但系 1929 年 7 月 27 日公约之缔约国，均可签字。

第一三七条　本公约应尽速批准，其批准书应交存于伯尔尼。

每一批准书交存时，应予登记，并由瑞士联邦委员会将该项登记之证明的抄本分送业经签字或通知加入本公约之各国。

第一三八条 本公约在至少两国批准书交存后六个月发生效力。

嗣后，本公约对于每一缔约国自其批准书交存后六个月发生效力。

第一三九条 本公约自生效之日起，任何未签字本公约之国家均得加入。

第一四〇条 本公约之加入应以书面通知瑞士联邦委员会，自加入之通知收到之日起六个月后发生效力。

瑞士联邦委员会应将此项加入通知所有业经签字或加入本公约之国家。

第一四一条 第二条及第三条所载之情况应使在战事开始或占领之前或后，冲突各方所交存之批准书及加入之通知立即生效。瑞士联邦委员会应将其从冲突各方收到之任何批准书或加入之通知，以最迅速方法通告之。

第一四二条 每一缔约国得自由退出本公约。

退约须用书面通知瑞士联邦委员会，并由该委员会转告所有缔约国政府。

退约须于通知瑞士联邦委员会后一年发生效力。但如缔约国于作退约通知时已卷入冲突，则其退约须待至和议成立后，并在有关本公约所保护之人员之释放及遣返之工作完毕后，始能生效。

退约仅对该退约国有效，但并不减轻冲突各方依国际法原则仍应履行之义务，此等原则系产自文明人民间树立之惯例，人道法则与公众良心之要求。

第一四三条 瑞士联邦委员会应将本公约在联合国秘书处登记，并应将其所接获之所有关于本公约之批准、加入及退约通知联合国秘书处。

为此，下列签署人于交存全权证书后，签署本公约，以昭信守。

1949 年 8 月 12 日以英文法文订于日内瓦。正本应交存于瑞士联邦委员会之档案中。瑞士联邦委员会应将证明之抄本送交每一签字及加入之国家。

附件一 关于直接遣返及中立国收容伤病战俘之示范协议（见第一一〇条）（略）

附件二 混合医务委员会规则（见第一一二条）（略）

附件三 关于集体救济物品之规则（见第七十三条）（略）

附件四 身份证、被俘邮片、邮片及信、死亡通知、遣返证（略）

附件五 关于战俘向其本国汇款之示范规则（见第六十三条）（略）

一九四九年八月十二日关于战时保护平民之日内瓦公约

（1949 年 8 月 12 日日内瓦第四公约）

（1949 年 8 月 12 日订于日内瓦）

下列签署之各国政府、全权代表出席自 1949 年 4 月 21 日至 8 月 12 日在日内瓦举行之外交会议，为订立关于战时保护平民公约，议定如下：

第一部　总则

第一条　各缔约国承诺在一切情况下尊重本公约并保证本公约之被尊重。

第二条　于平时应予实施之各项规定之外，本公约适用于两个或两个以上缔约国间所产生之一切经过宣战的战争或任何其他武装冲突，即使其中一国不承认有战争状态。

凡在一缔约国的领土一部或全部被占领之场合，即使此项占领未遇武装抵抗，亦适用本公约。

冲突之一方虽非缔约国，其他曾签订本公约之国家于其相互关系上，仍应受本公约之拘束。设若上述非缔约国接受并援用本公约之规定时，则缔约各国对该国之关系，亦应受本公约之拘束。

第三条　在一缔约国之领土内发生非国际性的武装冲突之场合，冲突之各方最低限度应遵守下列规定：

（一）不实际参加战事之人员，包括放下武器之武装部队人员及因病、伤、拘留，或其他原因而失去战斗力之人员在内，在一切情况下应予以人道待遇，不得基于种族、肤色、宗教或信仰、性别、出身或财力或其他类似标准而有所歧视。

因此，对于上述人员，不论何时何地，不得有下列行为：

（甲）对生命与人身施以暴力，特别如各种谋杀、残伤肢体、虐待及酷刑；

（乙）作为人质；

（丙）损害个人尊严，特别如侮辱与降低身份的待遇；

（丁）未经具有文明人类所认为必需之司法保障的正规组织之法庭之宣判，而遽行判罪及执行死刑。

（二）伤者、病者应予收集与照顾。

公正的人道团体，如红十字国际委员会，得向冲突之各方提供服务。

冲突之各方应进而努力，以特别协定之方式，使本公约之其他规定得全部或部分发生效力。

上述规定之适用不影响冲突各方之法律地位。

第四条 在冲突或占领之场合，于一定期间内及依不论何种方式，处于非其本国之冲突之一方或占领国手中之人，即为受本公约保护之人。

不受本公约拘束之国家之人民即不受本公约之保护。凡在交战国领土内之中立国人民及共同作战国人民，在其本国尚有通常外交使节驻在控制彼等之国家时，不得认为被保护人。

惟本公约第二部之各项规定，如第十三条所划定，其适用范围较广。

凡受一九四九年八月十二日改善战地武装部队伤者病者境遇之日内瓦公约，或一九四九年八月十二日改善海上武装部队伤者病者及遇船难者境遇之日内瓦公约，或一九四九年八月十二日关于战俘待遇之日内瓦公约保护之人，不得认为本公约意义内之被保护人。

第五条 凡冲突之一方深信在其领土内之个别被保护人确有危害该国安全之活动之嫌疑，或从事该项活动，而本公约之各项权利与特权若为该个人行使将有害该国安全时，该个人即不得要求此等权利与特权。

在占领地内个别被保护人如系因间谍或破坏分子，或因确有危害占领国安全之活动嫌疑而被拘留者，在绝对的军事安全有此要求之情况下，其人应即认为丧失在本公约下之通讯权。

惟在每种情形下，此等人仍应受人道待遇，且在受审判时，不应剥夺本公约规定之公平正常的审判之权利。又应斟酌个别情况尽早在合于该国或占领国之安全时给予彼等以被保护人依本公约所享有之全部权利与特权。

第六条 本公约应于第二条所述之任何冲突或占领开始时适用。

在冲突各方之领土内，本公约之适用，于军事行动全面结束时应即停止。

本公约在占领地内之适用，于军事行动全面结束后一年应即停止；惟占领国于占领期间在该国于占领地内行使政府职权之限度内，应受本公约下列各条规定之拘束：第一至十二、二十七、二十九至三十四、四十七、四十九、五十一、五十二、五十三、五十九、六十一至七十七、一百四十三条。

被保护人之释放、遣返、或安置，若在上述各期限以后实现者，则在其实现之期间，彼等仍应继续享受本公约之利益。

第七条 于第十一、十四、十五、十七、三十六、一百零八、一百零九、一百三十二、一百三十三及一百四十九各条明文规定之协定之外，各缔约国对其认为需另作规定之一切事项得订立特别协定。是项特别协定不得对于本公约关于被保护人所规定之境遇有不利的影响，亦不得限制本公约所赋予彼等之权利。

除在上述或后订之协定中有相反之明文规定，或冲突之一方对彼等采取更优待之措施外，被保护人在本公约对其适用期间应继续享受是项协定之利益。

第八条　在任何情况下，被保护人不得放弃本公约或上条所述之特别协定——如其订有是项协定——所赋予彼等权利之一部或全部。

第九条　本公约之适用应与保护国合作并受其监察。保护国之责任为维护冲突各方之利益。为此目的，保护国在其外交或领事人员之外，得自其本国国民或其他中立国国民中指派代表。上述代表应经其执行任务所在国之认可。

冲突各方对于保护国之代表之工作应尽最大可能予以便利。

保护国之代表在任何情况下不得逾越本公约所畀予之任务。彼等尤须顾及其执行任务所在国之安全上迫切的必要。

第十条　本公约之规定并不妨碍红十字国际委员会或其他公正的人道组织，在有关冲突各方之同意之条件下，从事保护与救济平民之人道活动。

第十一条　各缔约国得随时同意将根据本公约应由保护国负担之任务，委托于具有公允与效能之一切保证之组织。

当受本公约保护之人，不拘为何原因，不能享受或已停止享受保护国或本条第一款所规定之组织的活动之利益时，则拘留国应请一中立国或此种组织担任依照本公约应由冲突各方指定之保护国所执行之任务。

若保护不能依此布置，则拘留国应在本条之规定之约束下，请求或接受一人道组织，如红十字国际委员会，提供服务，以担任依本公约由保护国执行之人道的任务。

任何中立国或任何组织经有关国家邀请或自愿提供服务而执行任务时，在行为上须对本公约所保护之人员所依附之冲突一方具有责任感，并须充分保证能执行其所负之任务，且能公允执行之。

各国间订立特别协定，如其中一国因军事关系，特别是因其领土之大部或全部被占领，以致该国与其他一国或其盟国谈判之自由受限制，即或是暂时的，本公约上列规定不得因该项特别协定而有所减损。

凡本公约中提及保护国，亦适用于本条所指之代替组织。

凡中立国人民处于占领地或交战国领土内而其本国并无通常外交代表驻在该国时，本条各项规定应对彼等适用。

第十二条　保护国认为于被保护人之利益适宜时，尤其遇冲突各方对于本公约之适用与解释意见有分歧时，应从事斡旋以期解决分歧。

为此目的，各保护国得应一方之请求，或主动向冲突各方建议，可能在适当选择之中立领土召开代表会议，被保护人之负责当局代表尤须参加。冲突各方对于为此目的而提出之建议负有实行之义务。各保护国得于必要时，提请冲突各方同意，特邀一中立国人员或红十字国际委员会委派之人员参加此项会议。

第二部　居民之一般保护以防战争之若干影响

第十三条　本公约第二部之规定，涉及冲突各国之全部人民，尤不得基于种族、国籍、宗教或政治意见而有所歧视，各规定之目的在于减轻战争所致之痛苦。

第十四条　各缔约国在平时，冲突各方在战事开始后，得在其领土内，并于必要时在占领地内，设立医院及安全地带与处所，加以适当的组织，使能保护伤者、病者、老者、十五岁以下儿童、孕妇、及七岁以下儿童之母亲，俾免受战争影响。

在战事开始时及其进行中，有关各方得缔结协定互相承认所设立之地带与处所。各该国得为此目的实施本公约所附协定草案之规定，连同其所认为必要之修改。

为便于医院与安全地带及处所之设立及承认，应请保护国及红十字国际委员会从事斡旋。

第十五条　任何冲突之一方，得直接或通过一中立国或人道组织，向其敌方建议在作战区域内设立中立化地带，保护下列人等免受战争之影响，不加歧视：

（甲）伤、病战斗员或非战斗员；

（乙）不参加战事及虽居住在该地带内而不从事军事性工作之平民。

如有关各国对于拟议之中立化地带之地理位置、管理、食物供给及监督均予同意，应由冲突各方之代表签定一书面协定，该协定应规定该地带之中立化之开始及期限。

第十六条　伤者、病者、弱者以及孕妇应为特别保护与尊重之对象。

在军事的考虑许可时，冲突各方对于寻觅死者、伤者、协助遇船难者及其他冒严重危险之人，及保护彼等免遭抢劫及虐待所采取之各项步骤应予以便利。

第十七条　冲突各方应尽力缔结局部协定以便将被包围地区内之伤者、病者、弱者、老者、幼童及产妇撤出，及使送往该地区之一切宗教之牧师、医务人员、医疗设备得以通过。

第十八条　凡为照顾伤者、病者、弱者及产妇而组织之民用医院，在任何环境下，不得为攻击之目标，而应随时受冲突各方之尊重与保护。

冲突各方之国家，对所有民用医院应发给证书，证明各该医院系民用医院且其所占用之建筑物并未作依第十九条应剥夺其保护之任何用途。

各民用医院均应标以一九四九年八月十二日改善战地武装部队伤者病者境遇之日内瓦公约第三十八条所规定之标志，惟须经各该国认可。

在军事的考虑许可之限度内，冲突各方应采取必要步骤，使标明民用医院之特殊标志能为敌方陆、空及海军清晰望见，以避免任何敌对行动之可能。

鉴于医院临近军事目标不免遭受危险，故建议上述医院之位置应尽量远离该项目标。

第十九条 民用医院应得之保护不得停止，除非此项医院越出其人道任务之外，用以从事有害于敌方之行为。惟如经给予相当警告，并按个别情形规定合理时限而警告仍被忽视时，始得停止保护。

如有武装部队伤病人员在前项医院疗养，或由该项战斗员卸下之小型武器及弹药尚未缴交主管机关之事实，不得视为有害敌方之行动。

第二十条 经常专门从事民用医院工作及管理之人，包括从事搜寻、移送、运输与照顾伤病平民、弱者及产妇之人员，均应受尊重与保护。

上述人员在占领地及军事行动地带内执行任务时，应有证明其地位之身份证，上贴本人像片，并轧有负责当局之钢印，并应有在左臂佩带加盖印章之防水臂章，以资识别。此项臂章应由国家颁发，并须有一九四九年八月十二日改善战地武装部队伤者病者境遇之日内瓦公约第三十八条所规定之标志。

其他从事民用医院工作及管理之人员，若担任此类任务时，应受尊重与保护，并按照本条所规定之条件，佩戴臂章。彼等之身份证上应注明其担任之任务。

各医院之管理当局应随时备有上述各项工作人员之最近名单，以供本国或占领国主管当局之用。

第二十一条 凡运送伤病平民、弱者、产妇之陆地运输队，陆地医院列车或海上之特备船只，均应与第十八条所规定之医院受同样之尊重与保护，此项车船，经各该国同意后，应标以一九四八年八月十二日改善战地武装部队伤者病者境遇之日内瓦公约第三十八条所规定之特殊标志。

第二十二条 凡专为移送伤病平民、弱者、产妇或运输医务人员、医疗设备之飞机，在有关冲突各方所特别约定之高度、时间、航线飞行时，应不受攻击而予以尊重。

此项飞机得标以一九四九年八月十二日改善战地武装部队伤者病者境遇之日内瓦公约第三十八条所规定之特殊标志。

除非另有协定，飞越敌方领土或敌人占领地均所禁止。

此项飞机应服从降落命令。如被令降落，而需要检查时，则经过检查后，该机载其乘员得继续飞行。

第二十三条 各缔约国对于纯为另一缔约国平民使用之医疗与医院供应品，或宗教礼拜所需物品之一切装运物资，均应许其自由通过，即使该另一缔约国为其敌国。对于供十五岁以下儿童、孕妇与产妇使用之主要食物、衣服及滋补剂之装运，亦应同样许其自由通过。

缔约国允许上款所述装运物资之自由通过之义务，以该国深信并无严重理由足以引起下列之恐惧为条件：

（甲）该项装运物资可自其目的地改运他处；

（乙）管制可能无效；

（丙）由于上述各项物资代替当由敌方供给或生产之物品，或使生产此类物品所需之材料，工作或设备得以腾出，而可能予敌方军事努力或经济以确定之利益。

凡允许本条第一款所述装运物资通过之国家，得要求在该项物资分发于受惠人时，应以由保护国就地监督为允许之条件。

上述装运物资应尽速转送，而允许此等物资自由通过之国家应有权规定准许该项通过之技术方面的办法。

第二十四条 冲突各方应采取必要措施，俾十五岁以下儿童因受战争影响成为孤儿或与家庭分离者，不致无人照管，并使彼等之抚养、宗教与教育之进行，在一切情形下均获便利。彼等之教育，应尽可能委托于具有相似的文化传统之人。

冲突各方应便利冲突期间此种儿童收容于中立国，此事应经保护国——如其有保护国——之同意，并有遵守第一款所述原则之适当保证。

冲突各方并应尽力设法使十二岁以下儿童均佩带身份牌，或用其他方式，以资识别。

第二十五条 冲突各方之领土内或其占领地内所有人们，应能将纯属个人性质的消息通知其在任何地方之家人，并接获其家人之此类消息。此项通讯应迅速传递，不得有不当之迟延。

如由于环境影响，难于或不可能由普通邮政互递家庭信件时，有关冲突各方应向中立媒介接洽，如第一百四十条所规定之中央事务所，并与之商定如何在可能最好的情况下保证其义务之履行，尤应取得各国红十字（红新月、红狮与日）会之合作。

如冲突各方认为有限制家庭通讯之必要，该项限制只应限于能容任择二十五字之标准信纸之强制使用，及将寄发此项格式之信件每月限为一份。

第二十六条 冲突各方对于因战争致与家庭离散之人所为之调查，以期在可能时与其家庭重新联系或团聚者，应给予便利。冲突各方尤应鼓励从事此项任务之组织之工作，但须此项组织能为其所接受并遵照其安全规则。

第三部 被保护人之地位与待遇

第一编 对于冲突各方之领土及占领地之共同规定

第二十七条 被保护人之人身、荣誉、家庭权利、宗教信仰与仪式、风俗与习惯，在一切情形下均应予以尊重。无论何时，被保护人均须受人道待遇，并应受保护，特别使其免受一切暴行，或暴行的威胁及侮辱与公众好奇心的烦扰。

妇女应受特别保护以免其荣誉受辱，尤须防止强奸、强迫为娼或任何形式的非礼之侵犯。

冲突各方对在其权力之下被保护人，在不妨有关其健康状况、年龄、性别之各项规定之条件下，应同样待遇之，尤不得基于种族、宗教或政治意见而有所歧视。

但冲突各方对被保护人得采取由于战争而有必要之管制及安全之措施。

第二十八条 对于被保护人不得利用其安置于某点或某地区以使该处免受军事攻击。

第二十九条 在冲突一方对于权力下之被保护人所受该国人员之待遇，该国均应负责，不论此项人员所负之个人责任如何。

第三十条 被保护人应有向保护国、红十字国际委员会、彼等所在国之红十字（红新月、红狮与日）会，或能予以协助之任何组织提出申请之各种便利。

上述各组织应由当局在根据军事或安全的考虑所定之范围内，予以上述目的所需之各种便利。

于第一百四十三条所规定之保护国及红十字国际委员会代表之访问之外，各拘留国或占领国对于以给予被保护人精神协助或物质救济为目的之其他组织的代表之访问被保护人，应尽量予以便利。

第三十一条 对被保护人不得施以身体上或精神上之强迫，尤其不得借以从彼等或第三者取得情报。

第三十二条 各缔约国特别同意禁止各该国采取任何足以使其手中之被保护人遭受身体痛苦或消灭之措施。此项禁令不仅适用于谋杀、酷刑、体刑、残伤肢体及非为治疗被保护人所必需之医学或科学实验，并适用于文武人员施行之其他任何残酷措施。

第三十三条 被保护人无论男女不得因非本人所犯之行为而受惩罚。集体惩罚及一切恫吓恐怖手段，均所禁止。

禁止掠夺。

禁止对被保护人及其财产采取报复行为。

第三十四条 禁止作为人质。

第二编 在冲突一方领土内之外国人

第三十五条 一切被保护人，在冲突开始时，或冲突进行中，希望离境者，除非其离去有违所在国之国家利益，均应有权离境。此等人之离境申请应按照正常规定之手续予以决定，此项决定并应尽速为之。凡获准离境之人得自行准备必须之旅费并携带相当数量之个人物品。

如上述任何人之离境请求被拒绝时，彼应有权请求拘留国所指定之主管法庭或行政审议机关对此项拒绝从速重新考虑。

除非安全理由所不许或关系人反对，一经保护国代表之请求，应即告以不准离境之理由，并应尽速检送不准离境之人的全体名单。

第三十六条 依上条获准之离境，应在关于安全、卫生、保健及食物方面之妥善条件下实行之。一切有关离境之费用，自拘留国领土内之出境地点起，应由出境人目的地之国家担负；若出境人被收容于中立国，则该项费用应由受益人之本国负担。此项移动之施行细则，必要时，得由有关国家以特别协定决定之。

前项规定不得影响冲突各方间所订关于交换及遣返在敌方手中之人民之特别协定。

第三十七条 凡被保护人在候审期间，或因受有剥夺自由之判决而被禁闭者，在其禁闭期间应受人道待遇。

一经释放，彼等即得依照以上各条请求离境。

第三十八条 除本公约，尤其第二十七及四十一两条所准许之特别办法外，各被保护人之地位，在原则上应继续按照和平时期有关外国人之规章，予以规定。在任何情形下，应予以下列权利：

（一）应能领受送来之个人或集体救济物品；

（二）如其健康情形有此需要，应获得与有关国家之人民同等之医药照顾与住院待遇；

（三）应获准举行其宗教仪式，并接受其本教牧师之精神协助；

（四）如居住于特别冒战争危险之区域时，应与有关国家之人民同样获准迁出该区域；

（五）十五岁以下儿童、孕妇、及七岁以下儿童之母亲，应与有关国家之人民受同等之优惠待遇。

第三十九条　凡被保护人因战事影响而失去其收入之工作者，应予以寻觅有报酬之工作之机会。该项机会应与其所在国家之人民所享受之机会相等，但须受安全考虑及第四十条规定之限制。冲突一方对被保护人施行管制办法因而使其不能自行维持生活，尤以该人因安全原因不能寻觅在合理条件之下有报酬之工作时，该冲突国应保证维持其本人与受其赡养人之生活。

各被保护人在任何情况下均得接受其本国、保护国，或第三十条所述之救济团体之津贴。

第四十条　被保护人仅得在与其所在之冲突国之人民同样限度内被强迫工作。

如被保护人系属敌国国籍，则只能强迫其担任通常为保证人类食、住、衣、行及健康所必需之工作而与军事行动无直接关系者。

在前两款所述之情形下，被强迫工作之被保护人应与本国工人享受同样工作条件及同样保障之利益，尤其关于工资、工作时间、衣服与设备、事先训练及工作上意外伤害与疾病之赔偿。

上述各项规定如被违反，应允许被保护人按照第三十条行使其申诉之权利。

第四十一条　如被保护人所在之国家认为本公约所述之管制措施不足时，不得采行较第四十二及第四十三两条所定之指定居所或拘禁更为严厉之管制措施。

在适用第三十九条第二款之规定，于按照安置于他处指定居所之决定而须离开其原居所之人之场合时，拘留国应尽可能密切遵循本公约第三部第四编所定之福利标准。

第四十二条　对被保护人之拘禁或安置于指定居所，仅于拘留国之安全有绝对需要时方可施行。

如有人通过保护国之代表，自动请求拘禁，而其处境使其采取此步骤为必要者，则其所在之国家应即予以拘禁。

第四十三条　任何被保护人被拘禁或被安置于指定居所者，有权请拘留国为该项目的所指定之主管法庭或行政审议机关对于该项举措尽速重新考虑。如该项拘禁或安置于指定居所仍予维持时，该法庭或行政审议机关应定期，至少一年两次，对于案情予以审查，以期于环境许可时对于最初决定作有利之修正。

除非有关之被保护人反对，拘留国应尽速将已被拘禁或已被指定居所之被保护人，及从拘禁或指定居所中已予释放之被保护人之姓名通知保护国。

本条第一款提及之法庭或行政审议机关之决定，亦应依同样条件之限制尽速通知保护国。

第四十四条 适用本公约内提及之管制措施时，拘留国不得将事实上不受任何政府保护之难民仅依其法律上之敌国国籍而以敌侨待遇之。

第四十五条 被保护人不得移送于非本公约缔约国之国家。

本规定不得构成对于被保护人在战事结束后被遣返或其回到原居住国之障碍。

拘留国只能将被保护人移送至本公约之缔约国，并须于拘留国对于接受国家实施本公约之意愿与能力认为满意后行之。如被保护人在此种情况下被移送时，其在该接受国看管期间，实施本公约之责任即由该接受国担任之。但若该国在任何重要方面未能实行本公约之规定，则原移送国一经保护国通知，即应采取有效措施以纠正此种情况或要求将被保护人送还，此项要求必须照办。

男女被保护人在任何情况下不得移送于因其政治意见或宗教信仰有恐惧迫害之理由之国家。

本条各项规定亦不构成对于根据战事开始前所订之引渡条约，将被控违犯普通刑法之被保护人予以引渡之障碍。

第四十六条 凡对被保护人实行之限制措施，其尚未撤消者，在战事结束后应尽速取消之。

影响彼等财产之限制措施，应按照拘留国之法律，于战事结束后尽速取消之。

第三编　占领地

第四十七条 本公约所赋予在占领地内之被保护人之各项利益，均不得因占领领土之结果引起该地制度或政府之变更，或因被占领地当局与占领国所订立之协定，或因占领国兼并占领地之全部或一部，而在任何情况下或依任何方式加以剥夺。

第四十八条 被保护人之非领土被占领的国家之人民者，得依第三十五条规定之限制，使用其离境权利，关于离境事项之决定，应按照占领国依该条所订之手续为之。

第四十九条 凡自占领地将被保护人个别或集体强制移送及驱逐往占领国之领土或任何其他被占领或未被占领之国家之领土，不论其动机如何，均所禁止。

但如因居民安全或迫切的军事理由，有此必要，占领国得在一定区域施行全部或部分之撤退。上述撤退不得致使被保护人在占领地境外流离失所，但因物质原因不能避免上述流离失所则为例外。依此被撤退之人，一俟该区域内战事停止，应立即移送回家。

凡实行此种移送或撤退之占领国，应尽最大可行的限度，保证供给适当设备以收容被保护人，该项移动应在卫生、保健、安全及营养之满足的条件下执行，并应保证同一家庭之人不相分离。

一经实行移送或撤退，应立即以其事实通知保护国。

除非因居民安全或迫切的军事理由有此必要，占领国不得将被保护人拘留于特别冒战争危险之区域。

占领国不得将其本国平民之一部分驱逐或移送至其所占领之领土。

第五十条　占领国在国家与地方当局之合作下，对于一切从事照顾及教育儿童团体之正当工作予以便利。

占领国应采取一切必要步骤以便利儿童之辨认及其父母之登记。但该国绝不得改变彼等之个人地位，亦不得使其参加隶属于该国之各种组织。

如当地团体不能适应该目的时，占领国应筹定抚养教育因战争变成孤儿或与父母失散，且不能由其近亲或朋友适当照顾之儿童之办法，倘属可能，应由该项儿童同一国籍、语言及宗教之人士担任该项工作。

依第一百三十六条设立之情报局所属之一特别部门，应负责采行一切必要步骤辨认身份不明之儿童。彼等父母或其他近亲之详细情形，如能获悉时，应予记录。

在被占领前，为惠及十五岁以下儿童、孕妇，及七岁以下儿童之母亲所采关于食物、医药照顾及保护之任何优待措施以防战争影响者，占领国不得妨碍其实施。

第五十一条　占领国不得强迫被保护人在其武装或辅助部队服务。以获得志愿应募为目的之压迫及宣传均所不许。

占领国不得强迫被保护人工作，除非彼等已满十八岁，而届此年龄，亦只能派任占领军，公用事业或被占领国居民之衣、食、住、行或保健所需要之工作。被保护人不得强迫其担任任何使彼等有参加军事行动之义务之工作。占领国不得强迫被保护人使用强力方法以保证彼等从事强迫劳动所在地之设备之安全。

上述工作之执行应仅限于被征服役人所在之占领地以内。此种人，应尽可能置于其平常工作之地方。对工人应付以公平工资，其工作应与其体力与智力相当。凡被占领国关于工作条件，尤其关于工资、工作时间、设备、事先训练及工作上意外伤害与疾病之赔偿等保障之现行立法，对于派任本条所述工作之被保护人，应予适用。

在任何情况下，征工不得变为动员工人参加军事或半军事性之组织。

第五十二条 任何契约、协定或规则均不得减损任何工人向保护国代表申请请求该国干涉之权利，不论该工人是否系属志愿，亦不论其所在地点。

在占领地内，一切以造成失业或限制工人工作机会借以引诱工人为占领国工作为目的之措施，均所禁止。

第五十三条 占领国对个别或集体属于私人，或国家，或其他公共机关，或社会或合作组织所有之动产或不动产之任何破坏均所禁止，但为军事行动所绝对必要者则为例外。

第五十四条 占领地之公务人员与法官如为良心原因拒绝执行其职务时，占领国不得改变其地位，或以任何方式施行制裁，或采用任何强迫或歧视措施。

前项禁例不妨碍第五十一条第二款之适用。亦不影响占领国撤换公务人员之权。

第五十五条 占领国在其所有方法之最大限度内，负有保证居民之食物与医疗供应品之义务；如占领地资源不足时，尤应运入必需之食物、医疗物资及其他物品。

占领国不得征用占领地所有之食物、物品或医疗供应品，但为占领军或行政人员使用者除外，并须业已顾及平民之需要，始能征用。占领国应在其他国际公约规定之限制下，设法保证对其所征用之物品付予公平价格。

保护国得随时自由检查占领地内食物及医疗供应品之情形，但因迫切的军事需要而定之暂时限制，不在此限。

第五十六条 占领国在其所有方法之最大限度内，负有依国家与地方当局之合作，保证并维持占领地内之医疗与医院设置与服务，公共保健与卫生之义务，尤须采取并实行扑灭传染病与流行病传播所必要之预防及措施。各类医务人员应许其执行任务。

如占领地内成立新医院而被占领国之主管机关不在该地执行任务，占领国于必要时应对该项医院予以第十八条所规定之承认。在类似情况下，占领国亦应对医院人员与运输车辆予以第二十及二十一两条所规定之承认。

占领国于采用及实施保健与卫生之措施时，应注意占领地居民的道德上及伦理上之感受性。

第五十七条 占领国得征用民用医院，但只能暂时征用，并限于为照顾伤病军事人员之紧急需要场合，且须以在相当期间对病人之照顾与医疗及平民之住院需要，制定适当办法为条件。

民用医院之器材与用品在须供平民需要之期中不得征用。

第五十八条　占领国应允许牧师对其本教教徒予以精神上之协助。

占领国亦应接受宗教所需的书籍与物品之装运物资，并对该项物资在占领地内之分发予以便利。

第五十九条　如占领地全部或部分居民之给养不足时，占领国应同意救济该项居民之计划，并对该项计划使用力所能及之一切方法予以便利。

该项计划，可以由国家或公正人道组织如红十字国际委员会承担之，在该计划中尤应包括食物，医疗品及衣服的装运物资之供给。

各缔约国均应允许该项装运物资之自由通过并保证予以保护。

但缔约国之允许上项装运物资自由通过以运往冲突之敌方所占领之区域者，有权检查该项装运物资，规定其依指定时间与路线通过，并通过保护国，查明该项装运物资系为救济待救之居民之用而非为占领国之利益之用。

第六十条　救济之装运物资在任何情况下，不得解除占领国在第五十五、五十六与五十九各条下之任何责任。占领国无论如何不得将救济之装运物资移作他用，但在紧急需要情形中为占领地居民之利益并征得保护国之同意者，则为例外。

第六十一条　以上各条所述之救济装运物资的分配，应在保护国之合作与监督下进行之。该项任务亦得依占领国与保护国间之协定，委托一中立国，红十字国际委员会或任何其他公正之人道团体办理之。

上项装运物资在占领地内应豁免一切捐、税、或关税，除非此项捐、税为该地经济利益所必需。占领国应便利此等装运物资之迅速分配。

各缔约国应尽力允许此等救济装运物资免费通过以运往占领地。

第六十二条　占领地之被保护人应许其领受送与彼等之个人救济物资，但须受迫切的安全理由之限制。

第六十三条　在占领国因紧急的安全理由所采用之暂时及例外措施之限制下：

（甲）经认可之各国红十字（红新月、红狮与日）会应能按照国际红十字大会所定之红十字原则进行活动。其他救济团体亦应许其在类似条件下继续其人道活动；

（乙）占领国不得要求此等团体为任何足以妨碍上述活动之人事或组织上之变更。

已经存在或将行设立之非军事性质之特别组织，而以维持必要的公用事业，分配救济物品与组织救护借以保证居民生活状况为目的者，上述之原则亦应适用于此等组织之活动及人员。

第六十四条　占领地之刑事法规应继续有效，但遇该项法规构成对占领国安全之威胁或对本公约实行之障碍时，占领国得予以废除或停止。在后者之考虑及保证有效的司法之需要之限制下，占领地之法庭对于上述法规涉及之一切罪行，应继续执行职务。

但占领国得使占领地居民服从该国为执行其在本公约下所负之义务，维持该地有秩序之统治，与保证占领国、占领军、与行政机关之人员及财产，以及其所使用之设置与交通线之安全所必要之规定。

第六十五条 占领国所订之刑法规定，在公布及用居民本国语言使居民周知以前，不得生效。该项刑事法规不得具有追溯力。

第六十六条 遇有违犯根据第六十四条第二款公布之刑法规定之案件，占领国得将被告交付正当组织之非政治的军事法庭，但以该法庭在占领地开庭为条件。上诉法庭最好在占领地开庭。

第六十七条 前项法庭应仅适用在该罪行发生前已经实施并符合一般法律原则，尤其罚罪相当之原则之法律规定。此等法庭对于被告之非占领国人民之事实，应加以考虑。

第六十八条 被保护人犯有纯以损害占领国为目的之罪行，而此项罪行并非企图杀害占领军或行政机关之人员之生命或肢体，亦不构成严重之集体危险，复未严重损害占领军及行政机关之财产或其所使用之设备者，应处以拘禁或单纯监禁，而拘禁或监禁之期间应与所犯罪行相当。且因此等罪行而处之拘禁或监禁，应为剥夺被保护人自由之仅有措施。本公约第六十六条所规定之法庭可自行斟酌将监禁之判决改为同样期限之拘禁。

仅在被保护人犯间谍罪，或严重破坏占领国军事设备之罪行或故意犯罪致一人或多人于死亡之案件中，占领国依第六十四及六十五两条所公布之刑法规定，始得对被保护人处以死刑，但须此种罪行依占领地在占领开始前通行之法律亦受死刑之处罚。

除非法庭特别被提起注意被保护人因非拘留国之人民，不受对该国效忠义务之拘束之事实后，不得将被保护人判处死刑。

凡被保护人犯罪时年龄在十八岁以下者，在任何情况下不得判处死刑。

第六十九条 无论任何案件中，被保护人因被控犯罪而遭逮捕，等候审判或处罚之时间，应从判处之监禁时间内，予以扣除。

第七十条 占领国不得因被保护人在占领前或占领暂时中断期间之行为或发表之意见，而将其逮捕、诉追或定罪，但破坏战争法律与惯例之行为除外。

凡占领国人民在战事开始前即逃亡于被占领国领土者，不得加以逮捕、诉追、定罪或驱逐出占领地，但其在战事开始后所犯之罪行，或其在战事开始前所犯普通法下之罪行，而依被占领国法律在和平时期应予引渡者除外。

第七十一条　占领国之主管法庭非经合法审判不得宣告判决。

占领国对于其所诉追之被告，应迅速以被告所了解之文字，书面通知其被诉罪名之详情，并应尽速交付审判。占领国应将对被保护人所进行之涉及死刑或二年或二年以上监禁等罪名之诉讼，通知保护国；保护国应能随时获悉该项诉讼之情形。又保护国应有权，于提出请求时，获得上项及占领国对被保护人所提起其他诉讼之详情。

本条第二款所规定对于保护国之通知，应立即发出，且必需在第一次审讯前三个星期到达被保护国。除非在审判开始时，提出证据，证明本条各项规定均已完全遵照，审讯不得进行。该项通知应包括下列各点：

（甲）关于被告之说明；

（乙）居所或拘留处所；

（丙）某一种罪名或某几种罪名之列举（注明控诉所根据之刑法规定）；

（丁）承审该案之法庭名称；

（戊）第一次审讯之日期及地点。

第七十二条　被告有权提出为其辩护所需之证据，尤得请求传唤证人。彼等有权由其自行选定之合格辩护人或律师协助，该辩护人或律师得自由访问被告并有权享受准备辩护词所需之便利。

被告如未自行选定，则保护国得供给辩护人或律师。当被告被控重罪而保护国未执行任务时，占领国在被告同意之条件下，应供给一辩护人或律师。

在初步侦查及审讯期间被告应获有译员之协助，除非被告自由放弃此项协助。被告有权随时反对译员并要求撤换。

第七十三条　被判罪人应有法庭适用之法律所规定之上诉权。对被判罪人应详细通知其上诉或诉愿之权利及行使该项权利之期限。

本编所规定之刑事程序应在可能使用范围以内，适用于上诉。如法庭适用之法律无上诉之规定时，被判罪人应有权向占领国主管当局对事实的认定及判决提出诉愿。

第七十四条　保护国之代表应有权到庭旁听任何被保护人之审判，除非为占领国安全的利益而必须例外的禁止旁听，在此种场合，占领国应通知保护国。审判之日期地点应通知保护国。

涉及死刑或两年或两年以上监禁之任何判决，应连同其有关之根据尽速通知保护国。该通知应引述第七十一条所规定之通知；如为监禁判决时，并应载明服刑地方之名称。上述各项判决以外之记录，应由法庭保存，且应供保护国代表之检查。凡涉及死刑或两年或两年以上监禁的判决之上诉期限，在保护国接到判决通知前，不得开始。

第七十五条　被判死刑者请求赦免或缓刑之权利，绝不得予以剥夺。

从保护国接到确定死刑最后判决的通知或接到拒绝赦免及缓刑之命令的通知之日起，至少六个月期限届满以前，不得执行死刑。

遇有个别案件，其情形严重紧急，对于占领国或其部队安全发生有组织之威胁时，本条所规定之暂停执行死刑六个月之期限得予缩短，但必须将该项缩短情形通知保护国，并须予以相当之时间及机会，以便向主管占领当局提出关于此项死刑判决之意见。

第七十六条　被保护人被控犯罪者应拘留于被占领国内，如经判罪亦应在该国内服刑。如可能，彼等应与其他被拘留者隔离，并应享有足以保持其健康之饮食与卫生条件，至少亦应与被占领国监狱内通行之条件相同。

彼等应受到其健康所需之医药照顾。

彼等亦应有权受到其所需之精神协助。

妇女应禁闭于分开之处所，并应由妇女直接监管之。

未成年人应受之特别待遇应予以适当之注意。

拘留之被保护人应有受保护国及红十字国际委员会代表依照第一百四十三条之规定访问之权。

此项人等应有权领受救济包裹，至少每月一件。

第七十七条　被保护人之在占领地被控犯罪或被法庭判罪者，应在占领终止时，连同有关记录一并移交该解放地区之当局。

第七十八条　如占领国由于迫切的安全理由认为对被保护人需采取安全措施时，至多得置之于指定居所或加以拘禁。

关于此项指定居所或拘禁之决定，应按照占领国依本公约规定所订之正常程序为之。该项程序应包括各有关当事人之上诉权。上诉应迅速判决。如仍维持原判决，应由占领国所设立之主管机关定期复核，可能时每六个月一次。

被保护人经指定住所而须离开其家庭者应享受本公约第三十九条之全部利益。

第四编　被拘禁人待遇规则

第一章　总则

第七十九条　冲突各方，除按照第四十一、四十二、四十三、六十八与七十八各条之规定外，不得拘禁被保护人。

第八十条　被拘禁人应保有其全部民事能力，并应行使与其地位相合之附随的权利。

第八十一条　冲突各方之拘禁被保护人者应负责免费维持其生活，并应予以其健康状况所需之医药照顾。

不得扣除被拘禁人应得之津贴、薪给或债款以偿还上项费用。

如被拘禁人之依附人无适当之维持生活方法或不能谋生时，拘留国应供给其生活。

第八十二条　拘留国应尽可能依照被拘禁人之国籍、语言与习惯安置之。同一国籍之被拘禁人不得仅因其语言不同而隔离之。

在拘禁期间，同一家庭之人，尤其父母子女，应使之居于同一拘禁处所，但因工作或健康关系或因执行本编第九章之规定必须暂时分离时则不在此限。被拘禁人得要求将其未受拘禁而无父母照顾之子女与彼等一同拘禁。

可能时，同一家庭之被拘禁人应使其居于同一住所，予以与其他被拘禁人分开之设备以及适当的家庭生活所需之便利。

第二章　拘禁处

第八十三条　拘留国不得将拘禁处所设立于特别冒战争危险之区域。

拘留国应通过保护国之媒介将有关拘禁处所地理位置之一切有用的情报，提交敌国。

在军事的考虑许可时，拘禁营应用IC两字母标明，该二字母应标于白天可自高空清晰望见之处。但有关各国得商定其他标志方法。除拘禁营外，任何其他地方不得如此标志之。

第八十四条　被拘禁人应与战俘及因其他任何原因而被剥夺自由之人分别安置及管理。

第八十五条　拘留国应采取一切必要及可能之措施，以保证被保护人自拘禁开始时起，即被安置于合于下列条件之房屋或住所：在卫生与保健上具备一切可能保障并给予有效保护，以防严寒酷热与战争影响。在任何情况下，永久拘禁处所不得设于不卫生之区域或气候有害被拘禁人之区域。如被保护人暂时拘禁区域为不卫生区域或其气候有害其健康，应视环境所许尽速将其移往较为适当之拘禁处所。

住所应无潮湿之患，有适当温度及光线，尤其在黄昏与熄灯之间。睡眠地方应充分广敞通风，并应依气候，及被拘禁人之年龄、性别及健康状况，给予充分之垫褥与被毯。

被拘禁人应有不论日夜均可使用之合于卫生规则之设备，并经常保持清洁；应供以充分用水及肥皂以备日常盥洗及洗濯个人衣服之用；应予以为此所需之设备与便利。又应备有淋浴或盆浴。应保留洗涤及清洁所需之时间。

倘必须将非同一家人之被拘禁之妇女与男子安置一处，而为一种例外及暂时措施时，对于被拘禁之妇女必须予以分开睡眠地方及卫生设备供其使用。

第八十六条 被拘禁人不论属于任何教派，拘留国应给以适于举行宗教仪式之场所。

第八十七条 各拘禁处所均应设置贩卖部，但另有其他适当之便利者则为例外。其目的应为使被拘禁人，能以不高于当地市价之价格购买食品及日用品——包括肥皂及烟草——以资增加其个人福利及舒适。

贩卖部所获利润应划归各拘禁处所设立，并为各该处所被拘留人利益而管理之福利基金。第一百零二条规定之被拘禁人委员会有权检查贩卖部及基金之管理。

拘禁处所结束时，福利基金之结余，应转拨与拘禁同一国籍人民之另一拘禁处所之福利基金；或如无此类之拘禁处所，则应转拨与为仍在拘留国看管下之全体被拘禁人之利益而管理之中央福利基金。如有全体释放情形，此项利润，除有关国家间议有相反之协定外，应由拘留国保存。

第八十八条 在一切冒空袭及其他战争危险之拘禁处所内，应设有在数目上与构造上均足保证必要的保护之避难所。在警报时，除留守保护住处免受上述危险之人外，被拘禁人应得自由尽速进入避难所。任何为居民而采取之保护措施，亦应适用于被拘禁人。

拘禁处所应采用一切防火之适当措施。

第三章 食物与衣服

第八十九条 被拘禁人每日口粮在量、质与种类上应足以保持被拘禁人之健康及防止营养不足。被拘禁人所习惯之饮食，亦应顾及。

被拘禁人亦应予以自行烹调其自有之额外食物之工具。

对被拘禁人应供给充分之饮水。应允许吸烟。

从事工作之被拘禁人应领得比照其所任的工作之额外口粮。

对孕妇、乳母及十五岁以下儿童，应比照其生理需要给予额外食物。

第九十条 被拘禁人当被看管时，应予以自备必需衣服、鞋袜，及内衣替换，以后如需要时，并可再获得供给之一切便利。如任何被拘禁人未备有依气候所需之充分衣服且亦不能获得衣服者，应由拘留国免费供给之。

拘留国供给被拘禁人之衣服，及在其私有衣服上所加之标志，均不得有侮辱性或使其遭受嘲笑。

工作者应领得适当之工作服装，包括保护衣服，如其工作性质有此必要。

第四章 卫生及医药照顾

第九十一条 各拘禁处所应设有适当之疗养所，由合格医生主持，使被拘禁人可获得其所需之照顾与适当之饮食。对于患传染病或精神病者应另设隔离病房。

凡生产及被拘禁人之患重病者，或需特别治疗、外科手术或住院者，应送任何可予以适当医治之机构，且其所应受到之照顾不得劣于一般居民之所受到者。

被拘禁人自愿时，应得到其本国国籍之医务人员之照顾。

被拘禁人请求医务当局检查时，不得阻止。

拘留国之医务当局，一经请求，应对已受治疗之被拘禁人发给正式证书，说明其疾病或伤害之性质，及所受治疗之时期与性质。此项证书之副本应送交第一百四十条所规定之中央事务所。

各项医疗，包括为保持被拘禁人健康需用器具之供给，尤其是假牙及其他假装置与眼镜，对于被拘禁人应予免费。

第九十二条　被拘禁人之健康检查至少应每月举行一次。其目的应特别为监察被拘禁人之一般健康状况，营养及清洁，并察觉传染病，特别是肺结核、疟疾，及性病。此项检查，尤应包括被拘禁人之体重测量，及至少每年一次之透视检查。

第五章　宗教、文化与体育活动

第九十三条　被拘禁人应有履行其宗教义务之完全自由，包括参加其所信仰宗教之仪式，但以遵守拘留国当局规定之例行的纪律措施为条件。

凡被拘禁之牧师应许其向本教教徒自由执行宗教任务。为此目的，拘留国应使此类牧师公平分配于用同一语言及属于同一宗教之被拘禁人之各拘禁处所。倘此类牧师为数过少，则拘留国应供给以必要之便利，包括运输工具，以便由一地前往他地，并应允许其访问居住医院之被拘禁人。牧师得自由与拘留国教会当局关于其职务上事项自由通讯，并在可能范围内，与同一信仰之国际宗教组织通讯。该项通信不得视为构成第一百零七条所定限额之一部分，但应受第一百一十二条规定之限制。

如被拘禁人无其本教之牧师之协助，或后者为数过少，则同一信仰之当地宗教机关得与拘留国协议，指派与被拘禁人同一信仰之牧师，或在宗派观点上认为可行时，指派类似的宗教之牧师或合格之非宗教人员。后者应享有其所担任之职务工作之各种便利。此种指派之人员应遵守拘留国为维护纪律及安全而制定之一切规则。

第九十四条　拘留国应鼓励被拘禁人之文化、教育与娱乐活动、运动与游戏，参加与否任其自由。并应采取各种实际措施以保证其实行，尤应供给适当之场所。

对于被拘禁人之继续其学习或研究新科目者应予以一切可能之便利。儿童及青年之教育应予保证，应许其在拘禁处所以内或以外之学校读书。

对被拘禁人应给予体操、运动及室外游戏之机会。为此目的，在一切拘禁处所应留有空场。应为儿童及青年保留特别运动场。

第九十五条 除非被拘禁人自愿，拘留国不得雇其为工人。强迫雇用未被拘禁之被保护人即属破坏本公约第四十与第五十一两条，此项雇用及雇用从事有降低身份或侮辱性质之工作均应绝对禁止。

被拘禁人在工作六星期后得随时离工，惟须于八日前通知。

拘留国得为同被拘禁人雇用被拘禁之医师、牙医及其他医务人员从事其职业上的任务，或雇用被拘禁人担任拘禁处所之管理与保养工作，及分派该项人员担任厨房或其他内务工作，或令其担任有关被拘禁人防御空袭或其他战争危险之保护工作，此等权利，并不因上项规定而受妨碍。但不得令被拘禁人从事医官认为与其体力不适合之工作。

拘留国对于工作条件、医药照顾、工资支付，及保证受雇之被拘禁人获得工作上意外伤害或疾病之赔偿，应负完全责任。此项工作条件及赔偿之标准，应按照该国法规及现行惯例规定之；绝不得低于同一地区同一性质的工作通用之标准。工资应由被拘禁人与拘留国及拘留国以外之雇主——如有此情形——之间以特别协定公平决定之，并应对拘留国免费维持被拘禁人生活，及予以其健康状况所需之医药照顾之义务，加以适当注意。凡被拘禁人被派长期从事本条第三款所述之各类工作者，应由拘留国付以公平之工资。被派是项工作之被拘禁人之工作条件、与工作上意外伤害及疾病赔偿之标准，不得低于同一地区同一性质的工作所适用之条件及标准。

第九十六条 一切劳动队均仍为拘禁处所之一部分并附属于拘禁处所。拘留国主管当局及拘禁处所长官应负责使在劳动队中遵守本公约各项规定。该长官应备有所属劳动队之到新近为止之名单，并应送交前来视察拘禁处所之保护国，红十字国际委员会及其他人道组织之代表。

第六章 个人财产及经济来源

第九十七条 被拘禁人应许其保有个人用品。除按照规定之手续外，不得取去其所持有之钱币、支票、债券等及贵重物品。凡取去之物品应开给详细收据。

款项应登入第九十八条所规定之被拘禁人账目之内。此种款项不得换成任何其他货币，除非所有人被拘禁地方之现行立法有此规定，或被拘禁人表示同意。

具有个人或情感价值之物品，不得取去。

被拘禁之妇女仅得由妇女搜查。

被拘禁人释放或遣返时，应给还在拘禁期间被取去之物品，钱币或其他贵重物品，其按照第九十八条所立之账目中之结余款项，亦应以现款付给之，但拘留国按照现行立法予以扣留之物品或款项除外。被拘禁人之财物因此被扣留者，应给予其所有人以详细收据。

凡被拘禁人所有之家庭或身份证明文件，非经开给收据不得取去。无论何时不得使被拘禁人无身份证明文件。若无身份证明文件，拘留国应发给特别证件，在拘禁终止前作为其身份证明文件。

被拘禁人得随身保有一定数目之金钱、现款或购物券，以便其购买物品。

第九十八条　被拘禁人应获得经常津贴，足敷其购买物品，如烟草、盥洗用品等之需。该项津贴得采用记账或购物券形式。

被拘禁人亦得接受其所隶属国家，保护国，可予以协助之组织，或其家庭之津贴，以及按照拘留国法律自其财产所得之收入。其所隶属国家所给予之津贴数目，对于同属一类之被拘禁人（弱者、病者、孕妇等）均须相等，而该国或拘留国均不得根据本公约第二十七条所禁止之对被拘禁人之歧视标准予以分配。

拘留国对每一被拘禁人应开立经常账目，以便存入本条所述之各项津贴，及所得工资与所收到之汇款，连同自彼取去而依其被拘禁地之现行立法可以动用之款项。对被拘禁人应按照当地现行立法予以汇款于其家庭及其他依赖以生活之人之一切便利，被拘禁人在拘留国所定之限制内，得自其账目内支取个人费用所需款项。应随时有查询其账目或获得其账目之抄本之相当的便利。如经请求，应以账目清单送交保护国。被拘禁人被移送他处时，此项账目清单应一同移送。

第七章　管理及纪律

第九十九条　各拘禁处所均应由一负责官员管理，该官员由拘留国正规武装部队或正规民政机关内选任之。管理拘禁处所之官员必须备有其本国正式文字，或正式文字之一之本公约抄本一份，并应负责实施本公约。管理被拘禁人之职员应教以本公约之规定及所采用以保证本公约实施之行政措施。

本公约及根据本公约所订之特别协定之条文，均应以被拘禁人所了解之文字张贴于拘禁处所内，或由被拘禁人委员会保存之。

各种规则、命令、通告或出版物均应以被拘禁人所了解之文字向其传达，并在拘禁处所内张贴之。

所有对被拘禁人个人所下之命令亦应用其所了解之文字。

第一〇〇条　拘禁处所之纪律制度应与人道之原则相符合，绝不得包括对被拘禁人加以妨碍其健康之体力运用或致其身体上或精神上之牺牲之规则。

以刺字或在身体上印成符号或标记为辨别身份之方法，均所禁止。

长时间之站立与点名、罚操、军操与军事演习或减少口粮量尤所禁止。

第一〇一条 被拘禁人有向管制当局提出有关拘禁情况之任何诉愿之权。

被拘禁人亦应有权无限制的通过被拘禁人委员会，或如其认为必要时，直接向保护国代表申述其对于拘留情况有所申诉之处。

该项诉愿与申诉应立予传递，不加更改；即使认为所提申诉并无根据，亦不得因此加以处罚。

被拘禁人委员会得向保护国代表致送关于拘禁处所情形及被拘禁人的需要之定期报告。

第一〇二条 在各拘禁处所内，被拘禁人应每六个月以秘密投票方式自由选举委员会委员，该委员会有权向拘留国、保护国、红十字国际委员会及予以协助之任何其他组织，代表被拘禁人。该委员会委员连选得连任。

凡当选之被拘禁人在拘留当局批准其选举后，应即执行职务。任何拒绝批准或撤职之理由均应通知有关之保护国。

第一〇三条 被拘禁人委员会应促进被拘禁人之物质、精神及文化福利。

于本公约其他规定赋予被拘禁人委员会之特殊任务之外，如被拘禁人特别决定自行组织互助制度时，则此项组织亦当属于该委员会之任务范围。

第一〇四条 被拘禁人委员会委员不应令其担任其他工作，假使因此将使其任务的完成更为困难。

被拘禁人委员会委员得自被拘禁人中指派其所需之助理人员。应给予彼等一切物质上之便利，尤其为完成其任务所需之若干行动自由（如视察劳动队，接受供应品等）。

对被拘禁人委员会委员亦应予以与拘留国当局、保护国、红十字国际委员会与其代表以及其他协助被拘留人之各项组织，邮电通讯之一切便利。劳动队中之该委员会委员应享受与主要的拘禁处所之被拘禁人委员会类似之通讯便利。该项通讯应不受限制，亦不得认为构成第一百零七条所指限额之一部分。

被拘禁人委员会委员之被移送他处者，应予以相当时间，以便将进行中之事务告知其后任。

第八章　与外界之关系

第一〇五条 拘留国一经拘禁被保护人后，应将其执行本章各项规定所采之措施立即通知被拘禁人，其所隶属之国以及其保护国。此类措施嗣后如有更改，拘留国应同样通知有关各方。

第一〇六条 被拘禁人一经被拘禁时，或最迟在其到达拘禁处所后一星期内，或在染病或移送其他拘禁处所或医院之场合，均应使其能直接向其家庭，同时并向第一百四十条所载之中央事务所寄发拘禁邮片，将其被拘禁情形、地址及健康状况告知其亲属；该邮片，如属可能，当与本公约所附之式样相类似。上述邮片应尽速传递，无论如何不得迟延。

第一〇七条　被拘禁人应许其发收信件及邮片。如拘留国认为有限制每人所发信件及邮片数目之必要时，则其数目不得少于每月信二封及邮片四张；该信件与邮片之式样应尽可能依照本公约所附之格式制定。如被拘禁人收信数目必须限制时，则仅能由被拘禁人所隶属之国家予以规定，可能因拘留国请求而行之。该项信件与邮片必须以相当速度递送；不得迟延或为纪律理由而扣留。

凡被拘禁人之久未得音信者，或不能由普通邮路获得其亲属之消息，或向彼等寄递消息者，以及离家遥远者，应许其拍发电报，其费用由彼等以其所持有之货币支付。如认有紧急情况，彼等亦应同样享受此项规定之利益。

通常被拘禁人之信件，应用其本国文字书写。冲突各方亦得许用其他文字通讯。

第一〇八条　凡由邮政或其他方法送交被拘禁人之个人包裹或集体寄运物资，尤其内装食物、衣服、医疗用品、书籍，以及有关彼等所需之宗教、教育或娱乐性质之物品，均应允许彼等接受。此等装运物资并不免除拘留国按照本公约所负之各项义务。

倘因军事需要而须限制此等装运物资之数量时，应将此种情况妥为通知保护国及红十字国际委员会，或其他协助被拘禁人并负责寄运上项物资之组织。

寄运个人包裹与集体物资之条件，必要时，应由有关国家特别协定之，惟该项协定不得迟延被拘禁人之收领救济物品。衣服食品包裹中不得夹有书籍。医疗救济物资通常应以集体包裹寄送之。

第一〇九条　冲突各方对于集体救济装运物资之接受与分配之条件，如无特别协定，则应适用本公约所附之关于集体救济之规则。

上述特别协定，绝不得限制被拘禁人委员会接收寄交彼等之集体救济装运物资，进行分配，以及为受物人利益而处置该项物品之权。

上述协定亦不得限制保护国，红十字国际委员会，或其他协助被拘禁人并负责转送集体装运物资之组织之代表，监督分发该项物资于受物人之权。

第一一〇条　所有寄交被拘禁人之救济装运物资应豁免进口、海关及其他捐税。

凡自其他国家由邮政寄与被拘禁人之一切物件，包括邮寄之救济包裹及汇款，或彼等经邮局寄出之物件，无论直接寄出或经由第一百三十六条所规定之情报局及第一百四十条所规定之中央情报事务所寄递者，在寄出国、寄达国，及中途经过之国家均应豁免一切邮政费用。因此，一九四七年万国邮政公约及万国邮政联盟所订之协定为拘留于营地或普通监狱之敌国平民而规定之豁免办法，尤应推广适用于本公约所保护之其他被拘禁人。凡未签订上述各协定之国家遇有同样情形亦应豁免各项费用。

凡寄交被拘禁人之救济装运物资因重量或其他原因不能自邮局寄递者，则在拘留国控制之领土内之运费应由拘留国负担。本公约之其他缔约国应负担各该国领土内之运费。

有关运输此类物资之各种费用而为以上各款所未及规定者，应由寄物人负担。

各缔约国对于被拘禁人所收发之电报应尽量减低其报费。

第一一一条　如军事行动使有关国家不能履行其义务以保证第一百零六、一百零七、一百零八及一百一十三各条所规定之邮件与救济物资之运送时，则有关之保护国、红十字国际委员会或冲突各方正式承认之其他组织得采取适当方法（铁路、汽车、船舶或飞机等），以确保上项物资之运送。为此目的，各缔约国应设法供给此类运输工具，并准其通行，尤须发给必需之通行证。

此种运输工具亦可用以载送：

（甲）第一百四十条所述之中央情报事务所与第一百三十六条所述之各国情报局间之来往信件，表册及报告。

（乙）保护国、红十字国际委员会，或其他协助被拘禁人之组织与其所派之代表与冲突各方间来往有关被拘禁人之通讯与报告。

上项规定绝不影响任何冲突一方自愿布置其他运输工具之权利，亦不妨碍在彼此同意条件下，对该项运输工具发给通行证。

凡使用上述运输工具所需之费用，应比照装运物资之重要性由受益人所属之冲突各方分担之。

第一一二条　对于被拘禁人来往信件之检查应尽速办理。

对于寄交被拘禁人装运物资之检验，不得在致使其内装物品受损坏之情形下执行。检验应在收件人，或其所正式委托之同被拘禁人之面前执行之。凡被拘禁人之个人或集体之装运物资，不得以检查困难为借口，延迟交付。

冲突各方无论为军事或政治理由对于通讯之禁止，应仅属暂时性，其期限应尽量缩短。

第一一三条　拘留国对于通过保护国或第一百四十条所规定之中央事务

所或其他必需方法送交被拘禁人或其寄出之遗嘱、委托书、授权书或其他文件之转递，应予以一切合理之便利。

在一切情况下，拘留国对于为被拘禁人依法定格式完成并证实上述文件应予以便利，尤应允许被拘禁人咨询律师。

第一一四条　拘留国应给予被拘禁人一切便利，使其能管理其财产，但须与拘禁情形及适用之法律并无不合。为此目的，遇有紧急情形及环境许可时，拘留国得允许被拘禁人离开拘禁处所。

第一一五条　遇有被拘禁人在任何法庭中为诉讼当事人之一切场合，拘留国一经其请求，应使法庭知其系在拘留中，并应在法律范围内保证采取一切必要步骤，务使该被拘禁人对于讼案之准备与进行，或法庭判决之执行不致因其拘禁而处于不利之地位。

第一一六条　被拘禁人应许其按一定时期，而且尽可能时常接见来访者，尤其近亲。

遇有紧急情形，尤其遇有亲属死亡或重病之场合，应尽可能准被拘禁人归家。

第九章　刑事及纪律制裁

第一一七条　在本章规定之限制下，拘留地方之现行法律对于在拘禁中犯法之被拘禁人继续适用。

如普通法律、规则或命令宣布被拘禁人所犯之行为应受处罚，而同一行为如为非被拘禁人所犯，则不受处罚，则对被拘禁人之该项行为，应仅予以纪律处罚。

被拘禁人不得因同一行为或同一罪名受一次以上之处罚。

第一一八条　法庭或当局作判决时，应尽量顾及被告并非拘留国人民之一事实。法庭或当局得自由酌减被拘禁人因所犯罪行应受之刑罚，因此并无必须援用规定最低刑罚之义务。

监禁于不见日光之房屋及各种虐待，无例外地，应予禁止。

凡受纪律或司法判决之被拘禁人，不得受与其他被拘禁人不同之待遇。

凡被拘禁人曾受预防性拘留者，其拘留期间，应自其可能被判之涉及禁闭之纪律或司法惩罚之日期减除之。

对于被拘留人委员会应将对其所代表之被拘禁人之司法诉讼，及其结果通知之。

第一一九条　适用于被拘禁人之纪律处罚应如下：

（一）罚款不得超过被拘禁人按照第九十五条规定所应能获得的不超过三十日期间之工资之百分之五十。

（二）停止其所受超过本公约规定待遇之特权。

（三）与保养拘禁处所有关之疲劳服役，每日不超过两小时。

（四）禁闭。

纪律处罚绝不得为非人道的、残暴或危及被拘禁人健康。被拘禁人之年龄、性别及健康状况，应予顾及。

任何一次处罚之期限最多绝不得超过连续三十日，即使该被拘禁人在被处分时负有数次互相关联或不关联之破坏纪律行为之责任。

第一二〇条　被拘禁人脱逃后复被拘获或企图脱逃者，对其脱逃行为仅能予以纪律处罚，即使系属累犯。

虽有第一百一十八条第三款之规定，但被拘禁人因脱逃或因企图脱逃而受处罚者，得加以特别监视，惟该项监视不得影响彼等健康，且须在拘禁处所内执行，并不得因而取消本公约所给予彼等之保障。

被拘禁人帮助、教唆脱逃或企图脱逃者，仅能因此受纪律处罚。

第一二一条　当被拘禁人因脱逃中所犯之罪行而受诉追时，不得因其脱逃或企图脱逃，即使系属累犯，而加重其罪情。

冲突各方应保证主管当局在决定一过犯之处罚应属纪律性或司法性时，持之以宽大，尤其与已成功或未成功的脱逃有关之行为。

第一二二条　构成违犯纪律之行为应立即予以调查。本规定尤应适用于脱逃或企图脱逃案件。再被拘捕之被拘禁人应尽速送交主管当局。

被拘禁人因违犯纪律等候处理之禁闭期间，应尽量减短，并不得超过十四日。该项期间应自其任何判处之禁闭中扣除之。

第一百二十四及第一百二十五两条之规定应适用于因违犯纪律等候处理而受禁闭之被拘禁人。

第一二三条　在不妨碍法庭及上级当局之权限范围内，纪律性处罚仅能由拘禁处所之长官，或代替该长官之负责官员，或由其委以纪律权之官员之命令行之。

在裁定纪律性处罚前，应将关于其所被控之过犯之确切案情通知被拘禁人，并予以解释其行为及辩护之机会。尤应许其召唤证人，并于必要时，使用合格之译员。判决应在被告及被拘禁人委员会一委员之前宣布之。

纪律性处罚的裁定及其执行之相隔时期，不得超过一个月。

被拘禁人再度被判纪律性处罚时，如其前后两次处罚中之一次之时期为十日或十日以上，则该两次处罚之执行，其间至少须隔三日。

纪律性处罚之纪录，应由拘禁处所之长官保存，并得由保护国代表检查。

第一二四条　被拘禁人绝不得移送于反省机关（监所、反省院、已决犯监狱）受纪律性处罚。

执行纪律性处罚之处所应合于卫生条件；尤须备有充分之被褥。受处罚之被拘禁人应使能保持身体清洁。

受纪律性处罚之被拘禁妇女之禁闭地方应与被拘禁男子分开，并应由妇女直接监管。

第一二五条　被判纪律性处罚之被拘禁人，应许其运动及在露天地方停留每日至少二小时。

被拘禁人请求时，应许其参加每日之健康检查。被拘禁人应获得其健康情形所需要之照顾，于必要时，并应将其送往拘禁处所之疗养所或医院。

彼等应准阅读及书写并收发信件。但寄给彼等之包裹及汇款得予扣留，直至其处罚期满为止；在此期间此等物品应暂交被拘禁人委员会保管，该会当将包裹中易于腐坏之物品交与疗养所。

受纪律性处罚之被拘禁人所享有本公约第一百零七及一百四十三两条各项规定之利益不得予以剥夺。

第一二六条　第七十一条至第七十六条之规定，应依比照，适用于在拘留国本国领土内，对被拘禁人之诉讼。

第十章　被拘禁人之移送

第一二七条　被拘禁人之移送，应始终以人道方法行之。原则上应由铁路或其他交通工具运送，而其运送情形最少须与拘留国军队换防情形相同。如为例外的措施，此项移动必须步行，则除非被拘禁人在适宜之健康状况下，不得执行，且绝不得使其过度疲劳。

拘留国在移送时，对被拘禁人应供给饮水与食物，其量、质与种类应足以维持其健康，并应供给必需之衣服，适当之住处，及必要之医疗照顾。拘留国应采取各种适当之预防措施以保证其在移送期间之安全，并在其启程之前编造移送之被拘禁人全体名单。

伤、病，或体弱之被拘禁人及产妇，如旅程对彼等极为有害时，不得移送，除非彼等之安全，有此迫切移送的要求。

如战区逼近拘禁处所，在该处之被拘禁人不得移送，除非其移送能在适当的安全情形下实行，或被拘禁人如仍居住原地其所冒之危险将更甚于移送。

拘留国决定移送被拘禁人时，应顾及被拘禁人之利益，尤不得从事任何行动以增加其遣返或遣送回家之困难。

第一二八条　在移送时，应向被拘禁人正式通知其行期及新通信地址。此项通知应及时发出，俾彼等得以收拾行李及通知其最近亲属。

彼等应准携带个人物品，及收到之函件包裹。如移送情形有此必要，得限制其携带行李之重量，但无论如何每人不得少于二十五公斤。

寄到彼等旧拘禁处所之函件包裹，应予转递，不得迟延。

拘禁处所长官于征得被拘禁人委员会同意后，应采取一切必要措施，保证运送被拘禁人之公共财物及其因本条第二款所加之限制而不能携带之行李。

第十一章　死亡

第一二九条　被拘禁人之遗嘱应由负责当局收存保管；被拘禁人死亡时，其遗嘱应即交付其生前所指定之人，不得迟延。

被拘禁人之死亡均须由医生证明，并须作成死亡证，载明死亡之原因及其发生情形。

适当登记之正式死亡记录，应按照拘禁处所所在地之现行手续制成，该记录之正式证明抄本应迅速送交保护国及第一百四十条所述之中央事务所。

第一三〇条　拘留国应保证在拘禁期间死亡之被拘禁人，获得荣誉之安葬。可能时按照其所属宗教之仪式埋葬之，并尊重其坟墓，妥为保护，并加以常能辨认之标志。

死亡之被拘禁人应葬于个别之坟墓中；除非在无法避免之情况下必须采用集体坟墓。遗体仅得因迫切的卫生理由，死者之宗教关系或其本人表明之意愿方得予以焚化。如举行焚化，则此项事实与理由应载明于死者之死亡证。骨灰应由拘留国妥为保存，一经死者最近亲属请求，应即尽速交付。

一俟环境许可，并不迟于战争结束时，拘留国应经由第一百三十六条所规定之情报局，将死亡之被拘禁人坟墓清单送交其所属之国家。该清单应载明为辨认死亡之被拘禁人所需要之一切详情，及其坟墓之确实地点。

第一三一条　被拘禁人之死亡或重伤，系由于或疑为由于哨兵，其他被拘禁人，或任何其他人所致者，以及原因不明之死亡，拘留国应立即从事正式调查。

该事件应立即通知保护国。一切证人之证明应行收集，并应备有包括该项证明之报告，送交上述保护国。

如上述调查指明一人或多人犯罪，拘留国应采取一切必要之措施，对该负责人一人或多人进行诉追。

第十二章　释放、遣返及收容于中立国

第一三二条　一俟必须拘禁之理由不复存在时，拘留国应即将被拘禁人释放。

冲突之各方在战事进行中并应设法缔结协定，规定若干类之被拘禁人，尤其儿童、孕妇、有婴孩与幼童之母亲，伤者、病者及已经长期拘禁者之释放、遣返、送归原居住地或收容于中立国之办法。

第一三三条　战事结束后，拘禁应予尽速终止。

对于在冲突一方领土内之被拘禁人刑事程序正在进行中而其所犯行为并非完全限于纪律性处罚范围内者，得予扣留至该项程序结束时止，并于情况需要时，直至刑罚终了时止。对于以前被判剥夺自由的处罚之被拘禁人，本规定亦应适用之。

战事或占领结束后，得依拘留国与有关国家之协定，成立委员会，搜寻散失之被拘禁人。

第一三四条　战事或占领结束时，各缔约国应努力设法使被拘禁人归还最后居住地方，或便利彼等之遣返。

第一三五条　拘留国应负担将释放之被拘禁人送回至其被拘禁时居住之地方之费用。如被拘禁人系于过境时或在公海上始被拘管者，则该国应负担其完成旅程或返归启程地点之费用。

被拘禁人以前原在拘留国领土内有永久住所，而在释放之时该拘留国不许其继续居住于其领土者，则该国应负担该被拘禁人遣返之费用。但如被拘禁人愿自行归返其本国或因遵从其所隶属国政府命令而返国者，则拘留国不必负担该人离开该国领土出发地点后之旅费。拘留国不负担自请拘禁之被拘禁人之遣返费用。

如被拘禁人依第四十五条而被移送，移送国与接受国应商定上述各项费用之彼此分担部分。

上述规定不碍及冲突各方间所订立关于在敌方手中的本国人民之交换与遣返之特别协定。

第五编　情报局与中央事务所

第一三六条　在冲突发生时及一切占领之场合，冲突之每一方应设立一正式情报局，负责接收与传递有关在该国权利下之被保护人之情报。

冲突之每一方，在尽可能最短期内，应将其关于受看管逾两星期，受指定居所限制，或被拘禁之任何被保护人所采取任何措施之情报通知其情报局。又应令该国与此类事务有关之各部门，将关于此项被保护人之各项变动情形之情报，随时迅速供给上述之情报局。例如移送、释放、遣返、脱逃、送入医院、出生、死亡。

第一三七条　各国情报局应立即以最迅速之方法将关于被保护人之情报，通过保护国及第一百四十条所规定之中央事务所之媒介，通知被保护人之本国或其原居住国。该局并应答复其所接获有关被保护人之一切查询。

凡有关被保护人之情报，情报局均应转递，除非其转递对本人或其亲属有妨害。纵有此种情形亦不得将该项情报隐匿而不通知中央事务所。该所于接获此项情形之通知后，当采取第一百四十条所载之各种必要之预防办法。

各情报局之一切书面通知应以签名或盖章为凭。

第一三八条 国家情报局所接获及传递之情报，应为具有能正确判明被保护人之身份及迅速报知其最近亲属之性质。关于各该人之情报至少应包括其姓、名、出生地点及日期、国籍、最后居所，及特征、其父之名、其母之本名、对于其人所采行动之日期、地点及性质、其收信地址，及被通知人之姓名住址。

关于重病或重伤之被拘禁人之健康情况之情报亦应按期供给，可能时每周一次。

第一三九条 各国情报局又应负责搜集第一百三十六条所述之被保护人，尤其已被遣返或释放者，或脱逃或死亡者，所遗留之一切个人贵重物品；各该局应直接，或于必要时经由中央事务所将上述贵重物品送交有关之人。此项物品应由情报局密封包裹寄送，并须附说明书清晰详载关于此项物品所有人之身份事项，及包裹内容之清单。所有此种物品之收到及寄送之详细记录应予保存。

第一四〇条 在中立国境内，应为被保护人，尤其被拘禁人，设立中央情报事务所。红十字国际委员会认为必要时，应向有关各国建议组织与一九四九年八月十二日关于战俘待遇之日内瓦公约第一百二十三条所规定者相同之事务所。

该事务所之任务应为搜集第一百三十六条所列举一类型的，得自官方或私人方面之一切情报，并应尽速将该项消息送达关系人之本国或居住国，惟此种转递对于该项情报涉及之人或其亲属有妨害时则为例外。冲突各方应给予该事务所以传递上项情报之一切相当便利。

各缔约国，特别是其人民享受中央事务所服务之利益之国家，对该事务所应予以所需之经济援助。

上述各规定绝不得解释为限制红十字国际委员会及第一百四十二条所述之救济团体之人道之活动。

第一四一条 各国情报局及中央事务所应享受邮政免费，及第一百一十条所规定之豁免，并应尽可能豁免电报费，或至少大减其费率。

第四部　本公约之执行

第一编　总则

第一四二条　在拘留国认为保证其安全或适应其他合理需要所必要之措施之限制下，宗教组织、救济团体，或其他任何协助被保护人之组织之代表，应得为其本人或其正式委派之代理人，自拘留国获得一切必要之便利以访问被保护人，分发为供教育、娱乐或宗教目的用之任何来源之救济物资，或协助彼等在拘留处所内组织其空闲时间。此等团体或组织得在拘留国或任何其他国内组成，或具有国际性质。

拘留国得限制派有代表在其领土内及在其监督下从事活动之团体与组织之数目，但该项限制不得妨碍对于所有被保护人之有效及充分的救济之供应。

红十字国际委员会在该方面之特殊地位，无论何时均应予以承认及随时尊重。

第一四三条　保护国之代表应许其前往被保护人所在之一切地方，尤其拘禁、拘留及工作地方。

该代表等可进入被保护人居住之一切处所，并得亲自或经由译员，会见被保护人而无须他人在旁。

除因迫切的军事需要之理由且仅作为一种例外及暂时的措施外，不得禁止此项访问。访问时间之久暂与次数亦不得加以限制。

此项代表等应有选择其愿访问之地点之完全自由。拘留国或占领国、保护国及于必要时，被访问人之本国，得同意被拘禁人之本国人参加此项访问。

红十字国际委员会之代表亦应享有上述各项特权。该代表等之指派须取得管理其执行任务所在地区之国家之同意。

第一四四条　各缔约国在平时及战时应在各该国尽量广泛传播本公约之约文，尤应在军事，并如可能时在公民教育计划中，包括本公约之学习，俾本公约之原则为全体居民所周知。

凡在战时担任有关被保护人之责任之任何民政、军事、警察或其他当局必须备有本公约之约文，并须对其各项规定受有特别之教导。

第一四五条　各缔约国应通过瑞士联邦委员会，在战时则通过保护国，互相通知本公约之正式译文，及其所采用以保证实施本公约之各项法律与规则。

第一四六条　各缔约国担任制定必要之立法，俾对于本身犯有或令人犯有下条所列之严重破坏本公约之行为之人，予以有效的刑事制裁。

各缔约国有义务搜捕被控为曾犯或曾令人犯此种严重破坏本公约行为之人，并应将此种人，不分国籍，送交各该国法庭。该国亦得于自愿时，并依其立法之规定，将此种人送交另一有关之缔约国审判，但以该缔约国能指出案情显然者为限。

各缔约国应采取必要措施，以制止下条所列严重破坏本公约行为以外之一切违反本公约规定之行为。

在一切情况下，被告人应享有适当的审判及辩护之保障。此种保障，不得次于一九四九年八月十二日关于战俘待遇之日内瓦公约第一百零五条及其以下各条所规定者。

第一四七条 上述所述之严重破坏公约行为，应系对于受本公约保护之人或财产所犯之任何下列行为：故意杀害、酷刑及不人道待遇，包括生物学实验、故意使身体及健康遭受重大痛苦或严重伤害；将被保护人非法驱逐出境或移送，或非法禁闭，强迫被保护人在敌国军队中服务，或故意剥夺被保护人依本公约规定应享之公允及合法的审讯之权利，以人为质，以及无军事上之必要而以非法与暴乱之方式对财产之大规模的破坏与征收。

第一四八条 任何缔约国不得自行推卸，或允许任何其他缔约国推卸，其本身或其他缔约国所负之关于上条所述之破坏公约行为之责任。

第一四九条 经冲突一方之请求，应依有关各方所决定之方式，进行关于任何被控违犯本公约行为之调查。

如关于调查程序不能获致协议，则各方应同意选定一公断人，由其决定应遵行之程序。

违约行为一经确定，冲突各方应使之终止，并应迅速加以取缔。

第二编　最后条款

第一五〇条 本公约系以英文法文订立。两种文字之约文具有同等效力。

瑞士联邦委员会应准备本公约之俄文及西班牙文之正式译文。

第一五一条 本公约以本日为订立之日期，至1950年2月12日为止，凡参加1949年4月21日日内瓦会议各国，均可签字。

第一五二条 本公约应尽速批准，批准书应交存于伯尔尼。

每一批准书交存时，应予登记，并由瑞士联邦委员会将该项登记之证明的抄本分送业经签字或通知加入本公约之各国。

第一五三条 本公约在至少两国批准书交存后六个月发生效力。

嗣后，本公约对于每一缔约国自其批准书交存后六个月发生效力。

第一五四条 在受一八九九年七月二十九日或一九〇七年十月十八日海牙陆战法规与惯例公约之拘束并为本公约之缔约国之各国关系上，本公约应为上述海牙公约所附规则第二编及第三编之补充。

第一五五条　本公约自生效之日起，任何未签字本公约之国家均得加入。

第一五六条　本公约之加入应以书面通知瑞士联邦委员会，自加入之通知收到之日起六个月后发生效力。

瑞士联邦委员会应将此项加入通知所有业经签署或加入本公约之国家。

第一五七条　第二条及第三条所载之情况，应使在战事开始或占领之前或后，冲突各方所交存之批准书及加入通知立即生效。瑞士联邦委员会应将其从冲突各方收到之任何批准书或加入之通知，以最迅速方法通告之。

第一五八条　每一缔约国得自由退出本公约。

退约须用书面通知瑞士联邦委员会，并由该委员会转告所有缔约国政府。

退约须于通知瑞士联邦委员会后一年发生效力。但缔约国于作退约通知时已卷入冲突，则其退约须待至和议成立后，并在有关本公约所保护之人员之释放、遣返及安置之工作完毕后，始能生效。

退约仅对该退约国有效，但并不减轻冲突各方依国际法原则仍应履行之义务，此等原则系产自文明人民间树立之惯例，人道法则与公众良心之要求。

第一五九条　瑞士联邦委员会应将本公约在联合国秘书处登记，并将其所接获之所有关于本公约之批准、加入及退约通知联合国秘书处。

为此，下列签署人于交存全权证书后，签署本公约，以昭信守。

1949 年 8 月 12 日以英文法文订于日内瓦。正本应交存于瑞士联邦委员会之档案中。瑞士联邦委员会应将证明之抄本送交每一签字及加入之国家。

附件一　关于医院及安全地带与处所协定草案（略）

附件二　关于集体救济物品之规则草案（略）

附件三　拘禁邮片、信件、通讯邮片（略）

1949 年 8 月 12 日日内瓦四公约关于保护国际性武装冲突受难者的附加议定书

（第一议定书）

（1977 年 6 月 8 日订于日内瓦）

序 文

缔约各方，宣布其愿见和平普及于各国人民之间的热望，回顾到每个国家有义务按照联合国宪章，在其国际关系上不以武力相威胁或使用武力，或以与联合国宗旨不符的任何其它方式，侵害任何国家的主权、领土完整或政治独立，然而认为有必要重申和发展关于保护武装冲突受难者的规定，并补充旨在加强适用这些规定的措施，深信本议定书或 1949 年 8 月 12 日日内瓦四公约的内容均不能解释为使任何侵略行为或任何与联合国宪章不符的武力使用为合法或予以认可，并重申 1949 年 8 月 12 日日内瓦四公约和本议定书的规定必须在一切情况下充分适用于受这些文件保护的一切人，不得以武装冲突的性质或起因为依据或以冲突各方所赞助的或据称为各方所致力的目标为依据而加以不利区别，议定如下：

第一部 总则

第一条 一般原则和适用范围

一、缔约各方承诺，在一切情况下，尊重本议定书并保证本议定书被尊重。

二、在本议定书或其它国际协议所未包括的情形下，平民和战斗员仍受来源于既定习惯、人道原则和公众良心要求的国际法原则的保护和支配。

三、本议定书补充一九四九年八月十二日关于保护战争受难者的日内瓦四公约，应适用于各公约共同第二条所指的各场合。

四、上款所指的场合，包括各国人民在行使庄严载入联合国宪章和关于各国依联合国宪章建立友好关系及合作的国际法原则宣言的自决权中，对殖民统治和外国占领以及对种族主义政权作战的武装冲突。

第二条 定义

为了本议定书的目的：

一、“第一公约”、“第二公约”、“第三公约”和“第四公约”分别指一九四九年八月十二日改善战地武装部队伤者病者境遇的日内瓦公约；一九四九年八月十二日改善海上武装部队伤者病者及遇船难者境遇的日内瓦公约；

一九四九年八月十二日关于战俘待遇的日内瓦公约；一九四九年八月十二日关于战时保护平民的日内瓦公约；“各公约”是指一九四九年八月十二日关于保护战争受难者的日内瓦四公约；

二、“适用于武装冲突的国际法规则”是指冲突各方作为缔约各方订立的国际协议所载的适用于武装冲突的规则和适用于武装冲突的公认国际法原则和规则；

三、“保护国”是指经冲突一方提名和敌方接受并同意行使各公约和本议定书所赋予保护国的职务的中立国家或其它非冲突一方的国家；

四、“代替组织”是指按照第五条代替保护国行事的组织。

第三条　适用的开始和终止

在不妨碍不论何时均可适用的规定的条件下：

一、各公约和本议定书应自本议定书第一条所指的任何场合发生时开始适用；

二、在冲突各方领土内，于军事行动全面结束时，各公约和本议定书应终止适用。在被占领领土内，则于占领终止时终止适用。但在上述任何一种情况下，嗣后予以最后释放、遣返或安置的人除外。这类人在最后释放、遣返或安置前，应继续享受各公约和本议定书有关规定的利益。

第四条　冲突各方的法律地位

各公约和本议定书的适用，以及这些文件所规定的协议的订立，均不应影响冲突各方的法律地位。领土的占领或各公约和本议定书的适用均不应影响有关领土的法律地位。

第五条　保护国及其代替组织的指派

一、冲突各方有义务自该冲突开始发生之时起按照下列各款适用保护国制度，其中除其它事项外，包括保护国的指定和接受，以保证各公约和本议定书的监督和执行。保护国应负保障冲突各方利益的责任。

二、自第一条所指的场合发生之时起，冲突每一方应立即为了适用各公约和本议定书的目的而指定一个保护国，并立即为了同样目的而准许在敌方指定后予以接受的保护国进行活动。

三、如果自第一条所指的场合发生之时起未指定或接受保护国，红十字国际委员会在不妨害任何其它公正的人道主义组织进行同样活动的权利的条件下，应向冲突各方提供斡旋，以便立即指定冲突各方所同意的保护国。为此目的，红十字国际委员会得在其它事项外请每一方提出一项该方认为可以接受的在对敌方关系上作为其保护国行事的至少五个国家的名单，并请每个敌方提出一项该敌方可以接受为前一方的保护国的至少五个国家的名单；这些名单应在收到请求后两周内送交该委员会；该委员会应将各名单加以比较，并寻求在双方名单中均被提名的任何国家的同意。

四、如果尽管有上述规定而未指定保护国，冲突各方应立即接受红十字国际委员会或任何其它提供一切公正和效率保证的组织所提出的建议，由该组织在与各该方妥善磋商后并在考虑磋商的结果下充当代替组织。代替组织行使职责应取得冲突各方的同意。冲突各方应尽力为代替组织按照各公约和本议定书执行其任务的工作提供便利。

五、按照第四条，为了适用各公约和本议定书的目的而指定和接受保护国，不应影响冲突各方和包括被占领领土在内的任何领土的法律地位。

六、冲突各方之间外交关系的维持，或按照关于外交关系的国际法则将一方的利益及其国民的利益委托第三国保护，对于为了适用各公约和本议定书的目的而指定保护国，不构成任何障碍。

七、本议定书嗣后任何提及保护国之处，均包括代替组织在内。

第六条　合格人员

一、缔约各方在平时也应努力在各国红十字会（红新月会、红狮与太阳会）协助下训练合格人员，以便利各公约和本议定书的适用，特别是便利保护国的活动。

二、这类人员的征募和训练，属于国内管辖范围。

三、红十字国际委员会应备有缔约各方所制定并为该目的而送交该委员会的经过训练的人员名单，以供缔约各方使用。

四、关于在本国领土外使用这类人员的条件，应在每个场合下由有关各方之间的特别协议予以规定。

第七条　会议

本议定书保存者在缔约一方或几方请求下和缔约各方多数赞同时，应召开缔约各方会议，审议关于适用各公约和本议定书的一般问题。

第二部　伤者、病者和遇船难者

第一编　一般保护

第八条　术语

为了本议定书的目的：

一、“伤者”和“病者”是指由于创伤、疾病或其它肉体上或精神上失调或失去能力而需要医疗救助或照顾而且不从事任何敌对行为的军人或平民。这些术语还包括产妇、新生婴儿和其它需要立即予以医疗救助或照顾的，如弱者或孕妇，而且不从事任何敌对行为的人；

二、“遇船难者”是指由于遭受不幸或所乘船舶或飞机遭受不幸而在海上或在其它水域内遇险而且不从事任何敌对行为的军人或平民。这类人如果继续不从事任何敌对行为，在被营救期间，直至其依据各公约或本议定书取得另外的身份时为止，应继续视为遇船难者；

三、“医务人员”是指冲突一方专门被派用于第五款所列的目的或被派用以管理医疗队或操纵或管理医务运输工具的人员。这项派用可以是经常性或临时性的。该术语包括：

（一）冲突一方的医务人员，不论是军事或平民医务人员，包括第一和第二公约所述的医务人员以及被派到民防组织的医务人员；

（二）冲突一方所正式承认和核准的各国红十字会（红新月会、红狮与太阳会）和其它国内志愿救济团体的医务人员；

（三）第九条第二款所述的医疗队或医务运输工具的医务人员。

四、“宗教人员”是指专门从事宗教工作并依附于下列各单位的军人或平民，如牧师：

（一）冲突一方的武装部队；

（二）冲突一方的医疗队和医务运输工具；

（三）第九条第二款所述的医疗队或医务运输工具；或

（四）冲突一方的民防组织。

宗教人员依附于上述单位，可以是经常性的或临时性的，而且第十一款所载的有关规定均适用于这类人员。

五、“医疗队”是指为了医务目的，即搜寻、收集、运输、诊断或治疗——包括急救治疗——伤者、病者或遇船难者，或为了防止疾病而组织的军用或平民医疗处所或其它单位。例如，该术语包括医院和其它类似单位、输血中心、预防医务中心和院所、医药库和这类单位的医药储存处。医疗队可以是固定的或流动的，常设性或临时性的；

六、“医务运输”是指对受各公约和本议定书保护的伤者、病者、遇船难者、医务人员、宗教人员、医疗设备或医疗用品的陆上、水上或空中运输；

七、“医务运输工具”是指专门被派用于医务运输，并在冲突一方主管当局控制下的任何军用或平民、常设性或临时性的运输工具；

八、“医务车辆”是指任何陆上医务运输工具；

九、“医务船艇”是指任何水上医务运输工具；

十、“医务飞机”是指任何空中医务运输工具；

十一、“常任医务人员””、“常设医疗队”和“常设医务运输工具”是指不定期的专门被派用于医务目的的人员、单位和工具。“临时医务人员”、“临时医疗队”和“临时医务运输工具”是指有期限而在整个期限内专门用于医疗目的的人员、单位和工具。除另作规定外，“医务人员”、“医疗队”和“医务运输工具”包括经常和临时两类；

十二、“特殊标志”是指用于保护医疗队和运输工具或医务或宗教人员、设备或用品时的白底红十字（红新月、红狮与太阳）的特殊标志；

十三、“特殊信号”是指本议定书附件一第三章所规定的专门用以识别医疗队或运输工具的任何信号或信息。

第九条 适用范围

一、本部分，其规定以改善伤者、病者和遇船难者境遇为目的，应适用于受第一条所指场合影响的所有伤者、病者和遇船难者，而不加任何以种族、肤色、性别、语言、宗教或信仰、政治或其它意见、民族或社会出身、财富、出生或其它身分或任何其它类似标准为依据的不利区别。

二、第一公约第二十七条和第三十二条的有关规定，应适用于下列国家、团体或组织为了人道主义目的向冲突一方提供的常设医疗队和运输工具（但医院船除外，医院船适用第二公约第二十五条的规定）及人员：

（一）中立国家或其它非该冲突一方的国家；

（二）该国承认和核准的救济团体；

（三）公正的国际人道主义组织。

第十条 保护和照顾

一、所有伤者、病者和遇船难者，不论属于何方，均应受尊重和保护。

二、在任何情况下，上述人员均应受人道待遇，并应在最大实际可能范围内并尽速得到其状况所需的医疗照顾和注意。在这类人之中，不应以医疗以外任何理由为依据而加以任何区别。

第十一条 对人身的保护

一、由于第一条所指的场合而落于敌方权力下或被拘禁、拘留或以其它方式被剥夺自由的人的身心健全，不应受任何无理行为或不作为的危害。因此，迫使本条所述的人接受非为该有关的人的健康状况所要求并与进行医疗程序一方未剥夺自由的国民在类似医疗情况下所适用的公认医疗标准不符的医疗程序，是禁止的。

二、特别禁止对这类人员实行下列各项办法，即使经本人同意，也应禁止：

（一）残伤肢体；

（二）医疗或科学实验；

（三）除依据第一款所规定的条件系属正当的行为外，为移植而取去组织或器官。

三、对第二款第三项所规定的禁例，只有献血以供输血或献皮以供移植的情形除外，但献血或献皮均应自愿，而不加任何胁迫或劝诱，而且，只限于治疗目的，并在与公认医疗标准相符的条件下和在旨在使捐献者和领受者双方共同受益的控制下，才得除外。

四、对于在所依附的一方以外冲突一方权力下的任何人，严重危害其身心健全，并违反第一款和第二款所规定的任何禁例，或不遵守第三款的要求的任何故意行为或不作为，应是严重破坏本议定书的行为。

五、第一款所述的人有权拒绝任何外科手术。遇有拒绝的情形，医务人员应设法取得病人所签字或承认的关于拒绝的书面声明。

六、冲突每一方对于在其负责下献血以供输血或献皮以供移植，均应就每次献血或献皮，保存一份医务记录。此外，冲突每一方均应设法保存一份关于对因第一条所指的场合而被拘禁、拘留或以其它方式被剥夺自由的任何人所进行的所有医疗程序的记录。这类记录应随时提供，以备保护国检查。

第十二条　对医疗队的保护

一、医疗队无论何时均应受尊重和保护，并不应成为攻击的对象。

二、第一款应适用于平民医疗队，但须具备下列条件之一：

（一）属于冲突一方；

（二）为冲突一方主管当局所承认或核准；

（三）按照本议定书第九条第二款或第一公约第二十七条被核准。

三、冲突各方应互相通知固定医疗队的位置。未通知的情况不应免除任何一方遵守第一款的规定的义务。

四、在任何情况下，均不应利用医疗队以掩护军事目标不受攻击。冲突各方应尽可能保证医疗队设在对军事目标的攻击不致危害其安全的地方。

第十三条　对平民医疗队的保护的停止

一、平民医疗队有权享受的保护，除非用于从事人道主义职务以外的害敌行为，不应停止。但保护仅在发出警告，并在任何适宜时定有合理时限，而警告仍无效果后才得停止。

二、下列各项情形不应视为害敌行为：

（一）医疗队人员为了自卫或保卫其照顾下的伤者和病者而备有个人轻武器；

（二）医疗队由警卫、哨卫或护送卫士守护；

（三）医疗队内有取自伤者和病者而尚未送交主管部门的轻兵器和弹药；

（四）武装部队人员或其它战斗员为了医疗原因而留在医疗队内。

第十四条 对征用平民医疗队的限制

一、占领国有义务保护被占领领土内平民居民的医疗需要继续得到满足。

二、因此，平民医疗队、其设备、其器材或其人员的服务，只要为向平民居民提供适当医疗服务和对已经在治疗中任何伤者和病者继续进行医疗照顾所必需，占领国即不应加以征用。

三、在继续遵守第二款所规定的一般规则的条件下，占领国依据下列特殊条件，得征用上述人员和物资：

（一）该人员和物资为占领国武装部队伤病人员或战俘的适当和实时医疗所需要；

（二）仅在这种需要存在时继续征用；

（三）立即作出安排，保证平民居民以及受征用影响的任何治疗中伤者和病者的医疗需要继续得到满足。

第十五条 对平民医务和宗教人员的保护

一、平民医务人员应受尊重和保护。

二、如果需要，在战斗活动使平民医疗服务被扰乱的地区内，对平民医务人员应提供一切可能的援助。

三、在被占领领土内，占领国应向平民医务人员提供各种协助，使其能尽力执行其人道主义职务。除有医疗理由外，占领国不得要求这类人员在执行职务时优先治疗任何人。这类人员不应被迫执行与其人道主义使命不符的任务。

四、平民医务人员应得前往必需其服务的任何地方，但须遵守冲突有关一方认为必要的监督与安全措施。

五、平民宗教人员应受尊重和保护。各公约和本议定书关于保护和识别医务人员的规定，对这类人员应同样适用。

第十六条 对医疗职责的一般保护

一、在任何情况下，不问谁是受益者，任何人不应因进行符合医疗道德的医疗活动而受惩罚。

二、对从事医疗活动的人，不应迫使其从事或进行违反医疗道德规则、或违反其它为伤者和病者的利益而制订的医疗规则、或违反各公约或本议定书的规定的行为或工作，也不应迫使其不从事或进行这类规则和规定所要求的行为或工作。

三、任何从事医疗活动的人，如果认为有关情报将证明为有害于有关病人或其家属，即不应迫使其向属于敌方的任何人，或除自己一方的法律所要求外，向属于自己一方的任何人，提供关于在其照顾下或曾在其照顾下的伤者和病者的情报。但关于传染病的强制通知的规章，则应受尊重。

第十七条　平民居民和救济团体的作用

一、平民居民应尊重伤者、病者和遇船难者，即使该伤者、病者和遇船难者属于敌方，并不应对其从事任何暴力行为。平民居民和救济团体，如各国红十字会（红新月会、红狮与太阳会），即使在其主动下，并即使在被入侵或被占领地区内，均应准其收集和照顾伤者、病者和遇船难者。任何人均不应因这种人道主义行为而受伤害、追诉、判罪或惩罚。

二、冲突各方得呼吁第一款所指的平民居民和救济团体收集和照顾伤者、病者和遇船难者，和搜寻死者并报告其所在地点；冲突各方应对响应其呼吁的平民居民和救济团体给以保护和必要便利。如果敌方取得或重新取得该地区的控制权，该方应在需要保护和便利的时间内给予同样的保护和便利。

第十八条　识别

一、冲突每一方均应努力保证医务和宗教人员及医疗队和运输工具能得到识别。

二、冲突每一方还应努力采取和实行使使用特殊标志和特殊信号的医疗队和运输工具有可能被认出的方法和程序。

三、在被占领领土内或在正在进行战斗或可能进行战斗的地区内，平民医务人员和平民宗教人员应使用特殊标志和证明其身份的身份证，使其可能被认出。

四、经主管当局同意，医疗队和医务运输工具应用特殊标志标明。本议定书第二十二条所指的船艇，应按照第二公约的规定予以标明。

五、除特殊标志外，冲突一方得按本议定书附件一第三章所规定，核准使用特殊信号，以识别医疗队和医务运输工具。作为例外，在该章所包括的特别情形下，医务运输工具得使用特殊信号而不展示特殊标志。

六、本条第一款到第五款的规定的适用受本议定书附件一第一章到第三章的支配。该附件第三章为专门用于医疗队和医务运输工具所指定的信号，除该章所规定外，不应用于识别该章所规定的医疗队和医务运输工具以外的任何其它目的。

七、本条并不核准超出第一公约第四十四条的规定外在平时更广泛地使用特殊标志。

八、各公约和本议定书关于监督特殊标志的使用和关于防止和取缔其任何滥用的规定，应适用于特殊信号。

第十九条　中立国家和其它非冲突各方的国家

中立国家和其它非冲突各方的国家应对在其领土内收留或拘禁的受本部

规定保护的人。或对其所发现的冲突各方的任何死者，适用本议定书的有关规定。

第二十条 对报复的禁止

对本部所保护的人和物体的报复，是禁止的。

第二编 医务运输

第二十一条 医务车辆

医务车辆应受流动医疗队依据各公约和本议定书所受的同样尊重和保护。

第二十二条 医院船和沿岸救护艇

一、各公约关于：

（一）第二公约第二十二条、第二十四条、第二十五条和第二十七条所述的船舶；

（二）其救生艇和小艇；

（三）其人员和船员，和

（四）船上伤者、病者和遇船难者的规定，在这些船舶运载不属于第二公约第十三条所载任何一类的平民伤者、病者和遇船难者的情形下，也应适用。但这类平民不应将其交给非其所属的任何一方或在海上将其拿捕。这类平民如果在其所属以外的冲突一方权力下，应包括在第四公约和本议定书的规定范围内。

二、各公约对第二公约第二十五条所述船舶所提供的保护，应扩展于

（一）中立国家或其它非该冲突一方的国家，或

（二）公正的国际人道主义组织，为了人道主义目的向冲突一方提供的医院船，但在上述任何一种情形下，均须符合该条所列的要求。

三、第二公约第二十七条所述的小艇，即使未发出该条所规定的通知，也应受保护。而关于任何其它足以便利识别和认出这类小艇的有关细节，请冲突各方彼此通知。

第二十三条 其它医务船艇

一、本议定书第二十二条和第二公约第三十八条所指以外的医务船艇，不论在海上或在其它水域内，均应受流动医疗队依据各公约和本议定书所受的同样尊重和保护。由于这种保护只有在这类船艇能被识别和认出的条件下才能有效，因而这类船艇应以特殊标志标明，并尽可能遵从第二公约第四十三条第二款的规定。

二、第一款所指的船艇应仍受战争法规的拘束。任何有可能立即强制执行其命令的水面战舰，得命令这类船艇停航，或命令其驶离，或使其航驶一定航线，而这类船艇应服从每一项这类命令。这类船艇，只要为船上伤者、

病者和遇船难者所需，即不得以任何其它方式改变其医务使命。

三、第一款所规定的保护，仅应在第二公约第三十四条和第三十五条所列的条件下停止。明显地拒绝服从按照第二款所发出的命令，应是第二公约第三十四条所规定的害敌行为。

四、冲突一方得尽可能在医务船艇，特别是超过二千总吨的船艇出航前，将其名称、形状、预定出航时间、航线和估计的速度通知任何敌方，并得提供任何其它便于识别和认出的情报。敌方应表明收到这项情报。

五、第二公约第三十七条的规定应适用于这类船艇上的医务和宗教人员。

六、第二公约的规定应适用于这类船艇上属于第二公约第十三条和本议定书第四十四条所指各类的伤者、病者和遇船难者。对不属于第二公约第十三条所载各类中任何一类的平民伤者、病者和遇船难者平民，如果在海上，不应将其交给非其所属的任何一方，或迫使其离开该船艇；这类平民如果在其所属一方以外的冲突一方权力下，应包括在第四公约和本议定书的规定的范围内。

第二十四条　对医务飞机的保护

在本部规定的拘束下，医务飞机应受尊重和保护。

第二十五条　敌方未控制的地区内医务飞机

在友方部队所实际控制的陆地地区内或其上空，或在敌方所未实际控制的海域内或其上空，对冲突一方医务飞机的尊重和保护，不依赖于与敌方订立的任何协定。但为更安全起见，在这些地区内操纵医务飞机的冲突一方，得按第二十九条所规定，通知敌方，特别是在该飞机飞行进入敌方地对空武器系统射程时，更须通知。

第二十六条　接触或类似地带内医务飞机

一、在友方部队所实际控制的接触地带的一些部分内和其上空，以及在实际控制权未明显确立的地区内或其上空，只有按第二十九条所规定，冲突各方主管军事当局之间事先取得协议，医务飞机才能得到充分有效的保护。在没有这种协议的情形下，医务飞机虽其操纵须自冒风险，但在其已被认出是医务飞机后，仍应受尊重。

二、“接触地带”是指敌对部队的先头部队彼此接触，特别是该部分已直接暴露于地面火力下的任何陆地地区。

第二十七条　敌方控制的地区内医务飞机

一、冲突一方的医务飞机在敌方所实际控制的陆地地区或海域上空飞行时，应继续受保护，但须事先取得该敌方的主管当局对这项飞行的同意。

二、由于航行错误或因影响飞行安全的紧急状态而在未取得第一款所规定的同意或违反该项同意的情形下飞行于敌方所实际控制的地区上空的医务飞机，应尽力使其能被识别，并应将情况通知敌方。一旦这类医务飞机为敌方所认出，该方应尽一切合理努力，立即发出第三十条第一款所指的着陆或降落水面的命令，或采取保障其本身利益的其它措施，并在上述任何一种情形下，应在对该飞机进行攻击前，允许该飞机有遵从命令的时间。

第二十八条 对医务飞机运用的限制

一、禁止冲突各方利用其医务飞机，以图从敌方取得任何军事利益。医务飞机的存在不应被利用，以图使军事目标不受攻击。

二、医务飞机不应被利用，以收集或传送情报数据，并不应携带旨在用于这项目的的任何器材。禁止医务飞机运载任何不包括在第八条第六款的定义内的任何人或货物。飞机运载机上人员的个人物品或目的仅在便利航行、通讯或识别的装备，不应视为属于禁止之列。

三、医务飞机不应携带任何武器，但取自飞机上伤者、病者和遇船难者而尚未送交主管部门的轻兵器及弹药，以及使船上医务人员能自卫和保卫在其照顾下的伤者、病者和遇船难者所需的个人轻武器除外。

四、在进行第二十六条和第二十七条所指的飞行时，医务飞机除与敌方事先达成协议外，不应用以搜寻伤者、病者和遇船难者。

第二十九条 关于医务飞机的通知和协议

一、第二十五条所规定的通知或为取得第二十六条、第二十七条、第二十八条第四款或第三十一条所规定的事先协议而提出的请求，应说明医务飞机的计划数目、其飞行计划和识别方法，并应被理解为含有每次飞行均将遵照第二十八条的规定的意思。

二、收到第二十五条所规定的通知的一方，应立即表明收到该通知。

三、收到为取得第二十六条、第二十七条、第二十八条第四款或第三十一条所规定的事先协议的请求的一方，应尽速通知请求一方：

（一）同意该请求；

（二）拒绝该请求；或

（三）提出对该请求的合理的替代建议。该方还得提议，在所涉时间内禁止或限制在该地区内的其它飞行。提出请求的一方，如果接受替代建议，应将其接受通知他方。

四、各方应采取必要措施，以保证能迅速地发出通知和取得协议。

五、各方还应采取必要措施，迅速向有关军事单位传播任何该通知和协议的内容，并将有关医务飞机所使用的识别方法指示该军事单位。

第三十条 医务飞机的降落和检查

一、对在敌方所实际控制的地区上空或在实际控制权未明显确立的地区上空飞行的医务飞机，得按适当情况命令其着陆或降落水面，以便按照下列各款进行检查。医务飞机应服从任何这类命令。

二、这类飞机，不论因被命令或基于其它原因而着陆或降落水面，仅得因确定第三款和第四款所指的事项而受检查。任何这种检查应立即开始，并应从速进行。检查一方对于伤者和病者，除为检查所需外，不应要求将其移离飞机。该方无论如何应保证伤者和病者的状况不因检查或移离而受不利的影响。

三、如果检查表明该飞机，

（一）是第八条第十款的意义内的医务飞机，

（二）不违反第二十八条所规定的条件，而且

（三）在需要事先协议的情形下，其飞行并非事先没有协议或并不破坏事先协议的规定，该飞机和属于敌方或属于中立国家或其它非冲突一方的其它国家的机上人员，应准其立即继续飞行。

四、如果检查表明飞机，

（一）不是第八条第十款的意义内的医务飞机，或

（二）违反第二十八条所规定的条件；

（三）在需要事先协议的情形下，其飞行并无事先协议或破坏事先协议的规定；

对该飞机得予拿捕。对机上人员应按照各公约和本议定书的有关规定给予待遇。曾被派为常设医务飞机的任何飞机，被拿捕后仅得用为医务飞机。

第三十一条 中立国家或其它非冲突各方的国家

一、除有事先协议外，医务飞机不应在中立国家或其它非冲突一方的国家的领土上空飞行，或在该领土内降落。但在有事先协议的情形下，医务飞机在其全部飞行中以及在该领土内任何停留期间，则均应受尊重。然而该医务飞机仍应服从着陆或在适当情况下降落水面的任何命令。

二、如果医务飞机由于航行错误或因影响飞行安全的紧急状态而在没有协议或背离协议规定的情形下飞行于中立国家或其它非冲突一方的国家的领土上空，该飞机应尽力发出飞行的通知，并使自己能被识别。一旦这类医务飞机被认出，该国应尽一切合理努力，立即发出第三十条第一款所指的着陆或降落水面的命令，或采取保障其本身的利益的其它措施，并在上述任何一种情形下，应在对该飞机进行攻击前，允许该飞机有遵从命令的时间。

三、如果医务飞机依据协议或在第二款所载的情况下，不论因被命令着陆或降落水面或基于其它原因，而在中立国家或其它非冲突一方的国家的领土内着陆或降落水面，该飞机应受检查，以确定其在事实上是否医务飞机。检查应立即开始，并应从速进行。对属于操纵飞机的一方的伤者和病者，除

其移离飞机为检查所需外，检查一方不应要求其移离飞机。检查一方无论如何应保证伤者和病者的状况不因检查或移离而受不利的影响。如果检查表明，该飞机在事实上是医务飞机，则该飞机及其机上人员，除按照适用于武装冲突的国际法规则必须予以拘留外，应准其恢复飞行，并应给予继续飞行的合理便利。如果检查表明，飞机不是医务飞机，对该飞机应予拿捕，机上人员应按照第四款的规定享受待遇。

四、经地方当局同意，在中立国家或其它非冲突一方的国家领土内，并非临时地从医务飞机下来的伤者、病者和遇船难者，除该国和冲突各方之间另有协议外，如果适用于武装冲突的国际法规则有此要求，则应由该国予以拘留，使其不能再从事敌对行动。医院治疗和拘禁的费用应由这类人所属的国家负担。

五、中立国家或其它非冲突各方的国家，应对冲突所有各方同样适用关于医务飞机在其领土上空通过或在其领土内着陆的任何条件和限制。

第三编　失踪和死亡的人

第三十二条　一般原则

在执行本段的规定时，缔约各方、冲突各方和各公约和本议定书所载的国际人道主义组织的活动，主要应受家庭了解其亲属命运的权利的推动。

第三十三条　失踪的人

一、一旦情况许可，并至迟从实际战斗结束时开始，冲突各方应即搜寻经敌方报告为失踪的人。该敌方应发送有关这类人的一切情报，以便利搜寻。

二、为了便利按照上款的规定搜集情报，对于依据各公约和本议定书不受更优惠考虑的人，冲突每一方应：

（一）将第四公约第一百三十八条所规定的关于因敌对行动或占领而被拘留、监禁或以其它方式被囚禁超过两周、或在任何拘留期间死亡的这类人的有关情报记录下来；

（二）在最大可能范围内便利、并于需要时进行搜寻这类人的工作，以及如果这类人由于敌对行动或占领而在其它情况下死亡，将其有关情报记录下来的工作。

三、按照第一款已报告为失踪的人的有关情报以及获得这种情报的请求，应直接或通过保护国或红十字国际委员会中央查访局或各国红十字会（红新月会、红狮与太阳会）发送。在未通过红十字国际委员会及其中央查访局发送情报的情形下，冲突一方也应保证向中央查访局提供该项情报。

四、冲突各方应努力商定关于搜寻、识别和收回战地上死者的工作组的安排，并于适当时，包括关于在敌方控制地区内执行这项任务时由敌方人员伴随工作组的安排。这类工作组在专门履行这项职责时，应受尊重和保护。

第三十四条　死者尸体

一、基于与占领有关的原因死亡或因占领或敌对行动而在拘留中死亡的人的尸体，以及不是基于敌对行动的原因而死亡的所在地国家的国民的人的尸体，均应受尊重，所有这类人的墓地，如果依据各公约和本议定书不受更优惠的考虑，应按照第四公约第一百三十条的规定，受尊重、维护并予以标明。

二、一旦情况及敌对各方之间的关系许可，基于敌对行动的原因而死亡或在占领期间或在拘留中死亡的人的坟墓所在地，或按照情况其尸体的其它安置处所在地的缔约各方，应立即订立协定，以：

（一）便利死者亲属和正式坟墓登记处的代表前往墓地，并对前往墓地一事作出实际的安排；

（二）永久保护和维护该墓地；

（三）便利在本国请求下，或除该国反对外，在最近亲属请求下，送还死者的尸体和个人用品。

三、在未订立第二款第二项或第三项所规定的协议和情形下，如果死者本国不愿自己支付费用以安排这类墓地的维护，墓地所在地的缔约一方得建议将死者尸体送还其本国。如果这项建议未被接受，缔约一方得在提出建议满五年后，并在向死者本国发出适当通知后，采取其本国关于坟墓的法律所规定的安排。

四、本条所指的墓地所在地的缔约一方，仅应在下列条件下准予焚化尸体：

（一）遵照第二款第三项和第三款的规定，或

（二）如果焚化是超越一切的公共需要，包括医疗上和侦讯上的需要，而在这种情形下，缔约该方无论何时均应尊重尸体，并应将其焚化尸体的意图以及关于拟议的重新埋葬地点通知死者本国。

第三部　作战方法和手段，战斗员和战俘的地位

第一编　作战方法和手段

第三十五条　基本原则

一、在任何武装冲突中，冲突各方选择作战方法和手段的权利，不是无限制的。

二、禁止使用属于引起过分伤害和不必要痛苦的性质的武器、投射体和物质及作战方法。

三、禁止使用旨在或可能对自然环境引起广泛、长期而严重损害的作战

方法或手段。

第三十六条 新武器

在研究、发展、取得或采用新的武器、作战手段或方法时，缔约一方有义务断定，在某些或所有情况下，该新的武器、作战手段或方法的使用是否为本议定书或适用于该缔约一方的任何其它国际法规则所禁止。

第三十七条 对背信弃义行为的禁止

一、禁止诉诸背信弃义行为以杀死、伤害或俘获敌人。以背弃敌人的信任为目的而诱取敌人的信任，使敌人相信其有权享受或有义务给予适用于武装冲突的国际法规则所规定的保护的行为，应构成背信弃义行为。下列行为是背信弃义行为的事例：

（一）假装有在休战旗下谈判或投降的意图；

（二）假装因伤或因病而无能力；

（三）假装具有平民、非战斗员的身份；和

（四）使用联合国或中立国家或其它非冲突各方的国家的记号、标志或制服而假装享有被保护的地位。

二、战争诈术是不禁止的。这种诈术是指旨在迷惑敌人或诱使敌人作出轻率行为，但不违犯任何适用于武装冲突的国际法规则，而且由于并不诱取敌人在该法所规定的保护方面的信任而不构成背信弃义行为的行为。下列是这种诈术的事例：使用伪装、假目标、假行动和假情报。

第三十八条 公认标志

一、不正当使用红十字、红新月或红狮与太阳的特殊标志或各公约或本议定书所规定的其它标志、记号或信号，是禁止的。在武装冲突中故意滥用国际公认的保护标志、记号或信号，包括休战旗，以及文化财产的保护标志，也是禁止的。

二、除经联合国核准外，使用联合国的特殊标志，是禁止的。

第三十九条 国籍标志

一、在武装冲突中使用中立国家或其它非冲突各方的国家的旗帜、军用标志、徽章或制服，是禁止的。

二、在从事攻击时，或为了掩护、便利、保护或阻碍军事行动，而使用敌方的旗帜或军用标志、徽章或制服，是禁止的。

三、本条或第三十七条第一款第四项的规定，不应影响适用于间谍或在进行海上武装冲突中使用旗帜的现行的公认国际法规则。

第四十条 饶赦

禁止下令杀无赦，禁止以此威胁敌人，或在此基础上进行敌对行动。

第四十一条　对失去战斗力的敌人的保障

一、被认为失去战斗力或按照情况应被承认为失去战斗力的人，不应成为攻击的对象。

二、下列的人是失去战斗力的人：

（一）在敌方权力下的人；

（二）明示投降意图的人；或

（三）因伤或病而失去知觉，或发生其它无能力的情形，因而不能自卫的人；但在上述任何情形下，均须不从事任何敌对行为，并不企图脱逃。

三、有权作为战俘享受保护的人，在不能按第三公约第三部第一编的规定撤退的非常的战斗情况下落于敌方权力下时，应予释放，并应采取一切可能的预防措施保证其安全。

第四十二条　飞机上人员

一、从遇难飞机上跳伞降落的任何人，在其降落中，均不应成为攻击的对象。

二、从遇难飞机跳伞降落的人，在落在敌方所控制的领土的地面时，除显然表现其从事敌对行为外，在成为攻击的对象前，应有投降的机会。

三、空运部队不受本条的保护。

第二编　战斗员和战俘的地位

第四十三条　武装部队

一、冲突一方的武装部队是由一个为其部下的行为向该方负责的司令部统率下的有组织的武装部队、团体和单位组成，即使该方是以敌方所未承认的政府或当局为代表。该武装部队应受内部纪律制度的约束，该制度除其它外应强制遵守适用于武装冲突的国际法规则。

二、冲突一方的武装部队人员（除第三公约第三十三条的规定所包括的医务人员和随军牧师外）是战斗员，换言之，这类人员有权直接参加敌对行动。

三、无论何时，冲突一方如果将准军事机构或武装执法机构并入其武装部队内，应通知冲突其它各方。

第四十四条　战斗员和战俘

一、第四十三条所规定的任何战斗员，如果落于敌方权力下，均应成为战俘。

二、所有战斗员必须遵守适用于武装冲突的国际法规则，但除第三款和第四款所规定外，对这些规则的违反不应剥夺战斗员作为战斗员的权利，或者，如果落于敌方权力下，成为战俘的权利。

三、为了促进对平民居民的保护不受敌对行动的影响，战斗员在从事攻击或攻击前军事准备行动时，应使自己与平民居民相区别。然而，由于认识到在武装冲突中有一些情况使武装战斗员因敌对行动的性质而不能与平民居民相区别，因而该战斗员应保留其作为战斗员的身份，但在这种情况下，该战斗员须：

（一）在每次军事上交火期间，和

（二）在从事其所参加的发动攻击前的部署时为敌人所看得见的期间；

公开携带武器。符合本款要求的行为，不应视为第三十七条第一款第三项的意义内的背信弃义行为。

四、不符合第三款第二句所列的要求而落于敌方权力下的战斗员，应失去其成为战俘的权利，但其所享受的保护应在各方面与第三公约和本议定书所给予战俘的保护相等。这项保护包括在这类人因其犯有任何罪行而受审判和惩罚的情形下第三公约所给予战俘的同等保护。

五、未从事攻击或攻击前军事准备行动而落于敌方权力下的任何战斗员，不应因其先前活动而失去其成为战斗员和成为战俘的权利。

六、本条不妨害任何人按照第三公约第四条成为战俘的权利。

七、本条无意变动各国关于被派于冲突一方正规并穿制服的武装单位的战斗员穿着制服的公认惯例。

八、除第一公约和第二公约第十三条所载各类人外，本议定书所规定的冲突一方武装部队的所有人员，如果是伤者或病者，或在第二公约的情形下，是在海上或在其它水域内遇船难者，应有权享受这些公约所规定的保护。

第四十五条　对参加敌对行动的人的保护

一、参加敌对行动而落于敌方权力下的人，如果主张战俘的身份，或表现为有权享有这种身份，或其所依附的一方通知拘留国或保护国代其主张这种身份，应推定为战俘，因而应受第三公约的保护。如果对于任何这类人是否有权享有战俘身份的问题有任何怀疑，这类人在主管法庭决定其身份以前，应继续享有这种身份，因而受第三公约的保护。

二、如果落于敌方权力下的人不被认为战俘，并由该方就敌对行动中所发生的罪行予以审判，这样的人应有权在司法法庭上提出其享有战俘身份的权利主张，并要求对该问题予以裁决。依据适用的程序，如果可能，应在审判罪行前先进行这项裁决。除在例外情形下为了国家安全利益而秘密进行诉讼程序外，保护国代表应有权出席裁决该问题的诉讼程序。在秘密进行的情形下，拘留国应告知保护国。

三、参加敌对行动而无权享有战俘身份而且不能获得按照第四公约享受更优惠待遇的利益的任何人，无论何时，均应有权受本议定书第七十五条的保护。在被占领领土内，任何这类人，除被认为间谍外，尽管有第四公约第五条的规定，也应享受该公约所规定的通讯的权利。

第四十六条　间谍

一、尽管有各公约或本议定书的任何其它规定，在从事间谍行为时落于敌方权力下的冲突一方武装部队的任何人员，不应享受战俘身份的权利，而得予以间谍的待遇。

二、在敌方控制领土内为冲突一方搜集或企图搜集情报的该方武装部队人员，如果在其行事时穿着其武装部队的制服，即不应视为从事间谍行为。

三、冲突一方武装部队的人员，如果是敌方占领领土的居民而在该领土内为其所依附的冲突一方搜集或企图搜集具有军事价值的情报，除其通过虚假行为或故意以秘密方式搜集或企图搜集情报外，即不应视为从事间谍行为。而且，这类居民除在从事间谍行为时被俘外，不应丧失其享有战俘身份的权利，并不得予以间谍的待遇。

四、冲突一方武装部队人员，如果不是敌方占领领土的居民而在该领土内从事间谍行为，除在重返其所属武装部队前被俘外，不应丧失其享有战俘身份的权利，并不得予以间谍的待遇。

第四十七条　外国雇佣兵

一、外国雇佣兵不应享有作为战斗员或成为战俘的权利。

二、外国雇佣兵是具有下列情况的任何人：

（一）在当地或外国特别征募以便在武装冲突中作战；

（二）事实上直接参加敌对行动；

（三）主要以获得私利的愿望为参加敌对行动的动机，并在事实上冲突一方允诺给予远超过对该方武装部队内具有类似等级和职责的战斗员所允诺或付给的物质报偿；

（四）既不是冲突一方的国民，又不是冲突一方所控制的领土的居民；

（五）不是冲突一方武装部队的人员；而且

（六）不是非冲突一方的国家所派遣作为其武装部队人员执行官方职务的人。

第四部　平民居民

第一编　防止敌对行动影响的一般保护

第一章　基本规则和适用范围

第四十八条　基本规则

为了保证对平民居民和民用物体的尊重和保护，冲突各方无论何时均应在平民居民和战斗员之间和在民用物体和军事目标之间加以区别，因此，冲突一方的军事行动仅应以军事目标为对象。

第四十九条　攻击的定义和适用范围

一、“攻击”是指不论在进攻或防御中对敌人的暴力行为。

二、本议定书关于攻击的规定，适用于不论在什么领土内的一切攻击，包括在属于冲突一方但在敌方控制领土内的攻击。

三、本段的规定，适用于可能影响平民居民、平民个人或民用物体的任何陆战、空战或海战。这些规定还适用于从海上或空中对陆地目标的任何攻击，但不影响适用于海上或空中武装冲突的国际法规则。

四、本段的规定是对第四公约、特别是该公约第二部以及对缔约各方有拘束力的其它国际协议关于人道主义保护的规则的补充，也是对有关保护平民和保护陆地上、海上及空中民用物体免受敌对行动影响的其它国际法规则的补充。

第二章　平民和平民居民

第五十条　平民和平民居民的定义

一、平民是指不属于第三公约第四条（子）款第一项、第二项、第三项和第六项及本议定书第四十三条所指各类人中任何一类的人。遇有对任何人是否平民的问题有怀疑时，这样的人应视为平民。

二、平民居民包括所有作为平民的人。

三、在平民居民中存在有不属于平民的定义范围内的人，并不使该平民居民失去其平民的性质。

第五十一条　对平民居民的保护

一、平民居民和平民个人应享受免受军事行动所产生的危险的一般保护。为了实现这项保护，在任何情况下均应遵守对适用的其它国际法规则所附加的下列各项规则。

二、平民居民本身以及平民个人，不应成为攻击的对象。禁止以在平民居民中散布恐怖为主要目的的暴力行为或暴力威胁。

三、平民除直接参加敌对行动并在直接参加敌对行动时外，应享受本编所给予的保护。

四、禁止不分皂白的攻击。不分皂白的攻击是：

（一）不以特定军事目标为对象的攻击；

（二）使用不能以特定军事目标为对象的作战方法或手段；或

（三）使用其效果不能按照本议定书的要求加以限制的作战方法或手段；

而因此，在上述每个情形下，都是属于无区别地打击军事目标和平民或民用物体的性质的。

五、除其它外，下列各类攻击，也应视为不分皂白的攻击：

（一）使用任何将平民或民用物体集中的城镇、乡村或其它地区内许多分散而独立的军事目标视为单一的军事目标的方法或手段进行轰击的攻击；和

（二）可能附带使平民生命受损失、平民受伤害、平民物体受损害、或三种情形均有而且与预期的具体和直接军事利益相比损害过分的攻击。

六、作为报复对平民居民的攻击，是禁止的。

七、平民居民或平民个人的存在或移动不应用于使某些地点或地区免于军事行动，特别是不应用以企图掩护军事目标不受攻击，或掩护、便利或阻碍军事行动。冲突各方不应指使平民居民或平民个人移动，以便企图掩护军事目标不受攻击，或掩护军事行动。

八、对这些禁例的任何违犯，不应解除冲突各方关于平民居民和平民的法律义务，包括第五十七条所规定的采取预防措施的义务。

第三章 民用物体

第五十二条 对民用物体的一般保护

一、民用物体不应成为攻击或报复的对象。民用物体是指所有不是第二款所规定的军事目标的物体。

二、攻击应严格限于军事目标。就物体而言，军事目标只限于由于其性质、位置、目的或用途对军事行动有实际贡献，而且在当时情况下其全部或部分毁坏、缴获或失去效用提供明确的军事利益的物体。

三、对通常用于民用目的的物体，如礼拜场所、房屋或其它住处或学校，是否用于对军事行动作出有效贡献的问题有怀疑时，该物体应推定为未被这样利用。

第五十三条 对文物和礼拜场所的保护

在不妨害1954年5月14日关于发生武装冲突时保护文化财产的海牙公约和其它有关国际文件的规定的条件下，禁止下列行为：

一、从事以构成各国人民文化或精神遗产的历史纪念物、艺术品或礼拜场所为对象的敌对行为；

二、利用这类物体以支持军事努力；

三、使这类物体成为报复的对象。

第五十四条 对平民居民生存所不可缺少的物体的保护

一、作为作战方法使平民陷于饥饿，是禁止的。

二、不论是什么动机，也不论是为了使平民饥饿，使其迁移、还是为了任何其它动机，基于使对平民居民生存所不可缺少的物体，如粮食、生产粮

食的农业区、农作物、牲畜、饮水装置和饮水供应和灌溉工程，对平民居民失去供养价值的特定目的，而进行的攻击、毁坏、移动或使其失去效用，都是禁止的。

三、第二款所规定的禁例，不应适用于该款所包括但为敌方所用于下列目的的物体：

（一）仅充其武装部队人员的供养之用；

（二）如果不作为供养之用，则用以直接支持军事行动；但无论如何不应对这些物体采取行动，以致有可能使平民居民的食物或饮水不足，造成平民居民的饥饿，或迫其迁移。

四、这类物体不应成为报复的对象。

五、由于承认冲突任何一方有保卫其国家领土免遭入侵的重大要求，如果为迫切的军事必要所要求，冲突一方得在其所控制的本国领土内，不完全实行第二款所规定的禁例。

第五十五条　对自然环境的保护

一、在作战中，应注意保护自然环境不受广泛、长期和严重的损害。这种保护包括禁止使用旨在或可能对自然环境造成这种损害从而妨害居民的健康和生存的作战方法或手段。

二、作为报复对自然环境的攻击，是禁止的。

第五十六条　对含有危险力量的工程和装置的保护

一、含有危险力量的工程或装置，如堤坝和核发电站，即使这类物体是军事目标，也不应成为攻击的对象，如果这种攻击可能引起危险力量的释放，从而在平民居民中造成严重的损失。其它在这类工程或装置的位置上或在其附近的军事目标，也不应成为攻击的对象，如果这种攻击可能引起该工程或装置危险力量的释放，从而在平民居民中造成严重的损失。

二、在下列情形下，应停止第一款所规定的免受攻击的特别保护：

（一）对于堤坝，如果该堤坝是用于其通常作用以外的目的和用以使军事行动得到经常、重要和直接支持的，而且如果这种攻击是终止这种支持的唯一可能的方法；

（二）对于核发电站，如果该核发电站是供应电力使军事行动得到经常、重要和直接支持的，而且如果这种攻击是终止这种支持的唯一可能的方法；

（三）对于在这类工程或装置的位置上或在其附近的其它军事目标，如果该军事目标是用以使军事行动得到经常、重要和直接支持的，而且如果这种攻击是终止这种支持的唯一可能的方法。

三、在一切情形下，平民居民和平民个人应有权享受国际法所给予的全部保护，包括第五十七条所规定的预防措施的保护。如果保护停止，并对第一款所载的任何工程、装置或军事目标进行攻击，则应采取一切实际可行的预防措施，以避免危险力量的释放。

四、使第一款所载的任何工程、装置或军事目标成为报复的对象，是禁止的。

五、冲突各方应努力避免将任何军事目标设在第一款所载的工程或装置的附近。然而，为了保卫被保护工程或装置不受攻击的唯一目的而建立的装置，是允许的，而且其本身不应成为攻击的对象，但除对受保护工程或装置的被攻击作出反应所需的防御行动外，这类装置应不用于敌对行动，而且其武装应限于仅能击退对受保护工程或装置的敌对行动的武器。

六、关于含有危险力量的物体，敦促缔约各方和冲突各方彼此另订协议，另外加以保护。

七、为了便利对本条所保护的物体的识别，冲突各方得用本议定书附件一第十六条所规定的同一轴线上一组三个鲜橙色圆形所构成的特殊记号标明。没有这种标记，并不免除冲突任何一方依据本条所承担的义务。

第四章　预防措施

第五十七条　攻击时预防措施

一、在进行军事行动时，应经常注意不损害平民居民、平民和民用物体。

二、对于攻击，应采取下列预防措施：

（一）计划或决定攻击的人应：

1. 尽可能查明将予攻击的目标既非平民也非民用物体，而且不受特殊保护，而是第五十二条的意义内的军事目标，并查明对该目标的攻击不是本议定书的规定所禁止的；

2. 在选择攻击手段和方法时，采取一切可能的预防措施，以期避免，并无论如何，减少平民生命附带受损失、平民受伤害和民用物体受损害；

3. 不决定发动任何可能附带使平民生命受损失、平民受伤害、民用物体受损害、或三种情形均有而且与预期的具体和直接军事利益相比损害过分的攻击；

（二）如果发现目标不是军事目标或是受特殊保护的，或者发现攻击可能附带造成与预期的具体和直接军事利益相比为过分的平民生命受损失、平民受伤害、民用物体受损害，或三种情形均有，该攻击应予取消或停止；

（三）除为情况所不许可外，应就可能影响平民居民的攻击发出有效的事先警告。

三、为了取得同样的军事利益有可能在几个军事目标之间进行选择时，选定的目标应是预计对平民生命和民用物体造成危险最小的目标。

四、在进行海上或空中军事行动时，冲突每一方应按照其依据适用于武装冲突的国际法规则所享受和承担的权利和义务，采取一切合理的预防措施，以避免平民生命受损失和民用物体受损害。

五、本条的任何规定均不得解释为准许对平民居民、平民或民用物体进行任何攻击。

第五十八条 防止攻击影响的预防措施

冲突各方应在最大可能范围内：

一、在不妨害第四公约第四十九条的规定的条件下，努力将其控制下的平民居民、平民个人和民用物体迁离军事目标的附近地方；

二、避免将军事目标设在人口稠密区内或其附近；

三、采取其它必要的预防措施，保护在其控制下的平民居民、平民个人和民用物体不受军事行动所造成的危害。

第五章 受特殊保护的地方和地带

第五十九条 不设防地方

一、禁止冲突各方以任何手段攻击不设防地方。

二、冲突一方的适当当局得将武装部队接触的地带附近或在其内的可以被敌方自由占领的任何居民居住地方宣布为不设防地方。不设防地方应符合下列条件：

（一）所有战斗员以及机动武器和机动军事设备必须已经撤出；

（二）固定军事装置或设施应不用于敌对目的；

（三）当局或居民均不应从事任何敌对行为；而且

（四）不应从事支持军事行动的任何活动。

三、在该地方内有依据各公约和本议定书受特殊保护的人和为了维持法律和秩序的唯一目的而留下的警察部队的存在，是不违反第二款所规定的条件的。

四、依据第二款作出的宣言应送致敌方，并应尽可能明确地规定和说明不设防地方的界限。接受宣言的冲突一方应表明收到宣言，并除在事实上与第二款所规定的条件不符外，应将该地方视为不设防地方，而在不符合条件的情形下，则应立即将该情形通知作出宣言的一方。即使不符合第二款所规定的条件，该地方应继续享受本议定书的其它规定和适用于武装冲突的其它国际法规则的保护。

五、冲突各方得商定设立不设防地方，即使该地方不符合第二款所规定的条件。协议应尽可能明确地规定和说明不设防地方的界限；于必要时，协议得规定监督的方法。

六、控制这类协议所规定的地方的一方，应尽可能用与他方商定的记号将该地方标明，该记号应展示于明显可见的地方，特别是在其四周和界限上及公路上。

七、一个地方在其不再符合第二款所规定或第五款所指的协议所规定的条件时，失去其作为不设防地方的地位。在这种情况下，该地方应继续享受本议定书的其它规定和适用于武装冲突的其它国际法规则的保护。

第六十条　非军事化地带

一、冲突各方将其军事行动扩展到其依据协议授以非军事化地带地位的地带，而且如果这种扩展是违反该协议的规定的，则这种扩展是禁止的。

二、协议应是明示协议，得用口头或书面，直接或通过保护国或任何公正的人道主义组织订立，并得由相互而一致的声明构成。协议得在平时以及在敌对行动开始后订立，并应尽可能明确地规定和说明非军事化地带的界限，并于必要时，规定监督的方法。

三、这类协议的对象，通常应是符合下列条件的任何地带：

（一）所有战斗员以及机动武器和机动军事装备必须已经撤出；

（二）固定军事装置或设施不应用于敌对目的；

（三）当局或居民均不应从事任何敌对行为；而且

（四）任何与军事努力有关的活动均应已经停止；

冲突各方应商定对第四项所规定的条件的解释，并商定除第四款所载外被准予进入非军事化地带的人。

四、在该地带内有依据各公约和本议定书受特殊保护的人和为了维持法律和秩序的唯一目的而留下的警察部队的存在，是不违反第三款所载的条件的。

五、控制该地带的一方，应尽可能用与他方商定的记号将该地带标明，该记号应展示于明显可见的地方，特别在其四周和界限上及公路上。

六、如果战斗逼近非军事地带，而且如果冲突各方已经达成协议，任何一方均不得为了有关军事行动的目的使用该地带或单方面取消该地带的地位。

七、如果冲突一方对第三款或第六款的规定作出实质的破坏，他方应解除其依据授予该地带非军事地带地位的协议所承担的义务。遇有这种情事，该地带丧失其地位，但应继续享受本议定书的其它规定和适用于武装冲突的其它国际法规则所规定的保护。

第六章　民防

第六十一条　定义和范围

为了本议定书的目的：

一、“民防”是指旨在保护平民居民不受危害，和帮助平民居民克服敌对行动或灾害的直接影响，并提供平民居民生存所需的条件的某些或全部下列人道主义任务的执行。这些任务是：

（一）发出警报；

（二）疏散；

（三）避难所的管理；

（四）灯火管制措施的管理；

（五）救助；

（六）医疗服务，包括急救、和宗教援助；

（七）救火；

（八）危险地区的查明和标明；

（九）清除污染和类似保护措施；

（十）提供紧急的住宿和用品；

（十一）在灾区内恢复和维持秩序的紧急支助；

（十二）紧急修复不可缺少的公用事业；

（十三）紧急处理死者；

（十四）协助保护生存所必需的物体；

（十五）为执行上述任务、包括但不限于计划和组织的补充活动；

二、“民防组织”是指冲突一方主管当局所组织或核准以执行第一款所载的任何任务并被派于和专门用于执行这类任务的机构和其它单位；

三、民防组织的“人员”是指由冲突一方所派专门执行第一款所载任务的人，包括该方主管当局所派专门管理这类组织的人；

四、民防组织的“物资”是指这类组织用以执行第一款所载的任务的设备、用品和运输工具。

第六十二条　一般保护

一、除受本议定书规定的拘束，特别是受本部规定的拘束外，平民民防组织应受尊重和保护，除迫切的军事必要的情形外，这类组织应有权执行其民防任务。

二、第一款的规定也应适用于虽非平民民防组织人员但响应主管当局的呼吁而在其控制下执行民防任务的平民。

三、用于民防目的的建筑物和物资和为平民居民提供的避难所，包括于第五十二条的规定之内。用于民防目的的物体，除其所属的一方外，不得加以毁坏或转移其正当用途。

第六十三条　被占领领土内民防工作

一、在被占领领土内，平民民防组织应从当局得到其执行任务所需的便利。在任何情形下，对这类组织的人员，不应迫使其执行对执行这些任务有干扰的活动。占领国不应以任何可能危害这类组织有效执行其使命的方式变动这些组织的结构或人员。对这些组织，不应要求其对占领国的国民或利益给予优先的地位。

二、占领国不应强迫、强制或诱使平民民防组织以任何有害平民居民的利益的方式执行其任务。

三、占领国得基于安全理由解除民防人员的武装。

四、如果移作他用或加以征用将有害于平民居民，占领国不应将属于民防组织或为民防组织所用的建筑物或物资转移其正当用途或加以征用。

五、在继续遵守第四款的一般规则的条件下，占领国得征用这些建筑物或物资或将其移作他用，但须符合下列的特别条件：

（一）该建筑物或物资为平民居民的其它需要所需；而且

（二）仅在这种需要存在时继续征用或移作他用。

六、占领国不应将供平民居民使用或平民居民所需的避难所移作他用或加以征用。

第六十四条　中立国家或非冲突各方的国家的平民民防组织和国际协调组织

一、第六十二条、第六十三条、第六十五条和第六十六条应适用于经冲突一方同意并在该方控制下在该方领土内执行第六十一条所载民防任务的中立国家或非冲突各方的国家的平民民防组织的人员和物资。这种援助应尽速通知任何有关敌方。在任何情况下，这种活动均不应视为对冲突的干涉。但进行这种活动应适当考虑有关冲突各方的安全利益。

二、接受第一款所指的援助的冲突各方和给予援助的缔约各方，于适宜时，应便利这种民防活动的国际协调工作。在这种情形下，有关国际组织是包括在本章的规定之内的。

三、在被占领领土内，占领国只有在其能依靠自身人力物力或被占领领土的人力物力保证充分执行民防任务的条件下，才得拒绝或限制中立国家或非冲突各方的国家的平民民防组织的活动。

第六十五条　保护的停止

一、平民民防组织、其人员、建筑物、避难所和物资有权享受的保护，除其从事或用以从事正当任务以外的害敌行为外，不应停止。但保护仅在发出并在适宜时定有合理时限的警告而对警告仍不置理后，才得停止。

二、下列行为不应视为害敌行为：

（一）在军事当局指导或控制下执行民防任务；

（二）平民民防人员在执行民防任务时与军事人员合作，或有一些军事人员附属于平民民防组织；

（三）民防任务的执行可能附带地有利于军人受难者，特别是失去战斗力的人。

三、平民民防人员为了维持秩序或自卫的目的而携带个人轻武器，也不应视为害敌行为。但在陆地战斗正在进行或可能进行的地区内，冲突各方应采取适当措施，将这类武器限于手持枪支，如手枪或左轮手枪，以便有助于区别民防人员和战斗员。民防人员虽在这些地区内携带其它个人轻武器，但一旦被认出为民防人员，应即受尊重和保护。

四、按照军事编制建立民防组织，和强迫在民防组织中服务，也不应剥夺这些组织依据本章所享受的保护。

第六十六条　识别

一、冲突每一方应努力保证，其民防组织、其民防组织的人员、建筑物和物资在专门用于执行民防任务时是可以识别的。向平民居民提供的避难所，也应当同样是可以识别的。

二、冲突每一方还应努力采取和实行一些方法和程序，使得有可能认出展示有民防的国际特殊记号的民用避难所以及民防人员、建筑物和物资。

三、在被占领领土内和在战斗正在进行或可能进行的地区内，平民民防人员应当是用民防的国际特殊记号和证明其身份的身份证可以认出的。

四、民防的国际特殊记号，在用以保护民防组织、其人员、建筑物和物资和用于民用避难所时，是橙色底蓝色等边三角形。

五、除特殊记号外，冲突各方得商定使用为民防识别的目的的特殊信号。

六、第一款至第四款的规定的适用，受本议定书附件一第五章的拘束。

七、在平时，第四款所述的记号，经国内主管当局同意，得用于民防识别的目的。

八、缔约各方和冲突各方应采取必要措施，监督民防的特别记号的展示，并防止和取缔该记号的任何滥用。

九、民防医务和宗教人员、医疗队和医务运输工具，也受第十八条的拘束。

第六十七条　被派到民防组织的武装部队人员和军事单位

一、被派到民防组织的武装部队人员和军事单位应受尊重和保护，但：

（一）这类人员和这类单位须永久被派于并专门用于执行第六十一条所载任务中任何任务；

（二）如果已经这样指派，该人员须在冲突期间不执行任何其它军事职责；

（三）这类人员须显著地展示适当地大些的民防的国际特殊记号，以便与武装部队其它人员有明显区别，并须持有本议定书附件一第五章所指的证明其身份的身份证；

（四）这类人员和这类单位须仅配备个人轻武器以维持秩序或自卫。第六十五条第三款的规定也应适用于这种情形；

（五）这类人员须不直接参加敌对行为，并须在其民防任务以外不从事或不被利用以从事害敌行为；

（六）这类人员和这类单位须仅在其所属一方的领土内执行其民防任务。

受上述第一项和第二项所规定的条件的拘束的任何武装部队人员不遵守上述第五项所载的条件，是禁止的。

二、在民防组织内服务的军事人员，如果落入敌方权力下，应成为战俘。在被占领领土内，这类军事人员仅得在有需要的情形下，为了该领土平民居民的利益而用以执行民防任务，但如果该项工作有危险，则以该军事人员自愿执行为限。

三、被派于民防组织的军事单位的建筑物和主要设备和运输工具，应以民防的国际特殊记号明显标明。这项特殊记号，应尽可能适当地大些。

四、永久被派于民防组织并专门担任民防任务的军事单位的物资和建筑物，如果落入敌方手中，应仍受战争法规的拘束。这些物资和建筑物，只要为执行民防任务所需，除在迫切的军事必要情形外，并除对平民居民的需要事先作出充分准备的安排外，不得移作民防任务以外的用途。

第二编　对平民居民的救济

第六十八条　适用范围

本段的规定适用于本议定书所规定的平民居民，并且是第四公约第二十三条、第五十五条、第五十九条、第六十条、第六十一条和第六十二条及其它有关规定的补充。

第六十九条　被占领领土内基本需要

一、除第四公约第五十五条所规定关于食物和医疗用品的义务外，占领国应在其所拥有的手段的最大范围内，并在不加任何不利区别的条件下，还应保证向被占领领土的平民居民，提供其生存所需的衣服、被褥、住宿所和其它用品以及宗教礼拜所必需的物体。

二、为了被占领领土平民居民的利益而进行的救济行动，受第四公约第五十九条、第六十条、第六十一条、第六十二条、第一百零八条、第一百零九条、

第一百一十条和第一百一十一条和本议定书第七十一条的拘束，并应立即实行。

第七十条 救济行动

一、如果除被占领领土外为冲突一方所控制的任何领土的平民居民未充分获得第六十九条所载的用品的供应，属于人道主义和公正性质并在不加任何不利区别的条件下进行的救济行动应予进行，但须受有关各方关于这种行动的协议的拘束。这种救济的提供，不应视为对武装冲突的干涉，或视为不友好行为。在分配救济物资时，对依据第四公约或本议定书应受特权待遇或特殊保护的人，如儿童、孕妇、产妇或婴儿的母亲，应给以优先地位。

二、冲突各方和缔约每一方对按照本编提供的所有救济物资、设备和人员，应准许和便利其迅速和无阻碍地通过，即使这种救助是以敌方平民居民为对象。

三、按照第二款准许救济物资、设备和人员通过的冲突各方和缔约每一方：

（一）应有权制定准许通过的技术安排，包括搜查在内；

（二）得以在保护国的当地监督下进行这种救助的分配为准许的条件；

（三）除在紧急必要情形下为了有关平民居民的利益外，不应以任何方式将救济物资移作原来目的以外的用途，也不应延迟其发送。

四、冲突各方应保护救济物资，并便利其迅速分配。

五、冲突各方和有关的缔约每一方应鼓励和便利对第一款所指的救济行动的有效国际协调工作。

第七十一条 参加救济行动的人员

一、在必要时，救济人员得构成任何救济行动所提供的救助的一部分，特别是为了救济物资的运输和分配；这类人员的参加须经这类人员履行其职责所在地一方的同意。

二、这类人员应受尊重和保护。

三、接收救济物资的每一方，应在实际可行的最大范围内，协助第一款所指的救济人员履行其救济任务。只有在迫切的军事必要的情形下，才能限制救济人员的活动，或暂时限制救济人员的移动。

四、在任何情况下，救济人员均不得超越本议定书所规定关于其任务的条件。特别是，救济人员应考虑履行其职责所在地一方的安全要求。对不尊重这些条件的任何人员，得终止其任务。

第三编 对在冲突一方权力下的人的待遇

第一章 适用范围和对人和物体的保护

第七十二条 适用范围

本编的规定是第四公约，特别是该公约第一部和第三部关于对在冲突一方权力下的平民和民用物体的人道主义保护的规则以及适用于国际武装冲突时保护基本人权的其它国际法规则的补充。

第七十三条　难民和无国籍人

在敌对行动开始前依据有关各方所接受的有关国际文件或依据避难国或居留国国内法律视为无国籍人或难民的人，在任何情况下，均应是第四公约第一部和第三部的意义内的被保护人，而不加任何不利区别。

第七十四条　离散家庭的重聚

缔约各方和冲突各方应以一切可能方法，便利由于武装冲突而离散的家庭得以重聚，并应特别鼓励按照各公约和本议定书的规定和遵守其各自的安全规章从事这项任务的人道主义组织进行工作。

第七十五条　基本保证

一、在冲突一方权力下而不享受各公约和本议定书所规定的更优惠待遇的利益的人，在其受本议定书第一条所指的场合的影响范围内，在任何情况下，均应受人道的待遇，并至少应享受本条所规定的保护，而不得以种族、肤色、性别、语言、宗教或信仰、政治或其它意见、民族或社会出身、财富、出生或其它身份或任何其它类似标准为依据而加以不利区别。每一方均应尊重所有这类人的人身、荣誉、信念和宗教仪式。

二、下列行为，在任何时候和任何地方，也不论是平民或军人的行为，均应禁止：

（一）对人的生命、健康或身体上或精神上幸福的暴行，特别是：

1. 谋杀；

2. 各种身体上或精神的酷刑；

3. 体刑；和

4. 残伤肢体。

（二）对人身尊严的侵犯，特别是侮辱性和降低身份的待遇，强迫卖淫和任何形式的非礼侵犯；

（三）扣留人质；

（四）集体惩罚；

（五）以任何上述行为相威胁。

三、任何因有关武装冲突的行动被逮捕、拘留或拘禁的人，应立即以其所了解的语言被告知采取这些措施的理由。除因刑事罪行而被逮捕或拘留的情形外，这类人应尽速予以释放，而无论如何，一旦逮捕、拘留或拘禁所依据的情况不复存在，应即予释放。

四、对犯有与武装冲突有关的刑事罪行的人，除公正和正常组成的法院依照包括下列各项在内的公认的正常司法诉讼程序原则判定有罪外，不得判刑和处罚：

（一）诉讼程序应规定使被告立即被告知被控犯罪的细节，并应使被告在审判前和审判期间享有一切必要的辩护权利和手段；

（二）任何人除以个人刑事责任为依据外均不应对其判罪；

（三）任何人，如果其行为或不作为依据其行为或不作为时对其适用的国内法或国际法不构成刑事罪行，不应对其进行控告或判罪；也不应处以较其犯刑事罪行时可判处的刑罚为重的刑罚；如果在犯罪后，法律规定较轻的刑罚，犯罪人应享受该规定的利益；

（四）任何被控犯罪的人，在按照法律证明其有罪前，均推定为无罪；

（五）任何被控犯罪的人，均应享有受审时在场的权利；

（六）任何人均不应被迫证明自己有罪或供认犯罪；

（七）任何被控犯罪的人均应有权讯问或要求讯问原告方面的证人，并在与原告方面证人的同样条件下取得被告方面证人的出庭和被讯问；

（八）任何人均不应因先前依据同样法律和司法程序已宣告无罪或已定罪的终局判决所涉及的罪名而为同一方所追诉或惩罚；

（九）任何人因犯罪而被追诉，均应有取得公开宣判的权利；和

（十）被定罪的人应在定罪时被告知其司法和其它救济方法以及利用这些救济方法的时限。

五、基于有关武装冲突的原因而自由受限制的妇女，其住处应与男人的住处分开。这类妇女应由妇女直接监视。但在同一家庭的人被拘留或拘禁的情形下，如果可能，应按家庭单位予以安排，安置在同一地方。

六、基于有关武装冲突的原因而被逮捕、拘留或拘禁的人，在其最后释放、遣返或安置前，即使在武装冲突结束后，也应享受本条所规定的保护。

七、为了避免关于对被控犯有战争罪或违害人类罪的人的追诉和审判有任何怀疑，下列各项原则应予适用：

（一）被控犯有这类罪行的人，应按照适用的国际法规则提交追诉和审判；

（二）对不享受各公约或本议定书所规定的更优惠待遇的利益的人，应给予本条所规定的待遇，不论其被控的罪行是否构成严重破坏各公约或本议定书的行为。

八、本条的任何规定，均不得解释为限制或妨碍依据任何适用的国际法规则对第一款所规定的人给予更大保护的任何其它更优惠的规定。

第二章　有利于妇女和儿童的措施

第七十六条　对妇女的保护

一、妇女应是特别尊重的对象，并应受保护，特别是防止强奸、强迫卖淫和任何其它形式的非礼侵犯。

二、基于有关武装冲突的原因而被逮捕、拘留或拘禁的孕妇或抚育儿童的母亲的案情应得到最优先的考虑。

三、冲突各方应在最大可能范围内努力避免对孕妇或抚育儿童的母亲因有关武装冲突的罪行而宣判死刑。对这类妇女，不应执行因该罪行而宣判的死刑。

第七十七条　对儿童的保护

一、儿童应是特别尊重的对象，并应受保护，以防止任何形式的非礼侵犯。冲突各方应向儿童提供其年龄或任何其它原因所需的照顾和援助。

二、冲突各方应采取一切可能措施，使十五岁以下的儿童不直接参加敌对行动，特别是不应征募其参加武装部队。冲突各方在征募十五岁以上但不满十八岁的人时，应尽力给予年岁最高的人以优先的考虑。

三、如果在例外情形下，尽管有第二款的规定，而十五岁以下的儿童直接参加敌对行动，并落于敌方权力下，这类儿童不论是否战俘，均应继续享受本条所给予的保护的利益。

四、如果基于有关武装冲突的原因而被逮捕、拘留或拘禁，除按照第七十五条第五款的规定按家庭单位安排住处外，儿童的住处应与成人住处分开。

五、对于犯罪时不满十八岁的人，不应执行因有关武装冲突的罪行而宣判的死刑。

第七十八条　儿童的撤退

一、除基于儿童健康或医疗的急迫原因而需要临时撤退或被占领领土以外的儿童的安全需要临时撤退外，冲突任何一方不应安排将其本国国民以外的儿童撤往外国。如果能够找到父母或合法监护人，撤退须得父母或合法监护人的书面同意。如果不能找到这类人，撤退则须得到依据法律或习惯对儿童负主要照顾责任的人的同意。任何这种撤退应由保护国在与有关各方，即安排撤退的一方，接受儿童的一方及国民被撤退的各方协议下予以监督。在所有情形下，冲突所有各方应采取一切可能的预防措施，以避免撤退受危害。

二、在按照第一款发生撤退的任何时候，均应以最大可能的连续性向每个儿童提供教育，包括其父母所希望的宗教和道德教育。

三、为了便利按照本条撤退的儿童返回其家庭和国家的目的，安排撤退的一方的当局，并于适宜时，接受国的当局，应为每个儿童立一卡片，贴有照片，寄给红十字国际委员会的中央查访局。在任何可能时并在其不发生使儿童受害的风险的任何时候，每张卡片均应记载下列各项情报：

（一）儿童的姓；
（二）儿童名字；
（三）儿童性别；
（四）出生地点和日期（如日期不明，填写大约年龄）；
（五）父亲姓名；
（六）母亲姓名和婚前姓名；
（七）儿童近亲；
（八）儿童国籍；
（九）儿童本国语言以及其所讲的任何其它语言；
（十）儿童家庭地址；
（十一）儿童的任何识别号码；
（十二）儿童健康状况；
（十三）儿童血型；
（十四）任何显著特征；
（十五）找到儿童的日期和地点；
（十六）儿童离开其国家的日期和地点；
（十七）儿童宗教，如果有的话；
（十八）儿童目前在接受国的地址；
（十九）如果儿童在返回前死亡，死亡地点和情况以及埋葬地点。

第三章　新闻记者

第七十九条　对新闻记者的保护措施

一、在武装冲突地区担任危险的职业任务的新闻记者，应视为第五十条第一款的意义内的平民。

二、这类新闻记者应依此享受各公约和本议定书所规定的保护，但以其不采取任何对其作为平民的身份有不利影响的行动为限，而且不妨碍派驻武装部队的战地记者取得第三公约第四条（子）款第四项所规定的身份的权利。

三、这类新闻记者得领取与本议定书附件二的示范证件相类似的身份证。该证件应由该新闻记者作为国民所属国家或该新闻记者居留地国家或雇用该新闻记者的新闻宣传工具所在地国家的政府发给，证明其新闻记者的身份。

第五部　各公约和本议定书的执行

第一编　总则

第八十条　执行措施

一、缔约各方和冲突各方应立即采取一切必要措施，以履行其依据各公约和本议定书的义务。

二、缔约各方和冲突各方应发出命令和指示，保证各公约和本议定书被遵守，并应监督其执行。

第八十一条　红十字会和其它人道主义组织的活动

一、冲突各方应在其权力内给予红十字国际委员会一切便利，使该委员会有可能执行各公约和本议定书所赋予的人道主义职务，以便保证对冲突受难者的保护和援助；红十字国际委员会还得进行任何有利于这类受难者的其它人道主义活动，但须得有关冲突各方的同意。

二、冲突各方应给予各自的红十字会（红新月会、红狮与太阳会），以按照各公约和本议定书的规定和国际红十字大会所制订的红十字基本原则进行其有利于武装冲突受难者的人道主义活动所需的便利。

三、缔约各方和冲突各方应以一切可能方式，便利红十字会（红新月会、红狮与太阳会）组织和红十字会协会按照各公约和本议定书的规定和国际红十字大会所制订的红十字基本原则所给予冲突受难者的援助。

四、缔约各方和冲突各方应尽一切可能，使各公约和本议定书所指的经冲突各方正式核准并按照各公约和本议定书的规定进行人道主义活动的其它人道主义组织获得第二款和第三款所规定的类似便利。

第八十二条　武装部队中法律顾问

缔约各方无论何时，以及冲突各方在武装冲突时，应保证于必要时有法律顾问，对各公约和本议定书的适用以及就此问题发给武装部队的适当指示，向相当等级的军事司令官提供意见。

第八十三条　传播

一、缔约各方承诺，在平时及在武装冲突时，尽可能广泛地在各自国家内传播各公约和本议定书，特别是将各公约和本议定书的学习包括在其军事教育计划内，并鼓励平民居民对各公约和本议定书进行学习，以便这些文件为武装部队和平民居民所周知。

二、在武装冲突时负责适用各公约和本议定书的任何军事或民政当局，应充分熟悉各公约和本议定书的本文。

第八十四条　适用规则

缔约各方应通过保存者，并于适当时通过各保护国，尽速彼此通知本议定书的正式译文以及为了保证其适用而通过的法律规章。

第二编　破坏各公约和本议定书的行为的取缔

第八十五条　破坏本议定书的行为的取缔

一、各公约关于取缔破约行为和严重破约行为的规定，经本编加以补充，应适用于破坏和严重破坏本议定书的行为的取缔。

二、各公约所述的作为严重破约行为的行为，如果是对本议定书第四十四条、第四十五条和第七十三条所保护的在敌方权力下的人，或对受本议定书保护的敌方伤者、病者和遇船难者，或对在敌方控制下并受本议定书保护的医务或宗教人员、医疗队或医务运输工具作出的行为，即是严重破坏本议定书的行为。

三、除第十一条所规定的严重破约行为外，下列行为在违反本议定书有关规定而故意作出，并造成死亡或对身体健康的严重伤害时，应视为严重破坏本议定书的行为：

（一）使平民居民或平民个人成为攻击的对象；

（二）知悉攻击将造成第五十七条第二款第一项第3目所规定的过分的平民生命损失、平民伤害或民用物体损害，却发动使平民居民或民用物体受影响的不分皂白的攻击；

（三）知悉攻击将造成第五十七条第二款第一项第3目所规定的过分的平民生命损失、平民伤害或民用物体损害，却发动对含有危险力量的工程或装置的攻击；

（四）使不设防地方和非军事化地带成为攻击的对象；

（五）知悉为失去战斗力的人而使其成为攻击的对象；

（六）违反第三十七条的规定背信弃义地使用红十字、红新月或红狮与太阳的特殊标志或各公约或本议定书所承认的其它保护记号。

四、除上述各款和各公约所规定的严重破约行为外，下列行为于故意并违反各公约和本议定书作出时，应视为严重破坏本议定书的行为：

（一）占领国违反第四公约第四十九条的规定，将其本国平民居民的一部分迁往其所占领的领土，或将被占领领土的全部或部分居民驱逐或移送到被占领领土内的地方或将其驱逐或移送到被占领领土以外；

（二）对遣返战俘或平民的无理延迟；

（三）以种族岐视为依据侵犯人身尊严的种族隔离和其它不人道和侮辱性办法；

（四）如果没有证据证明敌方违反第五十三条第二款的规定，并在历史纪念物、艺术品和礼拜场所不紧靠军事目标的情形下，使特别安排，例如在主管国际组织范围内的安排所保护的，构成各国人民文化或精神遗产的公认历史纪念物、艺术品或礼拜场所成为攻击的对象，其结果使该历史纪念物、艺术品或礼拜场所遭到广泛的毁坏；

（五）剥夺各公约所保护或本条第二款所指的人受公正和正规审判的

权利。

五、在不妨碍各公约和本议定书的适用的条件下，对这些文件的严重破坏行为，应视为战争罪。

第八十六条　不作为

一、缔约各方和冲突各方应取缔有作为义务而不作为所引起的严重破坏各公约或本议定书的行为，并采取必要措施制止有作为义务而不作为所引起的任何其它破坏各公约或本议定书的行为。

二、部下破坏各公约或本议定书的事实，并不使其上级免除按照情形所应负的刑事或纪律责任，如果上级知悉或有情报使其能对当时情况作出结论，其部下是正在从事或将要从事这种破约行为，而且如果上级不在其权力内采取一切可能的防止或取缔该破约行为的措施。

第八十七条　司令官的职责

一、缔约各方和冲突各方应要求军事司令官，防止在其统率下的武装部队人员和在其控制下的其它人破坏各公约和本议定书的行为，于必要时制止这种行为并向主管当局报告。

二、为了防止和制止破约行为，缔约各方和冲突各方应要求司令官，按照其负责地位，保证在其统率下的武装部队人员了解其依据各公约和本议定书所应负的义务。

三、缔约各方和冲突各方应要求任何司令官，在了解其部下或在其控制下的其它人将从事或已经从事破坏各公约或本议定书的行为时，采取防止违反各公约或本议定书的必要步骤，并于适当时对各公约或本议定书的违犯者采取纪律或刑事行动。

第八十八条　刑事事项上互助

一、缔约各方应在对严重破坏各公约或本议定书的行为提出刑事诉讼方面，彼此提供最大限度的协助。

二、除受各公约和本议定书第八十五条第一款所确定的权利和义务的拘束外，并在情况许可下，缔约各方应在引渡事项上合作。缔约各方应对被控罪行发生地国家的请求给予适当的考虑。

三、在一切场合下均应适用被请求引渡的缔约一方的法律。但上述各款规定不应影响任何其它对刑事事项上互助的全部或部分问题加以规定或将加以规定的属于双边或多边性质的条约的规定所产生的义务。

第八十九条　合作

在严重违反本公约或本议定书的情形下，缔约各方承诺在与联合国合作下按照联合国宪章采取共同或单方行动。

第九十条 国际实况调查委员会

一、（一）应设立一个国际实况调查委员会（以下简称“调委会”），由十五名道德高尚和公认公正的委员组成；

（二）当缔约各方二十个以上已经按照第二款同意接受调委会的职权时，保存者应于该时及其后每隔五年召开缔约各该方代表会议，以选举调委会委员。在会议上，代表应进行无记名投票，从缔约每一方提名一人的名单中选出调委会委员；

（三）调委会委员应以个人资格服务，并任职至下一次会议选出新委员为止；

（四）选举时，缔约各方应保证选入调委会的人选均具备所要求的资格，并保证整个调委会实行公平的地区代表制；

（五）遇有缺位时，应由调委会本身推选补缺，而适当考虑上述各项的规定；

（六）保存者应向调委会提供执行其职务所需的行政便利。

二、（一）缔约各方得在签字、批准或加入本议定书时声明，在对接受同样义务的任何缔约他方的关系上，当然承认调委会有本条所授权的调查他方提出的主张的职权，而无须订立特别协定；

（二）上述声明应交存保存者，由保存者将声明副本分送缔约各方；

（三）调委会应具有下列职权：

1. 对被控为从事严重破坏各公约或本议定书规定的行为或其它严重违反各公约或本议定书的行为的任何事实进行调查；

2. 通过调委会的斡旋，促使恢复对各公约和本议定书的尊重的态度；

（四）在其它场合下，调委会仅应在有关他方同意下，进行冲突一方所请求的调查；

（五）在本款上述规定的拘束下，第一公约第五十二条、第二公约第五十三条、第三公约第一百三十二条和第四公约第一百四十九条的规定，应继续适用于任何被控为违反各公约的行为，并应扩展适用于任何被控为违反本议定书的行为。

三、（一）除有关各方另有协议外，所有调查应由调查庭进行，调查庭由按下列方式指派的委员七名组成：

1. 由调委会在与冲突各方磋商后在公平地区代表制基础上指派非冲突任何一方国民的委员五名；

2. 分别由每一方指派的非冲突任何一方国民的特设委员两名；

（二）在收到调查请求时，调委会主席应规定设立调查庭的适当时限。如果在该期限内未指派特设委员，主席应立即根据需要另派委员会委员，以补足调查庭的成员。

四、（一）依据第三款设立的从事调查的调查庭，应请冲突各方协助，并提供证据，调查庭还得设法取得其认为适当的其它证据，并就地对情况进行考察；

（二）所有证据应完全向各方公开，而各方应有权向调委会提出对证据的评论；

（三）每一方均应有权对证据提出异议。

五、（一）调委会应向各方提出调查庭关于事实调查的报告及其认为适当的建议；

（二）如果调查庭不能取得充分证据，对事实作出公正的调查结论，调委会应说明其不能作出的理由；

（三）除经冲突各方向调委会请求外，调委会不应公开提出其调查结果的报告。

六、调委会应自行制定其规则，包括关于调委会主席职位及调查庭庭长职位的规则。这项规则应保证调委会主席的职务无论何时均得行使，并在进行调查时由非冲突一方国民的委员行使。

七、调委会的行政开支由依据第二款作出声明的缔约各方的捐助和自愿的捐助支付。请求调查的冲突一方或几方应预付调查庭开支所需的款项，并应由被控一方或几方偿付调查庭百分之五十以内的费用。如果在调查庭上有反控告的情形，则每方均应预付百分之五十的必需款项。

第九十一条　责任

违反各公约或本议定书规定的冲突一方，按情况所需，应负补偿的责任。该方应对组成其武装部队的人员所从事的一切行为负责。

第六部　最后规定

第九十二条　签字

本议定书应于最后文件签字后六个月开放于各公约缔约各方签字，并在十二个月的期限内仍开放听由签字。

第九十三条　批准

本议定书应尽速批准。批准书应交存各公约保存者瑞士联邦委员会。

第九十四条　加入

本议定书应开放听由未签字于各公约的任何一方加入。加入书应交存保存者。

第九十五条　生效

一、本议定书应于两份批准书或加入书交存后六个月发生效力。

二、对于嗣后批准或加入本议定书的各公约缔约每一方，本议定书应于该方交存其批准书或加入书后六个月发生效力。

第九十六条 本议定书生效时条约关系

一、当各公约缔约各方也是本议定书缔约各方时，经本议定书补充的各公约应予适用。

二、当冲突一方不受本议定书的拘束时，本议定书缔约各方在其相互关系上应仍受本议定书的拘束。而且，如果不受本议定书拘束的缔约一方接受和适用本议定书的规定，本议定书缔约各方在其对该方的关系上均受本议定书的拘束。

三、代表对缔约一方从事第一条第四款所指类型的武装冲突的人民的当局，得通过向保存者送致单方面声明的方法，承诺对该冲突适用各公约和本议定书。在保存者收到该声明时，该声明对该冲突具有下列效果：

（一）各公约和本议定书对作为冲突一方的该当局立即发生效力；

（二）该当局承担各公约和本议定书缔约一方所承担的同样权利和义务；

（三）各公约和本议定书对冲突各方具有同等的拘束力。

第九十七条 修正

一、缔约任何一方均得对本议定书提出修正案。任何已提出的修正案的文本应送交保存者，保存者应在与缔约各方和红十字国际委员会磋商后，决定应否召开会议，以审议已提出的修正案。

二、保存者应邀请缔约各方以及各公约缔约各方，不论是否本议定书的签字国，参加这项会议。

第九十八条 附件一的修订

一、不迟于本议定书生效后四年，并在其后每次至少间隔四年，红十字国际委员会应就本议定书附件一与缔约各方进行磋商，并得在其认为必要时，建议召开审查附件一的技术专家会议，并对附件一提出其认为适宜的修正案。除在向缔约各方发出召开这项会议的建议六个月内有缔约各方三分之一表示反对外，红十字国际委员会应召开会议，并邀请适当国际组织派遣观察员参加。红十字国际委员会在缔约各方三分之一请求下也应随时召开这项会议。

二、如果在技术专家会议后红十字国际委员会或缔约各方三分之一请求召开会议，保存者应召开缔约各方和各公约缔约各方会议，以审议技术专家会议提出的修正案。

三、在该会议上，附件一的修正案得由出席并投票的缔约各方三分之二通过。

四、保存者应将已通过的任何修正案送交缔约各方和各公约缔约各方。修正案在送交后满一年时应视为已被接受，除非在该期限内缔约各方的三分之二以上发出不接受该修正案的声明。

五、按照第四款视为已被接受的修正案，应在按照该款发出不接受声明以外的缔约所有各方接受后三个月发生效力。任何发出不接受声明的一方得随时撤回该声明，修正案应在撤回后三个月对该方发生效力。

六、保存者应将任何修正案的发生效力、受该修正案拘束的各方、该修正案对每一方发生效力的日期、按照第四款发出的不接受声明和该声明的撤回，通知缔约各方和各公约缔约各方。

第九十九条　退约

一、如果缔约一方退出本议定书，退约应仅在收到退约书后一年发生效力。但如果在一年期满时，退约该方卷入第一条所指的各种场合中一种场合，退约在武装冲突或占领结束前不应发生效力，并无论如何在与受各公约保护的人最后释放、遣返或安置有关的行动终止以前不应发生效力。

二、退约应以书面通知保存者，并由保存者告知缔约各方。

三、退约仅对退约一方有效。

四、依据第一款的任何退约，不应影响退约该方由于武装冲突而对退约生效前作出的任何行为所承担的义务。

第一〇〇条　通知

保存者应将下列各项通知缔约各方以及各公约缔约各方，不论其是否本议定书的签字国：

一、在本议定书上的签定和依据第九十三条和第九十四条的批准书和加入书的交存；

二、依据第九十五条的本议定书的生效日期；

三、依据第八十四条、第九十条和第九十七条收到的通知和声明；

四、依据第九十六条第三款收到的声明，该声明应以最迅速的方法分送；

五、依据第九十九条的退约。

第一〇一条　登记

一、本议定书在生效后，应按照联合国宪章第一百零二条，由保存者送交联合国秘书处登记公布。

二、保存者还应将其收到的关于本议定书的所有批准、加入和退约，通知联合国秘书处。

第一〇二条　作准文本

本议定书原本，其阿拉伯文、中文、英文、法文、俄文和西班牙文各本同样作准，应交存保存者，保存者应将其经认证无误的副本分送各公约缔约各方。

附件一　识别章程（略）

附件二　担任危险的职业任务的新闻记者使用的身份证（略）

1949年8月12日日内瓦四公约关于保护非国际性武装冲突受难者的附加议定书

（第二议定书）

（1977年6月8日订于日内瓦）

序　文

缔约各方，回顾到庄严载入1949年8月12日日内瓦四公约共同第三条的人道主义原则，构成在非国际性武装冲突的情形下对人的尊重的基础，还回顾到关于人权的国际文件提供对人的基本保护，强调有必要保证这类武装冲突的受难者得到更好的保护，回顾到在现行法律所未包括的情形下，人仍受人道原则和公众良心要求的保护，议定如下：

第一部　本议定书的范围

第一条　对事物的适用范围

一、本议定书发展和补充1949年8月12日日内瓦四公约共同第三条而不改变其现有的适用条件，应适用于为1949年8月12日日内瓦四公约关于保护国际性武装冲突受难者的附加议定书（第一议定书）所未包括、而在缔约一方领土内发生的该方武装部队和在负责统率下对该方一部分领土行使控制权，从而使其能进行持久而协调的军事行动并执行本议定书的持不同政见的武装部队或其它有组织的武装集团之间的一切武装冲突。

二、本议定书不应适用于非武装冲突的内部动乱和紧张局势，如暴动、孤立而不时发生的暴力行为和其它类似性质的行为。

第二条　对人的适用范围

一、本议定书应适用于受第一条所规定的武装冲突影响的一切人，而不应以种族、肤色、性别、语文、宗教或信仰、政治或其它意见、民族或社会出身、财富、出生或其它身份或任何其它类似标准为依据加以任何不利区别（以下简称“不利区别”）。

二、在武装冲突结束时，基于有关该冲突的原因而自由被剥夺或自由受限制的一切人，以及在该冲突后基于同样原因而自由被剥夺或自由受限制的一切人，均应享受第五条和第六条的保护，直至自由的剥夺或限制终止之时为止。

第三条　不干涉

一、本议定书的任何规定均不应援引以损害国家的主权，或损害政府用一切合法手段维持或恢复国内法律和秩序或保卫国家统一和领土完整的责任。

二、本议定书的任何规定均不应援引作为无论基于任何理由而直接或间接干涉武装冲突或冲突发生地的缔约一方的内部或外部事务的根据。

第二部　人道待遇

第四条　基本保证

一、一切未直接参加或已停止参加敌对行动的人，不论其自由是否受限制，均有权享受对其人身、荣誉以及信念和宗教仪式的尊重。这类人应在任何情况下受人道待遇，而不加任何不利区别。下令杀无赦，是禁止的。

二、在不妨害上述规定的普遍性的条件下，对第一款所指的人的下列行为是禁止的，并在任何时候和在任何地方均应禁止：

（一）对人的生命、健康和身体上或精神上幸福的暴行，特别是谋杀以及虐待，如酷刑、残伤肢体或任何形式的体罚；

（二）集体惩罚；

（三）扣留人质；

（四）恐怖主义行为；

（五）对人身尊严的侵犯，特别是侮辱性和降低身份的待遇、强奸、强迫卖淫和任何形式的非礼侵犯；

（六）各种形式的奴隶制度和奴隶贩卖；

（七）抢劫；

（八）以从事任何上述行为相威胁。

三、对儿童，应给予其所需的照顾和援助，特别是：

（一）儿童应按照其父母的愿望，或父母不在时，按照负责照顾的人的愿望得到教育，包括宗教和道德教育；

（二）应采取一切适当步骤，以便利暂时离散的家庭重聚；

（三）对未满十五岁的儿童不应征募其参加武装部队或集团，也不应准许其参加敌对行动；

（四）如果尽管有第三项的规定，而未满十五岁的儿童直接参加敌对行动，并被俘获，这类儿童仍应适用本条所规定的特别保护；

（五）如果有必要，并在可能时，在儿童的父母或依据法律或习惯主要负责照顾的人的同意下，应采取措施，将儿童从进行敌对行动的地区暂时移往国内较安全的地区，并保证由负责其安全和幸福的人伴同。

第五条　自由受限制的人

一、除第四条的规定外，对于基于有关武装冲突的原因而自由被剥夺的人，不论是被拘禁或被拘留，至少应尊重下列的规定：

（一）对伤者和病者，应按照第七条给予待遇；

（二）对本款所指的人，应按照当地平民居民的同样标准供给食物和饮水，并提供健康卫生方面的保障和免受严寒酷热和武装冲突的危害的保护；

（三）对这类人，应准许其接受个人或集体救济；

（四）对这类人，应准许其奉行其宗教，而且，如经请求，并于适宜时，应准许其接受执行宗教职务的人，如牧师，所给予的精神上帮助；

（五）如果使这类人做工，这类人应享有类似当地平民居民所享受的工作条件和保障的利益。

二、负责拘禁或拘留第一款所指的人的当局也应在其力所能及范围内尊重有关这类人的下列规定：

（一）除一家男女的住处安排在一起外，妇女的住处应与男子的住处分开，并应由妇女直接监视；

（二）对这类人，应准许其收发信件和邮片，主管当局如果认为必要，得限制其数目；

（三）拘禁和拘留的地方不应接近战斗地带。第一款所指的人，在其拘禁或拘留的地方特别容易遭受武装冲突所造成的危险时，如果撤退能在充分安全的条件下进行，应予撤退；

（四）这类人应享有身体检查的利益；

（五）这类人的身心健全不应受任何无理行为或不作为的危害。因此，迫使本条所述的人接受非为其健康状况所要求而且与自由的人在类似医疗状况中所适用的公认医疗标准不符的医疗程序，是禁止的。

三、对第一款所不包括但基于有关武装冲突的原因而自由以任何方式受限制的人，应按照第四条和本条第一款第一项、第三项和第四项以及第二款第二项给予人道的待遇。

四、如果决定释放自由被剥夺的人，作出决定的人应采取措施，以保证被释放的人的安全。

第六条　刑事追诉

一、本条适用于对有关武装冲突的刑事罪行的追诉和惩罚。

二、对犯有罪行的人，除遵照具备独立和公正的主要保证的法院定罪宣告外，不应判刑和处罚。特别是：

（一）程序应规定使被告立即被告知其被控犯罪的细节，并应使被告在审判前和审判期间享有一切必要的辩护权利和手段；

（二）对任何人，除以个人刑事责任为依据外，均不应对其判罪；

（三）对任何人，均不应因其在从事行为或不作为时依据法律不构成犯罪的任何行为或不作为而判决有罪；也不应处以重于其犯罪时可适用的刑罚；如果在犯罪后法律规定较轻的刑罚，犯罪人应享受该规定的利益；

（四）任何被控犯罪的人，在按照法律证明其有罪前，均推定为无罪；

（五）任何被控犯罪的人均应享有在受审时在场的权利；

（六）对任何人，均不应迫其提供对自己不利的证据或自认犯罪。

三、对被判罪的人，应在判罪时告知其司法或其它救济方法以及使用这些救济方法的时限。

四、对犯罪时不满十八岁的人，不应宣判死刑，并对孕妇和幼童的母亲，不应执行死刑。

五、在敌对行动结束时，当权当局对参加武装冲突的人或基于有关武装冲突的原因而自由被剥夺的人，不论被拘禁或被拘留，应给以尽可能最广泛的赦免。

第三部　伤者、病者和遇船难者

第七条　保护和照顾

一、所有伤者、病者和遇船难者，不论曾否参加武装冲突，均应受尊重和保护。

二、在任何情况下，伤者、病者和遇船难者均应受人道待遇，并应在最大实际可能范围内和尽速得到其状况所需的医疗照顾和注意。在这类人之中，不应以医疗以外的任何理由为依据加以任何区别。

第八条　搜寻

在情况许可的任何时候，特别是在战斗后，应立即采取一切可能措施，搜寻和收集伤者、病者和遇船难者，保护其不受抢劫和虐待，保证其有充分的照顾，而且搜寻死者，防止其被剥夺衣物并予以适宜的处理。

第九条　对医务和宗教人员的保护

一、医务和宗教人员应受尊重和保护，并在其履行职责中应得到一切可能帮助。对这类人，不应迫其执行与其人道主义使命不符的任务。

二、除有医疗理由外，不应要求医务人员在履行其职责中给予任何人以优先地位。

第十条　对医疗职责的一般保护

一、在任何情况下，不问谁是受益者，任何人均不应因进行符合医疗职责的医疗活动而受惩罚。

二、对从事医疗活动的人，不应迫其从事或进行违反医疗道德规则、或其它为伤者和病者的利益而制订的规则、或本议定书的行为或工作，也不应迫其不从事这类规则或本议定书所要求的行为。

三、从事医疗活动的人关于其可能取得的有关在其照顾下伤者和病者的情报的职业上义务，除受国内法的限制外，应受尊重。

四、除受国内法的限制外，任何从事医疗活动的人均不得因拒绝提供或未提供关于在其照顾下或曾在其照顾下的伤者和病者的情报而受任何形式的处罚。

第十一条　对医疗队和医务运输工具的保护

一、医疗队和医务运输工具无论何时均应受尊重和保护，并不应成为攻击的对象。

二、医疗队和医务运输工具，除其用于从事人道主义职能以外的敌对行为外，其有权享受的保护不应停止。但仅在发出警告，并在任何适宜时定有合理时限，而警告仍无效果后，保护才得停止。

第十二条　特殊标志

在有关主管当局指导下，医务和宗教人员以及医疗队和医务运输工具应展示白底红十字、红新月或红狮与太阳的特殊标志。在任何情形下，该特殊标志均应受尊重。该特殊标志不应用于不正当的用途。

第四部　平民居民

第十三条　对平民居民的保护

一、平民居民和平民个人应享受免于军事行动所产生的危险的一般保护。为了实现这种保护，在任何情况下均应遵守下列各项规则。

二、平民居民本身以及平民个人，不应成为攻击的对象。禁止以在平民居民中散布恐怖为主要目的的暴力行为或暴力威胁。

三、平民个人除直接参加敌对行为并在参加期间外，应享受本部所给予的保护。

第十四条　对平民居民生存所不可缺少的物体的保护

作为作战方法使平民居民陷于饥饿，是禁止的。因此，为了该目的，对平民居民所不可缺少的物体，如粮食、生产粮食的农业区、农作物、牲畜、饮水装置和供应及灌溉工程，进行攻击、破坏、移动或使其失去效用，都是禁止的。

第十五条　对含有危险力量的工程和装置的保护

含有危险力量的工程或装置，如堤坝和核发电站，如果对之进行攻击可能引起危险力量的释放，从而在平民居民中造成严重的损失，即使这类物体是军事目标，也不应成为攻击的对象。

第十六条　对文物和礼拜场所的保护

在不妨碍1954年5月14日关于发生武装冲突时保护文化财产的海牙公约的规定的条件下，对构成各国人民文化或精神遗产的历史纪念物、艺术品或礼拜场所从事任何敌对行为，以及利用这些物体以支持军事努力，都是禁止的。

第十七条 对强迫平民迁移的禁止

一、除为有关平民的安全或迫切的军事理由所要求外，不应基于有关冲突的理由下令平民居民迁移。如果必须进行迁移，则应采取一切可能的措施，使平民居民能在满意的住宿、卫生、健康、安全和营养的条件下被收留。

二、对平民，不应基于有关冲突的理由而迫其离开其本国领土。

第十八条 救济团体和救济行动

一、在缔约一方领土内的救济团体，如红十字会（红新月会、红狮与太阳会）组织，得提供服务，对武装冲突受难者执行其传统的职务。平民居民即使在其自己主动下，也得提供收集和照顾伤者、病者和遇船难者的服务。

二、如果平民居民由于缺少生存必需品，如粮食和医疗用品，而遭受非常的困难，对该平民居民，应在有关缔约一方同意下，进行专门属于人道主义和公正性质而不加任何不利区别的救济行动。

第五部 最后规定

第十九条 传播

本议定书应尽可能广泛地予以传播。

第二十条 签字

本议定书应于最后文件签字后六个月开放听由各公约缔约各方签字，并在十二个月期间内继续开放听由签字。

第二十一条 批准

本议定书应尽速批准。批准书应交存各公约保存者瑞士联邦委员会。

第二十二条 加入

本议定书应开放听由未签字于本议定书的各公约任何一方加入。加入书应交存保存者。

第二十三条 生效

一、本议定书应于两份批准书或加入书交存后六个月发生效力。

二、对于嗣后批准或加入本议定书的各公约缔约每一方，本议定书应于该方交存其批准书或加入书后六个月发生效力。

第二十四条　修正

一、缔约任何一方均得对本议定书提出修正案。任何已提出的修正案的文本应送交保存者，保存者应在与缔约各方和红十字国际委员会磋商后，决定应否召开会议，以审议已提出的修正案。

二、保存者应邀请缔约各方以及各公约缔约各方，不论是否本议定书的签字国，参加该会议。

第二十五条　退约

一、如果缔约一方退出本议定书，退约应仅在退约书收到后六个月发生效力。但如果在六个月期满时，退约该方卷入第一条所指的场合，退约在武装冲突结束前不应发生效力。然而，基于有关冲突的原因而自由被剥夺或自由受限制的人，在其最后释放前，应继续享受本议定书的规定的利益。

二、退约应以书面通知保存者，保存者应即告知缔约各方。

第二十六条　通知

保存者应将下列各项通知缔约各方以及各公约缔约各方，不论是否本议定书的签字国：

一、在本议定书上的签字和依据第二十一条和第二十二条的批准书和加入书的交存；

二、依据第二十三条的本议定书的生效日期；

三、依据第二十四条收到的通知和声明。

第二十七条　登记

一、本议定书在生效后，应按照联合国宪章第一百零二条由保存者送交联合国秘书处登记公布。

二、保存者还应将其收到的关于本议定书的所有批准、加入和退约，通知联合国秘书处。

第二十八条　作准文本

本议定书原本，其阿拉伯文、中文、英文、法文、俄文、西班牙文各文本同样作准，应交存保存者，保存者应将其经认证无误的副本分送各公约缔约各方。

1949年8月12日日内瓦公约关于采纳一个新增特殊标志的附加议定书

（第三议定书）

序　文

缔约各方，

（1）重申关于使用特殊标志的1949年8月12日日内瓦公约的条款（特别是日内瓦第一公约第二十六、三十八、四十二和第四十四条）及其可适用的1977年6月8日附加议定书的条款（特别是第一附加议定书第十八条和第三十八条以及第二附加议定书第十二条）；

（2）期望对上述条款进行补充以加强其保护作用及普遍性；

（3）注意到本议定书不影响缔约各方继续使用它们依照日内瓦公约及其可适用的附加议定书的规定所正在使用的标志的权利；

（4）忆及对日内瓦公约及其附加议定书所保护的人员和物体的尊重义务源自国际法给予他们的受保护地位，而不取决于使用特殊的标志、标记或记号；

（5）强调特殊标志不应带有宗教、人种、种族、地区或政治的意义；

（6）强调确保完全遵守日内瓦公约及其可适用的附加议定书认可的关于特殊标志所带来的义务的重要性；

（7）忆及日内瓦第一公约第四十四条规定了对特殊标志作保护性使用和识别性使用之间的区别；

（8）并忆及在其他国家领土上从事活动的各国国家红会必须保证其在这些活动范围内准备使用的标志可以在活动进行的国家或过境国国内使用；

（9）承认某些国家和国家红会在使用现有特殊标志时会有困难；

（10）注意到红十字国际委员会、红十字会与红新月会国际联合会以及国际红十字与红新月运动保持其现在的名称及标志的决定；

议定如下：

第一条　本议定书的尊重和适用范围

一、缔约各方承诺，在一切情况下都尊重本议定书并保证本议定书被尊重。

二、本议定书重申并补充1949年8月12日四个日内瓦公约（以下称日内瓦公约）及其可适用的 1977 年 6 月 8 日两个附加议定书（以下称 1977 年附加议定书）关于特殊标志，即红十字、红新月、红狮与太阳的条款，并在这些条款规定的相同情形中适用。

第二条　特殊标志

一、本议定书认可除日内瓦公约特殊标志外，新增一个特殊标志，其目的与已有标志相同。各特殊标志具有平等地位。

二、该新增的特殊标志为一个白底红色边框的竖立正方形，以本议定书附件中图形为准。该特殊标志在本议定书中被称作“第三议定书标志”。

三、使用和尊重第三议定书标志的条件与日内瓦公约及其可适用的 1977 年附加议定书所规定的关于特殊标志的条件相同。

四、缔约各方武装力量的医疗服务及宗教人员在不损害其现有标志的情况下，可以临时使用本条第一款所指的任何特殊标志，如果这样可以加强保护。

第三条　第三议定书标志的识别性使用

一、那些决定使用第三议定书标志的缔约各方的国家红会在依照各自国家的法律使用第三议定书标志时，可以识别为目的选择嵌入：

（一）日内瓦公约所认可的一个特殊标志或这些特殊标志的组合；或

（二）某一缔约方实际正在使用、并于本议定书通过之前经保存者向其他各缔约方和红十字国际委员会做了通报的其他标志。

嵌入须符合本议定书附件中的图形。

二、选择根据上述第一款在第三议定书标志中嵌入其他标志的国家红会，可依照其国内法律使用该标志的名称并在其领土上进行展示。

三、各国国家红会依照其国家法律及在特殊情况下为方便其工作，可临时使用本议定书第二条所指的特殊标志。

四、本条不影响日内瓦公约及本议定书认可的各特殊标志的法律地位，也不影响任何依照本条第一款以识别为目的嵌入的某一标志的法律地位。

第四条　红十字国际委员会和红十字会与红新月会国际联合会

红十字国际委员会和红十字会与红新月会国际联合会及其正式授权的人员，可在特殊情况下为方便其工作使用本议定书第二条所述的特殊标志。

第五条　联合国主导的使命

参加联合国主导的行动的医疗服务和宗教人员在参与国的同意下可使用第一条和第二条中所述的一种特殊标志。

第六条　防止和取缔滥用

一、日内瓦公约及其可适用的 1977 年附加议定书关于防止和取缔滥用特殊标志的条款同样适用于第三议定书标志。特别是缔约各方应采取必要措施，随时防止和取缔对第一条和第二条所述的各特殊标志及其名称的任何滥用，包括背信弃义地使用和任何构成对其模仿的标志或名称的使用。

二、尽管有上面第一款的内容，缔约各方可允许先前使用第三议定书标志或任何构成对其模仿的标志者继续使用之，但该使用在武装冲突期间，不得表现为赋予日内瓦公约及其可适用的1977年附加议定书的保护，并且该使用权是在本议定书通过前获得的。

第七条　传播

缔约各方承诺，在平时及在武装冲突时，尽可能广泛地在其国内传播本议定书，特别是将学习本议定书纳入其军事培训计划，并鼓励平民居民学习本议定书，以使本文件被武装力量和平民居民所周知。

第八条　签署

本议定书将于其被通过之日起开放供日内瓦公约各缔约方签署，并在十二个月的期限内仍开放供签署。

第九条　批准

本议定书应尽速批准。批准书应交存日内瓦公约及1977年附加议定书的保存者瑞士联邦委员会。

第十条　加入

本议定书应开放供所有未签署本议定书的日内瓦公约各缔约方加入。加入书应交存保存者。

第十一条　生效

一、本议定书应于两份批准书或加入书交存后六个月生效。

二、对于嗣后批准或加入本议定书的日内瓦公约各缔约方，本议定书于该方交存批准书或加入书后六个月生效。

第十二条　本议定书生效时的条约关系

一、当日内瓦公约各缔约方亦为本议定书缔约各方时，经本议定书补充的各公约应予适用。

二、当冲突一方不受本议定书约束时，本议定书缔约各方之间的相互关系仍应受本议定书约束。而且，如果不受本议定书约束的缔约一方接受并适用本议定书的规定，本议定书缔约各方在其对该方的关系上均受本议定书的约束。

第十三条　修正

一、缔约任何一方均可对本议定书提出修正案。任何已提出的修正案的文本应送交保存者，由保存者与缔约各方、红十字国际委员会和红十字会与红新月会国际联合会磋商后，决定应否召开会议，以审议所提出的修正案。

二、保存者应邀请缔约各方以及日内瓦公约缔约各方，不论是否是本议定书的签字国，参加这项会议。

第十四条　退约

一、如果缔约一方退出本议定书，退约于收到退约书一年后方发生效力。如果这一年期满时，提出退约该方正处于武装冲突或占领状态，退约在武装冲突或占领结束前不应发生效力。

二、退约应以书面方式通知保存者，并由保存者告知缔约各方。

三、退约仅应对提出退约一方有效。

四、任何依据第一款提出的退约，都不应影响该退约方由于武装冲突或占领而对退约生效前作出的任何行为所承担的义务。

第十五条　通知

保存者应将下列各项通知缔约各方以及日内瓦公约缔约各方，不论其是否是本议定书的签字国：

一、依据第八条、第九条和第十条对本议定书所作的签署及批准书和加入书的交存；

二、依据第十一条在生效后十日内通告本议定书的生效日期；

三、依据第十三条所收到的通知；

四、依据第十四条提出的退约。

第十六条　登记

一、本议定书生效后，应按照联合国宪章第一百零二条，由保存者送交联合国秘书处登记和公布。

二、保存者亦应将其收到的关于本议定书的所有批准、加入和退约，通知联合国秘书处。

第十七条　作准文本

本议定书正本，其阿拉伯文、中文、英文、法文、俄文和西班牙文文本同样作准，应交存保存者，保存者应将其经认证无误的副本分送日内瓦公约缔约各方。

附：

第三议定书标志

（本议定书第二条第二款和第三条第一款）（略）

主要参考文献

一、文献资料

世界知识出版社编：《中华人民共和国对外关系文件集》第1—10集，世界知识出版社1957—1965年版。

世界知识出版社编：《日本问题文件汇编》（第2集），世界知识出版社1958年版。

世界知识出版社编：《中美关系资料汇编》（内部读物）第2辑上，世界知识出版社1960年版。

《关于建国以来党的若干历史问题的决议》，人民出版社1981年版。

《三中全会以来重要文献选编》，人民出版社1982年版。

冬梅：《中美关系资料选编（1971.7—1981.7）》，时事出版社1982年版。

李长久、施鲁佳：《中美关系二百年》，新华出版社1984年版。

《周恩来选集》下卷，人民出版社1984年版。

《十二大以来重要文献选编》上，人民出版社1986年版。

中国红十字会总会编：《中国红十字会年报》（1986—2007年），内部印行。

中国红十字会总会编：《红十字手册》，辽宁科学技术出版社1988年版。

顾维钧：《顾维钧回忆录》第8—12册，中华书局1989—1993年版。

《周恩来外交文选》，中央文献出版社1990年版。

外交部《新中国外交风云》编委会:《新中国外交风云》第2辑，世界知识出版社1991年版。

郭明主编:《中越关系演变四十年》，广西人民出版社1992年版。

李德安等译:《周恩来与日本朋友们》，中央文献出版社1992年版。

《建国以来重要文献选编》第1—20册，中央文献出版社1992—1998年版。

《建国以来毛泽东文稿》第6、7册，中央文献出版社1992年版。

中华人民共和国外交部外交史研究室编:《周恩来外交活动大事记（1949—1975)》，世界知识出版社1993年版。

国际战略研究基金会编:《环球同此凉热——一代领袖们的国际战略思想》，中央文献出版社1993年版。

《毛泽东外交文选》，中央文献出版社、世界知识出版社1994年版。

国务院法制局、中国红十字会总会编:《中华人民共和国红十字会法使用手册》，中国友谊出版公司1994年版。

《九十纪要》编辑委员会:《九十纪要》，台湾致琦企业有限公司1994年印行。

刘金质、杨淮生主编:《中国对朝鲜和韩国政策文件汇编，1949—1994》，中国社会科学出版社1994年版。

中国红十字会总会:《中国红十字会六届二次理事会议文件汇编》，1995年内部印行。

中国红十字会总会:《中国红十字会六届三次理事会议文件汇编》，1996年内部印行。

刘国新主编:《共和国史记》第一卷，吉林人民出版社1996年版。

李晨主编:《共和国史记》第二卷，吉林人民出版社1996年版。

陈东林、杜蒲主编:《共和国史记》第三卷，吉林人民出版社1996年版。

谭宗级、叶心瑜主编:《共和国史记》第四卷，吉林人民出版社1996年版。

宋恩繁、黎家松主编:《中华人民共和国外交大事记》第1卷，世界知识出版社1997年版。

《周恩来年谱，1949—1976》上、中、下卷，中央文献出版社1997年版。

中国红十字会总会编:《中国红十字会第六届理事会第四次会议文件汇编》，1997年内部印行。

中国红十字会总会编:《中国红十字会第六届理事会第五次会议文件汇编》，1998年内部印行。

第四次世界妇女大会、1995北京非政府组织妇女论坛丛书编委会：《第四次世界妇女大会新闻概览》，中国妇女出版社1998年版。

曲折主编：《中国红十字事业》，广东经济出版社1999年版。

周弘主编：《对外援助与国际关系》，中国社会科学出版社2002年版。

中国红十字会总会编：《中国红十字会法律法规汇编》，2003年内部印行。

王立忠、江亦曼、孙隆椿主编：《中国红十字会百年》，新华出版社2004年版。

新华月报社编：《中华人民共和国大事记（1949—2004）》，人民出版社2004年版。

《邓小平年谱，1975—1997》上、中、下册，中央文献出版社2004年版。

池子华、郝如一主编：《中国红十字历史编年，1904—2004》，安徽人民出版社2005年版。

中国红十字会总会编：《中国红十字会历史资料选编，1950—2004》，民族出版社2005年版。

国务院法制办公室编：《中华人民共和国法规汇编，1949—1952》第1卷，中国法制出版社2005年版。

中国红十字会总会联络部：《中国红十字会总会重要出访活动文件汇编（1999.10—2004.10）》，2005年内部印行。

中国红十字年鉴编辑部编：《中国红十字年鉴：2004/2005》，台海出版社2006年版。

中国红十字年鉴编辑部编：《中国红十字年鉴：2005/2006》，台海出版社2007年版。

中国红十字会总会编：《中国红十字会领导讲话汇编》，2007年内部印行。

沈志华、杨奎松主编：《美国对华情报解密档案（1948—1976）》第1—8册，东方出版中心2009年版。

生活·读书·新知三联书店编：《MEMO2013：〈三联生活周刊〉的观察与态度》，生活·读书·新知三联书店2014年版。

中国红十字年鉴编辑部：《中国红十字年鉴：2010/2011》，中国工商联合出版社2014年版。

中国红十字会总会编：《中国红十字会第十次全国会员代表大会文件资料汇编》，2015年内部印行。

中国红十字年鉴编辑部主编：《中国红十字会通志，1904—2015》，中华工商联合出版社2016年版。

《参考消息》	《大公报》	《凤凰周刊》
《光明日报》	《环球时报》	《南方日报》
《南方周末》	《人民日报》	《中国档案报》
《中国红十字报》	《中国红十字》	《新中国红十字》
《新民晚报》	《台港澳报刊参阅》	《联合早报》

二、学术专著

彭明：《中苏友谊史》，人民出版社1957年版。

［美］亨利·基辛格：《白宫岁月——基辛格回忆录》第1册（陈瑶华等译），世界知识出版社1980年版。

［日］信夫清三郎：《日本外交史》下（天津社会科学院日本问题研究所译），商务印书馆1980年版。

［澳］内维尔·马克斯韦尔：《印度对华战争》（陆仁译），世界知识出版社1981年版。

孙平化：《中日友好随想录》，世界知识出版社1986年版。

《不尽的思念》，中央文献出版社1987年版。

［瑞士］卡普尔：《觉醒中的巨人——一个外国人看新中国前三十年的外交政策》（彭致斌译），国际文化出版公司1987年版。

谢益显主编：《中国外交史，1949—1979》，河南人民出版社1988年版。

杜平：《在志愿军总部》，解放军出版社1989年版。

［美］费正清、罗德里克·麦克法夸尔主编：《剑桥中华人民共和国史，1949—1965》（王建朗等译），上海人民出版社1990年版。

［加］柯·让：《周恩来的外交》（汪永红译），东方出版社1992年版。

宫力：《跨越鸿沟：1969—1979年中美关系的演变》，河南人民出版社1992年版。

裴坚章：《中华人民共和国外交史，1949—1956》，世界知识出版社1994年版。

中国红十字会总会编：《中国红十字会的九十年》，中国友谊出版社1994年版。

宇剑等：《中华人民共和国历史纪实·改革扬帆（1976—1984）》，红旗出版社1994年版。

陈乐民、周荣耀：《西方外交思想史》，中国社会科学出版社1995年版。

宋成有等：《战后日本外交史（1945—1994）》，世界知识出版社1995

年版。

冯昭奎等：《战后日本外交，1945—1995》，中国社会科学出版社 1996 年版。

裴默农：《周恩来外交学》，中共中央党校出版社 1997 年版。

［美］亨利·基辛格：《大外交》（顾淑馨、林添贵译），海南出版社 1998 年版。

程瑞声、黄士康等著：《松林别墅的五位总统》，江苏人民出版社 1998 年版。

金冲及主编：《周恩来传（1949—1976）》，中央文献出版社 1998 年版。

孙津：《新中国外交启示录》，广东人民出版社 1998 年版。

王宏纬：《喜马拉雅山情结：中印关系研究》，中国藏学出版社 1998 年版。

蔡佳禾：《双重的遏制：艾森豪威尔政府的东亚政策》，南京大学出版社 1999 年版。

宫力：《毛泽东与美国：毛泽东对美政策思想的轨迹》，世界知识出版社 1999 年版。

李宝俊：《当代中国外交概论》，中国人民大学出版社 1999 年版。

日本中国归还者联络会编：《永远的忏悔——归国日本战犯的后半生》，解放军文艺出版社 1999 年版。

王俊彦：《开国外交》，时事出版社 1999 年版。

王泰平：《新中国外交 50 年》，北京出版社 1999 年版。

张国通：《花冈事件》，河南人民出版社 1999 年版。

谢益显：《当代中国外交思想史》，河南大学出版社 1999 年版。

王淇、陈志凌主编：《中共党史人物传》第 70 卷，中央文献出版社 2000 年版。

庄国土：《华人华侨与中国的关系》，广东高等教育出版社 2001 年版。

崔丕主编：《冷战时期美国对外政策史探微》，中华书局 2002 年版。

《纵横》精品丛书编委会：《共和国外交实录》，中国文史出版社 2002 年版。

总政办公厅司法局编：《战争法知识讲座》，解放军出版社 2003 年版。

沈志华：《毛泽东、斯大林与朝鲜战争》，广东人民出版社 2003 年版。

孙柏秋主编，池子华、杨国堂等著：《百年红十字》，安徽人民出版社 2003 年版。

徐焰：《毛泽东与抗美援朝战争——正确而辉煌的运筹帷幄》，解放军出版社 2003 年版。

周溢潢：《中美关系风云录》，山西人民出版社 2003 年版。

逄先知、金冲及主编：《毛泽东传（1949—1976）》，中央文献出版社 2003 年版。

陶文钊：《中美关系史》上、中、下卷，上海人民出版社 2004 年版。

牛大勇、沈志华主编：《冷战与中国的周边关系》，世界知识出版社 2004 年版。

张玉法主编：《"中华民国"红十字会百年会史，1904—2003》，（台北）致琦企业有限公司 2004 年印行。

［美］约瑟夫·奈：《软力量：世界政坛成功之道》（吴晓辉、钱程译），东方出版社 2005 年版。

徐京利：《解密中国外交档案》，中国档案出版社 2005 年版。

石丁主编：《往事千年：历史长河中的精彩瞬间》，世界知识出版社 2005 年版。

陆苗耕、黄舍骄、林怡主编：《同心若金——中非友好关系的辉煌历程》，世界知识出版社 2006 年版。

张历历：《百年中日关系》，世界知识出版社 2006 年版。

［美］哈里·杜鲁门：《杜鲁门回忆录》下（李石译），东方出版社 2007 年版。

王殊：《五洲风云纪》，上海辞书出版社 2007 年版。

吴学文、王俊彦：《廖承志与日本》，中共党史出版社 2007 年版。

［日］中村政则：《日本战后史》（张英莉译），中国人民大学出版社 2008 年版。

池子华：《中国红十字运动史散论》，安徽人民出版社 2009 年版。

牛军主编：《后冷战时代的中国外交》，北京大学出版社 2009 年版。

肖冬连：《六十年国事纪要》外交卷，湖南人民出版社 2009 年版。

叶自成、李红杰主编：《中国大外交：折冲樽俎 60 年》，当代世界出版社 2009 年版。

池子华、郝如一主编：《红十字运动与慈善文化》，广西师范大学出版社 2010 年版。

伍绍祖：《伍绍祖文集·社会交往卷》，人民出版社 2011 年版。

［美］亨利·基辛格：《论中国》（胡利平等译），中信出版社 2012 年版。

［美］约翰·刘易斯·加迪斯：《冷战》（翟强、张静译），社会科学文献出版社 2013 年版。

牛军：《冷战与中国外交决策》，九州出版社2013年版。

宫力：《毛泽东与中美外交风云》，红旗出版社2014年版。

孟涛：《朝鲜战争若干问题再研究——以美国档案文献资料为基础》，郑州大学2014年博士学位论文。

马国川：《看中国》，中信出版集团2015年版。

三、研究论文

陈正雄：《旅日中国人的基本情况》（李俭光编译），《华侨华人历史研究》1990年第3期。

张丽波：《简论战后中日关系的进展》，《辽宁大学学报》1993年第3期。

［美］罗斯玛丽·福特：《80年代以来西方学者对朝鲜战争的政策分析》（沈志华译），《当代中国史研究》1995年第6期。

晓音：《建国初震惊中外的美国间谍案》，《党史纵览》2000年第1期。

周秋光：《晚清时期的中国红十字会述论》，《近代史研究》2000年第3期。

杜平、杜安平：《忆志愿军优待战俘和瓦解敌军工作的成功经验》，《军事历史》2001年第1期。

门洪华：《国际机制与中国的战略选择》，《中国社会科学》2001年第2期。

鲍明荣：《中国人民志愿军在抗美援朝战争中的战俘政策》，《军事历史》2001年第6期。

周秋光：《民国北京政府时期中国红十字会的国际交往》，《湖南师范大学社会科学学报》2002年第4期。

黄耀昆：《朝鲜战场上的细菌战》，《纵横》2002年第8期。

张力：《“中华民国”恢复国际红十字会会籍的奋斗》，（台北）《近代中国》2003年第155期。

蔡宪昌：《中国趋势之分析：两岸关系之研究》，《嘉义大学通识学报》2004年第2期。

王晓贤：《跟随廖承志开展对日工作》，《中共党史资料》2006年第2期。

牛军、章百家等：《1966—1976：闭合与开启的国门》，《世界知识》2006年第13期。

陈时伟：《朝鲜战争时期围绕细菌战问题的三场国际政治动员——基于中英两国档案的解读》，《历史研究》2006年第6期。

陈辉：《八路军新四军对日本战俘的改造》，《文史精华》2007年第2期。

池子华：《建国后中国红十字会代表团首访日本纪实》，《钟山风雨》2007年第3期。

池子华：《一部中国红会史研究的“问题”之作——评〈中国红十字会初期发展之研究〉》，《民国档案》2007年第4期。

池子华：《是行路者，也是道路的红十字会——台湾版〈红十字会百年会史，1904—2003〉述评》，《〈红十字运动研究〉2007年卷》，安徽人民出版社2007年版。

池子华、郝如一：《红十字事业发展呼唤理论研究》，《〈红十字运动研究〉2007年卷》，安徽人民出版社2007年版。

王卫平、王晚英：《为中国慈善界放一异彩——〈百年红十字〉简评》，《〈红十字运动研究〉2007年卷》，安徽人民出版社2007年版。

何立波：《抗战期间的延安日本战俘学校》，《湘潮》2007年第11期。

钱嘉东、王效贤：《周恩来与中日关系述论》，《党的文献》2007年第6期。

朱开宪：《新中国恢复的第一个国际合法席位》，《世界知识》2007年第12期。

刘建平：《战后中日关系之“人民外交”的生成：过程与概念》，《开放时代》2008年第3期。

池子华：《抗美援朝与中国红十字会的国际救援》，《钟山风雨》2009年第2期。

吴佩华：《朝鲜战争与中国红十字外交》，《〈红十字运动研究〉2009年卷》，安徽人民出版社2009年版。

吴佩华、高鹏程、周小蓉：《建国初期中国红十字会恢复巩固国际合法席位的斗争》，《河北大学学报》（哲学社会科学版）2009年第4期。

张生：《中国红十字运动史研究刍议》，《史学月刊》2009年第9期。

潘德昌：《日侨遣返交涉的民间外交》，《日本问题研究》2010年第1期。

罗山爱：《外交档案揭秘三千印俘在中国的真实生活》，《档案春秋》2010年12期。

殷晴飞：《1949—1965年中国对外人道主义援助分析》，《当代中国史研究》2011年第4期。

王逸舟：《“大选年”如何影响中国外交》，《凤凰周刊》2012年第12期。

陆钢：《“一带一路”背景下中国对中亚外交的反思》，《探索与争鸣》2016年第1期。

国家出版基金项目
NATIONAL PUBLICATION FOUNDATION

中国红十字运动通史（1904—2014）

总主编　池子华

第三卷

改革开放以来的红十字运动

杨红星　著

上

合肥工業大學出版社

图书在版编目(CIP)数据

中国红十字运动通史(1904—2014).改革开放以来的红十字运动:全二册/杨红星著.—合肥:合肥工业大学出版社,2018.12

ISBN 978-7-5650-4281-2

Ⅰ.①中… Ⅱ.①杨… Ⅲ.①红十字会—历史—中国—1904-2014 Ⅳ.①D632.1

中国版本图书馆 CIP 数据核字(2018)第 271261 号

中国红十字运动通史(1904—2014) 第三卷
改革开放以来的红十字运动

杨红星 著

选题策划	钟小要 李克明 朱移山
责任编辑	章 建 郭云涛
责任印制	郑 洁 樊珊珊
出版发行	合肥工业大学出版社
地 址	(230009)合肥市屯溪路 193 号
网 址	www.hfutpress.com.cn
电 话	总 编 室:0551-62903038 市场营销中心:0551-62903198
开 本	710 毫米×1010 毫米 1/16
总 印 张	176.25
总 字 数	3150 千字
版 次	2018 年 12 月第 1 版
印 次	2018 年 12 月第 1 次印刷
印 刷	安徽联众印刷有限公司
书 号	ISBN 978-7-5650-4281-2
总 定 价	400.00 元(共 6 卷)

如果有影响阅读的印装质量问题,请与出版社市场营销中心联系调换。

第三卷
上册

目　　录

第一章　组织恢复和初步发展（1978—1985）

1976年10月6日，党中央一举粉碎了“四人帮”，宣告10年“文化大革命”的结束。1978年12月，党的十一届三中全会的召开是伟大的历史转折，“十一届三中全会结束了两年的徘徊局面，将长期偏离正确轨道的党的指导思想重新转到正确轨道上来；全会提出的以经济建设为中心的政治路线，解放思想，实事求是，实践是检验真理的唯一标准的思想路线以及恰当的组织安排，奠定了新时期长足发展的雄厚基础。由此，十一届三中全会作为一个伟大转折点被载入了党和人民共和国的历史。”中国社会主义改革开放的新时代开始了，中国红十字事业也获得了“春风吹又生”的新的机遇。红十字之花在春天中绽放①。

第一节　“文革”中的挫折及历史教训

1950年，改组后的中国红十字会朝气蓬勃，生机盎然，各项工作取得了很大的发展。然而，随着“文化大革命”的到来，中国红十字事业遭受灭顶之灾，直到十一届三中全会后，才重新焕发青春，走向辉煌。

一、国内红十字事业的全面停顿

新中国成立初期，成功改组的中国红十字会面貌焕然一新，步入了蓬勃发展的轨道。无论是国际红十字会议上

① 孙柏秋主编，池子华、杨国堂等著：《百年红十字》，安徽人民出版社2003年版，第347页。

保卫世界和平的努力，还是组建医防服务队服务于抗美援朝和国内经济社会建设，这一切都预示着红十字人道主义在新中国的历史时空中将大有作为。正待各级红十字会在总会的带领下有条不紊地开展人道救助工作之际，中国红十字会被卷入了“文化大革命”的灾难之渊。持续10年的“文化大革命”，“给党、国家和各族人民带来了严重的灾难。这场内乱阻碍了社会主义建设的进程，使国民经济比例关系严重失调，经济效益全面下降，人民生活水平长期得不到提高，人们思想极端混乱，科学、文化、教育事业受到极大破坏”[①]。在席卷全国的“红色风暴”之中，各级红十字会组织遭受到了前所未有的冲击。

面对急转直下的社会形势和举步维艰的业务工作，全国各地红会都陷入了前路渺茫、不知所措的境地。在这种情况下，总会于1966年12月22日指示河南省、上海市、长沙市等地红会：“当前无产阶级文化大革命运动正处于高潮，这个运动预计还会进行一个相当长的时期。1967年，你们应当继续搞好运动，搞好毛主席著作学习，对于业务工作，可以根据具体情况予以适当安排，以无产阶级文化大革命运动为中心，搞好业务工作。不破不立，将在运动以后彻底大破的基础上提出新的具体部署。届时红会如何开展工作当另行通知。”[②] 这个指示其实并没有为各地红会答疑解惑，也不可能为各地红十字运动指出一条可行性发展道路，在“文革”氛围不断升温、体制与文明日益扭曲的态势下，中国红十字运动在整体上开始遭受到颠覆性的打击。

1967年4月17日，卫生部与中国红十字会总会联合发出《对当前地方红十字会工作意见的通知》，指出要“把红十字会工作中帝、资、修的东西，彻底砸烂”，此处所指的“帝、资、修”，主要就是红十字所宣扬的不够“革命”的不讲阶级立场的“人道主义”。《通知》还提出，当前“红十字会的所有会务工作，包括发展会员、建立组织、收取会费、会务知识宣传教育以及举办红十字青少年夏令营等等会务活动，一律暂时停止”。红十字组织停止会务工作，也就宣告终止了红十字组织自身新陈代谢的过程。《通知》最后指出“红十字会的卫生救护业务工作，现在还在协助卫生部门和其他有关部门进行的，仍可继续进行”。此处对红十字业务工作的个别保留，让人感觉红十字还一息尚存，但此时已经完全背离了红十字人道主义的初衷和价值诉求，红十

① 王立忠、江亦曼、孙隆椿主编：《中国红十字会百年史》（上卷），新华出版社2004年版，第144页。

② 转引自中国红十字会总会编：《中国红十字会的九十年》，中国友谊出版公司1994年版，第182页。

字会成为“革命”的附庸。

1969 年之后，在“斗、批、改”的社会氛围中，总会和各地方红会由于组织全部撤销或处于瘫痪状态，国内工作均陷入停顿。是年 10 月，总会机关干部除保留个别人应付外事外，其余全部下放干校。地方红会情况大同小异。北京市红十字会被撤销，红会组织荡然无存，其所从事的人道主义事业受到严重的摧残①。到“1970 年 10 月 23 日，天津市红十字会机构被撤销……至此，天津市红十字会组织及其所从事的人道主义事业，被迫陷于停顿状态”②。“云南红十字会与中国红十字会一样：组织始而瘫痪，继而取消；工作方面，国内部分完全陷入停顿，只有国际部分尚还坚持。”③ 山东红会在浩劫中“遭受了创建以来最大的一次灾难和挫折，最后被迫撤销”④。

江苏，作为中国红十字运动的发祥地，一直以来都是红十字事业发展的沃壤，近代以来此地的红十字人道主义工作更是历经风雨而不衰。1967 年 4 月 27 日，江苏省卫生厅与省红十字会转发了总会的上述“通知”，“至此，江苏省各级红十字会组织被迫撤销，工作人员下放‘五七’干校或调离，会务活动完全停顿”。继此，省内各级红会也相继陷入停顿（如表 1－1 所示）。

表 1－1　对“文革”期间江苏各级红会组织情况的记载表

机　构	“文革”间情况简介
江苏省红十字会	全省红十字会的工作被迫处于瘫痪状态
常熟县红十字会	停止活动
无锡市红十字会	被迫停止活动
镇江市红十字会	分会⑤与基层组织瘫痪
江阴县红十字会	1968 年县红十字会机构撤销
淮阴市红十字会	市红十字会及其基层组织均停止了活动
昆山县红十字会	会务停止，组织消失
无锡县红十字会	停止活动
灌云县红十字会	活动停止

① 孙敬敏编：《北京市红十字会的 65 年（1928—1993）》，文津出版社 1995 年版，第 97 页。

② 赵辉主编：《天津红十字会九十年》，天津人民出版社 2001 年版，第 90 页。

③ 吴宝璋编著：《云南红十字会史》，云南人民出版社 2004 年版，第 102 页。

④ 蔡勤禹主编：《山东红十字会百年史》，中国海洋大学出版社 2012 年版，第 45 页。

⑤ “分会”的称呼有误，因为自 1957 年起，总会即通知取消分会名称，省、市、县红十字分会改成省、市、县红十字会，会务工作由总会直接领导改成逐级领导。参见江苏省红十字会编著：《江苏红十字运动八十八年（1911—1999）》，东南大学出版社 2001 年版，第 81 页。

（续表）

机　构	“文革”间情况简介
泗阳县红十字会	会务活动停止
徐州市红十字会	停止了一切活动，专职干部调做其他工作
苏州市红十字会	会务停顿

资料来源：朱君辑、李纯华主编：《江苏省志·卫生志》，江苏人民出版社1999年版，第934页；瞿鸿烈主编：《常熟市志》，上海人民出版社1990年版，第619页；庄申主编：《无锡市志》（第三册），江苏人民出版社1995年版，第2288页；张世闿等总纂：《镇江市志》上册，上海社会科学院出版社1993年版，第357页；程以正主编：《江阴市志》，上海人民出版社1992年版，第837页；荀德麟主编：《淮阴市志》，上海社会科学院出版社1995年版，第2039页；王道伟主编：《昆山县志》，上海人民出版社1990年版，第727页；谈汗人主编：《无锡县志》，上海社会科学院出版社1994年版，第642页；袁洪宝总纂：《灌云县志》，方志出版社1999年版，第578页；泗阳县地方志编纂委员会：《泗阳县志》，江苏人民出版社1995年版，第670页；徐州市红十字会：《徐州市红十字会简史（1913—1990）》1993年内部刊行，第12页；张应忠主编：《苏州卫生志》，江苏科学技术出版社1995年版，第187页。

1974年，仍在从事国际人道主义工作的中国红十字会总会曾向卫生部党组提交《关于国内工作和体制问题的意见》，认为红十字会国内工作停顿多年，深感无国内工作，国际工作很难开展，提出为了适应我国国际活动需要，“在对外宾开放的重点城市卫生局挂一红十字会牌子，把卫生部门群众卫生工作当作红十字会的国内工作向外介绍”，并推荐北京、上海、天津、广州、杭州、南京、武汉、长沙、韶山、济南、西安、延安、沈阳、长春、哈尔滨、旅大、无锡、苏州等18个城市卫生局，“选择一些基层群众卫生工作的好典型算是红十字卫生站，挂上一块红十字会的牌子供外宾参观”①。但请求没有获得批准，由此可见红十字会在“文革”中遭受破坏之重。

“文革”为中国红十字会的国内工作画上了“革命”的休止符，总会国内工作部门和各级地方红十字会组织机构被撤销，而国际工作由于国际事务的需要，虽然得以在维持中艰难跋涉，但红十字人道主义的“灵魂”已不在，精神实质在“革命”的冲击下丧失殆尽。

二、“文革”对红十字事业的严重冲击

“文化大革命”是“是一场由领导者错误发动，被反革命集团利用，给

① 《关于国内工作和体制问题的意见》（1974年1月18日），中国红十字会总会编：《中国红十字会历史资料选编，1950—2004》，民族出版社2005年版，第119页。

党、国家和各族人民带来严重灾难的内乱，使党、国家和人民遭到建国以来最严重的挫折和损失，它不是也不可能是任何意义上的革命或社会进步”①。按照社会学的理论来说，“文化大革命”的 10 年属于社会的恶性运行和畸形发展，是社会运行发生严重障碍、离轨和失控的时期②。它是“在探索一条中国自己的社会主义建设道路的努力中走入歧途的结果，是在错误理论指导下的一次错误实践”③。“文革”的错误实践造成了红十字人道主义生存环境的严重破坏和自身事业的发展挫折。

（一）“文革”严重破坏了红十字运动赖以生存的社会运行机制

社会运行机制是指人类社会在有规律的运动过程中，影响这种运动的各组成因素的结构、功能及其相互关系，以及这些因素产生影响、发挥功能的作用过程和作用原理。简要地说，也就是社会运行“带规律性的模式”④。社会运行是红十字运动诞生的母体，红十字会以社会组织的身份自近代以来就顺应社会发展的起承转合，与社会环境相濡以沫，在社会的大氛围中实现其吐故纳新，成长壮大。可以说，一定社会的运行机制系统⑤的协调运作是红十字运动存在与发展的前提和基础。

“文革”“否定科学，摧残文明”⑥，使社会运行机制受到深度破坏。“文革”中，在“造反有理”“打倒一切，全面内战”“大乱者，治中国之良药也”“斗、批、改”等口号的驱动下，中国社会“天下大乱”，陷于混乱无序状态，国民经济遭到极大破坏，科学文化事业遭到严重摧残，社会思想和风气遭到严重毒害，国家政权也遭到严重削弱⑦。动乱中，“作为政权支柱的人民解放军被搞乱了；公安、检察、司法机关这些专政的主要工具被‘彻底砸烂’了；本来就很薄弱的民主和法制荡然无存，私设公堂、刑讯逼供、随意逮捕、违法关押、任意抄家的现象极为普遍，人民生命财产失去保障；各级政权机关被诬为‘旧政府’而被夺了权，社会秩序十分混乱”⑧。在这种社会

---

① 《关于建国以来党的若干历史问题的决议》，人民出版社 1981 年版，第 25 页。

② 郑杭生主编：《社会学概论新修》，中国人民大学出版社 2003 年版，第 7 页。

③ 郭大钧主编：《中国当代史》，北京师范大学出版社 2007 年版，第 197 页。

④ 郑杭生主编：《社会学概论新修》，中国人民大学出版社 2003 年版，第 40 页。

⑤ 按郑杭生的社会运行理论，社会运行机制包括动力、整合、激励、控制、保障等 5 个二级机制，它们之间既相互对立又相互联系，见郑杭生主编：《社会学概论新修》，中国人民大学出版社 2003 年版，第 45 页。

⑥ 刘苍劲：《中国发展和改革开放史（1949—1995）》，西南师范大学出版社 1996 年版，第 75 页。

⑦ 孙柏秋主编，池子华、杨国堂等著：《百年红十字》，安徽人民出版社 2003 年版，第 336 页。

⑧ 席宣、金春明：《“文化大革命”简史》，中共党史出版社 2006 年版，第 316 页。

运行机制严重失调、紊乱的情况下，对于红十字人道主义来说是一场灭顶之灾，是自清末中国红十字运动诞生以来的空前浩劫。正因为红十字人道主义赖以生存的社会运行机制遭到破坏，虽然“文革”中红十字保留了部分涉外事务，但其人道本色已经发生改变，红十字的精神内涵已经不复存在。在“文革”的浩劫中，在恶劣的生存环境中，红十字所特有的“中立”“独立”“民间”等特殊身份标签不能阻挡意识形态至上的“红色风暴”，从而给中国红十字运动史留下了惨痛的一页。

（二）“文革”造成红十字人道主义事业的发展断层

自从日俄战争中诞生以来，中国红十字会无论是在战火纷飞和干戈扰攘的近代还是在艰苦奋斗、励精图治的新中国成立初期，它都以昂扬的斗志和执着的精神顺应社会变迁，不离不弃地向民众播撒人道主义的光辉。在历经晚清、民国、新中国三大历史时期的时代兴替和政权更迭中，即使有过悄然潜行，有过徘徊等待，但最终都坚强地屹立于时代潮头。这一方面说明红十字精神和理念为社会和民众所需，另一方面也说明红十字人道主义坚韧不拔的生命力和与时俱进的进取精神。但“文革”的到来使“中国红十字会的各级组织及其所从事的人道主义事业在这场史无前例的浩劫中蒙受深重的灾难和挫折”①。中国红十字会出现了一个长达10年之久的事业断层，这对红十字人道主义事业的打击是极其沉重的。首先，断层的出现中断了红十字运动发展的自然惯性，人为地打乱了红十字运动自身的规律和机制的累积与延续，使10年后的续接陷入不知所措、无从施展的困境。其次，断层的出现，流失了许多红十字事业的骨干人才。动乱中，红会系统内部“大批红会干部以至普通会员都遭到无情打击和迫害”②。人才是无形的资产，大量红十字从业人员特别是诸多历经时代考验具备丰富红十字管理经验的人员的流失，对红十字事业的打击是巨大而沉重的。

“文革”的教训是惨痛的，是值得深刻反思的。深层次来讲，“文革”中红十字会的“罪状”所在或者说造成纠结的核心问题是极“左”思潮下对人道主义和红十字人道主义的严重误读，红十字的人道理念被污蔑为“封资修”，由此红十字组织被说成是“庙小妖风大”，红十字卫生站也被污蔑为“老爷卫生站”，是“黑线专政”。这是红十字的悲剧，也是彼时社会的悲剧。

客观而言，从新中国成立初期的红十字会改组开始，中国红十字会的工作“就是遵循毛主席的革命路线，按照党和国家的方针政策进行的。必须肯

① 曲折主编：《中国红十字事业》，广东经济出版社1999年版，第57页。

② 中国红十字会总会编：《中国红十字会的九十年》，中国友谊出版公司1994年版，第182页。

定，这是一条红线，一直贯穿在中国红十字会的工作中。中国红十字会，也绝不是什么‘封资修’的东西。旧红十字会经过改组、整顿，已成为社会主义的人民团体。她是由中国人民自己组成的，在国际上是独立的、自主的，不受国际的支配。她是为人民谋利益的。这样的红十字会，是广大人民的红十字，是社会主义革命和建设中，中国人民所需要的红十字会”①。应该说“文革”中，把红十字人道主义与“封资修”相联系，把其当作资产阶级人性论进行批判，这是红十字人道主义的一场劫难，更是中国社会发展的一次沉痛的教训。红十字事业不是“封资修”，也不是资产阶级人性论。红十字人道主义只论“生命”，不论“阶级”，她存在于你我之间，通向人类社会的未来并已内化到社会肌体当中。

其实在新中国成立之初，我国思想界对人道主义就存在着误解，在“文革”中走向极端，把一切人道主义都视为洪水猛兽必欲灭之而后快，由此使包括红十字事业在内的社会主义建设事业蒙受了巨大损失。“文革”结束后，改革开放以来的30余年中，围绕人道主义、人文精神和“以人为本”先后出现了三波讨论热潮，逐步加深了对人道主义思想的认识，这是社会不断文明进步的标志。时至今日，可以说，人道主义已经深层次地融入中国特色社会主义事业建设的方方面面②。改革开放近40年的今天，在全社会秉承“以人为本”的理念，坚持科学发展，共建和谐家园，为实现中华民族伟大复兴的中国梦不懈奋斗的进程中，红十字人道主义的本质内涵和社会功能已经逐步为民众所认可，中国特色红十字事业必将为把中国建设成为富强、民主、文明、和谐、美丽的社会主义现代化强国做出更大的贡献。

第二节　中国红十字事业的春天

1978年12月，党的十一届三中全会的召开，“开启了我国改革开放历史新时期”③，“成为开辟有中国特色的社会主义道路的伟大起点”④，“是建国以

---

① 钱信忠：《中国红十字会第三次全国会员代表大会工作报告》（1979年2月20日），中国红十字年鉴编辑部编：《中国红十字年鉴：2004/2005》，台海出版社2006年版，第107页。

② 罗文东：《社会主义人道主义：科学内涵与现实意义》，《江汉论坛》2005年第11期，第5—7页。

③ 胡锦涛：《在纪念党的十一届三中全会召开30周年大会上的讲话》，《十七大以来重要文献选编》上，中央文献出版社2009年版，第788页。

④ 郭大钧主编：《中国当代史》，北京师范大学出版社2007年版，第213页。

来我党历史上具有深远意义的伟大转折”①。十一届三中全会以后，在改革开放的春风雨露的滋润下，中国红十字运动逐步复苏并走上了初步发展之路。

一、国内工作的恢复

粉碎“四人帮”后，在拨乱反正、正本清源的历史大潮中，恢复红十字会的国内工作已成为当务之急。1978 年 1 月，中国红十字会向卫生部党组提交了《关于国内工作和体制问题的意见》的报告，提出“我们深感无国内工作，国际工作很难进行。这些年来在我们参加的一些国际活动中，有的国家认为我们是个大国，要求我会介绍工作经验，在出席国际会议时会议主席点名请我会介绍情况，我会只能婉拒。外宾来访时问到国内工作，只能答复在整顿中（整顿这一口径是先念副总理 1971 年接见坦桑尼亚红十字会代表时讲的）。国际组织要求提供会长、副会长名单，我们一直置之不理。今年 1 月 11 日国际组织在发给 125 个国家红十字会的各国红十字会领导人卡片中，把中国红十字会领导人留下空白并注明说：‘今后与中国红十字会联系不要写人名，只写中国红十字会。’根据国际红十字会章程规定，一个国家的红十字会必须有国内工作。”② 为解决上述问题，总会多次写报告，引起了有关部门的重视。1978 年 3 月，卫生部、外交部向国务院提交了《关于恢复红十字会国内工作的报告》，国务院于 1978 年 4 月 1 日③以“国发〔1978〕63 号”文向全国各省、市、自治区革命委员会、国务院各部委批转了这个报告：“国务院同意卫生部、外交部《关于恢复红十字会国内工作的报告》，现转发给你们，请贯彻执行。”国务院还在批文中肯定了中国红十字会自 1950 年改组后，国内各项工作所取得的成绩④。该报告指出，文化大革命“致使红会工作遭到严重破坏。几年来一直以‘国内工作正在整顿’进行解释。伊朗公主 4、5 月间访华时，正是我粉碎‘四人帮’后，胜利召开五届人大，各项工作开始初见成效的时候，不宜再用‘整顿’来解释”。伊朗公主担任伊朗红狮与太阳会会长，来华的主要目的是参观红十字会机构和名胜古迹。在这种情况下再不恢复红十字会的国内工作，就给外交工作带来诸多不便。基于此，报告“拟在

---

① 新华月报社编：《中华人民共和国大事记（1949—2004）》，人民出版社 2004 年版，第 585 页。

② 转引自孙柏秋主编，池子华、杨国堂等著：《百年红十字》，安徽人民出版社 2003 年版，第 348 页。

③ 这一日期有两种说法，一是 4 月 1 日，参见中国红十字会总会编：《中国红十字会历史资料选编，1950—2004》，民族出版社 2005 年版，第 123 页；还有一种说法是 4 月 10 日，参见中国红十字会总会编：《中国红十字会的九十年》，中国友谊出版公司 1994 年版，第 188 页。因前者文献来源是原始文件，后者是历史记述，故暂采用第一种说法。

④ 中国红十字会总会编：《中国红十字会的九十年》，中国友谊出版公司 1994 年版，第 188 页。

开放城市的街道、工厂及郊区供外宾参观的公社恢复红十字会工作。红十字会在当地党委统一领导下协助卫生部门，进行爱国卫生运动、群防群治、输血和战备救护训练（包括在中学青少年中进行训练）。第一步先恢复北京、上海、天津、南京、杭州、广州、长沙、武汉、西安、沈阳等10个城市的红十字会工作。明确红会兼职会长、副会长（其中有一位是卫生局长或副局长兼任），按照精简原则配备必要的专职和兼职人员，挂出红十字会牌子。做好接待外宾参观的各项工作”。此外，报告还提出，“红十字会国内工作由卫生部负责，红十字会对外工作由外交部领导”①。通过报告，不难看出这一时期红十字会国内工作的恢复还带有一些被动色彩，但随着即将到来的改革开放的时代大潮，红十字会将愈益彰显出独特的魅力和风采。

根据组织社会学的理论，“组织目标就是一个组织预期在一定时间、一定空间的动态范围内努力争取达到的希望的未来的状况”。组织目标具有层级性的特征，包括长期、中期、短期目标②。根据复会初期红十字会组织的整体状况，中国红十字会把长期目标和当下最紧要的任务锁定为恢复和建立组织。组织发展是开展一切红十字活动的基础，一定程度上，这一时期其他工作都围绕这一中心而展开。

根据国务院“63号文件”的精神，中国红十字会总会决定立即恢复建立国内工作机构，并及时调配干部，派出人员分赴各有关地区了解情况，督促、帮助各地尽快恢复建立红十字会组织并开展工作。4月下旬到5月初，总会副秘书长吴日承等，对北京市三个基层点做了初步调查，走访了有关部门，征求他们对恢复红十字会工作的意见，写出了《调查报告》，对如何恢复红会国内工作提出了初步设想并呈报陈慕华副总理和卫生部、外交部。5月中旬，陈慕华副总理询问“63号文件”下达后各地的贯彻执行情况，要求督促、推动红会的恢复工作。6月中旬，在全国医药卫生科技大会召开期间，中国红十字会总会领导请10个城市和有关省的卫生局负责人专题座谈红十字会恢复国内工作问题，杨纯副会长在会上对如何做好红会工作发表讲话。6月26日，中国红十字会、卫生部发出通知，要求各地将红十字会工作恢复情况和问题及时上报。

在总会的号召和支持之下，一些地方红十字会率先恢复组织机构，逐步开展各项业务活动，国际活动和国内工作相互配合，中国红十字会又获得了

① 《卫生部、外交部〈关于恢复红十字会国内工作的报告〉》，中国红十字会总会编：《中国红十字会历史资料选编，1950—2004》，民族出版社2005年版，第123—124页。

② 张家麟编著：《组织社会学》，安徽人民出版社1988年版，第62、64页。

新生。广州市红十字会于1978年5月26日经批准恢复建立，成为全国最早恢复组织的城市。接着，长沙、天津、北京、上海、杭州、武汉、南京、沈阳、西安各市红十字会也相继恢复建立，并都成立了理事会，选举正、副会长，配备了编制人员。8月，国际红十字会协会要来我国了解被越南当局驱赶回国的难侨情况。为配合这一国际行动，总会派人与广西壮族自治区卫生局协商，于8月9日批准恢复了南宁市红十字会。到1978年底，全国已有11个省会城市恢复成立红十字会组织并开展活动。随后这11个城市所在的省级红十字会也相继恢复建立。

刚刚恢复工作的省、市红十字会虽然面临办公设施、人员、经费、体制等多重困难，但各地红会发扬艰苦创业精神，抓紧恢复基层组织，开展红会工作。北京、上海、广州等地红会的普遍做法是：（1）首先筹备恢复理事会和办事机构。理事会在原有的基础上进行调整充实，配备工作人员，召开恢复后的第一次理事会，讨论安排工作。（2）选择一批过去工作基础较好的基层红十字会作为恢复组织的重点，然后逐步扩展到其他学校、街道、工厂、农村，并在这些基层红会组织建立红十字卫生站。（3）大力宣传，发展会员。（4）一边恢复组织，一边开展活动。建立组织后，活动紧随其后，否则组织就不能巩固。11个城市恢复红会工作的经验为全国普遍地恢复建立红十字会组织提供了借鉴①。

十一届三中全会之后，中国红十字会总会下发了《中国红十字会总会对1979年地方红十字会工作的意见》②，进一步推动了地方红十字组织的恢复和业务的开展。在这一文件中，总会从5个方面对地方红十字组织的工作做出了规划和安排。具体如下：

---

① 中国红十字会总会编：《中国红十字会的九十年》，中国友谊出版公司1994年版，第195—196页、第189页。

② 这一文件的准确时间暂不能确定。这一文件可见于根据中国红十字会总会编写的《中国红十字会历史资料选编，1950—2004》（第135—137页）和中国红十字年鉴编辑部主编的《中国红十字会通志，1904—2015》（第1035—1037页），都标注了具体时间为1979年12月30日，但根据对文题和文中内容的具体分析，显然这一时间令人质疑。首先，从题目上看，既然是“对1979年地方红十字会工作的意见”，那么应该在1978年末或1979年初提出规划和做出安排，对1979年工作的意见出台于1979年的末尾不合题意，不符常理。其次，文中内容谈到了“党的十一届三中全会精神”，那么时间上应该是1978年12月22日之后；还谈到“全国代表会议后，可召开市红十字会代表会议”，内容中另有“总会代表会议后”准备做什么事情的说法，说明文件发出时总会的全国会员代表大会（即总会“三大”）还没有召开，也就是说文件发出的时间在1979年2月20日（总会“三大”召开的时间）以前。由上，可大略判断这一文件发出的时间在1978年12月22日至1979年2月20日之间，而在1979年1、2月的可能性更大。

（一）健全组织机构

第一，国务院于1978年提出，北京、天津、上海、南京、杭州、武汉、长沙、广州、西安、沈阳10个市和南宁市，红十字会组织要健全起来。全国代表会议后，可召开市红十字会代表会议，改选理事会，建立、健全领导班子，传达总会代表会议精神，修改市红十字会的章程规则。领导班子中，必须有实际负责领导红十字会工作的人员。

第二，立即建立办事机构，恢复和调配专、兼职干部。专职干部不多的，办事机构可与有关部门合署，专职干部要精悍能干。

第三，市辖区、县是否恢复、建立红十字会，由地方根据实际情况而定；如不建立，区、县卫生部门要有人负责管理红十字会工作。

第四，原有的红十字会基层组织，应逐步恢复；原来没有基层组织的地区、单位，如有需要，也可适当建立。基层组织的名称，是否仍叫红十字卫生站，由地方自行确定，基层组织由会员选举委员会，领导开展会务、业务活动。

（二）做好会员工作

第一，逐步发展会员。要发展团体会员，也要发展个人会员。团体会员不搞会员组织，个人会员要建立基层组织；会员人数较多的，还可划分会员小组，以便开展会员活动。

第二，发展会员，不搞烦琐的入会手续，但要登记入册并统计数字。

第三，对老会员，可以不搞普遍的重新登记，要求继续当会员的，或者需要继续当会员的，与新会员一样登记入册即可。

第四，会员是否发给会员证件、证章，由地方自行决定，总会不统一规定、制作。

第五，会费原则上不收，但要收的也必须是会员自愿。会费标准可以按过去的执行，也可以比过去的规定降低一些，并可少收或免收。不要因为收会费，增加会员负担。会费取之于会员，用之于会员。

（三）积极开展会务

1. 积极协助有关部门进行献血的宣传、动员、组织等工作，是红十字会的工作重点

这项工作，要根据当地党委和卫生部门的要求，以及红十字会本身能力，主动与血站、中心血库等有关单位联系，进行研究，共同订出计划，落实措施，积极开展。要做好试点，总结经验，及时推广。特别是开展有计划、有组织、按集体单位义务献血的经验，要同卫生部门共同调查研究制定组织血

源的具体办法。

2. 做好国防救护和卫生救护训练工作

这两种训练，可以在“三防”训练中加上卫生救护内容，结合进行，也可以分别对象单独进行。要与有关部门（如人防、民兵等）配合，切实做好。卫生救护训练，即卫生常识和急救训练，要在会员和群众中普遍开展。争取妥善解决师资、教材、装备等问题。关于教材，1965 年由总会编辑、科学普及出版社出版的《防空和战伤救护常识》，正在修改，准备再版，但不要等待，过去总会和地方红十字会以及有关部门编写的教材、材料，均可暂时选用。群众性的救护工作同其他专业部门不完全一样，它着重简便易行、实用有效，达到自救互救的目标，应总结这方面的好经验。训练后，可以建立红十字救护队，也可不建，但必须有复习，做到平战结合，随时用得上。

3. 参加爱国卫生运动和其他群众卫生运动

在当地党政统一领导下，与爱国卫生运动委员会密切结合，努力协助他们开展爱国卫生运动，是地方红十字会的任务之一。卫生宣传，群众性的防病治病，其他如计划生育等工作，可以与卫生部门的卫生基层防治网协作进行。红十字会应运用其群众性的作用，当好卫生部门的助手。

4. 开展学校的红十字青少年工作

这项工作在中等学校和小学中进行，可不限年龄年级。要争取把它纳入教育部门的学生活动计划之内。红十字青少年工作，目的是增进青少年卫生科学知识，培养青少年卫生习惯，预防疾病，增强体质，为将来有健康的身体从事四个现代化打下基础。工作内容，包括救护卫生训练，中学高年级可举办国防救护训练，校内外的卫生宣传，卫生检查，师生的小伤小病处理，有关卫生文艺创作、表演等。有条件的地方，可考虑恢复举办暑假红十字青少年夏令营，还要做好与外国红十字青少年通讯和交换礼品的工作。

5. 其他上级交办的工作，要很好地完成

当地外事部门直接与地方红十字会联系的外宾参观访问活动，可按当地外事部门的要求办理，事后汇报总会。

（四）总结经验，改进工作

经验要交流，各地的红十字会要随时将经验总结材料寄给总会。为了总会了解地方情况，并在各地之间交流，地方红十字会与总会之间、地方红十字会彼此之间要加紧联系，及时互通情报。市红十字会要经常向总会做简要的工作汇报。总会除继续编印《红十字工作简报》外，拟恢复编印《红十字工作参考资料》。《简报》着重在交流情报，《参考资料》着重在经验总结。各地方红十字会要大力支持，多供材料，共同做好《简报》和《参考资料》

的编印工作。

从上述文件中不难看出，这一时期红十字会的组织恢复和业务开展既带有紧迫性，同时也体现了仓促施行的特征，很多方面总会皆没有统一的规划和通盘的打算，而且在人员、机构很多方面还要借助于卫生部门的协助，这也说明红十字会的国内工作在中断10余年后，复建工作充满艰辛，需要长时间的积累和发展才能恢复元气。

二、“三大”：开创新局面

为拨乱反正，开创红十字会工作的新局面，中国红十字会在谋求恢复国内工作的同时，着手筹备召开全国代表会议。

（一）“三大”的召开

1979年2月，中国红十字会在北京召开第三次全国会员代表大会。时隔17年后再次召开的这次大会，可以说是贯彻国务院指示精神、开创红十字会工作新局面的大会。出席大会的有来自国务院有关部委、民主党派、人民团体、解放军三总部和已经恢复组织的11个省、市的地方红十字会代表65人。钱信忠会长在大会上做了《为新时期的人民卫生救护事业努力奋斗》的工作报告，杨纯副会长做了《关于修改〈中国红十字会章程〉的说明》。会议对章程进行了修改，着重强调中国红十字会今后的主要任务是为社会主义建设服务。关于组织机构，主要是恢复总会的名称，明确总会对地方红十字会是指导关系，地方红十字会应在当地党政机关直接领导下工作。大会选举产生了第三届理事会。在三届一次理事会上，选举了会长、副会长、常务理事、正副秘书长。卫生部部长钱信忠继任会长，副会长为杨纯、沈其震、赵朴初、彭炎、熊天荆、龚普生、孟谦、王肇元、邓启修、魏龙骧、顾锦心、王仪、刘鹏飞、王敏，秘书长为王敏（兼任），副秘书长为吴日承。

钱信忠会长的工作报告，满怀豪情地回顾了新中国成立以来中国红十字会为人民外交和人民卫生救护事业所做出的贡献：1950年通过协商会议进行改组，成为中华人民共和国的人民卫生救护团体。“1961年召开第二次代表会议，巩固和发展了红十字会工作。改组后的中国红十字会，在国际和国内，都做了很多工作。”

钱信忠在大会报告中还深情回顾了毛泽东、周恩来等中央领导同志对红十字事业的支持和关怀。他谈道：“我们永远不忘记伟大领袖毛主席、敬爱的周总理和朱委员长的亲切关怀。当我们缅怀革命导师和老一辈无产阶级革命家的时候，心情异常激动。我们不会忘记，毛主席在红十字会改组后不久，曾询问我会工作情况，当时会员很少，毛主席问了会员数字后，说‘还要多一些’。毛主席对红十字会的外事活动，做过多次重要批示。我们不会忘记，周总理对红十字会倾注的心血。他亲自领导改组红十字会，亲笔在章程上写明中国红十字会是人民卫生救护团体，给红十字会规定了性质和工作方针。1955 年，他指示红十字会工作以国际为主，国内工作与卫生工作相结合，有多大力量做多大事。1959 年，他又确定了红十字会国内工作根据需要可适当发展。正是由于毛主席和周总理重视和关怀，使我们得到了鼓舞，为党、为人民做出了贡献。”①

“三大”是中国红十字会在历史转折时期召开的一次重要会议，为红十字事业的拨乱反正，为开创红十字事业的新局面奠定了基础。但由于特殊的时代背景，此次会议亦带有过渡时期特征，如仍然确定以“救死扶伤，实行革命人道主义”为宗旨，以示与资产阶级人道主义的区别。这反映出这一时期中国红十字会对红十字人道主义的精神品格和价值诉求还缺少深刻全面的认知，同时表明中国红十字事业的探索征程依然任重道远。

（二）为人民造福：“三大”的共识

结合红十字会在新中国成立后 17 年的发展历程，“三大”总结了一些具有共识性的认识和经验。

1. “救死扶伤，实行革命的人道主义”是中国红十字会的崇高宗旨

长期以来，中国红十字会遵循这一宗旨，指导国际和国内活动，为人民造福。“人民群众称赞红十字会的工作，是因为他们见到红十字会所做的工作，体现了毛泽东的思想，是为人民谋福利的。毫无疑问，中国红十字会的宗旨，是无产阶级的，是大公无私的，是符合人民的要求、为人民服务的，它将继续鼓舞着我们努力向前”。

有一首名为《献给红十字会》的诗，客观生动地揭示出红十字会高尚的人道主义精神。诗中写道：

你是一面鲜艳火红的大旗，
你走遍五大洲，
走遍全世界；
全世界大大小小的国家都有你的队伍。
你走遍五湖四海，
走遍全中国；

① 钱信忠：《中国红十字会第三次全国会员代表大会工作报告》（1979 年 2 月 20 日），中国红十字年鉴编辑部编：《中国红十字会通志：1904—2015》，中华工商联合出版社 2016 年版，第 423—425 页。

中国也有你的立脚点。
你出现在战场，
受到战士们的欢迎。
你出现在难民营，
受到难民们的包围。
你出现在灾区，
灾区人民向你致敬。
你带着救济粮和红十字药箱，
你出现在哪里，哪里便松了一口气。
你是病人的朋友，你是伤残者的救星。
红十字，红十字，
你是幸福的象征①。

2. 中国红十字会是开展人民外交的一个渠道

中国红十字会是国际红十字组织的重要成员，“与许多国家红十字会建立了联系，通过国际联系，开展人民外交活动，成为我国人民外事活动的一条渠道。一方面，通过国际讲坛，阐明我国政府和人民的主张，广交朋友；另一方面，进行国际救济，支援各国人民，增进友谊；再一方面，外国红十字会的某些业务技术，可供借鉴，我们可以学习外国好的经验，引进先进技术，为我所用”。

3. 中国红十字会是卫生部门开展群众卫生救护工作的助手

红十字会协助卫生部门，在群众中进行宣传，普及卫生救护知识，开展爱国卫生运动、急救训练、动员献血以及群防群治等，是有成效的。红十字会将继续发挥这种助手作用，为提高人民卫生救护知识水平，进一步做出贡献。红会“三大”通过的新时期的《中国红十字会章程》明确规定：“在国内，遵循国家的卫生工作方针，协助政府动员和组织人民开展群众性的卫生和救护活动，为提高人民的健康水平，为实现社会主义建设新时期总任务服务。”中国红十字会恢复国内工作后，“主要的、大量的、经常的工作，是群众卫生工作，省、市红十字会的实际领导，也多是由卫生部门领导兼任”。从一些工作开展较好的地方红十字组织的工作实践来看，“地方红十字会从工作任务到组织领导，都是和卫生部门分不开的”②。

① 高士其：《献给红十字会》，《中国红十字》1981 年第 9 期，第 2 页。
② 时贵春：《甘当助手　做好参谋》，《中国红十字》1982 年第 1 期，第 2 页。

4. 中国红十字会要发动群众、组织群众，建立起一支群众性卫生救护队伍

红会在开展各项卫生救护活动中，要特别注意发动群众，组织群众，挖掘蕴藏在群众中的潜力；注意吸收各种医药卫生组织作为团体会员，同时也注意吸收积极分子个人入会。红会要把会员组织起来，去带动他们周围的群众，就能使工作做得更加广泛、深入。

总之，红十字会工作取得成绩，在于党和政府的领导、有关部门的大力支持协助，而红十字会本身有众多热心肯干的干部，勤勤恳恳，不怕辛苦，不怕困难，努力工作，这也是基本的不可缺少的因素。

以上认识是“三大”对复会以来红十字工作的客观总结，具有一定的科学性，也彰显出一定的阶段性特征。在恢复红十字组织和开展国内工作以后，一些走在前面的红十字工作人员在实践中体会到，“红十字会是一个群众团体，开展工作不能把自己当作一个政府部门一样。必须明确：我们是政府部门的助手。从这个思想出发，我们进行工作，不是使用行政命令，而是要宣传群众，组织群众，依靠群众，启发群众自觉自愿，一步一步地去做”。有身在一线的红十字工作人员提出，红十字会要“甘当助手，做好参谋，才能发挥红十字会自己的特殊作用，真正受群众欢迎，并且不断巩固，有所发展”①。这种认识符合复会初期红十字会发展的基本特征，在红十字会组织尚不健全、未有法律制度保障且红十字文化建设不发达的情况下具有一定的合理性。红十字会做政府的助手没有问题，关键在于找到适当合理的自我定位，找到难以替代的自我特色，在人道主义领域发挥出独特的作用。

三、新时期的新业绩

在三届理事会的引领之下，中国红十字会的组织机构逐步恢复和发展，各项业务工作也取得了重要进展。在改革开放的时空背景中，中国红十字会呈现出蓬勃生机。

（一）组织和会员队伍逐步壮大

1978 年，中国红十字会开始恢复国内工作后，组织复建工作逐步开展。到 1980 年年底，全国红十字会员已达近百万，还恢复和新命名了 20 个红十字医院。另外，已恢复省、市、自治区红十字会 11 个，省辖市、区、县红十字会 67 个，还在城市的街道、工厂、学校和农村等基层单位建立了 6700 多个红十字会。这些组织在宣传卫生知识、开展爱国卫生运动、推广公民义务献血、进行卫生救护训练、防病治病、照顾老弱病残，以及培养青少年卫生

---

① 时贵春：《甘当助手　做好参谋》，《中国红十字》1982 年第 1 期，第 3 页。

习惯和高尚的道德品质等方面，做了大量工作，受到了社会的赞扬，同时也涌现了许多好人好事。1980 年，中国红十字会评选出了 100 个先进单位和 1000 多名先进个人，并向他们颁发了奖状和奖章①。

1981 年，“有红十字会工作的省、市、自治区已达 17 个，省、市、自治区恢复和建立红十字会的已达 14 个，市县级红十字会 83 个”②。到 1983 年底，经过 5 年的发展，“已在北京、天津、辽宁、黑龙江、上海、江苏、福建、山东、湖南、广东、广西、四川、云南、陕西和青海等 15 个省、市、自治区，以及长春、杭州和武汉三个市开展了红十字活动”。据不完全统计，“我国已有红十字会会员 1452893 名，有基层红十字组织 23280 个，举办了各种讲座和训练，参加学习的有 5089718 人。通过调查发现，会员人数和成人会员人数最多的皆为上海市红十字会，青少年会员最多的为辽宁省红十字会；基层红十字组织最多的为辽宁省红十字会，大学组织最多的为江苏省红十字会，中小学组织最多的为上海市红十字会，厂矿车间组织最多的为辽宁省红十字会”③。从 1978 年 4 月国务院批准中国红十字会恢复国内工作开始，到 1985 年中国红十字会“四大”召开，共有 26 个省、自治区、直辖市恢复了红十字会，并恢复和建立了 193 个市、县（区）级红十字会和 25868 个红十字基层组织，其中厂矿 1185 个、街道 859 个、学校 4965 个（包括 53 所大学和残疾人学校）、财贸单位 819 个。全国红十字会会员达到 187 万多人，其中团体会员 62 万多人，红十字青少年会员 41 万多人。红十字基层组织的恢复、建立体现了红十字会的群众性，为中国红十字会开展国内外工作提供了组织保证。截至 1985 年年底，中国红十字会已建立省级红十字会 26 个，市（地、州）县（区）级红十字会 217 个④，具体如表 1－2 所示。

表 1－2　各省（区、市）地方红十字会组织简表（截至 1985 年底）

省、区、直辖市	地方红十字会组织数量	省、区、直辖市	地方红十字会组织数量
江苏	18 个市县	北京	8 个区
天津	14 个区县	河北	3 个市

① 《中国红十字会近年来发展较快　会员已达近百万，在推动爱国卫生运动等方面做了大量工作》，《人民日报》1981 年 2 月 20 日。

② 中国红十字会总会组织训练部：《前进的一年——中国红十字会 1981 年国内工作概况》，《中国红十字》1982 年第 1 期，第 7 页。

③ 刘兆征：《从 1983 年底的统计数字看各地红十字工作的发展》，《中国红十字》1984 年第 7 期，第 9—10 页。

④ 一青：《地方红十字会组织一览》（截至 1985 年底），《中国红十字》1986 年第 8 期，第 26 页。

（续表）

省、区、直辖市	地方红十字会组织数量	省、区、直辖市	地方红十字会组织数量
山西	2 个市	辽宁	7 个市
吉林	1 个市	黑龙江	3 个市
上海	20 个区县	浙江	4 个市
福建	20 个市县	江西	12 个市县
山东	50 个市（地）县	河南	1 个市
湖北	1 个市	湖南	1 个市
广东	14 个市（地）县	广西	13 个市县
四川	11 个市县	贵州	1 个市
云南	4 个市	陕西	6 个市县
甘肃	1 个市	青海	1 个市
新疆①	1 个市		

资料来源：《地方红十字会组织一览》（截至 1985 年底），《中国红十字》1986 年第 8 期，第 26 页。

（二）急救和输血工作迅速发展

群众性的卫生救护训练已较普遍地纳入各级红十字组织的常规工作。1981 年，总会委托南宁市红十字会，举办了水上救护师资训练班，16 个省、市、自治区红十字会派人参加了训练。北京、天津、南京、梧州等市红十字会也都举办了类似的训练班。沈阳市红十字会举办了有卫生专业救护人员和红十字会会员共同参加的 900 人规模的战伤和意外伤害救护演习②。各地克服训练场地、物资和经费等种种困难，协同有关部门，分级负责，大力开展卫生救护训练工作，到 1984 年，接受各种训练的已达 658 万多人次。1983 年，总会与北京市心肺血管医疗研究中心联合举办了我国第一次心肺复苏训练班，邀请美国心脏协会专家来华讲授心肺复苏技术。到 1984 年年底，已有 14 个省、市红十字会共培训了 37630 人次。为配合训练工作，总会出版了《防空和战伤救护常识》《救护常识》《现场心肺复苏普及教材》，拍摄了影片《水上救护》《救护演习》，一些地方红十字会也编印了供训练用教材。

① 新疆维吾尔自治区尚未建立自治区红十字会。

② 中国红十字会总会组织训练部：《前进的一年——中国红十字会 1981 年国内工作概况》，《中国红十字》1982 年第 1 期，第 7 页。

输血工作是平时医疗和战时抢救伤员的一项重要工作。实行公民义务献血制度是改变我国输血工作落后面貌，解决医疗用血紧张及战备用血的根本方法。1978 年，国务院批转卫生部《关于加强输血工作的请示报告》，明确指出："红十字会要积极协助卫生部门搞好输血和义务献血的宣传、动员、组织工作。"恢复国内工作以后，总会和地方红十字会一直都很重视输血工作。根据国务院文件精神，总会于 1978 年 12 月发出通知，要求各地红会主动与血站、中心血库取得联系，提出具体落实的措施①。1981 年，总会委托北京、上海中心血站举办了 4 期以血液成分输血为主的训练班，各省、市、自治区血站或医院血库技术人员参加了学习，对外国输血工作的进展和新技术有了进一步了解，交流了国内各地输血工作情况②。从 1979 年到 1984 年，红会派出 12 批 36 名输血技术人员和管理干部到国外进修、考察和参加国际输血会议；邀请 16 批 80 名外国输血专家来华讲学。特别是中日两国红十字会输血合作研究，取得了双方都比较满意的研究成果。为了做好输血的宣传和训练工作，总会还出版了《临床输血指南》，举办了输血技术学习班，与卫生部联合召开了输血工作座谈会。

1984 年 6 月 10 日至 15 日，为进一步总结交流全国开展公民义务献血的经验，讨论并修订《全国血站工作条例》《献血体格检查参考标准》以及各地血站技术人员培训等方面的问题，卫生部和中国红十字会总会在北京召开了全国输血工作座谈会。会议指出，自 1979 年上海输血工作会议以来，我国的输血工作有了很大的进展，建立和健全了各级输血机构，积极推行公民义务献血活动，血源形势有了较大改善，基本改变了医疗用血紧张状况。各级红十字会组织，在开展公民义务献血宣传工作以及组织国际学术交流方面，做出了很大贡献③。

（三）青少年工作呈现生机

随着各级红十字会的恢复和发展，红十字青少年组织也逐步复苏和活跃于校园之中。到 1984 年底，全国已有 4965 所大中小学恢复或新建了红十字组织，红十字青少年会员已发展到 41 万多人。他们接受卫生救护训练，活跃在校内外，带头打扫卫生，宣传卫生知识，治疗小伤小病，协助校医防治学生的常见病，热情地为孤寡老人、烈军属和残疾人服务。一些红十字青少年

---

① 中国红十字会总会编：《中国红十字会的九十年》，中国友谊出版公司 1994 年版，第 195—196 页。

② 中国红十字会总会组织训练部：《前进的一年——中国红十字会 1981 年国内工作概况》，《中国红十字》1982 年第 1 期，第 7 页。

③ 晓晖：《全国输血工作座谈会在京召开》，《中国红十字》1984 年 7 期，第 12 页。

工作开展较好的学校，有意识地寓教育于红十字会活动之中，把红十字青少年工作作为贯彻党的教育方针的一个重要方面列入学校计划。我国红十字青少年也参加不少国际活动。1984 年，我国红十字青少年参加国际儿童画比赛，获得了世界奖和亚太地区奖。红十字青少年还与外国红十字青少年建立友谊，制作集邮册、画册、相册、字画、手工艺品等礼品，仅 1981 年就向外国红十字青少年送出了 17 批[①]。1985 年是“国际青年年”，我国邀请了协会和亚太地区 10 个国家和地区的 21 名青少年领导人和代表来我国参加北京、上海、广州和杭州青少年活动。四川省红十字会还成立了以少年为主体的志愿工作者团体——红十字青少年协会。总会为帮助红十字青少年的学习，出版了《红十字青少年辅导教材》，并编印了《国际红十字青少年活动资料选编》[②]。

红十字青少年工作的初步发展证明，在学校中开展红十字活动，是培养青少年树立救死扶伤、助人为乐的高尚道德品质的好方法，是协助学校贯彻党的教育方针、培养德智体全面发展人才的一条途径[③]。

（四）创办了一批卫生和社会福利事业

一些地方红十字会因地制宜，举办了卫生和社会福利事业，开展了为社会服务的活动，由红十字会主办或参加的门诊部、红十字卫生站、家庭病床、学校体检队、医疗卫生咨询站、社区服务站、残疾人福利站、聋哑人婚姻介绍所和老年人大学等收到了很好的社会效果。上海市红十字会申请专款，给各居委会购置了轮椅车，为老弱病残就医提供了方便。总会还将日本电视广播公司捐赠的轮椅车发给了一些地方红十字会使用。武汉市、江苏省江阴县、沈阳市铁西区等地红十字会得到了社会各界的支持和捐助，为孤、残、老人、儿童和离退休职工兴办了各种福利事业，为开展群众性的互助互救活动走出了第一步。一些地方发生水灾、火灾和滑坡等灾害，红十字会会员们除了进行慰问和救护活动外，还解囊捐助。为了使捐助活动有章可循，总会制定了社会捐助条例，连同《中国红十字会会费缴纳、使用、管理条例》一起颁发各地试行。

（五）宣传工作取得了较大成绩

为了使社会与广大会员认识和了解红十字会的宗旨、性质、任务，积极

① 中国红十字会总会训练部：《前进的一年——中国红十字会 1981 年国内工作概况》，《中国红十字》1982 年第 1 期，第 7 页。

② 钱信忠：《中国红十字会第四次全国会员代表大会工作报告》（1985 年 5 月 31 日），中国红十字会总会编：《中国红十字会历史资料选编，1950—2004》，民族出版社 2005 年版，第 147—148 页。

③ 中国红十字会总会编：《中国红十字会的九十年》，中国友谊出版公司 1994 年版，第 198 页。

普及卫生救护知识和交流经验，自1979年“三大”召开后的6年来，中国红十字会编印了关于会务知识方面的小册子7种、印发35万多册，业务知识的学习小册子7种、印发40万册；摄制电影4部，录像片2部，幻灯片4组2400套，展览图片1组2万套。此外，《中国红十字》月刊于1980年7月20日复刊，为基层卫生工作人员和广大群众、卫生员、红十字会会员提供了一本有益的读物①；到1984年年底，《中国红十字》已出版54期，总印数近90万册。地方红十字会还编印了红十字小报、会务和卫生书刊，摄制电影、录像片，拍摄照片等等。几年中总会和各地红十字会，在中央与地方的报刊、电台、电视台上报道和宣传了红会的工作成绩、经验，以及各方面的好人好事，显示了红十字活动在社会主义精神文明建设中的作用。1984年，总会和各地红十字会广泛开展了关于纪念中国红十字会成立80周年的庆祝集会和宣传活动，扩大了红十字会的对内对外影响。

（六）国际交往日益发展

三届理事会期间，中国红十字会遵循中国政府的外交路线，逐步加强了国际往来和交流。积极地参加国际会议，加强了同3个红十字国际组织和100多个国家红十字会、红新月会的联系。中国红十字会组团出访65批164人次，访问了30个国家和地区。同时，中国红十字会接待了22个国家和地区、两个国际组织的代表团，共76批333人次。此外，还接待了来华顺访红会的外宾221批（次）1195人。对外援助和接受外援是红十字会的传统工作之一。几年中，中国红十字会向遭受自然灾害的66个国家提供了价值约1000万美元的现款和物资援助。中国红会还与国际红十字组织合作，办理国际间查人工作。1980年至1984年，处理各类查人来信7537件，帮助328人同他们的亲属重新取得了联系。1979年，协助遣返了被俘越南武装人员1636人，接收了越南送回的我国被俘人员238人。移交了日本“阿波丸号”轮船死亡人员的遗骨、遗物和在沈阳发现的日本人遗骨。

总之，中国红十字会在第三届理事会的引领之下取得了骄人的成绩，但也存在着一些问题和不足。主要的问题是红十字会工作的指导思想还不够明确，中国红十字会的具体任务是什么，同有关部门如何配合协作等方面还存在不少问题；各地工作发展还很不平衡；在组织建设方面，不少地方红十字会虽然组织名称恢复，但没有编制，没有必要的活动经费，工作难以开展，

① 《〈中国红十字〉杂志复刊》，《人民日报》1980年8月5日。

等等[①]。应该说，这一时期，中国红十字会的工作尚处于起步阶段，但新的道路已经开启，辉煌的成绩就在前方。

第三节　开展以“五讲四美三热爱”为中心的精神文明建设

一、以精神文明建设为指引

1982年9月召开的党的十二大提出，社会主义精神文明是社会主义的重要特征。社会主义精神文明建设可分为文化建设和思想建设两个方面，文化建设“包括卫生事业的发展和人民群众知识水平的提高，包括人民的健康”，思想建设“包括与社会主义公有制相适应的权利义务观，包括为人民服务的献身精神”。在这一时期，“救死扶伤，实行革命的人道主义，是中国红十字会的宗旨。不计报酬，为人民服务，是红十字会的传统。红十字会就是要在这个宗旨指导下，保持和发扬它的优良传统”。因此红十字会的“每一个工作人员和会员，都是建设社会主义精神文明的一员”[②]。中国红十字会所开展的各项工作与社会主义精神文明的内容具有重要“结合点”，符合时代的要求，红十字会的各项活动如卫生、献血知识的宣传、急救技术的普及，兴办医疗卫生和社会福利事业，各种社会服务如敬老助残、助人为乐等，都是服务群众的社会主义精神文明建设的重要内容。应该说，从总会到地方各级红十字会组织积极创办有红十字特色的卫生和社会福利事业，开展各种社会服务活动，都在为社会主义精神文明建设贡献着力量[③]。

北京市红十字会在1978年刚刚恢复工作之后就对“文革”中造成的混乱进行拨乱反正，将“红医站”“群防站”“防治站”一律又改称为红十字卫生站。在文明礼貌活动中，北京市红会发动会员为孤寡老人做临时性的慰问服务活动，后又总结经验提出“三定一包”（定人、定时、定点、包户），由街道红十字组织建设红十字服务站和老年人活动站，到1984年已建立22个服务站，为群众缝补拆洗衣服数千件。老年人活动站免费为老年人免费提供阅读书报和娱乐活动，“两站”建设使孤老病残人员老有所依、孤而不孤。通过

① 钱信忠：《中国红十字会第四次全国会员代表大会工作报告》（1985年5月31日），中国红十字会总会编：《中国红十字会历史资料选编，1950—2004》，民族出版社2005年版，第148—150页。

② 本刊编辑部：《为建设社会主义精神文明作贡献》，《中国红十字》1982年第9期，第2页。

③ 孙柏秋主编，池子华、杨国堂等著：《百年红十字》，安徽人民出版社2003年版，第354页。

几年的实践，北京市红十字会把红十字会的基本任务概括为“救死扶伤、扶危济困、敬老助残、助人为乐”的“十六字方针”，这四句话十六个字广泛流传于全国的红十字会员、群众之中，成了各级红十字组织开展活动和广大会员为群众服务的指导思想。这些活动有力地支持了社会主义精神文明建设的广泛开展，充实了精神文明建设的重要内容。下面这首诗歌生动地表达了红十字的伟大情怀：

红似热血流，
救死扶伤何所求，
甘为孺子牛。

白象征纯洁，
敬老助残情切切，
人道光日月。

志愿与服务，
扶危济困解囊助，
心心真情露。

微笑加热情，
助人为乐不图名，
传统要继承①。

“十六字方针”是北京市红十字会所开展的丰富多彩活动的总结提炼和高度概括，是红十字会社会主义人道主义宗旨的具体化，又与祖国传统的道德风尚相一致，也完全符合社会主义精神文明建设的要求，所以更容易被广大群众所理解和接受，日益深入人心②。

在建设社会主义精神文明的过程中，各地红会不仅在增设家庭病床，扩大急救训练和防疾病讲卫生的宣传等方面，不断取得新的成绩；而且在北京、上海、南京等地，办起了各种不同规模的残疾人工厂，帮助残疾人找生活出路。福利工作对象，主要集中在儿童和老年人两方面。南京市红十字会组织离退休医务工作者建立体检队，为 1.3 万余中小学生进行了体检，并免费给 400 多盲聋哑儿童进行了义务体检，且为所有受体检的儿童建立了健康档案。这项工作得到教育、卫生部门和学生家长的赞赏，也发挥了离退休医务工作

① 《红十字俳句四首》，孙静敏编：《北京市红十字会的 65 年（1928—1993）》，文津出版社 1995 年版，第128 页。

② 孙柏秋主编，池子华、杨国堂等著：《百年红十字》，安徽人民出版社 2003 年版，第 356 页。

者的特长和余热。山东省红十字会动员组织社会上多方面的力量，创办了形式活泼、内容丰富、科目多样的老年人大学。他们办学的目的是“使老年人健康长寿，增长知识，增强信心，发挥余热，多做贡献”，为老年人“老有所学、老有所为、服务社会”提供了园地，深受老年人的欢迎。老年人大学先后开设了适合老年特点的14门课程，建立了14个教学区和若干个辅导站，还组织了科研小组、文化服务社和咨询服务中心，编辑了老年人大学丛刊《老年人大学》，使学校逐步成为一所具有鲜明特点的社会主义老年大学①。天津市红十字会以一个区作为试点，为老年人健康服务。他们动员会员和志愿工作者，配合医院，为老年人进行体检；接受体检的老人占总数的87.2%，有的街道接受体检的老人达到96.8%，并建立了个人健康册；他们还建立了家庭病床，开办了老年卫生保健知识讲座和老年气功体育辅导站，使老年人增加了更多的保健知识。此外，为丰富老年人文化生活，还成立了老年人文化活动站。“由此可以看出，在有条件、有需要的地方，各级红十字组织可创办更多形式的服务项目”。这些活动在满足了社会及人群需要的同时，也为社会主义精神文明建设增砖添瓦②。

二、“五讲四美三热爱”活动的兴起

进入改革开放的历史新时期以后，党和国家大力加强社会主义精神文明建设，这是“建设社会主义现代化强国的重要目标，也是在新的历史条件下发扬革命传统和中华民族优良传统，促进经济调整和社会安定的重要保证。”③1980年的中国，虽然“物质条件还比较差，但也应看到，我国消灭了剥削制度，实现了生产资料公有制；全国人民三十一年来努力奋斗，不仅为创造高度物质文明奠定了一定的物质基础，而且为建设社会主义精神文明开拓了道路”④。

“五讲四美三热爱”活动是20世纪80年代在全国特别是在广大青少年中广泛开展的创建社会主义精神文明的一种教育和活动形式。活动的基本内容是：五讲，即讲文明、讲礼貌、讲卫生、讲秩序、讲道德；四美，即心灵美、

---

① 小北：《山东省红十字老年人大学首届学员毕业》，《中国红十字》1986年第1期，第29页。

② 工仪：《红十字事业在前进》，《中国红十字》1984年第10期，第2—3页。

③ 《全国总工会、共青团中央、全国妇联等联合发出倡议　在全国开展文明礼貌活动》，《人民日报》1981年2月28日。

④ 本报评论员：《大兴文明礼貌之风》，《人民日报》1981年2月28日。

语言美、行为美、环境美[①]；三热爱，即热爱祖国、热爱社会主义、热爱中国共产党。1980年6月，中央领导同志肯定了无锡第34中学总结的开展语言、仪表、行为美的审美教育活动的经验，指出：在思想上、政治上和社会风气上要来一个“五讲”。1981年2月25日，全国总工会、团中央、全国妇联等9个单位联合做出《关于开展文明礼貌活动的倡议》，号召全国人民特别是青少年开展以“讲文明、讲礼貌、讲卫生、讲秩序、讲道德”和“语言美、心灵美、行为美、环境美”为主要内容的“五讲四美”文明礼貌活动。“倡议”指出，这一活动，“是当前建设社会主义精神文明的一项重要工作”。应该说，上述9单位的“倡议”对医治十年浩劫期间的心灵“创伤”和抵制外来精神“污染”是十分必要的，经过努力是可以达到的[②]。

1981年2月28日，中宣部、教育部、文化部、卫生部、公安部联合发出《关于开展文明礼貌活动的通知》，要求各级宣传、教育、文化、卫生、公安等部门，“积极支持各群众团体开展文明礼貌活动，把它作为当前建设社会主义精神文明的一件大事抓好”[③]。由此，以“五讲四美”为主要内容的文明礼貌活动开始在全国范围内普遍展开。1982年3月，由五届人大四次会议的代表们联合发起的“全民文明礼貌月”在全国迅速兴起。自此，每年三月成为全国的“文明礼貌月”，可谓人心所向，众望所归。而且文明礼貌活动与60年代提出的“学雷锋活动”紧密结合在一起，充实丰富了“学雷锋活动”的内容和形式[④]。这是我国社会主义精神文明建设的一桩盛事，对恢复和发扬我国良好的社会风气，促进青少年一代的健康成长，有着深远的意义[⑤]。

讲究文明礼貌，不仅是一个国家社会风气的现实反映，也是一个民族进

① “四美”的一般要求是：“心灵美”，就是要注重思想、品德和情操的修养，维护党的领导和社会主义制度，做到“爱国、正直、诚实”，不做有辱国格、人格的事，不损人利己，不弄虚作假；“语言美”，就是要使用和推广礼貌语言，做到“和气、文雅、谦逊”，不讲粗话、脏话，不强词夺理，不恶语伤人；“行为美”，就是要做一个有益于人民有益于社会的人，做到“勤劳、友爱、守纪”，不损害集体利益，不破坏公物，不危害社会秩序；“环境美”，就是要搞好个人、家庭和工作场地、公共场所的卫生，做到“卫生、整洁、绿化”，不随地吐痰，不乱扔果皮、纸屑，不破坏树木、花草。《全国总工会、共青团中央、全国妇联等联合发出倡议　在全国开展文明礼貌活动》，《人民日报》1981年2月28日。

② 本报评论员：《大兴文明礼貌之风》，《人民日报》1981年2月28日。

③ 《中宣部、教育部、文化部、卫生部和公安部联合发出通知　支持九单位倡议开展“五讲”“四美”活动》，《人民日报》1981年3月3日。

④ 杨国印：《文明礼貌活动要经常化、制度化》，《人民日报》1982年3月27日。

⑤ 《中国红十字会总会发出关于开展“五讲”“四美”活动的通知》，《中国红十字》1981年第4期，第1页。

步的重要标志①。这一活动的推行绝非偶然，它“源于群众，本身就是群众的一种创造”，反映了广大人民群众对于改变社会风尚、建设精神文明的殷切期望。在经历了十年动乱之后，人民群众渴望安定团结，渴望有一个秩序井然、清洁卫生、安静舒畅、友爱和睦的社会环境。这是建设具有高度精神文明和物质文明的社会主义现代化强国的需要，也是造就社会主义一代新人的需要②。

在党的十二大以后，“许多地方开展了热爱祖国、热爱社会主义、热爱党的‘三热爱’活动。它与原来的‘五讲四美’活动，逐步汇合成一个‘五讲四美三热爱’的统一的活动”。这一结合使“五讲四美”活动的思想水平大大提高。“三热爱”，特别是“热爱祖国”，是使“五讲四美”活动能够持续地开展下去，达到更高水平的强大动力③。为了加强对“五讲四美三热爱”活动的领导，1983 年 3 月 30 日，中央“五讲四美三热爱活动委员会”正式成立，万里为主任，邓力群、黄玉昆为副主任。在中央的指导下，各地的活动委员会也相继建立④。万里指出，成立“五讲四美三热爱活动委员会”是党和政府重视社会主义精神文明建设、加强对“五讲四美三热爱”活动领导的又一重大措施。委员会在党委和政府领导下，主要是作为一种指导、监督、协调的机构而发挥作用，大量的工作由有关部门、人民团体，按照各自的业务分工和不同工作对象协作完成⑤。

三、投身“五讲四美三热爱”活动

作为“五讲四美三热爱活动委员会”的成员之一，中国红十字会响应中央号召，积极投入这一社会主义精神文明建设的重要活动中。其实，“五讲四美三热爱”活动包含的内容非常广泛，而且对于不同行业都有着更加具体的内涵。作为 80 年代初精神文明建设的重要内容，“五讲四美三热爱”活动与以“救死扶伤、实行革命的人道主义”为宗旨的中国红十字运动有着颇多的相同之处。这一时期红十字运动所从事的群众性防病治病、卫生知识宣传、卫生救护训练、公民义务献血宣传、扶助老弱病残等活动在思想本质和精神诉求方面有着诸多的一致性，由此注定了红十字会在“五讲四美三热爱”活

---

① 《全国总工会、共青团中央、全国妇联等联合发出倡议　在全国开展文明礼貌活动》，《人民日报》1981 年 2 月 28 日。

② 本报评论员：《让文明礼貌新风吹遍祖国大地》，《人民日报》1981 年 4 月 10 日。

③ 本报评论员：《把“五讲四美”同“三热爱”统一起来》，《人民日报》1983 年 1 月 6 日。

④ 李尚志、邹爱国：《中央五讲四美三热爱活动委员会成立》，《人民日报》1983 年 3 月 31 日。

⑤ 《深入开展“五讲四美三热爱”活动　实现党风和社会风气根本好转》，《人民日报》1983 年 4 月 1 日。

动中要大显身手。

（一）投入文明礼貌活动

在1981年全国总工会等9部门发出倡议之前，全国广大红十字青少年已经先行一步，投身于精神文明建设的大潮之中。1981年2月24日，北京市第一师范附属小学红十字会响应北京市政府提出的“向高云涛、田继跃①革命烈士学习，迅速掀起一个向英雄学习的热潮”的号召，向全市各校红十字会发出倡议书，提出以英模为榜样，在即将到来的“学雷锋树新风”活动中做出成绩②。

学雷锋，学英雄，树立新的良好风尚，是全国人民的职责所在。中国红十字会向所有会员发出呼吁：要和全国人民一道，为建设精神文明做出贡献。为此，红十字会转发了北京市一师附小红十字会的倡议书并指出，他们向全市红十字青少年发出的倡议，可以视为向全国红十字青少年和全体红十字会会员发出的倡议；他们在倡议中提出的内容，可以扩充包括全部“五讲四美”的内容。

1981年3月7日，中国红十字会总会向全国各地红会发出《关于积极投入文明礼貌活动的通知》，要求全国各级各地红会要积极行动起来，发动会员，特别是红十字青少年，投入当前正在兴起的文明礼貌活动，争当建设社会主义精神文明的先锋。把“五讲”“四美”列为基层红十字会、红十字卫生站当前的主要活动。各地红十字会要遵循救死扶伤、实行革命的人道主义的宗旨，在开展群众性防病治病、卫生知识宣传、卫生救护训练、公民义务献血宣传、帮助老弱病残等各项红十字会活动时，都应该和文明礼貌活动结合起来③。

总会号召发出后，北京、上海、天津、辽宁、福建、广西、西安、南京、武汉等省、市红十字会均发出通知，号召各级红十字会和全体会员积极投入文明礼貌活动，争当建设精神文明的先锋；要求把“五讲四美”活动列为红十字会基层组织的主要工作，结合各项红十字会活动进行，并予以督促检查；在表彰先进时，把文明礼貌作为要求之一。由此，文明礼貌活动在各级红会迅速展开，并引起了很大反响。值得一提的是，上海市虹口区的红十字先进单位和先进会员在区红十字会会员大会上，专门向全区红十字会基层组织和

---

① 高云涛、田继跃是20世纪80年代为救落水儿童而牺牲的烈士。

② 《倡议书》，《中国红十字》1981年第4期，第2页。

③ 《中国红十字会总会发出关于开展“五讲”“四美”活动的通知》，《中国红十字》1981年第4期，第1页。

会员发出了倡议，在一定程度上表达了广大红十字人的心声，体现了这一活动的生命力。倡议提出，要“学习白求恩同志毫不利己、专门利人的共产主义风格，发扬救死扶伤的革命人道主义精神，在‘五讲’、‘四美’文明礼貌活动中起带头作用，做一个全心全意为人民健康服务的优秀会员”①。

1981 年是联合国确定的国际残疾人年，许多国家都成立了由政府和非政府组织参加的全国委员会，开展全国性的活动。经国务院批准，我国也专门成立了中国国际残疾人年组织委员会，负责领导和组织残疾人年的活动。参加组织委员会的有包括中国红十字会总会在内的 23 个政府部门和群众团体。为了更好地开展这一活动，中国红十字会总会向各地红十字会发出了通知，号召广大会员积极配合政府有关部门，发挥红十字会应有的作用。要协助办好社会福利工厂（站、组），要动员基层组织和会员为残疾人服务，要在残疾人工厂、学校中开展红十字会工作，要结合“五讲”“四美”活动加强防止致残和不歧视残疾人的宣传工作，要在有关活动中尽可能吸收残疾人参加。总之，要力所能及地帮助残疾人，向残疾人伸出温暖之手②。

按照总会的指示，各级红十字会积极运用报刊、座谈等形式，表达对残疾者的关怀与尊重。有的地方红十字会，在盲、聋、哑学校建立了红十字会组织，在福利工厂建立了红十字卫生站，为残疾者提供卫生知识教育和医疗防病服务。有的地方红十字会，组织红十字医院对残疾人进行免费体检，与有关部门联合举办残疾人运动会、义演。有的红十字会为残疾人举办福利事业，动员会员和团体单位为此事业进行财物捐助。有的地方红十字会还设立残疾孤老者医药咨询台，对残疾人及其家属求医问药进行服务。上海、沈阳红十字会建立了街道福利站和诊所。有些红十字青少年，背送、搀扶肢残同学上学，到福利工厂或残疾者家中进行慰问，演出文艺节目、打扫卫生、粉刷房屋、洗衣洗被。有的街道会员成立红十字服务小组，定期上门为残疾人做好事③。上海市杨浦区各街道里弄红十字组织，发动了 200 多名会员，组成了 100 多个红十字服务小组，为 100 多名孤老定期上门服务④。

（二）在第一个“全民文明礼貌月”中

1982 年 2 月，中国红十字会总会再次发出通知，要求各级红十字会组织

① 《响应“五讲”“四美”活动的倡议》，《中国红十字》1981 年第 5 期，第 2 页。

② 韩雅玫：《中国国际残废人年大会号召各方面都来关心残废人》，《中国红十字》1981 年第 6 期，第 1 页。

③ 中国红十字会总会组织训练部：《前进的一年——中国红十字会 1981 年国内工作概况》，《中国红十字》1982 年第 1 期，第 7 页。

④ 浦元清：《红十字服务小组》，《中国红十字》1981 年第 7 期，第 7 页。

积极投入“全民文明礼貌月”活动之中，并规定每年3月为“全民文明礼貌月”，这是把“五讲四美”活动进一步制度化、群众化的一项有力措施，是继续改造社会风气、倡导社会主义精神文明的一个重要步骤。各地红十字会要在1981年开展“五讲四美”活动的基础上，在当地党政领导的统一部署下，根据当地实际情况，因地制宜地动员红十字基层组织（包括团体会员单位）和广大会员，特别是红十字青少年，遵循红十字会救死扶伤、实行革命的人道主义的宗旨，积极开展各项活动。要求红十字会会员带头做到搞好个人卫生、家庭卫生，不随地吐痰，不乱扔果皮，遵守交通规则，改善服务态度，并努力做好敬老助残等社会工作，在全民文明礼貌月中做出新成绩，做建设社会主义精神文明的先锋。

在第一个全民文明礼貌月活动中，全国广大会员，特别是红十字青少年，在活动中表现得极为活跃，成为这项活动的重要力量。他们从个人生活言行的点滴做起，积极完善品德修为，并组织“五讲四美”宣传队、学雷锋义务劳动队，走上街头，边宣传边服务；为老年人、残疾人送方便，送温暖，做了大量好事，受到广大群众的赞扬①。

北京市广大会员为首都精神文明建设发挥了红十字会员应有的作用。据6个区的不完全统计，2月27、28日在全市统一行动时，共有2.1万多名会员和6700多名青少年，戴着红十字臂章，加入本单位、本地区的群众行列，走上街头，开展公益劳动和宣传活动。朝阳区红十字会发动了3700名会员和4800名青少年会员，设立了25个红十字宣传点，打扫街道卫生和进行卫生防病宣传。宣武区有4个街道红十字会的2500多会员，在街头巷尾，刷洗旧标语、广告、清扫垃圾。海淀区的16所学校，2270多名红十字青少年和同学们一起打扫市容卫生。东城区遂安伯小学32名红十字青少年，打着红十字旗，到北京站口宣传卫生防病知识。西城区展览路街道出动了960名会员，清扫街道和打扫卫生死角。北京市布鞋厂红十字会员组织了“红十字服务队”，在天桥地区义务为8人理发，维修8辆自行车。

根据天津市的统一部署，3月2日是全市开展“全民文明礼貌月”活动的第一个卫生日，全市中小学4万多名红十字青少年，打着红十字旗帜，佩戴红十字袖章走上街头，大搞卫生突击，开展卫生宣传和为群众做好事的活动。和平、河西、河北、南开、红桥、塘沽等区红十字青少年到火车站、汽车站、电影院、剧场及新建楼群打扫卫生，清理卫生死角、捡拾砖头瓦块；他们还用文艺节目等多种形式，宣传“文明礼貌”“五讲四美”。广大红十字

① 中国红十字会总会编：《中国红十字会的九十年》，中国友谊出版公司1994年版，第203页。

青少年还开展了为烈军属、孤老户、残疾者送服务的活动。

武汉市红十字会近万名红十字会员、红十字青少年积极投入了“全民文明礼貌月”活动，他们活跃在街头、车站、码头，为建设社会主义精神文明做出了成绩。截至3月4日，据不完全统计，江岸区上街参加活动的红十字会员有3900人，红十字青少年2341人。在活动中，打扫街道78条，疏通沟道110条，清除121处死角，运走积存垃圾232吨；还组织了134个劝阻队，劝阻不文明行为2317人次；宣传队86个，共宣传87场次。会员们还抢救、护送病员26人，为军烈属和老弱病残319家做了大扫除，做其他好事719件①。

重庆市4.6万多名红十字会员，热烈响应号召，带头保持室内外清洁，搞好个人和家庭卫生，植树、护树，美化、净化环境，礼貌待人，千方百计为群众办好事。北碚区天生、朝阳和沙坪坝区化龙桥的会员与群众一道，仅3月5日就疏通沟渠1600多条，清除垃圾堆50多个，植树7100多株。已恢复和建立红十字会的60多所学校，绝大部分都参加创建“红领巾卫生街”“红十字卫生街”“军民团结卫生街”“国际友谊卫生街”的活动。团体会员单位三医大、重医和市、区属医药卫生单位组成了“清洁卫生突击队”“义务医疗服务队”等。化龙桥地区的红十字会员和广大群众，清扫大街小巷32万多平方米，清运垃圾550多吨，疏通沟渠1405条，上街宣传295人次，做好事112件，植树7189株②。

（三）参与文明单位建设活动

1984年2月，中央“五讲四美三热爱活动委员会”拟定了《关于1984年五讲四美三热爱活动的意见》，要求全国各地、各单位进一步搞好综合治理，普遍地、扎实地开展建设城乡各种文明单位的活动。各地区、各部门、各单位都要把建设文明单位作为当年和今后“五讲四美三热爱”活动的基本形式和基本内容③。创建文明单位是使“五讲四美三热爱”活动经常化、制度化的根本途径，是把社会主义精神文明建设落实到基层、落实到全社会的有效办法，能够推动各单位党、政领导亲自动手，协调各方面的力量，更有

① 金国华等：《春风杨柳万千条》，《中国红十字》1982年第4期，第2—3页。

② 刘宗量、陈明时、赵元模：《为建设精神文明做贡献——“全民文明礼貌月”活动续志》，《中国红十字》1982年第5期，第3—4页。

③ 《中央五讲四美三热爱活动委员会提出新要求　开展建设城乡各种文明单位活动》，《人民日报》1984年2月10日。

成效地开展精神文明建设工作[①]。

"五讲四美三热爱"活动以建设文明单位作为基本形式和基本内容，体现了这项活动由浅入深的合乎规律的发展[②]。在这种形势下，中国红十字会总会在1984年2月8日发出了《关于积极参加建设文明单位活动的通知》，要求"各级红十字会和广大会员，在已经取得成绩的基础上，更加自觉和积极地投入到1984年的'五讲四美三热爱'活动中去，同地方有关部门配合，加速文明单位的建设，同时争取本机关成为社会主义文明单位"。为此，总会特提出了如下要求：

1. 继续努力参加今年的文明礼貌月活动，在对"脏、乱、差"的综合治理中，发挥红十字组织的模范带头作用。有条件的地方还应组织好关于卫生知识的宣传，开展义务体检、卫生保健、咨询和其他服务活动。

2. 各级红十字会应根据本身的情况和条件，提出参加文明单位建设的具体目标和要求，并采取实际措施，以保证实现。所有红十字组织，都应在本年内，加强本身的精神文明建设，树立文明会风，把自己建设成为合乎标准的文明单位。

3. 各省、市红十字会应加强对文明礼貌月活动的领导，及时表扬先进，督促后进，对于在文明单位建设中取得明显成绩的基层组织，应及时帮助总结经验，加以推广，并把这方面的典型材料报告总会[③]。

四、文明之花遍地开

在党中央关于两个文明建设一齐抓的战略方针指引下，"五讲四美三热爱"活动取得显著成效。很多城市的社会风气和社会治安有很大好转，市容卫生、公共秩序、服务态度等方面有很大变化，在美化环境、市政建设方面也取得了很大成绩[④]。随着"五讲四美三热爱"活动的逐步推进，我国的社会主义精神文明建设红红火火并不断创新，呈现出一派喜人的景象。在改革开放的新阶段，文明的观念、文明的意识、文明的行为已逐渐深入人心。文明，正伴随着中国人民前进的脚步，与全世界一起向前推进。

---

① 徐心华、邹爱国：《中央五讲四美三热爱活动委员会提出 加快城乡各种文明单位建设》，《人民日报》1984年1月21日。

② 《关于1984年五讲四美三热爱活动的意见》，《人民日报》1984年2月10日。

③ 《关于积极参加建设文明单位活动的通知》（1984年2月8日），中国红十字会总会编：《中国红十字会历史资料选编，1950—2004》，民族出版社2005年版，第145页。

④ 《让文明单位之花竞相开放》，《人民日报》1984年6月19日。

（一）雷锋精神蓓蕾重现

在文明礼貌活动正式开展之前，北京一师附小的红十字青少年们曾经向全市发出倡议，号召市民投入学雷锋、树新风的活动中来。在“五讲四美”活动中，他们仍然冲锋在前，发挥着重要的表率作用。他们来到25路公共汽车上，宣传卫生，劝阻随地吐痰，宣传不乱扔果皮、纸屑；有礼貌地扶老携幼，帮助乘客提放行李。不少乘客在这些红十字青少年的影响下，也都主动地帮忙上下车的老年乘客提送行李。当汽车到达西直门终点站，他们在热情地送走乘客后，又认真地擦拭玻璃，清扫汽车内卫生。在大家的努力之下，车内环境焕然一新，清爽宜人，好像照见了这些红十字青少年心灵的美①。

（二）红十字老寿星

93岁的红十字卫生员杨作威精神矍铄，腰背直挺，步履轻健，经常活跃在街道卫生战线上。1965年，时年77岁的杨作威参加了南宁市红十字会举办的救护学习班，和青年们一道学习四大技术，毕业后回到街道，凡是红十字会的工作，他都主动去做。他总是拿着喇叭筒串街走巷，日子长了，人们都称他“喇叭筒亚公”。亚公助人为乐，常做好事。居民黄莲英腰痛起不了床，他知道后马上去病人家，用自己制作的中草药药酒给病人擦敷、推拿；同街的70岁老人叶雪莲左脚扭伤，还是亚公拿了药酒，每天帮助擦伤、包扎，直到痊愈；孤老户黄蔡氏患胆结石在医院手术，要人看护，居委会主任正为难，亚公挺身而出，要求参加值夜班。亚公忘我的精神深深地感动了病人和医务人员。

（三）雪里送炭

北京广内医院退休医士程玉贞家中不幸起火，三床棉被、两个衣箱、一些生活用具和存款都被烧毁。程玉贞焦急、悲痛、流泪，不知所措。一人有困难，大家来支援。广内医院的红十字会员，伸出了友谊的手，两天之内，捐献了人民币110多元，布票48尺，棉花票7张，粮票50斤，还有枕套、衣服等物。大家用捐献的钱和布票，买了被面、被里、被套以及一些衣服。当会员们把钱、新棉被、衣服等送给程玉贞时，她感动得热泪盈眶。这真是雪中送炭。

（四）帮助孤儿

齐欣是一名孤儿，1980年9月转学到哈尔滨市第10中学。看到她的困难，大家决定共同帮助她。红十字青少年赵彩艳、李滨霞、苗永新、田艳萍

---

① 北京市红十字会：《雷锋精神蓓蕾重绽》，《中国红十字》1981年第4期，第8页。

用课余时间给她补习数学，魏玲给她补习英语。老师发现她没有学习用具，第二天便给她拿来了本子、夹子、铅笔、油笔、格尺等等。在老师的带动下，红十字青少年薛敬坤、范冬梅、魏玲、田艳萍等人也送来了学习用具。赵英在每天早晨，定时去接她上学，帮助她克服了迟到的缺点。老师还带着青少年伙伴去她家里了解情况，帮助她解决实际问题，培养她的独立生活能力。

（五）胜似亲人

在沈阳市铁西区的一个大院里，住着一位年过六旬的老大娘。她神采奕奕，身背红十字药包，走家串户，不是向邻居宣传卫生防病知识，就是介绍计划生育常识。这位大娘名叫张志清，以前是卫生院的妇产科医生，1975 年退休后放弃赚钱的机会，做了红十字卫生站站长。退休女职工刘云长期患病，卧床不起，家中无人照顾，张志清主动前去，朝夕相助，胜似亲人。每天打针、喂饭、护理，长达半年之久，还多次护送去医院就诊。刘云病危，张大娘彻夜陪护照顾；刘云病故，又帮助料理后事。邻里都说："张大娘比亲人还亲。"张志清热心为群众服务的事迹，受到党和政府的表扬，1981 年她被中国红十字会总会评为"1980 年度先进红十字会员"。

（六）急病人所急

红十字会员李楠生是一位退休的医务人员，虽然已经 66 岁，但他主动为保健员进行内科业务培训，对广大会员进行高血压、心脏病等卫生知识普及教育。他和分站长、会员组长一起组织了一个保健队，走访了 194 户职工家属，访问了 107 名退休工人，给其中患有内科慢性疾病的 74 人就病情、病史、体征等，写下了病史摘要。他还为广大居民的健康着想，准备了急症包、听诊器、血压表、针灸针、急救药品等。李楠生退休后不久，爱人病故，里里外外的家务事都要他一人承担，有人劝他申请个体开业，多挣点钱。但李老伯伯认为，实行救死扶伤是红十字会员的天职，应当多为人民服务①。

（七）预防流感的大会战

1981 年 7 月下旬至 8 月上旬，重庆市流行性感冒来势凶猛。各区卫生防疫部门及医疗单位积极开展综合性预防措施。北碚区歇马地区红十字会和地区医院，立即开展宣传活动，采取防治措施。从 8 月 7 日起，采用药物喷喉、滴鼻，服中药大锅汤等方式预防流感。到 8 月 9 日止，药物喷喉、滴鼻共 600515 人次，服预防药 10026 人次。在此次工作中，参加活动的有红十字会会员、医生、居民干部，共 178 人。他们个个认真负责，任劳任怨，

① 李佩珍等：《五讲四美之花》，《中国红十字》1981 年第 11 期，第 4—5 页。

不顾汗流浃背，坚持工作。老会员、70 多岁的退休工人张文彬，从早到晚不休息，给地段居民挨家挨户送药，见人就宣传如何预防，人人称赞他是好会员。

(八) 朝夕相助送盲人

每日清晨 6 点多钟，在沈阳市铁西广场附近的 7 路汽车站旁，有几名胸佩红十字青少年证章的小朋友在等候一位盲人下车。当这位盲人坐的车刚一停稳，他们便一齐拥上前去，有的去搀扶，有的接过手提兜，有的拿着探路木棍，穿过马路前往贵和卫生院。这位盲人叫刘闯，是贵和卫生院的医生，家住沈河区大南街，每天上班上车要过几道马路。贵和街小学红十字青少年王军知道后，决心帮助刘叔叔解决困难。于是，她每天接送刘叔叔上下班。在王军的带动下，班里的温英、王丽、刘冬梅、刘玉兰 4 名红十字青少年组成学雷锋小组，不管盛夏严冬，不论刮风下雨，接送从未间断①。

列宁曾说："只有那些已经深入文化、深入日常生活和成为习惯的东西，才能算做已达到的成就。"② 我国 80 年代的精神文明建设，应当也必须要从日常公共生活的文明建设起步③。"东风洒雨露，会入天地春"。高举改革开放伟大旗帜的中国红十字会，面向新的历史时期，在精神文明这一领域正在描绘更新、更美的画卷。

改革的春风唤醒了沉寂十余年的红十字运动。在万物复苏的改革时节，中国红十字会在举国参与的"五讲四美三热爱"活动中，旗帜鲜明地张扬了红十字人道主义的风采，而这一切又都为中国红十字运动的进一步展开奠定了基础。

第四节　红十字旗帜下的国际交往与合作

一、出席马尼拉国际红十字会议

1979 年，在改革开放春风的吹拂下，中国红十字会逐步迈向国际舞台，迎来了新的发展机遇，其在外交领域的地位与作用也越来越显著。

---

① 杨寿柏等：《五讲四美之花》，《中国红十字》1981 年第 10 期，第 6—7 页。

② 《列宁选集》第 4 卷，人民出版社 2012 年版，第 785 页。

③ 孙永仁：《精神文明从这里起步》，《人民日报》1983 年 3 月 31 日。

（一）大会的召开

1981 年 11 月，在菲律宾马尼拉分别召开了第 2 次红十字会协会大会和第 24 届国际红十字大会。由钱信忠率领的中国政府代表团与中国红十字会代表团参加了这两个会议。这两个大会较以前历次大会规模都大，受到各国和各国际组织的普遍重视。出席大会的有国际红十字组织及来自世界五大洲的 87 个政府代表团和 125 个红十字会代表团；另有 8 个正在组建中的红十字会和 26 个国际组织作为观察员列席。与会代表和观察员总数达 800 名，其中红十字会会长 98 人，部长、大使 29 人，亲王、公主 5 人，退役将军 5 人[①]。

11 月 2 日至 6 日，第 2 次红十字会协会大会先期召开。大会选举了协会领导，西班牙的德拉玛塔当选为红十字会协会主席。大会决定吸收汤加和卡塔尔两国红十字会为红十字会协会新会员，从而使协会会员国总数增至 128 个[②]。

红十字与红新月国际大会是国际红十字与红新月运动的最高审议机构，每隔 4 年召开一次。国际大会可以就有关的原则问题、国际人道主义法范围之内的问题以及组织与行动事务做出重大政策选择，某种程度上它决定着国际红十字运动的发展方向。第 2 次红十字会协会大会闭幕后，第 24 届国际红十字会大会于 11 月 7 日隆重拉开帷幕。这次会议的主要目的是就红十字会有关的问题交换意见，制定 80 年代的发展计划和加强国际红十字会与各国政府之间合作的方案。这是“第一次在东南亚地区召开的国际红十字大会，意在强调它把工作重点放在第三世界，特别是亚洲”[③]。会议听取和讨论了红十字国际委员会 4 年来的工作报告。会议还在各个委员会的会议上讨论审议了 40 多个议题，通过了 24 项决议，其中主要内容涉及传播国际人道主义法律知识和红十字会的原则与理想、要求各国加入 1977 年制订的保护战争受害者的日内瓦公约的两个附加议定书、红十字会与和平、红十字会反对虐待的行动等问题[④]。

（二）中国红十字会代表团的表现及收获

这两次大会以人道为主题，但在许多问题上离不开政治。会议召开前后，

---

① 《关于出席马尼拉国际红十字大会情况报告》（1981 年 12 月 4 日），中国红十字会总会编：《中国红十字会历史资料选编，1950—2004》，民族出版社 2005 年版，第 138 页。

② 郭思勉：《盛况空前的大会——记二十四届国际红十字大会》，《中国红十字》1982 年第 1 期，第 8 页。

③ 《第二十四届国际红十字大会在非开幕》，《人民日报》1981 年 11 月 9 日。

④ 《第二十四届国际红十字大会闭幕》，《人民日报》1981 年 11 月 16 日。

苏联妄图把伪柬埔寨[①]红十字会代表塞进大会并试图把苏联对和平与裁军的观点写进大会决议，使大会几度出现激烈的辩论和斗争。中国红十字会代表团遵照国内批准的方针，在中国驻菲使馆党委的领导和帮助下，了解情况，广交朋友，宣传自己，揭露苏霸，基本完成了预定任务。

1. 成功地阻止了伪柬埔寨红十字会参加大会

会前，国际红十字常设委员会在苏联集团的压力下，决定邀请伪柬埔寨红十字会作为观察员列席第24届国际红十字大会，从7月份起我国已为打掉柬伪进行了相关工作。以中国红十字会副会长王敏为团长的中国红十字会代表团9月9日至14日曾访问了民主柬埔寨管辖区梅莱山地区，在访问期间，中国红十字会代表团同民主柬埔寨红十字会负责人就将于10月底在马尼拉举行的第24届国际红十字大会的有关问题交换了意见[②]。中国红十字会代表团在10月27日到马尼拉后，就重申了坚决反对把韩桑林政权“红十字会”代表塞进大会的立场。同时，中国代表团向国际红十字会组织和一些友好国家红十字会积极争取，并向红十字会协会多数执行理事散发备忘录，申明中国红十字会坚决反对伪柬埔寨红十字会列席的立场，与此同时注意同东盟国家协同配合。在各方压力之下，经过红十字国际委员会有关人员劝说，伪柬埔寨红十字会被迫来电托故不派代表参加。苏联不甘心失败，在红十字会协会执行委员会10月31日举行的一次会议上，苏联代表再次企图把韩桑林政权“红十字会”塞进协会大会和第24届国际红十字大会。会议就此问题进行表决，投票结果是19票反对、5票弃权，仅苏联自己投了1张赞成票。菲律宾外交部11月1日宣布拒绝发给韩桑林政权“红十字会”代表入境签证。菲律宾政府的决定是与其他东盟成员国协商之后做出的[③]。至此，苏联把伪柬埔寨红十字会塞进国际红十字大会的企图彻底失败。反对伪柬埔寨红十字会成为国际红十字运动中“合法”成员，也是一场为维护世界和平、支持民族独立和反对霸权主义的政治斗争。中国红十字会这一维护东南亚地区和平与稳定的行动得到与会大多数国家，尤其是东盟国家的赞赏与支持[④]。

2. 打掉了苏联“假和平”提案和修正案

在讨论红十字会作为和平因素时，苏联代表提出了一项裁军问题的提案，吹嘘苏联在裁军方面所做的“贡献”和“努力”，试图把其观点写进关于

---

① 1979年越南在柬埔寨扶植的一个亲越政权，主席为韩桑林。

② 《中国红十字会代表团访问民柬管辖区》，《人民日报》1981年9月17日。

③ 《苏联把韩桑林代表塞进红十字大会的企图彻底失败》，《人民日报》1981年11月4日。

④ 吴佩华：《中国红十字外交，1949—2009》，合肥工业大学出版社2012年版，第28—29页。

“裁军、大规模毁灭性武器和尊重非战斗人员”的决议草案里[1]。中国代表团根据一贯秉持的和平理念，进行了揭露，得到埃及等友好国家的支持。经过辩论，会议决定不审议苏联的提案。苏联转而要求修正国际委员会关于限制使用滥杀滥伤常规武器的提案，企图塞进自己的观点，这个修正案以 64 票反对、25 票赞成、11 票弃权遭到否决。

3. 宣传中国红十字人道主义事业的发展情况

中国代表团在发言中向大会代表介绍了中国宣传和执行日内瓦公约的基本情况，介绍了中国安置 26 万多印支难民、救灾、城乡初级卫生保健、环境保护、输血、志愿服务、青少年工作、查人转信等红十字会业务活动，还向与会各国代表散发了中国红十字会 1978—1981 年 4 年工作报告和《红十字与我国》画册。

4. 在竞选红十字会协会执行理事时失利

大会期间，改选了国际红十字常设委员会和红十字会协会执行理事会。此次改选比较科学规范，具有更加广泛的代表性，为第三世界国家提供了更多的参与机会。经过选举，约旦的阿布古拉当选为国际红十字常设委员会主席，西班牙的德拉玛塔当选为红十字会协会主席，挪威的汉斯·侯当选为协会秘书长。中国红十字会曾经参与竞选协会执行理事，由于决定仓促，事前的竞选工作做得不够，未能当选[2]。当然，这也与中国红十字会恢复工作不久，机构不健全有一定关系。

（三）对中国红十字会开展工作的启示

参加第 2 次红十字会协会大会和第 24 届国际红十字大会，是中国红十字会在改革开放的历史新时期走向国际舞台的一次重要尝试，既有经验亦有教训。一方面，通过这次活动，红十字民间外交的功能进一步得到彰显，红十字组织的重要性体现得更加鲜明；另一方面，我国红十字会发展中的薄弱环节也明显地暴露出来。这些都表明，红十字人道主义事业需要在改革开放的时代格局中奋起前行，以便在自身壮大的基础上为社会主义现代化事业做出更大的贡献。

1. 需要进一步参与国际事务，发挥红十字外交的作用

“红十字是国际社会领域历史长、活动广、影响大的国际组织”。它以人道为旗帜，无论战争时期还是和平年代，都在人道主义事务特别是在民间外

① 《第二十四届国际红十字大会闭幕》，《人民日报》1981 年 11 月 16 日。

② 《关于出席马尼拉国际红十字大会情况报告》（1981 年 12 月 4 日），中国红十字会总会编：《中国红十字会历史资料选编，1950—2004》，民族出版社 2005 年版，第 139 页。

交中扮演着不可或缺的重要角色。从当时的情况看，苏联及西方国家对红十字会都很重视，就国际红十字会组织的经费来源而言，美国出资25%，苏联出资20%。对于中国而言，为了更好地发挥红十字外交的作用，增强在国际事务中的影响力和话语权，有必要更加深入地参与到国际红十字组织的管理和运行当中，这既是作为最大的发展中国家的一份责任，也是推动中国开放步伐的重要举措。

同时，随着改革开放步伐的深入和我国国际交往的拓展，红十字会的国际活动也日趋频繁。1978年以后，"接待来访42起（除红十字会邀请的以外，还经常有旅游局、友协等单位接待的外宾临时要求到红十字会进行礼节性拜访或要求参观红十字会活动，仅1980年就有44起、326人），出国参加国际会议和访问等25起，接受国际援助约200万美元。事实上，红十字会工作已成为外事战线和国内工作不可缺少的一个组成部分"。与之不相对应的是，"我国红十字会现有组织机构和干部力量薄弱，很不适应形势发展的需要。特别是从事国际联络工作的外语干部只有9人，且大都年老体弱，后继乏人，工作限于应付，无力进行业务研究和建设，遇有重要活动，只有向外单位借人。通过参加这次大会，中国红会体会到这一斗争领域的重要性，也深深感到同第三世界国家红十字会的交友工作还不广泛。现在许多国家要求我国在国际红十字活动中能够起到应有的作用，否则与我国的国际地位不相称"。

2. 需要强化领导和管理，高度重视红十字人道事业，在夯实红十字国内工作的基础上，为红十字外交提供必要保障

由于红十字会重视推广医疗卫生事业和灾害救济，一直受到广大第三世界国家的重视和欢迎。20世纪80年代，在"128个有红十字会的国家中，由总统、国王等国家领导人担任赞助人、名誉会长或会长的有38个国家，其余也都由现任或退休的部长、将军、大法官等身份较高的人担任会长。关于各国红十字会工作，一般都由政府通过法令或决议，明文规定红十字会主管（或协同有关部门管理）某项或某几项工作（如救济、输血、急救、医院、护理、卫生宣传、社会服务等）"。相比较而言，我国红十字事业虽然曾经取得过辉煌的成就，但十年浩劫中却遭破坏和中断，直到1978年才逐步恢复并初步发展。国家拨乱反正，社会乍暖还寒。应该说，中国红十字事业要走的道路，依然艰巨漫长。

在当时的情况下，中国红十字事业的发展，其重要着眼点应该是明确职能范围，建立符合红十字运动发展规律的管理体制，并加大政府部门对红十字事业的资助和支持。具体而言，应该从现实发展需求出发，从以下几个方面着手：首先，"根据国内和国际工作的需要，应明确中国红十字会是全国性的人民团

体”，即突破红十字会局限于卫生工作的固有认识；其次，“按全国性人民团体配备相应级别的领导干部任专职党组书记，并选调一些外语好、能力强、有一定外事工作经验的中青年干部调整充实红十字干部队伍”；再有，“外交部和卫生部作为外事和卫生业务的归口单位，应加强对红十字会工作的指导”①。可见，新的历史时期对红十字会工作提出了新的要求，也提供了新的机遇。

二、安置印度支那难民

改革开放之初，中国的工作重心正向经济建设转移，但西南边陲突然涌进28万印支难民。所谓“印支难民”，是指印度支那三国，即越南、柬埔寨和老挝产生的难民。中国红十字会配合中国政府，充分发扬国际人道主义精神，不仅积极接收了这些海量涌入的印支难民，而且创造出中国特色的难民安置模式，使他们在民政部门的管理下生活到今天。

（一）印支难民潮的出现

根据相关学者的统计，从1975年到1987年，印支难民外逃的总人数估计为250万人左右。这个数字，在世界难民史上虽然不是最大的数目，但它却占了印支三国总人口的1/30②。

大量事实表明，越南当局推行地区霸权主义，推行侵略扩张、压榨人民和民族歧视的政策，是印支难民大量而又持续外逃的主要原因，是印支难民问题成为一个突出的国际问题的根本原因。一方面，越南对柬埔寨和老挝实行殖民化和种族灭绝政策，造成印支国家人民大量逃亡。1973年签署的巴黎协定本应为越南带来和平、为中南半岛带来安宁，然而，越南在苏联的支持下，妄图称霸半岛，甘愿为苏联在东南亚势力的扩张充当马前卒③。另一方面，越南当局推行民族歧视政策是造成大批印支难民的另一个主要原因。它驱赶到外国的难民当中，包括越南少数民族、华裔越南人和华侨。越南当局为了在军事上准备反华而采取“净化边境”的行动，它把认为“不可靠”的少数民族居民赶到中国，其中有侬族、沙族、苗族等。至于对有中国血统的越南公民和华侨，越南当局更是采取各种卑劣手段把他们驱赶、逼迫出境。他们被无故勒令停业、停职，子女不准继续上学，财产被没收或抢走，户口和口粮供应被撤销，越南公安人员还一再登门恐吓威胁，逼得他们无法生存，

① 《关于出席马尼拉国际红十字大会情况报告》（1981年12月4日），中国红十字会总会编：《中国红十字会历史资料选编，1950—2004》，民族出版社2005年版，第140页。

② 赵和曼：《印支难民研讨中的几个问题》，《八桂侨史》1987年第2期，第33页。

③ 吴佩华：《中国红十字外交，1949—2009》，合肥工业大学出版社2012年版，第89页。

不得不离开世代居住的乡土。这种惨无人道的手段，被当时世界上许多报刊称之为“迫害少数民族最恶劣的事例之一”，是“希特勒反犹排犹暴行的翻版”①。

印支难民外逃的遭遇，比其他地区的难民更加悲惨，这主要是指从陆海两路外逃时死亡人数之多、处境之险恶。从海上出逃的近百万印支难民，他们驾着设备陈旧且并不坚固的小船，在波涛汹涌、一望无际的大海上起落。船舱内外，男女老幼拥挤不堪；烈日曝晒，高温灼烤难耐；经常发生机器失灵或船体损坏，葬身鱼腹者千千万万；病死、饿死、渴死者不计其数；经常遇上海盗，财物被抢劫，亲人被杀害，妇女被强奸，一幅幅悲惨的画面令人胆战心惊。有学者认为，20 世纪曾经出现过两幕人间悲剧，一幕是 30 年代希特勒迫害犹太人的惨剧，一幕是 70 至 80 年代之交越南当局制造印支难民的惨剧②。世界舆论把越南这种无视国际准则、践踏人道原则的出口难民和屠杀难民的勾当，称为“肮脏的事业”“第二次世界大战以来最严重的种族灭绝行为”。舆论也谴责越南当局是一个“残暴的独裁政权”。当时有人评论，“越南是纳粹德国的真正继承者”③。

数量庞大的印支难民在出离国境后，主要散居于世界上 40 多个国家和地区④。中国作为第二大流向国，难民人群主要以越南华裔为主。据统计，20 世纪 80 年代在华居住的 28 万印支难民中，主要来源于越南，其中具有中国血统的为 222713 人，华侨为 6989 人，占有绝对多数⑤。这些人是越南反华排华政策的无辜牺牲者，也因为与中国的特殊关系，纷纷进入中国寻求庇护。

中越两国山水相依，曾经世代友好。自近代以来，中越都遭受到西方列强的侵略，具有共同的历史遭遇。新中国成立之后，为支持越南人民争取民族独立的斗争，曾经给予越南大量的无私援助，为越南最终赢得解放提供了有力的支持。毛泽东称赞两国人民的友谊是“同志加兄弟”，越南领袖胡志明生前也有过“友谊之光，万世辉煌”的宏愿⑥。由于地缘与历史的原因，曾经有大量中国侨民生活在越南。长期以来，他们落地生根，与当地民众融为一体，为越南的民族解放和社会经济发展都做出了巨大贡献⑦。

---

① 新华社记者：《印支难民问题的根源何在?》，《人民日报》1979 年 6 月 28 日。

② 赵和曼：《印支难民研讨中的几个问题》，《八桂侨史》1987 年第 2 期，第 34 页。

③ 王克勤：《怵目惊心的越南制造的大浩劫！——印支难民问题剖析》，《世界知识》1979 年第 15 期，第 1 页。

④ 赵和曼：《印支难民研讨中的几个问题》，《八桂侨史》1987 年第 2 期，第 32 页。

⑤ 张宝砚：《温情的庇护——印支难民在中国》，《中国民政》2015 年第 24 期，第 59 页。

⑥ 孙柏秋主编，池子华、杨国堂等著：《百年红十字》，安徽人民出版社 2003 年版，第 357 页。

⑦ 吴佩华：《中国红十字外交，1949—2009》，合肥工业大学出版社 2012 年版，第 90 页。

1975年越南全国解放后，河内当局为了达到称霸的目的，在恶化中越关系的道路上越走越远，有计划、有步骤、有组织地进行反华排华运动，掀起了规模空前、骇人听闻的迫害和驱赶华侨、华人的恶浪。据统计，1978年就有20多万华侨、华人被驱赶入中国境内，成为印支难民。在越南南方，1975年以后越南当局以“社会主义改造”为幌子，肆意掠夺华侨华人财产，进而驱赶他们出海。至1980年，被越南当局从海路驱赶出境的华侨、华裔难民已达100多万人。其中许多人，由于越南公安的追逐和海风的袭击而沉没海底，葬身鱼腹，死里逃生的人则沦为难民①。

按照《东南亚的难民》一书的分析，越南政府在大规模驱赶华侨的行动中应负主要责任，其行动目的主要有三个：（1）大发难民财。仅1979年一年，越南当局就从离境华侨身上搜刮到1.15亿美元；（2）解决令当局头痛的占越南人口20%的华族问题；（3）使国际舆论相信，华人是因无法适应“社会主义社会”而离境的，并以此进行反华宣传②。由此可见，印支难民的出现，很大程度上是越南所蓄意制造的政治阴谋。

（二）配合政府参与难民的接收和安置

印支难民事件发生后，不仅给临近的东南亚各国和地区带来了许多社会问题，成为“亚洲的浩劫”③，而且也成为一个“国际性的灾难”，引起了国际社会的广泛关注。联合国难民署就被驱赶的难民安置问题在日内瓦召开会议，中国政府接受安置25万印支难民的任务④。中国红十字会也积极响应国际红十字组织的呼吁，积极配合政府投入安置印支难民的医疗和救援的工作中。

1978年左右的中国正在为温饱问题而奋斗，20余万印支难民在短短数月之内被驱赶到中国境内，其压力之大可想而知。在这之前，中国从未在真正意义上大规模接收过难民，当时并不知晓如何界定难民及相关国际惯例，也不知道寻求国际援助，一切都要从头学起。面对这些家破人亡、一无所有的难民，首先采取的是独自面对、尽力解决的办法。中国政府根据其中华裔众多的现实，将他们作为华侨对待，安置在边境省份的华侨农场，暂时解了燃眉之急⑤。

在难民集中涌入的口岸，有的县级机关的工作人员，全部投入接待工作。

① 杨立冰：《印支难民出逃原因浅析》，《八桂侨史》1987年第2期，第49页。

② 阳云：《一部研究印支难民问题的参考书》，《印度支那》1985年第3期，第59页。

③ 《美〈芝加哥论坛报〉评越南难民问题：亚洲的浩劫》，《参考消息》1978年7月18日。

④ 中国红十字会总会编：《中国红十字会的九十年》，中国友谊出版公司1994年版，第207页。

⑤ 张宝砚：《温情的庇护——印支难民在中国》，《中国民政》2015年第24期，第59页。

机关、学校、企业、居民腾出了大部分住房，给难民居住①。1978 年夏，在越南驱赶难民的高潮中，广西、云南、广东、福建红十字会组织医疗队纷纷奔赴难民入境的口岸，为难民查体、看病，医务人员随车护送难民到达各安置点。在护送难民的途中曾发生这样一件事，难民陈行达 12 岁的儿子，因患有结核性脑膜炎，途中发高烧，随车的医务人员给他打针喂药，到达目的地后又及时送到医院进一步治疗，两个月后小孩康复。这位难民感动地说："你们不辞辛劳地为难民服务，我们从心底里感激。"② 在各难民安置点，红十字会会员大力宣传卫生常识，积极创造条件改变环境卫生和饮水状况。广州市和福州市的红十字会医院派出医生、护士和药剂、检验、放射科的技术人员到安置难民的农场巡回医疗，深入难民居住地嘘寒问暖，了解生活与卫生情况，使难民深受感动。

到 1979 年 6 月底，被越南当局驱赶进入我国的难民和流离失所者已达 251855 人，经我国政府和广东、广西、福建、云南 4 个省、自治区政府的积极努力，拨出了救济款和救济物资共约 4.5 亿美元，初步安置了 20 多万人，但由于建筑用木材不足，20 万人中有半数尚没有修建宿舍。完全没有安置的难民约 5 万人，其中滞留在广西的渔民 1.1 万人，他们原在越南海防一带沿海，世世代代以捕鱼为生。由于他们习惯海上生活，有捕鱼经验，不愿搞农业生产，而广西渔船渔具不足，因而未能安置下来。还有 3 万多务农的难民滞留在广西、云南边境口岸，准备在上述 4 个省（区）的 12 个农场内安置。此外，我国政府还决定在 1979 年 10 月开始有秩序地接收在东南亚国家和香港临时收容的、确系自愿来华定居且在华有亲属的难民 1 万名，以上 26 万多名难民的救济和安置主要是由我国政府负担。

1979 年 8 月 4 日，国家主席李先念、国务院副总理陈慕华主持召开难民工作会议，会议决定成立国务院接待安置印支难民领导小组，由民政部牵头，民政部部长程子华任组长，中国红十字会副会长杨纯任副组长，18 个部委的负责同志任领导小组成员，办公室设在民政部。在安置印支难民领导小组的直接领导下，难民办协调广东、广西、云南、海南、福建、江西 6 省、区的难民办负责在华印支难民的安置、受援项目、自愿遣返、外逃遣送、第三国安置等任务③。国务院专门指示中国红十字会协助政府做好接待难民的有关工作。中国红十字会总会要求有安置印支难民任务的地方红十字会，协助政府和有关部门到难民安置点了解情况，慰问难民，特别要了解那里的医疗、卫

① 阳照：《在中国的印支难民与国际红十字的援助》，《中国红十字》1981 年第 4 期，第 5 页。
② 孙柏秋主编，池子华、杨国堂等著：《百年红十字》，安徽人民出版社 2003 年版，第 359 页。
③ 张宝砚：《温情的庇护——印支难民在中国》，《中国民政》2015 年第 24 期，第 59 页。

生、防疫工作情况，做好防病和卫生宣传工作，做好接待红十字国际组织视察和接受补充救济的准备工作，以圆满完成难民安置任务①。

1979 年 10 月 21 日，以中国红十字会理事许晖为组长的中国红十字会接收印度支那难民工作组离开北京前往曼谷，接收流入泰国而自愿来中国定居的印度支那难民。这是中国红十字会配合中国政府更加深层次地参与安置和救助印支难民的重要标志，也就是说，除了接收自动流向中国的越南难民，中国还力所能及地参与柬埔寨和老挝难民的接收。这一点缘起于中国政府的一次庄严承诺。当年 7 月，出席在日内瓦举行的印度支那难民问题国际会议的中国代表团团长、外交部副部长章文晋代表中国政府宣布：越南当局疯狂输出难民，中国深受其害。中国已经接受了 25 万多越南难民，这给中国造成了极大的困难。尽管如此，中国仍愿同联合国难民办事处合作，做出有秩序的安排，接收一些已在东南亚国家（特别是难民较多的国家）和香港临时收容的、确系自愿来中国定居的难民，其总数可以多到 1 万人。此后，中国有关方面即积极为接收这批难民进行准备②。

到 1981 年初，为安置印支难民，中国政府已支出各种费用 8 亿多元人民币。其中包括发给每一个难民全套衣服、被褥、蚊帐以及床铺、炊事用具、生活用品等。为难民建造了生活用房和公共用房共达 290 多万平方米。为使难民能够参加生产，以便他们逐步做到自食其力，中国政府支出了 2.3 亿元的生产建设投资，用以购买生产设备和用具。除了少数印支难民在等待办理手续投奔在第三国的亲友之外，绝大多数难民都已在我国得到了安置。其中安置在广东的有 10 万余人，广西 9 万余人，云南 3.6 万余人，福建 2.2 万余人。他们大多数被安置在 160 多个农场或厂矿企业单位，少数安置在农村生产队或机关事业单位。有技术专长的，大都做了对口安置，如医生、教师等，仍从事他们所熟悉的职业③。

（三）开展医疗服务工作

安置到各农场、工厂的印支难民与中国工人享受同样的公费医疗待遇，这些长期在越南当局高压下生活的难民大都营养不良、体质虚弱、发病率高。各农场、工厂的医务人员给他们进行了普遍的体检和预防性注射，据福建省红十字会的统计，1979 年年底，在对 2.2 万余名难民普遍体检的过程中，共查处痢疾、流感、百日咳、肝炎等流行性疾病患者 1600 多人，及时进行防疫

① 中国红十字会总会编：《中国红十字会的九十年》，中国友谊出版公司 1994 年版，第 207 页。
② 《中国红十字会接受印支难民工作组离京去曼谷》，《人民日报》1979 年 10 月 22 日。
③ 阳照：《在中国的印支难民与国际红十字的援助》，《中国红十字》1981 年第 4 期，第 5 页。

注射1.5万人次，使流行性疾病得到了控制；同时还给2800多名儿童服用了预防小儿麻痹的药丸，保证了难民们的健康。红十字会医务人员还为一些难民治好了多年的顽疾。在这一过程中，中国政府承担了全部的医疗费用。1981年3月，中国红十字会副会长杨纯还到云南省勐腊县看望了那里的难民和在医院的病人，并亲自组织医务人员会诊，保证难民们的生命健康①。

广州市红十字会医院热心地为印支难民服务，派出了医生、护士及药剂、检验、放射科等技术人员，深入到各安置点开展防病治病工作。1980年，他们先后为花县农场印支难民3000多人进行胸部X光透视，并派出技术人员为该场安装X光机1部；为四会县大旺农场3000多名印支难民儿童进行了健康普查；接受了大旺、英德农场选送来的3名医生进修学习；派出医务人员到市郊钟落潭印支难民临时收容站进行诊治工作；为转往第三国定居与亲人团聚的印支难民进行了出境体格检查。广州市红十字会医院为印支难民提供的这些医疗服务，受到了难民的欢迎。

盛夏的广州骄阳似火，在距广州城郊40公里的钟落潭难民临时收容站里，一群印支难民围住广州市红十字会医院派驻该站的郭细松大夫，看着一对新生的婴儿，怀着感激的心情向郭大夫道谢。原来，越南难民郎亚汤临近产期，剧烈阵痛，郭大夫给她进行了细心的检查，发现她除了双胞胎怀孕外，还合并胆道蛔虫病发。一个棘手的问题是，怀孕的人禁忌用药物打虫。为了解除病人的痛苦，郭大夫用救护车两次把郎亚汤接回广州市红十字会医院，一方面为孕妇安胎，另一方面又设法为她止痛。经过红十字会医院医护人员的精心医治，郎亚汤终于顺利地生下了一男一女，母婴平安。

19岁的越南南方难民陈氏创，是第一胎怀孕，经检查骨盆狭窄，而且胎盘早期剥离，若不及时动手术，就会危及生命。广州市红十字会医院立即派出救护车，把陈氏创接回医院，准备为她动手术。但陈氏创思想不通，不愿意动手术，红十字会医院又再派出专车，到钟落潭临时收容站把她的丈夫接来，让他劝说妻子动手术。经过医务人员和家属的耐心解释，最后终于说服了陈氏创，及时为她动了手术，挽救了她的生命②。

福州红十字医院组织医疗队到农场印支难民点巡回医疗，医疗队由小儿科主任、内科主治医师和经验丰富的护士组成。福州北郊华侨农场，先后安置了798名越南难民，其中大部分是老人和16岁以下的儿童。这些难民绝大

① 孙柏秋主编，池子华、杨国堂等著：《百年红十字》，安徽人民出版社2003年版，第359页。

② 叶凡：《为了印支难民的健康——记广州市红十字会医院为印支难民服务》，《中国红十字》1981年第4期，第7页。

多数体质虚弱，患病率较高。到北郊华侨农场的医疗队队员们，在巡回医疗中对他们进行查体、看病，还进行“五讲四美”宣传，访问难民新居，了解生活与卫生状况。在进行全面体格检查后，对病人做到了早期发现、及时治疗，许多病人在短期内恢复了健康。难民孙继德，在越南时即患腹痛，但因生活困难，没能及时治疗，使病情日趋恶化。来我国安置到农场后，疼痛加剧，并出现脸色苍白、浮肿、呕吐等症状。经医生检查，诊断为胃良性肿瘤，立即送上级医院手术，一个多月就康复出院了。

农场还专门为难民中的儿童办了托儿所和补习班，经常派医生给他们打预防针、服预防药、定期体检，一旦患病，立即送卫生所治疗。两年多来，在儿童中没有发生过严重的传染病，孩子们的体质比刚到农场时有了很大提高。农场还根据难民卫生习惯差的特点，用广播、墙报和上门等方法进行卫生宣传，教育他们讲究集体和个人卫生、不吃不卫生的东西、不随地大小便。通过一段时间的宣传教育，加之 1980 年他们又搬进了为他们筹建的新楼房，难民点的卫生面貌有了明显的改善，难民的健康水平提高了，各种疾病的患病率大大降低①。

广西宁明华侨农场安置了印支难民 3600 多人。这些难民体质虚弱，发病率高，为了保证他们的健康，上级领导和农场决定，新建和扩建该场的原有医院。到 1981 年 9 月，增设了 66 张病床。在接受红十字国际组织的资助后，又增设和装备了门诊、化验、理疗、放射、五官、牙科、妇产、内科、外科、儿科、心电图、透视、中医、药剂等专科。各难民安置点，还增设了医务人员，增购了医疗器材药品，从而加强了印支难民的医疗卫生工作②。

（四）争取国际红十字组织的支持

“人道无国界，跨国情谊浓。”红十字会协会和红十字国际委员会，为了救济进入各国的印支难民，曾多次召开国际会议，筹募款项和分配使用所得捐赠款物。在印支难民的安置和解决过程中，中国红十字会得到了国际红十字组织的帮助。1979 年 9 月 25 日，中国红十字会向红十字会协会和红十字国际委员会求援，提出“由于我们在财政上和物质上还存在困难，中国红十字会愿为 26 万名难民中的老、弱、病、残的人，呼吁国际红十字在急救和医疗设备方面给予适当补充救济和支援”③。到 1981 年初，红十字会协会和红十字

---

① 黄挺生：《到难民点巡回医疗》，《中国红十字》1981 年第 6 期，第 3 页。

② 植润富：《宁明华侨农场为印支难民扩建医院》，《中国红十字》1981 年第 9 期，第 3 页。

③ 《中国红十字会就我国安置越南难民情况致电红十字会协会和红十字国际委员会》（1979 年 9 月 25 日），中国红十字会总会编：《中国红十字会历史资料选编，1950—2004》，民族出版社 2005 年版，第 134—135 页。

国际委员会为我国发出呼吁，得到了十多个国家的红十字会、政府或其他救济组织的响应。各国通过红十字会协会，捐给我国红十字会用于救济印支难民的现金共110余万瑞士法郎，物资约值40万瑞士法郎。此外，协会捐赠了30万瑞士法郎。其中捐赠最多的是荷兰红十字会，两次共达85万多瑞士法郎；联邦德国红十字会捐赠给广西壮族自治区红十字医院一部价值23万余瑞士法郎的X光机；瑞典政府捐赠19万余瑞士法郎；瑞士红十字会捐赠了10万瑞士法郎的医疗器械。还有挪威、日本、法国、英国、澳大利亚、比利时、列支敦士登等国，也捐赠了数量不等的款物。总体来说，在我国的印支难民的医疗卫生费用，主要靠我国政府提供。国际红十字组织对我国的支援，有利于我国在安置难民工作中医疗条件的改善，但由于捐献的设备器械数量有限，所以只能分配到一部分医疗单位使用。这些得到国际捐赠的红十字医院，都承担了以下义务：接受印支难民就诊，派医疗队到难民居住点巡回医疗和开展预防疾病及卫生宣传工作，协助培训安置难民的农场、工厂的医务人员①。

1979年10月，在国际红十字协会大会上，杨纯副会长报告了中国红十字会安置印支难民的情况，并就印支难民的救济问题发出呼吁。大会对中国红十字会协助政府积极妥善安置难民的人道主义精神十分赞赏，西班牙红十字会代表团表示要提供赞助。联邦德国红十字会邀请杨纯副会长前往访问，并决定支援中国红十字会扩建一所农场医院，为难民治病。1981年，扩建工程在广东省海南岛兴隆农场进行，联邦德国红十字会为扩建工程共提供了200万马克的援助。兴隆华侨农场自50年代建场以来，已接纳了24个国家和地区的1.5万余名归侨，从1978年开始，4年间已安置5700多名来自越南的难民。1982年6月3日，海南兴隆红十字医院扩建工程竣工并举行了剪彩仪式，中国红十字会副会长杨纯和联邦德国红十字会代表团团长海因克博士参加竣工仪式并剪彩。剪彩仪式后，外宾和中国有关方面负责人参观了医院。医院门前的大理石上，镌刻着“本医院在扩建时，蒙德意志联邦共和国红十字会援助”的金字，象征着两国红十字会的友谊②。扩建后医院安装和更新了大部分医疗设备，包括先进的多功能眼科、耳鼻喉科、牙科检查治疗设备，全套的化验室仪器，自动化的供应室设备，以及配套的病床等，大大提高了医院对印支难民和当地居民提供医疗服务的能力和水平③。

---

① 阳照：《在中国的印支难民与国际红十字的援助》，《中国红十字》1981年第4期，第5页。

② 《为解决安置在海南岛的印支难民疾病治疗问题　西德援助的海南兴隆红十字医院扩建工程竣工》，《人民日报》1982年6月5日。

③ 阳照：《海南兴隆红十字医院扩建竣工》，《中国红十字》1982年第8期，第7页。

为深入了解中国的难民安置工作，红十字会协会派代表团到难民安置较集中的地区进行考察，对中国红十字会救济难民的工作表示非常满意："通过考察，我们看到了中国红十字会在为印支难民勤奋的工作，中国是救济难民的模范，我们搞救济愿意跟中国红十字会合作。"红十字会协会考察团在考察时，还拍摄了《中国红十字会与印支难民》和《中国红十字会的基层活动》两部录像片，向国际社会宣传。考察结束后，还拨给中国红十字会300万瑞士法郎作为筹建10个医院的费用。这就是跨越国界的友谊①。

按照国际惯例，安置难民一般采取专设难民营方式，待时机成熟时将他们遣返原籍国。但中国政府没有设难民营，而是实行社会融合安置，一部分人安置在6省、区的农场、林场、渔业社和农村从事生活劳动，一部分人在机关、学校、医院、商业部门工作。这一安置方式，使难民与当地居民在社会、经济、生活上融为一体。在安置工作中，中国政府本着一视同仁、不予歧视的原则，提供基本生活保障和必要的就业机会，提高难民自食其力的能力。1978年，难民安置工作的第一批拨款为6000万人民币，其中农场中每安置1个难民，需下拨相应的安置费2020元。在全国人均月工资仅为三四十元的年代，这笔一次性费用无异于巨额资金。中国创造的这种更为人道的安置模式并未因接受国际援助而改变，不管难民是否华裔，不管他们曾是哪国国籍，出于对"人"的尊重，中国不设难民营，成为颇具人情味的难民庇护国。来华访问考察的联合国难民署高级专员绪方贞子称赞："在华印支难民工作堪称世界典范。"②

中国为安置难民所做的努力在国际上赢得了良好的声誉。联合国难民署曾派出由技术部主任欧玛·巴克率领的评估组来广西考察，对中国安置难民的情况给予了较高的评价，他说："评估组已走遍世界各安置国，在其他国家是吸取教训，而来中国是看到了经验。中国安置难民是成功的，是其他国家无法比拟的。"难民署驻华代表黎明·贺尔说："巴克先生讲的是实实在在的话，中国安置难民确实是成功的，远远超过其他国家。你们安置那么多人，有这样的成果，很不容易，可以引以为豪。"③ 中国政府在安置印支难民方面所取得的成就，离不开中国红十字会的穿梭斡旋所做出的重要贡献。

---

① 中国红十字会总会编：《中国红十字会的九十年》，中国友谊出版公司1994年版，第207—208页。

② 张宝砚：《温情的庇护——印支难民在中国》，《中国民政》2015年第24期，第59页。

③ 曾国华、陈寿德、张民保：《印支难民安置工作的回顾与思考》，《八桂侨史》1988年第1期，第24页。

三、凝聚国际友谊的大厦

伴随着改革开放的步伐，中国红十字会的国际交往日益深入。特别值得注意的是，中国红十字会在国内工作趋于稳定之后，为其走出国门、走向世界，在更广阔的天地驰骋奠定了一定基础。这一时期，中国红十字会的国际交往逐步开始改变“文革”时期过于浓重的政治色彩及单向输出的格局，在众多的国际事务中成功地实现了双向、多向交流，在积极展示中国红十字风采的同时，也逐步吸纳世界的人道力量，共同推动人道事业的发展。在前文谈到的安置印支难民行动中，中国红十字会既是在为亚洲乃至世界的人道事业服务，同时在中国自身的救援行动中也得到了国际红十字组织的大力支援，这种合作、互动与交流是人道事业发展的客观要求。这种合作与交流在20世纪80年代得到了进一步发展，例如，我国四川省道孚县1981年1月24日发生强烈地震后，红十字会协会和南斯拉夫、巴基斯坦、朝鲜、瑞典、美国、尼泊尔等国的红十字会和红新月会纷纷致电中国红十字会，向地震灾民表示慰问。红十字会协会2月6日为我国这次地震发出了国际救济呼吁。到2月底，中国红十字会已收到由红十字会协会转来的比利时、加拿大、丹麦、日本、芬兰、英国、卢森堡、荷兰、新西兰、挪威、瑞典、瑞士、美国等国红十字会捐赠的173320瑞士法郎（折合人民币约14万元）的救灾物资和款项。南斯拉夫红十字会捐赠了400条毛毯①。

这种交流与合作，更鲜明地体现于中国红十字会训练中心的建设当中。中国红十字会自1950年改组以来，一直没有一个急救训练中心。进入改革开放新时期后，中国红十字事业不断扩展，局面日新，建立培训红会干部和进行卫生训练的基地，显得必要而不可或缺。1979年，国际红十字会协会秘书长毕尔访华时，总会领导谈了这一设想，得到其认可，于是总会开始谋划这一工作。1982年，瑞典红十字会来华访问，提议将急救训练中心改为训练中心，并表示愿意协助建设。此后，国际红十字会协会、瑞典红十字会和中国红十字会三方达成协议，由瑞典红会提供150万瑞士法郎，由中国提供250万瑞士法郎，共同筹建中国红十字会总会训练中心；日本红十字会闻讯后也积极参与，分期向我国提供5000万日元的室内设备；中国红十字会后又陆续收到澳大利亚红会、突尼斯总统夫人的资助捐款②。

---

① 《一些国家向我四川震区提供赈济　中国红十字会表示感谢》，《人民日报》1981年2月28日。

② 中国红十字会总会编：《中国红十字会的九十年》，中国友谊出版公司1994年版，第209页。

1984 年 6 月 13 日，凝聚着国际红十字会组织之间友谊与合作精神的大厦破土动工。这一天。“骤雨初晴，天高气爽，从四面八方聚集到中国红十字会训练中心建筑工地上的人们怀着喜悦的心情参加奠基典礼。在建筑工地的中心安放着一块汉白玉的基石，这块象征着红十字友谊的基石上边镌刻的金字是李一氓同志书写的。”王敏副会长宣布奠基仪式开始，钱信忠会长做了简短的讲话，他说：“在纪念中国红十字会成立八十周年之际，举行训练中心奠基仪式是十分有意义的。训练中心的建立既是我国红十字事业继往开来、蓬勃发展的标志，也是国际红十字友好合作的象征。我们深信，训练中心建成后，将对中国红十字会的工作和各国红十字会组织之间的交流合作发挥积极的作用。”①

建设培训中心，这是全国红十字工作者的共同心愿。训练中心大楼的设计者严兴华建筑师主动提出为红十字会义务设计，不取任何报酬；承担施工组织的卢华工程师也是义务为红十字会服务。建设者们在工地上顶着烈日，冒着酷暑，不辞辛劳地为友谊的大厦精心施工。他们以红十字的精神建设着红十字会的大厦，经过两年多的辛勤劳动，训练中心终于在 1986 年 9 月建成。

这座由瑞典、日本、芬兰、联邦德国、澳大利亚等国红十字会捐助，由中国政府投资共同修建的训练中心，总建筑面积为 5250 平方米，楼内装有先进的同声传译和电话教学设备。这是国内第一座培训红会干部及从事卫生救护、输血技术等专门人才的教学实体，是红十字会进行国际友好交流的重要场所②。训练中心大楼由主楼（地上 9 层、地下 1 层）和两栋附属楼组成，主楼设有教室、展览室、大小会议室、接待室、大中小餐厅、客房等现代化设施。

中国红十字会训练中心落成典礼于 1986 年 9 月 15 日举行。中顾委副主任宋任穷，全国政协副主席、中国红十字会名誉会长赵朴初参加了落成典礼。国际红十字会协会主席德拉玛塔和各捐助国红十字会代表团，以及驻华使节应邀参加了典礼。9 月 15 日晚，全国人大常委会副委员长、中国红十字会名誉会长朱学范在人民大会堂会见并宴请前来参加中国红十字会训练中心落成典礼的国际红十字会组织代表和来自联邦德国、日本、芬兰等国家的红十字会代表团③。德拉玛塔主席在典礼上讲话，他说：“训练中心的建成不仅是对中国红十字工作的促进，同时对整个亚太地区和国际红十字运动都将产生深远的影响。它将为世界和平和各国人民的友谊做出贡献。”④ 谭云鹤副会长也

① 边草：《建筑友谊的大厦》，《中国红十字》1984 年第 8 期，第 4 页。
② 孙柏秋主编，池子华、杨国堂等著：《百年红十字》，安徽人民出版社 2003 年版，第 366 页。
③ 《中国红十字会训练中心落成》，《人民日报》1986 年 9 月 16 日。
④ 《中国红十字会训练中心大楼举行落成典礼》，《中国红十字报》1986 年 10 月 5 日。

发表了热情洋溢的讲话。他首先向参加训练中心大楼建设的全体施工人员、各协作单位和所有为此做出贡献的工作人员，向资助建设的有关国家的红十字会表示衷心的感谢！他说："训练中心的建成将促进中国红十字事业的进一步发展，增进同各国红十字会的交流和友谊，为世界和平和人类的进步事业做出更大的贡献。"①

第五节　开放格局下的国际救援：以援非募捐为例

红十字会是世界三大国际组织之一，参与国际交往与国际救援是其人道活动的重要组成部分。作为国际红十字大家庭中的重要成员，中国红十字会在改革开放的新形势下更加积极地参与国际救援行动。面对20世纪80年代绵延非洲的罕见旱灾，中国红十字会奉行人道天职，配合政府在全国开展大规模的援非募捐活动，反映出开放格局下红十字组织所焕发出的强大生机与活力。

一、"非洲近代史上最大的人类灾难"

20世纪80年代是非洲国家"失去发展机会的10年"②。据联合国环境规划局的公报，1983年是现代史上世界性干旱和沙漠化最严重的一年。"非洲、北美、澳大利亚、南美、欧洲、亚洲各大陆都受到了旱灾的影响，其中仅非洲大陆就有34个国家和1.5亿人深受其害"③。到1984年，"连续三年的旱灾和世界性的经济衰退，已使南部非洲的安哥拉、博茨瓦纳、莱索托、莫桑比克、赞比亚和津巴布韦等国的经济受到严重打击"④。1983年，因旱灾有1600万人颠沛流离，饥饿致死；1984年，全非洲有36个国家严重缺粮，灾民人数高达1.5亿至1.85亿，且"灾情仍在继续扩大，一些国家土地荒芜，河流干涸，瘟疫流行，哀鸿遍野。亿万非洲老人、妇女、儿童正在饥饿和死亡的困境中痛苦挣扎，他们发出求救的呼唤，期盼着全世界善良的人们来拯救他们的生命"⑤。这次"非洲旱灾持续时间之长，受灾面积之广，受灾居民之众，

---

① 一凡：《友谊和协作的结晶》，《中国红十字》1986年第11期，第14页。

② 孙颖、黄光耀主编：《世界当代史》，中国时代经济出版社2003年版，第386页。

③ 《世界性旱灾严重二十二国食品短缺　联合国将建机构帮助解决非洲旱灾问题》，《人民日报》1984年2月6日。

④ 《南部非洲各国经济受到严重打击》，《参考消息》1984年8月17日。

⑤ 阳月：《为非洲灾民募捐》，《中国红十字》1985年第7期，第6页。

均属历史罕见”[①]。国际红十字会协会说，“1983 年非洲有 1600 万人死于饥饿或与营养不良有关的疾病，1984 年的死亡数字肯定更高”。联合国称之为“非洲近代史上最大的人类灾难”[②]。

非洲难民的生活是悲惨的。他们成群结队涌向一些政府设立的救济站，但是那里并没有足够的食物和药品。他们终日坐在污秽不堪的地上，等待分得一点食物。白天，阳光灼射，气温 38℃，难民没有东西遮阳；夜晚，气温骤降，他们又没有足够的毯子御寒。大旱使非洲原有的 500 万难民队伍迅速扩大，仅苏丹的难民总数已达 120 万人，平均每天还有 3000 多邻国难民补充进难民队伍。联合国饥荒紧急救济中心的一个报告说，饥荒紧急状态甚至会继续到 1986 年。这是一场前所未有的危机，即使在下一个雨季里旱象会有所减轻，但危机也没有趋向缓和的迹象[③]。

二、探访埃塞俄比亚灾情

非洲众多国家所遭受的深重灾难引起国际社会的深切关注。1984 年第 39 届联大通过《关于非洲紧急情况宣言》，要求国际社会增加对非洲的粮食和其他紧急用品援助。这一年，我国政府向非洲提供了 12 万吨救灾粮，并派遣了一支救灾医疗队。中国红十字会向非洲受灾国捐赠了价值约 68 万元的食品、药品和现款[④]。

埃塞俄比亚是受灾最严重的地区之一，引起了世界的关注。1985 年元旦，中国红十字会代表团乘车到埃塞俄比亚北部受灾最重的沃洛行政区慰问灾民。从埃塞俄比亚首都亚的斯亚贝巴向北行驶，一路上看到的都是干涸的河床、板结龟裂的土地、牲畜的尸骨、一队队领取救济食品的灾民。这次，中国红十字会代表团远道来到埃塞俄比亚灾区，带来了奶粉、饼干、牛肉干等救济物品。中国政府还派出了由 10 名医务人员组成的中国救灾医疗队，携带药品和医疗器械为灾民免费治病。

1 月 2 日，中国红十字会代表团来到埃塞俄比亚红十字会设在受灾最严重地区之一巴蒂的救济中心。这个救济中心共有 20451 名灾民，其中 13473 名是儿童，灾民分住在 500 顶帐篷里。儿童当中有 2722 名生命垂危，需要精心护养，每个儿童每天需要进食 5 次，有的儿童只能靠静脉注射维持生命。救济中心附设一个临时医院，共有 58 张病床。医院里有 2 名医生、7 名护士和 12

---

① 《中国红十字会总会发出关于为非洲灾民开展社会募捐的通知》，《江苏红十字》1985 年第 5 期。

② 《为救济非洲灾民募捐的信》，苏州市红十字会档案 1985 年“永久”7，第 7 页。

③ 李红：《非洲的大旱和饥荒》，《人民日报》1985 年 3 月 20 日。

④ 中国红十字会总会编：《中国红十字会的九十年》，中国友谊出版公司 1994 年版，第 212 页。

名卫生员，护士来自冰岛、瑞典和瑞士等国，2 名当地医生每天要接待 200 名病人，患者的主要疾病是痢疾、疟疾、肺炎、肝炎和血吸虫病。两个月内，救济中心已发放了 484 吨救济物品，共有 7 万多名灾民得到了这个救济中心的救济。

中国红十字会代表团探访了救济中心的医院、食堂、哺乳中心和灾民居住的帐篷，慰问了灾民。灾民对埃塞俄比亚红十字会的救济工作基本满意。一位讲奥罗莫语的妇女说，连年干旱，地里没有收成，全家 5 口人近一年没吃过饱饭，在这里总算吃到饱饭了。整个救济中心的工作人员不到 300 名，其中许多人是志愿服务人员，负责 2 万多名灾民的救济工作，工作虽然辛苦，但他们取得了成效。一些儿童，经过一段时间的救济以后，脸上出现了笑容。中国红十字会代表团对救济中心的工作人员表示深深的敬意。

救济中心的负责人介绍说，在这个救济中心，灾民的死亡率还是很高的。两个月前，救济中心刚成立时，每天有灾民 100～150 人死亡。一个月前，灾民死亡率下降到每天 80～100 人。1984 年 12 月 24 日至 31 日，只有 267 名灾民死亡。由此可见，死亡率在逐渐下降，但情况仍然是严重的。

中国红十字会代表团在会见埃塞俄比亚红十字会主席达维特·泽乌迪时，再次表达了中国人民对埃塞俄比亚灾民的深切同情和诚挚慰问。代表团团长杨纯说：“中国红十字会代表团这次带来的救济物品不多，但它们是中国人民的一片心意。”埃塞俄比亚红十字会执行委员阿斯法对中国红十字会代表团说，10 年前，埃塞俄比亚人民遭受旱灾，中国红十字会捐赠了 1 万吨小麦。这次中国政府不仅援助了 1 万吨粮食，派来了救灾医疗队，中国红十字会还派代表团携带救济物品亲自到灾区慰问受灾人民。埃塞俄比亚人民将会永远记住中国人民的深情厚谊①。

三、“为了非洲的旱灾灾民”——援非募捐活动剪影

经过一年的国际社会的紧急援助，部分非洲国家的灾情虽有所缓和，但就整个非洲而言，旱灾仍在发展，需要紧急援助的尚有 20 个非洲国家的 3000 多万灾民。1985 年 3 月中旬，联合国在日内瓦召开紧急会议，呼吁为非洲灾民再筹募 15 亿美元的捐款，用以采购 300 万吨救济粮。

1985 年 3 月 5 日，国务院批转了外交部、经贸部、财政部《关于 1985 年我对非洲提供救济援助的请示》，指示“红十字会等民间团体可在一定范围内，在群众自愿的基础上，适当开展救灾募捐活动。这样，可以对国内人民

① 滕文启：《中国红十字会代表团在埃塞俄比亚》，《人民日报》1985 年 11 月 2 日。

群众进行一次国际主义教育，并可扩大我对外影响”。根据国务院的批示，中国红十字会总会于1985年3月28日发出《关于为非洲灾民开展社会募捐的通知》，决定在1985年4～5月开展募捐活动，主题是“为了非洲的旱灾灾民”，并要求“已正式恢复组织的省、自治区、直辖市级红十字会，在4至5月内与有关单位合作，在有一定群众基础的大、中城市开展活动”[①]。由此募捐行动在全国展开。

由于得到了中央和地方各级政府部门与群众团体的积极支援和密切配合，这次活动开展得轰轰烈烈，有声有色。文化部门组织义演、义卖；体育部门举办义赛；卫生医疗单位开展义诊。6月初，由中国红十字会发起的援助非洲旱灾灾民的募捐活动，已在全国近百个大中城市展开，得到了社会各界的热烈反响。据不完全统计，举行义诊的医院有上千所，许多著名医学专家、教授、主任医师参加了义诊活动。各省、市、区的文艺、体育工作者纷纷组织各种义演、义赛[②]。参加募捐活动的除机关团体、工矿企事业单位的广大干部、工人、知识分子外，还有各阶层人民群众，有退休工人、解放军战士、个体从业者、农民、寺院僧侣，更有大中小学校的学生、幼儿园的小朋友等，甚至连监狱的犯人也参加了捐助，他们把捐助活动当成净化心灵的行动。感人故事比比皆是。

第一个寄钱到中国红十字会的是武警黑龙江总队三支队的青年战士们，他们集体捐款2000元，托红十字会转寄非洲人民。北京旅店服务公司退休职工谢水顺把清晨修车积攒的40元钱捐给灾民，他说：“钱虽不多，但买了大米能救活几个儿童。”北京国家体委幼儿园的小朋友写信给非洲小朋友说：“我们把爸爸、妈妈给我们平时买冰棍、酸奶的钱节省下来，捐献给你们。”[③]片片深情，谱写了一曲曲国际人道主义的赞歌。这次活动中，上海市每4个居民就有1人捐款；长春市中心血站为援非募捐特举办“义采”活动，站长宛绵强第三次义务献出了200毫升血，所得营养费全部捐给灾民；河北省基督教信徒得知中国红十字会总会开展为非洲旱灾灾民募捐的消息后，纷纷自愿捐款，河北省“基督教三自爱国运动委员会”将各地基督教信徒募捐的

---

① 《中国红十字会总会发出关于为非洲灾民开展社会募捐的通知》，《江苏红十字》1985年第5期。

② 白筠：《中国红十字会在近百个城市组织援助非洲灾民募捐活动》，《人民日报》1985年6月2日。

③ 中国红十字会总会编：《中国红十字会的九十年》，中国友谊出版公司1994年版，第213页。

3400多元汇总后，经省红十字会上交中国红十字会总会，支援灾民[1]。山东省红十字会经省政府批准于5～6月份在济南、青岛、淄博、烟台、潍坊、枣庄、济宁、东营8个城市及胜利油田、济南铁路局、齐鲁石化公司开展了募捐活动，活动中全省人民发扬了中华民族扶危济困、助人为乐的传统美德和国际主义精神，踊跃捐款，总额共计370余万元，成为全国捐款最多的省份。

在募捐现场，人们会看到一个个感人的场面。一首《写在募捐现场》的诗生动地反映了此情此景：

鬓发斑白的老教授，
满脸稚气的少先队员，
慷慨解囊的机关干部，
满身油腻的工人会员，
一元，两元，
十元，百元，
陌生的面孔，
滚烫的话语：
哪怕献上一分钱，
也是对非洲灾民的支援。

慷慨激昂的演讲，
感人肺腑的宣传，
援助非洲义不容辞，
拯救灾民刻不容缓，
义赛，义卖，
义诊，义演，
满怀深情，
通宵达旦。
国际精神的彩带呀，
把中国和非洲相连[2]。

1985年9月25日，总会在北京举行新闻发布会，宣布援非募捐圆满结束。援非募捐活动原计划5月底结束，但因各地募捐工作起步时间有先后，8

① 河北省红十字会：《河北省基督教信徒志愿捐款援助非洲灾民》，《中国红十字》1986年第5期，第31页。

② 丁义凯：《写在募捐现场》，《中国红十字》1985年第11期，第24页。

月中旬才相继结束，比原定时间推迟了两个半月。这次活动共募集到捐款13870146.33元（总会捐款12万元），这笔款项将全部用于救济非洲灾民。从全国来看，捐款最多的是山东省红十字会，其次是江苏、辽宁、四川、上海、北京等省、市红十字会，均在百万元以上；10万元以上的依次是浙江、湖北、福建、安徽、广西、黑龙江、广东等省、自治区红十字会①。

四、援非募捐活动成功举行的重要原因

援非募捐活动取得了意想不到的良好效果，这是中国红十字会自1950年改组以来第一次在国内开展的规模较大的全国性社会募捐活动。一开始就得到社会各阶层人民群众、厂矿企业、机关团体、宗教界等热烈响应，他们自愿踊跃捐助，工作进行顺利，未出现大的偏差，既取得募捐的经济实效，也对我国人民进行了一次生动的国际主义教育。之所以能取得如此好的效果，除了红十字会工作有了一定的基础、广大人民群众对红十字会的活动有了一定的认识之外，主要有以下几个方面的原因：

（一）各地党政领导重视，亲自部署亲自检查

从募捐活动一开始，多数地方的党政领导都很重视，由负责红十字会工作的副书记、副省长、人大常委会副主任或副市长等亲自动员部署，带头捐献，具体指导，现场检查，有力地推进了募捐活动，保证了这一工作正常进行。例如，山东省副省长马长贵在巡视过程中发现一单位有简单摊派的苗头，及时进行了引导和纠正，确保募捐活动健康发展，最终取得了捐款372万元的优异成绩。又如，北京市政府顾问、市红十字会会长白介夫，不仅亲自动员，还多次听取工作人员的汇报，适时提出指导意见。

（二）有关部门和团体的大力支持和密切配合

这次募捐活动，红会得到了中央和地方各级政府部门和群众团体的积极支持与紧密配合。文化部门组织了各种形式的义演、义卖，体育部门举办了各种形式的义赛，卫生部门则号召中西医疗单位和研究机构开展义诊活动。5月8日，文化部在首都北京举办了一场大型文艺义演。那天也是世界红十字日，当时正在我国参加红会主办的国际红十字青少年联欢活动的11个国家和地区的20名代表，都出席了那场文艺义演，给他们留下了十分深刻的印象。国家体委副主任袁伟民对北京地区的义赛组织工作十分关心，并亲临比赛现场进行指导，对地方义赛活动起到了良好的带头与推动作用。卫生部副部长

① 孙柏秋主编，池子华、杨国堂等著：《百年红十字》，安徽人民出版社2003年版，第364页。

陈敏章与各地许多中西医界的老专家、老教授主动放弃休假，甚至带病积极参加义诊，树立了高尚的医德医风，在社会上特别是在医务界影响深远。

（三）宣传教育工作做得比较出色

在整个募捐过程中，中国红十字会总会和地方各级红十字会，在中央与地方新闻界的积极配合下，通过报纸、电台、电视台、广播站等对人民群众做了大量的爱国主义和国际主义宣传教育工作，动员他们积极为非洲灾民捐款，一些城市确实做到了家喻户晓、人人皆知。新闻界的同志特别关注这次募捐活动，经常主动上门，采访好人好事，迅速报道，有效地配合了募捐活动。各地红十字会，也根据本地区的特点，制订了自己的宣传教育计划，运用横幅、宣传栏、黑板报、广播、呼吁书、简报、通讯、感谢信、宣传画、标语、口号等各种形式的宣传，讲清募捐意义、原则和方式方法，对提高人民群众的认识和觉悟起到了有益的作用。

（四）思想工作做得比较深入、细致

募捐通知下达后，有关省市红十字会立即召开各种会议，反复向群众讲清募捐意义，特别强调“不定指标，不搞摊派，不争名次，不做攀比，坚持自愿，量力而行”的原则，从而保证了募捐活动得以健康地推行。各地红十字会干部的工作认真负责，一丝不苟，他们深入基层，填发收据和感谢信，许多同志不分白天黑夜、上下班时间，勠力同心，任劳任怨。由于思想工作做得比较深入，一些城市参加捐款的人数比例相当高。例如，山东省青岛市参加捐款的总人数达754168人，占全市总人口的60%；上海市参加捐款的单位有8750多个，总捐款人数268.6万多人，即每4个上海居民中就有1人为非洲灾民捐了款。

（五）人民群众觉悟高，乐于解囊相助

这次援非捐款的实践证明，人民群众普遍具有较高的觉悟，具有爱国主义和国际主义精神，一旦需要，他们是能够而且乐于做出自我牺牲，急人之所急，踊跃捐助的。

参加这次募捐活动的，除机关团体、工矿企事业单位的广大干部、工人外，还有社会各阶层人民群众，他们踊跃捐献的情景，谱写了一首首生动感人的诗篇。例如，有的退休老人捐献出多年的积蓄；小朋友省下爸爸、妈妈给的买糖果、冰棍钱，捐献给非洲灾民；北京米市大街个体经营的华都餐厅，专为非洲灾民募捐义卖三天；很多人向红十字会捐款时不愿留下自己的姓名，等等。凡此种种，都生动地体现了我国人民传统的扶危济困、助人为乐的高尚道德品德。另外，也有一些外国朋友解囊相助。

当然，这次募捐活动也存在一些问题，例如时间比较仓促，事前的酝酿准备工作很不充分；由于缺乏经验，总会未及时成立专门小组，进行指导，对整个活动的领导不力，运动进展不平衡，比原计划多用了两个半月时间；个别城市，一段时间内曾有摊派现象，虽及时做了改正，影响仍不够好；北京和江苏两地，少数非洲留学生对红会活动的某些宣传形式曾提出异议，经有关部门协助解释说明，得到谅解①。总之，此次活动虽有不足，但其意义仍不容低估。

无论过去、现在还是将来，自然灾害都会对人类产生灾难性的影响。为了使人类避免因自然灾害而受到的生命威胁，各国政府和人道主义救援组织应该也必须“团结起来，共御灾害”。这是红十字运动史留给我们的宝贵经验②。援非募捐活动是中国红十字会自1950年改组以来首次开展的大规模的全国性社会募捐活动③。募捐活动中所涌现出来的众多精神文明建设成果也是对参与“五讲四美三热爱”活动的充分肯定。与以前特别是“文革”时期的红会国际救援活动相比，援非募捐体现出鲜明的民间性和社会性，这首先得益于国家对外开放政策的逐步推进。到1984年，“我国对外开放形成了经济特区—沿海开放城市的新格局”④，特别是14个沿海港口城市的开放，被国际舆论认为是新中国成立35年来“采取的最大胆的行动”，“是中国从明朝以后的第一次开放”⑤。中国融入世界，世界走近中国，日益开放的沟通与交流为红十字人道主义的“舒张”提供了更为广阔的舞台。可以说，援非募捐活动在某种意义上是在全社会进行的一次红十字大宣传，红十字人道主义思想在全社会焕发光芒。同时，此次活动所取得的巨大成就也预示着中国红十字会将迎来一个全面发展的重要历史时期。

---

①《中国红十字会总会向中华人民共和国国务院报送为非洲旱灾灾民募捐总结报告（1985年9月27日）》，中国红十字年鉴编辑部编：《中国红十字会通志：1904—2015》，中华工商联合出版社2016年版，第437—439页。

② 孙柏秋主编，池子华、杨国堂等著：《百年红十字》，安徽人民出版社2003年版，第365页。

③《中国红十字会总会向中华人民共和国国务院报送为非洲旱灾灾民募捐总结报告（1985年9月27日）》，中国红十字年鉴编辑部编：《中国红十字会通志：1904—2015》，中华工商联合出版社2016年版，第437—439页。

④ 中共中央党史研究室：《中国改革开放史》，辽宁人民出版社2002年版，第99页。

⑤ 王炳林、徐付群：《中华人民共和国历史纪实·闯关奋进（1984—1990）》，红旗出版社1994年版，第6页。

第二章　全面深入发展时期（1985—1993）（上）

随着“四大”的召开，中国红十字会踏上改革征途，红十字事业阔步跃进。“四大”通过的新会章扩展了红会性质的内涵，使红十字会从单纯的“人民卫生救护团体”发展到“人民卫生救护、社会福利团体”。“四大”还确认了红十字会人道主义的宗旨。同时，在四届理事会时期，组织机构和组织建设在与社会变迁的互动中逐步健全和完善，为红十字事业的全面深入发展奠定了坚实基础。

第一节　“四大”：吹响改革的号角

一、“四大”的召开

1979 年召开的“三大”是新时期中国红十字会的一次拨乱反正的大会，是一次开创红十字会工作新局面的大会。经过“三大”后 6 年的恢复与发展，中国红十字事业步入正轨并在各个领域成绩初显，呈现出欣欣向荣的景象。

为巩固发展成果，适应新时期新形势下的新任务和新目标，中国红十字会第四次全国会员代表大会于 1985 年 5 月 31 日至 6 月 1 日在北京召开。大会盛况空前，参会者有来自全国 26 个省、自治区、直辖市的红十字会和 3 个自治区卫生厅的 123 名代表。国务委员姬鹏飞、全国人大常委会副委员长朱学范、全国政协副主席赵朴初等国家领导人亲切会见了与会代表。杨纯副会长主持大会，钱信忠会长代表第三届理事会向大会做了工作报告。报告以雄辩的事实说明："六年来，各级红十字组织在当地党委和政府的领导下，遵循代表大会精神，克服种种困难，开展了许多有利于社会、有利于人民的工作，取得了显著的成绩。"在实事求是地指出红会工作存在的诸多困难和问题的基础上，钱信忠会长在报告中描绘了红会未来的发展方向："经过几年的努力，把中国的红十字会办成具有中国特色的社会主义的红十字会，为四化建设服务，为祖国统一大业服务，为世界和平和人类进步做出贡献。"这是中国红十字会首次正式提出创建具有中国特色的红十字会，意义重大，因此可以说"四大"拉开了建设有中国特色红十字事业的序幕。

"四大"选出由63名理事组成的第四届理事会。在6月2日召开的四届一次理事会上，崔月犁当选为会长，谭云鹤、章明、沈辰、何理良、蔡壬癸等当选为副会长，蔡壬癸兼任秘书长。大会修改和通过了《中国红十字会章程》。大会还向436名红十字会员和工作人员颁发了荣誉证书和证章。由此，中国红十字会开始了新的征程①。

"四大"是一次具有重要历史意义的大会，它在总结历史经验和新时期红十字会实践成果的基础上，形成了一些具有重要开拓意义的理论创新，丰富和完善了中国红十字事业精神内涵。正因为如此，"四大"才能够聚合巨大的人道力量，开启具有中国特色的红十字事业的新局面。"四大"为中国红十字事业的兴旺发达指明了方向，之后短短的5年间，全国红十字会组织和会员有了空前规模的发展和壮大，到1988年，30个省、自治区和直辖市全部恢复和建立了红十字会。截至1989年9月底，地（市、州、盟）红十字会由1985年的109个发展到1484个；基层红十字会由1985年的25868个发展到87000个；会员由1985年的187万发展到850万人；同时，还涌现出一大批热心红十字事业的志愿工作者②。实践证明，"四大"所拉开的建设有中国特色红十字事业的序幕，使中国红十字运动跨入了崭新的历史征程。

二、"四大"提出的7大任务

"四大"召开前后，全国政治经济形势愈益趋好，农村改革继续深入发展，以城市为重点的经济体制改革正在有步骤地全面展开，各行各业都在积极探索建设具有中国特色社会主义的道路。在这种形势下，中国红十字会的工作"应该在各级党委和政府的领导下，认真贯彻党的十二届三中全会的决议，实事求是，从实际出发，以改革的精神，努力发展群众性的卫生救护和

① 邹沛颜：《中国红十字会第四次全国会员代表大会在京召开》，《人民日报》1985年6月2日。

② 孙柏秋主编，池子华、杨国堂等著：《百年红十字》，安徽人民出版社2003年版，第375页。

社会福利事业，积极贯彻对外开放的政策，开创红十字会工作的新局面”。对于新阶段的工作，红十字会应“充分发挥红十字组织群众性的优势，发动群众，互救互助，为政府分忧，为群众解难，为四化建设服务”。为此，“四大”提出未来工作的7大任务：

（一）积极做好组织建设工作

根据工作需要，应有计划、有步骤地积极恢复和发展红十字会组织。就全国范围来说，发展组织的重点仍在大中城市。争取在一定时间内把中等以上城市的红十字会组织普遍恢复和建设起来，并有步骤地建立基层红十字组织，指导他们积极开展工作。对已建立的和需要建立的县级红十字会组织，要热情支持，积极指导，注意总结他们的经验。各级红十字会组织都应做到有机构、有专职人员、有经费、有活动，要做到建立一个，增加一份力量。要根据需要，继续在工矿企业、街道、旅游点、运动（游泳）场和其他公共活动场所（商店、影剧院等）建立和发展红十字会基层组织。中、小学红十字青少年组织要进一步巩固并逐步发展。大学的红十字会基层组织，在不断总结经验的基础上适当发展。

（二）积极做好输血与卫生救护训练工作

1978年，“国务院242号文件”规定红十字会担任献血的宣传、动员和组织工作，并负责输血的国际技术交流。我国医疗用血量每年递增8%至10%，实行公民义务献血制度，是一项长期而又艰巨的任务。为此，各级红十字组织必须把公民义务献血的宣传工作作为一项重要任务抓好。要宣传普及血液生理知识，使广大群众都了解适量献血不妨碍健康的科学道理。鼓励无偿献血，表扬做出优异成绩的单位和个人，逐步树立起献血光荣的社会风尚。

卫生救护训练是红十字会的传统工作之一，应继续加强。随着形势的发展和病种组成的改变，今后的卫生救护训练除继续普及创伤救护、水上救护和中毒等抢救外（广西、云南前线，还要抓战伤救护的训练），还要加强心肺复苏的技术训练，训练对象要逐步扩大到服务人员、汽车司机、人民警察。受过训练的人要发结业证书和证章，并制定管理制度。总会将编审统一的各种训练教材。

（三）继续做好红十字青少年工作

红十字青少年工作，在培养青少年卫生习惯，搞好学校卫生、环境卫生，培养青少年共产主义道德品质，发扬爱国主义和国际主义精神，以及增进同各国红十字青少年友谊等方面，有着丰富的活动内容。红会要不断总结经验，提高各中、小学红十字青少年组织的活动能力，使活动规范化、制度化、多样化、知识化、趣味化，适应青少年的特点，成为培养人才、促进精神文明建设的重要阵地。各地可继续举办一些红十字青少年的智力竞赛和夏令营。

（四）积极发展医疗卫生和社会福利事业

一些地方红十字会创办了一些卫生和社会福利事业，初见成效。但还很不够，经验也不多。红会要本着改革的精神，根据因地制宜、量力而行的原则，积极兴办更多符合红十字会宗旨的卫生和社会福利事业。要加强管理，因陋就简，勤俭持家，要讲求经济效益，为兴办红十字事业积累资金。为了筹备兴办社会福利事业的基金，在坚持自愿的原则下，经党政领导机关批准，要适当开展募捐活动，建立红十字基金或专项基金。兴办医疗卫生和社会福利事业，管理形式应灵活多样，可以自己单独办，也可以合办。对于只用红十字名义无红十字活动的所谓“挂牌”单位，要加以改进，以发挥它们应有的作用。

（五）加强宣传工作

随着红十字会组织建设的发展和业务的开展，宣传工作必须进一步加强。总会要做好国内外宣传工作，快速传递信息。要把《中国红十字》月刊办成大家喜欢阅读的刊物。要宣传红十字会的性质、任务和作用，介绍各地开展红十字会活动的经验，宣传卫生救护、输血等卫生常识，也要宣传救死扶伤、扶危济困、敬老助残、助人为乐等方面出现的好人好事。同时还要结合临时任务，积极进行宣传工作，形式要多样化。宣传工作，除各级红十字会专职人员做之外，还要发动会员做，特别是注意取得新闻界、文艺界的支持。

（六）积极开展国际工作

国际工作要积极贯彻我国外交路线，坚持对外开放政策，进一步加强计划性、目的性，主动地多做工作，增进同各国红十字会之间的友谊，为世界和平，为争取建设社会主义的和平环境，为四化建设贡献力量。要积极参与国际会议，加强同国际红十字会组织和各国红十字会的联系往来，广交朋友，增进友谊，交流经验，互相促进。

（七）争取各级党委和政府的领导，改进工作作风，深入调查研究

红会要主动向党委和政府汇报工作，争取支持，主动和有关部门搞好关系，协商共事。许多地方红十字会会长是由当地政府领导同志兼任，实践证明，这对开展红十字会工作十分有利。在红十字会工作中，有许多亟待解决的问题，还会遇到许多新的困难，各级红会必须改进工作作风，深入基层，调查研究，实事求是，一切从实际出发，振奋精神，艰苦奋斗，坚忍不拔，

开拓前进，以使各项工作取得新的成绩。

红十字事业是一项人道主义的崇高事业，这项工作的任务是艰巨的、光荣的，需要全社会的尊重和支持。“四大”结合我国社会经济发展的实际，为中国红十字事业发展规划了一条光明的道路。相信通过上述7大任务的实施，“我国的红十字事业一定能开创出一个新局面，逐步探索出一条建设具有中国特色的红十字工作的道路，为社会主义四化建设做出更多贡献”①。

三、红会改革提上日程

（一）“关于加强红十字工作给国务院的报告”

1986年9月28日，党的十二届六中全会召开。全会通过了《中共中央关于社会主义精神文明建设指导方针的决议》（以下简称《决议》），这是新的历史时期加强我国社会主义精神文明建设的纲领性文献。《决议》强调：“在社会公共生活中，要大力发扬社会主义人道主义精神，尊重人，关心人，特别要注意保护儿童，尊重妇女，尊敬老人，尊敬烈军属和荣誉军人，关心帮助鳏寡孤独和残疾人。”② 中国红十字会的各项活动正是从社会生活的一个侧面体现出社会主义精神文明建设的生动内容，显示出它的作用和特色。因此，在新的形势下大力推进中国红十字事业的发展是社会主义精神文明建设的客观要求。如何推进新形势下的红十字工作呢？在当时的历史情境下，政府的支持和帮助必不可少。

1987年7月4日，中国红十字会总会向国务院提交了《中国红十字会总会关于加强红十字工作给国务院的报告》（以下简称《报告》）。《报告》首先简要介绍了国际红十字运动的发展现状，指出“国际红十字运动始于1863年，迄今已有124年历史。目前，世界上已有145个国家建立了红十字组织，拥有二亿五千万会员，占世界总人口5%，是当今世界上具有广泛群众基础的社会团体。”其次，《报告》回顾了中国红十字会在新中国成立后特别是在改革开放的新时期所取得的重大成就③。特别值得一提的是，1985年10月20日至24日，第4次红十字会与红新月会协会大会在日内瓦召开，中国红十字会以最多选票，当选为国际红十字会协会执行理事，在国际事务中发挥着更大

---

① 钱信忠：《中国红十字会第四次全国会员代表大会工作报告》（1985年5月31日），中国红十字会总会编：《中国红十字会历史资料选编，1950—2004》，民族出版社2005年版，第150—154页。

② 《中共中央关于社会主义精神文明建设指导方针的决议》，《十二大以来重要文献选编》下，人民出版社1988年版，第1182页。

③ 《中国红十字会总会关于加强红十字工作给国务院的报告》（1987年7月4日），中国红十字会总会编：《中国红十字会历史资料选编，1950—2004》，民族出版社2005年版，第170—173页。

作用。“通过这次大会，我们深深感到作为一个10亿人口的大国的红十字会，我们应该更加努力做好国内工作，为中国人民、为四化建设服务，加强和各国红会之间的友好合作、为世界和平做贡献。作为执行理事，我们更应在国际红十字事业中起到我们应有的作用”①。同时，《报告》谈到“在改革开放的形势下，中国红十字会的工作无论是在传统业务上，还是在新辟领域中，都正在沿着创办具有中国特色的社会主义红十字会的道路开拓前进，越来越多地受到各级党政领导和广大群众的支持和欢迎。红十字会的宗旨是实行人道主义，她的实践体现了党和政府对人民的关心爱护。”

虽然，“四大”以后，红十字会工作跃升到了一个新的台阶，但客观讲，“全国红十字会的工作发展还很不平衡。各级红十字会在人力、财力和体制方面都还存在着一些实际困难，需要请各地政府尽力帮助解决。在我国政治体制的改革过程中，为充分调动10亿人民的积极性，需要更充分地发挥人民群众团体的作用。这除了红十字会自身加倍努力外，还需要各地政府加强这一工作的领导，为她提供开拓前进的必要条件，并在有关部门的通力支持协作下，才能开创全国红十字工作新局面，为四化建设做出更多贡献”②。正是基于这一考虑，中国红十字会才向国务院提交了这一加强红十字会工作的报告。应该说，这一报告正当其时，也恰如其分地阐明了当时红十字事业的关键问题。而要真正使红十字事业获得各级政府实实在在的支持，从而开创全国红十字工作新局面，必须通过改革来实现。

（二）以党的十三大精神为改革方向

1987年10月25日至11月1日，中国共产党第十三次全国代表大会在北京召开。大会的报告阐述了社会主义初级阶段理论，提出了党在社会主义初级阶段“一个中心、两个基本点”的基本路线，制定了到下世纪中叶分三步走、实现现代化的发展战略，并提出了政治体制改革的任务。“十三大是党的十一届三中全会以来路线的继续、丰富和发展，实现了马克思主义中国化的新飞跃，开辟了具有中国特色的社会主义建设之路。”③

党的十三大为中国红十字事业指明了广阔的发展前景，而“正确认识我国社会现在所处的历史阶段，是建设有中国特色的社会主义的首要问题”。党

---

① 《中国红十字会参加第四次红十字会与红新月会协会大会并当选执行理事》，《中国红十字》1986年第1期，第4页。

② 《中国红十字会总会关于加强红十字工作给国务院的报告》（1987年7月4日），中国红十字会总会编：《中国红十字会历史资料选编，1950—2004》，民族出版社2005年版，第172—173页。

③ 《十三大：“一个中心、两个基本点”基本路线提出》，中国共产党新闻网，《改革开放三十周年系列策划·党的重要会议之三》。

的十三大明确指出，中国正处于社会主义初级阶段。在这一阶段，生产力落后，商品经济不发达，尚未摆脱贫穷和落后，人民的生活水平不高。正因为中国处于社会主义初级阶段，所以不可能、也不应该一切事务都由国家去包办。在这种情况下，政府需要发动和依靠群众团体，作为政府的助手，从事那些群众需要而政府管不到、顾不过来的事情，对社会起到拾遗补阙的作用。实践证明，中国红十字会能够有效起到政府在人道领域助手的作用。中国红十字会历史悠久，在人民群众中有着较好的口碑和影响。改革开放以来，中国红十字会所独具的国际性、社会性和群众性特征日益彰显①，必将在广阔的社会领域大有可为。

改革和开放是十三大的主题。“十三大实际上应该叫做改革、开放的大会，要加快改革步伐，深化改革。政治体制改革的问题几年前就提出来了，但过去把重点放在经济体制改革上。这次才把政治体制改革提到议事日程上来。”② 1988 年 1 月 16 日，中国红十字会四届三次理事会在北京召开。国家副主席乌兰夫在贺信中谈到，希望所有热心于红十字事业的同志们“认真贯彻十三大精神，进一步深化改革，努力发挥群众团体的作用，为人类做出更大的贡献!”③ 中顾委副主任宋任穷在讲话中也谈到，红十字会要顺应十三大提出的政治体制改革的要求，通过理顺党、政、群关系，搞好自身改革，充分发挥群众团体应有的作用④。

1988 年 1 月 18 日至 23 日，中国红十字会在北京召开第三次全国工作会议。这次会议的主要内容是“根据十三大精神检阅过去一年工作的成果，总结交流过去一年的经验教训，讨论和安排今年的工作”。会议认为，党的十三大“关于政治体制改革中有关群众团体的多处论述，对中国红十字会今后的工作，具有十分重要而深远的意义”，使广大红十字工作者深受鼓舞，“看到了中国红十字会光明的前景”。

“以党的十三大精神为指引，推进中国红十字会的改革发展”成为这次全国工作会议的主题。会议提出中国红十字会应该依据形势，顺势而为，“力争把中国红十字会纳入政治体制改革方案之中，有一个较好的解决”。总会与地方各级红会组织应该首先围绕“地位、编制、经费”等问题，齐心协力，积

---

① 范雨田:《充分发挥群众团体的作用》,《中国红十字》1988 年第 7 期，第 3 页。

② 邓小平:《一九八七年九月五日会见日本二阶堂进一行时的谈话》,《十三大以来重要文献选编》上，人民出版社 1991 年版，第 1—2 页。

③ 《乌兰夫副主席给四届三次理事会的贺信》,《中国红十字》1988 年第 2 期，第 3 页。

④ 《中顾委宋任穷副主任在中国红十字会四届三次理事会上的讲话》,《中国红十字》1988 年第 2 期，第 3 页。

极争取，共同推动红十字会的改革发展。同时要着眼未来，思考中国特色红十字会的独特内涵，思考“红会的主要业务范围以及同政府其他群众团体的分工，新建立的红会如何打开局面，基础较好的如何向深广发展，卫生救护工作如何开展，城乡急救网如何形成，经常性的社会福利工作如何开展，救灾工作的参与方式与程度”等等。总之，“在贯彻十三大的路线的过程中如何创造具有中国特色的红十字会，如何更好发挥政府助手的作用”，“这正是我们贯彻十三大精神的主题所在”，也是会议的主旨和核心诉求。中国红十字会要在这个方面“有所创造，有所前进，有所发展”①。

（三）推进改革的基本思路

为了在新形势下推进红会改革，进一步发挥红十字会作为人民卫生救护、社会福利团体的作用，需把握以下两个问题。

1. 红十字会的改革方向与路径

党的十三大报告指出，要理顺党组织与群众团体之间的关系，“做到各司其职，并且逐步走向制度化”；要“使各种群众团体能够按照各自的特点独立自主地开展工作，能够在维护全国人民总体利益的同时，更好地表达和维护各自所代表的群众的具体利益”。“在党和政府同群众组织的关系上，要充分发挥群众团体和基层群众性自治组织的作用，逐步做到群众的事情由群众自己依法去办。”② 按照十三大的精神，中国红十字会的改革应着眼于理顺关系，转变职能，加强自身建设，继续探索建设有中国特色的红十字事业。各级红十字会首先从思想上要进一步明确红会是群众团体，而且是卫生救护和社会福利方面的群众团体，是政府在这方面的助手，应在两个文明建设中发挥应有的作用，为四化服务，为精神文明建设服务，为统一祖国大业服务，为世界和平和人类进步事业服务。不应偏离这个大方向，要在这个大范围内去改革、探索和创新③。红十字会应抓住时机，主动向党、政府汇报工作，提出切实可行的改革方案，争取尽快地把红十字会的改革纳入整体政治体制改革方案中去。

与此同时，要按照十三大要求，搞好自身改革。党的十三大报告指出：“群众团体也要改革组织制度，转变活动方式，积极参与社会协商对话、民主管理和民主监督，把工作重点放在基层，克服‘官’气和行政化倾向，赢得

① 《谭云鹤副会长在全国工作会议上的总结讲话》，《中国红十字》1988 年第 3 期，第 3—4 页。

② 《十三大以来重要文献选编》上，人民出版社 1991 年版，第 36、45、39 页。

③ 《谭云鹤副会长在全国工作会议上的总结讲话》，《中国红十字》1988 年第 3 期，第 6 页。

群众特别是基层群众的信任。”[①] 这是指导红十字会自身改革的总方针，必须认真贯彻执行。搞好自身改革，拿出工作成绩来，是争取领导支持的最有力的办法。正确的态度是既不能消极等待，又不能急于求成。当然，拿出工作成绩，也不是一件很容易的事情，特别是刚刚建会的地方，既无编制，又无经费。在这种情况下，从事红会工作的同志就得具备克服困难、百折不挠、艰苦奋斗的精神。有一个人做一个人的工作，没有专职干部，兼职干部也能做工作。钱多，干大事；钱少，干小事；没钱，也可以干不要钱的事。“总之，工作刚开始，不能讲条件，也不能等条件，要以工作实际去争取条件。这样工作就会越做越多，越做越好。就会越来越多地得到领导支持。”[②]

要使红十字会真正发挥群众组织的作用，就必须健全民主制度。不仅要定期召开代表大会，而且要健全和扩大理事会的组织，充分发挥理事会的作用。要经常发挥红十字会的作用，还必须确定一定数量的人员编制和必要的活动经费，使之能在确定的方针指导下，独立自主地开展工作。在深化改革的历史环境之下，“过去存在的那种多头领导，实无领导，限制过多，统得过死，民主制度不健全，必要条件不具备的状况，必须尽快改变，否则就难以发挥红十字会的群众组织的作用”[③]。红十字会在财政上应该争取单独立户，同时要规范会费缴纳工作，开展国内外捐助活动，兴办事业单位，增强经济实力，逐步达到以自力更生为主、财政支持为辅的目标[④]。

2. 红十字会的工作任务和方针

红十字会作为群众团体，应该把工作重点放在基层。它经常担负的任务应该是基层的、群众性的、初级的卫生救护和社会福利工作。它应该在工厂、农村等生产、企业单位和学校、街道等方面建立基层组织，发展会员，搞好组织建设，并开展各种活动。在街道、工厂、农村等可建立居民区、车间和村一级的红十字卫生站和初级急救队伍，在学校广泛开展红十字青少年活动。通过这些活动，逐步形成基层的小伤小病的群防群治网、意外伤害的卫生救护网，并由街道、学校、工厂和商业、副食等单位配合形成尊老助残的社会服务网。做好献血的宣传动员工作和参与救灾等，也是红十字会的经常性工作。在做好基层工作的基础上，可以考虑经过若干年的努力，进一步建立红十字急救中心，承担各种灾害和人身伤害事故的院前急救；建立红十字血液中心，承担公民义务献血和血液制品以及成分输血的加工工作；建立培训中

---

① 《十三大以来重要文献选编》上，人民出版社 1991 年版，第 45 页。

② 范雨田：《充分发挥群众团体的作用》，《中国红十字》1988 年第 7 期，第 6 页。

③ 李振馥：《扫除陈腐观念 充分发挥红会作用》，《中国红十字》1988 年第 4 期，第 4 页。

④ 《谭云鹤副会长在全国工作会议上的总结讲话》，《中国红十字》1988 年第 3 期，第 6 页。

心，承担急救、输血等人才的技术培训等。

红十字会作为群众组织，基本的工作方法必须是从群众中来、到群众中去、依靠群众、服务群众的群众路线的方法。它需要政府有关部门和社会各有关方面的支持和帮助，但不能靠行政指挥的工作方法。它的一切工作都必须发动群众，依靠群众；要加强思想工作和宣传工作，启发群众自觉；要发现和表彰、树立先进典型，用先进带动后进，开始是一点一滴，然后是星罗棋布，最后联网成片。切忌强迫命令、瞎指挥、大轰大嗡、追求表面形式等做法①。

四、更新观念：改革的前提和关键

“四大”以后，全国各级红会努力工作，积极探索，勇于开拓，不断进取，红十字事业取得了可喜成绩。但在深化改革的社会背景下，仍有很多陈旧观念羁绊着人们前进的步伐，阻碍着红会事业的发展。因此，更新思想观念，增强改革意识，逐步树立起同现代商品经济、现代科学技术相适应的新理论、新观念，是加快建设具有中国特色的红十字会的前提和关键。

（一）树立系统的观念

所谓系统观念，就是将一个社会作为一个庞大的复杂系统。中国红十字会作为政府的助手，是以人道主义为宗旨的全国性的卫生救护和社会福利团体，它存在于中国社会之中，是整个社会系统的一个组成部分。红十字事业只有纳入社会这个大系统之中，才能得到顺利发展。在红会系统内部，各地的发展也很不平衡。这就要求红会组织树立系统观念，充分认识红会工作的重要作用，把红会工作纳入相应的议事日程，不断改善内外部环境。在加快和深化改革的形势下，中国红十字会应争取中央和国务院的支持，首先需要理顺关系，通盘考虑，全面解决机构、编制、经费及有关政策问题，切实为各级红会组织提供必要的工作条件，改变各地红会各自为政、工作零打碎敲的被动局面。武汉市副市长高顺龄曾言，各级政府应注意发挥红十字会的作用，“机构要列位，人员要列编，政府要列支，政策要例外，工作要列事”，以实实在在地重视和支持红会的工作。

（二）树立群众工作的观念

中国红十字会是全国性的人民群众团体之一，它有广泛的群众基础，做了很多有益于人民的事，并正在发挥其他部门和组织不可取代的作用，人民

① 李振馥：《扫除陈腐观念　充分发挥红会作用》，1988 年第 4 期，第 4 页。

群众离不开它，各级政府也需要它。为此，红会组织必须克服“官气”和行政化倾向，从思想上进一步明确自身是群众组织，应牢固树立群众工作的观念，学会做耐心细致的群众工作。红会的眼睛应盯住群众，哪里有群众，就在哪里建立组织、开展活动，做到充分发动群众、真心依靠群众、放手让群众去办自己的事。具体而言，卫生救护，主要精力应放在群众性的现场急救方面，应一个行业一个行业、一个系统一个系统、一个单位一个单位地进行训练，争取经过若干年的努力，逐步形成全国性的急救网络，同时根据我国人口大多数在农村的特点，应适时地加强农村特别是老、少、边、穷地区的卫生救护训练工作；社会福利，主要是组织群众相济相助，开展敬老助残、扶危济困活动，服务内容、服务范围可因地制宜，量力而行，条件成熟者可向经常化、制度化、规范化、网络化发展；青少年工作，主要是普及卫生保健知识，开展第二课堂活动，使他们从小养成讲卫生的良好习惯和高尚的共产主义道德情操，为提高整个中华民族的素质打下坚实的基础。总之，树立群众工作的观点，各级红会领导机关要面向基层，多为基层着想，多为基层办实事，多倾听基层的意见和呼声，尽可能多给基层以具体指导和创造良好的工作条件。

（三）树立商品经济的观念

社会主义商品经济的观点，是我国经济体制改革过程中对马克思主义理论的新贡献，对发展红十字事业有重要启示。红十字工作是一项社会公益事业，为政府分忧，为群众解难，没有一定的物质基础是不行的。在国家财力有限的条件下，必须破除一切由国家包下来的不切实际的传统观念，不失时机地引进商品经济的观念。“因地制宜，量力而行，积极兴办更多的符合红十字宗旨的卫生和社会福利事业”，是开展红十字活动资金来源之一，同时也符合国家提出的“多渠道积累社会保障基金”的精神。办专项事业，除了坚持“四条原则”和制定必要的政策外，还需具备清醒的经济头脑，重视价值规律、市场机制、分配机制对红十字事业的制约作用，按照经济规律的要求及最高效率原则组织各种服务，搞好经济管理，讲求经济效益，讲究生财、聚财和用财之道，力求用较少的钱办较多的事，使红十字事业永远充满生机与活力。

（四）树立竞争的观念

在全国各行各业引入竞争机制的背景下，如何使红会建设充满生机和活力，使红会在社会竞争中得以生存乃至不断发展，已成为红会深化改革亟待探索和解决的问题。

竞争观念和竞争机制是商品经济发展的必然产物，是人才和智力开发的动力。虽然红会建设有其自身的特殊性，不能照搬企业或其他行业的现成模式。但是，引入竞争机制，通过优胜劣汰，使红会在一个开放式、流动式的社会大环境中充分发挥人们的才能和智慧，使人们在红会工作的竞争中各尽其才，各得其所，红会就有活力①。

（五）树立红十字工作的法制观念

加强法制建设，实行红十字工作法制化，是红会工作改革的艰巨任务之一。在社会主义初级阶段，中国红十字会提倡奉献精神，在一定范围内做了大量的群众迫切需要解决而政府部门一时还顾不上、管不到的事情，为我国的现代化建设，为促进祖国统一大业和增进各国人民的友好合作做出了积极的贡献，被誉为政府的好助手、人民的好朋友。作为精神文明建设的重要组成部分，红十字会工作的范围涉及政府各个部门、社会各阶层群众，许多工作需要向制度化、规范化努力，过去单纯用行政手段进行管理（这本身也不符合群众工作的方法）的传统模式已不适应。无论从开展卫生救护训练、举办社会福利事业来看，还是从改善外部环境、促进红十字事业发展来说，加快行政立法，逐步完善红十字法规体系的建设都是当务之急。做到有章可循、有法可依，红十字工作才能合法化，红会干部才能按法办事，从而彻底改变过去的被动局面，使红十字工作更好地向科学化、法制化方向发展，为走出一条具有中国特色的红十字道路创造条件②。

第二节　红会性质的新内涵

“四大”的理论成果首先体现在对中国红十字会性质的重新认定上。从“一大”到“三大”，中国红十字会的性质一直被界定为“人民卫生救护团体”，而“四大”新会章将其界定为：“中国红十字会是中华人民共和国的全国性的人民卫生救护、社会福利团体。”这一新的界定扩展了红会性质的内涵，使红十字会从单纯的“人民卫生救护团体”发展到“人民卫生救护、社会福利团体”。

一、回归与突破：“社会福利团体”的新界定

“四大”对红十字会性质的新认识和新表述既是一种对红十字精神追求的回归，也是适应新时期的社会变革而做出的与时俱进的突破和发展。这种改

① 尹连先：《红会建设引入竞争机制》，《中国红十字》1988 年第 11 期，第 9 页。

② 尤德新：《更新观念　深化改革》，《中国红十字》1988 年第 7 期，第 8—9 页。

变的背后凝结的是对新中国成立以来中国红十字运动曲折发展历程的深刻省思。在“四大”通过的《中国红十字会章程》中，明确规定红十字会要履行“开展社会福利和社会服务活动”的任务①。这种认识的深化，可以使红十字会在人道领域里做更多的工作。从此，红十字会在国内工作中不再局限于卫生医疗相关领域，而是更加积极地参与到以“救死扶伤、敬老助残、助人为乐、扶危济困”为主要内容的社会服务中来，这是一种对红十字传统的传承和发扬，是对红十字性质认识深刻化的体现。

在近代中国近半个世纪的发展变迁中，中国红十字会兴起于战争救护，但却能够与社会同行，不断丰富和拓展救援范围，开辟工作新领域，书写了人道主义事业的辉煌篇章。在新中国成立之初，红十字会也基本实现了与社会的适度融合，在多个领域做出了不可替代的重要贡献。进入改革开放的历史新时期之后，随着实事求是思想路线的确立，随着红十字地位的逐步彰显，红十字与“最易受损害群体”的深度连接成为大势所趋。“近几年来，各级红十字会组织，遵循人道主义宗旨，配合政府有关部门，从实际出发，自力更生，因陋就简，开展了对孤老残幼、烈军属的包户服务，有的地方举办老年活动站、伤残儿童寄托站、精神病人医疗站、家庭服务站以及各类服务活动等，为发展社会福利和社会服务做出了贡献”②。

“四大”之后的实践证明，这一性质的界定符合红十字会的本质特征和事业发展的基本规律，这一方向的回归推动了红十字运动的深入发展。几年间，各级红十字会组织在建立具有中国特色的社会保障制度的实践中，进行了许多积极有益的探索。1987 年，中国红十字会与民政部联合印发了关于密切配合，充分发挥红十字会的作用，以做好社会福利工作的通知，各级红十字会组织把社会福利工作提到了更主要的地位，加强了领导，使红十字社会服务工作有了较快的发展③。截至 1987 年 9 月，中国红十字会的社会服务工作“在服务范围、服务内容、服务质量等方面都有许多创新，主要特点是：部分地方从过去的零星工作开始走向经常化、制度化，服务范围、内容越来越广泛，只要是政府顾不上管不过来的事，红十字会都尽量去做；在社会各界的支持下，红十字会组织可以调动为社会服务的力量越来越多，有的已开始形成了以学校红十字青少年、街道基层红十字会组织和商业、服务部门的红十

① 《中国红十字会章程》（1985 年 6 月 1 日），中国红十字会总会编：《中国红十字会历史资料选编，1950—2004》，民族出版社 2005 年版，第 154 页。

② 刘德旺：《社会服务工作刍议》，《中国红十字》1989 年第 4 期，第 8 页。

③ 刘德旺：《社会服务工作刍议》，《中国红十字》1989 年第 4 期，第 8 页。

字会会员这三股力量为主体的红十字会服务队伍"[1]。有些地方已做到了定人、定点、定时、定内容的包户服务。在工作基础比较好的地方，为把社会服务做到经常化，采取了一些行之有效的方法。如上海市的"三网一站"，北京市的"社会服务网络"，天津市分层包干服务的"生活服务网络"，南京市的"一条龙服务"和武汉市同有关部门签订协议为孤老残疾人服务等，都取得了较好的效果。这一时期各地红十字会组织在开展社会服务中，尽管许多服务设施是因陋就简搞起来的，服务内容、范围、规模有限，水平较低，但已表现出优越性和生命力，初步摸索出红十字会组织开展社会服务的路子。"四大"以后，红十字组织的社会服务工作，重点是为散居在社会上的孤老残幼和烈军属服务及其他便民服务。随着经济的发展，社会服务工作也不断健全、完善，并不断向更广泛的范围和更高的标准发展[2]。

随着红会性质新内涵的确定，红十字会工作发生转变的另一大亮点在于确立了"举办卫生和社会福利等符合红十字宗旨的事业"的任务，也就是说，红会开始提倡各级组织创办具有红十字特色的卫生和社会福利事业实体，红十字会要实行人道主义宗旨，必须扎扎实实地为群众办些好事。要活跃红十字会的工作，也必须有一定的经济实力。在国家财力有限的情况下，红十字会有必要力所能及地创办一些社会福利事业实体。这在一定程度上也适应了中国经济社会变革的特定趋势。1984 年 10 月，党的十二届三中全会通过《中共中央关于经济体制改革的决定》，阐明了加快以城市为重点的整个经济体制改革的必要性、紧迫性，规定了改革的方向、性质、任务和各项基本方针政策，是指导我国经济体制改革的纲领性文件。"这次会议标志着改革开始由农村走向城市和整个经济领域，由此中国的经济体制改革进入了第二阶段，即改革的展开阶段"。"决定"第一次明确指出，中国的社会主义经济不是计划经济，而是以公有制为基础的有计划的商品经济。在当时的历史条件下，这已是相当大的突破，是对马克思主义政治经济学的一个重大发展。正是在此基础上，中国红十字会推动了全国各级红会兴办社会福利事业和经济性实体的潮流。

1985 年之前，多数地方红会正在或即将恢复，国内工作尚未展开，社会活动较少。从全局来讲，兴办福利事业并没有起步，只有恢复组织较早、开展活动较好的武汉市、江苏省、沈阳市铁西区等红会在社会的支持与捐助下，

① 《中国红十字会社会福利工作座谈会纪要》（1987 年 9 月 28 日），中国红十字会总会编：《中国红十字会历史资料选编，1950—2004》，民族出版社 2005 年版，第 175 页。

② 刘德旺：《社会服务工作刍议》，《中国红十字》1989 年第 4 期，第 8 页。

兴办了类似诊所等一批福利事业[1]。红会“四大”之后，武汉、天津、沈阳、江阴、大同等地红十字会先后兴办了残疾人福利厂、社会服务站、医疗卫生咨询站等各式各样的福利事业，不仅为社会所需要，扩大了红十字会影响，而且激发出各级红十字会的生机与活力。下面以“武汉市红十字药材贸易公司”为例略做分析，以期收管中窥豹之效。

二、福利事业实体的重要尝试：以武汉市红十字药材贸易公司为例

自“国发（78）63号文件”下达后，武汉市红十字会开始筹备恢复并逐步开展工作，到1986年红会工作已经步入正轨。应该说，国家在财政和人员编制极端困难的情况下，能够给红十字会（指市级红会）设立机构，配备编制，并拨给基本的活动经费，体现出对红十字会工作的重视和支持。在这种背景下，区一级红会的设置也进入日程，武汉市编委正式下文，指示各区红会要配备专职干部一名，由各区卫生局在现有编制内调剂解决。同时，在武汉市已恢复红会工作的街道、工厂、学校等基层单位，也设置了管理红会工作的兼职干部，并一定程度上拥有经费以维持一般活动。正是在各级党委和政府的重视与支持下，武汉市红十字会的组织恢复和建设工作取得了一定成就，全市红十字会的基层组织数和会员人数初具规模，并且做了大量群众性卫生和社会福利工作。

工作虽有起色，但也存在着隐忧。直至1984年初，武汉红会工作的发展仍然比较缓慢，面临着社会对红会工作了解甚少、群众难于充分发动、个别领导同志对红会工作的作用还不够信任等诸多问题。出现这种状况的原因是复杂的，但与红会缺乏相应的经济保证有密切关联。因为随着社会的发展和改革的深入，社会需要红会做的事情越来越多，内容也越来越丰富，而国家给红会提供的现有活动经费又远远不够，为适应工作需要红会只得向政府求援，政府又一时难以满足，最终使红会工作不能很好地为群众解难。如此下去，红会不仅不能为政府分忧，而且会慢慢成为政府的包袱。发展缓慢的另一个原因是红会原有的工作方式在新的形势下，跟不上时代的步伐，满足不了社会对红会工作的要求。因此要改变“踏步式”的老一套工作方法，努力开创红会工作的新局面，只有改变伸手向政府要钱办社会福利的局面，把红会办成拥有自己的经济力量的社会福利团体，才能从根本上变被动为主动，加速红会工作的发展。实践充分证明，“要做好国内红十字工作，不管从发展

① 中国红十字会总会编：《中国红十字会的九十年》，中国友谊出版公司1994年版，第250页。

的趋势看，还是从武汉市红十字会现有的工作经验看，做好经济工作是重要的一环。没有自己的经济力量做保证，单靠伸手是不行的”。

“举办卫生和社会福利等符合红十字宗旨的事业”，是《中国红十字会章程》中给红十字工作者所规定的一项工作任务。1984 年 3 月 1 日至 5 月 29 日，武汉市红十字会在全市范围内发动了一次为“孤残老人、儿童筹募福利基金”的活动，共筹集基金 30 多万元。从 6 月 26 日起至 12 月 10 日止，市红十字会组织了全市范围的大规模送温暖活动，受益者有市儿童福利院、市育幼院、市和区所属各社会福利院、市第一和第二聋哑学校等，另外还包括市民政局经统计在册的全部孤寡老人，共开支 3 万多元。这一举动深受政府和群众的好评。随着活动的开展，红会的影响越来越大，社会需要红会办理的事情也越来越多，为了使有限的资金发挥更大的作用，武汉市红十字会的工作人员决定盘活这笔基金，准备创办一家经济实体。后经武昌区工商管理局审核批准，发给正式营业执照，1985 年 1 月 22 日，全国第一家中药材福利经济实体——武汉市红十字药材贸易公司正式成立（下文简称“公司”）。应该说，“公司”的出现是红会工作在新的历史时期发展的客观需要，是我国红十字国内工作发展进程中的必然趋势，“它将在红十字会国内工作中占据一定位置，对搞活红会国内工作将发挥其重要作用”。

“公司”直属市红十字会孤残老人、儿童福利基金会管理小组领导。到 1986 年初，“公司”拥有资金近百万元。除一部分资金由基金会投资外，一部分资金参与信贷活动。“公司”共有职工 37 人，这些人均由基金会管理小组聘请，来自武汉市的四面八方。他们中有卫生战线的离退休多年的老同志，也有社会上的待业者，还有居委会派来的婆婆们。“公司”设经理 1 人、副经理 2 人、支部书记 1 人，其他如从事供销、收购、总务、开票、库房、司机、勤杂等事务者 33 人。“公司”所得纯收入除留作公司用于扩大再生产的公积金占 50% 外，其他全部用于社会福利和基金的积累。1985 年，“公司”纯收入为 5. 1 万元；1986 年 1、2 月份，平均每月纯收入 1 万多元，全年纯收入可望达到或超过 12 万元。

武汉市红十字会用基金办公司的宗旨和基本原则是：“公司”的收入全部用于社会福利和基金的积累，市、区红会的干部职工，基金会管理小组的成员等对“公司”只有支持、扶助、帮助解决困难的责任和义务，却无权、也不允许享用公司收入中的分文。该公司经市纪委、市卫生局纪委、武昌区纪委、武昌区工商管理局等审查，公认符合市红会用基金办公司的宗旨和基本原则。

“公司”自成立至 1986 年 2 月底止，在这短短的一年零一个月里，用于孤残老人、儿童福利和基金增值的情况如下：为市第二聋哑学校购置语言训练器，开支3140.65元；为硚口区、汉阳区、武昌区孤残老人、儿童送温暖，开支1150元；为市第二福利院孤寡老人送衣服，开支11672.70元；为武昌区孤儿院送“六一”慰问品，开支400元；为帮助老苏区确有困难的病人就医，开支59.53元；为武汉市肉类联合加工厂的残疾人购置三轮车，开支498元；1986年春节，市红会组织慰问全市孤寡老人、儿童和慰问市麻风病院病人，共开支3807.80元；为市育幼院买风琴，开支245元。总计开支21970.81元，其余的收入部分用于基金的积累。事实表明，红会用基金办公司仅在短暂的时间里就显示出效用，对社会贡献突出，发挥了红十字会为社会服务、为政府分忧、为群众解难的作用，红十字会的人道主义精神受到了社会的尊重；同时也有力地证明，红十字会的国内工作中，创办社会福利经济实体是非常必要的。

那么，红会办专项福利事业的前途和走向又会如何呢？这一点，曾一度遭遇质疑，认为难以走得很远。客观讲，红会举办专项福利事业，是一项新事物，总会有不同的意见出现。1985年8月至1986年2月间，由于一些部门对红会用基金办公司有不同看法，把它等同于党政机关经商办企业，对它的合法性存在着意见分歧，曾做出过“收回执照”“停业审查”等的处理，影响了社会公众和往来客户对公司的信赖，使“公司”营业额大起大落，浮而不稳，没有保障。那么，“公司”是不是属于党政机关经商办企业呢？所谓党政机关和党政干部经商办企业，“是指党政机关和党政干部用公款、贷款，以及各种形式的集资经商办企业，为本单位和个人谋私利”（1986年3月29日，中央办公厅国务院办公厅发言人答记者问）。因此，红十字创办专项福利事业与之相比，二者有着明显的区别：

其一，性质不同。“公司”性质是社会福利性质的特殊企业；而党政机关经商办企业的性质是一部分人以权谋私，害国家、损集体、坑群众，大发横财。

其二，资金来源不同。“公司”资金来源于市红十字会筹募的孤残老人、儿童福利基金；而党政机关经商办企业资金来自机关资金，有的还利用职权，侵吞和强占所属单位的库房、场地和运输工具等变相资金。

其三，收入的分配方法不同。“公司”全部收入只许用于国内外灾害救助，本市孤残老人、儿童的福利事业，以及需要基金扶持并有利于基金增值的社会福利事业，不得用于机关职工的福利；而党政机关经商办企业的收入分配是一定范围内的干部职工分红，其实质是中饱私囊。

由此可见，把红会所创办的社会福利经济实体混同于党政机关的经商办企业的看法是不正确的。

综上所述，经济实体的出现，是新形势下红十字会国内工作发展的必然产物，而党政机关和党政干部经商办企业却是与党纪国法相违背的不正之风，它们之间有着本质的区别。“目前红会用基金办公司的合法性还尚未被社会所承认。因此，应呼吁社会对这一新生事物予以扶助和支持，尽快明确公司的合法地位”。

可以预见，在改革之年，有关红十字会经费问题，摆在红十字工作者面前有两条道路，一条路是当“伸手派”，路子越走越窄；另一条路是拥有自己的经济力量，为政府分忧，为群众解难，努力开创红十字事业新局面，走具有中国特色的红十字会发展道路，真正成为政府的有力助手，这条路将越走越宽。红会应在这条宽广的道路上阔步向前①。“有进才有出，有出才有进。出的有名、用途得当，进得才能更多。把握好社会效益和经济效益这两者间的辩证统一关系，才能使我们开展社会福利工作所需的资金，似一池常流常清的活水，不断吸取，又不断注入。有了这有源之水，我们红会的社会福利工作，才能更好地为实现祖国的四化和两个文明建设服务。”②

应该说，面对改革开放的新形势，在红十字事业初步发展的道路上，经费问题至关重要。某种程度上，经费问题决定着红会工作的生死存亡。对于红会办实体这件事情，应该站在改革的立场上，以新的眼光看待它的价值。总的说来，红会办实体是一件值得提倡的事情，只要引导得当、把握方向，就能推动红十字事业的健康成长。红会办实体，要始终不忘红会的宗旨，坚持“来之于社会、服务于社会”的原则，红会办实体的盈利要用于发展人道主义事业。红会工作者要认识到，办实体是增强自身实力的一个手段，实行人道主义、发展红会事业才是根本目的。只有这样，红会办实体才能按国际惯例享受减免税收的优惠待遇③。

三、社会福利事业的发展成效

“四大”之后，遵照中国红十字会总会提出并反复强调的兴办社会福利事业的基本原则，十几个省、自治区、直辖市和部分计划单列市红会陆续举办

① 吴厚冬：《关于武汉市红十字药材贸易公司情况的调查报告——对红会国内工作中办专项事业发展趋势的探讨》，《中国红十字》1986 年第 7 期，第 24—25 页。

② 韩良：《社会福利事业所需经费的来源在哪里——从常州市红十字会一次成功的社会募捐工作谈起》，《中国红十字》1986 年第 10 期，第 27 页。

③ 中国红十字会总会：《中国红十字会五届四次理事（扩大）会议文件汇编》，1993 年内部印行，第 39—40 页。

了一批社会福利事业单位。这些单位大体有三种类型：一是红十字会自己投资并直接管理的；二是红十字会与其他部门联合兴办的；三是经营内容与红十字宗旨有关，以红十字会名义兴办的。这些福利事业以医疗卫生服务型为主，也有部分是社会服务事业，还有少数是经营性的经济实体。实践证明，“红十字会举办社会福利事业，既体现了红十字会宗旨，收到了较好的社会效益，同时又取得了经济效应，不仅为国家创造了财富，而且弥补了红十字会所需经费的不足，这是红十字经费从国家拨款的单一型向复合型转变的一个良好的开端，从而加强了红十字会自我发展的能力，促进了红十字事业的发展”①。

1987 年 9 月 24 日至 28 日，中国红十字会总会在天津召开了社会福利工作座谈会。出席会议的有全国 27 个省、自治区、直辖市及 9 个计划单列市的红十字会代表 50 余人，民政部也派人参会。会议通过大会发言、参观和座谈讨论等形式，进一步统一了思想认识，交流了经验，明确了今后一个时期中国红十字会社会福利工作的任务和发展方向，增强了办好社会福利工作的信心。会议认为，红会“四大”后，随着全国红十字组织的不断发展壮大，社会福利工作也取得了可喜的成绩。会议提出，各级红十字组织要进一步提高认识，改善领导，把红十字会的社会福利工作提高到一个新水平。具体而言，会议要求“根据因地制宜、量力而行的原则，积极而又稳妥地兴办利民便民的服务型或生产经营性社会福利事业。现在的基本情况是社会福利事业办得还太少，还很不够，需要大力发展。但红十字会办社会福利事业，首先要考虑社会需要，同时也要考虑可能性。办得好，可以兼收社会效益和经济效益。已经办起来的地方，要进一步加强领导，很好地总结经验，提高管理水平，不断完善，不断提高；尚未起步的，应根据自己的条件，借鉴兄弟地区的经验，既不要泄气，又不要急躁，积极地把社会福利事业兴办起来。总之，办社会福利事业，要因地制宜，因陋就简，利用现有条件，坚决按照济南和武汉工作会议的精神去办，这就是：一是兴办事业应当符合红十字会宗旨，主要着眼于社会服务型的事业，但其他的也不是一个不办；二要量力而行，既考虑到财力，又要考虑到人力，要保证把主要精力用于卫生救护和社会福利工作方面；三是领导机关要少办，主要指导下面去办，以避免占用领导机关过多精力，影响整个红十字会工作的开展；四是事业收入应全部用于发展红十字事业，不得用于机关职工福利。此外，还要严格遵守国家的有关政策法

---

① 刘德旺：《红十字社会福利事业的现状和发展趋势》，《中国红十字》1989 年第 6 期，第 22 页。

规，严防违法乱纪事件的发生”①。

在这一时期，红十字会从事经营活动，在我国还是一件新鲜事，但在国际上却早已是红十字会获得经费来源的一条重要渠道。在新形势下，为了使中国红十字事业焕发出生机与活力，开辟多种渠道扩大经费来源是必需的、可行的，它完全符合红十字运动的宗旨。正因为如此，武汉市红十字会的做法得到肯定。总会在贺信中说：“兴办红十字社会福利事业对于我国红十字事业的发展具有重大意义，我们相信并希望武汉市红十字药材贸易公司的创办和发展，将不断取得新成绩。”应该说，“四大”明确提出红十字会是“社会福利团体”，这对创办社会福利事业是一个有力的推动。

兴办经营性实体是红十字事业发展的需要，而且成效客观，武汉市红十字药材贸易公司开办一年多就实现经济效益和社会效益双丰收。除此之外，无锡市红十字会创办的伤残人福利厂，年创产值30多万元；天津市红十字会与有关部门一起，自力更生，因地制宜，办起了60多家符合红十字宗旨的福利实体，等等。由此可见，各地红会所创办的社会福利事业，不仅为社会所需要，扩大了红十字会的影响，而且为红十字会开展工作拓宽了资金来源。实践证明：红十字会办实体只要选准方向，符合宗旨，保证收入的人道支出，这条路会越走越宽广②。

“红十字兴办事业，直接为社会提供服务，同时为红十字事业的发展注入了新的活力。”③ 红十字会在深化自身改革的进程中，必须不断清除“左”的影响，解放思想，转变红十字会不能办事业的旧观念，努力开创社会福利事业的新局面。长期以来，红十字会的经费来源主要靠政府拨款，经费有限，很多工作由于经费不足难以开展。兴办社会福利事业是发展红十字事业的一条新路。在改革开放的历史新时期，红十字会必须更新观念，自觉地把兴办社会福利事业列为红十字会自身改革的重要内容，积极发展，不断提高。同时，红会所办的社会福利事业，本身是社会效益和经济效益相辅相成的统一整体，片面强调某一方面都是不科学的，要把二者有机地统一起来④。

---

① 《中国红十字会社会福利工作座谈会纪要》（1987年9月28日），中国红十字会总会编：《中国红十字会历史资料选编，1950—2004》，民族出版社2005年版，第177—178页。

② 孙柏秋主编，池子华、杨国堂等著：《百年红十字》，安徽人民出版社2003年版，第374—375页。

③ 谭云鹤：《振奋精神　群策群力　把建设具有中国特色的红十字事业继续推向前进》（1990年2月15日），中国红十字会总会编：《中国红十字会历史资料选编，1950—2004》，民族出版社2005年版，第206页。

④ 刘德旺：《红十字社会福利事业的现状和发展趋势》，《中国红十字》1989年第6期，第22页。

第三节 红十字“人道主义”宗旨的确立

“四大”理论成果的又一体现是对红十字会宗旨的再认识。新中国成立后，从“一大”到“三大”通过的章程，在规定中国红十字会的宗旨时，都在“人道主义”前加上“无产阶级”“革命”或“社会主义”的定语，而“四大”“毅然冲破‘左’的束缚，恢复了红十字会宗旨的本来面目，这是对人道主义本身意义的承认，这在当时‘左’的思想还没有完全清除、人们对谈‘人道主义’还心有余悸的时候在‘人道主义’前取消定语，不能不说是突破性进展”。当然，这也是“红十字会宗旨的提法与国际‘接轨’的体现。国际红十字运动一开始就是以实行人道主义为宗旨的”①。

早在1981年2月出版的《中国红十字》第2期的《读者来信》栏目中，即有读者对红十字会的宗旨提出一些问题和看法：这“革命的人道主义”，与“人道主义”有何区别？为什么人道主义，在“十年浩劫”中遭到严厉批评？这位读者谈了对这个问题的基本认识：人道主义这个词哪个阶级都可以使用，“就看它的实质是为哪个阶级服务”，“譬如，对于放下武器的战俘和判刑的反革命分子不能虐待，这是中国共产党的一贯政策。刘少奇同志在八大政治报告中就说过，对于反革命分子和其他犯罪分子，在他们服刑期间，应当给予完全人道主义的待遇。很明显，无产阶级不只是对本阶级的人要讲人道主义，就是对放弃敌对行动的敌对阶级的人也要讲人道主义”②。可见，深化对人道主义特别是红十字人道主义的认识已经成为客观要求。由此，中国红十字会“人道主义”宗旨的确立可谓正当其时，也是红十字事业发展的大势所趋。

一、人道主义辨析

“作为伦理原则和道德规范的人道主义属于人类文明中共同的精神财富”③。如果去除阶级的规定性和政治意蕴，“人道主义”一般可理解为“对人的价值的重视，对人的尊严的关注，对人的自由的追求，对人的命运的关怀，对人的幸福的向往，对人的解放的论证，对人的全面发展的憧憬等等”④。

作为哲学思想和政治理论的人道主义思想是一个历史范畴，“是一定社会

---

① 孙柏秋主编，池子华、杨国堂等著：《百年红十字》，安徽人民出版社2003年版，第371页。

② 胡悦：《不加“革命”两字行吗?》，《中国红十字》1981年第2期，第14页。

③ 曲折主编：《中国红十字事业》，广东经济出版社1999年版，第22页。

④ 海泉：《要充分体现人道主义的特色》，《中国红十字报》1989年5月5日。

的生产关系的产物，只能在特定的历史阶段出现”[①]。“人道主义”的概念产生于19世纪初，但国内外绝大多数学者都认为，人道主义是一种欧洲文艺复兴以后正式出现的社会思潮[②]。人道主义思想是“资本主义生产方式的产物”[③]。文艺复兴时期的人道主义主要有两个基本含义：就它原始的、狭窄的含义，它代表希腊、罗马古典学问的研究，故也有人把它译为“人文主义”，由此历史学家把“文艺复兴”时代的学者，一概称“人文主义者”，即指他们是古典学术的研究者和倡导者。其次，则是跟基督教的神权说相对立的古典文化中所表现的以人为中心的精神，就此种意义而言，有人把“humanism”译为“人本主义”（即以人为本位的思想）或“人道主义”。这一时期的人道主义代表了16世纪以后新型资产阶级要求摆脱封建枷锁的束缚、自由发展个性的强烈意愿，成为资产阶级在上升时期反抗封建压迫剥削的利器。

由于人道主义是一个历史范畴，不是一个永恒的一成不变的概念，在之后社会发展的不同阶段，被压迫阶级都诉诸本阶级的思想代表提出特定的人道主义[④]。“历史上每一次革命，以对人类的解放程度的不同，都使人道主义得以弘扬”[⑤]。当资产阶级确立政权后，利用其人道主义“掩饰和调和资本主义社会的阶级矛盾，维护资本主义社会秩序，欺骗广大劳动人民，反对无产阶级革命斗争”[⑥]，此时资本主义所宣扬的“人道主义”已成为社会发展的桎梏。这种情况下，马克思主义的人道主义在“既继承前人更超越了前人”的前提下登上历史舞台，它与资产阶级人道主义的本质区别在于“强调消除劳动的异化和消灭私有财产制度”[⑦]。应该说，资本主义有人道主义，社会主义也有人道主义，而且社会主义人道主义是更高阶段的人道主义。有的学者甚至认为“社会主义在本质上就是人道主义，社会主义社会发展的目标就是建立一个有人性的社会”[⑧]。对中国而言，“社会主义制度给人道事业提供了广泛的社会基础”[⑨]。

---

① 戚文卿：《人道主义研究应遵循什么原则——评〈为人道主义辩护〉》，《吉林师范学院学报》1984年第1期，第42页。

② 罗文东：《社会主义人道主义：科学内涵与现实意义》，《江汉论坛》2005年第11期，第7页。

③ 刘荫伯：《什么叫人道主义》，《社会科学》1982年第4期，第77页。

④ 裴德海：《论马克思主义人道主义的本质特征》，《复旦学报》2007年第3期，第69页。

⑤ 海泉：《要充分体现人道主义的特色》，《中国红十字报》1989年5月5日。

⑥ 《简明社会科学词典》编辑委员会：《简明社会科学词典》，上海辞书出版社1982年版，第22页。

⑦ 裴德海：《论马克思主义人道主义的本质特征》，《复旦学报》2007年第3期，第69、70页。

⑧ 这是人道主义的马克思主义者的观点，代表人物为弗洛姆、亚当·沙夫等人，参见赖亦明：《人道主义的马克思主义社会发展观及其启示》，《社会主义研究》2006年第4期，第36页。

⑨ 袁惠章、叶家宪主编：《红十字会现代管理简明教程》，上海医科大学出版社2000年版，第95页。

综上可见，“人道主义决不是资产阶级的私有财产，而是人类精神文明的结晶”①，人道主义文明首先由资产阶级领衔创造，但进一步的完善和发展掌握在无产阶级手中。人道主义是社会主义的应有之义和不可或缺的重要组成部分，人道主义在社会主义的天空下应该能够谱写出更加灿烂辉煌的篇章。因此，我们应该首先摈弃对人道主义这一概念的片面理解，反对主观上断章取义，反对只知资产阶级有人道主义，而不知社会主义更有人道主义，进而由反对资产阶级人道主义而因噎废食地反对一切贴有人道主义标签的事物。其实在新中国成立之初，我国思想界对人道主义就存在着误解，在“文革”中走向极端，把一切人道主义都视为洪水猛兽，由此使包括红十字事业在内的社会主义建设事业蒙受了巨大损失。“文革”结束后，改革开放以来的30年中，围绕人道主义、人文精神和“以人为本”先后出现了三波讨论热潮，逐步加深了对人道主义思想的认识，这是社会不断文明进步的标志。可以说，人道主义已经深层次地融入有中国特色社会主义事业建设的方方面面②。

二、红十字人道主义源流考

红十字人道主义这一概念由时任总会宣传部长的熊世琦首先提出③。红十字人道主义的提出，“并不是标新立异，而是对历史和现实的承认，把本来就存在的东西加以概括和论述”④。这一提法在当时众说纷纭、莫衷一是的关于人道主义的论争中，鲜明地亮出旗帜，对于加深社会和民众对红十字事业的理解，对于扩大红十字运动的宣传，意义非同寻常。更为重要的是，它为饱尝文革惨痛教训的中国红十字运动指明了前进的方向，坚定了广大红十字工作者为博爱事业而奉献的信心和决心。

“红十字运动的强大生命力，蕴藏于它对人类不存歧见的人道主义思想。”⑤ 红十字人道主义源远流长，日内瓦的红十字与红新月博物馆，以其独特的方式为我们形象而深刻地揭示了红十字人道主义的思想渊源。在第一展厅，庄严而醒目的“警句”投影和“狼图”展板首先带领我们进入对红十字人道主义的遥远遐想：“警句：红十字会是亨利·杜南创建的，但保护生命的愿望从洪荒时代就已经存在。狼图：当狼为争当群狼之首时，如果失败者俯

① 海泉：《要充分体现人道主义的特色》，《中国红十字报》1989年5月5日。

② 罗文东：《社会主义人道主义：科学内涵与现实意义》，《江汉论坛》2005年第11期，第5—7页。

③ 参见熊世琦：《红十字人道主义思想的起源及其在我国的发展》，《中国红十字报》1988年11月5日。

④ 熊世琦：《为什么提出红十字人道主义》，《中国红十字报》1989年12月5日。

⑤ 中国红十字会总会编印：《国际红十字与红新月运动基本知识传播手册》，2002年内部印行，第40页。

首称臣，胜利者就会饶它一命。”[①]“狼图”是对“警句”的解释。

博物馆以这种匠心独具的方式作为开局之篇，首先让我们对红十字人道主义的起源有了不同寻常的领悟。当然，“警句”并不是告诉我们人道主义在洪荒时代即开始孕育，洪荒时代是混沌蒙昧的状态，那时还没有人类，更谈不上人道主义。通过这种方式博物馆告诉我们：红十字人道主义源于最原始最古老的对生命的敬畏、尊重和爱怜。在这一点上，早于人类的低级动物与人一样，懂得协作、懂得饶恕、懂得保护同类的生命。

人类社会产生以后，伴随着生存斗争和社会演进，一种以“保护生命”为基调的人道情感也随之孕育、发展和成熟，进而形成一种素朴的人道理念，即对人的关爱和尊重。这种人道理念成为红十字人道主义的内核。

在历史发展进程中，同样遵循这种人道理念。人类创造出形式各异、各具特色的传统文化体系，而“休戚与共的感情和行为，同情和无私的道德情操，在所有的文化中都存在”，这些文化体系为红十字人道主义的诞生提供了丰富的思想素材。因此可以说，红十字人道主义吸收了世界上各种传统文化的基本思想，但又超越了各种传统文化的局限性，它是从多方面去研究了减轻人们痛苦的具体性质和方法。

在红十字博物馆中，还有 6 幅作为装饰的大型布幔投影，上面都是用各自原来民族的语言展示其内容：第一幅布幔上是犹太先知摩西的戒律，它号召人们“要爱邻居，像爱自己一样”。第二幅是中国孔子教导人们“己所不欲，勿施于人”。第三幅是信奉佛教的古印度阿育王在帝国境内到处竖立的石柱，上书“诸恶莫作，众善奉行”，谴责战争的暴力。第四幅是基督教的《马太福音》中记述耶稣所说：“我饿了，你给我吃，渴了，你给我喝，我坐牢，你们来探视我。”第五幅是伊斯兰教先知说：“俘虏是你的兄弟，因真主的保佑，他才落入你的手中。”第六幅是 18 世纪的“卡特尔条约”和战争的人道化。“卡特尔条约”是交战国之间的协议书，尤其是针对俘虏的协议书和非交战关系的条例。这 6 幅大型布幔明确昭示了世界上不同文明对人的尊重和关爱的呼声是一致的！

红十字人道主义文化吸收了世界上各种传统文化的基本思想，却又超越了各种传统文化的局限性，它是从多方面去研究减轻人们痛苦的具体方法。红十字人道主义文化根基非常深远，是世界不同文化中伦理道德观念的结晶。

下面从中国红十字会的起源来进一步阐明这一问题。中国红十字会诞生于 1904 年的日俄战争中，其本身是中西文化撞击、对照、融合与对接的

---

① 晓华：《红十字会与红新月会博物馆拾零》，《博爱》1995 年第 2 期，第 61 页。

产物。就此有学者强调晚清中国地方性实践即义赈的作用，认为正是“义赈这种跨地域的地方性实践机制在上海的持续运转，才使得上海绅商能够屡屡在实际行动中将红十字形式运用于中国”，“红十字会在中国起源过程中的所有实践都属于这种跨地域的地方性实践机制的范围”①。有学者进一步提出中国红十字会起源路径上的“嫁接”理论，“红十字会虽系‘舶来品’，但中国红十字会确是中国本土的慈善组织‘嫁接’红十字会逐渐成长的结果”②。笔者认为，这种“嫁接”行为实现的前提是中西文化在“生命理念”上的相通性，否则即使“嫁接”实现，也会水土不服，难以开花结果、生根发芽。中国有着悠久的慈善传统和深沉的慈善文化，“以拯救世道人心，济贫扶弱为基本内容的中国传统的慈善思想的理论基础是建立在‘仁爱’思想之上的人道主义精神”，而“仁爱”从本质上说是对生命的礼赞，是对生命个体的尊严、生命群体状态的终极关怀，这与红十字人道主义思想渊源有着异曲同工之妙。在红十字与红新月博物馆的展示中，孔子的“恕道”被视为红十字人道主义思想的一个渊源，说明中国传统主流文化“仁”与“红十字精神”并没有本质的区别③。因此可以说，“中国红十字会的创立与发展体现了中西慈善文化的融合”④，而促其融合的文化内核即为横亘中西、纵贯千古的生命理念。

由上可见，红十字人道主义不是对文艺复兴时期人道主义思想的继承，她从远古走来，关爱生命是她的思想内核。应该说，“呼唤保护生命，呼唤人类生存所必不可少的人道主义行为，是响彻千古的声音。多少世纪以来各个文明都为这个人类思想宝库增添了内容。”红十字人道主义正是响应这一号召，于19世纪60年代应运而生。红十字人道主义与各种传统文化有着血脉渊源，这就为其在世界各地的落地开花奠定了思想基础。同时，由于各种文化在具有人道理念基本内核的基础上又存在着相异性，所以当红十字人道主义真正扎根于当地文化沃土后又会形成地域特色，中国就是典型的代表。

---

① 朱浒、杨念群：《现代国家理念与地方性实践交互影响下的医疗行为——中国红十字会起源的双重历史渊源》，《浙江社会科学》2004年第5期，第174页。

② 杨智芳、周秋光：《论中国红十字会的起源》，《湖南师范大学社会科学学报》2006年第4期，第115页。

③ 池子华：《红十字与近代中国》，安徽人民出版社2004年版，第16页。

④ 周秋光：《红十字会在中国（1904—1927）》，人民出版社2008年版，前言。

三、红十字人道主义的形成及其扩展

红十字人道主义的形成源于“保护生命”的初衷。1859 年 6 月，商业旅行中的亨利·杜南先生目睹了索尔费里诺战役血腥杀戮后的悲惨情状：“这完全是一场屠杀，是残暴的野兽之间为血和愤怒而疯狂的搏斗”；“枪炮打在散落遍地的死伤者身上，脑浆在车轮下涌出，四肢断裂，人体被残害得辨认不出原来的模样。泥土混伴着鲜血，尸横遍野”[①]。杜南先生在竭力组织人员营救伤员的同时，也为战争的残酷和生命的惨遭蹂躏与践踏而深深震惊。事后不久，他决定向世人讲述在索尔费里诺目睹的悲惨情景，向“文明世界”的良知呼吁呐喊。于是，被称为“红十字运动的源头”的《索尔费里诺回忆录》一书问世了[②]。该书出版后，在西方资本主义世界引起轰动，使历来以人道主义自诩的资本主义社会自惭形秽。著名作家雨果读过此书后，致函作者：“你武装了人道主义，满足了人类自由。”日内瓦公益会主席莫瓦尼埃说：“本书作者使瞎子也睁开了眼睛”,“使人类对世人的漠不关心变为热烈的相助。”[③]

最为重要的是，《索尔费里诺回忆录》一书在揭露战争问题的同时也提出了解决问题的两条建议：一是成立伤员救护组织，二是制定一些国际准则，由一个不可侵犯的公约批准[④]。在该书的宣传鼓动和杜南等人的努力之下，1863 年 2 月 9 日，“伤兵救护国际委员会”成立，这标志着红十字的诞生[⑤]。而红十字的诞生标志着红十字人道主义的正式形成。

根据杜南的第二条建议，委员会成立后，即着手筹备一次“旨在为军队医务机构不能有效服务时向伤员提供帮助而召开的国际会议”。1863 年 10 月 26 日至 29 日，在日内瓦雅典宫召开国际预备会议，16 个国家和 4 个慈善机构的非官方代表共 36 人参加。会议根据杜南的构想，通过了 10 项决议和 3 条

---

① ［瑞士］亨利·杜南：《索尔费里诺回忆录》（杨小宏译），社会科学文献出版社 2013 年版，第 7 页。

② 孙柏秋主编，池子华、杨国堂等著：《百年红十字》，安徽人民出版社 2003 年版，第 4 页。

③ 《一部影响世界的书》，《博爱》1996 年第 3 期，第 44 页。

④ ［瑞士］亨利·杜南：《索尔弗里诺回忆录》（杨小宏译），社会科学文献出版社 2013 年版，第 81 页。

⑤ 关于红十字诞生日问题，国际上尚未有统一认识，分歧有三：一种观点认为是 1863 年 2 月 9 日（红十字国际委员会前身伤兵救护国际委员会诞生日）；一种观点认为是 1864 年 8 月 22 日（日内瓦公约签订日）；还有一种观点认为它不是一个单一的日期，而是一个历时 22 个月的阶段，即从 1862 年 11 月杜南《索尔费利诺回忆录》书中提出两条建议时起，直至 1864 年 8 月第一个日内瓦公约的签订，才标志着红十字运动的成熟。因为红十字的孕育和诞生经历了一系列的重要事件，这些事件相互关联，好似一个胚胎阶段，很难将其中一个事件的发生确定为红十字的诞生日。不过，大多数人倾向于第一种观点。参见尤德新编著：《闪光的红十字》，湖北科学技术出版社 1990 年版，第 3—4 页。

建议。“这些建议和决议，为翌年国际会议的召开以及红十字运动在世界范围的发展奠定了良好的基础”①。1864 年 8 月 8 日至 22 日，日内瓦会议召开，与会代表（包括 12 国和日耳曼 4 个邦国）成功签订《1864 年 8 月 22 日改善战地陆军伤者境遇之日内瓦公约》。这就是历史上的“日内瓦第一公约”，它的签署“标志着国际人道主义法的诞生，也向世界表明国际红十字运动及其在武装冲突中的特殊作用正式得到了国际公约的承认”②。公约签署“以后的几年里被几乎所有的国家所认可。这个公约正式形成了 1863 年的会议提议并且阐明了这样一个准则——在整个计划中非常关键——即伤病员不分国籍必须被接收，并受到照顾”③。可以说，公约的签订使红十字人道主义真正走向了国际，得到了世界的认可。从此，红十字运动与日内瓦公约紧密相连，接受和签署该公约作为加入国际红十字大家庭的前提条件，已成为国际惯例。日后，随着国际形势的发展和武装冲突的演变，日内瓦公约系统也不断修订、充实、丰富和发展，逐渐形成具有 4 部日内瓦公约④及其 3 个《附加议定书》⑤ 的“国际人道法”体系。

红十字人道主义形成后迅速向全世界扩展，大有席卷全球之势。“第一个国家的红十字会成立于 1863 年，到 1864 年年底，有 25 个国家的红十字会成立中央委员会。1864、1866、1870 年的战争，更促进了各国红十字会的成立，也加强了各国红十字会的工作。到 1914 年一次世界大战爆发的时候，有 39 个国家的红十字会受到红十字国际委员会的承认。1930 年，被承认的红十字

① 孙柏秋主编，池子华、郝如一等著：《近代江苏红十字运动》，安徽人民出版社 2007 年版，第 7 页。

② 曲折主编：《中国红十字事业》，广东经济出版社 1999 年版，第 11 页。

③ 汉斯·豪格：《杜南的设想——时间的考验》，见亨利·杜南：《索尔费里诺回忆录》（杨小宏译），社会科学出版社 2013 年版，第 83 页。

④ 日内瓦第一公约为上文谈到的《1864 年 8 月 22 日改善战地陆军伤者境遇之日内瓦公约》；第二公约为 1899 年在海牙签订的《改善海上武装部队伤者病者与遇船难者境遇的日内瓦公约》；第三公约为 1929 年在海牙签订的《关于战俘待遇的公约》；第四公约为 1949 年 8 月在日内瓦签订的《关于战时保护平民公约》。在签订第四公约的同时，根据新形势对前三部公约做了修改，对条文做了新的排列，这样，上述各公约统称为“1949 年 8 月 12 日日内瓦四公约”。参见《红十字基本知识》，《博爱》2003 年增刊，第 113 页。

⑤ 1974 年至 1977 年召开的“关于重申和发展适用于武装冲突的国际人道法外交会议”，于 1977 年 6 月 8 日一致通过日内瓦公约的两个《附加议定书》，主要是关于保护国际性和非国际性武装冲突受难者的规定。2005 年 12 月，在日内瓦召开的外交会议上，《第三附加议定书》为大多数缔约国所通过；《第三附加议定书》引入了一个称为红水晶的保护性标志，与红十字和红新月标志共同使用，该议定书于 2007 年 1 月 14 日生效，红水晶标志随之正式启用。

会增至 57 个。到 1961 年，有 85 个国家组织了红十字会，总会员为 1300 万人”①。

作为人类文明的新成果，“红十字为越来越多的国家所接受，形成全球化浪潮，以文明古国著称的中国自然也被席卷”②。1874 年，红十字借助《字林西报》和《申报》开始“东渐”登陆中国，在这两报上发表的关于介绍红十字的文章“是近代中国公开讨论西方红十字会问题的最先声”③。中国最早的红十字医疗救护组织出现在台湾，之后逐渐向东南沿海扩展。在强大的红十字启蒙运动的宣传鼓动下，一些具有红十字会性质并带有浓重本土气息的慈善组织在中国大地上诞生。终于在 1904 年日俄战争的“催生”之下，中国红十字会在上海宣告成立（当时名为上海万国红十字支会）④。从此红十字人道主义穿越晚清、民国和新中国三个历史时期，为近代以来的中国社会谱写了辉煌篇章。

随着红十字运动的深入发展，红十字人道主义的内容也逐渐丰富和完善。红十字人道主义起源于对战争中受难士兵生命的关注，因此也就决定了它最初的使命即为救护伤兵。之后红十字人道主义也逐渐突破单纯的战争救护行为，发展为对包括动乱、灾害、疫病、政治分歧等所导致的易受损害群体的生命、尊严、情感的全方位体恤和救助。正如《国际红十字与红新月运动章程》中对其任务的规定：“防止并减轻无论发生在何处的人类疾苦；保护人的生命和健康；保障人类尊严，尤其是在发生武装冲突和其他紧急情况的时候；为预防疾病、增进健康和社会福利而工作；鼓励志愿服务，鼓励本运动的成员随时做好准备提供帮助，鼓励对那些需要本运动保护和帮助的人持有普遍

---

① *The red Cross*：*Its International Organization*，pp. 11；*American Association of the Red Cross*，*The Treaty of Geneva and Its Adoption by the United States*（Washington：Government Printing Office，1883），p. 24；*Henri Coursier*，*The International Red Cross*，Translated by M. C. S. Phipps（Geneva，Switzerland：International Committee of the Red Cross，1961），pp. 70；*The red Cross*：*Its International Organization*，p. 14. 转引自张玉法主编：《“中华民国”红十字会百年会史，1904—2003》，台湾红十字组织 2004 年编印，第 14 页。

② 池子华、郝如一等：《近代江苏红十字运动》，安徽人民出版社 2007 年版，第 7 页。

③ 周秋光、靳环宇：《早期红十字会在中国的演变》，《光明日报》2006 年 3 月 3 日。

④ 1904 年，上海万国红十字会的成立标志着中国红十字会之始，无论是在民国还是在新中国时期都是得到官方认可的权威性说法，学界向来并无争议。但台湾学者张建俅提出不同意见，认为“民国元年（1912）9 月 29 日在上海召开中国红十字会全国代表大会，10 月 30 日召开中国红十字会统一大会，中国红十字会终于正式成立，成为中国第一个全国性的慈善团体”。理由有三：“一、政府立案；二、国际承认；三、制度确立。”见张建俅：《中国红十字会的起源（1904—1912）》，（台北）《政大史萃》2000 年第 2 期，第 95 页。

的同情感”[①]。

四、红十字人道主义的理论思考

红十字人道主义是红十字会个性特征的集中体现，是红十字运动的核心理念和价值追求，同时也是红十字运动研究涉及的首要理论问题。对于红十字人道主义，还可以从以下几个角度加深认识。

（一）从红十字人道主义的适用范围看，它属于全人类

在人来社会走向文明的同时，也为自己的交汇融通以及发展进步设下了重重“壁垒”，这些壁垒包括疆域、阶级、社会制度、意识形态、宗教等等。如果说像疆域这种现实的壁垒容易超越的话，那么如社会制度、意识形态、阶级、宗教等非实体性的壁垒真的难于跨越。长久以来，在享受社会文明成果的同时，人类也饱尝了文明所伴生的诸种痛楚。这是社会发展历程中所付出的代价，任何个人和组织都无法完全阻抑，但红十字运动却以其独到的人道主义实践无私无畏地、不停息地弥合着人类伤痛。红十字人道主义不是也不能实现社会大同，亦无法完全去除人类心灵和制度的壁垒，而是试图以为全人类认可的方式跨越或穿越重重屏障，去抚平人类和社会的创痕。如人所云，“以面对弱者为天职的红十字人道主义在各种人道主义中，可以说是既有的不带阶级性的理论，是超政治的”[②]。阶级，从某种意义上讲，是阶级社会最大的社会壁垒，红十字人道主义在这方面的努力和成就值得钦佩。“跨民族、跨种族、跨意识；人不分中外、地不分东西、事不分古今”，这是红十字人道主义的真实写照。

首先，从渊源上看，红十字人道主义与世界各种文化体系的相融相通性是其能够打破重重障碍的思想前提，这在前文已有交代。正是由于红十字人道主义的文化渊源“扎根在各种不同的文化，包括最古老的犹太教、佛教、基督教、伊斯兰教、儒学之中”，使其能“为不同种族、民族，不同意识形态、政治制度、伦理道德，不同时代、地域的国家民众接受”[③]。

其次，红十字人道主义的七项基本原则决定了“红十字会的救助和服务活动，不因国籍、种族、宗教信仰、阶级和政治观念之不同而有所歧视；在冲突双方之间不采取立场，一律平等对待；不参与政治、种族、宗教信仰和意识形态的争论；探视被拘留者，只检查拘留的物质条件和心理条件，而不

---

① 《国际红十字与红新月运动章程》，见中国红十字会总会编译：《国际红十字与红新月运动基本文件汇编》，群众出版社 1997 年版，第 7 页。

② 熊世琦：《为什么提出红十字人道主义》，《中国红十字报》1989 年 12 月 5 日。

③ 陆之川：《国际红十字运动的文化渊源》，《博爱》2002 年第 2 期，第 32 页。

过问拘留的原因。总之，不加歧视地帮助那些遭受苦难的人是红十字人道主义的主要特征”。简言之，红十字人道主义关注的是人的健康与生命，而不问其来自何方，意欲何为。

再有，以日内瓦公约及其《附加议定书》为主体的“国际人道法”，是将红十字人道主义“从伦理学范畴扩大到法学范畴，把中立性概念以法律的形式确定下来，变成有约束力的法律规范，并应用于战争或武装冲突的创举”①。如果说从渊源上和基本原则方面看，红十字人道主义有打破重重壁垒的可能的话，那么，“国际人道法”为这种可能提供了国际法的依据。2006年，随着瑙鲁和黑山共和国的加入，全球所有194个国家全部签署加入规范人类战争行为的日内瓦公约，使这项公约成为世界现代史上第一个为所有国家接受的条约。这在事实上也有力地说明了红十字人道主义确实是全人类的财富②。

（二）从红十字人道主义的走向看，它通向未来

前面谈到的作为政治理论的人道主义，更加注重的是它的理论构建和学术探究，它是一个历史范畴，在适当的时候出现，终将在适当的时候消失。就像资产阶级人道主义将被马克思主义人道主义所取代，而马克思主义人道主义作为带有阶级性的理论也将随着其理想社会的实现而成为历史过往。

红十字人道主义与其他人道主义相比，更重要的是其实践性，在不断地人道实践中丰富红十字人道主义的内容。“红十字会所奉行的人道主义不是泛谈人的尊严与权力，也不是泛谈自由、平等、博爱，而是在一定的环境里对一些特定的人和人群施行实实在在的救助行为”③。以“关爱生命”为核心的红十字人道主义理论体系是在风雨兼程的救助行动中构建的，它的每一份光辉都体现在一次次的救助活动中，铸造红十字人道主义丰碑的是彪炳史册的人道行为。因此，红十字人道主义更具有灵活性和亲和力，并与人和人类社会紧密相连，能够与时俱进，不被时代所弃。

红十字人道主义只问生命不言其他，不添加任何政治附着物。在任何动乱和灾难都消失的时候，只要生命依然延续，就需要红十字的关怀；而且事实上，即使人祸可以避免，天灾永难消逝，所以红十字人道主义将与人类同行。生命不息，人道不止。

---

① 《红十字基本知识与素质教育读本》，《博爱》2003年增刊，第111页。

② 池子华、杨二兰：《2006年国际红十字运动的新动向》，池子华、郝如一主编：《〈红十字运动研究〉2007年卷》，安徽人民出版社2007年版，第205页。

③ 袁惠章、叶家宪主编：《红十字会现代管理简明教程》，上海医科大学出版社2000年版，第93页。

(三) 从中国红十字运动的历史进程来看，红十字人道主义已经内化为社会运行的一部分

红十字理论与中国传统文化的人道理念有着相容相通性，这也为红十字人道主义在中国能够迅速落地生根、开花结果奠定了思想基础。除此之外，红十字人道主义落户中国，在组织上也有一定的承继关系。在红十字传入中国之前，秉承人道理念的民间慈善组织在中国传统的社会保障中已经发挥了重要作用，特别是明清时期，“是中国传统社会民间慈善事业定型并且最为发达的时代”。有的学者把中国红十字会的诞生看作是中国现代化的慈善组织形成的标志，并认为它是“在传统慈善组织发展主流的基础上成立的，有着明显的继承性”①。应该说，正是由于这种理论和组织上的渊源与继承性，使得红十字人道主义能够迅速融入中国近代社会并发挥其独特的历史作用。

近代中国新旧交陈，风雷激荡。在复杂多变的历史演进中，高扬人道主义旗帜的中国红十字会从未被社会巨变所抛弃，也未对历史变迁冷眼旁观，虽然前进中有浅滩和低谷，但中国红十字会还是在不断地调整与适应中成长壮大。无论战乱、灾荒、疫病、贫困，无论社会动荡、政权更迭，红十字人道主义始终坚持勇往直前，为社会分忧，为民众纾难。可以说，在整个近代社会里，红十字人道主义已经成为社会发展的一个重要组成部分。

新中国成立后，周恩来总理亲自指示，“鉴于红十字会的特性及历史状况，采取改组而不是接管方式，将旧中国红十字会改为新中国红十字会”②。这主要是考虑到，“经过多次改朝换代的中国红十字会，成立已 46 年。今天，在医治战争创伤，改善人民生活，加强国家经济建设这一新形势和新任务之下，人民仍需要她完全站在人民的立场为人民利益服务”③。这个分析是客观的，认识到“红十字人道主义的社会存在，是社会发展的现实需求”④，并且已经成为社会发展所不可替代的一个重要组成部分。正是由于这种科学的判断与决策，才有了在新中国成立初期红十字人道主义的又一段历史性的腾飞和发展。

应该说，从中国红十字运动在晚清、民国以及在新中国的实践及其连续性来看，人道主义已经内化到社会运行之中，成为推动社会良性运行和协调

---

① 靳环宇：《中国民间慈善组织的历史嬗变》，《中州学刊》2006 年第 2 期，第 111、113 页。

② 中国红十字会总会编：《中国红十字会的九十年》，中国友谊出版公司 1994 年版，第 122 页。

③ 《新的转变　新的开始》（1950 年 8 月 3 日），中国红十字会总会编：《中国红十字会历史资料选编，1950—2004》，民族出版社 2005 年版，第 1 页。

④ 章行可、孙长旭、朱友庆：《对人道主义的认识和实践》，《中国红十字》1991 年第 2 期，第 14 页。

发展的重要力量。任何时期、任何社会制度下我们都不能拒绝它的存在和发展，某种意义上讲，否定它就等于否定红十字运动。

总之，红十字人道主义，具有其独特的理论内涵。无论在国内还是在国外，红十字人道主义都是历史的和现实的存在，具有区别于其他各种人道主义的鲜明个性，这是提出“中国红十字会以实行人道主义为宗旨”的客观依据。红十字人道主义的内容非常明确：救护和救济在战争和自然灾害中被迫限于弱者境遇的人，改善最易受损害群体的境况。这种人道主义对于任何国家和社会都是现实所需。客观而言，无论是从理论上还是实践上，都可以证明“四大”所确定的宗旨的正确性，它为中国红十字事业的发展开辟了广阔的道路，奠定了坚实的思想基础。

第四节　“四大”以后中国红十字会的组织建设

一、中国红十字会组织发展概况

总会在“四大”“提出了工作由国际向国内转移后不久，明确提出了国内工作以组织发展为重点”①。之后，总会召开的两次全国工作会议也都谈到组织建设的重要性。在 1986 年 10 月总会召开的四届二次理事会上，也是强调要“继续把各级红十字会的组织建设列为工作重点”②。

1985 年 12 月 18 日至 24 日，中国红十字会全国工作会议在济南召开，来自全国各省、自治区、直辖市的 73 名代表参加了会议。“这次会议是继第四次全国会员代表大会后又一次重要会议”③。总会提出，“近一、二年，应把工作的重点放在建立组织和发展会员上”，“红会既然是全国性的卫生救护和社会福利群众团体，必须逐步做到有遍布全国的红会组织和广大会员群众，这是红会开展工作的基础。不然就不成其为全国性的群众团体。因此，应采取积极的态度，在继续抓好现有红会工作的同时，要有计划地分期分批地建立组织和发展会员”。这也是“四大”提出的七项任务中的第一项。

关于组织建设的主要任务，会议提出，“总的说，目前发展的重点仍在大中城市。根据各地不同情况，在几年内，应有先有后地把大中城市的红会全

---

① 中国红十字会总会编：《中国红十字会的九十年》，中国友谊出版公司 1994 年版，第 224 页。

② 中国红十字会总会编：《红十字手册》，辽宁科学技术出版社 1988 年版，第 35 页。

③ 吴秋莎：《中国红十字会全国工作会议在济南召开》，《中国红十字》1986 年第 2 期，第 6 页。

部建立起来，并要有步骤地建立基层组织，指导他们积极开展工作。至于县一级，就全国来说，还不能要求普遍建立。有的省条件好，可以稍微多搞一点，有的省条件差，可以少搞一点。县级红会的建立可先在沿海地区、开放地区、侨乡、旅游点和原来有基础的地方搞起。就建立红会的县来说，第一步在县城和集镇的学校、街道、企业先建立基层组织，发展会员，开展活动。至于广大农村究竟怎么搞，现在还没有比较成熟的经验，各省是否选择一个或几个县试试点，过一、二年，总会专门召集会议，交流经验，届时如果看准了，再逐步推广”。可见，整体而言，组织建设工作处在探索发展阶段；同时，组织发展的必要性和紧迫性鲜明地体现出来。

关于会员发展问题，会议提出需要遵照会章执行，即“中华人民共和国公民，赞成中国红十字会章程，热心红十字事业并积极从事活动者，可参加中国红十字会为会员。”会员发展应该遵循基本规律，不宜盲目求进。会议指出，“总会提了一个 1986 年和五年发展规划，但不给各地分配任务，以免发生副作用。各地也不要层层分配发展会员的任务，防止勉强拉人入会。但我觉得现在有些地方对入会会员要求过高。我们是群众团体，只要热心红十字事业，自愿申请，就不要把他们拒之门外。新会员入会，都要进行有关红十字会的宗旨、性质、任务和会员权利义务的教育，并分配给他们任务，参加红会的活动”。

此次会议对于组织建设的总体要求是客观理性的，满怀希望但客观看待。会议谈到，“对建立红会组织和发展会员，都应采取积极的态度。但发展进度，各地情况差异很大，允许有快有慢，不搞一刀切”①。

1987 年 1 月 10 日至 15 日，中国红十字会全国工作会议在武汉召开，来自全国 26 个省、自治区、直辖市和 9 个计划单列市、区红十字会的代表共 101 人参加了会议，总会副会长谭云鹤、副会长兼秘书长蔡壬癸、副秘书长范雨田、曲折参加了会议。会议由副秘书长曲折主持。蔡壬癸副会长于会议开始时，就一年来的工作进展和成就讲了话。湖北省副省长梁淑芬和总会理事、武汉市副市长兼武汉市红十字会会长高顺岭出席会议并先后讲了话②。

谭云鹤在会上谈到，“组织建设仍是近期我们各级红十字会的工作重点”。“就全国来说，今年组织建设的重点是省属地市州一级。因为全国 323 个地市州中，已建立红会的才 123 个，只占 38%。如果不把重点放在这一级，下面

① 《谭云鹤副会长在全国工作会议上的总结发言》，《中国红十字》1986 年第 2 期，第 3—4 页。

② 曲秀贤：《总结交流经验　部署推动工作向新目标前进》，《中国红十字》1987 年第 2 期，第 3 页。

的组织建设靠谁去抓呢？当然就各地说来，状况就不同了。凡是大部分地市州未建立红会的，应根据这个精神，把主要力量放在这个方面，同时抓好现有的红会组织的工作；已建立红会的，就应以主要力量指导它们去建立下级组织，同时以一定力量，帮助少数尚未建立红会的地市州建立组织。县、地属市及大城市的区，已建立红会的，就应全力发展基层组织，发展会员，积极开展活动，并由点到面逐步扩展”。

对于组织建设的发展重点，这次会议不同于1985年的济南会议。济南会议提出以大中城市为重点，这次以省属地市州一级为重点。为什么有这个变化呢？“这是因为事情发展了，情况起了变化。现在大多数省属市已经建会。三个省已全部把地区一级红会组织建立起来了。多数省和自治区，也开始建立起部分地区、州级红十字会。作为一个总的长期指导思想来说，并不是说红会只在大中城市发展。”①

1988年11月1日至5日，中国红十字会组织工作座谈会在南京召开，来自全国28个省、自治区、直辖市及计划单列市红十字会的54名代表、11名特邀代表和14名列席代表参加了座谈会。中国红十字会副会长谭云鹤、副秘书长范雨田参加了会议。这次座谈会的主题，是总结和交流1985年红会“四大”以来组织工作的发展和建设等方面的经验与体会，对在组织发展工作中存在的一些问题，进行认真研究和讨论，提高认识，统一思想，加快组织建设的步伐。范雨田副秘书长就全国红会组织工作向大会做了报告。报告中说，组织建设是开展红会工作的基础。三年多来，以组织建设为重点，各地红会积极有计划地先后在大、中城市和农村恢复和建立了各级红十字会组织，发展了大批红会会员。到1988年4月海南建省后，全国30个省、自治区、直辖市全部建立了红十字会，组织发展的覆盖面愈来愈大，会员数愈来愈多，到1990年会员数将达到1000万左右。随着形势的不断发展，红会组织必将遍布全国，为开展各项红十字事业提供了组织保证，为开创具有中国特色的红十字会创造了有利条件。

谭云鹤副会长发表总结讲话。他说，总会专门召开全国性的组织工作会议是很有必要的，从大会材料和发言中可以看出，“四大”后三年多的时间全国组织工作取得的新成就和新经验。这是各地红会同志千辛万苦努力工作的结果，相信通过这次会议必将对今后组织工作的健康发展起到很大推动作用。在组织建设方面，从总会到各基层都有红会组织，各级红会组织都有政府部门的领导参与建设，志愿工作者也都在各级红会领导下工作，使红会具有更

---

① 谭云鹤：《在中国红十字会全国工作会议上的总结讲话》，《中国红十字报》1987年2月5日。

广泛的群众性和社会性。从组织建设实践中，可初步看出具有中国特色，而建设具有中国特色的红会组织，也是建设具有中国特色的社会主义红会的一个组成部分。

座谈会提出，今后组织发展的方向是：组织发展覆盖面小的省、自治区，应以主要力量抓地市级红会的建设。原来组织发展比较好的省、市、自治区，主要是指这些地区的中小学校和街道红会组织发展较好，可以往其他薄弱系统发展组织，如工厂、服务行业、旅游点、铁路交通、航运等方面。除此之外，组织发展比较好的地区还需抓质量，着重进行组织整顿、巩固和提高，加强培训教育，开展活动；应到农村或牧区调查研究，搞试点，摸索如何在农村开展红会工作的经验，再把组织建设逐步向农村转移。经过若干年后，把全国农村的急救和社会福利网络建立起来。会议还对今后发展会员、收缴会费、干部培训等几个具体问题做了说明①。

1989 年 1 月 16 日至 20 日，中国红十字会在郑州召开四届四次理事扩大会议。会议指出，1988 年“全国发展会员 187 万人，是历史上发展会员最多的一年，全国累计会员 672 万人”。关于下一步组织的发展，会议提出，“凡是有条件的省、市、自治区，尽可能地在农村或牧区建立红十字会。领导带队，先在一两个乡搞试点，征求群众意见，农村需要红会做些什么工作，不能照搬城市红会的做法，要结合农村的实际情况开展工作。经过一两年，摸索出在农村开展红会工作的经验，总会再专门召集会议，交流这方面的经验。在抓农村建会试点的同时，还要继续发展城镇的基层组织建设，特别是新建或建立不久的地方。红会可以根据需要组织志愿工作者，志愿工作者不要只限于医务人员，其他行业人员也可以，特别是离退休人员，把他们组织起来，受红会直接领导，根据需要和可能，多少不等地给他们分配一定的任务，发挥他们的作用”②。

总之，“四大”之后的 5 年“是我国红十字事业发展崛起并取得突破性进展的 5 年，它标志着我国红十字事业进入了新的发展阶段”。到 1988 年，我国大陆的 30 个省、自治区和直辖市全部恢复和建立了红十字会。截至 1989 年 9 月底，地（市、州、盟）红十字会由 1985 年 109 个发展到 315 个；县（市、旗）级红十字会由 1985 年 108 个发展到 1484 个；基层红十字会由 1985 年 25868 个发展到 87000 多个；会员由 1985 年的 187 万人发展到 850 万人。

---

① 曲秀贤：《中国红十字会组织工作座谈会在南京召开》，《中国红十字》1988 年第 12 期，第 12 页。

② 曲秀贤：《中国红十字会四届四次理事扩大会在郑州召开》，《中国红十字》1989 年第 1 期，第 4—5 页。

同时，还涌现出一大批热心红十字事业的志愿工作者。红十字组织和会员在全国的覆盖面扩大到如此规模，在我国红十字会发展史上是空前的，既体现了红十字会群众性的特点，又为形成全国性的卫生救护网、社会服务网提供了组织保证。收缴会费工作已从试点向普遍收费发展。全国不少地方已形成每年“5·8”世界红十字日期间收缴会费的制度。“四大”以来，全国有490个地方红十字会和基层组织、3333名会员分别由总会授予先进集体和先进会员的光荣称号。山东曲阜红十字诊所所长姜健在荣获美国红十字会1988年“国际人道主义服务”荣誉奖后，1989年又作为红十字会系统的唯一代表当选为全国先进工作者，光荣地出席了“全国劳动模范、先进工作者表彰大会”。部分省、自治区、直辖市红十字会开始在农（牧）区进行了建会试点工作[①]。

二、殊途同归：地方红会组织建设的多样化模式

在红十字会的组织体系当中，理事会、基层组织、会员、会费等都是其中的关键因素，在“四大”之后，各地红十字组织从不同方面着手，创造出了各具特色的组织发展模式，共同推动了中国红十字会组织建设的发展。

（一）加强红会组织机构建设

红会组织如果不抓好组织机构建设，就会名存实亡。红会的组织机构包括理事会、办事机构、基层组织等几方面。理事会是红会领导机构，必须是由重视红会、支持红会工作的领导干部组成；常务理事，特别是正、副会长，在发挥理事会集体领导作用中处于核心地位，要使红会保持活力，就必须重视常务理事会的稳定和健全，对因工作调动、离休、退休造成常务理事缺额时，必须按照有关条件和程序增选补充[②]。

江苏省红十字会注重发挥理事会在组织建设中的作用。从1987年到1988年，省红十字会及时增加了5个理事单位，增补了8名理事。全省各地红会也及时建立或健全了理事会，增补了一些理事，加强了各级红会的领导机构，对促进红十字会工作的开展起到了很好的作用。在健全领导机构的同时，经省红会理事会讨论通过，修改和制定了《江苏省红十字会组织规程》《红十字医院工作暂行条例》等，另外还拟定了《学校红十字会工作条例（讨论

① 谭云鹤：《振奋精神　群策群力　把建设具有中国特色的红十字事业继续推向前进》（1990年2月15日），中国红十字会总会编：《中国红十字会历史资料选编，1950—2004》，民族出版社2005年版，第205页。

② 范昭君：《搞好红会组织的自身建设》，《中国红十字》1989年第7期，第13页。

稿)》，对江苏红会组织建设和开展工作起到了良好的作用[①]。

广东省汕尾市红会1987年12月成立，到1989年已拥有会员1500多名，多渠道筹集资金78175.80元，还建立了老人基金和儿童基金。汕尾市红会认识到，红会必须拥有一支有影响有号召力的理事队伍。为突出群众团体的性质，选择的理事来自社会的各个阶层，包括党政、卫生、民政、统战、侨务、文化、教育、共青团、妇联、港胞、耆老、民主党派、企业家、个体户、宗教各界代表等，具有广泛性和代表性。他们之中有18人在汕尾市首届人大、政协成立时，被选举和推荐为人民代表和政协委员。理事会成立后，汕尾红会组织理事们反复学习红会章程和有关文件，定期把各级红会的报刊、资料、文件、会刊《汕尾红十字》等分发给各位理事，使理事们对红会工作的宗旨、性质、任务的认识逐步提高。由于理事们对参加红会工作有良好的思想基础，在红会组织的各项活动中，人人主动积极、心甘情愿。例如，年逾古稀的名誉会长许慕石医师，积极参与每次理事会和各项活动的组织领导工作，在"5·8"纪念周和"体育援助活动"中，为儿童、孤寡老人体检、义诊，带队步行到各单位劝捐，人们称他为"不脱产"的名誉会长[②]。

山东省潍坊市寒亭区红十字会的成功经验之一就是充分发挥理事会作用。首先，理事会要代表性强，权威性高。区红会理事会由副区长任会长，副会长、理事分别由区政府办公室、卫生、民政、教育、供销、商业、体育、广播、团委、妇联、工会、老干局、经委等部门的负责同志担任，他们号召力强，影响面大。其次，实行理事会分工责任制，一切重大活动强调理事单位首先带头。在宣传工作中强调了充分发挥各理事单位的优势，利用广播、黑板报、宣传栏、幻灯等进行宣传。在开展援非募捐活动中，除强调各理事首先抓好本系统、本单位的募捐活动外，同时对邻近无理事的单位进行了划片包干。在组织建设和会员发展中也在理事单位搞试点，取得一定经验后再向面上推广[③]。

红会办公室是理事会的办事机构，是搞好红会工作的关键。办公室的专职人员特别是主持工作的正、副秘书长至关重要，是红会工作的中坚力量[④]。秘书长必须热心红会工作、熟悉红会工作，事业心强，能够按照理事会决议，制订活动计划并组织实施；在实施过程中，能够不断发现新情况，研究新问

---

① 江苏省红十字会:《统一认识　振奋精神　搞好组织建设》,《中国红十字》1988年第5期，第6页。

② 陈水:《充分发挥理事作用》,《中国红十字》1989年第8期，第10页。

③ 范昭君、刘秀福:《在活动中发展　在发展中活动》,《中国红十字》1986年第4期，第10—11页。

④ 尹连先:《红会在当前改革中必须重视会员管理》,《中国红十字》1989年第3期，第4页。

题，总结经验教训，向理事会提供指导工作的依据，保证各项工作能够正常开展，稳步前进，逐步提高①。

山东各级红会积极贯彻改革创新的方针，采用三种形式建立红会办事机构，通过两条途径配备红会干部。建立红会办事机构的三种形式：一种是单独办公形式，由地方编委正式下达人员编制，建立办事机构，单独办公，归卫生局代管；第二种是合署办公，由编委下达人员编制，设立办事机构，与爱委会、医学会等有关单位合署办公；第三种是兼职办公形式，编委只同意机构名称，不列人员编制。关于配备红会干部的两条途径：一条是从在职干部中配备，另一条是从离退休干部中聘用。山东省红会要求各地一定要选配对红十字事业满腔热情，又具有奉献精神的同志到红会中来工作②。实践证明，哪里的红会机构健全，同时配备了热心于红会事业的干部，哪里的红会工作就搞得好、发展快。

红会基层组织是红会联系广大会员的桥梁，是开展活动的基础。要选择热心红会工作的积极分子兼任基层组织的负责人，使其能够按照红会的要求和特点开展工作，组织各项活动。各基层组织负责人要保持相对稳定，红会要与他们保持密切联系，注意在工作中加强培养，不断提高他们对红会的工作热情和能力，逐步形成一批热心红会工作的骨干分子。这样，在一定时间内一个上下相通、左右相连的红会管理网络就会逐步形成。然后通过丰富多彩的基层组织活动，以增强本身的凝聚力，这样红会才能充满生机和活力③。

山东省红会在一段时间里，由于对基层组织建设抓得不紧，致使现实中存在着一部分县级红会只挂牌子而无工作内容的情况。为了推进红会事业的发展，在总结经验教训的基础上，山东省红会通过分析各地区、各行业的不同特点，对基层组织建设进行分类指导，取得了一定成效。经过各级红会的不懈努力，在全省15个市（地）、5个大企业、16所大专院校、97个县（市、区）建立了红会组织，县以下基层组织发展到4151个，会员达46万多人④。

（二）加强红会组织队伍建设

组织建设的根本是红会组织队伍的建设，没有红会工作者，红会的各类各级机构也无从谈起。红会深化改革的着眼点，应当是通过各种组织措施、政策措施、法律措施等，更加充分地调动各级红会工作者的积极性。

---

① 范昭君：《搞好红会组织的自身建设》，《中国红十字》1989年第7期，第13页。

② 山东省红十字会：《发扬改革精神　加强组织建设》，《中国红十字》1988年第5期，第7页。

③ 范昭君：《搞好红会组织的自身建设》，《中国红十字》1989年第7期，第13页。

④ 山东省红十字会：《发扬改革精神　加强组织建设》，《中国红十字》1988年第5期，第7页。

1. 调动红会工作者的积极性

红会是党和政府的助手，在社会主义现代化建设中具有重要作用。红会的所有工作，都必须通过组织和动员红会工作者来完成。人的积极性是指人的心理能动水平，包括思想水平、智力效能水平、意志努力的程度、行动的效应等。各级红会工作者的积极性主要表现在热爱本职工作、情绪高昂、意志坚定、埋头苦干，富有创造精神。调动红会工作者的积极性，需从以下几个方面着手。

（1）体现和发挥红会工作者的主体地位和作用。一方面要让总会了解红会工作者的要求和愿望，听取他们的建议和呼声，理解和重视他们在红会工作中的作用和贡献；另一方面，要经常性组织红会工作者学习和掌握党在各个时期的工作任务、方针和政策，自觉地把自己的命运与红会事业紧密地连在一起。特别是要使每一个红会工作者充分理解党的基本路线，明确自身肩负的历史使命。

（2）促进全社会形成尊重红会工作者的社会风气。荐举和表彰优秀的红会工作者，是充分调动他们积极性的有效途径之一。红会要建立起多层次、多形式的激励表彰制度，使之经常化、制度化。

（3）为红会工作者施展才干创造良好的政策环境，增强红会的吸引力和凝聚力。要认真开展调查研究，向各级党委和政府提出有关政策建议①。

2. 要着力推进红会干部素质和品格的培养

在红会工作者的群体中，领导干部起着关键的引领和带头作用，因此提高领导干部的素质和品格，并充分发挥他们的作用至关重要。总会“四大”以后，红会的工作开展在全国出现了前所未有的好局面，29 个省、市、自治区全部建立红十字会。但“应当冷静地看到，目前的工作发展还很不平衡，这种不平衡状况的存在，除客观原因外，在很大程度上与红会干部有关。红会干部的基本素质、思想认识和精神状态如何，对红会工作至关重要。红会干部的工作必须面向社会。红会干部自身必备的条件就是向社会做出贡献。红会干部如果不能以奉献的精神去创造出一定的社会战果，就很难把工作做好”②。具体而言，红会干部应具备的素质和品格，包括以下几个方面。

（1）创业的思想实干的劲

尽管红会组织历史悠久，“四大”后在工作上有了一些开拓性进展，但因

---

① 尹文：《红会改革必须着眼于调动各级红会工作者的积极性》，《中国红十字》1989 年第 9 期，第 7 页。

② 傅杰让：《培养提高红会干部的社会活动能力》，《中国红十字》1989 年第 9 期，第 25 页。

种种原因，基础还相当薄弱，社会地位还没有提高到应有的高度，群众对其还不够了解。在此情况下，如果消极等待，怨天尤人，无所用心，整天在等靠要的圈子里打转转，缺乏积极性和责任感，那将一事无成。创业的确艰难，但这个“难”字可以转化，要转化必须具备一定条件，这个条件就是创业思想，要有敢于克服困难的勇气。应当放开手脚，将自己的聪明才智贡献给红十字事业，脚踏实地，稳扎稳打。

（2）青松的风格婆婆的嘴

人们都喜欢青松的风格，因为它坚韧挺拔，能经受住严寒冰雪的袭击，四季常青；它不讲求条件、环境和气候，它的根不管扎在泥土里还是石缝中，任凭风吹雨打都毫不动摇。红会干部也应具备这种风格，在遇到困难的时候，在不被理解的时候，像青松一样挺拔身姿，“咬定青山不放松”。要做到这一点，就要有一种不达目的誓不罢休的信念。有了这种信念，再像老婆婆一样不厌其烦地四处宣传，宣传红会的性质、宗旨、任务，宣传开展红会工作的重要性和必要性。通过宣传，营造一个便于红会开展工作的大环境，搞好全社会“大合唱”。

（3）黄牛的精神火热的心

高尔基曾经说过，“才能是从对于工作的热情中成长起来的”。所以，只要红会工作者有一颗火热的心，热爱红十字事业，就一定会具备干好这项工作的才能。只要像杜南一样，有一颗把一切献给伤病员和社会福利事业的心，就能在工作上不慕名、不求利，毫无怨言地像老黄牛一样辛勤劳作。

（4）橡皮的肚子毛驴的腿

干好任何一项工作，都要付出一定的代价，红会工作更是如此，除了要在工作上投入一定精力外，还要在精神上承受来自个别人的冷嘲热讽。对此要做好解释工作，还要有一个能装得了、容得下、能涨能缩的“橡皮肚子”，采取为达目的所需要的灵活手段。这就需要“毛驴的腿”，上找领导，下靠群众，深入调查研究，了解基层情况，四处奔走①。

（三）加强会员管理，推进组织建设

会员是红十字会的基本细胞，是红十字会开展工作的保障。红会的会员管理工作，是红会组织管理中一项极其重要的工作。

1. 加强会员管理的基本举措

红会是人民卫生救护和社会福利团体，红会的会员来自各个单位，所以红会是一个联合体，通过会员参加各项活动来发挥自身的作用；离开了会员，

① 杨学顺、范昭君：《红会干部的品格要求》，《中国红十字》1988 年第 6 期，第 16 页。

或者会员缺乏主动性、积极性和创造性，红会就会缺乏活力。红会组织管理工作的基点，就是对作为红会主体的会员进行管理，并且要结合红会“松散”的特点进行管理。红会会员成分是松散的，而红会组织应是完整有形的。会员参加红会的目的，是想通过红会活动相互交流信息，启迪思想，以提高自己的卫生救护技术水平和卫生知识水平。如果会员加入红会之后，他们的愿望达到了，那么他们对红会就会感到满意，对红会就会有感情，同时红会对会员也会产生吸引力，能把会员凝聚在一起；反之，如果红会与会员之间没有什么联系，也不组织什么活动或者活动很少，红会满足不了会员的基本要求，那么会员对红会就不感兴趣，红会对会员也产生不了吸引力，其结果必然是参加不参加红会一个样，红会在会员中就失去了它的形象。红会的会员管理工作做好了，红会就会从松散的会员集合体变成了一个有机的、多层次的、紧密联系的集合体，这样的红会才会有活力和凝聚力。下面以岳阳市红十字会为例，该会1988年4月5日恢复工作后，注重加强会员管理，增强红会的活力和凝聚力。

（1）发挥秘书长的作用，加强会员的管理。随着红会组织的发展，会员人数不断增加，会员管理上的矛盾也随之加大。如红会和会员间相互联系不上，活动无人抓，会费无人收取，刊物无人发放，要求入会的无门可找，活动多停留在一个层次的会员中，红会的活力从哪里来，红会组织的凝聚力在哪里？可以说，红会会员工作搞得如何，与秘书长是否得力有着密切的关系。秘书长是具体组织会员参加各种活动、发展会员的关键角色，应该通过秘书长的工作去加强对会员的管理①。

（2）加强会员管理的制度建设。岳阳市红十字会注重加强会员管理的制度建设，建立了规范的制度体系，具体包括：各种奖励制度（先进集体、优秀会员、红会工作积极分子等奖励）；会议、汇报、总结评比制度；文件、档案管理制度；会员管理制度；财务管理办法等等。实践证明，红会工作建立规章制度，不但调动了会员参与工作的积极性，还给红会工作增加了生机和活力。如会员管理制度实施后，强化了对会员的联系和管理，入会手续更加简单、及时，红会也可顺利地对会员收取会费，增加了广大会员的责任感及组织观念。特别是通过各种奖励制度的实施，有效提高了会员的参与意识和凝聚力，会员真正把红会看作是自己的组织，有力地促进了红会事业的迅速发展。

（3）使红会成为会员之“家”。岳阳市红会通过基层红会的组织网络，

---

① 尹连先：《红会在当前改革中必须重视会员管理》，《中国红十字》1989年第3期，第4页。

沟通红会与广大会员的联系。他们坚持给会员发送《中国红十字》杂志、《中国红十字报》以及《中国红十字会章程》《红会知识问答》等材料，有计划地组织卫生救护培训、卫生知识专题讲座、展览、咨询服务以及组织夏令营等活动，增进了会员对组织的归属感，增强了责任意识。在红会的努力之下，每个会员每年都有机会参加 1 ~2 次红会活动，会员的权利和义务基本实现，红会真正成为会员之“家”①。

2. 注重提高会员素质

发展会员既要积极扩大数量，又要重视质量。“四大”后的几年中，全国平均每天发展 3000 名会员。总会也提出了 1990 年全国会员达到 1000 万左右的要求，这是一个令人振奋的目标。但发展会员不能单纯追求数量，不能搞“捡到篮子里就是菜”而不顾质量。所谓质量，一是发展对象要热心红十字事业，有一定的奉献精神，而且本人有自愿入会的要求。对那些不热爱红十字事业，又不自愿申请入会的人不必勉强。二是入会后能否在群众中发挥会员作用。总之，在发展会员中，要把发展与提高、数量与质量紧密结合起来，在发展中提高，在提高中发展②。

山东省红十字会注重加强会员队伍建设，主要是抓好会员队伍的扩大和会员素质的提高。他们强调在会员发展工作中，要解放思想，为那些热心于红会工作而要求入会的同志敞开大门，同时对各类人员要有一定的比例和明确的发展对象。如城镇街道居委会发展会员，重点吸收街道工作积极分子和离退休职工；工厂企业和商业服务行业人员较集中，会员占职工数的 10% 左右为宜；学校学生因升学等流动性较大，会员可占学生总数的 15% 左右，教职员工中的比例还可以大一些。特别是那些乐于做社会工作、有奉献精神的职工、群众和学校的三好学生等，应成为发展的主要对象③。

“四大”之后，各地红会组织取得了前所未有的发展。有些地方的基层红十字组织建立时，往往热热闹闹地发展一批新会员、开展一些活动，过了一阵子又变得无声无息、冷冷清清。这是为什么？很重要的一条原因，就是会员群众还没有真正了解红十字会的宗旨和任务，因而在开展活动时缺乏自觉性和明确的目的。换句话说，会员的素质没有相应的提升，没有真正认可和接纳红十字的价值诉求。辽宁鞍山市 50 中学红十字会在整顿会员组织、提高会员素质工作中，从广泛学习和宣传入手，开展符合红十字会宗旨、趣味性

① 尹连先：《红会在当前改革中必须重视会员管理》，《中国红十字》1989 年第 3 期，第 4 页。

② 忱霄：《运用辩证观点 指导红会工作》，《中国红十字》1989 年第 5 期，第 5 页。

③ 山东省红十字会：《发扬改革精神 加强组织建设》，《中国红十字》1988 年第 5 期，第 7 页。

强、富有知识性和教育意义的活动，从而使红十字会工作取得了可喜成果，出现了新局面①。他们把全体会员分批组织起来，学习红会章程和“四大”文件，并结合实际进行讨论，真正了解红会的宗旨和任务。在学习提高的基础上，他们又发展和扩大了会员队伍，开展了多项有意义的活动，出现了新的局面②。

（四）加强会费管理，推进组织建设

对于红十字会而言，“经费为事业之母”，没有经费，组织运行无法保障，事业发展无从谈起。《中国红十字会章程》明确规定，会员要交纳会费，并把会费作为经费的来源之一。但是，真正把交纳会费的工作开展起来，却不是一件容易办到的事情，尤其是在居民会员中开展交纳会费的工作，更有不少困难。

1. 山东潍坊市寒亭区红十字会的会费收缴工作

（1）抓《会章》教育，促认识提高

寒亭区红十字会在广大会员中广泛开展了以“学《会章》，促认识，缴会费”为主题的学习宣传活动，使大家对红会的宗旨、性质和会员的义务有了进一步的认识，对自愿缴纳会费和按《会章》收缴会费的目的、意义有了进一步的理解。认识的提高，促进了会费收缴工作的顺利开展。区第一棉油厂、齿轮箱厂和区实验小学等基层红会，通过《会章》学习，把自愿缴纳会费列入先进会员的评比条件和衡量一个会员是否是一个合格会员的重要标准之一。认识的飞跃。使会员缴纳会费由不自觉变为比较自觉。仅1987年5月份一个月，全区就有21个基层组织的1966名会员缴纳会费969.7元。

（2）制定规范，试点推开

全面收缴会费前，区红会首先转发了总会《中国红十字会会费缴纳、使用管理条例（试行草案）》，然后在寒亭实小、河西学校、齿轮箱厂和寒亭镇医院内进行了收缴会费试点。区红十字会还针对会费收缴试点中发现的实际问题，制定了《寒亭区关于红十字会员缴纳会费和会费使用、管理的暂行办法（试行稿）》，印发给全区各基层组织，传达到每一个会员。该办法明确详尽，具有针对性和可操作性，有利于会费收缴工作的顺利展开。在会费的使用上，坚持贯彻一个原则，就是会费收之于会员、用之于会员，哪一级收缴、哪一级使用。应该明确，缴纳会费中“缴”是前提，所说的“自愿”是缴多缴少的自愿，不是缴与不缴的自愿。

---

① 刘士杰：《整顿组织提高会员素质》，《中国红十字》1986年第10期，第8页。

② 本刊编辑部：《让每个会员真正了解红十字会的宗旨和任务》，《中国红十字》1986年第10期，第9页。

积极收缴会费，为各级红会的活动增加了经费，使红十字活动更加活跃，内容更加丰富。通过收缴会费，促进了红会组织的发展和会员基本素质的提高。到 1988 年，全区基层红会组织由 1985 年底的 51 个发展到 95 个，会员由 1985 年底的2543 人发展到5968 人，参加敬老助残、扶危济困、助人为乐和开展卫生宣传等社会服务活动的次数由 1985 年的 1985 人次增加到6438 人次，为群众做好事 4896 件。全区各基层红会组织都建立健全了红会活动、宣传、会费收缴等各项活动制度和“五簿一卡”（即会员登记簿、活动记录簿、会费收缴簿、好人好事登记簿、会员捐助登记簿和会员登记档案卡），使全区的红会活动和组织管理逐步向制度化管理方向发展，进一步增强了红会的自身建设①。

2. 其他地区的成功实践

北京市崇文区红十字会下属 7 个地区红十字会，共有红十字分会 235 个，居民会员 9600 余人。从 1986 年以来，各地区红十字会相继在居民会员中普遍开展了收缴会费的工作，取得了较好的效果。除了注重“提高认识，统一思想”“搞好试点，以点带面”“制订办法，管好用好”这三点做法之外，他们的经验还体现在“干部带头，会员踊跃”。崇文门外地区红十字会会长薛玉书、东花市地区红十字会副会长刘桂荣等，不但积极做好居民会员交纳会费的工作，还以普通会员的身份，带头交纳会费。区人大代表、北王志分会会长吴玫，在分会干部会上带头交了 5 元会费，其他干部也不甘落后，各交了 5 元。在她们的带动下，这个分会的 34 名会员共交会费 65.5 元，平均每人 1.78 元。天坛地区的一名会员是家庭妇女，无固定经济来源，听到动员后，主动交了 5 元会费。永外地区花庄子分会原有 40 名会员，在收缴会费工作中，领导干部带头示范，大家主动性提高，很快新发展了 84 名会员，其中有 4 家个体饭馆的 6 人入会并交了 16 元会费。据统计，三年来全区居民会员共交纳会费 12898.21 元②。

“四大”后，南京市白下区、下关区红十字会组织会员认真学习新会章，由点到面，因势利导，动员会员交纳会费，获得了较好效果。白下区已建立红会组织的五老村、瑞金新村、三条巷 4 个街道，有 323 名会员交会费共 383.40 元。此外，天津市南开区西街红十字会除了做好会费收缴工作外，还“根据会费来源于会员又用之于会员的原则”，对会费使用做出了明确的规定，

---

① 山东潍坊市寒亭区红十字会：《积极收缴会费 增强红会活力》，《中国红十字》1988 年第 4 期，第 8 页。

② 石锦仁：《我们是如何在居民会员中开展缴纳会费工作的》，《中国红十字》1988 年第 12 期，第 4 页。

要求会费主要用于：（1）用于红十字卫生站的药品补助；（2）补助街办的社会福利事业；（3）救济红十字会员生活困难者或残疾人生活有困难者；（4）补助红十字会员的夏令营活动。北京市宣武区牛街红十字会的广大会员认识到缴纳会费是会员应履行的义务，他们从1981年开始，坚持每年收一次会费。西城区新街口红十字会选择了一个居委会作为收缴会费的试点，收到了很好的效果①。应该说，这些虽然都是基层红会组织的小事情，但折射出红会组织发展的大现象。

（五）在活动开展中推进组织建设

组织建设既要注重健全和完善，又要积极开展活动。大多数红会在建立组织后，通过积极而卓有成效的工作和活动提高了红会的声望，赢得了社会各界的支持和帮助，促进了组织建设的完善和发展②。

1. 积极开展红会活动，推动组织建设发展

河南省共设省辖市12个、地区5个、111个县、6个县级市，有7900多万人，是全国第二人口大省。1985年6月，省红十字会二届理事会成立后，经过不断探索实践，逐步认识到做好红会组织建设工作是开展各项红会活动的基础，而积极开展红会活动，又可以促进红会组织建设的发展。

1987年，河南省红十字会既把组织建设作为工作重点，同时又相应地抓紧抓好红会活动，取得了新的成就。红十字会的生命力在于开展活动，有了组织没有活动，就会使组织流于形式。一年中，他们利用各种有利时机，广泛开展活动，从而提高了红十字会在人们心目中的地位，扩大了红十字会的影响。例如春节，他们参加了政府组织的慰问活动；“4·25”全国儿童预防接种宣传日，他们和卫生部门联合举行报告会，开展了广泛的义诊、咨询和宣传活动；“5·8”世界红十字日前后，他们组织开展了多种纪念活动；六一儿童节，他们参加了慰问儿童福利院活动等。他们还举办了心肺复苏师资训练班，和卫生厅联合在省直卫生系统开展了公民义务献血活动③。

2. 在活动中发展，在发展中活动

山东省潍坊市寒亭区红十字会成立仅11个月，就在全区范围内，自上而下，由点到面，建立了较为广泛的组织，发展了大批会员，他们的成功经验就是在活动中发展、在发展中活动。“十一个月来，他们组织了全区性活动三

---

① 《中国红十字会全国工作会议经验交流材料集锦》，《中国红十字》1986年第4期，第8页。

② 忱霄：《运用辩证观点　指导红会工作》，《中国红十字》1989年第5期，第5页。

③ 河南省红十字会：《积极开展红会活动　推动组织建设发展》，《中国红十字》1988年第4期，第7页。

次。一是援非募捐，在全区范围内开展了国际主义、人道主义教育，唤起了群众的同情感，积极投入了捐献活动。全区城镇人口仅一万六千人，募捐达二万一千九百三十七元之多，平均每人捐款近一点四元。二是组织红十字青少年夏令营。他们于去年（1985年）夏天组织了由各校逐级评比选拔的红十字青少年、少数辅导教师和红会干部等五十一人组成的夏令营，历时四天，行程一千余里，参观游览了青岛、崂山、蓬莱等处名胜古迹，使每个营员开阔了眼界，增长了知识，得到了营员家长的赞誉，受到了区政府和社会各界及学校的好评。三是深入传达贯彻中国红十字会第四次代表大会精神，让每个会员了解新会章性质、宗旨、任务和红十字会的作用，为把我国红十字会办成具有中国特色的社会主义的红十字会贡献力量。除区红会统一安排活动外，各基层红会组织也结合本单位的具体情况开展了工作，受到了广大群众的欢迎"①。

"在活动中发展，在发展中活动"，所贯穿的就是积极进取的精神。离开了这种精神，既谈不上"在活动中发展"，也做不到"在发展中活动"。在中国红十字会"四大"精神指导下，积极开展各种带有红十字特色的活动，是各级红十字组织建立起来后的生命力源泉所在。寒亭区和其他很多地区的经验，都说明了这一点。应该说，积极发展和建立红十字组织，大量吸收会员，是开展各项红十字活动的基础和组织保证。把各项红十字活动认真开展起来，又必将有力地推动组织的巩固和进一步发展。不论是较早或新近建立红十字组织的地区，都应以积极进取的精神，加速工作的发展②。

三、江苏红会组织建设的个案分析

江苏省红十字会在"四大"之后，以团体会员整顿工作拉开了组织建设的序幕并取得了重要成就。根据江苏省红十字会"七五"期间的工作设想，即"近两年重点抓好提高现有会员素质的工作，对团体会员单位进行整顿，要注意实效，防止形式主义"。由此，整顿团体会员工作成为"四大"后加强组织建设的首要任务。

（一）整顿缘起

组织发展的最终目的在于提高组织适应不断变化的环境的能力，而要达到这一目的，首先就必须着眼于分析组织的现状、存在的问题、遇到的挑战

① 范昭君、刘秀福：《在活动中发展，在发展中活动》，《中国红十字》1986年第4期，第10—11页。

② 本刊评论员：《积极进取　加速发展》，《中国红十字》1986年第4期，第10页。

与机会等，以获得真实可靠的信息，并在此基础上实施改革计划。这一时期的整顿工作即是在组织分析的基础上所实施的一场有针对性的组织改革计划。整顿工作的实施，一方面是遵循总会和省红十字会的有关精神，更重要的是经过组织分析可知：江苏省红十字会自1981年恢复工作以来，各级组织发展迅速，在团体会员单位异军突起的同时，问题也随之涌现，表现为“各地在恢复工作时，尤其是恢复较早的市、县红十字会，由于缺少经验，在发展团体会员单位时，未能对所有成员认真进行系统的会务知识教育，多数团体单位的会员入会时未履行入会手续，团体会员单位的组织不够健全，会务活动不够经常。为了加强团体会员单位的组织建设，使团体会员在开展各项红十字活动中发挥应有的作用，因此决定对我省各地团体会员单位进行一次全面的整顿”①。

可以说，整顿团体会员单位一方面是对复会时期组织发展的一次清理、规范、继承和巩固，同时又是组织建设的进一步发展，为红十字运动的全面腾飞开疆拓土。因此整顿工作并非仅仅是整顿，而是力图在整顿中实现发展和提升，同时在整顿团体会员单位的同时，把工作渗透和映射到加强基层组织和会员管理以及缴纳会费等相关组织建设领域。某种程度上可以说，团体会员单位整顿工作是一个点，省红十字会试图通过这个点带动组织建设相关领域的发展，从而为全面发展奠定基础。所以整顿会员单位工作可以说拉开了全面发展时期组织建设的大幕，因此这项工作事关全局，举足轻重。

为了整顿工作的顺利进行，1985年9月3日，江苏省红十字会发出《关于整顿红十字团体会员的通知》，对整顿工作进行具体部署，“决定从现在起，到八六年底，对我省各市、县原有的红十字团体会员进行全面的整顿”。要求对会员进行会务知识教育；对医务人员进行规范化、标准化的急救技术训练，对非医务人员进行必要的卫生救护知识教育和基本技能训练。要求各团体单位，要有专人负责红十字会工作，会员入会时每人都要履行入会手续，要建立、健全红十字会的各种登记、记录资料，要逐步做到会员缴纳会费、会费收支应有明细账目。《通知》最后指出，“整顿团体会员工作，要讲究实效，不要搞形式主义，先行试点，总结经验后逐步推开”。通过整顿，“团体会员单位都要达到组织健全，活动经常，并能接受和完成市、县红十字会安排的

① 《江苏省红十字会关于整顿团体会员单位情况的汇报》，江苏省红十字会档案，档号1985-002-0000-0011。

各项工作任务”①。

在部署工作、提出要求的基础上，江苏省红十字会对于整顿工作主要是统筹全局、宏观调控，在总体上把握全省工作的节奏和方向。为及时指导各地整顿工作的顺利进行，省红十字会于1986年6月5日转发了徐州市红十字会制定的《团体会员单位整顿验收标准》，供各地参考。同时，为了便于各地红十字会组织学习会务知识，开展救护技术训练，省红十字会编印了《会务知识问答一百例》《卫生、防病、救护知识一百例》两本小册子共5万册，分发《中国红十字会章程》近千册，并及时报道了有关整顿工作的动态、经验介绍10余篇，供各地在整顿中学习参考②。

（二）整顿进程

进行组织分析不是组织发展的最终追求，组织分析是为了更好地实施组织改革与行动计划，从而使组织不断更新，以确保组织各项目标的完成。因而，在组织发展过程中，必须采取各种行动，以修正或增强组织各种要素的作用，其目的在于使组织的成长与其目标直接或间接地结合在一起。下面就整顿工作所采取的组织行动加以介绍③。

这次整顿覆盖了江苏省绝大部分地区，在全省建会的18个市、县中，除吴县、淮安（时属淮阴市）两县因尚未发展团体会员单位未进行整顿外，其他16个市、县均开展了工作。各地红十字会组织在开展整顿工作时，多数是先行试点，在取得经验的基础再全面展开。虽然各地在具体操作上面各有特色，各具风格，但大体内容和步骤均大同小异。如泰州市红十字会，首先选定市人民医院、人民印刷厂两个不同类型的单位，在不影响其工作的前提下试点整顿，做到有计划、有步骤的进行。具体做法可以概括为三个阶段、三个提高、两个补课、一个落实。具体说来，三个阶段一是宣传摸底，二是调查登记，三是健全组织组成红十字三级网络；三个提高分别是提高基层红十字会干部的领导能力，提高广大会员对红十字会性质、宗旨、任务的认识，提高分管红十字会干部的管理水平；两个补课一个是对会员重新登记，补进人员发展入会，第二个是补充完善缴纳会费的有关制度；一个落实是落实每

① 《关于整顿红十字团体会员的通知》，苏州市红十字会档案1985年“长期”42，第9页；《江苏省红十字会关于整顿团体会员单位情况的汇报》，江苏省红十字会档案，档号1985-002-0000-0011。

② 《江苏省红十字会关于整顿团体会员单位情况的汇报》，江苏省红十字会档案，档号1985-002-0000-0011。

③ 刘祖云等：《组织社会学》，中国审计出版社2002年版，第298—299页。

个单位有负责人分管红十字会工作①。

其实，其他地区的整顿工作虽然未做上述的精炼概括，但类似的内容也基本囊括。下面从以下几个步骤把握这次整顿工作。

1. 制订整顿计划

各市、县红十字会都根据省红十字会1985年9月的通知精神并结合本地具体情况，制订了整顿工作的详细计划。无锡市在计划中对时间进度做了具体安排，徐州、无锡、苏州、常州、南京及常熟等市，还制定了整顿验收标准，其中常州、徐州在标准中采用评分的办法进行考核、验收②。苏州市红十字会不仅出台了《关于整顿红十字团体单位的意见》，而且市红十字医院、市二院、牙病防治医院等单位也分别制订出计划③。

2. 组织发动与宣传学习

在组织发动阶段，首先是开好各团体会员单位领导及红十字会干部的动员会和职工大会，层层发动，传达总会及省、市、县有关整顿的精神和要求，统一思想和提高对整顿的认识，然后开展深入细致的宣传、学习。学习内容主要是《中国红十字会章程》、中央领导的讲话以及有关整顿的各项文件。各地还根据当地具体情况，自行编印或翻印了大量学习材料，例如泰州人民印刷厂，利用自己的优势翻印了许多学习材料。在学习阶段，全省参加学习的会员人数很多，徐州市80%的会员参加了会务知识学习，常州市2991名团体会员中2836人参加了学习。

各地的宣传和学习方法灵活多样，有的召开会议，由专人宣讲，然后组织小组学习讨论；有的利用板报等宣传工具开展活动。徐州红十字医院、常州市二院、无锡市五院、常熟市任阳医院等都组织了会务知识竞赛，要求通过学习，使每个会员均能了解红十字会的宗旨、性质和任务，以及会员的权利、义务和其他会务知识④。苏州市每个团体会员单位都设有红十字画廊或红十字专栏，并且版面新颖、内容丰富，且更换及时，做到了“有人负责、有阵地、有新内容”⑤。

---

① 《泰州市红十字会团体会员单位整顿已见效》，《江苏红十字》1986年第11期。

② 《江苏省红十字会关于整顿团体会员单位情况的汇报》，江苏省红十字会档案，档号1985-002-0000-0011。

③ 《1986年上半年工作总结》，苏州市红十字会档案1986年“长期”51，第8页。

④ 《江苏省红十字会关于整顿团体会员单位情况的汇报》，江苏省红十字会档案，档号1985-002-0000-0011。

⑤ 《苏州市红十字团体会员单位整顿互查》，苏州市红十字会档案1986年“长期”55，第19—20页。

3. 加强组织管理、确立制度

首先，抓好会员登记工作。新老会员都要履行入会手续，由会员填写入会申请表，经单位红十字会批准后登记造册，并上报市、县红十字会。

其次，在做好登记工作的基础上健全组织。整顿的首要工作即为健全组织。组织不健全，没有专人具体负责工作，整顿不可能顺利进行，更无法保证红十字会工作的正常开展。大部分团体单位通过组织发动及深入细致的学习，提高了认识，统一了思想，用民主选举的办法产生了单位红十字会领导机构。会长、副会长一般由行政领导或工会主席兼任，秘书由行政办公室或医务处领导兼任，分工负责日常工作。无锡市的这一工作进展迅速，到1986年3月已经基本完成①。在健全组织的基础上，有的团体单位还建立了红十字会办事机构，如常州二院通过整顿并结合医院日常工作，设立红十字抢救小组、红十字救护队、红十字防火委员会以及红十字宣传通讯小组。南京市下关区红十字医院成立了水上救护队等组织，为开展水上救护活动做好了组织准备。

再次，建立各种规章制度。开展红十字活动，必须有章可循、有制度作保障。在整顿过程中，不少单位都相继建立会议制度和定期学习会务知识制度，同时加强了对各种档案资料的保存和管理。

4. 结合整顿，开展活动

整顿的目的最终是为了更好地开展红十字活动，而有针对性地开展活动可以推进整顿工作的进展。常州红十字医院在整顿中开展优质服务，受到患者及其家属欢迎，有些单位及家庭在患者去世后还给医院送来锦旗和感谢信，这更加坚定了医院彻底整顿、深入贯彻红十字人道主义的决心和信念②。卫生救护技能训练是整顿中普遍开展的活动，无锡市在整顿过程中有90%的医务人员经过心肺复苏训练，50%非医务人员接受“四项技术”训练。训练成效显著，南京市一经过培训的红十字会员于1986年的马拉松比赛中应用心肺复苏技术成功地挽救了一名心跳、呼吸停止的运动员，反响极大。

除此以外，在整顿中，全省开展社会服务活动蔚然成风，救死扶伤、敬老助残活动是主要内容。不少单位制定了方便五保老人就医的措施及便民措施。苏州市普济医院是民政局下属的精神病医院，在对全体会员进行教育的

---

① 《无锡市红十字会召开团体会员单位和学校红十字会工作会议》，《江苏红十字》1986年第4期。

② 《江苏省红十字会关于整顿团体会员单位情况的汇报》，江苏省红十字会档案，档号1985-002-0000-0011。

同时，还安排时间走向社会，为精神病患者开展康复咨询服务，受到群众欢迎①。常州市红十字医院提出了“无论你遇到什么样的困难，我们都愿意帮助你”的口号，将家庭病床由原来的20张扩大到70张，服务半径由原1.5公里，扩大到城区各个角落及市郊地区。

5. 逐步实行会员缴纳会费

整顿中，根据新会章的要求，各地结合整顿工作开始逐步实行会员缴纳会费的试点，取得了较好成绩。南京、常州、苏州、徐州、连云港、扬州、泰州、常熟等地对此都做了一些尝试，基本做法是本着自愿的原则，不限金额，建立会费收支账册，所收会费原则上留作基层活动的开支（有的市规定上缴20%给上一级组织）。通过收缴会费既部分地解决了红十字会活动经费不足的困难，又调动了基层红十字会的积极性②。无锡、苏州两市的红十字会组织更是深入一步，把每年的“5·8”世界红十字日作为缴纳会费日固定下来③。实践证明，会员本着自愿和不限金额的原则定期缴纳会费，是增强会员组织观念和责任感的好措施，也是会员热爱红十字事业的具体体现。只要认真负责、措施得当，由点到面逐步实行缴纳会费是完全可以做到的。

6. 检查验收阶段

在这一阶段，多数市、县红十字会都根据各自制定的检查验收标准或整顿要求，逐一对团体会员单位的整顿工作进行逐项对照检查验收，不足之处进行补课，合格后颁发证书。

为促进检查验收工作落到实处，省红十字会也组织了全省范围的整顿互查工作。1986年9月13日至25日，针对一年来绝大多数市、县已先后进行整顿并已取得一定成果但发展不平衡的状况，“为了解各地进展情况，总结、交流各地在整顿工作中的经验”，省红十字会有关领导组织参加了这次活动④，组织了3个检查组，分片（苏锡通、徐淮盐连、宁扬镇常）对15个市、县的45个团体会员单位进行了互查。其中有医药卫生系统的医院、血站、救护站、防疫站、疗养院、卫校，亦有其他系统的福利院、工厂等单位。在医院中既有综合医院，亦有专科医院；有省级医院，亦有市、县、乡镇医院；既全面

---

① 《苏州市红十字会1986年工作回顾和1987年工作意见》，苏州市红十字会档案1986年“长期”10，第3—4页。

② 《江苏省红十字会关于整顿团体会员单位情况的汇报》，江苏省红十字会档案，档号1985-002-0000-0011。

③ 《在江苏省红十字会四届二次理事会上的工作报告》，江苏省红十字会档案，档号1986-001-0000-0008。

④ 《全省团体会员单位整顿工作互查结束》，《江苏红十字》1986第9期。

又具有一定的代表性，使互查工作更具科学性和客观性①。在互查中，采取了听报告、看资料、提问题及座谈讨论的办法进行。为总结互查工作，检查结束后三片互查组的全体干部集中在江阴县进行了认真讨论和交流。互查工作得到相关领导的充分肯定。

这次互查工作在省红十字会的整体整顿工作中占有重要地位。通过互查，及时“肯定了成绩，找出了差距，交流了经验，明确了任务”，对整顿工作的继续开展和圆满完成具有重要意义。同时，互查对于工作进展较慢的单位是一种有力的促进。

（三）整顿结果

持续一年有余的团体会员单位整顿工作在省红十字会的组织和领导下，在全省各地方红十字会的积极支持和配合下基本上达到了预期的效果。到1986年10月，全省绝大多数市、县红十字会的整顿工作已告结束。整顿工作概况见表2－1所示。

表2－1 江苏省红十字会整顿团体会员单位概况表

市、县	团体会员单位			开始时间	收取会费单位数	金额（元）
	总数	会员数	已整顿			
南京市	260	40834	260	—	218	—
无锡市	23	4544	20	85.10	5	—
江阴市	28	1547	2	—	0	—
无锡县	9	1300	2	—	0	—
徐州市	16	2121	16	86.2	14	—
常州市	9	2991	9	85.10	8	990.86
武进县	11	400	11	—	2	87.30
苏州市	14	3000	14	86.4	—	—
常熟市	45	2970	45	86.7	13	—
吴县②	—	—	—	—	—	—
南通市	5	934	5	86.1	0	—

① 《江苏省红十字会关于整顿团体会员单位情况的汇报》，江苏省红十字会档案，档号1985－002－0000－0011。

② 无团体会员单位。

（续表）

市、县	团体会员单位			开始时间	收取会费单位数	金额（元）
	总数	会员数	已整顿			
连云港市	17	2682	17	86.6	—	—
淮阴市	4	1000	4	85.9	0	—
淮安市①	—	—	—	—	—	—
盐城市	12	3278	12	—	—	—
扬州市	8	1570	2	—	2	142.00
泰州市	15	18439	15	85.9	6	—
镇江市	12	1200	4	—	2	195.00

注：本统计根据各地“整顿”小结整理；统计时间截至1986年10月15日；“团体会员单位已整顿”栏，包括正在进行整顿单位数。

应该说整顿工作的成绩一目了然，绝大部分地区和绝大部分单位已完成整顿任务，组织与会员经历了一场红十字人道主义的洗礼和锤炼。但仍应看到，整顿工作存在着发展不平衡情况，工作开展较早的市、县早在1985年9月即开始，到1986年11月，苏州、常州、连云港、徐州、淮阴、盐城、无锡、武进、泰州、南京等市、县对团体会员的整顿工作已结束或接近结束。而开展工作较迟的市、县，仍处于试点阶段，因此尚需努力。此外，收缴会费工作也还未能达到每个会员都把缴纳会费看成是应尽义务的水平，因此仍需加强宣传教育。

经过整顿，全省绝大部分团体会员单位的整体面貌焕然一新，成为名副其实的红十字团体会员单位，从而切实成为红十字事业发展的中坚力量。整顿工作在江苏红十字运动向纵深发展初期的组织建设工作中具有重要作用。

首先，整顿工作向广大会员普及了会务知识，宣扬了红十字理念，促进了团体会员单位组织机构的健全和工作制度的完善。如常熟红十字会在进行会员登记时，还将每个会员的血型在申请表上注明，为今后的无偿献血工作打下了良好的基础。

其次，通过整顿，使团体会员单位真正确认了自己的身份和地位，改变了之前团体会员单位不知是团体会员的状况。通过红十字知识的宣传和多样化活动的开展，广大团体单位增强了责任感和使命感，涌现出南京下关区红

① 无团体会员单位。

十字医院不惧风险免费收治濒死截瘫病人、常州红十字医院家庭病床科的医生日夜守候患者等鲜活事例，体现出这次整顿工作的显著成效。

再有，通过整顿，检验和锻炼了江苏省红十字团体会员单位的组织机构，并在此基础上促进了全省组织建设的大发展。在整顿开始之前，全省有红十字团体会员单位371个，团体会员93232人。经过整顿，单位发展到488个，会员人数达88810人。“红十字团体会员人数接近全省会员总数的一半，是开展红十字工作的一支重要力量，通过对团体会员单位的整顿，会员素质有了很大的提高，对搞好全省红十字工作提供了可靠的组织保证”①。这里有一个问题要说明，为什么整顿后比整顿前的团体组织增加了，而会员人数却减少了？组织的增加是因为通过整顿工作的进行，通过各项活动的开展和红十字影响的扩大，红十字组织的壮大势所必然。而会员人数相对减少，主要是由于复会时期组织发展“大跃进”，造成管理方面的松散和粗枝大叶，势必在会员人数的统计上也存在偏差。整顿工作开始后，由于组织建设的规范化和管理的制度化，同时严格入会手续并对会员进行核查和登记造册，这样精确了会员统计，根据人员的变动及时对数据进行更新和清理，因此得到的数据是相对客观和真实的。

在1986年普遍整顿团体会员单位的基础上，1987年开始加快了发展组织的速度。一年中，江苏省红十字会根据“成熟一个，发展一个，发展一个，巩固一个”的原则，恢复或建立县（市、区）红十字会组织10个，基层组织181个，发展会员37663名。全省11个省辖市全部恢复红十字会组织，县（市、区）一级红十字会组织已达38个，占全省县（市、区）总数的36.19%，基层组织累计1475个，会员225394名，为开展红十字工作提供了组织保证②。1988年是省红十字会复会以来组织发展最快的一年。全省除原有的11个省辖市均已建会外，年内又恢复或新建县（市、区）级红十字会35个。南京、无锡、连云港、盐城等市所属县（市）及市辖区均已全部建会，常州、苏州等市所辖县（市）也已全部建会，镇江市所属6个县区已有5个建会。当年全省发展基层组织568个，会员114439人，基层组织累计达2181个，会员累计349491人，为开展各项红十字活动提供了可靠的组织保证③。

“四大”期间，江苏省红十字会以整顿团体会员单位为突破口，在对原有

---

① 《在江苏省红十字会四届二次理事会上的工作报告》，江苏省红十字会档案，档号1986-001-0000-0008。

② 《振奋精神，开拓前进——江苏省红十字会1987年度组织建设情况汇报》，江苏省红十字会档案，档号1987-001-0000-0014。

③ 《江苏省红十字会1989年工作会议报告》，江苏省红十字会档案，档号1988-002-0000-0132。

红十字组织进行整顿、充实和加强的基础上，“积极发展新的组织，健全领导班子和组织制度，对会员进行会务知识教育，使红十字运动经常化，并通过运动促进组织的发展，因而加快了组织的建设，壮大了会员的队伍。至1989年12月底，四年多来全省共恢复和新建县（市、区）红十字会59个，连同‘四大’前的28个，累计87个，占全省106个县（市、区）的82%；新建基层组织2356个，累计4137个。新发展会员29.8万人，累计已达48.2万人，其中团体会员10.3万人，成人会员18.7万人，青少年会员19.4万人，全省组织建设有了较快发展”。

第五节　不断创建精神文明新亮点

一、红十字与精神文明建设

改革开放以来，中国共产党一直把精神文明建设作为社会主义建设的重要目标和基本内容。1979年9月29日，在庆祝中华人民共和国成立30周年的大会上，全国人大常委会委员长叶剑英发表了重要讲话，他从总结历史经验和谋划发展布局的高度出发，明确提出要“改革和完善社会主义的经济制度和政治制度，发展高度的社会主义民主和完备的社会主义法制。我们要在建设高度物质文明的同时，提高全民族的科学文化水平，发展高尚的丰富多彩的文化生活，建设高度的社会主义精神文明”①。这个讲话明确把物质文明建设、民主法制建设、精神文明建设作为社会主义建设的基本目标和内容，这为提出现代化建设总体布局构想打下了基础。同年10月30日，邓小平在中国文学艺术工作者第四次代表大会上，重申了这一战略思想。1981年6月27日，党的十一届六中全会通过《关于建国以来党的若干历史问题的决议》，明确把“社会主义必须有高度的精神文明”作为社会主义建设的十条基本经验之一。1982年9月，党的十二大报告中专门设立“建设高度的社会主义精神文明”一节，初步论述了精神文明的战略地位、主要内容和5年内实现党风、社会风气根本好转等问题，为社会主义精神文明建设指明了方向。邓小平在十二大的开幕词中，把建设社会主义精神文明作为未来20年内要紧抓的4项工作之一。1985年9月18日，邓小平在中国共产党全国代表会议上，从“两个文明一起抓”的高度，再次强调了精神文明建设的战略意义。

① 《三中全会以来重要文献选编》上，人民出版社1982年版，第263—264页。

党的十二届六中全会在贯彻十二大和党的全国代表会议精神的前提下，通过了《关于社会主义精神文明建设指导方针的决议》（以下简称《决议》），从审视现代化总体布局的高度，界定了精神文明建设的重要地位，指出“我国社会主义现代化建设的总体布局是：以经济建设为中心，坚定不移地进行经济体制改革，坚定不移地进行政治体制改革，坚定不移地加强精神文明建设，并且使这几个方面互相配合，互相促进”①。可以说，《决议》是中国共产党探索现代化建设总体布局进程的客观结果，同时也是“中国共产党以全会的形式就精神文明建设问题做出的第一个决议，是对改革开放以来关于精神文明建设基本原则的概括和总结，是中国社会主义文化建设史上的纲领性文献”②。

《决议》在论述“树立和发扬社会主义的道德风尚”这一重大问题时，明确提出：“在社会公共生活中，要大力发扬社会主义人道主义精神，尊重人，关心人，特别要注意保护儿童，尊重妇女，尊敬老人，尊敬烈军属和荣誉军人，关心帮助鳏寡孤独和残疾人。要遵守公共秩序，讲文明礼貌。要提倡人人爱护公共财物，保护环境和资源，自觉履行对国家和社会的义务。在国家安全受到威胁，社会公共安全受到危害的时候，要挺身而出，英勇斗争。在广大城乡要积极开展移风易俗的活动，提倡文明健康科学的生活方式，克服社会风俗习惯中还存在的愚昧落后的东西。婚嫁丧葬中的陋习要改革，封建迷信要破除。”③ 这些内容与中国红十字会的人道主义宗旨，以及红十字运动所倡导的“人道、博爱、奉献”的红十字精神是完全一致的，也为我国的人道主义事业指明了方向，把人道主义思想纳入精神文明建设的范畴，意义深远。

从当时社会的发展情境而言，《决议》中所讲到的社会主义的人道主义，是革命的人道主义在新的条件下的发展。它以社会主义的经济关系以及相应的新型社会关系为基础，从社会主义社会的公共生活实际出发，提出了一系列的基本道德要求。社会主义人道主义的实质就是从伦理上体现社会主义国家和社会主义社会对绝大多数人民的权利、利益、人格的尊重和关心，体现绝大多数人民对共同利益的关心以及人民之间的相互尊重与友爱。

事实上，红十字会所开展的工作，其内容与社会主义人道主义的内涵是互相包容、相辅相成的。红十字工作者通过多年的实践，用“救死扶伤、扶

① 《十二大以来重要文献选编》下，人民出版社 1988 年版，第 1173—1174 页。

② 刘仓：《邓小平与〈关于社会主义精神文明建设指导方针的决议〉》，《邓小平研究》2016 年第 2 期，第 103—104 页。

③ 《十二大以来重要文献选编》下，人民出版社 1988 年版，第 1182 页。

危济困、敬老助残、助人为乐”这十六个字来概括红十字会工作的基本内容。这些无一不承载着社会主义精神文明建设的重要内涵。精神文明建设是推动社会文明进步的一种手段，我们所追求的精神文明是希望实现人的思想、观念、意识、道德发展进步的文明，红十字会所从事的工作和所倡导的精神就是实现这种希望的路径之一。因为红十字会本身就是社会文明进步的产物，并不断地为社会的文明进步做出新的贡献。

“十二大精神洒雨露，红十字之花更芬芳”。十二届六中全会把发扬社会主义人道主义精神列为精神文明建设的重要内容，无疑对我国红十字事业的发展起到巨大的推动作用。红十字会正是抓住这种机遇，在全国大力宣传，通过红十字会开展的各项人道主义活动，促进精神文明建设，以达到党中央提出的“在道德建设上，一定要从实际出发，鼓励先进，照顾多数，把先进性的要求同广泛性的要求结合起来，这样才能连结和引导不同觉悟程度的人们一起向上，形成凝聚亿万人民的强大精神力量”①。红十字会正是“连结和引导不同觉悟程度的人们一起向上”的桥梁和纽带，而千百万中国红十字会员已成为精神文明建设的重要力量，必将在两个文明建设中发挥作用。

的确，中国红十字会作为从事人道主义工作的社会救助团体，多年来根据各个时期的要求，积极参与社会主义精神文明建设，在不同的时期都做出了自己的努力。80 年代初，中国红十字会作为中央五讲四美三热爱活动委员会的成员之一，曾多次发出通知，要求各级红会组织和会员，积极投入这项活动当中。改革开放以来，各地红十字组织开展的社会福利和救灾救助工作、无偿献血工作，以及在一些行业开展的卫生救护训练和学校红十字青少年工作等都是社会主义精神文明建设的内容。进入 90 年代，红十字会还积极兴办社会福利和公益事业，开展社会服务活动等。诸如沈阳市红会创建的“孤儿之家”，上海红会创建的弱智儿童学校，天津市宝坻县红会通过社会募捐创办的博爱小学，广东中山市红会开展的“慈善万人行”社会募捐活动以及许多地方红会所办的老人之家、孤儿抚恤班、老人病医院、康复医院等公益事业，都是为社会主义精神文明建设服务的。全国红十字组织以扎扎实实的工作作风，创建了一个个精神文明亮点②。下文笔者选择几个片段，奉献给读者。

安徽省六安师范红十字会于 1989 年 12 月成立。六安师范红十字会注意把红十字精神教育与文明校风建设、学雷锋活动相结合，把卫生知识、会务知识培训与劳动教育、美化环境相结合，把思想教育、知识学习和能力培养

① 《十二大以来重要文献选编》下，人民出版社 1988 年版，第 1181 页。

② 孙柏秋主编，池子华、杨国堂等著：《百年红十字》，安徽人民出版社 2003 年版，第 385—387 页。

相结合。例如，1989 年，开展“为了卫生和健康”活动，组建红十字卫生站，开展医学知识讲座、现场救护技术培训，还因陋就简，制三角巾、止血带和夹板等；1990 年，以“和平、友谊、奉献”为主题，自行设计、编排大型红十字青少年联欢会，有相声、舞蹈、小品、演唱等多种形式，并穿插会务知识竞赛题和卫生救护操作表演，内容丰富，格调清新，反映了当代青年热爱和平、团结有爱、无私奉献的精神风貌①。

湖南各级红十字会积极参与救灾活动，及时组派医疗队到灾区抢救伤员和开展卫生防病工作。1990 年，遭受严重水灾的长沙市宁乡县、益阳地区安化县红十字会及时组织 20 多个医疗队，迅速奔赴灾区进行卫生救护和卫生防病工作，避免了人员伤亡和灾后传染病的发生和流行。各级红十字会除及时组织医疗队奔赴灾区防病治病外，还配合民政部门或单独组织募捐，为灾民解决一些生活上的困难。宁乡、安化两县红十字会为灾区群众募得捐款近 10 万元，衣物 2 万多件，并及时将钱物送到灾民手中，受到灾区群众的赞扬。

洞口县高沙区红十字会为群众办了 4 件实事：组织村民学习红十字会人道主义宗旨，理解红十字奉献精神，消除隔阂，增进团结，密切了干部与群众的关系，打架斗殴的现象显著减少；以村为单位建立红十字基金会，通过由村红会小组出面募捐、赞助等多种形式筹措红十字基金，用于扶贫济困、敬老助残和临时救济，较好地解决了五保户的生活问题；村红十字小组出面组织治丧队，承担料理村民丧事等工作，有效杜绝了农村办丧事铺张浪费的现象；区内有三条泥泞公路，区红十字会出面组织 1000 多名红十字会员和村民共同奋战三天，把泥泞公路改成了沙石路，解决了群众行路难的问题②。

山东省潍坊市潍城区红十字会建立各种社会服务队，千方百计为人民群众排忧解难，形成了服务网络。例如，青少年服务队结合学雷锋、学赖宁活动，开展扶危济困、敬老助残活动。区红会组织城区 7 个中小学的共 1200 余名青少年会员，对学校附近 112 名烈军属、孤寡老人、残疾人以及离退休干部，开展定户、定人、定时的包干服务活动。北大街第一小学的服务队，对生活不能自理的退休干部李玉亭包户照顾，从打扫卫生、买粮、买菜，到看病、取药全部包了下来，几年来从未中断。又如，丧事服务队帮助解决群众在料理丧事中的实际困难。区红会以增福堂居委会为主，组成了由 24 名会员参加的丧事服务队。他们承担义务为死者净身、穿衣、整容、联系火化等事宜。近十年来，共为城区居民、企事业单位职工料理丧事 468 起。还如，为

① 郑敏：《我们这样开展红会工作》，《中国红十字》1991 年第 1 期，第 9、31 页。
② 周耀华：《湖南红会从调查中看到了希望》，《中国红十字》1991 年第 3 期，第 14—15 页。

确保粮食丰收，区红会在河西乡发动青年会员120余名，以村为单位，分成15个小组，成立青年义务除草队。他们为缺乏劳力的困难户和五保户等无偿除草耕种。仅1990年一年，义务除草队就为50多户农民义务灭荒锄草250余亩。农民群众高兴地说:“红会真是助人为乐，时时处处为群众做好事、办实事。”①

石家庄市新华区南大街办事处鲜鱼市街居委会红十字小组成立以来，使居委会风貌焕然一新。鲜鱼市街居委会地处火车站附近繁华热闹的商业区，紧傍新华集贸市场，人称“石家庄的大栅栏”。这里有462户、1438名居民，恢复建立红会组织后，居委会把热心红会工作的106名离退休人员和居民中的积极分子充实到居委会的各个组织中去，作为基层工作的骨干力量，形成一支红会骨干分子队伍。根据居委会的实际情况和人员特长，建立了服务网络，定期上门为三户（即军烈属户、残疾户、五保户）义务服务，并使之制度化、规范化，对外营业实行有偿服务，对“三户”人员实行无偿或半费服务。红十字诊所为“三户”老人建立健康档案，每月巡诊一次，定期送医送药，在半年多的时间里，免费诊治约70人次，对外诊治300人次；理发组定期为体弱不便的人上门服务；家电维修组修理半导体收音机、钟表70多台次，电视机4台；磨刀组磨刀剪560把；家务服务组为老人拆洗被褥、棉衣170余件，代买煤、买菜、买粮和打扫卫生成为日常行为②。

“红十字人道主义就是要拯救弱者，惠泽于民，让人们在精神世界和社会生活中，看到她的存在和作用。”盐城市红会组建后，配合有关部门，专注于困难群众的社会救助。1985年为援助非洲灾民，募集捐款9.6万余元。1987年秋，市郊区遭受特大暴雨袭击，大量农田受淹，房屋倒塌，人畜伤亡，郊区红会募集救灾款9万余元及大量建材物资，有力地支援了抗灾斗争。1989年9月，大丰县10个乡镇遭受特大台风、龙卷风、雨涝灾害，县红会募集救灾款60余万元，用于灾情救助。1990年8月，15号台风造成全市1500余万亩农作物受灾，倒塌损坏民房11.4万多户，28.5万余间；因灾死亡44人，伤655人，直接经济损失14亿元以上。市红会参与市工、青、妇等11单位倡导的社会募捐活动，仅在市直即募集救灾款48万余元及相关物资③。

---

① 健民:《积极发展社会服务网络》,《中国红十字》1991年第6期，第8页。

② 石家庄市新华区红十字会:《红十字温暖着家家户户》,《中国红十字》1989年第7期，第22页。

③ 章行可、孙长旭、朱友庆:《对人道主义的认识和实践》,《中国红十字》1991年第2期，第15页。

二、“红十字花艳四方”

有一首描写红十字会救死扶伤工作的小诗《歌颂红十字》这样写道：

从村舍，到厂房，神州处处春风吹。
越东海，跨西洋，人道主义泽环宇。
防疫痢，扶病伤，白衣红心情深长。
济医药，拯饥荒，红十字花艳四方①。

红十字会兴起于战争救护，救死扶伤是其传统业务，在社会主义精神文明建设的大潮中，各级红十字会关注苍生、扶危济困、敬老助残、助人为乐，谱写了一曲曲无私奉献的生命之歌。在红十字精神的滋养下，精神文明之花在祖国各地盛情绽放。

（一）愿花朵不再凋零——厉矞华及其领导的智残儿童救治工作

所谓智残儿童，通常是指年龄在18周岁以下，智力水平和适应能力明显低于同龄人群的一个群体。有关统计资料表明，20世纪90年代的中国，智残儿童有539万人，仅浙江一省就有近20万。

面对这一现实问题，浙江省红十字会在帮助政府做好关心智残儿童工作的同时，一直试着寻求一种更为有效的方法，使智残儿童和他们的家庭，能够摆脱痛苦的桎梏。为此，省人大常委会副主任、省红十字会会长厉矞华教授倾注了她全部心血和精力。厉矞华是我国著名的儿科医学专家，她与儿童智残救治事业有着特别深厚的感情。每逢元旦、春节、“5·8”世界红十字日、六一儿童节，她都要从繁忙的政务和社会活动中抽身出来，带领省红十字会的同志，深入智残儿童比较集中的幼儿园、儿童福利院，进行慰问和调查研究。

她根据自己渊博的专业知识、丰富的临床经验及对问题全面科学的分析研究，针对国内智残儿童重教育、轻治疗，片面强调通过接受教育提高智力，而不接受有效治疗的现象提出质疑。她认为，改善和提高智残儿童智力水平是一条出路，为了达到这个目的，教育是必要的，但却不是唯一的手段；况且，智残儿童大都伴有多动或是运动机能障碍、反应迟钝、遗尿等症状，不首先设法加以治疗，教育的目的是不可能实现的。在潜心研究了智残儿童致病的原因后，她认为运用综合治疗方法，特别是我国传统医学中许多具有明显的益智调神功能的方法对智残儿童颇有疗效，智残并非“不治之症”。

---

① 石万和：《歌颂红十字》，《中国红十字》1986年第6期，第3页。

1989年6月1日，厉矞华会长看望了杭州市杨绫子巷小学的智残儿童后，满含深情地对大家说："治疗智残儿童是一项抢救性的工作，时间紧迫，无论对孩子还是对我来说，都不能再等了！"事后，她立即带领她的一批助手和学生成立了攻关课题组，不顾70岁高龄，亲自担任了课题组的负责人。

智残儿童的主要病理变化是大脑神经细胞发育不全。她们使用先进的经络探测仪，在12经原穴中选取了与大脑相关的穴位，随后分别施以头针、耳针、体针的穴位注射法。针刺促进了大脑皮层的发育，改善了脑血供应，调节了大脑皮层的兴奋和抑制过程对中枢神经递质的影响。穴位注射则将乙酰谷酰胺等营养神经的药物直接作用于各个穴位。同时，配合进行按摩，疏通经络气血，调节心脑功能，促进肢体功能的恢复。

自1990年2月起，他们先后在杭州市儿童福利院杨绫子巷小学治疗48例，均获得了满意的疗效。这些智残儿童在接受治疗前动作笨拙，走路不稳，单脚直立及直线行走困难，不会穿衣服，连洗脸也要人帮助。社会适应性评分为60分，韦氏-R智力量表测出：总智商49，语言智商60，操作智商45。经过6个疗程的治疗，他们的生活基本可以自理，步行亦趋于正常。复查社会适应性评分为81分，总智商达到58分，语言智商72，操作智商51。

一位不愿透露姓名的残儿家长，在看到自己孩子身上发生的明显变化后，对厉会长和她的助手高兴地说："原先我确实没抱什么希望。孩子患病，我也一直抬不起头来，只想拼命多攒一些钱，日后留给孩子糊口防老。想不到治疗效果这么好。照这样下去，孩子将来自食其力、自谋出路是没有问题的了。谢谢你们搬掉了压在我心上的这块石头！"

在小范围治疗取得成功的基础上，厉会长带领课题组于1990年9月在浙江省中医院开设了全省第一家智力残疾儿童的专科门诊；其后，又于1991年3月在省儿童医院开设了第一家小儿脑性瘫痪门诊，公开收治病人，全面展开了救治智残儿童的工作。每天，省内外闻讯前来求治的病人络绎不绝，应接不暇。除预约挂号三四十人外，一再加号也还是不能满足病家的迫切要求，甚至千里之外的贵州、陕西等地的患者也慕名前来求医。

为了巩固和不断提高治疗效果，她们又进一步研究出以治疗为主，结合教育训练、功能训练为辅的智力残疾儿童综合康复模式。1991年6月1日，在浙江中医学院红会的协同配合下，免费开办了智力残疾儿童康复家长培训班和幼儿康复实验班，把有关家长和从事特殊教育的老师一同请来，共同参与治疗和康复活动。这样，使智力残疾儿童接受治疗以后，在神经稳定、反应增强、脑功能较前活跃的状态下，及时、适量地得到有效的教育和训练。

厉会长还经常通过红十字会向全社会发出呼吁，争取对救治智力残疾儿童的同情、关心和支持；她亲自为接受治疗的智残儿童募集增加营养的食品。她还提出贯彻“预防为主”的方针，热心组织或参加了一系列加强优生、优育宣传和普及优生、优育知识的活动，主张在全省各级医院和妇幼保健机构中推行小儿脑性瘫痪的早期诊断、早期发现和早期治疗，以尽量减少新的智力残疾儿童的产生。

到 1991 年，厉会长领导的智残儿童救治工作已初具规模，它的理论和实践得到了联合国儿童基金会驻华机构的赞赏和好评，引起了美国民间健康基金会浙江妇女项目代表浓厚的合作兴趣。虽然还只能说是刚刚开头起步，却使人们看到了发展的前景。可以相信，不久将来，会有越来越多的智残儿童通过救治，走向康复，重返社会。在厉会长的心血浇灌和红十字人道主义的照耀下，将有更多不该凋零的花朵勃发生机，重新绽出新蕊①。

（二）红十字生命之光

1989 年 7 月 26 日凌晨，江苏省太仓县高里化工厂一辆货车行至武进县横林附近时，突然车灯熄灭，与迎面而来的一辆货车相撞翻倒，高里化工厂车上的 5 人全部压在车下。此刻，时逢横林塑料厂夜班工人经过出事处，在这些工人奋力抢救帮助下，将这 5 名伤员送到横林红十字医院，此时已是清晨 6 时许。外科医生周玺龙立即组织在班医护人员进行急救，与此同时，正在街上买菜的唐锡生、邓志庆、徐建松等医生闻讯火速赶到医院，投入抢救行动中。5 位病人中，1 位已失去双腿、1 位脑震荡、1 位骨盆粉碎性骨折、1 位外伤性截瘫、1 位开放性小腿双骨骨折。陈玉庆医生护送失去双腿生命垂危的伤员去县人民医院救治，终因伤势过重抢救无效死亡。对留下的 4 名伤员，由医院先垫付血款 900 元，并派员到常州市中心血库取回 2000 毫升鲜血，经过 30 多个小时的奋力抢救，4 名重伤员终于脱离危险。事后，太仓县高里化工厂送来了感谢信②。

出生才 10 天的小王妹因患新生儿肺炎住进常熟市第一医院小儿科。两天中，死神一直威胁着她。孩子病情危急，急需输血，但仅需 20 毫升“O 型”新鲜血液，一时却难于找到。这时，值班护士陈静伸出胳膊轻轻地说：“我是‘O 型’，抽我的吧。”几分钟后，那 20 毫升殷红的鲜血，一滴一滴地流进了小王妹细小的血管里。小王妹得救了，家属硬要把钱塞给陈静，让她买些营养物品，而小陈坚决不收钱。有人说她“为啥不拿钱？真憨”。她腼腆地说：

---

① 东平、寿炳华：《愿花朵不再凋零——记浙江省红会会长厉矞华及其领导的智残儿童的救治工作》，《中国红十字》1991 年第 11 期，第 10 页。

② 《车翻人伤情急　医院奋力抢救》，《中国红十字》1989 年第 12 期，第 16 页。

“我是青年人，又是红十字会员，为人民奉献、为重危病人献点血是应该的。”陈静用自己的鲜血，点燃了小王妹的生命之火①。

1990 年 9 月 17 日是一个晴朗的天，蓬莱县迁驾夼乡田老汉的心里却阴沉沉的。3 年前，聪明伶俐的大女儿因病离他而去，老汉心头旧伤未愈，如今 14 岁的小女儿田吉芳又被诊断为功能性子宫出血性休克，急转蓬莱县红十字会医院。妇产科副主任孙洪丽顾不上吃午饭，在没有收病人押金的情况下，积极组织抢救。田老汉因前几年给大女儿治病花掉不少钱，家庭经济状况十分困难，面对生命垂危的小女儿，一筹莫展。针对这种情况，妇产科主任召集全科红十字会会员，向这个素不相识的农村小姑娘伸出了援助之手。33 个会员捐款 254 元，衣服 25 件，还有一批营养品，并采取经济有效的方法给姑娘治疗，节省诊疗费 200 多元。经过医护人员一周的精心照料，田吉芳的身体康复了，出院那天面对着这些热心的医护人员，父女俩感动得热泪直流②。

1990 年春，湖北省郧阳地区红十字会派出扶贫医疗队，到鄂西北深山的房县中坝乡巡回医疗，把红十字精神送到千家万户。半年多时间里，他们行程 1000 多公里，跑遍全乡 24 个村组，巡回诊治病人 3321 人次；他们检查普治疥疮及地方病 995 人次，为 142 名特困病人减免医药费 1500 多元。南平村 47 岁的农民黄吉州，患脓毒血症 1 个多月，无钱医治。医疗队派医生走了 6 个多小时才找到住在山顶上的病人，医疗队员没顾上喘口气，就将病人送到卫生院。医疗队同乡政府协商，解决病人困难，并从红十字会经费中为病人减免医药费 900 多元。黄吉州痊愈出院逢人便讲：“是红十字医疗队免费救了我一家人啊！”③

1990 年 10 月 30 日上午 9 时，5 次特快列车正由北京向南奔驰。当列车进入广西境内时，17 号车厢内一位旅客突发急病，倒在硬席座位上，意识丧失，毫无反应。各车厢的喇叭响了：“列车上一位旅客突发急病，病情危重，车上哪位旅客如是医生，请速到 17 号车厢救治。”不久，一位眼架近视镜、胸佩一枚圆形红十字徽章的中年男子，急匆匆地赶到病人身旁。他是百色地区卫生局主管医师、地区红十字会秘书长赵敢。赵医生敏捷地从列车保健箱内取出听诊器，探听病人的心音，又用手触摸病人的颈动脉，发现病人心跳、呼吸已停止，诊断为心肌梗死，便立即为病人作心脏胸外按压术，同时让另一人充当助手，为病人做口对口人工呼吸……抢救持续了 40 分钟后，病人低沉

① 李婉香：《小王妹得救了》，《中国红十字》1991 年第 3 期，第 25 页。

② 唐义、浦声芝：《为了一个不相识的小姑娘》，《中国红十字》1991 年第 2 期，第 11 页。

③ 宋海涛：《送医进深山　温情至万家》，《中国红十字》1991 年第 2 期，第 20 页。

地“哼”出一声，脸色渐渐红润，并微微地睁开双眼。一位列车员紧握他的手，激动地说：“医师，谢谢你的帮助。”接着，递给他一本记事本，让他留下姓名、地址，赵医师在记事本上写道：“我是中国红十字会会员，救死扶伤、实行人道主义是我的天职。”下面署名“一个红十字会会员”①。

（三）危难之处显身手

红会起源于战争，其丰功伟绩大多建立于人民群众遭受战火、自然灾害等危难之时。红会旗帜在危难时刻飘扬，不仅是红会宗旨之所在和光荣传统，也是红会区别于其他社会组织的标志。在和平建设时期推动红会工作，也应将“扶危济困”放在重要位置。在任何危难时刻，红会组织都不能忘记自身的根本宗旨和光荣传统，应随时注意援助群众于危难之中。“哪里发生了危难，哪里就应当立即飘扬起红会的旗帜，在危难时刻显出红会的本色。”②

1. 人间自有真情在

1990 年 4 月 30 日凌晨，地处大别山腹地的湖北省罗田县平湖乡胡家河村亡家塆遭遇了极其严重的泥石流灾害。“泥石流，以排山倒海之势，飞泻近 5 公里，直扑亡家塆而来，亡家塆遭到了灭顶之灾”。灾情发生后，罗田县红十字会当即随县党、政领导赶赴灾区，慰问灾民，并及时向社会各界发出募捐倡议书。倡议书引起了强烈的社会反响，在短短的 20 天内，社会各界共向灾区捐助救灾款 30528. 5 元、粮票 8594. 7 斤、衣服 934 件、化肥 2 吨、食用油 400 斤，还有一些日常生活用品。

在捐款队伍中，有领导、职工、街道居民、农民、个体户，也有年小志高的中、小学生。年届八旬的老者送来了自己多年的积蓄。县皮件厂业务员熊齐花本已买好第二天的出差车票，晚上从电视看到亡家塆的灾情和红十字会的募捐倡议后，怕出差延误捐款的时机，第二天一大早便急匆匆地赶到红会捐献 100 元钱和 15 斤粮票。县财政局副局长瞿雅仔、县一中青年教师方巧元得知红会募捐的消息后，当即捐款 100 元。风山镇桥南村 78 岁的婆婆闻桂珍，孤身一人，看到电视播出募捐倡议后，步行 10 多里，将自己省吃俭用节约的 50 元钱送到了红会，并深情地说：“这是我的一点心意，请红会收下。”当灾民接到人们捐献的钱物时激动地说：“真是天地无情人有情，人间自有真情在。”③

2. 捐赠 5. 5 万斤大米，是 11 万颗爱心

湖南省石门县，1990 年遭受了持续 3 个月之久的干旱，有近万名学生缺

---

① 林光贵：《列车上施行起死回生术》，《中国红十字》1991 年第 4 期，第 21 页。

② 鲁波：《红会旗帜应在危难时刻飘扬》，《中国红十字》1989 年第 4 期，第 7 页。

③ 秦建国：《人间自有真情在》，《中国红十字》1991 年第 1 期，第 10 页。

粮断炊，被迫辍学。这一消息传到汉寿县，不少师生流下同情的眼泪。“石门县师生的困难，就是我们的困难”。汉寿县教委红十字会于1990年10月16日向全县师生发出呼吁，要求每个师生援助1斤大米。当天下午，汉寿县第一中学就捐粮1000公斤；晚上，汉寿八中负责人打来电话：“我们已捐粮400公斤。”其他乡镇中学也行动起来了。地处沅江北岸的汉寿四中募捐粮队，为了赶上第一趟过江轮渡，天未亮就赶到坡头；军山铺中学在装车时一袋米掉在地上打湿了，学校立即换上干净大米；汉寿二中雇请的个体户汽车司机，听说是为石门灾区送粮，拒绝接受700元的运费。

几天时间，汉寿全县11万师生共捐大米5.5万斤。石门县一中一名女生含着眼泪说：“这五万五千斤大米，每一捧都染着汉寿兄弟姐妹深厚的情愫，每一把都展示着汉寿人民高尚的风格，每一粒都闪耀着红十字高擎的人道主义光芒”①。

3. 一人遇难众人帮

1989年4月12日，一位76岁的内蒙古老人在去吉林市的火车上，把随身仅有的600元钱连同他在吉林市妹妹的通讯地址一块丢失。这600元钱是他卖了房子准备给孙子治病用的。通信地址没了，投亲无门；钱丢了，孙子无钱治病。面对这意外的打击，老人失去了生活的勇气。这时吉林车站派出所的全体红十字会员，向老人伸出了援助之手。他们一边连夜帮助老人打听他妹妹的住址，一边安排老人的食宿。会员徐铁男主动把自己的100元钱送给老人。在徐铁男的带动下，其他会员纷纷向老人捐款，57名干警捐款650元。

消息传出后，工人、农民、个体户等数百人为这位遇难老人捐款，仅两天时间这位老人就收到捐款1300多元。当他满眼热泪离开吉林市时激动地说：“我一辈子也忘不了吉林，如果明年我还活着，我拼命也要再来吉林看望我的救命恩人们!”吉林市红会张绍鹏副会长代表市红会到该所进行慰问并给予表扬②。

4. 大火无情人有情

1990年4月，湖北鄂州市樊口医院医生方桂华的老家房子被一场无情的大火烧毁。刚从医学院毕业的方医生，上有双耳失聪的父亲和双目失明的母亲，下有未成年的妹妹，怎么办？小方沉浸在痛苦之中。大火无情人有情，樊口医院院长、红十字会会长秦昌华号召全院红会会员及职工，发扬互助友

① 刘泉水：《五万五千斤大米　十一万颗爱心》，《中国红十字》1991年第1期，第16页。

② 刘凤云：《一人遇难众人帮》，《中国红十字》1989年第8期，第9页。

爱精神，帮助身处困境的小方医生。仅107人的樊口医院不到两天时间，就为他捐献人民币768元，粮票50余斤、衣服3件、红瓦1000余块等。一双双温暖的手，一颗颗善良的心，使他全家人感动得流下了热泪。二位老人紧握着前往慰问的院红十字会秘书长万丽珍的手激动地说："感谢红十字会对我家的关心，我一定要教育好儿子，让他努力工作，报答同志们的深情。"①

5. "不是亲人，胜似亲人"

惠安县崇武镇位于福建东南沿海突出部，距台湾中部港口仅97海里。80年代以后，前来这里停靠的台湾渔船一年比一年多，仅1990年头8个月就来了414艘次、2446人次。为了方便台湾渔民的医疗救护，1987年8月，中国红十字会总会拨款5.5万元，加上当地政府部门支持的5万元和自筹资金2.6万元，建立了惠安县崇武红十字救护站，备有心电图机、B超机、电动呼吸器、心电监护仪等医疗急救器械。

红十字救护站建站以来，共为台湾渔民提供医疗服务318人次，为探亲台胞诊疗82人次，为台属服务1923人次。还为厦门、龙海等地渔民提供医疗服务892人次。对前来就诊求医的台湾渔民、探亲台胞，红十字救护站的医护人员总是随叫随到，优先诊治，并送医送药到船上。

1988年7月21日晚11时，台胞庄先生因胆道感染持续高热，神志不清，求治于救护站。医护人员立即组织抢救，彻夜守护在他身边，使他很快脱离了危险。康复返台前，他特制了一面写有"不是亲人，胜似亲人"的锦旗送来，表示感谢。1990年1月18日，台湾船长林先生因支气管扩张并大咯血就诊于该站。因临近春节，他担心不能回台湾与家人团聚，焦虑万分。医护人员得知后，一面安慰他，一面精心治疗。很快，他的病情稳定了下来，带着感激的心情如期返台。4月，霞西村台胞曾先生因肺部感染，卧床不起，救护站张锡贤主治医师立即冒雨前去诊治。曾先生看到浑身淋湿的张医师，感动得热泪盈眶。台胞汪先生受外伤，眼睑下伤口近3厘米。为了不影响其面容，五官科主治医师蔡炳成为他精心清创、缝合。7天后，他的伤口痊愈，几乎看不到疤痕。

由于海上生活特殊，台湾渔船常在夜间或清晨靠岸。为了使台湾渔民能得到及时的治疗，救护站在台轮检查站专门安排一位红会理事，负责台湾渔民伤病员情况的通报。有的船员不能上岸就诊，救护站就派人送医送药到船上。他们先后有38次顶着大风浪到台船上为伤病员服务。

崇武与台湾一水之隔，两岸渔船都在同一海域捕鱼，海上作业时常有意

① 舒忠民、张榜生：《大火无情人有情》，《中国红十字》1991年第3期，第23页。

外事件发生。救护站本着红十字人道主义的精神，对台湾方面遇难的渔民，积极协助有关部门予以营救，并帮其返回。1988 年 3 月，一艘台湾渔船触礁，被福建“闽油 2 号”船拖入崇武港。该站积极联系有关部门抢修渔船，同时对落水的台湾船员及时诊治，使台湾渔民倍感祖国亲人的温暖。1989 年 10 月，一艘台轮在崇武东海区遇难，当时海上刮着七级大风，救护站立即联系本镇渔船 20 多艘，顶着风浪出海寻找。1990 年 1 月，一艘台轮入崇武港避风，因风大、雾大而在崇武近海搁礁，随时有毁船的危险。救护站一面联系本镇船只拖救，一面联系海军出动舰只营救。

救护站建立以后，在渔民中发展红十字会会员 212 人，其他会员 103 人。救护站还培训了渔船卫生员 423 人，并在 100 马力以上的渔船上配备常用急救药品。一旦海上出现意外，就有红十字急救员前来相救。惠安县崇武红十字救护站热情、周到地为台湾同胞服务，弘扬了红十字精神，得到了海内外社会舆论的赞扬[①]。

① 吴朝阳:《惠安县崇武红十字救护站为台湾同胞办实事》,《中国红十字》1991 年第 2 期，第 19 页。

第三章　全面深入发展时期（1985—1993）（下）

20 世纪 90 年代是中国深化改革、扩大开放、发展经济、壮大国力的一个关键时期，这一时期为红十字会提出了新任务，也为红十字事业的发展提供了新的机遇。随着中国红十字会第五次全国会员代表大会的召开，中国红十字事业继往开来，进入改革开放的快车道。这一时期，中国红十字会成功举办了红十字会与红新月会第四届亚太区域大会，向世人展示了改革开放后中国红十字会新的风貌和实力，进一步扩大了中国红十字会在国际上的影响。另一方面，中国红十字会积极拓展红十字会的价值内涵，积极推进台事服务工作，参与精神文明建设，推动了红十字事业的蓬勃发展。

第一节　红十字事业在改革中前行

一、“五大”：继往开来

中国红十字会的“四大”，使建设具有中国特色红十字事业落地生根，而“五大”的召开，承前启后，继往开来，为“特色事业”的枝繁叶茂输送了丰厚的养料。“四大”以后，特别是进入 20 世纪 90 年代，中国进入了改革开放和现代化建设的快车道。改革开放的深入为发展红十字事业提供了新的机遇，也提出了新的要求。正是在这样的社会历史背景下，1990 年 2 月 15 日至 17 日，中国红十字会在北京召开第五次全国会员代表大会。与会代表 231 名，代表着850万会员。“五大”推举朱学范、赵朴初、钱信忠、崔月犁为名誉会长，聘请谭云鹤为顾问；选举陈敏章为会长，顾英奇为常务副会长，张德江、邹时炎、郝长元为副会长，孙柏秋为专职副会长；韩长林任秘书长，曲折为副秘书长。中国红十字会完成了又一次组织机构的新陈代谢。

2月17日上午，国家主席杨尚昆、国务委员李铁映等党和国家领导人接见了全体代表。国务院总理李鹏为大会发来贺信，高度赞扬了红十字组织在奉行人道主义宗旨、维护世界和平和发展各国人民之间的友谊诸方面所做出的贡献：“中国红十字会遵循人道主义宗旨，在救死扶伤、扶危济困、敬老助残、助人为乐等方面发挥了重要作用。替政府分忧，为群众解难，深受广大群众的欢迎。在国际红十字运动中，为维护世界和平和发展各国人民之间的友谊做出了贡献。”国际红十字会与红新月会协会主席维拉罗尔·兰德尔和秘书长帕克·斯坦贝克联名发来贺电，向中国红十字会“五大”致以“最热烈的祝贺”。贺电称：“最近几年来，贵会取得了迅速发展，已成为协会最大的成员红会之一。今天贵会已拥有八百万积极的红十字会员，在贵国的每一个省和自治区都建立了活跃的分会，你们尽力满足占世界人口五分之一的中国人民的许多紧迫的人道主义需求。你们积极并广泛地参与国际红十字和红新月运动，为红十字运动的壮大和成功做出了贡献。你们的全国代表大会召开于一个新的年代开始之际，这具有重大意义……我们相信，你们的这次会议将对你们所从事的人道主义工作具有至关重要的意义，也将为我们两个组织之间更加密切的合作谱写新的篇章。”① 贺信是对“四大”以来中国红十字事业发展成就的认可。

“五大”肯定了“四大”所开辟的“特色道路”的正确性和所取得的成效，谭云鹤副会长代表第四届理事会所做的工作报告中，总结了“四大”以来红会工作的经验，其中“最根本的一条就是认真贯彻党的十一届三中全会所重新确立的思想路线：实事求是，一切从实际出发，认真实行改革开放。从红会来说，就是要善于把国际红十字会的人道主义宗旨和七项基本原则同社会主义中国的实际情况结合起来，同党中央、国务院的指示精神结合起来，同当前全国人民的中心任务结合起来，改革不适应中国国情的东西”。在此基础上，“五大”提出要继续抓好“一个重点”（即以组织建设为重点）、“两个网络”（即经过20～30年的努力，逐步建立遍布全国城乡的群众性自救互救网络和群众性的自助互助网络）的中心工作，努力开创中国红十字事业的新

---

① 《红十字会与红新月会协会主席和秘书长来电祝贺中国红十字会“五大”召开》（1990年2月13日），《中国红十字》1990年第3期，第7—8页。

局面。为了实现上述奋斗目标，中国红十字会规划了之后5年的工作目标和任务：（1）继续以组织建设为重点；（2）进一步扩大卫生救护网络；（3）进一步做好社会福利工作；（4）积极兴办事业实体；（5）认真做好红十字青少年工作；（6）进一步加强宣传工作；（7）把台湾事务服务工作做得更好；（8）积极开展国际间的友好交流；（9）加强红十字会自身的建设。

"五大"报告中指出，我国红十字会发展历史的事实说明，红十字事业是一项伟大而崇高的事业。红十字会是造福于人民，为统一祖国大业服务，促进世界和平和人类进步事业的社会团体。今后随着改革开放不断发展，人民生活水平和精神文化需求的提高，我国红十字会将在社会主义物质文明和精神文明建设中发挥更加重要和独特的作用。"五大"报告提出，"今后5年红十字会工作的目标和任务是光荣而艰巨的。我们相信，这次会员代表大会之后，只要我们认真贯彻十三届五中全会精神，坚定不移地坚持改革开放方针，积极争取各级党政领导、社会各界和广大人民群众的支持，紧紧依靠各级红十字会组织、红十字会专（兼）职干部、志愿工作者和广大红十字会会员的努力，振奋精神、同心同德、群策群力、艰苦奋斗，就一定能够在拓展中国特色的红十字会道路上，为我国人民和社会主义事业做出新的贡献"①。"五大"是一次继往开来的大会，它的召开为中国红十字运动继续沿着"四大"开创的建设具有中国特色的红十字事业的道路奋勇前进明确了目标，奠定了基础。

二、进入改革开放的快车道

1989年11月召开的党的十三届五中全会，充分肯定了党的十一届三中全会以来的各项方针政策，实事求是地估计了当前我国经济工作面临的困难和克服困难的有利条件，在深刻总结经验的基础上提出了进一步治理整顿、深化改革的一系列正确措施，为红十字会指明了今后的发展方向。总会"五大"指出，党的十三届四中、五中全会关于加强廉政建设、克服"官气""机关化"倾向的精神，对于红十字会更为需要。各级红十字会组织要深入调查研究，改正工作作风，深化参与社会活动的程度和范围，不断提高红十字会的社会知名度和在人民群众中的影响。要根据机构改革和领导班子成员的变动，及时调整充分发挥理事会的作用。要继续对各级红十字会专（兼）职干部进

---

① 谭云鹤：《振奋精神　群策群力　把建设具有中国特色的红十字事业继续推向前进》（1990年2月15日），中国红十字会总会编：《中国红十字会历史资料选编，1950—2004》，民族出版社2005年版，第212—216页。

行培训，建设一个热心红十字事业、政策水平高、活动能力强、具有开拓精神、年龄结构合理的领导班子和一大批无私奉献、志愿献身于红十字事业的红会专（兼）职干部队伍和志愿工作者队伍，以保证整个红十字事业的稳定性和连续性①。

1992 年 2 月 24 日，中国红十字会五届三次理事扩大会议在长春开幕，各地代表欢聚一堂，共商红十字事业发展大计②。会议指出，“红十字事业是崇高而伟大的事业，有许多艰巨的任务需要完成，也有不少新情况需要去探索”。会议为新形势下发展红十字事业指明了方向。

首先，会议提出红十字事业发展要积极寻求当地政府的帮助。“红会横向联系多、社会工作量大，解决一些问题实属不易。从红十字事业出发，凡是我们认准的事情，在现阶段又是可行的，就要坚定信心，毫不动摇，努力去开拓”。会议谈到，“红会是政府领导下的社会团体，红会的许多问题需要政府帮助解决，政府领导人担任各级红会的会长，使政府直接关心支持红会工作，有利于红十字事业的发展，辽宁省盖县、贵州黔南自治州、江西景德镇市、宁夏盐池县等地红会，遇到困难都主动争取当地政府领导的支持，因此他们的工作进展快、扎实有效”。

其次，会议提出红会组织要“克服等靠思想，充分发挥主观能动性，多想办法，脚踏实地的工作，就能把渴望变为现实”。广东省红会对此深有体会：“要想解决问题快，一不等、二不靠，主要凭自己干，怨天尤人无济于事，等靠不会有作为。”新疆维吾尔自治区解决了县以上红会的编制，不是等来的，他们不厌其烦地找政府领导及政府有关职能部门，反复宣传，多次争取，问题终于解决。

再次，会议提出要“抓住有利时机，积极配合政府有关部门，主动开展工作，可收到良好效果”。在 1991 年的抗洪救灾、防病防疫中，红会主动做了大量艰苦、富有成效的工作，使各级领导认识到，红会是政府的得力助手，也使群众感受到，红会是为民解难的好团体。中央和国务院领导同志在不同场合多次提到红十字会是一个非常重要的组织，是其他群众组织所不能代替的。由于红会自身的努力，扩大了红会影响。经过这次抗洪救灾，人民群众、社会各界及政府领导都对红会有了新认识，红会地位在人们的心目中有所提高。要想有地位，必须有作为，应该成为红会的座右铭。

---

① 谭云鹤：《振奋精神　群策群力　把建设具有中国特色的红十字事业继续推向前进》（1990 年 2 月 15 日），中国红十字会总会编：《中国红十字会历史资料选编，1950—2004》，民族出版社 2005 年版，第 204、216 页。

② 沈默：《五届三次理事扩大会在长春隆重举行》，《中国红十字报》1992 年 2 月 28 日。

最后，会议谈到“只要树立信心，持之以恒，艰苦奋斗，事业必定成功”。例如，天津市红会为拓宽宣传渠道，不怕受挫折，反复与天津电视台的领导协商，终于得到对方的理解与支持，破例开播了《闪光的红十字》专题节目，每月一次，一次十分钟，这在全国尚属首例。内蒙古自治区红会的工作起步较晚，由于云曙碧会长带领大家执着追求，克服种种困难，不断进取，工作进展快，有的方面已跨入了全国先进行列。相反，个别地方的同志，消极等待，怨上级不重视、同级不支持、下级不理解，就是不责备自己，结果工作日复一日、年复一年起色不大，影响了事业的发展①。

1992 年初，邓小平同志视察了我国南方，就坚定不移地贯彻执行党的基本路线，坚持走有中国特色的社会主义道路，抓住有利时机，加快改革开放步伐，集中精力把经济建设搞上去等一系列重大问题，发表了重要谈话，把我国的改革开放和社会主义现代化建设推进到一个新的发展阶段。1992 年 10 月，中国共产党第十四次全国代表大会在北京举行。江泽民做了《加快改革开放和现代化建设步伐，夺取有中国特色社会主义事业的更大胜利》的报告。大会确立邓小平建设有中国特色社会主义理论在全党的指导地位，概括了建设有中国特色社会主义理论的主要内容，明确了建立社会主义市场经济体制的改革目标，要求全党抓住机遇，加快发展，集中精力把经济建设搞上去。

在国家深化改革的形势下，全国各级红会组织和广大红会干部，抓住机遇，大胆开拓，逐步把红十字事业推向了一个新的阶段②。1993 年 1 月 29 日至 2 月 2 日，中国红十字会召开五届四次理事（扩大）会议。会议提出要解放思想、转变观念，适应深化改革的新形势。会议谈到，中国红十字会是一个国际性的人道主义救助和社会服务团体，按照国务委员李铁映关于“红会既然是社会团体可以大胆仿效国际通行做法，摆脱行政束缚，用实际行动争取社会地位”的指示精神，红会要研究和借鉴“小政府、大团体、多服务”的国际通行做法，主动适应国家深化改革、政府转变职能的新形势，走自我发展、自我强大之路。为此，总会制订了《关于深化红十字会工作改革的几点意见》和《中国红十字会九十年代工作纲要》。红会的总体目标就是“增强实力，提高自我生存、自我发展能力；独立自主地开展工作，建成全国性的组织网络，形成自身的体系；改善最易受损害群体的境况，逐步拓宽人道

---

① 顾英奇：《开拓进取　艰苦奋斗　努力发展红十字事业——在中国红十字会五届三次理事扩大会议上的工作报告》（1992 年 2 月 27 日），《中国红十字会五届三次理事（扩大）会议文件汇编》，1992 年内部印行，第 18—20 页。

② 陈敏章：《在中国红十字会五届四次理事（扩大）会议开幕式上的讲话》（1993 年 1 月 30 日），《中国红十字会五届四次理事（扩大）会议文件汇编》，1993 年内部印行，第 5 页。

领域里的社会服务；提高我会在国际红十字运动中的影响力”①。

实践证明，“只有坚定不移地贯彻执行党的有关方针政策，主动发挥助手作用，才能具有社会主义中国红会的特点，才能有所作为。红会的建设所以能取得显著成就，最根本的一条是坚定不移地贯彻执行了党的方针政策，发挥了政府的助手作用。不仅对台工作如此，外事、宣传等工作也是这样。红会是党和政府领导下的全国性社会团体，红会又是具有独立法人地位的社团组织，那就要充分发挥其主观能动性，独立自主地开展符合红会宗旨、性质、任务的工作”②。

三、红十字事业的开创性业绩

“五大”之后，各级红会干部、广大会员和志愿工作者，解放思想、锐意进取，开拓了人道领域里的新工作，推动了红十字事业的蓬勃发展。

（一）参与血液事业管理，推动了无偿献血工作

努力争取参与血液事业管理。总会对参与血液事业管理、推动无偿献血工作做了多方面的努力，得到了国务院领导同志的支持和卫生部的重视，国务委员李铁映多次指出：“血液事业是红会的一项重要事业。无偿献血要由红会来搞。”经与国家卫生部反复协商，已同意红会自办部分血站；与卫生部联合下发了《关于红十字医院、血站命名的暂行规定》，联合召开了第二次全国输血工作会议，肯定了无偿献血是我国输血事业的总方向，明确了红十字会在推动无偿就血中的特殊地位和作用。

参与血液事业管理有了良好的开端。部分地区经政府批准、编委下文，筹建并管理了红十字会血站，继湖南岳阳红十字会血站落成后，新疆哈密、山东莱芜等地红会血站也投入使用。到1993年年初，全国已投入使用和正在筹建的红十字血站已达24所，迈出了参与血液事业管理的第一步。

加快了无偿献血的进程。1992年4月25日，总会和卫生部在人民大会堂召开了“全国无偿献血促进大会”，发出了在“5·8”期间开展“无偿献血周”活动的通知。各地组织了声势浩大的无偿献血宣传、动员、组织工作，使更多的人懂得了血液生理知识和无偿献血的意义，扩大了无偿献血者队伍。辽宁省23名厅局级干部无偿献血；杭州市红会理事集体无偿献血；海南实现

---

① 顾英奇：《抓住时机　努力开拓　争取新的更大胜利——在中国红十字会五届四次理事扩大会议上的工作报告》，《中国红十字会五届四次理事（扩大）会议文件汇编》（1993年1月30日），1993年内部印行，第35页。

② 顾英奇：《中国红十字会五届二次理事（扩大）会工作报告（摘要）》，《中国红十字》第4期，第8页。

了无偿献血“零”的突破；河南省洛阳市一步跨入“无偿献血万人城”的行列；上海市红会“家庭储血互助”通过专家鉴定。经过各级的艰苦努力，我国公民无偿献血迈上了一个新台阶，但与国外相比，差距还很远。

（二）开展了非血缘关系骨髓移植供者登记工作

非血缘关系供者骨髓移植，是一项极受国际重视的科技新成果，此项科技的开拓者唐纳尔·托马斯曾获得1990年的诺贝尔生理学或医学奖。该项技术是将非血缘关系供者的骨髓移植到病人身上，从而使白血病、再生障碍性贫血等重症血液病患者的生命得到挽救。由于非血缘关系白细胞抗原配型相同者只有万分之一，因此，许多患者往往没有移植的机会。为了向上述血液病患者提供人道服务，中国红十字会决定建立一个非血缘关系供者骨髓检索库，不仅服务于国内同胞，也可服务于居住在世界各地的华人。经多方筹备，1992年3月14日，总会在人民大会堂举行了“非血缘关系供者骨髓移植工作新闻发布会”，宣布成立中国非血缘关系供者骨髓移植领导小组、办事机构和协作组，建立了命名为“中华骨髓库”的非血缘关系骨髓移植检索库。

“中华骨髓库”的成立在社会上产生了积极反响。中国人民大学新闻系的60位师生发出了倡议书，北京医科大学、西安医科大学的千余名师生和全国各地的数千名群众、海外华人、侨胞纷纷报名登记捐献骨髓。

“中华骨髓库”的建立，为开展非血缘关系骨髓移植供者工作提供了一个检索基地，填补了我国这一领域里的空白，拓宽了人道主义领域的服务。

（三）把备灾救灾工作提到更重要位置，加紧筹建备灾救灾中心

我国地域辽阔、自然灾害频繁，为了提高救灾反应能力和救灾效能，总会把备灾工作摆到更重要的位置上，提出了陆续在全国筹建备灾救灾中心的计划。国际联合会认为中国红会的计划富有开拓性，符合国际联合会90年代战略工作计划的精神，因此积极帮助呼吁，得到了日本、加拿大、美国、德国等红会的响应，纷纷捐助中国红会筹建备灾救灾中心。筹建备灾救灾中心工作也得到了有关省政府领导的重视和支持。截止到1992年年初，总会杭州备灾救灾中心已经落成，总会湖北备灾救灾中心基建工程进展速度快，主体结构已经基本完工。总会在四川、辽宁、广东的备灾救灾中心已选定地址，准备投入兴建。少数省红会为提高救灾效益，自筹资金建立备灾救灾中心（或仓库）。备灾救灾中心的成立，填补了我国红会备灾工作的一个空白，对于建立我国备灾救灾网络体系具有重要的意义。

（四）人道领域里的社会服务有所拓宽

在改革开放的形势下，各级红会组织根据社会需要，对人道领域的社会

服务进行了探索和创新，取得了显著的社会效益。例如，上海市红会联合市保险公司推出了《中小学生和幼儿园儿童住院医疗保险办法》，使每个儿童交付 84 元人民币，就可在中学毕业前的 14 年里，免去因大病住院家庭承担不起医疗费的担忧。又如，针对上海已进入老龄化城市的实际，经政府批准，上海市红会办起了“临终关怀医院”。还如，浙江省桐乡县红会组织全县 39 家医院、卫生院成立了基金会，为特困户、孤寡老人解决就医困难。

（五）抓住时机，兴办服务型和经营型实体，为红十字事业增添了生机和活力

国家进一步改革开放的形势，为红会兴办实体提供了大好时机和有利的社会环境。各级红十字组织和广大干部解放思想、转变观念，对红会如何走向社会，增强自我生存、自我发展能力，独立自主地开展工作等问题进行了探索，认识到红会只有走“兴办实体、服务社会、增强实力、发展事业”之路，才能有广阔的发展前景。

“五大”后的几年里，全国各级红会遵循红会宗旨，大力兴办服务型、经营型实体。1992 年初，济南、哈尔滨两市红会与政府有关职能部门联合发文，江苏省红会与省政府 5 个职能部门联合发文，支持红会办实体并提供优惠政策。各级红会干部艰苦奋斗，克服了种种困难，通过向银行贷款、社会集资等渠道筹集资金，采取向社会招聘等方式广揽人才，采取租赁的办法，解决场地设施等，先后办起了各类经济实体；有服务型、经营型、生产加工型的实体，还有集工、商、贸于一体的实业公司，如天津市红会办的数家门诊部和医院、湖北省红十字会办的卫生保健品公司等，八仙过海，各显其能。

经济实体为红十字事业增添了生机和活力，并为红会开展活动提供了经费保障。武汉、沈阳两市红会依靠经济实体的收入，为本地区卫生救护网建设提供资金支持，发挥了良好的社会效益。湖南省大庸市红会所办的经济实体第一季度开张，第二季度就为红会提供 2 万余元的活动经费。

“五大”后红十字事业的开拓性成绩，为新时期的发展提供了借鉴：

首先，只要从实际出发、从社会需要出发，勤于思考、创新，就能不断开拓出新的工作领域。随着历史的发展、形势的变化，又经过几年来实践的充分证明，中国红十字会是“国际性的人道主义救助团体”，其宗旨是“实行人道主义”，任务是“减轻人类因各种情况造成的苦难”。从这个意义上讲，红会人道主义领域的工作是无止境的。如上所述的几项开拓性工作，都是为了最大限度地减轻人们在各种情况下产生的苦难，是符合人道主义宗旨的事业。红会按照这一认识去开拓，其工作必将远远超出“人民卫生救护和社会福利团体”的范畴。

其次，要想推动事业的不断发展，开拓新的工作领域，就必须转变观念，克服等靠要的思想，根据形势的变化，牢牢抓住机遇。随着改革开放的进一步深入，政策不断放宽，给红十字事业的发展带来了契机，如广西北海市红会只有一名专职干部，两年前靠借人、借款、租房子，办起了“中英文打字机培训班”，由于抓住了机遇，培训班越办越红火，得到了社会承认，同时为事业发展提供了资金。广大干部正是认识了“办实体迫在眉睫，不办实体没有出路”的道理并为之奋斗，终于办起了各种类型的经济实体，为红会自身事业的生存和发展注入了生机和活力①。当然，一定要谨记，对于红会而言，“办实体是增强自身实力的一个手段，实行人道主义，发展红会事业才是我们的根本目的”②。

第二节　20 世纪 90 年代的机遇与挑战

一、《中国红十字会九十年代工作纲要》

中国红十字会是国际性的人道主义救助和社会服务团体，作为政府人道主义领域的助手，遵循国际红十字运动确立的基本原则，为保护人类的生命和健康，减轻人类的苦难进行不懈的努力。红十字会与红新月会国际联合会 1992 年 5 月在第 29 届执行理事会上正式通过了《九十年代战略工作计划》。为建设有中国特色的红十字事业，中国红十字会参考联合会的战略工作计划，结合中国国情和中国红十字会的实际，提出了《中国红十字会九十年代工作纲要》③，其主要内容如下：

（一）中国红十字会的战略目标

增强综合实力、提高自我完善自我发展能力，建设具有中国特色、形成自身体系的红十字会组织网络，独立自主地开展工作；改善“最易受损害群

① 顾英奇：《抓住时机　努力开拓　争取新的更大胜利——在中国红十字会五届四次理事扩大会议上的工作报告》（1993 年 1 月 30 日），《中国红十字会五届四次理事（扩大）会议文件汇编》，1993 年内部印行，第 12—18 页。

② 顾英奇：《抓住时机　努力开拓　争取新的更大胜利——在中国红十字会五届四次理事扩大会议上的工作报告》（1993 年 1 月 30 日），《中国红十字会五届四次理事（扩大）会议文件汇编》，1993 年内部印行，第 39—40 页。

③ 《中国红十字会九十年代工作纲要》（1993 年 1 月 10 日），中国红十字会总会编：《中国红十字会历史资料选编，1950—2004》，民族出版社 2005 年版，第 251—255 页。

体的境况”，逐步拓宽人道领域中的社会服务；进一步提高中国红十字会在国际红十字运动中的作用。根据这一战略目标，中国红十字会将把改革与发展作为重要的工作任务，围绕这个工作任务采取一系列行之有效的措施，确保战略目标的实现。

——从人道主义宗旨出发，强化各级红十字会备灾救灾意识，提高红十字会系统的社会救灾、救济和社会服务的反应能力和效能。

——配合“2000 年人人享有卫生保健”规划，继续强化群众性卫生救护培训工作，开展现场、初级、群众性的卫生救护工作，有计划、有步骤地在全国城乡形成同卫生部门县、乡、村三级医疗预防保健网相衔接的群众性自救互救网络。

——积极参与血液事业管理，兴办部分血站，大力推进无偿献血事业的发展。

——加快立法步伐，逐步建立健全红十字事业的法律法规体系，使红十字事业走上法制建设的轨道，依法维护红十字事业的权益、义务。

（二）战略措施

联合会 90 年代战略工作计划中要求各国红十字会：“必须评估他们本国最易受损害群体和社区的需求并据此调整他们的规划和组织，以确保这些需求得到满足。”联合会给“最易受损害群体”下的定义是：那些处于最危难境地——威胁到他们生存或威胁到他们享有最起码的社会保障和人类尊严的生活的人们。

中国地域广阔、人口众多、自然灾害频繁，各地经济文化发展不平衡。在中国，“最易受损害群体和社区”是指那些遭受各种自然灾害侵害，社区生活困境的人群（孤、老、病、残）以及在工厂、矿山、田间、交通要道、公路沿线因各种意外事故造成伤害的人群和那些生活在经济文化较落后的老、少、边、山地区的贫病人群。这些人群的产生是经常性的。因此，中国红十字会从事人道主义救助工作的长远目标是：逐步建立遍布全国城乡的红十字群众性自救互救网络。一旦发生灾害事故，当地红十字组织能够迅速对灾害程度、范围做出评估和反应：在现场有经过培训的红十字会员参与救护；有红十字会系统的备灾救灾中心参加赈灾救助。为此，应做好以下几个方面的工作：

1. 加强红十字会的备灾救灾能力。在国际联合会和有关国家红十字会的支持下，要尽最大力量抓紧抓好全国 7 个区域性备灾救灾中心的建设，确定承建备灾救灾中心的省区要全力以赴，保质量，尽快建成。同时，鼓励和提倡有条件的省（市）建立自己的备灾救灾中心。各地备灾救灾中心除完成储存、采办、分发、转运救灾物资外，可以高效低耗的方式生产基本所需的救济物品，还可以依据国家政策、法令组织生产、经营和销售民用产品，以维持备灾中心的生存和发展能力。

为切实加强红十字会的救灾备灾工作，提高对自然灾害、突发事件做出快速反应的能力，结合中国的实际情况和国际经验，将在北京建立一个直接隶属总会管理的备灾救灾培训指挥中心。该中心主要任务是：指挥协调全国各地红十字会及备灾救灾中心的工作；有计划地对全国各级红十字会工作人员、志愿工作者进行系统的备灾、救灾以及灾害发生时救灾组织工作、评估能力、通讯联络、向总会呼吁、报告灾情等的培训；储存、分发、转运救灾物资，做到平战结合，努力减少灾害造成的损失。灾害发生后，总会视情况，按国际联合会的要求与程序，适时向国际联合会和全国各省通报灾情、呼吁援助，以支持受灾省红十字会的救灾行动。各地红十字会要积极组织红十字会员、志愿工作者开展社区救济和服务。还可采取多种形式向社会募捐，为灾区人民恢复生产、重建家园提供必要的帮助。要注重在灾害现场与政府有关部门的协调与合作，以保证救灾工作的实效性。总会将结合国际联合会救灾原则与条例，进一步完善、健全我会有关的救灾规定。

2. 积极抓好群众性卫生救护网络的建设。红十字会的卫生救护网络是卫生部门县、乡、村三级医疗预防保健网的延伸和补充。各地红十字会要配合卫生部门为实现“2000 年人人享有卫生保健”的战略目标，积极开展卫生救护培训工作。要从“网络”建设的总体目标出发，根据不同情况，制定具体的实施方案。通过全国上下共同努力，逐步做到凡可能发生人身伤害的地方都有经过培训的红十字卫生救护人员从事现场急救。积极推广煤炭、林业、交通以及旅游系统开展卫生救护工作的经验。同时，要不断扩大卫生救护培训工作的覆盖面，抓好铁路、公安、地质、民航、公路等系统群众性现场急救技术的培训工作，并逐步使其规范化、制度化。卫生救护培训的内容要注意同各系统的安全生产相结合，同职业培训相结合，同发展红十字会组织相结合，同精神文明建设相结合。为了更有效地完成救灾时的救护任务，总会已在河北省建立了一个红十字救护总队，各地也要根据不同情况，在大、中城市和大型工矿企业中逐步建立具有较高急救技术的不脱产的救护队，力求做到在发生自然灾害或意外事故时能迅速组队到达现场进行急救。…… ……

上述“（二）战略措施”中的前两点内容关乎灾害救助和生命救护，与改善“最易受损害群体”关系最为密切。除此之外，“（二）战略措施”中的后面几点内容对于壮大红十字会实力，增强人道服务能力也具有重要支撑作用，分别是：3. 加快发展我国无偿献血事业；4. 加快红十字会立法工作；5.

加强组织建设；6. 大力兴办经济实体，不断壮大红十字会实力；7. 扩大红十字领域的对外开放；8. 大力开展宣传，建立健全总会与各地红十字会之间的信息传播网络；9. 加强红十字青少年工作；10. 加强台湾海峡两岸红十字组织的联系，进一步疏通双向交流的渠道，扩大交流范围。

《中国红十字会九十年代工作纲要》为建设有中国特色的红十字事业描绘了宏伟蓝图，中国红十字运动由此开始进入高速发展的新时期。

二、深化工作改革的几点意见

为适应改革开放的深入和社会主义市场经济的发展，促使中国红十字会工作更快更好地上一个新台阶，中国红十字会提出，“在当前国际环境有利，国内条件具备的情况下”，要“进一步深化改革，发展壮大自己，增强综合实力，提高总体效能，更好地发挥红十字会的作用”。基于上述考虑，1993 年 1 月 12 日，中国红十字会就深化红十字会工作改革问题提出如下几点意见：

指导思想：以党的十四大精神为动力，以人道主义为宗旨，本着“红十字会是社会团体，可以大胆仿效国际通行做法，用实际行动争取社会地位”的精神，进一步解放思想，转变观念，加快改革步伐，抓住当前的有利时机，大胆开拓，积极进取，为红十字事业的发展，闯出新路子，把红十字会办得更有中国特色，更有成效。

目标：各级红十字会要逐步实现机构设置合理、人员精干、高效率、大服务的管理体制；积极兴办经济实体，增强自我完善、自我发展能力，提高红十字会综合实力，强化职能作用；建设具有中国特色、自成体系、遍布全国的红十字会组织网络，独立自主地开展工作；改善“最易受损害群体的境况”，逐步拓宽人道领域中的社会服务范围。通过改革，将中国红十字会建设成为在国内有独特作用，在国际活动中有重大影响的社会团体。

方法：各级红十字会要从实际出发，认真研究和借鉴国内外一些发展红十字事业好的经验和做法，结合本地区、本单位实际加以运用，努力探索新的路子；要根据实际情况研究制订改革方案、方法和措施，及时发现典型，认真总结推广；在改革时，要区分不同情况，因地制宜，有步骤地进行；使改革工作既大胆开拓，又稳步进取。

为推进红十字事业的改革和发展，中国红十字会规划了重点着眼的工作目标：

首先，改革管理体制，提高红十字会整体效能。在全国进一步深化改革的新形势下，各级红十字会要根据所承担的任务、业务范围及国内外工作的需要，仿效各国红十字会通行的做法，结合实际，研究制定适合红十字事业发展的管理机制。总会机关改革主要是围绕其任务，从观念更新、管理模式的转换入手，调整机构设置，提高人员素质，减少冗员，进一步加强职能建设，拓展业务，逐步加强对全国各地红十字会的宏观指导。

各级红十字会要抓住有利时机，强化改革意识，加强内部管理，转变作风，提高办事效率，克服“行政化”倾向。县以上红十字会的机构、编制、经费要做到“三列”。同时也要积极创收，有了收入才可以自聘人员。人事管理方面，要逐步实行干部聘任制、工人合同制，坚持选贤任能，队伍精干，人尽其才，增强红十字会的凝聚力和向心力；财务管理方面，既要积极争取政府有关部门的必要支持，又要参照国际惯例，广泛向社会各界募集资金，所得款项要严格执行国家有关法规，用于发展红十字事业，逐级实行综合目标管理责任制，逐步实现责、权、利相结合，精神鼓励与物质奖励相结合；在红十字会事业发展方面，要认真学习和借鉴国外红十字会好的经验和做法，结合本地区实际，拓展人道主义领域中的各项工作，充分发挥各级红十字会的职能作用，积极探索，建立起以人道主义为宗旨，体现红十字会特色的新模式。

其次，增强国内工作的活力，围绕加强组织建设、加强备灾救灾工作、积极抓好群众性自救互救网络建设、加快发展我国无偿献血事业、继续开展人道主义服务、大力兴办经济实体、大力开展宣传工作、加强红十字青少年工作、加强台湾海峡两岸红十字组织的联系、加快红十字会立法工作等方面展开。

再次，扩大红十字领域的对外开放。红十字会的国际工作要不失时机地进一步扩大对外开放，不断发展双边和多边的对外合作与交流，认真学习和研究兄弟国家红十字会的先进经验，积极引进更多的资金、技术和装备，以增强中国红十字会的力量。

中国红十字会要进一步加强对联合会的人员支持工作。应国际联合会要求，向外派救济代表支持联合会工作，是扩大中国红十字会影响的一种好形式。为切实做好这一工作，总会将选拔和培养一批符合条件、熟悉红十字业务知识并有一定外语基础的人员，与国际联合会共同举办培训班，安排他们集中学习有关知识，强化外语训练。学习结束经考试合格者，作为外派代表储备人员并随时准备参加国际联合会的实地救济或其他工作。

改革既要大胆积极，又要细致稳妥。为保证红十字会改革健康、深入的进行，必须坚持党的“一个中心、两个基本点”的基本路线，大力加强精神文明建设，建立并完善自身约束机制及监督体系；必须加强舆论宣传，争取社会各方面的支持，努力给红十字会改革创造良好的外部环境。同时应选择不同地区或单位进行试点，不断总结、推广典型经验。

此外，总会还要求各地红十字会根据上述意见，结合实际情况，制定本地区改革方案和实施细则①。

三、走向国际舞台：亚太区域大会与《北京宣言》

1993年5月24日，红十字会与红新月会第四届亚太区域大会在北京开幕。来自26个已得到正式承认的国家红十字会和红新月会以及5个正在组建的红十字会的代表出席了此次大会。全国人大常务委员会委员长乔石、国务委员彭珮云、中国红十字会会长陈敏章、常务副会长顾英奇、副会长孙柏秋、秘书长曲折，以及红十字会与红新月会常设委员会主席博塔·赛因、红十字国际委员会副主席克劳迪奥·卡拉什、红十字会与红新月会国际联合会代理秘书长乔治·韦伯等出席了开幕式。大会的主题是“合作的战略”。

中国红十字会常务副会长顾英奇主持了开幕式。中国红十字会副会长孙柏秋宣读了国家主席江泽民给本届大会发来的贺信。江主席在贺信中说：“红十字国际组织和各国及地区的红十字会、红新月会所从事的人道主义事业，在推动世界和平与发展，保护人的生命和健康，减轻易受损害者的苦难等方面发挥了积极作用，为国际社会所称道。红十字工作在我国有着优良的传统和广阔的发展前景。多年来，中国红十字会在政府的有力支持下，做了很多有益的工作，并得到国际红十字组织、各国红十字会和红新月会的许多支持和援助。这次会议在我国召开，有助于各国和地区的红十字会和红新月会对我国的了解，必将进一步促进我国红十字会工作的开展。我相信，本次会议将对亚太地区的红十字会与红新月会工作产生积极的影响，推动本地区红十字与红新月运动的进一步发展。”

乔石委员长在大会致辞中指出：“自从1863年亨利·杜南首创红十字组织以来，红十字会与红新月会国际联合会和红十字国际委员会以及各国红十字会与红新月会，肩负着减轻人类苦难、促进世界和平的崇高使命，奉行人道主义宗旨，在救死扶伤、扶危济困等方面做了大量工作。近年来，红十字会与红新月会作为国际性组织，以自己的卓越活动，在各国社会生活中的影响正在日益扩大，为增进各国人民的相互了解和友谊也发挥着重要作用。中国政府一直非常重视和支持红十字事业的发展。中国红十字会自1904年成立以来，为人民做了大量好事，尤其是在备灾救灾、开展群众性卫生救护、社

---

① 《关于深化红十字会工作改革的几点意见》（1993年1月12日），中国红十字会总会编：《中国红十字会历史资料选编，1950—2004》，民族出版社2005年版，第255—259页。

会服务、宣传人道主义、促进青少年健康成长、沟通海峡两岸同胞的联系、促进国际间友好交往等方面做了大量工作，取得了显著成绩。中国红十字会是中国政府人道工作的好助手，也是人民群众不可缺少的自治组织。”①

会议期间，来自亚太区域和世界各国的红十字会代表团及观察员 100 多人济济一堂，分备灾、发展和卫生三个委员会共商红十字事业发展大计。在备灾委员会，代表们分别讨论了“备灾准备”“难民、无家可归者和返回家园者”“在救灾中运用红十字与红新月运动基本原则”等问题，在卫生委员会，代表们讨论了“社区卫生保健和相关规划”“社区急救”“艾滋病感染”等问题，在发展委员会，代表们讨论了“人力发展”“机构发展”“发展的计划与合作”“国际人道主义法和红十字与红新月运动基本原则的传播”等议题；大家就国际红十字与红新月运动的重大问题交换了意见，特别是针对红十字会与红新月会国际联合会 90 年代战略工作计划，许多国家都提出了自己的设想方案和建议。提高各国红会特别是那些灾害频发国家的红会对包括社会动乱在内的国内外各种灾害做出反应的准备度，加强配合“2000 年人人享有卫生保健”规划的工作，特别是通过实施社区卫生保健规划来补充国家卫生保健网，把具有持久性的发展设想转变为各国红会规划中的实际行动是三个分组会最主要、也是各国红会最感兴趣的话题②。

在经历一个星期的深入分析和讨论后，为进一步发动并加强各国红十字会的工作，为继续改善最易受损害者的境况和继续提高他们的自助能力，出席大会的 31 个亚太国家的红十字会组织代表共同签署了《北京宣言》。《北京宣言》阐明了本届大会之后红十字会与红新月会国际联合会和亚太区域国家、地区红会应承担的义务，以及工作战略规划，明确了本区域各国、各地区红会开展各项工作均须遵循的“改善最易受损害者的境况”这一中心目标。与会代表一致认为，宣言的签署对提高亚太区域国家和地区红会的合作与整体作用，加强这一地区“最易受损害的群体”的抗灾能力，减轻人类所遭受的苦难将起到积极作用③。《北京宣言》的部分内容如下：

红十字会与红新月会国际联合会（以下简称联合会）业已制定统一的战略目标，一个旨在改善最易受损害者境况的战略方向，以此作为确定直至 21

---

① 《江泽民主席致第四届亚太区域红十字会与红新月会大会的贺信》《乔石委员长在第四届亚太区域红十字会与红新月会大会开幕式上的致辞》，《中国红十字报》1993 年 5 月 28 日。

② 傅虹：《第四届亚太区域红十字会与红新月会大会落下帷幕》，《中国红十字报》1993 年 6 月 4 日。

③ 陈永红：《第四届亚太红会大会闭幕三十一国代表签署〈北京宣言〉》，《人民日报》1993 年 5 月 30 日。

世纪的工作重点与规划的框架；

注意到亚太区域是世界上人口最多和最多样化的地区，这个地区拥有30多亿人口，占全人类总数的60%，世界上人口最多的国家和最小的国家均在这个地区；

意识到本运动面临着巨大的人道挑战，本区域受到自然灾害影响的人数为世界之最，在过去5年里，本区域10多亿人口遭受诸如飓风、洪涝和地震之类的自然灾害带来的痛苦，因民族问题和政治紧张局势引起的冲突和人口被迫迁移正在以惊人的速率增加，到本世纪末本区域遭受艾滋病感染威胁的人数将超过世界其他地区的总和；

承认尽管本区域部分地区在经济繁荣方面取得飞速发展，但易损范围仍在扩大和加深；

意识到加强本区域各国红十字会能力的重要性从未像现在这样紧迫过，用于最优先领域的资源从未像现在这样缺乏过；

注意到需要对小的太平洋岛国及其红十字会的境况予以特别关注并需为此做出努力；

重申发展的最终目的是要提高生活质量，这需要通过实现持久性的社区规划、减少长期性的对外依赖以及保持国家红十字会在组织机构方面的全面运转来得以实现；

重申社区参与、易受损害社区和群体的能力的提高以及发展与灾害反应之间的内在联系的强化是备灾工作方面所要考虑的关键问题；

重申在卫生领域，因资源有限，工作重点应针对那些最迫切需要得到帮助的人，要特别重视预防和卫生促进工作；

重申以区域整体形态合作和以联合会形态合作，红十字会与红新月会必须承担旨在改善最易受损害者境况的中心义务并在下届区域大会上审议在这方面取得的进展；

信守国际红十字与红新月运动的基本原则及其人道使命；

承诺为本区域易受损害者的利益同联合会密切合作，为进一步增强力量和提高效率而加强区域合作，共享技能和资源①。

《北京宣言》致力于解决本地区面临的主要问题，它的签署对提高亚太地区国家、地区红会的合作与整体作用，加强这一地区的抗灾能力，减轻人类所遭受的苦难将起到积极的作用。

---

① 《北京宣言》（1993年5月29日），中国红十字会总会编：《中国红十字会历史资料选编，1950—2004》，民族出版社2005年版，第260—263页。

亚太区域大会“充分展示了中国红十字会在国际舞台上的绰约风姿”。这次会议在北京召开并非偶然，它是改革开放以来中国红十字会致力于推动国际红十字运动，并在国际舞台上扮演着越来越重要角色的“折射”①。为筹备这次会议，中国红十字会做了大量艰苦细致的工作，在与会代表的通力合作下，会议取得了圆满成功。会议的成功举办，向世人展示了改革开放后中国红十字会新的风貌和实力，进一步扩大了中国红十字会在国际上的影响②。

第三节 为实现海峡两岸沟通不懈努力

1949 年以后，台湾海峡两岸遥遥对峙，炮声时闻，但任何的人为阻禁都割不断骨肉之情。随着时光的流转，两岸同胞思乡、思亲情切，人们期盼着和平、统一。然而，“坚冰”依旧。正是在这个特定的时空背景下，中国红十字会以其特殊的地位、特有的方式为打破海峡两岸长期对峙、隔膜状态，铺路架桥，用人道主义的暖流，逐步去融化 40 年的“坚冰”。

一、海峡深千尺，不及两岸骨肉情

1949 年以后，一大批赴台人员开始了与大陆亲人漫长的骨肉分离。近 40 年的眺望与等待，一些人已经含恨埋骨他乡，给亲人留下了无尽的哀思和终生的遗憾；大多数人也已鬓发白霜、皱纹满面。生死离别，人生在所难免，但由于政治分歧而造成的这种人为的、人数众多且漫长的骨肉分离乃是违背人伦、极其不人道的行为。

20 世纪 80 年代，打开台湾出版的报刊，可以经常看到台湾各界人士抒发他们怀乡思亲之情的诗文。台湾同祖国大陆近 30 年音讯不通，来往断绝。随着岁月的流逝，台湾同胞这种怀乡思亲之情与日俱增。下面是台湾各界人士，包括一些知识分子、国民党军政人员所写的诗文的辑录。

《思亲》：“物换星移又岁新，天涯尚有未归人。卅年游子音尘绝，愁煞高堂父母亲。”

《春望》：“卅年托足老蓬莱，春望无多泪眼开。生死家书无一字，少陵未识此重哀。”

《梦双亲》：“去国离乡三十年，飘萍身世有谁怜？双亲昨夜同入梦，寸草

① 孙柏秋主编，池子华、杨国堂等著：《百年红十字》，安徽人民出版社 2003 年版，第 655 页。
② 孙柏秋主编，池子华、杨国堂等著：《百年红十字》，安徽人民出版社 2003 年版，第 664 页。

春晖思悄然。”

《倚栏感作》：“南望家千里，天涯岁月更。草从愁里长，霜从鬓边生。鸟失云中影，蝉传树外声。倚栏思骨肉，无限故乡情。”

《空言》：“空言有泪不轻弹，楚客伤春倚曲栏。天际思家归未得，闲中红豆忍相看。”

《春归》：“春归何处杳如烟，怅许春心托杜鹃。莫怪杜鹃啼泣血，如归不去葬无田。”

有一位作者在一篇题为《乡愁》的文章中写道：“离开家乡三十年了，无时无刻不想着故乡的一草一木……”“在台湾每次吃到柿子或柿饼，都依稀像是由慈母手中接过从屋后用竹竿夹下一颗经霜打后的柿子一样，不觉中眼泪淌到唇边。”

另一篇题为《怀乡》的文章写道：“拉长的思念之网日夜在脑海中泛映着和翻搅着，几乎是一种饥渴和疯狂。多年来，向往着华山道上的攀登踪影，向往着庐山雪松的意趣，向往着神州平原的故居和乡人，何时再能亲近他们的容颜，重返童年田园生活的温梦，一切都在饥渴的盼待之中。”①

在19世纪90年代的一封“红十字通信”中，一位老兵的思乡思亲之情溢于言表：“父母大人，睽违慈颜转眼已过去漫长的四十余载，时间无情，但天伦之情、同胞之爱岂是岁月所能冲淡的！魂牵梦萦，儿时刻都在思念故乡，惦记爹娘，每当午夜梦回，是椎心泣血般的痛苦与悲伤，无奈国是蜩螗，带给国人多少生死离别，真是‘树欲静而风不止，子欲养而亲不待’，奈何！只有祈祷上苍保佑合家安康，盼能在有生之年与家人团聚，望爹娘恕儿不孝之罪”②。这其实代表着众多去台人员的心声。

“河汉清且浅，相去复几许！盈盈一水间，脉脉不得语。”“自从1949年台湾同祖国不幸分离以来，我们之间音讯不通，来往断绝，祖国不能统一，亲人无从团聚，民族、国家和人民都受到了巨大的损失。所有中国同胞以及全球华裔，无不盼望早日结束这种令人痛心的局面。”③ 咫尺天涯，骨肉分离，亲情搁置，实乃人间之至痛。然而，政治“坚冰”仍在，相聚之梦难圆。

应该说，和平统一是两岸同胞的共同祈愿，是人心所向。然而海峡两岸千千万万骨肉分离的一般民众何日何时怎样才能取得联系进而实现骨肉团聚

① 《怀乡三十年　思亲今更切——台湾同胞纷纷赋诗撰文抒发情怀》，《人民日报》1979年1月2日。

② 曲折主编：《中国红十字事业》，广东经济出版社1999年版，第187页。

③ 《中华人民共和国全国人大常委会告台湾同胞书》，《人民日报》1979年1月1日。

呢？海峡两岸何时才能打破坚冰“走到一起来”？中国红十字会秉承人道宗旨，用自己特有的方式，另辟蹊径，启动“圆梦”之旅①。

二、打破坚冰：中国红十字会勇担重任

新中国成立后，党和政府十分重视台湾事务工作，非常关心国民党统治下的台、澎、金、马军民，1958 年 10 月 6 日，毛泽东主席亲自起草的《告台湾同胞书》中开篇即提到，“我们都是中国人。三十六计，和为上计”。《告台湾同胞书》充分反映了人道主义精神，表达了全国人民对台、澎、金、马军民同胞的深切关怀，其中“建议举行谈判，实行和平解决”也完全符合于台、澎、金、马军民同胞的利益②。1958 年 10 月 25 日，《中华人民共和国国防部再告台湾同胞书》明确谈到：“世界上只有一个中国，没有两个中国”，“中国人的事只能由我们中国人自己解决。一时难于解决，可以从长商议。”③

改革开放以后，党对台湾政策做出了最广泛、最深刻的调整，由“和平解放台湾”转变为“和平统一”④，掀开了两岸关系新的历史篇章。1979 年元旦，中华人民共和国全国人大常委会发表《告台湾同胞书》，指出“实现中国的统一，是人心所向，大势所趋”，“任何人都不应当拂逆民族的意志，违背历史的潮流”。长期以来，由于人为的隔绝，“大陆和台湾的同胞互不了解，对于双方造成各种不便。远居海外的许多侨胞都能回国观光，与家人团聚。为什么近在咫尺的大陆和台湾的同胞却不能自由来往呢？我们认为，这种藩篱没有理由继续存在”。因此，《告台湾同胞书》强烈呼吁“双方尽快实现通航通邮，以利双方同胞直接接触，互通讯息，探亲访友，旅游参观，进行学术文化体育工艺观摩”⑤。从当天起，大陆停止了持续 20 多年的对大、小金门等岛屿的炮击。这些重大举措在海内外引起极大的反响，表明推动两岸关系和平发展，争取早日实现祖国统一，是新时期党处理台湾事务的根本目标⑥。应该说，两岸的交流与沟通已成大势所趋，但台湾当局对“三通”之请仍采

---

① 孙柏秋主编，池子华、杨国堂等著：《百年红十字》，安徽人民出版社 2003 年版，第 423 页。

② 《农工民主党劝告台湾同胞 以实际行动响应祖国号召》，《人民日报》1958 年 10 月 8 日。

③ 《国防部彭德怀部长再告台湾同胞 中国人的事只能由中国人自己解决》，《人民日报》1958 年 10 月 26 日。

④ 参见《周恩来选集》下卷，人民出版社 1984 年版，第 499 页；《为和平解放台湾而奋斗》，《人民日报》1956 年 2 月 4 日；江平主编：《当代中国的统一战线》（下），当代中国出版社 1996 年版，第 234 页。

⑤ 《中华人民共和国全国人大常委会告台湾同胞书》，《人民日报》1979 年 1 月 1 日。

⑥ 徐国普：《试析中国红十字会在海峡两岸关系发展中的作用（1979—1991）》，《中共党史研究》2015 年第 2 期，第 55 页。

取“不接触、不谈判、不妥协”的“三不”① 政策。

全国人大常委会《告台湾同胞书》发表后不久，中国红十字会公开表达合作意愿。1979 年 2 月 20 日，钱信忠会长在中国红十字会第三次全国会员代表大会上表述了与台湾红十字组织合作的想法：“我们渴望早日和台湾省红十字会的同事们欢聚，欢迎他们来参加下一次中国红十字会全国会员代表大会，欢迎他们和我们在一起，为祖国的统一和现代化建设做出贡献，欢迎他们和台湾省同胞们到祖国内地来参观、游览、探亲、访友，中国红十字会总会愿意给予帮助。”② 这是中国红十字会向海峡彼岸红十字组织发出的诚挚邀请。

1979 年前后，不少群众给中国红十字会写信，要求协助查找居住在台湾的亲人。为此，7 月 20 日，中国红十字会总会致电台湾红十字组织负责人，愿为台湾同胞和内地亲友联系提供帮助，并建议就此问题进行商谈。电报说，大陆和台湾之间来往断绝，音讯不通，已三十年，台湾同胞和大陆同胞长期失去联系，相互隔绝，是很不正常的，这种状况不应继续下去；希望查找亲朋下落，是台湾和大陆骨肉同胞的共同愿望，为此中国红十字会总会建议同台湾红十字组织就查人和家人团聚、探亲等问题进行商谈；“出于红十字的人道主义原则，出于骨肉同胞的情谊，相信你们也是愿意这样做的”③。

1981 年 10 月 4 日，为贯彻落实“叶九条”④，中国红十字会会长钱信忠发表谈话说，中国红十字会总会愿与台湾红十字组织的同事们一起，为实现祖国的统一富强大业共同努力，做出贡献。钱信忠会长并就红十字会对台工作提出 4 点建议：

1. 中国红十字会总会愿意同台湾红十字组织就查人转信进行合作。如果台湾红十字组织现在为祖国大陆人民办理此项业务有困难，中国红十字会总会愿意为台湾同胞进行这项工作。

2. 中国红十字会总会愿意为台湾同胞与祖国内地的亲友联系、团聚提供

---

① “三不”政策，是由 1979 年 1 月 8 日国民党《中央日报》的社论《我们为何不与中共谈判》首次公开提出，一度成为台湾当局固守僵化的大陆政策的挡箭牌。

② 《在中国红十字会第三次全国会员代表会议上的工作报告》（1979 年 2 月 20 日），中国红十字会总会编：《中国红十字会历史资料选编，1950—2004》，民族出版社 2005 年版，第 130 页。

③ 《中国红十字会总会致电台湾红十字会负责人　愿为台湾同胞和内地亲友联系提供帮助　并建议就此问题进行商谈》，《人民日报》1979 年 7 月 22 日。

④ 1981 年 9 月 30 日，全国人大常委会委员长叶剑英向新华社发表谈话，阐述了关于台湾回归祖国，实现和平统一的方针政策，此即“叶九条”。1982 年 1 月 11 日，邓小平在谈到祖国统一问题时，明确指出“叶九条”实际上“就是一个国家两种制度”。1983 年 6 月 26 日，邓小平进一步阐明了实现大陆同台湾和平统一的方针政策（即“邓六条”），不赞成台湾“完全自治”。“邓六条”使“和平统一，一国两制”的构想更加完善和具体化。

帮助。如果台湾红十字组织在这方面感到不方便的话，中国红十字会可以接受、安排台湾红十字组织的个人和团体来大陆探亲、访友，并负责保证来去自由。

3. 相互选派红十字会代表团进行访问，增进相互了解和发展红十字业务。

4. 中国红十字会总会希望与台湾红十字组织在双方认为合适的地方进行接触①。

中国红十字会总会为了尽快尽早地与台湾红十字组织建立联系，让失散多年的骨肉同胞早日团聚，利用一切机会如在中华民族的传统节日春节、中秋节到来之际，向台湾红十字组织送出问候，传达一种渴望沟通的信息。在1985年5月31日召开的中国红十字会“四大”上，钱信忠会长再一次提出：“我们给台湾省红十字会分配了代表名额，并发电报请他们出席大会。我们盼望早日和台湾省红十字会的同事们接触，共商红十字事业。中国红十字会随时欢迎台湾红十字会的同事们和同胞们到祖国大陆来参观、访问、探亲、访友。”②

1985年6月1日，新当选的崔月犁会长再次阐明了中国红十字会的一贯立场：对一切愿意来大陆“探亲访友、查人转信、寄递财物以及扫墓祭祖”的台湾同胞，予以充分善意的帮助；“愿意在任何时间、任何地点”，与台湾方面“共商两岸亲人的团聚、通信等一切有关问题”③。又一次诚挚的呼唤，再一次表达了两岸人民期盼团圆的强烈愿望。总会提出的让海峡两岸亲属晤面的倡议发出后，在台湾岛内受到了普遍的欢迎。据台湾《自立晚报》的一篇署名文章透露，该倡议使那些在大陆有亲人的台湾民众，“感触良多”。有的人说，“南北韩现在都可以进行高阶层谈判，我们为何不可?”“有人认为，官方不接触，让民间团体的红十字会接触，使两岸离散家属见面，也是好事。谁不想和久别的家人会面？政府岂有不顾伦理道德之理?”④

为促进两岸关系回暖，每当台湾遭遇重大灾情时，中国红十字会都对受

---

① 《中国红十字会总会会长钱信忠发表谈话　愿与台湾红十字会一起为统一祖国努力》，《人民日报》1981年10月5日；孙柏秋主编，池子华、杨国堂等著：《百年红十字》，安徽人民出版社2003年版，第424页。

② 钱信忠：《中国红十字会第四次全国会员代表大会工作报告》（1985年5月31日），中国红十字会总会编：《中国红十字会历史资料选编，1950—2004》，民族出版社2005年版，第153页。

③ 《在中国红十字会四大闭幕式上的讲话》（1985年6月1日），转引自徐国普：《试析中国红十字会在海峡两岸关系发展中的作用（1979—1991）》，《中共党史研究》2015年第2期，第56页。

④ 《我红十字会倡议　台湾民众赞许》，《人民日报》1985年8月4日。

灾的台湾同胞深表关切，并及时地提供人道援助[①]。1980年1月7日，在获知台北基业船务公司“李王锦”号轮在加拿大西海岸水域翻覆，致使船上30名台湾船员不幸遇难之后，中国红十字会致电台湾红十字组织，向遇难船员的家属表示深切的慰问[②]。1982年10月12日，中国红十字会总会打电报给台湾红十字组织：获悉近日台湾小儿麻痹症流行，染及数百人，对此同感急虑。我们现已筹集小儿麻痹症预防疫苗糖丸5000人份，作为首批赠送你们，以应急需。疫苗交接时间地点请电复[③]。又如，1986年11月15日，台湾花莲附近发生强烈地震，当地群众的生命财产受到严重损失。地震发生后，中国红十字会致电台湾红十字组织表示慰问，并请其将中国红十字会的5万美元捐款转交给灾民[④]。

对中国红十字会的真诚呼吁和诚挚邀请，岛内民众反应强烈，热情支持，但台湾红十字组织一度反应漠然，中国红十字会多次正式发出的合作愿望，被其一一拒绝。例如，1979年7月25日，台湾红十字组织发表声明，“绝不与大陆接触”；1981年10月，台湾方面拒绝接受“四点建议”；1985年6月3日，台湾红十字组织仍表示，“本会的一贯政策是不同中国大陆的红十字会接触”。不仅如此，包括1986年花莲地震捐款在内的中国红十字会数次捐赠，均遭到台湾方面的拒收。中国红十字会情真意切的合作意愿和善意行动，结果成了单方面的“隔岸喊话”[⑤]。

在屡屡寻求两岸红十字组织直接联系未果的情况下，中国红十字会总会并未放弃，承载着两岸同胞的寄托与厚望，中国红十字会总会开始寻求第三方的帮助，通过第三方发挥纽带和桥梁作用，以实现两岸的间接联系。这一“第三方”就是红十字国际委员会，这种间接联系主要体现在两岸同胞的查人转信工作当中。

1985年7月，红十字国际委员会驻亚太地区总代表德古登先生去台北时，中国红十字会总会便请其转达大陆红会愿与台湾红十字组织联系和接触的信息，并将整理好的20份大陆同胞寻亲的查人表格转给台湾红十字组织，请他

---

① 徐国普：《试析中国红十字会在海峡两岸关系发展中的作用（1979—1991）》，《中共党史研究》2015年第2期，第56页。

② 《中国红十字会致电台湾红十字会　深切慰问“李王锦”号轮遇难船员家属》，《人民日报》1980年1月11日。

③ 《中国红十字会总会打电报给台湾省分会　对台湾流行小儿麻痹症深表关切》，《人民日报》1982年10月14日。

④ 《国务院秘书长陈俊生发表谈话慰问花莲地震受灾台胞　中国红十字会总会捐款五万美元》，《人民日报》1986年11月18日。

⑤ 徐国普：《试析中国红十字会在海峡两岸关系发展中的作用（1979—1991）》，《中共党史研究》2015年第2期，第56页。

们予以协查。总会的这一举动，得到了台湾红十字组织的回应，他们表示同意通过红十字国际委员会的渠道开展两岸的查人转信业务，为两岸失散的亲人牵线搭桥。1986 年 2 月 27 日，中国红十字会副会长蔡壬癸接到德古登先生的来函①：

亲爱的蔡壬癸先生：

关于大陆调查人请求帮助找寻台湾亲属之事，我高兴地告诉你，我们交给台湾红十字会的几份查人信件中，他们已经查到了 2 人。

第一份，调查人陈佑岚，被调查人陈晓岚。被查到之后，他向台湾红十字会表示，他已通过国外的一些人与他的大陆亲属取得了联系。

第二份，调查人张秋华，被调查人张鹏，原名张济望，是调查人的父亲，现住址：台湾台北县（略）。我希望你将其父在台湾的地址转告张秋华。

随信附几份“红十字通信表”，建议给张秋华先生一份，以便他将家中近况寄给他在台湾的父亲，写好之后通过你会和红十字国际委员会转给台湾。

感谢你的合作！

亚太地区总代表 德古登（签字）

1986 年 2 月 21 日

终于，中国红十字会通过红十字国际委员会这一间接渠道，取得了首例查人转信的成功。这一消息使无数离散多年的骨肉同胞喜极而泣，漫长的守望有了一线光明与希望。春风拂面，杨柳依依，横亘在海峡之间的坚冰开始融化，分散两岸的骨肉同胞压抑了近 40 年的乡情亲情顷刻间爆发，一时间众多台湾同胞聚集在台湾红十字组织门前，要求了解大陆亲人的情况，他们恨不得插上翅膀飞回朝思暮想、魂牵梦绕的故乡，体会血浓于水的温情，寻找故乡的根脉。与此同时，大陆的寻亲信件也骤然增加，两岸红十字组织成为离散同胞最大的心灵寄托。

在两岸同胞的共同努力下，在社会舆论的压力下，1987 年 10 月 15 日，台湾当局“基于传统伦理及人道立场”，调整了长期实行的“三不”政策，宣布“有限开放”，允许除现役军人和公职人员以外的台湾民众自 1987 年 11 月 2 日起，经第三地转赴大陆探亲②。同时，台湾当局还决定由台湾的“红十

---

① 曲折主编：《中国红十字事业》，广东经济出版社 1999 年，第 194 页。

② 孙柏秋主编，池子华、杨国堂等著：《百年红十字》，安徽人民出版社 2003 年版，第 426 页；南京大学台湾研究所编：《海峡两岸关系日志（1949—1998）》，九洲图书出版社 1999 年版，第 333 页。

字会”担任探亲的“中介”机构，为民众赴大陆探亲提供必要的协助①。

消息传来，两岸同胞欢喜若狂。有诗②云：

海峡忽传开禁令，两岸悲欢泪濡裳。
媪翁频问何日月，父子同归共醉狂。
好为朋友亲扫榻，更怜手足独还乡。
四十春秋真成梦，一觉迎春喜艳阳。

当日，国务院有关方面负责人发表谈话，欢迎台胞来大陆探亲旅游，并希望台方允许大陆同胞去台探亲。11 月 5 日，中国红十字会负责人就台湾同胞到大陆探亲一事发表谈话，表示愿为台湾同胞顺利探亲提供协助和给予方便。这位负责人说，“台湾当局开放台湾同胞到大陆探亲，这是关系到海峡两岸千百万骨肉同胞相聚团圆、共享天伦之乐的好事，对此，中国红十字会感到非常高兴。我们向所有来大陆探亲和希望来大陆探亲的台湾同胞表示热烈欢迎。中国红十字会已通告各地红十字会为台湾同胞的顺利探亲提供必要的协助和给予可能的方便”③。“11 月上旬，经台湾红十字组织正式办理赴大陆探亲手续的首批公开返乡同胞抵达广州”，由此正式拉开了红十字会台事服务工作的序幕④。

三、查人转信——红十字致力海峡两岸传情

探亲工作的前提是有亲可探，也就是说要与失散的亲属取得联系，获得明确的联系方式。因此，台湾当局公布台胞赴大陆探亲的规定后，推动了查人转信工作的迅猛发展，两岸红十字会（组织）顺势而上，为这一工作的顺利开展做了大量工作。

查人转信服务是红十字国际委员会的一项传统业务，是红十字国际委员会根据国际人道主义精神中关于家庭成员有通信的权利以及家庭成员有了解其成员状况的权利而开展的一项人道主义服务，它体现了红十字的人道主义精神。

查人转信工作历史悠久，起源于战争中，其宗旨是帮助因各种武装冲突、政治变动、自然灾害或其他特殊情况而失散的家庭成员寻找亲人或互通消息，

① 《台湾国民党中常委专案小组作出决定　将由台“红十字会”担任探亲“中介”》，《人民日报》1987 年 9 月 30 日。

② 冯志国：《读海峡两岸“红十字通信”有感》，《中国红十字》1989 年第 4 期，第 28 页。

③ 《中国红十字会负责人发表谈话　愿为台胞探亲提供协助》，《人民日报》1987 年 11 月 6 日。

④ 新华月报社编：《中华人民共和国大事记（1949—2004）》（下），人民出版社 2004 年版，第 831 页。

为这些灾民提供寻人服务，让他们与亲人团聚，重拾人间温暖。因战争、动乱、自然灾害和其他灾害的发生而导致亲人失散的人，在用尽所有的联系方法仍无法找到他们的时候，可以向红十字会提出寻人请求，各国红十字会应为他们提供寻人服务。红十字国际委员会的查人转信服务是通过“红十字通信”而实现的。为海峡两岸失散几十年的骨肉同胞能早日取得联系，采用“红十字通信”这种方式，在中国红十字会看来，是唯一可行的途径①。

在寻求红十字国际委员会的协助之前，其实香港红十字会自1950年成立以后即一直为两岸同胞互通信息默默耕耘。虽然当时香港红十字会还隶属于英国红十字会，但与中国红十字会保持着传统的友好关系，与台湾红十字组织也有密切的业务往来，而且香港具有独特的地理位置和社会环境，由此香港红十字会自然成为海峡两岸沟通之桥梁，而帮助大陆人士寻找台湾亲人也是寻人服务的重点。很长一段时间里，香港红十字会每年都要收到数以百计的寄自大陆的寻人来信，其中大多数是要求该会帮助查询在台湾下落不明的亲人。仅是1986年，香港红十字会寻人服务部就成功地帮助了159位大陆人士与台湾的亲人取得了联系，使许多妻离子散的家庭破镜重圆，觅回了天伦之乐。

香港红十字会开展这种寻人服务的大体程序是：该会在接获大陆寻人来信后，先进行详细的资料搜集；正式列为个案后，就将有关资料提供给台湾红十字组织，由台湾方面在岛内查找；期间互相不断通报查找情况，待有结果，台湾红十字组织就会通知港方，由香港红十字会将被查找人的现状告诉大陆查找人士，并报中国红十字会总会备案。之所以许多大陆人士直接将寻人信件寄至香港红十字会，原因是许多失散者与香港有过某种联系。该会1986年有189宗大陆人士寻找台湾亲人个案，其中大多数被寻找者都是1950年前后经港去台的。香港红十字会为使台湾方面的查找工作有所头绪，先要详尽搜集被查找人在港资料。由于年代久远，许多人又是匆匆经港去台，要搜集到他们在港的资料颇为费事，寻人服务部的几位职员常常为此来回奔波，应接不暇。按照国际红十字会惯例，寻人服务限于直系亲属，但考虑到中国人家庭里继养关系十分普遍，因此对查找继子或养父的要求也接受处理，可见香港红十字会基于人道，用心良苦。在寻人服务部的办公室里，有一份是一位在山东居住的老人寻找到在台湾的亲生儿子的有关资料。资料内容分两部分：一是山东与香港、香港与台湾之间的来往函件；一是香港红十字会所做的资料档案，后者的文字数量多过前者，香港红十字会为此付出的艰辛劳

① 孙柏秋主编，池子华、杨国堂等著：《百年红十字》，安徽人民出版社2003年版，第424页。

动可见一斑。资料中的最后一份来往信件是山东老人写给香港红十字会的感谢信。信中称："此生有幸，失散多年的骨肉得以重聚，对香港红十字会诸位先生鼎力相助感恩不尽。"

帮助失散的亲人取得联系乃是海峡两岸民众的共同要求，香港红十字会本着人道主义的立场，以"中间人"角色积极推动两地间的亲情交流。虽然如此，香港红十字会的这一工作也受到诸种客观条件的限制而无法全方位展开。一方面，香港红十字会不能直接将大陆同胞的寻亲信件代他们向台湾发函查找，只能根据信件提供的资料或在香港寻求线索，或向台湾红十字组织进行信息求助。也就是说，香港红十字会不能直接把信函转交台湾红十字组织代为查找。这样香港红十字会的工作难度倍增，面对源源不断的寻亲信件，如果信息有限，可能只有"望信兴叹"了。另一方面，香港红十字会的上述查找路径从 1985 年起碰到了障碍，原因是台湾方面知道香港红十字会是为大陆人士查找台湾亲人往往不愿合作①。在这种情况下，才有了前面提到的中国红十字会寻求红十字国际委员会的帮助。

1987 年 10 月 15 日，台湾红十字组织开始受理台胞寻找大陆亲人的委托，并为台胞代转一定格式的信函。据台湾报纸报道，从当天下午开始，已有数百名台胞前往设在台湾红十字组织办公室的受理点，委托代为寻亲及转递信函，其中寻亲者为大多数。红十字组织负责人表示，台胞要求协助寻亲或代转信函，可到该会填写寻人表格或通信表格，由台湾红十字组织将表格汇转红十字国际委员会香港办事处②处理。被寻者一有消息，将立即通知查寻人，转信则以规定内容为限，其他函件不予处理。当天，台湾红十字组织所设的两部电话终日响个不停，全部都是民众询问有关探亲、寻亲事宜的来电。红十字组织鉴于两个电话已不敷应用，向电信局申请加装电话。此外，由于工作业务陡然间增大，红十字组织的工作人员也不敷业务之需，计划扩大编制，成立"大陆探亲服务中心"，在台北及高雄两地的探亲专柜加强服务③。可见，广大台胞积压已久的思乡思亲情怀已然释放出来。10 月下旬，台湾红十字组织通过红十字会国际委员会驻香港办事处代表奥列维尔，带去第一批查

---

① 许伟：《亲情的桥梁——访香港红十字会寻人服务部》，《人民日报》1987 年 1 月 21 日。

② 红十字会国际委员会驻香港地区代表团办事处 1987 年 10 月 6 日正式成立。这个办事处负责发展和加强红十字会国际委员会日内瓦总部与日本、朝鲜半岛、中国内地、台湾、香港和澳门等地区红十字会间的关系和合作。参见《红十字会国际委员会驻香港地区代表团办事处成立》，《人民日报》1987 年 10 月 8 日。

③ 《台红十字会开始受理寻亲委托，民众乡情切切，询问电话竟日不停》，《人民日报》1987 年 10 月 17 日。

人表格 60 份交给中国红十字会。截至 31 日，其中已有 1 份找到下落①。

总的说来，在两岸红十字会（组织）的共同努力下，1987 年的查人转信工作取得了重要进展。12 月 9 日，中国红十字会总会通过红十字国际委员会发往台湾的寻人表格，已经有了第一个结果。这一天上午，在内蒙古自治区邮电器材公司工作的李家林，惊喜地收到中国红十字会总会发去的信函，得知他要寻找的哥哥李家驹已经有了下落。李家林填写的寻人表格是 87001 号，为中国红十字会发出的第一号寻人表格。李家林与哥哥分别已 30 多年。他在写给中国红十字会总会请求帮助寻找哥哥的信中说："我每时每刻想起亲人，实痛苦已极！父亲已经去世，弥留之际还想见儿子一面。父亲遗嘱嘱咐我务必找到长兄，实现家人团聚！"而在台湾的李家驹也通过台湾红十字组织在寻找大陆亲人。11 月，兄弟俩的寻人表格在红十字国际委员会驻香港办事处交会，办事处代表奥列维尔很快将喜讯通知两岸红十字组织。

幸运者并不仅仅是李家兄弟。中国红十字会总会 10 月份收到的 60 份表格很快已有 35 份有了结果，其中大多数人已经通过"红十字通信"方式与在台湾的亲人联系。10 月、11 月两个月，又收到了台湾红十字组织通过红十字国际委员会转来的 124 份寻人表格。在大陆各地，像李家林一样热切盼望寻找在台亲属的人与日俱增。1987 年 9 月后，特别是 11 月份以后，中国红十字会总会已经收到全国各地寄来的寻人信件和各地红十字会转来的寻人表格共 1 万多份。11 月份，中国红十字会总会分三批将 126 份寻人表格转到红十字会国际委员会驻香港办事处。另外，11 月份以后，通过中国红十字会总会用"红十字通信"方式与台湾亲人联系的信件有 30 多份，全部转到台湾②。

1988 年，中国红十字会总会一方面设立专门的业务机构台湾事务服务部③，加强对台工作，以推动和规范查人转信服务；另一方面加强与中央台办、国务院台办、外交部等单位联系，主动争取工作上的指导和支持，同时还加强了与台联、台盟等团体的横向联系④。

自台湾当局开放民众赴大陆探亲以后，海峡两岸书信往来的数量和需求日渐增加，传统形式的"红十字通信"逐渐难以满足现实需要。虽然台湾当局仍坚持不与大陆通邮的立场，但顾及民众的需要，决定允许由民间机构以转寄方式通信。经过权衡，台湾"邮政总局"决定委托红十字组织为台胞代

---

① 《中国红十字会为台胞寻找亲人》，《人民日报》1987 年 11 月 1 日。

② 钟丽琼：《解人相思苦　甘作搭桥人　海峡两岸红十字会积极为台胞寻亲转信》，《人民日报》1987 年 12 月 10 日。

③ 台湾事务服务部于 1988 年 1 月成立，1990 年 10 月更名为台湾事务部，1999 年被撤销。

④ 转引自徐国普：《试析中国红十字会在海峡两岸关系发展中的作用（1979—1991）》，《中共党史研究》2015 年第 2 期，第 56 页。

转寄往大陆的信件，并将在财务上对红十字会进行赞助[①]。也就是说，寻亲信函可以不再囿于“红十字通信”格式，可以通过红十字组织转递私人信件。从4月18日开始，台湾民众开始可以向大陆亲友直接寄信，但信件将通过台湾红十字组织专门信箱，由红十字组织在香港的代办人在香港投寄。这一方法是基于现实的一种变通，虽然仍有手续上的烦冗之处，但已经是查人转信工作的重要进展。基于民众的实际需要以及台湾当局的“三不”政策，台湾“邮政总局”和红十字组织研究出了这套两岸“通信不通邮”的办法。具体做法是，台湾红十字组织规定台湾民众寄往大陆的信件须在写明大陆地址的信封外，另加一个信封寄到“台北邮政信箱50000号”，贴3台元的邮票，信封内再附10台元邮票一张；写有大陆地址的信封上，不能写寄信人的台湾地址，而只能写“香港内详”字样；信件将由红十字组织归到一起，以邮政包裹方式寄到香港，再由香港代办人拆去外信套邮寄大陆。台湾红十字组织还规定，邮寄大陆的信件以航空平信为限，重量不能超过20克，不收寄挂号邮件，不接受邮件查询，也不收寄现钞或支票、汇票等。如果发生大陆收信人地址变更而无法投递时，信件无法退回，红十字组织也不负任何责任[②]。

台湾红十字组织的这一举措受到台胞的极大欢迎。据《台湾新生报》报道，台湾红十字组织自4月18日开始受理台胞寄往大陆的信件，首天就收到2494封。第一批信件于当日下午送往香港。台湾红十字组织工作人员表示，18日收到的信件不少是提前付邮投入邮筒的，许多信件写着要求限时专送。这些信件仅是台北地区的。台湾中、南部邮寄的信件需时一两天才能到达台北的红十字专用信箱。由于此类信件既多，手续又烦琐，红十字会人手短缺，台湾“邮政总局”表示，邮局将派人支援处理信件，以使民众寄往大陆的信件早日到达彼岸。台湾红十字组织在18日还收到数百次电话，均是民众询问有关如何与大陆亲人通信事宜，其中70%的电话是询问有关大陆亲人如何给台湾亲友回信的问题，红十字组织副秘书长常松茂表示，“只要大陆亲人在信封上写明台湾收件人的地址贴足邮票，便可顺利寄达”[③]。据统计，至5月4日止的半个月时间内，台湾红十字组织已代转信件92470封[④]。

与此同时，两岸红十字组织的查人工作也取得较大进展。“从1987年11月2日台湾当局开放台胞赴大陆探亲至1988年2月，仅短短的两个多月的时

① 《台湾将赞助红十字会代转寄往大陆信件》，《人民日报》1988年3月20日。

② 《台胞可向大陆亲友直接寄信　台湾红十字会开始受理信件》，《人民日报》1988年4月18日。

③ 《台红十字会受理寄往大陆信件　第一天就收到两千四百余封信》，《人民日报》1988年4月21日。

④ 《台湾红十字会代转台胞来鸿9万余》，《人民日报》1988年5月11日。

间，中国红十字会就受理了海峡两岸查人个案30150宗，并且到1月31日已为124名台胞找到了他们在大陆的亲人，340名台胞台属用‘红十字通信’的方式和他们在台湾的亲人取得了联系”。截至1988年5月，台湾开放民众赴大陆探亲半年来，海峡两岸已有1100多宗查人个案在双方红十字组织和红十字国际委员会努力下有了结果。“这半年内，中国红十字会总会收到大陆查询台湾亲人的信件13万多封，整理为寻人案件有5万宗，其中7200多宗已交红十字会国际委员会香港办事处转送台湾，至今收到台湾红十字组织回报结果的有1100多宗”。此外，中国红十字会总会收到台湾红十字组织转来的寻人表格及红十字通信有3000多宗，其中1000多宗有了结果，并已陆续回报台湾。为了加速查人转信工作，总会台湾事务服务部设立了中文电脑处理查人表格，他们将部分转入电脑的资料的软盘交给红十字会国际委员会香港办事处代转台湾红十字组织，以供对方参考①。到1988年11月，中国红十字会共受理两岸查人信件表格22.3万余宗，4350宗个案已有结果，为13060余名台胞台属找到了失散近40年的亲人。这一工作还得到了第一届亚太地区红十字会和红新月会查人工作会议的认可，并引起韩国、朝鲜两国红十字会的兴趣②。到1992年年底，“据不完全统计，中国红十字会共受理海峡两岸查人个案12万余宗，查到结果共24281宗，使8万名两岸同胞取得联系”③。红十字会可谓功勋卓著，功德无量。至此，互相隔绝的局面已经打开，两岸红十字组织通过进一步努力，直接接触的时刻已经为期不远了。

在数以万计的红十字信件中，每一封都承载着骨肉深情、手足情深的故事，字里行间流露着思念家乡盼望团圆的心声。这些红十字通信大致可分为三个方面：

第一部分是抒发思乡、思亲之情的通信，大多是写给父母或兄弟姐妹的，信中充满着无限伤感的情绪，情真意切，感人肺腑。一位台属在写给哥哥的信中说：“母亲生前一直想念着你，常常独自望着当年你远去的地方泪流满面。十年前她老人家身患重病与世长辞。母亲临终前心里想的、口中喊的全是你。她老人家留下遗言，嘱咐我只要活着，就要想办法打听和找到你的下落。现在终于实现了她老人家的遗愿，没想到今生今世我们还有见面的机会。哥哥，待你回来时我们一同为母亲祭扫坟墓，以慰她老人家在天之灵。”从这

---

① 钟丽琼：《海峡两岸红十字会为亲人团聚出力　半年落实1100多宗查人个案》，《人民日报》1988年5月6日。

② 《关于1988年对台工作总结及明年设想》（1988年12月7日），转引自徐国普：《试析中国红十字会在海峡两岸关系发展中的作用（1979—1991）》，《中共党史研究》2015年第2期，第56页。

③ 孙柏秋主编，池子华、杨国堂等著：《百年红十字》，安徽人民出版社2003年版，第428页。

部分通信中可以看到，年逾古稀的老父老母，期望有生之年能与亲生骨肉再见上一面；结发妻子诉说含辛茹苦四十年，一意等待着丈夫的归来；一些同父母分离时尚在襁褓中的幼儿，如今已到不惑之年，却不识父母慈颜，他们是多么渴望早日投入亲人的怀抱啊！

一位台胞为抒发思念之情填词一首："提笔未书泪盈眶，离乡背井四十年，半生沧桑感万千！思故乡，念慈颜，云海隔阻路，魂牵梦萦，仰天长叹！万里河山依旧在，颠沛流离几时休，四十年离散，故乡情渺然，肝肠寸断！盼上苍保佑慈颜，永保康健，等儿归，慰思念，乘欢膝下，合家团圆。"

第二部分红十字通信的内容没有停留在思乡、思亲的悲伤情绪上，而是在抒发思念之情的同时，用更多的篇幅描述自己的新生活，以安慰亲人那饱受创伤的心灵。一位台属在写给父亲的信中说："儿告诉父亲一个好消息，最近新编旺苍县县志记载的民国时期共七任县长中，只有第五任才是清官，那就是您父亲老大人。儿若得父亲回音，定会将旺苍县文史资料寄给您老人家目睹，您一定会因此而感到欣慰的。"

一位台属在叙述家乡的变化时这样写道："哥哥，您日盼夜想的故乡，如今有了电影院、旅社和中小学校，大部分人家有了电视机，每天有直通班车，您和嫂嫂回来时，不用走路，直抵家门。弟有两儿两女，均已成家并有工作，有的还上了大学，生活很美满。咱家院内的老茶花依然如故，照旧开放，名曰'五色茶花'，通过《花卉报》报道后，全国闻名，参观者络绎不绝。我已学会嫁接技术，培育成功了五百余株，送给友人及参观的人们，等您和嫂嫂回来时，弟一定送您一株最好的。"一位台胞在来信中说："妹妹，我的孩子都已有了工作，你大嫂是台湾人，非常贤惠，我常同她谈起我们小时候的事情。家乡亲人的生活怎样？将来条件允许，我一定在家乡建一所疗养院，让大家都过上好日子。"

第三部分的通信内容是从国家统一的角度出发，表达心底深处对祖国对民族的无限激情。一位台属在信中写道，"近一年来两岸关系的发展，令我感到无比的高兴和振奋，我极盼大陆与台湾能早日实现统一。"一位台胞对祖国、对故乡一往情深，信中流露出对祖国美好河山的无限眷恋之情，充分体现了离乡游子怀念祖国的一片赤诚之心，他写道："自从政府开放探亲以来，我恨不得立即回到我久别的故乡。但是我不得不从现在起攒下足够的路费，好让我那没有回过大陆的妻子、儿女一同前往。这次回去我要带他们去领略祖国秀丽的风光，看大陆土地辽阔、风景优美，看长江三角洲，看江水悠悠，看洪峰，看五大湖美景，到故乡岳口镇河边钓鱼，上岳阳楼看洞庭湖，下南京看中山陵、玄武湖，往钱塘江看八大美景之一西子湖。然后溯江而上看三峡风光。重温故乡的梦，再闻一闻故土的芳香。”

在历史的长河中40年的岁月是短暂的，但对于个人来说却是漫长的。坚冰已开始融化，春天已经来临，两岸同胞得以重新通信。但这只是刚刚开始，最终清除两岸的阴影与隔阂，还需要全体中国人民共同付出艰辛的努力①。

随着红十字查人转信工作的深入发展，这种间接联系的模式逐渐难以应付日渐增加和繁重的工作量，而且台湾红十字组织的负责人也表示，“台湾红十字组织目前透过国际红十字会香港代办处辗转办理海峡两岸寻亲的效果不彰。台湾红十字组织已经积压了数万件寻亲表格尚未处理”。这位人士说，未来因任务加重，台湾红十字组织“将在当局的‘谅解’下，以‘中立’及‘民间社团’角色与大陆直接往来”。台湾红十字组织的一名高层人士表示，将考虑与大陆的红十字会直接往来，以便迅速解决两岸寻找亲人，以及因探亲而出现的各项问题②。对于此，中国红十字会总会也有共识。中国红十字会的负责人也谈到，“红十字会国际委员会香港办事处主管海峡两岸事务的欧立伟先生及普怡但女士，半年来频繁往来于台北和北京之间，为两岸查人转信工作做了极大努力。但是，目前两岸这种间接接触方式，有碍于工作的进展，大量查人表格仍在积压之中。这位负责人说，如果两岸红十字组织能够尽快直接接触，携手合作，这样就能节省许多不必要的时间及人力上的浪费，为查人转信工作铺下平坦的道路，尽早使更多离散亲人得以团聚”③。由此可见，两岸红十字组织的直接接触已经提上日程。

四、两岸红十字组织的交流与合作

（一）两岸红十字组织的历史性会晤

两岸红十字组织的直接接触，缘于一次既偶然又必然的间接接触。1990年4月16日上午，当中国红十字会总会正在按部就班进行工作的时候，一条被人为地封锁、禁锢了40年的电话线突然被拨通了，这是海峡两岸红十字组织的首次直接通话，通话者是台湾红十字组织副秘书长常松茂先生。他从台北直接挂电话给中国红十字会总会副秘书长曲折先生，谈及其夫人刘凤子到大陆探亲旅游时突发急性肠梗阻，入住宜昌市第一人民医院，请大陆同仁予以关照。救死扶伤本来就是红十字会的天职，更何况是红十字同仁的夫人！

① 冯志国：《读海峡两岸“红十字通信”有感》，《中国红十字》1989年第4期，第28—29页。

② 《台湾红十字会一名高层人士表示　将考虑与大陆红十字会直接往来》，《人民日报》1988年4月27日。

③ 钟丽琼：《海峡两岸红十字会为亲人团聚出力　半年落实1100多宗查人个案》，《人民日报》1988年5月6日。

总会立即派人赶赴宜昌探望病人，并以最好的医疗技术和服务予以救护。在各方面的共同努力之下，刘凤子顺利进行了她一生中的第六次腹部手术，康复后安然返台。后来，常松茂夫妇为了表达感激之情，特意在台北定做了一个镀金赠盘带到大陆，送给宜昌市第一人民医院，盘上镶嵌有“仁术济众”四个大字①。应该说，这次突发事件为实现两岸红十字组织历史性的会晤做了一个情感上的铺垫。

1990 年，仿佛注定要成为两岸红十字组织的“交流年”。年初，台湾红十字组织负责人徐亨通过他在上海的老朋友、民革中央监委谭敬先生向中国红十字会总会传递了这样一条信息：若大陆红十字会会长即以个人名义于 4 月 6 日发出邀请，他愿意来访。总会对这一信息极其重视，陈敏章会长即以个人名义向徐亨先生发出邀请：“我以为海峡两岸红十字会同道同源，如能为中华民族振兴，为人民大众之幸福而通力合作，方可谓适乎世界潮流，合乎人群之需要。我以个人名义诚挚地欢迎您在方便的时候来大陆访问。”此后曲折与常松茂为落实徐亨的大陆之行进行了数次通话，终于徐亨、常松茂一行三人于 5 月 24 日到 6 月 10 日，顺利访问了大陆红十字会。

“度尽劫波兄弟在，相逢一笑泯恩仇。”6 月 3 日，中国红十字会陈敏章会长在总会训练中心会见了台湾红十字组织徐亨、常松茂先生。中国红十字会常务副会长顾英奇、副会长孙柏秋、秘书长韩长林、副秘书长曲折等参加了会见。此次会见是海峡两岸红十字组织首次直接接触，是两岸红十字组织交往中一个新的突破。

在这样不同寻常的历史时刻，空气中凝结着祥和与温馨的气氛。当徐亨先生一行走进会客室时，陈敏章会长迎上前去紧紧握住徐亨先生的手，连声说：“幸会！幸会！一路辛苦！”对远道而来的徐先生表示热烈欢迎。徐先生说：“这次来北京非常高兴，这是我多年的愿望。”陈会长说：“这也是我们多年的希望，你们的到来对两岸红十字组织的交流很有好处，你们在提高人民健康水平方面有不少经验。大陆红十字组织的工作都是为老百姓的，包括救死扶伤、扶危济困、尊老助残、助人为乐。”陈会长说：“正像常先生说的，见面谈一谈，很多隔阂就没有了。您是第一次来，再来就是老朋友了。”徐亨先生微笑着说：“希望不久的将来我能邀请你们到台湾去。”陈会长愉快地说：“非常高兴能在台湾拜访您。”

宾主在亲切、友好、融洽的会见后，一同来到中国少年儿童活动中心，

---

① 郑玉真：《凤子偶然病阻宜昌，红会从中予以帮忙》，《中国红十字》1990 年第 8 期，第 31 页。

参加中国红十字会举办的“保护儿童、妇女和老人”全国儿童画展开幕式，在这里徐亨先生与中国少年儿童基金会副主席荣高棠、中国红十字会名誉会长钱信忠、崔月犁等见了面。徐亨先生和大家一起饶有兴趣地参观了画展。此次画展是应红十字会与红新月会协会的倡议而举办的。在画展现场，专程从保定市赶来的向阳小学的20名红十字少年，当场在十米长的宣纸上作画，画的题目是“献给世界小朋友的礼物”①。几天中，徐亨先生一行在孙柏秋副会长的陪同下，在北京、上海、杭州等地进行了参观访问。

在徐亨会长的这次访问中，经过双方热情、诚恳而富有成效的会谈，就有关海峡两岸红十字组织今后的工作协作达成了5项口头协议：

1. 海峡两岸间的查人转信工作将开始直接联系，待与红十字国际委员会亚太地区办事处办理有关交接手续后进行。

2. 台胞来内地和内地民众赴台衍生的伤、病、亡及证件逾期等事宜，红十字组织应给予积极必要的协助。

3. 内地红十字会将继续协助有关部门积极处理台湾渔船海难事件，遇难船员的遣返途径，将由双方红十字组织视具体情况商定；台湾红十字组织将积极向台湾有关部门交涉，给予在台湾沿海从事正常渔业生产的内地渔民人道主义的待遇，免遭扣押、殴打、枪击。其他涉及两岸间渔船渔民的事件，两岸红十字组织亦可协商解决。

4. 内地民众继承在台湾亲属遗产时，内地公证机关出示的证明文件，经内地红十字会盖章，台湾有关地方法院方可认可。台湾红十字组织将向内地红十字会提供台湾律师分会名册，供内地民众办理遗产继承事宜、选择律师时参考。

5. 在促进海峡两岸双向交流方面，双方红十字组织积极努力，争取先行一步。

6月19日，徐亨先生在台北向新闻界表示：“日后海峡两岸举凡寻人、认证、渔船纠纷以及紧急事项处理等，皆可通过两岸红十字组织直接联络处理，不必再假道红十字国际委员会转送。”②

此次会谈是“第一次历史性的工作会谈”，是“两岸授权机构进行事务性谈判的滥觞，也是两岸官方主管部门授权民间机构进行的首度接触”。所达成的5项口头协议为3个多月后的“金门会谈”“铺设了有利的基础，即使连后

① 张奎吉：《陈敏章会见徐亨先生》，《中国红十字》1990年第7期，第3页。

② 曲折主编：《中国红十字事业》，广东经济出版社1999年版，第202页。

来海基会与大陆海协会的协商事务，也依然延续当时建构的议题架构，持续进行商谈”①。

（二）“金门协议”的签订

红十字会是打开两岸关系坚冰的使者。“金门协议”是在两岸红十字组织精诚合作之下得以签订的两岸关系发展历程中的第一个书面协议。“金门协议”对两岸遣返问题的原则、对象、交接地点以及程序等方面进行了具体而翔实的规定，对遣返工作具有极其重要的指导意义。协议签订后，在两岸红十字组织的参与见证之下，促进了遣返工作的顺利开展，加快了两岸“三通”的步伐，并对发展两岸关系提供了可供借鉴的思路，有着重要的启示。一定程度上可以说，“金门协议”昭示了两岸关系的发展方向。

1. “金门协议”签订的背景

两岸红十字组织负责人分手 3 个月以后，不幸的海难事件发生，促使双方再度携手合作。

1990 年 7 月 22 日，晨曦微现，福建省沿海的平潭县沃前镇光裕村前，两个早起的渔民发现，海面上有一只搁浅的船，随着海浪摇晃。走近一看，船帮上有“闽平渔 5540”的字样，登船查看，空无一人，只有两个船舱用大块的舱板、巨大的铁钉钉得严严实实，里面没有一丝声响。公安及边防人员赶到现场，立即动手撬开舱板打开船舱，发现里面有 25 具尸体和 1 个奄奄一息的幸存者。经法医检查鉴定，25 名死者是在船舱窒息而死的。经全力抢救，那位幸存者得以脱险，他讲述了这一惨案的经过：这艘渔船是 7 月中旬到台湾海域做生意时被抓扣的。7 月 21 日下午，台湾有关方面在宜兰县澳底，将陆续渡海入台的大陆同胞用黑布蒙住眼睛，强行关进船舱，并用大钉子将船舱顶盖钉死，上面还压上重物，由于船舱内低矮缺氧、缺水，异常闷热，被关押者奋力挣扎但无济于事，最后一个个痛苦地死去，而这位幸存者因为发现一个绿豆大的一个小孔，贴近呼吸才尚存一息，幸免于难。这起惨案是由于不人道的遣返所造成的。海峡两岸人民自古以来就是同祖同宗，但是由于历史和人为的原因，从 1949 年以后，长期分隔，限制往来。从 20 世纪 80 年代后期开始，有些人在蛇头的引诱下，以私渡的形式跑到台湾。台湾当局视他们为非法，采取强制措施，押送回大陆②。

这起惨无人道的命案曝光后，引起两岸舆论大哗和强烈谴责。8 月 4 日，

① 王铭义：《金门协议——国际红十字旗下的两岸红会谈判》，参见乐美真：《金门商谈漫记》，九洲图书出版社 1998 年版，第 125 页。

② 方庆云：《特殊的使命——忆“金门协议”签订 20 周年》，《政协天地》2010 年第 9 期，第 10 页。

大陆红十字会在给对方的传真中指出："这是一起严重违反人道主义的事件，请贵会帮助调查了解，并催台湾有关方面追查肇事人员。"8 月 6 日，台湾方面发来传真，承认此案"引起此间朝野之严重关切"。8 月 7 日，台湾红十字组织副秘书长常松茂代表秘书长陈长文打电话给韩长林秘书长：建议今后在台海中线交接遣返，具体问题可在第三地研究。这个电话是促成金门会谈的最初信号①。8 月 8 日和 8 月 10 日，陈长文和韩长林互相传真给对方，达成红会参与遣返的共识。这预示着两岸红十字组织有可能在遣返问题上进行合作。

一波未平一波又起。25 人惨案正在协商之际，又一起因遣返不当而造成的惨剧发生了。8 月 13 日，台湾海军舰艇押送福建"闽平渔 5202"号渔船驶回福建时，在距台湾基隆港以北 13 海里处，军舰与渔船相撞，渔船断裂翻覆，船上被遣返的 50 名福建同胞中有 21 人葬身鱼腹，再酿惨剧。不到一月时间连续发生两起惨案，共有 46 条人命含冤以殁，惨不忍闻。

两起严重事件在两岸造成极大震动，台湾当局受到两岸舆论的强烈谴责，不得不中止了这种简单粗暴的遣返方式。而此时，台湾的收容所里还有 300 多名待遣返的大陆同胞，他们的命运引起两岸各界人士的关注。台湾当局请台湾红十字组织出面，要求与大陆红十字会联系，共同参与遣返见证。

当历史的重任落到两岸红十字组织身上时，两岸红十字组织积极沟通，以求得更加稳妥的解决途径，探索会面商谈的渠道。8 月 21 日，台湾红十字组织与中国红十字会总会联系，要求具体商谈遣返事宜。大陆方面答复，一定当面商谈，并双向遣返。何为双向遣返？就是在台湾方面遣返大陆私渡者的同时，大陆也要将由台湾私渡到大陆的人遣返回台湾。过去由于双方没有交流，台湾的不法分子认为大陆是最近的"天然避风港"，其黑社会分子、刑事通缉犯等常偷渡到大陆以躲避台警方的追捕，还有些人来大陆从事走私、贩卖枪支或假美元以及引诱大陆女青年去台卖淫等非法活动，这些人也自然应遣返回台湾。9 月 1 日，台湾方面传来消息，表示双方可以在金门会谈。经双方积极协商后，决定两岸红十字组织以个人名义在金门进行工作会谈②。

2. 金门商谈与"金门协议"的签订

金门是一个神秘而敏感的地方。这个被台湾当局作为"反共前哨"的岛屿，不受台湾所谓的"国安法"限制，但一般台湾人也不能登岛。这里距大陆的厦门只有 18 海里，而距台湾本岛则有 169 海里。金门岛面积 149 平方公

① 乐美真：《〈金门协议〉签订的台前幕后》，《纵横》2007 年第 4 期，第 14 页。

② 吴朝阳、吴秋莎、尉颖颖：《历史性的突破——海峡两岸红会首次参与见证遣返四度人员作业始末》，《中国红十字》1991 年 7、8 期合刊，第 18 页。

里，人口构成军民各占一半，岛上风景优美，绿树成荫。谁也没有想到，金门这块具有神秘政治色彩的土地会成为海峡两岸商谈签署遣返协议的地方。金门，这个用望远镜可以看到大陆建筑物的岛屿，因而具有重要的象征意义，投射出两岸关系32年来的变化。这里将迎来大陆红十字会的使者。

经讨论协商，参加金门商谈的大陆方面代表有5人，红十字会总会秘书长韩长林为领队，成员包括国台办副局长乐美真、红十字会总会台湾事务部副部长张希林、福建省红十字会副会长计克良和福州市红十字会副会长方庆云。对方代表有陈长文（红十字组织秘书长、“行政院”法律顾问、“国防部”法律总顾问、国民党“中央党部”法律顾问）、常松茂（红十字组织副秘书长）、徐祖安（红十字组织国际组主任）、邓中正（“国防部”参谋本部作战处长室中将执行官），当时都是以红十字组织成员名义参加。原定9月8日上午大陆红十字代表团赴金门，由于受18号台风的影响，大陆人员在厦门停留了3天，到9月11日早上7：30乘“厦渔507号”渔轮从厦门东渡码头上船。到达浯屿岛海面（中线）时，由台湾派来引导船，引到金门新湖渔港码头上岸，安排在金宁招待所。休息片刻后，双方开始就交接商谈的内容和时间交换意见。正式商谈从当天下午2：30开始。会议桌中间放上红十字旗子，双方代表分坐两边，由陈长文主持。双方就遣返的对象、地点、手续、方法、工具等友好坦诚地交换了意见，并达成了一致，第二天上午形成了协议，双方商定，“协议”签订后，各自带回，经双方相关领导同意后，同时间对外公布发表。13日，由台湾方面护送大陆方面人员到浯屿岛（中线）返回厦门。9月19日上午10时，陈长文在台北召开记者招待会，公布了两岸商谈达成的协议。新华社同时向全世界发了电讯稿。第二天，《人民日报》在头版登出《海峡两岸红十字组织在金门商谈，达成有关海上遣返协议》的新闻稿。

在商谈过程中，大陆方面始终坚持三个原则：一是坚持“一个中国”的原则，不能出现“两个中国”或“一中一台”的局面；二是讨论私渡遣返问题只谈今后怎么办，不谈过去谁是谁非；三是谈得成就谈，谈不成就算。这样就避免了那些不必要的争议，达到顺利解决问题之目的。在商谈过程中有几个细节问题，经过平等友好协商和技术性处理，达成了共识：

一是遣返的对象，原提“违反双方有关规定，非法入境的居民”，经过仔细推敲，认为用“非法入境”的提法不当，改为“违反有关规定，进入对方地区的居民”。

二是“协议”落款的名称，均不使用双方的全称，而是用两岸红十字组织，使双方都能接受。

三是“协议”签字人，用两岸红十字组织代表韩长林、陈长文的名字，不体现职务的全称，也没盖公章。

四是遣返交接地点，原是金门和厦门对接，大陆方面提议，因为私渡人员以福州地区居多，为路途方便，交接地点增加马祖与马尾。最终双方同意“两门（金门、厦门）对开，两马（马祖、马尾）对接”。

五是遣返工具，原来拟使用“渔轮”和“客轮”，但不够安全，建议用“登陆艇”接运。当时对方认为“登陆艇”是军用船只，不能接受，后来经说明，为了安全和方便，把退役的军艇卸掉武器，经过改装，涂上白漆，打上红十字标志，专用遣返接运，双方共同接受。

六是签署“协议”落款的时间，也产生不同的看法，大陆方面是使用世界通用的公元时间，但对方坚持习惯使用的“中华民国”纪年，也有人提出使用中国传统农历甲子年，但没有取得统一。最后采取你签你的、我签我的的办法，既不写“公元”，也不写“民国”，而分别写“90”“七九”达到相互理解、相互尊重，也体现了灵活务实的精神①。

“金门协议”是两岸关系发展中的第一个书面协议，它为改善海峡两岸关系，促进两岸和平发展具有深远的历史意义和现实意义。内容如下：

一、遣返原则

应确保遣返作业符合人道精神与安全便利的原则。

二、遣返对象

（一）违反有关规定进入对方地区的居民（但因捕鱼作业遭遇紧急避风等不可抗力因素必须暂入对方地区者，不在此列）。

（二）刑事嫌疑犯或刑事犯。

三、遣返交接地点

双方商定为马尾—马祖（马祖—马尾），但依被遣返人员的原居地分布情况及气候、海象等因素，双方协议另择厦门—金门（金门—厦门）。

四、遣返程序

（一）一方应将被遣返人员的有关资料通知对方，对方应于20日内核查答复，并按商定时间、地点遣返交接。如核查对象有疑问者，亦应通知对方，以便复查。

（二）遣返交接双方均用红十字专用船，并由民用船只在约定地点引导。遣返船、引导船均悬挂白底红十字旗（不挂其他旗帜，不使用其他的标志）。

（三）遣返交接时，应由双方事先约定的代表二人，签署交接见证书。

---

① 方庆云：《特殊的使命——忆“金门协议”签订20周年》，《政协天地》2010年第9期，第10—11页。

五、其他

双方应尽速解决有关技术问题，以期在最短期间内付诸实施。如有未尽事宜，双方得另行商定①。

审视“金门商谈”的全过程并结合当时两岸关系发展的现实，可以说“金门协议”的内容是对遣返作业和两岸关系问题的充满智慧而且是实事求是的解读，正因为如此，在之后的执行过程中才会取得显著的成效，迄今为止，“金门协议”仍是“处理两岸遣返等相关事宜的事实上的法律文件”②。

首先，协议对红十字会在协议执行过程中的“参与见证”的职责界定是准确而客观的，符合红十字组织的宗旨和原则，同时也是红会组织参与协议的前提和协议成功履行的保障。一贯秉承“人道、博爱、奉献”的精神理念的红十字会组织，以“人道、公正、中立、独立、志愿、统一及普遍”等七项基本原则为行动纲领，正是这种精神、理念以及基本原则与金门商谈事件本身的内在契合性，使红十字组织成为金门商谈的开启者和“金门协议”的签订者。

其次，商谈中就双方的敏感问题如签字书写的年号和商谈主体的称谓等问题经过积极的磋商，最终达成谅解、达成共识，显示出双方积极务实的合作态度。这对于协议的签订是至关重要的。单就金门这个商谈地点的选择来说，也充分显示出两岸合作的真诚。金门是两岸关系的政治敏感区，从“炮击金门”到“金门协议”，32 年来金门是两岸关系发展的风向标，能够在金门进行商谈、签订协议，它的象征性意义显而易见。

“金门协议”的公布，在海内外产生强烈反响，台湾舆论普遍认为，“这是40 年来两岸关系的一大突破”，使两岸关系“跳出低谷，已出现曙光”。台湾《中国时报》报道说，“这是一次堪称历史性的会谈，具有突破性的历史意义”。经历41 年的漫长岁月后，第一次通过协商的方式解决相互间存在的问题，说明只要顺应历史发展的潮流，珍惜两岸人民间的亲情，中国人就没有自己解决不了的事情③。

3. “金门协议”的地位和作用

“金门协议”在两岸关系发展过程中具有里程碑的性质。对于它的地位和作用，可以从以下几个方面认识：

（1）成功的切实可行的遣返方略

“金门协议”签订后，为确保双向遣返作业的顺利实施，两岸首先于

---

① 《海峡两岸红十字组织代表在金门商定海上遣返事宜》，《人民日报》1990 年 9 月 20 日。

② 曲折主编：《中国红十字事业》，广东经济出版社 1999 年版，第 208 页。

③ 参见孙柏秋主编，池子华、杨国堂等著：《百年红十字》，安徽人民出版社 2003 年版，第 436 页。

1990 年 9 月 20 日进行了马尾—马祖的空船交接预演，并达成《马祖备忘录》。按照商定，在两岸红十字组织的参与见证下，第一次遣返作业于 10 月 8 日正式实施并取得圆满成功。应该说，“金门协议”卓有成效地解决了长期困扰两岸关系发展的海上遣返问题。“金门协议”签订后的 10 余年来，在两岸红十字组织的参与见证之下，“从马祖和金门共接运私渡去台人员 142 批，27890 人次，劫机犯罪嫌疑人 3 批，15 人；向台湾遣送违法台湾居民 45 批，123 人”。通过“两岸双向遣返工作的开展，严厉打击了沿海地区的走私、贩枪、贩毒等违法犯罪活动，有效防范了台湾不法人员将大陆作为逃避惩罚的‘避风港’，遏制了两岸人员非法入境活动，为维护沿海地区安全、社会稳定起到了积极作用”①。特别值得指出的是，1997 年劫机犯的遣返成功，标志着“两岸在司法互助方面又迈出了漫长而艰辛的一步，而这一步无疑是应该载入两岸关系发展的史册的”②。历史证明，“金门协议”所规定的遣返原则和策略是非常正确的。上述成就的取得，两岸红十字组织功不可没。

（2）“三通”的起点

“三通”是两岸人民的共同心愿，也是两岸关系发展的必然趋势。“金门协议”的签订，无疑向“三通”的目标靠近了一大步，一定程度上可以说，“金门协议”是“三通”的起点。在两岸的第一次遣返活动获得圆满成功后，“美国合众国际社称：这是开通了两岸之间的首次海上直达航线”③。从 1990 年 10 月开始，“两岸之间遣返工作从此一批又一批的顺利进行，从某种意义上说，实际实现了两岸之间的通航”④。“两岸直接‘三通’的关键是两岸直航”。从“1986 年之前的互不通航到之后的间接通航，从 1995 年起分步开放通航到 2001 年的沿海局部直航，试点获得初步成效，间接通航程序也越来越简化”⑤。2008 年 12 月 15 日，两岸海运直航、空运直航、直接通邮正式启动，由此两岸直接“三通”基本实现，这是两岸关系发展取得的重大进展，具有里程碑意义。金门商谈的亲历者计克良（当年以福建省红十字会副会长的身份参加）在 2010 年再次踏上金门土地时指出，“正因为有了金门协议，才有了今天的全面三通、交流交往、和谐发展”⑥。这一观点从历史进程和现

① 张凤山：《“金门协议”：两岸签订的第一个协议》，《两岸关系》2002 年第 2 期，第 39—40 页。

② 乐美真：《金门商谈漫记》，九洲图书出版社 1998 年版，第 93 页。

③ 张凤山：《“金门协议”：两岸签订的第一个协议》，《两岸关系》2002 年第 2 期，第 39—40 页。

④ 方庆云：《“三通”的起点——忆金门商谈》，参见乐美真：《金门商谈漫记》，九洲图书出版社 1998 年版，第 17 页。

⑤ 李非：《两岸直接“三通”的关键是两岸直航》，《两岸关系》2002 年第 8 期。

⑥《计克良：金门协议为两岸全面三通奠定基础》，东南网，2011 年 5 月 19 日。

实实践来看，可谓客观公允。“金门协议”实现了海上遣返船只的直航，我们希望以之为借鉴，遵循这样的发展脉络，通过谈判协商谨慎而理智地实现进一步的沟通与交流，直至完成祖国的和平统一大业，实现中华民族的伟大复兴。相信在这一过程中，红十字会将大有所为。

（3）对未来发展两岸关系的启示

对于两岸关系而言，“金门协议”为我们提供了思考的方向，对未来处理两岸问题也具有启发性。“金门协议”是“两岸中国人通过自己的和平协商找出了解决具体事物的方法，从此使两岸的谈判提到了议事日程。从这个意义上说，‘金门协议’是个前奏，它为两岸正式授权的民间组织（海协会、海基会）商谈铺路、催生”①。同时，“金门协议”开创了两岸通过民间渠道解决广泛而重要的、更具有官方色彩的问题的先例。两岸红十字组织的积极参与，使得“金门协议”得以顺利签订和执行，使得海上遣返工作有条不紊的进行，使得两岸关系取得重大的拓展。所以说，在发展两岸关系的过程中，红会以及其他民间团体的力量不可低估，甚至于可以作为一种借鉴的思路。“金门协议”的成功签订和顺利执行是长期以来两岸关系发展的需求，一定程度上，“金门协议”代表了两岸难以割舍的血脉亲情，代表了两岸关系发展的必然趋势。缘于此，可以说“金门协议”昭示了两岸关系的发展方向。

中国红十字会是中华人民共和国统一的红十字组织，是从事人道主义工作的社会救助团体，两岸红十字组织均是其重要的组成部分。两岸红十字组织对“金门协议”的积极参与正体现出中国红十字会的“保护人的生命和健康，发扬人道主义精神，促进和平进步事业”的基本诉求。两岸红十字组织的参与见证，实现了真正安全人道的海上遣返作业，保护了两岸同胞的生命财产安全，同时也为推进祖国和平统一的进步事业做出了贡献。

（三）曲折的台湾之行

海峡两岸关系并非如人们所期待的那样一帆风顺，而是经历了太多的曲折，中国红十字会总会副秘书长曲折的台湾之行就是一个典型的事例。曲折的台湾之行，是由一起突发的“7·21 闽狮渔事件”促成的。1991 年 7 月 21 日下午 3 时，福建省石狮市祥芝乡的“闽狮渔”2294 号和 2295 号两条渔船，正在台湾西北 30 海里处捕鱼作业，孰料台湾高雄渔船“三鑫财”号突然从正在起网的两渔船之间穿过，致使渔网损坏，争执顿起。

为索取赔偿，几名大陆渔民登上“三鑫财”号，搬走一些物品作为抵押。双方经讨价还价，台方船长答应支付大陆渔民 5700 元台币作为赔偿，大陆渔

---

① 李立：《“金门协议”：两岸联系的见证》，《两岸关系》2002 年第 11 期，第 40 页。

民也将抵押的所有物品归还对方，事态随即平息，双方继续捕鱼作业。但下午6时许，台湾军舰在飞机的配合下，急驶而来，截住大陆渔船，开枪打伤大陆渔民邱赞成，强行把18名“闽狮渔”号的渔民押至台中港。原来，“三鑫财”号谎报“海上遇盗”，向台湾军方发出了“呼救”信号。应该说，“闽狮渔事件”本来就是一起渔事纠纷，纠纷的起因是台方一只渔船损害了福建渔民的渔网，福建渔民要求赔偿，之后有些过激言行，但仍没有超出纠纷范围。“这起纠纷本来通过海上其他渔民的调解已经解决。但后来由于台湾军方的强行介入，使问题复杂化。这完全是台湾当局小题大做”①。

大陆渔船被押至台中港后，台湾当局借题发挥，对大陆渔民兴师问罪，先是以“恐吓取财”，后是以“海中行劫”为罪名进行审讯。如果是“海中行劫”即为海盗罪，这在台湾是弥天大罪，轻则判刑12年，重者要判死罪。次日，台湾“行政院陆委会”宣称：“大陆渔船涉嫌海上犯罪，将依法侦办！”接着大陆渔民吴清勇等7人被以“海盗罪”提起公诉，一时间舆论哗然，震惊两岸。本来一件普通的渔事纠纷，却由于台湾军警的介入、行政司法部门的插手，被人为地扩大化、复杂化了。这就是在海内外引起轩然大波的“7·21闽狮渔事件”。

其实，被台湾军方扣押的18名渔民中，除两名受雇捕鱼者分别是福建莆田市和霞浦县人外，其余16人分别是石狮市祥芝乡东埔一村、东埔二村和祥渔村人。祥渔村干部蔡建业和东埔一村干部邱华川在接受记者采访时谈到，被台湾当局扣押的渔民祖祖辈辈都是捕鱼人家，绝不是台湾当局说的什么“海盗”，“我们敢到法庭上去作证！”② 对于此事，大陆农业部发言人表示，“闽台地缘相近，血缘相亲，两省渔民经常同区作业，历来相互关心，互助互救，同胞关系十分密切。对于双方渔民之间的渔事纠纷，应该本着互让互谅、互助互爱的原则，实事求是地进行协商解决，以维护两岸同胞间的团结，珍惜两岸日益祥和的气氛。我们对台湾当局动辄出动军舰飞机，随意射击同胞的做法表示十分愤慨。渔事纠纷，责在双方，若台湾当局以此例为处理渔事纠纷之先端，稍有争执即诬良为盗，必使两岸同胞情谊受损。希望台湾有关方面保证我渔民人身安全并促请当事双方妥善协商解决纠纷，使‘闽狮渔2294’号、‘闽狮渔2295’号渔船和船上18名渔民尽快返回，早日与家人团

① 薛建华：《法律专家高铭暄评说“七·二一”事件　台湾当局将渔事纠纷复杂化小题大做》，《人民日报》1991年8月18日。

② 刘国柱：《“我们是世代捕鱼人”——访被台湾方面扣押的福建渔民家属》，《人民日报》1991年8月8日。

聚。中国红十字会总会已决定尽快派人赴台看望我被扣押的渔民”[①]。

18 名大陆渔民被无理押到台湾，他们在大陆的亲人心急如焚。7 月 25 日，大陆方面正式提出赴台进行人道探视，并了解情况。中国红十字会总会也决定尽快派人到台湾看望。但这一正当要求却从一开始就遭到台湾有关方面的重重阻挠和刁难。首先是在人员选择、人数和时间上进行限制，不同意中国红十字会总会提出的 3 人方案，只允许两人前往，时间仅限于 2 天，并想方设法阻挠记者随行采访。

为了求得事件的尽快公正合理解决，大陆方面首先做出让步，同意只派两人，并重申只了解情况，无意协商案情。台湾方面也乘机“下了台阶”，允许在台停留 3 天，记者可以同行。双方最后商定，大陆红十字会代表曲折、庄仲希及两名随行记者范丽青、郭伟锋于 8 月 12 日赴台作为期 3 天的“人道探视”。国内外新闻界都发布了这一消息，人们热切关注着 42 年来的大陆第一次派员公务赴台的行动[②]。

然而令人不可想象的是，台湾当局却在临行前的 8 月 11 日夜里，以大陆红十字会未承诺不看望已被台湾当局带往金门准备遣返的蔡成家等 11 名渔民为由，单方面宣布中止曲折、庄仲希赴台。这一意外之举，充分说明台湾当局对他们此次赴台完全缺乏诚意[③]。台湾当局节外生枝、出尔反尔的行为令海峡两岸同胞感到震惊。大陆学者认为，“不管是被台湾司法机关起诉的七位渔民还是未被起诉的十一位渔民，都是被台湾当局从台湾海峡捕鱼作业区强行带往台湾，并置于台湾控制之下的我方渔民，为什么对在司法控制之下的渔民允许探望，而对在行政控制之下的渔民就不允许探望呢?”这种做法不符合人道主义精神[④]。于此，台湾文化大学法律系主任王志文接受记者采访时表示，台湾方面一再强调“7·21 事件”是法律事件不能协商，但这只是一句动人的口号，经不起深一层的推敲。他认为，台湾“境管局”在发出中国红十字会总会曲折、庄仲希二人的入台许可后又撤销，于法无据；王志文还表示，台湾当局口口声声强调“司法独立”“法律主权”，但自己的一些做法严格说根本与法律概念背道而驰。他认为，今次中国红十字会总会副秘书长曲折及庄仲希二人本已由台“境管局”核准入台，但作为权责机关的“境管

① 《农业部发言人就台湾海峡“7·21”渔事纠纷发表谈话　希望台有关方面保证我渔民人身安全》，《人民日报》1991 年 8 月 4 日。

② 尉颖颖：《曲曲折折台湾行》，《中国红十字》1992 年第 1 期，第 3 页。

③ 《中国红十字会总会发言人发表谈话　阻挠我人员赴台令人极为震惊　希望台湾当局取消不合理限制》，《人民日报》1991 年 8 月 13 日。

④ 薛建华：《法律专家高铭暄评说“七·二一”事件　台湾当局将渔事纠纷复杂化小题大做》，《人民日报》1991 年 8 月 18 日。

局”却又听命于“陆委会”，撤销了二人的入台许可，这种做法就不合台湾的法律。台湾方面解释撤销曲、庄二人来台的理由说，是因二人未就来台目的作书面澄清，但这种理由不能作为撤销入台许可的条件，因为按照法律，只要不是妨害台湾安全或社会安定，并不能取消入台许可①。

基于人道主义的考虑，8 月 12 日，中国红十字会总会副秘书长曲折、政策理论研究室副主任庄仲希仍然按照预先商定计划，于上午 8 时 50 分乘中国民航 CA101 航班离开北京，中午抵达香港。原计划随即转乘国泰航空公司 CX530 号航班直飞台北②，然而在香港办理换机手续时，却遭遇麻烦：台北“出入境管理局”不允许曲、庄二人登机赴台③。于是二人只能暂时滞留香港。

曲折副秘书长在香港启德机场向记者发表谈话，对台湾当局某些人置同胞亲情于不顾，无理阻挠他们入台的做法极为愤慨。在滞留香港期间，曲折先后举行了两次记者招待会，据理力争。在香港机场新闻中心举行的记者会上，他向台湾当局提出抗议，指出：“‘闽狮渔’事件本是一起闽台渔民在生产过程中发生的海上民事纠纷，由于台湾军方的介入而使事件复杂化，吴清勇等 7 位渔民遭台湾有关方面以所谓的‘海中行劫’罪名起诉，引起中国红十字会总会的严重关切。中国红十字会总会基于人道主义立场，决定派出我和庄仲希前往台湾看望 18 位渔民，了解情况，表达希望在尊重事实、公正合理的基础上解决这起纠纷的愿望。”曲折说：“虽然我们一再向台湾有关方面阐述我们的意见，但他们却固执地不让我们看望这 11 位渔民，最终竟以此为理由，拒绝我们赴台看望 18 位渔民。现在我们被阻滞在香港，希望台湾有关方面，从有利于推进两岸关系发展的大局考虑问题，做出理智的决定，不要再做伤害两岸同胞感情的事。”④

舆论是公正的，曲折滞阻香港，舆论大哗，台湾本土民众的不满尤为强烈。台湾新闻媒体连篇累牍发表文章，知名人士纷纷出来讲话，指责台湾当局的“设限”充满太多的意气与刁难，是“鸡蛋里挑骨头”。台湾《联合报》社论指出，“闽狮渔”事件是我们全面检讨对大陆政策的机会；《中国时报》撰文：“两岸进一步的沟通交往已是不可避免的事实，回避了这一次，也终必

---

① 范丽青：《台湾法律界人士评说“7 · 21”事件》，《人民日报》1991 年 8 月 20 日。

② 《赴台看望福建渔民遭台湾当局阻挠　中国红会人员仍滞留香港》，《人民日报》1991 年 8 月 13 日。

③ 晓惠：《一波三折，曲径通幽——曲折、庄仲希赴台受阻》，《中国红十字报》1991 年 9 月 20 日。

④ 曲折主编：《中国红十字事业》，广东经济出版社 1999 年版，第 214 页。

有下一次，早晚得面对现实。”[①]

舆论促行，台湾方面不便违背民意坚阻，只好放行。8 月 20 日 17 时 23 分，中国红十字会总会副秘书长曲折、政策理论研究室副主任庄仲希，从香港乘飞机抵达台北。曲折在台北桃园机场发表简短讲话时说：“我身临祖国宝岛台湾，心情十分激动，感慨万千，难以用言语来形容。”他说，“这次我代表中国红十字会总会，并受福建分会的委托，与庄仲希先生同来看望福建省石狮市祥芝乡‘闽狮渔’2294、2295 号船的 18 位渔民，并了解有关情况。大家知道，7 月 21 日发生的闽台渔民之间的民事纠纷事件，至今已经 30 天了。亲莫过于骨肉，痛莫大于分离。18 位渔民的亲属和父老乡亲连日来寝食不安，忧心如焚，热切盼望亲人早日平安归来。人同此心，心同此理。我们将不负厚望，竭尽绵薄之力，真切地表达他们的亲人对他们的思念和慰问，充分地表达中国红十字会总会、福建分会对他们的关切。”曲折还表示，希望此行能给 18 位渔民带来亲情的温暖，能对他们早日与家人团圆有所助益；并希望此行能得到台湾各界人士和有关方面的理解。他借此机会，也向一切关心 18 位渔民并给予帮助的台湾同胞和各界人士致以崇高敬意。

曲折、庄仲希离开机场后，兼程赶往台中，希望当晚即能看望被关押于台中的 7 位渔民。台湾“海峡交流基金会”副秘书长陈荣杰、红十字组织副秘书长常松茂到机场迎接曲折一行。这是海峡两岸隔绝 42 年后，中国红十字会总会第一次派人前往台湾[②]。

8 月 21 日上午，曲折一行赴台中看守所探视被扣押的 6 人（其中 1 人因不到 16 岁而被关押在“观护所”里）。当被扣押的 6 名大陆渔民见到大陆红十字会的人专程来台湾看望他们时，个个百感交集，涕泪满面，一片喊冤声。曲折详细地询问了他们的身体、生活状况。渔民们争相诉说事情发生的经过，希望大陆亲人能为他们做主，讨回公道，早日回到亲人身边。接着曲折一行又去观护所看望了少年蔡亚焕，转交了他父母捎给他的衣物。

8 月 21 日下午，曲折等就探视扣押在金门的 11 位渔民事，与台湾方面反复磋商，终以“视讯电话”形式见面。通过影视电话，得知渔民们归心似箭，迫不及待地要与亲人团聚。根据他们的要求，双方协商并签署了一份有别于金门协议的《返乡事宜备忘录》，一致同意台方雇客船将 11 人送至厦门，并雇人将两只“闽狮渔”号船开回。最后双方就 11 位渔民安全返家乡做了详细周到的安排。8 月 24 日下午，在“7·21”渔事纠纷中被台湾方面扣押、滞

① 张希林：《岁月如碑：海峡两岸红十字组织接触交往漫记》，九州出版社 2004 年版，第 174 页。

② 范丽青、王炽：《中国红十字会总会两代表抵达台北》，《人民日报》1991 年 8 月 21 日。

留在台湾、金门35天的11名福建渔民和2294号、2295号两艘渔船，自金门返抵厦门港。专程护送福建渔民、渔船回来的台湾“海基会”法律服务处处长许惠祐在回答记者提问时说，两岸发生渔事纠纷，只要加强彼此的沟通渠道，就可以避免互相猜疑与误会，求得公正合理的解决。至于今后遇到类似事件该如何处理，许惠祐表示：“我们双方可以共同协商，摸索一个妥善处理的模式。”①

8月22日上午，中国红十字会总会副秘书长曲折、政策理论研究室副主任庄仲希前往台湾红十字组织，拜访了负责人徐亨、秘书长陈长文和副秘书长常松茂，对几个月来台湾同胞的热情捐助，支援大陆遭受特大洪涝灾害地区同胞抗灾救灾的行动表示衷心的感谢。

曲折表示，很高兴能有机会前来拜访台湾的红十字组织。去年5月徐亨先生应中国红十字会总会会长陈敏章的邀请到北京访问，从此海峡两岸的红十字组织建立了正式的沟通渠道，做了很多的工作。比如就双方存在的一些特定人员的遣返问题签订了“金门协议”，这一协议实行一年来，总的情况是好的。曲折说，今年华东、华中地区发生洪涝灾害，十几个省受灾。台湾的红十字组织对此十分关心，常松茂先生曾致电北京，询问受灾情况，并组织发动募捐。据常先生介绍，台胞捐款已突破6亿元新台币，还捐赠大米1.5万吨和药品等。台胞的捐助活动中有很多感人事迹，一些退伍老兵收入不多，却平均每人捐款达5万新台币，还有的残疾人士亲自前来送捐，一位女士捐出戒指不肯留名，等等。台湾新闻界也对赈灾救灾工作做了大量报道工作。这种血浓于水的同胞感情，大陆同胞非常感谢。

徐亨对曲、庄二人的到来表示欢迎，并回顾了他去年访问北京等地时受到的热情接待和亲切照料。他说，以往两岸红十字组织来往需通过国际红十字会中转，沟通困难。去年在北京两岸红十字组织直接沟通，开始了直接交流，并促成台湾“海基会”与大陆的交流，是很值得纪念的事。当天晚上，徐亨先生设便宴欢迎曲、庄和两位大陆记者②。

8月23日中午，中国红十字会总会副秘书长曲折、政策理论研究室副主任庄仲希，乘国泰航空公司航班离开台北，经香港返回北京。台湾红十字组织负责人徐亨、“海基会”副秘书长陈荣杰到机场送行。临行前，曲折、庄仲希专程到“海基会”办公楼与陈长文等人话别。在台北桃园机场，热情的台

---

① 刘国柱：《被扣台的11名福建渔民返回厦门　还有7人因台湾当局节外生枝仍滞留台湾》，《人民日报》1991年8月25日。

② 范丽青：《曲折庄仲希拜访台湾红十字组织　感谢台湾同胞热情捐助救灾》，《人民日报》1991年8月23日。

湾同胞举着“祝曲折等人一帆风顺”的标语前来送别，许多人争相要和曲折、庄仲希合影留念。在香港启德机场，许多台胞也热情地要求与曲折、庄仲希合影，并欢迎常来台湾。

曲折在首都机场对大陆和台湾记者说，随着两岸交往的增多，不可避免地会出现一些民事纠纷和麻烦的事，双方应该按照事情本来的面目，公平合理地解决问题。双方见面协商是解决问题最好的办法。我们这次赴台就说明了这一点。有台湾记者问到被押的 7 名渔民的情况，曲折说，我们一再声明“7・21”事件是民事纠纷，台湾有关方面认为是刑事案件，双方在认识上有差距。台湾司法部门对 7 名大陆渔民正在审理，我们希望此事得到实事求是、公平合理的解决。

台湾记者问曲折此行的感受。曲折说，那就是不怕两岸有问题，有了问题，有了矛盾、分歧，只要从大局出发，本着实事求是、互谅互让的精神，是可以协商解决的。只要人去了，什么事都好商量。这次我们赴台，实际只用 1 天时间就解决了讨论 20 多天的问题。曲折还说，台湾同胞对来自大陆的人非常热情，我们在台湾到处感受到同胞的骨肉之情。曲折在谈话中还对台湾“海基会”和相关部门给予他们此次台湾之行的大力支持表示感谢。中国红十字会总会副会长孙柏秋到机场迎接曲折一行①。

曲折的台湾之行似乎预示着两岸关系的未来进程：道路是曲折的，前途是光明的！

改革开放初期，中国红十字会以其特有的方式协助中央政府处理敏感而复杂的台湾事务，其历史贡献主要在于两个方面：第一，通过红十字国际委员会的援助，与台湾红十字组织建立间接联系，为两岸同胞查人转信、探亲访友、家人团聚等提供人道援助，在一定程度上缓和了两岸关系；第二，在办理两岸间海难事件、见证遣返等人道事项的过程中，促成了与台湾红十字组织的直接双向交流与合作，并为解决两岸其他（非人道领域）民间问题奠定了基础，推动了两岸关系的和平发展。

中国红十字会之所以能够协助中央政府处理台湾事务，发挥应有的作用，其关键性因素主要有：第一，中国红十字会拥有国际组织、中央政府和民间社会所赋予的多重资源，通过善意和智慧，与台湾红十字组织建立了联系，在政治僵局尚难消解的历史困境下，成为两岸接触、协商、合作与交流的少数特殊通道和桥梁；第二，在两岸关系从政治对立、军事对峙逐步走向松动

① 《曲折庄仲希及大陆两记者离台回京　台湾同胞在台北机场热情送别》，《人民日报》1991 年 8 月 24 日。

与缓和的进程中，起初最能拉近两岸距离、触动人们内心情感和神经的，就是两岸民间人道问题的解决，而中立的人道主义组织红十字会自然最合适地担负起了这种历史重任。当前，两岸关系开始向纵深方向发展，同时面临新的机遇和挑战。中国红十字会所参与台湾事务的历程和经验，值得总结和借鉴。概而言之，就是在坚持国家大政方针的前提下，社会组织在非政治领域先行，做到两岸社会组织互动，社会组织与中央政府、台湾当局互动，充分发挥助手作用，进而为两岸关系的和平发展和祖国统一做出积极贡献[①]。

在两岸关系发展过程中，两岸红十字组织从中华民族和两岸同胞的根本利益出发，以其特有的方式穿针引线，用人道主义的暖流融化了 40 年的“坚冰”，特别是在“金门协议”的商定和履行过程中，红十字会的功绩更是值得大书一笔。相信两岸红十字组织的继续携手，会为两岸关系发展和祖国和平统一事业谱写出更加动人的华章。

---

① 徐国普：《试析中国红十字会在海峡两岸关系发展中的作用（1979—1991）》，《中共党史研究》2015 年第 2 期，第 60、74 页。

第四章　依法建会：历史性的跨越（1993—2004）

随着我国社会主义建设事业的飞快发展，中国红十字会作为从事人道主义工作的社会团体，在红十字运动中发挥着越来越重要的作用。1993 年 10 月 31 日，《中华人民共和国红十字会法》（以下简称《红十字会法》）公布实施，使我国红十字事业的发展进入了依法建会的新时期。在依法建会的大路上，中国红十字会依法推进管理体制转变，推动红十字青少年工作逐步走向规范化。特别是中国红十字会“六大”“七大”的召开，为进一步保障和推进《红十字会法》的贯彻实施，以及红十字事业的顺利发展奠定了坚实基础。在各级红会的共同努力下，中国红十字会取得了抗击“非典”胜利等一系列新的成就。

第一节　走在依法建会的大路上

一、《红十字会法》：时代和事业发展的呼唤

随着我国社会主义建设事业的飞快发展，中国红十字会作为从事人道主义工作的社会团体，在国内国际红十字运动中发挥着越来越重要的作用。然而，在红十字组织的活动和工作中，有许多问题需要以法律的方式加以明确，或者说红十字事业的发展，需要得到法律的保护。由此，制定出台《红十字会法》提上日程。

（一）发展红十字事业的需要

改革开放以来，我国红十字事业有了突飞猛进的发展，

不仅仅是在组织和会员的数量上，而且在各种救灾、社会救助和社会服务、组织群众性的卫生救护训练、宣传日内瓦公约等方面都取得了不俗的成绩，红十字事业作为我国社会主义精神文明建设的组成部分，发挥着越来越重要的作用。但多年来，红十字会的“机构、编制、经费”等所谓“老大难”问题，一直得不到解决。社会上人们对红十字会的宗旨、性质、任务、职责等还没有形成一个准确的界定，相当一个时期，红十字会被认为只是人民卫生救护组织，是从事卫生工作的，进而被误认为是卫生部门的直属或下属机构，甚至有些人把红十字标志当作卫生标志，社会上滥用红十字标志的现象十分普遍，这些行为都是对红十字会性质、原则和宗旨的歪曲与误读，不利于红十字事业的健康发展①。

我国的改革进程，同时也是社会主义法制建设的过程，是用法律开辟改革道路，保护和巩固改革成果的过程。20 世纪 90 年代，在全国进行治理整顿和全面深化改革的形势下，作为有 7 万多个基层组织、700 多万会员的中国红十字会没有自己的法律保障，已很难适应出现的新情况、新问题，而且束缚了红十字事业的深入发展。在改革的背景下，红十字会在整个社会中的地位、作用及其与有关部门的相互关系，如各级组织间的隶属关系、机构设置、人员编制、干部调配和聘任，以及如何逐步走上独立自主发展的道路、各类基层组织的职责等，都必须制度化、规范化、法制化，以保证整个事业发展的稳定性和连续性。“近几年来，红十字会根据工作需要，制定了一些具体的规章，如组织管理、社会募捐、救灾、输血、基金管理等方面的规定、办法和制度，这些规章的制定和实施，对于加强红十字工作的组织管理具有积极意义，也为红十字会的立法提供了基础，但还不够健全和完善，对于立法工作而言，仅仅处于起步阶段。”②

（二）国际红十字运动的发展和参与国际活动的需要

中国在 1956 年就加入了日内瓦公约，1983 年 9 月 2 日又加入日内瓦公约的两项附加议定书；1985 年，中国红会当选为红十字会与红新月会国际联合会执行理事，1989 年成为联合会副主席。作为国际红十字运动重要成员，中国红十字会如不立法，就无法按日内瓦公约去履行自己的职责③。

---

① 池子华：《从〈红十字会条例〉到〈红十字会法〉——中国红十字事业的法制化进程》，《中国红十字报》2017 年 2 月 28 日。

② 刘静湖：《我国红十字会立法对策的探讨》，《中国红十字》1990 年第 8 期，第 8 页。

③ 池子华：《从〈红十字会条例〉到〈红十字会法〉——中国红十字事业的法制化进程》，《中国红十字报》2017 年 2 月 28 日。

（三）明确红十字会的地位和作用的需要

中国红十字会建于1904年，80多年来，从清朝至辛亥革命、从中华民国到新中国成立前，许多重要的历史人物都曾担任过红十字会会长或名誉会长；而按照国际上的惯例，许多国家的总统、首相、贵族、王室成员甚至国王、王后都曾兼任本国红十字会的会长或名誉会长，以此彰显红十字运动的意义之伟大，以及红十字会地位之重要。

新中国成立以后，党和政府都非常重视红十字工作，1950年中国红十字会改组期间，周恩来总理曾亲自为红十字会修改章程。1978年，红十字会的工作得到了恢复和发展。但是，红会在国家的政治生活中究竟应该享有什么地位？在社会主义条件下应该发挥什么样的作用？依然没有一个明确的界定。20世纪90年代，我国各级红会组织的地位、级别等不但没有明确，而且各个地方的情况又不一样，编制和机构的级别很不统一，这些就为红十字会的管理和工作带来诸多不便。因此，为便于理顺各级红会组织的关系，首先必须要做到有法可依。

（四）履行、保护和贯彻《中国红十字会章程》的需要

《中国红十字会章程》规定了红十字的宗旨、性质、任务，还规定了会员的权利和义务，对一些组织上的要求也做了相应规定。这些规定经法律承认后，各级红十字组织就可以依法去执行。这不仅有利于红会组织的自身建设，更便于国家对红会工作的管理①。

二、制定《红十字会法》的过程

事业的发展，离不开法律的保障，然而，《红十字会法》却姗姗来迟，“中国红十字事业的法制化并非一帆风顺，而是经历了曲折漫长的过程”②。近代中国，红十字会有过法制化的尝试，但皆无果而终。“四大”以前，中国红十字会虽有立法要求，但直到“四大”召开后，立法工作才真正启动。在1985年制定的中国红十字会“1986—1990年五年规划”中提出，搜集国内国际的历史和现实资料，为起草《红十字会法》做好准备。在此基础上，1990年，五届理事会正式把立法工作提上重要的议事日程。

1990年2月15日，谭云鹤副会长在“五大”的工作报告中提出：“必须用立法的形式对红十字在整个社会中的地位、作用，与有关部门的关系，以

① 蓝军：《红十字立法之浅见》，《中国红十字》1991年第9期，第2—3页。

② 池子华：《从〈红十字会条例〉到〈红十字会法〉——中国红十字事业的法制化进程》，《中国红十字报》2017年2月28日。

及开展群众性现场救护训练、兴办社会福利事业实体等，做出明确的规定，以保证红十字事业的健康发展和依法开展活动。”① 这代表当时全国 8 万多个红十字基层组织和 800 多万红十字会员的共同心声。

1990 年 2 月，中国红十字会通过调查认识到，作为历史悠久的社会团体，虽然自身有很多优势，但是由于存在着许多根本性困难，阻碍了红十字运动的发展。具体而言，这些困难包括（1）团体的性质与宗旨不适应。红十字会以人道主义为宗旨，而把它定为救护团体，就限制了它的工作范围。（2）与国际红十字运动七原则中的“统一性”“独立性”原则不符。红十字会没有独立的地位和人、财、物的自主权，实际已成为卫生行政部门的下属单位，个别的省、区还隶属于医院或医学会。（3）开展工作受限制。红十字会没有工作决策权、募捐权、募捐款物处分权，开展工作经常受到阻挠、干扰。（4）难于掌握自己的命运，群众积极性受挫，队伍不稳定。有鉴于此，中国红十字会总会党组、执委会一致认为，唯一的出路只有为红十字会立法。

（一）全神贯注抓立法

1990 年 7 月，总会党组和执委会明确：虽然难度十分大，但要从现在起，把红十字会立法作为工作重点，要全神贯注，在几年内抓出成效。7 月 13 日，在研究总会机构设置时，提出并确定设立政研室，其主要任务即立法工作。

1990 年 10 月，总会在桂林召开红十字会工作研讨会。顾英奇副会长在会议闭幕时发表讲话，专门讲了红十字会立法问题：（1）为红十字会立法是发展红十字事业的需要，许多问题需要以法律形式加以明确，才能解决限制红十字会发展的困难；（2）世界上许多国家有《红十字会法》，中国是个大国，一直履行日内瓦公约，积极参加国际红十字运动并在国际上有一定的地位和影响，为红十字会立法也是我国支持国际红十字运动的需要；（3）我国台湾省也有“红十字会法”，按照红十字运动七原则中关于“统一性”的规定，一个国家只能有一个红十字会，我们立法也是两岸统一形势的需要；（4）要组织一个较强的班子，并争取立法部门支持；（5）总会立法工作，一要抓紧，二要扎实。这是中国红十字会总会第一次向全国各级组织就红十字会立法问题公开表态。

总会政研室于 1990 年 11 月成立，红十字会立法工作同时启动。执委会

① 《谭云鹤副会长在中国红十字会第五次全国代表大会上的讲话》，《中国红十字报》1990 年 3 月 20 日。

决定由顾英奇主持这项工作，曲折副秘书长分管政研室，以立法工作为重点，责成政研室两位负责人具体负责立法有关事宜。

当时，国务院、全国人大常委会的立法部门立法任务重，而红十字会立法并不在国家立法计划之内。但在中国红十字会提供充分的国际参考资料、详细汇报之后，国务院法制局、全国人大立法工作委员会和法律委员会还是表示支持并认为既有国际惯例，红十字会也应立法；同时指出，《红十字会法》因与政府其他部门矛盾少，故可加快立法进程。1990 年 12 月 17 日，总会草拟出了《中华人民共和国红十字会法》第一稿。

1991 年上半年，国务院法制局介入《红十字会法》的起草、立项工作，对总会的立法工作加强了指导。

1991 年 6 月 20 日，中国红十字会正式向主管部门卫生部申报“红十字会法立项”。在此之前，顾英奇副会长向陈敏章部长（兼中国红十字会会长）通报过红十字会法立项问题。同时顾英奇副会长又向卫生部政策法规司提出：“今年初卫生部立法计划虽未考虑红十字会法，但红十字会只是个代管单位，属于人道团体，其工作除卫生救护、献血外，均与卫生无关。因此建议立项报告不必提交部长办公会，而由陈部长签字后直接转报国务院。”卫生部支持了红会的意见，7 月 11 日，卫生部向国务院提出中国红十字会法立项申报。同时，国务院法制局要求红十字会总会向国务院有关的 22 个部、委、署、办、局征求意见。

中国红十字会总会经 15 次修改，1991 年 8 月完成了《中华人民共和国红十字会法（送审稿）》；9 月初，拟就《〈中华人民共和国红十字会法〉起草说明》。9 月 18 日，卫生部以“卫报政字（1991）第 83 号文”向国务院转报了中国红十字会起草的《中华人民共和国红十字会法（草案）》及“起草说明”。10 月，国务院法制局征求国务院 23 个有关部门和中央军委的意见，并着手对送审稿进行修改。12 月下旬，国务院法制局正式同意红十字会法立项。

总会在 1991 年里对立法工作抓得很紧。党组、执委会和会长、副会长办公会讨论、研究、听汇报、修改草案等就有 13 次以上；负责具体工作的同志为解决有关问题，其中包括难度较大的起草送审稿、与中央各部委协调有关政策、修改条文等，一直在连续苦干。

1992 年新年一过，执委会立即安排有关人员出国进行立法考察。同年 7 月，国务院法制局第二次向 13 个有关部门征求意见。9 月，国务院法制局拿出《中华人民共和国红十字会法（修改稿）》征求意见。

1993 年 4 月，国务院法制局的“修改稿”及“起草说明”基本完成。

（二）两次审议，顺利通过

1993 年 6 月 11 日，朱镕基副总理受李鹏总理委托主持召开国务院第五次常务会议，审议《中华人民共和国红十字会法（草案）》及其他三个议案（代拟稿）、条例（草案）、实施办法（草案）。顾英奇副会长代表卫生部向国务院常务会议做《关于〈中华人民共和国红十字会法（草案）〉的说明》。会议经过讨论，原则通过了该法律草案，确定对法律草案做进一步修改后，报送全国人大。

1993 年 8 月 2 日，李鹏总理以“国函（1993）112 号”提请全国人大常委会审议：“中国红十字会总会经过广泛调查，草拟了《中华人民共和国红十字会法（草案）》。这个草案业经国务院常务会议讨论通过，现提请审议。”

总会党组和执委会于国务院会议后第二天，立即开会研究了下一步立法工作：（1）与国务院法制局一起修改好送审稿；（2）与全国人大教科文卫委员会、内务司法委员会进行沟通；（3）安排在中央电视台拍摄红十字会法宣讲片；（4）与全国人大法工委组成考察组赴辽宁、吉林、黑龙江省考察。

8 月 6 日，总会获悉，《红十字会法》已列入全国人大常委会立法程序；8 月 19 日，全国人大法工委召开国务院 11 个部门座谈会，征求意见；8 月 20 日，全国人大将《中华人民共和国红十字会法（草案）》发往 30 个省、自治区、直辖市征求意见；8 月 25 日，顾英奇副会长受国务院委托，向第八届全国人大常委会第三次会议做“关于《中华人民共和国红十字会法（草案）》的说明”的报告。

（三）红十字事业发展的新起点

第八届全国人大常委会第三次会议之后，全国人大科教文卫委员会、法工委、法律委员会做了大量的调研、考察、审议工作。

10 月 22 日，全国人大法律委员会向第八届常委会第四次会议做《〈中华人民共和国红十字会法（草案）〉审查结果报告》。法律委员会还根据常委们讨论的意见，将第八条“各级红十字会理事会由会员代表大会民主选举产生”修改为“县以上按行政区域建立地方各级红十字会，根据实际工作需要配备专职工作人员……”这是关键性修改，解决了各地方红十字会的机构、编制问题。

10 月 30 日，第八届全国人大常委会第四次会议通过《中华人民共和国红十字会法的审查结果报告》；10 月 31 日上午，乔石委员长宣布：《中华人民共和国红十字会法》经常委会表决通过！当日，国家主席江泽民发布第 14 号主席令，予以公布实施。

1993年10月31日，对全国红十字工作者和1800多万会员来说，是一个最难忘、最喜悦的日子，中国红十字会终于实现了历史性的跨越！《红十字会法》的颁布，以法律的形式规定了中国红十字会的宗旨、性质和职责，从法律上确立了红会组织在国家生活中的地位和作用，使我国红十字事业的发展进入了依法建设的新时期。这是中国红十字运动史上新的里程碑。

1993年11月2日，中国红十字会总会在京举行了新闻发布会，全国人大常委会副委员长雷洁琼、吴阶平，全国政协副主席赵朴初等领导人到会祝贺，新华社、《人民日报》等30多家新闻单位的记者参加了新闻发布会，全国人大法律工作委员会副主任乔晓阳和国务院法制局副局长曹康泰分别代表国家立法机构和政府部门，对《红十字会法》的正式颁布表示祝贺。他们在发言中指出，《红十字会法》是一部对社会团体进行全面规范的法。这部法在不长的时间里即获通过，表明了党和国家对红十字事业的重视，同时也表明了红十字会所做的工作是卓有成效、不可忽视的①。不言而喻，《红十字会法》的颁布施行必将促进我国红十字事业的更大发展，使中国红十字会在国际红十字和红新月运动中、在国内社会生活中发挥更加积极的作用②。

我国公布实施《红十字会法》，充分说明党和国家十分重视红十字会在我国社会生活和国际活动中的作用，是为促进红十字事业发展提供的强力保护和巨大支持，说明我国政府对人权、人道事业、国际人道主义法的重视和支持，也是我国对国际红十字运动的支持和贡献。

无论从1990年10月顾英奇副会长在桂林研讨会上首次提出为红十字会立法算起，或从11月总会决定启动立法工作算起，到1993年10月《中华人民共和国红十字会法》公布实施，仅仅用了3年时间就完成这项计划，可以说是“突飞猛进”，令人欣慰。其中有诸多主客观促进因素，特别是国务院和全国人大常委会的重视、支持是起到决定性作用的。而中国红十字会也体现出一种锲而不舍的创业精神，目标崇高，信念坚定，不怕困难，一步一步地奋力跋涉，终于到达胜利的彼岸。

《红十字会法》公布实施后，中国红十字事业有了坚强的法制保障。不仅如此，中国红十字会还乘《红十字会法》颁布的东风，与各有关方面加强协调，接连解决了涉及红会发展的几个重大问题，全国红十字事业的发展呈现

---

① 《中国红十字会举行新闻发布会，热烈庆贺〈中华人民共和国红十字会法〉正式颁布》，《中国红十字报》1993年11月5日。

② 孙柏秋主编，池子华、杨国堂等著：《百年红十字》，安徽人民出版社2003年版，第407页。

出大好局面。

（1）1994 年 4 月，提前一年召开了中国红十字会第六次全国会员代表大会，部署了学习、宣传、贯彻、执行《红十字会法》的计划；同时，经“六大”理事会聘请，江泽民主席欣然接受，担任了中国红十字会名誉会长。中国红十字会也以《红十字会法》为依据，规划了到世纪末红十字会的各项工作。

（2）自《红十字会法》公布实施后，各省级人大常委会结合本省实际，陆续制定了贯彻、实行《红十字会法》的地方性“实施办法”等法规，红十字会开展工作的内外环境逐渐改观。此外，全国人大常委会和各省级人大常委会还多次派出执法检查团、监督团，以检查、指导和推动《红十字会法》在各地的实施。

（3）1994 年 9 月，顾英奇副会长在给执委会成员“关于发展红十字事业的书面意见”中提出：“考虑应该在适当时候提出省级红十字会独立出来，地市红十字会有条件的也可先独立出来。如何提，何时提这个问题，请组织有关人员研究个意见报执委会。”执委会对此进行了慎重研究。

（4）经过不懈努力，关于中国红十字会总会二级机构升格为副局级的问题，最终取得国务院领导的支持，于 1995 年 3 月获得解决。这和《红十字会法》的颁布实施是分不开的。

（5）1995 年 4 月，常务理事会向第六届理事会第二次会议提出并通过决议，要求省级、计划单列市及省会城市红十字会争取在 1999 年第七次全国会员代表大会前实现机构独立设置，具备条件的市（地）、县也要如此。后来，理事会更明确提出：实现中国红十字会的两个转变，即从卫生救护团体转变为从事人道主义工作的社会救助团体；从挂靠、代管、依附于卫生行政系统，转变为机构独立设置，建立全国统一的红十字组织。这项决议虽然由于诸多客观限制未能按期完成，但毕竟依据《红十字会法》提出了机构独立的重大决策，而且部分省、市（地）、县红十字会确实也独立设置了，这为实现全国各省、市、自治区红十字会独立设置打下了基础；同时，全国红十字会人员的编制有所增加，地位有所提高。

（6）为贯彻、执行中国红十字会关于红十字标志使用的规定，1996 年 1 月 29 日，由国务院总理李鹏、中央军委主席江泽民签署命令，发布《中华人民共和国红十字标志使用办法》。

（7）中国红十字事业发展中的诸多限制逐渐舒缓，救援、救助、救护等项工作不断拓展，救灾工作成绩越来越大；红十字会得到政府和各界的支持越来越多，红十字会干部、群众的积极性大为增强，红十字会做的好事、善事赢得了社会各界普遍的赞誉，红十字会的影响明显扩大。

（8）红十字国际委员会、国际联合会对中国公布《红十字会法》和《红十字标志使用办法》给予了高度评价，认为这是中国政府履行日内瓦公约、重视人道工作、支持本国红十字事业和中国红十字会在本国享有很高地位的表现，是对国际红十字运动的支持与贡献。

（9）1997年和1999年，中国红十字会根据《中华人民共和国香港特别行政区基本法》《中华人民共和国澳门特别行政区基本法》《国际红十字与红新月运动章程》《红十字会与红新月会国际联合会章程》和《中华人民共和国红十字会法》，顺利解决了香港、澳门红十字会加入中国红十字会成为享有高度自治的地方分会的问题。

综上所述，"在《红十字会法》的保障下，中国红十字会必将走向更加灿烂、辉煌的明天。"①

三、《红十字会法》的内涵

《红十字会法》颁布后，为便于学习宣传、贯彻执行，1994年2月，全国人大常委会法制工作委员会国家行政法室编写了《〈中华人民共和国红十字法〉条文释义》，这本释义对《红十字会法》做了学理上的解释。1994年11月，国务院法制局与中国红十字会共同编写出版了《中华人民共和国红十字会法使用手册》，为学习和贯彻执行《红十字会法》提供了参考和帮助。值得注意的是，这些阐释不同于权力机关的立法解释，也不同于司法机关所做的司法解释。根据这些具有权威性的学理上的解释，《红十字会法》的内涵可以概括为以下几个方面。

其一，关于红十字会的宗旨。《红十字会法》规定，中国红十字会以"保护人的生命与健康，发扬人道主义精神，促进和平进步事业"为宗旨。从国际红十字运动130多年的历史看，不论是在自然灾害和突发事件中，还是在局部战争或者是在世界大战中，红十字会都参加了对伤病人员的救护工作，因此《红十字会法》首先明确了保护人的生命与健康为立法目的之一。这里讲的"人"的生命和健康，其意义在于本运动是为了保护所有人的生命和健康，以体现本运动的七项基本原则。

其二，关于红十字会的性质。《红十字会法》规定，"中国红十字会是中

① 顾英奇：《中国红十字会与中华人民共和国红十字会法——纪念〈中华人民共和国红十字会法〉颁布10周年》，中国红十字年鉴编辑部编：《中国红十字年鉴：2004/2005》，台海出版社2006年版，第862页。

华人民共和国统一的红十字组织，是从事人道主义工作的社会救助团体”。前者表明了中国红十字会的统一性和唯一性，实质上是对其地位的肯定。随着红十字事业的发展，中国红十字会的工作领域不断拓宽，已不再局限于卫生救护和社会福利工作的范围，随着改革开放的深入，中国红十字会将在广阔的人道领域里，协助政府做更多的工作。

其三，关于红十字会的职责。《红十字会法》规定，我国各级红十字会的主要任务是：遵守宪法、法律和国家的有关方针政策，协助政府动员和组织人民群众在人道主义领域独立自主地开展工作，为我国社会主义现代化建设和促进祖国和平统一服务，同时促进国际红十字会与红新月会以及各国人民之间的友谊与合作，为世界和平和人类进步事业服务。具体地讲，中国红十字会要履行以下职责：

——“开展救灾的准备工作；在自然灾害和突发事件中，对伤病人员和其他受害者进行救助。”我国地域辽阔，气候多变，是一个自然灾害多发的国家，经常发生水灾、旱灾、风灾、地震等。根据我国的实际情况，红十字会应当首先做好救灾的准备工作，否则就不能在自然灾害发生时有足够的力量及时地开展救助工作，特别是对于突发事件，红十字会需要参加对伤病人员的救护，只有在平时做好准备工作才能有较强的应变能力，做到“有备无患”，这是完成救助任务的前提。红十字会参与对伤病员的救助是义不容辞的责任，这是红十字宗旨之所在。

——“普及卫生救护和防病知识，进行初级卫生救护培训，组织群众参加现场救护；参与输血献血工作，推动无偿献血；开展其他人道主义服务活动。”卫生救护工作是红十字会的传统业务，主要在医生、救护车到来之前从事现场群众性救护，是卫生行政部门的三级医疗卫生网的补充和延伸。血液事业是红十字会的重要工作，国际红十字组织对血液事业做过许多决议，督促各国政府和红十字会对公民进行无偿献血的教育，坚决杜绝血液的商品买卖行为。无偿献血是社会文明进步的体现，世界上许多国家和地区实现了无偿献血，推动无偿献血工作的开展是红十字会进行人道主义救助工作的重要内容。我国的血液事业管理一般是由卫生部门负责，近十几年中，由于红十字事业的发展，一些省市红十字会也相继办起了红十字血站，对推动无偿献血有积极的意义。世界上不少国家的血液工作是由红十字会负责的。根据我国的实际情况，规定了红十字会“参与输血献血工作”，一方面确定了红十字会是可以兴办血站从事输血献血工作；另一方面也确定了红十字会在血液工作中的地位，它要服从于卫生行政部门的统一管理。至于“开展其他人道主义服务活动”，旨在拓宽红十字会的工作领域，组织广大会员和红十字青少年开展以“救死扶伤，扶危济困、敬老助残，助人为乐”为主要内容的社会服务，为社会主义精神文明建设贡献力量。

——“开展红十字青少年活动。”这是国际红十字组织号召每个国家的红十字会进行的一项活动，其目的在于从小培养青少年的人道主义精神，特别是在改革开放的大潮中，社会上出现了一些不良现象，对青少年的影响很大，因此开展红十字青少年活动，通过进行国际交流、举办夏令营和其他丰富多彩的活动，使广大青少年从小养成良好的道德品质，这对提高整个中华民族的素质，培养跨世纪的一代新人意义重大。

——“参加国际人道主义救援工作。”履行人道主义的义务是红十字会的宗旨，中国红十字会理所当然应履行这一义务。

——“宣传国际红十字和红新月运动的基本原则和日内瓦公约及其附加议定书。”红十字与红新月运动的七项基本原则，即人道、公正、中立、独立、自愿服务、统一和普遍性原则。日内瓦公约及其附加议定书总称为国际人道主义法。中国红十字会是红十字会和红新月会国际联合会的成员国，应当积极宣传国际红十字运动的基本原则和国际人道主义法，使社会各方面了解其基本内容，更好地履行人道主义义务。

——“依照国际红十字和红新月运动的基本原则，完成人民政府委托事宜。”中国红十字会是社会救助团体，不是政府的一个行政部门，政府如果有些工作需要红十字会来做，一般应采取委托的形式，即人民政府委托红十字会的工作要符合本运动的基本原则，而红十字会应当完成人民政府委托的符合七项基本原则的有关工作。

——“依照日内瓦公约及其附加议定书的有关规定开展工作。”简言之，这一规定主要是指红十字会在武装冲突中进行战地救护工作。红十字运动始于战争中的对伤病人员的救护，所以从某种意义上讲，这是红十字职责中最重要的职责之一。随着红十字运动的发展，有关这方面的内容已经不仅仅局限于战地伤病员的救护，已扩展到探视和交换战俘以及查人转信等，对这些工作法律很难简单表述，所以《红十字会法》将这方面工作概括为“依照日内瓦公约及其附加议定书的有关规定开展工作”。我国政府分别于1956年和1983年加入了日内瓦公约及其附加议定书，除声明保留的条款外，承担了履行公约的义务。

《红十字会法》规定了以上7项职责，是红十字会必须完成的工作，是法定的工作。红十字会在履行上述职责的同时，也还在不断地总结经验，根据实际情况在人道主义领域里不断扩大范围，为社会的稳定、繁荣与发展发挥作用。

其四，关于红十字会的标志。《红十字会法》规定："红十字会使用白底红十字标志。""红十字标志具有保护作用和标明作用。红十字标志的保护使用，是标示在武装冲突中必须受到尊重和保护的人员和设备。其使用办法，依照日内瓦公约及其附加议定书的有关规定执行。红十字标志的标明使用，是标示于红十字活动有关的人或者物。其使用办法，由国务院规定。"

为了维护红十字标志的严肃性，正确使用红十字标志，依照《红十字会法》的有关规定，1996 年 1 月 29 日，《中华人民共和国红十字标志使用办法》（以下简称《使用办法》）发布施行。《使用办法》对红十字标志保护性使用和标明性使用做了明确具体的规定："红十字标志是国际人道主义保护标志，是武装力量医疗机构的特定标志，是红十字会的专用标志。除本办法规定以外，禁止任何组织或个人使用红十字标志。"具体地说，红十字标志不得用于商标或商业性广告，非红十字会或非武装力量的医疗机构、药房和兽医站、商品的包装、公司的标志、工程设计和产品设计以及本法规定可以使用红十字标志以外的其他情形。

过去由于红十字会的卫生救护工作与医药卫生、医务人员结下了不解之缘，因此社会上许多人误以为红十字标志是医药卫生部门的专用标志，而造成了红十字标志的滥用、误用，如医院、急救站、救护车、卫生防疫站、诊所等，甚至兽医站、卫生用品等也用红十字做标记，这就严重影响了我国的国际声誉，违反了国际知识产权公约，也影响了红十字会在紧急状态下履行职责。1998 年 4 月 15 日，卫生部下发了《关于启用医疗卫生机构统一标志的通知》，结束了长期以来医疗卫生机构使用红十字标志的现象。

红十字标志作为国际红十字组织和各国红十字会履行人道主义职责的标志，在国际国内救援、救助活动中具有十分重要的作用和特殊的意义。日内瓦公约要求缔约各国在本国制定专门法律或在其他有关法律中对红十字标志的保护作用做出规定，我国不仅在《红十字会法》中做出了规定，而且由国务院和中央军委专门发布了《红十字标志使用办法》，足见我国政府对红会工作的重视和支持。

除了以上所述的几个方面外，在《红十字会法》6 章 28 条中还有组织、经费和财产等内容，这些都是完成上述职责和任务的重要的组织保证和物质保证，具有同等重要的内涵①。

总之，《红十字会法》体系完整，内容丰富，要深入认知它的内涵，应该

① 孙柏秋主编，池子华、杨国堂等著：《百年红十字》，安徽人民出版社 2003 年版，第 407—412 页。

着重把握6对关系：

（1）改革与发展的关系。改革是发展的动力，发展是改革的目的，两者相辅相成；《红十字会法》是一部改革性很强的法律，主要体现在红会性质、任务的改变，其组织体制应当与之相适应。这本身就是改革。

（2）坚持七项基本原则与坚持党的领导的关系。《红十字会法》第4条的规定，是正确处理这个关系的依据，“遵守宪法”的本身就体现了党的领导。

（3）国家对红十字会“定性”与中国红十字会工作“定位”的关系。《红十字会法》规定中国红十字会是从事人道主义工作的社会救助团体，这是国家对中国红十字会的“定性”；但人道主义工作是泛社会化的概念，社会救助范围极为广泛，中国红十字会不可能承担起所有的社会救助任务，应根据社会分工和中国红十字会的特性把工作“定位”于“改善最易受损害群体的境况”上，以“保护人的生命和健康”为主要任务。

（4）中国红十字会与政府及其职能部门的关系。政府是执行《红十字会法》的主体，红十字会是依法履行职责的社团，红十字会是政府开展人道主义工作的助手，工作涉及政府多个职能部门，必须紧密配合并取得他们的支持和资助，才能得到发展。

（5）总会、省（区、市）红十字会和省会城市红十字会相互间的关系。这三级红十字会在依法建会和推进红十字事业过程中处于重要位置，要首先建设好，才能发挥首脑、枢纽和骨干作用，以带动红十字事业全面发展。

（6）国内工作和国际工作的关系。要以做好国内工作为根本，扩大中国红十字会的国际影响；要善于借鉴国际经验和借助国际力量来发展和完善国内工作①。

这6对关系是内嵌于《红十字会法》当中的关键内容，只有清楚认识和正确把握，才能真正做到依法治会，推进建设有中国特色的红十字事业健康快速发展。

四、依法治会的初步成效

“六大”之后的5年，第六届理事会及其常务理事会在钱正英会长领导下，遵照国家主席、中国红十字会名誉会长江泽民的指示和“六大”的决议，在组织指导全国各级红十字会宣传贯彻《红十字会法》、依法履行职责、建设

① 顾英奇：《坚持依法建会　加大改革力度　将中国红十字事业全面推向二十一世纪——中国红十字会第七次全国会员代表大会工作报告》（1999年10月11日），中国红十字会总会编：《中国红十字会历史资料选编，1950—2004》，民族出版社2005年版，第382—390页。

有中国特色的红十字事业等方面，做了许多工作，为中国红十字会的发展，以及以新的面貌迈向21世纪，奠定了良好的基础。

第六届理事会依据《红十字会法》的规定，结合我国实际，总结各地经验，确定了依法治会的基本思路和依法建会的方略，概括起来，即实现“一、二、三、四、六”工程：“一”是一个目标，即建设有中国特色的红十字事业；“二”是实现性质任务和组织体制的两个转变；“三”是创建救援、生命、爱心三项社会工程；“四”是加强理论、组织、业务和基金四项内部建设；“六”是从理论基础、法制建设、组织体制、内部业务、社会工程、资金筹集六个方面建构有中国特色的红十字事业的基本框架，使中国红十字事业沿着法制建设的轨道健康发展。

《红十字会法》颁布以后，天津、北京、上海、内蒙古、江西、四川、黑龙江、河南、云南、山西、湖南、湖北、吉林、河北、浙江、安徽、新疆等省（区、市）以及武汉、济南等城市制定了当地实施《红十字会法》的地方法规。全国人大常委会和许多地方人大常委会积极开展执法检查和调研，推动了《红十字会法》的贯彻施行。

中央机构编制委员会以“中编办发〔1995〕52号文”，批准总会机关机构改革方案。中组部和人事部以“组通字〔1996〕48号文”，批准中国红十字会总会机关参照《国家公务员暂行条例》实施管理，并通知各省、自治区、直辖市，要求各级地方红十字会机关均参照《国家公务员暂行条例》进行管理。

第六届理事会始终坚持改革在计划经济条件下形成的旧有的组织体制，争取各级政府依法理顺红十字会管理体制，确定红十字会机构和编制，改善红十字会办公条件，增拨经费，解决红十字会遇到的实际困难和问题，积极支持、扶持红十字事业。天津、北京、内蒙古、吉林、新疆、云南、青海、广西、重庆等省级红十字会，以及长春、乌鲁木齐等城市红十字会在机构改革中，当地政府依据《红十字会法》使红十字会机构单独建制，由同级政府直接管理；上海、黑龙江、广东等地方红十字会机构单独建制的改革方案已报当地编办；贵州、甘肃、上海、山西、安徽各省红十字会机关内设机构得到加强；也有部分地级和少数县级红十字会机构实现了单独建制或设置。据统计，大部分省级红十字会办公条件不同程度的有所改善，绝大部分省会城市红十字会经费有所增加。

《红十字会法》的施行破除了一些长期制约组织发展的障碍，许多地方红十字会坚持依法按章办事，使理事会和常务理事会充分发挥了作用。吉林、广东、江苏等省红十字会的重大事项均由常务理事会研究决定。大多数省级红十字会开展了组织整顿，强化了会员意识，增强了红十字会的活力。多数省级红十字会对专职干部进行业务等方面的培训，提高了干部队伍整体素质。通过组织整顿，截至1998年年底，全国有红十字会会员1800万人，其中青少年会员800多万人，基层组织12万个，分布于城镇街道、农村、学校、厂矿。这些都是开展红十字工作的重要力量。

第二节 “六大”：中国红十字运动的里程碑

一、“六大”的召开

“五大”以来，在党和政府的关怀下，中国红十字事业蓬勃发展，在备灾救灾、社会服务、群众性卫生救护、推动公民无偿献血和建立中华骨髓库、培养红十字青少年等方面的工作成绩显著。红十字会在开展各项活动的同时，倡导关心他人、助人为乐和奉献精神，促进了社会主义精神文明建设。红十字会在沟通海峡两岸关系方面发挥了特殊作用，并通过积极开展与各国红十字会和国际红十字组织的双边、多边交流，增进了国际间友好交往与合作。特别是《红十字会法》的颁布施行，体现了党和国家对红十字人道主义事业的高度重视和支持，为我国红十字事业的发展以及与国际红十字运动接轨提供了法律保证，标志着我国红十字事业进入了新的历史阶段①。

《红十字会法》颁布不久，中国红十字会迎来了90周年华诞，可谓喜上加喜。1994年4月23日，中国红十字会第六次全国会员代表大会暨中国红十字会成立90周年纪念大会在北京隆重开幕。由于《红十字会法》的颁布施行在中国红十字运动史上具有划时代的意义，所以这次代表大会提前一年召开。这是中国红会史上的又一次盛会，国家主席江泽民、副主席荣毅仁、国务院副总理钱其琛等中央领导接见了参加大会的代表。

江泽民主席发表重要讲话，他代表党中央、国务院向这次会议表示热烈的祝贺，向辛勤工作在红十字战线上的干部和2000万会员表示亲切的问候和崇高的敬意。江泽民主席谈到，中国红十字会为国际性的从事人道主义工作的社会救助团体，按照国际红十字与红新月运动的基本原则，90年来为人民做了大量好事，为国家的发展做出了不少贡献，以实际行动赢得了广大群众

① 朱幼棣、于长洪、何加正：《中国红十字会第六次全国会员代表大会举行》，《人民日报》1994年4月24日。

的尊敬和支持。红十字事业是一项崇高的社会事业，对建设社会主义物质文明和精神文明有着积极的促进作用。改革开放以来，在党和政府的关怀支持下，中国红十字会根据新的实践要求，开展了卓有成效的人道主义工作，在社会上产生了广泛而良好的影响，走出了有中国特色的发展红十字事业的新路。可以坚信，随着改革的深化和社会主义市场经济的发展，中国红十字事业的发展前景将会越来越广阔。希望各级政府和社会各界都要积极支持红十字会的工作，红十字会各级组织和广大会员要努力宣传和贯彻实施《红十字会法》，注意借鉴国外经验，紧密结合我国实际，解放思想，实事求是，开拓进取，勤奋工作，为开创有中国特色的红十字事业的新局面，为促进世界和平与人类进步事业做出更大的贡献。江泽民主席对中国红十字会多年来取得的成绩给予了充分肯定，对红十字事业给予了高度评价，这对全国2000万会员是极大的鼓舞和鞭策，是广大红十字工作者和会员的光荣与骄傲。

正在国外访问的国务院总理李鹏给大会发来了贺信。贺信说，中国红十字会是一个很重要的人道主义组织，90年来，特别是新中国成立以来，在中国人民与世界人民交往中发挥了重要的作用。红十字会人道、公正、独立、统一、自愿、普遍和中立的七项基本原则，在国内外已有广泛的群众基础。衷心希望我国的红十字事业更加蓬勃发展，希望全社会和各级政府都来关心、支持这项崇高的事业。在我国改革开放的形势下，红十字会必将在两个文明建设中发挥更大的作用。

中央领导同志还为中国红十字会成立90周年暨第六次全国会员代表大会的召开题词。江泽民的题词是“发展红十字事业，为世界和平与人类健康做出更大贡献”；李鹏的题词是“开展红十字事业，弘扬人道主义”；乔石在题词中勉励中国红十字会“坚持人道主义，救死扶伤、扶危济困、敬老助残，发扬中华民族传统美德”；刘华清的题词是“弘扬人道主义，发扬奉献精神”。钱其琛、彭珮云等也为红十字会题词。

红十字会与红新月会国际联合会秘书长乔治·韦伯向大会发来贺信。大会通过了以江泽民为名誉会长的新一届领导成员名单，讨论了1995年至1999年的5年工作规划纲要，确立了“认真实施红十字会法，努力发展中国特色红十字事业”的工作方向。

国务委员彭珮云在大会的开幕式上讲话。她说，红十字事业是一项造福人类的崇高而伟大的事业，有着广阔的发展前景，需要更多的人积极参与、无私奉献。她要求各级政府、社会各界继续关心支持红十字事业，希望各级红十字会和广大会员结合中国实际，借鉴国外有益经验，更好地履行红十字会的职责和义务，恪守“人道、廉洁”的职业道德，发挥“团结、实干、开拓、高效”的工作作风，为“改善最易受损害群体的境况”、促进社会进步做出更大的贡献。

“六大”选举产生了中国红十字会第六届领导成员：江泽民为名誉会长；赵朴初、王光英、李沛瑶、钱信忠、崔月犁、陈敏章为名誉副会长；全国政协副主席钱正英为会长；顾英奇为常务副会长，范宝俊、杨崇春、林炎志、孙柏秋（专职）、曲折（专职）为副会长，李长明为秘书长①。

“六大”是《红十字会法》诞生后召开的一次有特殊意义的会议，是中国红十字会发展史上一次划时代的重要会议。在这次会议上，全国政协副主席钱正英被推举为中国红十字会会长。特别令人欢欣鼓舞的是，中华人民共和国主席江泽民接受六届理事会的聘请担任中国红十字会的名誉会长，这是新中国成立以来我国国家元首首次出任名誉会长，表现了党和政府对红十字事业的高度关心和支持，这将对中国红十字事业的发展产生深远的影响②。

五届理事会结束了中国红十字会没有法的历史，“六大”依法开创了中国红十字事业的新局面。随着国家改革开放的深入和市场经济的发展，中国红十字会面临更加艰巨的任务。“六大”之后的5年，是中国红十字事业发展的关键时期。由此，“六大”提出了这一时期的主要工作方针和主要任务：（1）深入持久地学习宣传、贯彻落实《红十字会法》；（2）继续贯彻《九十年代工作纲要》和《北京宣言》；（3）加强自身体系和组织网络建设；（4）努力建设有中国特色的红十字会③。

上述几项主要任务的提出，都是从红十字事业发展的现实需要出发的，可以说具有很强的针对性，体现出“六大”鲜明的问题意识。而这几项任务在未来的开展和推动，都与颁布不久的《红十字会法》有密切关联。也可以说，因为《红十字会法》的颁布实施，使“六大”之后的各项工作更加坚实厚重，更加充满生机和力量，也更加具有值得期待的美好未来。在有法可依成为现实的基础上，为真正发挥和彰显法律制度的力量，必须深入持久地推动《红十字会法》的贯彻实施，这是首先要工作。而《九十年代工作纲要》和《北京宣言》既是中国红十字会的庄严承诺，也是未来的发展蓝图，需要

① 朱幼棣、于长洪、何加正：《中国红十字会第六次全国会员代表大会举行》，《人民日报》1994年4月24日。

② 孙柏秋主编，池子华、杨国堂等著：《百年红十字》，安徽人民出版社2003年版，第414—415页。

③ 顾英奇：《认真实施红十字会法　努力发展中国特色的红十字事业——中国红十字会第六次全国会员代表大会工作报告》（1994年4月23日），中国红十字会总会编：《中国红十字会历史资料选编，1950—2004》，民族出版社2005年版，第296—298页。

在法治天空下持续推进。组织建设和体制改革是红会事业发展的基础与前提，也是复会以来的重点工作，在依法治会的制度保障下有了更加可期的发展前景。中国红十字会的依法治会为红十字事业的蓬勃发展奠定了制度基础、提供了行为规范，而所有关乎红十字事业长足发展的生动实践都将成为中国特色红十字理论不断深化的重要源泉。

二、继续推进精神文明建设

“时代呼唤红十字精神，精神文明建设也包含着红十字精神”①。红十字会是专门从事人道主义救助工作的国际性组织，在保护生命健康、减轻人类灾难、维护世界和平、促进社会进步等方面发挥了独特作用。红十字会以“人道、博爱、奉献”的精神理念和“救死扶伤、扶危济困、敬老助残、助人为乐”的实际行动教育人、感召人、鼓舞人，使人们心灵净化，精神升华。因此，红十字精神与精神文明建设在内在机理和价值追求上具有一致性，红十字精神和红十字事业理所当然属于精神文明建设的范畴。

1995 年 9 月，党的十四届五中通过了《中共中央关于制定国民经济和社会发展“九五”计划和 2010 年远景目标的建议》（以下简称《建议》），为建设有中国特色社会主义绘制了跨世纪蓝图。钱正英会长在中国红十字会六届三次理事会上提出，红十字会要在这一蓝图中寻找和确定自己的位置。《建议》指出，精神文明建设的根本任务是培育有理想、有道德、有文化、有纪律的社会主义公民，提高全民族的思想道德素质和科学文化素质。特别是把提高青少年素质作为工作重点。无论是理念、精神还是行动，红十字会在塑造品德、陶冶情操和引领社会风气方面始终发挥着不可替代的作用。

改革开放以来，中国红十字运动的生动实践已经把红十字精神与精神文明建设紧密地连接在一起。基于这一前提，六届三次理事会明确了“九五”期间红十字会参与精神文明建设的基本途径，认为红会应从 4 个方面承担任务和发挥作用：（1）通过发展会员和组织各种活动，对社会进行人道主义宣传教育，弘扬中华民族传统文化中的“仁爱”思想，培养人们爱人助人的道德情操。特别要把提高青少年的道德水准和卫生文明行为作为工作重点。（2）推进和发展卫生救护工作，参与输血献血工作和推动无偿献血、宣传动员捐献骨髓，参与初级卫生保健和艾滋病的防治，保护人的生命和健康。（3）参

① 钱正英：《积极参与精神文明建设　塑造中国红十字会新形象——在中国红十字会第六届理事会第四次会议上的讲话》（1997 年 4 月 1 日），《第六届、第七届理事会主要文件汇编》，2005 年内部印行，第 21 页。

与社会保障体系，建设和完善备灾救灾中心（基地），举办一些公益和慈善事业，实施社会服务，帮助那些易受损害的群体改善生活和生存条件。（4）加强国际交往，参与国际人道主义救援工作，拓宽交往渠道和范围，增进红会与国际红十字组织和各国红十字会之间的实质性合作。这 4 项是各级红十字会共同的目标和任务，地方各级红十字会可根据当地实际和本身力量进行具体规划和运作，争取本地政府的理解与支持，形成定式化的任务[①]。钱正英会长指出，“这四项工作，是红十字运动基本精神在我国社会主义建设中的体现，也是国家‘九五’计划对我们红十字会提出的要求，应作为我们今后一个时期的基本任务确定下来。”[②]

1996 年 10 月召开的党的十四届六中全会通过的《中共中央关于加强社会主义精神文明建设若干重要问题的决议》（以下简称《决议》）指出，提高全民族的思想道德素质要把先进性要求同广泛性要求结合起来。先进性要求就是以实现共产主义为最终目的，认真提倡社会主义、共产主义思想道德。广泛性要求就是以为人民服务为核心，开展社会公德、职业道德、家庭美德教育，在全社会形成团结互助、平等友爱、共同前进的人际关系。具体地说，就是大力倡导文明礼貌、助人为乐、爱护公物、爱护环境、遵纪守法的社会公德；大力倡导爱岗敬业、诚实守信、办事公道、服务群众、奉献社会的职业道德；大力倡导尊老爱幼、男女平等、夫妻和睦、勤俭持家、邻里团结的家庭美德。

客观来讲，《决议》提出的广泛性要求（即“三德”建设）与红十字精神和红十字会工作有着内在的关联。红十字运动所倡导的“人道、博爱、奉献”精神，属于思想道德建设；而多年来各地红十字会遵循的“救死扶伤，扶危济困，敬老助残，助人为乐”的工作方针，同上述的“三德”要求更加贴近。《决议》明确提出：要健全和完善各级精神文明建设指导协调机构，进一步理顺领导体制，形成各级主要领导负总责，各有关部门和团体共同参与、分工协作、齐抓共管的新格局。红十字会作为从事人道主义工作的社会救助团体，理应是上述“有关团体”之一。由此可见，“党和国家倡导进行的社会主义精神文明建设，对中国红十字事业的发展起到了导向作用、推动作用和保障作用。各级红十字会应更加积极主动地参与国家的精神文明建设”。

1997 年 4 月，第六届理事会第四次会议召开。会议指出，红十字会要更加

---

① 顾英奇：《依法增强独立自主开展工作的力度　努力发展有中国特色的红十字事业——在中国红十字会第六届三次理事会议上的工作报告》（1996 年 3 月 26 日），《第六届、第七届理事会主要文件汇编》，2005 年内部印行，第 110 页。

② 钱正英：《在中国红十字会第六届理事会第三次会议上的讲话》（1996 年 3 月 26 日），《第六届、第七届理事会主要文件汇编》，2005 年内部印行，第 17 页。

积极主动地把红十字精神和红十字会工作纳入精神文明建设中去，以精神文明建设带动红十字会工作，红十字会工作要为精神文明建设服务。关于红十字会参与精神文明建设的方式，除了六届三中全会谈到的4个方面之外，还应认识到，中国红十字会作为国家的一个社会团体，在推进社会主义现代化建设的过程中必须承担政府交付的任务，且只有这样做才能使自己获得发展。但是红十字会又跟别的社团有所不同，它不但要遵守本国宪法和法律，还要遵循国际人道主义法和红十字运动基本原则。这个特性规定着各级红十字会在参与精神文明建设时，要采取与自己性质、宗旨、职责相符合的方式，体现出红十字运动的特色。从总体上说应注意和把握这样几点：一是以发扬“人道、博爱、奉献”精神为号召；二是以改善最易受损害人群境况为工作目标；三是开展实实在在的救助服务，通过基层组织和广大会员的活动去影响周围群众；四是加强与政府及有关部门的联系，主动当好政府在人道领域的助手①。

可以看出，随着改革开放的深入发展，随着红十字事业的稳步前进，中国红十字会不断努力将参与精神文明建设作为事业发展的重要立足点，从而更加有效地服务于中国特色社会主义事业。

第三节　跨世纪的交响

一、“七大”的召开

1993年，《红十字会法》颁布施行以后，中国红十字事业沿着法制化轨道逐步实现了历史性的跨越。中国红十字会坚持依法履行职责，努力为我国的社会发展和两个文明建设服务。按照《红十字会法》的要求，中国红十字会在全国开展了组织整顿，对省级红十字会实现独立建制和“两个转变”工作做了原则性规范，使各级组织的自身建设得到了加强。红十字会立法之前，全国红十字会专职人员仅有800人左右，到1998年年底已发展到4000人左右，而且各级红十字会的事业经费有所增加，办公设施不断完善。这些可以看作是《红十字会法》的颁布，为红十字事业的进一步发展奠定了人员和物质基础条件。正是在红十字事业处于全面腾飞之际，在新旧世纪之交，中国

---

①　钱正英：《积极参与精神文明建设　塑造中国红十字会新形象——在中国红十字会第六届理事会第四次会议上的讲话》（1997年4月1日），《第六届、第七届理事会主要文件汇编》，2005年内部印行，第21—22页。

红十字会迎来了“七大”的召开。

1999年10月11日，中国红十字会第七次全国会员代表大会在北京召开。国家主席、中国红十字会名誉会长江泽民，国家副主席胡锦涛，国务院副总理李岚清在京接见了参加大会的全体代表并与他们合影留念。江泽民主席发表了讲话。他首先代表党中央、国务院祝贺中国红十字会第七次全国会员代表大会召开，并向为我国红十字事业做出贡献的1800万会员表示诚挚的问候。

江泽民指出，我们刚刚隆重庆祝了新中国成立50周年。50年来，我国红十字事业与祖国一同发展，取得了显著的成绩。中国红十字会是从事人道主义工作的社会救助团体，已有95年的历史，在国内外享有良好的声誉。中国红十字会协助政府做了大量有益的工作。比如，在1998年的严重洪涝灾害和地震、雪灾的救助工作中，中国红十字会为灾区募集款物9亿多元，使3500万人受益，得到社会的高度赞扬，也受到红十字会与红新月会国际联合会的高度评价。

江泽民说，红十字事业是崇高而伟大的事业，它所倡导的人道主义精神和为社会奉献的精神，符合社会主义精神文明的要求。随着我国改革开放和现代化建设的发展，中国红十字事业的前景将会越来越广阔。所有从事红十字会工作的同志，都要热爱红十字事业，做到爱岗敬业、乐于奉献、开拓进取。各级政府和社会各界要关心和支持红十字会的工作，落实《红十字会法》，把我国的红十字事业办得更好。

国务院总理朱镕基向大会发来贺信。贺信说，中国红十字会作为从事人道主义工作的社会救助团体，协助政府做了大量的自然灾害和突发事件的救助工作，做出了重要贡献。中国红十字会成立至今已有95年，特别是新中国成立以来，积极开展民间交往工作，协助政府做了大量的国际救助和人道工作，成为国际红十字运动的一支重要力量，赢得了良好的声誉和社会各界的支持，产生了积极的影响。祝愿中国红十字会在我国改革开放和社会主义现代化建设，以及国际人道主义工作方面进一步发挥重要作用。

李岚清副总理代表国务院在开幕式上发表讲话。他说，中国红十字事业是我国社会主义事业的一个组成部分，希望各级政府对红十字会的建设和工作要给予切实的、强有力的支持，促进红十字事业的发展。这是国家的需要，人民的需要，也是时代的需要。钱其琛、曾庆红、王光英和有关方面负责人参加了开幕式①。

① 胡晓梦、秦杰、赵川东：《中国红十字会第七次全国会员代表大会召开》，《人民日报》1999年10月12日。

在中国红十字会第七次全国会员代表大会上，国家主席江泽民继续受聘为中国红十字会名誉会长。全国人大常委会副委员长彭珮云当选为中国红十字会会长，王立忠为常务副会长，苏菊香为秘书长，汤声闻为副秘书长。中国红十字会“七大”讨论并通过第六届理事会的工作报告，修改了《中国红十字会章程》，选举产生了第七届理事会及常务理事会，讨论并通过《中国红十字会2000—2004年工作规划纲要》①。

红十字国际委员会主席索马鲁加和红十字会与红新月会国际联合会主席艾丝特里德·海伯格也给大会发来了贺电。

“七大”是全面贯彻《红十字会法》，加速发展中国红十字事业的一次大会。国家领导人的讲话、贺信，充分肯定了中国红十字会在两个文明建设中的地位及作用，对广大红十字工作者是极大的激励和鼓舞。作为世纪之交的盛会，中国红十字会“七大”承接了20世纪中国红十字运动的丰功伟业，又开启了21世纪中国红十字事业新的历史征程。在“七大”通过的新《章程》中充分体现了这种继往开来的特征。新《章程》将以前《章程》中的“任务”改为“职责与权利”，“经费”改为“经费与财产”，增加了“标志会徽会旗”部分，新《章程》的内容更加具体翔实。至此，中国红十字会不仅拥有自己的标志和会徽，而且有了会旗，红十字会的会旗为“白色旗帜正中央印制中国红十字会会徽”。香港、澳门回归祖国后，“特别行政区红十字会为中国红十字会高度自治的分会”，名称为“中国特别行政区红十字会”。

“七大”的召开，使中国红十字会理顺管理体制的工作进入新阶段。新《章程》中提到，中国红十字会接受国务院和地方同级人民政府管理，除总会会址设在北京外，“县级以上（含县）地方各级红十字会的会址设在同级政府所在地”。这既是对已有成果的总结，又是对发展方向的昭示，标志着长期困扰和牵绊中国红十字事业发展的管理体制问题即将得到一个全面和实质性的解决。

中国红十字会“七大”确定了发展红十字事业的宏伟蓝图，是一次把中国红十字事业全面推向21世纪的总部署和总动员，在中国红十字运动史上具有举足轻重的重要意义。

二、跨世纪的承诺

在国际舞台上，中国红十字会一直信守七项基本原则，开展人道主义工作，发展与各国红会的友好关系。为推动国际红十字运动迈进新世纪，中国

① 白剑峰：《中国红十字会第七次全国会员代表大会闭幕》，《人民日报》1999年10月14日。

红十字会在1999年的第27届国际大会上做出专项承诺。

第27届红十字与红新月国际大会于1999年10月31日至11月6日在日内瓦举行，176个国家红会代表团和188个日内瓦公约签约国政府代表团与会。以中国常驻日内瓦办事处和瑞士其他国际组织代表团乔宗淮大使为团长的中国政府代表团和以中国红十字会常务副会长王立忠为团长的中国红十字会代表团出席了这次国际大会，并响应大会的号召，分别代表中华人民共和国政府和中国红十字会向大会递交承诺书。

第27届国际大会以“人道的力量”为主题在世纪之交召开，更具有重要意义。为宣示各国政府尊重并履行国际人道法的义务和决心，以及显示运动各方的团结和力量，国际大会号召与会各国政府和红会代表团依照大会宣言和行动计划的原则与精神，结合实际情况和需要，做出专项承诺，提交大会秘书处收录并公布。这一号召得到与会各方的积极响应，据大会秘书处统计，截至11月6日会议闭幕时，大会共收到387项承诺，内容涉及尊重和宣传国际人道法、救灾备灾、卫生救护、青少年和社会服务等多个领域。

中国政府在第27届红十字与红新月国际大会上的承诺

中华人民共和国政府在此承诺：

一、履行日内瓦四公约及其附加议定书等中国批准、加入的国际人道法文书的有关规定；

二、广泛进行和加强人道主义法的传播与教育；

三、加强对易受灾害区域的综合减灾项目的建设；

四、加强减灾科学技术研究与应用，多渠道增加减灾投入；

五、落实《中华人民共和国减灾规划（1998—2010）》；

六、认真执行《中华人民共和国红十字会法》；

七、支持中国红十字会落实《中国红十字会2000—2004年工作规划纲要》；

八、继续支持中国红十字会进行志愿人员培训，为志愿人员从事志愿工作提供便利；

九、尽力支持红十字会与红新月会国际联合会的人道主义活动，并根据与其达成的协议，为国际联合会在北京设立东亚地区代办处提供便利。

中国政府出席第27届红十字与红新月国际大会代表团团长
中国常驻日内瓦代表团大使　乔宗淮（签字）
一九九九年十一月三日

中国红十字会在第27届红十字与红新月国际大会上的承诺

关于备灾工作

一、进一步加强并完善现有的6个区域性备灾救灾中心及省级备灾救灾中心，理顺管理体制，明确职责，完善管理制度，使之充分发挥应有的功能及效益；

二、有计划地鼓励并支持建设新的各级备灾救灾中心；

三、加强备灾救灾范畴内的相关培训工作，包括管理、后勤、财务方面的培训；

四、落实和完成以提高备灾救灾能力为目标的覆盖全国各个省级分会的计算机通讯网络的建设；

五、在2004年前，初步在全国范围内建设一个包括总会和省、区、市分会在内的快速高效的备灾和救灾反应网络，从而在整体上明显提高中国红十字会的备灾救灾能力。

关于红十字基本知识和国际人道法的传播工作

一、继续落实与红十字国际委员会达成的《1998—2001年传播国际人道法和红十字基本知识合作计划》，并讨论和制订2001年以后的合作计划；

二、组织和举办一系列包括全国性和区域性的传播人员培训班，传授有关基本知识和传播技巧，鼓励并支持他们组织本地区的传播培训工作；

三、用中文翻译、编写并印发针对不同对象的传播用的基本教材（包括音像教材），并将一些重要教材翻译成少数民族文字印发；

四、在2004年前，初步将全国各省级分会及部分地、市级分会主管传播工作的干部较系统地轮训一遍，建成以一支具有基本知识和传播技巧的传播骨干队伍和网络；

五、继续协助红十字国际委员会在中国武装部队内开展各种形式的有关国际人道法的传播和培训工作。

中国红十字会出席第27届红十字与红新月国际大会代表团团长

中国红十字会常务副会长　王立忠（签字）

一九九九年十月三十一日①

新世纪的到来为人们提供了一个反思过往的机会，对于红十字与红新月运动和各日内瓦公约缔约国政府来说，这也是对未来显示关切的时机。显然

① 中国红十字会总会编：《中国红十字会历史资料选编，1950—2004》，民族出版社2005年版，第403—404页。

国际社会在近十年中出现了积极的变化，然而，冲突仍在许多国家肆虐；平民及非军事设施遭受攻击的现象屡有发生；数十万人被迫离开家园；国际人道法规往往受到蔑视；破坏力极大的自然灾害继续危害大量人群的生活；新出现的或是卷土重来的各种疾病造成的痛苦不断蔓延；面对日益增长的需求，现有的卫生服务及社会和经济机制不堪重负；世界上最贫弱无助的人群依然是受到打击最重的目标。面对这一切，大会特别通过“宣言”，决心“为挽救生命和改善千百万人的生活，无论何地，只要有需求，就向他们提供切实的帮助和抚慰”；“加强我们对履行国际人道法的集体责任感”；“宣扬人类尊严和相互帮助的责任，减轻灾害和战争所造成的后果，而不加以任何歧视”；“支持全世界千百万计的红十字与红新月志愿工作者，他们的日常工作体现了人道主义的责任”；“‘人道的力量’既是个人道义的力量，更是集体行动的力量。我们应该动员所有个人和集体的力量去减轻疾苦，确保尊重人类尊严，并最终创造出一个更为人道的社会”①。

大会还通过了《2000—2003 年行动计划》，旨在加强对战争和灾难受害者及所有最易受损害人群的关心和保护。行动计划分“长期总目标”和“具体行动”两部分，重申了日内瓦公约各缔约国在符合联合国宪章的宗旨和原则的前提下，履行国际人道法所赋予的职责，支持红十字与红新月运动各成员的工作，以及无论何时均尊重各成员所做出的承诺。

20 世纪是人类历史发展和变化最为剧烈的 100 年。诞生于 19 世纪中叶的红十字与红新月运动随着 20 世纪的结束，送走了 137 年的岁月风尘和辉煌的历程。国际红十字运动在新世纪到来之际召开的第 27 届国际大会，回顾过去，展望未来，面对人类进入新千年的各种挑战，做出了庄严的承诺，在“人道的力量”激励下，矢志改善最易受损害人群的生活，这是具有重要战略意义的。前事不忘，后事之师。虽然人类是伴随着各种灾难、困惑和不均衡进入新世纪的，但是生活在一个更为和谐、更为人道、更为富裕的地球上毕竟是世界上所有人的共同愿望。人类的前途最终还将取决于人类自身的决心和行动，“人道的力量”将战胜一切。作为国际红十字运动的重要力量，中国红十字会一定会恪守诺言，更加积极地投身于国际红十字运动，用“人道的力量”，谱写崭新的篇章②。

---

① 转引自孙柏秋主编，池子华、杨国堂等著：《百年红十字》，安徽人民出版社 2003 年版，第 687 页。

② 孙柏秋主编，池子华、杨国堂等著：《百年红十字》，安徽人民出版社 2003 年版，第 687—688 页。

第四节　理顺管理体制：中国红十字运动的转型

转型，是指事物从一种运动型式向另一种运动型式过渡的过程。转型既包括事物结构的转换，也包括事物运动机制的转换。所谓社会转型①，是指社会结构和社会运行机制从一种型式向另一种型式转换的过程。转型社会则是指在这一转换过程中的一种特殊社会运行状态②。有学者认为，中国的社会转型是指“从农业的、乡村的、封闭的半封闭的传统型社会，向工业的、城镇的、开放的现代型社会的转型”③。具体而言，中国社会转型是从1840年的鸦片战争正式开始的，经历了1840—1949年、1949—1978年、1978年至今三个不同的阶段。从1978年开始，伴随着改革开放的脚步，我国进入社会转型的加速期。在社会转型过程中，“社会结构的转型体现在多个领域，其中组织结构即是其中重要的一个方面”④，红十字会组织亦不例外。20世纪末21世纪初，我国的改革开放日益深化并已经取得了举世瞩目的重大成就，开始了全面建设小康社会的步伐。与之相适应，社会转型也进入了新的历史阶段。对于中国红十字运动而言，这一时期具有全局意义的重大变化就是管理体制的逐步理顺，这是中国红十字会在组织结构和运行机制方面的全方位转变，对其发展具有举足轻重的重要意义，标志着新时期中国红十字运动的转型。

一、概念释析

所谓管理，“就是通过计划、组织和控制等一系列的活动，合理配置组织内部的各种资源，以达到组织既定目标的过程”。可见，管理是一个动态的过程，因此可以把“管理体制”理解为在这一动态过程中所形成的组织体系和制度。红十字会的管理体制是红十字运动发展过程中所形成的特定的组织体系和制度，管理体制关系着和决定着红十字运动发展的态势、路径、节奏甚至是方向和结果，对于红十字会来说至关重要。

---

① “社会转型”的概念和理论源于社会学。20世纪80年代末，社会学者郑杭生借鉴韦伯“传统—现代”社会类型分析框架，结合中国固有的传统和独特的现状，提出了适合分析中国社会结构的变动特征的新型现代化理论。

② 郑杭生、李强等：《社会运行导论——有中国特色的社会学基本理论的一种探索》，中国人民大学出版社1993年版，第306页。

③ 郑杭生：《中国特色社会学理论的探索》，中国人民大学出版社2005年版，第206页。

④ 刘祖云等：《组织社会学》，中国审计出版社2002年版，第320页。

简单地说，“管理体制”可以理解为由谁管理、怎样管理。就红十字会的自身特征和现实情况而言，其管理体制可以分为一般意义的管理体制和特殊意义的管理体制。一般意义的管理体制是针对红十字会作为社会团体这一角色而言的，因为它的社团特征，所以应实行社会的自我管理，与政府成为合作伙伴关系，由社会力量遵循市场规律配置资源，这应该是中国红十字会作为社团的学理化和理想化的管理体制。特殊意义的管理体制或称具体意义的管理体制，这是针对红十字会的特殊性而言的，换句话说，红十字会是社会团体，但不是普通的社会团体。红十字会作为政府在人道领域的助手，发挥着不可替代的民间外交和保护“最易受损害群体利益”的重要作用。同时，中国红十字会受政府委托，履行日内瓦公约规定的义务。特殊意义的管理体制是指在遵循社会团体特征进行社会运作的同时，也与政府保持着适度合理的联系。按照《红十字会法》，“人民政府对红十字会给予支持和资助，保障红十字会依法履行职责，并对其活动进行监督”。这种特殊的管理体制可以理解为政府（领导）授权下的社团管理体制，带有一定程度的“官方”色彩。红会一方面接受政府的支持、资助、保障、监督；另一方面，红会又“遵循国际红十字和红新月运动确立的基本原则，依照中国批准或者加入的日内瓦公约及其附加议定书和《中国红十字会章程》，独立自主地开展工作”。这种管理体制可以理解为：在外部管理上，红十字会在走向社会和市场的同时，仍有政府的宏观指导；但在内部运行上，红十字会要严格遵循社团组织的法则和市场规则，以社会为目标，以民意为导向，独立自主地运行发展。应该说，上述一般意义的管理体制是中国红十字会的发展方向，但这种特殊意义的管理体制将在一定时期内长期存在。

红十字会的这种特殊管理体制是有以下几个方面决定的。首先，它具有国际性特征。中国红十字会是国际红十字组织的重要成员，要遵循国际性规则和符合国际惯例。在这方面，红十字会在国际上普遍与政府保持着密切合作关系，而且成为双边和多边联通的民间外交的重要畅行者。其次，它具有发展的阶段性特征。现阶段红十字会处于社会急剧转型的历史发展时期，国家在持续推进社会主义市场经济体制的完善和政府的行政体制改革，社团在逐渐回归本色，政府逐渐从社会组织中退出，成为社会和市场的统筹者、监督者和公共服务的提供者。不可否认，在这一改革和转型的过程中，红十字会要与时俱进，要更多地融入社会，参与市场竞争，而相对更少地依赖政府，直至形成恰当明确、合情合理的政社关系。现阶段红十字会正处于这一发展过程中，不能忽视其发展的阶段性特征而冒进前行，也不能无视红十字会自身的组织特征。再次，它具有鲜明的中国特色，这也是最重要的一点。红十字会在中国有着 110 年的发展历程，与国家和社会共沐风雨、携手同行，特别是改革开放以来，红十字会在人道领域愈益发挥出其不可替代的重要作用，在维护“最易受损害群体利益”方面成为政府的得力助手，并成为中国特色社会主义事业不可或缺的组成部分。

“理顺红十字会管理体制是做好红十字会工作的组织保证和必要条件”①。所谓理顺红十字会管理体制，就是在特定的时代背景下，遵循社会发展规律，恰如其分地彰显红十字会的社团本色，适度合理地保持与政府和社会的关系。针对现实问题具体而言，现阶段所谈的理顺管理体制不是上述一般意义的管理体制的理顺，而是特殊意义的管理体制的理顺，就是结合现阶段红十字会的具体特征，逐步释放其社团属性，将政府的“过度控制”变为“适度干预”，将红十字会从政府职能部门中解放出来，成为政府直接联系下独立自主运行的人道主义社会团体。具体而言，就是“将县级以上红十字会机构从原来由各级卫生部门代管，改由各级政府领导联系，使其真正成为能够独立自主开展工作、充满生机与活力、密切联系群众、符合自身特点的人道主义社会救助团体，在社会生活中发挥符合红十字会宗旨的作用，成为政府人道主义工作的助手”②。有学者认为，现阶段理顺红十字会管理体制的实质，就是行政体制改革和社会力量发展壮大的产物，就是将红十字会的机构从政府部门中分离出来，在政府的直接领导下发挥人道领域助手作用。在转变政府职能、理顺红十字会管理体制的历史性转变中，还需要各级政府依法给予红十字会支持、资助、保障和监督，使其依法履行职责，独立自主地开展工作③。这里面的理顺体制是政府机构改革的一部分，是体制内的理顺，而并非是使红十字会脱离政府，完全融入社会，形成“政府、市场、社会”三方中社会的一个部分。这种理顺，是政府约束的减少、政府重视程度的提高，理顺之后红十字会不再局限于卫生部门的管辖之下，而是直接与同级政府发生联系，接受同级政府的指导和监督。

为什么要理顺红十字会管理体制？主要在于红十字会的管理体制存在问题，存在着不合理因素，从而使红十字会不能完全彰显自身特色，按照合理和适当的运行机制有序运行。

---

① 中国红十字会总会：《理顺县级红十字会管理体制座谈会文件汇编》，2007年内部印行，第3页。

② 《江亦曼在理顺地级市红十字会管理体制座谈会上的讲话（2005年6月21日）》，中国红十字年鉴编辑部编：《中国红十字年鉴：2005/2006》，台海出版社2007年版，第288—289页。

③ 梁少华、沈南冰：《加快依法理顺红十字会管理体制的步伐》，《中国红十字报》2002年11月1日。

二、管理体制的长期错位

理顺管理体制是改革开放以后特别是《红十字会法》颁布以后所提出的一个理论与现实课题，是针对实践中红十字会管理体制的失序错位而提出的，但管理体制自红十字会创立之日起即存在。为对这一问题有一个清晰和明确的认知，有必要追本溯源，对红十字会管理体制的发展脉络做一简单梳理。

在110年的发展历程中，中国红十字会在不同历史时期的管理体制不尽相同，但总体来说大部分时间处于与理想预期相悖的错位状态，或者说具有特殊时空下的阶段合理性。

晚清时期，红十字会有一个由草创的民间社团发展为官办组织的过程。

到了民国时期，几经动荡和调整，在控制与反控制的斗争中，红十字会最终被纳入官方体制。即使从上述特殊意义的管理体制而言，民国时期的红十字会也显得缺乏体制张力，政府控制过严过紧。在不同阶段，红十字会曾统辖于不同的政府机构，这种反复变化也说明了红十字会的管理体制不规范，缺乏独立性，任由政府根据需要摆布。特别是在1933年6月3日，国民政府行政院长汪兆铭、内政部长黄绍竑、外交部长罗文干、军政部长何应钦、海军部长陈绍宽联衔以训令的形式颁布《中华民国红十字会管理条例施行细则》(43条)，确定“中华民国红十字会依军政、海军两部之指定，辅助陆海空军战时后方卫生勤务，并依内政、外交两部之指定，分任国内外赈灾、施疗及其他救护事宜。又规定设总会及分会。总会以内政部为主管官署，并受外交、军政、海军三部之监督；分会隶属总会，以所在地地方行政官署为主管官署。又规定总会之理事及监事，由部转呈国民政府聘任”①。

抗战时期，红十字会依照《中华民国红十字会战时组织条例》之规定，以卫生署为主管官署，又依《军事委员会战时监督红十字会暂行办法》之规定，接受军委会监督。抗战胜利后，红十字会进入“复员”时期，主管官署也“改隶”行政院，会长、副会长及常务理事均由行政院聘任②。

应该说，在半殖民地半封建的近代中国，专制政府和强势国家的存在，使社会组织的生存空间狭小，红十字会不具备社团组织独立生存发展的外在条件和社会土壤，因此从总体上来看，近代中国红十字会的管理体制就是政府主导之下的行政管理体制。虽然在不同阶段，红十字会有过多次试图民间化的尝试与努力，但最终都付诸东流、归于沉寂。客观而言，从红十字会自

---

① 《中国红十字会全国代表会昨开幕》，《申报》1934年9月25日。

② 池子华：《红十字与近代中国》，安徽人民出版社2004年版，第427—428页。

晚清创办以来在近代所建立的丰功伟业来看，一定程度上这种行政化运作体制具有某种历史的合理性。从发展的眼光来看，近代中国的红十字组织毕竟处于中国社会从传统走向现代的转型阶段，它还不具备现代社团组织的本质特征，因此也不必把对现代社团的要求和标准强加于它。在这种背景下，近代红十字会的外部管理某种程度上就是政府的管理，所谓的管理体制，就是政府的行政体制。这种外部管理体制不符合社团的性质和运作规律，不具备学理的合法性，但具有现实的合理性。这里面要指出的是，虽然外部管理上存在问题，但近代红十字组织建设和规章建制非常完善，这就保障了在平时和战时红会公信力的建设以及资源动员能力的发挥。

新中国成立后，社会的进步与发展为处理红十字会与政府的适当关系提供了可能。1950 年，有关部门“鉴于红十字会的特殊性质及历史状况，采取改组而不是接管的方式”①，使中国红十字会获得了新生。改组后的中国红十字会成为“中央人民政府领导下的人民卫生救护团体”，直接由中央人民政府政务院政法委员会主管。红十字会作为“人民团体”，是“政府与人民结合的桥梁……其工作之进行应是依靠人民，而又为人民服务”②。应该说这是一个好的开始。因此，在新中国成立初期，作为政府的得力助手，中国红十字会在卫生知识普及、救护训练、赈灾救灾、国际医防、协助日侨归国等方面做出了诸多贡献，出色地发挥了非政府组织的独特作用。

但与此同时，新中国在对红十字会的地位和作用的认识上存在片面化的倾向。这种片面的认识很大程度上造成了红十字会业务工作的单一化。例如，红十字会在爱国卫生运动中全力投入，做出了不小成绩，但在指导方针上由于卫生部门对卫生工作的主导性，使得红十字的特色作用难以发挥，只能在卫生部门主导的“大戏”中担当配角。再有，由于红十字会的不可替代性得不到重视，红十字会组织机构甚至遭受“分割”，如 1955 年冬，中国红十字会和中国人民救济总会由分工协作关系改为合署办公，明确中国红十字会工作以国际为主，而国内工作则协助有关部门进行；1960 年 12 月，总会与卫生部合署办公，总会国际联络部与卫生部国际联络办公室合署办公，其他国内工作部门与爱委会合署办公③。可见，此时中国红十字会已经成为卫生部门的

---

① 曲折主编：《中国红十字事业》，广东经济出版社 1999 年版，第 41 页。

② 《关于中国红十字会体制改革设想》（1988 年 12 月 2 日）、《对调整中国红十字会有关问题的报告》（1950 年 8 月 3 日），中国红十字会总会编：《中国红十字会历史资料选编，1950—2004》，民族出版社 2005 年版，第 189、2 页。

③ 中国红十字会总会编：《中国红十字会的九十年》，中国友谊出版公司 1994 年版，第 155—157 页。

附属机构，失去了应有的独立性。

1978年，国务院批转了《关于恢复红十字会国内工作的报告》，明确规定“红十字会国内工作由卫生部负责，红十字会对外工作直接由外交部领导”①。可见，虽然红十字会工作在“文革”结束后得到恢复，但在与政府的关系上仍处于错位状态。

改革开放后，随着中国红十字事业的逐步复苏和蓬勃发展，其组织建设、急救与输血工作、青少年工作、社会福利事业以及国际交往都取得了显著成绩。为适应业务范围的不断拓展和社会作用日益增强的形势，1985年，红会“四大”把中国红十字会的性质由“人民卫生救护团体”进一步界定为“全国性的人民卫生救护、社会福利团体”，这种性质的拓展，可以使红十字会在人道主义领域里做更多的工作②。在这种情况下，“红十字会隶属于卫生部”的管理体制已经成为红十字会发展的桎梏，红十字会与政府的关系亟待协调。1988年，中国红十字会曾就协调处理与政府关系问题做了一番努力，在总会向国务院提交的《关于中国红十字会体制改革设想》中谈到，“红十字会的工作同政府的工作关系是补充而不是重复，也不是代替。红十字会的地位是政府的助手而不是某一个政府部门的下属机构”。

进入20世纪90年代后，红十字事业突飞猛进的发展也为正确处理红十字会与政府的关系提供了新的契机。在红会“五大”通过的《中国红十字会章程》中，第一次明确标明总会和各级地方红十字会在“国务院和各级地方政府领导下，独立自主地开展工作。具有社会团体的独立法人地位”③。可见，在建设社会主义法制的进程中，依法建会的理念开始融入中国红十字的各项工作中。在政府的领导下，中国红十字会的“独立性与自主权”得到了前所未有的加强。

1993年，《红十字会法》的颁布使理顺红十字会管理体制有了法律的依据，也为红十字会与政府新型关系的确立提供了法律的保障。《红十字会法》第5条规定：“人民政府对红十字会给予支持和资助，保障红十字会依法履行职责，并对其活动进行监督；红十字会协助人民政府开展与职责有关的活动。”这一条对红十字会与政府的关系做了具有现实性、可行性和科学性的认定，可以说解决了90年来红十字会发展中的一个痼疾，一定程度上为理顺管

---

① 《国务院批转关于恢复红十字会国内工作的报告》（1978年4月1日），中国红十字会总会编：《中国红十字会历史资料选编，1950—2004》，民族出版社2005年版，第124页。

② 孙柏秋主编，池子华、杨国堂等著：《百年红十字》，安徽人民出版社2003年版，第374页。

③ 《中国红十字会章程》（1990年2月15日），中国红十字会总会编：《中国红十字会历史资料选编，1950—2004》，民族出版社2005年版，第189、216—217页。

理体制开辟了道路。因此可以说是“历史性的跨越”，是前所未有的进步。

到20世纪90年代中期，在全国范围内，红十字会机构的体制主要有三种状况：第一种是和政府各部门并列的独立机构，这一种为数很少；第二种是挂靠在卫生行政部门，但日常工作、业务活动基本上独立开展，人、财、物自主管理，卫生部门仅在某些方面代管，有相当一部分红十字会属于这种情况；第三种是红十字会机构附设或隶属于卫生部门，类似卫生部门的一个处（科、股）室或直属单位，人、财、物、工作计划、重大活动均由卫生行政部门决定，这种情况为数不少①。除此之外，在现实生活中还存在第四种情况，即“挂牌型”，这种红十字会机构实际上是虚设机构，由各级政府办公室发函成立，仅挂牌而已，基本上没有什么活动②。这种虚设模式，客观上给人一种红十字会可有可无的印象，不利于红十字会事业的健康发展。应该说，在前三种形式中，第一种独立机构的出现是一个可喜的现象，虽然数量不多，但至少证明随着红十字事业的发展，特别是《红十字会法》颁布以后，个别地区的相关领导已经认识到红十字会工作的重要性，这体现了红十字组织体制发展进步的趋势。但从上述几种红十字会机构体制的现实比例分布来看，理顺体制工作确实是任重而道远。

客观地讲，这种管理体制的形成有其历史的合理性，“缘于卫生救护等红十字会传统业务与卫生部门交叉、联系的特点，加之红十字会自身建设不完备等现实条件的限制，因此在一定时期内不得不借助于卫生部门的人员、技术、设施开展工作，从而逐步形成了‘代管’、‘挂靠’的关系”③。但不可否认的是，旧的管理体制存在很大的危害性。不能充分发挥社团的积极性、优越性和创造性，不能释放社团潜能，从而阻碍了红十字事业的长足发展。在红十字会机构隶属于卫生部门的体制下，卫生行政领导的认识水平、领导方法对红十字会机构的工作、红十字会事业的发展有很大影响④。在旧模式（管理）体制下，实际上是把红十字会作为卫生部门的一个处、室来对待的。众所周知，红十字会工作涉及的部门众多、社会面广，与卫生部门不尽相同，

---

① 张立明：《走出襁褓天地宽——浅议红十字会机构独立的必然性》，《中国红十字报》1994年4月29日。

② 陈跃进：《红十字会机构设置的一点思考》，《中国红十字报》1995年11月24日。

③ 张建国：《顺乎时代要求，加快理顺步伐，谈理顺市县红十字会管理体制的重要性》，《中国红十字报》2003年1月31日。

④ 张立明：《走出襁褓天地宽——浅议红十字会机构独立的必然性》，《中国红十字报》1994年4月29日。

而且一个处、室规格的单位很难完成内容庞杂的红十字业务工作①。之所以要理顺红十字会的管理体制，是因为在配置红十字会资源、实现红十字会目标的进程中存在着组织体系和制度上的不和谐因素，“体制没有理顺的红十字会不拥有属于自己的职能，无法获取资源，无法发挥其独特的作用”②。理顺红十字会管理体制的关键还在于还其社团本色，即“将红十字会机构单独设置，使其成为具有独立法人资格、能够依法独立自主开展工作的社会团体”③。理顺体制的核心问题即在于红会组织机构的单独建制，不从属、不附属于政府任何一个职能部门。

长期以来，由于不合理的管理体制，造成了人们对红十字认识的极大偏差。红十字代表什么？在很多人的意识中，它代表卫生事业、代表医院、代表医疗卫生单位。可以说这种观念根深蒂固。直到《红十字会法》已颁行20余年后的今天，这种错误认识在部分人群中依然挥之不去。应该说，此种观念的形成与长期以来红十字会错位的角色扮演密切相关。新中国成立以来，中国红十字会的性质长期的被局限性地界定为人民卫生救护团体。与之相应，红十字会在组织体制上曾直属于政务院政法委员会，后又先后改为由内务部和卫生部指导联系，再之后经过了合并、撤销、复建等过程，逐渐演变成为依附或挂靠于卫生行政部门。可见，在很长时间里，我国红十字事业在这一点上已经偏离了国际红十字运动的基本准则④。

三、理顺管理体制：红十字事业发展的客观要求

依法理顺红十字会的管理体制是落实《红十字会法》的需要，是转变政府职能、实行政社分开的需要，是发展红十字事业的组织保障，符合国际红十字运动基本原则的要求⑤。

（一）理顺管理体制是《红十字会法》的要求

《红十字会法》明确了红十字会的性质、任务及与政府部门的关系，为红

---

① 张建国：《顺乎时代要求，加快理顺步伐，谈理顺市县红十字会管理体制的重要性》，《中国红十字报》2003年1月31日。

② 清华大学NGO研究所：《中国红十字会个案研究报告》，苏州市红十字会档案2005年“清华研究”，第6—7页。

③ 江苏省红十字会编印：《崇高的事业——红十字工作基本知识手册》，2006年内部刊行，第8页。

④ 顾英奇：《学习贯彻十五大精神，积极推进两个转变，建构有中国特色红十字事业的基本框架》，《中国红十字会第六届理事会第五次会议文件汇编》，1998年内部印行，第29页。

⑤ 梁少华、沈南冰：《加快依法理顺红十字会管理体制的步伐》，《中国红十字报》2002年11月1日。

十字会机构的独立提供了法律依据。依据《红十字会法》，作为人道主义的社会救助团体，红十字会与政府行政机关性质不同；红十字会七项职责远远超出卫生事业范围，担负了卫生部门没有承担的许多其他工作；红十字会的职责任务与民政、卫生、教育、外办、台办等部门有密切联系或交叉，但开展工作的角度不同。红十字会以具有国际标签的社会团体的身份和职责开展工作，体现了民间性、群众性，而上述这些部门则以政府机关的身份和职权开展工作，体现了国家强制力和行政性；再有，政府及有关部门对红十字会是“支持、资助、保障、检查、监督”，红十字会对政府是人道领域的“助手”。可见，红十字会机构的独立，不仅是红十字会依法履行职责、按照自身特点开展工作和维护红十字会合法权益的需要，而且有利于政府部门和红十字会在各自领域和范围内发挥优势和作用，相得益彰，共同为社会全面发展的目标而努力①。总之，红十字会有权利亦有义务根据《红十字会法》理顺体制。

（二）社团属性的必然要求

尊重红十字会的社团特性，保持其相对独立性，使其可以独立自主地开展工作，这是红十字事业长盛不衰、永葆青春的内在保障。社会团体是指由群众自愿结合成立的，依法从事政治、社会保障、文化、科学等方面社会活动的各种组织，社会团体依一定条件而具有法人资格②。社会性是社会团体的本质属性。红十字会是社团大家庭中的重要一员，是从事人道主义工作的社会救助团体，具有社团组织的基本特征。从长远来看，作为非营利性社团组织，红十字会应该在政府的指导下逐步“谋求自治”③。红十字会是一个社会团体，而不是政府机关的一部分，更不能以一个政府部门的某一个科室的定位面对社会，不应该附属于某个政府部门，而应依法取得社会团体法人资格，独立自主地开展工作。进一步而言，红十字会是“从事人道主义工作的社会救助团体”，而不是卫生救护团体。从红十字会承担的七项法定职责来看，红十字会工作涉及部门多，而卫生部门是无法协调的，应该由政府领导协调。红十字会性质、职责的转变决定了红十字会不能再由卫生部门代管，必须理顺管理体制，改为独立存在于社会、有红十字运动原则特点、具有国际性的社会救助团体④。这是红十字事业发展首先应正视的现实和遵循的基本规律，

---

① 张立明：《走出襁褓天地宽——浅议红十字会机构独立的必然性》，《中国红十字报》1994 年 4 月 29 日。

② 顾英奇主编：《中华人民共和国红十字会法使用手册》，中国友谊出版公司 1994 年版，第 97—98 页。

③ 李维安主编：《非营利组织管理学》，高等教育出版社 2005 年版，第 347 页。

④ 晓棠：《理顺管理体制是全面建设小康社会的需要》，《中国红十字报》2003 年 12 月 12 日。

也是红十字会转换其管理体制的根本原因。

（三）国际红十字运动的要求

我国是日内瓦公约签约国，中国政府和中国红十字会为红十字国际大会的成员。红十字国际大会要求各国政府在任何时候都要尊重国际红十字运动的七项基本原则，并要求每个成员国的政府都要支持该国红十字会和红十字运动，支持红十字会建立独立自主的组织机构。同时，理顺红十字会的管理体制，使红十字会保持独立性，有利于红十字会以更灵活的方式配合政府开展民间外交，加强国际合作与交流，有利于树立我国在国际社会的良好形象；同时，也是我国国家文明、社会进步的象征。

（四）改革与社会发展的客观要求

理顺管理体制是由我国不断深化行政管理体制改革、转变政府职能的要求所决定的。在传统的计划经济体制下，政府不但包揽了许多经济事务，而且包揽了许多社会事务，造成管理效能低下，并导致政府与社会关系失衡。随着我国改革的深入，特别是1992年党的十四大确立了建设社会主义市场经济体制的目标后，政府职能的转变已经愈益迫切[①]。转变政府职能，不仅包括要转变政府管理经济的职能，而且也包括转变政府管理社会的职能。政企分开是转变政府职能的根本途径，当然政社分开也是转变政府职能的重要内容。随着政府职能的转变，政府将由全能政府成为有限责任政府，由管理型政府成为服务型政府。同时，政府积极培育各类社会自治组织、群众团体、中介机构，提高它们参与社会公共管理的能力，逐步形成“小政府、大社会”的格局[②]。按照这个趋势，政府将减少直接组织捐款捐物的“集体活动”，非营利性社会公益组织将担负更多募捐职能。从长远看，政府将逐步退出劝募市场，而集中扶持和规范公益事业[③]。因此，作为“社会救助团体”的红十字会，其理顺管理体制的工作不是某个领导的个人意愿，也不单纯是某个单位的个别要求，而是国家实施改革的一部分，是深化改革的必然要求[④]。此外，理顺管理体制有利于密切党同人民群众的血肉联系，更好地发挥群众团体在物质文明、政治文明和精神文明建设中的作用，还有利于维护改革发展稳定

---

① 夏海：《政府的自我革命——中国政府机构改革研究》，中国法制出版社2004年版，第106、91页。

② 《江亦曼在理顺地级市红十字会管理体制座谈会上的讲话（2005年6月21日）》，中国红十字年鉴编辑部编：《中国红十字年鉴：2005/2006》，台海出版社2007年版，第289—290页。

③ 晓棠：《理顺管理体制是全面建设小康社会的需要》，《中国红十字报》2003年12月12日。

④ 张建国：《顺乎时代要求，加快理顺步伐，谈理顺市县红十字会管理体制的重要性》，《中国红十字报》2003年1月31日。

的大好局面。做好社会救助工作，努力使最易受损害人群少一点、受损的时间短一点、受损的程度小一点，给予的关爱多一点，有利于维护社会稳定，有利于促进社会经济的发展①。

改革开放以来，中国正在经历从单一的计划经济向多元化的社会主义市场经济转化，从以政府选择为基础的传统社会向以社会选择为特征的现代社会转型。伴随着经济体制改革和政府职能的转变，中国的农村和城市社会产生了大量游离于传统单位组织体系之外的多元利益主体，社会中出现了一个广阔的适合社会团体活动的社会空间。社会团体的主要功能在于动员社会力量解决社会问题，在当今日趋复杂的社会中，社会团体越来越显示出它在解决社会问题上的优势，特别是在帮助政府维护市场与社会秩序，从而减少政府的社会管理成本、提高政府的效率方面发挥着积极的作用。同时，近年来社会公益事业的快速发展需求，也向红十字会提出了更新的要求。改革开放以来，劳动生产率得到了极大的提高，但亦出现了许多新的弱势群体及由此产生的社会问题，如贫富差距的扩大和贫困人口问题、农民工问题、下岗和失业人口的增多、城市贫困阶层的形成、艾滋病问题、吸毒问题、老年人问题等。中国红十字会不同于政府，它不是以自上而下的政治权力为核心，而是以志愿公益为宗旨，以受益者的需要为导向，能够实现公益资源的有效配置；也不同于企业，不以牟利为动机，能够实现更大范围的社会公平；而且实践也证明红十字会在众多的社会公益领域发挥着积极的作用。总之，经济的市场化、政府的小型化、社会的多元化，以及公民意识的觉醒，都对中国红十字会提出了全新的要求②。在这样的环境下，为迎接和应对新时期的机遇和挑战，红十字会面临的最为迫切的问题即是转变管理体制。

（五）彰显红十字特色的需要

挂靠于卫生部门不便于彰显红十字特色，新中国成立后，经过近40年的不懈发展，中国红十字会在许多领域发挥着不可替代的作用。首先，在民间外交方面发挥了重要作用。我国政府先后于1956年和1983年批准日内瓦公约和两项附加议定书。中国红十字会受政府委托，履行日内瓦公约规定的义务。50年代以来，红十字会在遣返日本战俘和侨民，为抗美援朝战争和对印、对越自卫反击作战中遣返和交换被俘人员，积极开展国际灾害救济等人道主

① 晓棠：《理顺管理体制是全面建设小康社会的需要》，《中国红十字报》2003年12月12日。

② 清华大学NGO研究所：《中国红十字会个案研究报告》，苏州市红十字会档案2005年“清华研究”，第1—2页。

义活动中，以及对外交往中做了许多工作，发挥了人民外交的作用。其次，在促进两岸关系的发展和交流中，红十字会运用自己的中立性和人道主义特点，处理两岸同胞间的有关问题，发挥了其他部门难以替代的作用。20 世纪 80 年代末，中国红十字会通过红十字国际委员会的桥梁同台湾红十字组织进行间接接触，除了大量的查人转信工作之外，还与台方协作处理了数起探亲台胞的伤病死亡事件和遣返了一些遇难的台湾渔民。再有，中国红十字会不同于一般的政治性团体，也不同于学术性团体，各级红十字会组织和广大会员作为政府的助手，在积极奉献精神的鼓舞下，克服重重困难，以实际行动对我国的两个文明建设做出了自己的贡献①。

四、理顺管理体制的基本进程

从某种意义上说，理顺管理体制是中国百年红十字运动的一次重大变革，是中国红十字运动进步与发展的重大表征。正因为如此，理顺管理体制可视为红十字会转型的重要标志。当然，这个过程不是一蹴而就的，需要红十字工作者和相关单位人员的共同努力与合作。中国红十字会理顺管理体制工作是一个综合性系统工程，有一个循序渐进的过程。

《红十字会法》的颁布实施使我国红十字事业逐步走上法制化轨道，为理顺管理体制提供了法律依据。根据《红十字会法》，中国红十字会要实现两个重要转变：一是性质任务，即从“人民卫生救护团体”转变为“从事人道主义工作的社会救助团体”；二是组织体制的转变，即从依附、挂靠于卫生行政部门转变为单独建制，独立自主地开展工作。其实，“两个转变”的核心问题即是理顺红十字会的管理体制，而《红十字会法》的颁布，表明理顺工作进入正式实施阶段。

（一）总会管理体制的理顺

从 1994 年 4 月开始，体制理顺工作拉开序幕②。1994 下半年，许多地方红十字会反映，现行管理体制和机构设置，很难坚持依法履行职责。总会就此问题专门进行了调查研究，认为解决好红十字会的机构设置和人员编制，是红十字会依法履行职责的基本条件和组织保障③。

---

① 《关于中国红十字会体制改革的设想》（1988 年 12 月 2 日），中国红十字会总会编：《中国红十字会历史资料选编，1950—2004》，民族出版社 2005 年版，第 187—188 页。

② 《王立忠在中国红十字会理顺管理体制座谈会上的讲话》，苏州市红十字会档案 2003 年“长期”管理。

③ 特约评论员：《贯彻红十字会法　加快理顺红十字会管理体制的步伐》，《中国红十字报》2000 年 11 月 3 日。

1995 年 3 月 25 日，中央机构编制委员会印发了《中国红十字会总会机构改革方案》（中编办字〔1995〕52 号），明确中国红十字会是中央和国务院直接管理的 18 个社团之一，挂靠卫生部①。根据该方案，“中国红十字会总会机构改革要全面贯彻《红十字会法》，按照《中国红十字章程》有效地开展工作，本着‘明确职能，理顺关系，分类归口，提高效率’的原则，调整并精简内设机构和人员编制，使各项工作适应改革和发展的需要，努力建设具有中国特色的红十字会”。结合总会的任务，“总会机关内设四个部室即办公室、国内工作一部、国内工作二部、联络部和机关党委，均为副司局级的二级机构”②。这项改革首先具有一定的局限性，仍规定“总会由卫生部代管”，距离最终理顺体制还有差距，但通过明确主要任务、内设机构、人员编制和领导职数，在理顺管理体制方面迈出了重要一步，可以说“具有历史性的突破”。但由于种种原因，“这一改革方案直到 1998 年 3 月新任常务副会长兼党组书记王立忠到任后才开始组织实施，到 1999 年 4 月才‘尘埃落定’”③。

1995 年 4 月，总会六届二次理事会会议提出要在 1999 年“七大”召开前实现全国省级、计划单列市、省会城市红十字会机构单独建制④。

1996 年年初，总会六届三次理事会会议，依据《红十字会法》对红十字会性质任务和组织体制重新规范，确定“依法实现红十字会性质任务和组织体制的转变”，并阐述了“两个转变”的关系。1996 年 11 月 7 日，在国家行政机关有计划、有步骤地推行国家公务员制度的同时，中央组织部和人事部印发了《中国红十字会总会机关参照〈国家公务员暂行条例〉管理的实施方案》（组通字〔1996〕48 号），要求各级红十字会机关参照《国家公务员暂行条例》进行管理。应该说红十字机关的“参公管理”，“是红十字会机关干部人事制度改革的一项重要工作”，有利于加强机关工作人员的教育、培养和管理，不断提高人员素质，提高工作效率，以便更好地发挥红十字会在保护人的生命和健康、发扬人道主义精神、促进和平进步事

① 顾英奇：《依法建会，依法兴会，建设有中国特色的红十字事业》，《中国红十字会六届二次理事会议文件汇编》，1995 年内部印行，第 30 页。

② 《中国红十字会总会机构改革方案》（1995 年 4 月 19 日），中国红十字会总会编：《中国红十字会历史资料选编，1950—2004》，民族出版社 2005 年版，第 309—310 页。

③ 孙柏秋主编，池子华、杨国堂等著：《百年红十字》，安徽人民出版社 2003 年版，第 417 页。

④ 钱正英：《在中国红十字会六届二次理事会议上的讲话》，《中国红十字会六届二次理事会议文件汇编》，1995 年内部印行，第 7—8 页。

业中的作用[1]。

1997年年初，总会六届四次理事会会议，从政府机构改革的原则及要求等方面，重申了“实现红十字会性质任务和组织体制的转变”，强调了“省会城市以上红十字会机构应实现单独建制”。

1998年年初，总会六届五次理事会会议，又从法律、理论、历史等方面进一步论证实现单独建制的必要性，提出“实现两个转变，有利于全面发挥红十字会的优势，有利于广泛发动和动员社会力量，开展社会救助活动，减轻政府负担，有利于当地两个文明建设特别是精神文明建设的开展。在当前，我国红十字事业发展的根本动力是改革开放，性质与任务的转变，要求组织体制与其相适应，这就要改革”。在此次会议上，钱正英会长强调指出：“最近召开的第九届全国人大第一次会议通过了国务院机构改革方案，彻底实行政企、政社分开，培育发展社会中介组织，转变政府职能。根据这个精神，我认为红十字会机构更应独立设置。我希望全体理事同志在任期的最后时期作最后的冲刺，争取全国各省、自治区、直辖市都完成红十字会机构独立设置的任务”[2]。

虽然总会机构改革和“参公管理”都提上了日程，但由于种种原因皆进展缓慢，理顺管理体制工作倍显艰难。到1998年年初，“全国大部分地方仍没有建立起机构独立的红十字组织”，全国仅有1/3的省级红十字会和1/4的计划单列市、省会城市红十字会以及1/5的地级、1/15的县级红十字会实现了独立建制或单独设置[3]。要想打破僵局，全方位推进红十字会系统的管理体制理顺工作，总会需走在前列，做好表率。

1999年是中国红十字会理顺管理体制工作中重要的一年，也是打破理顺管理体制工作僵局的关键年份。在总会的不懈努力下，到1999年3月底，“总会机关工作已参照国家公务员制度入轨运行”。随着“参公管理”工作的推进，使总会机关逐步形成了“公开、平等、竞争、择优”的用人环境，调动了广大干部的积极性、创造性；干部结构得到一定优化，为总会机关不断开拓工作新局面，提供了有力的组织保证。通过“参公管理”的实现，总会机关内部人事制度渐趋规范化和科学化。但由于外部体制尚未理顺，所以一定程度上也影响了机构的内部运行和红十字业务的开展。

---

① 《关于印发中国红十字会总会机关参照〈国家公务员暂行条例〉管理的实施方案的通知（1996年11月7日）》，中国红十字年鉴编辑部编：《中国红十字年鉴：2004/2005》，台海出版社2006年版，第216—217页。

② 特约评论员：《贯彻红十字会法　加快理顺红十字会管理体制的步伐》，《中国红十字报》2000年11月3日。

③ 杜海岚：《实施红十字会法为何举步维艰》，《中国红十字报》1998年1月16日。

因为按照“三定”方案，总会机关仍由卫生部代管，“这与《红十字会法》的规定不一致，与国际通常做法相悖（临近的韩国、日本等国红十字会都单独设置），有碍我会在国际上的形象，且不利于工作开展和红十字事业的发展”①。最要紧的问题在于如果总会体制不能理顺，就难以形成示范带动力量，那么地方政府也就很难按照《红十字会法》的要求推进地方红十字会的体制理顺工作。

1999 年 10 月召开的“七大”提出的一个重要奋斗目标就是“争取在一、二年内，省、计划单列市和省会城市红十字会机构要基本实现单独建制；在今后 5 年内，有一部分市、县级红十字会机构实现单独建制”②。要实现这一目标，首要前提是理顺总会的管理体制。李岚清副总理在“七大”的讲话中指出：“希望各级政府对红十字会的机构设置、人员编制、干部队伍建设、开展工作等方面给予切实的、强有力的支持。”③ 终于，在总会的多方协调和努力之下，中编办于 1999 年 12 月 29 日发出《关于理顺中国红十字会总会管理体制的通知》，指出“为了推动和协调《红十字会法》的贯彻实施，便于你会开展国际交往，在国际上发挥积极的影响和作用，有利于中国红十字会依照《红十字会法》和章程，独立自主地全面开展工作，有利于加强政府对红十字会工作的领导和协调”，经中央编委批准，“中国红十字会总会由‘卫生部代管’改由国务院领导联系，其机关党的工作由中央国家机关工委领导、干部按中组部有关规定进行管理、经费列国管局”④。由此，总会的管理体制理顺，这是继《红十字会法》颁布后又一重大事件。经过第六届理事会 5 年的努力，总会终于完成了理顺管理体制的目标。“理顺红十字会的管理体制，大力发展红十字事业，是贯彻党的十五大精神，实行政社分开的需要，是贯彻落实《红十字会法》的需要，是国家的需要、人民的需要，也是时代的需要”⑤。这也有力地推动了理顺省级红十字会管理体制的工作。

---

① 《总会机关〈国家公务员暂行条例〉管理过渡工作报告》（1999 年 4 月 26 日），中国红十字会总会编：《中国红十字会历史资料选编，1950—2004》，民族出版社 2005 年版，第 375、377、378 页。

② 顾英奇：《坚持依法建会　加大改革力度　将中国红十字事业全面推向二十一世纪》（1999 年 10 月 13 日），中国红十字会总会编：《中国红十字会历史资料选编，1950—2004》，民族出版社 2005 年版，第 392 页。

③ 《祝贺各自治区、直辖市红十字会理顺管理体制》，《中国红十字报》2002 年 3 月 15 日。

④ 《中编办〈关于理顺中国红十字会总会管理体制〉的通知（1999 年 12 月 29 日）》，中国红十字年鉴编辑部编：《中国红十字年鉴：2004/2005》，台海出版社 2006 年版，第 212 页。

⑤ 《祝贺各自治区、直辖市红十字会理顺管理体制》，《中国红十字报》2002 年 3 月 15 日。

总会管理体制的理顺也为机关机构改革奠定了基础，2001年10月10日，遵循中共中央办公厅、国务院办公厅《关于印发〈21个群众团体机关机构改革意见〉的通知》（中办发〔2000〕31号）的精神，中编办印发了《中国红十字会总会机关主要职责、内设机构和人员编制方案》，按照新方案，总会机关的主要职责在1995年“三定”方案规定的基础上增加了两项：一是指导中国红十字会地方分会开展全国性活动；二是负责建设和管理“中国造血干细胞捐献者资料库”。总会内设机构包括办公室、赈济救护部、事业发展部、联络部4个部门和机关党委。

（二）地方红十字会管理体制的理顺

总会的管理体制理顺之后，地方红十字会的体制理顺工作提上日程。省级红十字会在红十字运动中处于重要位置，肩负着指导地（市）、县级红十字会工作的职能，发挥着桥梁和纽带的作用。省会城市和计划单列市红十字会，是所在省（区）红十字会工作的中流砥柱，起着至关重要的示范作用。市、县级红十字会处在业务工作的前端，被形象地比喻为红十字会系统的“腿和脚”，与广大人民群众有着密不可分的联系。

对于理顺红十字会管理体制工作，彭珮云会长倾注了很大心力。在2000年3月召开的第九届全国人大第三次会议期间，彭珮云会长先后找了15个省（区、市）主要领导，“促请他们尽快帮助理顺本省（区、市）红十字会的管理体制，她每到一地视察工作时都过问此事”。同时，中国红十字会执行委员会也采取多项措施，推动理顺省级红十字会管理体制工作，例如，曾先后两次向有关省（区、市）红十字会会长、副省长（副市长等）去函通报理顺省级红十字会管理体制的情况①。2000年4月，国务院为解决红十字会面临的主要问题专门召开协调会议，李岚清副总理听取了中国红十字会总会党组和执行委员会的工作汇报后指出：“省级红十字会主要是在看你们，总会体制理顺后，对他们是个推动。”国务院领导的重视，使理顺省级红十字会管理体制的工作在不长的时间里取得了较大进展。截至2000年5月，“除北京、吉林等9个省、自治区、直辖市已经理顺以外，现在又有辽宁、四川、江苏、广东、山西、湖南、山东等省级红十字会比照总会的模式上报了机构改革方案”。5月30日，中国红十字会召开组织工作座谈会，彭珮云会长“希望还没有理顺管理体制的省级红十字会要抓紧做好有关部门、有关人员的思想工作，把思想认识统一起来，同时要解决有关的机构、编制、经费等问题，力

① 《关于理顺红十字会管理体制的报告》（2001年1月19日），中国红十字会总会编：《中国红十字会历史资料选编，1950—2004》，民族出版社2005年版，第416页。

争在今年内理顺管理体制。计划单列市和省会城市条件成熟的，也希望尽早解决”。彭珮云还提出，“地、县级都要建立红十字会并根据实际工作需要配备专职工作人员”。对于尚未独立设置的地、县级红十字会，她认为应该明确“挂靠并不等于红十字会是政府某个部门甚至是该部门下属的事业单位的附属机构，也不是政府的一个具体的部门”①。到2000年年底，已有北京、天津、内蒙古等16个省（自治区、直辖市）红十字会理顺了管理体制，而吉林省更是将地（市）级红十字会的管理体制已全部理顺②。这种快速发展的势头让全国红十字工作者欢欣鼓舞。

2000年年底，中共中央办公厅、国务院办公厅印发的《21个群众团体机关机构改革意见》指出，面对21世纪的新形势、新任务，“群众团体机关在领导体制、运行机制和机构编制等方面还存在着一些不相适应的情况，必须适时进行机构改革”。这次改革的目标是，“适应建立社会主义民主政治和市场经济的要求，形成充满生机与活力、密切联系群众、符合自身特点的组织机构和运行机制，更加充分地发挥群众团体在社会主义物质文明和精神文明建设中的作用。”这次群众团体机关机构改革主要有四项任务：一是完善群众团体机关的领导和管理体制；二是理顺关系，合理划分职责；三是改进运行机制，克服行政化倾向；四是精干内设机构、精减人员编制。应该说，这次群众团体改革为推进红十字会理顺管理体制提供了难得的机遇。

2001年1月19日，中国红十字会向中编办提交了《关于理顺红十字会管理体制的报告》，汇报了总会理顺管理体制之后全系统理顺工作所取得的成效，提出中国红十字会要按照群众团体的改革原则，进一步完善领导和管理体制，“规范领导关系、管理内容和管理方式”。在此基础上，红十字会提出了改革意见：首先，尽快理顺省级、省会城市和计划单列市红十字会的管理体制；地（市、州、盟）级红十字会要积极创造条件，尽早理顺管理体制，已经理顺的要总结经验，加以推广；县级红十字会应按照《红十字会法》的相关规定，争取独立建制，具备有机构、人员、财政账户和办公地点的“四有”条件③。

同年2月21日，总会七届二次理事会在北京召开。彭珮云会长在讲话中指出，“尚未理顺管理体制的省一级红十字会以及计划单列市、省会城市的红

---

① 彭珮云：《奋进中的红十字事业》，社会科学文献出版社2004年版，第91—92页。

② 王立忠：《贯彻中共十五届五中全会精神　加速发展红十字事业》，苏州市红十字会档案2001年“长期”30，第4页。

③ 《关于理顺红十字会管理体制的报告》（2001年1月19日），中国红十字会总会编：《中国红十字会历史资料选编，1950—2004》，民族出版社2005年版，第416—417页。

十字会要争取政府和有关部门的理解和支持，尽快理顺管理体制。已经理顺管理体制的省一级红十字会，要认真研究如何理顺地（市）、县一级红十字会的管理体制，积极创造条件，使它们都能依照红十字会法和章程独立自主地开展工作。要认真总结地（市）、县一级理顺红十字会管理体制的经验，为其他地方提供借鉴”。李岚清副总理在致七届二次理事会的信中指出：“在新的世纪，希望中国红十字会坚持依法治会，加快理顺管理体制，坚持以改革促发展，建立充满生机与活力、密切联系群众、体现自身特点的组织机构和运行机制。”① 中编办领导同志认为，彭珮云同志的讲话符合中央关于机构改革的精神，也符合“中办发〔2000〕31号”文件精神，各地可以据此研究红十字会的机构改革和管理体制问题。红十字会机关机构改革，要有利于依照《红十字会法》和章程独立自主地开展工作，有利于完善领导体制和规范管理方式，按照精简原则进行，具体由各地党委和政府负责。各地红十字会要与地方机构编制主管部门多联系多沟通，及时反映红十字会的意见及要求，积极稳妥地搞好机构改革工作②。

2001年4月，彭珮云会长在湖北省红十字会调研时指出，当前的首要任务是把管理体制理顺，“有些地方需要增加一点编制，这两件事情可以分开。即使编制很少，管理体制也应该理顺。地方红十字会的机构、编制应由省里来定。管理体制理顺以后，红十字会作为一个社团独立自主地开展工作，仍然离不开政府的指导、支持，离不开政府各有关部门的帮助”③。11月21日，中国红十字会总会在《关于在社团机构改革中解决各级红十字会机构设置及理顺管理体制问题的通知》中明确指出，理顺体制工作继续得到国务院领导的支持，李岚清副总理批示：请红十字会总会及地方红十字会根据中编办所提意见精神，积极争取地方党委、政府及有关部门理解和支持，在社会团体机关机构改革中研究解决红十字会机构改革和管理体制问题④。由此，总会希望“各级红十字会抓住这次社会团体机关机构改革的机遇，依照《红十字会法》规定，按照国务院领导批示、中编办意见和彭会长讲话精神，积极争取地方党委、政府及机构编制主管部门的理解和支持，及时反映红十字会组织的意见及要求，在这次社会团体机关机构改革中研究解决红十字会机构改革

① 转引自《祝贺各自治区、直辖市红十字会理顺管理体制》，《中国红十字报》2002年3月15日。

② 《祝贺各自治区、直辖市红十字会理顺管理体制》，《中国红十字报》2002年3月15日。

③ 彭珮云：《奋进中的红十字事业》，社会科学文献出版社2004年版，第177页。

④ 《祝贺各自治区、直辖市红十字会理顺管理体制》，《中国红十字报》2002年3月15日。

和管理体制问题”①。

2001年，又有上海、宁夏、湖北、山东、黑龙江、福建、江西、海南、江苏、西藏、浙江、河南等12个省级红十字会理顺了管理体制②。截至2002年5月，全国已有29个省、自治区、直辖市，5个省会城市，50个市（地、州、盟）和150多个县（旗、区）理顺了红十字会的管理体制。根据“中央编办发〔2001〕34号文件”要求，总会机关完成了机构改革，2/5的省级红十字会已完成机构改革或正在落实“三定方案”③。

2002年1月26日，西藏自治区机构编制委员会发出了《关于西藏自治区红十字会独立建制的批复》（藏机编发〔2002〕17号），理顺了西藏红十字会的管理体制。这标志着我国5个自治区和4个直辖市红十字会全部理顺了管理体制。这是自治区、直辖市党委和政府依法推进机构改革，实行政社分开的必然结果，也是自治区、直辖市党委和政府领导贯彻落实《红十字会法》、关心支持红十字会工作的具体行动，更是这些地方的红十字会努力宣传贯彻《红十字会法》，落实中国红十字会理事会和常务理事会决议，努力依法履行职责，创出一流的成绩，争取党政领导支持的结果。应该说，5个自治区整体上属于欠发达地区，而当地红会能够在理顺管理体制方面率先迈出这一步，对还没有理顺管理体制的省级红会有普遍的借鉴和指导意义④，同时也是2002年体制理顺工作一个良好的开端。

2002年4月1日，总会七届三次理事会在济南召开。在理顺工作取得重大进展的前提下，彭珮云会长提出，“要尽快理顺省会城市和计划单列市红十字会的管理体制，积极争取地方党委、政府及有关部门的理解和支持，在社团机构改革中妥善解决各级红十字会的管理体制、机构设置和人员编制等问题，切实保障红十字会开展工作的必要条件。已经理顺管理体制的，要切实加强自身建设。首先要加强领导班子建设，特别是要配备好主持日常工作的一把手，严把进人关，深化干部人事制度改革，建设一支团结、实干、开拓、高效的干部队伍”⑤。

2002年12月18日至19日，总会在北京召开中国红十字会理顺管理体制座谈会。彭珮云会长特别提到，各地在理顺管理体制工作中可有一些灵活的

---

① 《关于在社团机构改革中解决各级红十字会机构设置及理顺管理体制问题的通知》（2001年11月21日），中国红十字会总会编：《中国红十字会历史资料选编，1950—2004》，民族出版社2005年版，第423页。

② 红政：《省级红十字会的管理体制基本理顺》，《中国红十字报》2002年5月10日。

③ 红政：《省级红十字会的管理体制基本理顺》，《中国红十字报》2002年5月10日。

④ 《祝贺各自治区、直辖市红十字会理顺管理体制》，《中国红十字报》2002年3月15日。

⑤ 彭珮云：《奋进中的红十字事业》，社会科学文献出版社2004年版，第26页。

做法，要明确方向和基本原则，人员、编制可以根据实际情况决定，但必须要依法成为独立的法人团体，独立自主地开展工作。彭珮云强调，不能认为理顺体制工作是无所谓的事情。要强调建设社会主义政治文明，加强法制建设，要有法制观念。彭珮云鼓励红会干部发扬无私奉献、不怕困难、敢打硬仗、锲而不舍的精神，因地制宜、坚定不移、积极主动、循序渐进地做好工作。谈到下一步工作时，彭珮云指出，先抓计划单列市、省会城市，同时积极推进地级市，并探索县级的理顺工作①。

截至2002年年底，“全国各级红十字会共有专职工作人员4600名，基层组织66100个，团体和个人会员1750万个，志愿工作者31万多名”。到2003年3月，全国已经有29个省级红十字会、75个地（市）级红十字会、175个县级红十字会理顺了管理体制，其中大部分已经落实“三定”方案，加强了自身建设，正在按照社团的工作机制独立自主地开展工作。在体制理顺的基础上，红十字事业蓬勃发展，红十字队伍逐步壮大②。

2003年3月26日，总会七届四次理事会在长沙召开。彭珮云会长在肯定理顺管理体制工作取得的成绩的同时，指出这一工作“发展还很不平衡”，应该“加快工作的进度”。彭珮云会长提出，朱镕基总理在十届人大一次会议上的《政府工作报告》为红十字会理顺管理体制工作提供了国家政策依据。《政府工作报告》指出：“政府该管的事一定要管好，不该管的事坚决不管。”由此，彭珮云会长提出，“不必再等上面发文件，而应该理直气壮地、积极主动地依法理顺红十字会的管理体制”③。

2003年12月3日至5日，中国红十字会在成都召开理顺管理体制工作现场座谈会，成都、青岛、杭州、呼和浩特等市红十字会介绍了各自的做法和经验。江亦曼常务副会长在会上指出，理顺管理体制工作既有法律依据、理论依据，也是深化改革的现实要求。发展红十字事业的关键是形成基层工作网络。理顺计划单列市、省会城市管理体制，使省级红十字会有了向下延伸的组织机构，能更好地推动理顺市（地）、县级红十字会管理体制的工作。江亦曼强调，一是要做好工作，解决“有为才能有位”的问题，要用工作的成效和业绩争取应有的地位；二是要抓住关键人物、关键部门，多汇报，勤汇报；三是对目前未理顺管理体制的红十字会要进行具体分析、研究目前没有理顺的原因和问题，根据不同的原因，采取不同的方法；四是正确对待理顺

---

① 晓棠：《中国红十字会总会召开理顺管理体制座谈会》，《中国红十字报》2002年12月27日。

② 彭珮云：《奋进中的红十字事业》，社会科学文献出版社2004年版，第30页。

③ 彭珮云：《奋进中的红十字事业》，社会科学文献出版社2004年版，第35页。

管理体制与机构规格、干部级别的关系；五是加强红十字会干部队伍建设和党组织建设。

经过六届、七届两届理事会的艰苦努力，截至2003年12月，全国30个省级红十字会理顺了管理体制，最后一个山西省红会也即将理顺，有24个省（自治区、直辖市）下发了“三定方案”、11个省级红会成立了党组；5个计划单列市中有3个理顺了管理体制，占总数的60%，人员编制一般在10～16人；27个省会城市中有14个理顺了管理体制，占总数的52%；320多个地（市）级红十字会中有79个已经理顺，2100多个县（区）级红十字会中有175个已经理顺，分别占总数的24%和8%①。

“理顺红十字会管理体制是做好红十字会工作的组织保证和必要条件”，实践也充分证明，体制的理顺为红十字会全面依法履行职责提供了组织保障。具体来说，管理体制理顺后，首先确立了各级红十字会在当地社会生活中应有的地位，这样不仅有利于各级红十字会根据《红十字会法》独立自主地开展工作，而且能更好地发挥红十字会作为政府助手的作用。其次，党委政府更加重视红十字会。体制理顺后，既便于政府依法支持、资助、保障和监督红十字会的工作，也便于红十字会与各有关部门协调配合，减少了不必要的工作环节。再次，改善了红十字会的工作条件。增加了必要的编制和经费，工作人员、办公场所等问题都在陆续解决。再有，增强了红十字会干部的使命感和责任感，激发了干部的潜能，调动了群体的积极性、创造性。综上所述，理顺管理体制最主要的是使发展红十字事业有了一个更好的外部环境，而有了这个环境，红十字会就能发挥比过去更好的作用②。

进入新世纪后，社会加速发展，生活气象万千，红十字会面临着前所未有的机遇和挑战。在新的历史时期红十字会要实现全新的飞跃，“关键是要加强自身建设，使红十字会真正成为一个充满生机与活力，密切联系群众，符合自身特点的群众团体”③，从而“实现为两个文明建设服务，为我国的改革开放和现代化建设服务，为人类和平与进步事业做出更大的贡献”的目标④。要达到这一目标，最根本、最紧迫的就是首先要理顺红十字会的管理体制。

---

① 晓棠：《理顺管理体制是全面建设小康社会的需要》，《中国红十字报》2003年12月12日。

② 《全国人大常委会副委员长、中国红十字会会长彭珮云在中国红十字会理顺管理体制座谈会上的讲话》，苏州市红十字会档案2003年“长期”管理。

③ 彭珮云：《在中国红十字会第七届理事会第二次会议上的讲话》，苏州市红十字会档案2001年“长期”30，第70页。

④ 《祝贺各自治区、直辖市红十字会理顺管理体制》，《中国红十字报》2002年3月15日。

第五节 “非典”危机与红十字应对

从2002年岁末开始，“非典”疫情开始蔓延，社会震荡，民众恐慌。“在局部区域，非典型肺炎还演变为一场社会危机”①。面对突如其来的“非典”危机，作为从事人道主义工作的社会救助团体，中国红十字会严格遵照《红十字会法》，以保护人的生命和健康为己任，充分发扬“人道、博爱、奉献”的红十字精神，身体力行地投入防治“非典”工作，为“抗非”胜利做出了不可磨灭的贡献，得到了政府主管部门的肯定和社会各界的广泛赞誉。

一、“非典”危机

危机一词源于希腊语，原意是游离于生死之间的状态。危机是一种非常态事件②。公共危机是指“由于内部或外部的高度不确定的变化因素，对社会共同利益和安全产生严重威胁的一种危险境况和紧急状态”。由此，我们把能够引起这种“危险境况和紧急状态”的事件叫作公共危机事件③。随着后工业时代人类对自然的斧凿打敲，“风险社会”④ 不期而至⑤，随之公共危机接踵而来。历史和现实已经证明，“我国已进入一个危机频发时期”⑥。

所谓“非典型肺炎”，一般简称为“非典”，说到底是肺炎的一种，是针对典型肺炎而言的。肺炎可以有多种分类方法，其中一种分类方法将肺炎分为典型肺炎（typical pneumonia，简称TP）和非典型肺炎（atypical pneumonia，简称AP）。由肺炎链球菌感染而引起的大叶性肺炎或支气管肺炎，被称为典型肺炎，它不具传染性。而非典型肺炎，顾名思义，跟一般肺炎不同，是指除肺炎链球菌以外的其他病原体引起的肺炎，通常不具备典型肺炎的发病特点。它的最大

---

① 房宁、贠杰主编：《突发事件中的公共管理：“非典”之后的反思》，中国社会科学出版社2005年版，第1页。

② 傅思明主编：《突发事件应对法与政府危机管理》，知识产权出版社2008年版，第1页。

③ 王茂涛：《政府危机管理》，合肥工业大学出版社2005年版，第3页。

④ 1986年，德国著名社会学家乌尔里希·贝克首次使用“风险社会”的概念来描述当今充满风险的后工业社会，并提出风险社会理论。贝克认为，所谓的风险社会就是高科技迅猛发展条件下的全球化时代。在这一背景和条件下，某些看似局部的或是突发性的事件却往往容易导致和引发整体性的社会灾难。可以说，“风险社会”理论是对常态社会理论的一种反动，是反思现代性的一个独特视角。参见黄庆桥：《浅析风险社会理论及其现实意义》，《社会》2004年第3期，第27页。

⑤ 陈伟宁：《“风险社会”呼唤危机管理——上海市领导科学学会“危机管理中的领导者”论坛纪实》，《中国浦东干部学院学报》2008年第4期，第132页。

⑥ 王茂涛：《政府危机管理》，合肥工业大学出版社2005年版，“序”。

特点还在于它的传染性。非典型肺炎占全部肺炎病例的10%～20%，年轻人多发，在学校、军营、工作间及家庭有可能形成流行①。

随着对“非典”认识的深入，2003年3月15日，世界卫生组织（WHO）用严重急性呼吸综合征（severe acute respiratory syndrome，SARS）的名称正式取代“非典”（AP）。随后，也有一些科学家根据新的研究成果进一步提出新的命名，这反映了随着科学研究的深入，人们对“非典”的认识也渐趋清晰。本书依照民间习惯，仍然沿用“非典”的称谓。

2003年的“非典”“是一起典型的公共卫生危机”，具有威胁性、破坏性、突发性和急迫性、不确定性、无序性等基本特征②，其疫情来势凶猛，且“爆发急、传播快、范围广、危害大”。从2002年11月16日出现首例“非典”病例开始，到2003年6月24日，我国内地有24个省、自治区、直辖市出现“非典”疫情，共波及266个县（市、区）。期间“全国内地共累计报告非典型肺炎临床诊断病例5326例（其中医务人员累计1002例），治愈出院4901例，占病例总数的92%；死亡347例，病死率为6.5%”。在此过程中，广东和北京先后成为主要疫区，确诊病例分别为1511人和2521人，死亡病例分别为51人和191人③。

如果从2002年11月算起，短短7个月，“非典”能有如此“作为”，可见它所具有的巨大杀伤力和“行走速度”。之所以如此，首先在于它是一种呼吸道急性传染病，有比较强的传染力④。“非典”病毒存活时间长⑤，且具有极强的变异能力，这就为其在与人类角逐中快速且大面积的复制与流播创造了条件。再有，“非典”的不可预知性使人类在交锋中首先处于被动状态。“非典”是一种新型传染病，甚至直到目前，关于传染源、传播途径以及诊断、治疗和预防，仍然有许多知识空白。

对于2003年的世界和中国而言，“非典”是不期而至的。人们对这一新型病毒缺乏了解，现实中也没有特效药物，疫苗又很难在短期内研制成功，因此对抗“非典”的举措以控制传播途径、实行人群隔离为主，基本处于消极保守的状态。正如一首诗⑥中所写：

---

① 耿庆山编著：《非典型肺炎防治指南》，广东教育出版社2003年版，第3页。

② 董传仪：《危机管理学》，中国传媒大学出版社2007年版，第8—11页。

③ 贾康、刘尚希：《公共财政与公共危机：“非典”引发的思考》，中国财政经济出版社2004年版，第19页。

④ 《什么是“非典”（非典型肺炎）》，《统计与预测》2003年第2期，第29页。

⑤ 它在人体外一般存活数小时，但在人类排泄物中能存活长达4天，在零摄氏度时甚至可以无限期存活。

⑥ 范匡夫：《打赢“抗非”的战斗》，《人民日报》2003年5月8日。

……
愉快的人民啊，正阔步迈进小康时代，
未曾想，此时此刻，不测风云涌来。
没有征兆，没有准备，
一场灾难突然降临，
从岭南大地到内蒙古边境，
非典，非典，肆虐横行。
不明病毒，不知传染源在哪里，
不知不觉中，它像恶魔缠到你，
突然间，好好的亲人一病不起，
以至病危者也不能当面别离。
这是魔鬼向我们宣战啊！
这是暗藏的敌人猛然向你挥刀跃起，
虽没有硝烟，但比战争还要恐惧，
比真刀真枪更难驾驭……

二、危机应对中的中国红十字会总会

红十字会组织在公共危机管理中发挥着重要的资源动员作用，是危机管理社会化的重要体现和代表。所谓资源动员，主要是指红十字会组织在危机管理资源（人、财、物）的筹集、吸纳、整合和分配中担当中介作用，包括组织国内募捐、争取国际援助、建设备灾救灾中心等等①。面对“非典”对国人的生命和健康所造成的巨大伤害，以保护人的生命和健康为天职的红十字会在“抗非”战役中不畏艰险、勇往直前，特别是作为国家指定的接收“抗非”社会捐赠的4个部门（民政部、卫生部、中国红十字会总会、中华慈善总会及其下级或地方组织）之一，在社会各界捐赠款物的顺利接受和及时分发、转赠工作方面，在协同有关部门抗击“非典”方面做出了重要贡献，不愧为政府人道领域的助手。在“抗非”工作中，中国红十字会总会一方面起到了统领全局的作用，为地方各级红会的“抗非”工作指明了方向；另一方面，总会以身作则，用实际行动为各级红会树立了榜样。

（一）“战时”战略部署

中国红十字会总会根据国务院抗击“非典”工作的部署，采取应急措施，及时调整了当年的工作计划。总会于4月9日、14日、21日、25日先后4次

① 李程伟、罗鸿彦：《资源动员与服务传递》，《中国行政管理》2008年第4期，第76页。

召开会议，及时传达党中央、国务院关于加强“非典”防治工作的指示精神。执行委员会召开专题会议研究部署防治“非典”工作[①]。为此总会取消和推迟了原定举办的会议和活动，推迟了出国访问的安排。总会机关各部门明确职责、团结协作，全力以赴抗击“非典”。同时，从4月29日起开通了24小时接受社会捐赠热线电话。总会领导带头值班，耐心、细致地解答群众提出的有关捐赠和防治“非典”问题的咨询电话。截至6月25日，共接听电话2680个[②]。

（二）捐赠款物的接受、分配和转赠工作

1. 严格规范接受社会捐赠

在接受社会捐赠工作开始后，总会先后向各省、自治区、直辖市红十字会下发了《关于在非典型肺炎防治工作中接受捐赠事宜的通知》《关于在非典型肺炎防治工作中充分发挥红十字会救助作用的通知》和《关于尽快落实抗击“非典”捐赠款物分配转赠工作的通知》，号召“各级红十字会以人道之心、博爱之情、奉献之精神投入到抗‘非典’的斗争中去”[③]，“切实做好‘非典’预防和接受社会捐赠工作，及时分发捐赠款物，并要求各地红十字会‘一手抓好抗击非典，一手抓好其他业务工作’”[④]。

2. 制定捐赠款物接受和分配原则

总会按照《国务院办公厅关于加强防治非典型肺炎社会捐赠款物管理工作的通知》精神，依据《红十字会法》及有关规定和各地的疫情制订了捐赠款物的分配计划，强调对收治“非典”病人的医院和战斗在抗击“非典”一线的相关单位给予优先考虑。

3. 及时公布捐赠情况，主动接受社会监督

根据国务院办公厅“通知”的要求，总会定期向社会公布接受和分配国内外捐赠款物的情况，自觉接受社会监督和舆论监督。总会先后三次在《人民日报》、四次在《中国红十字报》和中国红十字会网站发布公告，将接受和分配捐赠款物的情况向社会公布，增强了红十字会接受和分配捐赠款物的透

---

① 《红十字会协力抗“非典”》，《中国社会报》2003年5月9日。

② 《中国红十字会关于防治非典工作情况的报告》（2003年8月6日），中国红十字会总会编：《中国红十字会历史资料选编，1950—2004》，民族出版社2005年版，第464—466页。

③ 《总会要求各地红十字会在“非典”防治工作中充分发挥救助作用》，《中国红十字报》2003年5月16日。

④ 《中国红十字会关于防治非典工作情况的报告》（2003年8月6日），中国红十字会总会编：《中国红十字会历史资料选编，1950—2004》，民族出版社2005年版，第465页。

明度[①]。截止到7月30日，中国红十字会总会和各地方红十字会共接受境内外捐赠的款物折合人民币6.85亿多元，其中总会接受捐赠款物合计1.28亿多元（包括捐款0.55亿元，捐赠物资折款0.73亿元）。总会根据国务院防治“非典”指挥部关于款物分配精神，尊重捐赠者的意愿并参考各地疫情，及时将社会捐赠款物分配到北京、天津、河北、山西、内蒙古、广东等地，有效地支持和配合了当地“非典”的防治工作[②]。

（三）预防和宣传工作

为了更加有效地配合抗击“非典”工作，总会利用多种形式广泛开展卫生宣传活动，特别是利用中国红十字会网站、《中国红十字报》和《博爱》杂志等舆论平台，开辟专栏，增设专刊，不遗余力地介绍预防“非典”的知识和信息。截至2003年7月30日，仅总会网站就发布防治“非典”信息140条[③]。“抗非”期间，总会还编发了9期抗击“非典”专题简报，为指导地方红十字会做好接受社会捐赠工作发挥了积极作用。

总会还与红十字会与红新月会国际联合会共同制作《防治“非典”——红十字在行动》VCD光盘和宣传画10万套，通过各级红十字会免费发放给全国各地市、县、乡镇电视台、广播站、卫生院、中小学校，以普及卫生保健知识，提高群众环境卫生和个人卫生意识，使民众了解“非典”的症状、传播途径、预防措施、救治渠道。这一举措用生动、形象、直观的方式使预防“非典”的知识近距离地走入广大基层群众中间，收到了良好的宣传效果，增强了人们对“非典”的认识和战胜“非典”的信心。

（四）慰问抗击“非典”一线的工作人员

“抗非”战役中，战斗在第一线的医护人员以大无畏的勇气和救死扶伤的人道主义精神保护了广大群众的生命与健康。总会多次组织向战斗在防治“非典”第一线的单位及医护人员进行转赠及慰问活动，以表达以“人道、博爱、奉献”为己任的红会人士和广大群众的崇敬与祝福。特别是在“5·12”国际护士节这一天，中国红十字会会长彭珮云亲临北京解放军小汤山医院，

---

① 《中国红十字会关于防治非典工作情况的报告》（2003年8月6日），中国红十字会总会编：《中国红十字会历史资料选编，1950—2004》，民族出版社2005年版，第465页。

② 《中国红十字会关于防治非典工作情况的报告》（2003年8月6日），中国红十字会总会编：《中国红十字会历史资料选编，1950—2004》，民族出版社2005年版，第464页。

③ 《中国红十字会关于防治非典工作情况的报告》（2003年8月6日），中国红十字会总会编：《中国红十字会历史资料选编，1950—2004》，民族出版社2005年版，第465页。

向广大“抗非”英雄祝福节日并亲切慰问①。“非典”期间，“小汤山医院担负了救治北京市1/3‘非典’患者的任务，责任重大，使命光荣”②。其他总会领导先后到北京阜外医院、朝阳医院、中日友好医院和宣武医院等定点收治“非典”病人的医院，以及北京防治“非典”指挥部、中国疾病预防控制中心、中国军事医学科学院等单位进行慰问。这些慰问活动送去了总会以及国内外博爱人士的敬意与关怀，成为激励一线医务人员奋勇向前的重大推动力。

为了进一步鼓励和表彰一线人员，总会克服重重困难，经过多方协调，终于争取红十字国际委员会的理解和支持，增补“抗非”中的杰出代表——广东省中医院二沙岛分院护士长叶欣为第39届南丁格尔奖章候选人。最终叶欣等10人获此殊荣，“这是我国自参加这项护理界最高荣誉奖章评选活动以来获奖人数最多的一次，给战斗在防治‘非典’第一线的全国广大护理人员以极大鼓舞”③。

三、地方红会的“抗非”工作

在抗击“非典”战役中，地方各级红十字会是总会力量的延伸和总会意旨的具体贯彻者与执行者，各地红会积极响应总会号召，紧密配合当地政府的“抗非”战略，并根据当地“非典”疫情因地制宜地制订了各具特色的防非计划，有效地控制了“非典”疫情，为红十字事业的发展谱写了新的篇章。

北京市红十字会以“五种意识”④ 为指导，以三个方面⑤的工作为突破口，取得了显著成效⑥。上海市红十字会以预防为主，注重发挥红十字会基层组织的作用，广泛动员社区和街道红十字会协同作战，奏响了“守望相助、顾全大局、共筑防线”的协奏曲⑦。河南省红十字会以世界红十字日、母亲节和国际护士节为契机，分别慰问了“抗非”一线工作人员、一线人员的母亲

---

① 陈启洪、雷淑敏：《中国红十字会慰问抗击“非典”一线医护人员》，《中国红十字报》2003年5月16日。

② 彭珮云：《奋进中的红十字事业》，社会科学文献出版社2004年版，第126页。

③ 《中国红十字会关于防治非典工作情况报告》（2003年8月6日），中国红十字会总会编：《中国红十字会历史资料选编，1950—2004》，民族出版社2005年版，第466页。

④ 五种意识是：群众意识，首都意识，创新意识，大局意识，求真务实的意识。

⑤ 三个方面是：一、坚决贯彻北京市委、市政府的正确决策，建立健全工作机制；二、责任重于泰山，坚持抗击“非典”零报告制度；三、接受社会捐赠，服务一线、服务大局、服务基层，用红十字“人道、博爱、奉献”精神实践“三个代表”重要思想。

⑥ 王红梅：《北京市红十字会召开抗击“非典”总结表彰大会》，《中国红十字报》2003年8月8日。

⑦ 管亚伦：《抗击“非典”　社区红十字会作用大》，《中国红十字报》2003年7月25日。

以及一线的“白衣天使”，这些活动一方面有效地完成了慰问和款物转赠工作，另一方面扩大了红十字会的影响，调动了社会各界的捐赠积极性①。为了更好地在农村地区做好防治“非典”宣传普及工作，天津市红十字会与加拿大国际发展署共同捐资，启动了该地区农村防治“非典”宣传项目②。西藏自治区没有出现“非典”疫情，但仍给广大群众造成心理恐慌，针对这一情况，自治区红十字会联合区民政厅等多家单位共同开展了“预防‘非典’，四进社区”活动，即专业知识进社区、环保进社区、体育健身进社区、医疗卫生进社区③，取得了良好的效果。面对“非典”疫情，四川省红十字会工作人员深入社区，和环卫工人一起走上街头，指导预防消毒工作，用实际行动向“非典”宣战④。

山西是“非典”疫情最严重的省区之一，防治工作关系到全国“抗非”战役的大局。山西省红十字会及各地、市红十字会以“抗非”为第一要务，周密部署，积极行动。在“抗非”的攻坚时期，省红会组织会员向广大群众宣传预防知识，积极参与社区的预防性消毒等工作，并适时将社会捐款转交、慰问一线医务人员⑤。为了更好地保护抗击“非典”一线医护工作者的生命与健康，太原市红十字会于4月24日举行了社会各界抗“非典”疫情捐赠启动仪式⑥；保护一线医务工作者的生命和健康，在“非典”的特殊时期，也就是保护广大人民群众生命与健康，这正是红十字会的职责所在。“非典”疫情出现以后，大同市红十字会迅速转移了工作重心，一方面以多种形式积极开展对全民抗击“非典”知识的宣传普及工作，一方面为抗击“非典”筹措资金，开展接受捐赠款物工作，同时还努力争取山西省红十字会对抗击“非典”工作的援助⑦。

为规范款物接受和转赠工作，2003年7月，山西省红十字会会同省人民检察院、民政厅、卫生厅、慈善总会等5家单位联合下发的《关于在防治非典型肺炎社会捐赠款物管理使用中加强预防职务犯罪工作的通知》指出：要

---

① 朱苏玉：《危难之中显身手》，《中国红十字报》2003年7月11日。

② 宋强：《天津市红十字会启动农村防治“非典”宣传项目》，《中国红十字报》2003年9月19日。

③ 章红梅：《红十字关爱进社区　抗击“非典”献真情》，《中国红十字报》2003年6月27日。

④ 郭伟：《整体部署　全力以赴　为国分忧　为民解难》，《中国红十字报》2003年7月18日。

⑤ 红信：《红十字会协力抗“非典”》，《中国社会报》2003年5月9日。

⑥ 曹秀娟：《太原市红十字会举行捐赠启动仪式》，《山西日报》2003年4月28日。

⑦ 杨竹梅：《以务实的工作展示独特的风采》，《中国红十字报》2003年6月27日。

统一认识，加强领导；加强配合，积极查办案件；加强信息交流和法制教育①。规范的管理和积极的工作收获了丰硕的果实，“在短短的两个月时间里，全省红十字会共接收款物 9387.86 万元，其中省红十字会接收社会捐赠款物 5403.58 万元，并及时地发往全省防治‘非典’卫生部门、医疗机构、疾病控制中心等单位，将每一位捐赠者的赤诚爱心，传达给了奋战在防治‘非典’一线的广大医务人员，给他们以极大的鼓舞和关怀，增强了他们战胜‘非典’的信心和力量”。尤其难能可贵的是，经过“国家审计署等部门依照《中华人民共和国审计法》，对山西省红十字会接收社会捐赠款物工作程序、环节、捐赠情况、收支分类账目、手续等进行了严格审计，对每一笔捐赠款物的来源、数量、用途、去向等逐一进行了核实，结果符合法规要求，审计部门对山西省红十字会认真负责的做法给予了充分肯定”②。

不仅在“抗非”的“战场”上表现突出，在“非典”过后的社会重建中，山西红会的表现依然可圈可点。2003 年 8 月 28 日，山西省红十字会在总会的统一安排下，向各地发放由香港工商界捐助的用于已确诊的感染 SARS 并康复的患者和因 SARS 死亡者家庭的生活补贴，数额分别为 2000 元和 1 万元人民币③。“非典”后的第三年，山西省红会仍不忘救助因“非典”失去亲人的群众，“从 2003 年开始，宋庆龄基金会通过山西省红十字会转赠香港同胞向我（山西）省 7 名因‘非典’去世人员的子女教育费及生活补助 9.66 万元。三年来，在省红十字会领导的重视下，省红十字会及太原市、阳泉市红十字会对香港同胞的捐款设专人管理，建立专账，设立档案，做到了发放及时，账目清楚，手续完备”④。

四、“抗非”工作启示录

2003 年的“非典”事件是一次恶性传染病的大流行、大爆发，它的不期而至给社会造成了极大的震荡和恐慌。“当代社会最严重的问题之一，就是灾害问题的全面化、深刻化和全球化”。“非典”在我国的爆发与流行，以及它所带来的全方位的强大冲击，再次验证了灾害事件并非只是灾害问题，同时也是政治问题、经济问题与社会问题，还是文化道德问题、制度和机制问题

① 左彤：《山西省红十字会等 5 家单位联合发文——要求加强防“非典”捐赠款物管理预防职务犯罪工作》，《中国红十字报》2003 年 7 月 4 日。

② 左彤：《山西省红十字会通过抗击“非典”捐赠款物专项检查》，《中国红十字报》2003 年 9 月 5 日。

③ 乔明亮、左彤：《省红十字会发放“非典”救助资金》，《山西日报》2003 年 9 月 2 日。

④ 左彤：《省红十字会向“非典”去世人员子女转赠捐款》，《山西政协报》2006 年 2 月 24 日。

乃至国际问题①。

"非典"事件中，政府危机管理制度的缺陷暴露无遗②。而对中国红十字会"抗非"战役所取得的不俗业绩却为我们提供了一条应对公共危机的可资借鉴的思考路径。建立并完善政府危机管理机制，必须"建立社会力量的动员与参与机制"③，尤其不能忽视的就是包括红十字会在内的非政府组织的广泛参与。"随着全球社团革命的兴起及治理与善治理念的提出，非政府组织正在成为公共危机治理的重要参与和协作力量。要实现公共危机的多元共治，必须建立政府与非政府组织的协作伙伴关系，形成良好的互动机制"④。

"非典"事件暴露了快速转型期的中国社会的一些深层问题，反映出我国社会转型的不甚协调、不甚全面，由此启示我们进一步认识到全面推进社会转型的重要性，尤其是在社会转型过程中，经济增长与社会安全应受到同等重视。而抗击"非典"的成功"在一定程度上体现了我们这个社会机体还是比较健康的，这种相对健康的社会机体是继续推进中国社会转型的重要的、有效的基础"⑤。通过以上考察，可以透视出成功转型后的中国红十字会作为社会机体的有机组成部分，在社会转型中扮演着重要角色，是推动中国社会健康转型的重要社会资源。

虽然"抗非"工作已经取得了胜利，但值得我们深刻反思。从社会学的角度讲，"这次事件对于加强中国公共卫生防御系统的重构与整合、全球背景下的社会互动方式变革和信息透明化以及公众社会恐慌心理的调试都具有深远的影响，一定意义上起到了一种社会整合功能"⑥。"非典"事件启示中国红十字会在新形势下要不断加强自身素质建设，充实业务内容，打造红十字事业的光辉形象。

（一）坚持与时俱进的指导方针

"抗非"战役对红十字事业提出了新的要求，要求红十字会的工作要与时

---

① 曹子坚编：《2004 年版中国经济年报：非典型增长》，兰州大学出版社 2004 年版，第 20 页。

② 黄晓军：《从非典事件看我国政府的危机管理制度创新》，《云南财贸学院学报》2003 年第 4 期，第 39 页。

③ 郭远远、何志扬：《从"非典"事件谈政府危机管理》，《湖北广播电视大学学报》2003 年第 3 期，第 90 页。

④ 徐祖荣：《我国非政府组织参与公共危机治理的现实分析》，《武汉科技大学学报》2008 年第 6 期，第 53 页。

⑤ 《"非典"事件与中国社会转型》，郑杭生：《中国特色社会学理论的应用》（上），中国人民大学出版社 2005 年版，第 104、109—110 页。

⑥ 刘中起、吴娟：《"非典"危机与社会整合：一种社会学的考察》，《上海城市管理职业技术学院学报》2004 年增刊，第 65 页。

俱进，与时代同步，促进社会的进步与发展。

首先，与时俱进是中国红十字会自身性质和宗旨的客观要求。中国红十字会是中华人民共和国统一的红十字组织，是从事人道主义工作的社会救助团体。中国红十字会遵守国家的宪法和法律，独立自主地开展工作，是政府人道领域的助手。中国红十字会不同时期有不同的工作重点，要更好地发挥其社会救助的人道职能，必须与政府一致，与社会相衔接。中国红十字会作为一个慈善团体，要“紧紧围绕党和政府各个时期的中心工作，服从大局、服务大局，及时了解和掌握政府的救助政策，通过政府的信息平台了解社会困难群体情况，从而确定救助项目，力所能及地与政府救助工作做好衔接，起到拾遗补缺的作用”①。“抗非”行动中，中国红十字会有效地行使了自己的职责，充分发挥了政府人道领域助手的作用，同时为未来的工作积累了经验。

其次，坚持与时俱进是时代发展、社会变迁对红十字事业发展的要求。风险社会理论认为，“随着经济全球化的加速推进和信息化程度的迅速提高，世界正在进入一个不同于传统现代化社会的风险社会，社会突发性危机的不确定性、不可预见性和迅速扩散性都日益增强”②。也就是说，随着时代发展和社会变迁，全人类在享受成果的同时，也要承担风险和面对诸多不可预测的因素。红十字会要应对和处理随时可能出现的突发事件，就必须不断创新、与时俱进。“近20年来，每1-2年就有一种新的传染病（包括烈性传染病）出现，危害人类，比如艾滋病、肝炎、‘非典’、人禽流感等”③，所以“抗非”结束只能说是红十字会灾疫救助活动告一段落，红十字会要时刻准备迎接新的战斗，投入新一轮的救护与救助工作之中。

中国红十字会要做到与时俱进，就要不断扩展和适时调整红十字工作的业务范围，不断用新的知识和技术武装自己。例如，在救护方面，要继续强化群众性初级卫生救护培训，同时增加培训内容，除了传统的心肺复苏训练之外，还要注重传染病的预防、隔离、诊治等防疫知识的培训。在红十字会的卫生知识普及和宣传中，要适当地加入公共卫生和传染病防治方面的内容。

（二）开展健康教育是红十字会未来工作的重要内容

健康教育是“通过卫生知识宣传教育，改变人群危害健康的不良行为的

① 上海市慈善基金会、上海慈善事业发展研究中心：《转型期慈善文化与社会救助·代序》，上海社会科学院出版社2006年版，第3页。

② 刘中起、吴娟：《“非典”危机与社会整合：一种社会学的考察》，《上海城市管理职业技术学院学报》2004年增刊，第65页。

③ 钱国宏：《从预防“非典”谈健康教育工作》，《卫生行政管理》2005年第1期，第93页。

过程，又称‘行为干预’”[1]。作为公共卫生的重要组成部分，健康教育因在“抗非”斗争中凸显其作用而备受瞩目，对此大家高度认同。“非典”爆发时期，人们对健康教育知识空前渴求，健康教育的内容很快成为人们生活方式的指导。但同时我国的健康教育工作在“抗非”过程中暴露出来“网络不健全、信息不畅通、工作方式陈旧以及科普资源缺乏整合等种种缺陷”，使得我们不得不把健康教育作为一种紧迫而长远的战略工作来抓。对于以“保护人的生命和健康”为天职的中国红十字会来说，对此更是责无旁贷。通过健康教育，可以培养民众未雨绸缪的公共卫生意识，有助于全社会建立完善的预警机制和疾病预防控制网络。具体来说，健康教育的主要作用在于：通过开展健康教育，使群众正确认识传染病，这是控制疾病传播和维护社会稳定的重要环节；开展健康教育，发动群众参与，是预防工作成功推广实施并取得成效的前提；健康教育是一切卫生防病工作的先行兵[2]。

“抗非”战役中，中国红十字会通过普及卫生知识、宣传疾病预防等方式在健康教育方面取得了不俗的成绩。在未来的工作中，中国红十字会要想把红十字精神不断发扬光大，真正做到与时俱进就必须把健康教育作为一项重要的工作内容。在这方面，红十字会有着其他社团所不可比拟的得天独厚的优势。中国红十字会可以首先在红十字青少年当中普及健康教育，这样做事半功倍，意义深远。因为红十字青少年是祖国的未来，又是红十字事业的有生力量，某种意义上，他们的健康就是祖国的繁荣强盛，就是红十字事业的蓬勃发展。红十字会可以以这块阵地为基础，不断发展和延伸健康教育，就一定能够大有作为。

此外，在“抗非”战役中也“暴露出我国传染病防治和重大突发公共安全事件的应急处理机制方面的一些缺失与不足”，这也提示我们要与时俱进地建立和完善与中国红十字会有关的法律法规制度。同时，在新的时代特别是在社会转型期，中国红十字会肩负着更加艰巨和繁重的任务与使命，要在变化万端的社会激流中让红十字会的社会实践卓有成效，就必须及时而审慎地开拓红十字的理论研究平台，为红十字事业的发展保驾护航。

2003年的“非典”事件给全社会造成了极大的震荡和恐慌，以保护人的生命和健康为己任的中国红十字会，积极应对“非典”危机，为抗击“非典”做出了重要贡献。中国红十字会抗击“非典”的慈善行动以严格的管理、灵活的策略为特色，坚持各级红会组织的协同作战并注重发挥社区的作用，

---

① 贾玉海：《“非典”过后谈健康教育》，《中国健康教育》2004年第4期，第329页。

② 李文填、李春明：《从抗“非典”看健康教育在卫生工作中的地位及发展思路》，《国际医药卫生导报》2005年第5期，第54—55页。

从而成功地诠释了政府人道领域助手的角色。“抗非”实践为中国红十字会的长远发展提供了有益借鉴，启示中国红十字会在未来发展中要坚持与时俱进的指导方针，把农村作为今后工作的重点，把开展健康教育作为红十字会未来工作的重要内容，不断丰富和发展有中国特色的红十字事业。

第六节　走向规范化的红十字青少年运动

如果把红十字会看作一个大的组织，那么，红十字青少年组织就是这个组织中必不可少的有机组成部分。某种程度上，红十字青少年组织的发展是红十字会的缩影。组织控制是组织运行的重要内容。组织控制是指“组织利用组织规范对其成员的组织行为实施约束的全部过程”，组织控制的目标是“角色规范化与组织规范化”①，这一时期红十字青少年组织的发展历程正体现了这一点。

一、规范化：青少年运动的基本走向

谈到红十字青少年运动，首先必须了解两个概念，即“学校红十字会”和“红十字青少年”。“学校红十字会是以学生为主体、师生员工共同参加的中国红十字会的基层组织。在学校领导和教育行政部门、上级红十字会指导下，开展符合红十字宗旨的活动”②。可见，学校红十字会是红十字会在教育系统的基层组织，是中国红十字会的重要组成部分。而红十字青少年就是学校红十字会中的学生会员③。

红十字青少年运动是红十字运动的重要组成部分，红十字青少年是红十字事业的重要支撑，是红十字精神的重要传承者。中国“红十字青少年运动远自民国八年即已萌芽”，但未取得实质性进展④，而青少年组织的建立，则“以复员时期为嚆矢”⑤。“复员”时期，“红十字青少年组织首次在中国大地

---

① 刘祖云等著：《组织社会学》，中国审计出版社 2002 年版，第 148、151 页。

② 《学校红十字会工作规则》，《中国红十字报》2002 年 3 月 15 日。

③ 《中国红十字会章程》中对此有着明确的规定：“在校学生加入红十字会的为红十字青少年会员。”中国红十字会总会编：《中国红十字会历史资料选编，1950—2004》，民族出版社 2005 年版，第 509 页。

④ 吴耀麟：《红十字青年运动》，中国红十字会总会编：《中国红十字会历史资料选编，1904—1949》，南京大学出版社 1993 年版，第 371 页。

⑤ 吕志茹、池子华：《“复员时期”中国红十字青少年运动简论》，《河北大学学报》2006 年第 3 期，第 137 页。

上生根发芽，她的诞生地就在江苏”①。当时南京分会在全国率先创立了红十字青少年服务团和红十字少年会，缔造了真正意义上的中国红十字青少年运动②。

改革开放之后，随着各级红十字会的恢复和发展，红十字青少年组织也逐步复苏和活跃于校园之中。到1984年年底，全国已有4965所大、中、小学恢复或新建了红十字组织，红十字青少年会员已发展到41万多人。他们接受卫生救护训练，活跃在校内外，带头打扫卫生，宣传卫生知识，治疗小伤小病，协助校医防治学生的常见病，热情地为孤寡老人、烈军属和残疾人服务。一些红十字青少年工作开展较好的学校，有意识地寓教育于红十字会活动之中，把红十字青少年工作作为贯彻党的教育方针的一个重要方面列入学校计划。总会和各地红十字会每年举办的夏令营活动深受社会的欢迎。我国红十字青少年也参加不少国际活动，例如1984年参加国际儿童画比赛，获得了世界奖和亚太地区奖。红十字青少年还与外国红十字青少年建立友谊，制作集邮册、画册、相册、字画、手工艺品等礼品，仅1981年就向外国红十字青少年送出了17批③。1985年是“国际青年年”，我国邀请了红十字协会的领导和亚太地区10个国家和地区的21名青少年代表参加北京、上海、广州和杭州等地的青少年活动。

改革开放初期，一些地方红十字会开始成立工作委员会。其中四川省红十字会还成立了以少年为主体的志愿工作者团体——红十字青少年协会。这一时期，总会为帮助红十字青少年的学习，出版了《红十字青少年辅导教材》，并编印了《国际红十字青少年活动资料选编》④。总的来说，复会时期青少年活动在形式上略显单一，缺乏统一的指挥和规范的管理，这也体现出复会时期红十字运动的整体特点：组织发展正处于恢复和调整时期，各项活动也处于草创和起步阶段。虽然如此，复会时期红十字青少年工作的初步发展也证明，在学校中开展红十字活动，是培养青少年树立救死扶伤、助人为乐的高尚道德的重要途径，是协助学校贯彻党的教育方针，培养德智体全面

---

① 池子华、郝如一等：《近代江苏红十字运动研究（1904—1949）》，安徽人民出版社2007年版，第230页。

② 孙柏秋主编，池子华、杨国堂等著：《百年红十字》，安徽人民出版社2003年版，第233—242页。

③ 《前进的一年——中国红十字会1981年国内工作概况》，《中国红十字》1982年第1期，第7页。

④ 钱信忠：《中国红十字会第四次全国会员代表大会工作报告》（1985年5月31日），中国红十字会总会编：《中国红十字历史资料选编，1950—2004》，民族出版社2005年版，第148页。

发展人才的重要渠道①。

（一）四届理事会时期的青少年运动

四届理事会时期（1985—1990），中国红十字会把青少年工作的重点放在了“精神文明建设”这一着眼点上，这也正与党的十二大后的精神文明建设方针接轨，与红会“四大”后的总体工作方针相一致。1986 年 12 月 18 日，总会联合国家教委下发了《关于在学校中积极开展红十字青少年活动的通知》，“要求各省、市、自治区在学校中积极开展红十字青少年活动”，对新时期的青少年工作提出了新的要求②。

1987 年 11 月 16—20 日，总会和国家教委联合在成都召开了青少年工作座谈会③，中国红十字会总会副会长蔡壬癸向大会做了工作报告。报告回顾、总结了几十年来，特别是近几年来红十字青少年工作的情况，提出了今后的任务。来自 15 个省、市的 28 名代表在会议中介绍了开展红十字青少年工作的经验。国家教委副主任、中国红十字会副会长邹时炎向座谈会递交了书面发言，就今后如何在学校中更好地开展红十字青少年活动提出了 6 点意见：（1）重视红十字青少年工作；（2）从实际出发，根据青少年特点开展红十字青少年工作；（3）开展红十字青少年活动要与学校道德品质教育相结合；（4）开展红十字青少年活动要与地区、年龄相结合，分层次进行；（5）开展红十字青少年活动要与学校里其他群众组织的活动相结合；（6）注意总结经验，推动红十字青少年工作的逐步完善。邹时炎在发言中强调，教育行政部门和学校都应该积极支持红十字青少年的活动，使其能够发挥应有的作用。

座谈会指出，红十字青少年工作经过长期努力，取得了一定的成绩，但总的来说工作还只是刚刚起步，各地区工作发展还不平衡，与形势发展的需要还有很大距离。这一工作需要“在实际中继续摸索，不断总结经验，逐步加以完善”。总体而言，“这次青少年工作座谈会是成功的，对于今后广泛、深入地开展红十字青少年工作必将起到推动作用”④。这次会议是“史无前例的，是具有历史意义的，是开创红十字青少年工作新局面的里程碑，是共同合作的良好开端”⑤。

---

① 中国红十字会总会编：《中国红十字会的九十年》，中国友谊出版公司 1994 年版，第 198 页。

② 《转发中国红十字会总会、国家教育委员会〈关于在学校中积极开展红十字青少年活动的通知〉》，苏州市红十字会档案 1987 年“长期”89，第 1—2 页。

③ 中国红十字会总会编：《中国红十字会的九十年》，中国友谊出版公司 1994 年版，第 257 页。

④ 《全国红十字青少年工作座谈会纪要》（1988 年 2 月 3 日），中国红十字会总会编：《中国红十字会历史资料选编，1950—2004》，民族出版社 2005 年版，第 180—181 页。

⑤ 吴绵：《积极开创红十字青少年工作新局面》，《中国红十字》1988 年第 1 期，第 4 页。

1988年6月21日，总会和国家教委制定下发了《学校红十字会工作暂行规程》（以下简称《规程》），要求全国各地红十字会和教育行政部门“因地因校制宜，在已建立红十字会的大、中、小学校中施行”，且在施行中要注意抓好试点，总结经验，以趋逐步完善①。《规程》对学校红十字会的性质、宗旨、任务、领导机构等做出了明确规定。根据《规程》，“学校红十字会是红十字会的基层组织。是以学生为主体，师生共同参加的卫生救护、社会福利团体，接受学校的行政领导和上级红十字会的指导。学校红十字会以人道主义精神通过各项活动，为加强精神文明建设，贯彻国家的教育方针，培养有理想、有道德、有纪律，德育、智育、体育、美育全面发展的一代新人服务”。《规程》提出学校红十字会的基本任务是：（1）学习、宣传红十字会的人道主义宗旨和会务知识；（2）根据青少年的不同年龄、不同知识层次，开展相应的卫生救护知识教育和有关的活动；（3）在校内外广泛开展体现红十字精神的救死扶伤、扶危济困、敬老助残、尊师爱幼、助人为乐等活动；（4）开展与各国红十字青少年之间的友好交往活动；（5）教职员工会员除参加学校红十字会统一组织的活动外，要具体指导青少年会员的日常活动②。《规程》的贯彻实施，“标志着我国红十字青少年工作开始步入规范化的轨道”③。由此我们也可以把1988年作为中国红十字青少年运动规范化的起始之年。

总的说来，四届理事会时期，在总会相关精神的指导下，红十字青少年工作有了很大进展。青少年组织网络建设成绩突出，各项制度在全国各地也初见成效，青少年工作的规范化建设迈出了关键的第一步。到1990年年初，“全国已有12855所大、中、小学恢复或建立了红十字会组织：红十字青少年会员已发展到239.3万人。红十字青少年会员经过培训成为学校卫生保健工作的骨干，带头讲卫生，为同学治疗小伤小病；在校外热情地为孤寡老人、烈军属和残疾人服务。不少学校已把红十字青少年工作作为贯彻教育方针的一个重要方面，列入学校工作计划，寓教育于红十字活动之中”④。但“各地发展很不平衡，与中国红十字会总会及国家教委提出的‘到1990年沿海城市

---

① 《中国红十字会总会、国家教育委员会关于印发〈学校红十字会工作暂行规程〉的通知》（1988年6月21日），中国红十字会总会编：《中国红十字会历史资料选编，1950—2004》，民族出版社2005年版，第184页。

② 《学校红十字会暂行规程》（1988年6月21日），中国红十字会总会编：《中国红十字会历史资料选编，1950—2004》，民族出版社2005年版，第185—186页。

③ 中国红十字会总会编：《中国红十字会的九十年》，中国友谊出版公司1994年版，第257页。

④ 谭云鹤：《振奋精神　群策群力　把建设具有中国特色的红十字事业继续推向前进——中国红十字会第五次全国会员代表大会工作报告》（1990年2月15日），中国红十字会总会编：《中国红十字会历史资料选编，1950—2004》，民族出版社2005年版，第207页。

和计划单列市要有50%、其他城市要有30%左右的中、小学建立红十字会组织’的要求尚有很大差距”①。因此，红十字青少年工作仍然任重道远。

（二）五届理事会时期的青少年运动

红十字事业是社会主义精神文明建设的重要内容之一，特别是在青少年的思想品德教育中，更具重要意义。这一时期，青少年组织规模进一步扩大，制度化建设和规范化进程逐步推进，对于青少年工作来说，五届理事会时期（1990—1994）同样也是一个承上启下的关键时期。

1990年，各级学校红会按照总会与国家教委联合下发的《学校红十字会工作暂行规程》，配合学校的中心任务，开展了多种形式的活动。武汉市红会在总结经验的基础上，制订了《学校红会三定一包服务网络暂行规定》，使学校红会的社会服务活动更加制度化和规范化。同时，红十字青少年的卫生救护培训工作也在持续进行，清华大学和浙江大学还将卫生救护培训和保健知识，列入本校教学计划的选修课之中。这一年，总会组织了两次全国性红十字青少年活动，一次是会务和卫生救护知识笔试竞赛，另一次是《我与红十字》有奖征文竞赛，800多篇征文歌颂了红十字青少年在卫生救护和社会服务等活动中的好人好事，弘扬了奉献精神②。实践充分证明，在学校中开展青少年工作，对于提高学生的身体素质和政治思想素质都大有裨益。

1991年7月4日至8日，“全国红十字青少年工作会议”在青岛召开。来自全国各省（自治区、直辖市）红会和教育部门分管红十字青少年工作的代表，紧密联系实际，相互交流经验，取长补短拓宽了工作思路，坚定了探索、求实、开创新局面的信心。总会孙柏秋副会长在工作报告中提出：“国家教委的高度重视、各地教育行政部门的密切配合是做好红十字青少年工作的关键；与学校的教育与工作紧密结合是深化青少年工作的基础；突出红十字特点，开展丰富多彩的活动是推动青少年工作蓬勃发展的有效措施。”③

此次会议对《学校红十字会工作暂行规程》进行了修订，研究制定了《关于进一步加强全国红十字青少年工作的意见》（以下简称《意见》）。针对“目前全国学校红十字组织发展还很不平衡，受很多条件限制，工作开展的深度和广度还很不够，特别是经济落后的地区和农村尚属薄弱环节”的情况，《意见》要求“各级红十字会、教育部门和学校都要重视和支持红十字青少年

---

① 《关于进一步加强学校红十字青少年工作的通知》，苏州市红十字会档案1989年“长期”128，第5—6页。

② 顾英奇：《中国红十字会五届二次理事（扩大）会工作报告（摘要）》，《中国红十字》第4期，第7页。

③ 晓惠：《全国红十字青少年工作会议在青岛召开》，《中国红十字报》1991年7月20日。

工作”；“要加强组织建设，根据青少年的特点开展红十字青少年工作”；“要有组织、有计划地开展卫生救护训练和社会服务活动”；“开展红十字青少年工作要与学校健康教育、道德品质教育相结合”；“开展红十字青少年活动要与学校其他群众组织的活动相结合”；“加强国际友好交往工作，积极举办夏（冬）令营”；“要提高学校红十字会专兼职干部（教师）和优秀红十字青少年的地位和待遇”；“要加强对红十字工作的领导，建立必要的评估、考核制度”。

“红十字青少年既是红十字运动的后备力量，又是未来社会主义建设的栋梁之材，他们的素质高低在很大程度上决定了我国未来红十字队伍素质的优劣”。正是基于这种重要性，国务委员兼国家教委主任李铁映指出：“今后各级红十字会、教育行政部门和学校都应重视和支持红十字青少年工作，要对现任校红十字会领导做相应的调整，让最有权威的校领导担任校红十字会会长职务，加强领导工作，要在人、财、物、活动时间等方面给予必要的保证，使其能够发挥应有的作用。”

应该说，这次会议对红十字青少年工作重要性的认识达到了前所未有的高度，在很大程度上开始实现学校教育工作与红十字青少年工作的深度融合。如《意见》明确指出：“各地红十字会要配备一名分管红十字青少年工作的专职干部，要与教育行政部门和学校密切配合，加强对学校红十字工作的领导，把红十字工作纳入学校整体工作计划，作为学校工作评估考核内容之一；应根据当地的实际，建立省、市（地）级学校红十字工作委员会，进一步加强对学校红十字工作的指导，定期研究、部署、检查和考核学校红十字工作；要制定学校红十字工作细则，使红十字青少年工作进一步向制度化、规范化、经常化方向发展。”① 可以说，青岛会议对全国青少年工作的开展具有重要的指导意义，在这样的大背景下，红十字青少年运动继续发展。

总体而言，1991 年的红十字青少年工作生机勃勃，全国各级各类学校的红十字会组织和会员队伍迅速发展壮大。一年中有 1.6 万多所学校成立了红十字会，发展红十字青少年 151 万多名，累计达到 441 万名，红十字青少年约占全国会员总数的四分之一。同时，红十字青少年工作日益活跃、蓬勃开展：全国各级各类学校红会在广泛宣传人道主义宗旨的同时，坚持把红十字青少年工作与贯彻国家的教育方针相结合，与学校德育和健康教育相结合，

① 《国家教育委员会、中国红十字总会〈关于进一步加强全国红十字青少年工作的意见〉》（1991 年 5 月 3 日），中国红十字会总会编：《中国红十字会历史资料选编，1950—2004》，民族出版社 2005 年版，第 227 页。

在上级红会的指导下，针对青少年的特点，并结合学校的实际，举办不同层次、不同类型的夏令营3128期，有38万多人参加；组织会务和卫生救护知识竞赛5272期，共52万多人参加；参与常见病的防治700多万人次；红十字青少年利用多种形式继续开展“三定一包”的社会服务。1991年8月，总会在哈尔滨市举办了有日、法、澳等16个国家和地区159名红十字青年参加的国际红十字青年夏令营，大家相聚一堂，交流信息，开阔了眼界，普遍反映夏令营活动的内容生动活泼，时间虽短，但友谊长存。

通过丰富多彩的活动，从小学到高校，从校园到社会，都能看到红十字青少年的身影；弘扬了红十字精神，扩大了红会影响，也使广大红十字青少年受到了国际主义、爱国主义、人道主义的教育，涌现出中央财政金融学校、江苏盐城中学、云南昆明市明通小学等一大批先进集体。学校红十字工作，为加强社会主义精神文明建设，贯彻国家的教育方针，为培养和造就德、智、体全面发展的“四有”人才，发挥了积极作用。实践证明：红十字青少年是红会开展活动的一支重要力量，红十字青少年工作是红会组织建设的基础工程。红十字青少年工作的蓬勃生机，说明中国红十字事业后继有人，兴旺发达①。

1992年，红十字青少年工作继续蓬勃开展。各类学校红十字会遵照总会和国家教委“教体字〔1992〕3号文件”精神，按照“四个结合”的方针，广泛开展工作。总会举办了“全国红十字青少年专职干部培训班”和“全国红十字青少年工作者夏令营”，并组织少数青少年专职干部出国学习交流，提高了红十字青少年专职干部的业务能力。各地逐步完善红十字青少年工作制度，部分地区建立了红十字青少年工作委员会，个别地方试行会员档案管理，还注意针对青少年特点，举办智力竞赛、征文、演讲、书画、摄影等项活动，对青少年进行人道主义教育②。

总之，五届理事会时期，各级红十字会和教育行政部门密切配合，把红十字青少年活动作为贯彻国家教育方针的一个重要方面，推动了红十字青少年工作的长足发展。到1993年年底，全国共有35802所大、中、小学校成立了红十字会，拥有710万青少年会员。各级各类学校红十字会，按照《关于进一步加强全国红十字青少年工作意见》和《学校红十字工作暂行规程》的要求，开展了内容新颖、形式多样、师生喜闻乐见的活动。一些大、中城市

① 中国红十字会总会编：《中国红十字会五届三次理事（扩大）会议文件汇编》，1992年内部印行，第13—15页。

② 中国红十字会总会编：《中国红十字会五届四次理事（扩大）会议文件汇编》，1993年内部印行，第26—27页。

红十字会与教育行政部门联合举办演讲征文等活动，开展红十字卫生救护训练和卫生保健工作；广大红十字青少年按照“救死扶伤、扶危济困、敬老助残、助人为乐”的方针，开展社会服务；各地纷纷举办各种类型的红十字青少年夏（冬）令营。通过开展健康有益的活动弘扬了国际主义、爱国主义和人道主义，为培养造就一代新人做出了贡献[①]。

（三）六届理事会时期的青少年运动

1994 年，全国各级各类学校红十字会，以传授防病知识、组织红十字青少年定期开展社会服务、向社会奉献爱心为主要内容开展活动[②]。1995 年，红十字青少年的组织及活动从中、小学校向大专院校发展，截至 1995 年年底，全国已有 544 所大（专）院校、11273 所中学、27655 所小学成立红十字组织。各级各类学校红十字会配合贯彻国家的教育方针，把弘扬人道主义精神、提高学生的道德和卫生文明习惯作为活动主要内容，受到教育行政部门和学生家长的欢迎。这一年，由总会与红十字国际委员会东亚办事处以及香港和澳门红十字会合作，在全国开展了以“我心中的红十字”为题的儿童绘画、少年征文比赛，共有 760 万青少年参加，在国内、港澳地区及国际上影响较大，效果良好[③]。

1996 年，红十字青少年工作与精神文明建设深入结合，工作进一步活跃，活动内容和组织形式有所发展。值得重视的是，全国相当部分中小学校在红十字青少年中开展经常性的文明行为、卫生习惯养成教育和各类社会服务活动（如哈尔滨市地德里小学、贵阳市第一中学等）的同时，一些著名大学（如清华、北大、上海师大、中山大学、广西师大等）都加强了红十字工作，把对学生进行正确的恋爱观教育、参加无偿献血、捐助贫困同学、开展社会救助和志愿服务活动等作为学校红十字工作的主要内容，并在活动时间和活动方式上形成制度，成为精神文明建设的一支重要力量。举办夏令营或冬令营是开展红十字青少年活动的一个重要方式，1996 年，总会在山东烟台市举办的以培养志愿服务思想为主旨的国际红十字青年夏令营，共有 12 个国家和

---

① 顾英奇：《认真实施红十字会法　努力发展中国特色的红十字事业——中国红十字会第六次全国会员代表大会工作报告》（1994 年 2 月 23 日），中国红十字会总会编：《中国红十字会历史资料选编，1950—2004》，民族出版社 2005 年版，第 294 页。

② 顾英奇：《依法建会　依法兴会　建设有中国特色的红十字事业——在中国红十字会第六届二次理事会议上的工作报告》（1995 年 4 月 11 日），《第六届、第七届理事会主要文件汇编》，2005 年内部印行，第 91 页。

③ 顾英奇：《依法增强独立自主开展工作的力度　努力发展有中国特色的红十字事业——在中国红十字会第六届三次理事会议上的工作报告》（1996 年 3 月 26 日），《第六届、第七届理事会主要文件汇编》，2005 年内部印行，第 105—106 页。

地区的红十字青年参加。许多省、市红十字会（如广州、呼和浩特、银川、兰州、乌鲁木齐市等）都举办了不同形式的夏（冬）令营，对培养青少年爱人助人的思想品德起到了积极作用①。1997 年，红十字青少年工作在深入发展的同时，红十字工作示范学校的数量有所增加。

总之，六届理事会期间（1994—1999），各级各类学校红十字会在学校德育工作中发挥了重要作用，涌现出西安 98 中学、扬州中学、宜昌 5 中等一大批先进典型。广大红十字青少年成为红十字会开展活动的重要力量②。

（四）七届理事会时期的青少年运动

2002 年 2 月 21 日，总会与教育部联合制定并印发了《学校红十字会工作规则》（以下简称《规则》），这是对总会 1988 年制定的《学校红十字会工作暂行规程》的完善和补充，同时也标志着青少年运动规范化建设又达到了一个新的高度。《规则》要求各地红十字会“结合素质教育的实施，因地因校制宜，在大、中、小学校施行”。与此同时，1988 年制定的《学校红十字会工作暂行规程》废止③。新的《规则》规定，学校红十字会的基本任务是：

（1）学习、宣传《中华人民共和国红十字会法》《中华人民共和国红十字标志使用办法》和红十字运动基本知识；

（2）配合学校素质教育，培养学生的创新精神和实践能力，使广大红十字青少年成为受益者、服务者和参与管理者，促进学生德智体美全面发展；

（3）根据青少年不同年龄、不同知识层次，开展思想品德、卫生与健康等相关知识教育，组织与专业有关的社会调查、社会实践和社区志愿服务活动；

（4）在校内外广泛开展体现人道精神的救死扶伤、扶危济困、敬老助残、尊师爱幼等助人为乐的活动；

（5）根据青少年的年龄特点开展形式活泼的、有益于青少年身心健康的夏（冬）令营活动；

（6）开展与各国红十字青少年之间的友好交往活动；

---

① 顾英奇：《全面贯彻红十字会法　加速两个转变　在国家两个文明建设中发挥更大作用——在中国红十字会第六届理事会第四次会议上的工作报告》（1997 年 4 月 1 日），《第六届、第七届理事会主要文件汇编》，2005 年内部印行，第 119—120 页。

② 顾英奇：《坚持依法建会　加大改革力度　将中国红十字事业全面推向二十一世纪——中国红十字会第七次全国会员代表大会工作报告》（1999 年 10 月 11 日），中国红十字会总会编：《中国红十字会历史资料选编，1950—2004》，民族出版社 2005 年版，第 386 页。

③ 《中国红十字会总会、教育部关于印发〈学校红十字会工作规则〉的通知》（2002 年 2 月 21 日），中国红十字会总会编：《中国红十字会历史资料选编，1950—2004》，民族出版社 2005 年版，第 431—432 页。

（7）教职员工会员除参加学校红十字会统一组织的活动外，要具体指导青少年会员的日常活动①。

2004 年 9 月 17 日，中国红十字会总会与教育部联合下发的《关于进一步推进学校红十字会工作的意见》（以下简称《意见》）强调，"《中共中央国务院关于进一步加强和改进未成年人思想道德建设的若干意见》（中发〔2004〕8 号）指出，加强和改进未成年人思想道德建设，是全党和全社会的共同任务。各有关部门和社会各有关方面都要根据各自的职责和任务，勇于开拓创新，采取有效措施，狠抓贯彻落实，切实把加强和改进未成年人思想道德建设各项工作落到实处。"为充分发挥红十字会在学校素质教育中的作用，配合学习贯彻落实中央 8 号文件精神，《意见》着重指出，要"提高思想认识，重视和支持学校红十字青少年工作"；"加强组织建设，发展和壮大红十字青少年队伍"；"增强创新意识，拓展学校红十字会工作思路"；"认真总结经验，开创学校红十字会工作新局面"②。

总之，在七届理事会时期（1999—2004），全国有 19 个省、自治区、直辖市成立了学校红十字工作委员会，加强了对红十字青少年工作的领导。许多学校红十字工作委员会配合素质教育，开展了适合青少年特点的形式多样的活动。一些地方开展的红十字示范校活动逐步规范化、制度化③。由此，全国红十字青少年运动的规范化建设又开始了新的征程。

由中国红十字青少年运动的基本发展轨迹不难看出，规范化建设是这一工作的基本方向和"行为准则"，正是在这一方向的指引下，全国的青少年工作取得了不俗的成绩。虽然全国的青少年工作没有统一模板，但在总会的指导下，经过各地红十字会和广大基层组织的摸索，基本上遵循着一条"构建组织网络—创立制度—走向规范化"的道路。这条发展线索并非由总会统一规定和明确要求，它们只是把握大的发展方向。在规范化的探索过程中，全国各地都创造出了各具特色的规范化经验，这些经验值得进一步研究和总结，以期形成规律性的共识和原则，从而推动青少年工作的开展。总的来说，全国青少年工作的发展趋势是在彰显地方特色的同时逐渐在个性中寻求共性，

---

① 王立忠：《与时俱进　艰苦创业　为全面建设小康社会作贡献——中国红十字会第八次全国会员代表大会工作报告》（2004 年 10 月 27 日），中国红十字会总会编：《中国红十字会历史资料选编，1950—2004》，民族出版社 2005 年版，第 498 页。

② 《中国红十字总会、中华人民共和国教育部关于进一步推进学校红十字会工作的意见》（2004 年 9 月 17 日），中国红十字会总会编：《中国红十字会历史资料选编，1950—2004》，民族出版社 2005 年版，第 498 页。

③ 《学校红十字会工作规则》（2002 年 2 月 21 日），中国红十字会总会编：《中国红十字会历史资料选编，1950—2004》，民族出版社 2005 年版，第 432—433 页。

并在共性中总结规律，在总结规律中创造特色。应该说，这一发展趋势是根据全国青少年工作的实践而做出的总结，并且这一趋势仍处于不断的运动和发展变化之中，其内容也会随之丰富与完善。根据管理学的“规范行为理论”①，“规范是社会系统运动规律的一种特定形式的表征”，“规范是任何一个社会系统形成的前提，并维系着系统的继续存在，规范整合是最基础的整合方式之一。由于规范提供了一个相对稳定、可以预测、可以期待的工作环境，使得组织成员在完成任务中，可以大大减少需要获取和加工处理的信息量，减少工作中的盲目性、随意性，并为建立有条不紊的工作秩序、实现系统目标、降低运行成本、提高工作效率，提供了组织上的保障”②。这就是“规范”的力量，中国红十字青少年运动成绩的取得在很大程度上应归功于其坚持不懈的规范化建设。

在上述“实现规范化”的三个阶段中，构建网络是基础，是指创建相当数量的学校红十字组织并发展会员；创立制度是指在组织发展的基础上，在零散烦冗的工作中确立可资遵循的各项工作制度，这既是组织发展的巩固，也是进一步扩展青少年工作的重要基础；第三步实现规范化，是指在一系列相关制度确立的基础上，对组织网络内的红十字青少年和青少年工作实现规范化管理和量化考核，以实现对青少年工作的阶段性总结和评估，并促进深化发展。应该指出的是，这三个阶段并无非常明显的分界线，在青少年运动实际的发展过程中，这三个阶段是交织在一起的，只不过在不同时期侧重点不同；但同样要指出的是，实践证明，走向规范化是全国红十字青少年运动发展的基本脉络。

二、苏州：规范化的典范

由上文已知，青少年工作的规范化之路是这一工作发展的基本进程和趋势，也是红十字青少年事业兴旺发达的必由之路。下面以苏州为个案，对青少年规范化建设略作剖析。

苏州市红十字青少年工作规范化建设走在全省乃至全国前列，其经验具有一定的推广意义。早在1986年10月27日，为促进红十字青少年工作的开展，按照江苏省红十字会的要求，市红会出台了《苏州市红十字青少年活动

① 规范行为理论是研究规范和规范行为存在的形态、特征、作用、遵循机制及演化规律的理论，它是规范化管理的理论基础，是社会系统运行理论的基石。参见李习彬：《规范化管理：管理系统运行设计方法论》，中国经济出版社2005年版，第11页。

② 李习彬：《规范化管理：管理系统运行设计方法论》，中国经济出版社2005年版，第11页。

规程》[1]。1988年6月30日，市红十字会根据总会有关精神，正式建立苏州市红十字青少年工作委员会（简称“红少委”），开全省之先河。委员会成立的同时通过了《苏州市红十字青少年工作委员会工作条例（草案）》。该委员会以教育广大青少年和少年儿童发扬爱国主义、国际主义和人道主义精神为宗旨，指导和协调全市各大、中、小学进一步开展各项红十字活动，使全市青少年工作逐步纳入制度化、经常化、规范化、系列化的轨道[2]。之后，市红十字会“又相继在平江、沧浪、金阊、郊区4个区建立区级红十字少工委”。截至1989年9月底，“市区各级红十字青少年工作委员会已组建完毕”[3]。这样，“全市红少委的工作从市到区到校，建立起了条线指导体系”，接下来的工作即是“着手制定和完善各项工作制度，使我们的工作进入惯性运行的轨道，并不断有所创新”[4]。1989年，市红十字会制订了《苏州市红十字青少年工作规范（草案）》，主要针对小学红十字会的组织建设、会务工作、管理工作、经费来源等方面做出规定[5]。在此基础上，经过反复实践、探索和总结，1992年5月，市红十字会又制订出《苏州市学校红十字会工作规范》，并由市教委和市红十字会联合行文出台，从而使青少年工作走上制度化、规范化、档案化的道路，在软硬件建设上都做到了有章可循、有案可查。市红十字会还制订出针对“规范”实施情况的“百分制”考评标准，绘制《苏州市小学校红十字工作规范化考评表》，由各区组织评定（先进学校由区评，示范学校再报市复评命名）[6]。

1990年，市红十字会发出《关于市区学校红十字青少年工作规范化考评通知》，各区红十字少工委进行了贯彻执行，学校红十字会在各区文教局和各学校党政领导的支持下，组织了自查和互查考评，并进行总结和交流。1991年，市红会讨论草拟了《苏州市学校红十字会建设规范》。至1993年，苏州

---

① 《苏州市红十字青少年活动规程》，苏州市红十字会档案1986年“长期”54，第18—24页。

② 《关于建立苏州市红十字青少年工作委员会的意见》，苏州市红十字会档案1988年“长期”104，第12—13、132页。

③ 苏州市红十字会：《针对青少年特点开展红十字活动》，苏州市红十字会档案1990年“长期”140，第12页。

④ 《注重规范化，创新上水平，追求高层次》，苏州市红十字会档案1994年“长期”22，第2页。

⑤ 《苏州市红十字青少年工作规范（草案）》，苏州市红十字会档案1989年“长期”28，第8—9页。

⑥ 《苏州市小学校红十字工作规范化考评表》，苏州市红十字会档案1992年“长期”5，第48页。

市共建立13所红十字示范学校，学校红十字会工作档案全部实行规范化管理①。同年，常熟、昆山、吴江市先后下达了学校红十字规范标准，并分别命名1所示范学校②。1995年9月22日，市红十字会又颁布了《苏州市中学红十字会工作示范学校建设标准》。1996年，市红十字会制定《苏州市红十字青少年工作档案规范》，促进了青少年档案工作的规范化和制度化③。1996年，市红会向全市推广市区学校红十字会规范化建设经验，促进了各县级市青少年工作的开展。1998年以后，昆山市红十字会联合教育局每年对学校红十字会工作进行目标考核，规范学校红十字会工作。1998，苏州市红十字会继续通过命名红十字青少年示范学校、提出达标目标、开展学校红十字会工作培训和检查考核等举措，推动了学校红十字会工作进一步规范化④。1999年，苏州市对学校红十字会提出“五化”要求：活动主题化、工作制度化、资料档案化、服务社会化、管理规范化⑤。2000年，市红十字会转发了《平江区学校红十字会理事会工作规程》，2001年继续深入推进学校理事会工作，进一步促进了学校红十字会工作的规范化建设⑥。

制度化建设是规范化工作的中心环节，苏州市的红十字青少年规范化建设在这方面尤其值得注目。在长期的工作实践中，苏州市红十字会形成了独具特色的制度化建设体系，具体包括以下几个方面。

（一）红少委例会制

通过召开例会，可以互通信息，取长补短，协调工作。市红少委每年4次例会（即每学期头尾各一次），听取各区学期或年度工作汇报，交流经验，制订计划，安排活动。市红十字会下达年度计划，区安排学期活动（俗称“早知道”），常规活动和日常工作一般不列其中，而必须突出具有创新意识的主题活动或新任务新要求。各区红少委例会一般在市例会后举行，每月一次，从1992年开始均有文教局长到会，各校长参加。平江区红少委实行轮流例会制，每月一次，分别到各校召开，使例会成为现场交流会，每次都解决几个实际问题，产生了很好的互促效应。

---

① 《江苏省红十字会1993年工作总结和1994年工作重点》，苏州市红十字会档案1994年“短期”1，第6—7页。

② 《苏州市红十字会1993年主要工作实绩》，苏州市红十字会档案1993“永久”1，第2—8页。

③ 《苏州市红十字青少年工作档案规范》，苏州市红十字会档案1996年“长期”1，第1—2页。

④ 《江苏省红十字会1998年工作总结》，江苏省红十字会档案，档号1999-001-0000-0026。

⑤ 《江苏省红十字会1999年主要工作和2000年工作要点》，苏州市红十字会档案1999年“长期”14，第6—7页。

⑥ 《苏州市红十字会2000年工作总结》，苏州市红十字会档案2000年“永久”1，第1—7页。

（二）学校红十字会理事制

苏州市红十字会要求学校在成立红十字会的同时，也需建立理事会，由校级领导、共青团组织、学生会、少先队、医务室等部门负责人共7～10人组成，领导全校红十字会工作。“理事制”规定，会长必须由校长担任；设副会长1～2人，其中含分管德育工作的部门领导；秘书长由会长提名，理事会讨论决定，主要负责日常工作；再配备热心红十字事业、有较强活动能力的老师（一般为保健老师）任秘书，红十字会秘书享有参加校务会议、研究工作的权利。“理事制”还规定，除会长、秘书及有关教师组成理事会外，还必须有几名学生担任“小理事”，让他们反映小会员的心声，代表小会员说话。理事会成员分工合作，分为组织、宣传、卫生救护、社会服务等。理事们一般每月“理事”一次，必要时随时“理事”。大中专学校红十字会可根据学校结构和会员人数情况设不同层次和类型的分会，分会设会长1人，副会长2～3人和理事若干人。1999年10月，平江区红十字青少年工作委员会制定了《平江区学校红十字会理事会工作规程（试行）》，市红十字会将其推广实施。

（三）小会员入会制

市红十字会规定小学三年级以上学生，能够了解、关心、热爱红十字事业，志愿积极参加红十字活动并申请入会者，可加入红十字会。但为了维护红十字会的声誉，增强小会员的光荣感，每班吸收小会员人数控制在20%左右；并且每个新会员入会前要做到“四个一”，即为社会做一件好事、学会做一项家务或自我服务劳动、主动地搞一次卫生、学会一种救护本领。为了进一步增强青少年会员的庄严感、荣誉感和责任感，从1994年开始，市红十字会在市区各校全面推行红十字青少年会员入会宣誓仪式，仪式内容主要有：（1）校红十字会组织理事宣布入会仪式开始；（2）立正，出红十字旗；（3）唱《红十字青少年之歌》；（4）授红十字徽章和臂章；（5）宣誓；（6）新会员谈感想；（7）会长讲话等。宣誓的誓词统一为：“我是红十字会会员，我遵循红十字宗旨，实行人道主义，积极参加‘救死扶伤、扶危济困、敬老助残、助人为乐’的活动，为人类和平与进步，为祖国繁荣与昌盛，奉上一片爱心，做出一份贡献。”会员一定要佩戴红十字徽章。因该仪式的推行产生了良好的效果，市红十字会于1997年3月21日发文决定从1997年4月1日起全市城乡各级各类学校红十字会都要实施入会宣誓仪式，且将其作为今后学校红十字会工作的检查考核内容之一。到1999年，入会宣誓仪式在城乡学校全面推开，形成制度，并为外地红十字会“移植”，在全国全省很多地方推广。

（四）红十字会业务档案制

从1992年2月起，全市统一使用市红十字会颁发的“三簿一册”，即小伤小病记载簿、好人好事记载簿、会务活动记载簿、红十字会员花名册，需派专人认真记载①。从1993年起，市红十字会以平江区为试点，向市区各校推行档案制度，要求各校红十字会建立建会以来历届理事会成员变动情况、组织发展、社会服务、宣传报道、主题活动、卫生站建设等方面的业务档案。除大事记外，还需收集保存原始文件及文字记录、活动现场拍摄的图片、重要实物、新闻报道的样报样刊等等。这项制度的实施为编纂史志积累了素材。1994年，市红十字会又规定各区红少委及有条件的学校建立录像带档案，且年终开展一次录像资料档案片展播评比，对优秀作品授予“人道奖”。1997年1月3日，在市一中分校召开的市区学校红十字会工作现场会上，与会人员参观了市一中分校红十字会工作规范化建设和档案管理现场，听取了平江区勤惜小学红十字会档案管理经验介绍②，同时下发红十字会制定的《苏州市红十字青少年工作档案规范》，其中对组织建设档案、红十字青少年活动档案、宣传工作档案、会费管理档案、基础管理档案等方面进行了规定，使档案工作走上了规范化的道路③。这项制度在常熟、昆山、张家港、吴江等市也得到了全面推广。

（五）主题活动制

除常规活动外，苏州市红十字青少年主题活动长期来已形成制度。市红少委每年根据上级红十字会和“世界红十字日”主题研究确定一个年度性主题口号，或根据某区某校业已开展过的主题进而向全市推广，或配合全市性的爱国主义教育选择适合青少年的主题；各区红少委除参加全市主题活动外，也可在本区范围内确定自己的主题。市红十字青少年工作早期开展的“助残敬老、三定一包、救护训练、卫生清扫、扶危济困、募物捐钞、热心助人、不图回报”等活动，已经成为届届相传的“传统节目”。市红十字青少年又在学校红十字会和市、区红少委的带领下、在“大人道主义”观念指导下，创造出许多有创意的主题活动，如金阊区的“一字节省”活动、沧浪区的“爱护东方威尼斯”活动等等④。为更集中更有效地开展活动，2001年，平江区学校红十字工作委员会针对学校工作特点，实行红十字日活动制度，每周一定为“学校红十字活动日”，在红十字日中大力宣传《红十字会法》，吸纳更

---

① 《苏州市红十字青少年工作计划》，苏州市红十字会档案1992年“长期”1，第3页。

② 《关于召开市区学校红十字会工作现场会的通知》，苏州市红十字会档案“长期”5，第1—22页。

③ 《苏州市红十字青少年工作档案资料》，苏州市红十字会档案“长期”1，第1—2页。

④ 《注重规范化，创新上水平，追求高层次》，苏州市红十字会档案1994年“长期”22，第12—18页。

多青少年加入组织，同时开展卫生救护知识培训，让青少年掌握更多的知识、技能①。

除以上几项制度外，为使青少年工作尽快走上规范化的道路，各校还建立了“一站”（红十字卫生站）、“一窗”（红十字宣传窗口）、“三岗”（卫生岗、检查岗、宣传岗）、“三员”（卫生员、检查员、宣传员）制度②。多年的制度化建设，促进了苏州市红十字青少年工作年年有创新、岁岁有发展，整体水平不断提高，其内涵和外延不断向纵深拓展。

---

① 《平江区红十字会二〇〇二年工作总结》，苏州市红十字会档案“2002 年工作总结”。

② 《红十字青少年活动中的“四化”与“四性”》，苏州市红十字会档案“长期”70，第 10—15 页。

第五章　百年华诞谱新篇
（2004—2009）（上）

2004年，中国红十字会迎来百年华诞，除了举办相关的纪念活动外，中国红十字会召开了第八次全国会员代表大会，“八大”为新世纪红十字事业的发展奠定了组织、理论和思想基础。“八大”以后，中国红十字会相继召开了两次管理体制工作座谈会和一次组织建设工作会议，极大地推动了管理体制工作的进展。同时，作为人道主义救助团体，中国红十字会在新时期进一步加强和全面推进红十字应急工作，为保护人民的生命财产安全，促进科学发展与社会和谐坚持不懈地奋斗。

第一节　继往开来的2004年

2004年是我国社会主义现代化建设取得丰硕成果的一年，也是中国红十字事业发展史上具有重要意义的一年。这一年，在党中央、国务院的正确领导下，全国各级红十字会坚持以中国特色社会主义理论为指导，深入贯彻党的十六大和十六届三中、四中全会精神，弘扬求真务实的作风，认真组织开展了中国红十字会成立100周年纪念活动，胜利召开了第八次全国会员代表大会，中国特色红十字事业取得显著进展。

一、百年华诞纪念活动

2004年3月10日是中国红十字会成立100周年的日子，作为从事人道主义工作的社会救助团体，100年来中国红十字会发扬“人道、博爱、奉献”的红十字精神，对社会、对人民、对国家做出了不可磨灭的贡献，书写了可歌可泣、感人至深的历史篇章①。

（一）举行纪念建会100周年座谈会

2004年3月10日，中国红十字会总会机关举行了隆重的升国旗、会旗仪式和纪念建会100周年座谈会。中国红十字会会长彭珮云出席座谈会并发表讲话，常务副会长王立忠、总会党组书记江亦曼、副会长孙爱明、秘书长苏菊香、副秘书长汤声闻等参加了升旗仪式和座谈会。

彭珮云会长在座谈会上谈到，今天是中国红十字会建会100周年的日子。100年来，中国红十字会遵循国际红十字运动的基本原则，弘扬“人道、博爱、奉献”精神，无论是在战争年代，还是在和平时期，无论是在灾害横行的时候，还是在严重的突发事件面前，都为人民群众做了大量的好事，涌现了许许多多的动人事迹。新中国成立以后，中国红十字会在协助政府处理战争遗留问题、开展民间外交、沟通海峡两岸关系等方面发挥了其他组织不能替代的作用。改革开放以来，中国红十字事业有了长足的发展。1993年10月31日，《红十字会法》颁布施行。中国红十字会坚持依法治会，在备灾救灾、普及卫生救护和防病知识、推动无偿献血、建设造血干细胞捐献者资料库、开展红十字青少年活动、传播国际人道法和红十字运动基本知识以及参加国际人道主义救援工作等方面都付出了艰辛的努力，取得了可喜的成绩，在人道主义救助工作领域发挥了政府助手作用，在社会上赢得了广泛的赞誉②。

王立忠常务副会长在座谈会上说，中国红十字会在我国人民遭受战乱和煎熬的岁月中诞生，在寻求民族振兴的奋斗中成长，随着国家对中国红十字会的改组而获得新生，在改革开放的新时期逐步成长发展，已走过了100年的风雨历程，显示出越来越强大的生命力。中国红十字会从1904年成立到现在，发展成为今天一个拥有遍及全国县以上区域的7万多个基层组织，遍及全国的2000多万名会员、40万名志愿工作者的国家红十字会。中国红十字会以脚踏实地的工作，为保护人的生命和健康，为维护我国改革、发展、稳定的大局，为物质文明、政治文明、精神文明建设做出了贡献，得到了党和政府以及全社会的赞誉。

座谈会上，总会党组书记江亦曼宣读了《人民日报》3月10日当天第一版评论员文章《发扬光大红十字精神——祝贺中国红十字会成立100周年》。

---

① 本报评论员：《发扬光大红十字精神——祝贺中国红十字会成立一百周年》，《人民日报》2004年3月10日。

② 彭珮云：《纪念中国红十字会建会一百周年》，《中国红十字报》2004年3月12日。

苏菊香秘书长宣读了红十字国际委员会的贺信，红十字会与红新月会国际联合会东亚地区办事处代表马拉特宣读了国际联合会的贺信。外交部、卫生部、民政部、共青团中央、全国妇联、宋庆龄基金会、中国残联、中国侨联、青基会等单位的代表到会祝贺。

中国红十字会前几任老领导谭云鹤、顾英奇、王仪、王敏、蔡壬癸、孙柏秋、曲折、范雨田及参加1950年中国红十字会协商改组会议的代表、老会员朱子会高兴地到会祝贺，谭云鹤代表老领导讲了话；总会机关全体人员和直属单位领导出席了座谈会，中国造血干细胞捐献者资料库管理中心主任洪俊岭代表直属单位发了言。汤声闻就中国红十字会百年系列纪念活动做了介绍，特别介绍了当日各媒体的反映和各地红会的活动①。

（二）举行建会100周年纪念大会

2004年5月8日，中国红十字会建会100周年纪念大会在北京人民大会堂举行，温家宝总理向大会发来贺词，吴仪副总理到会并讲话。全国人大常委会副委员长何鲁丽，全国政协副主席周铁农，中国红十字会名誉副会长王光英、会长彭珮云出席会议。红十字会国际委员会、红十字会与红新月会国际联合会及有关国家红十字会的代表到会祝贺。

温家宝总理在贺词中向广大红十字会工作者、会员及志愿者表示亲切的问候和崇高的敬意。他指出，中国红十字会100年来弘扬“人道、博爱、奉献”的红十字精神，积极参与人道主义救助工作，经受了战乱、灾害、突发事件的严峻考验，对国家、对社会、对人民做出了不可磨灭的贡献，赢得了社会各界和国际舆论的广泛赞誉。他强调，红十字事业是崇高的事业，是造福民众的事业。中国共产党和中国政府历来高度重视红十字事业，积极扶持和推动红十字运动的发展。在新的历史时期，希望中国红十字会继续发扬光大红十字精神，全面履行《中华人民共和国红十字会法》赋予的职责，为中华民族的伟大复兴和维护世界和平做出更大的贡献②。

吴仪副总理在充分肯定中国红十字会取得的成绩和做出的贡献后指出，中国红十字会诞生100年来，在奋斗中前行，在人民的沃土中发展壮大。今天，中国红十字会已经成为我国社会主义现代化建设的重要力量。吴仪强调，要一如既往地重视、关心和支持红十字事业，理顺红十字会的管理体制，努力帮助解决实际困难和问题，充分发挥红十字会的优势和独特作用，保护好、发挥好红十字会的积极性。希望中国红十字会遵循人道、公正、中立、独立、

---

① 李兰颂、冯志国：《中国红十字会庆祝百年华诞》，《中国红十字报》2004年3月12日。

② 温家宝：《致中国红十字会建会一百周年的贺词》，《中国红十字报》2004年5月14日。

志愿服务、统一和普遍的国际红十字运动基本原则，坚持依法建会、依法治会、依法兴会，积极探索并加紧建立充满生机与活力、符合自身特点的运行机制①。

彭珮云会长回顾了中国红十字会艰苦奋斗、无私奉献的百年历程，以及在开展人道主义救助、救护、救援等方面发挥的重要作用，表示将继续遵循国际红十字运动的基本原则，更好地服务大局、服务社会、服务民众，将中国特色红十字事业继续推向前进②。

吴仪副总理在会前接见了红十字会国际委员会副主席让·德古登、红十字会与红新月会国际联合会秘书长马库·尼斯卡拉，十几个国家红十字会的代表及香港、澳门特区红十字会的代表③。

（三）办实事庆百年——红十字在行动

2004 年是中国红十字会的百年华诞。回首百年，峥嵘岁月，座座博爱丰碑使一代又一代红十字精神的追随者心潮澎湃。全国各级红十字会以纪念百年华诞为契机，通过举办形式多样的纪念活动，迎百年、办实事，不断掀起发扬光大红十字精神和开展人道救助活动的高潮，向社会集中展示了中国红十字会的绚丽风采，提升了中国红十字会的社会地位④。下文选取部分城市的红会活动以为代表。

1. 广州

5 月 8 日，广州市红十字会举行庆祝中国红十字会成立 100 周年纪念文娱晚会，来自社会各界的代表 3000 多人参加了纪念活动。广州市红十字会 1904 年成立，是我国成立最早的红十字分会之一。百年来，广州红会为我国的建设与发展、文明与进步事业做出了积极的贡献，深受各级政府和社会各界的尊敬、信赖和好评。早在 1921 年，孙中山先生为表彰广州红十字会在辛亥革命时期所做出的积极贡献亲笔题词“博爱”二字赠给广州红十字会。广州市红十字会从 3 月起组织开展“献爱心、庆百年”系列活动，例如共筹得款物 150 多万元，全部用于赞助广州 100 名孤寡老人免费施行白内障手术；为广州市部分特困家庭和广州地区高校部分特困大学生提供帮助；组织团体医疗会

---

① 吴仪：《在中国红十字会建会一百周年纪念大会上的讲话》，《中国红十字报》2004 年 5 月 14 日。

② 彭珮云：《在中国红十字会建会一百周年纪念大会上的讲话》，《中国红十字报》2004 年 5 月 14 日。

③ 王淑军：《中国红十字会建会 100 周年纪念大会举行》，《人民日报》2004 年 5 月 9 日。

④ 江亦曼：《镌刻百年丰碑　开创崭新纪元——2005 年新年贺词》，《中国红十字会领导讲话汇编》（2004 年 10 月—2007 年 3 月），2007 年内部印行，第 35 页。

员单位深入社会开展义诊服务和普及群众性救护及防病知识的宣传教育；宣传和动员广大群众参加无偿献血等。红十字人用实实在在的行动为特困群众提供帮助，为社会奉献爱心。

2. 苏州

5 月 8 日，苏州市红十字会举行了中国红十字会建会 100 周年暨苏州红十字会成立 80 周年纪念活动。当天，有 3000 多市民集体加入了红十字会，近 200 位青年踊跃无偿献血。苏州市暨所辖平江、金阊、沧浪、虎丘、吴中、相城区，以及张家港、常熟、昆山、太仓、吴江等县级市，均组织了丰富多彩的红十字纪念活动和为民办实事的志愿服务活动。

1982 年，苏州市红十字会恢复组建。截至 2004 年，全市城乡有 14 万红十字会会员，红十字基层组织 700 多个。20 多年来，苏州市红十字会在群众性急救训练、募集救灾备灾款物、无偿献血、红十字青少年活动、红十字宣传、社区红十字志愿服务、报名捐髓等方面的工作得到了社会各界的积极响应和支持，其新闻报道工作连续 10 多年保持全国领先。苏州市红十字会为支援西部大开发，还向四川省内江市 700 多名特困生捐助学费 50 多万元。

3. 西安

为庆祝“5·8”世界红十字日和中国红十字会百年华诞，西安市红十字会、西安市血站联合组织开展了“千人无偿献血”活动。活动现场人流如潮，来自完美（中国）日用品有限公司的 200 多名志愿者以及各界干部、群众近 1000 人以炽热的爱心和高度的社会责任感，争先恐后地伸出手臂献出一份热血，以自己的无私奉献精神为庆祝“5·8”世界红十字日活动送上一份厚礼，以表达他们对红十字的热爱和敬意。活动现场，西安市红十字会副会长温锦南发表讲话并代表市红十字会向参加活动、踊跃献血的社会各界干部群众表示感谢。为加大宣传力度，在现场布置了宣传横幅、展板并向过往群众发放《红十字会法》《献血法》和西安市贯彻“献血法”实施办法等宣传资料近 1 万份。通过献血活动的开展，使广大干部群众自学树立“献血光荣、献血有益、献血救人、功德无量”的观念，提高了对无偿献血的认识，增强了广大人民群众献血的自觉性和积极性，进一步促进了城市的精神文明建设。

4. 信阳

5 月 8 日，河南省信阳市红十字会召开了庆祝中国红十字会建会 100 周年暨纪念“5·8”世界红十字日座谈会，市委、市人大、市政府、市政协领导及市直各行业的红十字会理事参加了座谈会。座谈会上，信阳市红十字会秘书长胡一凡介绍了红十字运动知识，回顾了中国红十字会风雨兼程的百年历史；市政协副主席、市卫生局副局长、市红十字会副会长高曙霞代表市红十字会做了工作报告。她说，2003 年是极不平凡的一年，面对突如其来的“非典”疫情和频繁发生的自然灾害，在市委、市政府和省红十字会的正确领导与关心支持下，全市各级红十字会组织及广大红会干部和会员迎难而上，经受了严峻考验，各项工作都取得了明显进展，发挥了红十字会作为政府助手的作用。

5. 佳木斯

黑龙江省佳木斯市红十字会开展了为期一个月的“庆百年、办实事，万人献爱心”捐助活动。此次活动得到佳木斯市委、市政府及有关部门及社会各界的支持，活动中共有 67 个单位进行了捐款，累计捐款捐物总值达 30.2 万余元。市委书记、市长等领导带头捐款，将此次活动推向了高潮。佳木斯市所辖 6 县（市）4 区也同时开展“万人献爱心”捐助活动。

6. 宁波

浙江宁波市在中山广场举行“纪念中国红十字会建会 100 周年暨‘5·8’世界红十字日活动”。标有纪念中国红十字会建会 100 周年和“5·8”世界红十字日宣传日活动字样的大型拱门分外引人注目，两侧的广场上是身穿白大褂的医务人员为市民提供医疗咨询义诊服务，还不时分发卫生科普宣传资料。广场中央的大型露天舞台上正表演着由各级红十字会选送的精彩文艺节目，不时博得观众的掌声。最引人注目的是广场南侧的造血干细胞志愿者血样采集活动，一边是志愿者在认真地填写登记表，一边是志愿者排着长长的队伍在等候血样采集。停在一旁的采血车上更是情意浓浓，殷红的鲜血凝结着志愿者对白血病人的一片真情。采血车门前站着两位身披印有“人道、博爱、奉献”字样绶带的姑娘向志愿者献上一束鲜花。据统计，这次活动共有 324 名志愿者接受了血样采集。这些志愿者中，有本地的，也有外地的，年龄最小的是 18 岁的中学生汪义骁，年龄最大的是就职于北京宁波宾馆的 46 岁的何跌进先生，他说：“尽管年龄大了点，但也许我能提供万分之一的希望呢！”①

红十字事业是崇高而伟大的，是造福民众的事业，是中国特色社会主义事业的组成部分，是建设社会主义物质文明、政治文明、精神文明和全面建设小康社会的重要力量。在新的历史时期，中国红十字会一定能够继续发扬光大红十字精神，积极履行救助职责，广泛开展民间外交，为我国的改革发展稳定，为中华民族的伟大复兴和维护世界和平做出更大的贡献②。

---

① 《百年红十字会庆 5·8　尽显人道博爱奉献情》，《中国红十字报》2004 年 5 月 14 日。

② 本报评论员：《发扬光大红十字精神——祝贺中国红十字会成立一百周年》，《人民日报》2004 年 3 月 10 日。

二、“八大”的召开

2004 年 10 月 27 日，中国红十字会第八次全国会员代表大会在北京开幕。国家主席胡锦涛等党和国家领导人来到人民大会堂北大厅，同代表们亲切握手，并合影留念。在热烈的掌声中，胡锦涛发表了重要讲话。他说，在中国红十字会成立 100 周年和第八次全国会员代表大会召开之际，代表党中央、国务院，向大家表示热烈的祝贺，向为红十字事业的发展做出显著成绩的先进集体和先进个人表示崇高的敬意，向全国广大红十字会会员表示诚挚的问候。

胡锦涛指出，红十字事业是一项造福人类的崇高事业。红十字会作为国际人道主义组织，在发扬人道主义精神、保护人的生命和健康、促进人类和平与进步事业等方面发挥着积极作用。中国红十字会成立 100 年来，为祖国、为人民做了大量卓有成效的工作。特别是改革开放以来，中国红十字事业取得了长足发展，为社会主义物质文明、政治文明、精神文明建设做出了重要贡献。

胡锦涛强调，当前，全党全国各族人民正在为全面建设小康社会、加快推进社会主义现代化而团结奋斗。中国红十字会作为重要的社会团体，在这个历史进程中是可以大有作为的。胡锦涛要求各级党委和政府进一步加强对红十字会工作的领导，认真贯彻《红十字会法》，切实帮助解决红十字事业发展中遇到的困难和问题，充分发挥红十字会的积极作用，努力开创我国红十字事业的新局面。

吴仪副总理代表党中央、国务院在开幕式上致辞。她对中国红十字会成立 100 年来特别是第七次全国会员代表大会以来所做的贡献给予充分肯定，强调中国红十字会已经成为社会主义现代化建设的一支重要力量。大力发展红十字事业是贯彻落实“三个代表”重要思想，坚持以人为本、树立和落实科学发展观、构建社会主义和谐社会的需要，符合广大人民群众的愿望。各级党委和政府及有关部门要继续支持红十字事业，全社会要更加关心红十字会工作，积极参与人道主义救助。

吴仪希望中国红十字会以保护人的生命和健康、改善最易受损害群体境况为目标，大力发扬求真务实、开拓创新、艰苦创业、奋发图强的精神，当好政府在人道主义救助领域的助手。要积极探索并建立充满生机与活力、符合自身特点的组织机构和运行机制，继续按照国际红十字事业的基本原则，积极开展同国际红十字组织和各国红十字会或红新月会的交流与合作。

参加会见和出席开幕式的领导同志还有贺国强、王刚、司马义·艾买提、何鲁丽、韩启德、傅铁山、唐家璇、华建敏、黄孟复、张怀西、李蒙和彭珮云。开幕式上，人事部和中国红十字会总会联合表彰了29个先进单位和10名先进个人①。

“八大”是“进入新世纪中国红十字会召开的第一次会员代表大会，也是在中国红十字会建会100周年时召开的一次重要会议，是一次承前启后、继往开来的大会”。王立忠代表第七届理事会向大会做了工作报告，指出“七大”以来的5年，“国民经济持续快速健康发展，改革开放取得丰硕成果，社会主义民主政治和精神文明建设成效显著，人民生活总体上达到小康水平。五年来，各级党委和政府为发展红十字事业提供了良好的环境。中国红十字会顺应时代要求，围绕中心、服务大局，把国际红十字运动基本原则与中国实际相结合，坚持依法建会、依法治会、依法兴会，依法全面履行职责，圆满完成了‘七大’确定的目标和任务。”报告还提出，今后5年要全面贯彻实施《红十字会法》，理顺地级红十字会管理体制，积极推进县级红十字会理顺管理体制。为此要求“红十字会系统广大干部、会员和志愿工作者要以更加饱满的热情、坚强的毅力和必胜的信心，努力克服困难，创造新的辉煌”②。

中国红十字会八届一次理事会根据《中国红十字会章程》，聘请国家主席胡锦涛为中国红十字会名誉会长，聘请全国人大常委会副委员长司马义·艾买提、何鲁丽、韩启德、傅铁山和全国政协副主席黄孟复、张怀西为中国红十字会名誉副会长；选举彭珮云为中国红十字会会长，选举江亦曼（常务）、朱庆生、姜力、赵沁平、肖捷、沈国放、苏菊香（专职）、郭长江（专职）为副会长，郭长江兼任秘书长。

“八大”修改了《中国红十字会章程》，实现了领导集体的新老交替，为新世纪红十字事业的发展奠定了组织、理论和思想基础。隆重、热烈的大会令人激动和振奋，胡锦涛主席应邀出任红会名誉会长，并在讲话中对红十字事业提出厚望，极大地增强了广大红十字会会员、专兼职干部和志愿工作者的使命感与责任感，进一步坚定了开创红十字事业新的辉煌的决心和信心③。

“八大”为今后5年规划了宏伟蓝图。依据党和国家在这一时期的战略部署、《红十字会法》赋予的职责以及国际联合会《2010战略》的要求，中国

① 武卫政：《中国红十字会第八次全国会员代表大会在京开幕》，《人民日报》2004年10月28日。

② 王立忠：《与时俱进　艰苦创业　为全面建设小康社会作贡献——中国红十字会第八次全国会员代表大会工作报告》（2004年10月27日），中国红十字会总会编：《中国红十字会历史资料选编，1950—2004》，民族出版社2005年版，第493—503页。

③ 江亦曼：《镌刻百年丰碑　开创崭新纪元——2005年新年贺词》，《中国红十字会领导讲话汇编》（2004年10月—2007年3月），2007年内部印行，第35页。

红十字会制定了《中国红十字事业 2005—2009 年发展规划》，确定了今后 5 年中国红十字事业的指导方针：

——坚持用邓小平理论和“三个代表”重要思想统领红十字会工作，把发展作为第一要务，弘扬“人道、博爱、奉献”的红十字精神，以“动员人道力量，改善最易受损害群体境况”作为工作的出发点和落脚点，服从服务于党和国家的中心工作，在社会主义物质文明、政治文明、精神文明建设中积极发挥作用。

——坚持依法建会、依法兴会。认真贯彻实施《红十字会法》，把《红十字会法》作为建会之基、治会之本、兴会之纲。争取各级政府的支持和资助，保障红十字会依法履行职责，并对红十字会开展的活动进行监督，把红十字事业纳入当地社会经济发展总体规划。

——坚持以人为本、全面协调可持续发展的科学发展观，用改革的精神推动工作，着力从体制、机制上解决红十字事业发展中的突出问题，坚持在继承中创新，在改革中发展。

——坚持动员社会力量，合理利用社会资源，努力形成社会化、开放式的工作格局。加强自身建设，积极推进机制创新，把中国红十字会建设成为充满生机与活力、密切联系群众、符合自身特点的从事人道主义工作的社会救助团体。

——坚持遵循国际红十字运动基本原则，积极参与国际红十字运动，扩大对外交流与合作，努力提高中国红十字会在国际红十字运动中的地位，发挥更大的作用。

——坚持从实际出发，竭力为群众办实事、办好事、求实效。发挥各级红十字会的积极性和创造性，因地制宜地开展工作。注重突出重点与整体推进相结合，加强分类指导，推动各地红十字会工作协调发展。

红十字事业是崇高而伟大的事业。21 世纪头 20 年对我国来说，是一个必须紧紧抓住的重要战略机遇期。“八大”后的 5 年，中国红十字会将处于深化改革、加快发展的关键阶段，面临着良好的机遇和严峻的挑战。中国红十字会作为重要的社会团体，在这个历史进程中是可以大有作为的。在新世纪的新阶段，中国红十字会“要承前启后，继往开来，与时俱进，开拓创新，为发展中国特色的红十字事业和实现全面建设小康社会的奋斗目标而努力奋斗”①。

---

① 《中国红十字事业 2005—2009 年发展规划》（2004 年 10 月 29 日），中国红十字会总会编：《中国红十字会历史资料选编，1950—2004》，民族出版社 2005 年版，第 516—525 页。

三、《关于进一步加强红十字会工作的意见》制定出台

党和政府一贯高度重视、积极扶持和推动中国红十字事业的发展。自中华人民共和国建立特别是改革开放以来，红十字事业逐步走上法制化管理轨道，红十字会的管理体制和运行机制逐步理顺，救灾救助网络不断完善，国际交流与合作日益扩大，开展了大量卓有成效的人道主义救助工作，为保障人民群众的生命安全和身体健康，维护国家改革、发展、稳定大局，增进同国际社会的交往，促进人类和平与进步事业，发挥了十分重要的作用。为贯彻落实《红十字会法》，推进我国红十字事业的发展，充分发挥各级红十字会组织的作用，2004 年 11 月，《国务院办公厅转发中国红十字会总会关于进一步加强红十字会工作意见的通知》（国办发〔2004〕85 号）发布，主要内容如下：

一、充分认识红十字会的地位和作用

国际红十字运动以“人道、公正、中立、独立、志愿服务、统一、普遍”为基本原则，以保护人的生命和健康，保护人类尊严，促进人与人之间的相互了解、友谊和合作，促进持久和平为宗旨。中国红十字会奉行国际红十字运动的基本原则和宗旨，弘扬“人道、博爱、奉献”的红十字精神，致力于“动员人道力量、改善最易受损害群体的境况”，协助政府开展人道主义救助工作，是我国社会主义现代化建设的重要力量。大力发展红十字事业，是实践“三个代表”重要思想，树立和落实以人为本、全面协调可持续科学发展观的必然要求，是国家的需要、人民的需要，也是时代发展的需要，对加强社会主义物质文明、政治文明和精神文明建设协调发展，构建社会主义和谐社会，实现全面建设小康社会的目标，具有重要的意义和作用。地方各级人民政府要高度重视、关心和支持红十字会工作，把支持红十字事业的发展作为义不容辞的重要责任，要明确一名负责同志联系红十字会工作。要认真贯彻落实《红十字会法》，保障各级红十字会依法独立自主地开展工作。要把支持红十字事业发展的工作摆到重要议事日程，纳入地方经济社会发展计划。要与转变政府职能紧密结合起来，切实加强红十字会工作，充分发挥红十字会在协助政府开展人道主义援助和促进经济社会发展等方面的积极作用。要充分调动社会各方面的积极性，形成全社会支持红十字会工作的良好局面。

二、切实加强对红十字事业的扶持

要加大对红十字事业的支持力度，切实帮助解决红十字事业发展中遇到的困难和问题。帮助并鼓励红十字会继续做好备灾救灾、社会募捐、初级卫生救护培训、社区红十字服务、宣传推动无偿献血、中国造血干细胞捐献者

资料库建设、预防宣传艾滋病防治知识和关怀艾滋病病毒感染者及患者、红十字青少年活动以及国际和地区间交流与合作等公益性工作。根据外交工作需要，对红十字会参与国际人道主义救助工作以及开展民间外交的经费给予支持。要依法将资助红十字事业的经费纳入各级财政预算，支持红十字会的人道主义救助工作和有关公益性工作。

对红十字会兴办与其宗旨相符的社会福利事业和社区红十字服务项目，要按照有关规定给予政策优惠和扶持；对红十字会的救灾救助物资，要按照法律和行政法规的有关规定优先运输、优先放行，并减免有关费用。要积极支持红十字公益性宣传。

三、切实帮助红十字会提高救助能力

要帮助各级红十字会建立有效筹资机制，不断增强救助能力。支持红十字会依据《红十字会法》和《公益事业捐赠法》的有关规定募集资金，支持红十字会拓宽民间捐资、社会募捐和国际捐赠等各种筹资渠道。要支持红十字会建立公开、公平、公正、高效的救灾救助制度，根据“尊重捐赠者意愿”的原则依法处分救灾救助物资，有关部门按规定做好监督和检查工作。

在国家灾害救助体系建设中要充分考虑红十字会的作用，支持红十字会加强备灾救灾基础设施和救灾救助网络建设，帮助红十字会完善应急反应机制，形成协助政府做好救灾救助的工作体系。

四、大力加强红十字会组织机构和干部队伍建设

要支持红十字会加强干部队伍和组织机构建设，提高依法履行职责以及开展各项活动的能力和水平。要按照《红十字会法》的规定和《中共中央办公厅国务院办公厅关于印发〈21个群众团体机关机构改革意见〉的通知》（中办发〔2000〕31号）的要求，进一步完善红十字会机关管理体制。要加强各级红十字会领导班子建设，帮助红十字会加强干部队伍建设，注意吸收红十字会主要负责人参加有关协调机构和会议活动。要帮助解决好各级红十字会工作人员参照公务员管理的问题，为各级红十字会推荐得力的干部，并加强对干部的培训，不断提高干部的思想政策水平和业务能力，努力建设一支爱岗敬业、乐于奉献、勇于开拓、精通业务、廉洁公正、会做群众工作的干部队伍。要充分发挥各级红十字会理事会、基层组织、会员和志愿工作者的作用，广泛动员社会力量，合理利用社会资源，形成优势互补、有效合作、共同提高的社会化工作机制，努力把红十字会建成充满生机与活力、密切联系群众、符合自身特点的从事人道主义工作的社会救助团体。

五、努力推动国际和地区间交流与合作的深入开展

要充分发挥红十字会在开展民间外交方面的独特优势，继续鼓励和支持红十字会积极参与国际红十字运动，加强与国际红十字组织、各国红十字会和红新月会及其他国际组织的交流与合作，扩大合作规模和领域，努力引进资金、技术和项目，切实保障项目的实施，并配合国家外交工作需要积极向遭受战乱和自然灾害的国家和地区提供国际人道主义救助。

要支持红十字会按照“一国两制”的方针，进一步密切与香港、澳门特别行政区红十字分会的交流与合作，加强与台湾红十字组织的交流与合作，继续发挥红十字会在祖国统一大业中的特殊作用①。

国务院通知正式下发后，2004 年 12 月 8 日，中国红十字会总会下发了《关于贯彻落实〈国务院办公厅转发中国红十字会总会关于进一步加强红十字会工作意见的通知〉的通知》，指出，《国务院办公厅转发中国红十字会总会关于进一步加强红十字会工作意见的通知》“是我国改革开放以来，国务院办公厅专门为红十字会工作发出的第一个文件，充分体现了国务院对红十字事业的高度重视和支持，为进一步发展红十字事业提供了有力的政策保证”。为认真学习、传达、贯彻、落实国务院“通知”的精神，总会要求：“各级红十字会要认真组织广大干部和会员学习、领会‘通知’的精神实质，充分认识红十字会在维护国家改革、发展、稳定大局和社会主义现代化建设以及全面建设小康社会中的独特地位和作用”。同时，要“提高贯彻执行‘通知’的自觉性，运用‘通知’精神做好当地红十字会工作。把贯彻实施‘通知’精神和贯彻落实胡锦涛总书记在‘八大’的重要讲话紧密结合起来，和贯彻落实‘八大’精神紧密结合起来，按照国务院文件要求和‘八大’精神，努力探索和建立充满生机与活力、密切联系群众、符合自身特点的红十字会组织机构和运行机制。要切实加强红十字系统干部队伍建设，不断增强救助实力，努力拓宽人道救助服务领域，努力开创红十字工作新局面”②。

四、红会事业谱写新篇章

2004 年，中国红十字会的各项工作稳步推进，整体来看：救灾备灾工作成效显著；“红十字博爱送万家活动”深入开展；卫生救护培训卓有成效；推动无偿献血工作力度加大；关爱艾滋病病人和感染者的工作进一步加强；社会救助领域不断拓宽；筹资工作走出新路子；法制建设和理论研究取得新进

① 中国红十字会总会：《关于进一步加强红十字会工作的意见》，《中国红十字报》2004 年 12 月 10 日。

② 《关于贯彻落实〈国务院办公厅转发中国红十字会总会关于进一步加强红十字会工作意见的通知〉的通知》，《中国红十字报》2004 年 12 月 10 日。

展；组织建设得到加强；国际和港澳台工作成绩丰硕。除此之外，还有几项重点工作取得突破性进展。已经走过百年的中国红十字会，继续谱写着人道主义的新篇章。

（一）理顺管理体制工作取得重大突破

在“八大”前已实现了全部理顺省级红十字会管理体制的目标。“八大”之后，各省级红十字会把理顺副省级城市及省会城市、地级红十字会管理体制工作摆到重要位置。北京市、上海市、河北省的编制部门下发了理顺所辖区域地级红十字会管理体制的文件。全国地、县级红十字会理顺管理体制分别比 2003 年增加了 56 个和 60 个。截至 2004 年年底，全国已经有 62.5% 的副省级和省会城市红十字会、35% 的地级红十字会、9% 的县级红十字会理顺了管理体制。

（二）政府相关部门更加重视和支持红十字会工作

2004 年年初，国务院专门召开会议，听取总会工作汇报，帮助解决红十字会工作中的实际困难。国务院各部委也积极支持红十字会的工作：外交部下发了《关于授予中国红十字会总会一定的外事审批权的通知》；教育部与中国红十字会联合下发了《关于进一步推进学校红十字会工作的意见》；民政部与中国红十字会共同开展了“红十字示范社区”考评验收；财政部将红十字会外事经费从外交部部门预算划转至中国红十字会，并积极研究红十字事业经费在政府收支科目中单列等有关问题；国家发改委同意对建立中国红十字会备灾救灾库进行论证；人事部与中国红十字会再次联合表彰红十字会系统先进集体和先进工作者；海关总署与中国红十字会签署了用侵权罚没物资支持红十字会工作的合作备忘录；国家邮政局与中国红十字会联合下发了《关于做好造血干细胞捐献者血样特快寄递服务的通知》等等。

除此之外，全国人大教科文卫委员会在其内部刊物刊登《关于赴安徽省调研〈中华人民共和国红十字会法〉实施情况的报告》，全国政协社会和法制委员会就建设中国红十字会总会救灾备灾中心问题向国务院领导进行专报。这些举措有力地支持和促进了红十字会工作。

（三）掀起宣传高潮，扩大红十字会的社会影响

2004 年，中国红十字会的宣传工作主要围绕百年纪念和“八大”进行，着重把宣传工作融入救助行动和各项业务工作中。据不完全统计，全年在中央新闻媒体上报道 200 次，多角度、全方位地宣传了红十字会工作和“人道、博爱、奉献”的红十字精神。《人民日报》在百年纪念和“八大”期间两次发表评论员文章，两次对红十字会工作进行重点报道，还发了专版。特别是

救助印度洋海啸募捐中的宣传工作力度大，社会影响好。

（四）红十字服务示范区创建活动带动了社区红十字服务的开展

各地认真贯彻中国红十字会与民政部联合下发的《关于开展社区红十字服务工作的通知》《关于开展全国社区红十字服务示范活动的意见》，积极开展红十字服务示范市（区）创建活动。总会召开了全国社区红十字工作研讨会和经验交流会，举办了志愿服务培训班；与民政部共同成立了社区红十字服务示范活动评审委员会，对14个省、34个市（区）进行考核评审，对首批28个示范市（区）社区给予命名表彰，推动了社区红十字事业的发展。

（五）中国造血干细胞捐献者资料库建设快速发展

截至2004年12月底，中国造血干细胞捐献者资料库已拥有24万人份志愿捐献者的资料，其中2004年新入库数据12.8万人份；累计为患者和移植医院提供检索服务5800多人次，1600多位患者配型成功，有200位志愿者为患者捐献了造血干细胞。为美国、加拿大等12个国家以及台湾、香港地区的患者提供检索查询服务50多人次，重庆市吴渝同学为美籍华人成功捐献造血干细胞，是我国志愿者捐献的造血干细胞第一次走出国门①。

2004年，我国人民在全面建设小康社会的征程上迈出了坚实的步伐，取得了丰硕的成果。党的十六届四中全会进一步明确提出了构建社会主义和谐社会的战略任务。中国红十字会是从事人道主义工作的社会救助团体，理所当然地应该为推进“三个文明”建设、构建社会主义和谐社会做出自己应有的贡献②。总体而言，2004年中国红十字会的各项业务工作取得了可喜成绩，社会地位和救助实力日益增强，充分发挥出政府人道领域助手的作用。

第二节　理顺管理体制工作攻坚克难

“八大”以后，中国红十字会相继召开了两次管理体制工作座谈会和一次组织建设工作会议，极大地推动了理顺管理体制工作的进展。下面以这三次会议为线索，对“八大”之后的管理体制工作做一个简单的梳理和介绍。

---

① 《2004具有重要意义的一年——常务副会长江亦曼在中国红十字会工作会议上的报告（摘要）》，《中国红十字报》2005年3月4日。

② 彭珮云：《在中国红十字会2005年工作会议上的讲话》（2005年2月25日），《中国红十字会领导讲话汇编》（2004年10月—2007年3月），2007年内部印行，第6页。

一、推进理顺地市级红十字会管理体制

2005 年 6 月 21 日，中国红十字会理顺地市级红十字会管理体制座谈会在长春召开，常务副会长江亦曼在会上做了理顺地市级红十字会管理体制的报告，来自全国 13 个省（自治区、直辖市）红十字会的 50 余名代表参加了会议①。这次会议的主要任务是贯彻落实“八大”精神，总结全国理顺红十字会管理体制工作的成绩，重点研究在全国省级红十字会已全部理顺管理体制的形势下，如何加快推进地市级红十字会理顺管理体制的问题。这次会议回顾了 2003 年以来理顺管理体制工作所取得的成绩和取得成绩的原因，并对理顺地级市红十字会工作进行了部署和安排。

（一）理顺地市级红十字会管理体制的必要性

到 2005 年座谈会召开之时，随着省级、副省级和省会城市红十字会理顺管理体制，地市级红十字会理顺管理体制成了一个非常重要的问题。大多数省、自治区、直辖市所辖区域幅员辽阔，人口众多，如果仅仅把省级红十字会的管理体制理顺了，地市级红十字会仍旧由卫生部门代管，不能独立自主地开展工作，那么红十字会的工作就很难落实到基层。地市级红十字会处于承上启下的位置，它的管理体制理顺了，就可以加强对县级红十字会的领导，帮助和推动县级红十字会做好工作。因此，在省级红十字会已经全部理顺管理体制的情况下，应当积极推动地市级红十字会依法理顺管理体制，按照社团机制独立自主地开展工作，在人道主义救助领域更好地发挥作用②。

（二）2003 年以来理顺管理体制工作的进展

2003 年 12 月，总会在成都召开了理顺管理体制工作座谈会，“做出重点推动理顺副省级城市、省会城市红十字会管理体制工作的决策”。成都会议一年多来，特别是“八大”召开以来，在总会和各地红十字会的积极努力下，理顺管理体制工作取得了重大进展。到 2005 年 6 月，全国 31 个省、自治区、直辖市红十字会全部理顺了管理体制；32 个副省级城市、省会城市红十字会中已经有 26 个理顺了管理体制，占 81.25%；399 个地市级红十字会（含直辖市的区县）中有 203 个理顺了管理体制，占 50.88%（包括省级编办已下文待落实的）；理顺管理体制的县级红十字会 260 多个，占 11%。理顺管理体制的副省级城市和省

① 李娜：《交流经验　推动发展　中国红十字会理顺管理体制座谈会在长召开》，《吉林日报》2005 年 6 月 22 日。

② 《江亦曼在理顺地级市红十字会管理体制座谈会上的讲话（2005 年 6 月 21 日）》，中国红十字年鉴编辑部编：《中国红十字年鉴：2005/2006》，台海出版社 2007 年版，第 290 页。

会城市、地市级和县级红十字会分别比2003年增加了7个、113个和60个。理顺管理体制工作之所以能够取得如此进展，主要有以下几个原因：

其一，理顺管理体制的工作，得到了党中央、国务院和地方党政领导及有关部门的支持。2004年，总会抓住中国红十字会成立100周年的机遇，两次向分管红十字会工作的吴仪副总理汇报工作，其中重点汇报了红十字会管理体制不顺对红十字事业的发展和依法履行职责的影响，请求国务院领导给予重视和支持，得到吴仪副总理的高度重视。经吴仪副总理圈批的《关于听取中国红十字会总会工作情况汇报的会议纪要》（国阅〔2004〕26号）明确提出："妥善解决地方红十字会管理体制问题。省级红十字会原则上参照中国红十字会总会模式管理，市（地）级红十字会的管理体制可由各省、自治区、直辖市人民政府决定。"2004年11月，《国务院办公厅转发中国红十字会总会关于进一步加强红十字会工作意见的通知》下发，这是改革开放以来，国务院为红十字会发出的第一个文件。《通知》下发后，各地认真贯彻落实，推动地方政府制定贯彻《通知》的具体意见，内蒙古、广东、四川、江西、青海等省、区政府或政府办公厅转发了本省、区红十字会关于进一步加强省、区红十字会工作的意见；而在国务院办公厅《通知》下发之前，山西、辽宁、安徽、山东、江苏、重庆、陕西、云南等省、市政府或办公厅也发出文件，要求本省、市各级政府和社会各界支持红十字会工作。

其二，争取各级人大、政协对贯彻执行《红十字会法》的情况进行执法检查和考察，推动理顺管理体制的工作。许多省、市红十字会积极争取向当地人大、政协汇报工作，争取支持。例如，北京、山西、新疆、内蒙古、山东、安徽、云南等省级红十字会配合省、市人大、政协开展了执法调研和考察；山西太原市人大对理顺太原市红十字会管理体制两次进行了检查督促；总会配合全国人大教科文卫委员会对安徽开展了执法调研，并转发了全国人大教科文卫委员会在其刊物《调查与研究》上刊登的调查报告，对推动《红十字会法》贯彻落实，加快理顺管理体制工作起到了重要作用。

其三，理顺管理体制工作得到了各级编制部门的大力支持。在理顺管理体制的问题上，既需要各级党委、政府的重视与支持，也离不开各级编制部门的理解和支持。中编办对地方编办咨询理顺红十字会管理体制问题能够给予支持的答复；各地编办在理顺地市级红十字会管理体制和下达"三定方案"时，都提出很多积极的建议。北京、天津、河北、上海、山西、宁夏等省、区、市的编制部门专门下发文件，对理顺所辖区域内地市级红十字会管理体制提出了明确要求，推动了该项工作的进展。

其四，各级红十字会抓住纪念建会百年、"八大"召开、海啸救助等契机，努力依法履行职责，为理顺管理体制创造好的环境。上海、辽宁、北京、江苏、重庆、贵州等地红十字会在建会100周年时都开展了隆重的纪念活动。此外，各级红十字会通过开展复明工程、建敬老院、博爱助学、下乡义诊、博爱基金、青年同伴教育、改水改厕、少儿住院基金、千万人帮千家等活动，为老年人、孤儿、残疾人、艾滋病患者及感染者、特困学生、贫困家庭送去红十字会的关爱。各级党委、政府也通过红十字会开展的各项具有独特优势的工作，如自然灾害救助、红十字博爱送万家活动、卫生救护培训、造血干细胞捐献者资料库建设、无偿献血宣传、控制和预防艾滋病、社区红十字服务等，充分认识到红十字会在国家社会生活和构建社会主义和谐社会中的重要作用。特别是红会开展的印度洋海啸救援工作，进一步凸显了理顺管理体制后红十字会迸发出的生机与活力。国家主席胡锦涛还与印尼总统苏西洛共同见证了中国红十字会与印尼红十字会签署《中国—印尼友谊村建设合作备忘录》，充分说明党和政府对红十字会工作的高度重视和认可。

其五，各级红十字会目标明确，措施得力，把理顺管理体制工作列入重要的议事日程。2004年，总会明确提出在“八大”之前，要全部理顺省级红十字会管理体制，积极推进地市级红十字会理顺管理体制的工作，积极探索县级红十字会理顺管理体制模式的要求。为了加快理顺管理体制步伐，彭珮云会长及其他领导分别给各省委、省政府和副省级城市、省会城市的党政一把手写信沟通情况，并通过开展调研、建立联系点、重点推动等方法及时报道各地理顺管理体制工作的经验，沟通信息、加强指导。各地红会也主动开展工作，例如，经过北京市红十字会的积极争取，市编办2004年7月下发了《关于理顺区县红十字会机关管理体制有关问题的通知》，将全市各区县红十字会机关调整为区县政府领导直接联系的独立设置的正处级社会团体机构，编制5~10名。市红十字会又及时下发了《关于做好理顺区县红十字会管理体制工作的指导意见》，明确了区县红十字会机关的领导职数、科室设置及工作职责。江西省红十字会将理顺地市级红十字会管理体制工作列为2004年的工作重点，坚持“勤上门、勤沟通、勤汇报”，向各级党政领导说明理顺红十字会管理体制的重要性，并“以项目促理顺、以示范带理顺、以调研抓理顺、以救助推理顺”，创造了经济欠发达省份实现全部理顺地市级红十字会管理体制的经验。山西、宁夏编办发出通知，要求理顺所属市地红十字会管理体制，并对领导职数、编制进行了规定①。

---

① 《江亦曼在理顺地级市红十字会管理体制座谈会上的讲话（2005年6月21日）》，中国红十字年鉴编辑部编：《中国红十字年鉴：2005/2006》，台海出版社2007年版，第285—287页。

（三）理顺地市级红会管理体制中存在的问题

应当讲，经过多年来的宣传及努力，红十字会理顺管理体制的意义被越来越多的党政领导所认识，理顺工作的进展也比较理想。但是，要清醒地认识到，理顺管理体制工作是一项综合系统工程，牵涉面广，虽有成绩但任务仍然艰巨，工作仍有困难，需要脚踏实地推进。

所谓任务艰巨，是针对“八大”的要求而言。《中国红十字事业2005—2009年发展规划》规定：五年内，理顺地（市）级以上红十字会管理体制，积极推进县级红十字会理顺管理体制并探索不同的模式。人口大县、灾害频发的县级红十字会要率先理顺管理体制。县级以上红十字会要切实加强组织建设，积极争取必要的条件，努力做到有编制、有机构、有人员、有经费、有办公地点，逐步形成机构健全、队伍精干、独立工作、运转良好的工作机制①。

“行百里者半九十”。到2005年长春会议召开以前，全国已有一半的地市级红十字会理顺了管理体制或编办已下文正在理顺中，但是摆在红会面前的任务更为艰巨，因为已经理顺的都是红十字会基础比较好的地市，工作起来相对比较容易，后面工作会更加艰难。

所谓工作中的困难，主要有：一是一些党政领导对理顺红十字会管理体制工作的重要性还认识不到位。许多地市级红十字会实际上已经具备了理顺管理体制的条件，但迟迟未能理顺；有的地市级红十字会几年前已经理顺管理体制，工作开展也很好，但由于领导人的更换或党政主要领导不认可，又把市红十字会重新划归市卫生局代管。二是一些省级红十字会对理顺地市级红十字会管理体制工作的重要意义认识不到位，强调客观原因多，积极主动开展工作不够。“目前就全国而言，经过编制部门发文或经过工作，已基本理顺地市级管理体制的有9个省（区、市），占省（区、市）总数的29.03%；1/2以上的理顺地市级管理体制的有5个省，占总数的16.13%；1/3以上的理顺地市级管理体制的有6个省，占总数的19.35%；不到1/3的有5个省，占总数的16.13%；辖区内一个地市级红十字会都没有理顺的有6个省，占省区市总数的19.35%”。可见，这项工作任重道远。三是一些地市级红十字会干部担心理顺管理体制后，离开卫生行政部门的支持，经费不够用、工作不

---

① 《中国红十字事业2005—2009年发展规划》（2004年10月29日），中国红十字会总会编：《中国红十字会历史资料选编，1950—2004》，民族出版社2005年版，第516—525页。

好开展，干部切身利益受影响等①。四是地市级红会缺少对体制理顺方法的科学认识。在实际工作中，仍有不少红十字工作者对这个问题认识模糊，认为中编办不发文就难以理顺管理体制。北京、天津、山西、内蒙古、吉林、上海、江西、宁夏等地的经验说明，只要红会多做工作，讲清道理，锲而不舍地争取，就能够得到党和政府及有关部门的支持。各级红十字会的专职人员编制应坚持“少而精”的原则，由地方党委、政府因地制宜确定。

应该说，理顺红十字会的管理体制确实会对在任干部带来这样或那样的实际困难和问题，有时可能还会在个人利益方面有所影响或损失，但应着眼长远，服从红十字事业发展大局，红十字事业发展了，许多实际困难和问题就能迎刃而解。

（四）2005 年会议对理顺地市级红十字会管理体制的要求

对于理顺管理体制过程中的一些问题，2005 年长春会议提出，各级红会要科学看待，要以前瞻性眼光灵活处理。如针对编制少、任务重的问题，红十字会要学会充分发挥理事、会员和志愿工作者的作用，建立与完善社会化工作机制。此次会议还对理顺工作提出了进一步的要求：

其一，进一步提高对理顺红十字会管理体制工作的使命感。中国红十字事业是全面建设小康社会目标的一部分，要使红十字会在这一过程中发挥作用，理顺管理体制工作是组织保证。理顺红十字会的管理体制不是红十字会一家之事，而是贯彻《红十字会法》的需要，是深化行政管理体制、转变政府职能的要求，是对外开放、开展民间外交、加强国际合作与交流的需要，是发展我国红十字事业，发挥红十字会在全面建设小康社会中的作用的需要。

应该说，理顺红十字会管理体制，既是法律规定，又有国家领导讲话和国办文件的要求，也经过了实际工作的检验。担任各级红十字会领导职务的同志和红十字会专职干部要有使命感，要坚定不移地努力做好理顺管理体制的工作。要特别注重发挥红会会长的作用，各级红会会长都是当地的党政领导，是经过各级党委批准的红会负责人，红会会长应该关心、重视、支持红十字会工作。

其二，要发挥省级红十字会的协调、督导作用。在理顺省级红十字会管理体制的过程中，总会较好地发挥了主导和督导作用。彭珮云会长一个省、一个省地做工作，执行委员会主要领导也通过多种形式积极与省、自治区、直辖市党政领导沟通协调。实践证明，在理顺管理体制的工作中，上一级红

① 《江亦曼在理顺地级市红十字会管理体制座谈会上的讲话（2005 年 6 月 21 日）》，中国红十字年鉴编辑部编：《中国红十字年鉴：2005/2006》，台海出版社 2007 年版，第 288 页。

十字会出面能够产生较好的效果，协调、督导的力度较大。而且，地市级的编制是由省编制部门统一管理的，地市级红会理顺管理体制要得到省编办的批准。因此，省级红十字会要多向省级编办做工作。北京、天津、山西、上海、宁夏等省、自治区、直辖市红十字会理顺所属地市级红十字会管理体制的工作都是通过编办发文实现的。

其三，要发挥地市级红十字会的主观能动性。要通过自身的工作让党政领导和职能部门认识到红十字会在当地经济和社会发展中的作用，要积极向党政领导和职能部门汇报工作、争取支持，特别是要做好与编制、卫生部门的沟通工作。理顺管理体制绝不是否定卫生行政部门对红十字会给予的关心、支持和帮助，理顺管理体制后，红会仍需要卫生部门的密切支持与合作。要向编制部门多汇报、多解释，使编制部门了解红十字会，支持红十字会工作。总会理顺管理体制，得到了中编办的大力支持，已经理顺管理体制的地市级红十字会也都得到了编制部门的大力支持，因此，尚未理顺管理体制的地市级红会一定要积极争取编制部门的支持，争取尽快实现目标。

其四，注意做好落实理顺管理体制文件下发后的相关工作。争取编制部门发文理顺管理体制非常重要，但文件下发后，还要有“三定”方案，要在各级组织部门的支持下，积极争取、落实“三定”方案。同时要理顺相应的组织、行政关系，与相关部门建立起正常的工作联系。各地市级红十字会会长要切实把加强红十字会干部队伍建设和党组织建设当作大事来抓，要配合组织部门选配好主持红十字会日常工作的一把手，把政治素质高、综合协调能力和社会活动能力强、热爱红十字事业、具有奉献精神的干部选调到红十字会的领导岗位上。要注重发挥常务副会长在理顺管理体制和搞好红十字会机关建设中的重要作用。实践证明，常务副会长配备得力，红十字事业就有新的发展。地市级红十字会的专职领导干部要尽快熟悉红十字会工作，按照《红十字会法》和《中国红十字会章程》规定，协助会长建立理事会、常务理事会的工作规则，制定机关各项规章制度，保证红十字会各项工作的有序开展。要从红十字会保护人的生命和健康的宗旨出发，以改善最易受损害群体境况为工作重点，根据当地的实际，努力开展具有人道关怀和人道救助特点的工作，实现好、发展好、维护好人民群众的根本利益，提高红十字会的社会地位和社会影响力。

理顺红十字会管理体制在中国红十字事业中处于重要位置，对于按照中央、国务院文件要求建立充满生机与活力、密切联系群众、符合自身特点的组织机构和运行机制，对于红十字会更好地投入全面建设小康社会和构建社会主义和谐社会的伟大事业都具有非常重要的意义。2005 年长春座谈会提出，

“加快理顺地市级红十字会管理体制的步伐，力争再经过两年的艰苦奋斗，到2007年底基本实现理顺地市级红十字会管理体制的目标，同时，再经过两年的探索，明确县级红十字会理顺管理体制的模式”。“争取到中国红十字会第九次全国会员代表大会召开前，建立起完整的中国红十字会的组织机构体系，为发展壮大中国红十字事业奠定良好的组织基础”①。

二、推进理顺县级红十字会管理体制

在地市级红会理顺管理体制工作取得重大进展的情况下，2006年12月14日至15日，中国红十字会理顺县级红十字会管理体制工作座谈会在河北省召开。座谈会上，新疆维吾尔自治区红十字会、内蒙古扎兰屯市红十字会、吉林省敦化市红十字会、辽宁省辽阳市红十字会先后交流了开展理顺县级红十字会管理体制工作的经验②。

常务副会长江亦曼指出，这是总会第一次召开理顺县级红十字会管理体制的座谈会，召开这次座谈会的主要目的有两个：一是总结交流理顺县级红十字会管理体制方面的经验，为积极推进理顺县级红十字会的管理体制工作理清思路、明确方向；二是听取由北京大学公民社会研究中心介绍“县级红十字会理顺管理体制”课题报告和基层工作经验介绍，从理论与实践的结合上探索理顺县级红十字会管理体制的实现形式和具体模式。此次会议围绕体制理顺工作的进展情况、新时期理顺工作的任务及目标以及理顺县级红会管理体制相关问题进行了讨论和研究③。

（一）理顺管理体制工作的整体进展

2004年，“八大”明确提出了理顺县级以上红十字会管理体制的任务。2005年，总会在长春召开了理顺地市级红十字会管理体制工作座谈会。2006年年初，总会在八届二次理事会上又提出理顺地市级红十字会管理体制达到75%的具体目标。在总会和各地红十字会的积极努力下，地市级红十字会理顺管理体制工作取得重大进展。截至2006年底，理顺管理体制的地（市、州）红十字会，已占全国地（市、州）总数的76.8%。其中，理顺率达到75%以上的有16个省，有11个省实现了100%理顺。全国县（区、市）中有

① 《江亦曼在理顺地级市红十字会管理体制座谈会上的讲话（2005年6月21日）》，中国红十字年鉴编辑部编：《中国红十字年鉴：2005/2006》，台海出版社2007年版，第291—293页。

② 刘剑英、薛惠娟：《中国红十字会召开理顺县级红会管理体制座谈会》，《中国红十字报》2006年12月22日。

③ 江亦曼：《在理顺县级红十字会管理体制座谈会上的总结讲话》（2006年12月15日），《中国红十字会领导讲话汇编》（2004年10月—2007年3月），2007年内部印行，第253页。

567 个理顺了红十字会管理体制，占县（区、市）总数的 19.8%。其中，理顺率在 20% 以上的有 12 个省，京、津、沪实现 100% 的理顺①。

应该说，理顺管理体制工作的推进，使红十字会有了更大的发展空间和舞台，而红十字事业成绩的取得，使党和政府以及广大人民群众进一步认识到红十字会作为一个重要的社会团体，在构建和谐社会中大有作为，在人道救助领域不可替代。

（二）理顺县级红会管理体制工作的任务及路径

理顺各级红十字会管理体制是红十字事业发展的关键。中国红十字会要想真正成为一个全国性的统一组织，就必须在基层发展组织。如果仅仅把省级、地市级红十字会的管理体制理顺，而县（区、市）级红十字会仍旧是政府部门的一个行政科室，没有专职人员，不能独立自主地开展工作，那么红十字系统的基础就不稳固，就会出现“肠梗阻”。所以，县级红会管理体制的理顺势在必行。

因为在实际工作中，理顺地市级红会的管理体制和理顺县级红会管理体制交织联系在一起，难以截然分开，因此在下文论述中虽主要针对县级红会理顺工作，但也会论及地市级红会的理顺情况。

《中国红十字事业 2005—2009 年发展规划》曾提出县级红会理顺体制和组织发展的目标，包括：积极推进县级红十字会理顺管理体制并探索不同模式。人口大县、灾害频发的县级红十字会率先理顺管理体制。县级以上红十字会要切实加强组织建设，积极争取必要条件，努力做到有编制、有机构、有人员、有经费、有办公地点、逐步形成机构健全、队伍精干、独立工作、运转良好的工作机制②。在此次座谈会上，提出了理顺县级红会管理体制工作的任务及路径。

1. 理顺红会管理体制的工作任务

为实现“八大”提出的总体目标，中国红十字会从实际出发，明确了阶段性的具体目标。2007 年，总会提出争取 85% 的地（市、州）红十字会实现理顺管理体制的目标。2008 年和 2009 年，红会再用两年的时间进一步完善、巩固和提高。这样，到“九大”召开之前，就可以完成“八大”确定的目标。之所以把 2007 年理顺地（市、州）红十字会管理体制的目标定为 85%，

① 江亦曼：《在理顺县级红十字会管理体制座谈会上的总结讲话》（2006 年 12 月 15 日），《中国红十字会领导讲话汇编》（2004 年 10 月—2007 年 3 月），2007 年内部印行，第 253 页。

② 《中国红十字事业 2005—2009 年发展规划》（2004 年 10 月 29 日），中国红十字会总会编：《中国红十字会历史资料选编，1950—2004》，民族出版社 2005 年版，第 516—525 页。

主要因为中国地域广阔，经济社会发展很不平衡。一些地方，如西藏和青海的某些地区，条件十分艰苦，因此红会应从实际出发，实行分类指导。总的原则是地市一级一般都应理顺，但少数有实际困难的地、州，要求做到有专职人员、有专项经费、有办公条件，能按照《红十字会法》和《红十字会章程》独立自主地开展工作即可。

关于理顺县级红十字会的管理体制工作，总会采取了更加谨慎和务实的态度，要求积极探索符合各地实际的不同模式。2004 年，总会组织了由辽宁、陕西和江西三省参加的理顺县级红十字会管理体制课题组，总结推广了江西宜春“2 带 5”的工作模式。为进一步探索理顺县级红十字会管理体制的实现形式和工作模式，2007 年 6 月，总会与北京大学公民社会研究中心合作，再次进行县级红十字会理顺管理体制课题研究，目的是理清理顺县级红十字会管理体制思路，提出可供选择的几种模式。在此次座谈会上，大家都普遍认为，理顺县级红十字会管理体制是依法建会、依法兴会、依法治会的需要，是构建和谐社会的需要，是新形势红十字事业发展的需要，应该本着“积极推进、因地制宜、分类指导”的原则，加快理顺县级红十字会管理体制。可以说，在地市级红十字会理顺管理体制取得重大进展的同时，必须把理顺县级红十字会管理体制工作摆到议程上来。

2. 推进县级理顺管理体制工作的路径

根据《红十字会法》和中编办文件的规定，“理顺”是指县级以上行政区划建立红十字会，由编制部门下达“三定”方案，明确机构、配备专人、实行经费单列，列入当地一级财政，从卫生部门代管改由分管党政领导联系，使红十字会成为能独立自主开展工作的社团法人。根据上述界定，会议提出县级红会理顺工作可以遵循如下路径：

第一步，首先要推动人口大县、灾害多发县的红十字会理顺管理体制。对不同的省来说，人口大县的含义是不同的。根据统计数据，我国 50 万人口以上的县有 985 个，主要分布在河北、辽宁、江苏、安徽、山东、河南、湖北、湖南、广东和四川等 10 个省区，到 2006 年年底，已经理顺管理体制的有 174 个，占 50 万人口以上县总数的 17.7%；根据民政部救灾司和国家减灾信息中心提供的数据，我国灾害多发县有 605 个，主要分布在江苏、浙江、福建、广东、广西、陕西，内蒙古、云南、贵州、四川、湖南、青海、新疆等 14 个省区，已理顺管理体制的有 223 个，占灾害多发县总数的 36.8%。如果除去上述两项中重复统计的部分，50 万人口以上的县和灾害多发县的总和约占全国县级总数的 52%，在已经理顺管理体制的 567 个县中，50 万人口以上的县和灾害多发县已占 51%。数据还显示，另外 49% 已经理顺管理体制的县（区、市）并不在上述范畴内。这就说明，一些县虽然不是人口大县和灾害多发县，只要领导重视、红十字会干部努力争取，也是有条件可以理顺的。再从地域分布来看，内蒙古、新疆、吉林、陕西、辽宁、安徽、山东、海南、贵州等省的理顺率比较高，说明一个地区经济社会发展水平并不是影响理顺管理体制的主要原因。通过分析，有信心相信，“八大”确定的率先理顺人口大县、灾害多发县红十字会管理体制的目标是切实可行的，方向是正确的。

基于上述情况，各省红十字会应认真分析本省县一级的具体情况，区别对待，分类指导，积极推动县级红十字会理顺管理体制工作。

第二步，要积极推动那些半理顺（即有编制、有机构，但政社不分、不能独立自主地开展工作）的县理顺管理体制。这一类的县具有理顺的基本条件，但大多还处于中间过渡的状态。据北大课题组的研究发现，被调查县有红十字会编制的约占70%，总体事业编制平均1.5个，行政编制0.3个，这类属于半理顺状态的县占被调查县总数的55%。因此，突破这些半理顺县的难题，就成为理顺工作的重点。这类县一般不存在“编制瓶颈”，编制部门不需要再拿出编制，只是由于领导认识不到位、相关部门不够重视、红十字会干部缺乏独立工作的能力，制约了理顺的进程。因此，只要加大工作力度，是完全可以理顺的。关键的问题是，有的县有编制但无专人、有的县编制长期被挤占，这类县应做到有编制的要确保人员到位，编制被挤占的要归还红十字会。

第三步，对于那些人口较少、环境艰苦、经济条件差，还不具备理顺条件的县，应积极争取做到有专人、经费单列、由县领导分工联系，能够依照《红十字会法》和《红十字会章程》独立自主地开展工作①。

（三）存在的问题及解决的方法

理顺县级红十字会管理体制工作的困难和问题与前述理顺地市级红会中的情况大同小异，主要有两方面：一是外部原因，一些党政领导、政府部门部分同志对理顺管理体制工作的重要性认识不到位，有些地方迟迟没有行动；有些地方本来已经理顺了，却又因为种种原因出现反复。二是内部原因，一些省级红十字会对这项工作指导不够，红十字会内部一些同志有畏难情绪，对理顺后出现的实际困难，如编制问题、经费问题等缺少解决的方法等。会议认为，上述问题的解决，要从两个方面着手：

首先，要进一步解决认识问题。理顺红十字会管理体制是一个学法和执

---

① 江亦曼：《在理顺县级红十字会管理体制座谈会上的总结讲话》（2006年12月15日），《中国红十字会领导讲话汇编》（2004年10月—2007年3月），2007年内部印行，第257—259页。

法的过程，是一个重要的守法标志。《红十字会法》明确规定，县级以上行政区域建立地方各级红十字会，根据实际工作需要配备专职工人员。国家有关法律及国务院有关法规、部门规章也明确规定，红十字会是社会团体，不是政府机构，不能放在政府的某个部门。政府对红十字会支持、资助、保障和监督，红十字会接受政府指导，当好助手，独立自主地开展工作。2006 年 10 月，党的十六届六中全会通过《中共中央关于构建社会主义和谐社会若干重大问题的决定》，把构建社会主义和谐社会摆在更加突出的地位。红十字运动所倡导的“动员人道力量，改善最易受损害群体的境况”，与构建和谐社会的本质要求是一致的。红十字会的工作，就是努力使最易受损害人群少一点、受损时间短一点、受损程度小一点、得到的关爱多一点。发展红十字事业有利于维护社会稳定、有利于促进社会经济的发展，在帮助政府协调利益关系、缓解社会矛盾等方面能够发挥重要作用。

理顺县级红十字会管理体制，也是红十字事业发展的客观要求。中国红十字会以竭力为群众办实事、办好事、求实效，一切依靠群众、一切为了群众为工作诉求。中国红十字会的服务对象在基层、依靠的力量在基层、工作的重心在基层，县级红十字会是中国红十字会基层建设的坚强堡垒，是保证把红十字会工作落实到基层的重要环节。只有把县级红十字会建设好，中国红十字会才有了把工作向基层延伸的组织机构，才有了基本抓手，红十字会的根基才能真正扎到基层。在现实中发现，还有 35% 的红十字工作者认为自己是政府部门，或认为理顺只是明确级别、提高待遇。这都是一些模糊的认识。红十字工作者应从和谐社会建设和政府转变职能后更好地发挥社会团体作用的角度，认识理顺体制的重要意义，积极推动理顺工作。

其次，应结合现实解决具体问题和困难。一是关于人员编制少的问题。就我国实际情况看，县级人员编制少的情况是客观存在的，而且在短时期内不会改变。因此主张县级红十字会应坚持少而精的原则，一个县级红十字会能够定编为 1 ~ 3 人，已经难能可贵。理顺县级红十字会管理体制，应采取“1、2、3+X”的模式，这是一个很好的办法。“1、2、3”是核定的编制人数，“X”是志愿工作者。由专兼职人员组成的工作班子，充分发挥县级常务理事会或理事会的作用，有关财务、后勤服务、党务等工作可采取挂靠在某一个部门代管，这个模式应该说比较符合县级的实际情况。二是关于干部待遇问题。关于政治待遇，中国红十字会从七届理事会开始，争取到全国党代会代表和全国政协委员名额。对地方各级红十字会来说，应主动与当地党委、人大、政府、政协联系，积极争取党代会代表、人大代表、政协委员名额。只要红十字会工作开展得有声有色，党委、人大、政协就会考虑把红十字会专职人员吸收为党代会、人大代表和政协委员。关于生活待遇，在贯彻《公务员法》的过程中，中央已明确总会机关干部参照公务员管理，并解决了行政编制与事业编制混编的问题，规范工资和津贴工作也列入统筹考虑范围。应该说，中央这样做了，省、市、县也应遵循这些原则，解决红十字会干部的待遇问题。总之，县级红十字会干部“参公”问题及有关生活待遇问题会随着国家规范工资和津贴工作逐步得到解决。三是关于经费不足，办公条件差的问题。这是县一级普遍存在的问题，解决这些问题一是要靠红会向政府争取必要的条件，二是要靠自己积极想办法，开展卫生救护培训、兴办实体，增加可持续发展的实力。总之，在理顺管理体制的问题上，红十字工作者应当有使命感和责任感，应该增加信心，稳步推进①。

（四）对下一步理顺县级红十字会管理体制的要求

其一，要进一步发挥总会、省和市两级红十字会的协调和分类指导作用。实践证明，在理顺管理体制工作中，上一级红十字会积极支持，甚至直接出面做下一级红十字会的理顺管理体制工作，上下密切配合、协同攻关，能够产生较好的效果。省级红十字会和地市级红十字会应做好 4 个方面的工作：一是要具体分析本省县级红十字会的现状，加以具体指导。在县级红十字会的理顺工作上，要结合实际分步走。二是根据编制部门分级管理的原则，协调本级编制部门下发指导性文件。省级红十字会和地市两级红十字会要多出面、多协调，多与同级编制部门、卫生部门沟通，多做工作。三是要协调有关方面，关键要为县级红十字会配备好“一把手”。四是对已理顺管理体制的县级红十字会要加强培训和能力建设，总结经验，使之发挥典型示范作用。

其二，要发挥县级红十字会自身的主观能动性。县级红十字会由于所处的位置决定了其有很多特殊性，这就要求在实践中必须开拓创新，探索出一条符合县级红十字会发展的新路。要多开展活动、多做工作，让党政领导和职能部门感受红十字精神的重要意义，认识到红十字会在当地经济社会发展、和谐社会构建中的重要作用，争取认同，争取支持。要多向编制部门汇报工作、解释工作，使编制部门了解、熟悉、重视和支持红十字会，支持理顺县级红十字会管理体制的工作。只有把红十字会工作放到构建和谐社会的总体目标上来认识、把握、部署，才能找准位置，正确履行职责，充分发挥作用，增强工作的主动性和实效性。

第三，要注意做好理顺管理体制的相关工作。理顺体制不是简单地为了

---

① 江亦曼：《在理顺县级红十字会管理体制座谈会上的总结讲话》（2006 年 12 月 15 日），《中国红十字会领导讲话汇编》（2004 年 10 月—2007 年 3 月），2007 年内部印行，第 260—262 页。

寻求机构上的对应、升格，关键是要推动红十字会工作的开展，真正承担“人道、博爱、奉献”的崇高使命。各级红会必须要把工作落到实处，积极争取落实“三定”方案，与相关部门建立联系，尽快开展工作。要切实加强红十字会干部队伍建设和党组织建设，要配合组织部门选配好主持红十字会工作的一把手，真正把能管理社会事务、能协调利益关系、能开展社会活动、具有奉献精神的优秀干部选调到红十字会领导岗位上。县级红会要以自己的实际行动，争取党委政府的支持、编制部门和组织部门的帮助以及卫生部门的理解，以自己的实际行动提高红十字会的社会地位，提升红十字会的社会影响。

此次座谈会提出，“力争在中国红十字会第九次全国会员代表大会召开前，建立起完整的中国红十字会组织体系，为发展壮大中国红十字事业奠定良好的组织基础”①。应该说，这次座谈会的召开，为理顺县级红会管理体制工作指明了方向，规划了道路，具有重要意义。

三、继续推进理顺管理体制工作

2008 年 11 月 25 日，中国红十字会组织建设工作会暨“十佳百优千星”表彰会在郑州召开。中国红十字会会长彭珮云，常务副会长江亦曼，副会长苏菊香、郭长江，以及红十字会与红新月会国际联合会东亚办事处主任卡尔出席会议。彭珮云会长发表了重要讲话，江亦曼向大会做了工作报告。

彭珮云会长在讲话中要求各级红十字会要认清形势，乘势而上，推动红十字会组织建设工作健康发展。她指出，依法理顺红十字会管理体制是发展红十字事业的组织保证和必要条件，也完全符合加强政府自身改革、转变政府职能、改进政府管理方式的需求。红十字会必须坚定不移地推动理顺红十字会管理体制工作。而理顺管理体制，就要求红十字会有编制、有专人、有经费、有独立的银行账号、有必要的办公场所和工作条件、有健全的理事会制度，使之真正成为能依法独立自主地开展工作的社会团体法人。

江亦曼在工作报告中回顾了近年来中国红十字会在理顺管理体制、基层组织建设、会员和志愿者队伍建设等方面的工作情况，充分肯定了各级红十字会积极推进组织建设工作特别是在理顺管理体制方面所取得的成绩，客观分析了当前所面临的困难和问题，提出要从战略和全局高度认识加强组织建设工作的重要性，坚定不移地理顺县级红十字会管理体制，扎实推进红十字

① 江亦曼：《在理顺县级红十字会管理体制座谈会上的总结讲话》（2006 年 12 月 15 日），《中国红十字会领导讲话汇编》（2004 年 10 月—2007 年 3 月），2007 年内部印行，第 262—263 页。

会基层组织建设工作，加强领导，提升组织建设工作上水平①。

这次会议的主要任务是：巩固地市级红十字会理顺管理体制成果，加大推进理顺县级红十字会管理体制力度，壮大红十字会基层组织队伍，扩大基层组织覆盖面，增强红十字会基层组织活力，提高各级红十字会工作能力。统一认识，明确今后一个时期红十字组织建设的任务，为红十字事业发展提供坚强的组织保证②。“理顺市、县级红十字会管理体制，加强基层红十字组织建设，是当前我们必须着力解决的突出问题，对于红十字事业的发展具有十分重要的意义。因此，总会召开这次组织建设工作会议，着重讨论研究这两个问题是十分必要的、及时的”。而且，中国红十字会八届四次理事会之前已经把2008年定为红十字会基层组织建设年③。

此次会议介绍了理顺管理体制工作的基本进展和基本规划。“八大”以来，各省级红十字会在实现独立设置后，普遍加强了自身建设，机构设置更趋合理，人员素质有了很大提高；截至2008年11月10日，地市级红十字会有87.7%理顺了管理体制，由2004年的100个地市，增加到2008年的293个，增长了193%，比2007年提高了6个百分点；县级红十字会有34.3%理顺了管理体制，由2004年的200个县，增加到2008年的965个，增长了383%，比2007年提高了7.5个百分点。提高较快的有陕西省（提高39个百分点）、云南省（提高22.4个百分点）、河南省（提高20个百分点）。

四川汶川特大地震灾害发生后，在抗震救灾工作中，充分暴露出地市级特别是县级红十字会人员少、机构不健全、缺乏独立开展工作的能力，与繁重的工作任务不相适应，也使各级领导和红十字会干部特别是灾区的红会工作人员真切地感受到加强红十字会组织建设的重要性和紧迫性。参与救灾的实践再一次证明，独立设置县级红十字会，是红十字事业扎根基层、服务群众不可或缺的条件，是基层红十字会组织发展的基础和前提，不理顺县级红十字会的管理体制，红十字会的工作就无法向基层延伸。之后各地以此次抗震救灾为契机，大力推动地市级和县级红十字会理顺管理体制工作，取得了明显成效。如四川省雅安市在短时间内就理顺了所辖的各县区红十字会的管理体制，使各级红十字会提高了社会地位、扩大了职权、提高了工作效率，为开展抗震救灾和灾后重建工作提供了有利的组织保障。浙江省红十字会在

---

① 王宪：《加快理顺县级红十字会管理体制　加强红十字会基层组织建设》，《中国红十字报》2008年11月28日。

② 《江亦曼在中国红十字会组织建设工作会议上的讲话（2008年11月25日）》，中国红十字年鉴编辑部编：《中国红十字年鉴：2007/2008》，中华工商联合出版社2011年版，第194页。

③ 《彭珮云在中国红十字会组织建设工作会议上的讲话（2008年11月25日）》，中国红十字年鉴编辑部编：《中国红十字年鉴：2007/2008》，中华工商联合出版社2011年版，第179页。

调研中发现，在这次抗震救灾中红十字会募集款物的多少并不完全取决于当地的经济实力，红十字会的管理体制是否理顺、常务副会长的领导是否有力往往更为关键。例如，富阳市红十字会理顺管理体制仅半年时间，由于工作做得好，募集的款物超过3000万元，居全省第三。

截至2008年，县级红十字会的情况大致可以分为三种：第一种是彻底理顺的，即红十字会经过编制部门批准，有专门的编制、机构、人员，参考公务员管理，有专门的办公地点，属于县一级财政预算单位；有专职的常务副会长，县政府领导担任红十字会会长，能够独立自主地开展工作。第二种是“半理顺”的，即有编制、机构、人员、办公地点，有专门账户，但属于县二级财政预算单位，常务副会长由卫生局领导兼任，不是独立自主开展工作的社团法人，这种情况占了相当大的比例。第三种是基本未独立的，即机构虚设、编制被挤占、工作人员以兼职为主，不能正常开展工作。

应该说，虽然红十字会在组织建设工作中取得了一定的进步，但从总体上看，组织建设还不适应形势发展的需要，特别是县级红十字会理顺管理体制工作相对滞后、基层组织建设发展不平衡、组织建设制度不健全、不规范，是制约和影响红十字事业发展的三大瓶颈。到2008年11月，绝大多数地市级红十字会虽然理顺了管理体制，但是还存在不少问题。有的专职副会长尚未配备，有的编制太少，有的人员没有配齐，有的缺少必要的工作条件，影响了红十字会工作的开展。因此，一定要巩固和发展理顺地市级红十字会管理体制的成果，切实帮助他们解决各种实际问题，充分发挥应有的作用。

此次会议提出，“各省要认真分析本省地市级和县级红十字会的具体情况，制定切实可行的工作计划，下大气力推动尚未理顺体制的地市级红十字会加快理顺管理体制，推动‘半理顺’的县尽快彻底理顺。真正做到理顺一个，巩固一个；理顺一批，巩固一批”①。

第三节 应急工作发展的新阶段

进一步加强和全面推进红十字应急工作，是中国红十字会在新时期的一项重要使命，任务艰巨而光荣。“八大”之后，作为人道主义救助团体，中国

---

① 《江亦曼在中国红十字会组织建设工作会议上的讲话（2008年11月25日）》，中国红十字年鉴编辑部编：《中国红十字年鉴：2007/2008》，中华工商联合出版社2011年版，第195—198页。

红十字会以应急工作为重要着眼点，真抓实干，锐意进取，为保护人民的生命财产安全、促进科学发展与社会和谐坚持不懈地努力奋斗。

一、应急工作的紧迫性及红十字应对

进入21世纪以来，我国自然灾害频发；同时，社会处于转型期，经济转轨和社会变革进一步深化，各种矛盾汇集；另外，伴随着全球化、信息网络化和市场经济的发展，突发公共事件越来越具有开放性和扩散性，其复杂性和不确定性程度也日益提高。在这种形势下，政府应急管理能力建设和政府应急管理体系构建面临严峻的挑战①。

推动应急管理工作的紧迫性首先是由我国所处的自然地理环境所决定的。世界有两大自然灾害带，一是在环太平洋地区，这里集中了全球75%的火山，80%以上的地震，67%左右的台风、海啸和风暴潮以及大量的地质灾害和海岸常发灾害；另一个是在北纬20°~50°之间的地带，这里集中了世界90%的大陆地震和大多数大陆火山，同时也是雹灾、干旱、洪水、大风、冰雪等气象灾害和生物灾害的多发地带。而我国正处于这两大自然灾害的交汇点上，灾害频发。据统计，自公元前206年至公元1936年，共计2142年，我国共发生各种自然灾害达5150次②。

2007年12月，在印尼巴厘岛召开了联合国气候变化大会，热烈讨论了如何应对全球气候变化问题。可见气候变化问题已引起国际社会高度关注，成为人类亟待解决的重大问题。近百年来，许多观测资料表明，地球气候正经历一次以全球变暖为主要特征的主要变化。气候变化所导致的气温升高、海平面上升、极端天气与气候事件频发等，对自然生态系统和人类生存环境产生了严重影响；而气候变化最为严重的后果将由贫困的国家和民众来承担，这是最让人担忧的事情。我国人口众多，经济发展水平相对较低，气候条件差，生态环境脆弱，是最易受气候变化不利影响的国家之一；而且中国未来的气候变暖趋势将进一步加剧，未来100年中国境内的极端天气与气候事件发生的频率可能增大，将对经济社会发展和人们的生活产生很大的影响。红十字会必须认清这种形势，增强适应气候变化的能力，提高备灾救灾的自觉性。

加强应急管理也是关系国家经济社会发展全局和人民群众生命财产安全

---

① 朱余斌：《红十字会在政府应急管理体系中的角色定位与存在问题研究》，《辽宁行政学院学报》2014年第3期，第17页。

② 参见邓通：《红十字会“危机管理”能力建设管见》，郝如一、池子华主编：《〈红十字运动研究〉2011年卷》，安徽人民出版社2011年版，第6页。

的大事，是深入贯彻落实科学发展观、构建社会主义和谐社会的重要内容。党的十七大报告提出了到2020年实现全面建设小康社会的奋斗目标，包括全面改善人民生活和建设生态文明，为此要求深入贯彻落实以人为本的科学发展观，强调要加快推进以改善民生为重点的社会建设。十七大报告指出，“必须把建设资源节约型、环境友好型社会放在工业化、现代化发展战略的突出地位”，“加强应对气候变化能力建设，为保护全球气候做出新贡献”，“以慈善事业、商业保险为补充，加快完善社会保障体系”，“强化防灾减灾工作”，“完善重大疾病防控体系，提高突发公共卫生事件应急处置能力”，“完善社会管理，维护社会安定团结”，“健全党委领导、政府负责、社会协同、公众参与的社会管理格局”，“坚持安全发展，强化安全生产管理和监督，有效遏制重特大安全事故”，“完善突发事件应急管理体制”，“完善社会志愿服务体系”。这些方面对于全面加强应急管理工作有重要的指导意义，旨在最大限度地减少突发事件及其造成的人员伤亡和危害，维护国家安全和社会稳定，促进经济社会全面、协调、可持续发展。

中国政府高度重视应急能力建设。改革开放特别是2003年抗击“非典”疫情取得重大成效以来，全国应急管理体系基本形成，自然灾害与其他突发事件防范和预警能力不断提高，应急救援能力明显提升，全社会的公共安全意识明显增强①。2005年以来，国务院已制定国家突发事件总体应急预案及国务院25个专项预案和80个部门预案，制定了“十一五”期间国家突发事件应急体系建设规划，2007年又印发了中国应对气候变化国家方案。2007年8月，《中华人民共和国突发事件应对法》由第十届全国人大常委会审议通过，自2007年11月1日起正式实施。2007年下发的《国务院办公厅关于加强基层应急管理工作的意见》特别指出“要充分发挥工会、共青团、妇联、红十字会、社区业主委员会等组织及志愿者在基层应急管理中的重要作用，形成基层应急管理的合力”。因此必须深刻认识做好应急工作的重要意义，增强责任感和紧迫感。

2007年11月召开的第30届红十字与红新月国际大会，重点讨论了人类面临的人道主义新挑战，包括环境恶化、气候变化、国际移民、城市暴力，以及突发性、经常性传染病和其他公共卫生事件；大会要求提高认识，加强预防工作，切实开展国际合作；大会协商一致通过了“携手为人道”宣言。中国红十字会在大会上做出了“应对新挑战，携手为人道”的庄严承诺。

做好突发事件的应急工作，是红十字会发扬人道主义精神，改善最易受

① 洪毅：《应急能力建设亟待加强的八个方面》，《学习时报》2012年12月24日。

损害群体境况的传统业务，是红十字会义不容辞的责任，也有利于扩大红十字会的社会影响。对于中国红十字会而言，要依法履行《红十字会法》规定的职责，把红十字应急工作作为自己的首要任务抓紧抓实抓好，为应对突发事件做出应有的贡献。2006 年，国务院印发了《关于全面加强应急管理工作的意见》，中国红十字会相应地制定了“十一五”期间应急体系建设规划。

面对各类灾害和突发事件频发的态势，我国应急管理能力还存在风险管理能力弱、应急救援能力较低、应急管理区域协调不顺、城市基础设施防灾减灾能力滞后、公众参与能力有待提高等问题[①]。红十字会的应急管理体系和职能与政府的应急管理体系和职能虽不完全对应和逐一吻合，但红十字会作为中国政府应急管理体系的一个重要组成部分，其应急能力建设既关系到红十字会本身的职责效能，也关系到政府应急能力[②]。应该看到，红十字会协助政府做好应急工作有着自己的特点和优势。主要体现在：

其一，《红十字会法》明确规定了红十字会的职责，并规定了红十字会为开展救助工作，可以进行募捐活动。近年来，中国红十字会总会和大部分省级、地市级红十字会，一部分县级红十字会制定的突发事件应急预案，已被纳入各级政府的总体应急预案体系。

其二，红十字会在长期的灾害救助工作中积累了宝贵的经验，培养锻炼了一支应急工作队伍。虽然红十字会限于自己的实力，投入救灾的财力、物力不算多，但是由于有常抓不懈的备灾工作和灵活的运作机制，使得红十字会能够在第一时间到达自然灾害第一线和突发事件救助现场，及时提供符合群众急需的救灾物资，因而受到政府的肯定和群众的欢迎。

其三，红十字会结合突发事件应急工作大力传播“人道、博爱、奉献”的红十字精神，可以提升公众的人道意识和社会责任意识，增强公众参与捐赠和志愿服务的自觉性，促进社会和谐。

其四，各级红十字会长期以来开展的初级卫生救护培训工作和普及卫生救护防病知识、防灾避险知识，对提高广大群众自救互救能力发挥了良好的作用。

其五，中国红十字会与国际红十字组织有着密切合作的关系，遇到严重灾害时可以呼吁国际红十字组织展开救援。近年来，国际红十字组织认为中国综合国力增强，对我国援助的力度减少，但是国际援助毕竟是一种补充，

---

① 洪毅：《应急能力建设亟待加强的八个方面》，《学习时报》2012 年 12 月 24 日。

② 孙语圣、孙伟：《红十字会应急能力建设研究——以合肥市红十字会为例》，《辽宁行政学院学报》2017 年第 3 期，第 59 页。

而且体现了各国人民之间的友好情谊。中国红十字会要充分发挥自身的特点和优势，把重点放在提高第一时间快速反应能力上，广泛动员社会力量参与募捐和志愿服务，大力开展初级卫生救护培训和普及应急知识等方面，以更好地发挥自身在应急工作中的作用。

正因为这样的优势，各级红十字会应切实加强对应急工作的领导，这是进一步做好应急工作的关键。要实行一把手负责制，建立健全应急管理机构，制定应急体系建设规划。完善应急预案体系，加强制度建设，使应急工作逐步规范化、科学化。要不断提升应急保障能力，特别是要加强红十字应急队伍建设，选拔和配备得力干部充实应急工作队伍，广泛动员红十字志愿者积极参加到应急队伍工作之中，通过培训和演练全面提高应急队伍的素质和能力。还要大力加强救护培训工作，普及防灾避险知识①。

二、应急工作的阶段性成果

（一）红十字应急工作体系初步建立，应急能力建设得到加强

1. 应急工作体系初步建立

在国家对应急工作的总体部署和要求下，总会加强了对红十字应急工作的领导。2005 年，成立了以常务副会长为组长的应急工作领导小组，设立了应急工作办公室。同年，总会制定《中国红十字会总会自然灾害等突发公共事件应急预案》，被国务院作为 80 个部门预案之一纳入国家总体应急预案体系，标志着红十字应急工作成为国家应急工作的重要组成部分。

之后，总会对全国红十字应急工作提出明确要求，应急工作体系的建立步入正轨。截至 2007 年年底，全国 32 个省级（含新疆生产建设兵团）红十字会都制定了应急预案，27 个被纳入本级政府总体应急预案体系；272 个地级红十字会（约占全国的 80%）制定了相应的应急预案，194 个被纳入本级政府总体应急预案体系；604 个县级红十字会（约占全国的 20%）制定了相应的应急预案，349 个被纳入本级政府总体应急预案体系。为使应急预案得以落实，各级红十字会结合自身实际不断完善规范应急工作组织体系，开展了形式多样的预案演练活动。到 2007 年年底，全国 32 个省级（含新疆生产建设兵团）红十字中已有 30 个建立了应急管理领导机构，有 28 个省级红十字会成立了相应的办事机构，明确了应急工作职责和任务；240 个地级红十字会成立了应急管理领导机构，有 114 个成立了专职应急管理办事机构；531 个县

① 《彭珮云在全国红十字应急工作会议上的讲话（2007 年 12 月 16 日）》，中国红十字年鉴编辑部编：《中国红十字年鉴：2007/2008》，中华工商联合出版社 2011 年版，第 143—145 页。

级红十字会成立了专职应急管理办事机构。由此可见，全国红十字应急工作体系已初步建立，这对发挥红十字会在备灾救灾、卫生救护、募捐筹资、志愿服务、人道传播等工作领域的作用，集中优势、形成合力，增强红十字会应急工作能力，提高灾害快速应对能力具有重要意义。

2. 加强应急工作指导，灾害救助工作更加规范

总会在每年汛期之前都及时与国家有关部门沟通，了解灾情会商结果，及时向全国红十字会系统发出做好救灾工作的通知，提出落实应急预案要求。在灾害严重时期，总会及时指导协调各地开展募捐救助工作，要求加大募捐救助力度，规范募捐款物的管理和使用，强调严格执行红十字灾害救助工作规则和纪律，确保公开、公正、公平、及时地将救助物资发放到灾民手中，及时向社会公布捐赠款物使用情况，自觉接受社会监督。为落实《中国红十字会总会自然灾害等突发公共事件应急预案》，总会制定了《中国红十字会总会自然灾害等突发公共事件分级响应救助标准及审批程序》，使灾害救助工作更加规范化和科学化。各地红十字会以及各区域性备灾救灾中心也根据自身实际制定了备灾救灾工作的相关规章制度，保证了救灾工作规范、及时、高效的开展。

3. 红十字应急管理干部队伍素质不断提高

在国家财政的支持下，总会自2006年起每年举办两期应急能力建设培训班，已对300多名省（区、市）红十字会的应急管理干部进行培训。培训中特别吸收灾害多发地区的地、县级红十字会专职干部参加，受到普遍欢迎。红会还积极派员参加国务院应急办组织的应急培训，有效提升了应急干部的能力和水平。总会积极争取国际联合会的支持，举办了涉及备灾物资库后勤管理、全球赈灾救助最低标准、紧急灾害评估等内容的培训班，吸收国际先进的应急管理工作理念，提高了红十字会系统应急队伍的知识水平。为拓宽应急工作思路，开阔视野，总会组织各地红会赴国外学习考察，借鉴其他国家红十字会在备灾救灾、救援队建设等方面的有益经验。在国际联合会以及各国红十字会的支持下，选派相关人员参加灾害实地评估、灾害风险管理，洪涝灾害管理、基础医疗救援等专项培训活动，大大提高了应急管理能力和水平。

各地红十字会也十分注重应急管理干部培训工作，据不完全统计，截至2007年年底，各省级红十字会举办应急干部培训班30多个，培训近1000人次，应急管理干部队伍整体素质得到明显提升。不少地方红十字会还加强了对应急志愿者的培训，如海南、江苏等省红十字会积极招募热爱红十字事业的应急志愿者，对他们进行红十字基本知识、现场救护技能等培训，以便在突发公共事件时，由红十字会统一安排及时赶赴灾区一线参加紧急救援。

4. 完善救灾物资储备和管理，保证第一时间救助

截至2007年底，红十字会的救灾物资储备网络已初步形成。除总会建立的6个区域性备灾救灾中心外，15个自然灾害频发的省级红十字会和70多个地县级红十字会也建立了备灾救灾中心或物资库。尚未建物资库的省、地、县也在抓紧立项筹建。总会在北京建设的备灾救灾物资库，占地近百亩，经国务院办公会议决定，国家发改委批准立项，已于2007年12月9日奠基。为提高救灾工作效率，加强灾情及救助信息管理，总会通过公开招标由专业公司协助开发全国红十字会备灾救灾信息管理软件系统，已进入试运行阶段，2008年将逐步投入使用。一些省份在这方面已先行一步，云南省红十字会在2001年即开发建成救灾信息管理系统，在灾害应急工作中发挥了重要作用，积累了成功的经验。

5. 加强沟通协调，争取政府相关部门支持

为保证红十字会救灾工作顺利开展，总会注重加强与民政部和国家气象局、地震局、防汛指挥部等部门的沟通与合作，并得到他们的大力支持与积极配合。2007年7月，为保证北京三元集团公司向安徽灾区捐赠的9万箱饮用奶制品快速安全运抵灾区，交通部接红会请求支持的信函后，当天以特急明传电报方式向沿线各省交通管理部门发出紧急通知，保证运输车辆经“绿色通道”快速通行，并免收通行费。不少省级红十字会也积极争取加入本省有关灾害应急协调机制，凸显了红十字应急工作的地位和作用。北京、湖南、广西等省级红十字会已经成为本级政府应急管理委员会或防汛抗旱指挥部的成员，能够及时掌握政府应急管理工作要求，提前部署，及时行动①。

（二）应急救援力度逐年加大，应急反应速度日益加快

随着我国经济的不断发展以及红十字会地位和作用的日益凸显，政府更加重视发挥红十字会的作用，逐年加大了对红会的支持力度。特别是国家彩票公益金项目的实施，有力支持了红十字会灾害救助工作的开展，增强了红十字会的灾害救助实力和反应速度。“十一五”期间，中央共安排1.5亿元用于红十字会开展救助工作。随着彩票公益金分配方式改变，据不完全统计，到2007年年底，已有7个省级红十字会争取到地方彩票公益金的配套支持，总金额达926万多元。每当国内灾情严重时期，总会及时向社会发出紧急募捐呼吁，号召社会各界帮助灾区群众渡过难关、重建家园。许多企业慷慨解囊，如中国海洋石油公司2006年一次性捐款1000万元支持在重灾区开展红

① 《江亦曼在全国红十字应急工作会议上的讲话（2007年12月16日）》，中国红十字年鉴编辑部编：《中国红十字年鉴：2007/2008》，中华工商联合出版社2011年版，第158—160页。

十字“博爱新村”建设，建设银行提供450万元支持“博爱卫生院”及“博爱小学”建设；大连德特食品公司、青岛百洋药业、LG电子集团等众多企业，在2007年的水灾救助中向红会捐赠款物价值2300多万元；许多群众也纷纷通过银行、邮局或手机短信等不同方式捐款捐物，表达爱心。

面对严重灾情，各地红十字会也积极开展募捐，有的省创造了历年救灾募捐的最好水平。2007年，四川、重庆红十字会均募捐超过2000万元的款物用于本省（市）的救灾工作。各兄弟省市红十字会也纷纷向灾区伸出援助之手，上海市红十字会近4年来，共向受灾严重的兄弟省市红十字会援助款物价值人民币5800多万元。据不完全统计，2005—2007年，全国各级红十字会共投入国内自然灾害救助的款物价值超过10.7亿元人民币，使3500多万受灾群众从中受益。每当灾情严重时期，总会的主要领导都亲自带队奔赴灾区，考察灾情，慰问灾民，指导地方红十字会开展救灾工作。2005年以来，总会共向受灾严重省份派出救灾工作组50多支。2006年以来，国务院救灾工作组先后4次邀请总会作为工作组成员单位参与对重灾区考察，体现了政府对红十字会救灾工作的重视与信任。2007年6月，在云南普洱地震救援工作中，红会行动迅速，灾害发生当天便紧急调拨救灾物资并派出救灾工作组，受到温家宝总理、回良玉副总理等领导同志的肯定和鼓励。在灾害应对工作中，各级红十字会也都在第一时间到达灾害现场向灾区群众提供救助，不少红十字会由于表现突出，受到当地省委省政府的表彰，如2005年，重庆市红十字会被评为全市“抗洪救灾先进单位”；2006年，广东省红十字会被授予全省“抗洪救灾模范集体”；2006年，福建省红十字会被授予全省“防抗台风抗洪抢险救灾先进集体”；还有许多省份红十字会的救灾工作受到当地政府的表扬和肯定。各级备灾救灾中心在救灾工作中，忠于职守，及时发运，保证了救灾物资快速安全抵达灾区。

香港、澳门特别行政区红十字会十分关心内地灾情，2005—2007年，已分别向内地灾区提供了价值2900多万元及1400多万元的救灾援助。国际联合会及东亚地区办事处给予红会灾害救助工作很大支持，2005—2007年，通过国际呼吁共向我国10个受灾严重省份提供价值人民币3047多万元的支持，提供灾区群众急需的粮食、毛巾被、棉被等物资援助；2006年首次在呼吁中增加支持灾后重建的内容，2007年呼吁中又增加了农村社区备灾项目的内容①。

---

① 《江亦曼在全国红十字应急工作会议上的讲话（2007年12月16日）》，中国红十字年鉴编辑部编：《中国红十字年鉴：2007/2008》，中华工商联合出版社2011年版，第160—161页。

（三）应急工作队伍逐步建立，应急工作效果日益凸显

《国家突发公共事件总体应急预案》明确提出，“必要时组织动员红十字会等社会力量参与医疗卫生救助工作”。《“十一五”期间国家突发公共事件应急体系建设规划》也提出，要“依托共青团组织、中国红十字会、中国青年志愿者协会、基层社区以及其他组织，建立形式多样的应急志愿者队伍”。为贯彻落实这些要求，红会依托武警总医院和上海华山医院成立了“中国红十字紧急救援队”。全国各地红十字会也着手组建本级红十字紧急救援队，截至2007年年底，全国各省级红十字会共成立救援队12支，许多地县级红十字会和基层社区也结合自身实际成立了红十字救援队或救护队，增强了红十字会的应急救援能力。

在开展灾害救助过程中，红十字会注重结合灾区实际，丰富救灾物资品种，在保证灾区群众有饭吃、有水喝、有衣穿的同时，努力改善其生产条件和生活质量。如红会发放的家庭救助包中有T恤衫、拖鞋、水桶、脸盆、肥皂、毛巾等物品，还配有餐盒、餐勺以及应急用手电筒等生活用品，深受灾区群众的欢迎。2006年，九江地震灾害发生后，为改善灾区集中安置群众的卫生环境，总会为灾区提供了方便卫生的移动式厕所；2007年，总会发现四川灾区的许多群众罹患浸渍性皮炎（俗称“烂脚丫”），立即联系澳门红十字会捐赠治疗药物；同时，总会还向南方洪涝灾区发放大批蚊帐，防止蚊虫叮咬，控制疟疾的发生和流行。

红十字会在应急工作中不断进行有益的尝试和探索，以适应现代应急管理理念的转变。2005年，黑龙江省沙兰镇中心小学突发泥石流灾害，造成百余名学生遇难，给家长和师生带来严重心理压力和心灵创伤，总会首次组织心理专家开展了心理救援工作；2006年，总会首次向遭受严重旱灾的四川、重庆灾区群众提供救助；同年，广东、福建省红十字会与台湾红十字组织合作开展了海上救生救护培训、演练等。对于红十字会而言，上述都是新的尝试和探索。

灾后重建工作是应急工作中的重要一环，迅速有效的灾后重建有利于保障灾区生产、生活和社会秩序的快速恢复。近年来，红会在提供紧急人道救助的同时，不断加大灾后重建工作力度，在受灾严重的贫困地区开展了“博爱新村”“博爱小学”和“博爱卫生院（站）”以及红十字紧急避灾场所等灾后重建工作。同时，注意把灾后重建工作与社会主义新农村建设、发展红十字基层组织以及建立红十字活动基地、传播红十字精神相结合，取得了良好的效果。2005—2007年，总会共投入资金5600多万元，帮助2371户灾民重建民房，重建乡镇卫生院41所、村级卫生站160个、博爱小学77所。

在国际联合会以及香港红十字会的支持下，中国红十字会在部分贫困农村地区开展的以预防为主的社区备灾项目进展顺利，取得了良好的社会效益与经济效益。社区备灾项目包括防灾避险、自救互救、防疫防病等防灾减灾教育和培训等软件建设，也包括建设急需的小型减灾工程，如人畜饮水设施、防灾避灾撤离通道和小型堤坝、救助站等硬件建设。通过项目的实施，提高了农村群众的防灾意识和安全意识，增强了应对灾害的能力。

媒体的广泛参与已经成为红十字应急工作不可或缺的重要组成部分。每当紧急呼吁期间，中央电视台、香港凤凰卫视等媒体都深入灾区，实地采访，大大增强了呼吁的影响力。各级红十字会的宣传意识也逐步增强，注重加强面向社会的宣传。四川、云南、湖南等红十字会的救灾工作在媒体的报道频度显著提高，红十字会开展灾害救助工作的社会影响日益扩大，树立了红十字会的良好社会形象①。

（四）救护培训工作深入开展，防灾减灾宣传更加广泛

提高群众自救互救能力是应急工作的重要内容，开展初级救护培训是提高群众自救互救能力的重要手段。国家彩票公益金项目支持救护师资培训工作开展以来，为建立和储备中国红十字会稳定的救护师资队伍、加快救护培训网络的形成奠定了坚实基础，使救护培训工作可持续发展有了可靠保证。2006 年 9 月，总会和卫生部在北京联合召开全国红十字卫生救护工作会议，制定了《中国红十字会 2006—2010 年卫生救护工作规划》，提出“把卫生救护工作纳入应急体系建设”的要求。会后，总会分别与公安、交通、安监、煤矿、民航、旅游、铁路等部门联合下发文件，为救护培训工作提供有力的政策支持。据统计，2004—2007 年，各省级分会共举办红十字救护师资培训班 800 多期，培训师资近 3 万余名。铁路、民航、旅游等行业与红十字会联合开展红十字救护员培训，培训人数已超过 1000 万人次。

为了积极参与奥运、服务奥运，中国红十字会于 2007 年 3 月与北京奥组委签署合作备忘录，确定由红十字会对奥组委招募的非红十字志愿者进行突发事件应急知识和急救技能培训，利用自身在救护培训方面的优势积极参与 2008 年奥运会的相关应急保障工作。有奥运赛事任务的北京、青岛、上海等地红十字会积极争取各方支持，大力开展了对奥运工作人员和志愿者的现场救护培训工作。

强化群众防灾避险意识，提高群众自救互救能力，是做好应急工作、减

① 《江亦曼在全国红十字应急工作会议上的讲话（2007 年 12 月 16 日）》，中国红十字年鉴编辑部编：《中国红十字年鉴：2007/2008》，中华工商联合出版社 2011 年版，第 161—162 页。

少灾害损失的重要环节。近年来，各级红十字会紧密结合救护培训工作的开展和农村社区备灾项目的实施以及“世界红十字日”“世界急救日”等重大活动，深入社区、农村、厂矿、机关、学校等，采取专家讲座、发放手册、播放录像、张贴海报或开展知识竞赛、集中观摩等形式，结合当地灾害特点，向社会广泛宣传预防雷电、溺水、中暑、中毒、滑坡等灾害的知识。辽宁省红十字会编印了 30 万册的《大众紧急避险手册》，上海市红十字会编印了《灾害与意外——避险逃生应急手册》向社区群众发放，有效增强了社区群众的防灾减灾意识，提升了他们自救互救的能力。

在看到成绩的同时，也要清醒地认识到红十字应急体系建设中存在一些薄弱环节和突出问题，主要是：基层管理体制不顺制约了红十字应急工作的开展；应急工作经费不足，社会动员能力不强；应急预案体系有待完善，应急预案演练缺乏经验；应急管理能力和水平有待提高，专业应急队伍力量薄弱，应急志愿者队伍建设滞后；信息管理、通讯联络手段等相对落后，应急物资储备网络、紧急运输协调机制还不完善等。这些有待于在今后的工作中加以克服和解决①。

三、新时期应急工作的发展目标

2007 年 12 月 26 日，在国家高度重视社会力量参与应急工作的背景下，全国红十字应急工作会议召开。这是红会“第一次召开全国应急工作会议，也是总结经验、规划部署应急工作，以实际行动贯彻落实党的十七大精神的一次重要会议。对于加快完善红十字应急体系建设，提高红十字应急反应能力，切实履行《红十字会法》赋予的职责，充分发挥红十字会作为政府人道救助领域助手作用，具有十分重要的意义”。这次会议的主要任务是以邓小平理论、“三个代表”重要思想和科学发展观为指导，贯彻落实党的十七大精神，“总结近年来红十字应急工作成绩，交流经验，表彰救灾工作先进集体和个人，研究落实应急工作规划，推动红十字应急工作迈上新台阶，为国家应急工作做出新贡献”。这次会议对新时期红十字会的应急工作提出了新要求。

（一）提高认识，加强领导

根据国家的总体要求和红十字会的实际情况，在征求各地意见的基础上，总会制定下发了《中国红十字会“十一五”期间应急体系建设规划》。各地

① 《江亦曼在全国红十字应急工作会议上的讲话（2007 年 12 月 16 日）》，中国红十字年鉴编辑部编：《中国红十字年鉴：2007/2008》，中华工商联合出版社 2011 年版，第 162—163 页。

要结合学习、领会党的十七大精神，进一步加强对应急工作的认识，落实总会“十一五”期间应急体系建设规划。“应急”概念是个新事物，很多基层红十字工作者对应急工作的理解不够全面，尚未完全理解应急工作的重要性、具体内容以及红十字会应如何参与应急工作。对此，各级红十字会必须加强学习，特别要学习《中华人民共和国突发事件应对法》《中国红十字会“十一五”期间应急体系建设规划》等，不断提高思想认识，强化参与应急工作的意识，增强做好红十字应急工作的责任感、紧迫感和使命感。

各级红会要加强对应急工作的领导，实行一把手负责制，完善应急组织机构，配备得力的专职干部，明确职责分工；要加强内部的协调沟通，做好工作的衔接与配合；要加强对红十字应急管理干部的培训，切实提高应急管理干部的能力和水平。为适应新形势的需要，总会已将成立的备灾救灾委员会更名为应急工作委员会，有条件的地方红十字会也要依托社会资源成立红十字应急工作委员会，提高红十字应急工作的科学性。要建立健全激励机制，表彰奖励红十字应急工作的先进集体和个人。要按照《中国红十字会“十一五”期间应急体系建设规划》要求，结合自身实践制定本级红十字应急体系建设规划，并及时跟踪规划编制和实施情况，保障规划目标任务的全面完成。

（二）加强基础性建设，增强应急工作的能力和实力

基础性薄弱是当前制约红十字应急工作发展的瓶颈，各级红十字会应重点加强红十字应急工作的基础性建设。红会既要加快推进红十字整体工作，包括理顺管理体制、志愿者队伍建设、筹资宣传能力等方面，又要重点做好以下几方面工作：

一是完善应急预案体系并纳入政府应急预案体系，增强预案的针对性、操作性和实用性，通过演练和实践，及时对预案进行修订和完善；

二是对照应急工作各个环节和各项任务，制定相关配套制度，建立健全红十字应急工作标准体系，实现规范化管理；

三是加强红十字应急队伍建设、加快专业紧急救援队和志愿者应急队建设步伐，针对各类队伍的不同特点开展培训，全面提高应急队伍素质；

四是指导各级红十字会完善应急物资储备管理，在灾害多发地区，加快应急物资储备库建设；

五是完善应急运输协调机制，依法争取交通管理部门的支持，开通人道救援绿色通道，减免各项通行费用；

六是做好与本级政府相关部门的沟通协调、资源共享，准确掌握灾情及相关信息，加快备灾救灾信息化建设；

七是救灾工作要和气候变化、防灾减灾、增强社区备灾减灾能力、培养群众减灾意识结合起来；

八是加强应急工作领域的合作与交流，学习先进经验和理念，掌握最新应急知识和技能；

九是加大对应急工作的投入，在积极引进国际项目、争取财政支持的同时，把经常性社会筹资和灾后紧急募捐结合起来，增强红十字应急工作实力；

十是要注重救灾宣传，自觉接受社会监督，吸引更多爱心人士关注和支持红十字应急工作。

通过建立和完善快速有效的灾害应急体系，不断提高灾害应急反应能力，最大限度地减轻各类灾害给人民群众造成的生命和财产损失。

（三）争取政府政策支持，参与国家应急体系建设

初级救护培训是红会的传统优势业务，也是《红十字会法》赋予红会的重要职责。通过多年的工作实践，红十字会形成了较为完善的培训网络和体系，具有比较先进的急救知识和理念，积累了丰富的救护培训经验。《“十一五”期间国家突发公共事件应急体系建设规划》中明确提出，“社会公众危机意识不强，自救互救能力不高”是应急能力建设的薄弱环节，强调要大力加强此项工作。各级红十字会要切实按照《中国红十字会2006—2010年卫生救护工作规划》提出的目标和要求，积极争取政府支持，把红十字救护培训纳入当地政府总体应急工作体系，从国家政策层面明确红十字救护培训在提高群众自救互救能力方面的重要作用。各级红十字会在积极争取政府政策支持的同时，一定要充分发挥自身优势，积极主动地开展工作，加大培训演练力度，并注重与防灾避险知识宣传普及工作相结合，以实际行动确立红十字救护培训在提高群众自救互救能力方面无可替代的地位，确保红十字救护培训工作在更高层面发挥更加持久有效的作用。

（四）更新观念，勇于实践，不断开拓应急工作新领域

我国幅员辽阔，各地经济发展水平不同、自然环境不同、致灾因素不同，相应的各地红十字组织的应急能力也不相同。各地一定要紧密结合自身实际，形成符合实际的红十字应急工作模式，不搞一刀切。各级红十字会要加深对应急工作规律的理解和认识，树立应急工作新理念，坚持预防与应急并重，积极参与灾前、灾中、灾后的全程灾害管理，努力使红十字应急工作向更科学规范、更有内涵和特色的方向不断拓展。在做好紧急救援的同时，要积极探索开展灾后心理救援、农村社区备灾、水上救生等应急工作新领域。及时有效的心理救援更能体现以人为本的理念，有利于最大限度地帮助灾区群众稳定情绪、化解悲痛，增强心理承受能力，重建生活信心，预防和减少灾害

造成的心灵创伤。农村社区备灾项目不仅能够提高农村社区的防灾减灾意识、知识和技能，增强农村社区的防灾备灾和抗灾能力，也是红十字基层组织发展和能力建设的一个有利抓手。总会将加强对全国农村社区备灾项目的试点推广工作，并在实践的基础上探索出可持续发展的有效途径。要依托相关专业力量，组建能有效开展水上救生、灾害避险的专业志愿者队伍。

红十字会作为从事人道主义工作的社会救助团体，是我国目前直接参与灾害救助工作的社会组织，是国家减灾委员会 34 个成员单位之一，配合政府做好应急工作是红会义不容辞的责任。随着国家更加关注民生、关注应急体系建设，以及政府转变职能步伐的日益加快，“政府主导，社会参与”的应急工作新局面正在形成，各级红十字会应该认清形势，抓住机遇，继续紧密围绕国家应急工作大局，坚持以保护人的生命和健康为宗旨，以改善最易受损害群体境况为目标，努力工作，不断进取，为推动中国红十字事业的全面发展、为构建和谐社会做出新的更大的贡献①。

（五）加强基层红十字会的能力建设

各地基层红十字会普遍具有人员编制不足、办公经费紧张、救灾资源动员不足等问题，因此应加快理顺基层红十字会管理体制。首先，加快各地各级红十字会管理体制建设。红十字会办公场所和运作经费等需要地方各级党委、政府给予必要的财政支持，红十字会应加大与地方党委、政府的密切联系；救援队伍的不断扩充是应急救灾工作坚实的组织保证，红十字会救灾工作必须发展社会化工作机制，不断壮大民间组织队伍和志愿者队伍。其次，加强基层红十字会能力建设。基层是应急救灾的前沿阵地，第一时间面对灾情、第一时间参与救援，因此只有不断强化基层组织应急准备能力、资源和资金动员能力、应急救援能力、组织队伍管理能力等方面建设，不断按照中国红十字事业发展的目标和要求发展，才能满足地方和基层应急救灾需要②。

四、进一步推动应急工作的主要着眼点

（一）政府支持，社会参与，是做好红十字应急工作的前提

红十字应急工作是国家应急体系建设的重要组成部分，是政府应急工作的有益补充，红十字应急工作离不开政府及其相关部门的支持。政府通过制

① 《江亦曼在全国红十字应急工作会议上的讲话（2007 年 12 月 16 日）》，中国红十字年鉴编辑部编：《中国红十字年鉴：2007/2008》，中华工商联合出版社 2011 年版，第 164—166 页。

② 朱荩予：《进一步推进红十字会应急救灾工作的几点建议》，《辽宁行政学院学报》2018 年第 3 期，第 80 页。

定规划、提供政策支持、建立灾情信息通报制度、给予经费资助等方式发挥红十字会的助手作用，是红十字会做好灾害应急工作的重要保证。红十字应急工作也离不开全社会的广泛参与，灾害发生后，通过动员社会力量，依法开展募捐，动员志愿者参与救援，不仅体现了红十字会的组织特色，也大大增强了救助能力和实力。实践证明，积极争取政府重视和支持，广泛动员社会力量参与，是进一步做好红十字应急工作的最优前提。

（二）发挥优势，突出特色，是做好红十字应急工作的关键

红十字会参与应急工作具有自身组织优势。红十字运动有悠久的历史、先进的理念和丰富的人道工作经验；红十字会开展备灾救灾和卫生救护等工作具有法律保障；同时，中国红十字会具有良好的社会公信力、较为健全的组织体系和备灾救灾网络。红十字会在备灾救灾方面的特色主要体现在“应急救助的快速反应速度、集中使用有限资源的发放策略、更加符合灾区群众需求的救灾物资品种、规范透明的运作程序、救灾和救护的有机结合以及完整有效的组织体系”。红会只有充分发挥优势，把优势转化为红十字应急工作的特色，才能在国家应急体系建设中发挥更大的作用。

（三）强化基础，增强实力，是做好红十字应急工作的保障

由于历史发展的曲折，从红十字会系统整体来看，应急工作仍然是人手少、底子薄、能力弱、基础差。虽然通过努力，各项工作有了很大发展，但离实际需要仍有不小差距，特别是基础性工作薄弱，严重制约着红十字应急工作的开展。救援装备、信息设备、物资储运设施等是应急工作的基础性硬件，而组织体系、工作机制、队伍素质、规章制度等则是应急工作的基础性软件；只有坚持两手抓，强化基础，增强实力，总结经验，创新模式，努力探索既积极争取政府支持、动员社会力量广泛参与，又善于运用市场经济规律和手段，不断增强红十字应急工作实力的新路子，才能保障红十字应急工作的顺利开展。

红十字会作为从事人道主义工作的社会救助团体，是我国目前直接参与灾害救助工作的社会组织，是国家减灾委员会 34 个成员单位之一，配合政府做好应急工作是红会义不容辞的责任。“中国红十字会是中国整体灾害应急体系的重要组成部分，建立健全红十字会应急体系建设对备灾、应急工作至关重要。”①。随着国家更加关注民生、关注应急体系建设，以及政府转变职能步

---

① 孙语圣、宋启芳：《论中国红十字会灾害应急体系建设》，《辽宁行政学院学报》2014 年第 2 期，第 94 页。

伐的日益加快，“政府主导，社会参与”的应急工作新局面正在形成，各级红十字会应该认清形势，抓住机遇，继续紧密围绕国家应急工作大局，坚持以保护人的生命和健康为宗旨，以改善最易受损害群体的境况为目标，努力工作，不断进取，为推动中国红十字事业的全面发展、为构建和谐社会做出新的更大的贡献[①]。

① 《江亦曼在全国红十字应急工作会议上的讲话（2007 年 12 月 16 日）》，中国红十字年鉴编辑部编：《中国红十字年鉴：2007/2008》，中华工商联合出版社 2011 年版，第 163—164 页。

第六章　百年华诞谱新篇（2004—2009）（下）

作为国际性人道救援组织和中国政府在人道主义工作领域的重要助手，中国红十字会在印度洋海啸巨灾发生后，积极响应国际社会的号召，紧急展开国际救援工作，成为中国红十字会在改革开放以来开展的规模最大、声势最大、效果最好、募捐数量最多的一次国际救援活动。而面对汶川地震的特大灾害，中国红十字会紧急行动，迎难而上，投入这场空前规模的人道救援行动当中。此次救援行动，中国红十字会经受了前所未有的严峻挑战，得到了极大的锻炼，取得了丰富的经验，书写了灾害救援的历史新篇章。

第一节　“携手为人道”：印度洋海啸国际救援

2004 年 12 月 26 日上午，印尼苏门答腊岛西北海域发生了近百年来罕见的 9 级强震，地震引发秒速达 200 米的特级海啸，冲向印尼、泰国、马来西亚、斯里兰卡、印度、马尔代夫等 12 国，余波甚至冲击到东非索马里海岸。根据美联社的报道，“直升机上望去，印尼苏门答腊岛受灾地区的景象都非常地相似：大部分村庄都被泥浆和海水覆盖着，唯一的生命迹象是一些绝望的灾民在海滩上四处寻觅食物”①。据专家介绍，这次地震是 40 年来世界最强烈地震。意大利国家地球物理学院院长波斯什称，印尼地震的能量

① 转引自翟崑：《印度洋海啸：世纪灾难》，《世界知识》2005 年第 2 期，第 16 页。

相当于100万枚投在日本广岛原子弹的当量。地震的震动是如此强烈，以至于地球的自转都受到了影响。西方媒体将许多遭受海啸袭击的灾区形容为“海边停尸房”。海啸还摧毁了灾区大量的基础设施和交通工具，迫使数以千万计的百姓流离失所①。根据2005年2月初的统计数据，印度洋海啸遇难者总人数已经超过29.2万人②。

中国红十字会作为国际性人道救助组织的重要成员和中国政府在人道主义工作领域的重要助手，在印度洋海啸发生后，积极响应国际社会的号召，遵循红十字运动的宗旨，秉持“人道、博爱、奉献”的红十字精神，紧急展开国际救援工作。在这次国际救援中，中国红十字会不仅第一时间启动紧急救援工作，而且在全社会积极参与下开展了国际救援募捐活动，创造出了前所未有的佳绩。

一、中国红十字会启动紧急救援工作

“动员人道力量，改善最易受损害群体的境况”，这是国际联合会《2010年战略》的中心思想和宣传口号。印度洋海啸灾难发生之后，当地灾民所面临的灾难就是全人类的灾难，在千百万人家破人亡、缺吃少穿的悲惨境遇面前，尤其让人感到这句口号沉甸甸的分量③。

（一）发出慰问电，给予紧急援助

灾难发生后，中国红十字会在彭珮云会长的领导下，立即采取紧急行动，于海啸发生次日，就以常务副会长江亦曼的名义，代表中国红十字会向各受灾国红十字会或红新月会发去慰问电，并紧急调拨15万美元，通过国际联合会发往各受灾国红十字会或红新月会。12月30日、31日，中国红十字会又先后拨出51万美元，从多边和双边渠道拨付受灾国红十字会或红新月会。国际联合会和受灾国红十字会或红新月会对中国红十字会迅速有效的行动给予了很高的赞誉。

2005年1月6日，中国红十字会将募集到账的民间捐款折合200万美元捐赠给了印尼、斯里兰卡、泰国、马尔代夫4国红会或政府，用于紧急救援工作。国际联合会常驻北京的东亚地区代表团宣传代表斯帕若认为，中国红

---

① 《印度洋：全球的痛》，《北京晚报》2005年1月3日。

② 《印度洋海啸遇难总人数逼近30万》，新华网，2005年2月4日。

③ 肖星：《聚集全球力量　抵御海啸大难：红十字会与红新月会国际联合会人道救援网络行动纪实》，《中国红十字报》2005年1月7日。

十字会在这次行动中反应迅速，募捐工作成效很大，表现了中国人民崇高的人道精神①。

1 月 19 日下午，中国红十字会首批援助物资运抵印尼巴淡岛，并迅速送到亚齐灾民手中。这批物资主要由中国企业捐赠，如浙江娃哈哈集团捐赠的矿泉水和儿童服装，上海柴油机股份有限公司捐赠的发电机，广东格兰仕集团捐赠的空调和微波炉，以及其他许多企业捐赠的帐篷、净水器等。中国红十字会也提供了 1 万条毛毯和 1000 箱饼干。这批物资总价值 1077 万元人民币，重 86 吨，由中国国际航空公司免费承运②。

1 月 25 日，中国红十字会再次提供 800 万美元的援助，分别捐赠给受灾国家以及国际红十字组织。其中，印度尼西亚红十字会 140 万美元；斯里兰卡红十字会 100 万美元；泰国红十字会 50 万美元；印度红十字会 25 万美元；缅甸红十字会 10 万美元；肯尼亚红十字会 5 万美元；坦桑尼亚红十字会 5 万美元；国际联合会 300 万美元；红十字国际委员会 150 万美元③。至此，中国红十字会共向 11 个受灾国和国际红十字组织提供了 1066 万美元的捐款、价值 1077 万元人民币的物资援助，以及中国国际航空公司提供的价值 450 万元人民币的包机运输费用④。

4 月底，中国红十字会与印尼红十字会签署了《中国—印尼友谊村合作备忘录》，开始致力于参与受灾国的灾后重建项目⑤。截至 6 月初，中国红十字会共为印度洋海啸救援募集救助资金达 4 亿元人民币，并已在紧急救援阶段向遭受海啸侵袭的 11 个国家的红十字会及国际红十字组织捐赠了价值近 1.8 亿元人民币的款物。

（二）发出紧急呼吁，开展募捐活动

2004 年 12 月 26 日，国际联合会在大灾当天向国际社会发出紧急援助预备呼吁，寻求 751 万瑞士法郎的援助，为 50 万灾民提供 6 个月的粮食及其他生活必需品；12 月 29 日，根据灾情不断扩大的形势，联合会发出修改后的第二份预备呼吁，大幅度提高呼吁额，扩大了援助范围，寻求 6705 万瑞士法郎

---

① 肖星：《聚集全球力量　抵御海啸大难：红十字会与红新月会国际联合会人道救援网络行动纪实》，《中国红十字报》2005 年 1 月 7 日。

② 管克江：《中国红十字会首批援助物资抵印尼》，《人民日报》2005 年 1 月 20 日。

③ 《中国红十字会总会通报海啸部分捐款去向》，新浪网，2005 年 1 月 26 日。

④ 《中国红十字会参与海啸灾后重建计划初步确定》，新华网，2005 年 1 月 25 日。

⑤ 王艳群：《中国红十字会印度洋海啸救援表彰大会在京召开》，《中国红十字报》2005 年 6 月 3 日。

的援助，为200万灾民提供6至8个月的粮食及其他生活必需品①。12月30日，中国红十字会决定响应国际联合会的号召，向全国发出紧急募捐呼吁，开通捐赠热线电话，公布募捐账号，并实行24小时值班。同时，成立了以常务副会长江亦曼为主要负责人的中国红十字会海啸救援指挥部，明确了各部门的责任和分工，建立了每日例会制度，密切关注灾情，统筹全国红十字系统的募捐工作。由此，中国红十字会的热线电话成了中国民众和印度洋海啸灾民的爱心热线。总会除每天向政府有关部门通报捐款数量、定期向媒体介绍接受募捐情况外，还及时向国务院和外交部分别呈送报告，汇报募捐、救援工作进展情况，以及下一阶段的工作安排。

与此同时，总会还先后向各省级红十字会发出了《关于规范红十字会系统开展对印度洋海啸灾区捐赠活动的通知》《关于加强印度洋海啸灾害捐款管理的通知》等通知，有效地指导了各地红十字会的募捐活动。例如，为规范各地红会的捐赠活动，总会特别要求：（1）各级红十字会要紧急行动起来，依据《红十字会法》独立自主地积极开展募捐活动。（2）切实加强对募捐活动的管理。各级红十字会为印度洋海啸灾区开展的捐款活动应接受中国红十字会总会的统一领导。（3）各级红十字会要坚持公开、公正、透明的原则，及时向社会公布接受捐赠办法，严格管理，手续完备，出具合法、有效的捐赠收据和感谢信，尊重捐款人（单位）的意愿，公布捐赠情况，接受社会监督。（4）各级红十字会要积极收集捐赠活动中的好人好事、感人事迹，收集社会知名人士参与捐赠活动的情况，并及时以书面材料上报总会，以便宣传。不仅如此，总会还提出，根据红十字运动统一性的原则，在对印度洋海啸受灾国家进行人道援助过程中，“各地方红会不直接同国际联合会或受灾国红十字会或红新月会联系救助和捐款事宜，有关对外救助联络事宜统一由总会负责”②。也就是说，各地方分会的募捐所得要统一汇集到总会，由总会与国际红十字组织或受援国红十字会取得联系，联络实施救援事宜。虽然各地方红会没有参与直接的救援行动，但它们所承载的全国人民的关切和爱心，从四面八方汇聚到北京，由此才有了中国红十字会前所未有的国际救援大行动③。

---

① 肖星：《聚集全球力量　抵御海啸大难：红十字会与红新月会国际联合会人道救援网络行动纪实》，《中国红十字报》2005年1月7日。

② 《关于规范红十字会系统开展对印度洋海啸灾区捐赠活动的通知》，《中国红十字报》2005年1月7日。

③ 傅虹：《爱心无国界——全国各地红十字会为海啸灾区募捐纪实》，《中国红十字报》2005年1月14日。

二、派遣救援工作组

为了慰问海啸受灾民众，了解灾区的实际需求，并向当地红会、我驻外使馆、国际红十字组织了解救灾情况和重建计划，追踪中国红十字会捐款的到账和使用情况，2005 年 1 月 13 日，中国红十字会赴海啸受灾国救援工作组正式成立。工作组一共由 10 人组成，分成 3 个小组。14 日，工作组从北京启程，分赴受灾最为严重的印度尼西亚、斯里兰卡和泰国 3 个国家①。在各方面的配合支持下，工作组克服困难，在比较艰苦的条件下圆满完成了预定任务②。

（一）赴印尼救援工作组

1 月 14 日，北京时间 0：55，由中国红十字会派出的印度洋海啸灾区救援工作组抵达印尼首都雅加达。在前往驻地的途中，工作组与中国驻印尼大使馆文化参赞共同研究在印尼的工作安排，商讨中国红十字会救灾物资专机到达的具体事宜，并仔细商谈救灾工作的行动计划。到达驻地已是子夜时分。天亮以后，工作组会同印尼红十字会 100 多名志愿救灾人员乘专机抵达受灾严重的班达亚齐灾区。在班达亚齐机场，来自不同国度、不同类型、不同标志的各色飞机起降穿梭，轰鸣声震耳欲聋，大批的救灾物资、人员从这里涌入这个让全世界关注的地方。

中国红十字会救援工作组全体队员首先来到班达亚齐红十字会距离机场约 10 公里处的救灾营地。该营地设在一个丰田汽车展览销售厅的院子中，营地既是红十字会的救灾指挥中心，同时也是救灾物资集中和分配基地，红十字国际委员会在当地的救灾组也在这个营地中。营地聚集了来自各国和印尼全国各地红十字会的救援人员，营地的空地上支满了来自不同国度的红十字会救援帐篷，几百名红十字会队员在这里集结，从事运输、发放、分配救灾物资工作，待命的救灾队员在地铺上休息。一辆辆印着不同国家红十字会标志的车辆，满载着各种物资川流不息。

中国红十字会救援工作组一进入营地就立刻放下行囊，展开紧张的工作。工作组人员与当地红十字会领导人、红十字国际委员会官员会晤，了解灾区的物资分配情况，研究救灾的计划，探讨重建工作如何展开。当工作组忙完这些工作时，天色已晚。坐在露天营地的地上，队员们才开始吃在灾区的第

① 《中国红十字会工作组今天启程前往海啸受灾国》，新浪网，2018 年 8 月 1 日。

② 江亦曼：《超越国界的爱——在中国红十字会印度洋海啸一周年救援工作通报会上的讲话》，《中国红十字会领导讲话汇编》（2004 年 10 月—2007 年 3 月），2007 年内部印行，第 176 页。

一顿印尼特有的手抓饭。为了在今后的几天里保证大家身体健康，适应灾区紧张的工作，在当地红十字会志愿者的热情协助下，工作组在营地附近租借民房安顿下来。

在班达亚齐，几乎每家每户都有亲人在灾难中遇难，在机场出站口的墙上贴满了寻找亲人的告示和照片。在一个距海岸3公里的居民区内，一艘25米长、5米高的渔船，被巨浪推到岸上几公里远，这几乎让人想象不出当时海水席卷而来时的力量有多大？工作组还看望了在班达亚齐工作的中国救援队队员。

工作组受中国红十字会总会的重托，与印尼红十字会及有关部门共同商讨救助海啸地区受灾群众的工作，以使国内付出爱心的广大民众所捐助的救灾款物能够及时地帮助灾区人民渡过难关。希望用全世界人民的爱，抚平灾区失去亲人和家园的人们的创伤①。

（二）赴斯里兰卡救援工作组

1月14日夜，中国红十字会救援工作组飞抵斯里兰卡。次日上午，工作组一行拜访了中国驻斯里兰卡大使馆。在斯里兰卡遭受海啸袭击后，中国红十字会迅速做出反应并向斯里兰卡红十字会提供了第一笔捐款10万美元，之后又提供60万美元的捐款。中国红十字会的善举在斯里兰卡国内产生了积极的影响。

随后，工作小组拜会了斯里兰卡红十字会，与斯里兰卡红十字会海啸救助特别工作组负责人进行了会谈，并向斯里兰卡海啸灾民转达了中国人民和红十字会会员的深切同情和慰问，同时介绍了中国红十字会为此次印度洋海啸灾害救助募捐的情况，得到了在场斯里兰卡红会同仁的称赞。同时，双方还讨论了中国红十字会对斯里兰卡灾区进一步的援助问题，并就一些具体参与灾区重建事宜达成了初步共识，如修建中斯友谊村、社区活动中心、公共卫生设施、饮水设施等。

1月16日，工作组乘车前往斯里兰卡南部高尔地区，查看了那里的部分重灾区。在考察期间，工作组遇见了正在那里巡视的斯里兰卡红十字会会长并进行了短暂的交流。在斯里兰卡期间，到处可以看到飘扬着的红十字旗帜，使人感到亲切和温暖，也感受到作为红十字人的骄傲与光荣。

工作组还分别同国际联合会和红十字会国际委员会驻斯里兰卡的代表团进行了交流，探讨参与斯里兰卡灾区重建工作以及双边在此次救灾活动中的合作问题。当时，国际联合会在斯里兰卡有一个救灾工作评估小组，正在与

---

① 陈启洪：《救援！不容迟缓的人道行动》，《中国红十字报》2005年1月21日。

斯里兰卡红十字会以及其他捐助国红十字会共同制定一项灾区的长期重建计划，可能是10年，也可能是15年。总之，斯里兰卡灾区的重建工作将是漫长的，不仅对斯里兰卡红十字会，而且对整个红十字运动都将是巨大的考验和挑战。中国红十字会作为国际红十字运动的一员，作为一个负责任的大国红十字会，也将积极参与重建工作①。

（三）赴泰国救援工作组

1月19—22日，中国红十字会赴泰国救援工作组考察了泰国遭受海啸灾害的地区。

19日下午，中国驻泰国大使馆商务参赞会见了工作组一行。海啸灾害发生后，中国红十字会的援助工作行动快，先后通过使馆向泰国红十字会转交了35万美元捐款，为灾区的紧急救助和重建活动提供了及时的帮助。中国红十字会在开展国际人道主义救援工作方面发挥了政府助手作用。

20日，在启程赴灾区前，工作组在曼谷分别拜会了泰国红十字会、红十字国际委员会驻东亚地区代表团、国际联合会驻东南亚地区代表团。各方互相通报了开展海啸救援工作的情况，并希望进一步加强沟通和协作。

21日，考察组在普济府红十字会会长的陪同下先后考察了1镇2村灾害现场，在那里重建工作已经开始，部分灾民已住进了政府或红十字会提供的临时房屋。但是，由于临时房屋数量不足，部分灾民仍住在帐篷中。一些医疗设施和学校遭到海啸的损害，有待维修或重建。普济府红十字会员和志愿工作者在救灾工作中发挥了积极作用，他们将泰国红十字会总会调拨的大量救灾物资及时发放到灾民手中。

22日，工作组考察了攀牙府的灾情和救灾工作。此次海啸灾难波及泰国南方6个府，其中攀牙府的受灾情况最严重，死亡4200多人、伤5597人、失踪1792人。在那里，许多地方仍张贴着寻找失踪亲人的启事，许多毁坏的房屋还来不及清理，一些船只被海啸推卷至距海岸近2公里的陆地。在一个灾民临时安置点，工作组看到有300户灾民被安置在那里，居住在临时房屋和帐篷中。安置点设有医疗和饮食服务等设施，政府和红十字会等人道救助组织的工作人员和志愿者及时为灾民提供各种帮助。

这次海啸灾难给泰国灾区民众的生命和财产造成很大损失。但是，泰国政府、红十字会和社会各界开展的救灾工作是及时有效的。泰国人民对中国人民有着友好的感情，他们非常感激中国人民对他们的无私援助。之前，泰

---

① 杨绪生：《中国红十字会救援工作组考察斯里兰卡海啸灾区》，《中国红十字报》2005年1月28日。

国红十字会曾多次向中国的水灾和地震灾区提供了宝贵的国际人道主义援助。这次海啸灾害发生后，中国人民通过捐款方式表达了他们对灾区人民的关心和支持。这是一种无私的、超越国界的爱，体现了红十字会的人道宗旨。中国人民希望灾区人民早日克服困难，重建美好家园[①]。

三、中国红十字会募捐活动掠影

总会向全国发出紧急募捐呼吁后，国家领导人带头捐款，社会各界踊跃参与、奉献爱心，充分表达了中国人民"一方有难，八方支援"的传统美德和国际人道主义精神，以及对灾区人民的深情厚谊。

（一）总会指导，系统联动

自2004年12月30日中国红十字会总会为救助印度洋地区地震海啸灾民发出紧急募捐呼吁后，总会捐赠热线的铃声此起彼伏，在一个月的时间里，总会共接到救灾热线咨询电话两万余个，"有许多捐款人反映，电话很长时间都打不进去"。中国网通北京通信公司得知这个情况后，连夜派技术人员到总会，无偿地将原来的单路热线扩充为6路才基本满足了需求[②]。几乎一夜之间，带着红十字标志的募捐箱便遍及全国各地，前来捐款的人络绎不绝，有时甚至排起了长龙。网上捐款更是异常拥挤，甚至曾一度造成网上银行堵塞。更多的则是那些默默无闻的普通百姓，他们从京城的四面八方，千方百计打听到红十字会的地址，顶着数九的寒风，或自驾车或乘公共汽车或步行，为的是送来他们对印度洋地震海啸灾民的一片真挚情意。有人说，这是多年来少见的一场自发的、几乎遍及全国的捐赠行动。也有人说，这是政府意志与民众愿望最完美的一次结合[③]。

中国石油天然气公司作为国有大型企业，积极发挥自身优势，在很短时间内动员该公司100万员工捐款1256万元；中国远洋运输集团总公司、国美电器、网易公司、联想集团、中国电信集团等国内知名企业和大型公司也纷纷向中国红十字会捐出了巨额善款。辽宁铁岭惠源集团董事长惠学新夫妇以个人名义捐款500元，北京世纪朝阳房地产开发有限公司棕榈泉国际公寓董事长曾伟夫妇个人捐款100万元。许多普通群众从并不宽裕的工资、退休金、务工收入中捐款，奉献爱心。一个贫困山村的小学有81名学生，每人捐了1

---

① 王宪：《中国红十字会救援工作组考察泰国海啸灾区》，《中国红十字报》2005年1月28日。

② 董伟：《我们的爱心离受灾国人民很近——专访中国红十字总会副会长兼秘书长郭长江》，《中国青年报》2005年1月6日。

③ 吴苾雯：《跨越国界大救助——中国红十字会为南亚海啸灾区募捐活动纪实》，《中国红十字报》2005年1月7日。

元钱交给老师。老师辗转到县城通过热线电话咨询如何把这81元钱善款汇给总会。郭长江副会长说："那不仅仅是81元钱，那是81名中国小学生的爱心。"[①] 一位在北京海淀区做家政保姆的中年妇女打来电话，说自从知道南亚地区发生了海啸就想能帮点忙，看电视时，眼泪都掉下来了，钱不多，只想表达一点心意。一位从巴西回国的女士带着她的一双儿女来了，她说，我就是想趁假期带他们过来看看，让他们感受到人与人之间的关爱，否则将来他们长大了，不管"事业"多成功，如果没有爱心，我认为都是失败的。两个孩子代表全家捐出2500元[②]。

对于总会而言，此次救援活动规模大、任务重，而工作人员很少，虽然在京直属单位积极派出人员给予支持，仍不能满足接收捐款和接听捐款咨询电话的需要。在有关方面的帮助下，一些高校积极动员志愿工作者参与救灾工作，先后有160名志愿者参加救灾热线值班和现场接受捐赠等救援活动，保证了捐款的顺利完成[③]。

中国红十字会总会在搞好自身的宣传、募捐活动的同时，向全国各地的红十字会发出紧急募捐呼吁，并连续发出多份文件，以确保募捐活动规范有序进行。在这一过程中，总会与全国各地红十字会上下联动，加强对善款的管理，并及时总结海啸赈灾中的一些感人事迹。在收到总会发出的紧急募捐呼吁后，各地红十字会积极响应，开展了形式多样的募捐活动，且在募捐工作中创造了一些新颖的、行之有效的做法，为今后红十字会的募捐工作积累了宝贵的经验[④]。各地红十字会和广大群众的爱心之举，通过以下几则事例可见一斑。

云南省红十字会从2005年1月1日至2月3日，共收到捐款1138.1338万元，到2月初，省红十字会已向总会汇出捐款共1000万元[⑤]。

截至1月24日，甘肃省红十字会向印度洋地震和海啸灾民募捐活动基本结束，省红十字会累计募集捐款1575900.95元，其中1491886.95元捐款已分

---

① 董伟：《我们的爱心离受灾国人民很近——专访中国红十字总会副会长兼秘书长郭长江》，《中国青年报》2005年1月6日。

② 吴苾雯：《跨越国界大救助——中国红十字会为南亚海啸灾区募捐活动纪实》，《中国红十字报》2005年1月7日。

③ 《江亦曼在印度洋海啸大救援工作表彰会上的讲话》，中国红十字年鉴编辑部编：《中国红十字年鉴：2004/2005》，台海出版社2006年版，第346页。

④ 中国红十字会编：《博爱无国界——中国红十字会印度洋海啸救援纪实》，国际文化出版公司2008年版，第15页.

⑤ 王云珊：《我省红十字会募捐印度洋海啸灾区千余万元》，《云南经济日报》2005年2月5日。

5 次汇到中国红十字会救灾专户①。

哈尔滨市红十字会接到总会紧急呼吁通知后，立即要求各区、县（市）红十字会积极行动起来，开展为印度洋海啸灾区捐款活动。从 1 月 1 日起，在机关设专职人员值班接受募捐，并在最短的时间内制作了宣传版、横幅和宣传单。1 月 2 日下午，市红十字会机关干部到繁华的中央大街步行街设立了第一个街头募捐站。1 月 3 日，根据市民的要求，又在南岗建设街步行街上增设了募捐站。广大市民纷纷为灾区奉献爱心。1 月是入冬以来哈尔滨最冷的季节，室外气温已达零下 20 多度，很多捐款者冒着严寒赶往募捐站，奉献爱心②。

江西上饶市红十字会接到总会呼吁后，紧急召开会议，进行动员和部署。1 月 4 日下午，上饶市红十字会在市中心广场隆重举行了援助印度洋地震海啸灾民捐款活动启动仪式。上饶市副市长、红十字会会长胡汉平、市红十字会全体工作人员、市人民医院、第三人民医院、江南商贸城及广大红十字会会员参加了启动仪式。截至 1 月 5 日下午，共募集各类捐款 48314. 8 元③。

广州市红会在这次募捐活动中涌现出许多感人的事例。一月的广州天气虽然寒冷，可是人们对灾情的关注和救援的热情却是十分高涨。一部部热线电话成了红十字会连接社会各界和广大群众的爱心线。许多企事业单位的领导和职工，许多普通市民，冒着寒风来到红十字会，送来了他们对海啸灾区的一片真挚情意④。

1 月 1 日至 3 日，南京市红会接待了 100 多位来捐款的市民，仅新年第一天就接到捐款 86680 元。尤为感人的是，捐款的市民都要求不拍照片、不留姓名、不求回报。一家企业已经准备好 50 万元款物，将通过红十字会捐献给灾区。还有更多市民打来捐款咨询电话，红会专门安排了 3 位同志负责接待⑤。

江苏宜兴市的募捐活动本着群众自愿、单位为主的原则，由宜兴市红十字会组织、市政府推动、青年志愿者参与配合。捐款数额较大的单位和个人，将被邀请参加“援助海啸灾区，无锡人道万人捐”电视直播晚会⑥。

四川省自贡市红十字会的募捐倡议发出后，最先来捐款的是汇东幼儿园

---

① 宜秀萍：《省红十字会募集援助海啸灾民捐款达 157 万余元》，《甘肃日报》2005 年 1 月27 日。

② 《各地红十字会积极开展为灾区募捐活动》，《中国红十字报》2005 年 1 月 7 日。

③ 《各地红十字会积极开展为灾区募捐活动》，《中国红十字报》2005 年 1 月 7 日。

④ 穗红：《海啸见真情　羊城爱心浓》，《中国红十字报》2005 年 3 月 25 日。

⑤ 仲崇山：《南京市民捐款援助海啸灾民》，《新华日报》2005 年 1 月 4 日。

⑥ 蒋苏宜：《爱心无国界捐款献真情　市红十字会倡议向海啸灾区捐款》，《宜兴日报》2005 年 1 月 8 日。

一位5岁的小朋友，他拿出积攒下来的52.98元零花钱捐给灾区。84岁的退休职工张敬果曾得到过红十字会的帮助，地震海啸发生后，他向别人借了150元钱前来捐款，表达自己的爱心。截至1月13日上午11时，市红十字会共收到全市63笔捐款，共募集捐款69370.49元[①]。

此外，香港特别行政区红十字会募集5.4亿元港币，澳门特别行政区红十字会募集4000万元澳门币。

（二）社会各界，广泛参与

红十字会的此次募捐得到了各省（市、区）党政领导的支持。辽宁、四川、江苏等省各级领导带头捐款，率先垂范，极大地推动了本地区募捐活动的开展。

在中国红十字会的呼吁之下，企事业单位及员工纷纷捐款献爱心：中国国际贸易中心所属中国大饭店员工捐款34134.8元；SOHO中国捐款100万元；现代传播集团捐款10万元；中国国际旅行社总社员工捐款20万元；银达物业捐款20万元；燕化集团公司捐款20万元；首都钢铁公司捐款50万元；北京图书大厦员工捐款36768元；北京财政局员工捐款5万元；中国网通北京市通信公司员工捐款58万多元……

演艺界和书画界的人士也向灾区伸出援助之手，加入为灾区捐款的行列。另外，北京市还组织了两场赈灾义演，百余位明星奉献爱心，两次义演募得善款100余万元[②]。

当然，募捐活动的主体还是广大群众，有他们的广泛支持，才有红十字事业的灿烂辉煌。在各地红会的募捐现场，都出现了很多令人感动的人和事。

2004年12月31日上午，北京市红十字会为灾区募捐的呼吁一发出，就来了一位捐款者。他拿出1000元钱捐给灾区，当工作人员给其出具收据询问其姓名时，他执意不肯留下姓名。在工作人员的一再坚持下，他说："如果非要留名的话，就写'一名共产党员'吧。"

在山西省红十字会的号召下，全省为灾区的捐款高潮不断。华宇购物广场、山西红十字医院、山医大一院、太原市红十字医院、太原市红十字血液中心的医务工作者纷纷为灾区伸出了援助之手。一位中年人将1万元送到红十字会时不肯留下姓名，他说："就叫'龙城一家5人'吧。"

---

① 欧阳敏、黄兆华：《情牵海啸灾民：市红十字会募集捐款69300多元》，《自贡日报》2005年1月14日。

② 傅虹：《爱心无国界——全国各地红十字会为海啸灾区募捐纪实》，《中国红十字报》2005年1月14日。

在宁夏，一位参加过辽沈、平津战役的老军人，拿着两个月的优抚金来到自治区红十字会捐款。他说："印度洋地区遭受了这么大的灾难，生活一定有困难，我自己的能力有限，只能将刚领到的优抚金作为捐款。当年白求恩为了国际人道主义事业来到中国，现在，其他国家的人民遭受了灾难，我们也应当为那里的人民做点事。"捐完款后，他在红十字会的登记本上留了"老解放军"的签名便离去了①。

河北石家庄市103岁的王香庭老人从电视里看到灾区成千上万的灾民急需救助，怜悯之心油然而生。她让其女儿电话联系，要亲自为灾区捐钱。由于行动不便，省红十字会派人到老人家，老人用颤抖的手把子女为其祝寿的钱投入募捐箱后，露出了笑容②。

在辽宁红十字会的捐款者名单中，有两位年龄超过百岁的捐款人：101岁的刘素清，为灾区捐了500元；102岁的佟毓明，为灾区捐了200元。

2005年元旦清晨，78岁的陈嘉茹老人第一个来到北京市红十字会机关，将自己从生活费中挤出的60元钱捐献给了灾区；81岁的药朝忠老大爷不顾年迈体弱，坚持要老伴搀扶着来到市红十字会的捐款台前捐上了400元钱；一位家住姚家园的大妈到市红十字会捐出了1万元现金却不肯留下姓名。望着在寒风中渐渐远去的身影，红十字会的工作人员非常感动③。

在山西省临汾市传染病医院，正在住院治疗的21位艾滋病患者每人捐款20元。他们说：我们都是无辜的艾滋病患者，因病致贫，因病致困。在我们生命面临挑战的时候，是国家和社会为我们捐款捐物，为我们免费治疗。我们虽然大多是农民患者，家庭还很贫穷，拿不出许多钱去帮助受灾国人民，但我们的心是与他们连在一起的④。

1月6日，我国著名小提琴表演艺术家吕思清也代表全家捐了1万元。北京大学政府管理学院副教授王丽萍通过他人给中国红十字会送来了500元捐款。记者电话采访她时，电话那头的一番话，让人回味良久：互相帮助，这是人类的一种本能。看着那么多人受难，自己还能这么安全健康地活着，够幸运的了。只有帮助了他们才能心安理得。构建和谐社会是人类的共同理想，

---

① 傅虹：《爱心无国界——全国各地红十字会为海啸灾区募捐纪实》，《中国红十字报》2005年1月14日。

② 吴苾雯：《跨越国界大救助——中国红十字会为南亚海啸灾区募捐活动纪实》，《中国红十字报》2005年1月7日。

③ 傅虹：《爱心无国界——全国各地红十字会为海啸灾区募捐纪实》，《中国红十字报》2005年1月14日。

④ 吴苾雯：《跨越国界大救助——中国红十字会为南亚海啸灾区募捐活动纪实》，《中国红十字报》2005年1月7日。

而关心他人是其重要的心理基础[①]。

（三）媒体支持，规模空前

在这次募捐救援工作中，中央电视台国际频道在总会设立了直播点，各路媒体记者纷至沓来，掀起了为印度洋地震及海啸受灾地区募捐的宣传热潮，给予了中国红十字会以有力的支持。总会及时与中央电视台等新闻媒体及相关部门联系，积极策划、举办了多次大型募捐活动。

1月1日，中国红十字会与国家宗教局、中国佛教协会在北京西山灵光寺共同举办了“海峡两岸百寺千僧，捐款千万救苦救难”消灾祈福万人大法会。活动收到善款993万元，通过总会转赠受灾国家。中国佛教协会一诚会长捐款5万元，圣辉副会长捐款3万元[②]。中国佛教界是最早组织为印度洋海啸灾民捐款的团体之一，印度洋海啸爆发后，中国佛教界纷纷参加各种形式的消灾祈福法会，并踊跃捐款，其范围之广、规模之大、捐款之多，都是空前的，充分体现了佛教“不为自己求安乐，但愿众生得离苦”的精神，反映了中国佛教徒与受灾国人民共渡难关的心愿。据不完全统计，全国佛教界为海啸灾区捐款达1344万元，抒写了中国佛教界对外赈灾史上空前的一页[③]。

1月6日，中国红十字会与外交部、民政部等部门在北京工人体育馆联合举办了“中国人爱心大行动——为印度洋海啸赈灾义演”。中国红十字会会长彭珮云、常务副会长江亦曼、副会长苏菊香、副会长兼秘书长郭长江亲临演出现场与大家互动。此次义演共募集到3800多万元的捐款，80名红十字志愿者为义演提供了细致、周到的服务[④]。

1月9日，由首都24家新闻媒体和国内文艺界人士联合发起，中国红十字会总会特别支持，北京市红十字会、北京市慈善协会、北京青春奥运志愿服务团主办的“爱，来自中国”大型赈灾义演，在首都体育馆隆重举行。上百位文艺界的知名演员以他们充满爱心的歌声，向在印度洋地震海啸中受灾的人们送去来自中国的关爱。本次义演从策划到演出仅用了一周的时间，其速度之快在近年来的大型活动中十分罕见。本次演出没有一张赠票，所有的演职人员、媒体记者以及观众全部是购票入场，100元的统一票价显示着每一

---

① 吴苾雯：《跨越国界大救助——中国红十字会为南亚海啸灾区募捐活动纪实》，《中国红十字报》2005年1月7日。

② 吴苾雯：《跨越国界大救助——中国红十字会为南亚海啸灾区募捐活动纪实》，《中国红十字报》2005年1月7日。

③ 中国红十字会编：《博爱无国界——中国红十字会印度洋海啸救援纪实》，国际文化出版公司2008年版，第6页。

④ 中国红十字会编：《博爱无国界——中国红十字会印度洋海啸救援纪实》，国际文化出版公司2008年版，第22页。

份爱心同样可贵。近两万张门票，在不到10个小时内被抢购一空，创造了演出行业的新纪录①。

1月10日，由中国曲艺家协会和中国红十字会联合主办的“笑星大义演，共同献爱心”大型赈灾义演在民族文化宫大剧院举行，来自全国各地的30对相声大腕和新秀到场献艺，表达自己对海啸灾区人民的关怀之情。这是新中国成立以来，相声界最大规模的一次演出。演出一开始，在中国曲协副主席、分党组书记姜昆的带领下，台上的演员和台下观众一起高歌《团结就是力量》。随后，姜昆、戴志诚、侯耀文、石富宽、笑林、李国盛、杨少华、李金斗等众位相声名家轮番登台献艺②。

1月15日，中国红十字会总会与国家体育总局联合在首都大学生体育馆举办了中国乒乓球队和中国羽毛球队募捐义赛活动。在长达3个小时的义赛中，羽毛球和乒乓球选手进行了精妙绝伦的7场对抗，现场筹集到的327.6576万元全部经由中国红十字会总会转送到灾区，用于印度洋海啸灾区的防疫和重建家园③。

2月1日，中国红十字会与中央芭蕾舞团等单位联合举办“经典芭蕾舞剧荟萃——为印度洋海啸受灾国赈灾义演专场晚会”，演出票房收入全部捐赠给中国红十字会用于受印度洋海啸袭击的受灾国的重建工作。

还有一些单位和部门结合自身特点自发组织了各种大型募捐活动，并将所得善款全部转交红会。如国家邮政局举办了《同舟共济，重建美好家园——中国救助印度洋地震海啸灾情纪念》个性化邮票首发暨捐赠仪式，并捐赠200万元人民币；中国美术家协会举办了“中国美术家协会为印度洋海啸灾区赈灾笔会”，将义卖所得100万元人民币捐赠给红会。

综上所述，众多演艺界、文化节、体育节人士在这些活动中表现出很高的热情，他们不但积极参与大型义演义赛活动，还带头捐款④，掀起了一阵又一阵的募捐高潮。

（四）众擎易举，成效显著

在中国红十字会开展的大规模募捐活动中，社会各界踊跃捐款、奉献爱

① 中国红十字会编：《博爱无国界——中国红十字会印度洋海啸救援纪实》，国际文化出版公司2008年版，第26页。

② 中国红十字会编：《博爱无国界——中国红十字会印度洋海啸救援纪实》，国际文化出版公司2008年版，第28—29页。

③ 中国红十字会编：《博爱无国界——中国红十字会印度洋海啸救援纪实》，国际文化出版公司2008年版，第34页。

④ 郭长江：《关于中国红十字会为印度洋地震海啸灾区募捐、救援情况的通报（2005年2月27日）》，中国红十字年鉴编辑部编：《中国红十字年鉴：2004/2005》，台海出版社2006年版，第334页。

心。据不完全统计，到2005年1月底，从银行、邮局、互联网、现场捐款等渠道共接收到20993笔捐赠，是迄今为止中国红十字会开展的规模最大、效果最好的一次国际募捐救援行动。在募捐告一段落后，中国红十字会计划在国际红十字组织和受灾国以及中国驻受灾国使馆的帮助下继续参与受灾国的整体重建工作，承担一些重建项目，如兴建学校、医院、村庄、孤儿院等。中国红十字会将根据重点工作的整体计划，陆续将募集的全部善款用于重点项目和救援活动，并及时向社会各界公布捐款的用途、去向，接受国际社会和国内审计部门的监督①。

在整个海啸救援募捐活动中②，中国红十字会从银行、邮局、网上、现场捐款等渠道共接受海啸捐款42747万元人民币，接受捐赠物资折合人民币1560万元，合计44307万元。其中总会接受捐款12554万元，各省红会及澳门红十字会转给总会的募捐款共31753万元③。总之，这次国际救援募捐活动具有国际性、民间性、多渠道的特点，"是中国红十字会在改革开放以来开展的规模最大、声势最大、效果最好、募捐数量最多的一次国际救援活动"④。

5月31日，中国红十字会在北京召开印度洋海啸救援表彰大会。中国红十字会常务副会长江亦曼主持会议，副会长苏菊香宣读表彰决定。北京等16个省级红十字会获海啸救援最佳组织奖，中国石油天然气集团公司等15家企业和单位及丁磊等7人获特别贡献奖，中央电视台新闻中心等25家单位获特别支持奖。中国红十字会赠予香港、澳门特别行政区红十字会特别奖。全国人大常委会副委员长、中国红十字会名誉副会长司马义·艾买提出席表彰大会，中国红十字会会长彭珮云代表中国红十字会向获奖单位和个人表示了敬意和感谢。她指出，募捐成果的取得主要得益于党和政府的支持，得益于新闻媒体、演艺、体育等各界人士的积极参与，得益于众多企业事业单位和个人踊跃捐款以及各级红十字会的精心组织和忘我工作。她说："这次救援行动检验了我们这支队伍，证明中国红十字会是有战斗力的，在人道救助工作领

---

① 傅虹：《中国红十字会为海啸受灾国援助款物超过1亿元人民币》，《中国红十字报》2005年1月28日。

② 统计时间截至2005年11月30日。

③ 江亦曼：《超越国界的爱——在中国红十字会印度洋海啸一周年救援工作通报会上的讲话》（2005年12月16日），《中国红十字会领导讲话汇编》（2004年10月—2007年3月），2007年内部印行，第174页。

④ 王艳群：《中国红十字会印度洋海啸救援表彰大会在京召开》，《中国红十字报》2005年6月3日。

域、在国际红十字运动中可以发挥重要的作用。”①

四、印度洋海啸救援的启示

面对印度洋海啸的世纪灾难，中国红十字会以规模空前的救援行动彰显了国际人道主义精神和力量。同时，中国红十字会在此次救援行动中的出色表现，也展示了改革开放以来中国社会文明进步的良好形象，并且极大地充实了中国和平外交战略的重要内容。

（一）海啸救援吹响了人道主义的集结号

在2005年新年到来的时候，人们将向灾区捐款视作最有意义的事情，不约而同地来到募捐箱前。为什么许多人会如此深切地关注一个陌生地区发生的灾难，为什么会为那些素不相识的陌生人的命运牵肠挂肚，为什么会如此慷慨地向那些不同种族、甚至不同肤色的陌生人伸出援手或解囊相助？是灾难唤醒了人们沉睡已久的世界公民意识，还是这种意识早已悄然潜入了人们的心灵深处？其实，随着经济全球化的脚步，中国人的视野已渐渐跃出国门，投向更加广阔的世界，他们开始与这个世界同呼吸、共命运，因为在这个“你中有我，我中有你”世界大家庭里，大家相互依存，谁都不可能置身事外。人们发现，虽然这个世界划分为许多个国家，虽然大家分属不同的种族，有着不同的文化和信仰，但是却有着一个共同的身份——世界公民。作为世界公民，这世界上发生的一切都与每一个公民休戚相关；作为世界公民，每一个人都承担着不可推卸的道义和责任。

这种世界公民意识并非中国人独有。灾难发生后，在法国巴黎，从香榭丽舍大街到凯旋门，街道两旁的梧桐树上挂满了寄托哀思的黑纱；在美国纽约，数十万民众聚集在时代广场为2004年岁末发生的印度洋海啸遇难者集体默哀，正如活动的组织者所言：“这次悲剧给我们一个提醒，那就是我们也是国际社会的一员。”毫不夸张地说，印度洋海啸救援吹响了人道主义的集结号。灾难发生后，国际社会马上做出反应，承诺向受灾地区捐款20亿美元。联合国副秘书长埃格兰说：“这是联合国有史以来，第一次在这么短时间内收到这么多援助捐款，也是联合国在最短时间内最大规模的协调援助。”当灾难超越了国家和民族，超越了信仰与文化，便是人类的共同灾难和人类的集体伤痛。从这个意义上讲，人类的命运其实是联系在一起的。我们不能沉默，

① 王艳群：《中国红十字会印度洋海啸救援表彰大会在京召开》，《中国红十字报》2005年6月3日。

因为我们是世界公民！这是13亿中国人的声音①。

在积极参与紧急救援阶段和过渡安置阶段的救援工作之后，中国政府和中国红十字会继续参与印度洋海啸受灾地区的灾后重建工作。灾后重建是一项长期、复杂而艰巨的任务，需要密切配合受灾国政府灾后重建整体规划，以及受灾国的实际需要和意愿，帮助他们重建家园、解决他们的实际困难。2005年4月，胡锦涛主席和温家宝总理分别访问印度尼西亚和斯里兰卡。为表示中国人民对受灾国人民的关切，中国红十字会向印尼红十字会和斯里兰卡政府分别捐赠200万和100万美元，支持两国灾后重建工作。中国红十字会常务副会长江亦曼和印尼红会会长在两国元首的亲自见证下，签署了有关援助重建工作的谅解备忘录②。

同时，为使中国红十字会的海啸救助工作与红十字运动的整体救助规划保持一致，中国红十字会积极参与国际红十字组织的海啸救援协调机制。国际联合会组织召开的印度洋海啸救助工作论坛于2005年3月3日至5日在香港举行，参加此次论坛的约150名代表，分别来自近50个国家和地区的红十字会或红新月会以及其他国际组织。中国红十字会常务副会长江亦曼率领代表团出席论坛并就一些议题发表了中国红十字会的看法和意见。此次论坛的主题是"解决需求，恢复尊严：今天与明天"。论坛通过了救助印度洋海啸的指导性文件《红十字红新月地区战略与工作框架》和《香港宣言》。鉴于此次海啸救助工作的空前规模以及开展救助工作的复杂环境，制定这些文件有利于保障整个红十字运动对海啸受灾国家的受灾地区实施有效、长期的恢复与重建工作③。从印度洋海啸灾难发生开始，中国政府和以中国红十字会为代表的社会力量即以积极负责的态度，身体力行地参与到救灾行动当中，彰显了中国的大国风范。

（二）中国红十字会的海啸救援展示了中国的大国形象

有人说，此次海啸灾难国际援助中的一个"亮点"是中国的举动令世人瞩目和赞赏。从某种意义上来说，中国自己也是一个屡遭自然灾害侵袭的国家，但济困扶危、急人所难一直是中华民族的传统美德。海啸发生后，中国

---

① 吴苾雯：《跨越国界大救助——中国红十字会为南亚海啸灾区募捐活动纪实》，《中国红十字报》2005年1月7日。

② 江亦曼：《超越国界的爱——在中国红十字会印度洋海啸一周年救援工作通报会上的讲话》（2005年12月26日），《中国红十字会领导讲话汇编》（2004年10月—2007年3月），2007年内部印行，第176—177页。

③ 杨绪生：《红十字与红新月在香港举办印度洋海啸求助论坛》，《中国红十字报》2005年3月11日。

人民感同身受。一个月来，民间的赈灾捐助活动在全国范围内广泛开展，无论身处何地，也无论从事何种职业，善良的人们都用实际行动充分昭示出人性中的大爱品行。联合国秘书长安南曾特别提到一名中国沈阳的 6 岁小男孩将自己全部的 2 美元积蓄捐献出来的故事①。

事实上自改革开放以来，中国在国际援助行动中所发挥的作用已经越来越明显。阿富汗战争后，中国向阿富汗提供了 1.5 亿美元的重建援助，从 20 世纪 90 年代开始中国即参与联合国的维和行动，为世界的和平与发展贡献自己的一分力量。印度洋海啸灾难发生后，中国政府很快就承诺为亚洲海啸灾民提供人道主义援助。温家宝总理出席印尼雅加达救灾峰会，并充分展现中国全力救灾的“实效”与“诚意”：高达 8300 万美元的政府捐款；中国医疗队迅速进驻灾区服务；中国人民解放军向受灾地区空运数量庞大的援助物资；普通老百姓和民间机构也纷纷解囊；中国香港更是创下单一城市捐款额全球纪录，成为全球“最具爱心城市”，据统计，截至 2007 年 12 月，香港红十字会为海啸重建工作共筹得 6.5 亿港元善款，破创会以来的筹款纪录②；同时，中国政府还在 2005 年 1 月 25 日由外交部牵头组织了“中国—东盟海啸预警研讨会”。

对于中国在此次海啸灾难援助中的举动，国际社会普遍给予了“善意”“更加慷慨”“真情救灾”“实效”等评价，联合国秘书长安南及联合国相关机构其他官员、驻华代表等都高度赞扬中国在此次海啸灾难救助中的“积极”“全面”反应。可以认为，中国在此次灾难救助中的举措充分展示了中国“安邻”“睦邻”“负责任大国”的形象，极大地推进了中国与东南亚及南亚国家的友好关系③。而印度洋海啸救援所取得的成就和中国良好国家形象的获得，也与中国红十字会所发挥的民间外交作用密不可分。

海啸救援工作进入重建阶段后，国际联合会和各国红会遇到了诸多挑战与困难。由于受灾面积大、灾害严重，同时亦是受到等待受灾国政府重建规划的制定、划拨与批准重建土地、明确地产所属权等问题的影响，灾后重建工作进展相对迟缓。但中国红十字会面对困难并未裹足不前，而是在遵循国际红十字组织的整体部署下，自始至终配合政府进行恰当而充分的人道救援工作。2005 年 1 月下旬，中国红十字会参与受灾国重建的计划已初步确定，

① 晏晓：《大爱无界——中国在印度洋海啸灾难中凸显大国风范》，《长三角》2005 年第 1 期，第 57 页。

② 武少民：《香港红十字会三年为南亚海啸重建筹款六点五亿港元》，《人民日报》2007 年 12 月 18 日。

③ 施爱国：《印度洋海啸灾难与国际人道主义援助》，《国际论坛》2005 年第 3 期，第 3—4 页。

在受灾国整体重建规划下，中国红十字会把我国民间募集的捐款集中用于几个基层的、与老百姓密切相关的项目建设，如承包几个村庄的整体重建工作，兴建学校、医院、孤儿院等，并在这些项目中设置明显的“中国人民捐赠”或“中国红十字会捐赠”的标志，而不是与国际社会的捐款放在一起使用。这样不但让捐赠者了解捐款使用情况，同时也让我国人民的爱心在受灾国永久留存①。

在参与斯里兰卡的重建工作时，中国红十字会先后4次派工作组赴斯里兰卡，与其政府及红会洽谈，商讨为海啸灾民兴建“中—斯友谊村”和“中—斯红十字村”事宜。到2005年年底，中国红十字会已与斯政府达成了在受灾最重的高尔地区征用4块土地用于重建项目的协议。

在参与马尔代夫重建工作时，在中国驻马使馆的积极协助下，2005年8月，中国红十字会与中华慈善总会组成联合工作组赴马尔代夫，经实地考察，与马尔代夫政府签署了中国民间为海啸灾民修建86套住房的备忘录。12月中旬，中国红十字会与中华慈善总会的代表与马尔代夫政府的代表共同举行了“中—马友谊村”开工仪式。

在参与有印度尼西亚重建工作时，2005年7月，中国红十字会派遣1名工作人员驻印尼6个月，代表中国红十字会协调与印尼红会的重建项目。到2005年年底，中国红十字会与印尼红会合作在亚齐灾区修建350套住房的“中国—印尼友谊村”已落实土地规划。

在参与有关泰国重建工作时，中国红十字会与泰国红会达成协议，帮助受灾最重的攀牙府地区修建“中—泰友谊村”，以及修建幼儿园、小学、中学各一所，修建一家卫生院和一家有30张病床的区县医院②。

中国红十字会参与印度洋海啸诸国的救援活动，有力地展示了中国国家形象。在此次印度洋海啸的救援过程中，中国红十字会按照党和政府关于“统一指挥、归口管理、协调行动、整体推进”的原则展开工作，这对“我国改善与加强和东南亚某些国家的联系，对进一步优化我国周边安全环境，深化与东盟各国的睦邻友好关系；对保护东南亚国家华侨华裔的利益，都将产生积极而又深远的影响”③。总之，中国红十字会在海啸救援中经受住了严峻

① 朱玉、周婷玉：《中国红十字会向海啸受灾国捐款1066万美元》，《人民日报》2005年1月26日。

② 江亦曼：《超越国界的爱——在中国红十字会印度洋海啸一周年救援工作通报会上的讲话》（2005年12月26日），《中国红十字会领导讲话汇编》（2004年10月—2007年3月），2007年内部印行，第177—178页。

③ 郝如一：《国际救援中应有的眼光和胸襟》，《中国红十字报》2005年3月18日。

的挑战和考验，向党和人民交了一份满意的答卷。

进入新世纪以后，随着中国综合国力的进一步增强，国际上一些别有用心的人又鼓吹“中国威胁论”。东南亚诸国多为小国，加上历来华人华侨的因素，因而有些国家对中国心怀戒心，这从“美国应被纳入东亚共同体以制衡中国”[①] 的言论中可见一斑。此次对海啸后东南亚诸国的救援，是继1997年东南亚“金融海啸”之后中国政府又一次大规模的援助东南亚诸国的行为，中国的救援对受灾国灾民生产生活秩序的恢复与重建起到了重要的作用，也是中国构建和谐世界的一个有力的举措。此举再度表明，“中国的崛起跟亚洲的振兴是一起的”[②]，一个强大的中国、一个繁荣的中国是促进世界和平与稳定的中坚力量，中国“以人为本”、实践科学发展观的执政理念，是推进和谐世界建构的基础[③]。

第二节　大爱铸就丰碑：在汶川地震救援中

2008年5月12日，北京时间14时28分，位于北纬31度、东经103.4度的四川汶川地区发生烈度11度、震级为里氏8.0级的特大地震。相当于400颗广岛原子弹爆炸当量的地震波波及大半个中国，其扩散出来的巨大能量使整个亚欧大陆为之颤抖。瞬时间，四川、陕西、甘肃等地告急的讯息飞向全国；瞬时间，破砖、瓦砾、血腥，乾坤扭曲，天地震颤，悲痛的呼喊传遍川西。雨幕笼罩下的灾区，满目疮痍。上万条鲜活的生命，上万个简单而淳朴的梦想，顷刻间化作一只只远行的纸鹤。汶川地震是新中国成立以来破坏性最强、范围最广、救灾难度最大的一次地震，波及四川、甘肃、陕西、重庆等16个省、区、市的417个县、4624个乡镇、46574个村庄受灾，灾区总面积44万平方公里，受灾人口4561万人[④]。

素有“天府之国”美誉的四川，灾情最为严重，共有20个市（州）受灾，成都、绵阳、德阳、阿坝、广元、雅安6个市（州）的50个县（市、区）灾情尤为严重。那些祥和宁静的村庄，前一秒还是人间天堂，后一秒却成了人间炼狱。根据灾后一周年的统计，四川的损失主要包括：（1）人员伤亡惨重。确认遇难68712人、受伤360352人、失踪17921人。（2）经济损失

① 《李光耀：美国应被纳入东亚共同体制衡中国》，新华网，2009年11月1日。

② 《近邻有难中国支援》，新浪网，2005年1月6日。

③ 吴佩华：《中国红十字外交，1949—2009》，合肥工业大学出版社2012年版，第146页。

④ 郭长江主编：《人道力量——中国红十字汶川地震救援纪实》，《环球慈善》杂志社，第1—3页。

极为严重。四川省政府统计的直接经济损失为1.2万亿元。（3）房屋损毁严重。地震发生后，倒塌房屋546.19万间，损坏房屋593.25万间；北川县城、汶川映秀镇等城镇夷为平地，1400多万人无家可归。（4）基础设施严重损毁。震中地区周围的16条国、省道干线公路受损里程累计53295公里，宝成线等6条铁路中断；电力、通信、供水等系统大面积瘫痪，受损供水管道累计48275.5公里。（5）次生灾害多发。山体崩塌、滑坡、泥石流等重大地质灾害隐患点6575处，阻塞江河形成的较大堰塞湖35处，2473座水库出现了不同程度险情。（6）正常生产生活秩序受到严重影响。21167户企业受灾，5610个规模以上工业企业因灾停工停产，损失惨重；机关、学校、医院等严重受损。（7）部分农田和农业设施被毁。因灾损失畜禽4462万头（只）。总体而言，四川全省受灾面积28万平方公里，占全省面积的57.73%；受灾人口4600万，占全省人口的52.87%。20个市（州）、150个县（市、区）受灾，占全省地级市（州）的95.24%①。由此可见，灾后重建难度很大。

汶川大地震发生后，全国人民在党中央、国务院的坚强领导下，展开了一场气壮山河、艰苦卓绝的抗震救灾斗争。中国红十字会继续发扬“人道、博爱、奉献”的红十字精神，履行《红十字会法》赋予的神圣职责，坚决贯彻党中央、国务院关于抗震救灾的决策和部署，有力、有序、有效地开展救援救助工作。在时不我待的巨大灾情面前，中国红十字会紧急行动起来，迎难而上，投入这场空前规模的人道救援行动，在第一时间启动一级救灾应急预案，向国内外发出紧急救灾呼吁。广大红十字会工作人员和志愿者怀着强烈的社会责任感、使命感和博大的人道情怀，不畏艰险，不辞辛苦，赶赴灾区，给受灾群众送去急需的物资，积极投身抗震救灾斗争，以行动展示了伟大的民族精神和崇高的“人道、博爱、奉献”精神，在人民群众中树立了红十字会的良好形象。

一、中国红十字会总会的抗震救援工作

地震发生后，中国红十字会反应及时，迅速进入救援状态。接到汶川地震灾情后，中国红十字会总会第一时间启动一级救灾应急预案。当天16时，总会从成都备灾中心调拨第一批救灾物资（单帐篷557顶、棉被2500床，共计价值788646元），运往都江堰、绵阳、德阳灾区。17时30分，经总会的联络与呼吁，国际联合会决定给予四川灾区25万瑞士法郎的救助，并先期从总

① 四川省红十字会编：《四川省红十字会5·12抗震救灾图志》，四川大学出版社2009年版，第20页。

会备灾库借调单帐篷500顶、棉被5000床、饮水消毒剂300箱，总价值95.89万元的物资运往成都、德阳、安县灾区。23时，总会调拨26.04万元的9300床毛巾被运往四川灾区。香港、澳门特别行政区红十字会分别表示向灾区提供50万元的紧急资金援助，首批捐赠在当夜已经完成。23时50分，中国红十字会总会通过中央电视台等媒体向社会各界发出救助灾区募捐呼吁，公布抗震救灾募捐账号；同时要求云南、陕西、广东等各备灾中心安排24小时值班，清点仓库，确定联系人名单和联系方式，并要求各省红十字会每天上报募集款物情况。

5月13日，总会成立抗震救灾总指挥部，常务副会长江亦曼任总指挥，副会长苏菊香、郭长江任副总指挥，负责协调调度、统一指挥全国红十字会系统的抗震救灾工作。5月15日，总会在成都成立“抗震救灾驻川前线指挥部”，先后紧急派遣8批89人次的工作组常驻都江堰、德阳、阿坝、绵阳、广元、雅安6个重灾区。前线指挥部工作人员在极为艰难的条件下，协助重灾区红十字会开展抗震救灾工作①。由此抗震救灾的指挥中枢建立起来。

5月13日，中国红十字会总会印发《关于印发〈中国红十字会5·12地震救助呼吁〉的通知》，同时开通15部抗震救灾捐赠热线（65139999），24小时全面对公众开放。为了促进救援工作的开展，紧急招募红十字志愿者参与总会机关抗震救灾工作。13日下午18时，中国红十字会通知国际联合会东亚地区代表团，正式通过该组织发出国际紧急呼吁。5月15日（瑞士日内瓦时间），国际联合会向国际社会发出国际紧急呼吁，呼吁额为2000万瑞士法郎，用于购买帐篷、食品、衣被等紧急救灾物资及灾后重建工作。国际社会对此呼吁给予积极响应，所提出的2000万瑞士法郎呼吁额在当日即完成。

在灾害发生的第二天，中国红十字会第二批价值1460万元的救灾款物运往四川灾区，救灾物资全部是灾区群众急需的日常用品②，其中包括价值693478.5元的330顶帐篷，分别运往阿坝、绵阳、德阳、雅安、成都灾区。截至9月底，总会先后向灾区紧急调拨15万余顶帐篷、12万余床棉被、35万多件衣服、170万顶蚊帐和6000多吨粮食，还采购了大量的方便面、饮用水、牛奶等物品，协助政府为灾区群众提供基本的生活保障。在抗震救灾的日子里，中国红十字会总会及地方各级红十字会充分发扬“人道、博爱、奉献”的红十字精神，一面面鲜艳的红十字旗帜为人们传递着爱的温暖，表达

---

① 四川省红十字会编：《四川省红十字会5·12抗震救灾图志》，四川大学出版社2009年版，第70页。

② 《冲在一线的红会》，《中国红十字报》2008年5月16日。

着生命的希望。

（一）款物募捐和转发工作

中国红十字会紧急呼吁发出后，社会各界有钱出钱、有力出力，捐赠如潮水般涌向红会，每天的捐款数额不断刷新。无论企业，还是个人；无论明星，还是平民，人人都是捐款赈灾的主力军。设在总会的15部捐赠热线几乎被打“爆”，中国红十字会网站因捐款者众多曾几度“瘫痪”。此次社会捐赠热情空前高涨，在短短的一天内红十字会就收到15万张银行汇票，已经远远超过了红十字会财务部门的处理能力①。

5月14日，中国红十字会会长彭珮云出席抗震救灾捐赠仪式。仪式上，北京新奥集团捐赠200万元，中国煤炭集团公司捐赠1000万元，内蒙古伊泰集团有限公司捐赠2000万元，微软（中国）有限公司捐赠100万元，施耐德电气（中国）投资有限公司捐赠100万元，辉瑞制药有限公司捐赠500万元现金和价值300万元的药品，索尼（中国）有限公司捐赠100万元，宝马（中国）和华晨宝马汽车有限公司捐赠100万元，西门子（中国）有限公司捐赠200万元，西安银桥生物科技有限责任公司捐赠价值100万元的奶粉，佳能（中国）公司捐赠100万元，才子服饰股份有限公司捐赠价值200万元服装，华晨汽车集团控股有限公司捐赠价值260万元的汽车。同一天，彭珮云会长还出席了中国银行通过红十字基金会向地震灾区捐赠1000万元人民币的仪式。这一天，台湾红十字组织通过中国红十字会为灾区捐赠30万美元；澳门红十字会通过总会为灾区捐赠50万元人民币。在14日这一天，总会募集到的仅单笔10万元以上的捐赠即达11375.3292万元。

5月13日至14日，中国红十字会多次举办企业捐赠接收仪式，其中捐款1000万以上的企业有：分众传媒、新希望集团、中煤能源集团、内蒙古伊泰集团、神华集团、中国海运、通用电气（中国）、保利国际拍卖有限公司、山西联盛能源集团、中国人寿、华夏银行、中国银行及兴业银行。演艺明星们也个个争先，陈佩斯捐出5万元、冯远征夫妇捐出10万元、陈坤捐出20万元、北京德云社捐出18万元……截至5月13日18时，在震后一天多的时间内，总会接受救灾承诺款物11483.656万元。

截至5月14日14时，中国红十字会已向灾区提供价值2142.9万元的救灾物资。

截至5月15日12时，中国红十字会总会与地方红十字会接收捐赠款物共

① 《中国红十字会就募捐管理及使用与网民在线交流》，《中国红十字报》2008年5月27日。

计6.24亿元[1]，已向灾区提供价值1.69亿元的救灾物资。5月15日当日，中国红十字会总会接受承诺捐款14021.97381万元；截至15日，中国红十字会短信捐款突破亿元。

截至5月16日12时，中国红十字会总会及地方各级红十字会根据到账情况已向灾区提供价值2.23亿元的救灾款物；5月16日当日，接受承诺捐款共计22713.9738万元，总会到账捐款突破6亿元。

截至5月17日12时，中国红十字会总会及地方各级红十字会根据到账情况已向灾区提供价值近4亿元的救灾款物。

截至5月18日12时，中国红十字会总会及地方各级红十字会根据到账情况已向灾区提供价值4.99亿元的救灾款物。

截至5月22日18时，中国红十字会总会（包括直属单位）及地方各级红十字会已接收来自境内外捐赠的款物达50.6亿元人民币，其中总会及直属单位接收承诺捐款11.15亿元，接收承诺捐赠物资2.75亿元；地方各级红十字会报告接收承诺捐赠款物合计36.7亿元。同时，根据款物到账情况，全国红十字会系统已陆续向灾区提供了价值13.63亿元的救灾援助，其中总会及直属单位提供3.22亿元的救助款物，地方各级红十字会提供10.41亿元救助款物[2]。

截至5月23日晚9点，中国红十字会系统接收款物达到59亿元，其中总会接收捐款11.4亿元，接收物资约3亿元。地方分会接收款物总计45亿元[3]。

截至5月28日18时，全国红十字会系统接收境内外款物合计100.91亿元，其中总会接收款物合计38.25亿元（其中捐款35.12亿元，捐赠物资价值3.12亿元），地方各级红十字会接收款物合计62.65亿元。全国红十字会系统已陆续向灾区提供了价值19.4亿元的救灾援助[4]，其中总会共向灾区下拨救灾资金8.25亿元人民币，调拨救灾物资价值3亿元人民币[5]。

截至5月29日18时，全国红十字会系统已向四川、甘肃、陕西灾区调拨援助款物达20.19亿元人民币，其中总会及直属单位下拨救灾资金3.29亿元，从备灾仓库调拨、紧急采购以及接收境内外捐赠的物资价值3.31亿元。这些

---

① 总红：《3天捐款6.24亿》，《中国红十字报》2008年5月16日。

② 郭长江主编：《人道力量——中国红十字汶川地震救援纪实》，《环球慈善》杂志社，第347—349页。

③ 《中国红十字会就募捐管理及使用与网民在线交流》，《中国红十字报》2008年5月27日。

④ 总红：《红十字会已向灾区提供价值19.4亿元的援助》，《中国红十字报》2008年5月30日。

⑤ 吴苾雯：《中央检查组听取中国红十字会抗震救灾款物管理使用情况汇报》，《中国红十字报》2008年6月3日。

物资包括帐篷38639顶、棉被89394床、衣裤24.01万件、药品7490箱、食品65929箱，其他70534件①。

由于此次捐赠数额巨大，中国红十字会加大了对捐赠款的监督和审计。对于捐赠款物的调拨、分发、使用情况，红十字会和其他接收捐赠的部门一样，接受政府部门的审计及社会监督。国家审计署于5月14日进驻总会进行跟踪审计，审计结果每月向社会公布。中国红十字会多次通过媒体向社会郑重承诺：本次地震捐赠款物将全部用于抗震救灾工作，任何组织和个人不得侵占、截留、贪污、挪用救灾款物，有明确捐赠意向说明的款物将按捐赠者意愿定向使用②。5月30日上午，由监察部副部长王伟率领的中央抗震救灾资金物资监督检查组，在听取中国红十字会抗震救灾工作汇报后指出，中国红十字会在抗震救灾中动作迅速，各项工作有效有序，是一支有战斗力的队伍③。

为了加强对救灾款物的管理和使用，总会抗震救灾指挥部下设的应急救援组负责灾害救助工作计划的拟订、实施，救灾款物的接收使用和管理，全国灾害救助工作的统筹；后勤保障部则负责总会现场捐赠款物的接收和救灾物资的采购、运输。5月14日，中国红十字会总会抗震救灾募捐现场对公众开放④。5月15日，中国红十字会总会下发了《关于认真做好救助四川地震灾区捐赠工作的通知》，要求全国各级红十字会要依法接收和使用捐赠款物，有效地救助灾区群众。5月18日，总会再次下发了《关于切实做好“5·12”地震募捐款物管理、使用工作的通知》，强调各级红十字会接收的“5·12”地震灾害捐赠款物必须专款专用，严禁以转入备灾基金等名义扣留、挪用、截留或用作其他事项。5月22日，总会又一次下发紧急通知，明确全国红十字会系统接收的“5·12”地震灾害捐赠款物将全部用于抗震救灾及灾后重建工作。

为了进一步加强对捐赠款物的管理和使用，5月29日，总会成立了由江亦曼常务副会长任组长的抗震救灾资金、物资监管工作领导小组。同时，为了促进所募款物的分配、调拨和发放工作的科学化和规范化，中国红十字会总会每一笔大额资金的使用，都是根据灾区需求并经总会抗震救灾指挥部研究协商确定后，由赈济部门向受益省下发拨款通知并通知总会财务部门拨付。

---

① 《积极应对灾情　提供救灾物资及医疗救援》，《中国红十字报》2008年6月3日。

② 《捐赠款物使用接受政府审计和社会监督》，《中国红十字报》2008年6月3日。

③ 吴苾雯：《中央检查组听取中国红十字会抗震救灾款物管理使用情况汇报》，《中国红十字报》2008年6月3日。

④ 郭长江主编：《人道力量——中国红十字汶川地震救援纪实》，《环球慈善》杂志社，第346页。

对社会捐赠的物资，总会指定部门归口专人负责接收、登记，并制定了物资分配发放工作流程，使物资的管理使用规范有序。为了使捐赠款物和款物使用的信息公开透明，总会利用中国红十字会网站和《中国红十字报》陆续进行公示和发布[①]。截至 11 月 30 日，全国红十字会系统共接受超过 164 亿元的捐赠款物，有力地支援了抗震救灾和灾后恢复重建工作[②]。

据统计，在汶川地震发生后的紧急救援阶段，中国红十字会总会向四川灾区紧急调拨帐篷 13 万余顶、棉被 12 万余床、衣物 35 万多件、蚊帐 170 万顶和粮食近 6480 吨。在过渡安置阶段，总会投入 5 亿多元修建板房，争取国际联合会调运 10 万顶帐篷，安置无家可归的灾区群众。为帮助灾区群众顺利过冬，中国红十字会总会为灾区送去棉被 69 万余床、棉衣 36 万余件，并提供心理支持和为残疾人士提供假肢支具及康复训练等。8 月 13 日，中国红十字会总会与四川省红十字会签署首批援助四川的 25 亿元的灾后重建资金备忘录，启动了中国红十字会有史以来规模最大的灾后援建项目[③]。

（二）派出 4 支赴川抗震救灾工作组

5 月 13 日起，中国红十字会会长彭珮云、常务副会长江亦曼、副会长苏菊香、郭长江及秘书长王海京等领导分别率工作组几十次赴四川、甘肃、陕西等受灾省份考察灾情，慰问受灾群众，指导当地红十字会开展抗震救灾工作。

1. 第一支抗震救灾工作组

5 月 13 日 9 时，由中国红十字会副会长郭长江带队，中国红十字会总会和国际联合会、香港红十字会、澳门红十字会联合组成第一支抗震救灾工作组赴都江堰市和北川县考察灾情。由于成都机场不能降落，他们滞留在距成都还有几百公里的重庆，为了尽快到达灾区，他们马上转乘大巴，于当天晚上 7 时许赶到成都。未及休息，他们即赶到临时设在帐篷里的四川省红十字会抗震救灾指挥部，听取四川省红十字会关于灾情和救灾工作的情况汇报。

14 日，工作组一行辗转到达地震重灾区北川县。严重的灾情让他们心情沉重，他们走进一顶顶帐篷与灾民交谈，了解灾民的生活情况，倾听灾民的要求和呼声，到临时搭建的医疗点，查看受灾群众的伤情，了解地震灾区救护一线的需求。在北川中学救灾现场，正在那里看望慰问抗震救灾官兵的中

① 吴苾雯：《中央检查组听取中国红十字会抗震救灾款物管理使用情况汇报》，《中国红十字报》2008 年 6 月 3 日。

② 彭珮云：《在救灾中弘扬红十字精神》，新华网，2009 年 5 月 6 日。

③ 四川省红十字会编：《四川省红十字会 5・12 抗震救灾图志》，四川大学出版社 2009 年版，第 71—72 页。

央军委领导对红十字会在地震灾区开展的救援和救助工作给予了充分肯定。郭长江表示，作为政府在人道救助领域的助手，红十字会一定配合政府积极做好地震灾区的救助和灾后重建工作。

随后，工作组又来到受灾较重的安县看望灾民。安县政府领导紧紧握着他们的手说，感谢红十字会，灾情发生后，你们的救援物资到的是最早的，使部分灾民当天晚上就住进了帐篷，盖上了棉被。据工作组了解，灾区急需帐篷、棉被、方便食品、雨具、手电筒、塑料布、饮用水、医疗用品、环境消毒剂和饮水消毒剂等物资①。

2. 第二支抗震救灾工作组

5 月 15 日，中国红十字会造血干细胞捐献者资料库管理中心主任洪俊岭率领由中国红十字会总会机关、直属单位和湖南、云南省红十字会共 10 人组成的中国红十字会总会第二支抗震救灾工作组赶赴四川地震灾区，并在灾区前线设立指挥部。当日傍晚，工作组甫一抵蓉，即赶往四川省红十字物资库了解救灾物资情况。次日一早，工作组在听取四川省红十字会关于灾情和救灾工作情况的介绍后，与四川省红十字会召开联席工作会议，并成立联合抗震救灾小组。为了规范、有效地开展抗震救灾工作，联席会议决定，将救灾工作分为物资接收、分发、宣传和卫生医疗 4 个方面，并要求规范操作程序，严把救灾物资出入口关。会后，工作队成员分别被派往相关部门，协同四川省红十字会开展工作，并形成高效的运作流程：接收部门及时掌握外来捐赠物资的到站信息，派专人在机场和火车站登记、接收、转运物资；赈济部门在了解各地详细灾情和物资需求情况后通知分发部门将救灾物资及时发往最需要的地方。在工作组的宏观调控下，救灾物资进出账目明晰、运转流畅。正是因为有联合抗震救灾小组的指挥调度，救灾物资的发放一直在及时快捷、有条不紊地进行着。在抗灾一线成立起来的宣传组，通过召开新闻发布会等形式向媒体发布各类信息，使红十字会的救灾工作透明公开。与此同时，联合抗震救灾小组还与派到前方的红十字医疗队保持紧密联系，对医疗队的工作以及所需药品、器械等需求情况做到信息通畅，只要有需求，便能及时送到②。

3. 第三支抗震救灾工作组

5 月 19 日至 21 日，中国红十字会常务副会长江亦曼率领总会赈济救护部副部长张淑爱、中国红十字基金会副理事长兼秘书长王汝鹏等组成的工作组

---

① 李庆华：《中国红十字会救灾工作组急赴灾区》，《中国红十字报》2008 年 5 月 16 日。

② 刘玉海：《中国红十字会工作队在四川》，《中国红十字报》2008 年 5 月 20 日。

赴川考察灾情、慰问灾民。这是汶川地震发生后，中国红十字会向四川派出的第三支抗震救灾工作组。

5 月 19 日中午，江亦曼一行抵达成都后随即赶往德阳灾区。这一天正好是汶川地震全国哀悼日，下午 2 点 28 分（一周前地震发生的时间），工作组全体成员于高速公路旁停车肃立，为地震中不幸去世的同胞默哀 3 分钟。随后，工作组参加了在一个灾民安置点举行的简短的救灾物资发放仪式。仪式结束后，工作组兵分两路：江亦曼率一队赶赴绵竹，张淑爱率另一队前往什邡，考察灾情及救灾物资发放情况。在绵竹，江亦曼听取了德阳市的灾情介绍和当前抗震工作的措施和进展，之后来到设在绵竹新体育场的灾民安置点看望灾民。下午 5 点左右，工作组前往此次地震的重灾区绵竹市汉旺镇考察灾情。

5 月 20 日上午，江亦曼在成都听取了四川省红十字会和中国红十字会总会先期到达灾区的抗震救灾工作组的工作汇报，她对四川省红十字会在灾后的快速反应给予了肯定，尤其对红十字志愿者的工作给予了高度肯定，对他们的努力表示感谢。20 日晚，江亦曼会见了四川省副省长陈文华。江亦曼表示，中国红十字会希望把募集到的资金集中、有效地投入到救灾中去，为此希望四川省能划出一定的区域和领域由红十字会帮助灾民进行重建。陈文华表示将对上述建议予以积极考虑。

5 月 21 日，江亦曼率工作组冒雨继续深入受灾严重的绵阳市安县考察。“大家都还好吧？有吃的吗？有水喝吗？有住的地方吗？”在安昌、在桑枣、在永安，每到一个集镇，江亦曼都前往灾民安置点，走进帐篷看望灾民，询问大家的受灾情况、生活状况。她一次次握住灾民的手、一次次地勉励大家要“鼓起勇气、忘记悲伤、坚定信心、渡过难关”。在永安镇，看到村民们辛辛苦苦打工挣钱盖的楼房变成一片废墟，江亦曼嘱咐身边工作人员与安县政府领导详细洽谈，尽快落实为灾民建设简易活动板房事宜。考察中她一再强调，“一定要把所有物资、资金用到最需要的地方”。当工作组发现紧邻公路的向阳村四组竖着“急需食品、水”的牌子时，江亦曼下车详细了解情况后，并将随车携带的食品、水等分给了灾民，她对在场的绵阳市红十字会工作人员说：“拜托大家，物资一定要发出去，不能放在仓库里”，“运送到灾区的物资，要尽量减少中间环节，要一竿子插到底，直接派人发到灾民手里。”她向围过来的村民承诺：“红十字会一定想办法组织力量，帮助大家渡过难关。”

考察期间，江亦曼还看望了夜以继日、忘我奉献的红十字志愿者和奋战在一线的中国红十字会 999 医疗救援队、华山医院救援队的医护人员[1]，并为

① 刘玉海：《坚定信心　共渡难关》，《中国红十字报》2008 年 6 月 24 日。

灾后重建项目选点。

4. 第四支抗震救灾工作组

“5·12”地震发生以来，社会各界通过全国各级红十字会纷纷向灾区捐款捐物。截至5月23日，全国红十字会系统接收的捐赠款物已突破60亿元人民币。如何将人们的爱心更好地送达灾区？如何给社会各界包括国际社会关于巨额善款使用的一个满意答复？如何使最困难的灾民得到最及时的帮助？这一切都有赖于红十字会以艰苦细致的工作做出回答。5月22日，中国红十字会副会长苏菊香率第四支中国红十字会救灾工作组赶赴四川地震灾区，就规范物资发放等事宜开展工作。23日下午，救灾工作组抵达成都，随即召开了由三级红十字会工作人员参加的紧急工作会议。会后，随工作组而来的18名专职人员，每3人分成一组，分别被派往受灾严重的成都、德阳、绵阳、广元、阿坝、雅安等6个市（州），直接督导、分发社会各界通过红十字会捐往灾区的有关物资。

总会6支救灾工作组到达灾区后，首先了解当地红十字会的工作开展情况，特别是救灾物资的接收、储存、转运、发放、管理等流程，并针对存在的问题采取相关措施，以确保救灾物资及时有效地发放[①]。同时，工作组根据江亦曼常务副会长关于“一竿子插到底”，把救灾物资“直接派人发到灾民手里”的要求，每一批物资都将在工作组人员的亲自参与下，直接运往灾区发到灾民手中。为使救灾物资真正发挥作用，领取物资的灾民需一一登记、签字。以上措施保障了物资发放的规范和有序。在各工作组夜以继日的努力下，到6月初，绵竹市武都镇、九龙镇，什邡市师古镇的4000多个重灾户领到了棉被、食品和药品；青川县房屋倒塌的灾民住进了红十字帐篷；雅安市中里镇、上里镇的灾民领到了他们急需的生活物资；平武县向阳村24户灾民住进了工作队为他们搭建的帐篷；同时还有一车车的救灾物资运到了彭州市、马尔康县偏僻的山区[②]。

25日下午，苏菊香前往绵竹武都镇，督察那里的物资发放工作。在武都一家医院附近的一个发放点，红十字会救灾物资的发放井然有序，所有灾民有序排队，依次从红十字会工作组人员手中接过崭新的棉被。他们的眼中噙着泪、脸上洋溢着笑，不停地说着“谢谢！谢谢！”[③]

---

① 宗红：《了解情况　分发物资　安置灾民　6支救灾工作组积极开展工作》，《中国红十字报》2008年5月30日。

② 刘玉海：《打好这场没有硝烟的战争》，《中国红十字报》2008年6月3日。

③ 刘玉海：《挺起不屈的脊梁》，《中国红十字报》2008年5月27日。

（三）中国红十字会总会组织医疗和心理紧急救援队

5 月 13 日至 15 日，中国红十字会紧急组织上海华山医院、武警总医院、北京市红十字会 999 医疗救援队、河北省红十字会、安徽省红十字会、湖南省红十字会、贵州省红十字会、福建省红十字会等 8 支救援队，即刻起程赶赴灾区，为灾区群众提供第一现场医疗和心理援助①。截至 5 月 29 日，累计治疗伤病员 16732 人次，巡诊 1740 人次，心理干预 3050 人次②。

1. 中国红十字会 999 医疗救援队

“灾情就是命令”。5 月 13 日上午 11 时，北京市红十字会 999 紧急救助中心接到赶赴四川地震灾区实施救援的通知。经过 4 个小时的应急准备，一支包括医护、后勤保障、信息联络等人员在内的 38 人组成的医疗救援队集结组建完毕，并于 15 时从北京出发。为在第一时间赶赴灾区，救援队 8 辆应急车辆，携带药品和设备星夜兼程，驱车 2200 余公里，用时 36 小时，于 15 日凌晨 4 点赶到四川省绵竹市地震灾区，在位于绵竹市体育场的地震医疗急救站建立临时营地，开展救援工作。

到达之初，救援队分成两个救援小组，沿绵竹市灾情严重的汉旺镇周边村落进行搜救，在汉旺镇东汽集团、绵竹市第三医院附近展开对伤员的集中施救和转运。15 日 12 时，救援队接指挥部通知，通往灾情最为严重的清平乡公路经抢修打通，要求救援队组成突击队迅速出发，强行军开进清平。救援队迅速组成一支突击分队，由正副总指挥带队，于 13 时集结汉旺镇待命。公路因余震再次毁坏后，指挥部于 15 日 23 时命令救援队翌日徒步强行开进清平乡。“指挥部认为我们是唯一一支具备突击条件的地方医疗队，命令我们随兰州军区某部队的 5 支医疗队徒步进入清平地区展开搜救，路线选择沿山谷上行”。北京市红十字会副会长、救援队总指挥孙硕鹏说。

16 日 13 时，救援队组成了一支 17 人突击分队，由孙硕鹏带队进入了异常险峻的山谷。经过 1 个多小时的艰苦跋涉，行进到一处河谷地界，前方突发泥石流，先头部队出现大量伤员。救援队迅速展开现场施救，共救治为抢救儿童受伤的军地伤员 21 人，并为静脉断裂、颅脑外伤昏迷等危重伤员实施了静脉通路、夹板固定、清创包扎等复杂救治程序。此时，前面的水库已经溃堤，山洪迫近，情况十分危急。在前有洪水、后有泥石流的生死关头，救援队员与部队官兵抬着伤员、举着吊瓶、背起器械最后一批撤出险地。几分钟后泥石流和山洪就堵塞了救援队身后的河道。

---

① 《冲在一线的红会》，《中国红十字报》2008 年 5 月 16 日。

② 《积极应对灾情提供救灾物资及医疗救援》，《中国红十字报》2008 年 6 月 3 日。

从 17 日开始，救援队开始承担设于绵竹新体育场的四川省政府地震医疗救助站的分诊和转运任务，并从玉泉镇开辟的直升机伤员转运降落点、汉旺镇东汽运输公司设立的医疗点转运伤员。同时，协助当地医疗机构在体育场伤员留观和救治点、绵竹市人民医院救治伤员。队员分成几个救援小组 24 小时值班，据不完全统计，截至 19 日上午，中国红十字会 999 医疗救援队共搜救、救治、转运、分诊伤员 281 人。

除了医疗救援外，保障灾民、救援人员的生活又是另一种救助。5 月 19 日下午 6 时，晚饭时间，急救队的餐车前排起长长的队伍，而且一拨一拨络绎不绝。“由于很多志愿者急急匆匆赶往灾区，一点后勤准备都没有，有的把钱捐给灾民了，拖个帐篷就来灾区了，连返程路费都没了。”队长孙硕鹏说。救援队则于出发前准备了完善的后勤保障：除 4 辆指挥救护车外，还配带了多功能饮食供应车辆，携带大米 1000 斤、饮用水 2 吨、大蒜 100 头，从而在艰苦的条件下解决了吃饭问题。救援队到达绵竹灾区后，利用设备先进的饮食供应车向各类救援机构、志愿者、新闻工作者 24 小时免费供应饮食，保障了救援工作的开展。截至 6 月中旬，救援队共向山东疾病控制中心、绵竹市卫生局、兰州军区某部、绵竹市人民医院、山东大学志愿分队等救援机构和新闻工作者等供应饮食 1000 余次。同时，还向灾民发放捐献物资，对受灾群众开展心理干预①。

2. 救灾一线的“生命中转站”：中国红十字会华山医院医疗救援队

5 月 14 日上午，复旦大学附属华山医院由汪志明教授挂帅、21 名医护专家组成的中国红十字会华山医院医疗救援队，由浦东国际机场启程奔赴四川地震灾区，执行人道救援任务。当天晚上，不顾旅途辛劳，队员们不仅自行解决了备置饮用水问题，而且还奔波于宾馆与机场之间，搬运随后抵达成都的医疗救援物资，一直忙碌到第二天凌晨 2 点。天色微明后，队员们再次搬运物资上车，直奔安县灾区。

当中国红十字会华山医院医疗救援队到达安县后，与当地红十字会取得联系，得知安县茶坪灾区有大量伤员需要救治，且该地区靠北川最近，也有大量伤员从北川获救后运至安县的消息后，救援队决定前往重灾区茶坪开展救援。当救援队到达晓坝镇五福村姊妹桥时，前方道路已经被塌方滚石堵住，无法继续前进。救援队当即兵分两路，一路冒着余震、滚石和泥石流的威胁，经山路到五福村勘察情况；另一路则到山下各处踩点，选择合适地方建立医疗站。经过一天的奔波，救援队最终决定驻扎在安昌镇西苑中学操场，在那

① 刘玉海：《挑战极限的一线救灾》，《中国红十字报》2008 年 6 月 24 日。

里可以为大量伤员进行第一步、也是最为及时的救治。这里也成为外来医疗队最早建立的、离地震重灾区最近的急救站①。

当印有中国红十字会和华山医院标识的队旗高高飘扬时，队员们不顾连日的疲劳，开始接收、救治一批又一批的受灾伤员。骨科医生忙着为伤员清洁创面、包扎固定；神经外科医生忙着为伤员清除头颅皮下血肿、检查神经系统损伤程度；外科医生忙于缝合伤口、留置导尿……仅第一天下午至晚间，救援队就救治了近 50 名伤员，开展清创等手术 20 多台。忙碌了一天的队员们，晚饭都顾不得吃，利用短暂间隙交替吃些压缩饼干、速泡面等。有时队员还主动把自己的物资送给灾民。当天晚上，全体队员就在操场上搭起了简易的露天帐篷休息，并由两名队员轮流值班两小时，以保证伤员可随时得到及时医治。

自 16 日起，几乎每天救援队都会轮流派出 5 名突击队员在当地志愿者的指引下出发经山路徒步进入茶坪，一步步接近救治伤员的最前线。因为道路塌方、山势陡峭而且余震经常引起滑坡，队员们的生命随时都面临着威胁。但当队员们看到被搜救官兵从山林间背出的伤员时，当即就在山脚为病人作紧急的包扎和处理并协助疾病防疫人员进行消毒工作。他们心中只有一个信念，“救治、救治、多救治”，尽可能多救治一个伤员。

5 月 18 日，救治点被一夜的狂风暴雨及余震损毁，但很快，在后方中国红十字会及上海市卫生局的资助及支持下，救援队用了一上午的时间重建了这个医疗救治点，并且环境更整洁、设备更先进，救援队旗再次飘扬在西苑中学的操场上。许多当地的灾民看到救援队“重建家园”的举动后，纷纷自发前来慰问救援队，并送来了黄瓜、绿豆粥和菜汤②。

随着搜救时间的推移，许多伤员的病情更加严重、复杂，救援队逐渐感觉现有的医疗设备已经无法满足需要。所幸的是这时已经有许多军队医院救援队也到达了安县，但他们大多驻扎在距茶坪更远的花荄甚至绵阳市。于是救援队与其他医疗救援队及志愿者保持联系，并配合当地有关部门，协调进行伤员转运工作，使病情严重的伤员可以尽快送至条件更好的野战医院，获得进一步医治。很快，救援队在西苑中学所设立的救助点成了众多医疗救援队伍眼中的“生命中转站”，而许多伤员和灾民也已经把这里当成一座象征希望的生命绿舟，“只要救治点在，我们就放心了。”灾民们这句朴素的话，深深感动了每一个队员。由此可见，救援队驻扎在受灾最前

① 刘玉海：《中国红十字医疗救援队在安县》，《中国红十字报》2008 年 5 月 20 日。

② 华宏：《救灾一线的“生命中转站”》，《中国红十字报》2008 年 6 月 10 日。

线的意义不仅仅在于医疗援助，它的存在和坚持对灾民和伤员的心理慰藉意义深远。

3. 亮丽的一缕阳光：中国红十字会的心理救援

有学者认为："灾难会在人身上造成严重心理创伤，如果不及时治疗，会折磨一生，改变病人的性格，甚至导致自杀和暴力等极端行为。"人们对于自然灾难的恐慌若没有外界细致入微的抚慰疏导和心理干预，很难在短时间内脱离梦魇，回归正常状态。"心理救灾"是灾后重建的一项重要内容。有专家提出，在易患"灾后综合征"的群体中，有患病史者以及年迈体弱、各种生理机能衰退者最容易导致内分泌失调或某些生理机能加速衰退，诱发心脏病等。另外，灾区承受能力较弱的儿童也急需接受"心理救灾"①。

房屋倒塌、财物损失、亲人亡故、通讯中断等等，即当人们最基本的生存需要被掐断时，无疑会带来巨大恐慌。在幸免于难后，人们往往急需确认自己是否被世界抛弃。此时，沟通联系就变得非常重要，哪怕是能与家人通话哪怕一分钟，能与亲人哪怕一个简单的拥抱，能给孩子一下浅浅的抚摸……他们需要爱的表达，需要有归属感的确定。汶川地震后，受灾群众的悲惨遭遇令不少人潸然泪下，因此加强对受灾群众，尤其是儿童的心理创伤干预，已日渐受到重视。中科院心理所的专家预计，汶川地震中直接和间接受到心理伤害的群众及救灾人员不少于50万，有些人会留下长期的心理问题②。

5月19日14时，中国红十字会副会长郭长江参加了以首都医科大学杨凤池教授为领队的第一支中国红十字心理救援队启程仪式。5月20日14时，郭长江又参加了以心灵阳光工程办公室黄依为领导的第二支中国红十字心理救援队启程仪式。两支心理救援队分别于20日、21日抵达四川省绵阳市，针对"5·12"地震给人们造成的心理创伤进行心理干预。邓亚萍、杨扬、高敏、谢军、莫慧兰、孙海涛等奥运冠军也加入了心理救援队的行列。

以杨凤池教授为领队的第一支中国红十字会心理救援队到达后顾不得休息，很快开展了工作。在绵阳的一个帐篷学校里，邓亚萍等奥运冠军通过他们的影响力和感染力去安慰那些受地震灾害影响的学生，帮助他们建立积极向上的良好心理状态。21日，心理救援队继续在该学校的6个帐篷进行分组辅导。他们采取角色扮演、情景再现、放飞希望、写信等方式，

---

① 燕之音：《"心理救灾"和"物质救灾"同样重要　谨防"灾难综合征"》，《中国红十字报》2008年6月24日。

② 李黎军：《心理救援：关注儿童》，《中国红十字报》2008年5月30日。

帮助学生化解灾害带来的负面情绪。心理专家还对那些情绪反应强烈的学生进行了个别的有针对性的心理辅导。奥运冠军还向学生们赠送了体育器材等礼物。

21 日中午，心理救援队来到参加抗震抢险的陕西、甘肃、广东等地的武警消防队员驻地。心理救援队将官兵分成 6 个组进行团体心理辅导，引导他们消除目睹惨状后的负面情绪和感觉。专家还对反应强烈的 20 多人进行了小型心理治疗。一名来自宁夏武警消防支队的战士，家乡就在北川，母亲在地震中遇难，杨教授对这名战士进行了专门的心理治疗。

22 日，国际联合会的宣传、卫生代表观摩并采访了心理救援队开展的工作。23 日，该心理救援队赶赴德阳，通过广播、电视向社会发布中国红十字会心理救援队在此开展工作的消息，欢迎需要心理援助的人前来报名，并计划在帐篷里为 80 人做心理辅导①。

第二支中国红十字会心理救援队于 21 日抵达绵阳后，对当地近 40 名志愿者进行了培训，并到九州体育馆了解灾民的心理需求。22 日，他们分两个小队，一队到绵阳九州体育馆开展心理辅导，另一队到两个小学，那里有北川转出来的学生，心理救援队给他们送来了书包、彩笔、手表、收音机等礼品。23 日，该心理救援队前往安县继续开展心理援助活动②。

总之，在汶川地震救援中，中国红十字会的应急救援工作实现了生活保障、医疗救助、心理救援的有效结合，提高了灾害救助的技术含量，人道救助领域得到前所未有的拓展③。

二、四川省红十字会的抗震救灾工作

四川省红十字会源于 1911 年成立的中国红十字会成都分会和重庆分会，到 2008 年，四川红十字会共有 21 个市（州）红十字会、181 个县（市、区）红十字会、5024 个基层组织、120 万余名会员、100 万余名志愿者。汶川地震发生后，以救灾、救助、救护为己任的四川省红十字会，在党中央、国务院以及四川省委、省政府的坚强领导下，在中国红十字会总会和兄弟省（市、区）红十字会的倾力支持下，全力以赴投入艰苦卓绝的抗震救灾斗争中，恪尽职守，始终奋战在抗击特大地震的第一线，克服了人员特别少、任务特别

① 李黎军：《心理救援：关注儿童》，《中国红十字报》2008 年 5 月 30 日。

② 《“心理阳光”温暖灾民的心》，《中国红十字报》2008 年 5 月 27 日。

③ 《江亦曼在中国红十字会第八届理事会第五次会议暨全国社区红十字服务示范市（区）命名表彰会议上的工作报告（2009 年 1 月 7 日）》，中国红十字年鉴编辑部编：《中国红十字年鉴：2009/2010》，中华工商联合出版社 2011 年版，第 180 页。

重、工作量特别大、时间特别紧等多重困难，在前所未有的艰难和压力面前，创造出令世人瞩目的业绩①。

（一）抢险救援

地震发生后，四川省红十字会反应迅速。5月12日15时20分，四川省红十字会党组书记、常务副会长张波带队赶到省政府请战，并在第一时间向中国红十字会总会汇报了灾情。17时，四川省红十字会迅急启动了应急一级预案，并及时召开机关中层干部及职工会议，进行了紧急思想动员和工作部署，成立了四川省红十字会抗震救灾指挥部，张波任指挥长，秘书长吴琼英任副指挥长，下设5个工作组，同时向各市（州）红十字会发出了抗震救灾的紧急通知。17时15分，省红会组织车辆装载总会拨付的价值78万元的557顶帐篷和2500床棉被，由张波和吴琼英分头带队，冒着暴雨和余震不断的危险向汶川县和北川县进发。当晚21时，第一批救灾物资运抵都江堰市（因都汶公路完全中断，运往汶川的物资在都江堰卸载）。18时，四川省红十字会立即与中央驻川新闻单位和省、市各大媒体连线，及时通告地震灾情，向社会发出了抗震救灾紧急募捐呼吁书，公布四川省红十字会震灾专户账号。省红会紧急开展抗震救灾工作的消息随后在中央电视台新闻联播和四川主要媒体上播出。当晚，省红十字会组织的两支医疗救援队也抵达北川、安县重灾区，从废墟中抢救转移伤员。

5月13日上午，四川省红十字会向全国发出紧急招募志愿者的呼吁，并将红十字会应急救护培训中心转换为抗震救灾应急救援中心，统一指挥、组织志愿者和救援队。中心包括5个工作小组：前线情况收集组、救援队派遣组、志愿者报名组、后勤保障组和简报组。上午9时，志愿者从四面八方赶到省红十字会要求奔赴灾区。上午10时，省应急救援中心派出6支328人的红十字应急抢险队急赴灾区抢救伤员。每支救援抢险队从25人到50人不等，一般都由红十字急救员、医生、退伍军人组成，许多急救员配备急救包、现场急救用品和灾区急需物资。救援队分别紧急奔赴彭州、都江堰、北川、绵竹、平武、什邡、安县等县（市）的30余个受灾严重的地区。省红会还紧急拨付价值900万元款物到阿坝、成都、绵阳、德阳、广元和雅安等重灾区，并在飞机场、火车站、备灾救灾中心、省红十字会机关等地设置救灾款物接收、转运点，同时联系落实银行工作人员到捐赠现场，当场接收款物，当场

① 四川省红十字会编：《四川省红十字会5·12抗震救灾图志》，四川大学出版社2009年版，第32—37页。

存入专户。在红十字精神的指引下，四川红会展开了一场感天动地的生死大营救①。

截至5月26日，在震后的14天里，四川省红十字会共组织和派往灾区一线的应急救援队伍75支、6546人；省内专家医疗队伍6支、326人；专业搜救队伍5支、295人；心理干预队伍12支、540人；共调配和运输灾区急需物资51000吨②。截至6月4日，四川省红十字会共组织志愿者近15.1万名，在灾区建立75个医疗救护站、49个灾民安置点，从废墟和危房中抢救灾民伤员7200人，救治伤员1.2万人次，转移灾民12.1万人，参与抢险380余处③，具体情况见表6－1至表6－3的统计。

表6－1　四川省红十字会应急救援中心救援队及志愿者派出情况统计表

类别	队伍数量（支）	人员数量（人）
应急救援队	75	6546
心理干预队	12	540
参与救灾物资转运的志愿者	/	9600
其他形式参加的志愿者	/	94693
总　计	87	111379

表6－2　接待安排国内外专业救援、心理援助及医疗队情况统计表

国家和地区	队伍数量（支）	救治人数（人）
中国红十字会总会、香港特别行政区	心理救援队：25	31000
中国台湾地区及兄弟省红十字会	医疗队：20	5800
德国、法国、意大利、俄罗斯、日本、韩国、古巴	7	6877（手术628台）
总　计	52	43677

① 四川省红十字会编：《四川省红十字会5·12抗震救灾图志》，四川大学出版社2009年版，第60页。

② 四川省红十字会编：《四川省红十字会5·12抗震救灾图志》，四川大学出版社2009年版，第61页。

③ 刘学超：《一个只有17人的钢铁团队》，《中国红十字报》2008年6月13日。

表 6－3　物资调配情况统计表

物资数量	物资类别
食　品	277 批次
水	122 批次
药　品	298 批次
服　装	85 批次
生活用品	269 批次
帐　篷	30623 项
其　他	87 批次

在震后的紧急救援阶段，四川省红十字会亟须应对海量物资的接收、转运和发放。每天都有数千吨的救援物资到达，如何才能保证这些物资快速及时地送到灾民手中，这是摆在四川省红十字会面前的一个难题。他们克服了重重困难，遵循科学规范的财务流程和物流方案，很好地解决了这一问题，全程实现了接收及时、转运迅速、发放透明、全程跟踪。

首先，分布在火车站、航空港等地的 4 个物资接收组认真核对每一批物资，做到物资接收有凭有据。每一批物资的捐赠，捐赠方都必须出示捐赠函，捐赠函上写明捐赠的品名、数量、价值等内容，并提供生产厂家的营业执照、生产许可证和质量检验合格证的复印件。省红十字会组织 3 人一组的小组现场接收，1 人清点物资，1 人登记造册，1 人监督，汇总完数量、价值等内容后，3 人同时签字确认，给捐赠方开具发票，送上感谢信，一宗或一批物资的接收才算完成。同时，将物资接收情况在省红十字会网站及时公布。

其次，捐赠物资的分配根据三条原则进行：定向捐赠原则；灾情轻重、需求紧急情况原则；灾区自救能力大小原则。省红十字会赈济部根据以上原则提出方案，在有中国红十字会总会、有关兄弟省市红十字会、四川省红十字会领导干部参加的抗震救灾专题会上集体研究决定。待分配方案确定后，迅速调运物资。物资上车，由每一车上的押运员、承运员和司机 3 人共同现场清点，签字确认后发车；由押运员、承运员和司机一起押运到指定接收地。物资下车时，由市（州）红十字会或红十字会接收点的负责人和押运员、承运员、司机当场清点核对，负责接收的人出具接收清单，并由两个或两个以上的接收人签字确认，接收清单由押运员、承运员、司机共同带回省红十字会。

再有，物资发放有力有序。物资到达灾区后，由红十字会接收站转交给当地接收站，接收站出具接收清单或收条，现场发给灾民，并公开张榜公布。截至6月4日，四川省红十字会接收捐赠款物总价值达19.98亿元，其中现金12.68亿元；紧急发放救灾款1.62亿元，发放物资总价值7.3亿元[①]。

（二）“六个第一时间”的工作业绩

灾情发生后，面对猝然而至的巨大灾难，只有17个工作人员的四川省红十字会迅速行动，他们不顾个人安危，全身心投入抗震救灾中。在紧急救援的20多个日夜里，他们因过度疲劳一次又一次晕倒在工作岗位上，苏醒后又投入紧张的工作。他们中有的人一连几天没回过家、没洗过澡，每人每天平均工作20小时以上，困了打个盹儿，然后又接着干。因为有了他们，在地震中失去房屋的灾民不再流离失所，在地震中所有东西毁于一旦的灾民不再为衣食而忧，在地震中失去亲人的孩子不再惶恐哭泣。他们用行动履行着红十字的宗旨，用行动诠释“人道、博爱、奉献”的红十字精神，用行动创造出“六个第一时间”的工作业绩[②]：

第一时间进入紧急救援状态。特别值得一提的是，处于极重灾区的德阳、绵阳、阿坝、成都、广元、雅安等市（州）、区（县）红十字会和省红十字会有相当一部分同志，其家人、财产也因灾受到重大损失。但是他们从废墟、危房中逃出来，立即投入紧急救援工作，不眠不休地坚守在抗震救灾的第一线。

第一时间与中央驻川新闻单位和省、市各大媒体连线，向社会发出抗震救灾紧急呼吁。四川省红十字会紧急抗震救灾的工作视频，于5月12日晚在中央电视台新闻联播和四川各主要媒体播出，对动员社会各界迅速投入红十字会抗震救灾工作起到重要作用。5月19日，中央电视台等数十家新闻媒体的记者，在实地探访四川省红十字会的捐赠现场后无不感慨，他们说，原以为省红十字会已经乱成一锅粥，没想到工作如此有序、高效运转。

第一时间向灾区运送救援物资。5月12日晚，四川省红十字会运送救灾物资的车辆，冒着暴雨和余震不断的危险到达极重灾区都江堰市和北川县，成为运抵灾区的第一批救灾物资。短短的半个月时间，省红十字会调集了1.2万台车次，运送了6.5万吨价值11.08亿元的物资到灾区。成都、德阳、绵阳、阿坝、广元、雅安6个极重灾区红十字会的同志与总会赈灾工作组的同志在人员极少、工作量极大的情况下，日夜奋战，把巨量的救灾物资分发到灾区群众的手中。

---

① 刘学超：《一个只有17人的钢铁团队》，《中国红十字报》2008年6月13日。

② 刘学超：《一个只有17人的钢铁团队》，《中国红十字报》2008年6月13日。

第一时间组织红十字紧急救援队奔赴极重灾区开展生命大救援。5 月 12 日晚，省红十字会组织的两支医疗救援队抵达北川、安县极重灾区抢救转移伤员；13 日上午，又派出 6 支红十字应急抢险队急赴灾区开展生命大救援。13 日，由 28 名红十字志愿者组成的救援队，在队长唐建华的带领下，在北川县两天两夜硬是用手从废墟中抠出 260 多名被埋群众，他们每一个人的指甲几乎都抠掉了，鲜血淋淋；他们几天几夜没漱口、洗脸、洗澡，回到成都，每个人都蓬头垢面，瘦得脱了形，让熟悉的人都不敢相认①。

第一时间启动科学、规范、公开、高效的募捐操作流程和制度，严格管理救灾款物。“5·12”特大地震发生后，捐款捐物的人员之多、范围之广、款物的数量和额度之大，超过了四川省红十字会建会以来的总和。当捐款捐物的人流如潮水般涌向红十字会的时候，各级红十字会迅速制定了特定情况下的款物管理制度和工作流程。一方面，省红十字会聘请银行工作人员到捐款现场收款入库，先后招募了 400 名专业财务人员参与捐款账务的清理、登记、公示；另一方面紧急邀请西南交通大学物流学院院长张锦和 8 位博士生，在对救灾物流情况进行调研后，连夜设计出了一套应急物流管理软件，并立即投入使用。在紧急救援阶段，全省红十字会接收境内外捐赠款物合计 24.76 亿元，其中资金 13.68 亿元，账务 30 余万笔，账单票据重达 500 公斤；物资价值 11.08 亿元，计 3103 批次、1256.3 万件。省红会备灾救灾中心在只有 4 个工作人员的情况下，接收转运了价值 3 亿元的物资。成都、德阳、绵阳、广元、阿坝、雅安 6 个极重灾区红十字会接收、发放款物上亿元。南充、宜宾、巴中、自贡、乐山、达州、眉山、攀枝花等市红十字会募集了超过千万元款物援助极重灾区。在短短半个月时间内，如此巨量、复杂的款物接收、分发、运送，四川省红十字会做到了账目清楚、手续齐备、公示及时。中纪委、国务院纠风办联合检查组 3 次到省红十字会检查，都对四川省红十字会的款物管理工作给予了表扬。省纪委、监察厅、审计厅督察组等也对省红十字会的款物管理工作给予了充分肯定。

第一时间把工作重心转入灾后重建。5 月下旬，四川省红十字会在抓紧救援的同时，组织力量制定了《四川省红十字会“5·12”特大地震灾后重建方案》，并指导各市（州）红十字会制定了灾后重建项目书，6 月初迅速把工作重点转到灾后重建。省红会由常务副会长张波带队，多次带着灾区“重建方案”和 30 公斤重、援助总额达 250 亿元的中英文对照的重建项目书到北京、西安等地向总会、国内外红十字会和企业集团汇报并争取灾后援助资金。截

① 刘学超：《一个只有 17 人的钢铁团队》，《中国红十字报》2008 年 6 月 13 日。

至2009年4月1日，已落实灾后重建资金38562亿元，项目1930个。为了规范、高效地做好灾后重建项目，四川省红十字会举办了4期灾后重建培训班，累计培训400多人次。

回顾气壮山河的抗震救灾，四川全省各级红十字会和总会赈灾工作组以少有的坚强和勤奋，克服了难以想象的压力和困难，夜以继日地奋战在艰苦卓绝的抗震救灾第一线，涌现出了一大批可歌可泣的先进集体和个人，并分别受到总会、国家人力资源和社会保障部以及省、市（州）、县（区）党委和政府的表彰①。

（三）领导的关怀与赞誉

5月14日，温家宝总理在遭受毁灭性破坏的北川县灾害现场，看望了四川省红十字会两支由志愿者组成的抗震救灾医疗急救队的队长唐建华和孙柏安（美国人）。温总理感谢红十字医疗急救志愿队为救护伤员的生命做出的积极努力和发挥的作用。后来，温总理曾在一次抗震救灾工作会议上说："我在四川抗震救灾一线看到四川省红十字会的人了。这一次抗震救灾，红十字会表现非常突出，在那么艰苦的地方开展工作很了不起！"

5月14日，中国红十字会会长彭珮云专门致电四川省红十字会，充分肯定了该会的抗震救灾工作，并向奋战在抗灾一线的四川省红十字会系统工作人员及广大红十字志愿者表示慰问②。6月3日，中国红十字会会长彭珮云在省人大、省政府领导的陪同下，检查并指导四川各级红十字会抗震救灾工作。彭珮云会长高度肯定了总会和四川省红十字会在抗震救灾工作中付出的艰辛努力和取得的显著成效，她说："四川省红十字会在抗震救灾工作中非常努力，做得很好。他们不怕艰苦，不怕困难，顽强拼搏，为抗震救灾做出了重要贡献。我对他们表示崇高的敬意。"③

四川省委和省政府也对红十字会的工作给予了特别的支持和鼓励，要求抽调干部支援省红十字会，并为省红十字会解决运送救灾物资的车辆问题。省领导还多次到红会机关慰问并指导工作。中纪委、国务院纠风办的领导曾三次到省红十字会检查指导工作。四川省纪委、监察厅、审计署在5月15日派工作组到省红十字会机关，从上到下联系、沟通、协调，在款物接收、发

① 四川省红十字会编：《四川省红十字会5·12抗震救灾图志》，四川大学出版社2009年版，第61页。

② 川红：《第一时间深入灾区救援救助　四川红会行动迅速》，《中国红十字报》2008年5月16日。

③ 四川省红十字会编：《四川省红十字会5·12抗震救灾图志》，四川大学出版社2009年版，第45页。

放的监督把关等方面给予全方位的帮助和支持①。

三、兄弟省市红十字会的救援行动

灾情发生后，除中国红十字会总会的领导指挥、统筹协调，四川各级红会担当大任之外，其他兄弟省市红会也快速反应，启动应急预案，迅速发出救灾物资，委派医疗队星夜启程，征集志愿者积极参与。

（一）同舟共济：红十字在行动

北京市红十字会5月12日启动救灾募捐预案，立即从应急储备金中调拨50万元救助款发往灾区。13日，又将SOHU中国、北京电力公司、怀柔区万金昊投资有限公司及市政协委员庞弘捐赠的220万元善款发往灾区。市红十字会紧急救援中心调配多功能救灾车1辆、急救车4辆、指挥车2辆、食品供应车1辆，医护人员38名，组成中国红十字会“999”医疗救援队，由副会长孙硕鹏带队于13日出发赶赴灾区。从5月15日开始，北京市红十字会系统派出60辆红十字流动募捐车到全市各街区开展募捐活动。

山西省红十字会12日通过四川省红十字会向灾区提供10万元救助款和50顶帐篷，并开通省红十字会募捐电话和账号，实行24小时值班。截至15日，省红十字会已接收社会各界募捐款物价值1168万元。

福建省红十字会紧急制作了募捐电视短片，组建“红十字灾后心理干预支援队”，储备价值500万元的救助物资，采购基本生活用品齐全的“人道救助博爱箱”。14日上午，150万元汇往四川省红十字会。14日下午，由省红十字会联合《海峡都市报》募集的价值150万元救灾物资到达四川绵阳火车站和体育馆。截至15日12时，共收到善款及意向款近300万元，东南汽车公司捐赠的10部汽车于14日晚启运灾区。

内蒙古自治区红十字会成立救助工作领导小组，向社会公布募捐账号和热线电话，安排专人24小时值班，并组织机关全体干部职工为地震灾区捐款。截至13日16时，自治区各级红十字会共接收社会各界捐款247万余元。

河南省红十字会从备灾基金中调拨20万元救灾款汇至四川省红十字会。截至13日11时，省红十字会共接收社会各界捐赠款物价值人民币近300万元。

湖南省红十字会紧急通过四川省红十字会向灾区提供了10万元救助款和100顶帐篷，株洲市红十字会提供5万元救助金。14日上午10时，省红十字

---

① 四川省红十字会编：《四川省红十字会5·12抗震救灾图志》，四川大学出版社2009年版，第54—57页。

会组织的34人的救援分队赶往地震灾区，救援队配备了2台救护车、GPS定位仪等，携带医疗用品和价值10万元的药品。截至14日上午，省红会已接受捐款580余万元。

贵州省红十字会倡议省内红十字志愿者加入医疗援助队，并于13日15时30分动用全部库存救灾物资，租用地方车辆运往四川灾区。截至13日17时，全省红十字会接收捐赠款物总价值380余万元。

陕西省红十字会通过四川省红十字会先期向地震灾区捐款10万元，并迅速通过媒体发出紧急呼吁，公布募捐账号及募捐热线。当日，省红十字会通过银行救灾专用账号和在本会大门口及北二环人人乐超市门口设立的两个募捐点，共募集现款34万余元①。

"5·12"汶川大地震发生后，香港同胞也积极行动起来。截至6月1日，不计网上捐款和信用卡捐赠，香港红十字会已接到各界捐款现金7亿港元，"这是空前的!"香港红十字会秘书长陈启明说。如何用好这笔巨款，对于陈启明和香港红十字来说，压力同样是空前的。5月26日，陈启明和香港红十字会国际及赈灾服务管理委员会主席胡郭秀萍飞抵成都，分别与中国红十字会总会、四川省红十字会商讨参与地震救援和灾后重建工作②。

（二）上海红会：8.5亿善款见真情

"5·12"四川汶川特大地震，震惊了世界，震惊了全国，也震惊了上海。从5月13日清晨开始，前往上海市各级红十字会捐款捐物的人络绎不绝。捐款热线被打爆，红十字会网站点击率数十倍增长。在建设银行外滩分行的支援下，上海市红十字会在驻地增设了十几个捐款窗口。截至5月31日，上海市各级红十字会已收到超过8.5亿元人民币以及数十万元外币的捐款，救灾物资价值6000余万元。据统计，这次为四川地震的捐款超过了改革开放30年来上海市各级红会所募集捐款的总和。

"5·12"地震的第二天上午8时，上海市红十字会会长谢丽娟主持召开了赈灾紧急会议。当天，市红十字会向四川省红十字会紧急电汇100万元救灾款并通过北郊站急运100万元救灾物资。随后在市政府抗震救灾协调会上，上海市红十字会承诺捐赠第一笔1.9亿的救灾款，另外追加3000万元捐给甘肃、陕西两省受灾地区。

在此次募捐过程中，红十字志愿者发挥了极大作用，给予了有力支援。来自复旦、立信会计、建行、市统计局、上海海关、德勤华永会计师事务所、

---

① 京红等：《各地红十字会快速反应》，《中国红十字报》2008年5月16日。

② 刘玉海：《处理不好捐款，将是另一场灾难》，《中国红十字报》2008年6月3日。

英华达（上海）科技有限公司、上海经贸国际货运实业有限公司等单位的上千人次志愿者，不论是年逾花甲的，还是刚进大学的，都不分昼夜，不计报酬，每天工作10几个小时，为圆满完成各项任务尽心尽责，很多志愿者还把红十字会发给他们的车补悄悄投入募捐箱。

新闻媒体的全面报道推动着上海市红十字会抗震救灾工作的顺利开展。SMG直播车多次来到市红十字会募捐现场；东方卫视、凤凰卫视向世界播放上海人民空前的赈灾热情；上海东方明珠移动电视有限公司在全市8000余辆公交车上和数百幢大楼内每天数十次播放红十字募捐公益广告[①]。

（三）12.5亿元背后的大爱

截至6月17日，江苏省红十字会系统接收社会各界支援抗震救灾捐赠款物已达12.46亿元（其中款9.92亿元、物2.54亿元）。省红十字会直接接收1.56亿元（其中款9057.11万元、物6564.73万元），创江苏红十字运动100多年历史之最。这是社会各界爱心奉献和红十字会巨大公信力相互融合的生动体现，是中华民族强大凝聚力的缩影。

地震发生后，江苏省委、省政府立即行动，号召全省人民支援灾区。机关干部和广大群众积极响应，省级机关向省红十字会捐款达400多万元。在灾害危难面前，“人心向善”得以充分发挥和展现。社会各界出于对红十字会的高度信任，争先恐后地到红十字会捐款捐物。5月12日至22日是捐赠高峰期，省红十字会最多一天接收捐赠达1174笔、1728万元（其中单位403笔、个人771笔）。省红会同时设立6个接收捐款组仍应接不暇。

本着对捐赠者和灾区人民高度负责的精神，即便忙得不可开交，省红十字会工作人员和志愿者们仍严格按规范程序操作：对每笔捐赠都留下单位姓名、地址、数额、联系电话、是否定向等信息，并开具捐赠收据（即使捐赠者不留姓名或不要收据，包括通过银行、邮局汇款没署姓名、地址的也一定开出收据入账）；对每位捐赠者都给一封感谢信，个人超过1000元、单位超过1万元的颁发荣誉证书，个人超过1万元、单位超过10万元的颁发荣誉铜牌；凡是定向、特别是要用于灾后重建的捐赠都仔细询问、认真记录，事后进行汇总，以便在灾后重建规划中选择适宜项目并征求捐赠者意见。

每天晚上再迟，工作人员也要认真核对清点接收款物的数量。有时清点核对捐款到凌晨两三点钟；有时因几百万现金放在办公室几位同志彻夜未眠……有的单位或个人将整车的捐赠物资送到备灾中心，没有清单、也不要收据，只要求及时送往灾区。中心同志往往连夜清点、登记造册，没有价格

① 田永波：《8.5亿善款见真情》，《中国红十字报》2008年6月6日。

的还要与有关方面一起估价，同时开出收据入账。

得知江苏赴灾区医疗队急需20辆救护车，省红十字会急灾区之急，争分夺秒，请卫生厅专业人士对车辆、型号、规格、配置、价格等把关，确认后签正式合同，从决定到出发仅用两天时间。省红十字会承担对口援助7000顶帐蓬，赈济部请省经贸委提供厂家名单和规格、质量标准及价格，同时网上公开招标与厂家联系相结合，择优择廉，加班加点，短短一周就将4000顶帐篷在端午节前运抵绵竹灾区，最后超额完成并运达8300顶（其中争取到捐赠1300顶）。当得知灾区急需大米，省红十字会通过爱心企业家捐赠并争取部队调拨车皮，以最快速度将200吨大米送到受灾群众手上①。

（四）重庆红会：当好灾区“大后方”

灾情就是命令，汶川地震发生后，一家家企业慷慨解囊，一车车物资不断运来，重庆市红会投入了紧张的与生命赛跑的战斗。呼吁捐款捐物，组织救灾物资运送，召集红十字志愿者服务，这是首要任务。此外，市内各级红十字医院6天内收治了800多名从灾区转来的伤员。上万名红十字医务人员用忘我的工作精神和亲人般的关怀，救治灾区伤员，抚慰心灵创伤。

汶川大地震发生后，市红会紧急启动了应急预案，当晚10点通过华龙网、腾讯大渝网、电视台、交通广播台发出了募捐倡议书。同时，市红会派出救援队火速奔赴梁平灾区，次日又派出爱德华医院救援队奔赴汶川灾区。

川渝一家，重庆在行动，重庆人有责任、有义务当好抗震救灾的“大后方”。救治伤员是重庆红十字会的首要责任。从5月16日第一批伤员到达开始，重庆红会就和全市各红十字医疗机构的所有人员紧急行动起来，常务副会长周清梅不顾连日来的操劳和奔波，带领工作人员深入各家医院看望、慰问，并为2800名伤员送去了生活用品和慰问金。

南川区红十字医院还派出急救医疗队深入汶川送药，路途中遇到山体滑坡，危险时刻，勇敢的医护人员冒着生命危险，做到“人在药在”，安全地把药品送到了灾区。

綦江县红十字医院原计划收治45名伤员，后来医院又千方百计腾出床位，收治73名伤员。骨科主任翁庆云、护士长唐丽群两天两夜一直守候在病房，精心照料危重病人。院长王佩忠说：“汶川伤员是我们的亲人，我们要尽全力为他们医治创伤。”

爱德华医院救护队是代表市红会第一个奔赴梁平灾区的。完成任务后，救护队员又火速奔赴都江堰、汶川灾区，抢救了200多名伤员。随后他们又

① 张立明：《12.5亿元背后的大爱》，《中国红十字报》2008年6月24日。

将2名重伤员送回重庆继续抢救。曹红副院长在灾区奋战了7天7夜，回到重庆后，又马上进入手术室为伤员动手术。

在这场生命的接力赛中，重庆市红会倾尽所能，奋力撑起呵护生命的红十字大旗，给灾难中的人民送去了希望和爱心①。

（五）患难“最”见姑苏情

汶川地震发生仅仅45分钟后，江苏省苏州市红十字会就收到了市民捐赠的第一笔500元赈灾善款。截至6月10日，苏州市红十字会系统共计收到捐赠款物达2.7亿元人民币，在全国地级城市中遥遥领先。苏州市红会在这些天中创造出若干之“最”，他们“付出最多的是时间、体力和精力，最终收获的是激励、感恩和感怀”。

——最早的一笔个人捐款500元到达苏州市红十字会时，距“5·12”地震发生仅仅45分钟。

——最早的一笔企业捐款55万元来自“精细化工”，5月13日上午8时。

——最多的一天捐款到账额1500万元，5月20日。

——最大的企业单笔捐款500万元，来自台资企业“名硕电脑”。

——最远赶来苏州捐款的外国人，是日本小松精练株式会社代表、副社长莲本英信先生，他专程从东京飞来苏州，捐款合人民币20万元。

——最多的个人单笔捐款10万元，来自一位名叫牛颖的爱心人士。

——最高寿的捐款者，是一位96岁的老人，委托他人前来捐赠。

——最大年纪的、亲临红会的捐款者，是一位94岁的老太太，在家人搀扶护送下前来。

——最小的捐款人，是一个被外婆抱在怀里的刚出生42天的婴儿，长辈们一定要以婴儿名义捐款。

——最令人感动的捐款者，是一位下肢残疾人，他从苏州西北的虎丘，冒着30多摄氏度的高温，自驾电动轮椅车，专程赶到红十字会。

——接受捐款最多的苏州市下属县级红十字会为昆山市红十字会，收到捐款7000多万元。

——接受物资最多的县级红十字会为常熟市红十字会，这个全国著名的轻纺城市，多家企业捐赠了价值共计1600余万元的物资。

——最大规模的书画义拍，是由民进苏州市委组织的义卖活动，共拍得善款101万元，全部捐给苏州市红十字会，用于灾区重建。

——最具特殊意义的爱心捐款，是苏州市癌症康复协会近千名癌症患者

---

① 李平、邓颖：《重庆：当好灾区“大后方”》，《中国红十字报》2008年5月30日。

捐赠的20085元善款，定向捐给四川省绵竹市的贫困癌症病人。

——最具纪念价值的捐款，是苏州市邮政局联合苏州市红十字会发行的抗震救灾专题明信片义卖，共得善款12万元。这套明信片颇具纪念和收藏价值。

——最受不愿留名的捐款人欢迎的代理姓名为“爱心人士”，以此为“名”的捐款者中最多捐款5万元、最少8元。

——苏州市红十字会接待要求做志愿者的市民，最繁忙的时候每天多达上百人。被红十字会留下帮忙的志愿者，最多的几天平均有三四十人。

——最长的日工作时间为早上7：30至深夜12：00。这样的连续工作，使得红十字会工作人员不堪重负，有的同志累病了，有的同志还挂彩负伤。

——最紧缺的东西是募捐箱，原有20只机动募捐箱，又赶制了60只仍不够用。社会各界组织募捐活动纷纷来借用。

——最易消耗的材料是收据、荣誉证书和爱心贴花。截至6月10日的共29天时间，仅苏州市红十字会机关本身就用掉每本50页（一式三联）的捐款收据220多本，荣誉证书紧急加印了5万份。

——最让红十字会工作人员心怀歉意的是，市民前来捐款竟然排起了长队，甚至还打了弯。

——最让红十字会工作人员欣慰的是，市民们的信任与重托①。

（六）同胞情谊血浓于水：台湾地震救援队在四川重灾区侧记

“两岸都是中华同胞，血浓于水，我们无法对这样的巨大灾难无动于衷”。5月16日，来自台湾的红十字救援队抵达成都，17日一早就进入重灾区绵竹，展开搜救工作。此次由台北直飞成都的台湾地震救援队共有22人和一只搜救犬。领队欧晋德表示，22名搜救队员，都受过多年的专业训练，参加过包括“9·21”大地震在内的多次灾难搜救，是台湾灾难搜救的精英。救援队到达绵竹市剑南镇后，在一些废墟未能发现生命信号，随即又紧急赶往灾情更严重的汉旺镇。汉旺镇离震中仅30公里，破坏相当严重。

台湾红十字救援队到达后，领队欧晋德和海军陆战队、浙江消防的两名负责人联合制定了搜救计划，并调来发电机在现场挑灯夜战。经过与现场救灾指挥部商量后，救援队先派出两个小组深入现场。在绵竹第三医院职工宿舍一座倒塌的4层楼废墟前，几名当地群众正在焦急等待。据介绍，地震发生时，这座4层楼单身宿舍里，有几名职工正在午睡。地震发生后，已经救出数位幸存者，解放军和消防员也曾多次来此搜索，但至今仍有2名职工

---

① 郝如一：《患难“最”见姑苏情》，《中国红十字报》2008年6月13日。

失踪。

听取简单的介绍后，队员们便分头使用声音探测器和影像探测器，爬上随时可能会垮塌的废墟顶部，以及其他不同位置仔细搜索。经过数个小时的搜寻，未能发现生命迹象。救援队员郑伯能告诉记者，虽然距离地震发生已经超过 5 天了，“但生命是很顽强的，谁也不能肯定已经没有幸存者了，台湾就曾经有被困一个星期后仍然获救的例子，只要有一线希望，就不能放弃”。22 时左右，浙江消防总队副总队长曹瑞明遗憾地告诉大家，已经从 4 楼打了一个孔到 2 楼，但经过搜救犬和生命探测仪的反复探测，已经没有生命迹象，工作已经转移到清理废墟并找出遇难者遗体方面。

欧晋德领队疲惫的脸上是写满了遗憾。但他说，尽管没有找到幸存者，这次联合行动仍然很有意义，他刚才和大陆人员合作得很好，彼此之间很容易沟通。他表示，希望将来能跟大陆方面有更多的交流。他说，这次汶川地震规模大、破坏强，面对这样一场巨大的灾难，大陆方面能够在短时间内迅速动员，整合人力和物资，“相当的不容易”。

欧晋德说，两岸都是中华同胞，血浓于水，同时很多台湾同胞曾经经历过地震灾难，对汶川地震可谓感同身受，“来之前，有很多朋友、民众给我打电话，让我去了解一下这边还有什么需要帮助”。他还说，虽然目前最紧迫的任务是抢救生命，但地震的恢复是一项长期的工作。家园尽毁的灾民，他们的心理恢复、居住、饮食以及就业等，都需要外界持续协助，很多台湾同胞也希望在这些方面给予帮助。欧晋德坦言，与其他地区相比，大陆是台湾同胞更愿意帮助的地方。在这样一场破坏巨大的地震面前，接受帮助也是有自信、有勇气的表现①。

四、国际红十字组织的救援行动

在中国人民为失去同胞而悲痛、举国上下抗震救灾的时候，国际社会以不同方式，向中国人民表达了同情、理解、慰问和支援。国际红十字运动紧急行动起来，用各种方式支持中国红十字会的抗震救灾工作，以实现“携手为人道”的理想。

（一）世界齐声喊：中国加油

5 月 15 日，中国红十字会通过国际联合会正式发出紧急国际呼吁，为地震灾区募捐 2000 万瑞士法郎（合 1930 万美元），希望能够维持 10 万灾民 12

① 《同胞情谊血浓于水——台湾地震救援队在四川重灾区侧记》，《中国红十字报》2008 年 5 月 20 日。

个月的基本生活。呼吁所得款项将重点用于支持中国红十字会在地震灾区的救援工作。16日下午，国际联合会东亚地区代表处主任卡尔·诺克拜会中国红十字会常务副会长江亦曼。据他介绍，全世界都在关心和支持中国的地震救助行动，虽然中国红十字会的紧急国际呼吁发出还不到一天时间，响应率已经超过100%。此外，国际联合会还将根据救灾工作的需要，与中国红十字会协商，适时发出第二次紧急国际呼吁，争取为灾区提供更多帮助。

5月15日，红十字国际委员会主席克伦伯格给中国红十字会会长彭珮云发来慰问信。信中说，看到2008年5月12日的地震在中国造成了巨大伤亡，他感到非常难过。他代表红十字国际委员会对受灾人员表示深切同情，对中国红十字会的员工和志愿者表示慰问。红十字国际委员会愿意加强对中国红十字会的支持，共同帮助有需要的人。

5月16日，国际联合会主席托罗给中国红十字会会长彭珮云发来慰问信。信中说，他已与西班牙政府进行了联系，西班牙政府将为中国红十字会提供100万欧元捐款，另外西班牙红十字会将捐款3万欧元。他还表示希望能在适当时间对地震灾区作短暂访问。

自5月15日中国红十字会总会通过国际联合会发出为汶川地震救援活动提供帮助的紧急国际呼吁后，几日内收到了众多的国际组织、国家和国家红会的捐助。其中，通过国际联合会为地震灾区捐款的有：美国政府50万美元，美国红十字会1000万美元，欧盟200万欧元，德国政府通过德国红十字会捐150万欧元，爱尔兰政府100万欧元，日本政府通过日本红十字会捐170万美元，澳大利亚政府100万澳元，新西兰政府通过新西兰红会捐50万美元，新加坡政府20万美元，阿联酋红新月会2万美元。此外，联合国粮食规划署还通过国际联合会捐赠了价值58万元的方便面。

中国红十字会接受的双边直接捐赠还包括：西班牙政府通过西班牙红会100万欧元，挪威红会100万美元，土耳其红会51万美元，日本红会2000万日元，西班牙红会3万欧元。另外，荷兰国际集团（ING）10万欧元、泰国红会10万美元、泰国国王发展基金会10万美元、巴基斯坦红会5万美元及柬埔寨红会1万美元，均通过中国使馆转交中国红十字会①。

另外，韩国红十字会提出向中国红十字会捐献1.5万件家用救济包和1.5万床毛毯。德国红十字会准备向中国红十字会捐赠一套流动医院设施，并派遣相应的技术和医务人员来华协助安装和指导，该套流动医院设施可为25万人的地区提供医疗服务。

---

① 《世界齐声喊：中国加油》，《中国红十字报》2008年5月20日。

（二）巴基斯坦支援灾区帐篷倾其所有

四川地震发生之后，巴基斯坦政府第一时间将逾 10 吨救灾物资运往灾区。在获悉灾区帐篷紧缺后，巴政府又先后捐赠了 22260 顶帐篷。回顾巴方对中国灾区的援助行动，有很多故事值得铭记。

5 月 27 日，一支由 28 名医务人员组成的巴基斯坦医疗队飞赴中国甘肃地震灾区，为此巴方专门动用了最后 2 架战备运输机。因为巴基斯坦共有 4 架运输机，其中 2 架用于日常飞行，另外 2 架作为紧急备用。除了有 2 架运送救灾物资的飞机已在中国外，巴政府经紧急磋商后决定动用剩下的 2 架备用飞机运送医疗队。

中国地震发生后，巴基斯坦共提供了 2 万多顶帐篷。中国驻巴使馆非常清楚，这些帐篷对于经济并不发达的巴基斯坦来说是笔很大的开销，希望以中方购买的方式送给灾区。但是经过几次询问，巴基斯坦国家减灾局主席法鲁克和其他巴方官员都拒绝透露帐篷的价格。“这些帐篷是救灾用的，是我们心意的表达。”法鲁克说。“巴方说：‘这些援助不是用钱来衡量的。中国兄弟以前帮助我们的时候，跟我们要过钱吗？’听到这里我眼泪都出来了。”一位使馆工作人员动情地说。据说，1 顶帐篷的市场价格在 200 美元左右，光是这一项，巴基斯坦的捐赠价值就达到了 400 多万美元。巴政府在提出捐赠的时候并没有考虑太多，而是把救灾放在第一位，举全国之力为中国地震灾区抽调帐篷。这些承载着巴基斯坦人民深情厚谊的帐篷源源不断地从伊斯兰堡、卡拉奇、拉合尔等城市运往中国灾区。在伊斯兰堡装运帐篷时，竟然把战略储备仓库里的帐篷全部搬光了。

巴基斯坦提供救灾帐篷，运输成为一个大问题。巴方运输机每架次只能运送两三百顶帐篷。为此，使馆和巴方经过协商决定，大部分帐篷通过喀喇昆仑公路——中巴友谊公路运输。喀喇昆仑公路平均海拔高，路况复杂。5 月 21 日，16 辆集装箱卡车从伊斯兰堡启运，到达巴方境内距红其拉甫口岸 50 公里处时由于冰川融化，公路被冲毁，淹没路段达 1 公里而无法通行。经过中国新疆路桥公司和巴方工程人员的连夜紧急抢修，道路最终恢复了通车。历时 4 天跋涉，这支车队终于抵达中国的红其拉甫口岸，在大雪中和等候在那里的中方人员举行了交接仪式。在很长一段时间里，巴方运送帐篷的车队行进在泥石流多发的中巴友谊公路上，进行着千里爱心传递①。

（三）日、俄、韩、新救援队千里驰援

截至 5 月 17 日 12 时，已有日本、俄罗斯、韩国、新加坡 4 个国家救援队

---

① 李敬臣：《巴基斯坦支援灾区帐篷倾其所有》，《中国红十字报》2008 年 5 月 30 日。

在四川灾区进行搜救工作。各救援队抵达后，立即奔赴各救灾现场，本着人道主义精神和对生命的高度责任感，积极开展救援行动，发挥了专业救援队的作用。

日本救援队是最早抵达灾难现场的国际救援队，克服了因地震造成山体滑坡、道路被毁等重重困难，他们辗转于青川和北川重灾区，夜以继日，废寝忘食，搜救效果明显。日本救援队共 60 人，分两批抵达。第一批 31 人于 16 日凌晨抵达成都，随即前往青川县，在乔庄镇进行搜救工作，搜出遇难者遗体 11 具。经探测，当地已无生命迹象。16 日下午，第二批救援队抵达，即赶往乔庄镇与第一批会合。17 日，日本救援队从青川转往北川进行搜救工作，很快搜救出遇难者遗体 4 具。

日本救援队携带了四大“秘密武器”。第一是世界最先进的生命探测仪，能够探测到废墟底下心脏的跳动和轻微呼吸。生命探测仪是当前世界上最先进的搜救及检测仪器，主要通过感应人体所发出的超低频电波产生的电场（由心脏产生）找出“活人”位置。专家称，人体发出的超低频电场可穿透钢筋混凝土墙、钢板、木板甚至水，因此只要有生命迹象，不论其清醒、昏迷、身陷瓦砾堆或躲在集装箱中，均可用生命探测仪在最短时间内将其找到。第二是二酸化碳素探测仪，该仪器可通过一条细管向废墟的深处输入二酸化碳素，以此确认是否有人。第三是地震预警器，可以提前测知余震。第四是警犬，日本救援队携带了 3 只救灾警犬，其中 1 只是在日本赫赫有名的“英雄”。它在 4 年前的日本新潟大地震后第 5 天，凭着异常灵敏的嗅觉，从一堆废墟中发现了一位一息尚存的女孩。训练这条警犬的队员在出发前曾表示，希望“英雄”这次能够为救助中国的孩子立新功。

俄罗斯救援队由 50 人组成，同行的还有设备车 2 台、救护车 1 台，16 日 17 时抵达成都后立即赶往绵竹汉旺镇实施搜救。在勘察没有生命迹象后，转往都江堰市实施搜救。17 日 21 时许，在市管局第二生活区成功救出一名中年妇女。据了解，俄罗斯救援人员携带了搜救仪器、专业救援设备和准备齐全的救援车，这种救援车能够在无法通过的地带行进。他们还携带了移动的“急救医院”，可以随时搭建帐篷，对伤员实施相关手术。

韩国救援队 16 日下午抵达成都后即赴什邡市参与救灾工作。17 日凌晨 6 时起，韩国救援队员开始在什邡市蓥华镇化工厂废墟上展开搜救工作。截至 5 月 20 日，救援队未发现幸存者，已搜出 16 具遇难者遗体。

新加坡首批救援队员 16 日 19 时抵达成都，这支总人数为 55 人的救援队于当晚赶赴什邡市展开搜救行动。

民政部有关专家表示，强震之后，由于现场情况复杂而混乱，最需要的是救援者的人数而非技术，待初期情况稳定之后，国际救援人员的尖端技术和丰富经验将大有用武之地①。

（四）中德红十字野战医院在灾区

5 月 25 日下午 3 点，中德红十字野战医院在都江堰落成。中德红十字野战医院是由德国红十字会捐赠、中德红十字会合作搭建的一座“帐篷医院”。随同医院而来的有来自德国北威州和巴符州的 2 名医生、4 名护士和 5 名技术人员。

这座医院坐落在都江堰天府大道尽头，是德国红十字会迄今为止搭建过的最大、最高级别的野战医院，可为一座有 25 万人口的城市服务。“最高级别并不代表我们的设备多么的高级，而是因为它规模大，具备一个医院应有的大部分设施”，德国红十字会发言人科赫女士说。

搭建一座这样的野战医院，只需要不到 3 天时间。所有的东西都装在箱子里，箱子分为不同颜色：绿色代表门诊部，红色代表住院部，黄色代表手术室。不同颜色的箱子按特定顺序堆在一起，只需依序安装。

这个医院设备齐全，有 120 张床位；业务处室包括门诊室、手术室、产房、药品储藏室等；其电力将全部由一部便携式发电机提供；帐篷有两层，隔热防雨，防阳光辐射；帐篷里的每张床头都对着一个窗户，病人可以决定是否打开；手术室是一个充气帐篷，内部高压，保证外部空气中的不洁物不会进入；一共有 50～60 个小型简易马桶，病人使用后，马桶会自动将排泄物粉碎，导入一个塑料袋，统一送到环卫部门处理；还有一个 X 光室帐篷，与其他帐篷保持较远距离。

“中德红十字野战医院的一个特点，是用最少的德国人、在最短的时间内，把医院移交给本地人运行。”科赫女士说。在 6 个星期甚至更短的时间内完成交接之后，德国红十字会人员将全部返回。“与中国方面的合作，是我们所经历过的最顺利、最高效的合作”。

这座医院的到来，对都江堰市来说非常及时。因为地震的影响，都江堰医院的建筑已经岌岌可危，并且没有电力供应，目前只能在医院门口的简易帐篷里办公，条件非常欠缺。截至 5 月 20 日，有 50 多名都江堰市人民医院的医生开始在野战医院里工作。

中德红十字野战医院使用帐篷这种临时建筑，是为了给灾难地区传输一个信号：这一切都是暂时的，生活很快就会恢复正常，这对安抚受影响地区

① 《日、俄、韩、新救援队千里驰援》，《中国红十字报》2008 年 5 月 20 日。

的民众心理有好处。这样的帐篷医院可以在任何地方搭建，包括高山和沙漠①。

综上所述，自汶川地震发生后，来自多个国家的救援队、医疗队和志愿者积极参与了灾区紧急救助行动，他们不仅表现出了良好的专业素质和先进的施救理念，而且也给我们带来了诸多启示。启示一：技术精湛、经验丰富的专业救援队在抗震救灾中至关重要，我国的专业救援队伍建设亟待加强。启示二：在抗震救灾过程中，专业化志愿者的作用不容忽视，志愿者队伍和平台的搭建需从平时做起。启示三：在全球化时代，灾难国际救援成为潮流。积极主动地接受与参与国际救援行动，有助于中国进一步树立成熟、开放的大国形象。

随着全球化进程的不断深入，人类相互依存程度也在不断加深，出现在世界各个角落的自然灾难已经成为世界性问题。国际合作应对灾难是未来的大趋势。我国政府顺应了这一趋势。近年来，对于他国遭遇的灾难，中国都在第一时间提供了有效援助，获得了国际社会的高度赞誉。

此次汶川大地震，中国政府的态度更加国际化，在首次接受他国救援来华的同时，还公开表示帐篷严重不足，希望国际社会增加援助。对此，美国《西雅图邮讯报》评论说："没有人会因为中国呼吁帮助而认为其无能自救，这反而会改善和提升中国的形象，推动抗震救灾和灾区的重建。"②

五、红十字光环下的大爱真情

汶川在哭泣，四川在呼唤。哪里有灾情，哪里就有红十字的身影。在红十字的旗帜下，全国民众万众一心，以人间大爱"筑起新的长城"③。

（一）爱如潮水，四方涌聚

在无情的自然灾害面前，中国人民、世界人民都行动起来了。当地震撕裂大地之时，民众心手相牵，抗震救灾，义不容辞。下文截取一些凡人善举，让我们共同感受人间大爱。

1. 杨光：义演又捐款

杨光是从央视《星光大道》栏目走出来的盲人歌手，深受群众喜爱。12日，他在外地演出时听说了四川汶川发生地震的消息，心情很沉重，当场便在舞台上向观众发出了为灾区献爱心的呼吁。为此，他还推掉了所有的商业

① 《中德红十字野战医院在灾区》，《中国红十字报》2008年5月30日。

② 参见《国际救援的启示：专业训练和组织发展并重》，《中国红十字报》2008年6月17日。

③ 总红：《3天捐款6.24亿》，《中国红十字报》2008年5月16日。

演出，但只要有赈灾演出，他都答应。随后几天，他相继来到宁波、南京、福州等地参加义演，用自己的歌声为灾区“出点力”。

18日傍晚，他来到中国红十字会捐款。“作为一名盲人，我无法运送物资到灾区，也无法去前线帮助搜救，只能用我的歌声给受灾的人们送去一丝安慰、一丝温暖。”地震发生后，杨光还特意录制了一首新歌《爱在今天》，希望给处于困境中的人们带去力量。

2. 出租车司机：拒收捐款人97元车费

15日一大早，中华印刷包装网董事长王圭平专程从上海搭乘飞机赶到北京捐赠。在捐赠钱款表达爱心的同时，他希望到中国红十字基金会看看，有什么力所能及的工作可以做。当出租车司机把他送到目的地时，他掏出车钱，但让他惊讶而感动的是司机师傅把他递过来的97块车费退了回去：“您来这儿肯定是捐款的，我不收您的车钱。四川发生地震，有那么多同胞遭了难，我们也很揪心。不过，咱老百姓不能像大企业那样捐那么多钱，但有力出力，把您送到，也算我对灾区人民献了爱心。”

3. 徐春英：花一天时间找红十字会捐款

“我非常着急，甚至有些气愤——捐钱都找不到地方。”14日，从河南安阳内黄县专门赶过来的农村妇女徐春英在中国红十字会捐赠办公室如是说。12日晚，她就坐上汽车向北京出发。13日早晨，她到了北京。可花了一天时间，她也没能找到中国红十字会所在地。14日上午，在一位热心教师的带领下，她才来到中国红十字会。不仅带来了自己的捐款，她还带来了一位70多岁老人的200元和一位聋人的4元捐款。徐春英说，“钱虽然很少，但对他们来说，那是他们爱心的全部”。

4. 吴东风：以儿子的名义捐款

一位年轻男子手中提着一大塑料袋零钱走进中国红十字基金会的捐赠办公室。他叫吴东风，是河北沧州来北京大兴务工的。他说：“本来想带我8个月大的儿子一块来，恰好碰上下雨，就没带儿子来。”他说，自从老婆怀上孩子后，小两口就为儿子攒零钱，已经一年多了。今天，特地以儿子的名义把零钱全部捐给灾区。他不仅替儿子捐钱，自己也捐了钱。

5. 大学生一份特殊的生日礼物

5月16日是中央财经大学二年级学生小李20岁的生日，早在年初家人就决定要隆重地给她庆祝生日。这学期，家里还特意多给了她1000元，让她在生日那天请同学吃饭娱乐。突如其来的大地震让小李决定以特殊的方式过生日，她捐出了这1000元。拿到捐赠单时，她脸色凝重地说：“我要永远保留这份特殊的生日礼物。”

6. 痛失爱子的母亲：他们比我更痛苦

玉新年仅3岁的孩子在三月份因白血病去世，作为母亲的她，为挽救孩子的生命竭尽全力，甚至借好钱准备给孩子做骨髓移植。但孩子因颅内突然大出血而离世。在很长一段时间里，她都沉浸在失去孩子的悲伤中。当她通过电视了解到一座座校舍倒塌，一个个健康鲜活的生命在刹那间消失，在废墟中的父母悲痛欲绝时，她完全理解这些失去孩子的家长的心，于是她来到曾为孩子申请骨髓移植的地方，捐出了她所能捐出的钱①。

7. 下岗职工捐出全部积蓄

5月18日，王娇勇来到江苏省泗洪县红十字会，将1.06万元捐款交给工作人员。家住泗洪县青阳镇的王娇勇是一名下岗职工，他开了个建材商店维持生计。得知地震灾区急需资金援助时，他毫不犹豫地拿出了自己的所有积蓄，送到泗洪县红十字会。这是县红十字会收到的数额最大的一笔个人捐款。

8. 旅游车上“就车捐款”

5月16日下午，外出旅游正在返回途中的江苏省常州市武进区东安退休教师党支部的老党员们突然接到区退教协会电话，号召退休教师们向地震灾区献爱心。年逾七旬的党支部书记胡玉祥立即召开临时支部会商讨捐款事宜，委员们一致同意“就车捐款”。全车25人共捐款3800元。

9. 淮南千人献血支援灾区

5月13日晚，当四川电视台字幕打出灾区需要AB型血时，许多热心的安徽省淮南市民打电话到市红十字会和市红十字中心血站，要求献血帮助灾区。市红十字会、卫生局及中心血站立即沟通商议，决定次日在街头举办为灾区捐血活动。14日一早，采血车开到淮南新百购物广场，“为汶川灾区捐血献爱心”的横幅刚一打出，许多过路的市民和周围单位的员工就自发排起长队，而且队伍始终不觉得变短，场面十分感人。

10. 募捐箱搬到看守所

5月15日，云南省楚雄州看守所的管教人员得知在押人员有向灾区捐款的意愿后，积极与州红十字会联系。为了让在押人员能够亲手将捐款投入募捐箱，州红十字会将募捐箱搬到了看守所。4名在押人员代表将37名在押人员的4440元捐款投进募捐箱，他们说：“我们虽身在监所接受改造，可每时每刻都牵挂着灾区人民。”

11. 青岛妇儿为“春蕾小学”捐款

5月17日，青岛市五好文明家庭代表、优秀妇女和母亲代表、女企业家

---

① 李福兰、刘培：《地震撕裂大地，我们心手相牵》，《中国红十字报》2008年5月20日。

代表、儿童代表开展了各界妇女、家庭、儿童代表“牵手灾区爱心捐助”活动，400余人参加了活动，共捐款近74万元。捐款送到青岛市红十字会，将用于灾区妇女儿童开展生产生活自救、重建家园，帮助灾区建设一所“春蕾小学”。

12. 南京第九中学赈灾行动迅速

5月13日上午，南京玄武区红十字会收到了三笔捐款共计10605元，全部来自南京市第九中学，分别是初中部、教工团和高一（4）班的全体师生。高一（4）班的团员和红十字会员们还给汶川灾区人民发出了充满深情的慰问信。

13. 滁州好心人温暖“震痛”

5月17日，滁州市红十字会在金光大道广场开展“温暖震痛”募捐活动，现场捐款的人络绎不绝，有许多人都是反复几次捐款，许多人专程从四面八方“打的”而来。尽管在每个捐款箱前都放置了留名本，但几乎所有的人都是捐了钱就走，一位骑摩托车的市民放下6000元就悄悄离开，一位来滁出差的北京朋友捐了5000元钱。很多人在留名本上留下的是“好心人”三个字。

14. 延边500万捐款汇往姊妹州

5月17日下午2点，延边州红十字会把为四川汶川地震灾区募集到的第一笔善款500万元汇往阿坝藏族羌族自治州红十字会。阿坝藏族羌族自治州与延边朝鲜族自治州是友好姊妹州，两州交往频繁。5月14日，中共延边州委、州政府，向中共阿坝州委、州政府发去了慰问电，代表延边220万各族人民向阿坝各族兄弟姐妹表示诚挚的慰问，并将继续进行对口支援，以尽绵薄之力，帮助重建家园①。

……　……

（二）感恩的心：汶川救援中的唐山人

1. 一日三捐的父亲

这位唐山的父亲平时生活节俭，最大的爱好是看电视。前两天孩子去看望他，他正在看中央电视台的抗震救灾直播节目。父亲被电视画面深深感动了，从沙发上一跃而起，拉着孩子的手说：“走，跟我一起捐款去。”

这话正中孩子下怀，他们一起来到银行，捐款的市民排成了长队。父子俩等了很久，终于把捐款汇入中国红十字会指定的账号，父亲这才松了一口气。他说，现在全国人民众志成城，抗震救灾，自己一定要尽一份微薄之力。

① 《下岗职工捐出全部积蓄》，《中国红十字报》2008年5月20日。

走出银行，父子俩路过一个无偿献血的流动采血点，看到不分男女老少很多人都在排队为灾区献血，父亲二话不说，挽起袖子就加入了献血队伍。有人看他上了年纪，劝他不要献，父亲却“炫耀般”地说：“我年轻时是运动员，身体底子好，现在还能一口气跑三千米，比很多年轻人还棒，献点血算不了什么。”排了一上午队，父亲终于如愿以偿。

献完血，孩子拉着父亲往家里赶。经过一个抗震救灾宣传点时，父亲又被现场热烈的氛围感染，当即报名要做一名志愿者，要亲赴灾区，为灾区人民尽一份力。父亲是急性子，刚报完名就拉着孩子去商店买干粮、纯净水等必备物品。孩子担心他的身体，劝他“不要亲自出马了”。父亲一听急了：“灾区我是一定要去的，我不光要捐钱、捐血，还要‘捐人’。”父亲动情地说：“我们中国人讲究‘滴水之恩、涌泉相报’，唐山地震时，我是被救援者从废墟里挖出来的，没有他们就没有我的今天，我要报恩啊！”①

2. 骨科医生：愿意捐出自己

“我愿意‘捐’出我自己，我请求成为一名医护志愿者即刻赶往灾区！”在捐赠现场，一位拉着行李箱的中年人说。

他说，一听到四川地震的消息，就急得像热锅上的蚂蚁。1976 年唐山大地震时，他曾受过伤，得到过社会的关爱和医疗人员的照顾。因此，当四川地震时，他觉得“唐山人首先要行动起来”。

当接到弟弟“灾区太缺骨科医生”的短信时，曾为唐山二院骨科医生的他，就急急忙忙赶到中国红十字会。“如果这次能去，即便出事了，我也不要抚恤金”，他说：“因为这是一次灵魂的洗礼和再造。”②

3. “唐山孤儿与四川孤儿在一起”

5 月 20 日上午，由唐山地震孤儿张有路等人发起的唐山孤儿向四川孤儿献爱心捐赠仪式在纪念碑广场举行。近 300 名孤儿参与捐款，近百名孤儿填写《红十字会志愿者登记表》，要求奔赴灾区。

这天上午 9 点，纪念碑广场汇集了越来越多的人，他们排起长队，系上黄飘带，把早早准备好的钱放进捐款箱，在写有“山川同在　血脉相连　唐山孤儿四川孤儿在一起”的条幅上写下自己的名字。

张有路说：“黄飘带代表我们是炎黄子孙，更代表我们这些孤儿感恩社会、回报社会的心情。”刘远平当年在唐山育红学校学习，也是活动的发起人之一。他说：“唐山的地震孤儿都有一颗感恩的心。如今四川受灾，我们只想

① 何如平：《一日三捐的老爸》，《中国红十字报》2008 年 5 月 20 日。

② 李福兰、刘培：《地震撕裂大地，我们心手相牵》，《中国红十字报》2008 年 5 月 20 日。

为那些和我们有着相同经历的孤儿尽绵薄之力。”活动现场一首题名《唐山孤儿》的诗道出了他们的心声：“孩子，我们和你一样，都是从废墟里爬出、又从瓦砾上站起来的人……我要告诉你，坚持住、坚持住！”

提起连日来关于四川灾区的报道，王学荣热泪盈眶：“看到那些画面，就像看到了当年自己所经历的一切。真的很想做志愿者到灾区去。哪怕只是照顾孩子、老人，为他们尽点心意。”杨惠明则表示：“我学过心理方面的知识，如果有需要一定响应号召到灾区进行心理辅导之类的志愿服务。”

据唐山市红十字会的工作人员统计，此次捐赠活动共筹得善款95111元，并将以最快的速度转送到灾区孤儿手中①。

六、汶川震灾救援的启示

2008年6月4日，汶川大地震发生后第23天。截至当天12时，根据民政部公布的数据，全国共接收国内外社会各界捐赠款物总计436.81亿元。也就是说，地震灾难发生以来，社会公众捐赠平均每天近20亿元。436.81亿元！这个数字已经超过了有关部门所统计的中国2006年、2007年慈善捐款总额！“单就捐款数据，可以说，这是中国慈善事业的一次井喷式的爆发。”民政部有关官员向记者表示，“这种井喷不仅仅表现在捐款数据上，还体现在整个中国慈善事业发展的多方面！”事实正是如此，慈善参与规模空前壮大、公众慈善热情空前高涨、慈善捐赠模式呈多元化发展、慈善组织救灾开始理性和协作。在此次抗震救灾中所体现出来的种种现象表明，中国的慈善事业或许就此将进入一个全新的发展阶段。在此次抗震救灾中一个个感人的故事和一个个让人惊叹的数据充分显示，“我国的全民慈善已经初现雏形。”民政部慈善事业协调办公室的一份报告中如是说②。在全民慈善时代已经到来的背景下，中国红十字会的应急救援工作也在经历着前所未有的变革和发展。

“谁能给人以尊严和慰藉，谁就将赢得尊重；谁能保护人的生命和健康，谁的恩情就山高水长。一支特殊的队伍，一簇希望的圣火，面对不期而遇的灾害艰难，没有请缨提旅，已是鞠躬尽瘁。”③ 这是对红十字会、红十字人以及红十字精神的真实写照。灾难是磨砺队伍的试金石。面对这场特大的地震灾害，中国红十字会经受了前所未有的严峻挑战和骤然而至的强震考验，得到了极大的锻炼，取得了丰富的经验，书写了灾害救援的历史新篇章。此次

① 孙华莹：《志愿者：我们共同的名字》，《中国红十字报》2008年5月27日。

② 舒迪：《抗震救灾引发中国慈善井喷》，《中国红十字报》2008年6月17日。

③ 郭长江主编：《人道力量——中国红十字汶川地震救援纪实》，《环球慈善》杂志社，“结束语”。

震灾救援是中国红十字会救灾工作发展历程中的重要里程碑。2008 年以前，中国红十字会的救灾停留在较低的水平上，主要是筹钱、买粮、买衣被，模式比较单一，领域比较狭窄，缺少科技含量，在社会上的影响力也很有限。“2008 年的救援工作，让中国红十字会知道了应该如何面对大的灾难，如何学习先进经验和理念参与救灾工作。”经历此次救援行动，中国红十字会提出了提升中国红十字会救援的专业化水平，加快实现红十字救援工作战略转型的目标，这个目标包括救援预案、指挥系统、备灾体系、救援队的建设、标准化建设及信息化管理和信息发布机制的建设等①。

在这次抗震救灾中，中国红十字会第一次组建前线指挥部和工作组，靠前指挥和协调抗震救灾工作；第一次实现救灾、救护、救助三项职能同步展开；第一次接收、管理和使用超过 160 亿元的捐赠款物；第一次组织专业医疗、心理救援队实施救援；第一次大规模协调、接受国外、境外医疗队前来开展救援工作；第一次组织规模庞大的红十字志愿者队伍参与救灾；第一次参与大量的灾后恢复重建工作。汶川地震救援展示了蕴藏在红十字队伍中的巨大力量，使广大红十字工作者懂得了应当如何更好地履行红十字会的使命，更好地为人民服务②。

---

① 王海京：《中国红十字会的灾害管理》，中国红十字年鉴编辑部编：《中国红十字年鉴：2012/2013》，中国工商联合出版社 2016 年版，第 272 页。

② 郭长江主编：《人道力量——中国红十字汶川地震救援纪实》，《环球慈善》杂志社，“前言”。

国家出版基金项目
NATIONAL PUBLICATION FOUNDATION

中国红十字运动通史(1904—2014)

总主编　池子华

第三卷

改革开放以来的红十字运动

杨红星　著

下

合肥工业大学出版社

第三卷
下册

目　　录

第七章　在机遇与挑战中砥砺前行（2009—2014）（上）

2009年10月，中国红十字会第九次全国会员代表大会召开，开启了中国红十字运动的新征程。“九大”提出了未来5年发展的五大目标和七大“行动”，为中国特色红十字事业发展指明了方向。“九大”以后，在新时期新形势的机遇与挑战下，中国红十字会以2010年为起点，进入了能力建设的新阶段。面对青海玉树震灾，以“保护人的生命和健康”为天职的中国红十字会迅速做出反应，展开了一场紧急大救援。在海地震灾救援中，中国红十字会响应国际社会呼吁，迅速采取行动，彰显了大国责任，检验和锻炼了应急救援能力。

第一节　“九大”：开启新的航程

一、“九大”的召开

中国红十字会“八大”后的5年，在党和政府的高度重视、社会各界的大力支持下，全国各级红十字会锐意进取、开拓创新，依法履行职责，抓住前所未有的发展机遇，经历前所未有的严峻挑战，取得了前所未有的突出成绩，圆满完成了《中国红十字事业2005—2009年发展规划》的主要任务。在红十字事业取得重大突破和进展的形势下，中国红十字会第九次全国会员代表大会于2009年10月27日至29日在北京隆重召开。“九大”代表共计717名，代表的构成具有社会性、广泛性、先进性的特点，其中各省、自治区、直辖市、新疆生产建设兵团红十字会，香港、澳门特别行政区红十字会以及行业红十字会代表620名（含全国红十字会系统先进集体和先进个人代表41名），中央国家机关及相关单位代表73名，总会及直属单位代表21名，特邀代表3名。在717名代表中，少数民族代表71名，占10%，女性代表275名，占38.35%，平均年龄49岁，99.9%为大专以上文化程度。出席大会的所有正式代表，都通过了“九大”代表资格审查委员会的审查①。

10月27日，国家主席、中国红十字会名誉会长胡锦涛出席开幕式，并代表党中央、国务院向大会的召开表示热烈祝贺，向全国广大护理工作者、红十字会工作者和志愿者致以亲切的问候。开幕式上，胡锦涛等党和国家领导人为第42届南丁格尔奖章中国获奖者刘淑媛、张桂英、潘美儿、杨秋、鲜继淑、王文珍，以及全国红十字会系统31个先进集体、10名先进工作者代表颁奖。回良玉副总理代表党中央、国务院发表重要讲话。红十字国际委员会和红十字会与红新月会国际联合会的代表出席会议，并对中国红十字会5年来所取得的成就给予高度肯定。

回良玉副总理谈到，中国红十字会成立105年来特别是改革开放以来，为祖国、为人民做了大量卓有成效的工作，在国家社会生活中发挥了重要作用。在第八次全国会员代表大会以来的5年间，全国红十字会致力于服务党和国家工作大局，广泛动员各方面力量，积极拓展人道服务领域，办了很多大事、实事、好事，灾害救援作用得到前所未有发挥，人道救助工作取得显著成绩，对外人道援助迈出新的步伐。实践证明，中国红十字会已经成为党和政府在人道工作领域的得力助手，成为构建社会主义和谐社会的重要力量，成为我国民间外交的重要渠道。

回良玉强调，红十字事业是造福人类的崇高事业，是充满爱心的光荣事业。我们要立足我国国情，顺应世界潮流，把国际红十字运动的基本原则与中华民族的传统美德有机结合起来，与坚持以人为本的执政理念有机结合起来，与建设和谐文化、培育文明风尚的时代要求有机结合起来，推动中国特色红十字事业不断向前发展。希望中国红十字会大力弘扬“人道、博爱、奉献”的红十字精神，不断提高红十字会的救助实力、社会公信力和社会影响力。希望我国广大红十字工作者秉持人道准则、胸怀博爱之心、播撒仁慈美德、传递友善关怀，在平凡的岗位上创造不平凡的业绩。希望社会各界关心、支持我国红十字事业，自觉参与人道服务和各项慈善事业，共建共享和谐美好新生活。回良玉要求各级党委和政府进一步加强对红十字会工作的领导，

① 张立光：《“九大”主席团会议召开》，《中国红十字报》2009年10月27日。

认真落实《红十字会法》，切实帮助解决红十字会工作中遇到的困难和问题，充分发挥红十字会的积极作用，促进我国红十字事业又好又快发展。

开幕式上，红十字国际委员会代表宣读了该组织主席雅各布·克伦贝格的贺信，红十字会与红新月会国际联合会代表致贺词①。

中国红十字会常务副会长江亦曼代表八届理事会向大会做《彰显人道　促进和谐　实现中国特色红十字事业新跨越》的工作报告，从5个方面回顾了“八大”以来中国红十字会所取得的成就。从总体上说，报告对成绩的回顾客观、全面，内容充实，总结经验科学、准确，高度概括，工作建议思路清晰、重点突出，前瞻性强，符合红十字会工作发展的实际，适应时代的发展要求，体现了与时俱进的精神和科学发展观的要求，对于各级红十字会具有重要的指导意义，是指导建设中国特色红十字事业的重要文件②。

大会根据《红十字会法》《中国红十字会章程》的有关规定，选举产生了由194名理事构成的第九届理事会。在随后召开的九届一次理事会上，审议通过了《关于聘请中国红十字会名誉会长、名誉副会长的决议》，与会理事一致拥护国家主席胡锦涛继续担任中国红十字会名誉会长，决定聘请全国人大常委会副委员长韩启德、桑国卫，全国政协副主席黄孟复、张榕明、李金华担任中国红十字会名誉副会长。这“充分体现了党中央、全国人大、国务院、全国政协对于中国红十字事业的支持，也体现了中国红十字事业在我国社会生活中的重要地位”③。

九届一次理事会选举全国人大常委会副委员长华建敏为中国红十字会会长，选举王伟为中国红十字会常务副会长，何亚非、朱之鑫、陈小娅、窦玉沛、王军、马晓伟为兼职副会长，郭长江、郝林娜、王海京为专职副会长。

华建敏会长在九届一次理事会上发表讲话指出，红十字事业是一项造福人类的崇高事业，在发扬人道主义精神、保护人的生命和健康、促进人类和平与进步事业等方面做出了许多卓有成效的工作。各级红十字会要立足国情，重视研究，努力建成学习型社会团体。在具体工作中，要狠抓落实，在第八届理事会工作报告中提到的“七个行动”是可行的，关键是落实，要加快推进法制、体制、机制、能力、文化及保障条件等方面的制度建设。

常务副会长王伟在讲话中说，第九届理事会将认真学习回良玉副总理代

---

① 龚雯、王君平：《中国红十字会第九次全国会员代表大会开幕》，《人民日报》2009年10月28日。

② 张立光：《中国红十字会“九大”举行第一次全体会议》，《中国红十字报》2009年10月28日。

③ 华建敏：《在中国红十字会第九次全国会员代表大会上的讲话》，《中国红十字报》2009年10月30日。

表党中央、国务院在“九大”开幕式上的重要讲话，特别是要认真领会讲话中关于中国红十字会“三个功能”的定位，即成为党和政府在人道工作领域的得力助手、成为构建社会主义和谐社会的重要力量、成为我国民间外交的重要渠道。他表示，将与新一届理事会一起沿着这一方向将中国特色红十字事业继续推向前进，并实现新的跨越①。

“九大”是在全党、全国各族人民喜庆中华人民共和国成立60周年和认真学习贯彻党的十七届四中全会精神的形势下召开的一次十分重要的会议。“九大”通过的《中国红十字事业2010—2014年发展规划》，提出了未来5年中国红十字会将实现的五大目标和将采取的七大“行动”，为中国特色红十字事业的发展指明了方向。总之，这次会议充分体现了党和政府对红十字会工作的高度重视，是对广大红十字会专兼职干部、会员、志愿者的极大鼓舞和鞭策，更加激发了广大红十字会工作者的热情，更加坚定了大家做好红十字会工作的信心和决心，对于动员全国各级红十字会以崭新的姿态和精神风貌投入建设中国特色红十字事业具有十分重要的意义②。

二、为新航程指引方向

红十字事业是一项造福人类的崇高事业。在当代中国，将国际红十字运动的基本原则同中国实际和时代特征结合起来，建设中国特色红十字事业，为建设富强民主文明和谐美丽的社会主义现代化国家服务，为促进人类和平进步事业服务，是时代的要求，是国家和人民的需要，是中国红十字会必须坚持的正确方向。应该说，“九大”为中国特色红十字事业的新航程确定了前进方向。

（一）加强红十字组织的自身建设

新时期建设中国特色红十字事业，完成时代和人民赋予的光荣使命，必须努力把红十字会建设成为一个有活力、有凝聚力、有实力、有公信力的从事人道工作的社会救助团体。具体而言，包括以下几个方面。

其一，坚决依照《红十字会法》，继续理顺县以上各级红十字会的管理体制，使红十字会成为依法独立自主地开展工作的人道救助团体，充分发挥自身的特点和优势，在我国社会生活中发挥不可或缺的作用。

---

① 宗洪：《中国红十字会第九次全国会员代表大会选举产生新一届领导集体》，《中国红十字报》10月29日。

② 王伟：《努力实现中国特色红十字事业新跨越——在中国红十字会第九次全国会员代表大会闭幕式上的总结讲话（摘发）》，《中国红十字报》2009年10月30日。

其二，努力创新工作机制，建立和完善社会化、开放式的运行机制。主动争取各级党委、政府及有关部门的支持，认真完成并争取政府委托的公益项目。加强同社会各界、企事业单位、新闻媒体、知名人士及其他社会团体的联系与合作，积极整合社会资源，动员人道力量参与和支持红十字事业，使红十字会成为充满生机与活力的人道救助团体。

其三，切实加强基层红十字组织建设。不断巩固与发展会员和志愿者队伍，把红十字会工作延伸到社区、乡村、贫困地区，通过优良的服务、广泛深入的宣传工作，增加公众对红十字会的了解与认同，吸引和凝聚更多的人参与红十字事业，夯实红十字会的群众基础。

其四，拓宽筹资渠道，创新筹资方式，努力建立可持续发展的筹资机制，不断增强红十字会救灾、救助、救护的实力，为发展红十字事业提供强大的物质保障。

其五，珍惜红十字会的声誉，坚持“公开、透明、公正、高效”的原则，严格执行有关法律法规的规定，进一步完善管理和监督制度，切实管好、用好募集的每一笔善款，及时向捐赠者反馈信息，自觉接受来自政府、公众和新闻媒体等的监督，不断提升红十字会的公信力，从而更好地开展人道救助工作。

总之，自“七大”以来，中国红十字会一直按照上述要求努力加强自身建设，取得了显著的成绩和可喜的进步，坚定了前进的决心和信心。但是，由于历史和现实、客观和主观的种种原因，红十字会的组织建设、工作能力、救助实力等方面还不能很好地适应国家和人民的要求，前进中还面临着不少困难和问题，各地红十字会工作发展还不平衡。因此，红十字会工作需要突出重点，兼顾一般，突破难点，实现新的跨越，推动中国红十字事业健康、快速、持续地向前发展，为全面建设小康社会、构建社会主义和谐社会做出新的更大的贡献。

（二）加强红十字队伍建设

建设中国特色红十字事业，必须建设一支热爱事业、乐于奉献、精通业务、勇于创新的红十字会干部队伍。从事红十字工作的干部首先要热爱红十字事业，大力弘扬人道博爱奉献精神，甘于为这一崇高事业贡献自己的全部力量。随着形势的发展，我国红十字事业已进入前所未有的发展机遇期，同时也面临着严峻的挑战，我们必须认清形势、抓住机遇、迎接挑战。广大红会干部在实际工作中要自强不息、奋发有为、不怕困难、不等不靠、坚韧不拔、艰苦创业，既要解放思想、与时俱进、勇于改革创新，又要脚踏实地、埋头苦干、坚持求真务实；既要密切联系群众、真情关爱群众、热心服务群众，又要会做社会工作、善于与人合作；既要勤于学习、善于学习、努力掌握和运用科学的新思想、新知识、新经验，认真探索中国特色红十字事业的发展规律，又要不断提高理论素养和实践能力，增强工作的原则性、系统性、预见性、创造性，始终保持高尚的精神追求，清正廉洁、一尘不染。有了这样一支德才兼备、朝气蓬勃的社会工作者队伍，并培养出一批优秀的社会活动家，就能把中国红十字会真正建成社会影响力、社会公信力最大的人道救助团体，把中国特色红十字事业不断推向前进①。

潮平两岸阔，风正一帆悬。在全面建设小康社会和促进人类和平进步的历史进程中，中国红十字会将高扬起红十字人道旗帜，凝聚海内外人道力量，沿着建设中国特色红十字事业道路，为实现中华民族的伟大复兴和谱写人民美好生活新篇章而努力奋斗②！正如彭珮云会长所言，“中国人民正处在意气风发、开创未来的伟大时代。我们完全有理由相信，在党中央、国务院的正确领导和亲切关怀下，在新的历史起点上，中国红十字会一定会阔步前进，迎来一个蓬勃发展的美好明天!”③

第二节　内外兼修筑实力：开启红十字能力建设新时期

能力建设是红十字事业的永恒主题。改革开放以来，经过几届理事会的努力，中国红十字会的能力有了全面提升，但发展仍不平衡，特色有待彰显。“九大”以后，面对新时期新形势的机遇与挑战，中国红十字会把 2010 年定为“能力建设年”。由此，以 2010 年为起点，中国红十字会进入了能力建设的新时期。

一、能力建设的理论视野

什么是能力建设？仁者见仁智者见智，不同领域也会有不同的界定。按照联合国开发计划署的界定，能力建设是指“建立适合国情的政策和法律框架的环境、机构的发展，包括社区的参与者（特别是妇女的参与）和人力资

① 彭珮云：《在中国红十字会第九次全国会员代表大会闭幕式上的讲话》，《中国红十字报》2009 年 10 月 30 日。

② 人民日报评论员：《实现中国特色红十字事业新跨越——祝贺中国红十字会第九次全国会员代表大会召开》，《中国红十字报》2009 年 10 月 28 日。

③ 彭珮云：《在中国红十字会第九次全国会员代表大会闭幕式上的讲话》，《中国红十字报》2009 年 10 月 30 日。

源发展和管理系统的完善”①。这是一种比较宽泛的定义，包括了组织生存环境的不断优化、组织自身的管理与完善、人力资源的开发与社会的广泛动员等方面的内涵。

（一）能力建设的基本内容

就红十字会的能力建设而言，可以界定为：依据红十字会的宗旨和使命，不断满足人道需求和实现自身可持续发展的综合能力。这两个大的方面，可以概括为外在的人道救援能力和内在的组织发展能力，它们都有各自的能力结构系统，由此构成能力建设的网络体系。

1. 人道救援能力

要不断满足日益增长的人道需求，自然需要不断强化人道救援能力建设，其主要内容包括运筹能力、筹资能力、执行能力、监管能力等。

“运筹帷幄之中，决胜千里之外”。运筹能力强，决策正确，就会取得最佳效果；反之，事倍功半。中国红十字会备灾救灾中心的建设、中华骨髓库建设、救护培训等，都体现了“运筹”的魅力。无论是运作品牌，还是组织募捐，红十字会都需要精心安排，周密筹划。

筹资能力建设，对红十字会而言，具有非同一般的意义。在中国红十字会的历史文献中，我们可以看到这样的经典之论：“红十字会的生命泉源，便少不得会员，缺不得基金。红十字会的生命力量，就是要会员健全，就是要基金充足。”② 没有善款，各项救助活动都将无从谈起，而要“基金充足”，显然不是一句空话，它要求筹资能力的不断提高，才可望永葆旺盛的“生命力量”。

执行能力是处理事务的方法与经验，说到底是保质保量完成使命的能力。正确的决策和安排如何落到实处，应急救援（包括国际救援）的组织能否快速到位，善款能否科学运作，人力资源整合、配制是否合理等，都是影响执行能力的决定性因素。没有强大的执行能力，红十字会的独特作用就不可能得到很好的发挥，事业发展也将受到冲击。

监管能力，包括自我监管和第三方监管。红十字会满足人道需求的工作能否顺利推进，能否取得广大民众的认可，从而赢得与日俱增的公信力和美誉度，离不开自我监督与管理，尤其在善款的募集和使用方面，直接关系到红会工作的成败得失。要取信于民，引入第三方监管机制并加以扩大，可以

① 转引自严晓凤：《能力建设与转型升级》，郝如一、池子华主编：《〈红十字运动研究〉2011年卷》，安徽人民出版社2011年版，第4页。

② 中国红十字会总会编：《中华民国红十字会征募手册》，1946年内部印行，“扉页”。

弥补自我监管之不足，提升监管水平①。

2. 组织发展能力

一般而言，红十字会组织发展能力建设，应该包括适应能力、创新能力、公关能力、文化建设能力等方面的内容。运筹、筹资、执行、监管等能力的建设，是以红十字会组织为载体的，因此，自身能力的建设尤为关键，它是红十字会本身实现可持续发展的“源头活水”。“红十字会自身组织建设是能力建设的核心。红十字会能否凝聚社会力量，能否不断满足日益增长的人道需求，组织建设至关重要”。正因为如此，中国红十字会自诞生之日起，即重视组织建设，尤其是分会组织建设方面，被中国红十字会视为“发展红十字事业之中心”而不断得到强化，从 1904 年最初设立的 10 多处分会，到 1911 年的 50 余处，再到全面抗战前的 464 处，组织建设成效显著②。

适应能力是应对社会发展需求，有效扮演与身份相适应的角色，功能得到充分发挥的能力。“适者生存”虽然是生物学法则，但对包括红十字会在内的非政府组织来说，其延伸意义同样适用。社会适应能力的不断提高，要求有完善的组织体系。就目前情况而言，组织体系距离最优状态尚有很大距离，管理体制还没有完全理顺。根据调研，在某县级市红十字会，虽然理顺了管理体制，但仍是“一个人的红十字会”，这种现象绝不是个案。适应能力建设，已成为紧迫而艰巨的任务。除健全组织之外，“红十字会的组织细胞是会员”，会员以及志愿者的数量和质量，直接影响红会组织的适应能力，理所当然包括在适应能力建设的范围之内。

创新，按照一般的解释，是创造与革新的合称，它具有新颖性、独特性、价值性。对一个社团组织来说，没有创新，没有“头脑风暴”，就没有活力，没有生机，组织发展就不可能实现可持续性。创新包括创新意识、创新思维和创新技能。能力建设是红十字组织永恒的主题，而提升创新能力是红十字组织增强动力与活力的可靠保证。唯有创新才能发展进步，创新发展理念实为引领红十字事业发展的“第一动力”③。提高创新能力，要进一步解放思想，突破陈规，与时俱进，紧紧围绕体制、机制、制度创新，逐步形成用新观念研究新情况、用新思路落实新任务、用新办法解决新问题的生动局面，从而推动红十字组织整体能力的不断提升。创新能力建设应该包括：（1）体制创新，增强发展动力；（2）机制创新，激发自身活力；（3）制度创新，提

① 池子华：《红十字会“能力建设”的理论思考》，《中国红十字报》2010 年 4 月 13 日。

② 池子华：《红十字历史与能力建设》，《中国红十字报》2010 年 6 月 22 日。

③ 池子华：《创新是红十字事业发展“第一动力”》，《中国红十字报》2016 年 11 月 4 日。

升影响力①。

公关能力是各种协调、把握、应对、处理人与事的能力。从公共关系学的角度说，任何组织在其生存发展的过程中都和社会环境发生各种各样的关系，组织运用传播沟通的手段来处理这些关系就是公关。公关的主体是组织，客体是公众，手段是传播沟通，目的是改善自己的公共关系状态，获得公众的好感与合作，以顺利实现组织预期的目标。红十字会要取得公众的广泛支持与参与，必须借助各种传播手段，强化传播沟通能力。我们所说的红十字会宣传工作、传播国际人道法等，实际上都是公关的有机组成部分。广而言之，作为非政府组织，红十字会要与政府组织打交道；作为非营利组织，红十字会要与各种营利组织打交道；作为民间组织，红十字会要与各种民间组织打交道；还有民间外交。如此等等的“多边关系”，都要求红十字会具有很强的公关能力。

文化是指实践过程中创造出来的物质文化、精神文化和制度文化的总称。就红十字会而言，经过长期的社会实践，已经形成了被广泛认同的以“人道为本、博爱为怀、奉献为荣”的“红十字文化”。其实这只是精神文化的一个方面。文化建设能力不仅包含红十字精神文化的继承和弘扬，还包含各种规章制度的不断完善、物质文化遗产的保护与开发、“品牌”的打造、理念的创新以及学习能力、研究能力的提高等②。

（二）能力建设的特征

1. 人本性

运筹能力、筹资能力、执行能力、监管能力、适应能力、创新能力、公关能力、文化建设能力，相互联系，相互作用，相互影响，构成了红十字会能力建设的完整体系。在这个体系中，“人”是核心，无论何种能力，都要靠红十字人去建设。因此，能力建设也要“以人为本”。这是红十字会能力建设的一个突出特征。

2. 开放性

能力建设体系并不是封闭的，而是开放的，国际红十字运动的各成员国、各式各样的NGO，只要在能力建设方面有可取之处，都可以纳入红十字会的能力建设体系之中，“为我所用”。开放性的另一表现，是能力建设不应局限于“八大能力”，社会的发展、时代的进步和环境的变迁，还会对红十字会能力建设提出新的要求。因此需要不断更新能力建设标准，使能力建设体系在

① 许君：《创新是红十字组织能力建设的动力与活力》，《中国红十字报》2010年6月22日。

② 池子华：《红十字会“能力建设”的理论思考》，《中国红十字报》2010年4月13日。

“与时俱进”中臻于完善。

3. 长期性

能力建设不因“能力建设年”而强化，也不因非建设年而弱化、淡化，它是一个持续的、长期的过程。红十字会无论是应对挑战，还是面对机遇，都需要不断强化能力建设，只有这样，才会实现“能力发展”。因此，红十字会能力建设绝不是“短期行为”，它也需要有一个“长效机制”。

（三）能力建设的路径

如何提高能力建设的有效性？这本身就是一个重大课题，而且能力体系的每个方面也都有各自的能力建设路径，具有各自的特色与要求，需要进行专题的研究、深入的探索。从总体上来讲，应该强调三点。

1. 强化能力建设意识

只有清醒意识到能力建设对红十字会生存与发展的决定性影响，才能自觉投入能力建设中去。华建敏会长在2010年红十字会工作会议上强调：“近些年来，在各级党委、政府的领导和支持下，经过各级红十字会的艰苦奋斗和不懈努力，全国红十字系统的能力建设取得了积极进展，但各地发展很不平衡，有的地方还很薄弱。当前和今后一个时期，全面建设小康社会、构建社会主义和谐社会的新要求和人民群众的新期待，对红十字事业的发展提出了更高的要求。在这种形势下，要适应新要求，充分发挥红十字会的独特优势，满足人民群众日益增长的人道需求，当好政府人道领域的助手，关键是加强各级红十字会的能力建设。”① 这既是对红会工作所提的要求，也反映出能力建设的意义和时代价值。

2. 把握好能力建设的方向

“旗帜就是方向，旗帜就是形象。”中国红十字会作为一个拥有百余年悠久历史的社会救助团体，要始终高举人道主义的大旗，遵循国际红十字运动的七项基本原则，以改善最易受损害群体为宗旨；同时，社会在发展、形势在变化，红十字会的工作也要与时俱进，围绕当前的形势和社会的诉求，更好地当好党和政府人道领域的助手。简言之，红十字会能力建设的方向，就是为党政分忧、为群众解难②。

3. 建立能力建设的评估机制

这是加强能力建设的必要手段。总会以及各级红十字会能力建设的绩效

---

① 《华建敏在中国红十字会2010年工作会议上的讲话（2010年1月12日）》，中国红十字年鉴编辑部编：《中国红十字年鉴：2010/2011》，中华工商联合出版社2014年版，第147页。

② 严晓凤：《能力建设与转型升级》，郝如一、池子华主编：《〈红十字运动研究〉2011年卷》，安徽人民出版社2011年版，第4页。

如何，透过评估机制，可以得到真实的呈现。评估可以自评，总结成绩，找出能力建设的着力点；也可以自上而下测评，作为考核红十字会工作业绩的依据。总会可以根据能力建设的构成要素，出台能力建设的评估指标，量化为分值，先选择几个点试行，以检验其科学性，如科学、合理、有效，即可推而广之，促进能力建设的规范化和有序化①。

4. 挖掘能力建设的历史资源

在中国红十字会的历史文化遗产中，有丰富的能力建设的理念与实践。加强对红十字运动的历史研究，从历史中吸取能力建设的营养成分，对中国红十字会的能力建设有着不可低估的应用价值和时代意义。例如，抗战胜利后，红十字会工作重点由战争救护转移到社会服务，确立了“服务社会，博爱人群”的总体目标。为达成目标，蒋梦麟会长于1946年手订“服务信条”8条：具丰富情感、抱牺牲志愿、本博爱襟怀、献科学身手、作精密准备、求迅确效率、策社会安全、增人群幸福。这8条信条，实际上是对自我能力建设提出的基本要求，其丰富的内涵，直到现在仍令人回味无穷②。

5. 增强红十字人干事创业的内驱力

管理学人本理论认为，人在组织活动中始终处于主导地位，因此，加强组织能力建设的核心是实施“人才强会”，造就一批高素质的“红十字人”③。能力建设归根结底是人的能力的建设，是红十字会管理者和工作者素质的提升和业务水平的改进。进一步而言，推动红十字能力建设，必须不断增强“红十字人”干事创业的内驱力。

内驱力产生于人的内心，是自我加压、自我进步的内在动力，是战胜困难、改造世界的力量源泉。其外在表现为强烈的发展意识、发展要求和发展激情。一句话，内驱力就是“不用扬鞭自奋蹄”的奋进状态。内驱力是提高自身能力、发挥自身主观能动性的发动机。内驱力不是天生就有的，它是通过一定外界事物和现象对自身感官的刺激，并结合自身感情、意志、思想、精神等的集中体现。增强内驱力，要求广大红十字会工作人员怀有对红十字事业的无限热爱、工作激情和执着追求；增强内驱力，要求广大红十字会工作人员具有勤奋好学、积极调研和认真思考的好习惯；增强内驱力，要求广大红十字会工作人员提高开拓创新、锐意进取和包容共存的能力④。

---

① 池子华：《红十字会“能力建设”的理论思考》，《中国红十字报》2010年4月13日。

② 池子华：《红十字历史与能力建设》，《中国红十字报》2010年6月22日。

③ 严晓凤：《能力建设与转型升级》，郝如一、池子华主编：《〈红十字运动研究〉2011年卷》，安徽人民出版社2011年版，第2页。

④ 尼玛：《进一步增强红十字人干事创业的内驱力》，《中国红十字报》2010年4月13日。

二、机遇与挑战：加强能力建设的社会背景

当今世界正处在大发展、大变革、大调整时期，中国也正处于进一步发展的重要战略机遇期。同时，我国仍处于并将长期处于社会主义初级阶段的基本国情没有变，人们日益增长的物质文化需要同落后的社会生产之间的矛盾仍然是我国社会的主要矛盾。特别是我国已进入改革发展的关键阶段，经济体制深刻变革，社会结构深刻变动，利益格局深刻调整，思想观念深刻变化。这种空前的社会变革，给我国发展进步带来巨大活力，也必然带来这样那样的矛盾和问题。对于中国红十字会而言，要抓住机遇、应对挑战，把中国特色社会主义伟大事业推向前进，必须坚持以经济建设为中心，把构建社会主义和谐社会摆在更加突出的位置。

（一）红十字能力建设的重要机遇

在上述大背景下，红十字能力建设迎来了大发展的重要机遇期，主要体现在以下5个方面。

1. 发展红十字事业是推进中国特色社会主义事业的必然要求

党的十六大以后，党和国家对社会建设重要性的认识不断深化，明确了构建社会主义和谐社会在中国特色社会主义事业总体布局中的地位，做出了一系列决策部署，统筹经济社会发展，推动和谐社会建设取得了重要成绩。红十字会从事的是社会建设领域的工作，中国特色的红十字事业是中国特色社会主义事业的组成部分，因此，加快发展红十字事业是推进中国特色社会主义事业的必然要求。

2. 国家的经济发展为红十字事业奠定了雄厚的物质基础

经过改革开放30多年的快速发展，我国经济实力和综合国力显著增强，加快社会事业发展、改善民生具备了雄厚的物质基础，发展红十字事业可以依托的各类资源潜力巨大。

3. 社会主义精神文明建设的不断深入为红十字事业提供了有力的精神支撑

从1986年中央提出“两个文明一起抓”开始，社会主义精神文明建设成就巨大，进一步加快精神文明建设、提高全社会道德水准，越来越成为全国人民的热切愿望。红十字会作为社会主义精神文明建设大军中的重要力量，未来的发展空间广阔，前景光明，完全可以大有所为。

4. 发展红十字事业在我国具有深厚的土壤

中华民族具有扶危救困、敬老助残、救死扶伤、乐善好施的传统美德。在当今的经济环境和社会氛围中，评价一个企业是不是好企业，主要看它能

否提供优质的产品和服务；评价一个企业是不是伟大的企业，不仅要看它能否提供优质的产品和服务，还要看它是否履行社会责任，回报社会，促进社会发展，维护公平正义，增进人民福祉。改革开放以来，我国企业的社会责任感逐步提高，企业回报社会、全社会关心困难群体的意愿日益增强。红十字事业的出发点和落脚点就是全心全意为人民服务，为最需要关爱、渴望得到帮助的群众服务，千方百计满足最易受损害群体的人道需求，改善他们的境况。发展红十字事业在全社会必然拥有广泛的支持力量。

5. 行政管理体制改革的不断深化为红十字事业的发展提供了广阔的舞台

党的十六大以来，中央多次强调，和谐社会需要全社会共同建设，要转变政府职能，加快推进政事分开，支持社会组织参与社会管理和公共服务，这为红十字会充分利用自身优势、发挥积极作用提供了良好的外部环境。

华建敏会长在天津和北京调研红十字工作时曾经谈到，“中央领导同志如此强调社会建设的重要性，强调社会组织参与社会建设的重要性，还是第一次。红十字会在党和政府的领导下从事人道主义领域的为民服务工作，依赖的主要是社会力量。各级红十字会应该充分领会中央精神，抓住这一战略机遇期，顺势而为，更加积极主动地参与社会建设，大力发展红十字事业。各级红十字组织需要抓住机遇，扎实工作，推动中国的红十字事业实现新的跨越”①。

（二）红十字能力建设的主要挑战

在看到上述5个方面有利条件的同时，也要看到我国红十字事业的发展水平与发达国家相比差距不小，同时各地的发展水平很不平衡，一些影响红十字事业发展的矛盾和问题亟待解决。具体而言，一是全社会包括红十字会干部队伍中的少数人员，对红十字事业在中国特色社会主义事业中的重要地位和特殊作用认识不足。很多人只是在受灾时才想到发挥红十字会的作用，平时则可有可无、无暇过问。红十字会工作者应强化一种意识：红十字会是社会建设和社会服务的重要载体与有力抓手，要主动支持和推动红十字会各项工作。二是全国还有大多数的市县红十字会的管理体制有待理顺。三是红十字会自身的工作体制有待完善，怎样吸引人、培养人、用好人，怎样筹来钱、用好钱，都需要下大力气深入研究。四是很多地方特别是中西部地区和基层红十字会的工作条件艰苦，连日常工作的开展都受到制约。五是各级红十字会工作者、会员和志愿者的培训需要加强，特别应抓紧做好各级红十字会领导干部的培训，提高他们做好工作的本领。六是红十字会的工作与困难

① 《促进中国红十字事业健康快速发展》，《中国红十字报》2010年8月31日。

群众的期望还有很大距离，因此要大力创新，以更好地满足广大群众在人道领域的需求①。

总体而言，在新的历史时期发展红十字事业，社会有需要，群众有积极性，做好红十字工作面临的机遇比困难多。一方面，全社会都希望红十字会发挥更大的作用。汶川特大地震发生后，红十字会第一时间挺身而出，做了大量卓有成效的救灾救护工作，赢得全社会的肯定。在新的历史时期，面临的公共安全形势仍然十分严峻，人道需求有增无减，把红十字会的工作做好，是国家和人民的要求，是时代进步的需要。另一方面，做好红十字会工作具有广泛的群众基础和物质基础。全社会乐于助人、关爱困难群体的良好风尚正在形成，发展红十字事业可动员的资金潜力巨大，红十字会可以扩展的业务空间广泛。此外，我国的红十字会还有三大优势："第一，办会有法制保障。《红十字会法》是红十字会依法办会的法律保障。第二，政治优势。红会'九大'时期，国家主席依然是中国红十字会的名誉会长，全国人大常委会副委员长是中国红十字会会长，还有两位全国人大常委会副委员长和三位全国政协副主席是中国红十字会的名誉副会长，规格非常高。第三，国内外对红十字会高度认同。到 2010 年，全球已有 186 个国家成立了红十字会。"②

进入 21 世纪以来，我国红十字事业得到长足发展，各级红十字会做好人道救援工作的能力和实力不断增强。特别难得的是，凝聚了一支肯奉献、能吃苦、讲团结的红十字会干部队伍，为推进中国特色红十字事业的发展奠定了坚实的基础。中国红十字会需要牢牢抓住红十字事业发展的重要发展机遇期，进一步增强责任感和紧迫感，以满腔的热情和坚强的毅力，不断开拓创新，把中国特色红十字事业不断推向前进，以实现新的跨越。

三、新阶段对能力建设的总体部署

"九大"以后，中国红十字会提出，要突出重点，大力加强红十字会的能力建设。应该说，进入 21 世纪以来，在各级党委、政府的领导和支持下，经过各级红十字会的艰苦奋斗和不懈努力，全国红十字会系统的能力建设取得了积极进展，但各地发展很不平衡，有的地方还很薄弱。当前和今后一个时期，全国建设小康社会、构建社会主义和谐社会的新要求和人民群众的新期

---

① 《华建敏在中国红十字会 2010 年工作会议上的讲话（2010 年 1 月 12 日）》，中国红十字年鉴编辑部编：《中国红十字年鉴：2010/2011》，中华工商联合出版社 2014 年版，第 145—146 页。

② 《促进中国红十字事业健康快速发展》，《中国红十字报》2010 年 8 月 31 日。

待，对红十字事业的发展提出了更高的要求。在这种形势下，要适应新要求，充分发挥红十字会的独特优势，满足人民日益增长的人道需求，当好政府人道领域的助手，关键是加强各级红十字会的能力建设。所以，总会提出将2010年定为红十字会“能力建设年”，尝试以之为抓手，力求推动红十字事业的内涵式发展。

“九大”以后，华建敏会长多次强调红十字会能力建设。例如，他在天津调研时说，各级红十字会必须大力加强能力建设，加快提高为人民群众服务的本领。培养一支热爱红十字事业、善于学习、善于开展工作的队伍①。2010年1月，华建敏在深圳的一次会议上谈到能力建设时，特别指出要着力提高红十字会干部队伍的学习能力、调查研究能力和理论研究、文化建设能力，把红十字会建设成为学习型社会团体；8月，他在内蒙古调研时又高瞻远瞩地提出“两个要把”：一是要把红十字工作当成事业来办，二是要把红十字工作当成学问来研究②。整体而言，2010年前后，中国红十字会对能力建设的部署主要有如下方面。

（一）提高围绕中心、服务大局的能力

不谋全局者，不足以谋一域。这里的“域”既指地域，也指领域。围绕中心、服务大局是各级红十字会工作者的政治责任和基本要求。只有围绕中心、服务大局，红十字事业才能与时俱进，实现可持续发展。“登高才能望远”，对各级红十字会提出围绕中心、服务大局的要求，就是希望红十字会工作者站位要高一些，要学会把握工作大局。而红十字事业成功与否，关键在于把握自身工作的定位，找到推动工作的切入点和抓手，取得良好的社会效益③。

红十字会的能力建设需要“不断明确和调整各级红十字会在不同时期的定位。红十字会由于所处的地区发展状况、历史进程、工作基础、外部环境等不同，需要按照本地区的实际情况做好工作定位，提高融于本地社会的能力”。为此，需要“高度重视红十字会体系和人才队伍建设。组织体系和人才队伍是工作的基础，培养、吸引人才，凝聚社会各界的贤达人士，才能获得最大的能力储备”④。

---

① 华建敏：《创造性地开展红十字会工作——在天津调研时的讲话》（2010年2月23日），《华建敏谈红十字事业》，2015年内部印行，第366页。

② 池子华：《提高研究理论做学问的能力》，《中国红十字报》2010年12月3日。

③ 《华建敏在中国红十字会2010年工作会议上的讲话（2010年1月12日）》，中国红十字年鉴编辑部编：《中国红十字年鉴：2010/2011》，中华工商联合出版社2014年版，第147—148页。

④ 马强：《红十字会能力提升路径》，《中国红十字报》2010年6月1日。

华建敏会长在北京市调研工作时指出，首先，要做到有所为有所不为，调配好有限的人力、财力、物力。红十字会的工作重点有两条：一是广大人民群众的需求，二是各级党委、政府的工作大局。各级红十字会要自觉围绕当地党委、政府的中心工作部署任务，主动做人民群众最盼望我们做的事，不断拓展人道救助领域，为党和政府分忧，为群众解难。其次，要脚踏实地做好“标准动作”。各级红十字会都应统一明确必须担负的任务和做好的工作，并相应制定工作完成质量、标准要求等。确定“标准动作”，要围绕红十字会人道救助的核心业务展开，不要贪多求大，三到四项就可以，重在认真细致、精益求精、保质保量完成各项“标准动作”。再次，要大胆创新，抓出品牌项目，做到“自选动作”有特色。各级红十字会要结合当地实际，结合人民群众最紧迫的需求，集中人、财、物积极开展一到两项“自选动作”。比如，北京市红十字会参与奥运会服务、上海市红十字会参与世博会服务等，都是比较成功的“自选动作”。再比如，当前我国居家养老服务、儿童救助等方面的需求巨大，仅靠政府一家之力无法完全满足。红十字会可以充分发挥自身优势，在“一老一少”的服务上做文章，对少年儿童实施先天性心脏病救助等大病救助，对老年人特别是孤寡老人开展居家养老照顾等工作，同时积极主动做好“边缘人群”的救助工作。“自选动作”选得准、做得好，有利于更好地服务人民群众，是对政府工作最有益的补充和最有力的支持，是对红十字博爱精神和人道情怀的最好彰显①。

（二）提高应急工作能力

应急工作关系人民群众生命健康和切身利益，做好应急工作是各级红十字会义不容辞的责任。当前我国公共安全形势依然十分严峻。在全球变暖的大背景下，我国各类极端天气事件发生的频率和强度进一步增强，各类自然灾害造成的影响和损失有所加重；影响安全生产和环境安全的诸多深层次矛盾尚未根本解决，事故灾难仍处于易发期；公共卫生事件发生的不确定性增大，群体性不明原因疾病时有发生，传染病传入和传播的概率增大并呈现国际化特点；我国正处于社会转型期，影响社会稳定的不和谐因素大量存在，各种矛盾、摩擦和冲突错综复杂，关联性、聚合性、敏感性不断增强，维护社会稳定的任务十分艰巨。参与突发事件处置，开展救灾、救助和救护，是红十字会的法定职责。面对严峻复杂的公共安全形势，红十字会必须继续大力加强各级红十字会特别是基层组织的应急工作能力建设。因为基层组织最

---

① 华建敏：《发挥红十字会独特优势　助力首都精神文明建设——在北京调研时的讲话》（2010年6月9日），《华建敏谈红十字事业》，2015年内部印行，第379—380页。

靠近人民群众，突发事件发生后，第一时间接报的是基层组织，第一时间赶到现场展开行动的也是基层组织。各级红十字组织应根据各地实际，抓住关键环节，提高应急能力。应加强自救互救知识的培训，提高广大红十字工作者、会员和志愿者的应急意识和技能；应注重从基础性工作着手，建立完善的应急工作体系，制定符合实际的应急预案，组建专业的应急队伍，健全相关的配套制度；应广泛开展与国内外有关组织和部门的交流与合作，注重学习国内其他组织和部门以及外国红十字会应急工作先进经验，努力把应急工作做得更好①。

（三）提高队伍建设和学习能力

首先，要努力加强基层红十字会的人员配备。当前因受编制所限，大量增加人员充实红十字会队伍的想法不切合实际，必须开动脑筋，拓宽思路，创新用人机制。未来的红十字会应该是各种用人形式并存：一是行政编制，主要用于核心岗位，要保证党和政府方针政策的贯彻落实；二是事业编制，这是作为社会公益事业必须配备的力量，也是红十字会的骨干力量；三是聘请社工，社会工作者不要编制，通过这一渠道解决人力不足问题，潜力很大；四是招募义工即志愿者。天津市利用财政资金在社区设立公益岗位，聘请应届大学毕业生充实社区红十字会的工作力量，用这种方法解决人员不足问题，效果很好②。

其次，要建设一支热爱红十字事业、乐于奉献、勇于开拓、精通业务、廉洁公正、会做群众工作的干部队伍，这是中国特色红十字事业又好又快发展的基础。应该说，近几年随着红十字事业的发展，红十字会的干部队伍建设取得了很大成效，但也呈现出新人多、经验少、理论素养和理论储备不足等问题，业已成为制约红十字事业向前发展的障碍。面对不断发展变化的国内外形势，只有不断提高服务能力和水平，才能真正担负起推动红十字事业又好又快发展的重任。做好红十字会的工作既是一项事业，也是一门学问，涉及经济、政治、文化、社会各个领域，涉及社会学、文化学、心理学、历史学等诸多学科。各级红十字会领导者应该按照党的十七届四中全会的要求，将红十字会建设成为一个学习型团体，切实提高各级领导干部的学习能力和实践能力。每一位从事红十字事业的工作者都应认真学习贯彻科学发展观和构建社会主义和谐社会的理论，着力研究社会学，学习如何做好社会服务和

---

① 《华建敏在中国红十字会 2010 年工作会议上的讲话（2010 年 1 月 12 日）》，中国红十字年鉴编辑部编：《中国红十字年鉴：2010/2011》，中华工商联合出版社 2014 年版，第 148 页。

② 《促进中国红十字事业健康快速发展》，《中国红十字报》2010 年 8 月 31 日。

社会管理。学习不是关起门来读书，应该是联系实际、研究如何做好红十字会的工作，既要立足中国国情，又要借鉴国际经验。各级红十字会要进一步加大干部教育培训力度，通过开展多种形式的教育培训，不断提高干部的政策理论水平和实际工作技能①。

（四）提高调查研究能力

调查研究是中国共产党解决问题的传家宝，对各级党政机关而言，是一个基本的领导制度和工作方法，红十字会应该把加强调查研究作为基本的工作方法，红十字会的工作人员应该把调查研究作为一项基本功。在新的形势下，做好红十字会工作十分重要和有效的一个方法，就是深入群众、深入基层，开展调查研究，发现先进典型，归纳成功做法，汲取新鲜经验，并加以总结提高和发扬光大。各级红十字会应进一步提高对调查研究工作重要性的认识，努力提高调查研究的能力，把调查研究作为转变工作作风、密切联系群众、提高干部素质、更好履行职责的重要抓手。在九届一次理事会上，华建敏会长曾指出，红十字会应成为学习型团体，要重视调研、加强调研。一周之后，他即身体力行，带领常务副会长王伟，副会长郭长江、郝林娜等新一届领导班子成员走进基层。11 月 5 日，华建敏一行又来到中国红十字基金会调研，提到了基金会工作的重要性和发展思路②。

（五）提高理论研究能力

红十字运动从索尔费里诺战役算起，到 2010 年为止已有 150 多年的历史，然而严格意义上的学术理论研究还很滞后。中国红十字会成立 100 多年来，致力于动员人道力量，改善最易受损害群体境况，为构建和谐社会做出了积极的贡献，创造了很多很好的实践经验。理论来源于实践，又可以能动地指导实践。客观而言，红十字组织需要根据客观形势的变化，不断从国内外红十字事业的发展实践中吸取营养，以丰富和发展红十字理论，使理论更好地指导红十字会的工作。关于理论研究和文化建设的内容，可以分三个方面展开：一是研究红十字会的工作机制。要进行中外对比，了解国内外的红十字会尤其是发达国家红十字会的运作模式、人员资金的来源及管理、政府如何支持红十字会等，然后与我国的体制、机制进行比较，立足本国实际，借鉴和吸收国内外的先进理念和经验；二是以红十字会入手研究我国社会建设中，社会团体、非企业组织应该如何运作；三是研究中国特色红十字会的

---

① 《华建敏在中国红十字会 2010 年工作会议上的讲话（2010 年 1 月 12 日）》，中国红十字年鉴编辑部编：《中国红十字年鉴：2010/2011》，中华工商联合出版社 2014 年版，第 148 页。

② 刘玉海：《从调查研究开始》，《中国红十字报》2009 年 10 月 10 日。

文化建设问题，要把国际红十字的宗旨与中国的传统文化及中国特色社会主义核心价值观三者有机地结合起来①。

（六）善款的筹措和使用能力

筹资是红十字会工作的永恒主题，是红十字会发展的基石。目前各地都有一些成功的经验，如“博爱一日捐”“博爱万里行”“博爱在心中”以及设立救助基金等方式。但各地发展不平衡，有些地方还不能很好应用筹资手段、筹资技巧来募集资金。这就要求红十字组织一定要更新观念，能够通过政府引导的，要及时引导民众参与；能够独立开展的，要主动出击，积极行动；能够通过打造项目筹资平台的，要在项目设立上下功夫。在筹资中要坚持公开、透明原则，充分尊重出资人意愿，资金使用情况及时反馈给出资人，使出资人出资明白，放心舒心②。

关于善款的筹措和使用，华建敏会长在北京红十字会调研时指出，要重点做好两个方面的工作。一要保证筹款来源畅通。从实际情况来看，我国社会捐赠和人均慈善捐款的数额占 GDP 的比例远远低于国际平均水平，这在很大程度上与捐赠渠道不畅有关。要积极采取措施，打消捐赠者的种种顾虑，打通阻碍捐款的环节，确保“财”源畅通。比如，税法规定企业发生的公益性捐赠支出，在年度利润总额 12% 以内的部分，准予在计算应纳税所得额时扣除。红十字会应积极争取有关部门支持，落实好这一规定。要加强与捐赠者的沟通，探索适合不同捐款者需要的捐赠方式或者合作方式，不断构建和完善更加良好的捐赠环境，争取更多的社会资金支持。二要确保“花钱”渠道畅通，捐赠款的使用要恰如其分、合理合法。实际工作中，有时存在大量的无计划捐赠款项用在有限的几个项目、资金使用不合理的现象，另外还有捐赠物资运费无法列支、工作经费难以落实等问题。这些问题由来已久，要学习借鉴国外先进经验，开展深入研究，制定适合中国国情的捐赠资金使用办法。总的原则是，捐赠资金的使用要确保公开、公正，既要尊重捐赠者的意愿，又要将有限的财力用到刀刃上，尽可能满足更多困难群体的人道需求③。要严格资金和财务管理，打造红十字会组织的社会公信力，做到“内外兼修”。“内”，就是要建立健全自律机制，维护红十字会的社会信誉和地位；“外”，就是要不断完善社会监督机制，定期报告捐赠款物的来源和使用情况，

---

① 《华建敏在中国红十字会 2010 年工作会议上的讲话（2010 年 1 月 12 日）》，中国红十字年鉴编辑部编：《中国红十字年鉴：2010/2011》，中华工商联合出版社 2014 年版，第 149 页。

② 赵国创：《红十字会急需加强的 10 种能力建设》，《中国红十字报》2010 年 4 月 13 日。

③ 华建敏：《发挥红十字会独特优势　助力首都精神文明建设——在北京调研时的讲话》（2010 年 6 月 9 日），《华建敏谈红十字事业》，2015 年内部印行，第 379 页。

及时向捐赠者和社会公布有关信息，接受有关部门的审计和监督检查，切实维护红十字会的社会公信力[①]。

四、能力建设的阶段性成果

在中国红十字会总会的部署和引领下，经过各级红十字会一年多的团结协作和不懈努力，中国红十字会从加强基层组织建设入手，在理顺管理体制、筹资能力建设、会员管理和干部培训等方面做了一系列探索，取得了良好效果，促进了整体能力的提升和发展。

（一）组织自我发展能力的提升

组织能力建设，直接反映红十字会的执行力、红十字事业的公信力，直接影响红十字事业的前途与发展[②]。“九大”之后，红会在这方面做了积极的探索与实践。根据部分省级红十字会的要求，总会印发了《关于进一步加强市县级红十字会组织建设的指导意见》，红十字会理顺管理体制工作在七届、八届理事会奠定的良好基础上又取得很大进展。截至 2010 年年底，省级红十字会已经全部理顺，地市级红十字会理顺率已经超过 96%，县级红十字会理顺率已经超过 53%，为红十字事业发展提供了坚实的组织保障。河北、甘肃、重庆、广东、江西、福建等 6 个省级红十字会和一批地市级红十字会顺利召开了会员代表大会，完成了换届工作，进一步增强了红十字会力量。招商银行股份有限公司等企业成立了红十字会，行业红十字会工作取得新进展[③]。

北京市西城区红十字会的组织能力建设引人注目。自 2004 年 11 月理顺管理体制以来，西城区红十字会始终把完善基层组织体系建设作为促进红十字事业发展的基础，初步形成“纵横交错、条专块统”的组织架构。区红十字会成为政府直接联系的社会救助团体。到 2010 年，区红会已经拥有 2133 个基层红十字组织，红十字会员 155740 人，占全区人口总数 23.3%；全区 7 个街道均成立红十字会，下属 148 个社区均成立红十字小组；全区 80 所中小学和职高学校建会率 100%，并相继成立教育系统、区直机关系统、卫生系统和国有企业系统红十字工作委员会[④]。

---

① 王冬梅：《加强能力建设　实现红十字事业新跨越》，《中国红十字报》2010 年 9 月 7 日。

② 丁超英：《探索中求规范　创新中求发展》，《中国红十字报》2010 年 6 月 1 日。

③ 《王伟在中国红十字会第九届理事会第二次会议上的工作报告（2011 年 1 月 19 日）》，中国红十字年鉴编辑部编：《中国红十字年鉴：2010—2011》，中华工商联合出版社 2014 年版，第 175—176 页。

④ 西红：《以组织建设促能力发展》，《中国红十字报》2010 年 7 月 9 日。

（二）队伍建设不断加强

中国红十字会成立了全国红十字会干部教育培训指导委员会，设立了培训指导中心，2010 年共投入近 45 万元，成功举办了 6 期地县级红十字会领导干部跨级直训，以及中国红十字会公益事业高级法律研修班、新闻发言人培训班等专职业务骨干培训，受到各级红十字会干部的好评，大家一致认为，这样的培训很有必要，能有效提高干部队伍的能力。总会还研究制定了红十字模范单位和运转良好的各级红十字会标准。另外，通过积极创新用人机制，如天津市红十字会争取政府出资设立公益岗位加强队伍建设的措施等等，各级红十字会队伍力量不断增强①。

2010 年 3 月，中国红十字会总会印发《中国红十字会 2010—2014 年干部教育培训规划》，提出要全面落实人才强会战略，把中国红十字会打造成科学理论武装、具有世界眼光、善于把握规律、富有创新精神的学习型红十字会，并为此确定了干部教育培训工作的主要任务：一是要深入实施领导干部跨级直训，包括举办省级红十字会会长专题研讨班、省级红十字会驻会领导研修班和实施地县两级红十字会会长、常务副会长轮训，开展总会机关和直属单位领导干部培训；二是要全面开展专职业务骨干分级分类培训，包括逐级培训红十字会业务骨干，委托专业教育机构开展专职干部高级培训，推动对红十字会基层组织兼职干部的培训，开展干部教育培训工作的国际交流与合作等，计划用 5 年的时间将全国市县两级红十字会会长和已理顺管理体制的市县两级红十字会常务副会长轮训一遍②。

2011 年 5 月 17 日，由中国红十字会总会主办，湖北省红十字会和武汉大学承办的第二期红十字会干部法律培训班在武汉大学开班。总会王汝鹏秘书长在开班仪式上说，对各级红十字会干部进行法律知识培训是中国红十字会干部培训教育工作的组成部分，也是中国红十字会加强能力建设的重要内容。努力学习法律知识，具备高度的法律意识，正确运用法律法规，依法开展工作，是对每一位红十字工作者的基本要求，是在新形势下推进红十字事业发展的重要基础③。

（三）红十字青少年工作焕发勃勃生机

在天津、上海等地，“红十字知识进课堂”取得阶段性成果。青少年活动

---

① 《王伟在中国红十字会第九届理事会第二次会议上的工作报告（2011 年 1 月 19 日）》，中国红十字年鉴编辑部编：《中国红十字年鉴：2010—2011》，中华工商联合出版社 2014 年版，第 176 页。

② 宗洪：《提高干部素质　加强能力建设》，《中国红十字报》2010 年 3 月 19 日。

③ 宗讯：《中国红十字会举办干部法律培训班》，《中国红十字报》2011 年 5 月 24 日。

基地建设取得突破进展。红会选派优秀红十字青少年代表参加了亚太地区青年峰会等国际会议，并成功当选东亚地区红十字青少年委员会委员。

（四）红十字志愿服务能力建设取得新进展

总会组织编写了《中国红十字志愿服务培训教材》，在全国统一使用红十字志愿者星级证章，省、地两级分会的志愿服务管理能力显著提高。全国红十字志愿服务管理信息系统开发完成，进入试运行。志愿者队伍稳步发展，到2010年年底已达192万人。红十字志愿者在青海玉树地震、甘肃舟曲泥石流等自然灾害救援和上海世博会、广州亚运会及亚残运会等大型活动中发挥了重要作用。

（五）筹资能力不断增强，探索可持续发展的筹资工作体制取得新进展

2010年，各级红十字会共筹集款物价值77亿元，其中为青海玉树地震筹资23.2亿元。总会制定了《中国红十字会筹资工作指导意见》《中国红十字会公益项目基金管理暂行办法》等基本规章制度，积极推进项目筹资和手机筹资工作，其中仅手机短信捐款就募集到1146万元。同时，总会还争取财政部、国家税务总局下发《关于确认中国红十字会总会公益性捐赠税前扣除资格的通知》；通过发布青海玉树地震捐赠公共平台、组织捐赠企业参加汶川地震重建项目相关仪式等方式，进一步加强与捐赠者的沟通与服务，提高公信力。在巩固与建设银行、招商银行合作关系的基础上，总会又与中国工商银行建立战略合作关系。各级红十字会筹资成果显著，北京市“博爱在京城”、安徽省“博爱在江淮”、山东省“博爱在齐鲁”等募捐活动，以及内蒙古、河北、山西的“博爱一日捐”、浙江的项目筹资等特色工作也取得良好效果①。

此外，紧紧围绕能力建设年，红十字会在相关业务工作方面，注重加强制度建设和标准化建设，制定出台《中国红十字会项目管理办法》《关于进一步加强应急救护工作的意见》等一批指导性、规范性文件，召开紧急救援队标准化等相关会议，进一步增强了各级红十字会的专业业务能力。

在能力建设取得长足进展的同时，也不可否认红十字会在前进道路中还面临着很多挑战。随着改革开放的不断深入，政府行政管理体制改革势在必行，国内公益领域的竞争日益激烈，新的公益组织层出不穷，每天都有各种公益活动举办。虽然《红十字会法》对红十字会的责任、权利等有明确规定，

---

① 《王伟在中国红十字会第九届理事会第二次会议上的工作报告（2011年1月19日）》，中国红十字年鉴编辑部编：《中国红十字年鉴：2010—2011》，中华工商联合出版社2014年版，第176页。

但在现实竞争中再也没有红十字会的专属领地，一切服务都要靠公信力和能力去获取，提别是在政府购买服务方面，公开竞标的全面展开只是时间问题。红十字事业发展的使命感、紧迫感甚至危机感已不再是遥远的理论问题。

应该看到，无论是更好地发挥政府的助手作用，还是更好地服务弱势群体，都需要红十字会不断加强能力建设。2010 年，通过开展能力建设年，各级红十字会在干部培训、筹资、救灾、救护、救助等各项工作中不同程度地取得了成效，增强了实力。客观而言，能力建设不仅是中国红十字会的一项必要的长期工作，而且它还有着宽泛的内涵，其任何一个方面都需要不断予以深化和完善，不可能一蹴而就，必须统筹规划、逐个攻坚。正因为如此，中国红十字会执委会决定把“能力建设”作为中国红十字会的一项重点工作长期坚持下去，并提出将 2011 年确定为“以制度建设为重点的能力建设年”，以加强制度建设为重点，进一步提高各级红十字会的能力和水平。制度建设不仅是任何组织机构的基础建设，也是中国红十字会在新形势下，进一步完善体制机制建设的必然要求。它是确保各级红十字会秉承宗旨、增强战斗力、提升公信力、扩大影响力、完善监督体系和不断创新工作的基本保障，是红十字事业生存和发展的需要，也是在竞争日益激烈的公益领域中不断成长壮大的必由之路①。长远来看，上述决定体现了中国红十字会的远见卓识。

五、救灾能力大检阅：从西南旱灾到舟曲泥石流

2010 年是中国红十字会的“能力建设年”，灾害频发的 2010 年对中国红十字会的应急救灾能力提出了挑战，而在这个挑战中红十字会的能力得到了检验，获得了提升。

（一）西南旱灾救援中的能力检验

2009 年秋季以后，我国西南地区遭遇历史罕见的特大旱灾。到 2010 年春季，旱情持续加重，西南地区广西、重庆、四川、贵州、云南 5 省（区、市）面临世纪大旱，河水断流、农田龟裂、农作物绝收、饮用水短缺，群众生产生活、经济发展受到严重影响。旱灾发生后，党中央、国务院高度重视，胡锦涛总书记、温家宝总理等中央领导同志多次做出重要指示，国家有关部门也通过各种方式对 5 省（区、市）抗旱救灾工作给予大力支持和帮助②。

① 《王伟在中国红十字会第九届理事会第二次会议上的工作报告（2011 年 1 月 19 日）》，中国红十字年鉴编辑部编：《中国红十字年鉴：2010—2011》，中华工商联合出版社 2014 年版，第 175—179 页。

② 呙盼盼：《2010 年中国红十字会救援西南旱灾述略》，郝如一、池子华主编：《〈红十字运动研究〉2011 年卷》，安徽人民出版社 2011 年版，第 94—101 页。

这次救援行动中，中国红十字会审时度势，统筹全局，分阶段有针对性地展开救援计划，取得了较为理想的救援效果，展示了专业化的救援能力。2009年秋冬旱灾刚开始发生时，中国红十字会就及时给予了高度关注。随着灾情的发展，红会适时地开展了一系列救援行动。在这场旱灾中，“爱心水”成了最珍贵的礼物。中国红十字会总会发起“送水”行动，各地红会纷纷响应，组织运水、送水，不惜代价，千方百计增加抗旱水源，加快应急水源工程建设，缓解人畜饮水困难，帮助解决饮水问题。总会联合媒体加强新闻宣传，号召社会各界心系西南，慷慨解囊，伸出援手。各地红会紧急启动预案，了解灾区需要，调拨资金，与总会一道接受社会各界捐款。中国红十字基金会发起“春雨行动”募集资金，组成考察团亲临灾区考察灾情，给灾区人民送去了人道关怀。红十字会之间相互配合，形成合力，得到了灾区人民的充分肯定。

综观这次救援行动，可以清楚地看到中国红十字会及各地红会、红十字基金会之间的协调机制进一步加强，公信力不断提升。通过这次救援，中国红十字会不但提高了应急能力，而且积累了灾害救援的经验、拓宽了资金募集的渠道，为以后开展类似的救援活动积累了经验①。

（二）长江流域水灾救援中的能力检验

2010年7月开始，受持续强降雨影响，长江流域多处发生超警戒洪水，中下游干流不同地点水位上涨。面积180万平方公里、占中国陆地面积18.8%的长江流域全面进入汛期，沿江各地区进入全力备战洪水状态。长江流域面临着20年来的最高水位，据长江水利委员会统计，至8月底共有9个省（市）1046个县（市、区）受灾，因灾死亡449人，失踪335人，直接经济损失1224.86亿元②。面对灾情，我国各级红十字会积极行动起来，广泛聚集人道力量参与抗灾救灾。回顾此次救助行动，不难看出，红十字会的综合能力获得了提升。

1. 中国红十字会应急能力得到了进一步增强

紧急救援和过渡安置是抗洪救灾应急能力的重要内容。兵贵神速，入汛以后，中国红十字会总会与各省红十字会密切联系，根据灾情及时启动应急响应，为各地的救灾工作提供了重要指导；同时，总会根据各地灾情向灾区调拨棉被、家庭包、消毒水等应急物资，在第一时间保障了灾区群众生活的

---

① 焦明：《2010年山东红十字会救援西南旱灾述略》，郝如一、池子华主编：《〈红十字运动研究〉2011年卷》，安徽人民出版社2011年版，第108—109页。

② 杨希伟：《长江流域今年1000多个县遭水灾　损失超1000亿》，新华网，2010年9月20日。

基本需求，很好地完成了紧急救援工作，有力地保证了各地救助工作的顺利开展。当然紧急救援仍然需要进一步完善，在保障灾民基本生活需求的同时，心理救助应同行，使救助体制更趋人性化，进而彰显“人道主义”精神[①]。

2. 红会的筹资能力有了很大的提高，红十字会的“人道、博爱、奉献”精神洒满灾区

6月23日，总会和江西省红会发出捐款呼吁后，广大市民、团体和企业纷纷捐款捐物，涌现出许多令人感动的故事，例如深圳航空的机组人员在航班上发起“深航机上募捐公益大行动”，他们在为旅客提供贴心服务的同时，还通过在飞机上宣读倡议书、提供募捐箱等方式，为江西水灾组织募捐[②]。一直以来，人们对于中国企业的慈善意识诟病不已，但此次江西红会所募集的款物中，很大一部分是企业捐赠的，此次企业捐助的物资价值占到江西省红会募集款物总额的近40%[③]。另外，红会的募捐渠道也逐渐多元化，除了传统的募捐箱形式外，手机短信捐款、银行账户捐款、邮局汇款、网上捐款都已成为常用方式。这些事例表明：一方面企业和个人的社会责任感增强，奉献社会的意识增加；另一方面也说明红会的筹资能力有了很大提升，红会已经赢得团体、企业及个人的广泛信任[④]。

（三）舟曲泥石流灾害救援中的能力检验

2010年8月7日夜至8日凌晨，甘肃省舟曲县突发特大泥石流，造成重大人员伤亡和财产损失。灾害发生后，中国红十字会及地方各级红十字会迅速做出反应，积极展开对舟曲的救援活动，为维护灾区人民的生命健康做出了重要贡献，同时自身的救灾能力又一次得到检验和提升。

1. 组织协调能力明显提高

中国红十字会在救灾过程中，根据舟曲泥石流灾情各阶段的轻重缓急，统筹全局，既照顾一般又突出重点，使救灾工作有条不紊地展开。救灾初始阶段，温家宝总理明确指示：“当前最紧迫的任务是要进一步妥善安置受灾群众。特别是要解决好倒房户和受损危房户的过渡性安置问题，确保受灾群众

---

① 陆赛楠：《中国红十字会救助2010年长江流域水灾述论》，郝如一、池子华主编：《〈红十字运动研究〉2011年卷》，安徽人民出版社2011年版，第72页。

② 《蓝天上的至爱——深圳航空公司乘务员空中募集善款支援江西灾区》，江西省红十字会网站，2010年7月1日。

③ 截止到7月1日中午12时，江西省红会已接收中国红十字会总会及社会各界救灾款物价值2584.4万元，而企业的捐赠至少在1000万元以上。

④ 傅亮：《中国红十字会救援2010年江西洪灾论略》，郝如一、池子华主编：《〈红十字运动研究〉2011年卷》，安徽人民出版社2011年版，第80—81页。

吃、穿、住、医等基本需要，确保受灾群众安全过冬。要切实加强灾区卫生防疫，确保大灾之后无大疫。”① 遵照这一指示，中国红十字会的主要工作是发放方便食品、饮用水、棉被、消杀和常用药品等受灾群众急需的物资，同时派出工作组实地考察灾情，部署救灾工作。在其后则以募捐为工作重心，积极接收社会各界的捐助，为灾区提供后续支援。

2. 筹资能力明显提高

灾害发生后，甘肃省领导要求省红十字会一定要做到接受款物公开透明，捐款专款专用，捐赠物资不积压、不停留，严格资金使用审批制度等。为此，甘肃省红会每日发布《省红十字会接收省内外抗击舟曲泥石流灾害捐赠款物情况》，向社会各界公开款物的接收和拨付细节。为了使接收到的物资尽快送到灾区，使灾区各族人民的生活暂时得到妥善有效的安置，甘肃省红会克服重重困难，做到了救灾物资不积压、不停留。这一系列举措极大地提高了红十字会的公信力和筹资能力②。

第三节　青海玉树震灾救援

2010 年 4 月 14 日 8 时 52 分，青海省玉树藏族自治州玉树县发生 7.1 级地震，同日 9 时 25 分再次发生 6.3 级地震。其后，玉树余震不断，截至 4 月 19 日 8 时，中国地震局台网共记录到玉树地震余震总数为 1206 次，其中 3.0 级以上余震 12 次③。玉树地震深深牵动着亿万中华儿女的心。地震发生后，党和政府高度重视，立即组织各项救援活动。以“保护人的生命和健康”为天职的中国红十字会迅速做出反应，展开了一场紧急大救援④。

一、玉树地震灾情

玉树位于青藏高原腹地、青海省南部，总面积为 26.7 万平方公里，总人口为 30.23 万人（2009 年），其中藏族占 97%。玉树以农业和畜牧业为主要

① 《温家宝在舟曲召开会议　强调抓好抢险救灾各项工作》，中国政府网，2010 年 8 月23 日。

② 郭进萍：《中国红十字会救援 2010 年舟曲泥石流灾害述略》，郝如一、池子华主编：《〈红十字运动研究〉2011 年卷》，安徽人民出版社 2011 年版，第 83—93 页。

③ 马旦珠：《青海玉树地震救灾工作的回顾与思考（一）》，《中国减灾》2011 年第 17 期，第 46 页。

④ 张智清：《2010 年中国红十字会救援玉树地震述论》，郝如一、池子华主编：《〈红十字运动研究〉2011 年卷》，安徽人民出版社 2011 年版，第 56—65 页。

经济部门，农牧业人口21.7万人，经济较为落后。地震发生时，当地民众大都还在睡梦中，人员伤亡较为严重。在强震的冲击下，居民房屋90%倒塌。玉树首府结古镇的土木、砖木结构房屋几乎全部倒塌或严重受损，砖混结构房屋80%以上倒塌或严重损坏，框架结构房屋约20%倒塌或严重损坏①。教育、卫生、电力、通讯、公路、水利等基础设施也受到严重破坏。玉树县固定电话通信中断，震区一些水库出现裂缝。截至4月25日17时，玉树地震已造成2220人遇难，失踪70人②。受灾面积估计达到2万多平方公里，重灾区面积估计达到4000多平方公里。

这场灾难不仅造成了重大的人员伤亡，而且造成的直接经济损失在8000亿以上③。另据林业系统不完全统计，截至4月24日，玉树地震共造成林业经济损失257545.15万元。其中林业资源经济损失122888.94万元，基础设施经济损失107428万元，三江源国家级自然保护区、隆宝国家级自然保护区各保护站点受到重创，玉树州林业局办公楼及林业职工住房全部垮塌或成为危房，结古镇所有的林业苗圃基地损毁④。

二、中国红十字会总会的紧急救援与整体部署

面对突如其来的灾难，党中央、国务院高度重视，及时有效地组织了多方面的救援。地震发生的当天，受党中央、国务院委派，国务院副总理、国务院抗震救灾总指挥部总指挥回良玉就抵达灾情严重的结古镇，仔细了解灾情情况，询问救援进展，强调要尽一切可能挽救生命⑤。

地震发生后，中国红十字会立即采取行动。当天上午，中国红十字会就紧急启动二级救灾响应预案；随着灾情的发展，下午又将响应等级提升至一级，并迅速展开救援。中国红十字会派出郝林娜副会长带队的救灾工作组奔赴灾区，开展救灾工作。15日早8点30分，救灾工作组抵达玉树⑥。15日下午，救灾工作组在玉树州抗震救灾指挥部对接工作时，遇到正在指挥抗震救灾工作的回良玉副总理。回良玉对中国红十字会副会长郝林娜竖起大拇指，说："中国红十字会第一时间的行动我都看到了，你们是最快的，你们是好样

① 《青海省：玉树7.1级地震监测和灾害损失调查报告》，中国政府网，2010年4月18日。

② 《截止25日下午17时玉树地震造成2220人遇难》，中国新闻网，2010年4月26日。

③ 《青海玉树地震损失预计达8000亿元》，南方网，2018年8月1日。

④ 《玉树地震林业经济损失超二十五亿元》，网易新闻，2018年8月1日。

⑤ 杨维汉：《回良玉深入玉树重灾区指挥救灾工作　部署十项措施》，中国政府网，2010年4月15日。

⑥ 贺晔：《家庭救援队携手上灾区》，《中国红十字报》2010年4月20日。

的，你们是政府最得力的助手！”[1]

玉树地震灾区地处高海拔、高寒地区，也是少数民族地区、贫困地区。无情的天灾使原本并不富裕的玉树更加雪上加霜，各种物资奇缺。针对这一情况，中国红十字会在第一时间紧急调拨10万元救灾金，以及总价值110万元人民币的500顶帐篷、1000床棉被和1000件棉衣运往灾区。4月15日，根据救灾工作组反馈的灾区需求，中国红十字会决定从宁夏红十字会备灾中心调拨第二批救灾物资，包括500顶棉帐篷、4000件棉衣、4000床棉被，共计价值131.74万元，同时追加40万元紧急备用金，用于地震灾区救援工作。截至4月17日晚上6时，总会调运的两批物资皆已到达灾区。至此，“中国红十字会已累计向玉树地震灾区调拨1000顶帐篷、5000床棉被、5000件棉衣”[2]。

中国红十字会不仅及时向灾区运送了大量救援物资，而且还迅速组织了救援队赶赴玉树灾区实施援助。14日晚8时，中国红十字会999紧急救援队从北京出发急赴玉树地震灾区。救援队由52名队员组成，主要来自北京市999急诊抢救中心及北京市红十字会。随队出发的还有8辆救护车、1辆物资运输车、1辆饮食供应车、1辆手术车和1辆通讯保障车。救援队在40多个小时后到达玉树地震灾区，并在一线展开救灾行动[3]。截至4月19日，中国红十字999救援队共救治、转运伤员216人，为伤员、救援人员提供饮食保障1000余人次[4]。

为了让青海玉树地震灾区人民能够喝上干净、清洁、放心的饮用水，中国红十字会应急供水救援队于4月18日从湖南长沙起程，经四川甘孜向玉树进发；抵达重灾区立刻抢修供水管网，并经安装调试后投入使用。该救援队在汶川地震救援期间，曾被誉为“可移动的自来水厂”。4月19日，中国红十字会大众卫生应急救援队从云南起程，并于4月21日到达玉树地震灾区开展工作[5]。

依据《红十字会法》关于“在自然灾害和突发事件中，对伤害人员和其他灾害者进行救助”和“红十字会为开展救助工作，可以进行募捐活动”的规定，总会于14日晚向全国32个省级红十字会发出紧急通知，要求各级红

① 贺晔：《回良玉连说三个“最”》，《中国红十字报》2010年4月16日。

② 《中国红十字会两批救灾物资到达灾区　总会为玉树灾区募款物逾3000万元》，《中国红十字报》2010年4月20日。

③ 贺晔：《中国红十字会紧急救助地震灾区　响应预案由二级升至一级》，《中国红十字报》2010年4月16日。

④ 宋岚：《为了玉树坚强挺立》，《中国红十字报》2010年5月8日。

⑤ 贺晔：《我们来了，我们工作》，《中国红十字报》2010年5月7日。

十字会立即行动起来，严格依照《红十字会法》《中国红十字会总会自然灾害等突发公共事件应急预案》《中国红十字会灾害救助规则》的要求，依法开展募捐，积极投入青海玉树地震灾害的紧急救助工作中，凝聚人道力量，帮助灾区群众渡过难关。

中国红十字会的救灾呼吁得到了社会各界的广泛支持与响应。截至 15 日下午 5 时，总会与中国红十字基金会共接收捐款 320 万元，已调拨 480 余万元款物到灾区[①]。截至 4 月 16 日下午 5 时，“中国红十字会总会共接收社会各界援助青海玉树地震灾区到账款物及意向函承诺捐款共 3150 万元人民币，目前已到账资金 738 万元”。在灾后的两天时间里，三星集团向中国红十字会承诺捐赠 1000 万元，是当时中国红十字会总会收到的最大额度企业捐赠承诺。台湾威盛集团董事长王雪红承诺通过中国红十字会向玉树地震灾区捐赠款物价值 1000 万元，是当时最大额度的个人捐赠承诺。此外，辉瑞制药有限公司承诺捐赠价值 500 万元的款物；通用汽车（中国）投资有限公司、强生（上海）医疗器材有限公司、西安杨森制药有限公司、东风雪铁龙公司各承诺捐赠 100 万元；中国红十字招商证券博爱基金承诺捐赠 50 万元。再有，爱普生（中国）有限公司、佳能（中国）有限公司、北京卡巴斯基科技有限公司、北京百汇数字星空网络技术有限公司各为玉树地震灾区捐赠 50 万元，并均已到账[②]。

4 月 20 日晚 8 时，中国红十字会与中宣部、民政部、国家广电总局等部门联合主办了“情系玉树 · 大爱无疆”抗震救灾大型募捐活动，引起了广泛的社会影响。在大型募捐活动直播的 3 个多小时里，中国红十字会的 65139999 热线同时开通 43 条线路，共接听 7434 个电话，而电话实际流量达到 15 万个。同样在募捐活动直播期间，中国红十字会门户网站流量剧增，通过中国红十字会网站捐款的数量达到 3000 笔，是日常网上捐赠的 6 至 7 倍。募捐活动全景式地展示了玉树抗震救灾斗争的感人历程，充分展现了“一方有难，八方支援”的中华民族传统美德。“这次募捐活动显示了中华民族的凝聚力。只要人民有爱心，国家就有力量”[③]。“截至 4 月 22 日 12 时，全国各级红十字会接收玉树地震捐赠款物总价值 8.87 亿元，其中接收资金 7.11 亿元，

---

① 贺晔：《中国红十字会紧急救助地震灾区　响应预案由二级升至一级》，《中国红十字报》2010 年 4 月 16 日。

② 《中国红十字会两批救灾物资到达灾区　总会为玉树灾区募款物逾 3000 万元》，《中国红十字报》2010 年 4 月 20 日。

③ 斌毅：《情系玉树　大爱无疆——抗震救灾大型募捐活动在京举行》，《当代电视》2010 年第 5 期，第 29 页。

接收物资价值1.76亿元；已援助玉树地震灾区款物总价值1.94亿元，其中援助资金0.29亿元，援助物资价值1.65亿元”①。

另据有关方面统计，截至5月31日12时，全国共接收青海玉树地震救灾捐赠款物71.29亿元（捐款64.4亿元，物资折款6.89亿元）。其中，民政部接收捐款21.88亿元（含地方民政部门汇缴）；中华慈善总会接收捐款14.23亿元（含地方慈善会汇缴）；青海省直接接收款物18.08亿元（含非灾区省、区、市财政援助资金3.53亿元，物资折款5.05亿元）；其他基金会接收款物2.26亿元（物资折款0.23亿元）；而中国红十字会总会接收款物14.84亿元（含地方红十字会汇缴，物资折款1.61亿元）②，中国红十字会募集款物总额占到全国捐赠款物总额的近五分之一。可见，红会在此次抗震救灾募捐中表现突出，值得赞扬。

为了加强对募集款物的管理，根据《民政部关于做好“4·14”地震抗震救灾捐赠工作的通知》要求，4月18日，总会向全国31个省级红十字会及新疆生产建设兵团红十字会，铁路、商业系统红十字会发出《关于加强青海玉树地震捐赠款物管理的通知》，19日又发出《关于加强青海玉树地震捐赠款物管理的补充通知》，明确要求各级红十字会要加强青海玉树地震捐赠款物的接收管理工作，具体做到：各级红十字会在接收捐款时，必须向捐赠人开具合法有效的捐赠专用收据，有明确捐赠意向的捐款要按捐赠人意愿定向使用；各级红十字会需及时向社会公告接收捐赠的收支情况，方便捐赠者了解捐赠款物的到账和使用情况；各级红十字会都应接受社会监督，配合政府部门做好专项审计工作；另外，除青海省红十字会外，地方各级红十字会接收的玉树地震捐款都需汇缴中国红十字会总会，由总会统一协调用于玉树抗震救灾和灾后重建工作③。

青海省玉树地震的消息传出后，在国际社会引起巨大反响。15日，国际联合会、红十字国际委员会分别致电中国红十字会，对地震灾区表示慰问。瑞士、土耳其、英国、德国、日本等国家红会也纷纷来电询问灾区情况，表达关注。15日下午，美国驻华大使馆向中国红十字会转交美国政府捐款10万美元，其中5万美元用于中国红十字会总会购买非医疗和非食品类物资（例如毛毯、衣物、帐篷、饮用水等）援助玉树地震灾区，另外5万美元将由中国红十字会总会转交青海红十字会，由青海红十字会向玉树地震灾区援助非

---

① 贺晔：《红十字会系统已募款物8.87亿元》，《中国红十字报》2010年4月23日。

② 宗红：《全国已接收玉树地震捐赠款物71.29亿元》，《中国红十字报》2010年6月8日。

③ 贺晔：《总会下发通知加强玉树地震募款管理》，《中国红十字报》2010年4月20日。

医疗和非食品类物资。两笔捐款都要求在90天内使用，郭长江代表中国红十字会接受捐赠①。

三、中国红基会和地方红会的震灾救援

在中国红十字会总会投入抗震救灾的同时，中国红十字基金会和地方各级红十字会也积极参与，发出募捐呼吁，开展各种援助工作。

玉树地震发生当天下午，中国红基会紧急拨付100万元，用于购买玉树震区灾民急需的帐篷、棉衣、棉被、食品等生活必需品，并慰问死难者家属，资助受伤人员和受灾家庭。4月15日上午，根据李宇春歌迷“玉米”们的建议，中国红基会决定从其歌迷捐款设立的“玉米爱心基金”中紧急拨款100万元，用于受灾学生救援及学校重建。至此，中国红基会向地震灾区已累计拨付救灾资金200万元，并将视灾情做出进一步反应。与此同时，中国红基会开通捐赠热线，发出募捐倡议书，紧急倡议社会各界和爱心人士向玉树灾区受灾同胞伸出援助之手，奉献爱心。

中国红基会发出的募捐倡议得到了社会各界的积极响应。15日上午，国务院国资委发出通知，要求为灾区捐款捐物的中央企业通过中国红十字基金会实施。下午，中国红基会即收到唐山惠达陶瓷（集团）股份有限公司捐款50万元、河北梅花味精集团有限公司捐款100万元。截至15日下午5时，中国红基会已累计接受捐款283万余元。此外，中国红基会博客基金志愿者团队“西部公益”于14日上午从兰州出发，途经西宁前往玉树震区②，救助灾民。

玉树地震发生后，青海省委、省政府召开抗震救灾紧急会议，就青海省红十字会全力以赴投入抗震救灾工作进行紧急安排和部署。会议要求，青海红会应及时准确了解灾区情况，向中国红十字会报告灾情；立即启动《青海省红十字会应对自然灾害和突发事件Ⅰ级预案》；向社会各界发出《关于开展我省玉树州玉树县“4·14”抗震救灾工作的紧急呼吁》，号召社会各界为地震灾区奉献爱心；开通10部捐献热线电话，实行24小时值班制；全体工作人员随时待命，做好上“一线”开展救灾的准备；成立劝募及物资接收组、秘书及宣传报道组、收款组、保障组、捐献热线接听组③。

地震发生后，从被震倒房屋中爬出的玉树州红会秘书长格扎，立即找了

---

① 贺晔：《国际社会密切关注青海玉树地震》，《中国红十字报》2010年4月16日。

② 刘玉海：《中国红基会接受捐款283万元》，《中国红十字报》2010年4月16日。

③ 李建强：《青海红会第一时间开展救灾》，《中国红十字报》2010年4月16日。

几个志愿者投入救人工作；海西州红十字会从州卫生监督所、州疾控中心抽调人员，成立了由14人组成的募捐工作领导小组；果洛州红十字会在街头悬挂横幅，在各媒体上宣传募捐事宜；民和县红十字会通过县福人地板公司邀请国家击剑队队员骆晓娟等参加为玉树灾区献爱心及佩剑拍卖活动。截至4月29日，青海红十字医院共收治灾区伤员215人，其中重症病人79人、危重症病人40人，完成手术48例①。

4月17日，青海省红十字会举行“玉树‘4·14’抗震救灾大型募捐”仪式。中国红十字会副会长郝林娜，青海省副省长、省红十字会会长马顺清等出席。这次募捐活动中，中央统战部捐款200万元，青海省委统战部省垣统战系统干部职工捐款27.58万元，农工党青海省委捐赠价值200万元的药品。

在省委机关举行的捐款仪式上，省领导带头捐款，现场共募集资金152445元。在“青海省经委、省国资委暨企业界抗震救灾捐款仪式”上，青海庆华矿冶煤化集团有限公司董事长霍庆华夫妇为玉树地震灾区捐款1000万元，公司副总经理丁平为灾区捐款50万元，集团公司为灾区捐款250万元。青海富康医药集团等为灾区捐赠急需药品。兴青工贸工程集团有限公司、青海省奥凯煤业发展集团有限责任公司、北京住总集团、佛山照明股份有限公司、合肥国轩高科动力能源有限公司等爱心企业也纷纷捐款捐物，表达对玉树灾民的关爱之情。

此外，4月16日上午，塔尔寺为地震灾区举行捐赠仪式，塔尔寺红十字会秘书长昂赞坚旦代表寺管会、寺红十字会通过省红十字会向玉树灾区捐赠善款50万元。之后，在青海省佛教协会会长赛赤活佛的带领下，全寺17名活佛、700余名僧侣、工作人员及部分佛教信徒自发捐款126513元。爱心无国界。正在青海省考察援建学校项目的日本永月会的上中善信、渡边英岳、木多隆法三位友人委托省外办工作人员捐款5万日元。“据不完全统计，截至目前（18日），青海省红十字会共收到社会各界捐款及意向捐款1.5亿余元，物资折合人民币5000余万元”②。

灾害发生后，山东省红十字会立即启动救灾应急预案，从省救灾资金中申请划拨50万元支援灾区。当天，紧急调拨价值20万元的2000床棉被运往灾区，第二天又迅速调拨价值33万元的棉衣被发往灾区。4月15日，山东省

① 《万分激情　火热爱心　无私奉献——大灾面前彰显青海红十字人的价值追求》，《中国红十字报》2010年5月14日。

② 李建强：《青海红会举行抗震救灾大型募捐活动　已接收意向款物约2亿元》，《中国红十字报》2010年4月20日。

红十字会、山东人民广播电台启动为灾区献爱心募捐宣传活动；同日，省红十字会联合山东邮政公司决定联合发行抗震救灾邮资明信片，进行义卖赈灾；联合济南市公共客运管理中心在济南市5800辆出租车电子屏幕上，滚动发布爱心呼吁。4月17日，山东省红十字会将价值22.365万元的救灾物资紧急发往玉树地震灾区。截至4月18日，山东省红十字会共接收捐款224.75937万元、物资价值312.4996万元①。

4月14日，河南省红十字会发出呼吁，号召全省各界群众踊跃向灾区捐款捐物，并第一时间公布了红十字会捐赠热线电话及接收捐赠方式，安排工作人员和志愿者24小时值班接受社会各界捐赠。截至18日，河南省红十字会已接受社会各界捐赠抗震救灾款物价值158.74万元②。郑州市红十字会迅速行动，向全市发出募捐呼吁。郑州宇通客车股份有限公司、郑州市工商联小商品商会、郑州市工商联钢贸商会、郑州市第六人民医院等首批爱心单位和爱心市民积极响应号召，捐款捐物。截至17日，郑州市红十字会累计接收社会各界捐赠款物合计499.81356万元③。

青海玉树地震发生后，4月15日，江苏省红十字会紧急调拨10万元救灾金和200顶帐篷，发往玉树地震灾区，支援当地抗震救灾④。4月21日上午，江苏省红十字会备灾救灾中心又组织工作人员冒着瓢泼大雨将价值88万多元的药品、帐篷、棉被、食品等第二批救灾物资紧急发往了灾区⑤。此外，江苏省红十字会还在第一时间通过江苏电视台、江苏新闻广播等媒体和江苏红十字会网站发出了《关于动员社会各界向青海玉树地震灾区奉献爱心的紧急呼吁》，动员各界奉献爱心，伸出援手支援受灾同胞。在省红十字会的号召下，江苏各界纷纷行动起来，积极捐款捐物。苏州市红会表现尤为突出，截至15日下午4时，已接收捐款50.22万元⑥。截至4月28日下午4时，苏州市红十字会接收到来自社会各界为玉树地震灾区捐赠的款物总价值1140万元人民币，其中接受资金1079万元，接受物资价值61万元；已援助灾区款物价值212万元，其中援助资金140万元，援助物资价值72万元⑦。

截至4月16日，四川省红十字会已派出三支应急医疗救援队展开救援。

① 宗讯：《心系玉树共渡难关》，《中国红十字报》2010年4月20日。

② 宗讯：《心系玉树共渡难关》，《中国红十字报》2010年4月20日。

③ 《玉树震灾捐款掀起热潮》，《中国红十字报》2010年4月20日。

④ 宗讯：《心系玉树共渡难关》，《中国红十字报》2010年4月20日。

⑤ 《第二批救灾物资从备灾中心发出》，江苏省红十字会网，2010年4月21日。

⑥ 宗勋：《地震无情　红会有爱　第一时间　驰援玉树》，《中国红十字报》2010年4月16日。

⑦ 《苏州市红十字会系统为青海玉树地震募捐款物超过1000万元》，江苏省红十字会网，2010年4月29日。

省红十字会机关已接收社会捐赠资金达170余万元，全省红十字会系统为玉树地震灾区募捐400余万元[①]。4月14日下午，在地震发生的当天，雅安市红十字会迅速展开地震救援行动，第一时间组织川农“爱心站”红十字志愿者调运救灾物资。当晚，245顶救灾帐篷装车发往青海玉树地震灾区，190顶救灾帐篷发往甘孜石渠县。此次，市红十字会共调运救灾物资价值约71万元[②]。雅安市红十字会还发起了“情系旱区，抗震救灾”的募捐活动，组织红十字志愿者前往彩虹桥劝募。此次街头募捐共收到爱心善款人民币2167.3元。截至20日，全市红十字会为灾区爱心捐款共计48.739万元[③]。

玉树地震发生后，福建省红十字会紧急拨给青海省红十字会50万元救灾款，援助当地开展抗震救灾工作。省委办公厅带头到省红十字会捐款6万元；兴业全球基金管理有限公司为灾区捐款10万元；龙岩海德馨汽车有限公司为灾区捐款1万元[④]。厦门市红十字会接收市台商协会捐赠救灾毛毯、睡袋1000个，并于15日上午空运至灾区；接收社会捐款5.425万元[⑤]。“截至5月13日，全省各级红十字会系统累计接受社会捐赠款物9736.35万元，其中捐款9449.55万元，物资价值286.8万元。目前，已向中国红十字会总会转汇2500万元，向青海省红十字会拨付款物570多万元”[⑥]。

灾情发生后，香港特别行政区红十字会立即与中国红十字会总会联系，承诺将捐赠价值20万元港币物资，用于救助青海玉树地震灾区。澳门特别行政区红十字会从赈灾基金中拨出30万澳元支援救灾工作，并向民众发出紧急救灾募捐呼吁，到16日已收到来自民众与社会团体的捐款达75万澳元。台湾红十字组织向中国红十字会发来慰问电，表示愿为地震灾区提供人道援助，并承诺捐赠10万美元用于灾区购买救援用车[⑦]。4月18日上午，台湾红十字组织医疗团携带1000公斤药品及部分医疗器械，经香港、北京转机赴青海西宁协助救治伤员。中国红十字会总会派员在西宁迎候医疗团，并将积极协助该团在青海开展医疗救护工作[⑧]。

此外，安徽、江西、湖北、贵州、福建、广东、广西等地红十字会也积极行动，投入抗震救灾的人道救援之中。灾害无情，红十字有爱，广大受灾

---

① 宗讯：《心系玉树共渡难关》，《中国红十字报》2010年4月20日。

② 宗勋：《地震无情　红会有爱　第一时间　驰援玉树》，《中国红十字报》2010年4月16日。

③ 《玉树震灾捐款掀起热潮》，《中国红十字报》2010年4月20日。

④ 宗讯：《心系玉树共渡难关》，《中国红十字报》2010年4月20日。

⑤ 宗勋：《地震无情　红会有爱　第一时间　驰援玉树》，《中国红十字报》2010年4月16日。

⑥ 《携手人道　情系玉树——闽青同心抗震救灾》，《中国红十字报》2010年5月25日。

⑦ 贺晔：《港澳台援助灾区》，《中国红十字报》2010年4月16日。

⑧ 宗洪：《台湾红十字组织医疗团赴青海救援》，《中国红十字报》2010年4月20日。

群众在无情的灾害面前感受到了红十字的温暖与关怀。

四、八方爱心汇聚玉树

雪山颔首，江河低泣。青藏高原上的一场劫难，带给玉树人民深重的痛苦。

> 登高一呼，山鸣谷应，十亿神州，八方驰援。
> 地无分南北东西，人无分少壮苍颜，
> 同声相应，同气相求，辅车相依，共赴国难。
> 人饥若己饥，人溺若己溺，济袍泽不惜倾囊，拯羸弱何惧艰险。
> 高岸为谷，深谷为陵，江山不可复识；
> 永不抛弃，永不放弃，生死不离家园。
> 壮举震古烁今，大义动地感天。
> 最喜废墟书声琅，光照华夏青史五千年①。

这是对玉树震灾救援的真实写照。在这样一个见证中国力量、书写中国精神的伟大进程中，红十字的光芒耀眼夺目。

在中国红十字会的组织与号召下，各地的慰问演出团体纷纷组织义演。在江城武汉，两场感人肺腑的演出共筹得善款 58 万元②。在四川成都，唐古拉风艺术团“心系玉树灾区爱心募捐义演”在唐古拉风演艺中心拉开帷幕。短短的 1 个小时演出，共筹得捐款 62.387 万元。这些筹得的善款，在募捐活动结束的第一时间，直接存封交至四川省红十字会，由红十字会统一清点，全部送往了玉树灾区③。在安徽合肥，“博爱江淮　情系玉树”大型赈灾演出现场，数千名市民慷慨解囊，奉献爱心，共募集善款 24553 元，衣物 500 余件④。6 月 1 日，中国红十字基金会、百度网、青海省红十字会、玉树州红十字会联合举办“迎六一——网聚爱心·点燃梦想”的关爱玉树地震灾区孤残儿童活动，向玉树州孤儿院、慈行喜愿会、酥油灯儿童之家幼儿园的 400 余

---

① 李东东等：《任何困难都难不倒英雄的中国人民——玉树抗震救灾启示录》，《人民日报》2010 年 4 月 27 日。

② 韩立山、谷珊珊：《情系玉树　本报两场赈灾义演感动江城》，《长江商报》（武汉）2010 年 4 月 18 日。

③ 李京枝、万忆：《唐古拉风艺术团心系玉树　爱心义演募得现金 62.387 万元》，四川新闻网，2010 年 4 月 21 日。

④ 《“博爱江淮　情系玉树”义演赈灾活动在和平广场举行》，《合肥日报》2010 年 4 月 26 日。

名儿童发放了价值约20万元的博爱书包套装和博爱温暖套装①。

中国红十字世博爱基金得到玉树遭灾的消息后，第一时间协调各企业向灾区紧急捐赠。贝因美集团率先向玉树灾区捐赠价值500万元的初生婴儿优质配方奶粉。中国红十字世博爱基金秘书长表示，世博爱基金还将联合首都多家媒体共同发起“红十字世博爱基金·青海地震救援行动”，呼吁社会各界驰援地震灾区②。

在红十字的旗帜下，全国的红十字人迅速行动起来，呼吁募捐，支援灾区。从繁华的大都市到偏远的小村庄，一股股爱心涌动成潮，汇聚青海。大爱无疆！广大红十字工作者和志愿者以及爱心人士秉承人道主义信念，从四面八方走来，爱心在玉树集结。他们有的奉献金钱，有的奉献精力，有的甚至牺牲了生命……他们用双手为地震灾区撑起了一片爱的天空。

1. 低保户的10元钱

4月16日中午，宁波市红十字会还未上班，待业在家享受低保的市民张国恩走进办公室，“我路过这里，身边只带了20元钱，能捐吗？”“可以，可以。”但是，当工作人员得知他是低保户，生活很困难时善意地劝阻他，最后老张还是捐了10元钱。临走时他说：“有钱了，我再来捐。”这可能是当天宁波红十字会接收的最少的一笔捐款，但工作人员却久久沉浸在感动之中。

不仅在宁波，数千公里之外的内蒙古扎兰屯市红十字会同样爱心涌动，党团员来了、下岗职工来了、个体户来了、低保户来了、残疾人也来了……上至八旬的老人，下至3岁的学龄前儿童。对“玉树地震”的共同牵挂，把大家的心紧紧连在一起。“他们还在废墟下埋着呢！我一宿都没合眼”。向阳街道办事处金星社区6组居民、89岁的李桂芝放下20元钱，擦着眼泪走了。残疾人也纷纷慷慨解囊，“在我们最困难的时候，是党和政府还有红十字会、残联、居委会帮了我们，我们的社会本来就应该是一人有难，大家相帮”③。

2. 他们都是“微尘”

17日上午，一位80多岁的老先生来到青岛市红十字会捐款200元，“我年纪大了，不能去现场营救，过来尽点微薄之力”。快到中午时，60多岁的潘女士捐赠了500元，她是位聋哑人，通过手势交流得知，这些钱是她平时从生活费中省出来的。当天来捐款的市民络绎不绝。其中一位50多岁的男子一下捐出3万元现金，工作人员给他开收据时，这名男子摆了摆手说：“算

---

① 《中国红基会博客基金在玉树向孤儿赠送儿童节礼物》，中国红十字基金会官方博客，2010年6月3日。

② 李建强：《世博爱基金捐赠500万元物资》，《中国红十字报》2010年4月20日。

③ 《低保户的10元钱》，《中国红十字报》2010年4月20日。

了，不用写名字，要写的话写‘微尘’就行了。”

一名30岁左右的女士来到市红十字会，掏出一张20万元的支票和2000元现金，“这20万元是我们公司捐的，2000元是我们公司10名员工个人捐的”。这名女士说，她是公司的工作人员，领导要求不留姓名。办理完捐赠，她就匆匆离开。

类似的事情也出现在河北唐山。家住唐山市丰润区城关镇的70多岁老大爷郑友荃早晨7点就出发赶往唐山市红十字会，捐款1000元，写下“献爱心”三个字后匆匆离去①。

3. “5·12”灾区：回馈大家的爱

经历过“5·12”大地震的绵阳人民一直牵挂着玉树灾区的灾情。自15日发起募捐倡议以来，绵阳市红十字会组织的募捐活动得到了社会各界的积极响应，无论是机关干部还是厂矿工人都积极行动起来，纷纷向灾区伸出援助之手。截至16日下午5时，绵阳市红十字会共计接收善款30余万元。

近两天的募捐活动热火朝天，一幕幕感人的画面历历在目。在百盛现场募捐点，绵阳市红十字会工作人员刚到现场，早已守候多时的吴文君就拿出200元现金放入了红十字募捐箱，并与红十字工作人员一起搬桌子搭帐篷发传单，当起了志愿者。她说：“‘5·12’地震时全国人民都在帮我们，现在能为玉树同胞尽自己的绵薄之力，十分高兴。”

上午9点，一位老大爷来到市红十字会向玉树地震灾区捐赠了2000元现金。大爷不愿留下姓名，只是反复说，都是自己的骨肉同胞，应该的②。

4. “磨刀老人”的心愿

15日一大早，饮誉通城的博爱奉献典型、被人们亲切地称为“磨刀老人”的83岁吴锦泉大爷，送来1000元捐款，这也是南通市红十字会收到的第一笔赈灾捐款。老人从沉甸甸、皱巴巴的布袋子里倒出一堆硬币，从口袋里掏出一把毛票，令在场所有工作人员肃然起敬。老人以磨刀为生，磨一把刀才1元钱，这是八旬老人将近3个月的磨刀收入。老人说：“本来我这个钱是捐给西南旱灾地区的，但是14日晚上在广播中听说玉树发生7.1级地震，地震比旱灾残忍，已有400多人丧生，其中有很多孩子，还有很多人被埋在废墟里面，我一夜没睡着，我就这么多，先捐给地震灾区吧！”③

5. 三代相承将爱心串成串

70多岁的卢飞飞老人从电视里看到玉树灾情后，心里一直很难受。16日

---

① 《他们都是“微尘”》，《中国红十字报》2010年4月20日。

② 《“5·12”灾区：回馈大家的爱》，《中国红十字报》2010年4月20日。

③ 《“磨刀老人”的心愿》，《中国红十字报》2010年4月20日。

一早就从江北乘车赶到宁波红十字会，为灾区捐了300元钱。老人说："钱不多，只想为多灾多难的灾区出一份力。"她还没离开，又结伴走进两位老人。她们是张夏玉、陈宗其，已经是红十字会的老熟人了，曾多次参与爱心捐款。她们分别为玉树灾区捐了1000元，临走还说："我们会把爱心捐款坚持下去，尽自己所能帮助需要帮助的人。"

她们刚走不久，走廊里传来了稚嫩的童声，原来被抱在外婆怀里的两岁女孩顾紫莘来捐款了。外婆是红十字会的常客，"5·12"抗震救灾曾留下过她的身影。同行的孩子妈妈从包里掏出崭新1000元现金说："这是孩子的压岁钱。虽然她不是很懂事，但还是让她一起来接受这潜移默化的熏陶，从小学会关心人、爱护人。"跟外婆一起来的陈静小姑娘也捐了100元零花钱给灾区小朋友。外婆—妈妈—孩子三代人的爱心串联在一起[①]。

6. 家庭救援队

在救灾的队伍中，一群身佩"红十字"标志牌、正忙碌不休的人引起了人们的注意，这群人打出的横幅是"马宝祥救援队"。马宝祥来自青海省湟中县大才乡前沟村，回族，是一个普通又平凡的西北汉子。14日，当他得知玉树发生地震后，马师傅做出了一个不平凡的决定：带着自己的儿子、女婿，开着自家的两辆装满食品、帐篷、铁锹、铁铲等物资的越野车，奔赴灾区。

马师傅去灾区时带了价值1万元的物资和一些现金，在玉树灾区的一个回民安置点分发给了灾民。他还带了一个装现金的保险箱，却把保险箱的钥匙落在了家里。到灾区后，他急忙联系了一名即将赶赴灾区的老乡，让他把钥匙捎过来。拿到钥匙后，马师傅高兴地说："我能拿出更多的钱帮助灾民了"[②]。

7. 爱心没有界限

4月17日，玉树地震后第4天，虽值周末，但在中国红十字会总会接受社会各界向玉树地震灾区捐款现场，捐款人仍然络绎不绝。下午3时许，一名北京大学的工作人员来到捐款现场，带来一份国际友人的爱心祝福。

近期，北京大学受国家商务部委托，举办了一个发展中国家可持续发展研修班和一个阿拉伯国家公共行政管理研修班，学员们是摩洛哥、也门、苏丹、缅甸、孟加拉国等亚非发展中国家的政府官员，当他们通过报纸、电视等媒体得知青海玉树发生地震的消息后，非常关注灾区人民。摩洛哥学员穆罕默德用阿拉伯文书写了一封为玉树地震灾区捐款的倡议书，在学员中传阅，

① 《三代相承将爱心串成串》，《中国红十字报》2010年4月20日。

② 贺晔：《家庭救援队携手上灾区》，《中国红十字报》2010年4月20日。

为灾区募捐。“这些学员对中国非常有感情，不少学员还写下了对地震灾区人民的祝福，让我一起带过来。”这位工作人员说：“大家捐的钱虽然不多，加起来只有一千多，但这代表了来自不同国家、说着不同语言、有不同宗教信仰的学员们诚挚的爱心。”①

五、玉树震灾救援思考

玉树救援创造了“玉树速度”和“玉树奇迹”，再次彰显了社会主义中国的国家力量②。玉树地震发生后，参与抗震救灾的各族军民，大爱同心、坚忍不拔、挑战极限、感恩奋进，用钢铁意志和血肉之躯创造出了伟大的玉树抗震救灾精神。玉树抗震救灾精神是“万众一心、众志成城，不畏艰险、百折不挠，以人为本、尊重科学”伟大抗震救灾精神的延续，是以爱国主义为核心的民族精神的升华，具有丰富的思想内涵③。应该说，中国红十字会是凝聚玉树抗震救灾精神的重要力量，红十字的“人道、博爱、奉献”精神是抗震救灾精神的有机组成部分。玉树救援中，中国红十字会以灾情为命令，视时间如生命，按照《红十字会法》赋予的职责，充分发扬人道主义精神，汇聚人道力量，全力实施救援行动。广大红十字会干部、会员和红十字志愿者迅速行动、扎实工作，不畏艰难、连续作战，积极投入抗震救灾工作中。红会此次救援除了彰显患难与共、众志成城的抗震救灾精神外，也获得了自身的成长和提升，体现出鲜明的个性特征。

（一）反应及时，应对灵活

玉树救援，中国红十字会的应急灵活度大大提高，对灾情的把握及时而准确，并且能适时对救援行动做出调整。地震发生后，中国红十字会在当天上午紧急启动二级救灾响应预案，并根据灾情发展于下午将响应等级提升至一级，迅速展开救援行动，第一时间做出反应，第一时间发动募捐，第一时间拨付捐款，第一时间向灾区调运救灾物资。而且，中国红十字会根据灾情以及灾区需求进行科学调拨，使资源得到优化合理配置，从而更加有效地推进灾区救援④。

---

① 贺晔：《爱心没有界限》，《中国红十字报》2010 年 4 月 20 日。

② 李传柱：《玉树抗震救灾再次彰显中国国家力量》，《中共石家庄市委党校学报》2011 年第 6 期，第 24 页。

③ 张生寅：《玉树抗震救灾精神的思想内涵、特征及意义》，《青海社会科学》2010 年第 4 期，第 86 页。

④ 张智清：《2010 年中国红十字会救援玉树地震述论》，郝如一、池子华主编：《〈红十字运动研究〉2011 年卷》，安徽人民出版社 2011 年版，第 56—65 页。

面对突如其来的地震灾情，青海省红十字会反应敏捷、行动迅速、决策果断、部署具体、分工明确。14 日上午，按照青海省委、省政府抗震救灾紧急会议的具体部署，青海红会召开党组扩大会、执委会和全体人员大会，就抗震救灾工作进行了安排，并第一时间成立救灾领导小组，下设 9 个小组；第一时间准确了解灾情，一面向中国红十字会总会报告，一面启动应急预案；第一时间向全省发出紧急呼吁；第一时间开通热线电话，实行 24 小时值班制；第一时间派出工作人员赶往玉树灾区协助当地红十字会做好察看灾情等工作①。

（二）筹资能力提升，筹资管理规范

由中国红十字会等单位主办、中央电视台承办的“情系玉树　大爱无疆”抗震救灾大型募捐活动中，300 多位影视、文艺、体育界的明星、名家参与，央视 50 位主持人现场接听捐款热线。在 3 个半小时的节目中，最终募集善款 21.75 亿元，约合每秒钟筹集善款 16 万元，总数超过央视汶川地震赈灾晚会 15.14 亿元的数额②。对于红会而言，在大型募捐活动中又向前迈出了重要一步。

为了提高工作透明度，红会在汶川地震发生后两年中总结的许多经验，运用到这次玉树地震募捐工作中。首先是票据问题。红会吸取教训，通过网络、公告等方式提前告诉捐赠人一定要登记真实姓名、详细地址和邮编，方便寄送收据。其次是信息反馈问题。红会特别设立了大额捐款“绿色通道”，凡是捐款超过 50 万元的企业和个人，红会派专人负责联系，了解捐赠意向，做好信息反馈工作，提高工作透明度③。

除了总会工作日益规范外，为确保募捐工作“公开透明、程序规范”，天津市红十字会提出“阳光赈灾”的要求，要求各级红十字会在募捐工作中严格款物管理、严肃募捐纪律，让爱心账明明白白，让捐赠者放心。从 4 月 16 日起，天津市红十字会网站上对捐赠者的捐款情况进行公示，将接收的捐赠款物使用情况向社会反馈。天津市红十字会还按照“表彰办法”的规定，依据捐赠额度，向捐赠者颁发博爱奖杯、博爱奖章、捐赠证书及感谢状④。

---

① 《万分激情　火热爱心　无私奉献——大灾面前彰显青海红十字人的价值追求》，《中国红十字报》2010 年 5 月 14 日。

② 斌毅：《情系玉树　大爱无疆——抗震救灾大型募捐活动在京举行》，《当代电视》2010 年第 5 期，第 29 页。

③ 贺晔：《公开透明是红会生命力的源泉》，《中国红十字报》2010 年 4 月 27 日。

④ 津红：《天津红会接收玉树捐赠款物 4721 万元》，《中国红十字报》2010 年 6 月 8 日。

（三）中国红十字会更加注重心理救援

玉树是青海省的一个藏族自治州，为藏民聚居地，宗教文化习俗比较特殊，经济又比较落后，这些都给救援行动带来了一定的困难。除了物质上的帮助外，精神关怀也倍显重要。在玉树救援中，灾后心理救援是中国红十字会救灾工作的重要内容之一。玉树心理救援主要针对学生、家长及救援人员开展心理援助工作，并对当地心理专业工作者、教师进行培训，帮助玉树进行心理救援能力建设①。

灾害发生后，总会领导身体力行，深入到灾区前线，慰问灾民。4 月 14 日，郝林娜副会长赶赴西宁。15 日早，搭乘第一班飞机赶往玉树州结古镇灾区一线现场察看灾情，发放救灾物资，慰问受灾群众，看望慰问玉树州红十字会工作人员，并前往结古镇清真大寺慰问受灾穆斯林群众。4 月 25 日，常务副会长王伟抵达玉树灾区，看望慰问了受灾群众和救援人员，实地察看灾情，了解各级红十字会抗震救灾、物资发放情况②。红十字会工作人员也充分发挥红十字志愿者以及紧急救援队的作用，紧密配合政府在受灾区开展义诊、咨询、精神抚慰等服务活动，为灾区人民送去了精神食粮，帮他们攻克了心理阴霾，使他们能够顺利走出灾难的阴影。

7 月 30 日，在经过近 16 个小时的长途奔波后，中国红十字会总会玉树灾后心理救援与慰问队到达灾区，并于次日到结古镇代毛路村、玉树县第三完全小学看望老人和孩子们，给他们发放了慰问品，带去了中国红十字会和爱心人士的关爱和祝福③。

多难兴邦，玉汝于成。玉树抗震救灾是对国民精神的又一次洗礼，也是对社会组织的又一次检阅和历练，更是对民间慈善救助力量的又一次激发。作为慈善救助的中坚力量，中国红十字会在灾难救援的考验中成长成熟和不断壮大④。来时是风雨，走后是彩虹。在大地的嘶吼中，红十字人又一次驻足凝望玉树地震带来的人道挑战，带着悲伤，带着感动，更带着力量，将人道的温暖洒向在灾害中煎熬的人民，用爱心呼唤风雨后的美丽彩虹⑤。

---

① 宗讯：《中国红十字会接收两笔玉树地震捐款》，《中国红十字报》6 月 11 日。

② 《亲切关怀　积极援助　博爱暖流》，《中国红十字报》2010 年 5 月 14 日。

③ 《我会灾后心理救援队赴玉树看望老人和孩子》，中国红十字会网站，2010 年 8 月 2 日。

④ 郭小刚：《组织有力　行动有序　重建有法——全国社会组织参与玉树抗震救灾行动综述》，《社团管理研究》2010 年第 5 期，第 53 页。

⑤ 《携手人道　情系玉树——闽青同心抗震救灾》，《中国红十字报》2010 年 5 月 25 日。

第四节　彰显大国责任：中国红十字会的海地震灾救援

当地时间2010年1月12日16时53分（北京时间13日5时53分），中美洲小国海地首都太子港西南约16公里处发生里氏7.3级地震。这场海地200多年来最强震几乎将太子港夷为平地，包括海地总统府、联合国驻海地维和部队总部在内的大量建筑物皆坍塌，太子港电力交通、通信等设施中断。地震发生后，国际社会纷纷伸出援手，表示将向海地提供人道主义援助。中国政府对此深表关切和同情，中国红十字会也紧急展开了一场跨越大洋的救援。

一、海地地震的巨大伤亡

海地共和国位于加勒比海北部、伊斯帕尼奥拉岛西部。东与多米尼加共和国相邻，北濒大西洋，西与古巴和牙买加隔海相望。该国所在的地区处于环太平洋地震带上。海地面积约2.78万平方公里，人口900万，主要是黑人。官方语言为法语和克里奥尔语，90%居民通用克里奥尔语。首都太子港，人口约200万。1804年1月1日海地正式独立，是拉美和加勒比海地区第一个宣布独立的国家。

自独立以来，海地内乱不断。2004年，海地时任总统让·贝特朗·阿里斯蒂德流亡海外后，联合国开始向当地派驻稳定特派团。到2010年，驻海地维和部队约9000人。海地是世界上最贫穷的国家之一，75%的人口生活在赤贫状态下，全国只有20%的居民能用上自来水，文盲率高达80%，而且枪支泛滥，枪击、绑架事件层出不穷，治安极差。海地充斥着洪水及饥饿灾难，还有习以为常的绑架、强奸及虐童。一直以来，海地就是飓风、森林滥采滥伐、贫穷、毒品走私、暴力、专政、巫术及奴隶制度的代名词①。

事实上，海地近年来屡屡遭受自然灾害的重创。美国佛罗里达大学“降低灾难风险”项目组主任理查德·奥尔森教授说：“如果列举西半球最多灾多难的国家，那一定是海地。”② 2010年初发生的这场里氏7.3级强震，让“灾难之国”海地雪上加霜。据海地政府的初步统计，地震造成了222650人死

① 《海地：最穷和最危险的代名词》，《中国红十字报》2010年1月19日。

② 转引自《为何灾情如此惨重》，《中国红十字报》2010年1月19日。

亡，“相当于其总人口的2%”，310930人受伤[①]。其中海地政府工作人员中的33%遇难，联合国的102名工作人员遇难，8名中国维和人员遇难。共有403176栋建筑物遭到破坏，其中80609栋被彻底毁坏无法修复，104572栋遭到严重破坏需要修复后才能使用，217995栋轻微破坏可以继续居住；另有3万栋商务建筑和大量基础设施遭到不同程度的破坏，导致130万人住在临时搭建的帐篷内，50万人离开受灾地区涌入农村。首都太子港的杜桑·卢维图尔国际机场的控制塔遭到严重破坏，海地主要的港口坍塌，无法运营，严重影响了震后应急救援工作的开展。许多公路由于路面断裂或瓦砾堆积导致交通中断。地震破坏了海地唯一的一条海底通讯电缆，致使通讯中断。教育设施损失严重，4992所学校被毁坏，超过100万的学生和5万的教师受灾，地震夺去了3.8万名学生、1500名教师和教职人员的生命。海地卫生医疗系统受损也非常严重[②]。

“这场地震将给海地经济带来毁灭性影响”，海地政府3月16日在多米尼加首都圣多明各公布的一份地震损失评估报告显示，地震造成的经济损失约为77.5亿美元，其中基础设施损失约为5.2亿美元。报告还说，海地政府估计恢复重建至少需要115亿美元[③]。这对本身脆弱的海地经济来说无疑又是致命一击。鉴于地震后混乱的社会治安状况，海地政府17日宣布全国进入紧急状态。

海地地震让曾经遭受过同样灾难的中国人民感同身受。中国政府反应迅速，调配物资，动员医疗等各种救援力量远赴海地，积极参与援助[④]。2010年1月13日，胡锦涛主席和温家宝总理指示有关部门立即做好援助海地的准备。1月15日，中国政府宣布向海地紧急提供价值3000万元人民币的人道主义救灾援助。16日中午，首批约90吨救灾物资启运，包括20余万份药品、1000顶帐篷、240套便携式应急灯、2套水净化设备、1250公斤食品和饮用水、4080件单衣等当地急需物品[⑤]。同时，中国国际救援队也紧急出动，在地震发生20小时后即赶到灾区，投入救援行动中。

---

① 根据地震后一周年的统计数据，“大地震共造成31.6万人死亡，35万人受伤，150多万人无家可归”。见陈瑶、党琦：《海地地震周年祭确认31.6万人亡》，《新华每日电讯》2011年1月14日。

② 陈虹、王志秋、李成日：《海地地震灾害及其经验教训》，《国际地震动态》2011年第9期，第36页。

③ 《海地地震夺命22.26万人　经济损失为77.5亿美元》，搜狐网，2010年3月28日。

④ 本刊编辑部：《海地救援：中国在行动》，《党史文苑》2010年第3期，第1页。

⑤ 《驰援海地：全球救灾总动员》，《中国红十字报》2010年1月19日。

二、中国红十字会的救援行动

海地地震在国际社会引起广泛震动，全球即刻发起救灾总动员。红十字迅速伸出援手，国际联合会、红十字国际委员会及20多个国家红十字会赶赴灾区，开展紧急救援、卫生医疗等工作。中国红十字会也加入了这一行列。

2010年1月12日，中国红十字会会长华建敏向海地红十字会发出慰问电，表示将尽全力给予支持和帮助。1月13日，中国红十字会总会决定向海地提供100万美元的人道主义紧急援款。同时积极动员，呼吁社会各界踊跃捐款，并公布了银行捐款、网上捐款、邮局捐款、短信捐款等捐赠方式①。“我们每天都会接到大量咨询电话，有询问捐款事宜的，有希望到海地从事志愿工作的，还有表示愿意认养地震孤儿的。”中国红十字会总会联络部王小华部长告诉记者②。为了做好捐款接收和相关咨询工作，中国红十字会延长了工作时间，夜间、节假日都安排了值班人员。1月21日，为响应国际联合会为海地地震发出的紧急募捐呼吁，中国红十字会向国际联合会捐款50万美元，用于海地地震灾区的救援及灾后建设工作③。

在中国红十字会的呼吁之下，民众纷纷解囊捐款，表达爱心。截至1月22日，共收到来自社会各界捐款500万元人民币，其中阿里巴巴集团捐款200万元，温州市赐方安全印务有限公司捐款100万元，北京新东方教育科技集团捐款100万元，沃尔玛（中国）投资有限公司捐款20万元，最大个人捐款为5万元人民币④。截至1月27日16时，中国红十字会总会已收到各界为救助海地地震灾区捐款1108.84万元，其中单位捐款781万余元、个人捐款227.7万余元、其他捐款39.5万余元，各地红会收转总会261.6万余元。海地驻中国贸易发展办事处代表沃尔纳致电中国红十字会总会，对总会在官方网站上公布信息、接收为海地地震灾民捐款深表感谢⑤。截至1月29日16时，中国红十字会总会已收到各界捐款1583.1万元，其中单位捐款1291万多元，个人捐款291.8万多元，其他捐款184.89万多元，各地红会收转总会291万元⑥。

---

① 《中国红十字会为救助海地地震灾区接收社会捐赠》，《中国红十字报》2010年1月15日。

② 《担当起国际人道主义使命》，《杭州日报》2010年1月24日。

③ 宗洪：《中国红十字会响应国际联合会紧急呼吁　捐款50万美元援助海地》，《中国红十字报》2010年1月26日。

④ 宗洪：《总会接收海地地震捐款500万元》，《中国红十字报》2010年1月22日。

⑤ 宗洪：《总会收到各界援助海地捐款逾1100万元》，《中国红十字报》2010年1月29日。

⑥ 宗洪：《1580余万元善款助海地时间》，《中国红十字报》2010年2月5日。

与此同时，各地红十字会也积极行动，为海地地震募捐。1 月 14 日晚，四川省成都市红十字会启动对海地的募捐工作，通过媒体向市民公布市红十字会捐款账号及相关信息，同时通过网站 OA 信息发布系统向 20 个区（市）县红十字会发布了接受现金捐款的紧急通知，当晚接受首笔 500 元的爱心捐款。截至 17 日下午，成都市红十字会收到的现金捐款就达 3 万余元。1 月 16 日，四川省德阳绵竹市红十字会在绵竹中心广场搭建了为海地地震募捐点。在募捐现场，市民们踊跃捐款："作为地震极重灾区的百姓，我们深知地震的伤痛。'5・12'大地震，世界和全国人民无私援助，我们不会忘记，绵竹人民要用实际行动感恩。"绵竹市红十字会的募捐活动持续一周，募得的全部款项通过红十字会系统转送海地①。

香港红十字会于 1 月 15 日宣布拨款 20 万港元，支援海地地震灾区。捐款将用于支援国际红十字会为地震生还者提供医疗服务、协助处理及确定死难者身份，还将被用来协助灾民寻找因地震而失散的亲人，以及其他赈灾服务。香港红十字会同时呼吁港人慷慨解囊，支持海地地震的救灾工作②。26 日，澳门红十字会表示，澳门市民与机构积极捐款协助海地地震灾区救灾工作，截至 27 日，收到的捐款已超过 230 万澳门元③。

为了支持海地灾区抗震救灾和灾后重建，江苏省红十字会呼吁社会各界奉献爱心，各级红会纷纷响应。截至 2 月 10 日下午，苏州市红十字会已接受海地地震救灾款达 7 万余元。这笔款项汇交上级红十字会后发往海地灾区，用于灾后重建④。其他各省市红十字会也纷纷接受社会捐赠，给彼岸的灾民送一份温暖。

三、红十字旗帜下的跨国情谊

2008 年的汶川大地震让中国人民深知地震灾难的残酷无情，海地地震的消息立刻牵动了 13 亿中国民众的心。在人类无法抗拒的自然灾难面前，中国政府和人民毫不犹豫地向海地灾民伸出了援助之手⑤。在各地红十字会的组织下，"第一笔"捐款温暖海地人民。

在山西，1 月 15 日，山西省红十字会收到了全省第一笔援助海地的专项

① 《"第一笔"捐款温暖海地人民》，《中国红十字报》2010 年 1 月 19 日。

② 宗洪：《香港红会 20 万港元支援海地》，《中国红十字报》2010 年 1 月 22 日。

③ 《澳门募集海地震灾捐款 230 万》，《人民日报（海外版）》2010 年 1 月 27 日。

④ 《苏州市红十字会接受海地地震救灾捐款达 7 万余元》，苏州市红十字会网，2010 年 2 月 21 日。

⑤ 徐静：《海地救援彰显大国形象》，《国际公关》2010 年第 3 期，第 22 页。

捐款 11.5 万元。“我看到他们，就想到前年我们国家汶川遭受的灾难，希望有更多的好心人为他们捐款。”这名白姓中年男子表示，13 日晚上在电视上看到了地震的画面，“我们开了个家庭会议。我先带头，捐出 10 万，其他人你 1000、我 1000 地凑了 5000 元。今天来之前，公司经理个人捐款 1 万元。我就一起带来省红十字会了。”

在徐州，76 岁老人成募捐第一人。1 月 14 日下午，江苏省徐州市云龙区黄山办事处民建社区 76 岁的李奶奶来到云龙区红十字会，为海地地震灾区捐出 100 元钱爱心款。

在北京崇文区，1 月 18 日上午，一位中年女士走进红十字会，说：“这是一个普通的中国人对海地灾民的一份微薄心意。”这是崇文区红十字会接收的第一笔捐款。这位不愿透露姓名的女士，以“中国人民”的名义向灾区捐款 1.65 万元。

在广东阳江，市红十字会收到的首笔社会捐款由华扬长凌热水器阳江专卖店梁交、林永娟伉俪捐赠，计 1000 元。

在宜兴，1 月 20 日，江苏华创光电科技有限公司向宜兴市红十字会呈交由该公司 71 位职工募捐的 6035 元爱心款，以表达对海地地震灾区人民的慰问。这是宜兴市红十字会收到的第一笔善款[①]。

在唐山，1 月 19 日，一位不愿透露姓名的刘姓市民通过唐山市红十字会捐款 3000 元。他说，自己是地震的亲历者，亲身体验过地震带来的切肤之痛，3000 元虽然不多，但希望对那些缺吃少药的海地灾民，能起到一定的帮助作用[②]。捐款无论多少，皆为爱心一片。

在淮南，乞讨老人再捐款。1 月 15 日，安徽省淮南市著名的爱心老人谢傻子再次拖着残弱的身子，赶了 20 多公里路到淮南市红十字会把乞讨半个月的收入 100 元和一床新棉被捐给海地灾区，还用自学的不标准的英语写了一封慰问信[③]。

同样在淮南，连日来，安徽淮南赴海地维和女警汪雪艳不畏艰险，从废墟中救出 5 位海地灾民的英勇事迹在淮南产生了强烈反响，市领导和社会各界纷纷前往慰问其家人。1 月 20 日，汪雪艳的母亲和爱人将分文未动的慰问金全部交到淮南市红十字会，救助海地灾区。他们表示，这是对汪雪艳和救灾工作最好的支持。

---

① 《“第一笔”捐款温暖海地人民》，《中国红十字报》2010 年 1 月 19 日。

② 谭浩、李忠发等：《我国各界援助海地地震灾区十日纪实》，新浪网，2010 年 1 月 23 日。

③ 《“第一笔”捐款温暖海地人民》，《中国红十字报》2010 年 1 月 19 日。

在宁夏，海地发生地震之后，宁夏爱心群众积极捐款，表达对灾区群众的关爱之情。截至1月18日12时，已经有20多位爱心人士向宁夏红十字会咨询捐款事宜，有5位来到宁夏红十字会捐款或通过银行捐款，共计1500元。

在海南，1月18日，海航集团董事局董事长陈峰代表海航集团分别向中国公安民警英烈基金会和中国红十字会捐赠人民币50万元，以援助海地地震灾后救助救援工作。

在晋城，1月20日，泽州县巴公镇三家店村多元文化中心3名代表到晋城市红十字会，向海地地震灾区捐献善款5000元。三家店村多元文化中心是一个自发性的群众组织，其成员大都崇尚佛教文化，乐做善事。3名代表表示，佛教文化与红十字博爱理念有着密切关系，与“人道、博爱、奉献”的红十字精神息息相通①。

在四川，人们对海地人民的处境有着更深的体会。海地灾情发生后，四川人民也掀起了捐款捐物支援海地的行动。

成都市红十字会1月14日晚接受首笔500元的爱心捐款。

在双流，截至1月18日上午，双流县红十字会已接收救助海地灾区现金捐款上千元。东升街道75岁的邓茂章婆婆一瘸一拐地来到红十字会，拿出了600元退休工资：“汶川大地震时，全世界的人都在帮我们，现在正是我们感恩的时候，这点捐款不值得一提。”县红十字会还收到了双流县妇联组织的捐款。

在绵阳，1月15日中午，市高级技工学校、市旅游学校和北川职业高级中学的三位校长来到绵阳市红十字会，带来三个学校师生捐赠的11809.5元善款，这是绵阳市红十字会收到的第一笔海地地震捐款。在“5·12”地震中，北川职业高级中学全部损毁，全校2000余名师生转移到绵阳，后与市高级技工学校、市旅游学校一起办公教学。得知海地发生地震、伤亡惨重，学校3000多名师生纷纷捐款，希望海地人民能走出困境，再建美好新家园②。

在都江堰，1月15日，都江堰市红十字会收到的第一笔捐款，是由玉堂LG博爱中学捐赠的善款8840.9元；市红十字会还利用市政协和人代会议召开之机积极开展募捐活动，红十字会志愿者也纷纷走上街头，进行劝募；四川青城茶叶公司、城市购物商贸有限公司等联合发起的“同一个家园，同一

① 《笔笔捐款承载浓浓深情》，《中国红十字报》2010年1月22日。

② 《“第一笔”捐款温暖海地人民》，《中国红十字报》2010年1月19日。

个地球”募捐活动，共募得善款11011.2元。截至18日下午，都江堰市红十字会共收到社会各界捐款41579.7元。

在雅安，截至1月20日，雅安市红十字会收到救助海地地震灾区捐款1805元。其中，首位爱心人士于1月18日捐款100元；市红会全体6名工作人员捐款350元；19日，几位老妇人以佛教弟子的名义，转交自发捐款1155元；20日，市民捐款200元。

在凉山州，1月15日，凉山州民族中学“金色阳光班”72名学生为海底地震灾区捐出了1319.1元生活费，这是凉山州红十字会收到的第一笔海地地震灾区捐款。“金色阳光班”所有学生家庭都十分困难，一直受“金色阳光”助学协会和海内外爱心人士的资助。但是，面对灾区人民，他们自发地把从生活费中积攒下来的“爱心”投进了捐款箱。

在资阳，15日下午，两位退休干部曾继烈、陈国英夫妻来到市红十字会，带来了向灾区捐赠的2000元善款。这是资阳市红十字会收到的第一笔海地地震捐款①。

进入灾后重建阶段后，中国红十字会总会及各地方红十字会继续积极呼吁社会各界为海地捐款。2月5日，27岁的四川青年孟杰毫不犹豫地捐出20万元善款，他说：“四川在5·12地震中得到了全国和全球的帮助，作为一个四川人，我应该在能力所及的范围内帮助和回报，帮助海地正是特殊的感恩。”据四川省红十字会透露，孟杰是截至2月初四川民间个人捐款数额最多的爱心人士②。

四、海地震灾救援的特点

1月23日，海地政府宣布结束搜救工作，工作重点转移到灾后重建上来。1月25日，美国、加拿大、法国、日本和巴西等国派代表出席了于加拿大蒙特利尔召开的海地重建会议，为海地制定了一项长期的发展战略③。有关专家指出，“海地本就是个贫穷的国家。地震的打击是毁灭性的”，“世界必须联手帮助海地”④。经过地震已经基本瘫痪的海地，在重建的道路上面临着重重障碍。早在1月20日下午，中国国家主席、中国红十字会名誉会长胡锦涛在与来华进行国事访问的奥地利总统菲舍尔举行会谈时就表示，中国和海地虽然

① 《笔笔捐款承载浓浓深情》，《中国红十字报》2010年1月22日。

② 王丹：《四川小伙为海地捐款20万元》，《人民日报（海外版）》2010年2月6日。

③ 《部分援助国定于25日在加拿大蒙特利尔举行会谈，规划海地重建的路线图》，《新京报》2010年1月26日。

④ 张红：《海地重建路漫漫》，《人民日报（海外版）》2010年1月27日。

没有外交关系，但海地地震发生后，中国从人道主义和国际主义出发，第一时间向海地派出救援队，并提供了紧急救灾物资和援款。中方愿同国际社会一道，继续支持海地抗震救灾和灾后重建①。中国红十字会将点滴心意汇聚成大爱江河，让远在彼岸的海地灾民感受到温暖。国际合作是这次救援的一大特点，也体现了未来国际救援的趋势。

同一个世界，同一个家园。“在当今日益互联的世界，地方性问题迅速成为全球问题，因此不存在所谓‘别人的问题’”②。海地发生大地震后，中国人民以各种形式援助海地，给地球另一端的人们送去温暖和希望，用爱点亮远方的生命之光。“这段日子以来，很多中国普通民众向我处致电、表达慰问，有人还表示愿意捐款，这种感情让我感动。”海地驻中国贸易发展办事处代表沃尔纳对此深表感谢。海地地震发生以后，联合国驻华协调员兼联合国开发计划署驻华代表马和励，一直为中国援助海地工作而忙碌，在此过程中，他深深感受到中国人民对遭受地震灾难的海地人民的那份深情。“从领导人到普通民众，中国对万里之外的海地给予了关心和帮助。中国积极参与，成为国际大救援中重要一员”③。

无论是政府部门的反应机制，还是企业界的慈善捐助、媒体机构的新闻报道，抑或民间组织及志愿者的自发行动，都迅速凝结成一股强大的救援力量，将中国人民的滚烫爱心奉献给海地人民。这种付出，不仅仅是金钱和物资的援助，也同样来自对每一个海地人的关注，或者说，是对人本身命运的关注。鲁迅先生曾说过：“无穷的远方、无数的人们都和我有关。”“和我有关”是兼济天下的大仁大爱，是共同担当的大仁大爱。一个国家与民族的公共精神必须内含这种大仁大爱，一个公民社会的集体行动必须实践这种大仁大爱。如此，社会才能流淌人性的道义，才能舒张人性的力量。在这样一个特殊的时刻，需要重申我们的责任，履行我们的责任，用美好的人性铸就“中国品牌”，让国际社会刷新对中国的认识——在大难面前，中国社会正焕发出一种不同于平常的精神气质和国民品性④。

中国国际救援队总领队、中国地震局国际救援司司长黄建发谈到，“中国海地救援不仅仅是一次救援行动，更是在联合国组织框架下，中国利用多边渠道与合作来积极履行国际义务的一次复杂的外交活动。”作为一次外

---

① 《中方愿继续支持海地救灾》，《文汇报》2010 年 1 月 21 日。

② 彼得·莫雷尔：《红十字：150 年人道行动》，《人民日报（海外版）》2013 年 5 月 13 日。

③ 谭浩、李忠发等：《担当起国际人道主义使命——中国政府和人民援助海地地震灾区十日纪实》，《人民日报》2010 年 1 月 25 日。

④ 毕舸：《为海地强震奉献“中国大爱”的责任》，《中国青年报》2010 年 1 月 15 日。

交活动，肩负国家使命、战斗在第一线的中国国际救援队员们的言行举止永远都标贴着“中国”两字，直接影响当地民众对中国的认识。“国之交，在于民相亲”。无论是中国国际救援队，还是中国红十字会，都在为中海两国人民的沟通交往架设着友谊之桥。虽然中海两国相隔千山万水，但此次中国政府及时而有效地向海地政府及人民提供资金、人力及精神上的大力支持，无疑将中海两国人民的心拉近了。由于历史原因，中海两国尚未建立正式外交关系。海地民众对中国的认识仅仅停留在“中国制造”的产品，甚至不知道中国在地缘上距离海地究竟有多远。然而，当中国国际救援队在海地地震发生 20 小时后抵达太子港机场，随即投入搜救工作中时，当中国国际救援队成为唯一一个在震后第一天还坚持夜间作业的救援队时，这些都让海地人民重新认识了中国，深切体会到了中国人民的善意。诚如海地驻中国贸易发展办事处代表沃尔纳所阐释的那样：“‘中国制造’只能代表中国经济发展的一隅，而中国传承几千年的‘善万物’的国学思想却是中国国家形象传播的精神基石。人民间互致友善，表达诚意是开启两国邦交的钥匙。”①

中国红十字会作为中国民间外交的重要渠道，在海地救援中传播了国际人道主义精神，表达了中国人民的善意和友好，为两国人民的相亲相近做出了重要贡献。

胡锦涛主席在2010 年新年贺词中向全世界郑重承诺：“此时此刻，在我们共同生活的这个星球上，还有不少民众正蒙受着战争、贫穷、疾病、自然灾害等苦难的煎熬。中国人民深切同情他们的不幸境遇，将一如既往地向他们提供力所能及的帮助。”②

“改革开放 30 年来，我国的经济实力和综合国力有了很大提高，中国红十字会的社会影响力和救助实力也逐步增强。国际联合会和发展中国家红会对中国红十字会的要求也随之逐步提高。特别是当国际上发生严重自然灾害时，希望中国红十字会承担相应国际责任和人道主义援助义务的呼声也在增高。从履行红十字会的国际义务，密切我国同第三世界发展中国家和周边国家的友好合作互助关系的角度而言，中国红十字会也应当积极发挥在国际救援中的作用。”③ 担负起大国红会的责任，与胡锦涛主席代表国家对全世界和世界各国人民做出的承诺完全一致④。

---

① 徐静：《海地救援彰显大国形象》，《国际公关》2010 年第 3 期，第 23 页。
② 胡锦涛：《共同增进各国人民福祉》，《人民日报》2011 年 1 月 1 日。
③ 吴挺：《担负起大国红会的责任》，《中国红十字报》2010 年 3 月 12 日。
④ 曹嵩生：《担负起大国红会的责任是我们共同的心声》，《中国红十字报》2010 年 6 月 5 日。

客观而言，多年来，在商务部、外交部等部委的指导和支持下，中国红十字会作为从事人道主义工作的社会救助团体和国际红十字运动的重要成员，紧紧围绕国家总体外交战略，着重发挥政府人道领域重要助手和开展民间外交重要渠道的作用，积极参与国家对外人道主义援助工作，取得了扎扎实实的成效，展现了负责任大国红会的形象和国际人道主义的精神风范①。

① 中国红十字会总会编：《中国红十字会若干问题研究》，2015 年内部印行，第 669—670 页。

第八章 在机遇与挑战中砥砺前行（2009—2014）（中）

2011 年前后发生的“网络事件”使中国红十字会乃至我国整个慈善公益事业面临了前所未有的压力与挑战，红十字会在压力和挑战面前没有退缩，虽有遗憾和不尽如人意之处，但各级红会坚定信念、团结一致，一方面按照“摆事实、讲道理、不护短、树形象”的要求，积极主动应对网络事件；一方面按照预定工作计划，坚定不移推进各项改革。这一阶段，红十字事业面临一定冲击，但各级红会特别是各地基层红会，即使身处舆论漩涡，但各项工作仍然开展得有声有色、成效显著，得到群众的理解、肯定和拥护，这与当时的社会舆论生态形成了强烈的对比①。

第一节 “郭美美事件”的深度省思

“郭美美”，本是与红十字会毫无关联的名字，但“郭美美事件”（也称“网络事件”）却在 2011 年掀起舆论巨澜，使红十字会身陷前所未有的信任危机。应对“郭美美事件”，对于红十字会而言是一次重大考验，其中无论经验或是教训，都值得红十字会深思。在中国的公益事业面临重大转型的今天，中国红十字会必须迎接挑战，勇往直前。

---

① 华建敏：《以改革为纲 以改革为动力——在中国红十字会九届三次理事会开幕会上的讲话》（2011 年 12 月 7 日），《华建敏谈红十字事业》，2015 年内部印行，第 175 页。

一、“郭美美事件”始末

2011 年 6 月，一个叫“郭美美”的名字出现在公众视野中，在红十字领域甚至慈善公益界反复掀起舆情波澜。郭美美，本名郭美玲，1991 年出生，湖南益阳人。2011 年 6 月 20 日，郭美美在新浪微博上以“郭美美 baby”之名大肆炫富，开玛莎拉蒂、住大别墅，更重要的是她自称“中国红十字会商业总经理”。6 月 22 日，“郭美美 Baby”的实名认证被取消，经新浪微博官方查实，“郭美美 Baby”原认证说明为演员，“中国红十字会商业总经理”的认证没有经过严格审核。

但事情并未过去，而是刚刚开始。“微博炫富女”的“中国红十字会商业总经理”职务，使网民们把复杂情绪和抨击矛头直接指向了中国红十字会。一石激起千层浪，红十字会被推到了舆论的风口浪尖，瞬间引爆了持续多年的民众对红会的信任危机。

在“郭美美”的微博上，有两个方面的信息非常受网友关注，一是富，二是慈善捐助。富，特别是炫富，非常容易刺激普通人的神经。当这个“富人”是一个还没有什么成就的年轻女孩的时候，其背后隐藏的“富二代”或其他“关系”等，又极易引起多种猜测和演绎，并成为网友饶有兴趣进行挖掘的素材。慈善捐赠，本是传统的美德；捐资助人的义举，本应深入人心，成为社会共识和不可亵渎的美德。但当这种美德遭到利用、亵渎或歪曲的时候，公众的极端反感极易引发铺天盖地的口诛笔伐，从而使慈善组织失去公众的信任和支持。

而在“郭美美事件”中，富与个人能力、小女生与总经理、慈善与获利联系在一起，最先引起的疑问是“我们捐给红十字会的钱到哪去了？”继而，“我们热心捐赠的对象是否真正得到了救助？”这种疑问在慈善组织接受的善款流向公开透明度不够的背景下，特别是在没有合理解释的时候，公众的愤怒与谴责再一次迸发：郭美美的背后，哪些是获利者？还有多少个郭美美未浮出水面？那些打着“慈善”招牌的公益活动，是否已经或正在成为某些组织与个人让渡利益的渠道与工具？[①]

郭美美炫富事件发生后，6 月 22 日、24 日，中国红十字会总会先后两次通过官方网站发表声明指出，经对有关信息的调查、核实，中国红十字会没有“红十字商会”机构，也未设有“商业总经理”职位，更没有“郭美美”

---

① 徐富海：《公开、信任与监督——由“郭美美事件”看公益慈善组织的发展》，《理论视野》2011 年第 11 期，第 40 页。

其人。6 月 28 日，中国红十字会总会向新华社记者表示，中国红十字会总会已以“郭美美虚构事实、扰乱公共秩序”为由向公安机关报案。公安机关已经立案，并依法开展相关工作。

7 月 7 日，北京市公安局东城分局证实，郭美美及其母与中国红十字会总会无直接关联。在警方调查中，郭美美称，对于中国红十字会，此前并不了解，不认识相关人员，也从未担任相关职务，是 2011 年 3 月份在与深圳商人王某交谈中，知道了王某与商业系统红十字会相关单位的合作意向。后郭美美认为原来在微博上注册认证的“主持人、演员”身份层次较低，为满足炫耀心理，于 5 月自行杜撰了“中国红十字会商业总经理”身份，提交微博网站审核通过并加“V”认证。在审查中，郭美美对自己的不当行为表示后悔和歉意①。

7 月，红十字总会邀请审计署工作组进驻商业系统红十字会（以下简称“商红会”）进行审计，并商请中国商业联合会组成联合调查组开展相关调查工作。

在 2011 年的最后一天，“郭美美事件”有了一个比较权威的论定。12 月 31 日，中国红会公布了由监察部、中国社科院社会学研究所、北京刘安元律师事务所、中国商业联合会、中国红十字会总会相关人员组成的联合调查组的调查结论，认为“郭美美”及其炫耀的财富与红十字会无关，但商红会的管理存在问题。

调查结果证实，商红会中不存在“红十字商会”这一机构，没有设立“红十字会商业总经理”这一职务；郭美美与中国红十字会总会及商红会没有任何关系，与商红会合作的中红博爱资产管理有限公司的银行对账单及财务支出明细均显示，该公司从未向郭美美支付任何费用。郭美美炫耀的财富与红十字会、公众捐款和项目资金无任何关系。

调查同时发现，商红会自成立后没有按照《中国红十字会章程》的要求，召开会员代表大会，没有理事会、常务理事会等领导机构，不符合行业红十字会的基本组织要求；没有建立完善的财务、合同与项目管理制度，内部管理混乱。鉴于商红会存在的问题，经商中国商业联合会同意，中国红十字会决定撤销商业系统红十字会，并将依据法律法规对遗留问题进行相应处理。

总会认识到，在对行业红十字会的组织建设、制度建设和业务开展方面，疏于管理，监管不力；在红十字品牌的使用和保护方面，管理不严，措施不

---

① 宗讯：《北京警方证实郭美美与中国红十字会无关联》，《中国红十字报》2011 年 7 月 12 日。

力；在及时全面、真实准确地向社会公布捐赠款物使用情况、满足社会公众的知情权方面需要进一步加强。中国红十字会决定，将加快推进改革，重塑社会公信力，并提出4项措施确保中国红十字事业健康发展。

一是加快红十字会的体制机制改革。加强对地方红会和行业红会的业务指导、工作督查和财务监督；建立社会监督委员会，邀请社会各界人士对红十字会的社会捐赠款物使用、资助项目等进行监督，及时回应社会反映，接受社会监督。

二是运用现代科技手段，建立明确的信息公开工作流程和制度。建立全国统一的红十字会系统信息平台，根据及时准确、方便获取、规范有序的原则，做好公众捐赠款物的信息公开工作，保障捐赠人和社会公众的知情权、监督权。

三是加强红十字品牌管理。严格红十字标识、名称的使用范围，在积极鼓励社会各界参与红十字事业发展的同时，建立相应的道德准则，确保合作机构的政策和行为与红十字事业的使命不相矛盾。

四是加强反腐倡廉，抓住捐赠款物和招标采购等关键风险点，真正实现捐赠款物公开，财务管理透明；招标采购公开，分配使用透明①。

2014年7月，郭美美因涉嫌在巴西世界杯期间赌球，被警方行政拘留②。8月4日，“郭美美涉赌博被抓”的相关报道，成为当日仅次于云南鲁甸地震的热点新闻事件。根据公安机关公布的调查结果以及郭美美本人的供述显示：郭美美与红会无关。至此，反复侵蚀红会公信力的“郭美美事件”水落石出③。对公众来说，郭美美身份之谜虽已基本解开，但是，真正值得关心和追问的，并不在于郭美美炫富这件事，大家想了解的是：如何拥有一个公正透明、让人放心的公益慈善组织④。

应该说，调查结果还原了事情真相，也是红会质本高洁的一个有力论据。然而事情远未结束，“郭美美事件”的后续遗毒犹在，中国红十字会的改革之路任重道远。客观而言，由“郭美美事件”引发的一系列舆情风波使中国红十字会遭遇了诸多毫无依据的批评、质疑甚至是谩骂，对于中国红十字会这样一个“百年老店”而言，这无疑也是一个巨大冲击。但越是身处逆境，越应坦然面对，越应勇往直前，越应信心百倍。谤随名高，毁随誉生。中国红

① 宗洪：《中国红十字会通报对商红会调查结果》，《中国红十字报》2012年1月6日。

② 胡浩、施雨岑：《郭美美“红会炫富”事件始末》，《新华每日电讯》2014年8月4日。

③ 冯海燕、马雪健：《当“红会”撞上“郭美美”——由“郭美美事件”看网络舆情反复现象》，《新闻前哨》2014年第11期，第78页。

④ 王君平：《红十字会如何重获公众信任》，《人民日报》2011年7月5日。

十字会历经百年风雨，期间也曾遭遇多次质疑与挑战，但随着时间推移，当质疑者深入了解红十字会时，质疑者将转化为红十字会的坚定支持者[①]。这是历史的启示，也是正义前行的力量。

二、“郭美美事件”对慈善事业的影响

“郭美美事件”对红十字事业荼毒颇深。郭美美微博上的炫富，使中国红十字会身陷一场史无前例的质疑和对慈善组织的信任危机。到2011年8月底，在百度上搜索“郭美美”，相关信息达1亿条；搜索“郭美美事件”，相关信息有460万多条；如果同时搜索“郭美美事件”和“中国红十字会”，结果也有230多万条信息。从这些数据不仅可以看出“郭美美事件”引发的巨大社会关注度，也能看出公众眼中这一事件与中国红十字会存在着非常高的关联[②]。

“郭美美事件”以及其引起的慈善危机，对各种公益组织的募捐活动造成了非常明显的影响。社会公众对公益行业的信任度降低，直接影响了社会捐赠的积极性。2011年7月，北京市红十字会接受社会捐款28笔，较往年大为减少；河南省红十字会7月份仅收到一笔捐赠物资，以及现金捐赠5295元；深圳市红十字会7月共有13项个人捐款，总额为5335元，相较于5月份的35人次50846.5元和6月份的28人次76134.5元大幅缩水。这种情况在全国也具有普遍性。据2011年8月25日民政部中民慈善捐助信息中心介绍，全国捐赠数据监测显示，“郭美美事件”发生后，公众通过慈善组织进行的捐赠大幅降低；2011年3月至5月，慈善组织接收捐赠总额62.6亿元，而6月至8月总额降为8.4亿元，降幅86.6%[③]。

选择慈善组织来捐赠的概率降低，从某种程度上可以说是对慈善组织的不信任。中民慈善捐助信息中心2012年6月28日发布的《2011年度中国慈善捐助报告》显示，2011年，全国接收国内外社会各界的款物捐赠总额约845亿元，占我国GDP比例为0.18%，人均捐款62.7元，捐赠总量较2010年相比下降18.1%。另外，我国救灾领域的捐赠量，由2010年的252亿元下降到2011年的52亿元，减少了200亿元。中民慈善捐助信息中心副主任刘佑平表示，“郭美美事件”等对社会各界日常捐赠热情产生的影响，是造成2011年度捐赠总额下降的一个不能忽视的因素。当然，2011年企业和公民的

---

① 张立明：《莫为浮云遮望眼》，《中国红十字报》2012年1月6日。

② 徐富海：《公开、信任与监督——由“郭美美事件”看公益慈善组织的发展》，《理论视野》2011年第11期，第40页。

③ 陈荞：《全国慈善组织受捐额剧降近九成》，《京华时报》2011年8月26日。

经济收入增长放缓，也在一定程度上影响了捐赠人的捐赠热情。调查显示，从接收捐赠主体来看，社会组织获得超过六成的全国捐赠；各级民政部门接收社会捐赠约占全国捐赠总量的 13. 2%；红十字会接收社会捐赠约占全国捐赠总量的 3. 4%，同比减少了 59. 39%[①]。

根据苏州大学社会学院的调查，“郭美美事件”发生之后，高校大学生参与红十字会活动的比重下降 81. 7%，一定程度上反映出“郭美美事件”对高校大学生参与红会活动的热情带来的冲击，即高校大学生对红十字会的信任感降低。其中高校大学生参与的为困难群众捐款等社会救助的下降幅度最大，比重下降 33. 2%；参与无偿献血宣传推动工作，比重下降为 28. 4%；参加红十字志愿服务活动，比重下降为 22. 5%；开展红十字青少年活动，比重下降为 19. 7%。关于“郭美美事件”对中国红十字会社会信任度负面影响的认识，66. 9% 的人认为影响很大，28% 的人表示影响程度一般，仅有 5. 1% 的人认为没有影响。这意味着高校大学生参与红十字会活动的热情有所下降[②]。可见，“郭美美事件”对红会的工作、对红会的事业产生了相当严重的负面影响。

三、中国红十字会的应对

（一）初期的紧急应对

“郭美美事件”发生后，2011 年 6 月 22 日，中国红十字会总会就此发表第一次声明指出：近日，一名为“郭美美 baby”的网友自称是“中国红十字会商业总经理”，在网络炫耀其奢华的生活方式，引发网友热议甚至炒作。我会对有关信息调查、核实后，特做如下说明：

1. 中国红十字会没有“红十字商会”的机构，也未设有“商业总经理”的职位，更没有“郭美美”其人。

2. 为维护红十字标志的严肃性，我国《红十字会法》《商标法》及相关法规，均严格限制第三方在未经许可的情况下使用“红十字”的标志与名称。我会保留进一步追究有关方面相关责任的权利。

3. 我会一贯反对那些企图通过制造虚假信息达到对个人进行炒作的行为方式，也希望社会各界以平和心态看待此类问题，不被利用。

最后，感谢社会各界长期以来对红十字事业的支持，希望继续对红十字

---

① 卫敏丽：《去年社会捐赠下降了 18. 1%》，《新华每日电讯》2012 年 6 月 29 日。

② 李嘉芸、汪恺等：《“郭美美事件”后高校大学生对红十字会信任度调查》，池子华、王国忠、吴玉林主编：《〈红十字运动研究〉2016 年卷》，合肥工业大学出版社 2016 年版，第 287 页。

会工作进行监督①。

由于事件的持续发酵，总会又于6月24日再次发表声明重申：网上流传的某些与中国红十字会及相关个人有关的照片、微博、亲属关系的说法等内容，经核实，均无任何事实依据，纯属不负责任的谣言。对今后继续恶意炒作此事件的单位和个人，中国红十字会将保留进一步追究其法律责任的权利。中国红十字会希望媒体和网络承担起应有的社会责任，本着实事求是的原则，向受众提供真实、公正、准确的信息，避免不实信息的传播。声明同时指出：中国红十字会作为从事人道主义工作的社会救助团体，在认真履行《红十字会法》赋予的职责的同时，欢迎政府和社会各界对其工作予以监督。

与此同时，6月24日下午，总会就此事向公安机关报案，并决定启动法律程序，以维护红十字会的合法权益和良好声誉。

同日，中国商业系统红十字会和天略集团分别发表声明，对相关事实予以澄清：

2006年至2008年，天略集团曾向中国商业系统红十字会捐赠过“校园安全行动保险卡”，举办过一次募捐拍卖会。此后，双方未进行过任何合作；也未授权天略集团进行任何劝募活动，更不存在善款分成。在与天略集团合作期间，中国红十字会总会领导未参与过商业系统红十字会与天略集团的任何合作事宜，中国商业系统红十字会也未安排天略集团的任何人员与总会领导进行过任何形式的接触。所谓“红十字商会”是一个不存在的机构，与中国商业系统红十字会根本就是两个不同的概念，中国商业系统红十字会也从来没有一个叫郭美美的人。关于中国商业系统红十字会成立10周年活动上，受表彰的优秀志愿者合影照中前排正中女子，有人指认是郭美美。经核实，该人是中国商业系统红十字会一名姓王的优秀志愿者②。

根据上述声明，中国红十字会与郭美美并无关联，但声明并不等于证明，公众心头的疑虑没有消除。网民旧事重提，从救灾时的“万元帐篷”到上海卢湾区的“万元餐票”，再到红十字会的审计问题，谜团接连不断。尽管这些事件最终都有了结论，但公众的疑虑并未因此散去③。

6月28日，总会召开新闻发布会，向媒体通报了有关“郭美美事件”以及6月27日审计报告中披露的有关“红会超标采购420余万元”等问题。中

① 中国红十字会总会：《声明》，《中国红十字报》2011年6月24日。

② 《启动法律程序维护合法权益》，《中国红十字报》2011年6月28日。

③ 王君平：《红十字会如何重获公众信任》，《人民日报》2011年7月5日。

国红十字会常务副会长王伟重申，中国商业系统红十字会是中国商业联合会根据《红十字会法》中“全国性行业根据需要可以建立行业红十字会”的规定提出申请，经总会审批成立的行业红十字会。中国红十字会总会与省级分会（含行业系统分会）是业务指导关系，各级分会的人、财、物等事宜均由同级党委（政府）或所属系统管理。

王伟谈到，中国商业系统红十字会本身并不从事商业活动，他们的主要工作是立足商业系统，传播人道主义和红十字精神，开展红十字宣传、救助和救护培训等工作，与中国红十字会不存在募捐分成，其工作人员是来自中国商业联合会和中国商业经济学会的兼职志愿人员，这些人员的工资、奖金和补助均由原单位发放，没有在红十字会领取任何报酬。中国商业系统红十字会设有会长、副会长、秘书长等职务，从来没有总经理的职位。同时，根据中国商业系统红十字会提供的情况，在其组织的各项活动中，没有“郭美美”或“郭美玲”参加。

王伟介绍说，6 月 27 日，在第十一届全国人大常委会第二十一次会议上，审计署审计长刘家义做《关于 2010 年度中央预算执行和其他财政收支的审计工作报告》，其中披露了审计署对中国红十字会总会 2010 年预算执行情况和其他财政收支情况进行审计过程中发现的 5 个问题。对此，王伟表示，公告披露的问题是总会 2010 年财政拨款使用的问题，不涉及社会捐款。社会捐款部分，红十字会也一直在接受国家审计署和第三方的独立审计机构的审计监督①。

7 月 1 日，中国红十字会总会就公众关注的中国商业系统红十字会运作方式问题做如下声明：

1. 中国商业系统红十字会是由中国商业联合会于 2000 年 11 月 15 日向中国红十字会总会提出申请，经中国红十字会总会批准成立的行业红十字会组织（非法人性质）。中国红十字会总会与中国商业系统红十字会属业务指导关系，不参与中国商业系统红十字会的行政、人事和账户管理工作。

2. 邀请审计机构对中国商业系统红十字会成立以来的财务收支进行审计，并商请中国商业联合会成立调查组，调查媒体所反映的中国商业系统红十字会运作方式问题。我们将及时向社会公布审计和调查结果。在此之前，暂停中国商业系统红十字会的一切活动。

3. 此次事件使我们深深感受到广大公众对中国红十字事业的殷切期望。我们将切实加强对各级红十字会的业务指导与监督工作，要求各级红十字会

① 王亦君：《中国红十字会总会回应“郭美美”事件》，《中国青年报》2011 年 6 月 29 日。

严格按照《中华人民共和国红十字会法》和《中国红十字会章程》开展活动。

4. 中国红十字会总会将根据社会对中国公益慈善事业的要求，针对自身的不足和缺陷，通过抓好制度建设和规范管理，完善组织建设，加快信息化数据公开平台的建设，进一步增强凝聚力、执行力和公信力。

5. 中国红十字会总会再次真诚感谢广大公众和媒体对红十字工作的关心和监督，希望在今后的工作中继续得到大家的支持和信任。我们将以更谨慎的态度，更务实的作风，继续发扬人道主义精神，致力于保护人的生命与健康，把每一份爱心，每一笔善款，传递给最需要帮助的人[①]。

在公众的众多质疑中，牵涉到对包括红十字会在内的公益慈善组织与商业的关系问题。应该说，公益是公益，商业是商业，公益项目不能以商业为目的；商业可以为公益服务，但公益不能为商业服务。红十字会和其他公益慈善组织一样，也要与企业合作开展一些公益项目。但需要指出的是，公益项目在市场化运作过程中，如何把握好边界是关键。中国红十字会坚决反对在公益项目运作过程中谋取私利，或者谋取暴利。在公益项目市场化运作中，有两个前提：一是要以为受众提供服务或者提供资助，实现公益目的为目标；二是不能在公益项目中直接谋取利益，不能从善款、受助方及捐赠人方面谋取利益。企业在执行或者开展公益项目过程中，允许有一定的回报，但这种回报应该不是直接的，只能通过优质的服务及品牌美誉度的提升间接获得[②]。应该说，慈善必须洁净，但不能“钻牛角尖”。用“圣徒”的标准苛求捐赠人与从业者不利于中国慈善事业发展壮大，只有全社会参与，人人履行公民责任才是一种理想状态[③]。

在前期应对的基础上，7 月 4 日下午，中国红十字会总会获得新浪微博认证，正式开通官方微博，近距离与博友沟通交流。开通当天，中国红十字会连发 4 条微博，其中 3 条介绍国际红十字运动历史和中国红十字会历史，1 条为中国红十字会秘书长王汝鹏答博友问。答博友问总共 13 个问题，主要涉及“郭美美事件”及商业系统红十字会、红十字会审计事件、红十字会的特殊身份和管理模式等。在答博友问中，王汝鹏呼吁公众和媒体理性看待“郭美美事件”，真正从建设的角度为中国红十字事业的发展、为刚刚兴起的中国慈善

---

① 中国红十字会总会：《关于“暂停中国商业系统红十字会一切活动”的声明》，《中国红十字报》2011 年 7 月 5 日。

② 《质疑和批评让我们做得更好》，《中国红十字报》2011 年 8 月 9 日。

③ 孟纬鸿：《慈善透明永不止步》，《中国红十字报》2012 年 1 月 6 日。

事业的发展献计出力。王汝鹏表示，之所以开微博，是想做到与网友实时互动，及时传递信息。他说："很多机构都开通官方微博，我们虽然来得有点晚，但会努力往前迈进。"①

从红十字会对"郭美美事件"的初期应对来看，"应该说是尽了很大的努力"，但"成效还不理想"。对于此次事件，红十字会系统需要深刻反思。"最重要的就是，红会既然从事一项崇高的人道主义事业，要关爱人的生命，要传播人道理念，就一定要有强有力的传播手段，要下大力气抓好舆论工作"。红会最切中要害的舆论工作，除了正面宣传红会的历史和现实以及先进事迹之外，"对于造谣诬蔑红会的言行，要及时辟谣、坚决应对，不要错过黄金时间"②。

（二）调整应变："两公开两透明"的社会承诺

"郭美美事件"折射出红十字组织管理中存在的漏洞。中国红十字会是公益慈善组织，是国内接受善款最多的慈善机构。媒体和公众对于红十字会的关注是一种正常现象，中国红十字会在广泛接受舆论监督的同时，应不断加强组织的透明度和公信力，真诚呵护公众的善心③。

2011 年 7 月，中国红十字会召开全国红十字会系统廉政工作会议。华建敏会长在会上作重要讲话。他指出，清正廉洁是红十字会工作的生命线，一定要以严肃的态度、严格的要求、严厉的制度、严明的纪律做好红十字会工作，紧紧抓住制度建设这个根本，努力提升红十字会的社会公信力。"良好的公信力是中国红十字会开展各项工作的重要前提。……对于我们工作中存在的问题，要虚心听取各方面意见，增强责任感，提高执行力，加强创造力，努力提升红十字会的社会公信力"。会议要求，全国红十字会系统一定要高度重视廉政建设工作，加快推进工作机制的公开透明，严格落实廉政责任制，建立健全反腐倡廉长效机制，从制度建设上保证红十字会工作的公开透明，用实际行动维护红十字会的声誉和形象。会议向社会承诺"两公开两透明"，即捐赠款物公开，财务管理透明；招标采购公开，分配使用透明。会议强调，全国红十字会系统要严格执行"两公开两透明"自律规定，把红十字会系统廉政建设和公开透明工作提升到一个新高度④。

---

① 李孟宇：《中国红十字会总会开通官方认证微博》，《中国红十字报》2011 年 7 月 8 日。

② 华建敏：《改革创新是贯穿始终的一条主线——在中国红十字会第九届理事会第六次会议上的讲话》（2014 年 12 月 26 日），《华建敏谈红十字事业》，2015 年内部印行，第 328—329 页。

③ 王君平：《红十字会如何重获公众信任》，《人民日报》2011 年 7 月 5 日。

④ 宗红：《中国红十字会向社会承诺"两公开两透明"》，《中国红十字报》2011 年 7 月 8 日。

7月14日，为贯彻落实党中央关于加强党风廉政建设的要求和全国红十字会系统廉政工作会议精神，提高红十字会公信力，总会决定从7月中旬至8月20日，在全国红十字会系统内开展自查自纠工作，要求各省级红十字会要以对红十字形象高度负责的精神，认真开展此项工作。自查自纠工作主要内容包括：针对规章制度的落实情况、重大问题科学民主决策情况、捐赠款物的管理情况、专项基金管理情况、与企业合作项目及经营项目的管理情况、红十字冠名医疗机构管理情况。自查自纠的重点是捐赠款物的管理情况、专项基金的管理情况、合作项目及经营项目的管理情况①。

全国红十字会系统廉政工作会议召开之后，各地红会积极组织召开专题会议，贯彻“两公开两透明”的会议精神，努力提升红十字会的社会公信力。广东省红会提出要从“郭美美事件”中吸取教训，规范直属单位和挂靠单位的管理，对红十字冠名机构进行清查②；上海市红会提出要树立“增强公信力，提高透明度”的观念③；山东省红会要求“进一步提高社会透明度”④；山西省红会要求“突出宣传红十字会公益形象”⑤；安徽省红会要求各级红会做到“宣传部署到位、自查自纠到位、督查整改到位，要努力深化责任、深化教育、深化机制，以崭新的风貌服务群众”⑥。此后，各地红会结合实际情况，对“两公开两透明”工作进行了一定部署和探索。

7月19日，总会向地方红十字会及行业红十字会发出《关于贯彻落实“两公开两透明”承诺的通知》，指出：要建立和完善捐赠款物接受、管理、使用分配的公示、跟踪和反馈制度，主动接受政府有关部门的监管和媒体、公众的监督。总会将率先实现接收捐赠的款物信息，捐赠人隔日可在中国红十字会官方网站进行查询；在特别重大灾害发生后的紧急阶段，做到捐赠收入和使用情况随时向社会发布；定期编制资助项目执行报告和财务报告，主动邀请审计和评估机构对捐赠款物和项目执行情况进行审计和评估，审计和评估结果要向社会公告。要着力构建阳光透明的财务公开机制，政府拨款的财政资金要及时公布“三公”支出，社会捐赠的资金要及时公布使用分配情况。总会、地方红十字会都要建立依托于互联网的信息发布平台，力争两年

---

① 《关于在全国红十字会系统开展自查自纠工作的通知》（中红字〔2011〕49号），中国红十字年鉴编辑部编：《中国红十字年鉴：2011/2012》，中华工商联合出版社2014年版，第121—122页。

② 粤红：《广东红会传达廉政工作会议精神》，《中国红十字报》2011年7月19日。

③ 沪红：《上海红会召开廉政专题会议》，《中国红十字报》2011年7月19日。

④ 张春中：《山东红会学习传达廉政工作会议精神》，《中国红十字报》2011年7月22日。

⑤ 晋红：《山西红会召开工作会促廉政》，《中国红十字报》2011年7月26日。

⑥ 汤常荣：《安徽红会分组调研传达廉政精神》，《中国红十字报》2011年8月9日。

内实现全国红十字会系统信息公开的制度化、标准化和规范化。总会将对2010年以来的财务收支报告、审计报告和有关评估报告通过官方网站陆续向社会公布，以接受社会监督。

同时，总会要求地方各级红十字会、各直属单位积极履行承诺，结合本地实际情况，制定“两公开两透明”的实施方案，并将实施方案和实施情况报告总会。公开透明工作是事关红十字会公信力和社会声誉的一件大事，各地要引起高度重视，切实加强领导，明确责任，落实分工，确保“两公开两透明”工作落到实处，为提升中国红十字会的社会公信力，重塑红十字会的社会形象做出积极努力①。

“这是一个最坏的时代，信息的爆炸式传播高度影响公众的理性思考。调查显示，超过九成公众对公益组织的看法有所改变。这是一个最好的时代，任何事情都能置之死地而后生。甚至有人认为，各种危机为公益领域提供了一次难得的制度再造机会”②。公益机构应如何重获信任，已经成为公益领域必须面对的话题。面对这一问题，中国青少年发展基金会常务副理事长顾晓今认为，公益机构现在最紧迫和最重要的是走公开透明化的道路，这不仅是公众最大的要求，也是改善社会环境的方法。公开透明化，是一个公益机构行动的过程，也是捐赠方和公益机构之间互动的过程。对于捐款人来说，要明确自己的权利：自己要捐多少钱；自己要选择的价值取向或捐赠方向在哪里，是教育类还是环境类，想资助什么样的项目；选择自己信赖的机构；更需要知道钱用在了哪里，结果怎么样。作为受托者的公益组织和基金会来说，要了解在哪些地方有需求、需求者是谁、在哪些领域里有什么需要解决的问题，这是作为一个受托人接受捐赠时最需要向捐赠人做交代的。

北京大学法学院非营利组织法研究中心主任金锦萍指出，慈善组织公信度的缺乏是当下普遍存在的现象。面对信任危机，公益组织应“主动公开，不要等追究了再回应”。事实上，与评估企业不一样，在对公益组织进行评估的过程中，并不是捐款最多的组织就最好，也不是花钱最多的组织最好，而是涉及公益绩效的问题。在中国的捐赠者很多还是盲目的捐赠者时，捐款多的组织就不见得是好组织。“公众的疑问是正当的，因为公益组织里面有公共资源，又获得了大量公共的支持，进而进行捐赠，同时还享受免税政策，这些都决定了其必须要对利益相关者负责，这就决定了对其透明度要求的合理度。公益组织应主动地去公开信息，基金会也罢，慈善组织也罢，总认为要

① 总讯：《总会要求全系统落实“两公开两透明”》，《中国红十字报》2011 年 7 月 26 日。
② 张木兰：《后郭美美时代公益机构如何重获信任?》，《公益时报》2011 年 7 月 12 日。

求信息公开是对他们的不信任，因而把这当作不得不做的负担。实际上，主动公开信息，是一种扪心自问，是一种反省和自律：既然已经受人之托，就要做人之事，要主动把这些公开出来，不要等到追究了才回应”①。

（三）重要突破：中国红十字会总会捐赠信息发布平台上线试运行

应该说，中国红十字会对于走向公开透明的道路很早即有规划设计，而并非是应对危机的仓促之举。按照王汝鹏秘书长的说法，“在推进公开透明方面，我们一直在做，只不过是过去公众的关注度没有现在这么高。比如，捐款查询系统，我们5年前就在官网上推出了，只是大家没太注意”。2011年5月5日，总会在四川成都举行了“中国红十字会纪念汶川地震三周年成果报告会”，会上向社会公布了汶川地震捐款的收支情况、资助情况、审计情况，还专门做了一台节目，名为《红十字向您报告》，逐项向社会报告地震捐款的财务收支情况、项目建设情况、社会审计情况等。在这之前，中国红十字会、中国红基会、地方红十字会也在各自的网站上公布了财务收支、审计报告等信息②。

为进一步促进捐赠信息的公开、透明，中国红十字会总会自2010年年底开始，在原有的“中国红十字会捐赠者数据库”基础上着手研发“中国红十字会总会捐赠信息发布平台”。该平台包括社会捐赠总量、收支数据、援助项目、捐赠查询、项目查询、相关资料等栏目，公众可根据捐赠人姓名或捐赠项目名称查询相关捐赠信息及善款使用情况。同时，通过该平台也可了解中国红十字会总会的捐款管理、救灾流程及监督管理等工作。

2011年7月31日，“中国红十字会总会捐赠信息发布平台”上线试运行，首先发布了青海玉树地震捐赠收支和资助使用的有关情况。由于捐赠数据总量庞大，此次率先公布了中国红十字会总会接收的数十万笔青海玉树地震灾区捐款的有关情况。捐赠者可通过该平台查询2010年1月11日以后通过中国红十字会总会捐赠的信息，其中个人捐款10万元以上和企业捐款50万元以上的捐赠者不仅可以查询到捐款信息，还可以查询到相对应的援建项目及善款的具体使用情况。据统计，平台试运行当天的访问量将近300万，8月1日的访问量达到3700多万，总流量达到512GB，等于翻了10多倍，说明民众对平台的关注度确实很高。

在红会之前的信息公开工作中，总会官网上只能查询捐款到账的信息，

---

① 张木兰：《公益机构如何重获信任》，《中国红十字报》2011年7月26日。

② 《质疑和批评让我们做得更好》，《中国红十字报》2011年8月9日。

一些财务信息、审计报告的发布并不集中，所以未受到公众关注。新的系统把信息集中放在一个平台上，让大家既能查捐款情况，也能查捐款流向、资助项目、财务收支和审计情况，方便了公众查询，这和过去相比，是一个进步，而且也比较系统和制度化。可以看出，中国红十字会在公开透明的道路上不断前进，朝着更符合公众期望和要求的方向发展。此次信息发布平台还设置了一个网友留言、建言献策的空间，以便推动双向互动和不断修改与完善这一平台。总会还要求地方红十字会参照总会的模式，建立自己的发布平台。待条件成熟后，红十字会系统争取实现全国联网。到时在任何一个信息平台上，都能查询到总会和地方分会的捐赠信息。

同时，这一平台还把小额捐款与资助项目的对应作为努力方向，以便让公众能够知晓每一笔捐款的具体流向。当然，要做到这一步还有一定难度，不仅需要技术上的逐渐完善，还需要在平台的整个功能设计上，在财务流程和项目管理流程上，都有一整套的系统设计。这需要慢慢完善①。

“公开透明方面的工作，今后不仅总会要努力做好，为全国红十字会系统做好示范；还要督促和指导地方各级红十字会进一步提升透明度”②。在总会捐赠信息平台的带动和引领下，贵州省长顺县红十字会依托县政府官方网站，建立了“长顺县爱心育苗行动”专栏，开辟了“长顺县红十字会捐赠信息发布平台”，2011 年 8 月中旬，平台进入上线试运行阶段。该捐赠信息发布平台包括社会捐赠总量、收支数据、援助项目、捐赠查询、项目查询、相关资料等栏目，公众可以根据捐赠人姓名或捐赠项目名称查询相关捐赠信息及善款使用情况。同时，通过该平台也可了解长顺县红十字会的捐款管理、救灾流程及监督管理等工作③。应该说，长顺县红会在公开透明的道路上取得了不错的成绩，对于一个县级红会而言尤其难能可贵。

“透明与负责任是红十字会品牌经久不衰的关键”④。应该说，总会捐赠信息发布平台的试运行是红会迈向公开透明和走向制度化的重要步骤⑤。2011 年 12 月 16 日，该平台项目还荣获“2011 京华公益奖·编辑部特别奖”⑥。当然也不能否认，因为信息数量多、运行时间短，上线平台尚有许多不完善之

① 《质疑和批评让我们做得更好》，《中国红十字报》2011 年 8 月 9 日。

② 《质疑和批评让我们做得更好》，《中国红十字报》2011 年 8 月 9 日。

③ 长红：《长顺县红会信息公布平台上线》，《中国红十字报》2011 年 8 月 19 日。

④ 姬少亭、胡龙江、周而捷：《透明与负责任是红会品牌经久不衰之魂》，《新华每日电讯》2013 年 5 月 17 日。

⑤ 总讯：《红十字会“开晒”捐赠信息》，《中国红十字报》2011 年 8 月 2 日。

⑥ 宗洪：《捐赠信息发布平台项目获“京华公益奖”》，《中国红十字报》2011 年 12 月 20 日。

处，也一度招致公众质疑。公开透明工作是一项长期、综合性的工作。红十字会提出除了通过这个平台发布捐赠信息、项目信息外，还要采取其他方式，全面推进公开透明工作。

四、“郭美美事件”的反思

一段时间以来，以“郭美美事件”为代表的慈善危机频发，这已不是哪一个慈善机构的危机，而是传统慈善体制的危机。“中国需要一场慈善革命，传统慈善体制将走到尽头，但慈善本身却正在获得新生”①。由“郭美美事件”引发的对中国慈善事业质疑浪潮持续了3个多月。这场由微博触发，经由报刊、电视等主流媒体放大的批判中国慈善组织的舆论风暴，曾让红十字会蒙受不白之冤，曾使红十字事业遭受重大曲折。对于红十字会而言，在沉冤得雪的同时，更应该从这场“飞来横祸”中自省、思过、图强，有所长进。

（一）要大力推进公益的公开透明

“慈善透明既是红十字会的当务之急，也是各类慈善公益组织，乃至全社会诚信体系构建所面临的重大课题”②。媒体和公众对慈善的怀疑与不信任，源于慈善组织的公开透明工作做得还不够。客观而言，近年来中国公益组织的公开透明已经前进了一大步，红十字会、众多公募基金会都有了网站，都在编发年报，都会通过捐赠仪式、项目冠名和碑记等回馈捐方，政府也加大了对慈善机构的监管，定期进行年检、审计。这些红十字会都做了，而且做得还不错。但是现实表明，红会所做的还没有达到公众的预期。

“郭美美事件”中，如果红会能更多掌握和尽早、主动公示商业红十字会及其参与博爱小站项目的真相，而不是让网民和媒体一步步挖出来，或许舆论风暴就不会演变到如此暴虐。比如，中国红基会在这次舆论质询浪潮中，公开透明做得比较好的项目就得到了认可，央视“东方时空”在比较了中国最知名的几个公募基金会的网站后得出结论：在公募基金会中，中国红基会的公开透明做得较好。但公开透明度稍弱一些的项目，就招致了媒体的质疑和批评。中国红十字会总会的捐赠信息上线后，尽管由于小的疏漏一度招致批评，但增加公开透明的改进趋向，总体上还是得到了公众和业界专家的好评。

公益组织的本质是帮助公众行善、实现个人价值、帮助企业履行社会责

① 天马馨空：《传统慈善体制走到尽头　慈善本身正在获得新生》，《中国红十字报》2011年7月22日。

② 孟纬鸿：《慈善透明永不止步》，《中国红十字报》2012年1月6日。

任的公益信托平台，只有成为透明的“钱口袋”，公众和企业才会不断给你捐款。因此，慈善机构要尽可能做到公正、公开、透明，让公众知道捐赠资金的投向，了解管理成本的列支比例，既要接受政府年检、审计，还要接受捐方、媒体和社会的查询、质疑和批评。只要做到公开透明，谣言就会止于真相，公信力和影响力也才会真正得以建立。

在慈善事业的现代转型中，公开透明是大势所趋。民政部 2011 年 7 月 8 日公布《中国慈善事业发展指导纲要（2011—2015 年）（征求意见稿）》，面向社会征求意见。《纲要》提出了“依法推进、平等自愿、公开透明和鼓励创新”① 等几项关乎未来慈善事业发展的基本原则；同时，未来 5 年，民政部将在慈善全行业推行慈善信息公开透明制度②。与此同时，广州拟立法规定募捐组织必须建立募捐前、募捐中以及募捐后的全程信息公开制度。在《广州市募捐条例（草案）》中，规定了红十字会、慈善会和公募基金会等社会组织募捐备案的具体程序，以及所有募捐组织募捐前公布方案，募捐时公布组织名称、募捐目的、联络资料以及募捐信息查询方法，募捐后公布实际募捐财产情况以及募捐财产使用情况等信息公开制度③。

2012 年 1 月 8 日，在“慈善的力量”——2011 中国慈善年会上，中华慈善总会、中国红十字基金会、中国青少年发展基金会、中民慈善捐助信息中心等 112 家公益慈善组织共同发起“透明慈善联合行动”，响应《透明慈善联合行动倡议书》，呼吁行业自律，提升整个慈善行业的透明度和公信力。会上，112 家公益慈善组织联合宣读《倡议书》，称将共同搭建一个权威的网络公益慈善信息披露平台，依据《公益慈善捐助信息公开指引》的要求，为全国公益慈善组织提供系统的信息技术支持。《倡议书》还呼吁，共同推动透明慈善评估标准的建立和实施，积极接受第三方以此为依据开展的评估，共同营造良好的慈善文化环境④。

（二）要大力改善和提升管理水平

“苍蝇不叮无缝的蛋”，无论是商业系统红十字会的问题，还是慈善总会捐赠发票的问题，最终还是一个管理不到位的问题。有的是制度设计存在缝隙，有的是有制度但管理不到位，有的是细节出了差错。商业系统红十字会的博爱小屋，本是一个具有创新性的公益项目，但由于运营管理不到位，遭

---

① 潘跃：《慈善事业发展四项基本原则：依法推进　平等自愿　公开透明　鼓励创新》，《中国红十字报》2011 年 7 月 19 日。

② 《中国慈善业将推行信息公开制》，《中国红十字报》2011 年 7 月 12 日。

③ 《广州拟立法规定社团未公布信息可吊销募捐许可证》，《中国红十字报》2011 年 8 月 5 日。

④ 《112 家公益组织发起“透明慈善行动”》，《中国红十字报》2012 年 1 月 10 日。

遇“郭美美事件”意外牵扯后，面对公众的质疑难以做出快速而清楚的解释。而中国红十字会总会由于对行业红十字会的发展缺少制度设计，也缺少监管机制，致使这一局部问题最终要由总会“埋单”，承受整个红十字品牌的污损。中华慈善总会所谓“尚德诈捐门”事件，暴露的也是慈善组织在捐赠物资接受、发放及捐赠发票开具上的管理细节问题。

木桶的盛水量，取决于最短的那块木板。对慈善组织来说，尤其是对组织网络遍布全国的红十字会、慈善会来说，在狠抓管理方面，既要补木桶的短板，又要弥合木板间的缝隙，对每一个项目、每一个活动细节、每一笔捐款都要严格管理。否则，这种统一使用名称或品牌、分级治理的组织结构，稍有不慎，就会出现一损俱损的结果。

（三）要完善机制，深化改革

在这次舆论风波中，中国慈善的官办体制似乎成为批判的焦点，此种观点并非公允。中国当代慈善起源于官办，是作为中国改革向市场经济转轨、政府由全能政府向有限政府过渡、弥补政府公共产品不足的替代品而产生的，因此政府部门一直是中国慈善事业的强力推手，中国红十字会、中国儿基会、中国青基会、中国慈善总会这些公益机构，都是在党和政府推动下成立或恢复工作的。官办并非万恶之源，中国慈善事业还很弱小，仍然需要政府支持，才能不断发展、壮大。

改革和发展无疑应成为当前中国慈善事业的主旋律，但要选准改革的主攻方向。“随着中国经济社会的发展变迁，官办公益组织的行政色彩已经在不断消弭。如自身治理结构逐渐健全，依托党政资源开展筹款的模式逐渐淡出，基本上都在依靠自身品牌开展筹款和实施项目，已在不断地去行政化”；“网络事件提示我们，改革势在必行。只有改革创新，才能适应新的形势和任务的要求；只有改革创新，才能促进和实现事业的可持续发展”①。“针对效率低下及深层次治理与体制问题，中国红十字会的改革核心应当是完善内部治理，革新体制，提高效率”②。“郭美美事件”启示我们，中国以官办慈善为主体的格局要不断改革，包括管理体制、治理结构、人力资源管理、绩效管理、监管机制等多方面，都要不断与国际接轨，让民间组织回归民间，政府要从举办慈善过渡到监管慈善，要更多地借鉴中国政府在国有企业改革、建

① 《赵白鸽在中国红十字会第九届理事会第三次会议闭幕式上的讲话（2011 年 12 月 8 日）》，中国红十字年鉴编辑部编：《中国红十字年鉴：2012/2013》，中国工商联合出版社 2016 年版，第 146 页。

② 葛道顺：《中国红十字会应向法定机构转型》，《社会科学报》2013 年 8 月 15 日。

立现代企业制度方面的成功经验。但是这需要一个过程，只能是渐进式改革。涉及组织机制方面的改革，则需要来自国家层面的顶层制度设计，需要政府继续大力推动。慈善机构自身的治理和改善，则需要法律法规的不断健全，依靠组织自身的内部改革，依靠专业人才的引进、培养和不断创新。改革之路，既不会一蹴而就，也不会一帆风顺。“当然，红十字会需要提升的还包括：应对危机的能力，驾驭舆论的能力，开展正面宣传的能力；而不是采取鸵鸟政策，风暴来临，只把头埋在沙子里，祈祷风暴早日消散”①。

（四）要在新媒体格局中乘势而上

当今时代是一个新媒体急剧发展的时代，深刻改变着舆论生成方式和传播方式。随网络而生的新媒体某种程度上是民意和民情输出的重要渠道。“当代信息化和网络、新媒体的发展给广大人民群众提供了一个非常好的意愿表达渠道。网络事件本质上看并不是单纯针对红十字会的事件，而是由此引发了对整个社会管理的质疑”②。新媒体深刻改变着媒体格局和舆论生态，但是，怎么管理和规范新媒体的发展，做到兴利除弊，从政府到社会都缺乏经验③。

红十字会处在这样的社会大背景下，必须对当前的社会舆论情势有清醒的认识，学习舆论传播规律，树立新媒体时代的舆论应对意识。这样才能更好地面对舆论危机，提升自身形象，推进红十字事业的发展。“郭美美事件”后，红会的社会形象遇到了严重损害。面对这样的困局，如果继续固守传统的宣传方式，对红会的发展是十分不利的，因此必须要顺应时代潮流，与时俱进。红会可以利用这些新媒体进行自我宣传和应对危机，要避免宣传成为呆板乏味的公示栏，应该根据现今网络舆情的特点进行有针对性的宣传。具体而言，面对舆情风波，红十字会组织需要建立健全网络舆情监测机制、建立健全网络舆论引导机制、树立及时应对和解决问题的观念，尤其要“有效利用新媒体，团结意见领袖”④。

---

① 刘选国：《“郭美美事件”之后我们该有哪些长进?》，《中国红十字报》2011 年 10 月 28 日。

② 《赵白鸽在中国红十字会第九届理事会第三次会议闭幕式上的讲话（2011 年 12 月 8 日）》，中国红十字年鉴编辑部编：《中国红十字年鉴：2012/2013》，中国工商联合出版社 2016 年版，第 147 页。

③ 华建敏：《改革创新是贯穿始终的一条主线——在中国红十字会第九届理事会第六次会议上的讲话》（2014 年 12 月 26 日），《华建敏谈红十字事业》，2015 年内部印行，第 328 页。

④ 朱金才：《红十字会网络舆情应对研究》，池子华、王国忠、吴玉林主编：《〈红十字运动研究〉2016 年卷》，合肥工业大学出版社 2016 年版，第 242—244 页。

第二节 “舆情漩涡”中的社会监督委员会

成立社会监督委员会并非是对舆情风波的简单回应。“作为总会的试点，江西省红十字会早在2011年3月份就开始筹备成立社会监督委员会，省委书记十分重视，还专门做了批示”①。对于中国红十字基金会而言，在这方面早已做过成功的尝试。中国红基会是近些年中国发展较快的公募基金会之一，到2009年，曾被民政部评为5A级基金会，并两次获得中华慈善奖。中国红基会透明度建设高潮始于2009年。为应对社会对公益机构透明度的要求，中国红基会在国内公益慈善组织中率先建立外部监督机制，建立了社会监督委员会，通过引进第三方评估和监督，扩大机构运作和公益项目执行的透明度②。2009年7月2日，中国红基会社会监督委员会在北京成立，由25名来自监察、审计、法律、媒体、学界、捐赠人、非营利组织等方面的代表组成。社会监督委员会委员和巡视员均为志愿服务性质，不从中国红基会获取报酬。因监督工作而产生的必要成本从中国红基会的行政管理费用中列支③。从2011年到2012年，中国红基会连续两年在“福布斯中国慈善基金榜”中排名全国性公募基金会第一名，2012年更是在“中国基金会透明指数2012排行榜”中以满分荣登榜首④。应该说，这一成绩的取得与红基会强化监督和信息披露工作，以及主动提升透明度有一定关联，也为中国红十字会的社会监督工作提供了一定的借鉴。

一、社监委的成立及运行

2012年“是党的十八大胜利召开之年，也是中国红十字事业深化改革、创新发展的关键一年”⑤。这一年，中国红十字会以“建设人民心中的红十字会”为主旨目标，紧扣“改革与发展”主线，推出诸多重大举措，引起社会强烈反响，既鼓舞了全体红十字人的精神意志，增强了工作决心、信念，提升了社会公众公益信心，更成为中国社会组织改革的“先行者”。

---

① 华建敏：《把握好红十字会改革的目标方向》（2012年12月13日），《华建敏谈红十字事业》，2015年内部印行，第248页。

② 牛晓波：《“状元”是怎样炼成的》，《中国红十字报》2012年12月25日。

③ 李立红：《红基会成立社会监督委员会》，《中国青年报》2009年7月3日。

④ 中青：《中国红基会满分居首》，《中国红十字报》2012年12月28日。

⑤《建设人民心中的红十字会》，《中国红十字报》2013年1月1日。

为深化改革，提高公信力，中国红十字会开始实行审计服务公开招标，“这是中国红十字会总会首次面向社会公开招标审计服务”；举办“开放日”活动，体现积极主动姿态；全面实施贯穿总会、省、市、县四级红十字会的信息系统建设；创新选人用人机制，公开选拔领导干部；制定《中国红十字会改革试点总体方案》，七大方面的基本思路和改革措施陆续出台；稳步推进“博爱家园”，社区防灾减灾水平明显提高；增强救灾备灾能力，完善应急救援体系；推动人体器官捐献工作渐入佳境，逐步建立“自愿、无偿、公开、透明”的人体器官捐献体系；凸显红十字民间外交的作用，文明开放的中国红十字会走向世界中心舞台。除此之外，在社会舆情和公众媒体的视野中，更为引人瞩目的是社会监督委员会的成立，因为它的成立，是一个“重大的体制性改革”，将对中国慈善公益事业产生深远影响①。

社会监督委员会的成立是公众的期待，是改革的需要，是红十字会接受监督、走向公开透明的必由之路。监督是公益组织的保护神。“慈善捐赠第三方监督是现代慈善事业建立信任的一种最常识性的制度安排，也是发展慈善事业的国际惯例”②。公益组织要主动接受社会监督，努力做到公开透明，才能有效树立社会公信力。公益事业需要社会各界的广泛参与，这种参与不仅是捐款捐物、奉献爱心，也需要参与监督、保驾护航③。中国红十字会自2012年年初即开始筹办社会监督委员会，到12月7日，中国红十字会社会监督委员会在北京成立。经多方推荐和严格遴选，中国（海南）改革发展研究院院长、研究员迟福林，中央编译局副局长俞可平，北京师范大学公益研究院院长王振耀，中央电视台主持人白岩松等16人被聘为社会监督委员会委员。

成立当天，社会监督委员会召开第一次会议，选举迟福林为主任委员，俞可平为副主任委员，黄伟民为秘书长。委员们认真细致地讨论了委员会的章程，并表示将秉承“独立、公正、专业”的原则，深入研究相关问题，为实现社会监督委员会的工作目标、推动中国红十字会公开透明做出贡献④。

12月10日，中国红十字会召开新闻发布会，就中国红十字会社会监督委员会成立有关情况进行说明，并回答了记者提问。在发布会上，黄伟民秘书长谈到，社会监督委员会成立后将开展三个方面的监督活动：一是每年固定

---

① 《2012，改革的力量》，《中国红十字报》2012年1月1日。

② 戚枝淬、王锴：《论慈善捐赠第三方监督——兼评红十字会社会监督委员会》，《青海社会科学》2014年第3期，第108页。

③ 王文：《中国红基会社会监督委员会在京成立》，《科技日报》2009年7月4日。

④ 张佩沛：《将开展三方面监督活动》，《中国红十字报》2012年12月11日。

的监督事项，如捐赠款物的管理和使用情况，红十字会重大项目实施情况等；二是引起媒体和社会公众质疑的事项，社会监督委员会可以主动开展调查和监督，独立向社会发布监督公告；三是接受中国红十字会的主动邀请，对特定事项进行监督。中国红十字会常务副会长赵白鸽表示，将全力保障社会监督委员的知情权、参与权和监督权，为监督委员会独立开展工作提供一切便利条件，也希望委员能认真履行监督职责，积极参与监督活动①。

为保障中国红十字会社会监督委员会规范运行，根据《公益事业捐赠法》《红十字会法》和《国务院关于促进红十字事业发展的意见》，制定了《中国红十字会社会监督委员会章程》，明确了社会监督委员会“是由社会各界专业人士组成的专门机构，以第三方身份对中国红十字会有关工作进行监督”。社会监督委员会开展监督活动应当遵循“独立、公正、公开、专业”的原则，不断加大对红十字会相关工作的监督力度，促进中国红十字会提升社会公信力。同时规定了中国红十字会社会监督委员会的职责：

1. 对红十字会财务、项目以及捐赠款物的使用和分配情况等事项进行监督；

2. 应公众的要求，对涉及红十字会的重要事件进行调查；也可根据需要自行对涉及红十字会的重大事项进行调查；

3. 根据调查和监督的实际情况，独立向社会公众发布年度或特定事项的监督工作报告；

4. 征集并转达社会公众对红十字会工作的意见和建议；

5. 对中国红十字会的行动战略和工作计划提出建议②。

在制定章程的基础上，社会监督委员会又出台了《中国红十字会社会监督委员会信息发布制度》，提出“红十字会社会监督委员会独立地履行信息发布义务，不受任何单位和个人的干预”；“社会监督委员会建立和完善舆情研究工作机制，确定专人负责收集整理社会舆情和网上信息，密切跟踪舆论的变化，为统筹谋划信息发布活动提供决策依据”。同时提出了应当向社会发布的信息内容：

1. 每年对红十字会财务、项目及捐赠款物的使用和分配情况等事项进行监督的工作报告；

2. 对涉及红十字会的重大事项进行调查的过程及结果；

---

① 王亦君：《中国红十字会成立社会监督委员会》，《中国青年报》2012 年 12 月 11 日。

② 《中国红十字会社会监督委员会章程》，中国红十字会网，2018 年 8 月 2 日。

3. 公众意见和建议的征集、转达和反馈的情况；
4. 委员的退出、增补或改选；
5. 日常工作动态信息；
6. 其他应当发布的工作信息①。

继总会成立社会监督委员会后，全国各地红会也相继成立了地方红会的监督机构。首先是江苏红会以向社会招募的形式组成了社会监督委员会②，继之，浙江③和安徽④紧随其后。特别是浙江，不仅省红会成立了监督委员会，而且很多市、区级红会也相应成立了监督机构，如舟山⑤、湖州⑥、镇海⑦等地。应该说，成立社会监督委员会，接受公众监督和审查已经成为大势所趋。

中国红十字会社会监督委员会（以下简称“社监委”）成立后即刻开展工作，着手调查“购买别墅案”及“成都捐款箱发霉事件”。

2012 年 12 月 12 日，微博爆料，北京奥运公园旁名为“御御公寓”的神秘别墅群为总会购置，公寓装修豪华，客房、游泳池、卡拉 OK 厅、舞厅、棋牌室等设施一应俱全，且已经营业达 10 年之久。社监委职责所在，于 13 日组成调查组，迅速开展了三方面调查，包括：要求中国红十字会立即展开自查并说明情况；前往网传别墅进行现场调查；前往北京市朝阳区房屋管理局档案中心进行调查。

12 月 13 日，中国红十字会微博通报了自查结果，表示经认真调查核实，中国红十字会总会及各直属单位并没有微博所述情况。12 月 21 日下午，调查组驱车前往北京奥林匹克森林公园进行实地调查。调查发现，该小区部分别墅大门紧闭，没有门牌，甚至没有窗户。小区保安证实，该小区尚未通水电，不具备基本的居住条件。小区负责人表示，该小区产权属于奥林匹克森林公园，与红十字会没有任何关系。随后，调查组前往北京市朝阳区房屋管理局档案中心查询别墅权属。查询结果显示，该别墅群与红十字会没有任何关系。结合三方面调查结果，微博传言“购买别墅案”与事实完全不符，没有任何证据表明该别墅由红十字会购买，或与红十字会存在任何关联。社监委后将

---

① 《中国红十字会社会监督委员会信息发布制度》，中国红十字会网，2018 年 8 月 1 日。
② 苏红：《江苏红会社会监督委员会成员拟任人选产生》，《中国红十字报》2012 年 12 月 7 日。
③ 浙红：《浙江红会成立社会监督委员会》，《中国红十字报》2013 年 1 月 22 日。
④ 汤常荣：《安徽红会成立社会监督委员会》，《中国红十字报》2013 年 3 月 19 日。
⑤ 吴英：《舟山：成立社会监督委员会》，《中国红十字报》2012 年 12 月 21 日。
⑥ 潘熠：《湖州：成立社会监督委员会》，《中国红十字报》2013 年 2 月 6 日。
⑦ 陈彦翰：《镇海：成立社会监督委员会》，《中国红十字报》2013 年 3 月 12 日。

调查结果告知微博爆料人，爆料人表示对调查结果满意①。

12月25日，网友爆料称：成都红会于汶川地震后设立的募捐箱内善款，因长期未取，箱内纸币发霉。从爆料者拍摄的一些募捐箱图片看，箱内灰尘层层，善款上附着白毛，部分甚至腐烂。不仅如此，募捐箱的投资商及设置点业主多次向成都市红十字会反映，均无人理睬。同时，“爆料”还指出因汶川地震而预计设置的1000台捐款箱，最后不仅未达预定指标，反有500多台闲置于仓库之中。12月26日，此事经《新京报》披露后，迅速成为舆论焦点，各大媒体网络纷纷报道，各界哗然②。

在社会各界的呼吁下，社监委于12月28日下午派出调查组赴成都调查事件真相，具体调查4个方面问题：募捐箱的来龙去脉、项目停滞原因、成都红会是否存在违法乱纪行为、抽样调查成都市各区县红十字会募捐箱管理是否完善。30日，社监委调查组返京，并于1月4日召开新闻发布会公布调查结果：“媒体披露信息基本符合事实，成都市部分募捐箱因疏于管理确实出现捐款发霉、积尘现象；签订协议时，成都市红十字会没有对合作方进行有效审查，没有预见到合作的复杂性，致使分歧产生；合作过程中，成都市红十字会确实存在管理不善问题；经过对成都市武侯区红十字会、金牛区红十字会的抽样调查，发现成都市各市区县红十字会募捐箱管理规范，已经建立了比较完善的管理制度，资金使用也没有发现问题。”社监委认为，成都红会在面对公众的质疑时，避实就虚，推卸责任，进行了选择性的描述，没有就关键问题进行说明，也没有承认自己的责任③。根据调查结果，社会监督委员会向中国红十字会总会提出三点建议：建议中国红十字会总会举一反三，在全国进行相关排查；建议出台相关管理办法，完善募捐箱管理；建议出台合作伙伴资格审查管理办法，保障合作双方权益。社监委负责人王永表示，三点建议均获得了中国红十字会总会的积极回应。之后，中国红十字会总会下发通知，对各地红十字会募捐箱进行清理整顿，相关管理办法也开始制定④。该调查公布之后，紧张气氛逐渐缓和下来。

雅安震灾救援中，中国红十字会社会监督委员会受邀监督中国红十字会救灾工作整个流程。监督委员王永代表16位委员承诺，严格履行职责，发挥

---

① 王达：《“别墅”纯属虚构　“募捐箱”管理不善》，《中国红十字报》2013年1月8日。

② 丁泽丽：《“募捐箱发霉”事件与红十字会制度建设》，池子华、张丽萍、汪丽萍主编：《〈红十字运动研究〉2014年卷》，合肥工业大学出版社2014年版，第125页。

③ 陈海波：《购别墅不实　缺位致善款发霉——中国红十字会社会监督委员会首次公布调查结果》，《光明日报》2013年1月6日。

④ 王达：《“别墅”纯属虚构　“募捐箱”管理不善》，《中国红十字报》2013年1月8日。

社会监督作用，号召社会各界一起监督，并发布了举报邮箱和举报电话[①]。4月28日，社会监督委员会参与了中国红十字会总会救助四川雅安芦山地震灾区物资紧急采购项目开标、评标过程。翟晓梅委员见证了招标全过程，她谈到，整个招标过程符合要求，程序规范、严谨，这是红十字会信息公开透明的一个表现，尤其是可以让公众了解红十字会在紧急状态下做出的努力[②]。

此外，四川雅安地震后，社监委联合人民网向社会公开征集3名网友志愿者，全程跟踪参与、监督红会2000万芦山地震专项资金使用过程[③]。3名志愿者首先赶赴中标的企业调查监督物资生产运输情况，并对产品质量进行严格把关；其次是前往灾区监督物资接收和发放情况。志愿者们表示物资发放过程公开、透明、合理，但是也有一些需要改进的细节。社监委的此种做法深化了公众对红会的认知程度，也为红会公信力的回暖奠定了良好基础。

总的来说，具有相对独立性的社监委的介入，改变了以往红会出现问题后自查自纠的处理方式，使得调查更加客观公正，结果也更具说服力。可以说，社监委的设立实为明智之举，但是由于社监委自身存在的先天性问题以及与红会之间的“暧昧关系”，其发展道路并非一帆风顺[④]。

二、社监委陷信任危机

2013年雅安震灾救援中，红会陷入舆情危机，百口莫辩。之所以面临如此困境，社监委委员王永认为这种危机是“郭美美事件”后遗症的表现。“解铃还须系铃人”，为实现“刮骨疗伤”之效，4月24日，王永提议重查“郭美美事件”[⑤]，他认为红会对“郭美美事件”的调查结果疑点重重，没有对公众质疑给予正面回应，故表示将于5月中下旬正式启动重查工作，准备征集志愿者扩充监督力量，并邀请社会公众、网友代表直接参与调查。重查“郭美美事件”随即成为舆论焦点，各种报道扑面而来[⑥]。这些报道大都指出，红会重塑公信力根本之道并非“切割”与“郭美美”的关系，这只不过是“历

---

① 王达：《哪里有灾情　哪里就有红十字——中国红十字会雅安抗震救灾纪实》，《中国红十字报》2013年4月23日。

② 莫寒梅：《总会救助震灾物资紧急采购开标》，《中国红十字报》2013年4月30日。

③ 张立光：《你发放　我监督》，《中国红十字报》2013年5月14日。

④ 阚晨霞：《中国红十字会社会监督委员会评析》，池子华、张丽萍、汪丽萍主编：《〈红十字运动研究〉2014年卷》，合肥工业大学出版社2014年版，第120页。

⑤ 《66家基金会公开芦山地震捐款流向　红会社监委拟重查郭美美事件》，《南方周末》2013年4月24日。

⑥ 王亦君：《红十字会的无奈凸显了什么》，《中国青年报》2013年4月26日；《再查“郭美美”能否重塑红会公信》，《新京报》2013年4月25日；时言平：《重查“郭美美”能否为红会救赎》，《新华每日电讯》2013年4月25日。

史遗留的一笔呆账”。其实，对“郭美美事件”重启调查与否，公众并不是充满热情、翘首以盼的，因为觉得调查不出新意来①。公众更关心“社会监督能否成为固态的机制？善款善物集散公开透明是否能够常态化？红会与公众的对话和沟通能否平等化？”②

中国红十字会则坚持原有声明，即红会没有商业总经理这个职务，郭美美在红会及商红会中没有担任任何职务，其炫耀的资产财富与红会和公众捐款没有任何关系。常务副会长赵白鸽表示，“如果那个声明有问题，我负全责”③。当然，如果调查正式启动，总会表示会积极配合，但目前的任务集中于抗震救灾，此事暂放于救灾之后。

2013 年 6 月 14 日，社会监督委员会召开新闻发布会，就社监委性质、委员职责、是否重新调查“郭美美事件”等公众关心的问题，进行了解释说明。社监委委员、中国社会科学院社会政策研究中心副主任杨团表示，社监委不是公众直接监督红十字会的组织，也不是专业的监督组织，而是公众、媒体与红会沟通的专业桥梁，是一个由 15 名专家组成的专业性、建设性平台。应该说，这样的说法让人产生疑惑，也与社监委章程中规定的“由社会各界专业人士组成的专门机构，以第三方身份对中国红十字会有关工作进行监督”的性质属性明显背离，而且“独立、公正、公开、专业”的工作原则也难以保证。

关于重查“郭美美事件”这一问题，据介绍，在社监委 6 月 9 日召开的 2013 年年中会议上，14 名委员讨论了这一问题，大多数委员认为，社监委没有调查这一事件的权力。社监委委员、北京大学法学院非营利组织法研究中心主任金锦萍表示，调查需要被调查对象的配合，需要国家公权力的支持，社监委没有法律授权，只有建议相关部门进行调查的职责，社监委不会垄断对此事件进行调查的权力，建议红会协调有关部门，在发现新证据的前提下进行调查。社监委委员、北京零点研究咨询集团董事长袁岳表示，对“郭美美事件”的重新调查，需要新的证据，如果有新证据出现，社监委可以督促红会协调有关部门重启调查，欢迎公众提供新证据④。可见，对于重查“郭美美事件”，社监委内部并未达成共识。对于这件事情的处理，让社监委进退维谷，陷于尴尬境地。实际上，重查之事，社监委的确存在着前后不一致的问

① 韩哲：《靠什么让红十字会“断腕”》，《北京商报》2013 年 6 月 13 日。

② 时言平：《重查“郭美美”能否为红会救赎》，《新华每日电讯》2013 年 4 月 25 日。

③ 刘春瑞：《“3 年不改红会印象就请辞”》，《新京报》2013 年 4 月 29 日。

④ 王亦君：《中国红十字会社会监督委员会：欢迎提供“郭美美事件”新证据　可督促重启调查》，《中国青年报》2013 年 6 月 15 日。

题，之前社监委微博已声明社监委内部已对重查“郭美美事件”初达共识，之后又指出“社会监督委目前没有开会做出决定要重查 GMM，真实情况是社监委王永、刘姝威两位委员的个人提议”[①]。

重查“郭美美事件”未果，社监委亦深陷信任危机。有媒体用事实指出：“红会和社监委的一些委员之间有着千丝万缕的关系，甚至有观点认为他们之间存在着利益输送也不为过，包括购买后者的服务、资助后者的慈善事业等等。这让社监委从一开始就定位模糊，其究竟是给红会唱红脸的，还是唱黑脸的，莫衷一是。”[②] 5 月 13 日，有微博爆料称，“中国红十字会社监委实际就是‘红会公关部’”，并指出社监委办公费用由红会支出，资金无法独立何谈独立调查[③]。之后社监委委员王永、王振耀、袁岳、张勇、金锦萍先后遭受质疑，一时间社监委被推向风口浪尖。

应该说，社监委成立以后，并非无所作为，如上述调查“红会购买别墅事件”“募捐箱发霉事件”等，调查结果令人信服。在雅安抗震救灾中，其工作可圈可点之处也不言而喻。但重查“郭美美事件”之后的信任危机也对社监委敲响警钟，作为一个监督架构，只有保持自身独立性，坚定公正、公开、公平原则，履行自身职责，方能更好地提升自身信任度[④]。某种程度上，社监委并未完全遵照其章程规定的“独立、公正、公开、专业”的基本原则，所以造成了自身也深陷信任危机。

社监会一成立便引起网络媒体、社会公众的热议，其中更多的是质疑，主要涉及社会监督委员会成员如何遴选、社会监督委员会成员为何多是名人、谁来监督社会监督委员会、社会监督委员会运行发生费用谁来负担等问题[⑤]。对于完善中国红十字会的外部监督而言，社监委的公益实践做出了重要的探索和尝试，这一点不能忽视。而对于社监委而言，要想获得长足发展，必须明确自身定位，转化自身社会角色，与红会保持距离，坚持独立性。

为此，要解除公众对社监委的疑虑，首先要解决其成员的构成问题。诚然，红会已表明社监委大多数成员是法律、财务等各行业的精英翘楚且兼有社会影响力，既有能力监督红会财务账目、对项目进行合理绩效评估，又有

---

① 《红会：我没说重查郭美美　红会社监委新闻发言人称调查决定权不在红会》，《京华时报》2013 年 4 月 27 日。

② 韩哲：《靠什么让红十字会“断腕”》，《北京商报》2013 年 6 月 13 日。

③ 赵缶：《红会第三方监督为何引发质疑》，《新京报》2013 年 5 月 14 日。

④ 丁泽丽：《芦山地震期间中国红十字会的危机应对》，池子华、张丽萍、汪丽萍主编：《〈红十字运动研究〉2014 年卷》，合肥工业大学出版社 2014 年版，第 157 页。

⑤ 陈元：《中国红十字会回应“社会监督委员会”四点质疑》，新华网，2012 年 12 月 10 日。

自惜羽毛、维护个人社会名声或经营“品牌公信力”的必要。但是在公众看来，这些无疑为红会添上了“傍名人”和“无草根”的舆论非议。因此，社监委的成员构成，范围应该更广泛，可通过网络平台票选公众心中满意人选或邀请记者团、志愿者、热衷公益事业的慈善家等等。此外，社监委应对监督人员进行专业培训，特别是对公关人员进行培训，包括如何监督、监督什么、怎么样回答公众质疑等。其次是关于运作经费问题。社监委的活动经费源于红会，这种制度存在的前提是其成员由红会聘请，为红会做事，红会提供经费无可厚非。但若社监委独立于红会，这样的“等价交换”亦应解除。作为一个独立的社会监督机构，应与政府进行合作，谋求经济保障，经费可请求民政部下拨或适当征收会费或者委员自筹。独立性问题的解决是其重获公信力的基础，以上两点值得考虑①。

“第三方监督机构可以是民间自发设立的，也可以是政府倡导设立的，但不能依附于任何慈善机构，不能是针对某个慈善机构而设”②。社监委由红会筹建，与红会存在着千丝万缕、错综复杂的关系，这有悖于建立第三方监督机构的初衷。作为红会力图重建公信力愿望下催生的监督机构，转化自己的角色，代表公众监督红会才是社监委存在的意义所在。解决好监督者和被监督者之间的利益共同性问题，社会监督委员会才能摆脱“小媳妇”的角色，以自身的独立性保证监督的客观性，进而获取社会公信力，成为慈善组织的有力监督者③。

网络事件和舆情风波一次次把中国红十字会推上风口浪尖，值得深思。现代社会信息化的迅猛发展促进了信息的平衡分布与快速传播，促进了思想解放、信息共享，但也改变了传统舆论格局，使负面舆论和非理性声音极易迅速播散。与此同时，当代中国正在经历空前广泛的社会变革，这种变革给我国发展进步带来了巨大活力，但也带来各种各样的矛盾和问题。在二者相结合的大背景下，社会公众对社会组织提出了新的更高的要求。特别是对于红十字会这样一个人道工作领域的社会组织，不仅提出了遵守党纪国法的基本要求，而且提出了更高的道德要求，这是一个重大的挑战④。

---

① 阚晨霞：《中国红十字会社会监督委员会评析》，池子华、张丽萍、汪丽萍主编：《〈红十字运动研究〉2014 年卷》，合肥工业大学出版社 2014 年版，第 121—122 页。

② 戚枝淬、王锴：《论慈善捐赠第三方监督——兼评红十字会社会监督委员会》，《青海社会科学》2014 年第 3 期，第 109 页。

③ 阚晨霞：《中国红十字会社会监督委员会评析》，池子华、张丽萍、汪丽萍主编：《〈红十字运动研究〉2014 年卷》，合肥工业大学出版社 2014 年版，第 121—122 页。

④ 华建敏：《以改革为纲　以改革为动力——在中国红十字会九届三次理事会开幕会上的讲话》（2011 年 12 月 7 日），《华建敏谈红十字事业》，2015 年内部印行，第 179—180 页。

作为全球最大的人道组织和紧急救援机构的中国红十字会，短时间内因为一系列网络事件引发公信力危机，可视为在整个中国大的转型背景下，社会组织和公益组织发育成长过程中的一个代表性案例。其折射的问题需要理性、全面、客观的判断，需要系统、深刻的反思，更需要实质性的改革和完善。人道救援和慈善事业需要建立由政府、社会组织、企业、公民共同组织的体制机制；建立公开透明和规范化的管理机制；建立与社会和公民沟通的畅通渠道，即建立良好的公众关系平台①。

第三节　负重前行：四川雅安震灾救援

2013 年 4 月，四川省雅安市芦山县发生 7.0 级地震，造成山体滑坡、道路塌方、房屋倒塌，给当地人民群众生命财产带来严重损失。各级红十字会秉承人道主义宗旨，迅速展开救援行动，又一次彰显了红十字的人道光辉。

一、雅安地震灾情概况

2013 年 4 月 20 日上午 8 时 02 分，四川省雅安市芦山县发生 7.0 级强烈地震，断层破裂达 35 至 40 公里，震源深度集中分布于 15 公里至 25 公里之间，震源破裂持续时间为 30 秒左右，断层面最大滑动量达到 1.6 米。强震之后余震不断，截至 24 日 8 时，余震达 4001 次，其中 5.0 至 5.9 级余震 4 次②。

灾情如此之重，人员伤亡和财产损失不难想见。20 日 18 时 10 分，死亡人数达 124 人，其中雅安市死亡 113 人，受伤 3300 人③。随着时间推移，死亡、失踪、受伤人数不断攀升，截至 24 日 18 时，全省累计 200 多万人受灾，196 人遇难，21 人失踪，13484 人受伤。其中，雅安 8 县有 110 万人受灾、176 人遇难、19 人失踪、12030 人受伤（重伤 995 人）。灾区房屋损毁严重，农村住房倒塌 18.63 万间、严重受损 43 万间；城镇住房倒塌 6700 多间、严重受损 8 万多间，其中芦山县龙门乡房屋坍塌率高达 99% 以上。公路、桥梁、电力、通信、水电站、水库等基础设施无不遭受破坏④。据估计，此次地震造成的直接经济损失约 500 亿元左右，灾后重建资金需求约为 1000 亿至 1500

① 裴力、潘强：《完善监督体系　打造透明红会事业》，《中国改革报》2012 年 8 月 8 日。
② 张航：《“感谢北京的救命医生”》，《北京晚报》2013 年 4 月 24 日。
③ 《雅安地震死亡人数已达 124 人》，《新京报》2013 年 4 月 20 日。
④ 《芦山地震已致 196 人遇难　21 人失踪　13484 人受伤》，新京报网，2013 年 4 月 25 日。

亿元[①]。

二、中国红十字会的救援行动

面对突如其来的灾难，党中央、国务院高度重视。习近平总书记做出重要指示，把“抢救生命作为首要任务，千方百计救援受灾群众，最大限度减少伤亡，加强地震监测，切实防范次生灾害，妥善做好受灾群众安置工作，维护灾区社会稳定”[②]。作为国家减灾委员会成员之一，中国红十字会全力投入此次救灾行动中。

（一）总会统筹协调，整体部署

20日8时20分，总会接到地震消息后即刻召开执委会，成立雅安地震应急指挥部，常务副会长赵白鸽任总指挥，副会长郭长江、王海京，秘书长王汝鹏任副总指挥，启动应急预案，统筹领导全国各级红十字会开展救灾工作。华建敏会长在听取执委会报告之后，要求科学有效地开展救灾工作，确保灾民“有水喝、有饭吃、有房子住、病了有医生看”[③]。20日中午，中国红十字会的救灾帐篷就在灾区连片搭起，中国红十字会第一批救灾物资（包括500顶帐篷、400个家庭包及食物）已送到灾民手中。与此同时，中国红十字会再次从四川及周边地区备灾救灾中心调拨第二批救灾物资启运灾区，包括5000床棉被、5000件夹克衫、5000个家庭包和1200顶帐篷。当天下午，中国红十字会将应急响应从二级提升至一级，赵白鸽率队赶赴灾区指导救灾[④]。20日晚是一个不眠之夜，中国红十字会总会机关灯火通明，电话铃声此起彼伏，所有人都在紧张而忙碌的工作着。

当晚，总会救灾工作组到达芦山后与四川省红十字会、雅安市红十字会救灾工作组会合，成立由总会、省、市、县四级红十字会组成的中国红十字会芦山抗震救灾前线指挥部，统筹、协调红十字会系统的抗震救灾。经过明确分工，指挥部定岗定责，全员迅速进入了紧张工作状态。当晚，前指工作人员分成几组，走访灾区安置点，评估灾情，了解灾民需求，与相关部门办理对接手续。忙完这一切，已是凌晨4时许。一个多小时后，当天变亮时，红十字人又继续投入工作，接待来自全国各地的救援队和志愿者，接收和分

---

① 《芦山地震直接经济损失预计达500亿元左右》，《信息时报》2013年4月24日。

② 《习近平作出重要指示　要求把抢救生命作为首要任务　千方百计救援受灾群众　最大限度减少伤亡》，《人民日报》2013年4月21日。

③ 王达：《哪里有灾情　哪里就有红十字——中国红十字会雅安抗震救灾纪实》，《中国红十字报》2013年4月23日。

④ 张立光：《急灾区之所急　帮灾民之所需》，《中国红十字报》2013年4月23日。

发从各地备灾救灾中心调拨的物资，组织志愿者搭建救灾帐篷，协调各支救援队开展搜救任务等，各项工作都在与时间赛跑①。

在“72 小时黄金救援”阶段即将结束之时，王海京副会长及时发布过渡安置阶段的具体工作：“一是组织采购灾区群众急需的生活物资，配合政府做好群众安置的生活保障；二是做好大众卫生工作，在灾区群众生活安置点搭建厕所，并做好管理和维护工作；三是做好心理援助工作”②。为推进救灾工作全面有序开展，4 月 28 日，由总会倡导，总会、北京师范大学、成都公益组织共同成立“4·20 中国社会组织灾害应对平台”，集结慈善组织力量，发挥“1+1>2”的社会效应，推进灾后重建工作的有序展开。

（二）各地红会积极响应，有序推进

地震发生后，全国各省（区、市）红十字会纷纷启动应急预案，积极投入救援行动当中。

北京市红十字会高度关注灾情，第一时间召开抗震救灾工作紧急会议。同时紧急筹集 100 万救灾资金和 500 顶帐篷、1000 个家庭急救箱、1000 套棉衣、1000 套棉被等救灾物资，随时准备运往灾区。

天津市红会开通 24 小时募捐热线，并从市红十字会备灾救灾基金中调拨 100 万元支援地震灾区。

重庆市红十字会向中国红十字会发出请战书，做好了抗震救灾的各项准备工作，随时听候总会的派遣；同时做出工作部署，通知相关领导和部门工作人员立即进入工作状态；通过华龙网、重庆市红十字网和各类 QQ 群向社会各界发出倡议，帮助灾区人民战胜灾难、渡过难关。

江苏省红十字会地震后一小时，相关领导和有关职能部门人员及时到岗加班，第一时间与四川省红十字会、中国红十字会总会进行联系，了解灾区需求，及时组织备灾救灾中心装载救灾物资运往地震灾区。

浙江省红会成立抗震救灾领导小组，下设 4 个工作组；向灾区紧急拨付第一批救灾款 30 万元；通过媒体向全省发出赈灾募捐呼吁，接受社会各界捐款；省红十字心理救援队随时待命，做好赴灾区参与心理救援的准备；省红十字会向社会公布 24 小时值班热线，科学有序地开展抗震救灾工作③。

灾情发生后，山东省红十字会启动应急救灾一级响应，成立抗震救灾工

---

① 王达：《红十字人在一线》，《中国红十字报》2013 年 4 月 28 日。

② 《王海京谈“红十字会与芦山地震抗震救灾”实时播报》（二），中国红十字会网，2013 年 4 月 24 日。

③ 《红十字在行动》，《中国红十字报》2013 年 4 月 23 日。

作领导小组，设赈济、综合、捐款、捐物、宣传和保障6个工作组，大家分工明确，各司其职，坚守岗位①。

灾害无情人有情，漳州雅安心连心。福建漳州和四川雅安是一对友好城市，一个在东部沿海，一个在西部内陆，两地相隔千里。地震发生后，漳州市红十字会立即启动自然灾害应急救援预案，向灾区紧急汇出第一批救灾款50万元，并发去慰问信②。

雅安强震发生后，四川省各市（州）、县红十字会迅速行动，紧急驰援灾区。20日上午9时，四川省红十字会机关及直属单位全员集结，部署工作；中午12时，省红十字会救灾工作组与已在当地开展救灾工作的雅安市红十字会会合。很快，存放在芦山县的200顶红十字会救灾帐篷搭起。据媒体报道，这是地震灾区搭建的第一批救灾帐篷③。

刚刚组建不久的达州红十字蓝天救援队向达州市红十字会请缨，要求去地震灾区参加救援。经过紧张准备，在地震发生3个小时后，蓝天救援队队员和其他后勤保障人员共50余人，驾驶15辆车赶赴灾区。

江油市红十字会通过党政网、江油市红十字会网、江油市电视台发出向雅安地震灾区捐款的倡议书，呼吁全市爱心人士伸出援助之手。

资阳市红十字会立即启动应急预案，一是成立了抗震救灾领导小组；二是派出红十字志愿服务医疗队；三是向全市发出了“资阳市红十字会救助雅安地震灾募捐呼吁书”；四是将与华凌汽车有限公司等单位联合开展现场募捐活动。

邛崃市红十字会相关领导赶赴高何镇灾区了解灾情后，迅速召开专题会议，研究抗震救灾方案：组织2吨大米和30件矿泉水送往高何镇灾区；在邛崃市红十字会网站向全社会发出募捐倡议书；组织红十字志愿者服务队奔赴高何镇灾区开展抗震救灾工作；组织一支红十字医疗紧急救援队奔赴重灾区芦山县。

广元市红十字会迅速行动，一是向社会各界发出“向雅安地震灾区捐款的倡议书”，对外公开捐款账号和联系方式；二是设立捐款捐物接收点；三是组织人员开展支援灾区行动。

双流县红十字会全体工作人员第一时间迅速到岗，立即启动应急预案，成立了应急救援领导小组（分为灾情信息、应急救援、物资筹备等工作小

---

① 《红十字人以行动践行使命》，《中国红十字报》2013年5月7日。

② 林堃：《漳州第一时间援助友好城市雅安》，《闽南日报》2013年4月21日。

③ 王达：《哪里有灾情　哪里就有红十字——中国红十字会雅安抗震救灾纪实》，《中国红十字报》2013年4月23日。

组），确保抗震救灾工作高效有序。

荥经县红十字会立即启动应急预案，兵分两路开展抗震救灾。一路奔赴芦山灾区支援；一路负责收集荥经县灾情上报，随时与兄弟区县及上级红会保持联系①。

地震发生后，台湾红十字组织表示，“已与大陆方面紧急联络，如有需要，将组派救援医疗队赶赴地震灾区，提供搜救和医疗支援”②。4 月 23 日，台湾红十字组织地震灾情评估小组抵达四川芦山县城，开始了解与评估灾情和救援情况，以拟订后续救灾方案。评估小组还带来了目前灾区紧缺的消毒剂等物资。此前，台湾红十字组织通过中国红十字会总会向芦山地震灾区捐款 500 万元人民币，用于支持当地红十字会开展救灾工作，其中 100 万元用于紧急阶段救援，受灾群众安置，医疗药品、器材采购等，另外 400 万元将用于灾后重建③。

（三）派遣救援队，深入第一线

20 日下午，999 紧急救援队的第一批队员乘当晚 9 时 35 分的航班飞往成都，之后由 5 辆大型救护车、1 辆餐车、1 辆通讯保障车组成的第二梯队连夜驰往雅安。作为唯一通过公路前往灾区的救援队，999 紧急救援队承担着将装备先进的救护车送往灾区的重任，这是灾区震后急需的设备。21 日晚 9 时 15 分，长途奔波 24 小时后，救援队终于抵达灾区。此次参与救援的医生、护士和司机中，很多人参与过汶川地震、玉树地震的救援工作，有丰富的救援经验。

999 紧急救援队是总会于 2009 年 5 月 10 日成立的第三支专业紧急救援队。赶到灾区后，999 紧急救援队员不辱使命，在灾区设置医疗点，为村民查体、换药、看病、提供饮食。灾区 56 岁的罗大叔，双目失明，吃到不洁食物后腹痛难忍，在 999 救援队的治疗下恢复了健康，罗大叔常说：“999 紧急救援队是我的救命恩人。”为改善灾区卫生境况，999 队员为灾区搭建厕所、定期卫生消毒、讲授卫生知识。尽管大震已过，但鉴于余震不断，999 救援队举办了自救互救知识培训，教授村民自救互救知识和技能④。直至 5 月 2 日，救援队顺利完成救援任务，启程返京。自 4 月 20 日至 5 月 2 日，13 天里 999 紧急救援队在 27 个自然村巡诊万余人次，救治灾民 3000 多人，转运重症患者

---

① 《同甘苦　共患难》，《中国红十字报》2013 年 4 月 23 日。

② 《台各界情系雅安灾区》，《团结报》2013 年 4 月 23 日。

③ 《来自海峡那边的“爱”》，《中国红十字报》2013 年 4 月 26 日。

④ 胡伟：《我与红十字人一起救灾的日子》，《中国红十字报》2013 年 5 月 10 日。

30多人，发放药品、物资价值600多万元，运送物资里程4600多公里，为受灾群众提供就餐12200多人次。大同乡村民为表感激，亲手制作千纸鹤送别队员①。

4月20日下午，重庆市红会决定向灾区派遣红十字医疗救援队，有两辆救护车，一辆物资运送车，随车装载4箱应急装备、50公斤消杀药品和各类急救药品及器材。救援队集结的医生和护士曾经参加过“5·12”四川汶川地震、青海玉树地震救援。

20日上午，山东省红十字蓝天救援队、青岛市红十字蓝天救援队首批13名救援队员第一时间乘机前往成都，再坐车赶赴雅安。21日凌晨3时，救援队到达灾区外围，因道路中断一时无法进入灾区。这时，一群骑着摩托车前往荥经卖菜的菜农经过此地，众人二话不说，抛下蔬菜，迅速搭载救援队员赶往灾区。

新疆蓝天救援队一行5人20日晚从乌鲁木齐出发，连夜赶赴雅安灾区。21日凌晨，新疆蓝天救援队抵达雅安，与其他蓝天救援队汇合，继续往震中进发。

22日上午，已集结两天的云南红十字会大众卫生救援队等到出发的命令。他们的任务是为灾区搭建安全、应急的简易厕所②。

四川省内的红十字会紧急救援队是最先赶到灾区的队伍。20日20时，泸州市红十字会山地救援队携带搜救犬、生命探测仪、测挖搜救器等设备抵达芦山县龙门镇。23时，德阳市红十字志愿者应急服务救援队到达芦山。此后，四川省红十字会应急救援队、四川省红十字应急通讯保障志愿者大队、四川省红十字医疗救援队（2支）、成都锦江区红十字蓝天救援队等随后赶到，执行搜救任务，为灾民提供紧急医疗救护及生活保障。

芦山、宝兴、双石、龙门、龙兴、飞仙……灾区处处红十字。据不完全统计，近700名受灾群众得到了红十字救援队提供的紧急救护。红十字救援队设立了医疗救护站，提供了救护车，发放了饮用水、方便面等救灾物资；为保证通讯畅通，红十字应急通讯保障志愿者大队还在海拔1700多米处设立了红十字救援通讯台③。

近年来，从散兵作战，到迅速搜救；从分散零碎的小团体，到训练有素的专业队伍，红十字救援力量正在不断强大。山东红十字蓝天救援队队长王

---

① 张立光：《送别》，《中国红十字报》2013年5月7日。

② 雅红：《雅安挺住，我们来了》，《中国红十字报》2013年4月23日。

③ 王达：《哪里有灾情　哪里就有红十字——中国红十字会雅安抗震救灾纪实》，《中国红十字报》2013年4月23日。

骁宙说："汶川地震时，我们这些志愿者就像刚出生的婴儿。经历了5年的历练，我们的救援技术已经快小学毕业了。"[①] 截至4月22日17时，共计25支救援队前往灾区，其中总会救援队1支，省（区、市）红十字会救援队11支，地市级救援队13支，共计400名队员和113台救援车辆。救援队在灾区积极进行搜救、提供医疗救援服务、搭建帐篷、派送食品、发放救灾物资、破拆危房、协助运送伤员、搭建通讯台以提供通讯服务等工作，受到灾区人民的赞誉[②]。

（四）启动"查人转信"工作

长期以来，由188个国家红会和红十字国际委员会共同组成的寻人网络给世界各地因武装冲突失散的家庭保留了一份重聚的希望。芦山地震发生后，为给灾区家庭分离的人群提供寻亲帮助，中国红十字会于4月24日紧急启动重建家人联系工作，与红十字国际委员会联合开设了寻人网站，同时要求全国各级红十字会系统积极行动起来，应对不断增多的寻人需求。

寻人网站的人道服务完全免费，运行界面为中文。需要寻人者可登录中国红十字会官方网站，在"四川雅安地震寻人——重建家庭联系"栏目"寻找失踪者"页面进行查询。如果失踪人员没有确切消息，信息前显示黄色"失踪"字样；若失踪人员已被找到，信息前将出现绿色"平安"标志；如果你是所寻找之人或你有此人准确信息，可以通过留言联系中国红十字会。红十字国际委员会寻人网站也开通了雅安地震专页。

中国红十字会还制定了《重建家庭联系信息搜集工作手册》，具体指导前方工作人员与志愿者开展工作；并派出多个工作小组前往灾区，进行入户调查以收集信息，同时通过多种方式和渠道招募灾区就近的志愿者。工作人员根据搜集效果进行需求评估，迅速展开信息筛查工作。红十字志愿者在地震灾区主要开展两项服务，一是将免费"报平安"的电话送到重灾区以及伤者病床前；另一项是提供免费"红十字通信"服务。很多与家人失去联系的伤者和灾区人民通过这两种方式在灾后第一次与亲人取得了联系[③]。

（五）募集款物，调配物资

地震发生后，根据灾区需求，中国红十字会总会呼吁社会各界积极行动起来，发扬中华民族"一方有难，八方支援"的传统美德，积极捐款捐物，并公布救灾专用账号、热线。总会同时要求各级红十字会立即行动起来，严

---

① 《生命救援　争分夺秒》，《中国红十字报》2013年4月26日。

② 张立光：《急灾区之所急　帮灾民之所需》，《中国红十字报》2013年4月23日。

③ 李竹：《总会紧急启动"查人转信"工作》，《中国红十字报》2013年4月30日。

格依照《红十字会法》的有关规定，依法开展募捐，积极投入救灾工作。中国红十字会的救灾工作还将全程接受社监委的监督①。

在红会的号召下，各界人士伸出援手，奉献爱心，如著名慈善家李春平以个人名义向雅安地震灾区捐款600万元；浙江泰普森集团向雅安地震灾区捐赠500顶帐篷和50万元善款②；泰康人寿捐款500万元；珠海远光软件有限公司董事长陈利浩个人捐款100万元③；内蒙古伊泰集团捐款1000万元；河仁慈善基金会捐款1000万元④。4月24日，画家高歌通过中国红十字会向四川芦山地震灾区捐赠五幅“虎作”⑤。

4月22日晚，广东省红十字会与南方影视传媒集团等单位联合主办了大型慈善爱心晚会，共筹集善款1.07亿元、物资价值2355万元⑥。截至23日，山西省红十字会系统共募集280余万元款物。截至24日15时，辽宁省红十字会累计接收捐赠款物折合人民币325万余元。贵州省各级红十字会，广泛开展救援芦山地震灾区的募捐工作，截至4月24日12时，总计接收捐赠款物672.6万元⑦。截至4月25日11时，浙江省红十字会系统共筹集捐赠款物3187.57万元（资金1254.46万元，物资价值1933.11万元），并已先后向灾区拨付救灾款物价值986.08万元⑧。截至23日17时，昆山市红十字会接到爱心人士及单位的56笔捐款共计1021.5005万元，物资价值101万余元⑨。

总会积极为灾区募捐呼吁，接收各方款物，截至4月22日17时，中国红十字系统共计收到捐赠款物12234万元⑩，总会、地方红会及港澳台红十字组织已向灾区提供救灾款物2933.7439万元，其中救灾物资价值2208.7439万元，救灾款725万元⑪。截至5月9日，中国红十字会官网首页显示，总会接

---

① 《总会发出救助雅安地震呼吁》，《中国红十字报》2013年4月23日。

② 张立光：《彭珮云接收社会捐赠并颁发感谢状》，《中国红十字报》2013年4月23日。

③ 宗红：《华建敏接受社会捐赠并就红十字会救灾工作做出重要指示》，《中国红十字报》2013年4月23日。

④ 王达：《总会收到芦山地震大额捐款》，《中国红十字报》2013年4月26日。

⑤ 宗红：《画家高歌向灾区捐赠五幅“虎作”》，《中国红十字报》2013年4月30日。

⑥ 粤红：《广东红会举行募捐爱心晚会》，《中国红十字报》2013年4月26日。

⑦ 《八方捐助　汇聚爱心》，《中国红十字报》2013年4月28日。

⑧ 浙红：《爱心在红十字旗帜下汇聚》，《中国红十字报》2013年4月26日。

⑨ 《让爱先行　为爱而动》，《中国红十字报》2013年4月28日。

⑩ 王达：《哪里有灾情　哪里就有红十字——中国红十字会雅安抗震救灾纪实》，《中国红十字报》2013年4月23日。

⑪ 张立光：《急灾区之所急　帮灾民之所需》，《中国红十字报》2013年4月23日。

受捐赠款物达15849.77万元，其中捐款12994.02万元，捐物2855.75万元[①]。而截至地震发生后一年的2014年4月20日，中国红十字总会接受芦山地震捐款捐物共计12.02亿元，其中捐款9.35亿元、捐物2.67亿元。各级红十字会通过现场、邮局、银行、互联网、手机等渠道获得捐赠超过66万笔，其中个人捐赠笔数占总捐赠笔数的93%，而101万人次通过手机捐款，共计297.3万元[②]。

应该强调的是，在此次救灾募捐中，中国红十字基金会发挥了独特的作用。地震发生后，红基会立即推出"天使之旅——雅安行动"，开通雅安地震专项捐款账户。当日，上汽通用五菱捐款50万元，上汽通用五菱博爱车队（志愿者）并深入一线为抗震救灾提供交通服务；合生元母婴救助基金捐助100万元，用于救助灾区母婴；廖静文基金捐助10万元，用于抗震慰民；杨澜"阳光文化基金"为灾区孩子捐款100万元；珠海纳思达电子科技有限公司向灾区捐款50万元；广汽丰田汽车股份有限公司向灾区捐款200万元，并捐赠总价值100万元的3辆汉兰达越野车，用于救灾；长江商学院发起"长江不择溪流、将爱传递雅安"活动，动员校友通过红基会"长江公益基金"向雅安捐款。"几乎每分钟都有新的捐款"，正是这些小到几块、几十块，大到万元的捐款，汇聚成强大的爱心洪流。截至4月22日下午4点，汇集到红基会的救灾款物累计11239笔、1516.38万元。其中，捐款1116.38万元，物资400万元[③]。截至5月3日16时，红基会共接收救灾款物2317.71万元，其中捐款1516.01万元，物资801.7万元[④]。

同时，红基会派出救灾工作组前往灾区评估灾情、发放救灾物资，形成以"一站两中心"（"天使驿站"、物流中心、信息中心）救灾模式为核心，芦山（救灾行动执行和救灾信息搜集）——成都（救灾物资接收采购和救灾信息整合）——北京（救灾款物募集和救灾信息发布）三级联动的救灾行动动员和实施框架。为保证安置过渡阶段灾民生活需求，红基金采购家庭箱发送灾区，截至5月6日，已发放价值322万元家庭箱，惠及8000个家庭、2.5万人。进入恢复重建阶段后，红基金积极签署援建意向书，援建龙门乡卫生院住院楼，资助龙门乡隆兴红十字博爱中心小学和思延乡博爱初级中学的维

---

① 截至6月21日，中国红十字会官网显示，中国红十字会系统共接受捐赠款物共计111711.70万元，其中捐款84651.54万元，捐物27060.16万元。

② 周子琪、石小宏：《中国红十字总会晒地震捐赠"账本"超6亿元用于芦山地震灾后重建》，《四川日报》2014年4月24日。

③ 张佩沛：《红基会万笔捐款背后的颗颗爱心》，《中国红十字报》2013年4月23日。

④ 红基：《红基会在灾区发放6600个家庭箱》，《中国红十字报》2013年5月7日。

修工程费用[①]。红基会的行动，为总会救灾增色不少。

红会募捐过程中，涌现出许多感人事迹。江苏省南京市志友余广义、刘琨夫妇是年近八旬的企业退休职工，他们身患多种疾病，已失去生活自理能力，却在芦山地震第二天一早就为灾区捐款200元。夫妇俩一再说："钱，太少了，不好意思，只能表达一下我们的心意。"4月21日，江苏省南通市"中国好人""磨刀老人"吴锦泉将两年来磨刀积攒的共计1966.2元硬币全部捐给灾区。2008年以来，老人累计捐款23392.2元[②]。4月21日晚，74岁的陆嘉禾老人和老伴从家乡江苏省建湖县持无座车票赶赴北京，到中国红十字会总会为地震灾区捐赠字画。4月21日下午，12岁的初一学生梁柏勤在公园外摆起筹款"小摊"，吹奏萨克斯为灾区群众募捐，最终募得善款800元；22日上午，梁柏勤委托亲戚带着800元善款和自己的100元零花钱来到总会，向灾区人民献出了一份爱心。4月22日，内蒙古扎兰屯市兴华街道退休老人何春新、于秀芳夫妇来到市红十字会，向地震灾区捐款200元，成为扎兰屯市红十字会芦山地震捐款第一人。汶川地震、玉树地震等灾害发生后，夫妇俩都是扎兰屯市捐出善款第一人。4月23日早晨，71岁老人将拾荒挣来的660元钱通过辽宁省辽阳县红十字会捐给地震灾区，老人说，希望"6"这个数字能让灾区人民"顺溜"地度过灾难。4月23日一早，山东省青岛市法海寺僧人来到城阳区红十字会，为芦山地震灾区捐款1万元。地震发生后，僧人们自发组织捐款，并为雅安祈福[③]。4月24日，86岁老人陈孝法通过宁波市红十字会捐款3万元给地震灾区。老人是鄞州区农林局退休职工，20多年来，累计捐赠超过40万元，还拟定了捐赠计划——每年将70%的退休金奉献给社会公益事业[④]。

（六）加强国际合作，合力应对灾难

地震发生后，总会迅速同国际联合会、红十字国际委员会取得联系，通报灾情及救援情况。国际联合会立即派出救灾专家前往成都开展灾情评估等工作。美国、西班牙、加拿大、芬兰等国家红十字会纷纷致电总会询问灾情，表示随时准备为灾区提供所需帮助。其中，新加坡红十字会向灾区捐款15万

---

① 《对每一份爱心负责——中国红十字基金会"天使之旅——雅安行动"纪实》，《中国红十字报》2013年5月17日。

② 《"磨刀老人"再捐款》，《中国红十字报》2013年4月23日。

③ 《爱心人物谱》，《中国红十字报》2013年4月26日。

④ 《爱心人物谱》，《中国红十字报》2013年4月30日。

新元（约合人民币 75 万元）[1]，日本红十字会捐款 1.3 亿日元（折合人民币 840 万元）[2]。

三、救援行动当中的舆论风波

大灾大难面前，总有“红十字”的身影。但自 2011 年“郭美美事件”以来，中国红十字会负面新闻不断，接二连三地将红会推向舆论的风口浪尖。芦山地震，自募捐至救援，红会屡遭质疑，陷于重重危机之中。中国红十字会面临两线“作战”，在募捐救灾、下发救灾款物的同时，还要应对各种舆情风波。从子虚乌有的向台湾红十字组织收取“500 万元买路钱”，到张冠李戴的“工作人员戴浪琴表”，红十字会应接不暇。虽然红会表示要“埋头苦干”，对谣诼尤其是微博上的情绪化谩骂“不去管它”，但最终不得不一一解释、澄清每一条谣言[3]。

地震发生当日，中国红十字会总会于官方微博发布第一条赈灾信息中的“考察灾情”表述被网友质疑“太官腔”，随后，“台湾红会先捐 500 万再进震区”“中国红十字会未入国际红十字会”“虚开发票”“壹基金募得捐款须交红会”“金佛珠项链事件”“浪琴表事件”“8000 多万善款风波”“民众屡爆‘被捐款’”“社监委实为红会‘公关部’”等等质疑声浪迭起，矛头直指红会。与此同时，譬如“郭长江炫富”“红十字会路虎车队”“名人大腕只捐 1 分钱”“捐款箱纸币为何发霉”“花冈基金事件”等“旧事重提”。各大网络媒体纷纷报道，一时间红会成为舆论焦点，深陷舆论漩涡。根据中青舆情监测室统计，“红十字会动态”成为震后 60 小时内排名第五的热度词[4]。

人民网舆情监测平台显示，自 5 月 27 日至 6 月 27 日，关于中国红十字会的相关新闻达 17382 条（如图 8 - 1 所示）。

在这一月期间，从新闻关注度走势来看，跌宕起伏，平均每天的报道量为 580 条，关注度之高，不难想见。无论从报道总量还是单天的报道量来看，中国红十字会仍然是媒体关注的焦点，红十字会的任何行为和言语都存在着短时间内被媒体快速放大的可能[5]。

红会面临的最大危机还在于“郭美美事件”的沉渣泛起。2011 年发生的“郭美美事件”，无疑重创了中国红十字会的公信力。两年来，中国红十字会

---

① 《中国红十字会召开芦山地震救灾工作新闻发布会》，中国红十字会网，2013 年 4 月 24 日。

② 《日本红十字会向雅安灾区捐款 1.3 亿日元》，中国红十字会网，2013 年 6 月 20 日。

③ 黄冠：《监督红会但不能污名化红会》，《新华每日电讯》2013 年 4 月 23 日。

④ 王亦君：《红十字会的无奈凸显了什么》，《中国青年报》2013 年 4 月 26 日。

⑤ 庞胡瑞、朱明刚：《解构近一个月中舆情场中的红会舆情》，人民网，2013 年 7 月 5 日。

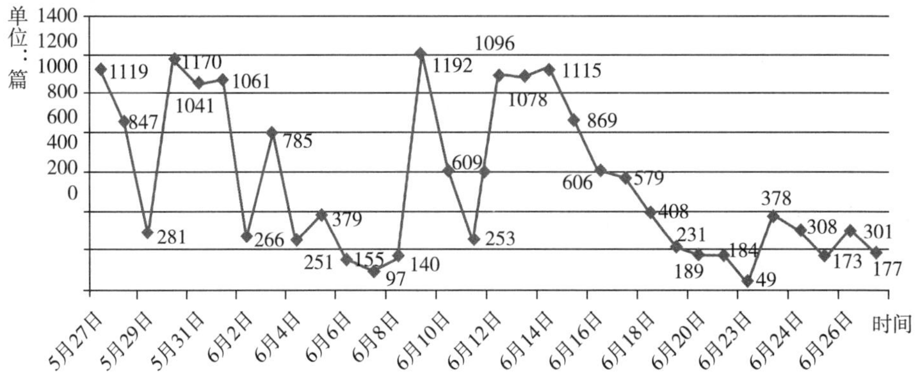

图 8-1　中国红十字会近一个月的新闻关注度分析图
（2013 年 5 月 27 日—6 月 27 日）

一直在试图走出负面影响，艰难地重塑形象。但从这一个月的报道转载量排行来看（见表 8-1），排名靠前的新闻中，“郭美美事件”仍居高位关注度，这也从一个侧面显现出中国红十字会遭遇的“标签化”危机。在普通网友看来，“郭美美”和“红十字会”有了某种必然的联系，这对红十字会来讲是个不小的挑战。从统计数据上来看，一个月间关于“红十字会”和“郭美美”的相关报道有 11252 条，而关于红会的报道为 17382 条，“郭美美事件”占比达到 64.7%，这也显现出舆情当中郭美美与红十字会之间的不可分割性。由此，中国红十字会成为微博平台上热议话题之一，截至 2013 年 6 月 27 日 18 时，红十字会相关的信息量达到 6500 万条，关于郭美美的信息量达到 1140 万条。

表 8-1　中国红十字会近一个月的媒体报道转载量排行表①

（2013 年 5 月 27 日—6 月 27 日）

序号	标　题	来　源	报道日期	媒体转载数
1	赵白鸽：红会有很多挑战，不必多讲郭美美	人民网	6 月 16 日	208
2	律师建议红会起诉郭美美侵犯名誉权促赔偿	中国青年报	6 月 23 日	198
3	红会如何建立新时期公信力？如何接受监督	新华每日电讯	6 月 19 日	162

① 庞胡瑞、朱明刚：《解构近一个月中舆情场中的红会舆情》，人民网，2013 年 7 月 5 日。

（续表）

序号	标　题	来　源	报道日期	媒体转载数
4	红监会委员否认挪用红会千万善款办研究院	北京晨报	5月27日	120
5	红会公信力恢复难度远超预期	京华时报	6月1日	110
6	中国慈善报告：去年红会国内捐赠下降近三成	新京报	6月1日	110
7	红会社监委又一名委员被指系红会“自己人”	北京青年报	5月30日	88
8	红会社监会委员：郭美美事件仍存三大疑点	中国青年报	6月3日	86
9	红会掌门人澄清芦山“买路钱”：谣言不是社会公正	中国广播网	6月17日	70

可以看出，一定程度上，“郭美美事件”使红会深陷“塔西佗陷阱”。“塔西佗陷阱”通俗地讲就是指当政府部门失去公信力时，无论是说真话还是假话、做好事还是坏事，都会被认为是说假话、做坏事。而从整体舆情监测中可见，针对红十字会的所有报道与言论均出现舆论的批评偏向。从一个月内的新闻排行来看，负面信息仍是媒体报道的重点，郭美美炫富、红会捐款额度下降、红监会与红十字会的“暧昧”等都被媒体加以利用和渲染。从媒体的传播力度上看，中央级媒体的影响范围明显要广，无论是人民网、新华每日电讯，还是《中国青年报》，在网络传播时代依然彰显出其较强的影响力。

红十字会舆情自“郭美美事件”后，一直保持着持久而广泛的舆论影响力。从传播媒介中可见，针对红十字会产生大量关注的正是民间话语场构建的重要组成部分：微博。以微博为代表的自媒体关注任何一个红十字会产生的新闻，关注任何一个与慈善有关的细节。而从网络舆情的传播中可见，作为意见的表达主体，网民针对红十字会已经有了“刻板印象”，即但凡出现“红十字会”字样，均产生天然对抗性，网民不信任情绪弥漫互动媒体①。

在这种情境下，中国红十字基金会针对出现的通过网络以谣言甚至谩骂蓄意干扰和破坏红十字会系统抗震救灾行动的现象，郑重向全体红十字工作者、会员、志愿者以及热情关心、帮助和支持中国红十字事业的人们发出倡

① 庞胡瑞、朱明刚：《解构近一个月中舆情场中的红会舆情》，人民网，2013年7月5日。

议："希望全体红十字同仁共同捍卫红十字的使命和尊严，通过微博、微信、短信、邮件等各种渠道和方式，共同宣誓：我是红十字人，我为红十字代言！"倡议书中，中国红基会表示，欢迎社会各界监督和批评其所做的工作，但不能容忍干扰和破坏其依法履行抗震救灾职责的行为。因为，这样的行为最终伤害的是灾区同胞，伤害的是中国的公益事业。同时，红基会表示，虽然受到无理的指责和侮辱，但仍将坚守使命，全心全意投入救灾工作中，用真诚的态度、透明的运作和积极的行动，打消公众的质疑和担忧，以赢得全社会的信任和支持①。

面对质疑，中国红十字会一面全力开展抗震救灾人道主义救援，一面一一给予及时回应，既为确保救灾工作顺利开展，也积极维护了红十字会名誉。不可否认，其中一些回应有不尽如人意之处，但总体是应对合理的。例如，面对"考察"事件，红十字会也知错认错，并公开道歉②。综观此次舆情危机回应，大致可分为以下两种：

其一，面对谣言，坚决否认。如"500 万买路钱""中国红十字会未入国际红十字会""壹基金募得捐款须交红会""浪琴表事件""虚开发票""金佛珠项链事件"等。

有媒体报道称，中国红十字会要求台湾红十字组织先援助 500 万元人民币，才能进入芦山地震灾区参与救助。4 月 21 日，中国红十字会社会监督委员会发布此事调查结果："不捐 500 万就不能进灾区"说法纯属捏造，境外救援不取决于红会，由国务院抗震救灾指挥部决定，外交部掌握政策和协调③。台湾红十字组织对此郑重做出澄清，强调该报道断章取义，误导读者，是完全错误的。"500 万元人民币与（台湾红十字组织）进入灾区完全没有任何关联性"。台湾红十字组织负责对外新闻发布的赈济处处长陈炳林强调，新闻媒体在报道时不能对相关内容"掐头去尾"，玩弄文字游戏，让读者误解④。

与此同时，社监委发表声明，指出中国红十字会确为红十字会与红新月会国际联合会成员，1904 年上海万国红十字会创立，1912 年定名为中国红十字会，1912 年 1 月 15 日正式成为国际红十字运动成员之一，1952 年 7 月被确认为中国唯一合法的全国性红十字会。红十字会与红新月会国际联合会官方微博亦发表声明，称中国红十字会不仅是国际红十字运动的一员，

① 贺晔：《我是红十字人，我为红十字代言》，《中国红十字报》2013 年 4 月 26 日。
② 山岳：《重树形象　红十字会需从点滴做起》，《中国商报》2013 年 4 月 26 日。
③ 《红会社监委回应"先捐钱再进震区"等传言　欢迎社会监督》，人民网，2013 年 4 月 22 日。
④ 陈君、陈斌华、张颖琦：《"捐 500 万才能进灾区"完全误读》，《新华每日电讯》2013 年 4 月 23 日。

而且是非常重要的一员[①]。国际红十字组织代表在接受人民网采访时，肯定中国红十字会的合法身份，同时一针见血地指出：“‘中国红十字会不是国际红十字运动成员’的说法是完全错误的。”[②] 事实如此，有理有据，红会很快沉冤得雪。

一波未平一波又起。4 月 21 日，两张图片引发又一轮的质疑，即“壹基金仍是红会架构”及“浪琴表事件”。事实上，壹基金于 2007 年挂靠红会下成立，到 2010 年年底于深圳市民政局注册独立。因壹基金英文页面介绍未能及时更新，引起误会，壹基金表示新的英文页面将立即进行调整。关于账户问题，壹基金指出，“2011 年 1 月，深圳壹基金公益基金会正式成立后，壹基金 Paypal 账户直接提入深圳壹基金账户，账户提出唯一定向为深圳壹基金公益基金会。”基金创始人李连杰亦声明，壹基金是具有公募权的独立法人组织，善款不会转给任何组织、个人，只会直接用于灾区救助。红会方面给予回应，称现在壹基金已经完全独立于红十字会，二者没有任何关系，壹基金下拨善款不用经过红十字会[③]。

关于“红会工作人员佩戴浪琴表”一事实属网友乌龙，此中“红会工作人员”实则《新京报》记者，所谓的“浪琴表”价值为 400 元人民币[④]。

4 月 22 日“中江县红十字会开具虚假发票”“红会工作人员戴金佛珠项链”掀起质疑新高潮。社监委调查指出，前者实属旧谣重炒，谣言缘起 1991 年，而中江县红十字会成立于 1992 年，“虚开发票”纯属谣言[⑤]。至于“红会工作人员戴金佛珠项链”一事，佩戴者彭措邓珠表示无奈，“我为红十字会工作有错吗？”“我觉得我有钱和做志愿者并不冲突，因为我做志愿者发自内心”[⑥]。常务副会长赵白鸽于新闻发布会上亦表示，所谓“金链哥”并非红会工作人员，而是参与救灾的志愿者[⑦]。

面对诸如此类的谣言，红会用事实坚决否认，将真相公布于众，并且这种及时有力的回应显然是必要的。

其二，确属实情，诚恳道歉。“8472 万善款挪用”就是一例。

2013 年 4 月 25 日，艺术家方力钧于微博中称：“2008 年汶川地震，一百

---

① 王亦君：《红十字会的无奈凸显了什么》，《中国青年报》2013 年 4 月 26 日。

② 《专访国际红会代表：希望大家能够认可中国红会努力背后的决心》，人民网，2013 年 5 月 8 日。

③ 王亦君：《红十字会的无奈凸显了什么》，《中国青年报》2013 年 4 月 26 日。

④ 张育群：《对自己的救援　雅安地震中的中国红十字会》，《南方周末》2013 年 4 月 26 日。

⑤ 王亦君：《红十字会的无奈凸显了什么》，《中国青年报》2013 年 4 月 26 日。

⑥ 张育群：《对自己的救援　雅安地震中的中国红十字会》，《南方周末》2013 年 4 月 26 日。

⑦ 张丽娜、秦亚洲、杨丁淼：《抹黑还是谜团——盘点红会那些事儿》，网易新闻，2013 年 5 月 4 日。

多名艺术家义拍8000多万元，定向捐给青城山市，所有工作公开进行。至今日，青城山没收到，善款不知所终。我本人未得到善款使用的任何说明。”之后，多位参与义拍的艺术家转发“同问”①。一石激起千层浪，各界哗然。《南方都市报》记者查阅红会博爱家园项目介绍、报告、讲话、报道，未得2008年义拍善款信息。各发起方共同表示：“希望中国红十字总会能够尽早给予艺术家们一个回应”②。

红会确认收到8472万元善款，因捐方所提援建项目最终未能纳入四川省灾后重建规划，所以立项选点工作未能落实。根据汶川灾后重建实情，总会执委会将捐款用于川、陕、甘等受灾省区援建博爱家园。该项目于2011年启动，以“防灾减灾、健康促进、生计发展、人道传播”为主要内容，包括修建逃生路、防洪坝、避难场所、安全饮水工程、文化广场等，每个项目平均资助35万元，目前累计立项242个，使用资金8470万元③。4月29日，中国红十字会于官网公布《关于百名艺术家捐款使用情况的说明》，在澄清善款使用的同时，亦表示善款用于博爱家园建设，虽然与捐款人意愿大体一致，但在捐款使用及灾后重建上未能与捐款人及时沟通，对捐款人服务不够，“为此，我们向相关捐赠者致歉，并将在今后的工作中积极加以改进”。公布善款使用说明、公开道歉，并未能平息众怒。网友众议，善款未征得捐款人同意，改变具体用途，违反《中国红十字会募捐和接受捐赠工作管理办法》。事实上，善款另用虽与法不符，但并不违法。中民慈善捐助信息中心专家指出，善款最终仍是用于汶川地震的相关救援项目，只是这种行为不合情理，没有顾及捐赠人的感受，合法不合情④。总而言之，红会难辞其咎，致歉改正理所应当。

应该说，就这一事件而言，“善款的流向发生改变，善心就容易被玷污，公众的不满可以理解。在这一尴尬的局面中，我们首先应该看到，舆论是在对慈善机构的运作提出更高的要求：群众的知情权必须得到充分保障，必须整合监督力量确保慈善机构以善之名、行善之实”。但是，整体而言，“质疑不是猜忌，更不能过分泛化。质疑的目的是要红十字会充分听取社会各界的意见建议，革除积弊，对得起所有的善举，而不是非要把‘红十字’抹成‘黑十字’。红十字会要学会在批评中成长，就要把问题查清楚说明白，但善行也要继续，不能让问题成为阻碍慈善事业发展的绊脚石”。“批评缘于失望，

① 《红会承认未按指定项目用善款：与捐赠人意愿一致》，搜狐新闻，2013年5月1日。

② 王星：《艺术家追问8000万善款去向》，《南方都市报》2013年4月28日。

③ 《巨额善款莫名走失，以何自救红会当思》，《南方都市报》2013年4月29日。

④ 《红会承认未按指定项目用善款：与捐赠人意愿一致》，搜狐新闻，2013年5月1日。

却也满含希望，更为红十字立起来提供了支撑的力量”①。

重建红会公信力，“埋头苦干”固然是必需的，反击谣诼同样是必需的。在网络时代，如果第一时间不澄清、解释，谣言的破坏力会成倍放大。不过很多时候，谣言的纠缠效应是惊人的。设想如果不是台湾红十字组织及时发出严正声明，面对“买路钱”谣言的缠斗，红会肯定要费更多的口舌。而更严重的是，谣言恶意“污名化”红会，伤害的是抗震救灾，损害的是中国公益慈善事业。慈善事业作为我国社会救助体系中不可或缺的一部分，其功能只能加强，不容削弱。在中国国情下，不管是带有官方色彩的红十字会，还是民间色彩更多一点的其他公益慈善机构，都是整体公益慈善事业的组成部分。不同的公益慈善机构，应该为了同样的人道慈善目标，各有分工侧重，互相学习、取长补短，开展良性竞争，共同促进公益慈善事业的发展。放宽民间公益门槛，鼓励、支持多样化的慈善事业，多开“新店”，并不意味着要削弱甚至否定类似红十字会这样的“老店”。一些谣言，一些放大工作失误的舆论火力，绕来绕去总是拿红十字会的“出身”说事，其实是另一种偏见。

对包括红会在内的公益慈善事业加强监督，怎么强调都不过分。《红十字会法》规定，红十字会建立经费审查监督制度；经费使用情况依照国家有关法律、法规的规定，接受人民政府的检查监督。“老店”在坐拥品牌优势的同时，往往背负老的包袱。中国红十字会要赢得公众更多的信任，维护形象和公信力，必须虚心接受批评意见，主动畅通监督渠道。社会各界，包括媒体舆论，监督红会是对红会的支持。

遭遇“网络事件”重创后，中国红十字会更加重视舆论监督，在透明化、规范化方面出台了一系列制度，这是值得称道的。公众舆论当然应当继续紧盯红会，推动红会进行更多的改革，实现更多的公开透明。说到底，一个有公信力、为公众广泛信任的红会，受益的是全社会。但是，编造不实谣言，以幸灾乐祸之心对红会污名化、妖魔化，确也与真正的监督无关。个别媒体人参与其中，更是有悖职业道德。在灾难面前，守住监督的底线，不信谣、不传谣，才能传递更多正能量②。在错综复杂的网络舆情面前，红十字会除了要强化自身能力和加强内外监督，也要适时拿起法律武器，维护自身的名誉和权益，维护全社会共同的人道诉求。

---

① 鲁生：《让红十字立起来》，《中国纪检监察报》2013 年 5 月 7 日。

② 黄冠：《监督红会但不能污名化红会》，《新华每日电讯》2013 年 4 月 23 日。

四、负重向前：雅安救援的成长与进步

在雅安救援中，中国红十字会反应迅速，立即向灾区派出了25支应急救援队，超过400名工作人员和志愿者进行搜救和紧急医疗救助，并分发了几千顶帐篷、棉被、夹克衫和上万件食品、水、药物和其他救灾物品。中国红十字会的雅安救援工作，显示了汶川地震后5年内红会在救灾工作上取得了重要进步，各种专业的救援能力得到了长足发展①。

（一）应急协调能力进一步提高

地震发生后，总会立即通过四川省红十字会了解灾情，召开紧急会议，成立雅安地震应急指挥部，发出募捐呼吁书，为灾区筹备救灾款物，火速向灾区调配救灾物资。四川省红十字会第一时间开展紧急救援，派出数十支红十字会救援队赶赴灾区开展搜救工作。在总会的号召下，其他省（区、市）红十字会纷纷发出募捐呼吁，红十字紧急救援队、医疗救援队、大众卫生救援队、心理救援队等迅速集结待命，由总会统一调配，既保证了现场救援秩序，又实现了救援效益的最大化，应急协调能力明显提高。尽管“郭美美事件”的阴影挥之不去，但红十字会并未因此止步，而是负重前行，用行动践行了“人道、博爱、奉献”的红十字精神，以找回公众信任②。

（二）完善监督机制，推动公开透明

雅安救援中，各级红十字会严格按照《红十字会法》的规定开展募捐活动，在官方网站上公布捐款来源与使用情况，并邀请社会监督委员会全程监督资金的募集和使用，同时接受政府审计部门、红会内部纪检部门和社会组织、新闻媒体等第三方机构的监督③。

中国红十字基金会为保证行动公开、公正、透明，邀请社会监督员对捐赠接收情况以及票据使用情况进行监督。4月22日，社会监督员白玉桂、王瑄等人轮流驻扎中国红基会财务部，检查核对捐赠票据，实施现场监督。王瑄对接听和回复捐赠电话一事提出了优化建议，社会监督员刘福本建议救灾家庭箱增加保温瓶或保温杯。红基会相关负责人表示，这些建议对改进救灾工作起到了积极作用④。

---

① 《中国红会的努力不应被批评掩盖》，《中国红十字报》2013年5月10日。

② 杨健：《用行动找回对红十字的信任》，《人民日报》2013年5月2日。

③ 贺晔：《接受社会监督　用好每笔善款》，《中国红十字报》2013年4月23日。

④ 张佩沛：《红基会万笔捐款背后的颗颗爱心》，《中国红十字报》2013年4月23日。

青海省红会在救援中推行信息捐赠平台，每花一分钱都能及时找到去处[①]。海西州红会的募捐工作组织有力，公开透明，捐款的收支情况做到了“一天一统计、一天一公布、一天一上报”，自觉接受社会的监督[②]。

2014 年 4 月 22 日，在雅安地震一周年之际，广东省红十字会公开“晒账本”，公布地震捐款使用情况。他们表示，“将严格跟踪和监督芦山地震捐款使用情况，及时向社会公布信息，确保用好善款”[③]。

为了确保雅安地震捐赠款物用得其所，厦门市红十字（基金）会专门聘请了 5 位社会监督员，包括市纪委纠风工作室、社会团体单位、市行评机构、媒体及捐赠爱心单位的代表。他们主要负责对红十字会救灾捐赠款物的接收、使用等情况进行监督，征集并传达社会公众对红十字会救灾捐赠工作的意见和建议[④]。

中国红十字会副会长王海京表示：“我们一方面要做到接收捐款的公开，更要做到使用的公开，我们会把接收所有捐款的详细使用明细及时发布给大家。”[⑤] 招标采购 2000 万元救灾物资就是一个例子。从发布招标公告到正式招标、评标，再到物资发放，红十字会都接受人民网与中国红十字会社会监督委员会联合征集的 3 名志愿者全程跟踪监督，整个过程公开、透明、合理[⑥]。社监委监督员翟晓梅谈道：“在整个招标过程中，让我感受最深的是采购程序的规范和公开透明。”[⑦] 征集志愿者全程监督物资发放是前所未有的新举措，国际联合会东亚代表处主任范马丁给予肯定：“这种来自民间的监督是一种创新的、有建设性的方式。我们相信这种方式有助于中国红十字会重建公信力，而且可以作为一个很好的范例推广到其他国家红会。”[⑧] 这说明中国红十字会监督机制不断完善，透明度有所提高。

（三）应急救灾机制进一步完善

4 月 28 日，中国红十字会总会牵头，联手北京师范大学、成都公益组织“4·20 联合救援行动”，发起成立“4·20 中国社会组织灾害应对平台”，旨

① 王金梅：《每花一分钱都能找到去处——青海省红十字系统芦山捐款透明化尝试》，《人民政协报》2013 年 5 月 28 日。

② 海西州审计局：《关于州红十字会芦山地震灾区捐款收支情况审计结果公告》，《柴达木日报》2013 年 6 月 18 日。

③ 陈枫、粤红：《芦山地震一周年　省红十字会“晒账本”》，《南方日报》2014 年 4 月 23 日。

④ 丁银水：《监督用好救灾捐款》，《中国红十字报》2013 年 5 月 7 日。

⑤ 《王海京谈“红十字会与芦山地震抗震救灾”》，人民网，2013 年 4 月 24 日。

⑥ 张立光：《你发放　我监督》，《中国红十字报》2013 年 5 月 14 日。

⑦ 王童彦：《国采中心启动芦山地震救灾物资紧急采购》，《中国政府采购报》2013 年 5 月 7 日。

⑧ 《中国红会的努力不应被批评掩盖》，《中国红十字报》2013 年 5 月 10 日。

在推动社会组织参与芦山地震救援和重建的信息共享，发挥同类型社会组织的特长和经验，提高社会捐赠资源的使用效率，探索社会组织互帮互助联合应对灾害新机制，推动中国各领域各层次社会组织的发展成长。该平台建设遵循4大原则，即坚持民需我为，依据灾区人民的需要开展救援、救灾、救护工作，建立“第一响应人”网络；让专业的人做专业的事，在搜救、医疗救护、公共卫生、赈济、社会心理服务、社区建设等方面发挥专业团队和志愿者的作用；重点发挥公民参与、共享机制的作用，抗震救灾是政府、公民和社会组织的共同责任；建设可持续的灾害应对机制，推动政府、社会组织、企业、公民共同应对灾害，及时参与社区建设。在平台运行中，三方各司其职，中国红十字会致力于与政府沟通协调、与国际社会合作、组织协调社会力量和资源；北京师范大学为平台提供技术支持和智力支撑；已加入成都公益组织“420联合救援行动”的60余家当地公益组织重在执行“以社区为本”的救灾、救助工作。该平台是社会组织按照平等、高效、协同原则合作应对灾害的平台，也是完善以社区为主导的基层社会治理模式的有效尝试①。

这一平台，一经搭建，即受到好评，5月22日，中国初级保健基金会与中国社会工作协会社会心理健康指导中心等组织表示加入，共同致力于灾后重建②。不难发现，这一平台的建立一方面最大限度地利用社会资源，实现救灾效益最大化，完善了中国红十字会救灾机制；另一方面也体现了中国慈善机构联合抗震救灾的意愿，有利于推动中国慈善事业向新的方向发展，即联合社会组织，取长补短，互相支持，共同发展③。

（四）灾后重建工作成效显著

灾后恢复重建工作是一项十分艰巨而重要的工作。在灾后重建工作中，中国红十字会始终本着“人道、博爱、奉献”的红十字精神，竭尽全力为灾区服好务，为受灾群众服好务，为灾区恢复重建工作和实现跨越式发展做出了积极的贡献。

2013年8月10日，中国红十字会与四川省人民政府在成都签署《关于援助芦山地震灾后恢复重建备忘录》。中国红十字会总会承诺，除在紧急救援阶

---

① 贺晔：《“4·20中国社会组织灾害应对平台”成立》，《中国红十字报》2013年4月30日。

② 宗洪：《芦山地震灾后重建项目“对接” 中国红十字会参与并与部分社会组织沟通》，《中国红十字报》2013年5月24日。

③ 丁泽丽：《雅安地震与红十字会的人道救援》，池子华、张丽萍、汪丽萍主编：《〈红十字运动研究〉2014年卷》，合肥工业大学出版社2014年版，第148—150页。

段已提供的3.8亿元款物外，再提供不低于6亿元资金，用于援助灾后恢复重建项目[①]。2013年8月22日，《援助芦山地震灾后恢复重建项目协议书》签署，标志着全国红十字会系统援建雅安市芦山地震灾区灾后恢复重建项目工作正式全面启动[②]。

2014年4月22日，中国红十字会总会参与芦山地震灾后恢复重建工作报告会在雅安举行，会上向社会公众和捐赠人发布了红十字会系统地震捐款的财务收支、管理、使用情况，以及参与恢复重建工作的成果。报告会指出，中国红十字会总会共拨付6.47亿元捐赠资金用于芦山地震灾后重建，其中2500万元用于一般灾区的重建项目，而用于援建雅安市灾后恢复重建项目的为6.2亿元，涉及重建项目254个，具体包括新村类项目40个、学校等教育项目42个、卫生院及村卫生室等卫生类项目169个、备灾设施项目3个，覆盖芦山、宝兴、天全等8个受灾县。根据灾后重建规划要求，40个新村项目将在2014年年底前全面完成，学校和医疗项目次之，整体重建周期为3年[③]。

2014年6月21日，澳门特别行政区红十字会援助“4·20”芦山强烈地震雅安市灾后恢复重建项目签约仪式在雅安举行，澳门特别行政区红十字会分别与名山区、汉源县政府签订项目协议书。根据协议书，澳门特别行政区红十字会将援助修建名山区车岭镇的初级中学、几安村大桥、岱宗村大桥、天池村卫生站、桥路村卫生站5个项目，援助总金额804万元人民币；援助修建汉源县九襄镇博爱妇幼保健中心、唐家镇博爱富春小学2个项目，援助总金额1075万元人民币[④]。

综上所述，包括红十字会在内的中国公益慈善界在此次救灾中总体表现可圈可点，在迅速进入角色积极赈灾的同时，更注重信息公开透明，及时回应舆论关切。由此，“中国公益慈善真正进入多元化时代”。在这种情境下，各类慈善机构应有分工与合作，要根据各自优势与局限，在竞争中加强合作，互相补位，形成合力[⑤]。芦山地震救灾让人们“看到组织化的民间公益慈善力量的壮大，它预示着一个全民公益的时代正在到来。”[⑥]

---

① 胡彦殊、钟振宇：《中国红十字会与我省签署援助芦山地震灾后恢复重建备忘录》，《四川日报》2013年8月11日。

② 孙振宇：《全国红十字会系统援建雅安芦山地震灾后恢复重建项目工作正式启动》，《雅安日报》2013年8月23日。

③ 周子琪、石小宏：《中国红十字总会晒地震捐赠“账本”　超6亿元用于芦山地震灾后重建》，《四川日报》2014年4月24日。

④ 游飞：《澳门红十字会援助雅安灾后重建项目签约》，《四川日报》2014年6月24日。

⑤ 《芦山地震引中国慈善反思》，《中国红十字报》2013年5月3日。

⑥ 朱健刚：《全民公益推动社会管理创新》，《中国红十字报》2013年5月14日。

雅安救援行动，中国红十字会负重前行，承受了诸多的误解和责难，但它仍以卓越高效的救援行动完成任务，再一次彰显出耀眼的人道光彩。“红十字”是什么？“灾难中，它是救死扶伤的天使。饥荒里，它是起死回生的希望。战场上，子弹都为红十字会旗让路，因为它代表无条件的同情、博爱、奉献和拯救”①。平心而论，红会在这次地震救援中的表现，不可谓不尽心竭力。台湾红会的工作人员评价称，“现场看看就知道了，（红会）他们是没吃、没穿、没睡、没厕所，更没私心”②。而主流舆论的评价也是公允的：没有一个组织能够像红十字会一样掌控着如此多的资源，有着如此完善、深入的组织形态，它的十几支救援队的队员在尽力为灾区做贡献③。

不过，由此就断言红十字会已经走出信任危机，显然为时过早。尽管网站捐款平台上，连那些明显带着嘲讽意味的“一分钱捐赠”都恭恭敬敬记录在案，尽管迅速贴出了5年前百名艺术家的捐款建设项目分布表，并为沟通服务的欠缺向捐赠者道歉，但这些补救措施，一时之间显然难以洗刷掉几年来一连串事件所形成的负面印象。重建公信，是一个漫长的过程。“正因如此，不能指望通过某一次或几次给力的救灾行动，就令公众刮目相看、既往不咎，更不能因为自己人道救援的主渠道作用一时之间难以取代，就急于喊冤道屈，把公众近乎严苛的监督视为敌意和挑战，以对抗心理消解进一步改革的动力”④。

回首中国红十字会的百年历史，在公众记忆里，它曾经是负面新闻最少的公益组织。在当今时代中，中国红十字会“只有接种好信息公开、社会监督、公众参与的疫苗，大刀阔斧推进慈善改革，才能寻回失去的世界，重获社会的信任”。在这一点上，红会负责人的态度值得肯定——“老百姓的任何情绪，都是我们改进工作的重要推动力”，“我们没有更多别的办法，只能加强自身能力建设，将红会的工作装在玻璃盒里，一举一动都能让公众看到。除此以外，别无他路”⑤。

---

① 杨健：《用行动找回对红十字的信任》，《人民日报》2013年5月2日。

② 程喆：《红十字会声誉重建路漫漫》，《中国民航报》2013年5月6日。

③ 杨健：《用行动找回对红十字的信任》，《人民日报》2013年5月2日。

④ 杨健：《用行动找回对红十字的信任》，《人民日报》2013年5月2日。

⑤ 杨健：《用行动找回对红十字的信任》，《人民日报》2013年5月2日。

第九章　在机遇与挑战中砥砺前行（2009—2014）（下）

新时期的机遇与挑战呼唤红十字事业的变革与创新。在中国红十字会的不懈努力之下，《红十字会法》进入修订程序，必将推动中国特色红十字事业进一步走上了依法治会、依法履责、依法保护的法治化轨道。在新时期改革的时代大潮中，中国红十字会必须坚持以《国务院关于促进红十字事业发展的意见》为指引，以“公开透明”为总体方向，以“文化传播”为开路先锋，以“制度建设”为核心内容，以“品牌建设”为关键步骤，以“理论研究”为源头活水，从而提高公信力、感召力和竞争力，彰显红十字会蓬勃的生机活力。

第一节　推动修订《红十字会法》

进入21世纪以来，红十字事业出现了不少新情况和新问题，呼唤法律更全面更深入的保障与支持。在新的历史时期，1993年颁布实施的《红十字会法》中有的内容已经滞后于现实的要求，因此修订势在必行。通过修订《红十字会法》，可以对现行法律的一些重要条款进行补充和完善，增加一些适应形势发展需求的新条款，为红十字事业的发展创造一个良好的法律环境，是解决红十字事业发展中现实问题的必由之路[①]。

---

① 毛磊、张璁：《人大常委会第二十一次会议分组审议红十字会法修订草案》，《人民日报》2016年6月30日。

一、新时期的呼唤：启动修订工作

《红十字会法》自1993年实施到2010年开始启动修订程序，中间历经近20年。在此期间《婚姻法》3次修订、《刑法》10次修订，但是《红十字会法》一次没有修订。《红十字会法》颁布实施以来，红十字会一直以依法建会、依法兴会为准绳开展人道主义工作，取得的成绩有目共睹。但近20年来，世情、国情、民情发生了巨大变化，红十字事业面临前所未有的发展机遇和挑战，亟须法律武器的保障。而《红十字会法》若干内容已经不合时宜，例如《红十字会法》所赋予的红会权利主张，太过“虚弱”。红十字会如何主张权利，对那些盗用、滥用红十字会名义、标志以及“污名化”、故意“抹黑”而使红十字会遭受伤害者绳之以法，真正做到有法必依、执法必严、违法必究，应该在《红十字会法》中鲜明地体现出来。其他如红十字会的定位问题、与政府之间的关系问题、总会与分会职责、议事规则和权利义务的划分、经费来源及使用问题，等等，亟待修订、补充、完善①。

（一）现实改革的需要

根据2012年中国红十字会总会和北京大学非营利组织法研究中心所做的《〈中华人民共和国红十字会法〉立法后评估报告》，《红十字会法》自实施以来，对中国红十字事业的发展起到了极大的推动作用，大致实现了当初的立法目的，但是尚需公众的认可。同时表明，红十字会在参加社会活动、营造社会影响力方面的工作力度不够，需要通过进行更多的社会活动提高其社会影响力。但是，随着新情况、新问题的出现，《红十字会法》的滞后性逐渐呈现出来，这些问题不适合红十字会发展的需要，也对实现其立法目的产生制约性影响，因此亟须立法进行调整②。

1. 红十字会的法律地位不明确

红十字会的法律地位是确立其他方面规范的起点和根据，但是《红十字会法》对红十字会组织的法律性质、是否具备法人资格以及如何取得法人资格等没有明确界定。该法第二条规定：“中国红十字会是中华人民共和国统一的红十字组织，是从事人道主义工作的社会救助团体。”该法第十一条又规定：“中国红十字会总会具有社会团体法人资格；地方各级红十字会、行业红

---

① 池子华：《从〈红十字会条例〉到〈红十字会法〉——中国红十字事业的法制化进程》，《中国红十字报》2017年2月28日。

② 中国红十字会总会：《〈中华人民共和国红十字会法〉修改研究》，社会科学文献出版社2014年版，第89—90页。

十字会依法取得社会团体法人资格。”从第二条来看，红十字会似乎是一个专门的“社会救助团体”，但是从该法第十一条来看，其又是“社会团体法人”，对红十字会的属性、特征没有理清。1996 年 11 月 15 日，中共中央组织部办公厅颁布的《中国红十字会总会机关参照〈国家公务员暂行条例〉管理的实施方案》规定：“中国红十字会总会所属事业单位，不列入参照《国家公务员暂行条例》管理的范围。”这使得公众对红十字会的法律地位和性质更加模糊。在调查中也发现，红会的组织身份较为复杂，参与调查的组织多定位于事业单位和群团组织，而县级红会作为政府部门的比例较高。

2. 红十字会的职责定位不清晰

在主要职责方面，《红十字会法》的规定是：救灾救助、普及卫生救护知识、人道主义工作、开展红十字会青少年活动、宣传人民政府委托事宜等。地方性法规、规章对红十字会主要职责的界定与《红十字会法》的规定基本一致，大致规定红十字会主要履行以下职责：备灾救灾、卫生救护、人道主义服务、红十字青少年活动、国际合作与港澳台事务的合作、完成人民政府委托事宜。这种较为原则、笼统的规定，导致红会的核心业务不明确，其职能意识也不清晰。

3. 红十字会与政府的关系有待理清

《红十字会法》第五条规定了红十字会与人民政府的关系：“人民政府对红十字会给予支持和资助，保障红十字会依法履行职责，并对其活动进行监督；红十字会协助人民政府开展与其职责有关的活动。”但是在实践中，政府与红十字会的关系往往表现为“领导与被领导”的关系。根据对 13 个省（自治区）红十字会调查的数据，高达 88% 的受访者承认这种“领导与被领导”关系。而且在政府对当地红会财权的影响方面，有近 70% 的受访者认为政府对于当地红会财权和人事权的影响很大或较大。

4. 红十字会总会与地方红会的关系未能明确

从上下关系看，《红十字会法》对红十字会上下级的管理规定较少，且规定得较为笼统。如规定“县级以上按行政区域建立地方各级红十字会”，这造成地方政府将建立地方红十字会当成一项行政任务，进而又将设立后的红十字会当作自己的附属机构或一个部门。根据调查，实际情况基本如此。另外，对于红十字会上下级关系方面，该法规定“上级红十字会指导下级红十字会工作”，这导致红十字会总会对地方红十字会没有问责权，地方红十字会基本是各自为政，总会无法统一领导。由于组织机制不健全，上级红十字会对下级红十字会管理能力严重欠缺。因完全实行属地管理，各省红十字会很难对下级红十字会实施人、财、物、事等方面的实际管控，除了在款物支持方面外，上级红十字会对下级红十字会在监督制约、人事管理等方面均无能为力。

5. 红十字会总会的权限不足

《红十字会法》规定："全国建立中国红十字会总会。"中国红十字会的组织机构有：总会机关（办公室、赈灾救护部、事业发展部、联络部、项目办公室、监察审计室）；总会事业单位（中国红十字会援外物资供应站、总会训练中心、中国造血干细胞捐献者资料管理中心、总会报刊社、中国红十字基金会、总会机关服务中心）。

从权力来源看，红十字会的很多权限是由政府转让的，与政府工作具有很大的重合性。但是由于中国红十字会总会的工作不在党和国家的中心工作范畴，进入不了中央核心决策层，也没有特定的利益代表，因此其力量弱小，尤其是在基层没有强大的推动力，同时由于红十字会的工作性质与民政、慈善总会等很多部门存在重叠现象，所以政府赋予红十字会总会的权力也是分散的。

6. 治理结构的规定不完善

《红十字会法》对中国红十字会总会内部机构的建立、组成和职责内容只做了概括性的规定，将治理机构的规定留于《红十字会章程》，而章程对此内容的规定又失于粗略。《红十字会法》第九条规定："各级红十字会理事会由会员代表大会民主选举产生。理事会民主选举产生会长和副会长。各级红十字会会员代表大会闭会期间，由理事会执行会员代表大会的决议。理事会向会员代表大会负责并报告工作，接受其监督。上级红十字会指导下级红十字会工作。"同时第十条规定："中国红十字会总会设名誉会长和名誉副会长。名誉会长和名誉副会长由中国红十字会总会理事会聘请。"在组织部分没有对会员做出相关规定，只是在总则部分体现了自愿入会等原则性内容。

7. 财产管理制度不完善

现行《红十字会法》第五章中对于经费和财产进行了原则规定，但是对于具体的财务制度、审计制度、行政成本和公益支出、增值保值规则等内容未能进行详尽的规定，导致实践中出现无法可依的窘境。

从法律分析的角度看，经费和财产是红十字会履行权力和职责的保障，也是发展红十字事业的前提。为了社会公益事业的顺利开展，红十字会各项工作的有序进行，应该建立起完善的红十字会财产监管制度，对经费的收支、财产的管理以及捐赠物设立专项账目的审查监督制度，严格做到公开、公正，主动接受审查监督、社会监督、舆论监督。

8. 志愿者管理制度不完善

志愿服务是国际红十字运动七项基本原则之一，是我国红十字组织从事人道救助工作的重要形式和内容，红十字志愿者是各级红十字组织的重要人力资源，也是从事志愿服务最早的志愿组织之一。为加强对志愿服务和志愿者的管理，一些地方的红十字组织制定了本地方的红十字志愿者服务管理（注册）办法，对规范红十字志愿服务发挥了很好的作用。然而，我国现行《红十字会法》除了总则中“自愿加入”的原则性规定外，对志愿服务只字未提，志愿服务的法律主体、法律责任和法律义务不明确，志愿服务风险防范措施处于空白状态，志愿者储备、培训制度有待建立。

9. 信息披露制度不健全

根据《红十字会法》的现行规定，红十字会的财务状况只受到红十字会理事会和人民政府的监督，对于捐款人的监督则没有明确规定。在中国红会现有机制中，捐款人在红会官网上的捐款查询系统只能查询善款是否到账，而没有善款流向、使用情况的告知；审计署并非每年都对红会的财务进行审计；募款对象为全社会公众的红十字会不受《基金会管理条例》的约束，每年的财务收支情况、项目执行情况等，按照《红十字会法》只需向理事会报告，而没有向公众公示的义务；虽然承诺“定期向社会公众公布财务收支情况”，但红会官网上的“统计数据公告”至2012年也才披露到2007年；将中国红十字会年报与美国等其他国家的红十字会年报相比，发现中国红十字会的披露数据和红基会的年报内容太过简略。通过调研发现，红十字会信息化建设存在障碍，所有被调研的地方红十字会都通过互联网进行定期或不定期的捐赠信息发布，但没有统一的标准和要求，发布内容、格式各异。

10. 红会标志的保护力度不够

《红十字会法》规定，禁止滥用红十字标志，对于滥用红十字标志的，红十字会有权要求其停止使用；拒绝停止使用的，红十字会可以提请人民政府按照有关法律、法规的规定予以处理。虽然《红十字会法》对违法使用红十字标志的规制提供了法律依据，但是可行性却稍显不足。由于法律规定的不明晰，相关制度的不健全，实践中违法使用红十字标志的现象较多。根据《红十字会法》现行规定，红十字会没有执法权限，对于违法使用标志的情形，红十字会可以提请人民政府按照有关法律、法规的规定予以处理。实践中有的地方政府通过日常稽查、专项稽查、群众举报或者其他方式，由政府办公室、法制或监察部门进行处理，但总体而言，由于没有明确到具体的执法部门，责任不明晰，使得对违法使用红十字标志的举报或者投诉无门，或者部门之间相互推诿，使违法使用情形得不到依法处理。

11. 法律责任的相关规定较少

无论是《红十字会法》还是地方性法规，基本只对两项行为规定了法律责任：一是妨碍红十字会履行职责的行为责任；二是对侵占红十字会财产经费的行为责任。但是由于《红十字会法》本身规定的模糊性，而地方性法规又是基本照抄法律的规定，因此，无论法律层面，还是法规、规章层面，基本没有明确的、具体的法律责任，这使红十字会开展工作失去了法律保障①。

（二）事业发展的需要

1. 红十字业务拓展的需要

国内方面，进入21世纪以来，中国红十字会本着不断开拓创新的精神，不断拓展业务范围和活动领域，红十字事业出现了一些新特点和新亮点。例如，红十字业务范围由战争救护、救灾赈济、社会救助拓展到“博爱系列工程”（救援工程、生命工程、爱心工程），再到现在的“三救三献”，即“救灾、救护、救助”“无偿献血、造血干细胞捐献、器官捐献”等一些新兴的领域，这些新生事物集中体现了新时期社会发展的需要，但亟须法律的保障。再如，红十字会的品牌意识也在不断凸显，以“博爱送万家”“微尘”“慈善万人行”“天使计划”等为代表的一批口碑响亮的红十字形象品牌在打造中应运而生，而如何培育、管理品牌并保护品牌的成长无疑需要法律制度的跟进。另一方面，伴随经济与社会的发展，民众的诉求也进一步趋向多元化，如何满足不同阶层民众日益增长的人道需求，彰显红十字的人道主义宗旨和博爱人群风采也是《红十字会法》难以回避的一个问题。会员方面，据统计已近3000万人，数量可观，但如何调动这一广大群体的积极性以及规范和约束其行为亦是《红十字会法》要直面的问题。

2. 应对新挑战的需要

红十字会面临的新挑战呼唤《红十字会法》的进一步完善。进入21世纪以来，红十字事业成就辉煌，有目共睹，但也出现了令人担忧的新问题，近年来层出不穷的信任危机，尤其是“网络事件”，更使红十字会的公信力严重受损。这些个案之所以会对百年红会产生巨大的冲击，原因固然很多，但不可忽视的是法制建设存在空白，加之对一些团体和个人盗用、滥用红十字标志、损害红会信誉等不法行为的惩处缺乏明确的法律依据而最终不了了之，更加剧了各种负面事件的愈演愈烈，使中国红十字会面临巨大挑战。“《红十字会法》的修订，为化解信任危机提供了难得的机遇”②，重建、提升公信

---

① 中国红十字会总会：《〈中华人民共和国红十字会法〉修改研究》，社会科学文献出版社2014年版，第96—118页。

② 木须虫：《〈红十字会法〉修订是信任重建良机》，《健康报》2016年6月29日。

力，显然需要完善的法律做后盾[1]。

3. 保障民生的需要

当前，我国社会发展中不平衡、不协调的问题依然突出，加之地域广阔、人口众多、灾害多发，人道救援与救助任务更加繁重，迫切需要进一步加强红十字会工作，及时响应民生诉求，迅速组织社会救助，积极促进社会包容，弥补社会保障体系逐步完善过程中还存在的空隙。因此，急需在修法中赋予红十字会更加明确的职责，充分发挥红十字会在保障民生、维护人的生存权和基本尊严等方面的作用，促进社会和谐均衡发展。

4. 实施“走出去”战略的需要

在全球经济一体化背景下，我国经济持续发展需要实施“走出去”战略，充分、有效地利用全球资源。与之相适应，面对全球范围内局部战争始终不断、恐怖主义等非传统人道主义挑战日益严峻的客观现实，红十字会更需要充分发挥自身独特作用，借助国际红十字大家庭的力量，通过积极参加国际救援等方式，凸显民间人道外交的重要性，增强我国国际影响力。因此，在修法中充分赋予红十字会更加明确的参与国际人道救援等工作职责，是体现国家软实力、承担国际义务、促进全球共同发展的客观要求[2]。

二、制定出台《红十字会法（修改稿）》

2010 年以来，中国红十字会总会协同有关方面组织起草小组，通过实地调研、委托课题研究、组织专家论证、召开部门和地方座谈会、书面征求部门和地方意见等方式，广泛征求了国务院有关部门、地方人民政府、企业、有关社会团体以及国内外专家的意见，并专门召开了《红十字会法》修改国际研讨会。在研究借鉴国外红十字会立法有益经验的基础上，从我国经济社会发展的实际情况出发，对《红十字会法》的内容进行了反复研究、论证和修改。经过两年多的努力工作，历经 20 多次易稿，形成了《中华人民共和国红十字会法（修改稿）》（以下简称《修改稿》）。《修改稿》共 7 章 56 条，新增 28 条，修改 21 条，删去 1 条。《修改稿》正式上报之前，中国红十字会总会专门向全国人大教科文卫委员会、法律委员会和全国人大常委会法工委做了汇报。

---

① 池子华、郭进萍：《关于修订〈红会法〉的若干建议》，严晓凤、池子华、郝如一主编：《〈红十字运动研究〉2013 年卷》，合肥工业大学出版社 2013 年版，第 113—114 页。

② 中国红十字会总会：《〈中华人民共和国红十字会法〉修改研究》，社会科学文献出版社 2014 年版，第 14 页。

(一) 起草《修改稿》的指导思想

1. 可行性原则

在研究修改过程中，通过文献资料的整理分析、座谈研讨、实地考察、问卷调查等方式，掌握了来自红十字工作实践的第一手资料，广泛征求了中央相关部门、地方政府、地方红十字会以及专家学者的意见，了解了社会各方面的需求和建议，并进行了反复论证和分析，力求做到新修改的法律条文最大限度地符合实际，具有针对性、可行性、可操作性，能够有效解决实际问题，破除红十字会进一步发展的制度性障碍。

2. 前瞻性原则

在立足解决现存问题的同时，《修改稿》在完善现存制度漏洞的基础上，也充分考虑到未来红十字事业发展的需要，创造性地设定了一些前瞻性、战略性、预见性制度，力求做到既能回应红十字事业的现实需求，又能兼顾未来改革发展的制度支撑，为红十字会的可持续发展建立长效机制。

3. 法制统一原则

《修改稿》严格遵循宪法的基本原则，在与上位法保持一致的前提下，争取做到与同位法之间的统一协调，同时尽量与下位法的规定相衔接，尽量减少因本次修法引起的其他法律、法规变动，保证法律系统的统一性、和谐性及稳定性。

4. 统筹协调原则

《修改稿》既立足于深化红十字会的改革发展，完善红十字会事业健康发展的机制，又充分注重与现行体制保持协调，理顺红十字会与政府之间的关系，统筹兼顾社会各方面的利益诉求，力求处理好改革、发展与稳定的关系，做到培育发展与规范管理并重，实现统筹兼顾、稳中求进①。

(二)《修改稿》的研究起草过程

进入21世纪特别是2010年前后，多名全国人大代表正式向全国人大常委会提出议案，提请尽快修改《红十字会法》；他们认为在我国社会经济发展取得历史性进步、国际地位逐步提高的时代背景下，需要尽快修改已经颁布实施近20年的《红十字会法》，对一些不合时宜的现行规定要及时调整，对一些亟须规范的空白地带进行拾遗补阙，以及时回应现实需要，为中国红十字事业持续健康发展提供依据和保障。

2010年7月，全国人大常委会副委员长、中国红十字会会长华建敏提出

---

① 中国红十字会总会:《〈中华人民共和国红十字会法〉修改研究》，社会科学文献出版社2014年版，第15—16页。

在全面深入调研的基础上，争取对《红十字会法》进行修改，进一步促进和规范红十字事业的发展。根据华建敏会长的提议，中国红十字会九届执委会开始了前期调研工作。2011 年 3 月至 10 月，委托中国社会科学院社会学研究所开展“关于促进红十字事业发展若干问题研究”，委托中国社会学会社会政策研究专业委员会开展“中国红十字会改革与发展战略研究”，将《红十字会法》的修改列为这两个课题研究的重点内容。同时，总会正式成立《修改稿》起草小组，抓紧形成《修改稿》初稿并于同年 12 月正式提交中国红十字会第九届三次理事会会议讨论并征求全体理事的意见。自 2011 年 10 月至 2012 年 2 月，先后 4 次组织召开了中国红十字会南方、北方、西部片区座谈会和总会工作务虚会，并根据有关意见进行多次修改和完善。

2012 年 3 月，在十一届全国人大五次会议上，全国人大代表、中国红十字会原常务副会长江亦曼，全国人大代表、第十一届全国人大常务委员会委员、全国人大内务司法委员会委员郑功成分别递交议案，建议尽快修订《红十字会法》。两位代表还分别建议，明确国家对红十字事业支持政策的力度，增加国家财政支持、税收优惠（包括红十字会自身收入免税和捐赠人公益捐赠税前扣除）、政府采购公共服务以及其他支持和培育方面的内容。郑功成还提出，在《红十字会法》中明确社会捐赠运行成本提取比例，以便让公众了解红十字会的运行是否达到法律规范①。

2012 年 4 月 5—15 日，中国红十字会邀请国家发改委、教育部、民政部、卫生部、国家人口计生委、国务院发展研究中心、中国社会学会、清华大学、北京师范大学、北京科技大学等国家部委和有关单位代表、专家学者共 41 人，组成 6 个工作调研组分赴江西、湖南、山西、内蒙古、辽宁、安徽、陕西、四川、贵州、福建、广东、江苏、浙江等 13 个省（自治区）进行调研。各调研组通过召开红十字会系统座谈会、地方政府部门座谈会、专家座谈会、基层座谈会以及现场考察的方式，深入各基层红十字会社区、农村、学校、医院等，了解基层红十字会的现状，广泛听取意见和建议，就红十字会体制机制改革、《红十字会法》的修改等内容展开深入调查和研究。

4 月 23 日，中国红十字会总会邀请中编办、外交部、国家发改委、民政部、财政部、卫生部、审计署、国务院法制办等部门召开座谈会，专门就涉及各部门的相关问题听取意见和建议。

5 月 14—18 日，总会组织国家工商总局、交通运输部、全国妇联、国务

---

① 池子华、邓通主编：《中国红十字历史编年，2010—2014》，合肥工业大学出版社 2016 年版，第 130 页。

院法制办、中央人民广播电台、中国工商银行、白马广告媒体投资有限公司等理事单位的理事或理事委托人组成考察组，通过召开座谈会、实地考察等方式，重点听取了各级红会对修改《红十字会法》的意见和建议。

7 月 2 日，总会邀请社会学、法学、管理学等领域的专家学者 10 余人召开专题修法研讨会，对《修改稿》的原则、总体框架、具体条文做了细致的修改和完善。

7 月 20 日，总会面向全国32 个省级红十字会征求对《红十字会法（征求意见稿)》(以下简称《征求意见稿》）的意见，共收到反馈意见 200 余条。

8 月 21 日，总会赴全国人大教科文卫委员会，就《国务院关于促进红十字事业发展的意见》的出台背景、基本原则、主要内容以及《红十字会法》修改工作的开展情况等进行专题汇报。

8 月 31 日，总会与红十字国际委员会相关官员、专家进行座谈，学习研究相关国际惯例、成熟经验和具体做法，并深入探讨修法的重点问题。

9 月 14 日，总会召开座谈会，就《征求意见稿》的具体内容全面征求了总会机关各部室、各直属单位的意见。

9 月 19 日至21 日，总会根据各方意见，召集有关专家共同对《征求意见稿》进行了进一步修改完善，形成了报送全国人大的《中华人民共和国红十字会法（修改建议稿)》[①]。

2013 年 3 月 5 日，十二届全国人大一次会议开幕。全国人大代表、中国红十字会常务副会长赵白鸽递交议案，建议适时修订《红十字会法》，进一步加强和规范新形势下红十字会工作，促进红十字会改革创新，为推动中国红十字事业持续健康发展提供法律依据和保障[②]。赵白鸽建议在修订《红十字会法》时完善 5 个方面的主要内容：一是明确红十字会法定机构的定位；二是改革和完善红十字会的管理体制，明确总会和分会的关系；三是弥补现行法中对红十字会治理结构规定方面的不足；四是完善现行法中关于红十字会财产问题和财务制度的规定；五是明确国家对红十字事业支持政策的力度[③]。

2013 年 4 月，十二届全国人大常委会第二次委员长会议将修改《红十字会法》列入立法预备项目，正式启动了修订《红十字会法》的立法程序。

---

① 中国红十字会总会：《〈中华人民共和国红十字会法〉修改研究》，社会科学文献出版社 2014 年版，第 17—18 页。

② 池子华、邓通主编：《中国红十字历史编年，2010—2014》，合肥工业大学出版社 2016 年版，第 186 页。

③ 王达：《全国人大代表赵白鸽提议案　建议适时修订〈红十字会法〉》，《中国红十字报》2013 年 3 月 8 日。

（三）《修改稿》的主要内容

1. 关于红十字会的性质定位

中国红十字会的性质定位包括三个层次的内涵：第一，是国家通过立法的形式确认了中国红十字会在人道工作领域的地位和作用，明确了红十字会发展人道主义事业、履行法定职责的任务；第二，中国红十字会依据国际人道法条约开展工作，是国际红十字运动的重要成员，在红十字国际交流与合作中发挥着重要作用，并受到广泛认可和支持；第三，实践证明，在历次自然灾害中，广大人民群众通过向红十字会捐款捐物，大力支援救灾和灾区重建工作，用实际行动支持和推动中国红十字事业发展。为客观表述和明确国家、国际以及社会公众对红十字会履行职责的赋权，依法确立红十字会工作的权利来源的正当性，便于增进社会各方面的认识和了解，《修改稿》扩充了内容，表达了上述三方面的含义。

2. 关于红十字会的组织建设

1993 年颁行的《红十字会法》规定，中国红十字会总会具有社会团体法人资格，同时又规定地方各级红十字会、行业红十字会依法取得社会团体法人资格，从而导致各方面对地方各级红十字会是否应按照《社会团体登记管理条例》进行登记管理的理解存在分歧。从历史沿袭和实际情况来看，红十字会组织的批准设立确实与一般民间社会团体存在客观区别，主要表现在总会是由中央机构编制管理机关批准设立并经国务院批准免于登记的团体，地方各级红十字会绝大部分也是由当地机构编制管理机关批准设立，这与《社会团体登记管理条例》的适用范围不尽一致，需要明确中国红十字会区别于一般社会团体的特殊性，才符合红十字会“参公”管理的现状，才能与《公务员法》第六十三条、第六十四条的内容相衔接。据此，经与相关部门充分协商一致，参考《工会法》的相关表述，《修改稿》规定县级以上红十字会、行业红十字会依据本法直接取得社团法人资格，基层红十字会依法取得社会团体法人资格。

随着红十字事业在我国的蓬勃发展，一些经济基础好、社会建设发展快的基层地区已经建立了红十字会基层组织，经过近年来的探索，对当地社会发展起到了积极的作用。为充分兼顾我国地区差距客观存在的现实情况，《修改稿》在明确县级以上按行政区域建立地方红十字会的同时，专门在第七条增加了一款内容，明确“符合条件的乡镇、城市街道，可以建立基层红十字会”。同时，明确了地方红十字会、行业红十字会和基层红十字会的建立程序。

3. 关于上下级红十字会的关系

修改前的《红十字会法》仅规定“上级红十字会指导下级红十字会工

作”，缺乏进一步的细化规定。为贯彻实施红十字运动的“统一性”原则，增强上级红十字会的领导力、影响力和控制力，《修改稿》明确规定了重要事项报告、下级红十字会主要专职负责人候选人提名应当经上级红十字会审查以及任免备案等制度。

4. 关于会员与志愿者管理

红十字运动需要广泛动员群众参与，尤其需要依靠会员和志愿者的参与。针对修改前的《红十字会法》仅有红十字会会员资格一条规定的缺陷与不足，《修改稿》结合近年来红十字会有关工作实践，增加规定了会员登记、团体会员、会员义务、志愿者权利与义务等内容，以完善会员、志愿者管理，充分保障其合法权益。

5. 关于红十字会的职责

职责法定是红十字会开展工作的依据和基础。在总结我国红十字会工作实践经验、参照世界各国红十字会法相关规定的基础上，《修改稿》进一步明确了我国红十字会的职责内容：

（1）增加规定中国红十字会依照国际人道法条约在战争中开展工作的职责。

（2）明确红十字会开展医疗卫生救护培训和应急避险救护的职责。

（3）在原有“参与献血输血工作，推动无偿献血”规定的基础上，增加规定“组织开展造血干细胞捐献工作；参与人体器官捐献的宣传动员、报名登记、捐献见证、公平分配、救助激励、缅怀纪念及信息平台建设等工作”，通过立法确认红十字会开展造血干细胞捐献和人体器官捐献的工作职责。

（4）将红十字会参与健康服务、大病救助、扶贫帮困等人道救助工作的职责予以明确。

（5）增加规定志愿服务的内容。

（6）增加规定红十字会宣传倡导红十字运动精神和基本原则、国际人道法条约等内容。

6. 关于红十字工作的公开与透明

红十字工作的公开与透明有利于广大人民群众了解红十字会工作开展情况，提高社会公众参与意识，便于广泛开展社会监督。为此，《修改稿》做了相关制度安排：明确红十字会应当遵循公开、透明的原则，规范信息发布，通过信息公开保障信息披露的真实性、完整性和及时性；明确红十字会建立健全社会监督机制的义务。

7. 关于红十字标志、名称等的保护

为规范红十字标志、名称，依法保障红十字组织合法权益，《修改稿》进一步明确红十字标志的使用范畴和规则。红十字、红新月和红水晶标志，是国际红十字组织和各国红十字会履行人道主义职责的标志，在其从事的国际国内救助活动中具有十分重要的作用和特殊的意义。依照日内瓦公约要求以及1965年第20届国际红十字与红新月大会通过的《各国红十字会或红新月会使用红十字或红新月标志规则》，《修改稿》进一步明确了红十字标志保护和标明使用的权限、区别以及禁用范围和限制使用条件等内容，包括明确红十字、红新月和红水晶三个标志的法律地位，明确中国适用国际人道法条约及相关规定使用红十字标志，明确自然人、法人或其他组织从事符合红十字运动宗旨的有关活动，可使用红十字标志和名称的规定。此外，《修改稿》规定了红十字标志的禁用范围，并进一步规定了地方各级政府保护红十字标志和名称的义务。

8. 关于红十字会的经费与财产

随着加快政府职能转变、创新社会管理的需要，“政府购买服务”已经成为政府改革创新社会管理模式的发展趋势之一，其含义就是政府提供经费委托具有专业特长的社会组织向社会提供某种具体的公共服务。实践中，当前许多地方政府已经委托当地红十字会向市民提供卫生救护培训等公共服务，但该项经费已不能为现行《红十字会法》规定的4种经费来源所涵盖，因此，《修改稿》在红十字会的经费来源中增加规定了一项内容，即“人民政府委托履行公共服务职能的经费”。考虑到未来社会发展以及红十字会改革发展的需要，兼顾各项经费来源的不同重要性安排，本条还对经费次序做了调整。同时，为了进一步规范财务管理，明确政府拨款与社会捐赠等资金的不同性质和作用，《修改稿》规定各级红十字会根据经费来源不同，实行分类财务管理制度。

红十字会在开展紧急救援、应急救护、人道救助工作中会产生交通、运输、存储、人员、审计、财务等多方面成本，这些成本政府财政资金无法涵盖，目前也缺乏法定的支出规则。据此，《修改稿》明确规定红十字会使用捐赠资金开展人道救助工作所产生的实际成本支出可以据实列支。这样规定，既满足了红十字会开展工作的实际需要，符合国际通行做法，同时也为红十字会的未来改革发展提供了条件和保障。

9. 关于政府支持红十字事业发展

近年来，我国红十字事业取得了长足发展，但是个别地方政府对红十字工作的意义还缺乏了解和重视，相关支持、资助措施相对滞后。因此，在原有《红十字会法》规定“人民政府对红十字会给予支持和资助，保障红十字会依法履行职责”的基础上，《修改稿》对政府支持和资助的内容做了细化，包括：各级人民政府应当支持红十字会组织机构建设，引导基层群众参与社会管理服务；在突发事件应对中政府应给予红十字会支持和保障；县级以上人民政府应将红十字事业发展规划纳入当地国民经济和社会发展规划，建立健全对紧急救援、应急救护、人道救助等红十字工作的经费投入机制，保障红十字会开展各项工作所需的人员、经费、场地等条件。

同时，为了切实保障红十字会核心业务的开展，《修改稿》专门将第三章"职责"改为"职责和保障"，增加了政府对红十字会核心业务的支持和保障内容，包括：县级以上人民政府支持红十字会开展紧急救援、应急救护、人道救助等工作，保障无偿献血的宣传动员、造血干细胞捐献遗体和人体器官捐献、人道传播、表彰奖励等工作的开展。

10. 关于法律责任

《红十字会法》既是组织法，同时也制定了大量的行为规范需要明确相应的法律责任，确保法律实施的执行性、强制性和权威性，以有效解决有法不依、执法不严、违法不究的问题。据此，《修改稿》增加了法律责任一章，明确了对侵占挪用捐赠款物、滥用红十字标志和名称、冒充红十字会名义开展违法活动、侵占挪用红十字会的财产和经费以及红十字会工作人员、会员和志愿者损害红十字权益时应承担的法律责任。同时，确认了红十字标志和名称受到侵害时红十字会的诉权。

此外，《修改稿》还对一些具体问题做了规定，包括将内部治理等问题授权给红十字会章程进行规定等[①]。

第二节　中国红十字会的改革之路探析

改革开放是坚持和发展中国特色社会主义的必由之路，要始终把改革创新精神贯彻到治国理政的各个环节。毫无疑义，中国红十字会的发展也必须在改革创新上做文章，通过改革赢得红十字事业发展的最大红利。在改革的道路上，中国红十字会要解决好社会不断增长的人道救助需求和自身实力、能力不足的矛盾，顺应时代需求，满足人民的需要[②]。

---

① 中国红十字会总会：《〈中华人民共和国红十字会法〉修改研究》，社会科学文献出版社 2014 年版，第 18—23 页。

② 华建敏：《把握好红十字会改革的目标方向——在中国红十字会九届四次理事会开幕会上的讲话》（2012 年 12 月 13 日），《华建敏谈红十字事业》，2015 年内部印行，第 247 页。

一、方向指引：《国务院关于促进红十字事业发展的意见》

2012 年 7 月 10 日，国务院下发《关于促进红十字事业发展的意见》（以下简称《意见》）。“从时间上看，《意见》发布很及时。一是虽然‘网络风波’已过，但人们对红十字会的质疑未歇，《意见》发布起到了拨开迷雾的作用；二是对全体红十字同仁给予了极大的振奋和鼓舞；三是在党的十八大召开前夕，其意义显得更为突出”[①]。这是新中国成立以来国务院专门为红十字会工作下发的第一个文件，价值之重大，不言而喻。“《意见》是新时期发展红十字事业的纲领性文件，对中国红十字会的性质、定位、法定职责以及未来的改革方向和保障措施都做了重要的阐述，对于当前和今后较长时期内中国红十字事业发展具有里程碑式的指导意义”[②]。

（一）基本线索和重要意义

《意见》6 部分 21 条，是对改革开放以来中国红十字事业发展过程中取得的宝贵经验的归纳和总结，体现了中国特色社会主义理论的很多重要观点，也体现了理论上的创新，内容弥足珍贵。《意见》的出台，对红十字会来说是难得的重要机遇，也意味着进一步推进改革与发展的重大挑战[③]。

1. 基本线索

统领《意见》的“纲”，即基本线索是“国际接轨”与“中国特色”。作为三大国际组织之一，红十字会有着其他社会团体不具备的鲜明特征。因此，国务院《意见》提及“国际”二字不下十二三处。诸如“遵循国际红十字运动基本原则”，“协助政府履行人道领域的国际承诺”，“建立与社会主义市场经济体制和国际人道主义原则相适应的体制机制”，“提高红十字会参与国际人道救援的能力”，“建设一支具有国际视野、专业素质和敬业奉献、清正廉洁的红十字工作人员队伍”，“充分发挥中国国际人道法国家委员会的协调和咨询作用，积极开展国际人道法领域的国际交流合作，促进国际人道法在中国的传播和实施”，等等。既然是国际红十字运动的重要成员，那么中国红十字会与国际接轨并承担相应的国际义务和国际责任，必然成为《意见》的题中之意。然而，正如《意见》第一部分第一条所述，“红十字事业是中国特色社会主义的重要组成部分”。因此，无论阐述重要意义、改革创新、依法履职、队伍建设，还是阐述优化红十字事业发展环境、加强对红十字事业的领

---

① 白云海：《促进红十字事业加快发展》，《中国红十字报》2012 年 8 月 28 日。
② 王达：《国新办举办贯彻落实〈意见〉新闻发布会》，《中国红十字报》2012 年 8 月 3 日。
③ 王达：《中国红十字会举行宣传贯彻〈意见〉座谈会》，《中国红十字报》2012 年 8 月 10 日。

导与支持等，《意见》都紧扣中国特色，展示中国特色。

如何理解两者关系？概括地讲，既要国际接轨，更需中国特色。具体来说，既要遵循国际红十字运动七项原则，执行日内瓦公约及其附加议定书，大力传播国际人道法，承担国际义务，参与国际救援；又要坚定地走符合中国国情的红十字事业发展道路，为构建和谐社会、创新社会管理、保障和改善民生，促进社会主义核心价值体系建设而发挥应有职能，当好政府在人道领域的助手。要借此在国际上凸显中国特色红十字事业的成就和形象。“越是民族的越是国际的”，越有中国特色的红十字事业，越能展现我们在国际红十字大家庭中的优势、地位和风采①。

2. 重要意义

从现实意义看，《意见》起到了正本清源的作用，进一步明确了红十字会“是什么”的问题。红十字会不是一般意义上的公益慈善组织，而是从事人道主义工作的社会救助团体，受两个法律的制约和保护，一是国际人道法（日内瓦公约及其附加议定书），二是《红十字会法》。红十字会属于法定机构，具有三重赋权，即国际赋权、国家赋权和社会公众赋权，这是红十字会与一般公益慈善组织的根本区别。也正因为如此，《意见》明确指出，红十字会是政府在人道领域的助手，是和谐社会建设的重要力量，是精神文明建设的生力军，是民间外交的重要渠道。这4句话是国务院对红十字事业在新时期重要地位和作用的准确阐释与高度概括。

从指导意义上看，《意见》进一步明晰了红十字会“干什么”“怎么干”的问题。干什么？简言之就是“三救三献”和国际人道援助。“三救三献”“作为红十字会的核心业务和法定职责，在《意见》中有了非常明确的表述。这就给系统内外长期以来对有中国特色红十字事业的具体职责、任务争论不休导致一些基层红十字会无所适从的乱象，画上了一个句号”②。怎么干？就是4个字：改革创新。具体来讲，就是要建立与社会主义市场经济体制和国际人道主义原则相适应的体制机制，着力打造公开透明的红十字会，建立和完善法律监督、政府监督、社会监督和自我监督“四位一体”的综合性监督体系③。

---

① 郝如一：《“国际接轨”与“中国特色”》，《中国红十字报》2012年8月28日。

② 胡晓强：《突出核心　抓住目标》，《中国红十字报》2012年8月14日。

③ 《〈意见〉出台具里程碑意义》，《中国红十字报》2012年8月14日。

（二）改革、改变、改善：对《意见》的解读

1. 改革是《意见》的核心，强调“着力推进红十字事业改革创新”

《意见》“提出了多方位、多方面改革创新的要求、方向、目标、思路或措施”①，这就意味着对红十字事业的未来发展和红十字会自身建设提出了更高要求。为什么要改革呢？“改革基于三个重要背景：一是中国发展到今天，必须把社会建设和社会组织建设放在一个十分重要的位置，红十字事业是社会发展非常重要的一个部分，是经济、政治、社会、文化和生态五位一体发展的重要组成部分；二是信息化的进步，需要中国红十字会用开放的、真诚的、负责任的态度面向社会、面向公众；三是改革意义重大，既是为全国的社会组织改革和建设做一个探索，又能让拥有百年历史的红十字会，充分发挥自身优势，主动适应当前全球化和国家改革发展的总体趋势”②。

改革的目标是“建立与社会主义市场经济体制和国际人道主义原则相适应的体制机制”，建立“高效、透明、规范”的管理体制和运行机制。要实现这一目标，有包括推进信息化建设、完善监督体系等在内的许多手段或路径，其中改变现有的治理结构也不可忽视。《意见》提出“加大上级红十字会对下级红十字会的财务监督、业务指导、工作督查力度，下一级红十字会主要专职负责人的任免提名要听取上一级红十字会的意见”，这是过去所没有的，堪称一大“创新点”和改革的“新动向”。换句话说，要改变红十字会以往松散的治理结构，通过人事任免、财务监督、业务指导、工作督查等纽带，强化上下级红会之间的联系。虽然这种改变还不是实质性的“垂直管理”，但对改变总会、分会“两张皮”的现状，增强凝聚力，强化“统一性”原则，构建“金字塔”式组织结构，显然是必要的。改革任重道远，但没有改革创新，红十字会就会面临“生存问题”。“只有用改革创新的办法，才能解决好红十字事业发展中一些无法回避的问题”③。毫无疑问，改革是事业发展的动力之一。

2. 有改革就会有改变

从某种意义上说，改变是改革的阶段性成果。对红十字会而言，只有改变与社会发展、民生需要不相适应，与社会主义市场经济体制和国际人道主义原则不相适应的体制机制、管理制度、人事制度等方面的现状，提高适应

① 张立明：《锐意改革创新　加快事业发展——学国务院（2012）25 号文件有感》，严晓凤、池子华、郝如一主编：《〈红十字运动研究〉2013 年卷》，合肥工业大学出版社 2013 年版，第 95—97 页。

② 王达：《国新办举办贯彻落实〈意见〉新闻发布会》，《中国红十字报》2012 年 8 月 3 日。

③ 王达：《宣传贯彻〈意见〉汇报会在京举行》，《中国红十字报》2012 年 8 月 10 日。

能力，才能不断创造新的辉煌，事业发展才会有日新月异的改变。对政府而言，管理方式尤其是支持方式，也应有所改变。《意见》中提出的“各级政府要把红十字工作列入重要议事日程，在编制国民经济和社会发展规划时，同步编制红十字事业发展专项规划”，就是支持方式的重大改变。江苏省红十字会早在“十一五”期间即把红十字事业发展争取纳入专项规划，为全国省级红会之最。《意见》发布之后，从总会到各省级红十字会，到各市、县红十字会，都能同步编制红十字事业发展专项规划并纳入国民经济与社会发展整体规划之中，这将对红十字事业发展产生的促进作用是可以想见的。可以说，这是《意见》最大的“亮点”；也可以断言，红十字事业将迎来快速发展的机遇期。

3. 改革与改变都需要环境的改善

要推进红十字事业发展，除了红会自身的改革创新和“适应性改变”外，除了党和政府的鼎力支持外，社会环境的不断优化至关重要。《意见》指出，应营造有利于红十字事业发展的法制环境、政策环境、舆论环境，可谓高瞻远瞩。应该承认，目前无论是法制环境，还是政策环境、舆论环境，都存在着不利于红十字事业发展的因素，需要全社会的共同努力，加以“改善”。法制环境方面，如《红十字会法》颁布实施近20年了，有许多内容已经不合时宜，亟待修订完善；政策环境方面，如企业捐赠所得税税前扣除政策，手续烦琐，令人望而却步；舆论环境方面，不少公众对红十字会存在误解，甚至别有用心者“抹黑”红十字会的言论时有耳闻。所有这些，都需要不断优化，加以改善。《意见》的发布，对红十字事业发展而言，可谓“及时雨”。

如果说法制环境、政策环境的优化相对简单易行的话，那么舆论环境的优化并非易事，特别在经历了“微博风波”之后，红十字会声誉受损，至今挥之不去。如何“改善”红十字会的形象，除了强化自身公信力建设外，关键在于让公众认识红十字、了解红十字、亲近红十字。但令人遗憾的是，红十字会在公众中的知晓率并不高，甚至连有的公众人物也会发出“全球只有中国没有加入国际红十字组织”的怪论，传为笑谈。这些都说明在红十字文化传播方面做得还不到位，这种局面也有待“改善”。《意见》提出“深入开展红十字理论研究，大力宣传红十字文化在引领社会道德风尚、提升精神文明程度和推动文化大发展大繁荣中的积极作用”，诚属高屋建瓴之论，为《意见》又一大“亮点”。不仅对改善舆论环境大有裨益，而且对提升红十字会软实力功莫大焉！理论与实践是驱动红十字事业发展的“双轮”，未可偏废，但事实上，红十字会系统普遍存在重实践轻理论的偏向，导致理论研究的严重滞后，这与红十字事业的发展极不适应。《意见》对改善这一不对称状态，显然意义非同一般。

总之，“《意见》政策明了，定位准确，目标明晰，要求具体，指导性、操作性强，对面临挑战和正处在发展关键期的各级红十字会来说，不啻一场及时给力的春雨，必将滋润着我国红十字事业更加健康、茁壮地成长”[①]。《意见》为红十字事业的改革与发展指明了方向，不愧为加强和改进红十字会工作的纲领性文件[②]。

二、总体趋势：趋向公开透明

“无透明即无真公益”。“透明”无疑是公益慈善事业不可或缺的核心要素之一[③]。公开透明，是现代社会公众对公益组织的期待。对包括红十字会在内的公益组织而言，公开透明是取信于民、立足社会的基本条件。“公开透明是依法治会的基本要求，是提高公信力的重要途径，也是《红十字会法》对我们的要求”[④]。既要求公开，又要求透明，实际上表达了公众对公益组织更高的期盼。

公信力作为一种无形资产，是在长期的发展中日积月累而形成的，体现了一个社会组织存在的权威性、在社会中的信誉度以及在公众中的影响力等特征。没有公信力的社会组织终将失去生命力，被公众鄙弃。调查显示，有68.2%的受访者指出，“信息公开不透明”是红十字会出现信任危机最主要的原因[⑤]。2011年12月29日，“中国慈善透明指数”正式对外发布，同时发布了全国千家公益慈善组织2011年透明度排名榜。根据这份榜单，全国千家公益慈善组织透明度平均指数为33.14%。进入这个榜单的209个红十字会中，透明度指数最高的为83%，排第四名；最低的为7%，排第939名；平均为34.09%，平均透明指数稍高其他组织。但是从总体上说，红十字会系统的透明度还是比较低，从而影响了社会对红十字会的认知[⑥]。

可见，在当前形势下，红十字会要提升公信力，必须内外兼修，朝着公

---

① 胡晓强：《突出核心 抓住目标》，《中国红十字报》2012年8月14日。

② 池子华：《改革·改变·改善——关于〈意见〉的点滴解读》，严晓凤、池子华、郝如一主编：《〈红十字运动研究〉2013年卷》，合肥工业大学出版社2013年版，第98—101页。

③ 俞祖成：《“无透明即无真公益”》，《中国红十字报》2012年8月14日。

④ 张妍：《制度建设是公信力的基石——安徽省合肥市红十字会公信力建设初探》，《中国红十字报》2017年6月16日。

⑤ 贾玥：《98.7%受访者知道“郭美美事件” 红会自救如何奏效?》，网易新闻，2013年7月3日。

⑥ 参见李一涛：《当前中国红十字事业面临的问题与对策》，红十字运动研究中心网，2013年9月30日。

开透明的方向进行全方位的改革。

首先，应该完善机制。对红十字会而言，要真正做到“两公开两透明”，最直接、最有效的办法，就是建立健全信息披露机制。

例如，总会有“捐赠信息发布平台”，但还很不健全；各省以及地市级红十字会，也都在各自网站上披露捐赠信息，但是功能还不够强大。完善的信息披露机制应该具有这样几个基本特点：一是更新及时，从目前情况看，不少网站还做不到这一点；二是查询功能，包括接收捐赠款物的信息及使用情况，都可以查询；三是联动机制，即总会开发，全系统共享，全国红会联动，不论你在何时何地，不管你登陆哪一级红会网站，都可以查询到你想知道的信息，这样的信息披露机制才是健全的①。

事实上，在“郭美美事件”中，中国红十字会面对公众质疑，唯一的良策就是真正健全信息披露机制，积极回应舆论关切，主动晒出账本，公示捐款去向，“提高透明度——好事要出门，坏事要讲清”。一方面，向网民清楚解释筹集善款的具体运作模式，消除误解，增进了解；另一方面，对慈善运作的不规范行为主动认错、曝光，化解敌意，重树形象，并进一步提出公开透明的有效监督举措。若做不到公开透明，反而左支右绌，必然适得其反。总之，透明慈善是化解公众对中国红十字会信任危机的最有力法宝②。在2011 年 12 月 7 日召开的总会九届三次理事会上，中国红十字会曾主动向公众晒账本，回应公众质疑③。这是透明化道路上的一大进步，但只是一个开始，需要常态化发展。当然，信息披露不局限于互联网，各种媒介如报纸杂志、广播电视、LED 显示屏等等，都可以为我所用。

其次，强化外部监督。所谓外部监督，不是指中国红十字会社会监督委员会那样的专家咨询机构，而是真正独立的第三方机构。而且社会监督委员会不应该是红十字会出面组织，应该由民政部门发起，对包括红十字会在内的公益慈善组织进行监督。2013 年 6 月 19 日，中国第一个慈善组织第三方监督机构——广州市慈善组织社会监督委员会正式成立，首届 15 名委员全部由非公职人员担任，强调独立性，以应对困扰中国慈善事业的信任危机④。这是一个很好的开端。希望总会能够主动与相关部门沟通，促成独立的社监委早

---

① 池子华：《打造公开透明的红十字会》，池子华、张丽萍、汪丽萍主编：《〈红十字运动研究〉2014 年卷》，合肥工业大学出版社 2014 年版，第 16—19 页。

② 郭进萍：《“郭美美事件”再反思》，池子华、张丽萍、汪丽萍主编：《〈红十字运动研究〉2015 年卷》，合肥工业大学出版社 2015 年版，第 129 页。

③ 王君平：《90% 以上募集款物用于救灾救助》，《人民日报》2011 年 12 月 8 日。

④ 赖雨晨：《广州创立慈善组织第三方监督机制》，新华网，2013 年 6 月 19 日。

日成立，并逐渐在全国拓展。这是红十字会把“两公开两透明”落到实处的重要手段。

在外部监督中，网络监管同样是促进红十字会走向公开透明的重要途径。这方面，苏州市红十字会做了有益的探索。2013 年 5 月 25 日，苏州市红十字会聘请 10 位活跃在苏州各大论坛的网民为网络监督员，他们可通过查账本、参与款物筹募及资金分配流程等方式进行监督①。这种主动邀请网民对红会工作进行监督的做法，很有创意，比被动地被网民监督“倒逼”公开透明，更易于赢得公信力。

在外部监督中，还有一个重要杠杆，那就是审计。作为一种特殊的监督方式，它以“秋后算账”的“倒逼”给公开透明工作戴上“紧箍咒”。对红十字会而言，应该邀请具有影响力的第三方会计师事务所进行独立审计，审计结果及时发布。2013 年 6 月 21 日，《文汇报》发布《关于上海市红十字会人道救助基金 2012 年度财务收支情况审计报告》，就是一种可取的做法。会计审计是规范、引导红十字会公开透明工作的杠杆，通过这一杠杆，可以提升外部监督的功效，有助于提振红十字会的公信力②。

在全国红会系统中，江西省红会的公开透明工作走在全国前列，其经验值得借鉴。中民慈善捐助信息中心发布的《2010 年度中国慈善透明报告》显示，在全国 99 个抽样调查的慈善公益组织中，江西省红十字会榜上有名，位居全国第三。

早在 2010 年新年伊始，江西省红十字会就从打造良好公信力入手，主动与江西省审计厅、监察厅联系，联合下发了《关于加强全省红十字会审计监察工作的通知》，在既往丰富实践的基础上，通过“一审计、二监督、三公开”，建立了全透明的刚性监督机制，走进了社会监督工作的“透明新时代”。“一审计”，就是邀请审计部门进行年度财务审计。财务管理是红十字会工作的命脉，财务管理的规范、可信是建立红十字会公信力的关键所在。“二监督”，就是内部监督和外部监督双管齐下。江西省红十字会建立了内、外两种监督机制，保证红会的日常管理工作在健康规范的轨道上运行。“三公开”，就是公开筹资、公开资助、公开审计报告。2009 年年底，江西省红十字会制定了全省红十字会管理工作“三公开”原则，即筹资成果公开、资助程序公开、审计报告公开。

---

① 苏红：《苏州 10 位网民获聘红会监督员》，《中国红十字报》2013 年 6 月 7 日。

② 池子华：《打造公开透明的红十字会》，池子华、张丽萍、汪丽萍主编：《〈红十字运动研究〉2014 年卷》，合肥工业大学出版社 2014 年版，第 16—19 页。

江西红会通过一系列公开透明的做法，增加了公众对红十字会提供服务的认可和信赖，增强了受益群体对红十字组织的信任、理解和支持，树立了良好的社会品牌和机构形象，最终达到了争取更多的社会捐助项目和资金、服务更多弱势群体的目的。“敢于接受社会监督和质询，才能使红十字会真正取信于社会，永远立于不败之地”；“一审计二监督三公开”的做法，集内外监督于一体，让红十字工作走进大众视野，进一步增强了红十字品牌的纯洁性和可信性①。

“透明是一个公益组织天然具备的特质，也是公益组织生存和发展的基石。透明是有效沟通，建立信任的关键。没有透明，没有沟通与信任，就没有公益组织的未来。”② 总之，随着全民慈善意识的觉醒，民众对公益需要“玻璃口袋”的呼唤越来越迫切，国内公益慈善团体被要求更加规范化、透明化，因此我国慈善机构提高信息公开的透明度是必然趋势。但在此之前，必须解决第三方监督制度的完善问题以及与慈善机构信息公开制度相关的诸多因素③。打造公开透明的红十字会，是使命，也是责任。在此过程中，历史的借镜、香港的做法、国外的经验，都值得红会学习、借鉴④。红十字会是一个真正超越国家、党派、民族和宗教的国际品牌，建设一个公开、透明、强大的红会应该是大多数人共同的愿望。所以，对于中国红会，我们在加强监督和批评之余，不妨也给一些宽容和鼓励，给一些改进的时间和空间⑤。

一个可喜的现象是，经过2011年的舆情风波，红十字会的改革创新之路已经开启，并已经取得初步成效。根据中民慈善捐助信息中心正式发布的《2012年度中国慈善透明报告》，中国红十字会的透明度排名为第32位，比2011年提升11位。对此，中国红十字会秘书长王汝鹏表示，打造公开透明的红十字会是政府和社会对红会的要求，也是红会前进的方向，为此红会一直在努力。中国红十字会的透明度排名上升肯定是好事，但排名不是红会追求的目标。红会的目标是以改革创新的精神，把红会建成公开透明、规范高效的红十字会⑥。

---

① 戴莹：《社会监督的“透明新时代”》，《中国红十字报》2010年1月12日。

② 《2012“寒冬”之后稳步“潜”行》，《中国红十字报》2013年1月1日。

③ 课题组：《我国慈善组织“透明之路”探究——以红十字会为例》，池子华、张丽萍、汪丽萍主编：《〈红十字运动研究〉2014年卷》，合肥工业大学出版社2014年版，第255页。

④ 池子华：《打造公开透明的红十字会》，池子华、张丽萍、汪丽萍主编：《〈红十字运动研究〉2014年卷》，合肥工业大学出版社2014年版，第16—19页。

⑤ 王永：《对红十字会，舆论不能“有罪推论”》，《中国红十字报》2013年1月15日。

⑥ 《中国红十字会排名提升11位》，《中国红十字报》2013年1月8日。

三、开路先锋：推动红十字文化传播

红十字文化传播工作是红十字会的基础工作之一，是传播红十字精神的重要环节。备灾救灾、社会救助、卫生救护、组织发展、造血干细胞捐献等各项工作都离不开传播工作[①]。作为红十字会这样有特殊经历的群团组织，面临着“网络事件”以来形成的一些社会偏见以及负面的舆论、群众的误解，这些都需要不断加大红十字会传播工作的力度。

中国红十字会“九大”报告中提出要弘扬红十字精神，开展“红十字传播行动”。这一行动具体包括：积极传播国际人道法和红十字运动基本知识，推动国际人道法的实施，参与国际人道法事务的国际交流与合作；继续开展“5·8博爱周”系列宣传活动，巩固发展大宣传格局；建立自然灾害等突发公共事件应急宣传机制，完善新闻发言人制度；逐步组建红十字宣传工作委员会和红十字新闻宣传志愿服务队，借助社会资源拓展红十字宣传阵地；成立红十字理论研究会，推进红十字文化建设等[②]。

九届理事会期间，华建敏会长提出“两论一动”，其中“两论”分别是舆论和理论。华建敏会长指出，舆论代表着影响力、渗透力和话语权，舆论工作极其重要。红会要更加主动、更加努力地学习和掌握新媒体环境下做好舆论工作的本领，既要大力宣传红会的好人好事，唱响红十字好声音，传递社会的正能量，也要旗帜鲜明地回击针对红会的恶意攻击，坚决维护红十字会品牌的公信力。应该说，舆论工作是新时期文化传播工作的核心内容[③]。对于面临在改革实践中攻坚克难的中国红十字会而言，舆论工作既是培植事业根基的长期任务，也是解决现实问题的当务之急。抓好舆论宣传工作，可以为红十字事业发展营造良好的社会环境。

2011年“郭美美事件”给中国红十字会提出了一个重要的课题，也提出了一项重要的任务，就是新形势下怎么来把握舆论导向。“舆论工作极其重要，事关国家的长治久安，事关民族的凝聚力和向心力。舆论导向正确是国家之福、人民之福，舆论导向错误，是国家之祸、人民之祸”。华建敏会长强

---

① 曾凡国：《宣传工作要做到“四个结合”“四个创新”“四个加强”》，中国红十字年鉴编辑部编：《中国红十字年鉴：2006/2007》，群言出版社2009年版，第256页。

② 江亦曼：《彰显人道　促进和谐　实现中国特色红十字事业新跨越——中国红十字会第九次全国会员代表大会工作报告》（2009年10月27日），《中国红十字会第九次全国会员代表大会文件汇编》，2009年内部印行，第39页。

③ 华建敏：《改革创新是贯穿始终的一条主线——在中国红十字会第九届理事会第六次会议上的讲话》（2014年12月26日），《华建敏谈红十字事业》，2015年内部印行，第334页。

调，“我们一定要增强阵地意识，敢于站在风口浪尖上进行针锋相对的交锋。我们不能当‘开明绅士’，搞‘爱惜羽毛’那一套，不能人家想怎么样就怎么样，任由其说。要尽快掌握舆论战场上的主动权，加强话语权的建设，弘扬主旋律、传播正能量，不断巩固、壮大主流思想舆论，增强人民的精神力量”。

“郭美美事件”之后，华建敏会长在2011年7月召开的全国红会系统廉政工作会议上就讲到，红会现在是在“聚光灯”下工作，人们在用“放大镜”“显微镜”来看每一个细节，有人还用“有色眼镜”“哈哈镜”来看待红会。发展到后来，甚至还有人毫无根据、无中生有地对红会造谣①。面对这种状况，中国红十字会一方面要坚持公开透明、严格依法办事；一方面要重视舆情，正确把握国内舆论场的结构特点，敢于应对、善于应对。为此，华建敏会长提出十二个字的方针，即“摆事实、讲道理、不护短、树形象”。就是说，要借助各种媒体，用事实说话，澄清不白之冤；要请专家学者出来发表意见，客观公正地讲清道理，把国际通行的规则和惯例告诉大家；要不护短，有错误有不足就坦率承认、迅速改正、严肃处理；要树形象，通过大力宣传先进典型，宣传红会的工作成绩，树立正面形象。面对新时期的宣传工作，红十字会要抓住时机，鼓舞士气，搞好舆论引导，唱响红十字好声音，传递社会正能量。总会和地方各级红会都有这个责任。

综合总会的相关精神和红十字运动的现实情况，需要从以下几个方面着手，推动新时期的文化传播工作。

其一，要旗帜鲜明、针锋相对，用事实说话，坚决维护红会的声誉。

要在第一时间亮明旗帜、针锋相对、坚决澄清、拨乱反正、还以清白。绝不能让谣言继续发酵，给红十字会的声誉造成损害。各级红十字会都要把红会的声誉看得比生命还宝贵，坚决维护红会的良好形象。“如果以后在网上继续有什么传言，希望涉及的地方红会第一时间要站出来，一是亮明态度表示一定会清查，二是查清问题后马上公布事实，三是依法依规严肃处理。这几个要素和环节，一定要搞得明明白白、清清楚楚”。2011年以来舆论炒作的负面新闻，绝大部分属于无中生有。对于这些谣言，应该反复辟谣。让全社会充分知晓，绝不可敷衍了事。红十字会必须强化阵地意识，掌握舆论制高点，只有这样，才能掌握全盘工作的主动权。

其二，要大力开展正面宣传，促进红十字人道理念在全社会的播扬。

① 华建敏：《清正廉洁是红十字会的生命线——在全国红十字会系统廉政工作会议上的讲话》（2011年7月6日），《华建敏谈红十字事业》，2015年内部印行，第134页。

中国红十字会走过了110年的光辉历程，涌现出了一大批可歌可泣的人和事。1923年，日本发生关东大地震，中国红十字会华山医院派出医生护士作为志愿者，组成国际救援队赶赴日本救死扶伤，这是中国红会第一次走出国门参与国际救援。90年后的2013年，菲律宾遭遇台风“海燕”的袭击，伤亡惨重，红会连续派出三批中国红十字国际救援队赴菲开展人道救援，这是新中国成立后中国红会第一次走出国门参与国际救援。近些年，各级红十字会不畏艰险、攻坚克难，全面推进“三救三献”工作。从2008年的四川汶川地震到2010年的青海玉树地震，再到2013年的芦山地震等特大自然灾害的救援，从造血干细胞捐献到遗体器官的捐献，红十字会充分发挥了红会组织重要而独特的作用，为保护人民的生命与健康做出了不可磨灭的贡献。对于红十字会的宣传工作，要澄清一个误区，即“要多做少说”的误区，“少说”指的是不要宣传个人，但对于红会所做的事，不仅要干得多、干得好，还要多作宣传、善于宣传。“如果你总是埋头苦干、默默无闻，社会和公众都不知道你做了什么，怎么可能争取社会的支持，更好地推动工作？从另一个角度讲，红会的工作有很多是依靠社会公众的捐款和志愿服务，加强宣传也是增加工作透明度，对人民负责、受人民监督的要求”。2008年的四川汶川大地震，全国红十字会系统共募集救灾捐赠款物价值接近200亿元，在灾区共援建18万多户民房、2000多所学校、500多所卫生院（站），还援建了部分康复中心、敬老院、福利院及防灾减灾设施。这些数字，国际红十字组织听闻后都很震惊，因为这么大规模的爱心救援行动在世界各国红十字会历史上都是罕见的。但在国内，老百姓中并无几人真正了解。红十字会的宣传不能停留在系统内，必须敞开大门、创新理念，使红会的新闻宣传更加鲜活生动，更加通俗易懂，更加富有亲和力、吸引力和说服力。要适应现代技术迅速发展的要求，积极推进传统媒体与新兴媒体的融合，拓宽宣传渠道，让红会的人道理念在全社会深入人心。

其三，要广泛宣传典型人物和先进事迹，弘扬正气，推动形成良好的道德风尚。

近年来，红十字会系统涌现出许多时代先锋人物，有红十字志愿者的楷模郭明义，南通的磨刀老人吴锦泉，年仅12岁、生前决定无偿捐献器官的红十字志愿者何玥，南丁格尔奖章获得者章金媛、邹德风等等。要千方百计做媒体的工作，广泛宣传他们的先进事迹。榜样的力量是无穷的，先进典型的事迹将会深刻地教育国人，有力地纠正当前社会上出现的诚信缺失、行为失范、不文明、不道德等不良现象，将会有力地鼓舞人、激励人，增强群众的精神力量，推动社会更加积极向善、更加和谐美好。红十字会是精神文明建设的生力军，宣传典型、树立榜样，弘扬真善美、传播正能量，是红会义不容辞的职责[①]。

其四，强化媒体攻势，构建与大众媒介的良性互动平台。

现今时代，不管承认与否，媒体在文化传播中起着导航和潜在的决定性作用，对人们时刻进行着潜移默化的社会教育。因而要传播红十字文化就必须积极探索大众媒体参与红十字事业的有效方式，大力宣传和普及红十字价值观。这里首先必须强调的是充分发挥红十字机关报刊自身的传媒力量。以《中国红十字报》为例，应明确办刊宗旨和服务人群，以扩大读者群。《中国红十字报》的发展可以借鉴抗战胜利后“复员”时期《红十字月刊》的办刊经验。作为抗战胜利后传播红十字文化的利器，《红十字月刊》在创刊之初即开宗明义，“本刊将是一本有益于人生的综合性的刊物”，所要具有的风格，“讲外表，希望的是有文，有画，有诗，有歌，有颜，有色；讲内容，希望的是密迩生活，紧跟时代，接近老少，踵继高明”。而《红十字月刊》最大的目标，“不是把这本刊物，专给从事红十字会工作人员的一种读物，而是要把这种刊物，献给广大读者之林，必须是与人人而密密生活在一起的读物”[②]。作为传播红十字文化的重要基地，《中国红十字报》有必要革新面貌，“翼彼新苗”，适当扩充版面，丰富理论探讨、康乐常识、国际红十字运动动态的容量，以最大限度地吸纳读者群。除此之外，积极构建与其他大众媒体的良性互动平台也至为关键。要充分发挥大众媒体在红十字文化传播中的舆论引导功能，不断创新宣传形式和方法，把握正确的舆论导向和话语权，运用灵活多样、喜闻乐见的形式，大力宣传红十字先进典型，传播红十字理念，提升红十字品牌，使红十字文化弥漫社会的每个角落[③]。

其五，注重发挥新媒体的作用。

文化传播构建了人与人之间、人与社会之间的连接组带，以手机客户端为代表的新媒体，是一个高效而开放的参与式传播平台，颠覆了传统的社会文化传播方式。“人人都是编辑，个个都是记者，谁的手里都有麦克风”，新媒体推动文化传播进入了新时代，为红十字文化提供了广泛参与、便捷高效的传播途径，对红十字事业发展具有强大的潜在推动力量。利用新媒体传播红十字文化，促进了人道事业的发展，也在社会公共话语空间中发挥了积极

① 华建敏：《树立“五种意识”推进“两论一动”——在中国红十字会九届五次理事会上的讲话》（2014 年 1 月 18 日），《华建敏谈红十字事业》，2015 年内部印行，第 289—292 页。

② 江晦鸣：《编余》，《红十字月刊》总第 3、4 期合刊（1946 年 4 月），第 14 页。

③ 郭进萍：《红十字文化传播之我见》，严晓凤、池子华、郝如一主编：《〈红十字运动研究〉2013 年卷》，安徽人民出版社 2013 年版，第 11—12 页。

的引领和导向作用。通过新媒体的多渠道传播，实现了线上线下的结合，突破了地理、文化、社会和自然条件的限制，成为连接红十字文化与人道事业实践的纽带。新媒体给用户提供了体验式、互动性的活动参与方式，具有较强的示范性，可以凝聚更多社会力量参与人道公益事业①。

其六，尊重受众差异性，有针对性地开展文化传播。

文化传播具有双向性和互动性，传播者通过信息作用于受众心理，受众对所接受的讯息也会做出反馈。一般而言，传播效果与受众的社会地位、身份、心理观点和立场等方面相关。受众是传播活动的积极参与者，也是传播效果的最后鉴定者。在进行传播时要因人而异，有的放矢，“投其所好”，才会引人“兴味”，取得事半功倍的效果。另一方面，受众慈善意识的发达与否也直接影响传播效果②。

总之，传播红十字文化是一项“文化工程”，是建设中国特色红十字事业的应有之义。在这方面，总会和各地红会都做出了许多值得肯定的努力。除报纸杂志之外，网络、QQ、微信等新媒体传播功能强大，效果也很显著，受到越来越多的红十字人的重视。除此之外，红十字会还应该不断发现、构建更多的传播介质，建设红十字文化传播的“多媒体”，如文艺作品、红十字文化用品、影视作品等，都是传播的重要载体。只有不断拓宽传播渠道，才能构建、完善红十字文化传播的“多媒体”，也才能发挥强大的传播能量，为红十字事业发展营造良好的舆论环境③。红十字会要善用媒体导向作用，主张参与式宣传，还原真相；针对民众关心、媒体关注的问题，主动“爆料”；加强与媒体合作，尤其是新媒体，让“别人”说；强化自身力量，主动发出正面声音，减少猜疑。舆论是把双刃剑，面对舆论监督的重重阻力，红十字会任重而道远④。舆论宣传必须坚持正确的导向；必须始终坚持服务民生，要为践行“人道、博爱、奉献”的红十字精神服务，为“三救三献”核心业务服务，为推进社会文明进步服务⑤。

---

① 王萍、池子华：《新媒体与红十字文化传播》，池子华、王国忠、陈海高、吴海松主编：《〈红十字运动研究〉2018 年卷》，合肥工业大学出版社 2018 年版，第 66 页。

② 郭进萍：《红十字文化传播之我见》，严晓凤、池子华、郝如一主编：《〈红十字运动研究〉2013 年卷》，安徽人民出版社 2013 年版，第 12 页。

③ 池子华：《构建红十字文化传播“多媒体”》，《中国红十字报》2014 年 5 月 30 日。

④ 戴凤华：《主动打好宣传战》，《中国红十字报》2014 年 7 月 22 日。

⑤ 周庆津、王友国：《有导向，有内容，有创新》，《中国红十字报》2014 年 7 月 29 日。

四、核心内容：抓好制度建设

“制度是稳定和信任的源泉，制度健全才能赢得公众的信任和支持”①。制度带有根本性、稳定性和长期性，必须始终把制度建设贯穿各级红十字会的思想建设、组织建设、作风建设和反腐倡廉建设之中。2011 年以来的“网络事件”，反映出红十字会在组织机制、品牌建设、项目执行、财务制度、信息公开等方面还有很多需要改进和完善的地方。中国红十字会“九大”以来，总会反复强调，要着力创新和完善体制机制，既要建立和完善可持续的筹资机制，更要建立和完善灵活高效的资金使用分配机制和公开透明的监督机制。在鼓励各地大胆实践、创造经验的同时，要靠制度建设去积累和传承实践经验，加强对各项工作的指导和规范，为公信力的不断提高奠定坚实基础②。“制约我们红十字事业发展的最大瓶颈和制约经济社会发展的最大瓶颈一样，就是制度供给不足。完善的体制机制和完备的制度体系不仅是红十字事业健康发展的保证，也是促进社会和谐、实现社会公平正义的保证”。长远而言，改革的成效也一定要落实到制度创新上③。

（一）制度与制度建设

所谓制度建设，简言之，就是制度体系的建设与完善，主要包括各项制度的制定、执行及完善三个方面的内容。就中国红十字会而言，其制度就是依据《宪法》和《红十字会法》而形成的一系列规章。红十字会制度建设就是为满足人道需求而制定、推行和完善制度体系的过程。

红十字会制度体系有“基本制度、一般制度、专项制度、岗位制度”等几大类属。“基本制度”是基础或前提，如《红十字会法》《红十字标志使用办法》《献血法》《公益事业捐赠法》《中国红十字会章程》等法规。这些法规既是红十字会制度体系的组成部分，同时也是制定其他相关制度的依据。“一般制度”是依据上述法规为开展红会工作而制定的各种规章，涉及组织机构、备灾救灾、卫生救护、无偿献血、造血干细胞移植、志愿服务、红十字青少年等红会工作的方方面面，如《中国红十字会会费管理办法》《中国红十字会红十字标志标明性使用规定》《中国红十字会自然灾害和突发事件救助规

---

① 张妍：《制度建设是公信力的基石——安徽省合肥市红十字会公信力建设初探》，《中国红十字报》2017 年 6 月 16 日。

② 华建敏：《以改革为纲　以改革为动力——在中国红十字会九届三次理事会开幕会上的讲话》(2011 年 12 月 7 日)，《华建敏谈红十字事业》，2015 年内部印行，第 178 页。

③ 华建敏：《把握好红十字会改革的目标方向——在中国红十字会九届四次理事会开幕会上的讲话》(2012 年 12 月 13 日)，《华建敏谈红十字事业》，2015 年内部印行，第247 页。

则》《中国红十字会募捐和接受捐赠工作条例》《中国红十字会总会关于颁发中国红十字会荣誉奖章的规定》《全国无偿献血表彰奖励办法》《学校红十字会工作规则》《中国红十字志愿服务管理办法》等等，这些规则、规定、办法、条例等，是开展红会工作的指南针。“专项制度”是为打造品牌、运作品牌而形成的项目制度，包括各类专项基金项目的运作，都有各自的规章加以规范。“岗位制度”是红会机关、部门的干部、工作人员为履行岗位职责制定的各种规章。从总会到地方红会，各个部门都有相应的岗位职责和办事流程、规则。岗位制度，不言而喻，是针对红十字人的管理制度①。

制度设计是红十字会制度建设的重要工作，制度设计中的理念和方法将对红十字会制度建设产生引导性作用，是制度建设能否保障公信力的前提。在制度设计的方法上，红十字会应在党的领导下坚持群众路线。“知屋漏者在宇下，知政失者在草野”，群众路线是党的根本工作路线。中国红十字会应将“群众性”渗透于红十字会规章条款的设计方法中，反映民生诉求，以法律手段赢得党和政府的支持、获得群众认可。而广泛征集各界意见、汲取多方面经验，是红十字会制度建设坚持群众路线的显著表现。

（二）网络发言人制度：信息时代制度建设的重要发力点

在信息化时代，“得网络者得天下”，在网络上倒下，还得在网络上站起。红十字会既要建立新闻发言人制度，也要建立网络发言人制度。通过网络发言人，及时向广大网民和群众介绍红会政策、通报情况、表明立场、回应网民诉求等，以引导社会舆论，建立好红会与广大网民之间的沟通渠道，提升红会形象。建立网络发言人制度的实质是红会遵循网络信息传播规律，对网民诉求和网络舆情的积极回应和主动干预。作为红会信息公开的一种新的渠道和方式，网络发言人制度对于红会正确引导网络舆论、构建和谐的红会与公众关系、促进红会信息公开、落实民众知情权、打造红会网络形象具有重要意义。

1. 网络发言人是红会应对网络时代挑战的必然产物

互联网全面渗透到人们生活的各个层面，对我国的政治、经济、文化和社会等各个领域产生了重要影响。互联网是一把双刃剑，它在推动整个社会进步的同时，也容易引发一系列社会问题。过去一段时间，一系列网络事件都对红会提出了重大挑战，越来越多的热点事件不再是通过传统媒体，而是通过网络被迅速放大成为公众关注的焦点。在信息技术日新月异的今天，互

---

①　池子华：《制度建设与能力建设》，严晓凤、池子华、郝如一主编：《〈红十字运动研究〉2012年卷》，安徽人民出版社2012年版，第13—14页。

联网已经成为公民表达利益诉求的重要渠道，成为公众言论生成的重要平台。

2. 网络发言人是红会应对自媒体时代挑战的必然产物

何谓自媒体时代？自媒体时代是一个“自我”的媒介时代，通过玩转手机、电脑，实现瞬间转发微博、张贴博文、微信互动、转帖发帖、视频上传等网络信息互动传播，从而达到个性化的自我参与、自我表达、自由发声、互动演绎，使得信息流在这样一个全新的时空场域中得到最彻底的释放和交融①。自媒体时代下，一面澄清事实真相、彰显底层社会民意；一面“网络暴力”“网络失范”“网络谣言”等种种越轨行为愈发凸显、发酵。其所呈现的“双刃剑”效应在红会遭遇的系列网络突发事件中被演绎得淋漓尽致②。因此，设立网络发言人是红会应对自媒体时代挑战的必然选择。

3. 网络发言人制度是新闻发言人制度的重要补充

网络发言人制度是新闻发言人制度在互联网空间的延伸和拓展。在此之前红会与公众的沟通模式是召开新闻发布会，由新闻发言人对公众关心的事情进行通报并在现场回答记者提问。然而在互联网高度发达的今天，公众可以借助网络随时、随地、随意地表达意见，提出自己的质疑。传统的新闻发布会难以很好地起到引导舆论、释惑解疑的作用。网络发言人出现后，公众有了疑问可以直接就关心的问题与涉及的红会通过互联网直接沟通，而不是在新闻发布会上通过记者来表达。

4. 建立网络发言人制度有利于红会正确引导网络舆论

网络发言人制度搭建了红会与民意沟通的桥梁，有利于澄清事实真相，还原事实本来面目，疏导公民情绪，让健康、积极的网络舆论占据主流。当然，网络舆论也会有偏激和谬误，甚至不乏部分居心叵测者在网络上诋毁红会，散布谣言，因此正确引导网络舆论，使之健康发展已经成为红会一个十分重要的任务。建立网络发言人制度是正确引导网络舆论的一个有力措施。在出现舆论事件时，网络发言人可以用实名发帖的方式及时发布权威信息，提前介入事件，以红会官方权威信息来化解谣言的讹传蔓延，在最大程度上引导舆情趋向良性态势，从而为事件的解决和平息创造最大的可控性。

5. 建立网络发言人制度是打造红会网络形象的重要途径

网络时代红会的网络形象至关重要，网络发言人制度改变了传统的信息传播方式，拉近了红会同公众的距离。充分利用网络平台进行红会与公众的

---

① 倪明胜：《自媒体时代下的领导干部需提升媒介素养》，《学习时报》2013 年 5 月 6 日。

② 洪松：《自媒体时代：中国红十字会的网络危机公关能力建设探究》，池子华、张丽萍、汪丽萍主编：《〈红十字运动研究〉2014 年卷》，合肥工业大学出版社 2014 年版，第 38 页。

沟通，缔结红会与公众互动的新型关系，在传统的红会和公众面对面沟通等形式之外又增加了一种新的途径，这种新的途径必将提高红会处理信息的效率，从而有利于培养红会工作者勤政廉洁、高效务实的工作作风，促使红会职能的有效发挥，也有助于塑造良好的红会形象①。

“一个有生命力的组织，必然会有一套相对完善、富有自身特色的制度。以制度化推动规范化，是红十字会实现科学管理的基础，也是红十字会健康发展的根本保障”②。在全面深化改革旗帜的引领下，红十字会亦应推进改革工作，加强制度建设。

五、关键步骤：注重品牌建设

所谓品牌战略“就是企业为了提高自身市场竞争力，围绕产品的品牌所制定的一系列长期性的、带有根本性的总体发展规划和行动方案”③。其实品牌并不只是企业的专利。事实上，从大到民族、国家，小到政党、企业、个人，无不在自觉构建品牌——人类生存的法则要求它这样做，品牌无所不在，虽然有时这种品牌意识是自发的、缓慢的④。品牌与红十字并不遥远。彭珮云会长在总会八届二次理事会上提出要“着力打造红十字会的品牌项目，动员更多热心于公益事业的社会力量参与到公益事业中来”⑤。

海尔集团董事局主席、首席执行官张瑞敏认为，“不做品牌，企业可以生存，但是不能发展”⑥。对于红十字会，此理依然成立。“地方红十字会在现今的大环境下，生存将不成问题，但要创新，要发展，要在构建和谐社会中发挥更大作用，不打造红十字会特色的公益品牌是不行的”⑦。

打造品牌对红十字事业具有重要意义。首先，有利于提高红十字会的公信力。公信力“是公益组织机构赖以立足的基石和生存发展的源泉”⑧。红十字会“既没有政府机构的行政权力，也不具备营利机构的经济实力，必须依

① 李一涛：《建立网络发言人制度是做好红十字会工作的重要环节》，池子华、张丽萍、汪丽萍主编：《〈红十字运动研究〉2014 年卷》，合肥工业大学出版社 2014 年版，第 33—34 页。

② 李欣栩：《以史为鉴加强红会制度建设》，池子华、王国忠、陈海高、傅琦红主编：《〈红十字运动研究〉2017 年卷》，合肥工业大学出版社 2017 年版，第 99—100 页。

③ 余明阳：《品牌学》，安徽人民出版社 2002 年版，第 130 页。

④ 年小山：《品牌时代》，经济管理出版社 2005 年版，第 6 页。

⑤ 彭珮云：《发扬成绩，坚定信心，努力开创红十字会工作的新局面》，《中国红十字会领导讲话汇编》（2004 年 10 月—2007 年 3 月），2007 年内部印行，第 21 页。

⑥ 海尔企业文化研究中心：《海尔品牌之路》，青岛出版社 2005 年版，第 192 页。

⑦ 郝如一：《打造品牌》，郝如一、池子华主编：《〈红十字运动研究〉2007 年卷》，安徽人民出版社 2007 年版，第 256 页。

⑧ 张曙光：《公益事业的发展离不开政府的支持和保护》，《中国红十字报》2006 年 10 月 6 日。

靠社会公信力作为立身之本。良好的社会信誉是红十字会的无形资产。公信度越高，无形资产就越大，所带来的有形资产也会越多"①。在当今国际慈善事业发展中，"普遍存在着'慈善不足'的现象，即非营利活动所需要的资金与其所能募集到资源之间存在着巨大的缺口"②。要在众多慈善组织参与竞争的情况下，获取更多的慈善资源，最重要的就是拥有超强的公信力。通俗地讲，就是要有良好的口碑并赢得大众的认可。品牌是"企业质量和信誉的保证"③，品牌也是红十字会诚信度和敬业精神的保证。品牌可以增强红十字会的公信力，从而激发公众的参与热情，广泛吸引社会资源。

其次，品牌可以促进红十字人道主义文化的弘扬。"品牌背后是文化"④，还有专家认为："品牌实际上是一种文化，已经融入各民族、各阶层和各种职业中"⑤。红十字品牌是红十字文化的精髓和集大成者，也是红十字文化强有力的支撑，同时品牌以其强大的信誉度和号召力对于红十字文化的传播可以起到事半功倍的效果。

再次，品牌可以进一步彰显红十字特色。红十字会本身就是一个历史悠久、驰名中外的经典品牌。但由于诸种原因，在中国红十字特色还未得到足够彰显。"品牌文化意味着品牌的个性差异"⑥。因此打造红十字品牌确实可以让红十字的独特魅力为社会公众所认知。近年来，红十字会的"中华骨髓库"建设、遗体与器官捐献工作以及艾滋病宣传等都已成为具有很高知名度和号召力的红十字品牌，其发展前景值得期待。伴随着这些独具魅力的红十字品牌的声名远播，红十字特色将更为社会大众所知晓。

"微尘"作为红十字品牌战略中的典范，诞生于以发展品牌经济、打造"品牌之都"而享誉中国的青岛⑦。"微尘"是一个热心公益事业的群体，是一个体现红十字精神的公益品牌，也是展现社会精神风貌的一个缩影。"微尘"品牌的创建与成功不是一蹴而就的，而是青岛市红十字会强烈的机遇意识、品牌意识、创新意识发现并培育了"微尘"品牌，并通过长期地创建、完善、整合等艰苦细致的工作，使"微尘"品牌终成知名社会公益品牌。

---

① 彭珮云：《发扬成绩，坚定信心，努力开创红十字会工作的新局面》，《中国红十字会领导讲话汇编》（2004 年 10 月—2007 年 3 月），2007 年内部印行，第 22 页。

② 郝珺：《红十字会参与社区服务：实际运作与问题分析》，郝如一、池子华主编：《〈红十字运动研究〉2008 年卷》，安徽人民出版社 2008 年版，第 211 页。

③ 岳文厚：《品牌魅力》，中国财政经济出版社 2002 年版，第 38 页。

④ 乔春洋：《品牌文化》，中山大学出版社 2005 年版，第 20 页。

⑤ 余明阳：《品牌学》，安徽人民出版社 2002 年版，第 76 页。

⑥ 乔春洋：《品牌文化》，中山大学出版社 2005 年版，第 19 页。

⑦ 张广传：《品牌青岛》，中国商业出版社 2005 年版，前言。

2004 年 12 月 30 日，在青岛市红十字会组织的为印度洋海啸灾民募捐活动中，一对中年夫妇捐款 5 万元并留下“微尘”的化名。青岛市红十字会及时抓住这一典型进行新闻造势。最终在这次募捐活动中，“不留姓名的占个人捐款的 50%，而以‘微尘’名义捐款的占 1/10，成为此次募捐工作中的一大亮点”。青岛红十字会意识到：如果把微尘作为群众自愿参加红十字公益活动的品牌推向社会，它将会成为一个具有号召力、凝聚力、影响力的爱心符号。于是他们开始了对“微尘”的精心培育[①]。首先，借助新闻媒体开展寻找“微尘”、宣传“微尘”事迹、讨论“微尘”现象活动，快速形成新闻舆论强势。接着，征集“微尘”标识、推出“微尘”项目、义卖“微尘”徽章，推动“微尘”品牌持续发展。最后，推荐“微尘”参评十大社会公益之星，使之走向全国[②]。“微尘”品牌的成功运作大大提高了青岛红十字会的公信力和社会救助能力，他们以此为契机积极创新募捐方式，仅“微尘”纪念品的义卖款就“已达 40 多万元，全部用于救助”。“微尘”还使红十字人道主义文化内化到整个城市之中。2006 年，青岛红十字会以策划大型活动为主要方式，宣传“微尘”精神，“如今，学‘微尘’，做‘微尘’已成为整个城市的声音和行动”。同时，“微尘”所取得的卓越的社会效益，向世人昭示了鲜明的红十字特色。如今，“微尘”已成为全国闻名的公益品牌：2004 年，“微尘”被评为感动青岛十佳特别人物，市民“热爱青岛的 N 个理由”；2005 年，“微尘”被山东省电视台评为十佳新闻人物，“微尘”以高票当选全国十大社会公益之星，“微尘”还荣获首届中华慈善奖、青岛市首届慈善奖[③]。这就是品牌的力量。

改革开放以来，作为中国红十字事业的重要组成部分，江苏各级红十字会在品牌建设上取得了不俗的成绩。南京市红十字会的遗体捐献和社区服务、徐州市红十字会的无偿献血和农村工作、南通市红十字会的青少年工作、盐城市与扬州市红十字会的卫生救护工作以及昆山红十字会的台资企业服务工作等等都创出了品牌，在全省乃至全国都产生了一定影响。苏州是江苏的品牌大户，在红十字工作的多个领域皆有建树，尤其是早期的“一老一小”以及 21 世纪以来的德善、义善、诚善、明善、爱善等“善字系列工程”在全国引起不小的反响。宣传工作是苏州市红十字会实施品牌建设最早也是最为成熟的领域，同时在整体上可以说是苏州红十字会工作最大的品牌。在这方面，

① 薛梅：《“微尘”品牌是如何打造的》，《中国红十字报》2006 年 6 月 9 日。

② 丁钢：《联手媒体，真情互动，精心打造“微尘”爱心公益品牌》，《中国红十字报》2006 年 10 月 6 日。

③ 薛梅：《“微尘”品牌是如何打造的》，《中国红十字报》2006 年 6 月 9 日。

苏州红十字会已经形成独具特色的理论体系和实践经验。

在理论方面，苏州红十字会总结多年经验，着重在整体上把握5个方面的辩证关系：第一，“自己宣传与宣传自己”的关系；第二，“志愿新闻者与新闻志愿者”的关系；第三，“人道传播与人为运作”的关系；第四，“设备投入与广告投入”的关系；第五，“订阅报刊与运用报刊”的关系。通过对这5对关系的梳理以及灵活运用，使苏州红十字会的宣传工作在品牌建设上有了坚实的理论基础①。

在实践上，宣传工作的品牌之路稳扎稳打、步步为营。简单地说，就是策划、宣传、促进、评估的有机结合。策划包括年度活动的策划、定期活动的策划、临时活动的策划；宣传包括新闻宣传、网络宣传、广告宣传、会议宣传、慰问宣传、演讲宣传、文艺宣传、征文宣传、赠品宣传、应急宣传；促进主要指领导重视、加大投资、人才培训、创新意识4个方面；评估的内容包括投入、产出和结果、有效利用评估数据、保持纪录三个方面②。

在宣传品牌的打造上，苏州红十字会坚持全面发展与重点建设相结合的原则，取得了很好的成效。苏州红十字会“把宣传工作作为红十字工作的‘半壁江山’，同时认为新闻报道又是红十字宣传工作中的‘半壁江山’”③。他们认为，“充分利用新闻媒介传播信息快、舆论覆盖广、宣传能量大的特点，可收事半功倍之效果”。因此，新闻报道成为苏州红十字会工作的“重中之重”。为打造“新闻报道”这个品牌中的品牌，苏州红十字会从三方面着手：第一，“抓队伍，精兵强将是本钱”。第二，“抓管理，制度建设打基础”。具体包括例会交流制度、互通信息制度、业务培训制度、考核奖励制度、自然淘汰制度。第三，“抓质量，多出好稿为方向”。具体表现在：一是由侧重写短讯变为长篇与短篇并重；二是由侧重消息报道转变为通讯与消息并重；三是由侧重写动态转变为系列报道与动态报道并重；四是侧重文字报道转变为图文并重。除此之外，为提高报道质量，还实行了专项奖励政策和全年用稿情况质量分析④。

苏州红十字会宣传工作的品牌建设取得了可观的成果。2000年，开通了

---

① 郝如一：《红十字宣传中的“辩证论治”》，郝如一、池子华主编：《〈红十字运动研究〉2007年卷》，安徽人民出版社2007年版，第11—17页。

② 郝如一：《策划·手段·评估——如何开展红十字会宣传工作》，郝如一、池子华主编：《〈红十字运动研究〉2007年卷》，安徽人民出版社2007年版，第4—10页。

③ 郝如一、池子华主编：《苏州红十字会志》，安徽人民出版社2008年版，第249页。

④ 郝如一：《新闻报道：红十字宣传工作的“半壁江山”》，苏州市红十字会档案2000年“永久”5，第9—14页。

全国首家地市级红十字会网站；2001 年，市红十字会根据 10 多年工作体会写成的《红十字宣传中的“辨证论治”》一文发表后，“引起广泛反响，不少兄弟省市红十字会来函来电探讨交流体会或索取相关资料”；2003 年，在红十字宣传工作保持 10 多年全国领先的基础上，市红十字会的经验已“走出国门”，受到红十字国际委员会的重视，并通过网站向全球推介；红十字国际委员会出版的《宣传指南》一书中，苏州红会秘书长郝如一成为中国地方红十字会唯一既刊登照片又发表文章的人物；2004 年，总会编印出版的《外宣通讯》刊发了郝如一的人物通讯，向全球红十字会同行推介苏州市红十字会，扩大了国际影响；2005 年，郝如一副会长总结归纳的红十字工作“三四五”，被列为市红十字会红十字宣传的“普及要目”。所谓“三四五”，即“三人”（人道、人权、人文理念）、“四救”（救护、救灾、救济、救助）、“五捐”（捐款物、捐血液、捐骨髓、捐器官、捐遗体）。“三四五”非常适合向市民群众进行宣传，颇受圈内外人士的欢迎和好评，并为总会彭珮云会长首肯。据了解，用如此简明扼要、好懂好记、朗朗上口的“数字化”语言向民众宣传红十字会的主要工作内容，尚属全国红十字会系统首创。尤其值得指出的是，苏州市红会 2005 年的理论研究工作取得突破性进展。12 月，苏州市红会与苏州大学社会学院联合成立全国第一个“红十字运动研究中心”[①]。多年来，红研中心在坚守中开拓、砥砺中前行，攻坚克难，取得一项又一项科研成果，成为具有广泛影响的学术重镇[②]，为红十字理论研究奠定了坚实基础。

在中国红十字运动的未来发展道路上，红十字会要总结其打造品牌的经验教训，实行品牌战略以推动红十字事业的发展。

首先，要有全方位的品牌意识和品牌观念以及科学有效的品牌策略。品牌打造是一个系统工程。红十字会要有强烈的创品牌意识，要善于抓典型、抓机遇，努力去寻找、发现和挖掘社会爱心的源泉，并使打造公益品牌的行动成为红十字会的共同行动。要打破单干、独干的工作模式，实现跨部门、跨系统、跨区域的发动和合作。同时，各级红十字会要运用科学的管理方法，从品牌体系的构建入手，完善品牌创建体系，并逐步培育和发展使其系统化。经营品牌要坚持可持续发展的思路，要不断丰富品牌的内涵，不断延伸品牌的空间，不断挖掘品牌的精神。红十字品牌的经营需要有可持续发展的理念，在这一理念的指导下，公益品牌才能保持永久的生机与活力，才能具有长久

---

① 郝如一、池子华主编：《苏州红十字会志》，安徽人民出版社 2008 年版，第 244—248 页。

② 池子华：《十年耕耘不寻常——红十字运动研究中心成立 10 周年》，池子华、王国忠、吴玉林主编：《〈红十字运动研究〉2016 年卷》，合肥工业大学出版社 2016 年版，第 70 页。

的生命力[1]。

其次，创建红十字品牌要始终“从社会中来、到社会中去”，到社会中去获取创建品牌的灵感。社会蕴藏着巨大的爱心资源，只要善于发现和引导，就能启动和挖掘这一资源，使奉献爱心成为人们的自觉行动。可以说，社会中蕴藏着丰富的红十字精神的源泉，蕴藏着推动红十字事业发展的不竭动力、潜力和实力。

再次，创建红十字品牌要深刻把握与时俱进的原则，在时代背景下去积极创新，努力寻找创建品牌的契合点。所谓创新，就是要挖掘汇集群众智慧，搭建好的平台，以新的形式、方法，全力打造一批精品工程，增强红十字会工作的感染力、吸引力，就是要全方位宣传红十字会的重点工作，使其成为全社会普遍认识的公益事业。

品牌是红十字会赢得公益资源竞争的法宝。因此，中国红十字会必须进一步完善和加快推动实施“红十字博爱送万家”“红十字博爱家园”“红十字天使计划”等品牌项目，在全系统形成上下统一的品牌，以树立品牌形象、创造品牌价值、传递品牌象征、凝聚品牌力量、彰显品牌效应[2]。

六、源头活水：推进理论研究

红十字会工作是一项事业，也是一门学问，涉及经济、政治、文化、社会各个领域，因此要加强学习研究[3]。发展红十字事业，要理论先行[4]。在中国红十字会深化改革的历史进程中，理论研究是实践推进的思想基础，是改革持续展开的力量源泉。

（一）理论研究的主要内容

理论研究并非高深莫测、令人望而生畏的“玄学”，也不能单纯理解为“研究理论”。实际上，广义上的理论研究，涉及的面非常广泛，凡与红十字会业务、会务有关的内容，都是理论研究的范畴，“三救三献”、红十字青少年、红十字外交、传播国际人道法、红十字会之间的境内境外交流以及红十字历史与文化等等，都是理论研究的基本内容。每一个方面，都有大量的课题需要去探索，都有层出不穷的问题需要去发现，去解决。就拿“三救三献”

---

① 李福兰：《“微尘”给我们的启示》，《中国红十字报》2006 年 6 月 9 日。

② 张孚传：《在竞争中推动创新》，《中国红十字报》2012 年 8 月 14 日。

③ 华建敏：《红十字会工作是一项事业也是一门学问——在中国红十字会九届一次理事会上的讲话》（2009 年 10 月 18 日），《华建敏谈红十字事业》，2015 年内部印行，第 4 页。

④ 华建敏：《理论要先行——在听取总会执委会关于红十字理论研究工作汇报时的讲话》（2009 年 11 月 24 日），《华建敏谈红十字事业》，2015 年内部印行，第 11 页。

来说，应急救援、应急救护、人道救助、献血液、献造血干细胞、献人体器官组织，任何一项工作都是千头万绪，都大有文章可做。如何把工作做得更好，就需要不断总结经验教训，这就是理论研究。除了红十字会自身的理论研究外，红十字会“多边”关系的研究，也是理论研究题中应有之义，诸如红十字会与政府之间的关系、与其他社会组织之间的关系、与市场的关系、与媒体的关系、与捐赠人之间的关系、与受助者之间的关系，等等，都是理论研究的大课题，都需要整合人力进行攻关。不难看出，理论研究并不虚幻，而是实实在在摆在我们面前的现实问题。进行理论研究，学界固然责无旁贷，但同样也是每个红十字人的基本“业务”①。

（二）理论研究：改革实践的需要

“理论与实践，在我们看来，是驱动红十字事业发展的‘双轮’，未可偏废。在实践层面上，红会固然取得了许多骄人的业绩，但重实践轻理论。如果没有理论上的总结、创新，红十字事业的可持续发展就会缺乏动力源泉。这是不言而喻的”②。在中国红十字会的“九大”报告中提出，“筹备建立中国红十字理论研究会，为开展红十字理论研究搭建平台”③。《国务院关于促进红十字事业发展的意见》提出，“深入开展红十字理论研究，大力宣传红十字文化在引领社会道德风尚、提升精神文明程度和推动文化大发展大繁荣中的积极作用”④。由此可见，开展红十字理论研究，已然成为社会发展和文化繁荣的现实需要。从长远发展来看，红十字事业面临的新情况、新问题必将层出不穷，也呼唤理论的指导。

中国红十字会华建敏会长非常重视红十字运动的舆论先导和理论指导作用，在多个场合强调其重要性。2010 年 3 月，他专程视察了苏州大学红十字运动研究中心；2011 年，在九届二次理事会期间，他专门召集专家座谈理论研究问题⑤。

2011 年 12 月召开的九届三次理事会上，华建敏会长指出：“实践离开理论的指导就会误入歧途：没有文化精神的事业必然缺乏凝聚力。红十字运动

---

① 池子华：《理论研究：“心动”与“行动”》，池子华、张丽萍、汪丽萍主编：《〈红十字运动研究〉2015 年卷》，合肥工业大学出版社 2015 年版，第 6 页。

② 郝如一：《红十字文化传播：实务与理论》，合肥工业大学出版社 2013 年版，第 153 页。

③ 江亦曼：《彰显人道　促进和谐　实现中国特色红十字事业新跨越——中国红十字会第九次全国会员代表大会工作报告》（2009 年 10 月 27 日），《中国红十字会第九次全国会员代表大会文件汇编》，2009 年内部印行，第 31 页。

④ 《国务院关于促进红十字事业发展的意见》，《中国红十字报》2012 年 7 月 31 日。

⑤ 池子华、郝如一：《红十字运动舆论与理论建设的构想及思考》，池子华、张丽萍、汪丽萍主编：《〈红十字运动研究〉2014 年卷》，合肥工业大学出版社 2014 年版，第 4—6 页。

从索尔费里诺战役算起，至今已有150多年的历史，红十字运动进入中国也有100多年，然而严格意义上的学术理论研究还很滞后，在挖掘和弘扬红十字文化内涵以及推进‘红十字文化中国化’方面做得也很不够。”由此，华建敏会长要求：“要深化理论研究，充分挖掘红十字文化内涵，广泛传播人道理念。理论来源于实践，又能动地指导实践；民族培育了文化，文化又凝聚着民族。中国特色红十字事业的长远发展，离不开红十字理论的支持，离不开红十字文化的弘扬。”①

2013年7月，华建敏会长在总会九届五次常务理事会上提出，要突出抓好“两论一动”②。9月24日，华建敏会长再谈“两论一动”，并指出三者关系：“理论是实践的先导，又是做好舆论工作的基础：抓好舆论，理论才有影响力，行动才有感染力；行动是关键，有了理论和舆论，还要靠实实在在的行动来取信于民、取信于社会，推动事业一步一个脚印扎实前进。”③

2014年1月，在九届五次理事会上，华建敏会长又一次强调要抓好“两论一动”，指出，“理论是一面旗帜，具有无穷的力量”。红十字会秉持的“人道、博爱、奉献”精神，也是一面旗帜，而且是崇高神圣的旗帜。如何把这面旗帜举得更高，让它更富有感召力，需要我们在理论研究上深耕细作，充分挖掘和不断丰富红十字精神的内涵④。

2014年12月，华建敏会长在九届六次理事会上又谈到要扎扎实实抓好“两论一动”，指出，“抓理论、抓舆论、抓实际行动，对红会来讲，既是培植事业根基的长期任务，也是解决现实问题的当务之急，既是在非常态下应对不同舆论事件的有效手段，也是常态下履行各项职责、推进日常工作的重要支撑”。理论是一面旗帜，具有无穷的力量，没有理论指导的行动是盲目的行动。破解红十字事业发展中遇到的一系列问题，找到并完善符合中国特色的发展道路，迫切需要红十字会把理论研究牢牢抓实，充分发挥理论的指导作用，推动各项工作沿着正确的轨道不断前进。理论研究一定要立足于当前急需回答的实际问题，立足于群众关切，要把国际红十字运动的核心价值理念和中华民族的优秀传统文化、社会主义核心价值观密切地结合好，用老百姓

---

① 华建敏：《以改革为纲　以改革为动力——在中国红十字会九届三次理事会开幕会上的讲话》（2011年12月7日），《华建敏谈红十字事业》，2015年内部印行，第179页。

② 华建敏：《守住两条底线　抓好“两论一动”——在中国红十字会九届五次常务理事会上的讲话》（2013年7月23日），《华建敏谈红十字事业》，2015年内部印行，第268页。

③ 华建敏：《抓好“两论一动”——在红十字理论研究工作座谈会上的讲话》（2013年9月24日），《华建敏谈红十字事业》，2015年内部印行，第278页。

④ 华建敏：《树立“五种意识”　推进“两论一动”——在中国红十字会九届五次理事会上的讲话》（2014年1月18日），《华建敏谈红十字事业》，2015年内部印行，第293页。

最容易接受的语言说得清清楚楚。要着眼于建设一个现代社会组织制度体系，深入研究红十字会的体制、机制和法制①。

（三）搭建红十字理论研究的平台

结合现阶段红十字运动研究的整体环境和总体状况，总会有必要创造条件搭建多个红十字运动理论研究平台。

1. 在有条件的地方建立红十字运动研究基地，广泛开展区域性研究

总会应指导各地红会积极创造条件寻求与当地高校合作，红会出资、提供开展研究的“原料”，聘请学者、借助“外脑”，建立专业研究基地。其研究的内容主要是当地开展红十字运动、做好红十字工作所涵盖的范围，从历史与发展、当下与未来、经验与教训、特色与品牌、机构与管理、实务与理念、制度与法规、职能与义务等等方面进行微观与宏观并举的研究。我们国家那么大，各地情况差别更大，城乡之间、民族之间、地域之间所形成的局面和特点都不同，各地红会的区域性研究搞好了，就能逐步整合形成中国特色的红十字运动理论体系，以此来分类指导各地红十字事业发展就会更加符合实际、更加优质高效。

2. 建立全国性红十字运动研究中心和研究人才培训机构

一是由总会携手红十字运动研究基础好的高校和社科学术单位联合成立“中国红十字运动理论研究中心”，既开展自己的立项课题研究，又指导各地红运研究基地工作。二是结合红会在职干部继续教育制度的实施，委托有条件的高校开办红运研究生班，从总会和各地红会推荐选拔有志于此的人员予以培养，毕业后承认研究生学历。三是委托红运研究成果多的高校定向招收全日制脱产培养的硕、博士研究生，毕业后报考充实各级红会专职干部队伍。四是总会将来还可考虑和某些高校合作筹备专门的红十字学院，或报教育部批准单独建立“中国红十字学院”。

3. 创立以红十字运动为专门研究对象的综合性学科——“红十字学”

当全国红十字运动研究成果积累到一定程度，初步形成中国特色红十字运动理论体系时，就可以在此基础上创立“红十字学”。这门学科的创立需要诸多相关学科理论的支撑。所谓“红十字学”，是以红十字运动为专门研究对象的一门综合性学科，由一系列分支学科组成，包括红十字法学、红十字医学、红十字社会学、红十字文化学、红十字管理学、红十字伦理学、红十字

---

① 华建敏：《改革创新是贯穿始终的一条主线——在中国红十字会第九届理事会第六次会议上的讲话》（2014 年 12 月 26 日），《华建敏谈红十字事业》，2015 年内部印行，第 333—334 页。

灾害学、红十字外交学、红十字历史学等①。

（四）让历史启迪未来：在弘扬历史文化遗产中推进理论研究

“历史是最好的教科书”。百余年来，中国红十字会抱牺牲志愿、本博爱襟怀，在中国历史上留下了难以磨灭的印记，也留下了丰富的文化遗产。作为百年老字号，中国红十字会在社会上享有崇高的声誉和较高的社会公信力，尤其是改革开放以来，不断创新工作机制，打造了许多知名的公益品牌，例如中国红十字会总会的“博爱送万家”活动、中国红十字基金会的“天使计划”、中山市红十字会的“慈善万人行”、青岛市红十字会的“微尘”、苏州市红十字会的“善”字系列活动等，都是宝贵的“财富”。中国红十字会的历史文化遗产在理论研究方面发挥着不可替代的作用，可以为理论研究的可持续发展提供宝贵的信息资源②。

作为一个人道主义的组织，中国红十字会在全球化的当今时代面临的人道需求非常巨大。从国内看，自然灾害持续不断，社会发展滞后于经济发展，贫富差距过大，社会矛盾凸显。从国际看，复杂的国际形势使全球的人道主义需求也发生了重大的变化。一方面，国际性的武装冲突减少而非国际性的冲突、暴力事件日益增多，随着领土、宗教、民族等方面矛盾的加剧，越来越多的平民成为传统安全威胁的受害者；另一方面，非传统安全与传统安全威胁相互交织，使世界各地对人道主义救援的需求激增。因此，面对着国内、国际不断增长的人道需求，中国红十字会现有的满足人道需求的能力、实力是远远不够的，这就需要党和政府加快推进社会建设、不断完善法制、改善政策环境，也需要社会各界的大力帮助，但说到底还得要靠红会自身的改革创新。要以改革为纲，以改革为重点，坚持不懈地提升红十字会的公信力、执行力、创造力和感染力③。

---

① 池子华、郝如一：《红十字运动舆论与理论建设的构想及思考》，池子华、张丽萍、汪丽萍主编：《〈红十字运动研究〉2014 年卷》，合肥工业大学出版社 2014 年版，第 4—6 页。

② 池子华：《让历史启迪未来》，《中国红十字报》2011 年 11 月 25 日。

③ 华建敏：《改革创新是贯穿始终的一条主线——在中国红十字会第九届理事会第六次会议上的讲话》（2014 年 12 月 26 日），《华建敏谈红十字事业》，2015 年内部印行，第 331 页。

第十章　博爱工程及其社会学考察

“红十字博爱系列工程”是对红十字人道救助活动的经典概括，是红十字会与社会运行联系的桥梁与纽带，也是建设中国特色红十字事业理论的核心内容。改革开放以来，中国红十字会在实现自身发展的基础上，在构建“博爱系列工程”的同时注重释放社会势能，关注社会问题，积极参与社会工作和社会保障。

第一节　博爱工程的基本内涵与时代价值

本书所说的“博爱工程”，是中国红十字会根据长期的工作实践对红十字业务的集大成的总结和概括。

中国红十字会作为从事人道主义工作的社会救助团体，其灾害救援、关爱生命、奉献爱心之义举源远流长。“在新的时代条件下，中国红十字会开拓进取，赋予‘传统’新内涵，逐渐形成‘博爱系列工程’”①。其实，博爱工程这一概念于20世纪90年代在全国部分地方红十字会中已有一定流传，1997年，总会六届四次理事会会议充分肯定了这一提法，常务副会长顾英奇在工作报告中正式提出创建“红十字博爱系列工程”（简称博爱工程）的号召。由此，博爱工程理论体系框架经由业界和学界同仁的共同探索逐步清晰。

① 孙柏秋主编，池子华、杨国堂等著：《百年红十字》，安徽人民出版社2003年版，第456页。

一、博爱工程的基本内涵

博爱工程共包括三大组成部分①：救援工程、生命工程、爱心工程。

救援工程包括：（1）确定与民政部门及十年减灾委员会的联系机制及协作方式，使红十字会担负的灾害救援任务更加定型和有序；（2）建立备灾物资的筹集、储存、管理和发放机制，对全国各地备灾救灾中心的内部管理和运作程序进行统一规范；（3）建立为救助自然灾害开展的国内募捐及非灾区红十字会支援受灾区红十字会的规范及运作方法。

生命工程包括：（1）卫生救护训练机构的设置，包括卫生救护训练学校、中心、基地，使这项工作规范化、经常化；（2）群众性救护机构的设置，包括红十字救护中心、救护站（点），使救护工作形成网络，全面扩展；（3）医疗机构的设置，包括红十字会医院、诊所、癌症康复疗养所、艾滋病防治院等；（4）无偿献血载体的设置，包括红十字会血站（血库）等；（5）联合社会力量建设中华骨髓库，提高其可持续性发展的条件。以上各项事业都要制定出管理规范，切实承担起与红十字人道主义相对应的任务。

爱心工程是指：采取规范化的方式举办公益事业，通过建立老年颐乐楼、养老院、托老院、老人病（护理、康复）医院、弱（启）智儿童学校、孤儿之家、红恤班等形式，积极加入社会保障体系。那些散居在家庭中的孤老病残和因各种原因陷入困境的人群，无论社会发展到何种程度，都将不可避免地存在。而对之进行有针对性的服务，更具有现实意义和社会学价值②。

1998年召开的总会六届五次理事会就博爱工程进行了新的部署，提出要适应“国内外形势发展和要求，积极拓展人道主义救助工作领域，将创办红

---

① 救援工程、生命工程、爱心工程之外，学术界还提出了“文化工程”的概念。2009年12月，池子华首先在《中国红十字报》和“红十字运动研究中心”网站撰文，提出“文化工程”应成为红十字会总体建设目标之一，之后又发表《创建“文化工程” 提升“软实力”》一文，提出创建“文化工程”的设想。他指出，尽管“三大工程”充满活力，但“三大工程”说到底属于红十字会的“硬实力”建设，而“软实力”建设则缺乏明确的目标，由此造成事业发展的“跛脚”现象。要改变这种局面，必须加强文化建设，提升“软实力”。为此他提出“文化工程”，建议将其确定为中国红十字会总体建设的目标之一，以期逐渐形成救援工程、生命工程、爱心工程、文化工程“四大工程”齐头并进，“硬实力”“软实力”双管齐下的新格局，推动中国红十字事业的持续发展。应该说，红十字工作者奉行的“人道、博爱、奉献”的红十字精神，经过长期的社会实践，已经形成被广泛认同的以“人道为本、博爱为怀、奉献为荣”为中心的“红十字文化”。这在理论上是一大创新，必须也应该发扬光大。参见池子华：《创建“文化工程” 提升“软实力”》，郝如一、池子华主编：《〈红十字运动研究〉2010年卷》，安徽人民出版社2010年版，第12—16页。

② 顾英奇：《全面贯彻红十字法，加速两个转变，在国家两个文明建设中发挥更大作用》（1997年4月1日），《中国红十字会第六届理事会第四次会议文件汇编》，1997年内部印行，第33—35页。

十字博爱系列社会工程与解决当前城乡社会的热点难点问题相结合，为政府分忧，为群众解难”。

首先，对于救援工程，主要是积极扩大和加强备灾救灾的基地建设，争取成为国家减灾、防震、扶贫等社会救济工作中的一支重要力量，发挥越来越大的作用。为此，“要进一步搞好备灾救灾中心（仓库）的建设，使它成为红会进行救济工作的基地和载体。已经建立的要加强管理，使它切实产生效益，发挥作用。没有建立的，应根据自身能力和条件，谋求尽早建立，特别是自然灾害多发的地区。救援工程的建设目标是：经过若干年的努力，在全国形成备灾救灾工作基地化、网络化”。

其次，关于生命工程，重点是为保护人的生命和健康服务。“一方面，要加强红十字会医疗机构的建设，各地可普遍建立红十字卫生站（急救站），将最基层的红十字急救小组与市、县的急救中心连接起来，形成急救网络；在区域卫生规划指导下，因地制宜、灵活多样地创办一些红十字会的医疗卫生机构，如红十字会医院、医疗站、门诊部、医疗急救中心以及卫生学校等。另一方面，要加强红十字会血站的建设，在巩固和提高现有红十字会血站的同时，有条件的地方红十字会经充分论证，并报卫生行政部门批准，可开办红十字会血站并向着建成无偿献血基地的方向发展。”

再次，有关爱心工程，“则应侧重于动员群众和社会力量，开展社会服务活动，积极参与城乡社会保障工作”。会议提出了适合当时情况的几种爱心活动形式：（1）动员组织社会力量举办不同形式、内容和规模的事业实体，如孤儿院、孤儿之家、弱智儿童学校、老年护理院、养老院、抗癌家园等，对部分处于困境的人集中进行助养、助医、助教。（2）承担和参与公益互助性的社会保险，如给中小学生举办住院医疗保险等。（3）发扬传统做法，由基层红十字会组织会员和志愿工作者对散居在社会上的孤寡老人、病残人、孤儿和特困学生开展“献爱心、送温暖”活动①。

六届理事会期间，各地红十字会发挥自身优势，积极实施博爱工程，取得了可喜成绩。上海市红十字会的老年护理医院，北京市的红十字会的“光明眼科诊所”，苏州市红十字会的老年康复医院，中国红十字基金会的“’97复明行动”，鹤岗等地红十字会医院的面向社会、服务病人等活动，都以不同形式弘扬了红十字精神；山东省日照市等一些地方红十字会管理的血站，对推动无偿献血起到了良好作用。六届理事会期间，中国红十字会倡导和兴办

① 顾英奇：《学习贯彻十五大精神　积极推进两个转变　建构有中国特色红十字事业的基本框架》（1998 年 3 月 31 日），《第六届、第七届理事会主要文件汇编》，2005 年内部印行，第 143 页。

的博爱工程，以积极参加国家的救灾和扶贫行动，参与初级卫生保健事业和建立城乡社会保障体系，救助最易受损害人群为目标，取得了骄人业绩。在开展传统业务的同时，红会不断拓展工作领域，以丰富多彩的实践，展现了社会救助团体的新形象。应该说，中国红十字会倡导并创建的博爱工程，以实实在在的人道主义救助行动，弘扬了红十字精神，产生了“启迪爱心，净化灵魂”的社会效应，促进了社会公德、职业道德、家庭美德建设，成为社会主义精神文明建设的组成部分①。

红会“七大”提出，要进一步加强博爱工程建设，要以“改善最易受损害群体境况”为目标，结合国家减灾与扶贫攻坚计划、区域卫生规划、城乡社会保障工作等，针对社会热点和难点积极开展博爱工程。要积极探索总结博爱工程的内涵、管理体制、运作机制和发展后劲，使博爱工程向着规范化的方向深入发展。各地红会要根据实际，抓出特色，干出成绩，总结经验，逐步推广。“七大”要求各级红会都要加强博爱工程和其他业务建设，要“结合本地实际，在巩固发展传统业务的同时，拓展新的领域。建立规范性的工作方法，配备和运用现代化的工作手段，提高工作效率”②。

二、博爱工程的时代价值

根据总会的要求，举办红十字博爱系列工程一般应坚持以下原则：资金筹措实行国内募捐与国（境）外捐助相结合，以国内募捐为主；服务方式采取有偿服务与无偿服务相结合，以无偿服务为主；工程效果注意社会效益与经济效益相结合，以社会效益为主；创建途径坚持理论研讨与具体实践相结合，以实践为主的原则。可以看出，博爱工程的基本理念，使中国红十字会作为“从事人道主义工作的社会救助团体”的形象更加鲜明。

博爱工程的概念虽然在20世纪90年代末提出，但博爱工程所涵盖的许多重要内容都是红十字会百年来的传统业务，例如生命工程中的卫生救护、红十字医疗机构的设置等，救援工程中包含的救灾款物的募集、接收和发放，以及爱心工程中对老幼病残的救济与扶助等等。当然，随着时代的发展和社会变迁，中国红十字会的社会实践与时俱进，在与社会的互动和碰撞中，在

---

① 顾英奇：《坚持依法建会　加大改革力度　将中国红十字事业全面推向二十一世纪——中国红十字会第七次全国会员代表大会工作报告》（1999年10月11日），中国红十字会总会编：《中国红十字会历史资料选编，1950—2004》，民族出版社2005年版，第384页、第392—393页。

② 顾英奇：《坚持依法建会　加大改革力度　将中国红十字事业全面推向二十一世纪——中国红十字会第七次全国会员代表大会工作报告》（1999年10月11日），中国红十字会总会编：《中国红十字会历史资料选编，1950—2004》，民族出版社2005年版，第384—386页。

不同的历史时期增加了富于时代特色的新的内容，特别是改革开放以来，红十字会适应新的社会需求，许多全新的业务内容应运而生，如生命工程中无偿献血的大力推行，预防艾滋病的宣传和中华骨髓库建设；救援工程中意义深远的备灾机制与募捐机制的建立；爱心工程中孤老病残等特殊群体的新型救助等。由此可以说，博爱工程是新的时代条件下，中国红十字会开拓进取，赋予“传统”的新内涵[①]，是传统与现代交相辉映的重要的人道工程，博爱工程的创建是中国红十字运动厚积薄发的结果，是其发展到新的历史阶段的标志。同时，博爱工程并非一成不变，随着红十字运动实践的深入，其内容也将随之而进一步丰富和发展。

博爱工程理论的提出具有重要意义。从社会学的角度讲，中国红十字运动的发展过程即为其组织运行的过程。“组织运行是指组织实现自身目标和发挥自身功能的过程”[②]，而“组织目标是每个组织都必须通过自身的活动去达到的某种有待实现的未来状态。它是组织活动的依据和动力，代表着一个组织的未来和发展方向”。组织目标是特定社会组织的身份证明，是一个组织区别于其他社会组织的重要标识，因此“组织目标对组织的存在和发展具有重要意义”。“组织目标是组织的灵魂。组织是依靠特定的目标来维持其存在的，组织内部的一切活动也是围绕目标而进行的。失去目标，便意味着组织活动失去其合理依据”。红十字组织因人道的理念诞生于世，人道也成为其一切活动的出发点和落脚点，从这个意义上讲，“人道”是红十字会最大最基本的组织目标。中国红十字运动百年史正是坚定不移、矢志不渝地恪守人道、追求博爱、践行奉献的历史过程，而生命、救援、爱心三大博爱工程的提出，是对“人道”目标的纵深化、具体化和明确化，是中国红十字运动实践孕育出来的理论硕果，是根据中国国情对“人道”理念与时俱进的、客观而现实的理论解析。它让红十字“人道”的组织目标更加灵动和鲜活，充满着生机与活力。

应该说，博爱工程是对红十字业务内容科学而富有时代特色的界定和总结，是中国红十字运动理论发展的又一重要成果，是建设中国特色红十字事业的重要内容。博爱工程的创建，“使红十字会的社会救助工作逐步系统化、规范化”[③]。总会六届四次理事会之后，各级红十字会坚持依法建会，开创性

---

① 孙柏秋主编，池子华、杨国堂等著：《百年红十字》，安徽人民出版社2003年版，第458、456页。

② 郑杭生主编：《社会学概论新修》，中国人民大学出版社2003年版，第258页。

③ 江苏省红十字会编著：《江苏红十字运动八十八年（1911—1999）》，东南大学出版社2001年版，第190页。

地开展工作，积极参与精神文明建设，展现了红十字会的新形象，在“两个转变”（性质任务和组织体制）等方面都有了新的进步和发展。

第二节 救援工程的发展脉络

自然灾害是“给人类社会造成损害的自然事件”，它具有自然性和社会性。“有史以来，自然灾害给人类社会造成了一系列重大的人员伤亡、财产损毁和精神折磨，给人类社会的发展留下了斑斑疮痍，投下了浓重的阴云”①。千百年来，中国人民与各种灾害一直进行着艰苦卓绝的斗争，书写了壮丽的篇章。

救灾是中国红十字会的传统业务。“红十字会拯灾赈饥，开端于晚清时期”②。之后，红十字会一直就是近代社会救灾的重要力量。新中国成立后，从1950年改组到1986年，中国红十字会“只是象征性地参与救灾”。1987年，通过参与大兴安岭森林火灾的救助，中国红十字会的救灾工作才进入“自筹款物，自组队伍，独立工作”的新阶段。1991年5月，随着《中国红十字会参与自然灾害救济工作的若干规定》的出台，“红十字会救灾工作步入程序化、规范化和制度化的轨道”。在1991年的抗洪抢险中，红十字会使6000多万灾民得到救助，还协同卫生部门先后组织1.8万多支医疗队，派出8.7万多名红十字医务人员，在十分艰苦的条件下，医治灾民224万多人次，成为中国红十字会历史上规模空前的一次救灾活动③。作为中国国际减灾十年委员会④成员，中国红十字会自90年代以来不断强化对减灾工作的参与和实践，使之逐渐形成博爱工程中的重点建设工程⑤。以此为基点，中国红十字会为救灾工作殚精竭虑，不遗余力，书写了救灾济民、纾难解危的壮丽篇章。

一、自救互助能力逐步改善（1997—1999）

自1997年中国红十字会正式提出创建博爱工程以来，全国各级红十字会围绕三项工程，开始进行全面深入探索，逐步取得了一系列重要成就。

---

① 杨达源：《自然灾害学》，测绘出版社1993年版，第1、14—15页。

② 池子华：《红十字与近代中国》，安徽人民出版社2004年版，第193页。

③ 中国红十字会总会编：《中国红十字会的九十年》，中国友谊出版公司1994年版，第245—246页。

④ 1989年为响应联合国的号召而成立，2000年10月更名为中国国际减灾委员会。

⑤ 孙柏秋主编，池子华、杨国堂等著：《百年红十字》，安徽人民出版社2003年版，第465页。

1997 年，在自然灾害的赈济工作中，红会的自救互助能力明显提高。在广东、广西、江西、山东、福建、浙江、贵州、新疆等地区发生的水灾、台风或地震灾害中，除灾区红会自救外，据不完全统计，全国红会系统投放的救济款物折合人民币约 9600 万元（其中总会共拨发救济款 280 万元），比 1996 年度增加 3000 万元。受灾省、区红会在灾情发生后，立即投入救灾防病工作中，了解灾情，进行募捐，组织发放救援物资，慰问灾民，体现了红十字的人道主义精神[①]。

红会救灾能力的提升，还体现在备灾工作的准备上。到 1999 年中国红十字会“七大”召开之时，总会管理的 6 个区域性备灾救灾中心和安徽、江苏、内蒙古、云南、西藏、上海等省级红十字会管理的备灾救灾中心已全部投入运营；部分有条件的市、县级红会也建立或设有备灾中心或备灾仓库，如湖南省约 80% 的县级红会建有备灾仓库。这些“中心”和“仓库”作为救援工程的基地，提高了红十字会的救灾应急能力和救助效能，全国红十字会系统备灾救灾网络的建设正在实现。

在六届理事会期间，为救助受灾群众，中国红十字会发挥自身优势，依法开展募捐活动。据不完全统计，从 1994 年到 1998 年，总会及地方各级红会从国内外募集救灾款物折合人民币共 12. 6 亿元。自 1996 年开始，连续 3 年国内募捐额超过了境外的捐赠，说明社会各界通过红十字会参与社会救助意识的增强，以及综合国力和人民生活水平的提高。这些款物都能及时投放到灾区，仅 1998 年就使 3500 万受灾群众得到救助，为灾区紧急救助和重建做出了贡献，发挥了政府在人道领域工作中的助手作用。特别是在 1998 年张家口地区的地震和长江、嫩江、松花江流域的洪水灾害中，中国红十字会各级组织发扬“团结、实干、开拓、高效”的会风和“人道、博爱、奉献”的红十字精神，大力提倡“无灾区支援灾区，轻灾区支援重灾区”和“一方有难、八方支援”的互助风尚，进行了大规模的募捐和救助活动，受到国务院领导同志多次表扬和广大灾区人民的好评。中国红十字会投放到灾区的救灾款物，经国际红十字组织和政府审计部门历次考察和审计，都确认使用正当，符合要求和规定，得到国际联合会的赞扬。1999 年 6 月，国家审计署审计长李金华在向九届全国人大常委会第十次会议做有关 1998 年预算与收支情况的审计报告时，称赞中国红十字会和民政部“对救灾款物的管理是严格的，分配使

---

① 顾英奇：《学习贯彻十五大精神　积极推进两个转变　建构有中国特色红十字事业的基本框架》（1998 年 3 月 31 日），《第六届、第七届理事会主要文件汇编》，2005 年内部印行，第 134—136 页。

用情况是好的”。

另外，需要指出的是，香港红十字会在此期间贡献突出，不但积极参加抗灾工作，还对一些地方红会备灾基建给予了积极支持。

二、体制机制建设逐步完善（1999—2004）

2000年，中国红十字会固本强基，加大了备灾救灾工作的力度。除了制定备灾救灾工作相关政策及制度外，还开展了救灾工作的业务培训以及备灾网络和备灾救灾中心的建设等工作。在《中国红十字会灾害救济原则与条例》及其实施细则的基础上，制定了《中国红十字会自然灾害与突发事件救助规则（草案）》，并起草了《中国红十字会备灾救灾中长期规划》。

这一年，我国受灾面积广、灾害种类多，局部地区灾情严重。全国29个省、自治区、直辖市发生了地震、洪涝、台风、冰雹、干旱、蝗虫等多种灾害。总会在救灾预案中，要求各级红会在本地发生灾情后，迅速投入灾害救助工作，竭尽全力帮助灾区群众，解决生活急需。2000年，中国红十字会救灾工作的突出特点是：积极主动，行动迅速；各地募捐数额增加，自救能力增强。据不完全统计，总会及各省、自治区、直辖市红十字会共募集价值7400多万元的救灾款物。同时，各级红十字会积极争取国外和港澳台的捐赠，总会为地方红会办理接受境外捐赠的救助和救护物资共计17批，国家海关总署减免税收4835万元人民币①。

2001年又是一个多灾之年，我国31个省、自治区、直辖市均发生了各种自然灾害，其中以内蒙古、新疆雪灾和广西水灾为重。各级红十字会遵照《中国红十字会自然灾害和突发事件救助规则》，积极投入救灾工作，为政府分忧，为灾区群众解难。

内蒙古、新疆在年初先后发生特大暴风雪，共有1668万人受灾。总会迅速向北京、天津、上海、江苏、浙江、福建、山东、湖北、湖南、广东等10个省、直辖市红十字会发出了《关于救助内蒙古雪灾的通知》，继而又向全国发出了救助新疆雪灾的通报。为解燃眉之急，总会动用紧急备用金，并向国际联合会发出了呼吁。总会先后派出7批22人次，冒着严寒，深入灾区了解灾情，落实救助方案。两区红十字会也在本辖区积极募捐并发放救灾款物。据统计，全国红十字会系统用于两区灾害救助款物折合人民币4787万元，其

---

① 王立忠：《贯彻中共十五届五中全会精神　加快发展红十字事业——在中国红十字会第七届理事会第二次会议上的工作报告》（2001年2月21日），《第六届、第七届理事会主要文件汇编》，2005年内部印行，第163—164页。

中北京、山东、天津红十字会分别支援745万元、238万元、106万元，吉林、山西、安徽、四川、陕西5省红十字会也捐助了81.5万元。香港特别行政区红十字会捐助1000多万元人民币，澳门特别行政区红十字会也对灾区进行了救助。同年6月，广西遭受新中国成立以来最严重的洪水袭击，1801万人受灾。总会立即派员赴灾区考察，并提供了价值27.5万元人民币的大米、药品和帐篷。上海、深圳、厦门市红会分别捐助款物折合人民币140万元、100万元、70万元。香港特别行政区红十字会提供了73.16万元人民币的大米和棉被①。

总体而言，中国红十字会在对内蒙古、新疆和广西3个自治区的灾害救助中，使404万人受益，约占总受灾人口的12%。此外，红十字会组织的救灾工作还得到了国际联合会及其驻东亚地区办事处的支持与赞誉。

2002年年初，总会制定了《2002年洪涝灾害救助预案》，在人、财、物等方面做出了周密部署，举办了两期“救灾干部培训班”，为水灾的有效救助打下了基础。进入6月，先后有25个省、自治区、直辖市和新疆生产建设兵团遭受大面积洪涝灾害，人民生命财产遭受重大损失。红十字会全力投入救灾工作。总会及时发出了《关于积极开展灾害救助工作的通知》，明确救灾工作是“重中之重”，同时向国务院及有关部门汇报救灾工作情况，并向国际联合会发出救助呼吁。彭珮云会长亲赴陕西、湖南两个重灾省考察指导救灾工作，执委会成员多次深入灾区，总会先后派出31个救灾工作组赴福建、重庆、广西等13个省、自治区、直辖市灾区考察灾情、指导救灾工作、发放救灾物资，慰问受灾群众。在总会的号召下，陕西、四川、重庆、广西、福建、江西、湖南和贵州等遭受重灾的省、自治区、直辖市红十字会积极募捐并开展自救活动。陕西省红十字会募集和接收分发了价值1553万元的救灾款物，被省委、省政府授予抗洪救灾先进集体。湖南、江西等省红十字会的救灾工作也得到了社会各界和国际联合会救灾代表的好评。据不完全统计，灾区红十字会与卫生部门合作组织了841支红十字医疗队，为灾区群众提供服务约260万人次。与此同时，非灾区的各级红十字会也迅速投入救援工作②。

---

① 王立忠：《以“三个代表”重要思想为指导　开创有中国特色红十字事业的新局面——在中国红十字会第七届理事会第三次会议上的工作报告》（2002年4月1日），《第六届、第七届理事会主要文件汇编》，2005年内部印行，第182—184页。

② 王立忠：《贯彻落实党的十六大精神　加快发展红十字事业　为全面建设小康社会作贡献——在中国红十字会第七届理事会第四次会议上的工作报告》（2003年3月26日），《第六届、第七届理事会主要文件汇编》，2005年内部印行，第206—207页。

2003年，我国发生的自然灾害重于常年，部分地区发生了较为严重的地震、洪涝、干旱、风雹、雪灾。各类自然灾害造成全国25个省、自治区、直辖市2.84亿人受灾，因灾死亡2151人，紧急转移631万人，倒塌房屋262.1万间，直接经济损失1886.8亿元。各级红会把灾区群众的安危冷暖挂在心上，着力减轻人民群众痛苦。2003年，总会因各地灾害频发，共4次启动救灾紧急预案：一是新疆巴楚—伽师地震，二是抗击“非典”，三是淮河、黄河流域水灾，四是甘肃、云南两省地震。并先后派出18个救灾工作组，对14个省、自治区、直辖市的灾情进行考察，指导救灾工作。在紧急救灾阶段，总会除向灾区调拨备用金和物资实施救助外，还向国际联合会发出呼吁，并召开“中国红十字会2003年8省水灾救助工作会议”，对执行国际联合会的水灾救助进行了部署。中国红十字会的呼吁得到瑞士、瑞典、德国、丹麦、澳大利亚、美国等6国政府和丹麦、加拿大、芬兰、日本、奥地利、土耳其、列支敦士登、澳大利亚、挪威、摩纳哥、美国等11国红十字会，以及欧盟人道主义办公室、欧洲太空中心等国际组织的响应。截至2003年年底，中国红十字会共收到543.28万瑞士法郎（折合人民币3259.69万元）的救灾援助款。

各地红会按照总会通知精神积极开展救灾工作。重灾省、区的省级红十字会边开展救灾，边进行募捐。据统计，内蒙古、黑龙江、江西、山东、河南、湖南，广西、四川，贵州、云南、陕西、新疆等12个省、自治区红十字会共募集2688.7万元的款物用于本地的救助。许多省级红会发扬“一方有难，八方支援”的优良传统，积极开展支援重灾区红十字会的救灾工作。北京、天津、河北、辽宁、上海、江苏、浙江、福建、广东、青海等省、直辖市红十字会共向重灾区省份提供了2638万元的款物，其中，北京市红十字会募集884万元的救灾款和价值40万元的救灾物资；上海市红十字会募集1000万多元的款物及15车皮的御寒衣被；香港、澳门特别行政区红十字会积极支持内地救灾，援助款物折合人民币752.5万元；台湾红十字组织热心支持大陆的救灾工作，援助人民币82万元。整体来看，2003年，中国红十字会共募集到国内外救灾款物价值1.54亿元。其中，总会9810万元，地方红会5602万元。为减轻灾害给灾区人民群众造成的损失，帮助灾区人民恢复正常生活做出了积极贡献①。

2004年，在国务院的统一领导下，红十字会制定的《中国红十字会总会

① 王立忠：《在中国红十字会工作会议上的工作报告》（2004年2月26日），《第六届、第七届理事会主要文件汇编》，2005年内部印行，第225—226页。

自然灾害与突发公共事件应急预案》被纳入国家整体应急预案。这一年，红十字会与海关总署建立了向红十字会捐赠没收的侵权物资的固定渠道和长期合作机制，据不完全统计，海关全年共捐赠约 500 万元物资。红十字会还举办了中国红十字会备灾救灾研讨培训班，开展了建立总会备灾救灾物资库的调研考察工作。

2004 年的自然灾害呈现突发、散在、时间跨度长等特点，这一年，中国红十字会配合政府的总体救灾计划，积极投入救灾工作。总会先后下发了《关于做好 2004 年洪涝灾害救助工作的通知》《关于发布救助 2004 年洪涝灾害呼吁的通知》，向社会发出了“捐一元善款，为灾民解难”的呼吁；共派出 11 个救灾考察小组对河南、湖南、云南等 9 个受灾严重的省（市、区）进行考察，对山东、河南、湖南、四川、云南等 21 个省给予救助支持。全国红十字会系统共投入救灾款物 1.0507 亿元，其中总会投入 3513 万元、各省投入 6994 万元。在紧急救灾工作中，红十字会使用国家彩票公益金采购的备灾物资发挥了积极作用，大大提升了红十字会的快速反应能力①。

总之，七届理事会期间，中国红十字会的救援工程稳步推进，体制机制更加完备，救灾能力和成绩获得重大突破。首先，备灾救灾工作更加规范，救助实力不断增强。许多灾害多发地区的红十字会制定了救灾预案。总会着力进行了备灾救灾管理工作的培训，加强了对备灾救灾中心（仓库）的管理，建立健全了物资采购、存储、分发等规章制度。在海关总署以及彩票公益金备灾救灾项目的支持下，总会的 6 个区域性备灾救灾中心新增救灾物资价值 1.13 亿元，大大提高了灾害救助的应急能力。其次，全力以赴参与灾害救助。每当自然灾害发生时，地方红十字会尽量做到第一时间为灾区群众送去粮食、衣物和药品。总会先后 3 次发起全国性募捐活动，2 次向国际联合会发出救灾呼吁，积极筹集款物救助灾区群众。5 年中，全国各级红十字会共接受国（境）内外捐赠款物价值人民币 14.259 亿元，救助 5632 万灾区群众。红十字会救灾款物的使用，多次接受国家审计署及国际联合会的审计，均得到充分肯定②。

---

① 《江亦曼在 2005 年中国红十字会工作会议上的报告（2005 年 2 月 25 日）》，中国红十字年鉴编辑部编：《中国红十字年鉴：2004/2005》，台海出版社 2006 年版，第 426 页。

② 王立忠：《与时俱进　艰苦创业　为全面建设小康社会作贡献——中国红十字会第八次全国会员代表大会工作报告》（2004 年 10 月 27 日），中国红十字会总会编：《中国红十字会历史资料选编，1950—2004》，民族出版社 2005 年版，第 494—495 页。

三、应急救援体系逐步建立（2004—2009）

2005 年，中国红十字会的国际人道救援和国内灾害救助工作取得优异成绩，备灾救灾应急反应能力和救助实力得到进一步增强。首先，国际救援成绩突出。在印度洋海啸灾害国际救援活动中，全国红十字会系统紧急动员，全力以赴，成绩卓著。“卡特里娜”飓风袭击美国南部各州造成自然灾害后，中国红十字会及时向美国红十字会捐款 10 万美元，后又募捐 36.6 万元人民币进行援助。同年，中国红会还向南亚地区因强烈地震遭受重大损失的巴基斯坦和印度红会分别提供 10 万美元和 5 万美元紧急捐款，之后组织专机为巴基斯坦运送了价值 320 万元人民币的救助物资，并为其红会募得救助款 139.7 万元人民币。其次，国内救援有条不紊。这一年我国自然灾害来势猛、种类多、发生范围广、持续时间长，30 个省普遍受灾，部分省区反复受灾。在严重的灾情面前，总会及时下发了《关于做好 2005 年洪涝灾害救助工作的通知》，适时通报灾情，并先后派出 18 个救灾考察小组，对 13 个受灾严重省份进行考察、救助；通过国际联合会向国际社会发出呼吁，对湖南、江西、安徽等 5 省（区）提供救助。全年总会和各地方红十字会共投入救助款物价值 2.2 亿元人民币，其中总会投入 5800 多万元的款物，对 28 个省、区和新疆生产建设兵团进行了救助。各级红十字会在自然灾害发生时，第一时间到达现场紧急救助，展示了红十字会快速反应的能力。总之，2005 年的国际国内救灾行动，极大地考验和锻炼了红十字会的应急救助能力，得到国际社会和广大人民群众的充分肯定与高度赞扬。在当年的救灾工作中，总会在内蒙古扎兰屯市开展了兴建红十字村的灾后重建工作，在黑龙江省宁安市沙兰镇泥石流灾害救助中，首次组织心理专家对灾民进行心理援助，收到良好效果。中国红十字会总会备灾救灾中心筹备工作也已全面启动①。

2006 年，中国红十字会积极参与国内自然灾害救助，灾害应急能力进一步提升。这一年，面对严重自然灾害，中国红十字会首次大规模参与灾后重建工作。通过向中海油、建设银行等企业募款、向国际呼吁，以及香港、澳门特别行政区红十字会的援助，在湖南、江西、广东、浙江等省兴建了 18 个“红十字博爱村”，为 1102 户重灾户援建永久性住房，重建 16 所博爱卫生院（站）、4 所博爱小学。江苏、江西、广东等省红十字会也自主开展了重建工作。在这一年中，红十字会系统应急预案体系逐步完善，全国 31 个省、176

---

① 《江亦曼在中国红十字会第八届理事会第二次会议上的工作报告》，中国红十字年鉴编辑部编：《中国红十字年鉴：2005/2006》，台海出版社 2007 年版，第 159—160 页。

个地市、316个县红十字会制定了相应的应急预案。为不断完善红十字会的灾害救助体系，增强应急反应实力，红会多次举办灾害救助和应急能力建设培训班。总会依托武警总医院、上海华山医院组建成立“中国红十字紧急救援队”，各级红十字会也逐步成立灾害救援队①。

2007年，中国红十字会总会先后向湖北、四川等省派出21支救灾工作组，共投入1.7亿元对29个受灾较为严重的省（区、市）进行救助。云南普洱地震后，总会和云南省红十字会第一时间到达现场，开展救援工作。全年各级红十字会共向普洱灾区提供价值1600多万元的援助。在救灾工作中，各省级红十字会相互支援，上海市红十字会向受灾严重的兄弟省（市、区）红会提供价值842万元的款物，香港、澳门红十字会也分别向灾区提供748.8万和711.3万元的援助，有力地支援了受灾地区。这一年，在积极推进救灾工作的基础上，应急管理体系更加完善。中国红十字会成功召开全国红十字会应急工作会议，制定了《中国红十字会“十一五”期间应急体系建设规划》，修订了《中国红十字会灾害救助规则》。一年中，全国32个省级（含新疆生产建设兵团）红十字会都制定了应急预案，有27个被纳入本省总体应急预案体系，272个地市级、604个县级红十字会制定了相应的应急预案，成立了应急工作领导机构和办事机构。总会和各省级红会采取多种形式举办应急能力建设培训班。河北、辽宁、湖南、广东、海南等省红十字会成立紧急救援队。本年，国家发改委正式批准总会备灾救灾物资库立项并开工建设②。随着12月9日总会备灾救灾物资库在北京顺义区的奠基，标志着我国红十字会的救灾物资储备网络已初步形成③。

2008年，在伟大的抗震救灾斗争中，红十字会彰显人道情怀，显示出人道力量。在这场史无前例的抗震救灾工作中，红会经受住了严峻考验，积累了许多宝贵经验。与此同时，为救助年初南方部分地区低温雨雪冰冻灾害受灾群众，红十字会积极开展募捐救助工作，各级红十字会累计接收捐赠款物2.49亿元，共组织12个救灾工作组分赴湖南、广西等省（区）慰问灾民、发放救灾物资，开展因灾损毁民房、卫生院（站）及备灾设施的重建工作。

---

① 《江亦曼在中国红十字会第八届理事会第三次会议上的工作报告（2007年1月8日）》，中国红十字年鉴编辑部编：《中国红十字年鉴：2006/2007》，群言出版社2009年版，第102—103页。

② 《江亦曼在中国红十字会第八届理事会第四次会议暨全国“红十字模范校”表彰会议上的工作报告（2008年1月7日）》，中国红十字年鉴编辑部编：《中国红十字年鉴：2007/2008》，中华工商联合出版社2011年版，第185页。

③ 王淑军：《红十字会救灾物资储备网络形成》，《人民日报》2011年12月11日。

截至2008年年底，总会及港澳红十字会投入重建项目资金9298万元人民币①。

总之，在八届理事会期间，灾害救援工作成绩显著，中国红十字会成为国家应急体系的重要组成部分。5年间，中国红十字会广泛动员人道力量，募集人道救助款物价值约290亿元人民币，受益人数达1.2亿人次。其中为汶川特大地震募集救灾款物价值191亿元，超过60年募捐的总和。在八届理事会期间，中国红十字会大力加强应急体系建设，提升专业化、科学化救助水平。各级红十字会按照中国红十字会总会“十一五”期间应急体系建设规划要求，着力完善应急机制，不断提高应急反应能力，在重大自然灾害和公共突发事件发生时做到了“第一时间报告灾情、第一时间到达灾区、第一时间开展救助”。各级红十字会着力完善自然灾害等突发事件应急预案体系，制定灾害救助规则，出台相关管理规定。总会及27个省级红十字会应急预案被纳入各级政府总体应急预案体系，272个地（市）级、604个县级红十字会制定了应急预案，成为当地应急工作领导机构成员。可见，红十字应急救援体系已成为国家应急体系的重要组成部分。各级红十字会应急队伍已近万人，组织应急演练近千次。汶川特大地震发生后，红十字会在灾后数小时内即向海内外发出紧急呼吁、派出工作组，第一时间调运救灾物资、迅速组织紧急救援队，开展持久、深入、高效的人道救援行动，配合党和政府夺取抗震救灾斗争的伟大胜利，受到党中央、国务院、中央军委的表彰。

八届理事会期间，中国红十字会不断拓宽救灾工作领域，努力实现灾害救援模式转变。各级红十字会在救灾工作中不断创新工作思路和工作方式，做到备灾与救灾，应急救援与灾后恢复重建，物质救助与医疗、心理救助，灾后救助与普及公众防灾避险知识、提高社区防灾减灾能力结合。备灾网络体系建设达到新的阶段，成立了总会备灾救灾中心，完善了全国6个区域性备灾中心和总会援外物资供应站，建成371个各级红十字会备灾中心（仓库）。积极参与灾后恢复重建，援建博爱新村、博爱卫生院（站）、博爱学校等项目。在救援工作中，及时开展医疗及心理救援，引入ERU技术，提升应急救灾工作专业化水平。在汶川特大地震中，各级红十字会派出紧急救援队、心理救援队144支，为灾区群众提供相关服务23万人次②。

---

① 《江亦曼在中国红十字会第八届理事会第五次会议暨全国社区红十字服务示范市（区）命名表彰会议上的工作报告（2009年1月7日）》，中国红十字年鉴编辑部编：《中国红十字年鉴：2009/2010》，中华工商联合出版社2011年版，第182页。

② 江亦曼：《彰显人道　促进和谐　实现中国特色红十字事业新跨越——中国红十字会第九次全国会员代表大会工作报告》（2009年10月27日），《中国红十字会第九次全国会员代表大会文件汇编》，2009年内部印行，第23—25页。

四、应急救援能力显著提高（2009—2014）

2010 年是中国红十字会第九届理事会的履新之年，是各级红十字会整理思路、谋划未来发展、加强能力建设的一年，也是自然灾害多发频发、重大活动集中举办的一年。这一年，雪灾、洪涝、台风等常见灾害规模不减，西南旱灾、玉树地震、舟曲泥石流等罕见重大灾害接连发生，汶川地震灾后恢复重建工作也进入关键时期。第九届理事会开局伊始，就把备灾救灾工作放在了突出的位置，并在以下几个方面取得重要成绩：（1）在总结汶川地震救援经验的基础上，修订完善了《中国红十字会总会自然灾害应急预案》，进一步强化并规范总会灾害应急反应机制和流程；（2）印发了《中国红十字会备灾救灾中心（物资库）规划建设管理办法》，总会备灾救灾中心正式落成并运转，由此我国红十字会备灾基础建设进一步加强；（3）作为国家抗震救灾领导小组成员，中国红十字会在 2010 年又成为玉树地震灾后恢复重建小组成员，更加有利于依法维护捐赠人利益、规范捐赠资金使用；（4）通过向社会发呼吁、短信募捐、举办公益晚会等方式，各级红十字会开展重大自然灾害募捐工作取得显著成果；（5）进一步加强统筹协调工作力度，面对繁重的救灾任务，形成了总会与各省红十字会上下联动、合力开展救灾工作的良好局面。据统计，2010 年总会及基金会投入救灾资金 26 亿多元，其中向 27 个受灾严重省份下拨物资和资金近 190 批次，累计价值达 9200 多万元。另外，在西南五省旱灾救助中，总会及基金会募集了 2 亿多元的救助款物，创造了红十字会旱灾救助之最。在 2010 年的洪涝灾害救助中，总会对所有达到一级响应的受灾省份，在按正常救助标准给予救助的基础上，又从总会自身积累的资金中为每省追加了至少 100 万元的救助资金，救助力度前所未有。2010 年红十字会的救灾工作成绩显著，得到党和政府的充分肯定，全系统有 6 家单位、4 位个人分别被中共中央、国务院和中央军委评为玉树地震“全国抗震救灾英雄集体”“全国抗震救灾模范”称号。总会荣获中国会计师协会颁发的 2010 年度最具社会责任感奖①。

2011 年，中国红十字会在救援行动中继续推进上下联动、合力应对灾害工作的良好局面。首先，继续做好备灾工作，加强应急能力建设。利用世界红十字日、防灾减灾日等，积极开展防灾减灾知识普及和宣传教育活动。继

---

① 《王伟在中国红十字会第九届理事会第二次会议上的工作报告（2011 年 1 月 19 日）》，中国红十字年鉴编辑部编：《中国红十字年鉴：2010/2011》，中华工商联合出版社 2014 年版，第 172—173 页。

续推进以“红十字博爱家园”项目、“社区为本”减灾项目为主的社区备灾救灾项目。在救援队建设和应急能力建设方面，出台了《关于加强红十字救援队建设的意见》，编制了7类救援队工作手册，进一步推进规范化和标准化建设。利用彩票公益金和国际联合会资金等国内外资金，落实了紧急救援人员培训、灾害管理培训、物资入库储备等工作，大大促进了地方红会备灾工作的开展。其次，救灾工作成绩突出。云南盈江地震、南方洪涝等自然灾害发生后，各级红十字会根据应急预案，迅速、有序、高效地实施了应急救援。截至10月底，总会向17个受灾较为严重的省（区、市）下拨物资、资金60批次，共计价值2630万元；先后派出救灾工作组和紧急救援队赶赴一线，并向灾区下拨价值2400万元的粮食。上海、江苏、浙江等兄弟省市红十字会积极对盈江地震等灾区给予款物支援。再次，在灾后重建工作中，加强项目督导，加快尾款拨付。全年累计拨付汶川地震灾区项目资金3.3亿元，拨付青海玉树灾区4.67亿元；援助舟曲泥石流的医疗卫生和教育项目已全部开工建设；确定援建盈江地震灾区恢复重建项目重建方案，涉及资金1560万元；确定2010年水灾重建项目，涉及资金1256万元。据统计，全年各级红十字会在备灾救灾和灾害重建上共投入款物21.94亿元①。

2012年，中国红十字会以建立健全红十字应急救援体系为目标，组织实施备灾、救灾和灾后重建工作。一是继续做好备灾工作，加强备灾救灾网络建设。总会完成了国家彩票公益金、各类捐赠等2750多万元库存物资的采购和入库任务，在全国继续推进“红十字博爱家园”及“社区为本”减灾项目等，依托社区提升备灾救灾能力；探索加强从总会备灾救灾中心、区域中心、省级中心到基层备灾救灾库的多层次红十字备灾救灾网络建设。二是加强应急能力建设。重点加强以志愿人员为基础的各类救援队建设，逐步完善救援队标准体系，7类救援队建设取得新进展；利用“世界红十字日”“国家防灾减灾日”等，开展防灾减灾知识普及和宣传教育活动。三是实施及时、高效的应急救援。总会对云南彝良地震、甘肃岷县“5·10”特大雹洪泥石流、北京“7·21”水灾等自然灾害启动应急响应50次，先后派出5支救灾工作组以及医疗、搜救、大众卫生等应急救援队，调拨救灾款物价值共计2790多万元。各省红十字会及时启动应急救援响应，如山东、湖南红十字会派出蓝天救援队、心理救援队，赶赴彝良地震等灾区进行救援。四是继续做好灾后重

① 《赵白鸽在中国红十字会第九届理事会第三次会议上的工作报告（2011年12月7日）》，中国红十字年鉴编辑部编：《中国红十字年鉴：2012/2013》，中国工商联合出版社2016年版，第137—138页。

建项目的落实和督导。全年累计拨付汶川地震灾区项目资金 1.3 亿元，拨付成都、甘南、陇南备灾仓库首期款共计 125 万元；玉树地震、舟曲泥石流、盈江地震以及 2010 年水灾灾后恢复重建等项目继续实施①。

总之，九届理事会期间，备灾救灾工作成效显著。首先，备灾体系不断完善，物流布局进一步优化，备灾能力进一步提升。其次，全国红十字会系统积极投身玉树地震、舟曲泥石流、芦山地震、鲁甸地震等重大灾害救援工作，同时积极做好汶川地震灾后恢复重建等工作。四川、青海、云南、甘肃、海南等地红十字会对当地发生的地震、泥石流、台风等灾害，行动迅速，救援有力。再次，积极推进应急救援队伍建设，依托志愿力量成立 21 支国家级红十字救援队，地方红十字救援队伍也日益壮大。北京市红十字会利用自身优势，积极构建并形成首都空地一体化航空救援体系，湖南、云南、广西、福建等省（区）红十字救援队各具特色②。

应该说，自从 20 世纪 90 年代开始构建发展救援工程以来，中国红十字会的救灾工作取得了重要成就。在救灾方面，中国红十字会是中国国际减灾委员会的成员之一，明确了在国家总体减灾工作中的重要地位，并已初步建立起全国性的备灾救灾体系，初步形成了备灾救灾物资储备网络，应急救援预案渐趋完备，应急救援体系不断丰富完善，应急救援能力获得长足发展。在国内国际发生重大自然灾害时，中国红十字会协助政府、调动各级红十字会和社会资源展开救灾工作，多次受到社会和政府的首肯与鼓励③。救灾是红十字会的一项重要职责，也是红十字会的一项长期任务。要做好救灾工作，推进救援工程，“就必须建立灾害救助的相关工作机制，如成立救灾工作领导小组、制订应急预案、加强基础设施和制度建设、建立备灾救灾仓库和储备金，增强民众和领导干部的灾害或忧患意识，加强在居住密集地或人员集中单位的安全教育培训，与相关单位经常性地召开灾情分析处理通报等联席会议，建立反应快速、灵活机动、业务精、素质高的志愿者应急救援队伍，加强综合演练等”④。这也是中国红十字会救援工程持续发展的基本思路和长远目标。

---

① 《赵白鸽在中国红十字会第九届理事会第四次会议上的工作报告（2012 年 12 月 13 日）》，中国红十字年鉴编辑部编：《中国红十字年鉴：2013/2014》，中国工商联合出版社 2017 年版，第119 页。

② 徐科：《开拓进取　依法治会　推进中国特色红十字事业持续健康发展——在中国红十字会第十次全国会员代表大会上的工作报告》（2015 年 5 月 5 日），《中国红十字会第十次全国会员代表大会文件资料汇编》，2015 年内部印行，第 36 页。

③ 赵白鸽：《中国人道事业的发展与未来》，中国红十字年鉴编辑部编：《中国红十字年鉴：2012/2013》，中国工商联合出版社 2016 年版，第 256 页。

④ 孙语圣：《中国红十字会灾害救助机制研究》，合肥工业大学出版社 2013 年版，第 337 页。

第三节　生命工程的全面展开

红十字会生命工程的主要内容为卫生救护培训及“三献”（献血、献骨髓、献遗体器官），其每一项内容都与生命息息相关。实际上，中国红十字会自成立以来，一直为保护人的生命与健康做着不懈的努力。为了适应现代化建设和改革开放的需要，为了适应对突发的地震、水灾、火灾等自然灾害进行紧急抢救的需要，为了人民群众日常保健、增强自救互救能力的需要，1990 年，中国红十字会提出加强卫生救护网络建设，到 1997 年形成“生命工程”，更加突出“以人为本，关爱生命”的人道情怀①。

一、让生命掌握在自己手中：卫生救护网络建设

红十字运动起源于战地救护。卫生救护是国际联合会 4 项核心任务之一，是《红十字会法》赋予红十字组织的七项职责之一，也是中国红十字会“生命工程”的重要内容。我国红十字组织依法开展现场救护及培训工作，经过培训的红十字救生员在参与自然灾害救助、处理突发事件、保障安全生产、普及救护知识、提高群众自救互救能力方面发挥了积极作用，为保护人的生命和健康做出了重要贡献。

（一）建设群众性自救互救网络的重要性和必要性

在和平时期，红十字会卫生救护培训工作的目标，是建立遍布城乡的群众性自救互救网络。与医疗卫生部门的临床治疗相比，红十字会的卫生救护多针对自然灾害、突发事件以及意外伤害，因此具有应急性的特点，属于院前急救范畴的“紧急救护，抢救人的生命”，即在医生和正式急救人员到来之前，由临时救护人员对一些由于疾病、外伤及灾害等所引起的突发性伤害进行就地应急处理②。“院前急救是急诊医疗体系中非常重要的一部分，对于一些紧急危重伤员，最宝贵的抢救时机在院前”③。“正确及时有效地进行院前

① 孙柏秋主编，池子华、杨国堂等著：《百年红十字》，安徽人民出版社 2003 年版，第 522—523 页。

② 中国红十字会总会：《红十字手册》，辽宁科学技术出版社 1988 年版，第 183 页。

③ 王位琼、岑美珠等：《急诊病人及家属对急救相关知识掌握情况的调查》，《家庭护士》2008 年第 9 期，第 2272 页。

现场急救，是提高抢救成功率、降低致残率的关键”[①]。如果院前急救工作得当，“约8%左右的各种急诊危重患者只要采取综合的复苏措施和确定性抢救治疗，即能够从根本上迅速有效地阻断各种严重危及患者生命的病理生理过程，及时纠正各系统功能紊乱状态”[②]。也就是说，有大约8%的急症患者的生命掌握在院前急救这一过程。而红十字会的卫生救护就是目标明确地针对这一过程，从这个意义上讲，红十字会的工作是对卫生部门医疗工作的有益补充和延伸。

从医学上看，在急救中存在着“黄金四分钟”“白金十分钟”等现象[③]，“时间就是生命”在这里得到充分验证。但是，“在我国现行体制下，医院对群体性突发事件的预警与救援机制还是以各大城市医院院前急救队伍为基础”[④]。虽然突发事件中大部分地区都有“120”“999”以及国际“SOS”等专业救护组织的职业救护人员的积极参与，但面对急救工作中命悬一线的“黄金四分钟”“白金十分钟”等生命关节点，他们往往无可奈何，从而与生还机遇失之交臂。因为“即使再健全的城市急救网络系统，配备有再充裕的急救专业人员，在真正发生危重急症和意外伤害的现场，他们也不可能立即出现”[⑤]。原因在于由于交通等因素，再完善的专业急救服务体系虽然尽量合理布局急救站点，缩小急救半径，但也客观存在着一定的呼叫反应时间[⑥]。何况城市急救网络建设中往往存在一定的盲点，更不要说网络覆盖率相对较低的农村地区了。这一情况在心肺复苏工作中有着更加突出的反映。

心肺复苏（CPR）是针对呼吸和心搏骤停（即医学上的猝死）的一种急救方法[⑦]。心肺复苏的精髓是“及时”和“有效”[⑧]，“呼救响应间期、呼救反应间期和开始现场抢救时间是院前心肺复苏成功的核心问题”[⑨]。大脑的正常

---

① 贾晨光、宋建亭：《29例猝死患者院前急救体会》，《中国危重病急救医学》2006年第7期，第214页。

② 李希宁：《6756例院前急救病例调查分析》，《川北医学院学报》2008年第2期，第156页。

③ 王坤、刘兰秋、王亚东：《试论公众现场急救》，《首都医科大学学报》2008年社会科学版增刊，第187页。

④ 陈抗侵、周勇等：《重庆市涪陵区群体性突发事件医疗急救情况调查》，《现代医药卫生》2008年第13期，第1934页。

⑤ 李宗浩：《救死扶伤，“第一目击者”在现场》，《博爱中国——来自博爱论坛的声音》，中央广播电视大学出版社2008年版，第46页。

⑥ 王坤、刘兰秋、王亚东：《试论公众现场急救》，《首都医科大学学报》2008年社会科学版增刊，第187页。

⑦ 中国红十字会总会：《红十字手册》，辽宁科学技术出版社1988年版，第207页。

⑧ 沈洪主编：《实用心肺复苏指南》，人民军医出版社2005年版，序。

⑨ 贾晨光、宋建亭：《29例猝死患者院前急救体会》，《中国危重病急救医学》2006年第7期，第214页。

血氧供应有赖于心肺的正常生理功能，大脑细胞经受4～6分钟的完全缺氧，就可造成不可逆的损伤。因此，心肺复苏的成功率很大程度上取决于开始对患者实施复苏的时间，其关联如表10－1所示①。

表10－1　心肺复苏成功率与实施复苏时间的关联表

复苏开始时间（分）	复苏成功率（%）
<1	60
1～2	45
2～4	27
>6	20

在现实生活中，心跳、呼吸骤停可发生在任何人、任何时间和任何地点。据不完全统计，大约有70%此类患者发生在院外②。“一般救护车最快到达事故现场需要15分钟”③，如果单纯指望职业急救人员的救援，很多患者生还机会微乎其微。但如果在救护车和急救人员到来之前，“第一目击者”在第一时间对患者施以心肺复苏术，那么患者生还的希望就大大提高。而这“第一目击者”可能是家人、朋友、同事或路人等，可能就是生活中的你我他。

红十字会和平时期卫生救护工作最主要的内容就是组织卫生救护培训，建立群众性自救互救网络。群众性（非医务人员）自救互救网络建设，是“通过对各行各业人群普及现场、初级急救知识，使他们掌握初级急救技能，在日常生活中发生疾病或在突发事件中，在专业抢救力量没有赶到之前或因专业救护力量难以满足现场初级急救的需要时，由这些经过培训并掌握一定初级救护技能的社会人群，因地制宜，利用一切现场简易器具物品，抢救伤员，最大限度地降低死亡率，减轻伤害程度和伤员痛苦”④。

卫生救护培训的主要内容是四大技术和心肺复苏技术。四大技术包括止血、包扎、固定、搬运，红十字会的四大技术和心肺复苏训练具有现场的、群众性的和初级的三大特点。所谓现场的，是指经过红十字会培训的急救员都能在伤害、事故、病痛发生的地点，也就是伤病事故发生现场实施抢救；所谓群众性的，是指接受救护训练的人员，是处在事发、病发现场的或最先

① 金锦春：《心肺复苏术现场急救要义》，《上海消防》2002年第7期，第128页。

② 林丽峰：《心肺复苏院前急救成功率的影响因素探讨》，《当代护士》2008年第8期，第71页。

③ 《95%“第一目击者”不会急救　市红十字会将进社区开展呼救常识培训》，《连云港日报》2005年5月9日。

④ 孙柏秋主编，池子华、杨国堂等著：《百年红十字》，安徽人民出版社2003年版，第523页。

到达现场的人们，即与伤者、病者一样都是普通群众；所谓初级的，是指训练的内容和救护措施是最基本的、最简单的和最要紧的①。

（二）卫生救护培训网络建设的发展轨迹

1987年1月，在武汉召开的中国红十字会全国工作会议上，明确提出经过二三十年的努力，在全国城乡逐步建成群众性救护网络的战略设想。为实施这一战略，1987年2月20日，中国红十字会联合卫生部、公安部、铁道部、交通部、商业部、中国民航总局、国家旅游局发出了《关于开展群众性卫生救护训练的通知》，要求各地红十字会在开展卫生救护训练时，根据不同行业的特点，除“四大技术”（止血、包扎、固定、搬运）和心肺复苏的训练内容外，有选择地增加中暑、溺水、触电、食物及药物中毒等急救内容，以增强卫生救护的实用性②。卫生救护培训的主要对象首先应是处于事故现场或易于最先到达事故现场的人员，如交通系统的列车员、船员、司售人员，民航系统的机组人员，宾馆、饭店和商店的服务人员、营业员及旅游系统的导游、司机等。这些人员经过短期（一般3至5天为一期）培训后，掌握了一般卫生救护知识和急救技术，可以成为群众性急救网络的骨干力量③。

1990年2月，中国红十字会“五大”提出“进一步扩大卫生救护网络”的目标和任务，要求“各地开展卫生救护工作要因地制宜、条块结合、块块为主，先从城市搞起”，各地进行救护训练要坚持“服务中心，保护生命，简明实用，各具特色”的方针，“用二三十年实现群众性的现场急救网络，是就全国来说的。至于各行业、各系统以及各省、自治区、直辖市在时间上可能长一些或短一些。从点点滴滴到星罗棋布，逐步联网成片”。1993年年初，总会制定的《中国红十字会九十年代工作纲要》进一步提出：“配合‘2000年人人享有卫生保健’规划，继续强化群众性卫生救护培训工作，开展现场、初级、群众性的卫生救护工作，有计划、有步骤地在全国城乡形成一个院前的、同卫生部门县、乡、村三级医疗保健网相衔接的群众性自救互救网络”④。尽管中国红十字会的战略计划远未实现，但规模初具了。

六届理事会期间，卫生救护机构建设由急救组、急救站向急救中心发展。

---

① 曲折主编：《中国红十字事业》，广东经济出版社1999年版，第131—132页。

② 《总会与有关部（局）联合发出通知　要求各地积极开展群众性卫生救护训练》，《中国红十字报》1987年3月5日。

③ 中国红十字会等部门：《关于开展群众性卫生救护训练的通知》，苏州市红十字会档案1987年“长期”92，第3页。

④ 《中国红十字会九十年代工作纲要》，顾英奇主编：《中华人民共和国红十字会法使用手册》，中国友谊出版公司1994年版，第238页。

北京市红十字会成立了医疗急救中心，参与全市“120 急救系统”，担负部分地区的急救任务；内蒙古自治区红十字会成立急救输送中心，担负了急救任务。此外，结合贯彻《红十字标志使用办法》，部分市、县红十字会还办起了红十字会医院、门诊部、医疗站等医疗机构[①]。各地红十字会在巩固机动车驾驶员、公安干警、煤矿行业卫生救护培训的同时，扩展到建筑、旅游等行业和社区。这一时期，全国绝大部分旅游区设有红十字救护站，多数省级红十字会在公路沿线建立了救护点，5 年中共培训 9000 万人次，在事故发生时能够及时进行现场救护，对降低各类事故的死亡率和残疾率做出了贡献[②]。

七届理事会期间，群众性初级卫生救护工作进一步发展。红十字会开展的初级的、现场的、群众性的救护工作，为保护和发展生产力做出了贡献[③]。2001 年，总会与 14 个部门联合发出了《关于广泛深入开展救护工作的意见》，28 个省、自治区、直辖市政府转发了这个文件。许多地方根据当地实际，在初级卫生救护培训中增加了有关地震灾害预防、中毒抢救、家居安全等培训内容，拓展了培训领域。地方和行业红十字会按照统一教学计划、统一教材、统一质量标准、统一考核发证的要求开展了培训，坚持初级卫生救护工作与安全生产相结合、与职业培训相结合、与精神文明建设相结合、与发展会员相结合，5 年间全国共培训红十字救护员 1000 万人次。省级红十字会全部启动了为期 3 年的救护师资培训项目，共举办了 175 期培训班，培训师资 6000 多名[④]。2001 年，总会与商业联合会、通成广告公司合作，在全国 200 个大型商场和超市设置了带有红十字标志的紧急救护柜。铁路系统红十字会在一些列车的司乘人员中进行培训，为解除旅客旅行途中突发的病痛发挥

---

① 顾英奇：《学习贯彻十五大精神　积极推进两个转变　建构有中国特色红十字事业的基本框架》（1998 年 3 月 31 日），《第六届、第七届理事会主要文件汇编》，2005 年内部印行，第 134—136 页。

② 顾英奇：《坚持依法建会　加大改革力度　将中国红十字事业全面推向二十一世纪——中国红十字会第七次全国会员代表大会工作报告》（1999 年 10 月 11 日），中国红十字会总会编：《中国红十字会历史资料选编，1950—2004》，民族出版社 2005 年版，第 384—386 页。

③ 王立忠：《贯彻中共十五届五中全会精神　加快发展红十字事业——在中国红十字会第七届理事会第二次会议上的工作报告》（2001 年 2 月 21 日），《第六届、第七届理事会主要文件汇编》，2005 年内部印行，第 164—167 页。

④ 王立忠：《与时俱进　艰苦创业　为全面建设小康社会作贡献——中国红十字会第八次全国会员代表大会工作报告》（2004 年 10 月 27 日），中国红十字会总会编：《中国红十字会历史资料选编，1950—2004》，民族出版社 2005 年版，第 495 页。

了重要作用[①]。2002 年，“红十字顾客紧急救护系统”项目逐步推开。北京、天津、上海、广州、深圳已有近 2000 家大型商业企业、体育馆、物业管理中心等安装了紧急救护系统[②]。2003 年，在国家彩票公益金的有力支持下，全国 31 个省级红会全部启动了为期 3 年的救护师资培训项目。总会编印了救护师资培训教材和教学大纲，举办了 2 期师资培训班，为各省级红会培训了 96 名师资。救护师资培训项目的实施带动了救护员培训工作的深入开展[③]。2004 年，江苏、重庆等省、市建立了在特殊行业开展卫生救护培训的长效工作机制[④]。

八届理事会期间，红十字会继续加强初级卫生救护培训，壮大应急救援队伍。通过开展高危行业重点人群救护培训、在青少年中普及自救互救知识、面向城市和农村社区群众开展应急救护培训等，群众性初级应急救护网络逐步形成，救护培训被纳入红十字会应急工作体系建设之中。5 年中，培训救护师资约 16 万人次、红十字应急救护员近 1300 万人次，普及卫生防病知识约 6000 余万人次[⑤]。2007 年，为落实全国卫生救护工作会议精神和《中国红十字会卫生救护工作五年规划》，总会积极争取相关部门支持，与公安、交通、安监、煤监、铁道、民航、旅游等部门分别联合下发文件，推动开展行业职工救护培训工作[⑥]。2008 年，中国红十字会以参与服务奥运为契机，推动救护培训工作。总会指定香港红十字会与北京市红十字会编写的《急救手册》为参与奥运统一培训教材，聘请 5000 余名专家师资，对奥运志愿者及服务奥运的民航、交通、旅游、安保、服务等行业 15 万余名职工以及 170 万社区群

---

① 王立忠：《以“三个代表”重要思想为指导 开创有中国特色红十字事业的新局面——在中国红十字会第七届理事会第三次会议上的工作报告》（2002 年 4 月 1 日），《第六届、第七届理事会主要文件汇编》，2005 年内部印行，第 184—185 页。

② 王立忠：《贯彻落实党的十六大精神 加快发展红十字事业 为全面建设小康社会作贡献——在中国红十字会第七届理事会第四次会议上的工作报告》（2003 年 3 月 26 日），《第六届、第七届理事会主要文件汇编》，2005 年内部印行，第 208 页。

③ 王立忠：《在中国红十字会工作会议上的工作报告》（2004 年 2 月 26 日），《第六届、第七届理事会主要文件汇编》，2005 年内部印行，第 229—230 页。

④ 《江亦曼在 2005 年中国红十字会工作会议上的报告（2005 年 2 月 25 日）》，中国红十字年鉴编辑部编：《中国红十字年鉴：2004/2005》，台海出版社 2006 年版，第 426 页。

⑤ 江亦曼：《彰显人道 促进和谐 实现中国特色红十字事业新跨越——中国红十字会第九次全国会员代表大会工作报告》（2009 年 10 月 27 日），《中国红十字会第九次全国会员代表大会文件汇编》，2009 年内部印行，第 25 页。

⑥ 《江亦曼在中国红十字会第八届理事会第四次会议暨全国“红十字模范校”表彰会议上的工作报告（2008 年 1 月 7 日）》，中国红十字年鉴编辑部编：《中国红十字年鉴：2006/2007》，群言出版社 2009 年版，第 185 页。

众进行救护知识普及培训，近30万人取得红十字救护员证①。

九届理事会期间，应急救护工作深入开展。总会制定下发了《关于进一步加强红十字应急救护工作的意见》，重视培训质量，推进救护培训标准化建设。全国各级红十字会积极推动应急救护培训进社区、进农村、进学校、进企业、进机关，通过开展行业救护培训、应用“红十字急救掌上学堂”免费软件等方式，培训救护师资14万人次、救护员1866万人次，普及救护知识6700万人次。在各地举办救护知识与技能竞赛的基础上，总会成功举办了两次全国红十字救护大赛。贵州、重庆、江苏、河北、安徽、山西等省（市）结合实际开展了具有自身特色的救护培训工作。上海、广东、江苏、辽宁等省（市）红十字会积极参与服务上海世博会、广州亚运会、南京青奥会、第十二届全运会等重大赛事及活动，并以此为契机大力开展群众性救护培训②。2010年，培训工作逐步深入行业、深入普通市民，如贵州、河北、重庆等地红十字会与公安、交通部门密切合作对驾驶员开展救护培训，北京、上海红十字会在政府支持下向市民开展应急救护培训③。

应急救护培训是中国红十字会的传统业务。近年来，全国红十字应急救护培训工作取得了长足发展。全国红十字会系统每年培训红十字救护员300多万人次，每年接受救护知识普及人数超过1000万人次；总会组织专家编写了10册救护培训教材，其中已经出版7册，出台了《应急救护培训标准化工作手册》，为实现“四统一”管理（统一教学大纲、统一技术标准、统一考核标准、统一证书管理）奠定了基础；两年一届的救护大赛有效促进了各省应急救护工作的开展；总会推出的手机急救软件，经过各地红十字会积极宣传推广，下载量已超过百余万次；2014年开始实施的“手拉手”项目，面向社区和学校开展生命健康安全教育，为50个地市级红十字会建设了集培训、体验和互动功能于一体的生命健康安全体验教室。另一方面，也要清醒地看到，虽然取得了一些成绩，但是应急救护培训工作并没有实现大的突破，距离国家赋予红会的发挥“应急救护培训主体作用”的要求还有较大差距，与

---

① 《江亦曼在中国红十字会第八届理事会第五次会议暨全国社区红十字服务示范市（区）命名表彰会议上的工作报告（2009年1月7日）》，中国红十字年鉴编辑部编：《中国红十字年鉴：2009/2010》，中华工商联合出版社2011年版，第182页。

② 徐科：《开拓进取　依法治会　推进中国特色红十字事业持续健康发展——在中国红十字会第十次全国会员代表大会上的工作报告》（2015年5月5日），《中国红十字会第十次全国会员代表大会文件资料汇编》，2015年内部印行，第36页。

③ 《王伟在中国红十字会第九届理事会第二次会议上的工作报告（2011年1月19日）》，中国红十字年鉴编辑部编：《中国红十字年鉴：2010/2011》，中华工商联合出版社2014年版，第173—174页。

人民群众的迫切需要还有较大差距。造成目前这种状况的原因是多方面的。从外部看，首先是应急救护方面的法律法规严重缺失，救护立法任重道远。其次，社会大环境也制约了急救培训工作的开展。从红十字会内部看，救护培训体系建设和相关工作还处于粗放的初级阶段，距离形成救护培训品牌还有很长的路要走①。2012 年，国务院印发的《关于促进红十字事业发展的意见》，明确提出了“建立红十字应急救护培训长效机制”的要求，结合中国红十字会综合改革的思路，建立救护培训长效机制应“运用市场经济手段，不以营利为目的，走产业化发展道路”②。

二、情系血液事业

血液是存在于心脏和血管系统里的一种流体结缔组织，由血浆和有形成分组成。它具有极其重要的生理意义，为生命机体的运转承担运输功能、调节功能和防御、保护功能③。血液用它周而复始的新陈代谢和不倦奔流无私地滋养着“生命之树”，因此血液被称为“生命之河”。血液既是人的生命的重要组成部分，又是医疗事业、救人治病的宝贵资源④。输血是挽救生命的重要手段，在军队战备和临床医疗中都起着重要作用⑤。

（一）无偿献血：血液事业的发展方向

血液是一种特殊的医疗资源，血液、血液成分以及血浆制品是现代世界人民健康的必需品，它来自人类本身。最小限度的消费，最高标准的质量，充分的供应是血液事业不可或缺的特征。血液是无价的，不能用市场条件下的价值规律来衡量；而且血液事业的商业行为，在利益的驱动下必然引起一系列违规操作，从而滋生问题，给人类的生命和健康带来严重威胁，且这也是与献血救人的初衷相违背的。从本质上说，献血是一种人道行为，是人类互助友爱、呵护生命的一种体现。

就世界范围而言，献血可分为有偿（个体）献血、无偿献血和家庭或社会替代献血 3 种⑥。其中无偿献血一直为国际社会所倡导，也是世界输血事业

---

① 王海京：《应急救护培训基地建设：“十三五”救护工作着力点》，《中国红十字报》2016 年 3 月 4 日。

② 郭建阳：《适应市场规律　发挥公益效应——关于建立红十字应急救护培训长效机制的探讨》，《中国红十字报》2016 年 2 月 5 日。

③ 易学明：《无偿献血与输血知识问答》，第二军医大学出版社 2005 年版，第 1—2 页。

④ 曲折主编：《中国红十字事业》，广东经济出版社 1999 年版，第 143 页。

⑤ 牛其厚：《献血与健康》，人民军医出版社 2003 年版，前言。

⑥ 易学明：《无偿献血与输血知识问答》，第二军医大学出版社 2005 年版，第 3 页。

的前进方向。1946 年，在英国牛津召开的第 19 次红十字会与红新月会理事会特别强调供血者应当无偿提供血液，这是最初以正式文件形式通过的无偿献血原则①。应该说，这次会议奠定了国际输血事业发展的基调。国际输血事业经过几十年的发展实践，对无偿献血这一原则和方向已经有了明确而清晰的认识。根据有关国际组织的决议和忠告精神，输血事业应遵循如下原则：血液事业必须在无偿献血的基础上谋求发展，献血是相互帮助、无私奉献的精神体现，绝不能带有强制性。无论是献血者方面，还是献血组织者方面，都不能以金钱和利益作为行为动机②。

个体供血严重影响血液质量。“由于个体供血受经济利益驱使，卖血人员大量频繁抽血，不少人还采用卖血前喝糖开水等手段，使血液质量不断下降”③。据统计，正常血细胞和血浆的比积约为 50%，而个体卖血者则不足 33%，血质明显下降④。与之相比，更为严重的是血液安全问题，主要表现在由血液买卖而带来的血源性疾病的大幅度增加。输血相关传染病是指受血者通过输入含病原体的血液或血液制品而引起的疾病。经血传播的疾病已知有十几种，其中最严重的是病毒性肝炎和艾滋病⑤。据资料分析，输入商品来源的血液及血制品，随之而来的是输血后传染疾病危险性的增加。非甲非乙肝炎在无偿和有偿两种体系中竟然有 10 倍的差别⑥。据不完全统计，20 世纪 90 年代，中国“有些地区个体供血者中乙肝病毒阳性率达 30% 以上，丙肝病毒阳性率达 8% ~13%”⑦。21 世纪初，我国艾滋病毒感染者累计已达 85 万人，据有关部门统计，艾滋病经血液途径传播的比例占到了 11.2%（包括采血、血液和血制品感染），仅次于注射吸毒的感染率⑧。据调查，我国无偿献血人群中，丙肝感染率为 1% 左右，而在职业卖血者中，丙肝抗体检测阳性率要比无偿献血人群高出几倍，甚至十几倍。可见，不治本清源，不改变有偿献血，血源性疾病就难以得到有效控制，临床用血者的安全也难以得到保证⑨。

---

① 峻岭译：《国际红十字组织及卫生组织关于血液事业的有关决议和建议》，《中国红十字报》1992 年 3 月 27 日。

② 曲折主编：《中国红十字事业》，广东经济出版社 1999 年版，第 144 页。

③ 冯颖平：《关于捐髓献血的问题》，《观察与思考》1999 年第 11 期，第 8 页。

④ 洪俊岭：《中国输血事业之我见》，《中国红十字报》1992 年 3 月 27 日。

⑤ 易学明：《无偿献血与输血知识问答》，第二军医大学出版社 2005 年版，第 185 页。

⑥ 洪俊岭：《中国红十字会的血液事业与造血干细胞移植事业》，中国红十字年鉴编辑部编：《中国红十字年鉴：2004/2005》，台海出版社 2006 年版，第 950 页。

⑦ 冯颖平：《关于捐髓献血的问题》，《观察与思考》1999 年第 11 期，第 8 页。

⑧ 周启梁：《走出“血荒”——中国血库忧思录》，《知识经济》2003 年第 1 期，第 59 页。

⑨ 张文康：《学习、宣传“献血法” 采取措施贯彻实施》，《中国红十字报》1998 年 10 月 23 日。

除了对个体生命和健康的危害外，个体供血带来的社会恶果也令人触目惊心。例如，20 世纪 90 年代，中国“血浆经济”一度泛滥成灾。一些地区因不规范和非法采供血活动造成了艾滋病的传播。感染者多以村为单位呈高度聚集灶状分布，重点村庄供血浆人员的艾滋病毒感染率一般为 10% ~20%，最高达 60%①。又如，二战后日本盛行“血液银行”制度②，血液买卖成风，多种血源性疾病泛滥，肝炎尤甚，患者输血后发病率竟高达 50%。更让人吃惊的是，1964 年 3 月，美国驻日大使也因输血感染肝炎，由此舆论大哗，世界愕然。随着事态发展，一场突发的医疗事故导致了一场政治事件，而这次政治事件也引发了日本的一场社会风暴，矛头对准声名狼藉的卖血制。在日本政府和红十字会的努力下，到 1974 年用 10 年时间终于取消了卖血制度，成为亚洲的无偿献血大国③。日本所历经的“血路”以及“血”的教训，值得深思。

世界各国输血事业的历史和实践证明，推行无偿献血是满足临床用血需求、克服血源管理不善、保证输血质量和血液安全的根本方法。国际红十字组织在 1948 年就通过决议，呼吁各国采取“无偿献血”和“免费输血”的原则。1973 年，在德黑兰召开的第 22 届国际红十字大会上又做出决议，肯定了出于人道主义动机和原则的自愿无偿献血是解决血液需求的最安全最有效的途径，献血要建立在无报酬的基础上。1981 年，在马尼拉召开的第 24 届国际红十字大会上重申了国际红十字运动的义务——组织民众自愿参加无偿献血。大会指出，“由于献血者从自愿无偿献血制度得不到任何经济好处，故被视为对受血者是最为安全的。献血者要能够毫不犹豫地主动说明对受血者可能带来的不利因素（例如：曾患过何种疾病），这是无偿献血者可以很自然地遵循的道德责任”④。1991 年，在布达佩斯召开的红十字会与红新月会国际联合会第 8 届大会上通过的第 34 号决议中再次重申了无偿献血的内涵：出于自愿提供自身的血液、血浆或其他血液成分而不收任何报酬的人称为自愿无偿献血者。无论是现金或礼品都可视为金钱的替代，包括休假和旅游等，而小型的纪念品和茶点，以及支付交通费用则是合理的⑤。

---

① 周启梁：《走出“血荒”——中国血库忧思录》，《知识经济》2003 年第 1 期，第 60 页。

② 《日本献血事业集锦》，《江苏红十字》1984 年第 10 期。

③ 水山：《一次突发事件使“卖血大国”日本走向无偿献血大国》，《中国红十字报》1992 年 3 月 27 日。

④ 峻岭编译：《国际红十字组织及卫生组织关于血液事业的有关决议和建议》，《中国红十字报》1992 年 3 月 27 日。

⑤ 孙柏秋主编，池子华、杨国堂等著：《百年红十字》，安徽人民出版社 2003 年版，第 536 页。

实行无偿献血，还是一种“我为人人，人人为我”的社会共济行为，是一种无私奉献和人道主义精神的重要体现，是社会文明程度的标志之一①。无偿献血闪烁着人性美的光环。无偿献血者不是用钱物，而是通过最直接的方式——用自己生命的一部分去补充、营养他人的生命。这是一种对于生命主体的关爱、对生命的推崇、对人类自身的爱护②。

（二）我国的血液事业简况

我国输血事业的发展大致经历了三个阶段：个体供血、义务献血、无偿献血。个体供血是公民向采供血机构提供自身血液而获取一定报酬的行为。在一个相当长的时期，我国医疗临床用血主要靠个体供血支撑。但是，由于血液质量难以保证，而且少数“血头”“血霸”暗中操纵血源，严重扰乱了正常的血液管理工作，从而引起血源性疾病的发生和蔓延③。这种危害性前文已有介绍。

义务献血是通过政府献血领导小组或献血委员会向机关、企事业单位分配献血指标，下达献血任务，献血后给予献血者一定营养补助费的献血制度④。1978 年 11 月 24 日，国务院明确指出，“实行公民义务献血制度，是改变我国输血工作落后面貌，解决医疗和战备储备用血的一项根本办法”。这标志着我国输血事业进入一个新的里程⑤。从我国输血事业发展的历程来看，义务献血是从个体供血到无偿献血的一个过渡阶段，这一制度具有鲜明的中国特色，带有计划经济的时代烙印，而且它是“中国传统上道德规则法律化的反映，也是计划经济体制下义务本位的法律观念的反映”⑥。应该说，义务献血的推行对于缓解我国输血事业的落后面貌，整体上推动无偿献血有着一定意义。但应该看到，这种制度具有严重的弊端，也不可能长期彻底地贯彻执行。在这种制度下献血者为了完成任务，被动献血，无积极性可言；一些单位为了完成献血指标，以高额补贴或休长假等形式予以刺激；有的单位完不成献血指标，出钱雇请个体献血者临时冒名顶替完成任务，从而形成变相卖血，扭曲了义务献血制度不说，血液质量和血液安全又面临险境⑦。

---

① 牛其厚：《献血与健康》，人民军医出版社 2003 年版，第 2—3 页。

② 周东波：《无偿献血美的内涵》，《中国红十字报》1998 年 1 月 16 日。

③ 冯颖平：《关于捐髓献血的问题》，《观察与思考》1999 年第 11 期，第 8 页。

④ 易学明：《无偿献血与输血知识问答》，第二军医大学出版社 2005 年版，第 4 页。

⑤ 洪俊岭：《中国输血事业之我见》，《中国红十字报》1992 年 3 月 27 日。

⑥ 覃有土、张加文：《公民义务献血与无偿献血的法律思考》，《法商研究》2002 年第 1 期，第 20 页。

⑦ 牛其厚：《献血与健康》，人民军医出版社 2003 年版，第 2 页。

无偿献血是指公民向血站自愿、无报酬地提供自身血液的行为。自20世纪初北京协和医院开始临床输血以来，无偿献血就一直伴随着中国输血事业在发展，“人道、博爱、奉献”的光芒一直在闪耀①。1984年，卫生部和中国红十字会在全国倡导无偿献血，拉开了中国无偿献血运动的序幕②。虽然无偿献血已经开始启动，但进展缓慢，临床用血大部分还是来自有偿献血，导致供血队伍相对不足，血源不稳定，临床用血质量不能得到保证。而卖血与变相卖血行为依然长期泛滥③，成为中国血液事业发展的“败血症”。1998年10月1日，《献血法》的颁布施行极大地促进了无偿献血的开展。到2004年，“我国大部分地区已实现了从有偿献血向无偿献血的平稳过渡，公民自愿无偿献血的比例已达到全国临床用血的61.3%，全国已有75个城市的临床用血100%来自无偿献血”。

（三）中国红十字会血液事业的发展历程

红十字会与血液事业的渊源由来已久。由于红十字会的人道理念及其非营利性质与自愿无偿献血有着天生的契合性，所以注定红十字会成为全世界无偿献血事业最重要的推动者。据20世纪90年代末国际联合会的统计，“世界每年的采血量大约是7500万单位，其中的三分之一，即2500万单位是由红十字会直接负责采集的。另外还有3500万单位是由红十字会动员血源而采集来的”④。国际联合会一贯主张应以联合会为中枢，各国红十字会在血液事业上全力以赴，积极促进这一事业的发展；早在1936年于巴黎召开的联合会第16次理事会上即对各国红十字会提出建议，希望其在血液事业中起到中心作用。之后，国际红十字组织在多次会议中不断做出各种决议，对各国红十字会提出积极参与血液事业的建议，同时还要求红十字组织要与世界卫生组织积极配合，与政府紧密合作，共同推动血液事业发展⑤。到21世纪初，“红十字会在95%的国家和地区有效参与了输血工作”⑥。

作为国际联合会的成员，中国红十字会曾长期未直接参与血液事业管理，这一事务由卫生行政部门负责。改革开放后，随着我国血液事业的发展，为

① 中国红十字会总会编：《情系生命之河——中国无偿献血图文集》，人民出版社1998年版，第10页。

② 艾笑：《首批无偿献血者座谈会在京举行》，《人民日报》1998年5月9日。

③ 张文康：《学习、宣传“献血法” 采取措施贯彻实施》，《中国红十字报》1998年10月23日。

④ 王小华：《献血与输血的道德规范》《中国红十字报》1998年5月22日。

⑤ 峻岭编译：《国际红十字组织及卫生组织关于血液事业的有关决议和建议》，《中国红十字报》1992年3月27日。

⑥ 洪俊岭：《中国红十字会的血液事业与造血干细胞移植事业》，中国红十字年鉴编辑部编：《中国红十字年鉴：2004/2005》，台海出版社2006年版，第950页。

与国际社会接轨，也为了更好地发挥政府人道领域“助手”的作用，中国红十字会在卫生部的支持下，积极参与血液事业的部分管理。事实上，中国政府对红十字会在输血工作中的作用一直寄予厚望。1965 年，国务院“第 344 号文件”中就提到，红十字会应参加献血的领导组织；1978 年，国务院“第 242 号文件”更明确指出：红十字会除应积极协助卫生部门搞好国内输血的宣传、动员、组织等工作，还应积极通过红十字会国际组织进行国际间的经验交流，参加国际间红十字会组织的输血训练等科技活动，加速实现我国输血事业现代化①。

中国红十字会没有辜负政府的重托。自 1984 年输血工作被纳入红会工作范围以来，中国红十字会和地方各级红会配合卫生部门广泛宣传义务献血及无偿献血的意义，动员组织社会各界踊跃献血。1986 年 10 月，中国红十字会会同卫生部召开了“第一届全国输血工作会议”，推动血液事业由公民义务献血向无偿献血方向发展。1990 年，红会“五大”报告指出：“认真贯彻执行无偿献血奖励办法，争取二三十年实现全国无偿献血。总会将与卫生部协商，参与国家献血、输血条例，使我国输血事业向法制化方向发展。关于血站，有的地方如红会有力量管，卫生部门也同意，可以试行由红会主管的办法。至于由红会在还没有血站的地方集资试办血站，也是可以的。”②

中国红十字会由此开始，直接参与血液事业管理。1991 年，总会再次明确提出：“地方红十字会可自办血站。”1992 年 2 月 24 日，在五届三次理事扩大会议上，总会又一次强调“努力推进公民献血向无偿的方向发展，逐步参与输血事业的管理”，要求“在没有血站的地区，有条件的可进行红会自办血站的试点工作”③。当年，湖南岳阳、新疆哈密、山东莱芜等地红十字会血站相继投入使用，自办和筹建的红十字会血站达 24 所，1993 年发展到 46 所。

红十字会血站是非营利性事业单位，不谋私利，不搞血液交易，以不断提高血液质量，为社会提供安全健康的血液作为自己的职责。红十字会血站要始终高举人道主义的旗帜，这是总会的一贯要求。事实上，凡红十字会血站，都坚持无偿献血的原则，很显然，红十字血站是推动无偿献血的基地。

事业在发展，中国红十字会在血液管理中的“定位”也更加鲜明。1993

---

① 孙柏秋：《中国输血事业的总方向是无偿献血》，《中国红十字会国际无偿献血工作研讨会文件汇编》，1995 年内部印行，第 16 页。

② 《谭云鹤副会长在中国红十字会第五次全国代表大会上的讲话（摘要）》，《中国红十字报》1990 年 3 月 20 日。

③ 顾英奇：《开拓进取　艰苦奋斗　努力发展红十字事业——在中国红十字会五届三次理事扩大会议上的工作报告》，《中国红十字报》1992 年 2 月 28 日。

年 3 月，卫生部制定的《采供血机构和血液管理办法》第三条规定："红十字会经批准可以设置血站"；1993 年 10 月颁布实施的《红十字会法》第十二条中把"参与输血献血工作，推动无偿献血"规定为中国红十字会的重要职责之一。为更好地参与血液事业管理，加强对血液事业的指导和监督，总会还于 1993 年专门设立了血液事业部。1994 年 1 月，全国首家冠以中国红十字会名称的本溪市血液中心正式命名，与此同时，中国红十字会首次与地方政府——本溪市政府签订"协议"，规定 5 年内在本溪市全面实现无偿献血的目标。在命名仪式上，孙柏秋副会长说：希望借"中国红十字会本溪血液中心"命名的东风，来推动全国无偿献血事业的发展，并从医学、生理学等不同侧面宣传了献血有益健康的道理。本溪市开展无偿献血工作一年上一个台阶，从 1991 年的 900 人上升到 1993 年的近 3000 人，使无偿献血的比例增加到 27.4%。此次"中国红十字会本溪血液中心"的命名，是中国红十字会发展血液事业的重要举措，也是我国血液事业的一个创举。本溪市作为全国无偿献血的一个重要基地，对推动全国无偿献血事业的发展产生了深远影响①。

1997 年，无偿献血工作在开展"达纳康杯"无偿献血知识竞赛之后在全国掀起了新高潮。5 月，在重庆成功举办了"中国红十字会无偿献血经验报告会"；全年全国有 45 个无偿献血先进城市受到表彰；无偿献血占临床用血比例进一步提高，吉林省的 6 个城市以及深圳、青岛、大庆、徐州、本溪超过 50%。中国红十字会还参与了《献血法》的起草工作，1997 年 12 月，《中华人民共和国献血法》正式通过，其中规定："国家实行无偿献血制度"，"各级红十字会依法参与、推动献血工作"，"各级人民政府和红十字会对积极参加献血和在献血中做出显著成绩的单位和个人，给予奖励。"这是国家对中国红十字会十几年来致力于无偿献血工作的肯定。

为了更好地贯彻执行《献血法》，中国红十字会于 1998 年 4 月与卫生部、全国人大教科文卫委员会、国务院法制办、教育部、卫生部、民政部等 14 个部委联合下发了《关于学习宣传和贯彻实施〈中华人民共和国献血法〉的通知》，并在 1998 年 10 月 1 日《献血法》实施前夕联合中华全国总工会、共青团中央、全国妇联、中国输血协会向全国发出了无偿献血倡议书，号召全国广大职工、共青团员、妇女、红十字会会员献出自己的涓涓热血，用爱心和互助精神，为我国献血体制的转变，为确立国家无偿献血制度贡献一份力量②。到 1999 年中国红十字会"七大"召开之时，各级红十字会依据《红十

① 孙柏秋主编，池子华、杨国堂等著：《百年红十字》，安徽人民出版社 2003 年版，第 536 页。
② 孙柏秋主编，池子华、杨国堂等著：《百年红十字》，安徽人民出版社 2003 年版，第 540 页。

字会法》和《献血法》的有关规定，努力参与献血工作，推动无偿献血，协助各级人民政府开展无偿献血的宣传、组织和动员以及表彰先进工作，取得了优异的成绩。

2000年，红十字会继续宣传动员群众无偿献血。依照《红十字会法》和《献血法》的规定，各级红十字会积极协助卫生部门，宣传、动员群众无偿献血，协助政府对无偿献血的先进单位及个人进行表彰。深圳、青岛、石家庄、遵义等市红十字会与血站密切合作，使当地无偿献血工作走在全国前列①。按照《中国红十字会2001年工作计划要点》的要求，2001年各地利用“5・8”世界红十字日和其他重要节日，开展无偿献血宣传活动，普及血液知识，弘扬人道主义，营造献血救人的社会氛围。在香港特别行政区红十字会的资助下，总会在中央电视台和北京电视台制作、播放了公益广告，定制了一批宣传品和纪念品，大力宣传献血无损健康的科学知识。“5・8”世界红十字日活动期间，湖南、海南、山东等省红十字会与卫生部门举行了无偿献血表彰大会。2001年12月，红会与卫生部、解放军总后勤部卫生部在广州市联合举办了“1999—2000年度全国无偿献血表彰大会”，对1163个奉献奖获得者，49个荣获先进奖的城市、17个部队先进单位和56个荣获促进奖的单位及个人进行了表彰②。

2002年，总会召开了无偿献血宣传与推动工作研讨会。各地利用平安捐血车捐献仪式，动员群众，扩大影响。天津、江苏、福建、广西及山东省青岛市红十字会与政府联合召开了无偿献血先进单位和先进个人表彰会③。2003年，总会主要开展了无偿献血的宣传和境内外的合作与交流工作，选派3名血液管理人员赴日本红十字会进行血液技术交流，选派10名血液事业管理和技术人员赴香港特别行政区红十字会学习和交流。总会与香港特别行政区红十字会签署了“2003—2006年无偿献血宣传与推动合作项目协议”，项目总

---

① 王立忠：《贯彻中共十五届五中全会精神　加快发展红十字事业——在中国红十字会第七届理事会第二次会议上的工作报告》（2001年2月21日），《第六届、第七届理事会主要文件汇编》，2005年内部印行，第164—167页。

② 王立忠：《以“三个代表”重要思想为指导　开创有中国特色红十字事业的新局面——在中国红十字会第七届理事会第三次会议上的工作报告》（2002年4月1日），《第六届、第七届理事会主要文件汇编》，2005年内部印行，第189页。

③ 王立忠：《贯彻落实党的十六大精神　加快发展红十字事业　为全面建设小康社会作贡献——在中国红十字会第七届理事会第四次会议上的工作报告》（2003年3月26日），《第六届、第七届理事会主要文件汇编》，2005年内部印行，第211页。

投入为350万元人民币[①]。2004年，红十字会承办了第9届国际无偿献血员招募大会，开展了第一个“世界无偿献血员日”宣传活动；制作了无偿献血宣传广告片，在中央电视台三个频道连续播放；发放无偿献血宣传画3万余张；与卫生部、总后卫生部联合召开了“2001—2003年度无偿献血表彰大会”，对4964名先进个人和373个先进单位进行了表彰[②]。

整体来看，七届理事会期间，无偿献血工作不断深入。5年中，表彰全国无偿献血先进个人6917名、无偿献血先进单位219个、无偿献血先进城市176个[③]。

2006年，红十字会在“世界献血日”期间举办“龙族血脉”大型活动。这一年首次对志愿捐献造血干细胞者进行表彰奖励[④]。2007年，总会会同卫生部、总后卫生部联合召开了“2004—2005年献血表彰大会”，对1.7万余名个人和109个单位进行表彰，并首次授予孙伟等368名同志“无偿捐献造血干细胞奉献奖”[⑤]。2008年，总会积极动员组织17万余人次参加无偿献血，保障奥运会期间用血需求。奥运期间，红十字会和国际联合会共同发起颁发“生命奖牌”活动。在我国发放1.54万块“生命奖牌”和15.6万枚“生命奖章”，为其他国家和地区提供8200块“生命奖牌”[⑥]。八届理事会期间，中国红十字会联合相关部门表彰无偿献血先进单位近500个、先进个人7万余名[⑦]。

---

① 王立忠：《在中国红十字会工作会议上的工作报告》（2004年2月26日），《第六届、第七届理事会主要文件汇编》，2005年内部印行，第231—232页。

② 《江亦曼在2005年中国红十字会工作会议上的报告（2005年2月25日）》，中国红十字年鉴编辑部编：《中国红十字年鉴：2004/2005》，台海出版社2006年版，第427页。

③ 王立忠：《与时俱进　艰苦创业　为全面建设小康社会作贡献——中国红十字会第八次全国会员代表大会工作报告》（2004年10月27日），中国红十字会总会编：《中国红十字会历史资料选编，1950—2004》，民族出版社2005年版，第495页。

④ 《江亦曼在中国红十字会第八届理事会第三次会议上的工作报告（2007年1月8日）》，中国红十字年鉴编辑部编：《中国红十字年鉴：2006/2007》，群言出版社2009年版，第107页。

⑤ 《江亦曼在中国红十字会第八届理事会第四次会议暨全国“红十字模范校”表彰会议上的工作报告（2008年1月7日）》，中国红十字年鉴编辑部编：《中国红十字年鉴：2006/2007》，群言出版社2009年版，第186页。

⑥ 《江亦曼在中国红十字会第八届理事会第五次会议暨全国社区红十字服务示范市（区）命名表彰会议上的工作报告（2009年1月7日）》，中国红十字年鉴编辑部编：《中国红十字年鉴：2007/2008》，中华工商联合出版社2011年版，第182页。

⑦ 江亦曼：《彰显人道　促进和谐　实现中国特色红十字事业新跨越——中国红十字会第九次全国会员代表大会工作报告》（2009年10月27日），《中国红十字会第九次全国会员代表大会文件汇编》，2009年内部印行，第26页。

（四）徐州：无偿献血事业的传奇

在江苏，无偿献血活动开展最早的城市是南通①，而成绩最为显著的则为徐州。徐州不仅是江苏而且是全国无偿献血的先进城市，它是全国第一个无偿献血超万人的城市②，它是江苏第一个实现100%献血无偿化的城市③。从1989年开始，徐州市多次受到卫生部和总会的表彰与奖励。该市荣获1997年“全国无偿献血先进城市金质奖状”，至1998年年底，有15位市民获无偿献血金杯奖，是江苏省获金杯奖最多的城市④。2001年，徐州市又获全国无偿献血先进城市奖，这是江苏唯一获得此项殊荣的城市⑤。

在徐州，无偿献血已经成为一种风尚。6月2日被确定为徐州市的“公民无偿献血纪念日”，每年这一天都要开展大规模的献血活动。“‘五一’献血、‘七一’献血、国庆献血、入党献血、生日献血、结婚献血、升学献血、参军献血及个人、结伴、兄弟、父子、母女、夫妻、兄妹同来献血已屡见不鲜”⑥。有一首小诗，可以给我们更直观的印象：

全华夏都看到彭城涨潮了
全彭城的黄皮肤伸出
粗壮、细嫩的胳膊
汩汩地唱出
——血之情
血浓于水
情深于海
是青春输入了衰弱的脉管
是爱心输入了苍白的呻吟
无影灯下
一毫升鲜血就升起
血压计上一次鲜红的希望

① 《江苏红十字会之最》，《中国红十字报》1989年12月5日。

② 《卫生部、中国红十字会总会〈关于在全国进一步开展公民义务献血和无偿献血活动的通知〉》（1990年4月22日），中国红十字会总会编：《中国红十字会历史资料选编，1950—2004》，民族出版社2005年版，第224页。

③ 《徐州：唯一100%献血无偿化城市》，《医疗保健器具》2005年第12期，第12页。

④ 孙柏秋主编，池子华、杨国堂等著：《百年红十字》，安徽人民出版社2003年版，第542—543页。

⑤ 徐州市红十字会编印：《红十字工作简报》2002年第2期，苏州市红十字会档案2002年“短期”12，第40页。

⑥ 徐州市红十字会：《徐州市红十字会简史》，1993年内部印行，第30页。

献血台上
绿军装、花裙子、灰西装的
五彩的激情
瞬间
美丽变成友谊之桥的永恒
于是这块土地上高粱如血
于是廿层大厦快乐蓬勃
感受质朴温柔的情愫
彭城
处处流淌着红色的颂歌①

徐州市的无偿献血开始于 1988 年 6 月 2 日②，“起步较晚，但发展很快”③。在 1989 年首次突破万人大关后，到 1997 年末已经连续 9 次无偿献血超万人，这在全国是独一无二的。到 2005 年 6 月，徐州在全省率先实现全市临床用血全部来自自愿无偿献血④。表 10－2 把徐州无偿献血在 1989 到 1997 年的情况进行了简单梳理。

表 10－2　徐州市无偿献血发展情况简表（1989—1997）

年份	无偿献血人次	备注
1989	13000 余⑤	全国第一个无偿献血超万人的城市，其中驻徐部队和院校官兵有 3700 多人⑥
1990	10515	再次超万人⑦
1991	11286	已获总会颁发的金质奖章 1 人，银质奖章 3 人，铜质奖章 9 人。三年来已有 5 位市长、3 位将军带头献血⑧

① 李继玲：《血之情——献给徐州市万人无偿献血者》，《中国红十字》1991 年第 1 期，第 24 页。
② 刘继华：《市长将军带头　军民同献热血》，《中国红十字报》1990 年 2 月 5 日。
③ 徐州市红十字会：《徐州市红十字会简史》，1993 年内部刊行，第 29 页。
④ 转引自杨红星：《挫折后的振起（1966—2004）》，安徽人民出版社 2009 年版，第 259 页。
⑤ 从 1988 年 6 月 2 日起。
⑥ 张晓阳、葛艾英：《徐州无偿献血逾万人，总会致电祝贺》，《中国红十字报》1990 年 2 月 5 日。
⑦ 赵铁：《徐州、上海无偿献血破万人大关》，《中国红十字报》1991 年 1 月 20 日。
⑧ 金逸远：《徐州市连续三年无偿献血超万人》，《中国红十字报》1992 年 1 月 24 日。

（续表）

年份	无偿献血人次	备注
1992	11235	驻徐部队有1157人参加；青年万海已献血19次，3800毫升，超过“金杯奖”标准；如按人口比例，当年徐州无偿献血居全国榜首①
1993	11501	被卫生部誉为无偿献血先进城市；万海5年来连续23次无偿献血，荣获“金杯奖”，在他带动下，其兄、弟也加入并分获金牌、银牌奖，成为知名的徐州“万氏三兄弟”②
1994	12204	1754名官兵献血；万海已献血30次，总量达6000毫升③
1995	12790	获无偿献血先进城市银质奖；已有7人获“金杯奖”，13位获金质奖牌，78位获银质奖牌，71位获铜质奖牌④
1996	12843	献血量为252817毫升；1500余名官兵参与；市政府高度重视，将“无偿献血超万人”列入全市国民经济和社会发展的奋斗目标；又有4人达到“金杯奖”标准⑤
1997	13410	获“全国无偿献血先进城市金质奖状”；又有8人获“金杯奖”⑥

由表10－2可以看出，9年中徐州市无偿献血工作一直踏踏实实，一步一个脚印地稳步前进。9年中既涌现出了像“万氏三兄弟”这样的杰出代表，更包括众多默默无闻奉献爱心的普通群众，正是他们的坚强支撑，才有了徐州无偿献血工作的卓越成绩。在这一过程中，徐州市红十字会全程参与，起到了重要推动作用。综观之，徐州无偿献血工作成绩的取得，可以归结为以下几点：

其一，领导重视支持。徐州无偿献血工作持续发展的经验表明，各级领

① 徐红：《徐州无偿献血工作再次超万人，四川红十字会工作跃上新台阶》，《中国红十字报》1993年1月8日。

② 《徐州市无偿献血再传捷报　连续五年突破万人关》，《中国红十字报》1994年1月14日。

③ 万红伟、金逸远：《彭城再奏凯歌　徐州无偿献血连续六年超万人》，《中国红十字报》1995年1月13日。

④ 万红伟、金逸远：《军民同心协力共进　无偿献血再创佳绩》，《中国红十字报》1996年1月5日。

⑤ 金逸远：《徐州市公民无偿献血连续8年超万人》，《中国红十字报》1997年1月24日。

⑥ 万红伟、金逸远：《徐州市公民无偿献血连续9年超万人》，《中国红十字报》1998年1月23日。

导的重视、关心和大力支持是搞好这一工作的关键所在。多年来，“市委、市政府继续将公民无偿献血作为加强全市精神文明建设的主要内容之一，列入徐州市经济和社会事业发展的奋斗目标，要求全市无偿献血继续年超万人”①。徐州的无偿献血就是在当地领导的倡导下开展起来的。1988 年 6 月 2 日，徐州无偿献血活动的诞生日，“6 位市级领导和各区、局主要负责人都带头献血”②，活动由此全面铺开，才有了后面的辉煌业绩。到 1993 年底，“已有 2 位市委书记、5 位正副市长、3 位解放军将军参加无偿献血”③。

各级领导在重视和支持无偿献血工作的同时，还十分关心无偿献血者。市红十字会会长丁养华多次亲临献血现场，看望和鼓励献血者。各单位献血时，单位领导都亲临现场，给献血者以精神上的鼓励并认真做好后勤保障工作。“实践证明：哪个单位领导重视，哪个单位的无偿献血工作就一定会搞得好”④。

其二，工作的正规化、法制化、规范化。早在 1988 年 5 月 24 日，经市政府批准成立了“徐州市公民义务献血委员会”。7 月 3 日，市政府制定发布了《徐州市市民实施公民义务献血暂行办法》，根据此《办法》第 17 条之规定，又制定了《徐州市公民义务献血实施细则》。“这样，运用行政手段把公民义务献血纳入市政府建设法规”⑤。1994 年 4 月 8 日，市政府颁布了《徐州市公民义务献血暂行办法》，对公民献血、公民用血及奖励和处罚都做了明确详细的规定，市献血委员会和市卫生局等单位还进一步制定了实施的具体细则⑥。《暂行办法》的颁布，“使全市无偿献血工作进一步走向制度化、法制化、规范化的轨道，广大公民的献血意识不断提高，自觉参与无偿献血的人数不断增加”⑦。

其三，卓有成效的宣传动员工作。要想使无偿献血成为公民的自觉行动，宣传动员至关重要。多年来，徐州市红十字会始终把无偿献血的宣传作为一项重要使命，并不断总结经验，促进此项工作不断创新发展。宣传的内容和着眼点主要集中在三个方面：一是从当地血液供需矛盾的日益加剧及提高血

---

① 徐州市红十字会：《调动各方积极因素，保持先进城市荣誉，把无偿献血事业不断推向前进》，苏州市红十字会档案 1997 年“长期”19，第 32 页。

② 薛长玲：《六位市领导第二次带头无偿献血》，《中国红十字报》1989 年 7 月 5 日。

③ 《徐州市无偿献血再传捷报，连续五年突破万人关》，《中国红十字报》1994 年 1 月 14 日。

④ 徐州市红十字会：《调动各方积极因素，保持先进城市荣誉，把无偿献血事业不断推向前进》，苏州市红十字会档案 1997 年“长期”19，第 32—33 页。

⑤ 徐州市红十字会：《徐州市红十字会简史》，1993 年内部刊行，第 27—28 页。

⑥ 徐州市红十字会：《调动各方积极因素，保持先进城市荣誉，把无偿献血事业不断推向前进》，苏州市红十字会档案 1997 年“长期”19，第 32—33 页。

⑦ 万红伟、金逸远：《军民同心协力共进　无偿献血再创佳绩》，《中国红十字报》1996 年 1 月 5 日。

液质量、保证临床供血的角度，宣传无偿献血的重要性和必要性；二是从血液生理知识的角度，宣传适量献血无害健康，消除人们的心理疑虑；三是宣传报道无偿献血中涌现出的先进人物和感人事迹，激发人们自觉参与无偿献血的意识。

多年来，徐州市红十字会的献血宣传取得了丰硕的成果，先后在《人民日报》《光明日报》《新华日报》《中国红十字报》《健康报》《徐州日报》《彭城晚报》《徐州卫生报》等中央和省市级新闻报刊上发表文章500余篇，中央电视台和省、市电台、电视台先后68次报道了徐州无偿献血的成绩。市红十字会还制作了宣传板600块，1994年受到省卫生厅领导的高度评价①。1993年3月，徐州市红十字会在市展览馆成功举办了徐州市首届“血情杯”美术作品展，94件以无偿献血为主题的展品充分反映了徐州在新时期无偿献血、无私奉献的新风尚、新面貌。“以无偿献血为主题举办画展，在全国尚属首例，受到了市领导和美术界知名人士的好评”。

其四，军民携手、市县联动。徐州是全国文明的“双拥模范城”，驻徐部队拥政爱民，为徐州的建设和发展做出了积极贡献。自1988年徐州市开展公民无偿献血以来，驻徐部队和部队院校的广大官兵每年都积极踊跃参加，在当地传为佳话。徐州的无偿献血场面壮观，可谓“市长将军带头、军民同献热血”②，这也正是其工作取得成效的重要原因。这一点在表10－1中已有所反映。1990年年初，江苏徐州驻军及军事院校组织3000多名官兵无偿献血，其中某部党委专门成立了义务献血领导小组，该部有关领导带头献血；在工程兵指挥学院的献血队伍中，引人注目的是一队身穿校官制服的军人，第一天参加献血的250人中，校官以上干部达67人③。到1996年年底，已有1.3万余名官兵为第二故乡——徐州奉献热血④。

徐州所辖6县（市）的无偿献血工作自1990年以来，与市区形成有机互动，共同推进了全市的献血工作。邳县在1990年年底的首次无偿献血活动中，参与者即达到382人，成绩相当可观⑤。到1996年的6年中，6县（市）一直超额完成献血指标，其中丰县最为突出。丰县采取“自采自用”的办法，

① 徐州市红十字会：《调动各方积极因素，保持先进城市荣誉，把无偿献血事业不断推向前进》，苏州市红十字会档案1997年“长期”19，第34页。

② 刘继华：《市长将军带头　军民同献热血》，《中国红十字报》1990年2月5日。

③ 王杨：《徐州三千子弟兵无偿献血》，《人民日报》1990年1月8日。

④ 徐州市红十字会：《调动各方积极因素，保持先进城市荣誉，把无偿献血事业不断推向前进》，苏州市红十字会档案1997年“长期”19，第36页。

⑤ 沙德奎、陈颖辉：《我县是怎样做好首次公民无偿献血的》，《中国红十字》1991年第3期，第28页。

根据本地区临床用血状况，合理安排各单位献血，既保证了本地区的医疗用血，又避免因集中突击采血而造成血液积压现象，同时减轻了市红十字中心血站的血液调剂压力。他们经过 3 年的实践，总结出一套成功经验，为县（市）无偿献血工作创出了一条新路，值得推介①。

三、骨髓移植工作

彭珮云会长曾说过，建设中国造血干细胞捐献者资料库是一项巨大的社会工程，具有很强的社会性、公益性和科学性。它不仅要求各级红十字会逐步建立资料库总库和捐献者服务中心，制定一整套科学规范的运行机制和管理体系，还需要社会上广大志愿者的参与和奉献，更需要政府和社会各界在财力、物力上的支援以及新闻媒介的帮助②。中国造血干细胞捐献者资料库（中华骨髓库）的建成和取得的成就离不开社会的支持，从某种意义上讲，是社会大众的爱心力量滋润了它的成长和壮大。没有广大群众的支持和积极参与，就不可能有这一工作的顺利开展。从这个意义上讲，红十字事业是社会的事业、民众的事业，它造福于全社会，同时也需要全社会的响应与支持。

（一）捐髓的平凡与伟大

白血病是血液系统的一种恶性疾病，具体来讲就是在骨髓中任何一系列的白细胞广泛地异常增生，并向全身各组织、脏器浸润，破坏③。血液是人体的“生命之河”，骨髓中的造血干细胞就是这条河的源头。而被称为“血癌”的白血病，则使这原本清纯的源头受到污染而变质。据统计，世界上每年患白血病者约为 30 万人，我国占十分之一强，每年患病三四万人④。更可怕的是，这种病多发生于少年和青壮年。据调查，我国 15 岁以下儿童白血病的发病率约占该年龄所有恶性肿瘤发病率的 35%。我国每年平均约有 1.5 万名 15 岁以下儿童发生白血病⑤。多少年来，人一旦患了白血病，等于宣布了死刑。从 19 世纪发现白血病到现在，已有几百万鲜活的生命被扼杀在“血癌”的魔

① 徐州市红十字会：《调动各方积极因素，保持先进城市荣誉，把无偿献血事业不断推向前进》，苏州市红十字会档案 1997 年“长期”19，第 35—36 页。

② 彭珮云：《在中国造血干细胞捐献者资料库工作委员会议上的讲话》，苏州市红十字会档案 2001 年“长期”31，第 33—34 页。

③ 王颖等主编：《白血病》，河北科学技术出版社 2005 年版，第 4 页。

④ 孙柏秋主编，池子华、杨国堂等著：《百年红十字》，安徽人民出版社 2003 年版，第 548 页。

⑤ 张立明主编：《大爱无声——江苏省捐献造血干细胞工作纪实》，江苏科学技术出版社 2007 年版，第 2 页。

爪之下[①]。幸而骨髓移植技术的发明为白血病患者带来了福音，如今骨髓移植作为一项有效的先进医疗技术已广泛运用于临床，成功地挽救了许多人的生命。

骨髓移植又称造血干细胞移植，“是指将供者的骨髓造血干细胞移植给受体（患者），以恢复后者正常造血功能的一种治疗手段”[②]。迄今为止，骨髓移植是挽救白血病人的生命以及治疗重症再生障碍性贫血、重症免疫缺陷症、地中海贫血、急性放射病、各种恶性肿瘤放化疗后引起的在血和免疫系统功能障碍性疾病的有效手段[③]。骨髓移植分同基因和异基因两种，移植成功的前提是患者与供者的人体白细胞组织相溶性抗原（HLA）分型必须完全符合。同基因指同卵双生兄弟姐妹，相合概率为100%。异基因分血缘关系和非血缘关系两种，血缘关系指兄弟姐妹，相合概率为1/4；非血缘关系的相合概率为1/400～1/10000。对于中国而言，由于近年来家庭的小型化和独生子女家庭的普遍化，在高相合概率的对象中寻找移植供者的可能性越来越小。而且由于东西方人种的差异，也很难从欧美国家的造血干细胞库中获得我们所需要的配型资料。由此在理论上必然导致病人死亡率越来越高，随之也给家庭和社会造成巨大的损害。“挽救一个患者的生命，等于维护了一个完整的家庭”[④]，当然也是对社会的重大贡献。因此建立一个属于中国的具有足够容量的造血干细胞捐献者资料库成为紧要的社会工程。以“保护人的生命和健康”为天职的中国红十字会，责无旁贷，把造血干细胞捐献者资料库的建设作为生命工程的有机组成部分，给予了力所能及的关注[⑤]。

造血干细胞捐献事业是一项前所未有的公益事业，它包含医学、社会学、心理学、伦理学、美学等众多学科，充满了对生命本体的关怀，闪耀着人性的光辉，张扬着“生命美丽、生活美好”的旗帜[⑥]。因此，这项事业是伟大的。

捐髓为什么伟大呢？在很多人的潜意识里，有一种模糊的认识，认为捐髓之所以伟大，是因为捐者做出了重大牺牲，承受了难以忍受的痛楚，是以

① 张建平：《爱心的呼唤——中国造血干细胞捐献者资料库和我国骨髓捐献活动侧记》，《博爱》2001年第3期，第4页。

② 王颖等主编：《白血病》，河北科学技术出版社2005年版，第86页。

③ 彭珮云：《在中国造血干细胞捐献者资料库工作委员会议上的讲话》，苏州市红十字会档案2001年“长期”31，第31页。

④ 王立忠：《在中国造血干细胞捐献者资料库工作委员会议上的讲话》，苏州市红十字会档案2001年“长期”31，第39页。

⑤ 孙柏秋主编，池子华、杨国堂等著：《百年红十字》，安徽人民出版社2003年版，第549页。

⑥ 张立明主编：《大爱无声——江苏省捐献造血干细胞工作纪实》，江苏科学技术出版社2007年版，第341页。

巨大代价付出为前提的舍己为人。这当然是很多人做不到的，因此是伟大的。其实不然，捐髓伟大与否其实是一个充满辩证色彩的命题。捐髓首先是平凡的，然后是伟大的，是平凡中的伟大，伟大中的平凡。

首先，捐髓这种行为是平凡的。捐髓，顾名思义，捐献骨髓，听起来就让人望而生畏。“敲骨吸髓”一直是历史上最残酷的刑罚，或者认为是鬼魅伤生之行。其实这是对捐髓工作的误解。对于这一问题首先要了解一个常识，一个成年人的骨髓重量为 3 千克，一名供者仅需提供 10 ~ 50 克的造血干细胞即有可能挽救一名白血病患者的生命，且不会因此减弱供者的免疫功能和造血能力。而且骨髓和血液一样，都是健康人体内的可再生资源①。造血干细胞的再生能力很强，一般健康者捐髓后 10 天左右即可补足所捐的干细胞。作为一种广泛用于临床的先进医疗手段，骨髓移植在 80 年代时确实用的是“老办法”——抽取骨髓。由于造血干细胞通常存在于人体的扁骨、不规则骨和长骨两端的骨髓中，只有极少数会到血液中“旅行”，因此只能通过抽取骨髓获得造血干细胞，由此称为“骨髓移植”。用这种方法，虽然供者在术后的两天有些疼痛，但一周内即可完全恢复，对身体并无大碍。随着科技的发展，90 年代以来“骨髓移植”已渐渐被“造血干细胞移植”代替，即用科学的方法有效地动员骨髓中的造血干细胞大量释放到外周血液中，然后采集适量的外周血即告成功。也就是说，现在抽取的不是骨髓，而是外周血。只是习惯的原因，仍沿袭用“骨髓移植”的说法。因此，捐髓既无碍健康，又无痛苦和危险②。由此对捐髓者来说是平凡的，并不是惊天动地和高不可攀的壮举。在海外，捐髓已经在社区人群中渐成风尚，也正说明了这一点。作为社会中人，尽一己之力拯救同伴之危难，既在情理之中，又是一种责任。

但捐髓又是伟大的。捐髓的实现，首先是供者与患者骨髓细胞在只有 1/40 ~ 1/10000 配型相合率可能性的前提下实现的一次生命对接，是一次美丽的千载难逢的生命邂逅，这本身就是一次生命的壮举。从个体而言，捐髓的实现等于挽救了一条生命，延续了一条生命的前进轨迹，还有什么比生命更可贵呢？没有生命我们还有什么呢？再从我们群体而言，捐髓的实现是在挽救生命个体的基础上对一个个家庭的“救赎”，进而是对社会群体的贡献。捐髓的实现使我们得以战胜“血癌”病魔肆意的侵害，是人类对抗重大危害性疾病的“宣言书”，证明了人类又一次前进的脚步。因此我们说，捐髓的过程

① 郝如一：《捐髓其实很平常》，郝如一、池子华主编：《〈红十字运动研究〉2007 年卷》，安徽人民出版社 2007 年版，第 265 页。

② 胡力进：《我国捐髓者征募工作中存在的问题和对策》，《中国健康教育》2004 年第 9 期，第 859 页。

虽然是平凡的，但捐髓的结果赋予了我们太多的不平凡，这个平凡而伟大的行为，闪烁着炫目的红十字人道主义光芒。

（二）中国红十字会骨髓移植事业的发展变迁

1992年3月，经卫生部批准，中国非血缘关系骨髓移植供者工作领导小组正式成立。3月14日，由中国红十字会牵头的中国非血缘关系供者骨髓移植工作正式开始。中国红十字会会长、卫生部部长陈敏章担任该项工作领导小组名誉组长，常务副会长、卫生部副部长顾英奇任组长，副会长孙柏秋、卫生部医政司司长、红会理事迟宝兰任副组长。与此同时，“中国非血缘关系骨髓移植供者资料检索库”——“中华骨髓库”也正式启动①。中华骨髓库办事机构设在总会，在北京、上海、辽宁、浙江、厦门、西安由当地红十字会组织协调有关的血液中心、医学院校的HLA实验室建立了6个协作组，开展捐献者报名登记和分型检测工作，检测结果汇总至总会资料库，资料库协助医院寻找配型相合的捐献者。

1993年，北京市红十字会启动骨髓移植工作，得到北京医科大学、北京邮电大学等院校众多大学生的支持，纷纷报名自愿捐献骨髓。1995年9月26日，北京市红十字会在中国革命博物馆礼堂召开了非血缘关系供者骨髓移植工作宣传动员大会，来自18个区县和武警系统的红会干部、会员及无偿献血“金杯奖”获得者共300多人参加了这一活动，著名骨髓移植专家陆道培教授介绍了非血缘关系骨髓移植工作的意义和国内外新进展，他说：“我们每一个健康的人体内共有骨髓3000克，而这3000克骨髓仅由5克骨髓细胞长成，只献出10克的骨髓就可以挽救一个人的生命。人的生命只有一次，而骨髓细胞是可以再生的。捐献者在献出骨髓后1～2周内就可以恢复正常，对健康毫无长远影响。我国将逐步完善活骨髓库，并与国际联网。”② 会后，在礼堂大厅掀起了现场报名、验血的高潮，北京市红会负责人身先士卒，带头报名，当场验血。上海、浙江、辽宁、陕西、福建等省市红十字会也相继开展工作。在各协作组的共同努力下，中华骨髓库已先后为患者进行了数百次的查寻，虽然相符合配型的概率很低，但毕竟为濒临死亡的患者带来了一线希望。

1996年8月22日，对所有从事和关心中国非血缘关系骨髓移植的人来

① 《中国红十字会在京举行新闻发布会——我国将开展非血缘关系供者骨髓移植工作》，《中国红十字报》1992年3月20日。

② 《非血缘关系供者骨髓移植工作宣传动员大会在京召开》，《中国红十字报》1995年9月29日。

说，是一个难忘的日子。这一天，上海华山医院成功地为患白血病5年的杭州11岁男孩高天翀做了骨髓移植手术。这是全国首例非血缘关系供者外周血造血干细胞移植手术，它的成功，标志着我国对白血病的治疗步入国际先进水平，也是中华骨髓库自1992年建立以来零的突破。供者是中国建设银行上海分行职员孙伟，他是在1995年11月响应红十字会的号召报名登记捐献骨髓的。他的白细胞分型的资料经检测后存入中华骨髓库，由于配型资料的准确无误和专家们精湛的医疗技术，使患者高天翀获得了新生。中国红十字会副会长、中国非血缘关系骨髓移植供者工作领导小组副组长孙柏秋在10月7日举行的新闻发布会上对上海首先成功地进行了这一移植术表示衷心的祝贺，并向与会新闻记者介绍了“中华骨髓库”的有关情况，她特别指出：“救治白血病患者离不开供者，由于人类白细胞配型的多样性，一般来说，能找到与患者配型相合的比例为万分之一，在目前中华骨髓库数据只有三千份的情况下，能为高天翀患者检索到相同的配型，应该说是带有一定偶然性的，我们还应积极创造条件，扩大库容，为挽救更多的白血病患者的生命，今后的工作任重而道远。”[①]

的确，中国红十字会开展的骨髓移植工作任重道远。在很长一段时期，由于受到经费等诸多问题的困扰，这一工作进展缓慢并一度处于停滞状态。直到21世纪初，我国大陆造血干细胞捐献者的库存资料仍不足3万例[②]。而此时，世界已有41个国家和地区的56个骨髓库和21个国家和地区的38个脐血库，登记资料已达1000多万份。在亚洲，我国台湾地区的慈济骨髓捐献者登记处的库容量最大，虽然在1994年才建库，但进入21世纪后资料已达23万份[③]。由此，中华骨髓库的扩大势在必行。

为了解决中国造血干细胞捐献者资料库工作停滞的状态，总会于1997年向卫生部呈报了《中华骨髓库发展规划》，同年10月得到卫生部的批复，但由于编制和经费问题，工作没有明显的起色。2000年11月，卫生部对中国红十字会总会《关于中国造血干细胞捐献者资料库有关问题的请示》做了批复，同意将原来的“中国非血缘关系骨髓移植供者资料检索库”（中华骨髓库）更名为“中国造血干细胞捐献者资料库（中华骨髓库）”，明确了地方建立分

---

① 洪俊岭：《“中华骨髓库”实现零的突破——全国首例非血缘供者外周血造血干细在上海移植成功》，《中国红十字报》1996年10月11日。

② 王立忠：《在中国造血干细胞捐献者资料库工作委员会议上的讲话》，苏州市红十字会档案2001年“长期”31，第40页。

③ 张立明主编：《大爱无声——江苏省捐献造血干细胞工作纪实》，江苏科学技术出版社2007年版，第5—6页。

库的审批权限，并计划在5年内把资料库扩充到10万人份。此计划得到了国务院及有关部门的支持。这是一项造福人类健康事业的庞大而系统的社会工程，是红十字会的一项重要工作①。

2001年4月，“中国造血干细胞捐献者资料库”工作委员会会议召开，全国人大常委会副委员长、中国红十字会会长彭珮云、常务副会长王立忠、副会长孙爱明、卫生部副部长朱庆生及各委员会单位代表、有关专家、地方红十字会代表等参加了会议。会议通过了《中国造血干细胞捐献者资料库规程》，规定：“中国造血干细胞捐献者资料库（中华骨髓库）以发扬人道救助精神，保护人的生命和健康，促进人类和平进步事业为宗旨”；“中国造血干细胞捐献者资料库（中华骨髓库）代表中国与国际相关组织进行工作联网、交换信息和资源。各省、自治区、直辖市应建立相应机构，服从中国造血干细胞捐献者资料库（中华骨髓库）的统一管理和工作指导”；“中国造血干细胞捐献者资料库（中华骨髓库）是代表中国的国家级开展造血干细胞捐献和用于治疗的工作体系。其职责是为挽救一切因各种疾病而需要接受造血干细胞移植治疗人的生命，向需要造血干细胞基因资料的人提供帮助和服务。”这次工作会议标志着“中国造血干细胞捐献者资料库”工作“全面重新启动”②。

2001年，总会和总会批准成立的“中国造血干细胞捐献者资料库宣传活动组委会”以及各地红十字会利用新闻媒体，广泛开展了宣传、动员报名工作。在各级政府及社会各界的支持下，分库建设也有相当进展。全国已有9万多志愿捐献报名者。上海分库资料达到2万多份，配型成功33人；深圳分库2492份资料首批输入总库，配型成功17人。天津、辽宁的实验室通过了专家组考核。全国检测输入总库和分库的数据约有4万人份。“中国造血干细胞捐献者资料库”建设募捐工作取得了一定成绩。北京市红会开展“捐一元钱活动”，共募捐400万元人民币；山东省红会领导在省红会多份劝募函上亲笔签名，共收到各方捐款105万元人民币；重庆市领导带头向资料库重庆分库捐款；辽宁省政府批准拨300万元专款用于辽宁分库建设③。

2002年，资料库建设积极稳步推进。资料库管理中心加强了队伍、业务

---

① 王立忠：《贯彻中共十五届五中全会精神　加快发展红十字事业——在中国红十字会第七届理事会第二次会议上的工作报告》（2001年2月21日），《第六届、第七届理事会主要文件汇编》，2005年内部印行，第164—167页。

② 冯志国：《中国造血干细胞捐献者资料库全面重新启动》，《中国红十字报》2001年4月27日。

③ 王立忠：《以“三个代表”重要思想为指导　开创有中国特色红十字事业的新局面——在中国红十字会第七届理事会第三次会议上的工作报告》（2002年4月1日），《第六届、第七届理事会主要文件汇编》，2005年内部印行，第184—185页。

和制度建设，制定了《中国造血干细胞捐献者资料库管理办法（试行）》等规范性文件，建立了14个分库。12个省、直辖市的15个实验室和网络软件系统通过了专家论证和技术验收。这一年，新入库捐献者资料20400人份。截至2002年，资料库已检索数千人次，有31例白血病患者做了移植①。

2003年，资料库建设有了长足的发展，截至12月底，已有11.3万人份志愿者的数据入库，为患者和移植医院提供检索服务4100多人次，有690多名志愿捐献者与患者的HLA分型相匹配，其中81位志愿者实现了捐献②。

2004年，资料库管理中心加强了制度建设，建立并规范了血样特快专递通道，制发了为捐赠者提供保险、移植医院和采集医院技术服务标准等一系列文件，实行“全员全程质量控制”，使入库检测数据的数量和质量同步提高。截至2004年12月底，“资料库”已拥有24万人份志愿捐献者的资料，其中，2004年新入库数据12.8万人份。累计为患者和移植医院提供检索服务5800多人次，1600多位患者配型成功，有200位志愿者为患者捐献了造血干细胞。另为美国、加拿大等12个国家以及我国台湾、香港地区的患者提供检索查询服务50多人次。重庆市吴渝同学为美籍华人成功捐献造血干细胞，使我国志愿者捐献的造血干细胞第一次走出国门③。

2005年，资料库总入库量达到35.6万人份，为患者和移植医院提供检索服务1400多人次，134位志愿者捐献了造血干细胞，其中向美国、新加坡各提供1例，向香港地区提供5例④。

2006年，资料库发展迅猛，总库容量已超过50万人份，成为世界上最大的华人骨髓库。全年为患者和移植医院提供检索服务2164人次，有214位志愿者为患者捐献了造血干细胞。其中向新加坡、瑞士及我国台湾、香港地区提供8例造血干细胞。中华骨髓库荣获首届“全国社会公益示范工程”十佳称号，并成功举办了第一届中华骨髓库年会⑤。

---

① 王立忠：《贯彻落实党的十六大精神　加快发展红十字事业　为全面建设小康社会作贡献——在中国红十字会第七届理事会第四次会议上的工作报告》（2003年3月26日），《第六届、第七届理事会主要文件汇编》，2005年内部印行，第208—209页。

② 王立忠：《在中国红十字会工作会议上的工作报告》（2004年2月26日），《第六届、第七届理事会主要文件汇编》，2005年内部印行，第231页。

③ 《江亦曼在2005年中国红十字会工作会议上的报告（2005年2月25日）》，中国红十字年鉴编辑部编：《中国红十字年鉴：2004/2005》，台海出版社2006年版，第429—430页。

④ 《江亦曼在中国红十字会第八届理事会第二次会议上的工作报告》，中国红十字年鉴编辑部编：《中国红十字年鉴：2005/2006》，台海出版社2007年版，第162页。

⑤ 《江亦曼在中国红十字会第八届理事会第三次会议上的工作报告（2007年1月8日）》，中国红十字年鉴编辑部编：《中国红十字年鉴：2006/2007》，群言出版社2009年版，第106页。

2007年，中华骨髓库建设实现跨越式发展。截至年底，资料库库容量已超过70万人份。全年提供检索3800多人次，有255位志愿者实现了捐献，其中向国（境）外提供20例。7月20日，首次向台湾地区提供2例造血干细胞，开启了两岸骨髓库双向合作的渠道，促进了两岸关系的发展。中华骨髓库荣获2007年度中华慈善奖“最具影响力慈善项目奖”①。

截至2008年11月底，中华骨髓库全年新增入库数据16万人份，总库容量达到93万多人份。全年为患者和移植医院提供检索服务3741人次，移植254例②。

截至2009年7月底，在政府有关部门的支持下，资料入库98万多人份，平均每月提供检索服务200多例，共实现捐献移植1300多例③。

总之，八届理事会期间，中华骨髓库实现跨越式发展，成为世界上最大的华人骨髓库。中华骨髓库着力加强规范化管理，积极招募造血干细胞捐献志愿者，不断提高服务水平。全国共建立省级分库31个，入库志愿者资料较2004年增加80万人份；提供检索配型服务2万多人次，1300多人成功捐献，其中向国（境）外提供造血干细胞60多例。

2010年，中华骨髓库总库容达到128万人份，其中2010年新入库14万人份，同时实现了当年捐献500例的突破进展④。

截至2011年年底，中华骨髓库总库容达145万人份，成为全球第四大骨髓库。总库高分辨数据达到30万人份，已成功捐献造血干细胞2500多例，全年实现捐献560多例；通过数据库资源新发现人类基因300多个，为我国在该领域进入国际先进行列奠定了重要基础⑤。

2011年5月，中国造血干细胞捐献者资料库第三届年会暨中华骨髓库重新启动10周年庆祝会在北京召开。开幕式上，与会领导对中华骨髓库10年来的成绩给予了充分肯定，并表达了对中华骨髓库的关注和支持。卫生部部

---

① 《江亦曼在中国红十字会第八届理事会第四次会议暨全国“红十字模范校”表彰会议上的工作报告（2008年1月7日）》，中国红十字年鉴编辑部编：《中国红十字年鉴：2007/2008》，中华工商联合出版社2011年版，第186页。

② 《江亦曼在中国红十字会第八届理事会第五次会议暨全国社区红十字服务示范市（区）命名表彰会议上的工作报告（2009年1月7日）》，中国红十字年鉴编辑部编：《中国红十字年鉴：2009/2010》，中华工商联合出版社2011年版，第182页。

③ 《江亦曼在全国人体器官捐献工作会议上的讲话（2009年8月25日）》，中国红十字年鉴编辑部编：《中国红十字年鉴：2009/2010》，中华工商联合出版社2011年版，第197页。

④ 《王伟在中国红十字会第九届理事会第二次会议上的工作报告（2011年1月19日）》，中国红十字年鉴编辑部编：《中国红十字年鉴：2010/2011》，中华工商联合出版社2014年版，第174页。

⑤ 《赵白鸽在中国红十字会第九届理事会第三次会议上的工作报告（2011年12月7日）》，中国红十字年鉴编辑部编：《中国红十字年鉴：2012/2013》，中国工商联合出版社2016年版，第138页。

长陈竺向大会发来贺信。华建敏会长在讲话中指出，2001 年中国红十字会重新启动中华骨髓库建设以来，在中国红十字会的领导下，在国内外社会各界的大力支持下，中华骨髓库坚持保护人的生命和健康的人道宗旨，经过 10 年艰苦努力，从一个鲜为人知、不被社会理解和关注的新生事物，成长为汇聚社会爱心、具有社会公信力和影响力的公益品牌，发展成为世界第四大骨髓库和最大的华人骨髓库。中华骨髓库的建立，不仅为捐献者奉献大爱、拯救生命提供了平台，也使千百万个支离破碎的家庭获得新生，有力地促进了社会和谐，提高了红十字会在人们心目中的认知度和公信力，在国际上产生了良好影响。华建敏希望中华骨髓库把 10 年历程作为一个新的起点，继续大力弘扬“人道、博爱、奉献”的红十字精神，秉承“人人为我、我为人人”的宗旨，坚定信心，扎实进取，创造无愧于时代、无愧于历史、无愧于人民的新业绩，奋力开创中华骨髓库和中国红十字事业的新局面①。郝林娜副会长宣布了“中华骨髓库重新启动 10 周年爱心奉献奖”的获奖名单，表彰中华骨髓库成立 10 年来为中华骨髓库做出重要支持和贡献的专家、爱心企业、爱心大使和志愿者。

“中华骨髓库”建设是一项造福千百万白血病患者的充满爱心的人道义举，需要广大群众的参与，需要社会各界财力、物力的支持。只有全社会的支持和关心，才能使这项崇高的人道主义事业得到更好的发展，也才能挽救更多白血病患者的生命②。

四、参与艾滋病防治工作

艾滋病是世界性的重大公共卫生问题和社会问题。红十字会作为从事人道工作的社会救助团体，是国家防治艾滋病工作委员会成员，也是“艾滋病全球行动同盟”的重要一员。找准自身定位，依法履行好“防艾”职责，是全体红十字会工作者不容推脱的社会责任③。

1981 年，美国发现了世界上第一例艾滋病患者。随之，艾滋病在世界范围内的传播越来越广泛，严重威胁着人类的健康和社会的发展。据联合国艾滋病规划署与世界卫生组织估计，艾滋病的流行以每天 1.6 万个新感染者的速度增长，其中青少年占一半以上，令人触目惊心。另据联合国艾滋病规划署 2011 年 11 月 21 日发布的年度报告，“目前全世界有 3400 万名艾滋病病毒

---

① 张佩沛：《从鲜为人知到世界第四》，《中国红十字报》2011 年 5 月 17 日。

② 孙柏秋主编，池子华、杨国堂等著：《百年红十字》，安徽人民出版社 2003 年版，第 554 页。

③ 刘静：《结好爱的“红丝带”——写在世界艾滋病日》，《中国红十字报》2014 年 12 月 2 日。

感染者，每年近200万人因艾滋病死亡”。从世界第一例艾滋病发现至2011年，30年来艾滋病已夺走2500多万人的生命。全球范围内艾滋病疫情形势严峻，潜在的危险似乎就在身边①。

多年来，国际社会为防治艾滋病做出了不懈努力，并取得积极进展，在医疗研究、扩大和改善抗反转录病毒治疗，以及从总体上更有效地预防和遏制艾滋病传播等方面取得了令人鼓舞的成绩。尽管这些成绩增强了人们最终战胜艾滋病的信心，但仍有许多现实的挑战摆在面前②。1996年7月，规模空前的第11届世界艾滋病大会在加拿大温哥华召开，这次前所未有的、规模宏大的大会反映了全世界对世纪瘟疫艾滋病的重视和担忧，同时也表明了人类对这一“瘟神”作抗争的坚定信心和积极协作精神。

1985年，中国首次报告艾滋病病例。在第11届艾滋病大会上，我国公布的艾滋病患者为100例；另有3300多人为HIV感染者③，人数不多，但随后几年呈加速上升趋势，1999年9月底，全国已有31个省、自治区、直辖市报告HIV感染者共计15088例，其中病人477例，死亡240例。据国家疾控中心统计，自2007年起，艾滋病成为中国造成死亡人数最高的传染病并延续至今。中国艾滋病疫情总体呈低流行态势。我国卫生部统计数字表明，截至2011年9月底，累计报告的艾滋病感染者和病人为42.9万例，加上未发现、未报告的病例，总数估计可达78万例④。

根据相关统计数字，中国艾滋病感染人数每年以18%到20%的速度递增，而且感染来源已经越来越多样化。然而，除了缺乏资金、缺少药品和在确切统计携带者人数上存在困难外，中国的携带者们也往往因为缺乏理解和支持而成为社会歧视的受害者，甚至从某种意义上讲，“被歧视”是携带者们面对的最大挑战。当前，我国防治艾滋病形势依然严峻，任重道远，需要全社会共同努力。为了响应我国政府的号召，深入开展艾滋病预防与关爱工作，进一步动员和呼吁社会各界积极参与艾滋病防治工作，更广泛地尊重和保护艾滋病患者的权益，更加关爱艾滋病病毒感染者、病人及其家庭，彻底消除对他们的偏见与歧视，中国红十字会总会向地方各级红会发起号召，围绕这一工作开展了一系列宣传活动⑤。

由中国红十字会总会组织开展的艾滋病防治工作从1994年就开始了，全国

---

① 何晓鸥：《艾滋肆虐30年》，《中国红十字报》2011年12月2日。

② 《关注艾滋，不只在“12·1”》，《中国红十字报》2011年12月2日。

③ 张田勘：《从十一届世界艾滋病大会看艾滋病防治》，《中国红十字报》1996年9月6日。

④ 何晓鸥：《艾滋肆虐30年》，《中国红十字报》2011年12月2日。

⑤ 《关注艾滋，不只在“12·1”》，《中国红十字报》2011年12月2日。

各地红十字会积极参与，尤其是在疫情较重的6个省区（云南、新疆、广西、福建、海南、吉林），中国红十字会在依靠自身努力和国外有关组织（联合国艾滋病规划署、联合国儿童基金会、澳大利亚红十字会等）资助下，举办了以预防艾滋病为内容的“青年核心培训员、青年主持人和青年同伴者教育”等不同形式的宣教活动。1997年，中国红十字会成为国务院防治艾滋病性病协调会议成员，是国际联合会艾滋病特别工作组成员，在联合会统一安排下，卓有成效地开展了工作，受到联合会的表扬①。“关注青少年，预防艾滋病”，我国自1997年以来，已三次启动以青少年艾滋病防治为主要对象的大规模预防宣传活动。1999年，云南省红十字会“艾滋病预防青年同伴教育项目”被联合国艾滋病规划署评选为最佳执行项目，联合国将该项目的实施情况制成专集印发世界各国；国际联合会也把该项目的资料印发，向各国红十字会推荐②。

2000年，在总会指导下，由昆明至南宁的列车上开展了预防艾滋病的宣传活动③。2001年，中国红十字会在昆明召开了“湄公河流域红十字会艾滋病预防控制与关怀研讨会”，湄公河流域9个国家红十字会代表和观察员，我国外交部、卫生部、全国妇联、全国总工会和部分项目省以及香港、澳门特别行政区红十字会参加了会议。会议发表了“行动呼吁书”，在东亚地区和国际联合会产生了一定影响。2001年12月1日“世界艾滋病日”，根据国际联合会的统一部署，北京、长春、福州、南宁、海口、昆明、乌鲁木齐7个城市同时举办了以“预防艾滋病，你我同参与”为主题的大型气球放飞仪式，取得了较好的效果。至2001年6月，总会已培训22333位预防艾滋病宣传员，他们活跃在各大专院校和青年人群中，帮助自己的同伴提高对预防艾滋病的认知水平和自我保护意识，拒绝毒品，珍爱生命，选择安全文明的生活方式，铲除艾滋病产生的温床④。这一年，总会和一些地方红会的领导到医院看望慰问艾滋病病人，对他们表示人道关怀⑤。

---

① 顾英奇：《学习贯彻十五大精神　积极推进两个转变　建构有中国特色红十字事业的基本框架》（1998年3月31日），《第六届、第七届理事会主要文件汇编》，2005年内部印行，第134—136页。

② 李维、王廷尧、吕辉、李汉勇：《抗击艾滋十二年如一日　省红十字会开展艾滋病防治工作纪实》，《云南日报》2005年7月14日。

③ 王立忠：《贯彻中共十五届五中全会精神　加快发展红十字事业——在中国红十字会第七届理事会第二次会议上的工作报告》（2001年2月21日），《第六届、第七届理事会主要文件汇编》，2005年内部印行，第164—167页。

④ 孙柏秋主编，池子华、杨国堂等著：《百年红十字》，安徽人民出版社2003年版，第555页。

⑤ 王立忠：《以“三个代表”重要思想为指导　开创有中国特色红十字事业的新局面——在中国红十字会第七届理事会第三次会议上的工作报告》（2002年4月1日），《第六届、第七届理事会主要文件汇编》，2005年内部印行，第189—190页。

2002年，中国红十字会在云南、新疆等13个省、自治区、直辖市和中国铁路红十字会开展了预防控制艾滋病的“青年同伴教育项目”，受到了联合国秘书长科菲·安南的称赞。在“世界艾滋病日”这一天，总会与国际联合会东亚地区办事处、北京市红十字会共同举行了“正视艾滋病，告诉你、我、他——红十字在行动”大型主题宣传活动①。作为从事人道主义工作的社会团体，中国红十字会已建立起对艾滋病病人的社会关怀项目，给他们以人道主义的同情和关爱，减轻社会对他们的歧视和压力，鼓励他们与病魔做斗争。

2003年，中国红十字会继续做好“青年同伴教育”项目，云南省红会将“青年同伴教育”项目扩展到8个市（地、州）。全国已有吉林、辽宁、福建、河南、广西、海南、新疆等15个省、自治区、直辖市红十字会开展了“青年同伴教育”项目，全年共培训学员5万多人②。

2004年，红十字会的关爱艾滋病病人和感染者的工作进一步加强。总会认真履行国务院防治艾滋病工作委员会成员职责，印发了《中国红十字会关于积极开展预防艾滋病工作的意见》，着手制定《中国红十字会预防控制艾滋病五年规划（草案）》；参加了第15届世界艾滋病大会；在湖南长沙举办了“关注妇女，抗击艾滋——红十字在行动”大型宣传活动。云南省红十字会的预防艾滋病“青年同伴教育”项目被誉为全球最佳执行项目，累计向70万人传播了预防控制艾滋病的知识和相关技能③。

总之，七届理事会期间，预防艾滋病宣传和关爱艾滋病患者与感染者的工作已成为人道救助领域的重要工作。中国红十字会作为国务院防治艾滋病工作委员会成员积极参与了此项工作。全国有16个省、自治区、直辖市红十字会共举办了1930期预防和控制艾滋病培训班，培训人员16万多人次④。

2005年，中国红十字会印发了《中国红十字会2005—2009年预防控制艾滋病工作规划》，与铁道部联合在世界艾滋病日开展列车宣传活动⑤。2006

---

① 王立忠：《贯彻落实党的十六大精神　加快发展红十字事业　为全面建设小康社会作贡献——在中国红十字会第七届理事会第四次会议上的工作报告》（2003年3月26日），《第六届、第七届理事会主要文件汇编》，2005年内部印行，第211页。

② 王立忠：《在中国红十字会工作会议上的工作报告》（2004年2月26日），《第六届、第七届理事会主要文件汇编》，2005年内部印行，第232页。

③ 《江亦曼在2005年中国红十字会工作会议上的报告（2005年2月25日）》，中国红十字年鉴编辑部编：《中国红十字年鉴：2004/2005》，台海出版社2006年版，第427页。

④ 王立忠：《与时俱进　艰苦创业　为全面建设小康社会作贡献——中国红十字会第八次全国会员代表大会工作报告》（2004年10月27日），中国红十字会总会编：《中国红十字会历史资料选编，1950—2004》，民族出版社2005年版，第495—496页。

⑤ 《江亦曼在中国红十字会第八届理事会第二次会议上的工作报告》，中国红十字年鉴编辑部编：《中国红十字年鉴：2005/2006》，台海出版社2007年版，第162页。

年，针对农民工等流动人口缺乏卫生知识、易受艾滋病侵害的状况，在中英艾滋病干预项目的支持下，红会主动和铁道部合作，在河南、四川、甘肃、陕西、新疆等省（区）开展了“采棉专列”农民工艾滋病预防宣传活动，为进一步开展全民防治艾滋病探索出有效途径。这一年，在“防艾”工作中共培训1500多万人次。总会联合女企业家在云南举办“12·1”艾滋病日宣传活动，赴德宏州资助艾滋孤儿；与蒙古国红十字会继续联合开展国际列车宣传活动。云南省红十字会开展的“阳光家园”“爱咨家”“思茅重生厂生产自救”等艾滋病防治项目得到国务院领导的赞扬①。

2008年3月，中国红十字会艾滋病全球行动同盟启动会议在北京召开，会议正式启动《中国红十字全球艾滋病行动同盟计划》，标志着中国红十字会艾滋病预防工作翻开了新的一页。国际联合会于2006年12月1日“世界艾滋病日”启动了南部非洲地区艾滋病全球同盟，于2007年6月在北京启动东亚地区艾滋病全球同盟。为响应国际联合会的号召，中国红十字会总会制订了《中国红十字会全球艾滋病行动同盟计划》，并在此次会议上正式启动该计划。本计划主要目标为：预防艾滋病病毒的进一步传播；扩大对艾滋病感染者、艾滋病病人及其家庭的关爱和帮扶；减少羞辱和歧视，加强感染者的参与；增强各级红十字会能力，提高项目的质量和可持续性，减少艾滋病对中国的危害和影响。中国红十字会计划从2008年起到2010年，将艾滋病预防与关爱项目覆盖至31个省、市、自治区，使受益人数达到2800万，其中各种目标人群的同伴教育人数不少于86万，对感染者及其家庭的关爱人数不少于9万，大众宣传及反歧视活动的目标人数不少于2700万。江亦曼常务副会长表示，中国红十字会艾滋病全球行动同盟包含了两方面的意义：一是工作模式的改变，即通过运用新的“行动模式”来创建一种新的可以“提升工作能力的框架”，从而使红十字会的艾滋病工作能够做得“更多”和“更好”；二是要走出红十字会的系统，同国内外其他从事艾滋病预防工作的单位和组织，包括中国政府部门、社会团体、非政府组织、企事业单位、社区以及国际组织、国外非政府组织和跨国企业等进行联盟，整合各方面的资源，提高工作效率和效益，服务更多的目标人群，从而达到控制艾滋病进一步传播的目的②。

---

① 《江亦曼在中国红十字会第八届理事会第三次会议上的工作报告（2007年1月8日）》，中国红十字年鉴编辑部编：《中国红十字年鉴：2006/2007》，群言出版社2009年版，第104—107页。

② 高志民：《中国红十字会艾滋病全球行动同盟启动》，《人民政协报》2008年4月1日。

五、遗体（器官）捐献工作

（一）早期的遗体捐献工作

中国红十字会作为从事人道主义工作的社会救助团体，保护人的生命和健康是其一切工作的出发点。长期以来，中国红十字会总会及各级红十字会根据其人道宗旨和《红十字会法》赋予的职责，主动开展了遗体（组织）捐献的宣传动员、接收登记、捐献见证、缅怀纪念等工作，提高了广大民众的文明素质，起到了崇尚科学、移风易俗、树立良好社会风尚的作用，为社会主义精神文明建设和医疗科研教学的发展做出积极贡献，也为参与开展人体器官捐献工作奠定了良好的基础[①]。

中国红十字会开展的遗体捐献工作早于器官捐献工作，在业务内容上，二者既有联系又有区别，某种程度上捐遗工作是器官捐献工作的前提和基础。早在50年代，中国红十字会就开展过自愿捐献器官和身后捐献遗体的宣传活动，得到了老一辈无产阶级革命家的支持。80年代初，红十字会积极宣传，号召人们在生命终结时做最后的奉献。在这一工作领域，上海走在了全国的前列。80年代前后，一些著名的科学家、教授、社会知名人士、领导干部和卫生技术人员纷纷提出要在身后把遗体捐献给医学科研事业，为移风易俗、提高医学水平、振兴中华贡献力量。上海市卫生局、上海市红十字会于1982年9月制定了《上海市接受志愿捐献遗体暂行办法》。经市政府批准后，在上海医科大学、上海第二医科大学、第二军医大学、中医学院、铁道学院和上海市职工医学院分别设立了6个志愿捐献遗体登记站。

1983年1月1日起，上海市红十字会开始接受捐献遗体的工作。为使捐献遗体工作顺利开展，必须开展社会宣传。《上海红十字》报全文转载了《上海市接受志愿捐献遗体暂行办法》，发到每一个红十字基层组织。《解放日报》《文汇报》《新民晚报》以答读者问的方法，刊登了捐献遗体要办的基本手续；各遗体登记站通过广播、张贴《暂行办法》等形式，进行广泛深入的宣传，形成了一定的声势，引起了社会上的广泛响应。1983年6月初，举行了捐献遗体授证仪式，市电视合摄制新闻录像，加以播发，扩大了社会影响。1983年8月17日，报上公布了党和国家领导人杨尚昆、胡乔木等同志提出捐献捐体的倡议后，在社会上引起了强烈的反响，各接受登记站收到群众来信和接待来访的人数显著增加。三年里，共办妥登记手续1716人，其中实现生

① 《江亦曼在全国人体器官捐献工作会议上的讲话（2009年8月25日）》，中国红十字年鉴编辑部编：《中国红十字年鉴：2009/2010》，中华工商联合出版社2011年版，第197页。

前捐躯愿望的184起。

80年代，捐献遗体在中国是一种新事物和新理念。对于上海红会来说，遗体捐献工作的开展面临着重重困难和阻力。当时的来访来信者大多是上了年纪的老人，有的是一般的咨询，有的是要求解答有关具体问题，有的是家属不同意捐献遗体等等。登记的工作人员对来信来访者做到了热情接待，深入细致地进行工作，大家基本上做到“三心、一满意”，即“上门登记要热心，询问解答要耐心，处理来信要细心；提供举行追悼仪式场地和留取遗发纪念盒等使家属满意的措施”。第二军医大学办理了204人的捐献遗体登记，收到来信来访800余封，走访了600多人次，使来信来访者高兴而来，满意而归，消除了捐献者与家属的隔阂，很多老人愉快地办理了申请登记手续。

在办理登记的过程中，涌现出很多动人事例。遗体捐献者发自内心的话语，令人肃然起敬。海军东海舰队离休老干部伊然和他的老伴王丽郇，在申请书上写道：“我们都是共产党员，均因体弱多病为四化力不从心，但我们有兴国的共同愿望。死后，我们将自己的遗体献给党，为祖国医学科学事业，为造福子孙后代，做一点微薄的贡献和尽一点自己应尽的义务。”著名书法家、106岁高龄的苏局仙老人激动地说：“在旧社会，人们身后要葬块风水宝地。解放后我愿将遗体献给医学来研究，以偿夙愿，作为对祖国的最后一次贡献。”85岁高龄的退休职工洪杨生，除了自己报名外，还四出奔走，向亲朋好友和邻居述说捐献遗体的意义，在他的影响下，先后有20多位老人也提出志愿捐献遗体。第二军医大学登记站邀请了50多位志愿登记者举行座谈会，畅谈捐献遗体工作对社会、对精神文明建设的重要意义①。

上海红会的捐遗工作在社会上引起了很好的反响，取得了明显的效果，“不仅对上海，而且对全国各地，首先是大中城市，这都是一件具有重要意义的好事”。就当时而言，这项工作的现实性和迫切性毋庸置疑，“它不仅对救死扶伤的人道主义事业，对医学教学和科学研究，具有直接的不可缺少的作用；而且是社会主义精神文明建设的一项内容。人们从遗体、血液、器官的捐献中能够看到崇高的精神境界。上海红十字会与有关方面密切配合，从广泛的宣传工作开始，继之以细致认真的组织工作和深入具体的思想工作，较快地打开了工作局面，为其他地方开展这项工作提供了经验”②。

进入90年代以后，在中国红十字会总会的带动之下，各地捐遗工作取得了重要进展。在北京，1997年开展了志愿捐献角膜活动，北京市红十字会、

---

① 上海市红十字会：《遗体捐献工作的开展及意义》，《中国红十字》1986年第5期，第30页。

② 《具有重要意义的一件好事》，《中国红十字》1986年第5期，第31页。

同仁医院眼库、协和医院眼库、《北京日报》等单位联合举办了“捐角膜、献爱心、送光明行动”，市红十字会还进行了有关捐献角膜的咨询，许多人怀着一颗爱心前来咨询，并填写了捐献角膜登记表。这次活动中有3000多人报名登记，表现了北京市民乐于奉献的热情①。

在江苏南京，有一群人活跃在市民中间：他们率先移风易俗，走在殡葬改革的前沿；他们自愿捐献遗体，帮助发展医学科研、教研；他们倡导器官和组织捐赠，促进临床移植不断发展；他们成立南京红会捐献遗体志愿者之友，简称“志友”。1995年年底，14位离退休人员在南京医科大学校长张振声的支持下，发出关于组建“志友”以推动捐献遗体、促进医学发展与殡葬改革的倡议书，倡导“三不两献一育”，即“不开追悼会、不接花圈挽幛、不用骨灰盒建墓土葬；献遗体供解剖、献器官供移植；骨灰用于植树育林”。倡议引起了南京市红会的高度重视。1996年年初，南京市红会两次召开有卫生、民政等十余部门负责人及“志友”筹备组代表参加的协调会，确定了积极支持、规范管理、大力宣传、建立网络的思路。南京7家电视台、5家广播电台、10多家报纸从宣传报道、协助报名、协调工作、经费赞助等方面给予支持，遗体捐献工作很快打开局面。1996年6月，南京市政府发布《南京市志愿捐献遗体管理暂行办法》和《南京市红十字志愿捐献遗体登记接受站工作规范（试行）》；10月3日，市民政局批复同意成立“南京市红十字会捐献遗体志愿者之友”，作为南京市红十字会的分支机构。至此，由群众发起筹备、政府支持、有关部门配合、红会主管的全国第一家捐献遗体志愿者组织正式成立②。

进入21世纪以来，遗体（器官）捐献工作逐步成为红十字人道事业中充满生机与活力的工作领域，社会影响力逐步扩大。上海、北京、南京、广州、武汉等大中城市红十字会在政府的支持下，在捐献人体器官宣传和登记工作方面继续进行有益探索，并积累了一些经验③。在济南，2000年“5·8”世界红十字日期间，市红会开展了“支持捐献角膜、骨髓、遗体行动万人签名”活动，短短几天，就有1.2万人签名，800多人在红会办理了“捐献遗体”登记。更为可喜的是，在活动期间，济南市红十字遗体接收站、济南市红十字角膜库、济南市红十字骨髓检索库宣告成立，久盼的生命与健康工程以其

---

① 孙柏秋主编，池子华、杨国堂等著：《百年红十字》，安徽人民出版社2003年版，第561页。

② 侯雪：《清明祭：追忆逝者薪火相传》，《中国红十字报》2011年11月15日。

③ 王立忠：《贯彻中共十五届五中全会精神　加快发展红十字事业——在中国红十字会第七届理事会第二次会议上的工作报告》（2001年2月21日），《第六届、第七届理事会主要文件汇编》，2005年内部印行，第164—167页。

无比亮丽的色彩印刻在泉城人们的脑海中、心灵上[①]。

2001 年 5 月 18 日，“重庆市公民志愿身后无偿捐献遗体器官志士纪念碑”揭碑仪式在龙台山陵园庄严举行。重庆市自开展这一工作以来，登记志愿无偿捐献遗体、角膜者已逾千人，实施捐献遗体者达到 67 名、捐角膜者 30 名。征得捐献者家属同意，首批 20 名志士姓名镌刻碑记，旨在表彰捐献志士的人道奉献精神，促进无偿捐躯生命工程工作[②]。

2002 年，全国有 4 个直辖市和 19 个省、自治区的部分地方红会开展了遗体捐献工作。上海市、山东省及宁波、贵阳市制定了地方法规。北京、上海、江苏等地的工作取得了新成绩。总会在上海召开了专题研讨会，总结了开展这项工作的经验[③]。

七届理事会期间，全国 24 个省、自治区、直辖市的 55 个城市红会开展了遗体捐献登记工作，共有 6595 人进行登记，实现捐献的有 4358 例。一些地方红会还建立了纪念碑（林），以对捐献者进行纪念。此项工作受到群众的欢迎，得到当地政府的肯定和支持[④]。

遗体捐献工作在八届理事会期间继续发展，截至 2009 年 6 月，中国红十字会在全国 28 个省（区、市）开展了遗体（组织）捐献工作，在社区、医院设立近千个登记站，承担遗体（组织）捐献的登记、接收等日常工作。各地红十字会登记捐献遗体累计为 67776 人，其中实现捐献意愿 8389 人，登记捐献眼角膜累计为 25126 人，实现角膜捐献意愿者 906 人。

各地红十字会在开展遗体（组织）捐献工作的同时，还积极推动地方立法工作。截至 2009 年 8 月，已经有上海、山东、福建、重庆 4 个省（市）和宁波、武汉、深圳、贵阳 4 个计划单列市和省会城市的人大出台了地方法规，北京、海南、甘肃 3 个省（市）和承德、唐山、邯郸、沧州、呼和浩特、锦州、南京、连云港、扬州、常州、苏州、九江、广州等 13 个市在政府支持下，制定了遗体（组织）捐献规定或管理办法等政府规章或规范性文件，支持红会开展这一工作[⑤]。

---

① 昌荣斌：《济南市红十字会开展角膜、遗体捐献活动纪实》，《博爱》2000 年第 5 期，第 17 页。

② 孙柏秋主编，池子华、杨国堂等著：《百年红十字》，安徽人民出版社 2003 年版，第 562 页。

③ 王立忠：《贯彻落实党的十六大精神　加快发展红十字事业　为全面建设小康社会作贡献——在中国红十字会第七届理事会第四次会议上的工作报告》（2003 年 3 月 26 日），《第六届、第七届理事会主要文件汇编》，2005 年内部印行，第 210—211 页。

④ 王立忠：《与时俱进　艰苦创业　为全面建设小康社会作贡献——中国红十字会第八次全国会员代表大会工作报告》（2004 年 10 月 27 日），中国红十字会总会编：《中国红十字会历史资料选编，1950—2004》，民族出版社 2005 年版，第 496 页。

⑤ 《江亦曼在全国人体器官捐献工作会议上的讲话（2009 年 8 月 25 日）》，中国红十字年鉴编辑部编：《中国红十字年鉴：2009/2010》，中华工商联合出版社 2011 年版，第 197—198 页。

（二）人体器官捐献工作的规范化发展

人体器官移植是20世纪医学进步的最主要成果之一，对于终末期器官功能衰竭的患者来说，是挽救生命提高生活质量的最有效手段之一。21世纪以来，我国人体器官移植事业迅速发展，同时工作中也存在着不少问题，主要表现在器官供需矛盾十分突出，我国尚未形成健全的人体器官捐献、分配和管理体系，出现了违法的人体器官买卖活动和不规范行为，造成了不良的国际影响，严重制约了人体器官移植事业的健康发展。“中国是临床人体器官移植的第二大国，国际上能够开展的人体器官移植手术在我国几乎都能开展”。“据不完全统计，截至2008年，中国累计完成肾移植8.68万例、肝脏移植14643例；心、肺、小肠移植分别为717例、165例和17例，胰肾联合移植209例”。然而，人体器官紧缺是人体器官移植面临的严峻现实。中国每年约有100万名患者需要接受器官移植，约30万人需肝移植，但每年实施手术的仅约1万例，只有不到2%的人可实现手术[①]。中国政府对此高度重视，要求积极推动有关法规制度的建设，使这项高端技术既造福我国人民，又能符合国际公认的医学伦理准则。从发达国家和地区的经验看，在全社会倡导人体器官捐献，是建立国家人体器官移植工作体系的基石，是器官移植事业能否健康发展的关键[②]。

积极协助政府建立人体器官捐献体系，是红十字会的重要职责和光荣使命。国家为建立和规范人体器官移植工作，于2007年5月颁布实施了《人体器官移植条例》。这对于规范人体器官的捐献、分配、移植工作，加强管理，维护器官捐献者和接受移植者的合法权益具有重要意义。该《条例》第四条、第六条明确规定：“各级红十字会依法参与人体器官捐献的宣传等工作”，“国家通过建立人体器官移植工作体系，开展人体器官捐献的宣传、推动工作”，并设专章规定了人体器官的捐献工作程序。

虽然红十字会开展遗体捐献工作取得了一定的成绩，但是应该清醒地认识到，这项工作还存在一定的局限性和很大的工作空间，对红十字会而言也是一项重要的挑战。众所周知，一个人亡故之后，志愿捐献的遗体主要可以有4个方面的用途，分别是医学教学、医学科研、器官移植、组织移植。从挽救人的生命和保护人的健康的角度看，器官移植和组织移植具有更直接的

---

① 刘玉海：《中国红十字会总会与卫生部联合启动建立人体器官捐献体系》，《中国红十字报》2009年9月1日。

② 《彭珮云在全国人体器官捐献工作会议上的讲话（2009年8月26日）》，中国红十字年鉴编辑部编：《中国红十字年鉴：2009/2010》，中华工商联合出版社2011年版，第194页。

医学意义。目前红十字会开展的遗体捐献工作主要还是用在医学教学和科研两个方面，而用于器官移植、组织移植这两个方面的还比较少。从捐献者的构成来看，还是以老年人群居多，动员潜在的捐献资源不多。从开展遗体捐献工作的地域来看，各地发展还不够平衡，有的地方还没有很好地开展这项工作。由于我国还没有建立起人体器官捐献工作体系，使人体器官移植工作面临很大困难，不仅不能更好地挽救和保护急需器官移植的患者生命和健康，还带来很多令人担忧的社会问题，给我国的国际形象也会带来一些负面的影响。作为政府在人道领域的助手，红十字会应抓住这个机遇，将传统的仅用于科研、教学解剖的遗体捐献工作，进一步提升、延伸到器官捐献和组织捐献这两个更高的层面，以充分彰显捐献者的爱心，扩大服务领域，更好地为临床服务，为患者服务①。

2009 年 8 月，中国红十字会总会与卫生部在上海联合召开全国人体器官捐献工作会议，常务副会长江亦曼在会上宣布，中国红十字会正式接受卫生部委托，将与卫生部共同建立“中国人体器官捐献委员会（CODS）”。由该委员会统领的人体器官捐献体系，将为中国的人体器官移植提供合法、稳定的器官来源，并进行公平公正的分配，以扭转当前人体器官移植供需紧张的局面。会上，中国红十字会总会和卫生部宣布，在天津、上海、辽宁、山东、浙江、广东、江西、厦门、南京、武汉等 10 个省、市率先启动捐献工作试点。试点的准备工作将在当年年底前完成，2010 年年初正式开始，时间暂定一年，形成经验后在全国铺开。江亦曼在讲话中强调，“红十字会参与的人体器官捐献工作，仅限于非活体、非血缘关系的器官捐献”。她要求试点省、市红十字会，明确一位会领导专门分管此项工作，并和当地卫生行政部门、移植医院及政府有关部门共同研究拟定切实可行的、更加具体的试点实施方案和工作计划。此次红十字会参与中国人体器官捐献体系的相关工作，负责人体器官捐献的宣传动员，参与捐献器官的分配，一方面是因为红十字会在人道主义救援领域素有威望，另一方面也是其在此项工作上已有较长时间的探索和基础②。

由于人体器官捐献工作关乎人的生命，敏感度高，涉及法律、政策、医学、伦理、心理诸多方面，同时关联众多相关部门，与多年来中国红十字会开展的无偿献血、遗体捐献、造血干细胞捐献等工作相比，是一项更为复杂

---

① 《江亦曼在全国人体器官捐献工作会议上的讲话（2009 年 8 月 25 日）》，中国红十字年鉴编辑部编：《中国红十字年鉴：2009/2010》，中华工商联合出版社 2011 年版，第 197—198 页。

② 刘玉海：《中国红十字会总会与卫生部联合启动建立人体器官捐献体系》，《中国红十字报》2009 年 9 月 1 日。

更为困难的工作，目前还处在探索阶段，缺少经验，因此必须选择一些省、市先试先行，通过试点取得经验，再逐步在全国推进。试点的目的是建立我国人体器官捐献体系，进一步规范人体器官移植，努力扩大人体器官供给来源，确保器官分配科学、公平、公正，更好地保护公民的健康，探索和积累经验，促进我国人体器官移植事业健康发展。2010 年 3 月，全国 11 个省、市接受卫生部委托开展人体器官捐献试点工作，并明确了红十字会系统在宣传动员、报名登记、捐献见证、缅怀纪念、救助激励等方面的工作职责。试点工作开展以后，成立了“中国人体器官捐献工作委员会”和办公室等机构。同时积极推动建立国家人体器官捐献中心，并争取国家“十二五”彩票公益金支持。试点工作开始后，11 个试点省、市红会结合当地实际，创造性地开展试点工作，建立健全了相关工作制度、工作流程，促进地方法规修改，保证了试点工作平稳有序进行。截至 2010 年 11 月底，广东、天津、湖南、辽宁、浙江、湖北等省、市成功完成了 28 例器官捐献，捐献器官 60 多个，为今后推广这项工作奠定了良好的基础①。

2013 年 2 月，卫生部与中国红十字会总会共同召开全国人体器官捐献工作视频会议，全面回顾总结了人体器官捐献试点 3 年来的工作经验，研究部署了进一步推开人体器官捐献工作。华建敏会长对人体器官捐献试点工作予以充分肯定。他指出，试点工作启动以来，中央部门和试点地区逐步建立了人体器官捐献组织机构的管理架构，努力推动相关法律法规的修订完善，制订出台了工作制度和规范的工作流程，探索开辟筹资渠道，培训并组建了一批协调员队伍。同时，通过宣传，引导这项工作科学规范地开展。

华建敏对下一步工作提出 4 点要求：一是要加强部门协作配合，形成工作合力，努力争取尽快建立在国务院指导下各相关部门参加的部际协调工作机制；二是要加强在法律政策依据和机构设置方面的保障，争取在立法建设、机构设置、经费支持等方面取得突破；三是要开展更加广泛的社会宣传，让更多的人理解和支持这项工作，逐步形成在全社会倡导并积极践行公民逝世后捐献器官的新风尚；四是要动员各种力量建立救助基金，规范救助体系，对困难捐献者家庭提供必要合理的人道救助②。

2014 年 3 月 1 日，中国人体器官捐献与移植委员会成立会议在北京召开。会议决定，该委员会将在国家卫生计生委和中国红十字会总会两部门共同领

---

① 《王伟在中国红十字会第九届理事会第二次会议上的工作报告（2011 年 1 月 19 日）》，中国红十字年鉴编辑部编：《中国红十字年鉴：2010/2011》，中华工商联合出版社 2014 年版，第 174 页。

② 王达：《全国人体器官捐献工作视频会议召开》，《中国红十字报》2013 年 2 月 26 日。

导下，对全国器官捐献和移植管理工作进行顶层设计并拟定相关政策和措施。委员会的成立是人体器官捐献与移植事业发展过程中的一个里程碑，华建敏会长指出，这是一项“守住生命底线、守住道德底线”的重大工程，他并从法制建设、组织建设、改革创新、完善机制和加强宣传等方面对委员会的工作提出总体要求①。

九届理事会期间，人体器官捐献工作稳步推进，全国志愿捐献登记报名3.4万人，实现捐献2924例。天津、江西、湖北、陕西、黑龙江等省（市）先后出台地方法规或成立专门工作机构，浙江、山东等省红十字会在完善工作机制方面进行了积极探索②。

第四节　爱心工程的接续发展

“爱，是一种无声的诺言，只要轻轻一点火花，就能让世界充满温暖；爱，是一种无偿的交换，只要小小一缕奉献，就能让彼此真诚相待。”③ 中国红十字会的“爱心工程”，就是倡导人人都献出一份爱心，倡导“敬老助残，恤孤济困”，让春满人间，爱心永存。

随着社会的发展和市场经济的推进，老年人、孤寡老人、孤儿、弱智儿童等特殊群体的生活处境，成为日益突出的社会问题。关注弱势群体是社会的呼唤。作为社会救助团体，中国红十字会参与社会保障，更属义不容辞。中国红十字会及地方各级红会组织在协助政府建立具有中国特色的社会保障制度的实践中，进行了许多有益的探索。1987年，总会成立了社会福利部，主管救济和社会服务方面的工作，主要为社会上的孤老病残开展服务和送温暖活动。进入90年代，红十字会的社会服务以“上为党和政府分忧，下为弱势群体解难”为目的，各级红会积极举办社会公益事业，通过建立康复医院、养老院、弱智儿童学校、孤儿之家、红十字博爱医院等形式，参与社会保障体系，为那些孤老病残者和因各种原因陷入困境的人群奉献一片爱心，因之被称为“爱心工程”。它是红十字博爱系列工程之一，以积极参与国家建立的城乡社会保障体系为目标，发动红十字会员和社会力量兴办各种公益事业，

---

① 高新谱：《中国人体器官捐献与移植委员会成立》，《中国红十字报》2014年3月4日。

② 徐科：《开拓进取　依法治会　推进中国特色红十字事业持续健康发展——在中国红十字会第十次全国会员代表大会上的工作报告》（2015年5月5日），《中国红十字会第十次全国会员代表大会文件资料汇编》，2015年内部印行，第37页。

③ 陈彦：《十字鲜红　爱心始终》，《中山日报》2007年3月24日。

为“最易受损害群体”服务，为他们送去人道关怀和爱的温暖①。

一、融入社区：爱心工程的发展方向

社区是红十字会人道主义工作的重要领域，“扎根基层、服务社区”是红十字会工作的一项重要任务。社区工作是基础性的工作，红十字会社区服务工作搞得好，可以提高红十字会的地位，扩大红十字会的影响，得到广大群众的关心和支持，红十字事业才会不断发展壮大。广泛深入地开展红十字会社区服务应该作为建设有中国特色的红十字事业的重要内容②。实践证明，社区红十字服务工作是政府社区建设工作的补充，是服务基层群众的重要载体，是汇聚社会爱心力量的有效平台③，也是90年代以来红十字爱心工程的发展方向。

（一）七届理事会时期的探索

社区红十字服务是国际联合会“2010年战略”中确定的4项核心工作之一，也是中国红十字会的重点工作之一。七届理事会期间，社区红十字服务工作逐步开展。总会与民政部联合下发了《关于开展社区红十字服务工作的通知》和《关于开展全国社区红十字服务示范活动的意见》，明确了社区红十字服务的原则、目标、任务、方法和措施。各地根据本地实际推进社区红十字服务工作，一些地方开展了创建示范市、示范社区的活动④。例如，北京建国门街道红会坚持以人为本，坚持服务于社区、服务于市民、服务于社区单位，坚持“思想下移、工作下移、人员下移、资源下移、资金下移、活动下移”，以满足社区不同群体日益增长的物质文化需求和身体健康需要，探索出一条共同推进红十字会工作在社区建设发展上的有效途径⑤。

2000年，红十字会在社区服务工作中发挥了积极作用。依据《红十字会法》关于“开展其他人道主义服务活动”的规定，各级红会联合社会力量，发挥志愿工作者作用，以社会上的不同弱势群体为主要对象，开展经常性社会服务活动。各级红会开展了多样化的扶贫济困活动，如重庆市红会的“五个一百工程”（资助残疾人、失学儿童、贫困大学生、下岗职工和80岁以上

① 孙柏秋主编，池子华、杨国堂等著：《百年红十字》，安徽人民出版社2003年版，第562页。

② 孙惠玲：《社区是红十字会人道工作的重要领域》，《中国红十字报》2002年6月28日。

③ 徐国林、戴凤华：《融入社区　服务社区——以江苏省泰州市高港区为例谈红十字社区工作》，《中国红十字报》2016年5月31日。

④ 王立忠：《与时俱进　艰苦创业　为全面建设小康社会作贡献——中国红十字会第八次全国会员代表大会工作报告》（2004年10月27日），中国红十字会总会编：《中国红十字会历史资料选编，1950—2004》，民族出版社2005年版，第495页。

⑤ 胡京颖：《努力探索社区红十字会建设的新思路》，《中国红十字报》2003年4月25日。

老人各100名），上海市红十字会的“千万人帮千家活动”，福建省红十字会的“救两条生命、还一家幸福”（为本省贫困地区贫困家庭的产妇提供资助）的行动，云南省红十字会建立的老年公寓等，以实际行动替政府分忧，为群众解难。许多地方红会的社会救助和社会服务活动向广大农村扩展，在救助社会弱势群体和维护社会稳定中发挥了作用①。

2001年，红十字会的“爱心工程”继续向社区拓展，在两个文明建设和公民道德规范教育中发挥了积极作用。遵照彭珮云会长在七届二次理事会上“红十字会应该努力开展各种人道服务活动，为政府分忧，为‘最易受损害群体’解难”的要求。各级红会的社区服务工作，呈现纵深发展势头。上海、天津、江苏、新疆、内蒙古、吉林、贵州等地建立的老年公寓、护理院、康复医院，为社区老年病人提供了便利服务。江苏省苏州市红会创办的“博爱小学”为残疾儿童提供了接受教育和康复的场所。天津市红会与《今晚报》共同开展的“爱心助学”活动，募捐56万元人民币，使1560名特困学生得到救助。广州市红会募捐箱收入达到26.7万元人民币，用于救助最易受损害的群体。江苏省响水县红会救助249名孤儿，为86名找到助学者。南京市红会建立了80多个红十字志愿者活动站，拥有2093名志愿者，这些志愿者为社区群众提供医疗咨询、敬老助残等多种人道服务。北京、上海等城市的红十字卫生站在创建文明、健康社区活动中发挥了重要作用②。

2002年，总会召开了社区工作研讨会，同民政部联合发出了《关于开展社区红十字服务工作的通知》，确定了该项工作的基本原则、目标和任务，并提出要“以人为本，服务弱势”，要“坚持以解决政府关注的难点和群众关心的热点问题为主，为社会上的弱势群体和广大居民提供人道主义服务”③。2003年，各级红会认真贯彻上述《通知》和《关于开展全国社区红十字服务示范活动的意见》，有20个省、自治区、直辖市红会与当地民政部门联合发文，增强了开展社区红十字服务工作的力度。这一年，总会在成都召开了“中国红十字会社区红十字服务工作经验交流会”；派出考察组学习了香港、澳门特区红十字会开展社区红十字服务工作的经验；与香港红十字会联合在

① 王立忠：《贯彻中共十五届五中全会精神 加快发展红十字事业——在中国红十字会第七届理事会第二次会议上的工作报告》（2001年2月21日），《第六届、第七届理事会主要文件汇编》，2005年内部印行，第165—167页。

② 王立忠：《以“三个代表”重要思想为指导 开创有中国特色红十字事业的新局面——在中国红十字会第七届理事会第三次会议上的工作报告》（2002年4月1日），《第六届、第七届理事会主要文件汇编》，2005年内部印行，第187页。

③ 红总：《总会和民政部联合发出〈关于开展社区红十字服务工作的通知〉》，《中国红十字报》2002年12月20日。

江西和河南的2市5县开展了农村社区备灾项目。上海市红十字会投资300万元，对全市500家社区红十字卫生站配置设备并颁发站名牌，推动了社区红十字服务工作的开展①。

（二）八届理事会期间的探索

八届理事会期间，中国红十字会创新社区红十字服务工作，深入推动“红十字关爱进社区”和红十字示范市（区）的命名活动，建立红十字社区公益服务站点、博爱超市2万余个。5年中，有15个市、109个区被总会和民政部联合命名为全国社区红十字服务示范市（区）②。

总会和民政部于2005年表彰了第一批全国红十字服务示范市（区）。到2006年，博爱超市、红十字爱心服务社、红十字卫生服务站等红十字社区组织在各地蓬勃发展，全国红十字会系统的社区服务工作取得了重要进展。为进一步贯彻落实与民政部联合下发的上述《通知》，中国红十字会于2006年又开展了第二批红十字服务示范区评审活动，通过考核评审，对53个示范市（区）社区给予命名表彰。2006年，总会与商业系统红十字会联合在北京、天津、上海开展设立社区“博爱服务站”试点。上海市红十字在全市建立红十字卫生站1200余所，为社区服务搭建了平台③。

2007年，社区红十字服务工作逐步深入。总会对第一、二批社区红十字服务示范市（区）进行复查，使示范市（区）继续发挥模范作用；开展“红十字博爱服务车进社区”活动，在北京、山东等地社区投入150辆服务车。这一年，各级红会在社区共建立公益服务站点1.6万余个，“博爱超市”300多个，以博爱服务站（点）和“博爱超市”为平台，开展满足群众需求、形式多样的社区红十字服务活动④。

（三）九届理事会时期的探索

九届理事会期间，红十字会的“爱心工程”与社区的融合度更加提高。

---

① 王立忠：《在中国红十字会工作会议上的工作报告》（2004年2月26日），《第六届、第七届理事会主要文件汇编》，2005年内部印行，第230—231页。

② 江亦曼：《彰显人道 促进和谐 实现中国特色红十字事业新跨越——中国红十字会第九次全国会员代表大会工作报告》（2009年10月27日），《中国红十字会第九次全国会员代表大会文件汇编》，2009年内部印行，第26页。

③ 《江亦曼在中国红十字会第八届理事会第三次会议上的工作报告（2007年1月8日）》，中国红十字年鉴编辑部编：《中国红十字年鉴：2006/2007》，群言出版社2009年版，第103—104页。

④ 《江亦曼在中国红十字会第八届理事会第四次会议暨全国“红十字模范校”表彰会议上的工作报告（2008年1月7日）》，中国红十字年鉴编辑部编：《中国红十字年鉴：2007/2008》，中华工商联合出版社2011年版，第186页。

地方各级红十字会结合本地实际，积极开展救助特色服务。例如，贵州省红十字会着力打造的“绿色家园行动”，浙江省红十字会的“村（居）红十字爱心互助金”等都是把红十字会工作延伸至农村社区的有益尝试。陕西省红十字会的老年志愿者服务队，江西省红十字会老年人介护服务，在社区养老服务方面创出了特色。青海省红十字会实施“贫困家庭先天性心脏病和疝气患儿”救助项目，已经成为青海省的爱民、惠民品牌①。

在这一时期，出现了一批在社区服务中拓展爱心工程的典型事例，例如，上海市嘉定区红十字会自2002年开展社区红十字服务工作后，2004年成功创建了全国红十字服务示范区。2010年开始将“红十字关爱进社区”作为一个专项纳入嘉定区红十字会人道救助项目库，并筹集资金110万元，从机制、经费上推进红十字服务站建设向标准化迈进，并于当年4月在徐行镇小庙村建成嘉定区第一家标准化红十字服务站。截至2014年年底，全区共有南翔、安亭等7个街镇建成红十字服务中心，徐行镇小庙村、江桥镇金桥居委会等198个社区（居、村）建成红十字服务站，其中标准化服务站99个。根据规划目标，最终将实现红十字服务中心（站）的全覆盖。嘉定区红十字会通过红十字服务中心（站）向社区居民传播红十字文化，并在组织建设、志愿服务、募捐帮困、宣传培训、报灾救灾和物资管理等方面进行标准化管理，实现了社区红十字服务由“大片区”向“网格化”转型。服务主体由红十字会会员向志愿者延伸，服务对象由老人、妇女和儿童向残疾、重病、受灾、特困等弱势群体扩展，服务内容也由随意分散趋于标准统一，这些转变为社区居民参与红十字活动，推进社区的精神文明建设发挥了积极作用②。

九届理事会时期，红十字社区服务的鲜明亮色体现在对“红十字博爱家园”项目的全面推进。“博爱家园”是中国红十字会以“推动社区治理、提升社区能力、促进社区发展”为目标，以“防灾减灾、健康促进、生计发展、人道发展”为主要内容，在城乡社区开展的人道公益项目。2011年1月，中国红十字会率先在四川、重庆、云南、陕西、甘肃、宁夏等遭受汶川地震灾害的省（市、区）启动“博爱家园”项目，随后陆续推广至贵州、辽宁、湖北等地③。2012年4月，经过局部探索和实践后，中国红十字会总会决定全面推广“博爱家园”项目，建设以加强城乡社区防灾减灾、健康促进、生计

---

① 《王伟在中国红十字会第九届理事会第二次会议上的工作报告（2011年1月19日）》，中国红十字年鉴编辑部编：《中国红十字年鉴：2010/2011》，中华工商联合出版社2014年版，第174页。

② 于庆华：《关于完善红十字服务中心（站）社区服务功能的思考》，池子华、王国忠、吴玉林主编：《〈红十字运动研究〉2016年卷》，合肥工业大学出版社2016年版，第93—94页。

③ 《2012，改革的力量》，《中国红十字报》2013年1月1日。

发展和人道传播为主要内容的“博爱家园”，并通过项目申报和专家评审的方式进行立项[①]。

红十字会在“博爱家园”项目中，设立生计基金，通过民主评议确定救助对象，实行一户一策，将生计基金注入有基础、有前景、易增收的产业，提高了困难群众的造血功能和致富能力，增强群众的脱贫信心，加快困难群众脱贫奔小康的进程。面对帮扶对象大多是老弱伤残人员，自身生产能力弱，普遍存在能否按时还款、能否得到发展、能否带动更多百姓致富等问题，红十字会研究制定了生计基金管理办法，建立了“小额借款、直接到人、滚动运作、劳动致富”的生计援助模式，循环利用生计基金，一年一个循环，引导更多符合条件的困难户申请生计基金，实现帮扶常态化、精准化。“博爱家园”项目的实施，为当地群众带来实实在在、看得见摸得着的好处，在推动农村基层组织建设、带动扶贫产业发展、创新农村社区治理、建立循环发展机制、改善村风村貌、提高村民生活质量以及加强社区防灾减灾、健康卫生、志愿服务等工作方面发挥了积极作用。

总体而言，截至2014年年底，中国红十字会的爱心工程在与社区工作的逐步对接和融合中与时俱进，不断丰富与发展，展现了蓬勃的生机与活力。从实践上看，党的十八大以来，各级红十字会及基层组织积极参与城乡社区治理，做了大量工作，取得了积极成效，在城乡社区治理中的地位和作用日益凸显，为加强和完善城乡社区治理做出了积极贡献。应该说，红十字会参与城乡社区治理的生动实践，已经取得了丰富成果，积累了好的经验。当前和今后一个时期，中国红十字会应该把握自身在国家治理能力和治理体系现代化中的战略定位，确定红十字会参与社会治理以及城乡社区治理的发展思路和功能目标，明确红十字会参与城乡社区治理的推进策略和工作措施，实现顶层设计和基层实践有机结合，红十字会及基层组织建设与参与城乡社区治理良性互动，加快形成既有共性又有特色的红十字会参与城乡社区治理模式，为进一步发展中国特色红十字事业、推进国家治理体系和治理能力现代化做出积极贡献。

总体而言，中国红十字会通过爱心工程的实施，已经逐步参与到城乡社区治理的实践当中，这也赋予了爱心工程在新时代的重要使命并指引了可持续发展的方向。

---

① 王达：《社区为本　民需我为》，《中国红十字报》2013年4月19日。

二、爱的奉献——红十字“博爱送万家”

红十字“博爱送万家”（简称“送温暖”）是每年度春节前夕，在总会的号召和指导下，全国各级红十字会充分开展以向各类“最易受损害群体”送温暖为主要内容的爱心工程[①]。

1999年，红十字“博爱送万家”开始进入人们视野，爱心工程谱写了新的篇章。1998年夏季，我国黑龙江、内蒙古、吉林、安徽、江西、湖北、湖南、广西、福建、四川等10个省（区）发生特大水灾，中国红十字会反应迅速，积极参与救援。在1999年春节来临之际，以扶危济困为己任的中国红十字会仍惦记着受灾地区困难群众的生活。为帮助上述省（区）特别困难的群众过一个欢乐、祥和、喜庆的节日，中国红十字会总会决定开展春节送温暖救灾特别行动。2月2日，总会派出5个慰问组分赴10个省区进行慰问活动。这次送温暖活动共拨出100万元专项经费，用于购买群众过节所需的大米、面粉、肉类等食品。常务副会长王立忠、副会长孙柏秋、曲折等亲赴灾区，把慰问品送到特困群众手中。

2000年春节到来之际，中国红十字会总会向全国各省级红十字会发出通知，要求在春节前开展以“弘扬人道主义，温暖千家万户”为主题的送温暖活动。总会从紧急备用金中拨出150万元为青海、陕西、河北、山西、浙江、内蒙古6个受灾省（区）的困难群众送去了面粉、肉、油等慰问物资，新疆、西藏的慰问物资由当地红十字会代表总会发放。各地红十字会积极配合，共筹集974万元救助款，开展各种形式的送温暖活动。

2001年1月，中国红十字会总会对全国各省级红十字会做出开展红十字“博爱送万家”救助行动的部署。1月11日，红十字“博爱送万家”启动仪式在北京举行，国务委员司马义·艾买提、全国政协副主席张思卿等出席了仪式。这是全国红十字会系统开展2001年元旦、春节期间向灾区人民送温暖的序曲。常务副会长王立忠在仪式上发表讲话指出，“这次总会拨出紧急备用金160万元，向西部和重灾区宁夏、甘肃、四川、重庆、贵州、云南、海南、辽宁等8个省、市、区运送棉被、棉衣、面粉、大米和糖果等物资。中国红十字会希望通过这一人道主义行动使灾区群众在温暖、祥和、欢乐的气氛中度过新世纪的第一个春节”。王立忠同时宣布：“今后每年都在此期间开展以红十字‘博爱送万家’为主题的救助活动，为灾区人民多做实事，为社会稳

---

① 池子华、郝如一主编：《中国红十字会百年往事》，合肥工业大学出版社2011年版，第277页。

定做出贡献。”①

2002 年，中国红十字会上下联动，在全国范围内展开了主题鲜明、形式多样的“博爱送万家”活动。此次活动覆盖面广，受益人数多，在社会各界引起了巨大反响。总会参与了天津、黑龙江、广东的活动。在天津，总会提供给天津市红十字会价值 20 万元的棉衣、棉被、粮食、糖果等救助物资，1 月 26 日，总会常务副会长王立忠出席了物资发放仪式，并深入农村慰问困难家庭。在黑龙江，以秘书长苏菊香为团长的总会慰问团携带慰问品来到曾是抗日老区的贫困县——汤原县慰问。在广东，2 月 2 日，总会慰问团深入韶关市乳源瑶族自治县，为 500 户生活特困的瑶族同胞发放慰问品。

同年，全国各地红十字会的活动形式丰富多彩，北京市红十字会组织医疗队深入房山、门头沟、延庆，开展爱心诊疗活动；黑龙江省红十字会在春节期间为省内抗联老战士、老红军、日本孤儿养父母送去了节日的问候；内蒙古连续 4 年旱灾，自治区红十字会为了让灾民过好春节，多方筹集了价值 233 万元的物资，赶在节前送到灾民家里；宁夏红十字会购买了米、面、油等送到下岗职工家中，帮助他们过个好年。据 27 个省（区、市）的不完全统计，2002 年元旦、春节期间，各级红会共投入 2710 万元人民币，对 50 万人进行了慰问。筹措款物超过百万元的有河南、湖南、北京、安徽、上海、内蒙古、浙江、福建等 9 个省级红十字会。至此，1999 年以来总会开展的“博爱送万家”活动已经制度化，深受群众欢迎，使“最易受损害群体”在最需要帮助的时候，能够得到红十字会的帮助。慰问组所到之处，出现了许多群众感谢党和赞扬社会主义的感人场面。这一活动也引起了新闻媒体的关注，产生了广泛的社会影响②。

2003 年，中国红十字会总会在 2002 年工作的基础上部署进一步开展红十字“博爱送万家”活动。总会积极筹措资金 500 万元，在元旦春节期间向辽宁、吉林、青海、安徽、新疆、宁夏等 10 个省（区、市）的 2.5 万个贫困农村和城市下岗职工中的生活困难家庭送去价值 200 元的慰问物资（包括棉被一条、棉衣一件、大米 10 公斤和糖果 2 公斤）。特别值得指出的是，在国务院领导的关心和支持下，财政部批准从国家彩票公益金中拿出部分资金支持红十字“博爱送万家”活动，总会还筹集 100 余万元的物资和粮食支持黑龙

① 孙柏秋主编，池子华、杨国堂等著：《百年红十字》，安徽人民出版社 2003 年版，第 592—594 页。

② 王立忠：《以“三个代表”重要思想为指导　开创有中国特色红十字事业的新局面——在中国红十字会第七届理事会第三次会议上的工作报告》（2002 年 4 月 1 日），《第六届、第七届理事会主要文件汇编》，2005 年内部印行，第 186 页。

江、山东、西藏、河北、北京 5 个省（区、市）开展送温暖活动。当年中国红十字会总会用于送温暖的款物超过 600 万元。2003 年全国各级红十字会（不完全统计）共筹集款物 5400 万元，受助 27 万多户、108 万多人次①。

2004 年，总会和地方红十字会采取多种方式开展送温暖活动，共募集 4445 万元的款物，慰问了 22.2 万个困难家庭，受益人口约 88.8 万。总会与天津、河北、内蒙古、江苏、浙江、福建、江西、山东、河南、湖北、湖南、广东、广西、重庆、四川、贵州、云南、西藏、陕西等 19 个省（区、市）红十字会联合慰问了 12.7 万贫困户、约 50.8 万人，为每户送去了价值 200 元的物品。其他省（区、市）红十字会也开展了多种形式的送温暖活动，受到当地政府和群众的欢迎②。

自从 1999 年中国红十字会启动红十字“博爱送万家”活动以来，到 2004 年初的 6 年中，全国红十字会系统开展送温暖活动总共募集价值近 1.6 亿元款物，地方各级红会募集 1.4 亿元，共慰问了 81.8 万户贫困家庭，受益人口达 327 万人，遍及全国 31 个省、自治区和直辖市。尤其是老、少、边、穷地区及重灾区，是每次送温暖活动的主要受益对象③。

为使送温暖活动规范化、制度化、经常化，总会加大筹资力度，加大对慰问物资采购和发放的监管力度。首先，扩大资金来源渠道。送温暖活动初期，主要依靠企业和个人捐赠资金。2003 年起，每年得到了国家彩票公益金 500 万元的支持，使此项工作得到了稳定的经费保障。其次，严格物资采购发放。总会严格按照《国家彩票公益金使用管理办法》《中国红十字会总会彩票公益金管理办法实施细则》和《彩票公益金备灾救灾项目中“送温暖”项目实施原则》的有关规定，进行公开招标采购，严把质量关，确保采购最好质量物资。第三，合理选择受益地区，严格规范运输物资程序，公平、公正、公开推荐受益家庭，受益户领签手续完备，确保将救助物资保质保量按时送到最需要温暖的人家中。同时，接受群众、社会和舆论监督，接受财政部

① 王立忠：《贯彻落实党的十六大精神　加快发展红十字事业　为全面建设小康社会作贡献——在中国红十字会第七届理事会第四次会议上的工作报告》（2003 年 3 月 26 日），《第六届、第七届理事会主要文件汇编》，2005 年内部印行，第 207 页。

② 王立忠：《在中国红十字会工作会议上的工作报告》（2004 年 2 月 26 日），《第六届、第七届理事会主要文件汇编》，2005 年内部印行，第 230—231 页。

③ 王立忠：《与时俱进　艰苦创业　为全面建设小康社会作贡献——中国红十字会第八次全国会员代表大会工作报告》（2004 年 10 月 27 日），中国红十字会总会编：《中国红十字会历史资料选编，1950—2004》，民族出版社 2005 年版，第 494 页。

审计①。

2005 年，中国红十字会继续开展“博爱送万家”活动，为 13 个省（区、市）和新疆生产建设兵团红十字会送去价值 4278 万元款物（其中地方配套 3728 万元），使 21.4 万户、85.6 万贫困人口受益。

为响应国家关于扶持人口较少民族发展的号召，2006 年中国红十字会联合国家民委开展了为全国 22 个人口较少民族贫困家庭送温暖活动，为 9 个省（区）和新疆生产建设兵团红十字会送去价值近 800 万元款物（其中总会投入 300 万元彩票公益金），使 4 万户、16 万多人口的人口较少民族贫困人口受益。另外，为帮助灾区群众安全过冬，向 14 个受灾省调拨棉衣 3 万件②。

2007 年，“博爱送万家”活动在 19 个省（区）展开，总会还专门在内蒙古、新疆开展了为少数民族送温暖活动。全年各级红十字会共投入 1.06 亿元的款物，使 212.24 万人受益。2007 年 8 月，胡锦涛总书记专门做出批示，要求红十字会参与贵州“氟砷麻”地方病防治工作。为贯彻落实这一指示，总会调研组赴贵州省进行慰问和专题调研，并首期投入 1166 万元的救助款物。贵州省红十字会也投入了 700 多万救助款物，使 20 多万病区群众受益③。总之，八届理事会期间，红会持续开展“博爱送万家”活动，投入救助款物达 6 亿元，使 30 多万户群众受益④。

应该看到，送温暖活动开展以来，把党和政府的关怀，把红十字“人道、博爱、奉献”的精神送到了受助困难群众心里，受到各地政府部门的大力支持与关注，赢得了各地群众的热烈欢迎和高度赞誉。首先，受到了百姓称赞。送温暖活动慰问组走访慰问的贫困家庭大部分在偏远的山区和农村，普遍是因病、因残、因孤老而致贫的。受益贫困群众被红十字会博爱善举深深感动，朴实憨厚的农民们接到慰问物品时紧握领导的手不放，泪流满面地说：“大冷的天，你们跑这么远的路到山沟沟里，送来吃的、穿的、盖的，还有我们喜爱的春联和年历，你们想得太周到了，感谢党和政府，我们全家忘不了红十字会。”其次，传播了博爱理念。送温暖活动注重宣传彩票公益金“取之于

---

① 中国红十字会总会：《中国红十字会“红十字博爱送万家”活动纪实》（1999—2010），2010 年内部印行，第 3 页。

② 《江亦曼在中国红十字会第八届理事会第二次会议上的工作报告》，中国红十字年鉴编辑部编：《中国红十字年鉴：2005/2006》，台海出版社 2007 年版，第 160 页。

③ 《江亦曼在中国红十字会第八届理事会第四次会议暨全国“红十字模范校”表彰会议上的工作报告（2008 年 1 月 7 日）》，中国红十字年鉴编辑部编：《中国红十字年鉴：2007/2008》，中华工商联合出版社 2011 年版，第 186 页。

④ 江亦曼：《彰显人道　促进和谐　实现中国特色红十字事业新跨越——中国红十字会第九次全国会员代表大会工作报告》（2009 年 10 月 27 日），《中国红十字会第九次全国会员代表大会文件汇编》，2009 年内部印行，第 26 页。

民、用之于民”的理念，注重宣传爱心企业和个人的人道善举，每次活动，在启动仪式现场、在运输途中、在发放现场，无时无刻不洋溢着“博爱”“和谐”的气氛。再次，收到了切实效果。“送温暖”活动作为红十字会品牌工程，收到了良好的社会效益。我国贫困人口还很多，红十字会的救助数量有限，但这项活动在传播人道、博爱精神的同时，的确为社会增加了和谐稳定的因素，红会也发挥了重要的政府助手作用。

中国红十字会通过开展送温暖活动，了解基本国情，特别是特困群体的生活状况，倾听群众呼声、体察群众情绪、关心群众疾苦，检查扶贫帮困各项措施的落实情况，并进一步采取有效措施，切实帮助困难群众解决突出问题，把党和政府的关怀，把红十字会对弱势群体的关爱送到了千家万户①。中国红十字会开展的红十字“博爱送万家”活动，作为爱心工程的一个子项目，它实际上已经成为中国红十字会的一项传统活动，更确切地说，已经成为一个饱含人道情怀的红十字“品牌”。相信这一品牌在未来的岁月中会更加亮丽②。

三、红十字天使计划

“红十字天使计划”作为全国红十字会系统最具品牌影响力的公益项目之一，紧扣保护人的生命与健康的宗旨，呼应民生诉求，践行红十字组织的使命，已经成为中国红十字会系统人道救助最重要的力量之一③。

21 世纪初，“据卫生部公布的数据，中国 44.8% 的城镇人口和 79.1% 的农村人口没有医疗保障，约 48.9% 的居民因经济条件所限有病不就医，这其中绝大部分是农民”④。直至 2011 年，“我国医疗服务供给总量仍然相对不足，同时医疗卫生资源配置不均衡，过多的资源集中在城市，农村的医疗服务还很缺乏、条件还很落后，群众反映强烈的‘看病贵、看病难’问题在农村尤为突出。解决这一问题，是广大农村老百姓的迫切愿望，是当前和今后一个时期各级党委、政府的紧迫任务。解决好这一问题，不能完全依赖政府，政府也包不下来，还是要走政府牵头、动员全社会力量的路子”⑤。

---

① 中国红十字会总会：《中国红十字会“红十字博爱送万家”活动纪实》（1999—2010），2010 年内部印行，第 2 页。

② 孙柏秋主编，池子华、杨国堂等著：《百年红十字》，安徽人民出版社 2003 年版，第 596 页。

③ 郭长江：《风雨十年 勿忘初心——写在红十字天使计划十周年之际》，《中国红十字报》2015 年 11 月 27 日。

④ 叶紫：《红十字天使计划 为贫困农民带来福音》，《人民日报（海外版）》2006 年 3 月 15 日。

⑤ 华建敏：《百尺竿头 更进一步——在中国红十字基金会“红十字天使计划”实施五周年座谈会上的讲话》（2011 年 1 月 7 日），《华建敏谈红十字事业》，2015 年内部印行，第 88 页。

中国红十字会的宗旨就是保护人的生命和健康，服务困难群众，当好党和政府在人道领域的助手。“红十字天使计划”旨在关注贫困农民和儿童生命与健康，其目标是建立我国第一个“红十字天使基金”，资助贫困农民和儿童参加新型农村合作医疗，对患有重大疾病的贫困农民和儿童实施医疗救助，协助政府改善贫困地区农村的医疗卫生条件，促进我国农村医疗卫生事业健康发展。中国红十字会常务副会长江亦曼指出，该计划是响应党中央、国务院的号召，积极参与新型农村合作医疗的一个重要行动；中国红十字基金会秘书长王汝鹏表示，该计划将资助1万名贫困农民参加农村新型合作医疗、捐建3所农村博爱卫生院，设立“小天使基金”，募集专项资金对贫困家庭的白血病儿童提供人道医疗救助。

“我国目前至少有400万白血病患者，每年至少以3万到4万的速度增加，其中50%是儿童，并以2～7岁儿童居多。越来越多的迹象表明，近年来，儿童成了白血病的高发人群，仅哈尔滨血液肿瘤研究所2005年就收治了1500多例儿童血液病患者，其中白血病患者高达80%。当一个人被查出患白血病后，面临的最大困难是无钱治疗，面对数十万元的巨额医疗费用，许多贫困的家庭往往只能选择放弃”①。由此，中国红基会发起救助白血病儿童的“小天使基金”，成为整个红十字天使计划的开端。“小天使基金”是中国红基会在全国首次为白血病患儿设立的专项基金，白血病儿童将有希望得到无偿救助，这对难以承受巨额治疗费用的家庭来说是一个福音。

2005年8月10日，红十字天使计划正式启动。启动仪式上，中国联通向中国红十字基金会捐赠100万元，自然和谐基金会捐赠30万元。另外，中国明星足球队受聘为红十字天使计划的形象大使团，来自首都文化界的学者及部分文艺界的知名人士向基金会捐赠了书画作品②。

12月29日，红基会联合百家网站倡议发起“救救白血病孩子！——百千万爱心行动”大型公益活动，刘翔、李宇春出任“小天使基金”形象代言人。消息发布后，一位李宇春的歌迷一次捐款2万元；8岁的小“玉米”芫芫捐款5000元，这是她的第一本绘图集《李宇春种出一颗小玉米》的部分稿费。“小天使基金”设立以后，截至2006年3月，收到社会各界捐款320万元，累计救助贫困白血病儿童30名，发放资助款200多万元。北京中西医结合血液病医院还被确定为“救助贫困白血病儿童中西医结合定点医院”，该院承诺免费救助10名特困白血病儿童，对每名贫困白血病儿童减免2000元治疗费用。

---

① 曹程程：《中国红十字基金会为白血病患儿设“小天使基金”》，《人民日报》2006年3月23日。

② 王蓓蓓：《中国红十字基金会启动“红十字天使计划”》，《中国红十字报》2005年8月12日。

作为红十字天使计划的组成部分，2005 年 11 月 16 日，“天使之恩——进行性肌营养不良症患儿救助基金”启动，西安泰伦影视公司捐款 10 万元。11 月 29 日，“天使之爱——贫困脑瘫儿童救助行动”启动，清华大学玉泉医院承诺每年为 5 名特困脑瘫儿童提供免费治疗，并为其他贫困脑瘫儿童每人减免 3000 元治疗费。2005 年 12 月，数十家中央新闻媒体免费刊播红十字天使计划和“小天使基金”公益广告，支持红基会的义举。《人民日报（海外版）》12 月 16 日刊出“红十字天使计划”的公益广告，美国纽约的一位华人看到后决定捐建两所乡镇博爱卫生院①。

2006 年 4 月 19 日，《京华时报》与中国红十字基金会联合举行“京华天使基金”捐赠暨“京华天使”评选活动启动仪式，京华时报社社长吴海明将此次公益活动筹集的捐赠资金 115 万元转赠给中国红十字基金会秘书长王汝鹏，用于在贫困地区农村捐建 12 所京华博爱卫生院（站），《人民日报》社社长王晨亲自为“京华博爱卫生院（站）”题写牌匾。作为红十字天使计划项目之一，“京华天使基金”的创办是《京华时报》为迎接创刊 5 周年而举办的“回馈社会”的社庆活动，体现了报社强烈的社会责任感②。

2006 年 5 月，中国红十字基金会在京举行公益项目推介会，并重点向来自国内外 20 多家医药企业推介了旨在关注贫困农民和儿童生命与健康的红十字天使计划。这是中国红十字基金会首次以召开推介会的形式，直接宣传和介绍所实施的公益项目，通过面对面的交流、提问和研讨，寻求公益事业与商业机构、大众媒体的合作和参与③。到 2007 年 9 月，红十字天使计划成效显著。中国红基会提供的数字显示，红十字天使计划启动两年以来救助了白血病儿童 234 名、先天性心脏病儿童 160 名、脑瘫儿童 116 名，救助患重大疾病的贫困农民和儿童共 1500 多名。两年来，“红十字天使计划”在资金方面得到了社会各界的大力捐助和支持，共接收海内外捐款 1 亿多元，援建乡村博爱卫生院 120 余所，向全国 25 个省（区、市）的基层医疗机构转赠了价值逾 2 亿元的医疗设备和药品，受益农村人口超过 60 万。在这些捐献者中，有许多感人的故事。援助乡村医生的计划公示后，一对老夫妻赶到基金会，将几年来辛苦攒的 3 万元捐献给红十字天使计划。当工作人员要求留下姓名时，老人执意不肯。工作人员含着泪，将走路颤颤巍巍的老人送上了公交车。红十字天使计划不仅得到了国内的支持，而且受到了海外华人的极大关注。仅

---

① 叶紫：《红十字天使计划　为贫困农民带来福音》，《人民日报（海外版）》2006 年 3 月 15 日。

② 张舒：《“天使”在人间　京华时报与中国红十字基金会联合推出“京华天使基金”纪事》，《中华新闻报》2006 年 4 月 26 日。

③ 蒋秀娟：《红十字天使计划成捐赠热点》，《科技日报》2006 年 5 月 8 日。

2006 年美国纽约一位先生就捐建了 4 个博爱卫生站。两年中，越来越多的国内外企业投身公益事业，支持红十字天使计划。中国人寿、工商银行、天津一汽、中国联通、中国网通以及世界 500 强在中国的公司飞利浦、上汽通用五菱、广州丰田、宝洁、杜邦等，也纷纷出资援助。

近年来，民营企业逐渐成为捐赠的重要来源，率先支持的有天狮、安踏、上海水星等企业。“一根火柴再亮，也只有豆大的光亮。但倘若用一根火柴去点燃一堆木柴，则会熊熊燃烧”。红十字天使计划的星星之火渐成燎原之势，逐步唤起全社会对农民健康的关注和对农村医疗环境改善的支持，对促进我国农村医疗卫生事业的健康发展起到了重要的引领作用①。

由于这一项目“看得见，摸得着，落地生根，非常实在”，2009 年最终获得了财政部彩票公益金的支持。由此每年救助患儿增加到四五千名，大大缓解了基金救助的供需缺口，为白血病、先心病患儿带来了生命的希望。这是一个非常大的变化。经过连续 5 年的项目实践，红基会不断改进项目执行模式，优化执行效果，“小天使基金”和“天使阳光基金”两个彩票公益金项目，已经成为政府购买服务、缓解民生突出问题的成功范例。“仅在过去 5 年，红基会就为全国 16048 名贫困白血病、先心病儿童提供了彩票公益金资助，累计金额达 4. 558 亿元，其中受益白血病患儿超过万名。这些数据凝结着所有参与这项人道事业的人的心血”②。

2011 年 1 月 7 日，中国红基会红十字天使计划 5 周年座谈会在京举行，全国人大常委会副委员长、中国红十字会会长华建敏出席会议并讲话。华建敏会长指出，项目实施 5 年，在国务院有关部门、爱心企业以及社会各界的大力支持下，共投入资金超过 10 亿元，在全国援建了 2034 所博爱卫生院（站），免费培训了 2086 名乡村医生，直接资助了 3. 1 万名重大疾病贫困患者，项目受益人口超过 1000 万人。项目的实施有效地帮助了部分农村贫困地区改善医疗卫生条件，有力地配合了党和政府的农村基层卫生工作，满足了当地群众的基本医疗需求，已经成为党和政府认可、老百姓认可、捐赠人认可的公益慈善品牌项目，连续三年获得“中华慈善奖”③。

红十字天使计划一个重要经验是组织动员多方力量参与，有机整合政府、红会系统、定点医院、社会捐赠和公益志愿者等多方资源形成合力，符合社

---

① 丁楠、韩庆、李佳：《“天使”护佑贫病农民》，《人民日报（海外版）》2007 年 9 月 25 日。

② 郭长江：《风雨十年　勿忘初心——写在红十字天使计划十周年之际》，《中国红十字报》2015 年 11 月 27 日。

③ 华建敏：《百尺竿头　更进一步——在中国红十字基金会“红十字天使计划”是十五周妮娜座谈会上的讲话》（2011 年 1 月 7 日），《华建敏谈红十字事业》，2015 年内部印行，第 87 页。

会创新、公益服务协同发展的方向。尤其是政府购买公益服务模式的引入，对于扩大救助资源、提升救助能力、扩展救助范围、提高救助质量，最终解决因大病带来家庭灾难性支出的社会问题，具有非常重要的意义。我国人口众多，经济社会发展不平衡，人道需求巨大。解决这些需求，需要政府和公益组织协力配合。在以后的项目执行中，还要进一步开拓创新，除了给患儿提供专业救助外，还要进一步整合动员定点医院资源、捐赠方和志愿者资源，提供更全面的医疗救助服务，提高资助效益。

新的历史节点，意味着新的起点、新的挑战，如何更好地参与国家治理体系和治理能力现代化的改革进程，为国家和社会的善治做一些力所能及的事，是红十字会不可回避的问题和使命。在我国7000万贫困人口中，相当大的比例是因病致贫。医疗救助解决脱贫任务是重要途径，在这方面红十字会责无旁贷。红十字是一种力量，红十字天使计划彰显了这种力量。

四、红十字青少年互助工程

红十字青少年互助基金是青少年工作领域所特有的一项“爱心工程”。1996年，上海市红十字会携手市教委、市卫生局创立了“上海市中小学生、婴幼儿住院医疗互助基金”，这项基金“是全国第一家在省市范围内推行的以社会互助共济为原则的少年儿童医疗保障基金”。到2001年，“有力地保障了全市200万0～18岁少年儿童的身体健康，有效地减轻了患儿家庭的经济负担，为上海市民的家庭幸福和社会稳定做出了贡献”，因此被上海广大市民誉为“少年儿童生命的保护神”①。其实，类似的互助基金早于上海几年即在江苏红十字会系统内出现，虽然一直未形成全省的规模，但在局部地区也产生了重要影响。

20世纪90年代初，红十字青少年互助基金陆续出现在江苏省盐城、南通二市以及淮阴、徐州、扬州的部分县（市）。这项基金以在校学生为对象，本着自愿参加，取之于学生、用之于学生的原则，在执行过程中成立管理机构，制定管理办法，并规定互助范围及补助标准，同时做到专立账户、专人负责、专款专用。互助基金主要有两方面的功用，一是重症治疗，一是助学②。红十字青少年互助基金是新时期红十字工作的一项创举，为红十字人道主义的传播提供了更广阔的途径。

---

① 《上海市少儿住院基金工作情况汇报》，苏州市红十字会档案2002年“长期”14，第10；12页。

② 《解放思想　开拓进取　努力开创江苏省红十字青少年工作新局面》，苏州市红十字会档案1994年“长期”20，第18页。

盐城市的互助基金最早出现于1992年。是年3月，盐城下辖的东台市教育系统红十字会率先创办了红十字青少年互助基金，收效良好。在此基础上，盐城市红十字会、教育局在全市广泛宣传和大力推广东台市的成功做法[①]。1993年2月3日，阜宁县教育局在成立系统红十字会的同时，决定建立“阜宁县教育系统红十字青少年互助基金”，并制订了《阜宁县红十字青少年意外伤害、残疾及医疗给付补助标准（试行）》。该基金本着救死扶伤、人道主义的宗旨，参考学生平安保险的条款，对红十字青少年遇到意外事故，造成残疾、死亡及生病医疗费用给予补助[②]。之后，盐城其他地区也相继建立互助基金。

盐城市的建湖、阜宁、东台、大丰、滨海、郊区6县（区）教育系统红十字会在调查部分学生家长后，按照服务于社会、服务于下一代、服务于教育的原则，于1993年9月为中小学生正式开设红十字青少年互助基金，参加互助基金的学生于1993年9月10日零时到1994年9月9日24时的有效时间内，因疾病住院治疗，根据医疗费用数额的大小负担25%左右；因疾病、意外事故造成部分劳动力丧失，负担医疗费50%；因意外事故夭亡或永久性致残、丧失劳动力的，负担100%的医疗费。除此，基金会还对那些上不起学的学生提供学杂费。

据1994年3月30日统计，盐城市6县（区）教育系统红十字会1993—1994学年共收取红十字青少年互助基金2409256.79元，有2477所中小学的680879名学生参加了基金。仅半年时间，就支付儿童青少年意外伤害和疾病住院治疗费476333.46元，同时还拿出2万多元使500多名失学儿童重新回到课堂[③]。到1995年3月，盐城全市有8个县（市、区）相继建立互助基金组织，全市已有16200余名因患重病、受到意外伤害或失学的少年儿童得到“互助基金”资助。1995年，为加强对基金的管理、监督，盐城市红十字会二届二次常务理事会讨论通过了《盐城市红十字青少年互助基金暂行管理办法》，从基金的筹集、使用、管理、监督等几方面做了明确的规定，从而使这一“互助工程”形成制度，为在全市继续完善和全面推开创造了条件[④]。到1996年，盐城市互助基金已扩展到4000多所中小学、104万学生。全市已累计支付基金800多万元，使意外伤亡和患病学生都能得到及时救助，同时使

---

① 《红十字精神救急济难——盐城市创办红十字青少年互助基金的启示》，《团结奋斗 再创辉煌 纪念江苏省红十字会成立四十周年》，江苏省红十字会1996年内部印行，第71页。

② 李书万：《阜宁县建立红十字青少年互助基金》，《中国红十字报》1993年3月19日。

③ 李书万：《红十字青少年互助基金解难济贫盐城市68万学生有了“保护伞”》，《中国红十字报》1994年4月29日。

④ 《“盐城市红十字青少年互助基金暂行管理办法”出台》，《中国红十字报》1995年3月17日。

近万名失学儿童重新回到课堂，在保障学校教育、教学工作和青少年健康成长方面显示了重要作用[①]。至此，互助基金运营4年的实践表明：一方面，基金向处于困难境地的儿童、青少年伸出了温暖之手；另一方面，互助活动使红十字人道主义自然地滋润了青少年的心田。正是由于基金的良性运作和积极的社会效应，得到了有关部门的充分肯定。到2004年，盐城市红十字会“创办红十字青少年互助金12年，累计救助大病重病、意外伤害和失学辍学青少年33700人次2700万元”[②]。对于一个地市级红十字会而言，的确是了不起的成就。

红十字青少年互助基金具有鲜明的社会群体互助性，每个人既是参加者，又是受益者。每个参与者以力所能及的投入，在付出爱心的同时，也为自己的受益未雨绸缪。这种方式具有极大的可操作性，在客观上起到参与社会保障的作用。

此外，南通市红十字会于1993年联合市教委共同创建了“南通市中小学生重症医疗互助金”，到2007年，共有1700余位身患重症的学生获得了救助，受到学校、家庭、社会的普遍欢迎，被誉为“母亲工程”，曾受到彭珮云会长的首肯[③]。其中，通州市的互助金工作尤其出色，到1997年底为止，全市已有10万多名中小学生和幼儿园学生参加了互助金，已为266名重症学生患者住院支付医疗费114万多元。1999年，江苏电视台《大写真》栏目专程采访，拍摄了专题节目，全面反映“基金”的组织管理、操作程序和实际效果，并在江苏卫视和中央电视台教育频道播放，受到社会的广泛好评。中国红十字会总会、省教委、省红十字会誉之为“生命保障工程”[④]。

五、“母亲工程”：爱心工程的典范

“母亲工程”创建缘于偶然。1992年5月，江苏省宿迁市（县级）红十字会秘书长陈德江为一对因雷击而致父母双亡的学龄儿童的悲惨境遇所打动，由此他设想帮助这对儿童的同时，可以尝试在全市开展一项助孤上学的人道主义行动。这个方案立即得到市委、市政府的重视和支持，副市长、红十字会会长

---

① 《大力推进人道救助事业，主动参与社会保障和精神文明建设》，苏州市红十字会档案1997年“长期”19，第16页。

② 谷容先：《永恒的爱：盐城红十字运动九十年（1995—2005）》，盐城市红十字会2006年内部印行，“序”。

③ 南通市红十字会编：《光辉的历程（1927—2007）——纪念南通市红十字会成立80周年史料画册》，2007年内部印行，“序”。

④ 《弘扬红十字精神　提高青少年素质》，苏州市红十字会档案2002年“长期”28，第100页。

魏秀伦建议成立一个“红十字孤儿抚恤班”（简称“红恤班”），并亲自拟定了《宿迁市红十字会孤儿“红恤班”管理条例》。为了做好这项工作，宿迁市红十字会在17万名在校学生中进行摸底调查，统计出全市共有在校孤儿416名。1992年8月，经市红十字会理事会讨论通过，由12名最困难且品学兼优的孤儿组成的红恤班正式成立。从此，这首期12名孤儿便同其他孩子一样，得到母亲般的爱护①。这是全国第一个以帮助特困孤儿完成学业为宗旨的红恤班，这一人道善举得到社会各界人士的支持与称赞，被誉为“母亲工程”②。

“母亲工程”在全省乃至全国具有先导性，为红十字会参与孤儿助学提供了一个成功的范例。虽然由于条件和财力所限，“母亲工程”只能暂时将“母爱”恩泽惠及第一期红恤班的12名濒临失学的特困孤儿身上，但这丝毫不能让我们小视她的伟大以及她所承载的希望和力量。红恤班自创建之初，就坚持走集资助学之路，因为“母亲工程”本来就是社会的事业、民众的事业，以后的实践证明，这一方向是完全正确的。开班之初，市红十字会发给每位孤儿每人每月40元生活费，每年80元穿衣费；考入高校的，每月发给100元生活费，每年发给160元穿衣费及400元奖学金；有特殊贡献的，还发给特别补助，一直资助到工作③。为了维持这项支出，市红十字会除每年自筹1万余元经费外，还向社会各方求援并得到积极响应。正是在市红十字会和社会爱心人士的共同努力下，“母亲工程”成功地迈出了第一步。1993年，“母亲工程”迎来了第一个收获的季节，红恤班第一期中的4位同学高中毕业，3位考取高等院校，1位虽以两分之差而落榜，却光荣入伍，报效国家。应该说，这个成绩是对“母亲工程”的肯定和报答，但随之压在红十字会工作人员身上的担子也越来越重④。就在1993年9月份，为了不让孤儿们“断炊”，宿迁红十字会4名工作人员在连续3月未领工资的情况下，从家中拿钱开始了每月10元的“终身捐款”行动，由此对“母亲工程”发展意义重大的终身捐款制度开始形成。到1996年，有28人跨入“终身捐款”行列⑤。到1999年，自愿终身捐款者已达95人，发展之迅速，也从另一侧面反映了“母亲工程”

---

① 冯志国：《让孤儿享有母爱——记宿迁红十字会的“母亲工程”》，《中国红十字报》1994年4月22日。

② 周长东：《创建“母亲工程”，哺育孤儿成章——全国第一个“红恤班”纪事》，《团结奋斗，再创辉煌——纪念江苏省红十字会成立四十周年》，1996年内部印行，第30页。

③ 周屹：《社会各界爱孤助孤，“母亲工程”惠泽孤儿》，《中国红十字报》1995年2月14日。

④ 冯志国：《让孤儿享有母爱——记宿迁红十字会的“母亲工程”》，《中国红十字报》1994年4月22日。

⑤ 周长东：《创建“母亲工程”，哺育孤儿成章——全国第一个“红恤班”纪事》，《团结奋斗，再创辉煌——纪念江苏省红十字会成立四十周年》，1996年内部印行，第43—44页。

的迅速成长。

“母亲工程”的发展势头喜人，但困难也显而易见，最大的困难即是经费问题。随着“母亲工程”的发展壮大，市红十字会经常面临“囊中羞涩”的尴尬局面。1994 年，红恤班又一孤儿以优异成绩考入南昌铁路机械学院①，欢喜之余，经费困难的问题也摆在面前，幸而淮阴市红十字会闻讯后通过紧缩办公开支捐献 1 万元才解燃眉之急②。1994 年秋，红恤班的两位大学生因 600 元生活费丢失和缴不起 800 元的电脑培训费而陷入困境，这时红十字会账上的“善款”也所剩无几，临时筹款又缓不济急，最终只能以备发工资的经费暂充“善款”。可见红恤班的应急性和“临时抱佛脚式”的筹款模式已不能满足发展需求，亟须变革。

为了“母亲工程”的长远发展和运行经费不再“囊中羞涩”，建立“母亲工程”基金提上日程。1995 年春节前夕，为“母亲工程”的捐款活动达到高潮③。在 2 月 12 日宿迁市红十字会举行的“母亲工程”捐款仪式上，社会各界共捐款 404711 元，这其中包括宿迁市委、市政府 65 个委办的领导和群众送来的 20 多万元，32 个乡镇的群众捐赠的 13 万余元。可以说，“社会的积极参与，为这项义举增添了强劲的活力”④。“母亲工程”基金的建立，为这一爱心事业的可持续发展奠定了坚实的基础，进一步推动了“母亲工程”的全面发展。仅仅一年时间，红恤班的规模由 1995 年的 27 人一下子增加到 1996 年的 66 人，红恤班中大、中专学生的生活费由每月 100 元提高到 120 元，穿衣费由每年 160 元提高到 200 元，其他同学生活费由每月 40 元改为 60 元，穿衣费由每年 80 元调整为 120 元⑤。

“母亲工程”几年中所取得的重要成绩及良好口碑得到了江苏省红十字会的认可和高度评价。为了扩大“母亲工程”的影响和惠泽范围，江苏省红十字会力促红恤班扩大招生，并决定在省内其他地级市中各招收两名特困孤儿⑥，以此“作为‘母亲工程’向全省推广的序曲”⑦。由此“母亲工程”开始走出宿迁、

---

① 陈雷：《宿迁县“红恤班”又一孤儿考入高校》，《中国红十字报》1994 年 12 月 9 日。

② 陈德江：《淮阴卫生局向“母亲工程”捐款》，《中国红十字报》1994 年 12 月 30 日。

③ 曲折主编：《中国红十字事业》，广东经济出版社 1999 年版，第 177 页。

④ 周屹：《社会各界爱孤助孤，“母亲工程”惠泽孤儿》，《中国红十字报》1995 年 2 月 14 日。

⑤ 周长东：《创建“母亲工程”，哺育孤儿成章——全国第一个“红恤班”纪事》，《团结奋斗，再创辉煌——纪念江苏省红十字会成立四十周年》，1996 年内部印行，第 46 页。

⑥ 《关于协助原宿迁市红十字会“孤儿红恤班”扩招学生的通知》，苏州市红十字会档案 1996 年“短期”1，第 1 页。

⑦ 周长东：《创建“母亲工程”，哺育孤儿成章——全国第一个“红恤班”纪事》，《团结奋斗，再创辉煌——纪念江苏省红十字会成立四十周年》，1996 年内部印行，第 47 页。

走向全省，其社会影响也随之向全省波及，爱心暖流涌动江苏。

“母亲工程”走向全省后，得到省红十字会及全省各界“博爱”中人的支援与襄助，其助孤事业也得到进一步提升。到1997年，“母亲工程”资助的孤儿已达78名，考入大学31名，已有13人走上工作岗位①。值得指出的是，在1997年高考中，“红恤班”孤儿杨连华以588分的高分考取了南开大学，这里面凝聚着红恤班背后众多爱心人士的关爱。在“母亲工程”的影响和带动下，宿迁人扶危济困，助人为乐，蔚然成风②。

“母亲工程”的发展已成为宿迁乃至江苏的一个爱心品牌，其内涵不断丰富，到20世纪90年代末，已经在很大范围内（已超出江苏）形成了一个以红恤班助孤为中心，以多种志愿服务力量争相参与为伴生的爱心事业，其影响范围已超出江苏，映射全国。在这个爱心事业中，除了直接为红恤班筹资的“终身捐款联谊会”，还包括为红恤班的生活和就业提供服务与帮助的各式志愿服务小组，其中包括缝纫志愿服务小组、美容美发志愿服务小组、项里大酒店志愿服务联谊会、三人志愿服务小组、陈德俊夫妻志愿服务小组等等。其中三人志愿服务小组有退休女干部组成，她们除关心孤儿的衣食住行外，还注重思想上的教育和引导，帮助树立健全人格，并以实际行动让孩子们真正理解家的温暖、“母亲”的含义。

“母亲工程”的爱心之火，已成燎原之势。截至2002年江苏省红十字会“七大”召开前夕，“孤儿红恤班”9年来共资助129名孤儿学生，其中2名考取研究生，65名考取中专以上院校，15名学生毕业后回报社会，并参加了为红恤班的终身捐款行列③。2003年，红恤班有14人参加高考，上本科线者11人，专科线者3人，录取率百分之百，创红恤班十年来最好成绩④。到2004年，红恤班已有72人考上大专院校，其中包括博士1人、硕士4人、军校1人。但这并不是结束，“母亲工程”的实践和奇迹仍在继续⑤。

我们盛赞“母亲工程”，除了因其在全省乃至全国的先导性作用外，更重要则在于它走出了一条以红十字会为主体参与扶孤助学的模范之路。“母亲工程”的成功运作，关键在于以下几个方面。

---

① 陈萍：《学习贯彻党的十五大精神，全面推进我省红十字事业》，《江苏省红十字会六届四次理事（扩大）会议文件汇编》，1998年内部印行，第14页。

② 孙柏秋主编，池子华、杨国堂等著：《百年红十字》，安徽人民出版社2003年版，第587页。

③ 陈萍：《奋发有为，与时俱进，开创江苏红十字事业新局面》，苏州市红十字会档案2002年“长期”27，第31页。

④ 《省红十字会资助宿豫县“孤儿红恤班”的同学们》，《江苏红十字》2003年第9期。

⑤ 《“红恤班”学子再创佳绩》，《江苏红十字》2004年第9期。

其一，社会各界的支持与参与。“母亲工程”是社会的事业，民众的事业，而“母亲工程”最强有力的爱心支撑也源自社会与大众。自创办开始，“母亲工程”就凝结着从领导到红十字会中人，再到广大有识之士的注目与关怀。没有有关领导的远见卓识，就没有“母亲工程”顺利“降生”；没有红十字会人士的苦心经营，就没有其在艰难中的发展壮大；没有广大爱心人士的热情支持，“母亲工程”将举步维艰，更谈不上壮大与发展。可以说，“母亲工程”诠释的是爱心事业，而托起爱心的力量来自社会各界。同样，红十字会事业也是民众的事业，红十字组织是为社会服务的组织，它的运作也必须依托于社会[①]。“母亲工程”的经验为红十字事业的发展指明了前进的道路，只有植根于社会，拥抱人群，才是红十字会的方向和未来。

其二，“母亲”角色的成功塑造。红恤班的爱心事业之所以被称为“母亲工程”，是因为这项事业使失去父母的孤儿重又找到母爱。母爱是博大而无私的，是全方位的爱护和无微不至的关怀。而“母亲工程”正是给予了红恤班的孤儿们不是母亲却胜似母亲的关怀与呵护。“母亲工程”“不仅在物质上对特困孤儿给予资助，而且还在思想上给予引导，学习上给予帮助，感情上给予关怀。凡编入‘红恤班’的孩子都定期向红十字会和学校写思想汇报，红十字会邀请领导和老师与孤儿进行座谈，帮助他们树立正确的人生观”。红恤班初建时期，“每逢春节，市红十字会都要把孤儿们集中起来，吃团圆饭。红十字会会长、副市长魏秀伦还多次把孤儿们接到自己家中过年，并先后捐出1450元‘压岁钱’”[②]。1993年11月25日，入冬第一场大雪还在纷纷扬扬之际，宿迁红十字会送温暖小组顶风冒雪，辗转数千里，将御寒衣物和每人400元的生活费及时送至在南京、无锡和盐城读书的红恤班同学手中[③]。类似的例子不胜枚举。这些生活中的点滴分明为我们清晰呈现了一个平凡而伟大的“母亲”形象。其实，“母亲工程”中的“母亲”不只是母亲，她具有父亲和母亲的双重身份，既要给孤儿们以坚毅，又要给予其温情。从社会学的理论来讲，孤儿承受着社会角色失调所带来的重大痛楚[④]，而“母亲工程”对母亲角色的成功诠释使孤儿们又找到了希望和勇气，恢复了其社会角色的扮演，并开始了新的人生历程。

---

① 吴彬、杨子其：《慈善捐款，万人同行——红十字事业在中山崛起》，《博爱》1996年第6期，第24页。

② 薛东风、朱翠玲：《孤儿李帅君为“红恤班”终生捐款》，《中国红十字报》1996年3月1日。

③ 周长东：《创建“母亲工程”，哺育孤儿成章——全国第一个“红恤班”纪事》，《团结奋斗，再创辉煌——纪念江苏省红十字会成立四十周年》，1996年内部印行，第40页。

④ 参见郑杭生主编：《社会学概论新修》，中国人民大学出版社2003年版，第160页。

其三，“母亲工程”建立的长效机制。“母亲工程”的又一难能可贵之处在于其建立并一贯坚持的长效机制。其实，包括红十字会系统在内的社会力量扶助孤残的个案和事例比比皆是，但能够一以贯之的坚持下来并不断发展壮大形成规模者却不多见，像“母亲工程”这样引起广泛社会效应者更是少之又少，其根源即在于能否建立一个长效机制。“母亲工程”并不是应景而设，在建立之初，宿迁市红十字会就坚定了“‘红恤班’不仅要坚持办下去，而且一定要办好”的指导思想①，有了这样的指导思想，在红恤班发展策略上才能高瞻远瞩，不断迎接新的挑战和创造新的成绩。短短几年间，红恤班“援助对象由初、高中生扩展到从小学到大中专院校各个教育层面的在校孤儿；援助方式由只解决吃饭问题，发展到给予精神、物质和情感的全方位关怀”②。这样的发展得益于“母亲工程”的长效机制。

“母亲工程”作为红十字爱心工程的重要内容，像一粒爱心种子，扎根于江苏的沃土，对江苏的爱心事业发展具有重要意义。“母亲工程”的爱心事业也鼓舞和激励着更多的人加入扶孤助学的队伍中来。“母亲工程”的爱心模式在江苏各地被广泛复制。2000 年，响水县红十字会成立了“博爱班”，由县教育局和红十字会联合发出倡议，号召所有会员每日省一角钱向“博爱班”孤儿献爱心，共赞助了 32 名孤儿③；2002 年，如皋市红十字会为了帮助社会弱势群体，决定对在学的孤儿予以资助④；长期以来，睢宁县王林地区红十字会坚持扶助孤儿上学，在其带动下该地派出所的干警也加入救助活动中⑤；宜兴市张渚镇红十字会从 1990 年开始，收养和资助了 8 名孤儿，在镇红十字会秘书长贾林康的努力和苦心经营之下，8 名孤儿相继升学、就业，有了幸福的生活⑥，贾林康也因此被评为 2003 年“全国百位公益之星”⑦；2001 年，省红十字会与 A. O. 史密斯公司合作，共同开展为期 5 年的爱心助学活动，资助响水、六合等地 86 名特困学生，其中 70 多名为孤儿⑧。虽说这些助孤的爱心事

① 冯志国：《让孤儿享有母爱——记宿迁红十字会的“母亲工程”》，《中国红十字报》1994 年 4 月 22 日。

② 方一、张建平、史中：《把苦难留在昨天，让孤儿拥有“母爱”》《中国红十字报》1997 年 3 月 14 日。

③ 《江苏省红十字会 2000 年工作情况和 2001 年工作要点》，苏州市红十字会档案 2000 年“短期”1，第 7 页。

④ 《如皋市红十字会援助孤儿大学生》，苏州市红十字会档案 2002 年“短期”12，第 32 页。

⑤ 《王林地区派出所资助三名特困生》，苏州市红十字会档案 2002 年“短期”12，第 39 页。

⑥ 曲折主编：《中国红十字事业》，广东经济出版社 1999 年版，第 180—181 页。

⑦ 《贾林康赴京参加团拜会》，《江苏红十字》2004 年第 2 期。

⑧ 《江苏省红十字会 2001 年工作情况和 2002 年工作要点》，苏州市红十字会档案 2001 年“短期”2，第 32 页。

业并不是“母亲工程”的简单描摹，但在某种程度上也可以看作是“母亲工程”爱心精神的复写。

六、“老康”：“夕阳事业”的“朝阳前景”

20 世纪 90 年代以来，苏州市红十字会以其创建的“一老一小”（老年康复医院和博爱幼儿园）而享誉全国的红十字会系统，打造了两个具有中国特色的爱心工程的知名品牌，下面就其中的老康医院作一重点介绍。

（一）创办缘起

创办老康医院首先是社会的需要。改革开放以来苏州社会经济全面发展，尤其是经济与卫生事业发展水平位居全省乃至全国前列。早在 1994 年，苏州市就在全国率先实现以县为单位提前 6 年达到世界卫生组织（WHO）提出的“2000 年人人享有初级卫生保健”的目标；1996 年，全市 162 个乡镇“初保”全部达标，跃居全国领先水平。同年全市城乡人均期望寿命超过 75 岁，接近发达国家水平①。

与苏州社会经济发展相伴生，人口老龄化问题也日益突出。20 世纪 90 年代后期，苏州市老年人口已占到全市人口的 15% 以上，按照国际标准②，已经进入老龄化社会。老有所养，老有所医，是社会保障工作的重要内容。兴办敬老院、托老所、老年公寓，可以解决部分老人的生活问题，但对长期卧病在床的老人而言，其医疗护理成为一大难题。住进综合性医院，只解决治疗上的问题，而难以提供康复上的服务，否则会因“压床”而影响床位周转；留在家里却给家属子女带来沉重的负担，以致“久病床前无孝子”。可以说，在苏州的社会保障体系中，这是一块未很好开垦的“土地”③，对这一问题的解决，紧迫、棘手，由此也更具现实意义。

红十字会作为“以改善最易受损害群体境况”为目标的社会救助团体，有责任、有义务亦有能力解决这一社会问题。同时通过对这一领域的参与，也有利于增强红十字会活力，创造社会保障体系的新品牌，为爱心工程增光

① 苏州市红十字会老年康复医院：《办好“夕阳”事业　展现“朝阳”前景》，《中国红十字报》1998 年 9 月 25 日。

② 迄今为止，国际上老年型人口结构的判定标准有三个：一是 1956 年联合国《人口老化及其社会经济后果》中采用的“65 岁及以上老年人口比例占到 7% 以上”的标准；二是 1975 年美国人口咨询局“65 岁及以上老年人口比例占到 7% 以上”的标准；三是 1982 年维也纳“世界老龄问题大会”“60 岁及以上老年人口比例占到 10% 以上”的标准。参见仝利民：《老年社会工作》，华东理工大学出版社 2006 年版，第 7 页。

③ 苏州市红十字会：《参与社会保障，爱心挽留夕阳》，苏州市红十字会档案 1997 年“长期”19，第 25 页。

添彩，为精神文明建设装点靓丽风景。可以预想，随着中国式“4－2－1”家庭结构和老龄化进程的加速以及敬老观念的转变，必然会有越来越多的老人被送进专业化的老年康复护理机构颐养天年或安然归西。在这个领域，红十字会参与社会保障大有文章可做，既为政府分忧，又为百姓解难，实为红十字会实践人道主义的好事、实事①。基于上述考虑，苏州市红十字会着手老康医院的创办。

经过多方调研论证，苏州市红十字会与横塘镇卫生院达成合作意向，决定共同兴办具有“朝阳前景”的“夕阳事业”——老年康复医疗机构。1994年8月，经省红十字会批准，冠名为“苏州市红十字会老年康复医院”；1995年5月，“老康”正式运营。苏州市人大常委会主任、市老龄委主任府培生为“老康”题词“功德无量，前景广阔”，可谓实至名归②。

（二）“老康”简况

“老康”医院在功能上集医疗、护理、保健、娱乐、康复和临终关怀于一体，医院服务对象是晚期肿瘤、脑萎缩、卒中后遗症、老年性痴呆、骨折恢复期、肿瘤化疗休养期、慢性病调理、孤寡老人以及其他长期卧床生活不能自理者。病人入院后，一切都可交由医院包揽，家属只需经常来院探视，以慰亲情③。可见人性化和全方位的服务理念贯穿其中，这也是红十字精神的又一体现。

“老康”正式运营后，“坚持以红十字会的人道、博爱、奉献精神为兴院之本，以促进社会公德、职业道德和家庭美德建设为工作方向，以提供优质服务为中心内容”，由此赢得了广泛的社会赞誉。“从名气到名声，都‘蒸蒸日上’”④。正因为此办院理念，“老康”才能取得骄人的业绩。到1998年，仅3年时间，“老康”就先后收治老年患者219名，其“业绩不仅为社会所公认，所称颂，为传媒所宣传，而且迎来了中国红十字会总会、省红十字会、省老龄委和市人大、政府、政协领导的亲临视察和关怀，并给予了一致好

① 郝如一：《丰富内涵　拓展外延　让“生命工程”参与社会保障事业》，《博爱》2000年第6期，第38页。

② 《苏州市红十字会老年康复医院情况介绍》，苏州市红十字会档案1996年“长期”4，第5页。

③ 苏州市红十字会老年康复医院：《办好“夕阳”事业，展现“朝阳”前景》，《中国红十字报》1998年9月25日。

④ 苏州市红十字会：《参与社会保障，爱心挽留夕阳》，苏州市红十字会档案1997年“长期”19，第26页。

评”[①]。中央、省、市多家新闻单位报道了医院的事迹[②]。

随着“老康”医院社会效益的彰显和社会影响的扩大，建院之初的40张床位已经远难满足需求。从1997年10月28日起，“老康”开始扩建工程[③]。一年后的1998年10月28日（重阳节），“老康”新大楼正式落成。新大楼建筑面积2700平方米，开放床位100张，设备先进，功能齐全，更有利于老人的康复和疗养[④]。新大楼的建成进一步促进了“老康”爱心事业的发展。到2000年，老康医院“先后收治患者370名，其中得到临终关怀者114人，近70%的病人在精心护理下得以好转、康复”[⑤]。到2007年，“老康”共救治病人1515名，成为苏州城乡同类机构中口碑最好的一个，并走上了良性循环之路[⑥]。对于老康医院的评价，院中老人的亲身经历最具说服力，不妨试举几例：

532床病号胡某，67岁，股骨骨折后经治疗已恢复行走功能，生活可以自理，本人要求留院休养。

533床病员沈某，82岁，原住苏州老年公寓，骨折后因得不到医疗服务，家中又无人照顾，送院治疗康复后生活基本自理。本人提出留住，在院安度晚年。

501床病员周某，97岁，身患癌症。其子女分到新房后她不肯去住，因孙子准备结婚，老人怕红白喜事相冲，故来院寄住。20多天里得到周到服务，最终在院安然离世。事后其子十分感动，特送10只长寿碗以示谢意。

536床病员周某，64岁，脑萎缩入院，生活不能自理，全靠院内员工护理。其家属在洛阳工作，临走时表示，得到医院如此细心照料，回去也尽可放心了。

…… ……

篇幅所限，不一而足。以上事例中，病人情况各异，但在老康医院都得到了最满意的服务，同时也减轻了家属和社会的负担，这就是对“老康”最

---

① 苏州市红十字会老年康复医院：《办好“夕阳”事业，展现“朝阳”前景》，《中国红十字报》1998年9月25日。

② 《关于苏州市红十字会老年康复医院扩建病房大楼给予资助的报告》，苏州市红十字会档案1998年“长期”4，第7页。

③ 《关于苏州市红十字会老年康复医院扩建病房大楼给予拨款的请示》，苏州市红十字会档案1998年“长期”4，第1页。

④ 《苏州市红十字会老年康复医院简介》，《江苏晨报》2006年6月7日。

⑤ 郝如一：《丰富内涵，拓展外延，让“生命工程”参与社会保障事业》，《博爱》2000年第6期，第38页。

⑥ 苏州市红十字会：《携手人道，共创和谐》，郝如一、池子华主编：《〈红十字运动研究〉2008年卷》，安徽人民出版社2008年版，第36页。

有力的评价。

老康医院之所以能在同类机构中独树一帜并取得良好的社会效益，最关键的是它始终把红十字人道主义精神作为最核心的办院理念，注重彰显红十字特色。“老康”仅在刚开始的两年内就先后为病人减免住院费 3.6 万多元，充分体现了红十字精神，病家十分感动①。为了体现参与社会保障的红十字特色，“老康”扬专业之长，搞科研论证，以提升办院品位，规范服务水平。如针对入院病人中痴呆患者占33%的特点，申报立项了省科委课题《老年期痴呆症的早期发现及诊断的研究》，提出了一些早期发现和预防老年痴呆的对策，并开始向社会普及②。除此，“老康”所折射出的红十字精神在以马姚娥院长为核心的“老康人”身上有着尤其突出的表现。

马姚娥院长为“老康”倾注了大量心血。开办之初，35 岁的马姚娥与其他 3 位姐妹包揽了病人入院后的一切料理工作，从医疗护理到吃喝拉撒。当时条件艰苦，没有轮椅，没有电炉灶，运送病人、挑担泡水等体力活全落在 4 位女士身上，其苦其累可想而知。即便在医院扩建条件改善后，100 张床位的医院也仍只有 52 名职工，9 个医生，12 个护士，其辛苦仍清晰可见。但马姚娥认为，选择了“老康”，就意味着艰苦，虽苦亦甜。“老康”的工作人员除了受苦受累，还经常会受“气”。到“老康”的老年人，都是在家里没有办法护理和照顾的老人，其中有些人脾气非常怪僻，这些人由于郁闷的情绪长期得不到宣泄，经常会把医护员工作为发泄情绪的对象。对此，马姚娥仍无丝毫抱怨，还告诫所有员工，遇到类似情况不能觉得委屈而应该理解病人。有位病人家属实在看不过去，对马院长说：“我那住院的父亲要是再乱来一气，欺负你们的话，你们尽管打他，我不怪你们的。”可马姚娥反而更加严格地要求姐妹们要善待老人③，她曾自嘲：“脸上没被喷过饭，身上没有掐紫的斑，就算不上是我们医院的人。”④

“老康人”用无微不至的关怀挽留“夕阳”，他们在为老人做好医疗、心理和生活等全方位服务的同时，还记下了每位老人的生日，到时给老人送上寿面和生日蛋糕。最值得一提的是，为使老人在生命的最后时刻仍然感受到

---

① 曲折主编：《中国红十字事业》，广东经济出版社 1999 年版，第 173 页。

② 郝如一：《丰富内涵，拓展外延，让“生命工程”参与社会保障事业》，《博爱》2000 年第 6 期，第 39 页。

③ 郝如一、周小蓉：《为了夕阳更美好——记苏州市红十字会老年康复医院院长马姚娥》，《江苏商报》2006 年 6 月 7 日。

④ 郝如一：《她用爱心挽留夕阳——记苏州市红十字会老年康复医院院长马姚娥》，《中国红十字报》1997 年 8 月 15 日。

人间的真情和温暖，马姚娥把临终关怀作为医院人性化服务的特色来抓并带头示范。多年来，“老康”已经形成了一条规矩：凡有老人临终，能抽出身来的工作人员都要围在老人身边，握住老人的手，让老人在享受完最后的人间真情后含笑而去。其实有谁知道，马院长曾是个走夜路都要唱歌壮胆的人，可现在她连握着逝去老人渐渐冰冷的双手都不怕了①。这可能就是爱心的力量，人道主义的力量。

第五节　博爱工程的社会学考察

通过前文对中国红十字会博爱工程的基本考察，不难发现博爱工程饱含着深厚的“社会”意蕴，博爱工程是红十字会与社会运行连接的桥梁，是红十字会参与社会变迁的重要平台和纽带，下面从社会学的视角，着重挖掘中国红十字会博爱工程所蕴含的深意和所体现的社会效能。

一、博爱工程折射的社会问题

社会问题“是影响社会成员健康生活，妨碍社会协调发展，引起社会大众普遍关注的一种社会失调现象”②。中国红十字会博爱工程的创建中，体现了对现阶段诸多社会问题的关注。

（一）灾害问题

这里主要指水灾、旱灾、风灾、雪灾、震灾、疫灾等自然灾害。按社会问题的本意来说，“社会问题是社会的，出现于社会中并对社会产生负面影响”。就此意，单纯的自然灾害不应属于社会问题。但当自然灾害危及了某一地区大部分人的生活时，它就导致了社会问题的产生③。灾害问题严重地影响了社会生活，造成社会秩序中断。灾害问题是救援工程中重点关注的内容。

（二）疾病引发的社会问题

前文谈到，中华骨髓库的建设是生命工程中的重要内容。这一项目主要针对严重威胁人类生命和健康的白血病问题。包括白血病在内的各种疾病本不在社会学所规定的社会问题的视野，但如果正视现实，可以发现白血病确

---

① 苏州市红十字会：《参与社会保障，爱心挽留夕阳》，苏州市红十字会档案 1997 年“长期”19，第 29 页。

② 朱力等著：《社会问题概论》，社会科学文献出版社 2002 年版，第 7 页。

③ 张乐天：《社会工作概论》，华东理工大学出版社 2007 年版，第 35 页。

实促发了严重的社会问题。我国有400多万白血病患者，且每年新增约4万人，此病一般发病年龄在35岁之下，其中50%以上为儿童[①]，这些数字已经明确说明了白血病的残酷性。单纯就生命个体而言，白血病患者只是一个医疗救助对象，但每个白血病患者背后都是一个家庭，对于独生子女家庭占多数的中国来讲，这种打击是沉重的，而400万个家庭所遭受的创痛对整个社会来说也是一个巨大的负担。由此可以说，白血病问题导致出现了一系列社会问题，比如说贫困问题、家庭问题等等。

艾滋病是红十字会着重关注的另一疾病。首先，从艾滋病的主要传播途径来看，其本身就意喻着吸毒、卖淫、血液买卖等社会问题。艾滋病因其传播速度快、死亡率高，引起了国际社会的广泛关注。“目前，它已是一个必须面对和解决的社会问题”[②]。生命工程中，预防艾滋病工作成为近年来红十字会的重要项目。同时，红十字会生命工程的重要内容之一——无偿献血工作，对于防止血源性艾滋病的传播也具有重要意义。

（三）意外伤亡问题

从世界整体情况来看，意外伤亡早已成为严重的社会问题。据20世纪90年代的数据，全世界每年约有350万人死于意外，受伤需治疗的人数为死亡人数的100～500倍。“这是造成人们寿命缩短的主要原因。因此导致的医疗费用增加和生产能力的丧失，每年经济损失估计为5000亿美元”。其中交通事故是罪魁祸首。“据世界卫生组织统计，全世界每年约有70万人死于交通事故，另外估计有1000万～1500万人受伤”。这个严峻的数字意味着全世界每50秒钟有1人因交通事故死亡，每两秒钟有1人因交通事故受伤。我国的情况也不容乐观，1992年我国共发生道路交通事故228278起，死亡58729人，伤144264人。这等于说“每天有160人死于车轮之下，相当于每天有一架波音707飞机失事，令人触目惊心！”[③] 除上述事故外，在一些人口密集的场所，如“浴室、商场以及车站、码头等公共场所，也时有发生中暑，心脑血管方面的急性病”[④]。其实，有很多意外伤亡如果多加注意和预防是可以避免的，还有很多意外伤亡如果处理及时和得当，是可以大大减少和减轻的。实践证明，中国红十字会生命工程大力倡导的卫生救护工作对于应对意外伤害起到了重要作用。

---

① 刘育英、黄洁：《骨髓库困境》，《新闻周刊》2002年第23期，第42—45页。

② 彭现美：《艾滋病——不容忽视的社会问题》，《西北人口》2004年第6期，第54页。

③ 刘立：《善待生命——预防意外伤亡和暴力》，《中国红十字报》1993年4月9日。

④ 《关于开展群众性救护训练的通知》，苏州市红十字会档案1986年“长期”61，第1—2页。

(四) 老龄化问题

人口老龄化是指某一地区人口总体中老年人口（65 岁及以上）的比重逐渐增加的过程，特别是指在年龄结构类型已属年老型的人口中，老年人口比重继续上升的过程。人口老龄化是一种人口年龄结构的变化，本身并不构成“问题”。但由于人是生产者也是消费者的特质决定了人口老龄化影响到社会结构变迁，并可能对社会经济发展过程产生负面影响，由此产生了“社会问题”①。以江苏为例，据 21 世纪初的统计，“江苏省现有 60 岁以上的老人 930 万人，占江苏省总人口的 12.5%，是全国较早进入老年社会的省份之一”②。中国红十字会的爱心工程中，关注老人是重要内容。这些助老项目关注老龄化进程中的老年人的生活和健康，并从红十字人道主义的立场和角度着手分担和减轻这一问题对社会的压力，苏州红十字会的“老康医院”就是典型代表。

(五) 贫困问题

贫困是一种普遍的社会现象。“所谓贫困就是这样一种生活境遇，人们因低收入而难以保障最低（或基本）生活水准且由于能力不足而缺乏发展能力并为社会所排斥”③。贫困是世界著名的“三 P”（即 Pollution——污染、Population——人口、Poverty——贫困）问题之一。消除贫困是联合国“千年发展目标”的一项重要内容。中国政府一向重视对贫困问题的解决，但面临庞大的贫困人口群体，仍需要继续深入研究并提出合理对策。如果按照 21 世纪初官方统计标准，我国的绝对贫困标准为人年收入 683 元以下，相对贫困标准为人年收入 958 元以下。据此标准，国务院扶贫开发领导小组的调研显示，到 2006 年年底，全国农村绝对和低收入贫困人口总数是 5700 万。扶贫系统建档立卡的工作对象约为 1.07 亿人。如果按照世界银行标准，并采用国际上每人每天消费 1 美元的贫困标准，据测算，我国在此标准下的贫困人口是 1.35 亿，其中农村人口 1.26 亿④。贫困问题严重地影响社会的良性运行和协调发展，是各个国家特别是发展中国家应该重点关注的社会问题之一。中国红十字会奉行“改善最易受损害群体境况”的工作目标，通过救援工程、生命工程和爱心工程关注因灾害、疾病以及其他一些社会经济原因所造成的各

---

① 佟新：《人口社会学》，北京大学出版社 2003 年版，第 199、202 页。

② 凌航主编：《跨世纪的中国民政事业》，中国社会出版社 2002 年版，第 7 页。

③ 何雪松：《社会问题导论：以转型为视角》，华东理工大学出版社 2007 年版，第 186 页。

④ 李鸿、胡宁：《探析我国贫困问题的现状、原因和治理对策》，《长春理工大学学报》2008 年第 3 期，第 11—12 页。

种贫困人群，使陷于贫困漩涡中的社会弱势群体在生活和情感上重新回归社会。上文谈到的“母亲工程”即为明证。

（六）残疾人问题

在中国，残疾人是指生理功能、解剖结构、心理状态的异常或丧失，部分或全部失去以正常方式从事活动的能力，在社会生活的某些领域中不便于发挥正常作用的人。残疾人问题“既是一个生理问题，又是一个社会问题，而且从社会进步、社会发展的角度来看，我们应当更为关注残疾人问题的社会意义。为残疾人创造平等参与社会生活和分享社会文明发展成果的条件，不仅是残疾人及其家属的迫切要求，也是国家和全体社会成员的责任，更是社会进步和人类文明发展的重要标志之一”①。在中国红十字会的爱心工程中，帮助残疾人回归社会也是一项重要内容，并取得了重要成绩。

伴随着社会问题的出现，必然“引起整个社会（包括政府、团体、个人）关于社会如何和谐发展和社会如何担当起基本责任的思考。社会工作和社会保障，就是要探讨在社会发展过程中，当部分社会成员在参与社会生活、提高生活质量、保障生活水平等诸多方面遇到某种障碍时，社会主体应给予基本帮助和基本保护”②。中国红十字会也以其独特的方式参与社会工作，发挥社会保障功能，促进社会良性运行。

二、博爱工程：社会工作的重要内容

社会工作的产生和发展与社会问题的出现和解决密切相关③。社会工作是“社会（政府和群众团体）以物质、精神和服务等方式对那些因外部、自身和结构性原因不能依靠自己的力量进入正常的社会生活的个人和群体提供帮助，使他们恢复社会生活能力，改善社会互动关系，提高社会生活质量，从而促进社会的良性运行和协调发展”④。中国红十字会是社会工作的重要参与者。

首先，救援工程的救灾工作是社会工作的重要内容。救灾工作是指“救助、接济受灾的群众脱离灾难和危险，减轻灾害损失，克服和战胜灾后困难，恢复生产、生活的正常秩序”⑤。虽然在我国社会转型期“仍然应强调政府在社会救灾体系中的主导作用，保证和增加政府对救灾事业的投入”⑥。但红十

---

① 朱力等著：《社会问题概论》，社会科学文献出版社 2002 年版，第 304、306 页。
② 郑杭生主编：《社会学概论新修》，中国人民大学出版社 2003 年版，第 481 页。
③ 方青、董根明、汪志国：《社会工作概论》，合肥工业大学出版社 2006 年版，第 1 页。
④ 郑杭生主编：《社会学概论新修》，中国人民大学出版社 2000 年版，第 483 页。
⑤ 宋林飞、朱力主编：《社会工作概论》（修订版），南京大学出版社 2002 年版，第 389 页。
⑥ 郑杭生：《中国社会转型中的社会问题》，中国人民大学出版社 1995 年版，第 189 页。

字会等社会力量在救灾工作中的作用不可低估，而且随着社会转型的深入，其作用将愈益明显。下面以江苏红会为例论述这一问题。

江苏是个多灾的省份，江苏红十字运动参与救灾的实践也充分证明了这一点。20 世纪 90 年代以来，江苏各级红十字会不仅参与了 1991 年和 1998 年两次全国规模的水灾救助工作且有出色表现，而且在历次灾害中都从未袖手，如 1990 年夏，全省大部地区连续遭受龙卷风、暴雨、台风、冰雹、干旱等自然灾害的袭击，全省红十字会募捐 3664172.30 元，实物折价 641179 元①。1992 年，江苏 46 个县的 401 个乡、镇不同程度地遭受干旱、暴风雨、冰雹、龙卷风、地陷等自然灾害袭击，全省红十字会接受捐赠 722.89 万元，及时分发给灾民及灾区卫生院、麻风病院、敬老院、孤儿院等社会福利单位，使 144.58 万人受益②。1993 年，徐州、淮阴、盐城、连云港市大部分地区，南通、苏州、扬州和镇江部分县（市）先后遭受龙卷风、冰雹及暴风雨袭击，省红十字会立即组织考察慰问组先后 5 次深入灾区，行程数千公里，先行拨款 6 万元慰问灾民，之后组织全省募捐救助活动。据统计，全省红十字会用于救灾款物 406 万元，受益人数达 72.2 万人，还配合卫生部门组派红十字医疗队 317 个，为灾民救治疾病 142112 人次③。事例颇多，不一而足。

其次，博爱工程中许多内容客观上扮演了医务社会工作的角色。医务社会工作主要是指配合医护人员的工作，从事预防、医疗和伤残康复等措施，运用社会工作价值理念与专业方法来协助病人解决其有关的社会、经济、家庭、职业、心理等问题，以提高医护人员的医疗效果的专业服务活动④。红十字会人员不是专门的医务社会工作者，但他们的部分工作项目实质上起到了医务社会工作的作用。如前文谈到的在救援工程中，配合卫生部门组织医疗队参加疫情的防治和疾病的咨询与诊治；生命工程中针对意外伤害而广泛开展的卫生救护工作，补充和延伸了医疗部门的三级卫生保健网；经过红十字会培训的人员可以在意外事件和突发事故现场第一时间抢救，为医疗部门的院前急救和院内临床治疗做出了关键而有效的配合；生命工程中艾滋病的宣传与防治，对于控制艾滋病扩散和帮助艾滋病人回归社会都起到了很大作用；生命工程中的无偿献血工作，为病人的临床治疗提供了安全而有保障的血源，

---

① 《江苏省红十字会 1990 年工作总结》，江苏省红十字会档案，档号 1991-002-0000-0276。

② 陈萍：《解放思想，转变观念，进一步开创红十字会工作新局面》，《江苏省红十字会五届三次理事扩大会议文件汇编》，1993 年内部印行，第 10 页。

③ 《江苏省红十字会 1993 年工作总结和 1994 年工作重点》，苏州市红十字会档案 1994 年“短期”1，第 3 页。

④ 范明林：《社会工作理论与实务》，上海大学出版社 2007 年版，第 293 页。

对患者的治疗和康复起着重要作用；爱心工程中众多康复医疗、特殊教育机构的建立，同样也是医务社会工作的重要内容。

再有，爱心工程中的扶老助老工作属于老年社会工作的范畴。老年社会工作是指“科学地整合社会老年学和社会工作的理论知识，运用社会工作的价值观、方法和技巧，积极地网罗各种可能的社会资源，以推行与老年人相关的社会政策，或帮助解决老年人日常生活中的各种问题，满足其需求的实践过程”[①]。建立老年颐乐楼、养老院、托老院、老人病（护理、康复）医院是红十字会爱心工程的重要内容，这些工作对于预防和减缓老年人生理、心理和社会功能的衰退具有重要作用。

此外，针对残疾人问题的残疾人社会工作[②]和针对贫困问题的救助社会工作[③]，在爱心工程中有着明确的体现，这里不一一赘述。

三、博爱工程的社会保障功能

社会保障的基本含义是“政府通过立法，社会团体、社区等通过政府授权以现金、物质、服务等形式向因精神和生理的残疾、年老力衰、意外伤害、事业、多子女负担者以及他们的家属提供旨在维持他们最基本和最低生活水平的保障。也有的国家和地区在此基础上再提供一些面向全体公民的福利设施、服务和物质资助”[④]。社会保障是近代工业化的产物[⑤]，是社会进步和文明的重要标志。社会保障具有社会的“稳定器”、经济运行的“减震器”和实现社会公平的“调节器”的作用[⑥]。实施社会保障的目的“就是为了解决社会问题，化解社会风险，预防公共危机，维护社会的稳定和和谐发展”[⑦]。中国红十字会的博爱工程客观上发挥着重要的社会保障功能。

红十字会对我国的传统社会保障曾做出过不可磨灭的贡献。在近代社会保障的舞台上，离不开红十字会的积极参与。特别是在民国的社会救助活动舞台上，包括红十字会在内的非政府组织较之官方更为活跃，光彩夺目[⑧]。因

---

① 仝利民：《老年社会工作》，华东理工大学出版社2006年版，第34页。

② 参见范明林：《社会工作理论与实务》，上海大学出版社2007年版，第178—198页。

③ 参见周沛、葛忠明、马良主编：《社会工作概论》，华中科技大学出版社2008年版，第194—203页。

④ 郑杭生主编：《社会学概论新修》，中国人民大学出版社2003年版，第481页。

⑤ 张乐天：《社会工作概论》，华东理工大学出版社2005年版，第211页。

⑥ 胡勇、李宝龙、马泽春：《社会保障通论》，中国农业出版社2008年版，第1页。

⑦ 童星：《社会转型与社会保障》，中国劳动社会保障出版社2007年版，第24页。

⑧ 池子华：《北洋政府时期长三角地区社会救助的民间参与——以中国红十字会为中心》，《安大史学》（第二辑），安徽大学出版社2006年版，第188页。

为“20世纪40年代以前，中国从来没有真正形成过现代社会保障制度”①。新中国成立后，我国的社会保障制度逐步建立并历经创建时期（1949—1956）、调整时期（1957—1968）、挫折时期（1969—1977）、修补时期（1978—1990），而20世纪90年代以来，随着改革的不断深化，“建立社会主义市场经济体制被确定为我国经济体制改革的目标，从而在根本上触动了板块式结构的传统社会保障制度”，“我国社会保障制度由此走上改革创新的发展之路”②。虽然“到20世纪末，中国新型的社会保障制度尚未最终形成，但新的制度安排的轮廓已经浮出水面，与社会经济发展相适应、多方共同分担责任、社会化等成了建设新制度的基本原则”③。正是在这种形势下，红十字会等民间力量在社会保障中扮演着越来越重要的角色。

社会保障“主要以政府为主导，社会保障活动是否高效或有效，较大程度上取决于政府的行为”④。但随着政府职能的转变，随着小政府、大社会模式的建立，中国社会保障开始“从国家中心主义向福利多元主义模式”转换⑤，社会力量的作用日益凸显。包括红十字会在内的非营利组织具有组织性、民间性、非营利性、自治性、志愿性以及公益性⑥，在现代社会，“非营利组织在为社会提供公共产品或准公共产品，提高社会福利水平方面起着至关重要的作用”⑦。红十字会是奉行人道主义的社会救助团体，保障人的生命和健康是红十字会工作的基本立足点和着眼点，红十字即起源于对生命的关注。因此，探讨红十字会的社会保障功能应从“人”的视角切入，这样的表述才更加清晰和更具说服力，而且这种切入是行之有据的，也符合社会保障自身的逻辑。“从总体上讲，人类发展包括社会发展和经济发展两个方面”，但“人的发展是社会发展的中心，而经济发展所创造的各种物质财富也是为人所生产并为人服务的，因此，对于经济发展和社会发展而言，人都是最重要的因素”⑧。

首先，从人的社会化的角度。有学者认为，伴随社会的演进，人逐渐由小农经济社会的“家庭人”到计划经济条件下的“单位人”再到市场经济条

① 郑功成：《社会保障学——理念、制度、实践与思辨》，商务印书馆2000年版，第295页。

② 胡勇、李宝龙、马泽春：《社会保障通论》，中国农业出版社2008年版，第27—29页。

③ 郑功成：《社会保障学——理念、制度、实践与思辨》，商务印书馆2000年版，第295页。

④ 林毓铭：《社会保障与政府职能研究》，人民出版社2008年版，第2页。

⑤ 田凯：《机会与约束：中国福利制度转型中非营利部门发展的条件分析》，《社会学研究》2003年第2期，第94页。

⑥ ［美］莱斯特·M. 萨拉蒙等著：《全球公民社会：非营利部门视界》（贾西津、魏玉译），社会科学文献出版社2002年版，第3—4页。

⑦ 李维安主编：《非营利组织管理学》，高等教育出版社2005年版，第236页。

⑧ 郑功成：《社会保障学——理念、制度、实践与思辨》，商务印书馆2000年版，第180、214页。

件下的“社会人”。适应这种转变，人们需要“能够适应人的社会化并作为国家社会发展稳定机制和市场经济维系机制的新型社会保障制度”，如“幼者需育、老者需养、弱者需帮、贫者需扶、孤者需助、病者需医、伤者需治……”① 中国红十字会博爱工程所包含的“救死扶伤、扶危济困、敬老助残”等工作正是社会化情境下对人的基本保障。红十字会坚持人道、中立、公正等原则，不加歧视地关注全社会的弱势群体，这是对社会人群的一种全面的社会化的保障。

其次，从人权的角度。人权内容广泛，但生存权与发展权是人权之本。关注人的生存与发展正是红十字会的天职所在，是红十字人道主义的基本内容。红十字会以改善“最易受损害群体境况”为工作目标，力所能及地保障社会中弱势群体的基本生存权和发展权。救援工程中红十字会保障在灾害中基本生存面临威胁的社会人群，为灾民提供最基本的生活资料和医疗用品，并组织红十字会医务人员和专业工作者提供身心上的治疗和抚慰。爱心工程中主要关注在疾病和意外伤害中生存面临严重威胁的人们，红十字会以其特殊的人道方式为人们提供预防这种生存困境的方法并提供帮助人们走出困境的基本技能，尤其体现出对老人、儿童、残疾人、贫困人群等特殊群体权益的关注。

这种关注不仅是基本的生存所需，还包括生活、就业和情感，如在各地红十字会都广泛开展的针对特殊群体的日常服务和节日慰问以及送温暖活动。无锡县红十字会早在1987年就曾开办残疾人福利工厂，妥善安置了一批残疾人的就业问题②。1989年，一场洪灾带来了邳州市脊髓灰质炎（俗称小儿麻痹症）的流行，造成600多名儿童染病，给众多家庭造成多重伤痛。邳州市红十字会急社会所需，本人道襟怀，建立起儿麻康复中心（又称“希望之家”），在努力促进患者生理康复的基础上，还注重对儿麻患者综合素质的培养，引导他们自食其力，学会生存。到2003年，“希望之家”先后有5人考入大学，16人谋得职业，20多名残疾少年的书画作品在国内赛事上获奖③。“希望之家”在2000年还组建了轮椅乒乓球队，多次在国内外赛事上获得佳绩，仅2003年就先后在全国第六届残运会、第四届“远南”乒乓球锦标赛和新西兰世界轮椅运动会上共获得奖牌21枚，其中金牌7枚、银牌5枚，铜牌

① 郑功成：《中国社会保障论》，湖北人民出版社1994年版，“自序”第1页。

② 《江苏省红十字会四届三次理事会工作报告》，苏州市红十字会档案1988年“长期”106，第13页。

③ 陈颖辉：《邳州市红十字会双喜临门》，《江苏红十字》2003年第10期。

9枚[①]。2004年9月28日，“希望之家”的顾改更是在雅典残奥会上与队友一起摘得乒乓球团体冠军[②]，从而享誉全国。可见，“希望之家”不仅使这些患者获得了生存的希望，而且还实现了自身的价值，取得了部分健全人都难以超越的成绩，这体现出红十字会对特殊群体人权的全面保障。此外，以“母亲工程”为代表的一批助孤项目对孤儿的生活、情感、教育、就业都给予了全方位的关注，使一大批孤儿在全社会的关爱下健康成长。

再次，从人的健康的角度。健康的重要性世人皆知，“对一个国家而言，国民健康是一个综合性的发展指标；对每个社会成员而言，追求健康则是其生存与发展的至关重要的方面，因为健康是社会成员的最本能的需求，也是其服务社会的重要资本”[③]。对于健康的保障，博爱工程更具发言权。保障人的生命和健康是红十字会的宗旨所在，也是红十字会的创建初衷和最基本的人道指向。救援工程中红十字会的关注基点即在于人的生命和健康，生命和健康是第一位的，之后才是其他。爱心工程中也体现着对弱势群体健康的关注，前文提到的“希望之家”最基本的服务就是对儿麻患者的治疗和康复，只有在此基础上才能言及其他。这在红十字会的助残工作中是一个普遍情况。在对老年人和少年儿童的爱心工程中，关注健康也是重要内容，如类似于“老康医院”的一批助老工程中，对老年病的预防和治疗都是重要内容。生命工程对健康的关注更加一目了然。血液被称为“生命之河”，无偿献血工作保障了“生命之河”的清纯和源源不绝。捐髓工作是人类对白血病的“宣战书”，体现了对健康的追求和生命的渴望。遗体和器官捐献工作体现了对生命体的敬畏与尊重，以及对健康的不懈追求。预防艾滋病工作则是呼唤全社会共同追求健康的生活方式。在现代社会，意外伤害特别是交通事故成为人的生命和健康的大敌。而生命工程极力倡导的卫生救护培训工作就是一项卓有成效的生命保障措施。仅从机动车驾驶员这一群体来看，救护培训为他们系上了三重“安全带”：第一重“安全带”是驾驶员在获取驾照时必须参与的初级卫生救护培训，以备不测，能够救人和自救；第二重“安全带”是红十字会设立的公路救护点，时刻准备，营救生命；第三重“安全带”是对公安交警和巡警的培训，这些人一般在救护车之前到达事故现场，经过培训后他们往往能在最佳时机挽救生命和保障健康[④]。

最后，从老龄化的角度。“人口老龄化给社会保障制度带来的最大影响，

---

① 陈颖辉：《邳州红十字会表彰勇夺冠军的致残乒乓健儿》，《江苏红十字》2003年第12期。

② 陈颖辉：《残奥会上顾改夺金牌》，《江苏红十字》2004年第10期。

③ 郑功成：《社会保障学——理念、制度、实践与思辨》，商务印书馆2000年版，第221—222页。

④ 参见郝如一：《给汽车摩托车驾驶员系上“特种安全带”》，《中国红十字》1997年7月11日。

就是使老年保障成为整个社会保障体系中最为重要的系统”[①]。在这种情况下，充分调动社会力量参与社会保障势所必然。红十字会的助老工作是常设项目，在爱心工程中扶老助老也是重要内容，而且红十字会的老年保障工作更大的优势在于对老年人精神上的慰藉和情感上的关怀，对于走向暮年的老人来说，这是更加重要的。例如，苏州“老康医院”的成功运作创立了红十字会参与老年保障工作的一个典范，也预示着红十字会在这一领域将大有所为。在社会加速转型的今天，在新型社会保障体制逐步形成的过程中，相信红十字会将日益彰显其不可替代的独特作用。

① 郑功成：《社会保障学——理念、制度、实践与思辨》，商务印书馆2000年版，第230页。

第十一章　改革开放以来中国红十字运动的历史省思

在中国特色社会主义不断发展的历史背景下，中国特色红十字事业也面临着深化改革和持续创新的机遇与挑战。要想在新时代屹立潮头，引领人道事业长风万里，需要“有为、有位”地携手共进；需要倚重募捐工作，增强红十字会实力；需要持续不断地推进红十字志愿服务工作，增强红十字文化软实力；需要走进“田野”，推进农村红十字工作；需要推进红十字青少年工作的蓬勃发展，培养红十字事业的接班人和生力军。

第一节　“有为、有位”地携手共进

对于红十字事业而言，“要想有地位，必须有作为”是一个常讲常新的命题。“说轻点这是个工作方式、工作思路问题，说重了就是理论联系实际的工作作风问题，是关系到我国红十字事业能否加快发展的战略问题”[①]。因此，在新的时代背景下，面临着新的机遇和挑战，中国红十字会不仅需要勇立时代潮头，做新时代的弄潮儿，更要扑下身子，踏实有为，大胆创新，不懈奋斗，以自身优异的工作业绩继续谱写中国红十字运动新的华彩篇章。

① 任义德：《扎实工作，以有为促有位：红十字工作系列谈之三》，《中国红十字报》2010 年 2 月 5 日。

一、“有为、有位”问题的提出

“要想有地位，必须有作为”，是20世纪90年代中国红十字事业为谋取自身发展而不懈追求的主导思想。中国红十字会在1993年五届四次理事扩大会议的工作报告中即较早地提出“有为、有位”的关系问题。报告指出，过去一年工作取得了重要成绩，其经验和体会最重要的一条即是各级干部把“要想有地位、必须有作为”当作座右铭，脚踏实地、艰苦奋斗、努力工作。

此次报告结合全国红十字会系统的实践探索，基本厘清了“有为、有位”之间关系。首先提出“地位是靠作为争取来的”，这是经过实践检验的客观事实。中国红会在面临诸多困难的情况下，能在国家政治生活中有一定地位，是靠各级红十字工作者的不懈努力，在事业中有所作为争取来的。如果不进行艰苦的努力，不做出突出的成绩，就得不到广大群众的理解和信任，就得不到政府领导的重视与支持，因此也就不可能有相应的地位。“去年新疆红会，江西赣州、湖南大庸等地红会实现了‘三列’一步到位，在国家精简机构、控制编制、压缩开支的情况下，增编、列支是很难办到的，靠的就是这些地区红会的同志脚踏实地的工作，靠的就是有了作为”。

那么，如何才能做到有作为呢？必须努力拼搏，“只有靠自身拼搏，脚踏实地、一步一个脚印地干，才能出成绩，不拼搏就不会有作为，也就不可能有地位。中山市红会组建时，与其他沿海经济开发区的条件相差无几，年经费不过万元左右。他们善于钻研、努力拼搏，靠‘慈善万人行’起步，建起了红十字门诊部、弱智儿童学校、老年颐乐楼、红十字血站等，使中山市红会在领导和群众中倍受信赖”。事实证明：只有努力拼搏，才能有所作为。

地位靠作为争取，作为靠拼搏实现。有了地位该何去何从呢？五届四次理事会的报告还指出“有了一定地位更要有所作为”。“在争取到一定地位后，更要有所作为，才能推动事业的不断发展。北京市红会在本地有影响、有地位，但他们并不满足，而是追求事业，抓住申办2000年奥运会的时机，组织全市救护队进行‘盼奥运救护表演’，受到领导和社会各界的好评”。山东省各级红会有一定的影响和地位，但他们并不满足，其中临沂地区红会“为群众办了许多好事，在社会上产生了积极反响，使红十字会的影响越来越大，声誉越来越好”。有所作为，才能争得相应地位；有了地位，作为就会更大，就能更好地发展事业。因此“要想有地位，必须有作为”，这不但是红十字会成功经验的总结，更是进一步发展红十字事业的动力①。

1994年，红会“六大”报告明确要求，广大干部和会员应将“要想有地位，必须有作为”作为座右铭，凭着对事业的执着追求，艰苦奋斗、勇于奉献，克服诸多困难，做出成绩，以实际行动争取群众的理解与信任、政府的重视与支持；同时，狠抓组织机构和会员队伍的建设，发挥广大干部和会员的作用，为红十字事业的发展打下比较坚实的基础②。

钱正英会长在1996年的六届三次理事会会议上，又一次对“有为与有位”进行了深入阐释。她首先开宗明义，指出“地位靠作为争取，作为靠卓有成效的业绩实现；只要艰苦奋斗，执着追求，不懈努力，就能够有所作为；有为才能有位，有了地位更要有所作为，地位才能巩固提高”。的确，改革开放之初中国红十字会国内工作全面恢复时，红十字会的名字几乎已经被人们所遗忘。但仅仅十几年，经过众多红十字工作者无私奉献，努力拼搏，在开展备灾救灾、社会服务、群众性卫生救护、推动无偿献血、培养红十字青少年、沟通海峡两岸关系以及开展国际交往等方面做了大量工作，以工作实绩，使红十字会在我国社会和人民群众心目中的地位逐步提高。

实践证明，有了作为，就能够赢得政府的重视和支持。例如，截至1995年年底，全国所有省级红十字会和82%的地级、38%的县级红十字会配备有专职工作人员，其中4个省级、15个地级、39个县级红十字会机构实现了单独设置，县级以上各级红会机关专职人员编制2685人，两年内增加751个编制。这些地方红会机构建设之所以进展较快，其中一个重要原因是当地政府从救灾、救护、救助工作中感受到了红会的作为和作用③。

1999年，红会“七大”报告中对“有为与有位”的关系做了更加深入的论述，要求红十字工作者切实做到以有为求有位。“七大”报告指出，“坚持有为才能有地位，有了地位更要有所作为，就能开创工作新局面，使红十字事业持续发展。”六届理事会时期的大量事例说明，要争取有较高的社会地位，红十字会必须刻苦工作，做出工作实绩，才能取得政府和社会各界的信任。例如，内蒙古红十字会的“云曙碧精神”中的重要一点就是以作为争取

---

① 顾英奇：《抓住时机　努力开拓　争取新的更大胜利——在中国红十字会五届四次理事扩大会议上的工作报告》（1993年1月30日），《中国红十字会五届四次理事（扩大）会议文件汇编》，1993年内部印行，第31—33页。

② 顾英奇：《认真实施红十字会法　努力发展中国特色的红十字事业——中国红十字会第六次全国会员代表大会工作报告》（1994年2月23日），中国红十字年鉴编辑部编：《中国红十字年鉴：2004/2005》，台海出版社2006年版，第131页。

③ 钱正英：《在中国红十字会第六届理事会第三次会议上的讲话》（1996年3月26日），《第六届、第七届理事会主要文件汇编》，2005年内部印行，第18—19页。

地位；吉林省红会开展社会救助工作创造了优异成绩，政府领导认为：“红十字会是投入少，产出多的单位”，很快解决了红十字会机构和编制问题；云南省红会发挥自身优势，争取到1亿多元人民币的外援，为社会办了许多好事，政府呼吁社会各界“支持红十字会工作就是支持政府的工作”，并为红十字会创造了良好工作条件，红十字会又有了更大的作为。许多红十字组织及干部，做到了以优异成绩开创新局面，有了地位后，再创辉煌，使红十字事业步入良性循环发展的轨道①。应该说，经过长时间的摸索和思考，红十字会工作者基本上达成了“要想有地位，必须有作为”的共识。当然，这里的地位，是指按照《红十字会法》和《中国红十字会章程》，红十字会所应具有的权责，是指政府对红十字会的认可、支持和有效资助。具体而言，主要体现在红十字会在政府支持下管理体制的理顺。

二、“有为、有位”的理论解析

应该说，“要想有地位，必须有作为”这一思想对调动广大红十字工作者的工作热情，引领他们努力拼搏、不断进取起到了重要的号召、鼓舞和鞭策作用。当然，对于这一思想，也有人从不同的角度提出异议。例如，有人提出，在《红十字会法》颁布实施的情况下，拥有地位是法律的内在要求，因此“应该是‘地位’在先。试想：无编制、无人员、无经费，还有什么作为?”② 亦有人结合当地红十字会发展实际，反对以“作为”促“地位”的说法，提出“中国红十字会地、县级基层组织的存亡与否，是取决于政府”③。还有一种观点认为“地位”与“作为”相辅相成，缺一不可。“地位是‘作为’的先决条件，是‘作为’的基本保证，是‘作为’的物质基础”；而“‘作为’促进了地位，‘作为’创造了地位，‘作为’确立了地位”④。应该说，上述观点都具有一定的道理，但在对“有为”与“有位”关系的阐述上还是不尽透彻。

在“有为”与“有位”的问题上，首先应该正确认识“为”与“位”。“为”就是充分发挥主观能动性，去争取，去创造。这不应存异议。对于

---

① 顾英奇：《坚持依法建会　加大改革力度　将中国红十字事业全面推向二十一世纪——中国红十字会第七次全国会员代表大会工作报告》（1999年10月11日），中国红十字会总会编：《中国红十字会历史资料选编，1950—2004》，民族出版社2005年版，第390页。

② 刘鲁波：《也谈红十字会以“作为”取“地位”》，《中国红十字报》1995年5月12日。

③ 石光志：《红十字会的地位需依赖政府》，《中国红十字报》1995年7月14日。

④ 鲁戈：《地位保证作为，作为促进地位——与石光志等同志商榷》，《中国红十字报》1995年12月22日。

“位”，应有两层含义，一是体制和机构中的“位”，二是社会大众心中的“位”。对于大众心中的“位”，的确是“要想有地位，必须有作为”，这是亘古不变的真理，也是中国红十字运动的实践所证明了的。对于另一个“位”，就要具体分析了。

单纯就“有位”与“有为”的先后来说，从逻辑上肯定是先“有位”而后“有为”，无位又怎能有为呢？按哲学的观点，每个现实中的事物都应有其独一无二的特殊属性，也会有与之相应的与众不同的特殊地位。如果无位，事物又如何存在呢？其实，对于中国红十字运动而言，长期以来不是“无位”而争取“有位”的问题。“位”是有的，但“位”不高、不明确、不适当、没有保障且难以落实。新中国成立后，伴随着改组，中国红十字会成为“中央人民政府领导下的人民卫生救护团体”①，这既是它的属性，也规定了它的“位”。但直到1993年，“只有三个直辖市的市级红十字会是独立的。县、省地方红十字会绝大多数是都是挂靠在卫生行政部门”②。大部分“红十字会组织在各级地方政府中没有得到一个适当的地位，突出表现为无编、无资、无办公场地，而且还要受各级地方民政部门及社团组织的制约。况且在有些决策权威人士们的头脑里甚至认为该组织可有可无等等”③。应该说，在《红十字会法》颁布前，对中国红十字会性质探索在不断深入，从“人民卫生救护团体”到总会“四大”时的“全国性的人民卫生救护、社会福利团体”④，再到1993年总会五届四次理事会的“国际性的人道主义救助和社会服务团体”⑤，红十字会的“位”在局部地区虽也有过些许的提升和明晰化，但总体来说，红十字会的位置关系还比较“暧昧”。《红十字会法》的颁布实现了中国红十字事业“历史性的跨越”，红十字会的“位”也史无前例的在国家法律的保障下明晰化了。根据《红十字会法》，“中国红十字会是中华人民共和国统一的红十字组织，是从事人道主义工作的社会救助团体”。“中国红十字会总会具有社会团体法人资格；地方各级红十字会、行业红十字会依法取得社会团体法人资格”。由此，红十字会的“位”，有了法律的保障。但红十字会在现实中不可能一步到“位”，其取得应有的明晰的“位”还需要一个

---

① 《中国红十字会章程》（1950年9月6日中央人民政府政务院批准公布），中国红十字会总会编：《中国红十字会历史资料选编，1950—2004》，民族出版社2005年版，第3页。

② 赵辉：《红十字会组织机构应该调整》，《中国红十字报》1993年11月5日。

③ 石光志：《中国的红十字会必须有地位》，《中国红十字报》1993年9月17日。

④ 《中国红十字会章程》（1985年6月1日“四大”通过），中国红十字会总会编：《中国红十字会历史资料选编，1950—2004》，民族出版社2005年版，第154页。

⑤ 顾英奇：《抓住时机，努力开拓，争取新的更大胜利》，《中国红十字报》1993年2月19日。

过程。

以江苏红会为例，到1999年年底，江苏“全省仍有2/3的区和1/3的县没有解决编制和配备专职干部问题”①。到2002年省红十字会“七大”召开时，江苏“绝大多数市、县红十字会尚未理顺管理体制”②。这就表明，《红十字会法》的规定若得到切实的贯彻实施，需要红十字会系统与各级政府以及有关部门共同努力，有法必依，执法必严，逐步使红十字会真正“有位”。由此可见，对江苏红十字会而言，不是“有位”还是“无位”的问题，而是一个“位”不断提升，逐渐走向明晰化，并不断向其应有的适当的位置前进的问题，而这正是从“位”的角度透视出的中国红十字运动的发展轨迹。这一脉络也是中国红十字会逐步成长壮大的过程。当然，这一过程的实现离不开全体红十字工作者的“有为”奋斗。

组织社会学的理论认为，“组织在接受外部环境因素影响力的同时，又反作用于环境。这样就形成了组织与环境的相互影响、相互依存关系”。环境对组织的作用主要是一种制约，主要来自“环境的容量”“环境的稳定程度”“环境的集聚程度”“环境的紊乱程度”；组织对环境的反作用体现在“组织要生存下去，就要与外部环境进行交换，但这种交换只有当其自身的输出能够被外部环境接受时才可能实现，组织也才可能从交换中得到它们用以维持生存所必需的新的资源。组织与环境的交换过程便是反作用于外部环境的过程”③。“有为”与“有位”其实体现的就是组织与环境之间的相互影响、相互依存的关系。“有位”是社会对红十字会组织的认可和接纳，是环境对组织的作用；而“有为”是红十字会为政府分忧、为群众解难，是把人道主义救助行为诉诸社会，体现了组织对环境的反作用。红十字运动就是在这种“有为”与“有位”的相互促进中走过了百余年历程。

在红十字会“有为”的基础上，随着《红十字会法》贯彻的深入，红十字会的“位”在江苏全省红十字会系统中也逐步落实。2002年，省红十字会管理体制理顺，实现单独建制，这既是贯彻实施《红十字会法》的重大成果，也是省红十字会实现“有位”的重要标志。此后，全省各级红十字会也开始了理顺体制的进程。2004年，《江苏省实施〈中华人民共和国红十字会法〉办法》颁行，使江苏红十字会的“有位”之路加速前行，也进一步促进了红

---

① 《江苏省红十字会1999年主要工作和2000年工作要点》，苏州市红十字会档案1999年“长期”14，第7页。

② 陈萍：《奋发有为，与时俱进，开创江苏红十字事业新局面》，苏州市红十字会档案2002年“长期”27，第56页。

③ 刘祖云等：《组织社会学》，中国审计出版社2002年版，第279—284页。

十字会更加“有为”。当然，这里需要强调的是，如果说体制中的“位”有一个标准并最终可以实现的话，那么社会大众心中的“位”是无止境的。也就是说，“有为”要携手“有位”，不断前进。在未来，我们正是要让红十字运动在“有为”与“有位”的相互作用中不断发展，创造辉煌。

三、“有为、有位”：公信力建设的视角

“有为与有位”的问题，不仅是一个理顺体制问题，更是公信力建设问题。如前所述，所谓“有位”，不仅是在政府的文件中“有位”，更应是在百姓心中“有位”。红十字会只有有所作为，才能得到百姓认可，才能有效增强公信力。

山东省章丘市红十字会有着深厚的群众基础，口碑良好，主要是因为凭着严谨、细致的工作，不仅赢得了市民的信任和支持，也赢得了合作单位、爱心企业的尊重。章丘红会的成功要诀在于三点，第一，做实事，让老百姓“看得见”。为了建设具有公信力的人道组织，章丘红会始终致力于红十字会工作的规范、透明、高效运作，“踏实、诚信、温暖、博爱”成为红十字会在老百姓心目中的“标签”。2008 年独立建制以来，章丘红会在历次赈灾中都“第一时间响应、第一时间启动、第一时间公示、第一时间划拨”，累计募集款物 200 余万元，“救灾募捐找红会”已成为自然灾害发生时市民的第一选择。第二，讲诚信，让老百姓“信得着”。“无信不立，无诚不行”，红十字会开展工作，离不开三个要素：钱、物、人。为了做到“钱要清楚、物要明白、人要诚信”，章丘红会采取了“三驾马车”的诚信建设方式。第一驾马车是完善制度建设，第二驾马车是团队诚信建设，第三驾马车是社会合作与监督。“三驾马车”并驾齐驱，使得章丘红会的工作始终处在阳光下、监督中，收获了广大市民和爱心人士的口碑和信任。第三，重细节，让老百姓“心里暖”。为了让奉献者体验到尊重，让受助者感受到温暖，章丘市红会注重“关注人、尊重人、抚慰人”，在工作设计上给予奉献者充分的尊重和体贴①。

2011 年发生的“郭美美事件”，给中国红十字会造成的创伤短期内仍难愈合。如何在最短时间内走出信任危机，开创一片新天地？对于红十字会来说，唯一的办法就是务实有为。如何才能务实有为？有学者提出“五要”与“五忌”。

要树立必胜信心，忌畏难无策、丧失自信。信心是成功的第一秘诀。一

① 张春中、张燕：《红会工作“有为”　百姓心中“有位”——山东省章丘市红十字会公信力建设纪实》，《中国红十字报》2016 年 1 月 8 日。

个人或一个组织如果失去了战胜困难的信心，势必会迷失自我，丧失拼搏的勇气与力量。红十字会因“网络事件”的冲击陷入信任危机，这对红十字会和红十字人来说无疑是当头一棒，许多人至今走不出心理阴影。具体表现为公开场合缺少底气、公益活动缺少锐气等。长此以往，将对红十字会产生致命的危害。

要积极主动作为，忌不作为、不敢为。红十字会是党领导下的群团组织，也是党和政府在人道领域的助手，但党和政府对红十字会工作没有硬性的指标要求。正因为如此，一些人将红十字工作的这种弹性，与个人名利挂钩，对己有利就多干，对己无利就少干。还有少数“老红会”认为红十字会是弱势部门，地位低，习惯安于现状，不愿主动作为，缺乏工作热情和进取精神；一些“新红会”不懂业务，却不愿学习钻研，甚至担心工作做多了，风险和责任也随之增加。

要善抓主打项目，忌广种薄收、不务正业。《中国红十字会章程》规定，在和平时期，中国红十字会有 14 大项职能。国家赋予红十字会的工作任务繁重、千头万绪，但现阶段红十字会的人力、物力、财力还不足以把这些工作全部完成得十分出色。所以，分清主次很有必要。

要勇于务实创新，忌虚假夸大、不求实效。当前，我国正处在经济社会转型发展的重要时期，各种矛盾叠加，既给红十字事业发展提供了广阔的空间，也对各级红会提出了更高的要求。再加上少数组织或个人仍对红会心存芥蒂，所以红十字工作来不得半点虚假和懈怠。目前，各级红会在发展志愿者和会员时多存在统计上的虚假夸大，业务开展过程中多缺乏创新意识，这些都严重影响了红十字组织的信誉度和影响力，阻碍红十字事业健康发展。

要动员广泛参与，忌事必躬亲、面面俱到。群众性是红十字工作的最基本特征，红十字会的工作主体、服务对象和依靠力量都离不开广大群众。目前，在我国红十字事业发展过程中，确实存在着人员少、工作多的矛盾。但实际工作中，一些红十字会工作人员总是事必躬亲，面面俱到，不懂得发动群众、依靠社会力量开展工作，使红十字会工作干不好、干不完的问题更加突出。红十字会干部要主动当好组织者、发动者和策划者，把更多的精力用在策划项目、组织活动上，根据困难群众的实际需求，设计和开展有针对性的活动，做群众的知心人、贴心人、信得过的人①。

---

① 戴天银：《务实有为是红十字工作的基石——小议中国红十字会公信力建设》，《中国红十字报》2016 年 1 月 26 日。

第二节 推动筹资工作，增强红会实力

筹资能力是一个公益组织综合实力的集中体现。公益组织间的竞争，说到底就是实力的竞争，而实力的竞争主要体现在筹资能力的竞争上。在公益组织林立、公益市场竞争激烈的情况下，只有声誉好、参与度高、公信力强的组织才能得到更多的捐款和支持；只有自我完善，做到公平、公正、公开，不断提高筹资能力和执行能力，才能在激烈竞争中立于不败之地。

红十字会的筹资属于公益性筹资，是指红十字会基于组织的宗旨和目标，向政府、企业、民众或基金会等，发动募集资金、物资或劳务的过程。《红十字会法》明确规定，红十字会经费的主要来源包括接受国内外组织和个人捐赠的款物；红十字会为开展救助工作，可以进行募捐活动。有影响力的公益组织无不将筹资摆在突出甚至是首要的位置，例如，英国红十字会有半数的职员从事筹资工作，泰国红十字会设有专门的筹资局。对于中国红十字会而言，筹资同样起着举足轻重的作用，其是实践组织理念、履行组织职责的前提，也是红十字事业发展壮大的物质基础。“八大”以后，中国红十字会加强了筹资工作，将筹资宣传处一分为二，单独成立筹资处。中国红十字基金会也充实了人员，筹资工作焕发出了生机和活力①。

一、21 世纪以来筹资工作的发展

进入 21 世纪，红十字会筹资工作发展迅速、成效显著。从 2002 年到 2007 年，总会和省级红十字会募集约 30 亿元款物，平均每年筹集款物是 2002 年前的 3 倍。尤其是“八大”以后（截至 2007 年），中国红十字会以《中国红十字事业 2005—2009 年发展规划》为指导，顺应市场经济的发展潮流，解放思想，开拓创新，坚持走社会化、开放式的道路，积极拓宽筹资渠道，增强救助实力，努力探索科学、长效的筹资机制，筹资工作取得了重大进展。具体体现在以下几个方面。

其一，进一步拓宽了筹资渠道。积极探索对外开放和市场经济条件下的筹资新路子，广泛建立筹资渠道，定期拜会在华跨国企业，与企业签署合作备忘录，建立长期合作关系。加强中国红十字基金会建设，并通过设立专项

---

① 《江亦曼在中国红十字会筹资工作研讨会上的讲话（2007 年 11 月 17 日）》，中国红十字年鉴编辑部编：《中国红十字年鉴：2007/2008》，中华工商联合出版社 2011 年版，第 155—156 页。

基金等方式，争取了更多稳定的资金支持，既增强了红会的救助实力，又满足了企业的公益需求，取得了双赢的良性效果。

其二，筹资方式逐步实现多元化。整体而言，大致有以下几种方式：一是突发事件中募捐，比如海啸、“非典”、重大自然灾害发生时的募捐；二是主题性募捐，比如艾滋病日、红十字博爱周、关爱农民、救助先心病儿童时的筹款，同时举办义演、义卖等大型筹资活动；三是经常性的募捐，如开通了手机短信、网络捐赠；四是项目募捐，设立符合红十字会宗旨的，群众需要、政府满意的公益项目；五是建立基金，比如总会建立了壹基金，中国红十字基金会建立了小天使基金、嫣然基金、玉米基金等；六是与企业、行业联手开展活动，比如参与品牌中国节、参与保健协会的活动。红会越来越多地利用电视、网络、报刊等媒体，利用明星效应筹资。

其三，通过项目运作筹集资金。以项目作为筹资的载体，不断开发引进既符合群众要求和捐赠者意愿，又得到政府支持的品牌项目。一方面，加强项目策划和推广，用好的项目吸引社会资源支持公益事业，激发公众自觉自愿的捐赠行为；另一方面，又用筹集来的资金支持公益项目，促进项目发展，形成良性循环。例如红会参与“新农合”和农民医疗救助，援建乡村卫生院(站)[①]。在八届理事会期间，红十字会把救灾、救护、救助工作设计成公益项目，以公益营销和社会化运作方式推广，打造了红十字天使计划、爱心企业联盟、博爱捐助港等筹资项目品牌[②]。

其四，初步构建起全国联动的筹资格局。为拓展筹资渠道，探索建立科学有效的筹资机制，红会提出联手打造筹资品牌、形成筹资长效机制的要求。通过与跨国公司、民营公司联系、举办大型公益宣传活动、义卖捐赠书画作品、项目推广、紧急呼吁等形式进行筹资，开通“9993”手机短信募捐特服号码，建立了全国统一的、固定的募捐筹资渠道。各级红十字会也充分发挥自身优势，利用募捐箱、项目和活动等方式，广泛开展筹资工作[③]。

总体上讲，这一阶段红十字会的筹资工作实现了以下 8 个方面的转变：从接受外援为主向国内筹集为主转变；从以总会筹资为主向全国上下联动筹

---

① 《江亦曼在中国红十字会筹资工作研讨会上的讲话（2007 年 11 月 17 日）》，中国红十字年鉴编辑部编：《中国红十字年鉴：2007/2008》，中华工商联合出版社 2011 年版，第 156—157 页。

② 江亦曼：《彰显人道　促进和谐　实现中国特色红十字事业新跨越——中国红十字会第九次全国会员代表大会工作报告》（2009 年 10 月 27 日），《中国红十字会第九次全国会员代表大会文件汇编》，2009 年内部印行，第 27 页。

③ 《江亦曼在中国红十字会第八届理事会第三次会议上的工作报告（2007 年 1 月 8 日）》，中国红十字年鉴编辑部编：《中国红十字年鉴：2006/2007》，群言出版社 2009 年版，第 102 页。

资转变；从面向企业为主向企业、社会两手抓转变；从筹资方式单一向多元化转变；从一次性捐赠向持续性合作转变；从被动接收向主动出击转变；从重大事件筹资向经常性募捐转变；从单纯依靠自身力量筹资向借助社会资源筹资转变①。

2008 年开启了红会筹资工作的新时代。汶川特大地震发生后，中国红十字会全力整合国内外、海内外以及红十字会系统内外的资源和力量，开展自红会成立以来最大规模的募捐及救助活动。截至 2008 年 11 月底，共为抗震救灾募集款物价值 190.52 亿元，占汶川地震捐赠款物总额的 1/4 强，创造了中国红十字会历史上的最高数额。这一年，红会项目化筹资方式更加成熟。李连杰壹基金计划、招商证券、中恒博爱、火炬手、巴蜀力量基金等基金，筹集款物价值超过 2 亿元。红会与中央电视台联合主办《赛宝·博爱中国年》春节特别节目，为“新农合”、农民医疗救助募集资金。开通了“10699993”公益短信捐助，全年募捐总量超过 2 亿元。红十字天使计划接受捐赠款物过亿元，援建博爱新村、博爱小学、博爱卫生院（站）近 400 所，培训乡村医生 500 余名，资助重症儿童和农民千余名，捐建“红十字书库”173 个。“中国红行动”项目荣获 2008 年“中华慈善奖”最具影响力慈善项目奖。中国红十字基金会在国家基金会等级评定中被评为 5A 级基金会②。

2009 年“九大”召开后，红会筹资能力不断增强，筹资工作取得了进一步发展。2010 年，红会在探索可持续的筹资工作机制方面取得新进展。各级红会共筹集款物价值 77 亿元，其中为青海玉树地震筹资 23.2 亿元。制定《中国红十字会筹资工作指导意见》《中国红十字会总会公益项目基金管理暂行办法》《中国红十字会手机短信捐款管理暂行办法》等基本制度，积极推进项目筹资和手机筹款工作，其中仅手机短信捐款即募集 1146 万元。争取财政部、国家税务总局下发《关于确认中国红十字会总会公益性捐赠税前扣除资格的通知》。在巩固与建设银行、招商银行合作关系的基础上，与中国工商银行建立战略合作关系。这一年，地方红十字会筹资成果显著，如北京市的“博爱在京城”、安徽省的“博爱在江淮”、山东省的“博爱在齐鲁”等等③。

① 《江亦曼在中国红十字会筹资工作研讨会上的讲话（2007 年 11 月 17 日）》，中国红十字年鉴编辑部编：《中国红十字年鉴：2007/2008》，中华工商联合出版社 2011 年版，第 157 页。

② 《江亦曼在中国红十字会第八届理事会第五次会议暨全国社区红十字服务示范市（区）命名表彰会议上的工作报告（2009 年 1 月 7 日）》，中国红十字年鉴编辑部编：《中国红十字年鉴：2009/2010》，中华工商联合出版社 2011 年版，第 180、184 页。

③ 《王伟在中国红十字会第九届理事会第二次会议上的工作报告（2011 年 1 月 19 日）》，中国红十字年鉴编辑部编：《中国红十字年鉴：2010/2011》，中华工商联合出版社 2014 年版，第 176 页。

资金筹集和管理是红十字会的生命线。2011 年，中国红十字会加大改革创新力度，取得了较好的成效。首先，搭建中国红十字会捐赠信息发布平台。启动了中国红十字会信息管理系统建设的立项和规划工作，该项目计划用两年时间初步实现省级以上红十字会信息公开的制度化、标准化和规范化。其次，探索可持续筹资机制。举办全国红十字会筹资与财务培训研讨班，广泛吸收法律、财务、金融、媒体等各方面专家智库意见。总会优化了筹资工作委员会结构，明确了今后筹资工作的思路和方向。探索推进直邮募捐，启动了数据库筹款工作，建立了“中国红十字会数据库筹资管理中心”，各省积极配合建立捐款人数据库，为开拓“直邮募捐”等新型募捐渠道打下了坚实基础。再次，进一步完善彩票公益金管理工作。全面启动彩票公益金“十二五”计划，配合财政部完成了《中国红十字会总会彩票公益金管理办法》的制定工作。2011 年，全国各级红十字会共实现财务收入 41. 98 亿元。其中，总会收入 10. 49 亿元，省级红十字会收入 10. 28 亿元，省级以下红十字会收入 21. 21 亿元。专项基金筹款稳步增长，总会设立的淘宝公益基金筹到款物达到 3500 余万元。筹款项目“魔豆爱心工程”在全国 13 个省市实施，荣获“中华慈善奖最具影响力公益项目”①。

2012 年，红十字会坚持依法办事、严格管理、公开透明的原则，在做好日常筹资和财务管理工作的同时，更加注重加强常态下的多元化、可持续的筹资机制建设，继续完善相关管理制度，进一步提升财务管理水平。首先，在制度建设方面，创新财务管理模式，全力保障事业发展。一是着力加强财务管理规范化建设，先后拟订或出台了《中国红十字会募捐和接受捐赠管理办法》《中国红十字会捐赠票据使用管理实施细则》《中国红十字会总会物资捐赠管理办法》等重要管理制度和办法。二是探索将社会捐赠资金整合设立为三大专项基金，即国内人道救助基金、国际人道援助基金和事业发展基金，并制定相应管理办法，提高了社会捐赠资金的管理水平，推动了政府拨款资金和社会捐赠资金的分开管理。其次，继续推进筹资机制的创新发展。在战略研究、人才培养、经验交流、筹资工作规范化以及品牌项目维护提升等方面取得了积极进展。召开筹资专家委员会年会并展开研讨，借助专家智库力量指导和改进筹资工作；首次对系统内筹资状况进行全面调查，形成了《省市红十字会筹资现状及发展调研报告》；按季度编制筹资分析报告，首次通过

---

① 《赵白鸽在中国红十字会第九届理事会第三次会议上的工作报告（2011 年 12 与 7 日）》，中国红十字年鉴编辑部编：《中国红十字年鉴：2012/2013》，中国工商联合出版社 2016 年版，第 139—140 页。

《2012年度慈善蓝皮书》，发布了中国红十字会筹资情况；积极推进筹资国际合作交流，参加英国红十字会的筹资工作坊，与香港红十字会交流合作等，借鉴先进经验，指导筹资工作①。

总之，在九届理事会期间，中国红十字会筹资与财务管理工作取得了重要进展。全国各级红十字会广泛动员社会资源，累计接受社会捐赠款物价值人民币近260亿元。全国各地先后策划培育出一批筹资项目品牌，中国红十字基金会再次被评为全国5A级基金会。在这期间，红会加强财务管理，完善募捐和接受捐赠工作制度，向社会发布筹资和使用情况。通过开展审计调研，加强内部监督和风险防控②。

二、新时期推动筹资工作的基本思路

进入21世纪以来，中国红十字会的筹资工作虽然取得了可喜的成绩，但是应当清楚地看到，科学、长效的筹资机制还未完全建立，实践中还有不少新问题亟待解决。总体来说，筹资实力仍然不强，主要体现在：第一，救助实力不够；第二，缺乏科学的筹资项目、筹资机制；第三，筹资队伍能力需要提升。目前，筹资工作存在“三多三少”的现象：重大事件筹资多，经常性筹资少；筹集物资多，筹集资金少；直接筹资多，借力筹资少。有鉴于此，进一步推动筹资工作发展，需要从以下几个方面着手。

（一）更新理念，拓展渠道

在利用好现有渠道的同时，红会应考虑如何开拓新的资源，如联合劝募、专业募款人等。要研究不断涌现的新的捐赠方式，如承诺捐赠、分期捐赠等问题。要探讨新方式是否合法、合理，是否可行，在实践中，创造性地开拓筹资渠道。

（二）重视绩效，节约成本

公益组织要提高公信力，要保证财务信息的公开、透明，自觉接受捐赠者、社会、审计的监督。首先，在物资使用的环节上，要切实做到尊重捐赠者意愿，用好每一笔募集的款物，实施好每一个项目，及时向捐赠者反馈款

---

① 《赵白鸽在中国红十字会第九届理事会第四次会议上的工作报告（2012年12月13日）》，中国红十字年鉴编辑部编：《中国红十字年鉴：2013/2014》，中国工商联合出版社2017年版，第121—122页。

② 徐科：《开拓进取　依法治会　推进中国特色红十字事业持续健康发展——在中国红十字会第十次全国会员代表大会上的工作报告》（2015年5月5日），《中国红十字会第十次全国会员代表大会文件资料汇编》，2015年内部印行，第37页。

物的去向和用途。要尽快制定捐赠流程和规范。其次，要提高工作效率，增强执行能力。再次，要解决好筹资成本问题。红十字会从事的是人道救助事业，不是以盈利为目的。公益机构要把公信力放在首要位置。筹资成本要把握好度，没有成本，工作无法开展，但是超过了度，公信力就会降低①。

（三）筹资与宣传的有机结合

宣传与筹资是形影不离的“双胞胎”②。筹资离不开宣传，红会需要利用现代传媒手段，促进筹资工作③。要以宣传为先导，把宣传与筹资密切结合起来，大力弘扬红十字精神，与媒体合作，与演艺、学术界等合作培育公益文化④。

（四）整合资源，协调关系

红十字会应该整体思考如下重要关系：红会与政府的关系；总会与地方分会、直属单位之间，各地方分会之间应当建立什么样的关系；红十字会与合作伙伴、捐赠企业、政府应当建立什么样的关系。要认识到，只有加强红十字会系统的团结、协作，处理好与捐赠者、合作者、竞争者之间的关系，科学、合理地开发社会资源，才能促进筹资工作又好又快地发展⑤。

随着社会主义法制建设的推进，公益捐赠的法律法规也在逐步丰富与完善，2007年颁布的《企业所得税法》对公益捐赠的税收优惠问题做了明确规定，鼓励企业积极履行社会责任，捐助社会公益事业。改革开放不断深化，国民经济持续快速健康发展，人民生活基本达到小康水平，越来越多的群众具备了社会捐赠的经济实力。精神文明建设的加强，公益理念逐渐走进千家万户，捐赠行为甚至成为许多爱心人士的一种习惯。应该说，诸多因素表明筹资环境有了巨大改观，这也预示着筹资工作将迎来全新的发展阶段⑥。

---

① 《彭珮云在中国红十字会筹资工作研讨会上的讲话（2007年11月18日）》，中国红十字年鉴编辑部编：《中国红十字年鉴：2007/2008》，中华工商联合出版社2011年版，第143页。

② 刘斌：《宣传与筹资是形影不离的“双胞胎”》，《中国红十字报》2012年7月31日。

③ 《江亦曼在中国红十字会筹资工作研讨会上的讲话（2007年11月17日）》，中国红十字年鉴编辑部编：《中国红十字年鉴：2007/2008》，中华工商联合出版社2011年版，第155—158页。

④ 《彭珮云在中国红十字会筹资工作研讨会上的讲话（2007年11月18日）》，中国红十字年鉴编辑部编：《中国红十字年鉴：2007/2008》，中华工商联合出版社2011年版，第142页。

⑤ 《彭珮云在中国红十字会筹资工作研讨会上的讲话（2007年11月18日）》，中国红十字年鉴编辑部编：《中国红十字年鉴：2007/2008》，中华工商联合出版社2011年版，第142—143页。

⑥ 《江亦曼在中国红十字会筹资工作研讨会上的讲话（2007年11月17日）》，中国红十字年鉴编辑部编：《中国红十字年鉴：2007/2008》，中华工商联合出版社2011年版，第155—158页。

三、倚重募捐，推进筹资工作

募捐工作是红十字事业的支点，是红十字事业的动力之源，是红十字会综合实力的象征，它贯穿于中国红十字运动的百年历程。回顾历史，是募捐工作拉开了中国红十字运动的序幕，1904 年 3 月 11 日，亦即上海万国红十字会成立的第二天，施则敬等人即集会于丝业会馆，决定“先行筹备五万金，以期及早开办”①。在改革开放的新时期，随着红十字会业务范围的逐渐扩大，募捐工作的重要性也日益凸现并在红十字运动实践中发挥着举足轻重的作用。大力开展募捐工作，增强红十字会救助实力，是中国红十字运动未来发展的重要内容。

根据组织社会学理论的资源依赖模式的观点，组织作为一个有活力、向外的系统，它们能够在周围竞争的环境中，运用一定的策略，设法确定自身的环境地位，并能够设法将对环境的资源依赖风险程度减至最小。由于组织不能创造自已所需的所有资源，组织必然要从外部环境吸取资源，而那些组织依赖却又不稳定的资源将使组织的活动受到限制。为了减少那些不确定性和控制这些依赖性，组织将尝试对外部资源的供给能够达到一定程度的控制。这就需要组织采取一些有效的战略活动，使其环境中的资源确保组织的长期生存②。资金和经费是红十字会发展所必需的重要外部资源，对于红十字会来说至关重要，而募捐就是红十字会组织试图控制这一外部资源的重要手段。

从中国红十字会的现实运作来看，募捐工作的必要性和迫切性就更加明显。中国红十字会是“从事人道主义工作的社会救助团体”，但人道主义救助不是纸上谈兵，即便是“纸上谈兵”的人道宣传也需要资金和经费的支撑。红十字会的工作要一点一滴地从实处着手，每一点滴都离不开经费的支撑，其会务的开展和“三大博爱工程”的实施更需要大量资金为后盾。但经费何来呢？按照《红十字会法》的规定，经费来源包括：“（一）红十字会会员缴纳的会费；（二）接受国内外组织和个人捐赠的款物；（三）动产和不动产的收入；（四）人民政府的拨款”。那么，在现实中这些经费来源实际运作情况如何呢？下面分别作以分析。

改革开放初期，会费收缴工作缺乏统一的规范和管理。直到 1983 年 9 月，总会才开始试行《中国红十字会会费缴纳、使用、管理条例》，由此会费

① 《施君肇基笔译上海创设万国红十字支会会议大旨》，《申报》1904 年 3 月 14 日。

② 刘祖云等：《组织社会学》，中国审计出版社 2002 年版，第 282 页。

的收缴工作开始有章可循，其中规定“青少年会员 0.5 元，自愿多缴者欢迎”[①]。可见会费数量有限。一般“只能作为红十字会会务活动经费的一个补充”[②]。例如 1993 年，江苏全省红十字会共收缴会费 60 多万元[③]，这对于头绪繁多的救助工作来说，只是杯水车薪。江苏红会工作一直处于全国前列，尚且如此，其他地区可想而知。

中国红十字会不同于美、日等国红十字会，它们皆有承办全国血液事业的可观收入。“动产和不动产的收入”对于中国而言，主要应是经济实体的收入。恢复国内工作后，伴随着国家经济体制改革的深入，红十字会也曾适应变革，为增强经济实力而创办实体，在 20 世纪 90 年代还一度兴盛。不可否认，兴办经济实体在特定时期为部分红十字会“解决了红十字会‘救助’工作中的实际问题，维护了红十字会的社会形象”[④]。但客观地讲，对于长期受到“三列”问题困扰的红十字会而言，面对市场经济大潮，不具备雄厚的资本和灵活的市场运作以及技术革新的能力去参与近乎残酷的市场角逐，虽然有国家在减免税收等方面的优惠政策，也只能在价值规律的调控下处于劣势。近年来红十字会上下呼唤实体的声音不再如前响亮，也在事实上说明了这一点。所以，指望创办实体为救助积累大量资金的做法在现阶段的中国确实还不适用。

再来看看“政府的拨款”。总体来看，当前“我国民间组织的主要收入来源之一是政府的财政拨款和补贴”[⑤]，对于红十字会亦是如此。不可否认，政府拨款对于绝大部分尚属起步阶段的红十字会维持工作起着重要作用，“红十字会目前的人员工资与办公经费均来自财政预算。按照规定，各级红十字会的在编人员都‘参照’公务员的薪酬标准。在编人员的薪酬与日常办公经费均由同级财政部门拨付，俗称‘人头费’”[⑥]。但红十字会拨款的数目有限，维持日常开支尚显艰难，故难以支撑大的业绩。以江苏为例，到 21 世纪初，“全省三级红十字会每年行政和事业经费分别在 110 多万元；市级红十字会每年事业经费 1 万～5 万元，县（区）一级只有 300～5000 元，制约了工作的正

① 《中国红十字会会费缴纳、使用、管理条例》（1983 年 9 月 12 日），中国红十字会总会编：《中国红十字会历史资料选编，1950—2004》，民族出版社 2005 年版，第 143 页。

② 方宝树：《募捐方法探讨》，《中国红十字》1991 年第 1 期，第 6 页。

③ 《江苏省红十字会 1993 年工作总结和 1994 年工作重点》，苏州市红十字会档案 1994 年“短期”1，第 2—3 页。

④ 吴厚冬：《红十字会要“救助”，钱从哪里来?》（上），《中国红十字报》1994 年 9 月 30 日。

⑤ 郝琄：《红十字会参与社区服务：实际运作与问题分析》，郝如一、池子华主编：《〈红十字运动研究〉2008 年卷》，安徽人民出版社 2008 年版，第 210 页。

⑥ 《中国红十字会直面信任风波》，南方网，2008 年 6 月 5 日。

常开展”。整个20世纪90年代，政府对省红十字会的投入在1000万元以内，包括行政事业费400多万元，支持备灾中心建设500多万元[①]。

最后再关注一下红十字会经费的另一来源：接受捐赠所得。一般来说，“民间组织的筹资很大程度上取决于公民的志愿性和社会经济发展水平。21世纪初年，中国的经济发展和人民收入水平还不足以普及自愿捐赠行为”[②]。而且我国“红十字会组织发展所必要的法律制度、社会支持、文化背景和经济基础等，相对来说还不完善”，由此造成“筹款能力不足”，影响“可持续发展”[③]。例如，江苏红十字会长期坚持“重大救援活动和经常性募捐相结合”，但由于上述原因的存在，使得经常性的募捐效果不甚理想。以致到1999年年底，全省“筹集备灾救灾、社会救助的款物没有相对稳定的途径和渠道，开展募捐活动难度很大，全省少数市和多数县没有建立备灾救助基金，即使已建立备灾救助基金的地方红十字会，资金数量也很少，与《红十字会法》赋予的备灾救灾职责极不适应”[④]。到2002年省红十字会“七大”召开时，全省“红十字会开展社会募捐难度较大，救灾救助能力薄弱”[⑤]。

虽然在日常性的募捐中遇到挫折，但面对大灾大难，江苏全省红十字会的募捐工作仍然是救助工作的重大支撑，这已被历史所充分证明。1991年特大洪灾，当年底就“接收境内外捐赠的物资（包括专项拨款购买的物资）16300多吨，折合人民币4900多万元”[⑥]；1998年“三江流域”特大洪灾，“全省各级红十字会共分发捐赠款物4020多万元人民币，其中支援外省灾区1720多万元，占接收总数的43%。省红十字会拨发抗洪抢险救灾款物1517.7多万元，其中支援外省水灾地区455.6万元，抗洪一线部队111.9万元，本省抗洪抢险和其他灾区945.7万元”[⑦]；2003年“抗非”，“截至6月26日，全

---

① 《积极发挥红十字会作用，更好的为我省经济和社会发展服务》，苏州市红十字会档案2000年“长期”34，第9—10页。

② 郝珺：《红十字会参与社区服务：实际运作与问题分析》，郝如一、池子华主编：《〈红十字运动研究〉2008年卷》，安徽人民出版社2008年版，第211页。

③ 清华大学NGO研究所：《中国红十字会个案研究报告》，苏州市红十字会档案2005年“清华研究”，第2页。

④ 《江苏省红十字会1999年主要工作和2000年工作要点》，苏州市红十字会档案1999年“长期”14，第7页。

⑤ 陈萍：《奋发有为，与时俱进，开创江苏红十字事业新局面》，苏州市红十字会档案2002年“长期”27，第56页。

⑥ 《江苏省红十字会五届二次理事会议文件汇编》，1992年内部印行，第5—6页。

⑦ 《江苏省红十字会1998年工作总结和1999年工作要点》，苏州市红十字会档案1998年“短期”1，第3—7页。

省各级红十字会共接收款物4502.961711万元"①。对比当时的经济发展水平，这些募捐所得款项在数额上是相当可观的。

"用募捐款'救助'需要救助的人，从来就是红十字会开展人道主义救助活动的主渠道"②，由此我们看到募捐对于红十字工作的重要性。其实大力推动募捐工作也是由红十字会作为公益型慈善团体和民间组织这一性质所决定的。中国红十字会是从事人道主义工作的社会救助团体，红十字会作为民间非营利组织，主要是通过整合社会资源以达到其调整社会第三次分配的作用。"从某种意义上说，红十字会的行为带有很强的社会转移支付的性质，是社会财富的第三次分配"③。"在道德的影响下、法律的鼓励下，个人自愿把部分可支配的收入与财产捐赠出去，或者提供义务劳动等，以救助贫困家庭和个人，这就是第三次分配"。随着社会转型的加速和社会主义市场经济的深入发展，调控社会产品的第三次分配为社会所急需。"目前，中国市场调节的工资待遇等初次分配，存在差距扩大化与某些不公的问题；政府调节的社会保障等二次分配，存在覆盖面不足与力度不够的问题。第三次分配是克服第一次分配的弊端，以及弥补第二次分配不足的重要社会分配方式。是托起社会的第三只手"④。而红十字会正是以人道主义为旗帜，通过开展募捐，搭建社会救助平台，以实现捐助者与"最易受损害群体"的爱心对接。而这在客观上也就实现了"红十字式"的第三次分配。从这个角度讲，大力开展募捐工作，是红十字会作为第三次分配施动者的必然要求。同时，大力发展社会募捐，可以提高民间捐赠在组织资金中的比例，对于进一步提高我国非营利组织的自治性也大有益处。随着政社改革的深入、红十字会管理体制和社团机制的理顺和健全，这一工作也将日益完备并彰显出更强劲的社会效能。

最后，结合历史与现实，可以看到以募捐促救助是中外红十字会的共同经验。从20世纪30年代末开始，在政府的支持下，美国和加拿大"两国红十字经费的70%～75%来自社会募捐"。在长期实践中，他们把募捐看作是"红十字会生命的源泉"，认为"不搞好募捐，就谈不上红十字会的生存和发展"⑤。根据江苏红十字会参访团的报告，美国大纽约地区红十字会经费大体比例是："10%靠培训收入，20%是政府捐助，70%来自社会和个人捐赠"，

---

① 《关于参与防治"非典"工作的总结报告》，江苏省红十字会档案，档号2003-001-0000-123。

② 吴厚冬：《红十字会要"救助"，钱从哪里来?》（上），《中国红十字报》1994年9月30日。

③ 王凯：《关于红十字会筹资几个基本问题的探讨》，郝如一、池子华主编：《〈红十字运动研究〉2007年卷》，安徽人民出版社2007年版，第18页。

④ 宋林飞：《第三次分配是构建和谐社会的重要途径》，郝如一、池子华主编：《〈红十字运动研究〉2007年卷》，安徽人民出版社2007年版，第39页。

⑤ 陈济雄：《募捐——红十字会生命的源泉》，《中国红十字报》1998年11月27日。

可见募捐工作的重要性[①]。在这方面，国内的中山市红十字会也是一个成功的范例。中山红十字会在建会之初只有1万元活动经费和没有专职工作人员的情况下，就是靠着“慈善捐款、万人同行”的“慈善万人行”活动，“汇集了社会各界博爱情怀的力量，凝聚了万众慈善的爱心，集腋成裘，聚沙成塔，为中山市红十字事业的发展奠定了坚固的基础”[②]。由此中山“为我们提供了在特定条件下以募捐推动福利事业发展的成功经验”[③]，值得深思。

由上可见，募捐是增强红十字会综合实力[④]和提高红十字会素质[⑤]的重要手段。可以说，“募捐工作的好坏将决定红十字会的竞争力与生命力。正因如此，募捐工作应成为各级红十字会的首要工作，并给予充分重视”。早在1984年，武汉市红十字会就率先在全国开展了募集“孤残老人、儿童福利基金”的活动，共募得30万元，筹办了一批社会福利事业，受到社会好评，也在红十字会系统引起不小反响[⑥]。稍后，江苏常州市红十字会为发展社会福利事业，以一些厂矿企业和工贸联营的实业集团为主要对象开展了社会募捐工作[⑦]，并用募得的20余万元开展了针对孤、老、伤、残的社会服务以及对特殊群体的义诊工作，同时有选择地资助了部分基层红十字会组织[⑧]。这次募捐活动对于常州和江苏红十字运动都具有重要意义，为改革开放后的江苏红十字会工作注入了活力。在之后的工作中，江苏红十字会不断拓展募捐渠道，拓展救助领域，先后通过发行博爱一卡通、设募捐箱、募集书画、发倡议、上门宣传等多种形式争取社会捐赠，取得了不错的成绩。自1995年起还开展

---

① 江苏省红十字会赴美参访团（郝如一执笔）：《出访美国大纽约地区红十字会考察报告》，郝如一、池子华主编：《〈红十字运动研究〉2008年卷》，安徽人民出版社2008年版，第173页。

② 吴彬、杨子其：《慈善捐款，万人同行——红十字事业在中山崛起》，《博爱》1996年第6期，第24页。

③ 侯锡斋：《关于中山市红十字会募捐模式及推广价值的思考》，《中国红十字》1991年第5期，第11页。

④ 有专家认为，综合实力应包括如下因素：健全的领导机构和精干的工作班子；分布广泛的基层组织和大量积极工作的会员；经常不懈的宣传工作以扩大红十字会的覆盖面和辐射面；对突发性灾害和意外伤害，具有足够的应急能力；除此，更重要的是，要有可靠的不断增长的经济基础，使红十字会的各项活动有经济保证。参见盛天任：《试谈增强红十字会的综合实力》，《中国红十字报》1993年7月16日。

⑤ 红十字会素质是由“红十字会内在条件所决定的，如机构、编制、财产、经费、权力、职责等”，“红十字会素质是决定从事人道主义社会救助工作能力大小的几个因素的有机综合”。参见史庆荣：《红十字会的素质问题浅议》，《中国红十字报》1994年9月16日。

⑥ 王慧珍：《有益的尝试　有力的突破》，《中国红十字》1984年第9期，第2页。

⑦ 韩良：《社会福利事业所需经费的来源在哪里》，《中国红十字》1986年第10期，第26页。

⑧ 中国红十字会总会：《红十字手册》，辽宁科学技术出版社1988年版，第31页。

了红十字备灾救助基金的募捐，到2002年全省基金已达2000万元①。在总结全省募捐工作实践和参考他地经验的基础上，省红十字会在2004制定的《江苏省实施〈中华人民共和国红十字会法〉办法》中对募捐工作进行了规定："各级红十字会可以开展救灾救助募捐活动，可以采取义演、义卖及举办大型活动等形式进行募捐；可以在机场、车站、宾馆、商场、银行、公园、货币兑换处等公共场所设置红十字募捐箱；可以设立用于救灾救助的物资募集接收点。县级以上地方红十字会可以依照国家有关规定设立红十字会备灾救助基金，接受国内外组织和个人向红十字会的捐赠，用于发展红十字救助事业"。这些规定为新时期全省的募捐工作指明了方向②。

随着改革开放的深入，作为非营利组织的红十字会在市场经济的大潮中要逐步建立起适度的市场化运营机制，推动募捐工作"从社会慈善募捐转向市场服务募捐"，以应对营利组织的挑战，推动红十字会转型。因为传统的筹资机制是内敛的机制，主要以社会各界知名人士和"善"的公益项目的吸引力来募捐，组织常常因经费的限制而制约了自身的发展和目标受益人的利益实现。而商业化的筹资机制，提高了组织的筹资水平和解决志愿失灵的力度③。这是红十字会筹资工作的前进方向。

第三节　志愿服务：红十字事业的希望工程

捐献不仅是物资的捐赠，还可以捐赠时间、奉献自己的劳动，即提供志愿服务。相对于物资捐赠，志愿服务往往能产生更大的社会价值和社会资本。志愿服务根源于志愿精神。"与其诅咒黑暗，不如亲手点亮一盏明灯"，志愿精神是人类对于社会发展的积极价值取向，是红十字运动的基本精神。提供志愿服务的志愿者是社会组织最具特色的人力资源，是红十字会最宝贵的财富④。自中国红十字会诞生以来，在不同的历史时期，都开展了大量的志愿服务工作。近些年来，随着红十字事业的不断发展，红十字志愿服务活动有了长足的发展。广大群众不分年龄、性别、职业、民族、宗教信仰、教育程度，

---

① 陈萍：《奋发有为，与时俱进，开创江苏红十字事业新局面》，苏州市红十字会档案2002年"长期"27，第28页。

② 江苏省红十字会编印：《崇高的事业——红十字工作基本知识手册》，2006年内部印行，第40页。

③ 李维安主编：《非营利组织管理学》，高等教育出版社2005年版，第346页。

④ 厦门市红十字会课题组：《志愿者是红十字会最宝贵的财富》，《中国红十字报》2010年1月15日。

都参加到红十字志愿服务活动中来，在救灾、救护、救助等领域采取多种多样的方式，为困难群体提供人道服务。全国和各地红十字会已经初步形成了一些有特色、有影响力的志愿服务品牌项目。志愿者已经成为我国红十字事业中一支不可缺少的重要力量，为实现红十字会的宗旨和完成红十字会的各项任务做出了重大的贡献。

一、红十字志愿服务的内涵及价值

1830 年，法国学者托克维尔在考察美国后，即惊叹于志愿组织与志愿服务为美国的文明与和谐所做的巨大贡献。时至今日，志愿服务作为一项重要的社会公益事业，在世界各国已蓬勃发展，甚至成为一种时代潮流，“非营利部门的主要工具从历史上就是志愿主义，它在很大程度上依赖于时间和金钱方面的自愿捐献”①。从全球范围看，“志愿服务已成为非营利组织开展公益活动的重要资源”②。

当今世界，许多国家的志愿服务活动开展得十分活跃，并以其突出的社会效益受到政府和社会的重视与支持。1997 年，第 52 届联合国代表大会曾通过包括中国在内的 123 个国家提交的提案，决定把 2001 年确定为国际义工年。许多国家的志愿服务活动有着广泛的群众基础和良好的社会声誉，并逐渐步入组织化、规范化和系统化的轨道，成为这些国家对公民进行道德教育和维护社会稳定的有效途径。参加志愿服务活动已经成为广大公民的自觉行动。

志愿服务是人类文明发展到一定阶段的产物，已成为社会文明进步的体现。我国仍处于并将长期处于社会主义初级阶段，城乡、区域、经济社会发展仍然不平衡，劳动就业、社会保障、收入分配、教育卫生、居民住房、安全生产、司法和社会治安等方面关系群众切身利益的问题仍然较多，部分低收入群众生活比较困难。帮助困难群体改善生活，需要政府和社会共同努力。志愿服务倡导“奉献、友爱、互助、进步”精神，推崇“我为人人，人人为我”的理念。开展以相互关爱、服务社会为宗旨的志愿服务活动，可以弥补政府服务和市场服务的某些缺位和不足，对于加强社会主义市场经济条件下的精神文明建设，构建社会主义和谐社会可以发挥积极的作用③。

---

① 田凯：《非协调约束与组织运作——中国慈善组织与政府关系的个案研究》，商务印书馆 2004 年版，第 80 页。

② 李维安主编：《非营利组织管理学》，高等教育出版社 2005 年版，第 217 页。

③ 《彭珮云在中国红十字志愿服务工作暨经验交流会上的讲话（2007 年 11 月 6 日）》，中国红十字年鉴编辑部编：《中国红十字年鉴：2007/2008》，中华工商联合出版社 2011 年版，第 138—139 页。

志愿服务是国际红十字运动的七项基本原则之一，是红十字精神的具体体现，是红十字会从事人道救助工作的重要形式。红十字志愿者是各国红十字组织的重要人力资源，是红十字事业的群众基础。红十字运动从诞生那天起，就与志愿服务结下了不解之缘。国际联合会一贯重视红十字志愿服务工作。1999 年，第 12 届联合会大会通过了“志愿工作政策”。2005 年，第 15 届联合会大会通过的联合会改革相关文件中要求践行七项基本原则，实施人力资源战略，提高工作人员的素质，加强志愿者基础与管理。如今，许多国家红十字会的志愿服务工作都在广泛深入地开展，不少国家红十字会都拥有一支庞大的志愿者队伍，志愿服务几乎渗透到人道救助工作的各个领域。在此时代背景下，中国红十字会理应创造出具有中国特色的志愿服务事业，因为可以说志愿服务始于红十字运动，但现在无论在国际还是国内，其他组织已经后来居上①，“应该承认我们面临巨大的压力和新的挑战”，同时也对中国红十字会的志愿服务工作提出了更高的要求②。红会“七大”通过的《中国红十字会章程》明确规定：“各级红十字会应吸收热心红十字事业、志愿参加红十字会活动的各界人士为志愿工作者，组织开展人道主义服务工作。”《中国红十字会九十年代工作纲要》也指出：“在建设好红十字会专职干部队伍的同时，各级红十字会组织都要大力加强和发展志愿工作者队伍，充分发挥他们的作用，使他们为发展红十字事业做出积极的贡献。”③ 可见，志愿服务已经进入中国特色红十字事业的视野。

按照国际联合会的规定，红十字与红新月的志愿工作应具备下面三个基本含义：“完全是志愿工作者的自愿动机，不谋取经济、物质的好处，不受政治压力”；“旨在服务那些最易受损害群体”；“由国家红十字会或红新月会授权的人员组织活动”。在此基础上，联合会还提出会员与志愿者的区别：会员“是根据国家红十字会的章程或规定，正式接受会员条件的人，通常有选举管理层的权利和被选举权”；志愿者“是为国家红十字会偶尔或定期的从事志愿活动的人”，志愿者“可以是、也可以不是该国红十字会的会员”④。根据联合会的规定，结合我国的具体实际，“红十字志愿服务是指红十字会的会员和

① 中国志愿者行动 1993 年实施以来，到 21 世纪初，已有 1 亿多人次为社会提供了超过 45 亿小时服务。

② 孙爱明：《在中国红十字会社区服务工作研讨会上的讲话》，苏州市红十字会档案 2002 年“长期”29，第 7 页。

③ 顾英奇主编：《中华人民共和国红十字会法使用手册》，中国友谊出版公司 1994 年版，第 242 页。

④ 《联合会志愿工作政策》，苏州市红十字会档案 1999 年“长期”30，第 1 页。

志愿工作者，出自完全自愿的动机，不谋取任何经济、物质的好处，用自己的经验、技能和时间，为最易受损害群体提供的服务”。

志愿服务是红十字运动的基本价值观和态度，是“人道、博爱、奉献”精神的集中体现，是实践红十字运动志愿服务基本原则的重要途径和方式。实践证明，开展志愿服务活动，有利于吸引社会各界人士参加红十字运动，使红十字事业植根于广大民众之中；有利于解决红十字会人力财力不足的矛盾，调动社会力量为民众服务，合理配置资源；有利于弘扬“人道、博爱、奉献”精神和中华民族的传统美德，改善人际关系，净化社会风气，促进社会主义精神文明建设①。

二、中国红十字志愿服务的发展态势

在不同的历史时期，中国红十字会开展了大量的志愿服务工作，彰显了红十字志愿服务精神。改革开放以后，特别是进入21世纪以来，红十字志愿服务活动在全国各地蓬勃开展，为推动我国经济社会发展和精神文明建设，弘扬“人道、博爱、奉献”的红十字精神发挥了积极的作用。为掌握红十字志愿服务工作的基本情况，明确红十字志愿服务工作的发展方向，建立科学规范的红十字志愿服务体系，推动红十字志愿服务工作广泛深入地发展，总会于2007年4月至7月，先后组织对10个省（区、市）的红十字志愿服务工作进行调研，在8个省（区、市）开展了红十字志愿服务组织现状及相关问题的问卷调查，同时考察了香港、台湾的红十字志愿服务工作。调研活动和问卷调查结果表明，随着红十字事业的发展，志愿服务在红十字事业中的地位和作用日益凸显。各级红十字会专兼职干部和广大红十字志愿者大胆实践、勇于探索，创造了富有特色的志愿服务组织形式和活动方式，积累了大量有益的经验②。

（一）志愿服务工作体系逐步建立，组织建设稳步发展

20世纪90年代中期以来，随着大部分省级红会相继完成理顺管理体制工作和我国志愿服务运动的兴起，一些省、市红会开始重视志愿服务组织建设。北京、山东、上海、江苏等省、市红十字会先后成立了志愿服务工作机构，组织开展了一些志愿服务活动。总会及时总结和推广了这一做法。1996年，

---

① 《关于进一步推进红十字志愿服务工作的意见（2002年2月16日）》，中国红十字年鉴编辑部编：《中国红十字年鉴：2005/2006》，台海出版社2007年版，第110页。

② 《江亦曼在中国红十字志愿服务工作暨经验交流会上的讲话（2007年11月6日）》，中国红十字年鉴编辑部编：《中国红十字年鉴：2007/2008》，中华工商联合出版社2011年版，第147—152页。

中国红十字会提出各地要切实加强红十字志愿工作者队伍的建设，围绕人道主义社会救助和促进精神文明建设，以及配合各时期的红会的中心任务，分别组织或协调不同群体的志愿工作者开展活动；总会及时总结推广天津、内蒙古、福建等地红十字志愿工作者的组织形式、管理方法和活动内容，着手研究建立全国性的志愿工作者队伍[①]。

1997 年 9 月，为使志愿服务工作在全国范围内广泛、深入、持久地开展起来，产生更大更好的效果，总会综合各地经验，对志愿工作者的组织和管理提出一些规范性意见。例如，总会下发了《关于进一步组织红十字志愿者开展活动的通知》，成立了“中国红十字志愿者指导委员会”，负责指导全国红十字志愿服务工作，办事机构设在总会组织青少年部。按照规定，县(市)、区以上各级地方红会均可成立红十字志愿工作者委员会，由红十字会有关理事、专兼职干部和热心红十字事业的志愿工作者组成[②]。

2002 年 6 月，中国红十字会总会下发了《关于进一步推进红十字志愿服务工作的意见》，要求“明确意义，把握方向，提高推进志愿服务的思想认识”；“加强领导，制定规划，加大推进志愿服务的工作力度”；“健全组织，壮大队伍，形成推进志愿服务的整体合力”；“开展活动，分类指导，营造推进志愿服务的社会氛围”；“更新观念，共享资源，拓展推进志愿服务的工作思路”；“循序渐进，持久发展，创造推进志愿服务的崭新业绩”。在志愿服务的组织领导方面，提出“各级红十字会特别是省级红十字会要高度重视志愿服务工作。在推进志愿服务的工作中，各级红十字会的主要领导要亲自过问，经常给予关注和指导，分管领导要切实负起责任，把工作落到实处。充分发挥各级领导的组织、指导和服务作用。各级红十字会要把志愿服务工作作为一项长期的目标摆上重要议事日程。在调查研究的基础上，制订中长期的工作规划和年度实施计划。制定规划要立足长远，具有前瞻性；实施计划要着眼于现实，注重可操作性。要帮助和指导基层红十字会组织开展志愿服务工作，并及时发现问题，总结经验，使志愿服务工作有计划、有步骤地进行”。在队伍建设方面，提出“各级红十字会在加强机关建设的基础上，要积极发展会员和志愿工作者，把会员和志愿工作者队伍作为开展志愿服务的载体，

---

① 《中国红十字会 1996 年工作设想》，《中国红十字会第六届三次理事会议文件汇编》，1996 年内部印行，第 52 页。

② 《关于进一步组织红十字志愿者开展活动的通知（1997 年 9 月 15 日）》，中国红十字会总会编：《中国红十字会历史资料选编，1950—2004》，民族出版社 2005 年版，第 353 页。

形成网络，在提高质量、发挥作用上下功夫”①。

2005 年 9 月，根据红十字志愿服务工作的发展，中国红十字志愿者指导委员会改组为中国红十字会志愿服务工作委员会，先后吸收了教育、卫生、共青团等相关部委、社会团体的代表和专家学者参加，加强了对志愿服务工作的研究与指导。到 2007 年，全国已有 14 个省红十字会、4 个计划单列市和 118 个设区市红十字会成立了志愿服务工作委员会。各级红十字志愿服务工作委员会定期研究志愿服务工作，制定发展规划，实施规范管理，为志愿者提供服务，使红十字志愿服务从自发组织、分散管理，逐步转向有组织、有计划的推进。截至 2007 年 6 月，全国共有红十字志愿者 84.6 万人，比 2004 年红会“八大”召开前增长了 112%。志愿者涵盖了不同民族、不同职业、不同文化层次和不同年龄段，成为我国志愿服务工作中一支不可忽视的力量。

与此同时，一些地方红十字会的志愿服务工作已初具规模，或在社会上形成了一定影响。广东省各级红会普遍建立了以志愿服务工作机构为依托，以志愿者骨干为主体的红十字志愿服务工作模式。江苏省红会成为全省志愿服务工作协调委员会副主任委员单位，参与协调全省志愿服务的各项工作。上海市红十字志愿服务工作被纳入全市精神文明建设总体规划中。黑龙江省佳木斯市、山东省青岛市和广东省珠海市等一批城市的红十字志愿服务工作也先后被纳入当地精神文明建设和志愿服务整体规划中，大大提高了红十字志愿服务的地位与作用。

到 2009 年“九大”召开之际，红十字会在创建具有自身特色的志愿服务体系方面取得了重要进展，各级红会相继成立红十字志愿服务工作委员会，重点在应急救援、卫生关怀、人道救助、推动捐献造血干细胞、宣传遗体捐献、宣传无偿献血、宣传预防艾滋病、传播红十字精神、筹资劝募、海外服务等 10 个领域组建志愿服务队、创建志愿服务基地，开展以人道救助为核心的特色活动。全国共组建红十字志愿服务队 3735 支，红十字志愿者达到 170 多万人。北京奥运会、残奥会期间，动员红十字志愿者 8 万名，为各赛事城市提供志愿服务 500 万人次，充分展示了红十字志愿者风采，实现了红十字精神与奥林匹克精神的完美融合。同时，红十字志愿服务被纳入全国志愿服务体系，各级红会积极参与“迎国庆讲文明树新风”志愿服务活动等。再有，

---

① 《关于进一步推进红十字志愿服务工作的意见（2002 年 2 月 16 日）》，中国红十字年鉴编辑部编：《中国红十字年鉴：2005/2006》，台海出版社 2007 年版，第 110 页。

红十字志愿服务长效机制正在形成[1]，特别是“九大”通过的新修订的《中国红十字会章程》，为“红十字志愿者”专辟新章，体现了红十字会的与时俱进，“使红十字志愿服务步入更加科学、更加规范的发展轨道”[2]。

“九大”之后，中国红十字会着力健全志愿服务管理制度，志愿服务队伍的专业化水平不断提升，红十字志愿服务工作不断完善。例如，江西省红十字会以志愿服务方式建立筹资、项目、监督、志愿者 4 个专门委员会，为探索体制机制创新积累了有益经验。

（二）红十字特色志愿服务队伍正在形成，品牌效应开始凸现

各地围绕救灾、救助、救护工作，按照服务领域，依托社区、学校、医院、企事业单位，相继组建了灾害救援、卫生救护、推动无偿献血、宣传预防艾滋病、宣传遗体捐献、宣传动员捐献造血干细胞的志愿者队伍，涌现出一批具有社会影响力和知名度的志愿服务品牌、团队和志愿者骨干。每当自然灾害发生时，各级红会都积极组织志愿者深入第一线，参加救灾抢险、医疗服务、物资搬运、慰问群众、心理疏导等。近年来，各地积极组建紧急救援队，招募志愿者参加抢险救灾，发挥了积极作用。

为宣传动员群众捐献造血干细胞，大批志愿者不仅带头捐献造血干细胞，而且自愿抽出时间和精力，向群众宣传捐献造血干细胞的意义和科学知识。正是由于有了这些志愿者的积极参与和推动，中国造血干细胞捐献者资料库才能从 2001 年的 6000 多人份骤增到 2007 年的 70 万人份，成为全球最大的华人骨髓库。

成立于 1995 年的江苏省南京市红十字会“志友”组织，前文已经有所谈及，是一个志愿者自我管理、自我发展的捐献遗体志愿者团体。他们制订了“志友”工作条例，出版“志友”通讯。参加者不仅带头捐献遗体、眼角膜，还动员群众参与遗体捐献工作，为捐献者服务。在这些志愿者的带领下，“志友”组织已发展到 4000 多人。10 年来，已有 514 人实现了捐献意愿，500 多人登记捐献眼角膜。捐献者中年龄最大的 102 岁，最小的 18 岁。正是由于有了像“志友”这样的志愿者团体的积极参与，到 2007 年全国已有 25 个省级红十字会开展了遗体捐献志愿服务工作，累计登记自愿捐献遗体（眼角膜）者共 8 万人，实现捐献意愿的达 7000 多人。

由第 39 届南丁格尔奖章获得者章金媛等人发起组建的江西省红十字志愿

---

① 江亦曼：《彰显人道　促进和谐　实现中国特色红十字事业新跨越——中国红十字会第九次全国会员代表大会工作报告》（2009 年 10 月 27 日），《中国红十字会第九次全国会员代表大会文件汇编》，2009 年内部印行，第 30 页。

② 吴挺、刘培、贺晔等：《展望未来：我们充满信心》，《中国红十字报》2009 年 10 月 29 日。

护理服务中心，在21所医院、学校发展了1100多名有一定社区护理专长的志愿者。这支队伍活跃在南昌市各社区，成为红十字专业护理志愿服务活动的一面旗帜。

武警总医院“扶贫救心”志愿服务队和北京市人民医院心血管病专家胡大一组织的“爱心工程”志愿服务队先后为870多名贫困先心病患儿成功实施手术，减免手术费1000余万元。

此外，还涌现出如江苏、内蒙古红十字会的新闻志愿工作者协会、深圳市“无偿献血志愿服务队”、由青年志愿者和艾滋病感染者组成的云南“爱咨家”志愿服务基地、闻名全国的兵妈妈齐亚珍组织的山东“兵妈妈爱心团”、湖南省红十字会组建的“志愿善行者爱心联盟”、福建省“红十字心理援助中心”，吉林省“红十字会爱心车队”、辽宁省“天使志愿服务队”、浙江省“爱心名媛俱乐部”、广西红十字会“手语服务中心”等一批有影响的志愿服务团体和品牌。中国红十字志愿服务工作委员会、山东青岛“微尘”、江西省红十字志愿护理服务中心先后荣获中国青年志愿者行动组织奖、全国十大社会公益之星、感动中国奖和中华慈善奖。上海、北京、广东、湖南、海南、宁夏、云南、江苏、辽宁和山东等地的红十字志愿服务组织和志愿者也多次获得省级奖项，扩大了红十字志愿服务的社会影响力①。

（三）志愿服务制度建设得到加强，管理进一步科学规范

红十字志愿服务的法律和政策保障不断得到加强。《红十字会法》和各省人大通过的《实施〈红十字会法〉办法》，国务院办公厅转发的《关于进一步加强红十字会工作意见的通知》和各省政府下发的关于加强红十字会工作的文件，从法律和政策层面保障了红十字志愿服务工作的开展。特别是上海、广东、福建、贵州、云南、山西等省（区、市）人大常委会通过的《红十字会条例》，对红十字志愿服务有了更为明确的界定。到2007年，全国有12个省级红会和济南、广州、南京、长沙、珠海、佳木斯等一批市级红会制定了志愿服务管理办法或发展规划，加强了对志愿者的管理与服务，完善了招募、管理、培训和激励环节。

上海市红十字会在红十字志愿服务工作中形成了“三级管理”和“四级服务网络”的工作体系。“三级管理”，即由市红十字志愿服务工作委员会负责指导和规划全市工作，区（县）负责本区域内工作制度的制定、项目设计、基地建设和志愿者管理，街道（乡镇）具体组织实施；“四级服务网络”是

---

① 《江亦曼在中国红十字志愿服务工作暨经验交流会上的讲话（2007年11月6日）》，中国红十字年鉴编辑部编：《中国红十字年鉴：2007/2008》，中华工商联合出版社2011年版，第147—152页。

以市、区（县）、街道（乡镇）、居委（村委）红十字志愿服务基地为平台，成立各类志愿服务队开展活动，形成了特色化和广泛性相结合的红十字志愿服务格局。广东省红十字会在志愿服务工作中实行“条块结合”，推行“小时量化志愿服务管理”，提高了志愿服务管理的水平。珠海市在市红十字志愿服务工作委员会的指导下，组建16支志愿服务大队，全市300多个红十字募捐箱全部由志愿者负责日常管理。中山市红十字会坚持20年开展“慈善万人行”活动，以此作为发展红十字志愿者组织的文化内涵和社会基础，激发广大群众的参与热情。青岛、深圳、济南等市红十字会建立激励机制，推行志愿服务“星级”表彰制度。辽宁、山东等地红十字会建立了志愿者招募、管理、培训和激励4个环节的志愿服务管理数据库，实现志愿者的电子数据化管理，提高了管理水平和实效。山东、云南、江苏、广东等地红十字会加强志愿服务基地建设，使志愿服务有了固定的平台和载体，具有更加广阔的发展空间①。

（四）志愿服务组织形式灵活多样，服务领域不断拓宽

各地在开展红十字志愿服务工作实践中，积极探索，不断创新组织形式，拓展服务领域。

一是结合业务工作领域，组建专业化的志愿者队伍。各地成立的紧急救援队和红十字救护队，主要是由有一定技术专长的志愿者组成。海南省红十字救援大队和海上救援专业队的120名队员就是从300多名已经获得“红十字急救员证”的社会各界志愿者中选拔出来的。贵州省红十字会建立了4000多名、以多家医疗机构志愿者为主的省、市、县三级红十字卫生救护队，在全省地方病防治工作中，实施定向义诊、防病宣传，帮助群众改变卫生观念。

二是依托社区、学校、医院、企事业单位开展广泛的群众性志愿服务活动。近年来，各地社区活跃着一大批热心社会公益事业、弘扬红十字精神的志愿者，他们积极开展人道传播、救护培训、义诊、健康咨询、家政服务及社区救助等活动，成为社区志愿服务的一道亮丽风景。第30届南丁格尔奖章获得者司堃范退休近20年，坚持在北京朝阳区团结湖社区开展社区志愿服务工作，成立爱心工作室。乌鲁木齐市水磨沟区红十字会温泉西路社区的“七色阳光”志愿者服务队，用7种不同颜色标识不同服务对象的需求，形成了7支红十字志愿服务队。各级红会还根据大、中、小学的各自特点，紧密结合学校素质教育的要求，开展不同内容和形式的志愿服务活动。天津市红十字

① 《江亦曼在中国红十字志愿服务工作暨经验交流会上的讲话（2007年11月6日）》，中国红十字年鉴编辑部编：《中国红十字年鉴：2007/2008》，中华工商联合出版社2011年版，第147—152页。

会与市教卫工委、市教委、市民政局联合发起组织全市 394 所学校的志愿者与 320 所养老机构签订敬老奉献服务协议。

三是利用重大事件或社会活动开展志愿服务工作。北京市及有奥运赛事的城市红十字会、上海市红十字会以 2008 年奥运会和 2007 年的特奥会为契机，组建红十字志愿服务队，主动参与“好运北京”奥运测试赛国际帆船赛、国际马拉松赛、特奥会等重大比赛的志愿者救护培训、比赛场地现场救护、场外医疗站和服务站等志愿服务工作，树立了良好的社会形象。

四是以项目运作方式，整合社会资源，壮大红十字志愿服务队伍。辽宁、黑龙江等省红十字会开展在高危人群中预防艾滋病活动项目，吸收草根组织加入红十字志愿队伍，在目标人群中发展志愿者，起到了很好的作用。新疆红十字会在全区建立了一支 300 多名艾滋病感染者同伴教育项目志愿者队伍，通过自编、自导、自演文艺小品和节目，在社区、学校和群众中演出，起到了很好的宣传效果和社会效益。在各级红十字会开展的“社区备灾”“改水改厕”“救心”“复明”“母婴健康”等项目中，红十字志愿者参与比例明显增加。

五是志愿服务逐步向农村拓展。近年来，随着农村红十字会工作的开展，出现了福建省石狮市锦尚镇农村红十字志愿服务队、广东省中山市港口镇民主村农民义工队、江苏省睢宁县邱集镇王林村红十字志愿服务队、山东省单县老年红十字会、内蒙古科右中旗西哲里木镇王木和“博爱救助站”等农村志愿服务组织。各级红十字会还组织广大红十字志愿者，积极参与新农村建设，在农村开展应急救灾、扶贫济困、普及卫生救护防病知识、参与建立新型农村合作医疗制度和医疗救助工作。甘肃、青海、河北、湖北、广西等地红十字会还在农村开展了扶贫、支教、支农、灾后重建等志愿服务活动。

应该说，组织形式和服务领域的不断创新拓展，使红十字志愿服务逐步从过去较为单一的领域向多领域扩展，从分散、封闭向系列化、开放型发展。

红十字志愿服务工作虽然取得了一定的成绩，但必须清醒地看到，我国红十字志愿服务工作仍然存在一些问题。主要表现在：一是发展不平衡。红十字志愿服务工作在不同地区、不同业务领域和不同人群中发展不平衡。二是总会对志愿服务工作的指导力度不够。全国红十字志愿服务还比较零散、缺乏统一规划、统一组织和统一管理，社会影响力还不够大。三是还没有形成志愿服务长效机制。尤其是缺乏具有广泛影响力的红十字志愿服务品牌项目；在招募、培训、管理和激励机制上还缺乏统一标准；缺乏能长期参加红十字志愿服务的骨干，志愿者领袖人物还比较少。应该说，红十字志愿服务工作与国外一些国家红十字会及国内一些社会团体开展的志愿服务工作相比，还存在不小差距。这些问题的存在，一方面是有些地方刚刚理顺管理体制或尚未理顺管理体制，基础比较薄弱，给志愿服务工作带来一定影响；另一方面，则是一些红会组织对开展红十字志愿服务工作认识还不够到位，指导不够得力①。

三、中国红十字志愿服务深入发展的策略

（一）提高认识是前提

随着我国经济社会的发展，社会结构、社会组织、社会利益格局正发生深刻变化，人们的价值取向呈现多元化，思想活动的独立性、选择性、多变性、差异性明显增强，因此更需要进一步建设和谐社会、和谐文化，加强道德建设，培育文明风尚。志愿服务是通过自愿且不图物质报酬的方式参与社会生活、促进社会进步、推动人类发展的社会事业，是和谐社会的重要内容，是精神文明建设和构建和谐文化的有效形式和重要手段，也是红十字会践行人道主义的重要途径和方式。开展志愿服务，有利于弘扬中华民族扶危济困、助人为乐的优良传统，形成良好的社会风尚，提高全社会的文明程度；有利于吸引社会各界人士参与公益慈善活动，传递爱心，传播文明，净化人们的心灵。实践证明，红十字会在开展志愿服务工作中可以大有所为，也可以发挥独特的作用。多年来，红十字志愿服务工作主动服务于经济发展，服务于社会，服务于大众，得到了各级党委、政府和人民群众的肯定。可以说，只有大力推进红十字志愿服务工作，把红十字志愿服务工作融入精神文明建设和构建和谐社会大局中，红十字事业才能充满生机与活力②。

（二）加强引导和服务是保证

红十字事业发展离不开志愿服务，志愿服务又为事业发展注入活力和生命力。在红十字志愿服务工作中，必须积极争取各级党委、政府的重视和支持，形成有利于红十字志愿服务发展的法制环境、政策环境和社会环境。必须积极争取把红十字志愿服务纳入当地志愿服务体系和总体规划中，争取相关部门对红十字志愿服务工作的理解和配合，提供必要的工作条件、人员、经费等方面的支持。各级红十字会应把志愿服务工作作为红十字事业重要的组成部分，把志愿服务工作真正摆上议事日程，切实加强领导，精心组织、规划管理、打造品牌，努力组建一支人数可观的红十字志愿者队伍；同时，

---

① 《江亦曼在中国红十字志愿服务工作暨经验交流会上的讲话（2007年11月6日）》，中国红十字年鉴编辑部编：《中国红十字年鉴：2007/2008》，中华工商联合出版社2011年版，第147—152页。

② 《江亦曼在中国红十字志愿服务工作暨经验交流会上的讲话（2007年11月6日）》，中国红十字年鉴编辑部编：《中国红十字年鉴：2007/2008》，中华工商联合出版社2011年版，第150—151页。

要把广大志愿者作为红十字工作的主要力量，诚心诚意发挥他们的作用，解决他们的困难，为他们提供服务。唯有如此，才能激发广大志愿者的积极性、主动性和参与热情，把红十字事业推向前进。

各级红会应把做好志愿服务工作当作一项十分重要的基础性工作和战略性任务，建立和完善各级红十字志愿者管理与服务机构，制定较长远的工作规划和年度计划，对不同类别、不同地区的志愿服务工作进行分类指导；要抓紧规范对志愿者的管理与服务，重点抓好志愿者招募、培训、管理和激励环节，逐步实现科学化、规范化、专业化、社会化，建立起可持续发展的长效机制；要善于学习和借鉴国内外红十字组织和其他社会团体开展志愿服务工作的成功经验，认真总结推广各地红十字会创造的好经验，解决实际工作中的困难与问题，着力培养一批典型，以点带面；要力争把红十字志愿服务纳入当地精神文明建设与志愿服务总体规划，争取党政领导的重视和社会各界的支持，推动有关的法律和政策进一步完善；还要整合社会资源，联合开展一些志愿服务项目，发挥更大的社会效益。

（三）突出特色是关键

在全国人民构建和谐社会，深入开展精神文明创建活动，高度关注民生，呼唤文明，呼唤关爱的社会大环境下，志愿服务工作正在蓬勃开展。各级红十字会围绕救灾、救助、救护工作，积极开展了灾害救援、卫生救护、推动无偿献血、宣传预防艾滋病、宣传遗体捐献、宣传动员捐献造血干细胞等特色志愿服务工作，社会影响力日益扩大。实践证明，红十字志愿服务只有突出自己的优势，形成特色，打造有影响力的品牌，才能有生命力，才能持续发展、经久不衰，才能有别于其他志愿者团体。只有真正选择那些符合红十字会宗旨、广大群众特别是易受损人群迫切需求、政府一时顾及不到或不便出面、其他志愿者组织很少涉及的领域，红十字会才能有广阔的发展空间。当然，突出特色并不意味着排斥合作与共同发展。中国红十字志愿服务的经验还不足，活动开展的时间还不长，更应该学习和借鉴国际国内社会团体、志愿组织开展志愿服务工作的经验，把红十字志愿服务纳入当地志愿服务发展的总体规划，形成优势互补、资源整合、合作共赢的局面，实现共同发展。

当前，我国有众多的团体和机构都在开展志愿服务活动，呈现一种百舸争流的局面。在这种情况下，红十字志愿服务需要发挥自身的优势，形成自身的特色；有特色才有生命力，有特色才有竞争力，才能吸引广大群众自愿参加，以期取得良好的社会效益。为此要做到自觉地服从和服务于党和国家的大局，紧紧围绕红十字会的宗旨，以最易受损人群为重点服务对象，按照党政关注、群众急需、红会所能的原则，精心策划志愿服务项目。项目选定之后就要下大力气认真抓好，讲求实效，避免形式主义、半途而废。要努力培育一批群众欢迎、党政重视的红十字志愿服务品牌项目。有了这样的品牌项目，就能树立红十字会的良好形象，增强红十字会的感召力，对其他红十字志愿服务项目起到示范作用。

实践证明，结合红会的业务工作组织志愿服务队伍，开展志愿服务活动，既可以大大促进各项业务工作的开展，又可以凸显红十字会的宗旨，发挥红十字会的优势。同时，也要根据形势的发展与社会的需求开展其他的志愿服务活动。全国红十字会系统要同心协力，共同打造一些志愿服务的品牌项目，以扩大社会影响。各地也要从实际出发，因地制宜地开展有地方特色的志愿服务活动。已经产生良好社会效益的品牌项目，要坚持不懈地抓紧抓好，推动它们继续向前发展。同时又要敏锐地关注经济社会的发展，深入了解群众的需求，不断开拓新的领域，开发新的项目。总会和省一级红十字会要抓好重点项目库建设，汇总各地的好项目，总结他们的好经验，研究项目建设的规律，进行宣传和推广①。

（四）注重加强基层组织建设

红十字会服务的对象在基层，依靠的力量也在基层。只有建立和健全红十字会的基层组织，才能把红十字会的各项工作贯彻落实到基层。红十字会的基层组织主要建立在社区、学校、医院、企事业单位和农村，依靠会员和志愿者开展工作，原则上不设专职工作人员。各地的实践经验表明，建立志愿服务基地，可以为志愿者提供活动的平台，更好地开展志愿服务。红十字会的基层组织有了志愿服务基地为依托，就可以更好地组织志愿者开展志愿服务活动。因此，一定要把做好志愿服务工作同加强红十字会基层组织建设紧密结合起来，使这两项工作互相促进，而不要顾此失彼，互相脱节。县以上红十字会要加强对基层组织和志愿服务基地的指导与帮助②。

（五）提升管理水平

目前，红十字运动在世界范围内拥有数以亿计的志愿者，是世界上最大的人道主义队伍。截至 2008 年年底，我国红十字会系统已有 150 多万志愿者。尽管红十字志愿者数量增长很快，但志愿者管理工作存在诸多需要改进

---

① 《江亦曼在中国红十字志愿服务工作暨经验交流会上的讲话（2007 年 11 月 6 日）》，中国红十字年鉴编辑部编：《中国红十字年鉴：2007/2008》，中华工商联合出版社 2011 年版，第 151 页。

② 《彭珮云在中国红十字志愿服务工作暨经验交流会上的讲话（2007 年 11 月 6 日）》，中国红十字年鉴编辑部编：《中国红十字年鉴：2007/2008》，中华工商联合出版社 2011 年版，第 140—141 页。

之处，如缺少专业的志愿者培训和管理机制及志愿者成长计划等。基于此，红十字会需要通过宣传现代慈善理念、红十字文化，通过加强基层组织的建设等措施继续壮大志愿者队伍，使更多“有力者有爱”的同时，也“使有爱者更有力”，提供专业化、系统化的培训，使红十字志愿者掌握“一技之长”或成为“多面手”，同时通过科学的激励、人性化的管理手段留住志愿者，使他们成为可持续开发的资源。

其一，要实现专业化，“使善心者有善力”。“使善心者有善力”，既是红十字会专业化发展的要求，也是志愿者成长进步的需要。志愿者本身就是红十字精神的传播者，在红十字会的具体活动中，志愿者的一言一行成为红十字对外宣传最为生动和直观的形式之一。因此，志愿者的文化建设不可或缺。可由中国红十字会编制统一的志愿者培训教材，教材可分为文化部分、技能部分和礼仪部分，使全国的志愿者培训工作规范化和标准化。

其二，要实现人性化，这是维护志愿者前行的动力。专业化之外，是人性化的问题。也就是说，要考虑怎样保持志愿者有持续提供志愿服务的动力。志愿服务的自愿性决定了维系志愿者对志愿服务的热情是一件富有挑战性的工作。根据霍曼斯的交换理论，生活在社会中的个人在进行社会事务操作时总会抱有各种各样的交换预期。利人利己的行为对社会是最有益的，只有利人利己的互利行为才具有可持续性，对社会的贡献也最大。因此，不能让志愿者一味“付出”。

其三，要实现规范化，彰显荣誉，避免流失。在志愿者管理方面，还有一些问题需要注意。首先要认识到，志愿服务不是“零成本”服务。其次要有风险意识，为志愿者提供必要的人身保障。另外，志愿组织具有较高的理想性，大多数志愿者进入志愿组织时，满怀信念，甚至怀有一种神圣感。因此，要使志愿者保持积极的工作心态，需要建立一套认同机制来满足这一心理需要。

总之，要正确认识志愿服务，改变旧有的“请志愿者来帮忙”的观念，让志愿者有所获得，“我参与、我奉献、我发展、我快乐”。“有所收获”应该是志愿者组织追求的结果。不论这个回报是精神层面的，还是物质层面的，都是志愿者继续提供志愿服务的动力。同时，需要提供专业化的培训和必要的人身保障，提高志愿者的服务能力，从而实现志愿者和组织的“双赢”①。

---

① 厦门市红十字会课题组：《志愿者是红十字会最宝贵的财富》，《中国红十字报》2010 年 1 月 15 日。

第四节 增强红十字软实力：以“5·8”特色文化为视角

“软实力”这一概念最早是由美国学者约瑟夫·奈于20世纪90年代初提出的。原本是指在国际关系中，一个国家所具有的除经济及军事外的第三方面实力，主要是文化、价值观、意识形态及民意等方面的影响力。在新时期，推动红十字事业发展，同样需要提升红十字会的“软实力”，以维护和展示红十字会积极正面的国际组织形象①。

一、中国特色红十字文化：“软实力”建设的核心内容

“文化是一个国家、一个民族的灵魂。文化兴国运兴，文化强民族强。没有高度的文化自信，没有文化的繁荣兴盛，就没有中华民族伟大复兴。”② 国家如此、民族如此，从事人道主义工作的社会救助团体红十字会也不例外。红十字文化建设是一项庞大的系统工程，是“软实力”建设的核心要务，是推动红十字事业持续健康发展的根本遵循。远离了这个认知，红十字事业发展将无异于“缘木求鱼”③。

按照文化社会学观点，文化具有社会储存的功能。文化信息不是转瞬即逝的，它通常经过印刷、刻制、录制、拍摄等物化形式储存起来，成为社会历史的载体，恢万里，传千代，不泯不灭，影响着人类社会历史各个方面的进程④。红十字人道主义文化伴随着红十字运动百余年的起承转合，书写进了人类社会变迁的历史进程中。红十字文化对于红十字运动的推动作用是不可低估的。

红十字文化是红十字会的组织文化。组织文化就是组织成员所共有的一种价值观体系。组织文化有助于提高组织的承诺，增强员工行为的一致性，减少行为的模糊性。组织文化作为组织的构成部分，具有重要功能。首先具有适应环境的生存功能，这是它的外部功能。其次，组织文化还具有促进内

---

① 张春中：《浅谈“软实力”建设与红十字事业发展》，池子华、王国忠等主编：《〈红十字运动研究〉2018年卷》，合肥工业大学出版社2018年版，第25页。

② 习近平：《决胜全面建成小康社会 夺取新时代中国特色社会主义伟大胜利——在中国共产党第十九次全国代表大会上的报告》，人民出版社2017年版，第40—41页。

③ 池子华：《推动红十字文化繁荣发展》，《中国红十字报》2018年2月9日。

④ 司马云杰：《文化社会学》，山东人民出版社1986年版，第370—371页。

部团结的功能，这是它的内部功能①。组织文化是组织的灵魂，任何组织无论从产生到发展、从兴盛到衰亡都离不开特定的文化氛围，这种文化一旦形成并确定下来，就会对组织结构的设计和运转、组织成员的态度和行为产生重大影响。这进一步说明了红十字文化的重要性。

红十字会是从事人道主义工作的社会救助团体，红十字文化是红十字事业的独特魅力之一，其具有以下三个特征：一是层次性。红十字文化分为精神核心层、法规制度层和形象标识层等丰富层次。二是系统性。红十字文化中“人道、博爱、奉献”有着紧密的逻辑关系，这三个词是不可分割的整体，人道是信仰、博爱是情感、奉献是行动，共同诠释了红十字文化的内涵。三是实践性。红十字文化可以渗透到人们生活的方方面面。文化的感染能内化为公众的情感意识，使公众主动参与红十字会各项活动中②。

从经典意义上讲，红十字文化“是人道主义思想的自然延伸，它摒弃了一切种族、肤色、国籍、财产、地位的差别，以爱护人生的博大胸怀关注每一位处于危急和困难之中的人，帮助他们摆脱困境，克服困难”。从人道主义的角度看，“红十字文化吸收了世界上各种传统文化的基础思想，却又超越了各种文化的局限性，它是从多方面去研究了减轻人们痛苦的具体性质和方法。红十字运动的强大生命力，是蕴藏于它对人类不存歧见的人道主义思想”③。红十字文化是在红十字运动的实践中积淀和发展起来的，“具有行为文化的一切特征，它在理想准则的指导下演化出人道主义的种种实践性”。因此，红十字文化对红十字人道主义的实践具有极其重要的指导意义。发展红十字文化，首先有助于凸显“红十字特色”，使红十字会在众多的社团组织中彰显独特的个性特征，有助于团结红十字会员和志愿者为人道事业携手共进，有助于扩大和巩固红十字会组织，转换管理体制和运行机制，最终有助于建设有中国特色的红十字事业。

培育中国特色的红十字文化，是红十字文化建设的根本方向。所谓中国特色的红十字文化，即指红十字文化在中国传播的过程中所积淀的具有中国地域色彩和文化传统的观念体系和行为规范。它是红十字文化民族性的体现，既具有红十字文化的一般特性，又打上了鲜明的中国烙印，蕴含着中国传统文化和现代慈善文化的因子。文化作为红十字事业发展的血脉与灵魂，其发达与否直接关乎红十字事业的健康可持续发展。

---

① 于显洋：《组织社会学》，中国人民大学出版社 2001 年版，第 192—199 页。

② 嘉定区红十字会：《坚持改革创新　促进持续发展——红十字会软实力建设的实践与探索》，池子华、王国忠等主编：《〈红十字运动研究〉2018 年卷》，合肥工业大学出版社 2018 年版，第 9 页。

③ 袁惠章、田勇波主编：《红十字理论与实践》，上海医科大学出版社 2000 年版，第 46—47 页。

中国特色红十字文化的培育是一项系统工程，必须因时因地制宜，不断发展更新。在继承和弘扬中国优秀传统慈善文化和历史经验，以及吸收国际先进慈善理念和管理方式的基础上，注重实践探索，从时代精神和社会大众的需求中汲取养分，以开拓创新的精神在不断地反思和变革中实现文化的更新与飞跃。中国特色红十字文化的培育必须将红十字的理念与现实工作的"具体场景"及和谐社会的构建结合起来，坚持制度建设和公信力建设先行，切实发挥文化的软实力，让红十字文化真正地影响到每一个角落、激励每一个人①。

二、"5·8"：培育中国特色红十字文化的重要视角

"5·8"世界红十字日，某种意义上可以看作是红十字运动的文化符号，可以通过对它的解读，找到了解红十字运动并推动其发展的一条路径。

中国红十字会在抗战时期曾举办过以"征募"工作为主要内容的"红十字周活动"，"与当今世界盛行的'5·8'世界红十字日颇为相似"②。但真正意义的"5·8"世界红十字日活动还是源于欧洲③。"5·8"通过确定每年的主题来作为自己的文化标识。早期的"红十字日"并没有统一的主题，1961年以后，红十字会与红新月会协会每年提出纪念活动口号，直到1996年，各国红十字会在本国公众活动的基础上选择自己的主题，给予"世界红十字日"一个新的方向，赋予"世界红十字日"全球性的意义。在某种程度上可以说，"世界红十字日"是红十字运动发展的风向标。下文以改革开放以来江苏红会的"5·8"活动为例，解析其背后的文化内涵。

"5·8"是全世界红十字工作者、红十字会员、红十字志愿工作者共同的

---

① 郭进萍：《培育中国特色的红十字文化刍议》，严晓凤、池子华、郝如一主编：《〈红十字运动研究〉2013年卷》，合肥工业大学出版社2013年版，第15—17页。

② 池子华：《红十字与近代中国》，安徽人民出版社2004年版，第389页。

③ 第一次世界大战给世界人民带来了巨大的痛苦。战后，捷克斯洛伐克红十字会首先倡议每年举行为期3天的"红十字休战日"活动，以弘扬红十字会的人道思想，同时结合红十字会业务，开展全国性的卫生、救济、儿童福利等方面的宣传活动。捷克斯洛伐克红十字会的这一倡议和做法受到了国际红十字组织的普遍赞赏和支持。1921年，在瑞士日内瓦召开的第10届国际红十字大会通过决议，向各国红十字会推荐这一做法。此后的第11届国际红十字大会再次审议了这个问题，建议在全世界范围内规定一天为红十字日。在世界红十字日活动于全世界已普遍开展的基础上，1948年，红十字会协会在召开的执委会会议上正式建议，以国际红十字组织创始人亨利·杜南的生日5月8日作为世界红十字日。同年，红十字会协会第20次理事会会议批准了执委会的建议，正式确定这一天为"世界红十字日"（World Red Cross Day）。从此以后，在每年的5月8日，红十字会协会和红十字国际委员会都要举行一系列纪念活动，宣传红十字会的宗旨、性质和任务，传播国际人道主义法和红十字基本知识。参见中国红十字会总会：《红十字手册》，辽宁科学技术出版社1988年版，第154—156页。

节日，是集纪念、宣传、实践于一体的红十字文化舞台。复会后，江苏各级红十字会“都极为重视通过这一纪念活动，广泛宣传红十字精神、会务知识，开展服务活动，多年来已成惯例”①。“5·8”首先是纪念，是基于对红十字运动创始人亨利·杜南以及伟大的红十字人道主义创举的纪念，但纪念又不只为亨利·杜南，在这里亨利·杜南已经泛化成一种精神，一种“人道、博爱、奉献”的红十字精神，寄托着人们要使这种精神发扬光大、永久流传的期许和愿望；宣传是为了纪念，让红十字理念深入人心，植根社会，让红十字文化真正成为人们生活的一部分，让人们成为红十字大家庭中的一员；实践是为了更好的纪念和宣传，在各种实践活动中，使纪念和宣传找到行动的归宿，使人们看到纪念和宣传的亮点，使社会深切体会到红十字文化的温暖和光芒。

首先，在缅怀亨利·杜南以及表达对红十字精神敬仰的基础上，各地红十字会把纪念活动延伸到了总会以及各地红十字会的周年纪念。1993 年，南京市红十字会“5·8”期间结合市红十字会建会 80 周年，开展“我与红十字”演讲比赛、卫生救护比赛，召开由各界人士参加的纪念大会②。1994 年，省红十字会与南京市红十字会共同开展纪念中国红十字会成立 90 周年活动，“进入五月，高潮迭起，在社会上引起巨大反响”③。1995 年是盐城市红会建会 80 周年，在当年 3 月初即拉开了准备活动的序幕，5 月 6 日至 8 日，盐城市召开隆重纪念活动，宣传牌、宣传车以及 18 个宣传服务点，洋溢着一派节日气象④。2004 年，是中国红十字会的百年华诞，省红十字会联合南京市红十字会在红十字日期间开展了围绕“办实事、庆百年——红十字在行动”为主题的一系列纪念活动⑤。苏州市红十字会在 1994 年、1999 年和 2004 年结合“5·8”开展了纪念市红十字会成立 70 周年、75 周年和 80 周年的活动，其中 2004 年的活动还与纪念“5·12”国际护士节暨无偿献血先进“十佳”护士表彰大会结合起来，隆重而热烈⑥。

其次，在纪念的基础上，各地开展了形式多样的宣传活动。红十字知识

① 江苏省红十字会编著：《江苏红十字运动八十八年（1911—1999）》，东南大学出版社 2001 年版，第 163 页。

② 《江苏省红十字会 1993 年工作总结和 1994 年工作重点》，苏州市红十字会档案 1994 年“短期”1，第 8 页。

③ 苏红：《南京：纪念活动高潮迭起》，《江苏红十字》1994 年第 6 期。

④ 周屹、李书万：《红十字日温情满盐城》，《中国红十字报》1995 年 5 月 12 日。

⑤ 《各地红十字会开展丰富多彩的活动庆祝 5·8 暨中国红十字会百年诞辰》，《中国红十字报》2004 年 5 月 14 日。

⑥ 郝如一、池子华主编：《苏州红十字会志》，安徽人民出版社 2008 年版，第 270—274 页。

是“5·8”宣传的“保留曲目”。在1992年宣传周内，围绕“人道——团结起来，共御灾害”的口号，散发宣传资料5000份，由13万人参观红十字图片、资料展览①。1995年，全省“5·8”期间“有15万多名会员参加各项活动，印发宣传材料32万余份”②。1997年，“4月下旬以来，各地红十字会以召开纪念会、座谈会，举办广播讲座、广播热线电话，设立街头宣传站，布置宣传橱窗、板报、组派流动宣传车、小分队等形式进行宣传。据南京、徐州、常州、淮阴等地不完全统计，上街宣传达4万多人，发宣传资料30多万份”③。在红十字法律法规宣传方面，“5·8”亦有涉及。1994年的“5·8”是《红十字会法》颁布实施后第一个红十字日，在5月6日的集会活动上，省领导“要求各级党委和政府认真宣传贯彻《红十字会法》，一如既往地关心和支持红十字事业，按照《红十字会法》的要求，支持、资助、保障红十字会工作，解决各级红十字会必要的工作条件，支持红十字会依法独立自主地开展工作”④；5月7日、8日下午，南通市65个医疗卫生单位和中小学的3000名红十字会员在广场、文化宫等地开展了宣传《红十字会法》的活动⑤；连云港市领导和其他会员一道向过往群众宣传《红十字会法》，散发有关材料，促进了《红十字会法》的宣传⑥。1996年，苏州的活动以宣传贯彻《红十字标志使用办法》为主要内容，以“逐步纠正滥用勿用现象”为目标⑦。此外，业务活动的宣传也是重要内容。根据每一年的工作特点，各地红十字会也在“5·8”活动中有的放矢地开展重点业务的宣传。如多年坚持的无偿献血宣传和2002年的大型捐髓宣传，以及2003年的“抗非”宣传等等，不一而足。宣传是“5·8”活动的重头戏，且在保留“传统曲目”的基础上，与时俱进，不断更新。

为了使纪念和宣传达到预期的效果，丰富多彩的实践活动在纪念和宣传的同时也相继展开。无偿献血是活动中的重要内容。如1997年，全省无偿献

---

① 江苏省红十字会编著：《江苏红十字运动八十八年（1911—1999）》，东南大学出版社2001年版，第163页。

② 《抓住机遇，依法兴会，开创红十字事业新局面》，《江苏省红十字会六届二次理事（扩大）会议文件汇编》，1996年内部印行，第16页。

③ 《全国各地红十字会以各种形式纪念世界红十字日》，《中国红十字报》1997年5月16日。

④ 江苏省红十字会编著：《江苏红十字运动八十八年（1911—1999）》，东南大学出版社2001年版，第222页。

⑤ 周锦鑫：《春潮涌江城——南通市采用多种形式纪念世界红十字日》，《江苏红十字》1994年第6期。

⑥ 张坤琳：《红十字旗飘扬在“5·8”》，《江苏红十字》1994年第6期。

⑦ 郝如一、池子华主编：《苏州红十字会志》，安徽人民出版社2008年版，第270页。

血活动在“5·8”掀起高潮。据苏州、无锡、常州、南京、扬州、徐州等市初步统计，无偿献血者达2600多人，其中有机关领导、企事业职工，还有在校学生①。无偿献血一直是苏州“5·8”活动的重头戏，1996年“5·8”期间200多人捐血40000毫升②；1997年“5·8”前后有市直医务人员和郊区干部群众600多人参加了捐热血、献爱心活动，仅5月8日就有40多人冒雨捐血③；1998年的“5·8”参加无偿献血者又达到600余人④。社会服务活动是“5·8”的又一重要项目，这些活动以敬老助残、扶危济困为主要内容。如1995年，省红十字会和盐城市红十字会慰问了盐城市残疾儿童教育康复中心的孩子，赠送毛毯、眼膏等衣物。1997年“各地普遍开展了对福利院、敬老院的孤老、残疾儿童慰问、体检和生活系列服务活动”⑤。此外，“5·8”的经常性项目还包括募捐、义诊咨询、义卖、吸收会员、收缴会费、表彰先进等等。盐城市在1998年推出的“八个一”活动，包含内容广泛，具有一定代表性，具体包括：一是学习法律法规和会务知识的活动；二是组织整顿活动；三是会费收缴活动；四是敬老助残慰问活动；五是医务人员的咨询活动；六是青少年的公益卫生活动；七是下乡义诊活动；八是献血活动⑥。此外，各地在特定时期还创造出了一些特色项目，为“5·8”增色不少。1989年，苏州40多所学校1299名红十字青少年设立红十字宣传点，高举“保护人类生命”“爱护环境卫生”“吸烟有害健康”等小旗，向群众宣传，“人数多，气氛浓、效果好，受到市爱卫委等有关部门称赞”⑦。连云港市海州区红十字会在1997年组织医务人员深入尼姑庵为尼姑免费体检；云台区早在3月底、4月初就将咨询点设在连云港市首届玉兰花会及朝阳庙会中，开展宣传、义诊活动⑧。具有特色的“5·8”活动在各地均有体现，不一一列举。

由上可以看出，在“5·8”的文化舞台上，纪念、宣传与实践都不是特立独行的，而是同时展现在世人面前，它们组合起来所呈现的立体影像生动

---

① 《全国各地红十字会以各种形式纪念世界红十字日》，《中国红十字报》1997年5月16日。

② 《苏州纪念“5·8”活动丰富多彩》，《中国红十字报》1996年5月17日。

③ 郝如一：《苏州市纪念“5·8”世界红十字日系列活动丰富多彩》，《中国红十字报》1997年5月16日。

④ 郝如一：《苏州举办博爱系列活动　二十多万会员踊跃参加》，《中国红十字报》1998年5月22日。

⑤ 《全国各地红十字会以各种形式纪念世界红十字日》，《中国红十字报》1997年5月16日。

⑥ 李书万：《盐城纪念“5·8”国际红十字日　开展“八个一”系列宣传活动》，《中国红十字报》1998年5月8日。

⑦ 郝如一、池子华主编：《苏州红十字会志》，安徽人民出版社2008年版，第269页。

⑧ 张坤琳：《献热血涌春潮，庆“5·8”见行动》，《中国红十字报》1997年5月9日。

再现了红十字人道主义的光彩。因此可以说，“5·8”见证了改革开放以来中国红十字运动的发展轨迹。

虽然在中国红十字运动的百年历程中，“以报刊、展览、电影、电视、网络等‘软件’为载体的红十字文化事业”取得了不小的成绩①，但必须要看到，红十字文化还没有真正地走向社会、走向公众，也还没有在大众心中、在社会系统中形成气候；在现实中，红会的工作直到今天依然面临着许多困难，其中一个重要的原因就是没有真正建立属于红十字会的人道文化，没有属于中国红十字的特色文化。这就需要所有的红十字工作者、会员、志愿者和政府相关部门以及仁人志士的共同努力，从这个意义上讲，以“5·8”世界红十字日的“行动文化”为突破口，以此来反映红十字事业的变迁、展现红十字事业的成就，则可以成为社会了解红十字的独特窗口。因此，大力开展“5·8”世界红十字日的各项活动，对于形成中国特色的红十字文化，以及对红十字事业的发展将是大有裨益的。

第五节　在希望的田野上

中国是一个农业大国，农业是国民经济的基础。如果红十字工作不能深入农村，就谈不上红十字事业真正意义上的发展。而且，在农村大力开展红十字工作也是中国特色红十字事业的客观要求。红十字需要农村，农村也需要红十字。新时代的中国特色红十字事业必须聚焦“三农”，为精准扶贫，为乡村振兴，为全面建成小康社会，为实现中国梦书写华章。

一、中国红十字会农村工作的发展轨迹

（一）农村红十字工作的初步探索

中国红十字会的农村工作起步较晚，“四大”以后，总会在开展城市红十字基层工作的同时，开始在农村进行建会试点工作②。“从1989年起，总会把发展农村红十字会工作列入议事日程”③。由此，中国红十字会的农村工作得到了初步发展，红十字会在广阔田野上开始彰显出独特的魅力。

---

① 孙柏秋主编，池子华、杨国堂等著：《百年红十字》，安徽人民出版社2003年版，第600页。

② 孙柏秋主编，池子华、杨国堂等著：《百年红十字》，安徽人民出版社2003年版，第376页。

③ 《百年会史》，中国红十字年鉴编辑部编：《中国红十字年鉴：2004/2005》，台海出版社2006年版，第38页。

这一时期农村红十字工作的开展与逐步兴起的经济体制改革密切相关。1984 年，党的十二届三中全会通过的《中共中央关于经济体制改革的决定》，从社会主义经济是公有制基础上的有计划的商品经济这一科学论断出发，对社会主义的计划体制、价格体制、政企职责分开、建立多种形式的经济责任制等一系列重大问题，提出了适合中国生产力发展水平的改革方案。1987 年，党的十三大明确指出：从社会主义初级阶段的实际出发，必须坚持以公有制为主体，大力发展有计划的商品经济。商品经济的充分发展，是社会经济发展不可逾越的阶段，是实现生产社会化、现代化的不可少的基本条件。商品经济的发展不仅解放了全社会压抑的生产潜力，而且极大地推动了农村社会风貌的变迁。在广大农村，随着商品经济的发展、产业结构的调整，生产生活日益活跃，也为红十字会深入农村提供了广阔的社会空间。商品大潮的冲击，势必造成竞争的加剧和更多弱势群体的出现，在政府保障和救助很难应付裕如的情形之下，以改善最易受损害群体境况为目标的红十字会获得了充分发展的前提条件。由此也推动了农村的精神文明建设。“农村实行以家庭经营为主的大包干责任制后，农村鳏寡孤独者的衣食住行都成了大问题，有些因特殊原因仍很贫困的家庭得不到照顾，政府部门又一时管不过来，即使有些社会福利工作也不能满足需要。在农村建立红会，组织会员广泛开展敬老助残、助人为乐和移风易俗活动，开展救死扶伤、扶危济困、卫生保健和残疾人康复活动，将会有力地促进精神文明建设”①。“农村红会的兴起，构成了民办的农村社会服务体系，通过多种形式，把红会会务知识传播到千家万户，从而帮助一些农户家庭解决疾病或自然灾害等造成的种种困难问题”。农村红会会员大都是农民，“这些会员自愿结合，自筹资金，以提高乡村卫生救护和保健水平为目的，把奉献、服务结合起来，为五保户、老弱病残等人服务，在农村精神文明建设中起着重要作用”②。

在这一时期，山东农村红会工作起步早、发展快，成效显著。农民称红十字会为“好人会”“行善会”。广大农村红会干部和会员为红十字事业默默奉献并涌现出许多令人感动的事迹③。山东省红会重视组织机构建设。首先，重视干部队伍建设，省红会领导不断宣传，争取各级政府重视红十字会的工作，从而使各级红会的编制和人员配备有了保证。全省各地（市）级红会都配备了 2 ~ 3 名专职干部。例如，威海在本市编制干部比同级市减少一半以上

① 山东省邹平县红十字会：《积极把农村红十字事业办起来》，《中国红十字》1989 年第 6 期，第 18 页。

② 尹连先：《农村红会的地位和作用》，《中国红十字》1989 年第 10 期，第 26 页。

③ 杨国堂；《访邹平、博兴散记》，《中国红十字》1989 年第 6 期，第 4 页。

的情况下，仍批准给红十字会 3 个编制；青岛市编委行文，要求各县（区）调整一名行政编制干部专门负责红会工作。

其次，重视组织发展和会员发展。山东省各级红会 1988 年狠抓组织发展和会员发展，至该年 5 月底，县（区）红会发展到 116 个，占全省县（区）总数的 86.5%。这一发展速度已经远远超过全国平均水平。在组织发展的形式上，山东红会注重条块结合，不拘一格，不搞一刀切。他们把各地（市）作为块，把铁路、纺织、油田、煤矿四大系统分为条，由省红会直接指导工作开展。四大系统的红会领导机构，在本行业中跨地区一抓到底[①]。

除山东外，在总会的引领下，山西、河北、四川、湖南等地的农村红会工作也取得了一定进展，山西省晋城市也是一个重要典型。1987 年以来，晋城市红十字会努力发展基层组织，首先抓好高平县几个乡村的红十字会试点，确定典型以点带面，推动全市红十字工作的开展[②]。晋城市从农村的实际出发，采用多种形式宣传红会的宗旨、任务及其意义，建起以县（区）为网轴，以乡镇为网线，以行政村为网点的三级红会组织网络。在此基础上，组织对 1/3 的会员进行红会知识培训和止血、包扎、固定、搬运四大救护技术和心肺复苏技术的培训，并在县（区）设立红十字急救中心，乡镇设立红十字急救站，行政村设立红十字急救员，形成了全市性的体现人道主义宗旨的救护网。市、县、乡三级红会组织还联系农村实际，开展群众性的防病治病、少生优育、卫生救护、敬老助残和各种社会服务活动，先后举办培训班 130 期，培训了 2900 人（拖拉机手、乡镇煤矿工人和农民）的救护队伍[③]。

实践证明，哪里有人群，哪里就需要红十字会，而广大农村就更加需要发展红十字事业。随着农村经济体制改革的深入发展，村党支部、村委会顾不上、管不过来的事情很多，同时有些问题也不宜用行政的手段去解决，因此就需要由红会这个具有广泛群众性的组织来替政府分忧，为群众解难。红会在农村不是可有可无的，而是不可低估的、为群众所信赖的组织。例如，山东省长清县各级红会组织，把红会的宗旨和任务与精神文明建设紧密地结合在一起，涌现出一批孝敬老人、助人为乐、移风易俗、文明经商、团结和睦等方面的好人好事。如在集市个体劳动者中发展会员 14 人，这些会员以人道主义为宗旨，做到公平交易，不短斤缺两坑害群众，遵守《食品卫生法》，

---

① 曲折、侯锡斋：《发展中的山东省红十字会》，《中国红十字》1988 年第 11 期，第 3 页。

② 山西省晋城市红十字会：《我们这样开展农村红十字活动》，《中国红十字》1989 年第 7 期，第 16 页。

③ 刘静湖：《中国红十字会农村（牧区）工作座谈会在山西晋城召开》，《中国红十字》1989 年第 12 期，第 8 页。

因此群众都想买戴红十字证章经营者的食品。有的村红十字工作站成立了红白理事会，破除陈规陋习，勤俭办喜事丧事[①]。

由上述内容可见，整体上农村红会工作有三大作用：一是在群众性卫生运动中起骨干作用；二是在卫生保健和卫生救护工作中起助手作用；三是在精神文明建设中起带头作用。应该说，随着改革开放的深入和社会的进步，农村的物质和医疗条件有了较大改善，卫生保健水平及文明程度逐步得到提高，但与城市相比较仍有不小差距。在农村开展红十字工作，可以组织广大会员积极参加爱国卫生、除害灭病、义务献血、敬老助残、移风易俗、助耕助种等活动。如果说在城市中开展红会工作重要，那么，在相对落后的农村开展红会工作就更为重要，因为那里有更多的人道需求，同时也有红会更大的施展舞台。

根据中国红十字会四届四次理事扩大会议的要求，为了交流各地农村（牧区）红会工作试点的经验、体会，探讨在农村（牧区）建立红十字会的工作任务、组织形式和活动方式，也为进一步扩大、深化农牧区红会的试点工作，1989 年 9 月，中国红十字会农村（牧区）工作座谈会在晋城市召开，谭云鹤副会长与来自全国 21 个省、自治区、直辖市的 33 名代表以及山西省的 20 多名代表参加了座谈会。会议指出，“近几年来，部分省、自治区、直辖市根据总会的要求，在农村（牧区）进行了建会并开展工作的试点。据不完全了解，省级红会领导同志亲自下去和县（旗）、乡、村的同志一道开展试点工作的有山西、山东、北京、天津、上海、内蒙古、湖北等。他们在试点中都取得了相当的进展，有了不同程度的体会，是非常可贵的，对于今后农（牧）区红会工作的开展具有重要意义。总会领导及有关部室也会同有关省、自治区、直辖市的领导分别对山东、山西、内蒙古及北京的 12 个县境内的 35 个村进行了调查研究，并与部分县、乡、村红十字会的干部和农村会员进行了座谈”。会上，山西、山东、内蒙古、北京等省、自治区、直辖市的代表介绍了各自开展农村红会工作的经验。会后，与会代表还到晋城市的东四义、北板板、巴公等乡村参观，现场观看了农村的红会活动设施和农民红十字会员的救护表演。

在 20 世纪 80 年代，我国有 11 亿人口，其中有 8 亿在农村和牧区，中国红十字会要想成为真正全国性的人民卫生救护和社会福利的群众团体，当然不能脱离这个广大的地区，而且从长远来说，也不能不以农村牧区为重点。经过各地几年的努力，城市红会的工作无论是从组织上，还是工作的深度上，

---

① 王慧生：《红会在长清农村的发展》，《中国红十字》1988 年第 9 期，第 24 页。

均已有了很大的发展。在这种情况下，农牧区建立红会的问题，就日益紧迫地提到各级红会领导机构的面前，而“在中国广大农牧区开展红会工作，是我们建设具有中国特色的红会的重要组成部分”。此外，晋城会议还就农牧区基层红会的组建、工作任务、卫生救护培训等问题提出了指导性的意见，并对今后如何继续做好农牧区红会试点工作提出了具体的要求①。应该说，晋城召开的红十字会农村（牧区）工作座谈会，对农村建立红十字会的必要性、可行性，建立的模式和工作任务等重大问题进行了研讨，对推动农村红十字工作起了非常重要的作用②。

这一时期农村红十字工作的生动实践充分说明农村是红十字会大显身手的广阔舞台，红十字会在农村大有用武之地，红十字会既是政府在农村保障和医疗工作中必不可少的人道助手，同时也是农村社会主义精神文明建设的重要力量。总会提出要把红会工作由城市逐步向农村推进，这是具有十分重要意义的一件大事。向广大农民宣传人道主义，提倡救死扶伤、扶危济困、敬老助残、助人为乐的社会风尚，对移风易俗，对精神文明建设，对推动农业生产，均有重要意义③。

（二）农村红十字工作的稳步发展

在晋城会议的推动下，农牧区红会工作有了较大发展，在帮助缺少劳力户的收耕、敬老助残、卫生救护、促进物质文明和精神文明建设等方面，发挥了的积极作用④。之后，中国红十字会五届、六届理事会大力推动在农村建立红会基层组织的工作，先后涌现出上海南汇县、河南焦作市、江西赣州市、广西钦州市、黑龙江牡丹江市、辽宁盖县、山东邹城市、宁夏盐池县、海南兴龙农场等一批建立农村基层红会组织、发展农村会员的先进典型。

中国红十字会六届理事会指出，农村红会工作困难与希望并存，潜力与发展同在。要求各级红会要有战略眼光，重视发展农村的红十字事业，推进农村红十字工作快速发展。1995 年，六届二次理事会提出建立农村红十字会基层组织的模式和农村基层红十字会的主要任务，即乡（镇）红十

① 刘静湖：《中国红十字会农村（牧区）工作座谈会在山西晋城召开》，《中国红十字》1989 年第 12 期，第 8 页。

② 江亦曼：《在中国红十字会农村工作座谈会上的讲话》，《中国红十字会领导讲话汇编》（2004 年 10 月—2007 年 3 月），2007 年内部印行，第 156—157 页。

③ 刘静湖：《中国红十字会农村（牧区）工作座谈会在山西晋城召开》，《中国红十字》1989 年第 12 期，第 8 页。

④ 《百年会史》，中国红十字年鉴编辑部编：《中国红十字年鉴：2004/2005》，台海出版社 2006 年版，第 38 页。

字会，应以乡（镇）长、中小学校长、乡（镇）卫生院院长为主组成理事会，以乡（镇）卫生院为工作依托，在理事会领导下，按照《中国红十字会章程》在农村开展红十字工作。农村红会的主要任务是：宣传红十字知识，促进农村精神文明建设；普及卫生救护知识，延伸三级医疗预防保健网，提高农民群众的健康水平；开展群众性社会服务和互助工作，为政府分忧，为群众解难。此次会议对进一步推动农村红十字会组织建设具有重要的指导意义。

七届理事会在推进农村红十字基层组织建设的同时，加大了对农村工作的投入。通过开展自然灾害的救助、“红十字博爱送万家”活动等各项工作，把对农村困难群体的救助和关爱落到实处。七届理事会以后，理顺红十字会管理体制工作得到快速进展，加大了农村建会的力度。2000 年，总会在山西召开组织工作座谈会，要求各级红会结合本地实际，积极稳步地推进农村红会基层组织建设工作。河南焦作市红会 1994 年率先实现了乡镇建会、建站率100%，行政村建会率 95% 以上。实现一村一组、站（即会员小组、救护站）。广东中山市政府转发了市红会《关于组建镇区农村红十字会的意见》，全市 24 个镇、区全部成立红十字会。山东青岛市、北京怀柔区、天津宝坻区，黑龙江密山市、湖北宜昌夷陵区、四川旺苍县、陕西石泉县等县、区（市）都实现了 100% 乡镇建立红十字会。据统计，截至 2004 年年底，省辖范围内建立乡镇红十字会超过 1000 个的有山东、湖南 2 省，超过 500 个的有江苏、湖北 2 省，超过 300 个的有内蒙古、吉林、黑龙江、江西、四川、云南 6 省（区）。全国乡镇红会有 9870 个，占全国 37166 个乡镇总数的 26. 56%；农村红十字会会员约 600 万人，占全国会员总数的 28%。长期以来，这些组织和会员在广大农村积极开展红十字工作，以实际行动践行保护人的生命和健康的宗旨，弘扬了“人道、博爱、奉献”的红十字精神。

中国红十字会“八大”提出要积极创造条件，加强农村和贫困地区的红十字会工作，为促进城乡协调发展和区域协调发展尽一份力量，并把在农村建立健全基层红十字会组织，使红十字工作逐步从大、中城市向中、小城市扩展，从城市社区向农村基层延伸列入《中国红十字事业 2005—2009 年发展规划》中①。

在此期间，彭珮云会长高度重视农村红十字会工作，多次深入农村调查研究。当她了解到山东省红十字会于 2001 年专题进行农村红十字会工作调

① 江亦曼：《在中国红十字会农村工作座谈会上的讲话》，《中国红十字会领导讲话汇编》（2004 年 10 月—2007 年 3 月），2007 年内部印行，第 158 页。

研，摸清了全省农村红十字会组织建设、会员发展、经费来源、工作状况、政府和群众的认知度以及存在的问题，并提出进一步开展农村红会工作的对策后做出重要批示，指出山东省红十字会的调查报告很好，强调各地红十字会均应重视调查研究，以便科学决策，有针对性地开展各项工作。总会将这个批示及时转发各地，有力地促进了这项工作。此后，山东济宁市政府、市红十字会分别下发了《关于加强农村红十字会工作的通知》和《农村红十字会工作规范》；内蒙古自治区红十字会在牧区建起了“红十字医疗站”，把社区红十字服务工作向牧区拓展。彭珮云会长还特别关注依靠农村热心公益事业人士发展红十字事业的问题，亲自总结并推广了福建石狮市锦尚镇群众成立红十字会的经验①。

总体而言，20 世纪 90 年代以来，农村红十字工作取得了重要成绩，具体包括如下几点：

其一，开展“红十字博爱送万家”（即“送温暖”）活动。红会从 1998 年开展送温暖活动，截至 2005 年，“全国各级红十字会共投入 2.5 亿多元人民币，为 94 万多户、524 万困难群众送去社会的关爱，其中农村特困家庭约占 70%”。目前，这项活动已经遍及 31 个省（区、市），成为红十字会的品牌工作，受到各地政府的支持和老百姓的欢迎。

其二，开展自然灾害救助工作。我国自然灾害频发，广大农村和农民是灾害的直接受害者。红会始终把救灾作为重中之重，强调“第一时间”到达现场，为受灾农民提供救助。截至 2007 年，共募集价值 40 多亿元人民币的救灾款物，为减少农民损失，保障农民健康做出了贡献。

其三，移风易俗，普及科学知识。为改变农民健康知识贫乏的状况，北京、内蒙古、湖北、湖南、河南、重庆、贵州、陕西等省（区、市）的市、县红会通过绘制黑板报、宣传画，发放宣传单，利用广播开辟“空中医院”等形式，积极开展防病知识宣传；在电视台、电台创办防病专栏，设立艾滋病咨询电话，加强对流动人口和农村妇女以及高危人群的健康教育。红会与企业合作开展“健康援助行动”，免费为农村特困人群检查身体，降价为病人提供优质药品。

红会还广泛开展“无偿献血、奉献爱心”宣传活动，通过宣传教育，农民自觉参与无偿献血、捐献造血干细胞的意识明显提高。山东省菏泽市的无偿献血工作取得显著成绩，自 1996 年以来，该市已有 128 人获得全国金、

① 江亦曼：《在中国红十字会农村工作座谈会上的讲话》，《中国红十字会领导讲话汇编》（2004 年 10 月—2007 年 3 月），2007 年内部印行，第 156—157 页。

银、铜质奖章，占全国获奖总人数的11%，其中农民88人，占该市获奖人数的68%。

其四，开展医疗救助扶贫。多年来，河北省红十字会始终把下乡义诊工作当作为民办实事的一项重要工作来抓，组织医疗队到张北、涉县、平山等贫困县、乡送医送药，进行医疗扶贫，义务为当地群众看病。浙江、天津、福建、河南、甘肃、青海等省、市红会争取企业支持，开展"博爱救助""红十字关爱入农户""母婴双安生命救助行动""白内障复明"，以及派医疗队免费为农村贫困病人治病、进行健康体检等活动，受到群众欢迎。红会与武警总医院联合开展"扶贫救心"行动，免费为农村贫困群众实施先天性心脏病手术，为解除农民疾患病痛做实事。

其五，开展科技扶贫。天津市红十字会从1996年开始启动开发性扶贫工程，用无息贷款形式建立起温室蔬菜大棚、葡萄大棚、葡萄保鲜库和养鱼池，由贫困户承包或由承包者帮助困难户脱贫，实现滚动式发展。江苏省红十字会和爱德基金会合作开展扶贫养羊项目，帮助贫困家庭发展养殖业。吉林省松原市红十字会根据贫困户的不同需求开展工作，通过支援耕牛、免费安装电话等方式为贫困户提供服务。

其六，引进项目，造福农民。多年来，红会通过与国际联合会及有关国家红十字会合作，争取项目，对农村进行支援。先后争取了瑞士、荷兰等国家红十字会援助西藏乡村医生培训项目，国际联合会和欧盟援助广西、湖南改水改厕综合项目，瑞士、荷兰、挪威、加拿大、美国等国家红十字会援助西部地区农村卫生保健、预防艾滋病、组织发展和能力建设等项目。1999年以来，总会共引进国际合作项目17个，涉及14个省、自治区、直辖市，总计金额7800万元人民币。港澳分会先后在18个省、自治区、直辖市投入救灾和开展项目的款物，价值人民币14419万元，开展各类项目达240个。其中，广西红十字会开展的改水改厕项目，在改变农民不卫生的生活习惯，改善农村卫生条件方面取得了显著的效果，受到广大农民的热烈欢迎，得到广泛的普及。

此外，各地红十字会也因地制宜引进了国际合作项目。北京、上海、深圳、苏州等地红十字会还与贫困地区红十字会开展结对帮扶活动，也取得良好效果①。

---

① 江亦曼：《在中国红十字会农村工作座谈会上的讲话》（2005年10月21日），《中国红十字会领导讲话汇编》（2004年10月—2007年3月），2007年内部印行，第159—161页。

二、参与“新农合”：新农村建设中的积极尝试

“新农合”是一项由政府组织、引导、支持，农民自愿参加，个人、集体、政府和社会多方筹资并以大病统筹为主的农民医疗互助共济制度。建立新型农村合作医疗制度，是发展农村医疗卫生事业、解决农村缺医少药和农民看病难问题的迫切需要，是广大基层干部和农民群众的普遍要求，是统筹城乡发展、促进社会公平的重大举措。自2003年开展试点工作以来，到2005年6月底，全国已有1.63亿农民参加了合作医疗。从总体上看，进展顺利。试点地区农民的医疗负担有所减轻，因病致贫、因病返贫的情况有所缓解。“新农合”制度受到了广大农民的欢迎①。

（一）山东红十字会的先行先试

山东省红十字会在2003年即开始参与“新农合”工作，把资助特困农民参加“新农合”作为农村红十字会工作新的切入点，明确各级红会在参与“新农合”制度中的职责和任务：积极组织开展支援特困农民参加新型农村合作医疗的募捐活动，建立红十字会医疗救助资金，对特困农民实施医疗救助，资助无力交纳个人参保费用的贫困农民参加“新农合”制度。在实践中，他们确定了两种救助形式：一是对个人拿不出10元的贫困户，由红十字会资助其参保。红十字会资助的对象与政府救助的对象不发生交叉。二是对虽已参加“新农合”，但患大病后受报销封顶限制，造成生活困难的，由红十字会给予资助。2003—2005年，省红十字会对全省46个省级试点县资助79万元，帮助7.9万特困农民参加“新农合”，有力地发挥了政府的助手作用。即墨市红十字会在开展农村医疗救助中，与民政部门进行了职责划分：红十字会负责农村大病医疗救助的日常工作并接受救助基金，民政部门负责对低保户、五保户、残疾人个人应交纳的部分给予全额补助，协助红会做好大病医疗救助工作。两年间，即墨市红会累计接受社会各界捐款3900万元。济宁市红会启动了“农村医疗救助工程”，对曲阜、邹城、兖州等地拿不起10元钱、无力参保的3万多贫困农民给予资助，使其参加“新农合”，并对1000多户农村特困大病患者实施了救助。山东省红十字会参与“新农合”的工作，深受各级政府和广大群众的欢迎，闯出了一条红十字会开展农村工作的新路子②。

---

① 彭珮云：《勇于实践　敢于创新　努力推动农村红十字会工作向前发展——在中国红十字会农村工作座谈会上的讲话》（2005年10月22日），《中国红十字会领导讲话汇编》（2004年10月—2007年3月），2007年内部印行，第82—83页。

② 江亦曼：《在中国红十字会农村工作座谈会上的讲话》（2005年10月21日），《中国红十字会领导讲话汇编》（2004年10月—2007年3月），2007年内部印行，第161页。

（二）积极部署参与“新农合”试点工作

在山东红会成功实践的基础上，中国红十字会在2005年召开的农村工作座谈会上提出，积极参与建立新型农村合作医疗制度的试点工作，为保障农民的健康多做工作。

2005年，国务院提出要加快推进新型农村合作医疗制度建设步伐，争取到2008年“新农合”试点县覆盖率达到80%以上，确保2010年实现基本覆盖农村居民的总体目标。为此，决定从2006年起，提高中央和地方财政补助标准，扩大中央财政补助范围。同时，要巩固和健全县、乡、村三级农村医疗卫生服务体系和网络，每个乡镇要有一所公立卫生院，每个村要有一个卫生所（室）。要求各级党委和政府组织协调有关部门，动员全社会力量共同做好“新农合”工作，大力推进农村医疗救助工作。提出要充分发挥红十字会、基金会、慈善会、慈善机构等社团组织和各类企事业单位等社会力量的作用，多渠道筹集救助资金，广泛开展救助工作。

同时，2005年9月，国务院增补中国红十字会总会为国务院新型农村合作医疗部际联席会议成员单位，对红会参与“新农合”工作给予肯定，明确要求红十字会等公益团体要积极参与对农民的医疗救助工作。2003年以来，很多地方红会都开展过一些医疗救助工作，但都没有纳入政府“新农合”工作中。为了真正在“三农”问题上发挥政府的助手作用，红会抓住建立“新农合”的有利时机，以此作为农村红会工作的一个抓手，为农民实实在在地解决困难。

正是在这样的背景下，2005年的中国红十字会农村工作座谈会上对参与“新农合”试点问题部署了新的任务，要求各级红十字会一定要提高认识，以饱满的热情投入新型农村合作医疗试点当中去，推动建立医疗救助制度；充分发挥自身优势，广泛宣传，广聚善款，参与医疗救助工作，帮助农民参加新型农村合作医疗，让农民享受新型农村合作医疗的好处，解决农民因病致贫、因病返贫、没钱看病的问题。总会决定在各地自愿报名的基础上，选定25个县开展试点工作①，并以“关注农民健康”为口号，募集专项资金。会议提出，总会将逐步扩大试点范围，争取到2008年，有更多的县（市、区）红会能结合实际，积极参与新农合和医疗救助工作。同时，“希望各省红十字会在2006年也要在本省范围内抓1～2个试点县，用三年的时间在本省抓出一批试点县，并采用典型引路的办法，大力推进这项工作”。总会提出，要使

① 后来经过各地红会申报，总会共确定20个省的30个县（市）为首批“新农合”试点县。

“新农合”试点工作“成为农村红十字工作新的品牌工程”①。

2006年2月，中国红十字会转发了卫生部等部委《关于加快推进新型农村合作医疗试点工作的通知》，要求“各级红十字会结合本地实际，主动配合政府部门，做好红十字会参与新农合及医疗救助试点工作。并提出各级红十字会要把做好新农合医疗救助试点工作摆到红十字会工作的重要议事日程，结合本地实际，采取切实可行的措施，狠抓督促落实，不断增强做好试点工作的自觉性和责任感，把这项造福广大农民的大事抓紧、抓实、抓好，真正让农民受益”②。

（三）参与“新农合”试点的初步成效

按照总会2005年农村工作座谈会的部署，红会首先在全国21个省40个县（除了总会确定的30个试点县，还包括10个省试点县）开展参与“新农合”和医疗救助试点工作。总会有效整合各种资源，形成合力，对试点县工作给予支持，很多省级红会也加强对工作的指导，争取各级政府及社会各界的支持。各试点省、市、县红十字会结合本地实际情况，开展了大量的宣传动员、教育培训、筹措资金和医疗救助活动，扩大了红十字会的影响，促进了基层组织建设，起到了为政府分忧、为群众解难的作用。据不完全统计，2006年“5·8”世界红十字日期间，各级红会分别开展了以“关爱农民健康”为主题的募捐活动，筹集款物共计1.03亿元。其中，总会决定把1440万元捐款和2335万元的药品全部用于支持新型农村合作医疗试点工作的开展。

截至2006年10月底，中国红十字会总会（含基金会）共向参与新型农村合作医疗和医疗救助的试点县援助资金、物品合计人民币2460万元，其中资金25万元；援建卫生院（站）16个；发放药品、保健品、医疗器械32992（件、台），价值人民币2335万元。各试点省、市、县共筹集资金、物品2810.9万元，其中筹集资金最多的是长沙县，达1457万元。总会确定的30个试点县共救助贫困农民2.82万人，通过开展培训、义诊、减免手术费用等各类医疗救助活动，使30.26万人受益。湖北、河南、四川、河北、安徽等省红会通过参与“新农合”和医疗救助工作，开展了一系列惠及农民的医疗项目，推动了农村基层红十字组织的建设。特别是中国红十字基金会开展的

---

① 江亦曼：《在中国红十字会农村工作座谈会上的讲话》（2005年10月21日），《中国红十字会领导讲话汇编》（2004年10月—2007年3月），2007年内部印行，第166—167页。

② 《中国红十字会关于转发卫生部等部委〈关于加快推进新型农村合作医疗试点工作的通知〉的通知（2006年2月22日）》，中国红十字年鉴编辑部编：《中国红十字年鉴：2006/2007》，群言出版社2009年版，第44页。

以农村重大疾病救治和预防、改善农村医疗条件、培训农村医护人员为主要内容的“红十字天使计划”，资助白血病、脑瘫、先心病、麻风病等患者1000多万元，为贫困农民免费赠送价值2000多万元的药品和保健品①。山东省济宁市有近4万特困群众在红十字会的帮助下参与了“新农合”，使参合率普遍提高了5个百分点②。

2006年11月，中国红十字会参与新型农村合作医疗和医疗救助试点工作座谈会在北京召开。会议提出，总会将继续加强对试点县工作的指导，加大对试点县的支持力度，整合项目、资金、物资等资源，继续向试点县倾斜③。2007年年初，在总会八届三次理事会上，常务副会长江亦曼对第二批试点工作进行了部署。会后，根据各省红十字会的申报，经总会“新农合”领导小组审核，当年3月下发了第二批试点县名单。截至10月份，试点县总数达到76个，全国31个省、自治区、直辖市及新疆生产建设兵团都有所分布。其中，纳入总会资金支持的有62个县，省级自行组织开展工作的有14个县。

2006年至2007年，试点工作进展顺利并取得了显著成绩。如前所述，第一批试点县基本都能按照总会的统一部署，积极行动并结合当地实际开展了大量富有成效的医疗救助工作。

2007年，第二批试点县确定后，各地红会均就“新农合”工作制定了详细的方案和资金管理办法并开展工作，在救助工作中坚持公正、公开、公平的原则，严格按照救助程序办理。云南省试点县除对救助对象名单张榜公布外，还在“参合证”上印上“红十字博爱捐助”字样，使救助工作便于接受审计和社会监督。江西省婺源县红十字会严格规定救助对象范围。广东省新兴县红十字会采取救助金转移支付、以救助金账户向医院划拨的方式，使贫困农民享受到方便快捷的医疗救助。医院设立救助金专用账户，建立收支账目，专款专用，做到收有凭、付有据，严格执行财务制度并做好凭证和账册的归档与管理工作。第二批试点县仅半年的时间，总会即投入款物1365万元；建卫生院、站9所；配备价值100万元的医疗器械；并举办了乡村医生培训班。试点地区的各级红十字会共投入686万元的款物。

各试点县红十字会还在省、市红十字会的关心和指导下，以开展试点工作为契机，积极推动理顺管理体制工作，配备专职工作人员。湖北、云南、

① 《江亦曼在中国红十字会第八届理事会第三次会议上的工作报告（2007年1月8日）》，中国红十字年鉴编辑部编：《中国红十字年鉴：2006/2007》，群言出版社2009年版，第103页。

② 陈颖：《参与合作医疗构建和谐社会　探索农村红十字会工作的新路子》，中国红十字年鉴编辑部编：《中国红十字年鉴：2006/2007》，群言出版社2009年版，第273页。

③ 王胜男：《试点县获价值2460万元救助》，《中国红十字报》2006年11月24日。

广东、黑龙江的试点县在理顺管理体制的基础上，还成立了乡级、村级红十字会，试点工作推进了农村基层红十字组织的建设。

一些试点县还采取多种形式，加大筹资力度。天津市津南区红十字会积极宣传“新农合”给农民带来的益处，并广泛动员社会力量开展募捐活动，共募集资金149万元，为开展医疗救助提供了资金保证。山东省平阴县红十字会在全县发起以“每人节约50元，为一户特困农民保1年”为主题的专题募捐活动，将募集的44万余元全部存入县红十字会基金财政专户，建立了红十字会救助合作医疗专项基金。广东省红十字会与工商银行、银联合作，开通医疗救助基金网上捐赠业务，募集专项资金近10万元支持试点县工作。

总的说来，在参与“新农合”试点工作的两年中，总会共向试点县拨付款物3915万元；援建卫生院（站）37个；为26个卫生院（站）配备医疗设备；培训了152名乡村医生。各级红会投入了近3500万元款物。2007年“5·8”世界红十字日期间，全国各级红十字会分别开展了以“关爱农民，共建和谐——红十字援助进农家”为主题的募捐活动，共募集款物2亿多元，这些款物全部用于支持“新农合”试点工作。总结这些工作的推进和成绩的取得，首要原因在于“领导重视，组织得力”。各试点省（区）、市、县政府和红十字会重视试点工作，通过试点推进理顺管理体制工作，建立基层组织，发展会员、志愿者，加强组织管理与监督机制建设，加大对农民的宣传和引导，由此红十字会的知名度在农村得到提高。其次，与各地红会的积极努力、开拓创新不无关系①。

应该说，在城乡建立医疗救助制度是政府和社会各方面共同的任务，红十字会应积极参与，起一个补充的作用，但并不能因此低估红十字会参与“新农合”的意义和价值。在试点中，有的县红会只募得了几万元或十几万元，但做了不少工作。无论筹款多少，只要思路正确、方法正确，都可以发挥很好的作用，产生积极的影响。不同经济条件的试点县应有不同目标，总的原则是尽力而为、量力而行。政府做得好的，红十字会可以锦上添花；政府顾及不到的，红十字会就去雪中送炭。农村红十字医疗救助工作的长足发展，一定要认真贯彻预防为主的方针，向农民群众普及卫生保健知识，让农

① 《苏菊香在中国红十字会参与新型农村合作医疗及医疗救助试点工作经验交流会上的情况通报（2007年10月10日）》，中国红十字年鉴编辑部编：《中国红十字年鉴：2007/2008》，中华工商联合出版社2011年版，第167—168页。

民少生病，特别是少生大病，这样才有利于农民的健康和新农村的建设①。

（四）参与“新农合”的思考

“发展红十字事业是时代发展的需要。要在农村有效地开展红十字工作，认真定位、找准红十字会工作与农村问题的结合点与切入点是关键”②。红十字会参与“新农合”作为改善“最易受损害群体”境况一个很好的切入点，是红十字会把工作延伸到农村，在农村发展基层组织的一个很好的途径和抓手。红十字会参与“新农合”，不仅仅是救助一些看病难的农民，而且要通过开展医疗救助把红十字会的工作深入农村基层，为最困难的群众服务。有些地方的红十字会还帮助农村建立卫生站、培训医务人员，对农民进行健康教育，改善农村环境卫生，改变农民不良卫生习惯。通过这些工作，不仅发挥了红十字会在建设新农村、构建和谐社会中的作用，而且扩大了红十字会的影响，使红十字会的基层组织得到进一步发展③。

红十字会加入“新农合”建设后，建立了社会资源流入医疗救助基金的渠道，一定程度上缓解了农村医疗救助资金的不足。这些资金用于帮助特困农户加入“新农合”，提高“新农合”的参合率，有力地促进了“新农合”制度建设的顺利发展。红十字会主办的大病医疗的二次救助，提高了对“参合”农民大病救助的资助水平，降低了农民看病的自费程度，使患病的农民从“新农合”制度中得到更多的实惠，一定程度上实现了新型农村合作医疗制度向特困农民的成功延伸，调动了农民“参合”的积极性。

红十字会的这种人道主义救助不仅使众多患病农民解除了生活的困窘，而且为特困农民带来了心理上的安慰，以及恢复健康和生存下去的希望。它有效地扩大了红十字会在农村的影响，树立了良好的公益形象④。长远来看，在试点的基础上，红会要因地制宜、切合实际地开展工作，一是精心选择需要救助的贫困农民，二是在救助方式上要灵活多样。各地红十字会也要发挥

---

① 《彭珮云在中国红十字会参与新型农村合作医疗和医疗救助试点工作座谈会上的讲话（2006年11月18日）》，中国红十字年鉴编辑部编：《中国红十字年鉴：2006/2007》，群言出版社2009年版，第115页。

② 吴云苍：《找准红十字服务农村的切入点》，中国红十字年鉴编辑部编：《中国红十字年鉴：2006/2007》，群言出版社2009年版，第276页。

③ 《彭珮云在中国红十字会参与新型农村合作医疗和医疗救助试点工作座谈会上的讲话（2006年11月18日）》，中国红十字年鉴编辑部编：《中国红十字年鉴：2006/2007》，群言出版社2009年版，第115页。

④ 向春玲：《红十字会在“新农合”制度建设中大有可为——以山东青岛即墨市、济宁市红十字会为例》，中国红十字年鉴编辑部编：《中国红十字年鉴：2006/2007》，群言出版社2009年版，第238页。

最大的主观能动性，集思广益，创造性地开展工作[①]。

三、走向“田野”：使命与希望

红十字需要农村，农村也需要红十字，社会保障事业的深入发展更需要红十字会走向乡村和田野。早在20世纪80年代末期，红十字会即认识到“在农村发展红十字事业，是创建具有中国特色的红十字事业的大胆尝试”[②]。在中国红十字事业的发展历程中，也提出实现中国红十字会各级组织，按国家行政区域划分的省、市、县、乡、村逐步向下延伸[③]。因此，发展农村红十字事业是中国红十字运动的题中之意，具有合法性和现实性。

（一）从使命职责来说，红十字会必须关注农村

“中国红十字会的主要任务之一是为改善‘最易受损害群体’的境况，建立救灾备灾体系，参与自然灾害和突发事件的救助，开展群众性卫生救护，减少各种因意外伤害造成的人员致残和死亡”[④]。从2014年的我国人口结构来看，城镇常住人口74916万人，乡村常住人口61866万人，城镇人口占总人口比重（城镇化率）为54.77%，乡村人口占总人口比重为45.23%。而且2014城镇居民人均可支配收入为28844元，是农村居民人均可支配收入10489元的2.75倍[⑤]。也就是说，我国近一半的人口仍在农村，这是一片广阔天地，而且“最易受损害群体”更多分布在农村，因此红十字事业不能也不应放弃农村。

根据民政部统计数据，“每年有7500多万农村绝对贫困人口和低收入人口需要救助”[⑥]。到2004年，全国农村绝对贫困人口仍有2610万人，贫困发生率为2.8%；绝对贫困人口与低收入人口合计数量为7587万人，占农村人口比重的8.1%[⑦]。到2006年，中国农村仍有6432万贫困人口，其中有2365万还没有解决温饱处于绝对贫困。他们年收入在683元以下，过着食不饱肚、

---

① 《苏菊香在中国红十字会参与新型农村合作医疗及医疗救助试点工作经验交流会上的情况通报(2007年10月10日)》，中国红十字年鉴编辑部编：《中国红十字年鉴：2007/2008》，中华工商联合出版社2011年版，第169页。

② 静湖：《“特色”从哪里来》，《中国红十字报》1989年5月5日。

③ 《百年会史》，中国红十字年鉴编辑部编：《中国红十字年鉴：2004/2005》，台海出版社2006年版，第37页。

④ 池子华、杨国堂等著：《百年红十字》，安徽人民出版社2003年版，第381页。

⑤ 《2014年国民经济和社会发展统计公报》，国家统计局网，2015年2月26日。

⑥ 参见上海市慈善基金会、上海慈善事业发展研究中心：《转型期慈善文化与社会救助·代序》，上海社会科学院出版社2006年版，第2页。

⑦ 国家统计局农村社会经济调查总队：《2004年末全国农村绝对贫困人口2610万》，《调研世界》2005年第4期，第7页。

衣不保暖的生活；他们中85%分布在生产条件恶劣的中西部；他们中那些老、弱、病、孤和其他遭灾难的人群更是困苦得难以形容①。直到2014年，根据国家统计局的数据，按照年人均收入2300元（2010年不变价）的农村扶贫标准计算，2014年我国农村贫困人口仍有7017万人②。农村无疑是“最易受损害群体”的“集散地”，灾害承受能力更弱，亟须社会各界的关怀与救助，以“三救”（救灾、救助、救护）为天职的红十字会理应勇担大任。

与此同时，农村的医疗卫生状况也更加期待红十字会的关怀。从我国卫生资源的配置状况来说，城市的卫生资源要远好于农村地区，农村医疗卫生专业队伍力量远比城市薄弱，卫生人员比例和病床数明显低于城市。很多农村居民常因基层医疗机构医疗资源的匮乏而前往城市大型医院就诊，不但辗转劳顿，费用压力也很大③。从20世纪90年代的数据看，“全国卫生技术人员，在城市平均每千人口7.68人；在农村平均每千人口2.10人”④。从我国政府的卫生投入来看，也可以对农村医疗卫生的严峻现实有一个初步的认识。据世界卫生组织报告，2000年我国政府卫生投入占GDP的2.7%（2000年以前一直在1%～2%左右），在191个成员国中倒数第9；在“医疗卫生公平性”评价中，本来就很少的卫生经费有80%投向城市，投向大医院⑤。据统计，1994—2013年期间，我国农村医疗卫生费用从769亿元增加到8024亿元，增长942%，农村居民人均费用也由86元增加到1274元，增长1381%。但我国农村医疗卫生的状况却不容乐观，农民普遍存在“看病难”“看病贵”的问题，因病致贫、因病返贫现象日益严重，反映农村医疗卫生状况的几个主要指标，如医疗卫生服务总量、诊疗人次、病床使用率及每千人口乡镇卫生院床位数等各项利用率指标都呈下降趋势⑥。

同时，农村所遭受意外伤害的死亡率也远高过城市。据2010年前后的数据，我国每年各类伤害发生约2亿人次，因伤害死亡人数约70万～75万人。经济越不发达的地区，伤害及其所带来的后果越严重。相关的研究表明，在我国农村地区，伤害在农村居民疾病谱、死因谱以及住院疾病谱中的顺位逐

---

①　于建嵘：《关爱农村最困苦的群体》，中国红十字年鉴编辑部编：《中国红十字年鉴：2006/2007》，群言出版社2009年版，第239—240页。

②　《2014年我国农村贫困人口比上年减少1232万人》，新华网，2018年8月22日。

③　郭宏翠、彭婧婧、曹荣：《农村医疗资源的整合及优化配置策略探究》，《中国农村卫生》2015年第15期，第53页。

④　杨学顺：《发展农村红十字会的必要性和必然性》，《中国红十字》1990年第1期，第5页。

⑤　李威：《反思“非典”加快培养现代化公共卫生人才》，《医药论坛杂志》2004年第6期，第1—2页。

⑥　王伟：《我国农村医疗卫生服务供给效率研究》，山东大学2017年博士学位论文，第1页。

步上升。第三次国家卫生服务调查的结果显示，损伤和中毒处于农村居民两周患病率的第 5 位，由 1993 年的 4. 2‰增加到 2003 年的 6. 3‰[①]。仅就交通事故而言，据统计，1986 年全国共发生车祸事故 221948 起，其中农村 115419 起，占 52%；伤 78410 人，占 54. 36%；亡 29933 人，占 73. 3%。由于农村诸多的客观原因，往往造成大量不应有的死亡（据调查，农村病人院前死亡率高达 50%）[②]。近些年来，农村发生车祸的概率仍比城市高，死亡率也比城市高。虽然城市的车子比农村多，但城市的车祸死亡率却比农村低，究其原因，农民欠缺知识教育，以及农村的经费比城市少、路况比城市差、信号标示也较少以及不明确、医疗也比城市差[③]。

因此，在农村尽快普及卫生救护知识显得尤为迫切。可见农村是红十字会救助工作的“重中之重”，只有让红十字的阳光普照农村，才能真正实现其保护人的生命与健康的神圣职责，红十字事业在广大农村大有可为。“实践证明，农村需要红十字会，农民需要红十字会，红十字会在农村开展的工作为保护农民的生命与健康发挥了积极作用”[④]。

（二）从角色定位而言，红十字会离不开农村

红十字会是政府在人道领域的助手，“协助人民政府开展与其职责相关的人道主义服务活动”。要做好政府在人道领域的助手，就必须在党的领导下，为党和国家的一系列大政方针和国家战略做出具有红十字特色的重要贡献。2000 年 10 月，党的十五届五中全会提出，从新世纪开始，我国进入了全面建成小康社会、加快推进社会主义现代化的新的发展阶段。全面建成小康社会离不开农村的发展与进步，“三农问题”也内嵌在五大发展理念的核心要义之中。2002 年，党的十六大，以及党的十六届三中全会（2003 年）、四中全会（2004 年），从全面建设小康社会、开创中国特色社会主义事业新局面的全局出发，明确提出构建和谐社会的战略任务，并将其作为加强党的执政能力建设的重要内容。2005 年，党的十六届五中全会通过的《中共中央关于制定国民经济和社会发展第十一个五年规划的建议》，提出了建设社会主义新农村的重大历史任务。新农村建设是构建和谐社会的要求，是全面建成小康社会的

---

① 李玲：《我国农村居民意外伤害流行现状及影响因素研究》，山东大学 2010 年硕士学位论文，第 8—9 页。

② 尤德新编著：《闪光的红十字》，湖北科学技术出版社 1990 年版，第 234 页。

③ 苏利川、蔡佳铮：《城市车辆多于农村　农村车祸猛于城市》，《中华工商时报》2014 年 7 月 11 日。

④ 江亦曼：《发展公益事业，共建社会主义新农村——在首届博爱论坛上的讲话》，《博爱中国——来自博爱论坛的声音》，中央广播电视大学出版社 2008 年版，第 7 页。

重要内容。在这种背景下，红十字会必须走进田野，走进农民，关注农民群众的安危冷暖。中国红十字会以发扬“人道、博爱、奉献”的红十字精神，保护人的生命和健康，促进人类和平进步事业为宗旨，以动员人道力量“改善最易受损害群体境况”作为工作的出发点和落脚点，理所当然地应该在建设社会主义新农村、构建和谐社会中发挥应有的作用，这是红会义不容辞的责任，也是建设中国特色红十字事业的必然要求①。党的十八大以来，习近平总书记指出，“实现中华民族伟大复兴，就是中华民族近代以来最伟大梦想”，具体表现是国家富强、民族振兴、人民幸福。在中国梦的框架下，习近平总书记于2013年提出了“精准扶贫”的重要思想。精准扶贫关系到决胜全面建成小康社会和实现中华民族的伟大复兴。新时代的中国特色红十字事业必须聚焦精准扶贫，着力乡村振兴，为全面建成小康社会做出新的贡献。

总之，进入21世纪以来，中国红十字会作为党和政府联系群众的桥梁和纽带，政府在人道领域的工作助手，在新农村建设和全面建成小康社会以及实现中国梦的伟大进程中发挥着重要作用。长期以来，中国红十字会高度重视在农村开展工作，在救灾赈济、扶贫济困、普及卫生救护防病知识、参与建立新型农村合作医疗制度和对农民进行医疗救助等方面做了一些工作；在营造团结互助、平等友爱、融洽和谐的人际环境，促进农村精神文明建设、维护农村稳定的大局中发挥了重要作用。为了给农村特殊困难群体送去社会的关爱，中国红十字基金会开展了以农村重大疾病救治和预防、改善农村医疗条件、培训农村医护人员为主要内容的“红十字天使计划”，启动了救治白血病儿童的“红十字小天使计划”，设立了为西部贫困地区援建博爱卫生院的“京华天使基金”。各省红十字会结合本地实际开展了以关爱农民为主的“救心”“复明”“母婴健康”等项目，对农村因病致贫的家庭实施救助，为越来越多的农村特困患者带来了生的希望②。

（三）从自身发展而言，红十字会需要农村

扩大影响力、彰显特色和公信力建设是红十字会的生命线。中国红十字事业的可持续发展，最基本的前提即是走入群众，为人所知。但现阶段红十字会在普通大众之中的知晓率和认可度并不高，所以在一些舆论风波中才可能陷入受众认知误区，造成百口莫辩的“罗生门事件”。多年以来，农村是红

---

① 彭珮云：《勇于实践　敢于创新　努力推动农村红十字会工作向前发展——在中国红十字会农村工作座谈会上的讲话》（2005年10月22日），《中国红十字会领导讲话汇编》（2004年10月—2007年3月），2007年内部印行，第81页。

② 江亦曼：《发展公益事业，共建社会主义新农村——在首届博爱论坛上的讲话》，《博爱中国——来自博爱论坛的声音》，中央广播电视大学出版社2008年版，第7页。

十字事业发展的“视野盲区”，虽然近些年这一状况有所改善，但总体情况仍不容乐观。山东是红十字会群众基础相对较好的地区，从20世纪80年代以来，山东红十字会的农村工作一直处于全国前列，为红十字事业向农村拓展积累了许多值得借鉴的先进经验。但从2001年对山东红十字会的实地调研来看，红十字会仍然没有真正地走入田野。根据调研结果，“村民对红十字会主要职责的最高知晓率为56.3%，最低知晓率为10.6%。这说明，绝大多数村民对红十字会的主要职责不知晓”；“村民对村红十字会工作的知晓率、认同率很低，最高项为17.9%，最低项为6.1%”①。

在今后的工作中，农村红十字会既要做好传统的各项业务工作，又要努力开拓新的工作领域。各地农村红十字会应从本地的实际情况和群众的需求出发，认真履行《红十字会法》和《红十字会章程》规定的职责，大力宣传红十字会的宗旨、性质和作用，宣传红十字精神；做好备灾救灾和对困难群众的人道救助工作；普及卫生救护和防病防灾知识，增强农民的健康意识和自救互救能力；宣传推动无偿献血和捐献造血干细胞；开展红十字青少年活动。这些传统的业务工作要不断总结经验，越做越好。同时，要适应新的形势和群众新的需求，不断拓展农村红十字会工作的新领域。

农村需要红十字会做的工作很多。例如，我国艾滋病处于全国低流行和局部地区及特定人群高流行并存的态势，正由高危人群向一般人群传播。艾滋病防治关系经济发展、社会稳定、国家安全和民族兴衰，我们必须充分认识加强艾滋病防治工作的重要性和紧迫性。红十字会是国务院防治艾滋病工作委员会的成员单位，配合政府做好艾滋病防治工作，是红会责无旁贷的责任，是应当开拓的一个重要的工作领域。各地尤其是已经进入高流行阶段的地区在开展农村红十字会工作中，要高度重视、积极参与艾滋病防治工作。河南省确山县和四川省资中县红会配合政府在艾滋病防治工作中做出了重要成绩，使艾滋病疫情得到控制，困难群众得到救助②。可见，红十字会在这一领域可以有所作为。

---

① 张心宝等：《山东省农村红十字会工作调查报告》，中国红十字年鉴编辑部编：《中国红十字年鉴：2004/2005》，台海出版社2006年版，第932—936页。

② 彭珮云：《勇于实践　敢于创新　努力推动农村红十字会工作向前发展——在中国红十字会农村工作座谈会上的讲话》（2005年10月22日），《中国红十字会领导讲话汇编》（2004年10月—2007年3月），2007年内部印行，第82—84页。

第六节　推进红十字青少年工作

红十字青少年运动丰富多彩、包罗万象，在某种程度上，青少年工作可以看作是红十字工作的“缩影”。但同时，由于青少年群体的特殊属性，又决定了其工作具有一定的灵活性和个性特征，青少年工作可以在红十字人道主义的旗帜下绽放出灿烂夺目的光彩。青少年是“祖国的未来和希望”，青少年工作“是保证中国特色社会主义事业兴旺发达、后继有人的基础性工作，也是实现亿万家庭最大愿望和切身利益的民心工程”①。红十字运动是一个国家、民族文明进步及和谐程度的一个重要标志。组织尽可能多的青少年参加红十字知识的学习及相关活动，使其成为“人道、博爱、奉献”精神的实践者和传播者，不仅保证了红十字运动后继有人，更有助于培养构建和谐社会的促进者和建设者②。从这个意义上讲，红十字青少年运动是红十字事业的“希望工程”，也是建设中国特色社会主义事业的“希望工程”。

一、新世纪以来红十字青少年工作的蓬勃发展

多年来，特别是红会“七大”以来，各级红十字会配合教育部门，认真贯彻落实中国红十字会总会与教育部联合下发的《学校红十字会工作规则》和《关于进一步推进学校红十字会工作的意见》，取得了可喜的成绩，积累了宝贵的经验。

（一）红会组织稳步发展，政策环境逐步形成

进入新世纪以来，各级红会和教育、卫生行政部门、共青团组织，联合加强了对学校开展红十字会工作的指导，促进了学校红十字会组织的发展。截至2004年年底，全国31个省（区、市）中，有17个成立了学校红十字工作委员会；各级各类学校建立红十字会数量从1991年的13088所增至27898所，增长了113%；红十字青少年会员从1991年的290万发展到1255万，占全国红会会员总数（2343万）的54%。一些省（区、市）红十字会在注重建立学校红十字组织、发展青少年会员的同时，重视会费的管理和收缴工作。

① 《彭珮云在全国红十字青少年工作会议上发表讲话》，中国红十字年鉴编辑部编：《中国红十字年鉴：2005/2006》，台海出版社2007年版，第294页。

② 张立明：《历史的责任，现实的要求——有感于全国红十字青少年工作会议》，《中国红十字报》2005年9月30日。

京、津、沪及部分省会城市和副省级城市学校建会率和会费收缴率都达到70%以上。学校红十字会组织和会员队伍不断壮大，为红十字青少年工作提供了组织保证。

红十字青少年工作的政策环境逐步形成。依据《红十字会法》关于各级红会要“开展红十字青少年活动”的规定，2002年，总会和教育部联合颁布《学校红十字工作规则》，2004年又联合下发《关于进一步推进学校红十字会工作的意见》。全国23个省（区、市）红十字会与教育厅（局）联合转发了这两个文件；15个省级教育部门将红十字青少年工作纳入各级各类学校的工作目标考核范围。上海市人大还将红十字青少年工作纳入《上海市未成年人保护条例》。2004年，国务院办公厅转发中国红十字会总会《关于进一步加强红十字会工作意见的通知》，把开展红十字青少年活动列入切实加强扶持红十字事业的重要内容。这些法律法规和政策规定，为开展学校红十字会工作提供了良好的政策环境。

2005年，中国红十字会召开全国红十字青少年工作会议，第一次将红十字青少年工作明确纳入红十字事业整体发展规划。从2005年开始，红十字青少年会员队伍不断壮大，为红十字青少年工作奠定了坚实基础。截至2011年3月，全国共有53248所学校成立了学校红十字会，占全国学校总数的12.6%。数据资料显示，北京、天津、上海及部分省会城市和副省级城市学校红十字会建会比例超过80%，内蒙古、辽宁、吉林、江苏、浙江、山东、贵州和新疆等8省（区）学校红十字会建会比例超过30%。全国已有30个省（区、市）及新疆生产建设兵团、303个地级市、745个县（区）的教育、卫生和共青团等部门与当地红十字会联合成立学校红十字工作委员会。已建立红会组织的各级各类学校普遍建立了4项工作制度（理事会制度、红十字青少年活动制度、会费收缴使用管理制度、年终评比表彰制度）。另外，还有17个省（区、市）红十字会，将红十字青少年活动经费纳入当地财政预算。21个省（区、市）及新疆生产建设兵团开展了红十字示范校、标准校创建活动，受到表彰的示范校、标准校达1274所①。

（二）红十字青少年活动成为学校德育教育和素质教育的有效途径和载体

进入新世纪以来，全国各级各类学校红十字会，积极开展内容丰富、形式多样、符合青少年特点的活动，注意突出红十字精神的内涵，拓宽了学生的视野，丰富了广大青少年社会实践的内容。红十字青少年活动已成为推进

① 王达：《开少年智　促少年强》，《中国红十字报》2011年11月4日。

学校德育教育和素质教育的有效途径和载体。

1. 积极开展红十字运动基本知识和国际人道法传播工作

传播工作是中国政府和中国红十字会向红十字会与红新月会国际大会共同承诺的内容之一。长期以来，在各级教育部门的支持下，总会和地方红会相继开展多种形式的传播红十字运动基本知识和国际人道法活动，通过举办红十字专栏、板报、专题广播、演讲比赛、绘画征文、文艺表演等形式，丰富了活动的内容。辽宁、福建、内蒙古等13个省（区、市）红十字会将传播工作纳入红十字示范校评比活动内容。山东省青岛市实验小学把宣传“人道、博爱、奉献”的红十字精神融入未成年人思想道德建设内容，开展了丰富多彩的宣传活动。香港、澳门特别行政区红十字会经常举办有益于青少年身心健康、弘扬红十字理念的活动，取得了很好的效果。

2. 救护知识普及和救护员培训工作不断深入开展

各级各类学校红十字会结合学校的工作实际，把救护知识普及和救护员培训与增强红十字青少年自救互救技能，提高学生健康水平紧密结合。北京市红十字会在全市大、中、小学建立了192支红十字青少年救护队，仅2004年就组织8010名高校师生进行救护员培训。广东省中山市红十字会广泛开展针对红十字青少年的救护知识普及活动。辽宁省大连市红十字会开展“珍惜生命、关爱他人、人的生命是最宝贵的”青少年急救知识技能比赛，在学校、社会和青少年中产生了积极的影响。

3. 自愿无偿献血和捐献造血干细胞工作取得明显成绩

各级学校特别是高校红十字会把推动自愿无偿献血工作与培养青年的人道关爱思想、与学校思想素质教育紧密结合，成效显著。各级红十字会连续将自愿无偿献血的宣传动员工作作为每年“5・8”世界红十字日活动的重要内容。云南、山东、重庆等省（市）自愿无偿献血总人数中红十字青年会员已占近50%。中国造血干细胞捐献者资料库的建设，为血液病患者点燃了生命的希望之光。到2005年，在中国造血干细胞捐献者资料库中，大学生捐献者所占比例已达25%。许多高校已形成自愿无偿献血和捐献造血干细胞人人有责、捐献光荣的良好风尚。

4. 红十字志愿服务工作蓬勃开展

红十字青少年是红十字志愿服务的主体，各级红十字会根据大、中、小学的各自特点，组织不同内容和形式的红十字志愿服务，产生了良好的社会影响。天津市红十字会与教育、民政部门联合开展红十字青少年“敬老奉献服务基地”共建活动，学校与养老机构全部签订敬老奉献服务协议；湖南省各级学校开展“一点一滴，会聚人间真情，百人百心，打造博爱天堂”，创建

“爱心病房”“爱心福利院”的活动；河北、江西、湖北、青海、新疆等省、区开展“三定一包”红十字青少年进社区服务活动；安徽省红十字会开展“大学生会员关爱灾区行”“大手拉小手”慰问捐助等活动，既丰富了红十字志愿服务的内容，弘扬了“人道、博爱、奉献”的红十字精神，又树立了红十字会良好的社会形象。

许多大专院校红十字青年会员利用所学专业特长，深入社会，开展外语翻译、医学咨询、心理咨询、健康检查、电器修理、文艺演出等志愿服务活动，增强了红十字青少年为社会无私奉献的意识。

（三）国际和地区间红十字青少年交流与合作不断加强

在总会的指导下，各省（区、市）红十字会积极组织参加国际和地区间红十字青少年友好交往活动。通过参加国际和地区间绘画比赛、作文展、交换手工制品和纪念品等活动，增进了与其他国家和地区间红十字青少年的友谊和了解，开阔了广大红十字青少年的视野。

举办夏（冬）令营是促进青少年交流最直接的形式。祖国大陆各省（区、市）红十字会经常与香港、澳门红十字会和台湾红十字组织联合开展红十字青少年夏（冬）令营活动，互相学习和交流。2005 年，香港红十字会、澳门红十字会、重庆红十字会等共同举办的“同心同根万里行——2005 伟大建设之旅”活动，让 400 多名成员在游览祖国河山秀美景色的同时，了解了祖国的历史发展，增强了港澳和内地红十字青少年的交流。从 1993 年开始，总会与台湾红十字组织共举办了 13 期海峡两岸红十字青少年夏（冬）令营活动，共有 800 多名红十字青少年参加，很好地促进了两岸红十字青少年的沟通和交流，增强了两岸青少年对祖国的认同感。北京市红十字会举办的中、日、韩三国首都红十字青少年夏令营，内蒙古自治区红十字会举办的红十字青少年草原夏令营，黑龙江省佳木斯市红十字会举办的红十字青少年军旅夏令营，山西省大同市红十字会举办的红十字青少年科技夏令营等活动，都极具特色，既弘扬了红十字精神，丰富了青少年的课外知识，陶冶了青少年的思想情操，又促进了红十字青少年国际和地区间的交流与合作，在推动青少年身心健康的全面发展方面发挥了重要作用。据不完全统计，1991 年以来至 2005 年 9 月，全国各省、自治区、直辖市红十字会共举办和参加国际、国内和地区间红十字青少年夏（冬）令营 800 多期，参加人数达 10 万人次以上，促进了国际和地区间红十字会的友好交往与合作，树立了我国红十字会在国际上的良好形象，体现了红十字会在民间外交方面的独特作用。

（四）不断开拓红十字青少年工作的新领域

各级各类学校红十字会在继承传统活动项目的基础上，抓住机遇，从青少年的需要出发，积极开拓红十字青少年工作新领域，形成了一些富有红十字特色和社会影响的活动项目。

1. 积极开展健康教育

各级各类学校红十字组织通过开办各种专题讲座，引导适龄青少年正确认识和对待青春期生理、心理变化，增强红十字青少年的自我保健意识，促进青少年养成良好的卫生习惯。广西、福建、宁夏等省、区红十字会为引导广大青少年正确对待生理、心理变化，编印了《学生青春期健康教育读本》《心理健康教育读本》和《红十字青少年手册》等书籍作为课外教材，深受学生欢迎。

总会在大学开展的“心灵阳光”全民健康项目，通过在百所大学开展普及心理健康知识系列讲座，在电视台开辟心理健康教育栏目等形式，对师生进行心理卫生知识普及和培训，探索青少年心理健康教育的新途径，收效甚佳。

2. 开展艾滋病预防宣传教育活动

中国红十字会作为国务院防治艾滋病性病协调会议制度成员单位，在国际联合会的支持下，在学校积极开展了以人道之心关爱艾滋病病人和感染者为特点的艾滋病预防宣传教育活动。

云南省红十字会 1994 年以来一直致力于开展艾滋病预防的“青年同伴者教育”工作，到 2005 年累计举办培训班 1721 期，向 3. 5 万多名青少年传播了远离毒品、远离烟草、预防艾滋病的知识，间接受益群众达 70 多万人。该项目受到联合国秘书长科菲·安南的特别称赞，2005 年 6 月，联合国艾滋病规划署授予云南省红十字会防治艾滋病特殊贡献奖。2003 年，北京大学红十字会组织了“首都高校青年与艾滋病论坛”暨赴晋、冀“预防艾滋病你我同行”暑期夏令营活动及“飘动的红丝带——首都高校大学生义跑活动”；首都医科大学红十字会在北京佑安医院艾滋病病房建立“爱心家园”，组织会员定期为艾滋病患者提供志愿服务，这些行动在社会上产生了积极的影响。

3. 建立少儿住院医疗互助基金

上海市红十字会 1996 年建立了中小学生、婴幼儿住院医疗互助基金，到 2005 年已为 55. 8 万人次的患病少年儿童支付了医疗费用达 4. 1 亿元，有力地保障了全市 200 万少年儿童的身体健康。北京市红十字会于 2004 年 9 月正式启动少儿住院医疗互助金，先后为 1211 人次支付了 172 万元的医疗费用。在上海、北京红会的引领下，很多地区红会积极探索建立少儿住院医疗互助基金工作，努力为青少年健康成长撑起保护伞。

（五）探索红十字青少年工作的长效机制

各级红十字会积极研究青少年工作的新情况，努力探索工作的长效机制。

第一，把红十字青少年工作与共青团、少先队活动密切结合，与素质教育、德育教育、健康教育等密切结合。浙江省萧山市红会总结出学校红十字工作“四个结合”的经验，即：把红十字青少年工作与学生的素质教育结合，营造独特的校园文化；与健康教育结合，提高学生自救救人和自我保健的意识和能力；与学生身边的人和事结合，使学生从小养成良好的道德风尚；把红十字会工作与共青团、少先队、学生会活动有机地结合起来，形成齐抓共管的新局面。吉林省长春市红会针对中小学生近视发病率高的特点，与卫生部门密切合作，建立“红十字青少年近视眼康复基地”，免费为 10 多万中小学生治疗近视眼。

第二，开展创建红十字达标校、示范校活动。通过创建活动，提高了教育、卫生部门、共青团组织和学校对红十字青少年工作的重视，促进了学校红十字会的发展和组织建设，有效地传播了红十字运动知识和国际人道法，使红十字青少年社会服务和实践活动更具活力。据不完全统计，截至 2005 年，全国已有 29 个省（区、市）开展了创建红十字达标校、示范校活动，受到省市两级红会表彰的达标校、示范校达到 8700 多所。

红十字青少年工作在各级红会、教育、卫生部门和共青团组织的大力支持以及广大青少年的积极参与下，取得了显著的成绩，有力地配合了学校德育教育和素质教育，成为贯彻落实党和国家教育方针、培养社会主义建设者和接班人的有效途径和载体。在总结学校红会工作成绩的同时，也应清醒地看到，学校红会工作还存在着许多不足。主要表现在：一是学校红会工作普及度不够。各级各类学校建会数只占全国学校总数的 4. 88%，红十字青少年会员只占全国学生总数的 5. 73%。二是红十字青少年工作发展很不平衡。地区与地区之间发展不平衡，农村的学校红会工作明显滞后于城市；同地区学校与学校之间发展也不平衡。三是学校红十字会工作在规范化和制度化建设方面还存在差距，还没有形成长效工作机制。四是总会对全国红十字青少年工作的指导还需进一步加强。以上问题的产生，既有历史遗留和体制上难以避免的因素，也与红会工作不够细致和深入，对红十字青少年工作重要意义的认识不到位有直接关系①。

---

① 江亦曼：《抓住机遇坚持改革　努力开创红十字青少年工作的新局面》（2005 年 9 月 21 日），《中国红十字会领导讲话汇编》（2004 年 10 月—2007 年 3 月），2007 年内部印行，第 136—142 页。

二、在活动中推进规范化：江苏青少年工作的成功经验

“红十字会的生命力在于活动”①。对于青少年工作来说，更是如此。长期以来，江苏广大红十字青少年通过多种形式的社会活动，使其人道主义的触角伸出校园，伸向社会的各个领域，产生了良好的社会效应。随着对青少年工作认识的不断深化，红十字活动也不断趋向多样化和个性化。应该说，全省青少年工作规范化建设的各项措施最终要落实在学校红十字组织所开展的各项活动中，同时丰富多彩的青少年活动实践也推进了青少年工作规范化的进程。在纵向上看，在全省青少年工作的发展历程中，在历次全国全省的大型红十字活动中，如复会时期的“五讲四美三热爱”、援非募捐、“’88国际体育援助”以及大兴安岭火灾、1991 年和 1998 年水灾救助等，青少年作为红十字大家庭中的一支重要力量，从来不甘人后，发挥出其特有的作用。开展青少年活动，“可根据学校工作情况，体现人道主义宗旨，做到与思想品德教育相结合，与其他群团活动相结合，与劳动教育相结合，与卫生保健工作相结合。开展优质活动，就是要求红十字青少年活动要突出人道主义奉献精神，多层次、多角度、多形式地开展活动，达到生动性、系列性、经常性、现实性”②。这也正是江苏红十字会青少年活动的特征体现。同时，青少年活动“要有自己的特色，逐渐形成自己的‘品牌’，这样才能使活动经常持久地开展，取得更好的效果，使人们更加认识它的价值”③。

（一）常规性活动

红十字青少年活动内容丰富，形式多样。在长期发展过程中，青少年活动已积累了多项常规性内容，同时随着时代的变迁，一些富于时代特色的创新性活动不断涌现。在江苏红十字会的常规性活动中，卫生救护和社会服务是其中的重要内容④。围绕这两项主要业务，全省各级青少年组织开展了丰富多彩的青少年活动，在完成业务工作的同时，丰富了校园生活，陶冶了青少年的情操，卓有成效地以青少年的特有方式传播了人道主义。

首先，各地红十字会持续开展了救护训练和卫生常识教育。学校红十字

① 《红十字会的生命力在于活动》，《江苏红十字》1991 年第 11 期。

② 江鸣皋：《红十字青少年工作是培育一代新人的好途径》，《中国红十字报》1994 年 5 月 13 日。

③ 《彭珮云在全国红十字青少年工作会议上发表讲话》，中国红十字年鉴编辑部编：《中国红十字年鉴：2005/2006》，台海出版社 2007 年版，第 296 页。

④ 《国家教育委员会　中国红十字会总会〈关于进一步加强全国红十字青少年工作的意见〉》（1991 年 5 月 3 日），中国红十字会总会编：《中国红十字会历史资料选编，1950—2004》，民族出版社 2005 年版，第 227 页。

会根据青少年不同年龄层次和心理发育程度，由浅入深地开展以处理小伤小病、四项救护技术、心肺复苏训练和卫生常识、青春期生理、心理卫生保健教育，对增强学生在意外伤害中的自救与互救意识，从小养成讲究卫生的习惯，提高自我保健的能力，发挥了积极作用。其次，在社会服务方面，敬老助残是主要内容并逐步走向规范化、经常化。“改善最易受损害群体的境况”是红十字会的工作目标。社会上的孤寡老人、残疾人、伤病员、烈军属，最需要得到社会的关心和帮助。众多学校红十字组织采取“三定一包”（定人、定时、定内容、包户）的服务方式，进行大量、不间断的系列生活服务，受到广泛赞誉①。值得一提的是，在社会服务工作中，苏州市红十字会坚持“两红”结合，活动个性鲜明，成效突出。“两红”结合“既有利于借助红领巾组织基础较好的优势，把学生们充分发动起来参与社会服务，又有利于在社会服务中体现红十字人道主义宗旨，扩大红十字影响”②。

此外，夏令营活动是红十字青少年广泛开展而经久不衰的一项传统活动。夏令营活动形式多样，内容丰富，广受欢迎。通过夏令营活动可以使青少年学到红十字会务知识和卫生救护技术，同时通过学习、参观、游览，可以增长见识，扩大视野，增强爱国主义精神及组织纪律性，从而树立青少年的荣誉感和责任感③。再有，全省红十字会还配合各时段的主题开展了内容丰富的知识竞赛和征文、演讲等活动。同时，为开阔青少年眼界，增进对社会的了解，还不定期地举办形式多样的社会调查活动。应该说，这些常规性活动构成了青少年工作的主要内容。活动的开展使红十字人道主义在一代代的青少年中薪火相传，从而推动青少年运动的发展。

（二）创新性活动

江苏省红十字会还注重突破传统业务，使红十字人道主义走出校园，与社会接轨，与时代同行，使青少年活动与时俱进，与社会生活水乳交融，从而创造出一系列既符合青少年特点又具备红十字内涵的创新性内容，极大地丰富了青少年工作的内涵。例如，在1990年北京亚运会期间，宜兴市实验小学的红十字青少年特别制作了两只工艺精巧的“紫砂百寿瓶”，赠送给了中国队和中国台北队获得首枚奖牌的运动员邢芬、倪嘉萍。总会顾英奇副会长赞扬宜兴市的青少年“以无私奉献的精神去关注亚运会，体现了他们心系亚运、

---

① 《解放思想，开拓进取，努力开创江苏省红十字青少年工作新局面》，苏州市红十字会档案1994年“长期”20，第16—17页。

② 苏州市红十字会：《针对青少年特点开展红十字活动》，苏州市红十字会档案1990年“长期”140，第13页。

③ 郝如一、池子华主编：《苏州红十字会志》，安徽人民出版社2008年版，第104页。

心系祖国的美好心灵"[1]，"你们不仅用自己的实际行动实践着红十字会人道主义的宗旨，还用自己的实际行动为祖国的和平统一做贡献，这将得到海峡两岸同胞的赞赏"[2]。1997年，在香港回归前夕，宜兴市红十字会举办了"我同香港小朋友说家乡"征文活动。通过学生们对家乡的所见、所闻、所想、所感向香港小朋友反映家乡的新面貌，激发同学们爱国、爱乡、爱港之情，促进了两地青少年的友好往来。连云港市海州区10所中小学红十字会与贫困地区学校开展手拉手活动，为贫困地区学校和学生捐助款物达3.8万元。扬州市第二中学红十字会的红十字青少年给远在广西、江西的3名受助学生捐款，表达了红十字青少年的一份情谊[3]。1998年，徐州市红十字会在青少年中开展了"红十字颂"演讲活动；盐都县教育系统红十字会汇编的《我们播种爱心》一书，成为红十字青少年内心世界的精彩写照[4]。2000年，南京市红十字会命名洪武北路小学为"南京市红十字会小学"。该校为提高师生的红十字意识，结合学校的升旗仪式，开展了升"三旗"（国旗、会旗、校旗）的活动，作为对师生进行爱国主义、国际主义、集体主义教育的生动教材；此外，学校还成立百人红十字制服方队，把"人道、博爱、奉献"的红十字精神与培养新世纪小主人结合起来，为培育"四有"新人做贡献。昆山市红十字会举办红十字知识竞赛，组织青少年绘制宣传人道博爱的百米画卷[5]。

在创新性活动方面，苏州市红十字会青少年工作从务实创新入手，不断深化工作主题。市红十字会在多年的活动实践中形成了一系列别具特色的活动项目，推动了青少年工作的顺利开展。同时，苏州红十字会还注重将一些传统业务赋予时新元素，使常规业务焕发出崭新的风采。

苏州市红十字会根据总会、省会有关文件精神，融会时代特征开展活动。如八九十年代的"争创全国无吸烟学校、自己的事自己做、红十字青少年与红领巾手拉手"等主题活动开展得有声有色。进入新世纪后，各校在青少年中广泛开展"红十字小志愿者"活动，与"红领巾志愿者"结合，开展口号为"哪里有'两红志愿者'，哪里就有新道德新风尚"的苏州市"两红志愿者"活动。同时要求青少年工作要渗透到学校综合实践中去，为学校课改服

---

① 《顾英奇副会长向海峡两岸运动员在第11届亚运会上首枚奖牌获得者赠紫砂百寿瓶》，《中国红十字》1990年第12期，第4页。

② 《顾英奇副会长给宜兴市实验小学红十字会的信》，《中国红十字》1990年第12期，第5页。

③ 《学习贯彻党的十五大精神，全面推进我省红十字事业》，《江苏省红十字会六届四次理事（扩大）会议文件汇编》，1998年内部印行，第17页。

④ 《江苏省红十字会1998年工作总结》，江苏省红十字会档案，档号1999-001-0000-0026。

⑤ 《江苏省红十字会2000年工作情况和2001年工作要点》，苏州市红十字会档案2000年"短期"1，第9页。

务，为德育教育工作服务。以下诸项成为苏州市红会综合实践活动的主要着力点："四大急救"与群众性救护知识的培养和实践；为孤寡老人服务的技能技巧和能力培养；红十字人道主义与环境保护的关系与实践；红十字人道主义与全面关心孩子健康成长的关系与实践等①。

（三）活动的趋势

江苏红十字会对学校中开展青少年工作的认识是逐步提高的，工作内容也随之不断丰富和扩展。开始是培养学生养成良好的卫生习惯和开展自我保健，如预防近视和龋齿、监督校园环境卫生、举办各种类型的夏（冬）令营以丰富假期生活等，这在复会时期有着明显的体现。之后又发展为尊老助残，为孤寡残疾人送温暖、做好事。随着红十字事业的不断发展，学校红十字会在学校精神文明建设中的作用愈加明显，广大青少年成为红十字会开展活动的重要力量。根据省红十字会对青少年工作逐步规范化的要求，各地十分注重对青少年的思想品德教育，把参与精神文明建设融入青少年活动中，把红十字会倡导的"人道、博爱、奉献"精神纳入学校德育教育内容，开辟学校德育教育的第二课堂。与此同时，从红十字青少年工作的效应上看，也有着逐步由校园走向广阔的社会空间的趋向。

三、青少年工作长足发展的历史借鉴

（一）充分认识是前提

广大青少年是祖国未来的建设者，是社会主义事业的接班人。做好青少年工作，直接关系到中华民族的整体素质，关系到国家前途和民族命运。做好红十字青少年工作，可以从弘扬"人道、博爱、奉献"的红十字精神的角度，帮助、教育青少年提高道德素质，使广大青少年早日成为合格的建设者和接班人，成为推动和谐社会建设的生力军。这一点，已经被越来越多的教育、卫生部门、共青团组织和学校领导所认识，大家看到了青少年工作在加强和改进未成年人思想道德建设和大学生思想政治教育方面的重要作用，看到了青少年工作是新形势下贯彻党和国家的教育方针、推进素质教育的重要途径，从而加强了对红十字青少年工作的领导和指导。各级红会也充分认识到，做好青少年工作是保证红十字事业持续发展，为红十字事业注入生机与活力的一项具有深远意义的基础性工程，由此不断增强做好工作的自觉性和紧迫感。

---

① 《苏州市开展学校红十字会工作的小结与思考》，苏州市红十字会档案"2005 年学校红十字"。

（二）重视与支持是关键

红十字青少年工作需要全社会的广泛支持和共同参与。多年来，各级党委、政府和教育部门始终把红十字青少年工作作为精神文明建设和学校教育工作的一个重要组成部分来抓，要求各级教育部门和各类学校充分认识红十字青少年工作的重要意义，通过下发文件、成立学校红十字工作委员会、创建红十字示范校等途径加强指导。许多学校将红十字青少年工作列入学校工作议事日程，校长亲自担任校红会会长，专门召开会议研究红会工作，在人力、财力、物力、活动时间等方面给予必要的支持，保证了学校青少年工作的顺利开展。

进入新世纪以来，各级卫生部门和红十字会紧密合作，在学校开展青少年救护培训、健康教育和防病知识普及，大力支持青少年会员和志愿工作者开展艾滋病预防教育、普及社区卫生防病知识，开展社区红十字服务，把红十字会工作纳入健康促进校评比内容；各级各类学校共青团组织和少先队组织，把红会的活动与共青团、少先队的活动有机地结合起来，学生家长和社会各方面也积极支持开展青少年工作，推动了学校红会工作的不断深入。

（三）服从服务大局是根本

中国红十字会作为政府在人道主义领域的助手，各项工作必须自觉服从国家经济社会发展的总体需要，这是红会开展工作必须把握的原则。多年来，红会牢牢把握红十字青少年工作必须服从和服务于党和国家教育方针这个大局，积极开展了贴近学生思想、学习、生活和符合其年龄特点的丰富多彩的校园活动，营造积极向上的校园文化环境，积极探索青少年学生开展社会实践活动的新形式、新途径，充分发挥青少年工作在加强未成年人思想道德教育和青年思想政治教育中的作用，使红会工作成为推进学校德育教育和素质教育的有效途径和载体，也赋予了青少年工作无限生命力。

（四）加强基层组织建设是基础

红会“八大”和八届二次理事会确定将红十字会的基层组织建设作为今后一段时间重要的工作任务。可以说，加强红十字青少年的基层组织建设，建立健全组织机构，是做好红十字青少年工作的基础。红会必须从新的形势发展和要求出发，下大力气做好这项工作。只有这样，才能真正发挥青少年在红十字事业中的生力军作用，为红十字事业健康持续发展创造条件。

经过多年的实践和探索，中国红十字会已基本形成了以各级学校红十字工作委员会为主导、学校红十字会为基础的红十字青少年组织网络体系，摸索出了一些具有鲜明主题、能激发青少年加入红十字会的活动和方法，积累了有益的经验，使红十字会和青少年工作在各级各类学校中更加活跃。学校红十字会和红十字青少年工作，不仅丰富了青少年第二课堂的内容，也有力地配合了学校的德育教育和素质教育。在保护人的生命与健康、倡导文明生活方式、提高生命质量等方面，发挥了积极的作用。

（五）总结经验把握规律是永葆活力的源泉

任何工作都有规律可循，只有不断探索和总结经验，把握规律，才能充满生机与活力。长期以来，各级红十字会不断探索和总结红十字青少年工作规律，总结出了将红十字活动与青少年德育教育、社会志愿服务、自我保护与健康教育相结合的经验；探索如何根据青少年不同的年龄和知识层次，开展内容各异、形式多样的红十字活动，使青少年的综合能力在红十字活动中得到锻炼和提高；探索如何形成长效工作机制，使学校红十字工作步入规范化、制度化轨道。红会必须充分认识学校红十字工作的规律，从而把握规律、按科学规律办事①。

开展红十字青少年工作是《红十字会法》赋予红会的一项重要职责，是学校进行德育教育和素质教育的有效途径和载体，是学校精神文明建设的重要组成部分。各级红会要从培养社会主义事业建设者和接班人的角度，从构建社会主义和谐社会的高度来认识学校红十字会工作的重要意义。把开展学校红十字会工作与新形势下全面贯彻党和国家的教育方针，推进素质教育相结合，与教育、卫生部门和共青团组织密切协作，形成合力，共同推动红十字青少年工作不断跃上新台阶。

---

① 江亦曼：《抓住机遇坚持改革　努力开创红十字青少年工作的新局面》（2005 年 9 月 21 日），《中国红十字会领导讲话汇编》（2004 年 10 月—2007 年 3 月），2007 年内部印行，第 142—145 页。

第十二章　建设中国特色红十字事业

中国特色红十字事业是中国特色社会主义事业的重要组成部分。建设中国特色红十字事业是当代中国红十字工作最重要、最根本的主题。中国特色红十字事业理论，是改革开放以来中国红十字运动的理论纲领和行动指南。当今时代，我国红十字事业正站在新的历史起点上，必须始终立足国情，顺应时代潮流，坚定理论自信；必须建立社会化工作机制，与社会互通共建，与群众紧密相连，把中国红十字事业建设成为造福中国人民、促进社会和谐、推动世界和平进步的崇高事业。

第一节　中国特色红十字事业理论的探索过程

一、中国特色社会主义理论体系：中国特色红十字事业根本遵循

中国特色社会主义理论体系，是在和平与发展成为时代主题的历史条件下，在我国改革开放和社会主义现代化建设的伟大实践中，在总结我国社会主义建设正反两方面历史经验和改革开放以来新鲜经验，并汲取其他社会主义国家兴衰成败经验教训的基础上，逐步形成和发展起来的。中国特色红十字事业是中国特色社会主义事业的有机组成部分，中国特色社会主义理论体系是中国特色红十字事业的根本遵循。中国特色社会主义是科学社会主义理论逻辑与中国社会发展历史逻辑的辩证统一。中国特色社会主义理论体系，是中国特色社会主义的理论载体，是在与时俱进的实践中破解难题、创立发展的。

1978年召开的党的十一届三中全会，开启了改革开放历史新时期。以邓小平为主要代表的中国共产党人，重新确立了实事求是的思想路线，把党和国家的工作中心转移到经济建设上来，实行改革开放，开始了建设社会主义的新探索。1982年，邓小平在十二大上提出了“建设有中国特色的社会主义”的重大命题。1987年，十三大第一次比较系统地论述了社会主义初级阶段理论，制定了党在社会主义初级阶段的基本路线，概括了改革开放以来党关于社会主义建设的一系列科学理论观点，构成了“建设有中国特色的社会主义理论”的轮廓。1992年初，邓小平发表南方谈话，对社会主义本质、社会主义与市场经济的关系、“三个有利于”标准等一系列重大问题做了深入阐述，极大地解放了人们的思想。1992年10月，党的十四大报告总结了改革开放14年的伟大实践，从9个方面概括了建设有中国特色社会主义理论的主要内容，正式确定了“邓小平同志建设有中国特色社会主义理论”这一理论名称①。1997年，十五大正式使用“邓小平理论”概念，并作为党的指导思想写入党章。“邓小平理论”第一次比较系统地初步回答了在中国这样的经济文化比较落后的国家如何建设社会主义、如何巩固和发展社会主义的一系列基本问题，是中国特色社会主义理论体系的开创之作。

以江泽民为主要代表的中国共产党人，十分注重在总结实践经验的基础上推进理论创新。江泽民始终关注两大问题：一个是在新的历史条件下不断加强党的建设，巩固党的执政地位；一个是坚持党的基本路线，加快社会主义现代化建设。他对这两个问题进行了长期理论思考和实践探索，形成了“三个代表”重要思想。“三个代表”重要思想用一系列紧密联系、相互贯通的新思想、新观点、新论断，进一步回答了什么是社会主义、怎样建设社会主义的问题，创造性地回答了建设什么样的党、怎样建设党的问题，丰富和发展了中国特色社会主义理论体系。党的十六大将“三个代表”重要思想写入党章，实现了党的指导思想的又一次与时俱进。

进入新世纪新阶段，以胡锦涛为总书记的党中央领导全党全国各族人民，在推进中国特色社会主义事业的历史进程中深刻回答了我国社会主义经济建设、政治建设、文化建设、社会建设以及生态文明建设和党的建设中的重大问题，提出了科学发展观。党的十八大将其确立为党必须长期坚持的指导思想②。

---

① 王立胜：《中国特色社会主义：概念的演变与内涵的拓展》，《理论学刊》2013年4月，第23页。

② 本书编写组：《毛泽东思想和中国特色社会主义理论体系概论》，高等教育出版社2014年版，第17—18页。

党的十八大以来，以习近平为主要代表的中国共产党人以巨大的政治勇气和强烈的责任担当，提出一系列新理念新思想新战略，从理论和实践结合上系统回答了新时代坚持和发展什么样的中国特色社会主义、怎样坚持和发展中国特色社会主义这个重大时代课题，创立了习近平新时代中国特色社会主义思想。

关于中国特色社会主义理论体系的深刻内涵，有 4 点值得关注。第一，强调把马克思主义普遍真理同我国的具体实际相结合，其中涉及对马克思主义、对普遍真理、对我国的具体实际以及如何结合的理解与把握等问题。第二，强调走自己的道路，这是做到第一点的必然要求与结果。从走西方人的路到走俄国人的路再到走自己的路，这是自 1840 年以来中国社会发展的基本历史轨迹。走自己的路给人们的启示主要在于：必须要有坚定正确的政治方向；必须立足于社会现实的基础之上；必须合乎时代的潮流；必须善于处理好独立自主、自力更生与借鉴别国经验的关系；必须准备走曲折的路。第三，强调建设中国特色社会主义，其基本含义包括：建设，相对于革命；中国特色，有别于中国特点、中国特殊、中国特征、中国特别等概念；社会主义，本指马克思主义的社会主义或科学社会主义，它既指社会主义的思想、理论，又指社会主义的实践、运动，还指社会主义的制度、社会形态；中国特色的社会主义，这层含义表明中国特色社会主义与马克思主义的社会主义以及与其他民族、国家的社会主义的联系和区别。第四，强调这是总结长期历史经验得出的基本结论。历史的结论会给人们许多有益的启示：历史的结论是对过去历史经验的总结，它可以使我们鉴往知来，但历史结论不能简单作为新的实践和历史进程的出发点，就像原则不能作为出发点一样；历史结论是否正确及其正确程度如何，取决于历史结论是否符合历史实际及其符合历史实际的程度如何；历史结论既是历史的也是现实的，它要受到新的历史经验的检验和再检验；历史结论的真正价值在于提醒人们要向历史学习，自觉避免重演历史。这 4 个问题是统一不可分割的整体①。

中国红十字会是国际红十字与红新月运动的重要成员。《国际红十字与红新月运动战略》明确指出，各国国家红会是其本国公共当局在人道领域的辅助机构，中国红十字会是政府在人道工作领域的助手，这是国际惯例。当今世界，各国有各国的政治体制模式，各国红会的体制模式也不可能千篇一律。因此《国际红十字与红新月运动章程》规定，国家红会依据自身的章程和本

---

① 乔耀章：《“中国特色社会主义”概念再定位及前瞻性审思》，《南京社会科学》2012 年第 2 期，第 58—59 页。

国立法从事符合运动任务和基本原则的人道主义活动。换句话说，中国红十字事业也要把国际红十字运动的“普遍真理”和我国的“具体实际”相结合，也要“强调走自己的路”，这是中国红十字事业的鲜明特征，也是中国红十字运动的历史经验总结，经历过和经历着社会实践的考验，值得遵循和借鉴。

我国是社会主义国家，我们的社会主义是中国特色社会主义，这是与其他国家不同的，红十字事业是“中国特色社会主义事业的重要组成部分”，党和国家高度重视这支力量。新形势下，要更好地发挥中国红十字会的作用，必须将马克思主义理论和新时期中国红十字会实践相结合，将国际红十字与红新月运动与中国红十字事业发展相结合，突出鲜明的中国特色、社会主义性质和时代特点，坚定不移地走中国特色红十字事业发展道路。

二、探索中国特色红十字事业理论的基本轨迹

建设中国特色红十字事业是从我国正处于社会主义初级阶段的实际出发的，它服从和服务于建设中国特色的社会主义。“中国特色红十字事业”的提出有一个发展过程。从红会“四大”明确提出“具有中国特色的社会主义的红十字会”到“五大”提出“建设具有中国特色的红十字会”，再到“六大”正式提出“中国特色红十字事业”，中国红十字会对自身事业发展的认识逐步科学化和规范化。整体而言，中国红十字运动与时俱进，紧随中国特色社会主义事业的发展步伐，遵循红十字事业发展规律，不断实现着新的突破和发展。经过长期探索，中国特色红十字事业的基本内涵可以概括为：中国特色红十字事业，是在中国共产党和中国政府领导下，立足中国基本国情，遵守中国宪法和法律，遵循国际红十字与红新月运动的基本原则和红十字精神，以保护人的生命和健康、发扬人道主义精神、促进人类和平进步事业为宗旨，以改善最易受损害群体的境况为目标，通过开展人道主义救助工作为中国人民和世界人民服务的事业①。按照中国特色红十字事业的基本内涵，中国红十字会是政府在人道领域的助手，是和谐社会建设的重要力量，是精神文明建设的生力军，是民间外交的重要渠道。

（一）初步探索阶段

1. 四届理事会时期的探索

创建中国特色红十字事业，同建设中国特色社会主义事业一样，都是从中国国情出发的结果，而且要经过社会实践的检验。红会“四大”工作报告

① 中国红十字会总会：《〈中华人民共和国红十字会法〉修改研究》，社会科学文献出版社 2014 年版，第 270 页。

中，首次指出要在自己的实践活动中，逐步建立具有中国特色的红十字会的任务，在报告结束语中要求“逐步探索出一条具有中国特色的红十字工作的道路”①。“四大”提出红十字会是政府人道领域的助手，明确了中国红十字会是以人道主义为宗旨的卫生救护和社会福利团体，还明确提出了不能把红会办成第二卫生部、第二民政部，而是主要办一些人民群众需要，政府部门顾不上、管不过来，而需要我们发动群众自救互救的有关卫生救护和社会福利方面的事情，即群众性的卫生救护和群众性的社会福利工作。

“四大”以后召开的济南工作会议、四届二次理事会、武汉工作会议，都是“四大”方针的继续和发展。经过几年的探索，中国红十字会无论从组织上还是业务工作的深度、广度上，都取得了重要的成绩。实践证明，“四大”根据十一届三中全会精神和我国国情所确定的这些根本方针是正确的。

1988 年 1 月，中国红十字会在北京召开全国工作会议。会议指出：“在十一届三中全会路线的指引下，建设有中国特色的红会，开始显现出某些基本轮廓。”具体而言，体现在以下几个方面：

其一，组织建设方面，按照行政区划，吸收有关部门参加，请省、自治区、直辖市负责人兼任会长，这样有利于推动和取得有关部门的支持与配合；在组织设置上，按照行政区划，从总会到基层都建立组织，这区别于其他国家红十字会，具有一定的中国特色；在会费的标准和使用上也是从中国实际出发，暂不设定全国统一标准；在志愿者管理方面，不主张志愿工作者自成系统，而是由各级红会来组织和领导。

其二，在卫生救护方面，中国红十字会对于卫生部门主管的工作不能越俎代庖，要把力量放在群众性的现场的急救的方面，并且根据四届三次理事会的决议，改进过去无计划无目标的办班轮训的做法。从条条块块两个方面努力，经过若干年的探索，逐步形成急救网络，并且配合发展中医急救技术，这也是具有中国特色的。地方红会可以先从各级顾委、政协、离退休老干部老职工中着手，收到成效后积极推进。

其三，在社会福利方面，要重视群众性的福利活动。“服务内容、范围，根据力量由小而大，由单项到多项，由不经常到经常……一条龙服务等等。这恰恰是民政部门管不过来的。对象主要是散居在社会上的孤老残疾和军烈属”。此外，也可以力所能及地参与一些节假日的慰问、演出、服务和联欢等活动。关于救灾，国外方面要量力而为，国内方面要配合民政、卫生等部门，

① 钱信忠：《中国红十字会第四次全国会员代表大会工作报告》（1985 年 5 月 31 日），中国红十字会总会编：《中国红十字会历史资料选编，1950—2004》，民族出版社 2005 年版，第 154 页。

参加救灾的组织、医疗队的派遣以及必要的募捐活动等等。“我们同政府卫生、民政部门的分工，主要界限在政府打阵地战，我们打群众战。我们的主要业务就是群众性的卫生救护和群众性的社会福利”。

其四，在青少年工作方面，主要是普及卫生保健知识。中学和小学高年级可搞些小伤小病的防治及急救知识，并走向社会，作为第二课堂，做一些力所能及的社会服务活动。这一工作有利于青少年的成长，有利于推动精神文明建设①。

“四大”期间的探索和进展“无一不是贯彻党的实事求是，一切从实际出发的思想路线的结果，无一不是改革开放的结果，无一不是国际红十字人道主义宗旨同社会主义中国的实际相结合的结果”②。可见，四届理事会时期是中国红十字会探索中国特色红十字事业理论的起步和初始阶段，从这一时期开始，中国红十字会即注重从中国国情和自身实际出发，整体考量中国红十字事业的发展方向。

2. *五届理事会时期的探索*

在中国红十字会的发展历程中，在建设有中国特色红十字事业的“特色理论”的形成和发展过程中，“五大”都是一个具有标志意义的里程碑，而“五大”之后的五届理事会时期也是一个举足轻重的历史时期。从“四大”首次提出创建具有中国特色的红十字会以来，各级红会就以此为奋斗目标。“五大”更是旗帜鲜明，谭云鹤副会长所作工作报告的题目即为《振奋精神，群策群力，把建设有中国特色的红十字事业继续推向前进》，报告中把“继续探索建设具有中国特色的红十字会”作为“今后我国红会工作的基本指导思想”③。“五大”进一步总结和发展了“四大”的基本认识和探索成果。具体而言，主要包括以下几个方面：

其一，在组织建设上，“我们没有采取国外的一般做法，而是个人申请，然后登记造册，并按照基层单位（学校、街道、企事业等）组织起来开展活动。基层以上组织一般都由政府负责牵头，吸收各有关部门及红十字会专兼职干部共同组成理事会。实践证明，这便于取得政府领导同志的理解和支持，

① 《谭云鹤副会长在全国工作会议上的总结讲话》，《中国红十字》1988 年第 3 期，第 5 页。

② 谭云鹤：《振奋精神　群策群力　把建设具有中国特色的红十字事业继续推向前进——中国红十字会第五次全国会员代表大会工作报告》（1990 年 2 月 15 日），中国红十字会总会编：《中国红十字会历史资料选编，1950—2004》，民族出版社 2005 年版，第 209—210 页。

③ 谭云鹤：《振奋精神　群策群力　把建设具有中国特色的红十字事业继续推向前进——中国红十字会第五次全国会员代表大会工作报告》（1990 年 2 月 15 日），中国红十字会总会编：《中国红十字会历史资料选编，1950—2004》，民族出版社 2005 年版，第 212 页。

有利于红十字会工作的开展，这些也是具有中国特色的”。

其二，在卫生救护工作上，“我们没有抄袭外国的做法，不去办目前红十字会办不了的正规医院、高级护校等，而是把重点放在现场的、初级的、群众性的卫生救护工作上。并且，近几年来，我们从不分对象、不看情况的千篇一律的训练的束缚中解脱出来，逐步按照不同情况、各有侧重的原则进行，并强调了增加中医急救的内容，因此取得了较好的效果。在 1986 年 10 月全国理事会议上，又根据各地每年训练人数不少，但成效不明显的情况，提出了一个长远的战略目标：即经过 20 年的努力，有计划、有步骤地在全国城乡形成一个急救网络的设想”。

其三，在社会福利方面，“我们从敬老院、社会福利院、盲聋哑学校等社会福利事业单位均由政府有关部门主管的实际出发，强调提出了我们的工作重点是那些散居在社会上的孤老残疾、烈军属等，并在实践中不断总结和推广了这方面经验，如几包几固定、一条龙服务等等”。

其四，在红十字青少年方面，“我们强调了分年级训练不同内容及走向社会、为社会服务，把它作为贯彻教育方针，开展第二课堂活动，培养一代新人的一个渠道，受到国家教委的重视和大力支持，并且逐步使学校红十字青少年工作的开展同整个教育事业发展的要求同步”。

其五，在红十字会兴办事业问题上，这是“红十字会逐步走上独立自主发展的必由之路，是一个长期的奋斗目标”①。

红十字运动具有深厚的历史底蕴，它历经百年而不衰，至今愈见兴盛，足见其强大的生命力。红十字事业在中国由小到大，几经沉浮，于今踏上光明的坦途，证明其深具潜力，大有可为。新中国成立后红十字事业虽经过多年生生不息地发展，但提出建设具有中国特色的红十字事业的命题为时尚短。应该说，这是中国红十字运动发展史上遇到的新课题，很多关键问题需要破解，如中国特色红十字事业的内涵何在以及如何建设具有中国特色的红十字事业等等问题，还处在探索之中。经过五届理事会的探索，以下诸端基本达成共识：

一是国际红十字运动的基本原则同中国实际相结合。中国红十字事业是国际红十字运动的重要组成部分，发展中国的红十字事业首先要遵循国际红十字运动的七项基本原则——人道、公正、中立、独立、志愿服务、统一、

---

① 谭云鹤：《振奋精神　群策群力　把建设具有中国特色的红十字事业继续推向前进——中国红十字会第五次全国会员代表大会工作报告》（1990 年 2 月 15 日），中国红十字会总会编：《中国红十字会历史资料选编，1950—2004》，民族出版社 2005 年版，第 209—210 页。

普遍。这是国际红十字运动最高指导原则，必须得到尊重。同时要结合中国实际，把学习借鉴其他国家开展红十字会工作的经验同我国的社会主义建设的实际结合起来，独立自主地开展工作，在实践中开创有中国特色的红十字事业。

二是作为政府助手独立自主地开展工作。红十字会是群众性的社会福利团体，应该“为政府分忧，为群众解难”，在人道主义旗帜下，动员和组织社会力量，参与社会保障，开展帮困扶贫、赈灾救济等工作，在政府和群众之间架起传递爱心的桥梁，发挥红十字会政府助手的作用。红十字会开展的博爱系列工程即救援工程、生命工程、爱心工程，就是这种独立自主开展工作的一种体现。这是中国红十字会“具有社会团体法人资格”应享有的权利。

三是按行政区划建立组织开展活动。中国红十字会的领导机构是相当完整、严密的，独立存在而又与我国行政区划相一致，而且各级红会的会长由各级行政领导担任，这样有利于红十字组织发动群众，开展活动。这种纵横交错、条块结合的组织形式，充分体现了在社会主义制度下，红十字会可以做到自成体系，成为政府人道领域工作的得力助手。

四是与精神文明建设相结合。这是建设有中国特色红十字事业的立足点之一。中国红十字会总会根据我国社会主义精神文明建设的需要，不断发出号召，要求各级红会组织积极参与国家的社会主义精神文明建设，以塑造中国红十字会新形象。红十字会的任务之一是进行社会服务，即发动会员积极开展以照顾鳏寡孤独残和烈军属为对象社会服务活动。这种活动以精神慰藉为主，并积极创造条件，在物质上给予帮助。红十字会的这些工作与精神文明建设的任务是一致的。红十字会倡导的“人道、博爱、奉献”精神，有利于全社会形成互助互爱的良好人际关系。社会主义人道主义作为精神文明建设的一个组成部分，强调最广大人民群众的利益，这表明红十字运动在中国的发展有着广泛的群众基础。

五是红十字青少年工作与德育教育相结合。在大、中、小学中发展红十字组织，开展红十字工作，与学校的德育教育相结合，成为全面贯彻党的教育方针，加强学生德育教育的内容和措施。事实证明，大力开展红十字青少年工作，有益于提高青少年素质，有益于全面贯彻党的教育方针，有益于加强社会主义精神文明建设。红十字青少年工作是学校德育工作的良好载体，用红十字“人道、博爱、奉献”精神教育人，可以起到“春风化雨”的作用和效果①。

---

① 孙柏秋主编，池子华、杨国堂等著：《百年红十字》，安徽人民出版社 2003 年版，第 379—380 页。

经过“四大”的开拓，“五大”的继承和拓展，建设具有中国特色的红十字会的理论轮廓初显，其要点可归纳为：（1）性质宗旨：中国红十字会是从事人道主义工作的社会救助团体，坚持发扬人道主义精神，保护人的生命和健康，促进和平进步事业。（2）发展道路：研究国际通行做法，紧密联系中国实际，沿着法制化轨道，建设有中国特色的红十字会。（3）与政府的关系：红十字会遵守国家的宪法和法律，发扬人道领域政府的助手作用，独立自主地开展工作，并接受政府的监督；政府对红十字会给予支持和资助，保障红十字会依法履行其职责。（4）主要任务：为改善最易受损害群体的境况，建立备灾救灾体系，参与自然灾害和突发事件救助，开展群众性卫生救护，减少各种因意外伤害造成的人员致残和死亡；参与血液事业的管理，推动无偿献血；开展与人道主义有关的工作，开拓新的服务领域。（5）组织模式：按行政区域和行业系统发展组织，县以上按行政区域建立地方各级红十字会；各级现职行政领导出任红十字会会长。红十字会开展活动以基层组织和会员为基础。（6）国际性：在对外交往中坚持独立、平等、互相尊重的原则，积极发展与国际红十字组织和各国红十字会的友好合作关系，促进世界和平进步事业①。以上几点，还需要在实践中不断完善。

应该说，上述理论体系是探索具有中国特色的红十字会所取得的阶段性成果，且这些理论成果的取得对中国红十字实践和中国红十字事业未来发展的指导作用是不可低估的。从某种程度上说，《红十字会法》的出台就是对这一理论成果的借鉴、吸收和完善。谭云鹤副会长在“五大”的工作报告中曾明确指出：“必须用立法的形式对红十字在整个社会中的地位、作用，与有关部门的关系以及开展群众性现场救护训练、兴办社会福利事业实体等，做出明确的规定，以保证红十字事业的健康发展和依法开展活动。”可以说，是“五大”正式把立法工作提到至关重要的位置。之后，随着五届理事会对中国红十字事业“特色之路”的探索，中国红十字会立法工作不断取得重大进展，《红十字会法》的面庞渐趋清晰。

3. 六届理事会时期的探索

六届理事会的中心任务，是贯彻《红十字会法》，建设有中国特色的红十字事业②。“六大”工作报告在“今后五年的方针和主要任务”中明确提出要“努力建设有中国特色的红十字会”“建设有中国特色红十字事业”和“逐步

---

① 曲折主编：《中国红十字事业》，广东经济出版社 1999 年版，第 66—67 页。

② 钱正英：《用十五大精神指导红十字会工作——在中国红十字会第六届理事会第五次会议上的讲话》（1998 年 3 月 31 日），《第六届、第七届理事会主要文件汇编》，2005 年内部印行，第 25 页。

形成中国特色红十字事业的理论体系”。具体而言，“六大”谈到“建设有中国特色的红十字会，需要中国特色红十字会理论的指导，各红十字组织和红十字会的广大干部，都要深入实际，调查研究，重视和加强对红十字会理论的研究。要研究中国特色红十字会的内涵，如在市场经济条件下如何更好地发挥红十字会的作用，红十字会的机构模式，红十字会的工作和政府、社会及群众之间的结合点，以及与各部门之间的工作关系等”①。

在1995年4月召开的第六届理事会第二次会议上，对中国特色红十字事业理论探索有了新的进展。具体谈到如下内容：

首先，关于建设有中国特色红十字会与建设有中国特色社会主义的关系问题。从整体上看，建设有中国特色红十字会是在建设有中国特色社会主义的前提下提出来的，是建设有中国特色社会主义的一个组成部分，是服从和服务于建设有中国特色社会主义的。但是，由于红十字会是国际性组织，各国红十字会又都要遵循国际人道主义法和红十字运动基本原则开展活动。所以，有中国特色的红十字会应当是国际红十字运动基本原则与中国特色社会主义基本精神的结合体。从国际上看，它是中国特色社会主义制度下建设起来的红十字会，是一个新型的红十字会，丰富和发展了红十字运动的范围和外延；从国内看，它所从事的人道主义工作有特定的内涵和特殊的作用，不是政府部门和其他社会团体所能替代的。因此，有中国特色红十字会必须依靠有中国特色社会主义的支持和扶持，才能发展和壮大，展现出风貌，提高它的国际地位。中国特色社会主义制度，也可通过红十字会工作，拓宽人道主义工作的领域，支持配合内政和外交，使社会主义制度优越性更为鲜明和突出。

其次，关于发展步骤和当前的主要任务。建设有中国特色的红十字会，既然是建设中国特色社会主义的一个组成部分，就要体现出社会主义的特色，在发展步骤上就要同国家的改革开放和建设步骤相适应。总的来说，就是按照《红十字会法》规定的宗旨和职责，借鉴世界各国红十字会的经验，根据我国的实际，在依法做好各项传统性业务的基础上，抓住时机，开辟新的工作领域，塑造新的形象。关于红十字会当前的主要任务，六届二次理事会会议提到要在“三个方面找寻自己的位置，发挥自己的作用，并且逐步发展和壮大自身力量”，这也就是建设有中国特色红十字事业的三个主要着眼点：一

① 顾英奇：《认真实施红十字会法　努力发展中国特色的红十字事业——中国红十字会第六次全国会员代表大会工作报告》（1994年2月23日），中国红十字会总会编：《中国红十字会历史资料选编，1950—2004》，民族出版社2005年版，第298页。

是积极配合精神文明建设，弘扬人道主义精神。二是积极参与社会保障和兴办公益事业，推进人道主义救助工作。三是积极利用国际交往新形势，为繁荣红十字事业服务。

再次，关于独立自主、自成体系开展工作的问题。《红十字会法》规定，红十字会是从事人道主义工作的社会救助团体，应当遵守宪法和法律，遵循国际红十字和红新月运动确立的基本原则，依照中国参加的日内瓦公约及其附加议定书和《中国红十字会章程》，独立自主地开展工作，并明确了中国红十字会完整的组织体系。根据这些规定，红十字会作为一个国际性和全国性的社会团体，应当逐步做到与政府部门分开，建成自身的体系。但是，当时大多数地方红十字会的人员编制和经费还没有单列，仍是作为卫生厅、局的一个部门。随着世界形势发展和我国市场经济体制的逐步建立，红十字会任务愈益繁重，活动领域愈益宽广，要更好地发挥作用，也必须自成体系地开展工作，才能够适应这种形势，当好各级政府开展人道主义工作的助手①。

"在有中国特色的社会主义制度下，在国家以经济为中心的和平建设时期，如何开展红十字运动和发展红十字事业是一个崭新的课题，世界上还没有一套成熟的经验可资借鉴，要靠我们自己去摸索创造"。1996 年 3 月，六届三次理事会议提出，"要以发展有中国特色红十字事业为目标，积极探索出切实可行的运行机制和模式"。与之相关，此次会议提出了一些亟待解决的重要问题。例如，怎样把红十字运动的理论与我国的社会科学（伦理学、社会学）结合起来，形成一个新的社会学科；县以上红十字会机构单独设置以后怎样同政府有关部门建立起正常的协作体制；卫生救护训练、急救组织如何同卫生行政部门的医疗急救工作和初级卫生保健挂钩；无偿献血工作如何与卫生行政部门举办的血液事业进行分工；以及备灾救灾、社区服务等项工作如何与民政部门配合等等。但是由于大部分地方红会尚未建立起规范性的运作模式，许多工作还处于无定式化的状态，未能充分显示出红十字会的力量和作用。

基于上述思考，此次会议提出，建设和发展有中国特色的红十字事业，必须研究解决这些问题，使各地红十字会工作从拾遗补阙和无定式化状态中走出来，建造起系统的、定式化的运作体系。"可喜的是，近些年来已有一些地方红十字会在某些单项工作上做了一些探索，像北京、天津的红十字卫生站，上海的老年护理院，重庆的卫生救护训练，吉林的红十字血站，安徽、

① 钱正英：《在中国红十字会第六届理事会第二次会议上的讲话》（1995 年 4 月 21 日），《第六届、第七届理事会主要文件汇编》，2005 年内部印行，第 12—15 页。

广西的红十字事业实体，广东中山、福建厦门等地的筹集红十字基金、兴办社会公益事业和参与社会保障体系，宁夏盐池、陕西汉中、甘肃白银、青海海南州等地农村红十字工作等，都形成了一定的规模和态势，在社会上显示了力量。应当认真总结完善，成为模式，予以推广。使中国红十字事业与中国社会主义现代化建设逐步相适应并同步前进”①。

1997 年 9 月，党的十五大对建设有中国特色的社会主义事业的跨世纪发展做出了全面部署。1998 年 3 月，中国红十字会第六届理事会第五次会议召开，会议的中心任务即是“乘十五大的东风，建立起有中国特色红十字事业的基本框架”②。会议提出，根据红十字会的特性，建设有中国特色的红十字事业应当包含两个方面：一方面，作为国家的红十字会，必须把自己的工作纳入国家两个文明建设序列，服从和服务于建设有中国特色社会主义事业；另一方面，作为国际性组织，必须遵循红十字运动七项基本原则，按照国际惯例及形势发展的要求，参与一定的国际事务。概括地说，就是要把国际红十字运动基本原则和中国社会主义建设的实际结合起来。红十字会曾提出“积极参与精神文明建设，塑造中国红十字会新形象”，就是想以精神文明建设为结合点，走出一条有中国特色的红十字事业的道路。结合十五大报告，此次会议认为这种结合点有很多，塑造中国红十字会新形象，建设有中国特色红十字事业，由此有了更充分的依据和更开阔的思路。

首先是思想理论方面。红十字工作就其主要内容来说属于文化范畴，建设有中国特色的红十字事业，应当以有中国特色社会主义的文化观点为指导。十五大报告明确指出：“有中国特色社会主义的文化建设”的根本是“在全社会形成共同理想和精神支柱”。为实现这一目标，提出要“发扬社会主义的人道主义精神”③。应该说，这一点涵盖了红十字会的宗旨和任务，可以说是国际红十字运动与建设中国特色社会主义的重要结合点。发扬社会主义的人道主义，是社会主义公共生活领域里的一般道德要求，主要是指尊重人、关心人、帮助人，特别是要关心保护儿童，尊重妇女，尊敬老人，关心和帮助鳏寡孤独和病残人士。这与国际红十字运动提出的“改善易受损害群体境况”的含义基本相同。因此，红十字会要以十五大报告提出的上述根本目标和 6

① 顾英奇：《依法增强独立自主开展工作的力度　努力发展有中国特色的红十字事业——在中国红十字会第六届三次理事会议上的工作报告》（1996 年 3 月 26 日），《第六届、第七届理事会主要文件汇编》，2005 年内部印行，第 112—113 页。

② 钱正英：《用十五大精神指导红十字会工作——在中国红十字会第六届理事会第五次会议上的讲话》（1998 年 3 月 31 日），《第六届、第七届理事会主要文件汇编》，2005 年内部印行，第 25 页。

③ 《十五大以来重要文献选编》上，人民出版社 2000 年版，第 36 页。

项要求为基础，进行深入研究和广泛实践，丰富和充实红十字会工作的思想理论内涵，建立起比较完整的有中国特色的红十字理论体系，以指导全国红十字会工作。

其次是业务活动。红十字会的主要任务是从事与人道主义相关的社会救助活动。党的十五大报告确定的社会工作的指导方针是："建立社会保障体系，实行社会统筹和个人账户相结合的养老、医疗保险制度，完善失业保险和社会救济制度，提供最基本的社会保障"。"逐步增加公共设施和社会福利设施。提高教育和医疗保健水平。实行保障城镇困难居民基本生活的政策"。"加大扶贫攻坚力度，到本世纪末基本解决农村贫困人口的温饱问题"。红十字会以发扬人道主义精神为号召，动员和组织国内外的社会力量，协助政府进行社会救助和服务工作。根据十五大报告的上述精神，各级红十字组织应继续在建设博爱工程方面努力开拓：第一，以积极参加国家的救灾和扶贫计划为目标，加强备灾机构的建设，不断聚集力量，扩大救济范围和社会领域，使这项工作与国家的减灾、防震、扶贫等工作相结合并为其服务。第二，以积极参与国家初级卫生保健事业为目标，进一步做好为贫困地区居民提供医疗（如复明医疗）、骨髓移植供者检索库等项工作，与卫生部门开展的社区卫生服务结合起来，成为促进社会发展的一支基本力量。第三，以积极参与国家建立城乡社会保障体系为目标兴办各种形式的公益事业，例如孤儿院、养老院、博爱医院、弱智儿童学校等，为散居在社会上失去依靠的老幼弱残者提供帮助。做好这三方面工作，既能促进国家的社会主义现代化建设，又能与国际红十字运动发展趋势协调一致，红十字会应当坚定不移地向前推进。

再次是国际交往。十五大报告提出的"国与国之间应超越社会制度和意识形态的差异，相互尊重，友好相处；要寻求共同利益的汇合点，扩大互利合作，共同对付人类生存和发展所面临的挑战"等指导方针，同国际红十字运动的宗旨、原则和发展趋向完全一致。红十字会应按照这些方针扩大和加强国际间的交往，同国际红十字组织及各国红十字会加强联系与合作，进一步扩大我国红十字会和我们国家在国际社会中的影响，一方面争取国际社会给红十字会工作更多的支援，一方面积极发挥中国红十字会在国际事务中的作用①。可见，六届五次理事会会议遵循党的十五大精神，从文化建设、法制发展、社会保障和国际交往等方面努力寻找有中国特色红十字事业的发展方

---

①　钱正英：《用十五大精神指导红十字会工作——在中国红十字会第六届理事会第五次会议上的讲话》（1998 年 3 月 31 日），《第六届、第七届理事会主要文件汇编》，2005 年内部印行，第 25—28 页。

向与重要着力点。应该说，中国特色红十字事业的理论探索又向前跨越了一大步，其内容愈益丰富，线索愈益清晰。

（二）深化发展阶段

1. 七届理事会期间的探索

1999 年 10 月，中国红十字会“七大”召开，其工作报告肯定了各级红十字组织“围绕建设具有中国特色的红十字会这一目标”较好地完成了各项任务，在“建设有中国特色的红十字事业”等方面做了许多工作，并明确提出要“依法建设有中国特色红十字事业”。

“七大”召开于世纪之交，这一时期，中国特色红十字事业的发展可谓挑战与机遇并存。从“国内外环境看，我们依法建设有中国特色红十字事业虽然存在不少困难，但有利条件很多，形势很好”。“七大”报告指出，有中国特色红十字事业“必须紧紧跟随国家改革开放和进行现代化建设的步伐，积极推进红十字会工作。我国是一个发展中国家，幅员辽阔，人口众多，多种自然灾害频繁发生，易受损害群体的人口数量也多，人道主义社会救助工作任务十分繁重，对红十字会提出了新的要求”。

“七大”结合国内外形势，分析了新时期有中国特色红十字事业发展的新方向和新要求，指出“党的十五大确定的面向二十一世纪的方针政策，给建设和发展有中国特色红十字事业提供了更充分的依据”。“七大”指出，“国际形势发展为红十字组织提出了新的要求。今天世界上对人道援助的需求不是减少，而是有所增加”。国际红十字组织热切希望中国红十字会迅速发展壮大，在世界上特别是在亚洲的红十字工作中不断扩大影响力，这是难得的契机①。

进入新世纪，我国已进入全面建设小康社会、加快推进社会主义现代化的新的发展阶段。继续推进现代化建设，完成祖国统一，维护世界和平与促进共同发展，是中国人民进入新世纪肩负的三大历史任务。党的十五届五中全会通过的《中共中央关于制定国民经济和社会发展第十个五年计划的建议》展示了我国发展的光辉前景，是指引全国人民沿着建设有中国特色社会主义道路前进的又一宏伟纲领。在 2001 年 2 月召开的红会七届二次理事会会议上，彭珮云会长着重指出，“红十字事业是建设有中国特色社会主义伟大事业

---

① 顾英奇：《坚持依法建会　加大改革力度　将中国红十字事业全面推向二十一世纪——中国红十字会第七次全国会员代表大会工作报告》（1999 年 10 月 11 日），中国红十字会总会编：《中国红十字会历史资料选编，1950—2004》，民族出版社 2005 年版，第 390—391 页。

的一部分，必须服从和服务于建设有中国特色社会主义的大局”①。

2002年4月，七届三次理事会会议召开，提出，“坚持党的领导是发展红十字事业的根本保证”。应该说，从改革开放以来红十字事业的发展历程来看，坚持党的领导不仅是中国特色红十字事业健康发展的根本保证，同时也是中国特色红十字事业的最本质特征。中国红十字会之所以鲜明表达这一观念，有着深刻的社会背景。2001年7月1日，江泽民同志在建党八十周年大会上强调：“要按照总揽全局、协调各方的原则，进一步加强和完善党的领导体制，改进党的领导方式和执政方式，既保证党委的领导核心作用，又充分发挥人大、政府、政协以及人民团体和其他方面的职能作用。”② 应该看到，在红十字会等社会公益团体中加强党的领导，有利于推进党领导下的中国特色社会主义事业。“社会团体是党的工作和群众工作的重要阵地，加强社会团体党的建设工作，有利于党的路线、方针、政策在社会团体的贯彻落实，有利于在新形势下扩大党的工作的覆盖面和影响力渗透力，有利于保证社会团体的健康发展”③。从这一角度不难看出，中国特色红十字事业与中国特色社会主义事业具有内在的统一性，中国特色红十字事业是中国特色社会主义事业的重要组成部分。七届三次理事会会议根据发展中国红十字事业的需要，着重强调了在红十字会加强党的领导问题。这既是中国特色红十字事业理论探索的客观结果，更是实践发展的必然要求。

2. 八届理事会期间的探索

2004年10月，中国红十字会“八大”召开。“八大”报告中总结了多年实践中积累的5条基本经验，提出这些基本经验“是建设中国特色红十字事业的重要指导原则，必须在实践中长期坚持并继续丰富和完善”。第一条经验是，“必须坚持以邓小平理论和‘三个代表’重要思想为指导，牢牢把握建设中国特色红十字事业的正确方向”；第二条经验是，“必须依法建会、依法治会、依法兴会，积极争取党和政府的支持”；第三条经验是，“必须发挥优势、服务大局，在人道救助领域发挥政府的助手作用”；第四条经验是，“必须充分发挥地方和行业红十字会的积极性和创造性，因地制宜地开展工作”；第五条经验是，“必须加强自身建设，把红十字会建成充满生机与活力、密切联系

① 彭珮云：《在中国红十字会第七届理事会第二次会议上的讲话》（2001年2月21日），《第六届、第七届理事会主要文件汇编》，2005年内部印行，第33—34页。

② 《十五大以来重要文献选编》下，人民出版社2003年版，第1918—1919页。

③ 《中共中央组织部关于印发〈关于加强社会团体党的建设工作的意见〉的通知》（中组发〔2000〕10号），2000年7月21日。

群众、符合自身特点的社会救助团体”①。

2006年1月，红会八届二次理事会会议召开，对中国特色红十字事业的理论探索又向前推进了一步。此次会议归纳总结了4点体会，丰富了中国特色红十字事业理论体系。第一点体会是，“只有用科学发展观统领红十字会工作并运用于实际工作中，才能推动红十字会工作不断发展”；第二点体会是，“只有紧紧围绕党和政府的中心工作，有所作为，才能得到党和政府的重视、人民群众的欢迎”；第三点体会是，“只有建立社会化、开放式的工作格局，才能使红十字会充满生机和活力”；第四点体会是，只有始终加强红十字干部队伍建设，才能为事业发展带来不竭动力②。

在2007年1月召开的八届三次理事会会议上，对发展中国特色红十字事业有4点认识，具有重要价值，进一步推动了中国特色红十字事业理论的发展。第一点认识，再次谈到“围绕中心，服务大局，争取党和政府的重视和支持”；第二点认识，“突出重点，集中力量，推进红十字事业不断向前发展”；第三点认识，“上下联动，形成合力，不断创造新的工作局面”；第四点认识，“转变观念，开拓创新，积极拓展新的工作领域”③。

从“八大”的5条经验，到八届二次理事会会议的4点体会，再到八届三次理事会会议的4点认识，中国红十字会对事业发展的规律和中国特色红十字事业的发展机理逐步有了更加深刻的认知和把握，这些都将成为进一步前进的动力。

（三）丰富完善阶段

到2009年10月中国红十字会“九大”召开时，中国红十字会已经走过105年的发展历程。百余年间，“无数红十字同仁呕心沥血、矢志不渝，致力于弘扬人道精神、实施人道救助，得到祖国和人民的认可；新中国成立60年，特别是改革开放30年以来，中国红十字会抓住发展机遇，积极争取党政支持，动员社会各界参与，努力发挥自身作用，为改善民生、促进社会和谐做出积极贡献。历史大潮，浩浩荡荡，中国红十字会顺应历史潮流，不断发展壮大，已成为政府在人道领域不可或缺的助手”。

---

① 王立忠：《与时俱进　艰苦创业　为全面建设小康社会作贡献——中国红十字会第八次全国会员代表大会工作报告》（2004年10月27日），中国红十字会总会编：《中国红十字会历史资料选编，1950—2004》，民族出版社2005年版，第500—502页。

② 《江亦曼在中国红十字会第八届理事会第二次会议上的工作报告》，中国红十字年鉴编辑部编：《中国红十字年鉴：2005/2006》，台海出版社2007年版，第163—164页。

③ 《江亦曼在中国红十字会第八届理事会第三次会议上的工作报告（2007年1月8日）》，中国红十字年鉴编辑部编：《中国红十字年鉴：2006/2007》，群言出版社2009年版，第107—108页。

在“九大”闭幕会上，彭珮云会长结合多年实践与思考，谈了对建设中国特色红十字事业指导思想的深入思考。具体内容如下：

建设中国特色红十字事业必须遵守我国宪法和法律，以邓小平理论和“三个代表”重要思想为指导，深入贯彻落实科学发展观。要把发展作为第一要务，牢牢抓住并切实用好发展机遇期，推动中国特色红十字事业又好又快地发展。既要不断提高传统业务工作的水平，使各项工作进一步专业化、科学化、规范化；又要适应新形势和人民群众的新期待，积极拓展人道服务领域，精心策划和培育一批有特色、有影响力的品牌项目；在人道工作领域充分发挥政府的助手作用。

建设中国特色红十字事业，必须立足于我国的基本国情。我国仍处于并将长期处于社会主义初级阶段。党的十七大深刻分析了当前我国发展的阶段性特征和面临的新课题、新矛盾。要全面建成惠及十几亿人口的更高水平的小康社会，构建社会主义和谐社会，任重而道远。尽管我国人民生活总体上达到了小康水平，但是城乡贫困人口和低收入人口还有相当大的比重。城乡、区域发展不平衡，自然灾害频发，需要救助的群众很多。中国红十字会必须服从、服务于国家的大局，根据人民的需求，认真履行自己的职责，发挥人道救助团体应有的作用，为政府分忧，为百姓解难。只有这样，才能在中国这块土地上真正有作为、有地位，得到党和政府及广大人民群众的认可和支持。

建设中国特色红十字事业，必须坚持以人为本。红十字运动的宗旨是保护人的生命和健康，发扬人道主义精神，促进和平进步事业。红十字会的一切工作应以最广大人民群众的根本利益为出发点和落脚点，真心实意地为人民服务，为最需要帮助的困难群众服务。要大力弘扬“人道、博爱、奉献”的红十字精神，继承和发扬中华民族扶危济困、敬老助残、救死扶伤、乐善好施的传统美德，培育团结互助、平等友爱、和睦相处、和衷共济的文明风尚。只有这样，红十字事业才能深深植根于人民群众之中，成为加强社会主义精神文明建设、构建和谐社会的重要力量。

建设中国特色红十字事业，必须具备宽广的世界眼光，放到世界的大局中来思考。红十字会是一个在人道工作领域具有特殊重要作用的国际性组织，也是我国开展民间外交、推动建设持久和平、共同繁荣的和谐世界的一个重要平台。中国红十字会必须遵循国际人道法和红十字运动的基本原则，积极参加国际红十字运动，充分发挥一个负责任大国红十字会应有的作用。要加强同国际红十字组织、各国红十字会的交往与合作，深化同香港、澳门特别行政区红十字会、台湾红十字组织的交往与合作，共同推动红十字运动深入发展，促进和平进步事业。既要努力争取国外、境外的资源，支持内地的人道救助工作，又要积极参加国外、境外的人道主义救援工作，支持发展中国家实施人道救助项目，注重学习国外、境外红十字会工作的有益经验，不断改进自己的工作。

新中国成立60年尤其是改革开放30年来，中国特色红十字事业在实践中得到了长足的发展。它坚持了国际红十字运动的基本原则，又具有鲜明的时代特色、民族特色和实践特色，必将随着中国特色社会主义事业的深入发展而不断向前发展①。

2011年1月，中国红十字会九届二次理事会会议召开。会议指出，“当前，我国的改革开放进入了新的阶段、和谐社会建设正在逐步推进。中国红十字事业面临着难得的发展机遇”。这里所指的发展机遇，主要是政府对社会公益事业的引导、鼓励和支持。2010年10月召开的党的十七届五中全会，进一步强调了社会建设，强调了维护社会发展的安全与稳定，特别是全会通过的《中共中央关于制定国民经济和社会发展第十二个五年规划的建议》提出，要加快转变经济发展方式，要坚持兴利除害结合、防灾减灾并重、治标治本兼顾、政府社会协同，提高对自然灾害的综合防范和抵御能力。之后，中编办专门召开会议，征求包括红十字会在内的群众团体对新形势下群众团体的职能定位、作用发挥等方面的意见；国务院办公厅也转发了国家发改委、卫生部等部门《关于进一步鼓励和引导社会资本举办医疗机构意见》，明确提出“鼓励红十字会、各类慈善机构、基金会等出资举办非营利性医疗机构，或与社会资本举办的非营利性医疗机构建立长期对口捐赠关系”。各种迹象表明，党和政府在加强社会建设、努力提供合格的社会公共产品方面的力度正在加大，同时要充分发挥包括红十字会在内的社会公益组织的积极作用。

面对重要机遇，九届二次理事会会议提出，全国各级红会要下大功夫，敏锐抓住发展机遇，推动中国特色红十字事业的健康发展。当然，除了看到机遇，此次会议也强调了在激烈的公益领域竞争中红十字会所面临的严峻挑战。应该说，在新的历史时期，中国红十字会对自身事业的发展有着较为清晰的认识，也更加注重与国家政策的紧密衔接，与社会运行的深度融合。首先，会议提出，“必须客观把握红十字会的工作定位”。各级红十字会要把政府中心工作和弱势群体需求作为红会各项工作的出发点和落脚点。其次，会议强调“必须着力提升红十字会的公信力”。公信力是使社会公众信任的能

① 彭珮云：《在中国红十字会第九次全国会员代表大会闭幕式上的讲话》，《中国红十字报》2009年10月30日。

力，是公益慈善组织实现可持续发展的生命力所在。作为公益组织，中国红十字会只有不断加强公信力建设，才能更广泛地争取社会各界支持，更有效地推动红十字事业可持续发展①。

2011 年 12 月，在中国红十字会九届三次理事会会议上，华建敏会长指出，当前我国正处于发展的重要战略机遇期和社会矛盾凸显期，党和政府以及社会各界对红十字会的工作越来越重视，要求也越来越高。在新的形势下，加快发展中国特色的红十字事业，社会有需求，群众有需要，做好红十字会工作，机遇大于挑战。各级红十字会要紧抓机遇，加快发展。要扎根基层，真诚倾听群众呼声，真实反映群众愿望，真实关心群众疾苦，满腔热情、千方百计改善最困难、最需要帮助、最易受损群体的境况。华建敏强调，必须始终坚持党和政府对红十字事业的领导，做好党和政府在人道领域的助手；要继续坚持深化改革，完善制度，严格管理，公开透明，切实维护公信力；要深化理论研究，充分挖掘红十字文化内涵，推进红十字文化中国化，广泛传播人道理念，在全社会推动形成良好的道德风尚②。

2012 年 12 月，在中国红十字会九届四次理事会会议上，华建敏会长指出，党的十八大是在我国进入全面建成小康社会的决定性阶段召开的一次十分重要的会议。学习贯彻党的十八大精神是当前和今后一段时间全国红十字会系统的一项重要任务。要通过学习，树立“三个意识”。一是机遇意识。在建设中国特色社会主义“五位一体”的总布局中，以改善民生、创新社会管理为重点，加强社会建设的重要性进一步凸显，各级红十字会大有可为。二是责任意识。十八大报告指出，前进道路上的主要困难和问题是发展中不平衡、不协调、不可持续的问题依然突出。最明显的就是经济社会发展不协调，具体体现在社会发展滞后于经济发展，社会组织发育滞后于经济组织发育，社会体制改革滞后于经济体制改革。作为党和政府在人道领域的重要助手，各级红十字会要进一步提高责任意识，在促进和谐社会建设中发挥更大作用。三是改革意识。改革开放是坚持和发展中国特色社会主义的必由之路，中国特色红十字事业的发展也必须在改革创新上做文章，通过改革赢得红十字事业发展的最大红利。改革的宗旨要立足于最大限度调动各方面的积极性、主动性和创造性，目标是为了更好地履行红十字会的法定职责，保护人的生命和健康，从而得到人民群众和社会各界的进一步认可。改革的落脚点要放在

---

① 《王伟在中国红十字会第九届理事会第二次会议上的工作报告（2011 年 1 月 19 日）》，中国红十字年鉴编辑部编：《中国红十字年鉴：2010/2011》，中华工商联合出版社 2014 年版，第 178—179 页。

② 王达：《中国红十字会九届三次理事会召开》，《中国红十字报》2011 年 12 月 9 日。

制度建设上，要以更加完善的体制机制保证红十字事业健康发展①。

2014 年是我国全面贯彻落实党的十八大和十八届三中全会精神、全面深化改革的第一年，是《红十字会法》的修法之年。2014 年 1 月，中国红十字会九届五次理事会会议召开。华建敏会长指出，过去的一年，全国各地红会稳步推进，围绕履职尽责创造性地开展工作，取得了显著成绩。红十字事业这棵大树之所以能在中国这片土壤上成长得根深叶茂，最重要原因包括：各级党委政府有强烈的红会意识，对红会工作支持力度不断加大；爱心企业和各界人士有强烈的社会责任意识，为红十字事业发展提供了强大动力；各级红会组织有强烈的使命意识、服务群众意识、改革创新意识。红十字会要在中国走得更好、更快、更远，必须始终坚持“三足鼎立”——党委政府的领导、社会的认同和支持、红十字会加强自身建设，这是红会安身立命之本②。

可以看出，在九届理事会期间，中国红十字会与社会的融合度提高到了一个新的水平。在看到广泛存在的发展机遇的同时，红会也深刻意识到一个竞争的时代即将到来，除了要进一步围绕中心、服务大局，还要不断增强自身实力，以应对改革大潮中的波涛与激流。

党的十八大以来，新时代中国特色社会主义伟大实践为中国特色红十字事业开辟了广阔的发展空间。随着中国特色红十字事业的不断向前，相关理论也会与时俱进，不断丰富发展。应该说，截至 2014 年，中国特色红十字事业理论的探索已经取得了重要成果，基本厘定了中国红十字会未来发展的基本方向。相信随着中华民族伟大复兴梦想的逐步实现，中国特色红十字事业也会迎来更加辉煌的未来。

结合上述“四大”以来中国特色红十字事业理论探索中形成的“基本经验”“基本认识”“基本体会”和“理论雏形”等内容，并吸收近年来中央领导同志讲话精神，可以看出，“走中国特色红十字事业发展道路，就是要坚持中国共产党对中国红十字事业的领导，高举中国特色社会主义伟大旗帜，牢牢把握为实现中华民族伟大复兴中国梦而努力奋斗的时代主题，发挥党和政府在人道领域联系群众的桥梁和纽带作用，紧紧围绕党和国家中心任务，依法建会、依法治会、依法兴会，与时俱进、改革创新，广泛弘扬人道精神，动员人道力量，努力改善最易受损害群体境况，为民造福，为国奉献，促进人类和平进步”。具体而言，“中国特色红十字事业理论体系”的战略原则可暂作如下概括：

---

① 池子华、邓通主编：《中国红十字历史编年，2010—2014》，合肥工业大学出版社 2016 年版，第 176—177 页。

② 杨振宇：《强化五种意识 坚持“两论一动”》，《中国红十字报》2014 年 1 月 21 日。

——要坚持党的领导。我国宪法通过确认党的领导地位，设置党的领导方式，巩固党的领导基础，形成了较为独特的党的领导的宪法保障体制。坚持党的领导，是中国红十字事业坚持正确发展方向的根本保证，是中国红十字组织有别于其他国家红十字组织的根本特点。

——要坚持发挥红十字会的桥梁和纽带作用。中国红十字会是党和政府在人道领域联系群众的桥梁和纽带。红十字事业不是少数人的事业，而是全社会的事业，需要社会各界爱心人士的广泛参与和支持，同时这项事业也惠及千千万万暂时困难的群众。红十字会联系的群众非常广泛，既包括它所服务救助的困难群体，也包括红十字会会员和广大志愿者、捐赠人。发展中国特色红十字事业，红十字会必须密切联系群众，把党和政府在人道领域的主张变成广大会员、志愿者的自觉行动，把党和政府的关怀送到有人道需求的群众中去。这是党和政府赋予红十字会的使命。

——要坚持围绕中心、服务大局。红十字会作为党和政府在人道工作领域的助手，必须围绕党和国家的中心任务，在人道领域开展工作，这是中国特色红十字事业作为中国特色社会主义事业的重要部分而发挥作用、体现价值的必然要求。

——要坚持服务群众的工作生命线。服务困难群众是红十字会的天职。《国际红十字与红新月运动章程》明确要求，各国红会支持政府为满足各自国家人民的需要而开展的人道主义工作。全心全意为人民服务是中国共产党的宗旨。发展中国特色红十字事业，中国红十字会必须把服务困难群众作为一切工作的出发点和落脚点，这是中国红十字会的价值所在。

——要坚持依法建会、依法治会、依法兴会。《红十字会法》和《红十字标志使用办法》等法律法规，为中国红十字会“依法建会、依法治会、依法兴会”提供了重要的法律保障。发展中国特色红十字事业，依法履行职责是最为基本的要求。

——要坚持与时俱进、改革创新。改革创新是中国红十字事业持续发展的不竭动力。中国红十字会 110 年的历史，就是在改革中生存、在创新中发展的历史。没有不断的改革创新，中国红十字会就不可能发展到今天。社会在发展，时代在进步，中国特色红十字事业必须与时俱进，始终与中国特色社会主义事业同步前进①。

---

① 郭长江：《坚定不移走中国特色红十字事业发展道路——关于学习贯彻中央群团工作会议精神的思考》，池子华、王国忠、吴玉林主编：《〈红十字运动研究〉2016 年卷》，合肥工业大学出版社 2016 年版，第 57—59 页。

应该说，上述6个方面的内容是中国红十字运动历史实践经验的客观总结，是发展中国特色红十字事业的必然要求，值得深入思考，也应成为未来发展的重要指南。“时代是思想之母，实践是理论之源”。中国特色红十字事业理论是一个开放的理论体系，在中国特色社会主义理论体系的指引之下，以中国特色红十字事业的实践为基础，必将得到不断的丰富与发展。

第二节　构建红十字事业的中国气派

进一步发展中国特色红十字事业，需要在遵循中国特色红十字事业理论的基础上，明确基本定位，分析发展趋势和面临的挑战，理清基本思路。

一、中国特色红十字事业的发展趋势

中国特色红十字事业如何发展，应从外部环境变化和红十字运动自身发展规律来分析。综合考虑，可以概括为以下5个趋势。

（一）专业化

开展人道主义救助工作必须具备必要的专业知识和技能。无论是备灾救灾，还是救助救护，特别是开展无偿献血、造血干细胞移植、遗体（器官）捐献、艾滋病防治等工作，都要以必要的专业知识和技能为前提。随着社会发展和技术进步，人们对红十字事业的专业化水平必然会提出更高的要求。

（二）规范化

开展人道主义救助工作必须依照必要的规范和程序进行，既要符合法律法规的要求，也要符合专业技术的要求；同时，还要依据法律法规和章程建立健全各项内部管理制度，以提高人道主义工作的效率和工作水平。这些都要求不断提高红十字事业的规范化水平。

（三）网络化

开展人道主义救助工作必须做到广覆盖。无论哪里有人需要救助，都应当及时给予帮助。这就要求加强红十字会备灾网络建设，实现备灾救灾信息网络化管理，逐步建立具有资料收集、信息发布、人员招募、活动交流等功能的网络信息平台，形成国家、省、市、县的四级红十字志愿服务网络体系，为最易受损害群体提供有效服务。在互联网和物流网迅速发展的时代，必然要不断提高红十字事业的网络化水平。

（四）社会化

开展人道主义救助工作必须动员社会力量。无论是资金来源、技术装备，

还是人力资源，都不可能仅仅依靠政府支持和红十字组织自身，而必须更多地依靠社会力量。随着社会进步，社会力量参与公益事业会越来越广泛、越来越持久、越来越深入，对红十字事业社会化水平必然会提出更高的要求。

（五）国际化

开展人道主义救助工作必须具有国际意识和国际视野。红十字组织作为一个按照国际公认的原则建立起来的具有国际网络的人道主义救助团体，国际性无疑是其内在属性之一。随着我国和平崛起和国际交流的增加，国际社会对我国的关注、期望也会增加，我们既然可以得到国际社会更多的支持，就必然要承担更多的国际义务，这对红十字事业国际化水平必然会提出更高的要求[①]。

二、中国特色红十字事业发展面临的挑战

加强薄弱环节、解决突出问题，是当前和今后一个时期中国特色红十字事业发展面临的挑战。主要体现在以下几个方面。

（一）思想认识方面

更好地发挥红十字组织在构建和谐社会、建设和谐世界、全面建成小康社会和建设社会主义现代化强国过程中的独特作用，需要加强红十字理论工作，回答涉及红十字事业发展的一些基本理论问题；同时，需要进一步加强红十字宣传工作，尤其需要加强国际人道法、国际红十字与红新月运动基本原则和《红十字会法》《红十字标志使用办法》的宣传，为解决现实问题构筑良好的舆论环境和社会环境。

（二）管理体制方面

总会和省级红会管理体制已经理顺，地、县级红十字会管理体制尚未完全理顺。需要继续理顺地级红十字会管理体制，重点抓好县级红十字会理顺管理体制工作，争取多数县级红十字会理顺管理体制。实现县级以上红十字机构由卫生部门代管改由党政领导联系，明确机构编制，配备领导班子和专（兼）职工作人员，有固定办公场所，有独立账户，能独立自主地开展工作。

（三）组织建设方面

行业红十字会和基层组织建设有待加强。需要在医疗机构中普遍建立红

---

① 中国红十字会总会：《〈中华人民共和国红十字会法〉修改研究》，社会科学文献出版社 2014 年版，第 275 页。

十字会，争取基本实现地市级以上（含地市级）红十字会、有条件的县级红十字会至少有1所冠名医院；在城市社区（街道）、农村乡镇（村）、企事业单位、医疗机构、学校和其他社会组织中广泛建立基层组织，创建一批组织建设规范、活动特色鲜明、服务平台巩固、会员和志愿者作用发挥良好的模范红十字会基层组织。

（四）运行机制方面

如何建立能够吸引人才、调动人的积极性的机制和能够筹集资金、确保资金高效运用的机制，需要进一步研究解决。应切实加强自身建设，建立充满生机活力、密切联系群众、符合自身特点的组织机构和运行机制，建设可持续的筹资机制和公开透明的监督机制。

（五）能力建设方面

一个现实问题是，地方红会救助实力不强，特别是基层红十字会的救助实力亟待加强，干部队伍的整体素质和综合能力还不适应形势发展的要求。需要拓宽筹资渠道、创新筹资方式，不断增强红十字会救灾、救助、救护的实力，为发展红十字事业提供强大的物质保障。加强干部培训，创新学习内容和培训方式，切实提高红十字会干部的专业化水平和综合能力。

（六）社会参与方面

如何调动社会各方面的积极性，不断壮大红十字志愿者队伍，需要进一步研究解决。应加强同社会各界、企事业单位、新闻媒体、知名人士及其他社会团体的联系与合作，积极整合社会资源，动员社会人道力量参与和支持红十字事业，使红十字会成为社会化、开放式的充满生机与活力的人道救助团体。

（七）国际影响方面

随着中国国际地位提高，国际社会期待中国红十字会在国际上扮演更加重要的角色，展现出中国更加国际化的视野和日益强大的影响，中国红十字会的国际影响力有待进一步提高。应积极参加国际红十字运动，积极参与国际人道主义救援工作，积极开展国际交流合作，在国际上展示人道主义良好形象，增强亲和力、吸引力和感染力，推动建设持久和平、共同繁荣的和谐世界和人类命运共同体①。

---

① 中国红十字会总会：《〈中华人民共和国红十字会法〉修改研究》，社会科学文献出版社2014年版，第275—277页。

三、发展中国特色红十字事业的基本思路

当前和今后一个时期，发展中国特色红十字事业的基本思路可以概括为“一、二、四、四、七”。

“一”是围绕一个目标：高举中国特色社会主义伟大旗帜，推动新时代中国特色红十字事业科学发展，努力实现中国特色红十字事业新跨越。

“二”是统筹两个大局：其一，作为中国的红十字会，应服务于中国特色社会主义事业，服务于“两个百年”的奋斗目标，推进构建社会主义和谐社会，推动中华民族伟大复兴；其二，作为国际红十字运动的一员，应积极参与国际红十字活动和国际援助，积极开展与各国红十字组织的交流与合作，推进建设持久和平、共同繁荣的和谐世界，推动和平发展，推动构建人类命运共同体。

“四”是发挥四个功能：成为党和政府在人道工作领域的得力助手，成为构建社会主义和谐社会的重要力量，成为精神文明建设的生力军，成为我国民间外交的重要渠道。

第二个“四”是抓好四项建设：一是制度建设。包括抓法制，推动开展《红十字会法》的执法检查，推进依法建会、依法治会、依法办会；抓体制，理顺管理体制，加强队伍建设；抓机制，形成吸引人、培养人、用好人、调动人的积极性的机制和筹来钱、用好钱、确保资金运转高效的机制。二是能力建设。切实提高红十字会工作人员的专业化水平和综合能力，不断提高其理论素养和实践能力，增强工作的原则性、系统性、预见性、创造性，提升品牌形象，培育品牌优势。三是文化建设。红十字事业需要建立自己独特的文化内涵。要把红十字精神和社会主义核心价值观结合起来，要鼓励企业家履行社会责任，也要鼓励每个居民乐于奉献，还要培养受益者感恩社会、回报社会的情操。四是保障条件建设。紧紧围绕红十字会中心工作，建设网络筹资、志愿服务等管理信息系统，完善中国红十字会协同办公、备灾救灾、财务和组织建设等管理系统，建设好总会网站和信息资源库，着力解决基层红会的基本工作条件，改进办公方式，提高工作效率。

“七”是开展七项行动：一是开展“红十字救援行动”，加快组建红十字紧急救援队，完善突发事件应急体系，增强突发事件应急能力；二是开展“红十字救护行动”，加快培训合格的红十字救护员，扩大造血干细胞志愿捐献者队伍，推动无偿献血和遗体、器官、组织捐献，致力于挽救生命。三是开展“红十字救助行动”，深化“红十字博爱送万家”活动，推动红十字关爱进社区、进乡村，深入开展红十字医疗救助项目，着力改善最易受损害群

体境况。四是开展“红十字传播行动”，积极传播国际人道法和红十字运动基本知识，继续开展“5·8博爱周”系列宣传活动，深入开展理论研究，弘扬红十字精神。五是开展“红十字强会行动”，坚定不移依法理顺管理体制，努力建设运转良好的各级红十字会，大力加强基层组织建设，推动信息化建设，夯实中国特色红十字事业的基础。六是开展“红十字志愿服务行动”，建设红十字志愿服务网络体系，发挥红十字志愿服务在突发公共事件救助和举办大型活动等重点工作中的积极作用，最广泛地动员社会力量参与人道救助。七是开展“红十字民间外交行动”，积极发挥中国红十字会在国际红十字运动中的作用，积极开展具有红十字特色的多边和双边的民间外交活动和对外援助工作，积极引进境外资金、理念和技术，加强与境外红十字组织的交流合作①。

四、打造中国特色红十字事业的核心竞争力

发展中国特色红十字事业，在根本上要提升红十字会服务中国特色社会主义事业的能力。在新的历史时期，能力建设是一个综合系统，各种能力都需要培养，缺一不可。不论哪种能力都是围绕社会组织的使命和功能来发展的。社会组织的能力正体现在它获取各种社会资源并用其实现自身价值和作用等方面。

组织的功能定位代表一个组织存在的根本价值和社会意义，是组织发展的本源问题。根据核心竞争力理论，任何组织都有长项和短项，只有扬长避短，培育并发挥自己的长项，在自己最擅长的领域展开竞争，才有可能赢得生存与发展的权利。能力建设应该围绕组织的核心业务展开，只有这样，才能建立持久的竞争优势。目前，红十字会工作面临的各种挑战都与功能定位有关，必须对和平时期红十字会的功能进行一场全面而深刻的反思，即在新的历史方位下，红十字会究竟应该“发挥什么作用”的问题。

“核心竞争力”战略，强调一个组织必须专注于自己最擅长的业务。一个组织能否科学地定位自己的核心业务能力是“核心竞争力”战略的成败所在。那么，如何确定红十字会的“长项”，即核心业务能力呢？可资借鉴的路径是：确定核心业务能力不是为了标新立异，也不是为了追逐时尚，更不是一时的心血来潮，而是建立在对以往经验的深刻反思、对未来环境的透彻分析、对自身实力的清醒认识的基础之上做出的理性的科学的选择。

① 中国红十字会总会：《〈中华人民共和国红十字会法〉修改研究》，社会科学文献出版社2014年版，第277—278页。

改革开放近40年来，红十字会的服务功能一直延续“规模化扩张”的发展路线。现在，用“三救三献”或更加宏观的“两岸、三人、四救、五捐”（海峡两岸；人道领域、人文理念和人权尊重；救灾、救护、救急和救助；捐款物、捐血液、捐骨髓、捐器官和捐遗体）仍不足以概括红十字会繁杂的工作内容。究其缘由，既有历史原因、时代原因，也有特定的体制原因。但可以肯定的是，在社会组织的数量快速增长、专业化运作水平不断提高的21世纪，红十字会“大而全”的功能定位既不能有效地满足社会需求，也与社会组织自身科学发展的规律不相符，与构建和谐社会和实现治理体系与治理能力现代化的要求有差距。“大而全”的功能定位不仅使组织失去特色，导致社会认知度不高，还严重影响了队伍的专业化建设和服务的专业化水平。红十字会组织整体的发展状况还直接影响红十字组织基层理顺管理体制的步伐。因此，红十字会的发展思路必须从“规模化”走向“专业化”，突出组织特色。“要想让我们的组织拥有强大的生命力，保持特色是非常重要的。失去特色跟在别人后面跑，亦步亦趋，肯定会被众多的团体所淹没而不知去向”①。可见，彰显红十字会核心竞争力的时代到来了。

从红十字会产生和发展的历史过程及我国社会组织的发展现状来看，救灾、救护等应急救援服务无疑是红十字组织的“特色”和“长项”。2012年7月，在中国红十字核心项目工作座谈会上，王海京副会长指出，“应急救援是红十字核心项目的第一块内容，是中国红十字会的看家本领。作为国家应急救援体系的重要组成部分，新时期的红十字应急救援工作需要红十字会进行全方位考虑，实现战略转移，要增加应急救援的科技含量，如指挥体系、应急预案、标准化建设等”②。从社会需求的角度来说，需求决定了社会组织的存在价值。另外，目前政府和众多社会组织搭建的社会救助网络已相对完善，但在应急服务上存在较大的供给缺口，而且应急需求的满足可以从源头上减少扶贫济困的压力。因此，红十字会将应急能力打造为核心业务能力是科学合理的战略定位。“起源于战场救护的红十字运动，不仅在宗旨理念上体现了应急管理的内涵，而且作为一个国际化人道救援组织，在其具体职能运行上，如应急救护、备灾工作、款物筹募、紧急救援、灾后援建、志愿服务等工作，都贯穿了应急管理这条主线。红十字会需要从自身核心职能与政府应急工作需要出发，在政府应急管理体系中找准定位，发挥优势，有效作为，争取地

① 厦门市红十字会课题组：《打造红十字会的核心竞争力》，《中国红十字报》2010年1月8日。
② 王达：《红十字核心项目工作座谈会在京举行》，《中国红十字报》2012年8月3日。

位”①。

提高红十字会的应急救援能力，必须“内外兼修”。一方面，强化应急服务功能，提高红十字会在国家应急管理体系中的作用，吸引资源，做好硬件建设。强化应急服务功能的具体措施包括：（1）拓宽救护培训内容和提高救护培训规模，建立救护培训基地等；（2）进一步完善救灾物资储备机制。红十字会储备的物资标准是3天左右的基本生活物资，远低于国际平均水平，这与缺少备灾仓库等硬件设施有直接关系。（3）提高救援的专业化水平。在引入先进的ERU装备和技术的同时，着力提高医疗救援、心理救援、搜救救援等救援队伍的专业化水平。（4）在不同级别红十字会之间建立纵向的功能分配和衔接机制：传播功能应该“上移”，越是高级别的红十字会越应该重视传播功能；市级红十字会是应急服务功能的主要承担者，区县级红十字会可承担除应急服务外的其他服务。同时，由于红十字会的功能定位与我国减灾防灾建设的任务十分吻合，政府应给予红十字会相应的资源支持，增进红十字会加强应急能力建设的决心和动力，从而进一步增强我国的应急体系。

另一方面，加强组织文化建设，提升内力。组织文化建设是公益组织的生存之本。我国红十字会灾害救援的专业化水平低，是专业人才、专业技术、专业设备和组织文化各方都缺乏的综合结果。根据红十字文化的时代性及我国红十字会的发展现状，结合现代灾害理念，红十字会应树立“避防为主、高效救援”的组织管理理念。只有避防灾害，才能真正减少各种灾害的危害；而当灾害不能完全避免时，只有“高效救援”，才能最大限度地减少人员伤亡、尽可能地减轻财产损失。

应该说，“核心竞争力”不是某种单一的能力，打造“核心竞争力”是一项系统工程。红十字组织的能力建设离不开下列条件的支撑：（1）理论研究的支撑。红十字会可以与高校合作建设研究机构，共同探讨组织发展问题，提升组织的自我认知能力。（2）先进运营理念的支撑。红十字组织还应吸取现代市场运作的理念，掌握经营之道。美国学者弗斯顿伯格说，“现代非营利机构必须是一个混合体：就其宗旨而言，它是一个传统的慈善公益机构，但在开辟财源和运作管理上，它是一个成功的商业组织。只有当这两种价值观在非营利组织内相互依存时，该组织才会充满活力。”②（3）优秀人才的支撑。红十字会应通过聘任制、外包制、劳务制、顾问制等多种用工机制，“不

① 孟纬鸿：《融入政府应急管理体系》，《中国红十字报》2012年8月28日。

② 转引自黄剑宇：《社会企业：非营利组织发展的新方向》，《湖南工程学院学报》2010年第2期，第23页。

拘一格”地选拔人才，为己所用。除了公益价值的认同和文化的吸引之外，还应为其展示红十字从业人员的职业发展前景，提供一个没有“天花板”的舞台。

总之，“核心竞争力”建设不是一次性行动，它应该贯穿组织产生、成长和发展的全过程。一个具有“核心竞争力”的社会组织只要保持专注的态度和进取的精神，竞争力不会因时间流逝而贬值，相反会历久弥新、不断壮大①。

① 厦门市红十字会课题组：《打造红十字会的核心竞争力》，《中国红十字报》2010 年 1 月 8 日。

余论：与社会携手同行

一、在社会化工作机制下实现互通共建

红十字文化是开放性的、世界性的文化，红十字事业的蓬勃发展也离不开社会化工作机制。“社会化”指的是一个组织依靠社会力量、动员社会力量，又作用于社会，以实现特定社会目标的互动过程。社会化工作机制是一种有别于政府部门、充满生机与活力的独立自主的工作机制。实行社会化工作机制是新时代给红十字会提出的迫切要求①。

（一）构建社会化工作机制是时代要求

建立社会化运作机制是红十字会改善社会公益环境的内在需要。近年来，有些社会组织中已经出现了资源调配的浪费和无序、宣传报道的“报喜不报忧”等做法，在一定程度上妨碍了社会公益氛围的形成和公益性社会团体的发展。而社会化工作机制符合社会对红十字会工作的透明度要求，可以加速社会对红会组织的认识、提高对公益事业的积极性。

社会化工作机制可以引导各个主体合理、恰当地参与红十字事业。由于我国公益事业发展历程较短，社会各个主体对自身在公益事业中的角色认识还不够充分和到位，社会化工作机制则为社会各界提供了充分认识公益事业和公益组织的机会与平台，可以帮助它们调适角色定位。例如，帮助媒体从“救世主”、道德法官变成公益事业发展的协调者、引导者以及红十字文化的传播者；政府应该从领

① 厦门市红十字会课题组：《构建红十字会社会化工作机制社会化工作机制》，《中国红十字报》2010 年 1 月 19 日。

导者向导航者、从组织者向调控者、从管理者向监督者转变，等等。

随着我国社会组织的快速发展，公共领域的资源竞争也将日趋激烈，紧迫的形势要求红十字会“尽其所能获得、倾其所有给予”，动员社会各界力量投身到红十字事业中，最大限度地筹集和整合资源，并利用社会各界的智慧把它们分配到最需要的人手中，提高资源的分配效率。

在2006年年初召开的八届二次理事会会议上，总会提出，“只有建立社会化、开放式的工作格局，才能使红十字会充满生机和活力”。红十字会是群众团体，只有建立社会化、开放式的工作格局，形成有别于政府、符合自身特点的运行机制，才能充满活力，运转灵活，充分发挥自身的优势和独特作用。实践证明，红十字会只有不断凸显自己的特色，以开放的姿态，积极开展有影响的活动，才能具有生命力和活力；只有动员社会各方面的广泛参与，才能把事业做大、做强；只有坚持社会化、开放式的工作格局，才能使红十字事业呈现勃勃生机①。

2009年，红会“九大”提出，“必须坚持社会化、开放式的运行机制，广泛动员社会力量支持中国红十字事业”。红十字会的工作领域涉及灾害救援、现场救护、社会救助、扶危济困等方方面面，离不开广大人民群众和社会各界的积极参与和支持。作为一个公益机构，必须按照社会团体的运作方式开展工作，力戒行政化倾向和官僚主义，成为充满生机与活力、密切联系群众、符合自身特点的人道救助团体。要采取开放的姿态、社会化的行动、公开透明的举措，用良好的服务和公信力赢得全社会的信赖和支持，最大限度地动员起巨大的人道力量，推动我国公益慈善事业发展，在公益组织林立的格局中引领潮流。要广泛深入地传播“人道、博爱、奉献”精神，大力推动志愿服务活动，积极整合社会资源，加强与社会各界及其他公益组织、文化公司、企业的合作，广泛借势、借力、借脑，形成大宣传、大筹资的工作格局，发展红十字事业②。

华建敏会长曾强调：“要建立社会化、开放式的工作机制，广泛动员社会各界力量投身红十字事业。红十字事业的发展是为了人民，发展红十字事业也要依靠人民。要用真诚的服务和良好的公信力赢得全社会的信赖和支持，

---

① 《江亦曼在中国红十字会第八届理事会第二次会议上的工作报告》，中国红十字年鉴编辑部编：《中国红十字年鉴：2005/2006》，台海出版社2007年版，第163—164页。

② 江亦曼：《彰显人道　促进和谐　实现中国特色红十字事业新跨越——中国红十字会第九次全国会员代表大会工作报告》（2009年10月27日），《中国红十字会第九次全国会员代表大会文件汇编》，2009年内部印行，第32—36页。

最大限度动员起巨大的人道力量，推动红十字事业发展。”[1] 郭长江副会长也曾撰文指出：“那种因为拥有百年历史便妄自尊大、自以为是的观点；那种小家子气地关起门来‘自得其乐’的做法；那种不是‘衙门’胜似‘衙门’的态度；那种自以为是‘店大欺客’的做法；那种急功近利、好大喜功、专搞形象工程的工作方式，以及虚报浮夸的工作作风是不符合科学发展观要求的。”[2] 构建社会化工作机制恰恰是红十字会组织务实、专业、开放、高效等组织文化的体现，符合科学发展观的要求。

（二）构建社会化工作机制需要系统思维

对于红十字会的工作来说，“社会化”是系统的工作思路，强调的是红十字会在获得社会支持、寻求发展机会上的主动性、开放性和持续性。社会化工作机制是一个包括社会化筹资、社会化资源配置、社会化服务、社会化传播、社会化监督以及社会合作等在内的系统工程。它至少应包括以下几个因素：

1. 可持续的筹资机制

对一个组织而言，品牌就是质量，就是效益，就是竞争力，就是生命力。对于社会组织而言，打造品牌才能使筹资可持续。可以设立冠名基金、专项基金等吸引企业参与，实现公益与企业宣传的“双赢”。对于社会组织而言，打造品牌，与组织的功能定位和服务特色相结合是最基本的要求。除此之外还要注意两点：一是政府的参与要适可而止，应该是人们基于爱心参与活动，不应是高压式的发动，也不是“摊派”活动；二是只有加强社会调查，才能有充满灵性的“创意”，才有找到引起公众共鸣的“共振带”。只有深入实践，了解公众的所思、所想，才能设计并创造出受百姓拥护的品牌。成功的品牌无一不是对目标群体心理状态准确把握的杰作。

2. 完善的传播网络

红十字文化的传播是一个长期的系统工程，需要社会各界的参与。首先，要充分利用媒体的力量。一方面，一个社会应该对公益慈善行为有明确的价值评估和舆论导向，媒体的作用就是通过自身的资源优势和独特渠道，传播现代慈善公益理念。另一方面，当今世界是一个咨询时代，“酒香不怕巷子深”的慈善营销模式已经远远不能适应时代的需要，社会组织必须提高自身

---

① 华建敏：《立足基本国情　坚持以人为本　建设中国特色红十字事业——在中国红十字会第九次全国会员代表大会闭幕式上的讲话》（2009 年 10 月 29 日），《华建敏谈红十字事业》，2015 年内部印行，第 9 页。

② 厦门市红十字会课题组：《构建红十字会社会化工作机制》，《中国红十字报》2010 年 1 月 19 日。

的透明意识，学习与媒体打交道的技巧，应养成主动与媒体沟通的习惯。同时，还要不断壮大志愿者队伍，因为志愿者本身就是红十字精神的传播者。另外，要不断推进基层组织建设。基层组织可以成为传播人道主义精神、开展人道服务的主力军，尤其是学校红十字会在文化传播上具有明显的优势。根据不同类型基层组织的不同特点，制定不同的宣传策略、激励机制和指导方案。

3. 透明的运作过程

公信力是社会组织的生存之本。我国捐赠者半数绕过社会组织直接对受助者进行捐赠的现实从侧面说明了我国社会组织的公信力不高。红十字会可邀请媒体、审计部门、捐赠者、合作机构、受益群体参加一些爱心捐赠的过程和环节以至于全部。通过过程参与，及时了解项目过程中的问题、资金使用情况、受益者的反映、项目效果及需要改进的方面，同时进行及时有效的沟通和协调，在过程中对项目进行完善，使合作顺利进行。这样就能赢得更高的社会公信力。

4. 专业的服务体系

整体上，红十字会的服务内容包括防灾减灾建设和紧急救援。防灾减灾建设既包括工程类减灾建设，也包括非工程减灾建设。工程类减灾建设主要是提供技术性支持，帮助建设具有抗震功能的厂房，目前一些发达国家的红十字会已经具有提供工程性防灾减灾建设的能力。非工程减灾建设主要是指救护知识、紧急避险技能等安全救护培训，旨在提高社会公众的自救互救能力。紧急救援服务包括医疗服务、搜救服务和心理救援服务等。但是，凭红十字会的一己之力难以建立起庞大而专业的服务网络，迫切需要社会各界的参与。

5. 广泛的社会合作

社会合作的重点，在于处理好红会与政府部门的关系，特别是与卫生部门的关系；建立专家咨询库，注重吸收“外脑”为己所用；尽可能地支持其他社会组织的发展。2008 年，中国红十字基金会率先安排 2000 万元，面向草根组织公开招标灾后重建项目，不仅使一批优秀草根组织的优秀项目获得了资金支持，红十字基金会也因为这项创举登上“2008 年中国社会组织十大事件”。此举开拓了红十字会服务社会的途径和方式，有助于提升社会组织的整体实力。

同时，红十字会还要完善自身的治理结构和决策机制，健全各项必备的规章制度，明确红十字会工作的评估标准和工作规范。

总之，时代要求红十字会为社会主义和谐社会的构建和世界和平进步事业做出更大贡献。百年沧桑的中国红十字会犹如整装待发的追梦少年，即将开始新一轮飞翔，相信社会化工作机制能够成为红十字会前进途中的加速器和润滑剂①。

二、与社会同行，与时代共进

唯物辩证法认为，世界在普遍联系中实现其运动、变化和发展。这就说明红十字运动的新陈代谢不可能特立独行，要与整体的社会变迁相适应。110年来，中国红十字会参与社会变迁并已成为社会变迁的一部分。根据组织社会学的理论，任何一个组织都有它存在和发展的特定环境。组织的环境系统就是一个组织赖以生存和发展的特定环境诸要素所构成的有机整体。“组织得以生存发展的一个重要条件就是必须与其环境相适应”。社会组织的外部环境处于不断的发展变化中，在社会转型加速的今天，“越来越多的事实表明，我们的社会正经历着一场巨大的变革，组织环境正变得更加动荡和不确定，而且这种变化本身节奏越来越快，越来越复杂。组织理论和管理者的经验告诉我们，一个组织要想生存和发展下去，就必须与外部环境维持一种协调关系，而组织的外部环境从某种意义上来说是客观的，不以人的意志为转移。在这种情况下，组织必须采取一些策略来适应外部环境的不确定性”②。简言之，“组织的环境就是组织生存的社会”③。“组织为了满足社会对它们的要求，就必须使自己发生相应的变化”④。由此，红十字会要在社会变革中求得可持续发展，必须与社会大环境共步同行。

红十字会不同时期有不同的工作重点，要更好地发挥其社会救助的人道职能，必须与政府携手，与社会相衔接。红十字会作为一个慈善团体，要“紧紧围绕党和政府各个时期的中心工作，服从大局、服务大局，及时了解和掌握政府的救助政策，通过政府的信息平台了解社会困难群体情况，从而确定救助项目，力所能及地与政府救助工作做好衔接，起到拾遗补阙的作用”⑤。中国红十字会在改革大潮中，与社会同甘共苦、患难与共，在参与社会保障、推动社会发展的同时也实现了自身的高度飞跃。

---

① 厦门市红十字会课题组：《构建红十字会社会化工作机制》，《中国红十字报》2010年1月19日。

② 刘祖云等：《组织社会学》，中国审计出版社2002年版，第267—285页。

③ 罗珉：《组织管理学》，西南财经大学出版社2003年版，第69页。

④ 李友梅：《组织社会学及其决策分析》，上海大学出版社2001年版，第4页。

⑤ 上海市慈善基金会、上海慈善事业发展研究中心：《转型期慈善文化与社会救助·代序》，上海社会科学院出版社2006年版，第3页。

与社会同行是中国红十字运动百余年历程的基本脉络，改革开放以来尤是。改革开放“使我国成功实现了从高度集中的计划经济体制到充满活力的社会主义市场经济体制、从封闭半封闭到全方位开放的伟大历史转折”①。改革开放以来，中国社会变迁的关节点上都留有红十字会的印记。从“五讲四美三热爱”活动到“援非募捐”，从遍布城乡的经济体制改革到精神文明建设大潮，从参与两岸和平统一到港、澳的回归，从举办亚运会到申办奥运会，从国家的机构改革到法制建设，从引进外资到扩大对外交往等，都可以看到红十字会别具特色的风采。

长期以来，中国红十字会坚持既唱常规工作的“四季歌”，又奏体现时代特征的“流行曲”，为红十字事业注入了“青春气息”和生命活力。例如，2000 年，国家全面实施西部大开发战略，中国红十字会响应中央关于西部大开发的号召，积极为西部大开发服务。一是组织中、东部红十字会对口支援西部红十字会，如北京与内蒙古、福建与宁夏，互相帮助，共同发展。2001 年，上海市红十字会共筹集价值 580 多万元的款物和 8 车皮旧衣被，对内蒙古、宁夏等地实施了救助；山东省红十字会支援新疆备灾救灾中心 30 万元；天津市红十字会捐资 20 万元在甘肃、内蒙古各建 1 所红十字小学；广州市红十字会筹集 900 万元的物资支援四川、广西等西部贫困地区②。二是尽可能多地安排外宾到西部地区考察，创造合作机会。三是一些外援项目、接受的捐赠，尽量考虑西部省份。截至 2011 年年初，共有瑞士、荷兰、挪威、澳大利亚、加拿大等国红十字会与西藏、新疆、青海、甘肃、内蒙古、四川等省区红十字会洽谈有关援助合作项目③。

在对口支援方面，江苏红十字会的成绩尤为突出。省红十字会和苏州、盐城、南通等地红十字会帮助四川、广西、陕西、湖北、江西等省、区筹建了 8 所“红十字博爱小学”。尤其引人注目的是，苏州市红十字会与四川内江市红十字会所达成的“天堂”与“天府”的携手，两地从市（县）对口支持、互通信息、培训人员等方面进行友好合作，例如，苏州市红会援建了内江市红十字会网站，吴中区以一个家庭认抚一个孤儿的形式资助内江资中县

① 《习近平谈治国理政》，外文出版社 2014 年版，第 94 页。

② 王立忠：《以“三个代表”重要思想为指导　开创有中国特色红十字事业的新局面——在中国红十字会第七届理事会第三次会议上的工作报告》（2002 年 4 月 1 日），《第六届、第七届理事会主要文件汇编》，2005 年内部印行，第 189 页。

③ 王立忠：《贯彻中共十五届五中全会精神　加快发展红十字事业——在中国红十字会第七届理事会第二次会议上的工作报告》（2001 年 2 月 21 日），《第六届、第七届理事会主要文件汇编》，2005 年内部印行，第 167 页。

37 名孤儿，昆山市每学期向内江隆昌县捐款助学，张家港市帮助内江威远县红十字会建立了医疗门诊部[1]。“这是我国东西地区缔结的第一对跨省份城市间红十字事业姐妹关系”，常务副会长王立忠等对“天堂”与“天府”间的合作给予了充分肯定，认为贯彻中央关于西部大开发的精神，红十字会应当有所作为，苏州和内江的做法值得推广[2]。2005 年 8 月，《中国红十字报》在头版头条刊发了关于苏州、内江两市红十字会 5 年携手的长篇报告并配发评论，向全国推广两市合作的经验，并称之为东部支援西部、构建和谐社会的典型[3]。

对于红十字会组织而言，与社会同行，与时代同步，着重体现在“围绕大局，主动开展工作”上，这一点在红十字会的发展历程中有着鲜明体现。2005 年，红十字会以实际行动证明“只有紧紧围绕党和政府的中心工作，有所作为，才能得到党和政府的重视、人民群众的欢迎”[4]。2006 年，根据国务院有关会议精神，总会与北京、天津、山西、内蒙古、广东等省（区、市）红十字会及解放军总后勤部卫生部对因公感染“非典”并发后遗症的医务人员进行慰问和救助，得到中央领导的高度肯定。另外，为配合政府开展高致病性禽流感防控工作，总会和各级红会做了大量的宣传和预防工作。

针对我国还没有一套完整的少年儿童基本医疗保障体系的现状，2006 年，上海、北京、河北以及四川成都市红十字会在当地政府的支持下开展了少儿住院互助金工作。上海市医保局不仅委托上海市红十字会少儿住院互助基金管理办公室负责中小学生和婴幼儿住院、门诊大病基本医疗保障工作的日常管理和运作，而且继续发挥市红十字会少儿住院互助金的补充保障作用。

针对农民工等流动人口缺乏卫生知识，易受艾滋病病毒侵害的现状，在中英艾滋病干预项目的支持下，红十字会主动和铁道部合作，在河南、四川、甘肃、陕西、新疆等省（区）开展了“采棉专列”农民工艾滋病预防宣传活动，为进一步开展全民防治艾滋病探索了有效途径。

此外，河北、湖北、重庆、西藏、陕西、宁夏等省（区、市）红十字会开展的“救助农村特困患儿”“帮特困，促健康”“青年励志助学”“复明手术”“心血管病博爱救助”“博爱关怀”慰问等救助活动，都是各级红十字会

① 陈萍：《奋发有为，与时俱进，开创江苏红十字事业新局面》，苏州市红十字会档案 2002 年“长期”27，第 52—53 页。

② 《苏州市红十字会 2000 年工作总结》，苏州市红十字会档案 2000 年“永久”1，第 1—7 页。

③ 郝如一、池子华主编：《苏州红十字会志》，安徽人民出版社 2008 年版，第 362 页。

④ 《江亦曼在中国红十字会第八届理事会第二次会议上的工作报告》，中国红十字年鉴编辑部编：《中国红十字年鉴：2005/2006》，台海出版社 2007 年版，第 163 页。

主动围绕中心、服务大局，当好政府在人道救助领域助手的具体体现。据统计，在这方面，2006 年全年全国各级红十字会共投入救助款物 5.09 亿元人民币①。

在举世瞩目的奥运会、残奥会中，中国红十字会展示出亮丽风采，发挥出独特作用。红十字参与服务奥运是国际惯例，特别是 2003 年国际联合会与国际奥委会签署备忘录后，红十字与奥林匹克的情结愈加浓重。红会敏锐抓住举办北京奥运会这一难得机遇，早谋划、早行动。2006 年，经多次联系协商，北京奥组委同意红会参与奥运服务工作，在赛场使用红十字标志、承担志愿者卫生救护培训、在有赛事的城市向群众普及卫生救护知识、设立红十字服务站、进行艾滋病预防宣传、宣传动员无偿献血等。总会成立了中国红十字会奥运工作协调小组，制定了工作方案。北京、上海、天津、沈阳、青岛、秦皇岛等有赛事城市红十字会都积极争取参与奥运、服务奥运的工作。北京市红十字会在国际女子垒球赛场开展红十字服务，青岛市红十字会在国际奥帆赛期间成功地组建水上救护培训基地和水上救护队，协调和组织奥帆赛初级救护志愿者服务工作②。2007 年，红会与北京奥组委签订合作备忘录。以红十字志愿者为主体，以运动员、观众和游客为服务对象，以应急救护、健康宣传、信息咨询为主要服务内容，全力做好服务奥运的准备工作和运动场馆、城市应急、社会志愿服务工作。通过积极参与和服务北京奥运会、残奥会，充分展示了中国红十字会的风采，实现了红十字精神和奥林匹克精神的完美融合③。

“改革与开放是社会发展的推动力”④。在改革开放的进程中，中国红十字会实现了自身的发展与嬗变，并在构建社会主义和谐社会中显现出自身独特的优势。党的十八大以来，中国红十字会不断壮大组织，扩展业务，继续理顺管理体制，完善运行机制，秉承“依法建会、依法兴会、依法治会”的原则，着力构建社会化、多元化的人道资源动员体系，充分发挥各级红十字会的社会效能，服务保障民生，助力精准脱贫，扎实推进红十字事业创新发展，为实现决胜全面建成小康社会，为实现中华民族伟大复兴中国梦发挥了

---

① 《江亦曼在中国红十字会第八届理事会第三次会议上的工作报告（2007 年 1 月 8 日）》，中国红十字年鉴编辑部编：《中国红十字年鉴：2006/2007》，群言出版社 2009 年版，第 104—105 页。

② 《江亦曼在中国红十字会第八届理事会第三次会议上的工作报告（2007 年 1 月 8 日）》，中国红十字年鉴编辑部编：《中国红十字年鉴：2006/2007》，群言出版社 2009 年版，第 104 页。

③ 《江亦曼在中国红十字会第八届理事会第五次会议暨全国社区红十字服务示范市（区）命名表彰会议上的工作报告（2009 年 1 月 7 日）》，中国红十字年鉴编辑部编：《中国红十字年鉴：2009/2010》，中华工商联合出版社 2011 年版，第 182 页。

④ 王义祥编著：《发展社会学》，华东师范大学出版社 2004 年版，第 365 页。

重要的作用。

应该说，与社会同行、与时代同步是中国红十字会改革开放以来取得辉煌业绩的经验所在，也应该是中国红十字会未来发展所应遵循的一条基本原则。红十字会是社会的一部分，社会是红十字会犁耕的田野和成长的家园，红十字会的成功和荣誉离不开的社会的进步发展；同时，现阶段红十字会所面临的困境和障碍也不能单单从红十字会本身去探求。相信随着社会的文明与进步，红十字的人道光彩会更加灿烂辉煌。

2014 年是中国红十字会建会 110 周年。110 年来，“她既经历了硝烟弥漫的战争洗礼，也经历了和平年代的风风雨雨，始终坚持同祖国和民族同呼吸、共命运，始终坚持以服务人民为宗旨，始终坚持将国际人道主义基本原则与中华优秀传统文化相融合，始终坚持在变革中奋进、在改革中发展，为社会、为人民、为国家做出了积极贡献”[①]。因此可以说，中国红十字会的 110 年，是伴随国家民族的命运跌宕发展的 110 年，是从无到有、从小到大、自强不息、不懈奋进的 110 年，是为国分忧、为民解难、艰苦奋斗、无私奉献的 110 年。“回顾 110 年风雨历程我们看到了曲折徘徊，更看到了一往无前、义无反顾的精神，这是中国红十字事业的百年荣光，也是全体红十字同仁的宝贵财富”[②]。

---

① 《继承与发展　开拓与创新——“纪念中国红十字会成立 110 周年座谈会”发言摘要》（2014 年 12 月 26 日），《中国红十字报》2014 年 12 月 30 日。

② 华建敏：《在纪念中国红十字会成立 110 周年座谈会上的讲话》，《华建敏谈红十字事业》，2015 年内部印行，第 337 页。

主要参考文献

一、文献资料

《关于建国以来党的若干历史问题的决议》，人民出版社 1981 年版。

《简明社会科学词典》编辑委员会：《简明社会科学词典》，上海辞书出版社 1982 年版。

《三中全会以来重要文献选编》下，人民出版社 1982 年版。

《十二大以来重要文献选编》下，人民出版社 1988 年版。

中国红十字会总会编：《红十字手册》，辽宁科学技术出版社 1988 年版。

中国红十字会总会：《中国红十字会五届三次理事（扩大）会议文件汇编》，1992 年内部印行。

中国红十字会总会：《中国红十字会五届四次理事（扩大）会议文件汇编》，1993 年内部印行。

徐州市红十字会：《徐州市红十字会简史》，1993 年内部印行。

顾英奇主编：《中华人民共和国红十字会法使用手册》，中国友谊出版公司 1994 年版。

中国红十字会总会：《中国红十字会六届二次理事会议文件汇编》，1995 年内部印行。

中国红十字会总会：《中国红十字会六届三次理事会议文件汇编》，1996 年内部印行。

中国红十字会总会编译：《国际红十字与红新月运动基本文件汇编》，群众出版社 1997 年版。

中国红十字会总会：《中国红十字会第六届理事会第四次会议文件汇编》，1997 年内部印行。

中国红十字会总会编：《情系生命之河——中国无偿献血图文集》，人民出版社 1998 年版。

中国红十字会总会：《中国红十字会第六届理事会第五次会议文件汇编》，1998 年内部印行。

曲折主编：《中国红十字事业》，广东经济出版社 1999 年版。

中国红十字会总会：《中国红十字会法律法规汇编》，2003 年内部印行。

唐晓音主编：《红十字宣传指南》，五洲传播出版社 2003 年版。

王立忠、江亦曼等主编：《中国红十字会百年》，新华出版社 2004 年版。

中国红十字会总会编：《中国红十字会历史资料选编，1950—2004》，民族出版社 2005 年版。

中国红十字会总会：《第六届、第七届理事会主要文件汇编》，2005 年内部印行。

江苏省红十字会编印：《崇高的事业——红十字工作基本知识手册》，2006 年内部印行。

中国红十字年鉴编辑部编：《中国红十字年鉴：2004/2005》，台海出版社 2006 年版。

中国红十字会总会：《中国红十字会领导讲话汇编》（2004 年 10 月—2007 年 3 月），2007 年内部印行。

中国红十字会总会：《理顺县级红十字会管理体制座谈会文件汇编》，2007 年内部印行。

中国红十字年鉴编辑部编：《中国红十字年鉴：2005/2006》，台海出版社 2007 年版。

张立明主编：《大爱无声——江苏省捐献造血干细胞工作纪实》，江苏科学技术出版社 2007 年版。

中国红十字会编：《博爱无国界——中国红十字会印度洋海啸救援纪实》，国际文化出版公司 2008 年版。

中国红十字会总会：《中国红十字会第九次全国会员代表大会文件汇编》，2009 年内部印行。

中国红十字年鉴编辑部编：《中国红十字年鉴：2006/2007》，群言出版社 2009 年版。

四川省红十字会编：《四川省红十字会 5·12 抗震救灾图志》，四川大学出版社 2009 年版。

中国红十字会总会：《中国红十字会“红十字博爱送万家”活动纪实》（1999—2010），2010 年内部印行。

池子华、郝如一主编：《中国红十字会百年往事》，合肥工业大学出版社 2011 年版。

中国红十字年鉴编辑部编：《中国红十字年鉴：2007/2008》，中华工商联合出版社 2011 年版。

中国红十字年鉴编辑部编：《中国红十字年鉴：2009/2010》，中华工商联合出版社 2011 年版。

中国红十字年鉴编辑部编：《中国红十字年鉴：2010/2011》，中华工商联合出版社 2014 年版。

中国红十字年鉴编辑部编：《中国红十字年鉴：2011/2012》，中华工商联合出版社 2014 年版。

中国红十字会总会：《华建敏谈红十字事业》，2015 年内部印行。

中国红十字会总会：《中国红十字会第十次全国会员代表大会文件资料汇编》，2015 年内部印行。

中国红十字会总会编：《中国红十字会若干问题研究》，2015 年内部印行。

中国红十字年鉴编辑部编：《中国红十字年鉴：2012/2013》，中华工商联合出版社 2016 年版。

中国红十字年鉴编辑部编：《中国红十字会通志：1904—2015》，中华工商联合出版社 2016 年版。

全国人大教科文卫委员会人口卫生体育室、中国红十字会总会办公室：《中华人民共和国红十字会法释义》，中国法制出版社 2017 年版。

中国红十字年鉴编辑部编：《中国红十字年鉴：2013/2014》中华工商联合出版社 2017 年版。

郭长江主编：《人道力量——中国红十字汶川地震救援纪实》，《环球慈善》杂志社。

江苏省红十字会档案（1982—2004）。

苏州市红十字会档案（1982—2005）。

《中国红十字报》	《中国红十字》	《博爱》
《申报》	《江苏红十字》	《人民日报》
《人民日报（海外版）》	《新华每日电讯》	《参考消息》
《光明日报》	《新华日报》	《山西日报》
《山西政协报》	《解放日报》	《吉林日报》

《北京晚报》 《扬子晚报》 《中国青年报》
《宜兴日报》 《云南经济日报》 《甘肃日报》
《自贡日报》 《青岛日报》 《长江商报》
《合肥日报》 《每日商报》 《新京报》
《海峡都市报》 《广州日报》 《文汇报》
《闽西日报》 《科技日报》 《南方周末》
《京华时报》 《中国改革报》 《信息时报》
《南方都市报》 《健康报》 《广西日报》
《学习时报》 《云南日报》 《人民政协报》
《中山日报》 《中华新闻报》 《中华工商时报》

二、学术专著

司马云杰：《文化社会学》，山东人民出版社 1986 年版。

张家麟编著：《组织社会学》，安徽人民出版社 1988 年版。

尤德新编著：《闪光的红十字》，湖北科学技术出版社 1990 年版。

杨达源、闾国年：《自然灾害学》，测绘出版社 1993 年版。

郑杭生、李强等著：《社会运行导论——有中国特色的社会学基本理论的一种探索》，中国人民大学出版社 1993 年版。

王炳林、徐付群：《中华人民共和国历史纪实·闯关奋进（1984—1990）》，红旗出版社 1994 年版。

杨文士、张雁主编：《管理学原理》，中国人民大学出版社 1994 年版。

郑功成：《中国社会保障论》，湖北人民出版社 1994 年版。

中国红十字会总会编：《中国红十字会的九十年》，中国友谊出版公司 1994 年版。

宇剑等：《中华人民共和国历史纪实·改革扬帆（1976—1984）》，红旗出版社 1994 年版。

孙敬敏编纂：《北京市红十字会的 65 年（1928—1993）》，文津出版社 1995 年版。

郑杭生：《中国社会转型中的社会问题》，中国人民大学出版社 1995 年版。

刘苍劲：《中国发展和改革开放史（1949—1995）》，西南师范大学出版社 1996 年版。

《跨世纪精神文明建设行动纲领》编写组：《跨世纪精神文明建设行动纲领：学习十四届六中全会决议讲话》，中共党史出版社 1996 年版。

乐美真：《金门商谈漫记》，九洲图书出版社 1998 年版。

刘定汉主编:《当代江苏简史》,当代中国出版社 1999 年版。

南京大学台湾研究所编:《海峡两岸关系日志(1949—1998)》,九洲图书出版社 1999 年版。

郑功成等:《中华慈善事业》,广东经济出版社 1999 年版。

袁惠章、田勇波主编:《红十字理论与实践》,上海医科大学出版社 2000 年版。

袁惠章、叶家宪主编:《红十字会现代管理简明教程》,上海医科大学出版社 2000 年版。

郑功成:《社会保障学——理念、制度、实践与思辨》,商务印书馆 2000 年版。

江苏省红十字会编著:《江苏红十字运动八十八年(1911—1999)》,东南大学出版社 2001 年版。

李友梅:《组织社会学及其决策分析》,上海大学出版社 2001 年版。

欧阳惠:《水旱灾害学》,气象出版社 2001 年版。

庞松主编:《简明中华人民共和国史》,广东教育出版社 2001 年版。

于显洋:《组织社会学》,中国人民大学出版社 2001 年版。

赵辉主编:《天津红十字会九十年》,天津人民出版社 2001 年版。

凌航主编:《跨世纪的中国民政事业·江苏卷》,中国社会出版社 2002 年版。

刘祖云等著:《组织社会学》,中国审计出版社 2002 年版。

宋林飞、朱力主编:《社会工作概论》(修订版),南京大学出版社 2002 年版。

岳文厚:《品牌魅力》,中国财政经济出版社 2002 年版。

张爱华:《马克思主义哲学原理》,厦门大学出版社 2002 年版。

中共中央党史研究室第三研究部:《中国改革开放史》,辽宁人民出版社 2002 年版。

朱力等著:《社会问题概论》,社会科学文献出版社 2002 年版。

郑杭生主编:《社会学概论新修》,中国人民大学出版社 2003 年版。

陈焱、张维燕主编:《记忆非典》,华艺出版社 2003 年版。

耿庆山编著:《非典型肺炎防治指南》,广东教育出版社 2003 年版。

罗珉:《组织管理学》,西南财经大学出版社 2003 年版。

牛其厚:《献血与健康》,人民军医出版社 2003 年版。

孙柏秋主编,池子华、杨国堂等著:《百年红十字》,安徽人民出版社 2003 年版。

孙颖、黄光耀主编：《世界当代史》，中国时代经济出版社 2003 年版。

佟新：《人口社会学》，北京大学出版社 2003 年版。

新华月报社编：《中华人民共和国大事记（1949—2004）》，人民出版社 2004 年版。

曹子坚编：《非典型增长：中国经济年报 2004 年版》，兰州大学出版社 2004 年版。

池子华：《红十字与近代中国》，安徽人民出版社 2004 年版。

贾康、刘尚希：《公共财政与公共危机："非典"引发的思考》，中国财政经济出版社 2004 年版。

彭珮云：《奋进中的红十字事业》，社会科学文献出版社 2004 年版。

田凯：《非协调约束与组织运作——中国慈善组织与政府关系的个案研究》，商务印书馆 2004 年版。

王义祥编著：《发展社会学》，华东师范大学出版社 2004 年版。

王永作：《江苏经济发展研究》，中国农业出版社 2004 年版。

吴宝璋编著：《云南红十字会史》，云南人民出版社 2004 年版。

夏海：《政府的自我革命——中国政府机构改革研究》，中国法制出版社 2004 年版。

张希林：《岁月如碑：海峡两岸红十字组织接触交往漫记》，九州出版社 2004 年版。

池子华、郝如一主编：《中国红十字历史编年，1904—2004》，安徽人民出版社 2005 年版。

房宁、贠杰主编：《突发事件中的公共管理："非典"之后的反思》，中国社会科学出版社 2005 年版。

海尔企业文化中心编：《海尔品牌之路》，青岛出版社 2005 年版。

李维安主编：《非营利组织管理学》，高等教育出版社 2005 年版。

李习彬：《规范化管理：管理系统运行设计方法论》，中国经济出版社 2005 年版。

龙方：《中国"三农"问题研究的新思维》，中国农业出版社 2005 年版。

年小山：《品牌时代》，经济管理出版社 2005 年版。

乔春洋：《品牌文化》，中山大学出版社 2005 年版。

沈洪主编：《实用心肺复苏指南》，人民军医出版社 2005 年版。

王茂涛：《政府危机管理》，合肥工业大学出版社 2005 年版。

易学明：《无偿献血与输血知识问答》，第二军医大学出版社 2005 年版。

张广传：《品牌青岛》，中国商业出版社 2005 年版。

郑杭生:《中国特色社会学理论的探索》,中国人民大学出版社 2005 年版。

郑杭生:《中国特色社会学理论的应用》,中国人民大学出版社 2005 年版。

方青、董根明、汪志国:《社会工作概论》,合肥工业大学出版社 2006 年版。

上海市慈善基金会、上海慈善事业发展研究中心:《转型期慈善文化与社会救助》,上海社会科学院出版社 2006 年版。

仝利民:《老年社会工作》,华东理工大学出版社 2006 年版。

席宣、金春明:《“文化大革命”简史》,中共党史出版社 2006 年版。

张乐天:《社会工作概论》,华东理工大学出版社 2007 年版。

董传仪:《危机管理学》,中国传媒大学出版社 2007 年版。

范明林:《社会工作理论与实务》,上海大学出版社 2007 年版。

郝如一、池子华主编:《〈红十字运动研究〉2007 年卷》,安徽人民出版社 2007 年版。

何雪松:《社会问题导论:以转型为视角》,华东理工大学出版社 2007 年版。

童星:《社会转型与社会保障》,中国劳动社会保障出版社 2007 年版。

张建俅:《中国红十字会初期发展之研究》,中华书局 2007 年版。

傅思明主编:《突发事件应对法与政府危机管理》,知识产权出版社 2008 年版。

郝如一、池子华主编:《苏州红十字会志》,安徽人民出版社 2008 年版。

郝如一、池子华主编:《〈红十字运动研究〉2008 年卷》,安徽人民出版社 2008 年版。

胡勇、李宝龙、马泽春等:《社会保障通论》,中国农业出版社 2008 年版。

林毓铭:《社会保障与政府职能研究》,人民出版社 2008 年版。

中国红十字会总会:《博爱中国——来自博爱论坛的声音》,中央广播电视大学出版社 2008 年版。

周沛、葛忠明、马良主编:《社会工作概论》,华中科技大学出版社 2008 年版。

周秋光:《红十字会在中国(1904—1927)》,人民出版社 2008 年版。

郝如一、池子华主编:《〈红十字运动研究〉2009 年卷》,安徽人民出版社 2009 年版。

徐国普:《辉煌十五年(1950—1965)》,安徽人民出版社 2009 年版。

杨红星:《挫折后的振起(1966—2004)》,安徽人民出版社 2009 年版。

郝如一、池子华主编：《〈红十字运动研究〉2010年卷》，安徽人民出版社2010年版。

郝如一、池子华主编：《〈红十字运动研究〉2011年卷》，安徽人民出版社2011年版。

郭大钧主编：《中国当代史（1949—2007）》，北京师范大学出版社2011年版。

中共中央党史研究室：《中国共产党历史》第2卷（下册），中共党史出版社2011年版。

严晓凤、池子华、郝如一主编：《〈红十字运动研究〉2012年卷》，安徽人民出版社2012年版。

蔡勤禹主编：《山东红十字会百年史》，中国海洋大学出版社2012年版。

吴佩华：《中国红十字外交，1949—2009》，合肥工业大学出版社2012年版。

池子华、张丽萍、汪丽萍主编：《中国红十字历史编年，2005—2009》，合肥工业大学出版社2012年版。

[瑞士] 亨利·杜南：《索尔费里诺回忆录》（杨小宏译），社会科学文献出版社2013年版。

郝如一：《红十字文化传播：实务与理论》，合肥工业大学出版社2013年版。

孙语圣：《中国红十字会灾害救助机制研究》，合肥工业大学出版社2013年版。

严晓凤、池子华、郝如一主编：《〈红十字运动研究〉2013年卷》，合肥工业大学出版社2013年版。

池子华、张丽萍、汪丽萍主编：《〈红十字运动研究〉2014年卷》，合肥工业大学出版社2014年版。

中国红十字会总会：《〈中华人民共和国红十字会法〉修改研究》，社会科学文献出版社2014年版。

池子华、张丽萍、汪丽萍主编：《〈红十字运动研究〉2015年卷》，合肥工业大学出版社2015年版。

池子华、王国忠、吴玉林主编：《〈红十字运动研究〉2016年卷》，合肥工业大学出版社2016年版。

池子华、邓通主编：《中国红十字历史编年，2010—2014》，合肥工业大学出版社2016年版。

池子华、王国忠、陈海高、傅琦红主编：《〈红十字运动研究〉2017年卷》，合肥工业大学出版社 2017 年版。

池子华、王国忠、陈海高、吴海松主编：《〈红十字运动研究〉2018 年卷》，合肥工业大学出版社 2018 年版。

三、研究论文

蒋梦麟：《复员期间的中国红十字会》，《大公报》1946 年 2 月 17 日。

戚文卿：《人道主义研究应遵循什么原则——评〈为人道主义辩护〉》，《吉林师范学院学报》1984 年第 1 期。

阳云：《一部研究印支难民问题的参考书》，《印度支那》1985 年第 3 期。

赵和曼：《印支难民研讨中的几个问题》，《八桂侨史》1987 年第 2 期。

曾国华、陈寿德、张民保：《印支难民安置工作的回顾与思考》，《八桂侨史》1988 年第 1 期。

冯颖平：《关于捐髓献血的问题》，《观察与思考》1999 年第 11 期。

覃有土、张加文：《公民义务献血与无偿献血的法律思考》，《法商研究》2002 年第 1 期。

张凤山：《“金门协议”：两岸签订的第一个协议》，《两岸关系》2002 年第 2 期。

金锦春：《心肺复苏术现场急救要义》，《上海消防》2002 年第 7 期。

李非：《两岸直接“三通”的关键是两岸直航》，《两岸关系》2002 年第 8 期。

李立：《“金门协议”：两岸联系的见证》，《两岸关系》2002 年第 11 期。

周启梁：《走出“血荒”——中国血库忧思录》，《知识经济》2003 年第 1 期。

田凯：《机会与约束：中国福利制度转型中非营利部门发展的条件分析》，《社会学研究》2003 年第 2 期。

郭远远、何志扬：《从“非典”事件谈政府危机管理》，《湖北广播电视大学学报》2003 年第 3 期。

黄晓军：《从非典事件看我国政府的危机管理制度创新》，《云南财贸学院学报》2003 年第 4 期。

黄庆桥：《浅析风险社会理论及其现实意义》，《社会》2004 年第 3 期。

贾玉海：《“非典”过后谈健康教育》，《中国健康教育》2004 年第 4 期。

李威：《反思“非典”加快培养现代化公共卫生人才》，《医药论坛杂志》2004 年第 6 期。

彭现美：《艾滋病——不容忽视的社会问题》，《西北人口》2004 年第

6 期。

胡力进：《我国捐髓者征募工作中存在的问题和对策》，《中国健康教育》2004 年第 9 期。

刘中起、吴娟：《“非典”危机与社会整合：一种社会学的考察》，《上海城市管理职业技术学院学报》2004 年增刊。

钱国宏：《从预防“非典”谈健康教育工作》，《卫生行政管理》2005 年第 1 期。

施爱国：《印度洋海啸灾难与国际人道主义援助》，《国际论坛》2005 年第 3 期。

李文填、李春明：《从抗“非典”看健康教育在卫生工作中的地位及发展思路》，《国际医药卫生导报》2005 年第 5 期。

罗文东：《社会主义人道主义：科学内涵与现实意义》，《江汉论坛》2005 年第 11 期。

赖亦明：《人道主义的马克思主义社会发展观及其启示》，《社会主义研究》2006 年第 4 期。

贾晨光、宋建亭：《29 例猝死患者院前急救体会》，《中国危重病急救医学》2006 年第 7 期。

丁钢：《联手媒体，真情互动，精心打造“微尘”爱心公益品牌》，《中国红十字报》2006 年 10 月 6 日。

裴德海：《论马克思主义人道主义的本质特征》，《复旦学报》2007 年第 3 期。

杨红星：《抗击“非典”战役中中国红十字会慈善行动简论》，《文化学刊》2007 年第 6 期。

李希宁：《6756 例院前急救病例调查分析》，《川北医学院学报》2008 年第 2 期。

李鸿、胡宁：《探析我国贫困问题的现状、原因和治理对策》，《长春理工大学学报》2008 年第 3 期。

李程伟、罗鸿彦：《资源动员与服务传递》，《中国行政管理》2008 年第 4 期。

王位琼、岑美珠、黄艺仪：《急诊病人及家属对急救相关知识掌握情况的调查》，《家庭护士》2008 年第 9 期。

陈抗侵、周勇、张建华、汪毅：《重庆市涪陵区群体性突发事件医疗急救情况调查》，《现代医药卫生》2008 年第 13 期。

陈伟宁：《“风险社会”呼唤危机管理——上海市领导科学学会“危机管

理中的领导者”论坛纪实》，《中国浦东干部学院学报》2008 年第 4 期。

徐祖荣：《我国非政府组织参与公共危机治理的现实分析》，《武汉科技大学学报》2008 年第 6 期。

林丽峰：《心肺复苏院前急救成功率的影响因素探讨》，《当代护士》2008 年第 8 期。

王坤、刘兰秋、王亚东：《试论公众现场急救》，《首都医科大学学报》2008 年增刊。

厦门市红十字会课题组：《打造红十字会的核心竞争力》，《中国红十字报》2010 年 1 月 8 日。

戴莹：《社会监督的“透明新时代”》，《中国红十字报》2010 年 1 月 12 日。

厦门市红十字会课题组：《构建红十字会社会化工作机制》，《中国红十字报》2010 年 1 月 19 日。

徐静：《海地救援彰显大国形象》，《国际公关》2010 年第 3 期。

池子华：《红十字会“能力建设”的理论思考》，《中国红十字报》2010 年 4 月 13 日。

丁超英：《探索中求规范　创新中求发展》，《中国红十字报》2010 年 6 月 1 日。

池子华：《红十字历史与能力建设》，《中国红十字报》2010 年 6 月 22 日。

丁超英：《内外兼修筑实力》，《中国红十字报》2010 年 8 月 10 日。

方庆云：《特殊的使命——忆“金门协议”签订 20 周年》，《政协天地》2010 年第 9 期。

池子华：《提高研究理论做学问的能力》，《中国红十字报》2010 年 12 月 3 日。

陈虹、王志秋、李成日：《海地地震灾害及其经验教训》，《国际地震动态》2011 年第 9 期。

刘选国：《“郭美美事件”之后我们该有哪些长进?》，《中国红十字报》2011 年 10 月 28 日。

池子华：《让历史启迪未来》，《中国红十字报》2011 年 11 月 25 日。

徐富海：《公开、信任与监督——由“郭美美事件”看公益慈善组织的发展》，《理论视野》2011 年第 11 期。

乔耀章：《“中国特色社会主义”概念再定位及前瞻性审思》，《南京社会科学》2012 年第 2 期。

孟纬鸿：《融入政府应急管理体系》，《中国红十字报》2012 年 8 月 28 日。

葛道顺：《中国红十字会应向法定机构转型》，《社会科学报》2013 年 8 月 15 日。

池子华：《构建红十字文化传播“多媒体”》，《中国红十字报》2014 年 5 月 30 日。

戴凤华：《主动打好宣传战》，《中国红十字报》2014 年 7 月 22 日。

孙语圣、宋启芳：《论中国红十字会灾害应急体系建设》，《辽宁行政学院学报》2014 年第 2 期。

朱余斌：《红十字会在政府应急管理体系中的角色定位与存在问题研究》，《辽宁行政学院学报》2014 年第 3 期。

冯海燕、马雪健：《当“红会”撞上“郭美美”——由“郭美美事件”看网络舆情反复现象》，《新闻前哨》2014 年第 11 期。

戚枝淬、王锴：《论慈善捐赠第三方监督——兼评红十字会社会监督委员会》，《青海社会科学》2014 年第 3 期。

徐国普：《试析中国红十字会在海峡两岸关系发展中的作用（1979—1991）》，《中共党史研究》2015 年第 2 期。

张宝砚：《温情的庇护——印支难民在中国》，《中国民政》2015 年第 24 期。

戴天银：《务实有为是红十字工作的基石——小议中国红十字会公信力建设》，《中国红十字报》2016 年 1 月 26 日。

刘仓：《邓小平与〈关于社会主义精神文明建设指导方针的决议〉》，《邓小平研究》2016 年第 2 期。

孙语圣、孙伟：《红十字会应急能力建设研究——以合肥市红十字会为例》，《辽宁行政学院学报》2017 年第 3 期。

池子华：《推动红十字文化繁荣发展》，《中国红十字报》2018 年 2 月 9 日。

朱莨予：《进一步推进红十字会应急救灾工作的几点建议》，《辽宁行政学院学报》2018 年第 3 期。

国家出版基金项目
NATIONAL PUBLICATION FOUNDATION

中国红十字运动通史（1904—2014）

总主编　池子华

第二卷

新中国成立初期的红十字运动

徐国普　著

合肥工业大学出版社

图书在版编目(CIP)数据

中国红十字运动通史(1904—2014). 新中国成立初期的红十字运动/徐国普著.
—合肥:合肥工业大学出版社,2018. 12
ISBN 978-7-5650-4281-2

Ⅰ. ①中… Ⅱ. ①徐… Ⅲ. ①红十字会—历史—中国—1904-2014 Ⅳ. ①D632.1

中国版本图书馆 CIP 数据核字(2018)第 271252 号

中国红十字运动通史(1904—2014) 第二卷
新中国成立初期的红十字运动

徐国普 著

选题策划	钟小要 李克明 朱移山
责任编辑	章 建 张惠萍
责任印制	郑 洁 樊珊珊
出版发行	合肥工业大学出版社
地 址	(230009)合肥市屯溪路 193 号
网 址	www. hfutpress. com. cn
电 话	总 编 室:0551-62903038
	市场营销中心:0551-62903198
开 本	710 毫米×1010 毫米 1/16
总 印 张	176. 25
总 字 数	3150 千字
版 次	2018 年 12 月第 1 版
印 次	2018 年 12 月第 1 次印刷
印 刷	安徽联众印刷有限公司
书 号	ISBN 978-7-5650-4281-2
总 定 价	400.00 元(共 6 卷)

第二卷

目　录

第一章　组织整顿与体制变革

中华人民共和国成立后，我国经济社会的发展揭开了新的历史纪元。新中国成立之初，由于国家政策、社会意愿、自身发展、苏联经验等多重因素的影响，中国红十字会于1950年进行了史上最为重要的一次协商改组，成为中央人民政府领导下的人民卫生救护团体。中国红十字会在改选组织机构、变革管理体制以重获合法性的同时，还进行了思想观念的整顿，以及所属医疗机构的整理，因而实现了伟大的系统性转变。中国红十字运动从此进入了前所未有的崭新阶段。

第一节　改选组织机构

一、总会的协商改组

（一）改组的缘由

1949年4月南京解放，标志着国民党在大陆22年的统治走向覆没。而中国红十字会会长蒋梦麟等与国民政府有重要关系的上层人士去往台湾，只有红十字会秘书长胡兰生以及刘鸿生（副会长、理事）、吴有训（常务理事）、金宝善（常务理事）、徐国懋（常务理事）、王晓耒（理事）、徐寄庼（理事）等仍留在大陆，两个副秘书长曾大钧、汤蠡舟均在上海从事了其他职业[①]。作为领导机构，原由19

① 胡兰生：《中国红十字会总会会务报告》，《新中国红十字》创刊号，1950年9月，第4页；中国红十字年鉴编辑部编：《中国红十字年鉴：2004/2005》，台海出版社2006年版，第896页。

位理事、常务理事组成的红十字会理事会[①]便随之解散。在这种情况下，在南京的红十字会总会职工成立了职工会，以“中国红十字会职工会”的名义对外联络，并向新政权靠拢，受到了南京市军管会的支持。5 月 28 日，留守南京的工作人员全部迁往已经解放的上海，与 1946 年设在上海的办事处[②]合并办公。8 月，红十字会总会也迁至上海[③]，职工会加入上海医务工会，参与上海市卫生救护活动。

因受内战等因素的影响，红十字会系统的工作能力大不如前，这突出表现在大多数分会的工作难以为继。据统计，至 1948 年底，红十字会拥有分会 193 个，支会 6 个，会员 38. 5 万余人[④]。但是，新中国成立前后，社会秩序尚未稳定，红十字会内部管理松散，各地分会与总会的联系有所减弱，一般分会几近停顿，没有具体活动，会员也多半没有联系，很少缴纳会费。据统计，当时分会中，原理事会能够运转的，不到 20 个；只有少数理事维持会务的，有 40 多个；理事会完全解体，仅存业务机构的，有 10 多个。总的来说，全国只有 89 个分会能够较为正常地开展工作。

不容忽视的是，在革命转折年代，中国红十字会总会内部存在着思想混乱的现象。例如，在工作人员中，多数人存在浓厚的依赖政府的思想，“认不清人民团体的本质”；少数人认为红十字会“是慈善机构，由少数有钱人主持办理一些像放赈和冬赈之类的消极工作”；也有人认为红十字会是一种“历史性的单纯的医务团体”，“平时工作应该是办些医院和诊所，战时组织一些救护队”；还有人认为红十字会是“中立性”“国际性”“超政治性”的团体，对于人类社会应不分敌我、不分阶级，一律“博爱”，“其工作方针不应受到人民政府的拘束”。而且工作人员存在着浓厚的崇美思想、宗派观念和极端自由主义[⑤]。在广大红十字会员中，更是有着五花八门的观念和认识。

---

① 参见《中华民国红十字会总会主要人员名单》，《红十字月刊》1946 年第 1 期，第 13 页。

② 抗战胜利后，中国红十字会转入复员时期。为督导和协助华北、华东、华中、华南、华西各地区分会的恢复和设立，1946 年，中国红十字会在北平、上海、汉口、广州、重庆设立了办事处。除上海办事处外，其余 4 处均于当年年底结束工作。参见《中华民国红十字会总会 35 年 12 月份工作简报》，中国第二历史档案馆藏，档案号 476-2001。

③ 上海是中国红十字会的诞生地。后因种种原因，总会曾设址或迁址于上海、北京、上海、重庆、南京等地。参见张玉法主编：《“中华民国”红十字会百年会史：1904—2004》，（台北）致琦企业有限公司 2004 年印行，第 34、99、222、233、236 页。

④ 胡兰生：《中国红十字会总会会务报告》，《新中国红十字》创刊号，1950 年 9 月，第 4 页。另有资料显示，至 1948 年 12 月全国有分会 194 个、支会 10 个。参见池子华、郝如一等：《近代江苏红十字运动（1904—1949）》，安徽人民出版社 2007 年版，第 198 页。

⑤ 李德全：《新中国红十字会的工作方向与发展步骤》，《人民日报》1951 年 2 月 1 日；李德全：《中国红十字会总会改组两年来的工作》，《人民日报》1952 年 9 月 8 日。

不难看出，中国红十字会一时不可避免地出现领导层变动、分会组织无序、内部思想复杂等乱象，这表明红十字运动处于徘徊、甚至停滞不前的状态。红十字会原有的组织机构、旧的指导思想和工作目标已经完全不能够适应新的社会发展和时代进步的要求，如不加以整顿和变革，红十字会必将萎缩甚至退出我国历史舞台。

从另一角度看，历史悠久的中国红十字会不同于一般的社团组织，在战地救护、医疗卫生、民间外交等方面具有独特资源和比较优势。换言之，新中国的建设与发展离不开红十字会在相关领域的积极工作。再者，红十字运动是一项人类的崇高事业，是社会文明进步的象征。对于共产党领导的新政权而言，自然不存在红十字会可有可无的选项，而只能是加以领导，发挥其应有的作用。

众所周知，新中国成立不久，我国国民经济逐步得到了恢复和发展。在此进程中，推广卫生医药事业，保证生产任务完成，成为中央政府①的一项重要工作。由此，医治战争创伤、保护人民健康和防治流行疾病就被历史性地提上了重要议事日程。

然而，此时我国各种疾病灾害十分突出，卫生设施稀少，医务人员严重不足，医疗卫生事业在需求与供给方面存在巨大的反差，而且医疗资源分布还极不均衡。例如 1949 年，仅东北地区全年就发生传染病 228157 人，死亡 32550 人，死亡率高达 14.3%②，而当年全国卫生技术人员共有 505040 人，且绝大多数在城市；全国医院 2600 所，病床 8 万张，但是占全国 4.8 亿总人口 85% 以上的农村地区仅有病床 20133 张③。因此，贯彻“预防为主”的卫生工作总方针，发动社会力量，广泛地组织群众，从而更好地开展卫生工作，显得尤为紧迫和重要。

中国红十字会在医疗卫生方面拥有一定的事业基础和技术条件。由于医疗救护的需要，中国红十字会自成立后逐步创办了一批医疗卫生机构。据南京解放以后的统计，红十字会所辖医院共有 45 处，诊所 81 所，加之其他福利机构，共约 200 处；同一时间内，红十字医院可收纳 1500 名病人，诊所一天可医治 4000 名病人④。当时红十字会工作人员约 2000 人，医护人员 576 人。不难想见，如果发挥红十字会作用，可为缓解新中国成立初期医疗卫生工作的紧张局面，助一臂之力。

---

① 本书中的中央政府，在中华人民共和国成立之初多指代中央人民政府政务院。

② 中国红十字会总会编：《中国红十字会的工作方向与发展步骤》，1951 年内部印行，第 3 页。

③ 《当代中国》丛书编辑委员会编：《当代中国的卫生事业》（上），中国社会科学出版社 1986 年版，第 2—3 页。

④ 李德全：《中国红十字会今后工作的任务》，《新中国红十字》创刊号，1950 年 9 月，第 6 页。

值得一提的是，具有国际性的中国红十字会是国际红十字运动的重要成员。早在1912年中国红十字会就获得红十字国际委员会的正式承认，1919年即加入红十字会协会为会员。1946年，中国还当选为红十字会协会理事会副主席国。然而，新中国成立后，国际上已经存在“两大阵营”和两种制度的相互对抗，以美国为首的西方国家对新中国抱着敌视态度，迫使新中国在外交上“一边倒”（向苏联）。受此影响，国际红十字会内部事实上存在严重的政治斗争，台湾当局派出的代表依仗美国的支持仍在国际红十字会占据中国席位。而此时，苏联及东欧国家已在国际红十字会中，“他们需要我们参加进去”，共同为世界和平做出贡献。为此，新中国成立后当我国外交事业处于艰难起步之时，中央政府对于“尚有些社会事业基础”的红十字会“必须予以接管和维持”①，使之配合我国政府外交，以捍卫新中国主权，树立新中国形象。

由上可知，中国红十字会地位特殊，有继续存在之必要。因此，进行组织整顿，统一思想，保持工作正常运转，既是红十字会自身发展的理性诉求，也是中央政府重视红十字会，加以正确引导和使用的结果②。所以，改组红十字会是一种基于社会需要和国家利益考虑的历史选择。

实际上，新中国成立后不久，中央政府就开始依法采取措施，对社团组织进行分类治理，中国红十字会属于“整顿改组，予以保留”之列。因为当时众多的社会团体状况复杂，既有参加新中国创建工作的人民团体和新建的合法团体，也有曾与国民党政权有联系，以及由帝国主义开办或受其控制的社会团体，还有宗教团体，等等，非法的与合法的含混在一起。分类治理社团，目的就在于巩固新生的人民政权，重建社会政治新秩序，保障公民正当的结社权利。而起着临时宪法作用的《中国人民政治协商会议共同纲领》（下文简称《共同纲领》），为新中国政权整顿包括红十字会在内的社会团体提供了政治基础和法律依据。其中《共同纲领》规定，“提倡国民体育。推广卫生医药事业，并注意保护母亲、婴儿和儿童的健康”③，是整顿中国红十字会又一重要的政治依据。

长期以来，中国共产党进行的革命和建设深受苏联经验的影响，新中国红十字事业的发展也不例外。对于1950年中国红十字会究竟如何进行改组，苏联红十字会与红新月会联合会（即苏联红十字会——笔者注）在这方面提

---

① 《建国以来周恩来文稿》第3册，中央文献出版社2008年版，第184页。

② 一个典型的例证是，中国红十字会完成改组后，毛泽东在得知红十字会“会员很少”时，表示“还要多一些”。他还对红十字会外事活动做过多次重要批示。参见曲折主编：《中国红十字事业》，广东经济出版社1999年版，第59页。

③ 《建国以来重要文献选编》第1册，中央文献出版社1992年版，第2—11页。

供了重要借鉴。卫生部部长李德全在 1950 年 8 月中国红十字会协商改组会议上，介绍了苏联红十字会的历史、组织机构、工作方针以及业务范围，指出苏联红十字会“对于政府推行卫生医药事业、消灭传染病是起了很大作用”，“现任主席（即会长——引者）由苏联中央卫生部副部长科立尼科夫兼任”，并且强调，“我们认为必须走苏联这一条发展的道路”①。从改组后的实际情况看，我国红十字会在宗旨、目标、管理模式等方面与苏联红十字会存在相似之处②。红十字会总会甚至一度提出，“苏联红十字会今日巨大的成就，也就是我们努力争取的明天”③。由此可见，苏联因素对塑造中国红十字会的“新模样”起着关键性的指导作用。

综上所述，新中国成立后，对饱经沧桑的中国红十字会进行整顿改组绝非偶然，是有着深刻的时代背景和社会背景，是国家政策、自身发展、社会需要以及苏联经验等国内外诸多因素共同作用的结果，体现了国家意志与社会意愿的融合④。

（二）提请和酝酿改组

早在 1949 年 5 月，鉴于全国大部分地区业已解放，且“解放区各地分会因社会制度及会内人士多有变更”，实际负责红十字会总会工作而苦撑危局的胡兰生秘书长就批发了《中华民国红十字会颁发解放区分会目前会务注意要点》（下文简称《注意要点》），要求各地分会接受人民政府领导，强调“目前工作应特别注重城市与乡村劳动大众之服务”；“分会不得迁离所在市县之境地，其在解放前迁离原市县者，应即刻迁回，否则将予解散之”；“分会得向当地人民政府登记并接受其指导……”⑤ 中国红十字会职工会曾要求南京市军管会和上海市军管会予以接管红十字会，但因红十字会涉及我国对外关系，未能如愿。

1950 年 2 月 1 日，中国红十字会总会向尚有联系的 64 处分会发出通知，希望派员参加 3 月在上海新闸路 856 号召开的红十字会工作检讨会，共商中国红十字会的前途命运。3 月 6 日，在上海市军管会的建议和支持下，由中国

① 中国红十字会总会编：《中国红十字会的工作方向与发展步骤》，1951 年内部印行，第 4—5 页。

② 参见中国红十字会总会编：《苏联红十字会简史》，1952 年内部印行。

③ 李德全：《应将苏联红十字活动先进经验作为会务学习的重要内容》，《新中国红十字》1952 年 11 月号，第 5—6 页。

④ 徐国普：《新中国成立初期社团治理的范例——一九五〇年中国红十字会的协商改组》，《中共党史研究》2013 年第 2 期。

⑤ 《中华民国红十字会颁发解放区分会目前会务注意要点》，中国第二历史档案馆档案，476 宗，第 3038 卷。

红十字会总会筹备的红十字工作检讨会如期召开，来自南京、镇江、常州、无锡、青浦、长泾等17处分会的40余名代表和上海市军管会外事处、卫生处，以及上海医务工会各派出1名负责人作为列席代表，一起检讨过去的工作，共商红十字会之前途。检讨会最后决定推举代表团赴京，提请中央政府接管①。此次检讨会的召开，标志着红十字会近一年来的徘徊状态结束，因而是红十字会改组工作的发动点。

3月9日，检讨会闭幕的当天，中央卫生部致电上海卫生局：转告胡兰生“如可能，请来京一谈”，以了解中国红十字会的业务情况②。3月20日，在征得卫生部同意后，胡兰生毅然冲破红十字会协会驻远东代表的干预，率团进京③。红十字代表团由胡兰生、职工会主席朱子会、南京分会会长杨登瀛、西安分会会长马产翀、重庆分会会长黄次咸、汉口分会会长宋镜如、天津分会会长舒敏杰等7位业界较有影响的人物组成，其中胡兰生任团长，朱子会任秘书。

卫生部部长李德全、副部长苏井观听取了代表团关于红十字会历史、现状的汇报以及要求接管的意见，卫生部党组书记、副部长贺诚表示将“要求接管”的意见转报政务院④。中央政府高度重视红十字会的请愿意见。

4月下旬，胡兰生作为特邀代表出席中国人民救济代表会议，其间内务部、卫生部、外交部和中国人民救济总会⑤共同讨论并研究红十字会的改组问题。考虑到红十字会的历史及特点，中央政府决定对红十字会进行改组而非接管⑥，并确定救济总会为红十字会的领导机构，红十字会总会先迁京后改组，由卫生部、救济总会领导负责，具体筹备工作由救济总会负责⑦。同时要求胡兰生、朱子会先去北京，商谈总会迁址和改组事宜。

这样，由中央政府领导、救济总会牵头的红十字会改组工作终于提上了议事日程。5月初，胡、朱二人应邀再次进京商谈总会迁址和改组事宜，受到

---

① 《中国红十字会在上海召开工作检讨会议》，中国第二历史档案馆藏，档案号476–1968。

② 《卫生部派人商谈红十字会迁京一事》（1950年3月11日）。

③ 参见周健英：《忆胡老》，《中国红十字》1991年第10期；《在上海召开工作检讨会议及派代表团来京向中央卫生部请示会后工作问题》（1950年2月14日）。

④ 中国红十字会总会编：《中国红十字会的九十年》，中国友谊出版公司1994年版，第122页。

⑤ 1950年4月24日至29日，中国人民救济代表会议在北京召开，中国人民救济总会正式成立。救济总会是中央政府领导的群众性救济组织，宋庆龄担任执委会主席。1955年11月22日，中央政府决定对救济总会的组织和工作关系进行调整，中国红十字会和救济总会由分工协作关系改为合署办公，同时明确中国红十字会的工作以国际为主，包括对外救济，而国内的福利救济工作则协助有关部门进行。参见当代中国研究所编：《中华人民共和国史编年（1950年卷）》，当代中国出版社2006年版，第299页；《中华人民共和国史编年（1955年卷）》，当代中国出版社2009年版，第811页。

⑥ 《周恩来书信选集》，中央文献出版社1988年版，第431页。

⑦ 《关于救济总会定为红十字会领导机构及迁京改组工作》（1950年5月17日）。

了救济总会秘书长伍云甫的接待。5月5日，卫生部、外交部和救济总会、红十字会进行会商[①]，对改组工作提出如下“四点意见”[②]：

一、鉴于红十字会的特点及历史状况，采取改组而不是接管的方式；

二、总会搬迁北京，现有职工除不愿意赴京者外，全部留用；

三、总会所有资产要妥善保管，不得随意处理；

四、将北京市民政局幼儿园占用的，北京东城干面胡同22号房屋（民国初期红十字会总会旧址，暂被北京市第一托儿所借用）腾让出来，作为总会迁京后的会址。

此后，卫生部将制定的关于改组红十字会初步方案报送有关部门进行酝酿和协商。7月8日，红十字会总会工作人员响应上述“四点意见”，陆续由上海抵达北京；7月17日，总会开始在北京办公[③]。“总会迁京”是改组工作向前迈出的重要一步，改组也由此进入倒计时。

7月中旬，卫生部、救济总会曾请示周恩来总理，并多次与外交部、文教委员会[④]商讨有关红十字会改组方案等问题。7月25日，救济总会、卫生部、外交部再次举行会议，明确由救济总会负责筹备召集改组会议，卫生部负责起草改组的有关文件[⑤]。为进一步指导和规范改组工作，7月31日，周恩来和李德全等共同研究改组的具体问题，并做出如下决定：“（一）对其理事会，经过协商后加以改组。除逃到台湾和国外者外，原有理事均予保留，另由有关部门推派代表担任新理事。新旧理事均由政务院聘任，将来由代表大会正式选举理事会。（二）改组后的红十字会作为救济总会的助手。（三）新理事会成立后，可对外发表声明宣布改组完毕，并通知国际红十字会将派代表参加国际红十字大会。”[⑥]

就在筹备改组阶段，改组筹备委员会和红十字会过渡委员会成立了。改组筹备委员会主要负责拟定出席改组会议的名额及名单、草拟改组会议组织规程以及会议经费预算等，而红十字会过渡委员会则是新中国红十字会成立

---

① 《建国以来周恩来文稿》第3册，中央文献出版社2008年版，第184—185页。

② 孙柏秋主编，池子华、杨国堂等：《百年红十字》，安徽人民出版社2003年版，第277—278页；《关于红会迁京事宜派人员面谈》（1950年6月14日）。

③ 《关于红十字会迁京办公日期及地址的函》（1950年7月19日）。

④ 政务院下设政法委员会、财经委员会、文教委员会和人民监察委员会等地位较高的一级委员会，以指导政务院各部、会、院、署、行等工作。参见中央人民政府法制委员会编：《中央人民政府法令汇编（1949—1950）》，法律出版社1982年版，第4—6页。

⑤ 《呈报红十字会改组经过并请批准红十字会会章及会长理事会名单》（1950年8月29日）。

⑥ 《周恩来年谱，1949—1976》上卷，中央文献出版社1997年版，第60页。

前处理会务的临时最高领导机构，负责起草红十字会章程、总会工作方针及任务等文件，经中央政府批准后还负责与红十字会协会建立联系①。参加筹备委员会和过渡委员会的委员除来自红十字会外，还有卫生部、内务部、外交部、民族事务委员会、华侨事务委员会、人民革命军事委员会卫生部等政府部门和中国人民救济总会、中华全国总工会、中华全国民主妇女联合会、中华全国民主青年联合会、中华全国文学艺术工作者联合会等相关社会团体。

（三）改组会议的召开

8 月 2 日，在由苏井观、伍云甫、胡兰生等政府部门、社会团体和原中国红十字会三个方面的主要代表组成的会议主席团主持下，中国红十字会协商改组会议在北京召开。上述改组筹备委员会和红十字会过渡委员会中的政府部门和社会团体派出的代表，如卫生部、外交部、内务部、民族事务委员会、华侨事务委员会、军委卫生部和北京市人民政府等机关代表李德全、苏井观、龚普生、谭锡三、高伯玉、王士方、傅连暲、丁执中，中国人民救济总会、中华全国总工会、中华全国民主妇女联合会、中华全国民主青年联合会、中华全国文学艺术工作者联合会等团体代表伍云甫、林仲、朱学范、张元、黄振声、陈企霞，以及原中国红十字会的理事刘鸿生、吴有训、金宝善、徐国懋、徐寄庼、王晓耒及职工代表胡兰生、朱子会、傅况鳞等共同出席了红十字会改组会议②。代表来源广泛的改组会议，参照中国人民政治协商会议模式代行了暂时无法举行的中国红十字会全国会员代表大会的职权和功能。这样，此次协商改组会议实际上是中国红十字会第一次全国会员代表大会。

在改组会议上，胡兰生做了《中国红十字会总会会务报告》。他总结了中国红十字会过去 46 年的历史沿革和各个历史时期的工作概况，在肯定红十字会以往为人民群众做了大量有益的工作的同时，也对红十字会在思想、观点和组织、工作、经济等方面存在的问题进行了检讨。他指出，为了红十字会事业的开展，更好地为人民服务，必须彻底地解决红十字会存在的问题。“我们庆祝着这个团体的新生，我们企望着这个团体的发展”③。

李德全做了《中国红十字会今后工作的任务》的报告，她肯定了中国红十字会过去的工作成绩，并从民众对医疗救护的需要出发，对改组后中国红十字会的任务提出明确的要求。她指出：“为了使新型的红十字会能发挥其应有的极大作用，它一定应该改变旧的一套，所谓慈善的或是中立的，而实际上不是为人民服

---

① 《检送改组各种方案》（1950 年 7 月 20 日）、《关于过渡委员会组织条例》（1950 年 7 月）。

② 参见《中国红十字会改组　总会新理事会成立》，《人民日报》1950 年 9 月 10 日。

③ 胡兰生：《中国红十字会总会会务报告》，《新中国红十字》创刊号，1950 年 9 月，第 3—5 页。

务的思想作风，要建立起新的革命的人道主义思想，全心全意地为广大工农兵群众服务。”① 这实际上就为新中国红十字事业的发展指明了正确的前进方向。

伍云甫做了《对调整中国红十字会有关问题的报告》。他指出：“中国红十字会目前组织机构是极不健全的，许多工作也在停顿状态中。但中国目前状况则极需要红十字会这样民间的组织来医治战争创伤及救济人民的灾难，极需要有在人民政府领导下的新的红十字会出现，因此有改组旧有的红十字会的必要。务须使其组织健全，工作加强，以适应新的需要。从长远着想，这与全国人民的经济建设工作亦有密切关系。”② 他还对红十字会工作的有关问题提出了若干意见，供与会者讨论参考。

8 月 3 日，周恩来亲笔修改《中国红十字会会章》（下文简称《章程》），涉及中国红十字会的性质、宗旨、任务等项内容。修改后的《章程》经改组会议通过，政务院批准公布，成为中国红十字会的行动纲领。《章程》共 6 章 25 条，对中国红十字会的名称、性质、宗旨、任务、标志、会址、职权、责任、分会设置等都做了明确规定。主要内容有：中国红十字会为“中央人民政府领导下的人民卫生救护团体。根据‘预防为主’的卫生工作总方针及‘动员和组织人民实行自救助人’的救济福利方针，以协助各级人民政府，面向人民大众，宣传并推广防疫、卫生、医药及救济福利事业为宗旨。”其任务是团结群众，担任救护训练及宣传公共卫生；推广卫生防疫工作，进行医疗服务；办理灾害救助及救济性医药卫生工作；在必要情形下，经中央人民政府政务院批准，担负国际性救助及医疗服务。中国红十字会以白底红十字为标志，总会设于首都。

改组会议选举产生了红十字会总会的“最高领导机关”理事会，即中国红十字会第一届理事会（见表 1-1），其成员主要来自上述与会部门和团体。可见，相关政府部门和社会团体不仅参与了红十字会的改组工作，而且还是新红十字会理事的主要来源单位。

8 月 5 日和 8 月 28 日，理事会两次召开会议，推选出正副会长、常务理事，并决定正副秘书长人选。李德全担任会长，彭泽民、刘鸿生、熊瑾玎、胡兰生担任副会长。正副秘书长人选由会长提请理事会通过任命。秘书长由副会长胡兰生兼任，两位副秘书长分别是林士笑（卫生部办公厅副主任）和倪斐君（救济总会副秘书长）。根据 1950 年 8 月 28 日颁布的《中国红十字会

① 李德全：《中国红十字会今后工作的任务》，《新中国红十字》创刊号，1950 年 9 月，第 6 页。

② 伍云甫：《对调整中国红十字会有关问题的报告》，《新中国红十字》创刊号，1950 年 9 月，第 7 页。

总会组织规则》规定，正副秘书长列席理事会会议，但无表决权①。

实际上，理事会成员及其负责人是在中央政府领导下，经过多次协商甚至调整而得以确定的。比如8月12日，周恩来还专门就红十字会改组未尽事宜召集会议进行协商，对1名红十字会副会长进行了调整，并对需要补充的5名理事提出了建议人选②。8月21日，伍云甫代表改组会议主席团向政务院报送改组报告及《章程》、理事会名单，政务院随后于9月6日批准了《章程》和领导人员名单③。至此，实由中央政府领导的红十字会总会改组工作正式结束。

表1-1　中国红十字会第一届理事会名单表

职务	姓名	现有职务
会长	李德全	卫生部部长
副会长	彭泽民	政法委员会副主任委员
	刘鸿生	华东军政委员会委员
	熊瑾玎	救济总会监察委员会副主任
常务理事	胡兰生	原红十字会总会秘书长
	金宝善	卫生部技术室主任
	苏井观	卫生部副部长
	陈其瑗	内务部副部长
	龚普生	外交部国际司司长
	伍云甫	救济总会秘书长
理事	林仲	救济总会副秘书长
	吴有训	华东教育部部长、交通大学校长
	徐国懋	金城银行总经理
	王晓耒	工商界人士
理事	朱子会	红十字会总会组织组主任
	傅况鳞	红十字会总会宣传组主任
	徐寄庼	浙江兴业银行董事长
	傅连暲	卫生部副部长
	杨静仁	民族事务委员会办公厅主任
	朱学范	总工会副主席、邮电部部长
	曹孟君	全国妇联妇女部部长
	吴晗	全国青联秘书长、北京市副市长
	梅兰芳	文艺界人士
	康克清	全国妇联儿童福利部部长
	周鲠生	外交部顾问
	谢雪红	政法委员会委员、台湾民主自治同盟主席
	邓裕志	中华基督教女青年会全国协会总干事

资料来源：《中国红十字会改组　总会新理事会成立》，《人民日报》1950年9月10日；池子华、郝如一主编：《中国红十字历史编年，1904—2004》，安徽人民出版社，2005年，第122—123页；《关于聘任红十字会会长和理事的报告及批示》（1950年9月12日）。

① 参见中国红十字会总会编：《中国红十字会历史资料选编，1950—2004》，民族出版社2005年版，第7页。

② 《呈报红十字会会长及理事名单》（1950年8月29日）。

③ 《关于聘任红十字会会长和理事的报告及批示》（1950年9月12日）。

从上表可以看出，有超过半数的理事为政府官员，这符合并体现出红十字会由政府主导之国际惯例。同时，一批社会名流被吸纳为红十字会理事。这样来自多界别、多阶级、多阶层即不同背景的新旧理事组成的理事会，不仅具有广泛的代表性，而且带有爱国统一战线性质，这是红十字会第一届理事会的最大特点。红十字会也因此广积人脉，拥有强大的行政资源和丰富的社会资源，能够及时地进行“跨部门”沟通，做到会外“左右协调”和横向拓展，从而能有效地整合社会力量，扩大群众基础。

此外，红十字会性质与理事会成员构成了对应关系。红十字会是“中央人民政府领导下的人民卫生救护团体”，以“协助各级人民政府，面向人民大众，宣传并推广防疫、卫生、医药及救济福利事业”为宗旨①。与此相对应，理事会成员特别是正、副会长以及秘书长②多来自政府卫生部门和救济总会，如红十字会会长由卫生部部长兼任③；6 位常务理事也有 4 位来自卫生部门和救济总会。这种“对应关系”所体现的正是一种有利于工作开展的结构性制度安排，在顶层设计上保证了红十字会与相关政府部门、社会团体在职能和目标上的纵向对接，成为其助手，从而提高红十字会的运行能力和管理水平。

（四）伟大的转变

1950 年，红十字会协商改组，选举产生了新的领导机构，通过并颁布了新的红十字会章程，确定了新的宗旨和任务，最终促成历史悠久的红十字会实现了“新的转变，新的开始”④，成为中央政府领导下的人民卫生救护团体。此番改组是中国红十字事业的新起点，也是红十字会发展史上并不多见的关键性拐点，其主要影响和意义表现在以下两个方面。

第一，红十字会重获合法性。社会团体的合法性是其生存、发展的基础和保障，它一般包括社会合法性、行政合法性、法律合法性以及政治合法性等⑤，对于红十字会而言，它还包括国际合法性。红十字会改组后向人民政府报送《章程》、理事会以及领导人员名单，并得到批准，因而获得行政合法

---

① 《中国红十字会会章》，《人民日报》1950 年 10 月 24 日。

② 除“老红会”胡兰生秘书长是专职外，其他领导均为兼职，这体现出红十字会兼职正、副会长取名，专职副会长取实，秘书长总理日常事务这一分工特点。

③ 此后红十字会性质虽有变化，但卫生部部长兼任会长之惯例，一直延至 1994 年红十字会“六大”召开。参见徐国普、池子华：《新中国成立后中国红十字会发展的历史轨迹》，《江西社会科学》2009 年第 9 期。

④ 《新的转变，新的开始——记中国红十字会总会改组经过》，《新中国红十字》创刊号，1950 年 9 月，第 2 页。

⑤ 参见高丙中：《社会团体的合法性问题》，《中国社会科学》2000 年第 2 期。

性；红十字会会长由卫生部部长兼任，红十字会总会遵照1950年9月政务院第52次政务会议通过的《社会团体登记暂行办法》办理登记手续[①]，1951年8月内务部予以批复，即中国红十字会总会奉准登记为社会团体，表明红十字会拥有法律合法性；红十字会转变思想观念，确立新的宗旨和工作目标，所以又具备了政治合法性；更重要的是，红十字会在改组的同时争取并恢复了国际席位，从而获得了国际合法性。

合法性的获得，意味着中国红十字会政治合格、程序合法、社会认同。红十字运动也由此进入一个崭新的发展阶段——组织机构逐步完善、规章制度日趋完备、失散会员适度统合、各项工作重新起步，进而在防治传染病、急救训练、参与抗美援朝、爱国卫生运动以及民间外交等方面发挥出重要而独特作用。

第二，革新管理体制和运作机制。周恩来为调整和理顺红十字会的管理体制多次做出指示。例如，在1950年8月向政务院报送的改组报告中称，红十字会“政治的领导由党组的小组[②]负责”，周恩来对此报告做出批示，红十字会“行政归卫生部管，救济事务受中国人民救济总会领导”[③]。12月26日，周恩来又做出指示，救济总会及红十字会总会“由政法委员会[④]（或由政法委员会委托中央内务部）予以经常领导”，业务中“有关卫生部分，得同时受中央卫生部的指导”[⑤]。由此可见，红十字会接受党组领导，行政上虽几经调整，但实由卫生部归口管理。

根据《章程》规定，红十字会实行“民主集中制”，“下级组织每月须向上级组织报告会务，上级组织的指示，下级组织须认真执行”。不难发现，改组后的总会开始着手加强与分会间的联系，实现会内“上下贯通”，以提高工作运行效率。如此专一的“归口”管理和重在“集中”的运作，是新中国红

---

① 内务部于1951年3月23日公布了《社会团体登记办法施行细则》。参见新华月报社编：《中华人民共和国大事记（1949—2004）》（上），人民出版社2004年版，第38页。

② 1950年8月23日，由救济总会与红十字会共同组建的党组小组成立。该小组由伍云甫、熊瑾玎、苏井观、林仲、龚普生等5人组成，伍云甫任组长，熊瑾玎任副组长，属政法委员会分党委领导。参见《关于红十字会党的领导问题的报告》（1950年9月6日）。值得一提的是，在包括社会团体在内的非党组织中设立党团起源于俄共（布）和共产国际，中共党团则肇建于大革命时期，1945年中共七大通过的新党章将“党团”改为“党组”。参见李蓉：《民主革命时期党团历史的初步考察》，《中共党史研究》2007年第2期。

③ 《建国以来周恩来文稿》第3册，中央文献出版社2008年版，第185页。

④ 政法委员会指导内务部、公安部、司法部、法制委员会和民族事务委员会工作。参见中央人民政府法制委员会编：《中央人民政府法令汇编（1949—1950）》，法律出版社1982年版，第4—6页。

⑤ 中国红十字会总会编：《中国红十字会历史资料选编，1950—2004》，民族出版社2005年版，第13页。

十字会管理体制和运作机制的突出特点。

（五）新任会长李德全

1950 年，中国红十字会在周恩来总理的直接关怀下，进行了协商改组，而新中国第一任卫生部部长李德全担任了中国红十字会会长。作为新中国红十字会的首任会长，李德全无疑是中国红十字运动中承先启后的关键人物。

李德全是著名爱国将领冯玉祥将军的夫人，中国妇女运动的先驱和杰出的社会活动家。1896 年 8 月，李德全出生在直隶通州（今北京市通州区）德兴庄草房村，她排行老二，大姐早逝，下面有 1 个妹妹和 5 个弟弟，家境贫寒。父亲李朝贵挽舟拉纤，奔波于运河沿线①。通州是基督教的盛传地区，教堂林立。李德全在父母的影响下，3 岁时便受洗入教，成了小基督徒。1904 年，她进入教会创办的通州私立富育小学读书；1911 年，以优异的成绩升入教会中学——北京私立贝满女子中学。中学毕业时，她申请教会的资助，以大学毕业后逐年偿还贷金以及回母校贝满女中任教为条件，得到一笔费用，升入北京私立协和女子大学（即燕京大学前身的一部分）② 求学，从此开始了她“追随真理，奉献人民”③ 的生涯。

1919 年，五四运动爆发，李德全投身爱国运动，被同学推选为协和女子大学学生会会长，成为北京市女界联合会的积极分子。大学毕业后，李德全回到了贝满女中任教，担任代数和西洋史的教学，并利用讲台进行爱国主义教育。

1924 年 2 月，北京基督教女青年会学生部干事李德全与“基督将军”冯玉祥永结同心。婚后，她随冯玉祥“辗转军旅，传播科学知识，破除封建习俗”④。事实上，不仅是在生活中，而且在政治活动中，李德全“都是冯玉祥的贤内助”。

1924 年 10 月，冯玉祥在北京发动政变，倒曹（锟）败吴（佩孚）驱逐溥仪，电请孙中山北上共商国是。年底，李德全代表远在天台山的冯玉祥欢迎孙中山抵京。翌年 3 月，孙中山病重之时，李德全又带着冯玉祥的亲笔信前往慰问。1926 年 3 月，在李大钊的协助下，李德全随冯玉祥到苏联考察，了解苏联的社会制度和妇女生活状况，开始接受马列主义的影响。1930 年和

---

① 孙自凯：《中华人民共和国的第一位女部长》，《北京党史研究》1995 年第 5 期。

② 周健英：《新中国红十字会第一任会长李德全》，《中国红十字》1992 年第 1 期，第 21 页。

③ 陈敏章：《追随真理　奉献人民——纪念新中国首任卫生部部长李德全》，《人民日报》1996 年 9 月 2 日。

④ 晓秋：《她属于人民——记原卫生部部长、中国红十字会会长李德全》，《博爱》1995 年第 4 期，第 62 页。

1933年，冯玉祥两度退隐泰山。在这期间，她变卖结婚时亲友赠送的全部首饰，相继创办了14所小学和1所高等小学，当地农民的子女便有了接受教育的机会。抗战后，这些学生大都参加了八路军和游击队，成为抗战的骨干力量①。

1936年，李德全随冯玉祥到南京，投身妇女运动；4月，组织“首都女子学术研究会”，发扬民族精神，团结广大妇女投入抗日救亡工作②。1938年3月，中共联合各党派、知名爱国人士在武汉成立中国战时儿童保育会，各地纷纷响应成立了分会，安置大批战区难童。作为发起人之一，李德全担任保育会副理事长，其间组织了大规模的难童抢救工作，并捐出3万多元作为保育费。

1946年1月，为反对蒋介石策动内战，李德全组织了“陪都各界民众庆祝和平大会”。2月9日，重庆各界公推冯玉祥、董必武、沈钧儒、邵力子等27人为人民自由保障委员会筹委，李德全担任大会总主席。2月10日，震惊中外的“较场口血案”发生了，身负重伤的李德全更加坚定跟着中国共产党走向光明的决心③。10月13日，李德全受邓颖超委托，出席在美国纽约召开的世界妇女会议，代表中国妇女界提出了“联合世界各国妇女为争取民主和平而奋斗”及“反对美国援助蒋介石发动内战”两个提案④，痛斥蒋介石政府的暴行，宣扬了中共的正义主张。

1948年夏，李德全和冯玉祥从美国纽约，取道苏联回国，准备参加新政治协商会议。不料，9月1日“胜利号”轮船在黑海途中失火，冯玉祥和爱女冯晓达不幸遇难。毛泽东、周恩来、朱德、董必武等向极度悲痛的李德全发去唁电，李德全深为感动，复电表示：“我俟健康恢复后即返中国，继续为民主而奋斗。”⑤ 1949年10月新政权诞生后，李德全被任命为中央人民政府卫生部部长，和史良一起开启中国女性担任共和国部长的历史。

1950年8月，中国红十字会总会完成协商改组，李德全兼任红十字会会长。她不仅在协商改组会议上做了《中国红十字会今后工作的任务》的报告，为新中国红十字事业发展指明了正确方向，而且在经过数月的实践和深入的调查研究之后，于1951年初发表了《新中国红十字会的工作方向与发展步

---

① 孙自凯：《中华人民共和国的第一位女部长》，《北京党史研究》1995年第5期。

② 刘巨才：《李德全的故事》，河北少年儿童出版社1995年版，第44页。

③ 舒云：《出身微寒的“政治夫人”李德全》，《炎黄春秋》1995年第10期。

④ 满素洁：《从基督徒到共产党员的“平民部长”》，《炎黄春秋》1997年第8期。

⑤ 晓秋：《她属于人民——记原卫生部部长、中国红十字会会长李德全》，《博爱》1995年第4期，第63页。

骤》，具体阐述了新中国红十字会的工作思路。

李德全认为，新中国成立后，中国红十字会的业务应改被动为主动，并结合新的力量，培养卫生人员，开展妇婴保健及一般医防工作；要特别注意工矿、农村、少数民族地区及灾难地区等急需医药的地方。同时配合政府，组织机动的医疗队，完成一定的政治任务。如发动组织各分会医护人员，在自觉自愿的基础上成立抗美援朝志愿医疗队，从事战伤救护及难民医疗等工作，并成立医防队配合生产救灾、修河工程等建设事业，推进防疫卫生及医疗工作。在医防队的地区创设条件，建立红十字会基层组织，发展会务。此外，各地红十字会组织在人民政府的领导下，与工、青、妇、农等群团组织取得密切联系，先从有组织的群众中做起，开展救护教育及一般卫生常识宣传，而后吸收他们为红十字会员，建立红十字组织，并逐渐普及到一般民众，使卫生保健工作真正成为广大群众工作。之后，再进一步地在工厂、学校及农村中普遍设立“卫生站”“救护中心”以及其他救济福利组织，协助政府普遍提高人民的卫生文化水平。

她认为红十字会工作的开展步骤，应该是由小到大，由点到面，先做好业务而后发展会务，先整顿旧组织而后推设新组织，先由政府给予经费补助，将业务充实之后，走向半自给与全自给①。这一工作思路切合新中国成立初期我国国情和社会现实，具有很强的针对性。此后，中国红十字事业正是依据上述工作方向和发展步骤，逐步健康有序地开展起来的。

值得一提的是，李德全担任红十字会会长长达 15 年之久，于 1965 年因健康原因辞任。其间，她不仅于 1958 年加入中国共产党，完成了由基督徒向共产党员的转变，成为一名“平民部长”，而且领导中国红十字会协助人民政府“在救济贫苦农民、预防疾病灾害、开展民间外交、维护世界和平等方面做了大量的工作”。不可否认，李德全在人道领域所做出的贡献，“为今天中国红十字事业的发展奠定了坚实的基础”②。

二、分会相继改组

红十字会总会一般即代表中国红十字会，总会实现改组可以理解为红十字会完成了改组。此后各地分会的改组其实是红十字会改组的延伸、充实和完善。鉴于部分分会已经依据 1949 年 5 月颁布的《注意要点》进行规范工

① 李德全：《新中国红十字会的工作方向与发展步骤》，《新中国红十字》第 5 期，1951 年 1 月，第 15 页。

② 柳晓森：《“李德全与红十字会”座谈会在京举行》，《人民日报》2006 年 8 月 26 日。

作，所以需要改组的是1949年4月之前成立或筹备的分会。此外，这次改组并非理事会任期届满的正常改选，而是包括了机构整理、思想改造等内容，况且大多数分会又缺乏民主选举基础，因此全由协商会议代行会员代表大会的职权，完成改组工作。

红十字会总会具体指导了分会的改组工作，明确规定了“根据全面调查联系，重点整理改组的原则”，并为之提供制度保障、干部基础和支撑条件。1950年8月28日，总会同时颁布《中国红十字会各地分会整理暂行办法》（以下简称《暂行办法》）和《中国红十字会分会暂行组织通则》（以下简称《组织通则》）作为指导分会改组的工作指南。《暂行办法》规定分会改组以《章程》为最高准则，结合各地分会的具体情况进行，同时明确了改组方式和改组步骤，并指出如果遇到困难，可以随时报告总会予以帮助，或派人前往辅导。《组织通则》规定分会以市县为设立单位，以所在市县之名称定名，并对会员权利义务、分会组织机构以及筹备程序等做出具体说明。与此同时，总会将各分会名称、地址及负责人姓名编列一表，分别送往卫生部、内务部及救济总会，并函请卫生部、内务部于1950年10月16日联合发出通令，要求各省市民政、卫生部门对整顿各地红十字会分会予以协助、指导和配合①；救济总会也给各地救济分会下发了同样的指示，即要求各地救济分会参与指导同地红十字会分会的改组工作。

为“交流经验、加强联系、掌握政策、解决问题”，1950年11月1日至12月6日，中国红十字会总会在北京举办分会干部学习会，各大行政区或省会城市所在地，或人口众多且有事业基础的汉口、南宁、济宁、西安、长泾、镇江、常州、昆明、福州、凤台、内江、洛阳、南京、赣州、梧州、上海、天津、南昌、济南、青浦、广州、万县、青岛、夏邑、无锡、重庆、开封、北京、太原、广德等“先行整理改组”的30个分会，派出会务和业务两方面负责人，大多为分会会长、理事、总干事以及医院院长、诊疗所主任等51位干部参加了学习会。如江苏6个分会派出干部共11人参加学习，他们是：长泾分会的郭琦元（理事）、张宇和（总干事）、华毓楠（诊所主任）；镇江分会的丁荫楣（诊所副主任医师）；常州分会的吴逸樵（总干事）、杨迪群（前黄服务站主任）；南京分会的吴耀麟（总干事）、曹寄深（诊所主任）；青浦分会的王昌来（代院长）；无锡分会的蒋白鸥（总干事）、白光（市卫生局选派）②。学习结业后，分会干部即回所属分会发动整理改组工作，并指导和帮

① 《传达中央内务部、卫生部联合通令》（1950年10月16日）。

② 《分会干部学习会参加干部名单》，《新中国红十字》第3期，1950年11月，第4页。

助邻近的分会进行整理改组，或时机成熟后筹建新的分会，他们实际上成为分会改组的骨干和新分会的领导者[①]。此外，12 月底总会还拨出 1.5 亿元人民币（旧币制[②]，下同），重点补助 33 个分会充实业务，从而加强了分会改组的基础。

如果说 1950 年是总会改组之年的话，那么，1951 年则是分会改组之年。各地分会根据《暂行办法》及自身情况，分期分批进行改组。或派出干部参加学习会，或有较好事业基础的一批分会先行改组，为后期改组的分会提供经验和直接帮助。事实上，各地分会的改组步骤大体相同，按照与总会改组相似的程序进行。首先，填送总会制发的各种调查表，并与当地卫生、民政机关会商拟订改组方案及协商会议组织方式报告总会，批准后即按照计划召开协商会议；其次，协商会议依照《组织通则》，制定分会组织规程并选举理事；再次，协商会议后，其主席团或主席负责将改组经过连同分会组织规程、理事名单及理事会所选举的会长、副会长、常务理事等名单，一并报请总会批准，当地政府备案；最后，分会领导机构改组完成后，新任会长领导进行内部人员及附属机构的整理，事先拟订的工作计划报请总会批准或备案，并报当地政府备案。

以 1950 年 12 月最早完成改组的北京市分会为例。首先，分会争取市政府领导的支持，经多方酝酿后，商定与会代表、新理事会及领导人选，然后邀集相关社会团体代表、民主人士及原分会理事、职工代表等参加协商改组会议。12 月 28 日，召开改组会议代行会员代表大会的职权，将分会定名为中国红十字会北京市分会，通过了《中国红十字会北京市分会组织规则》，并选举产生新一届理事会。推选严镜清为会长，方石珊、裘祖源、赵树屏为副会长，方石珊兼总干事。会后向红十字会总会和市政府报告改组经过，并报送组织规则和理事会名单，总会随后予以批准[③]。

就全国情况而言，各地分会改组大致形成以下五类情形。

其一，会长、副会长均未离会，理事会尚未解体的分会，分会主动邀请当地政府、卫生、民政机关、救济分会与工、青、妇（农村的加上农会）等群众团体以及办理救济福利事业有声望的民主人士，共同组织协商会议进行改组。

其二，会长、副会长已经离会，理事会不能召开，但业务（如医院、诊

---

① 《学习会总结报告》（1950 年 9 月 4 日）。

② 自 1955 年 3 月 1 日起，中国人民银行改革币制，发行新的人民币，新币 1 元等于旧币 1 万元。

③ 孙敬敏编纂：《北京市红十字会的 65 年（1928—1993）》，文津出版社 1995 年版，第 35—37 页。

所等）仍照常维持的分会，在任代理负责人将本会具体情况报告当地政府卫生、民政机关以及救济分会，请求主持召开协商会议进行改组。

其三，会务无人负责，工作处于停顿状态，但组织机构仍存在的分会，总会函请当地政府派出有关部门调查其人事情况，召集原任理事或负责人员，指导整理各种资料，并代为邀请有关机关、团体及个人，组织协商会议，或改组委员会。

其四，新中国成立后停顿且与总会尚无联络的分会，总会根据资料函请当地政府有关部门，协助调查其实际情况，商定恢复办法。

其五，新中国成立后为人民解放军或人民政府接管的分会，总会函请接管单位予以发还，并以协商会议方式进行改组。

从总体来看，自1950年底开始，至1951年9月第一批38个红十字会分会完成改组，到1952年9月红十字会总会改组两周年之际，仅有51个分会完成改组①，当时全国89个分会尚未全部改组到位。此外，分会改组在完成时间、地理分布上呈现不平衡的特点（全国部分分会的改组时间、会长情况见表1－2）。不难发现，大多数分会于1951年完成改组；地处原总会办公地附近，以及省会城市的分会，完成改组工作较早；在省域分会中，江苏分会的改组进度处于全国领先地位②。造成上述结果的原因有很多，分会原有状况、当地社会稳定度，以及土地改革、抗美援朝、镇压反革命等运动的影响是其主要因素。如1951年1月，江苏长泾分会商谈改组事宜，适逢全县土改运动，最后商定土改完成后再进行改组③。

表1－2　部分分会改组时间、会长情况表

分　会	时　间	会　长	现有职务
北京市分会	1950. 12. 28	严镜清	公共卫生局局长
武汉市分会	1951. 1. 8	卢镜澄	卫生局局长
内江县分会	1951. 1. 10	尧文藻	县立中学校长
万县分会	1951. 1. 16	曹德鼎	卫生局局长
西安市分会	1951. 1. 21	张锋伯	副市长
昌南县分会	1951. 1. 25	赵建华	民政科科长

① 李德全：《中国红十字会总会改组两年来的工作》，《人民日报》1952年9月8日。

② 关于江苏分会改组的具体情况，可参见徐国普：《辉煌十五年，1950—1965》，安徽人民出版社2009年版，第9—13页。

③ 《长泾分会1951年1月份工作简报》，《新中国红十字》第6期，1951年2月，第30页。

（续表）

分　会	时　间	会　长	现有职务
南宁市分会	1951. 1. 26	陈麓南	原分会会长
广德县分会	1951. 1. 26	陈宏图	卫生局局长、原分会会长
温州市分会	1951. 2. 3	葛林宗	卫生局副局长
无锡市分会	1951. 2. 11	李　德	卫生局局长
青浦县分会	1951. 2. 11	徐煦春	原分会会长
夏邑县分会	1951. 2. 18	丁湛之	民政科副科长
长泾（江阴县）分会	1951. 2. 20	赵　元	卫生院院长
镇江市分会	1951. 3. 1	杨公崖	社会福利主任委员
梧州市分会	1951. 3. 16	黄叙伦	原分会副会长
天津市分会	1951. 3. 30	李允恪	卫生局局长
福州市分会	1951. 3. 30	陈海峰	卫生局局长
洛阳市分会	1951. 4. 11	江　玲	卫生科科长
开封市分会	1951. 4. 12	韩锡瓒	卫生局局长
杭州市分会	1951. 4. 13	陈礼节	卫生局局长
芜湖市分会	1951. 4. 16	王修垲	卫生局局长
重庆市分会	1951. 4. 16	周洪生	卫生局局长
赣州市分会	1951. 4. 26	金级墀	原分会会长
零陵县分会	1951. 5. 6	唐作霖	医院院长
临颍县分会	1951. 5. 12	魏　欣	民政科科长
渠县分会	1951. 5. 20	刘振江	卫生科科长
常州市分会	1951. 5. 27	吴伯芳	卫生科科长
广州市分会	1951. 6. 15	梁　广	副市长
遂宁县分会	1951. 6. 16	杜顺福	川北第三医院院长
上海市分会	1951. 7. 4	刘鸿生	总会副会长
当涂县分会	1951. 7. 24	张子射	县人民监察委员
南昌市分会	1951. 8. 12	李善元	副市长
泸州市分会	1951. 8. 20	胡俊德	副市长

（续表）

分　会	时　间	会　长	现有职务
安岳县分会	1951. 11. 3	申学忠	县第四区区长
济宁市分会	1951. 11. 4	国彩轩	卫生科科长
太原市分会	1951. 11. 12	冀贡泉	省文教委员会主任委员
安庆市分会	1952. 11. 3	陈治祥	市长

资料来源：《新中国红十字》1950 年 9 月创刊号至 1952 年 12 月总第 23 期。

值得一提的是，各地分会作为中国红十字会的重要组成部分，完成协商改组后，为保证总会和分会间上下对接，强化分会与政府部门的横向联系，便于开展工作，其管理体制在很大程度上如同红十字会总会，有类似结构的一面。例如，1951 年 9 月天津市人民政府确定：天津市分会由市政府政法委员会领导，日常行政工作由市民政局指导，卫生业务工作由市公共卫生局指导。同月，中国红十字会总会发出通知，要求各地分会向当地政府办理登记（为社会团体）手续①，10 月 20 日，天津市分会登记为社会团体获得了市政府批复准予。此时，天津市分会与救济总会天津市分会合署办公。根据 1952 年 7 月卫生部、内务部、中国人民救济总会的联合通知精神，经市政府批准，10 月天津市红会改为与市公共卫生局合署办公，由市政府政法委领导改为由市文教委员会领导②。

第二节　整顿思想观念

一、政治和会务学习

（一）举办干部学习会

学习是获取知识、技能的主要途径，同时是武装头脑、改造思想的有力手段。如前文所述，改组之前中国红十字会内部思想复杂，观念认识上存在混乱现象。所以，中国红十字会在完成总会机构改选、制定颁布新的红十字会章程等规章制度之后，有必要在会内加强红十字会宗旨、任务及相关规章制度等会务学习，同时对红十字会干部加强党和国家方针政策以及时事的政

① 《中国红十字会总会已奉准登记为社会团体》（1951 年 9 月 4 日）。

② 赵辉主编：《天津红十字会九十年》，天津人民出版社 2001 年版，第 44—45 页。

治学习，从而增强对新民主主义和新中国红十字运动的认同感，转变思想观念，为新中国红十字事业发展奠定思想基础。

红十字会干部是开展红十字工作的骨干力量，加强红十字会干部的培训和学习因而十分重要，举办干部学习会则是培训干部、造就新型干部的主要途径。

1950 年 11 月初，为了训练“先行整理改组”的分会干部，加强他们的政治、会务和业务学习，使之了解新中国红十字会的方针、任务，树立人民的观点，中国红十字会总会在北京举办了分会干部学习会，这是新中国成立后中国红十字会首次对干部开展的培训学习。此次培训的学习内容包括“思想方法”“政策”“会务”“业务”4 个方面。例如，学习讨论了陆定一的《什么叫做从实际出发》、毛泽东的《论批评与自我批评》和《为争取国家财政经济状况的基本好转而斗争》、董必武的《新中国的救济福利事业》等文章，以及《中国红十字会会章》等。

学习会还结合有关抗美援朝的时事政治，开展了对于苏联外交部长维辛斯基的《关于苏联和平提案演说全文》《原子弹为什么不能决定战争的胜负》《为阻止美国法西斯反动势力的滋长而斗争》和《美帝在战略上的弱点》等文件的学习。

通过为期一个多月的学习，分会干部们在思想政治方面有了重大收获，这主要表现在如下 4 个方面。

其一，在相当大的程度上扫除了普遍存在的亲美、崇美和惧美心理。大多数干部知道了当时美国面临诸多矛盾，一方面国内经济危机无法克服，另一方面人民觉悟逐步提高。同时美国在战略上存在弱点，如侵占台湾地区和侵略朝鲜、走日本侵华的老路必然失败，原子弹是不能够决定战争胜负的。而相反，以苏联为首的和平民主力量在不断地壮大。

其二，初步地认识了中国红十字会走自力更生之路。在旧中国，红十字会更多的是指望美国的物资支持，而这种援助是有条件的。新中国成立后，我国实行“一边倒”的外交政策，如依赖苏联也是不合适的。通过讨论，最后与会人员得出了结论，新中国红十字会应走自力更生的新路子。

其三，对红十字会的“中立”原则和超政治属性有了全新的理解。多数人认为在阶级社会里，任何一种社会组织和社会活动都存在“为谁服务”的阶级立场，红十字会也不例外。旧中国红十字会以“中立”“超然”为外衣，实际上是美国和国民政府麻痹人民反抗的工具。新中国红十字会应站在人民的立场，以实际行动参加和平阵营，消灭侵略战争。

其四，自我批评是改正错误、推进工作的武器。与会人员对经验主义、教条主义和主观主义进行了深刻检讨，同时对“爱面子”“重感情”“讲私人关系”，以及当医生的“纯技术观点”和“不问政治”、救济福利事业与政治无关系等思想做出严厉批评；认识到从实际出发是新思想方法的准则，批评就如同照镜子，能把错误反映出来，错误的根源就是没有从实际出发；把自我批评和从实际出发结合起来，既能发现错误，又能找出错误的根源。

由上可见，通过一段时间的学习，分会干部们的思想观念开始发生重要变化，而这些积极的变化早在学习会期间，就已经通过实际行动展现出不同于一般的精神面貌。比如，11 月 6 日分会干部学习会向毛泽东主席致敬电，表达了新型红十字会干部深深爱戴新中国领袖和热忱为人民服务之情；同日，参与学习会的分会干部与总会全体职工一起发表宣言，声援伟大的抗美援朝运动①。此外，分会干部推举出板报委员会，轮流负责出刊 16 期的黑板报；板报内容丰富，涉及学习材料、学习体会、参观感想等。长泾分会张宇和的一首小诗：“保家卫国援朝鲜，民主阵营比铁坚。美帝逞凶迎头打，不除狼虎不安眠。”② 作为板报的代表作，充分体现出分会干部们满腔的爱国热忱。

综上所述，此次分会干部学习会，不仅培训了分会改组的骨干力量，造就了一批新型的红十字会干部，为红十字事业的发展初定基础，而且开创了红十字会系统的学习由政治学习和业务学习两大板块内容构成的模式。换言之，此后红十字会组织开展的学习既包括思想政治方面的内容，也包括会务、业务方面的内容，突出了政治学习、会务学习与业务学习相结合的特点。

（二）学习的制度安排

为了保证干部学习常规化，并提供必要的组织保障和制度保障，1951 年中国红十字会依据年度工作计划大纲的规定，特地制订了《中国红十字会干部学习计划》，以领导和组织干部进行学习。学习计划详细地规定了学习方针、组织建设、学习方式以及内容、进度、时间和辅导等。自此，红十字会的常规学习开始走向了组织化、制度化和规范化。

实际上，新中国成立初期，中国红十字会组织干部学习的主要目标在于：一是通过学习马列主义的基本理论和毛泽东思想，改造旧思想，建立起为人民服务的新观点；二是学习中国红十字会的政策文件以及规程计划，进一步了解红十字会的方针和任务；三是通过集体学习，充实会务、业务上的知识与经验，增进工作兴趣和团结。

---

① 《分会干部学习会正式开学》，《新中国红十字》第 3 期，1950 年 11 月，第 1—2 页。

② 《两周来分干学习会片断》，《新中国红十字》第 3 期，1950 年 11 月，第 3—4 页。

为达成上述目标，在组织建设方面，中国红十字会总会专门成立了学习委员会，以落实学习计划，领导工作人员开展学习，并指导直属单位及各地分会组织推动干部学习①。学习委员会的职责有：一是制订学习计划，规定学习内容和进度，布置学习程序，并选择必读或参考文件；二是确定学习组织，编配班次，区分小组，并指导班主任和小组长汇报；三是组织启发报告及专题讲演，具体指导自学、漫谈、讨论、研究等学习活动；四是解答疑难问题，检查学习成果，领导学习总结，并不断地改进学习计划。

学习委员会设主任委员 1 人，副主任委员 2 人，委员 10 至 12 人。为加强日常工作，学习委员会另设常务委员会 5 人，负责布置政治学习和业务学习，以及指导分会的学习；秘书 3 人，处理有关学习的日常事务。

根据规定，在具体落实学习任务的过程中，一方面，各单位按照干部人数、工作部门、政治和文化水平以及其他有关条件，将全体人员划分为若干小组，推选组长和副组长各 1 人，在学习委员会的布置下，负责领导小组学习；另一方面，依据实际需要和干部的学习基础、不同水平，对人数多的单位再分编为不同的班次，在学习内容上，可适度进行深浅繁简的布置和照顾。此外，红十字会总会要求建有工会组织的单位，学习委员会的组织和工作与工会取得联系。工会所布置的文娱活动、生活检讨等，要配合学习的进度，以收相辅之效。

为了完成学习任务，增强学习效果，红十字会干部学习主要采取如下方式。

其一，自学与互助相结合。学习以自觉自愿的自学为基础，对于文件研读、问题探讨，要发挥主动性和积极性，以理论武器联系思想实际和工作经验，检查错误，解决矛盾，坚持真理。在进行单元学习时，先由学委会选定适合干部的必读文件及参考读物，规定预习时间，作初步领会，然后约请适当人员担任启发性报告，再由小组自由漫谈，酝酿问题，交由学委会综合，制定讨论提纲，进行分组讨论。单元学习结束后，进行学习总结。

其二，批评和自我批评相结合。联系单元学习进度和思想进步情况，定期采取理论测验、民主评卷、学习心得或思想小结等方式，展开自我思想的检查与批评，做到逐步提高。根据实际需要，每两周进行一次生活检讨或工作检查，以学习或工作的具体表现为中心，运用批评与自我批评，发扬优点，克服缺点。

---

① 参见《中国红十字会总会学习委员会组织规程》，《新中国红十字》第 8 期，1951 年 4 月，第 6 页。

其三，配合时事学习。在适当时机约请当地有关人员，作时事分析，或作专题报告。及时地组织集体学习和深入研究中央重要政策、法令和指示。随时学习国内外重要的时事，并灵活地结合单元学习，理论联系实际，深化时事认知。

其四，出版通讯板报。为总结学习方法，交流学习经验，解决疑难问题，各单位学委会与总会学委会保持通讯联系，经常反映学习情况；总会学委会整理后，提供领导参考，并择要在《新中国红十字》[①] 月刊上刊登，以便于交流和辅导学习工作。各单位学委会经常出版墙报和黑板报，公布学习信息，发表学习心得，检讨问题，开展表扬和批评，以推进工作。

干部的学习内容包括理论与政策学习、会务与业务学习两大板块。其中理论与政策学习，主要内容是革命的人生观、社会发展简史、新民主主义论、共同纲领、新中国的救济福利事业、过渡时期总路线、五四宪法等，会务与业务学习主要有新中国红十字会章程、中国红十字会组织办法、红十字会员制度和苏联及人民民主国家红十字会相关文件等。在时间安排上，原则上每天上午办公之前集体学习一小时或一个半小时，不占用办公时间。各单位可以根据实际情况，制定学习重点，确定学习文件和时间进度，具体学习计划需报红十字会总会备案。关于总会和分会所属医疗机构医护人员的学习，学委会可以自行商定，在不妨碍工作的前提下分组进行。

干部学习是先导，以此带动普通工作人员学习是关键。在新中国成立之初红十字会实现重大转折的背景下，组织和加强红十字会工作人员对于会务知识的学习，尤为重要。因此，1952 年红十字会总会要求所有红十字工作者，“都应成为优秀的红十字工作的宣传者和组织者”[②]。而熟悉会务，首先要了解中国红十字会的历史，批判过去所谓“超政治性”“中立性”和“国际性”等不分敌我、不分阶级的“博爱”观点，以及与广大群众脱离联系的种种错误做法。同时要懂得如何去批判和揭露有些资本主义国家红十字会的假人道主义，尤其是美国把红十字会作为服务于侵略战争工具的罪恶面目。

按照红十字会总会要求，各地分会根据实际情况，成立了相应的学习组织，指导分会的政治学习和会务学习。例如，青浦县分会的工作人员，因是青浦卫生工作者协会（医协）的会员，所以都参加县医协学习。每周一和周

---

① 新中国成立后，1950 年 9 月 30 日创刊发行的《新中国红十字》（月刊）是中国红十字会的机关刊物。《新中国红十字》共出 47 期，于 1954 年年底停刊。1956 年 4 月，机关刊物以《中国红十字》的面目复刊。参见池子华：《建国后中国红十字会的机关刊物》，《红十字运动研究》电子期刊第 3 期。

② 《应开始在所有的红十字工作人员中进行会务知识的教育》，《新中国红十字》1952 年 8 月号，第 3 页。

五下午7时学习时事，周三和周六学习业务，且周日晚上增加一次药物学习。不过自1951年5月起，分会不再参加县医协学习，改在会内进行。为了领导和组织学习，分会研究和改进了原来的学习计划，成立了学习委员会①，并规定政治学习与业务学习间隔一天进行。政治学习资料是红十字会总会印发的活页文选和《新中国红十字》杂志，业务学习资料是由县医协原有的题材重新整理而成。

1952年，无锡市分会为响应红十字会总会的要求，使得每位工作者都成为红十字会优秀的宣传者和组织者，更好地开展业务工作，特地成立红十字会会务知识学习委员会，并制订出详细的学习计划。学习委员会由3至5位委员组成，设正、副主任委员各1人，以便具体掌握和指导。学习内容主要有：中国红十字会的工作方向和发展步骤；关于新中国红十字会指导思想；苏联红十字会简史，苏联红十字会与红新月会联合会基层组织、新民主主义国家红十字会概况；报纸、杂志所刊载的有关红十字会的介绍等。学习时间为一个月，每周两次，每次一个半小时，以不妨碍工作和政治学习为原则。学习前听启发报告，学习时采用集体学习和个人阅读相结合，阅读材料后进行漫谈、提问题等，学习结束后举行会务知识测验，以巩固所学知识②。

值得一提的是，红十字会医院和临时组织——医防服务大队都成立了相应的学习机构，实现了学习组织的全覆盖。例如1951年4月30日，北京市分会医院院务委员会推选出由6人组成的医院学习委员会。根据学委会组织规程规定，医院医事人员分为医务技术组、事务组、护理组、工友组等4个组。医务技术组和事务组每天上午7点半到8点半，护理组和工友组下午5点到6点，每周一、三、五学习政治，周二、四、六学习文化③。又如，5月14日，参与治淮工程的第一医防服务大队成立了学习委员会，并制订了组织规程和学习计划，以组织指导大队及各小队队员的政治学习和业务学习④。

总之，中国红十字会通过组织系统和制度化安排，实施学习马列主义、毛泽东思想以及会务等活动，旨在逐步树立爱国主义、国际主义和人道主义的新思想新观念⑤，特别是认同新民主主义，走为人民服务之路，使得红十字会成功地转变为中央政府在医疗卫生工作领域的重要助手。

---

① 《青浦分会已单独进行学习》，《新中国红十字》第10期，1951年6月，第32页。

② 福贞：《无锡市分会会务学习计划》，《新中国红十字》1953年2月号，第34页。

③ 《北京与南昌成立学委会》，《新中国红十字》第10期，1951年6月，第32页。

④ 《第一医防服务大队学委会成立》，《新中国红十字》第10期，1951年6月，第22页。

⑤ 《中国红十字会干部学习计划》，《新中国红十字》第8期，1951年4月，第7页。

（三）学习活动的特点

在红十字会总会的指导和带领下，各地分会普遍开展起学习活动。从江苏红十字会[①]来看，红十字会的学习活动带有如下特点。

其一，着重学习重要法规、过渡时期总路线、中华人民共和国宪法等内容。

1951 年，刚完成改组工作不久的无锡市分会就规定，4 月至 6 月主要学习《惩治反革命条例》《端正学习态度》《国际和平医院开幕词》《我们的祖国》等内容，每周政治学习 6 个小时，业务学习 4 个小时[②]。

完成由生产资料私人所有制到社会主义所有制的过渡，有利于社会生产力的发展，进行技术革命，使用先进设备，从而达到增加工农业产品、提高人民生活水平、增强国防力量、巩固人民政权的目的。1953 年 9 月，中央正式公布了党在过渡时期的总路线，总路线被誉为"照耀我们各项工作的灯塔"。10 月，镇江市委开办 3 所政治业余学校，组织市级机关初级学习组的干部进行系统的政治学习，镇江市分会及其诊疗所 17 名工作人员参加了政治业余学校学习，学习内容包括过渡时期总路线。学习的形式以授课、自学为主，并结合授课的中心问题组织漫谈和讨论，学员准备学习笔记和发言提纲参与[③]。自 10 月起，常州市分会在市政府时事政策学习班统一领导下，组织全体职工学习过渡时期总路线。至 12 月，共听取政府首长报告五六次。大部分学员都记了笔记，并注意整理笔记。有的注重搜集有关过渡时期总路线的参考资料，将报纸、杂志进行摘要和剪裁，编号陈列在学习室里，供学习使用[④]。

1954 年 6 月，中华人民共和国宪法草案公布后，江苏红十字会组织开展学习宪法草案活动。通过深入学习，镇江市分会工作人员认识到，宪法草案属于社会主义类型，它把革命和建设的胜利果实固定了下来，是保证建设社会主义社会的强大武器。泗洪县分会诊疗所工作人员表示，要深刻领会宪法草案的基本精神和内容，并以此为动力，推进诊疗所的各项工作[⑤]。

其二，注重学习苏联经验。

为纪念苏联十月革命 35 周年，1952 年中国红十字会在会务学习过程中进

---

① 在 1956 年江苏省红十字会成立之前，江苏红十字会指代分布于江苏各地的红十字会分会。

② 《无锡市分会 1951 年夏季工作报告》，《新中国红十字》第 2 卷第 1 期，1951 年 9 月，第 31—33 页。

③ 陆永蔚：《学习国家过渡时期总路线的收获》，《新中国红十字》1954 年 3 月号，第 25 页。

④ 陆希羽：《学习国家过渡时期总路线》，《新中国红十字》1954 年 1 月号，第 20—21 页。

⑤ 《热烈拥护宪法草案，认真学习宪法草案》，《新中国红十字》1954 年 7、8 月号，第 8 页。

一步加强了苏联经验的学习。李德全会长要求将苏联红十字会活动的先进经验作为会务学习的重要内容①。她强调指出，与其他各项伟大建设事业得到苏联人民帮助一样，中国红十字事业也得到了苏联红十字会的帮助；苏联红十字会先进的医学技术、医疗制度、医疗作风以及工作的精神、方法和经验，值得中国红十字会学习；应该以百倍坚定的信心学习苏联的先进经验来建设新中国红十字事业；学习时要注意与当地实际情况结合起来，切忌生搬硬套。

1952 年 11 月 7 日至 12 月 6 日，中苏友好协会总会②在全国开展“中苏友好月”活动。为配合该活动的开展，中国红十字会总会于 10 月 24 日发出通知，要求各地分会及其所属业务单位、基层组织等工作人员，在和政治学习相结合的情况下，“中苏友好月”的会务学习应以《苏联红十字会简史》与《苏维埃红十字会为社会主义的人道主义而斗争》两本小册子为主要材料，进一步认识苏联红十字会情况，学习苏联红十字会工作经验。各地分会应根据自身具体情况参加当地“中苏友好月”的活动，主动与当地中苏友好协会联系，配合展开宣传活动。已征收和发展会员的分会应设法召集全体或部分地区的红十字会员举行庆祝会，号召会员参加当地“中苏友好月”的各项活动和各种集会③。

南京分会响应红十字会总会的通知精神，以如下实际行动迎接“中苏友好月”：一是成立中苏友好协会支会，分会工作人员全部报名参加，改变过去分会个别人去南京市五区文教馆参加中苏友协的状况；二是召开大会，热烈庆祝伟大的十月革命 35 周年；三是出墙报专刊，让大家表达内心的欢欣、感激之情和向苏联老大哥学习的心愿；四是组织集体去观看苏联影片和图片展览，“希望更清楚地了解今日苏联是我们幸福明天的缩影”，市分会订购 300 多张电影票，平均每人可观看 6 次，一半人订阅、订购了《中苏友好报》和斯大林《苏联社会主义经济问题》，8 人正式参加南京中苏友协的俄语广播学校，每天利用业余时间学习俄文；五是在太平路诊所和中山路诊所的候诊室里，展出苏联共产主义建设的珍贵图片，并在“共产主义与共产党”的专题学习中，更加详细地研究和讨论苏联所取得的建设成就④。

其三，派员参加红十字会总会组织的培训、会议等活动，并传达相关学习内容和指示精神。

---

① 李德全：《应将苏联红十字活动先进经验作为会务学习的重要内容》，《新中国红十字》1952 年 11 月号，第 5—6 页。

② 1949 年 10 月 5 日，中苏友好协会总会在北京成立，刘少奇当选会长，宋庆龄、吴玉章等 7 人为副会长，并通过了《中苏友好协会章程》。

③ 《总会通知各分会展开“中苏友好月”活动》，《新中国红十字》1952 年 11 月号，第 11 页。

④ 耀麟：《南京分会迎接中苏友好月》，《新中国红十字》1952 年 11 月号，第 18 页。

1951年12月10日，红十字会总会根据1950年8月第一届全国卫生工作会议精神，就卫生教育问题在北京召集全国各地有教育机构的分会代表进行座谈，全国包括江苏江阴、常州、青浦等地分会在内的12个分会派出代表参加会议①。通过座谈，代表们认识到总会与分会、分会与分会之间应加强联系，增强团结和互助；加强与当地政府密切联系，更利于分会业务的开展；面向农村，为广大农民服务，建立农村卫生基层组织，发展中级卫生教育是形势的迫切需要等。参加培训、会议的代表将所学的内容和精神带回到了分会，大家的认识一同得到了提高。

其四，学习成效显著，推进了各项工作。

1951年，无锡市分会的工作人员通过4月至6月的政治学习，原有的自由散漫作风以及互相猜忌、攻击的状况有了根本好转，同事之间更加团结；而且组织纪律观念加强了，工作起来更加积极，并踊跃参加广播电台的控诉大会、“三八”妇女节示威游行等爱国主义运动②。

常州市分会妇幼保健站成立于1951年，自开展过渡时期总路线学习之后，工作人员认识到有责任提高群众的卫生文化水平，便主动地加强宣传工作。一方面，他们经常配合地区中心工作，参加居民委员会的大小会议，并在会上做妇幼卫生宣传；另一方面，保健站的领导和接生员也参加卫生宣传工作，如参加分会演出的宣传剧《解开了忧愁的结》，消除了接生员担心别人说“宣传是为了兜生意”的顾虑。另外，他们还经常在妇女群众大会上介绍接生员热心为产妇服务的事例，提高了接生员的威信③。

南京分会许多工作人员在学习以前，对红十字会的性质和工作方针、宗旨的认识都很模糊，有的认为红十字会是医务机构，有的认为是超政治的国际性组织；有些人因分会筹备很久还未完成改组而陷于悲观失望之中④，认为做红十字会工作没有前途。自1952年开始会务学习之后，大家明白了新中国红十字会的性质及任务，纠正了原来的错误想法。有的人在听取苏联红十字会和人民民主国家红十字会的业务介绍之后，就知道了新中国红十字会工作仅仅处于起步阶段，前途是远大的、光明的，他们的工作积极性和热情因此高涨了起来⑤。

镇江市分会和泗洪县分会诊疗所的工作人员通过政治学习，思想认识得

① 总会卫生组：《记卫生教育座谈会》，《新中国红十字》1952年1月号，第22页。

② 陆永蔚：《无锡市分会加强学习，提高政治水平，订立计划，保证完成》，《新中国红十字》第8期，1951年4月，第41页。

③ 陆希羽、杨迪群：《再不说“做不下去了”》，《新中国红十字》1954年9、10月号，第23页。

④ 南京分会于1951年7月开始酝酿改组，直到1953年2月完成改组工作。

⑤ 耀麟：《南京分会展开会务学习》，《新中国红十字》1952年10月号，第11页。

到了提高。1954 年，我国因经济建设需要，发行了一批国家经济建设公债后①，他们意识到这是加速国家经济建设、逐步提高人民物质文化生活水平的英明举措，便带头购买，掀起了普遍认购国债的热潮②。

总之，中国红十字会通过加强工作人员的政治学习和会务学习，破除了原有的陈腐观念和旧思想，培养了他们对新中国红十字会以及新政权、新制度、新价值观的认同，从而提高了工作人员的政治业务素质和思想道德水平，更好地服务于人民群众，服务于社会经济建设，同时为顺利推展红十字业务注入了强大动力。

二、纯洁分会组织

新中国成立后，中国红十字会在参加抗美援朝、镇压反革命以及“三反”等运动的过程中，结合运动的开展，清理了分会组织。从某种意义上说，这是一次红十字会自我教育的经历。纯洁自身组织，其实质就是思想整顿。

（一）配合清理一贯道，防止不良分子混入组织

一贯道是新中国成立之初社会影响较大、以宗教团体面目出现的极为反动的封建迷信组织，其反革命活动对人民政权和社会稳定构成了直接威胁。因此，1950 年 12 月 19 日，北京市根据摸底和普查所掌握的情况，发出布告，统一行动，取缔一贯道③。由于新中国成立前，各地红十字会分会，特别是在山东、河南、云南、四川等地常有依附封建势力而设立组织的情况，社会上有人误认为红十字会是封建迷信组织。为避免不良分子尤其是一贯道分子参入组织，红十字会总会于 1950 年底发布指示，要求各地分会予以重视，对所有工作人员和全体会员进行一次详细调查。如发现有人被诱骗而误入歧途，可耐心说服，劝其退出一贯道，并向当地政府登记。分会结合此事开展典型性教育，以防止一贯道分子混入红十字会而影响会务的健康发展④。根据相关法律规定，对于利用封建会道门进行反革命活动者，“处死刑或无期徒刑；其情节较轻者处三年以上徒刑”⑤。

---

① 1953 年 12 月 9 日，中央人民政府公布《1954 年国家经济建设公债条例》，决定发行公债，总额为 6 亿元人民币。1954 年 7 月 24 日，1954 年国家经济建设公债认购工作结束，全国认购总额超过 92000亿元。参见新华月报社编：《中华人民共和国大事记（1949—2004）》（上），人民出版社 2004 年版，第 89、99 页。

② 《总路线鼓舞着我们前进》，《新中国红十字》1954 年 4 月号，第 9 页。

③ 王世刚主编：《中国社团史》，安徽人民出版社 1994 年版，第 443 页。

④ 《防止反动会道门混入红十字会组织》，《新中国红十字》第 4 期，1950 年 12 月，第 28 页。

⑤ 中央人民政府法制委员会编：《中央人民政府法令汇编（1951）》，法律出版社 1982 年版，第 4 页。

（二）订立公约，开展爱国运动

所谓公约，就是“公共条约”，是群众的自我约定和自律守则，订立公约是新中国成立初期一种常见的思想政治工作方法。1951 年 2 月 2 日，中共中央在《关于进一步开展抗美援朝爱国运动的指示》中号召，以“发起订立爱国公约”等“三事为中心”进一步开展爱国运动①。中国红十字会响应此指示，订立了 9 条职工爱国公约。爱国公约将职工的本职工作与爱国行动紧紧地联系在一起，突出爱国意蕴，成为广大职工共同遵守的行为准则。其具体内容是：

第一，拥护毛主席，拥护中国共产党，拥护人民政协共同纲领，拥护世界和平理事会宣言及决议。

第二，支援中国人民志愿军，支援朝鲜人民及人民军，支援解放台湾、西藏，支援全世界进行革命斗争的各国人民。

第三，反对美国侵略台湾、朝鲜，反对美帝重新武装日本和西德，反对美帝单独对日媾和，反对美帝破坏红十字会公约、滥施轰炸、使用毒气、屠杀俘虏和平民。

第四，保证依照计划进度，完成我们的工作。保证搞好国际医防和治淮医防队的组织、供应和联系工作。

第五，保证加强保密，作好三防（防匪、防特、防火）工作。

第六，保证认真学习，勇于提出批评和接受批评。

第七，保证恪守制度。

第八，保证厉行节约，爱护人民财产。

第九，保证加强团结，发扬互助精神②。

此后，各地分会纷纷依据上述中国红十字会职工爱国公约订立出分会爱国公约。例如，1951 年夏季，无锡市分会订立了爱国公约，主要内容有：（一）响应政府号召，尽力开展卫生预防宣教工作；（二）切实遵守民主集中制；（三）积极参加抗美援朝各项爱国运动；（四）保证把所学习到的东西在工作岗位上变成实际行动；（五）爱护公物不浪费物料，保证以节省为原则；（六）切实厉行工作制度，积极推展工作；（七）虚心接受批评，改进工作缺点；（八）端正工作态度进一步联系群众；（九）保守国家机密，严厉镇压反革命活动③。

---

①《建国以来重要文献选编》第 2 册，中央文献出版社 1992 年版，第 24—27 页。

②《中国红十字会职工爱国公约》，《新中国红十字》第 8 期，1951 年 4 月，第 2 页。

③《无锡市分会 1951 年夏季工作报告》，《新中国红十字》第 2 卷第 1 期，1951 年 9 月，第 31—33 页。

（三）结合分会改组，清理腐败分子

1951年2月，天津分会于改组前及时处理了舒敏杰等5人贪污案，在红十字会系统引起强烈反响，成为纯洁分会组织的典型案例。舒敏杰是天津分会代理会长，负责与红十字会总会联系，承担领取经费、药品、材料等重要任务和推行救济工作。刘学谟是分会诊疗所调剂员，负责保管和配药事务。宋锡莹是业务组组长并担任会计。张文华是总务组组长，负责管理会内行政和收发物资。陈天骥负责出纳，曾任总务组组长、代理会长等。上述5人相互勾结，以经费不足为由，有组织有计划地将会内大批救济物资、药品、医疗器械以及会内家具等，以“破烂”“废料”和“药性已失”为借口，公开盗卖，将百分之十价款以“扣佣金”名义按股分发给全体职工，形成集体贪污，其余的由舒敏杰自行处理。此外，舒敏杰私自盗卖汽车、衣服、帐篷、家具等物资达百余次，药品和医疗器材数车，约40次。1949年11月至1950年3月，舒敏杰先后自红十字会总会由上海、南京两地领取西药、医疗器材百数十种，除交会内药房一小部分外，大多在沪、津等地变价消费。刘学谟除集体贪污外，自1948年至1950年6月，利用职务之便，每月窃取药房奎宁片、阿司匹林等数十片，又陆续窃取止血钳子、镊子、解剖刀、持诊器等工具。

1951年2月22日，红十字会总会致函天津市人民政府、中国人民救济总会天津分会，正式宣布撤销舒敏杰天津分会常务理事、总干事及代会长职务，取消会员资格，并提请市人民政府依法对其贪污犯罪行为进行惩罚①。6月29日，上述5人共同贪污渎职罪经救济总会天津市分会检举，送请天津市人民检察署起诉，市人民法院做出刑事判决：舒敏杰判处徒刑7年；刘学谟、宋锡莹3年；张文华2年半；陈天骥2年②。

（四）结合镇压反革命运动，肃清坏分子

1950年至1953年，镇压反革命运动在全国展开。1951年，全国12个红十字会分会负责人或工作人员共13人，因进行反革命活动而被政府逮捕或处决。其中被处决的是反对土改的青岛分会原会长曾让之、胶县分会原会长匡鹤生，从事反革命活动的潜山分会原负责人汪叔庆、安庆分会原副总干事洪寿安，匪霸的百色分会原会长黎弼臣、邻水县分会原会长赖尚赤等；被捕的是总会干事霍志徵、胶县分会原医师韩伯元、福州分会原会长黄震、零陵分会原会长左振、渑池分会原会长王子元、北京分会理事兼院长谷光甫、亳县分会原会长王乃朴等。

---

① 《天津市分会改组经过综合报道》，《新中国红十字》第8期，1951年4月，第36页。

② 《关于舒犯敏杰案的判决》，《新中国红十字》第1卷第12期，1951年8月，第10—11页。

针对上述情况，5月22日中国红十字会总会发出通知，要求各地分会认真学习并提高警惕以肃清反革命分子，从而做好新中国红十字会工作。通知指出，目前最主要任务之一，“应是肃清反革命分子，以纯洁组织”，各地分会根据出现问题的分会之事实，“结合《惩治反革命条例》及其他有关文件进行学习，可采用座谈会、控诉会等形式”[①]，从思想上划清界限，分清敌我，坚定为人民服务的立场。

自1951年下半年起，中国红十字会组织各地分会认真学习《惩治反革命条例》及有关文件，提高警惕以肃清反革命分子。具体采取座谈会、控诉会等形式，经事先组织、酝酿、研究、讨论，反复学习，领会政府镇反“首恶者必办，胁从者不问，立功者受奖”的政策，做到大胆检举。工作人员首先对自己深入检讨，衷心坦白，搞清自己的历史，不隐瞒、不畏惧，从思想上划清界限，分清敌我，坚定为人民服务立场，肃清坏分子，以纯洁组织，从而建设新红十字会，开展人民的福利事业。

（五）结合“三反”运动，进行思想改造

1951年10月，在全国开展的爱国增产节约运动中，群众揭发出大量的贪污浪费现象。针对这一状况，中央提出从1951年12月至1952年10月在各级党政机关、学校、团体、军队、党派中进行反贪污、反浪费、反官僚主义的“三反”运动。12月27日，中国红十字会总会发出通知，号召已改组的红十字会分会和医防服务队“普遍深入地开展反贪污、反浪费、反官僚主义运动”。

在这期间，中国红十字会在系统内组织学习活动，至1952年上半年，工作人员通过学习，认清了资产阶级的本质，揭露出许多贪污、浪费和官僚主义的事实，而且划清了阶级界限，增强了爱护人民公共财产的观念，确立了全心全意为人民服务的观点[②]。红十字会内部基本清除贪污、浪费、官僚主义等污迹，尤其是新的积极分子不断地涌现出来，树立了艰苦朴素、廉洁奉公的新道德和新风气。这些为发扬人道主义精神和发展新中国红十字事业打下了良好的基础[③]。

实际上，新中国成立后，党领导的新政权更是需要通过政治社会化，来赢得新政权的合法性和执政党的权威。所谓政治社会化，是指社会个体通过接触和学习某种政治文化，培养政治立场（包括政治信仰、政治情感和政治

---

① 《认真学习并提高警惕以肃清反革命分子》，《新中国红十字》第9期，1951年5月，第1页。

② 李德全：《中国红十字会总会改组两年来的工作》，《人民日报》1952年9月8日。

③ 《在三反运动的基础上有计划地开展新中国红十字会的工作》，《新中国红十字》1952年7月号，第3页。

态度等）和政治参与能力的过程。政治社会化对政治系统进而对整个社会系统的良性运行和协调发展具有两个方面的促进作用：从个体的角度来讲，它培养个体的政治参与热情和能力；从社会的角度来讲，它培养个体对某种政治制度和政治价值的认同、忠诚和责任感①。新中国红十字会的思想整顿，是新中国成立初期规模宏大、影响深远的政治社会化不可或缺的组成部分。作为性质是“中央人民政府领导下的人民卫生救护团体”的社会组织，红十字会成为政治社会化的一个载体，承担着一定的政治宣传任务。

第三节　整理医疗机构

一、整理前的状况

由于种种原因，新中国成立之初红十字会医疗机构存在着诸多困难与不足。除总体数量偏少、位置分布不尽合理之外，还有在硬件方面，投入的资金不足、原有的器械严重缺乏等，在软件方面，主要是医务人员紧缺、技术水平落后、思想观念陈腐，而且机构制度建设和民主管理还很不健全等问题十分突出。这些与各地红十字会分会总体条件的落后是分不开的。

下面以江苏红十字会为中心对医疗机构硬件方面的情况展开考察。

江苏绝大多数分会除了拥有少量房屋和空地之外，别无其他资产，如医疗设备等，条件非常简陋，常州分会即是如此，情况如表 1－3 所示。

表 1－3　常州分会现有资产登记表

名类	数量	购置日期	坐落地点或存放处	所有权状	备考
平房瓦屋	6 间	1946. 10. 1	武溧路 坐北朝东南	/	地基向西学社借，房屋系唐瑞生、姚浩文等捐建
荒冢坟地	2. 6 亩	1948. 8. 19	地号 587	武字：29598	张喜康、张汉良捐赠

资料来源：中国第二历史档案馆档案，全宗号 476，卷号 1976。

上表中的 6 间房屋和 2. 6 亩地即是新中国成立之初常州分会的全部财产，由此可见江苏红十字会医疗机构中的医疗设备缺乏、经费不足等困难。

在实施救助 1949 年至 1950 年大水灾的过程中，江苏红十字会药品等物

① 参见郑杭生主编：《社会学概论新修》第 3 版，中国人民大学出版社 2003 年版，第 100 页。

资的严重缺乏就显得更加的突出。1949 年，长江中下游干支流普遍大水，干流许多控制河段出现历史最高水位，江河圩垸堤防大多溃决，受淹农田达 180 万公顷，受灾人口 810 余万，死亡人数达 5.7 万。江苏省“南通、泰州两专区江堤决口百余处”[①]。由严重水灾而带来的灾难性影响可以从 1950 年常州分会的 3 份报告中看出一二。

1950 年 3 月 5 日，常州分会总干事吴逸樵和武进县前黄服务站主任杨迪群在上海参加红十字工作检讨会时，向红十字会总会提交了《常州分会要求补充药械》的报告。报告称：武进县解放后，即划分为两个行政区，城内为常州市，城外为武进县，市人口 20 余万，县人口 98 万余。原有武进分会事业，在常州市有 1 个诊疗所和 1 个义务小学，在武进县的 3 个服务站变为县范围的 3 个重要医疗机构。武进县属沿江滨湖一带，1949 年夏天堤岸决口，秋收大减，灾情严重。1950 年 2 月 5 日召开的武进县第二届人民代表会议上报告已有灾民 20 万人，3 月份以后可能要发展到 30 万以上。县人民政府一再号召生产自救，社会互济。3 月 2 日，杨迪群响应县长的号召，尽力筹组一个灾区巡回医疗服务队，配合救灾工作，解决灾民健康问题。经过数日奔走，人力、财力稍具眉目，而消耗的卫生材料则准备全部依赖红十字会总会供给，以便常州分会的工作和配合乡村生产救灾工作。此外，新中国成立初期，由于天灾所致，农村经济一落千丈，农民没有饭吃。因之乡村服务站病人渐多，道义上的责任日渐加重，而经费反无办法，乡村服务人员进退维谷，硬着头皮，饿着肚子在苦干。故希望“趁在沪之便得一明确指示”[②]。

一个月之后，4 月 21 日，常州分会就要求组织巡回医疗服务队和补充药械再次向红十字会总会提出申请，其困难及急盼救助之情于文字中可见一斑[③]。

上海中国红十字会总会秘书长胡钧鉴：

查武进沿江滨湖一带灾荒严重，一般农村人民吃观音土、吃糠、吃麦麸、吃野草并非传闻，确已事实。本分会武进前黄服务站主动为配合武进县生产救灾工作，发扬红十字会服务宗旨，在千困万难中各方奔走，呼吁组织武进受灾农村巡回防疫医疗队，深入受灾农村工作，促进人民健康，增加劳动生产力量，并完全免费减轻劳动人民医药负担，业由本会及前黄服务站先后分

① 孙恩诚：《与空前严重的灾荒艰苦奋战中的华东人民》，《人民日报》1950 年 2 月 6 日。

② 《常州分会要求补充药械》，中国第二历史档案馆档案，全宗号 476，卷号 2925。

③ 《常州分会报告灾情要求组织巡回医疗队及补充药械》，中国第二历史档案馆档案，全宗号 476，卷号 2925。

呈钧会监核，并函武进县人民政府及运村区政府查照各在案。

兹承上海市民营广播电台公会、上海市评话弹词公会于4月30日假亚美麟记电台播送特别节目，劝募巡回防医队经费，除该队所需药械由主办之前黄服务站呈请外，敬希从速核发，俾便5月1日到达灾区，开始工作。救灾如救火，幸勿延误。再前黄服务站目睹灵台乡灾状之惨，已购得麦麸10担于4月23日交前黄乡政府转达该乡政府领取分发。由该站陆续设法备购麦麸50担分发，一并呈请备核。为祷。

中国红十字会常州市分会

9月20日，常州分会前黄服务站第三次向总会请领药品。其申请报告指出，新中国成立以后农村经济一落千丈，农村服务机构大有不能继续维持之势。“农村庄稼十九无力购买肥料，初夏淫雨成灾，秋末竟月未雨。方寸之地竟有先后水灾旱灾之别，加以支前万急，农村生活已不堪言状。农村人民生病求死而不死者有之，亦有生病怕死无力求医而待毙者。过去生男育女为毕生之大喜，而现在孕妇竟有要求打胎者”。“急盼钧会从速征求有志于红十字会服务事业者，予以短期训练授以红十字会教育，为广大人民健康服务。本站经费竭无办法，入秋以来……农村疟疾①流行，影响人民健康。农业生产之大，本站即开展灭疟运动，以灭疟两千人为目标。此工作简单易举，收效宏大。次即展开妇婴保健工作。再次一俟乡村学校开学，即普遍学校儿童检查体格，并填送家庭建议书。以上三项是下半年工作的中心……并请核发应用药品教祈，遵为祷”②。

实际上，常州分会医疗机构所暴露出来的诸如经费不足、药品器械严重缺乏等困难，是其他江苏分会乃至全国各地红十字会医疗机构所普遍存在的。

除此之外，江苏红十字会医疗机构的数量特别有限。1950年11月，在北京举办的分会干部学习班有一份与会的全国30个分会医院、诊所、病床及门诊人数统计表，江苏6个分会的状况如表1-4所示，我们可以从中了解到新中国成立之初江苏红十字会医疗机构的数量及其分布、常规工作的一些情况。

---

① 疟疾是经按蚊叮咬或输入带疟原虫者的血液而感染疟原虫所引起的虫媒传染病。寄生于人体的疟原虫共有4种，即间日疟原虫、三日疟原虫、恶性疟原虫和卵形疟原虫，在我国主要是间日疟原虫和恶性疟原虫。

② 《武进分会前黄站请领药品之情》，中国第二历史档案馆档案，全宗号476，卷号2925。

表 1－4　医院、诊所、病床及门诊人数统计表（江苏部分）

分会名称	医院数量	床数	医院每月门诊平均数	诊所数量	诊所每月门诊平均数	医防队、救护队工作人员数
青浦分会	1	15	800	/	/	7 人
南京分会	/	/	/	2	10000	/
无锡分会	/	/	/	1	1736	/
长泾分会	/	/	/	1	800	/
镇江分会	/	/	/	1	4000	/
常州分会	/	/	/	1	2400	5 人

资料来源：《30 个分会医院、诊所、病床及门诊人数统计表》，《新中国红十字》第 4 期，1950 年 12 月，第 11 页。

由上表可知，当时江苏红十字会仅有 1 所医院（属青浦县分会，15 个床位）和 6 个诊所，青浦、常州两个分会的医防队、救护队的工作人员不过 12 人，这与广大人民群众的实际需求还是有相当大的距离，如继续依赖原有医疗机构是远远不能够满足社会服务需要的。

除上述硬件方面的不足之外，包括红十字会医院在内的全国医院，其软件方面的状况也不容乐观。据统计，新中国成立初期，全国先后接管的公立医院和县卫生院共有 6 万张病床。由于受到旧制度和旧观念的影响，在思想作风方面除少数医院及医务人员外，普遍存在如下严重问题。其一，对病人不关心，不负责任，工作粗枝大叶，医疗上不断发生事故。例如出现诊断错误，治疗无原则，护理不周到，对急救病人拖延治疗等现象。其二，医院内部工作人员不配合，同事关系不协调，甚至闹宗派，缺乏互助或相互包庇，对病人坐视不管等，降低了工作效率。其三，技术上墨守成规，自满自大，阻碍了技术的改进、提高与运用。如消毒不严密、化脓率高，或因诊断延迟和误诊而延长了病人住院时间。其四，对旧的规章制度没有彻底地批判和修订，新的制度尚未系统建立，导致职责不明，工作相互推诿，敷衍了事。其五，医院编制不统一，造成人力浪费；在物资器材药品方面，由于管理不善，出现浪费现象。这些问题导致医院不能够满足人民群众的需求，没有全部发挥出应有的医疗效果和社会效益。

以西安分会医院为例，1949 年 5 月西安解放以后，西安分会医院即在免费医疗和优待解放军伤病员，协助办理贫民免费工作、春季种痘、夏季防疫、卡介苗推广以及在大华纱厂推行工厂卫生等方面开展了大量工作。不过，西安分会医院存在一些阻碍进步和发展的原则性问题，主要有：一是作风问题。一部分工作人员不负责任，不虚心，存在推、搁、拖等不良作风；自由散漫，无组织无纪律的现象还严重存在。二是制度问题。如在领导方面，各部门间缺少明确分层负责的分工制度，没有工作计划、检查、总结和汇报制度，没有建立生活检讨会及时纠正干部的不良作风等；在医务方面，没有制定出诊、会诊、转科及科务会讲等制度；在事务方面，没有制定会客制度、大门规则等制度。三是团结问题。由于有些干部政治学习不够，没有真正建立为人民服务的观念，只是单纯强调个人利益，忽视了友爱互助，以致发生不团结的现象。从根本上看，上述问题的存在主要是缘于学习不够、政治认识不高，以及观点立场不明确。

二、在整理中发展

（一）全国整理的开始

新中国红十字会是卫生救护团体，以宣传和推广防疫、卫生、医药及救济福利事业为宗旨，红十字会医疗机构是红十字会开展业务工作的主要场所和平台，是红十字运动的重要行为主体。新中国成立之初，中国红十字会卫生医疗事业恢复发展中的困难，以及存在的问题，在一定程度上影响了广大人民群众的健康生活。因此，整理红十字会医疗机构，充分发挥其功能，势在必行。

实际上，中央卫生部针对全国医院软件方面普遍存在的问题，于 1950 年 4 月在医政工作的指示中提出了整顿医院的任务，并于 8 月在全国卫生工作会议上讨论整顿医院问题。11 月 27 日，卫生部颁布了《关于整顿全国医院的指示》，要求各级卫生机关本着“治病救人，惩前毖后”的精神，检查整顿全国医院，重点是教育医院干部，树立人道主义的医疗思想作风，同时整顿医疗制度，提高医疗技术水平，减少和消灭失职失事的错误以及不团结的现象。

根据卫生部的上述指示精神，全国采取如下 5 个方面的具体举措进行医院整顿：一是加强政治领导，提高工作人员政治觉悟；二是依照一切为了病人的原则，切实批判旧制度不合理的部分，并制定新制度，克服医疗制度混乱的现象；三是建立民主管理制度，改进工作作风，加强领导和团结；四是加强业务学习的领导，提高业务技术水平；五是增添必要的设备，克服工作条件上的困难。

由此可见，此次整顿医院的重点在于思想和工作作风的改进，以及规章制度的更新，即医院软件方面的治理整顿。作为全国医院不可或缺的组成部分，中国红十字会系统的医疗机构自然属于整顿之列。例如自 1951 年 3 月起，西安分会医院针对上文所述存在的主要问题，开展了检查整顿活动。西安分会医院主要是从如下几个方面改进工作的：一是加强政治学习，反对一切不良的倾向和作风。二是建立各种必要的工作制度。首先建立起院务管理委员会，进行医院民主管理。行政领导必须建立检查工作制度，加强工作检查和督促，不断总结工作，吸取经验，改进工作。三是团结技术人员，培养技术人员。教育技术人员提高政治认识，树立为人民服务的工作作风。四是切实实行民主集中制。领导在充分听取群众意见的基础上进行归纳，务必做到少数服从多数、下级服从上级、个人服从组织。五是行政人员经常与工会取得联系。行政照顾工会，工会协助行政完成任务，两者分工合作，相互配合开展工作①。

事实上，中国红十字会整理红十字医疗机构走在全国整顿医院之前。早在 1950 年 8 月协商改组之时，红十字会总会就已经注意到各地分会医疗机构的整理工作，提出了整理分会医疗机构的总体要求：在全面调查和登记已有医疗机构以了解真实情况的基础上，对整理医疗机构工作进行分类指导。

具体而言，对于一般的医疗机构要使其维持现状，在红十字会总会及地方人民政府的配合下应予以适当的补助（包括经费、物资等），但亦提高医疗机构创业的积极性，防止养成依赖心理。在已改组的分会中，以“有设备基础”“有经济能力”“有适当人员”和“能起核心作用”为条件重点地选择医院诊所，大致是 10 个医院、20 个诊所，按照整理办法，即强化人事、登记财物、扩充设备、提高技术、正确服务态度等，予以经济及物资的补助，使其正常发展，提高业务水平②。

为进一步加强和规范管理全国医院诊所，1951 年 3 月 15 日，中央卫生部同时颁布了《医院诊所管理暂行条例》和《医院诊所管理暂行条例施行细则》，对于设立医院诊所的条件予以明确的规定：“医院至少须有病床 10 张、医师 2 人、护士（产科医院得为助产士）及护理员 3 人、药剂人员 1 人；不合上述规定者，一律称为诊所。诊所得设有 10 张以下的观察病床。”③ 5 月 1 日，卫生部同时公布《医师暂行条例》《医师暂行条例施行细则》和《中医

---

① 《西安分会整顿红十字会医院的总结报告》，《新中国红十字》第 11 期，1951 年 7 月，第 3 页。

② 《中国红十字会总会 1950 年 9 月至 12 月工作计划大纲》，《新中国红十字》创刊号，1950 年 9 月，第 11 页。

③ 《医院诊所管理暂行条例》，《新中国红十字》第 7 期，1951 年 3 月，第 40 页。

师暂行条例》，详细而明确地规定了医师或中医师的入职资格、职责、义务及奖惩等，为检查整顿相关从业人员提供了重要标准和依据。

中国红十字会总会根据上述相关条例要求，对 89 个分会的业务机构加以整顿和充实，“对那些确有一些发展基础和条件一时困难致使不能维持或仅能维持现状而不能扩充的医院和诊所，除给以药品器材的补助以外，并应给一部分经费补助以维持其不垮，并要求有一定程度的扩充”。其中，31 所医院合计病床 1009 张，红十字会总会按照病床单位给予 30% 的费用补助；49 所诊所平均每月门诊数 62804 人，总会按每人每月补助 2000 元。

与此同时，红十字会总会要求充实分会的教育机构，普及医学教育，着重培养护士、助产士等中初级卫生人才。上海、重庆、西安、广州等地分会护士学校在原有名额的基础上增加 50 人，毕业后由红十字会总会统一调用，其所需经费由总会补助。对济南分会附设助产学校加以补助，要求扩充一个班；汉口、万县两地分会设立助产学校，并给予经济补助。

1951 年，红十字会总会在原有济南分会助产医院、昆明分会助产站等基础上，在适当地区辅助分会并与当地妇女联合会合作开设妇婴保健站，其数量由 1950 年的 6 所增至 15 所，所需经费由红十字会总会补助。北京分会率先创设妇幼保健站，积累经验，发挥示范作用。保健站建成后训练接生员、改造旧产婆，以加强妇幼卫生工作。

通过一段时间的扩充、补助，红十字会医疗机构整理工作有了起色。从 1952 年华东区各省市红十字分会人员经费及事业补助费预算中（如表 1－5所示）可以了解到：1952 年江苏 7 个分会中，江阴县分会和青浦县分会建有红十字会医院，除青浦县分会外，均建有医疗诊所，常州市分会、无锡市分会和江阴县分会建有妇幼保健站，江阴县分会和青浦县分会建有巡回医防队，武进县分会建有农村服务站，尤其是在医疗机构数量增加的同时，医务工作者也随之增多，如此规模与表 1－4 所示 1950 年时的状况相比，有较大的进步，而且 1952 年江苏红十字会获得了若干事业补助费及人员经费。

表 1－5　1952 年华东区各省市红十字分会人员经费及事业补助费预算表（江苏部分）

省市别	分会名称	人事部核定人数	分会所属事业单位	个人待遇	公用部分	事业补助费（万元）	备考
南京市	南京市分会	14 人	诊所（按 25 人计算）	/	/	18000	每人每月按 70 万元

（续表）

省市别	分会名称	人事部核定人数	分会所属事业单位	个人待遇	公用部分	事业补助费（万元）	备考
江苏省	镇江市分会	6人	诊所（按14人计算）	/	/	10080	每人每月按70万元
	常州市分会	6人	诊所（按25人计算）	/	/	18000	每人每月按70万元
			妇幼保健站（1处）	/	/	4200	每月350万元
			接生员训练班	/	/	420	全年补助
			医助训练班	/	/	4800	全年补助
	无锡市分会	10人	诊所（按12人计算）	/	/	8640	每人每月按60万元
			妇幼保健站（1处）	/	/	4200	每月350万元
			接生员训练班	/	/	252	全年补助
	江阴县分会	6人	医院（按21人计算）	/	/	15120	每人每月按60万元
			诊所（按7人计算）	/	/	5040	每人每月按60万元
			妇幼保健站（2处）	/	/	8400	每处每月350万元
			接生员训练班	/	/	336	全年补助
			医助训练班	/	/	4800	全年补助
			巡回医防队（6人计算）	/	/	4320	每人每月按60万元
	青浦县分会	4人	医院（按15人计算）	/	/	10800	每人每月按60万元
			医助训练班	/	/	3600	每人每月按60万元
			巡回医防队（6人计算）	/	/	4320	每人每月按60万元
	武进县分会	4人	农村服务站（按18人计算）	/	/	12960	每人每月按60万元

资料来源：《1952年华东区各省市红十字分会人员经费及事业补助费预算表》，中国红十字会总会档案馆档案，全宗号：永久3号。

（二）整理的概况

中国红十字会为适应国家建设需要，贯彻“预防为主”的卫生方针和“动员和组织人民实行自救助人”的救济福利方针，协助政府面向人民大众，宣传并推广防疫、卫生、医药及救济福利事业，提出了“先发展业务，而后发展会务”“预防为主，配合治疗”的原则，在整顿旧的医疗保健机构的同时，为配合政府医疗卫生工作，陆续增设兴办了一批医院、助产（护士）学校、产院、门诊部、妇幼保健站等业务机构。仅1953年，中国红十字会整顿和新建医院26所、诊所66个、助产和护士学校6所、妇幼保健站28个①。

下面以北京市分会、天津市分会和江苏红十字会为例，对医疗机构就其接管、合并、增建以及调整负责人、改进工作方法等规范管理情况进行逐一考察②。

其一，整顿医院、诊所。

北京市分会肺病疗养院创建于1926年。1951年5月8日，北京市分会第四次理事会通过决议，解除分会理事、疗养院院长谷韫琦的职务，批准成立疗养院院务管理委员会，并制定院务管理委员会暂行条例。9月22日，市分会第一次常务理事会扩大会议决议聘任崔谷忱为分会理事兼任疗养院院长。12月7日，市分会将肺病疗养院改称为结核病防治院。防治院有病床59张，工作人员59人，其中医师5人、护士14人、药剂师3人、化验员1人、X线技术员2人、事务员8人、勤杂工26人；防治院改进工作方法，医务人员走出医院开展防痨宣传，深入各单位进行集体透视，推行卡介苗接种，提高了群众对于预防结核病的认识，从而达到早发现早治疗的目的。

颐和园是北京著名景区，附近居民达数万人，园内有数百名职工，加上游客，人数众多。1951年2月，为解决此处没有建立医疗机构而带来的就医难问题，北京市分会特地在宫门前设立门诊部。1952年，门诊部工作人员共16名，以内科、外科为主，并派专人到颐和园巡诊，为游客进行卫生防病宣传。除颐和园门诊部外，1951年8月，北京市分会在宣武门外居民多而医疗机构少的丞相胡同设立第一门诊部。1953年，门诊部职工由最初的7人发展到20人，设有内科、外科、儿科、妇科，平均每月门诊量约为370人。门诊部还承担该地段的预防注射、儿童保健等工作。1957年3月，第一门诊部正式更名为北京市红十字会丞相胡同门诊部。

江苏长泾分会理事郭琦元、总干事张宇和及诊所主任华毓楠自1950年12

---

① 山东省红十字会编：《红十字会务知识》，1986年内部印行，第42页。另有资料则显示：“到1953年，红十字会系统整顿和新办医院26个，诊所66个，护士和助产学校6个，妇幼保健站20个。”参见中国红十字会总会编：《中国红十字会的九十年》，中国友谊出版公司1994年版，第133页。

② 其中北京市分会、天津市分会的资料分别源自孙敬敏编纂：《北京市红十字会的65年（1928—1993）》，文津出版社1995年版；赵辉主编：《天津红十字会九十年》，天津人民出版社2001年版。

月参加分会干部学习班学习回来后，就计划将诊所扩充为医院，并开办短期训练班，但旧有的房屋不够使用。经长泾分会与当地政府商洽，区镇领导同意尽快发还分会的9间门面房屋。1951年1月31日，长泾镇召开工商界座谈会，讨论了房屋修建的经费问题①。与会工商界人士表示将热心协助新事物的扩展，自愿捐助1000万元。实际捐献1500万元，泥水木作工减低一半工资，还捐献了70个工，起卸业工会义务搬运材料，复明电灯厂赠送并免费安装41盏日光灯（电灯）。5月15日，计划修理的18间平房全部竣工，诊所正式扩充成医院②。这样，江苏红十字会医院由原来仅有的一个（即青浦县分会医院）增加到两个。

自6月1日起，江阴县长泾医院在原有的内科、五官科、妇产科基础上，增设了外科和化验室（外科医师严泉源、化验员朱桂兴等新聘的医师护士早在1月底就已提前来分会报到工作了）。同时，应附近乡镇广大群众的要求，在河塘桥陈墅乡设立巡回站，北漍镇设立分诊所，由分会农村巡回医防队和农村卫生宣传队轮流选出卫生员，联合中医，结成坚强防疫保健阵地，大规模地开展夏令防疫运动，进一步巩固业务基础，推进会务工作③。而此前，同年1月长泾分会诊疗所就已经在东湖塘设立了分诊所，以自给自足为原则，只拨发部分药品。一个月就诊病人就达348人次。东湖塘分诊所属试办性质，目的在于积累经验为扩展业务作准备④。

其二，整顿助产学校和护士学校。

1951年8月15日，北京市分会经北京市政府批准，接管1945年建于沈阳，后迁址北京的私立北宁助产学校，并改称北京市分会助产学校，校长由市公共卫生局妇幼保健院院长孙毓驯兼任，在校教职员工22人，学生5个班71人。9月1日，北京市分会正式接办助产学校。1953年2月6日，孙毓驯被撤职，市分会王康久总干事暂代校长；3月18日，任命李更章为校长；10月，该校归并北京市立助产学校。

天津市解放后，经市政府同意，天津市分会接办了原天主教在一区营口道建立的天主教医院附属仁爱高级护士学校，并改名为天津市分会高级护士学校，1951年11月5日正式开课。1952年4月30日，为便于统一领导、统一教学和统一管理，护士学校与天津市卫生局为培养中等护士专业人才而建

① 《长泾分会1951年1月份工作简报》，《新中国红十字》第6期，1951年2月，第30页。

② 《江阴县分会改组以来的工作》，《新中国红十字》1952年1月号，第49页。

③ 华毓楠、王祖尧：《江阴县分会长泾医院修建房屋计十八间》，《新中国红十字》第11期，1951年7月，第33页。

④ 《长泾分会1951年1月份工作简报》，《新中国红十字》第6期，1951年2月，第30页。

立的天津市护士学校合并。

其三，整顿产院、接生站。

北京市分会在接管北宁助产学校的同时，接管了该校附属医院。产床由此前的15张增至23张，婴儿床25张。到1954年3月，工作人员也由11人增至34人。在1953年10月助产学校合并到市立助产学校后，该附属医院即改名为北京市分会产科医院。1956年9月，产科医院迁入新址；1957年3月11日，改名为北京市红十字会产院。

1951年6月，天津市分会开始筹建产科医院。市政府将接收的德美医院的房屋转租市分会，并拨款两亿余元人民币作为筹建经费。11月24日，红十字会产科医院成立；11月28日，产院正式对外应诊。随着业务范围的进一步扩大，1952年5月，产院改为综合医院，更名为天津市红十字会医院；11月22日，经市政府同意，市救济分会和市分会联合接办的津光医院交于红十字会，并入红十字会医院统一管理。

泗洪县青阳区接生站于1953年成立，县诊疗所重视接生站3个接生员的业务训练，却忽视了政治思想上的领导，也没有检查接生站的工作，致使接生站被1个作风不好的接生员把持，新法接生①无法推行。接到群众反映情况后，泗洪县分会即与县、区、镇妇联进行慎重研究，决定改组接生站，明确由区妇联负责接生站的行政领导，县诊疗所及妇幼保健站负责业务领导。此外，为帮助接生员提高业务水平，诊疗所除了给接生员每天补课两个小时外，主要是以师带徒的方式让她们进行接生见习，培养她们独立的接生能力。半年多，接生员共单独接生婴儿157名，而且从未发生过任何事故。因工作突出，1954年5月，在泗洪县第三届妇女大会上，接生员宋启华被评为二等模范②。

其四，整顿保健站和保健所。

新中国成立后，北京市西郊什坊院妇幼保健院将保健院全部的药品、器材捐献给红十字会。1952年6月11日，北京市分会接管保健院，并更名为北京市分会什坊院保健站，职工共17人。保健站的主要任务是保护农民健康，深入农村，开展防病治病、接生访视、预防注射等业务，并协助乡村设立防疫卫生委员会，开展爱国卫生运动，进而有效地控制传染病的流行。

1951年6月，天津市分会在筹建产院的同时，着手筹建3个保健所。

---

① 新法接生的基础是“三洁”，即手洁、消毒阴部皮肤和使用消毒脐带剪。提倡新法接生与查封妓院、禁止缠足等，都是新中国成立初期维护妇女尊严、保障妇女健康的重要举措。

② 孙英杰：《泗洪县诊疗所加强对青阳区接生站的领导》，《新中国红十字》1954年5、6月号，第18—19页。

1951年7月28日、1952年4月26日和7月10日，第一、第二、第三保健所分别在红十字会原址原一区归绥道、原红十字会天津县凡爱诊所和原四区唐家口大街成立。3个保健所除开设门诊以外，还承担本地区的下厂巡回医疗、儿童保健和预防注射任务。后由于业务的扩大，1955年2月15日，3个保健所分别更名为第一门诊部、第二门诊部和第三门诊部，开设内科、外科、儿科、妇科、中医、化验等科室。与此同时，天津市分会还开办了通泰里、北小道子等7个妇幼保健站，职工达130余人，保健站具有一定的规模。

无锡市分会劳工保健所一开始是个复杂、不健全的机构，设有门诊、产房、病床等，业务繁多，工作秩序混乱，保健所既不像医院，又不像诊所。后来，经过市卫生局多次研究，确定先从加强领导着手，配备了专职所长，并逐步整顿机构，将产房、病床等全部撤销，扩大门诊业务，使工作逐步走向制度化。所里工作人员在市卫生局党委统一布置下，加强了政治学习，经常受到教育，服务态度有了很大的转变①。

总而言之，至1952年底，北京市分会的业务单位由改组前的1个结核病防治院，发展到包括助产学校、产院、门诊部、妇幼保健站等在内的大小13个单位；从1951年7月到1955年底，天津市分会共兴办12个医疗机构，这样不仅满足了部分地区的医疗需要，而且为发展会务奠定了基础。

1950年12月8日，中国红十字会总会发布了《红十字会医院诊所可免纳工商业税》的通知，指出按照中央有关规定，政府机关、公营企业及工、青、妇、学联、红十字会等人民团体设立的医院诊所都属于公立范围，所以红十字会医院诊所均免纳工商业税；同时强调，要防止各地有假借红十字会名义办理医院诊所而实为私人营业性质逃避税收的现象发生②。

1952年10月25日，北京市分会将附属事业单位委托市公共卫生局领导和指导。此后附属单位的管理关系做了调整，如结核病防治院、助产学校及附属产院逐步归卫生局直接领导；颐和园门诊部属海淀区卫生院指导，第一门诊部由宣武区卫生所指导；每天免费提供居民豆浆的红十字会豆浆站归卫生局妇幼科指导。各单位经费仍由分会统一掌握，经卫生局审核后请领。不久，北京市分会上述调整管理关系的做法在全国推广开来。

自1955年起，中国红十字会所属医院、诊疗所、护士学校、助产学校、接生站、保健站等先后移交给地方卫生部门管理。从此，中国红十字会不再

---

① 张汉卿：《做好红十字会工作的保证》，《新中国红十字》1954年7、8月号，第26—27页。

② 中国红十字会总会编：《中国红十字会历史资料选编，1950—2004》，民族出版社2005年版，第11—12页。

领导和管理医疗保健等业务机构[①]，这标志着中国红十字会在管理职能上实现了重大的历史性转变。尤其是从这年冬开始，根据周恩来总理的指示，中国红十字会与中国人民救济总会合署办公，红十字会工作以国际为主，而国内工作主要是急救训练和群众卫生等[②]。由于后来红十字会与卫生部门、爱国卫生运动委员会合署办公，其国内工作实际上就是和爱国卫生运动结合了起来。不过，一些医院一直保留着红十字会的冠名。

这里需要特别说明的是，新中国成立初期，中国红十字会管理的红十字医院、诊疗所、助产（护士）学校、产院、接生站、保健站等业务机构，涉及医疗、防疫、急救、妇幼保健以及相关教育等领域，而且分散在全国各处，移交卫生部门管理的时间不尽统一，情况十分复杂，加上这方面的史料一时难以全面搜集和掌握，笔者无法对上述红十字业务机构自整理后至移交卫生部门管理前的这段历史进行专门考察。这些业务机构所开展的活动只是散见于医防服务、救护训练、防治传染病、参与爱国卫生运动等相关专题中。

（三）整理的成效

红十字会医疗机构经过硬件和软件方面的综合治理后，取得了初步成效，出现了新的气象。

开封市分会自 1953 年 11 月开始，根据《河南省卫生厅整院方案》和《开封市卫生科关于贯彻〈河南省卫生厅整院方案〉的实施办法》，整顿分会诊所。经过一个多月的整顿后，诊所工作有了转变。如过去领导不了解下情、工作不深入、领导和同志间有隔阂、同志间不团结、开会不讲会后乱讲，经整顿后，基本上扭转了不团结现象，克服了自由主义倾向，群众有意见愿意与领导交流了。在此基础上，修订了门诊规则、调剂规则，建立了额外值日制、月终考勤制、病案研究制等，减少了分工不明确而形成的忙乱现象。

整顿后，工作人员的思想觉悟也有了一定提高，工作作风和工作态度都有了改进，过去外科室个别大夫换药不注意消毒，保健站产包只有一把镊子，现在基本上都掌握了消毒规则，做到器械严密消毒，保健站也补充了镊子。各科室对重病人做到提前或优先治疗，减少病人痛苦。由于工作制度的健全、工作作风的改进，来诊所看病的群众逐渐增多了[③]。

下面以无锡市分会山北乡妇幼保健站为例进行说明。山北乡妇幼保健站

---

① 值得一提的是，作为中苏在医疗领域合作的典范，1952 年由中国红十字会总会和苏联方面合作在北京筹建的北京苏联红十字医院，于 1957 年移交我国，1970 年改名为北京友谊医院。

② 中国红十字年鉴编辑部主编：《中国红十字会通志，1904—2015》，中华工商联合出版社 2016 年版，第 276 页。

③ 《开封市分会诊所整顿后的新气象》，《新中国红十字》1954 年 7、8 月号，第 28 页。

是在全国整顿医院的背景下，于1952年7月建成。保健站密切联系群众，端正作风，在卫生、妇幼保健、知识宣传等方面扎实工作，赢得了良好的社会声誉，其情况大致如下。

首先，保健站组织开展卫生工作。1953年春季，妇幼保健站根据上级指示和与乡政府共同制订的计划，以90余户的光明村为重点在山北乡普遍开展爱国卫生突击运动。此前光明村的干部和群众担心搞爱国卫生运动会耽误生产，保健站就先帮助他们提前完成生产任务。在运动普遍开展之时，保健站工作人员结合当地的风俗习惯进行宣传动员，提高群众对卫生工作的认识，然后提出“垃圾集中、粪坑加盖、保存肥料不受损失”等口号使卫生运动逐步走向深入，结果山坡下的浮厝都送往山上掩埋了，露天的粪坑做了修理并加上了盖①。

其次，保健站认真做好最主要的工作，即妇幼保健工作。保健站力量有限，就与附近各乡经过训练的26位接生员联系，经常辅导她们，以使她们能担负起附近6个乡的妇幼保健工作。经过保健站不断地关心与教育，接生员更加意识到了自己任务的重要性，她们在每个村都认真做好产前检查、产后访视和接生，并展开妇幼卫生知识的宣传教育。1953年，她们在6个乡共接生295次，产妇和婴儿绝大多数健康平安。

为保护儿童健康，保健站除了按期进行预防接种外，1953年三四月间还给401名小学生做了健康检查，向他们讲解卫生知识，培养卫生习惯。六一国际儿童节又检查了223名儿童，还对他们的沙眼、蛔虫等病症做了免费治疗。8月，保健站以妇女干部和民办学校教师为主要对象，训练了一批保育员和卫生辅导员，为在农忙和其他中心工作（如普选）期间办托儿所及做好妇幼卫生等做好准备。

再次，保健站运用多种方法发动接生员、保育员、卫生辅导员、防疫员、种痘员等群众力量进行卫生知识宣传。农村生产忙，会议也多，他们就围绕各项工作随时随地“遇会”宣传。他们在普选期间担任乡选举委员会宣传队队长、幻灯放映员和选民小组组长的时候，就“遇会”穿插着宣传了有关妇幼卫生、冬季种痘等常识。平时，他们经常在民校、冬校、小学及村里各种集会上，经单位领导或会议主持人同意，根据不同对象运用不同方式，并结合季节的需要进行不同卫生内容的演讲，一年多的时间共组织演讲470余次，

---

① 值得一提的是，20世纪50年代至70年代江苏管理粪便的做法和经验是：50年代，与生产相结合，搭棚加盖，促进粪便腐熟。到了70年代，发动农民自筹资金，建设三联式沼气池。这样，既实现了粪便无害化，又充分利用了生物能源，还提高了肥效。参见中共江苏省委宣传部编：《建国三十五年来的江苏（1949—1984）》，江苏人民出版社1984年版，第413页。

受到群众好评。至于夏天乘凉、冬天晒太阳等场合更是他们宣传的好机会、好场所。

总之，山北乡妇幼保健站有效地提高了山北乡及附近各乡人民群众的卫生知识水平，改变了他们许多不良的卫生习惯，广大农民开始对清洁卫生重视起来，疾病的发生率减少了很多，光明村还成为郊区卫生典型村。保健站的工作受到了区领导的重视和好评①。

从某种意义上说，上述山北乡妇幼保健站的工作是整顿后红十字会医疗机构工作的一个缩影，在一定程度上反映出医疗机构在整顿后工作上的一些新变化。

① 顾淦澄：《一个农村妇幼保健站的工作》，《新中国红十字》1954 年 4 月号，第 18—19 页。

第二章　社会救助彰显担当

新中国成立之初，尚处于协商改组之中的中国红十字会在组织机构、会员基础、经费来源等各方面条件和力量都非常困难和有限的情况下，为满足社会需要，协助政府组织开展了水灾救助，并继承传统，利用原有的红十字服务站开展各项社会服务。尤其是在抗美援朝期间，中国红十字会进行广泛的社会动员，共7次派出国际医防服务大队，实施国际救助。中国红十字会开展社会救助，践行“动员和组织人民实行自救助人”重要职责，彰显出伟大的人道主义精神和应有的责任担当，在中国红十字运动史上书写出并不多见且为浓墨重彩的一笔。

第一节　灾害救助和社会服务

一、水灾救助

我国幅员辽阔，地形及气候复杂，自然灾害尤其是水灾频繁。例如，江苏南北有长江、淮河横穿，江淮一带河流密布，雨量集中时极易形成洪涝。新中国成立之初，江苏遭遇严重的大水灾就有两次之多——1949年至1950年水灾和1954年水灾。在这两次大水灾期间，中国红十字会总会和江苏红十字会开展了灾民寒衣劝募、灾区卫生医防等社会救助活动，发挥出社会组织不可替代的独特作用。

因常年战乱，特别是国民政府破坏了原有河堤，加上水利多年失修，以及1950年雨量特别大，为几十年来所未有等因素，1950年的江苏水涝灾情十分严重，引起了中央的高度关注。3 月 20 日，毛泽东专门为中共苏北区委请求中央加拨粮食和食盐救济苏北灾民的报告做了批语，要求政务院副总理董必武负责处理此事①。4 月，江阴县很多农户因水灾断炊，中国红十字会长泾分会总干事张宇和与长泾区生产救灾委员会副主任一同赴上海进行劝募，共募得 250 万元人民币，呈送长泾区救灾委员会，分发给灾民。夏季到来后，武进县发生大水灾，灾民达 30 万人。常州分会杨迪群等组织巡回医疗队深入灾区防病治病，配合乡村干部进行生产救灾工作。武进前黄服务站农村巡回医疗队为灾民免费治疗，还先后购买麦麸 60 担交给乡政府发给灾民②。此外，中国红十字会还专门组织一支巡回医防服务队进驻武进，开展为期 3 个月的卫生医疗服务（详见后文所述）。

到了 1950 年秋冬之季，皖北、苏北、河北、河南等地灾民迫切需要御寒衣物，为发扬全国人民互助互济的精神，协助解决上述地区冬季的寒衣问题，9 月 18 日，中国红十字会总会与中国人民救济总会、全国妇联、全国青联、全国总工会等群团组织集议成立以董必武为主任委员，张治中、许广平、杨立三为副主任委员，熊瑾玎为秘书长的皖北苏北河北河南灾民寒衣劝募总会，展开全国性灾民寒衣劝募活动。灾区附近以募集实物为主，兼收代金，边远地区则以募集代金为主，争取 11 月底前全国劝募寒衣 600 万套。

随后，首都各机关团体开展寒衣劝募活动。东北、华东等各大行政区纷纷组成灾民寒衣劝募分会，推进劝募寒衣工作。为群策群力完成募集任务，10 月 6 日，中国红十字会总会电告各地分会："皖北、苏北、河北、河南水灾灾民需要寒衣异常急迫，……请即同声响应协助当地劝募机构发动劝募工作，俾数百万受灾同胞免于寒冻。"③ 此后，内江、遂宁、温州、常州、灌县、济宁、岳阳、柳州、邻水等红十字会分会协助当地劝募机构，如政府部门、生产救济会等开展工作；还有漯河、赣州、罗山、什邡、西安、南昌、临颍、南京、百色、昆明、宣化、汕头、广州等分会，或单独或在会内开展劝募寒衣活动④。

截至 1951 年 1 月，劝募运动告一段落。据统计，中国红十字会各地分会共募得寒衣 70476 套又 1 件，代金 1154267274 元人民币。情况大致如表 2 - 1 所示。

---

① 《建国以来毛泽东文稿》第 1 册，中央文献出版社 1987 年版，第 280 页。

② 江苏省红十字会编著：《江苏红十字运动八十八年（1911—1999）》，东南大学出版社 2001 年版，第 76—77 页。

③ 《寒衣劝募动态》，《新中国红十字》第 2 期，1950 年 10 月，第 8 页。

④ 《各地分会劝募灾民寒衣的综合报道》，《新中国红十字》第 5 期，1951 年 1 月，第 24 页。

表2－1　中国红十字会各地分会募集寒衣情况统计表

协助劝募分会	寒衣（套）	代金（元）	超额
内江	/	7亿	/
遂宁	/	4202.04万	220套
温州	36000	/	20%
常州	25500	/	2000套
灌县		234829434	/
济宁	130	/	10套
岳阳	2000	/	/
柳州	6500	/	/
邻水	/	9000万	/
单独劝募分会	寒衣（套）	代金（元）	超额
漯河	/	2036.38万	/
赣州	12	1506.53万	/
罗山	159.5	/	/
什邡	/	438.5万	/
西安	100	/	/
南昌	79	/	/
临颍	/	2001640	/
南京	21	94.27万	/
百色	/	2195万	/
昆明	/	234万	100万
宣化	10件	1万	/
汕头	/	80万	/
广州	/	955.9万	/

资料来源：《各地分会劝募灾民寒衣的综合报道》，《新中国红十字》第5期，1951年1月，第24页。

值得一提的是，在灾民寒衣劝募活动中，中国红十字会由于总会改组不久，大多数分会正在酝酿改组，显然没有能够全力以赴开展劝募活动。上述成绩的取得，有的分会甚至是超额完成了任务，应属不易。

1954年入夏后，江苏暴雨连绵，江河水位陡涨，长江和淮河的洪水为百年来所未有。“受灾地区共6个专区、78个县市，最重的12个县市，次重的28个县市；成灾面积648万亩，成灾人口367万人；减产粮食近18亿斤，棉花20万担；倒塌房屋2.8万间”[①]。灾情就是命令，沿江河一带灾区的广大民众投入紧张的防汛抢险之中。大灾之后必有大疫。为战胜洪水，保证防汛抢险民工和群众的健康，防止各种传染病的发生和蔓延，7月，中国红十字会总会派人参加卫生部组织的水患区卫生工作组，赴中南、华东水患地区了解灾情，指导防汛中的防疫工作。

7月28日，红十字会总会联合卫生部发出通知，号召水患地区红十字会分会动员全体工作人员和所属单位的医务人员、红十字急救员在当地的防汛抢险工作中进行医疗救护和防疫工作；非水患地区红十字会分会亦应参加当地政府卫生部门所组织的医疗服务队，服从统一调动为水患地区的群众服务。同时，红十字会总会将中国人民救济总会捐给中国红十字会的募捐款拨给水患地区红十字会分会，供灾民医疗、卫生和防疫之用。

早在6月10日，镇江市政府就开展了防汛防台工作，并由卫生部门领导组成金山、北固、迎江、城郊4个医疗救护队，为筑坝群众做医疗服务[②]。镇江市分会响应当地政府和红十字会总会的号召，担任金山区防台风防汛筑坝工程的医疗工作。他们组织了机动医疗队，在堤上设立急救站，并组织区内3个联合诊所的中西医医师分段轮流上堤，担任医疗和急救，还在地点固定的急救站辖区两端设立流动急救站，使受伤人员能够得到及时有效的治疗。在防汛的紧张工作中，武进县分会医生同样赤着脚帮助农民搬土筑圩，医生唐克明等在郊区防汛护堤工作中为受伤农民治疗的同时，还进行卫生宣传。红十字工作者和急救员的行动深深感动了防汛民工和群众，极大地鼓舞了人民

---

① 参见《内务部1954年生产救灾工作材料汇编》，引自内务部农村福利司编：《建国以来灾情和救灾工作史料》，法律出版社1958年版，第103页。另有资料显示：1954年水灾为“新中国第一巨灾”，“地处江、淮两水出口的江苏省，长江流域受灾县市21个，淹没农田478万亩，淮河流域淹没农田1063万亩。全省被灾人口661万人，死亡人数1196人，死亡牲畜2512头，塌屋倒房48.89万间。当8月17日长江出现历史上最高潮位6.74米时，虽经全力加固加高堤港，但终因潮水汹涌，水位陡高，江阴堤外大小圩口有88个溃决，6206亩田禾被淹”（参见夏明方、康沛竹主编：《20世纪中国灾变图史》下，福建教育出版社、广西师范大学出版社2001年版，第5—6页）。其灾情数据与本文所引史料有出入。

② 蔡叔和、闵金禾等：《防汛工作中的医防服务》，《新中国红十字》1954年7、8月号，第20页。

群众战胜洪水的信心。在防汛医防工作的过程中，镇江市分会医防队还开展了疾病预防工作，他们在金山区为群众注射伤寒疫苗，并与之相结合进行了卫生宣传①。

10 月，中国红十字会总会写信慰问参加防汛医防工作的红十字工作者，对红十字工作者在防汛医防工作中的表现予以肯定，认为红十字工作者在当地政府、卫生部门的统一领导下，积极参加了防汛排涝工作，在工作中不避艰险、不辞劳苦、不分昼夜地为防汛民工巡回医疗、抬土抢险。同时，结合当时当地的实际情况，宣传卫生常识，进行饮水消毒、医疗预防等工作，这对于保护沿江城乡广大人民的生命安全和国家财产，对于保障国家建设的顺利进行具有重要意义。在慰问函中，总会还就如何进一步做好生产救灾的卫生工作提出了如下 4 点意见：第一，做好生产救灾中的医疗预防工作；第二，加强卫生宣传；第三，开展环境卫生工作；最后，必须加强团结，服从各级党政的统一领导②。

二、红十字服务站

红十字服务站是红十字会在基层设立的工作基地。服务站扎根于人民群众之中，直接与普通百姓打交道，它是红十字工作的象征。服务站所开展的医疗、卫生以及其他社会服务工作是红十字会人道主义救助工作的缩影。服务站的工作既平凡而又伟大。

中国红十字会创建服务站始于抗战胜利后的复员时期。新中国成立后，由于历史渊源，红十字服务站在中国红十字运动的发祥地江苏较为常见，1950 年至 1954 年《新中国红十字》没有对江苏之外的其他地方服务站进行介绍和报道。换言之，除江苏之外，其他地方有无红十字服务站，情况不详。下面就南京分会和常州分会 3 个服务站进行简要的考察。

（一）南京分会服务站

1949 年 10 月，南京分会在城西汉中路牌楼巷虎贲仓峨嵋村贫苦的市民区中创办了 1 个服务站。牌楼巷虽距离南京市最热闹的新街口仅 1 公里多，但这里的多数居民是以挑高箩、踏三轮车、卖柴、种菜、推车、小工、小贩或普通手艺为业，靠着辛苦的劳动维持生计；市立卫生所距离较远，他们生病后常常没钱请开业的医师看病；他们饮用的是污水沟旁挖的井水，住的是矮

---

① 《各地分会积极参加防汛中的医防工作》，《新中国红十字》1954 年 9、10 月号，第 21—22 页。

② 《总会写信慰问参加防汛医防工作的红十字工作者》，《新中国红十字》1954 年 9、10 月号，第 20 页。

小的茅棚，经常衣难蔽体，营养不足[①]。在这样的条件下，他们对于卫生防疫和子女的教育就难以顾及，南京分会牌楼巷服务站的创办正是为了满足他们的实际需要。

服务站的工作首先是以诊疗、卫生工作为主，包括附设1个分诊所，由1名医护员长期驻站，并与华东助产学校[②]师生合作进行卫生防疫工作。其次是文化服务和职业训练，包括举办儿童补习学校、管理图书阅览、组织缝纫训练等。服务站专任干事1人，除主持教学和管理日常事务外，还担任人事服务工作，主动与当地的居民联系，代为书写信件等，以及解决一般性难题。站内小小的园地除了种菜，还成为附近儿童的乐园，数以百计的小朋友喜欢在这块草地上玩耍做游戏。这是一个平凡的服务站，每天前来就诊的病人不过数十名，但病人分布的面却很广：有来自汉中门外的，有翻一个土山头而来的，服务站自然也就有了一定的社会影响。

最能使服务站扬名的要算儿童补习学校。补习学校主要承担综合卫生防疫和福利救济两项任务。一座简易的活动房屋，加上一间新搭建的大草房，就是补习学校的全部校舍，课桌椅子是七拼八凑的。附近失学的、无力入市立学校的、年龄参差、文化程度不同的儿童就成了补习学校的学生，每学期大约80名。金陵神学院[③]位于服务站附近，该院教授和同学们都热心赞助补习学校，他们每星期有四五个下午，每次七八个同学来服务站承担各年级的教学工作。他们特别成立了赞助委员会，推定负责教务和联络人员，送来精神和物质上的帮助，他们对于联合担任各年级的国语、常识、算术等教法也进行切合实际的探讨，以提高教学质量。此外，服务站还得到华东助产学校师生的帮助。她们每星期到站两次，负责妇幼卫生、季节性的防疫接种工作，

---

① 吴耀麟：《介绍南京分会的牌楼巷服务站》，《新中国红十字》第2期，1950年10月，第13页。

② 华东助产学校系江苏职工医科大学的前身。1933年秋，中央助产学校成立，直属行政院卫生部、教育部领导，由当时北平第一助产学校校长杨崇端博士（新中国成立后曾任卫生部妇幼卫生司司长）兼任校长。1935年，改名为国立中央高级助产职业学校。抗日战争爆发后，学校迁往重庆，1946年返回南京。1949年4月，南京解放后学校由华东军区军管会接管。1950年，更名为华东助产学校。1952年，划归南京市卫生局领导，更名为南京第一助产学校。1953年7月，学校划归江苏省卫生厅领导，更名为江苏省南京助产学校。1963年，更名为南京卫生学校。1981年，江苏省卫生厅利用南京卫生学校的校舍和师资设立江苏省卫生系统职工医科大学。1991年，省卫生厅经报请省政府批准，撤销南京卫生学校建制，学校成为独立设置的成人高等医学院校。1995年，学校更名为江苏职工医科大学。

③ 1907年，美国南北长老联合会在南京创办金陵神学院。1951年，同一背景的金陵女子神学院并入。1952年11月，由中国基督教"三自"（自治、自养、自传）爱国运动委员会创建、金陵神学院与华东地区其他10所神学院联合组成的金陵协和神学院在南京成立。1981年2月，金陵协和神学院在全国复课（与南京大学宗教研究所施行两块牌子、一套班子，直至20世纪90年代中期），招收了"文革"后第一批神学生。

还做过卡介苗的接种。每周开一次儿童会，讲习卫生常识，组织唱歌、游戏等。她们主要进行卫生指导和缺点矫治，间或做家庭访视。

正是因为这两个志愿服务群体的鼎力相助，那些天真活泼的儿童不再陷入“文盲”的泥淖，那些生息于恶劣环境中的人们知道了如何去保护自己的健康，一些开口骂人、扔石子捣蛋、肮脏懒惰的旧社会留下的小二流子也有了难得的学习机会。儿童补习班是相当活跃的，正因为有那么多的全心全意为人民服务的男女青年，而又有那么多的贫苦大众的子女在读书识字，一起形成浓厚的学习兴趣。教师加深了自身学习，提高了服务大众的信念，孩子获得无数新鲜的知识而倍受鼓舞，进步很快。1950 年国庆节，孩子们在举起国旗和红十字旗参加国庆纪念列队游行时，还高举了毛泽东主席和朱德总司令员的相片，为与其他幸福的小朋友一样有游行的机会而感到骄傲，“东方红，太阳升，中国出了个毛泽东……”的歌声，洋溢整个棚户地区①。他们的父母亲欣慰地看到自己孩子的转变，毕竟孩子转向好的方向是他们的希望。事实上，由于补习学校灵活地运用了小先生制和实事求是的防疫工作，这些孩子获得不少实惠，他们从不同的教师身上学到了不少实用知识，他们所学到的、听到的将影响他们今后的人生。

牌楼巷服务站的工作，与其说是红十字会的工作，毋宁说是社会上热心人在红十字旗帜下的集体行为。一方面，两个志愿服务群体的人数是可观的。金陵神学院男女教师共 40 人，来自华东助产学校的是整个班的高年级学生，前者是每周每人担任一两节课，后者是每两周由五六位同学轮流主持。另一方面，两校的教授和红十字会工作人员也参与其中。牌楼巷服务站仅 3 人（医护员 1 人、干事 1 人、工友 1 人），工作十分繁忙，但因经费特别紧张，服务站工作未能长期有效地坚持下去。不过，这种卫生工作与救济性福利事业相结合的方式，依靠大批义务工作者支持的方法，远远突破了红十字会业务的范畴，因而具有一定的史鉴意义。

（二）常州分会服务站

早在 1947 年，武进分会就在前黄镇、厚余镇等地创办了多个乡村服务站，开展以医疗工作为重点的社会服务活动。

一分耕耘，一分收获。1950 年，常州分会前黄镇服务站工作突出，尤其是在水灾中救援工作积极，获得武进县人民政府防疫工作一等功奖，服务站

① 吴耀麟：《介绍南京分会的牌楼巷服务站》，《新中国红十字》第 2 期，1950 年 10 月，第 13 页。

的每位工作者都获得一枚防疫工作积极奖章，服务站主任杨迪群获得一等功臣的奖评①。1953 年，武进县分会前黄服务站在调查和防治血吸虫病②的工作中，再一次大显身手③。服务站抽出部分工作人员组成血吸虫病调查小组，并与区政府取得了联系。9 月 20 日，调查小组带着显微镜和宣传品来到目的地——服务站附近的胜东乡桥头自然村——进行调查，开展宣传工作。他们先通过图片讲解，说明病因病原，再让群众通过显微镜观察和辨认血吸虫病虫卵，以获得初步的了解。他们强调血吸虫病早发现、早治疗的好处，并提出如下防治意见和要求：一是严禁粪便随地乱倒；二是厕所要在离河边 50 米以外选址，以免粪便渗漏河中，而且厕所要加上盖子；三是随时捕灭钉螺，断绝中宿主，不下河洗澡，或用油布包脚，尽量减少脚蹚水的机会；四是发现患血吸虫病的，应尽快到防治站治疗。

1951 年秋收秋种时节，为解决农村妇女带孩子的问题，让她们安心地搞好生产，常州市分会卜弋区厚余镇红十字服务站创办了一个农忙托儿所。凡居住在镇周围一里以内的贫苦家庭 3 至 6 岁的孩子，均可送往托儿所托管。托管时间为上午 7 时至下午 6 时。托儿所除提供午餐外，还供给糖果、饼干等食品。如遇到孩子生病，托儿所还进行免费治疗。农忙期间，托儿所每天大约托管 40 名孩子。农民纷纷反映："只有在毛主席、共产党的正确领导下，我们劳动人民才能享受到这样的幸福生活，我们应该积极生产，争取丰收，缴好爱国公粮④，来答谢我们敬爱的毛主席和共产党。"⑤

上述 3 个全国"较为罕见"的红十字服务站，是江苏红十字会保持原有传统，开展社会服务的工作基地，呈现出别样的红十字风景。

---

① 《常州分会前黄服务站受到武进县人民政府一等功奖》，《新中国红十字》第 5 期，1951 年 1 月，第 21 页。

② 血吸虫病是江苏流行最广、危害最重的地方病。1950 年起，在流行区各地、市、县相继成立了血吸虫病防治所、站，并组织城市医务人员深入灾区开展防治工作。

③ 《武进分会前黄服务站组织血吸虫调查组》，《新中国红十字》1953 年 11 月号，第 28—29 页。

④ 因受长期战乱的影响，新中国成立之初粮食生产下降，供求矛盾十分突出，全国统一财政后，国家掌握粮源主要靠从农村无偿征收公粮（即实物农业税）。第二次全国财政会议上确定抗美援朝开始后增加公粮附加。根据这一精神，1951 年 6 月 21 日中央人民政府政务院公布的《关于一九五一年农业税收工作的指示》规定，将全国各地区的农业税地方附加由原来的不超过正税的 15% 提高到不超过正税的 20%（参见《陈云文选》第 2 卷，人民出版社 1995 年版，第 118、358 页）。当时在粮食自由贸易制度下，并不富裕的农民缴纳公粮的积极性并不高，据统计，公粮征收与市场收购的比例，1951 至 1952 粮食年度为 61∶39，1952 至 1953 粮食年度为 56∶44。1953 年 12 月开始实行粮食统购统销政策后，粮食自由买卖才得到了控制。参见薄一波：《若干重大决策与事件的回顾》（上卷），人民出版社 1997 年版，第 263—280 页。

⑤ 《常州市分会厚余镇服务站举办了一个农忙托儿所》，《新中国红十字》第 2 卷第 3 期，1951 年 11 月，第 55 页。

第二节 国际医防为朝鲜

一、走出国门的志愿者

（一）“到朝鲜去工作”

新中国成立不到一周年，1950 年 6 月 25 日朝鲜战争爆发，美国悍然出兵，战火蔓延到鸭绿江畔。7 月 10 日，中国人民反对美国侵略台湾朝鲜运动委员会成立，不久，一场轰轰烈烈的全民抗美援朝运动开展了起来。为保家卫国，10 月 8 日中国人民志愿军开始组建，后开赴朝鲜前线。10 月 26 日，中国人民反对美国侵略台湾朝鲜运动委员会和1949 年10 月2 日成立的以斯大林、毛泽东、居里为名誉主席，郭沫若为主席的中国保卫世界和平大会委员会，合并改组为中国人民保卫世界和平反对美国侵略委员会（下文简称中国和大）①，作为全国人民抗美援朝运动的统一领导机关。

为加强抗美援朝和保卫世界和平的力量，1951 年 1 月 14 日，中国和大、中国人民救济总会、中国红十字会总会联合发出在全国开展大规模募集慰劳中朝人民战士和救济朝鲜难民物品的号召。1 月 22 日，中国红十字会总会发出《为组织救济朝鲜难民医疗队给各地分会的通知》，要求各地分会一方面参加由中国和大、中国人民救济总会和中国红十字会总会发起的募集慰劳品和救济品运动，以慰劳中朝人民战士及救济朝鲜难民；另一方面将“组织医疗队救济朝鲜难民的工作，列为本年度二三月间的中心任务”，“拟在 3 月 15 日以前，组织一个医疗大队”。红十字会总会同时号召全体红十字会员和工作人员在自觉自愿的基础上踊跃参加，做好朝鲜难民医药救济工作。“各分会对报名参加人员的家属，如家庭中确有困难者应于物质上的帮助并经总会批准。争取第一批医疗队在 2 月 15 日出发”②。

为使各地志愿报名的医务工作者有一个统一的领导和组织，2 月 3 日，中国和大与中国红十字会总会特制定组织全国各地医疗队的办法③，对于医疗队

① 参见新华月报社编：《中华人民共和国大事记（1949—2004）》（上），人民出版社 2004 年版，第 2、22、28 页。

② 中国红十字会总会编：《中国红十字会历史资料选编，1950—2004》，民族出版社 2005 年版，第 13 页。

③ 中国红十字会总会编：《中国红十字会历史资料选编，1950—2004》，民族出版社 2005 年版，第 20 页。

的任务（包括中国人民志愿军、朝鲜人民军战伤医治及朝鲜难民医疗防疫工作）、人员组成以及参加医疗队人员的要求、医疗队的服务时间、物资供应等做了明确的规定，以确保此项活动的顺利开展。2 月 9 日，正式发布《关于组织医疗队的通知》。

随着朝鲜战场捷报频传，全国人民抗美援朝的热情日益高涨。中国红十字会总会“关于组织医疗队”的号召一经发出，很快得到了全国各地医务工作者的响应。各地大多数分会主动与当地政府有关部门进行协商联系，如重庆市分会与各界共同成立了重庆市人民抗美援朝志愿医疗队筹委会，并立即发动了志愿报名工作。从城市到乡村、由内地到边疆，全国各地红十字会员、医务工作者踊跃志愿参加。美国阴谋单独对日媾和，并重新武装日本，更加强了红十字会员、医务工作者“到朝鲜去工作的决心”①。

至 3 月 5 日，各地分会向红十字会总会报名的，依次有南京分会（19 人）、广州分会（28 人）、汉口分会（24 人）、重庆分会（12 人）、万县分会（12 人）、南宁分会（15 人）、江门分会（9 人）、即墨分会（19 人）、安庆分会（12 人）等，共计 50 多个分会 833 人，其中以个人名义报名的，有 51 人②。自愿报名的志愿抗美援朝的医务工作者经中国红十字会的初步审核批准，先后来到北京报到的，有常州分会 3 人、洛阳分会 5 人、济宁分会 3 人、青岛分会 10 人、即墨分会 12 人、广州分会 28 人、北京分会 12 人等，共计男 181 人、女 102 人，其中医师 67 人、医助 32 人、护士 62 人、助产士 12 人、助理护士 53 人、X 光技术员 1 人、检验员 8 人、调剂员 20 人。

为加强医疗队的思想和技术准备，各地分会组织的医疗队在北京集中编改期间，自 2 月 26 日起举行短期的补充教育，内容包括政治学习和业务学习两个方面，其中业务学习以防疫和救护为中心，以战伤的急救为重点。医防队拟定名为“抗美援朝医防服务队”，但由于这个医防队不仅为中朝人民战士服务，同时还主要地为朝鲜难民服务，也就是说它是国际人道主义的体现，所以最后决定采用“国际医防服务队”的名称。

经组织学习后，中国红十字会总会从近 300 名志愿者中挑选出 224 位队员，整编为两个国际医防服务大队。其中，第一大队担任一般的医疗和防疫工作，下辖 10 个队，大队长周立新，副大队长黄超汉、王庆春，队员主要来自汉口、广州、西安、南宁等分会；第二大队担任手术工作，下辖 4 个队，

① 《锡市救济朝鲜难民医疗队出发》，《苏南日报》1951 年 2 月 24 日。

② 李德全：《中国红十字会国际医防服务队的组织经过及其任务》，《新中国红十字》第 7 期，1951 年 3 月，第 1 页。

大队长冯雁忱，副大队长王训颎、王滋才，队员主要来自山东大学医学院、唐山、开滦医院[①]。

（二）欢送队伍入朝

3月10日，中国和大、中国红十字会等团体在北京饭店举行欢送会，欢送中国红十字会国际医防服务队奔赴朝鲜。中国国民党革命委员会主席李济深、朝鲜驻华大使李周渊、民盟中央政治局秘书长章伯钧、全国妇联主席蔡畅、中华医学会理事长傅连暲、中华护士学会理事长沈元晖、北京市医药卫生界抗美援朝联合委员会主任委员方石珊等民主党派、人民团体和中央政府有关机关代表千余人参加欢送会。

中国和大副主席陈叔通主持大会并致辞。他指出，国际医防服务队的组成是中国人民深厚的国际主义精神的具体表现，是中国医务工作者人道主义的伟大实践。国际医防服务队远离祖国到朝鲜去，全心全意地为英勇反抗美国侵略者的中朝人民部队和朝鲜难民服务，这不仅鼓舞全国人民抗美援朝的爱国热情，而且极大地加强前方将士和兄弟国家苦难人民的斗争勇气和力量[②]。

欢送会上，李德全宣布中国红十字会国际医防服务队正式成立，同时宣读了全体队员名单，并把16面红十字队旗授给两位大队长和14位队长。她指出，鲜红的国际医防服务队旗帜代表着新中国红十字会爱国主义、国际主义和人道主义的伟大精神，代表着中国人民保卫世界和平的信心和反对帝国主义侵略的正义力量，凝结着祖国人民对于兄弟国家朝鲜人民伟大的友谊和真诚的热爱，象征着科学技术与政治觉悟相结合的真理的光辉。她希望全体队员全心全意地为朝鲜前方英勇的战士和后方苦难的朝鲜人民服务。为了医治战争创伤、预防疫病灾害，为了治疗伤员、救护难民，贡献出最大的力量，发挥出最高的技术水平，……来争取全世界人民的持久和平和民主解放[③]。

国际医防服务队第一大队大队长周立新和第二大队大队长冯雁忱在致答词时表示，他们所从事的事业，“是真理的事业，正义的事业，是推动历史的事业，是服务于人民的事业”。为了热爱祖国和人民的期待，为了保卫和巩固世界和平，国际医防服务队坚定地学习白求恩大夫的国际主义精神，发扬救死扶伤的人道主义精神，走到与帝国主义斗争的最前线去。有了党的思想领

---

① 中国红十字会总会编：《中国红十字会历史资料选编，1950—2004》，民族出版社2005年版，第26—30页；孙柏秋主编，池子华、杨国堂等：《百年红十字》，安徽人民出版社2003年版，第304页。

② 陈叔通：《医务工作者与全国人民并肩前进》，《新中国红十字》第7期，1951年3月，第5页。

③ 《李德全会长向国际医防服务队献旗致词》，《新中国红十字》第7期，1951年3月，第6页。

导和亿万人民的支持，国际医防服务队增加了无限的勇气，不怕任何困难，走到光荣的岗位，为伟大的事业和新中国红十字会的崇高理想而奋斗①。

国际医防服务队的成立，不仅表明中国和大、中国红十字会联合向全国医务工作者发出的号召获得了普遍的响应，而且表明抗美援朝爱国运动高潮已经扩展到辽远的边疆，深入广大的农村，影响了追求真理、拥护正义、服务人民的医务工作者。国际医防服务队的成立，不仅使医务工作者能够发挥出伟大的团结力量，而且也表明改组不久走向新生的中国红十字会，其工作已经迈进一个新的阶段，能够依靠群众和组织群众，担负起中心任务，为实现祖国的建设方针和人民崇高的理想而斗争。

欢送会上，朝鲜驻华大使馆、中央卫生部、军委卫生部、北大医学院、协和医学院、国立第一助产学校、中央卫生部防疫总部、中国红十字会总会工会以及红十字会北京市分会等向国际医防服务队献花、献旗并献词。事实上，欢送会不仅是为国际医防服务队送行举办的一次庄严的仪式，也是临别之前进行鼓舞士气的宣誓和励志再教育。

大爱无疆！3 月 17 日，国际医防服务队出发赴朝，中国人民抗美援朝总会在车站举行送行仪式，陈叔通、李德全、彭泽民、陈其瑗、伍云甫、曹孟君、龚普生、林士笑等以及人民团体代表、朝鲜驻华大使馆参赞等 400 余人到车站送行。携带大批药品和医疗器械的国际医防服务队，满载着中国人民的深情厚谊出发，奔赴朝鲜②。

一首题为《欢送国际医防服务队》的短诗，表达出祖国人民对国际医防服务队员的殷切希望。全诗如下：

歌声在嘹亮，
热情在奔放，
走向前去吧！
高举着光荣的红十字旗帜，
去发挥国际友爱的光芒！③

3 月 19 日，国际医防服务队抵达朝鲜。3 月 26 日，朝鲜在新义州举行盛会，欢迎服务队的到来④。

---

① 《国际医防服务队第一大队大队长周立新答词》《第二大队冯雁忱大队长答词》，《新中国红十字》第 7 期，1951 年 3 月，第 10 页。

② 孙柏秋主编，池子华、杨国堂等：《百年红十字》，安徽人民出版社 2003 年版，第 304、308 页。

③ 《新中国红十字》第 7 期，1951 年 3 月，封底。

④ 《新义州各界举行集会欢迎我红十字会医防队》，《人民日报》1951 年 4 月 2 日。

需要指出的是，国际医防服务队第一、二大队是在全国抗美援朝运动的高潮中响应中国和大和中国红十字会的号召，迅速地在自觉自愿的基础上组织起来的。队员来自全国各地，从北京到南宁、从青岛到平凉，他们都有着爱祖国爱和平的炽热心愿，他们以自己的行动又一次对全世界表达出中国人民热爱祖国保卫世界和平的坚决意志。组织国际医防服务队的过程实际上是一次爱国主义、国际主义和人道主义的伟大实践。

随着抗美援朝运动的发展和朝鲜战场救护的需要，4 月 20 日，中国红十字会与中国人民抗美援朝总会联合通知各大行政区的较大城市，开展第二批组队工作，此次重点组织 25 个专科队。

天津市医药界率先组成第三国际医防服务大队，下设胸腹泌尿科、五官科、骨科、口腔科、传染病科等 5 个队，共 55 人。5 月 25 日，第三国际医防服务大队从天津出发赴朝，配合军医院担任专科手术和教学工作。6 月又组成了第四、第五、第六国际医防服务大队。6 月 28 日，由济南、重庆、成都、杭州、太原、北京等地 155 名医护工作者组成的第四、第五国际医防服务大队离京出发，欢送仪式由陈叔通主持，第五大队宋儒耀教授代表全体队员讲话。其中第四大队下辖 5 个队，担任俘虏营卫生工作，第五大队主要由华西大学、重庆市医药界、耶稣家庭等组成①。7 月 11 日，由青岛、唐山、广州等地医务工作者 55 人组成的第六国际医防服务大队从北京出发，赴朝接替第二大队工作，李德全会长等到车站送行。

9 月 27 日，由贵阳、泰州、高密、福州、天台、临颍、遂宁、临河等地，加上治淮医防大队 75 人组建的第七国际医防服务大队，共 117 人，由天津出发。值得一提的是，在第三、第七国际医防服务大队开赴前线之前，天津各界代表在市民政局礼堂分别举行了隆重的欢送大会。副市长周叔弢、市卫生局副局长刘璞、市红十字分会副会长万福恩发表讲话，并授旗、献花。医防服务大队的代表也讲了话。第七大队队员还宣读《告别祖国书》，表达了他们的雄心壮志和工作热情。②

总体来看，参加 7 个国际医防服务大队的工作人员共 606 人，各队在朝鲜前方工作的时间一般都在半年以上，有的长达一年之久。队员们在极其艰苦的条件下工作，都胜利地完成了任务。

---

① 参见李德全：《中国红十字会总会改组一年来的工作总结》，《新中国红十字》第 2 卷第 1 期，1951 年 9 月，第 27 页。

② 中国红十字会总会编：《中国红十字会的九十年》，中国友谊出版公司 1994 年版，第 142 页；赵辉主编：《天津红十字会九十年》，天津人民出版社 2001 年版，第 50 页。

（三）前线的人道救援

如上文所述，中国红十字会先后组成了包括内科、骨科、胸腔科、腹腔外科、口腔外科、五官科、普通外科、矫形外科、传染病科、防疫科的 7 个国际医防服务大队，走上抗美援朝的前线，实施人道救援。在近一年半的艰苦岁月中，队员们夜以继日地以全部精力、技术和智慧为朝鲜人民、朝鲜人民军和中国人民志愿军伤病员服务，他们卓越的工作鼓舞了反侵略战士的战斗意志。他们挽救了伤病员的生命，加强了中朝人民之间牢不可破的友谊，为抗美援朝运动和保卫世界和平的事业做出了独特的巨大贡献。下面以第一大队和第七大队的工作为中心，择要考察国际医防服务队在前线开展的人道救援。

1951 年 4 月，以防疫为中心任务的第一大队下分 11 个小队，到达朝鲜战地后，立即与朝鲜军医局、保健部门配合展开工作。其中 6 个队赴前线，配合军医局担任战伤外科和一般传染科病的治疗工作；大队部卫生组与留在后方的 5 个队共同配合保健部门，担任地方防疫和一般性治疗工作，重点是防治斑疹伤寒和回归热。后因实际需要，偏重于治疗工作①。

4 月 17 日，队员何潄文自平壤发出题为《我们在平壤外科医院》的通讯稿，从中可以想见第一大队在前线工作的情形。文中写道：每个病室都住了 3 至 5 名伤病员，他们静静地卧躺着，脸上流露出永恒的刚毅与民族的自尊感。手术室里大夫、护士一天到晚忙着做手术，没有一刻停止过——消毒、麻醉、开刀。敌机有时在上空盘旋，进行侦察、扫射和轰炸，队员们却一如既往地镇静工作②。

第一大队全体队员按照毛泽东“贯彻救死扶伤，发扬革命的人道主义”的指示③，学习白求恩精神，实践曾向祖国人民做出的庄严承诺。他们在极端艰苦的环境中坚持工作长达 12 小时，护士甚至时常自己抬担架④。特别是开展防疫工作的队员，外出时经常翻山越岭步行百余里，到达工作地点后，顾不上休息即投入工作。他们和蔼可亲，细心诊断，耐心检查。每当离开工作过的地方时，群众都依依不舍地含泪送别。

---

① 《国际医防服务队第一、第二大队工作简报》，《新中国红十字》第 1 卷第 12 期，1951 年 8 月，第 30 页。

② 何潄文：《我们在平壤外科医院》，《新中国红十字》第 8 期，1951 年 4 月，第 19 页。

③ “贯彻救死扶伤，实行革命的人道主义。”最初是 1939 年毛泽东为追悼白求恩而写的挽词。参见张启安：《陕甘宁边区的医疗卫生工作和医德建设》，《中国医学伦理学》2001 年第 3 期。

④ 《国际医防服务队第一大队在朝鲜各地忘我工作》，《新中国红十字》第 10 期，1951 年 6 月，第 11 页。

4月20日至5月17日，第一大队长周立新和朝鲜中央防疫所副所长李汉雨在大队卫生组秋萍、何漱文等陪同下前往平安北道检查5个队的工作。队员们贯彻“预防为主，配合重点治疗”的原则，在最前哨工作热情饱满，刻苦耐劳，有时步行百余里后，脚都起了泡，仍然愉快地工作①。

前线的护理工作同样是极其艰苦的。护士们每天给伤病员洗澡、漱口、洗脸、接屎、接尿、换被裤、喂水、喂饭，在寒冷的夜间还为他们烧火取暖。女队员们在紧张的工作之后，在零下30℃的天气，到河边为伤员们拆洗衣服和敷料，深夜里她们还坐在灯下为伤员们缝补着鞋袜。她们待战士如同亲人一样温暖。

第一大队第七小队看护长、“中国人民优秀的女儿李伟英”，就像慈母般地日夜看护着伤病员。8月13日和14日，约400架敌机轰炸平壤城郊的居民区，李伟英冒着生命危险将重患者背到安全地点进行救护。后来几次夜间轰炸时，她都以同样的方式抢救了许多伤病员②。据12月17日《人民日报》报道，朝鲜人民军某病院第十病栋伤病员代表李裁远致函中国红十字会会长，向李伟英致敬，对她的英勇模范事迹特予表扬。表扬信道出了一位普通的红十字志愿者不平凡的英勇事迹，流露出朝鲜伤病员对于中国普通医护人员的赞美之情，表达了中朝人民之间的深情厚谊。

6月25日，第一大队在治疗和看护伤病员的同时，正式接办朝鲜军医局第三十七号病院。一方面帮助医院建立新的规章制度，使得医院工作趋于科学化和规范化。在化验室和药房配备了朝鲜医护人员，培养他们技术，提高工作效率。另一方面成立朝鲜护士训练班，第一期7月16日正式开课，77位朝鲜女护士参加为期6周的培训。结业时按照工作能力、服务精神、品行、体力的标准评定成绩，并举行考试，颁发结业证书。为照顾学员日常的护理工作，每日分甲、乙两组上课。训练不尚理论，偏重实际，采取教、学、做相统一的方法。所学内容有解剖、消毒、内科护理、外科护理、急救绷带、细菌、药物、卫生等，教员都是由富有治疗护理经验的医护人员来担任，其中有来自江苏红十字会的张宇和（教师）和李伟英、任志勤（助教）③。

第七大队在进入朝鲜之前就坚定地表示：“一定治好为和平而战斗的朝鲜

---

① 《国际医防队在平安北道》，《新中国红十字》第10期，1951年6月，第12页。

② 《致本会李会长函表扬第一大队队员李伟英》，《新中国红十字》第2卷第4期，1951年12月，第17页。

③ 《本会国际医防第一大队接办朝鲜某医院》，《新中国红十字》第2卷第1期，1951年9月，第24页；《国际医防服务队第一大队在朝举办短期护士训练班工作总结》，《新中国红十字》第2卷第3期，1951年11月，第32页。

人民军伤病员，不完成任务，决不返国。”到了朝鲜后，他们发现工作的地方不存在一个设备较为完整的病室，连手术室都遭受严重的破坏，不管做什么工作都会遇到一连串的困难。于是，在接近火线的战地里，在“一切为了伤病员”的口号下，全体队员动员起来，从队长到护士利用每天工作中仅有的空余时间搬运石块、砍伐树木，用自己的双手修建起可收容1000人的病室、地下手术室、洗浴室、治疗室以及升降手术台、输液架等医疗用具和设备。

为了帮助朝鲜人民消灭灾难，队员们无视敌机的轰炸扫射，克服了重重困难，一贯地以活泼、坚强的精神向一切恶劣的条件和环境展开斗争。而且队员们总是想尽一切办法把生命危在旦夕的战士从死神的手中抢救回来。在第七大队的一个病房里，一位年轻的朝鲜人民军伤员李洁洙，因失血过多处于濒死状态。此时，护士部静霞主动伸出胳膊，要求献血，但是她的皮下脂肪过厚，血管深藏找不到，她就请医师切开了皮肤，两次共抽鲜血450毫升。由于挽救及时，伤员转危为安。事实上，每个队员都随时准备着一次、两次甚至更多次地把自己的鲜血献给为保卫祖国、保卫世界和平而流血的朝鲜人民和中国人民志愿军。在手术室里，医生和护士们不分昼夜地忙着做急救手术，抢救伤病员。医生王庆春为了抢救重伤员从平壤徒步赶到前方，没有休息就参加抢救，十天十夜进行了大小手术40多次。

有资料显示，在短短的5个月里，第七大队共进行了200余个大手术，600余名伤病员痊愈出院。为挽救伤病员宝贵的生命，吴志远、曹伦等队员一共输出了3000余毫升鲜血①。队员们实践着向祖国人民承诺过的誓言：为伤病员献出自己的精力、技术和宝贵的青春。伤病员则称道，血肉相连的父母也比不上他们，他们是朝鲜人民“最高贵的生命之恩人”。

值得一提的是，中国红十字会国际医防服务队，同样以人道主义精神对待战俘。有一部分队员深入战俘营，为那些失去了抵抗力的战俘服务。他们不仅对营地里的环境卫生、传染病的管理予以极大的注意，并且供给战俘以丰富的饮食和其他生活必需品。他们还帮助和教育战俘搞好个人卫生，纠正他们偷懒、依赖、自私以及随地便溺的恶习。营地里一旦发现传染病，他们就马上为战俘蒸洗衣服、被褥，实行隔离，并治愈他们的战伤或年久未愈的痼疾。生活在俘虏营里的战俘都深切地感受到中国医生护士的人道关怀。

战俘汤姆生离开病院时说：“我一生一世从未见过任何一个美国医生像中

① 张景周：《高贵的生命之恩人们！》，《新中国红十字》1952年7月号，第18—19页。

国医生这样的仁慈和负责任，更未见过对战俘这样宽大的军队。”[①] 有的战俘如英俘哈洛宾还写信感谢中国红十字会，他在信中写道：“我得到最好的药品、照顾和治疗，这是一个战俘所不能期望得到的，我还可以在医院场地的四周自由地行走，而没有人监视着；凡是我所想做的事情，差不多都已被批准。”所以，他真诚地向中国红十字会道谢：“我将把许多愉快的回忆带回去，告诉我们英国的人民；并且把中国人民的高尚品德和善意也告诉他们，中国人民对任何人都没有宿恨，我希望他们在未来的年代里将继续进行这种对世界人民的友好工作。”[②]

战俘们为国际医防服务队员的人道主义精神所感动，宣传着中国人民始终热爱和平、捍卫正义的光辉形象。这难道不是国际医防服务队员最有意义的一种成就和收获?!

（四）载誉凯旋

在朝鲜前线工作时，国际医防服务队涌现出许多模范，创造出不少的典型事迹。1951 年八九月间，国际医防服务队开展了评功选模活动，薛炳坤、张书绅、邢玉亭、柴元庆、祖厚吾、昊云田、张大焰、任志勤、唐少甫、部静霞、韩文娟、定淑敏、陈玲直、杨荣恩、刘大汉、苏经美、徐培君等 17 位成绩最优者被选出。中国红十字会总会就此以第一大队评功选模活动通报各单位，并指出：“他们在工作中表现了高度的积极性与主动性，想各种办法，克服困难。……这是我们中国红十字会的光荣，这也是我们医务工作者的光荣和榜样，我们将为巩固和发展抗美援朝的伟大胜利而继续努力。”[③]

国际医防服务队在朝鲜前后方艰苦的工作，获得了朝鲜人民普遍的尊敬与爱戴。当队员们回国时，接受了许多朝鲜人民的感谢信或其他的纪念品。在这些信中洋溢着中朝人民火一般的团结热情和朝鲜人民坚强的斗争意志。比如，朝鲜人民军第三十七号病院第一病栋全体伤兵在给李德全会长的信中写道：“我们是由于中国国际医防服务队第一大队同志们热诚救护之下，得以快要恢复健康的朝鲜人民军伤病员。我们正以依依不舍的心情欢送着他们。他们在这里发挥了白求恩大夫的高度国际主义精神，在这里我们以十二万分感激的心情，将向大队……致敬。……全体工作同志们留下的模范事迹，将

---

① 东方明：《中国红十字会国际医防服务队在朝鲜》，《新中国红十字》1952 年 9 月号，第 14—15 页。

② 《英美战俘感谢我们的宽待，英俘哈洛宾的感谢信》，《新中国红十字》1952 年 1 月号，第 11 页。

③ 《国际医防第一大队涌现大批工作模范》，《新中国红十字》第 2 卷第 2 期，1951 年 10 月，第 20 页。

在我们祖国的革命史上，记下光辉灿烂的一页。我们第三十七号病院第一病栋的伤病员是永远刻骨不忘你们给我们的恩情的。”①

第一大队在朝鲜工作半年多，为朝鲜人民军、老百姓和中国人民志愿军作医防服务，涌现出许多模范典型事迹，获得朝鲜人民与伤病员的热爱与称誉。在完成任务整队归国前，许多队员坚决要求继续留朝工作，但终因人数限制，除 30 多人获准留朝继续工作外，多数队员在抗美援朝周年纪念日前夕回到了北京。

1951 年 10 月 24 日，国际医防服务队第一大队 139 人在大队长黄超汉率领下胜利归国。中国人民抗美援朝总会、中国人民救济总会、中央卫生部、内务部、军委总政治部、军委卫生部、北大医学院、中国红十字会总会以及首都医药卫生界人士 200 余人，在北京车站举行欢迎会，欢迎医防服务队员载誉归来。中国人民抗美援朝总会代表彭泽民、中国红十字会会长李德全、朝鲜驻华大使馆参赞崔英、中国人民救济总会秘书长伍云甫等分别致欢迎词。此前，国际医防服务队第二大队队员和第三大队部分队员也已经胜利归国②。

10 月 29 日，北京市医药卫生界抗美援朝委员会再次在协和礼堂召开欢迎大会。欢迎会上，大队长黄超汉、副大队长胥继昌报告了在朝鲜的工作业绩。第一阶段 75 天，队员分散在朝鲜的前后方共做一般治疗 24762 人、传染病治疗 9058 人、预防注射 28823 人，其他如消毒、灭虱、改良厕所等都有良好的成绩。在前方，曾在最前线开展急救工作；在后方，除做预防治疗工作外，并进行政治宣教工作。此外，工作上发挥主动创造性，在中朝团结友谊和交流方面做了许多有益工作。第二阶段，主要是在病院负责治疗和配合治疗，其中两个病院共治疗 5474 人，获院方传令嘉奖。在急救方面，医防队员“英勇地从烟雾里抢救烧伤百姓，立刻实行急救治疗，……踊跃为伤病员输血，深深感动了伤病员”③。

其他国际医防服务队员在完成任务后陆续由前方回国。1952 年 5 月 22 日，第七大队回到了北京，李德全、彭泽民等到车站欢迎。

值得一提的是，1952 年 12 月 19 日，朝鲜驻华大使权五稷代表朝鲜民主主义人民共和国最高人民会议常任委员会，将“朝鲜最高人民会议功劳章”

---

① 《致本会李会长函表扬第一大队队员李伟英》，《新中国红十字》第 2 卷第 4 期，1951 年 12 月，第 17—18 页。

② 参见《致光荣完成任务胜利归来的国际医防队第二大队各同志暨第三大队一部分同志的信》，《新中国红十字》第 2 卷第 1 期，1951 年 9 月，第 23 页。

③ 《国际医防服务队第一大队胜利归来》，《新中国红十字》第 2 卷第 4 期，1951 年 12 月，第 8 页。

授予为朝鲜军民服务的30位中国红十字会国际医防服务队第一大队和第七大队的模范工作者。中国红十字会副会长彭泽民、外交部亚洲司副司长何英等，以及在北京的模范工作者柴元庆等6人出席了授奖仪式。权五稷大使在致辞中指出：“朝鲜人民一定要更加巩固朝中人民的友谊，为战胜美国侵略者而奋斗到底。”柴元庆代表30名受奖者致答词，向朝鲜人民致谢，并表示将继续站在红十字事业的岗位上，为人民服务。

荣获功劳章的30位国际医防服务队队员名单如下：

第一大队：薛炳坤（化验员）、吴云田（护士）、祖厚吾（环卫员）、张书绅（护士）、张大焰（医师）、任志勤（化验员）、徐培君（助理护士）、杨荣恩（护士）、定淑敏（护士）、韩文娟（护士）、刘大汉（医士）、陈玲直（助理护士）、苏经美（通讯员）。

第七大队：张兴樵（调剂员）、朱四维（护士）、高玲珍（护士）、李鸿驹（护士）、黄崇诚（护士）、顾雅珣（检验员）、雷新宝（护士）、杨濂儒（助理护士）、孙宗贻（化验员）、胡国治（调剂员）、刘毓秀（护士）、何玉琴（护士）、谢宝义（事务员）、柴元庆（医士）、唐兆甫（通讯员）、郜静霞（护士）、邢玉亭（调剂员）。①

上述队员获得具有伟大国际意义的特殊荣誉，是他们经常地以负责的态度为和平事业努力工作的结果，是对他们日常平凡而模范工作的肯定。

热爱伤病员是他们共同的特点，几乎每一个人都是昼夜不分地守护在伤病员的身边。比如19岁的护理员高玲珍，在严寒的冬夜去巡视病房，给伤病员盖毯子，察看火炕，有时将自己的棉大衣脱下来给伤病员盖，情愿自己受冻。他们把伤病员的健康、安全放在第一位，忠实地履行着所有医防队员立下的“一切为了伤病员”和“伤病员需要什么，就献出什么”的誓言。

他们热爱朝鲜人民，热爱工作，爱惜人民的财产。在和朝鲜人民相处的日子里，他们发挥出国际主义精神。在一次敌机轰炸中，事务员（通讯员）唐兆甫抢救被炸伤的朝鲜居民到医院医治，还送钱帮助他们；还有一次在雨季里，朝鲜居民的房屋倒塌了，他冒雨去抢救，将自己的棉衣送给灾民。化验员孙宗贻背着显微镜挨家挨户到朝鲜居民家中去做化验工作。他们时常到病院附近居民中去帮助解决困难，想尽一切办法给朝鲜人民解除疾病痛苦。一次，医师张大焰被敌机炸伤了，但听到一家朝鲜居民6口人误食毒蕈而中毒晕倒，就立即挣扎起来，一拐一拐地赶过去，给他们注射了强心剂，一个

① 《本会国际医防服务队第一、第七两大队模范工作者荣获朝鲜最高人民会议功劳章》，《新中国红十字》1953年1月号，第30页。

一个地洗了胃，直到他们转危为安。护士部静霞因一只胳膊肘静脉切开输血发生血肿，疼痛难忍，但仍咬紧牙关坚持工作。护士李鸿驹为使消毒敷料不被雪沾湿，脱下自己的雨衣包裹着，自己冒着狂风大雪走了好几里路……①

一桩桩、一件件事例，平凡而又伟大。国际友爱的精神使得每个医防队员都与朝鲜人民结下了深厚的友谊。功劳章的特殊荣誉属于国际医防服务队员，也是每位中国红十字会工作者、全国卫生医药工作者的光荣。

12 月 21 日，30 位功劳章荣获者上书致敬毛泽东主席，表示“保证在不同的岗位上，加倍努力，珍爱与发扬朝鲜人民所赠予我们的荣誉，保卫祖国人民的健康，增强祖国和平建设的力量，支援朝鲜人民争取解放与独立自由的斗争，以答谢朝鲜人民和您像对待自己的子女一样对我们的教导和培养”②。

总而言之，中国红十字会为配合抗美援朝的中心任务，先后大规模地组织国际医防服务队，在国内外产生了广泛的影响。一方面，扩大了红十字会和医药卫生界参加抗美援朝工作的范围，把全国医务工作者的爱国主义精神，通过医防服务队的组织具体地表现出来，对鼓舞朝鲜人民抗击侵略和从事生产起到了积极作用；另一方面，扩大了中国红十字会的社会影响，使社会各方面对红十字会的基本方针、任务及其作用有了进一步的认识，为此后群众性的会务和业务工作的开展打下了基础。毫无疑问，此次派出国际医防服务队是中国红十字运动史上一次罕见的壮举，对中国红十字会的发展有着深远的影响，同时为维护和保卫世界和平的伟大事业做出了应有的贡献。

二、捐献·慰问·优抚

（一）捐献“救护机”

为争取抗美援朝战争的早日胜利，1951 年 6 月 1 日，中国人民抗美援朝总会发出关于推行爱国公约、捐献飞机大炮和优待烈属、军属的号召，中国人民救济总会、中国红十字会总会响应号召，于 6 月 8 日向全国救济福利界发出捐献抗美援朝救护机运动的号召，希望“全国救济福利界展开捐献救护机的运动，使前方伤病员得到及时的救护和医治，提早恢复健康，为保卫世界和平继续努力”。

捐献救护机分为生产捐献和节约捐献两种。捐献救护机的具体办法是：其一，生产者得以增产所得，不生产者得将节约所得当作捐款，必须出于自

① 东方明：《荣获朝鲜最高人民会议功劳章的国际医防服务队员》，《新中国红十字》1953 年 1 月号，第 31 页。

② 《荣获功劳章的国际医防队员上书毛主席致敬》，《新中国红十字》1953 年 1 月号，第 32 页。

愿，防止强迫命令。其二，凡有救济分会或红十字会分会之城市的救济福利团体、机关和个人的捐款，可选送当地人民银行代收，由该地救济分会与红十字会分会另立救护机捐款户头。无救济分会和红十字会分会的地方，由捐献单位或个人将捐款送交当地人民银行代收，并将捐款收据寄交北京中国人民救济总会或中国红十字会总会。其三，有关捐献救护机问题，请函询中国人民救济总会或中国红十字会总会①。

6 月 12 日，中国红十字会总会通知各地分会开展捐献“救护机”运动②，捐献飞机大炮，支援中国人民志愿军。各地分会以实际行动响应总会的号召。

北京市分会于 6 月 19 日邀请市救济福利界人士商讨发动捐献飞机活动，与会者同意捐献一架“白求恩号”救护机和一辆红十字救护车。会后，各系统发动群众，12 月底前完成了捐献任务③。

上海市分会与上海中国红十字会材料库全体人员合作，修订了爱国公约，实行增产节约捐献及优抚烈军属，如每星期日上午加班、烈军属诊病减半收费等，以具体的实际行动来表现爱国主义精神。至 8 月，共捐献 1329050 元④。

南京分会在接到红十字会总会关于开展捐献“救护机”运动的通知后，立即召开大会进行传达和动员。在一次动员大会上，分会副总干事姚浩然做传达报告，并带头捐献 2 枚金戒指，而且打算按月捐“50 个单位”；会长杨登瀛当场将分会送给他 60 寿辰的纪念品——一枚金十字架（约重一两余）捐出；副总干事吴耀麟捐献两枚金戒指。随后，全体职工掀起捐献热潮，司机梁正维，调剂员范仲锵，护士刘爱英、崔惠兰捐献出他们各自订婚、结婚的纪念品金戒指，医护员李同余献出他爱人的一副金耳环，调剂员梁伯昭把儿子的许多银饰和 6 枚银元捐献了出来，干事路涵秋也将小孩的银手镯和自己的银括舌都统统捐献了出来。

南京分会还决定全体 41 位职工 6 个月内至少捐献 2000 万元，具体办法是：分会太平路和中山路诊所每逢星期日上午加班照常工作，除去药费成本，其余的收入全部捐献，分会 4 个学习小组互相挑战，每人根据节约原则，结

---

① 参见中国红十字会总会编：《中国红十字会历史资料选编，1950—2004》，民族出版社 2005 年版，第 33 页。

② 《本会为号召展开捐献“救护机”运动的通知》，《新中国红十字》第 10 期，1951 年 6 月，第 3 页。

③ 孙敬敏编纂：《北京市红十字会的 65 年（1928—1993）》，文津出版社 1995 年版，第 45 页。

④ 《上海分会捐献一、三二九、〇五〇元》，《新中国红十字》第 2 卷第 1 期，1951 年 9 月，第 62 页。

合自身具体情况决定将薪金收入一部分按月捐献。工人王子周月收入仅“40多个单位”，他以无比的爱国热情，每月一定要捐出5万元。眼耳鼻喉科医师胡家球自愿将私人的眼科药品在星期天加班时交给调剂室售出后捐献，治疗所主任毕天民按月将津贴“60个单位”献出，其他人员均纷纷认定了月捐薪金数目。此外，中山路诊所特将一架磅秤置于候诊室为大众磅体重，每磅一次，收费100元，并于门前和候诊室张贴爱国捐献的广告和启事，请社会各界对分会这一捐献爱国运动予以大力协助，以期完成支前任务①。

至8月15日，南京分会收到捐款10584600元②。10月3日至10月15日，南京分会收到“救护机”捐款2230200元③。10月16日至11月10日，收到“救护机”捐款3365800元④。涓涓细流汇成一股股爱的暖流。

江阴县分会响应红十字会总会捐献“救护机”号召，动员并制订捐献计划，订立爱国公约，利用多种方式进行捐献。如增产捐献，分会全体职工每天劳动一小时，开垦医院里约5亩的园地，种植蔬菜豆类等，将收获的一半捐献。节约捐献，每人按月订捐32万元。江阴全县医务工作者也响应号召，以6个月捐献1亿元为目标⑤。特别是总会号召一经发出，江阴县分会会务组立即组建“长红篮球队”，一个月内，“长红篮球队”先后前往无锡、常熟等地参加抗美援朝篮球义赛，将门票收入全部捐献出来，用于购买飞机大炮，其中在无锡、顾山、陈市、塘市、徐市等地的7场比赛均获胜利⑥。

无锡市分会全体职工和分会劳工保健所全体医护人员推动全市医疗救济福利界，发扬高度的爱国主义和国际主义精神，共同完成捐献“救护机”任务。同时对于重庆、洛阳、西安等市分会发出的挑战积极应战：星期日不休息，义务劳动增加生产，将药品和材料成本费扣除外，其余所得全部捐献“救护机”，直到抗美援朝取得胜利⑦。

南宁市分会发起成立“救护机”捐献运动工作推动委员会，发动红十字会员、消防队和救护队队员、全体职工等，以及市医疗救济福利界开展捐献

---

① 蔡仲宣：《南京分会员工无比的捐献热潮》，《新中国红十字》第11期，1951年7月，第5页；江苏省红十字会编著：《江苏红十字运动八十八年（1911—1999）》，东南大学出版社2001年版，第79页。

② 蔡仲宣：《南京分会捐献配（盘）尼西林二百瓶》，《新中国红十字》第2卷第1期，1951年9月，第62页。

③ 《“救护机”捐款数字一批》，《新中国红十字》第2卷第2期，1951年10月，第81页。

④ 《“救护机”捐款数字一批》，《新中国红十字》第2卷第3期，1951年11月，第42页。

⑤ 《江阴县分会改组以来的工作》，《新中国红十字》1952年1月号，第49页。

⑥ 《江阴县分会长红篮球队义赛捐献》，《新中国红十字》第2卷第1期，1951年9月，第62页。

⑦ 《无锡市分会星期日门诊增产捐献》，《新中国红十字》第2卷第1期，1951年9月，第62页。

活动。分会主动邀请各善堂、义会举行医疗救济福利界捐献救护机委员会会议，会上捐献250万元。市救济联合会又代发动捐献了250万元。在8月12日召开的会员大会上，当场捐献了207万元。桂南印刷厂的消防队员、自由街五金工业的消防队员以及红十字会员，提出除了个人捐献外，保证做好原岗位工作。救护大队组织了劳动生产小队，要求市政府统一分配参加劳动生产，以所获工资全部捐献。医院职工决定集资养猪生产，年底完成两头猪的捐献任务，并以义务劳动所获捐献；每周日增加一小时门诊，除药品成本外，其余的都捐出①。

岳阳分会在接到中国红十字会总会和中国人民救济总会联合发出的捐献“救护机”通知后，于6月22日与县政府有关部门召开座谈会，商谈捐献事宜。至国庆两周年纪念日时，红十字会工作人员掀起捐献热潮：星期日停止休息，义务增产，除药材成本扣除外，其余作为团体捐献；在互相挑战应战之下，个人自愿捐献共计160.5万元，药材捐献“胶布半同、撒乐尔二安”；此外，还倡议中医界捐献了19.5万元，并与医师学会、中西药业公会、县卫生院、普济医院、牙科业等共同推进捐献活动②。

尚未协商改组的汕头分会在接到总会通知后，除了在会内发起捐献外，同时报请市卫生局、民政局和防空部救护处，成立“救护机”捐献委员会，领导和协助发动全市各救护单位开展捐献活动。在捐献的第一阶段，会内就捐献165.2万元，各救护单位共捐献5327654元（其中工人救护队较为突出，捐献出2469400元），总计6979654元③。

（二）慰问队员和家属

为鼓舞在朝鲜战地艰苦工作的国际医防服务队员，也为向鼓励队员努力工作的家属们致以慰问，中国红十字会每逢重大节日和纪念日，均送上亲切的慰问、真诚的祝福和殷切的希望。

1951年端午节前夕，中国红十字会总会通知各地分会慰问队员家属，赠送每位队员家属两万元的礼物和一封慰问信④。端午节的前一天，即6月8日，无锡市分会与市抗美援朝分会、市医师协会、医务工会、妇联等团体代表20余人组织医防队员家属慰问队，带着红十字会总会以及其他团体的慰问信和一笔礼款、一份端午节礼物（粽子、咸蛋、枇杷、干笋等4件），共慰问

---

① 《南宁市分会积极展开捐献热潮》，《新中国红十字》第2卷第1期，1951年9月，第62页。

② 《岳阳分会热烈展开了救护机捐献》，《新中国红十字》第2卷第2期，1951年10月，第81页。

③ 吴树煌、陈在龙：《汕头分会捐献救护机第一阶段共捐得人民币6979654元》，《新中国红十字》1952年1月号，第48页。

④ 《各地分会热烈开展端午节慰问工作》，《新中国红十字》第11期，1951年7月，第20—21页。

礼品64件，装满一车，在人民医院铜鼓队的陪伴下列队到队员家属处慰问，下午2时开始至5时半结束。所到之处，家属们声声道谢，有的表示一定写信给前线亲人，鼓励他们认真工作来报答政府和各界的关怀。队员谢影60多岁的父亲在接到慰问品后高兴地说："我女儿谢影最近有信给我，说她要求在朝鲜多工作几个月再回来，我告诉她完全同意！"队员李念慈的父亲燃放鞭炮欢迎慰问队，她的姐姐说："妹妹光荣到朝鲜去，连姐姐也光荣，真是一人光荣，全家光荣。"①

无锡市分会致队员家属的慰问函还特地在6月22日《苏南日报》上刊出，扩大了社会影响②。慰问函称：最近接到两封前线队员李伟英的来信后，知道了队员们克服一切困难为伤病员和朝鲜人民群众服务，以及分会队员胡立人、刘德胜等人的英勇事迹（曾得到过组织的表扬）和队员们的勇敢精神，我们对此致以无上的敬意。同时这也更加激励着我们在后方努力生产，支援朝鲜前线③。

6月8日，西安市分会联合中国和大西安分会、医师公会、卫生工作者抗美援朝委员会、医务工作者工会向23位队员家属致送慰问函和礼品。每位队员家属接受慰问后，深表感谢。时若霖、姜剑青两队员家属当即各捐献5万元用于购买飞机大炮，希望早日打垮美国的侵略，这一爱国行为深深感动了每位慰问代表。张书绅家属致函西安市分会，表示作为农民，要把抗美援朝与农业生产结合起来，精耕细作，加强生产，为祖国做贡献。

6月9日端午节当天，济宁市分会与市政府卫生科、抗美援朝分会、妇联、中西医联、药剂班、产训班等单位联合举办队员家属慰问仪式。上午8时开始，军乐队、腰鼓队等百余人带着慰问品，排着整齐的队伍，经过中心街，分别到两位队员家中慰问。先由济宁市分会代表向家属献旗，并致慰问辞。之后，卫生科主任及其他单位代表分别致辞。接受慰问后，家属无不表示感谢，并保证鼓励亲人在自己岗位上，努力工作，为建设祖国、抗美援朝做出贡献。

万县市分会接到红十字会总会通知后，与市抗美援朝分会、妇联、医联、民政局等协商沟通，针对陈万钟、任斌、李秀实、周吟等队员家庭的实际情况，将赠送慰问品改为慰问金，更有利于解决他们的实际困难，改善生活条

---

① 《无锡市红十字会等单位慰问赴朝医疗队家属》，《苏南日报》1951年6月13日。

② 《无锡市分会1951年夏季工作报告》，《新中国红十字》第2卷第1期，1951年9月，第31—33页。

③ 陆永蔚、王岳松：《无锡市分会函慰援朝医防队员》，《新中国红十字》第11期，1951年7月，第16页。

件。6月19日，上述单位联合举行了慰问活动。此外，南宁、重庆、北京、镇江、青浦、芜湖、平凉、武汉、凤台、青岛、天津、南京、灌县、江阴、杭州、垫江、即墨、常州等分会于端午节前后均对队员家属进行了慰问[①]。

9月8日，是中国红十字会（总会）改组周年纪念日。当天，中国红十字会总会致函慰问国际医防服务第一大队队员和家属，并赠送队员日用品，赠送队员家属一份中秋礼品。此外，总会特致专函慰问已经回国的第二大队队员和第三大队部分队员。慰问函指出："在前方工作的队员们，以火一般的热情及忘我的精神为中朝人民的英勇战士治病救伤，并为朝鲜受灾人民服务，使之免于疾病灾害。"医防队员以实际行动，践行人道主义精神，完成祖国和人民期待的任务，"增加了抗美援朝保家卫国的力量"[②]。队员们无数的英勇事迹和不少的辉煌成绩，在改组后新中国红十字会发展的历史上留下了光辉的一页，为新中国红十字会赢得了良好的社会声誉。

9月12日，杭州市分会举办总会改组周年庆祝晚会，并招待、慰问抗美援朝志愿医疗队家属[③]。晚会上，接受慰问的队员家属潘国英、张寿山、贺琇君等先后发言，表示将鼓励亲人（队员）在朝鲜前线全心全意地为伤病员服务，以报答党和政府的关心。

值得一提的是，中国红十字会还与其他社会团体一起，共同参与慰问赴朝医疗队家属活动。如1951年4月20日，北京市分会和中国医药卫生界抗美援朝联合委员会、中国医药卫生联合会、北京市民主妇女联合会在市妇联召开离京医疗手术队家属座谈会，对出席会议的54位家属代表表示慰问。会上，北京市分会理事、市妇联福利部副部长钱玲娟说明开会目的，接着从前方归来的协和医院大夫吴英恺做报告，介绍志愿医疗队的工作情况。之后，协和医院大夫冯兰湘的母亲等家属代表纷纷发言。北京市第二批抗美援朝志愿军手术队队长吴阶平大夫的爱人赵君恺代表全体家属对4个单位的慰问和照顾，表示谢意。最后，订立了以拥护党和政府的号召、政策；不扰乱前方工作者的情绪；做好工作、搞好家务，带好孩子；用实际行动普及并深入宣传抗美援朝；拥护五大国缔结和平条约；拥护镇压反革命等为主要内容的志愿医疗队家属爱国公约[④]。

1952年12月25日，参加12月15日在北京召开的中国红十字会全国工

---

① 《各地分会热烈开展端午节慰问工作》，《新中国红十字》第11期，1951年7月，第20—21页。

② 《致各队队员同志的慰问信》，《新中国红十字》第2卷第1期，1951年9月，第22页。

③ 汪爱珍：《杭州分会庆祝总会改组周年　开庆祝晚会并慰问队员家属》，《新中国红十字》第2卷第2期，1951年10月，第42页。

④ 孙敬敏编纂：《北京市红十字会的65年（1928—1993）》，文津出版社1995年版，第46页。

作会议的全体代表致信慰问中国人民志愿军伤病员，表示最崇高的敬意。信中写道："为了保卫和平，为了祖国的安全，你们光荣地负了伤。在休养期间，还急着要回到前线去杀敌，这说明你们是如何热爱着和平，如何愤恨侵略者，打击着美国侵略者们。这英雄的行为对于全国人民，对于我们起了多么大的鼓舞和感召啊！""在你们崇高的爱国主义、国际主义精神的感召下，我们（赴朝国际医防服务队员——引者）队员提出了'一切为了伤病员'的口号，不分日夜地工作着"。中国红十字会"将继续加强抗美援朝工作，以支持我们最可爱的人——中国人民志愿军争取更大的胜利"①。

（三）优抚烈军属

作为抗美援朝运动的重要内容，做好优抚烈属、军属和残废军人工作是继组织国际医防服务队之后，中国红十字会参与的又一项重要工作。为早日消灭敌人，捍卫祖国，1951 年 6 月 1 日，中国人民抗美援朝总会发出做好优待和抚恤烈属、军属和残废军人工作的号召；6 月 7 日，中国红十字会总会发出通知，要求各地分会联系当地政府，拟定计划，做好烈属、军属和残废军人的优抚工作，将开展情况和成果上报总会备案②。

6 月 17 日，重庆市分会召集所属医院诊所等全体职工座谈会，在全国分会中较早地订出优待革命军人、烈士及残废军人家属医药服务办法。主要的优惠政策有以下两条：第一，患染疾病的革命军人烈士和残废军人家属，凭证明文件，可到分会医院门诊部，享受免费挂号诊病的优待。其他如 X 光透视、检验、药品、材料等费用，按照统一收费标准的八折收费。如需住院治疗者，经医师诊断后办理住院手续，免收住院费；除伙食费用外，其他的均按八折收费。第二，凡经区政府以上行政机关或人民团体介绍证明，确系贫苦清寒的革命军人、烈士和残废军人家属，费用得酌情予以减免③。

在自身业务范围内制订优待办法的，还有南京分会，其优待方法如下：

（一）免费挂号及提前诊病：烈军属持有证明文件者，得享受提前看病及免费挂号优待（烈军属仍与一般群众一起挂号，不另设挂号处，挂号后在病历单上加盖"烈军属""特别号"两个木戳，以资识别，分至各科室时，医师及工作人员得提前诊病或检查）。（二）配方药费：一律按九五折优待（各

---

① 《中国红十字会全国工作会议致中国人民志愿军伤病员的慰问信》（1952 年 12 月 25 日）。

② 中国红十字会总会编：《中国红十字会历史资料选编，1950—2004》，民族出版社 2005 年版，第 32 页。

③ 《重庆市分会所属医院诊所订出了具体的优待烈军工属办法》，《新中国红十字》第 11 期，1951 年 7 月，第 8 页。

科根据病历单上的“烈军属”字样，在处方笺上加盖“烈军属”“九五折”木章，俾使病人了解已受到优待，收费处则根据有关部门批注的实收数收费）。（三）外科敷料费及各科手术费：临时由外科或眼科医师决定酌予减少收费，但不得超过九折，并与病人说明已予优待。（四）注射费、化验费、透视费：一律按原订价目八折优待（透视在不影响其他登记者，得酌予提前）。（五）接生：不分日夜，挂号费均予免收，接生手术费八折优待。（六）其他：烈军属来本会各诊疗所诊病，因经济特殊困难不能负担应付费用时，须取具其本人居住地区之公安局派出所证明向诊所社会服务部门登记，酌情减免。（七）本办法自一九五一年八月一日起实行[①]。

江阴县分会配合当地政府和人民团体，通过经常访问，对特别贫苦和缺少劳动力的军烈属，动员各界给予物质上的救济以及生产困难上的帮助。他们还经常与国际医防队员家属保持联系，时加慰问，稳定家属思想，并按期转送总会慰问信、赠礼等。在优待军烈属诊疗费方面，分会配合行政和革命家属委员会发给光荣保健证，凡门诊、出诊、住院（伙食自理）及手术等费用一概免收，特殊困难的军烈属持证明，可免收普通药费。7 月 30 日，江阴县分会特地派人赴常州向中国人民志愿军伤病员致敬，并赠献锦旗[②]。

8 月 1 日，为庆祝建军节，黄石市分会发布致烈、军、工家属及残废军人书，并附上即日施行的烈军工家属及残废军人医药优待办法[③]。优待办法具有两个特点：一是优待者应持有由分会特地制定、公安分局转发的一种两联式的优待券，优待券上设有籍贯、地址以及直系亲属姓名、年龄、职业、优待程度等栏目，这样就免得有些信息内容在证明信上写不清楚的现象发生。二是对不同的优待者根据其经济条件，设置了不同的优待办法。如凡持有优待券者一律免收挂号费；确系贫苦老弱无收入者，门诊费享有五折优待；因病丧失劳力者，门诊费享有六五折优待；经济条件一向较好者，门诊费享有八折优待。

8 月 3 日，中国红十字会总会再次通知各地分会大力做好优抚工作，决定 8 月为优抚运动月。其间分会医院、诊所、巡回队等必须抽出时间为烈军属及残废军人、住院的人民志愿军伤病员等予以减免费用和特别照顾的优待，并尽可能地解决他们在门诊和治疗上的困难。同时要求在秋季防疫工作中为烈

① 蔡仲宣：《南京市分会订出了烈军属医药优待办法》，《新中国红十字》第 2 卷第 1 期，1951 年 9 月，第 64 页。

② 《江阴县分会改组以来的工作》，《新中国红十字》1952 年 1 月号，第 49 页。

③ 《黄石市分会优待烈军属　赠送两联优待券》，《新中国红十字》第 2 卷第 2 期，1951 年 10 月，第 81 页。

军属优先安排[①]。

依据总会的指示精神，常州市分会实行为烈军属长期的减费或免费医药服务。8月，志愿军伤病员来常州休养期间，市分会全体职工尤其是学员们争先恐后地争取为他们服务，练习好抬担架，到火车站抬志愿军到医院，沿途设救护站为志愿军服务。学员们还主动报名为志愿军伤病员输血[②]。

在1953年春季爱国卫生运动中，福州、芜湖等地分会做好拥军优抚工作，帮助烈军属进行春节大扫除，清扫街道和洗刷房屋，受到了群众的好评[③]。

值得一提的是，烈军属享受种种优抚待遇之后，心怀感激。例如，1952年7月，青浦县城厢镇一位志愿军军属不小心烫伤了右脚，因贫血病情严重，在青浦县分会医院得到黄志城医师精心治疗后很快痊愈，其间受到特别的减免费用优待。1951年这位军属的痢疾也是在分会医院治好的，他觉得这与医院发扬人道主义精神、技术好和经验丰富分不开，特地写封感谢信表达敬意[④]。

实际上，优抚工作排除了朝鲜前线中国人民志愿军的将士们和国际医防服务队的队员们的后顾之忧，为他们克服困难出色地完成工作和任务注入了一股强大的精神动力。由上可以看出，优抚烈军属连同捐献“救护机”、慰问队员和家属，成为抗美援朝及国际医防服务的坚强后盾。

---

① 《大力做好优抚工作》，《新中国红十字》第1卷第12期，1951年8月，第7页。

② 常州市分会：《我们要遵照总会的一切指示而前进》，《新中国红十字》第2卷第1期，1951年9月，第40页。

③ 王悟淦等：《春季爱国卫生运动中的优抚工作》，《新中国红十字》1953年4月号，第11页。

④ 闻春泉：《一位志愿军军属患者的感谢信》，《新中国红十字》1952年12月号，第34页。

第三章　医防卫生事业的起步

新中国成立后，国民经济得到恢复性发展，社会重建逐步推进。为保障广大劳动者的身体健康，满足人民不断增长的对于医疗卫生的需要，中国红十字会协助政府医治战争创伤，并开展福利救济工作。其中包括进行大规模的接生员、急救员等卫生救护训练；开展天花等传染病的防治和劳保医疗工作；组织巡回医防服务队，对农村、治淮工地、老少边穷地区进行巡回医防服务；持续广泛地参与爱国卫生运动等。新起步的红十字医防卫生事业（包括国际医防服务）在业务领域、工作方式、经费来源等方面呈现出鲜明的时代特色。

第一节　卫生救护训练

一、启动初级卫生培训

1950 年《中国红十字会会章》明确规定，“团结群众，担任救护训练”是中国红十字会的任务之一[①]。事实上，开展群众性卫生知识普及训练和现场初级卫生救护知识培训是红十字会开展救护工作的基本前提。红十字会开展救护训练首先是从培训初级卫生人员开始的。

1950 年 8 月，镇江市分会诊疗所为培养基层卫生干部开办护理员训练班，吸收初中毕业或同等学力，并略具医

① 中国红十字会总会编：《中国红十字会历史资料选编，1950—2004》，民族出版社 2005 年版，第 3 页。

学常识的男女学生数人参加学习。学员每天在诊所工作时，辅助护理事务，在工作之前和工作之后由诊所医护人员等义务授课，进行课程和政治学习[①]。这年底，红十字会总会要求“充实现有教育机构，增加班次，扩大学生名额”；业务基础较好的分会“应举办短期训练班及带徒弟办法，培养中初级卫生人员”[②]。

为大量培养初级妇幼卫生干部，深入农村逐渐实现“保护母亲婴儿幼儿的健康”，1951 年 5 月底至 11 月底，中国红十字会总会与北京西郊什坊院妇幼保健院合办妇幼保健员训练班。报名的 104 人中多数是初中文化程度，少数是小学和高中文化程度，经考试和体格检查后，22 人参加训练班。在为期半年的学习时间里，她们除接受系统的政治教育外，还重点学习了生理解剖、产科、护理、育婴、药物、妇幼卫生、细菌消毒、急救疾病常识等课目。其中，头 4 个月是重点业务学习，学习产科知识就到门诊、产房见习，利用模型解释问题；后两个月到北京大学医学院产院和农村实习，包括门诊、产前检查、产后访视、接生、宣传教育及训练姥姥（旧法接生婆）等工作[③]。结业后，她们服从分配走上新的工作岗位。

1951 年，常州市分会根据实际需要举办初级医务人员训练班。18 名学员（其中化验 5 名、助产 5 名、医护 5 名、调剂 3 名）参加为期 1 年的学习，主要学习新道德、业务技术以及健全体魄，养成艰苦朴素作风，树立为人民服务的观点等[④]。1953 年 10 月，南京市分会按照市卫生局指示，举办市区卫生委员训练班。受训的 74 位学员主要是由区人民政府保送的，结业后他们即成为市区不脱产的基层卫生干部。在为期 50 余天的训练中，学员除学习政治课外，还要学习传染病、预防注射、消毒、公共卫生、急救、卡介苗、生命统计等业务知识。

需要指出的是，新中国成立前，我国缺少妇幼医院和病床，医务人员人数少，技术水平普遍较低。广大群众的文化程度也较低，对卫生常识普遍缺乏了解。因此，时常发生孕妇将要生产时仍在做重体力活，分娩时基本上是自己接生或靠旧产婆接生的现象。实际上，旧的接生方法存在很大的卫生隐

---

① 吉仰明：《镇江市分会治疗所办护理员训练班》，《新中国红十字》第 11 期，1951 年 7 月，第 34 页。

② 《中国红十字会总会关于 1951 年工作计划的指示》，《新中国红十字》第 4 期，1950 年 12 月，第 1 页。

③ 王宝立：《合办什坊院妇幼保健员训练班介绍》，《新中国红十字》第 10 期，1951 年 6 月，第 18 页。

④ 于开明：《常州市分会的初级医务人员训练班》，《新中国红十字》第 11 期，1951 年 7 月，第 30 页。

患和细菌感染的风险，因为旧的接生方法是叫产妇蹲在脚盆上或土堆上生产；遇有难产，则掀拦门骨或用扁担压腹部；若久生不下，便用秤钩子把孩子钩死拖出来；而且孩子生下来，多用锈剪子、镰刀、破瓦片或高粱秸皮割断脐带，所以患破伤风的情况很多。群众不明白破伤风感染的道理，认为是命运注定的与鬼神为害，或是吹了风所致，所以人们为了怕新生儿抽风，就用针乱刺婴儿的口，致使很多婴儿口腔糜烂化脓。还有一般群众深受封建迷信思想影响，干部也不重视妇幼卫生，一些妇女生产时不让陌生人去看，担心延长生产时间，结果事故经常发生，甚至出现不应发生的死亡悲剧。总之，由于旧产婆未经专门训练，不懂消毒、灭菌和产科知识，还有封建迷信的旧习惯，在接产过程中往往造成污染和产道损伤，引起各种并发症，尤其是产妇产褥热和新生儿破伤风普遍发生。

新中国成立前，全国死亡率最高的，除流行病外就是妇幼的死亡，而婴儿死亡率则更高。1950 年 8 月，李德全在全国妇幼卫生座谈会上指出，以前每年全国婴儿死亡数约有 335000 人，孕产妇死亡数约有 249375 人，导致“婴儿死亡原因以新生儿破伤风为主，孕产妇死亡原因以产褥热占绝大多数”。全体卫生工作者必须把预防产褥热与新生儿破伤风的工作摆在重要的日程上①。因此，训练接生员，推广新法接生，做好妇幼卫生保健工作的意义重大。这年底，红十字会总会要求扩大妇婴保健，各分会可利用现有基础，与当地妇联结合，设立妇婴保健站，办理接生和训练旧产婆，并实施妇婴卫生的教育②。

1951 年 11 月 1 日，为加强新法接生训练，并为学员提供实习锻炼的机会，上述红十字会总会与什坊院妇幼保健院合办的妇幼保健员训练班，与当地“村政府及妇女会联系”组织一个为期 10 天的姥姥训练班，18 位老大娘参加了学习并参观了助产医院。结业后，她们不仅对新法接生有了正确的认识，还掌握了不少接生的新方法，并表示将按照学习到的新法接生，宣传新法接生的好处，鼓励更多的人参加学习训练③。

这个月，江阴县分会也举办了接生员训练班，36 名旧产婆共受训 14 天。这是受县卫生院委托代为训练的，内容重在对旧法接生的批判与纠正、消毒

---

① 参见陈敏章：《追随真理　奉献人民——纪念新中国首任卫生部部长李德全》，《人民日报》1996 年 9 月 2 日。

② 《中国红十字会总会关于 1951 年工作计划的指示》，《新中国红十字》第 4 期，1950 年 12 月，第 1 页。

③ 王宝立：《什坊院妇幼保健员训练班举办姥姥训练班》，《新中国红十字》第 2 卷第 4 期，1951 年 12 月，第 22 页。

和卧产的讲解、难产送医院等方面，旨在推行新法接生以及如下的接生员守则“十要十不要”。

“十要”：一要劝妊妇作产前检查。二要准备好接生时消毒及一切要用的东西。三要剪短指甲，用肥皂、刷子、温开水洗净两手。四要使产母仰面平睡床上并洗净外阴和肛门。产时要注意保护会阴。五要为生下不喘气的小孩施行苏生。六要用煮过或烧过的剪刀剪脐带。七要用消毒脐包或烧酒浸过的棉花、粗线同纱布包扎脐带。八要给小孩两眼滴眼药。九要脐带脱落后就替小孩种痘。十要经常作产后访问并报告产后母子情况。

“十不要”：一不要使产母站着、蹲着或坐着生孩子。二不要用手检查阴道。三不要放任何东西在阴道内。四不要用手乱拉扯胎儿。五不要用力拉脐带及衣包。六不要用碎碗片、牙齿或没煮过的剪刀来断脐带。七不要叫产妇坐灰袋。八不要遇到难产乱动手而不送医院。九不要喂小孩“开口汤”、挑“马牙”、割“螳螂子”。十不要用不清洁的盆洗小孩子①。

1952 年 10 月，高密县分会开始推广新接生法。在培训接生员过程中，选择 20 周岁以上 50 周岁以下、出身正派、家庭成分好的妇女，经过村民会议民主选举并征得个人同意后参加训练。训练内容包括新法接生、孕期卫生、产前检查、产后访视、一般护理及预防常识等。训练结束后，以乡为单位编成小组，建立小组会议制度，每半个月召开一次小组会，交流经验②。到 1953 年 5 月，全县 17 个区先后训练接生员 626 名，建立接生小组 114 个。据不完全统计，采用新法接生 737 名，因破伤风死亡者 8 名，死亡率比旧法接生大大降低。群众普遍反映：“自新接生法开展以来，庄头上再也看不到死孩子了。”③

1952 年 12 月，天津市分会在天津县咸水沽举办接生员训练班。此前市分会与天津县卫生院、县妇联组成的“天津县接生员教导委员会”是接生员训练的领导机构，分会负责教学工作，卫生院、妇联负责组织和政治教育。全县 108 名接生婆（旧接生员）和 92 名青年妇女参加训练学习。对旧接生员除了反复讲授旧法接生的危害和新法接生的好处之外，重点讲授消毒知识、顺产处理和脐带处理等。而青年学员，则以卫生部出版的《初级助产学》为教材，主要是学习基本卫生知识、孕期现象以及科学的接生方法等。经过一个月的学习，绝大多数学员结业后，由天津市分会配发每位学员一套新法接生

① 《遂宁、江阴两分会均举办接生员训练班》，《新中国红十字》1952 年 1 月号，第 46 页。

② 《高密县分会的接生员训练》，《新中国红十字》1953 年 9 月号，第 19 页。

③ 《高密县接生组的整顿工作》，《新中国红十字》1954 年 7、8 月号，第 24 页。

器械用品和消毒药品，成为天津县一支新法接生的力量①。

1953年1月4日，济南市分会助产学校45名同学分成若干小组，前往济南市郊四区。经过10余天工作，改造旧产婆31名，训练新接生员32名，并帮助新接生员以乡为单位组成3个推行新法接生的基层工作组，帮助制定工作制度和会议制度②。

1953年，内江市分会与市卫生科、市妇联共同成立接生站，接生员经常向群众宣传妇幼卫生常识、产前检查、新法接生及产后访视。分会负责的接生站一个月内即接生154次，没有发生一次事故。济宁市分会训练的旧产婆结业后，根据居民需要，又吸收开业的助产士和训练过的接生员，按照地区组建接生站，在不脱产的原则下轮流值班。泸州市分会训练的一批接生员，大多分配到卫生局的各接生站担任接生工作，成为卫生部门的有力助手。此外，北京、洛阳、安阳、临颍、寿县、芜湖、乐山、大竹等分会在接生员训练以及建立接生站方面，工作成绩显著③。

各地分会在接生员训练结业后，或独立组建接生站，或负责接生站工作，一方面接生员拥有了自己的工作平台，另一方面使新法接生得以推广，妇幼保健事业因此取得初步成效。如1953年，胶县分会在临洋乡建立接生站。建站之初有很多群众不理解，工作人员便先在乡、村干部会上说明建站的意义，争取当地政府的支持。然后，由乡、村干部深入到互助组、民校、街头或农民家中进行宣传，让群众了解新旧接生法在妇婴的健康和生命安全方面的区别，从而接受新接生法。经过工作人员的努力，正式建立起接生站④。至1953年，江苏全省新法接生率已逐步提高到20%，产褥热和新生儿破伤风发病率开始下降⑤。可见，新接生法的推广，使妇婴的健康得到了保障，促进了人口数量的增加和质量的提高。

就全国而言，到了1952年9月，各地就已经组织了17835处接生站，训练改造旧接生婆约12.7万余人，产妇及婴儿死亡率开始大幅度降低⑥。在大力推行新接生法和灌输新育儿法的过程中，中国红十字会发挥出了应有作用。

---

① 赵辉主编：《天津红十字会九十年》，天津人民出版社2001年版，第64—65页。

② 《济南市分会一月份工作动态》，《新中国红十字》1953年3月号，第32页。

③ 邹德邻等：《各地分会及诊所大力推行新法接生　培养了许多优秀的接生员》，《新中国红十字》1953年5、6月号，第20页。

④ 《胶县分会在十三区临洋乡建立接生站》，《新中国红十字》1953年9月号，第19页。

⑤ 刘定汉主编：《当代江苏简史》，当代中国出版社1999年版，第82页。

⑥ 李德全：《三年来中国人民的卫生事业》，《人民日报》1952年9月27日。

二、大规模的急救训练

（一）训练概况

急救，是对一个急病或意外伤害的人在未送医院或医师未到之前，进行临时紧急适当的处理，以防止或减少其意外伤害进一步酿成疾病、残废或死亡。急救是对急病或意外伤害的第一步救助。轻者，经包扎等即可恢复工作；重者，经紧急处理可为而后送往医院治疗做准备。可见，急救实质就是救急①。

新中国成立初期，在巩固国防和建设经济的事业中，由于器械使用范围不断扩大，器械伤人事故屡有发生。此外在日常生活中，无论是在城市还是在乡村、在工厂还是在学校，在交通线上还是在矿山，无论男女老幼，意外伤害总是不能避免的。因此，中国红十字会推行急救训练，让更多的人懂得急救常识和技术，对于保障人民群众的健康与安全很有必要，而且意义重大。

事实上，急救就是及时地进行现场处理。因此，急救训练范围包括外伤处理（如枪弹伤、火伤、烫伤、骨折等）、急症处理（如中暑、中毒、休克等）和急变处理（如溺死、缢死、服毒等）。急救训练对象是：在城市，以工人（包括店员）、职员、学生及街道卫生防疫员等具有一定文化、技术水平的有组织的群众为主；在农村，以民兵、农会会员和青壮年妇女为主；在军队，则以全体战斗员、通讯员、警卫员和连以下干部为主。急救训练内容除了了解急救意义外，还包括急救原则和急救技法。如急救必须求快求准，其原则主要是熟练急救技术；头脑镇静；胆大心细地处理；适当器材的应用和患者尽快转医等。急救技法有绷扎法、消毒法、止血法、骨折固定法、脱臼整复法、烫伤处理、电伤处理、冻伤处理、中暑处理、中毒处理、溺水处理、自缢处理、休克处理、一般处理（包括异物入眼、入鼻、入耳；晕车、晕船；醉酒等）、人工呼吸法、患者搬运法等。值得一提的是，在急救训练过程中，有些分会还增加了环境卫生、个人卫生、传染病预防及管理、车间卫生、行业卫生、学校卫生等其他大众化的卫生知识，以满足不同层次学员的需求。

急救训练，一般分为急救常识训练和急救员训练两种。急救常识训练，例如对居民和学生的训练，只要求学员了解并宣传急救常识，不必参加急救工作。常识训练其实是急救训练的普及，也就是说，经常识训练后能够做到自救。而急救员训练，则要求学员经训练和教育后熟练掌握技术，成为急救员参加急救站的具体工作，不仅自救还要救人。

苏联急救训练的工作经验以及美国侵略朝鲜行径而引发的国家安全意识，

---

① 《为什么要推行急救训练》，《新中国红十字》第2卷第4期，1951年12月，第4页。

促使中国红十字会更加重视群众性的急救训练。1951 年，红十字会总会在制订工作计划时，特别要求各地分会扩大急救训练工作，“与工会、学联结合，组织工人及学生教导救护急救常识，以便在工人与学生中间普遍地养成救护知识”①。

北京市分会开展急救训练工作较早，并建立起全市急救训练委员会。9 月 8 日，市分会召开急救训练会议，通过了急救训练纲要。同时举办师资培训班，培训师资 95 名，购买大量的急救教材、实习材料发给各区。由妇联、工会、学校配合发动，首先在机关、团体、工厂、学校等有组织的单位开展训练工作。各区以训练卫生小组长为主，内城 5 个区相继开展了培训。到年底，工厂、学校等单位共培训 5879 人，各区培训 698 人②。重要的是，北京市分会的培训工作为此后全国大规模普及性训练提供了重要参考和地方经验。

11 月 14 日，红十字会总会与全国总工会、妇联、青联、学联、中华医学会等社会团体，联合向上海、南京、广州等城市发出关于推行急救训练的通知③。通知要求各地克服困难采取“突破一点”的工作方法逐渐推广，目的是要达到每一车间、每一教室、每一单位、每个自然村均有急救站，而且每个生产学习的互助组、每个家庭都有急救员，在全国逐步形成一支强大的急救力量，并组成巩固的急救网。11 月 30 日，军委总后勤部卫生部通知各地卫生机构，要求协助红十字会开展急救训练④。随后，长春、北京、灌县、永城、绍兴等 24 个城市开展急救训练，全国大规模的急救训练由此拉开序幕。

为迎接 1953 年大规模国防建设和经济建设，1952 年 12 月 15 日，中国红十字会在北京召开全国工作会议，来自 71 个分会的 94 名代表以及政务院政法委员会、内务部、邮电部、水利部等政府部门和中国人民保卫世界和平委员会、全国总工会、全国妇联、中国人民救济总会等人民团体的代表参加了会议。会议在总结两年来红十字会工作经验的同时，着重讨论了推行急救训练等工作。

1953 年 1 月，红十字会总会根据各地经验，制定并颁发急救训练组织方案，明确规定训练对象以工人、农民、学生、卫生防疫人员、民兵为主。实际上自 1953 年起，在过渡时期总路线的指引下，社会主义工业化和农业合作化开始启动，大规模经济建设全面铺开。为保证建设者的身体健康，减少工伤，使得生产正常进行，中国红十字会的工作重点相应地转向农村、企业、

① 《中国红十字会总会关于 1951 年工作计划的指示》，《新中国红十字》第 4 期，1950 年 12 月，第 1 页。

② 孙敬敏编纂：《北京市红十字会的 65 年（1928—1993）》，文津出版社 1995 年版，第 67 页。

③ 《普遍推行急救训练的联合通知》，《新中国红十字》第 2 卷第 4 期，1951 年 12 月，第 5 页。

④ 《协助我会开展急救训练工作》，《新中国红十字》第 2 卷第 4 期，1951 年 12 月，第 22 页。

厂矿、工地等急需救护保健之地。因此红十字会开始着重地在工厂、矿山、工地以及农村进一步推行急救训练。

（二）组织与推动

总体而言，急救训练是由各地红十字会分会、中华医学会分会联合妇联、学联、青联、工会、医联、卫协等团体组成急救训练委员会，由红十字会分会、中华医学会分会以及医联、卫协或当地医师负责训练，其他团体协助配合，有计划有重点地进行。在具体实践中，担任讲师的往往是来自当地卫生机构或所在机构的医务人员，也有的是来自分会事业单位或分支机构的医务人员，或是经训练的急救员中的优秀分子。急救训练首先在学校、工厂的训练班、补习班、识字班以及其他有组织的团体内开展，之后由城市推广到乡村。

1952 年 10 月，济南市分会邀请市民政局、文教局、卫生局、市青联、市妇联、市总工会、市工商联、市学联、市医学会等机关团体开会，筹建组成急救训练委员会，领导或指导训练工作，有关部门做了具体分工[①]。同年，常州市分会在举办急救训练之前，在市文教局、总工会以及区政府、派出所等组织和机构的帮助下进行动员，掌握一般情况后，选择优秀人员参加训练，以提高训练质量，达到理想的效果。常州市分会还与市爱国卫生委员会取得联系，争取卫生工作者协会（医协）的协助，解决师资问题，制订出具体的训练计划与办法，并进行分工负责。

1953 年冬季，无锡市分会重点在市建筑工程公司第一、第二工地开展急救训练，训练工作得到了工地党、政、工、团的重视和支持，先由工程行政处和现场工会在工人中进行动员，使工人了解学习急救技术的意义，引发学习热情，共有百余人报名参加训练。训练班成立后，从行政、工会、医务室、教师及学员中选出 7 人组成班委会，领导训练班。学员按照工种编成学习小组，教师则由工地医务室和附近医院的医师担任[②]。

与上述分会推行训练的方法有所不同，开封市分会首先建立急救站，然后开展急救训练。1952 年，开封市分会在得到市政府重视后，在卫生机构协助下，动员 150 名负责街道卫生保健的责任医师组织若干急救站，再由急救站负责人选择和组织附近居民中的积极分子训练成急救员。急救站的业务，同时得到了巩固和发展[③]。

---

① 郭琦元：《武汉济南两分会的急救训练工作及我们所体会到的几点初步意见》，《新中国红十字》1953 年 12 月号，第 44 页。

② 王岳松：《我们在工地训练了急救员》，《新中国红十字》1954 年 3 月号，第 14—15 页。

③ 世恪：《推行急救训练方法介绍》，《新中国红十字》1952 年 10 月号，第 17 页。

实际上，组织急救训练离不开宣传动员的推动。北京、福州、常州三地分会均根据实际情况，结合真人真事，开展自上而下、自会员到群众的急救宣传，重点宣传急救的目的、性质，特别是急救与工作间的重要关系等。在确定对象以后，依据不同的思想顾虑，利用大会小会、个别谈话进行动员教育，安定情绪，为学习打下基础①。

值得一提的是，农村急救训练往往配合农业互助合作运动，在组织工作方面与城市存在不同之处。例如1954年，高密县分会在县第七区仁和乡11个农业合作社重点试办急救训练，训练师资全部来自区卫生所的医生，每个合作社选送两名25岁以下初小文化程度的青年社员作为训练对象，训练内容结合农村实际，除急救外，还讲授传染病预防、隔离、清扫卫生的办法等。结业后，急救员在合作社属于社务委员会领导，全乡的急救员由区长负责行政领导，区卫生所具体掌握工作的布置、经常性的学习活动等②。

（三）训练方法

急救训练班，一般是按照区域或单位编成，每班不超过60人，城市不少于30人，农村不少于15人。急救训练使用的教材，多是由中国红十字会总会编写的《急救》和《急救教材挂图》。有些分会，如安庆市分会将《新中国红十字》上刊登的有关急救训练的文章，编印成小册子《急救训练的介绍和实施步骤》作为训练资料③。

急救训练主要是利用业余时间，或在不妨碍业务并得到行政主管部门同意的时间进行，时长一般在12小时至48小时之间④。在训练之前，训练讲师要了解训练对象，根据学员的不同成分和文化水平制订出内容包括急救要求、课程进度、配备材料在内的教学计划，以便灵活运用。训练是按照教、学、做合一的方式进行，尤其注重练习。在具体辅导过程中，有些分会调派本单位医务人员为辅导员，深入小组，分组包干，利用小组长集体补课，辅导教学。北京市分会把辅导员组织成教研组，经常研究教学辅导和发现问题如何纠正等⑤，而常州市分会率先推行的小先生助教制具有普遍意义。

1952年6月至12月，常州市分会举办三期急救训练班，共训练急救员

① 《北京、福州、常州三个分会的急救训练工作》，《新中国红十字》1953年4月号，第19页。
② 聂逊：《农业生产合作社中的卫生急救工作》，《新中国红十字》1954年11、12月号，第16页。
③ 鲁承勋：《安庆市分会开展工人急救员训练》，《新中国红十字》1954年1月号，第13页。
④ 《积极推行急救训练》，《新中国红十字》1952年10月号，第12页。
⑤ 《急救的训练、组织和如何发挥作用等问题的商榷》，《新中国红十字》1953年11月号，第12页。

949人[1]。在训练过程中实施小先生助教制。小先生是从受过分会急救训练的26名干部以及前一期优秀学员中产生的。小先生负责到学员中去鼓励学习，了解困难，并及时给予帮助。如对学员不理解的知识点要帮助复习；随时检查纠正学习中的错误等，使得每个学员都能熟练掌握动作要领和急救方法[2]。此外，训练时还做到讲师和小先生（辅导员）密切联系，小先生和小组长定时交换意见，统一备课。分会在讲授理论时，经常结合实际操作，做到因材施教。分会根据不同对象，选择不同教材，大课一般讲解，小先生个别深入辅导，对工厂工人、城市居民与学校教员、学生分别进行训练。工人、居民一般文化水平较低，教材要通俗易懂，进度要慢，讲授时力求通俗易懂，多操作，多用土语，多联系实际，特别是医学名词更是要解释明白；而教员、学生因是知识分子，进度则快一些[3]。

（四）组建急救站

除训练普通群众外，急救训练的主要目标就是培训一大批急救员，以便建立急救站之后能够为社会服务。一般而言，学员训练后考试成绩由各训练小组民主评定，不及格的参加下一次训练。考试及格的急救员，结业后及时地被分会组织起来，成立急救站。

1953年初，常州市分会拟定《常州市红十字会急救站组织章程草案》，邀请有关单位召开组建急救站座谈会，修订并通过了组织章程。根据该组织章程和1952年三期训练的人数及其分布情况，成立了20个急救站。其中设在分会内部的中心急救站起着示范作用，指导其他19个急救站（包括工厂8个、企业1个、学校2个、居民间8个）的急救工作[4]。

同年，北京市分会与公共卫生局联合发出《关于开展城区居民训练工作的通知》。自2月起，北京市分会京西矿区支会在生产第一线举办4个工人急救训练班，培训216名急救员，在井下及车间建立37个红十字急救站。到下半年，京西矿务局所属各厂矿、建筑工程队及钻探队等单位都建有红十字急救站[5]。

前文所述的无锡市分会重点在市建筑工程公司第一、第二工地开展的急救训练（两个工地急救训练班）于1953年10月下旬开始，12月下旬结束，共有88人结业。之后组建急救站，设立总站、分站和小组。总站由行政主

---

① 吴逸樵：《常州市分会推行急救训练情况》，《新中国红十字》1953年2月号，第22页。
② 世恪：《推行急救训练方法介绍》，《新中国红十字》1952年10月号，第17页。
③ 《北京、福州、常州三个分会的急救训练工作》，《新中国红十字》1953年4月号，第18页。
④ 多里亚：《常州市的急救站》，《新中国红十字》1953年2月号，第23页。
⑤ 孙敬敏编纂：《北京市红十字会的65年（1928—1993）》，文津出版社1995年版，第53页。

任、工会劳保委员、工会安全卫生检查组长及医务室主任担任正、副站长，领导站内一切工作；分站按工种设立，由学习好、热心为群众服务的急救员担任领导；小组按照工种小队的实际情况划编①。

急救站作为分会的业务机构之一，一般配备一只急救箱和一面红十字旗。为便于急救工作的开展，急救站按照工作地的实际情况在站内设立急救分站和急救小组。急救站经民主讨论，订立会议汇报、学习、值班、交接班等各项制度，一般由一至两名急救员轮流值日，负责联系、急救工作。急救员工作时需佩带红十字臂章。不少分会将地点适中、工作模范的急救站设为中心急救站，负责统一调配担架、急救任务的联络及会议召集等，逐步成为当地急救站的总枢纽。有些分会根据工地特点创造性地按流动型、固定型和半流动半固定型，或永久型和临时型等类型建站。在组站过程中，有些分会还建立了急救信息报告网等联动机制，从而提高急救效率。总之，急救站的组建，一方面使分会有条件继续扩大急救训练，另一方面为分会进一步发展会务提供了基础。

急救站活动经费和此前急救训练所需费用，由分会预算后上报红十字会总会按年度下拨。其中急救站活动经费下拨标准为市级以上分会的急救站经费每月 10 万至 12 万元，市级以下的 8 万至 10 万元。这些经费用于急救药材之补充，而非药材开支不能超出总额的 10%。急救站制作担架和覆盖的油布所需费用由红十字会总会专项经费支出②。

实际上，中国红十字会组织的急救训练是依据严格的计划进行的，这可以从表 3 - 1《华东地区 1954 年各分会急救训练一览表（江苏部分）》中，了解到 1954 年江苏红十字会急救训练的计划人数、训练班数、训练人数、建站数和使用经费等情况。

表 3 - 1　华东地区 1954 年各分会急救训练一览表（江苏部分）

会名	计划人数	训练班数	训练人数	建站数	使用经费
青浦	500	/	179	5	2216000
无锡	6000	/	3023	10	11702490
常州	6500	22	1667	45	20168000
镇江	300	/	280	3	2920000
南京	5000	6	210	5	2340000

资料来源：中国红十字会总会档案馆档案。

① 王岳松：《我们在工地训练了急救员》，《新中国红十字》1954 年 3 月号，第 14—15 页。

② 《关于推行急救训练和急救站的几个问题的意见》，《新中国红十字》1952 年 10 月号，第 14 页。

（五）成效与不足

新中国成立初期，中国红十字会组织的急救训练，成效显著，这主要表现在以下几个方面。

第一，大批群众和急救员接受训练，急救站、卫生站等广泛建立。自1951年11月中国红十字会总会联合相关社会团体发出推行急救训练的通知后，仅一年时间，各地红十字会培训群众和急救员达30多万人，建立急救站388个。1953年，急救训练在全国范围广泛开展，各地红十字会培训了大量人员，并广泛建立急救站。如广州市分会培训急救员1005人；武汉市分会1286人；开封市分会在面粉厂、油厂、火柴厂先后培训急救员70多人；安阳市分会359人，建立急救站19个；芜湖市分会433人；内江市分会378人；济南市分会1070人；南京市分会两期对262人进行训练，建立7个急救站；福州市分会734人，为52个居民委员会建立54个急救站；太原市分会106人；青浦县分会对33个消防队员进行了急救训练等。据1956年统计，42个分会在厂矿、街道、农村、学校训练不脱产的急救员17万多人，建立救护站7000多个[①]。

第二，有利于保护和增进人民健康，从而增加劳动生产。无论是在急救站内还是在急救现场，急救员都能够把训练时所学到的技术与红十字急救员的服务精神运用到实践中去，他们是“卫生急救工作不可忽视的一支力量”[②]。总之，无论是在城市居民区、厂矿企业，还是在农村，急救站、卫生站等均发挥了积极作用。以下是几则典型的例证。

武汉市第一棉纺织厂在未成立急救站之前，工人在车间生产时受了伤或生了小毛病，要到医务室就诊，必须请假出车间，再到医务室挂号、诊断、取药，起码需要一个小时。有些工人怕耽误时间，小伤小病就不去诊治，往往致使伤口化脓、轻病加重，以后诊治起来就更加浪费时间，影响生产。1953年2月，棉纺织厂建立3个急救站，配备30个急救员，工人一旦发生小伤小病，马上就可以得到急救。9个月时间全厂共急救处理大小工伤、急病3.1万人次。每次止血、包扎只需10分钟，比去医务室治疗要节省半个多小时，这样就增加了4200多个工作日。如以一个工人看400个锭子，每小时产20支细纱20磅计算，可增产20支纱67万多磅。与此同时，工人的患病率也

---

① 中国红十字会总会编：《中国红十字会的九十年》，中国友谊出版公司1994年版，第146—147页。

② 杨迪群、陆希羽：《常州市工厂急救员起了助手作用》，《新中国红十字》1954年5、6月号，第9页。

逐步下降了。据南昌市分会不完全统计，1953 年，全市 2000 余名红十字急救员一年中节省工时损耗所提供的生产价值约合 15 亿元①。1956 年，焦作市李封煤矿 7 个井下红十字卫生站，两个月共急救 1021 人次，可节省 255 个工时，增产煤 256 吨。同年，天津市 4 个建筑公司的红十字卫生员，9 个月在工地处理外伤 3.2 万人次，节省工时共计 1840 个工作日②。

1953 年，正值农村秋收，镇江市分会及时地派出医务人员在郊区象山乡设立农忙急救站，配合乡里原先训练的急救员进行急救工作，并做免费医疗服务，21 天里共救治 1503 人次。他们还帮助隔壁托儿所生有暑疥、暑疮的儿童治好了病③。同年，当农民上交爱国公粮之际，麻城县分会为保护送粮农民身体健康，特地组织 106 个急救员，在仓库附近及运粮路线上设立 8 个送粮急救站，为送粮农民服务，半个月共急救 2190 人④。实际上，农业合作社的急救员，一方面对农业生产过程中的受伤农民进行急救，减少治疗时间，相应地增加了劳动时间和工作日，提高农业产量；另一方面宣传卫生知识，及时地报告重大疫情，对于提高农民卫生文化水平，改进农村卫生工作发挥了重要作用。

1954 年至 1955 年间，北京市分会东四区红十字会在北京煤炭洗选厂建筑安装工程公司和公司第一工区培训急救员，开展环境卫生工作，取得成效。1955 年，全工区发病率降低到 3.23%，缺勤率降低到 1.7%，因病缺勤率降低到 0.63%。这些数据充分说明“红十字会员已经成为卫生工作中的骨干”，“红十字会是一个先进的组织，全国的工地都应该建立”⑤。

由上可见，急救站、卫生站等设立，减少了医务室、卫生所的门诊数，有利于保护群众健康，增加生产，提高城乡整体的卫生水平。

第三，配合并推动其他卫生训练和工作开展。单纯、静止、孤立地进行急救训练往往收效甚微。实际上，有些分会将急救训练和急救工作纳入地方政府卫生工作计划，统一安排，配合其他群众性卫生防疫训练，并与卫生部门的中心工作以及爱国卫生运动等群众性卫生防疫工作进行配合。还有不少分会的急救员参加了当地爱国卫生运动的宣传，尤其是在厂矿、工地，急救

① 李德全：《纪念中国红十字会成立 50 周年》（1954 年 3 月 5 日）。

② 中国红十字会总会编：《中国红十字会的九十年》，中国友谊出版公司 1994 年版，第 148 页。

③ 闵金禾、金造华：《农忙急救站确是救了我们的急》，《新中国红十字》1953 年 10 月号，第 15 页。

④ 刘炎晴：《麻城县分会组织送粮急救站为农民服务》，《新中国红十字》1954 年 1 月号，第 12 页。

⑤ 孙敬敏编纂：《北京市红十字会的 65 年（1928—1993）》，文津出版社 1995 年版，第54 页。

员参加本单位工人的安全保健工作。例如，1952 年 12 月 23 日，为配合梧州市冬季接种牛痘计划，市分会急救员训练第一试点班结业后，急救员开始在城南急救站给群众接种牛痘，将从训练班教员那里学来的知识和技术及时地运用到实践中[①]。常州市分会急救员在市卫生科开展郊区白喉注射时，主动暂缓急救站的日常工作，到郊外参加注射疫苗，并帮助开展卫生宣传[②]。1953 年，开封市植物油厂和内江、柳州等地的急救员参加当地政府组织的预防流行性“乙型”脑炎的防蚊灭蚊工作。同年夏季，梧州、天津、开封、西安等市分会的急救员配合当地防疫注射工作[③]。梧州市急救员在历次爱国卫生运动中主动与各镇卫生委员会取得联系，参加到卫生运动工作队中去，而且协助做好取缔反动会道门展览会、广西省[④]宣传贯彻婚姻法展览会和“五一”节群众游行等活动的救护工作[⑤]。农村急救员往往配合妇幼卫生、环境卫生以及预防接种等其他卫生防疫工作的开展。从这个意义上说，他们既是急救员，同时也是接生员、家庭护理员。

但是，有些分会在推行急救训练的过程中，在处理与地方政府和总会关系、训练对象、训练师资、急救站的组织等方面，明显存在着一些问题和不足，主要表现在以下几个方面。

第一，领导关系不顺，计划不切实际。1953 年，武汉市分会和济南市分会因不能及时地与上级沟通联系，直到出现困难才找领导解决，甚至有困难也不及时报告、请示，实际形成脱离领导、单搞一套的局面，因而在训练中困难重重。同年，开封市分会原定训练两万人，但实际上自 1952 年至 1953 年 5 月共训练 5000 多人，而符合条件的学员为数不多。无独有偶，济南市分会原定训练 9300 人，但至 5 月才训练 1000 多人[⑥]。

第二，宣传不到位，训练对象不明确。选择训练对象时，一味追求高数字，不考虑条件，加上宣传不准确不到位，武汉市由街政府选送参加训练的多系待业青年，济南市分会则以招考的方式拿户口簿报名投考，被录取的多

---

① 古国冠：《梧州市分会急救员展开冬季种痘》，《新中国红十字》1953 年 2 月号，第 28 页。

② 高明之：《新中国红十字的急救员们》，《新中国红十字》1953 年 2 月号，第 26 页。

③ 《开封市植物油厂和内江、柳州等地的急救员参加防蚊灭蚊工作》，《新中国红十字》1953 年 11 月号，第 19 页；《急救的训练、组织和如何发挥作用等问题的商榷》，《新中国红十字》1953 年 11 月号，第 12 页。

④ 1958 年 3 月，广西省改为广西僮族自治区；1965 年 10 月，改名为广西壮族自治区。

⑤ 《密切配合群众活动 丰富急救员工作内容》，《新中国红十字》1953 年 5、6 月号，第 17 页。

⑥ 陈荣孝：《急救员训练中的几个问题》，《新中国红十字》1953 年 5、6 月号，第 16 页。

数也是失业者①。常州市分会训练的学员，有的身兼数职，训练时常缺课，结业后组站也不能很好地发挥作用；有的对训练意义不够了解，对训练的兴趣不大，甚至出现“上级派我来学，我就来学，无所谓”，从而影响了训练效果②。

第三，师资配备和组建急救站存在一些问题。开封市分会没有慎重考虑师资配备问题，盲目地将训练任务交给全市 115 名责任医师，而有的医师明显不能胜任，在训练前也没有组织这些医师召开教学会议，研究如何进行统一训练③。镇江市分会和青岛市分会训练急救员后，未能及时组建急救站或在组站过程中几经周折。南昌市分会放松了组织工作致使急救员不能全部发挥作用④。常州市分会急救站的活动方式脱离实际，以致许多工作行不通，推选行政领导任站长，要求过高，反而使急救站工作形成自流⑤。

在急救训练工作中，尽管有些分会出现上述不足，但能够及时地发现问题，并加以更正解决。总体上看，急救工作配合了国家大规模经济建设，保障了工人的身体健康，保证了生产建设任务的顺利完成。

三、家庭护理等训练

（一）家庭护理训练

家庭护理是一种卫生常识，也是一种大众化的技术。它能预防疾病传染，保护身体健康，并帮助病人减少痛苦，免发并发症，使其早日痊愈。新中国成立前，广大群众往往病在家里，由于缺乏科学的护理而采用封建迷信的方法，常常使得轻病加重，重病致死。尤其是不知道传染病的隔离和消毒，更是互为媒介，散播蔓延，或死于传染。事实上，家人相处最亲切，性情了解最深刻，所以照顾病人也最能体贴入微，帮助最大。因此，推行合理的家庭护理教育对人民健康具有重要意义。

家庭护理训练曾在苏联得到广泛推行，并取得丰富的经验。新中国成立后在举国学习苏联的背景下，苏联式的家庭护理很快传入我国。不过，当时

---

① 郭琦元：《武汉、济南两分会的急救训练工作及我们所体会到的几点初步意见》，《新中国红十字》1953 年 12 月号，第 45 页。

② 杨迪群：《常州市分会检查了急救工作的缺点　提出了改进的办法》，《新中国红十字》1953 年 5、6 月号，第 15 页。

③ 陈荣孝：《急救员训练中的几个问题》，《新中国红十字》1953 年 5、6 月号，第 16 页。

④ 《急救的训练、组织和如何发挥作用等问题的商榷》，《新中国红十字》1953 年 11 月号，第 11 页。

⑤ 杨迪群：《常州市分会检查了急救工作的缺点　提出了改进的办法》，《新中国红十字》1953 年 5、6 月号，第 15 页。

家庭护理作为新事物尚处在试办之中。1953 年初，红十字会总会颁布了关于开展家庭护理训练与组织方案，要求有条件的分会可将试办家庭护理训练作为重点，训练对象以家庭妇女为主，全年计划训练两万人。方案指出，急救训练委员会特别是妇联、卫协护士学会是领导训练的主要力量，分会组织的家庭护理小组负责联系属地医院、诊所和妇联以推进训练工作。训练的教材是总会编写的《家庭护理》。训练的内容主要是家庭护理技术与操作、一般常见传染病的预防与护理知识，以及个人卫生、环境卫生、妇幼卫生（包括孕妇、产妇、婴儿的护理及营养）等基本知识①。

6 月，北京市分会举办第一期家庭护理训练班，学员基本上是来自京西矿区机电厂的工人家属。工人家属在学习热情、争取领导的支持、组织学习工作、学成后发挥作用等方面明显具有优势。9 月 2 日至 13 日，天津市分会在市公共卫生局、市五金工业工会的配合与协助下，首先选择重工业企业家属比较集中的地区——天津钢厂二分厂家属宿舍区作为试点班进行培训，家属委员会委员、卫生小组长和群众积极分子共 48 人参加了学习。按照总会要求，学习内容主要是通俗易懂的家庭护理技术与操作、一般常见传染病的预防与护理知识，以及个人卫生、环境卫生和妇幼卫生等基本知识。每天上课 4 小时，教学和讨论各占一半时间。至年底，除钢厂二分厂外，还在钢厂一分厂、铁路局、电业局、自来水公司、国营第九橡胶厂、电车公司等举办了 9 个家庭护理培训班，329 人接受过培训②。

同年，镇江市分会配合市妇联训练家庭护理员，学员绝大多数为妇女委员和妇女代表，文化水平较高。训练时着重讲授家庭护理的重要性及家庭护理的基本知识、一般技术等内容。通过学习，学员对家庭护理有了较明确的认识，能够进行一般性护理工作。柳州市分会与妇联一起组织 100 名街道妇女积极分子，开办第一批为期 5 个星期的家庭护理训练班，聘请市立医院保健站、防疫站、卫生科等单位干部担任教学③。

家庭护理训练结束后，相关分会及时地将护理员组织起来，成立家庭护理站。黄石市分会在家庭护理训练结束后，即组织家庭护理互助小组，制定汇报、检查制度。1953 年 7 月，京西矿区机电厂成立家属护理站，下设 7 个护理小组。家庭护理员的任务主要是：一、向群众进行卫生常识、一般预防、护理常识和妇幼卫生常识等宣传；二、预防传染病发生，进行家庭访问；

---

① 《一九五三年家庭护理的训练与组织方案》，《新中国红十字》1953 年 1 月号，第 29 页。

② 赵辉主编：《天津红十字会九十年》，天津人民出版社 2001 年版，第 66 页。

③ 《家庭护理试办简况》，《新中国红十字》1953 年 10 月号，第 21 页。

三、协助爱国卫生运动，监督并检查公共场所的清洁卫生；四、协助卫生机构开展各项预防接种工作①。天津市钢厂二分厂试点班学员结业后，在工厂医务室的指导下，设立家庭护理站，站内设若干护理小组，并配备必要的常用器械和物品。学员按照“自救助人”的精神，指导和帮助一些家庭开展家庭护理工作。

值得一提的是，在专业医护人员人力有限的情况下，家庭护理培训及家庭护理站工作起到了保护工人身体健康、保障生产的作用。不过，随着在各行各业大规模地开展红十字卫生员训练工作，红十字会举办的家庭护理培训逐步纳入街道红十字卫生员培训课程之中，不再单独举办家庭护理知识培训班。

（二）工厂保健员、行业卫生训练

为满足工人安全生产的需要，中国红十字会在工厂进行保健员训练，开展保健服务。1952 年 10 月，常州市分会在市爱国卫生运动委员会的领导下，以不影响生产为原则，与市卫生科、总工会联合举办常州市工厂保健员训练班。280 名受训的学员中，主要是来自纺织、五金、食品、电业与搬运等行业工人。训练内容包括急救、卫生常识、细菌、传染病、妇幼卫生、卫生宣传等，其中急救学时比重最大，训练时间共 72 小时②。

1953 年 6 月 7 日至 7 月 28 日，汕头市分会与市卫生局合办第一期工厂车间保健员训练班，由工会推荐的 80 名不脱产的、热心群众卫生福利事业的基层卫生干部参加了训练。训练在晚上业余时间进行，每晚两小时，周三、周六休息。学习的教材是由市卫生局防疫科和分会业务组根据《东北沈阳市工厂卫生委员手册》改编而成的，学习内容除了一般的车间卫生保健之外，还增加了急救。学员经训练后，在工厂发挥了作用。这次训练的主要经验有：一是党政领导的重视和支持；二是召开讲师座谈会，了解训练的目的、要求；三是训练前，深入了解了学员的思想情况和技术程度③。

从这一年开始，无锡市分会训练工作重点面向工厂、矿山、工地，市内“大厂都已有车间保健员”，并将初级卫生训练工作和市爱国卫生委员会的卫

---

① 《京西矿区机电厂家属护理站已经起了作用》，《新中国红十字》1953 年 10 月号，第 20 页。

② 陈雨人：《常州市分会举办工厂企业保健员训练班》，《新中国红十字》1952 年 11 月号，第 25 页。

③ 宋群发：《第一期工厂车间保健员训练班结束》，《新中国红十字》1953 年 12 月号，第 46—47 页。

生训练结合起来进行①。

随着公共食堂、托儿所、幼儿园等集体福利事业单位在城乡的广泛建立，广大群众对于卫生的要求普遍提高，为此，中国红十字会配合有关部门对炊事员、保育员、理发员等进行行业卫生知识的训练，使他们在各自的岗位上，结合自己的工作，加强卫生措施，以保证群众的身体健康。

为有效控制夏季肠胃病的复发和流行，1953 年三四月间，泗阳县分会诊所举办县直机关炊事员的卫生训练班，共有 68 人报名参加，分成 6 个小组进行学习，学习材料以个人卫生及炊事房卫生（包括食品、炊具的卫生）为主，并涉及环境卫生的知识。教学以边教、边学、边做的方式进行，然后炊事员联系实际展开深入讨论。结业后，将炊事员组织成县直属机关单位炊事房卫生委员会，制定制度和公约，使炊事房卫生走向制度化和经常化。1954 年 4 月，常州市分会协助市政府卫生科、总工会举办市属工厂、机关炊事员训练班，130 名学员参加了训练。学习内容包括个人卫生、典型介绍及炊事人员工作守则等，采取合班上课与分组讨论相结合的教学方式②。

1953 年 5 月，泗阳县分会诊所组织行业卫生训练。训练对象包括饮食行业 57 户（饭馆、茶馆、肉铺、酱园等）和卫生行业 46 户（理发、浴室等），分为两个班进行训练，训练班成立学习委员会，进行分组学习，订出学习制度，采用大组报告、小组讨论等形式进行学习。内容有行业卫生和个人卫生、公共卫生等，并根据不同行业的特点，提出不同的卫生重点和具体的卫生要求③。

同年夏季，济宁市分会在春季爱国卫生突击运动的基础上举办卫生饮食行业人员训练班，来自饭馆、面食、粥汁等行业的学员在不影响生产的原则下分批接受训练，学习内容有个人卫生、环境卫生、饮食卫生及营养、传染病和山东省卫生所颁布的《卫生饮食行业管理规则》等。全年共训练 8 期，受训学员达 492 人④。

训练结束后，泗阳县各行业根据自身情况制定出切实可行的制度，在很大程度上提高了各行业的卫生水平。而济宁市大部分行业添置防尘、防蝇设备，做到食具消毒，并建立检查互查制度，大大改善了饮食行业卫生条件。

通过上述考察，新中国成立之初，中国红十字会不仅开启了培养初级卫生干部和服务于妇幼保健的接生员训练，而且进行了面广量大的急救训练，

---

① 官敏卿：《南京市分会进行卫生委员训练》，《新中国红十字》1954 年 1 月号，第 28 页；张汉卿：《做好红十字会工作的保证》，《新中国红十字》1954 年 7、8 月号，第 26 页。

② 陆希羽：《常州市分会协助当地训练炊事人员》，《新中国红十字》1954 年 5、6 月号，第 11 页。

③ 《泗阳县诊所办了炊事员及行业卫生训练班》，《新中国红十字》1953 年 7 月号，第 12—13 页。

④ 《济宁市分会办了饮食行业卫生训练》，《新中国红十字》1953 年 7 月号，第 13 页；《济宁市分会的饮食行业卫生训练》，《新中国红十字》1954 年 4 月号，第 30 页。

还有针对家庭护理、工厂保健、行业卫生等具有特定地点和专门对象的卫生训练。

各类训练存在以下一些共同特点：其一，红十字会总会统一组织，对各种训练进行技术指导，并作经费安排，当地政府和相关社会团体配合红十字会分会具体实施训练；其二，红十字会总会或分会对训练情况开展检查，发现问题后及时纠正，并改进工作；其三，训练结束后，立即成立接生站、急救站、护理站等组织，作为红十字会分会的业务机构，更好地发挥训练作用；其四，各类学员学成后，在完成自身业务的同时，根据红十字会分会的统一安排，协助配合其他业务的开展。

不难发现，在训练的实践过程中，红十字会总会与相关社会团体、红十字会分会与当地政府、红十字会分会与当地社会团体形成了协助、领导和合作的互动关系。分会内部学员间形成了“我为主体，他人配合”的互相合作关系。同时需要指出的是，各类训练除专业技术学习外，还安排会务学习、政治学习等课程内容，注重对学员的思想政治教育。因此，通过学习了解党政方针，特别是卫生方面的政策，学员逐步摒弃单纯技术的观点，树立为人民服务等观念，认清个人主义、封建迷信等落后的旧思想，从而成长为新中国卫生事业的建设者。

红十字会组织大批次的卫生救护训练，真正受益的是广大人民群众。受益后的群众由衷地感谢共产党和人民政府，赞美新社会。以急救为例，1954年3月4日，麻城县白杲区梁家畈乡举办春节文娱活动，罗文兰不慎从两丈多高的6人秋千中摔落，当场昏迷，正参加活动的县急救员宁永忠马上进行人工呼吸，并取来急救箱，注射“康福那心”，之后包扎伤处，用铔母尼亚茴香酯刺激神经。罗文兰苏醒后，在急救员护送下抬回家里。群众纷纷表示，急救员这种为人民服务的精神令人敬佩，“要不是急救员，哪里有救呢!”① 同年，常州市平冈乡农民为争取水稻丰收，计划6天内修浚一条3里多长的水利工程，市分会急救员应邀前往担任急救工作。在工作中，急救员态度和蔼，及时抢救受伤民工，经常很晚才收工回去，因而受到农民的欢迎。工程结束后，这些民工写信给常州市分会，感谢急救员，感谢政府②。

可见，卫生救护训练除促进劳动者身体健康之外，对塑造广大城乡新面貌、新风尚也发挥出一定的作用。

---

① 《“要不是急救员，哪里有救呢!”》，《新中国红十字》1954年4月号，第15页。

② 杨迪群、陆希羽：《居民急救员的救护活动》，《新中国红十字》1954年7、8月号，第14—15页。

第二节　医防保健工作

一、防治天花等传染病

在旧中国，医疗卫生事业落后，广大城乡严重缺医少药，许多烈性传染病时有发生，不少寄生虫病十分猖獗，劳动人民根本享受不到基本的卫生保障。新中国成立之初，各级政府积极防治严重的流行病、地方病。而中国红十字会坚持“面向工农兵”“预防为主”“团结中西医”的卫生工作原则，保障人民健康，大力开展防治天花、霍乱、白喉等传染病工作，认真组织疫苗接种，发挥出卫生部门的助手作用。

（一）广种牛痘

天花是一种急性传染病，人和某些哺乳动物都能被感染。病原体是天花病毒，症状是先发高热，全身出丘疹，随后变成疱疹，最后变成脓疱，中心凹陷，10天左右结痂，痂脱落后的疤痕就是麻子。种痘也叫种牛痘，或种花，即直接把痘苗接种在人体上，使人体对天花产生自动免疫功能。

自1950年起，我国就组织大规模的种痘活动，并计划在三五年的时间内基本上消灭天花。这年春季，在全国范围内开展了种痘工作。为巩固天花防疫水平，10月7日，周恩来在亲自起草的《政务院关于发动秋季种痘运动的指示》中明确要求：“各级人民政府对于今秋的种痘运动应加以重视”；“今春种痘较多的地方（如华北、东北）仍应进行补种，以达到普遍的目的”；“种痘应一律免费，不得向受种人收取任何费用。痘苗、人工、卫生材料等费，均应由各级政府负担。”由于秋季种痘与群众风俗习惯不同，他还特别指出要对群众进行耐心的说服工作，详细解释秋季种痘的重要性，使群众自觉自愿地接受种痘[①]。10月12日，卫生部发布《种痘暂行办法》，规定婴儿在出生6个月内即应种痘，届满6岁、12岁、18岁时再各复种一次，同时要求全国人民普遍种痘[②]。

因多地政府较为重视，经周密部署，团结群众，顺利推进，当年种痘工作取得了可喜成绩，种痘人数达1.8亿，约占全国总人口的37%[③]。1950年，经协商改组后的中国红十字会配合政府开展了种痘活动，红十字会总会还力所能及地为各地分会提供了痘苗和相关费用。10月28日，为配合政府开展冬

---

① 《建国以来周恩来文稿》第3册，中央文献出版社2008年版，第394—396页。

② 刘国新等主编：《中华人民共和国史长编》（第一卷），天津人民出版社2010年版，第140页。

③ 《加强种痘工作早期消灭天花》（1951年10月3日）。

季种痘，红十字会总会第一批就向40个分会医院诊所寄发痘苗5000打，并附上消毒费用。11月18日，对路远交通不便、邮寄迟缓的昆明等10个分会，将配发的痘苗折价，连同消毒费一并汇出①，以支持当地种痘工作。

1951年春季，中国红十字会总会发出《大力协助地方政府开展春季种痘工作》的通知，各地分会都配合当地政府开展了规模较大的种痘工作。虽然在这期间，多数分会还处于酝酿或着手改组工作阶段。

无锡市分会根据预防为主的方针，克服困难，计划三年内消灭天花，所以工作热情高涨，在1951年春季种痘中，该分会配合市政府完成了预定任务，共种痘5727人②。3月7日，分会治疗所在接到无锡市卫生局的通知后，就组织防疫队，其中队长1人，小组长2人，工作人员4人，编成2个小组，由小组长负责支配，队长与小组长带头工作。种痘一开始，有些居民因害怕注射疼痛，不愿意种痘，后经队员口头宣传与说服，打消了思想顾虑，3天就完成了595人的种痘任务。而后，防疫队的工作转向学校。在辅仁中学、尚艺小学、长元小学及省立无锡师范学样共种痘1644人。在工厂，仅新毅布厂就完成130人的种痘任务。此外，郊区黄巷乡全乡完成种痘708人。防疫队在种痘的第4天开始实施详细的检查，以防发生不良反应。从3月20日起，防疫队担任火车站旅客的种痘工作，从早晨5时至上午9时为旅客种痘；至3月底，11天共种痘2604人。

常州市分会在接到红十字会总会关于开展春季种痘工作的通知后，为保证完成种痘任务，立即动员全部16位工作人员连日学习天花和种痘的必要知识。他们很快学会新法——多压法的种痘技术，同时提高了思想认识，掌握了如何耐心说服群众的本领。该分会应市防疫委员会的邀请，承担了怀德路派出所辖区的种痘任务，分会治疗所主任于开明担任怀德区防疫队队长。为做好工作，他邀集该区中西医师18人及派出所负责人、居民卫生组长等在分会召开会议，商讨有关事宜，体现出中西医团结合作的精神。会议决定种痘实行分区负责制，18位医师分为9个小组，每两人为一组，担任约10个居民小组的种痘任务，分会16位学员分成5个组，这样更能负责地完成种痘工作。为使种痘工作广泛深入地进行，事先由派出所召开居民座谈会，分会派出人员前去宣传种痘的意义。群众认识提高后纷纷表示，愿意协助种痘工作。

于开明每天早晨布置任务后，就会同派出所负责人及居民卫生组长一起工作。每天下午四五点钟，种痘小组陆续返回后，随即汇报和统计种痘人数，

① 《配合政府加强冬季种痘运动》，《新中国红十字》第3期，1950年11月，第8页。

② 《无锡市分会完成春季种痘》，《新中国红十字》第8期，1951年4月，第45页。

交流群众种痘后的反应。针对工作中的困难和缺点，随时进行商讨，并加以克服和纠正，从实际出发解决问题。种痘小组认真地做好检查工作。种痘后的第六、七天，他们即按着种痘的先后次序挨户检查，必要时就随时进行补种。据统计，被检查的2300多人反应的比例是：原发反应8.16%，无反应2.94%，化脓反应40.7%，加速反应33.3%，即时反应14.9%①。

除18位中西医师分担怀德路派出所辖区一部分任务外，分会还承担了其余的70多个居民小组的种痘工作，并完成市卫生科委派的为火车站旅客种痘的任务。此外，分会还为工厂、商店、中小学以及文艺工作者协会等团体进行种痘。自3月9日至4月14日，他们时而远至郊区，时而深入棚户，共种痘约10060人。

在这次春季种痘工作中，常州市分会在取得令人满意成绩的同时，也积累了一些经验。实践证明，采用多压法比旧法画线的效果要好得多。多压法的经验是用苗省，只需一小滴，手压的时候要有弹力，范围要小，否则发得太大，反应也大。

平凉分会在接到红十字会总会寄发的60打疫苗后，即与平凉专署取得联系，派出医助员傅良仁等，携带器材，先赴距离平凉市90里外的泾源县农村实施种痘103人。经分会与医师公会协商后，分会诊疗所负责清平区第10街第6组至第15组的种痘任务。自2月26日至3月17日，每日由王惟勤医师带领1至2人挨户种痘，计种痘225人。分会医院门诊实施种痘291人。此外，分会还派出医师携带药材下乡，面向工农群众，进行防疫注射工作②。

3月15日，重庆市分会在接到市卫生局邀请协助春季种痘工作的通知后，即组织一个宣传队，向群众开展了广泛而深入的宣传。后于3月20日组织了3个巡回种痘队，分会医院和诊所各设1处种痘站。至4月5日，共种痘2063人③。

安阳分会从红十字会总会领到大批痘苗后，扩大了种痘范围。医疗组向市郊中心区群众、完全小学、华纱布厂、石油公司、人民银行、华安蛋厂、振裕火柴厂、建安烟厂推进种痘工作。3月24日至4月5日，共种痘3000余人④。在柳州，市分会诊所派出西医诊所主任医师欧阳玮带上许多宣传品，参加政府组织的中西医师赴郊区农村普遍开展种牛痘工作。第一批分3个小组，每组医师3人，欧阳玮被编在第三小组，担任市北郊区的新墟、冷饭、水磨、麻畲、狗冲、小村等地的种痘任务。4天内，第三小组种痘人数达到应种痘人数80%以上⑤。

---

① 吴逸樵：《常州分会这样进行种痘》，《新中国红十字》第8期，1951年4月，第46页。
② 张冀侠：《平凉种痘面向工农》，《新中国红十字》第8期，1951年4月，第45页。
③ 《重庆分会巡回种痘》，《新中国红十字》第8期，1951年4月，第45页。
④ 许炳昌：《安阳分会种痘三千余人》，《新中国红十字》第8期，1951年4月，第45页。
⑤ 朱午迟：《柳州分会诊所参加市种痘工作》，《新中国红十字》第8期，1951年4月，第45页。

江阴县分会协助县防疫委员会负责担任长泾区春季种痘任务。在工作中，分会紧密团结中西医，配合当地机关团体，发动群众的力量，捐献痘苗，并结合文娱活动进行卫生宣教工作，紧紧依靠群众力量掀起种痘热潮。自3月17日至4月6日，20天种痘工作全部结束，共接种牛痘33877人，完成全区总人口48%的预防任务。4月20日，在县春季种痘评模会议上，江阴县分会光荣地被评为江阴县单位模范①。江阴县防疫委员会特致函县分会②，以示表扬。

中国红十字会江阴县分会：

径启者：贵会在负责担任此次长泾区的春季种痘工作中，全体员工都能做到刻苦耐劳，团结中西医，深入农村，及时扑减疫病蔓延。并发动当地工商界，自动〔主动〕捐献疫苗187打，解决疫苗不足的困难。进一步组织农村卫生宣传队，结合抗美援朝运动，演出胜利花棍、孙阿福种痘等歌剧，打破农村中的迷信落后思想，提高一般农民对防疫的认识，掀起普遍种痘热潮，获得全区播种33877人（占全区人数的48%）的优良成绩。在县春季种痘评模会议中，光荣评得江阴县单位模范，特此予以表扬，以资鼓励，即希继续努力，贯彻夏季防疫任务，此致。

江阴县防疫委员会启

五月一日劳动节

江阴县分会在这次种痘过程中认真协助做好宣传工作。3月17日，以县分会长泾医院为基干的江阴县防疫委员会长泾区分会宣告成立，成员包括乡镇行政、学校、中西医、工、青、妇、农、工商等各界代表54人，下设总务、宣教、技术3个小组。长泾区分会在长泾、顾山、北漍3镇成立支会，在南漍、祝南、在竹、河塘、赤岸、栋籁、大九、方盖、沈舍9个乡分设防疫站。痘苗材料除县防疫委员会拨发100打及红十字总会拨40打外，长泾、北漍、顾山等村镇工商界捐献187打，长泾区分会自购27打。

长泾区分会宣教组成员和支会的宣传员自组织成立之日起就开始活动，他们配合当地教员、学生、农妇代表利用标语、板报、漫谈、讲座等形式，有时进行个别访问或结合群众性集会，针对群众思想状况，广泛宣传预防天花和种牛痘的意义，他们甚至提出“患了天花，不死即麻”“防花如防匪”的口号，逐步消除群众的思想顾虑。长泾区分会长红农村卫生宣传队更进一步地在农村巡回演出歌剧《孙阿福种痘》，打破群众迷信思想，提高了农民种痘认识，为接种做好准备。

---

① 王祖尧：《江阴县分会胜利进行春季种痘》，《新中国红十字》第9期，1951年5月，第40页。

② 《江阴县防疫委员会的表扬函》，《新中国红十字》第9期，1951年5月，第41页。

在接种方式上，长泾区分会有时择取时机设站进行，如赴机关、学校、群众集会处、交通要道以及在医院、诊所设站进行接种；有时组队机动地分赴各地，配合市行政部门按户接种，配合农会下乡接种，并在发现天花的地区进行突击接种。3 月 19 日，分会得知河塘乡附近和无锡县黄土塘一带发现天花后，立即临时组织两个突击队分别由华毓楠、顾孟寅带领前往河塘乡和黄土塘，对发现天花的地区做紧急处理，防止疫病蔓延；并在当地政府召开的群众大会上，强调天花的危险性，说服群众接受种痘，当天两队就接种了近 4000 人。他们采用拨浆针压法的接种方法，既省苗又简便，接种迅速不疼痛，受到广大群众的欢迎。

在这次种痘过程中，涌现出不少感人的事例。如长泾北西街的张老太已经 83 岁高龄，当她知道红十字会防疫队要来种痘时，就对附近居民说："我活到现在，从来没有看到像这些姑娘真心地来为我们服务的，现在种痘不花钱又不痛，种了痘不害病，这是大好事，人民政府处处爱人民，我们还能不种吗?"她带头种痘，全街居民很受感动，一小时就种完了痘。又如，志宋小学教导主任吴仲寅年幼患天花，一脸麻子，这次他种了痘，发得很好，他对患过天花种过鼻苗的人说："你们不要相信自己出过天花就能免疫了，不相信，看我的手臂，发得多大!"他的话疏通了不少中老年人的思想。很多群众反映这次种痘苗好，不要钱、不忌嘴、少麻烦，不吃新鲜也发，工作人员很热心，这是"人民政府替人民做的好事"。

江阴县分会在种痘工作中取得了如下收获：其一，虽然未能做到百分之百种痘，但已普遍提高了群众的卫生常识，使群众认识到疫病的危害性与防疫的重要性，把"预防为主"的卫生总方针深入到广大农村里去；其二，中西医更进一步地加强团结①，互相研讨技术，交流经验，为"中医科学化"和"西医中国化"打下基础；其三，医工人员面向工农兵，了解农民生活习

① 中医和西医之间的隔阂与矛盾由来已久。为加强中西医的团结，1950 年 8 月，卫生部召开第一届全国卫生工作会议，毛泽东题词："团结新老中西各部分医药工作人员，组成巩固的统一战线，为开展伟大的人民卫生工作而奋斗"。会议制定了"预防为主，面向工农兵，团结中西医"的卫生工作三大方针。为加强中西医团结，1951 年，卫生部公布实施《关于医药界的团结互助学习的决定》，主要内容是：一、中医西医均应加强政治与业务学习，提高服务效能。二、卫生部设立中医、中药的研究机构，用科学的方法来整理、研究中国医疗方法及中国药物。三、各地卫生机构应动员经过进修与训练的中医参加预防工作，各地县以下的卫生机构并得吸收经过进修与训练的中医参加诊疗工作。四、对于私人开办的中医学校（或带徒弟），可不加限制，但这些学校课程中应加基础的医药科学课目。五、各地得根据需要和可能成立医药界联合会或医药界座谈会，作为中西医的共同组织。六、在省级以上的卫生行政机构中，根据需要可设立处理中医事务的机构，担任关于中医的登记、团结、进修、训练等事宜。

惯，和农民兄弟打成一片，使防疫工作与农业生产结合了起来。

不过，这次江阴县分会春季种痘工作也存在一些缺点，如接种面大而工作人员太少，农村一些角落难以全部照顾到；部分群众觉得宣传工作做得还不够，形式近于呆板；部分技术人员因是初次工作，在接种初期忽视消毒，致使不少化脓现象发生；华东制药公司痘苗供不应求，影响种痘速度，甚至有时被迫中断工作等。这些缺点和不足在此后工作中逐步得到了改进，并取得效果。如 1951 年夏季，江阴县分会在长泾区防疫工作中第一次就注射疫苗 1.2 万余人①。

经过 1950 年和 1951 年上半年大规模的种痘，我国消灭天花工作成效显著。华北区 1951 年上半年较 1950 年同一时期，天花患者减少了 93.6%，到 1951 年 10 月，北京、广州、大连等市区没有发生天花②，提前完成了“基本上消灭天花”的任务。但我国各地情况不尽相同，卫生部门每年每季度都高度重视种痘工作，争取早日消灭天花。

事实上，1951 年，中国红十字会除在春季组织大规模的种痘外，还要求部分分会根据实际情况，配合当地政府组织开展秋冬季的种痘工作。自 11 月 1 日起，梧州市分会救护队按照红十字会总会的种痘要求和市卫生科的工作计划，承担了市区的种痘工作。种痘前，救护队在分会门前布置宣传画，并用大字通俗标语，以及分会的卫生周刊黑板报专门宣传天花、种痘常识。群众受到教育后自觉地带领子女前来接种痘苗，一开始种痘每天约 100 人，不久增加到 200 多人③。同月，北京市分会除组织下乡宣传，推动种痘工作外，还发动了郊区的联合诊所在郊区普遍推行秋季种痘工作，张贴了 500 张宣传画。到月底，计接种 4009 人④。

济宁市分会按照总会秋季种痘的指示精神，与市卫生科商洽动员中医 16 人、助产员 5 人，组成秋季种痘队。分会医院吴库民、李瑞铁负责担任市内顺河门种痘站工作，并派员随时检查种痘后的反应情况。自 12 月 3 日起，顺河门种痘站 6 天内共种痘 307 人。在种痘前，种痘队做了大量宣传工作，打通了群众思想顾虑。一开始在 3 个乡进行重点的布置和动员。之后在区里召开村干部会议，作全面布置。再由乡脱产干部召开村干部会议，具体落实到村里，主要是扭转群众“非春暖花开不种痘”的思想。在种痘时，还通过画报和标语等方式进行个别的说服工作，如消除了产后 6 个月不种痘没关系等

① 王祖尧：《推进环境卫生工作》，《新中国红十字》第 1 卷第 12 期，1951 年 8 月，第 49 页。

② 《加强种痘工作早期消灭天花》（1951 年 10 月 3 日）。

③ 周清源：《梧州市分会展开冬季种痘》，《新中国红十字》1952 年第 1 号，第 48 页。

④ 《北京市分会秋季种痘已接种 4009 人》，《新中国红十字》1952 年第 1 号，第 23 页。

落后的想法。此外，还注意与医联的密切联系，避免了春季种痘后不再重复种痘①。

就全国而言，新中国成立之初种痘工作成效显著。据统计，至1952年，卫生部门在地域辽阔、交通不便地区的数亿人口中种痘5亿多人次，1952年天花的发病率比1950年减少了90%②。

（二）争取消灭天花

1953年1月，卫生部颁布《关于1953年预防天花的指示》，对全国种痘工作予以肯定，指出“三年来的种痘工作，全国大部地区已基本上完成了普种，天花病人已显著地减少了，很多城市天花已经绝迹”。不过，“少数边远偏僻的省县进行种痘工作较差，发生的天花病人亦较多”。卫生部要求一般地区在1953年底前补种牛痘完毕，少数边远偏僻地区在1954年底前补种牛痘完毕，1955年全国基本消灭天花③。

水上种痘是镇江市分会种痘工作的一大特色。据统计，镇江市水上居民有五六千人，他们的生活流动性大，组织起来种痘比较困难。一开始，分会配合水上派出所，为江面船户种痘。由于渔民来去不定，比较散漫，加上天气冷，他们怕种痘时受凉，尤其是儿童思想有顾虑，担心接种要脱衣服，实际上只要卷起袖子就可以种痘。因此，分会诊所采用“抢种”的办法，趁着中午或天气暖和的时候划船渡到江中，挨组挨船地为他们接种，并且把种痘工作重点放在划船组，因为他们生活较苦，平时对卫生不够重视。

后来，镇江市分会改进工作方式，先与派出所和卫生委员会联系，主要依靠骨干分子发动群众，根据调查了解的情况再进行种痘。具体做法是：选出较大的船只设立临时种痘站，由骨干分子四面八方地发动群众来种痘。有的积极分子一次一次地扶着抱着小孩来种痘，有的划着船送人来接种，大家的力量一经发动起来，工作很快就完成了。小孩子全部种上痘苗，一位从来没种过痘的60多岁大娘，这次也种上了④。

同样为水上居民种痘的还有梧州市分会。1953年春季，梧州市红十字急救员在接到市卫生科要求为水上居民种痘工作的通知后，便组织一支小组深

---

① 《济宁市分会打通群众思想进行秋季种痘》，《新中国红十字》1952年第1号，第23页。

② 李德全：《三年来中国人民的卫生事业》，《人民日报》1952年9月27日。

③ 《总会抄发中央卫生部关于1953年预防天花的指示》，《新中国红十字》1953年2月号，第5—6页。

④ 张书绅、戴玉三等：《介绍几种不同的种痘方式》，《新中国红十字》1953年5、6月号，第10页。

入河道区为水上居民接种牛痘[1]。水上居民多为古老的疍民，新中国成立前，他们深受民族歧视和阶级压迫。经过宣传动员后，他们消除了思想顾虑，急救员顺利地完成了种痘任务。疍民还对政府和红十字会的关怀关心深表谢意。

为了尽早消灭天花，在1953年春季种痘过程中，北京市分会、安庆市分会创新了工作方式方法。

以前，北京的京西矿区每年种痘都是由少数医师承担进行，所以工作难以彻底。1953年2月，卫生院筹备种痘工作，组织当地医生，分段负责进行。为发挥助手作用，市分会首先开办了种痘员训练班，先后在工矿、街道，利用休息时间和一个下午共举办5次训练，训练了包括会员、急救员、接生员和积极分子在内的137名种痘员。种痘员通过约4个小时的学习，掌握了消毒、点浆、平划法以及种痘禁忌等简单规则。训练结束后，种痘员在街道上配合地段医生（都是红十字会员）分段工作，负责给居民种痘；在工矿内配合医务室给职工和家属种痘；在私营矿则以急救站为单位给20多家小窑工人种痘。由于在卫生院统一领导下，分段进行，分工明确，门头镇各街道、机关、学校、建筑工地以及工矿等同时开展种痘工作。工人们反映："过去种痘要到街政府或诊所去排队，一等就是半天。现在有了急救站，急救员又学会了种痘，这样既省时间，又能彻底，还不影响生产。"红十字会员感受到入会后，不但提高了卫生知识水平，还学会了技术，可以为人民服务，做新中国红十字会员真是无比的光荣。

在安庆，为了不耽误农民生产时间，市分会精心组织种痘工作。在下乡之前，市分会先与乡组干部取得联系，说明种痘意义以及政府对于人民生活的关怀，再由他们传达给群众；然后进行调查研究，确定分组集中的办法，计划一次性全面接种。根据实际需要，市分会组织26个种痘队，由卫生学校300多名同学组成。下乡后，市分会先与乡长和农会主席联系，召集乡行政组长分别引导各种痘组到指定地点种痘，同时为照顾农村劳力少的人家，各组又抽出少数人用流动方式到每家种痘。结果，群众反映良好，认为种痘不要钱，种痘队还亲自上门服务，"要搞好生产来报答毛主席"[2]。

值得一提的是，1954年，青浦县分会在举办爱国卫生展览会期间，宣教组给渔民儿童种了牛痘，消灭了该县种痘的空白点[3]。

---

① 《梧州市分会急救员为疍族居民种痘》，《新中国红十字》1953年4月号，第22页。

② 张书绅、戴玉三等：《介绍几种不同的种痘方式》，《新中国红十字》1953年5、6月号，第10页。

③ 青浦县分会《青浦县的爱国卫生展览会》，《新中国红十字》1954年7、8月号，第27页。

（三）防治霍乱、白喉

霍乱是一种急性肠道传染病，病原体是霍乱弧菌，症状是腹泻，呕吐，大便很稀，像米泔水，四肢痉挛冰冷，休克。患者因脱水而眼窝凹陷，手指、脚趾干瘪。1951 年夏季，江南地区正处在霍乱流行的周期，加上苏南区城乡交流物产展览会开幕，人口流动频繁，全国各地来无锡参观的就达数十万人，极易引发流行病，所以预防工作较以往更加重要。无锡市卫生局为此要求大家提高警惕，加强预防工作。无锡市分会配合政府完成预防任务，组织防疫队的两个小组，4 名分会医务人员（其中医师、药剂师、助产士、护士各 1 人）加入小组，另外邀请 4 位仁济医院护士学校同学前来协助工作。这次防疫工作采取包管制进行，6 月 17 日，市分会开始工作，卫生局先交给的任务主要是学校方面：积余中小学校 1370 人，蔡氏小学校 361 人，志强小学 343 人及门诊部 72 人；后来交给的任务是工厂方面：信和布厂 100 人，新毅布厂 143 人，同余布厂 57 人，大业布厂 48 人，光华布厂 40 人，庆利布厂 100 人。分会先后 4 天就完成注射任务 2557 人，浓缩注射 261 人。之后进行了第二次注射 2366 人，第三次注射 2085 人。6 月 24 日，注射任务全部结束，总计 7269 人。与此同时，协助分会进行注射工作的、派驻公营丝厂服务的助产士注射了 261 人，西乡平民疗养院负责完成申三铸工厂、开源小学、镇山小学、大山小学、华东神学院等 526 人的注射任务。

无锡市分会这次防疫工作的主要经验有：一是坚持打满 3 针后发放注射证，避免流弊；二是耐心说服与强制相结合进行注射；三是分小组进行注射，由小组长和工会干部先带头，然后推展开来；四是没有浪费公家经费等。但同时也存在不足之处，比如宣传动员工作尚未充分开展；针头太少，少了易坏，针头上有钩，容易引起疼痛、出血等①。

为了预防夏季霍乱症发生，柳州市政府根据行政区划设置注射站，自 4 月 23 日开始，为 18 万市民进行注射。柳州分会配合此次注射工作，负责长寿路注射站工作。一周时间内每天下午 6 点至晚上 11 点进行，共注射 786 人，超出了预定 700 人的注射任务。5 月，柳州市内未发生霍乱疫情。

5 月 8 日，洛阳市分会在市卫生科的领导下，成立了夏季预防霍乱办公处，组织了 9 个流动组、8 个防疫站，全市中西医务工作者参加各组站工作。市分会除在分会医院设立预防注射处外，派出 4 名医护人员组成一个流动组，每天在市郊各街道、机关、团体、学校、工厂等地进行注射工作。至 6 月 13

---

① 无锡市分会：《我们是这样进行防疫注射的》，《新中国红十字》第 11 期，1951 年 7 月，第 22 页。

日，与各组站一起完成注射 61533 人[①]。

自 5 月 22 日开始，南宁市分会选派救护队员、医院医师和护士等分组到市一中学、市二中学、南宁师范、教师研究班、省行政干训班、骨粉厂、公安派出所等处，为各单位的教职员、学生、工友、学员、公安干警等进行疫苗注射。到 6 月 10 日，计完成 2466 人的注射任务。此后至 6 月 20 日，市分会又分别到尚仁、龙胜、德西各街为居民注射，共有 2285 人注射了霍乱、伤寒混合疫苗。所有疫苗和棉花火酒等都由市卫生科提供[②]。

值得一提的是，1951 年夏季，南宁市防疫注射工作最大的优点就是宣传教育工作做得好。以前，不少民众害怕防疫注射，甚至出现在街头强拉防疫注射的行为，人们对此非常反感。此外，各医院派出协助街头站点和火车站的工作人员，多为护士班肄业的学生，技术经验等不够，群众反映不好。还有对孕妇、经期妇女生理状态没有进行切实检查等，影响了注射工作的推进。针对这些问题，市政府卫生科在进行注射任务前，就开展了普及宣传教育工作。利用街民集会和学校、工厂定期集会的机会，派出医师做防疫注射工作报告，然后再按照区域、单位和不同对象，分批进行注射。广大群众一般都自愿地接受注射。

白喉是一种传染病，病原体是白喉杆菌，多在秋冬季流行，小儿容易感染。患者有全身中毒症状，咽部有灰白色假膜，不易剥离，有的声音嘶哑，常引起心肌炎和瘫痪。1953 年，我国发生过一次白喉大流行，每 10 万人口发病率达 7.79。9 月中旬，芜湖市分会协同市卫生局召开全市预防白喉注射筹备会，市文教局、妇联、青联、皖南广播电台、文化馆、公安局、人民医院、妇幼保健院、中西医师公会等派出代表出席会议，会上布置了宣传、调查、接种等工作，并分配注射区域。市分会医院承担 4 处街道、注射 2000 人的任务。一开始为了不妨碍群众工作，在医师带领下，会同街道工作人员在下午下班后分 3 个班，挨家挨户进行注射，但每天只能注射四五十人，收效不大。后来改进了工作方法，在经过宣传动员之后，由居民自己前往门诊注射。为完成预定注射任务，门诊每天下班延迟 2 小时。自 9 月 17 日至 30 日，市分会医院共注射 728 人，为有效预防白喉病的发生做出了贡献。

自 9 月下旬至 12 月底，泸州市分会抽调部分人员协助市防疫站为儿童进行白喉类毒素注射。市分会承担城内第三派出所辖区以内的 2000 余名儿童的

---

① 《协助各地卫生行政、大力展开防疫注射》，《新中国红十字》第 11 期，1951 年 7 月，第 31 页。

② 林启贤：《进行防疫注射必须做好宣教工作》，《新中国红十字》第 1 卷第 12 期，1951 年 8 月，第 42 页。

注射任务，获得了群众的好评，认为政府非常关心小孩的身体健康[①]。

洛阳市分会为了防止白喉传染，特向红十字会总会申请拨给一批白喉类毒素，自10月1日起，开始为市民进行注射。市分会一方面通过市《抗美援朝》报、播音台、黑板报刊登广告，提醒市民自主到分会医院参加免费注射，12岁以下的儿童应有大人携带；另一方面，与市卫生科一起发动全市中西医联合会和分会防疫组，连日在市内各小学、西北隅各街道进行重点注射工作，11月1日至7日即完成注射3925人[②]。

1952年秋季，镇江市分会诊所注射四联疫苗4000人，还为居民和学校儿童注射白喉类毒素。因为天气较凉，学生家长有些顾虑，经读报组等宣传后，分会注射工作才得以顺利进行[③]。自1953年9月下旬开始，镇江市分会再次组织开展白喉预防注射工作。在当地卫生机构统一分配下，分会担任18个学校、水上居民和郊区京岘乡的注射任务，共注射2500余人[④]。

二、劳保医疗的常州案例

新中国成立初期经济恢复与大规模建设都需要劳动者拥有健康的身体，同时随着生活水平的提高，人民也对卫生医疗服务提出了更高的要求。1951年2月26日《中华人民共和国劳动保险条例》（以下简称《劳保条例》）[⑤]和4月16日《关于实行中华人民共和国劳动保险条例的厂矿企业原有劳动保险事业处理办法的规定》陆续出台，自1951年5月1日起，全国170多万职工享受劳保待遇[⑥]。7月20日，中央卫生部和劳动部发出指示，明确要求做好夏秋间职工卫生保健工作[⑦]。此后，各地工厂、机关等依据上述条例、指示精神和实际需要，邀请红十字医务工作者担任职工劳保医疗工作。

与此相适应，中国红十字会根据“面向工农兵”的卫生工作原则，密切配合生产建设任务，开展工厂、机关等单位的医疗保健工作，为工人健康服

---

① 刘忠尚：《泸州市分会为儿童注射白喉类毒素》，《新中国红十字》1954年1月号，第29页。

② 《芜湖，洛阳两分会进行白喉预防注射》，《新中国红十字》第2卷第3期，1951年11月，第54页；李浩、李宗文：《洛阳市分会积极进行白喉预防注射》，《新中国红十字》第2卷第4期，1951年12月，第45页。

③ 《镇江市分会诊所业务近况》，《新中国红十字》1952年12月号，第20页。

④ 闵金禾：《镇江市分会开展白喉预防注射工作》，《新中国红十字》1953年11月号，第28页。

⑤ 参见《中华人民共和国劳动保险条例》，《人民日报》1951年2月27日。《劳保条例》于1951年2月23日政务院第73次政务会议通过，2月26日政务院公布，自1951年3月1日起施行。

⑥ 新华月报社编：《中华人民共和国大事记（1949—2004）》（上），人民出版社2004年版，第40页。

⑦ 《中央卫生部和劳动部发出指示，做好夏秋间职工卫生保健工作》，《新中国红十字》第2卷第1期，1951年9月，第68—69页。

务，劳保医疗因而成为工人的一项福利。下面以常州市分会为案例，考察红十字会开展职工劳保医疗的情况。

（一）三工厂劳保医疗

自1951年8月起，常州市分会先后与鼎泰面粉厂、厚生机器铁工厂、薄利仁油饼厂等单位订立保健合约，担任工人劳保医疗服务任务①。值得一提的是，常州市红十字组织与公、私营工厂、企业签订工人保健合同，指派专人驻厂负责卫生保健工作的做法，1952年12月曾得到中央卫生部副部长傅连暲在中国红十字会全国工作会议上的肯定与表彰②。

鼎泰面粉厂是常州市规模较大的一家机器磨粉厂，全厂126名职工，一昼夜能消耗15万斤小麦，每小时可产出100包面粉。1951年8月，面粉厂与常州市分会订立医疗互惠合约。除医师每星期一、三、五前往担任3个小时医疗任务之外，还经常派1名护理员驻厂服务，担任一般外科急救工作。一年里共诊病5500人次，其中内科占38%、外科占6%，大多数是肠胃炎、四肢疼痛、沙眼等，有3人患轻型结核，作隔离处理；1人患肾脏炎经治疗很快康复工作；另有1名结核性腹炎患者，休假3个月后转院治疗。

在面粉厂工作的红十字医务人员经常到厂房、车间、总务处等处实地了解职工的健康状况，建议工人工作时一律戴上口罩。医务人员为配合爱国卫生运动，提出普遍养成爱清洁爱卫生的优良习惯的口号，要求每个部门、每个角落经常打扫得干净，每周六进行一次大扫除，长期保持环境卫生清洁。此外，医务人员开展卫生宣教活动，利用黑板报、集会、标语和漫画等多种方式进行宣传，或由读报员、工校教师讲解卫生常识，让工人懂得在搞好生产的同时，需要保持身体健康。

厚生机器铁工厂是常州市私营重工业厂之一，新中国成立时已有30多年的历史，所出品的丰田式织布机对我国当时织布生产能力的提高做出很大的贡献。全厂200余名职工，自《劳保条例》公布后，劳资双方均非常重视工人健康问题，1951年10月，该厂与常州市分会签订劳保合约。

为保证工友的健康生活和节省工友的诊疗时间，常州市分会决定在机器厂内设立医疗室和疗养室，供职工治疗和休养。分会派1名护理员经常驻厂服务，负责急救、注射、普通外科敷药等工作，医师每天下午2点半到厂里开展医疗及其他劳保工作。为预防疾病发生，红十字医务人员在全厂进行一

---

① 《常州市分会的工厂保健工作介绍》，《新中国红十字》1952年8月号，第21—22页。

② 参见《更加努力，发挥红十字会更大的作用——中央卫生部傅连暲副部长在中国红十字会全国工作会议上的讲话》，《新中国红十字》1953年1月号，第17—18页。

次职工防疫注射，计划每隔6个月进行一次全面体格检查。患肺病等病症的职工持有医生检查证明需要休养的，可住疗养室休养，其他如胃病及消化不良等患者，医务人员备好营养膳食予以照顾。

机器厂职工患病最多的是外伤，如烫伤、轧伤等，其次是鼻炎、胃病、头晕、沙眼等。1952年6月，红十字医务人员举行一次全厂体格检查，经化验发现感染寄生虫的很多，约占40%，主要原因是大部分职工来自乡村，传染的机会较多。同时，发现少数人患有肺病等慢性传染病，医务人员立即展开了防治工作。

常州市私营薄利仁油饼厂拥有职工193人，其中80%是来自苏北泰县。该厂每天消耗黄豆144128斤，出品豆饼131156斤、豆油17295斤。豆饼可供1009亩田施肥，豆油可供18448人一天食用。1952年1月，该厂与常州市分会订立医疗互惠合约，以6个月为一期，药品由油饼厂自备，分会派1名医师每逢星期一、三、五前往应诊两个小时；经常派1名驻厂护理员，处理普通外科及急救等工作；厂内设有6张病床，供轻病人休养。这年6月，红十字医务人员在全体职工体格检查时发现患有疝、痔、四肢酸痛等病例，共诊治病人3670人次，其中内科2851人次、外科819人次。

自工厂医疗室开诊后，工人纷纷感谢政府的照顾，一位有30多年工龄的老职工说："现在的政府，对我们有两件事最好：一是劳保看病；再就是生病后可享受工资待遇。以后我们生病，就不要愁长愁短了。"还有一位老职工患下肢溃疡已11个年头（1942年夏天开始得病），过去因无钱治病，治疗时断时续，一直未好。享受劳保医疗后，可以直至腿脚医好为止，所以他非常感激地说："想不到共产党来了，给我治好这脚，现在我真感到无限的愉快，我一定要在工作岗位上努力生产，答谢毛主席。"

除诊治病人外，红十字医务人员还组织开展防疫、环境卫生等工作。他们在全厂职工吃饭的时间，先利用扩音器作动员报告，接着进行防疫注射，结果工人们都争先恐后地抢着来接受注射，并且说"保护身体健康就是增加生产"。在环境卫生方面，医务人员一方面将饮用水代送医院化验，另一方面购置臭药水等经常洒扫宿舍、厕所等地方。他们为照顾病人营养，还保证经医生签证的都可以享受到特备的食品。在过去，油饼厂车间的温度有时最高可达到华氏114度①，经常有人晕倒。针对这一状况，医务人员除改善通风设备外，还备置了简单的红汞水、碘酒、樟脑、白兰地、人丹等药品，以便随时应急。

① 约相当于摄氏45.5度。

（二）改进劳保医疗

常州市分会在油饼厂的保健工作虽取得了成绩，但也存在一些缺点，主要是：其一，没有充分地进行卫生宣教，致使普通工人缺乏对于卫生常识的了解。为改进此项工作，市分会与厂里劳保干事商量，准备每个星期在工人学校上课时，添加卫生课内容，逐步地向工人讲授卫生知识。其二，慢性病在短时间内是难以治好的，工人一心想搞好生产，一旦得了病就非常心急，分会医务人员没有很好地说服、帮助他们耐心休养，像注射组织液等一样，缺乏耐心劝说。其三，在进行环境卫生工作时，没有联系群众逐步展开。其四，没有对生病的工人进行个别访视。

常州市分会所开展的职工劳保医疗工作受到了中国红十字会总会卫生组的重视，在了解到常州市分会在上述3个工厂1年的保健工作之后，总会卫生组认为常州市分会在治疗方面做了一些工作，但预防工作还做得不够。卫生组特地对常州市分会此后的劳保医疗工作提出以下几点建议：

1. 每年至少做一次体格检查；并研究检查结果，做病因改善和缺点矫治工作。

2. 要在门诊时发现病源，追查病源，并进行预防。

3. 安全设备、环境卫生，要在提高工人同志的认识后发动他们自动的〔主动地〕去做；并注意（对）不对的（进行）检查和改进。

4. 经常进行卫生常识的宣传，并推行和组织急救训练。

5. 检查记录中发现薄利仁油饼厂有较多的疝、痔、四肢酸痛等病例，是否因站立太久，工作强度太大；厚生机器铁工厂的烫伤、轧伤较多，是否没有安全设备；一般的沙眼都多，是否还没有注意预防。这些都要通过典型事例，不停的〔地〕作宣传教育，予以改进。

常州市分会正视劳保医疗工作的缺点和不足，虚心接受总会卫生组的建议，不断地改进工作。从常州市分会接下来的在面粉、油、铁、纺织等5家不同性质的工厂里担任1年多的劳保医疗工作来看，他们在改进工人的健康状况和提高工人卫生常识方面做出了一定的成绩，同时取得了如下经验①。

第一，了解病人的心理状态，进行耐心和气的说服工作。当医师第一天去厂方医疗室的时候，候诊工人一般都对医生寄予很大的希望，特别是慢性病人更是欣喜万分，他们总是希望病情马上好转。这时候，医生就要从思想上、心理上和环境上详细地了解分析，掌握病人心理，不能单纯地着眼于药

① 陆希羽：《担任工厂劳保医疗工作的体会》，《新中国红十字》1953年7月号，第10—11页。

物治疗。在了解病人的心理状况之后，还必须结合治疗进行耐心的说服和解释工作，不厌其烦地给病人讲清道理，这样才能安定病人的情绪，使他们配合医务人员治疗，收到预期效果。

第二，运用具体病例开展卫生宣传教育。工人文化水平一般都较低，由于缺乏基本的卫生常识，他们往往对疾病和医疗存有一些错误的看法。当时工人的错误认识有：生病是命中注定的，算自己倒霉；治疗时看好贵重的药品，使用药片、药水、药粉等就不满意，并且喜欢注射，许多人甚至要求注射葡萄糖；怀疑医生的用药，如患寄生虫病和痢疾类的，先吃泻药，就有点恐惧等。医务人员就结合病例及时地进行宣传教育。在健康检查时，医务人员发现许多工人患上沙眼，就动员并要求每人自备一条手巾，教育大家注意个人卫生。在进行预防注射时，他们就结合“预防为主”的方针进行宣传教育，把为什么要预防的道理通过扩音器详细地进行宣传解释。他们还利用黑板报书写出当时主要传染病（如霍乱、伤寒、鼠疫、天花等）的症状和得病后果，用漫画绘出细菌和病人的形态。上述的宣传教育增长了工人的卫生常识。事实证明，结合具体事例的教育方法是比较容易收到实际效果的。如工人知道了粪缸要常洒石灰；饮水时应用自己的杯子；饭前便后一定要洗手等。他们不再迷信巫医和神权，互相提醒不饮冷水和吃生冷的食物，经常戴口罩，不随地吐痰，一般都养成注意个人卫生的习惯。发病率也随之大为减少，1952 年甚至没有一家工厂发生过传染病。

第三，重视对病人的关心和访视。红十字医务工作者一进入工厂就端正了自己的思想作风和工作作风，严格要求自己，对病人表现出同情和关心，绝不粗枝大叶，敷衍了事。他们建议厂方建立营养食堂，以便重点照顾结核病人；平常诊断时间虽然规定每天两小时，但是他们总是在任务完成之后才下班；医生不管风雨和大雪都准时上班，但下班的时间有时要延长一两个小时；护理员总是把材料、用具等整理得很整洁。正是这样的勤勤恳恳地为工人兄弟服务，医务工作者才赢得厂方和工人的信任。有的厂方干部提出，“红十字会的医务工作者服务精神好，我们以后还要请他们特约医疗”。这其实是对常州市分会劳保医疗工作的一种肯定。

常州市分会改进职工劳保医疗工作的表现之一就是注意贯彻“预防为主”的方针，事实上这一方针在工厂劳保医疗工作中是必需的，也是非常重要的。市分会在常州市一家铁工厂就很好地贯彻了“预防为主”的方针①。

---

① 陆希羽：《常州市分会在工厂中进行预防感冒工作》，《新中国红十字》1954 年 3 月号，第 28 页。

1953年冬季和1954年春季，该铁工厂患感冒的人数日益增多，不少工人对疾病预防不够重视，认为生病后用些药品就行了。经过一番调查研究和对疾病进行分类统计分析后，分会医务人员找到了感冒病发的真正原因，主要是车间温度高，工人外出时没有多加衣服；夜晚回家或在宿舍受了寒气；夜间起来小便时，穿着单衣受了凉。找到病发原因之后，医务人员以铁工厂卫生室的名义联系工会召开座谈会，邀请厂里劳保干事和车间小组卫生干事参加，说明感冒传染的原因和预防方法。之后，他们再在小组范围内深入漫谈和讨论，还以实际的事例印制了通俗易懂的宣传册分发到小组，帮助工人更好地学习和讨论。为预防感冒再次发生，工厂车间设立了更衣室，要求工人夜间起来多穿些衣服，出门时戴口罩。后来，常州市卫生科在劳保医师工作会议上介绍了该铁工厂预防感冒的经验，号召其他工厂参照试行，从而推动了全市工厂保健工作的开展。

（三）医师和医务工作者的作用

不应忽视的是，工厂特约医师和医务工作者在劳保医疗工作中发挥着重要的作用。1953年，常州市分会指定分会医师陆希羽担任地方国营万圣铁工厂的特约医师，在一年多的时间里，他每天到铁工厂协同医务室进行卫生医疗工作。开始的时候，医生只做治疗工作，但治疗效率往往不能满足工人的需要，而且有些病，例如腰酸、腰痛、头晕、胃疼、咳嗽等的统计数字还继续上升，工人缺勤率也逐渐增加，这些情况引起陆希羽等分会医务工作者的注意。经初步研究，他们意识到这不只是医药治疗的问题，而是与劳动环境、生产过程、安全操作乃至工人生活都有一定的关系。

为摸清常见疾病发生的根源，求得适当解决，分会医务工作者组织了一次普遍调查。普遍调查是采取以下几种方法进行的：一是印发工人健康问题简要提纲，分给各小组，采用漫谈的方式由工人谈出自己过去和现在的健康及患病情况，由小组汇总报工厂保健员，再由保健员结合定期的工人健康检查材料分别列表，这样就可从表上看出每一位工人的健康状况。二是每日在门诊记录中把病人的姓名、工种、工龄、属何车间等分别列表，每周小结一次，每月总结一次。从这些统计中，可看出什么车间、什么工种发生什么疾病最多。三是与人事科联系，检查每日请假情况，然后分类统计。通过以上三种调查方法做出总统计，从而掌握了发病率的基本情况。

之后，分会医务工作者进一步采用多种方法彻底追查病发原因，以便从根本上防治多发病。追查病发原因的主要方法有：其一，通过到现场实地了解劳动环境、生产过程、安全操作等，发现试车工场因为炉子漏气时常有煤气散出，所以容易致使头晕、咳嗽等病发生；金工工场因铁屑飞溅，容易引起眼外伤。锻工工场因熔铜铁发生的气体，容易引起鼻炎等症；铸工厂由于矽灰在空气中散布，容易引起咳嗽等病；杂工有时由于抬物过重，以致发生碰伤、扭伤，形成腰酸和腰痛。其二，通过门诊耐心查问，决不放弃任何调查病因的机会。如某工人患消化性溃疡，经常到医务室打针服药，从谈话中发现他不注意休息，吃饱饭后马上工作，弯腰工作久了，感到胃部胀闷，造成这种病症；在候诊时间，保健员、护士从与病人的谈话中，往往可得知致病的原因。其三，深入了解工人日常生活，进行个别家庭访问，或向同一车间同一小组的工人询问病者平日生活和工作情况，从中找到病因。其四，检查生活环境，如食物、厨房、宿舍、水井、厕所、沟渠等是否清洁，有无致病的昆虫等。其五，追究责任。如遇有工伤事故发生，保健员通过个别谈话，向小组了解当时实际情况和与车间主任共同调查等，找出发生工伤的原因①。经过调查和医务室的研究分析，找出致病的原因后，他们提出了改进和预防计划。

医务工作者根据当时发生最多的伤病进行卫生宣传，并采取如下预防措施。

首先，医务工作者依靠群众的力量开展卫生宣传工作，吸收一批对卫生常识感兴趣，且有一定文化程度、工作积极的工人加入其中。医务室发给这些工人宣传材料，针对实际情况，随时向车间工人宣传卫生常识。由于注意提高工人卫生常识，依靠工人开展卫生工作，许多工人发扬主人翁精神想出各种办法来改进厂里的卫生状况。如工人刘锡荣患慢性鼻副窦炎，当他知道得病的原因后，就讲给车间其他工人听，提醒应多加防范。经过车间小组共同研究，他们在炉子上做了一个烟罩直通屋顶，并注意经常打开窗户通风，这样车间烟雾减少了，车间患病的工人也就减少了。还有些夜间工作的工人时常感觉到眼痛，后来知道眼痛是由于灯光的刺激，他们就想出办法把灯光集中在机器上，眼痛现象因而逐步消除了。在金工车间车床加工时，金属细屑容易飞溅入眼内，发生眼外伤。后来，车间工人就想到用绿铁纱做成方块形小罩盖在车刀上处，细屑便都溅在铁纱罩上，一点也不妨碍生产，还保护了眼睛。经过保健员和技术员的共同研究，又把纱罩改成半圆形，中间用活络铰链联系，这样盖住车刀，只要揭开一面就可以观察工作物，而且纱罩可随工作物移动，金属屑永远不会飞出。在两部车床中间又装上铁纱挡板，效果更好。

其次，医务工作者改进预防措施。夏季，工人头晕乏力者较多，经了解

① 陆希羽：《我怎样担任工厂特约劳保医师》，《新中国红十字》1954 年 11、12 月号，第 26 页。

这与中午休息时间短有关系，他们就建议行政领导将工作时间往后移，延长休息时间为一个半小时。试行一个月后，这种症状大大减少。有的铸工拿砂箱过重，引起腰痛，保健员了解情况后，就建议车间主任改为两人合抬砂箱，腰痛患者也随之减少。他们在巩固经常性环境卫生工作方面也有积极举措，主要依靠由职工组成的若干爱国卫生中心小组，每两周举行一次组长会议，明确分工，再由各组具体负责车间、科室、宿舍、食堂的卫生工作。还发动职工共同订立切实可行的宿舍卫生公约，中心小组做不定期的抽查。

此外，市分会医务工作者在万圣铁工厂劳保医疗工作中注意发挥急救员的作用，利用工余时间向急救员讲授普通卫生医药常识，帮助他们复习并掌握急救等技术，让他们在车间里迅速处理工伤事故，协助推行车间卫生工作和调查工人病伤原因，并收集工人对医务室的意见，为工厂保健工作助一臂之力。

常州市分会在万圣铁工厂一年多的劳保医疗工作取得成功，这里有着一份特约医师和医务工作者的功劳。自从扭转单纯药物治疗的做法，进行常见疾病的调查和推行一些预防措施，大力开展卫生常识宣传以后，连续几个月患病人数显著减少，工人缺勤率逐渐降低。实践证明：担任工厂特约劳保医师同样必须贯彻“积极领导，稳步前进，面向生产，依靠工人，贯彻预防为主”的工业卫生工作方针。工业卫生工作是一项新的工作，要做好这项工作必须深入车间，到现场去了解工人的劳动环境和生产过程，在调查研究中发现问题，只有坚持与工人合作，才能战胜工厂设备较差、医疗经验缺乏等困难，逐步搞好工厂卫生工作，改善工人健康状况。

第三节　巡回医防服务

由于历史原因，新中国成立之初，全国医疗卫生条件落后，特别是农村、治淮工地、革命老区和少数民族地区更是缺医少药，疾病流行。土改以后，农民的生活开始逐步好转，对于卫生保健的要求也随之增加。为配合政府开展群众性卫生运动，支持生产救灾和国家经济建设，中国红十字会面向广大劳动人民，根据实际需要临时组织流动的医疗机构——医防服务队，深入农村、工地、老区和少数民族地区开展一般为期数月的短期医疗卫生服务。

一、总会的农村医防

广大农村地区人口众多，教育落后，文化程度较低，是影响我国现代化建设的重要因素。中央始终高度重视农村工作。新中国成立之初，农村医疗卫生工作，尤其是受灾地区的卫生工作，任务重，困难多，因此开展此项工作具有重要意义。

组建医防队奔赴特定地区开展巡回医疗卫生服务，是中国红十字会常见的工作模式、工作机制。1950 年 6 月，为配合救灾工作，解决灾民健康问题，尚未进行改组的中国红十字会即组织了一支医防服务队前往苏南武进县灾区，开展为期 3 个月的巡回医防服务，这是新中国成立后红十字会组建的第一支医防服务队。

武进县属沿江滨湖一带，1949 年夏天的水灾后，秋收大减，灾情严重。至 1950 年春，全县受灾人口超过 30 万人，农户中十有八九无力购买肥料，农村经济衰落，贫病人数增多，灾民亟需医务知识、技术和医药支援。4 月 21 日，在武进县政府的建议下，常州市分会向中国红十字会总会提出申请，要求组织巡回医疗队并补充药械①。

6 月 1 日，红十字会总会正式组建由 11 人组成的巡回医防服务队。其中队长兼医师 1 人、医师 3 人（两人为助理医师）、护士 2 人、检验员 1 人、药剂师 1 人、事务员 1 人、工友 2 人。6 月 20 日，经过短期学习后，医防服务队在队长何嘉明医师率领下赶赴武进县北塘区。根据“预防为主、配合治疗”的方针，医防服务队除了进行医疗工作之外，还开展了防疫工作和卫生宣传教育。其主要工作内容如下：

其一，防疫注射与环境卫生工作。在北塘区政府召开的防疫会议上，医防队和地方干部、学校、团体中的 4 位私人开业医生取得联系，并组成 7 个防疫注射小组，每组中西医生各 1 人。村镇干部配合小组做宣传发动工作，利用农作休息时间进行注射。全区共注射 42400 次，有 21500 人完成了霍乱伤寒预防皮内注射。此后，医防队动员了学校教工以及暑假回乡教师，通过街头演讲、出版墙报和黑板报开辟卫生常识专栏、出动化装游行等方式，开展防蝇灭蝇、农村粪便处理、厕所改良等环境卫生工作。如在立夏的前一天，医防队组织全镇清洁大扫除，对粪缸加盖，清理垃圾厕所，填塞污水沟池，禁止在饮水河里洗涤便桶等。医防队开展防疫和环境卫生工作的一条重要经验，就是配合地方政府干部，并以街村卫生小组为核心开展工作。

其二，门诊治疗。在艰苦的条件下，医防队的 8 位技术人员每天进行紧张工作，短短的 3 个月内共治疗 21813 人次。由于门诊人数不断增多，从每

---

① 《常州分会要求补充药械》《常州分会报告灾情要求组织巡回医疗队及补充药械》《武进分会前黄站请领药品之情》，中国第二历史档案馆档案，全宗号 476，卷号 2925。

天70人增到350人，最多超过500人，挂号员往往被人团团围住，挂号速度缓慢，在区乡政府的帮助下，青年团员自愿参加义务工作，维持挂号和诊疗秩序；与此同时还创造条件，清除诊病室前的蔬菜和野草，搭起凉棚，摆上长板凳。这样，一方面候诊的病人可以休息；另一方面，医师可以利用候诊时间进行卫生保健教育，让人们了解卫生常识和健康的重要性。

医防队员工作时态度和蔼，不仅克服语言不通的障碍，耐心地说服病人，虚心地接受批评并加以改正，而且克服物质条件的困难，减少浪费。如队员用白布单将房子隔成内外科室；夜间急诊时在煤油灯下实施手术；处方上尽量应用主药，减少佐药，严禁浪费一粒药片；病历纸、挂号簿和处方笺正反面都使用等。

其三，防治血吸虫病。人体血吸虫病的病原体分为埃及血吸虫、曼氏血吸虫和日本血吸虫三种，在中国的属于日本血吸虫。患血吸虫病对人的生命和健康影响很大，其症状急性期有发热、咳嗽、肝大和肝区疼痛，慢性期有腹泻、肝脾大，脑型血吸虫病有症状性癫痫等，晚期有肝硬化。医防队驻地北塘区郑陆桥，地处江阴、无锡、武进交界，距离长江仅20里，河流密布，沟渠纵横，有血吸虫病分布。医防队在678次粪便检查中，143次发现血吸虫病感染者，而三分之二的感染者有3至6年的病史，其中14至25岁的青年最多。医防队将患者编成队，按期注射治疗。加强粪便管理，消灭钉螺，做好个人防护，安全用水以及治疗病人、病畜是预防血吸虫病的主要措施。因此，医防队深入村庄，配合干部，联系卫生小组进行宣传教育，重点介绍由苏南专署卫生处编写的《怎样防止血吸虫病》小册子。

其四，新法助产接生。新中国成立后，助产士的工作主要集中在城市，广大农村的产妇仍由接生婆按旧接生法接生，产妇、婴儿的患病率及死亡率较高。但由于农村接受科学助产事例很少，加上旧思想和封建迷信盛行，医防队一开始在灾区推广新法接生困难重重。因此，医防队一方面加大宣传教育，另一方面通过新法接生的鲜活事例来增强说服力。如有一次，医防队外出巡诊刚回来，一位渔民急匆匆地跑来要求急诊。医防队员立刻背上急救箱，奔向十多里外的产妇朱俞氏家中。朱俞氏是异位难产，接生婆折腾了20多个小时后，发现仍不能分娩，就溜走了。医防队员迅速穿好无菌衣，戴上无菌手套，鼓励产妇积极配合，分娩终于顺利完成，母子平安。“由于这个产例，我们把握机会深入妇女群众，宣传妇婴保健，工作有了进展”①。在巡回医防

① 《总会农村巡回医防服务队在苏南农村三个月的工作总结》，《新中国红十字》第3期，1950年11月，第15页。

期间，医防队员挽救了不少产妇和孩子的生命。

灾区医防队的工作赢得了社会的广泛认可。7 月 14 日《苏南日报》、8 月 3 日《大公报》、10 月 11 日《解放日报》发表文章，对红十字会总会巡回医防服务队在苏南的表现进行了报道，并加以赞扬。如 8 月 3 日《大公报》刊登武进县郑陆桥镇读者祁和鸣来信，称医防服务队分为内外两大科，且有显微镜等化验设备，护士义务助产接生；从诊察、针药、包扎、化验到接生、手术等全部免费，是前所未有的；医防队员每天在黑板上写着业务报告，工作之余还学习《社会发展史》。这种诚恳服务、努力学习的精神，使人感动不已①。

需要指出的是，中国红十字会总会根据卫生工作需要，还组建了第一、第二医防服务大队，分别集中在淮河工地和江西革命老区、海南少数民族地区开展工作。第一、第二服务大队除集中工作之外，还因救灾、防治地方病的需要，离开驻地到全国其他农村地区开展巡回医防工作。

1950 年 9 月，上述总会巡回医防服务队在苏南完成工作之后，即转向皖北治淮工地，编入第一医防服务大队，继续开展医防服务②。1952 年六七月间，淮河第二阶段工程结束后，因苏北灾区防治雅司病、钩虫病③等地方病的需要，第一医防服务大队离开治淮工地，分批移驻苏北淮阴专区的淮阴、沭阳、涟水、泗阳等县和清江市，配合生产救灾，推进防疫和妇幼卫生工作，并结合爱国卫生运动，掀起卫生工作热潮。6 月 20 日，医防队开始在苏北设立门诊部，开展防治地方病——雅司病的工作，并作孕妇产前检查，以学校为中心进行儿童健康检查等。另有一队在泗阳县有重点地开展环境卫生、地方病治疗、接生员训练及妇幼卫生宣教等工作，尤其是在众兴镇，将新华、新民街上以集肥谋生的 291 人组织起来，将 85 个露天粪坑变成 5 个合作厕所④。

---

① 《表扬信》，《大公报》1950 年 8 月 3 日。

② 1950 年 11 月 11 日，医防队接到总会通知配合治淮工程，调赴皖北灾区凤台。11 月 23 日离开武进，11 月 30 日到达凤台，12 月 2 日便开始治疗工作。见《总会农村巡回医防队近况》，《新中国红十字》第 4 期，1950 年 12 月，第 25 页。

③ 雅司病是由雅司螺旋体引起的慢性接触性传染病，于青少年中多见，在潜伏期病人感头痛、倦怠及发热，1 至 3 月后多皮疹，常伴有畏寒、发热、纳差和全身酸痛等，发展到第三期时会发生溃疡结节性坏死等。钩虫病是由钩虫寄生人体小肠所引起的疾病，临床上以贫血、营养不良、胃肠功能失调为主要表现，重者可致发育障碍及心功能不全。

④ 《第一医防服务大队在苏北展开了“雅司病”的防治工作》，《新中国红十字》1952 年 7 月号，第 7 页；《第一医防服务大队在苏北泗阳训练接生员工作总结》，《新中国红十字》1952 年 12 月号，第 21 页。

10月，第一医防服务大队结束苏北巡回医防工作，除泗阳、泗洪两诊所仍留在原地作地方病防治，并进行农村卫生工作外，其余回北京集中整休整编，总结工作经验教训，评比先进模范，制订此后工作计划和方向。总会特地将第一医防服务大队整编成9个队，分别派至福州、黄石、麻城、临颍等9个重点分会，协助开展业务，为发展会员创造条件。

1953年4月，第一医防服务大队第四队在黄石市爱国卫生运动突击月中，配合市环境卫生工作组在解放街工作。解放街上有68座厕所，还有不少粪缸，蛆和苍蝇滋生，臭气冲人，卫生极差，是黄石港镇最落后的一个卫生死角，被认为是“永远攻不破的碉堡”。第四队队员多次召集厕所主人会议，宣讲蛆、苍蝇以及病菌的危害，吸收群众提出的整理厕所的办法，并进行个别说服动员。最后，队员采取给厕所加盖、废除不合格厕所的办法进行整理，“攻不破的碉堡攻破了”①。

7月30日，第三、第八两个队抵达皖北灾区阜南县中岗区一带后，结合当地生产救灾的中心任务，开展医防工作。他们设立门诊，边治疗边宣教，使患者懂得预防为主的道理以及基本常识，平均每天约有200名患者前来就诊，其中小孩占90%②。

值得一提的是，宣传教育是医防队更好地开展工作的必要前提，医防队因地制宜，不断地创新工作方法进行卫生宣传。如第七队在河南省农业机械厂即采用结合速成文化学习的方法进行宣传，队员将预防肠胃传染病的快板注上拼音字母，印成宣传材料，经机械厂扫盲委员会同意后，作为文化教材发给学员学习。这种方法具有明显的优势：快板形式为群众所喜爱，容易引起阅读兴趣，宣传内容容易被接受；学员们在练习拼音，多认识生字的同时，掌握了卫生常识③。

9月，曾在江西和海南岛服务、后转入河南治淮工地工作的第二医防服务大队，调往河南商水县进行防疫卫生工作。商水一带夏秋两季相继发生虫、霜及水灾，群众生活困苦，病魔肆虐。为此，医防大队以控制流行病为重点开展服务。在七区黄坡乡、范庄乡设置门诊室和巡回小组进行以儿童为重点对象的疾病防治，并调查疫情，展开宣传，配合卫生所注射白喉类毒素，以控制流行病④。医防大队在六区邓城开展妇幼卫生工作，进行孕妇产前检查、

---

① 江尉生：《攻破了“攻不破的碉堡”》，《新中国红十字》1953年7月号，第13页。

② 赵孟鄰：《第一医防大队在皖北生产救灾地区的活动》，《新中国红十字》1953年10月号，第21页。

③ 《结合速成识字学习进行宣传是一种好办法》，《新中国红十字》1953年9月号，第18页。

④ 陈光复等：《第二医防服务大队在商水》，《新中国红十字》1953年11月号，第29页。

示范教育和家庭访视，并重新培训接生员，改造旧产婆[①]，以降低婴儿死亡率。此后商水七区训练两期接生员，全面推行新法接生。

与此同时，医防大队在商水举办中医进修班和初级化验人员训练班。中医进修班为期一个月，以省卫生厅规定课本为教材，学习几种简单的治疗、消毒技术，了解传染病来源、病理及预防等，掌握人体大致构造及针灸原理。初级化验人员训练班为期一周，采用边教边实习的带徒弟方式进行。训练班的举办对提高当地卫生工作者水平，增加卫生人员力量，起到一定作用[②]。

除上述华东、中南等地区外，东北地区亦有医防服务队的身影。1951 年 9 月，东北辽河、松花江水灾地区亟须医防服务，中国红十字会组织生产救灾医防服务队共 27 人，去往受灾最严重的辽东省西丰县一带担任灾民医疗救护工作。在一个月的工作中，服务队即治疗慢性肠胃病、佝偻病、甲状腺胀大症、关节肥大病、风湿、沙眼及蛔虫患者达 5369 人[③]。

二、治淮工地上的医防

（一）组建第一医防服务大队

淮河"冠带中土，流贯百川"，史上曾有"走千走万不如淮河两岸"的美谈，淮河流域是中华民族发祥地之一。但自宋代以后，由于淮河水利设施遭到破坏，加上黄河夺淮，以致泥沙淤积，河床填塞，尾闾不畅，灾害连年不断。民国时期，淮河流域间隔不到一年就发生一次灾害。

1950 年，淮河发生严重水灾，受灾人口 1339 万。这年 7 月 20 日、8 月 5 日、8 月 31 日和 9 月 21 日，毛泽东接连 4 次对治淮工作做出重要批示。根据毛泽东的指示精神，10 月 14 日政务院发布《关于治理淮河的决定》，制订"蓄泄兼筹"的治淮方针、治淮原则和治淮工程实施计划，确定成立隶属中央人民政府的治淮机构——治淮委员会。由此掀起了新中国第一次大规模治理淮河的高潮，1951 年参加治淮工程的民工就达 220 万人之多。

保障百万民工健康，让治淮大军正常地投入紧张工作，是伴随整个治淮工程的一项重要任务。为配合政府推动生产救灾和兴修水利，做好部分民工防疫保健以及医疗卫生工作，保证治淮工程的顺利完成，并为今后农村卫生工作提供一个良好的基础，1951 年 1 月，中国红十字会总会组建第一医防服

---

① 《第二医防队在商水展开了妇幼卫生工作》，《新中国红十字》1953 年 12 月号，第 50 页。

② 参见张吉禄：《黄坡乡、范庄乡开始用新法接生了》，《新中国红十字》1954 年 1 月号，第 14 页；《第二医防服务大队在商水》，《新中国红十字》1954 年 2 月号，第 16 页。

③ 总会卫生组：《两年来的中国红十字会国内医防服务队》，《新中国红十字》1952 年 9 月号，第 14 页。

务大队开赴治淮工地[①]，开展巡回医防服务。

1950 年 12 月 18 日，红十字会总会特地在南京举办医防服务干部训练班。训练班的开办，为服务大队的组建奠定了基础。来自西安、济南、汉口、上海、镇江、南京和青浦分会共 128 名医务人员或产校护校毕业生参加学习。后来学员增至 140 名，其中医师 13 人、医士 21 人、助产士 24 人、药剂员 10 人、护士 19 人、检验员 2 人、护理员 49 人、环境卫生员 2 人。经过为期 18 天的政治学习和业务学习，学员们摒弃了单纯的技术观点，树立了为人民服务的思想，掌握了一般急救法，并初步认识了传染病，而且学员能够进行一般防疫的技术操作和宣传教育，能够对饮水进行消毒，能够处理垃圾粪便、扑灭有害昆虫等[②]。

1951 年 1 月 13 日，训练班结业，随即成立第一医防服务大队。医防服务大队共 175 人，受总会直接领导，王昌来任大队长。大队下设大队部和 5 个队。大队部由卫生技术组、业务股、事务股组成。每个队由医师、医助、护士长、护士、助产士、药剂员、检查员、护理员、文书、事务员、工友等 34 人构成，民主选举产生队长 1 人，组长 2 人，组长负责本队的学习和生活工作[③]。第一队是由原来苏南农村巡回医防服务队扩充组成，其他 4 个队是由参加训练班的学员组编而成，5 个队队长分别是王述炎、王宗岳、苏秀峰、倪裕时、杨泽斌。根据总会要求，每旬末或月中各队向大队部报告工作，每月中大队部向总会汇报。

医防服务大队在与卫生部、中央救灾委员会、水利部以及华东军政委员会卫生部、治淮委员会等有关部委取得联系后，第一队被分配到颍上，第二队驻临淮关，第三、第四两队驻正阳关，第五队随大队部驻凤台工作[④]。1 月 19 日，医防服务大队从南京出发，开往淮河中游，分赴指定地段开展以民工为主的医防工作。4 月，从朝鲜归来的 63 名国际医防服务队员以及来自万县、武康等分会未能参加第一批赴朝工作的医务人员，赴安徽凤台县加盟第一医防服务大队，大队由原来的 5 个队扩编为 8 个队，人数增至 298 人。

实际上，在治淮工地为民工开展医防的，除红十字会组织的医防服务大队外，还有作为治淮医防主体的中央防疫总队、华东防疫总队（分布在阜阳专区 400 余里淮河干支堤上共有 200 余人）以及工地各指挥部各总队的防疫

---

① 《中国红十字会医防服务大队组织规程》，《新中国红十字》第 5 期，1951 年 1 月，第 19 页。

② 《中国红十字会医防服务干部训练班在宁开学》，《新中国红十字》第 4 期，1950 年 12 月，第 13 页。

③ 《中国红十字会医防服务大队组织规程》，《新中国红十字》第 5 期，1951 年 1 月，第 19 页。

④ 《中国红十字会医防服务干部训练班结业，成立医防大队配合治淮工作》，《新中国红十字》第 5 期，1951 年 1 月，第 19 页。

队，也有来自东南医学院、皖北各县区的中西医务工作者[①]。防疫队和医防队广布于工地间，各有分工，各有侧重，它们与当地卫生行政机构合作，形成政府卫生机构、机关防疫队和社会团体医防队协同工作的大医防格局。

（二）医防工作的开展

1951年1月21日，医防服务大队到达安徽凤台县，并与治淮委员会卫生处、当地政府卫生机构以及有关团体取得联系。此后，医防队便开展开工前的卫生工作，进行开放门诊、乡村巡回医疗、城厢家庭妇幼卫生调查等工作，并联合当地卫生院开展助产训练。因工作的需要，医防队不断地进行迁移，工作地点也随之变化。刚开始，第一队在颍上，第二队一组在临淮关、二组1月29日赴嘉山县清村区，第三队和第四队一组在寿县，第四队二组在正阳关，第五队1月25日到达凤台峡山口[②]。不久后，大队部和第一队在正阳关，第二队在蒙城，第三队在寿县，第四队在赵台孜，第五队在峡山口，第六队在东湖拦水坝，第七队在陈大营子，第八队在润河集[③]。实际上，医防服务大队除在皖北霍邱、寿县、凤台、颍上的6个队为治淮民工服务外，另有两个队在蒙城和涡阳担任地方卫生工作。在休工期间或因卫生需要，本为民工服务的医防队有时候也会在工地附近的农村开展卫生工作。

在工地上，医防队员利用门诊和巡回医疗相结合的形式，给民工种痘、防疫注射、工伤医疗，改善工地环境卫生，建立基层卫生组织——民工卫生小组，举办接生员训练班、急救训练班和中西医研究班，宣传卫生常识等。在长达千里的淮河干支堤上，无论是在晴和的日子或是风雪交加的大冷天，医防队员在堤上或在工棚里为生病民工治疗，同时进行卫生预防和宣传教育[④]。据统计，从1月下旬到6月，医防大队在防疫方面，共注射160001人、种痘613542人、灭虱136851人；在治疗方面，内科治疗46433人、外科治疗66796人；在环境卫生方面，改良与新建水井4070口、厕所12198个[⑤]。

7月13日，因淮河春修工程告一段落，第一医防服务大队离开工地抵达北京中国红十字会总会。水利部、内务部、卫生部、中央生产救灾委员会、中国人民救济总会、中国红十字会总会、中华医学会、中央防疫总队等单位

① 周世民：《治淮线上的医务工作者》，《新中国红十字》第9期，1951年5月，第24页。

② 《我会医防服务队在皖北展开河工及乡村卫生工作》，《新中国红十字》第6期，1951年2月，第17页。

③ 《本会第一医防队最近工作地点》，《新中国红十字》第8期，1951年4月，第20页。

④ 周世民：《治淮线上的医务工作者》，《新中国红十字》第9期，1951年5月，第24页。

⑤ 李德全：《中国红十字会总会改组一年来的工作总结》，《新中国红十字》第2卷第1期，1951年9月，第28页。

团体举行欢迎仪式。水利部赠予医防大队一面“辛劳的工作，光荣的任务”锦旗，并高度评价其医防工作，“保障了民工的健康使胜利地完成治淮工作”①。

随后，医防队在北京和天津两地做短期休整集训，加强政治和业务学习，总结前一阶段的工作经验教训。由于第二期治淮工程，即淮河冬修工程的启动，总会对原治淮医防队加以整编，批准部分队员参加国际医防队赴朝工作，同意昆明、石家庄前来参加抗美援朝志愿医疗队的队员以及北宁产校、济南分会产校实习生和毕业生加入，组成包括大队部和4个队共166人新的第一医防服务大队，由洪伟英担任代大队长。10月8日，第一医防服务大队由天津出发再次前往淮河工地②。如前文所提，到1952年六七月，淮河第二阶段工程结束后，第一医防服务大队分批移驻苏北进行巡回医防。

在第二阶段，医防大队工作卓有成效，以环境卫生工作为例，主要采取以下举措：

第一，做好准备工作。治淮民工来自各个分散的农村，到工地集中时有先有后。因此在准备阶段，医防队员先于民工到达工地，与行政方面取得联系后，选择地势高且干燥的地方，确定计划搭建集体营房式或街道式工棚的地段和方向，规划厕所、垃圾坑以及水沟、水井的安置方位。在民工到达后、工程开工之前，队员就帮助民工搭建工棚，安置厕所、垃圾坑，并挖掘水沟和水井，便于此后环境卫生工作的开展。

第二，建立卫生组织。建立卫生组织，发挥组织力量，健全规章制度，是搞好环境卫生工作的关键。医防大队在寿县东淝闸工地建立卫生委员会、基层卫生组和检查组。卫生委员会负责领导和监督工地的环境卫生工作，定期开会了解情况，解决基层组织提出的问题，基层组织负责经常性卫生工作。每个中队设检查组，以炊事员为骨干，组员有5至7人不等。检查组负责确定检查范围，每天检查一次卫生，三天或一个星期邀请中队卫生委员（中队长）、卫生组长（分队长）参加进行一次大检查。通过评分，召开卫生工作检讨会，开展表扬和批评，总结优缺点，订出下一阶段工作计划。经常性的工棚和环境卫生工作则由卫生员（炊事员）负责。卫生员是卫生工作的得力助手，经常被组织起来进行卫生教育，帮助提高工作能力。

---

① 《欢迎参加治淮胜利归来的第一医防服务大队》；郝执齐：《保障民工健康是根治淮河的重要工作》，《新中国红十字》第11期，1951年7月，第12—13页。

② 《治淮第一医防服务大队出发前往淮河工地》，《新中国红十字》第2卷第2期，1951年10月，第41页；《淮河队出发工作　总会特予以指示》，《新中国红十字》第2卷第2期，1951年10月，第31页。

第三，发动卫生红旗竞赛。为保持卫生工作的热情，促进中队间卫生工作的均衡发展，医防大队一般10天左右组织一次卫生红旗竞赛活动。竞赛之前做好计划，进行干部、民工动员，然后研究确定竞赛形式和方法，以及评比模范的标准，成立评选委员会等。适时召开扩大的干部、民工动员大会，邀请领导做竞赛动员报告，进行思想教育，并且配合黑板报、油印快报、大字壁报、漫画及演剧等方式进行深入宣传，甚至分发讨论提纲，组织民工讨论，提高认识，为竞赛作热身准备。竞赛结束由评选委员会组织一次大检查，召开颁奖大会，授予最好的中队一面红旗，赠给模范卫生员红花，并邀请其做经验介绍，以提高整体卫生工作水平。

由于采取以上措施，大部分工棚内外清洁，被褥折叠整齐，衣服集体放置，互相监督不随地大小便，卫生员每天轮流打扫厕所，垃圾入坑。民工不吃生冷食物和生水，被单、铺草两三天晒一次，衣服一两天洗一次，工地到处干干净净。

需要指出的是，除第一医防服务大队外，第二医防服务大队也曾活跃在治淮工地上。1952年10月第二医防服务大队结束在江西、海南的工作后，除部分队员留在当地继续开展工作外，其余队员回到南昌集中休整。之后整编为7个中队，于1953年春季由黄超汉大队长率领到达河南信阳，参加治淮工程①，为担任洪河的练村集至黑龙潭工段的1.4万余名民工提供医疗卫生服务。第二医防服务大队前后奋斗58天，完成医防突击任务，保障了民工的身体健康。第二医防大队涌现出17名甲等、乙等和丙等模范，受到河南省治淮总指挥部的表彰②。

（三）慰问：一种多方的互动

治淮工程是国家投入建设的一项重点工程，1951年一开春即有百万民工参与其中。医防服务工作不仅关系到民工的身体健康，以及淮上农业生产的收成、农民生活的改善，还直接关系到国家经济建设的成功，全国抗美援朝、保卫世界和平力量的增强等。为了鼓励医防服务大队的队员努力工作，红十字会总会多次向队员及家属发出慰问函，并派出慰问团去工地一线进行慰问。队员及家属及时地予以回函或回应，对政府和红十字会的关心表示感谢，并表示将努力劳动，支持工作，保证完成医防任务。

1951年1月30日和31日，即第一医防服务大队在到达指定地段工作后

---

① 张景和：《第一、第二医防服务队走向新的工作岗位》，《新中国红十字》1953年1月号，第41页。

② 《治淮工地上的模范红十字工作者》，《新中国红十字》1953年10月号，第14页。

不久，红十字会总会首次分别向大队队员及队员家属发出慰问信。在慰问信中，总会指出队员们在正值新春佳节的寒冷冬季里，到环境生疏、物质条件落后的治淮工地，面向农村，面向工农兵，克服一切困难，为人民服务，认真履行职责，奉献自己的智慧、技术和劳动，体现出高度的人道主义精神，值得欢迎和祝贺，这一举措使得红十字事业的新发展有了良好的开端。总会表示，为改善医防工作条件，总会将尽力提供医防队所需的药品、器材和交通工具，并加强总会与医防队之间的联系，督促医防队员的工作和学习。总会还勉励队员们掌握理论武器，展开群众工作，发挥出积极性、创造性和组织力量，有重点有步骤地进行调查研究，并在工作中不断摸索前进，改进方法，建立规章制度，提高工作效率①。

总会对队员家属的支持表示感谢和敬意，并预备一份贺年薄礼，要求分会上门送礼慰问。随后，春节期间镇江、南京、济南、无锡、西安、汉口、北京等地分会按照总会要求，携带总会慰问函和猪肉、年糕等礼物或代金 3 万元赴队员家中进行慰问。队员家属非常感谢，有的甚至写信给总会表示，政府照顾得实在周到，保证进一步激励家属全心全意地为人民医药卫生事业工作，以报答人民和共产党的深厚恩情②。

在发出慰问函后不久，总会先后收到第一医防服务大队共 108 封来信。队员们在信中表示：对担负起历史性的艰巨任务感到无比光荣，对消灭疾病、保障河工健康已有足够的信心；在工作和生活中已与河工、农民建立了感情，并感受到了人民群众伟大的创造力；慰问函给予了很大的鼓励，将更加坚定地克服困难完成任务③。

除发出慰问函之外，红十字会总会还组织慰问团去医防队工作地开展实地慰问。4 月 4 日，红十字会组织治淮民工医防慰问团一行 4 人，带着总会职工的慰问函和一批慰问品到达皖北医防队工作地进行慰问。5 月 10 日，慰问团结束工作返京。队员见到慰问团，热情而亲切，表示“总会真是关心我们，见了总会来人真像见了亲人一样”。总会职工的慰问函通报了总会的工作动态，如组织国际医防服务队赴朝鲜参加国际救助等，一下子拉近了总会与队员间的心理距离，队员们纷纷表示努力在“后方工作，无负兄弟队远征”④。慰问团离开时，队员依依不舍，除表示感谢或写感谢信外，还保证继续努力

① 《中国红十字会总会给第一医防服务大队全体同志的慰问信》，《新中国红十字》第 5 期，1951 年 1 月，第 20 页。

② 王玉甫：《春节慰问医防队家属》，《新中国红十字》第 6 期，1951 年 2 月，第 17 页。

③ 《第一医防大队来函一〇八封》，《新中国红十字》第 8 期，1951 年 4 月，第 22 页。

④ 《本会职工再度函慰淮上第一医防队同志》，《新中国红十字》第 9 期，1951 年 5 月，第 28 页。

工作，以实际行动答复人民的期望[①]。

通过实地慰问，总会对医防队员的工作有了更多的了解。医防队员在条件艰苦的治淮工地，克服困难，为民工和农民看病治疗，办理接生训练班，为群众种痘，并想出种种预防疾病的方法。队员们的付出取得了成效，医防工作不仅保护了群众身体健康，协助治淮工程的顺利进行，而且推动了农村卫生工作，这给群众带来了很大的精神安慰和工作鼓励。在工作过程中，队员为民工的辛勤劳动所感动所鼓舞，并在实践中得到了锻炼、提高了自己，更加增强了为人民服务的群众观和工作责任心，从而赢得了群众的尊敬和信任。

在慰问期间，总会要求队员在已有成绩的基础上继续努力工作，并与兄弟医防队加强联系合作，相互学习，推广经验，共同把治淮工程的卫生工作做好；同时要求队员在工作中，注意加强组织纪律性，把自己锻炼成为身心健康、全心全意为劳苦大众服务的坚强的医务工作者。

由上可知，在总会慰问与队员及家属回应的过程中，红十字会与队员、红十字会与队员家属、队员与家属间形成互动关系。红十字会传递给队员的是鼓励和支持，获得温暖和信心的队员对政府和红十字会表达的则是热爱和感谢。同时，在慰问过程中，红十字会与民工、队员与民工间的关系得到增进和融洽，民工进一步了解了红十字会，并感谢政府和红十字会组织的医防服务工作，队员与民工相互理解、相互激励工作的程度进一步加深。

三、老少边穷地区的医防

（一）医防在江西和海南

中国红十字会组织医防服务队，不仅分布于淮河两岸、部分农村，而且老少边穷地区也有医防服务队的足迹。新中国成立之初，革命老区和边疆少数民族地区十分贫穷落后，医疗卫生条件几乎无从谈起，“各少数民族，极端缺乏科学的医药卫生设备，他们有了疾病，只靠打卦、念经、祭鬼、求神，因此常至倾家荡产。……少数民族生活艰苦，疾病很多，特别是藏区流行的性病，云南、西康一带的麻疯和云南边境的瘴气病为害最大。此外，砂眼、胃病、肠寄生虫、甲状腺肿、风湿性疾病等，各地都普遍存在。婴儿死亡率一般很高，云南、贵州有的地区竟达百分之八十”。至于革命老区，“因为过去历受国民党反动派的严重摧残，全国解放后，虽然已经恢复了不少元气，

① 《总会慰问团到达淮河》，《新中国红十字》第 8 期，1951 年 4 月，第 30—31 页；《让红十字旗帜更光辉地飘扬在淮河两岸》，《新中国红十字》第 9 期，1951 年 5 月，第 17—19 页。

但是人民的生活还是比较艰苦的，医疗卫生的设备，也非常需要”[①]。因此，根据“各民族一律平等，实行团结互助”的民族政策[②]，人民政府设法逐步地、有重点地在上述地区建立医院、卫生院或组织巡回医疗队。1951 年，西南地区即组织了 20 多个医疗队。

为配合政府卫生工作，1951 年 11 月，中国红十字会专门成立第二医防服务大队，分别在汉口、广州两地集中，后兵分两路，开赴江西革命老区和海南岛少数民族聚居地区，开展医防服务。第二医防服务大队是继治淮第一医防服务大队组成和壮大后，又一支国内医防工作的生力军。它的组建是红十字会贯彻动员和组织人民实行“自救助人”的救济福利方针，以及协助各级人民政府，面向人民大众，宣传并推广防疫、卫生、医药及救济福利事业的又一个具体表现。

第二医防服务大队是以从朝鲜前线归来的国际医防服务第一大队的队员为主体，并加入什坊院妇幼保健训练班结业学员以及各地志愿参队医务工作者扩充而成，包括医护、后勤人员共 249 人，原国际医防第一大队的正副大队长黄超汉、胥继昌继任第二医防服务大队正副大队长[③]。国际医防第一大队通过抗美援朝的实际锻炼，政治认识大大提高，爱祖国爱人民的热情也大大增强。回国汇报和总结工作后，全体队员不愿休息，一致自愿签名要求到少数民族地区和老区去工作。这也是红十字会组织第二医防服务大队的一个重要原因。

江西老区人民在工农红军长征后，坚持革命近 20 年。由于国民党反动派长期摧残压迫，以致老区人民生活困苦、贫病交加。针对如此情况，1951 年 12 月 9 日，第二医防服务大队的江西队到达江西之后，分别派往瑞金、井冈山、上饶以及南昌、九江、袁州、吉安、赣州、浮梁、抚州、宁都等专区从事医防、卫生宣教等工作。

江西队在政府的支持下，迅速召开有关妇幼卫生、清洁卫生、中西医业等群众会议，大力宣传卫生保健工作，同时传达中央政府对革命老区人民的关怀，介绍新中国红十字会的性质和医防服务队的任务，并着手联系工作。5 个月内，江西队训练妇幼保健员 1489 人，组建 37 个保健站和 18 个小组，建立 9 个保健网，并制定保健员的汇报制度。保健员还订立了接生公约，推行

---

① 《为少数民族及老解放区群众服务——祝第二医防服务大队出发》《第二医防服务大队已组成将赴少数民族地区与老解放区工作》《什坊院妇幼保健员训练班结业 学员们服从分配走上工作岗位》，《新中国红十字》第 2 卷第 4 期，1951 年 12 月，第 3、9、39 页。

② 中央人民政府法制委员会编：《中央人民政府法令汇编（1949—1950）》，法律出版社 1982 年版，第 26 页。

③ 第二医防服务大队分成江西队和海南岛队之后，胥继昌任江西队队长，黄超汉任海南岛队队长。

新法接生。由于妇幼卫生的开展、医疗实例的影响以及会议宣传，环境卫生工作也得以普遍开展。在实践中，队员们向群众传授卫生常识，并动员群众组织各乡区清洁卫生委员会，通过流动红旗的方法，掀起清洁比赛热潮。为保护水源和饮水消毒，江西队建立了很多消毒站，改良和新建水井445口、厕所276座，清洁污水塘79口，填平污水塘86处，尿桶加盖843个。江西队特别注意团结中西医，每到一地即召开中西医会议，提高他们的政治觉悟和技术水平，并协助成立联合诊所，开展农村“预防为主”的卫生工作。

江西队协助当地建立起经常性的卫生检查制度，以及疫情报告、隔离和监视制度。例如，袁州专区发生急性杆菌性肺炎之后，便发动群众组织5至10户不等的卫生小组和义务担架队，发现疫情即将病人送往隔离医院就医，严密监视疫户，禁止往来探视和访友，避免接触；并由卫生小组负责疫情报告，使得疫情得以控制。

江西队还积极配合爱国卫生运动的开展。1952年6月，协助当地防疫委员会开展防疫常识师资训练及防疫预备队组训工作，一个月即训练了师资642人，组训县防疫预备队1209人①。在整个服务期间，江西队因“具备着高度服务热情及吃苦耐劳精神，颇得群众爱护与好评”②。

1951年底，第二医防服务大队海南岛队到达海南岛后，即分赴保亭、乐东、白沙三县及五指山区为黎、苗两族同胞开展为期10个月的医疗防疫工作。少数民族地区不仅生活水平、卫生条件落后，而且历史上遗留下来的对于汉族的仇恨仍有残余，对新中国颁布的民族政策则是半信半疑，这为医防队在少数民族地区开展工作额外地增添了不少困难。为此，医防队利用多种形式充分宣传党和政府的民族政策、卫生方针以及红十字知识，同时通过跋山涉水深入深山里的村子，以及不分昼夜辛勤而热情地工作，以忘我的工作精神，发扬一切为了“治病救人”的优良作风，从根本上消除了群众的误解和思想顾虑，从而拉近了群众与医防队员之间的心理距离，为医防工作顺利进行奠定了基础。

海南岛队在保亭、乐东、白沙三县普遍进行了接种和防疫注射。为根本扑灭天花，解决种痘人员缺乏问题，海南岛队还专门组织训练种痘员。此外，队员经常向黎、苗两族同胞做卫生宣传教育，发动他们整理环境卫生③，大量建造公厕，保护水源清洁，共培训出公共卫生员1046人（平均每240人中即

---

① 《两年来的中国红十字会国内医防服务队》，《新中国红十字》1952年9月号，第15页。

② 《第二医防大队江西队工作暂告一段落》，《新中国红十字》1952年11月号，第19页。

③ 《第二医防队海南岛队返抵北京》，《新中国红十字》1952年11月号，第35页。

有1个公共卫生员)。针对兄弟民族地区流行的“只见妇人大肚子，不见小儿行路”顺口溜所突出的婴儿死亡率很高的问题，海南岛队大力推行新法接生，普及妇幼卫生知识，举办助产员训练班，共训练助产员1273人(每100个妇女中即有1名助产员)，并在卫生院增设留产所和留医病床①，极大地降低了婴儿出生死亡率。

海南岛队的工作，除具有一般意义之外，还增强了各民族间的了解和团结，有利于维护祖国统一，“使遥远的海南岛兄弟民族与北京中央人民政府、共产党、毛主席的距离更缩短了”②。

如前文所提，1952年10月，第二医防服务大队结束工作撤离时，根据群众的要求，江西队56名队员、海南岛队34名队员自愿留在当地继续进行医疗防疫工作，其余队员回南昌集中休整，之后赴河南治淮工地服务。

(二) 新编的三大医防队

自从过渡时期总路线提出之后，全国迅速掀起学习和实践总路线的热潮。1953年12月，为适应新的发展形势，发挥医防队员更大的作用，旨在保障基本建设中工人的健康，消灭传染病，红十字会总会根据卫生部的指示，将第一、第二医防服务大队调集开封休整，学习过渡时期总路线，并将第一、第二医防服务大队重新改编为3个医防服务大队，分赴华北、西北、中南三大行政区工作。新的医防队由“大区卫生部门负责领导、使用和掌握，工作重点将放在工矿区，以便积极为生产服务”。1954年1月16日至25日，3个医防大队分别到所属大区卫生局报到，经理论学习和业务学习以后，走上新的工作岗位③。

西北区医防服务大队根据西北区卫生局的指示，分成3个分队。3月15日，3个分队从西安出发，分赴西安市④、兰州市、陕西省的3个基本建设工地进行卫生防疫工作。

第一分队由冯维祖、李健华负责，下设宣传教育、安全卫生检查、医疗和巡回医疗检查4个组，并与西安市卫生局共同成立医疗预防站。5月下旬，第一分队与工程公司医务所、工会劳保组织合作，开始在市东郊基建工地，主要是以国棉三厂、四厂工地为重点对象开展工作。此外还开展保健员和炊事员训练。

---

① 《两年来的中国红十字会国内医防服务队》，《新中国红十字》1952年9月号，第16页。

② 李寿：《在五指山中》，《新中国红十字》1952年11月号，第34页。

③ 《本会新编三个医防大队愉快地走上新岗位》，《新中国红十字》1954年2月号，第16页。

④ 西安市，1949年5月解放，时属陕甘宁边区辖市；1950年，改由西北军政委员会领导；1953年1月，改为西北行政委员会管辖；同年3月，改为中央直辖市；1954年6月，改为省辖市。

第二分队由孔宪富、费天伦负责，到达兰州市以后，在甘肃省卫生厅领导下，一部分队员协助有关部门开展为期一个月的工地安全卫生大检查，将发现的问题，如高空作业不系安全带、乱倒垃圾、厕所少而远等，建议有关部门解决；另一部分队员参加省建筑工地的卫生工作，首先自上而下建立安全卫生组织，为工人预防接种和灭虱。5 月，第二分队组织开展比任务、比学习、比团结、比健康和比先进经验的“五比”劳动竞赛活动，队员自编快板和相声开展宣传。6 月，分队举办保健员训练班，并开展环境卫生整治。经分队的有效工作，工人发病率降低，出勤率增加了。

第三分队由黄慕仁、王建中负责，在陕西省卫生厅领导下，参加省建筑工程公司各工地的卫生工作。分队下设 4 个组，并成立各级安全卫生检查委员会，除一组配合医务室工作外，其余均在工地工作。值得一提的是，分队还组建一个巡回宣传组，配合电影放映队，利用快板、讲演、相声、舞蹈等方式进行工地安全卫生宣传，以进一步深入开展卫生工作①。

中南区医防服务大队到达河南以后，即派 30 名队员配合省卫生局检查工地、厂矿卫生工作。不久，医防服务大队编为 6 个分队，大队部设在中牟县。除第一分队担任治淮工地医院工作外，其余 5 队分别担任 3 个国棉厂、1 个烟厂和 1 个煤矿的卫生工作。3 月底，6 个分队分赴各地报到②。在 6 个分队中，驻河南省观音堂煤矿工业卫生工作组采取以下主要方式，开展卫生宣传，效果明显。

其一，小型歌舞剧。工作组演出的歌剧是根据真实事例改编的《咱们去打防疫针》，其配曲采用易唱易懂的民间小调。演出后工人即学会小调，并传唱开来。整个演出中还穿插西藏舞、红军舞、马车舞、朝鲜舞等舞蹈节目。

其二，安全卫生展览会。为迎接“五一”劳动节，工作组举办了 3 天的主要内容为先进采煤法、井下安全生产以及妇幼卫生、个人卫生和传染病常识等的安全卫生展览会。展品中有巨幅彩色漫画、图表、模型、挂图、标本、显微镜等，观众达 3600 余人。

其三，电影。工作组播放的电影主要是推介新法接生的《母子平安》以及卡通片《消灭苍蝇》。

其四，活报剧。工作组先后改编和演出《蚊哥哥蝇妹妹》和《公审五毒》两个活报剧。活报剧易编易演，能够及时地配合各项宣传。

---

① 费天伦等：《西北区医防大队在建筑工地上》，《新中国红十字》1954 年 7、8 月号，第 10—11 页。

② 孙以琴：《三个医防服务大队的近况》，《新中国红十字》1954 年 4 月号，第 14 页。

其五，墙画、黑板报和小报。工作组在适当的地方画巨幅彩色画，如在街头，画打扫环境和饮食摊贩卫生一类的漫画；在食堂门口，画饭前洗手、吐痰入盂；在浴室门口，画大池子洗，小池子唰；在井口附近，画井下安全内容等。黑板报，尽可能地字大整齐，内容通俗、简单，并根据不同内容插上小图。煤矿每周出版小报一次，内容有报道各项工作情况、卫生工作动态，交流卫生工作经验，表扬卫生模范单位等。

其六，喇叭筒喊话。这是工作组经常采用的一种最灵活、效果快的宣传方式。每当浴室、食堂等卫生状况差的时候，工作组就在人多的时间，利用喇叭喊话，提醒工人注意卫生。

其七，广播电台。工作组将广播器材搬到食堂、浴室，并与广播员合作，播送涉及卫生内容的快板、相声和对口讲话等节目。此外还插播群众喜爱的河南梆子、民歌等，让工人在轻松愉快的气氛中接受卫生教育①。

卫生工作组在观音堂煤矿通过以上方式的宣传，提高了群众卫生文化水平；广大矿工及家属纷纷投入爱国卫生运动，普遍订立卫生公约，整个矿区卫生面貌开始出现新的气象。

华北区医防服务大队于1954年5月分为3个工作小组。其中，第一工作小组分配到河北官厅水库水力发电工程处工作。10名医防队员到达目的地后，即与张家口专区防疫队、原水库防治组共同组成工地防疫工作组，协助工区卫生科和防疫队整顿卫生组织。此前，官厅水库水力发电工程处卫生科及所属防疫队已在工区建立卫生委员会、分会、小组等群众性卫生组织。整顿之后，卫生工作由卫生科统一分配工作区，指定专人负责，注重分工合作，相互联系，交流经验。5月，工区成立爱国卫生运动委员会，组织全体职工进行疫苗注射，改善工区环境卫生，并制定各项卫生公约和制度。如安全卫生三级检查制，即卫生小组每周检查1次，卫生分会每半月检查1次，工区卫生委员会每月大检查工区安全卫生1次，工区卫生科、防疫队则是随时可到各单位抽查。此外，工作小组还协助开展炊事员、饮水消毒员和公务员卫生训练，加强职工卫生教育。平时，医防队员和工人生活在一起，并建立深厚的友情，卫生工作推展顺利，职工出勤率一直保持在99.5%以上②。

第二工作小组分配到河北丰（台）沙（城）铁路新线第四工程局工作。6月下旬，工作小组到达目的地，在第四工程局卫生处医疗防疫队统一调配下

① 张页、冯卉心：《在观音堂煤矿的卫生宣传工作》，《新中国红十字》1954年7、8月号，第9页。

② 张景和、王绍谦：《他们和工人建立了友情——记官厅水力发电工程建筑工地上的医防队员》，《新中国红十字》1954年9、10月号，第9—10页。

分成两组，协助两处保健站推行工地爱国卫生运动，预防痢疾、乙型脑炎和食物中毒发生，并做好工棚、水源、排水沟、厕所以及厨房等环境卫生。医防队员深入群众，实践“四勤”和“五干”[①]，工地卫生出现了新的面貌，工人患病率开始下降，因而促进了铁路建设。医防队的表现两次受到第四工程局通报表扬，《铁道建设》报也报道了队员们的工作情况[②]。

第三工作小组分配到河北省鼠疫防治所，配合开展消毒、检疫和打扫环境卫生、灭鼠、灭蚤等群众性防疫工作[③]。

四、分会的医防服务

1950年，中国红十字会总会改组以后，即将组织农村巡回医防服务队到缺医少药、疾病流行、卫生状况差的农村地区开展巡回医疗服务，列为自身一项重要的任务[④]。而总会农村巡回医防服务队在苏南的成功实践表明，“号召医生下乡，面对农村大众，这是一个正确的任务，是人民所急切需要的”。因此，1951年，红十字会总会根据卫生工作原则，要求各地分会组织医防服务队，重点进行防疫和一般卫生工作，特别是农村和厂矿卫生工作[⑤]。此后，各地分会效仿总会的工作经验，纷纷组织医防队“下乡”，开展巡回医防服务。如常州、江阴、开封、永城的农村巡回医防队，青浦的防治血吸虫病医防服务队，昆明的个旧矿区和丽江震灾医防服务队，内江为修筑成渝铁路民工组织的医防服务队，岳阳的荆江分洪医防服务队，垫江为运粮民工组织的医防服务队，南宁为少数民族组织的医防服务队，等等。这些医防服务队，对促进所工作地区人民卫生保健事业，支援国家建设都做出了重要贡献[⑥]。

各地分会所组织的医防服务队呈现出不同类型。医防队按照业务，可分为业务全面型、配合（卫生运动）型和专项应急型；根据组成方式，可分为独立型和合作型；根据规模，可分为大型（如二十多人的医防队）和小型（如三四个人的医防组或医疗队）；根据工作时间，又可分为短期的（几天）和长期的（几个月）。实际上，各地分会医防服务队往往同时具备上述多种类型的特点，即属于混合型。从某种意义上说，各地分会组织不同类型的医防

① “四勤”是指腿勤、手勤、眼勤和口勤；“五干”是指苦干、实干、带头干、多干、带动大家干。

② 周金生：《一心向着铁路建设者的健康》，《新中国红十字》1954年9、10月号，第11—12页。

③ 王宗岳：《华北区医防大队目前工作情况》，《新中国红十字》1954年7、8月号，第10—11页。

④ 《中国红十字会总会一九五零年九月至十二月工作计划大纲》，《新中国红十字》创刊号，1950年9月，第11页。

⑤ 《总会关于1951年工作计划的指示》，《新中国红十字》第4期，1950年12月，第1页。

⑥ 兰于树：《活跃在祖国各地的医防服务队》，《新中国红十字》1953年11月号，第5页。

服务队，恰好反映出各地开展医防服务所呈现出来的不同的地域特色和工作亮点。

第一，业务全面型。

业务全面型，即医防队开展的工作是全方位的，涉及预防医疗、妇幼保健、卫生宣传等各个方面。如1951年7月，针对广大农民因长期生活贫困，身体健康难以保障，急需医学常识、技术、医疗支援的实际情况，江阴县分会长泾医院抽调部分医护人员组织农村巡回医防队，帮助河塘乡政府制订环境卫生工作计划。自7月25日起，医防队在长泾区河塘乡一带做巡回服务。因密切联系群众，医防队顺利地进行了防疫注射和诊疗工作。据记录，第一天就诊疗32名病人，防疫注射400余人①。

1952年5月，西安市分会在办完第三期卫生讲习班之后，组织由14人组成的乡区巡回卫生医防队，到市九区一乡岳家寨开展工作，在取得经验后于6月初正式开展医防服务。一个月内，医防队在医疗方面，共门诊4000余人，出诊240余次。在组织工作方面，建立了全乡的卫生基层组织，共126个卫生小组，并制定了定期卫生检查和汇报制度。在宣传教育方面，进行20次幻灯宣传，观众达6120人；举办两天卫生画展，参观者610人；办黑板报17处，并更换3次；配合村卫生行政干部检查卫生30次；在小学做卫生讲座18次；召开卫生小组长会议15次、村干部会议52次、群众会议14次、妇女会议6次；在夜校做妇幼卫生宣传2次。在妇幼卫生方面，除宣传之外，还进行了产前检查88人129次；接生8人，产后访视36次；举办接生员及旧产婆训练班6个，结业学员64人。在预防工作方面，发现麻疹患者后，即召开全村群众大会，放映幻灯，介绍麻疹流行原因及预防方法，同时将患者隔离，对全村儿童作麻疹预防注射；7月中旬在全乡做防疫注射1900余人；对学龄儿童做健康检查和驱蛔虫工作，426名儿童共驱虫1516条。在配合爱国卫生运动方面，发动群众排除和填平污水塘各1处，打捞孑孓25余斤，组织捕蝇队灭蝇94751只，同时教育群众开展保护水源和积肥等工作②。值得一提的是，巡回卫生医防队在市九区一乡完成医防任务后，在省卫生厅的协助下转赴蓝田县焦岱镇开展医防工作，特别是在当地掀起了卫生运动高潮，一改此前市容的落后面貌③。

① 王祖尧：《江阴县分会进行农村巡回医防工作》，《新中国红十字》第1卷第12期，1951年8月，第49页。

② 艾庄：《西安市分会的乡区巡回卫生医防队》，《新中国红十字》1952年10月号，第22页。

③ 周克任等：《西安市分会乡区巡回卫生医防队的乡村爱国卫生工作》，《新中国红十字》1953年2月号，第12页。

1953年冬季，孝感县分会组织农村巡回医防队先后在骑龙、白鹤等乡开展工作。医防队利用大幅墙画、大字墙头标语、纸书标语、黑板报、春节特刊及会议、访问、候诊教育等方式进行卫生宣传。医防队在骑龙店和汪家岗配合爱国卫生运动，建立基层卫生组织，实行清洁检查制度。医防队在骑龙店设门诊所，除一般门诊外，并做家庭访视和巡回治疗，前后治疗1908人。工作结束后，当地干部群众赠送医防队一面“人民医防队”锦旗，以表感谢①。

与上述分会独立组织医防队不同，遂宁县分会农村巡回医防队和内江市分会农村巡回医防组虽是业务全面型，但是由几家单位共同组建的。从这一标准看，它们又属于合作型。

遂宁县分会医防队是1953年8月由县分会与专区医院、防疫站、保健站、县卫协会等几家单位共同组建的。医防队在澜西、西眉、安居和永兴4个区开展医防服务。医防队利用黑板报、展览会、花鼓、幻灯、座谈会、访问、候诊教育等方式进行卫生常识教育，受众达50400多人；医防队在各区所在地设立门诊部，并组织当地卫协会员及接生员分成小组，携带简单药品深入农户进行治疗，人数达10900多人；医防队团结当地卫生工作者，利用赶集召开技术座谈会16次，并帮助建立和调整4个联合诊所，建立各项规章制度；医防队利用新法接生24人，产前检查486人，召开妇女座谈会8次；医防队还选择重点区开展环境卫生工作，使之经常化和制度化②。

内江市分会医防组也是合作型的。1954年1月，内江市分会抽调5人，与有关单位共同组织一个农村巡回医防组，到4个乡开展医防服务，主要工作是麻疹防治、妇幼保健、卫生宣传等。16天内，共做产前产后检查85人，治疗内外科病人590余人，并对3000多人进行了卫生宣传③。

第二，配合型。

配合型，即医防队主要是为了配合参加爱国卫生运动等而组成的。1952年，柳州市爱国卫生运动在进入第二阶段后，其工作重点开始由城市转向农村。为配合此项工作，10月，柳州市分会组织爱国卫生运动巡回医防宣传队，共23人，分会副会长马正贵兼任队长。队员们经学习后，订立下乡工作公约，携带总会配发的一部分药品、幻灯，还有分会门诊部器材，深入郊区农村开展医疗和宣传工作。在10多天中，医防宣传队不仅免费为1237位农民

---

① 王善普：《孝感县分会的农村巡回医防队》，《新中国红十字》1954年3月号，第30页。

② 唐成德：《遂宁县分会的农村巡回医防队》，《新中国红十字》1954年3月号，第28页。

③ 《内江市分会的农村巡回医防组》，《新中国红十字》1954年4月号，第29页。

医治疾病，还举办孕妇和旧产婆座谈会，介绍妇婴保健常识和新法接生，并对50名孕妇做产前检查。医防队除白天进行医疗工作、下田访问外，晚间还利用休息时间召开集会，结合歌舞、演剧、幻灯等方式，展开宣传教育。其间，医防宣传队共召开大会10次，参加的农民4800多人。通过宣传教育，农民普遍认识到“四灭”（灭蝇、蚊、虱、鼠）、“五净”（道路净、房屋净、锅碗净、衣被净、身体净）的重要性。与此同时，医防队挨家挨户检查卫生，对房屋、厨房、厕所、牛栏等进行清洁消毒①。

12月，为配合爱国卫生运动，南昌市分会组建4个巡回医防队，每队包括医师、护士、司药、化验及会务宣传干部10余人，利用星期天到市郊七区的唐山、闸口等7个乡进行巡回医防工作。在乡政府、农会、妇女会及卫生部门的支持下，医防队上门为病人免费医疗和检查，并宣传卫生常识。同时，医防队还进行了妇幼卫生、环境卫生等方面工作②。

第三，专项应急型。

专项应急型，即医防队是根据工地厂矿、自然灾害、农忙以及疾病流行等特殊需要而组建的，其开展的工作往往是单项的应急，主要有以下几类：

其一，工地厂矿医防。两湖一带水灾频发，发动民工兴修水利、治理河湖是件常事。孝感县分会和岳阳县分会多次组织医防队专为民工开展医防服务。1951年，孝感县政府兴修水利，近两万人响应，准备把旧河堤补修坚固，并在南乡开辟一条西起白湖南止朱湖，以及在东乡开辟一条南自三军台北达车站的两条新河，以便于夏秋出洪。3月18日，孝感县分会组织由6人参加的堤工巡回医防服务队，赴工地开展医防服务，5个星期里共诊疗内外科373名工人。医防队还教育工人改掉使用公共毛巾，用手抹眼，喝生水、吃不洁食物等不良习惯③。1953年8月上旬，襄河水涨，孝感县分会与县卫生院、卫生所合组医疗队开赴汉川襄河大堤，不分昼夜为抢险民工服务。4天后待洪水完全消退，医疗队才返回④。

1952年，荆江实施分洪工程，岳阳县分会特地组织5人医防队到分洪工地为民工服务。分洪医防队后来与岳阳、临湘卫生院的同志合并为荆江分洪

① 《柳州市分会爱国卫生运动巡回医防宣传队的工作总结》，《新中国红十字》1952年12月号，第24—25页。

② 周久俊：《南昌市分会的巡回医防队活跃在农村中》，《新中国红十字》1953年第5、6月号，第8—9页。

③ 曾慕藩：《孝感分会的河工巡回医防队》，《新中国红十字》第8期，1951年4月，第44页。

④ 龚共龙：《孝感县分会医疗队为防护河堤民工服务》，《新中国红十字》1953年10月号，第30页。

湖南指挥部长沙专区民工总队卫生股，共 14 人。岳阳城区区委的陈海泉负责卫生股行政，县分会特聘医师赵鹏负责业务，担负起 4462 名民工的医防工作。队员初到工地只进行门诊、外科、工棚急救等治疗服务，后来开展了环境卫生工作和霍乱预防注射。其中 3 天注射 4034 人，基本上控制工地传染病的流行①。

此外，1953 年，岳阳县分会与县卫生院、人民医院合作组织岳阳医防总队开往南洞庭湖，担任治湖民工的保健工作。由于医防总队在工作之前采取了以下主要措施，医防工作进展顺利：一是建立卫生基层组织，成立总队卫生委员会，下辖 6 个大队卫生委员会、50 个中队卫生基层小组。二是发动中队干部进行民工健康检查。三是开展卫生宣传，将总队工作人员分成若干宣传小组，在工地上、工棚里，运用漫画、快板、歌词、舞蹈及广播等方式广泛宣传卫生常识。四是改善环境卫生，要求棚棚开窗叠被，人人睡高铺；室内干燥，室外清洁；饮水消毒，不在野外大便，并利用重点培养、典型带动全面，采取包干负责制及红旗竞赛等方法开展工作。五是健全医疗组织，建立医疗队，在十里长的堤线上加设分诊所，组成 3 人巡回医疗小组，每人负责两个大队医疗工作。医防总队此次参加治湖，“不但保证了岳阳七千多民工和干部的健康，并为当地今后推行群众性的卫生工作，打下了基础”②。

在江苏，1952 年 10 月，江阴县分会组成一支 6 人的医防小组，到澄锡运河拓浚指挥部所在河堤，为民工开展医防服务。医防小组分成 3 组，每两人一组，克服困难为民工治病。如器械用具不够，用毛竹筒代替油膏缸；将竹片削成刮药刀，消毒后使用；三叉树枝做成搁脚架等。此外，医防小组有计划有步骤地实施疾病预防措施，如发动民工进行宿舍清洁大扫除等。河堤工程结束后，澄锡运河拓浚指挥部举行评比模范大会，两名队员分别被选为特等劳动模范和一等劳动模范，得到县人民政府的奖旗和运河指挥部的奖状。另有两名队员加入共青团③。

云南个旧是中国的锡都。新中国成立后，政府重视矿上福利，改善矿工生活待遇，并设立矿工医院，以保护矿工身体健康。1951 年 9 月初，为解决医院医务人员缺乏的问题，昆明市分会特组织 6 人医防队配合政府卫生人员，前往矿里进行医疗防疫工作。34 天后，医防队完成任务，返回昆明。矿工反映：“毛主席领导我们穷人翻了身，不但是挖了我们的穷根，而且还派人来挖

① 岳阳市分会：《我们及时地组织医防队为荆江分洪工程服务》，《新中国红十字》1952 年 8 月号，第 26—27 页。

② 赵鹏：《南洞庭湖整修工程中的医防工作》，《新中国红十字》1953 年 8 月号，第 23—24 页。

③ 王祖尧：《澄锡运河上医防工作的模范》，《新中国红十字》1953 年 5、6 月号，第 23 页。

我们的病根。”[①]

其二，灾区医防。1951年12月21日，云南丽江地区发生地震。12月26日，昆明分会组织医疗队到达丽江，协助省救灾工作组和当地政府设立的临时医院开展医疗救护工作。医疗队工作及时而迅速，不仅挽救了许多生命，而且增强了群众战胜震灾的信心[②]。1952年7月，福州市受严重洪涝灾害，全市几乎被淹。为抢救和慰问负伤灾民，福州市分会组织巡回医防队和巡回宣传队；7月23日，在洪水期，医防队队员乘着木船，冒雨前往受灾最严重的安淡、茶亭、莲宅、王庄、高桥等地进行急救工作；7月26日，市分会及分会医院根据市政府开展灾区治疗救济慰问等工作的精神，组织两个巡回医防队。此外，红十字会支会会员也先后组织了巡回医防队，如仓山区4队、小桥区6队、台江区4队、鼓楼区3队、大根区4队，加上其他单位组织的，全市共有25个巡回医防队深入灾区开展医疗救济工作。7月27日，红十字会总会专为灾区医防队电汇1000万元作卫生材料费[③]。

1953年秋季，天津市连降暴雨。王串场地势低洼，环境脏乱，蚊蝇滋生，居民患肠道传染病和皮肤病的明显增多。根据天津市人民委员会的部署，市分会从所属医疗机构抽调6名医护人员组成医疗队，进行慰问和医疗服务工作。从8月29日到9月3日，共治疗患者1788人次，平均每天治疗300余人次。10月4日，市分会还组织医疗队赴北郊区为受灾居民进行医疗服务。在1个月的时间内，共治疗2634人次[④]。

其三，农忙季节医防。在农忙季节里，农村更是需要医疗服务。1953年夏季，福州、杭州、麻城、内江、垫江、高密、永城等地分会组织小型巡回医防队，深入农村为“抗旱保秋”“抗旱除虫”的农民服务。天津、开封、广州三市分会的巡回医防队则到附近水灾地区对受灾群众进行医疗慰问。医防队抵达农村后，不管烈日当头，每天都在田野里、水车旁，在有农民劳动的地方，巡回防治中暑、外伤等。医防队还利用晚间乘凉时间放映幻灯，中午吃饭时间或休息时间到农民家里去串门，进行卫生常识宣传，为农民送医送药[⑤]。

1954年农忙季节，泗洪县分会诊疗所组织农村巡回医防组，以农业生产

---

① 朱宁瑞：《个旧矿区医防队光荣回返昆明分会》，《新中国红十字》第2卷第4期，1951年12月，第34页。

② 《昆明分会医疗队赴丽江震区展开救护工作》，《新中国红十字》1952年1月号，第17页。

③ 王悟淦：《福州市分会组织巡回医疗队抢救水灾负伤灾民》，《新中国红十字》1952年8月号，第26页。

④ 赵辉主编：《天津红十字会九十年》，天津人民出版社2001年版，第79页。

⑤ 余建中等：《受群众欢迎的小型巡回医防队》，《新中国红十字》1953年11月号，第24页。

合作社和互助组为重点进行卫生宣传和医疗服务。医防组对经济困难的农户采取先记账、等到麦收后再收取费用的办法，对烈军属及经济特别困难的农户则予以免费的优待，对一般单干农民予以适当照顾，以鼓励早日走上合作化道路。除重点地进行预防医疗外，医防组还利用农民休息时间，以小型漫谈的方式，对地方病特别是黑热病以及一般疾病的预防、护理常识等进行宣传①。同年，春季插秧和秋收农忙季节，大竹县分会组织巡回医疗组进行医疗服务。春季，医疗组工作一个半月，在 7 个区一面进行巡回治疗，一面配合县卫生科检查当地联合诊所和接生站。秋收时节，医疗组工作半个月，主要进行疾病治疗和卫生宣传②。

其四，防治流行病。1953 年夏季，北京市分会针对一些建设工地胃肠传染病流行的情况，组织巡回医疗队赴工地工作。除医治疾病外，还向工地的行政、工会、专业队、保健室提供改善环境卫生的意见和办法③。随后工人疾病明显减少，从而增加了生产率。同一时期，柳州市第六农场的部分垦殖工人患了痢疾，柳州市分会组织医疗小组前往治疗，并指导工人整理环境卫生、饮水消毒和对衣物用品消毒等工作，3 天后痢疾基本扑灭④。这年 9 月，安仁县分会根据上级指示精神，与卫生院合作组织两个疟疾巡回防治队，并注意吸收当地中西医参加。防治队深入农村田头、农民家里，为农民防治疟疾，以保障生产。其间，492 人得到治疗⑤。

通过上述分类考察后，不难发现红十字会总会和分会的农村巡回医防队，不仅治愈了农民疾病，减少流行病的发生，增进身体健康，而且帮助农民增加了卫生知识，改掉了不良习惯。重要的是，医防队在开展业务的同时，还宣传了党和国家的政策以及红十字会性质、工作方针等知识，提高了群众的思想政治觉悟以及对于红十字事业的了解。同时，群众对医防队的欢迎进一步教育了队员，使队员们意识到医防工作是非常光荣的，应该更加辛勤地劳动，全心全意地为人民服务。群众通过对比，切身感受到今非昔比，从而增强了对共产党和人民政府的热爱、对走社会主义道路的认同。例如，1951 年 12 月，昆明分会医疗队协助丽江地震救灾，一位受灾的摩梭老人说："我们

---

① 孙英杰：《为农业互助合作服务的卫生工作》，《新中国红十字》1954 年 7、8 月号，第 18 页。

② 王汝涛：《大竹县分会的农忙巡回医疗组》，《新中国红十字》1954 年 11、12 月号，第 20 页。

③ 王毓芬：《北京市分会组织基本建设工地巡回医疗队》，《新中国红十字》1953 年 9 月号，第 10 页。

④ 胡瑜：《柳州市分会在农场中进行医防工作》，《新中国红十字》1953 年 10 月号，第 29 页。

⑤ 《安仁县分会配合卫生院组织了疟疾巡回防治队》，《新中国红十字》1954 年 1 月号，第 29 页。

几代人都没有看见过这样的政府，人民政府首长这样关怀我们，真是梦想不到。”[①] 又如，1953 年夏季，麻城县分会医防队抗旱除虫的服务实践，使群众认识到“今天的政府的确是人民自己的政府，今天的红十字会，是人民自己的团体”[②]。再如，1954 年泗洪县分会农村巡回医防组开展工作时，20 多个村庄的群众普遍反映，“现在有病，不用出庄就能得到治疗，既便利又不误生产，共产党和人民政府真照顾得周到”，“我们全组不知怎样感谢毛主席和人民政府才好，我们只有将组办好，加紧生产，创造办社条件，争取早日发展为农业生产合作社”[③]。由此可见，医防队不仅承担业务功能，而且发挥了一定的政治作用。

实际上，农村巡回医防队的规模有大有小，工作时间有长有短，机动灵活，随时可以“上山下乡”，送医送药。医防队之所以能够成功地开展医防工作，主要原因在于以下三个方面：一是红十字会总会和当地政府的领导与重视，特别体现在对工作的指示安排、经费和药品器材的支持等方面，这是医防队开展工作的根本保证；二是医防队广泛地进行社会动员，教育农民，并密切联系群众，这是医防队开展工作的重要基础；三是医防队往往与当地医协、卫协、妇联等社会团体合作，尤其是团结当地医务工作者，并将医防服务与爱国卫生运动、农业生产、互助合作运动结合起来进行，这是医防队开展工作的关键所在。

第四节　参与爱国卫生运动

爱国卫生运动是新中国成立后逐步形成的一种中国特色的旨在动员和组织全社会力量，讲究卫生，改善环境，防治病害，以增进人体健康的社会大卫生工作模式。爱国卫生运动起源于 1952 年反美细菌战，在卫生运动之前冠以“爱国”二字，突出其与国家前途和国家安全联系在一起，卫生运动俨然成为一项重大的政治任务[④]。在正常的情形下，全国每年都开展爱国卫生运动，距今已有 60 多年的历史。中国红十字会一直参与爱国卫生运动。

---

① 《昆明分会医疗队赴丽江震区展开救护工作》，《新中国红十字》1952 年 1 月号，第 17 页。

② 余建中等：《受群众欢迎的小型巡回医防队》，《新中国红十字》1953 年 11 月号，第 24 页。

③ 孙英杰：《为农业互助合作服务的卫生工作》，《新中国红十字》1954 年 7、8 月号，第 18 页。

④ 参见《进一步开展爱国卫生运动》，《人民日报》（社论）1952 年 7 月 5 日。

一、卫生运动之发轫

1952年1月下旬，抗美援朝期间美国不顾国际禁令向我国东北及青岛等地34个县市投掷苍蝇、蚊虫、蜘蛛、老鼠、青蛙等带有病毒和细菌的昆虫及媒介物，发动了残暴的细菌战争①。为反对细菌战，3月14日，政务院128次会议决定成立中央防疫委员会，周恩来任主任委员，领导开展全国性爱国卫生运动②。自1953年起，各级领导爱国卫生运动机构统称为爱国卫生运动委员会（简称爱卫会），中央级称中央爱国卫生运动委员会，中央以下各级冠以各行政区域或单位名称，其职责为领导反细菌战工作和群众性卫生运动。各级爱国卫生运动委员会一般是由各级人民政府负责首长任主任委员，所属各有关部门负责人和当地工、青、妇团体负责人担任委员组成。中央及大区爱国卫生运动委员会办公室内设计划检查、研究和行政三部分，工作人员除一部分由卫生机关现职人员兼任外，可设若干名专职人员。以下各级办公室不设研究组，工作人员均由卫生机关现职人员兼任。此后，各地各级爱国卫生运动委员会相继成立，成为经常性的卫生运动领导机构。

值得一提的是，一般医疗预防卫生防疫工作仍由各级卫生部门负责。可见，爱卫会是群众性组织，与卫生部门及机构在职能、性质和工作范围上有一定区别。因此，爱国卫生运动与一般卫生医防工作在内容以及开展模式上也不尽相同。

1952年是全国开展大规模爱国卫生运动的第一年。3月19日，中央防疫委员会向各大行政区及各省、市、自治区人民政府发布了反细菌战的指示，要求各地根据不同情况，发动群众订立防疫公约，并做到：

1. 遇有敌机投撒昆虫异物，应立即报告所在地防疫机关，并应立即进行杀灭；
2. 实行强制性的预防注射；
3. 灭蝇、灭蚊、灭蚤、灭虱、灭鼠以及捕灭其他媒介物，并用火来灭；
4. 保护水源，加强自来水管理；
5. 保持室内外及厕所清洁；
6. 小贩及食品店出售的食品必须加玻璃罩；
7. 宣传不食生冷食品；

① 《当代中国》丛书编辑委员会编：《当代中国的卫生事业》（上），中国社会科学出版社1986年版，第55页。

② 《关于1953年继续开展爱国卫生运动的指示》，《新中国红十字》1953年1月号，第7页。

8. 遇有传染病人要严加隔离；

9. 死于传染病的尸体就在当地深埋，不准他运，必要者应做病理解剖；

10. 传染病患者的排泄物及死者遗物应严格消毒或销毁；

11. 严防坏人在地面上放昆虫、放毒药；

12. 普及卫生防疫知识。

由此，以粉碎美国细菌战，消灭苍蝇、老鼠等媒虫兽，改善城乡环境为主要内容的爱国卫生运动在全国轰轰烈烈地开展起来[①]。

爱国卫生运动于6月进入高潮。人民群众在运动中提出“八净”（即孩子、身体、室内、院子、街道、厨房、厕所、牲畜圈都要干净）、“五灭”（即灭蝇、蚊、虱、蚤、臭虫）、“一捕”（捕鼠）的要求和“打死一个苍蝇就是消灭一个美国鬼子”的口号[②]，男女老幼，上下一致，取得辉煌成绩。据统计，至1952年底，全国共清运垃圾7465万余吨；疏浚的臭水沟渠全长28.3万多公里；填平污水坑总计4056万多立方米；改善和新修的厕所492万多个。此外，全国共灭蝇1386亿多只、灭蛆49亿多只、灭蚊295亿多只、打捞孑孓1131万多斤、灭蚤7.9亿多只、灭虱26.4亿多只、捕鼠约12780万只，大大减弱了它们传播疾病的力量[③]。事实上，开展爱国卫生运动不仅给美国侵略者以有力回击，而且大大改善了城乡卫生面貌，同时使得人民群众受到了深刻的清洁卫生教育。

1952年12月，第二届全国卫生会议总结了全年爱国卫生运动工作，并决定1953年继续开展爱国卫生运动，要求“使之达到普遍深入和经常化”[④]。毛泽东为此次会议的题词——“动员起来，讲究卫生，减少疾病，提高健康水平，粉碎敌人的细菌战争”——成为继续开展爱国卫生运动的最高指示。会议确定了周恩来到会发表关于卫生工作与群众运动相结合的重要讲话中的“卫生工作与群众运动相结合”，为我国卫生工作的第四项原则。

实际上，1953年继续开展爱国卫生运动主要来自以下三个方面的原因：一是美国继续进行侵略朝鲜的战争，还继续在朝鲜和我国进行细菌战；二是我国卫生状况虽然已有好转，但是距离应有的要求还很远；三是我国卫生基础还很薄弱，而卫生部门本身的力量还十分有限，经过群众性的爱国卫生运

---

① 刘国新等主编：《中华人民共和国史长编》（第一卷），天津人民出版社2010年版，第142页。

② 李德全：《三年来中国人民的卫生事业》，《人民日报》1952年9月27日。

③ 陈致明：《起了移风易俗作用的爱国卫生运动》，《人民日报》1952年12月5日。

④ 贺诚：《为继续开展爱国卫生运动而斗争——在第二届全国卫生会议上的报告（摘要）》，《新中国红十字》1953年1月号，第9页。

动来健全卫生工作的基础，还是一个长时期的任务。

1952 年 12 月 31 日，政务院发布《关于 1953 年继续开展爱国卫生运动的指示》，明确规定 1953 年爱国卫生运动一般任务仍以反对美国细菌战、清除蚊蝇滋生繁殖地带、捕灭病媒动物和普及卫生知识为主①。1953 年 1 月 30 日，中央爱卫会发布《关于进行春季爱国卫生突击运动的指示》，指出春季爱国卫生突击运动的主要任务是，发动群众对病媒昆虫滋生繁殖场所进行及早清除②。爱国卫生运动有突击性活动和经常性活动两种形式。两者互相配合，没有突击性活动，不容易普遍地发动群众；没有经常性活动，就不能巩固已取得的成果，并继续将运动深入推进。突击性活动是经常性活动的开始，经常性活动是突击性活动的继续。这年春季，全国进行了一次短期的以挖蛹、大扫除和清除垃圾等为主要内容的爱国卫生突击运动，目的在于及早消灭病媒昆虫，为全年的爱国卫生运动打下基础。

推进爱国卫生运动有其重要性和政治意义。《人民日报》在较短时间内就爱国卫生运动的开展接连两次发表社论。1953 年 1 月 8 日，《人民日报》在社论《卫生工作必须与群众运动相结合》中指出，经过 1952 年的爱国卫生运动，在推行卫生工作方面取得很多经验，而最根本的经验是“卫生工作与群众运动相结合”；2 月 26 日，《人民日报》发表社论《为彻底粉碎美国的细菌战而斗争》，在论证美国在朝中进行大规模的细菌战罪行之后，社论号召全国人民继续大力开展爱国卫生运动，粉碎敌人的细菌战争。

1953 年 12 月召开的第三届全国卫生会议指出，卫生部门必须从过渡时期总路线和国家建设的总任务出发，“今后卫生工作，应首先加强工业卫生工作和城市卫生工作，并继续开展爱国卫生运动，防治对人民危害最大的疾病，有步骤地结合互助合作运动开展农村卫生工作，为增进人民健康，加强国家的经济建设和国防建设而奋斗。”这表明爱国卫生运动已经由战时性任务和临时性任务转变为常规性工作，进而成为我国人民卫生事业的重要组成部分，其重点开始由“消除病媒，粉碎敌人细菌战”向“除害灭病，保障经济建设”转变。

综观 20 世纪 50 年代爱国卫生运动，从消除病媒到除害灭病，其工作重心因形势变化和现实的需要发生过位移，大致是：1952 年，“消除病媒，粉碎敌人细菌战”的爱国卫生运动发轫；1954 年，运动开始转向“除害灭病，保障经济建设”；自 1956 年起，“除四害讲卫生”又是“除害灭病，保障经济建

① 《关于 1953 年继续开展爱国卫生运动的指示》，《新中国红十字》1953 年 1 月号，第 7 页。

② 《关于进行春季爱国卫生突击运动的指示》，《新中国红十字》1953 年 2 月号，第 4 页。

设”的重中之重，甚至成为爱国卫生运动的代名词[①]。

二、红十字会的卫生动员

新中国成立初期爱国卫生运动的开展，一般是由政务院领导部署，中央爱卫会具体组织实施的，中国红十字会响应政府的通知精神，协助并参与其中。例如1952年8月，红十字会总会向各地分会发出通知，号召积极参加爱国卫生运动。从此，各地分会把开展爱国卫生运动作为主要任务之一[②]。1953年初，红十字会总会为响应政务院及中央爱卫会的指示，对春季卫生运动做出如下具体指导和要求：其一，各地分会所有工作人员要用一定的时间，认真学习有关开展爱国卫生运动的文件；其二，在没有参加当地卫生委员会的分会，应尽速洽商争取参加；其三，注意春季卫生运动必须与生产相结合；其四，春季卫生工作主要是彻底清除病媒动物的滋生地带及解决经常运动中不易解决的问题；其五，工作中应特别注意结合当地地方病及流行病的预防[③]。

1954年，在过渡时期总路线的指引下，为推进第一个五年计划，中国红十字会继续带头参加并推动爱国卫生运动开展，使之深入工矿、农村、城市和乡镇，紧密地与当地生产任务和中心工作结合起来。红十字会参与爱国卫生运动的主要任务是防止急性传染病的流行；在工厂、矿场和建筑工地推行急救训练，减少工伤事故和工矿中的多发病；改善农村环境，减少危害农民健康最大的疟疾、血吸虫病、钩虫病和黑热病等慢性寄生虫病[④]，以保障劳动人民身体健康，在国家经济建设中发挥出更大作用。这一年，零陵、麻城、高密、梧州、芜湖、武汉、安庆、常州、天津等9个分会和泗阳县诊所在工厂、城镇开展春季爱国卫生运动[⑤]。值得一提的是，自1954年起，爱国卫生运动开始逐步走向常态化。

在卫生运动开展的过程中，各地红十字会分会是参加当地爱卫会并受其指导的，同时注意与工农业生产相结合，与当地中心任务或地方病及流行病

---

① 徐国普：《新中国成立初期中国红十字会研究（1949—1956）》，人民出版社2013年版，第125页。

② 中国红十字年鉴编辑部主编：《中国红十字会通志，1904—2015》，中华工商联合出版社2016年版，第274页。

③《总会关于1953年春季开展爱国卫生运动的指示》，《新中国红十字》1953年2月号，第4—5页。

④ 金宝善：《继续开展爱国卫生运动　提高劳动人民的健康》，《新中国红十字》1954年1月号，第9—10页。

⑤《各分会积极在工厂、城镇展开春季爱国卫生运动》，《新中国红十字》1954年5、6月号，第14页。

的预防相结合，这实际上是红十字会参与爱国卫生运动的组织方式和基本原则。从实践来看，各地分会是在当地卫生部门和爱卫会共同领导下，有组织地参与爱国卫生运动，必要时分会急救站、保健所、诊所与居民委员会、基层卫生组织联合起来推进。

在爱国卫生运动期间，为推进运动的开展，红十字会采用多样化的方式进行卫生宣传教育，使得群众对于爱国卫生运动的认识、态度和成效预期较以前有很大的转变。红十字会进行卫生动员的方式主要有以下几种。

第一，召开或利用会议动员。

在爱国卫生运动的初始阶段，分会往往采用会议形式进行宣传动员。1952 年 5 月，万县市分会和所属医院参与全市爱国卫生运动，在第一阶段，医院抽调医师 1 人、护士 7 人，每天下午到负责地段利用大会、小会及个别谈话进行宣传，初步启发群众认识美国进行细菌战的罪行及宣传卫生防疫常识。此外，市分会助产学校学生 40 人与专区卫生学校学生共同组成 3 个大队，分别到万县、万县市和忠县进行爱国卫生运动。他们也采用会议形式如村干部大会、村防疫委员会、段卫生员大会等，说明卫生运动的重要性及意义，然后再由村组长或卫生员召集居民分组讨论，进而发动群众①。召开小型卫生座谈会是 1953 年福州市分会和第一医防大队第一队在该市大根区推行卫生工作的重要方法。自 3 月 17 日起，他们先后在 24 个居民小组召开 29 次小型卫生座谈会，计有 937 人参加。小型座谈会的优势在于：宣传能够普遍深入；及时准确地了解群众普遍关心的、亟待解决的卫生问题；发扬民主，集思广益，寻求解决问题的办法；发掘群众的积极性和潜在力量，为全面突击运动和使运动经常化创造条件②。

第二，举办卫生图片展览会。

为巩固爱国卫生运动所取得的成果，使科学的理论与实践结合起来，各地分会往往自主或协助举办卫生图片展览会，内容涉及卫生常识和时事政策两个部分，现场一般都配有讲解员。据统计，1953 年春季，开封、泸州、芜湖、柳州、零陵、即墨、梧州、遂宁、孝感、乐山、青岛、江阴等 12 个分会配合爱国卫生运动举办展览会，观众达 30 余万人。其中开封市分会的展览会是与市爱国卫生运动展览大会联合举办的，共展览 20 天，观众达 11.6 万多人，约占全市人口的二分之一。泸州市分会主办的妇幼卫生展览会，观众达

① 《万县、寿县两分会在爱国卫生运动中》，《新中国红十字》1953 年 2 月号，第 11—12 页。

② 范厚裕：《小型卫生座谈会是推行爱国卫生运动的一个好办法》，《新中国红十字》1953 年 4 月号，第 8—9 页。

3.2 万余人，创新近三年来各种展览会观众的新纪录。其他大多数分会的展览会都是配合当地爱卫会、卫生科、卫生院、妇联、文化馆、卫协会、中苏友好协会等有关单位、社团共同举办的，内容包括爱国卫生运动、环境卫生、个人卫生、传染病、妇幼卫生和新旧婚姻法的连环画、苏联妇女和儿童生活图片以及中国红十字会两年来工作活动照片等①。

青浦县是血吸虫病流行较为严重的地区，青壮年中感染血吸虫病的比例很高。1950 年，应征青年粪检阳性率达 97%，流行最重的任屯村，居民粪检阳性率达 97.4%，几乎家家户户都有晚期病人②。1954 年春季，青浦县分会保健所、卫生院、防治站等组成卫生宣教组，举办以血吸虫病防治为中心，配合预防季节性传染病、妇幼卫生等内容的爱国卫生展览会。在筹备期间，宣教组派人重点深入农村搜集真实事例，并绘成图书，制成了模型。3 月 4 日至 18 日，展览会先后在全县 7 个区的 13 个乡镇上展出③。

在教育落后和文化生活贫乏的年代里，尤其是在广大乡村，爱国卫生展览会成为当时人们向往的一道文化大餐。展览会每在一地展出，小小的村庄、集镇就顿时活跃起来。妇女们都打扮得整整洁洁，结伴而来观看展览；矿山工人、工人家属、学校学生也都利用工余、课余时间整队前来参观；有的人自己观看了两三遍，还动员别人来观看，并且主动向他们讲解；闻讯从三四里地之外赶来观看展览会的也很多。展览使得广大群众更加深刻地认识到党和人民政府多方面地对人民健康的关怀，同时增加了群众的卫生常识，进而转变了封建残余思想和迷信观念。

第三，开展文娱活动。

新中国成立之初，交通运输不畅，恶性通货膨胀严重，因此有组织地开展城乡物资交流会，促使物资货畅其流，进一步加强城乡之间的经济联系十分必要。1951 年 3 月，全国贸易行政工作会议确定开展公商、私商及合作社共同参加的城乡交流是当年贸易行政工作的首要任务，也是工商行政工作的中心任务。这年，全国各大行政区和各省、市举行各种城乡物资交流展览会 30 余次。不过，初级市场的交流是推动全省以至全区物资畅流的基础，全国各地高、中、初级等一系列城乡物资交流大会自 1952 年 4 月全国土产交流会议后才真正地普遍开展起来。据不完全统计，1952 年各类城乡物资交流会共

---

① 《怎样开好展览会》，《新中国红十字》1953 年 5、6 月号，第 6 页。

② 参见刘定汉主编：《当代江苏简史》，当代中国出版社 1999 年版，第 231 页。

③ 《青浦县的爱国卫生展览会》，《新中国红十字》1954 年 7、8 月号，第 27 页。

有7789处次，有效地促进市场交易的繁荣①。1951年5月至1952年夏秋间，江苏各市、各专区、各县以及一些集镇，纷纷举办物资交流大会或物产展览会。同时，各地还普遍举办初级市场物资交流会②。

1952年11月，江阴县分会青阳医院及保健站利用青阳区城乡物资交流大会的机会，除布置卫生展览会开展宣传外，还于11月17日至19日三天，日夜演出与消灭血吸虫和新法接生内容有关的两个歌剧，观众达2.5万余人。据不完全统计，1952年，江阴县分会在长泾、青阳两区演出有关群众卫生的节目有10次之多，观众约6万人，受到群众的欢迎。通过宣传教育，农民认识到卫生、健康、生产三者是分不开的，进而有力地推动了环境卫生工作。里巷居民乐于接受卫生的措施，如预防接种和注射，并经常保持室内外清洁，自觉自愿地在粪坑上加盖，河里不倒马桶，集体送检大便以及时备查血吸虫；妇女对于新法接生的认识和信心较以前有很大提高，在妇幼保健站生产和进行产前检查的妇女人数逐月增加。事实说明，运用文娱方式的宣传教育极大地推动了爱国卫生运动的深入开展③。

第四，利用广播、电台、幻灯等媒体。

无锡市分会尤其是分会劳工保健所，利用广播、电台、幻灯等媒体开展卫生宣传教育，取得了宝贵经验。

1951年，无锡市分会与苏南暨无锡市人民广播电台④接洽，定期广播，每星期一、三、五共广播3次，每次30分钟，主要是配合当时社会运动，并和市医务工作者共同进行。比如春季，为响应李德全会长对美国发动细菌战提出的抗议声明，市分会即请当地医师播送“什么叫细菌战”“昆虫的种类”“细菌与战争”“跳蚤与鼠疫”等内容。7月，正值无锡市开展爱国卫生运动，该分会协同医师协会进行日常清洁卫生的宣传。秋季，分会在广播电台的妇女节目中进行卫生宣传，每月2至4次，主题为月经期的摄生法、怎样带孩子、怎样预防乳房脓肿等；还运用扩音器在工厂里讲解妇婴卫生及有关卫生常识，如白喉病的预防等，每个工厂每周定期宣传一次。泰纶丝场、企新丝

---

① 参见《当代中国商业》编辑部编：《中华人民共和国商业大事记（1949—1957）》，中国商业出版社1989年版，第67、102、124页。

② 参见刘定汉主编：《当代江苏简史》，当代中国出版社1999年版，第89页。

③ 张翰胄：《江阴县分会青阳医院及保健站展开卫生宣传》，《新中国红十字》1953年1月号，第38页。

④ 自1949年4月30日起，南京、苏南、苏北等5座人民广播电台相继建立和播音。为适应全省统一的需要，1952年11月1日，原苏南、苏北、南京、徐州人民广播电台合并建立江苏人民广播电台，并开始向全省播音。参见刘定汉主编：《当代江苏简史》，当代中国出版社1999年版，第81、93页。

厂和新毅布厂分别在每周三上午 9 时、周一下午 3 时、周日早晨和夜校进行宣传[①]。在 1952 年“中苏友好月”的活动中，分会的胡立人在广播电台播送了《从北京苏联红十字医院看苏联对中国医药上的无私援助》。

无锡市分会劳工保健所开展卫生宣传教育工作，形成自己的一套做法。为了提高群众卫生常识并扩大红十字会的影响，劳工保健所与苏南暨无锡市人民广播电台接洽每月定期广播两次，又与无锡市晓报社联系，在《妇女周刊》上介绍妇幼卫生常识。在爱国卫生运动中，劳工保健所与市熙春街居民委员会取得密切联系，保健所工作人员帮助他们出黑板报，利用黑板报副刊介绍日常卫生常识，该居民委员会聘请保健所医师担任文教委员兼黑板报委员会编辑，群众反映很好。

幻灯片是通过通俗化的语言和引用生动的例子来教育群众的，更能激发他们，特别是儿童的兴趣。无锡市分会通过儿童再进行宣传，成为宣传教育工作的有效方法[②]。1952 年六一儿童节，劳工保健所在无锡市东门棚户地区放映幻灯时，还同时顺利地进行了儿童检查。尤其是熙春街居民委员会每次活动时，都把劳工保健所的幻灯放映作为一个精彩节目。劳工保健所还通过报社的联络，向附近郊区各读报组开放幻灯片。无锡市堰桥读报小组曾来信保健所致谢：“你们不辞劳苦地开展幻灯宣传，提高了我们的卫生水平。”劳工保健所与晓报社联合组织放映队，后来因为人力与业务所限，没有经常深入进行。而幻灯在布厂放映的次数比较多，在卫生座谈会上常常把它作为余兴节目插进去。庆利厂有些工人不愿意吃用漂白粉消毒过的水，劳工保健员在开映《饮水卫生》片前，就特地指出消毒水的好处，然后利用幻灯片上的内容结合厂内实际情况进行教育，效果很好。

第五，进行候诊教育。

1952 年，芜湖市分会在门诊部备有卫生宣传小册子和《新中国红十字》月刊等，供给候诊病人阅览，一方面宣传卫生常识，另一方面增加了群众对红十字会性质和方针的了解[③]。

1953 年，无锡市分会劳工保健所的下厂医师几乎每天做候诊教育，只是每次对象都不多。候诊教育是为解决现实问题而进行的一种针对性很强的教育，有时候诊病人对与他有关的内容听得入神，无关的就漫不经心。为激发候诊病人的兴趣和集中其注意力，医师在医药室内悬挂卫生挂图，让他们先

---

① 《无锡市分会进行卫生宣教和工厂卫生工作》，《新中国红十字》1952 年 1 月号，第 46 页。

② 《无锡市分会及其劳工保健所的卫生宣传教育》，《新中国红十字》1953 年 2 月号，第 15—17 页。

③ 《芜湖市分会积极进行爱国卫生工作》，《新中国红十字》1952 年 7 月号，第 13 页。

提出问题来，再围绕问题进行宣教，这种方法在庆利布厂获得成效。比如，候诊病人在看到挂图上一个面黄肌瘦的人的“大肚皮”（日本血吸虫病病症）时，就感动恐惧，后又看到“大肚皮”下面的一只螺丝和几只小虫（幼虫），他们就会想到螺丝和虫都是害人的东西，经说明传染的途径后，就可以达到预防教育的目的。有时工人担忧地问：“得了这种病怎么办?”医师就回答：“这个病还有药可治，不过治疗比较困难，时间长，最好还是平时多加注意防止被传染。”这样就使他们懂得预防为主的重要性。青年工人柳锡旅患钩虫病，过去检验大便怕麻烦，吃药怕苦，经过形象化的（挂图）教育后，他主动要求服药，经常检查大便了①。候诊教育发挥了作用。

三、参与运动的方式

红十字会各地分会在参与爱国卫生运动过程中，因组织安排或工作需要，呈现出不同的参与方式，主要有以下几种类型。

第一，任务包干式。

任务包干式是指各地分会以任务包干的方式独立承担爱国卫生运动中某些工作。1952 年，芜湖市分会承担市里 4 个街道的清洁防疫工作，具体包括卫生宣传、防疫注射、饮水消毒及捕鼠等。市分会动员分会和分会医院的全部人力每天晚上分班进行防疫注射，两周内注射鼠疫疫苗 4886 人、霍乱疫苗 2948 人、接种牛痘 84 人②。同年 5 月起，在开展的爱国卫生运动中，万县市分会依据区域负责制，担任市公安第四分所地区 10 个户籍段内卫生运动的推进工作。第一阶段是利用会议开展宣传（如前文所提），第二阶段是配合“五净三无、一捞一捕、饮水消毒”等工作，开展口头宣传和放映幻灯片，并演出改编的京剧《消灭五毒》③。同年 9 月，赣州市在开展第二阶段爱国卫生运动时，市分会担任第一区 5 个街的宣传任务。分会及分会医院工作人员每天抽调 30 人出动宣传，每个居民组或读报组分派 1 人进行宣传，宣传内容主要是解释“五净”“五灭”“一捕”和饮水消毒等卫生常识，并讲解爱国卫生运动的政治意义及其结合生产建设的现实意义。与此同时，该分会注意吸收群众意见和要求，创新宣传工作方法，以实现 70% 以上的群众接受教育的目

---

① 《无锡市分会及其劳工保健所的卫生宣传教育》，《新中国红十字》1953 年 2 月号，第 15—17 页。

② 《芜湖市分会积极进行爱国卫生工作》，《新中国红十字》1952 年 7 月号，第 13 页。

③ 《万县、寿县两分会在爱国卫生运动中》，《新中国红十字》1953 年 2 月号，第 11 页。

标[①]。1953年二三月间，梧州市分会包干乾城北镇卫生工作，涉及卫生宣传、挖蛹、清扫垃圾、疏通和修理沟渠、改良厕所、修理猪栏、建造沙井等[②]。

第二，区域参与式。

与上述任务包干式不同，区域参与式是指分会在某地区配合或参与卫生运动，其工作内容往往是全方位的，比任务包干式中的要多。1952年4月，西安市开展“卫生月”活动，市分会医院保健科参与市一区的爱国卫生运动，其参与的全面性体现在以下几个方面：

一是进行发动与宣传。医院保健科领导分会所举办的第一、二期卫生讲习班结业学员及开业的中西医，向群众进行广泛的“三防”“三净”宣传，随时讲解环境卫生的重要意义。6月12日，在分会及所属医院、护士学校在会内组成的卫生检查委员会的主持下，召开由全体职工、学生及卫生讲习班学员共同参加的动员大会，激发大家工作热情。

二是组织学习与防疫注射。为进一步向群众作宣传教育，促进卫生运动的制度化和经常化，医院保健科举办为期14天的防疫卫生培训班，学习防疫常识及卫生运动的具体要求等文件，街巷卫生委员、卫生组长等466人参加学习。6月16日至23日，分会医院带领市一区中西医务工作者组成38个小组，分头给群众进行防疫注射达4万余次。

三是培养卫生模范，发挥带头作用。医院保健科配合市卫生委员分会，重点培养南城根观音寺巷、小庙巷、县门北街、菊花园等地成为卫生模范街巷；陕西省人民法院、省民革筹备委员会、西北人民监察委员会成为卫生模范机关；吕记食堂成为卫生模范食品店；天生园作坊、西北民族委员会印刷厂成为卫生模范工厂。由市卫生委员分会配合医院保健科及各卫生检查小组，培养了兴隆巷、开通巷、复兴里、东四道巷、府学巷成为卫生模范巷。在卫生典型模范的鼓舞和影响下，涌现出小庙巷5号、复兴里12号等352户卫生模范家庭。培养模范不仅巩固了卫生工作成果，而且促进了群众的身体健康，是推进卫生运动的重要抓手。

四是开展工作检查和先进评比。在卫生运动热烈开展之时，医院保健科配合市一区卫生委员会，整顿基层卫生组织，并以卫生讲习班学员为骨干，组成46个中、小卫生检查组，以座谈会的方式，开展卫生检查，研究群众意见，纠正缺点，以改进工作。其中对机关、团体、学校、工厂、酿造厂、饮

---

① 陈承宣：《赣州市分会参加该市第二阶段爱国卫生运动》，《新中国红十字》1952年11月号，第30页。

② 黄耀森、廖寿桂：《不断宣传动员是搞好爱国卫生运动的关键》，《新中国红十字》1953年4月号，第9—10页。

食店、居民等进行卫生普查两次，检查小组配合市一区卫生支会开展卫生普查6次，在居民代表区检查24次，小型检查1159次。在检查工作的基础上，为深入推进卫生运动，分会医院配合市卫生局区分会、公安局支会及市妇联组成评模委员会，评选出若干分别向中央、西北区和西安市三级提名的模范①。

第三，机动参与式。

机动参与式是指分会应工作需要机动地参与多个地区的卫生运动。1952年爱国卫生运动期间，广州市分会机动地参与了河南区和西区的卫生工作。分会医院协助河南区防疫分会举办防疫训练班，训练出229个卫生员，并开展各种疫苗注射和接种工作。分会医院还举办河南区各厂店基层卫生人员训练班，共训练402人。分会卫生救护队全队54人和护士学校师生76人均参加了河南区各个阶段的卫生工作。此外，在爱国卫生运动的第三阶段，分会因需要抽调部分队员参加西区卫生工作，在发动群众、健全基层组织、订立和贯彻各种制度等方面发挥出作用②。

第四，医防队参与式。

医防队参与爱国卫生运动有三种情形。第一种是专门组织医防队参与，如前文所提，此处不赘。第二种是已组织的医防队临时参与其中。1952年，西安市分会乡区巡回医防队在市九区一乡完成医防任务后，赴蓝田县焦岱镇开展爱国卫生工作。为使当地卫生工作在发展过程中，逐步实现经常化和制度化，医防队在调查农村卫生状况之后，采取了由点到面、由镇到村的工作步骤和先开展宣传，再实践活动，最后建立制度和巩固组织的工作方法③。第三种是医防队和当地红十字会分会共同参与卫生运动。1952年，在麻城工作的第一医防服务队第九队与县分会共同配合了当地爱国卫生运动，主要承担宣传工作。如红十字急救员和会员组织了宣传队到街上展开口头宣传、快板宣传等，并在墙壁上刷上巨幅宣传标语④。此外，1953年，福州市分会和第一医防大队第一队、临颍县分会和第一医防大队第八队、芜湖市分会和第一医防大队第六队分别参加了当地卫生工作。

---

① 艾庄：《西安市分会在爱国卫生运动中发挥了助手作用》，《新中国红十字》1953年2月号，第8—9页。

② 丁宝蕙：《广州市分会的爱国卫生工作》，《新中国红十字》1953年2月号，第11页。

③ 周克任等：《西安市分会乡区巡回卫生医防队的乡村爱国卫生工作》，《新中国红十字》1953年2月号，第12页。

④ 薛炳坤：《麻城县分会吸取经验》，《新中国红十字》1953年2月号，第10页。

四、成效和历史经验

（一）参与运动的成效

中国红十字会参与爱国卫生运动成效显著，主要表现在以下三个方面：

第一，宣传教育取得效果。

1952 年，万县市分会进行爱国卫生宣传教育后，80% 的小食店贩、水果摊设纱罩，不用生水，水果不削皮，理发店能够使用口罩。80% 的居民到消毒站领回并使用漂白粉溶液进行饮水消毒，基本消除吃冷饭、喝生水的现象。居民做到每天打扫一次环境卫生和家庭卫生①。同年，西安市分会乡区巡回医防队在蓝田县焦岱镇开展宣传活动，受到欢迎。老乡们扶老携幼，打着灯笼，越过崇山峻岭，赶着观看放映幻灯，仅 10 月 15 日和 16 日两夜就有 1600 多名观众。观看幻灯片《鸭绿江上血泪仇》和《美帝侵华史》后，老乡们纷纷表示响应政府号召，做好卫生工作，粉碎美国侵略者细菌战的阴谋，知道了开展爱国卫生运动也是抗美援朝的道理②。1953 年，福州市分会和第一医防大队第一队在该市大根区召开小型卫生座谈会后，居民立即行动起来，在 3 月 15 日至 18 日的 4 天内，就灭鼠 221 只，而上半月捕鼠总数仅 294 只，三分之二的居民将过去的卫生死角青都观巷打扫得干干净净③。这年春季，北京市分会组织的挖蛹宣传队仅用两天的宣传，挖蛹运动便开展起来，西四区帅府胡同形成 7 个挖蛹队，一天挖蛹就达两三万只，基本消灭空白点，而此前一周才挖蛹一万多只④。

第二，卫生工作取得实效。

1952 年，天津市分会第二保健所成立后，即参加爱国卫生运动。在短短 3 个月内完成脑炎注射 19409 人、四联注射 35091 人，两者均占市八区评比第一位，而且在注射工作中节省的棉花球占原计划的四分之三，在全市评模会上受到表扬，并评为二区（原八区）一等模范，授以红旗表彰⑤。1954 年春季，泗洪县分会在县城青阳镇第一次人民代表大会上进行搞好卫生工作的专

---

① 《万县、寿县两分会在爱国卫生运动中》，《新中国红十字》1953 年 2 月号，第 11 页。

② 周克任等：《西安市分会乡区巡回卫生医防队的乡村爱国卫生工作》，《新中国红十字》1953 年 2 月号，第 12 页。

③ 范厚裕：《小型卫生座谈会是推行爱国卫生运动的一个好办法》，《新中国红十字》1953 年 4 月号，第 8—9 页。

④ 若谷：《北京市西四区帅府胡同分支会组织挖蛹宣传队掀起了挖蛹热潮》，《新中国红十字》1953 年 4 月号，第 10—11 页。

⑤ 《天津市分会第二保健所的爱国卫生工作》，《新中国红十字》1952 年 12 月号，第 16 页。

题讨论。代表大会结束后的10天内，全镇12个代表区的群众在县直属机关的带领下行动起来，将屋内外打扫得干干净净；为春耕生产积肥1.5万多担，并及时地送往地里；街道上添置了垃圾箱，环境卫生大为改观①。

值得一提的是，北京市和福州市分会结合卫生运动发展会员，红十字会员经训练后在爱国卫生运动中充分发挥作用。1952年8月，福州市5个区初评的卫生模范中，会员占29人，市级的140个卫生模范中会员占14人，占全市模范总数的12.3%强②。这一年，爱国卫生运动中涌现出一批杰出的会员代表。如北京市第五分支会会员谢振福是全市捕鼠模范，超额完成捕鼠计划外，并带头组织捕鼠队，有力地推动了全市捕鼠运动。福州市分会会员王番番为疏通一条淤塞已14年之久的臭水沟，自己先跳进沟里，带动群众一天内清除污泥、污水400余担，搬出一块500多斤重的大石头，从而疏通了水沟③。此外，1953年，柳州市和新会县分会的急救员多人当选爱国卫生运动模范④。

第三，增进对红十字会的了解，便于此后工作开展。

1952年，天津市分会第二保健所出色完成爱国卫生工作后，群众对红十字会及保健所有了正确认识，保健所的业务有了新的开展，群众主动要求讲授卫生常识，附近的小学还邀请保健所大夫担任卫生顾问。尤其是在暑假期间，保健所应邀帮助市立第五小学组成卫生队，分成30个小组，每组12人，每周一、五授课。学生来信反映，他们懂得了许多卫生知识，知道了如何注意身体健康，希望将来做红十字少年会员⑤。同年，西安市分会乡区巡回医防队在蓝田县焦岱镇开展卫生宣传后，老乡们对新中国红十字会的性质和任务有了正确认识，并表示“人民时代的红十字会变了样，不但给我们放映幻灯，还给我们讲说卫生常识，我们一定要争取当一个红十字会员”⑥。

不过从总体来看，有些分会在爱国卫生运动开展过程中还存在一些不足。如1952年，江阴县分会与所属长泾区、青阳区业务单位，在爱国卫生运动中协助当地卫生委员会进行防疫接种、训练及清洁扫除等工作，但是爱国卫生

---

① 《各分会积极在工厂、城镇展开春季爱国卫生运动》，《新中国红十字》1954年5、6月号，第14—15页。

② 乔风：《福州市红十字会员在爱国卫生运动中》，《新中国红十字》1953年1月号，第40页。

③ 《贯彻“卫生工作与群众运动相结合”对红十字事业发展的重要意义》，《新中国红十字》1953年2月号，第3页。

④ 《柳州、新会的急救员当选爱国卫生运动模范》，《新中国红十字》1953年8月号，第29页。

⑤ 《天津市分会第二保健所的爱国卫生工作》，《新中国红十字》1952年12月号，第16页。

⑥ 周克任等：《西安市分会乡区巡回卫生医防队的乡村爱国卫生工作》，《新中国红十字》1953年2月号，第12页。

运动只限于市镇，没有深入农村，宣传也做得不够全面[①]。1953 年春季，有些分会未能在当地爱卫会统一领导与布置下进行工作，只是孤立地局限在自己机关和隶属的医疗单位的小圈子里进行清洁卫生运动[②]。有些分会在推动或领导群众性运动时，没有从群众切身利益出发，不是从群众现有的水平出发，而是从主观愿望出发，从形式出发。有些人员在不同时间、不同地区、不同对象面前提出相同的任务和要求，只追求和满足表面的成绩和数字[③]。上述不足之处，经总结、指出和批评后在工作中不断得到了改进和完善。

（二）历史经验

由上可知，新中国成立之初，中国红十字会及医防队在当地爱卫会统一领导和部署下，参与爱国卫生运动，并取得一定成效，其主要经验在于：从实际出发，结合群众的切身利益；领导重视，积极分子带头；树立典型（由点到面），宣传工作与群众运动相结合；卫生工作与生产任务（或当时主要任务）相结合。这些也是爱国卫生工作常态化和制度化的重要保证。

第一，领导重视是开展卫生运动的关键。

1953 年春季，赣州市长亲自领导卫生运动，并及时召开挖蛹会议，对挖蛹工作做具体研究和布置。依靠群众在每街（乡）组织一个挖蛹队，在全市 2105 个公私厕所内进行一次彻底的挖蛹，仅在 2 月份短短的 8 天之内就挖出蝇蛹 1700 多斤，超出计划数近两倍。与此相反，因重视不够，零陵县分会在城西居民委员会开展卫生突击工作时，一开始的两周并没有发动起来。后来在县卫生科指示下，又重新启动工作，因而走了弯路。

第二，骨干和积极分子带头，对推进卫生运动起着重要作用。

1953 年春季，一些已有会员、急救员、接生员的分会，在突击运动中往往发动他们起带头作用，使卫生运动真正成为群众性运动。这实际上是贯彻红十字会总会提出的工作方向“发扬革命人道主义，组织与训练会员，带动群众，做好以预防为主的卫生普及工作与救护工作”的具体体现。如北京市分会西四区帅府胡同分支会将会员组织成挖蛹宣传队，到居民家中宣传挖蛹的意义和方法[④]；福州市分会和第一医防大队第一队在福州市大根区开展卫生典型实验工作，他们召开了会员动员大会和座谈会，以居民小组为单位组织了红十字卫生突击队，边宣传，边帮助并带动群众搞卫生；芜湖市分会和第

① 《江阴县分会的经验教训》，《新中国红十字》1953 年 2 月号，第 12 页。

② 《在春季爱国卫生突击运动的基础上继续前进》，《新中国红十字》1953 年 4 月号，第 4 页。

③ 《密切结合群众利益是开展卫生运动的关键》，《新中国红十字》1953 年 5、6 月号，第 4 页。

④ 若谷：《北京市西四区帅府胡同分支会组织挖蛹宣传队掀起了挖蛹热潮》，《新中国红十字》1953 年 4 月号，第 10—11 页。

一医防大队第六队在河南重点区开展卫生工作时，经宣传动员后立即成立卫生基层组织，将大批积极分子和卫生模范组织起来，掀起挑战和应战热潮，此前从未发动过的机关和地段也被带动起来①。此外，柳州、开封、武汉、内江、江阴、梧州、麻城、杭州等地分会都发动了经分会训练的急救员、接生员帮助卫生工作。

第三，卫生工作与当地生产任务（或中心任务）以及群众的切身利益相结合，有利于推动卫生运动。

1953 年，洛阳市分会组织的春季爱国卫生巡回宣传队进行卫生宣传时，注意将宣传工作、卫生工作与当地生产任务以及群众的切身利益结合起来，使得群众认识到搞好生产先得搞好卫生，从而自觉地组织起来捕蝇、灭鼠。临颍县分会提出卫生运动就是积肥运动、增加生产的运动，群众的积极性因而高涨起来。芜湖市分会第一妇幼保健站在光明村搞突击卫生运动时，结合群众在春节前“十七十八，越撢越发”的扫尘风俗习惯，用黑板报、标语、小组会、个别交谈、卫生课、控诉会等方式进行宣传，调动群众积极性，全村共做了 14 个垃圾箱，并运走 20 吨垃圾。

值得一提的是，一些分会结合当地中心任务开展卫生工作。1953 年，福州市分会和第一医防大队第一队利用福州市民主建设和贯彻婚姻法的宣传会议进行卫生动员，而临颍县分会和第一医防大队第八队则是结合临颍动员民工参加治淮和反会道门这一任务开展工作。1954 年春季爱国卫生运动开始时，正值泗洪县普选工作宣传动员和大力开展生产积肥，分会诊疗所密切配合这两项任务，主动与镇选举委员会联系，每次都在选举委员会召开的干部会议上，阐明卫生工作的重要意义。分会郑重提议在第一次镇人民代表大会上进行搞好卫生工作的专题讨论。

第四，树立典型，以点带面是推动卫生运动的重要方法和步骤。

1953 年，福州市分会、第一医防大队第一队和临颍县分会、第一医防大队第八队在当地统一分配下担任典型试验区的卫生工作。如临颍县分会、第一医防大队第八队在全面开展卫生运动之前，接受县委的建议，组织工作组，先选择一区台陈乡作为爱国卫生突击运动的重点试验区，在取得经验后进行全面推广，群众的一些顾虑也因此消除了。

第五，订立制度和爱国卫生公约是使卫生工作转向经常化和制度化的重要保证。

---

① 《各分会、各医防队积极参加春季卫生突击运动》，《新中国红十字》1953 年 4 月号，第 6—8 页。

1953 年春季，梧州市分会开展卫生突击运动之后，在群众自愿自觉的基础上订立爱国卫生公约，建立爱国卫生日制度，规定了经常保持“五净”及检查、批判、表扬等制度，以保障卫生运动经常化，逐步提高群众卫生知识和健康水平①。

① 黄耀森、廖寿桂：《不断宣传动员是搞好爱国卫生运动的关键》，《新中国红十字》1953 年 4 月号，第 9—10 页。

第四章　组织的演变与壮大

——以江苏红十字会为中心

作为以会员为基础的群众性团体，中国红十字会的活动多是通过会员、基层组织和地方组织的参与来实现的。红十字会早在协商改组完成后，即着手发展会员和试建基层组织。到了20世纪50年代中后期，随着我国社会主义基本制度的确立和大规模群众性卫生工作的开展，中国红十字会大多数地方组织、基层组织陆续建成或改组，其组织结构、管理体制也开始发生重大变革。特别是在“大跃进”期间，红十字会的基层组织迅猛发展，会员、红十字卫生站的数量急剧增加。这些表明中国红十字运动渐入辉煌。

第一节　基层组织初建

一、会员发展

中国红十字会实行会员制。会员是红十字会的组织基础，是红十字事业发展的基本依靠力量，所以发展会员是发展会务的基础，也是基层组织创建的前提条件。

1949年新旧政权更替之际，多数分会停止工作，会员与组织间的联系因而中断。有鉴于此，这年的9月30日中国红十字会颁布会员制度修订办法，要求对各种会员进行重新登记。但因红十字会总会和分会尚未改组，且各分会与总会联系较为松散，此项工作未能达到预期目的。1950

年，红十字会总会改组后，确立了“预防为主”“动员和组织人民实行自救助人”的工作方针，协助各级人民政府，面向工农兵宣传并推广防疫、卫生、医药及救济福利事业成为红十字会的主要任务。以此为依据，开展群众性卫生运动和救护运动，提高人民的卫生文化水平和健康水平，保证国家的国防建设和经济建设是红十字会的主要宗旨，而发展会员是红十字会完成任务、实现宗旨的一项重要组织工作。

1951年，各地分会在发展自己业务的基础上开始发展会员。1月正值第一批分会改组，基于旧的会员制度不再适用，红十字会总会根据红十字会新章程和实际情况，制定并颁布《中国红十字会旧会员总登记办法》和《中国红十字会员制度暂行规定》（下文简称《暂行规定》）①，有条件的分会开始办理旧会员登记，并发展新会员。

中国红十字会员分为三类，即成年会员、少年会员和名誉会员。会员颁发由总会制作的会员证书，名誉会员另颁发证章。入会的条件是，凡赞成红十字会宗旨，遵守红十字会章程，不分民族、性别、宗教、信仰、职业、区域，自愿参加红十字会者，均可向所在地红十字会的各级组织申请加入红十字会。入会的手续较为简单，有一名会员介绍，填写入会登记表并按章缴纳入会费即可。

成年会员一般在20岁以上，少年会员一般是12岁至20岁在校读书的学生。名誉会员系一种荣誉的推赠，推赠权属于总会，但各地分会可以呈请总会推赠，名誉会员免缴会费。名誉会员来自以下6类人员：介绍200人以上入会者；捐助款物超过1万斤米者；经总会审查认可对红十字会有特殊贡献者；经中央主管部门审查鉴定，在医药科学上有特殊发明及办理救济福利工作有特殊功绩的会员；对红十字会有帮助的国际友人；红十字会代表访问他国红十字会或出席国际会议，国际友人有需要推赠者。

红十字会员享有以下权利：一是选举权、被选举权及表决权；二是对红十字会议案及工作有建议、讨论及批评的权利；三是对红十字会工作人员有批评的权利；四是享有本会所举办的各种学习、研究及救济福利事业的优先权。会员承担的义务有：遵守红十字会章程及执行本会决议；宣传并贯彻红十字会宗旨；缴纳会费；介绍新会员等。

会员需缴纳两种费用，一是入会费，二是会费。产大米地区，以大米计

① 《中国红十字会旧会员总登记办法》《中国红十字会员制度暂行规定》，《新中国红十字》第5期，1951年1月，第25—27页；中国红十字会总会编：《中国红十字会历史资料选编，1950—2004》，民族出版社2005年版，第14—16页。

算，产小米地区以小米计算。不产米地区以主要粮食比照米价计算，按当地米价折合人民币。入会费，成年会员是两斤米，少年会员是一斤米。支会和小组所收的入会费全部上缴分会，分会按照30%上缴总会。会员每季要缴一次会费，入会时因缴入会费，当季可不缴纳会费。成年会员的会费是一斤米，少年会员的会费是半斤米。支会和小组所收的会费全部上缴分会，分会按照25%上缴总会。个别会员如因经济困难不能缴纳入会费或会费者，经调查核实后可予以减收或免缴。

中国红十字会在发展和吸收新会员的同时，对先前已在总会和各地分会中的各类旧会员，包括名誉会员、特别会员、基本会员、普通会员、纪念会员、正会员、青年会员、团体会员等，办理一次登记。而依照1949年9月红十字会公布的会员制度修订办法，曾重新登记过的各种会员也在登记之列。旧会员登记的手续是，先上交会员证，再填写登记表，并缴纳与新会员入会费相当的登记费。旧会员办理登记后即转为新会员，依据年龄分为成年会员和少年会员。旧会员登记在其所住地分会办理，若无分会可向邻近分会办理。旧会员登记一般在分会改组后的半年内完成。

值得一提的是，至1951年8月，全国34个分会完成改组工作，机构调整后自身管理有所加强，但部分待改组的旧分会在镇压反革命运动中出现异常情况，干部也参差不齐。因此，8月4日红十字会总会慎重地发出通知，要求“停止登记旧会员，暂缓吸收新会员”[①]。此后，新会员的发展只限于少数城市进行试点，其他分会一律暂缓进行。事实上，当时分会的任务是大力整顿内务，甄别干部，领导学习，提高干部政治素质。根据卫生工作原则，在原有事业基础上努力拓展业务。在业务具备一定基础，干部质量达到一定层次后，再考虑吸收新会员。

自1951年冬季起，红十字会总会先后选定业务较有基础和具备一定条件的福州、芜湖、天津、杭州、北京等5个分会，重点试办发展会员工作。这些分会发展会员的主要措施和步骤如下：

第一，成立专门机构，负责会员发展。成立组织机构是开展工作的先导。为发展会员，1951年7月，福州市分会成立征收会员工作队，邀请海军耆宿萨镇冰为名誉总队长，市长许亚为总队长。总队下设18个征收队和123个分队，均由当地工、青、妇、农等团体负责人担任队长[②]。除市长许亚外，福建

① 《停止登记旧会员　暂缓吸收新会员》（1951年8月4日）。

② 《对福州市分会发展会员的总结报告》，《新中国红十字》1952年9月号，第17页。

省卫生厅厅长黄开云、福州市卫生局局长张荣彩、副局长王灼祖都重视发展会员工作①。11月，天津市分会成立发展红十字会员临时工作委员会，委员会下设15个征收会员大队②。“三反”运动结束后，1952年8月，北京市分会成立发展会员专门委员会，委员来自政府部门、区卫生所和工会、妇联、青年团等团体，主任委员由分会会长严镜清担任；11月17日，发展会员专门委员会改名为推行委员会，聘请北京市副市长吴晗为名誉主任，严镜清为主任，并在各区成立发展会员推行委员会③。这年9月，在第二次发展会员时，福州市分会成立了发展会员工作组，下设工厂、学校、居民工作小组④。

第二，有步骤地计划发展。各地分会事先依据《暂行规定》，并结合实际情况，就发展会员数、发展对象、范围以及发展步骤等制订计划。发展计划在获得红十字会总会批准后，在政府的重视和支持下组织实施。天津市分会自1951年3月完成协商改组后即计划发展会员11500人，以本市医务工作者、教育工作者、保育工作者、工商联人士以及工人、青年、学生、妇女、机关干部作为发展对象。芜湖市分会1951年计划发展会员3500人，以工人、农民、青年、妇女、工商业者为发展对象，范围涉及机关、团体、学校、街道、郊区等单位。北京市分会从1952年8月初开始发展会员，计划先行发展会员1万人。以医务工作者为骨干，向工厂、学校、医院和卫生基层组织有重点的发展，取得经验后再由点到面普遍发展。福州市分会结合自身特点，如上文所提，于1951年7月至11月和1952年9月至12月先后两次发展会员⑤。各地分会发展会员采取动员酝酿、深入宣传、发展组织和总结等步骤，分阶段进行。

第三，层层发动，进行广泛动员。试发展会员的分会在发展会员前，进行广泛宣传和动员，以帮助群众了解红十字会的宗旨、性质、目标和任务，以及会员的权利和义务。其宣传方式主要有：

一是利用各级大会进行宣传。1952年9月14日，北京市分会在中山公园音乐堂召开全市发展会员动员大会，6000余人参会，李德全、吴晗以及苏联红十字医院外科主任瓦斯克莱辛斯基分别做了动员报告。李德全首先介绍了

① 李德全：《中国红十字会总会改组两年来的工作》，《人民日报》1952年9月8日。

② 赵辉主编：《天津红十字会九十年》，天津人民出版社2001年版，第46页。

③ 孙敬敏编纂：《北京市红十字会的65年（1928—1993）》，文津出版社1995年版，第47—48页。

④ 《关于发展会员工作的总结报告》，《新中国红十字》1953年1月号，第26页。

⑤ 《吸收新会员，天津、芜湖两分会重点开展》，《新中国红十字》第2卷第4期，1951年12月，第6—7页；《关于福州市分会会员工作的调查报告》，《新中国红十字》1953年5、6月号，第11页；《北京市分会发展会员的简要情况》，《新中国红十字》1952年11月号，第25页。

国际红十字组织和新中国红十字会的工作，着重讲述中国红十字会代表团在七八月间第18届国际红十字大会上反对制造“两个中国”的企图，并经严正斗争，恢复了新中国的第一个国际合法席位。吴晗强调指出，为进一步发挥出红十字会的作用，大力发展红十字会组织，吸收更多的热心于卫生事业的群众为会员是必要的。他号召全市人民、机关干部，尤其是医务工作者踊跃地参加红十字会。瓦斯克莱辛斯基介绍了苏联红十字会员在群众中的工作情况。上述报告和讲话使得与会者了解了中国红十字会的宗旨、性质、任务、发展会员的意义以及苏联红十字会员的作用，这对全市会员发展起到了推动作用。此后，每个区又结合区卫生委员会布置爱国卫生工作大会进行发展会员宣传，最后在各个发展单位再一次进行宣传。天津市分会则召开理事会、各单位领导会议以及单位骨干分子会议，进行层层发动，宣传动员。

二是利用媒体进行宣传。北京市分会与市广播电台取得联系，播送红十字会会务常识、入会条件、会员权利和义务以及苏联红十字会的简要情况。天津市分会通过电影院放映宣传图片标语，广播电台播送有关演讲词和文章。福州市分会在工厂多采用广播和自制喇叭，深入车间进行宣传。

三是利用文字材料进行宣传。北京市分会编印内部刊物《新中国红十字会手册》和《北京红十字》报进行宣传。天津市分会在报刊上转载红十字会总会有关资料，利用市区交通工具张贴标语、传单进行流动宣传，将宣传资料大量印发给各机关、团体、学校，利用各单位集会做宣传报告。

四是发动会员进行个别宣传或组织宣传队深入群众进行宣传。福州市分会会员在平时向邻居亲戚采取漫谈方式进行宣传，医务工作者会员则利用候诊时间向病人宣传红十字会，该市小桥区利用这种方式发展会员1000余人。此外，小桥区还组织24个宣传队深入5600户10600人中开展宣传①。

经采取以上措施和步骤，会员发展取得成效。至1952年7月，福州市分会已征收会员7800余名，芜湖市分会2400余名，天津市分会790余名②。至这年底，北京市分会利用3个月时间发展会员1.7万多人。会员数量的不断增加，为红十字基层组织的建立和红十字事业的发展提供了重要基础。

值得一提的是，1952年12月15日召开的中国红十字会全国工作会议，着重讨论了如何发展红十字会员和建立红十字会组织问题。

二、试建基层组织

支会作为中国红十字会的基层组织，是服务社会的一级重要机构。早在

① 祁文熙：《发展会员宣传的几种方式》，《新中国红十字》1953年3月号，第18页。

② 《会员工作检查组去福州、芜湖两分会了解情况》，《新中国红十字》1952年7月号，第5页。

新中国成立前，中国红十字会因业务需要曾在少数分会下设支会组织，只不过支会的存在缺乏普遍性和连续性。新中国成立后，随着会员的发展、爱国卫生运动的兴起以及急救训练的开展，建立红十字会的基层组织成为现实之需。为此，红十字会章程做出规定，“本会依地区及工作需要，在总会下，各市县得设分会，其下得设支会或小组”[①]。

实际上，发展会员和建立基层组织是密不可分的，基层组织是组织会员开展活动的重要力量，而建立基层组织又是会员发展和壮大的必然结果。因此，中国红十字会首先在福州、北京、天津等重点试办发展会员工作的分会，试点建立基层组织。

自 1952 年 5 月起，福州市分会开始在大根区、鼓楼区、小桥区、台江区和仓山区 5 个区，以区为单位建立红十字基层组织——区支会。此后在市区内各居民委员会普遍设立支分会，全市 5 个区支会中所辖支分会最多的有 12 个，最少也有 8 个。市区居民地段支分会共有 52 个，学校支会共 76 个，工厂建有支会 9 个[②]。

北京、天津两市分会在建立基层组织的同时，适时地对其进行组织调整。

到 1952 年底，北京市在街道、工厂、学校等建立了 139 个基层红十字会。为适应大发展的需要，各区在发展会员推行委员会的基础上，陆续筹建区支会，到 1953 年 9 月共建立宣武、崇文、西四、西单、东四、东单、前门、京西矿区 8 个区支会。北京市分会在街道（派出所辖区）、厂矿、学校等单位建立的分支会一般由 3 至 7 名委员组成，下按居委会、车间、班级再设立会员小组。1954 年，根据市政府减少街道基层组织层次的指示，北京市分会重点整顿了街道红十字会基层组织，取消分支会，以派出所辖区为单位建立会员大组，选出正副组长，根据居委会范围划分会员小组，居委会卫生委员担任小组长，到 1955 年全市基本上整顿完毕[③]。

从 1955 年下半年起，天津市分会着手筹建区级红十字会。1956 年，经市人民委员会批准，按照先市区后郊区再各县的步骤，在和平、城厢、南开、塘沽等区建立区红十字会，并在街道、手工业合作社、工厂企业、机关试点建立基层组织。

芜湖市分会发展会员后，按照机关、工会、街道、卫生、工商等 5 个系统建立基层组织。为理顺管理体制，将各基层组织的工作纳入全市各区的工

---

① 《中国红十字会会章》（1950 年 8 月 2 日）。

② 《关于福州市分会会员工作的调查报告》，《新中国红十字》1953 年 5、6 月号，第 11—13 页。

③ 孙敬敏编纂：《北京市红十字会的 65 年（1928—1993）》，文津出版社 1995 年版，第49 页。

作计划，从1954年5月开始，市分会按区设立区支会，下设机关、企业、街道、团体等支分会，对原基层组织进行调整。在工作组领导下，先在环城、新芜两区试点后推广到全市①。

由上可见，各试点分会基本上是按照行政区划建立以层级结构为特征的基层组织，即各区设立支会，区以下各居民地段设支分会，支会是所属支分会的直接领导机构。一般区支会、支分会设理事会，设会长1人，副会长若干人。会长、副会长及理事均由会员代表大会选举产生，会员代表大会是最高权力机关。会员代表大会闭会期间，所选出的理事会为最高领导机构。

红十字会基层组织主要承担以下职责：一是开展基层干部培训和卫生业务训练工作，组织会员带动群众协助卫生部门办好群众性卫生防疫和人民保健事业；二是贯彻执行上级红十字会和会员代表会议的决议与指示，经常商讨与办理红十字会员的组织教育和业务等方面的重要问题；三是向上级呈请表扬积极分子并按月报告工作情况；四是支分会特别要注意领导、计划与检查会员小组和急救站的工作，检查药品器材的保管情况，按季收集会费呈缴区支会，并按月向区支会报告会员增减和变动情况。

基层组织建成后，红十字会员的作用充分地发挥了出来。例如，会员被组织起来进行必要的训练后，能够参与爱国卫生运动、急救等工作。1952年，福州市分会将急救训练当作会员的一项权利在各区支会大力推行，全市郊的急救员中红十字会员占85%强。在各居民地段的支分会均普遍设立了红十字急救站，郊区组织了红十字机动救护队。部分急救站除做好自身急救业务外，还投入爱国卫生运动，开展卫生宣传、挖蝇蛹、示范扫除以及帮助烈军属搞卫生。另有急救站主动配合各居民委员会的卫生站，推动防疫保健工作，成为卫生站医师和护士的助手②。同年，北京市红十字会员在爱国卫生运动中也发挥了积极作用，东四区第五卫生分会共有76名红十字会员，除完成政府所布置的捕鼠任务外，还人均超额完成一只③。

实际上，群众性爱国卫生运动开展后，红十字会成为此项运动的基本力量。1955年7月，北京市分会在西单区抄手胡同办事处进行试点。因抄手胡同办事处缺乏爱国卫生委员会的基层组织，为解决卫生工作常态化问题，办事处将此处红十字会作为爱国卫生委员会的基层组织。为扩大会员队伍，每个居民小组发展十几名会员，每个会员负责带动二三个门牌的院卫生负责人，在组织上形

① 《芜湖市分会调整会员基层组织》，《新中国红十字》1954年7、8月号，第28页。
② 《关于福州市分会会员工作的调查报告》，《新中国红十字》1953年5、6月号，第11—13页。
③ 《北京市分会发展会员的简要情况》，《新中国红十字》1952年11月号，第25页。

成一套群众卫生工作系统，任务落实到每个会员，卫生任务通过红十字会系统一直贯彻到院卫生负责人。此后，西单经验，即红十字会与爱国卫生委员会合署办公在全国逐步推广，爱国卫生运动得以经常而经济地开展[①]。

第二节　地方组织新建与再改组

首先需要指出的是，20 世纪 50 年代初期中国红十字会进行改组后，北京、天津、上海等市作为中央直辖市，其分会的工作范围、社会影响及在红十字会系统内部的地位实际上都不同于其他一般的地方分会。到了 50 年代中后期，随着市行政区划的调整和所辖区县红十字会的建立，1957 年 5 月、1958 年 3 月，北京市分会和天津市分会分别更名为北京市红十字会、天津市红十字会，上海市分会则于 1962 年 9 月更名为上海市红十字会，且均自更名之日起，成为地方省级红十字会组织。下面着重考察江苏地方红十字会（包括省、市县红十字会）的建设情况。

一、筹建省红十字会

1956 年，全国人民是在“为全面地提早完成和超额完成五年计划而奋斗”[②]的精神鼓舞下走进新的一年的，正是这一年，社会主义基本制度在我国确立。对于江苏红十字会来说，1956 年亦是不平凡的一年。因为这一年，江苏省红十字会筹建并正式成立。早在 1953 年，就计划筹建江苏省红十字分会[③]，但一直被延迟。而到了 1956 年，正式筹建并成立省红十字会主要有如下原因。

第一，社会发展及社会结构的演变。党领导的各级人民政权已经建立，并得到进一步巩固，社会成员逐步被组织到各类社会组织之中，全社会呈现高度组织化趋势。此时，“个人—农业生产合作社（城市单位）—国家”新型的社会结构确立起来，且带有“身份制”“单位制”和“行政制”的特征[④]。尤其是我国政治组织已经广泛形成了中央、中级、地方和基层 4 个级别

① 孙敬敏编纂：《北京市红十字会的 65 年（1928—1993）》，文津出版社 1995 年版，第 49—50 页。

② 《为全面地提早完成和超额完成五年计划而奋斗》，《人民日报》1956 年 1 月 1 日。

③ 参见《中国红十字会华东各地分会 1953 年会务人员编制表》，江苏省档案馆档案，第 6 卷，第 9 页。

④ 袁方等：《社会学家的眼光：中国社会结构转型》，中国社会出版社 1998 年版，第 209—216 页。

的等级制[①]，组织结构的科层化日益凸显。在这样的社会背景下，有深厚政府背景的红十字会必须调整原有组织及其结构，以协调与政府间的关系，促进红十字事业健康有序的发展。可见，社会发展推动了红十字会调整组织结构，按照行政区划，建立省级红十字会势在必行。

第二，卫生事业的发展需要红十字会进一步健全组织。随着生活水平的不断提高，人民对于卫生服务的需求也日益增长。1956 年 1 月，卫生部召开全国卫生工作会议，制定出卫生事业 12 年远景规划，并确定一项宏伟计划：从 1956 年起 7 年内，在条件可能的地区基本上消除四害[②]和消灭几种危害人民最大的疾病。而卫生事业的发展离不开在医疗卫生方面确有比较优势的红十字会的支持，为此，红十字会必须适时发展和完善原有组织（江苏此时仅有 7 个分会），以提高工作实效，充分发挥卫生部门的助手作用。

第三，苏联经验和我国试点工作的影响。为配合除四害消灭疾病，大力开展爱国卫生运动，切实执行"卫生工作与群众运动相结合"的工作原则，3 月 17 日，卫生部、中国红十字会总会给全国各省（区）、市人民委员会发出《关于 1956 年发展红十字会组织的联合通知》，指出"苏联先进经验和中国红十字会部分地方组织几年来工作实践及北京市红十字基层组织最近试点[③]，证明红十字会组织和训练工作是国家卫生部开展群众卫生工作的有力助手，红十字会的会员和基层组织成为爱国卫生运动的基本力量和基层组织"，大力发展红十字会组织的条件已经具备，时机已经成熟。

第四，政府部门和红十字会总会的大力推动。3 月，卫生部、中国红十字会总会在制定并颁发的《中国红十字会工作方案》和《1956 年国内工作计划要点（草案）》中，明确要求地方红十字会工作在各省（区）、市人民委员会的领导下，纳入地方卫生事业规划中，并统一布置进行，卫生、民政等部门根据计划要求，负责贯彻执行；成立省和重点市、县红十字会，整顿原有市、县红十字会及发展会员；坚持又好又省的原则，给予经费的保证；人事、卫生部门根据成立省、市、县红十字会的需要，适当调配干部。1956 年计划在

---

① ［美］詹姆斯 · R. 汤森、布兰特利 · 沃马克：《中国政治》（顾速、董方译），江苏人民出版社 2004 年版，第 62—64 页。

② 1956 年，四害是指老鼠、麻雀、苍蝇和蚊子，1958 年初提出了除"五害"（四害加钉螺）。不久，又提出除"七害"（"五害"增臭虫、蟑螂）。1960 年，四害被修改为老鼠、臭虫、苍蝇和蚊子（参见《建国以来重要文献选编》第 8 册，中央文献出版社 1994 年版，第 60 页）。现如今，四害一般是指老鼠、苍蝇、蚊子和蟑螂。这四种生物对人类可谓有百害而无一利。

③ 相对于中国红十字会总会而言，省、自治区、直辖市及其以下的市、县红十字会一般称为地方组织。县级以下企事业单位、乡村、各类学校等建立的红十字会，一般称为基层组织，包括基层委员会，红十字卫生站、会员小组等。发展会员自然是基层组织的主要任务。有些地方的基层组织往往与卫生站（或保健站）合二为一，卫生站就成为会员、卫生员的活动中心。

19 个省成立省红十字会，江苏省名列其中①。

4 月 16 日，中国红十字会全国工作会议在北京召开。会议的中心议题是贯彻卫生部和红十字会总会的指示，决定 1956 年红十字会的工作重点是建立组织，整顿原有组织，并确定全国各地的省、市、县红十字会分会取消分会称号，均称省、市、县红十字会，由省红十字会统一管理。同时决定在各省的地、州、市、县（区）均建立红十字会，企事业单位、乡村、各类学校建立基层红十字会。

这样，新中国成立后，与第一次的协商改组时隔 6 年，中国红十字会又一次迎来了重要的组织变革与整顿。如果说新中国成立之初，中国红十字会的协商改组侧重于员工思想改造和负责人改选的话，那么，这次红十字会的整顿更着重于组织机构和管理体制的变革，其影响更为重大和深远。

各地响应红十字会总会的号召，推进红十字会组织的筹建和整顿。《健康报》② 发表《大力发展红十字会工作》的社论，着重说明红十字会的性质、任务及其重要性，揭露某些开展红十字会工作的思想障碍，并且提出了开展红十字会工作的方法。该社论被《中国红十字》6 月号转载，实际上起着指导红十字会工作的作用。

在上述背景下，江苏筹建省红十字会的工作被提到议事日程，而且进展迅速。4 月，江苏省红十字会筹备委员会宣布成立，筹委会设办公室，邹国华被抽调担任筹委会办公室副主任，办公室下设业务组和组训组。5 月，江苏省卫生厅、省红十字会筹委会制定并颁发《关于联合召开江苏省红十字工作会议的方案》，该方案认为根据 1956 年中国红十字会的工作计划，“在本年内成立江苏省红十字会，同时建立若干市、县红十字会，因此有召开一次全省红十字工作会议的必要”③。该方案对会议内容、出席会议人员及其应具备的条件、会议日程等做出具体说明。同月，省红十字会筹委会拟就《江苏省红十字会组织规程（草案）》，准备提交年内召开的全省红十字工作会议审议通过④。8 月 6 日，邹国华将省红十字会筹备情况，函告中国红十字会总会秘书长胡兰生和副秘书长林士笑。8 月 13 日，红十字会总会复函，肯定江苏省红十字会筹委会的各项工作，并通知按国务院有关文件精神解决省、市、县红

---

① 参见《关于 1956 年发展红十字会组织的联合通知》（1956 年 3 月 17 日），（58）卫防张字第 192 号、（56）京总会字第 224 号，江苏省档案馆档案，第 162 卷。

② 《健康报》于 1931 年在江西瑞金创刊，1956 年 1 月，周恩来总理亲题报头。《健康报》是卫生部主管的最具影响的全国性卫生行业报，是我党我军创办的第一份卫生专业报。

③ 《关于联合召开江苏省红十字工作会议的方案》，江苏省档案馆档案，第 228 卷。

④ 江苏省红十字会编著：《江苏红十字运动八十八年（1911—1999）》，东南大学出版社 2001 年版，第 82 页。

十字会的编制问题①。

事实上，4 月中国红十字会全国工作会议召开后，各地红十字事业亟待新的发展，各省、自治区、直辖市纷纷函致中国红十字会总会要求解决人员编制问题，以便各地早日开展工作。6 月 21 日，红十字会总会向国务院全国编制工作委员会呈送《关于请先按 1953 年批准 806 人的编制数字分配下达各省、区、市红十字会编制的函》②，并附上《各地红十字会 1956 年人员编制修订方案》。8 月 10 日，国务院向各省、自治区、直辖市人民委员会转发了上述方案，该方案的分配数字是根据 1953 年已被核准的红十字会各地方组织人员编制的数字重新进行分配的，分配原则除根据工作任务需要外，还根据省红十字会 4 至 7 人、大城市 14 至 17 人、中等城市 4 至 10 人、小城市和县 2 至 3 人进行分配。该方案分配给江苏省的人员编制为 61 人（1953 年原核定人员编制为 70 人）③。

从新中国成立之初协商改组开始，红十字会总会和各地分会工作人员均列入国家编制。到 1956 年，国家批准红十字会系统的编制总人数为 1200 人，除红十字会总会机关 110 人外，其余按照各省市红十字会当年组织建设和发展会员的情况进行分配。具体是：北京 36 人，天津 30 人，上海 40 人，河北 50 人，山西 34 人，辽宁 85 人，吉林 36 人，黑龙江 34 人，山东 59 人，安徽 47 人，江苏 87 人（与上文所引资料的数据 61 人不一致——引者），浙江 39 人，福建 34 人，云南 23 人，四川 78 人，河南 88 人，湖北 45 人，湖南 45 人，江西 34 人，广东 59 人，广西 32 人，陕西 37 人，贵州 6 人，甘肃 12 人，青海 4 人，新疆 6 人，内蒙古 10 人④。

8 月 21 日，江苏省卫生厅与省红十字会筹委会办公室发出《关于召开江苏省红十字工作会议的联合通知》。通知除发给无锡、常州、南京、镇江、苏州、松江、常熟、清江、南通、扬州、新海连、徐州、青浦、江阴、灌云、泗阳、泗洪等 17 个省属的市、县卫生局（科）外，同时抄送无锡、常州、南京、镇江等 4 个市和青浦、江阴、武进等 3 个县的原有红十字组织。通知指出，红十字会是卫生行政部门开展群众卫生工作的有力助手，为大力发展红

---

① 《中国红十字会总会关于江苏省红十字会人员编制的复函》（1956 年 8 月 13 日），（56）会字第 71 号，江苏省档案馆档案，第 315 卷。

② 《中国红十字会总会关于请先按 1953 年批准 806 人的编制数字分配下达各省、区、市红十字会编制的函》（1956 年 6 月 21 日），（56）会字第 21 号，江苏省档案馆档案，第 315 卷。

③ 《国务院转发中国红十字会关于〈各地红十字会 1956 年人员编制修订方案〉》（1956 年 8 月 10 日），（56）国秘习字第 213 号，江苏省档案馆档案，第 315 卷。

④ 中国红十字会总会编：《中国红十字会的九十年》，中国友谊出版公司 1994 年版，第 131—132 页。

十字会工作，希望各地把发展红十字会工作当作一项主要任务，把发展红十字会的工作计划纳入卫生工作规划中去，以便充分发挥和运用红十字会的组织作用，搞好群众卫生工作，并要求各地选拔适当的干部参加省红十字会成立大会①。

二、省红十字会成立及体制重构

1956 年 11 月 7 日，以成立江苏省红十字会为主要议程的江苏省红十字工作会议如期在南京召开②。这次召开的全省红十字工作会议是江苏红十字运动史上的第一次。出席工作会议的有 10 个市、3 个专署、6 个县的卫生局局长、科长、秘书以及红十字会的会长、总干事和红十字基层组织代表共 56 人，以及省红十字会筹委会委员 23 人、省有关部门代表 20 人。

会议进一步明确红十字会的性质是人民自愿组织的群众性卫生救护团体，任务是根据社会主义人道主义原则，在当地卫生部门的统一领导下，贯彻“预防为主”和“自救助人”的方针，协助政府动员和组织广大群众开展群众性业余卫生救护工作，以提高人民健康水平，加强国防和灾害时的自救助人工作，开展卫生宣传教育以及各项卫生防疫和保健工作。会议审议通过了《江苏省红十字会今冬明春和 1957 年度的工作计划要点》和《江苏省红十字会组织规程》，并报送江苏省人民委员会批准和中国红十字会总会备案。

根据《中国红十字会地方各级组织试行通则》规定，江苏省红十字会成立大会代行江苏省会员代表大会的职权，通过会议协商、选举，成立江苏省红十字会第一届执行委员会和常务委员会、监察委员会。陈祖荫（江苏省卫生厅副厅长）、王铁民（江苏省工会联合会副主席）等 27 人当选为执行委员会委员，计雨亭（江苏省民政厅长）等 11 人当选为执行委员会常务委员会委员，执行委员会常务委员会主席由江苏省卫生厅厅长盛立兼任，王慰曾（南京市精神病院院长）、计雨亭、陈祖荫、瞿立衡（江苏省爱国卫生运动委员会主任）当选副主席。监察委员会由 5 人组成，王一峰（中共江苏省委防治血吸虫病七人领导小组办公室副主任）、陆小波（江苏省政协委员会副主席）分别当选监察委员会主任委员和副主任委员③。

---

① 《关于召开江苏省红十字工作会议的联合通知》（1956 年 8 月 21 日），江苏省档案馆档案，第 162 卷。

② 江苏省红十字会编著：《江苏红十字运动八十八年（1911—1999）》，东南大学出版社 2001 年版，第 83 页。

③ 《江苏省红十字会第一届执行委员会委员名单》，江苏省档案馆档案，第 228 卷。

11 月 11 日，江苏省红十字会正式成立①。省红十字会办公室根据常务委员会的决议及主席、副主席的指示领导日常工作。办公室有正主任 1 人、副主任 1 人，下设组训组、宣传组和行政组，计组长 2 人、干事 4 人、会计 1 人、专职人员 9 人。

1958 年，根据整编精神，省红十字会结合红十字业务的具体情况，拟订了省红十字会工作人员的编制及分工的草案，报请省卫生厅审批。江苏省红十字会的编制和人员分工（草案）规定：一、本会设专职办公室正、副主任各 1 人。二、本会办公室不设组，原有各组撤销（原任组长职务人员，职务名称由卫生厅人事处统一考虑）。三、本会办公室下设干事 3 人，文书兼会计、事务 1 人，以内外勤和业务性质分工，在正、副主任领导下进行工作②。

20 世纪 50 年代中后期，除江苏之外，还有内蒙古、江西、山东、湖南、湖北、河北、广东、安徽、吉林、福建等省、自治区建立了省级红十字会并开展工作③。浙江、四川等省红十字会成立于 20 世纪 60 年代。不过，自 1956 年 12 月开始，浙江省就开始筹建省红十字会，翌年成立省红十字会筹备委员会，履行省红十字会工作职责④。河南、云南省红十字会较为特殊。河南省红十字会成立于 1954 年 9 月，时为中国红十字会河南省办事处，是全国第一个如此称谓的省级红十字会，1962 年 8 月更改为现名；云南省分别于 1957 年 7 月和 1964 年 4 月两次成立省红十字会筹建委员会，宣布成立省红十字会⑤。贵州、青海、西藏、宁夏、甘肃、新疆等 6 个边远地区省、自治区红十字会，直到 20 世纪 80 年代改革开放后才恢复或成立。不过，在诸多省级红十字会成立或筹建之前，该省域之内就有多处已经更改为现名的市县红十字会，作

① 有资料显示：11 月 7 日，江苏省红十字会成立（见池子华、郝如一主编：《中国红十字历史编年，1904—2004》安徽人民出版社 2005 年版，第 159 页）。如认为江苏省红十字会成立于 11 月 11 日，更具有说服力。理由如下：从会议召开之前 1956 年 5 月的会议方案和 8 月的会议通知都可以看出，11 月 7 日召开的是江苏省红十字工作会议，成立江苏省红十字会只是此次会议议程中的一项内容。根据事先安排，省红十字会的组织机构及其领导成员都需要经过会议充分酝酿和选举之后产生，而进行此项程序需要一定的时间。此次工作会议有四五天会期，如在会议开幕的当天，甚至在还来不及选举产生组织机构和领导成员的情况下，就宣布成立省红十字会，不太合适。重要的是，1959 年 2 月 28 日产生的《江苏省暨市、县红十字会组织情况表》中“成立日期”一栏，记录着省红十字会成立于 11 月 11 日（见《江苏省暨市、县红十字会组织情况表》，江苏省档案馆档案，第 392 卷）。

② 《江苏省红十字会向卫生厅呈报编制和人员分工》，（58）苏红办邹字第 019 号，江苏省档案馆档案，第 345 卷。

③ 中国红十字会总会编：《中国红十字会的九十年》，中国友谊出版公司 1994 年版，第 132 页。

④ 浙江省红十字会志编纂委员会编：《浙江省红十字会志》，浙江古籍出版社 2016 年版，第 10 页。

⑤ 《云南省红十字会为组织章则及 1957 年工作计划的报告》（1957 年 7 月 18 日）、《云南省红十字会关于调整红十字会组织的意见》（1964 年 4 月 16 日）。

为中国红十字会分会与总会保持联系并开展工作①。由此可见，新中国红十字运动在地域分布上带有极大的不均衡性、复杂性和波浪式推进的特点。

各省建立省级红十字会的情况大体与江苏相当，一般都是选举产生省红十字会执行委员会和监察委员会，作为红十字会的领导、执行和监察机构，其中大多由省人民委员会副主席、副省长或省卫生厅厅长兼任省红十字会执行委员会主席或会长。例如，1956 年 9 月 15 日，广东省红十字会正式成立。省人民委员会组织省里和广州市有关机关团体推选 43 人组成执行委员会，省人民委员会副主席陈汝棠为主席，省卫生厅厅长古鸿烈、广州市卫生局局长李达潮、中华医学会广东分会理事长柯麟为副主席，办公室设在省卫生厅内，编制 6 人。又如，1957 年 2 月 19 日，辽宁省红十字会在沈阳宣布成立。由卫生、民政、公安等有关单位领导 29 人组成辽宁省红十字会执行委员会，推选省人民委员会副主席车向忱为主席，省人民委员会副主席王梓木、省委文教部部长王堃骋、省卫生厅厅长李华卿、省公安厅厅长张铁军、省民政厅厅长周大福为副主席。下设办公室处理日常工作，由省卫生厅副厅长兼任主任，执行委员时贵春为副主任。再如，1958 年 12 月 7 日，福建省第一届红十字会员代表大会在福州召开，出席大会的有福州、厦门、漳州、泉州、南平等 5 个市和仙游县的红十字会代表，会议还邀请厅直单位和各专区、市、县的卫生科（局）长、防保站长等列席参加，共 260 余人。会议选举产生福建省红十字会执行委员 21 人，并推选福建省人民委员会副主席陈绍宽为主席、陈玉西和王灼祖为副主席；同时选举监察委员会委员 9 人，并推举吴云鸿、章德仁为正副主任。福建省红十字会宣告正式成立，办事机构设在省卫生厅。

全国部分省红十字会成立情况如表 4－1 所示。

表 4－1　部分省红十字会成立情况统计表

名　称	成立时间	执委会主席（会长）	现有职务
湖北省红十字会	1956. 11. 22	姚克方	省卫生厅厅长
吉林省红十字会	1958. 8. 8	/	/
辽宁省红十字会	1957. 2. 19	车向忱	省人民委员会副主席
山东省红十字会	1957. 7	余　修	副省长
湖南省红十字会	1956. 11	华国锋	省人民委员会文教办公室主任

① 参见中国红十字年鉴编辑部主编：《中国红十字会通志，1904—2015》，中华工商联合出版社 2016 年版，第 777、830、884、894、909、918、923、928、931 页。

（续表）

名　称	成立时间	执委会主席（会长）	现有职务
河南省红十字会	1954. 9	/	/
云南省红十字会	1957. 6. 27	龚自知	副省长
安徽省红十字会	1956	/	/
江苏省红十字会	1956. 11. 11	盛　立	省卫生厅厅长
内蒙古自治区红十字会	1956	哈丰阿	区人民委员会副主席
江西省红十字会	1956. 10	欧阳武	副省长
浙江省红十字会	1964. 6. 26	李蓝炎	省卫生厅厅长
陕西省红十字会	1959. 11	李经伦	省卫生厅厅长
福建省红十字会	1958. 12. 8	陈绍宽	省人民委员会副主席
广东省红十字会	1956. 9. 15	陈汝棠	副省长
黑龙江省红十字会	1955	于天放	副省长
河北省红十字会	1956. 11	/	/
山西省红十字会	1957	/	/

资料来源：池子华、郝如一主编：《中国红十字历史编年，1904—2004》，安徽人民出版社 2005 年版；中国红十字年鉴编辑部主编：《中国红十字会通志，1904—2015》，中华工商联合出版社 2016 年版；相关省红十字会网站资料。

1956 年，江苏省红十字会根据 4 月中国红十字会全国工作会议精神取消了各地分会名称，改称市、县红十字会。到 1957 年，全国各地共建立 75 个省、市、县红十字组织。业务领导关系由此前中国红十字会总会直接领导红十字会分会改变为总会在业务工作上指导，省、市、县红十字会逐级领导，省红十字会统一管理市、县及基层红十字会，每年由省红十字会向总会报告全省红十字会工作开展情况。同时，包括省红十字会在内，均接受当地同级党政及卫生部门的领导和业务指导。

由此可以看出，按照行政区划建立各级地方组织，省域红十字会便有了实体意义。由此前分布在一省范围内、毫无隶属关系、分散独立的中国红十字分会群，逐渐地转变为在省红十字会的统一领导下、由多层次“塔式”的、领导与被领导的省、市、县红十字会构成的红十字共同体。红十字会系统内上对下的领导，大多是工作和业务方面的指导和监督，而党政部门对于同级红十字会的领导，多集中在领导层人选、编制预算、经费支持等方面。

上述表明，自 20 世纪 50 年代中期起，中国红十字会组织结构和管理体制实现了现代转型，呈现出类科层化（分多层级管理）和类行政化（按行政区域建制）的特征。中国红十字会确立的双重分层管理体制，其实质性内容自 1961 年起融入《中国红十字会章程》，并写进 1993 年《中华人民共和国红十字会法》，成为中国红十字事业发展的重要保障和动力之源，历史影响非同一般①。

总之，省红十字会的成立以及双重分层管理体制的确立，极大地推动了红十字会业务的开展，红十字运动逐步走向辉煌。

值得一提的是，1957 年 6 月，江苏省红十字会和省财政厅向省人民委员会办公厅，各专属，市、县人民委员会，各市、县红十字会发出通知，就红十字会业务费开支范围做出说明②，规定红十字会卫生、卫国训练和卫生宣教、医疗方面的费用，由卫生支出中开支，有关会务活动方面的经费，列在行政经费中开支。会务活动经费包括宣传教育费、会议费和组织活动费。宣传教育费包括举办小型展览会，购买或印刷宣传材料、宣传画和制作宣传牌等费用，以及业务上必需的书刊资料订购费。会议费包括会员代表会议费（其开支标准按行政经费开支标准中群众团体代表会议的规定办理），以及小型会议必要的公杂费和不脱离生产人员的伙食费及旅费补助。组织活动费包括会员入会登记表、会员证和证章等费用，以及对外国红十字会组织来访所必需开支的交际招待及礼品馈赠等费用（各市、县未经省红十字会布置不得开支此项费用）。

对于地方红十字会来说，明确和规范业务费开支是十分必要的。红十字会内部出现过工作人员贪赃枉法的现象，为此要警钟长鸣。比如，张玉田自 1956 年 5 月调至江苏省红十字会组训组工作后，多次采取恶劣手段多报车旅费，伪造单据，虚报长途电话费等，共贪污公款 36.22 元，并挪用公款 105 元，供自己挥霍。因贪污和挪用公款，1957 年 9 月，江苏省红十字会对张玉田给予处分，并报告省卫生厅。12 月 31 日，省卫生厅复函，“（张玉田）其错误实属严重，且屡犯贪污之错误，为严肃行政纪律、教育其本人，决定给予行政上记大过的处分”③。

---

① 徐国普：《二十世纪五十年代江苏红十字会的两次组织整顿》，《中共党史研究》2012 年第 2 期。

② 《关于红十字会业务费开支范围的规定》（1957 年 6 月 3 日），省红秘邹字第 69 号、财文办字第 742 号，江苏省档案馆档案，第 289 卷。

③ 《江苏省卫生厅关于给张玉田同志以行政上记大过处分的决定》（1957 年 12 月 31 日），（57）卫人张字第 1769 号，江苏省档案馆档案，第 298 卷。

三、市、县红十字会的改组和新建

1957 年 4 月 3 日，中国红十字会召开全国工作会议，确定了今后红十字会的工作任务为在整顿、健全和巩固原有组织的基础上，重点建立地方红十字会组织，做好卫生宣传和群众性卫生工作①。会后，《光明日报》发表《充分发挥红十字会的作用》的社论，大力推进红十字会工作的开展。

事实上，自从 1956 年 4 月中国红十字会全国工作会议，特别是江苏省红十字会成立以后，在江苏省红十字会以及各级政府直接领导和推动下，江苏各地市、县红十字会的新建与再改组工作全面启动，红十字会地方组织迎来了一次大的发展和变革。

早在 1956 年 8 月 14 日，江苏省红十字会筹备委员会接到红十字会总会函告，要求“根据省人民委员会确定的编制人数，留下省红十字会所必需的编制外，立即分配给各市和必需配备专职人员的县（包括原有红十字会市县及准备今年成立红十字会的市县）”②。10 月 8 日，江苏省编制委员会颁发《关于各地红十字会编制问题的通知》（苏编字第 377 号），明确了省和各地红十字会共 61 名的人员编制③（详见表 4－2）。人员编制的解决极大地推动了红十字会组织机构的发展。

表 4－2　1956 年江苏省及市县红十字会编制情况统计表

单　位	人数（人）	单　位	人数（人）
省红十字会	9	常州市红十字会	4
南京市红十字会	12	徐州市红十字会	4
无锡市红十字会	5	南通市红十字会	5
苏州市红十字会	4	镇江市红十字会	3
扬州市红十字会	2	新海连市红十字会	2
清江市红十字会	2	青浦县红十字会	2

① 池子华、郝如一主编：《中国红十字历史编年，1904—2004》，安徽人民出版社 2005 年版，第 160 页。

② 《中国红十字会总会转发国务院指示及〈各地红十字会 1956 年人员编制修订方案〉》（1956 年 8 月 14 日），（56）会字第 74 号，江苏省档案馆档案，第 315 卷。

③ 江苏省红十字会编著：《江苏红十字运动八十八年（1911—1999）》，东南大学出版社 2001 年版，第 82—83 页。

（续表）

单　位	人数（人）	单　位	人数（人）
武进县红十字会	2	江阴县红十字会	3
松江县红十字会	1	灌云县红十字会	1

资料来源：江苏省红十字会编著：《江苏红十字运动八十八年（1911—1999）》，东南大学出版社2001年版，第83页。泗洪、泗阳两县不设编制，由县红十字会治疗所长兼任总干事。

1957年10月18日，省红十字会为1958年新建的8个市县红十字会组织增加编制4人，并调整1956年的编制，向省人民委员会报告，请示核准①。拟发展红十字会的市县及编制名额12人具体分配是：泰州市2人，江宁县2人，常熟市2人，无锡县2人，丹阳县1人，淮阴县1人，昆山县1人，嘉定县1人。同时，省红十字会对部分市县红十字会1956年的编制名额进行了增减，编制数减少后，南京市为8人，无锡市4人，常州市3人，南通市3人，江阴县2人，青浦县1人，泗阳、泗洪县各增加1人，其他红十字会编制数未作调整。这样就将1956年61个编制数减少为53个，再需增补新建8个市县红十字会编制12人，实际上，1958年全省的人员编制数为65个，比原来的增加4人。

1957年12月，江苏省红十字会计划重点建立市县红十字会机构②。1958年2月10日，江苏省人民委员会向泰州市、常熟市及江宁、无锡、昆山、丹阳、嘉定、淮阴、建湖、金山等县人民委员会发出通知③，指出："为一面做好准备，一面发展会员，及早开展工作，县、市级红十字机构必须配备专职干部，其人选以具有一定文化水平并善于做群众卫生工作者为宜，具体名额由你县（市）根据实际情况自行决定，一般一至三人。希你会关心和领导红十字会工作，及早筹建组织，使红十字会员发挥卫生部门的助手作用。"可见，各级政府对于新建红十字会组织还是相当重视的。

从现有资料来看，江苏市、县红十字会新建与再改组的情况如下：

1956年12月，清江市红十字会筹备委员会经清江市人民委员会批准成

① 《江苏省卫生厅、江苏省红十字会为1958年新建8个市县红十字会组织增加编制4人，并调整原有编制请予核示的报告》（1957年10月18日），（57）卫办盛字第47号、（57）苏红组字第118号，江苏省档案馆档案，第290卷。

② 《江苏省红十字会1958年工作计划要点》，江苏省档案馆档案，第289卷。

③ 《江苏省人民委员会希研究配备红十字会专职干部以便开展工作的通知》（1958年2月10日），苏卫鲍字第18061号，江苏省档案馆档案，第345卷。

立，地点设在清江市卫生科内[①]。同月，根据上级指示，徐州市红十字会筹备委员会成立，徐州市卫生局局长孔云任筹委会主任[②]。

1956年，苏州市红十字会开始筹建，翌年3月成立筹备委员会[③]。

1956年，泗阳县红十字会重新建立，会员发展到400余人[④]。

1957年4月30日，灌云县红十字会成立，副县长顾哲秀兼任执行委员会常务委员会主席。县红十字会常务委员8人，委员16人；会员1139人，其中医务工作者157人，职工196人，农民198人，居民295人，少年293人[⑤]。

同年7月，松江县红十字会恢复建制，发展会员800余人[⑥]。

至1957年10月，江苏原有7个市、县（南京、镇江、常州、无锡4个市及武进、江阴、青浦3个县）红十字会的理事会先后完成改组，并成立委员会；经过认真筹备，新建的有徐州、苏州、南通、扬州、清江、新海连等6个市和灌云、泗阳、泗洪、松江等4个县红十字会[⑦]。

1958年，泰州、常熟2个市和江宁、无锡、昆山、丹阳、嘉定、淮阴6个县新建了红十字会[⑧]。此外，这年4月，江苏省辖上海、嘉定、宝山3县，以及11月松江、青浦、金山、川沙、南汇、奉贤、崇明7县划归上海市[⑨]。同年，砀山、萧县划归安徽省，原属安徽省的盱眙、泗洪县划入江苏省，已建有的红十字会组织也随行政区划变更[⑩]。

1959年4月5日，仪征县红十字会成立，副县长赵钢兼任红十字会主席。

① 1957年，清江市红十字会建立基层组织30个，发展会员1206人，会员中有医务工作者和各行各业的卫生积极分子。该会为会员颁发会员证、会员自动交纳会费。1958年，更名为淮阴市红十字会，会员发展至2911人，并培训了一批红十字卫生员。1961年，市红十字会对基层红十字会组织进行调查整顿，先后在13个先进居委会建立红十字卫生站。参见荀德麟主编：《淮阴市志》，上海社会科学院出版社1995年版，第2039页。

② 1959年4月，徐州市红十字会正式成立，副市长李贯一担任会长。参见徐州市红十字会编：《徐州市红十字会简史（1913—1990）》，1993年内部印行，第12—13页。

③ 1963年9月，苏州市第一届红十字会员代表大会召开，选举产生执行委员会。参见陈晖主编：《苏州市志》（第3册），江苏人民出版社1995年版，第429—430页。

④ 泗阳县地方志编纂委员会：《泗阳县志》，江苏人民出版社1995年版，第669—670页。

⑤ 袁洪宝总纂：《灌云县志》，方志出版社1999年版，第578页。

⑥ 何惠明等主编：《松江县志》，上海人民出版社1991年版，第894页。

⑦ 《江苏省1957年三个季度红十字工作情况的报告》，江苏省档案馆档案，第290卷。

⑧ 《江苏省红十字会1958年工作计划要点》，江苏省档案馆档案，第289卷。1958年5月，无锡县红十字会成立，王中一任第一届执行委员会常务委员会主席（参见谈汗人主编：《无锡县志》，上海社会科学院出版社1994年版，第642页）。同年7月4日，常熟市红十字会建立（参见瞿鸿烈主编：《常熟市志》，上海人民出版社1990年版，第619页）。

⑨ 刘定汉主编：《当代江苏简史》，当代中国出版社1999年版，第200页。

⑩ 江苏省红十字会编著：《江苏红十字运动八十八年（1911—1999）》，东南大学出版社2001年版，第87页。

岔镇、真州、青山矿区建立3个基层红十字会和4个红十字急救站，发展会员1200人。

由上述可知，自江苏省红十字会成立后，各地市、县红十字会再改组与新建工作进展顺利。省红十字会按照中国红十字会总会的要求①，及时上报了地方组织成立的时间、委员会名单、会址等情况。

到1961年10月中国红十字会全国代表会议召开之时，江苏全省市、县红十字会组织建设的情况见表4－3所示。

表4－3　江苏各市县红十字会组织情况表

名称	建会时间	专职干部数	会员数	卫生员数	红十字青少年数	基层组织数	卫生站数	备注
南京市	1953. 2. 6	5	128785	77341	/	974	1539	/
无锡市	/	4	26275	13542	17333	/	493	改组
苏州市	1957. 3	2	6104	1600	2069	/	401	/
常州市	1956. 12. 28	2	40474	12711	30425	139	146	改组
镇江市	1957. 3	1（兼）	6836	1712	1448	79	/	改建
徐州市	1956. 12. 28	3	9089	4434	1501	127	/	1960年数
南通市	1957. 10	2	5591	1617	3400	/	72	1959年数
淮阴市	1956. 12	/	2216	740	800	32	12	/
扬州市	1957. 3	1	5214	1843	/	91	/	/
连云港市	1957. 5. 17	/	3537	411	397	5	59	/
江宁县	1958. 6. 23	/	1415	1072	67	21	53	/
无锡县	1958. 4. 25	1（兼）	14382	8445	11747	/	1923	/
江阴县	1957. 3. 6	1	25612	6790	428	7634	423	1958年数
泗阳县	1957. 3	/	4725	1345	/	118	26	/
武进县	1957. 5. 30	/	5000	/	/	/	12	改建
泰州县	1958. 9. 6	1（兼）	57374	7748	/	51	349	1959年数

① 《中国红十字会总会关于请报你省地方组织成立情况的函》（1957年10月18日），（57）京总组字第529号，江苏省档案馆档案，第290卷。

（续表）

名称	建会时间	专职干部数	会员数	卫生员数	红十字青少年数	基层组织数	卫生站数	备注
泗洪县	1957. 3	/	93849	3358	/	291	706	/
灌云县	1957. 1. 22	/	28277	4147	/	309	737	/
常熟县	1958. 8	2	10165	1203	/	/	67	/
丹阳县	1958. 5. 10	/	8392	/	/	14	/	/
昆山县	1958	/	872	/	/	18	/	/
扬中县	1958	/	1401	632	/	96	37	/
仪征县	1959. 4	1	1550	100	/	/	22	/

资料来源：《各市县红十字会组织情况表》（1961 年 10 月 10 日），江苏省档案馆档案，第 442 卷。上表中的建会时间参考《江苏省暨市、县红十字会组织情况表》（1959 年 2 月 28 日），江苏省档案馆档案，第 392 卷。

从表 4－3 中可以看出，至 1961 年 10 月，全省共有 23 个市、县红十字会或新建或改组，地方组织可谓蓬勃发展，而 10 年之前的 1951 年，江苏仅有 7 个分会，可谓天壤之别。

同一时期，其他省份红十字地方组织的发展情况如同江苏。例如，1957 年，山东省红十字会成立之年，山东全省就建立了（包括新建和改组）潍坊、淄博、烟台、威海、德州、莱阳、掖县、益都、泰安、滋阳、临沂、菏泽等 12 个县、市红十字会①。又如，1958 年 12 月，福建省红十字会成立时，福建新建或改组并开展工作的地方红十字会就有福州、厦门、漳州、泉州、南平 5 市红十字会和仙游县红十字会②。

应该注意到的是，1958 年 5 月，中共八大二次会议通过了“鼓足干劲、力争上游、多快好省地建设社会主义”的社会主义建设总路线，这条“反映了广大人民群众迫切要求改变我国经济文化落后状况的普遍愿望”，但“忽视了客观的经济规律”的总路线③，成为指导我国当时各项工作的一面红旗。总路线提出的“多快好省”这四个字，本来是相互制约的，但在宣传中和实际工作中片面地突出了一个“快”字，提出“速度是总路线的灵魂”，产生了

① 山东省红十字会编：《红十字会务知识》，1986 年内部印行，第 66 页；山东省红十字会编著：《山东红十字事业九十年》，山东友谊出版社 2002 年版。第 13 页。

② 计克良主编：《福建红十字会简史》，1994 年内部印行，第 9 页。

③ 参见《关于建国以来党的若干历史问题的决议》，人民出版社 1981 年版，第 18—19 页。

消极的后果。中共八大二次会议是一次发动“大跃进”的党代表大会。这年下半年，席卷全国的“大跃进”运动发动了起来①。

在此背景下，中国红十字会工作也处于跃进的态势。尤其是“大跃进”期间红十字会的组织发展，数量有余而质量不足，特别是基层组织的发展出现了一些矛盾和问题，某些活动甚至还带有严重的“左”倾错误（详见后文所述）。针对这一状况，在我国开始遭遇严重的经济困难之际，1959 年 4 月，周恩来总理做出了重要批示：红十字会工作“根据需要与可能适当发展”②。这实际上是中央对红十字会工作进行的一次纠“左”和整顿。

表 4－3 中的数据反映出江苏红十字会认真贯彻了这一指示精神。该表中的数据显示：由 1961 年 10 月统计而得出的全省 23 个市、县红十字会，实际上全部是在 1959 年 4 月前完成改组或新建的。确切地说，1956 年 11 月（江苏省红十字会成立）至 1959 年 4 月，江苏市、县红十字会由原来的 7 个（分会）迅速发展到 23 个。这表明：1959 年 5 月至 1961 年 10 月（三年自然灾害时期），江苏市县红十字会组织并无改组或新建，为“零发展”。

可见，20 世纪 50 年代中后期江苏红十字会地方组织的大发展，是从 1956 年下半年开始的，到 1959 年上半年就已结束了。就全国而言，1956 年全年就有呼和浩特、乌鲁木齐、株洲、焦作、新乡、许昌、景德镇、九江等 67 个市、县陆续成立了红十字会并开展工作③。

第三节　基层组织快速发展

随着我国地方红十字会组织的大发展和管理体制的变革，红十字会基层组织也开始快速发展了起来。尤其是在“大跃进”期间，全国红十字会员发展和基层组织建设，不论是在城市街道、工厂、郊区，还是在广大农村的农业合作社、人民公社，也都处于跃进的态势。

---

① 《力争高速度》，《人民日报》1958 年 6 月 21 日；罗归国：《“大跃进”的发动和高潮》，郭德宏等主编：《中华人民共和国专题史稿》（卷二），四川出版集团、四川人民出版社 2009 年版，第 185—212 页；刘国新等主编：《中华人民共和国史长编》（第二卷），天津人民出版社 2010 年版，第 55 页。

② 池子华、郝如一主编：《中国红十字历史编年，1904—2004》，安徽人民出版社 2005 年版，第 167 页。

③ 中国红十字会总会编：《中国红十字会的九十年》，中国友谊出版公司 1994 年版，第 132 页。

一、从跨越到跃进

（一）1957 年跨越式发展

1957 年 2 月，鉴于发展会员、建立基层组织、训练卫生员、成立卫生站等工作才刚刚开始，尚缺乏可资借鉴的经验，江苏省红十字会就指定无锡市红十字会以街道为试点，江阴县红十字会以农业合作社为试点，并组织各地红十字会干部分别参加两地试点工作，在实践中摸索、掌握一些经验和方法[①]。试点工作于 4 月结束，此后以点带面，有力地推动着各地红十字会的工作。

实际上就农村而言，随着农业合作化之后农民生活水平的提高，他们迫切要求讲卫生，保健康。因为农民主要靠体力劳动，懂得卫生常识才能有健康的身体，才能保证农业生产。此外，99% 的妇女参加生产，但孩子无法安置，这就需要办托儿所、幼儿园。因此，老师、阿姨、母亲都要求懂得怎样讲卫生，使自己不生病，孩子也健康。当时农村的医疗保健力量不足，看病还得站队，费时误事，甚至于有些农民因缺乏卫生常识，得了病还请“大神”来治病，这就迫切需要向广大农民大力开展卫生常识的普及工作，用科学的卫生常识来替代求神问佛。在农村成立红十字会基层组织，开办卫生训练班很受农民欢迎[②]。

4 月 3 日，中国红十字会召开的全国红十字工作会议在总结过去工作经验的基础上，根据卫生工作的需要，确定了“有重点有计划稳步前进的工作方针”，有计划、有步骤地发展会员，训练红十字卫生员，建立基层组织，协助基层医疗预防机构，进行卫生宣传教育、防疫、急救及家庭护理等项活动。

6 月初，江苏省卫生厅和省红十字会联合召开全省红十字工作座谈会，与会的各市县卫生局、卫生科和红十字会负责干部认真领会全国红十字工作会议的精神，充分认识到红十字会总会提出的“有重点、有计划、稳步发展”及“精简节约、勤俭办会”工作方针的正确性。座谈会强调以整风精神来改进红十字会的领导作风和工作方法。如前文所述，1956 年，全省红十字工作会议的议题主要是针对红十字会地方组织的，即成立江苏省红十字会以及组建、整顿市县红十字会等。显然，1957 年的全省红十字工作座谈会，就已将红十字会基层组织的建设提到了议事日程。

全省红十字工作座谈会之后，各地红十字会大都在整顿、健全和巩固已

---

① 《江苏省 1957 年三个季度红十字工作情况的报告》，江苏省档案馆档案，第 290 卷。

② 程文元：《农村也需要稳步开展红十字工作》，《中国红十字》1957 年 5 月号，第 5 页。

有组织的基础上，贯彻边发展、边组织、边训练、边巩固的“四边”方法，根据需要和可能，适当地发展会员，建立基层组织。至9月，17个市县红十字会在工矿、企业、街道、学校、手工业合作社、农业合作社、饮食行业、船民中发展会员3.1万人，建立基层组织222处，训练卫生员7402名，建立卫生站200多个，在夏秋季爱国卫生运动和群众性卫生救护、防疫、防汛、防台工作中发挥出一定的作用。

正值各地红十字会发展和建立基层组织之际，为切实加强区、乡（镇）红十字会的领导作用，更好地发挥基层力量，协助卫生部门开展群众性卫生防疫工作，避免因无专人负责所带来的不良影响，7月10日，江苏省卫生厅、省红十字会向南京、镇江、常州、无锡、苏州、南通、扬州、徐州、清江、新海连、武进、江阴、青浦、松江、灌云、泗洪、泗阳等市、县卫生局、科，以及红十字会（筹委会）发出联合通知，希望各级卫生部门对基层组织建设予以大力支持。通知要求区级红十字会应由区防疫站站长、区卫生所所长或副职一人（最好通过提名选举产生）担任主席（或副主席）；乡（镇）红十字会可由卫生所或联合诊所所长（通过提名选举产生）担任主席（或副主席），并兼办该级红十字会工作，如能指定专人负责工作更好。并希望“即转知防疫站和卫生所，照办为荷”①。

在发展红十字会员和建立基层组织方面，无锡市红十字会进行了认真规划。9月28日，无锡市人民委员会向各区人民委员会、郊区区公所、各局、处、工厂、学校、产业工会、专业公司、工会联合会、妇联、团市委、爱卫会、市卫生防疫站等批转了由无锡市红十字会根据《江苏省红十字会1957年工作计划要点》和《中国红十字会基层组织通则》的精神，结合无锡市发展会员试点工作初步经验而制定的《发展会员，建立红十字会基层组织方案》，希望各单位认真研究并贯彻执行。该方案指出，从1957年起，在全市范围内，先从街道做起，并在有条件的工厂、学校、机关、农业社及行业中逐步发展会员，建立基层组织。方案包括组织原则、领导关系、职责任务、组织卫生救护训练、经常性活动内容和方法以及制度、奖励、附则等方面的内容②。

实际上自1957年之后，江苏基层红十字会在组织（数量）、会员及卫生员（人数）等方面的发展呈现出跨越式发展的态势。这种跨越式发展可以从

---

① 《关于确定区、乡红十字会兼职干部的联合通知》（1957年7月10日），（57）卫办顾字第025号、（57）苏红组瞿字第094号，江苏省档案馆档案，第290卷。

② 《江苏省无锡市人民委员会批转红十字会关于〈发展会员，建立红十字会基层组织方案〉的通知》（1957年9月28日），锡卫字第47号，中国红十字会总会档案馆档案。

表4－4《1957年各地红十字会发展会员组织训练任务表》中看出一二。将此表与后文表4－5《江苏各地红十字会基层组织和会员人数统计表》、表4－6《江苏各地红十字卫生站、红十字卫生员统计表》进行对比后不难看出，1957年江苏各地红十字会虽然没有完成上级下达的发展会员和组织训练的任务，但发展和完成的人数还是相当可观的。

表4－4　1957年各地红十字会发展会员组织训练任务表

红十字会名	发展会员人数	训练人数	组站数	备注
南　京	30000	6000	100	设防城市
常　州	12000至15000	2400至3000	52	同上
苏　州	15000	3000	52	同上
新海连	3000至5000	600至1000	27	同上
南　通	8000	1600	30	同上
徐　州	12000	2400	50	同上
无　锡	15000	3000	52	同上
镇　江	7000至10000	1400至2000	40	同上
江　阴	5000	1000	28	
武　进	5000	1000	28	
清　江	3000至5000	600至1000	27	
青　浦	3000至5000	600至1000	27	
泗　洪	3000	600至1000	15	
泗　阳	3000	600至1000	15	
松　江	3000	600至1000	15	
灌　云	3000	600至1000	15	
扬　州	5000	1000	27	
共　计	135000至147000	27000至29400	600	
说明：1. 以上发展会员数字仅供各地参考。 2. 设防城市发展会员与训练人数及防空训练宣传经费俟明年。				

资料来源：《1957年各地红十字会发展会员组织训练任务》，江苏省档案馆档案，第290卷。

为总结和交流市、县红十字会工作情况，11月，江苏省红十字会再次召开全省红十字会工作座谈会，11个市、县红十字会派出代表参会，并分别介绍和交流了各自工作成绩和经验。例如，武进县红十字会在手工业联社训练106名卫生员，该县大建社因卫生员掌握了一定程度的卫生知识和急救技术，并能以身作则，带动群众，搞好社里的卫生预防、降温、安全生产工作，使工伤事故得到了及时处理，缺勤率明显地降低了；江阴县马镇乡红星三社红十字卫生员俞小青组织40名会员，疏通两条分别长为33.3米和99.9米的臭水沟，既积肥又卫生；南通市在台风侵袭期间，红十字会组织106名会员、卫生员日夜戒备，并在盛夏酷暑的日子里，当狼山游客增多时，红十字会沿途设立急救站、茶水供应站，宣传防治中暑常识，为游客服务，避免了以往夏季游客中暑事故多发的现象；无锡市崇安区新生路小娄巷居民委员会建立红十字基层组织后，建立卫生值日制度，消灭卫生死角；南京市三汊河船民委员会的红十字卫生员对工伤事故进行及时急救，教育船户粪便不下水，该市秦淮区饮食行业中的红十字会员、卫生员受训后，显著地改善了饮食卫生、个人卫生和环境卫生，实行“二刀二板”生熟分开的制度，碗、筷等饮食用具、毛巾都实行严格消毒；泗阳县洋河酒厂成立红十字基层组织后，卫生员能够进行急救和处理外伤，降低了缺勤率①。座谈会还部署了1957年至1958年冬春工作，重点是组织会员投入以除四害为中心的爱国卫生运动和地方病的防治活动。

（二）1958年“大跃进”

1957年底，《江苏省红十字会1958年工作计划要点》出台，内容涉及健全、巩固基层组织及发展会员等5个方面，其中1958年全省计划发展8万会员②，人数分配如下：南京市13000人、新海连市1000人、松江县1500人、无锡市9000人、清江市1500人、无锡县1000人、苏州市9000人、泰州市1500人、淮阴县1000人、徐州市9000人、常熟市1000人、昆山县1000人、常州市7000人、武进县1000人、丹阳县1000人、南通市4500人、江宁县1000人、泗洪县2000人、镇江市4500人、江阴县2000人、泗阳县1500人、扬州市3000人、灌云县1000人、嘉定县1000人、青浦县1000人。

由上述计划可见，1958年江苏红十字会为重点配合以除四害为中心的爱国卫生运动，仍继续快速发展会员，扩大基层组织建设。

如前文所提，1958年全国“大跃进”。江苏红十字会基层组织的发展也是如此。5月9日，无锡市红十字会制订出《无锡市红十字会关于突击建立红

---

① 见江苏省红十字会编著：《江苏红十字运动八十八年（1911—1999）》，东南大学出版社2001年版，第96—97页。

② 《江苏省红十字会1958年工作计划要点》，江苏省档案馆档案，第289卷。

十字会基层组织的行动计划》，准备突击建立红十字会基层组织，将《江苏省红十字会1958年工作计划要点》中安排无锡市发展9000名会员的目标，改为“从现在起苦干一个月，大力发展红十字会员三万人（市区两万五千人，郊区五千人）”①。该行动计划还规定了如下“突击”的做法。

其一，建立区红十字会和居委会、工厂、学校、机关、农业社的基层红十字会。一是按照《无锡市区红十字会组织通则（草案）》和《无锡市区红十字会建立程序及办法》，在各区人民委员会的领导下，邀请区的党政负责人、工、青、妇、文教、卫生、民政、公安等代表11至17人，组成区红十字会委员会，产生主席1人（由区长或副区长担任）、副主席2至3人（由卫生科科长、防疫站站长担任），下设办公室与区卫生科合署办公，由卫生科指定专人办理区的会务工作。在居委会、工厂、企业、学校、机关、农业社建立基层红十字会，按照《无锡市地区、单位基层组织通则（草案）》及《基层红十字会成立程序和办法》，由各级组织的党、政、工、团和卫生保健部门的代表5至7人组成基层委员会，分设主席1人（由党、政负责人担任）、副主席1至2人（由工会或保健部门的代表担任），组织、宣传、保健、财务委员各1人，负责领导基层各项工作。二是大力发展会员。凡是中华人民共和国的公民，赞成中国红十字会宗旨和章程的，均可参加红十字会，9至18岁的学生可以参加为红十字少年，即青少年会员。无锡市红十字基层组织发展会员的方法是：按照居委会、集体单位召开群众大会，宣传红十字会的性质和任务、会员的权利和义务，由群众自愿地向基层委员会提出入会申请，各级党政领导和卫生医务人员带头入会，动员在除四害运动中涌现出的大量积极分子入会，会员在3人以上，即可成立会员小组，小组的划分可与行政小组或生产小组相适应。各基层委员会的组成人员由上一级红十字会审批，群众入会由基层委员会审批，并签发会员证。

其二，各级红十字会履行以下职责任务。组织会员和群众进行除四害、讲卫生和消灭疾病的业余卫生教育；组织会员、群众参加业余卫生活动，促进爱国卫生运动常态化；对意外伤害和急性病进行急救、护理（包括参加防台、防汛、防空等救护工作）；贯彻经常性群众卫生检查和卫生监督；不断巩固和发展会员组织，收取会费，办理会员转移手续；表扬和奖励成绩优良的红十字卫生站、会员小组、会员，成绩显著的要报请上级红十字会，予以表扬或奖励。

其三，具体的行动步骤如下。第一步，无锡市人民委员会召开市红十字

① 《无锡市红十字会关于突击建立红十字会基层组织的行动计划》（1958年5月9日），江苏省档案馆档案，第345卷。

会理事会扩大会议选举主席、副主席、常务委员，制订发展红十字组织的行动计划，通过无锡市红十字会组织章程，成立无锡市红十字会委员会。第二步，由市爱国卫生运动委员会、市红十字会组织主题为“大家都来参加红十字会”的广播动员大会，市长作广播动员。由市委宣传部召开全市各有关部门的宣传工作会议，统一布置发展红十字会员的宣传活动。全市各文化馆、站、俱乐部、电影院、剧场等公共娱乐场所，可以集中进行图片展览、大幅标语、横幅等阵地宣传。第三步，贯彻块块领导包干、条条交代支持的组织办法，各区除四害指挥部负责所辖地区、单位的红十字会员发展和组织工作，各生产部门应分别向所属基层交代发展会员的工作任务，并接受所在区的领导。第四步，建立各居委会、工厂、机关、学校、农业社等单位的红十字会基层委员会，制订发展规划，负责宣传教育，召开群众大会进行思想动员，发展和审批会员，划分小组，发会员证，研究本单位经常性卫生活动等工作。第五步，全市训练骨干宣传员1000人（由各区负责训练，市负责训练各区师资100人），其中每个街为50人，千人以下集体单位训练3至5人，千人以上集体单位训练5至10人，训练内容有红十字会的性质、任务，发展会员的方法等。第六步，5月份全面行动，全市发展会员3万人，各区的任务指标是发展会员5000人，每个居委会地区50至100人。发展会员，成立基层组织以后，即应健全基层红十字会的各项制度，制订本单位业余卫生活动计划，着手安排会员的卫生知识学习和分批进行24小时的卫生救护训练，训练后建立红十字卫生站。

无锡市红十字会的“突击”行动方案得到了江苏省红十字会的认可。6月2日，江苏省红十字会向各市、县红十字会（筹委会）发出《关于贯彻社会主义建设的总路线做好工作跃进计划的通知》（全文如下）①，并特地附上《无锡市红十字会关于突击建立红十字会基层组织的行动计划》和《常州市红十字会除七害、讲卫生、红十字卫生员训练工作计划》，以作参考。

各市、县红十字会（筹委会）：

在全民整风、社会主义建设和以除四害为中心的爱国卫生运动的高潮中，各地红十字会均以跃进姿态，开展工作，鼓足干劲、力争上游。虽工作的进度不同，但也体现了蓬勃发展的声势。如南京市红十字会提出了赶上北京，赛过杭州的有力口号，准备发展会员5至7万人。在1个月中间，仅仅鼓楼一个区就发展了会员1.5万人，训练了卫生员2千人，建立了100多个基层红十

① 《江苏省红十字会关于贯彻社会主义建设的总路线做好工作跃进计划的通知》（1958年6月2日），（58）苏红办字第106号，江苏省档案馆档案，第345卷。

字会。无锡市红十字会制订了突击建立红十字基层组织的行动计划，提出苦干一月，大力发展会员3万人，积极训练卫生员的要求。徐州市红十字会要在5月份训练卫生员4至5千人。常州市红十字会今年要训练卫生员1.8万人。江阴县红十字会计划在全县39个乡镇都建立红十字会，农业社建立基层组织，大力发展会员，积极训练卫生员，并动员全县医务工作者一齐动手，做好挂钩和辅导工作，现已见诸行动。泗洪县红十字会也提出了要发展会员3万人，并向泗阳、灌云两县红十字会挑战。至于今年新建红十字会的市县，如无锡、丹阳在县委、县人委的积极领导和支持下正式成立县级红十字会，并制订了工作计划。泰州市、江宁县等都已调配专职干部，正在积极筹建机构中。

综看目前全省红十字工作的情况，大致有两种类型：一是以大量发展会员为跃进目标，由点到面地发展会员，进行训练，建立基层组织，适当地进行巩固；一是以提高会员质量为跃进目标，大力训练卫生员，加强会员教育，整顿和巩固基层组织，适当地发展会员。前者重在数量，后者重在质量；但在工作跃进中，必须强调：质量、数量，兼筹并顾，相互推动，互相提高。红十字会员能在除四害、讲卫生运动中发挥应有的作用，便是质量、数量并重的象征之一。各地红十字会仍应本着中共中央、国务院2月12日发出的关于除四害、讲卫生的指示中对红十字会员的要求和中国红十字总会2月21日关于动员全体会员积极参加除四害、讲卫生的通知的要求，继续加强对会员的教育工作。

在训练方面，目前仍以苍蝇、蚊子、老鼠、麻雀和钉螺及其病媒昆虫的形态、生活习性、对人的危害等基本知识和行之有效的消灭方法及消毒方法为主要内容。训练时间不宜过长，一般以6至10小时为标准，可连续训练，突击完成。正在开办的卫生救护训练班，亦应以上述训练内容穿插在有关课程中，进行不同方式的训练；训练以后要经常向群众宣传除五害的意义和指导、检查并带领群众进行除五害活动，使红十字会员在群众性卫生工作中发挥更大的作用。

红十字工作的跃进，必须紧紧依靠党、政的领导，依靠群众，认真贯彻和执行鼓足干劲、力争上游、多快好省地建设社会主义的总路线，这是促使工作做得又多又快又好又省的前提。未曾订出工作跃进计划的单位，希按这个路线，及早拟订，报送本会。

兹将无锡市突击建立红十字会基层组织的行动计划和常州市红十字会除七害、讲卫生、红十字卫生员训练工作计划抄送你会，以作参考。

上述《通知》发出后，江苏红十字会工作即全面进入发展的快车道。红十字会工作的快速推进最主要的还是体现在基层组织发展和建设的跃进上。

1958 年，江苏红十字会训练卫生员和成立卫生站的速度和数量都是惊人的。例如，徐州市云龙区红十字会自 5 月下旬起，开展红十字卫生员突击训练。训练方法打破了老规矩，采用 4 天（每天 6 小时）24 小时的方法，节省时间与开支，课程连贯易懂。到 7 月下旬，全区 64 个居民委员会，除 9 个继续训练外，其他都建立了红十字卫生站。常州市红十字会依靠党的领导和兄弟医疗机构协作挂钩，紧密结合生产并抓住“四边”原则，打破过去小脚走路的保守状况，仅 6 月份，就训练红十字卫生员 6745 人，同时发展会员 6512 人。南京市建邺区侯家桥街道办事处红十字会 6 月份训练了 80 个红十字卫生员，然后按照居民委员会成立 8 个卫生站①。

基层红十字会一般是建立在农业生产合作社、行业协会、学校、居民委员会等单位里。而 1958 年苏州在旅游景点建立了基层红十字会组织，在寺庙建立了卫生站。如灵岩山是苏州市木渎镇附近一处名胜古迹，每逢节假日，游客很多。苏州市红十字会为了及时地救护游客的意外伤病，在灵岩山寺成立基层红十字会，7 位和尚参加卫生救护训练后，成立了红十字卫生站②。实际上，在“大跃进”期间，像苏州市这样非常规地建立红十字基层组织的状况，比比皆是。例如，将基层红十字会建立在工地、船上，等等。

1957 年至 1959 年，江苏各市县发展红十字基层组织、会员数和红十字卫生站、卫生员数见表 4－5、表 4－6。

表 4－5　江苏各地红十字会基层组织和会员人数统计表

地点	1957 年		1958 年		1959 年
	会员（人）	基层组织	会员（人）	基层组织	会员（人）
南京市	13041	102	104401	872	11343
江宁县	统计在南京市内				
无锡市	6525	46	23592	250	6213
无锡县	/	/	35307	137	42687
苏州市	5424	29	10258	138	18210
常州市	4452	56	68624	131	10899
镇江市	4202	38	4953	46	6568

① 李树勋等：《卫生教育跃进，再跃进》，《中国红十字》1958 年 9 月号，第 13 页。

② 李黎盛：《灵岩山上》，《中国红十字》1958 年 4 月号，第 13 页。

（续表）

地点	1957 年		1958 年		1959 年
	会员（人）	基层组织	会员（人）	基层组织	会员（人）
扬州市	1188	9	2749	36	5214
南通市	3277	36	5628	58	6262
淮阴市	510	3	3502	28	5443
新海连市	1611	29	缺	缺	3537
徐州市	6501	54	10746	7	7320
江阴县	1154	8	24690	7634	22632
常熟县	/	/	9339	85	10165
丹阳县	/	/	8392	16	缺
武进县	/	/	/	/	/
扬中县	/	/	/	/	1026
仪征县	/	/	/	/	/
泰州县	/	/	18447	51	38927
灌云县	677	18	11105	290	16495
泗阳县	2270	53	4725	93	/
泗洪县	749	11	90000	280	3100
昆山县	/	/	/	/	/
合计	51581	492	436458	10152	216041

资料来源：《江苏省红十字会 1957—1959 年组织训练工作统计表》，江苏省档案馆档案，第 442 卷。

表 4－6　江苏各地红十字卫生站、红十字卫生员统计表

地点	1957 年		1958 年		1959 年		3 年累计数	
	卫生站	卫生员（人）	卫生站	卫生员（人）	卫生站	卫生员（人）	卫生站	卫生员（人）
南京市	285	4679	1090	61319	164	11343	1539	77341
江宁县	统计在南京市内							
无锡市	18	3681	173	4784	92	2596	283	11061
无锡县	/	/	4340	10465	5642	16185	9982	26650

（续表）

地点	1957 年		1958 年		1959 年		3 年累计数	
	卫生站	卫生员（人）	卫生站	卫生员（人）	卫生站	卫生员（人）	卫生站	卫生员（人）
苏州市	16	2316	90	1123	324	7425	430	10864
常州市	31	1179	110	9257	146	10912	287	21348
镇江市	44	576	50	904	77	1517	171	2997
扬州市	8	186	36	758	91	1843	135	2787
南通市	15	372	55	1339	72	1551	142	3262
淮阴市	/	/	15	469	25	489	40	958
新海连市	24	128	/	/	59	411	83	539
徐州市	66	1776	239	7429	289	5285	594	14490
江阴县	8	232	423	7022	26	4828	457	12082
常熟县	/	/	33	927	67	1203	100	2130
丹阳县	/	/	2	2582	/	/	2	2582
武进县	/	/	/	/	/	/	/	/
扬中县	/	/	/	/	32	83	32	83
仪征县	/	/	/	/	/	/	/	/
泰州县	/	/	67	1735	282	6013	349	7748
灌云县	11	90	357	1820	367	2237	735	4147
泗阳县	15	305	26	1345			41	1650
泗洪县	10	46	130	3000	566	312	706	3358
昆山县	/	/	/	/	/	/	/	/
合计	551	15566	7236	116278	8321	74233	16108	206077

资料来源：《江苏省红十字会 1957—1959 年组织训练工作统计表》，江苏省档案馆档案，第 442 卷。

由上表可知，至 1959 年，江苏全省三年内实际建立 10644 个基层组织，16606 个红十字卫生站，发展会员 704080 人，训练卫生员 206077 人。仅从组织、训练工作的统计数据来看，1957 年至 1959 年，江苏红十字会的成就是辉煌的，是在省红十字会统一领导和部署下取得的。

实际上，当时全国各地红十字会在基层普遍建立和发展组织，在厂矿、街道、学校、生产队设立红十字基层委员会，委员会下设红十字卫生站和会员小组。卫生站着重进行卫生工作，其他各项活动由会员小组负责进行，而基层红十字活动逐步地集中到红十字卫生站进行。

红十字会员、卫生站、基层组织是开展红十字运动的组织基础和依靠力量。“大跃进”期间，大规模地训练卫生员，发展会员，以及建设红十字卫生站及基层组织，对于推进群众性卫生工作，保障人民身体健康，无疑大有裨益。

为解决基层组织和红十字卫生站之间的矛盾，1959 年 4 月，中国红十字会总会在批复函件中提出，红十字会基层组织应紧紧地与卫生部门的基层组织结合，红十字会不再单独设立基层委员会，实际上就是撤销基层委员会，以红十字卫生站作为基层会员活动中心①。

表 4 -5（《江苏各地红十字会基层组织和会员人数统计表》）中并没有显示出 1959 年江苏红十字会“基层组织”的统计数，这表明：1959 年以后，江苏红十字会基层组织按照要求，开始与卫生部门或爱卫会基层组织结合，而这种结合给“基层组织”的数据统计带来了极大的不便。

实际上，1958 年北京市红十字会已经探索红十字卫生站与基层医疗机构建立起密切的业务挂钩关系。这年 8 月，北京市红十字会和市公共卫生局发出《关于红十字卫生站与基层医疗机构建立业务领导关系的联合通知》（以下简称《通知》），加强了基层医疗机构对红十字卫生站的业务指导，红十字卫生站因此发挥出基层医疗机构的助手作用。

《通知》要求基层医疗机构做到如下方面：其一，指定专人领导卫生站工作，经常到站检查了解和解决工作中的困难；其二，提高卫生员和会员的卫生知识和技术水平，担任卫生救护训练的师资和卫生员复习提高的指导，并结合季节定期地向会员进行卫生知识的宣讲；其三，负责接受卫生站转送来的急症患者，对卫生站报告的疫情及时地进行访视。

《通知》还要求红十字卫生站做到：其一，卫生员应实行分户、按片负责制，调查本片居民的疾病情况和疫情，建立疫情报告网，发现疫情及时报告基层医疗机构，协助防疫部门对传染病患者居住环境进行消毒，或向周围群众进行防治传染病的宣传工作；其二，协助基层医疗机构进行防疫注射，在

① 中国红十字会总会编：《中国红十字会历史资料选编，1950—2004》，民族出版社 2005 年版，第 66 页。

医务人员指导下担任疾病访视、护理指导工作；其三，卫生站站长应定期向基层医疗机构汇报工作，群众对医疗保健工作的意见及时地反映给基层医疗机构，并根据门诊部的多发病，向群众进行预防宣传，使卫生站成为群众和基层医疗机构在保健工作上的桥梁①。

《通知》发出后，城区各基层医疗机构都与红十字卫生站建立了业务挂钩关系。由于发挥了红十字会的作用，城区各项卫生工作较前容易推动。而红十字会由于基层医疗机构或门诊部业务的指导，工作起来有了保障和依靠。

因此，作为卫生部门医疗保健网的最基层组织，红十字卫生站具有了如下几点优势：一是更好地组织红十字会员、卫生员，开展各项群众卫生活动，红十字会员和卫生员成为群众卫生运动的骨干力量；二是及时得到基层医疗部门的业务领导和科学技术指导，使红十字卫生站更加巩固，红十字会员、卫生员的卫生知识与技术能够得到不断的提高；三是基层医疗机构便于做好预防工作，做到及时而准确地掌握疫情，控制和消灭传染；四是地段医师深入基层时“有了抓头”，有了助手，有利于提高工作效率。

二、基层工作的典型案例

1957 年和 1958 年，江苏红十字会的基层组织建设进入发展的快车道。其间，红十字会的基层工作涌现出一批典型，南通市唐闸油脂厂、江阴县马镇乡红星三社和徐州市福水街人民公社即是红十字会在工厂、农村、街道等方面工作的杰出代表。通过考察以下 3 个案例，我们可以了解当时基层组织工作的某些面相。

（一）唐闸油脂厂的案例

南通市唐闸油脂厂是一家联合机修、轧花、油脂三个企业的工厂，拥有榨油车间、炼油工场、轧花车间、车床、钳床、打铁、电焊等生产部门，共有 1500 名职工，设有 6 个医务人员组成的联合保健站。1952 年，唐闸油脂厂训练过一批不脱产的车间保健员，但后来由于工作调动和管理制度缺乏，保健员的作用未能充分发挥出来。特别是因为没有固定的卫生基层组织，卫生防疫和宣传教育工作长期未能普遍深入地开展，以致工人卫生素养不能提高，车间内外不能经常保持清洁，医务人员忙于治疗，既影响了医疗质量和工人健康，也妨碍了生产任务的完成。

南通市红十字会了解到唐闸油脂厂的情况之后，即加大了对该厂红十字

① 孙敬敏编纂：《北京市红十字会的 65 年（1928—1993）》，文津出版社 1995 年版，第 55—56 页。

工作的指导力度。

其一，争取厂领导的重视。市红十字会密切结合生产，掌握每个生产部门工作时间的特点，利用业余时间，采取“先训练后发展”以及从试点入手、步步深入的办法，1957 年 3 月至 11 月共发展 231 名红十字会员，举办两个卫生救护训练班，一半的会员接受了训练。之后挑选出 57 名骨干分子，分别在 4 个重点车间建立了车间红十字卫生站。为建立卫生站和充实卫生站的设备，工厂行政拨出相应经费，配备了一般常用器械和急救药品。

其二，把工厂卫生员训练工作列入市卫生局工业卫生工作计划。根据卫生工作“面向工厂”、为生产服务的精神，市红十字会提出油脂厂车间红十字卫生员训练计划应列入市卫生局工业卫生工作计划。随后得到了统一安排，取得了工厂党、政、工、团领导的重视和大力支持，以及卫生局工业卫生科的协助，工作进展比较顺利。

其三，决定卫生救护训练对象，安排训练时间。先由工会领导根据训练的要求物色对象，如具有一定文化水平的工人骨干、车间管理员等，再由厂方行政领导了解停电、基建、检修等生产的空隙机会，利用 3 天、计 24 小时突击进行卫生救护训练。榨油车间主任钱汉章、党支部书记徐乔生等带头报名参加学习，大大地鼓舞了学员的学习热情。

其四，解决计件工学习期间的工资问题。按照常规，计件工在停工期间是不发给工资的，若被行政动员去参加学习，就按照学习工资支付。经保健站的争取，厂方大力支持救护训练，同意全部发给学习工资。参加训练的 11 名工人（合计 22 个工，平均每人每天工资 1.47 元），领取到了学习工资 32.34 元，从而安心学习，增强了学习信心。

其五，通过卫生救护训练发展会员。在训练过程中，灌输学员会务知识，如红十字会的性质、任务等，激发他们入会积极性。受过训练的卫生员回到车间之后，进行会务宣传，在保证质量的前提下有计划地发展会员。据统计，唐闸油脂厂 231 名会员中，党团员就有 65 个，高中文化程度 3 个，初中 23 个，小学 204 个，文盲只有 1 个，青壮年占会员总数的 59.7%。按车间成立会员小组，民主产生小组长，形成了开展车间卫生活动的基层保健网。

红十字卫生站、会员小组自建立之后的半年里，有力地推动该厂的各项业余卫生活动。诸如，在例行检查大便寄生虫卵时，红十字会员、扛运队大队长缪文彬带头行动，并耐心说服群众，使整个大队及时完成了检查任务，一改过去懒散的形象；1957 年春季，在预防流感的宣传工作中，卫生员曹吉昌、刘根旺等人在饭厅里进行口头（有时利用扩音机）宣传，提倡戴口罩、注意冷暖等个人预防知识，他们还在业余时间里配合保健站分发感舒片，动员对流感患者进行隔离，每天两次用漂白粉溶液对隔离室进行消毒，这些卫生员的自觉行动对预防流感起到了一定的作用；在预防痢疾、服用赤痢噬菌体时，会员以 3 人为一组，组成若干小组，分别到各个车间、科、室，采取边宣传、边服用、群众教育群众的方法，动员全体工人服药；会员成为卫生宣传骨干，市红十字会下发的宣传材料都及时地被口头宣传和刊登在黑板报上；根据不完全统计，4 个车间红十字卫生站 6 个月内共作急救和一般疾病外伤处理达 557 人次。

值得一提的是，车间红十字卫生站为规范工作和巩固已有成果，特制定出几项措施。第一，保健站与车间红十字卫生站订立分工制度。凡是轻微外伤，一律由卫生站作现场处理，伤病较重的，由卫生员护送保健站处理，减少医务人员的忙乱；第二，卫生员在生产时间做外伤急救工作时，其生产任务由其他工人代为完成，不至于影响生产；第三，各个卫生站均订立业余值班制度。业余值班分早、中、晚三班，每班 1 人值班，值班时间是上下班前两小时①。

唐闸油脂厂基层红十字会工作取得了一些宝贵经验：一是主动向领导请示和汇报工作，争取他们的重视，充分做好调查研究，提出切实可行的计划是做好工作的关键；同时依靠工厂保健站医务人员的支持和指导十分重要。二是在组织卫生救护训练时，注重教学质量和效果，采取多样化教学手段，讲解生动形象，通俗易懂；训练时，实习、示教等环节也非常重要。三是利用各种机会，密切结合生产，有计划地开展一些会务活动，但活动不宜太多，以免妨碍生产。

（二）红星三社的案例

1957 年 4 月，江阴县红十字会在马镇乡红星三社开展了试点工作②。红星三社红十字会工作的情况大致如下：

其一，主动争取乡、社领导重视，统一布置，密切结合生产开展活动。6 个月内，先后开展 6 次以除草积肥为中心的爱国卫生运动，积得草肥 500 余担，并根据不同季节，组织会员和卫生员进行不同内容的活动。社领导重视，把红十字会的工作纳入社的生产计划，每个阶段在布置、检查和汇报生产的同时，也布置、检查、汇报红十字会的工作。

---

① 南通市红十字会：《南通市唐闸油脂厂开展红十字工作的情况》，《总会工作通讯》1958 年 1 月号（第 7 期），第 14—15 页。

② 江阴县红十字会：《江阴县马镇乡红星三社红十字工作》，《总会工作通讯》1958 年 1 月号（第 7 期），第 16—17 页。

其二，基层红十字会的组织系统与社的生产组织系统结合起来，充分发挥组织作用。基层红十字会的主席由社主任担任，委员由各个大队长担任，会员小组长由各个小队长担任，有机地结合季节性的生产任务来开展红十字会工作。1957年5月之前，红星三社红十字会的工作是由基层红十字会直接召开卫生员会议布置的。因为白天生产繁忙，同时涉及工分问题，卫生员会议只能在晚上召开，最远的卫生员要从7里地之外赶来开会，因此卫生员很难召集起来，有两次会议出席的卫生员人数不到总数的三分之一。卫生员参加会议后，虽向大、小队长做汇报，但大、小队长总是认为这是卫生员自己的事，实际上他们对红十字会工作支持很少，红十字会工作难以全面开展。后来改进了工作方法，红十字会的工作安排在生产会议上向大、小队长（红十字委员和小组长）布置。之后，大、小队长再分片召开卫生员、会员会议，这样加强了大、小队长对红十字会工作的领导，充分发挥出会员小组和卫生员小组的作用，红十字会工作得到了经常开展。

其三，卫生救护训练结束后，立即和当地联合诊所联系，邀请他们对卫生员进行业务知识上的辅导和其他具体的帮助。在几个月里，红十字卫生员在诊所医生的帮助下，急救技术大有提高，都能熟练地掌握救护原则和技术。一次，第九大队大房庄57岁的郑朱氏因饮食不慎而上吐下泻，面色苍白，汗流如雨，卫生员俞小青得知消息后，马上在大树底下放置一块门板，让她躺下服入十滴水，病情慢慢地好转了。另有一次，第一大队王云先13岁的女儿，溺水后呈深度窒息，群众都认为无法挽救了。经卫生员耐心护理，并请联合诊所医生治疗，后来恢复了健康。王云先感动地说："幸而有了红十字卫生员，小孩子才得以生还，待她长大后，一定也叫她去学做卫生员，为大家服务。"

其四，结合生产，组织会员、卫生员带领群众进行各种卫生活动。例如，1958年5月，唐家村卫生员带领会员和群众挖蛹，在已集中加盖的粪缸周围掘出缸边泥25担作肥料；在夏收夏种之前，发动群众清除村周围的杂草，这样既卫生又积肥；端午节发动家庭妇女打扫室内卫生，清洗蚊帐；农忙时就动员妇女在烧饭时灌好开水送到田间，做到人人喝开水，有的卫生员晚饭后还背着急救包到附近村庄进行巡回医护；第九大队在卫生员和会员的帮助下，疏通了两条小河，填平了一条污水沟，并把污泥充作肥料。目睹这些卫生活动，群众深受感动，不少人主动要求加入红十字会。有些社员说："以前搞卫生像一阵风，自建立了红十字会，搞卫生已成为家常便饭。"8月，江阴县爱国卫生运动委员会到红星三社检查工作，肯定了该社的卫生工作，指出"马镇乡红星三社的爱国卫生是有基础的，特别是通过发展红十字会员，在农业社里起了骨干作用，处处结合生产，为生产服务，既能搞好爱国卫生，又能处理急救和小外伤，挽救了生命，保障了劳动力”。

综合上述，红星三社红十字工作取得以下几点经验。第一，会员、卫生员的活动必须结合生产积肥、个人和妇女卫生等进行，使社员真正体会到参加了红十字会对自己和农业生产都有好处。这样，会员、卫生员的活动和红十字会组织就能够得到巩固。第二，做好开展会务、卫生宣传工作。鉴于社员文化水平的差异和不同的生产时间，宣传工作最好是结合各种大小会议，收集实例，用浅显易懂的语句，像讲故事一样进行讲解，效果会更好。第三，必须经常注意发现和培养骨干分子，扩大宣传力量和巩固组织的核心，使他们在各项工作中能够发挥出带头作用。第四，随时注意交流经验，对好人好事及时地加以表扬。对会员、卫生员的困难，尽可能地立即帮助解决，使他们的工作信心不受影响。第五，经常地向党政领导做汇报和进行必要的宣传，使他们及时地了解红十字会工作的开展情况，以便获得他们的支持。红星三社领导了解到红十字卫生站的情况后，立即拨出200多元作为购置急救药品的活动经费，就是一个很好的例证。

(三) 福水街人民公社的案例

1958年，徐州市的街道都成立了人民公社，并且掀起全民办工业的高潮，各种为民办工业服务的福利事业，如食堂、托儿所、幼儿园、小学等也蓬勃发展起来。这种新的发展形势给红十字工作带来了一定的负面影响。一方面大部分青壮年会员、卫生员都投身到工业生产，剩下的都是一些孩子和年老体弱的会员，基层红十字活动出现停滞不前的现象；另一方面在居民都投入生产、街道红十字卫生站的工作转向服务生产的情形下，卫生站的药品消耗比过去多得多，原规定每站每月1元至1.5元的日常经费就不够使用了。

徐州市福水街人民公社共有579户、2376人。1958年，该公社兴办了水泥厂和加工厂，炼焦厂处于筹建之中，食堂和托儿所已经建好。公社绝大部分劳动力都参加生产，红十字卫生站只剩下站长1人，工作陷于停顿。有鉴于此，市红十字会与负责福水街人民公社的市立第一医院地段同志协商，决定进行红十字保健站建设试点——由红十字会员群众出钱自办红十字保健室①。

当把自办建保健室的意见交由群众讨论时，大家都赞成。有的会员主动借出自家的桌子、椅子、小货架子，还有的把家里过去存放的医疗器械，如脓盘等都贡献了出来。公社马上找到一间房子，居民小组长负责登记收钱，

① 牛霭华：《福水街人民公社的红十字保健室》，《中国红十字》1958年11月号，第17页。

医院大夫支援了一些瓶子，帮助购买药品。扫盲老师连夜帮助粉刷房屋、布置室内环境，刻印诊疗证。由于发挥了群众的力量，前后只用4天的时间就把红十字保健室建立了起来。

医院地段大夫帮助补训了13名红十字卫生员，她们都是三四十岁以上的家庭妇女；地段大夫还以户为单位，每户每月收缴1角钱用来购买药品；医院地段医生兼任保健室的大夫，红十字卫生员就当护理员。9月19日，红十字保健室正式应诊。之后的20天里，就诊（包括巡视工厂急救）206人次，收住31名家庭病床病人，发现7例传染病。保健室除及时报告疫情外，还帮助痢疾和麻疹患者在家里隔离治疗。

实践证明，福水街人民公社红十字会员群众出钱自办保健室，具有以下几处优点：

其一，做到哪里有人，哪里就有医疗，方便群众，保证生产。过去，红十字卫生站只能做一般的急救工作，群众生了病，要到医院或诊所去看病。医院门诊忙，手续多，看一次病往往需要两三个小时，花钱多且影响了生产和工作。保健室建成后，小病不要跑远路，大病不要出家门，看一次病最多十分钟。在生产时，一般的外伤都能得到卫生员的及时处理。家里若有病人，家属不需陪着去看病，大夫可亲自上门诊疗。无人护理的，卫生员就帮助护理。这样，生产人员就能专心搞生产了。

其二，体现群众办会和勤俭办会的精神。自己出钱办的保健室，会员群众就更加地重视和爱护，自觉地参加卫生救护活动，真正做到群众办会。群众出很少的钱，国家便不需要发给药品。市内120个街道红十字卫生站如能这样，每年就能给国家节约2160元，真正做到勤俭办会。

其三，卫生员业务技术得到不断的提高，基层组织进一步得到巩固。卫生员值班时能随时得到大夫的技术指导，一般的疾病鉴别和简易治疗都能跟着大夫学习，从而感到值班很有意义，劲头很足，还能按时背着药箱到工厂、食堂、托儿所等处去巡视。卫生员业务知识有了提高，能够主动地去做卫生宣传工作，并带动群众除四害、防疾病，基层活动的内容丰富了，基层组织因而得到了进一步的巩固。

其四，疾病得到了控制，疫情被掌握。过去群众有点头痛、发热或不舒服，因为要花钱，又耽误生产，一般都不愿意去看病，或者自己随便买点药吃。这样就很容易因用药不当或未及时治疗，小病发展成大病。保健室建成后，大家看病既经济又方便，因此能够较早地发现疾病，进行治疗，从而控制了疾病的发展。例如，1958年对发现的7例痢疾、猩红热、麻疹病患及时地采取了措施。

其五，家庭病床工作得到进一步发展。开展家庭病床工作，一开始是医院大夫挨门挨户找病人，后来是红十字卫生员每天向地段医生报告病人情况。保健室建成后，病人都来到保健室，合乎住家庭病床的就可以收住，从而使医疗工作做得更好。

以上事例反映出“大跃进”期间，工厂、农村、街道基层红十字会工作的情况，是基层红十字会整体工作的一个缩影，它们形成了各自的工作特点和经验。

第五章　广泛开展业务

20 世纪 50 年代中后期，我国开始全面建设社会主义，大多数地方已建有红十字地方组织和基层组织。凭借不断完善的组织网络、双重管理体制以及广大会员以卫生站为依托踊跃参与，红十字业务得以广泛地开展了起来。红十字会不仅组织灾区巡回医防服务，而且深入参与以“除四害、讲卫生”为重点的爱国卫生运动，并开展救护训练和防疫工作。与此同时，以急救训练、夏令营等为主要内容的青少年运动蓬勃发展。中国红十字会还与日本方面合作，进行了协助日侨回国、遣送日本战犯、安置烈士遗骨等友好往来活动。红十字运动因而走向辉煌。

第一节　灾区巡回医防

一、组队赴灾区

如前文所述，我国幅员辽阔，气候复杂多变，自然灾害特别是水涝灾害频发。灾情发生后，中国红十字会经常根据灾区需要，协助当地政府组织医防服务队，开展巡回医防，为灾害救助做出一份独特的贡献。红十字会组队开展巡回医防，逐渐成为红十字会的一种服务模式或工作机制。

以下考察的是 1956 年江苏省红十字会组织开展巡回医防的情况。与 20 世纪 50 年代初中国红十字会总会和各地分会多次组织开展巡回医防服务不同的是，此次江苏省红十字会正值筹备成立阶段，且在省卫生厅直接指导下，全面独立地领导组队并开展巡回医防，工作结束后还进行了总结和反思，可谓是历次红十字会分会开展巡回医防的“升级版”。

1956年是我国实现全面合作化的第一年，全国即经受了一次特大灾害的考验。6月初，淮河流域发生水涝灾害，雨季较以往年份提早一个月，降雨量和江河流量也比往年同期的大，淮阴和徐州是江苏省的两个重灾区。淮阴专区的泗洪县位于洪泽湖西岸、淮河下游，新中国成立之初连年遭受不同程度的自然灾害，人民生活困难。这一年泗洪县再次遭受暴雨、冰雹、内涝等袭击，洪泽湖、里下河的水位都超过了1954年[①]，大部分地区农作物颗粒无收，全县56万多人口，受灾的即达30余万。人民群众缺衣短食，生活深受影响，加上旧社会遗留下来的不合理的卫生习惯，因而疾病极易发生，极大地威胁着灾民的身体健康。

灾情发生后，为响应江苏省委和省人民委员会大力支援灾区人民生产自救的号召，重点协助淮阴、徐州两个重灾区开展卫生工作，省卫生厅与省红十字会筹备委员会、南京军区后勤部卫生部取得联系，建议省红十字会和南京军区卫生部各组织一个灾区巡回医疗防疫队，于10月15日分别前往淮阴、徐州专区，协助开展灾区卫生工作。

10月10日，省卫生厅就两个灾区巡回医防队的工作安排事宜，向淮阴、徐州专署卫生科下发通知，要求淮阴、徐州专署卫生科根据两个灾区工作队的计划，准备做好工作，并注意以下几点：第一，明确组织该队的目的是为了专到医务力量薄弱的重灾地区，巡回协助当地组织的巡回工作组开展工作。所以要安排好该队巡回的几个县，估计每县驻留的时间，并根据实际需要将工作队分到一两个县后，再分几个工作组，深入区、乡协助当地巡回工作组开展工作。第二，该队的工作范围主要是以做好防疫工作为主，并在业务、技术上协助各地巡回医疗，使得当地巡回工作组在他们的协助指导下，能够有计划有步骤地逐步开展工作。为了照顾灾区全面的工作，该队人员驻留一个地方时间不能过长，同时关于当地巡回医防组的经费、事务、行政方面的困难问题，仍应请示当地卫生主管部门解决。第三，该队在各地工作期间，如需向上级请示解决问题，一般问题可由卫生科就近解决，重大问题报告卫生厅。工作队每半个月将工作情况简要书面汇报卫生厅，工作结束前应进行全面总结，送卫生科阅签意见后，报卫生厅。第四，两个工作队人员技术业务水平均较高，他们的热情也很高，到达后，在精神上要予以鼓励，进一步发挥他们的工作积极性[②]。

---

① 谢觉哉：《在全国人民代表大会常务委员会上的报告》（1956年8月27日），引自内务部农村福利司编：《建国以来灾情和救灾工作史料》，法律出版社1958年版，第165—166页。

② 江苏省卫生厅：《我厅组织灾区医疗防疫队前来你专区协助开展工作的通知》（1956年10月10日），（56）卫防朱字第312号，江苏省档案馆档案，第315卷。

灾情亦牵动着省红十字会。在省卫生厅的领导下，10 月 4 日，省红十字会筹备委员会本着人道主义原则，向所属南京、无锡、常州、镇江、江阴、青浦、武进等 7 个市、县红十字会发出组织灾区巡回医疗防疫队的通知。由于得到省卫生厅，特别是各地卫生部门的重视与支持，7 个市、县红十字会迅速地组织人力物力参加灾区医防服务。

在这次组队过程中，各地红十字会在思想上一致认识到自然灾害的救助工作是红十字会的基本任务之一，也是保障人民生活及自救工作顺利进行的必要措施，各地红十字会在业务繁忙中克服困难，抽调人力物力支援灾区，以尽绵薄之力。江阴县红十字会抽调 7 位医务人员，还配备一批器械；常州市红十字会特地邀请 1 名中医前来参队。红十字会工作人员觉悟很高，也签名要求参加灾区工作。如江阴县红十字会医师顾海容，在其祖母去世还未来得及送葬的情况下，就去南京报到参加医防队。

各地卫生部门重视组队工作。例如，常州卫生局批准中医工资（原无预算），江阴县卫生科垫发参队人员的工资和旅费，实属难得。因为各地红十字会组织与卫生部门合署办公后，确实存在对红十字工作不够重视的现象。实际上，开展红十字工作必须紧紧依靠各级党政，特别是卫生部门的领导和重视。在各地红十字会尚未正式发展会员、基层组织尚未建立和健全、新生的群众性力量尚未得到巩固之前，如果将原有的红十字会医疗机构全部交给当地卫生部门，与红十字会脱离领导关系，一旦发生不可抗拒的自然灾害时，若要及时地动员和组织力量，就显得十分困难。有鉴于此，10 月 29 日，省红十字会筹委会办公室就组队过程中遇到了一些实际问题向省卫生厅、中国红十字会总会报告①，请求尽快解决。

该报告认为：一是原有的红十字会医疗业务机构交给当地卫生行政部门后，已经由当地卫生行政部门根据该地的医务力量和需要，在技术（人事）与业务方面做了统一的调动与安排，（实际上红十字会的业务机构交予卫生行政部门后，使用多于培养和领导，调出多于调进）因此，一旦临时动员调出为灾害服务时，就可以设想将会发生很多困难。二是即使我们大力发展会员与建立健全基层组织后，（医院的医务人员都为红十字会员时）也仍有困难。因为红十字会员没能像工会会员都有工会活动的法定时间。因此，当需要号召与动员组织（医师）会员为红十字会较长时期服务时，也必然与行政或业务等工作相抵触。如果要依靠就地的（经过红十字会卫生卫国训练的）会员

① 《报告灾区巡回防疫队组织及出发工作情况》（1956 年 10 月 29 日），江苏省档案馆档案，第 315 卷。

来担负为发生不可抗拒的自然灾害或军事行动服务，但全省发展红十字会员和进行卫生卫国训练工作还未全面开展，群众性基层组织尚未全面成立与巩固。为此，建议为能担当起在最近期内发生的自然灾害或军事行动的服务，红十字会的医疗业务单位可缓交，或由红十字会的负责干部兼任红十字会业务单位的副职，负责工作。

10 月 12 日，参队的工作人员均如期到达省城南京报到①。医防队实有工作人员 23 名，其中高级医师 4 人（包括中医 1 人）、医生 6 人、护士 6 人、助产士 2 人、检验员 2 人、药剂师 1 人、总务 1 人、工勤 1 人。张宇和（江阴县红十字会总干事、医师）担任队长，李念慈（无锡市红十字会总干事）和张良波（省红十字会干事）担任副队长。

医防队组成后，队员即接受为期 3 天的学习和培训。省卫生厅领导亲自向队员做指示，确定医防队的任务。医防队计划工作 3 个月，主要是协助当地卫生机构开展门诊和巡回治疗工作，以抢救重症病人为主；开展卫生防疫宣教，防止和控制冬春季节传染病的流行；工作方法必须做到送医送药上门。在短暂的学习期间，队员们还制订了公约和相关制度，保证任务完成。省卫生厅为医防队调拨 30 余箱计 220 余种药品，并拨款 6000 元作添购药品及迁队之用。各地红十字会还为医防队配备了两架显微镜，以及外科手术器械、产科器械和卫生宣教工具、材料等。

10 月 19 日晨，灾区巡回医疗防疫队携带着药品和器械，在省红十字会组训组长张玉田和队长张宇和的率领下由南京出发开赴重灾区泗洪县。

二、巡回服务灾民

10 月 20 日中午，灾区巡回医疗防疫队到达泗洪县人民委员会所在地青阳镇②。到达的第二天即 21 日，医防队即与泗洪县卫生科研究灾区医防工作。

---

① 《报告灾区巡回防疫队组织及出发工作情况》（1956 年 10 月 29 日），江苏省档案馆档案，第 315 卷。

② 参见《江苏省红十字会灾区巡回医疗防疫队工作汇报》（1956 年 11 月），江苏省档案馆档案，第 315 卷。另有一种说法：江苏省红十字会灾区巡回医疗防疫队于 1956 年 10 月 15 日出发，19 日到达泗洪县（见《江苏省红十字会灾区巡回医疗防疫队工作总结》1957 年 1 月 25 日，江苏省档案馆档案，第 189 卷）。本文采用 1956 年 11 月《工作汇报》中的观点，即巡回医防队 10 月 19 日晨出发，20 日中午到达目的地泗洪。理由如次：第一，医防队在南京市与泗洪县之间行驶 1 天多，符合常理。第二，按照省卫生厅的要求，1956 年 10 月组队的医防队到达目的地工作后，即于 11 月写就了《工作汇报》，时隔短，当事人的记录和汇报可信度应较高。第三，《工作汇报》不仅记录了医防队于 10 月 19 日早晨出发和 20 日中午到达目的地的具体时间，而且还详细地叙述了医防队到达目的地后的第二天（21 日）、第三天（22 日），甚至第四天（23 日）的活动，这样的记录应该是符合实际的。不过，医防队在 10 月 15 日培训结束后，至 19 日出发前的活动不详。

22 日，泗洪县委、县人民委员会领导及县文教部、卫生科等负责人设宴欢迎医防队。席后，医防队进一步研究工作，并认真听取各位领导关于工作的指示。

因工作需要，根据力量的配备，医防队分为 3 个工作组。在泗洪县卫生科统一领导下，医防队与当地医工、社会医疗单位既分工又合作，医防队凭借技术力量主要承担医疗工作，做到送药上门，为灾民健康服务。社会医工主要进行卫生宣教和防疫工作，在实际工作中他们的技术水平也相应地得到了提高。

从技术条件、药品器械装备来看，医防队的实力比较强，完全能够胜任为灾区人民的医防服务。但医防队考虑到泗洪卫生机构条件较差，就抽调外科医师赵士亭留在县城，协助泗洪县人民医院开展外科诊疗，并通过 3 个月工作以带徒弟的方式培养一至两名外科手术医师，能够独立操作宫外孕、剖腹产、阑尾及肠部等手术，同时帮助医院建立和健全医疗制度。10 月 23 日，医防队其余 22 人由青阳镇出发，徒步到达 25 里外重灾区的中心——朱湖。朱湖属金镇区，联系界集区、青阳区受灾的地方较为便利，而且有 10 多间空屋，便于工作和生活，医防队就停驻在这里，担负起金镇、青阳、界集、归仁等 4 个区 34 个乡 20 多万灾民的医疗防疫工作。

金镇区党政领导十分重视灾区医防工作，在医防队未到达之前，就通过区、乡会议将医防队来灾区工作的情况传达给灾民。医防队到达朱湖的当日下午，即有病人前来就诊，医防队一面整理房舍，成立门诊部，一面应诊病人。医防队的工作就这样开始了。

一次，距离朱湖约 20 里东北方向的伏尧乡有个小孩患急性肺炎，3 个大人杠抬着送到朱湖治病，来回步行 50 里，且急性肺炎不是一两天就能治好的，因而耽误了生产自救的时间。还有，也是距离朱湖约 20 里，东南方向的新行乡每天都有 50 多人到朱湖治病。针对上述情况，医防队根据病人的地区分布和受灾的轻重程度，决定成立巡回医防小组，深入重灾乡村工作，做到送药上门，治疗与预防相结合。巡回医防小组由 1 名中级医师、1 名环境卫生宣传工作人员和 1 名妇幼卫生助产人员组成，医防小组配有幻灯、图片等宣传工具及显微镜、骨盆尺等检查工具。10 月 29 日，第一巡回医防小组冒着细雨出发到伏尧乡何宅子工作；31 日，第二巡回医防小组出发到新行乡藏桥工作。巡回医防小组工作人员除了做好各项卫生工作外，还要抽空挑水、买菜、做饭，从白天忙到黑夜，从无怨言。有时还要深入灾户进行访问、面谈，密切联系灾民群众，共同努力完成上级交给的任务。

在 3 个月的巡回服务中，医防队卓有成效地开展医疗、卫生防疫、妇幼卫生等工作[①]，为广大灾民提供优质服务，赢得了社会赞誉。

其一，医疗工作。根据分工，灾区的医疗工作由医防队承担，体现出“医防队重在医疗”。医防队的门诊部设有内科、外科、中医针灸科、化验室、药房和挂号处，3 个月共诊治灾民 25586 人次，其中内科 10421 人次、小儿科 6565 人次、外科手术治疗 48 人次、一般外科 4809 人次、中医针灸科 3791 人次，化验室检验 3066 人次、开出处方 18151 张。据统计，医防队共发现法定传染病 96 例，有斑疹伤寒、伤寒、白喉、脑膜炎、狂犬病、百日喉、麻疹、痢疾等。慢性传染病、丝虫病、黑热病、肺结核、麻风、梅毒等亦有发现。在内科，呼吸道疾病和钩虫病患者最多；小儿科，肺炎较为普遍；外科手术，常见的有阑尾炎、卵巢囊肿、肠梗阻等；一般外科，四肢和乳房脓肿、蜂窝组织炎、瘤疖为多见；中医针灸科对治疗慢性神经病机能障碍疾患发挥了很大的作用，队员们对此深有体会。

医防队在进行医疗工作的同时，非常重视并加强与当地卫生机构的联系与合作。事实上，医防队员均来自苏南各地红十字会，临时抽调前来支援灾区工作的，医疗技术虽高，但人数少，力量也较单薄，且服务时间仅为 3 个月，因此要长期地搞好灾区医疗卫生防疫工作，就必须大力发挥当地医工和原有设备的作用。这样，在业务上开展交流，提高当地医工的技术水平及其在群众中的威信，就很有必要。

泗洪县人民医院拥有腹部手术设备，且有一位医生从淮阴专区中心医院学习回来不久，医防队要求留在该院的队员赵士亭配合外科工作，相互交流经验，他们每天都进行手术治疗肠梗阻等病人，免除了将病人长途远送他地之劳。据汇报，自 10 月 20 日至 30 日，他们对患有肠梗阻、疝气等 5 名病人实施了手术，术后病人反映良好。重要的是医防队送去的病人，人民医院都能主动关照。

此外，医防队与金镇区卫生所取得了联系，处理有关业务问题[②]。泗洪县社会医工约 300 人，联合诊所 30 个。因连年自然灾害，农民无力偿付医药费用，政府就一再由银行贷款给联合诊所，以补助医药费用。但是朱湖附近联合诊所的社会医工失去了借款维持业务的信心，他们并不认为进行免费医疗会带来损失，只是减轻了应付上的困难，而其他灾情较轻的地区并没有开展免费医疗业务。医防队就是为经区乡政府证明付不起药费的灾民进行免费医

① 《江苏省红十字会灾区巡回医疗防疫队工作总结》（1957 年 1 月 25 日），江苏省档案馆档案，第 189 卷。

② 《江苏省红十字会灾区巡回医疗防疫队工作汇报》（1956 年 11 月），江苏省档案馆档案，第 315 卷。

疗服务的。没有证明的病人，医防队就介绍给联合诊所治疗。实际上，医防队开展免费治疗对联合诊所未必产生影响。

关于享受公费医疗干部的就诊问题，经泗洪县人民委员会领导批示后也得到了解决。医防队虽是为灾民提供免费服务的医疗机构，但是也应该为干部病人进行诊疗，其使用的救灾药物，事后可向泗洪县人民医院领回。

其二，卫生防疫工作。如前所述，分工后灾区的卫生防疫工作由当地社会医工负责进行，医防队力所能及地开展了部分种痘、白喉类毒素预防注射及检验工作，斑疹伤寒的流行基本上得到了控制。

医防队的种痘对象主要是新生儿。根据县卫生科要求，医防队在朱湖，伏尧、藏桥三地通过乡村干部，先登记好需要种痘的新生儿，再挨门逐户宣传冬季种痘的好处。因为群众习惯于春季种痘，在天寒地冻的季节接受种痘思想顾虑很大，队员们就充分进行宣传动员，不顾大雪纷飞、寒风刺骨，步行数里外继续坚持工作，灾民深受感动，最后种痘任务得以按时完成，共接种 332 名新生儿。医防队在种痘的同时，还指导了社会医工进行白喉类毒素的预防注射。

卫生防疫工作离不开宣传。医防队在治河工地、小学、农业协会中运用放映幻灯、卫生讲座、“逢会插一脚”及候诊宣传等方式，进行了以防治肠道寄生虫病、妇幼卫生、饮食卫生、预防急性传染病为主要内容的宣传工作，共放映幻灯 7 次、工地宣传 4 次、卫生讲座 8 次、候诊教育 200 余次、受到卫生宣教人数共计 2.9 万余人，广大灾民进一步懂得了卫生知识和预防疾病的方法，尤其是学校的卫生讲座，收效更大。如伏尧乡何宅小学在举办预防肠道寄生虫病的卫生讲座之后，该校老师根据讲座内容给学生出了作文题目。在作文中，各班级学生都能意识到饭前便后洗手，不饮生水，不吃生的、不洁的食物，才能预防肠道寄生虫病。该校四年级学生林必先不但自己做到讲究卫生，还回家动员父母弟妹要注意卫生。卫生宣教确实对疾病预防起到了一定作用。

儿童是祖国的未来，保障儿童健康成长意义重大。医防队在工作之余，还主动对朱湖、戚庄、何宅、陈大门等 5 个小学中 674 名学生进行集体大便检查，发现感染蛔虫 561 人、钩虫 65 人、鞭虫 4 人，并分别给予驱虫治疗。集体服用驱虫剂后，不少学生驱出数十条，甚至千余条蛔虫。

其三，妇幼卫生工作。由于群众缺乏妇幼卫生知识，旧法接生和自己包扎的现象还相当普遍，婴儿死亡率也高得惊人，因此进行接生员辅导工作和产前检查工作十分重要。医防队通过朱湖、伏尧、藏桥三地乡联主任，召集接生员开座谈会，了解其接生业务情况，并由接生员引导分别到孕妇家，动员接受产前检查，宣传新法接生好处及孕期卫生、经期卫生、育儿常识等。在实践中，队员具体指导接生员实习，目的是通过实际的接产锻炼来熟练接生业务。接生员不管风雪冰冻，都坚持工作；夜里接产后，白天继续工作；在产后访视中耐心安慰产妇，并宣传产后卫生知识。3个月，医防队共进行了新法接生17人，产前检查23人次，产后访视18人次。

医防队在泗洪工作期间，省卫生厅、省红十字会以及泗洪县党政领导和各地兄弟分会不断地给予医防队以指示、鼓励和慰劳，江阴县政协还特地来函慰问，尤其是每天门诊人数多达300余人，从早到晚求诊灾民不绝于途，对医防队寄予无限热爱和期望，极大地激发了队员们的工作积极性和救灾热情。

医防队发扬人道主义精神，在生活上，队员们吃苦耐劳，与群众打成一片，关怀灾民疾苦。在工作上，他们不管白天黑夜，不顾大风下雨，做到病人随到随诊，为灾民进行医防服务，有的还带病坚持工作；言语不通，就主动努力学习方言；设备不够用，就想办法加以改进，克服困难；每天夜里几乎都有重病人来急诊，都能得到及时抢救脱险，有时半夜一连来了好几个急诊病人，队员们也毫无怨言，深为灾民感激。如有位名叫臧大明的，家里小孩患白喉病，为了抢救，医防队员不辞辛苦往返步行50余里路，取来白喉抗毒血清；在急救伤寒患者王友才时，医护人员彻夜未眠，第二天一大早就将他一路护送到25里外的泗洪县人民医院。医防队对抢救急重病人尽了最大的努力。

正是如此，医疗工作对支援生产自救发挥了积极作用。一方面频频闪现在重灾区的“红十字”为灾民带来了希望，增添了抗灾自救的信心和力量；另一方面治好病的劳动力又能重新参加生产。例如：盛圩乡灾民滕汉者是一家三口唯一的劳动力，因患钩虫病，体力衰竭，不能劳动，依靠政府救济维持生活已有一年多。经医防队治疗后，慢慢地恢复了劳动力，能够参加生产。陈集乡先进五社赵停珠64岁，患胸膜炎，早已做好殓衣待毙，病治好后，他亲自送来鸡蛋等礼物表示谢意。界集区何叶剑25岁年轻力壮，但患斑疹伤寒病，持续高热，头痛如劈，经连续使用氯霉素后痊愈。金镇乡孟广全的儿子患白喉病，病情急剧，呼吸困难，紫绀显著。经医防队及时抢救，两次治疗后症状减缓，数日即恢复正常。孟广全特地赶到医防队道谢：“我一定告诉我的儿子，你的病是政府派来的红十字会医防队救出来的，叫他要永远记着你们。”①

---

① 《江苏省红十字会灾区巡回医疗防疫队工作汇报》（1956年11月），江苏省档案馆档案，第315卷；《江苏省红十字会灾区巡回医疗防疫队工作总结》（1957年1月25日），江苏省档案馆档案，第189卷。

此类事例还有很多，例如，朱湖吹鼓手张宝成的小孩出生80天，患毛细支气管炎，病情严重，来到医防队就诊，数日后治愈。张宝成激动得流泪说："我无法说出对你们的感谢，你们临走时，我要用喇叭吹打着欢送你们。"新行乡袁玉珍25岁，分娩7天后（系在泗洪县人民医院生产，平产），突发恶寒高热，腹部疼痛。产后第29天脐窝流脓，每天一至两千毫升，全身消瘦衰弱，生命危险。她和丈夫终日啼哭，连饭都不愿意吃。来到医防队治疗时已流脓8天，经医防队研究，决定由副队长李念慈每天给她使用配尼西林、奴伏卡因。经过三次治疗后，患处局部封闭，病情逐步好转。她全家都感激地说："要不是共产党和毛主席派来的医生给灾民治疗，哪里能有活命呢。"邻居大嫂也感慨地说："早有红十字会来此，我的丈夫就不会死了。"1956年12月7日《泗洪大众报》以"死里得生"为题对医防队工作进行了报道。

由于全体队员不辞艰辛，诚心诚意地为灾民解除疾病痛苦，灾民深受感动，很多灾民在疾病治愈后，纷纷写来感谢信。朱湖乡朱广忠在感谢信中说："自从你们来到灾区，对我们态度和蔼，工作认真，解除了无数灾民的疾病痛苦。真叫我们感谢不尽。"朱湖乡政府和群众敲锣打鼓，送给医防队一面锦旗，上面写着："你们为灾民服务的热情，将永远记在人们心里，也是我们学习的榜样。"

三、医防后之反思

医防队自深入泗洪重灾区开展巡回医防工作之后，由于得到上级领导，以及当地党政领导的重视和支持，医防队顺利地完成了救灾任务。1956年12月25日，医防队就办理结束事宜请示省红十字会。1957年1月5日省红十字会复函如下：①

本会灾区巡回医疗防疫队：

1956年12月25日来函收到，同意你们的意见，1月15日结束医疗工作；集中青阳进行工作总结，并希同时做好同志们的鉴定，于本月20日抵省。关于药品、器械处理问题，提出如下意见：

1. 所有剩余药品，全部清点列单装箱寄放当地卫生科暂时保管；
2. 所有器械全部带回归还原借分会；
3. 所购用具、器皿，亦悉数清点寄存卫生科；

除已函请泗洪人民委员会协助你们做好总结和鉴定外，即希在当地党和

① 《江苏省红十字会函知办理结束事宜》（1957年1月5日），（57）苏红组邹字第002号，江苏省档案馆档案，第289卷。

政府的领导下进行办理结束事宜为荷。

江苏省红十字会

1957 年 1 月 5 日

1 月 15 日，为期 3 个月的巡回医防服务结束，医防队按要求撤回，朱湖群众自发地敲锣打鼓，吹着喇叭，燃放鞭炮，成群结队踏雪欢送医防队两里多地。欢送队伍依依不舍，传递着灾区人民对医防队员深深热爱之情。

灾区巡回医防的任务结束了，但是医防队的工作并没有停止，队员们对 3 个月来的工作进行了认真总结。医防队虽然圆满完成预定任务，但医防工作仍存有失误和缺陷，主要有以下几个方面。

其一，未能妥当安置部分抢救后的急重病人。因医防队人力物力有限，无住院设备，当地党政领导曾明确指示，医防队抢救后的急重病人可转送泗洪县人民医院治疗，但该院仅有 50 张病床。结果听任病人自己解决住宿，有的病人甚至停留在医防队候诊室，家属不管不问，严重地影响了疾病预防工作。

其二，未能经常督促和建议泗洪卫生部门有计划地全面开展防疫工作和爱国卫生运动。医防队自深入灾区后，医疗工作始终忙碌紧张，当地卫生部门曾明确指出卫生防疫工作由当地社会医工负责进行。因此医防队因地制宜，在力所能及的情况下，仅在部分地区进行了种痘、检验、白喉类毒素注射、卫生宣教等工作，未能经常督促和建议卫生部门有计划地全面开展卫生防疫工作。

其三，未能充分团结当地社会医工，开展业务交流。泗洪县共有医工 2400 余人，其中八分之一是社会医工，担负着广大灾民医疗诊治的重任。泗洪地处偏僻，大部分社会医工业务水平较低，缺乏经常性的技术学习交流机会，尚不能满足当地人民群众对卫生工作的需要。医防队拟在当地党政领导下有计划地举办业务讲座，后来部分队员支援兵役体检，导致医疗力量不足，加上社会医工分散各地，经济生活较不稳定，使得业务讲座工作未能按计划开展。仅是利用召开会议等机会，和当地卫生所工作人员进行过几次学术交流。

其四，因交流不够，未能严格把关服务对象。医防队的服务对象是广大灾民，医防队凭各乡免费医疗证明给予灾民治疗。由于医防队与各地乡政府缺乏足够的联系，乡政府对部分证明对象未能很好地把关，使得本不应该享受免费治疗的也享受了。特别是一些不能治愈的慢性病人如老年盲人、聋人等，未被作任何限制就介绍到医防队，这样额外地增加了医防队的工作量和医疗困难，致使医防队没有彻底做到“点滴药物用于灾民”。

其五，因事先未作调查，增加了物资运输成本。医防队出发时，携带了配备好的全部药品、器材等，保证基本上适用当地疾病的治疗和其他工作的开展，但是，这些在当地医药公司都能够买到。因组队前未作深入调查，进而把大批药品运到交通困难的泗洪，浪费了大量的人力和物力。

需要指出的是，医防队敢于正视自身缺点和不足，并进行认真的总结，还对泗洪县此后的卫生医防工作提出了如下几点建议，这可以算作是 3 个月来医防工作的另一种收获。

第一，大灾之后必有瘟疫，需积极应对。泗洪县虽连年遭受不可抗拒的自然灾害，但在党和政府的领导下，做到了不冻死一个人，不饿死一个人。连年受灾，严重影响着人民生活，过去遗留下来的一些不良卫生习惯，也是促成某些地方病和寄生虫病广泛流行，以至于劳动力严重丧失的一个重要原因。医防队对 1323 名患者进行大便检验时，查出感染钩虫 653 人，占 40%；感染蛔虫 979 人，占 74%；其中混合感染者 439 人，占 30.3%。更有甚者，出生仅 8 个月、24 个月的婴幼儿就感染了钩虫。实际上，促成钩虫在泗洪地区流行的因素主要是随地便溺，不注意利用小便，粪便处理不当等。因此，必须结合生产积肥，开展爱国卫生运动，进行卫生宣传，合理使用小便，推行粪便混合储放，增加肥分并杀灭虫卵，以彻底达到防止感染的目的。

第二，充分发挥区一级卫生所的组织作用和领导作用，进一步发挥当地社会医工的潜力。泗洪县社会医工约 300 多人，联合诊所 30 余个，是直接保障灾民身体健康的一支重要力量。但由于社会医工业务水平低，生活不稳定，潜力未能发挥，也就不能满足灾民的需要，出现“有病没处看，瞧病不见效”的现象。因此，泗洪县卫生部门应进一步加强区一级卫生所的组织作用和领导作用，逐步提高社会医工的技术水平，提高医疗质量和发挥现有人员的积极作用。

第三，建立健全腹部外科，解决急性腹部外科病症手术治疗难的问题。医防队外科医师配合泗洪县人民医院，对及时抢救腹部急性外科病人发挥了一定作用，也避免了转往他县治疗的麻烦。但问题在于医防队服务的时间仅仅 3 个月，泗洪县卫生部门亦未抽调适当人员在完整的外科手术上进行学习交流，医防队返回省城后，泗洪县人民医院单独进行外科手术就有困难。因此应抽调适当干部，进行外科业务的培养，逐步建立完整腹部外科手术。

第四，健全新法接生网，推行新法接生和开展育儿卫生常识教育。据医防队在朱湖、伏尧、藏桥等地了解的情况，由于受灾后，农业社经济困难，无法供给接生所需的材料及支付接生员的工分，因此上述 3 个乡的 14 名受训练的接生员已有 11 名从事其他劳动，其余的 3 名接生员也都脱离了农业社，单独进行接生业务工作。特别是由于缺乏妇幼卫生常识，妇女分娩时大都跪在地上，并以砂土代替尿布包扎婴儿的会阴部，因此婴儿死亡率很高。如小塘乡老宅子村45岁的邱元林，曾生育7胎，仅存活1个小孩。因此，必须逐步健全基层新法接生网，适当解决接生员业务上和经济上的困难，大力推行新法接生，进行妇幼卫生知识宣传，真正达到“生一个、活一个、壮一个”的要求。

最后需要补充的是，为加强泗洪县重灾区的医防工作，1957年春节过后不久，2月14日江苏省红十字会又抽调15位医务人员组成医防队，再次前往泗洪县，协助界集、雪枫两个区的卫生所和县人民医院开展医疗防疫工作，为灾区救治重症病人，预防春季传染病的发生。此外，这年夏季，徐州专区暴雨成灾，省红十字会派出医务人员参加省卫生厅组织的医疗队，赴沛县进行医疗服务，受到当地政府和灾民的欢迎①。

第二节　推进群众性卫生工作

一、“除四害、讲卫生”

（一）组织发动

20世纪50年代，爱国卫生运动的工作重心因形势变化和现实的需要发生过位移，大致是1954年由1952年开始的“消除病媒，粉碎敌人细菌战”转向“除害灭病，保障经济建设”。自1956年起，“除四害、讲卫生”是爱国卫生运动的重点，甚至一度成为爱国卫生运动的代名词。不过，中国红十字会广泛参与爱国卫生运动始终未变。

实际上，“除四害、讲卫生”是促进工农业生产的一项重要措施。1956年1月，《1956年到1967年全国农业发展纲要（草案）》颁布，其中第26条规定“从1956年开始，分别在7年或者12年内，在一切可能的地方，基本上消灭危害人民最严重的疾病”；第27条“除四害”规定：“从1956年开始，分别在5年、7年或者12年内，在一切可能的地方，基本上消灭老鼠、麻雀、苍蝇、蚊子。”② 上述两条对除四害、讲卫生，防治和消灭疾病提出了原则性

① 江苏省红十字会编著：《江苏红十字运动八十八年（1911—1999）》，东南大学出版社2001年版，第95页。

② 《1956年到1967年全国农业发展纲要（草案）》，《人民日报》1956年1月26日。

要求。《纲要》还指出："积极开展群众的经常性的爱国卫生运动，养成人人讲卫生、家家爱清洁的良好习惯。讲究清洁卫生的根本精神，是为了消灭疾病，人人振奋，移风易俗，改造国家。"由此全国掀起了除四害的一个高潮。

1957 年 9 月，党的八届三中全会将爱国卫生运动的任务和目的进一步明确为：除四害、讲卫生，消灭疾病，振奋精神，移风易俗，改造国家。自从爱国卫生运动明确了除四害和消灭疾病的内容之后，就更能够充分地动员全国人民和全体卫生工作人员有目的地与自然、与疾病进行斗争了。

12 月，北京市爱国卫生运动委员会开展了"除四害讲卫生"突击周活动。12 月 19 日，市红十字会随即响应召开了基层干部动员大会，对红十字会参与突击周的活动进行了部署，并向会员发出一封公开信。信中要求全体会员在爱国卫生突击运动期间做好并宣传以下工作：一是扑灭蚊蝇：要求达到"三无"——室内无蚊蝇，院内无孑孓，厕所无蛆。二是改善环境卫生：进行室内外大扫除，做到"三洁"——室内、院内和街道清洁。清扫院内和街道积水，做到翻盆倒灌、清除垃圾、粪便，监督马车袋粪兜，按时抬出和收回垃圾箱，不随地乱扔瓜果皮和冰棍纸等。三是切实改进饮食卫生：监督商贩不得出卖腐坏变质食物、蔬菜、瓜果；不吃腐坏的剩饭剩菜。注意厨房的防蝇灭蝇工作。要特别注意个人卫生，应做到饭前便后洗手，以免病从口入。四是红十字卫生员应进行病家访视，早期发现痢疾、脑炎等病人，及时向卫生防疫部门报告，以便进行早期治疗和预防传染病的蔓延。

12 月 22 日是突击周的第一天，市红十字会就发动 15978 名会员，团结带领周围群众组织了 187 个宣传大队，设立了 390 个广播站和 416 个宣传点，配合腰鼓队、乐队、狮子舞、杂技等，大张旗鼓地宣传起来，在全市掀起了除四害讲卫生运动的高潮①。全市 10 万多会员、417 个基层组织、1500 个红十字卫生站进行总动员，保证会员家庭、基层组织所在地区或单位，首先做到"四无"（即无"四害"），并主动地向群众宣传，使得卫生运动的意义和工作内容家喻户晓。东四区宝钞胡同 187 名红十字会员和积极分子组织了 18 个突击队，带动 1434 名群众清扫了全管界的街巷。在突击运动中，街道办事处提出全管界 4000 多户居民在 1958 年 1 月 25 日前基本达到"四无"，而该地区 2100 名红十字会员提前 5 天实现了"四无"。会员们还帮助群众突击落后，消灭死角，保证了该地区在全市范围内提前达到"四无"，并获得市级卫生模范街道的称号。

为了进一步推动除四害讲卫生运动的开展，1958 年 2 月 12 日，中共中央

① 《十万名会员投入运动》，《中国红十字》1958 年 1 月号，第 6 页。

和国务院发出《关于除四害讲卫生的指示》，要求各地在开展除四害讲卫生的爱国卫生运动中必须做好三方面的结合，即“同城乡生产相结合”“必须使群众力量和技术力量相结合，使突击工作和经常工作相结合”。《指示》最后指出：“十年看三年，三年看头年，只要各级党政组织认真负责，雷厉风行，坚持到底，我们就一定能够在今年内为这一工作打下巩固的基础，在几年内消灭四害，基本上消灭危害人民最严重的疾病，使全国的卫生状况大为改观。”①至此，一个规模巨大的除四害讲卫生运动在全国展开了。

在使群众力量和技术力量相结合方面，中央要求红十字会员积极投入除四害讲卫生的群众运动中去，并且努力加强自己的工作，力求站到群众运动的前面来促进运动的发展。根据这一精神，中国红十字会将参与爱国卫生运动列为一项中心工作。为此，2 月 21 日，中国红十字会总会发出《关于动员全体会员积极参加除四害、讲卫生的通知》②，并在《中国红十字》上及时地发表《动员起来，积极参加爱国卫生运动》的社论。红十字会总会向各级红十字组织提出了如下要求。

第一，必须集中力量，加紧对会员的卫生知识教育和卫生救护训练工作。规定利用一定的时间，给会员群众讲授除四害、讲卫生和消灭危害人民最严重疾病的有关知识。各地区应根据当地特点，教育会员懂得危害人民最严重疾病的流行情况和简而易行的预防方法，以身作则，搞好个人卫生和家庭卫生。各地红十字会要利用出版小报、图片展览、黑板报等宣传工具，以及座谈会、街头宣传、逢会插一脚等方式加强除四害讲卫生的宣传。

第二，在除四害讲卫生运动中，要充分发挥会员的宣传作用和桥梁作用，使之成为卫生部门和有关科学研究机构实现技术指导的助手。依靠卫生部门和有关科学研究机构的技术指导，以及总结会员群众中的先进经验，并依靠他们所了解的卫生知识和先进办法进行宣传。同时带动周围群众搞好卫生工作，从而推进除四害讲卫生运动。

第三，结合除四害讲卫生运动的开展，整顿和健全基层组织，进一步发挥基层组织在运动中的作用。密切注意和发扬会员的积极性和创造性，特别是一些切实可行的、花钱少收效大的工作方法，应及时地加以总结推广。同时组织会员进行参观评比、交流经验，并教育会员虚心向群众学习经验知识。基层组织还注意吸收运动中不断涌现出来的积极分子为会员，进行培养和提

① 《建国以来重要文献选编》第 11 册，中央文献出版社 1995 年版，第 164—172 页。

② 中国红十字会总会编：《中国红十字会历史资料选编，1950—2004》，民族出版社 2005 年版，第 53—54 页。

高，使组织日益健全和发展，在群众性卫生工作中更好地发挥作用。

自5月起，中央爱卫会、政协全国委员会，卫生、文化、教育等9个部委和全国总工会、中国红十字会等4个团体以及中国科学院、中国医学科学院等科研机关参加，各省、市、自治区调派的300多个干部共同开展了全国夏秋爱国卫生运动普遍大检查。内容包括：四害被消灭的情况；疾病被消灭的情况；环境卫生和个人卫生改善情况和宣传工作进行情况；在土工具、土办法、野生植物方面各地有哪些创造，推广情况如何；卫生运动取得了什么经验，存在哪些问题；以及对今后进一步开展卫生运动的意见等。中国红十字会常务理事伍云甫、副秘书长林士笑等9人参加了此次检查工作，并了解了各地红十字会的工作情况①。此次大检查，一方面进一步推进了各地除害灭病卫生运动的开展，另一方面是为年底召开的全国爱国卫生运动评比会议作准备。

8月29日，中央政治局会议通过了《关于继续开展除四害运动的决定》，指出："除四害、讲卫生、消灭疾病，是增强人民体质、保护劳动力、提高劳动效率的一项带根本性的重要措施。为了保障工农业生产大跃进，除四害、讲卫生也应该大跃进。"并要求经常性地坚持开展这项运动②。此时，全国已经掀起的大跃进运动与以除四害为中心的爱国卫生运动相互促进，使得除四害运动逐步走向广泛深入。

需要指出的是，为精简工作，突出重点，提高效率，自10月起，中国红十字会组织训练部与中央爱卫会办公室合署办公③。10月11日，中央宣传部批复将《中国红十字》（月刊）和《讲卫生》（月刊）合刊，改名为《爱国卫生》（半月刊，1959年正式刊行），编辑方针明确规定以宣传爱国卫生运动为主。《爱国卫生》开辟"红十字园地"专栏，每期仅刊发3篇左右的通讯报道和工作评论。此时，中国红十字会"宣传工作部与卫生部宣传处，国际联络部、宣传部的月刊编辑室及行政人事工作与卫生教育所合署办公"。实际上，红十字会总会相关机构实行合署办公，是在顶层设计上进一步突出并推动红十字会参与除四害讲卫生运动这一中心工作。

---

① 《中国红十字会参加全国夏秋季爱国卫生运动大检查》，《中国红十字》1958年8月号，第12页。

② 刘国新等主编：《中华人民共和国史长编》（第二卷），天津人民出版社2010年版，第260页。

③ 中国红十字会总会编：《中国红十字会历史资料选编，1950—2004》，民族出版社2005年版，第90页；池子华、郝如一主编：《中国红十字历史编年，1904—2004》，安徽人民出版社2005年版，第138页；中国红十字会总会编：《中国红十字会的九十年》，中国友谊出版公司1994年版，第155—157页。

（二）卫生宣传

根据中国红十字会总会的要求，各级红十字会参加除四害讲卫生运动，首先是从对会员进行必要的卫生知识教育开始的。实际上，对会员进行卫生知识教育一向是基层组织最重要的工作之一。在除四害讲卫生运动中，加强会员除四害讲卫生的教育，教给会员除四害的技术，并发挥会员的带头作用，十分重要。

1957 年 8 月，江苏徐州市云龙区三民基层红十字会自成立后，经常通过会员学习小组、卫生讲座、黑板报、小型展览会等形式，对会员进行卫生常识教育。除四害讲卫生运动开展以后，他们举办了除四害图片展览，由卫生员讲解，组织会员参观学习，使会员懂得除四害的重要意义，了解四害的生活习性和消灭四害的方法①。这些教育对于会员进行除四害讲卫生的宣传，以及带领群众开展运动大有裨益。

为了充分发动群众投入除四害讲卫生运动，各地红十字会员进行了生动有力的宣传。1957 年，新建立红十字组织的徐州市云龙区，各个卫生站都有黑板报宣传卫生常识，但看的人却很少。梁庄卫生站站长程维志跟全体卫生员一起想了办法，把黑板报画上漫画，用简单的文字注解，然后敲锣打鼓，抬着到各居民小组去，每到一处便把居民召集起来，讲解内容。每期黑板报都这样做一遍。至 1958 年 3 月，共宣传了 5 期，篇目有《清扫积肥除四害》《怎样预防猩红热》等。这样，他们的黑板报每期都有 400 余人受益，鼓舞了大家除四害的信心。群众反映这是卫生知识送上门②。1958 年初，云龙区三民基层红十字会及时举办主题为“怎样捕鼠和消灭越冬蚊蝇”的讲座，由卫生站站长张福良讲授，居民委员会干部、会员、卫生员、居民和放假在家的学生等 80 多人参加。讲座重点是用实物表演介绍捕鼠方法，特别介绍简约的“吊砖法”，听后，大家深受启发。1 月 1 日至 2 月 25 日，三民居民委员会就捕鼠 2255 只③。据统计，1956 年 12 月至 1959 年 4 月，徐州市红十字会在筹备期间，与徐州市防疫站、爱卫会配合，共编印、制作卫生宣传画、手册、文字材料等 31 万份；建立卫生画廊 1 个，卫生黑板 35 块，街头铁皮宣传画 49 面；利用太山庙会、云龙山庙会及春节假日，组织大型卫生展览会 4 次，观众达 20 万人次；组织会员街头化装宣传 8200 多次，小型卫生讲座 3000 多

① 张福良、王禹光：《教给会员除四害的技术》，《中国红十字》1958 年 3 月号，第 5 页。
② 王禹光、李黎盛等：《站在运动前面，促进运动发展》，《中国红十字》1958 年 3 月号，第 10 页。
③ 张福良、王禹光：《教给会员除四害的技术》，《中国红十字》1958 年 3 月号，第 5 页。

次[1]，为爱国卫生运动宣传做出了贡献。

1958 年，天津市红十字会组织卫生宣传队，利用各种机会向群众传播卫生知识，宣传除害灭病道理和技术。如街道红十字组织密切配合中心工作，利用院会、片会、读报组、图片展览、入户等形式，向群众进行预防猩红热、麻疹、流感及煤气中毒等宣传活动。

苏州市许多基层的红十字会员分别在市内公共汽车上，进行了为期一周的除四害讲卫生劝说活动，售票员反映“宣传以后车上卫生好多了”[2]。苏州市郊区胥口乡第四农业社基层红十字会的宣传卫生办法多样化，发挥了很好的作用。如“逢会插一脚”，卫生员经常利用生产会议快结束的时候，向大家介绍安全生产事项和一些卫生常识；放映“土电影”，卫生员买来煤油幻灯机，在夜晚休息时，轮流到村里放映，内容涉及乡村卫生、避孕、血吸虫病等；卫生员利用上工前或田间休息的时间向农民宣传除四害的道理和相关知识；利用图片和标语宣传卫生常识；甚至结合扫盲讲解卫生道理[3]。

常州市红十字会组织了会员卫生宣传队，为配合农村兴修水利和卫生运动，宣传队把 10 多个除四害讲卫生的演唱节目送到农村去。宣传队在农村活动共 5 天，说唱 20 多场，化装演出 5 场，还应工地要求举行了一次广播大会，近万名农民看到或听到他们的节目[4]，反响热烈。此外，常州市女子一中、第一中学和第三初中红十字少年联合组成“多、快、好、省”的宣传队，在闹市和郊区农村出演节目，受到群众欢迎。这里的“多”就是节目多，有歌曲、秧歌、腰鼓、舞蹈、相声等；内容多，除宣传除七害和卫生知识外，还有歌颂社会主义建设的总路线、新人新事、发明创作；观众多，每晚演出的场次也多。“快”就是排练得快。10 多个节目一天能排练好；动作快，每场节目一结束就出发到新的地点，一接上灯火就演出；换幕景也很紧凑。“好”首先是纪律好，红十字少年不管行军还是演出，都能够自觉遵守纪律，服从指挥，不掉队、不闹意见、不自由散漫，并且热情很高；功课也安排得很好，每晚宣传两个半小时，功课宣传两不误；宣传的内容着重反映当地事例，说唱、舞蹈采用群众语言和地方曲艺，也都好。“省”就是所有服装、道具、乐器都是从各个学校借来的，并由红十字少年自己保管、搬运，从而节省了人力、物力和时间[5]。

---

① 徐州市红十字会编：《徐州市红十字会简史（1913—1990）》，1993 年内部印行，第 44 页。

② 王禹光、李黎盛等：《站在运动前面，促进运动发展》，《中国红十字》1958 年 3 月号，第 10 页。

③ 高浩然：《卫生宣传办法多》，《中国红十字》1958 年 6 月号，第 8—9 页。

④ 李树勋：《支援农村除四害》，《中国红十字》1958 年 4 月号，第 7 页。

⑤ 参见《一支“多、快、好、省”的宣传队》，《中国红十字》1958 年 7 月号，第 15 页。

无锡市崇安区红十字会组织爱国卫生宣传队，运用相声、快板、锡剧、越剧等多种方式进行宣传[①]，他们的宣传活动照片还刊登在《中国红十字》1958年1月号上，其活动本身也得到了一次有力的宣传。

（三）直接参与行动

自1957年12月20日起，哈尔滨市红十字会员投入以除四害为中心的冬季爱国卫生运动。通天街等26个街的基层组织在清扫、除积雪、订捕鼠计划等活动中发挥带头作用。12月25日，道外区人民委员会和红十字会向全区红十字会员发出公开信，要求会员“在这一宏伟的改革社会风气的运动中，保持红十字会员的光荣称号，在居民中起到先锋作用……”地灵街900多名会员制订出每人包干二至三户的消灭老鼠的计划，向街办事处和街红十字会提出保证。不到10天，就有上千会员向各级组织表态，一定要争取做一个“四无四净”的光荣户。由于红十字会员的示范性活动，不少群众提出了“争取四净入会”的口号[②]。

1958年4月，为加强除四害技术训练，推进除四害讲卫生运动的开展，中国红十字会总会、中央爱国卫生运动委员会、卫生部联合发出《关于加强对群众进行除四害技术训练的通知》，规定在有红十字会的地区，开展除四害技术训练与卫生救护训练结合起来[③]。此后，北京市红十字会组织广大会员自觉地投入以除害灭病为中心的爱国卫生运动，大部分基层红十字会，组织起捕鼠队、卫生突击队、消灭蚊蝇队等，涌现出不少先进人物和单位[④]。

在天津，红十字会员经过卫生培训后，懂得讲究卫生的好处和方法。首先从自己家里做起，注意室内外卫生、个人卫生、饮食卫生，并带动群众一起开展除四害讲卫生活动。工厂、企业、街道、商店、农村、学校等单位都以红十字会员、卫生员为骨干组织如下两支队伍开展了活动。其一，组织突击队，帮助群众进行大扫除、清除垃圾、改善环境卫生、建立保持卫生工作经常化的各种制度。为健全清扫保洁制度，各街红十字卫生站配合居委会，发动会员、卫生员实行分片包干，带动群众每天坚持清扫院落、街道，并负责监督检查，使街道环境卫生状况明显改善。其二，组织技术指导队，指导群众开展灭蚊蝇、灭鼠和控制蚊蝇滋生地活动。红十字会员、卫生员带头组织捕蝇队，发动群众人手一拍扑灭苍蝇，带头搞好蚊蝇滋生处所的检查、消

① 《在爱国卫生运动中》，《中国红十字》1958年1月号，“封二”。

② 马伯、边秀春：《做个“四无四净”光荣户》，《中国红十字》1958年1月号，第6页。

③ 池子华、郝如一主编：《中国红十字历史编年，1904—2004》，安徽人民出版社2005年版，第165页。

④ 孙敬敏编纂：《北京市红十字会的65年（1928—1993）》，文津出版社1995年版，第60—62页。

毒。天津市涌现出河东区姚家台街，河西区挂甲寺街、小刘庄街，河北区小王庄街、月纬路街，和平区兴安路街，城厢区南门西街，红桥区邵公庄街，南开区明远西里街以及天津针织厂、第七木箱生产合作社等一大批爱国卫生运动先进典型①。红十字会参与其中并发挥出应有的作用。

江苏许多地方的基层红十字会和会员在除四害讲卫生运动中一马当先，钻研除四害的方法，努力工作，并且带动群众，促进运动的发展。泗阳县众兴镇全镇813名红十字会员全部分工出发，带动广大群众投入运动；西湖街基层红十字会41名会员带动青少年组织了捉雀、捕鼠、挖蛹、打扫、宣传、黑板报、检查等7个组推动工作。会员庄恒春、袁士华、刘须珍、朱慧明都是起早带晚地努力工作，正是会员一起努力，西湖街被评为模范街②。常州市爱卫会号召居民委员会组织除四害突击手，使运动更加深入地开展，南河沿基层红十字会主席薛镜如带头报名，全体会员80多人都报名参加。突击手分成3个组分别进行活动：青年会员参加消灭鼠雀蛹蛆行动；家庭妇女会员参加药物烟熏喷洒灭虫活动；老年会员参加宣传工作③。南京市白下区东井巷地区有61口水井，过去因防疫部门来不及消毒而没有全部利用起来，红十字卫生站成立后，卫生员包干下来消毒。他们把消毒当作自己的职责，经常接连几天把家务活丢下先进行井水消毒，从而保证了440多户人家16256人的吃水，为国家节省了不少资金，受到防疫部门的表彰④。

在除四害讲卫生运动中，包括江苏省在内全国各地涌现出不少自主研制灭虫除害新方法或创新除四害新经验的能手和“土专家”。1952年至1957年灭蝇1000斤以上的南京市燕子矶区工商联职工灭蝇能手查成礼、1958年2月至8月运用火枪和30多年灭雀经验共消灭麻雀59570只的宁夏中宁县农民冯宝德、天津市新华区汉阳街道捕鼠能手张鸿起⑤，以及南京市三汊河小学优秀红十字少年、发明“火焰灭蚊器”的王兴才和无锡市茂新面粉厂储运工人、捕鼠能手杨子才就是其中的代表⑥。

三汊河小学周围多树多水，蚊子特别多。除四害运动开展后，在基层红

① 赵辉主编：《天津红十字会九十年》，天津人民出版社2001年版，第77页。

② 王禹光、李黎盛等：《站在运动前面，促进运动发展》，《中国红十字》1958年3月号，第10页。

③ 李树勋：《全部当上突击手》，《中国红十字》1958年4月号，第8页。

④ 孔庆莲：《保证16000人吃到消毒井水》，《中国红十字》1958年8月号，第14页。

⑤ 张信大：《老查捕蝇》，《中国红十字》1958年6月号，第10页；《冯宝德的火枪灭雀经验》，《中国红十字》1958年12月号，第10页；静华：《捕鼠能手张鸿起》，《中国红十字》1958年3月号，第13页。

⑥ 《红十字少年王兴才创制火焰灭蚊器》，《中国红十字》1958年8月号，第12页；《捕鼠土专家杨子才》，《中国红十字》1958年9月号，第16页。

十字会及全体红十字少年的倡议下，创造了“火把、烟熏、蚊兜三连环快速灭蚊战术”，将树上、草内及空中的蚊子消灭不少，但有些蚊子藏在墙缝、树洞里，不易消灭。红十字少年王兴才联想到解放军有一种武器叫“火焰喷射器”，能够消灭藏在碉堡里的敌人，就准备创制一种能够消灭墙缝、树洞里的蚊子的工具。他向老师请教“火焰喷射器”的构造原理，苦心钻研，明白了当可燃液体，如汽油等喷出时，点上火就变成了火焰。于是，他就用煤油装在“滴滴涕”喷筒里，用铅丝将一个棉花球扎在喷筒喷口前面，棉花球蘸上煤油点燃，再推喷筒，喷出的煤油雾经过火，就燃烧成火焰。因为对准树洞推动喷筒，一股红色火焰直钻洞内，灭蚊很灵，大家就给这种新武器取名“火焰灭蚊器”。

无锡工人杨子才经过两年多的刻苦钻研，积累了丰富的灭鼠经验，对无锡市各种老鼠的生活规律、习性和在不同场合使用鼠夹的方法都有独到的研究。从1956年3月到1958年5月，他就捕鼠21466只，他所训练的2963名红十字会员和捕鼠积极分子近半年消灭了10万多只老鼠。1958年4月，江苏省卫生厅在无锡市举行了杨子才捕鼠经验交流会，各兄弟市、县的捕鼠积极分子分享了他的捕鼠经验。杨子才还被选为无锡市除四害代表出席了9月8日在北京召开的全国医药卫生技术革命经验交流大会。

江苏基层红十字会还参与开展了行业卫生工作，以下就是一则典型事例。

南京市秦淮区流动饮食摊贩的卫生状况一直很差，就连秦淮区防疫站也感到为难。1958年，秦淮区红十字会主动帮助他们建立了食具消毒制度①，一时成为佳话。

南京市挑着担子卖吃的很多，有卖糖粥藕、汤元宵、蒸饭、蒸糕等，他们整天串大街，走小巷，没有固定的营业场所，大家就称他们为流动饮食摊贩。流动饮食摊贩的卫生状况很差，一块抹布满天飞，洗碗、擦担子、抹灰尘都是一块抹布。由于分散，难以管理。而且他们有自己的想法：生意小，本轻利薄，没有大馆子的条件搞卫生；有的认为自己做了几十年生意，没有发现别人吃过自己的东西生病的；有的认为只要东西能卖掉，生意好就行，管卫生添麻烦；有的想搞卫生，但怕花钱多，付不起价钱。几年里一直存在上述问题。

南京市秦淮区饮食卫生行业的红十字会工作扎实，举办活动的形式生动活泼，多种多样。他们举办图片展览、化装宣传除四害和外伤救护等，

---

① 胥文安、易木：《挑着担子去报喜——南京市秦淮区流动饮食摊贩建立了食具消毒制度》，《中国红十字》1958年7月号，第10页。

很受群众的欢迎。在此基础上，他们主动协助防疫站开展流动饮食摊贩的讲卫生活动。区红十字会在摊贩联合会的支持下，先吸收几个摊贩大组长为红十字会员，经过 4 小时的会务知识教育，他们初步懂得了“讲人道、讲卫生”的意义。再通过他们的宣传，又吸收 80 多名新会员。新会员经过学习教育，又逐步地宣传并介绍更多的同行同业入会，这样很快地就发展到 240 多名会员，并成立城西、门东两个基层红十字会。接着又按会员住地分别成立会员小组。

流动饮食摊贩有个特点：每天上午 9 时到 11 时总喜欢在茶馆里沏上一壶茶，休息一会，然后出担。基层红十字会就利用这一特点，把大家组织起来在茶馆里给大家上课讲卫生，大家喝着茶，听听课，学得很起劲，会员的卫生常识水平慢慢地提高了，觉悟也提高了。会员贾金生、张彦聪、许家福利用家里的旧锅、蒸笼、小水桶和小火炉，每天多烧五六分钟的炭，开始试行食具消毒。其他没有蒸箱的就干脆放在锅里煮，食具带菌数大大减低了。会员刘宗顺提议给担子“大洗澡”，106 个担子用碱水把很多年的灰尘洗个精光，有的用红枣漆油漆得像全新的一样。秦淮区 80% 的流动饮食摊贩实行了食具煮沸消毒。6 月 16 日，秦淮区旧貌换新颜的流动饮食摊贩挑着担子去报喜，得到了秦淮区和南京市红十字会负责人的嘉奖。

最后要指出的是，1957 年和 1958 年间，卫生界和红十字会系统提出了“争取早日实现四无国”的口号和目标，全国各地很快地掀起创建当地“四无社”“四无乡”“四无街”“四无镇”的热潮。例如，湖北麻城县宋埠镇的勤俭一社（农业社）首创该县“四无社”；河北河间县景和乡成为该县头一个“四无三洁乡”；湖北孝感县城关镇实现“四无镇”；牡丹江市长安街第三居民委员会创成“四无街”；江西九江市红十字会湓浦街第一基层委员会所属地区基本消灭蚊、蝇、鼠、雀、臭虫，提前实现“五无地区”；南昌市杨家厂街红十字会“苦战七昼夜，争取七无街”①，等等。这实际上是当年高指标、浮夸风等严重“左”倾错误在卫生工作领域的体现。一方面，它反映出广大人民群众除害灭病、建设美好生活的热情和干劲，在客观上大大地改善了环境卫生；但另一方面，某些活动严重违背了科学精神，不符合自然规律，值得深刻反思。

---

① 《麻城县首创四无社》，《中国红十字》1958 年 3 月号，第 5 页；《站在运动前面，促进运动发展》，《中国红十字》1958 年 3 月号，第 10 页；《争取实现四无国》，《中国红十字》1958 年 5 月号，第 7 页；《从一个四无街的创成看红十字会》，《中国红十字》1958 年 3 月号，第 8 页；《“苦战七昼夜，争取七无街”》，《中国红十字》1958 年 4 月号，第 8—9 页。

二、救护训练和防疫工作

（一）红十字卫生员训练

救护训练是中国红十字会常抓不懈的一项工作。为推进救护培训工作的开展，各地红十字会编印了多种培训教材或资料供学习使用。1957 年 10 月初，江苏省红十字会编印了 2 万册卫生救护训练课本分发各地红十字会试用，以指导和支持各地的救护训练工作。还先后编印和购买了有关会务、卫生宣传资料（包括书刊、活页、模型、招贴画、照片等）55 种，共 139367 份[①]。天津市红十字会根据不同培训对象的特点，先后编印了《救生员培训教材》《红十字卫生员课本》《建筑工地卫生员学习材料》《家庭护理教材》《工厂卫生员培训教材》《农村红十字卫生员培训教材》《红十字卫生员提高教材》等红十字卫生员培训教材。

至 1957 年底，徐州市郊奎山乡建新农业生产合作社共训练了 45 名红十字卫生员，成立了红十字卫生站，合作社党支部书记担任站长。徐州市红十字会供给一个急救箱，合作社自备了 14 个，做到了 15 个生产队均有急救箱。半年里，卫生站在除四害、讲卫生和防治疾病、卫生宣传等方面发挥了作用[②]。

1958 年 8 月，在北戴河举行的中央政治局扩大会议提出了 1958 年钢产量要在 1957 年 535 万吨的基础上翻一番，达到 1070 万吨。我国准备争取在 15 年或者更短时间内，在钢铁等主要工业品的产量方面赶上和超过英国。此后掀起了轰轰烈烈的全民大炼钢铁运动[③]。

自 9 月下旬起，南京市红十字会组织经过训练的红十字卫生员到全市 40 多个高炉群，成立钢铁卫生站，为工业高产服务。建邺区侯家桥街办事处红十字卫生员在居民搬城砖支援建高炉时，发现工伤事故就及时进行处理；在居民为红旗炼铁厂加工矿石时，组织了卫生员白天黑夜去服务，连中秋节和国庆节的夜晚也不休息。群众反映“土医生，真正好，何时有事何时到！”[④]

随着红十字事业的不断发展，9 月，南京市开办了七八所红十字学校。9

---

① 江苏省红十字会编著：《江苏红十字运动八十八年（1911—1999）》，东南大学出版社 2001 年版，第 96 页。

② 参见《中国红十字》1958 年 8 月号，“封二”。

③ 胡绳主编：《中国共产党的七十年》，中共党史出版社 1991 年版，第 391—394 页。

④ 《在钢元帅帐前保驾》，《中国红十字》1958 年 10 月号，第 18 页。

月26日中午，一所红十字大学在玄武区同仁街菜场成立[①]，学校委员会由来自行业、街道、卫生部门等13人组成，正副校长3人，下设教务、秘书两个组。9月29日，学校正式开课，第一期120余名学员都是菜场的工作人员，学习分为两个阶段进行。第一阶段是24小时的卫生救护训练，作为基础课；第二阶段分设公共卫生学、家庭护理学、营养烹调学、传染病学、急救学（包括防空救护学在内）和除七害讲卫生等6个系进行学习[②]。学校的“跃进”计划是：先使全场180名工作人员在最短的时间内学完24小时的卫生救护课，都获得红十字卫生员证章，在此基础上分系学习。同时以该菜场为基点，向“条条块块”普及：由所在居委会扩大到所在办事处；由自家菜场发展到全区6家菜场，再推广到整个服务行业。在一定时期内将区内所有达到民兵年龄（16至50岁）的男女公民提高到红十字卫生员水平，以便普及科学卫生教育，为根绝七害、永除疾患，打下牢固的基础。

同年，常州市运输公司红十字会独创一种跟船训练卫生员的方法，效果很好。由于运输任务繁重，市运输公司红十字会因抽不出会员学习和卫生员训练的时间，经过基层组织研究，并取得了公司党政部门同意后，采用跟船出航训练的办法。根据船员文化程度不高和航行时间限制的特点，他们提出多用图表、多做示范、少讲理论的教学方法，制定出训练14小时的课程内容，包括会务常识、传染病基本常识、创伤、烫冻伤处理、昏倒与中暑的急救、人工呼吸、伤患搬运、防空救护等。由于跟船训练的条件限制，全部课程不可能多派教师分担讲课，只能由1名教师包教，每班船队配备讲师和辅导员各1名，7天内训练了3批，共训练40多名红十字卫生员。在整个训练过程中，由于结合生产以及讲师跟学员在生活上打成一片，学员的学习情绪特别高，成绩也很好[③]。

北京市分会重视救护训练。早在1953年，为了规范训练工作，分会与市公共卫生局发出《关于联合开展城区居民训练工作的通知》；1955年，分会制定出《基建工地急救训练方案》和《工地急救组织规则》，编写出《防空救护教材》《初级卫生救护训练课本》《卫生员进修课本》3种训练教材。至1956年底，救护技术训练13334人，卫生常识训练6169人。为进一步推进训练工作的开展，1957年5月15日，市红十字会在长安戏院召开全市卫生救护训练工作颁奖大会，17个单位获集体奖，332人获个人奖。在会上，副会长李健生做了救护训练工作总结，提出了下一步训练要求。此后，各区都行动

① 《办红十字学校的简讯》，《中国红十字》1958年10月号，第19页。
② 张信大：《普及卫生救护知识，兴办红十字学校》，《中国红十字》1958年11月号，第19页。
③ 李树勋：《跟船出航训练卫生员》，《中国红十字》1958年11月号，第20页。

起来。到1959年5月，全市25万多名会员中经救护训练的就达93335人，组建红十字卫生站7088个。大兴、通县每个生产大队都建立起红十字卫生站，每个生产队都培训了不脱产的红十字卫生员。此外还举办了家庭护理、防疫、接种等训练和系统的卫生讲座。在厂矿里结合民兵组织建立起平战结合的救护队，全市300多个厂矿基本上做到车间工段有红十字卫生站，生产班组有红十字卫生员。据不完全统计，1959年，石景山钢铁公司、京西矿务局、北京第一机床厂等7个单位，车间井下红十字卫生员就处理小伤小病15万多人次，大大减少了患者的痛苦，保证了工人出勤，提高了劳动生产效率①。

天津市红十字会在城厢区和建筑工地开展试点训练红十字卫生员并取得经验的基础上，根据群众自愿参加的原则，采取大力训练的方针，在全市各行各业逐步展开训练。培训不脱产红十字卫生员是本着结合生产和便利群众生活的原则进行的，而且培训方法灵活多样。例如，根据街道的实际，开办早班、晚班、大班、小班，或深入居民大院上门讲课；结合工厂企业的实际，采取大厂带小厂、赶三班（早、中、晚）、三跟三走（跟学员走、跟生产体制走、跟实际需要走）的办法，培训车间卫生员以及保育员、炊事员等。培训内容采用天津市红十字会编写的《红十字卫生员培训教材》，以基本的卫生防病知识和“四大救护”技术（止血、包扎、骨折固定、伤患搬运）为重点。同时根据不同的对象增加必要的培训内容，如预防接种、家庭护理、传染病的报告与管理等，学时一般在20至24课时以上，本单位和街道卫生院的医护人员担任授课教师。

据不完全统计，到“文革”前，天津全市已累计培训不脱产红十字卫生员，包括急救员841202人，涉及的行业部门由最初的街道、建筑系统扩展到工厂、企业、商业、手工业、农村、机关、学校、保育院、消防、渔业等，建立的红十字卫生站达2796个。广大接受培训的会员、职工和群众，由于学习了卫生防病知识和急救知识，掌握了为群众服务的本领，成为本单位、地区开展群众性防病工作的得力助手和开展卫生宣传、疫情报告等爱国卫生运动的骨干力量②。

就全国范围看，1956年，42个分会在厂矿、街道、农村、学校训练不脱产的急救员17万多人，建立救护站7000多个。1958年，培训卫生救护人员60多万人，建立救护站1.5万多个。1959年，为农村、厂矿培训不脱产的卫

---

① 孙敬敏编纂：《北京市红十字会的65年（1928—1993）》，文津出版社1995年版，第67—68页。

② 赵辉主编：《天津红十字会九十年》，天津人民出版社2001年版，第66—67页。

生员 11 万多人。1963 年至 1964 年，培训卫生救护人员达 35. 6 万多人[①]。

（二）红十字医士训练

天津市红十字会在多年大量培养和训练红十字卫生员的基础上，于 1958 年 1 月首先在红桥区尝试性地开展红十字医士的培训工作，而培训红十字医士在全国并不多见。

新中国成立之初，天津市的医疗力量增长很快。据统计，市内平均每 1043 人中，就有 1 名医生，每 205 人中就有 1 名医务人员。这对于防病治病、保护人民身体健康起了巨大作用。但是，由于生产建设事业突飞猛进，人民生活水平不断提高，已有的医疗力量仍不能适应人民群众日益增长的求医需要。红桥区棉织六厂是一个没有医务人员的小厂，职工患了小伤小病，需要到很远的医院去治疗，给职工造成不便，常常影响生产。为解决职工就医难的问题，厂方选派了 7 名热心卫生保健事业的优秀工人短期脱产到天津市红十字会第二门诊部学习医疗、预防知识和小伤小病治疗技术。学成回厂后，一面参加生产，一面为职工诊治一般常见的疾病，同时开展防病工作。因此，职工减少了因病缺勤，提高了生产效率。

此后不久，为贯彻四大卫生工作原则，更好地为生产建设事业服务，红桥区红十字会和卫生局借鉴棉织六厂的经验和做法，成立红桥区红十字医士学校，制定了《红十字医士学校组织办法》《训练红十字医士教学计划》《红十字保健站组织办法》等[②]，采取理论与实践相结合、短期脱产和业余学习相结合的方法，为全区中小型工厂培养和训练了 293 名红十字医士[③]。

实际上，训练红十字医士是医学教育“用两条腿走路”的一条路径，是为了多快好省地培养具有一般常见疾病防治知识和技术水平的业余的群众性医药卫生人员，以配合专业医务人员开展疾病防治工作，进一步保障职工身体健康，促进工业生产的跃进。它与国家医学院校培养专业医务人员，无论是在教学内容还是在教学方法方面，都不完全一样。

天津市委、市人民委员会领导在多次深入红桥区了解情况后，指示尽快向全市推广红桥区训练红十字医士的如下经验。

第一，慎重地遴选学员对象。参加红十字医士训练的都是经各工厂党支部研究批准，并具有以下条件的职工：政治可靠，思想进步，具有初中文化水平，年龄在 22 岁至 35 岁的青壮年，且是接受过卫生救护训练的红十字卫

---

① 中国红十字会总会编：《中国红十字会的九十年》，中国友谊出版公司 1994 年版，第 147 页。

② 《天津红桥区训练工厂红十字医士初步经验》，《爱国卫生》1959 年第 16 期，第 366—367 页。

③ 赵辉主编：《天津红十字会九十年》，天津人民出版社 2001 年版，第 69 页。

生员，热心卫生工作，在群众中有威信。大部分学员是直接参加生产的工人，也有一小部分的行政管理人员（多是做福利工作的）。

第二，规定切合实际的学习内容。一般是从生产出发，为生产服务，结合工人的生产与生活实际情况来确定学习内容。经过1000小时的学习（包括实习在内）后，达到如下目标：使用一般药物治疗一般常见的疾病；对重病、重伤患者及时地鉴别、急救和转院；对患者进行一般护理；提出一般疾病预防措施；向职工进行常见疾病的预防宣传教育。

第三，采取学以致用的教学方法。根据从实用出发、中西结合、防治结合、医护结合，以及密切结合生产和职工生活的教学原则，采取“理论与实际相结合”“突击学习与经常学习相结合”的教学和实习方法。“理论与实际相结合”就是工人常得什么病，就讲授什么病，边教、边学、边做。在学习时间的安排方面，先脱产30天，突击学习300小时。在突击训练期间，上午课堂讲课，下午去病房、门诊实习，晚上讨论。实习时，每班有两三个辅导员（护士或医师）负责指导。突击学习是让学员先掌握一些常见疾病预防与治疗的知识和技术。突击训练结束回厂后建立红十字保健站，继续下一阶段经常的学习。学习完全部规定的课程，经过考试及格才算正式结业。

第四，突击训练结束后，抓紧建立红十字保健站。保健站是根据它的群众性业余基层保健机构的性质，本着节约的精神，因陋就简、就地取材建立起来的，并视需要逐步扩大。刚经过突击训练的红十字医士，在建立保健站的初期，还做不到“治百病”。为了防止发生事故，根据“防”“治”并重的原则，规定了一定的业务范围。能够治疗的就治疗，不能够的就马上转院。各厂都与就近的门诊部或医院挂上钩，各门诊部、医院采取“三定”（定人、定点、定任务）、“三抓”（抓医疗、抓预防、抓提高学习）、“二排”（排医务力量、排任务）的办法，帮助保健站巩固和提高。

第五，政治挂帅，破除思想障碍。训练红十字医士是一项新的工作，开始时无论医务人员、学员本身还是职工群众，由于受到“医药卫生科学知识和技术是神秘的”观点的束缚，在思想上都存在一些顾虑。如学员普遍的顾虑是：“我们文化低，粗手大脚，学不了这个……”；有些医务人员则认为：“学医可不那么容易，时间这么短，非出乱子不可。”他们不相信工人能够掌握卫生科学知识和技术。到了建立保健站后，有些工人生了毛病后，抱着“试试看”的不信任态度找红十字医士治疗。为破除上述形形色色的思想障碍，各工厂、门诊部、医院党委都采取辩论、摆事实、说服教育的方式，分别向学员、医务人员反复地进行政治思想工作，对职工群众则利用不同场合，宣传红十字医士的成绩，树立威信。同时，工厂党政领导加强了对红十字医士工作的领导①。

1959年5月18日，天津市公共卫生局和市红十字会在红桥区文化馆剧场召开培训红十字医士、开展群众性防病工作现场会议，红十字医士培训工作很快在全市各区大规模地开展了起来。

天津市红十字会专门组织编写了一批红十字医士培训教材。为使教材符合“亦农亦医”“亦工亦医”的实际情况和需要，市红十字会与市卫生局协商，从农村卫生工作队和医院抽调一批具有临床教学经验和写作能力的医师，组成红十字医士教材编辑组。从1958年至1960年，先后编写了以医学基础理论为内容的1000课时《红十字医士手册》、以医学临床知识为内容的2000课时《红十字医士提高教材》和《疾病防治学》（上下册）。此外，还编印常见疾病验方汇编和常见疾病单方汇编；收集了市各医院多年来经过临床实践的验方，分内、外、妇儿、骨伤科汇编成《常见病中医验方》。为适应农村防病治病的需要，收集选编了一部分单方、验方、中草药粉剂验方，经市中医院审核，编印了《常见疾病单方汇编》。

各区参照红桥区的经验，先以中小型工厂为重点，继而在大工厂企业的车间，进而在街道、商店、学校等单位，采用举办红十字医士培训班或成立红十字医士培训学校的方法，陆续展开了红十字医士的培训工作。到1960年底，市区（包括塘沽区）培训不脱产红十字医士4752人，建立红十字保健站1116个。

为提高红十字医士的业务水平，在完成1000课时学习的基础上，各区还举办了2000课时的提高班，90%以上的红十字医士参加了学习。经过培训的红十字医士，大都掌握一般性卫生预防知识和40多种常见疾病及防治方法。在医疗技术方面，还与医院、街道（或本单位）卫生院的医师挂钩，在他们的具体帮助和指导下，每天利用一定的工作时间或业余时间进行卫生宣传，开展预防工作，或为职工、群众治疗一般性小伤小病。例如，天津化工厂的7个车间都建立了红十字保健站，1959年10月，13名红十字医士与车间红十字卫生员共急救和治疗的小伤小病达5000多次。同时，据181个工厂红十字保健站的统计，仅第三季度就为106000余人次进行了急救和治疗②。其间，中央宣传部卫生处、国务院二办、卫生部多次赴天津考察，了解情况，并做出重要指示。12月12日，《天津日报》对市培训红十字医士工作进行了报

① 《天津红桥区训练工厂红十字医士初步经验》，《爱国卫生》1959年第16期，第366—367页。

② 赵辉主编：《天津红十字会九十年》，天津人民出版社2001年版，第68—70页。

道，并配发了评论[①]。由此可见，天津市培训红十字医士在当时的社会影响。

（三）开展防疫工作

中国红十字会继续协助政府组织开展防治血吸虫病、钩虫病、疟疾等地方病和传染病，并进行了其他防疫活动。

1957 年 4 月 20 日，国务院颁布《关于消灭血吸虫病的指示》，指出“血吸虫病已经成为我国现有流行病中危害最大的一种病害”，要求“必须充分地发动血吸虫病流行地区的广大群众，坚决地为消灭这一病害而斗争”[②]。江苏是血吸虫病流布的 12 个省（市）之一。从 1955 年开始，全省上下在毛泽东“一定要消灭血吸虫病”的号召下，建立了防治组织，在流行地区的县建立了血吸虫病防治站，组织专业队伍，广泛发动群众，紧密结合农田水利和环境改造，集中力量消灭钉螺和治疗病人，开展了轰轰烈烈的群众性防治运动。1976 年，全省基本消灭了血吸虫病[③]。

江苏红十字卫生员参加到防治和普查血吸虫病行列之中。早在 1956 年，南京市三汊河水上红十字卫生站就开始协助开展防治血吸虫病工作。他们动员船家设置马桶，并随同粪船收粪，遇到台风粪划子不敢出动，卫生员就亲自摇船收粪，或者借粪桶将粪便送到农业社，既保证粪便不下河，又帮农业社积肥。1958 年上半年，卫生站送给农业社干粪 26200 多斤，做到既送粪、积肥又防病。因此，他们收到了来自泰州、扬州、镇江等地许多农业社的表扬信[④]。

1958 年，南京市东井巷红十字卫生站站长余乐山带领 8 名会员，协助区卫生所在居民中进行血吸虫病的普查工作。他们每天晚饭后开始工作，直至深夜 12 点，有时甚至到凌晨一两点。因为是在晚上上门检查血吸虫病，他们不得不半夜叫门，有时惊醒了人们的好梦，听到牢骚后，他们总是耐心地宣传说服。有时碰了硬钉子，个别的干脆不开门，他们就在次日白天，再次登门宣传解释，约定时间再来，保证人人都能够被检查到。他们的技术愈做愈熟练，许多小孩子接受检查时，未被惊醒[⑤]。当地居民都很感激他们。

在普查血吸虫病的工作中，60 多岁的余乐山最热心、最认真。每天白天他都向区卫生所汇报情况，接受任务，并和居民委员会取得联系，挨家挨户事先通知。晚上工作完毕后，他总是最后一个回家。杨芹如、倪邦宁、耿宝

---

① 《让红十字医士遍布全市》，《天津日报》1959 年 12 月 12 日。

② 《建国以来重要文献选编》第 10 册，中央文献出版社 1994 年版，第 209—221 页。

③ 中共江苏省委宣传部编：《建国三十五年来的江苏（1949—1984）》，江苏人民出版社 1984 年版，第 415 页。

④ 宋邦全等：《既送粪积肥又防病》，《中国红十字》1958 年 9 月号，第 19 页。

⑤ 孔庆莲、聂耶：《协助卫生部门普查血吸虫病》，《中国红十字》1958 年 12 月号，第 16 页。

珍都是 4 个孩子的妈妈，但她们都能够安排好家务，参加工作，都说要在多、快、好、省地建设社会主义中贡献自己的力量。一个半月他们就检查了 3176 人，玻璃片做得合乎规格，登记表写得清清楚楚，得到区卫生所的表扬。

为彻底消灭钉螺，1958 年，昆山县订出了冬春季灭螺规划。规划指出，必须加强党的领导，书记挂帅，围绕生产大搞群众运动，充分利用人民公社的优越性和有利条件，统一组织查螺、灭螺专职队伍，实行边调查、边发现、边消灭。具体做法是：结合平整土地和水利河网化，消灭河沟钉螺；结合积肥、养鱼和垦殖，消灭芦、草滩的钉螺；结合深耕和平整土地，消灭田地钉螺。要求 10 月底以前查清螺情，纳入冬季水利规划。第二年 4 月（即水位上涨）前达到彻底消灭①。

江西也是血吸虫病流行的重灾区。1956 年，九江市红十字会在配合开展血吸虫病防治工作方面取得了一定经验。该市红十字会不仅组织动员会员、卫生员带动广大群众，参加经常性灭螺运动，而且担任了宣传和动员群众接受治疗、粪便检查等工作。具体而言，是按照如下步骤和方法开展工作的。

首先，由街道红十字会配合有关部门，组织防治血吸虫病常识的学习。学习是由会员、卫生员带头参加，再通过会员、卫生员向群众宣传，使他们懂得血吸虫病对人们健康和生产的危害性，懂得血吸虫病是一种能够治疗而且是可以消灭的疾病，消除悲观恐惧的情绪。

其次，在这个基础上，再由卫生员和会员分别动员病人接受粪便检查。一开始，病人都怕麻烦，认为留粪便很不习惯。卫生员和会员就挨家挨户地动员，并约定时间上门去取。这样就能够完成粪便检查任务。此后，确定需治疗的病人并列出名单，分给卫生员和会员分头去动员接受治疗。

同时，还主动帮助病人适当解决一些实际困难和问题，使得他们安心治病。例如，有的工人家属治疗后，小孩无人照管；有的家中孩子读书，吃饭成了问题等。得知这些消息后，红十字会和居民委员会、妇代会相互配合，主动请人代管小孩和做家务。如果有经济上遇到困难的，或转粮食和食油等关系的手续麻烦的，红十字会和居民委员会就共同解决，或与厂方联系解决分期代付医药和伙食费用，或贷款解决经济困难。病人参加治疗后，红十字会员和卫生员还经常组织去探视和慰问病人，鼓励他们坚定信心，安心治病；并咨询有无困难，代为解决②。

钩虫病是四川省主要地方病之一。1958 年，万县市红十字会在市委防治

① 苏简：《昆山县规划彻底消灭钉螺》，《中国红十字》1958 年 11 月号，第 5 页。

② 中国红十字会总会编：《1957 年红十字工作会议汇刊》，1957 年内部印行，第 97—99 页。

钩虫病办公室指导下，发动会员参加了收集市民大便送去医院检查的工作。在这项工作中，有的会员协助造名册，有的会员运用钩虫图片和标本到基层向群众讲解和宣传。这项工作不仅协助了卫生部门，也锻炼了会员工作能力，提高了会员和群众对于消灭钩虫病的认识①。

同年，湖北麻城县平靖乡训练148名红十字会员为抗疟员，紧密结合生产，全面彻底地开展了抗疟复发治疗工作，并消灭了孑孓蚊子滋生场所。他们的基本经验是：政治挂帅，切实掌握1957年发疟人数；医务卫生人员分片包干报社，社基层红十字委员会委员包队，会员包户；送药上门，做到四到（到户、到人、到手、到口）；发现一个患疟者及时向医生报告，紧急治疗，杜绝疟疾蔓延。全乡1.2万多人口，1954年发疟率占总人口的64.3%，1957年由于使用中药常山抗疟，发虐率下降到6.8%。至这年6月，发虐率下降到0.63%，7月没有发生复发疟疾现象。8月26日，该乡向麻城县卫生科报告，“实现了无疟乡”②。

同在麻城县，这年春季，全县352名红十字卫生员参加了5.2万人的预防接种工作。宋埠镇公社歧亭红十字卫生员在卫生部门指导下，首先组成12个种痘小组，深入各乡农业合作社和歧亭街，3天内就完成2100人接种牛痘任务。群众对种痘反映很好，都认为“红十字卫生员是卫生部门的得力助手”③。

三、“家庭病床”：卫生工作的创举

“家庭病床”是基层医疗机构建立的，基层红十字会组织并发动会员参与其中，因而成为群众性卫生福利事业，是我国医疗卫生界和红十字会界的一项重要创举，也是外宾参观大中城市红十字会的一项重要内容。此时，基层红十字会成为地段医疗机构的重要助手。

天津市在全国较早地建立起“家庭病床”。1958年，天津市卫生局为减轻各大医院治疗病人的压力，号召各地区建立“家庭病床”。市红十字会随即动员全市4600多个基层红十字组织和16万红十字会员、14万红十字卫生员配合开展此项工作。各区红十字会相继举办了短期训练班和开办红十字学校，专门为街道培训了655名家庭病床“小护士”“护理员”。她们除向群众宣传建立“家庭病床”方便病人、花钱少等好处外，还挨门逐户了解本片居民的

---

① 吴兴洲：《为了消灭钩虫病》，《中国红十字》1958年5月号，第13页。

② 杨洛华：《麻城平靖乡已实现无疟乡》，《中国红十字》1958年11月号，第5页。

③ 汪鲁谦：《接种牛痘》，《中国红十字》1958年5月号，第13页。

健康状况，动员患者到卫生院进行检查，经医生诊断需要“住院”的，就当即开设“家庭病床”。家庭护理员遵照医嘱担当起家庭护理的任务。病人“出院”后，家庭护理员还随时了解病情的变化情况。若发现病情出现反复，就及时地报告卫生院医生进行复查。

为向全国推广天津市的做法和经验，这年6月24日，卫生部在天津市召开“家庭病床”经验交流现场会议。与会代表参观了各街卫生院、联合诊所开设的“家庭病床”和实行分级分工医疗服务制以及红十字卫生站工作。参观后，代表们认为地段医生在红十字组织的大力协助下，开展医疗预防工作的做法，符合“卫生工作与群众运动相结合”的原则。卫生部也予以高度评价，指出“红十字会是卫生部门的得力助手，应予以充分的重视和支持，使之更好地发挥作用”①。

在江苏，徐州市基层红十字会“家庭病床”工作成效显著②。7月，徐州市的医务人员在党的领导下掀起“学天津，赶天津，超天津，大搞家庭病床”的高潮，以冲天的干劲在近10天内就开展“家庭病床”两万多张。在配合“家庭病床”工作中，基层红十字组织发挥应有的作用，促使红十字工作快速推进。

首先，市红十字会把开展“家庭病床”的重大意义、出入院的标准、手续、医护人员的工作职责及收费制度等编印成宣传材料，发到基层组织，大力开展宣传活动。接着，两次召开全市街道基层干部会议，研究讨论在开展“家庭病床”工作中基层组织如何行动，并提出“鼓足干劲，苦战五天，当好助手，力争上游，放出卫星，向省委检查团献礼”的战斗口号，准备进行声势浩大的突击宣传活动。各基层干部回去后即利用居民中的大小会议、检查卫生、串门聊天、做活、做饭、树荫下乘凉、河边洗衣服、黑板报、有线广播、夜校及读报等进行宣传，大部分基层组织都是挨门挨户进行宣传，真正做到家喻户晓。

据不完全统计，5天内共发动红十字会员、卫生员6000多人，突击宣传114789次，25万多人直接受到宣传教育。市和平街塘子巷17号60多岁的葛大娘，儿女都不在身边，家中只有她一个人，天天担心生病后没人照顾。她听了会员的宣传后，感动得掉下眼泪说：“现在生病不用愁了，医生上门服务，还有人护理。”宣传活动扩大了红十字会在群众中的影响，同时发展了1000多名新会员，进一步巩固基层组织。

---

① 赵辉主编：《天津红十字会九十年》，天津人民出版社2001年版，第80—81页。

② 牛霭华、刘怡欣：《为了家庭病床》，《中国红十字》1958年9月号，第10页。

红十字会员、卫生员分布广，有人生病都能被及时地发现，介绍到医疗单位。兴徐红十字卫生站的卫生员两天就给地段医师介绍了4个人住上“家庭病床”，说明基层红十字组织对病情、疫情的掌握比过去准确而又及时。

广大红十字会员、卫生员都接受过一定的卫生救护训练，懂得一般的家庭护理知识。自“家庭病床”工作开展以来，卫生员家庭护理工作增多了。云龙区彭城联合诊所和妇幼保健院的大夫特地利用业余时间给卫生员讲授家庭护理知识，使他们进一步提高技术，给“家庭病床”的病人进行护理和指导。全市大部分基层组织都掌握了辖区家庭病床数，广泛开展家庭护理活动。铁货、忠勇、少华等地基层组织还成立护理组，在地段医生的指导下开展家庭护理工作，进而节约了医护人员的人力和工作时间，丰富了红十字基层组织活动的内容，巩固了红十字基层组织。

由上可知，徐州市红十字基层组织开展的“家庭病床”工作宣传活动扩大了红十字会的影响，发展了一批新会员。生活在群众中的红十字会员、卫生员，一方面及时报告所发现的病情，介绍病人住上“家庭病床”；另一方面有些会员、卫生员自己也开展家庭护理，提高了“家庭病床”工作效率。徐州市“家庭病床”工作的运转形成了良性互动，成效显著。

8月21日，江苏省卫生厅在徐州市召开了全省“家庭病床”现场会议，江苏省红十字会和南京、无锡等地红十字会的代表参加了会议。徐州市红十字会以“如何配合开展家庭病床”为题在会上做了专题介绍。在做会议总结时卫生厅领导强调指出，“根据徐州市的经验”开展家庭病床工作，“红十字会的作用是不可忽视的”，“各地卫生部门应加强对红十字会工作的重视、领导和支持，以发挥红十字会员、卫生员的助手作用”。会议结束后，代表们还进行了现场参观学习。

9月9日，江苏省卫生厅、省红十字会联合向各市、县卫生局科、红十字会（筹委会）下发通知，指出，开展“家庭病床”是卫生工作体现社会主义建设总路线的一项创举，也是卫生工作为生产服务，走群众路线的一种好的形式。送药上门，既便利病人又切合国情民俗，其政治和经济意义非常重大。通知要求红十字会基层组织应紧密配合“家庭病床”工作的开展，具体如下：

第一，红十字会是群众性卫生救护团体，是依靠群众、发动群众和组织群众来开展群众自己的卫生工作，所以红十字会员和卫生员最了解群众的健康状态和疫病情况，在开展“家庭病床”工作方面，他们便成为医务人员的有力助手。因此，各地卫生医疗部门应充分使用这一力量。而红十字会组织亦要主动地与医疗保健机构挂起钩来，紧密配合，分区包干，相互协助，做好医疗预防工作。

第二，红十字卫生员或受过训练的红十字会员主要是担任家庭护理和宣传工作，并协助办理转诊、会诊、住院工作。卫生部门和医务人员应帮助红十字会培养会员和卫生员，进行业余家庭护理训练或结合卫生救护训练进行补充训练，或结合查病床，教导他们护理技术、给药方法以及外科方面的简易治疗，使会员、卫生员成为多面手，更好地协助卫生部门做更多的工作。同时，红十字会基层组织的活动内容也随之更加生动活泼，丰富多彩，不但鼓舞会员群众的积极性，而且推动群众卫生事业的发展。

第三，各地红十字会应结合开展家庭病床、划区医疗防疫保健等工作以及除五害讲卫生运动，普遍建立基层组织（包括基层红十字会、卫生站、会员小组），居委会要有红十字卫生站，居民小组要有红十字卫生员，并对原有基层组织进行整顿和巩固①。

红十字会参与“家庭病床”，不仅是卫生工作的一项创举，而且是我国卫生福利事业中一道独特的亮丽风景。

第三节　青少年运动蓬勃发展

一、青少年急救员

中国红十字会历来重视在“学生中间普遍地养成救护知识”。红十字青少年工作“是从1952年在学校中开展的”②。早在1952年11月22日，北京市分会开始开展红十字少年工作，选择市第一中学作为试点，成立第一个学校红十字会，发展红十字少年会员139人；1953年9月5日，又在市第五中学继续探索工作经验。两所试点学校的实践表明，在学校发展红十字青少年会员，对培养学生讲卫生、讲人道、互助友爱等大有裨益。

为了加强对学校红十字会工作的领导，1956年2月10日，北京市分会成立学校工作委员会，并召开第一次学校工作委员会会议。市教育局办公室副主任凌冰任主任委员，来自团市委、防疫站以及有代表性学校的人士担任委

---

① 《关于开展家庭病床工作和红十字会基层组织紧密配合的联合通知》（1958年9月9日），（58）卫医字第306号、（58）苏红组字第153号，江苏省档案馆档案，第345卷。

② 参见山东省红十字会编：《红十字会务知识》，1986年内部印行，第51页。

员，制定了《北京市分会学校工作委员会组织规程》[①]。9 月，召开了第二次学校工作委员会会议，增聘部分委员，委员会的代表面更加趋于广泛和健全，有利于学校红十字会工作的推广和开展。

和北京市一样，天津市开展红十字青少年活动最早也是在 1952 年，但在中小学校全面开展红十字青少年活动则始于 1956 年。为了通过对青少年会员坚持不懈地进行红十字会宗旨、性质、任务及会员权利、义务的教育，引导他们从小树立“救死扶伤”“关心他人”“为他人服务”的思想道德品质和行为，以及培养青少年从小养成良好的卫生习惯，加强学校卫生保健工作，天津在市区教育行政部门的重视与支持下，将红十字组织的发展工作纳入教育部门的计划，统一部署、统一检查，有效地推动了学校红十字会的组织建立和会员发展。

事实上，新中国成立初期，中国红十字会开展大规模的急救训练中就包括在校青少年急救员的培养和训练。在所有急救员中，青少年急救员格外引人注目，这是因为一方面青少年急救员的年龄、身份和所在单位具有特殊性，另一方面青少年急救员的培养及其急救工作几乎是这一时期红十字青少年运动的全部内容。

青少年急救员在学校卫生工作中发挥出不可替代的作用，培养和训练青少年急救员是一项十分有意义的工作。下面以无锡市中等学校为中心加以考察。

无锡市区共有 10 所公、私立中等学校，学生达 19 万之多。自 1953 年起，无锡市分会逐年在学校（除市立产校和护校外）进行红十字急救员训练工作。至 1956 年 1 月，共有 1152 名学生接受过训练，受训的学校全部建立了红十字卫生站[②]。

整个急救员训练工作是在征得无锡市教育局同意和在卫生防疫站的协同下进行的。首先，无锡市分会制定出具体的训练方案，对训练目的、要求、名额分配、学员对象、产生办法、训练时间等做出明确规定。训练方案经市教育局同意后，在市公、私立中等学校校长会议上进行传达布置。之后，由各校召集学校保健委员会议，具体研究贯彻。一般由学校领导、班主任作动员报告，向同学们阐述参加红十字卫生训练的重要意义，还利用黑板报、扩音器等进行宣传。指定专人负责训练，保健老师和总务主任负责训练的准备工作。在同学们自愿自觉报名的基础上，班主任根据身体较好、功课优良、

① 孙敬敏编纂:《北京市红十字会的 65 年（1928—1993)》，文津出版社 1995 年版，第 69—70 页。

② 无锡市分会:《无锡市学校红十字急救员工作总结》，《红十字工作简报》第 11 期（1956 年 2 月号)，第 2—4 页。

兼职不多、对群众卫生工作较热情等条件初步决定名单，提交学校保健委员会研究决定人选，并在规定的时间内将确认名单汇报给市分会。

同学报名参加训练的实际人数一般要比原分配的名额多出一倍，有的甚至超出两倍以上。由于学校医务人员力量不足，分会依据全市学校分布的情况和产生的名额，划分为东、南、西、北、中 5 个教区，通过市卫生局邀请各教区附近医院的医师进行包干授课，各教区授课医师选出 1 名责任医师。开课前，分会召集责任医师统一集中备课，提出教学方法和要求。这样各医师的授课方法、要求、进度等都较为一致。课程时间一般为 20 小时，每星期 4 至 6 小时。课程内容以急救为主，再加上卫生常识、传染病预防、学校保健工作等，女校还增加妇女卫生内容。据统计，在整个学习过程中，缺课现象仅十余次，没有中途退学的。学习结束后进行了一次测验，掌握了同学们的学习情况。

在训练过程中，根据各校同学的人数编好小组，以校为单位选出 1 名大组长，在大组长中挑选班长。市分会经常召集班长和大组长，了解同学们的思想动态，对存在的问题及时予以解决，或随时与校负责训练的教师取得联系，予以处理。每个学校都很重视训练工作，各教区提供教室的学校都为训练班供应开水和教育用品，参加学习的同学深受鼓舞——努力学好卫生急救技术。有的学校还主动争取受训资格，例如 1955 年，市教育局在布置训练工作时，没被列入计划的无锡师范学校、无锡纺织工业学校等就主动要求派遣学生参加学习，这一年全市就共补训了 350 名同学。

训练急救员的目的在于建立基层卫生组织，开展工作。1953 年，无锡市分会在受训后条件较好的市一中、二中、一女中、二女中着手建立基层卫生组织。由于学校行政重视，并有固定的校医做辅导，一年多的工作表明，基层卫生组织在学校卫生工作中发挥了很大作用。为推动这一工作，1955 年 4 月，分会拟定《无锡市中等学校红十字卫生站组织暂行办法》，提交市卫生局、教育局研究同意后，由市教育局、卫生局及分会联合通知各校公布，明确各校通过训练后，即在保健委员会领导下建立红十字卫生站，作为学校唯一的基层卫生组织。同时分会将先进学校的工作经验进行介绍，引起各校行政重视，进一步明确建立组织的方法。

学校建立红十字卫生站的方法如下：卫生站设站长 1 人，副站长 2 至 3 人，一般是保健委员会正副主任或总务主任、保健老师、校医及表现较好的同学分别担任，负责领导红十字卫生站工作。下设急救组、宣传组、检查组，也有增设统计组的。各组民主选举组长 1 人，负责领导。各组的具体任务是：急救组在校医室、运动场经常轮流值班；在远足、游行、集会、义务劳动等工作中担任救护工作。宣传组负责校内定期黑板报的出版、通俗卫生广播及班级卫生宣传工作等。检查组负责全校室内外、公共场所清洁检查工作。统计组负责全校各项卫生统计工作。

红十字卫生站的工作计划都统一纳入学校保健委员会的学期卫生规划。卫生站由学校保健委员会领导，开展具体工作。有的学校保健委员会对红十字卫生站布置具体的工作任务，并明确要求卫生站定期向他们汇报工作。保健委员会对卫生站的工作也进行定期检查，保证卫生站发挥助手作用。如建华中学校方反映："学校红十字卫生站是群众性卫生组织，是推动学校卫生工作的核心，十分需要通过红十字卫生站及时地向学校保健委员会反映学校卫生情况和存在问题，并提供合理化建议，更好地做好学校卫生保健工作。"

就无锡市 16 所学校红十字卫生站的工作情况来看，大致分为以下三种类型：第一种 7 所学校，学校行政重视，站组织健全，各项工作制度执行好，急救员积极性高涨，经常主动开展工作。第二种 5 所学校，学校行政重视，但督促不够；卫生站的组织尚健全，但各项制度执行不够；大部分急救员积极性高涨，经常开展各项活动。第三种 4 所学校，学校行政不够重视，卫生站组织不够健全，没有工作制度，部分急救员积极性不高，尚能定期开展工作。

实践证明，学校红十字卫生站对保护学生身心健康，保持校园整洁的读书环境，培养学生自觉的卫生习惯起到了作用。加强学校的红十字活动，能够促成人才的全面发展。具体表现如下：

其一，培养同学们的卫生习惯，保证学校环境清洁卫生。红十字急救员是学校的卫生骨干和核心力量，他们发动其他同学开展清洁卫生工作，组织督促检查，提供有关卫生方面的合理化建议，并进行经常性的卫生宣传。例如，市二女中每次在爱国卫生日或清洁大扫除，将任务布置给红十字卫生站干部及小组长后，他们不但分配好组内活动，还主动提出工作意见、方法，并组织红十字急救员深入班级进行宣传，使得活动顺利开展。市一女中的红十字卫生站制定了每天进行清洁检查制度，他们将教室、宿舍、厨房、食堂、过道等场所划区分工、包干检查，将检查记录每半月公布一次，进行表扬或批评，引起同学们的重视，保持良好的卫生习惯和校园清洁卫生；同时通过检查，广泛吸收同学们对卫生工作的意见，由站长综合后向保健委员会反映，或提出合理化的建议，提请学校行政部门给予解决，负责将个别解答意见反馈给同学。有的学校根据保健委员会公布的个人卫生标准，深入班级进行个人卫生检查，监督同学们做好个人卫生工作，并将检查结果结合周会由学校行政公布，督促同学们培养自觉的卫生习惯。例如，市三初中行政部门公布了炊事员卫生规约之后，由红十字急救员经常督促检查，炊事员的清洁卫生有了很大的改进，该校的肠胃道疾病率显著降低。

在卫生宣教方面，每个学校都订立了定期出版卫生黑板报、进行通俗卫生广播、班级卫生宣传等制度。以季节流行疾病及学校卫生工作中存在的问题，结合各项卫生运动、卫生典型事例进行宣传、表扬和批评，同时鼓励同学写稿件、画漫画等，提高同学们卫生知识水平。每学期学校组织卫生展览会时，红十字急救员承担负责布置会场、整理展览作品及担任讲解说明、维持会场秩序等工作。

其二，进行自救互助，发挥保健部门的助手作用。红十字卫生站是学校保健工作的得力组织，负责同学们意外伤害的紧急救治和护理工作，协助校医推动各项卫生防疫工作。每个学校都成立了卫生室，订立轮流值班制度，每天由 4 名红十字急救员轮流值班，为同学们进行简易急救处理，从而减少医务室忙乱的现象，校医也可以抽出一部分时间来进行医防工作。市三中医务室护士曾请假一个多月，其间，红十字急救员按时值班为同学们服务。每个学校每学期在进行各种预防注射时都由红十字急救员负责皮肤消毒。急救员还进行消灭臭虫活动，分发赤痢噬菌体①，督促同学们按时送齐备检大便，保证检查肠道寄生虫病顺利进行等。在矫治沙眼过程中，他们协助医务室洗眼药瓶，装眼药水，分发到每位同学手里。每个学校每学期进行健康检查时，红十字急救员都忙着为同学们测量身高、体重、胸围、视力等。例如，无锡师范学校举行运动大会，全校 20 个班级的学生全部由红十字急救员测量身高和体重，之后他们将材料提交保健委员会体育部，研究决定同学参加不同比赛组别和不同项目，这对避免、减少体育伤害事故起到很大作用。

其三，培养热爱劳动和互助友爱的精神。红十字急救员发扬互助友爱的精神，他们热爱集体，参加学校的大集会和各项活动，在每次劳动中保护着同学们的安全。例如，举行运动会时他们设置临时救护站；在团队活动、露营、爬山比赛等活动中，红十字急救员也捎上急救包随队出发，一旦发生意外事故，他们就及时地进行救助和照顾，使受伤同学得到很大的安慰；在义务劳动中，红十字急救员巡视工作场地，耐心地对同学们进行安全教育，发现危险行为便及时劝阻，保证同学们的安全；在绿化锡山的义务劳动中，因为有了急救员，大大鼓舞了同学们的劳动热情，有人说：“加油干吧！挂了

---

①　噬菌体是病毒的一类，能侵入细菌体内，并在其中大量繁殖使细菌裂解，某一种噬菌体只能对相应的细菌起作用。

彩，有我们红十字急救员呢!”暑假期间，市三初中对患有血吸虫病的同学进行集体治疗，红十字急救员就担任护理工作，端饭送水，使同学们安心就医。由于热情耐心地为同学服务，红十字急救员深得同学们的好评和热爱，与同学们的关系也就更加密切了。

无锡市学校青少年急救员的训练和卫生站的工作也存在一些不足，主要有：其一，红十字急救员流动性大，高、初中每年都有大批同学毕业或转校，由于对这方面重视不够，每学年仅进行一次训练，以至于发展的急救员人数跟不上毕业的人数。如市二女中原有110多位红十字急救员，后来仅有43人，红十字卫生站的巩固及其作用的发挥受到了影响。其二，有的红十字卫生站缺乏专人领导，未能订立相关制度，对模范事例、积极分子未能及时进行表扬和鼓励。同时，红十字卫生站缺少经常性的业务辅导，急救员们的技术水平无法提高，工作热情也不够饱满。

对于上述问题每个学校都能正视，并针对工作中的不足，采取措施加以改进。如市二初中保健委员会在红十字急救员中物色出擅于写稿、绘画的同学担任编辑工作，成立了保健专刊出版委员会，出版《保健专刊》，原则上每周出版两次，内容涉及体育、卫生、保健等方面，有文字、漫画，图文并茂；同时注意搜集和发现同学中具有良好卫生习惯的典型事例以及保健工作中的积极分子进行登报表扬。除此措施外，该校还挑选各班优秀学生参加红十字急救员学习，担任学校卫生工作；医务室充分发挥红十字急救员应起的作用，重视急救员的实习与培养工作等①。

二、为了卫生和防病

首先要指出的是，本书在不同的语境中分别使用了红十字青少年、红十字少年等概念，其内涵无实质区别。中国红十字会总会于1958年8月30日下发通知，要求“自即日起，将红十字少年名称一律改为红十字青少年”②。

1957年6月，周恩来指出，“我们今后的教育方针，应该是培养有社会主义觉悟的、有文化的、身体健康的劳动者”③。不少学校将红十字会工作作为贯彻党的教育方针的一个重要方面，而学校红十字青少年工作是红十字会工作的一项重要内容，是传播红十字精神的一方重镇。

总体看，20世纪50年代中期，天津市中小学开展的红十字少年活动都是

① 无锡市第二初中：《我们这样使用红十字急救员》，《红十字工作简报》第11期，第14—15页。

② 参见《中国红十字》1958年9月号，第20页。

③ 《建国以来重要文献选编》第10册，中央文献出版社1994年版，第320页。

以卫生常识为重点，开辟第二课堂教育；或以卫生救护训练为重点，开展意外小伤害救治和群众性防病工作；或以卫生宣传教育为重点，培养青少年养成良好的卫生习惯。江苏省红十字会自1956年成立后，根据中国红十字会总会有关指示精神，发展红十字青少年组织并开展活动。如南京、无锡、苏州、徐州、常州、南通、连云港、淮阴、扬州、泰州、镇江等11市开展的多种形式红十字青少年活动，重点也是在学校卫生、普及卫生知识以及协助校医开展预防疾病等方面。

尚在筹备阶段的徐州市红十字会，就重视并开展红十字青少年工作。该市青年路中心学校将红十字青少年工作视作贯彻落实上述中央教育方针和改善学校卫生状况的重要举措，并将红十字会工作纳入整个学校工作计划。至1958年3月，学校发展红十字少年和会员97人，其中学生65人、教职员工32人、红十字卫生员40人，成立了基层组织[①]。学校以红十字卫生员为核心力量，在1958年半个学期内组织开展了以下几个方面的活动。

其一，按照规章制度，检查环境卫生。校红十字卫生队成立以后，执行事先制定的卫生检查评比制度，每天早晨上课前和下午放学时，各检查一次环境卫生。如检查教室内的桌椅及卫生负责区等，并将结果记录下来，每周六评比一次，将成绩好的班级公布在光荣榜上。卫生检查评比对同学们触动很大，更加激发了同学们保持卫生清洁的积极性。每天一大早，校园里就出现同学们抬水扫地的身影，老师称赞“我校卫生有了很大的起色”。

其二，卫生员轮流值班医药室。卫生员工作积极性很高，轮到值班时早晨7点就来到学校。他们首先整理医药室，扫地，整理药品，将盆里的脏水倒掉，换上净水，然后去各班检查卫生扫除情况。校医药室每天下午3点至4点半开放，每天都有两位卫生员值班，值班卫生员可以为同学们诊疗一些简单的伤病。除开放时间值班外，值班卫生员还在课间休息的10分钟内背着药箱在操场上巡视，若临时发现同学有创伤，就立即进行急救。同学们都很尊敬卫生员，称他们“小大夫”，一有外伤或病痛就去找他们，他们遇到不能处理的，就请来了保健老师。

其三，设立校园无人急救箱。为减轻保健老师和卫生员的负担，使小的伤害得到及时的处理，红十字少年在操场上设立一个小的急救箱，备有红药水、紫药水、棉花和镊子。保健老师向全体同学进行了有关急救箱使用方法和爱护药品的教育，连年龄小的同学也能够掌握简单的外伤急救方法。课间

---

① 徐州市青年路中心学校基层红十字会：《半学期来我校红十字少年的活动》，《总会工作通讯》1958年3月号（第8期），第24—25页。

活动发生小的擦伤时，如果没有卫生员在场，同学们便到无人急救箱前自主地（或请别人）涂上药水消毒，不至于影响正常的课间活动。

其四，开展宣传教育工作。红十字少年经常地向同学们进行卫生和会务知识宣传教育，除平时利用各种机会外，主要的宣传平台是黑板报和幻灯片。红十字少年定期出卫生黑板报，由5名红十字少年负责，每周二、五出刊两次，刊载卫生简讯、卫生常识、防病知识、红十字少年活动等内容，既有对工作的批评和表扬，又有疑难问题的解答。他们还成立红十字幻灯队，由12名红十字少年组成，每周利用一个晚上给同学们放映幻灯，除卫生教育片外，还有一些配合教学的故事片，如《罗文应的故事》《将相和》《平儿的健康生活》等。

该红十字幻灯队经常应邀赴和平桥、青二小、慈云寺、回民等兄弟学校放映，受到欢迎。慈云寺小学还与青年路中心学校建立友好学校，邀请幻灯队经常去放映。可见，红十字幻灯队不仅进行卫生宣传，扩大红十字少年的影响，而且促进了校际交流。值得一提的是，学校以前开家长会，三分之一的学生家长不能够到会，自从在家长会上放映幻灯片招待大家后，家长几乎都来了，甚至原来的会场都坐不下，家长会取得了预期的效果。更为重要的是，家长懂得卫生常识后更有利于对子女（学生）的教育。

其五，推进健康视察工作，及时掌握学生健康状况。此前由于条件限制，市防疫站无法经常对学生进行体格检查，不能够及时地掌握学生的健康状况，致使有些疾病未能及时地被发现和治疗。为解决这个问题，市防疫站决定发挥青年路中心学校红十字少年的力量，进行健康视察试点工作。学校把红十字少年和红十字少年卫生员组成4个健康视察队，以卫生员为骨干。经过短期训练后，他们掌握一定的技术，体格检查时，他们分工检查耳朵、眼睛、皮肤、量身高、称体重及检查内衣等。全校每位同学每月可以轮流到一次体格检查，体格检查督促同学们注意个人卫生。健康视察队发现全校患沙眼病的同学较多，高年级学生占总数90%以上，其他患中耳炎、口角炎等疾病的也不少。针对上述发现的病情，学校设法进行了矫治。

其六，组织有意义的游戏活动。为丰富红十字少年的课余生活，加强人道主义教育和提高他们的自救互助能力，学校与市红十字会联系，于学期中的第十一周星期日在云龙山举办了一次军事游戏活动。

在游戏中，红十字少年组成甲、乙两个军事小分队，为争夺山头展开“激烈战斗”。双方“战士”都很英勇，一些“战士”负伤了，就用粉笔做上负伤标记。这时山脚下出现一支佩戴红十字袖章的急救员队伍，急救员背着急救包，抬着担架，举着红十字旗帜，奋勇地奔向战场，迅速地为挂彩的战士包扎、急救，负伤很重的或头部受伤的就由她们抬上担架，护送到“火线”约200米外的急救站（用被单扎成的帐篷）去进一步处理。整个游戏活动分前后两个部分，其间“战士”和“急救员”轮换一次角色进行，共持续两个多小时。同学们收获很大，在回校的路上，还津津有味地谈论着谁勇敢、谁敏捷，谁包扎得快、谁包扎得好。

上述红十字少年活动仅是青年路中心学校在半个学期的时间里进行的。实践证明，学校开展红十字会工作十分必要，有助于贯彻实施党的教育方针，毕竟青少年是卫生宣传和教育工作的重点对象。1958年6月1日，老舍还专门发表一首儿歌，教育儿童除四害讲卫生。歌词写道：“好儿童讲卫生，打了蚊子打苍蝇。讲卫生，不生病，里里外外都干净。擦桌子，擦板凳，又讲卫生又劳动。除四害，最高兴，闲着就查老鼠洞。”①

同年4月，北京市红十字会公布《北京市红十字少年与全国各地红十字少年友谊竞赛书》，进一步推动了各地红十字少年踊跃参加除四害讲卫生运动。

4月6日，北京市红十字会召开红十字少年工作跃进大会。会场上悬挂“跨上千里马，勇猛争上游，比谁干劲足，看谁是先锋”的大幅红布标语。市三十九中红十字少年代表首先送上挑战书，“除四害要比多、快、净，讲卫生要比‘三洁’‘三亮’‘三不’”，向市四中红十字少年挑战。接着，四中、十一中等10所学校相继提出挑战、应战。各式各样的挑战书摆满了会议主席台，各校红十字少年情绪激昂。出席大会的市红十字会会长严镜清和市教育局局长翁独健对红十字少年工作做了重要指示。大会通过了《北京市红十字少年与全国各地红十字少年友谊竞赛书》。

竞赛书写道，全国各地正在轰轰烈烈地开展除四害讲卫生运动，北京是人民的首都，各项工作都在飞跃迈进，卫生工作也要走在前列。红十字少年是青少年中除四害最积极的力量，要跨上千里马，勇猛争上游，在红十字少年工作上来个全面大跃进。北京市红十字少年愿意以如下六项为条件，与全国各地红十字少年进行友谊竞赛。

一是1958年新建立学校红十字会超过现有总数的一倍，会员人数达到学生总数的15%。继续巩固、健全原有基层组织，并适当发展会员。二是1958年内，一半的会员受到6至12小时的卫生普及教育，每班至少有4名卫生员。三是红十字少年成为卫生宣传骨干力量，利用不同形式，每周向同学进行卫生宣传一次。在全市性卫生宣传活动中，保证会员踊跃参加社会宣传。四是

① 老舍：《祝贺儿童节》，《北京晚报》1958年6月1日。

每个基层组织成为推动除四害讲卫生的突击力量，每个红十字少年成为除四害的积极分子，带动同学，使学校早日成为“三洁”“四无”单位。五是红十字少年成为学校卫生部门的得力助手，发现疾病及时报告，以身作则，不吃零食和腐烂变质食品，不喝生水，不暴饮暴食，保证不得痢疾，并向同学和家庭成员进行预防痢疾的宣传。六是会员做到不随地吐痰，不乱倒脏水，不乱扔纸屑，饭前便后洗手，常剪指甲，保持衣服、被褥、头发、皮肤的清洁。

在北京市红十字会发起“友谊竞赛”的鼓舞下，各地红十字少年参与卫生和防病活动跃上了新的台阶。

直到1958年上半年，徐州市云龙区只在中学里发展红十字青少年。为迎接红十字工作的快速发展，这年暑假，云龙区在全区33个小学抽选优秀小学生训练成红十字青少年，以便尔后开展卫生保健工作，并且创造出一种“小鸡带小鸡”式的训练新办法①。

由于学校师资缺乏，卫生站又没有训练力量，而地段联合诊所白天黑夜忙着“整风”，徐州市红十字会便邀请市立四中、五中的1332名红十字青少年承担训练任务。一方面这些十七八岁的小老师对红十字会的性质、任务有一定的认识，也掌握了一般救护技术和卫生知识；另一方面，市红十字会对他们进行集中学习培养，拟定教学计划，并研究了有关教学的各种问题，所以他们完全能够胜任训练工作。8月9日，全区4个学区465名小学生开始学习，先后共开设14个班。训练结束后，415名小学生参加考试，231人得五分（即满分），超过总数的一半，只有一名不及格。这表明云龙区小学无红十字青少年的历史已经结束。训练虽只有短短的三四天时间，但小老师就和小朋友建立了深厚的友谊。如小朋友耿洪霞主动将自己的照片分别送给周广英和刘傅芳两位训练班主任，以作纪念。

新的学期一开始，经过训练的红十字青少年在各小学帮助保健老师开展学校卫生工作，发展壮大红十字青少年队伍。可见，“小鸡带小鸡”式训练方法确有实效。教学相长，小老师在训练过程中也得到了提高。后来，徐州市红十字会对这些热心教学的红十字青少年给予了物质奖励。

《中国红十字》1958年5月号以“跃进中的红十字少年”为题对南京市三汉河小学、第八中学和常州市的红十字少年参加卫生活动的情况进行了报道，展现出“大跃进”期间红十字少年工作的某些面相。

4月26日，三汉河小学90多名红十字少年在保健老师朱振龙带领下，掏

---

① 王禹光：《“小鸡带小鸡”》，《中国红十字》1958年9月号，第21—22页。

空了学校厕所里的粪便，把厕所板壁、梁柱洗刷得干干净净。他们的模范行动影响了全校师生，大家纷纷表示“我们向红十字会员学习，我们也要和他们比干劲”。大家一起动手，当天就给教室里的全部桌椅洗了个澡。

南京市八中校内有个臭水塘，起初红十字少年和同学们用肩挑、小板车运土准备将之填满，一个多星期过去了才填平一点儿。后来，他们向骡车合作社借骡车运土，可是骡车只有晚上空闲。他们的干劲特别大，连续苦干 4 个周六夜晚，用骡车运来 1000 多方土，终于将臭水塘全部填平。

事实上，南京市八中青少年运动内容丰富。早在 1956 年，南京市八中就十分注重卫生队员的培养。卫生队员分为预备和正式两个级别。凡是热爱医务工作、功课在中等以上、热心为群众服务的初二、初三、高一 3 个年级的学生，就有资格申请预备队员。预备队员经过 3 个月或半年的学习后，可以申请转为正式队员的考试。考试是由校医或辅导老师与老队员组成的考试小组主持。考生根据考试题目，一边表演操作一边解答。考试合格的，发给证章，成为正式队员。市八中对卫生队员的培养要求很高，根据“理论联系实际”和“处处贯彻教育”的原则，首先对队员进行短期集中学习，由南京市红十字会在校利用课外活动时间举办 6 天的短期学习班，学习止血、急救箱内容、外伤处理及伤患搬运、绷扎法、人工呼吸、沙眼防治、烫伤、中暑等基本知识，并组织实习。之后学校分配队员工作，按医护、保健、宣传、环境卫生及统计 5 组进行实习，在工作中逐步提高队员水平①。

1958 年，南京市八中红十字青少年打破常规过春节。在春节 3 天里，王二连、刘怀谏、柏清、倪爱德等同学组成宣传队宣传卫生，他们走过大街小巷、工厂、农村，一共演出 20 多场，受到群众欢迎②。同年，市八中基层红十字会在校内和附近街道设立“少年卫生监督岗”，站岗的都是初一、初二年级的优秀少先队员和红十字少年。他们向同学和居民进行卫生宣传③。

五一节早晨，常州市三初中红十字少年冒着小雨把街上的痰盂和果壳箱全部刷洗干净，接着展开了卫生宣传，劝说随地吐痰和乱抛果壳的人注意清洁卫生，并且对横穿马路和不走人行道的人进行了安全教育④。

5 月 6 日立夏，南通中学 20 多名同学佩戴红十字袖章，在去百货大楼的街道上散发卫生宣传材料。在百货大楼前，他们利用工业局安装的大喇叭，

① 邱宗沅：《卫生队员的培养》，《中国红十字》1956 年 10 月号，第 20 页。

② 秋晨：《打破常规过春节》，《中国红十字》1958 年 3 月号，第 16 页。

③ 陈增茂：《少年卫生监督岗》，《中国红十字》1958 年 6 月号，第 18 页。

④ 李树勋等：《跃进中的红十字少年》，《中国红十字》1958 年 5 月号，第 16 页；《更正》，《中国红十字》1958 年 6 月号，第 20 页。

开展夏季卫生常识宣传，听众有市民、学生、工人、农民、解放军等，既有老人也有小孩。他们分成 3 个小组，每组自带一只磅秤，给前来的听（观）众称体重，发放体重卡片①。多依靠群众，就可以把群众性活动开展得圆满，是他们第一次活动取得的经验。10 月，南通市各个中学的红十字青少年还协助文化部门在街道上画壁画，宣传除七害、讲卫生及卫生卫国训练等②。

七八月间，南京市口腔病防治院预防科在短短两个月的时间内，完成了南京市 5 个区小学生共 5 万余人次的涂氟防龋工作，这与南京市牙科联合诊所、南京二十三中初中 40 多名红十字卫生员的协助是分不开的。特别是红十字青少年放弃假期休息，在酷热的天气里自始至终地坚持工作，他们中午一般不休息，每天工作在 10 个小时以上。他们虚心好学，一般一周以内就熟练掌握技术，并有明确的集体观念，服从所分配的任务，不计较得失，表现出高度的组织性和纪律性③。可见，发动红十字青少年充当卫生工作者的助手，共同做好学校卫生预防工作是切实可行的。

同年，南京市程善坊小学的红十字少年响应学校号召——学校辅导学生举办“小银行”，储蓄零花钱，培养学生勤俭节约的美德和不吃零食的卫生习惯，带头不吃零食并组织宣传队、劝说队和卫生监督岗，做好宣传、监督和劝导工作④。六一儿童节，苏州市红十字少年和少先队员开展“六不”宣传活动⑤。“六不”就是不随地大小便、不随地吐痰、不随地乱抛果壳纸屑、不乱泼污水、不乱倒垃圾和不在河里倒马桶及污物。他们在公共汽车上、大街小巷里和城门旁进行口头宣传，还在人多的热闹地方设立“六不签名站”，不少过路行人签了名。

由上可见，由于各级红十字会加强了对学校红十字工作的领导，开展了丰富多彩的活动，极大地丰富了红十字少年的校园生活和业余生活。学校红十字会也相应地得到了发展。到 1959 年，北京市 54 所中学和 200 多所小学先后建立红十字会，发展会员 20155 人。至 1961 年，江苏全省发展红十字青少年会员 69615 人，其中无锡市 17333 人、苏州市 2069 人、常州市 30425 人、镇江市 1448 人、徐州市 1501 人、南通市 3400 人、淮阴市 800 人、连云港市

① 秦裕乡：《第一次活动》，《中国红十字》1958 年 7 月号，第 17 页。
② 俊等：《红十字青少年活跃在街头》，《中国红十字》1958 年 12 月号，第 14 页。
③ 南京市口腔病防治院预防科：《在涂氟防龋工作中》，《中国红十字》1958 年 10 月号，第 17 页。
④ 杨河义：《培养不吃零食的卫生习惯》，《中国红十字》1958 年 6 月号，第 16 页。
⑤ 陆奇：《“六不”宣传活动》，《中国红十字》1958 年 6 月号，第 18 页。

397 人、江宁县 67 人、无锡县 11747 人、江阴县 428 人[①]。到 1964 年，天津全市 1280 所中小学校建立了红十字会组织，发展青少年（学生）会员 181808 人[②]。尤其是大多数会员掌握了学生中常见病的预防常识和一般小伤小病的处理，小会员们成为学校卫生保健工作中不可或缺的一支重要力量。

三、支农和勤工俭学

红十字青少年除参加专门开展的中心工作——卫生和防病——之外，还在支农和勤工俭学中一边劳动，一边开展急救和卫生宣传活动，尽显红十字青少年风采。

1958 年 4 月，南京师范附中师生 360 余人在燕子矶区尧化乡开辟南师附中农场。消息传来，红十字卫生员立刻欢腾起来，大家动手清理急救包补充药品，准备迎接新的任务——边支农，边急救。在一个阵阵细雨的下午，大家到达了农场，整顿好帐篷后，校医召集红十字卫生员开会，商定许多保护参加开垦同学身体健康的措施。校医工作忙，一星期只能来农场 3 次，保健任务就主要落在红十字卫生员身上。

对同学们来说，农场是个新环境，加上连绵不断的阴雨，有些帐篷漏水，淋湿了同学们的衣服和被子，大家住得拥挤，休息不太好。所以一开始同学患感冒和消化不良的比较多。卫生员在校医的指导下，按时给患病同学吃药、送饭、送水，护理他们，减轻他们疾病的痛苦。此外，卫生员认真研究患病的原因。除气候的影响外，蔬菜缺乏是引起消化不良的一个原因，还有饮用的池塘水很浑浊。他们一方面建议校方改善条件，另一方面买来明矾净化饮用水。

劳动中当同学们发生意外工伤时，卫生员就马上放下工具进行救护。有一次，高二戊班宋晓风的手指被别人锄头砍伤了，鲜血直流，伤口深得几乎能看到骨头。卫生员马上给他止血、消毒，进行包扎处理。三个多星期后，宋晓风的伤口痊愈，同学们都称红十字卫生员为“小医生”。卫生员段亚秦工作负责，即使是暴风雨的夜晚，也没有停止过急救工作。她背着小药箱，打着雨伞，走在泥泞的道路上去察看每一个帐篷，一旦发现病人就仔细给他量体温，进行急救。同学们夸赞她是一个“又红又专的红十字卫生员”[③]。

在支农期间，红十字卫生员还利用一个星期天的休息时间，支援了燕子

① 江苏省红十字会编著：《江苏红十字运动八十八年（1911—1999）》，东南大学出版社 2001 年版，第 100 页。

② 赵辉主编：《天津红十字会九十年》，天津人民出版社 2001 年版，第 88 页。

③ 李树勋等：《跃进中的红十字少年》，《中国红十字》1958 年 5 月号，第 16 页。

矶区卫生所消灭钉螺的工作，一直忙到晚上7点钟才收工。6月5日，为期两个月的支农结束了，同学们返校学习。在总结大会上，校领导表扬了7位同学，其中3位就是红十字卫生员。

一般每年的5月末6月初，都是农忙时节，农民既要收割小麦，插秧，又要播种玉米、黄豆等。5月31日，南京市八中70多名学生响应市委号召，赶到长江中流的八卦洲，协助农民夏收夏种。红十字少年不但参加劳动，而且在农村开展卫生宣传、除四害和急救工作，可谓一举多得。

来到八卦洲，同学们分散住在社员家里。红十字少年吕玉柱和5个同班同学住在一位姓蔡的农民家里，当天晚上，蔡家12岁小孩蔡小喜整夜哭闹肚子痛，“已经三天没吃东西了”。第二天，吕玉柱冒雨请来了校医，还去4里路外的小镇买回宝塔糖，蔡小喜吃过后拉出150多条蛔虫，肚子再也不痛了。在乡下短短的4天里，校医给50多位社员看了病，红十字少年做了许多急救工作。他们还使用带来的幻灯机放幻灯片，在中心广播站做卫生宣传节目，社员们都很喜欢。当同学们返回学校时，农民拉着他们的手送出很远，还再三叮嘱：“到秋收时，千万再到这里来!”① 另外，来到八卦洲参加抢收抢种的还有一支队伍，他们是南京市电信学校的同学和红十字青少年②。

同年，南通市学生在支援农村夏收夏种时，红十字青少年也带着急救包到田里，一面劳动，一面进行卫生宣传教育和救护。他们利用早中晚及工余休息时间，个别地或两三个人在一起，用谈心的方式向农民宣传除四害讲卫生。这样的宣传不但没有妨碍农民的生产，还促进了农民的劳动积极性③。

常州市一中200多名红十字青少年参加了暑假勤工俭学活动。学校基层红十字会号召红十字青少年不仅要做卫生工作的积极分子，还要在勤工俭学活动中做个好榜样。他们有的到常州市百货公司当售货员，有的卖冰棍、卖报，还有的参加糊纸袋、敲矿石、搬运等工作④，他们决心要以自己劳动的所得缴学费。

在市百货公司，红十字青少年热情招待顾客，结合业务进行卫生宣传，如有买牙膏、牙刷和毛巾的，就告诉顾客刷牙的正确方法，毛巾不可多人合用，要预防传染沙眼。这样简短的说明令顾客满意。在市公园里，一组4位女红十字青少年一天可销售300多支冰棍。她们一旦发现乱丢垃圾的，就帮助捡起来，并且劝说不能随意乱丢废纸、瓜皮和果壳，要保持环境清洁。为

---

① 竺佥：《农忙时节》，《中国红十字》1958年7月号，第16页。

② 《在下乡义务劳动中》，《中国红十字》1958年7月号，第14页。

③ 张圣光：《在夏收夏种的日子里》，《中国红十字》1958年7月号，第19页。

④ 李树勋：《勤工俭学》，《中国红十字》1958年9月号，第21页。

了让炼铁工人能够吃上冰棍，她们在炎热的中午抬着箱子，跑到郊区的炼铁工地去送冰棍，受到工人的欢迎。在一家点心店里，3 位红十字青少年在后面灶上做杂务工，在她们的说服下，点心店将抹桌椅、抹锅灶和抹碗筷的三种抹布分开使用，并形成制度。

由上述不难发现，红十字青少年走到哪里，卫生工作就带到哪里，哪里的卫生就有了很大的起色。

在大炼钢铁的日子里，各地红十字青少年响应党的号召，投身钢铁战线，并运用自己的卫生救护知识献出一份力量。9 月，无锡市第一中学红十字青少年在钢铁工地上设立卫生站，开展救护工作。当学校开始建炉炼铁时，校基层红十字会就决定在工地建立卫生站，遂向全校红十字青少年发出号召，最后选出 25 名卫生员。9 月 15 日，他们在工地找到一块空地，一起动手用木板、苇席盖起一个工棚，树起一面红十字旗。他们还将桌子、凳子、急救药箱、换药架、洗眼壶、夹板、担架等搬到工棚，搞好卫生站的建设工作。

卫生站建成后，为炼钢铁的师生解决了不少问题。有的同学手脚碰破了，有的矿石飞入眼睛，有的不慎烫伤，卫生员均及时地进行了妥善处理。他们每天处理大小伤患 100 多人次。如教师张镇海在修理鼓风机时，不慎手指被卷入了皮带盘，在场的红十字卫生员及时地帮助止血包扎。学生包立行在土高炉前突然晕倒，卫生员赵南海将她背到工地卫生站进行了急救护理。不但如此，卫生员还把茶水送到炉前，将洗脸巾送到“钢铁战士”① 手里。有的卫生员带来了饭盒和棉被，整夜守候在土高炉旁，等待“钢铁战士”的召唤。到 9 月 30 日，全校建有 30 多只土高炉，炼出 3 吨多铁②。

最后需要指出的是，在“大跃进”期间，全民大炼钢铁运动令人反思。但红十字青少年、卫生员服务于社会运动的做法以及表现出来的奉献精神，值得肯定。

四、夏令营和国际交流

经过一个学期的紧张学习，同学们需要充分的休息和丰富的活动内容来调节生活，增进身心健康。参加夏令营就是同学们喜爱的一项很有意义的活动。

北京市分会在全国较早地参加或举办少年夏令营。早在 1953 年暑假，共青团北京市委分 5 批在清华园举办了 2500 名营员参加的北京市少年夏令营，

---

① “钢铁战士”是当时对炼钢铁的工人（包括老师和同学）的一种称呼。

② 李念慈等：《在钢元帅帐前保驾》，《中国红十字》1958 年 10 月号，第 18 页。

北京市分会就从市一中、五中、三十中选调40名红十字少年分批参加该夏令营。他们佩戴红十字臂章，身背急救箱，开展卫生保健工作，为小朋友服务，培养了红十字少年为同学服务的责任感和光荣感。

为活跃红十字少年工作，1956年7月25日至8月8日，北京市分会在圆明园101中学分4批第一次举办大规模的中学红十字少年夏令营，来自43所中学的669名小会员参加了夏令营。中国红十字会特地给北京市红十字少年夏令营发来一封公开信（全文如下），鼓励同学努力学习，保护健康，希望红十字少年成为学校和家庭卫生工作中一支活跃的力量。夏令营期间，李德全、胡兰生、严镜清等领导分别到营地，向小会员祝贺，并勉励他们养成良好的卫生习惯，锻炼自己，更好地为同学们服务。北京广播电台多次对此次夏令营活动进行了报道，在社会上引起很好的反响，吸引着众多同学加入红十字会①。

中国红十字会给北京市红十字少年夏令营的一封信

亲爱的红十字少年们：

过了一学期紧张的学习生活，学习成绩好吗？身体健康吗？我们很关怀你们。

为了使你们在暑假中的生活过得有规律、有趣味和有丰富的内容，北京市红十字会在清静幽美的圆明园里设了一个夏令营，接待你们，你们觉得愉快吗？幸福吗？我们的祖国，多么爱护年轻的一代啊！

北京市红十字少年夏令营，现在开幕了。我们向你们祝贺。祝你们健康！祝你们快乐！祝你们都成为“三好”的学生，都成为优秀的红十字少年。

你们是祖国的花朵，你们是祖国社会主义建设的接班人。祖国要求你们，学会一套生产建设的本领，长成一副强壮健美的体格。在祖国需要你们的时候，能担负起任何艰巨的任务。

亲爱的少年们！你们怎样答复祖国这个愿望呢？你们一定会说：努力学习，保护健康。

你们要记住：“三好”的学生，首先要身体健康。红十字少年的光荣，就在于他爱清洁，爱卫生，以身作则，帮助别人，在家庭中是兄弟姐妹的卫生模范，在学校中是同学们的卫生模范，发扬互助友爱的精神，积极地为别人健康服务。

这些事，你们过去已经做得很好。但是，祖国的一切事业，都在迅猛地

① 孙敬敏编纂：《北京市红十字会的65年（1928—1993）》，文津出版社1995年版，第70、72—73页。

前进。学校的教学质量，也在很快地提高。我们红十字会少年活动，也应该搞得更好。

因此，希望你们把夏令营的精神和习惯带回到家庭，带回到学校。让我们红十字少年成为学校和家庭卫生工作上一支活跃的力量。

祝你们在营中快乐！

中国红十字会

1956.7.21

或许是因为北京市红十字少年夏令营的成功举办或其示范效应，1957 年 5 月暑假来临之际，中国红十字会总会发出通知，指出“已发展红十字少年或已训练红十字卫生员的市、县红十字会可以利用暑假时间，在不妨碍学生暑假作业和不影响他们休息的原则下，适当地开展少年们所喜爱的文娱、体育等活动是十分必要的”，要求“各地红十字会应本着节约的精神”指导他们开展一些集体活动，如郊游、采集标本、游泳、钓鱼、参加夏令营、参观旅行、球类比赛、设立红十字少年乐园等，旨在“使红十字少年暑假生活过得生动活泼而有意义，培养他们卫生习惯和为人民服务的社会主义道德品质”①。

红十字会总会还对夏令营提出了三个要求：一是为了节约，活动最好能与团、队结合进行，如组织红十字少年或红十字少年卫生员参加当地共产主义青年团举办的夏令营等；二是在暑假中引导红十字少年开展一些卫生宣传、卫生活动等社会服务，如夏令肠胃病的预防，“除四害”特别是消灭蚊蝇，以及不随地吐痰等；三是适当举办卫生员训练班和制作国际红十字少年礼品等②。

根据红十字会总会的通知精神，1957 年夏季，南京、无锡两个市红十字会都举办了红十字夏令营，270 名红十字少年参加了活动。同年暑假，徐州市红十字会会同少年之家首次举办夏令营活动，38 名小学红十字青少年参加了夏令营卫生卫国训练③。事实上，在江苏，1961 年省红十字会第二届会员代表大会之后，青少年的夏令营活动依然丰富多彩。

1963 年 8 月，南通市举办有 60 多人参加的为期 10 天的红十字青少年夏令营活动。同年夏季，无锡市红十字会和市教育局联合举办了青少年夏令

① 《中国红十字会总会关于开展红十字少年或红十字少年卫生员 1957 年暑假活动的通知》（1957 年 5 月 25 日），（57）京总组字第 326 号，中国红十字会总会档案馆档案。

② 江苏省红十字会编著：《江苏红十字运动八十八年（1911—1999）》，东南大学出版社 2001 年版，第 101 页。

③ 徐州市红十字会编：《徐州市红十字会简史（1913—1990）》，1993 年内部印行，第 38 页。

营[1]。1965年，南通、扬州等地还利用暑假组织优秀红十字青少年参加了夏令营活动，组织他们学习毛泽东著作、救护技术和卫生知识，提高了红十字青少年的思想觉悟，培养了集体观念，使这些红十字青少年成为学校开展红十字会工作的骨干力量[2]。这年暑期，徐州市红十字会与市卫生局、教育局联合举办红十字青少年夏令营，25所中小学共580名红十字青少年参加夏令营，活动的内容有联欢会、急救技术表演、游览、白求恩故事会、卫生知识讲座、游泳及社会服务等[3]。

自20世纪50年代中后期，我国红十字青少年的国际活动逐渐活跃了起来。1955年，我国红十字青少年与苏联、波兰、捷克斯洛伐克、匈牙利、罗马尼亚、保加利亚、朝鲜、英国、新西兰、瑞士、日本、荷兰等12个国家的青少年互相通信和交换礼品。一年时间，来往信件121件，交换礼品37起。1956年，中国红十字会参加了匈牙利、黎巴嫩、南非联邦分别举办的国际红十字青少年作品展览会，并为此征集一批红十字青少年作品[4]。

实际上，红十字青少年参加国际交流活动，也是地方红十字会国际交往的重要组成部分。1957年夏季，南京、无锡两个市有关学校红十字少年和苏联、南斯拉夫、波兰等10多个国家的红十字少年交换信件，并互赠礼品，如纪念册、手工艺品、电动仪器模型、植物标本等[5]。

1958年，南京市八中高二（2）班10名红十字少年发动全班同学一齐动手做纪念册，作为礼品赠送给罗马尼亚红十字少年[6]。同学们拿出自己收藏的邮票、书签、贺年卡、画片等，还有一些来自学校的部分材料——八中校园和红十字少年活动的照片，以及一些同学做的各种各样的工艺品、画的山水画和购买的彩色风景画作为介绍伟大祖国的材料，经整理之后，分门别类地贴在纪念册里，封面再画上花边，写上说明，用丝线给字和图案刺绣，精美的纪念册就做成了。这一年南京八中共送给外国红十字少年6本纪念册，高二（2）班做的纪念册是其中的一本。

这一年，中国红十字会总会组织开展了红十字青少年征画活动，全国90余件作品应征。经过认真评选，5件作品获奖。其中，山东师范学校附中潘原、江

---

① 江苏省红十字会编著：《江苏红十字运动八十八年（1911—1999）》，东南大学出版社2001年版，第101页。

② 《江苏省红十字会1965年工作情况汇报》，江苏省档案馆档案，第1258卷。

③ 徐州市红十字会编：《徐州市红十字会简史（1913—1990）》，1993年内部印行，第38页。

④ 《中国红十字青少年国际活动正在逐步开展》（1956年11月10日）。

⑤ 江苏省红十字会编著：《江苏红十字运动八十八年（1911—1999）》，东南大学出版社2001年版，第101页。

⑥ 东木：《我们怎样制作礼品》，《中国红十字》1958年7月号，第17页。

英秋、刘风梧的作品《小护士》、西安市蓬湖区夏家什字小学梁婉香的作品《红十字卫生员在除四害》获得一等奖；南通市第二中学刘显宗的作品《检查清洁》、咸阳市中山街小学马泰华的作品《争救送院》获得二等奖；山东师范学校附中沙嘉孙的作品《少年红十字会员帮助卫生室工作》获得三等奖。总会颁发了奖品，并将优秀作品作为国际礼品赠送给国外红十字青少年①。

北京市红十字少年与苏联、朝鲜、罗马尼亚、阿尔巴尼亚、英国等12个国家的红十字少年建立了友谊通讯、互赠礼品的友好往来。从1955年到1958年共收到外国信件、礼品250件，回赠信件、礼品196件②。据统计，1956年至1963年间，南京、苏州、无锡等市红十字青少年与苏联、南斯拉夫、日本、泰国、古巴等十几个国家的红十字青少年开展交流活动③。这些活动增强了各国红十字会和人民间的友谊，培养了学生的国际主义精神。

第四节　与日本的人道往来

一、协助日侨回国

新中国成立后，约有3.4万余名日本侨民仍留居在中国，其中东北地区2.3万人、华北地区4700多人、华东地区1200多人、中南地区3800多人、西北地区1000多人、西南地区80多人。在上述侨民中，约有5000余名妇女与中国人结婚，还有一大批失去父母的日本孤儿被善良的中国人所收养。

早在1949年至1952年，中国红十字会就已协助日侨520多人分批回国。但由于中日两国没有建立外交关系，以及日本吉田政府执行敌视新中国的政策，大多数日本侨民返回祖国的愿望难以实现。我国政府为解决战后遗留问题，出于人道方面的考虑，制定了如下政策：凡是愿意回国的日侨，我国政府都协助他们返回日本；凡是愿意留下来的日侨，我国政府是准许的，只要他们遵守中国人民政府的法令。

中国红十字会是国际红十字组织成员，正是以这样的特殊身份，中国红十字会在协助日侨回国的事务中搭建友谊之桥，发挥出社团组织应有的不可替代的作用。1952年7月，中国红十字会和外交部、公安部、政务院

---

① 《红十字青少年征画评定》，《中国红十字》1958年9月号，第22页。

② 孙敬敏编纂：《北京市红十字会的65年（1928—1993）》，文津出版社1995年版，第79页。

③ 江苏省红十字会编著：《江苏红十字运动八十八年（1911—1999）》，东南大学出版社2001年版，第101页。

总理办公室等部门组成中央日侨事务委员会，并拟订出协助日侨归国计划[①]。11月12日，政务院颁布《关于处理日侨中若干问题的规定》，提出遣送日侨的办法、经费、财产处理和离职日侨待遇等问题，要求各大行政区及有关省市组织日侨事务委员会，并在1953年第一季度内遣送500名日侨回国。12月1日，中央政府答复了新华社记者提出的有关在中国的日本侨民问题。

1953年1月31日，受日本政府委托，日本红十字会、日本和平联络委员会、日中友好协会三团体组成的代表团抵达北京。3月5日，中国红十字会代表团与日本代表团就有关日侨回国的具体问题进行4轮磋商后，发表了《关于商洽协助日侨回国问题的公报》[②]。中日双方协商结果如下：

（一）中国方面确定以天津、秦皇岛、上海三港为愿意回国日侨之集中和登船地点。

（二）第一批愿意回国日侨之集中完毕并开始登船时限，定为1953年3月15日到3月20日，日本方面船舶于此规定日期内到达上述三港。

（三）第一批愿意回国日侨之集中人数为4000人到5000人。

（四）自第一批愿意回国日侨离开中国港口后，以后每批愿意回国的日本侨民的乘船人数和船只问题，须根据申请回国的日侨人数和来船情况决定，但大概可预计为每批愿意回国日侨集中时间间隔为20天左右，每批人数约为3000人到5000人。

（五）自第一批出发后，每批愿意回国日侨之大概人数和登船日期及有关船舶之载重、到达港口和到达日期等，均由中国红十字会以电报通知日本红十字会、日本和平联络委员会、日中友好协会三团体之联络事务局。

（六）每次日方来船均由日本红十字会、日本和平联络委员会、日中友好协会三团体各派一人随船照料，以便和中国红十字会保持联络，协助愿意回国的日侨回国。

（七）日方来船，须遵守中国主管机关“关于协助日侨回国由日本来船应遵守事项的规定”。

（八）中国红十字会协助回国日侨的回国截止期限为1953年6月底至7月初。

（九）为照顾愿意回国日侨，中国红十字会负担愿意回国日侨自其离开住

① 孙柏秋主编，池子华、杨国堂等：《百年红十字》，安徽人民出版社2003年版，第321页。

② 《我红十字会代表团与日本代表团就协助日侨回国问题取得一致意见》，《人民日报》1953年3月8日；中国红十字会总会编：《中国红十字会历史资料选编，1950—2004》，民族出版社2005年版，第38—40页。

地之日起至登船时止每人的伙食、住宿、旅费和不超过50公斤行李之运费。

（十）愿意回国日侨携带物品，须向中国海关办理手续，不得携带中国政府规定的禁止出口品及违禁品。

（十一）中国方面为协助愿意回国日侨，允许其申请兑换一定数量的外币，携带回国。

（十二）在日侨分批回国截止后如仍有日侨愿意返回日本时，中国红十字会愿意继续给以协助，并与日本红十字会、日本和平联络委员会、日中友好协会之三团体联络事务局，随时保持联系。

中日会谈结束后，红十字会总会立即通知天津、上海两市红十字分会：协助日侨回国之会谈已在北京举行完毕，第一批回国日侨即将开始登船。天津、上海两市系日侨集中登船的港口。天津市分会还与有关部门组成了天津市日侨事务委员会，并开始各项准备工作。

3月20日至22日，第一批4936名日侨分别乘船离开天津、秦皇岛和上海回国。其中，3月20日上午，集中在秦皇岛的第一批日侨2008人，乘上日本轮船“兴安丸”回国；3月21日上午，集中在上海的第一批日侨1959人，乘上日本轮船“高砂丸”回国；3月22日下午，集中在天津的第一批日侨969人，乘上日本轮船“白龙丸”和“白山丸”回国。至这年10月，共有7批26026名日侨回国①，中国红十字会协助“日侨分批回国已宣告截止”，“如仍有个别日侨愿意返回日本时，中国红十字会愿意继续给以协助”。1954年元旦，归国日侨以在华归国日侨者全国联络会的名义，致电中国红十字会感谢对他们的协助，祝愿“日中人民友好发展万岁”!②

作为红十字会的地方组织，江苏红十字会也发挥出作用，为协助日侨回国尽绵薄之力。1953年3月至1956年，南京市分会与公安、民政部门合作，先后分5批共遣送日本侨民121人回国③。

1955年1月11日，中国红十字会发出将继续协助愿意回国的日本侨民回

① 《第一批愿意回国的日本侨民离我国返日本》，《人民日报》1953年3月24日；《中国红十字会协助日侨分批回国工作结束》，《人民日报》1953年10月31日。另有资料显示：第一批归国日侨的时间是3月3日至16日（参见中国红十字会总会编：《中国红十字会的九十年》，中国友谊出版公司1994年版，第168页；中国红十字年鉴编辑部主编：《中国红十字会通志，1904—2015》，中华工商联合出版社2016年版，第85页）；7批日侨回国的人数为86026人（参见新华月报社编：《中华人民共和国大事记（1949—2004）》上，人民出版社2004年版，第86页）。均有误。

② 中国红十字会总会编：《中国红十字会历史资料选编，1950—2004》，民族出版社2005年版，第47—48页。

③ 江苏省红十字会编著：《江苏红十字运动八十八年（1911—1999）》，东南大学出版社2001年版，第102页。

国的通知，并请愿意回国的日侨迅速向当地外侨管理机关申请。1956 年 6 月，中国红十字会同日本红十字会等三团体代表签署关于协助在华同中国人结婚的日本妇女回国探亲的协议。根据协议，这年 7 月至 1958 年 5 月，共协助 4 批日本妇女 705 人和他们的孩子 962 人回日本探亲①。

1957 年 4 月 15 日，公安部、外交部、中国华侨事务委员会和中国红十字会总会联合发出《关于在今年五月份协助遣送一批日本人回国处理办法的通知》，通知对战犯的遣送、普通日侨回国及在中国和中国人结婚的日本妇女回国探亲等事宜，做出具体部署。规定“这次被遣送的战犯、日侨和回日本探亲的日本人一律需在 5 月 10 日至 15 日期间到达天津集结，候船出境”。这次遣送工作“仍以红十字会出面，以公安部门为主，红十字会、外事处等有关部门参加”②。随后，江苏省民政厅、省红十字会于 4 月 24 日向南京市人民委员会办公厅、无锡市人民委员会侨务工作委员会、常州市民政局、苏州市人民委员会办公室，以及南京、无锡、常州、苏州等 4 市红十字会转发了上述通知，“希研究执行”③。

按照要求，5 月 1 日，江苏省红十字会将经审查批准去日本探亲的日本妇女登记表，上报总会：④

中国红十字会总会：

接到今年 5 月份协助遣送一批日本人回国处理的通知，经与公安、民政部门联系协助办理，兹将业经公安部门审查同意回日本探视的日本妇女登记表 17 份，一并寄上，（有的填写 2 份）计南京市 5 人，苏州市 3 人，无锡市 2 人，（无锡市李纯吟、芮数子、王朝子、王桂竺、陈荣子、吴幸子等 6 人的表格已直接寄至总会）共计申请去日本探视的日本妇女 16 人。

常州市到 4 月底尚无申请者，如在一、二日内有申请表寄来，即另报。所报核准去日本探视日本妇女 10 人，公安厅的意见：如受名额与船只的限制，无锡市的李纯吟、芮数子、陈荣子、吴幸子可以缓行；其中夏智慧、黄清子（中国名）2 人系留在我国的日侨。

---

① 中国红十字会总会编：《红十字手册》，辽宁科学技术出版社 1988 年版，第 26 页。

② 公安部、外交部、中国华侨事务委员会、中国红十字会总会：《关于在今年五月份协助遣送一批日本人回国处理办法的通知》（1957 年 4 月 15 日），（57）京总联日字第 418 号，江苏省档案馆档案，第 289 卷。

③ 江苏省民政厅、江苏省红十字会：《关于转发在今年五月份协助遣送一批日本人回国处理办法联合的函》（1957 年 4 月 24 日），民民字第 49 号，江苏省档案馆档案，第 289 卷。

④ 江苏省红十字会：《送上经审查批准去日本探亲的日本妇女登记表》（1957 年 5 月 1 日），（57）苏红组字第 49 号，江苏省档案馆档案，第 289 卷。

行期确定后希能早日通知，以免临时匆忙。

江苏省红十字会

1957.5.1

江苏省红十字会的上报函中，附有10名申请回国探视的日本妇女登记表（详见表5-1）。

表5-1 申请去日本探视的日本妇女10人登记表

	日本名	中国名	所带孩子	工作地址
无锡	川中繁子	王繁子	1	无锡市振新纱厂
	平野郁	翁　郁	/	丽新路新华坊18号
苏州	岸田礼子	翁　礼	/	工人医院
	棚桥千惠子	孙千惠	1	金狮苑31号
	荒井フ廿枝	陈芳枝	/	同上
南京	薄叶充枝	陈习枝	1	七中图书室
	林清子	黄清子	3	尖角营40号
	永田房子	徐惠卿	/	正烘街34-4号
	木下美智子	夏智慧	1	张府园29号
	山本千鹤子	陈　慧	/	长江路长江东路东街4号

资料来源：江苏省红十字会：《送上经审查批准去日本探亲的日本妇女登记表》（1957年5月1日），（57）苏红组字第49号，江苏省档案馆档案，第289卷。

这年4月至5月，江苏省红十字会协助办理了上述10名在江苏与中国人结婚的日本妇女及她们的7个孩子回国探亲事宜。

随着一批批日侨顺利回国，江苏省内申请回国的日本妇女愈发增多起来。常州市的日本妇女饭田（中国名许美玉），是该市民丰厂职工许新发的家属，曾申请去日本探亲，未获批准。1958年3月28日，常州市红十字会致函省红十字会反映，许新发夫妇多次到该红十字会坚决要求归国，并说明日本青森市的亲属来信称"可以归国"，"兹申请全家永久归国"，"是否可以，请即示为荷"①。

① 《常州市红十字会请示日本妇女是否可以归国》（1958年3月28日），江苏省档案馆档案，第345卷。

4月23日，常州市红十字会就另一日侨曾静英申请回国一事又致函省红十字会。4月29日，“根据总会（58）京总联字第252号复函”精神，省红十字会复函常州市红十字会，就“关于日侨回国手续”提出如下办理原则：

其一，凡向你会要求协助回国的日侨，可通知他们首先向当地公安局提出申请，在获得公安局批准发给出境证后，红十字会可以给予协助。你会和当地公安部门必须明确各自职权范围，日侨出境的批准权在外侨管理部门——公安机关，只有在公安局批准后，红十字会才能协助他们回国。

其二，日侨申请回国，获得批准后，应当安心等候回国通知。因为目前全国各地申请回国的日侨很多，必须按照申请的先后次序做统一的安排。

其三，有关协助日侨回国的各种具体规定和办法都由各地公安部门掌握，在实际执行时，请和他们密切联系配合。

其四，凡向你会申请协助去日本探亲的日本妇女，可告他们，由于探亲问题总会还没有和日本方面谈判好，暂时停止办理，等谈判好，得到总会通知后，再行转告①。

实际上，中日两国关系此时已经出现了不和谐的音符。5月9日，外交部长陈毅在发表谈话时指出，日本首相岸信介为讨好美国和蒋介石集团，公然粗暴破坏中日贸易协定，并且亲自带头连篇累牍地发表言论，对中国进行恶意和侮辱性攻击。此外，岸信介政府纵容暴徒在长崎侮辱中国国旗。“对于这种挑衅行为，中国人民不能不感到极大愤慨”②，中日关系处于紧张状态。

陈毅发表谈话的第二天，5月10日，鉴于中日两国关系骤变，为稳妥起见，中国红十字会总会发出《关于协助日本妇女去日探亲工作的通知》，并于5月23日发出补充通知《关于停止协助日本妇女去日探亲工作的通知》③。通知要求各省、自治区、直辖市红十字会按照以下5条执行：

（一）请向所有自动申请探亲的日本妇女进行解释，说明由于日本岸信介政府破坏第四次中日贸易协定，纵容暴徒侮辱中国国旗，以及在许多其他问题上坚决与中国人民为敌，她们暂时不宜去日本探亲。如果去到日本，回中国的船只没有保证，因此不能去。将来如果情况有变化，可以去时再通知。

（二）凡已办好批准、填写登记表和缴纳船费三种手续的，可将船费退还

① 《江苏省红十字会关于日侨回国问题的复函》（1958年4月29日），（58）苏红办字第088号，江苏省档案馆档案，第345卷。

② 田桓主编：《战后中日关系文献集》，中国社会科学出版社1996年版，第370—371页。

③ 《中国红十字会总会关于停止协助日本妇女去日探亲工作的通知》（1958年5月23日），（58）京总联密字第56号，江苏省档案馆档案，第345卷。

本人，登记表仍寄总会备查。

（三）凡已办好批准、填写登记表两种手续，还没有缴纳船费的，停止收船费，登记表仍寄总会备查。

（四）凡已经公安部门批准，还未介绍到红十字会填写登记表的，不再填写登记表，请向公安部门了解此类探亲者的人数报总会备查。

（五）凡未经公安部门批准和今后提出申请探亲的，一律不再批准。决定暂时停止协助日本妇女归国探亲工作。

江苏红十字会遵照总会的上述通知精神，停止协助日本妇女回国探亲工作。对日侨进行的人道主义援助就这样遗憾地被迫中断了。

据统计，在天津，1953 年 3 月 22 日到 1958 年 7 月 8 日，市红十字会先后协助 20 批日侨回国，总计 16644 人。其间，日本红十字会等三团体分别派出日轮“兴安丸”“白山丸”来天津塘沽港接回日侨。经天津港口登船回国的日侨人数如下：第一批 969 人，第二批 1915 人，第三批 1918 人，第四批 1909 人，第五批 1192 人，第六批 1190 人，第七批 1491 人，第八批 559 人，第九批 604 人，第十批 949 人，第十一批 816 人，第十二批 279 人，第十三批 203 人，第十四批 79 人，第十五批 129 人，第十六批 422 人，第十七批 424 人，第十八批 464 人，第十九批 554 人，第二十批 578 人①。

值得一提的是，中国红十字会在协助日侨集中回国的过程中，除按照上述中日有关协议，承担日侨“自离开住地之日起至登船时止每人的伙食、住宿、旅费和不超过 50 公斤行李之运费”外，还在生活方面尽可能地给予他们照顾和帮助，并且对病人给予诊治，对临产的孕妇及时地送入医院生产。如日侨矢次清在天津一旅馆下棋时突发脑出血，经医院抢救无效死亡。红十字会按照日本习俗举行火葬，并送了花圈。参加葬礼的一位日侨说，矢次清虽不幸死在中国，但举行了这么好的火葬是他的幸福。到 1958 年 7 月最后一批日侨离开天津港，我国政府抽调近千名干部，耗资 700 亿人民币（旧币），协助 32072 名日侨（包括前日本军人 583 人、越南日侨 71 名）返回日本。

在大批日侨申请回国的同时，也有数千名日侨自愿留在中国。住在天津新港的大久保越子就是其中的一位，她在登记表上写道：“我作为一名中国工程技术人员的妻子，作为 4 个儿童的母亲，作为一个机关干部，我感到很光荣，我虽然是日本人，我衷心希望加入中国籍，给我的第二祖国贡献微薄的力量。”②

---

① 赵辉主编：《天津红十字会九十年》，天津人民出版社 2001 年版，第 57—58 页。

② 中国红十字会总会编：《中国红十字会的九十年》，中国友谊出版公司 1994 年版，第 168 页。

二、遣送日本战犯

1954年8月19日，中央人民政府革命军事委员会总政治部发布了对西井建一等417名犯有各种罪行的前日本军人予以宽赦的命令，指出："西井建一等过去都曾参加日寇侵华战争，在战争中犯有各种罪行；在日寇投降后，又参加蒋介石、阎锡山匪军，继续与中国人民为敌，罪情重大，本应科以应得之惩处，惟鉴于他们自己已经三年至五年的管制，在管制期间已坦白认罪，因此，特根据中国人民解放军的宽大政策，对西井建一等417人，予以宽赦。"

一周后的8月26日，中国红十字会总会为协助西井建一等获得宽赦的前日本军人以及个别申请回国的日本侨民回国，电告日本红十字会等三团体联络事务局，要求在9月15日至9月20日之间派船来接[①]。同时，这批获宽赦的417名日本战争罪犯赶到天津候船。9月20日，日轮"兴安丸"抵达天津塘沽新港，9月23日离港返回日本。

1956年4月，全国人民代表大会常务委员会通过《关于处理在押日本侵略中国战争中犯罪分子的决定》。此后，最高人民法院特别军事法庭对这些战争犯罪分子做出了严正而宽大的处理。对绝大部分犯罪较轻和悔改较好的战争犯罪分子免予起诉，予以释放，由中国红十字会总会协助被释放的日本战争犯罪分子回国。

踏上归途的日本战争犯罪分子非常感激我国红十字会以及我国人民予以的无私帮助。这年6月，第一批被释放的日本战犯在离开天津前通过一份"告别词"，交给中国红十字会总会，请求转达对中国人民的感激心情。"告别词"全文如下：

各位先生：

终于到了要告别的时候了。长期以来，我们受到母亲般的照顾，实在感谢。

我们绝不忘记我们在中国度过的愉快的生活和你们所表示的仁慈。我们离开你们是很难过的事情，但是我们不会总是感到难过，因为我们现在满怀着向新的人生路途进军的喜悦和感激之情，我们的心里充满着美好的希望。

我们回到祖国以后，一定向怀念着我们的父母和关怀过我们的同胞们传达中国的真实情况和你们的友谊，一同携起手来，为和平、为中日两国人民的友好和团结而奋斗。

---

① 《中国红十字会电告日本红十字会等三团体》，《人民日报》1954年8月27日。

今后在我们面前，将有很大的困难，也会刮来许多风暴，然而我们决不害怕困难。

伟大的新中国和爱好和平的日本人民之间的友谊是牢不可破的，它们必将怀着勇气和坚定的信心向前挺进。

最后，我们从心眼里祝福正在为社会主义争取辉煌胜利的各位先生，身体健康、幸福！

令人怀恋的各位先生、中国红十字会的各位先生，再见罢！

第一批获释的全体日本战争犯罪分子

1956 年 6 月 28 日

天津市红十字会根据中央有关协助释放日本战争犯罪分子的统一安排和部署，先后协助六批 1035 人回国，其中第一批 335 人、第二批 329 人、第三批 354 人、第四批 6 人、第五批 8 人、第六批 3 人。这些日本战争犯罪分子在押期间，天津市红十字会还从人道主义出发，从 1961 年 1 月到 1963 年 2 月，先后 6 次把 300 余件由日本寄来的包裹转寄给抚顺日本战犯管理所①。

1953 年 3 月，《关于商洽协助日侨回国问题的公报》发表后，南京市分会协助政府处理抗日战争遗留问题，先后两次协同公安部门遣送日本战俘取道上海回日本。1957 年 5 月，南京市红十字会遵照公安部和红十字会总会的通知，将日本战犯酒井隆和谷寿夫两个人的骨灰寄到总会转交日本。7 月，“日访中军人团”来华访问时，日本友人远藤三郎函致南京市红十字会，表示深深的谢意②。

自 1953 年 11 月到 1964 年 10 月，中国红十字会先后 14 批收集并送还在华死亡的 3374 具日本人遗骨和 14 个骨灰盒。

实际上，中国红十字会协助政府开展与日本方面友好的人道活动，有利于两国民间交流与合作，有利于恢复中日邦交正常化。正如 1957 年，周恩来总理对中国红十字会协助日侨回国、遣送日本战犯等工作予以积极评价时所指出的：“这几年，中日两国人民的关系一天天好起来，是从中国红十字会努力送回在中国的许多日本侨民和一部分死去人的骨灰、释放战犯回国并组织家属探亲开始的。”③

---

① 赵辉主编：《天津红十字会九十年》，天津人民出版社 2001 年版，第 58—60 页。

② 江苏省红十字会编著：《江苏红十字运动八十八年（1911—1999）》，东南大学出版社 2001 年版，第 103 页。

③ 中国红十字会总会编：《中国红十字会的九十年》，中国友谊出版公司 1994 年版，第 168 页。

三、迎接华侨回国和安置烈士遗骨

在中国红十字会协助大批日侨回国后，自1953年9月开始，一些日本友好团体为感谢中国协助日本侨民和前日本军人回国，也协助了数千名旅居日本华侨分批返回祖国。最具有代表性的事件是刘连仁回国。

刘连仁是抗日战争时期被侵华日军抓到日本北海道煤矿当劳工的山东高密县农民，由于忍受不了非人的待遇和残酷折磨，他逃入山林野居13年，后被当地猎人发现。1958年4月15日，刘连仁在日本友好团体的协助下，乘日轮“白山丸”抵达天津塘沽港。天津市红十字会组织塘沽各界群众千余人在六米码头迎接，并举行欢迎会。第二天，天津市红十字会又在天津召开欢迎刘连仁归国大会，市人民委员会负责人，各民主党派代表和中国红十字会总会副秘书长彭炎、总会国际联络部部长纪锋、山东省红十字会代表等，以及两千名群众参加了欢迎大会。刘连仁在天津期间，市红十字会还举行了记者招待会，组织各界人民进行慰问等活动。4月19日，刘连仁和妻子赵玉兰乘车返回山东老家①。

1944年至1945年间，日本侵华军国主义者强掳中国百姓及被俘的士兵去日本充当劳工，他们在日本惨遭虐待，约有7000余人被夺去了生命，他们的遗骨失散在日本各地。

1953年2月，日本京都东本愿寺大谷莹润法师（参议员）和日本友好人士成立了中国殉难者慰灵实行委员会②。他们在条件十分困难的情况下，经过10年的努力，从日本各地将一具具中国人的遗骨收集起来，先后分10批送回中国。

1953年7月7日，第一批560具在日本惨死的劳工遗骨和灵牌由日轮“黑潮丸”护送回到天津塘沽港。中国红十字会总会、天津市分会等团体和塘沽各界群众近千人在港口码头举行隆重的迎灵和追悼仪式。总会代表廖承志发表讲话，指出：“我们在这里迎接在抗日战争期间被日本军国主义分子残酷杀害的抗日烈士遗骨，我们心里充满无限的悲痛和愤怒”，“可以向死难在日本的抗日烈士们告慰，在中华人民共和国成立以来，我们的祖国已走上了独立、民主、和平、繁荣、富强的大道。我们向留日华侨以及日本爱好和平的团体和人民致谢。”“抗日烈士永垂不朽！”由日本红十字会等友好团体组成的

---

① 赵辉主编：《天津红十字会九十年》，天津人民出版社2001年版，第62页。

② 中国红十字会总会编：《中国红十字会的九十年》，中国友谊出版公司1994年版，第174—175页。

中国人殉难者遗骨护送团团长、东京筑地本愿寺中山理理在致辞中指出，要在中国人民面前表示衷心的歉意，对中国人民和烈士遗族表示谢罪。日中两国人民没有任何理由再来作战，应该永远像兄弟一样紧紧地团结在一起，为了亚洲的和平贡献一切力量①。

为了妥善安放这批烈士遗骨，天津市人民政府决定由市民政局在天津市城北建立抗日烈士墓。

1958 年 4 月 15 日，刘连仁回国的当天，同船日本轮船“白山丸”还运回在抗日战争中被日本帝国主义掳劫到日本而殉难的抗日烈士遗骨 84 具和 64 个灵位。中国红十字会总会、天津市人民委员会、天津市红十字会负责人及各界代表在新港码头举行了隆重的迎接烈士遗骨和灵位仪式②。

1953 年 7 月到 1958 年 4 月，我国迎接并安置日本方面送还骨灰 2849 具，灵牌 686 个。

---

① 赵辉主编：《天津红十字会九十年》，天津人民出版社 2001 年版，第 60—61 页；中国红十字会总会编：《中国红十字会的九十年》，中国友谊出版公司 1994 年版，第 175 页。

② 中国红十字年鉴编辑部主编：《中国红十字会通志，1904—2015》，中华工商联合出版社 2016 年版，第 278 页。

第六章　再续辉煌之路

1961 年，中国红十字会召开全国代表会议（下文简称中国红十字会“二大”）。会议承上启下，总结过往，针对需待解决的问题及下一步工作提出了方案和思路。此后，多个地方组织相继召开会员代表大会，落实中国红十字会“二大”精神，整顿组织，加强领导。其间，红十字会顺应时代发展，开展国防救护等训练以及输血和计划生育等工作，还进行了评选和奖励先进活动。中国红十字运动走上了再续辉煌之路。不过遗憾的是，1966 年“文化大革命”爆发后，红十字会的国内工作逐步停顿①。

第一节　承上启下的总结反思

一、全国代表会议召开

随着我国社会经济的发展，人民生活水平的提高，中国红十字会地方组织和基层组织逐渐增加，国内工作内容逐步丰富，红十字会在卫生宣传、防疫保健、急救训练、医疗服务、青少年工作以及国际救援等方面都做出了诸多贡献，发挥出政府部门特别是卫生部门重要助手的作用，

① 1966 年 12 月 22 日，中国红十字会总会函复河南省、上海市、长沙市等地红十字会：“当前无产阶级文化大革命运动正处于高潮，这个运动预计还会进行一个相当长的时期。……将在运动以后彻底大破的基础上提出新的具体部署。届时红会如何开展工作当另行通知。”中国红十字会总会编：《中国红十字会的九十年》，中国友谊出版公司 1994 年版，第 182 页；中国红十字年鉴编辑部主编：《中国红十字会通志，1904—2015》，中华工商联合出版社 2016 年版，第 283 页；《卫生部　中国红十字会总会对当前地方红十字会工作意见的通知》（1967 年 4 月 17 日）。

并取得了不少经验。

不过，20 世纪 50 年代后期，中国红十字会在管理体制变革和快速推进大规模群众性卫生工作的过程中出现了一些不容忽视的问题。较为突出的是红十字会在机构与卫生部门合署办公后，人员编制紧缺、经费紧张；红十字卫生站与基层组织的矛盾日益严重；红十字卫生员可否脱产工作尚不明确等。

以合署办公和人员编制为例。早在 1952 年 7 月 9 日，中国红十字会总会和中央卫生部、内务部联合发出通知，要求各地分会与政府卫生部门合署办公①，精简工作。这年底，广州、杭州、济南、南宁、天津等 15 个分会按照通知精神，实现合署办公。福州、武汉分会与当地医学会合署办公。不少地方红十字会没有执行“合署办公”的规定。这是因为有的地方卫生部门不愿意合署，有的地方红十字会已有相当独立开展工作的能力而没有实现合署。

如前文所述，在 1958 年 10 月至 1959 年一年多时间，为深入推进各级红十字会参与除四害讲卫生运动，中国红十字会总会部分机构开始与中央爱卫会、卫生部相关部门合署办公。就在全国人民以移风易俗、改进世界的伟大气魄，掀起了大张旗鼓、大造声势、大除四害、大搞卫生的爱国卫生运动新高潮的时候，1960 年 4 月 2 日，卫生部和中国红十字会总会向各省、市、区红十字会、卫生厅、局联合发出了《关于开展红十字会工作的通知》，进一步明确红十字会的工作方针、工作内容以及适应工作要求所应采取的组织措施②。通知要求红十字会的国内工作重点放在城市：以群众卫生运动为中心，在各级爱国卫生运动委员会和卫生部门的统一领导和安排下开展工作；适当发展会员；各级红十字会组织应与各级爱国卫生运动委员会组织结合，共同拟定工作计划，开展工作。

实际上，这个文件的下达和执行，使得中国红十字会国内工作的重点以及机构等都发生了很大的变化。红十字会不仅自身的特点在淡化，而且在一定的意义上成了爱国卫生运动委员会的附属机构③。

然而，当时的主流观点是，“如果红十字会不与爱国卫生运动委员会结

① 中国红十字年鉴编辑部主编：《中国红十字会通志，1904—2015》，中华工商联合出版社 2016 年版，第 274 页。

② 《在群众卫生运动中进一步发挥红十字会的作用》（社论），《爱国卫生》1960 年第 4 期，第 30 页。另有资料显示：该通知发出的时间分别为“1960 年 6 月 30 日”和“1959 年 12 月 8 日”（见中国红十字会总会编：《中国红十字会的九十年》，中国友谊出版公司 1994 年版，第 156 页；中国红十字会总会编：《中国红十字会历史资料选编，1950—2004》，民族出版社 2005 年版，第 55—56 页）。应有误。

③ 中国红十字会总会编：《中国红十字会的九十年》，中国友谊出版公司 1994 年版，第 156 页；中国红十字年鉴编辑部主编：《中国红十字会通志，1904—2015》，中华工商联合出版社 2016 年版，第 82 页。

合，就很可能造成力量分散，组织重叠，活动重复，以致增加群众活动时间”[①]，红十字会应该“多快好省”地开展群众性卫生运动。因此，这年12月19日，卫生部办公会议决定，中国红十字会总会行政部门与卫生部行政部门合署办公，总会国际联络部与卫生部对外联络室合署办公，其他国内工作部门与爱卫会合署办公。1961年2月，红十字会总会合署办公全部到位（不过，8月各部门人员又搬回原址办公）。

随着红十字会总会机构合署办公，总会工作人员的编制数和实际人数大为减少。1956年，与救济总会合署办公时，经国务院编制工资委员会批准的编制为110人，实有人数是120人。1958年，因反右派斗争严重扩大化，“精简和处理右派分子”，这年10月与卫生部门合署办公后人员大力精简，到1960年底，总会实有人数降至74人，1961年7月不足40人。实际上，工作人员减少，尤其是老、弱、病、残人员难以处理（或辞退，或留职），“行政人员和业务人员的比例极不相称”，在国内外工作增加的情况下，干部力量和骨干分子更加不能够适应工作的需要[②]。这不可避免地给红十字事业的发展带来了一定的影响。

上行下效。各地红十字会陆续与当地卫生部门、爱国卫生运动委员会合署办公，在组织上实行“两块牌子，一套人马”，在工作上实行“七统一”，即统一领导、统一计划、统一部署、统一行动、统一汇报、统一检查、统一评比。

有资料表明，江苏省市、县红十字会与卫生部门合署办公早在1956年10月之前就已经开始，而合署办公以后，实际形成了合并的局面，存在的问题与弊端不少。如业务单位由卫生部门统一领导，对人事调动未能照顾到红十字会业务的实际需要，所调非所用，削弱了原有的力量。甚至出现在工资评定中，个别红十字会被遗漏；在组织灾区巡回医疗防疫工作中，个别地区卫生部门表示不同意红十字会工作人员参加等现象[③]。这些在很大程度上阻碍了红十字会工作人员发挥业务特长的积极性。

可见，红十字会成为卫生部门或爱卫会的附属机构，在有利于充分发挥红十字会在医疗卫生方面政府助手作用的同时，“政社合一”、政社不分又使得红十字会失去了社会团体应有的独立性。“合署办公”虽精简了机构，节约

① 《在群众卫生运动中进一步发挥红十字会的作用》（社论），《爱国卫生》1960年第4期，第30页。

② 《中国红十字会总会精简工作总结》（1963年10月28日）。

③ 《报告灾区巡回防疫队组织及出发工作情况》（1956年10月29日），江苏省档案馆档案，第315卷。

了管理成本，提高了办事效率，但这种“类组织”（社团）与“群组织”（单位）① 的合并，表明中国红十字会组织机构类科层化的同时，也开始了单位化，它的独立发展就失去了合适的土壤。政社不分，事实上是我国在高度集中的体制下，社会结构普遍存在的一个重要特征。

为进一步总结红十字会工作经验，破解工作上的难题，在上述 1960 年 4 月卫生部和红十字会总会联合通知中就明确提出，将在适当时间“召开一次全国的红十字会代表会议”，并修改红十字会章程，“以适应新的情况和新的工作内容的要求”②。

1961 年 10 月 23 日，在全国贯彻落实针对发展国民经济而提出的“调整、巩固、充实、提高”八字方针的大背景下，中国红十字会在北京召开了全国代表会议，来自 24 个省、市、区红十字会和卫生厅、局以及中央有关部门、人民团体的代表 60 人出席了会议。这实际上是自 1950 年 8 月协商改组会议后，时隔 11 年召开的中国红十字会第二次全国会员代表大会。在大会上，李德全会长做了《中国红十字会的工作情况和对今后工作的意见》的报告，全面总结了协商改组会议之后的工作，并就下一步红十字会的国际工作、国内工作，会员、基层组织、地方组织及其工作等提出了思路。

10 月 27 日，大会讨论修改并通过了新的《中国红十字会章程》。与 1950 年《中国红十字会会章》相比，新章程规定中国红十字会的宗旨是“实行救死扶伤的革命人道主义”。在新中国成立后相当长的一段时间，我国在“人道主义”之前冠以“革命”，突出其革命性，主要是强调人道主义的社会主义属性，以区别于资产阶级的人道主义，具有鲜明的时代特点。鉴于紧张的国际局势，尤其是台海危机，新章程增加了红十字会“进行国防救护训练”的任务。章程新增加的任务还有：“与各国红十字会及红十字国际组织进行联系和友好往来”；“根据医疗救护工作需要，进行输血意义宣传和自愿助血的组织工作”等，这为红十字会顺应时代和社会需要开展业务，提供了法律依据和制度保障。

为适应新的工作要求并提供组织保障，大会选举产生 36 名执行委员会委员。执行委员会举行第一次全体会议，推选出正副会长、常务委员，并任命了正副秘书长。执行委员会委员和常务委员会委员，即中国红十字会第二届

① 在“单位”现象中，个人全面依附于工作单位，单位包揽个人几乎所有的社会经济活动和问题，统一而集中地代表不同利益和要求，具有明显的“群组织”特征。社团则缘于成员某一方面社会关系的共同特征，如性别、职业、身份、行业、专业知识、兴趣、理想等，具有“类组织”的特征，它比单位更便于反映和表达同类社会成员的共同问题，为成员多元化的社会参与和横向联系提供了另一种渠道和途径。参见王颖等：《社会中间层——改革与中国的社团组织》，中国发展出版社 1993 年版，第 6—7 页。

② 《卫生部　中国红十字会总会关于开展红十字会工作的联合通知》（1960 年 4 月 2 日）。

理事会理事和常务理事。中国红十字会领导机构成员在原有的基础上进行了调整和充实。新的领导机构名单如下：

执行委员会委员（以姓氏笔画为序）

丁西林：中华人民共和国对外文化联络委员会副主任、中国人民对外文化协会副会长；

王聿先：上海市卫生局局长、上海市红十字会副会长；

邓裕志：中华基督教女青年会全国委员会总干事；

兰　侨：中国人民解放军总参谋部动员部副部长；

朱学范：中华全国总工会副主席、中华人民共和国邮电部部长、中国人民保卫世界和平委员会委员；

朱家瑞：中国人民救济总会顾问、中国红十字会总会顾问；

孙仪之：中国人民解放军总后勤部卫生部部长；

伍云甫：中华人民共和国卫生部副部长、中国人民救济总会秘书长；

刘清扬：中华人民共和国全国妇女联合会副主席、中国红十字会总会副秘书长；

苏井观：中华人民共和国卫生部副部长；

李琦涛：中国共产主义青年团中央委员会书记处书记；

李德全：中华人民共和国卫生部部长、中华人民共和国全国妇女联合会副主席、中国红十字会会长；

李德培：中国天主教友爱国会副主席、天主教天津郊区副主教；

陈其瑗：中华人民共和国内务部副部长、中国人民救济总会监察委员会主任委员；

吴有训：中国科学院副院长；

吴英恺：中国医学科学院阜外医院院长；

吴茂荪：中国人民保卫世界和平委员会副秘书长、中国人民外交学会秘书长；

严镜清：北京市公共卫生局局长、北京市红十字会会长；

林士笑：中央爱国卫生运动委员会办公室主任、中国红十字会总会副秘书长；

林　放：民盟中央常委、全国新闻工作者协会副主席；

林黎扬：中国人民保卫世界和平委员会委员；

郑素文：中华人民共和国卫生部对外联络室副主任；

欧阳竞：中华人民共和国卫生部办公厅主任；

周鲠生：中国人民外交学会副会长；

赵朴初：中国佛教协会副会长；
浦化人：中国人民救济总会监察委员会办公室主任；
徐国懋：工商界人士；
倪斐君：中国人民救济总会副秘书长、中国红十字会总会副秘书长；
曹孟君：中华人民共和国全国妇女联合会书记处书记；
彭　炎：中华人民共和国卫生部办公厅副主任、中国红十字会总会副秘书长；
傅连暲：中华医学会会长；
杨振亚：天津市副市长、天津市红十字会会长；
熊瑾玎：中国人民救济总会监察委员会副主任委员、中国红十字会总会副会长；
钱信忠：中华人民共和国卫生部副部长；
龚志贤：北京医院中医顾问；
龚普生：中华人民共和国外交部国际司司长。

常务委员会委员是李德全、伍云甫、苏井观、钱信忠、熊瑾玎、陈其瑗、赵朴初、龚普生、刘清扬、倪裴君和彭炎。

李德全任中国红十字会会长；伍云甫、刘清扬、赵朴初、熊瑾玎任副会长；彭炎任秘书长；倪斐君任副秘书长①。伍云甫担任党组书记。

1965 年，即在中国红十字会“二大”召开后 3 年，中共中央对中国红十字会第二届领导人进行了调整。4 月 27 日，中国红十字会在收到 4 月 5 日中央关于中国红十字会领导机构改选的批复后，召开了执行委员会会议。会议除了研究红十字会工作和任务外，还履行程序，选举钱信忠为会长，

① 执行委员会委员和常务委员会委员的名单资料源自《中国红十字会举行全国代表会议》，《人民日报》1961 年 10 月 30 日；委员职务资料源自《中国红十字会第二届理事会理事名单》《中国红十字会第二届理事会常务理事名单》，中国红十字会总会编：《中国红十字会历史资料选编，1950—2004》，民族出版社 2005 年版，第 71—72 页。不过，“第二届理事会理事和常务理事名单”与本书所引“执行委员会委员和常务委员会委员名单”有出入，应有误。比如，第二届理事会理事王昆仑、王晓未不在执行委员会委员之列，常务理事王昆仑不在常务委员会委员之列；而 4 位执行委员会委员李德培、林放、林黎扬、郑素文未被列入第二届理事会理事名单。此外，另有资料显示：1961 年中国红十字会“二大”产生的副会长是伍云甫、赵朴初、熊瑾玎三人（参见中国红十字会总会编：《红十字手册》，辽宁科学技术出版社 1988 年版，第 22 页；中国红十字会总会编：《中国红十字会的九十年》，中国友谊出版社 1994 年版，第 309 页；中国红十字会总会编：《中国红十字会历史资料选编，1950—2004》，民族出版社 2005 年版，第 535 页；中国红十字年鉴编辑部主编：《中国红十字会通志，1904—2015》，中华工商联合出版社 2016 年版，第 1247 页），应是遗漏了第二副会长刘清扬。因为当年 10 月 30 日《人民日报》头版报道有关“中国红十字会全国代表会议”的新闻中，刘清扬名列副会长第二位。

增选彭炎、孟谦为副会长，补选孟谦为常务委员。新的中国红十字会领导成员如下：

会长：钱信忠；

副会长：伍云甫、刘清扬、熊瑾玎、赵朴初、彭炎、孟谦；

常务委员：刘清扬、伍云甫、李德全、陈其瑗、孟谦、赵朴初、钱信忠、倪斐君、龚普生、彭炎、熊瑾玎；

秘书长：彭炎（兼）；副秘书长：倪斐君、王敏。

伍云甫担任党组书记①。

中国红十字会“二大”召开后，全国多个具备条件的地方省级红十字会召开了全省会员代表大会，贯彻落实“二大”精神，整顿组织，加强了对红十字会的领导。

1961年11月28日，江苏省红十字会召开第二届会员代表大会（详见后文）。

1962年6月21日，北京市红十字会在红十字会总会礼堂召开第三次会员代表大会。会议通过了恢复、健全各级组织和积极开展活动的决议，并根据中国红十字会章程，选举产生由28名委员组成的第三届执行委员会，推举严镜清为会长，方石珊、王旭东、王康久为副会长，沙桂山、张成钢、宗维新、钱玲娟、魏宝贤为常务委员；任命沙桂山兼任秘书长、孙敬敏为副秘书长。会议修改并通过《北京市红十字会组织规程》和今后工作意见。会议强调开展群众性卫生救护训练，把经过训练的卫生员组成红十字卫生队，以适应平时和战时的需要②。

9月5日，辽宁省红十字会召开会员代表大会。会议要求红十字会在群众卫生运动中与爱国卫生运动委员会组织相结合，发挥红十字会在群众卫生保健、国防救护训练等方面的作用。会议重新调整充实了省红十字会领导，推选副省长王梓木为会长，省政协副主席韩蓬台、省外办主任唐宏光、省卫生厅副厅长于宁、省公安厅厅长张铁军、省民政厅副厅长崔更生为副

---

① 《中国共产党中央委员会关于中国红十字会改选领导机构的批复》（1965年4月5日），中发（65）193号；《中国红十字会召开执行委员会　讨论了今后任务　选举了新的领导成员》，《人民日报》1965年4月30日。另有资料显示：1965年4月27日，中国红十字会召开执行委员会会议，选举钱信忠为会长，伍云甫、刘清扬、熊瑾玎、赵朴初、彭炎、孟谦为副会长，秘书长彭炎（兼），副秘书长倪斐君、王敏（参见中国红十字年鉴编辑部主编：《中国红十字会通志，1904—2015》，中华工商联合出版社2016年版，第73、282页）。表述不准确。

② 孙敬敏编纂：《北京市红十字会的65年（1928—1993）》，文津出版社1995年版，第87—88页。

会长。省红十字会设办公室，省卫生厅副厅长何章屏兼任主任，时贵春任副主任①。

1963年9月16日，广东省红十字会领导班子进行了调整，副省长李嘉人任会长，省人委副秘书长任泊生、中华医学会广东分会理事长柯麟、省卫生厅厅长古鸿烈、省卫生厅副厅长同久、省侨委主任田心、省教育厅副厅长刘望远、省民政厅副厅长何宝松等任副会长②。

可以看出，中国红十字会“二大”承上启下，其精神实际上指导了此后一段时间中国红十字运动的发展。

二、辉煌的发展成就

自从协商改组后，中国红十字会经过10余年的发展，在诸多领域取得了辉煌成就。中国红十字会“二大”将其总结为如下主要方面。

第一，地方组织逐步恢复和发展。到1960年，红十字会的地方组织，已由协商改组时的80个，增加到376个，其中有20个省、自治区、直辖市红十字会组织，356个市、县红十字会组织。据不完全统计，红十字会员由改组时的30多万名，增加到了500多万名，红十字会训练了180多万名红十字卫生员，建立了5万多个红十字卫生站③，这些组织在各级卫生部门的具体领导下，遵循党和国家卫生工作的方针政策，开展各项活动。

第二，国内工作内容逐渐丰富。红十字会在协商改组之际，一方面整顿旧有的组织，把各地红十字会原有的医疗机构组织起来，配合国家医疗部门，担任部分医疗保健工作；另一方面组织多种形式的红十字医防服务队，到需要的地方，为工农兵服务。红十字会的医防服务队，在水利建设工地，如整治淮河、荆江分洪等，在铁路建设工地，如成渝铁路、丰沙铁路等，在工厂、矿山，以及在江西老革命根据地和海南岛少数民族地区，进行了医疗、防疫、卫生宣传、改善环境卫生和妇幼卫生等工作。后来，在城市街道、厂矿、学校和农村中逐步发展了会员，建立了基层组织，在较多方面开展了工作。

第三，开展卫生宣传，普及卫生知识。作为红十字会的一项常规性工作，各地红十字会经常举办各种卫生知识、救护技术的训练班和讲座，吸引红十字卫生员和会员参加学习，提高其卫生知识和救护技术水平。然后，再发动红十字卫生员和会员，以多种多样的方式，向周围群众进行宣传活动，如串

---

① 辽宁省红十字会：《辽宁红十字运动的起源与发展》（2016年3月9日）。

② 广东省红十字会：《省红十字会介绍》（2014年11月19日）。

③ 中国红十字会总会编：《中国红十字会的九十年》，中国友谊出版公司1994年版，第132页。

门宣传、出黑板报、组织小型卫生展览、进行街头讲演等。各地红十字会还利用电台广播，放映卫生电影，印刷卫生标语和招贴画，出版卫生小册子和各种宣传品，组织卫生知识报告会等，普及群众卫生知识。通过这些活动，培养了群众的卫生习惯，启发群众搞好个人卫生和环境卫生。

第四，参加除四害讲卫生的群众卫生运动。许多红十字卫生员和会员，首先学习了除四害讲卫生的知识和技术以后，增强了责任感，懂得了除四害、讲卫生的方法，因而在群众卫生运动中，能够响应号召，带头参加除四害以及个人卫生、家庭卫生、环境卫生等活动。不少地方的红十字卫生员和会员，在突击运动中，在医务卫生人员的指导下，一方面以身作则带动群众成立各种突击队，分片包干清除垃圾，突击死角，帮助老弱户清扫房屋；一方面帮助和指导群众如何搞好卫生，如何消灭四害和控制其滋生条件。为了使卫生工作保持经常化，还帮助群众制定卫生制度，定期进行卫生检查。

第五，开展防病、防伤、保健以及急救、输血工作。红十字卫生站根据季节的变化和当地具体情况，协助医疗卫生机构，进行了各种防病、防伤的宣传，地方病、慢性病和寄生虫病的查治，传染病的疫情报告和隔离消毒，家庭护理、预防接种，以及小伤、小病的临时急救和简易治疗等工作。这些工作有助于医疗机构及时掌握疫情，控制传染病的流行，加速治疗效果，减少了医务人员的忙乱，减轻了门诊负担。有的城市在推行分级分工划区医疗服务以后，将红十字卫生站与地区医院、地段门诊部密切结合起来，并当作红十字的基层组织，成为地段医务人员深入基层进行工作的落脚点和联系群众的桥梁。有些地方红十字会根据实际需要，发动会员参加输血员的行列，并建立了专门管理输血的组织，负责对输血员的管理和教育。输血的宣传和组织工作对于支援当地医疗机构抢救重危病人，起到了良好的作用。

第六，推进中小学校的红十字青少年工作。红十字青少年工作的快速进展，受到了教育部门和学校的欢迎。1956 年只有 42 个市、县红十字会，在当地部分学校发展了 7 万多名红十字青少年，训练了 1.5 万多名红十字卫生员。到 1957 年底，红十字青少年迅猛地发展到了 18 万多名。红十字青少年由学校医务室或保健老师领导，平时在学校里宣传卫生知识，培养学生卫生习惯，必要时，并帮助保健人员进行健康检查、沙眼和龋齿的矫治、外伤急救、疾病防治等工作。有时也组织起来到街道上进行卫生宣传，劝阻随地吐痰等活动。

第七，国内工作呈现新的气象。20 世纪 50 年代中后期，城市和农村广泛建立了公共食堂、托儿所、幼儿园等集体福利事业单位，广大群众对于卫生的要求普遍提高。因此，各地红十字会配合有关部门大批量地对炊事人员、保育人员、基层保健员、饲养员、积肥员、理发员等进行了卫生知识训练。他们在各自的岗位上，结合工作，加强卫生措施，保证了群众健康。有的地方红十字会根据实际需要，还举办了中级卫生人员的训练。此时，群众卫生工作在爱国卫生运动委员会的领导下蓬勃发展。爱国卫生运动委员会的组织遍及全国，并且深入基层。有鉴于此，中央指示中国红十字会工作重点放在城市，根据需要与可能适当发展。同时提出了红十字会应当从组织到工作与爱国卫生运动委员会密切结合。1959 年 3 月，红十字会总会发出了给河南等省、区并抄给各省、市、区红十字会的批复，以及 1960 年 4 月卫生部、红十字会总会的联合通知，都要求把群众卫生运动作为红十字会的主要工作，红十字会的组织与爱国卫生运动委员会结合起来。大多数地方红十字会相继采取了措施，在爱国卫生运动中，进一步贡献出自己的力量。

第八，国际工作有了新起色。20 世纪 50 年代，作为国际红十字组织的成员、红十字会协会的执行委员、国际灾害救济咨询委员会和红十字青少年咨询委员会委员，中国红十字会为维护国家主权和世界和平，推进人类文明进步做出了重要贡献。

在历次红十字国际会议上，中国红十字会代表团多次发言，阐明我国和平外交政策，揭露侵略战争的暴行，支持社会主义国家以及其他国家关于维护和平、发展各国人民间友好合作的主张，并对美国制造“两个中国”的阴谋进行了坚决斗争。在抗美援朝运动中，我国红十字会派遣医防服务队去朝鲜，对朝鲜军民进行医疗援助；朝鲜停战后，红十字会参加联合红十字小组，协助战俘遣返工作。从 1953 年起，红十字会受政府委托，协助日本侨民回国，遣送日本战犯。

中国红十字会救济了 38 个国家遭受自然灾害和侵略战争灾害的灾民和难民，救济款共达人民币 250 多万元，接受救济的国家遍及亚洲、非洲、拉丁美洲和欧洲。红十字会还办理国际间下落不明人员的调查和转递信件、包裹等服务工作。例如，1954 年至 1961 年，仅处理日本查人信件即达两万多件。红十字会派出代表团访问了 10 个国家，接待了 11 个国家的红十字会代表团。我国红十字青少年参加了 10 多次国外红十字会举办的国际展览会，并且同国外红十字青少年交换了 2000 多件礼品、1000 多封信件和纪念册等。红十字会还就我国社会主义建设伟大成就，特别是群众卫生运动的成就，向国外进行了宣传报道。上述红十字会工作对增进各国人民之间的友谊，反对侵略战争和维护世界和平，做出了一定的贡献。

三、存在的问题与解决思路

中国红十字会“二大”不仅总结了上述若干红十字会发展成就以及取得

的宝贵经验，同时认真反思了红十字会在快速发展过程中存在的一些问题。这些问题主要表现在以下 3 个方面。

第一，组织机构方面。1958 年以后，地方红十字会的发展出现较大的变化，不少地方红十字会机构与卫生部门合署办公，但在合署后，有的工作开展得较好，有的则较差或者没有开展。地方红十字会大致有三种类型：一种是保留了编制和干部，工作还在继续进行；一种是保留了编制和干部，但工作处于半停顿或停顿状态；还有一种是只保留红十字会名义，机构和编制已撤销，人员已调走，工作已停止。出现后两种的情况主要是因为红十字会总会领导思想不明确，在国内工作部门与中央爱国卫生运动委员会办公室合署期间，没有开过理事会，也没有开过工作会议，对国内工作缺乏统一计划和安排，缺乏调查研究和总结经验。总而言之，既缺乏原则指示，又缺乏具体领导。

实际上，红十字会的组织机构和卫生部门密切结合，有的地方红十字会将红十字卫生站作为卫生部门医疗保健网的最基层组织，是可以加强领导、统一领导、简化机构、统一使用干部、便于进行工作的。但是，有的地方红十字会和卫生部门，仅是组织机构的结合，实际工作没有统一计划和安排。这样，不仅看不到两者结合的好处，还往往把红十字会的工作挤掉，使得卫生部门感到红十字会工作是重复和负担。可见，红十字会与卫生部门的机构结合，不只是形式上的结合，而且应当是工作内容上的结合。

第二，基层组织方面。在实际工作中，红十字会的基层组织与红十字卫生站存在脱节现象。红十字卫生站是基层组织领导下的一个业务活动单位，基层组织的主要活动是在红十字卫生站进行。但红十字卫生站只有受过卫生救护训练的红十字卫生员参加，会员活动被安置在卫生站之外。这就导致了会员人数比卫生员多，而活动却比较少，卫生员的作用突出，而会员的作用不突出。

出现问题的红十字会基层组织主要有两种类型。第一种，在基层组织之下设立红十字卫生站，会员活动由基层组织负责安排，卫生员活动则放在卫生站。这样，基层组织和红十字卫生站形成两套组织，产生了组织重复以及会务与业务工作分割的矛盾。第二种，只设立红十字卫生站，不建立基层组织，只有卫生员在卫生站进行活动，而没有会员参加的活动。这样，发挥不出会员的作用。同时红十字会工作也不能够通过会员参加来体现出群众性特点。

第三，训练工作方面。红十字会是可以举办红十字卫生员培训的。不过，在这过程中，有的地方红十字会举办训练后，建立红十字保健站，把红十字卫生员作为脱产干部放在红十字保健站，担任防病治病工作，成了脱产的卫生工作人员。还有的地方红十字会开展了中级卫生人员如医士、护士的训练工作。问题在于红十字会是群众性卫生救护团体，工作是业余性质的，红十字保健站归红十字会直接领导，如果建立红十字保健站，设脱产人员，则人员编制、经费开支及保健站的业务领导与管理等问题，都不是红十字会自身可以解决的。有的地方红十字会因此增加了负担，产生了困难。

针对上述主要问题，红十字会总会进行总结和反思，并结合已有做法和经验，对下一步红十字会工作提出了以下几点意见。

第一，红十字会国际工作和国内工作相结合。当时参加红十字国际组织的已有 80 多个国家，红十字会在国际上的联系非常广泛。同时，红十字会的工作有利于增进各国人民之间的友好互助与合作，有利于反对侵略战争和维护世界和平。因此，红十字会的国际工作应和国内工作结合进行。事实上，国内工作和国际工作有着密切关系。国际工作须有国内工作的配合，国际活动脱离了国内工作，就很难进行。

从国内来看，红十字会的活动对群众卫生工作是有益的，红十字会在普及群众卫生知识，开展群众卫生运动，为提高人民健康水平服务，为社会主义建设服务等方面，都起到了一定的作用。因此，红十字会必须继续开展国内工作。根据 1959 年 3 月红十字会总会的批复、1960 年 4 月卫生部和红十字会总会联合通知的精神，特别是在“调整、巩固、充实、提高”八字方针的指引下，红十字会国内工作应坚持在城市重点地开展。

为了保证重点，更好地贯彻中央八字方针和满足国际活动的需要，红十字会总会选择一些主要城市，如北京、上海、天津、南京、苏州、无锡、武汉、广州、佛山、杭州、重庆、成都、昆明、郑州、洛阳、哈尔滨、长春、沈阳、鞍山、旅大、长沙、南昌、济南、西安、兰州等城市（包括郊区），作为开展工作的重点城市，做好红十字会工作。红十字会总会要求不属于这些城市的其他在全国全省有名的农村人民公社，也必须做好红十字会的工作。上述地区以外的其他地区，已有红十字会的，其工作可根据当地需要与可能继续进行；没有红十字会的，暂时不建立新的红十字会组织。

第二，继续做好卫生宣传、训练、救护、防疫以及参加群众卫生运动和家庭护理、输血的宣传组织等工作。动员并组织会员和群众参加除四害、讲卫生、消灭主要疾病的群众卫生运动，是一件极为重要的任务。红十字会作为群众性卫生救护团体，必须在群众卫生运动中发挥应有的作用。红十字会要求会员搞好个人卫生、环境卫生，并且帮助群众搞好卫生。此外，会员在群众卫生运动中做带头人，争取成为卫生模范。

卫生救护训练是红十字会的一项常规性工作。根据红十字会性质，红十字会举办卫生救护训练是群众性的和业余的，接受训练的人为不脱产。红十字会总会进一步明确卫生救护训练是一种初级卫生人员的训练。至于医士、护士等中级卫生人员的训练，如受卫生部门或有关单位的委托，可以举办，但在训练后，必须由当地卫生部门或有关单位负责分配工作。关于输血的宣传组织工作，只有少数地方红十字会开展，可以继续进行。“多数地方红十字会还没有做，如限于条件，不能做，则暂时不做”。此外，红十字会总会建议，国防卫生救护训练在必要的城市可以举办，而且可以结合民兵工作进行。上述工作要按照当地的实际情况和卫生部门的安排来开展，必须注意巩固成绩，提高质量，实事求是，不可求大求全，脱离实际，使得工作浮在表面，见不到效果。

第三，做好吸收和发展会员工作。红十字会国内工作是通过会员来进行的，所以，吸收和发展会员十分重要。但根据 1960 年 4 月卫生部和红十字会总会联合通知中所提出的原则，即根据需要与可能适当发展，吸收会员的对象主要是热心群众卫生工作的医药卫生人员、受过卫生训练的群众、群众中的卫生积极分子、中等学校和小学校的学生。除吸收个人会员外，还可以吸收团体会员。吸收团体会员是为了使红十字会在进行工作时，能更方便些，能得到更多的帮助，增加工作的力量。这种力量是一种有组织的力量，不同于社会上个人的力量。红十字会的国内工作是群众卫生工作，因此，团体会员的对象应当以医药卫生团体、单位为主。团体会员是以团体、单位的名义入会的，以团体、单位的名义和红十字会发生联系，其成员就是红十字会员，可以不再履行个人入会的手续。在会员工作中，要坚持入会自愿，退会自由，入会手续力求简便。入会者提出申请，经批准后，登记入册即可，不必颁发会员证。已经吸收会员的组织，要做好会员工作，充分发挥会员的作用。对所有会员，除了卫生技术人员以外，必须加强经常性卫生知识的宣传教育工作；能够参加训练的，最好是分期分批地给以卫生救护训练。团体会员和个人会员中的卫生技术人员要在会员的训练和卫生知识宣传工作中发挥出作用。总之，不要为了大造声势，追求数字，让会员徒有虚名，使吸收会员的工作流于形式。此外，会员的会费可以根据实际情况减收或者免收，团体会员一律不收会费。会员缴纳会费是出于自愿的。会费收入，可以用作卫生站的活动经费。这一笔费用的账目必须公开，定期向会员报告或者公布。

第四，处理好基层组织和红十字卫生站的关系。红十字会的基层组织，一度称为基层委员会。为了解决基层组织与红十字卫生站之间的矛盾，1959 年 3 月，红十字会总会在批复函件中，提出了基层组织应紧密地与卫生部门的基层组织结合，红十字会不单独设立基层委员会，并确定以红十字卫生站为会员活动中心。1960 年 4 月，卫生部和红十字会总会联合通知也提出，红十字会的基层组织应与爱国卫生运动委员会的基层组织结合，会员以红十字卫生站为活动中心。事实上，不少地方的红十字会基层组织和红十字卫生站结合在一起，会员和卫生员都在卫生站活动。这种形式简化了组织，基层组织与红十字卫生站合二为一，红十字会员和卫生员同在一个组织里，便于统一领导和开展活动。这样，红十字卫生站就是红十字会的基层组织，是会员和卫生员的活动中心。红十字会基层组织和红十字卫生站结合起来，成为一条重要的经验。

根据地方实践的情况，红十字会总会要求可以在城市的区（或办事处）、农村人民公社、工厂、矿山、学校等单位，建立本单位的红十字会，由会员代表大会选举单位红十字会委员会。在居民委员会、生产大队、车间、矿井、班级，建立红十字卫生站，由本站范围内的会员、卫生员选举红十字卫生站委员会。建立工矿、学校等单位红十字会，要依据会员和红十字卫生员人数的多少而定；会员和红十字卫生员人数少的单位，可以只建立红十字卫生站，不建立单位的红十字会。建立红十字卫生站，必须有会员、红十字卫生员共 3 人以上。红十字卫生站是红十字会的基层组织，会员和红十字卫生员同在这个组织里，在统一领导、计划和安排之下进行各项活动。原来由基层委员会办理的会务活动，如吸收会员、组织会员学习等，改由红十字卫生站来组织进行，这样就可以简化组织，避免重复，便于开展工作。红十字卫生站的组织是群众性的，不同于政府卫生医疗单位的行政机构。如果在本地区、本单位的行政系统下，已经有保健站之类的机构，红十字卫生站应同保健站结合在一起，不另搞一套组织。但以红十字会名义进行的工作，仍按照红十字卫生站的组织原则办事。红十字卫生站委员会委员是不脱产的，委员会的领导人员可由保健站领导成员兼任，或者选举政治表现好的委员担任，以保证组织上的纯洁。如红十字卫生站的会员、卫生员不足 7 人，则不设委员会，只选举主任 1 人，在上级红十字会和本单位的行政领导下进行工作。

第五，适当整顿地方红十字会的组织机构。针对各级地方红十字会的组织机构发生较大变化的情况，红十字会总会要求予以适当整顿。一是重新研究充实领导人员。在重点城市红十字会的领导成员中，必须有能适应国际活动需要的人员。二是要有做红十字会工作的干部。凡是开展红十字会工作的重点地区和单位，红十字会的工作一定要有人经常地、具体地抓，不能无人过问。省、自治区、直辖市和省、自治区以下大城市的红十字会，可根据精简的原则，设一定编制，配备工作人员。一般市、县，可以不设编制，由当地卫生部门指派人员专做或兼做红十字会工作。重点城市红十字会原来有编制但人员已调走的，应予调回；编制已经撤销，能恢复的即应予以恢复，不能恢复的，应由当地卫生部门指定专做红十字会工作的干部。三是红十字会的国内工作不能离开各级卫生部门的领导，而且必须列在各地卫生工作总的计划之内。因此，红十字会与卫生部门在组织上和工作上密切结合，做到统一领导、统一计划和安排，是开展红十字会工作的重要条件。特别是市、县以下的红十字会和红十字卫生站，更应当与卫生部门结合在一起。

各级地方红十字会经过几年的实践，有的已与爱国卫生运动委员会合署，有的已与卫生厅（局、科）合署，有的已与卫生教育所（馆）或防疫站合署，还有的是与两个三个单位合署。合署以后，有的是全部机构和干部重新混合组织和安排工作，有的是保留了做红十字会工作的专门单位。红十字会总会建议，红十字会的机构可与有关卫生部门合署，不便合署的也可单独设立。合署的原则是不论与哪个卫生部门合署和如何合署，都一定要加强红十字会的领导，简化组织，便于进行工作。上述三项要求究竟如何落实办理，由当地红十字会请示领导研究决定。有的地方实行所谓“大统一，小安排”的办法，则在工作和人员上，能统一的统一，不能统一的则另作专门的安排。这种方法是可以采取的。总之，各级地方红十字会的机构、编制、人员、经费等问题，都要在当地得到适当的解决。

第六，明确地方红十字会的工作原则和方法。红十字会总会明确要求各级红十字会坚持因地制宜的原则，适应各地需要与可能开展工作。各级红十字会在制订工作计划、做出决定时，应同实际情况结合起来加以研究，经报请当地党政领导批准后实行。在制订和执行计划时，要做好深入细致的调查工作，不能脱离实际和群众；确保一切措施符合实际，符合群众的要求。因此，开展红十字会工作，要坚持一个十分重要的观点，即从群众的生产和生活出发，为群众的生产和生活服务。这实际上是我国开展卫生工作的基本观点，开展红十字会的国内工作也必须从这个观点出发。红十字会干部必须学习政治和业务知识，树立为群众生产和生活服务的思想。在工作中实行调查研究和走群众路线的方法，红十字会的作用就能够充分地发挥出来。

第二节　组织在整顿中发展——以江苏红十字会为中心

一、省红十字会召开“二大”

20 世纪 50 年代末 60 年代初的三年困难时期，江苏红十字会执行上级“根据需要与可能适当发展”的指示，市县红十字会、基层红十字会的组织建设以及红十字会活动的开展均受到了一定程度的影响，红十字运动暂时处于低潮。1959 年至 1961 年，江苏红十字会的活动几乎无大事可言。事实上，中国红十字会在工作中出现的如前文所述问题，江苏红十字会在不同程度上也同样存在，特别是在中国红十字会“二大”召开之前，江苏省红十字会曾一度放松了对各地红十字会的领导。全省 23 个市、县红十字会的工作状况与上文所述全国的情况大致相当，也有以下三种类型：第一种，保留编制和干部，在部署卫生运动时统一安排了红十字会工作，因此红十字会工作一直在进行，发挥了红十字会组织应有的作用；第二种，虽然保留了编制和干部，但在部署卫生运动时很少考虑发挥红十字会的作用，致使红十字会工作处于停顿或半停顿状态；第三种，只有红十字会名义，编制已撤销，干部已调走，工作已经停止①。

针对上述情况，根据中国红十字会“二大”精神，江苏省红十字会准备召开第二次全省会员代表大会，研究部署全省红十字工作，以解决现实问题。

根据《江苏省红十字会组织规程》第六条规定，“会员代表大会每四年召开一次，由执行委员会召集，必要时得提前或延期召开”②。1961 年 11 月上旬，江苏省红十字会第一届执行委员会召开第四次会议，会议认为召开全省会员代表大会的时机已经成熟，决定于 11 月下旬在南京召开省第二届会员代表大会。会员代表大会主要内容之一就是改选领导机构，为保证大会此项议程的圆满完成，中共江苏省卫生厅党组经初步与有关单位协商，提出第二届执行委员会委员及会长、副会长、常务委员会委员候选人名单，于 11 月 24 日向省委宣传部呈送《关于江苏省红十字会领导机构成员名单的请示报告》（如下），提请审批候选人名单，以便在即将召开的会员代表大会上安排选举。《请示报告》同时抄送省人民委员会、省委统战部③。实际上，包括 1956 年省红十字会成立在内，各级红十字会的重大事项，如召开类似会员代表大会等重要会议、重要议案、工作计划和工作总结等，均已被纳入行政程序，即这些事项必须事先上报并获得有关主管部门的审批或批转方可进行或有效，从而获得政治合法性。

省委宣传部：

江苏省红十字会已报请省人民委员会同意在 11 月 28 日召开代表会议，

---

① 《江苏省红十字会工作情况和今后工作意见》（1964 年 4 月），江苏省档案馆档案，第 692 卷。

② 《江苏省红十字会组织规程》，江苏省档案馆档案，第 228 卷。

③ 《中共江苏省卫生厅党组关于江苏省红十字会领导机构成员名单的请示报告》，（61）卫党组字第 12 号，江苏省档案馆档案，第 552 卷。

会议主要内容之一是改选领导机构。经我们初步与有关单位协商，提出第二届执行委员会委员候选人40人，其中24人原为第一届执行委员，其余16人是因原执行委员因病故、工作调动以及划为右派而补充和另行增加的；提出会长1人、副会长4人，均为原有的；常务委员会委员13人，大部分也是原有的。现将候选人名单一并报上，请予审批，以便在红十字会上安排选举。

1961年11月24日

在中国红十字会“二大”召开一个月之后，11月28日，江苏省红十字会在南京召开全省第二届会员代表大会。这次大会实际上是全省红十字会员代表真正意义上的“第一次”集会。出席这次会议的正式代表有来自江苏各地市、县红十字会代表，各市、县卫生局、科的代表，以及省有关厅局、医院等代表共58人，列席代表4人，分别来自江阴县红十字会、泗洪县卫生学校、扬州市卫生局和仪征县卫生科①。会议主席团由计雨亭、吴渔邨、瞿立衡、王慰曾、陆小波、宋超、李坡、董健、范存德、徐元漠、谷依群等11人组成。经代表大会通过，江苏省红十字会第二届执行委员会由42人组成，常务委员8人。省卫生厅厅长盛立兼任执行委员会主席，计雨亭、叶桔泉、瞿立衡、王慰曾任副主席，后增补吴渔邨为副主席②。

江苏省红十字会第二届会员代表大会除了进行领导机构改选之外，还针对全省红十字工作的实际情况，研究决定对各地红十字组织进行整顿。江苏红十字会再一次的组织整顿随即开始，江苏红十字运动走出短暂的低潮，进入新一轮的发展，再续辉煌。

二、各级组织整顿及其经验

为进一步落实中国红十字会“二大”精神，“保证重点，提高质量，加强工作”，1962年5月10日，卫生部和中国红十字会总会发出《关于积极开展国内工作的联合通知》，认为“红十字的基层组织应同红十字卫生站结合在一起”，活动范围应放在政府卫生部门基层组织之下或卫生力量薄弱的地方，使得“红十字会的卫生工作成为卫生部门的辅助力量”。各红十字卫生站所在地已经设有卫生部门保健站之类的机构，红十字卫生站应同保健站结合在一起，一套组织两个名义。属于红十字会工作性质的用红十字会的名义进行，按照红十字卫生站的组织原则办事。《联合通知》对适当调整各级地方红十字会的

① 《江苏省红十字会代表会议出席代表名单》，江苏省档案馆档案，第552卷。

② 江苏省红十字会编著：《江苏红十字运动八十八年（1911—1999）》，东南大学出版社2001年版，第84—85页。

组织机构提出了如下具体要求。

一是重新调整领导人员。省级和重点城市红十字会的领导成员中须有能够适应国际活动需要的人选。

二是要有做红十字会工作的干部。根据精简原则，省级、重点城市及大城市的红十字会配备专职干部。原有编制“只宜精简，不宜增加”。一般市、县和大城市的区，已有红十字会编制的，“也应注意精简，不增加新的编制”。其他城市的区（或办事处）、农村人民公社（或生产大队）、工厂、矿山、学校的红十字会和红十字卫生站都不设编制。凡不设编制的红十字会组织，由当地、单位卫生部门指派人员兼职负责做红十字会工作。重点城市红十字会原有人员已调走的，应根据精简后的新编制予以调回，编制撤销的应适当恢复。

三是红十字会的国内工作坚持两个“必须”。工作必须在卫生部门的领导下进行，各地卫生部门必须把红十字会的国内工作纳入卫生工作总的计划之内。因此，红十字会与卫生部门在组织上和工作上必须密切结合，做到统一领导，统一计划，统一布置，统一督促、检查，这是开展红十字会工作的重要条件。市、县以上地方红十字会与卫生部门合署的，可继续合署办公，不便合署的也可单独设立；“市、县以下的红十字会组织必须一律与卫生部门结合在一起”。

《联合通知》最后强调，合署办公“是为了加强红十字会的领导，简化组织便于进行工作，而不是把红十字会的工作合掉”。要求各级地方红十字会与当地有关部门联系研究，并请示当地党政领导，适当解决红十字会机构、编制人员、经费等问题。

此外，6 月 29 日，为适应“盘踞台湾的蒋匪帮，在美帝国主义的支持鼓励之下，妄图进犯大陆沿海地区，进行军事冒险行动”的新的形势，并做好充分准备，以便随时能够在前方和后方展开群众性爱国卫生运动和国防卫生救护工作，卫生部和中国红十字会总会发出《关于加强开展群众性的爱国卫生运动和国防卫生救护训练、健全和建立红十字卫生站、队的紧急通知》，要求东南沿海各省的市、县和东南沿海各省以外的大城市、工业城市和交通要冲的红十字会立即行动，加强群众性的爱国卫生运动和国防卫生救护训练工作，健全和建立红十字卫生站和红十字会卫生队。在开展群众性的爱国卫生运动和国防卫生救护训练的同时，各级红十字会的组织机构应“从速恢复、整顿、健全”。如没有红十字会组织，可以根据需要与可能，报请当地领导决定，建立红十字会的组织[①]。《紧急通知》随文下发《中国红十字会红十字卫

① 中国红十字会总会编：《中国红十字会历史资料选编，1950—2004》，民族出版社 2005 年版，第 74—78 页。

生队组织通则（草案）》，要求各地把经过训练的卫生员组织成队，以适应平时和战时的需要。

在江苏省红十字会第二届会员代表大会之后，江苏省红十字会工作逐渐走向正轨，各地红十字会根据“调整、巩固、充实、提高”八字方针、中国红十字会“二大”精神和上述卫生部、红十字会总会的联合通知要求进行组织整顿，并着重开展会员的调查登记工作，一些原有的红十字会组织得到了恢复和整顿，一些新的组织和会员得到了重点的发展。整顿各级红十字会组织，正是恢复和开展红十字会工作的前提和基础。

1962年4月，无锡市召开第二届代表会议，选举新的执行委员会。红十字会办公室配备3名专职干部，健全了各项制度。同年，该市南长区在51个居民委员会的红十字卫生站中进行了会员的调查登记和划分小组、干部的调整充实、卫生员的训练等工作，无锡市新发展会员5055人、红十字卫生员1836人，建立红十字卫生站132个。队伍不断壮大，为开展工作奠定了良好的基础[①]。常州市通过调查摸底将原有的红十字会员23761人、卫生员1174人重新组织起来开展活动；扬州市在饮食服务行业中新建了36个红十字卫生站；徐州市红十字会工作由于领导的大力支持，街道红十字卫生站已全部进行了整顿，并在贾汪乡和市区10个办事处新建了红十字会；仪征县副县长孙笑源兼任仪征县红十字会会长，张秀夫、张伟声、叶鸣远为副会长，全县建立基层红十字会11个、红十字卫生站74个、卫生队1个，会员2278人。

需要指出的是，1958年泰县与泰州市合并为泰州县，因形势发展需要，1962年泰州县又分为泰州市和泰县，这年10月，泰县卫生防疫站就成立泰县红十字会事宜特地请示省红十字会[②]。随后，省红十字会对泰县红十字会成立及编制等问题提出建议，并向省人民委员会呈送《江苏省红十字会关于建立泰县红十字会的请示报告》[③]，得到了批复。由此可见，市、县红十字会的新建工作是严格按照既定的行政程序进行的，且得到省红十字会、省人民委员会的领导和审批。

到1962年年底，徐州、江阴、扬州、无锡、南通、南京等11个市、县先后召开了红十字会代表会议，改选和充实领导机构，总结和布置了红十字

---

① 《1962年无锡市红十字会工作总结报告（摘录）》，《红十字工作参考资料》1963年第3期，第9—10页。

② 《泰县卫生防疫站关于请求批准成立泰县红十字会的报告》，(62) 泰防秘字第19号，江苏省档案馆档案，第634卷。

③ 《江苏省红十字会关于建立泰县红十字会的请示报告》，(62) 苏红吴字第33号，江苏省档案馆档案，第634卷。

会工作，南京、南通、江阴等市、县还选举副市长、县长担任红十字会会长。无锡、扬州、南通、泰州在全市或部分区对红十字组织和会员、卫生员进行调查、登记，并重新编组。

到1963年12月，江苏全省13个市、县红十字会召开了会员代表会议，改选并充实了领导机构，约占总数的57%，其进度是：基层组织全部整顿过的有5个市县。例如1963年，无锡市红十字会与卫生局联合集训基层卫生人员，对红十字卫生站的组织进行整顿，对街道红十字卫生站、卫生员的责任和任务做了规定，全市174个红十字卫生站全部完成了组织和人员调整，从而加强了基层卫生组织的作用①；整顿了半数以上的有11个市县；不足半数的有4个市县；全部没有整顿的有3个市县②。

1964年是中华人民共和国成立15周年。为迎接国庆，卫生部和中国红十字会总会在《1964年地方红十字会工作计划提要》中，再次明确地提出要“健全和建立各级红十字会组织”，1964年会员工作的中心任务是会员教育。会员教育工作的步骤是首先抓好会员骨干（包括红十字卫生站的干部和积极分子）的教育，然后推广到全体会员。“每个红十字卫生站要教育培养出10个左右的骨干会员”③。

江苏省红十字会相应地做出具体的工作要求，“凡没有召开代表会议的市县应争取于1964年上半年召开代表会议”，“市县以下各级红十字会组织要进行分类排队，订出计划，结合有关工作逐步进行整顿恢复，对原有的会员进行调查登记，将他们重新组织起来开展活动”。红十字卫生站应该“达到组织、住房、人员和干部、制度四落实”。在会员发展工作方面，“原来有基层组织的单位和地区，现有会员尚未达到1963年全国部分城市和红十字工作座谈会所提出的比例标准的，可以适当发展。原来没有基层组织的地区，一般不发展新的会员和新的组织。必须加强组织工作，制发会员证，建立会员名册和有关的统计制度，认真执行入会和退会的手续”④。

至1964年底，江苏全省共有24个市、县（11个市和13个县）红十字会。根据省红十字会的工作要求，南京、无锡、徐州、扬州、南通、泰州、连云港、淮阴等市和江阴县共9个市、县完成了组织整顿；苏州、常州、镇

① 见《无锡市红十字会和南京市红十字会的活动》，《红十字工作简报》（1963年3月—11月），中国红十字会总会档案馆档案，全宗号：永久3号。

② 《江苏省红十字会工作情况和今后工作意见》（1964年4月），江苏省档案馆档案，第692卷。

③ 卫生部、中国红十字会总会：《关于1964年地方红十字会工作计划的通知》（1963年12月27日），（63）卫厅秘张字第226号、（63）京总组字第225号，江苏省档案馆档案，第1032卷。

④ 《江苏省红十字会工作情况和今后工作意见》（1964年4月），江苏省档案馆档案，第692卷。

江等市及灌云、泗阳、仪征等县共6个市、县半数以上的组织进行了整顿；完成组织整顿不到半数的有武进、扬中、常熟、昆山、无锡、丹阳、泗洪等7个县，江宁、泰县、邗江和六合4个县没有进行组织整顿①。组织整顿工作呈现出地区间的不平衡。此时，全国除西藏、青海、宁夏、甘肃、新疆、贵州6省（区）外，普遍建立了省级红十字会，市、县级红十字会达300多个。

早在1960年4月，卫生部和红十字会总会在联合通知中就提出，“根据需要和可能适当发展”，红十字会的国内“工作重点应该放在城市”。1961年，中国红十字会“二大”明确了这一工作思路和要求，并选定了北京、上海、天津、南京、苏州、无锡、武汉等作为开展红十字会工作的重点城市。根据1965年3月江苏省红十字会印发的《江苏省红十字会概况》（供对外宾介绍时参考）可知，江苏全省已有25个市、县（11个市和14个县）红十字会；全国重点市县红十字会共有30处②，江苏省南京、苏州、无锡三城市入选，占了全国的十分之一。

此时，建有红十字会组织的市县，一般都在区、人民公社、街道办事处、较大的工厂、学校也建立了红十字会组织。在城市的居民委员会、工厂的车间、学校的年级、人民公社的生产大队（或生产队）成立红十字卫生站。红十字卫生站是会员活动的中心（有会员3人以上即可成立红十字卫生站，会员多的红十字卫生站，设有若干会员小组）。江苏全省红十字卫生站共4700多个，会员21万多人，其中青少年会员6万多人，团体会员1.8万多人③。

1962年，党的八届十中全会以后，城乡社会主义教育运动陆续在全国各地开展起来。农村的运动，以清理账目、清理仓库、清理财务、清理工分为主要内容，简称“四清”。城市的运动，以反对贪污盗窃、反对投机倒把、反对铺张浪费、反对分散主义、反对官僚主义为主要内容，简称“五反”。1964年底至1965年初制定的《农村社会主义教育运动中目前提出的一些问题》（简称《二十三条》），决定城乡社会主义教育运动的内容一律为清政治、清经济、清组织、清思想，通称“四清”。“四清”运动直到1966年下半年随着“文化大革命”的开展而结束，历时近4年④。

① 江苏省红十字会编著：《江苏红十字运动八十八年（1911—1999）》，东南大学出版社2001年版，第100页。

② 中国红十字会总会编：《中国红十字会历史资料选编，1950—2004》，民族出版社2005年版，第82页。

③ 《江苏省红十字会概况（供对外宾介绍时参考）》，江苏省档案馆档案，第1258卷。另有资料显示：至1965年底，“建立基层组织10644个、红十字卫生站16606个”。参见江苏省红十字会编著：《江苏红十字运动八十八年（1911—1999）》，东南大学出版社2001年版，第88页。

④ 薄一波：《若干重大决策与事件的回顾》（下卷），人民出版社1997年版，第1140页。

1965年，江苏各地红十字会一般都结合卫生工作革命化或“四清”运动，继续对原有基层组织进行了整顿。为使红十字会在群众卫生工作中更好地发挥作用，为工农业生产服务，有的市、县在农村、工矿、街道等单位新建了一些红十字卫生站，发展了一些新会员，使红十字基层组织从组织形式、人员配备等方面，更符合开展群众卫生工作和战时救护的需要。徐州市、南通市及泗阳县等地红十字会结合“四清”运动，将基层组织进行了清理整顿。

江苏红十字会在组织整顿过程中形成了自己的做法和经验，下面以1963年为例进行分析。这一年红十字会组织整顿的主要经验是：

其一，在组织整顿的工作中，各地一般都采取了从上而下逐级整顿的步骤。首先将市县一级组织恢复和健全起来，并注意利用和组织各方面的力量，特别是取得各级卫生部门和医疗部门的配合和支持。为了吸收整顿组织的工作经验，许多地区都先搞试点，取得经验后逐批进行整顿，并做到边整顿、边训练、边巩固，整顿一个，巩固一个。

其二，基层组织的整顿工作一般都由党政领导统一部署，并密切结合生产、学习、爱国卫生运动和评奖①等工作进行。不少地区由市、县人民委员会将红十字会的组织整顿计划批转下达，这样就有力地推动了整顿工作的进行。如徐州市红十字会与爱卫会联合拟定的《关于整顿群众性卫生组织和进一步开展国防卫生救护训练工作的意见》经市人民委员会批转后，引起了各级领导的重视。由于该市结合行政区域的划分做出统一安排，红十字会组织的整顿工作进展得十分顺利。

其三，各地在整顿工作中，还有计划、有步骤地对原有的会员进行调查登记。有的市、县接受以往缺少完整的登记资料而给工作带来困难的教训，在整顿工作中着手整理有关基层组织和会员的登记表（册），根据会员的居住、工作情况重新划分会员小组，组织他们开展活动。1963年，南京市红十字会拟定了《关于在工厂中开展红十字会工作的意见》，这些规则和办法的制定有利于工厂红十字会工作的开展。此外，南京、无锡等市红十字会注意发展团体会员。这年8月中旬，南京市红十字会与市卫生局向各重点医院、卫生所、保健站等单位发出《关于在医药卫生单位中发展中国红十字会团体会员的联合通知》，指出医药卫生单位入会的重要性、入会手续等问题，还编印了《发展医药卫生单位为中国红十字会团体会员》的讲话稿②。无锡市红十

---

① 有关评比和奖励先进的情况详见本章第四节。

② 《无锡市红十字会和南京市红十字会的活动》，《红十字工作简报》（1963年3月—11月），中国红十字会总会档案馆档案，全宗号：永久3号。

字会早在 1962 年就发展了无锡市第一人民医院、第二人民医院和江苏省工人太湖疗养院为团体会员①。

南京市红十字会在全面整顿之前，首先在五老村红十字卫生站进行了试点，取得经验后全面推开；徐州市注重适应市区行政区域划分的变动进行组织整顿，在全市重建和恢复了居委会红十字卫生站 118 个、街道办事处红十字会 16 个，并在农村和贾汪煤矿等单位整顿恢复了红十字卫生站 78 个；泰州市不仅对全市红十字组织进行了整顿，并组织会员进行了“二号病”② 预防注射、预防疟疾③、灭鼠等短期训练，参加学习的会员共有 2000 余人，这些经过训练的会员已成为开展群众卫生和防疫保健工作的骨干力量。此外，苏州、无锡、南通、连云港、扬州、江阴等市县都分别对原有红十字会进行了组织整顿，培训了一部分会员，并根据需要发展了一些新会员和基层组织。

根据 1963 年 12 月对全省 19 个市、县的统计，经过整顿和新发展的红十字卫生站达 15044 个，其中分布在厂矿的有 6752 个、街道 1632 个、学校 1030 个、农村 4892 个、其他 738 个。重新登记和新发展的会员共有 255160 人，其中红十字青少年 58461 人、受过一般会务训练的 74446 人、受过业务训练的 15362 人。这些基层组织和经过训练的会员，已在卫生运动和防病保健工作中成为卫生部门的有力助手④。

其四，在整顿组织的过程中，不少地区注意研究和改进领导方法。南通市采取“条条贯彻，块块负责”的办法，各系统的红十字会工作均由卫生部门指派的有关同志兼职专管，学校系统的红十字会由防疫站分管学校卫生工作的干部分管，幼托系统的红十字会由妇幼保健所分管，街道的红十字会由地段防疫员或地段医生分管。这样，既能做到红十字会工作与卫生工作密切结合，又有利于市红十字会把各系统的红十字会工作全面负责起来。徐州市为解决区级以下各级红十字组织无专职干部的困难，就组织各区防疫站、地段医生、联合诊所负责人以及厂矿学校的医务人员、保健老师分别兼任区级

① 《1962 年无锡市红十字会工作总结报告（摘录）》，《红十字工作参考资料》1963 年第 3 期，第 9—10 页。

② 在《中华人民共和国传染病防治法》中，霍乱与鼠疫同被列为甲类传染病，俗称“二号病”。

③ 20 世纪六七十年代，疟疾曾在江苏两度爆发流行。一次是 1960 年，发病人数高达 1060 万人次，发病率达 24%；另一次是 1971 年，发病人数达 950 万人次，发病率为 17.5%。参见中共江苏省委宣传部编：《建国三十五年来的江苏（1949—1984）》，江苏人民出版社 1984 年版，第 414 页。

④ 《江苏省红十字会工作情况和今后工作意见》（1964 年 4 月），江苏省档案馆档案，第 692 卷。另有资料显示：1963 年“全省红十字卫生站 3456 个，重新登记的老会员和新发展的会员 203384 人”。见江苏省红十字会编著：《江苏红十字运动八十八年（1911—1999）》，东南大学出版社 2001 年版，第 100 页。

以下各级红十字会的负责人，这些负责人既有责任又能名正言顺地指导开展红十字会工作，从而加强了对红十字工作的组织领导。

值得一提的是，江苏红十字会在整顿组织的过程中，特别注重加强会员的思想教育，做到政治挂帅，思想领先。这也是一条重要的历史经验。

事实上，做好红十字会工作必须首先做好会员的思想教育工作。1963 年，对会员加强思想教育引起了各地红十字会的重视。有的组织会员参观“阶级教育”展览会，会员进一步懂得社会主义的人道主义和资产阶级所谓的“人道主义”有着本质的区别。有的组织会员开展学习雷锋活动。例如：这年 5 月，南京市召开有 700 多名会员活动分子参加的大会，大会上南京市副市长、市红十字会会长陈邃衡讲解了会务知识，并号召会员要以雷锋的精神开展活动；徐州市在学校红十字会组织中开展学习雷锋毫不利己的精神后，市第三中学在一次支农劳动时，红十字青少年党碧兰不但参加劳动，还利用中午休息时间，将同学们的脏衣服洗干净。有的市、县红十字会还利用假期组织红十字青少年夏令营，进行思想教育和其他会务活动。特别是红十字会总会发布了《关于颁发 1963 年奖章奖状的通知》以后，会员的思想教育工作更加广泛、深入地进行，大大提高了会员的思想觉悟和工作积极性①。

1965 年，卫生部、中国红十字会总会要求：地方红十字会应该更深入更普遍地做好会员思想教育工作；学习毛泽东著作，学习先进单位和先进会员的先进事迹，要成为会员活动必不可少的内容。这一年，为了不断提高广大会员的觉悟，更好地发挥红十字会和广大会员在卫生工作中的作用，各地红十字会在工作和学习中都注意政治学习，组织会员学习毛泽东著作，提高会员的阶级觉悟，树立为群众服务的决心，收到很好的效果②。镇江市酒海街居委会红十字卫生站，针对以往任务重生产忙、难于开展卫生工作的情况，组织会员带着问题学习《为人民服务》《愚公移山》等著作，提高了会员的思想觉悟，并在会员的带头下，经常发动群众大搞卫生，改变了环境面貌；江阴县红十字会员活学活用，按照毛泽东关于救死扶伤的人道主义的教导，在危急的情况下，用自己的鲜血抢救病人。事实证明，“毛主席的思想是革命力量的源泉，以毛主席思想武装了会员的头脑就能战胜一切困难，在工作中取得成就”③。

最后需要补充的是，江苏红十字会经过组织整顿之后，冠名红十字的医

---

① 《江苏省红十字会工作情况和今后工作意见》（1964 年 4 月），江苏省档案馆档案，第 692 卷。

② 参见《卫生部、中国红十字会总会对 1965 年地方红十字会工作的意见的通知》（1964 年 12 月 21 日），（64）卫厅崔字第 214 号、（64）红组字第 134 号，江苏省档案馆档案，第 1032 卷。

③ 《江苏省红十字会 1965 年工作情况汇报》，江苏省档案馆档案，第 1258 卷。

院在数量、规模等方面也有了大的发展。截至1964年，南京市、无锡市、常州市、武进县、江阴县共有7处红十字医院和急救站（见表6-1）。

表6-1　江苏省红十字医疗机构情况登记表

地区	名称	体制	附设科室	床位（张）	医务人员	收支情况	备注
南京市	南京市红十字医院	全民	内、外、小儿、妇产、中医、针灸、X光、化验、整骨、保健等科室	60	高级医师18人，中级医药人员43人，行政人员32人	至63年底，累计积累节约42500元	由卫生部门管理
常州市	常州市红十字医院	全民	内、外、妇、产、儿、五官6个科室	50	医务人员51人，行政勤杂人员27名	床位使用率70%，收支不平衡	由卫生部门管理
武进县	前黄红十字医院	集体	内、外、儿、妇、中医、针灸、X光7个科室	20	医务人员19名	今年上半年收入20518元，支出19792元	由集体机构管理
	后圩红十字医院	集体	内、外、妇产、小儿4个科	10	医务人员9名	今年上半年收入7841元，支出8588元	由集体机构管理
无锡市	红十字会急救站	全民		救护车4辆	工作人员17名	每年由卫生局拨1万元作为事业补贴	由集体机构管理
江阴县	青阳红十字医院	集体	内、外、小儿科	/	/	/	由集体机构管理
	长泾红十字医院	集体	内、外、小儿、妇产科	/	/	/	由集体机构管理

资料来源：《1964年江苏各市县红十字会医院组织状况统计》，江苏省档案馆档案，第692卷。

不难发现，至1964年江苏红十字会拥有6个冠名医院和1个急救站，转由卫生部门管理的仅是南京市和常州市两所红十字医院。7所医疗机构分别分布在南京市、常州市、武进县、江阴县和无锡市，其床位数、科室设置、医务人员等方面均有大的发展，如除江阴县红十字会外，医疗机构的医务人员共有157名。全民所有制的南京市红十字医院附设内、外、小儿、妇产、中医、针灸、X光、化验、整骨、保健等科室，拥有60张床位，医务人员达93人，其中高级医师18人、中级医药人员43人、行政人员32人，在全省同类医院中处领先地位。此外，上表中的“收支情况”从一个侧面反映出当时各市县红十字会医院的业务开展状况。

三、规范人员编制和经费开支

中国红十字会工作人员具有行政编制或事业编制或社团编制，红十字会经费主要来源是政府补助或财政拨款。在这样的情形下，红十字会总会和地方组织的发展必然会衍生出人员编制、经费开支等问题。红十字会各级组织规范人员编制、经费开支的相关政策出台，为推进各项工作提供了重要保障。

如前文所提，新中国成立之初红十字会工作人员编制的解决极大地推动了红十字会组织的恢复和发展，而在20世纪50年代中后期，编制人数的减少，又在一定程度上对红十字事业产生了影响。1961年，旨在对工作进行总结反思、发挥承上启下作用的中国红十字会“二大”，提出“根据需要和可能适当发展”，继续坚持“精简办会”原则，明确要求各级地方红十字会和基层红十字会组织机构与当地卫生部门、爱国卫生运动委员会合署办公。1962年5月10日，卫生部和红十字会总会在《关于积极开展国内工作的联合通知》中提出了对各级红十字会实施分类分级分层管理的思路：要求省级、重点城市及大城市红十字会组织需“配备专职干部”，但原有编制“不宜增加”；一般市、县和大城市的区已有编制，“也应注意精简，不增加新的编制”；其他城市的区（或办事处）、农村人民公社（或生产大队）、工厂、矿山、学校的红十字会和红十字卫生站，“都不设编制”。而全国市、县以下红十字会组织“必须一律与卫生部门结合在一起”。

同年10月，总会编制人数被批准为32人。1963年4月，国务院编制委员会发出对地方红十字会编制意见的通知，分别通知各省编制人数，全国总数为302人①。另一资料显示，“据1963年4月4日统计，全国20个省、市、

① 中国红十字年鉴编辑部主编：《中国红十字会通志，1904—2015》，中华工商联合出版社2016年版，第281页。

自治区的编制人数已减少到 343 人（不包括总会机关），而实际人数则只有 290 人”①。

由于种种原因，20 世纪 60 年代初，中国红十字会工作人员与前文所提“1953 年全国编制委员会确定地方红十字会编制为 806 人，1956 年全国红十字会系统编制总人数为 1200 人，其中总会机关 110 人”相比，都大幅度减少了。

就江苏省而言，截至 1962 年上半年，各地红十字会陆续调整了干部，重点地区红十字会配备了专职干部，一般市、县也由卫生部门指定专人兼任红十字会工作。也有的市、县原有的红十字会专职干部自 1959 年初逐渐地被精减之后，工作一直陷于停顿状态②。由于历次精减整编工作，红十字会工作人员有所减少。

为解决红十字会地方组织的人员编制问题，1963 年 5 月 28 日，卫生部和中国红十字会总会发布《关于地方红十字会编制的联合通知》，指出“各省、各全国重点市、县以及部分其他市、县红十字会的人员编制，已由国务院编制委员会批准下达（即上文‘全国总数为 302 人’——引者）”，“其编制原属卫生行政或卫生事业系统的，一律改为党派团体系统”。国务院编制委员会没有下达编制的市、县红十字会，其编制“原属卫生行政或卫生事业系统的”，“不再改变也不得撤销”，以利于红十字会工作的开展。通知要求，“各地红十字会组织机构中的人员应按照规定的编制予以充实加强，（不适合者要适当调整质量）使之能担负其工作任务”③。

同年，国务院编制委员会核定江苏省及南京、无锡、苏州、徐州、江阴 5 市、县红十字会编制 24 人，实际 18 人，其中徐州、江阴两市、县按照编制配足。此外，常州、南通、扬州、连云港等 4 个市红十字会，原属省事业编制的专职干部 5 人，也根据卫生部和总会的通知精神予以保留④。

众所周知，作为群众性卫生救护团体，中国红十字会及其事业的发展最终要落实一定数量的人员编制。早在 1952 年 12 月，财政部、卫生部、中国红十字会总会下发“（52）京总组字第 0723 号”联合通知，对红十字会人员编制以及经费开支问题作过规定。为把红十字会工作做得更好，以迎接国庆 15 周年，中国红十字会总会一方面于 1964 年 2 月向国家编制委员会申请增加

① 中国红十字会总会编：《中国红十字会的九十年》，中国友谊出版公司 1994 年版，第 132 页。

② 《江苏省红十字会 1962 年度上半年工作小结和今后工作打算》（1962 年 9 月 2 日）。

③ 中国红十字会总会编：《中国红十字会历史资料选编，1950—2004》，民族出版社 2005 年版，第 89 页。

④ 《江苏省红十字会工作情况和今后工作意见》（1964 年 4 月），江苏省档案馆档案，第 692 卷。

当年人员编制，6 月“国务院（64）国编字 269 号文批准 38 人，编外人员 6 人”①；另一方面与卫生部共同推动解决一时较为关键的地方红十字会的人员编制和干部配备问题。

1963 年 12 月，卫生部和红十字会总会在《关于 1964 年地方红十字会工作计划的通知》中提出要求：首先按照总会和中央有关部门下达的文件，确定各级地方红十字会的编制。其次，有编制的地方红十字会必须配齐干部，干部一定要专下来；没有编制的地方红十字会，必须确定兼职干部，切实把红十字会工作兼管起来②。

此后不久，1964 年 2 月 8 日，财政部、卫生部、国家编制委员会、中国红十字会总会联合发出《关于中国红十字会人员编制和经费问题的几项规定》，其中对红十字会人员编制做了如下规定：“各级红十字会专职工作人员的编制，均应包括在各地行政编制以内，属于党派和人民团体编制。”有些地方红十字会的编制，属于卫生行政和卫生事业的，“应由各省、自治区、直辖市编制委员会核实现有人数，确定编制以后，正式转为党派和人民团体编制，并争取于 1964 年 4 月底以前办理完毕”③。

12 月，卫生部和红十字会总会在《〈对 1965 年地方红十字会工作的意见〉的通知》中又强调指出：“地方红十字会的编制，要争取尽快确定；已确定编制的，要争取尽快配齐干部。”④

北京市红十字会根据有关规定及通知精神，解决了编制问题。1965 年 7 月 1 日，北京市编制委员会办公室下达市红十字会行政编制 30 人，属于党派和人民团体编制⑤。另从《江苏省红十字会概况》中，我们也可以了解到截至 1965 年 3 月，江苏的省、市红十字会都设有专职干部，部分县红十字会也设有专职干部，未设专职干部的县红十字会都有卫生行政部门的干部兼职管理。市、县以下的红十字会都不设专职干部，大多数是卫生行政部门的干部或医疗防疫部门的医务人员兼职管理工作，他们都是不取任何报酬的志愿工

---

① 《中国红十字会总会给国家编制委员会的函》（1964 年 2 月 27 日）、《卫生部关于中国红十字会总会编制的通知》（1964 年 6 月 22 日）。

② 卫生部、中国红十字会总会：《关于 1964 年地方红十字会工作计划的通知》（1963 年 12 月 27 日），（63）卫厅秘张字第 226 号、（63）京总组字第 225 号，江苏省档案馆档案，第 1032 卷。

③ 财政部、卫生部、国家编制委员会、中国红十字会总会：《关于中国红十字会人员编制和经费问题的几项规定》（1964 年 2 月 8 日），（64）财文陈字第 116 号、（64）卫计徐字第 30 号、（64）国编地字第 11 号、（64）红组字第 8 号，江苏省档案馆档案，第 692 卷。

④ 《卫生部、中国红十字会总会〈对 1965 年地方红十字会工作的意见〉的通知》（1964 年 12 月 21 日），（64）卫厅崔字第 214 号、（64）红组字第 134 号，江苏省档案馆档案，第 1032 卷。

⑤ 孙敬敏编纂：《北京市红十字会的 65 年（1928—1993）》，文津出版社 1995 年版，第93 页。

作者，红十字卫生站的干部都是会员中的积极分子，也是义务性的①。

关于红十字会经费开支问题，如上文所提，1952 年 12 月“（52）京总组字第 0723 号”联合通知中曾有过规定，有些地方红十字会也制定过相关具体措施，对推进各级红十字组织的恢复与新建发挥了规范和保障作用。例如，1957 年 7 月 6 日，山东省财政厅、卫生厅、省红十字会发出《关于明确各市、县红十字会经费开支问题的联合通知》〔（57）财行字第 191 号〕，规定如下：

其一，经省人民委员会批准成立的红十字会，其编内人员的工资、福利及各项公务费用（包括办公、差旅、会议费等）均按照现行行政费开支标准有关规定执行，列同级“党团经费补助”项内报销。经常必需的业务费（包括发展会员费和添置宣传材料及经常用的宣传费等）应视工作需要和财力可能在省核定各地党团事业补助费内由各地自行安排，开支的经费，列党团事业补助费下设“红十字会业务费”报销。

其二，各市、县红十字会举办的急救训练费、群众性的会议费、建立红十字卫生站药品补助费、卫生知识的宣传材料、举办卫生展览会、临时抢救医药费及预防措施所需的费用等，列“社会卫生事业费”项下报销。

由于红十字会的情况发生变化，以及红十字事业的发展，特别是地方红十字会的经费预算和开支项目缺少明确规定的问题日益突出，有的地方甚至出现了一些混乱的现象②，可见，明确和规范业务费中开支是十分必要的。为适应新的形势，保障红十字会业务活动的正常开展，上述 1964 年 2 月《关于中国红十字会人员编制和经费问题的几项规定》对 1952 年 12 月联合通知中的相关规定进行了调整，并对红十字会经费开支范围做出如下 5 项规定。

第一，各级红十字会的行政经费中开支，包括：在编专职人员个人经费、公务费和有关宣传红十字会的性质、任务和作用等会务宣传，以及发展会员、召开会员会议、开展评比竞赛奖励、举办红十字青少年夏令营等会务活动的业务开支，均列入“行政开支”款下“党派和人民团体补助费”项内开支。

第二，卫生业务活动等，包括：红十字会举办和领导的群众卫生宣传、会员卫生知识教育、卫生救护训练、红十字卫生站、医院、诊所的补助费等，由“卫生支出”款内，每年给予一定数额补助，补助费可包干使用。地方分地区补助费指标由卫生部和红十字会总会商定后另行下达，此项补助指标均

---

① 《江苏省红十字会概况（供对外宾介绍时参考）》，江苏省档案馆档案，第 1258 卷。

② 《江苏省红十字会工作情况和今后工作意见》（1964 年 4 月），江苏省档案馆档案，第 692 卷。

已包括在地方卫生支出预算指标之内，不另追加。

第三，企业单位建立的红十字会和红十字卫生站，其经费仍由本单位企业管理费中开支；事业单位，在事业单位经费中开支；农村人民公社，在本公社经费中开支。中、小学校和农村人民公社中新建立红十字会卫生站时，可由地方红十字会卫生业务活动费中，酌予补助建站费用。

第四，红十字会的收入应分别性质使用。会员会费收入，应用于红十字会卫生站的活动开支；市、区红十字会从会员会费中提成部分，应用于市、区红十字会的会务活动开支；红十字会主办的卫生事业收入，应用于卫生事业本身和本地区红十字会的卫生业务活动开支。

第五，红十字会的各项收支均应按照有关规定，年初向有关部门编报预算，年终决算时，按实支报销，不得在预算外另有收支。各地财政、卫生部门和红十字会应共同研究，制定具体管理办法，以利执行①。

不久，江苏省财政厅、卫生厅、省红十字会根据《关于中国红十字会人员编制和经费问题的几项规定》中有关经费问题的规定和要求，结合江苏省的具体情况，对江苏红十字会的经费开支范围做出如下规定②，自 1964 年 8 月 1 日起实行。

一、行政经费。在“行政支出”款下“党派和人民团体补助费”项内开支。包括：

1. 在编制人员个人经费（卫生事业编制的专职干部，其个人经费由卫生事业费内开支）；

2. 公务费；

3. 有关宣传红十字会的性质、任务和作用等会务宣传费；

4. 发展会员、召开会员会议、开展会员评比竞赛奖励、举办红十字青少年夏令营等会务活动经费。

5. 对外国红十字组织来访所必需的招待及礼品馈赠等费用（各市、县未经省红十字会布置，不得开支此项费用）。

二、卫生业务活动经费。由“卫生支出”中开支，列入五十一款第十二项红十字会经费项内。包括：

---

① 财政部、卫生部、国家编制委员会、中国红十字会总会：《关于中国红十字会人员编制和经费问题的几项规定》（1964 年 2 月 8 日），（64）财文陈字第 116 号、（64）卫计徐字第 30 号、（64）国编地字第 11 号、（64）红组字第 8 号，江苏省档案馆档案，第 692 卷。

② 江苏省财政厅、卫生厅、省红十字会：《关于红十字会经费开支范围的规定》，（64）财文周字第 1384 号、（64）卫财赵字第 252 号、（64）苏红赵字第 34 号，江苏省档案馆档案，第 692 卷。

1. 卫生救护训练费：

（1）教材、课本、纸张、墨水等费；

（2）租用会场、照明、茶水和讲课人交通等费。

2. 卫生宣传费：

（1）举办小型展览会，购买或印刷卫生宣传资料、宣传画，制作卫生宣传橱窗和宣传牌以及因宣传工作需要而购买的胶卷、印相纸、洗印相片药品等费；

（2）业务上必需的书刊、资料的订购费。

3. 建站和药品补助费：

（1）城镇街道、农村生产队、小学校新建或恢复红十字卫生站的经费，原则上应发动群众自筹解决，确有困难的可酌情给予补助，补助标准每个站不得超过十二元；

（2）经济来源有困难的街道、农村灾区生产队、小学校等红十字卫生站，每月可开支药品补助费五角到一元，该项费用由区或公社红十字会统一掌握使用；

（3）企业单位建立的红十字会和红十字卫生站，其经费由本单位企业管理经费中开支；事业单位，在事业单位经费中开支。

三、卫生业务活动经费指标，每年由省卫生厅、省红十字会下达各地；行政经费由各市、县根据实际需要，本着节约原则，在当地财政局编造预算，按领报系统送核。

从江苏红十字会经费开支范围的规定中，我们可以了解到：第一，红十字会经费按照不同性质和类别实行分类管理，分行政经费和卫生业务活动经费开支。其行政经费源自“行政支出”款下“党派和人民团体补助费”项；卫生业务活动经费由“卫生支出”中开支，列入五十一款第十二项红十字会经费项内。第二，红十字地方组织拥有经费开支权限，而基层组织原则上不能掌握经费，只能享有“建站和药品补助费”的补助，且有一定的限制。第三，企事业单位的红十字组织在本单位经费中开支。

北京市红十字会在经费方面的情况是，行政经费开支每年制定预算，由市财政局按年拨付，卫生事业费由市卫生局按年拨付，不足部分由市卫生局事业费追加。

由经费开支也可以看出地方红十字会组织的真实生存状态及其与政府间的关系。实际上，在高度集中的体制下，红十字会筹集资金和善款的能力极其有限。红十字会的费用主要依赖于政府的财政拨款和物资补助，这些都使用在红十字会组织运转及其卫生工作的维持上。而红十字基层组织是否建有、其活动能否开展，则完全依赖“单位”的经费支持情况及领导的重视程度。

四、彭城试点：基层组织整顿的个案

正值我国城乡深入进行社会主义教育运动之时，1964年12月，卫生部和中国红十字会总会在《〈对1965年地方红十字会工作的意见〉的通知》中，对基层红十字会组织整顿工作做出新的要求：“凡集中力量进行社会主义教育运动的地方，红十字会的基层组织应在社会主义教育运动工作队的统一领导下，加以整顿、巩固”；“对那些政治上有问题的分子，贪污、盗窃、投机、倒把分子，应通过适当的方式把这类人开除出去。街道红十字卫生站干部的审查调整，可结合居民委员会的改选进行”；“基层组织的领导权一定要掌握在可靠的人手里。同时，在整顿、巩固的基础上要依靠基层组织和广大会员的力量，积极开展基层活动，使基层活动更加活跃，更加踏实。”《通知》强调：“基层是红十字会工作的权限，基层工作千万不能放松，放松了不但不能巩固过去的成绩，还有垮掉的可能。”①

江苏省红十字会贯彻了上述通知精神，徐州市红十字会根据省红十字会的部署，在“四清”工作队的统一领导下，1965年5月至8月，在云龙区彭城办事处所属8个居委会红十字卫生站进行了基层组织整顿的试点工作。卫生站结合“四清”运动的组织建设，将“四类分子和有严重问题的人”清除出会，制订了工作计划和学习制度，整顿后的红十字卫生站达到了“四落实”的要求。

彭城办事处红十字会所属8个居民委员会的红十字卫生站，原有会员507人，正、副站长22人，委员50人。这些卫生站自建站后，特别是经过1963年整顿以后，做了不少工作，取得了一定成绩。“但过去由于阶级斗争的纲举得不高，会务教育和活动不够，因而组织不健全和组织不纯的情况较为突出”。据统计，8个卫生站“自1963年以来，一直未参加卫生站工作的干部就有25人，占干部总数的34.7%，并有23名干部（31.9%）已经就业或者迁出”，甚至“一些卫生站让四类分子等混了进来，有的已被他们掌握了领导权”②。

针对上述情况，为使卫生站的领导权切实掌握在政治可靠的人手里，在社会主义教育运动组织建设阶段，彭城办事处红十字会在社教工作队的具体

---

① 《卫生部、中国红十字会总会〈对1965年地方红十字会工作的意见〉的通知》（1964年12月21日），（64）卫厅崔字第214号、（64）红组字第134号，江苏省档案馆档案，第1032卷。

② 徐州市红十字会：《在彭城办事处结合社会主义教育运动整顿红十字会组织的试点工作总结》（1965年10月26日），《红十字工作参考资料卷》1965年第11期。

领导下进行反复研究，决定清除一批四类分子和有严重问题并在运动中表现不好的干部和会员；对有一般问题、长期不发挥作用、工作不称职和兼职过多的干部进行调整。通过会员民主选举，出身成分好、政治思想进步、热爱红十字会工作的62名会员当选为卫生站的领导干部。在卫生站整顿的基础上，办事处又召开会员代表大会，选举办事处红十字会委员会，并将运动中涌现出来的122名积极分子发展为新会员。

经过组织整顿，4个卫生站开始收缴会费。各个卫生站均制订了工作计划以及会议、学习等各种规章制度。值得一提的是，经过社会主义教育运动和组织整顿，全体干部和会员都提高了社会主义觉悟和作为一名会员的光荣感，因而涌现出了大量的好人好事。

实际上，卫生部和中国红十字会总会要求自1964年起，“会员的会费必须通过普遍宣传，通过试点逐步收起来，以补经费的不足”①。江苏会员缴纳的会费依据“个人会员根据不同职业，每年缴纳会费人民币1角至4角。团体会员不缴纳会费”②。而收缴会费之前，做好宣传和思想教育工作是非常必要的。1965年，无锡市红十字会在几个工厂、学校、地区进行了收会费的试点工作，准备为今后的收缴会费打好基础。通过3个月的试点，认识到必须做好思想工作，才能顺利地做好收缴会费工作。例如，无锡市工人文化宫红十字卫生站接到市红十字会收缴会费的通知后，首先向党支部做了汇报，争取得到领导的支持，然后召开站委员会会议进行研究，并学习、讨论了会员的权利义务和会费使用管理办法等有关文件；接着在俱乐部、会议室、食堂等处，用大字报、黑板报进行宣传，还召开会员小组长会议和会员大会，进行了个别访问等活动。经宣传教育后，该红十字卫生站的32名会员对缴纳会费有了正确的认识，都缴了会费③。

这次彭城办事处结合社会主义教育运动开展红十字会组织整顿的试点工作，主要是按照以下方法进行的。

第一，加强领导，制订计划，建立组织整顿领导小组。为做好彭城办事处所属8个居民委员会红十字卫生站的组织整顿工作，由来自办事处社会主义教育运动工作队、云龙区红十字会及办事处党政领导5人共同组成红十字会组织整顿工作领导小组，制订工作计划。各街道社会主义教育运动工作组

---

① 卫生部、中国红十字会总会：《关于1964年地方红十字会工作计划的通知》，1963年12月27日，（63）卫厅秘张字第226号、（63）京总组字第225号，江苏省档案馆档案，第1032卷。

② 参见《江苏省红十字会概况（供对外宾介绍时参考）》，江苏省档案馆档案，第1258卷。

③ 参见无锡市红十字会办公室：《必须做好思想工作》，《红十字工作参考资料》（1965年1—11期）。

与居委会，也将此项工作列入社会主义教育运动组织建设阶段的工作计划。在工作的过程中，领导小组曾4次专门开会研究材料，使摸底的材料达到事事落实、人人落实，为提出正确的处理意见打下基础。

第二，深入街道走群众路线，采取“三结合”办法摸底排队。当社会主义教育运动进入第四阶段，领导小组委派两名工作人员深入各居委会，采取社教工作组、街道主任、民警三结合的办法，对全体干部和会员进行摸底排队。为使情况掌握得全面彻底，在摸底排队前，先将各卫生站全体会员名单交居委会社教工作组逐人审查。在摸底排队中，采取“二排一照”的办法（排有问题的人、排积极分子、照顾一般），先将四类分子及有“四不清”的人事事审查落实。这样就为健全卫生站的组织领导和扩大队伍提供了条件。

第三，从实际出发提出处理意见，保证卫生站干部的政治质量。为了切实使卫生站的领导权掌握在政治可靠的人手里，在社会主义教育运动工作队的具体领导下，根据摸底情况对有问题的干部和会员进行反复研究和分析，分别提出处理意见。凡属四类分子以及在运动中有严重问题、本人交代不好、影响坏并经群众公开斗争的，给予清除；凡从事少量贩卖，或本人、家庭有问题，但本人交代好、思想界线清的，不予清除，如系干部则予以改选。在研究新的卫生站干部候选人时，本着宁少毋滥、因人制宜的精神，安排一些积极分子，如62名新的卫生站干部中，33名是积极分子，达53.2%。为切实保证卫生站的领导权，特别注意干部的政治质量，整顿后的干部，保留了3名经过严格挑选的资本家家属，其余均是工人、贫下中农及职工家属。

第四，做好准备，召开会员大会进行选举。根据摸底和研究的情况，如何开好会员大会和怎样处理清除人员，特别是怎样宣布被清除人员，才能使本人和会员受到很好的“阶级教育”，确实是一道难题。首先在一居委会试行，取得这方面的经验，其经验是“二讲一不讲”：讲整顿组织意义、目的和要求，讲红十字会的性质、任务，不讲被清除人员的姓名，只宣布整顿后全体会员名单，不读被清除人的姓名。这样，会员既受到教育，清除人员也易于接受。在选举时充分发扬民主，对候选人酝酿成熟，然后进行表决。8个卫生站改选以后，办事处召开会员代表大会，选举办事处红十字会委员会。

1965年彭城的试点工作取得成功，不过也存在一些缺点。如组织整顿工作因抓得不紧，时断时续，工作进展时间较长，从5月下达计划开始，至8月底才全部结束；具体工作不够深入细致，对干部及会员的思想反应，未能很好地了解。因此组织虽整顿了，但这对及时改进卫生站工作中的缺点和问题帮助不大。

第三节 业务的拓新与接续发展

一、国防救护等训练

（一）国防救护训练

新中国成立后，由于美国的干涉而形成台湾问题，两岸关系开始长期处于对峙状态。1953 年，国民党当局制定出了“反共复国”的总方略；1956 年，又提出世界上只有一个“中华民国”，坚持所谓“汉贼不两立”的顽固立场①；1958 年 8 月，第二次台海危机发生，台海局势一度紧张。

群众性国防救护训练（防空、防化学武器、防原子弹训练，亦称防空、防毒、防原子训练）是人民战争和战备工作中的一个重要组成部分。经过训练，广大群众掌握了自救互救的救护技术，就能够在战伤救护工作中发挥极为有效的作用。作为群众卫生救护团体，中国红十字会配合卫生部门在城市进行必要的国防救护训练，在战时参加军民伤病人员的医疗救护活动，为大势所趋，也是一项重要的群众卫生工作。1961 年，《中国红十字会章程》明确规定，“进行国防救护训练”是中国红十字会的任务之一。

东南沿海福建、浙江、江苏等省的省会城市在全国范围内较早地开展国防救护训练活动。

早在 1955 年 1 月 20 日，国民党飞机轰炸福州，市区遭受较大损失，福州市红十字急救队、卫生站人员投入现场抢救工作。此后，福州市分会调整和扩大急救站组织，新培养一批急救员，充实站内药械设备，定期举办防空急救讲座和演习，大大地提高了红十字会的防空急救能力②。

1956 年第四季度，杭州市分会在 5 个城区 40 个街道办事处范围内开展国防救护训练。受训救护员 1681 人，对市环境卫生管理处的职工 100 多人进行训练，建立红十字卫生队，并建立 15 个红十字卫生站，充实社会国防救护力量。此后，国防救护训练工作向浙东、浙南地区推进③。

1958 年 9 月 29 日，南京市红十字会和市防空委员会、科普协会一起举办

① 参见秦孝仪主编：《“总统”蒋公思想言论总集》，（台北）“中国国民党中央委员会党史委员会”1984 年版，第 38 卷、第 302 页，第 33 卷、第 139 页。

② 计克良主编：《福建红十字会简史》，1994 年内部印行，第 7 页。

③ 浙江省红十字会志编纂委员会编：《浙江省红十字会志》，浙江古籍出版社 2016 年版，第 10 页。

了防空救护教员备课会①。307位教员是各区的医务人员，讲师是由军区司令部防化处聘请来的，在会上讲授防原子、防化学、防细菌等科学知识。会场陈列了各种模型、图画，还放映人民防空的科学影片。教员们经过备课，收益很大，纷纷制订计划，以红十字会员、卫生员为主要对象，训练人民防空救护员。

汕头市红十字会一贯注重防空救护演习。汕头市地处国防前线，加强红十字卫生队的防空救护工作，对于保护社会主义建设和人民的生命财产安全，以及支持“和平解放台湾”② 有着重大意义。汕头市红十字会通过演习检阅各卫生队的救护力量，纠正一些不正确的操作动作，锻炼各队指挥人员的指挥能力，唤起全队时刻提高警惕。

汕头市红十字会开展的防空救护演习大致分为以下三种。一是全市性的。配合市有关方面举行的较大规模的演习，全市各卫生队一律参加。二是竞赛演习。由市红十字会主持，事先订好演习的动作和时间、地点，赛前各队都抓紧锻炼。这种演习有利于推动学习和复习救护技术。三是突击式演习。事先不作通知，突然由红十字会派出救护车到卫生队，要求立即集合到位并出动，到达预定演习现场进行救护。这种演习能够检查卫生队在紧急情况下，能否迅速集合、迅速出动，而不至于发生混乱。防空救护演习的全过程一般由连续进行的4个阶段组成：第一阶段是集合编队，进入现场。第二阶段是寻找伤员进行急救。第三阶段是搬运伤员送入医院。在以上三个阶段中，随时可以穿插假想的敌机突袭、轰炸、扫射和分散、掩蔽伤员等动作。第四阶段是演习完毕。各救护组相互检查评比，提出改进意见③。

汕头市红十字会成功进行防空救护演习，主要是做好了如下工作。

第一，召开相关会议。除突击式演习外，一般在演习之前都召开队长或领队人员会议，说明演习的目的、意义，布置具体做法和要求。各队长或领队人员回队再进行传达和贯彻。

第二，成立领导演习工作组。组内指定人员分别担任指挥、现场布置、人员组织和维持现场秩序、检查评比等工作。做到分工明确，互相联系，密切配合，以免造成脱节或混乱等现象。

第三，选定演习时间和布置预定现场。演习一般多在早晨、中午、休假

① 张信大、聂耶：《防空救护教员备课会》，《中国红十字》1958年10月号，第19页。

② 1954年12月，美国和台湾当局签订《共同防御条约》，我国及时地提出“和平解放台湾”，调整了此前的“武力解放台湾”，力挫美国分离台湾并将台湾问题国际化的企图。《中华人民共和国外交部长周恩来关于美蒋〈共同防御条约〉的声明》，《人民日报》1954年12月9日；《周恩来年谱，1949—1976》上卷，第478—479页。

③ 郑钟科：《我们是怎样组织防空救护演习的》，《爱国卫生》1959年第5期，第111页。

日，特别是多在大的节日里，每次演习不超过一个半小时，避免耽搁队员们的生产时间。预定现场是选择在市郊、海滩等比较广阔而偏僻的地方。划出几个区域，插上标志，以便进行演习和队员寻找伤员。伤员受伤情况用记号标出或由伤员自述。

第四，邀请有关领导参观指导。举行演习时，市红十字会经常邀请市有关部门和卫生局的领导前来现场参观和指导。这对鼓舞队员，作用很大。

20 世纪 60 年代初，在“盘踞台湾的蒋匪帮，在美帝国主义的支持鼓励之下，妄图进犯大陆沿海地区，进行军事冒险行动”，以及美国扩大侵越战争的背景下，1962 年 6 月 19 日，毛泽东在武汉发表民兵工作要做到“组织落实、政治落实、军事落实”的重要指示。此后，全国开始加强防范帝国主义侵略的战争准备。6 月 29 日，卫生部、中国红十字会总会联合发布《关于加强开展群众性的爱国卫生运动和国防卫生救护训练、健全和建立红十字卫生站、队的紧急通知》，拉开了中国红十字会在全国大规模地组织开展国防救护训练的大幕。

7 月 11 日，北京卫戍区司令部、市红十字会和市教育局联合发出通知，对中小学医护人员、教员进行国防救护知识训练。中学、小学各办一班，每班为期 6 天。接着，市红十字会和市公共卫生局联合举办了医疗机构师资培训班。市红十字会与市国防俱乐部联合举办了“防原子、防化学、防细菌武器”三防师资培训班。各区、县红十字会在人民防空指挥部、武装部的协助下，也相应地举办了各种培训班。全市共举办 23 期师资培训班，共培训师资 1400 多人，为大力开展救护训练提供了有利条件。

到 1962 年下半年，北京市掀起了一个学习救护知识的热潮。各区本着少而精、学用结合、以练为主的精神，采取脱产或业余、集中或分散、突击或经常相结合的形式，组织会员和民兵骨干学习，收到很好的效果。有的地区或单位，在学员们掌握了止血、包扎、骨折固定、搬运技术的基础上，还增加了溺水、煤气中毒、触电等急救常识课。参加培训班的会员学习热情很高，没有参加培训班的会员纷纷要求参加学习①。

为做好训练和备战工作，卫生部和红十字会总会发出上述紧急通知的第二天，6 月 30 日，江苏省卫生厅、省红十字会发出《关于红十字会组织当前开展备战活动的通知》。7 月 25 日，卫生厅、省红十字会的《关于进一步开展群众性爱国卫生运动和国防卫生救护训练工作的意见》得到了省人民委员

---

① 孙敬敏编纂：《北京市红十字会的 65 年（1928—1993）》，文津出版社 1995 年版，第 90—91 页。

会的批转。各地红十字会在接到上述通知和文件之后，大都进行了准备，会同当地公安、人民武装、卫生等部门对红十字会员、卫生员和青年群众进行外伤简易急救、防毒及防原子等救护训练工作①。

这一年，福建仙游县在支前备战中培训具备防空救护和急救能力的救护员 217 人②。

1963 年 9 月至 10 月，无锡市基层红十字会进行了一次卫生急救知识的教育和防空救护训练③。这年底，红十字会总会强调“国防救护的训练和组织工作，在大厂矿可以结合民兵工作继续进行”④，这就为国防救护训练的开展指明了具体的方式。1964 年，山东省菏泽县红十字会组织开展“三防”常识学习班，学员 18 人，由武装部派出干部讲课，借武装部的服装、防毒面具等器材，进行了着装演习⑤。

1964 年年底，卫生部、红十字会总会在《〈对 1965 年地方红十字会工作的意见〉的通知》中，再次强调国防救护训练，认为“加强战备观点，大力开展国防救护的训练和组织工作，是红十字会为国防服务的具体内容之一”，“在我国，全民皆兵的工作正在蓬勃开展”，“各地红十字会要同有关部门联系配合，首先在厂矿的民兵组织中，大力开展国防救护的训练和组织工作。这项工作要在政治、组织和训练方面做到落实。训练工作要重视质量，必须技术过硬”，“国防救护的训练和组织工作应当与红十字卫生站的组织和活动相结合”，“各地要把这项工作放到重要位置上来”⑥。

相比较而言，经过几年工作，中国红十字会在东北工厂和东南沿海城市的街道居民中开展国防救护训练取得了一定成绩。其中，沈阳市红十字会成绩突出，具有典型意义。

沈阳市红十字会从 1962 年起，先后在 400 多个工厂的民兵中进行了国防救护训练，组织了 100 多个红十字卫生队；1965 年又在街道居民中，在红十字卫生站的基础上进行了训练红十字会员、组织红十字救护队的试点工作。沈阳市红十字会国防救护训练和组织工作的主要经验如下：

一是指导思想明确。一手抓专业队伍，一手抓群众组织，实行领导、卫

---

① 《江苏省红十字会 1962 年度上半年工作小结和今后工作打算》（1962 年 9 月 2 日）。

② 计克良主编：《福建红十字会简史》，1994 年内部印行，第 12 页。

③ 《无锡市红十字会和南京市红十字会的活动》，《红十字工作简报》（1963 年 3 月—11 月）。

④ 卫生部、中国红十字会总会：《关于 1964 年地方红十字会工作计划的通知》（1963 年 12 月 27 日），（63）卫厅秘张字第 226 号、（63）京总组字第 225 号，江苏省档案馆档案，第 1032 卷。

⑤ 山东省红十字会编著：《山东红十字事业九十年》，山东友谊出版社 2002 年版，第 76 页。

⑥ 《卫生部、中国红十字会总会〈对 1965 年地方红十字会工作的意见〉的通知》（1964 年 12 月 21 日），（64）卫厅崔字第 214 号、（64）红组字第 134 号，江苏省档案馆档案，第 1032 卷。

生人员和群众三结合的走群众路线的工作方法。

二是训练工作与民兵组织、红十字卫生站结合起来。平时在民兵和职工群众中开展卫生救护工作，即使是处理小伤小病，也大大减轻了伤病人员的痛苦和医疗单位的门诊压力，做到了既为民兵活动服务，又为生产服务。通过平时的救护活动巩固和提高了救护技术，一到战时就能更好地进行战伤救护，为国防救护。

三是节约训练经费。在训练过程中采用了大量的就便器材，用毛巾、手帕解决了训练器材不足的问题，节省了国家经费开支。

由于沈阳市红十字会在国防救护工作方面取得如上代表性成绩，其经验带有普遍意义，值得总结推广。1965 年 7 月 10 日，中国红十字会总会特地选定在沈阳召开全国工作会议，各省、市、自治区红十字会领导，以及中央宣传部、卫生部、公安部，解放军总参动员部、总后卫生部，辽宁省和沈阳市等有关方面的领导出席了会议①。此次会议着重总结和推广沈阳及其他地区在开展国防救护训练工作的经验，并对全国开展国防救护训练和组织工作，提出如下意见。

第一，进一步提高认识。在群众中开展国防救护工作合乎毛泽东人民战争思想。国防救护仅靠少数专业人员去做是不够的，必须动员和训练群众，组织起各方面群众救护队伍，形成群众性的自救互救网。不仅为战伤救护做了准备，在平时还能进行卫生救护活动，为生产服务。因此，开展国防救护训练和组织工作既有现实意义，也有重大的战时意义。第二，有计划、有步骤地开展国防救护训练和组织工作。开展国防救护训练，“省、市要根据本地区的情况，有个大体打算，纳入整个备战工作计划中”。必须首先搞好城市，并以护厂防空救护为主先在工厂进行，街道、学校、行业、机关等再逐步开展；在农村，经试点后逐步进行。训练必须与民兵结合，让民兵懂得一些自救互救知识，但只在基干民兵中训练卫生员，建立红十字卫生队。“大城市、工业城市，沿海、重要边疆地区，交通枢纽地区，要抓紧、抓狠、抓细”。

第三，国防救护训练的内容主要是包扎、止血、骨折固定、伤员搬运四大技术。根据实际需要，定出训练内容，不搞形式主义和繁琐哲学。训练方

---

① 《在沈阳召开的中国红十字会工作会议闭幕》，《沈阳晚报》1965 年 7 月 16 日；《关于国防救护工作会议的报告》（1965 年 8 月 16 日），（65）红组伍字第 133 号。另有资料显示：沈阳会议召开的具体时间分别是 6 月 5 日和 7 月 15 日（参见中国红十字年鉴编辑部主编：《中国红十字会通志，1904—2015》，中华工商联合出版社 2016 年版，第 282 页；中国红十字会总会编：《中国红十字会的九十年》，中国友谊出版公司 1994 年版，第 157 页）。应有误。

法和组织形式应当继续实践、创造。从严、从难、从实战出发，突出政治，抓好思想工作，学习解放军的训练方法，但适应群众的生产、生活，妥善处理训练同生产、生活的矛盾。训练之前，应逐级培训师资。训练之后，可结合民兵组织，建立红十字卫生队。

第四，训练器材和卫生队的装备必须发挥群众，就地取材，因陋就简。

第五，开展献血工作具有重要的国防意义。应重视群众性献血工作，平时要满足医疗用血的需要，并为战时进行必要的储备。献血的管理工作由卫生部门办理，红十字会的任务是开展献血的宣传动员和组织工作。红十字会必须大力通过会员向群众进行献血宣传。

沈阳全国工作会议召开后，开展国防救护训练、做好备战工作成了中国红十字会业务工作的重点。

江苏红十字会根据地处沿海的客观条件及国际形势的需要，不仅将国防救护训练工作列为工作的重点，而且以此为核心构筑了群众性卫生救护网。1965 年 6 月 12 日，江苏省军区司令部、省卫生厅和省红十字会联合发出《关于开展国防救护训练的通知》。此后，南京、无锡、镇江、常州、苏州、扬州、徐州等市红十字会都指定专人与当地卫生、人武部门密切配合，共同负责开展训练工作，并加强领导，确定了领导干部亲自挂帅。

江苏各地培训工作中的时间安排、教材、师资等问题都得到及时的解决，从而保证了训练工作的顺利进行。各地都贯彻了“阶级路线”，对训练对象进行选择。首先挑选政治好，热爱卫生工作的红十字会员、基干民兵参加训练。训练时间一般为 40 小时左右，学习内容主要是战伤救护中四大技术、“三防”常识及常见小伤小病的防治等。训练后按照街道、工矿、企业、学校、民兵连队，建立红十字卫生队（组）。

以徐州市为例。早在这年 4 月，市红十字会就开始先后三批集中脱产培训国防救护师资 211 人，训练的内容包括：战地抢救（战伤救护）四大技术；原子、化学、细菌武器的防护和急救；卫生勤务；人工呼吸和心脏体外按摩；颅脑损伤的抢救；创伤休克的预防和治疗等。至年底，全市 104 个单位开展了国防救护训练，培训 2541 名红十字卫生队队员和民兵救护队员。11 月中旬，市红十字会还与市人民武装部、防空委员会、卫生局、体委等五单位联合举办了徐州市国防卫生救护表演比赛，43 个单位代表队共 565 名红十字会员参加了表演和四项技术比赛①。

根据 1965 年底对江苏全省 8 个市不完全的统计，经过国防救护训练的共

① 徐州市红十字会编：《徐州市红十字会简史（1913—1990）》，1993 年内部印行，第 22 页。

有 39064 人，组建了 2560 个红十字卫生队（组），全省初步形成了群众性卫生救护网。“这些经过训练的人员和组织，平时根据本地区、本单位的不同需要，积极开展小伤小病的防治工作，在实际工作中不断提高救护技术，为今后开展战伤救护打下了基础”①。

浙江省至 1965 年 11 月，杭州、宁波、温州、舟山等 8 个市（地）、县结合民兵工作开展国防救护训练，从实战出发，用军队训练方法开展训练活动，共训练红十字会员和民兵卫生员 2.15 万余人，并培养国防救护师资 2500 多人②。

到 1965 年，北京市共有 20 万红十字会员和民兵学习过救护知识，其中 2 万多人为学习骨干，组织起 500 多个平战结合的救护队。这支队伍经常组织战地救护、自然灾害抢救、模拟演习，练出了本领。平时担负小伤小病的救治，一旦遇有战争或自然灾害，能够做到招之即来，来之能救。

10 月 29 日，为了检阅群众性救护队伍，北京市红十字会在有关部门的大力协助下，在各区县组织救护演习的基础上，在北京市卫生学校举办了北京市群众救护汇报演习。市红十字会、市卫戍区司令部训练处、卫生处、市卫生局、市人民防空指挥部办公室、市防空俱乐部等负责同志组成的领导小组负责组织救护演习。中央防空委员会、卫生部、红十字会总会、市人民防空指挥部、市体委、市公安局、市卫生局等领导，以及上海市、天津市红十字会的代表光临观摩了现场汇报演习。

来自工厂、街道、学校、农村基层红十字会的 66 个红十字救护队参加了救护汇报演习入场式。其中西城区街道红十字卫生救护队、朝阳区小庄街道红十字卫生救护队、北京市卫生学校民兵卫生队、通县牛堡屯人民公社民兵卫生队、海淀区四季青人民公社西山大队民兵红十字卫生队、石景山钢铁公司民兵红十字卫生队、北京 774 厂民兵红十字卫生队、北京第一机床厂民兵红十字卫生队等 8 个队现场演习，助威参观的观众上万人。参加人数之多、规模之大、技术之高，是前所未有的。

参加演习的救护队结合各自的特点，在炮火声中表演出各种形式的救护技术。现场所表演的高空运输伤员、火线抢救伤员的高难动作，空袭时疏导群众和利用简便器材进行白天或黑夜、单手或双手、互救自救等熟练的包扎方法，获得参观者高度评价和各级领导的称赞。市卫生局党组书记闫毅指出，

---

① 《江苏省红十字会 1965 年工作情况汇报》，江苏省档案馆档案，第 1258 卷。

② 浙江省红十字会志编纂委员会编：《浙江省红十字会志》，浙江古籍出版社 2016 年版，第 10 页。

“没想到这次演习组织得这么好，技术这么高，反映出群众对学习救护技术的兴趣与渴求。”中国红十字会副会长彭炎认为“这次救护演习搞得很成功”①。可见，救护演习是适时的、成功的，符合实际需要，为群众性救护训练树立了样板。

这一年，广西壮族自治区红十字会与南宁市红十字会联合开展国防救护训练试点，训练民兵急救员 4037 人，为以后各地普及民兵救护知识和培训救护骨干打下了良好基础②。

（二）水上救护训练

我国南方地区江河湖密布，水网密集，因此水上作业、水上活动频繁。在水利建设、渔业生产、交通运输以及抗洪抢险过程进行水上救护早已成为日常生活中的一部分。而水上救护时间紧，危险性大，所以专业性要求强。只有实施科学、迅速、有序和安全的救援，才能在较短的时间内拯救濒临死亡的生命。如果没有经过专业的训练，就贸然下水救援，极易发生一人遇险、两人溺毙的惨剧。

游泳是一项有益于身体健康的体育活动，但游泳必须注意安全卫生，不然就会容易发生一些疾病和伤害事故。例如，游泳前要检查身体，平日体弱或患有皮肤病、沙眼、耳朵流脓等病人在没有治愈前，不能游泳。在血吸虫病流行的地区，不要到有钉螺的池塘里游泳。游泳最好在晴天和饭后一小时进行，饿着肚子或酒后不宜游泳。游泳时，要注意保护身体。最好穿游泳衣，戴游泳帽，耳朵要注意防水。跳水时，防止身体碰伤，并尽量避免腹部和睾丸直接受到水的强烈冲击，尤其是要保护好耳朵和防止鼻子进水。遇有小腿抽筋，要学会镇静自救。游泳结束后，一定要擦干身体，最好用温水和肥皂把全身再洗一次，免得传染疾病。避免露着身体，暴晒太久，否则引起皮肤红肿和脱皮现象③。

1963 年夏季，无锡市红十字会根据全市 20 个游泳池卫生救护工作的需要，分别举办了水上卫生救护知识讲座和由 500 多名小学保健老师参加的卫生知识讲习班④。

因为国防安全和备战的需要，中国红十字会开展水上救护训练很快地与国防救护训练结合了起来。1965 年 5 月，国家体委、解放军总参谋部、共青

---

① 孙敬敏编纂：《北京市红十字会的 65 年（1928—1993）》，文津出版社 1995 年版，第 91—92 页。

② 中国红十字年鉴编辑部主编：《中国红十字会通志，1904—2015》，中华工商联合出版社 2016 年版，第 858 页。

③ 一粟：《游泳要注意安全卫生》，《爱国卫生》1959 年第 14 期，第 329 页。

④ 《无锡市红十字会和南京市红十字会的活动》，《红十字工作简报》（1963 年 3 月—11 月）。

团中央联合发出的《关于大力开展群众性游泳活动的通知》强调，游泳运动对增强人民体质、培养人们不怕风险、不怕困难的意志品质有巨大作用，同时对加强国防建设也具有重大意义①。6月，中国红十字会总会发出《关于开展水上救护的通知》，要求各地红十字会培训救护人员，积极开展水上救护工作②。

此后，部分地方红十字会开展了水上救护训练。例如，为适应江苏水网地区和群众游泳活动的需要，南京、苏州等地红十字会在常规卫生救护训练的基础上，增加了水上救护训练项目，培训了一批水上救护员，为群众游泳服务。南京市港务局红十字会水上救护队在工作中创造了利用冬瓜、水缸、木器等20多种就便器材救护水上伤员的方法，简便易行，效果很好③。

南宁市红十字会开展水上救护训练半年多时间，就取得了较好的成绩。全市训练的人数约达总人口的0.5%。在工厂、学校、街道、交通、水上作业、医疗机构等部门、单位都有了水上救护人员。南宁市的经验主要有如下几条：一是突出政治，指导思想明确。活学活用毛泽东著作，把开展水上救护训练的立足点放在准备打仗、保证生产发展以及保障人民生命安全上，运用毛泽东思想解决实际思想和工作问题。二是领导重视，各方面协作。自治区和市党政领导重视救护训练工作，有关部门给予大力支持，协助解决师资、教材、场地、教学用具等问题。三是密切结合群众生产和生活，做到平战结合。初步建立了一支水上救护队伍，为战时作准备，并在群众游泳活动和水上作业生产中发挥作用。四是反复实践，总结经验，不断提高。在工作实践中，对旧的落后的思想和做法，如"救死不救生"、把溺水者打晕再救、把溺水者放在水牛背上奔跑进行倒水等进行批判和剔除；吸收外国的和传统中有用的部分，并创造出新的行之有效的做法，自编水上救护讲义。培养出几个典型，为开展训练树立样板。五是依靠群众，革新技术，就便取材开展训练。如群众利用日常用品、材料，创造了大批就便漂浮器材运送伤员，解决了没有正规漂浮器材的问题。

1966年4月11日，中国红十字会总会特地选择在水上救护训练工作比较好、气候比较适宜的广西南宁市，召开全国水上救护训练经验交流会。20个

---

① 《深入宣传和贯彻毛主席关于到江河湖海游泳的指示》，《体育报》1965年5月26日。

② 中国红十字年鉴编辑部主编：《中国红十字会通志，1904—2015》，中华工商联合出版社2016年版，第282页。

③ 江苏省红十字会：《江苏红十字运动八十八年（1911—1999）》，东南大学出版社2001年版，第100页。

省、自治区、直辖市和部分市、县红十字会以及国家体委、卫生部、公安部、总参动员部、南海舰队（代表总后卫生部）、共青团中央、全国总工会等有关部门、团体代表参加了会议。在会议上，广西壮族自治区党委书记处书记伍晋南、卫生部副部长贺彪做了报告，南宁和其他几个市介绍了经验。中国红十字会副会长彭炎做总结报告。会议期间，代表们还分别在邕江边和自治区游泳池观摩了南宁市群众水上救护队和南京市红十字会水上救护队、湛江市红十字会水上救护队进行的各项救护技能演习①。

参会的代表们认为收获很大，主要包括：第一，思想上的收获。大家认识到水上救护工作是为备战、备荒、为人民的战略方针服务的，是为阶级斗争、生产斗争和科学实验三大革命运动服务的，在水上战斗、水上生产、水边生活以及游泳活动中是不可缺少的一部分工作。第二，工作方法和技术上的收获。通过交流讨论，大家对群众性水上救护训练，尤其是水上国防救护训练，即水上进行止血、包扎、骨折固定和伤员搬运四大救护技术，有了更多的了解。

会议对尔后开展水上救护训练，提出了以下 4 点意见：

第一，抓住重点，采取因地制宜的方法。从为国防服务、为生产服务、为群众游泳活动服务出发，考虑开展水上救护训练的程度和内容，各地应有所不同。关于溺水急救训练，各地都要开展，特别是游泳活动活跃的地区要广泛开展。对象主要是游泳场、水上作业部门、工厂、学校机关的职工师生。关于水上国防救护训练，主要在江河湖海沿岸、港口和水网地区有水上活动的基干民兵和红十字卫生队中进行。训练内容不宜太多、烦琐，各地根据需要，少而精地选编教材。训练时间不宜过长，以业余为主。开展演习，以便观摩，但不要太多，不必进行大规模的。

第二，办好训练，注意 6 对关系。一是政治与技术的关系。坚持政治统帅技术，技术为政治服务。二是平时与战时的关系。坚持平时与战时结合，平时为战时，战时为国防，平时为战时做好准备，又以备战促进平时工作。三是专业人员与群众的关系。坚持专业人员与群众相结合，更重要的是从人民战争思想出发，充分依靠群众力量。四是人与物的关系。坚持人的因素是

① 《关于水上救护训练经验交流会的报告》（1966 年 5 月 7 日），（66）红组字第 37 号；《南宁市群众水上救护队昨在邕江上表演》，《广西日报》1966 年 4 月 13 日；《南京湛江水上救护队表演》，《广西日报》1966 年 4 月 14 日。另有资料显示：“来自全国 16 个省、自治区、市 160 多名代表”参加会议（参见中国红十字年鉴编辑部主编：《中国红十字会通志，1904—2015》，中华工商联合出版社 2016 年版，第 858 页）；“各省、市、自治区代表 154 人出席了会议”（参见中国红十字会总会编：《中国红十字会的九十年》，中国友谊出版公司 1994 年版，第 181 页）。

第一位的理念，充分发挥群众的积极性，解决训练方法和技术、救护器材等问题。五是普及与提高的关系。坚持在普及的基础上提高，在提高的指导下更加普及。首先把水上救护工作在群众中开展起来。六是点与面的关系。坚持点面结合，以点带面，先抓好点，然后推广到面。

第三，做好训练后的组织工作。关于溺水急救，在游泳季节，在江河湖海游泳群众较多的地方，或者在没有救护组织的游泳场所，有红十字会组织的可建立临时的红十字卫生站，没有的也可建立临时急救站，组织受过训练的红十字会员和群众开展救护活动。关于水上国防救护训练，因为是在民兵和红十字卫生队中进行，不必建立专门的水上救护组织。

第四，取得党政领导的重视和支持。做好水上救护工作，需要红十字会同各有关部门，特别是同体委、共青团、工会和卫生、教育、武装等部门进行沟通和协作。

全国水上救护训练经验交流会尚未结束，中国红十字会和国家体委、教育部、卫生部等 9 个单位、社团联合发出了《关于 1966 年开展游泳活动的意见》，号召广大干部和群众“为革命而游泳”，鼓足干劲，踏踏实实地把群众性游泳活动开展起来①。其中提到了游泳安全卫生和救护措施，确保在群众游泳活动中少出事故。

全国水上救护训练经验交流会的召开以及上述《意见》的发出，有力地推动了各地溺水急救和水上国防救护训练工作的开展。例如，北京市红十字会秘书长沙桂山率团参加了 4 月南宁会议，回京后，及时地向各区红十字会传达了会议精神，并研究决定在北京体育学院、颐和园昆明湖分别举办红十字青少年和工厂系统红十字卫生员水上救护表演，以推动全市水上救护工作的开展。虽然水上救护表演最终“迫于形势，不得不停办”②，但在各区、各系统红十字会的努力和准备下，各表演队还是进入了紧张的培训，并进行了预演。

无独有偶。这年 5 月，徐州市红十字会与市体委、人武部、教育局、卫生局、市工会、团市委、市妇联等 8 个单位，联合开展了军事野营和游泳活动，培训了游泳救护和辅导人员 808 人③。就全国而言，广西、江苏、山东等地组织开展了一些水上救护活动，但不久就停止了④。

---

① 《鼓足干劲　踏踏实实地抓好今年游泳活动》，《体育报》1966 年 4 月 15 日。

② 孙敬敏编纂：《北京市红十字会的 65 年（1928—1993）》，文津出版社 1995 年版，第96 页。

③ 徐州市红十字会编：《徐州市红十字会简史（1913—1990）》，1993 年内部印行，第 22 页。

④ 中国红十字会总会编：《中国红十字会的九十年》，中国友谊出版公司 1994 年版，第 182 页。

（三）红十字医士培训

如前文所述，天津市红十字会培训红十字医士在全国独具特色，红十字医士在1963年参加防汛抗洪医疗服务中发挥出作用。这年夏季，天津市遭受史上罕见的特大洪水的袭击。为响应市委、市人委“全面动员，参加抗洪斗争”的紧急指示精神，8月14日和8月19日，市红会接连两次召开各区红十字会紧急会议进行动员，要求各级红十字会做好群众性救护工作。全市287个街道红十字保健站891名红十字医士参加了防汛抗洪工作。此外，还有309名红十字医士，其中来自街道153名、工厂156名，被批准到防汛抗洪第一线进行医疗救护工作。在防汛第一线，红十字医士为抗洪大军治疗小伤、小病18300人次。17名红十字医士被评为抗洪工地“五好战士”，6名红十字医士被评为市级防汛模范。而留在后方的红十字医士也昼夜值班，承担医疗工作任务，同时还协助卫生院的医务人员开展地段医疗预防、巡回访视等工作。9月5日，中国红十字会总会发来慰问信，表扬了天津市广大红十字会员、卫生员和医士在抗洪斗争中的活动①。

由上可见，天津市红十字会培训的红十字医士的质量，以及红十字医士在医疗救护中不可低估的重要作用。红十字医士赢得了社会赞誉，值得信赖。到了20世纪60年代中期，天津市红十字会开展的红十字医士培训工作从城市走向农村，并加强对郊区红十字医士的组织管理。

1964年冬，为适应农村建设的需要，根据中央关于加强农村基层卫生组织、培养新生力量的指示精神，天津市红十字会和市卫生局利用农闲季节，在郊区联合试办了培训不脱产“亦农亦医”的农村红十字医士培训班。参加第一期培训的732名学员大多是思想好、品质好、劳动好、作风好的农村青年。培训结束后，市红十字会总结了第一期培训班在组织、教学、方法等方面的经验，并报请市人民委员会在郊区全面铺开培训红十字医士的请示。1965年9月29日，市人民委员会经市长联合办公会议批准此项工作后，向各区人民委员会下发《关于今冬明春训练郊区红十字医士的通知》，指出：“这项工作，符合中央关于加强农村卫生工作和培训亦农亦医卫生人员的指示精神。”通知还对训练对象、训练时间、学员条件，训练教材、师资，组织领导、训练经费，训练期间学员工分补助、学员住宿和教室用房以及训练后回生产队的组织管理等问题做出了明确规定。

从1965年冬季开始，塘沽、汉沽、大港和4个郊区全面铺开了农村红十字医士的培训工作。培训班本着学以致用、少而精的原则来安排教学内容。

---

① 赵辉主编：《天津红十字会九十年》，天津人民出版社2001年版，第78—79页。

在整个教学内容上，政治思想占 7.3%，医学基础知识（人体解剖、护理知识、物理诊断、药物知识）占 20.7%，临床理论（内科、外科、妇科、五官科、针灸、计划生育）占 62.6%，中医学占 6.3%，公共卫生知识（饮食卫生、饮水卫生、除四害、粪便卫生管理）占 3.1%。在教学中，实行课堂教学、实物教学、现场教学三结合的办法，把书本知识讲活，让学员多参加实际操作，不断提高教学质量，保证学习效果。学员经过脱产集中学习回到农村后，由市农村工作队的医务人员负责防治疾病的指导。同时，按学习小组每月集中讲课一次，不断提高红十字医士的业务能力和水平。

为加强对郊区红十字医士的管理，市人民委员会还专门下发《关于发布郊区红十字医士的组织管理意见的通知》，对红十字医士的性质、任务、组织领导、工作条件和工分待遇等作了明确规定。至 1966 年春季，全市郊区共培训亦农亦医的红十字医士 1967 人，每个大队都建立了红十字保健站。同时，各郊区也举办了 2000 课时的提高班，70% 的农村红十字医士参加了提高学习[①]。至此，天津市郊区农村大队都有自己的亦农亦医的“医生”和保健站。

综上所述，20 世纪 60 年代初，中国红十字会凭借较为健全的组织网络，在全国范围广泛开展救护工作。仅 1963 年至 1964 年间，全国培训的卫生救护人员就达 35.6 万多人，更好地服务了国家生产建设和人民身体健康[②]。

二、输血、计划生育工作

（一）输血工作

根据医疗救护工作的需要，进行输血意义的宣传和自愿助血的组织工作是红十字会的一项极其重要的工作[③]。从现有资料看，地方红十字会开展输血宣传和组织工作的时间要比红十字会总会早。

早在 1955 年 3 月，万县市红十字会就组织群众为垂危伤病员输血。万县市是万县专区、专署所在地，人口约有 10 万。全市除联合诊所、私人开业诊所外，计有省、专、市三级 4 家医院，病床约 450 张。遇有部分伤病员，尤其是难产、大手术等，往往不输血就无法挽救生命。一开始，各医院发动医护人员献血抢救，但实际需血量大，组织群众输血就非常重要。由于党政领导重视，医疗部门的配合以及广大会员和急救员的支持，到 1956 年底，在一

---

① 赵辉主编：《天津红十字会九十年》，天津人民出版社 2001 年版，第 70—71 页。

② 中国红十字年鉴编辑部主编：《中国红十字会通志，1904—2015》，中华工商联合出版社 2016 年版，第 75 页。

③ 中国红十字会总会编：《中国红十字会历史资料选编，1950—2004》，民族出版社 2005 年版，第 68 页。

年多时间里，发展输血员384人，共输全血116429毫升，挽救了320名伤病员[①]。万县市红十字会输血工作成效显著，并取得了如下经验：

第一，从急救员中发展输血员。该市在1952年就开始进行卫生救护训练和组织急救站。在街道上，就有一大批接受过会务学习，且有人道主义思想的急救员。首先在急救员中进行广泛的宣传动员和深入细致的教育工作，说明输血是发扬互助友爱、救死扶伤人道主义的具体表现，以及输血抢救伤病员的重要意义，并播放介绍白求恩事迹的幻灯片。此外，还组织座谈讨论。同时培养典型人物作输血示范进行实际教育，说明输血对身体并无影响，也不疼痛。在输血员输血后，立即发出慰问信表示鼓励。这样，基本上达到了统一认识，消除顾虑。第一批集体报名输血的就有409名，体检合格98名，为输血工作打下了基础。可见，急救员是输血工作的核心和骨干力量。

第二，由第一批输血员带动发展群众输血员。输血员以亲身体验向亲邻作个别介绍，解释输血的意义，同时发动卫生站介绍，作用较好，容易解除顾虑。采取这一办法，第二批就发展经检查身体合格的输血员达85人。同时，在训练卫生员过程中，给予输血意义的学习，扩大了输血工作在群众中的影响，对此后群众自愿报名参加输血起到了一定的激发作用。

第三，确定发展输血员的对象和基本条件。发展输血员的主要对象是不直接参加生产，不因输血往返、输血后休息会耽搁生产的人。基本条件是：（1）年龄在18周岁至50周岁；（2）体重在50公斤以上（身高不满1.5米的，45公斤就可以）；（3）体温正常；（4）胸部透视正常；（5）脉搏心跳正常；（6）血压正常；（7）无肝脏病、脾脏病和淋巴肿大；（8）血色素70%以上、红血球350万以上；（9）无梅毒、疟疾等传染病；（10）一年内未得黄肿胆病；（11）分娩后9个月；（12）不在哺乳期；（13）一年内未做过大手术；（14）本人自愿、家庭同意。此外还规定：输血员一次输血不超过200毫升；输血两个月后才可进行第二次输血；月经期、有身孕、患病者不能输血；输血员发给贴有照片的输血证；输血后，以每毫升1角钱补贴营养费，由用血患者负担，医院一次性垫付。

第四，加强输血员管理。管理输血员有两种方法：一种是分区建立小组，并建立定期学习制度。医院需要血液，可由小组长通知输血员。另一种是将输血员名册分地区分别交各医院一份，由医院联系输血员；红十字会负责组织、发展、教育、总结等工作。医院输血情况每月报送红十字会一次。红十字会建立小组长每月学习两次，之后由小组长组织输血员学习的制度。

---

① 中国红十字会总会编：《1957年红十字工作会议汇刊》，1957年内部印行，第99页。

由上可知，管理血源是一项重要工作。北京市红十字会不仅加强了这方面的管理，而且形成了一套行之有效的方法。

1957 年初，北京市公共卫生局和东郊区人民政府卫生建设科组建志愿输血人联合登记处。由于该组织属于民办性质，管理人员素质较差，血源管理出现了重复输血、冒名顶替等现象，且与医院的关系紧张。为改进工作，11 月 1 日，经市公共卫生局呈报市人民委员会同意，北京市红十字会接管志愿输血人联合登记处，并更名为北京市红十字会志愿输血登记站。

北京市红十字会接管登记站后，对其进行了清理整顿。首先整顿了登记站的机构，配备了干部，加强了领导，建立健全了血源登记分配制度，同时对血源进行了核实审查。对符合条件者颁发登记站印制的志愿输血者卡片，并制定了血源管理办法和奖惩办法，发布了血源统一管理的通知。其次，开展了社会宣传和对血源进行思想教育，号召各单位领导支持职工光荣献血，强调献血是救死扶伤的人道主义行动，扭转社会上对血源不正确的看法，鼓励血源树立献血为荣的思想。

经过整顿后，基本上扭转了输血工作的混乱局面，血源人数由接管时的 5404 人增至 6818 人，但仍不能满足医疗事业发展的需要。登记站在加强对个体血源管理的同时，与积水潭医院紧密结合，在西城区新街口地区进行了发动职工献血的试点工作。经宣传动员后，群众对集体献血热情很高，仅所驻地区的 5 个单位就有 808 名职工报名参加献血。实践证明，发动职工群众献血，不但弥补了只靠个体献血的不足，也开创了一条解决血源问题的新途径。

天津市红十字会也较早地开展了输血的宣传组织工作。1958 年 3 月，天津市红十字会制定的《天津市红十字会组织规程》规定，“向广大群众进行输血意义的宣传教育和自愿输血的组织工作”是红十字会的一项工作任务。此后的两年，天津市红十字会分别在河东区郭庄子街、红桥区西沽街、天津化工学院、河北工学院、天津建设学院和部分机关发动红十字会员开展自愿献血活动。各单位向会员宣传了献血工作对于经济建设和国防建设的重要意义，教育会员懂得献血是一件拯救生命的大事情，是发扬救死扶伤的人道主义行为，同时向会员介绍了有关输血的科学知识和献血对身体无害的道理等。经广泛深入地宣传后，广大会员报名献血踊跃，体格检查合格的就达 5495 人，按照不同的血型分类组成献血小组。与此同时，静海县红十字会也组织了由 70 人参加的输血队①。

全国输血的宣传组织工作的状况，正如 1961 年 10 月李德全会长在中国

① 赵辉主编：《天津红十字会九十年》，天津人民出版社 2001 年版，第 83—84 页。

红十字会“二大”上指出的：“目前只有少数地方红十字会在做，可以继续做；多数地方红十字会还没有做，如限于条件，不能做，则暂时不做。”[①]

相对而言，江苏红十字会输血的宣传组织工作起步较晚。1962 年上半年，“有的市县正在结合备战工作积极开展输血的宣传和组织工作”；南京市组织了 4000 余名红十字会员参加输血团；苏州市对原有的 1240 名输血员进行了整顿，并订出了输血后的营养补助办法，对保护输血员的身体健康及促进输血工作的进一步开展，都起到了一定的作用[②]。

为提高输血员对于救死扶伤人道主义的思想认识，增强他们的光荣感，1962 年，无锡市红十字会组织了输血员的训练和学习，上半年即有 1100 名输血员接受了输血意义的教育。训练方法是在星期日分批集中授课，内容为红十字会的性质、任务，以及输血的意义、输血员的条件等。受训人数约占输血员总数的一半。市红十字会还编印学习资料，发给全市输血员学习。通过训练和学习，解决了部分输血员的思想问题，为尔后进一步开展输血工作打下了基础[③]。

到 1963 年底，南京、无锡、苏州、徐州、连云港等市红十字会开展了输血的组织和宣传工作，南京、无锡、苏州等市输血工作也开展得较好，分别组织会员参加输血团，对输血团进行了整顿，动员不符合输血条件的输血员停止输血[④]。特别是南京市红十字会经常协助输血站向输血员进行救死扶伤、发扬人道主义精神的宣传教育，动员输血员定期进行体格检查，在遇到危重病人时，组织会员献血抢救[⑤]。

卫生部、中国红十字会总会十分重视输血工作。例如 1963 年 12 月要求“管理输血工作的地方红十字会，必须继续把输血的宣传、组织工作做好”[⑥]。1964 年 12 月，在联合发出的《关于加强输血管理工作的通知》《关于地方红十字会工作的意见的通知》中，又提出了“管理输血工作的地方红十字会要会同卫生部门，在党政统一领导下，做好打击营私舞弊、取缔‘血把头’的工作”，“各地红十字会应当在会员中开展输血意义和输血知识的宣传，以便

---

① 《中国红十字会的工作情况和对今后工作的意见》(1961 年 10 月 27 日)。

② 《江苏省红十字会 1962 年度上半年工作小结和今后工作打算》(1962 年 9 月 2 日)。

③ 《1962 年无锡市红十字会工作总结报告（摘录)》，《红十字工作参考资料》1963 年第 3 期，第 9—10 页。

④ 《江苏省红十字会工作情况和今后工作意见》(1964 年 4 月)，江苏省档案馆档案，第 692 卷。

⑤ 《江苏省红十字会概况（供对外宾介绍时参考)》，江苏省档案馆档案，第 1258 卷。

⑥ 卫生部、中国红十字会总会：《关于 1964 年地方红十字会工作计划的通知》(1963 年 12 月 27 日)，(63) 卫厅秘张字第 226 号、(63) 京总组字第 225 号，江苏省档案馆档案，第 1032 卷。

扩大血源”①。

地方红十字会正是在上述精神指导下进行输血宣传组织工作的。不过，1965 年有的地方红十字会，如江苏省红十字会重点开展国防救护训练、组织整顿等工作，从而放松了输血的宣传工作，“对输血的宣传工作还没有抓起来，这些问题都有待进一步加强”②。

（二）计划生育工作

在我国，计划生育意义重大。1962 年至 1965 年，我国在部分市、县进行了计划生育试点工作。当时实行计划生育至少有以下几点好处：有利于有计划地建设社会主义；有利于控制城市人口的增长，减轻农业的负担，和缓城市的生活供应以及住宅、校舍和其他市政设施的紧张状况；有利于增加国家的积累和提高人民的消费水平；有利于职工的生产、工作、生活和学习；有利于保护母亲和儿童的健康；有利于第二代的教育和抚养。

搞好计划生育，促进经济发展是红十字卫生站的重要任务之一，如同输血工作，也是红十字会的一项新业务。

宣传，对于计划生育工作来说十分重要。早在 1957 年 3 月至 10 月，唐山、孝感、西安、南昌、重庆、开封、赣州等市县红十字会，先后以联合举办或单独举办展览会、演讲会、座谈会的方式进行避孕宣传，收到一定效果③。1958 年，河北省河间县东大汗乡组织了红十字会员中 15 名医生和 9 名接生员当教员，分为 11 小组，按照男教男、女教女的方法，利用业余时间训练了 449 名节育宣传指导员。受过训练的技术指导员都懂得了使用避孕工具的方法和宣传的意义，全乡 188 个生产队都有了宣传节育晚婚、指导避孕技术的骨干力量④。

1963 年 2 月下旬，无锡市红十字会组织工厂、街道、行业的红十字会员 1300 多人观看了宣传计划生育的科教片，有的基层组织还进行了座谈。无锡市红十字会还要求基层红十字会在 9 月、10 月进行一次避孕节育知识宣传教育⑤。1964 年 4 月，江苏省红十字会要求大力宣传计划生育。首先是在成年会员中开展座谈，宣传计划生育的重要政治意义，破除封建迷信思想，对适龄的男女会员分别传授避孕方法，号召会员自觉地做好计划生育的宣传工作

① 《卫生部、中国红十字会总会〈对 1965 年地方红十字会工作的意见〉的通知》（1964 年 12 月 21 日），（64）卫厅崔字第 214 号，（64）红组字第 134 号，江苏省档案馆档案，第 1032 卷。

② 《江苏省红十字会 1965 年工作情况汇报》，江苏省档案馆档案，第 1258 卷。

③ 《各地继续展开节育宣传》，《中国红十字》1957 年 6 月号，第 11 页。

④ 张新：《训练节育宣传指导员》，《中国红十字》1958 年 5 月号，第 13 页。

⑤ 《无锡市红十字会和南京市红十字会的活动》，《红十字工作简报》（1963 年 3 月—11 月）。

和技术指导工作。红十字卫生站应该成为计划生育的宣传阵地，并代售避孕工具。在宣传中应该“照顾风俗习惯，注意场合，区别对象，防止庸俗化”①。

在天津，红十字会的基层组织红十字卫生站把做好计划生育工作列为组织会员活动的一项重要内容。卫生站除组织会员学习计划生育和采用板报、车间宣传园地、有线广播、农村俱乐部以及图片、电影等形式向群众开展宣传和避孕指导工作以外，还协助地段妇幼保健机构进行孕妇、育龄人口、多子女户的调查，帮助建立计划生育卡片等。河北区东六经路诚实里红十字卫生站，从1963年3月开展计划生育工作以后，在红十字会员的参与下，采取不同对象、重点深入、个别动员的方法，使该居民区实行计划生育的人数由1962年的23%增长到1963年的83%。许多卫生站为方便群众，还设立了避孕工具代售点或送避孕工具上门服务。1963年，南开区炮台庄街天海路居民区红十字卫生站发出的避孕工具达1.1万余件。

卫生部、中国红十字会总会重视计划生育工作。1963年12月，卫生部、红十字会总会要求地方红十字会，“积极配合有关部门进行计划生育的宣传、调查、避孕方法、指导和代卖避孕工具等工作，把这项工作列为红十字卫生站的重要任务之一”②。1964年12月，卫生部、红十字会总会又提出在计划生育等活动中，“红十字会要继续发挥她应起的作用”③，当好卫生医疗部门的助手。

截至1964年4月，江苏红十字会在开展计划生育工作的形式、传授经验等方面已经取得了一定经验。各地的经验证明，以红十字卫生站为核心开展计划生育工作，群众易于接受。南京市五老村、马太街等红十字卫生站不但经常采用各种方法开展避孕知识的宣传，并将需要进行计划生育的对象进行排队宣传教育，做到心中有数，红十字卫生员张秀英更是经常利用晚上时间将避孕工具送上门。南通市以红十字卫生站为基础，在全市建立了36个计划生育服务处，负责该地区计划生育的技术指导，并代售避孕药品和工具，效果很好。有的地区还将红十字会员训练成为本单位本地区的计划生育宣传员，不少会员还带头采取避孕措施，并动员周围群众实行计划生育④。

① 《江苏省红十字会工作情况和今后工作意见》（1964年4月），江苏省档案馆档案，第692卷。

② 卫生部、中国红十字会总会：《关于1964年地方红十字会工作计划的通知》（1963年12月27日），（63）卫厅秘张字第226号、（63）京总组字第225号，江苏省档案馆档案，第1032卷。

③ 《卫生部、中国红十字会总会〈对1965年地方红十字会工作的意见〉的通知》（1964年12月21日），（64）卫厅崔字第214号、（64）红组字第134号，江苏省档案馆档案，第1032卷。

④ 《江苏省红十字会工作情况和今后工作意见》（1964年4月），江苏省档案馆档案，第692卷。

三、卫生工作和防疾治病

红十字会的业务活动主要是通过红十字卫生站组织会员进行的，红十字卫生站既是红十字会的基层组织，又是群众卫生运动的基层组织，是基层群众卫生工作的核心力量。卫生工作和防疾治病成为红十字会的常规性工作，中国红十字会“二大”以后，不少地方红十字会开展了这些常规性工作。其中，江苏红十字会主要进行了以下“三开展”活动。

其一，开展卫生宣传教育。

开展卫生宣传教育是红十字会的一项基础性工作。1962 年上半年，各地红十字会在整顿组织的同时，组织红十字会员、卫生员利用多种形式向群众进行卫生宣传。江阴县红十字会坚持每星期举行一至两次卫生讲座；苏州、常熟等地红十字会经常利用影院剧场向群众进行卫生宣传；泰州市红十字会协同防疫站编印卫生宣传手册、标语，举办小型卫生展览会；有的市县还举办了乘凉晚会，放映卫生知识电影和幻灯片，这些活动对普及群众卫生知识及预防疾病起到了良好的作用①。这一年，徐州市流脑流行，为配合防疫部门做好防治工作，市红十字会发动红十字卫生员挨门挨户进行宣传，要求群众做到每天用盐水漱口，室内通风换气湿性清扫，以及出门戴口罩三件事。这样的宣传面广，内容简单明了，群众易于做到，收效很大②。

同年，无锡市南长区在夏秋季卫生运动中，由红十字卫生站组织 26 个宣传队，出动 951 人次进行街头宣传，推动了运动的发展。该市庆丰纺织厂红十字会组织车间红十字卫生站的卫生员结合生产，根据季节特点利用多种形式向职工宣传防暑、防寒、保暖和预防传染病的知识③。1963 年 2 月中旬，无锡市红十字会联合防疫站、爱卫会召开了由全市工厂、学校、地段医师等 1300 名代表参加的大会，讲解当时主要疾病的预防和处理方法、会务知识以及如何健全红十字会机构、充分发挥其作用等问题，会后分别组织了讨论，并印发红十字会工作学习资料 1000 余册。2 月下旬，该市红十字会又组织全市卫生系统托幼机构保育人员听取讲座。到了夏季，为了解决训练中的师资问题和适应全市卫生宣传的任务的需要，该市红十字会聘请了 400 多名普及卫生救护知识的宣传员④。

---

① 《江苏省红十字会 1962 年度上半年工作小结和今后工作打算》（1962 年 9 月 2 日）。

② 徐州市红十字会编：《徐州市红十字会简史（1913—1990）》，1993 年内部印行，第 44 页。

③ 《1962 年无锡市红十字会工作总结报告（摘录）》，《红十字工作参考资料》1963 年第 3 期，第 9—10 页。

④ 《无锡市红十字会和南京市红十字会的活动》，《红十字工作简报》（1963 年 3 月—11 月）。

1964 年 4 月，江苏省红十字会在《江苏省红十字会工作情况和今后工作意见》中，对卫生宣传教育工作进行了总结，认为“开展群众性的卫生知识宣传，普及群众性卫生知识是几年来我省红十字会组织的重要活动内容”。各地红十字会均结合每个时期的中心卫生工作，采用多种的形式，并编印了大量的宣传资料开展宣传教育活动。例如，徐州市组织经过训练的会员以串门、聊天、检查卫生等方式向群众宣传卫生知识，并利用市广播电台每月举办一至两次卫生讲座。常州市红十字会举办灭鼠展览会，在会上介绍了老鼠的危害性和灭鼠经验，观众达 3 万多人次。这一年，原淮阴市红十字会复称清江市红十字会，举办各种形式的卫生知识讲座 84 次，系统接受训练达 2338 人①。此外，其他地区也经常利用黑板报、宣传画廊或在电影院、剧场等公共场所，开展除害灭病、讲卫生等宣传活动。

实际上，卫生宣传教育工作主要是由红十字会员、卫生员来完成的。因此加强会员和卫生员自身的卫生知识学习和业务训练就显得非常重要。为迎接国庆 15 周年，卫生部、红十字会总会要求：从 1964 年开始，“首先在会员中逐步普及卫生知识教育。1964 年内，接受卫生救护训练的会员（包括过去训练的），要求至少达到某个厂矿、学校、街道会员人数的 40%”②。据此，江苏省红十字会要求凡是组织基本健全的地区，应争取在 1964 年内分期分批地普遍组织会员进行卫生知识学习，有条件的，会员还要接受卫生救护和其他卫生专业常识的训练，“1964 年内，在城镇居民红十字会员中，应争取 20% 的会员接受训练；在工矿、企业、学校等单位应争取达到 40% 的会员接受训练”③。而 1965 年，卫生部、红十字会总会希望地方红十字会继续抓好卫生知识教育，“一般卫生知识教育，要做到会员能说能做。卫生救护训练，要求骨干会员不仅能说能做，还必须做得好，过得硬。这就要经常练，把基本功练好”④。

江苏红十字会在当地卫生部门的帮助下，组织会员学习会务和卫生知识，举办专业卫生知识训练班，培养开展会务和卫生工作的骨干力量。直至 1965 年 3 月，全省“8. 7 万多人受过一般卫生知识教育，有 3. 2 万多人受过卫生救

① 荀德麟主编：《淮阴市志》，上海社会科学院出版社 1995 年版，第 2039 页。

② 卫生部、中国红十字会总会：《关于 1964 年地方红十字会工作计划的通知》（1963 年 12 月 27 日），（63）卫厅秘张字第 226 号、（63）京总组字第 225 号，江苏省档案馆档案，第 1032 卷。

③ 《江苏省红十字会工作情况和今后工作意见》（1964 年 4 月），江苏省档案馆档案，第 692 卷。

④ 见《卫生部、中国红十字会总会〈对 1965 年地方红十字会工作的意见〉的通知》（1964 年 12 月 21 日），（64）卫厅崔字第 214 号、（64）红组字第 134 号，江苏省档案馆档案，第 1032 卷。

护训练”①。

总体而言，1965 年，各地红十字会和广大会员在卫生宣传方面起到了很好的作用。南京、丹阳、泗阳等市、县利用大字报、黑板报、画廊或组织会员到街头宣传等形式，向群众宣传卫生知识，对普及卫生知识、预防疾病、计划生育等工作发挥应有的作用②。其间，涌现出一批卫生宣传模范人物，南京市马台街红十字卫生站主任张秀英就是其中的一位。她开展会务和卫生知识宣传活动，经常组织妈妈会、儿童会宣传卫生知识，自己出钱置备小奖品，奖励讲卫生的儿童，该地区的 100 多名学龄前儿童都养成了不随地大小便、不随地丢果皮纸屑的好习惯③。1964 年，张秀英被中国红十字会总会授予奖章会员。

其二，开展群众性卫生工作。

开展群众性卫生运动是红十字会的一项常规性工作。1962 年上半年，各地红十字会动员和组织会员、群众投入爱国卫生运动。徐州市中兴居委会红十字卫生员带头帮助无劳动力的人家打扫卫生，在红十字会员和卫生员的带头下，使全居委会 44 户居民的卫生工作能够经常开展；扬州市在春季灭鼠战中组织红十字会员挨户投放毒饵，并向群众传授灭鼠经验④。

无锡市红十字会重视群众性卫生工作。1962 年，该市崇安区上马墩生产大队的 6 个小队红十字卫生站，合理地解决了红十字卫生站的误工补贴等问题，提高了卫生员的积极性，他们在灭螺、疟疾抗复发药和环境卫生等方面做了不少工作，保护了社员健康⑤。1963 年 3 月下旬，无锡市红十字会发出号召，要求会员投入春季卫生突击运动，并提出了具体要求⑥。

1963 年底，卫生部和红十字会总会要求会员积极参加、带头搞好卫生突击活动，经常保持个人卫生、家庭卫生和环境卫生，进行除四害讲卫生的宣传⑦。江苏红十字会以会员为骨干，组织和带领群众搞好卫生工作。会员不但以身作则投入爱国卫生运动，而且能够将卫生除害技术和经验传授给群众。实际上，以红十字卫生站为核心，组织会员和群众开展爱国卫生运动是十分

① 《江苏省红十字会概况（供对外宾介绍时参考）》，江苏省档案馆档案，第 1258 卷。

② 《江苏省红十字会 1965 年工作情况汇报》，江苏省档案馆档案，第 1258 卷。

③ 《江苏省红十字会概况（供对外宾介绍时参考）》，江苏省档案馆档案，第 1258 卷。

④ 《江苏省红十字会 1962 年度上半年工作小结和今后工作打算》（1962 年 9 月 2 日）。

⑤ 《1962 年无锡市红十字会工作总结报告（摘录）》，《红十字工作参考资料》1963 年第 3 期，第 9—10 页。

⑥ 《无锡市红十字会和南京市红十字会的活动》，《红十字工作简报》（1963 年 3 月—11 月）。

⑦ 卫生部、中国红十字会总会：《关于 1964 年地方红十字会工作计划的通知》（1963 年 12 月 27 日），（63）卫厅秘张字第 226 号、（63）京总组字第 225 号，江苏省档案馆档案，第 1032 卷。

重要的工作方法，因为红十字会员既是一支突击力量，又是一支技术指导队伍和骨干力量。

这一年，镇江市南门桥红十字会员徐道恒，学习无锡市灭鼠先进技术以后，经常带着工具向群众传授捕鼠经验，“已有100多人经过他的传授掌握了先进灭鼠技术”；南京市五老村以红十字卫生站为核心，开展卫生运动，通过红十字卫生员、会员组织和带动群众，经常开展卫生运动，“多年一直保持着卫生红旗单位的光荣称号”①。实践证明，凡是在群众卫生工作中，能够注意发挥红十字会作用的地区，其成绩就比较显著。

1965年，卫生部、红十字会总会要求地方红十字会在卫生运动中继续发挥应有的作用，当好卫生部门的助手；根据有关部门对卫生运动的要求，做好安排和准备；特别注意协助卫生部门抓好农村的饮水卫生和粪便管理工作，以及城镇饮食服务行业的卫生工作②。这一年，苏州市沧桥浜居委会红十字卫生站组织会员参加爱国卫生运动，加强保护水源、防止血吸虫病的宣传，并组织会员轮流值班劝阻群众下河洗刷马桶，因而改变了400多户居民多年来下河洗刷马桶的习惯。

费孝通在20世纪40年代后期写作的《差序格局》一文中，颇为风趣地以“苏州人家后门通常一条河”为例，说明中国人最大的毛病——“私”。文中写道：“苏州人家后门通常一条河，听来是最美丽也没有了，文人笔墨里是中国的威尼斯，可是我想天下没有比苏州城里的水道更脏的了。什么东西都可以向这种出路本来不太畅通的小河沟里一倒，有不少人家根本就不必有厕所。明知人家在这河里洗衣洗菜，却毫不觉得有什么需要自制的地方。”③由此看来，20世纪60年代中期，沧桥浜居委会红十字卫生站让至少部分苏州市民改变了下河洗刷马桶的陋习，其功劳实不可没。

其三，开展防疾治病。

经过组织整顿之后，各地红十字卫生站逐步恢复了活动，不少地区给红十字急救箱补充了药品，组织红十字会员、卫生员值班，使之能够更好地为群众服务。扬州市城南公社渡江路红十字卫生站能够经常深入群众进行小伤小病的治疗，1962年上半年就进行了236人次；江阴县澄江镇4个红十字卫生站常年坚持活动；无锡市1962年上半年两次为全市153个红十字卫生站补

---

① 《江苏省红十字会工作情况和今后工作意见》（1964年4月），江苏省档案馆档案，第692卷。

② 《卫生部、中国红十字会总会〈对1965年地方红十字会工作的意见〉的通知》（1964年12月21日），（64）卫厅崔字第214号、（64）红组字第134号，江苏省档案馆档案，第1032卷。

③ 费孝通：《乡土中国　生育制度》，北京大学出版社1998年版，第24页。

充了常备药品①，该市庆丰纺织厂各车间科室红十字卫生站共设67个急救箱，这年全年处理外伤包扎5953人次②。此外，南京、常州、泰州、江阴等地多年对卫生站的保健箱都补充了一些常用药品，将保健箱放在固定地点，有的还组织会员处理好家务，轮流值班。这些工作都得到了群众的欢迎。

红十字会员人数多，分布面广，江苏红十字会以会员为骨干力量开展防疾治病工作。1963年4月，扬中县组织会员进行预防注射技术短期训练后，分成61个预防注射小组，深入农村开展“二号病”的预防注射，14天就完成全县162846人的预防注射任务，占全县应注射人数的93.6%。这年夏季，南通市红十字会在车站、码头等交通要道设立了6个防暑急救站，在一个季度内共急救了300多个病人，受到群众的欢迎。

为工农业生产服务是江苏红十字会防疾治病的工作目标。1963年，徐州市韩桥煤矿红十字会在矿区培训了500多名红十字卫生员，每个作业班组都有一个保健箱和一至两名不脱产的红十字卫生员跟班劳动，在全矿区形成了一个群众性的卫生急救保健网。仅1963年1月至11月就处理了小伤小病50831人次，其中约有1万人次免于上井治疗，据该市矿务局推算，节省的时间约可替国家增产煤4000余吨。两年后，韩桥煤矿红十字会在矿党委的统一领导下，发挥红十字会员和卫生员的作用，在井口建立了卫生站，井下有卫生员跟班劳动，随时替工人治疗小伤小病。1月至11月，经红十字卫生员处理的小伤小病就有42037人次，不仅及时解除了伤病者的痛苦，使他们继续生产，而且大大减少了误工的时间，促进了生产③。

1963年春季，灌云县红十字会组织全县生产队红十字卫生员用呋喃西林喉头喷雾预防脑膜炎，该县陟沟公社不少红十字卫生员亲自挖草药煎汤，送药上门预防疾病④。这些活动对预防疾病，保护劳动力，促进工农业生产都起到积极的作用。

1963年底，卫生部、红十字会总会在为迎接国庆15周年而发出的通知中明确指出，地方红十字会应“协助卫生防疫部门和医疗部门，做好季节性传染病、职业病的预防宣传、接种、消毒、隔离工作。在红十字会组织较健全的地区，争取以红十字卫生站为基础，建立起疫情报告网”⑤，这就为地方红

① 《江苏省红十字会1962年度上半年工作小结和今后工作打算》（1962年9月2日）。

② 《1962年无锡市红十字会工作总结报告（摘录）》，《红十字工作参考资料》1963年第3期，第9—10页。

③ 《江苏省红十字会1965年工作情况汇报》，江苏省档案馆档案，第1258卷。

④ 《江苏省红十字会工作情况和今后工作意见》（1964年4月），江苏省档案馆档案，第692卷。

⑤ 卫生部、中国红十字会总会：《关于1964年地方红十字会工作计划的通知》（1963年12月27日），（63）卫厅秘张字第226号、（63）京总组字第225号，江苏省档案馆档案，第1032卷。

十字会的防疫工作指明了方向。实际上，红十字卫生站是医疗防疫部门和群众之间的桥梁，是卫生部门的得力助手，它们的活动对减少疾病、改进卫生、保护劳动人民的健康、促进生产都发挥出了作用。

1964 年，江苏省红十字会要求各地红十字卫生站“都能担任疫情报告任务”，“凡业务上具有条件的红十字卫生员都能参加预防注射和预防服药工作”，工矿、农村、街道、学校、交通要道、公共场所的简易治疗和急救工作“也要继续加强”①。有的地区按照要求，以红十字卫生站为基地组成群众性疫情报告网。如连云港市红十字会在新浦区组织会员建立疫情报告网，会员深入病人家中进行消毒隔离②。徐州市以红十字卫生站为核心，在全市建立了群众性疫情报告网，并且协助卫生防疫部门，开展疫情报告、病家隔离消毒、家庭护理等工作。上半年该市顺河街红十字会员郭大娘就报告了传染病 30 多例，对传染病的预防和治疗都起到了很好的作用。到 1965 年，南京市以居委会红十字卫生站为中心建立了报病网，配合医疗部门开展防病治病工作，红十字卫生站和会员们真正成为卫生部门开展群众卫生工作的基层组织和得力助手③。

据《江苏省红十字会概况》介绍，江苏红十字会员负责报告疫情、家庭护理以及协助医务人员开展防疾治病工作，会员成为医疗防疫部门的助手。在防疾治病工作中，涌现出一些模范人物。例如：南京市燕子矶人民公社红十字会员许永华，平时努力学习卫生救护知识，不但在家里经常帮助社员处理小外伤，下田劳动时也带着急救箱，随时为社员服务。“八年来共替社员处理小伤小病 5000 多人次，指导 400 多儿童服药，驱除蛔虫”。她还经常到有病的社员家中进行护理，受到群众的赞扬。南通市全市的井水消毒工作大部分是由红十字会员担任义务消毒员来完成的，其中“七十四岁的红十字会员丁建荣担任义务井水消毒员已经十多年了”，他不但坚持做到天天消毒，并能经常打扫井边清洁卫生，他负责的 12 口水井消毒质量，“经测定都合乎要求”④。1964 年，许永华和丁建荣被中国红十字会总会授予奖章会员。

1965 年南通、镇江等地红十字会员担负起生产队的饮水消毒等工作，夏秋季每天坚持两次饮水消毒。镇江市 1000 多口水井的消毒工作全部由红十字会员负责，年终评比时评出优秀消毒员 101 人⑤。

---

① 《江苏省红十字会工作情况和今后工作意见》(1964 年 4 月)，江苏省档案馆档案，第 692 卷。

② 江苏省红十字会编著：《江苏红十字运动八十八年（1911—1999）》，东南大学出版社 2001 年版，第 99 页。

③ 《江苏省红十字会 1965 年工作情况汇报》，江苏省档案馆档案，第 1258 卷。

④ 《江苏省红十字会概况（供对外宾介绍时参考）》，江苏省档案馆档案，第 1258 卷。

⑤ 《江苏省红十字会 1965 年工作情况汇报》，江苏省档案馆档案，第 1258 卷。

以上江苏红十字会员获得的社会赞誉或荣誉，在一定程度上反映出江苏红十字会开展防疾治病工作的成效。

四、国际往来谱新篇

中国红十字会历来重视国际友好往来，特别是自20世纪50年代中后期起，地方红十字会接待外宾来访日益增多，增强了外国代表团对我国红十字事业的了解，增进了国际友谊。

在北京，从1955年到1959年6月，市红十字会共接待南斯拉夫、罗马尼亚、澳大利亚、印尼、波兰、苏联、匈牙利、保加利亚、红十字国际委员会等20多个国家、40多个代表团参观了60多个基层组织。其中，市红十字会在接待苏联、波兰红十字会代表团时，举行了盛大的欢迎会，中国红十字会总会、市红十字会的领导以及1000多群众参加了欢迎会。在欢迎会上，波兰红十字会主席分别向中国红十字会会长李德全、副会长胡兰生，市红十字会会长严镜清、理事王静等授予金质和银质奖章，以示谢意。苏联红十字会与红新月会联合会执委会主席米捷列夫于1955年9月参观北京煤炭洗选厂建筑安装工程公司第一工区红十字会工作回国后，在接受塔斯社记者采访时，称赞中国的卫生事业和红十字工作做得很好。

从1962年至1966年，北京市红十字会共接待20次外宾来访。同样地，对于有影响的代表团给予高礼遇的接待。1964年7月，越南民主共和国红十字会代表团一行4人来访，市红十字会组织东城、崇文区40名红十字会员到车站欢迎，并举行800多人参加的报告会。9月7日，市红十字会在首都剧场举行1200多名红十字会员参加的欢迎大会，欢迎越南南方解放红十字会访华代表团①。接待的礼遇规格高，不仅增进了国际友谊，扩大了红十字会的社会影响，同时也激发了红十字会员的责任感，教育他们做好本职工作。

在天津，从1955年到1969年，市红十字会共接待了苏联、保加利亚、朝鲜、越南、加拿大、澳大利亚、日本、德意志民主共和国等国家红十字会代表团来津访问②。

在江苏，1957年，江苏省红十字会和南京市红十字会接待了罗马尼亚红十字会妇女代表团来宁访问。同年，无锡市红十字会接待了来访的苏联红十字会代表团，陪同参观了市缫丝一厂、惠山泥人厂、协新毛纺厂和庆丰纺织

---

① 孙敬敏编纂：《北京市红十字会的65年（1928—1993）》，文津出版社1995年版，第78、94页。

② 赵辉主编：《天津红十字会九十年》，天津人民出版社2001年版，第62—63页。

厂的红十字卫生站工作[①]。

中国红十字会“二大”以后，地方红十字会的国际交往主要是和青少年运动结合起来开展的。这些活动对于促进国际间的相互了解和友谊发展，培养学生国际主义精神多有裨益。从1955年到1958年，北京市红十字青少年共收到来自苏联、朝鲜、罗马尼亚等12个国家红十字青少年寄来的信件、礼品250件，回赠信件、礼品196件。

1962年上半年，南京市红十字会接待了日本红十字会工会代表团的参观访问。南京、苏州等地红十字青少年和苏联、匈牙利等国家红十字青少年交换了信件和礼品，促进了两国小朋友的交流和友谊[②]。在日本红十字会工会代表团访问江苏之后，朝鲜红十字会代表团来无锡市参观访问，受到该市红十字会的接待[③]。

1963年2月，南京、无锡、苏州3个市的红十字青少年和苏联、匈牙利以及亚洲、非洲、拉丁美洲的6个国家红十字青少年交换了信件和礼品。1964年4月，南京、苏州、无锡等市红十字会根据红十字会总会指示，组织红十字青少年制作反映我国社会主义建设成就，具有民族风格、精致美观的纪念品和礼品，与亚、非、拉、欧等10个国家红十字青少年进行了交流活动[④]。1965年苏州、南通、常州等地红十字青少年制作了集邮卡回赠给澳大利亚、委内瑞拉等国红十字青少年。南京市红十字会接待了达荷美（今贝宁）以隆尼克·阿胡安夫人为首的代表团参观访问[⑤]。

为加强国际交流，1964年江苏省红十字会在南京、无锡两个市确定了30余处工作突出的，分布在工厂、农村、学校、行业等红十字会、红十字卫生站及作为团体会员的医院，供外国来宾参观。这些红十字单位（主要分布在南京）名单如下：

南京市

地区：五老村街道红十字会、五老村红十字卫生站、汉府新村红十字卫生站。

工厂：南京无线电厂红十字会、艺新纺织厂红十字卫生站。

---

① 见江苏省红十字会编著：《江苏红十字运动八十八年（1911—1999）》，东南大学出版社2001年版，第102页。

② 《江苏省红十字会1962年度上半年工作小结和今后工作打算》，1962年9月2日。

③ 《江苏省红十字会工作情况和今后工作意见》（1964年4月），江苏省档案馆档案，第692卷。

④ 江苏省红十字会编著：《江苏红十字运动八十八年（1911—1999）》，东南大学出版社2001年版，第101页。

⑤ 《江苏省红十字会1965年工作情况汇报》，江苏省档案馆档案，第1258卷。

农村：十月人民公社红十字会。

学校：南京师范学院附中和附小红十字卫生站、南京晓庄师范学校红十字会、南京长安路小学红十字卫生站、南京五老村小学红十字卫生站、南京市下关区学校红十字会。

行业：秦淮区饮食业红十字会、六华春中西餐馆红十字卫生站、同仁街菜场红十字卫生站、曙光理发店红十字卫生站。

纪念馆：太平天国历史纪念馆红十字卫生站。

文娱场所：中华剧场红十字卫生站、中山陵园红十字卫生站、雨花台茶社红十字卫生站。

医院：鼓楼医院、儿童医院、妇幼保健院、精神病院、省中医院、工人医院（以上均系团体会员）。

无锡市

地区：五里新村红十字卫生站

工厂：油嘴油泵厂红十字会、惠山泥人厂红十字会

学校：市立第一中学红十字会

园林：锡惠公园红十字卫生站①

1965 年 3 月，江苏省红十字会还印发了《江苏省红十字会概况》，供对外宾介绍时参考。从《江苏省红十字会概况》中可以了解到，“南京、无锡、苏州、徐州、常州、南通、泰州等地红十字青少年还和 40 多个国家的红十字青少年进行互换礼品、纪念册和通讯往来等友谊活动”②。

从这一时期包括江苏红十字会在内的地方红十字会所参加的国际交流活动可以看出，地方红十字会组织参与交流活动之多，交往国家的数量之多、地域分布之广是前所未有的，谱写出了国际友谊的新篇章。

第四节　评选和奖励先进

中国红十字会虽是社团组织，但在高度集中的体制下，红十字会的组织机构呈现出类科层化和单位化的特征。在这种情势下，提高红十字会的工作效率，推动红十字事业的发展，关键在于激发全体员工，特别是广大会员对于人道主义事业以及自身行为的社会价值的认同，进而调动他们工作的积极

---

① 《南京、无锡市可供外宾参观的红十字单位》，江苏省档案馆档案，第 692 卷。

② 《江苏省红十字会概况（供对外宾介绍时参考）》，江苏省档案馆档案，第 1258 卷。

性。而评比先进、进行必要的精神鼓励和一定的物质奖励，形成激励机制是一种行之有效的方法。

实际上，评比先进、奖励模范是我国单位组织特有的通行激励机制，也是加强思想政治工作和动员社会力量的一种手段。单位是我国特有的现象。“单位是一种制度，一种统治，也是一种社会结构”，“单位组织主要是在中国社会中具有国家所有或全民所有制性质的各种类型的社会、经济和政治组织”①。

1962年，无锡市红十字会就组织市、区红十字会工作检查组，“抽查了42个单位，按情况进行了评比排队”②。1963年5月10日，南京市红十字会召开四届二次执行委员会会议，会议对3月全国部分城市红十字工作座谈会的精神进行了传达和讨论，并通过了《南京市红十字会先进集体和个人评奖办法》③：

为了鼓励广大会员的积极性，树立红十字会工作的光荣感、责任感，以及总结经验，发扬先进，使本会工作不断提高，根据中国红十字会总会1957年5月颁发的评奖暂行办法，制订本评奖办法。

一、评奖对象：

1. 先进红十字集体：

凡本市各级红十字会、红十字卫生站（队）、会员小组等组织，工作成绩显著，具备下列条件之一的，均可评为先进红十字集体。

（1）完成领导上给予的各项任务，工作有显著成绩的；

（2）经常组织会员学习会务知识和卫生救护知识，开展卫生宣传，并能教育会员热心为人民健康服务，在活动中能够充分发扬互助友爱、救死扶伤的革命人道主义精神，并受到群众赞扬的。

（3）能够发动会员积极参加爱国卫生运动，并在除害、防病、灭病、讲卫生等活动中，获有显著成绩的。

（4）在意外伤病害的救护工作中认真负责，出色地完成任务的。

（5）能够团结会员与群众，教育以助人为乐，埋头苦干，努力学习，使工作不断提高的。

2. 先进红十字会员：

凡本会会员（各级红十字会会长、委员、秘书、卫生站主任、会员小组

---

① 参见李汉林：《中国单位社会：议论、思考与研究》，世纪出版集团、上海人民出版社2004年版，第1—13页。

② 《1962年无锡市红十字会工作总结报告（摘录）》，《红十字工作参考资料》1963年第3期，第9—10页。

③ 《南京市红十字会先进集体和个人评奖办法》（1963年5月10日），《红十字工作参考资料》1963年第6期，第13—14页。

长、工作人员等）工作有成绩，为群众所赞扬，并具有下列条件之一者，可评为先进红十字会员。

（1）正确贯彻红十字会方针、政策和上级红十字会的指示，使本单位红十字会工作有显著成绩的。

（2）热心红十字事业，积极参加红十字会举办的会务知识、卫生救护训练、卫生讲座等学习，积极开展卫生宣传，或担任师资工作有成绩者。

（3）能够以身作则，带领会员和群众积极参加爱国卫生运动，或本人在除害、防病、灭病工作中获有显著成绩者。

（4）积极认真地参加意外伤害和疾病的救护工作（包括急救、护理、护送、值勤）。

（5）一贯埋头苦干，热心帮助别人，为群众所爱戴的会员。

二、评比方法：

市红十字会每年评比一次，由基层组织或本人整理材料，自上而下，逐级审查讨论，提出意见，最后由市红十字会常务委员会评定。

在评选时，应坚持评选条件，凡符合条件的不受名额限制。凡符合评比条件的，一律授予先进红十字集体、先进红十字会员的光荣称号，并按成绩大小授予一、二、三等奖，发给纪念品。

评选的过程，是提高会员爱国主义、社会主义、国际主义觉悟的过程。通过评选应进一步地建立与健全各级组织，积极开展红十字活动，扩大红十字会在群众中的影响，进一步做好红十字会工作。

各区、各办事处等红十字会组织也可参照本奖励办法，于不同时期内，在该红十字会内开展适当的评比奖励。

南京市红十字会根据以上评比办法组织评比，活动结束后于5月22日召开全市红十字会活动分子大会，700多人参加了大会，大会表扬69名优秀红十字会员和70个红十字卫生站，其中包括3个小组①。

1963年，江苏省红十字会根据中国红十字会总会颁发奖章、奖状办法的通知精神，在有较好工作基础的16个市、县红十字会中开展了评选先进单位和先进工作者活动。为做好这次评奖工作，省红十字会成立评奖工作委员会，由会长、副会长及有关委员等10人组成，下设评奖工作组。各地也成立了评奖委员会和评奖工作组。南京、徐州、泰州等地都由副市长、卫生局局长等领导亲自主持评奖工作。各地在会员中广泛宣传评奖的意义，组织会员学习评奖条件，开展民主评比。在评奖工作中贯彻民主评议与领导审批相结合的

① 《无锡市红十字会和南京市红十字会的活动》，《红十字工作简报》（1963年3月—11月）。

原则，并组织相互参观学习、交流经验。

各地评奖的激励作用明显。南通市通过红十字会评奖活动，在全市饮食服务行业中组织开展卫生竞赛，卫生水平有了新的提高①。此外，不少地区通过评奖活动组织互相竞赛，号召会员向好人好事学习，在工作中掀起了“比、学、赶、帮”的热潮。会员和基层组织中涌现出大批的先进红十字单位和先进红十字工作者，促进了红十字会的组织整顿和群众卫生工作的顺利开展。

1963 年 12 月 20 日至 26 日，江苏省红十字会召开工作会议，对各地上报的评选材料进行审核评议，逐一过堂，并组织专人进行调查复核，最后召开评奖委员会会议审定通过。经自下而上层层评选，选出省级先进红十字单位 71 个、先进红十字工作者 163 人，其中参加中国红十字会总会评奖的候选单位 31 个、候选先进红十字工作者 58 人。

为了切实做好评奖材料的调查核实工作，12 月 29 日，江苏省卫生厅、省红十字会联合发出《关于进一步做好先进红十字工作者和单位的调查核实工作的通知》。1964 年 1 月 7 日，一封人民来信向省红十字会反映某红十字卫生站名誉站长，对卫生站的事从来不管，且个人品行恶劣，不符合评奖条件。此事引起卫生厅、省红十字会的高度重视。1 月 10 日，卫生厅、省红十字会向参加评比活动的 16 个市县卫生局、科、红十字会发出《关于进一步做好先进红十字工作者和单位的调查核实工作的补充通知》，“凡报送为全国、全省的先进个人或单位”，“要逐一进行调查核实”②。由此可见此次评比活动的严肃性。

2 月 11 日，江苏省红十字会报送红十字会总会的材料获得批复：授予奖状单位 31 个、授予奖章的会员 58 个③（详见表 6－2、表 6－3）。

表 6－2　江苏省红十字会获奖单位统计表

编号	地区	先进单位名称	建立时间	会员数	负责人姓名
001	南京市	五老村红十字卫生站	1953 年	680	赵翠红
002	南京市	汉府新村红十字卫生站	1958 年	59	方惠玉
003	南京市	大新旅馆红十字卫生站	1958 年	13	周炳南
004	南京市	轮渡桥红十字卫生站	1958 年	47	周明凯

① 《江苏省红十字会工作情况和今后工作意见》（1964 年 4 月），江苏省档案馆档案，第 692 卷。

② 江苏省卫生厅、江苏省红十字会：《关于进一步做好先进红十字工作者和单位的调查核实工作的补充通知》（1964 年 1 月 10 日），（64）卫办顾字第 002 号、（64）苏红字第 001 号，江苏省档案馆档案，第 692 卷。

③ 江苏省红十字会编著：《江苏红十字运动八十八年（1911—1999）》，东南大学出版社 2001 年版，第 91 页。

（续表）

编号	地区	先进单位名称	建立时间	会员数	负责人姓名
005	南京市	长平路小学红十字卫生站	1957 年	136	冯维城
006	南京市	六华春中西餐馆红十字卫生站	1956 年	27	魏国祥
007	南京市	秦淮旅社红十字卫生站	1957 年	16	梁国文
008	南京市	东关头红十字卫生站	1958 年	107	杨秀珍
009	南京市	夫子庙小学红十字卫生站	1958 年	130	朱崇如
010	南京市	健康池浴室红十字卫生站	1957 年	21	戴仁财
011	南京市	同仁街菜场红十字卫生站	1958 年	49	李昌林
012	南京市	第五女子中学红十字会	1956 年	641	冯傅峻
013	无锡市	大同合作饭店红十字卫生站	1958 年	14	吴文焕
014	无锡市	梨花新邨红十字卫生站	1958 年	55	李云娣
015	无锡市	第一中学红十字会	1957 年	334	李谷邨
016	无锡市	庆丰纺织厂红十字卫生站	1959 年	1230	/
017	苏州市	金阊实验小学红十字卫生站	1958 年	150	黄承兰
018	苏州市	仓桥浜红十字卫生站	1958 年	27	何著秋
019	苏州市	干将坊红十字卫生站	1958 年	43	石宝英
020	苏州市	苏州高中红十字卫生站	1958 年	508	张友聚
021	南通市	师范学校红十字卫生站	1958 年	95	王旭初
022	徐州市	铁货街红十字卫生站	1957 年	41	赵爱莲
023	徐州市	第一中学红十字卫生站	1957 年	245	孔祥树
024	徐州市	韩桥煤矿红十字会	1960 年	500	杨已世
025	连云港市	市化街红十字卫生站	1957 年	24	钟　玲
026	镇江市	其林苍红十字卫生站	1957 年	59	王莉华
027	镇江市	师范附属小学红十字卫生站	1958 年	61	/
028	常州市	第三初级中学红十字卫生站	1957 年	636	王一程
029	扬州市	师范附属小学红十字卫生站	1958 年	234	吴耀良
030	泰州市	五巷红十字卫生站	1958 年	447	/
031	仪征县	仪征县中学红十字会	1963 年	129	戴锦章

资料来源：江苏省红十字会编著：《江苏红十字运动八十八年（1911—1999）》，东南大学出版社 2001 年版，第 92—93 页。

表6－3　江苏省红十字会获奖人员统计表

材料编号	所在城市	姓名	性别	年龄	社会职业	党派	入会时间
001	南京市	许永华	女	39	社　员	中共党员	1956年
002	南京市	周　瑛	女	63	文　教	/	1956年
003	南京市	汪宝琴	女	55	居　民	/	1958年
004	南京市	李昌明	女	52	服务员	中共党员	1957年
005	南京市	杨秀珍	女	45	居民干部	中共党员	1953年
006	南京市	赵翠红	女	42	居民干部	/	1953年
007	南京市	周炳南	男	63	服务员	中共党员	1957年
008	南京市	何秀英	女	43	服务员	/	1959年
009	南京市	张秀英	女	50	居民干部	中共党员	1958年
010	南京市	孙长源	男	53	服务员	/	1957年
011	南京市	耿学琴	女	60	居　民	/	1957年
012	南京市	夏世兰	女	58	居　民	/	1958年
013	南京市	卢翠萍	女	39	服务员	/	1953年
014	无锡市	李云娣	女	58	居民干部	中共党员	1958年
015	无锡市	马林妹	女	53	居民干部	/	1958年
016	无锡市	邹荣坤	男	40	营业员	中共党员	1962年
017	无锡市	范仁大	男	27	工　人	/	1957年
018	无锡市	许阿毛	女	33	工　人	/	1960年
019	苏州市	俞伯平	男	65	医　生	农工民主党	1956年
020	苏州市	徐根媛	女	28	工　人	中共党员	1962年
021	苏州市	惠舜琴	女	53	居民干部	/	1960年
022	苏州市	顾宝成	男	66	居民干部	/	1963年
023	苏州市	徐惠珍	女	39	居　民	/	1963年
024	南通市	丁建荣	男	73	居　民	/	1957年
025	南通市	季建祥	男	/	渔　民	中共党员	1959年
026	南通市	孙桂华	女	31	服务员	中共党员	1962年
027	南通市	夏　照	男	/	清洁工人	中共党员	1957年
028	南通市	王孝卿	男	68	居　民	/	1957年

（续表）

材料编号	所在城市	姓名	性别	年龄	社会职业	党派	入会时间
029	徐州市	贺方娟	女	12	学　生	少先队员	1961 年
030	徐州市	袁廷美	女	21	社　员	共青团员	1962 年
031	徐州市	程增文	女	28	居　民	共青团员	1957 年
032	徐州市	杜金芝	女	51	居　民	/	1957 年
033	徐州市	年世兰	女	48	居民干部	中共党员	1957 年
034	徐州市	梁玉珍	女	67	居　民	/	1957 年
035	徐州市	历为富	男	52	矿　工	中共党员	1963 年
036	徐州市	吴景贤	男	51	矿　工	/	1960 年
037	连云港市	刘荣生	女	38	服务员	中共党员	1963 年
038	镇江市	吕义荷	女	58	居　民	/	1957 年
039	镇江市	杨惠琴	女	50	居民干部	/	1957 年
040	镇江市	赵同生	男	39	居民干部	中共党员	1957 年
041	常州市	徐惠英	女	63	居民干部	/	1958 年
042	常州市	严爱华	女	39	居民干部	/	1963 年
043	扬州市	黄云仙	女	64	居　民	/	1958 年
044	扬州市	潘文英	女	37	居　民	/	1959 年
045	泰州市	陈宏本	女	55	助产员	/	1958 年
046	泰州市	沈　纹	女	20	学　生	共青团员	1959 年
047	泰州市	彭爱华	女	38	居民干部	/	1958 年
048	泰州市	刘炤琳	女	42	居　民	/	1959 年
049	泰州市	张玉清	女	61	居　民	/	1958 年
050	泰州市	孙桂元	男	38	炊事员	中共党员	1958 年
051	淮阴市	胡兰英	女	54	居民干部	/	1957 年
052	淮阴市	杨守才	男	31	居民干部	中共党员	1957 年
053	泗阳县	花天寿	男	44	居民干部	中共党员	1953 年
054	灌云县	王可勤	男	40	居民干部	中共党员	1957 年
055	仪征县	刘恩荣	男	46	职　员	中共党员	1959 年
056	无锡县	杨琼英	女	40	社　员	/	1958 年

（续表）

材料编号	所在城市	姓名	性别	年龄	社会职业	党派	入会时间
057	江阴县	许五妹	女	26	社　员	共青团员	1960 年
058	江阴县	沈　梁	男	56	教　师	/	1962 年

资料来源：江苏省红十字会编著：《江苏红十字运动八十八年（1911—1999）》，东南大学出版社 2001 年版，第 93—94 页。

从表 6－2 和表 6－3 中可以看出，这次获奖的 31 个单位几乎全部是基层组织（红十字卫生站），大都是在 1957 年和 1958 年建立的，会员少则 10 余人，多的达 1200 多人；从分布的系统来看，工矿企业占 2 个、街道 11 个、学校 12 个、行业 6 个，其中学校系统最多，约占总数的 39%，表明新中国成立初期江苏红十字青少年运动业绩斐然；从分布的地区来看，获奖的单位几乎全部集中在城市（此时，红十字会的工作重点已经放在了城市——笔者注），分布在南京（12 个，约占 39%）、无锡（4 个，约占 13%）、苏州（4 个，约占 13%）、徐州（3 个，约占 10%）等 11 个市县①，其中南京市最多，仪征县是唯一拥有获奖单位的县。在获奖的 58 名红十字工作者中，从社会职业来看，社员 4 人、工人 6 人、居民 14 人、居民干部 17 人、学生 2 人、服务员 8 人，其他（教师、渔民、医生、助产员、炊事员等）7 人。其中，居民干部最多，约占 30%，居民次之；从分布的城市来看，参加评奖的 16 个市、县均有个人获奖，其中南京（13 人，约占 22%）、徐州（8 人）、泰州（6 人）等市获奖人数位居前三甲，连云港市及泗阳、灌云、仪征、无锡等县均有 1 人获奖。在获奖人员中，中共党员 20 人、共青团员 4 人、少先队员 1 人，大约共占总人数的 43%，表现出获奖人员良好的政治素质。

中国红十字会重视评选先进活动。早在 1957 年 5 月，红十字会总会就颁发了相关的评奖暂行办法，并开展相关的评奖活动。1963 年浙江全省有 19 个基层红十字卫生站、18 名会员获得红十字会总会颁发的奖状和奖章②。

1963 年 12 月 27 日，卫生部、红十字会总会要求地方红十字会“开展五好会员、五好干部、五好单位的评比竞赛运动”，表扬先进，鼓励积极性。会员和干部的“五好”是思想好、工作好、学习好、团结好、卫生好；单位的“五好”是组织健全好、会员教育好、开展活动好、团结互助好、勤俭办站

① 需要指出的是，此次评奖共有 16 个市县红十字会参加，而获奖单位只分布在其中的 11 个市县，可见，此次评奖坚持了宁缺毋滥的原则。

② 浙江省红十字会志编纂委员会编：《浙江省红十字会志》，浙江古籍出版社 2016 年版，第 27 页。

好。红十字会总会要求通过评比运动推动工作，以优秀成绩迎接15周年国庆，迎接中国红十字会成立60周年和改组14周年。同时要求把“培养和树立标兵”作为一项主要任务，具体是：“每个省、自治区选择一两个市、县红十字会作为标兵对象进行培养，争取在一两年内，把市、县红十字会的标兵树立起来。市、县以下的各级红十字会组织同样要有标兵对象进行培养，并且必须在1964年内每个市、县树立起几个标兵红十字卫生站。”①

1964年，北京市红十字会根据卫生部、红十字会总会的要求和实际情况，为进一步发挥基层组织的作用和更好地调动会员的积极性，在全市开展了“五好”基层组织和“五好”会员评比活动，并印发了“五好”评比活动办法。市红十字会规定，“五好”红十字卫生站是政治思想好、组织健全好、培训工作好、完成任务好、团结互助好；“五好”基层红十字会是组织健全好、贯彻政策好、领导工作好、联系工作好、卫生防病好；“五好”会员是思想好、工作好、学习好、团结好、卫生好。

这年底，市红十字会评选出“五好”红十字卫生站、“五好”基层红十字会和“五好”会员，并在天桥剧场召开了表彰总结大会，1000多人参加。大会上，“五好”红十字卫生站和“五好”基层红十字会代表发言，“五好”会员代表表态。红十字会协会秘书长亨利·毕尔在中国红十字会副会长彭炎陪同下，来到表彰总结大会会场，并发表讲话。会后，特邀京剧表演艺术家杜近芳慰问演出京剧助兴②。

同年，江苏省红十字会贯彻卫生部、红十字会总会的通知精神，要求“对1963年评为省级、全国的先进模范，要切实做好授奖工作和先进事迹的宣传工作，以扩大影响，号召广大会员向好人好事学习”，“每个市县应有计划地在不同岗位上各培养一至两个标兵人物和单位，树立旗帜，推动红十字会工作更好地开展。1964年还应有计划地组织开展评选五好会员和五好单位的活动，以便更进一步搞好红十字会工作，迎接中国红十字会成立六十周年”③。

1964年12月，卫生部、红十字会总会对树立标兵、开展“五好”评比竞赛活动做出了具体要求，指出“树立全面都好的市、县标兵，一时做不到，可以从树立在某一个方面好或几个方面好的市、县标兵开始。如：会员教育工作好的市、县，即树立她为会员教育方面的标兵；国防救护工作好的市、

---

① 卫生部、中国红十字会总会：《关于1964年地方红十字会工作计划的通知》（1963年12月27日），（63）卫厅秘张字第226号、（63）京总组字第225号，江苏省档案馆档案，第1032卷。

② 孙敬敏编纂：《北京市红十字会的65年（1928—1993）》，文津出版社1995年版，第89—90页。

③ 《江苏省红十字会工作情况和今后工作意见》（1964年4月），江苏省档案馆档案，第692卷。

县，即树立她为国防救护方面的标兵；工厂工作、学校工作或服务行业工作好的市、县，即树立她为工厂、学校或服务行业的标兵”。“基层组织和会员的标兵，也可以是全面都好的，或者是在一个方面、几个方面好的”。开展“五好”基层组织和“五好”会员的评比竞赛活动，是为了表扬先进、鼓舞积极性，继续按照“五好”评比竞赛办法进行。评比标兵和“五好”组织和会员，必须注意质量，经过政治审查，事迹确实，是会员和劳动人民群众所公认的、拥护的。“红十字会的干部，要下基层蹲点”，是“较长时间地蹲在基层，亲自参加基层活动”。“蹲点的地点，可以结合树立标兵去选择”①。

1965 年，有些地区的红十字会组织进行了“五好”会员和“五好”单位的评比试点工作，通过树立标兵，促进工作更好地开展②。通过评比先进，激励了工作，这主要表现在以下几个方面：

首先，通过评比活动，各地涌现出大量的先进、模范个人或集体。徐州市铁货居委会 45 名红十字卫生员组成突击队，一个月将 1200 间房屋扎上顶棚，并带动群众植树 4 万多棵③。还有前文所述的徐州市韩桥煤矿红十字会，在全矿区形成群众性保健救护网以及南通市 70 多岁的红十字会员丁建荣，十年如一日，坚持为 12 口水井进行义务消毒。南京市同仁街菜场 43 岁的服务员、红十字会员何秀英，自 1959 年开始，经常利用业余时间为附近 10 多个居民区的产妇、病人和老弱居民服务，送菜上门、护理病人、洗衣、烧饭达 4200 多次。如居民吴兰因患关节炎在家休养，何秀英就经常去帮助吴兰洗衣服、烧饭、打扫卫生，吴兰想吃的菜，她设法买好并送上门，这样一直坚持了 3 年之久④，体现出红十字会员救死扶伤的人道主义精神。镇江市红十字会员赵同生，多次冒着生命危险在江面上共救出 11 个人的生命，并于危急的关头在铁轨上救出 1 名聋哑妇女⑤。江阴县南闸公社社员许五妹，自己花钱买药品为社员治病、包扎伤口，她一人包干全队 40 多人的抗疟服药工作。徐州市醒师街双目失明的女青年、红十字卫生站副站长程增文，在疟疾抗复发治疗中，坚持宣传和逐个送药上门，并在“卫生铁货化”活动中带领会员帮助 90

① 《卫生部、中国红十字会总会〈对 1965 年地方红十字会工作的意见〉的通知》（1964 年 12 月 21 日），（64）卫厅崔字第 214 号、（64）红组字第 134 号，江苏省档案馆档案，第 1032 卷。

② 《江苏省红十字会概况（供对外宾介绍时参考）》，江苏省档案馆档案，第 1258 卷。

③ 徐州市红十字会编：《徐州市红十字会简史（1913—1990）》，1993 年内部印行，第 35 页。

④ 《江苏省红十字会概况（供对外宾介绍时参考）》，江苏省档案馆档案，第 1258 卷。

⑤ 江苏省红十字会编著：《江苏红十字运动八十八年（1911—1999）》，东南大学出版社 2001 年版，第 91 页。

多户老弱病残居民打扫卫生[①]。以上述为代表的先进单位和个人在群众中树立了学习的榜样。

其次，评比活动大大促进了整顿组织、健全制度、登记会员等工作。南京市在评奖工作中，不少老会员主动到卫生站要求登记，仅燕子矶一个区3天内就登记了300多名老会员。据统计，通过评奖活动，全省会员总数由17万人增加到20万人，红十字卫生站由3700多个增加到8900多个[②]。

再次，评比活动有力地推动了群众性爱国卫生运动，带动大家开展卫生竞赛，在改进饮食卫生、提高服务质量方面取得了显著成效。南京市以红十字会员为骨干带头灭鼠，大大促进了灭鼠运动；连云港市结合评比开展了以管粪、管水、灭蝇为中心的群众性卫生运动，等等。

总而言之，从实际效果来看，中国红十字会评选和奖励先进的目的达到了，评比活动取得成功，收到了预期效果和良好的社会效益。

---

① 江苏省红十字会编著：《江苏红十字运动八十八年（1911—1999）》，东南大学出版社2001年版，第99页；徐州市红十字会编：《徐州市红十字会简史（1913—1990）》，1993年内部印行，第35页。

② 江苏省红十字会编著：《江苏红十字运动八十八年（1911—1999）》，东南大学出版社2001年版，第91—92页。

主要参考文献

一、文献资料

中国红十字会总会编:《中国红十字会的工作方向与发展步骤》,1951年内部印行。

中国红十字会总会编:《苏联红十字会简史》,1952年内部印行。

中国红十字会总会编:《1957年红十字工作会议汇刊》,1957年内部印行。

内务部农村福利司编:《建国以来灾情和救灾工作史料》,法律出版社1958年版。

《关于建国以来党的若干历史问题的决议》,人民出版社1981年版。

中央人民政府法制委员会编:《中央人民政府法令汇编(1949—1950)》,法律出版社1982年版。

中央人民政府法制委员会编:《中央人民政府法令汇编(1951)》,法律出版社1982年版。

中共江苏省委宣传部编:《建国三十五年来的江苏(1949—1984)》,江苏人民出版社1984年版。

山东省红十字会编:《红十字会务知识》,1986年内部印行。

《建国以来毛泽东文稿》第1册,中央文献出版社1987年版。

《周恩来书信选集》,中央文献出版社1988年版。

中国红十字会总会编:《红十字手册》,辽宁科学技术出版社1988年版。

《当代中国商业》编辑部编:《中华人民共和国商业大

事记（1949—1957）》，中国商业出版社1989年版。

《周恩来外交文选》，中央文献出版社1990年版。

瞿鸿烈主编：《常熟市志》，上海人民出版社1990年版。

何惠明等主编：《松江县志》，上海人民出版社1991年版。

《建国以来重要文献选编》（1—11册），中央文献出版社1992—1995年版。

谈汗人主编：《无锡县志》，上海社会科学院出版社1994年版。

《毛泽东外交文选》，中央文献出版社1994年版。

《陈云文选》第2卷，人民出版社1995年版。

荀德麟主编：《淮阴市志》，上海社会科学院出版社1995年版。

陈晖主编：《苏州市志》（第3册），江苏人民出版社1995年版。

泗阳县地方志编纂委员会：《泗阳县志》，江苏人民出版社1995年版。

田桓主编：《战后中日关系文献集》，中国社会科学出版社1996年版。

《周恩来年谱，1949—1976》上卷，中央文献出版社1997年版。

袁洪宝总纂：《灌云县志》，方志出版社1999年版。

郑杭生主编：《社会学概论新修》第3版，中国人民大学出版社2003年版。

新华月报社编：《中华人民共和国大事记（1949—2004）》（上），人民出版社2004年版。

中国红十字会总会编：《中国红十字会历史资料选编，1950—2004》，民族出版社2005年版。

池子华、郝如一主编：《中国红十字历史编年，1904—2004》，安徽人民出版社2005年版。

当代中国研究所编：《中华人民共和国史编年》1950—1955年卷，当代中国出版社2006—2009年版。

中国红十字年鉴编辑部编：《中国红十字年鉴2004/2005》，台海出版社2006年版。

《建国以来周恩来文稿》第3册，中央文献出版社2008年版。

浙江省红十字会志编纂委员会编：《浙江省红十字会志》，浙江古籍出版社2016年版。

中国红十字年鉴编辑部主编：《中国红十字会通志，1904—2015》，中华工商联合出版社2016年版。

中国第二历史档案馆档案。

中国红十字会总会档案馆档案。

江苏省档案馆档案。

《红十字月刊》 《新中国红十字》 《总会工作通讯》
《红十字工作简报》 《红十字工作参考资料》 《爱国卫生》
《中国红十字》 《炎黄春秋》 《博爱》
《新华月报》 《人民日报》 《苏南日报》
《大公报》 《健康报》 《体育报》
《天津日报》 《北京晚报》 《广西日报》
《沈阳晚报》

二、学术著作

《当代中国》丛书编辑委员会编:《当代中国的卫生事业》(上),中国社会科学出版社1986年版。

胡绳主编:《中国共产党的七十年》,中共党史出版社1991年版。

王颖等:《社会中间层——改革与中国的社团组织》,中国发展出版社1993年版。

徐州市红十字会编:《徐州市红十字会简史(1913—1990)》,1993年内部印行。

中国红十字会总会编:《中国红十字会的九十年》,中国友谊出版社1994年版。

王世刚主编:《中国社团史》,安徽人民出版社1994年版。

计克良主编:《福建红十字会简史》,1994年内部印行。

孙敬敏编纂:《北京市红十字会的65年(1928—1993)》,文津出版社1995年版。

刘巨才:《李德全的故事》,河北少年儿童出版社1995年版。

薄一波:《若干重大决策与事件的回顾》,人民出版社1997年版。

费孝通:《乡土中国　生育制度》,北京大学出版社1998年版。

袁方等:《社会学家的眼光:中国社会结构转型》,中国社会出版社1998年版。

张静主编:《国家与社会》,浙江人民出版社1998年版。

王泰平主编:《新中国外交50年》,北京出版社1999年版。

刘定汉主编:《当代江苏简史》,当代中国出版社1999年版。

曲折主编:《中国红十字事业》,广东经济出版社1999年版。

江苏省红十字会编著:《江苏红十字运动八十八年(1911—1999)》,东南大学出版社 2001 年版。

赵辉主编：《天津红十字会九十年》，天津人民出版社 2001 年版。

夏明方、康沛竹主编：《20 世纪中国灾变图史》下，福建教育出版社、广西师范大学出版社 2001 年版。

山东省红十字会编著：《山东红十字事业九十年》，山东友谊出版社 2002 年版。

孙柏秋主编，池子华、杨国堂等：《百年红十字》，安徽人民出版社 2003 年版。

吴宝璋编著：《云南红十字会史》，云南人民出版社 2004 年版。

张玉法主编：《"中华民国"红十字会百年会史：1904—2004》，（台北）致琦企业有限公司 2004 年印行。

李汉林：《中国单位社会：议论、思考与研究》，世纪出版集团、上海人民出版社 2004 年版。

[美] 詹姆斯·R. 汤森、布兰特利·沃马克：《中国政治》（顾速、董方译），江苏人民出版社 2004 年版。

池子华、郝如一等：《近代江苏红十字运动（1904—1949）》，安徽人民出版社 2007 年版。

郭德宏等主编：《中华人民共和国专题史稿》（卷二），四川出版集团、四川人民出版社 2009 年版。

徐国普：《辉煌十五年，1950—1965》，安徽人民出版社 2009 年版。

刘国新等主编：《中华人民共和国史长编》（第一、二卷），天津人民出版社 2010 年版。

中共中央党史研究室：《中国共产党历史》第二卷，中共党史出版社 2011 年版。

当代中国研究所：《中华人民共和国史稿》（第一、二卷），人民出版社、当代中国出版社 2012 年版。

吴佩华：《中国红十字外交，1949—2009》，合肥工业大学出版社 2012 年版。

徐国普：《新中国成立初期中国红十字会研究（1949—1956）》，人民出版社 2013 年版。

三、研究论文

孙自凯：《中华人民共和国的第一位女部长》，《北京党史研究》1995 年第 5 期。

高丙中：《社会团体的合法性问题》，《中国社会科学》2000年第2期。

张启安：《陕甘宁边区的医疗卫生工作和医德建设》，《中国医学伦理学》2001年第3期。

李蓉：《民主革命时期党团历史的初步考察》，《中共党史研究》2007年第2期。

徐国普、池子华：《新中国成立后中国红十字会发展的历史轨迹》，《江西社会科学》2009年第9期。

徐国普：《二十世纪五十年代江苏红十字会的两次组织整顿》，《中共党史研究》2012年第2期。

徐国普：《新中国成立初期社团治理的范例——一九五〇年中国红十字会的协商改组》，《中共党史研究》2013年第2期。

国家出版基金项目
NATIONAL PUBLICATION FOUNDATION

中国红十字运动通史(1904—2014)

总主编　池子华

第一卷

近代的红十字运动历史变迁

池子华　著

上

合肥工业大学出版社

图书在版编目(CIP)数据

中国红十字运动通史(1904—2014). 近代的红十字运动历史变迁:全二册/池子华著. —合肥:合肥工业大学出版社,2018. 12
ISBN 978-7-5650-4281-2

Ⅰ. ①中… Ⅱ. ①池… Ⅲ. ①红十字会—历史—中国—1904-2014 Ⅳ. ①D632. 1

中国版本图书馆 CIP 数据核字(2018)第 271255 号

中国红十字运动通史(1904—2014) 第一卷
近代的红十字运动历史变迁

池子华 著

选题策划	钟小要 李克明 朱移山
责任编辑	章 建 张 燕
责任印制	郑 洁 樊珊珊
出版发行	合肥工业大学出版社
地 址	(230009)合肥市屯溪路 193 号
网 址	www. hfutpress. com. cn
电 话	总 编 室:0551-62903038
	市场营销中心:0551-62903198
开 本	710 毫米×1010 毫米 1/16
总 印 张	176. 25
总 字 数	3150 千字
版 次	2018 年 12 月第 1 版
印 次	2018 年 12 月第 1 次印刷
印 刷	安徽联众印刷有限公司
书 号	ISBN 978-7-5650-4281-2
总 定 价	400. 00 元(共 6 卷)

如果有影响阅读的印装质量问题,请与出版社市场营销中心联系调换。

总　　序

习近平总书记指出：“红十字组织是全世界影响范围最广、认同程度最高的国际组织。红十字是一种精神，更是一面旗帜，跨越国界、种族、信仰，引领着世界范围内的人道主义运动。”她是与联合国、国际奥林匹克运动委员会并称的三大国际组织，目前全球有 191 个成员。中国是国际红十字运动大家庭中的一员。

中国红十字会成立于 1904 年 3 月 10 日，历经清朝、中华民国、中华人民共和国三个历史时期，是近代以来历史最为悠久的社会团体，被称为“百年老店”。

历史往往有惊人的相似之处。国际红十字的诞生来自于战争的强力推动，那场战争就是众所周知的索尔费里诺之战——1859 年 6 月亨利·杜南组织战地救护并写出一本影响世界的书《索尔费里诺回忆录》，红十字运动由此兴起。中国红十字会的诞生，同样来自于战争的强力推动，这场战争，就是发生在中国领土上的日俄战争。

历史上，日本、俄国都是掠夺中国、将近代中国一步步推向半殖民地深渊的元凶。俄国曾通过逼签《瑷珲条约》《北京条约》《勘分西北界约记》等不平等条约，将中国北方 150 余万平方公里的领土划入俄国版图；日本则通过《马关条约》攫得了白银两亿两的战争赔款和对台湾、澎湖列岛等地的殖民统治。但欲壑难填，沙俄有“黄俄罗斯计划”，日本制定“大陆政策”，双方均想独占东北进而扩张殖民统治的“势力范围”，为此明争暗斗，剑拔弩张。1904 年 2 月 8 日，日军突袭旅顺，日俄战争爆发。可悲的是，懦弱无能的清政府不能阻止战火在自己国土上燃烧，竟将辽东划为交战区，宣布“局外中立”，只呼吁交战双方尊重清王朝在盛京和奉天的陵寝。

战争是残酷无情的。在战火的肆虐下，东北残破不堪，疮痍满目。在战火烧焦的土地上，东北难民，流离迁徙，四处逃生，受尽煎熬。

为援救东北难民，在上海绅商沈敦和、英国传教士李提摩太的奔走联络下，1904 年 3 月 10 日，中、英、法、德、美五国代表会集于上海英租界公共工部局，发起成立上海万国红十字会。它的成立标志着中国红十字会的诞生。

中国红十字会的创建，是中国红十字运动史上的里程碑，是近代以来中国慈善界“第一伟举”，同时也是中国传统慈善事业走向现代的标志性事件，“慈善事业遂开亘古未有之局”，意义重大而影响深远。

经历了 110 年的风风雨雨，中国红十字事业驶入健康发展的快车道。百余年来，中国红十字会抱牺牲志愿，本博爱襟怀，救死扶伤，扶危济困，谱写出一曲曲人道赞歌，在中国近代史和中华人民共和国史上都留下了闪光的足迹。正如习近平总书记 2015 年 5 月 5 日在接见出席中国红十字会第十次全国会员代表大会代表时指出的：“中国红十字会是国内历史最悠久的人道组织，成立 110 多年以来不断发展。近年来，中国红十字会在重大灾害救援、保护生命健康、促进人类和平进步等方面发挥了重要作用。”

为承前启后，继往开来，繁荣红十字文化事业，推进中国红十字运动可持续发展，有必要启动一项文化工程，全面再现中国红十字运动 110 年的曲折历程。有鉴于此，红十字运动研究中心组织了课题组，推出撰写“中国红十字运动通史”的计划。后经申报，2016 年，该项计划成功入选国家“十三五”社会科学与人文科学出版规划重点图书；2018 年初，该项计划还被列入国家出版基金资助项目。现在呈现在读者面前的《中国红十字运动通史（1904—2014）》一书，就是该项计划的最终成果。

《中国红十字运动通史（1904—2014）》是集体智慧的结晶，各卷具体作者姓名如下：

第一卷《近代的红十字运动历史变迁》（上、下册）：苏州大学池子华教授；

第二卷《新中国成立初期的红十字运动》：浙江科技学院徐国普博士；

第三卷《改革开放以来的红十字运动》（上、下册）：北方民族大学杨红星博士；

第四卷《中国红十字外交（1904—2014）》：苏州市职业大学吴佩华博士；

第五卷《中国红十字文化》：苏州幼儿师范高等专科学校郭进萍博士；

第六卷《中国红十字运动大事编年》：苏州大学池子华教授。

全书由池子华审稿、定稿。

要说明的是，由于时间跨度大，且大部分的档案资料没有开放，为研究的深入开展带来诸多不便，本书不免留有遗憾。同时，该项研究以整体研究为主，地方分会涉及较少，遗漏之处，在所难免，敬请谅解。错误或不妥之处，欢迎读者批评指正。

本书在写作过程中，得到国家出版基金规划管理办公室、中国红十字会总会、中国红十字基金会、苏州大学社会学院领导的关心与支持，红十字运动研究中心以及江苏省重点学科苏州大学中国史一级学科博士学位点为该项研究创造了良好的条件，合肥工业大学出版社为本书的出版做了大量工作，谨此一并致谢。

池子华

2018 年 7 月 28 日

第一卷
上册

目　　录

第一章　中国红十字会的创建

1904年，是中国近代史上不同寻常的一年，这一年，“俄日之战”（日俄战争）在中国摆开战场，对垒交锋，中国惨遭蹂躏。也正是在这一年，在这场腥风血雨中，红十字落地生根，在灾难深重的中华大地上崛起。

第一节　国际红十字运动的起源

一、红十字运动起源的“三个一”

红十字运动源自西方。在进入主题之前，有必要简单缕述一下红十字的起源。

国际红十字运动的兴起，与“三个一”分不开：一个人、一场战争、一本书。一个人即被称为“红十字运动之父”的亨利·杜南，一场战争就是索尔费里诺之战，一本书为《索尔费里诺回忆录》。

亨利·杜南（Henry Dunant，1828—1910），1828年5月8日出生于瑞士，是一个热心公益的慈善家、社会活动家和商人。父亲雅克·杜南是银行家兼任法院监护机构的督导员，管理并帮助穷苦的孤寡老人、弃儿和一些被剥夺公民权的人。母亲安冬丽特·柯莱东笃信宗教，乐善好施。受人道主义思潮和家庭的影响，年轻的杜南加入施舍协会，把“空闲时间用于拜访穷人、残疾人、濒死之人，为他们带去救助和安慰”①，赢得众人的肯定。

① ［瑞士］罗歇·迪朗：《红十字之父：亨利·杜南传》（晓亚·杜博礼译），中国海洋大学出版社2011年版，第17页。

在经商方面，杜南也是雄心勃勃。1858 年 1 月，而立之年的他创办了蒙杰米拉磨坊股份有限公司，准备在法属阿尔及利亚成就一番事业。在历经波折之后，他准备长途跋涉，前往意大利北部的伦巴第，希望能够晋见在那里指挥作战的法国皇帝拿破仑三世，以求得到支持。人们相信，“这个精力充沛的年轻人在商业生涯上正走向成功并将拥有相当可观的财富”①。然而，意大利之行并没有给他带来商业上的成功，却改变了他的人生轨迹。

1859 年 6 月 25 日，当杜南途径索尔费里诺之时，“你想象不到的最可怕的景象”呈现在他的眼前：“战场上布满了人和马的尸体，道路上、壕沟里、峡谷里、灌木丛中和田野上到处散布着尸体，尤其是在索尔费里诺附近更是尸横遍野。”② 原来，“欧洲的一场大灾难”——拿破仑三世统帅的约 15 万法国、意大利撒丁联军和弗朗索瓦·约瑟夫皇帝统率的数量相当的奥地利军队，在此鏖战 15 个小时，刚刚偃旗息鼓。“这是一场可怕的肉搏战：奥地利和法国–撒丁联军互相践踏着，在血淋淋的尸体上你奔我杀。他们毫不留情地用步枪射击敌人，用马刀劈向敌人的头颅，用刺刀刺入敌人的胸腹。没有饶恕，拒不纳降，这完全是一场屠杀，是残暴的野兽之间为血和愤怒而疯狂的搏斗，甚至连伤者都战斗到最后一息。没有了武器，他们就掐住敌人的喉咙，用牙齿撕咬他们”，以至于“每个小山头，每个高地，每个悬崖峭壁，到处都是战斗到死的场景，山上、山谷之中堆满了尸体③。”最终，联军凯歌高奏，奥军败退而去，4 万多死伤士兵被遗弃战地，血腥弥漫。

死者有待掩埋，伤者亟待救治，他们有的“已是面色苍白、精疲力竭。有些重伤员已经神志不清了，好像听不懂人们对他们说些什么，只用憔悴的双眼看着你。可是身体的极度虚弱并没有使他们对疼痛失去知觉。另外一些人由于精神过度疲劳而显得焦灼不安，一阵阵地抽搐着。还有一些人的伤口开始化脓感染，痛苦得快要发疯了。他们哀求人们杀了他们，以解除痛苦。有的还在地上扭动着身体，他们的脸在与死神的搏斗中变了形。”④ 杜南见此惨状，立即投入到伤兵的救护中，并组织当地妇女、儿童、医生全力救治。杜南回忆说：“虽然每个房子都变成了医院，每一家人都忙碌着照顾屋里受伤

---

① ［瑞士］亨利·杜南：《索尔费里诺回忆录》（杨小宏译），社会科学文献出版社 2013 年版，第 10 页。

② ［瑞士］亨利·杜南：《索尔费里诺回忆录》（杨小宏译），社会科学文献出版社 2013 年版，第 23 页。

③ ［瑞士］亨利·杜南：《索尔费里诺回忆录》（杨小宏译），社会科学文献出版社 2013 年版，第 6 页。

④ ［瑞士］亨利·杜南：《索尔费里诺回忆录》（杨小宏译），社会科学文献出版社 2013 年版，第 24 页。

的军官们，我还是在星期天早上召集起一些妇女竭尽全力地去帮助救护伤员。她们并不是去帮助做截肢手术，而是去把食物、水送到快要饿死、渴死的人身边，然后给他们包扎伤口并洗净他们满是血、泥的长蛆的身体。所有这一切都是在炎热、污秽、令人厌恶的气氛中进行的，充满了令人恶心的气味和痛苦的哭喊声。"[①] 尽管如此，杜南和志愿者们全身心投入，与死神赛跑，把一个又一个伤兵从死亡线上"拽"了回来。

10 天后，杜南回到日内瓦，继续他的商业经营活动。但是，索尔费里诺梦魇般的血腥场景始终萦绕，"别让我死""我不想死啊，我不想死"的凄厉悲鸣[②]，时时在耳边回荡，挥之不去，他决定"梳理这些我从没想过要把它付诸纸面的痛苦回忆"。他开始撰写《索尔费里诺回忆录》（以下简称《回忆录》）。1862 年 11 月，《回忆录》在日内瓦出版，引起意想不到的轰动，并催生了红十字运动的兴起。正是"这 115 页的书稿使其载入史册"[③]。那么，《回忆录》何以有如此"魔力"，我们不能不做进一步探索。

二、《回忆录》中的两大设想

在《回忆录》中，杜南提出两大设想：一是"在和平安定的时期成立一些救护团体，让那些热心、忠实并完全可以胜任的志愿者为战时的伤员们服务，这难道不可能实现吗?"二是"在某些特殊情况下，譬如当各国军事学术家在科隆或沙隆开会的时候，难道不可以利用这样的机会，以批准一项不可侵犯的公约的形式来确立一些国际准则吗？一旦公约得到同意和批准，不就可以成为欧洲各国伤兵救护协会成立的依据了吗?"简言之，组建伤兵救护组织，同时确立国际公约加以保护。第一个设想的实现标志是国际红十字组织的诞生，第二个设想为国际人道法的形成奠定了基础。

"杜南之问"[④]，有实现的可能性吗？在《回忆录》中他陈述了理由。

在《回忆录》的最后，笔者发现，杜南一连用了 10 个"如果"，表达了他对索尔费里诺战事救护的惋惜和遗憾。"如果"背后的"潜台词"，就是设想的由来：

---

① ［瑞士］亨利·杜南：《索尔费里诺回忆录》（杨小宏译），社会科学文献出版社 2013 年版，第 36 页。

② ［瑞士］亨利·杜南：《索尔费里诺回忆录》（杨小宏译），社会科学文献出版社 2013 年版，第 39 页。

③ ［瑞士］罗歇·迪朗：《红十字之父：亨利·杜南传》（晓亚·杜博礼译），中国海洋大学出版社 2011 年版，第 28 页。

④ 2017 年 1 月 18 日，习近平在联合国总部发表题为《共同构建人类命运共同体》的主旨演讲时援引"杜南之问"："能否成立人道主义组织？能否制定人道主义公约?"

“如果在索尔费里诺战役打响的时候，有一个国际救济会存在，如果在6月24日、25日、26日，在卡斯蒂廖内和布雷西亚、曼托瓦和维罗纳有许多志愿救护人员，那么他们会做多少有益的事呀！”

“如果在星期五那个可怕的夜晚，在一片废墟上，当几千名伤员忍受着可怕的疼痛和难以想象的干渴的折磨，从嗓子眼里发出痛苦的呻吟和令人心碎的乞求时，一群积极、热情、勇敢的志愿者们哪怕只出现在这里片刻，将会给予他们怎样的帮助呀！”

“如果伊森堡亲王和成千上万不幸的战士能及早被一双双慈爱的手从他们躺着的那片血迹斑斑、冰冷潮湿的地方抬走，亲王的伤口就不会因为无人救助而严重恶化，也就不会直到今天还在忍受伤口的疼痛。如果不是他的马让人们偶然从死尸中发现他，他肯定就和其他许许多多的伤员一样，因无人救护而死去了。”

“在卡斯蒂廖内，那些可爱的女孩子和妇女们都全心全意地帮助伤员，但是她们只能为其中一些人减轻一点痛苦而已，并不能将许多伤病者从死亡之中拯救出来。那里需要的不仅仅是纤弱的妇女，在她们身边还需要许多心地善良、经验丰富的男人，他们有组织、有能力而且坚韧不拔，能够马上井井有条地开展工作。如果是这样，就可以避免起初的轻伤急剧恶化，感染并发症、高烧且很快致命的情况了。”

“如果有足够的人手帮助收集伤员，那么在梅多拉平原和圣马蒂诺大峡谷里，在丰塔纳山的峭壁上或索尔费里诺低矮的小山上情况就大不一样了！也就不会有6月24日在痛苦的煎熬和无助的苦难中那漫长的等待了。”

“如果能有更好的运输工具运送伤员，那么在布雷西亚，禁卫军那个轻装备步兵就不需要痛苦不堪地做截肢手术了。因为把他从部队卫生站送往卡斯蒂廖内时，他的腿没有得到妥善护理，才不得不进行截肢。而且如果不是靠着自己身强体壮，他也会像许多士兵那样死于手术。”

“当我们看到年轻的小伙子们缺胳膊少腿，悲伤地回到家里时，我们难道不感到良心的不安与懊悔吗？是我们未能给予及时有效的救护，才使本可以治愈的伤口造成了致命的后果。想想在卡斯蒂廖内野战医院和布雷西亚的医院里那些没人管的人吧！他们中许多人说着自己国家的语言，却没人能听得懂。如果在他们身边有人能听懂他们的话并安慰他们，这些人还会诅咒、谩骂着咽下最后一口气吗？”①

---

① ［瑞士］亨利·杜南：《索尔费里诺回忆录》（杨小宏译），社会科学文献出版社2013年版，第74—78页。

一连串的“如果”，其实都是血的教训。杜南忘不了志愿者们忘我的奉献精神，可是，不能否认，仅有一腔热血是不够的，缺少专业训练、一盘散沙的乌合之众，如何能适应战地救护的需要！索尔费里诺战事救护就是如此，大家都是“凭着爱心参加救护工作的，缺乏必要的知识和经验，因而他们显得力不从心，常常起不了多大作用”①，眼睁睁看着一个个鲜活的生命无助的逝去而束手无策。刻骨铭心之痛，使杜南深刻认识到“及时和快速地进行救护是非常重要的”，“救护工作需要受过训练的、有经验的志愿护理员和护士。战地指挥官或军队要认可他们的身份并为他们的使命提供便利和支持”②。要达成这样的愿望，就要使两大“设想”成真。

战争不可避免，“那么，我们为什么不利用相对安定平静的时期，在人道和基督教的立场上去调查研究或想办法解决这样一个在世界范围内如此重要的问题呢？”③ 况且各国制造的更有威慑力和破坏性的新式武器注定会缩短未来战争持续的时间，战争变得越来越残酷，“因此在这个突发事件层出不穷的年代里，难道战争不可能在这个或那个地方，以最突如其来和不可预料的方式爆发吗？难道这些考虑本身还不足以成为采取预防措施应对突发事件的充分理由吗？”④

在杜南看来，人性和文明急切呼唤着成立这样的伤兵救护组织，而且具有现实的可能性，“世界上有哪个亲王或君主会拒绝建立这些组织，会不愿意确保他们的士兵们在负伤后立刻得到妥善的照顾呢？有哪一个政府不愿意帮助这样的团体去保护人民的生命，确保为国负伤的士兵得到国家的关怀呢？那些把部队视作‘自己孩子’的军官或将军，有哪一个不渴望为志愿帮助者提供便利呢？又有哪一个军需官、哪一个军医会不感激这样一群有组织、有能力、聪明能干的人所给予的帮助呢？”⑤

杜南对他的设想充满信心。

---

① ［瑞士］亨利·杜南：《索尔费里诺回忆录》（杨小宏译），社会科学文献出版社2013年版，第62页。

② ［瑞士］亨利·杜南：《索尔费里诺回忆录》（杨小宏译），社会科学文献出版社2013年版，第77页。

③ ［瑞士］亨利·杜南：《索尔费里诺回忆录》（杨小宏译），社会科学文献出版社2013年版，第70页。

④ ［瑞士］亨利·杜南：《索尔费里诺回忆录》（杨小宏译），社会科学文献出版社2013年版，第72页。

⑤ ［瑞士］亨利·杜南：《索尔费里诺回忆录》（杨小宏译），社会科学文献出版社2013年版，第78页。

三、“五人委员会”与红十字运动的兴起

《回忆录》的出版的确轰动一时，法国记者龚古尔兄弟在他们主编的《新闻》杂志中评介《回忆录》：“每字每句都激起我深深的感触，给人以崇高的启迪。它的价值千百倍于荷马的‘史诗’，千百倍于其他一切名著。它是人类原始生活下为暴力摧残的真理的呼声，谁读过这本书，谁就会诅咒战争。”法国大文豪维克多·雨果看到此书后致函杜南称：“你武装了人道主义，满足了人类自由。”日内瓦公益会主席莫瓦尼埃说：“本书作者使瞎子也睁开了眼睛。”“使人类对世人的漠不关心变为热烈的相助。”① 如此引人瞩目，是杜南始料未及的，这使他深受鼓舞。

为了达成目标，杜南奔走呼吁，虽然到处碰壁，但他并不气馁，最终取得日内瓦公益会的可贵支持。

日内瓦公益会成立于1928年1月10日，致力于教育和脱贫的公益活动。《回忆录》出版后，杜南将书赠送给许多社会名流，其中包括日内瓦公益会主席古斯塔夫·莫瓦尼埃。莫瓦尼埃“不是一个会被轻易打动的人，但他还是承认自己被杜南所描绘的画卷‘深深地感动’了”②，一合上书，他便与杜南会晤。杜南对两大设想的付诸实施并无定见，而莫瓦尼埃则倚重自身在日内瓦公益会的主席身份，以及他参与布鲁塞尔、法兰克福和伦敦的国际公益大会工作的经验，为目标的实现找到一条可行性路径。鉴于国际公益大会将于1863年9月在柏林召开，莫瓦尼埃建议公益会提交一份提案，详细阐述杜南的设想以便提交国际公益大会讨论。为此，2月9日莫瓦尼埃召集了公益会全体大会，任命了一个负责起草提案工作的“五人委员会”，由杜福尔将军（Guillaume Dufour）、莫瓦尼埃律师（Gustave Moynier，中国历史文献中译为穆业）、阿皮亚医生（Louis Appia）、莫诺瓦医生（Theadore Maunior）和杜南5人组成。“五人委员会”（2月17日改称“国际伤兵救护常务委员会”或称“伤兵救护国际委员会”，但仍习惯称“五人委员会”，后人尊称为“日内瓦五君子”。1876年或说1880年改称现名“红十字国际委员会”）的成立，标

---

① 《博爱》杂志编辑部：《一部影响世界的书》，见《博爱》1996年第3期，第44页。

② ［瑞士］弗朗索瓦·比尼翁：《红十字之魂：古斯塔夫·莫瓦尼埃传》（晓亚·杜博礼译），中国海洋大学出版社2011年版，第20页。

志着红十字的诞生[①]。

“五人委员会”成立后，分别在2月17日、3月17日、8月25日召开三次会议，就杜南起草的柏林公益大会提案进行讨论，但原定9月在柏林召开的国际公益大会取消了。于是，委员会决定10月在日内瓦召开一次自己的大会。9月初，一份确立未来伤兵协会基础的由杜南起草的《和解协议草案》被附入邀请函一并寄出。

10月26日至29日，国际会议在日内瓦雅典宫召开预备会议，16个国家和4个慈善机构的非官方代表共36人参加。会议根据《和解协议草案》，通过了《十项决议》[②]，确立了国家级协会行动的基础以及红十字会的章程框架，由此直至1928年在海牙召开的第13届国际红十字大会通过了国际红十字会章程。除此之外，大会还提出三点建议：（1）各国政府应给予未来组建的救护委员会以高度保护，并尽可能地为其履行权责提供便利；（2）在战争期间，参战国应宣布野战医院与医院是中立的，同时以最完整的方式承认官方医务人员、志愿护士、参与救援伤者的当地居民以及伤者本人是中立的；（3）所有军队当中的医务部门都应使用一个统一的特殊标记，或者，至少在

---

① 关于红十字诞生日问题，国际上尚未有统一认识。归纳起来，大致有4种意见：一种意见认为1859年6月杜南参与索尔费里诺战事救护，为红十字运动的源头；一种观点认为是1863年2月9日（红十字国际委员会前身伤兵救护国际委员会诞生日）；一种观点认为是1864年8月22日《日内瓦公约》签订日；还有一种观点认为它不是一个单一的日期，而是一个历时22个月的阶段，即从1862年11月杜南《索尔费里诺回忆录》中提出两条建议时起，直至1864年8月第一个《日内瓦公约》的签订，才标志着红十字运动的成熟。因为红十字的孕育和诞生经历了一系列的重要事件，这些事件相互关联，好似一个胚胎阶段，很难将其中一个事件的发生确定为红十字的诞生日（参见尤德新编著：《闪光的红十字》，湖北科学技术出版社1992年版，第4页）。不过，大多数人倾向于前两种观点。

② 《十项决议》（《日内瓦国际会议决议》）包括：第一条：在各国建立伤兵救护委员会，其权责是在战争期间，如有必要，尽其所能协助军队的医务部门；第二条：伤兵救护委员会可下设分会，数量不限，由委员会统一管理，以支持委员会的工作；第三条：各伤兵救护委员会应与其所在国的政府取得联系，如有必要，使其救助服务得到政府许可；第四条：和平时期，各伤兵救护委员会及各分会负责找到使其在战争时期能够真正发挥作用的方式，特别是准备各类救援物资，并尽力培训和教育志愿护士；第五条：战争时期，参战国的伤兵救护委员会在其资源范围内，向各自的军队提供援助，特别是组织志愿护士参加救助工作，并在军事当局的许可下，提供场所救助伤者，参战国的伤兵救护委员会可以向中立国的委员会请求帮助；第六条：在军事当局征召或许可时，伤兵救护委员会可向战场上派遣志愿护士，救护委员会应使到达战场的志愿护士听从军队长官的指挥；第七条：被派遣随军的志愿护士所需的一切给养应由各自所属的伤兵救护委员会提供；第八条：志愿护士在所有国家佩戴白底红十字臂章作为共同的特殊标志；第九条：不同国家的伤兵救护委员会及各分会可组织召开国际大会，以便交流经验，共同商讨为了公益事业所应采取的措施；第十条：不同国家的伤兵救护委员会之间的信息交流由日内瓦委员会暂时居中协助。（参见［瑞士］弗朗索瓦·比尼翁：《红十字之魂：古斯塔夫·莫瓦尼埃传》，晓亚·杜博礼译，中国海洋大学出版社2011年版，第28—29页）

同一支军队的医务人员中使用。各国的野战医院和医院应当悬挂一面统一的旗帜①。《十项决议》和建议，为翌年签订《日内瓦公约》，为红十字运动在世界范围的发展奠定了良好的基础。正如历史学家皮埃尔·布瓦西埃指出的："1863 年 10 月的会议决议和建议组成了伤兵救护工作的基本宪章。这为数不多的几份文件却让世界发生了变化。它们没有消除战争，但却减少了战争对人类的影响，并从战争的手中抢回了难以计数的受害者。在人类历史的长卷中，这是一份可救世的要件。"②

10 月 29 日，大会以给予《索尔费里诺回忆录》的作者以殊荣宣告结束，荷兰代表巴斯汀最后一分钟的发言，提议大会宣布："通过不懈努力促成对战场有效救援方式的国际性研究的亨利·杜南先生，以及鼎力支持了杜南先生宣讲的伟大思想的日内瓦公益会，他们有功于人类，并赢得了全世界公认的响亮称号。"③

"五人委员会"不具备召开外交会议的资格。因此，要使这次会议的成果得到认可和执行，必须由国家层面召集真正意义上的外交会议。瑞士政府义不容辞，法国政府表示支持。1864 年 6 月 6 日，瑞士联邦议会向欧洲各国以及美国、巴西、墨西哥政府发出正式邀请。

8 月 8 日至 22 日，有瑞士、比利时、丹麦、西班牙、荷兰、意大利、葡萄牙、法国、美国、英国、瑞典、撒克逊 12 国和日尔曼 4 个邦国——巴顿、海西、普鲁士、乌登堡全权代表参加的外交会议，在日内瓦州政府大厦"亚拉巴马宫"举行。经过 10 多天的讨论，大会在《十项决议》基础上形成并通过了《1864 年 8 月 22 日改善战地陆军伤者境遇之日内瓦公约》（简称《日内瓦公约》，我国最初译为《万国红十字会公约》《日来弗红十字会原约》）。为了表示对瑞士的敬意，会议选择了与瑞士国旗颜色颠倒的白底红十字符号，作为保证救助与保护的标志。

日内瓦会议的召开和公约的签署，如杜南所称，是"伟大的外交创举，举起了人道主义的新的战旗"，"包括中立问题在内的红十字事业所建树的功绩是无可比拟的"④。红十字运动由此蓬蓬勃勃发展起来。

1901 年，亨利·杜南因其为国际红十字运动做出的巨大贡献而被诺贝尔

① ［瑞士］弗朗索瓦·比尼翁：《红十字之魂：古斯塔夫·莫瓦尼埃传》（晓亚·杜博礼译），中国海洋大学出版社 2011 年版，第 29 页。

② ［瑞士］弗朗索瓦·比尼翁：《红十字之魂：古斯塔夫·莫瓦尼埃传》（晓亚·杜博礼译），中国海洋大学出版社 2011 年版，第 30 页。

③ ［瑞士］罗歇·迪朗：《红十字之父：亨利·杜南传》（晓亚·杜博礼译），中国海洋大学出版社 2011 年版，第 39 页。

④ 转引自尤德新编著：《闪光的红十字》，湖北科学技术出版社 1992 年版，第 4 页。

委员会授予首个和平奖①。（1948年把他的生日正式确定为世界红十字日，这是“5·8”世界红十字日的由来）这项崇高的荣誉，他当之无愧，如国际红十字委员会的赠言所说：“没有人比您更配得到这一荣誉，因为是您在40年前发起了在战场上救护伤兵的国际组织。没有您很可能永远也无法取得‘红十字’这个19世纪最至高无上的人道成就。”② 1910年10月30日，亨利·杜南于瑞士康斯坦斯湖畔的海顿小镇逝世，享年82岁。而此时，他开创的红十字事业已在20多个国家开花结果，其中包括中国。

第二节　红十字走近中国

红十字会是国际性的组织。在世界走向中国、中国走向世界的近代历史条件下，其“登陆”中国，乃大势所趋。但红十字“东渐”实现在中国的“着陆”，并非一帆风顺。这要经历一个“走近”到“走进”的过程。

一、中国红十字会的启蒙

在19世纪80年代以前，对生活在半封闭状态下的中国人来说，“红十字”还是一个非常陌生的字眼。历史进入19世纪80年代，红十字一度在中华大地上闪现。1898年5月9日，《申报》发表鳜生《创兴红十字会说》的文章，追忆说：“十余年前，英医梅威令君设伤科医院于台湾，广收台闽聪慧子弟数十人，教以临阵医伤之术，学成试可，挈之至申江演习于租界工部局广场，招子及西友往观。其人腰佩利刀，左手持红十字小旗，肩荷药笼医具，衣袖亦以红十字为记号，出入于白草黄沙之内，施其妙技，井井有条。后航海至天津谒当道贵人，愿赴军营效力，当道者不之用，乃仍返台湾。”③ “十余年前”，据考，当为1888年。当年8月，梅威令率4位学业已成学生来沪考试，“请在沪各医生公同评骘，给予凭据”，上海道台龚照瑗及“沪上中西

① 当时获奖的共有两位，另一位是法国经济学家和社会活动家弗雷德里克·帕西（1822—1912），他是国际和平联盟和各国议会联盟的创始人。1867年创建的国际和平联盟（简称国联），旨在减少武器数目、平息国际纠纷及维持民众的生活水平。第二次世界大战后被联合国取代。

② ［瑞士］亨利·杜南：《索尔费里诺回忆录》（杨小宏译），社会科学文献出版社2013年版，第13页。

③ 鳜生：《创兴红十字会说》，《申报》1898年5月9日。“数十人”当为“数人”之误。鳜生在1904年3月5日《申报》发表《中国宜人红十字会说》，提及：“回忆十五、六年前，有英国名医梅威令者，就台湾设红十字会学堂，募得我华聪慧子弟数人悉心指授，学有成效，则携之至沪，一试其临阵救护之方。其人咸戎服佩刀，手执红十字小旗，号褂右肩亦绣一红十字。”

医官莫不咸集”。考试合格，李荃芬、陈呈桨、吴杰模3人“乃专习西医而皆已成功者也，其所给者为行医之凭据”，林环璋对“办理医院中诸事则极为熟悉，故其所给者为办理医院事务之凭照”①。其中“专习西医”的李荃芬、陈呈桨、吴杰模，专门演练了红十字会“军营救疗兵士之法”，给鲰生留下深刻印象。这是目前所见有关红会活动的最早记载②。

红十字宛如流星，转瞬即逝，没有回响萦绕，令人感觉有些遗憾，但它毕竟开始走近中国，其意义有不可低估者。

红十字突然“冒”出来，究为何物？人们并不知晓。没有启蒙宣传而欲使红十字博爱之光“照耀于中国二十一行省”③，不啻为梦呓。舆论先导，这是红十字走近中国的先决条件。补上启蒙宣传这一课，不仅重要而且是不可或缺的。为此，有识之士做出了不懈的努力。

红十字运动的启蒙宣传，以甲午战争为嚆矢。战争中，英、法、德等国医生在牛庄、营口、烟台等地设立红十字医院，收治伤兵，而日本红十字组织赤十字社的救伤行动，更令中国人感到惊讶，成千上万日本赤十字社“医生及看护妇”，开赴战地④，“不特日兵临阵受伤蒙其医疗，即华兵之中弹而仆者，亦不分畛域，一体留医”⑤。战争是敌对双方的流血冲突，但“红十字会行乎其间，例不得有所伤害”，此为国际惯例，而中国官兵昧于是理，竟有“伤害红十字会人者，西人讪笑之”⑥，形成了强烈的对比。社会舆论开始关注红十字，《申报》《大公报》《中外日报》这些在当时颇具影响力的报纸，不时刊发文章，介绍红十字，赞美红十字，为在中国创兴红十字会鼓与呼。在这场启蒙运动中，《申报》的宣传鼓动最具有感染力。

《申报》于1872年4月30日由英商美查（Ernest Major）在上海创办，

---

① 《书本报领凭志盛事后》，《申报》1888年8月7日。

② 虽然有学者考证，早在1874年5月，由于日本在中国台湾寻衅滋事，中日两国发生冲突，上海的《字林西报》开始讨论战争救护问题，非常推崇红十字会的中立性：“（开）战后，不分彼此，两造所有受伤者，均令设法调治。”《申报》主笔对《字林西报》的讨论表示赞赏，对这种救护组织的作用称道不置，以为“不分彼此，设法治伤，此亦仁义之行也”，希望中国加以效仿，“今我国何不亦召好善者，以效作此善举乎?”因此认为：“这两篇文章可以说是近代中国公开讨论西方红十字会问题的最先声。”（周秋光、靳环宇：《早期红十字会在中国的演变》，《光明日报》2006年3月3日）但两报的讨论都没有直接提及“红十字”这三个字。

③ 《中国宜入红十字会说》，《申报》1904年3月5日。

④ 参见［日］川俣馨一：《日本红十字运动史（1877—1916）》（池子华、郭进萍校订），合肥工业大学出版社2015年版。

⑤ 《中国亟宜创兴红十字会说》，《申报》1899年4月10日。

⑥ 《中外日报》1899年8月20日，转引自池子华、郝如一等：《近代江苏红十字运动》，安徽人民出版社2007年版，第10页。

“凡国家之政治，风俗之变迁，中外交涉之要务，商贾贸易之利弊，与夫一切可惊、可谔、可喜之事，足以新人听闻者，靡不毕载，务求其真实无妄，使观者明白易晓，不为浮夸之辞，不述荒唐之事”①，深受各界欢迎。该报于1949年5月上海解放时停刊，是旧中国出版时间最久的报纸之一。从1898年5月到1899年4月间，《申报》先后发表《创兴红十字会说》《红十字会历史节译》《红十字会说》《中国亟宜创兴红十字会说》等一系列文章，介绍红十字会的性质、宗旨、任务以及中国“亟宜创兴红十字会”的理由。

关于红十字会的起源，文章介绍说：“红十字会者何？泰西各国陷阵救护受伤兵士之善举也。其议创自英人，而瑞士人实成之。”所谓“其议创自英人”，特指南丁格尔在克里米亚战争中的救护行动。弗劳伦斯·南丁格尔（1820—1910），1820年5月12日生于意大利，后迁居英国，矢志献身护理事业。在1854年至1856年英、法等国与沙俄争夺巴尔干半岛的克里米亚战争中，她率领38名护士前往战地，“逢伤必救，不嫌污秽，遇疫必疗，不惧传染，遂使三国之在战地者，上自将帅，下及兵卒，莫不出水火而登衽席”②。她的战地救护行动，是“各国红十字会的滥觞”（1912年在美国华盛顿举行的第9届国际红十字大会上通过决议，设立南丁格尔奖，授予在护理岗位上做出突出贡献的“白衣天使”。南丁格尔的生日为“国际护士节”）。所谓“瑞士人实成之”，是指亨利·杜南发起成立红十字会的创举（5月8日是杜南的生日，1948年定为“世界红十字日”）。通过红十字会历史的缕述，人们对红十字运动的源流以及杜南、南丁格尔的历史功绩，有了一个一般性的了解。

关于红十字会的宗旨和任务，文章指出：“专在救伤疗疾，减军民之痛苦，埋尸卫生，免生存者疫疠。何地开战，即行驰赴救护之劳役。”就是说，救伤瘗亡是它的主要职责。

关于战地救护的设施和步骤，文章也有较为详细的介绍：“其救人也分为四站：第一站，医士与战士同行，见有受伤者或用布被或用安车舁至第二站交代；其第二站须设在离战场七百码或九百码之远，务使敌军弹丸不能飞至，既有受伤者送到，医士急为之止血止痛……并整理其折断之骨，然后送交第三站；第三站须离战场一千码，医士之职在查明伤之轻重，或截去肢体，或扎缚血管，或整其碎骨，然后开列一单送交第四站；其第四站名曰战场医局，须离战场约十华里至十二华里，受伤者由车送到，即安置养病处，依期施治

---

① 《申报》创刊号。

② 《红十字会说》，《申报》1898年11月16日。

至告痊而止。”① 这样的介绍，具有相当的可操作性，至少可以提供一种参照。

关于红十字标志和《日内瓦公约》的来历，启蒙者介绍说：“公定以瑞士国国旗覆而用之。瑞士国旗系红地白十字，此会则用白地红十字旗。又以瑞之杰乃法（即日内瓦）为环球公会之盟坛，定其条约曰杰乃法条约，又曰涂南（杜南）条约，由此公定为例，凡环球各国无分大小得邀公许加入此盟者，方准用此旗帜，会外不得滥用，若未经与杰乃法缔约者，不得享此会之利权。”② 红十字标志的来历、使用以及《日内瓦公约》无可替代的价值一目了然。

至于中国何以“亟宜”创兴红十字会，启蒙者强调，国有异俗，人无异性，“地球之上，无论为大国，为小国，为强国，为弱国，不入此会则不仁，居今之时而不入此会则不智”③。况且，红十字是国家文明、社会进步的标志。“今则合欧亚美诸洲，除野蛮外，凡有教化之邦，无不踵兴斯会，所未兴者惟我中国及朝鲜耳。朝鲜孱弱，几不克自存，原在不论不议之列。若中国则声名文物照耀寰区，王者之师最重仁义，而坐令兵卒于效命疆场之际，断脰折胫，惨怛呼号，而无人焉为之尽力扶持，拯其困苦，不特中心有所不忍，且不将贻四邻之笑而鄙之为野蛮乎？”④ 不创兴红十字会，不仅与中国礼仪之邦的声名地位极不相称，而且还有沦为“野蛮”之国的危险。红十字会具有中立性，在现代战争中具有独特的作用，但红十字会的作用绝不局限于硝烟弥漫的战场，“平日遇有疹疠、天花，或则洪涛漭漭之中轮船失事，会中人亦皆得施其神术，以拯生灵，正不第枪林弹雨之间得以行慧心仁术也”⑤。无论从哪方面说，中国创兴红十字会，不仅重要，而且不能稍缓。

《申报》的宣传鼓动，使人们对红十字会由陌生到认知，这对中国红十字会的创立，无疑是强有力的推动。

《申报》之外，《集成报》《时务报》《岭学报》《万国公报》《政艺通报》《外交报》等，也有相关文章发表，在红十字启蒙宣传中发挥了重要作用。

二、“二孙”之功

在红十字的传播者中，“二孙”——孙中山、孙淦，发挥了特殊的作用，功不可没。

---

① 《创兴红十字会说》，《申报》1898 年 5 月 9 日。

② 《红十字会说》，《申报》1898 年 11 月 16 日。

③ 《接录红十字会说》，《申报》1898 年 11 月 17 日。

④ 《创兴红十字会说》，《申报》1898 年 5 月 9 日。

⑤ 《中国亟宜创兴红十字会说》，《申报》1899 年 4 月 10 日。

孙中山在中国红十字的启蒙运动中的贡献，主要是翻译出版《红十字会救伤第一法》一书，这是孙中山先生唯一的一部译作。

1896 年，伦敦被难获释后的孙中山，客居伦敦，利用英国图书馆、博物馆便利的条件，博览群书，寻求救国之方。这年冬天，他与伦敦红十字会的柯士宾医生“往游英君主云塞行宫，得观御跸之盛”。其间，柯士宾告之，他著有《救伤第一法》一书（英文版），已译有法、德、意、日四国文字，“柯君道君主仁民爱物之量充溢两间，因属代译是书为华文，以呈君主，为祝六十年登极庆典之献。旋以奏闻，深蒙君主大加奖许，且云华人作挑［桃］源于英藩者以亿兆计，则是书之译，其有裨于寄英宇下之华民，良非浅鲜。柯君更拟印若干部发往南洋、香港各督，俾分派好善华人，以广英君主寿世寿民之意”①。

孙中山欣然接受柯士宾的请求，着手翻译《红十字会救伤第一法》，很快译毕，次年春夏间由伦敦红十字会出版。

《红十字会救伤第一法》“此书之旨，乃示各人略知救伤之法，俾遇意外之事可即行设法施救，而被伤之人由此可保性命于危急之顷，并解痛楚于医者未至之时”。它是一本教材，所述内容为“通行之知识”，即红十字会员必须掌握的现场、初级救护的基本方法、技能。全书共六章：第一章“论体格并功用”，第二章“论血脉”，第三、四章“论受伤”，第五章“论移伤之法”，第六章“论妇人侍病法”，末附“裹扎须知”和“问题”（75 个问题）②。该书图文并茂（附图 41 幅），言简意赅，剖析精当，被孙中山誉为“济世之金针，救人之要术”。

作为“华文的第一部关于红十字会的书籍”③，孙中山翻译此书的目的，就在于宣传、推广红十字“济人之术”。他在译序中说：“恻隐之心人人有之，而济人之术则非人人知之。不知其术而切于救人，则误者恐变恻隐而为残忍矣，而疏者恐因救人而反害人矣。夫人当患难生死俄顷之际，施救之方，损益否当，间不容发，则其理不可不审求也。此泰西各国通都大邑，所以有赤（红）十字会之设，延聘名师，专为讲授一切救伤拯危之法，使人人通晓，遇

---

① 孙中山：《〈红十字会救伤第一法〉译序》，《孙中山全集》第 1 卷，中华书局 1981 年版，第 108 页。

② 柯士宾：《红十字会救伤第一法》（孙中山译），载《孙中山全集》第 1 卷，中华书局 1981 年版，第 109—170 页。

③ 池子华、崔龙健：《“华文的第一部关于红十字会的书籍”——孙中山译著〈红十字会救伤第一法〉述论》，《江苏社会科学》2015 年第 4 期。

事知所措施；救济之功，成效殊溥。近年以来，推广益盛。”① 这本译著虽在海外出版，但在国内有一定反响，如 1904 年 3 月 5 日《申报》社论所评：“孙文所译《红十字会救伤第一法》亦颇有用。”② 这说明这部译著在 1904 年 3 月以前就已传入国内，并在中国红十字会的启蒙运动中发生作用。

1906 年冬，孙中山在日本对该书作了文字上的修饰，改变若干名词的译法，如把初版的“红十字会”改为“赤十字会”，1907 年 2 月由《民报》社在东京再版，“显然，这次译改重印已经不是为了要实现柯士宾献给英国国王的目的了，这次重印，很可能是同盟会的一次有组织的行为，即为了即将开始的反清武装起义的救护工作做一个知识上的准备”③。不管怎么说，其影响日广，则可以肯定，如北伐战争中，此书一度作为训练卫生员的教材加以推广。

孙中山翻译《红十字会救伤第一法》，在技术层面上予以推动，深沉而又有力；孙淦则通过政要、媒体呼吁呐喊，热烈而又奔放。

孙淦，字实甫，上海商人，长期在日本的大阪经商，“仁慈恺恻，卓识热忱”④，“夙以好善闻于时”，是一位有名的慈善家。他在日本加入了赤十字社，对红十字会有深刻的感悟，遂萌生在中国创兴红十字会的理想。1897 年，他与好友鲰生议及此事，“奋然而兴，曰有是哉我其首先立之基础哉!”⑤ 但要在中国创设红十字会，诚非易事，除要进行艰苦的启蒙宣传外，还需要取得官方的理解、认同和支持。“再四思维”，他于这年冬在东京向驻日公使裕庚呈递了《大阪华商孙淦呈请裕钦使转咨总署奏设红十字会禀》（附有汉译日本赤十字社章程）⑥，恳请裕庚咨明总理衙门，代为上奏。禀文称：

自古用兵，咸有军医，所以恤疮痍，重民命，意至善也。然兵凶战危，君子所慎，有司之事，易成具文，是以泰西善士，有红十字会之设。当两军交绥之顷，存一视同仁之念，于万不得已之内，体上天好生之心，救灾恤邻，无分人己，博施济众，意美法良。始则创于瑞士，继乃施及列邦，初仅三五

---

① 《孙中山全集》第 1 卷，中华书局 1981 年版，第 108 页。

② 《中国宜入红十字会说》，《申报》1904 年 3 月 5 日。

③ 邹振环：《译林旧踪》，江西教育出版社 2000 年版，第 94 页。

④ 中国红十字会总会编：《中国红十字会历史资料选编，1904—1949》，南京大学出版社 1993 年版，第 6 页。

⑤ 《中国宜入红十字会说》，《申报》1904 年 3 月 5 日。

⑥ 参见《中国红十字会杂志》1914 年第 2 号。按：何克明先生在《中国红十字》1991 年第 11 期所发《中国的红十字启蒙运动》文中，均称“驻日大臣褚朗西”，“褚”为“裕”之误，以致以讹传讹。裕庚，字朗西，汉军正白旗人，1895 年以候补四品京堂任出使日本大臣，1898 年回国任太仆寺少卿，次年入直总理衙门，旋任出使法国大臣，1902 年回国后不久病逝于上海。

善人，后则千百万众，闻风兴起，踊跃争先。当我中国同治二年间，于瑞士之日内瓦府，设万国会议公局，诸政府订约联盟，优加保护。……地球各国，除非洲南洋诸野蛮外，莫不有此会，上自君相，下及小民，皆睹其利，赞颂弗衰。万国公法之中，以此会为近数十年至善之大政，凡有军事，必认此会为中立，其有加害者，万国得而讨之，其爱人也如彼，其见重于人也如此，此万国之所同也。……以亚洲文明之大国，而万国共行之善政，我独阙如，坐令西方之人，以野蛮相待，蔑我滋甚，其于国体，所关匪轻。往者日本会众，于营口设立医院，疗治病兵，中国之人，万目共睹，吾军士之受彼拯救者，难可缕数，凡各报章，具有称述。嗣经北洋大臣王制军奏达天听，圣恩高厚，赐以宝星，是此会利益，早在圣明洞鉴之中矣。某服贾大阪，厥有历年，窃矢愚诚，曾入斯会，并承东邦善士，将日本会章，译成汉文见示，谆劝中国官商，合力兴办。某等揣其情实，实以为中国若兴此举，厥有四利：疾伤有恃，军士气壮，鼓行而前，图功自易，一利也；万邦善政，是则是效，结盟诸国，人不敢轻，二利也；国有病疫，大凶大札，会众疗治，保全必多，三利也；我国医学，讲求未精，此会若成，研究益易，四利也。具此四利，而无一害，用敢不揣冒昧，欲在中国各地，捐集巨资，试办斯会。惟是事属创始，必得政府允许，大贤提倡，乃易有成。用敢合词上陈，叩请转达，倘无违碍，乞赐施行①。

孙淦“热心救济，一片婆心”，深深打动了裕庚。裕庚阅禀，当即批示：“查红十字会，西人谓之 Red Cross Society，拯灾济众，最称善举，本大臣亦曾目睹。该商所禀各节，具见心存利济。惟善举之设，事出众擎。允准之权，应听政府。仰候据情咨请总理衙门核夺，可否迟速，应俟覆到之日，再行饬遵。”② 孙淦的呼声，通过裕庚传递给清政府，使清政府对红十字会有了初步的认识。

孙淦的禀文在《时务报》刊出，1898 年 3 月 26 日又经《申报》披载，引起强烈反响，孙淦因此赢得“请准回国倡导红十字会第一人”的美誉③。

孙淦是中国红十字会的倡导者和积极推进者，他不仅在《申报》上发表《红十字会说》，详细介绍红十字会的发轫、继起、定帜以及日本组织赤十字

---

① 《大阪华商孙淦呈请裕钦使转咨总署奏设红十字会禀》，中国红十字会总会编：《中国红十字会历史资料选编，1904—1949》，南京大学出版社 1993 年版，第 5 页。

② 《大阪华商孙淦呈请裕钦使转咨总署奏设红十字会禀》，中国红十字会总会编：《中国红十字会历史资料选编，1904—1949》，南京大学出版社 1993 年版，第 5 页。

③ 转引自何克明：《中国的红十字启蒙运动》，《中国红十字》1991 年第 11 期，第 3 页。

社的历史、现状，还出版《博爱》一书[①]，为创立中国红十字会号呼奔走，“艰苦备尝”。1911 年，他又与金韵梅等创立天津红十字会[②]，传为佳话。

“二孙”为红十字在中国的传播，启蒙发聩，推波助澜，其筚路蓝缕之功，当载入红会史册。

三、“移花接木”的实践

红十字启蒙宣传逐渐深入人心，创建红十字组织的尝试也时有所闻。

据《申报》记载，甲午战争中，有“中国妇人金氏者，前在美国习医，至此适卒业而归，遂与泰西某女医同立红十字会，……募诸各善士，集得洋银三千元，受伤者遂医药有资，渐渐痊愈”[③]。

《中外日报》报道，1899 年春，上海绅士汪炳等人开办“中国施医局”，该局“酌照红十字会章程办理，有事施于军事，无事施于贫民”[④]。

又《申报》披露：“近因京师拳匪为非，激成大变，列国师船连樯北上，竟以全球兵力决胜中原。炮火环轰，生灵涂炭，兵刃交接，血肉横飞。最可怜者中外商民，寄居斯土，进无门，退无路，不死于枪林弹雨之中，即死于饥渴沟壑之内。身家尽毁，几如釜底之鱼；玉石俱焚，枉作他乡之鬼。呜呼痛哉！能无冤乎？某等不忍坐视，先集同志筹捐举办，拟派妥实华人，并延请洋医华医赴津沽一带，遇有难民，广为救援，名曰中国救济善会。呈请上海道照会各国领事，声明此系东南各省善士募资创办，亦如外国红十字会之例，为救各国难民及受伤兵士起见，已蒙各国领事会议，允商领兵官发给护照，俾救济会之人携向军前救护。”[⑤]

这其中，为救助在八国联军侵华战争中惨遭蹂躏的北方难民而设的“中

---

① 中国红十字会总会编：《中国红十字会历史资料选编，1904—1949》，南京大学出版社 1993 年版，第 6 页。

② 天津红十字会成立于 1911 年 11 月 10 日，据《申报》报道，当日下午，“假法租界新学书院宫保堂内开成立大会，到会者华洋男女志士约千人，为向来会场所未有”，“当公举徐静澜为正会长，孙君实甫、女医局局长金女士为副会长。全体鼓掌欢迎。”（《天津红十字会开会记》，《申报》1911 年 11 月 17 日）

③ 《宸翰褒功》，《申报》1897 年 2 月 8 日。按：这位“中国妇人金氏”，十有八九为金韵梅（亦有译为金雅妹）女士。她是中国最早留美毕业回国的留学生，学习医学，后与孙淦共同发起成立天津红十字会。这一推测如果能够得到证实，金韵梅该是中国创立红会组织的率先实践者。不过，也有学者认为“金氏”身份难以断定，极有可能是时人误将天津女子医院的 Dr. King 视为“金氏”，而不可能是金韵梅（参见崔军锋：《金韵梅与甲午中日战争红十字会救援辨——兼谈近代中国人名的英文回译问题》，《社会学科》2014 年第 10 期）。

④ 《照录中国施医局章程》，《中外日报》1899 年 5 月 5 日，转引自闵杰：《近代中国社会文化变迁录》第 2 卷，浙江人民出版社 1998 年版，第 184 页。

⑤ 《救济善会启》，《申报》1900 年 9 月 9 日。

国救济善会”最具有影响力，它的创建者是陆树藩（1868—1926），字纯伯，号毅轩①。1900年9月9日，《申报》刊发了《救济善会启》，标志着该会的正式成立。如《救济善会启》所称，中国救济善会“亦如外国红十字会之例，为救各国难民及受伤兵士起见”，不分敌我地实施人道救援，也决定了中国救济善会的“红十字”性质。10月15日，陆树藩亲率同仁乘船北上，在天津、北京、保定等地，救助难民，直到12月10日返回上海。其间“不避艰险，与各友乘轮船赴津设局，拯救被难官商。先后载归已有五千余人之多，并运回各省灵柩一百三十六具”②。陆树藩及其中国救济善会“似此济众博施，好行其德”，堪称“诚晚近所罕逢者也”③。更可贵的是，陆树藩对在中国创设真正意义上的红十字会大声疾呼，在《筹创中国红十字会启》中，陆树藩从国际视野、比较视野出发，对创设中国红十字会的时代价值做了阐述：

今全球各国至瑞京联约入红十字会者，四十有三国，未经入会者，惟朝鲜与我中国耳。各国红十字会之盛，几于无人不以列名为荣，即日本一国，通国会员计五十万六千六百十三人，合计全国每九十人得会员一人，年聚金百四十万三百九十三元六角五分，倘再十年，不知如何兴盛。若论人类同胞之义，体天仁爱之道，忠君报国之忱，危难怜悯之心，则谁不当列入此会耶？故树藩不揣固陋，禀明两江督宪刘太宫保，创建中国红十字会，一面拟派员赴瑞京联约入盟，仿照各国红十字会章程办理，一面由会中著书贴说，声明红十字会之利益，晓谕通国，俾风气早开，文明日进。吾华人士，亦有亲爱，亦有仁慈，亦有忠义，亦有恻隐，谅必以此举关乎文明不浅，断不让猛鸷之土耳其，褊小之暹罗而独入此会，受无量公家之福也。总之公法以地球之上，无论为大国，为小国，为强国，为弱国，不入此会，则不仁；居今之时，不入此会，则不智。不仁、不智，则吾华人之所不安。是所切望吾华之忧心世

① 关于陆树藩生平，史书记载不多。陆树藩玄外孙徐桢基在《陆树藩其人与皕宋楼藏书售日事》一文中有简要记述，谓“树藩是我的曾外祖父，字纯伯，号毅轩，生于1868年农历五月二十四日。他实际上是陆心源第三子，因其上二兄夭折而遂为长子。其母邓氏，是广东人。1875年，陆心源隐退故里后，他一直随侍在侧，并在父亲及馆师指点下学习。1885年，他与同乡道光甲辰榜眼周学濬的孙女周氏完婚，周氏因祖父幼时喜爱而没有缠足，故而在湖州有半身美女的外号。树藩成婚前后人县学。1888年，因陆心源捐家藏宋元版及秘抄本给国子监，朝廷下旨嘉奖，特赏树藩与树屏国子监学正衔。次年，树藩先到江阴求学，后参加乡试，中恩科举人。因家境优越，见多识广，他与教会洋人颇有接触，对一些时髦事反应极快，如摄影、骑洋车（即自行车）、收集洋玩意儿。但又在其父严格监督下，对经史之学亦不敢放松，与其弟树屏共同参与刊印其父著作的校订工作，并熟悉收藏之业。”（徐桢基口述、虞云国整理：《陆树藩其人与皕宋楼藏书售日事》，《史林》2007年增刊，第1页）

② 《救济善会筹办京津善后事宜启》，《申报》1900年12月22日。

③ 《善士南旋》，《申报》1900年12月18日。

道者，群相呵护其成也，是为祷[①]。

在这里，陆树藩几近声嘶力竭，到位的言说，颇有感染力，令人热血沸腾。同时，陆树藩还草拟《中国红十字会例条》（章程），对红十字会的运作提出构想[②]。陆树藩的设想，正如亨利·杜南那样，源自于战争救护的实践，虽然因陆树藩为救助北方难民深陷债务危机而无暇继续推进[③]，但为中国红十字会的创设勾画蓝图、创造条件，他完全称得上“中国的亨利·杜南”[④]。

中国施医局、中国救济善会，这些带有红十字性质的慈善团体，由地方绅士应急而设，事毕撤销，不具有“统一性”[⑤]。尽管如此，这些事实表明，随着启蒙运动的推进，红十字精神逐渐深入人心，为中国人所认同、接纳而跃跃欲试，这是令人欣喜的进步。

那么，为什么红十字在较短时间内能够长驱直入，几乎没有遇到任何阻滞即跨越国人的心理防线而“登堂入室”，被中国人所认同、接纳？原因并不复杂。

首先，“睁眼看世界”，向西方学习，寻求富强，成为时代的潮流，特别是经历了甲午战争的惨败以后，“师夷之长技”的“洋务运动”已从物质层

---

① 《救济文牍》第1卷，《筹创中国红十字会启》，苏省印刷局光绪三十三年铅印本。

② 《中国红十字会例条》是第一份由国人制定的国家红十字会章程。《例条》共8条，对中国红十字会宗旨、性质、任务、会员发展、标志标识的使用、表彰奖励等，都有明确的规定，其中包括“本会设于上海，遇有兵事，亲入战地，专以救疗爱护战时之伤者、病者为要义”；“本会拟入瑞士总会，仿照各国红十字会章程办理”；“本会平时专练救护人员兼及收集物品，务令完全无缺，战时帮助随军医部尽力救护。至于民间因战事流离失所者，均一一妥为周恤”；“天灾流行死亡相继之际，本会亦当设法救护，如疗疫、施米、施衣、施棺、掩埋各项善举，以尽创办红十字会之初心”等（《救济文牍》第1卷，《中国红十字会例条》，苏省印刷局光绪三十三年铅印本）。

③ 顾志兴：《湖州皕宋楼藏书流入日本静嘉堂文库之考索与建议》，《浙江学刊》1996年第3期。

④ 池子华、刘思瀚：《陆树藩：中国的亨利·杜南》，《浙江红十字》2018年4月28。

⑤ 统一性是红十字运动七项基本原则之一。红十字运动基本原则，自红十字诞生之日起，不断修改、补充、完善，到1965年，在维也纳召开的第二十届国际红十字会上得到最终的确认。七项基本原则是：人道性——“国际红十字与红新月运动的本意是要不加歧视地救护战地伤员。在国际和国内两方面，努力防止并减轻人们的疾苦，不论这种痛苦发生在什么地方。本运动的宗旨是保护人的生命和健康；保障人类尊严；促进人与人之间的相互了解、友谊和合作，促进持久和平”；公正性——“本运动不因国籍、种族、宗教信仰、阶级和政治见解而有所歧视，仅根据需要，努力减轻人们的疾苦，优先救济困难最紧迫的人”；中立性——“为了继续得到所有人的信任，本运动在冲突双方之间不采取立场，任何时候也不参加带有政治、种族、宗教或意识形态的争论”；独立性——“本运动是独立的。虽然各国红十字会是本国政府的人道工作助手并受本国法律的制约，但必须经常保持独立，以便任何时候都能按本运动的原则行事”；志愿服务——“本运动是个志愿救济运动，绝不期望以任何方式得到利益”；统一性——“任何一个国家只能有一个红十字会或红新月会。它必须向所有的人开放，必须在全国范围内开展人道主义工作”；普遍性——“国际红十字和红新月运动是世界性的。在运动中，所有红会享有同等地位，负有同样责任和义务，相互支援”（中国红十字会总会编译：《国际红十字与红新月运动基本文件汇编》，群众出版社1997年版，第7—8页）。

面扩展到制度层面、文化层面。红十字，作为19世纪人类文明的新成果，在西学浪潮中被中国人“舶来”，原本不值得大惊小怪。中国已被卷入世界，红十字走近、走进中国，也是大势所趋。

其次，以博爱为主旨的红十字人道主义①，在国人的心灵深处完全可以激起共振共鸣。中国是“仁”的国度，所谓“仁者，爱人”，其实就是博爱，孔子的“泛爱众”，墨子倡导的“兼爱”，是对“仁”的最好诠释。韩愈在《原道》一文中更直截了当地称“博爱之谓仁”。仁与博爱，“仁道”与“人道”名异实同。有趣的是，在日内瓦红十字与红新月国际博物馆，一进门就有一块用隶书书写的警示牌：“子贡问曰：‘有一言而可以终身行之者乎？’子曰：‘其恕乎？己所不欲，勿施于人。’”这段话，中国人太熟悉了。孔子的“恕道”被视为红十字人道主义思想的一个来源，更能说明中国传统主流文化“仁”与“红十字精神”并没有本质的区别。既然如此，红十字登陆中国，被中国人所接纳，就没有不可逾越的社会心理障碍。不言而喻，红十字较之任何其他五花八门的“西学”，更容易在中国传播，更容易被中国人所认可、接纳。

再次，红十字会与中国本土的善会善堂颇为相似，或者说有可比性。善堂是一种慈善组织，它的职能就是“行善”，“所行善举，则育婴焉、恤嫠焉、施棺焉、掩埋焉，冬则施衣，夏则施药，地方之穷而无告者养生送死之事，皆于是赖焉，凡此善举，无论通都大邑、城乡市镇之间，皆大略相同”②。这些都是中国人耳熟能详之事。当红十字走近中国之时，人们就有一种似曾相识的感觉，因而“拿来”为我所用，或者与善堂“融通”，并不感到有什么不自然，中国施医局、中国救济善会等，擎起红十字旗，可视为这种“融通”、嫁接的结晶。值得注意的是，1904年3月26日，中国驻美使臣梁诚在给清政府的《陈请成立中国红十字会奏稿》中还说，红十字会“命意略如内地善堂，以拯灾恤难为义务”，“各省善堂成效昭著，董其事者，富而好善”，可以“兼办（红十字会），可毋庸另设会所”。但红十字会是全国统一的社会团体，善堂是地方性的慈善组织，如何协调？梁诚建议：“以京师善堂为总

---

① 熊世琦先生在《红十字人道主义思想的起源及其在我国的发展》一文中，把“理论界一直在探讨和争论的人道主义问题（东方的人道主义和西方的人道主义，资本主义的人道主义和社会主义的人道主义），称作广义的人道主义；把以救死扶伤和慈善救济为出发点的带有红十字特色的人道主义，称作狭义的人道主义”。“广义的人道主义思想的主要特征就是重视人和人的价值，从而尊重和爱护人”；红十字人道主义即“狭义的人道主义思想所重视、尊重和爱护的人，则是在社会的和自然的斗争中陷于弱者境遇的人”（《中国红十字报》1988年11月5日）。笔者同意这一见解。

② 《论清查善堂事》，《申报》1897年3月15日。

会，复于行省商埠酌设分会。平时施医赠药，兼办军医学堂，战时防病疗伤，责令随营照料。”① 把善堂改造成红十字会，或合二为一。从这些行动和言论中，我们可以发现，把红十字会比附善堂，屡见不鲜。这从另一个侧面说明，人们对红十字的本质还缺乏深刻的理解。不过，“似曾相识”的感觉，使认识的鸿沟不在。在这里，善会善堂为红十字走进中国，架起了一座桥梁。

最后，现实的呼唤。救死扶伤是红十字会的天职，特别在现代战争中，作用独特，“故军事一起，无不受此会之大益”。中国自 1840 年鸦片战争以来，内忧外患，对内战争，对外战争，连年不断，更需要红十字的人道关怀。孙淦在《呈请裕钦使转咨总署奏设红十字会禀》中大声疾呼：“我国以堂堂大邦，文教之隆，甲于大地。近岁海疆多事，军兴频仍。而数十年来，未创此会，行伍疾疫，未尝预防，士卒伤夷，委之而去。中东事起，万国总会亦尝派员醵金驰往，惜我国未有此举，不能联络，坐令日人得沾此利。至军书旁午之际，不敷调遣，将帅彷徨，束手无策。夫用兵者，用其气而已。军中防病有术，疗伤有法，则士卒有恃无恐，勇气百倍。苟反其道，军心一馁，则立蹶焉，此固兵家所大忌也。”② 面对现实，“中国亟宜创兴红十字会!”

基于上述原因，红十字会之所以能较快取得国人信赖，也就不难理解了。

经过十几年的启蒙宣传和“移花接木”的实践，红十字会在中国的创兴已是水到渠成。而直接促成中国红十字会诞生的“激素”则是发生在中国领土上的日俄战争。

第三节　日俄战争与中国红十字会组建

一、沈敦和创建东三省红十字普济善会

日俄战争是日本和俄国为争夺我国东北而进行的一场帝国主义战争。1904 年 2 月 8 日，日军向旅顺俄国舰队发动突然袭击。10 日，日、俄相互宣战，战火在东北熊熊燃起。

日俄战争陷清政府于尴尬难堪的境地。战前，1903 年 12 月 27 日，袁世凯就向清廷提出劝告：“附俄则日以海军扰我东南，附日则俄分陆军扰我西

---

① 《驻美使臣梁诚陈请成立中国红十字会奏稿》，《历史档案》1984 年第 2 期，第 40 页。

② 《大阪华商孙淦呈请裕钦使转咨总署奏设红十字会禀》，中国红十字会总会编：《中国红十字会历史资料选编，1904—1949》，南京大学出版社 1993 年版，第 4—5 页。

北。不但中国立危，且恐牵动全球。日俄果决裂，我当守局外。”① 懦弱无能的清政府无力阻止战火在自己国土上燃烧，战争爆发后，立即采纳袁世凯的建议，宣布“局外中立”，将辽东划为交战区，只呼吁交战双方尊重清王朝在盛京和奉天的陵寝，“此诚欧美各邦战例中创见而寡闻者”②。

战争是残酷无情的。在战火的肆虐下，东北残破不堪，疮痍满目，“辽阳左近被蹂躏最惨烈，两国士卒及土著人民死者不可数计，村落为墟。田鼠食人肉，多肥硕，大于猫等者，日昼不避人；犬多无主，成野畜，亦因常食人肉，孤行者每被噬。兵凶战危，闻之令人不怿，况他人争我所有者，以酷虐我人民，诚不能为当日之谋国者稍缓其咎也。”③ 在战火烧焦的土地上，东北难民，流离迁徙，四处逃生，受尽煎熬。

硝烟滚滚，难民潮涌。此情此景，执政当局当然不能坐视不顾。据史料记载：“俄、日未开战以前，日本派船前往旅顺、海参崴等处，救出本国子民及别国洋人，嗣后复迁移他处。迨开战后，直隶总督及山东巡抚亦拟前往旅顺等处，救出中国居民于危险之处。惟俄人称，各口已经封闭，不准别国船只驶进。是以直督东抚诚恐阻格中国政府坚守中立之局，未便轻率举动。”④ 这说明战事发生后，直隶、山东地方当局拟采取救助行动，受阻未果。

日俄之役，战地在中国领土，受祸为中国人民，而中国政府却因是“别国”而无权施救，“不平之事，莫甚于此”⑤。当局无能为力，民间善堂无济于事，如何是好？有识者在2月20日《申报》发表文章，强烈呼吁师法中国救济善会，按照红十字会规则行事，“由沪地商派轮船驶往援救。一切办理，前规未远，尽可仿行”⑥。2月26日，《新闻报》发表《救护满洲华民策》一文，同样强调“庚子之役，沪上创设善会，援救京津绅民，万国同钦”，理应借鉴中国救济善会善举，创建“红十字救难会”，救助东北难民，而且“红十字救难会”一经设立，“永远不撤”⑦，以为永久之计。

由此看来，也只有具中立、独立品格的红十字才能为救援行动扫除障碍，铺平道路。这样，在日俄战争的“催化”下，沉寂了几年的红十字呼之欲出，

① 《清季外交史料》第179卷，第4页。

② 《论北省红十字会》，《大公报》1905年1月14日。

③ 苏曼殊等著：《民权素笔记荟萃》，山西古籍出版社1997年版，第6页。

④ 《施君肇基笔译上海创设万国红十字支会会议大旨》，中国红十字会总会编：《中国红十字会历史资料选编，1904—1949》，南京大学出版社1993年版，第21页。

⑤ 《红十字会日记摘存》，中国红十字会总会编：《中国红十字会历史资料选编，1904—1949》，南京大学出版社1993年版，第48页。

⑥ 《劝中西官绅急救北方难民说》，《申报》1904年2月20日。

⑦ 《救护满洲华民策》，《新闻报》1904年2月26日。

而打破沉寂的便是在中国红十字运动史上具有举足轻重地位的关键人物、时任上海记名海关道的沈敦和。

沈敦和（1857—1920）[①]，字仲礼，1857 年（一说 1866 年）生于浙江宁波。早年留学英国，就读于剑桥大学[②]，回国后历任张家口洋务局督办、山西省洋务局督办、山西大学堂督办、江南水师学堂提调、吴淞自强军营机处总办、淞沪铁路总办、商务总会议董、巴拿马出品协会事务所名誉经理、上海记名海关道等职，著有《俄罗斯国际略》《英吉利国际略》《德国军制述要》《日本师船考》《自强军西法类编》等。他是一位知名的社会活动家，“不独为军界之干材，也是外交界、慈善界、企业界出类拔萃的人物”[③]。1911 年，上海集成图书公司出版茗水外史所编《沈敦和》一书，对其一生活动记述甚详[④]，视其为“红人”，称赏不置：“敦和自以学生留南洋，所遇大吏，若刘（刘坤一）若张（张之洞）若曾（曾国荃）、左（左宗棠），皆吾国近三十年来有名人物也。而左与张，尤尚意气，号难事，然皆器重敦和，以故在南洋十余年，奉檄驰驱，日不暇给，盖江南一红道台也。咸同以后，各直省候补人员，少亦数千，多或盈万，其中必有三数人为督抚所倚重。此三数人者，车马盈门，案牍山积，同官侧目，号曰‘红人’。红人之名词，不见于史册，特时时为官场所称道。督抚或一易，或数易，与红人必有绝大之关系。先笑而后号咷者，声相和，踵相接也。敦和之见重于上官，虽原因不同，而其为红人则一。”[⑤]

日俄战事发生后，东北难胞，待救孔亟，但因俄国阻挠，当局施救不能，消息传来，各界为之震惊。激于义愤，沈敦和与前四川川东道任锡汾、直隶候补道施则敬等工商界著名人士奔走联络，“拟援万国红十字会例，力筹赈救

① 关于沈敦和生年，学界普遍采用 1866 年说，而据 1908 年英国伦敦皇家出版公司出版的《香港、上海及中国其他地方商埠二十世纪印象记》一书，在《上海著名中国人士·沈敦和》中记载：“父沈筱余，宁波茶商，君为次子。君生于 1857 年。”（转引自孙善根编著：《中国红十字运动奠基人沈敦和年谱长编》，浙江大学出版社 2014 年版，第 1 页）明确沈敦和出生于 1857 年。1920 年 7 月 5 日沈敦和病逝，次日《申报》报道：“前红十字会副会长沈仲礼患病多日，于昨日下午五时在白克路退思里寓所逝世。闻沈君享年六十四岁。”（《沈仲礼逝世》，《申报》1920 年 7 月 6 日）按此推算，1857 年说是可信的。

② 此处据中国红十字会总会编：《中国红十字会历史资料选编，1904—1949》，南京大学出版社 1993 年版，第 555 页。另据山西大学网上资料称：“沈敦和，男，汉族，又名沈仲礼，浙江省鄞县人。早年曾赴美国留学，研究国际法。”歧异之点，录此存疑。

③ 何克明：《中国红十字会创始人沈敦和先生事略》，《博爱》1993 年第 1 期，第 28 页。

④ 茗水外史所编《沈敦和》一书共 8 章：一绪论，二发迹，三兵家，四、五外交，六慈善，七教育，八结论，内附照片多幅，1912 年再版时，引起日本商界的广泛关注，《申报》数度报道此事。详见池子华、张丽萍、汪丽萍主编：《〈红十字运动研究〉2014 年卷》，合肥工业大学出版社 2014 年版。

⑤ 茗水外史：《沈敦和》，集成图书公司 1911 年版，第 5 页。

北方被难民人之策”。沈的号呼，得到上海绅商的积极响应①。

1904 年 3 月 3 日，也就是日俄战争爆发 20 多天后，沈敦和等人的努力终于取得进展。当日《申报》发表《东三省红十字普济善会章程并启》，同一天下午 3 点钟，施则敬邀集同仁在英界六马路仁济善堂开会，“商议开办之法”②，宣告“东三省红十字普济善会”成立。“裙屐衣冠于于而至，或任办事，或愿募捐，观察使仲礼沈公复洋洋千余言，申明泰西红十字会缘起，在座咸欢喜赞叹，乐观厥成”③。沈敦和介绍“泰西红十字会缘始及会中一切章程”之后，“在座诸君以次各抒己见”。根据“题名册”，与会者有：杨杏城、沈仲礼、曾少卿、苏宝森、施子英、李云书、王少灏、王松堂、冯珩生、沈缦云、汪汉溪、焦乐山、朱子文、姚燕庚、任逢辛、周金箴、汪建斋、吴少卿、王益甫、陈润夫、席子佩、黄式权，共 22 人④。这些“发起人”简况，除沈敦和外，详见表 1－1 所示。

表 1－1　东三省红十字普济善会发起人简表⑤

姓名	字号	籍贯	生卒	生平简介
杨士琦	字杏城	安徽泗州	1862—1918	1882 年中举，捐道员，后分至直隶试用，总办关内外铁路事宜。1899 年，效力于两广总督李鸿章，后李鸿章迁北洋大臣，杨士琦入京供职，与袁世凯过从甚密。1900 年，任李鸿章与八国联军议和联络员。李鸿章去世后，追随袁世凯任洋务总文案，后升迁至邮传部大臣。1903 年 1 月，他受袁世凯之命到上海，任帮办电政大臣兼轮船招商局总理，从此与上海结下不解之缘

① 沈敦和的号召力从何而来，或者说沈敦和成为红十字会创始人的“基因”在哪里？笔者在《沈敦和凭什么成为中国红会的创始人》（原载《浙江红十字》2018 年 6 月 30 日）一文中做了分析：“海归”背景眼界开阔，练兵“自强”崭露头角；“舌战联军保全千百万民命”，书写“塞外福星”传奇；创建山西大学堂结缘李提摩太。除此之外，对公益慈善事业的执着亦不可忽视。其实早年的沈敦和，就热心参与慈善公益：1878 年 7 月，向秦晋豫赈灾捐款洋 5 角；1879 年 8 月，向晋赈公所捐洋 10 元；1889 年 12 月，“助江浙赈捐洋一百元”；1890 年 8 月，顺天、直隶水灾，上海绅商组织赈济，沈敦和捐款洋 20 元；1893 年 6 月，为山西赈灾，与江南水师学堂总办桂芗亭一起“劝令教习委员学生司事，集捐洋一百五十三元四角”，9 月为顺直灾赈经募洋 100 元，11 月助洋 32 元；1894 年 1 月，因劝办顺直赈捐奖叙花翎。如此等等，这使他与慈善事业结下不解之缘。1904 年他创建红十字会，投身红十字事业，顺理成章。

② 池子华：《施则敬：满门子弟入“红门”的创会“四公”》，《中国红十字报》2018 年 7 月 27 日。

③ 《中国宜人红十字会说》，《申报》1904 年 3 月 5 日。

④ 《记普济善会初次议事情形》，《申报》1904 年 3 月 4 日。

⑤ 资料来源于马强、池子华主编：《红十字在上海（1904—1949）》，东方出版中心 2014 年版，第 24—26 页。按：王少灏、冯珩生、朱子文、姚燕庚、王益甫史迹不详，此略。

（续表）

姓名	字号	籍贯	生卒	生平简介
曾铸	字少卿	福建同安	1849—1908	随父在沪经商，遂定居上海。1901 年，他经营南洋大米，获利甚厚。又开设“建发号”，经营海味、食糖与洋货，一跃而成为上海滩赫赫有名的大资本家。1905 年，发起声势浩大的抵制美货运动，后被推为上海商务总会第二任总理。1907 年，又发起和领导收回沪杭甬铁路运动，1908 年去世前捐资创设上海贫儿院
苏宝森	/	浙江鄞县	/	洋布业商人，上海商会负责人
施则敬	字临元，号子英	江苏震泽	1855—1924	生于震泽“一个书香门第，积学好德、急公好义的大家族中”，后随父迁居上海，经营丝业。其父施善昌是清末有名的慈善家，曾在“丁戊奇荒”中与江南绅商联手“首轫义赈于苏、浙”，开展了卓有成效的赈济活动。而施则敬也“在其父善昌教导下，年轻时就献身于赈济救灾事业”。施善昌举办的各种义赈活动，施则敬均积极参与，诸凡“直、鲁、晋、豫、皖诸行省水旱偏灾，辄奔走募赀赴赈，父子躬其役，不惮劳勤，所募金以数十百万计，义声震天下”。随着善行“义声”的鹊起，施则敬的仕进之途一帆风顺，“历办山东、顺直、江苏、河南、安徽等地抗洪劝捐义赈，并修筑房山县煤道工程出力有功，先后九次奉旨嘉奖”
李厚祐	字云书	浙江镇海	1867—1928	早年投资经营奉锦天一垦务公司，获厚利，后投资于上海绢丝、永裕垦业等十数家公司，有“投资大王”之称。1902 年当选为上海商业会议公所议员，1906 年当选为上海商务总会第三任总理。他曾参与立宪运动，与四弟李薇庄、五弟李征五追随孙中山先生，先后加入同盟会，投身辛亥革命，并以巨额家产资助革命。显然，他是“宁波帮”中的佼佼者

（续表）

姓名	字号	籍贯	生卒	生平简介
王松堂	/	浙江定海	/	官至道员，据称“绅士王松堂在民国10年曾获大总统奖‘义问宣昭’和‘佩宜年’两块匾额”
沈懋昭	字缦云	江苏无锡	1869—1915	原名张祥飞，祖籍无锡，生于吴县。太平天国进军江南时，阖家避居上海因入赘上海无锡籍富商沈金士之家，遂改姓沈。28岁时应科举，得中举人。但他有志于振兴实业，故而放弃仕途，经营铁工厂。后与无锡实业家周舜卿等人合资，在上海创办信成商业储蓄银行，这是中国第一家商办储蓄银行，沈缦云担任协理，主持日常行务。同时积极投身革命，为同盟会会员，辛亥上海光复后，成立军政府，沈缦云出任财政总长
汪汉溪	字龙标	浙江温州	1874—1924	早年毕业于上海梅溪书院，曾应试考中秀才。后在南洋公学（上海交通大学前身）任庶务。1899年，南洋公学监院（校长）福开森买断《新闻报》股权，即委任汪为总理。在汪汉溪的苦心经营下，《新闻报》销量大增，成为经济上最早独立的中国报纸。《新闻报》以工商业读者为主要对象，在工商界人士中影响力颇高
焦发昱	字乐山	江苏丹徒	/	金融家，后任大清银行上海分行经理、上海商务总会议董
任锡汾	字逢辛，晚号拙叟	江苏宜兴	/	1876年举人，官至四川川东道，后寓居上海，为热心慈善事业的绅士
周金箴	号晋镳	浙江慈溪	1847—1923	曾任江西广昌县知县、南昌县知县。1887年弃官“下海”到上海创业，先后投资创办上海华新纺织新局、中法药房、轮船招商局、元丰面粉厂、大有榨油厂、赣丰饼油公司等，是“宁波帮”中举足轻重的人物。后参与创办上海华兴保险公司、华洋人寿保险公司、四明商业银行，被誉为“中国保险业的鼻祖”。1907年后，更是连任四届上海总商会总理，参与筹办南洋劝业会，担任第一届中华全国商会联合会会长，堪称“清末民初上海宁波帮的一棵常青树”

（续表）

姓名	字号	籍贯	生卒	生平简介
汪立元	字建斋，又作简斋、剑斋	浙江仁和	1870—?	清附贡生，曾任四川铜梁、江西安远、福建长泰等县知县，京师大学堂提调，官至道员。义和团运动期间，参与发起“东南互保”，担任干事，因此与上海结缘。民国初年，充内务部佥事、《京津时报》社长兼《大中华》杂志代表，后又被选为参议院议员
吴少卿	/	浙江湖州（一说无锡）	/	丝商，瑞记洋行大买办，担任丝业公所总董
陈润夫	字作霖，号润夫	江西清江	1841—1919	经营天顺祥票号，系江西会馆的董事。1902 年，当选上海商业会议公所议董，长期担任上海商务总会议董，后被选为上海商务总会第七任总理，是旅沪江西商人中最具有代表性的人物
席裕福	字子佩	江苏吴县	1867—1929	清末买办。1897 年冬，其兄裕棋（字子眉）病逝，他继任《申报》经理。《申报》为英国商人美查创办于 1872 年。1902 年，美查因年事已高，回国心切，有意转让。席子佩目睹“彼时沪上报纸均为外人所操纵，深切痛心，今以美查亟欲返英”，以为机不可失，乃纠合有志之士，“集资盘受该报”。1906 年如愿以偿，《申报》从此由中国人掌握，他因此成为中国人自己办报的先驱。此外，他还参与创办中国图书公司、集成图书公司，参与经营大有机器榨油公司，是上海著名的报人、出版家、实业家
黄协埙	字式权，原名本铨，号梦畹，别号鹤窠村人，别署海上梦畹生、畹香留梦室主	江苏南汇	1851—1924	1884 年科场失意后进入《申报》馆，供职于主笔房，并长期担任《申报》主笔。后任震旦学校校监、南汇第三公学校监，著有《淞南梦影录》《粉墨丛谈》《鹤窠村人初稿》《黄梦畹诗抄》，并分纂《南汇县续志》等，是上海滩有影响的“笔杆子”

由表1－1不难看出，东三省红十字普济善会的发起人，不是实业家，就是商人，或是寓居上海的绅士，是绅商阶层中有活力、有影响、有能量的一个群体。毫无疑问，东三省红十字普济善会是上海绅商发起的民间组织，虽然缺少官方色彩，但经济实力雄厚则不言而喻。

上海绅商为什么要组建东三省红十字普济善会，如何运作？发起人在3月3日《申报》发表的《东三省红十字普济善会章程并启》中，给出详解：

呜呼！吾民何不幸，而复遇此东三省战事耶？天祸朔方，俄日构衅，波涛汹涌，血肉横飞，内虞伏莽，外畏强邻，迁徙流离，呼号宛转，有欲归不得者，有欲出不能者。闻南省商幕中人，至今既未一回，而黑龙江海城相近各处，复有难女千余人，仓猝图避，欲搭火车回牛庄者，亦尚滞留半途，弱质惊魂，进退维谷，惟有一死是听。然是犹不过近来海战时情形，而未入于腹地也。

中国钦奉谕旨，虽经宣明为中立国，然辽河以东，必有战务。一旦以黄海之师船，脱移而直指鸭绿江之陆岸，则奉天、吉林、黑龙江即为两战国刀兵之薮，恐厥祸有不止是者。烽火仓皇，田庐灰烬，匪徒肆掠于先，盗骑追袭于后，身家性命之不知，父母妻子之枉顾，青磷白骨，心惊鹤唳之声，雪窖冰天，肠断哀鸿之响，试思及此，悲何堪言？吾民何辜，身蹈其境，而守局外之例者，其能漠不一动于中耶？

夫公法有互相保护之责，而况在同洲战地？有局外救援之权，而况在本国？比年西北多兵，而东南晏然无事，沙漠横戈，两雄相竞，我民处此，耳骇目震，辄复有不遑宁息之概。仆等何人，仰荷眷佑，箫鼓承平，依然新岁景象。念我东人，乃遽殃及，骨肉摧残，风云愁惨，而如何设法救济一节，人心皇皇，迄未为之议及，同志伤之，特先筹垫十万金，拟设东三省红十字普济善会，延请中西大善董，就近开办，在沪设立总局，专为集款之所，而另设分局于京津，招留救援出难之人，以期一气贯注救之之法。凡在北方之南人，既必一一救回，而本地居民，亦必扶同出险，赈抚兼施，医药互治，用符西国红十字会之本旨①。

在这里，上海绅商向世人昭告东三省红十字普济善会发起的必要性、紧迫性。至于如何展开救援，《东三省红十字普济善会章程》中更有详细具体的规定，达39条之多，例如：

立会宗旨："本会援泰西红十字会例，名东三省红十字会普济善会，专以救济该省被难人民为事。"

① 《东三省红十字普济善会章程并启》，《申报》1904年3月3日。

开办方式：由发起人“垫银十万两，以应急需”，“延请中西大善董，就近开办。在沪设立总局，专为筹款之所，而另设分局于京津，招留救援出难之人，以期一气贯注救之之法”，“各省如有助款入会者，不拘多寡，请寄上海总局，刊发征信录，并随时登报，以照核实”。

救济宗旨及办法：“本会救济宗旨，无论南北方人，务先举令速离危地，以避大难”，而后“赈抚兼施，医药互治，用符西国红十字会之本旨”，参加救护的人员，“左袂缀有红十字旗式，以便行军一望而知，其制均归一律”，“建旗之处，与两国行军利害无碍，西国不得在此界限线内，互施炮火”，“红十字旗所到之处，遇晚应即住宿，不得惊扰”，“遇救诸人，无论在舟在车，男女必分别，老幼必扶持，不得稍有陨越，以示慎恤”。

组织架构，采用董事制，“公举才望夙著，熟悉中外以及北方情形大员为董事，总理局务”，“另举西董事，与东三省教士联络举行，以免外人拦阻”，“中西董事外，应另举筹款董事数人”①。

如此等等，堪称详细具体。

东三省红十字普济善会虽然成立了，但举步维艰，寸步难行。按沈敦和本意，发起成立红十字普济善会，“仿照庚子救济会（即中国救济善会）之例，筹集款项，雇募轮船，前赴东省一带救济被兵难民”②，这既是“被难人民所亟盼，而亦两战国所乐从也”。但时过境迁，今非昔比，其难亦在意料之中：“庚子联军虽伙，合出于一，故与甲国商之而允，而乙国亦必无阻，今则必周旋二国之间，较为棘手，其难一；庚子第在京师，今则奉天、吉林、黑龙江绵亘数省，其地益远，其难二；俄军在外无留难救济会事，今则必深入两战国屯军之处，穿越险道，节节遇兵，其难三；拳匪时已平定，今则两战国外，又有胡匪马贼，出没其中，到处抢劫，其难四。有是四难，而人心皇皇，欲进辄退。”③ 这“四难”，固然不能忽视，而关键还在于自身。尽管东三省红十字普济善会的运作方式力图遵行国际红十字运动的基本规则，但“善会”二字，却给红十字蒙上一层浓重的传统善堂的阴影，不伦不类，不是真正意义上的红十字组织，不可能取得交战双方的认可，也不可能享有红会本应享有的权利。东三省红十字普济善会刚一成立，就遇到了自身无法克服的难题。

---

① 《东三省红十字普济善会章程并启》，《申报》1904 年 3 月 3 日。

② 《御史夏敦复奏请成立中国红十字会片》，《历史档案》1984 年第 2 期，第 41 页。

③ 《东三省红十字普济善会章程并启》，《申报》1904 年 3 月 3 日。

二、李提摩太臂助与中国红十字会的诞生

新鲜出炉的东三省红十字普济善会势成画饼，于事无补，而东北难胞嗷嗷待救，刻不容缓。“慨念时艰，伤心同类，激昂慷慨，乃愈有不敢自己之势”①，窘迫万状的沈敦和，不得不抛开刚成立几天的“东三省红十字普济善会”，希图另谋善策加以补救。他找到了李提摩太，请其助一臂之力。李提摩太表示会竭尽全力②。

李提摩太（Timothy Richard，1845—1919），英国传教士，1870 年受英国浸礼会差会派遣来华，先后在山东、东北、山西等地传教，1890 年在天津主办《时报》，1891 年任同文书会总干事③，任内大量出版中文报刊，传播西学。1895 年，在北京参加康有为领导的强学会，附和中国的维新运动。1898 年 9 月，拟出任光绪皇帝的顾问，因西太后发动政变而未成。他是在华传教士中极具影响力的人物。

李提摩太之所以不避繁难，欣然应允，一方面与其慈善经历密不可分。他在“丁戊奇荒”中杰出的赈灾救难善举，使他获得了巨大的社会声望，成为“朝野瞩目的‘红人’”④。当日俄战争难民需要救助时，他的慈善热情在沈敦和的激发下重新被燃起。他之参与创建中国红十字会，顺理成章。另一个不能忽视的原因是，他与沈敦和系“老相识”，时有过从。1902 年，李提摩太创办山西大学堂（山西大学的前身），并出任西学专斋总理（谷如墉任中学专斋总理），而沈敦和则是山西大学堂督办（校长），与李提摩太交往甚密，结下友情，也在情理之中。对此，李提摩太念念不忘：“我在太原府筹建山西大学的时候，他曾提供过帮助。”⑤ 基于上述原因，对沈敦和之请，李提摩太表现出极高的热情，表示不辞千辛与万苦，“鼎力襄助，玉成此事”。

李提摩太毕竟是在华传教士中的领率人物，他的权威影响和卓有成效的

---

① 《东三省红十字普济善会章程并启》，《申报》1904 年 3 月 3 日。

② ［英］李提摩太：《亲历晚清四十五年——李提摩太在华回忆录》（李宪堂、侯林莉译），天津人民出版社 2005 年版，第 307 页。

③ 同文书会系 1887 年由英、美基督教传教士创立于上海的出版机构，1894 年改名为广学会，标榜“以西国之学广中国之学，以西国之新学广中国之旧学”。

④ 丁则良编著：《李提摩太——一个典型的为帝国主义服务的传教士》，开明书店 1951 年版，第 3 页。

⑤ ［英］李提摩太：《亲历晚清四十五年——李提摩太在华回忆录》（李宪堂、侯林莉译），天津人民出版社 2005 年版，第 307 页。

“说项”[①]，使尴尬的局面出现了转寰之机，朝着成功的方向迈出关键的一步。李提摩太在追忆这一过程时，不无感慨地说：“上海华商绅宦，深念旅居北方华民之苦，故彼此筹谋拯救之法，特请沈敦和观察前来与余商量此事。查各国在东三省教士避难于牛庄。余遵沈观察之请，电商牛庄教士可否拯救难民？旋得复电，允许前往赶救，愿效力者甚众。因此设立红十字会之议始起。红十字会之用意，救被难民人与受伤兵士。遂往商英、法、德、美四国领事，佥以为然。然后又往商工部局董安特生，安特生因属余与总董培恩商议之后，始定。”[②] 柳暗花明，在沈敦和与李提摩太的共同努力下，创建中国红十字会的理想终于变成现实。

1904 年 3 月 10 日（光绪三十年正月二十四日），历史将永远记住这一天。下午 5 时一刻，中、英、法、德、美 5 国代表会集于上海英租界公共工部局议事。会议由工部局值年总董培恩主持。

培恩致开会词：“今日五国董事聚集于此，所为何事？我请李提摩太宣明。”

李提摩太起身，扼要述说沈敦和等急切救助东北难民请求臂助情形，说：“今日之会拟先在中国设立红十字会分局，设局之意，首在筹款。惟所筹之款，并非交付俄人日人支用。且将来拯救难民，不分中外。”

接着，培恩请沈敦和“宣议”。

沈敦和向与会者介绍东北难民嗷嗷待救苦情，谓“闻有旅居青泥洼之中国工商约二千人，固无轮船可附，不及言旋，并闻彼等粮食尽绝，颇受苦难。又闻牛庄先有告示，大旨谓：租界周围一百里，作为公地。由是观之，百里之外，无从保护，彼处居民，翘首望救。鸭绿江左近，谅有陆上战务，附近居民，望救尤切。又由辽阳左近海城传来消息，知俄人颇苛待华人，勒令民间所有牛羊骡车马匹，悉数供应，且有于道途沟壑间，目见妇女幼童尸骸无数者，种种情形，闻系俄兵经过所致。上海拯救难民之诸华董，闻战地左近惨酷之状，预拟极力设法拯救。中国已有多人允资助华董，最妙者请诸洋董合力办理”。

对李提摩太在中国设立红十字会的提议及沈敦和合办红会的设想，与会者均无疑义。培恩请工部局董安特生“定议”。安特生提出，“所议创设红十字会，系局外之会”，“宜预举各董及派定办事之董事数人”，“共襄此举”。安特生宣布了他与李提摩太议定的 45 名董事会组成人员名单，其中西董 35

① 据《大公报》称：“此次中国得入万国红十字会，初各国尚不承允，嗣经李提摩太从中说项，始得定议。”参见《红十字会定议后闻》，《大公报》1904 年 5 月 24 日。

② 《中外日报》1904 年 3 月 14 日。

人、华董10人[①]，大会以举手表决的方式通过；另从45名董事中推出9名组成办事董事，其中西董7人、华董2人[②]；西董为英刑司威金生、公共租界工部局总董、法租界工部局总董、李提摩太、律师麦尼而、医生巴伦、傅密生，华董为沈敦和、施则敬（不久增添任锡汾），以举手表决方式通过。

由于与会者多为洋人，会上使用的正式语言是英语，李提摩太“复将会议大旨，用华语告知在场诸华董。诸华董佥称，办法甚善”。会议记录也是用英文，由精通英文的施肇基秉笔[③]，经大会同意，由施译成中文，“分送在场各华董及来探问情形者”，会后以“施君肇基笔译上海创设万国红十字支会会议大旨”为题，登于《申报》《中外日报》等报。

这次集会，在中国红十字运动史上具有非同寻常的意义，它宣告上海万国红十字支会的成立（7天后，也就是3月17日，正式定名为“上海万国红十字会”）。它的成立，标志着中国红十字会的诞生！在此过程中，李提摩太无疑起到了关键性作用。李提摩太在其《回忆录》中不无自豪地写道：“我们组成了一个国际红十字会组织，中国人、英国人、美国人、法国人、德国人，还有其他民族的人在这个组织里共同合作。沈先生任中方秘书，我任外方秘书。”[④]

那么，为什么取名上海万国红十字会？“万国”，即“国际”之意，是当时的流行语汇。五国合办使诞生于上海的这一红十字组织具有了“万国”性，除此之外，关键还在于中国还没有统一的红十字组织，成立红十字会也非一蹴而就那么简单，只能临时抱佛脚，便宜行事，正如史书所载：“中国向无红十字会，仓猝不能成立，故用万国红十字会之名义。”[⑤] 取名上海万国红十字

---

① 华董为沈敦和、施则敬、严小舫、朱葆三、周金箴、徐润、苏宝森、陈润夫、曾少卿、朱礼琦。

② 有学者认为：“上海万国红会董事会的人员构成反映出：西董占主导地位，华董居其次。这与当时中国的半殖民地地位是相一致的。”（周秋光：《晚清时期的中国红十字会述论》，《近代史研究》2000年第3期，第141页）此说不确。上海万国红会为五国合办，董事、办事董事中方均超过五分之一。五国合办，中国为主，这是不言而喻的。

③ 施肇基（1877—1958），字植之，浙江杭县人，亦作仁和、钱塘（均今杭州）人（生于江苏震泽）。1888年入上海圣约翰书院读书，1893年随出使美国大臣杨儒赴美，任使馆翻译学生。后入华盛顿大学、康奈尔大学，获文学硕士、哲学博士学位。1902年回国后入张之洞幕府，历任京奉铁路会办、天津海关道、吉林洋务局总办、外务部左丞，出使美、墨、秘、古大臣。入民国后，历任交通总长、财政总长、总统府大礼官、驻英公使。1919年，任出席巴黎和会代表。1921年，调任驻美公使，同年兼任出席华盛顿会议全权代表。1924年，特任出席日内瓦国际禁烟会议中国全权代表。1929年，任驻英公使。1933年后任驻美公使、大使等职。1958年在美逝世。

④ ［英］李提摩太：《亲历晚清四十五年——李提摩太在华回忆录》（李宪堂、侯林莉译），天津人民出版社2005年版，第307页。

⑤ 中国红十字会总会编：《中国红十字会历史资料选编，1904—1949》，南京大学出版社1993年版，第48页。

会，可谓实被逼无奈，情非得已。

但是应该强调的是，在上海万国红十字会的建会以及运作过程中，上海绅商发挥着举足轻重的作用。除沈敦和、施则敬、任锡汾的角色凸显，以及周金箴、苏宝森、陈润夫、曾少卿继东三省红十字普济善会之后继续担任董事外，加盟的严小舫①、朱葆三②、徐润③、朱礼琦④，也使上海绅商的作用更加突出。他们是上海滩绅商阶层中的上层人物，财大气粗，具有呼风唤雨的

---

① 严信厚（1828—1906，一作1838—1907），原名严经邦，字筱舫，又字小舫，号石泉居士，浙江宁波慈溪人，“宁波帮”的“开山鼻祖”。早年就读私塾，后入宁波恒兴钱铺当学徒，继至杭州，供职于红顶商人胡雪岩开设的信源银楼，因好学上进，深得胡雪岩赏识，经胡引荐，成为李鸿章的幕僚，受委驻沪襄办饷械。在李鸿章的保荐下，先后出任河南盐务督销、长芦盐务督销、署理天津盐务帮办等职。1886年，在天津自设同德盐号，遂以盐务起家，经商办企业，积累巨额财富。他在上海设有“源丰润票号”，分号遍布京津及江南各地，达17处之多，还陆续创办天津物华金店，上海老九章绸缎庄、中英药房、华兴水火保险公司，锦州天一垦务公司，景德镇江西瓷业公司等。1887年，在宁波创办通久源轧花厂，为中国第一家机器轧花厂。1894年，又于宁波创办通久源纺织局，是近代首家民族纺织企业。1897年，在邮传部尚书盛宣怀支持下，在上海创建中国第一家民族资本银行——中国通商银行，任总董、总经理。1902年，在盛宣怀的授意下，发起成立第一个商会组织——上海商业会议公所，并出任首任总理。1904年，上海商业会议公所改为上海商务总会，他续任总理。作为“宁波帮”的领袖，严小舫称得上上海工商界的“头面人物”。

② 朱葆三（1848—1926），名佩珍，浙江宁波府定海人。十几岁到上海，在“协记五金店”当学徒，日站柜台，夜学英语、珠算、语文等。经过刻苦磨砺，奋力打拼，17岁升任总账房和营业主任，三年后经理去世由他接替经理职位。1878年，独资开办“慎裕五金店”，生意红火。同年，开设“新裕商行”，经营进出口贸易。1890年起长期担任英商平和洋行买办。1897年参与创办中国通商银行，任总董。他的投资涉及工商、金融、交通、公用事业等多个领域，如浙江实业、四明、中华、江南等银行；华安、华兴、华成保险公司和华安合群人寿保险公司；宁绍、长和、永利、永安、舟山、大达轮船公司；上海华商电车公司、定海电气公司、舟山电灯公司、上海自来水公司、上海绢丝厂、华商水泥公司、长兴煤矿公司、上海第一呢绒厂、宁波和丰纱厂及马来亚吉邦橡胶公司，等等。他因此而成为上海工商金融界巨擘，显赫一时的“闻人”。

③ 徐润（1838—1911），又名以璋，字润立，号雨之，别号愚斋，广东香山人。1852年到上海英商宝顺洋行当学徒，渐升至帮办账务、主账、副买办、总买办。宝顺洋行每年进出口货物总值白银数千万两，作为经办人，可按规定提取3%的佣金，他由此积累了巨额财富。1868年宝顺洋行破产后，徐润自立门户，开设宝源祥茶栈，很快成为上海经营茶叶出口首屈一指的“茶王”。与此同时，他大手笔投资房地产业，先后与中商、外商合作创立了上海地丰公司、宝源祥房产公司、业广房产公司、广益房产公司、先农房产公司等，赢利丰厚，成为华商中的“地产大王”。1873年，他担任轮船招商局会办后，大刀阔斧进行改革，为中国航运业的发展奠定了基础。1875年开办仁和水险公司，是为中国第一家保险公司，1878年又成立了济和水火险公司，1886年两公司合并为仁济和保险有限公司。中国民族保险业由此步上快速发展的轨道。他投资开平煤矿、平泉铜矿、宜昌鹤峰铜矿、孤山子银矿、三山银矿、天华银矿、潭州银矿、建平金矿、金州煤矿、贵池煤矿等矿产，为采矿业的发展做出了巨大贡献。从1872年到1875年，协助容闳选派4批每批30名幼童赴美留学，1882年，创办上海同文书局，在文化教育领域的成就，影响深远。1902年创办上海景纶纺织厂，并在许多企业中拥有股份。毫无疑问，徐润是当时上海滩的大富豪、大资本家，是上海绅商中的“重量级”人物。

④ 朱仲宾，字礼琦，担任翻译事务，后任上海总商会书记。

社会影响力。可以认为，没有上海绅商的热心参与，红十字会的组建是难以想象的[①]。

中国红十字会为什么首先在上海发起成立，这是一个令人感兴趣的问题。根据笔者的研究，至少可以归纳出如下几点：

其一，上海是首批开放的商埠城市。1843 年开埠后，得益于“江海要津”的特殊地位，上海迅速崛起[②]，很快成为全国对外贸易、工商、金融、传播西方文化的中心。作为传播西方文化的中心，上海成为“西学东渐”的桥头堡。西学，无论物质层面、制度层面抑或文化层面，总是首先在上海找到生长点，红十字也不例外，如前所述，它最先在上海登陆，并以上海几大报《申报》《中外日报》《时报》《新闻报》为媒介，走近上海民众，进而向全国扩散。毫无疑问，得风气之先的上海人对红十字的了解远过他处，这是中国红十字会首先在上海发端的民众和社会心理基础。

其二，作为中国第一大近代都市，上海工商业发达，经济实力雄厚，如对外贸易方面，始终保持占全国对外贸易总值的 50% 左右[③]；工业方面，从 1895 年到 1911 年，上海外资开设的工厂计 41 家，开办资本为 2090.3 万元，分别占这一时期外资在华设厂总数的 45.1%、总开办资本的 42.8%，同一时期，民族资本经营的工厂有 112 家，占全国在这个时期新办民族资本工厂总数的 25.1%、开办资本 2799.2 万元，占全国总额的 28.6%[④]；金融业方面，上海金融中心的地位是国内任何其他城市无法替代的，“所以上海之在中国，正和伦敦在英国，纽约在美国，巴黎在法国一样，它的金融市场确实有左右全国金融商业的势力”[⑤]。雄厚的经济实力，为兴办慈善事业创造了条件。《东三省红十字普济善会章程并启》称：“上海为中外交通巨埠，……善举亦

---

① 马强、池子华主编：《红十字在上海（1904—1949）》，东方出版中心 2014 年版，第 32 页。

② 上海的崛起是中国近代史上的“奇迹”，对这一“奇迹”的发生，中外学者取得了相当丰硕的研究成果：墨菲的《上海：现代中国的钥匙》（中译本，上海人民出版社 1986 年版）从地理学的角度审视了上海在现代人类社会中所拥有的无与伦比的优良条件；《剑桥中国晚清史》（中译本，中国社会科学出版社 1985 年版）强调“条约制度”的影响；乐正的《近代上海人社会心态（1860—1910）》（上海人民出版社 1991 年版）提醒人们要充分重视近代上海社会的人文因素；朱弘的《近代上海的兴起，1843—1862》（载汪晖、余国良编：《上海：城市、社会与文化》，香港中文大学出版社 1998 年版）认为，上海的崛起决定于上海城市规模、经济地位的确立，上海在中外关系和国际关系中“桥梁”地位的确立以及近代上海发展大势的确立等。

③ 隗瀛涛、谢放：《上海开埠与长江流域城市近代化》，《城市史研究》第 10 辑，天津古籍出版社 1995 年版，第 2 页。

④ 茅家琦等著：《横看成岭侧成峰——长江下游城市近代化的轨迹》，江苏人民出版社 1993 年版，第 14—15 页。

⑤ 《上海研究资料续集》，上海书店 1984 年版，第 686 页。

唯是为最多，善量为最大，筹赈粥恤，各省靡不挹注。”[①] 这种相关性，为中国红十字会肇始于上海做了诠释。

其三，“财富可转化为仁慈的德行”，这是亨利·杜南之父雅克·杜南的一句名言[②]。这句名言，可以在上海得到验证。上海“缙绅名流，硕腹巨贾，车马辐辏，靡不毕集”[③]。这些富商巨贾，热心于把财富转化为“仁慈的德行”，回报社会，以致上海“善堂林立，义举极多。凡各处灾歉，罔不仰给焉。他如恤嫠、保婴、施医、施棺等善举，无不具备”[④]。每当天灾人祸降临，上海绅商总是慷慨解囊。随着灾荒的频繁发生，义赈活动“相继而起”，到19世纪末，已是“风气大开”，蔚然成风了[⑤]。中华民族“乐善好施”的传统，一旦有“财富”作保障，就会有行善壮举的层见叠出。当红十字登陆上海滩后，很快被接纳并在民间义赈的基础上付诸行动，中国施医局、中国救济善会、东三省红十字普济善会的出现，就是例证。实现新的跨越，首先在上海发起成立中国红十字会是极其自然的，也是顺理成章的。

总之，中国红十字会首先在上海诞生，不是偶然的，它是天时、地利、人和等多种因素的合力交叉互动的产物，以上所述，只是几个主要方面。

三、清政府：从幕后走到前台

红十字会的创建，的确令人振奋，人们希望政府给予关爱、支持，并报请红十字国际委员会核准，使中国成为国际红会大家庭中的一员。中国红十字启蒙运动的先驱者之一鲰生在得知东三省红十字普济善会成立的消息后，兴奋异常，对之“深有望焉。”他在《申报》发表《中国宜入红十字会说》[⑥]，谓：“此次普济善会，特中国红十字会之先声耳，诚能于俄日战事既平，不废此举，商之瑞士万国红十字会，得以列名其间，仿效日本章程，变通尽善，首设医学校，教以泰西疗疾医伤之技术，……次筹常年捐款，积之于平日，庶免取办于临时，而凡赞助社员、特别社员、慈善员、理事员以及社长、副社长、干事诸人，各以所长，分别派定，俾红十字徽帜进而照耀于中国二十

① 中国红十字会总会编：《中国红十字会历史资料选编，1904—1949》，南京大学出版社1993年版，第18页。

② 马克·德斯贡伯：《亨利·杜南传》，《中国红十字报》1992年1月24日。

③ 《东三省红十字普济善会章程并启》，《申报》1904年3月3日。

④ 《便贫民即所以化莠民说》，《申报》1882年12月8日。

⑤ 李文海：《世纪之交的晚清社会》，中国人民大学出版社1995年版，第408页。

⑥ 按：此文没有注明作者，但从其中的一段文字：“回忆十五、六年前，有英国名医梅威令者，就台湾设红十字会学堂，募得我华聪慧子弟数人悉心指授，学有成效，则携之至沪，一试其临阵救护之方”，可以判定，文章的作者与前文所引《创兴红十字会说》作者为同一人，即鲰生。

一行省。"[1] 鲰生着眼于长远，描绘出中国红会未来发展的蓝图，而目标的实现，离不开政府的扶持。

但是，在上海万国红十字会成立时，清政府没有出场，所谓五国“合办”，自然给人一种名不副实的印象，难怪在成立大会上有德商禅臣行总理发出“中国政府亦将合力办理否”之疑问了[2]。那么，清政府究竟扮演一个什么样的角色，倒是一个值得探究的问题了。

本来，清政府对中国加入红会组织，表现出异乎寻常的热情。

早在1899年5月，世界和平会议（清代外交文件称“减兵保和大会”）在荷兰海牙召开，清政府派遣原驻俄公使杨儒赴会。大会于7月29日通过《推广日来弗原议行之于水战条约》（即《关于日内瓦公约原则推行于海战的海牙公约》，“日来弗”是“日内瓦”的最初译名，“日来弗原议”是指《1864年8月22日改善战地陆军伤者境遇之日内瓦公约》，该公约又称“红十字公约”“蓝本公约”），杨儒“当即在会言明，亦须详告政府，再酌画押”。返俄后，10月15日，杨儒即上奏清廷，陈述中国加入《水战条约》之意义。奏称：

> 第二股《陆地战例条约》，各国陆军同一训练，视章程为习见之端，此次意在精益求精。中国虽间改洋操，未必尽谙西例，设或准约，一旦与外邦开战，必须照约施行。第三股《推广日来弗原议行之于水战条约》，各国均有红十字会，此次不过由陆军推诸水战。中国各口岸尚无官设之西式医院暨西学医生执役人等，又无救伤船只，设或准约，一旦与外邦开战，或中国为局外之国，所有病伤军士亦必须照约施行。此两股似与中国究有窒碍。然以此两股轻重相较，陆地战例，非旦夕所克举办，窒碍良多，若日来弗约之红十字会，各国均视为最关文化之善举，即如日本向未入会，官倡民捐，办有成效，如不准约，必致独违善举，措词较难。如欲准约，似宜仿照日本捷便办法，以示中国善与人同，是虽有窒碍，即仍可免于窒碍。总之，此项与会为中国入会之始，倘概不画押批准，外人将疑中国显分畛域，遇有应入之公会，未必肯与我周旋[3]。

清廷览奏，发交总理衙门“议奏”。11月24日，总理衙门遵旨，将议奏情形上达，称：“《推广日来弗原议行之于水战条约》，西人称为红十字，今日

[1] 《中国宜入红十字会说》，《申报》1904年3月5日。

[2] 《施君肇基笔译上海创设万国红十字支会会议大旨》，《申报》1904年3月14日。

[3] 《使俄杨儒奏遵赴和（荷）都保和公会蒇事返俄情形折》，《清季外交史料》总第2392—2393页。

来弗即瑞士都城，始自同治三年，各国公议立约十条，大致遇有战事，在战地设立病院，救治伤病军士，两军当视作局外中立之人，公同保护。大抵泰西政俗与墨子兼爱之意相近，此次推广会章行之水战，详列十四款，添设救伤船只，意在广施医药，拯溺扶伤，故环球各国，均视为最要之善举。杨儒原奏内称，日本官倡民捐，著有成效。查日本名此约曰博爱社，平时习练人员宽采药物，为战时救护之需，大都出自社员之醵资及有志者之资助，不由官办。风气既开，未始不可仿照，以示仁爱之意。”① 12 月 7 日，清廷“依议”，并命杨儒前往海牙画押。12 月 27 日，杨儒抵达荷兰，遵旨在《推广日来弗原议行之于水战条约》上“画押”。

尽管杨儒在条约上画了押，但荷兰外务部大臣强调：“日来弗原约，中国应先画押入会，方能将这次画押批准之件存储。”② 这就意味着中国还应补签“原议”。作为推广条约的《水战条约》，毕竟是从“原议”中派生出来的，“今推广条约既已画押，瑞士政府必须声请补签日来弗之原议，以免纷歧”；而且“别国有允从现约而未与原议者，均已向瑞士补签”③，中国自然也不能例外。但由于 1900 年八国联军侵华的干戈扰攘，没来得及补办加入“原议”手续，就连“前次约本遗失无存”④。杨儒创办“中国红十字救生善会”之请，也成泡影。不过，从以上的缕述中我们不难看出，清政府对加入国际红会组织态度积极，热情高涨。

既如上述，清政府何以在上海万国红十字会成立时袖手旁观呢？应该说，清政府有自己的难言之隐，沈敦和清楚，李提摩太也明白。当德商禅臣行总理提出质疑时，李提摩太做了一番解释说：“中国政府未便与闻，盖恐违犯局外之义也。”⑤ 这一解释，不仅可以使禅臣行总理信服，其实，谁都可以理解。

清政府因宣布“局外中立”，未便与闻上海万国红十字会的发起活动，但绝不是冷眼旁观。事实上，清政府对上海万国红十字会的创设动向密切关注，时任驻沪商约大臣吕海寰、盛宣怀和会办电政大臣吴重熹，都与沈敦和、施则敬、任锡汾等上海名流过从甚密，保持“热线”联系，他们秉承清政府旨意，鼓动沈敦和等与寓沪英、法、德、美官商合力经办红十字会。《万国红十字会公启》称：“本会前因俄日两国在东三省骤开兵衅，商民苦难出险。当经

---

① 《总署奏遵查保和会各款并红十字会章程尚无窒碍折》，《清季外交史料》总第 2398 页。

② 转引自中国红十字会总会编：《红十字手册》，辽宁科学技术出版社 1988 年版，第 10 页。

③ 《使俄杨儒奏遵赴和（荷）兰画押请补签日来弗原议并筹办救生善会折》，《清季外交史料》总第 2406 页。此处所谓“救生善会”，即红十字会。

④ 《清代孤本外交档案》第 37 册，全国图书馆文献缩微复制中心 2003 年版，第 15851 页

⑤ 《施君肇基笔译上海创设万国红十字支会会议大旨》，《申报》1904 年 3 月 14 日。

禀奉吕尚书（吕海寰）、盛宫保（盛宣怀）、吴侍郎（吴重熹），转商寓沪英、法、德、美各官商，合办红十字会。”① 毫无疑问，上海万国红十字会的发起成立，得力于清政府的“暗箱操作”。清政府没有出场，但却在“幕后”指挥。万国红会迈出的每一步，都在清廷的“圣明洞鉴”之中。

上海万国红十字会成立后，清政府转换角色，从幕后走到前台，公开支持红会的活动：一方面，命出使英国大臣张德彝赴瑞士补办加入红十字“原议”手续，以期取得国际红会的承认；另一方面，在3月29日，由吕海寰领衔，盛宣怀、吴重熹、沈敦和、施则敬、任锡汾等联名的“拨助捐款”的通电就发向了全国各省将军、督抚、海关，确认上海万国红十字会为政府承认之合法社团，请各地给予协助。“通电”云：“日俄开衅，战地华绅商民被难凄惨，亟宜救护。限于两国禁令，唯泰西红十字会救护最得实际。中国向未与会，动多格碍。在沪绅商竭尽心思笔舌，商准在沪英、德、法、美各官商，公举中西办事董事，合办上海万国红十字会。适奉商部电饬筹办，因即电请外务部据情商明日俄驻使，电驻日俄使转致政府承认此会。各董事并电各国政府，一体转商承认。事体重大，于中立有益无损。”② 5月24日，清政府还拨出帑银10万两，资助上海万国红十字会的慈善行动。“上谕”称：“此会医治战地受伤军士，并拯救被难人民，实称善举。现经中国官绅筹款，前往开办，深惬朝廷轸恤之怀，著颁发内帑银十万两，以资经费。传谕该员绅等尽心经理，切实筹办。”③ 清政府对红会量力支持，可以昭然，“合办”也在不言中了。

1904年7月12日，《上海万国红十字会暂行简明章程》出台，《章程》开宗明义，称“此会系中、英、法、德、美五中立国联合倡办，由中国政府知照两战国政府，转告战国军队将帅士卒，皆知此会，其名曰‘上海万国红十字会’”，“此会由上海公举中西总董主办，总董就近秉承中国钦差吕（海寰）、盛（宣怀）、吴（重熹）三大臣，随时随事，电牍咨商中国外务部、商部、南北洋大臣、各省大府，钦遵中国皇太后、皇上旨意，与中国出使日俄大臣、日俄驻京大臣商酌维持，有劝捐办事之全权”④。清政府完全成为“五国合办”的主角，战地在中国，所救为中国子民，理当如此。

---

① 《万国红十字会公启》，《申报》1904年4月10日。

② 《上海公电》，《大公报》1904年4月1日。

③ 中国第一历史档案馆馆藏《外务部》档第5082卷。

④ 《上海万国红十字会暂行简明章程》，《申报》1904年7月29日。

第二章　日俄战争救援行动的展开

上海万国红十字会成立后，即着手日俄之战的救护。从救援行动计划的制订、人道资源的动员到援救难民“出险”、灾后的赈济，持续数年之久的救援行动，使白山黑水间闪耀着人道的光辉。本章就此问题进行具体考察。

第一节　救援行动计划与人道物资动员

救援工作千头万绪，困难重重。要保证救援行动的高效和井然有序的进行，必须有章可循。为此，上海万国红十字会制定了行动纲领，这就是《上海万国红十字会暂行简明章程》。

一、行动纲领：《上海万国红十字会暂行简明章程》的制定

1904 年 7 月 12 日，上海万国红十字会的中西董事，在救援行动初见成效的基础上，经磋商，制定出台《上海万国红十字会暂行简明章程》8 条（以下简称《章程》），对万国红会的宗旨、性质、任务、经费、分会等做了原则规定。

关于宗旨、性质及任务，《章程》明确规定，上海万国红十字会“系中、英、法、德、美五中立国联合倡办”，“专以医治战地因战被伤之战国及局外兵民，救护战地之无关战事因战被难人民”，具有鲜明的中立性。

善款是救援行动的物质保障。《章程》对万国红十字会的经费来源做了说明：“此会经费，以电报、轮船、火车为三大宗，均承北洋核准免费，沪汉火车亦免半费。蒙中国

皇上钦奉皇太后慈恩颁帑，又承中西官商输助。”

上海是万国红十字会的大本营，但距离东北遥遥数千里，远水救不了近火。如何方便、快捷、有效地采取救护行动，不能不令中西董事殚精竭虑，筹措万端。按照国际惯例，红十字会总会可以根据需要，随时随地添设分会。有鉴于此，《章程》特别规定：“所有附近战地之紧要地方，由总董会议遴延中西绅董，缮给凭信，前往添设分会，办事仍由总董呈请中国钦差吕（海寰）、盛（宣怀）、吴（重熹）三大臣给发该分会华董印札，以专责成而昭慎重”；“各分会或西董主持，华董襄理，或华董主持，西董襄理，皆与上海总董联络一气”。

救助难民脱离险境，为上海万国红十字会救援行动的“重中之重”，因此，《章程》对救护出险的办法，自然规定得比较详细、具体。水路“现已阻塞”，只好“由难民自行设法出险至烟台，分会查察，近则给资，听其自回原籍，远则给以轮船免票”。至于陆路，“办法最难最多”，主要有：

（1）“陆路分会均依傍火车站设立，蒙北洋核准火车免票，发交会董领存应用。与北洋救济公所事同一律，皆察酌难民之实系贫苦一无所有者，方给免票。即以此免票递转至芦汉铁路，照给半票；招商局轮船发给免票，其再转至沪者，验明免票。于换给免票之外，量其归途远近，加给川费，自洋二元起，递至数元不等，以足敷到家，尚略有余为度。其候船宿食之费，仍由本会核实给付”；

（2）“轮船火车免票或半票设已用竣，尚未及续领或领而未到，则营口初办时之法，先与站局约明，于每人衣襟手心钤一印记，编数十人为一起，会董亲自护送至停船车之处，帮同船车办事人验明，俾登船车启行。其中如有贫苦不堪者，每人加给洋一二元不等，按日按人详细登簿，以便播告征信。各分会皆依照办理，不使难民有守候饥饿之苦”；

（3）“同是被难，而其人向来体面，或随带家眷，尚有行李，但无现钱，或不愿侵占难民免票地步，欲自留体面，则有沟帮子初办时之法，计其车费若干，其人写立借据，由本会如数代给，一面将借据寄交其所指地方，收回归款，或寄交上海本会，听候酌办，总使其出险，而免受窘。各分会亦依照办理”；

（4）“体面人不用免票之外，尚有官商，知战国禁令，不敢出险者，则有新民屯分会酌办之法，由其人自将眷属行李分为数起，商明本会，附入难民之列，仍不用免票，由本会一体保护出险。据报，每日经过百人中，类此者过半，其人既与战事无关，同属避难，亦本会应尽救护之责。各分会应即酌办，不列难民册报，另行报查。”

以上为救护出险办法，由此不难看出，红十字会在竭尽救护之责的同时，念念不忘对人的充分尊重。

《章程》特别声明：“救护出险，无论华人西人何国人，均一体相待。”充分体现了红十字的“中立性”和博爱精神。

当然，对“系恋世业，或已频（濒）于危，又自知他出，仍无可为生者”，上海万国红十字会在《章程》中也“预筹办法数端”：“地方被兵，即多失业，衣食何资，饥寒可悯。中国最重赈荒，况联合英法德美四大国？现已由总董会议广设筹款之法，款集办赈，应随地制宜，总期不出险之无关战事人民，不绝生机”；“大兵之后，必有凶年，即多疫疠，又非医院之医伤药品所能疗治。现先购运暑药，交各分会酌办，随后再讲求避疫方药，购运济用，俾难民既避流离，同登仁寿”；“战地炮火纷飞，未易过问，战地外及附近处，或有不愿出险、不能出险之人民，既与战事无关，凡有中国地方官之处，均已承中国大府拨款，饬交设法赈抚，本会谊应协助，已切嘱各分会中西会董，因地制宜，带同翻译，与战国将领恳切情商办法，总期不出险之人民，深得安居，再办给赈救疫诸事”①。

总之，《上海万国红十字会暂行简明章程》为救护行动的指南针，也是进一步救援的行动纲领。它的出台，意义重大。

特别值得注意的是，《暂行简明章程》提及：“至中国红十字会章程，应由华董另拟，呈候咨部核奏，请旨饬行，合并声明。”② 这是红会正式文件中首次亮出“中国红十字会”的招牌，而专门另行制定一个《中国红十字会章程》，更是意味深长。它是否可以说明在五国合办上海万国红十字会的同时，中国红十字会已客观存在了？否则，制定《中国红十字会章程》，岂不成了无源之水？退一步，至少可以认定，五国合办红会的同时，中国独立自主自办红会的决策已在酝酿之中了。

事实正是如此。1904 年 6 月 13 日，吕海寰、盛宣怀、吴重熹在致袁世凯的电文中称：“昨据沪道备文，批解恩帑京平足银十万两，饬据沈、任、施道等公议，该总董等拟以五万两为现在办经费，以五万两为开办中国红十字会经费。海等所见相同，核与前奏亦合。是否请速酌电示，以便沈、任、施、

① 《上海万国红十字会暂行简明章程》，中国红十字会总会编：《中国红十字会历史资料选编，1904—1949》，南京大学出版社 1993 年版，第 27—30 页。

② 中国红十字会总会编：《中国红十字会历史资料选编，1904—1949》，南京大学出版社 1993 年版，第 30 页。

毛道等分别具领。”[①] 这就明确从帑银10万两中拨出5万两，作为开办中国红十字会经费。同时，嘱沈敦和、任锡汾、施则敬等起草《中国红十字会章程》。6月26日，吕海寰、盛宣怀、吴重熹致电外务部，以“沈、任、施道等称，遵拟中国红十字会章程，惟备始美”，请外务部“电饬英、俄、德、法、比、意、奥大臣，各向该会觅抄各国自定之章，洋文、译文一并迅速，咨如能多备一份，径寄上海，尤所祷盼”，以便借鉴；并称“该道等深思远虑，实力虚心，拟章务求美备，所请极关紧要，敬祈钧察，即赐电饬为祷”[②]。由此不难理解，7月12日制定的《上海万国红十字会暂行简明章程》所称“中国红十字会章程，应由华董另拟，呈候咨部核奏，请旨饬行，合并声明”，对此加以强调，意在说明五国合办上海万国红十字会的同时中国红十字会的事实存在。尽管《中国红十字会章程》直到日俄战争救援结束也未见出炉，但不管怎么说，这是一个信号，它预示着什么，不言而喻。

二、筹款募捐：人道物资动员

红会之设，“首在筹款”，否则，救援行动无从谈起。《上海万国红十字会暂行简明章程》已载明了经费的几大来源，但是帑银以及轮船、火车减免票，固然为救护行动提供了有力保障，然而“经费浩繁”，因此积极“开源”，拓宽筹款募捐渠道，势所必然。

3月11日，也就是上海万国红会成立的第二天，施则敬邀集各华董集会于丝业会馆，决定“先行筹备五万金，以期及早开办”[③]。救人如救火，刻不容缓。与此同时，在《申报》上刊登《普济群生》启事，向社会各界发出呼吁：

敬启者：敝会自正月十七日集议后，汲汲皇皇，拟援万国红十字会例，力筹振救北方被难民人之策，明知格于会中公法窒碍难行，然事在必成，固未敢稍退志也。现复会商同志，日与寓沪西国官商议，行合力举办之法，承诸善士关垂，询及用撮端倪，略陈清听，并以告我东南各省善士之关心是事者。按万国红十字会于我咸丰九年创始于瑞士国，同治三年各国特遣专员会议于瑞之杰乃法（日内瓦——引者）京城，缔约成盟者十一国，订约十条，其大纲有三：一在战地设立医院，专医军士之因战受伤及民间误中炮弹之人；

---

① 《吕海寰、盛宣怀、吴重熹致袁世凯电》（1904年6月13日），中国红十字会总会编：《探本溯源——来自博爱论坛的声音》，北京大学出版社2010年版，第74页。

② 《吕海寰、盛宣怀、吴重熹致外务部电》（1904年6月26日），中国红十字会总会编：《探本溯源——来自博爱论坛的声音》，北京大学出版社2010年版，第78页。

③ 《施君肇基笔译上海创设万国红十字支会会议大旨》，《申报》1904年3月14日。

二置医药大车，凡遇伤者即就车中医治；三因战祸开后拯救流亡及因战被累之人。事经各国签约允准，凡在同盟例得用红十字旗帜前往救援，其未与杰乃法条约者不得享此利权。自是不数十年间，欧美各国遂相继入会。我光绪十二年，日本亦与之缔约联盟，凡东西各国遇有战事，会中人出险入夷，永保无患，并可自行其救疗爱护之权。吾华未与其列，故至今不能享此利权。现值俄日两国在旅顺、仁川等处，骤开兵衅，被难人民能出险者百不及一。转瞬陆路又将开战，恐东三省万万生灵必尽毙于枪林弹雨之中，实属令人惨痛。查东三省行旅往来，向惟雇坐骡车，继则改搭火车，其官幕以南人为多，各项贸易及自食其力者以顺直山左右之人为多。自开战后，火车即禁不装载，骡车又匿不受雇，以致官幕商民欲逃无路，欲诉无门，既不死于刀兵，亦将成为饿殍。同人悯之，亟思设法援救，徒以事权不属，办理为难，不得已商请寓沪西国官商及工部局值年总董事，同行合办。各国官商及总董以战祸方殷，慨允在上海设立万国红十字分会，举英、美、德、法官商各十余人，并举中国绅商十人会商筹款及遣赴战地治伤救人等法，订期本月二十四日五点钟在工部局议事厅公议，是为初次集议之期。溯自中外通商以来，万国一心，踊跃奔赴，能与我华合办大善事者，在上海当推此为第一伟举。一经议定办法，同人即就盆汤弄丝业会馆设局开办，并电禀各省大宪拨助捐款，一面先行筹垫，仍刊印捐册分寄各省好善官绅，源源募助，英、美、德、法各官商亦当另设会所，筹募洋款，谨钞乞登报，布告同仁。倘蒙达官显宦，志士仁人，俯念时艰，解囊慨助，请速掷寄丝业会馆查收，即当填奉收条，按旬乞登申报，所有向收议振之申报馆、新闻报馆、仁济善堂及现收恤款之中外日报馆，拟请分别代收襄义举，款愈多则所救之人亦愈多，惟诸善长鉴怜为幸。同人谨启①。

《普济群生》的启事，一方面通报了五国联手组建上海万国红十字会，合力救援北方被难同胞这“第一伟举”；另一方面，恳请社会各界“俯念时艰，解囊慨助”，为即将开展的人道行动提供后援保障。

3 月 17 日，上海万国红十字会办事董事英按察使威金生、工部局总董安特生、律师麦尼而、医生巴伦、李提摩太、沈敦和、施则敬等，聚于英国按察使署议事，除决定将“上海万国红十字会支会”正式定名为“上海万国红十字会”、推举沈敦和与李提摩太为书记官、增添任锡汾为办事董事外，中心议题即筹款募捐。“威曰：款项出入，应举一收支人，以专责成，拟请丰裕洋行葛雷君为之。众曰：葛君声望极佳，宜往延订。威曰：汇丰银行于牛庄等

① 《普济群生》，《申报》1904 年 3 月 11 日。

处，均设分行，本会银钱，宜托汇丰经理，中外董事以为然否？众曰：善。威曰：洋文捐启请麦律师重加润色，启内载明，凡西商捐款，归汇丰代收。”筹款的具体办法，沈敦和“遂将连日华董所办各事八条，对众宣言”，达成共识。“八条”为：“一、阅西报，知美国檀香山、日本横滨等处，华人捐助俄日恤款甚巨，现创红十字会，其中所救原系华人居多，故拟刊印捐册，请奉命出使美国之伦贝子及副监督黄开甲携往劝募，以期筹集巨款”；“二、驻扎各国钦差及领事，亦均寄捐册，请为劝募”；“三、各省督抚，由吕钦差领衔，电请分别捐助款项，仍由本会各寄捐册”；“四、各省各府善堂，均由本会商请代收捐项”；“五、中国电报局电报能到之处，奉电政大臣允准，凡系红十字会办事公电，概不收费，俟积有成数，即作为捐款”；“六、上海招商局能到各口岸，奉商部参议杨允准，凡系红十字会办事人来往，均给免票，俟积有成数，亦作为捐款”；“七、上海向收善捐之仁济堂、《申报》馆、《新闻报》馆及《中外日报》馆，均请代收捐款，本会在丝业会馆设立总收发所，所有华董办事劝捐等事，即以丝业会馆为总汇之区”；“八、现由华董先行劝到现银五万五千两，俟收齐后，即存通商银行候拨。”① 可见募捐办法较为具体，且操作性强。

善款由华董、西董分别筹措。华董厥责甚重，不敢有丝毫懈怠。3 月 29 日，由吕海寰、盛宣怀、吴重熹、沈敦和、任锡汾、施则敬等暨在沪绅商“同叩”联名的“元电”，发往各省。“元电”称：

> 日俄开衅，战地华绅商民被罹难悽惨，亟宜救护，限于两国禁令，惟泰西红十字会救护最得实际，中国向未与会，动多格碍，在沪绅商竭尽心思笔舌，商准在沪英、德、法、美各官商，公举中西办事董事合办上海万国红十字会。适奉商部电饬筹办，因即电请外务部据情商明日俄驻使，电驻日俄使转致政府承认此会，各董事并电各国政府一体转商承认。事体重大，于中立有益无损，而经费浩繁，议明中西分筹，并由海寰等先行筹凑，以上海丝业会馆为华董办事处，公同酌刊捐册备函分寄各省官绅商富，务恳鼎力提倡，俾被罹华人同登衽席，中立主义益明，国势民心两有裨益，不胜盼祷②。

劝捐呼吁得到各省当局的积极响应，据《申报》报道，截止到 5 月 16 日，在短短的一个多月中，广东捐助 2 万元，盛京将军增祺助银万两，两江总督拨库平银 8000 两，清江漕运总督 3000 两，湖北、湖南、江西、山东各

---

① 《二月初一日上海万国红十字会初次集议问答》，中国红十字会总会编：《中国红十字会历史资料选编，1904—1949》，南京大学出版社 1993 年版，第 24—25 页。

② 《上海公电》，《大公报》1904 年 4 月 1 日；《电筹救护》，《申报》1904 年 4 月 2 日。

万两，河南、陕西各5000两，天津2万两等，捐助之踊跃，可见一斑。

利用大众传媒“广而告之”，可以有效拓宽募捐渠道。在红十字精神的感召下，上海的《申报》《新闻报》《中外日报》，不仅代收捐款，而且利用自身独特的影响，为人道救援呼吁。其如《劝捐万国红十字会经费〈申报〉馆协赈所谨启》大声疾呼：

俄日兴兵，生灵涂炭，旷日持久，尚无已时。两国受伤之兵，例由泰西红十字会救治。独我东三省黎庶，连天烽火，骨折心惊，去住两难，死生莫卜，昊天不吊，何又降此鞠凶耶！沪上同仁，恻然悯之，商之各国乐善诸君，联为万国红十字会。派人前往战地，救援被难之人，寒则衣之，饥则食之，病则更为之药之。并特赁轮船载之出险。特是事关重大，所费不赀，刻虽集有五万余金，而来日大难，亟须补助。所望寰中义士，海内仁人，各解囊金，拯民水火，较之散财助赈，其功德更无可限量矣！如荷乐施，请交《申报》馆协赈所帐房，自当掣奉收条，以昭凭信。率布寸臆伫盼，慈云敬叩，善安伏维，垂鉴①。

这些新闻媒体的助赈宣传、号召产生了广泛的社会影响。社会各界，广泛参与，捐款源源不绝，如5月5日《申报》所发《上海红十字会来启》称：

启者：本会昨承杭州将军常军帅助洋一百元，刘敏斋观察助洋二百元，苏宝森太守交来郁屏翰善士助规银一千两、林纯泉善士助洋一千元、李铭吉善士助规银五百两、徐正錀善士助洋五百元、鲍殿勋善士助洋五百元、洪益三善士助规洋二百六十三两、赵馥畴善士助规银二百两、葛蕃甫善士助规银二百两，陈润夫封翁交来包蒲孙善士助规银一千两、德生义宝号助规银五百两、平安堂善士助规银一百两。又承陈封翁交来川帮各善士助款并原条内开川帮各善士见俄日兴兵，东三省一带人民惨遭苦厄，痛痒相关，因承厚德祥各宝号送乔迁之仪洋二百十元，并将设席敬酬隆情之费德厚祥一百元、聚福厚一百元、德兴元五十元、德发荣四十元、德义元二十五元、瑞泰和二十五元、张子贞八元，共洋五百五十八元，合规银四百十两六钱八分八厘，一并移作万国红十字会经费。又承洋行街德发洋行曾少卿观察交来经收红十字会捐款第一次清单内开静记三百元、上海参业一百元、点春堂洋货业一百元、北货业一百元、叶君鸿英一百元、屠君景三一百元、张君芝珊三十元、刘君子谦二十元、孙君复瑞二十元、许君松春二十元、丁君甘仁二十元、源大十元、义感十元、富君桂源十元、乔君本斋十元、茂记十元、林君春生十两、

---

① 《劝捐万国红十字会经费》，《申报》1904年4月10日。

阎君实秋三十元、沈君翊笙五元、不留名五元、无名氏二元、隐名氏一元，共收洋一千五百元、银十两，抄请登报，以扬仁风各等因。除分别掣奉收照外，谨抄乞登报，惟希公鉴①。

类似报道很多，从《申报》连篇累牍的“捐款清单”中，我们仿佛看到了各界民众涓滴助赈的感人场景。这其中涌现出许多动人故事，令人啧啧称道，筵资助赈就是例子。据《申报》报道：“本会昨承苏州陈芝山善士来条（信）并洋一百元，云本月为鄙人六十初度，蒙诸亲友惠赐隆仪，理应设筵款待，藉答盛情。念中国红十字会创办伊始，爰将筵资洋一百元移助善举，为诸亲友祝福。”②“本会昨承（上海）后马路永安里周澍三善士师霖来函云：月之初四日为家君六十寿辰，承诸亲友惠赐隆仪。……家君嵩目时艰，慨念东三省惨遭兵劫，遍地疮痍，与其设席肆筵，特备酬情之宴，不若移花接木……移助贵会经费洋百元，为二老添寿，并为诸君子造福。”③ 另据报道：“上海戏园四家亦各分班合演，以所得戏资之半，移助本会经费。”类似事例，连外国人也为之感动，谓中国人“同心好善，深为可喜”④。中华民族“乐善好施”的优良传统，蕴藏于广大民众之中，一旦有外部条件的刺激，就会迸发出巨大的热情。对中国红十字会的未来发展而言，这是一片潜力巨大的热土。

筹款募捐贯穿于日俄战争救援的始终，“从开始到结束，中国人向红十字协会（即上海万国红十字会）捐助的资金总共达451483两（相当于56000英镑），慈禧太后一人就捐助了十万两（约等于12500英镑）”⑤。众擎易举，社会各界的广泛参与和踊跃捐输，为救护行动的展开提供了后援支持和物质保障。

第二节 分会之设与救援行动的推展

一、分会之设

政府的支持和各界人士的广泛参与，的确令人鼓舞。但上海与东北，相

① 《上海红十字会来启》，《申报》1904年5月5日。

② 《六秩筵资移助红十字会善举》，《申报》1904年6月8日。“念中国红十字会创办伊始”的表达，值得注意，它可以与笔者此前的推断相印证。

③ 《筵资移助红十字会经费》，《申报》1904年6月25日。

④ 《详记万国红十字会问答之词》，《申报》1904年7月1日。

⑤ ［英］李提摩太：《亲历晚清四十五年——李提摩太在华回忆录》（李宪堂、侯林莉译），天津人民出版社2005年版，第308页。

去遥远，救援行动的实施只能由分会力任。早在东三省红十字普济善会组建之时，上海绅商就有设立分会的构想，“于上海设立总局，筹划一切办法……天津、京师另设分局，以便招呼”①。上海万国红十字会一经开办，即将添设分会的计划提上日程。7 月 12 日，《上海万国红十字会暂行简明章程》出台时，不仅将“所有附近战地之紧要地方，由总董会议遴延中西绅董，缮给凭信，前往添设分会”的动议揭诸《章程》，而且关于分会添设情况及设想，亦昭然可鉴，“此会应有医院、医车、医船，恐侵战国权利，是以只设医院，暂就泰西教会，已设、拟设或因战停罢之医院房屋，或另觅房，由本会筹给经费、药物，仿中国海关延用洋人办事之法，商由西董指请教会，向办医院之人，主持办事，作为本会特设之医院。该医院于租赁房屋，应备药品器具之外，其余尚无开支经费，因极节省。而西医生、侍疾人，一切具备，足以医治因战被伤兵民，其非因战被伤兵民，由该分会随时斟酌办理”。总之，“总期广设分会，辗转筹设医伤救难之法，以副中国圣旨，英法德美国同心联合，特行创办之义举”②。

鉴于“以营口最为冲要，先行设立分会”③，牛庄（即营口）分会于是成为上海万国红十字会添设的第一个分会。日俄战争爆发后，牛庄成为各国在东三省教士的避难之所。当李提摩太应沈敦和之请电询牛庄教士可否助救难民时，得到肯定的答复，“且愿效力者甚众，因此遂有创设红十字会之议”④。上海万国红十字会成立后的第 7 天，即 3 月 17 日，中西董事首次集会，即将在牛庄添设分会的构想提到议事日程：“施（则敬）曰：目前东三省办理此举，自须仰仗西国教士偏劳，惟中国善士愿往者甚多，宜亦派往。西董曰：前往与西教士合力更好。施曰：如不派华人前往同办，恐华人捐款，不能源

① 《东三省红十字普济善会章程并启》，《申报》1904 年 3 月 3 日。

② 《上海万国红十字会暂行简明章程》，中国红十字会总会编：《中国红十字会历史资料选编，1904—1949》，南京大学出版社 1993 年版，第 30 页。

③ 《办理红十字会详细情形由》，（台北）“中央研究院近代史研究所”馆藏档案，档号：02-21-013-02-019。牛庄，因辽、金时辽河在牛庄附近入海，商船（古称“牛子”）云集，故名。1858 年 6 月，英、法、美、俄强迫清政府签订《天津条约》，增开牛庄、登州、台南、淡水、潮州、琼州、汉口、九江、南京、镇江为通商口岸。1861 年 5 月 23 日，英国首任驻牛庄领事托马斯·泰勒·密迪乐（Tomas Tayeor Meadows），顺辽河前往牛庄巡视时发现，牛庄“河道淤浅”，大船无法进入，相反，辽河入海口的没沟营（又称“营子”，即营口）水深港阔，适合大船进入，于是指营口为牛庄。1861 年 4 月，营口正式代替牛庄开埠，因《天津条约》内容无法更改，因而对外统称牛庄。这种“指鹿为马”的故技，遂造成了营口即牛庄、牛庄即营口的“互通”。因此，史书所说营口分会、牛庄分会，系同一个分会，而不是两个分会。

④ 中国红十字会总会编：《中国红十字会历史资料选编，1904—1949》，南京大学出版社 1993 年版，第 22 页。

源踊跃。威（金生）曰：请于牛庄设一分会，亦举中西董事合办。西董即由魏伯诗德，公举华董田贵。华董诸君公举现居牛庄之人，所有在彼一切办法，由彼处分会集议安定，牛庄华董可将办理情形，随时函告上海华董，报知众商，以昭大信。众曰：可。”①

4月6日，牛庄分会宣告成立。据报载，这一天“洋人之旅居牛庄者……在教会牧师住宅聚会。聚会之故，盖因接上海万国红十字会电报，允许相助。到者甚众，首席为德国副领事彭定耐尔君，次为美国领事密勒君、意司比格而船主白登君并英、美日报馆军务访事人等。议论之下，彼此和衷商定，在牛庄设立万国红十字分会，选举董事十人，刊一捐启，就地募捐，为会中办理善举。董事当经选举六国官商分充，即中、英、美、俄、德、丹是也”。次日，召开董事会，公举美国驻牛庄领事密勒为总董，大理医生管理银钱，英国传教士魏伯诗德司理文案，负责难民救护事宜，“魏君久在营口等处传耶稣教有年，彼处无论何人，均知有魏牧师”②。牛庄分会董事分为两股，“一专管医院收治各国伤病兵民，一专管救护难民”③，各司其职。

牛庄分会设立后，上海万国红十字会又遴延候补通判张庆桂（字丹荣）、同知周传诚（字正卿）赴山海关外，添设新民屯、沟帮子分会。不久，周传诚因故回沪，万国红会总董续派直隶候补知县刘芬（字兰阶）、指分直隶候补知州任锡琪（字启文）、云骑尉世职徐信谟（字性模）、朱庆章（字殿卿）、许正寿（字文卿）等，前赴东北，会同西董设立分会医院，并电商密勒、魏伯诗德等，展设辽阳、开原、奉天分会。烟台“居津沪之中，与营（口）、旅（顺）隔海相望”④，为水陆要冲，可“联络津、沪、旅、青之气”，因请招商局李福全（字载之）设立分会，东海关道何彦升（字秋辇）“就近督率各分会”⑤。同时，考虑到金陵政治、经济地位——“江苏财赋甲天下，形胜亦足控东南，清末凡督抚同省者皆裁并，江苏独否，将军、总督驻金陵，巡抚驻苏州，一仍其旧”⑥，乃“邀请邓笠航通守驰赴金陵，禀商江南善后局总办何

① 《二月初一日上海万国红十字会初次集议问答》，《申报》1904年3月21日。

② 《述营口分会情形》，《申报》1904年5月4日。

③ 《分办善会述闻》，《新闻报》1904年6月18日。

④ 上海万国红十字会编：《上海万国红十字会图说·烟台》，1907年刊印，中国社会科学院近代史研究所图书馆馆藏。

⑤ 《上海万国红十字会暂行简明章程》，中国红十字会总会编：《中国红十字会历史资料选编，1904—1949》，南京大学出版社1993年版，第30页。

⑥ 尚秉和：《辛壬春秋江苏篇》，祁龙威、周新国主编：《辛亥革命江苏地区史料合集》，江苏人民出版社2011年版，第41页。

诗孙观察设立金陵分会”[①]。此外，上海万国红十字会还在铁岭、安暑河、海城、山海关、塘沽、法库门等地添设分会。

分会，上海万国红十字会救护行动之所依。随着分会的次第添设，大规模的救援行动逐渐推开。

二、援救难民脱离险境

4 月 6 日牛庄分会设立后，大规模的救援行动开始实施，而此时距日俄战争爆发已两个月了，东北难民在隆隆炮声中挨过了 60 个日日夜夜，风声鹤唳，惊魂不定，度日如年。上海万国红十字会的到来，虽系“临渴掘井”，但却使无辜遭“劫”的难胞看到了生的希望。

按照《上海万国红十字会暂行简明章程》之规定，救援行动纲领为“医治战地因战被伤之战国及局外兵民，救护战地之无关战事因战被难人民”[②]。但是，“战地有战场内外之分，战场内惟战国本会得实行其权利，中立国会权利只在战场外”。为此，上海万国红十字会及清廷外务部与日、俄几经交涉，未能获准进入战地，这就决定了救援行动“宗旨只于战场外附近设医院收治伤病军民、救护无关战事人民出险”[③]。

救援行动从牛庄推开，这里切近战地，难民如猬之集。负责实施救护的英国传教士魏伯诗德，假爱尔兰会华医院为牛庄分会总医院，以该院经理白兰德主其事，达立司、西底戈丁、艾德根、阿乃尔、李阿茂、穆伊尔、傅古敦诸西医分担救护之责。医院“药物器械，尽行备妥，一旦开战，可容伤重者五十人，伤轻者一百人。又有医士数人，以备缓急。电音一到，立即可来”。同时，“租有客寓一所，约可容四百余人，以为难民居处，均为之备饮食，供需求”[④]。

牛庄分会救助难民脱离兵戈之险的“出险”行动紧张而有序地进行着。

---

① 《万国红十字会设立金陵、烟台分会》，《申报》1904 年 4 月 12 日。

② 《上海万国红十字会暂行简明章程》，中国红十字会总会编：《中国红十字会历史资料选编，1904—1949》，南京大学出版社 1993 年版，第 27 页。

③ 《续志万国红十字会》，《大公报》1904 年 4 月 27 日。《上海万国红十字会暂行简明章程》第四条对开办医院办法做了如下规定：“此会应有医院、医车、医船，恐侵战国权利，是以只设医院，暂就泰西教会，已设、拟设或因战停罢之医院房屋，或另觅房，由本会筹给经费、药物，仿中国海关延用洋人办事之法，商由西董指请教会，向办医院之人，主持办事，作为本会特设之医院。该医院于租赁房屋，应备药品器具之外，其余尚无开支经费，因极节省。而西医生、侍疾人，一切具备，足以医治因战被伤兵民，其非因战被伤兵民，由该分会随时斟酌处理。”（中国红十字会总会编：《中国红十字会历史资料选编，1904—1949》，南京大学出版社 1993 年版，第 27 页）

④ 《大清时期中国红十字会活动成绩》，中国红十字会总会编：《中国红十字会历史资料选编，1904—1949》，南京大学出版社 1993 年版，第 34 页。

牛庄分会开办之初，即“遍告客籍商民，以兵事将临，地方危险，本会谊应救护，请各自酌量，如川资无着者，当由本会酌给并酌备零用，护送出险”。但“众情安土重迁，且海口轮船尚在出入，不无观望”。不出所料，日军进逼，俄军下令封港，“其驻防兵丁，一夕数惊，误将中国民船疑为日军已至，轰放枪炮，商民船户误伤甚多”，人心惶惶，纷纷向牛庄分会求助，“恳照前说，设法出险”。魏伯诗德等“一面电请北洋官绅按照沪会定议赶办车船免票寄下应用，一面因免票尚未寄到，先于各人衣襟下、手掌内各盖一小印，取给洋银，初由西董分起送至车站，与管站人说明，验有此等图记者，不再索车价，陆续载送入关。自此内地得信者络绎而来”①。红会工作人员，穿梭往来，奔忙不息，应接不暇。

牛庄分会的“出险”行动，成绩卓著，到8月初旬，4个月中救护出险并资遣回籍的难民已达4250余人，“另有左近之妇孺二百五十人，被兵毁家，流离出境，本会（牛庄分会）悯其苦况，留居二十余日，至兵退境安，始遣人护送回乡”②。在整个行动中，牛庄分会共救治伤者2.6万人，救护出险资遣回籍者2万人③。在此过程中，魏伯诗德发挥了关键作用。李提摩太在其《回忆录》中记述了这样一件事：

当我们首次尝试向中国难民提供帮助时，俄国和日本的公使都表示拒绝，尽管北京的中国政府也提出了请求。他们说，他们各自的红十字会能够应对各种危急情况。这使我们陷入了一种非常尴尬的境地：手头有大笔款项，却缺乏必要的权威进行散发。于是我给我的一个朋友、满洲苏格兰长老会的韦伯斯特（Webster，即魏伯诗德——引者）先生写信，说明中国政府没能取得日、俄两国的同意，使我们协会前往满洲救助中国难民，如果他能想出办法解决这一难题，我们将非常高兴。

于是韦伯斯特先生私下里拜会了俄方将军——他们有点私交，请求说，如果不能向中国人提供救助，实在是令人遗憾的事情。结果俄方将军允许他向在俄军占领区的中国人发放救济。然后，韦伯斯特先生又写信给日方将军，说既然俄方已经同意国际红十字协会（即上海万国红十字会——引者）对中国人开展救助工作，他（韦伯斯特先生——原注）感到在怜悯可怜的中国难民方面，日本不应该表现得比俄国更差。日方将军立即表示同意。这样，北

① 《述营口分会情形》，《申报》1904年5月4日。

② 《大清时期中国红十字会活动成绩》，中国红十字会总会编：《中国红十字会历史资料选编，1904—1949》，南京大学出版社1993年版，第34页。

③ 《大清时期中国红十字会活动成绩》，中国红十字会总会编：《中国红十字会历史资料选编，1904—1949》，南京大学出版社1993年版，第41页。

京的政府部门无法做到的，韦伯斯特先生在短短几天内就完成了①。

值得注意的是，对战争中遭遇船难的同胞，上海万国红十字会给予人道关怀。据报道，7月22日，宁波难民金源通船主乐筱梅携营口分会西董魏伯诗德函到上海万国红十字会，“声称该船五月间于奉天复州长兴岛地面误触水雷被轰沉没，死者九人，伤者四人，余幸遇救得回，伤者同行，死者不及打捞，请优抚其家属等语”。上海万国红会“除将受伤人等分别资遣回籍并给函令赴医院医治外，经即函请严筱舫观察就近查访各该家属情形是否属实，酌量抚恤”。经严信厚核实后，“本会特即酌提鹰洋五百元，一面商恳朱葆山观察另募五百元，合洋一千元，作为该被难九人抚恤，款交由严观察转寄往宁，分别情形，尽数抚恤”并登报声明，“计开被难九人家属情形：王烈君，二十九岁，妻并子女皆无，兄嫂二人；汪小双，二十二岁，母六十岁；乐林方，二十六岁，母五十八岁，妻有子无；赵阿春，三十三岁，妻有子一，四岁；徐顺发，二十岁，父五十六岁，母五十二岁；贺毛伙，三十岁，父六十九岁，母六十六岁，妻有子一，三岁；周安生，三十四岁，父七十二岁，母六十四岁，妻有孕；顾定生，二十九岁，母六十五岁，妻有子无；贺阿茂，二十四岁，母六十岁”②。如此人道关怀，令人感动。

日俄战争仍在激烈进行之中。5月1日，日军强渡鸭绿江；4日，其第二军在貔子窝登陆；19日，第三军在大孤山登陆；26日，日军在金州、南山击败俄军后，长驱直入，进逼辽阳。8月24日，拉开辽阳之战的序幕。烽火连天，风云愁惨。随着战线的延伸，“失乐园”的难胞与日俱增，红十字的“出险”行动范围因之扩大。

辽阳一线，风鹤频惊。日、俄军事冲突不断加剧，交火中，有三个村子遭殃，屋宇被毁多至400余所，13人死于非命，“其余群至官衙求救”。知州鲜俊英以“战事逼近，恐难民逃入城中者必多”，救护为难，求助于魏伯诗德。但牛庄分会鞭长莫及，力不从心。恰在此时，英国医生魏华司德（又译为吴瓦德、魏华诗德、魏司华德）致函魏伯诗德，自请“代办会事”。信中说：“此间善事，凡余力所能逮，无不竭力为之，如蒙尊处委余在辽阳代办万国红十字会及救护难民之事，余亦甚愿受教，以使款不虚糜，民沾实惠云。”魏伯诗德即举荐其为会董，设辽阳分会，“会同知州办理彼处城乡内外救灾之事”③。魏华司德在辽阳建有医院，但规模较小，只能容纳50名伤病员，救护

---

① ［英］李提摩太：《亲历晚清四十五年——李提摩太在华回忆录》（李宪堂、侯林莉译），天津人民出版社2005年版，第307—308页。

② 《万国红十字会抚恤宁波金源通被难各船伙家属》，《申报》1905年1月25日。

③ 《朱君礼琦译牛庄万国红十字分会西董魏伯诗德致李提摩太函》，《申报》1904年9月8日。

出险的难民无法安插。在地方官绅的支持下，魏华司德以红十字会的名义“租得大屋一所，设立医院（实为栖流所，所谓‘医院本收留贫病之人，正可藉此招集流亡’），名曰英华同善会（意即中英合办）”，议定“（医）院内红十字会用款归吴医士（即魏华司德）给发，招集流亡之款由振款筹给”①。英华同善会可收容难民 300 人②。分会添设不久，大战来临，“各处难民闻辽城有红十字会医院兼可保护安全，纷纷迁往，络绎于途”③。截止到 9 月 12 日，医院治愈伤者 300 人，英华同善会栖留难民多至千人，而接踵者尚复源源不绝。

辽阳之役，日军伤亡近 2.4 万人，俄军伤亡 1.7 万人，争战之酷烈可想而知。而“辽阳之役，华民死者不亚于俄日两军之数”④。至难民之众，不难想见。魏华司德会同地方官绅，竭力施救，“一一布置，有条不紊，遂使全辽人民奔走相告，得庆再生”⑤。

辽阳之战，俄军败北，溃退至奉天一带，奉天民众，惨遭蹂躏，“败兵退至奉天，遍地皆为戍守，田禾践踏之余，又收作军食。民居门窗椽槛一切木料，均被拆为炊具。贫民既受马足踏伤，又受饥饿，种种惨苦，殊堪怜悯”，逃到奉天的“难民不少，终不得安插之所，妇孺蹲踞，几满街巷”⑥。凄苦之状，令人不忍目睹。

为救济难民，上海万国红十字会添设奉天分会，救护行动的重点于是转移到了奉天。奉天分会设有医院、栖流所。由于日、俄在这一带展开拉锯战，“奉天难民，均避入城，四乡数百村落，均为瓦砾之场，未毁者被兵丁将人逐去，木料木器，付之一炬，间有携物来城者，然赤手者实居大半。栖流所中，辄达七百余人，妇孺来投者，犹有加无已”⑦。红十字工作者，夜以继日，废寝忘食，用一片赤诚之心，关爱、呵护着无辜被难的人们。

其他分会的救护工作同样出色，如沟帮子分会，在整个救援行动中，给

---

① 《万国红十字会来函》，《申报》1904 年 9 月 9 日。

② 《大清时期中国红十字会活动成绩》，中国红十字会总会编：《中国红十字会历史资料选编，1904—1949》，南京大学出版社 1993 年版，第 35 页。一说“足容五百人”，见《申报》1904 年 9 月 7 日。

③ 《述万国红十字会在东三省办理情形》，《申报》1904 年 9 月 7 日。

④ 《中外日报》1904 年 11 月 30 日。

⑤ 《牛庄西董密勒、魏伯诗德致直督袁宫保信朱礼琦译稿》，《申报》1904 年 10 月 2 日。

⑥ 《大清时期中国红十字会活动成绩》，中国红十字会总会编：《中国红十字会历史资料选编，1904—1949》，南京大学出版社 1993 年版，第 35—36 页。

⑦ 《大清时期中国红十字会活动成绩》，中国红十字会总会编：《中国红十字会历史资料选编，1904—1949》，南京大学出版社 1993 年版，第 37 页。

予火车免票救护出险者1128人，给资投亲友者2563人；新民屯分会救护出险者37683人，给资投亲友者23560人[①]，大批在东北从事开矿、筑路、伐木的关内人，由新民屯分会转送至山海关分会资遣回籍，对此《申报》《大公报》等新闻媒体多有报道。

红十字会救护“出险”行动，历时一年有余，共有131177名身陷险境的落难同胞得以转危为安[②]。在这场救护行动中，红十字会员以无私奉献的精神谱写出一首震撼人心的人道金曲，在白山黑水间久久回荡。

第三节　日俄战灾赈济

一、兵灾赈济

“大兵之后，必有凶年”，这是尽人皆知的“规律”。日俄战争之后的赈济，对上海万国红十字会而言，义不容辞。事实上，上海万国红十字会对灾民的赈济不待“大兵之后”就已经开始了。

日俄战争是一场巨大的灾难，“吾中立国之民生息于其地者，掷生命数十万，死亡之数，过于（日俄）两军”[③]。不仅如此，在战争的摧残下，战区“农民失业，商贾裹足，日用昂贵，耕畜、余粮概被搜刮。俄兵每退，于可携带之物外，必焚毁无遗，转瞬饥荒”[④]。战火所及，类皆“荒凉不堪入目”[⑤]，如在奉天，据史书记载：“日俄构衅，奉省适当其冲，东自安东，南自金州，历凤凰、安东、复州、盖平、海城、辽阳皆为大战已过之地，附近省城四乡……荡析离居，有秋未获，其颠连困苦，已难尽言。即岫岩、宽甸、怀仁、辑安、通化、兴京等处业经大战，而队兵往来屯扎，居民亦难瓦全，哀鸿遍野，冻馁兼虞”[⑥]；“自九月上旬，奉天东南乡建设大营后，乡民悉数入城，田禾践踏，一无余粒，屋内木料木器均作炊薪，妇女不敢居营之左近，均向奉天逃避，一身以外无长物，群谋安顿之法。……接英格利来信云，现今奉天难民

---

① 《大清时期中国红十字会活动成绩》，中国红十字会总会编：《中国红十字会历史资料选编，1904—1949》，南京大学出版社1993年版，第42页。

② 《红十字会理事总长沈敦和报告》，中国红十字会总会编：《中国红十字会历史资料选编，1904—1949》，南京大学出版社1993年版，第285页。

③ 《东三省权宜策》，《东方杂志》1904年第9期，第194页。

④ 中国第一历史档案馆馆藏《外务部》档第5082卷。

⑤ 中国第一历史档案馆馆藏《赵尔巽》档第132卷。

⑥ 《电请赈款》，《新闻报》1904年10月23日。

三万余人，均属嗷嗷待哺”[①]。因此，在救护难民“出险”的同时，赈济灾民的行动也在推进中。为此，上海万国红会在沈阳开办了“东三省协赈总局”，以陈艺驻局督办，张琪昌、史纪常为会计，罗相为书记，时敏、陈德球任英、日文翻译，另派叶景葵前往会同商办，“所有赈款、赈粮、棉衣、药物一切要需，统由沪会筹备，运送新民屯，转运至沈（阳）”[②]，调拨各处。各分会设置粥厂（场），赈济灾民。

东北冬来早。10 月份开始，即有号寒之苦，风霜凛冽，寒流袭人，饱受兵燹摧残的难胞，衣不完具，受冻挨饿。此情此景，牵动亿万人心。上海万国红十字会接牛庄分会电讯后 4 日内赶办棉衣 5000 袭（内计女衣 2000 袭、童衣 3000 袭），而后定做棉衣 3 万套，陆续运往东北散放，同时在《申报》等报刊发布《劝募东三省战地冬赈款项并棉衣启》《急募东三省棉衣启》《红十字会棉衣捐款》，加以劝募，引起广泛回应，如《申报》报道：“宝养记棉衣三百件，李云书观察棉衣一百套，又代募沈缦云棉衣二十套，钟志姜、钟志刚旧棉衣各二十件，王小春、王月希、陈应孙、朱友樵、金吉石暨各友公助旧棉衣三十九件，无名氏棉衣一件”[③]；“本会昨承督办铁路大臣盛宫保倡捐棉衣五百套，顾敬斋捐助棉衣洋五十元，王一亭捐助棉衣五十套，宝泰洋布号捐助羽毛棉衣三十套，庄刘氏捐助棉衣二十套，阳湖女士庄珣、皖江女士章兰各助棉衣十五套，黄礼步求父母冥福助洋十元、旧棉衣二十七件”[④]；“应子钧、沈秉衡助旧棉衣八十件，绍宁氏助棉衣二十九件。”[⑤] 如此等等，不一而足。更有天津妇女仁义会、牛庄妇女针线会，组织妇女穿针引线，为难胞送去温暖[⑥]。

冬去春来，虽然日俄之战仍在持续，但战地北移，一些地区炮声作哑，硝烟散去。浩劫之后，“禾稼尽被践踏，粮种亦复无存，耕具牲畜，付之一空，欲耕不能”，而一旦耕作失时，“冻馁更所难料”，况难民拥挤于栖流所，“易酿时疫”，一旦疫疠突发，后果不堪设想，“尤宜早为遣散”。可是，难民“既无庐舍，复无粮种耕具”，要将难民“遣归田里，及时耕作”，“非给发银

---

① 《大清时期中国红十字会活动成绩》，中国红十字会总会编：《中国红十字会历史资料选编，1904—1949》，南京大学出版社 1993 年版，第 34 页。

② 《大清时期中国红十字会活动成绩》，中国红十字会总会编：《中国红十字会历史资料选编，1904—1949》，南京大学出版社 1993 年版，第 40—41 页。

③ 《红十字会棉衣捐款》，《申报》1904 年 12 月 2 日。

④ 《万国红十字会来启》，《申报》1904 年 12 月 10 日。

⑤ 《万国红十字会来函》，《申报》1904 年 12 月 11 日。

⑥ 《大清时期中国红十字会活动成绩》，中国红十字会总会编：《中国红十字会历史资料选编，1904—1949》，南京大学出版社 1993 年版，第 39 页。

两令购器具及粮种不可”。且难民“自播种以至收获，其间青黄不接之时，又非无资可活”，所有这些，红会“不能不预为筹画”。为此，筹拨银4万两，对栖流所留养的难民助以筑室、备耕、生活之费。奉天难民众多，人数超过4万，经与奉天将军增祺协商，由官府资助建房、置办农具，红会赈以粮食，共同安置①。

流入城镇的难民需要救济，散布于关东广大农村地区的灾民也不容忽视。据报道：“由营口迤北至沈阳，中间纵约一千余里，横约六百余里，今年未下籽种，秋成颗粒无收。此外各地方类此者多。语云：大兵之后，必有凶年。今且不待兵后已有凶年矣。”② 受灾面积之广，灾民之众，不言而喻。但受灾有轻有重，待赈有缓有急。要高效实施赈济，进行灾情勘查是必要的。魏伯诗德担此重任。10月底，他在取得日本领事签发的护照后，赴岫岩、海城、盖州勘灾，周历60余村，“所经各处，类皆田园寥落，满目荒凉。岫岩之东，熊岳之南，所伤尚轻，而辽阳、盖州殆不堪言。摩天岭至岫岩一带，子粒无收。盖两军在此开战，田禾被伤净尽故也”③。为解倒悬，魏伯诗德采取两条应急措施：一请该地将军于被难地方设立官米局数处，以资平粜；二红会承办赈济极贫之户，发放米票，凭票到官米局领米，所需款项由红会清结。

二、灾民赈济

东三省“经日俄之战，所在残破，粒米无收。被难人民，不死于刀兵，仍将填于沟壑，政府恻然忧之”。1905年1月，清政府“电饬南洋大臣转饬本会总董，速拨巨款，多延绅员，迅速驰往，广施赈济”④。上海万国红十字会即增派史善诒、谢文虎、邓笠航等人前往东北，会同魏伯诗德等办理放赈事宜。“大兵之后”——日俄战争结束后，放赈持续进行，直到1906年9月始告结束。近两年中，红十字会办事人员不辞劳苦，深入灾区各地，会同地方官绅散放赈粮，克尽扶危济困之神圣职责。以下是“大兵之后”红会赈济灾民的实录：

承德、兴仁两县：均为旗籍，与新民、辽阳、兴京、海龙接壤。战争中，

① 《大清时期中国红十字会活动成绩》，中国红十字会总会编：《中国红十字会历史资料选编，1904—1949》，南京大学出版社1993年版，第39页。

② 《万国红十字会来启》，《申报》1904年10月13日。

③ 《大清时期中国红十字会活动成绩》，中国红十字会总会编：《中国红十字会历史资料选编，1904—1949》，南京大学出版社1993年版，第37页。

④ 《大清时期中国红十字会活动成绩》，中国红十字会总会编：《中国红十字会历史资料选编，1904—1949》，南京大学出版社1993年版，第40页。

两军更相驻守，被难尤酷。战后，经史善诒派陈艺、史汝基、张琪昌、谢文虎、任其钧、严良增、张思永、支昭福、尤辰翼分头前往查明，承德县46屯，大口5563名，小口3519名；兴仁县5旗196屯3731户，大口12038名，小口8375名，会同承德知县孟秉彝、兴仁知县崇廉，分别给赈无遗。

辽阳州：南界海城、岫岩，东界兴京、凤凰厅，北接承德县，俄军以此为根据地。两军相持既久，多有伤亡，“民间粮食牲畜，悉遭焚弃。战后所埋地雷，为祸尤烈”。西董魏伯诗德“商明俄军司令官，由西董魏诗华德（魏华司德）、华董孟精一等，借教堂设立分会，除疗治伤病兵民及救护无关难民出险外，并由魏伯诗德商同华员刘芬、朱庆章等，携带司事，商请日司令官，附坐东清火车，冒险前往”，查明219屯6268户，大口18821名，小口12347名，会同辽阳知州沈金鉴，分别给赈无遗。

新民府：地跨辽河，壤接辽沈、辽西，“名为中立之地，实则仍为两军间道所从出，就车站设立分会，由任锡琪、徐诚檀等经理。其辽东界内财产牲畜，概遭焚弃”。史善诒派鲁宝清、沈寿庄、林守忠、严良增分头前往，查明17屯477户，大口1079名，小口644名，会同署新民府知府陈衍庶，给赈无遗。

彰武县：为蒙古牧民聚居的地方，“本多盗寇，益以兵戈，蒙民困苦，屡求赈抚”。史善诒派谢文虎、任其钧、邹增顺、邓济川等“分投前往，招集流亡。军队马贼，初颇误会，开枪轰击，再四说明，始免于祸”。查明97屯1902户，大口4743名，小口4213名，会同彰武知县周士藻给赈无遗。

海城县：跨辽河为治，接壤辽阳、盖平、岫岩，西为津榆铁路必经之地，东为东清铁路扼要之区，“日俄两军，据以相持，胡匪乘间肆扰，人民困苦殊甚”。西董魏伯诗德、华员朱庆章分头前往，查明130屯3023户，大口7765名，小口5150名，会同海城知县王礼堂给赈无遗。

盖平县：东濒大海，西、南、北三面，接壤海城、复州、岫岩，居民向以种植蜡树、收养野蚕为生计，“自遭兵燹，流亡失业，备极困苦”。西董魏伯诗德、华员朱庆章等，分头前往，查明184屯4252户，大口12138名，小口8817名，会同盖平知县祥德给赈无遗。

开原县：为日军前敌驻地，土客杂居，流亡四集，鹄面鸠形，嗷嗷待哺。当经史善诒派谢文虎等前往，查明1727户，大口4841名，小口3806名，会同开原县陶应润给赈无遗。

铁岭县：系南北孔道，为两军屯粮扼守之区，迭遭蹂躏，困苦万状。经史善诒与日本奉天军政司商定，派谢文虎等前往，查明41屯688户，大口1676名，小口1169名，会同铁岭县赵臣翼分别给赈。

昌图府：为奉北要塞，日兵驻城南，俄兵驻城北，相持半载，村屯为墟，居民四散逃亡。战后，史善诒派谢文虎等前往，查明61屯981户，大口2281名，小口1970名，会同昌图府徐景涛广施赈济。

怀德县：为奉吉铁路所经之地，虽非战区，但军队往还，动遭蹂躏。史善诒派邹增顺等前往，查明铁路沿线被灾9社共700户，大口1836名，小口1974名，会同怀德县荣禧分别给赈。

奉化县[①]：与吉省毗连，“蒙旗杂处”，自遭兵燹，流亡转徙，哀鸿遍野。经史善诒派任其钧等前往，查明10社1185户，大口3708名，小口3535名，会同该县地方官陶鹤章给赈无遗。

康平县：在昌图、奉化之西，两军游击，时相往还，加之马贼出没其间，民不聊生。史善诒派谢文虎等前往，查明174屯1580户，大口3067名，小口1883名，会同康平县刘晋藻给赈无遗。

兴京府：全境皆山，为两军犄角之地，居民饱尝战火之苦。经史善诒派邹增顺等前往，查明65屯1475户，大口3685名，小口2823名，会同兴京厅孙长青给赈无遗。

通化县：与海龙接壤，为俄军、马贼往来孔道。“该处乡民耕种外，向以淘金为业，自客兵开衅，人皆歇业，益以兵燹，灾民困苦，莫可名言”。当经史善诒派邓济川等前往，查明10堡1938户，大口4780名，小口3252名，会同通化县秋相孚给赈无遗。

怀仁县：南界岫岩，西接兴京，东界临江，“夙为马贼渊薮，加以洋队过往，（人）参池田亩，概皆荒废”。史善诒派邹增顺等前往查明11堡628户，大口1450名，小口1015名，会同怀仁县刘昭钧给赈无遗。

东平县：“本系围荒旧地，新设县治，客民初集，生聚未久，即遭兵燹，人益涣散”。当经史善诒派尤辰翼、张思永分往，查明20社420户，大口1330名，小口775名，会同东平县张兆骏分别给赈。

西安县[②]：与吉林伊通州接壤，俄军由海龙引退，即屯驻该地，加以马贼窜扰，居民困苦异常。史善诒派史汝基等，由西丰等处分往，查明全境10社1911户，大口3709名，小口3667名，会同西安县王作宾赈济无遗。

西丰县：与吉林伊通州接壤，“本系围荒旧地，俄队自辽沈北去，以该县及昌图为前敌根据地，重兵扼守。时届严冬，灾民露宿，僵毙相望”。史善诒派史汝基等，冒险前往，查明全城及37团2581户，大口8449名，小口7449

① 今吉林省梨树县。

② 今吉林省辽源市。

名，会同西丰县德凯给赈无遗。

柳河县：壤接东平，自遭兵燹，粮亩房产，一切荡然。史善诒派邓济川等，由通化等处分头前往，查明20社1984户，大口5337名，小口3371名，会同柳河县施承烈分别给赈。

海龙府：全境皆山，本围场旧地，俄军以山险可据，由通化退驻，“马贼又相窜扰，居民困苦，莫可名言”。史善诒派邹增顺等分往，查明16社1592户，大口4107名，小口2787名，会同海龙府依陵阿分别赈济。

伊通州：系奉省叶赫边门，赴吉林要道，介于怀德、奉化、开原、西安、西丰、柳河6县之间，全境皆山，兵戈扰攘，备受惨祸。史善诒派任其钧等分往，查明344屯5868户，大口18656名，小口15205名，会同伊通州刘赞棠分别赈济。

磐石县：壤接伊通州赫尔苏，为兵马必经之地，兵祸相加，居民不堪其苦。史善诒派史汝基等分往，查明5社11甲61屯852户，大口2978名，小口2447名，会同磐石县姚景星分别给赈。

海参崴：在东海之滨，为不冻港，西伯利亚铁路干路止此，“商货由此委□输，俄兵据为军港，华商群聚萃处，有商务委员以董率之。前清光绪三十二年十月，俄军猝变，崴埠华商房屋，焚毁殆尽，受伤人口八百余名”。上海万国红十字会闻讯，当即购买芦席、饼干、棉衣裤，派余树勋等，商请招商局派海定轮船，“前往设立红十字会，与崴埠筹赈会合办。援照本会救护协赈章程，由沪陆续接济，会同商务委员李家鳌分别救护给赈”。

除此而外，红会还在沈阳、牛庄、沟帮子等地广施赈济。施赈范围共27处，受赈人数达225138人[①]，功勋卓著。

上海万国红十字会及其分会，救助日俄战灾，历时三载，救护出险、收治伤病、留养资遣、赈济安置总人数达46.7万人，因伤重不治而亡者仅331人。“此次救护工作，得到教会和医院以及中国官方最高的合作，所以成绩特佳”[②]。尤为难能可贵的是，红会中西办事各董及救难人员不支薪水[③]，他们以崇高的奉献精神，救死扶伤，扶危济困，默默实践着红十字赋予的人道圣职。他们的业绩，在白山黑水的辉映下，熠熠生辉，光彩照人。

---

① 《大清时期中国红十字会活动成绩》，中国红十字会总会编：《中国红十字会历史资料选编，1904—1949》，南京大学出版社1993年版，第40—46页。

② 胡兰生：《中华民国红十字会历史与工作概述》，中国红十字会总会编：《中国红十字会历史资料选编，1904—1949》，南京大学出版社1993年版，第499页。

③ 《办理红十字会详细情形由》，（台北）“中央研究院近代史研究所”档案馆所藏红十字档案，档号：02-21-013-02-019。

第三章　结万国红会全局
巩中国红会初基

日俄战争结束后，五国合办的“上海万国红十字会”完成救护使命而“终结”，中国红十字会蜕变而出，走上“自立”之路。为“巩中国红十字会之初基”①，红会同仁设医院，培养医学人才，参与社会救助活动。然而，1910年“大清红十字会”的开办，给这一民间社团抹上浓重的“官办”色彩。

第一节　结万国红十字会之全局

一、上海万国红十字会的终结

日俄战争持续到1905年，交战双方损失惨重，焦头烂额。双方无力再战，遂接受美国总统罗斯福停战议和建议。8月9日，日俄在美国朴次茅斯开始谈判；9月5日，签订《朴次茅斯条约》，俄国同意将旅大租界地以及该租界地内的一切权益、公产等转让给日本，将长春（宽城子）至旅顺间的铁路连同其支路、利权、煤矿等无偿地转让给日本。经过一番搏杀，日本终于迫使俄国将其在东三省的势力范围重新划分，把长春以南地区吐了出来，转到自己手中。《朴次茅斯条约》的签订，标志着日俄战争的正式结束。

上海万国红十字会是为救护日俄战争“应急”而设的，

① 中国红十字会总会编：《中国红十字会历史资料选编，1904—1949》，南京大学出版社1993年版，第9页。

日俄战争结束，意味着五国合办万国红会的使命完成，理当“功成身退”。但上海万国红十字会在日俄战争结束后没有立即解散，原因何在？根据当时的情况，原因主要有三：

一是战争影响的延续。日俄战争虽然结束，但战争的影响不可能立即消除，满目疮痍，嗷嗷待哺之声依然不绝于耳，上海万国红十字会不能置若罔闻，置身事外。“现在日俄和议告成，协赈乃地方善后之一端，正在吃紧”[①]。战灾赈济，不能半途而废，这是自然之理，尽管上海万国红十字会有“收束”的打算。

二是美国旧金山大地震的国际救援需要。1906 年 4 月 18 日 5 时 15 分，旧金山发生里氏 8.3 级强烈地震，加之大火延烧 3 天，全城 5.3 万座房屋中 2.8 万座被毁，22.5 万人失去家园，造成重大生命财产损失。旧金山是华人集中的城市，“华侨三万余人，产业全毁”[②]。惨祸发生后，全国上下纷纷行动，筹款募捐，向海外赤子伸出援手。作为国际性人道组织，上海万国红十字会自然不能无动于衷。据报道，地震之后，“上海万国红十字会筹凑银二万两，又由各绅商凑集银三万两，寓沪粤商凑集洋五千元，购美金电汇。一面仍偕各绅商多方设法，藉示华侨以朝野上下如此同心合力，切实保护，所关甚巨。谨此电闻，倘尊处本拟筹拨款项，请速汇美京梁使收拨，或将款汇沪交商会掣取收条为凭，代买美金转会，总祈迅速筹济为要”[③]。职责所在，上海万国红十字会无法“收束”。

三是海参崴华人住宅遭焚突发事件的使命担当。关于海参崴华人住宅遭焚事件，《中国红十字会历史资料选编》第一编中之《大清时期中国红十字会活动成绩》有这样一段记载：“海参崴在东海之滨，为不冻口岸，情形与烟台相同，西比（伯）利亚铁道干路止此，商货由此委□输，俄兵据为军港，华商群聚萃处，有商务委员会以董率之。前清光绪三十二年十月，俄军猝变，崴埠华商房屋，焚毁殆尽，受伤人口八百余名。沪会闻信，当先购芦席、饼干、棉衣裤，派余树勋等，商请招商局派定海定轮船，前往设立红十字会，与崴埠筹赈会合办。援照本会救护协赈章程，由沪陆续接济，会同商务委员李家鏊分别救护给赈。”[④] 从这段文字中，我们大致可以了解事件的简况。不过，事件发生的时间有误，不是光绪三十二年（1906 年），而是光绪三十一年即 1905 年。1905 年 12 月 10 日《申报》报道称，“海参崴来电，知华民买

---

① 《上海（万国）红十字会寄各省电报》，《大公报》1905 年 10 月 3 日。

② 《四月初七日上海专电》，《大公报》1906 年 5 月 2 日。

③ 《四月初七日上海专电》，《大公报》1906 年 5 月 2 日。

④ 《大清时期中国红十字会活动成绩》，中国红十字会总会编：《中国红十字会历史资料选编，1904—1949》，南京大学出版社 1993 年版，第 46—47 页。

卖街所有庐舍悉付一炬，受伤八百人”①，可以为证。

事件发生后，外务部致电北洋大臣，饬令沈敦和等“酌支红会捐款”，购买饼干、棉衣等物，派员赈济。沈敦和立即照办，派会员廖锦春、陈刚、余树勋等由上海赴烟台，搭乘海定轮前往海参崴“查明救济”②。廖锦春、陈刚“两君向随弟敦和在自强军当差，办事极为勇往”，余树勋“前随严佑之先生办理义赈多年，去岁奉三大臣派赴奉省办理分会事宜，悉臻妥洽”③，非常得力。据报道，上海万国红十字会“酌拨会款购买罗布（卢布）一万枚、新棉衣裤二千套计八十包、饼干九千磅计一百八十箱，于本月二十日乘轮赴烟附搭海定同往”④，而且表示视赈济情形，将“再续汇三万金，藉资接济，其办法拟照红会现行章程，愿归者分别资遣，愿留者量予抚恤”⑤。

变起突然，这使上海万国红十字会“收束”解散的打算暂时搁置下来，关于这一点，沈敦和在给海参崴商务委员李家鏊（字兰舟）的信中说得明白：“前因奉省各属惨被兵灾，穷民流离失所，当经禀奉吕、盛、吴三大臣创办红十字会，集款派员驰赴灾区分投（头）救护。现在俄日议和，会款亦所存无多，正拟逐渐收束，适准招商局抄示北洋大臣电奉外务部电开，海参崴有乱事，华民住处被焚饬即派轮前往救护等因”⑥，而继续维持上海万国红十字会的存在。

以上几个方面的原因，使上海万国红十字会在日俄战争结束后又存在了整整一年时间。1906 年 9 月，全部赈济工作圆满结束，五国合办上海万国红十字会虽然名义还在，但基本上停止运作，只有少数几个人办理善后事宜。1907 年 7 月 21 日（光绪三十三年六月十二日），由吕海寰、盛宣怀联衔《沥陈创办红十字会情形并请立案奖叙折》上达清廷，“以结万国红十字会之全局，即以巩中国红十字会之初基”⑦。历时三年有余的上海万国红十字会至此终结⑧。

---

① 《红十字会来函》，《申报》1905 年 12 月 10 日。

② 《照录红十字会来函》，《申报》1905 年 12 月 6 日。

③ 《十月十九日红十字会沈、任、施行三观察致海参崴商务局委员李兰舟》，《申报》1905 年 12 月 10 日。

④ 《十月十九日红十字会沈、任、施行三观察致海参崴商务局委员李兰舟》，《申报》1905 年 12 月 10 日。

⑤ 《十一月初三日复外务部电》，《申报》1905 年 12 月 6 日。

⑥ 《红十字会来函》，《申报》1905 年 12 月 10 日。

⑦ 盛宣怀：《愚斋存稿》第 13 卷，《奏疏》。

⑧ 周秋光先生在《晚清时期的中国红十字会述论》一文中说：“加之善后各有关问题需要处理，故万国红会得仍继续存在约 2 年之久，直到 1907 年 7 月 21 日吕海寰、盛宣怀等上奏请旨试办中国红会，1908 年 5 月核定照准后，才结束解散。”（周秋光：《晚清时期的中国红十字会述论》，《近代史研究》2000 年第 3 期，第 144 页）把上海万国红十字会终结的时间定在 1908 年 5 月，未尝不可，但自 1907 年 7 月 21 日后，从未见以上海万国红十字会的名义举办任何活动，所以，笔者以为把吕海寰、盛宣怀奏请“结万国红十字会之全局”的时间即 1907 年 7 月 21 日作为上海万国红十字会的解散日，更为合适。

二、闪光的红十字勋章

上海万国红十字会在它存在的3年多时间里，特别在日俄战争期间，“各员绅出入兵火，九死一生，艰苦情形，难以尽述，实在救护至四十六万七千余人之多，兼及战国伤病兵士，藉以昭示睦谊。核其劳绩，似合军营前敌中外交涉兼而有之，迥非寻常偏灾办赈可比”。他们的“劳绩”，理应受到表彰。为此，吕海寰、盛宣怀饬上海万国红十字会“将始终在事尤为出力员绅，查取职名，会商西董，分别缮列清单，以凭奏请奖叙”。1907年7月21日，吕海寰、盛宣怀联衔上奏朝廷，“请立案奖叙”。奏称：上海万国红十字会“总董等办事实心，赴机迅捷。各分会员绅出入锋镝，屡濒于危，卒能坚忍耐劳，举数十万流离荡析之人民，出水火而等衽席，上纾宵旰如伤之隐，下示中外联合之诚。该总董所称兼有军营前敌中外交涉之成劳，尚非溢美。各员绅等又非尽负地方责任，远人引重，亦非虚词。臣等前准奉天督臣赵尔巽咨请，查核在事出力中西员绅职名，奏给奖叙，自应查照择尤（优）保奖，以资观感，如蒙俞允，应由现任东三省总督臣徐世昌查明具奏。”① 朝廷准奏。

1908年4月，东三省总督徐世昌遵旨查明上海万国红十字会“在事出力中西员绅职名，奏给奖叙”。4月28日，《申报》登出《东督等奏保红十字会名单》，其中“创始及办事人”：中国总董记名海关道沈敦和、前四川川东道任锡汾、直隶候补道施则敬、江西补用道任凤苞、江苏提学使毛庆蕃、江海关道梁如浩、前直隶通永道沈能虎、浙江候补道徐润、江苏候补道周晋镳、候选道唐德熙、陈作霖、候选主事黄錞，共华员12名；西总董领袖威金生，西总董裴式楷、安特生、勃鲁那、麦尼而、宝隆、葛累、李提摩太、潘慎文、书记李治、分会西董领袖魏伯诗德、西董屠达纳、霍医士、虞医生、密勒、法勒、额必廉、大理医生、魏华司德、克澜斯愓、麦克诺顿、费有顿、英格烈司、伯勒、葛澜格、克禄福、杨克罗、魏雅格、远来、傅密生，共洋员30名，荣获“中国红十字会一等金质勋章”②。此外，“异常出力人员”“寻常出力人员”百余名也分别受到表彰。

异常出力人员：直隶补用道屈永秋交军机处存记；署奉天度支司会计科佥事陶仁荣以道员分省补用并加二品衔；前指分江苏试用道盛沅，开复革职处分，仍以道员指分江苏试用；直隶候补知府史善诒免补本班，以道员仍留

---

① 盛宣怀：《愚斋存稿》第13卷，《奏疏》。

② 《东督等奏保红十字会名单》，《申报》1908年4月28日。勋章共分三等，一等金质、二等银质、三等铜质，外嵌双龙，内含红十字标志。

原省补用；直隶补用知府严廷璋免补知府，以道员仍留原省补用，并加二品衔；分省补用知府任承弼免补本班，以道员分省补用；候选知府苏德□免选本班，以道员归部选用；广西补用直隶州知州王克诚免补本班，以知府仍留原省补用；直隶候补同知任锡琪免补本班，以知府仍留直隶补用，并加盐运使衔；候选同知吕敩琦、杨毓莹、周传诚，均免选本班，以知府选用，并加盐运使衔；浙江候补同知陈承澍、江西候补同知季厚堃、福建试用同知郁钟棠、江苏候补直隶州知州陈德球，均免补本班，以知府仍留原省补用；分省补用同知成志精、胡光骐，均免补本班，以知府仍分省补用；候选同知李恒春、陈承第、谢志镛，均免选本班，以知府选用；分省试用同知林庆琪，免补同知，以知府仍分省补用；准补临江县知县荣善，俟离知县任后免补同知，以知府补用；江苏候补通判陶凤威，免补本班，以同知仍留江苏补用；安徽候补直隶州知州任凤巢补缺后，以知府仍留原省补用，并加盐运使衔；直隶广昌县知县刘芬，免补直隶州知州，以知府在任候补，并加盐运使衔；广东补用知州袁嘉熙，免补本班，以直隶州知州仍留原省补用；直隶候补直隶州知州倪文德，免补本班，以知府仍留原省归候补班补用；候选州同陈常德，免选本班，以知州不论双单月选用；江苏候补知县刘麒骧、留奉委用知县史纪，当均免补本班，以直隶州知州仍留原省补用；候选知县狄葆贤、徐维岱，均免选本班，以同知直隶州选用；候选知县朱振仪，免选本班，以直隶州知州选用，并加知府衔；前江西分宜县知县施联元，拟请开复革职处分，仍以花翎同知衔知县选用；候选知县吴其芬，免选本班，以同知选用，并加知府衔分省补用；州判任锡枢，免补本班，以知县分省补用；浙江试用布经历周志永，免补本班，以知州仍留浙江补用；候选銮仪卫经历徐杰请改免补本班，以同知分省补用；候选府经历徐家璟，免选本班，以知县选用；分省试用府经历赵鹏第，免补本班，以知县分省补用；选用府经历王秉铎，免选本班，以知县不论双单月补用；直隶试用县丞王龙光，免补本班，以知县仍留原省补用，并加同知衔；候选府经历沈国冕、候选县丞程有年、谢文虎、余树勋、罗相、沈寿庄、方策、朱载德、吴文藻，均免补本班，以知县选用；试用县丞赵增祺、张思仁，均免补本班，以知县分省补用；试用县丞吴昌鼎，请免补本班，以知县仍分省补用，并加同知衔；试用县丞沈树伦、李鳌，候补县丞任其钧、史汝基、张祺昌、王孝同、鲁宝清、朱礼琦、周锡元、周珍，试用县丞徐渊，均免补本班，以知县仍留原省补用；候选县丞司徒元宗，免选本班，以通判选用，并加同知衔；留奉补用县丞周铭，免补本班，以知县仍留原省补用，并加同知衔；分省补用布理问卢廷光，免补本班，以知州仍分省补用；候选州吏目任凤年，候选巡检邹增顺，候选从九许良图，均免选本班，以县丞选用；陆军部主事唐庚，免补主事，以员外郎遇缺即补，并加三品衔；前翰林院编修冯恩昆，请开复革职处分，仍以原官用补用；都司朱庆章免补都司，以游击补用；前两江补用都司徐诚檀，拟请开复革职处分，仍以花翎三品衔留于两江，以都司补用。

寻常出力人员：候选道朱佩珍、周万鹏、杨焕宸、张庆桂，均加二品顶戴；候选道伍璜，以道员分省补用；直隶候补知府陶式鋆，赏给二品顶戴；孙葆瑨补用知府；洮南府知府范贵良、候选道欧阳朝华，均加二品衔；留奉知府孟宪彝、施世杰，均俟归道班后加二品衔；正任东平县知县张兆骏、金州厅同知孙长青，均俟补知府后，以道员用补用；直隶州知州张铎、直隶候补同知周志椿，均俟得缺后以知府用；营口海防同知刘朝钧，以知府在任补用；补用同知崇廉，俟归同知班后以知府用；截取同知刘晋藻，俟补同知后以知府在任候补；宁远州知州马鸿阶，准补宽甸县知县秋桐孚，均以同知在任候补；州同职衔许国祥，以府经历选用；安徽补用知县徐德铭，四川试用知县林世丰，江苏试用知县汪龙标，均以知县仍留原省补用；镇安县县丞何展采，候补知县后以直隶州知州仍留原省补用；安徽候补知县高振锴，候补缺后以直隶州知州用；分省试用州判荣永清，以知补分省补用；府经历职衔陆文祯、支昭福、徐钧颐、刘沅福、魏廷梁、李景祁，均以府经历选用；候选县丞林联光，俟得缺后以知县用；县丞职衔赵龙骧、龚景福、周榕桢，均以县丞不论双单月选用；县丞职衔程鉴洛、吕鸿翱、张宝书、潘维翰、储镇鹤、潘德蔚、孟精一、颜承毓、邓济川、林守忠、严良增、张思永、印楚楠、胡秉章、陈刚、罗驹、金树森、吴唐伟，从九职衔李辅宸，廪贡生郁奎，监生庄介祚，均以县丞选用；候选布理问庐金鉴，加四品衔；盐大使职衔褚德衣，以盐大使选用；布照磨职衔李鍹，以布照磨不论双单月选用；江苏试用巡检孙葆青，俟得缺后以县丞仍留江苏试用；法部主事史致培，请加四品衔拣选；举人唐运汉，以知县不论双单月尽先选用；附生盛善怀，以县丞不论双单月选用；附生方鋆，文生尤辰翼，俊秀徐兆基，均以从九选用；候补协领多隆阿，请加副都统①。

每一个勋章获得者或受到表彰者，都是一首歌、一首红十字人道主义的赞歌。即如1904年12月1日《申报》刊登的王震一的见闻录《沈、锦红十字会护送难民事略》，就向远离战祸的人们述说着作者的亲历：

今秋余因天一垦务公司收粮事特往查看，遂至荆州，既又以他事赴沈阳，

① 《东督等奏保红十字会名单》，《申报》1908年4月28日。

行旅所经，凡难民困苦之状以及红十字会救恤之方，有触于目而动于心使余感叹敬佩而不能止焉者。余自九月十九日（阳历10月27日）由锦乘火车至沈，行三百六十里，过新民屯，是处为往来沈、锦要道，距沈尚百数十里，吾国之关外铁路至此而止。余下火车，投逆旅，拟雇骡车前进，暂止一宵，因见难民麇集，遍地皆是，囚首垢面，状皆如丐，询之，知俄、日战后凡在东省恃工业为生者均无所糊口，而囊中又无余资，故皆扶携流徙南下，幸此处已设有红十字会，会中皆按其籍贯送至山海关分别遣回。每日由火车运送六七百人，然相继而来者尚纷纷不已。当其遣送上车之时，余特往一视，时方子夜，会中总办任启人、许文卿及司事各友已皆莅止，至三点钟即呼集难民，点名给饼食、车票，按起赴车站。六点钟火车开行。任、许两君亲送上车，再派司事分段护送至榆关而后止。据人言，每日皆然，虽风雨霜雪不为或辍，其办事之实心实力如此！至沟帮子车站，亦为要道，则有刘兰阶大令主理其事，勤恳诚笃与任、许二君殆无稍异。余在新民屯一宿，即波辽赴沈，途中难民络绎不绝，皆瑟缩苦寒，委顿道左。又沿路俄兵甚多，时来稽查，不敢与抗，盖一渡辽河，遍地俄势矣。沈城难民分为两起：一系本处乡人，被俄兵占去住屋，无家可归者，奉天将军设筹济局借市房六十所以为栖止，计有一万九千三百余人，日给饮食，暂救朝夕，意总办孙幼谷太守躬亲其劳，必有以善其后也；一为异地人，则由红十字会送至新民屯分送回籍，其办法之妥善，一如新民屯，不待复述。又北洋所设护送局与红十字会相辅而行，均得实济。沈城距战地四十里，日夕屡闻泣声，盖俄自辽阳退后，拒日兵之进沙河铺，大小百战，已及月余。不知吾民何辜，横被殃及，亦可悲矣。又北地各红十字会竭力办理救护者，不知凡几。余亲历目睹，感于君子之存心行善，见义勇为，故书此以告我南方之人并请诸大善士共鉴焉[①]。

读完这段文字，不能不为红十字会员那种忘我的工作作风而感动。没有豪言壮语，而以“实心实力”的行动播洒着人道的甘霖。他们之受到表彰，是当之无愧的。

上海万国红十字会为五国合办，中方办事人员理当尽心尽力，而西人办事人员出生入死，尤为难能可贵，历史不会忘记，“此次救护工作，得到教会和医院以及中国官方最高的合作，所以成绩特佳”[②]。对此，有贺长雄不无感慨地说，日俄战争时，他在东北“屡见满洲各地之教士及妇人救护华人之伤

① 王震一：《沈、锦红十字会护送难民事略》，《申报》1904年12月1日。

② 胡兰生：《中华民国红十字会历史与工作概述》，中国红十字会总会编：《中国红十字会历史资料选编，1904—1949》，南京大学出版社1993年版，第499页。

者、病者以及因战事而致失所者，不遗余力。余疑教士所为，而实不知为中国红十字会之事迹也，至今方知即中国红十字会之发轫”①。这其中，牛庄分会的魏伯诗德堪称杰出代表。他不仅响应上海万国红十字会之请促成牛庄等分会的添设，多方奔走救护难民出险，而且在赈灾过程中更是亲力亲为，风尘仆仆。1904 年 11 月 17 日《字林西报》发表他给上海万国红十字会的函件，缕述他勘灾情形：

弟近承本处红十字会及日本官宪嘱赴岫岩、海城、盖州一带查勘今年夏间曾遭兵燹各处情形，得悉该处屋宇禾稼经已大遭蹂躏，迨至冬间，百姓必至异常困苦。愚意会中当派一人前往查察以备救济。弟日前系乘本地骡车从海城首途，缓缓先向东南，行至岫岩，择其遭难最重之区，逐村巡视，躬历兵过之地，阅视村中稻场，访问乡人、乡长暨地方官，所有禾稼损伤若干等情，均承一一见告。自岫岩复向西行而至盖州，然后折而南行至大理寺、瓦坊店各处，事竣回海。复蒙岳古赉都戎准，赴辽阳一行，遂与魏司华德君暨本地查账（赈）委员晤商一切②。

从这段文字中，我们不难体验到他不辞劳苦、跋山涉水勘灾赈灾的艰辛。难怪万国红十字会同仁感慨万千，评论道：“魏伯诗德君为本会董事，慈祥恺悌，以德动人。自牛庄开办分会医院后，无论老幼男女，援手护救者不下万人，由是而辽而沈而开原、吉林各分会，以次递兴，而辽会实为南北门户。今得其同教魏诗（司）华德君，一一布置，有条不紊，遂使全辽人民奔走相告，得庆再生。而日将福岛君登堂引观，亦复一视同仁，辄以巨金见助。呜呼！此非魏伯诗德君知人善任而以诚相感，曷克有此！”③

红十字勋章，光彩夺目，照亮的不仅是过去，还有红十字会的未来。

第二节　自立之路

一、官方的努力

上海万国红十字会以“成绩昭著，中外同称”④ 的丰功伟绩走完了其光

---

① 《中国红十字会之过去及将来》，《新闻报》1912 年 1 月 29 日。

② 《译西历一千九百零四年十一月十七日〈字林西报〉所登牛庄魏伯诗德致上海红十字总会函》，《申报》1904 年 11 月 23 日。

③ 《牛庄西董密勒、魏伯诗德致直督袁宫保信朱礼琦译稿》，《申报》1904 年 10 月 2 日。

④ 中国红十字会总会编：《中国红十字会历史资料选编，1904—1949》，南京大学出版社 1993 年版，第 40 页。

辉的历程。作为承办国的中国，理应走上独立自主发展红十字事业之路，这是人们共同的期盼。实际上，无论官方，抑或民间，都在为创建中国独自拥有的红十字会而殚精竭虑，努力玉成。

就官方而言，在上海万国红十字会创办的前后，朝廷重臣屡有创设红十字会之请。如1904年3月26日，出使美国大臣梁诚上奏“请联约各国仿设红十字会”，谓：

窃臣伏读谕旨，设练兵处，参用各国章程，期成劲旅，仰见皇太后、皇上整军经武，奋发图强，实深钦佩。臣惟我武维扬，圣人原不得已之举；民命至重，王者有不忍之心。近今各国行阵救疾扶伤，不分畛域，其法良意美，尤推红十字会为最。该会命意略如内地善堂，以拯灾恤难为义务，而于国政宗教不相关涉，与会之人出入行间，各国皆公认为局外。同治三年，始于瑞士之真奈瓦（日内瓦——引者）地方创设公会，议定条约十款，签押者十二国。嗣后推行日广，各国次第入会。历年兵事，无役不从，甚至后妃命妇之尊，亦能不避艰危，亲调医药。论者谓于兵凶战危之中，行仁至义尽之道，文明进化，已信有征。而将士恃此，志气益扬，忠勇百倍，尤为兵家制胜之长策，环球各国日孳孳然讨论而利用之。中国尚未联约入会，似非圣朝恩周庶类、整饬戎行之本意。……臣体察近情，觉红十字会为练兵不可少之举，谨将真奈瓦公会联约条款、各国入会年份暨美国红十字会章程译成汉文，照录清折，恭呈御览。并就管见所及略陈办法，拟请饬下外务部照会瑞士国政府，声明愿入红十字会联约缘由，俟复文到日，专派大员签约。一面查取东西洋各国红十字会章程，按照现在情形参订会章，颁发总会，克期举办。庶几上张国体，广含宏怙冒之恩；下恤军民，作有勇知方之气①。

梁诚的奏折，因路途遥远，直到5月15日才上达朝廷，显然“迟到”了。上海万国红十字会已经成立并正紧锣密鼓地实施救援行动。不过，梁诚“联约”即加入国际红十字会组织之建议，对清政府接下来的“联约”行动，还是有一定促进作用的。

英雄所见略同。就在梁诚向清廷呈递奏稿的第三天，即3月28日，御史夏敦复有《奏请成立中国红十字会片》上达：

自俄日两国开战，战地居民最为可悯……其困苦情形，诚有不堪言状者。臣风闻沪上义绅施则敬等，创率同志，举办东三省红十字普济善会，仿照庚

① 《出使美国大臣梁奏拟联约各国仿设红十字会折》，《东方杂志》1904年第11期，第417—418页。

子救济会之例，筹集款项，雇募轮船，前赴东省一带救济被兵难民，甚盛举也。惟开办伊始，颇有为难。约章未明，冒险前进，交绥之际，锋镝堪虞，其难一也；战区太广，集款无多，接济偶疏，势将中辍，其难二也。若不曲纾其艰阻，深虞事败夫垂成，兵燹余生，更将何赖。伏念东省本朝代发祥之地，灾黎尽圣主怀保之民，固宜特伸保护之权，尤应备尽解悬之策。拟请饬下外务部王大臣，商明俄日两国公使，查照泰西红十字会公例，请其各电致统兵大员，传谕所部将弁，凡遇中国红十字善会所到之处，一律保护，不加侵犯，俾无险阻之虞，得尽拯援之力。并请饬下南北洋大臣躬为提倡，力予维持，一遇该绅等救护难民到境，即饬属加意拊循，其羁旅即资以还乡，其土著即妥为收养，一俟事平，再行资遣。至该会经费，或有不敷，并由该大臣等广为筹募，源源协助，俾该绅等放胆往援，无虞不继，苟多尽一分心力，即多救千百难民。臣知恻隐之心所同具，既荷恩纶之告戒，必能合力以图维。庶俾该绅等缨冠德救之忱，盖广我圣主衽席同登之赐，其于国体民生关系匪细。理合附片具陈，伏乞圣鉴训示①。

朝廷阅片，当即发交外务部办理②。

成立中国红十字会已达成朝野共识，而要取得创建红十字会的资格，必须首先加入《日内瓦公约》。如前所述，因 1900 年的内忧外患，未及补办加入“原约”手续。而眼下，在创建中国红十字会的一片呼声中，在上海万国红十字会成功组建的推动下，补办加入“原约”手续的时机已经成熟，不可再事延宕。为此，1904 年 4 月 25 日，外务部综合各方面的意见和建议，上奏朝廷，请颁驻英大臣张德彝补签日内瓦红十字会原约全权敕谕。奏折说：

查保和会所载推广日来弗原议行之于水战一条，泰西名为红十字会，创自同治三年。各国在瑞士日来弗都城公立陆战条约后，又推之于水战，救病扶伤，实为环球善举。现值日俄事亟，战地居民流离可悯。本年二月十二日，御史夏敦复奏请，查照西例，设红十字会等语。钦此。迭经臣部会同商部，电致上海绅董筹办。旋据电复，已议成中、英、法、德、美五国合办上海万国红十字会，各举总董，分筹款项，惟须转商日俄两国政府，并须知照瑞士总会方能承认等语。臣当即电知驻日本使臣杨枢、驻俄使臣胡惟德，切商两国外部，尚未定议。适接瑞士总会来函，以中国应补画陆战条约为请。臣等以瑞士为未经订约之国，拟由驻英使臣张德彝照会瑞士驻英公使，作为入会

① 《御史夏敦复奏请成立中国红十字会片》，《历史档案》1984 年第 2 期，第 41 页。

② 《夏敦复奏请设红十字会奉旨外务部知道钦此由》，（台北）“中央研究院近代史研究所”馆藏档案，档号：02-21-013-01-016。

之据。兹据张德彝电称，瑞士政府以该大臣办理此事务，须奉有补画该约之全权敕谕，方能照办等语。臣查中国与各国订约颁给使臣全权字样，历经遵办在案。此次补画瑞士红十字会原约，自应奏请颁给，以昭慎重。谨拟敕谕一道，缮具清单，恭呈御览，伏候命下，臣等即行恭缮，请用御宝，发交驻英使臣张德彝遵照办理①。

朝廷准奏，颁给驻英使臣张德彝补签原约“敕谕”：“兹特命尔为全权大臣，办理入会事宜，会商大瑞士国驻英使臣，知照总会补行画押。尔其敬谨将事，毋负委任。特谕。”② 张德彝奉到“敕谕”，即启程前往瑞士，6 月 29 日，在日内瓦补签“原约”即《1864 年 8 月 22 日改善战地陆军伤者境遇之日内瓦公约》。中国由此成为国际红会会员国。

1904 年 8 月 12 日，日内瓦国际红会会长穆业、副会长欧第业就中国加入国际红会一事复函中国外务部，告知“贵国附入日内瓦万国红十字会一节，事已成就”，“瑞士联邦已按照万国公例，于七月八号备文将贵国入会一事，布告在约各国矣”。复函同时称：“目下本会……深望贵国设立红十字会，按照一千八百六十四年八月二十二号所立之公约办理，凡新立之会，应由本会介绍，与各会联为一气。贵国如按政府许入公约之意，创此义举，本会深愿极力襄助。”③ 那就是说，中国虽然补办入会手续，瑞士政府虽然将中国入会一事布告在约各国，但中国只是被接纳为会员国，只是取得了开办红十字会的资格。中国要加入国际红会、得到国际红会的正式承认，必须拥有自己的红十字会组织。上海万国红十字会毕竟是五国合办，非中国独自拥有，不能作数。而在救济日俄战灾的紧要关头，中国也不便独立出来，以中国红十字会名义自行其是，只能等待上海万国红十字会使命完成后再筹开办之策。不管怎么说，官方已竭尽全力，红会历史当然不能漠然视之。

二、挑战：来自王熙普和廖太夫人

上海万国红十字会“经五中立国权宜联合，在中国地方创始承办，中国遂永有红十字会主权”④。正因为如此，人们才有理由把 1904 年 3 月 10 日上海万国红十字会组建日视为中国红十字会的诞生日。但联合毕竟是联合，中国不具有“独立法人资格”，换句话说，它还不能算是完全意义上的全国统一

---

① 《外务部具奏补画红十字会原约折稿》，《大公报》1904 年 5 月 10 日。

② 《附：颁给驻英使臣张德彝补签红十字原约敕谕稿》，《历史档案》1984 年第 2 期，第 42 页。

③ 《日内瓦红十字会会长为中国入会事复函》，《历史档案》1984 年第 2 期，第 43 页。

④ 《晚清关于红十字会开创之奏折》，中国红十字会总会编：《中国红十字会历史资料选编，1904—1949》，南京大学出版社 1993 年版，第 9 页。

的红十字会组织。“联合”势能强大，的确发挥了不容抹杀的历史功绩。但以中国之大，竟不能独任其事，令人不无郁郁，有位名叫王熙普的人[①]，就在《申报》发表《创设红十字会之理由》一文，一针见血地指出：“托英人（指李提摩太——引者）代办不能自救其生命，已耻不可言，不能自救反使救济权为外人所操，嘤嘤乞救于外人，耻莫甚焉。”[②] 他认为五国“合办”上海万国红十字会简直就是中国的奇耻大辱。牢骚发得过火，但却值得省思。

“合办”的形式不能令人满意，得到官方支持的上海万国红十字会的地位也因此受到了挑战。如视“合办”为国耻的王熙普就发出挑战信号，他在《创设红十字会之理由》一文中强调：“不立红十字会以拯救于平时，不成红十字军以救济于战时，不但为国民之耻，即亦国家之耻也，不但为国民之危，即亦国家之危也。是红十字会者，诚吾国今日之要图，吾同胞当尽之义务而不可一日缓者。吾国乐善诸公，每于小事而注重之，于大事而忽略之，何重视一部分之小事而轻视一国之大计耶！苟能定大计于未雨绸缪，又何因小事而临渴掘井也哉？盖防患于未然，一切患难即可以消弭于无形耳，况夫红十字会者，不但防未来之患，种种危道将一并而扫除之。”他表示，将以“蚊背负山”的气概，独出万金，作为开办红十字会经费。至于“入手方略及办事秩序”，王熙普也有规划：

（一）暂设红十字会事务所

无论此会成立与否，皆不可无暂时办事之处。汪惕予君热心赞成，愿借其医院之一部分为临时事务所，自今日以后一切函件事故，请直接大马路小菜场对面贵州路第二号汪惕予医院可也。

（二）组织会员

俟将本会章程发布过后即大开会员组织会，所有本会一切职员皆于会员组织会之时举定之。

（三）求请行政官之允许及其保护提倡

大凡慈善事业，法律上保护之条，本会成立后期得优美之，保护所有本

① 王钟声（1881—1911），原名槐清，字熙普，艺名钟声，浙江上虞人。中国话剧的先行者、同盟会会员。1898 年，留学德国攻读医学和法律。1906 年归国后，曾任浙江法政学堂监督和洋务局总办。1907 年初来到上海，在复旦大学首任校长马相伯与其连襟、著名京剧表演艺术家汪笑侬的支持下，创建了中国第一个新戏剧团“春阳社”，专演新戏（即话剧）。在沪期间，与沈敦和相识，并在沈敦和等的资助下创办了中国第一所话剧学校——通鉴学校，沈敦和任校长。1908 年，王钟声到天津，与天津戏剧界知名人士刘子良合办“大观楼舞台文明戏院”。1909 年，他以“天津新舞台有限公司”名义，在报纸上发表宣传戏剧改革的文章。辛亥革命爆发后，他前往上海参加革命。上海光复后，一度出任沪军都督府参谋，旋在天津被捕遇害。

② 王熙普：《创设红十字会之理由》，《申报》1907 年 7 月 3 日。

会一切行动权限，亦须注册立案。

（四）禁绝害人毒物

市上所售各种吗啡丸药及各种有吗啡之药汁药水，由本会禀明行政长官约齐中西医员，当场分化以禁绝之。

（五）设立戒烟会

目下所最急最要者戒烟问题也，务必多请中外高明医学家研究善法以实行之。

（六）设立红十字医院

租赁空气清爽房屋宽大之区为之，虽不能十分完备，至少亦须容二三百人。

（七）设立红十字军医学堂

红十字军医断非未受教育之人所能任其责，拟就会员之中或会员之外排选若干人，聘请久经历练之名家以教育之。

（八）设立收生学堂及看护妇学堂

收生者不谙法则，动即草菅人命，病人无看护妇以经理之，不觉自蹈危机，此诚不可一日缓而当速办者也。

（九）设立寄生院

或胎病之妇，或贫苦之家，断非室家中所能调养者，则入寄生院以生产之。

（十）设立娼妓检查所

上海万商云集，娼妓亦非常之多，受其毒者动有性命之忧，拟多聘女医照西人检查法检查之。

（十一）设立卫生演说会及劝戒洋烟会

吾国人不重卫生，上下社会皆然，苟不演说而引导之，万不能启其愚蒙。劝戒洋烟之必要，想亦人所共知，拟由本会会员担任其事，分投演说①。

在王熙普看来，“红十字会所应办之事不仅如斯已也，以上数端皆目下所必当办而不可一日缓者，但办理之迟速，要皆以经济之范围定之，若得经济活泼，不难一年而办齐，经济艰难，惟有次第举行之一法也”②。显然，王熙普要出资创办独立自主的红十字会，独树一帜。

王熙普的理想没有成为现实。而真正的挑战，对上海万国红十字会来说，则是来自于廖太夫人发起的“中国妇人红十字会”。

---

① 王熙普：《创设红十字会之理由》，《申报》1907年7月3日、4日、5日。

② 王熙普：《创设红十字会之理由》，《申报》1907年7月5日。

邱彬忻，字冰欣，四川广汉人，度支部部郎廖邵闲之母，人称廖太夫人，医术精湛，热心公益事业和妇女解放运动。1903 年，她在宣武门外珠巢街（今珠朝街）寓所开办京师卫生女学医院，是为京师首家华人妇女创办的医院①，当年女革命家秋瑾造访后盛赞：

女中今又见卢和，救世心真一片婆。
广为后生开觉路，常闻脱手起沉疴。
杏林春好颜常驻，兰室尘无梦屡过。
灵药刀圭应赠我，炉杯擎出治人多②。

1905 年，她赴日本游历，考察日本“各病院及各女学校”，受到“彼邦女界欢迎”③。有感于日本妇女组织之发达和妇女运动之波澜壮阔，1906 年 4 月，廖太夫人由扶桑归来后，即于 5 月在京发起成立“中国妇人红十字会”（又称中国妇人会）。这是中国第一个具有红十字会性质的妇女团体④。

廖太夫人发起成立中国妇人红十字会，还有一个不太引人注意的原因，即洗刷中国不能独立创办红十字会之耻，“国际红十字会创立后，各国纷纷加入。中国 1904 年成立的上海万国红十字会，系中、英、法、德、美五国合办，并非华人独力创办，国人引以为耻。时值美国旧金山发生大地震，国人纷纷捐款救济在美华侨，廖太夫人遂发动女界，借此机会成立一个由妇女组

① 池子华：《廖太夫人：女界参与红十字运动首倡者》，《中国红十字报》2018 年 7 月 20 日。

② 秋瑾：《赠京师卫生女学医院廖太夫人》，郭长海辑注：《秋瑾全集笺注》，吉林文史出版社 2003 年版，第 228 页。

③ 《调查医学回国》，《大公报》1906 年 4 月 22 日。

④ 1907 年 3 月《中国妇人会小杂志》第 2 期发表《中国妇人会章程》（以下简称《章程》），1907 年 5 月 3 日《时报》转载。《章程》共 10 章，分别为会名、会所、宗旨、义务、会员、规则、职任、经费、会期、分会。其宗旨为：“我二百兆妇女同胞，实占国民全数之半，对于社会，对于国家，均有应担之责任，应尽之义务。凡属公益之举，急难之事，本会当力谋所以扶助救济之道，隐然以赤十字之苦心，为进化合群，爱护同胞之表见。”其“义务”的第一项即“救灾恤难：凡我同胞，无论外国、内地，设有水旱、刀兵、疾病等灾难，皆有救济之责”。1907 年 4 月出版的《中国新女界杂志》转载该《章程》，并就中国妇人会成立的缘起、组织架构、未来发展等发表了如下评论：“中国妇人会系去岁成立，发起者为北京女学卫生院院长廖太夫人及其媳钟稚珊女士。当廖太夫人于乙巳秋游历东瀛时，见日本爱国妇人会、赤十字社、笃志看护妇会等之发达，太息中国女界数千年来，漫无团体，隐有归国创办中国妇人会之志，其主旨盖欲提倡女界公益，以实行自立立人、慈善博爱之美德也。去春归国，每苦于发端之难。其媳钟稚珊女士，为邵闲君夫人，任侠有大志。去夏四月，值（旧）金山大地震，华侨被此巨灾，流离异域。女士时在上海，恻然心动，遂星夜北上，广结同志，一力赞助其姑氏廖太夫人中国妇人会之组织，而金山捐款，亦同时兴募。一时贵族显宦之妇女闻风响附者数百人，京津女学界亦极表同情，是会遂告成立，公举廖太夫人任三总裁之一，钟女士任南洋会长。今春河北赈款代募，几及万元，是此会对于同胞所尽之义务，真非他团体所能及，前途发达，定未可量。”（《中国妇人会章程附记略》，《中国新女界杂志》1907 年第 3 期，第 113—114 页）

成的红十字会，独立募捐以救济华侨，一尽同胞之谊，二洗中国无独立的红十字会之前辱。故中国妇人会一名中国妇人红十字会”①。中国妇人红十字会的成立，无疑是对上海万国红十字会的挑战。

关于中国妇人红十字会的缘起及其宗旨等情，《大公报》有如下报道：

京师女学卫生医院院长廖太夫人自此次出洋归国后，以吾国女界向不发达，必欲于一般之妇女社会中增求幸福。盖因在东（京）时，留学界中力劝太夫人归国竭力举办红十字会（中国独无此会，上海所办系万国红十字会——原注），为全国同胞爱国爱种之代表。太夫人担此责任，不惜牺牲一己，必欲达其目的。然创办伊始，头绪繁难，复以吾国风气初开，必举一二成效易著之事发其先端，则后此办理各事皆易得力。今不料适有旧金山地震之事，受灾之剧为今古环球所罕见，各国羁旅同遭是厄，而吾数万华侨房屋财产数百万金赀亦完全被毁。太夫人窃计此等奇灾世界创见，此即为吾中国妇人红十字会成立之机关。于是立发大愿，于京师创立中国妇人会，隐寓红十字会之意。首先代募旧金山华侨赈款，以此为该会开办之始，效期于二百兆之妇女社会中，各尽义务，以急救旧金山同胞华侨之厄难。凡此次书（输）捐之人，该会即认为曾经入会，作为本会会员，将来成立以后，力谋女界昌达，共结团体，以互相扶助，互相关切，热心爱国，勉副其国民一分子之责任②。

对廖太夫人之举，《大公报》大加赞赏，编辑所加按语云：“此件顷由沪江见寄，发函伸纸，灿烂夺目，读未终篇，蹲蹲起舞，不意以数千年幽闭昏黯不见天日之女界，一旦大放光明，如朝日之东升，如海潮之怒涌，光彩壮丽，气象万千，则虽盲者之有见，跛者之克走，哑者之能言，痿者之立起，不足以方兹畅快喻此欢欣。”中国妇人红十字会的成立，引起社会关注，是可以想见的③。

上述针对上海万国红十字会的挑战，无可厚非，而其间流露出的爱国热情，更是难能可贵。

---

① 闵杰：《近代中国社会文化变迁录》第2卷，浙江人民出版社1998年版，第482—483页。

② 《中国妇人会之发起》，《大公报》1906年5月10日。

③ 1906年秋，中国妇人会选举职员，以前大学士崑冈夫人、前大学士裕德夫人和廖太夫人为总裁，肇秀珊为北京总会会长，占柱臣夫人为评议长，钟秩珊为北京执行干事，刘碧泉为会计长，雷爱璜为掌书记，陈宣严为庶务干事，英淑仲为北洋分会总会长、驻天津，钟秩珊为南洋分会总会长，驻上海。1907年春，创办机关刊物《中国妇人会小杂志》，以扩大影响。参见闵杰：《近代中国社会文化变迁录》第2卷，浙江人民出版社1998年版，第485—486页。

三、“自立”的选择

挑战和机遇并存。面对挑战，沈敦和、施则敬、任锡汾等上海万国红会华董，深感任重道远。不过，他们充满自信。这是因为：上海万国红十字会救济日俄战灾的使命已经完成，并赢得“中外同称”的美誉[①]，这是一笔财富。这可观的无形资本，当“永有红十字会主权”的中国一方在终结万国红会而选择“自立”——独立自主经办中国红十字会时，较之中国妇人红十字会、红十字会爱群社[②]，以及王熙普“纸上谈”之“红十字会事务所”，更容易被社会各界所认同。这是“自立”的优势之一。

优势之二，官方的支持。上海万国红十字会从成立之日起，就得到清政府的鼎力扶助，特别是吕海寰、盛宣怀、吴重熹三大臣，秉承朝廷旨意，为万国红会的救援行动大开方便之门，给予人力、物力、财力上的支持。而且，当局一直把争取国际红会的承认作为一项重要外交活动，勉力从事。可以断言，一旦中国红会从上海万国红会“脱胎”而出，步入“自立”之途，官方的支持是一如既往的。

优势之三，有“自立”的经济基础。据统计，在上海万国红十字会存在的3年多时间里，“所有收款项下，敬谨领到恩帑银十万两，又核收中西筹拨募捐合银五十四万一千九百两零；所有支款项下，自臣等暨各该中西总董、会员均无薪水、夫马公费，以资撙节，综计各项支款，共银五十七万七千四百两零。其间银洋、金镑、佛郎、马克、卢布、军用手票等类兑解赢耗头绪纷繁，尚须逐细核算。又支旧金山华侨震灾抚款合银二万两。收支两抵，共余银四万四千五百两零”[③]。4.45万两余款作为“自立”的开办经费，该是较为充裕的，况且尚有募捐之法。

万事俱备，“自立”条件成熟。1907年7月21日（光绪三十三年六月十二日），吕海寰、盛宣怀代表上海万国红十字会中方组织者，联衔（吴重熹因在京供职，未经列衔）上奏清廷，沥陈上海万国红十字会办理情形及善后持久事宜。这份奏折中，除缕述上海万国红十字会缘起、救济日俄战灾实况、经费收支情形之外，最重要的还是“善后持久事宜”的种种构想和举措。“善后”，一言以蔽之，就是终结五国合办上海万国红十字会；而“持久”，则关

---

① 中国红十字会总会编：《中国红十字会历史资料选编，1904—1949》，南京大学出版社1993年版，第40页。

② 《红十字会爱群社传单》，《申报》1908年7月8日。

③ 盛宣怀：《愚斋存稿》第13卷，《奏疏》。

系到红十字事业在中国的未来发展，这是至关重要的。吕海寰、盛宣怀在奏折中特别强调：

各国红十字会各有佩章，重以国家之命，由会制备。今中国红十字会成立，西董亦愿得中国红十字会佩章以永纪念等语。臣等因饬总董仿照各国红十字会佩章式样，酌拟中国红十字会佩章。派员测绘各地设会办事情形，拟具图说，俟石印成册，咨送外务部核议呈进，并分送京外中西捐助之官绅士商，表明此次办法，即为中国红十字会商订专章之据。一面参考日本初创赤十字社情由，与西董订明。先就中国自筹之款酌拨以为基础，兼仿瑞士总会真奈瓦（即日内瓦——引者）地方之意，在上海购地，采取各国医院学堂医船医车之式样，筹措经费，次第仿办。另选聪颖华童，一面在沪附设医学堂，一面出洋学习会医，考求会医与军医之如何区别，本国看护人之如何储备招致，务期悉臻详备，以结万国红十字会之全局，即以巩中国红十字会之初基①。

这段文字，向我们传递一个极为重要的信息，即“今中国红十字会成立”。很显然，一“今”字意味着在奏折呈上之时，中国红十字会已正式“成立”，至于“成立”的具体时间，没有搜寻到有关资料以资确认，极有可能没有举行相关仪式，否则，《申报》《大公报》等媒体会有消息发布。因此，说中国红十字会“成立”，倒不如说中国红十字会从上海万国红十字会中“脱胎”或“流变”而出，更为恰当，因为如前所述，“中国红十字会”的底牌，在上海万国红十字会组建时即已亮出，只不过格于“合办”，较为隐晦。如今万国红十字会全局终结，中国一方自然而然地旗帜鲜明地打出“中国红十字会”品牌。这是顺理成章之事。由此我们可以说，上海万国红十字会终结之时，也是中国红十字会“自立”之始。而在没有相关资料发现以前，我们完全有理由把1907年7月21日吕海寰、盛宣怀上奏之日视为中国红十字会“自立”走上自我发展之路的起点。至于“巩中国红十字会之初基”的一系列举措，亦理所当然提上了日程。

中国红十字会“自立”，走上自我发展之路，无疑是中国红十字运动史上新的里程碑。路漫漫其修远兮，如何推动中国红十字事业的进步，是摆在中国红十字会组织者面前的新课题。

---

① 《本会开创时之奏折》，《中国红十字会二十周年纪念册》，中国红十字会总办事处1924年编印，第2—3页。

第三节　巩中国红十字会之初基

一、首任会长考实

中国红十字会“自立”，走上了自我发展之路，适应这一新的变化，同时也是为了巩固中国红十字会之初基，会内运作机制做出重大调整，“会长”应运而生。那么，谁是中国红十字会“自立”后的首任会长呢？提出这样的疑问，也许令人不可思议。因为，红会历史早已盖棺定论为吕海寰，这是历史常识。红会各种出版物、相关网站均作如是观，我们可以随便举出几个例子：

《红十字手册》谓：“1907 年清政府颁发关防，将上海万国红十字会改名为大清红十字会，会长为商务大臣吕海寰。”①

《闪光的红十字》云：“1907 年，上海万国红十字会改名为大清红十字会，商约大臣吕海寰监临会务（称‘盛大臣’，即会长——原注）。”②

《中国红十字会的九十年》称：“1907 年 7 月 21 日（光绪三十三年六月十二日）清政府批准将上海万国红十字会改名大清红十字会，任吕海寰为会长。”③

《中国红十字事业》说：“1907 年，清政府颁发关防一颗，将‘上海万国红十字会’改名为‘大清红十字会’，并派‘办理商约大臣’吕海寰‘监临会务’（称‘盛大臣’，即会长之职——原注）。”④

台湾出版的《九十纪要》亦云：“清廷因于一九〇六年派驻英公使张德彝赴瑞士签订救护伤病员兵条约，并于一九〇七年组织大清红十字会，由政府颁发关防，令派吕海寰为会长，（沈敦和为副会长）一九〇九年接收上海万国红十字会余款，上海万国红十字会解散，大清红十字会遂取而代之。”⑤

从上面的随机列举中不难发现，吕海寰为会长，可谓众口一词，不容置疑。

众口铄金，笔者亦曾深信不疑。吕海寰毕竟是中国官方“监临”上海万

① 中国红十字会总会编：《红十字手册》，辽宁科学技术出版社 1988 年版，第 14 页。

② 尤德新编著：《闪光的红十字》，湖北科学技术出版社 1992 年版，第 90 页。

③ 中国红十字会总会编：《中国红十字会的九十年》，中国友谊出版公司 1994 年版，第 9 页。

④ 曲折主编：《中国红十字事业》，广东经济出版社 1999 年版，第 30 页。

⑤ 中华民国红十字会总会：《九十纪要》，台湾致琦企业有限公司 1994 年印行，第 16—17 页。按：清政府派张德彝赴瑞士补签日内瓦“原约”的时间，如前所述是 1904 年，并非 1906 年。

国红十字会事务的头号人物，由他出任“脱胎”而出的中国红十字会会长，该是天经地义、理所当然的。况且，中国红十字会总会，总不至于把自己的首任会长弄错，否则，岂不是开“国际玩笑”？但当笔者溯本求源、检视这一说法的出处时，不免疑窦丛生。

上述说法，源自《中国红十字会二十年大事纲目》，中国红十字会总会总办事处1924年编，载入1924年出版的《中国红十字会二十周年纪念册》。1993年，中国红十字会总会编辑出版《中国红十字会历史资料选编，1904—1949》时亦收录其中。《中国红十字会二十年大事纲目》这份资料，记载了1904—1924年中国红十字会活动大事，是研究中国红十字会初期历史的重要文献。关于1907年，该文献记载：

(纲) 改名大清红十字会，吕海寰为会长。

(目) 吕海寰、盛宣怀、吴重熹奏上海创设红十字会，缕陈办理情形及善后持久事宜并请立案，奖叙在事出力员绅一折。光绪三十三年，奉朱批，着徐世昌查明具奏。该部知道，钦此。旋改名大清红十字会，政府颁发关防，派吕海寰充会长①。

这是吕海寰为首任会长的原始资料，上引诸书，同源于此。不过，这一记载与史实颇有出入。

首先，1907年并没有发现改名大清红十字会的正式文件。改名大清红十字会的事是有的，那是1910年2月27日盛宣怀出任会长以后的事（据中国第二历史档案馆藏的外务部档案，该年6月5日正式启用大清红十字会关防②)，在此之前的近三年中，无论红会往来函件，还是最具权威影响的《申报》，均称中国红十字会或红十字会。

其次，遍检《吕海寰奏稿》及函电，以及《光绪朝东华录》《清实录》《光绪朝朱批奏折》等史籍，没有找到吕为会长的记载，谓“派吕海寰充会长”之说，难以令人信服；而且，一“派”（即朝廷任命）字，根本不符合1910年前红会运作机制（董事会选举制)。官派会长也是从1910年任命盛宣怀开始的，《中国红十字会二十年大事纲目》（以下简称《纲目》）对此也是肯定的。该《纲目》记1910年事说：“(纲) 正月，盛宣怀为会长。(目) 盖

---

① 《中国红十字会二十年大事纲目》，原载《中国红十字会二十周年纪念册》，中国红十字会总会编：《中国红十字会历史资料选编，1904—1949》，南京大学出版社1993年版，第452—453页。

② 周秋光：《晚清时期的中国红十字会述论》，《近代史研究》2000年第3期，第145页。

至是清政府派充会长，以前则称盛大臣，监临会务，不称会长。”① 这就等于否定了“派吕海寰充会长”的前说。

又次，《纲目》谓1910年前，会长不称会长，称“盛大臣”，更是不伦不类，翻检红会函件，有“盛大臣”的记载，那是对盛宣怀的称谓，相应地称吕海寰为“吕大臣”、吴重熹为“吴大臣”，从未见把“盛大臣”与“会长”等量齐观。这一错误产生的原因比较复杂，其中不排除一时疏忽的可能，如在1910年5月12日《申报》刊登的《中国红十字会医学堂添招新生》广告中，就有“本会奉旨派盛大臣为会长”之句，这是指清政府任命盛宣怀为会长事，《纲目》编者可能产生“盛大臣为会长”的错觉，臆断“以前则称盛大臣，监临会务，不称会长”，以致以讹传讹。

那么，谁是中国红十字会“自立”后的首任会长呢？或者说什么人有资格担当此任呢？根据当时的情况，笔者认为首任会长的候选人至少应具备两个条件：

一是要有官方背景的朝廷重臣。虽然红十字会组织是非政府组织，但没有中央政府的支持，很难形成全国统一性，毕竟中国红十字会是全国性的组织，不是地方性的慈善团体，会长一职非一般人所能胜任。

二是参与上海万国红十字会的运筹，具有创办人的资历。

沈敦和、施则敬、任锡汾，都是上海万国红十字会的创始者、“办事董事”，也都有一官半职，但不是官方大员，权威性、影响力都很有限，很难掌控全局。看来，会长的合适人选也只有吕海寰、盛宣怀、吴重熹三人了，他们既是朝廷重臣，同时“由中国联合英、法、德、美五中立国，创设上海万国红十字会，公同推举臣海寰、臣宣怀及臣重熹为领袖”②，当然是绝佳候选人。

吕海寰（1842—1927），字镜宇，山东莱州掖县人（生平履历后文详述），1902年2月23日，官至工部尚书的吕海寰被朝廷任命为钦差办理商约大臣，在沪与西方列强进行商约谈判，盛宣怀、吴重熹会办，予以协助。因在沪办理商约的关系，吕海寰与红十字结下了不解之缘。上海万国红十字会的成立、维持以及救助行动的顺利实施，都倾注了他大量心血。他是一面旗帜，应该说是会长的最佳人选。

盛宣怀（1844—1916），字杏荪，又字幼勖，号愚斋、止叟，江苏武进

---

① 中国红十字会总会编：《中国红十字会历史资料选编，1904—1949》，南京大学出版社1993年版，第453页。

② 中国红十字会总会编：《中国红十字会历史资料选编，1904—1949》，南京大学出版社1993年版，第7页。

人，出身于一个官宦之家。“幼慧，有深沉之思”，但科举之路颇不平坦，“弱冠补县学生，屡试秋闱不第”①。1870 年，经杨宗濂推荐入李鸿章幕府办文案。盛宣怀之父与李鸿章交谊甚厚，加上盛宣怀精明能干，深受李鸿章赏识，遂得大用：1873 年，任轮船招商局会办（后升任督办）；1880 年，筹办中国电报局，任总办；1893 年，筹办华盛纺织总厂，任督办；1896 年，从湖广总督张之洞处接办汉阳铁厂、大冶铁矿，经办芦汉铁路；1897 年，在上海成立中国铁路总公司，开设中国通商银行。他一跃成为当时屈指可数的洋务企业家。上海是盛宣怀的大本营和活动中心，1900 年义和团运动期间参与“东南互保”，运动两江总督刘坤一、湖广总督张之洞与驻沪各国领事订立《东南互保章程》，以避免因义和团运动和八国联军侵华战争而可能引发的社会震荡，事后受到慈禧太后的赞赏，目为“不可缺少之人”②。1902 年，盛宣怀始出任会办商约大臣、办理商税事务大臣，协助吕海寰与各国进行增加关税、改订商约的谈判，由此与红十字会结缘。他是上海万国红十字会的领袖人物之一③，也是首任会长的合适人选。

吴重熹（1841—1921），字仲怡，山东海丰县人，光绪初年任河南陈州府知府。1900 年，八国联军攻占京师，慈禧太后与光绪皇帝出逃西安，吴重熹即在途中恭请圣安，得太后欢心。后又仿唐代杜甫诗作“麻鞋见天子”，集一诗册《麻鞋草》，对慈禧朝政极尽歌功颂德之能事，渐见大用。1907 年，护理直隶总督，又署理江西巡抚，后调任邮传部侍郎，继出任河南巡抚；1911 年，又调任邮传部侍郎，直至清帝逊位，吴始解职，寓居天津④。他在江苏上海会办商约大臣期间与吕海寰、盛宣怀秉承朝廷旨意，鼎力支持上海万国红十字会的开办与运作。他是朝廷大员，也是万国红会的领袖人物之一，当然也是首任会长的合适人选。

由上述可知，吕、盛、吴三大臣都具备荣膺首任会长的资格，不过从资历、阅历上说，吕海寰最佳，盛宣怀其次⑤。那么首任会长究竟是谁呢？不是

---

① 陈夔龙：《皇清诰授光禄大夫太子少保邮传大臣盛公神道碑》，参见盛宣怀：《愚斋存稿》卷首。

② 盛宣怀：《愚斋存稿：附录·行述》。

③ 《愚斋存稿》记载说：“府君与尚书吕公海寰、侍郎吴公重熹为领袖，联合各中立国，创始经画，嗣得加入瑞士国总会，中国遂永有红十字会主权。”（见盛宣怀：《愚斋存稿：附录·行述》）

④ 张达骧：《吴重熹生平记略》，见《天津文史资料选辑》第 35 辑，第 127 页。

⑤ 至于吴重熹，“除了在一些有关文件中与吕海寰、盛宣怀共同署名外，很少出面，1905 年他被调至北京任仓场侍郎，几乎不再过问红十字会的活动，因此他在万国红十字会创建过程中的作用十分有限，真正起作用的是吕海寰和盛宣怀”（冯金牛：《中国红十字会第一任会长研究》，中国红十字会总会编：《探本溯源——来自博爱论坛的声音》，北京大学出版社 2010 年版，第 6 页）。

吕海寰，而是盛宣怀①，理由如下：

其一，《纲目》所载1910年“以前则称盛大臣，监临会务，不称会长”的记载虽然不实，但由此衍生的“盛大臣为会长”，却透露了一个重要信息，被称为“盛大臣”的盛宣怀其实就是“会长”。这从下面的记载中可以得到证实。

其二，“盛大臣为会长”，在《吕海寰往来电函录稿》中有明确的记载：“洎乎一千九百零四年创立之万国红十字会解散后，中国会员遂于上海开会，议决另行组织中国红十字会，以为久远之计。适商约大臣盛宣怀驻沪，遂公推为会长。一千九百零七年盛大臣（盛宣怀）将组织会务情形奏达朝廷，当奉谕旨，准照办理，并派盛大臣为会长。其时本会并未请领敕旨书，亦未订立规章，故其范围未见推广。”② 这段史料来源于1912年中国红十字会向在美国举行的国际红十字会第九次大会提交的《中国红十字会中央部赴会报告》，抄件存于《吕海寰往来电函录稿》，属于追溯性质，但毕竟距离上海万国红十字会解散的时间不远，记忆“失真”的概率极小，因此可信度高。它说明：（1）上海万国红十字会解散后，上海绅商举行了专门会议，“议决另行组织中国红十字会”；（2）因盛宣怀恰巧在沪，遂推为会长；（3）组织会务情形由盛宣怀上奏朝廷，也就是《沥陈创办红十字会情形并请立案奖叙折》，希望能够“立案”得到官方的批准；（4）因为没有订立规章，自立后的中国红十字会影响范围有限。一言以蔽之，盛宣怀才是中国红十字会的首任会长，而且是“公推”的，得到朝廷的认可而已；所谓“派”，目前尚未找到有关原始资料，只能理解为官方只是顺水推舟，并非实质性的“政府任命”。

其三，当时吕海寰已回北京供职，鞭长莫及，而盛宣怀仍留上海，正好“就近经理”，出任会长也在情理之中。盛宣怀在上海一直热衷于慈善事业，由他来“经理”红十字会事，轻车熟路，这也是他之所以成为首任会长的一

---

① 笔者这一看法曾以《吕海寰是中国红十字会的首任会长吗?》一文，发表在《河北大学学报》2002年第2期，并在《红十字与近代中国》一书中做了进一步阐述，引起轩然大波。为了澄清事实，中国红十字会总会在2005年到2008年期间，分别委托上海图书馆盛宣怀档案研究中心的冯金牛先生、国家图书馆社会科学咨询室的李凡先生、中国社会科学院近代史所的朱浒先生做了《中国红十字会第一任会长研究》《中国红十字会第一任会长考辨》《中国红十字会的第一任会长及相关问题考辨》3个课题，“得出了一致的结论：盛宣怀是中国红十字会第一任会长”。研究报告收录到中国红十字会总会编的《探本溯源——来自博爱论坛的声音》，2010年由北京大学出版社出版。盛宣怀出任会长的时间为1911年2月27日，清政府颁发任命上谕。在这点上，没有分歧。至于1907年盛宣怀是否被“公推”为会长，则存在不同看法。

② 《吕海寰往来电函录稿》，沈云龙主编：《近代中国史料丛刊》第3编第58辑，（台北）文海出版有限公司1978年版，第885页。

个重要条件[①]。

红会事业的进步，离不开官方的支持。因此，1910 年 2 月 27 日，吕海寰、盛宣怀、吴重熹联衔会奏《酌拟中国红十字会试办章程请旨立案折》特别强调："惟会务头绪繁多，关系中外交涉，可否简派大臣作为会长，以昭郑重，如蒙俞允，即由会长督率该董等妥为筹办，并将办事情形随时报部查核以期核实"，提出了"官派"会长的正式请求[②]。当日朝廷准奏，"著派盛宣怀充红十字会会长"[③]。盛宣怀因此又成为政府正式任命的首任会长。因为盛宣怀自 1907 年后一直担任着红会会长职务（尽管是"公推"而非官方正式任命），故此次任命是顺理成章的，否则，倒有些不近情理了[④]。

综上所述，吕海寰并不是中国红十字会的首任会长，首任会长为盛宣怀。"会长"之设，为中国红十字会巩固初基的一项重要举措，对红会体制的完善和事业发展，作用巨大，不可小视。

二、医院、学堂及其他

"巩中国红十字会之初基"，应办之事甚多，开办医院作为红会之依托，就是事业发展的根基所在，正所谓"本会恤兵救灾，首需救护人才及医院"是也[⑤]。

事实上，创办医院作为红十字会的依托，无论舆论层面，还是实践层面，早已形成共识。人所皆知，没有医疗救护设施，所谓救死扶伤，不啻为空中楼阁。明乎此，不难理解创办医院及学堂之于红十字事业的重要性。

如作为先行者的陆树藩就认为，没有医院、医学堂，红十字会"不足以

---

① 冯金牛、高洪兴：《"盛宣怀档案"中的中国近代灾赈史料》，《清史研究》2003 年第 8 期。

② 盛宣怀：《愚斋存稿》第 15 卷，《奏疏》。根据 1910 年 2 月 28 日《吕海寰致盛宣怀函》所言本折"业于本月十八日具奏"可知，上奏时间为宣统二年正月十八日，即 1910 年 2 月 27 日（中国红十字会总会编：《探本溯源——来自博爱论坛的声音》，北京大学出版社 2010 年版，第 113 页）。

③ 《宣统政纪》第 30 卷。

④ 朱从兵教授认为，盛宣怀正是这样一个在当时的官场上以"可联南北，可联中外，可联官商"而著称的人物，他的这种能力是吕海寰不可比拟的，且自 1906 年以后，吕海寰已返京赴兵部尚书等任，因此在当时的情形下，考虑由盛宣怀担任会长是合适的，这个奏折的目的几乎就是推荐盛宣怀。而且，自 1896 年中国铁路总公司成立后，任铁路总公司督办大臣的盛宣怀长期驻在上海，对上海中外官商的情况比较了解。他参与了上海万国红十字会和中国红十字会的筹办过程，他对中国传统的社会救助活动也相对热衷，自称"素性喜办赈济"，进行过独立思考。由盛宣怀担任中国红十字会会长，可谓是正当其选（朱从兵：《为什么盛宣怀成为中国红十字会首任会长?》，池子华、郝如一主编：《红十字运动与慈善文化》，广西师范大学出版社 2010 年版，第 96—97 页）。

⑤ 中国红十字会总会编：《中国红十字会历史资料选编，1904—1949》，南京大学出版社 1993 年版，第 47 页。

垂久远而符会规”[①]。为此，他筹划“救济中西医学院”之设，并制定《章程》14条，对招考学生、修业年限、教师延聘、教学管理及医院、诊所、药房等方面的设施均有明确规定，一旦“如遇战事，即派本院学生，置备船只、药料、器具，不避艰险，往治受伤兵丁”[②]。医学院及附设医院，乃红十字会立足之本。

东三省红十字普济善会成立之时，红十字启蒙运动的先驱者鳏生在《申报》发表《中国宜入红十字会说》，指出：“此次普济善会，特中国红十字会之先声耳，诚能于俄日战事既平，不废此举，商之瑞士万国红十字会，得以列名其间，仿效日本章程，变通尽善，首设医学校，教以泰西疗疾医伤之技术（注：英国陆军医官帕脱君所著《临阵伤科捷要》一书最合教授红十字会学生之用，今江南制造局有译本），此外如孙文所译《红十字会救伤第一法》亦颇有用，正不必以人废言也。次筹常年捐款，积之于平日，庶免取办于临时，而凡赞助社员、特别社员、慈善员、理事员以及社长、副社长、干事诸人，各以所长，分别派定，俾红十字徽帜进而照耀于中国二十一行省。”[③] 这里不仅提出了创设医学校的建议，而且对筹款机制、组织架构、运作机制等，也都有所规划。

日俄战争救护结束，兴办医院、医学堂的愿望尽管实现，但脱颖而出的中国红十字会，自然把原来的设想兑现。正因为如此，《沥陈创办红十字会情形并请立案奖叙折》，把建医院等基础设施——“在上海购地，采取各国医院学堂医船医车之式样，筹措经费，次第仿办”，和建学堂培养人才——“一面在沪附设医学堂，一面出洋学习会医”，作为“自立”的重大举措，提上日程。

既然“在上海购地”兴建医院、学堂，那么沈敦和等上海绅商，责无旁贷。用于救护日俄战争的捐款尚有剩余，计4.45万余两[④]，用于建医院、学堂，较为充裕。

1909年，由沈敦和经手，在上海徐家汇路购地10余亩[⑤]，设计“建造高

---

① 《救济文牍》第1卷，《中国红十字救济善会募捐启》，苏省印刷局光绪三十三年铅印本。

② 《救济文牍》第1卷，《拟办救济中西医学院启》，苏省印刷局光绪三十三年铅印本。

③ 《中国宜入红十字会说》，《申报》1904年3月5日。

④ 《本会开创时之奏折》，《中国红十字会二十周年纪念册》，中国红十字会总办事处1924年编印，第2页。

⑤ 关于购地亩数，吕海寰、吴重熹会奏《酌拟中国红十字会试办章程请旨立案折》谓：“在上海徐家汇路购地一区，计十一亩零。”（盛宣怀：《愚斋存稿》第15卷，《奏疏》）而《中国红十字会二十年大事纲目》则称：“在沪西徐家汇路今名海格路，置地十四亩有奇，建筑洋房二所，为总医院及医学堂。”（中国红十字会总会编：《中国红十字会历史资料选编，1904—1949》，南京大学出版社1993年版，第453页）未知孰是，录此待考。

大洋房一所”，作为中国红十字会总医院（现华山医院，为复旦大学附属医院）。次年春，医院落成，“其间冷热水管、解剖房（病理室——引者，下同）、割症房（手术室）、蒸洗器械房（消毒室）、爱克司电光房、配药房（制剂室）、储药房、发药房、化学房（化验室）、汽锅房（锅炉房）、浴室、病房、议事厅（会议室）、殡殓所（太平间），无一不备”①，设备之“精美，为沪之冠”②。医院延聘著名西医柯师（英国籍）为内科医生，解剖专家峨利生（丹麦籍）为外科医生，血液学专家亨司德（挪威籍）为血液检验医生，克立天生女士（丹麦籍）为看护妇（护士），王培元为驻院医生，主持院务。

中国红十字会总医院远离市区，宜于养病，但对外应诊，多有不便，于是，1910年12月26日，中国红十字会特于天津路80号开设分医院，“利便租界居民治病”③。分医院与沈敦和经理的公立医院分医院合办，“费省惠溥，一举两得，就诊者日三百余人，遇重病则送总医院留养，或须解剖者，亦送总医院施治，取其房屋构造合宜，器械精养（良）适用也”④。因其时中国红十字会易名大清红十字会，分医院遂定名为“大清红十字会中国公立医院分院”。继设南市医院于沪南十六铺，“大清红十字会中国公立医院分院”易名为北市医院。医院“诊病给药，只收号金（挂号费——引者）。病较重者留院疗治，酌量收费，贫者则免，只收膳费，极贫者膳费亦免”⑤。总而言之，尽其所能为患者提供人道、贴心的服务。

上海人烟稠密，五方杂处，夏秋之交，极易发生疫情。1908年，时疫流行，中国红十字会乃于天津路316号设临时救疫医院，对患者进行诊治，“嗣后岁以为常，全活无算，成绩最著”⑥。

医护人才的培养是红十字事业发展的根本，而医学堂则是人才培养的摇篮，故“欲兴此会，必先创设医学堂”⑦。中国红十字会在兴工建造总医院时，当然不能忽略兴办医学堂这头等大事。但医学堂营建需时，为了不耽误人才培养的根本大计，中国红十字会采用“借鸡下蛋”的灵活方式，不失为

---

① 中国红十字会总会编：《中国红十字会历史资料选编，1904—1949》，南京大学出版社1993年版，第47页。

② 转引自养科：《中国红十字会早期在上海设立的医院》，《中国红十字报》1987年8月5日。

③ 《大清红十字会中国公立医院分院开幕广告》，《申报》1911年6月11日。

④ 中国红十字会总会编：《中国红十字会历史资料选编，1904—1949》，南京大学出版社1993年版，第47页。

⑤ 《中国红十字会二十年大事纲目》，中国红十字会总办事处1924年编印，第3页。

⑥ 《中国红十字会二十年大事纲目》，中国红十字会总办事处1924年编印，第2—3页。

⑦ 《中国宜入红十字会说》，《申报》1904年3月5日。

一种选择。当时，德国医生宝隆在上海设有同济医院德文医学堂，“意在昌明医学，跻于极高等而止”。德国医学素称发达，沈敦和因有“遴选聪颖华童之粗通德文者，分班送至该学堂附习”之想[①]，于是“婉切商订”于宝隆，请准中国红十字会“委托代培”。宝隆曾是上海万国红十字会的积极参与者和中国红十字会一等金质勋章的获得者，对中国红十字会之请，极表赞成。同济德文医学堂，于是成为中国红十字会医护人才的培养基地。1908 年 8 月 31 日、9 月 4 日和 7 日，中国红十字会连续在《申报》刊登广告，面向社会，招考医学生。广告称：中国红十字会“系各省官商捐助并蒙朝廷拨帑兴办，现先以培植医员为入手基础，因医院、校舍尚未造竣，暂附科学完备、程度最高之同济德文医学堂授课。宗旨：招选聪颖子弟教授医科，卒业后任凭充红十字会医员；学所：附在同济德文医学堂；学额：先收十名；学龄：以十五岁至十八岁身家清白，素无疾病，英文及算学业已粗通，华文能作短简论说者为合格，如已通德文者，得特别卒业年限；学级：八年卒业，给予文凭，不及格者补习；卒业后任事：听凭红十字会委任，遇战役，除安家费外，薪水从优。”学费、食宿等费用，由红会支给，考试合格后，“除具保证书外，应由父兄出具愿书，如有半途退学，除追偿修缮等费外，另行议罚。”[②] 第一期额定招生人数为 10 名，实际招收曹民、邵树华、邵骥、朱恪臣、马廉、包拯衽、钱泰堃、华寿眉、蔡雍周、邱仁高、陈鲁珍、朱寿田等共计 12 人[③]。对于他们，红会寄予厚望，“如是，则本会医才或免缺乏之虞欤！”[④]

“委培”固然是一条行之有效的途径，但不是长久之计，红会工作人员对此有清醒的认识。因此，在“委培”的同时，红会自己的人才培养基地正在加紧建设中。

1910 年夏初，中国红十字会医学堂在总医院旁拔地而起，多年的夙愿终于变成现实。医学堂当年招生，定为 5 年卒业，首批招收 18 岁以上、具有英文基础的学生 20 人，专攻医学。学堂特聘著名西医柯师、峨利生、亨司德及王培元为教员[⑤]，“用最新学术教授专门医科”，“务使学生学识精深，确有实习，成为医学名家，此本会之厚望也”[⑥]。总医院近在咫尺，便于实习，学习

---

① 盛宣怀：《愚斋存稿》第 15 卷，《奏疏》。

② 《中国红十字会招考医学生广告》，《申报》1908 年 9 月 4 日。

③ 《中国红十字会考取医学生》，《申报》1908 年 9 月 30 日。

④ 中国红十字会总会编：《中国红十字会历史资料选编，1904—1949》，南京大学出版社 1993 年版，第 47 页。

⑤ 中国红十字会总会编：《中国红十字会历史资料选编，1904—1949》，南京大学出版社 1993 年版，第 47 页。

⑥ 《中国红十字会医学堂添招新生》，《申报》1910 年 5 月 12 日。

条件可称上乘。

医学人才的培养固然重要，而“看护人（护士）亦为救护所必需”，未可偏废。为此，中国红十字会“特觅他医院谙悉英语，富有经验，天资灵敏之侍者廿人，分派于（沈）敦和所办之各医院，学习看护”①，通过这种途径，造就护理人才。

总医院的建成、医学堂的开办，特别是医护人才的培养，为中国红十字会的自立和发展奠定了“初基”，创造了条件。在此过程中，沈敦和、施则敬、任锡汾等红会实际管理人员，呕心沥血，劳苦功高。正如盛宣怀致函沈敦和、施则敬、任锡汾所称，“诸公苦心缔造，渐臻美备”②，红十字事业由此局面渐开，走上自我发展的道路。

三、关于《中国红十字会试办章程》

中国红十字会要“自立”于中国，“自立”于世界，没有规范化的管理是不堪设想的。制定会章，规范管理，乃“巩中国红十字会之初基”题中应有之举。

早在1904年7月12日，上海万国红十字会制定《暂行简明章程》时，就曾有“至中国红十字会章程，应由华董另拟，呈候咨部核奏，请旨饬行”的特别声明③。但在救济日俄战灾的自始至终，未见“另拟”，直到1907年上海万国红十字会解组、中国红十字会“流变”而出后，才饬沈敦和等“详拟章程呈核”④。沈敦和等即参酌《上海万国红十字会暂行简明章程》《日本赤十字社章程》，拟出“试办章程”。据此，1910年2月27日，吕海寰、盛宣怀、吴重熹联衔会奏《酌拟中国红十字会试办章程请旨立案折》，“伏候圣裁”。奏折称：

查各国红十字会均由其国家发帑、官民合筹，始克成立。中国既设此会，又值海军新立、陆军已有成效之时，允宜及早规画完备，以垂永久。但水战则以医船为重，造船养船需款至巨，红会岂易有此力量？第当此库款奇绌之时，不敢再吁恩施。惟念中国与友邦联合成会，得此基础，颇费艰难，似宜

① 中国红十字会总会编：《中国红十字会历史资料选编，1904—1949》，南京大学出版社1993年版，第47页。

② 中国红十字会总会编：《探本溯源——来自博爱论坛的声音》，北京大学出版社2010年版，第111页。

③ 《上海万国红十字会暂行简明章程》，《申报》1904年7月31日。

④ 中国红十字会总会编：《中国红十字会历史资料选编，1904—1949》，南京大学出版社1993年版，第10页。

设法保全，俾无失坠，若因款绌中止，既恐贻笑外人，而从前布置经营，几同抛弃，亦殊可惜。臣等再四筹商，拟请仿照日本赤十字社办法以醵资之多寡为会员之阶级较为轻便。查日本该社初亦设于战地，战役既讫，永远设立，与臣等创办情事正同。其平时资金除由国家特赐外，有社员之年醵金、志士之助金及生自本社执行事业之特别收入。众擎易举，良可仿效，将来集有专款，亦可藉兹挹注，先造医船，以备与国水战之用，并应特立会长以资董率而期久远。兹将该总董等（沈敦和、施则敬等——引者）就瑞士原约、荷兰推广约医伤救难宗旨，酌拟试办章程六条，缮具清单恭呈御览，拟请饬下军谘处、海军处、陆军部分别查核立案，并由外务部分行出使各国大臣知照各国政府及瑞士公会、荷兰保和会，俾期接洽。惟会务头绪繁多，关系中外交涉，可否简派大臣作为会长，以昭郑重？如蒙俞允，即由会长督率该总董等妥为筹办，并将办事情形随时报部查核，以期核实①。

这段文字说明：(1) 建议中国红十字会由上海绅商“民间”主导转化为官方主导，官民合办；(2) 借鉴日本经验，多方筹措经费；(3) 拟定章程，以利发展；(4) 请朝廷简派大臣出任会长，以示重视。其中重点之一在于章程的拟定，而沈敦和等草拟的《中国红十字会试办章程》（以下简称《试办章程》）共6款，内容如下：

第一条，上海为通商总埠，中外交通便利。前经中西总董创办万国红十字会，现仍于上海徐家汇路设立中国红十字会总会医院、学堂，附设事务所。应由中国总董仿照日本赤十字社酌拟规则呈候会长核议施行，并妥定集资入会章程，以垂永久。

第二条，从前万国红十字会，由中西总董会议，刊刻中西合璧图记，钤用信守。现创设中国红十字会，拟请旨饬部铸造中国红十字会关防一颗，颁由会长执掌印用，以昭凭信。

第三条，本会按照原约制用白地红十字旗，在会人员衣袖各缀白地红十字，以为标识外，又参酌日本等国会章，制备双龙嵌十字勋章，第一等金质，第二等银质，第三等铜质，均配用相称色带，拟定字样，并给发勋章凭照章程，呈请会长核明，请旨敕部核定，饬会制备通行。以上会旗、会衣、勋章，非在会人员，不得滥用，违者究治。

第四条，上海徐家汇路总会，设立医院，定章施医。又设学堂定额招考华童，教习医学，均由总董厘订经理专章呈请会长核示报告于众认可施行，

① 盛宣怀：《愚斋存稿》第15卷，《奏疏》。

一面另选略晓德文聪颖华童每班十人先以两班分年送入上海德医学堂肄业，八年毕业得有高等文凭，回会由总董分派办事，仍轮派至德医院临诊以增长见闻胆识，并由总董分向各省各埠展设分会，力祛骛名弊混，以尽认真核实之主义。

第五条，本会谨守瑞士原约十条，荷兰推广约十四条医伤救难宗旨。参酌万国红十字会暂行简明章程，日本赤十字社章程，因时因地以制宜。医车由总会陆续仿制备用，医船与战地医院临时商酌设法实行，藉节縻费。其常年会集报告一切办法，暂照现下通行新章办理。

第六条，以上系现在组织大纲，各项支（文）件，中国自相往来，均用华文，有关交涉者配用英文，仍以华文为准。组织完备后，应否改良，或原约推广约有所增删，及一切未尽事宜，随后由总董禀商会长妥酌办理①。

2月27日，朝廷“依议”，《试办章程》开始实施。

这里要说明的是，红会史籍及今人著述均认为，此《试办章程》为终结上海万国红十字会而“试办中国红十字会”② 所定，换句话说，上海万国红十字会至此才告结束，中国开始试办红会。这实在是一种曲解。事实很清楚，中国红十字会早已存在，何须“试办”？逻辑上也没什么问题，《中国红十字会试办章程》仅6条，挂漏之处颇多，它只是一个基本框架，称“试办”（近似于“试行”“暂行”之意），恰如其分，怎能把“中国红十字会试办章程”理解为“试办中国红十字会章程”？

对《试办章程》，朝廷并无疑义，但发交军谘处详核时，却引起大哗。5月20日，由“军谘处主稿，会同外务部、筹办海军事务处、陆军部办理，合并声明谨奏”③ 之《详核红十字会原奏敬陈管见折》（以下简称《敬陈管见折》）上呈朝廷，对吕、吴请旨立案之《试办章程》颇有指摘。

首先，较为粗糙。《敬陈管见折》指出：“红十字会前曾订立公约，经入会各国陆续创设，原为医伤救难起见，其章制办法，类皆大同小异。光绪三十二年，瑞（士）政府志在改良，复行邀请各国会议修改，将原约十条，改

---

① 盛宣怀：《愚斋存稿》第15卷，《奏疏》。

② 中国红十字会总会编：《中国红十字会历史资料选编，1904—1949》，南京大学出版社1993年版，第453页；周秋光：《晚清时期的中国红十字会述论》，《近代史研究》2000年第3期，第153页。

③ 中国红十字会总会编《中国红十字会历史资料选编，1904—1949》第33页把这段话写作“军咨处主稿，会同外务部筹办，海军事务处、陆军部办理，合并声明谨奏”。这其中有两处错误，一是把“军谘处”误作“军咨处”。军谘处成立于1907年6月7日，归陆军部，1909年7月15日脱离陆军部独立。第二个错误为“海军事务处”，清代官僚机构中倒有“筹办海军事务处”的设置，该处成立于1909年夏，以贝勒载洵、提督萨镇冰为筹办海军大臣，《清史稿》卷一一九中记载甚详。类似错误，《选编》中所在多有，研究者使用这部资料时，尽可能仔细核对，以免以讹传讹。

为八章，厘订三十三款，较诸原约尤为详善，而限制亦愈严。先后经全权议约大臣陆徵祥及外务部、陆军部奏明批准，画押在案。去年十月，曾由外务部咨商筹办海军处、陆军部及臣处派员，详加商权，译成汉文，合之该约原文，附入保和会条约内，装订成帙，正拟颁发各军队、学堂及各省督抚，一律遵守。原折仅就瑞士原约十条及推广约十四条，酌拟章程，实多未洽，应饬期按照新约办理，以期悉臻妥协。"

其次，有所挂漏。《敬陈管见折》指出："红十字会宗旨，在平时救灾恤邻，以辅行政之不及，战时扶伤拯溺，以补军臣之缺憾。刻下火器日精，遇大战时，往往有数舰同时沉没者，亦兼有全队均患伤病者。各国额设之医药舰及卫生队，无论其编制如何完全，筹备如何完足，亦必赖该会以相助为理，然后其措施乃愈益周密。惟查各国所设之红十字会，平时一切应行举办事宜，多就商于海陆军医员，而战时则归其指挥监督，方不致有妨军事，坐误机宜。且会中所设之医药船车等项，其装置配置之法，亦须由海陆军医员核定，以期适用。原奏并未声及，未免挂漏。"

再次，《敬陈管见折》提出多项建议，如认为"上海虽系通商之埠，与京师相隔较远，虽倡设在先，自未便作为总会。拟请将总会移设京师，而各省省会及沿海商埠各设分会一所，以期相互联络，逐渐推广"。关于选派学童分班至同济德文医学堂附习，本无不可，而"陆军部现正筹划将原设之军医学堂扩充，改为全国军医学堂，由各省所练镇数多寡，选送学生入堂肄业，每年招收一班，以五年为毕业。该会如欲多造医材，尽可按年分送学生十人入堂附课，自不必舍近就远。况以九（八）年之期，而仅成就学生廿人，未免播多而获少"。对"看护人役"的培训力度也不够，"查目前急务，尤以看护人役，较之医员更为重要。日俄之战，两国善会所用看护男妇，几及万人。此项人役，须曾执事于各医院，深明救急裹伤担架等术，及粗知生理卫生等学者，方能胜任。似宜挑选识字之人，就各省及各镇现役之医院练习，以备战时之用。拟请饬下各省将军、督抚及统兵大臣，会商该会会长酌量办理，所费无多，而收效甚大"。此外，制备勋章，应由筹办海军事务处、陆军部核准，"请旨颁发，以昭慎重"；"饬令该会会长先行筹款，组织一制药厂，制造各种西药及治疗器械，以备将来陆海军购用"，云云①。

军谘处的意见和建议，确有许多"合理内核"，故而朝廷"依议"。由此观之，《中国红十字会试办章程》显得过于幼稚，这也反映出中国红十字会尚不成熟，还处于低效运行的初级阶段，需要全社会的呵护。

---

①《军谘处奏详核红十字会原奏敬陈管见折》，《申报》1910年6月19日。

针对军谘处的意见，外务部要求红十字会“派来专员答复”。盛宣怀即派道员吕景端会同赵兴昌、潘灏芬、刘成志“速将（军）谘处及各国送来章程详作研究，大约中国办法，宜照慈善性质集捐，创设医院、学堂为基础”①。7月27日，“答复”如下：

为咨复事：

宣统二年四月二十九日，准贵爵大臣咨开，本处会奏详核红十字会原奏敬陈管见一折，于四月十二日具奏，本日奉旨：依议。钦此。钦遵到案。相应印刷原奏，咨行贵会长钦遵查照可也。计粘原奏等因。承准此。

窃查吕大臣等前奏中国红十字会试办章程六条，系饬该会总董沈敦和等，就瑞士原约及推广约各条，公同酌拟，当以事属初创，一切未尽事宜，声明随时酌量修改。兹经贵爵大臣按照新约，奏请详核增损各条，其中有关于名义者，有属于事实者，有扩充其未备者，有限制其已然者。如请简亲贵总裁会事为一条，京师设总会各省各埠设分会为一条，会中事宜与海陆军医员商办为一条，选举学生入军医学堂肄业为一条，选识字人练习看护为一条，设制药厂制造西药器械为一条，旗、章标记由战地司令□发给不得由会自制，及勋章改名记章为一条，皆斟酌咸宜，足补试办章程所未逮，即为将来修正之依据。当经抄粘照会该总董等藉资研究在案。

抑本会长更有进者，红十字会之建设，发端一国，风行五洲，本天地好生之仁，寓平和弭兵之义，综言之，实含有慈善性质社会主义在内。惟其为慈善性质，故除国家特赐金外，无论寻常支销，特别费用，均出于捐输募助之资；惟其为社会主义，故当有事之秋，会员人等，出入战地，悉泯国界，公认为中立范围，而无虑敌人有捕虏禁阻之事。此红十字会之公例精义也。

中国财力支绌，上届该会，自开办迄于蒇事，收入六十余万，支出五十余万，计余款不及十万金，前经该会总董沈敦和等以之筹设上海医院、学堂等事，尚属不敷，何能大举？今上溯遣使赴瑞预备会约，已历五年，下距美国开第九次大会之期，不及一载，正宜实力筹办，以集款为入手第一要义。然非社会共任，官民合营，则款无由而集，即事无由而举。应请贵爵大臣会同外务部、海陆军部大臣协同提倡，奏请于京师设立总会，钦派王□大臣主持其事，余悉按照章程，逐渐办理，俾崇规制而策进行。本会长既有所司，

① 《吕景端致盛宣怀函》（1910年7月28日），中国红十字会总会编：《探本溯源——来自博爱论坛的声音》，北京大学出版社2010年版，第124页。

自当竭其一得之愚，随同筹办，以期悉臻妥洽[①]。

这段文字，很清楚地表达了盛宣怀的态度，全盘接受军谘处的意见和建议，并作为修订《中国红十字会试办章程》的依据。而这一态度，也成为他接下来将中国红十字会易名“大清红十字会”之举的立足点。

《中国红十字会试办章程》是作为“巩中国红十字会之初基”的一项举措而出台的，尽管较为粗糙，但有聊胜于无，多少有益于红会事业的进步。

第四节　中国红十字会的蜕变

一、盛宣怀的“大清”情结

红会事业的进步，离不开官方的支持。因此，吕海寰、盛宣怀、吴重熹联衔会奏《酌拟中国红十字会试办章程请旨立案折》特别强调：“惟会务头绪繁多，关系中外交涉，可否简派大臣作为会长，以昭郑重，如蒙俞允，即由会长督率该董等妥为筹办，并将办事情形随时报部查核以期核实”，由此提出了“官派”会长的正式请求[②]。朝廷准奏，1910 年 2 月 27 日降旨：“著派盛宣怀充红十字会会长。”[③] 盛宣怀因此又成为政府任命的首任会长。自 1907 年中国红十字会在上海“自立”后，盛宣怀被上海绅商公推为会长，虽然当时未获政府任命，但最终还是实至名归。

盛宣怀虽然出任中国红十字会会长，但对“中国红十字会”这一传统称呼，却有意加以改变。1910 年 2 月 26 日，也就是他被“派充”会长的前一天，还致函吕海寰，表达了他对这一称呼的不同意见，谓“红十字会稿，书奏寄上，关防‘中国’字样请酌，因近来对于各国皆书‘大清’。此事欲劝捐，恐难办”[④]。意向很明确，就是希望把中国红十字会改名为“大清红十字会。”

盛宣怀所以欲将“中国”变“大清”，原因可能比较复杂，其中以下几

① 《咨军谘府文》（1910 年 7 月 27 日），中国红十字会总会编：《探本溯源——来自博爱论坛的声音》，北京大学出版社 2010 年版，第 122—123 页。鉴于军谘处改称军谘府，因此在称呼上，吕景端致盛宣怀函中做了解释：“军谘处现改军谘府，不得仍称贵处，似以称贵爵大臣为妥。”（《吕景端致盛宣怀函》，中国红十字会总会编：《探本溯源——来自博爱论坛的声音》，北京大学出版社 2010 年版，第 124 页）

② 盛宣怀：《愚斋存稿》第 15 卷，《奏疏》。

③ 《宣统政纪》第 30 卷。

④ 盛宣怀：《愚斋存稿》第 100 卷，《总补遗》。

个方面的因素值得注意。

其一，中国红十字会自“自立”以来，盛宣怀虽然一直挂着会长的头衔，但因公务缠身，较少过问红会事务，具体事项由沈敦和、施则敬、任锡汾等办理，几乎用不着盛宣怀插手，实际上他等于被架空了。1909 年 3 月 20 日，盛宣怀在给吕海寰的复函中言及：“红十字会事，弟自日东（本）归沪，任、施、沈三君迄未晤面，闻剩款在施处，故无人敢问津，既承谆嘱，容俟稍愈详询逢辛（即任锡汾），或能悉其梗概也。”① 红会款项，作为会长的盛宣怀竟也“不敢”问津，令人费解，果真是有名无实。而如果把“中国红十字会”改为“大清红十字会”，即由民办改归官办，他这位官派的会长，便可以操纵自如了。这该是比较合理的解释。

其二，盛宣怀的确心存红会归官之念。1910 年 1 月 30 日，他在给吕海寰的信中说：“红十字会均得优奖，此后倘能造就一班好医生，不特为战时调用，即平常亦可济人利物。惟各处民穷财尽，无事之秋募捐，恐无把握。大疏中集款造医船数只，奢愿不易偿。请部铸关防，似亦非吾三人（指吕海寰、盛宣怀、吴重熹三人——引者）手无斧柯所能领办。鄙见莫如奏明归部为是。请与洋务熟手考订，隶入民政部，好否?”② 总而言之，在盛宣怀看来，只要将红十字会纳入“大清”的官僚体制中，其他都不在话下。

其三，盛宣怀把红十字会改归官办，符合官方的意愿。前述由军谘处领衔，外务部、筹办海军事务处、陆军部会奏之《详核红十字会原奏敬陈管见折》就提出：“查东西各国红十字会，均以亲贵为总裁，英、俄、德三国更由国后主持其事，诚以兹事体大，若非有亲贵总其成，则无以示提倡而资策励。今我国红十字会，时当创始，自应由该会长认真经理，俟办有成效，应否采择各国成法，请简派亲贵充当总裁以昭隆重之处，届时再行请旨办理。”③ 对此提议，朝廷表示赞成。而盛宣怀奉旨出任会长，变“中国”为“大清”，不能说没有“迎合”之嫌④。

---

① 北京大学历史系近代史教研室编：《盛宣怀未刊信稿·致吕尚书函》，中华书局 1960 年版，第 157 页。

② 北京大学历史系近代史教研室编：《盛宣怀未刊信稿·寄吕尚书函》，中华书局 1960 年版，第 210 页。

③ 《军谘处奏详核红十字会原奏敬陈管见折》，《申报》1910 年 6 月 19 日。

④ 朱从兵教授也认为，盛宣怀担任会长以后，依然坚持将中国红十字会关防改为大清帝国红十字会。这个改动不是表面上的文字游戏，也不是他自己所说的当时公文均言“大清”，而是借以表示对当时正极力加强中央集权的满清权贵的忠心（朱从兵：《为什么盛宣怀成为中国红十字会首任会长?》，池子华、郝如一主编：《红十字运动与慈善文化》，广西师范大学出版社 2010 年版，第 106 页）。

从以上的简述中可以了然，对于中国红十字会的未来，官办的主导意识已在盛宣怀的脑海中占据压倒优势。这种“大清”情结，终于驱使他做出“易名”的抉择。

二、易名大清红十字会

盛宣怀奉旨出任中国红十字会会长后，即于3月13日咨行礼部，以中国红十字会系遵旨开办，应行奏请添铸“大清红十字会”关防，以昭郑重。4月30日，外务部咨复，告知“大清红十字会”关防已缮模具奏，俟铸妥后再行知照请领。据《大公报》披露，“进呈印模系照参赞大臣关防，纯用铜质，长三寸二分，阔二寸，其文清汉合璧小篆文曰：大清帝国红十字会之关防”①。5月5日，盛宣怀札委山东补用直隶知州袁鉴赍文专程赴京候领。16日，礼部将新添铸的该关防粘贴印花发交袁鉴领取送往上海。6月5日，“大清红十字会”关防正式启用②。中国红十字会蜕变为大清帝国红十字会（一般称大清红十字会）。

6月7日，“大清帝国红十字会”关防启用的两天后，盛宣怀迫不及待即以“钦命红十字会会长、太子少保尚书衔、正任邮传部右堂”的名义向驻京各国公使、驻沪各国领事发出照会，说明中国红十字会的源流以及“钦命”的过程：

为照会事：照得本大臣前于光绪二十九年间（应为光绪三十年，即1904年——引者），会同吕尚书、吴侍郎，及在沪中西绅商，查照瑞士贵国议立之红十字会公约十条，又荷兰贵国创立保和会之推广约十四条，创立中国红十字会，救护东三省战地被难人民。其时救护战国及非战国受伤兵民为数甚巨，而中国红十字会于是遂与各国权宜联合，立有基础，著有成效。数年以来，本大臣等复与原办各董商订章程，以期可大可久，即经会衔奏请立案，于宣统二年正月十八日，钦奉谕旨：“著派盛宣怀充红十字会会长，余依议。该衙门知道。钦此。”并经礼部钦尊铸造铜质关防一颗，文曰“大清帝国红十字会关防”，现已颁赉到沪，于四月二十八日敬谨启用。除咨请各国出使大臣知照各国政府，既瑞士贵国公会、荷兰贵国保和会接洽，并咨明各国驻京大臣、驻沪领事查照外，相应照会贵大臣、总领事、领事，请烦查照③。

① 《奏请遵铸红十字会关防》，《大公报》1910年4月14日。

② 周秋光：《晚清时期的中国红十字会述论》，《近代史研究》2000年第3期，第145页。

③ 《大清红十字会会长盛宣怀致驻华各国公使、领事照会》（1910年6月7日），中国红十字会总会编：《探本溯源——来自博爱论坛的声音》，北京大学出版社2010年版，第119页。

照会的外交官分别有：

大西洋国钦差驻京大臣；
大英国钦差驻京大臣；
大法国钦差驻京大臣；
大俄国钦差驻京大臣；
大美国钦差驻京大臣；
大德国钦差驻京大臣；
大日本国钦差驻京大臣；
大比国钦差驻京大臣；
大奥国钦差驻京大臣；
大荷兰国钦差驻京大臣；
大和国钦差驻京大臣。
大瑞士国钦差驻京大臣；
大古巴国钦差驻京大臣；
大瑞典国钦差驻京大臣；
大挪威国钦差驻京大臣；
大丹麦国钦差驻京大臣；
大日斯巴尼亚国钦差驻京大臣；
大意国钦差驻京大臣；
大葡国钦差驻京大臣；
大墨西哥国钦差驻京大臣；
大义国钦差驻京大臣；

大英国驻沪总领事官；
大丹麦国驻沪总领事官；
大日斯巴尼亚国驻沪总领事官；
大意国驻沪总领事官；
大葡国驻沪总领事官；
大墨西哥国驻沪领事官；
大义国驻沪领事官；
大和国驻沪领事官；
大荷兰国驻沪领事官；
大瑞士国驻沪领事官；
大古巴国驻沪领事官①。
大美国驻沪总领事官；
大德国驻沪总领事官；
大法国驻沪总领事官；
大俄国驻沪总领事官；
大日本驻沪总领事官；
大比国驻沪总领事官；
大奥国驻沪总领事官；
大瑞典国驻沪总领事官；
大挪威国驻沪总领事官；
大西洋国驻沪总领事官；

盛宣怀之所以急迫地向各国驻京大臣、驻沪领事官发出照会，很显然，意在表达三层意思：一是大清红十字会与中国红十字会一脉相承；二即大清红十字会是官方机构、政府组织，具有全国统一性，作为国际性慈善机构，它具有足够的代表性，各国理应承认；三是盛宣怀乃“钦命”的会长，其正当性、权威性毋庸置疑。

三、不同的反应

盛宣怀的易名之举、照会的发出以及军谘处的官办之请，激起不同反响。

① 《大清红十字会会长盛宣怀致驻华各国公使、领事照会》（1910 年 6 月 7 日），中国红十字会总会编：《探本溯源——来自博爱论坛的声音》，北京大学出版社 2010 年版，第 120—121 页。

首先，出于外交方面的考虑，收到照会的驻京各国公使、驻沪各国领事，纷纷复函表示祝贺，此为外交礼仪，如瑞典驻沪总领事巴格致盛宣怀函称，“贵国红十字会办有成效，奏准经礼部铸造铜质关防一颗，颁赍到沪启用等情。查红十字会为地球上最大之善举，兹贵国绅商组织成立，敝总领事极为欢迎。现经贵大臣咨照，启用关防，敝总领事已照知悉，合应函复。顺颂日祉”①；法国外交官玛尔协礼致盛宣怀函称，“接奉上月廿七日来函，敬悉贵会于光绪二十九年蒙宫保及吕尚书创设，于宣统二年正月十八日，得政府允许，此会因以成立。当日俄战争时，红十字会异常出力，我愿此会前途必能发达，并愿贵政府尽力集合有志善举者，将来保护战时受伤军士。又愿贵会维持得始终如一，是为至祷。此颂日祉”②；日本公使有吉明致盛宣怀函称，“前准照会，内开中国红十字会办有成效，即经会衔奏请立案，奉派贵大臣为红十字会会长等因。准此。当经禀知本国外务大臣查照，并请颁发本国赤十字社事业、成绩各书，以便转送贵会，藉备参考各在案。兹奉颁寄赤十字社印刷各册到署，相应开单附送，即希贵大臣查收，以备考查为荷。顺颂台祺”③，云云。各国使节向盛宣怀这位“钦命”会长表示祝贺，也表达了对红十字事业兴旺发达的美好祝愿。

其次，朝廷上下热情高涨，对“官办”红十字会充满期待。据媒体报道，“中国红十字会会长盛杏荪侍郎闻有电致军机处代奏，请于该会未成立以前，钦派亲贵大员充任总裁，以便商办一切，俾增完善。现资政院总裁伦贝子有兼充斯任消息”④；“中国红十字会已由军谘处奏准成立，闻政府对于此事亦颇注重，将来有以振贝子充任总裁之说，并闻振贝子福晋因各国红十字会多由贵族妇人襄赞而成，拟即运动摄政王福晋及洵、涛、朗各贝勒福晋充作会员，以为提倡”⑤。就连新晋军机大臣爱新觉罗·毓朗（1864—1922，多罗敏达贝勒，字月华，号余痴）也对大清红十字会的未来发展寄予厚望：“内廷人

---

① 《瑞典驻沪总领事巴格致盛宣怀函》（1910 年 7 月 30 日），中国红十字会总会编：《探本溯源——来自博爱论坛的声音》，北京大学出版社 2010 年版，第 125 页。

② 《法国玛尔协礼致盛宣怀函》（1910 年 8 月 16 日），中国红十字会总会编：《探本溯源——来自博爱论坛的声音》，北京大学出版社 2010 年版，第 127 页。

③ 《日本公使有吉明致盛宣怀函》（1910 年 12 月 1 日），中国红十字会总会编：《探本溯源——来自博爱论坛的声音》，北京大学出版社 2010 年版，第 129 页。

④ 《京师近事》，《申报》1910 年 6 月 26 日。

⑤ 《京师近事》，《申报》1910 年 6 月 28 日。《大公报》亦报道称：“政府诸公对于创办红十字会一事极为注重，日前特电催会长盛杏荪侍郎赶即筹办，以期早日成立。闻将来尚须仿各国成例，简派亲贵大臣总司其事，其堪以膺选者伦振两贝子均极有望。又闻摄政王福晋及洵涛两贝勒、伦振两贝子之福晋均拟充作会员，相与赞成此种慈善义举。”（《红十字会将来之发达》，《大公报》1910 年 6 月 23 日）

云，新简军机大臣朗月华日昨由军机退班，曾于内廷提署公所会晤盛杏荪侍郎，议及组织红十字会事，闻朗贝勒对于此事极为赞成，拟将各国红十字会章程编列成书，以便联合各亲贵王公贝勒奏请承认会员，以期该会之发达云。”[①] 不难想见，官方对红十字会的未来，信心满怀，呵护有加。

再次，从上海方面说，中国红十字会的具体承办人沈敦和等则表示难以认同。总会设于上海的构想被否定，而改设京师，按照盛宣怀会长所说，“京城为总会，上海为分会，此一定之理”[②]，客观地说，北京更具有象征意义，毕竟是大清帝国的首都。各国红会的总会也是如此，设在首都便于协调。但红十字会的发源地在上海，沈敦和等苦心经营多年，建医院、办学堂，初具规模，如此变更，势将难以为继。而易名之举，使红十字会成为具有浓重政治色彩的“官办”机构，与一直以来的“官督民办”“官督民营”的运作模式大相径庭，这是沈敦和等所不能容忍的。1911 年 10 月 23 日，沈敦和在给吕海寰的一通电文中牢骚满腹，说：“查沪红十字会系民捐民办，甲辰四月、十二月两次奉旨嘉许，实称善举。上年夏钦派盛宫保（盛宣怀——引者）为会长，并拟改名大清红十字会，当经敦和力陈利害，按大清红会应归陆军部筹办，如遇战事，仅止随本国军队后救伤，与和等所办瑞士缔盟万国承认之中立红十字会宗旨不同，且沪会系募中外捐款而成，殊难归并。”[③] 沈敦和虽然“力陈利害”，但若想扭转变局，则有心无力，只能表示“殊难归并”，并采取不合作的消极态度加以抵制，由此产生了“京会”（大清红十字会）、“沪会”（中国红十字会）的矛盾。“统一”的局面被打破，“京会”“沪会”，南辕北辙，中国红十字事业的发展出现了暂时的困难。

红十字会本该是中立性的民间社会团体，盛宣怀强化官办色彩的易名之举，在红会内部引发振荡，势所必然。这对红十字事业的发展，弊多利少，实在是得不偿失。

大清红十字会从 1910 年 6 月 5 日启用关防，到 1911 年 10 月 26 日随盛宣怀的被革职而成为过眼云烟，在这一年多的时间里，大清红十字会本身并无多少建树。盛宣怀身陷“铁路风潮”的泥潭难以自拔，对红会事业是心有余而力不足。而“沪会”在沈敦和的领率下，“我行我素”，挂了一个“大清红

---

① 《朗贝勒注重红十字会》，《大公报》1910 年 8 月 22 日。

② 《盛宣怀批》，中国红十字会总会编：《探本溯源——来自博爱论坛的声音》，北京大学出版社 2010 年版，第 124 页。

③ 《吕海寰往来电函录稿》，《近代中国史料丛刊》第 3 编第 58 辑，（台北）文海出版有限公司 1978 年版，第 605—606 页。

十字会中国公立医院分医院”的牌子[①]，以及发布一下医学堂招生广告[②]，算是给了盛宣怀一个面子。仅此而已。

值得注意的是，1910—1911 年，皖北、苏北连续遭受水灾的肆虐，灾民达数百万。为救济江皖沉灾，沈敦和与美国传教士福开森[③]，联手发起成立“华洋义赈会”，募集捐款，实施救济。沈、福并列为会长。沈敦和何以抛开现成的大清红十字会招牌不用而另行组织华洋义赈会，详情不得而知。便于筹款大概只是一个方面，而从以上的阐述中，亦可悟出一二，即对盛宣怀“易名”之举的抗议。

大清红十字会、华洋义赈会原本是两套马车，沈敦和分得清楚，他在 1911 年 9 月 19 日华洋义赈会的报告大会上发表演说：“感谢中外捐款诸君及今日来宾，并道谢华洋义赈会、大清红十字会医员、干事、学生分往江皖救疫舍己救人之盛德。”[④] 尽管如此，因发起人沈敦和为红会中人，所以华洋义赈会的成就照样载入红会的“功劳簿”，《中国红十字会二十年大事纲目》就记载说，1910 年夏，“皖北旱灾（应为水灾[⑤]），继以大疫，死亡枕藉。本会急派医士、学生，携带救疫药物、器具，组织救疫医队，为甲乙丙丁四队，冒暑驰往北皖（皖北）之临淮、寿州、凤阳、正阳、凤台、怀远、宿州、蚌埠及苏省之清江、海州、桃源等处，竭力拯救，治愈者六万七千五百余人。于时办理急赈者，为本会组织之华洋义赈会，集款至百七十万，全活无算，成绩昭然”[⑥]。如是称述，虽有掠美之嫌，但也并无不可。

华洋义赈会的救济活动刚刚结束，辛亥革命爆发，大清红十字会面临新的考验。

---

① 《大清红十字会中国公立医院分医院开幕广告》，《申报》1911 年 3 月 17 日。

② 《上海大清红十字会医学堂招生》，《新闻报》1911 年 9 月 1 日。

③ 福开森（John Calvin Ferguson，1866—1945），美国传教士，1886 年来华，1888 年任南京汇文书院监督，1897 年任上海南洋公学（盛宣怀创办）外国语文教习，义和团运动时参与盛宣怀策划的“东南互保”。先后担任亚洲文会会长、上海《新闻报》经理、华洋义赈会会长及刘坤一、张之洞、北洋政府的顾问。对中国红十字事业多有参与，1912 年代表中国红十字会出席在美国举行的第九届国际红十字大会。1921 年华盛顿会议时，出任中国代表团团员。1945 年于美国逝世。

④ 《华洋义赈会报告大会志盛》，《申报》1911 年 9 月 21 日。

⑤ 参见李文海等：《近代中国灾荒纪年》，湖南教育出版社 1990 年版，第 773—777 页，以及《申报》1910—1911 年相关报道。

⑥ 《中国红十字会二十年大事纲目》，中国红十字会总办事处 1924 年编印，第 3—4 页。

第四章　辛亥革命战时救护行动（上）

——“沪会”的救护行动

大清红十字会开办不久，改变中国命运的辛亥革命爆发了。为适应战时救护需要，沈敦和抛开大清红十字会，另行组织中国红十字会万国董事会，负责实施战地救护事宜。与此同时，清政府任命吕海寰继任会长，把“大清红十字会”正名为“中国红十字会”。

“大彰于武汉之师”，中国红十字会因救伤瘗亡功勋卓著而声震遐迩，举世瞩目。在辛亥革命的战事救护中，“沪会”“京会”及赤十字会社基本上各自为战，虽然合作较少，但都发挥了重要作用。

第一节　当战争爆发之后

一、“回归”中国红十字会

盛宣怀的“易名”之举以及军谘处的“官办”之请，引发红会内部的变局。根据军谘处的建议，总会改设京师[①]，而京师没有上海那样雄厚的根基，只是争去了一块牌子。作为中国红十字会的发祥之地，上海名分顿失，令沈

① 直到辛亥革命爆发，总会会所尚未在京师设立，正因为如此，1911 年 10 月 25 日，盛宣怀奏上《在京师设立会所片》，解释称：“中国红十字会会所原设上海，臣供职来京，因该会事务尚简，员董均未偕来。现在鄂省军务紧急，特设慈善救济会，派员驰往，照章救援，国体民命，均关重要。除原选董事道员沈敦和、任锡汾、施则敬、任凤苞等，或令赴鄂，或仍驻沪筹办外，拟请在京设立会所，选派得力人员，随同规划一切应办事件，俾免贻误机宜。”（盛宣怀：《在京师设立会所片》，中国红十字会总会编：《探本溯源——来自博爱论坛的声音》，北京大学出版社 2010 年版，第 129 页）

敦和等先驱们难以平复内心中的愤懑与不满，以消极态度加以抵制。红会内部出现裂痕，当然不利于事业的发展，但还未等到大清红十字会理顺内部体制，改变中国命运的辛亥革命爆发了。

1911年10月10日，辛亥革命首先在号称“九省通衢”的武汉爆发，接着，湖南、陕西、江西、山西、云南、上海、贵州、江苏、浙江、安徽、广西、福建、四川等地纷起响应，形成声势浩大的革命浪潮。统治中国的清王朝处于风雨飘摇之中。

辛亥革命的发生，固然是由于以孙中山为首的资产阶级革命派长期宣传、鼓动、酝酿、组织、发动的结果，但其导火线，却与大清红十字会会长盛宣怀直接相关。

1911年5月，“皇族内阁”上台后，在盛宣怀的筹划下，实施“铁道干路国有”政策，强行接收已归各省商办铁路公司的筑路权。18日，清廷任命端方为督办粤汉、川汉铁路大臣，首先剥夺两路商民自办铁路权；20日，皇族内阁邮传部大臣盛宣怀与英、法、德、美四国银行团签订《粤汉川汉铁路借款合同》，出卖路权，激起民愤，酿成汹涌澎湃的“铁路风潮”。这是辛亥革命的直接导火线。

战争意味着流血牺牲，生灵涂炭。作为大清红十字会会长的盛宣怀，理应有所担当。10月23日，给事中涂国盛上奏朝廷，要求责成盛宣怀，担起战事救护之责，谓：“鄂陷现已旬余，难民困毙无算，请饬督办大臣盛宣怀酌拨巨款，电商善堂义绅，援案设救局会，速救余生。”[①] 紧接着，24日，记名御史学部郎中陈曾寿、高等审判庭推事王基磐、农工商部参议上行走赵椿年、内阁统计局副局长张国淦以及京外26名官员复联名上书朝廷，以“武汉糜烂，变起仓猝，居民遭此惨祸，困苦万状，日来战事一开，当更有不堪设想者。职等或谊属桑梓，或亲友流寓，日念颠连之状，苦无抚助之力”。鉴于“中国红十字会前于日俄战事，特倡救济会，拯救难民，全活无算”，“请按照该会定章，派员速往筹办，以拯难民，而宏慈善”[②]。如此等等，呼声迭起。

被推到舆论风口浪尖的盛宣怀，虽身心俱疲，自身难保，但也不能不思有所作为，乃于10月25日上了一折两片，即《遵旨设立慈善会派员赴鄂救济被难人民折》《拟派沈敦和、福开森赴鄂办理救济事宜片》《在京设立会所片》，表示“迅速设法救援，以活民命”。盛宣怀是大清红十字会会长，去年

① 中国红十字会总会编：《探本溯源——来自博爱论坛的声音》，北京大学出版社2010年版，第131页。

② 中国红十字会总会编：《探本溯源——来自博爱论坛的声音》，北京大学出版社2010年版，第132页。

(1910）的易名之举，历历在目。而此时，他却要抛开大清红十字会，另行组建慈善救济会作为救援行动的组织机构，令人费解。对此，他在奏折中做了这样的辩解：

惟查各国红十字会章程，系两国构兵，由他国会员，深入战线之内，不分彼此，一律救援，与现在鄂省匪乱情形不同。且查红十字会，各国创设已三十余年，遍查各国历史，亦无与此相等之战事。是此次赴鄂救济人民，医治受伤军士，只可用红十字之办法，不便用红十字会之名义。臣斟酌再四，拟请设立慈善救济会，仍按照红十字会宗旨，以救难及医伤两事为切实办法。商之军谘（府），亦意见相同。已派定总董存记道沈敦和，并加派美国洋员福开森，带领医生执事人等，克日驰往汉阳、武昌一带。凡在战线以外被难人民，立即救援出险，并将受伤军士，妥为设院医治。其战线以内，力所不逮者，倘可保全，亦应一体妥筹救治，以其仰副朝廷视民如子至意。至该员等躬诣危境，已咨由军谘府发给护照，并分咨各路统兵大臣保护进行，以昭慎重。其应用一切经费，查赈捐收款，除拨解江皖湘豫等省外，尚欠各银行垫款五、六十万，催还急切，实属无从酌拨。臣既身任会长，无论如何为难，当与本会各董事尽力先筹，勉支应用。惟此事中外观听所系，需款浩大，拟请援照光绪二十九年东三省成案，仰恳天恩，特颁帑项，以为全国绅商之倡。一面由臣督率各董事，赶紧劝捐，广筹巨款，源源接济，庶数百万生灵不致尽归浩劫，感蒙帱负，薄海同钦矣①。

盛宣怀所言，确系实情。红十字会战争救护适用于国与国之间的战争，内战救护不在其列，因而只能参照红十字会宗旨，设立慈善救济会，在战线以外对难民及伤员实行救助。但话又说回来，大清红十字会是“官方”机构，服从服务于清政府，不具有中立性，对敌对一方的革命军，是否能够一视同仁地加以救护，也是一种困扰，所以采取这种办法。不过“设立慈善救济会，仍按照红十字会宗旨”，难免存在同样的困扰。

在奏折中，盛宣怀之所以表示要特派沈敦和与福开森，前往武汉办理相关救护事宜，也不难理解，盛宣怀在“片”中做了说明：

存记关道沈敦和本为红十字会总董，见义勇为，不辞劳瘁，本年与美国洋员二品顶戴第一宝星福开森办理华洋义赈会，经募中外捐款一百五十余万元，散赈计十阅月之久，并分派医士前往灾区施诊给药，活人无算，迭接安

① 盛宣怀：《遵旨设立慈善会派员赴鄂救济被难人民折》（1911 年 10 月 25 日），中国红十字会总会编：《探本溯源——来自博爱论坛的声音》，北京大学出版社 2010 年版，第 132—133 页。

徽抚臣朱家宝暨各官绅来电，均以施济及时，同声感颂。该会现仍在沪续筹捐款，以辅官赈。福开森来华日久，极意输诚，迭经刘坤一、张之洞、端方等委办交涉，著有劳勚，臣前暂留在部帮办洋文事件。乃因邮政、铁路所用洋人有数百人之多，非有一二熟悉中国情形者，难期妥协，即无以收回事权。论者以为流弊事宜防，臣亦殊深惶悚。惟该洋员急公好义，于救灾尤为奋勇，圣代怀柔远人，似可量材器用。至此次红十字会之内派员赴鄂，办理救济事宜，实为各国所注重，该处地近租界，兼派有洋员，可资融洽。沈敦和、福开森同为筹办华洋义赈得力之人，拟即派令前往，以期情联中外，裨益灾黎①。

不言而喻，在盛宣怀看来，沈敦和、福开森是实施战地救护最合适的人选。

革命洪流，浩浩荡荡，势不可当。尽管盛宣怀表示愿担起红十字会会长之责，但陷清政府于内外交困中的他，已成众矢之的。摇摇欲坠的清政府，恼羞成怒，把盛宣怀视为“辛亥之乱”的罪魁祸首。资政院上书弹劾，谓盛宣怀：“侵权违法，罔上欺君，涂附政策，酿成祸乱，实为误国首恶，请罪之。”② 10月26日，即盛宣怀上呈一折两片的第二天，朝廷发布上谕，以“盛宣怀不能仰承德意，办理诸多不善。盛宣怀受国厚恩，竟敢违法行私，贻误大局，实属辜恩溺职”，著革去大清红十字会会长等所有职务，“永不叙用”③。

作为中国红十字会的缔造者之一，虽然“钦命”以来，易名之举造成内部动荡，“京会”“沪会”貌合神离，盛宣怀有不可推卸的责任，但红十字会的创建、维持以及发展，他发挥了重要作用，这是历史事实，不容否认。

大清红十字会会长盛宣怀被罢免，可是朝廷并没有立即委派继任会长，是没有合适的人选，抑或无暇顾及，不得而知。而在10月24日，也就是盛宣怀被罢免的前两天，沈敦和公然抛开大清红十字会，在上海发起成立中国红十字会万国董事会（详见后文），实属“胆大妄为”，朝廷如欲治其“犯上”之罪，有充分的理由；但沾上“万国”，已使中国红十字会具有了国际性，如果处置失当，可能会招致外交上的麻烦。此刻的清廷已是焦头烂额，如何是处，举棋不定。

---

① 盛宣怀：《拟派沈敦和、福开森赴鄂办理救济事宜片》（1911年10月25日），中国红十字会总会编：《探本溯源——来自博爱论坛的声音》，北京大学出版社2010年版，第133—134页。

② 蔡冠洛：《清代七百名人传·盛宣怀》，沈云龙主编：《近代中国史料丛刊》第63辑，（台北）文海出版有限公司1966年版，第1524页。

③ 《宣统政纪》第62卷。

盛宣怀被罢免，但红会事务不能因此罢手。战事正酣，救护需人，会长之缺，总不能久拖不决。11 月 9 日，吕海寰上奏朝廷：“恳恩推广慈善救济会，按照红十字会章程办理，以广皇仁。”清廷即颁布谕旨，准吕海寰“推广慈善救济会，按照红十字会（章程）办理，并准其另举红十字会会长”①。这里引出两个问题需要加以说明：一是按照红十字会章程办理的慈善救济会，与 1904 年的东三省红十字普济善会异曲同工，换句话说，它不是纯粹的红十字会组织，而是旧式善堂的翻版，这是历史的退步；二是准吕海寰另举会长，那就是说，在朝廷的心目中，吕海寰并不是会长的最佳人选（“另举”的另一层含义是吕可能举荐他人未能得到朝廷认可请其另行举荐，史书未载，可以排除这种可能性），否则何不做个顺水人情？

问题提出来了，但吕海寰并无下文，令人浮想联翩。也许（仅仅是推测），在吕海寰看来，没有谁比自己更具有号召力。朝廷环顾左右，的确没有发现较吕海寰更能堪当此任的人选，毕竟吕海寰是五国合办上海万国红十字会中国方面举足轻重的领袖人物之一，资格最老。

1911 年 11 月 13 日，也就是盛宣怀被罢免的第 18 天，清廷终于颁发谕旨：“命前外务部尚书吕海寰充中国红十字会会长，仍兼办慈善救济会事宜。”② 值得注意的是，清政府不仅放弃了用红十字会章程办理慈善救济会的不切实际的构想，而且放弃了使用一年有余的“大清红十字会”招牌，淡化官办色彩，重新回归“中国红十字会”。这一“正名”，实际上等于对沈敦和此前抛弃钦定的“大清红十字会”另行组织“中国红十字会万国董事会”这一既成事实的承认，同时又可以名正言顺地对“中国红十字会万国董事会”施加影响，一举两得。尽管清政府的否定自我式的“正名”有其居心，但有利于红会内部关系的调整，有利于弱化政出多门、号令不一之弊，有利于救援行动的展开。因此，“回归”中国红十字会之举，还是值得肯定的。

“大清红十字会”正名为“中国红十字会”，吕海寰成为政府任命的第二任会长。

二、继任会长吕海寰

继任会长吕海寰（字镜宇），为中国红十字运动先驱者之一，是中国红会史上的“关键”人物，山东莱州掖县人。年少时虽家境贫寒，但吕海寰好学上进，考中秀才。1862 年北上京师，以童生资格取得顺天府大兴县县籍。

① 《宣统政纪》第 63 卷。

② 《宣统政纪》第 64 卷。

1867 年中举，无官可做，只得在户部经承樊某家中教馆，得樊相助，捐官员外郎。关于此事，《凌霄一士随笔》中有一段逸闻，谓："时咸丰间政府所发钞票，已等废纸，惟捐官上兑尚可用。樊家所存甚多，一日樊与海寰谈及，曰：'先生何不捐一部曹？此间所存之钞票可作上兑也。'海寰唯唯。樊遂代为上兑，捐一员外郎，签分兵部，赀郎行走，仕途亦甚滞也。"①

吕海寰在兵部当差 10 余年，未见升迁，可谓仕途坎坷，直到他 42 岁，才算有了出头之日。改变他命运的是一个人、一本书。1883 年，同寅举人裘叔和赠他新刊《洋务大全》一书，这本书详细记载外国史地及风俗习惯等知识。吕海寰得此书，日夕翻览，如饥似渴，眼界大开。适逢总理各国事务衙门考章京，题为"为断乃成论"（语出韩愈《平淮西碑》），"与考各员多不知出处，海寰则源源本本，文特精彩，取列第一"。次日传见，询及欧美各国形势及军事商务等问题，吕据《洋务大全》所得知识，应对如流，受到主考官时任协办大学士、总理各国事务衙门大臣李鸿藻的赏识，视为"学贯中西，体用兼备"的难得人才。从此，吕海寰时来运转，迭膺优保，历任兵部车驾司总办兼则例馆提调、总理各国事务衙门总办章京、司务厅收掌、兵部员外郎、圣典馆协修官、清档房提调、记名海关道赏加二品衔等职②。

1894 年，吕海寰外放任江苏常（州）镇（江）通海道，任内"首倡保婴局，开浚荷花塘船坞和京口救生会等社会福利事业，缴价承领镇江租界滨江滩地收租救生事，已属慈善之端倪"③。其间，办理泰安、淮阴两教案，有理有节，颇为得体，赢得善办外交的美誉。

1897 年，经李鸿章保荐，吕海寰被任命为出使德国大臣。使德 4 年，他不负委任，"凡关于国体主权者，毅然力争也"。回国后，"以中国皇帝之使往往贻笑邻邦，乃辑历代奉使事绩成书六十卷，又补辑四十卷，名《奉使金鉴》，进呈光绪帝，甚得赞许。又著《庚子海外纪事》一书，记述使德始末，'盖隐寓忧殷启圣之意焉'"④，表达了他对国家前途命运的强烈关注。

1902 年 2 月 23 日，官至工部尚书的吕海寰被朝廷任命为钦差办理商约大臣，在沪与西方列强进行商约谈判，盛宣怀、吴重熹会办，予以协助。谈判

---

① 徐凌霄、徐一士：《凌霄一士随笔 · 吕海寰轶事》，山西古籍出版社 1997 年版，第 1546 页。

② 李石孙：《吕海寰的一生》，天津市政协文史资料委员会编：《天津文史资料选辑》第 35 辑，天津人民出版社 1986 年版，第 119 页。

③ 转引自孙兴林：《血雨腥风聚正气，爱国救民献丹心——纪念中国红十字会先师吕海寰诞辰 150 周年》，《中国红十字》1992 年第 3 期，第 52 页。

④ 中国红十字会总会编：《中国红十字会历史资料选编，1904—1949》，南京大学出版社 1993 年版，第 553、554 页。

旷日持久，直到1907年吕被调回京任外务部尚书时仍在进行。虽然经吕海寰之手签订的《中英续议通商行船条约》《中美通商行船续订条约》《中葡通商条约》等约章仍以利权的丧失为代价，但由于他的据理力争，挽回了一些利权，这是史学界公认的。

由于在沪办理商约的关系，吕海寰与红十字结下了不解之缘。上海万国红十字会的成立、维持以及救助行动的顺利实施，都倾注了他大量心血。他是一面旗帜，他的影响力，使他成为当然的“领袖”[①]。

1907年，上海万国红十字会终结，中国红十字会走上“自立”之路。因吕海寰回任京师，仍在上海的盛宣怀顺理成章地荣任会长。如前所述，尽管吕海寰没有如今人著述所期待的那样成为中国红十字会的首任会长，但他对红十字事业仍一如既往给予关注。1907年7月21日，他与盛宣怀联衔上呈《沥陈创办红十字会情形并请立案奖叙折》，为“巩中国红十字会之初基”描绘蓝图。1910年1月，他又与盛宣怀、吴重熹联衔会奏《酌拟中国红十字会试办章程请旨立案折》，为中国红十字会的规范发展，开辟道路。他依然是一面旗帜，无愧于“中国红十字会先师”之誉[②]。

吕海寰继任会长后，如何协调与中国红十字会万国董事会之关系，成为他必须面对的一个现实问题。

三、中国红十字会万国董事会的组建

中国红十字会万国董事会由沈敦和在上海发起成立。

沈敦和之所以抛弃现成的“大清红十字会”，另行组建中国红十字会万国董事会，一则他对盛宣怀的“易名”之举深表不满，二则“大清红十字会”具有浓重的官办色彩和鲜明的政治倾向，与红十字会宗旨背道而驰，无法遂行救护使命。而其以上海为大本营，原因不外乎：（一）上海为沈敦和社交舞台；（二）红会基础较为雄厚；（三）如王熙普所云：“沪上交通之地，耳目易周，苟办理之得法，即足以模范全国，办理而稍有成效，即可以推广内地，故不办红十字会则已，苟欲办之，必自上海始。且热心公益之士大半皆荟萃于斯，不提倡则已，一提倡之，踊跃输捐热心从事当不乏人也。”[③] 这是上海的优势之所在。

① 中国红十字会总会编：《中国红十字会历史资料选编，1904—1949》，南京大学出版社1993年版，第7页。

② 中国红十字会总会编：《中国红十字会历史资料选编，1904—1949》，南京大学出版社1993年版，第555页。

③ 王熙普：《创设红十字会之理由》，《申报》1907年7月4日。

辛亥革命爆发的消息迅速传遍全国。随着战争的持续与扩散，伤亡与日俱增。“鄂事紧急，民命涂炭，革命军官兵交战在即。日前大战伤亡兵士弃尸如山，伤者无人救治，困苦万状。即武汉居民为流弹所伤者，不知凡几，天下最惨酷而不忍闻睹者”①。炮火与血腥呼唤红十字的人道关怀。10 月 23 日，沈敦和接到由汉阳某国兵轮上发来的无线电报，“以两军死伤过多，请即亲率红十字会中西医队迅速前来战地，普救同胞”②。事不宜迟，沈敦和当机立断，决定抛弃官味十足的“大清红十字会”，借重“外力”，以弥补救护力量之不足，以求得救助行动的迅即遂行，这是沈敦和另行组织中国红十字会万国董事会的缘由。如他后来所追述的那样：“武汉事起仓猝，响应甚速，不数日间，战祸已蔓延各省。彼时若仅恃本会救护人员，断断不敷调遣。欲求部署神速，机关完备，而经费又可节省者，惟有借重各国教会西医，及各该处原有之教会医院，以为本会临时救护机关，庶几朝发一电，夕已成立，可收事半功倍之效。然欲联合教会，又非借重西董不为功，此本会万国董事会所由设也。”③

救伤如救火，刻不容缓。10 月 24 日，也就是收到呼救电报的第二天，沈敦和假座工部局议事厅，召开特别大会，中外来宾多达 700 余人。会上宣布成立“中国红十字会万国董事会”，推举古柏、麦尼尔、包克斯、吴板桥、马医生、爱德华医生、福医生、亨司德医生、施则敬、任锡汾、丁榕、江趋丹、汪汉溪、王西星为董事，沈敦和与英国按察使苏玛利为总董。特别大会决定事项如下：

——以三马路新闻报楼上为红十字会事务所，举江趋丹君为干事部长，金兰荪、吴敬仲、朱仲宾君为华、洋文书记，正金银行大班儿玉君、慎裕朱葆三君为会计，处专司收支银钱。各部办事人、医生、学生等既不支给薪水，又举杨仲言为医队经济干事。

——筹备上海总会，进行劝募捐款，采办药料、食物。

——汉口宜设养病院。

——战地附近临时宜设野战病院。

——战线附近宜设绷带所。

——宜组织卫生队及救护队。

---

① 《红十字会发现》，《新闻报》1911 年 10 月 23 日。

② 《红十字会医队定期启行》，《申报》1911 年 10 月 24 日。

③ 《日本赤十字社社长来电》，中国红十字会总会编：《中国红十字会历史资料选编，1904—1949》，南京大学出版社 1993 年版，第 58 页。

——宜速行募集实行经验之救护员。
——药料、器械、担架应筹备完全。
——筹备经费宜充足①。

特别大会开得热烈而隆重，“旋由柯医生演说：本会系万国签允，非任意可以设立，红十字旗号不能随意借用。今战务方兴，不有经验之医生、看护亲临战地施救，实属无用，并历举各国红十字会成绩，经王培元医士逐句译成华文。众鼓掌”②。与会者对沈敦和发起成立中国红十字会万国董事会的胆识，更是赞不绝口，李提摩太发表演说：“沈仲礼乃救苦救难之大元帅、救命军之大教主，组织此会，必能完全无缺，深望中西善士，随愿乐助，庶可扩大范围”；《纽约报》驻华代表唐乃而发表演说，谓：“沈公成立之红十字会，不特为中国人士所欢迎，即泰东西各国亦莫不馨祝，鄙人当立电本报报告成立并募捐款。”接着，沈敦和宣布“红十字会救人宗旨：不分革军（革命军）、官军。凡革军受伤医治送还革军，官军亦然”，“众鼓掌如雷”。最后，沈敦和“布告此次赴战地之医生六人、看护生三十一人，分作甲乙丙三队，分驰战地，有进无退，概无半途中止之虑。众鼓掌赞成，各医生、学生起立”③。在阵阵雷鸣般的掌声中，来宾捐款迭起高潮，当场捐款合计洋 8339 元，银 4082 两，药品、衣物不计其数④。

中国红十字会万国董事会，无疑是对上海万国红十字会的继承和超越。首先，中国红十字会万国董事会继承了上海万国红十字会的组织形式，这种组织形式已经实践证明，不仅灵活而且灵验，曾经取得日俄战灾救护的巨大成功。其次，虽然都有“万国”的金字招牌，但中国红十字会万国董事会已与上海万国红十字会有了天壤之别，上海万国红十字会为五国合办，中国红十字会万国董事会，不言而喻，为中国独自拥有，只不过董事会由中外慈善家组成，显然，这是一种超越。

四、“京会”“沪会”矛盾凸显

中国红十字会万国董事会成立不久，吕海寰出任中国红十字会会长。这样就出现两个红十字会对峙的局面，“统一”的格局不在。如何协调中国红十字会万国董事会（沪会）与中国红十字会（京会）之间的关系，攸关红十字

① 《红十字会大会志盛》，《新闻报》1911 年 10 月 25 日。
② 《红十字会大会志盛》，《申报》1911 年 10 月 25 日。
③ 《红十字会大会志盛》，《新闻报》1911 年 10 月 25 日。
④ 《红十字会大会志盛》，《申报》1911 年 10 月 25 日。

事业的发展，不能不进行调整。然而，事实证明，“京会”与“沪会”，不仅没有理顺关系，而且使矛盾步步升级。

第一回合，盛宣怀被罢免、吕海寰接办慈善救济会，尚未出任会长之时，也即从10月26日至11月13日。

这期间，吕海寰希望如盛宣怀奏折所称的那样，倚重沈敦和，前往武汉救援。为了取得沈敦和的鼎力支持，10月28日，吕海寰致电沈敦和，表示择日亲赴上海，表达“借重”诚意。电文称：“初五日奉旨筹办慈善救济会，派弟督饬各员赴鄂认真救济等因。阁下已经盛宫保奏派前往。弟甫接手，均无头绪。兄本旧交，极愿借重，未识目下作何布置，何人帮办？弟拟略事部署，即行赴沪，先此布闻。乞速复。”① 表现出礼贤下士的风度。但沈敦和并未“速复”，这使吕海寰十分焦急，30日致电任锡汾打听，告知：“前有阳电致仲礼兄，探询一切，未接复电，是否已经离沪，转询如尚在沪，请速复。”②其实，在吕海寰致电沈敦和的同一天，任锡汾即电告吕海寰，不仅他本人难以离开上海，“沈更未便亲莅战地”③。沈敦和已不顾一切另行组建中国红十字会万国董事会，不可能再按大清红十字会会长盛宣怀上奏朝廷所说的那样亲赴战地，他仍留在上海，指挥调度。吕海寰转弯抹角明知故问，无非欲知沈敦和真实态度。沈敦和不好再回避，30日回复，除了抱怨对盛宣怀易名大清红十字会的不满之外，就是告知中国红十字会万国董事会成立及救护安排，因有“犯上”之嫌，沈敦和明确表态“独担责任”；同时建议，既然“公奉命筹办慈善救济会，应否在京津令福开森君等克期组织，前赴信阳、聂口一带救护军民，以期周密而助红会之不逮”④，从而辅助万国董事会的救护行动。之所以有此建议，因为慈善救济会不是红十字会，不可能进入战地。任锡汾29日亦曾转弯抹角致电其子任凤苞转达了同样的意见，并就如何改造慈善救济会提出建议，称“慈善救济会断难至鄂地，即无战之地，恐多扞格，自应仍用红会名，彼本组织亦与各国自然连合，仍在中国地面，所以可以谨称红十字会也”，倘若“吕如仍慈善救济会名，沈亦不敢过问”。吕海寰完全“可奏明更正，否则务宜稍缓再来（上海）”，来上海也没用，并嘱任凤苞向吕海

① 《致上海沈仲礼观察电》，沈云龙主编：《近代中国史料丛刊》第3编第58辑《吕海寰往来电函录稿》，（台北）文海出版有限公司1978年版，第721页。

② 《上海新闸任》，沈云龙主编：《近代中国史料丛刊》第3编第58辑《吕海寰往来电函录稿》，（台北）文海出版有限公司1978年版，第724页。

③ 《上海任逢辛观察来电》，沈云龙主编：《近代中国史料丛刊》第3编第58辑《吕海寰往来电函录稿》，（台北）文海出版有限公司1978年版，第603页。

④ 《沈仲礼观察自上海来电》，沈云龙主编：《近代中国史料丛刊》第3编第58辑《吕海寰往来电函录稿》，（台北）文海出版有限公司1978年版，第605—607页。

寰“相机婉切言之”[①]。很清楚，红十字会是红十字会，慈善救济会是慈善救济会，性质不同，不可能合二为一，吕海寰还是不要来上海为好。

“巧合”的是，30 日即沈敦和回复吕海寰的当天，上海《新闻报》发表《红十字旗岂可借用》的评论文章，说：“闻吕尚书拟日内来沪，就商办法假用红十字旗号前赴战地，电商沈观察。缘沈君因红十字旗号非经万国立约，瑞士缔盟，不能暂用，应请自立救济会旗帜，且现正进行会务，身不能兼顾，虽同是慈善事业，不敢以政府所立之会隶属于绅办之会，拟力辞荐贤自代云。”[②] 明眼人一看便知，评论文章表达了上海方面鲜明的态度。

吕海寰无奈，只好采纳任锡汾的建议，11 月 9 日他上奏朝廷，“恳恩推广慈善救济会，按照红十字会章程办理，以广皇仁”。当日得准。吕海寰当即致电沈敦和、任锡汾，告“今日具奏推广救济会办法，奉旨准按红十字会办理。得此名义，京、沪可联一气。仍望两公竭力襄助，担任分会义务，所有已收捐款及已派赴鄂各队如何进行，祈先电示。京中募款极难，先托福开森汇上五千，望查收，以后续寄”[③]。所谓担任“分会义务”，显然是希望将中国红十字会万国董事会纳入慈善救济会体系，成为其分会。“吞并”的意图昭然，对此，沈敦和是有关救护情况照样报告，汇来钱款多多益善，至于“担任分会义务”，则避而不谈[④]。双方都很清楚，慈善救济会不可能吞并中国红十字会万国董事会，中国红十字会万国董事会也不会被吞并。

第二回合，吕海寰被任命为中国红十字会会长之后至日本法学博士有贺长雄应沈敦和之邀前来上海帮助修订《中国红十字会章程》，即从 11 月 13 日至 26 日。

11 月 13 日，吕海寰被正式“钦命”中国红十字会会长，大清红十字会正式正名“回归”中国红十字会。当日，吕海寰即致电沈敦和、任锡汾：“弟今日奉旨派充中国红十字会会长，仍兼办慈善救济会事宜。奉闻。”[⑤] 仅此一句话，却耐人寻味。

11 月 15 日，中国红十字会关防经吕海寰奏明启用。朝廷的如意算盘是，

---

① 《任逢辛致振采电》，沈云龙主编：《近代中国史料丛刊》第 3 编第 58 辑《吕海寰往来电函录稿》，（台北）文海出版有限公司 1978 年版，第 604 页。

② 《红十字旗岂可借用》，《新闻报》1911 年 10 月 30 日。

③ 《致上海任逢辛、沈仲礼观察电》，沈云龙主编：《近代中国史料丛刊》第 3 编第 58 辑《吕海寰往来电函录稿》，（台北）文海出版有限公司 1978 年版，第 729 页。

④ 《上海沈仲礼观察来电》，沈云龙主编：《近代中国史料丛刊》第 3 编第 58 辑《吕海寰往来电函录稿》，（台北）文海出版有限公司 1978 年版，第 610 页。

⑤ 《致任逢辛、沈仲礼观察电》，沈云龙主编：《近代中国史料丛刊》第 3 编第 58 辑《吕海寰往来电函录稿》，（台北）文海出版有限公司 1978 年版，第 731 页。

“正名”中国红十字会，自然可以兼并中国红十字会万国董事会，将其为我所用。因此，16日吕海寰致电任锡汾，一方面对任锡汾加意笼络，所谓“逢翁本红会董事，弟又忝列会长，故人共事，谅乐赞助”；另一方面，告以中国红十字会关防“昨已奏明启用。至统一办法，兼顾各省，自是正办”。至于上海之行，暂时作罢①。这里所谓“统一”，显然就是将各地红会统一在中国红十字会旗帜之下，沈敦和所办中国红十字会万国董事会，自然不在话下。京会、沪会之间的紧张关系由此变得突出而尖锐。

既然大清红十字会已正名为中国红十字会，那么中国红十字会万国董事会的“合法性”问题成为上海方面必须面对的紧迫问题。是存是废，必须做出抉择。为应对“统一”，万国董事会在11月15日《新闻报》发布消息，决定次日召开“特别大会”，拟“即于第一次征集特别会员、正会员内选举理事”，“凡中西士女莅会观礼可任意入内，并不分送入场券”②。据参与其事的任锡汾本日向吕海寰透露，“有开会公举会长议（程）”③，那就意味着要与京会分庭抗礼。

11月16日下午5点，“特别大会”在工部局议事厅召开，“中外来宾计千人”参加，可谓声势浩大，盛况空前。受理事总长沈敦和委托，英国按察使肃海伦（即苏玛利）主持大会④。沈敦和发表演说，“敢以本会缘起及现在办理情形为诸君子告”。所谓“本会”，不言而喻，指上海的中国红十字会即“沪会”，万国董事会只是组织形式。沈敦和报告称：

溯吾中国向无红十字会，癸卯冬月俄日之战，辽沈一带华人死伤甚众，鄙人与施子英、任逢辛二君，恻然悯之，然照日来弗条约，凡未向瑞士总会缔盟者不能擅悬红十字旗，以施战地救护之方法。爰经商之旅沪各国官商及吾华绅商，公同组织创办上海万国红十字，派遣医队，前往救护。综计是役战地人民被救出险者十三万一千一百七十七人。兵燹甫经，灾荒又起，本会复往赈济，又二十二万五千一百三十八人。甲辰，中国政府允鄙人等之请，遣张德彝星使至瑞士缔盟入会，是为本会成立之始，万国公认。鄙人等爰就上海徐家汇路建医院，设学堂，培养人才，已历年所。本年八月，武汉事起，风云日紧，受伤军民莫不延企以待救拯，本会当亟组织甲乙丙三医队，派英

① 《致任逢辛、王纯翁观察电》，沈云龙主编：《近代中国史料丛刊》第3编第58辑《吕海寰往来电函录稿》，（台北）文海出版有限公司1978年版，第734页。

② 《红十字会定期开会》，《新闻报》1911年11月15日。

③ 《上海任道锡汾来电》，沈云龙主编：《近代中国史料丛刊》第3编第58辑《吕海寰往来电函录稿》，（台北）文海出版有限公司1978年版，第618页。

④ 《红会进行会志盛》，《新闻报》1911年11月18日。

医柯师为领队，会同峨利生、班纳德、王培元、杨智生诸医博士暨男女看护三十余人，于本月初出发，备带药品、器具、担架、绷带、帐幕等件，驰往战地。业在俄租界设立临时医院，旋由武汉普济、同仁、普爱、仁济、天主教各医院特派代表来沪联合，均认为本会分医院，协力救护。他如宜昌、长沙、南昌、九江、南京、镇江、扬州、清江、苏州、无锡、常熟、杭州、福州、山东、吴淞等埠，及上海城内亦经联合英美各国教会医院组织分会，次第推广，并续编医队，以备缓急。一面征集特别会员，正会员，所以合群策群力，以期一致进行也①。

这段话传达的信息，意味深长，简言之，中国红十字会的发源地在上海，一直延续下来，得到广泛承认。换言之，“沪会”才是正统。

大会选举英国按察使苏玛利为“议长”，负责对外交涉，“以按察使为驻沪最高之外交官确于交涉无间耳”。又“公举中外名誉董事共数十人，又办事董事六人”。沈敦和为理事总长，综理会务。当沈敦和表示以后款项由其“担其责任”时，“台下掌声如雷”②。这如雷的掌声，实际上是对沈敦和领导地位的肯定，虽然这时的他还没有自称“会长”，但与“京会”对峙的格局显而易见。

沈敦和称理事总长，吕海寰绝不承认。11 月 17 日，吕海寰转弯抹角再次致电任锡汾，谓：“沈自为理事总长，敝处不悉。弟前奉按照红会办理之命曾寄照会二通，公与沈同为慈善会董。今既归会长名义，则从前红会总董称谓似不可取销（消），望婉商之。”③ 21 日，任锡汾连发两电，告之特别大会“推驻沪英臬司为临时议长，沈仍自为理事总长”④。至于“总董名目取销（消）与否，权在会长”。任锡汾一方面表示“竭诚襄助”；另一方面“现处地位为难”⑤，其实等于明白告诉吕海寰，沈敦和不可能再回归“从前红会总董称谓”，对“沪会”而言，这是一个原则性问题，没有商量的余地。

吕海寰继续给予“沪会”以经费上的支持，11 月 23 日致电沈敦和，“先

---

① 《红十字会理事总长沈敦和报告》，《申报》1911 年 11 月 19 日。

② 《红会进行会志盛》，《新闻报》1911 年 11 月 18 日。

③ 《致任逢辛观察电》，沈云龙主编：《近代中国史料丛刊》第 3 编第 58 辑《吕海寰往来电函录稿》，（台北）文海出版有限公司 1978 年版，第 735 页。

④ 《上海任道锡汾来电》，沈云龙主编：《近代中国史料丛刊》第 3 编第 58 辑《吕海寰往来电函录稿》，（台北）文海出版有限公司 1978 年版，第 624 页。

⑤ 《上海任道锡汾、王道钰孙来电》，沈云龙主编：《近代中国史料丛刊》第 3 编第 58 辑《吕海寰往来电函录稿》，（台北）文海出版有限公司 1978 年版，第 624 页。

拨汇三千两交福（福开森）寄上”[1]，试图改变局面。沈敦和继续虚与委蛇。但他的进一步行动，同样令吕海寰难以接受。

第三回合，有贺长雄应邀来沪之后。

11月26日，日本法学博士有贺长雄应沈敦和之邀抵达上海，帮助中国红十字会修订《章程》，并请日本赤十字社介绍加入国际红十字会组织。11月30日，沈敦和致电吕海寰，挑明邀请有贺长雄意图，云：“本会虽已加盟入约，尚未经万国红十字联合会公认，章程亦未完备。特请日本赤十字社顾问、法学博士有贺长雄到沪小驻数日，根据法律修订会章，并介绍入万国红十字会联合会。”[2] 对此，吕海寰立即表示反对，12月1日致电沈敦和，告以“中国现已入会，刻下无须再事介绍，亦无须托人联合。千祈将此议取销（消），免生枝节。至要”[3]。沈敦和置若罔闻。也正是由于沈敦和的努力，经日本赤十字社介绍，中国红十字会始得红十字国际委员会（即史书所称万国红十字会总会、万国红十字会联合会）的承认，这是后话。

鉴于“统一”沪会之难，吕海寰特派冯煦[4]驻沪办理相关事宜，但因此造成京会、沪会矛盾的进一步升温。沈敦和致函吕海寰，表明不合作的姿态：“以梦帅（即冯梦华——引者）近时舆论，沪会断（难）与之合办，设勉强行之，恐将东南各省分会暨中外会员，定将瓦解，功败垂成，敦和不能任责。”[5] 福开森亦致函吕海寰，谓：“梦帅反复无常，忍令百万哀鸿日填沟壑，初次议定名称，冯私发啸电，已存喧宾夺主之心。及奉钧座谏电后，翌日遍登各报，私立名称，附刊钧电，舆论沸腾，几坏红会全局。东南人心，以冯霸持义赈巨款，恨冯入骨，欲得甘心……请钧处严行核办，大局幸甚。”[6] 总而言之，“京会”欲“喧宾夺主”地染指中国红十字会万国董事会，只能是

---

① 《致沈仲翁观察电》，沈云龙主编：《近代中国史料丛刊》第3编第58辑《吕海寰往来电函录稿》，（台北）文海出版有限公司1978年版，第737页。

② 《上海沈敦和来电》，沈云龙主编：《近代中国史料丛刊》第3编第58辑《吕海寰往来电函录稿》，（台北）文海出版有限公司1978年版，第627页。

③ 《致上海沈仲礼观察电》，沈云龙主编：《近代中国史料丛刊》第3编第58辑《吕海寰往来电函录稿》，（台北）文海出版有限公司1978年版，第743页。

④ 冯煦（1842—1927），字梦华，号蒿庵，晚号蒿叟、蒿隐，江苏金坛人。少好辞赋，有江南才子之称。光绪十二年（1886）进士，授翰林院编修。历官安徽凤阳府知府、四川按察使、安徽巡抚。辛亥革命后，寓居上海。曾创立义赈协会，承办江淮赈务，参与纂修《江南通志》。冯煦工诗、词、骈文，尤以词名，著有《蒿庵类稿》等。

⑤ 《上海沈观察来电》，沈云龙主编：《近代中国史料丛刊》第3编第58辑《吕海寰往来电函录稿》，（台北）文海出版有限公司1978年版，第643页。

⑥ 《上海福开森来电》，沈云龙主编：《近代中国史料丛刊》第3编第58辑《吕海寰往来电函录稿》，（台北）文海出版有限公司1978年版，第647—648页。

一厢情愿。

“京会”“沪会”对垒交锋，在辛亥革命的大潮中，不可能实现“统一”；双方均以“正统”自居，均以中国红十字会的名义在《大公报》《申报》等报刊上发布筹款募捐广告。尽管有相互配合之处，但业已各自组建分会，各自独立开展救护行动了。

第二节　构建救援行动的支持系统

“京会”“沪会”既然难以协调一致，也只有各自行动了。这其中，“沪会”的救护行动最具有震撼力，是整个辛亥救援行动的枢纽和中心，由此建立了辛亥救援的卓越功勋，这是“京会”所难以比肩的。下面先考察“沪会”的情况。

要实施有效的救援，构建稳定的保障支持系统至关重要。为此，“沪会”不断构建并在救护过程中不断完善支持体系，使之发挥救援效益的最大化。

一、建立分会，构建救护网络体系

辛亥战事波及范围广，仅仅依靠上海，缓不济急。借鉴日俄战争救护的成功经验，中国红十字会万国董事会联络各界人士，在战火燎原之地，遍设分会，不仅构建起救护网络体系，提升救护效率，而且通过分会的组建，为红十字事业的未来发展培植根基。

根据1911年11月26日《民立报》、11月27日《申报》刊登的《红十字会第一届分会职员一览表》显示，截至11月16日，经沪会正式承认的第一批分会及职员名录，计有：

武汉分会医院：武圣庙普爱医院英国普富医士、英国魏女医士；同仁医院美国马医士、美国梅医士；普济医院美国雷盛休医士、美国雷盛休夫人；仁济医院英国吉立生医士、孟医士；天主教医院英国汤医士、英国艾医士，看护英国富女士，帮看护英国克迪女士。

南京联合会医院：金陵医院（汉西门）、贵格医院（螺狮湾）、基督医院（鼓楼）；医士：美国施尔德、美国包医士、刘仲篪、相有新、汤润生、章雨农、高映轩、茅拔、杜耀峰、沈镜吾、许竹君、孙龙翔、陈召恩、张维新。

常熟分会（医院在陶家巷）：周惠莲女医士、周晋麒女医士，看护孙志英。

厦门分会：医士史惠敦。

无锡分会：普仁医院李克乐医士。

苏州分会：天赐庄齐门外福音医院魏医生等员，协智医院英国柏乐文医士等三员，看护（人名续刊），通商场广仁医院意国白医士等二员。

长沙分会：英医李福而、英医许谋、英国刑医士。

宜昌分会：医院地址、医士衔名续刊。

安庆分会：美国鸥德华医士、美国铁楼医士。

杭州分会：广济医局美国梅腾根医士。

芜湖分会：美国赫怀仁医士。

九江分会：经理员饶敬伯法政博士。

吴淞分会：经理员张玉墀，医院广义善会堂旧址，医士曹文贵、医士陈森如。

沪宁铁路协赞会：南京车站红十字专车、上海铁路医院。

南昌分会：经理员饶敬伯法政博士。

上海城内分会：（医士）顾宝秋等二十员。

福州分会：耶稣联合会会长戴勒医士、梅教士，书记何教士，西医四员。

扬州分会：红十字医院左卫街，经理员袁体仁。

清江分会：经理员龚少渤①。

上述分会，计江苏（包括上海）9个、湖北2个、安徽2个、江西2个、福建2个、湖南与浙江各1个，涉及7个省，共19处。实际数字尚不止于此，据考证，整个辛亥革命期间，分会分布于17省市，共计55处，有待确认者26处②。分会的添设，使上海的救护能量得以扩散，形成以上海总部为中心、各分会协同的庞大救护网络，为辛亥救护的圆满成功，奠定了基础。

二、征集会员，积聚能量

会员为立会之根本，东西方红十字组织概莫能外。红十字事业的维持，一个重要保障就是会员所交会费。中国红十字会早有征集会员的打算，吕海寰、盛宣怀、吴重熹在《酌拟中国红十字会试办章程请旨立案折》中就提出，

---

① 《红十字会第一届分会职员一览表》，《民立报》1911年11月26日。另外，“驻沪医队、医院、总医院（徐家汇路七号）、分医院（天津路十八号）、事务所（三马路十八号）医士：哪喊亨司德（挪威亨斯德）、江苏侯光迪、安徽黄子静、宁波徐生棠、广东王吉民、广东关日襄、浙江陈家恩、广东邓祥光、湖北周光松、英国士美女医士。看护：江苏邵莹珍女士等十人”。

② 池子华：《辛亥革命期间中国红十字会新建分会数量考》，《苏州科技学院学报》2011年第3期。

“仿照日本赤十字会办法，以醵资之多寡，为会员之阶级”①，但未见实行。中国红十字运动步履维艰，与此不无关系。辛亥战事骤起，而红会经费捉襟见肘。为此，首开征集会员之端，“以裕捐款”②，以缓解经费支绌之苦而克尽人道天职。

11 月 1 日，理事总长沈敦和在《申报》刊登《红十字会征集会员广告》，以广招徕。《广告》称：

武汉战事，风云日紧，本会业派甲乙丙医队驰赴战地救援，并续成丁队，专赴四川。援照红十字会万国条例，得征集名誉会员、特别会员、正会员三项，赞助会务。日来热心同志咸愿入会，兹经草定章程，即日发刊。拟即先行征集特别会员、正会员，共谋进行。除将会员徽章速电欧洲加工制造外，凡纳会费二百元以上作为特别会员，二十五元以上作为正会员。先赠暂用徽章（以理事部及医队所用之金钱徽章暂代），佩带此章得以出入战地，认为红会人员，加以保护。凡愿入会诸君，向三马路新闻报馆楼上办事处索取介绍单式，妥觅当地公正绅商一人介绍，会费一次交足。除掣给会员费收条外，随时照赠暂用徽章、凭照，以昭郑重。一俟正式徽章由欧寄沪，再行掉换。特此布闻③。

《广告》对征集会员的依据、会员的种类、会费标准、入会程序、会员待遇等做了说明。征集会员的目的，如沈敦和所说，正在于“群策群力，以期一致进行”④，以最大限度满足辛亥战事救护的人道需求。

上海本埠入会较为便捷，外埠则“会员费兑汇不便，上海亦苦无熟人介绍”。有鉴于此，征集办法略加变通：“外埠入会诸君觅商会、学堂主任图章为凭，会费由邮政局保险信汇寄。”即可认定入会成为会员⑤。

会员征集，得到热心人士的积极响应，据报道：沪会“按照万国红十字会条约，除公推名誉经理员外，并广征特别会员、正会员两项，驰电欧洲赶制佩章。惟战务方兴，会员愿入会者纷至沓来，不得已，先将医队及事务职员所置之金银佩章暂行假用，以资佩带，俾得出入战地，妥为保护。一俟正式佩章到沪，再行倒换。凡报名者，先觅一介绍人，或同会会员介绍入会，纳足会费，即行赠予佩章。俟会员成数后，再行开会，续发医队、救护人员

① 盛宣怀：《愚斋存稿》第 15 卷，《奏疏》。

② 中国红十字会总会编：《中国红十字会历史资料选编，1904—1949》，南京大学出版社 1993 年版，第 455 页。

③ 《红十字会征集会员广告》，《申报》1911 年 11 月 1 日。

④ 《红十字会理事总长沈敦和报告》，《申报》1911 年 11 月 19 日。

⑤ 《外埠入会诸君鉴》，《民立报》1911 年 11 月 26 日。

悉于会员中公推，闻日来报名者甚众，捐款亦尚踊跃云。”① 由此可见一斑。

从11月1日起至次年1月下旬，不到3个月时间，中国红十字会先后征集3届会员，入会人数逾千，速度不可谓不快。这种情形对救护队员而言，也是一种激励，如沈敦和所言：“会员亦争先入会，风声既树，至派往战地之中西救护员亦谓，诸大善士既不惜才，我辈何敢惜命，故日在枪林弹雨中拼死抢救伤残，虽危险万状不稍退怯。”②

会员入会后，按照《红十字会征集会员广告》所称，出入战地，可以受到保护。这是会员理应享有的权利。有前办安徽运漕厘局钱人龙，用自身的经历做了诠释：“鄙人现充中国红十字会正会员，日前将回运漕厘局清理经手交代，道出镇江经民国军盘诘，遂将会员徽章呈验，深蒙民国军优待。及至芜湖，并为买舟驶往运漕交代清讫，再旋沪上。所有行囊衣物毫无损失，具见我民国军举动文明奖进，人之博爱精神。”他由衷慨叹：“红十字会徽章之效力尤大，莫与京也。”③

但也有人感到担忧，提出质疑，一位名叫姚勇忱的人④，就在《申报》发表《姚勇忱君致沈仲礼君函》，称：

仲礼先生阁下：倾心有素，握手无缘，冒昧通书，死罪！死罪！兵兴以来，执事创办红十字会，为救护伤兵之举，急公好义，景仰尤殷。惟闻贵社定章，凡捐助经费廿五元者即给与（予）徽章，认为社员，此为筹捐起见，固属绝妙手续，惟红十字人员得有往来各处及深入战地之殊权，现在军事方殷，在在有汉奸踪迹，贵社徽章价廉名美，设有人利用之以售其奸，则贵社受廿五金之益，而时局将蒙不可测之祸。利害相较，昭然易见，执事苟思及此，当亦寒心。尚祈瞻顾大局，别谋生财之道。如何改良，并望赐复，敬叩义安⑤。

沈敦和复函进行解释：

勇忱仁兄大人伟鉴：日昨接诵大札，藉悉种切。本会恪遵万国条约，瑞

---

① 《红十字会之进行》，《申报》1912年11月2日。

② 《沈君演说词》，中国红十字会总会编：《中国红十字会历史资料选编，1904—1949》，南京大学出版社1993年版，第257—258页。

③ 《来函》，《新闻报》1911年12月25日。

④ 姚勇忱（1880—1915），一作永成，别署永贞，名弋仲，又名志强，吴兴（今湖州）织里人。南社成员。曾应秋瑾之邀，至绍兴徐锡麟创办的大通学堂任职。又加入光复会，和王金发等密谋起义。失败后出逃上海，秘密从事革命活动。1911年，上海光复，陈英士任沪军都督，姚勇忱被推为同盟会上海支部部长，后被推举为众议院议员。1915年7月1日，被袁世凯当局杀害。柳亚子有哭姚勇忱诗：“绝代佳人姚弋仲，可怜生死徇田横。”

⑤ 《姚勇忱君致沈仲礼君函》，《申报》1912年1月25日。

士日来弗缔盟，参仿日本赤十字社章程，于捐款外征集会员，酌收会费于会员。入会之先，尤须觅公正介绍人具介绍书，始得为本会会员。凡会员有违背博爱恤兵之宗旨，及干预战事，侦探军情，犯两敌国军律者，即失去会员之待遇，已载明章程第二十一条。查日本全国每九十人中得一会员，俄日、中日之役，颇能为战地出力，行之既久，并无丝毫流毙（弊）。即本会征集之第一、二、三届特别会员、正会员，亦均能恪遵会章，不预军务，而愿任义务之医员、干事、看护诸君，亦皆实心任事，是本会实赖众会员团结之力，方有今日之效果，设有作奸犯科，甘违会章，已失去会员之待遇，本会亦断无庇护之理由也。辱承忠告，自当严加限制，除□中西董事部常会时提议外，为特备函奉复，即希察核是幸。顺颂毅安①。

正如沈敦和所言，红十字会多次发布文告，反复告诫会员珍重会员信用，切不可损害红十字会的声誉："凡凭本会佩章者得以出入有军务之地，受军士之敬礼。应如何郑重悬此佩章者，当遵守万国红十字会定章，幸勿移借别人以失佩章信用而固本会名誉。此布。"② "会员入会后，由本会函电民军、官军、各地方民政长一体保护，并将各会员姓氏、籍贯陆续通告各府州县一律优待在案。凡吾会友当如何恪遵会章，束身自爱，严守中立，以博爱、恤兵为宗旨，必能受两军敬礼，幸勿自失信用，损害本会名誉。入会诸君所得佩章、凭照，幸勿顶替借用，至要！"③ 一旦发现会员有违背会章行为，便剥夺其会员资格及应享有的待遇，以维护"红十字"标志的纯洁性。

三、筹款募捐，为救护行动提供后援保障

战事酷烈，救伤"投入"势必不断追加，而红会经费本极困难，如何支撑？为保证救护行动的顺利进行，除征集会员外，理事总长沈敦和多次在《申报》刊登《敬募红十字会捐款》的劝捐广告，号召上海及外埠爱心人士慷慨解囊。《广告》称：

武汉风云日迫，战事剧烈，两军兵士出入于枪林弹雨之中，死亡载道。其被伤者，类皆血飞肉薄，肢缺骸残，展转呼号，性命呼吸，惨酷之状，实为目不忍睹，耳不忍闻。他若战地附近一带人民，更不免池鱼殃及，群罹无妄之灾，其颠连困苦，较之水深火热殆有甚焉。本会为万国缔盟正式红十字会，建医院，设学堂，以培养人才，历有年所。兹特组织医队驰赴战地，恪

① 《红十字会复协济总会姚君函》，《申报》1912 年 1 月 27 日。

② 《红十字会会员鉴》，1911 年 11 月 6 日。

③ 《红十字会特告》，《申报》1911 年 11 月 26 日。

遵日来弗新旧条约，严守中立，普救两军受伤兵士及战地男女同胞，已伤者为之医治留养，未伤者援之脱离危险，并在汉口设立养病院、绷带所，一力进行，务达慈善救护之目的。惟烽火烛天，干戈满地，兵连祸结，来日方长，而兹事体大，需款浩繁，非赖众擎，何能持久？务祈海内外大慈善家热血一喷，解囊相助，集腋可以成裘，聚沙可以为塔，多固益善，少亦不拘，惟冀源源接济，同襄善举，功德无量。如蒙慨助捐款，请送交上海三马路新闻报馆楼上敝会办事处及各处经济会员收捐处，敝会曷胜盼祷之至，雅祈公鉴①。

劝捐呼吁得到海内外各界人士的热烈响应，捐款热情高涨，从《申报》所载《大阪商务总会捐日金九百七十四元》《三藩市中国少年同盟会捐洋二千元》《于啸仙铁笔捐助红十字会》《中国红十字会谨谢施子英董事经募无名氏捐款三百元》《中国红十字会谨谢李伯安君助洋一百元》《中国红十字会谨谢仁德号捐助棉衣寒裤》《中国红十字会谨谢老九章绸庄经募五十元》《中国红十字会谨谢泗水中华商会》《中国红十字会谨谢孙伯雄君特捐洋一千元》《谨谢刘公鲁君特捐洋一百元》《谨谢金陵隐名氏捐洋三百元》《谨谢仁川中华会馆捐日金七百五十九元》《中国红十字会谨谢神户中国慈善会捐日金三千四百元》《中国红十字会谨谢小吕宋中华商会银五千两》《中国红十字会谨谢上海烟叶商会经募洋三百元》等鸣谢广告，足见捐款之踊跃。

自10月24日起至12月19日止，两个月内“共收捐款银二万四千五百廿九两二钱八分三厘，洋一万九千八百七十六元三角七分，小洋二百廿二角，钱四十文”②，且捐款源源不断。“救国心热，救人之心愈热”，社会各界慈悲为怀，踊跃捐输，善款“源源而来”③，保证了救护工作的开展。

四、“借才邻国”，增强救护力量

为增强救护力量，弥补自身救护力量的不足，沈敦和向日本赤十字社求助。据《民立报》的报道，“武汉剧战，扬子江流域在在可虞，上海红十字会总会理事总长沈仲礼君面恳驻沪日本总领事，电请日本赤十字社派医员看护等二十余人”④，给予协助，得到日本方面的大力支持。11月10日，东京来电，“决议派员三十四人，内有医生三员，制药师一员，看护妇等二十一人赴汉口。日本租界定期二十二日（公历11月12日）启程。同仁会亦派医生二

① 《敬募红十字会捐款》，《申报》1911年10月29日。

② 《中国红十字会第二届捐款汇总志谢》，《申报》1912年1月7日。

③ 中国红十字会总会编：《中国红十字会历史资料选编，1904—1949》，南京大学出版社1993年版，第257页。

④ 《红十字会借才邻国》，《民立报》1911年11月11日。

员、制药师一员及助手三人于十七日由神户赴汉以助汉口同仁医院”[①]。18 日晨，日本救护团抵达上海，沈敦和举行欢迎大会。对此，《新闻报》做了如下报道：

武汉战祸，伤兵过众，中国红十字会理事总长沈仲礼君除发医队并联合英法各教会医院为分会外，并商驻沪日本总领事介绍日本赤十字社救护团来华协助。业于昨晨乘筑后丸抵沪，沈仲礼君特柬请日本官绅商界及该会医事理事假座汇中旅馆开欢迎大会。该社团医长上野信四郎偕医员二、调剂师一、翻译一、书记一、看护长二、看护廿一人排队入座，精神充裕，身体雄健。沈君致欢迎词，大旨为中日两国睦谊素敦，今日蒙诸慈善家航海遥临，拯我炮锋余生、呻吟困苦之同胞，辅助本会之不逮，已蒙英美法各国教会出力拯救外，贵队复结队赴援，热心毅力，感佩曷极！当由鄙人分电南北两军一体保护并祝日本国及赤十字诸医团万岁。上野君答词，谓鄙团初次到沪，尚未见诸实际，尊承沈公敦和偕全会理事医员开会欢迎，愈增惶恐，当遵照贵会章程步武诸君之后等语。复全体摄影而散，闻该团业于昨晚乘大利丸赴汉[②]。

另据《日本红十字运动史》的记载：“清国扰乱之际，依在汉口松村总领事之请求，为居留民救护之故。十一月十二日，由医师一名、医员二名、调剂员一名、书记一名、看护人长二名，看护人二十一名，通译一名，厨夫三名，使丁二名所成之救护团一个，派遣于汉口者也。幸我居留民之伤病者无有，乃救护清国各军，及地方民之伤病者焉。”[③] 日本赤十字救护团的到来，使中国红十字会武汉战地救护如虎添翼。

支持体系的构建与不断完善，为“沪会”的救援行动提供了强有力的后盾，战事救护逐渐推展开来。

第三节　武汉战场的救护

中国红十字会万国董事会成立后，立即投入辛亥战事的救护行动。武汉是辛亥首义之地，“争战甚烈”，救护行动理所当然由武汉开始。

10 月 25 日，即中国红十字会万国董事会成立的第二天，以总会医院英国

① 《东京红十字会派员赴汉》，《申报》1911 年 11 月 11 日。

② 《红十字欢迎日本赤十字》，《新闻报》1911 年 11 月 19 日。另见《红十字欢迎赤十字》，《民立报》1911 年 11 月 19 日。

③ 参见［日］川俣馨一：《日本红十字运动史（1877—1916）》（池子华、郭进萍校订），合肥工业大学出版社 2015 年版，第 235 页。

医生柯师为领队的中国红十字会救护医队30余人①，分编为甲乙丙三队，乘"襄阳丸"号轮，由上海溯江西上。"沪上绅商军学报界欢送者，途为之塞"。理事总长沈仲礼登轮送别，并致欢送词："略谓鄙人迫于众议，为筹捐布置等事，不能与诸君同行，深为歉仄。务祈诸君子有进无退，普救同胞。并谓诸君既尽义务，凡一切川资、用度、旅费、干粮悉于捐款、垫款项下提用。预计用费日需数万，幸中外慈善家源源乐助，不致困乏，请诸君放手进行。临时交柯师医生正金银行汇票三千元，采办药料器具约三千数百元。该会理事江趋丹君检交箱件行李等物，并嘱以后需用药物陆续输运。各医士学生等欣然就道。"沈敦和表示，"俟三队到汉后再行相机续发丁戊各队云"②。

30日，三支救护队抵汉口时，"即有人上船欢迎，随即与来人乘坐渡船登岸至大智门相近俄国租界，先经有人代备俄商新建三层楼大洋房一所作为战地本会事务所并养病院"③。这座三层楼的洋房，"本为万国医院所建，落成后诸未完备，一切事物，统由本会创置，煞费周章。且该院地邻战场，且在枪炮声中从事救济，危象环生"④。

战事已持续了20天，两军颇有伤亡，渴望红十字组织的从天而降。红十字会的到来，使伤者看到了生的希望。所以，救护医队一到武汉，"布置尚未粗定，即有两军伤兵纷纷昇来求治"⑤。柯师、峨利生、王培元、杨智生诸医生来不及喘息，立即实施救治。同时，派出担架队，"前往战线内抢救伤兵，

---

① 根据《红十字会第一届分会职员一览表》，武汉战地医队成员：医士英国柯师、丹国峨利生、英国班纳、江宁王培元、广东智生；会计员杨仲言；留学生曹洁卿、朱恒璧、约瑟、王锡炽、邻咏春、方景和、周庚诗、蒋士焘、王□耀、曾松龄、曹晨涛、朱恪臣、朱寿田、郁廷襄、李其芳、王□翕、曹省之、章子玉、邱仁高、孙国镇、陈鲁珍、王□韬；救护队长盐谷铁钢（前日本陆军医队）；看护妇丹国克立天生女士（本会医院看护）、日本细谷松子女士（日本赤十字看护）、英国李安登女士（沪宁铁路医院看护）、袁增瑛女士、徐祉君女士、傅光宇女士、范孟园女士；调剂看护人林春山、陈玉麟、曹桂卿、陈侠毅、俞鸿昭（《红十字会第一届分会职员一览表》，《民立报》1911年11月26日）。

② 《红十字会全队出发》，《新闻报》1911年10月27日。据沈敦和致吕海寰电称："组织甲乙丙三队，初五赴鄂，又成丁队，日内赴川。"（《红十字会复电》，《申报》1911年10月31日）说明"丁队"大致与甲乙丙三队同时组建。

③ 《红十字会医队战地来书》，《申报》1911年11月5日。按："有人"，大概指武昌红十字会，江趋丹追述"迨武汉事起，本会组织甲、乙、丙三医队，举柯师医生为队长，驰往施救，承武汉赤十字会招待，设临时医院于俄租界中"，可以为证。武昌红十字会，据称成立于1900年，为红十字会组织在中国大地诞生之最，《中华民国红十字会武昌分会今日概况报告书》记载："本会在光绪二十六年（1900年）由黄祖徽、钟熊祥、刘承谟、吕惠伯诸先生创立，历三十余年，对于社会公益颇多贡献。"（中国第二历史档案馆馆藏档案，转引自尤德新编著：《闪光的红十字》，湖北科学技术出版社1992年版，第128页）此说值得注意，但它并非中国红十字会的源头。

④ 《辛亥革命时中国红十字会暨各分会活动成绩》，中国红十字会总会编：《中国红十字会历史资料选编，1904—1949》，南京大学出版社1993年版，第288页。

⑤ 《红十字会医队战地来书》，《申报》1911年11月5日。

往返以数十次计，足茧肩肿，惫困万状”。汉口、汉阳交战时，“特备红十字小轮驶入襄河，于硝烟弹雨中争救伤残，尤为冒险”。伤兵入院后，“复为裹伤敷药，晨夕罔懈”。特别是“女看护十人，悉中外闺秀，照料周至”。所有这些深深打动着受伤士兵，“人人感激”①。

三支救护队出发后，沈敦和等继续“扩充范围”，乃“通电通商各埠，聘请有经验之医员，编立丁戊己各医队，常驻各大埠”，以便更有效地实施救护。武汉方面积极响应。11 月 3 日，汉口医士团公议特派普济医院英人雷盛休医士，到沪与理事总长沈仲礼观察接洽，“决议凡有武昌、汉口各医院，各为本会之红十字分会及军民养病院，一律悬挂该会红十字旗。医员、看护等悉悬该会佩章，以资识别。惟现在各医院及甲乙丙三队所设之分医院，伤兵住院诚有人满之患，必须续添病院，所需药料、各种器具甚伙，必须有沪会陆续接济。预算经费颇巨，事关救济，当力任其难。沈君允为劝募，暂时不敷当向各处筹垫”。“沪会”随即通告武汉医院各分会医士名单：武昌武圣庙普爱医院，英医普富、英女医魏医生；同仁医院，美医马医生、梅医生；汉口普济医院，美医雷盛休及其夫人；仁济医院，英医吉立生、猛医生；天主教医院，英医汤医生、耶医生，看护英人富女士、帮看护英女士克迪。“以上各医院为中国红十字会分会，各医生、看护亦悉遵总会章程，从事救援医士云”②。同时，“又经南京金陵医院团体代派医士刘仲篪来沪，延请美医希而德、白琅二医士，华医刘仲篪四人，看护十余人，赶制制服、旗帜、佩章，定十五日成队，暂驻南京。又请红十字会医院医生侯光迪、脑威医士亨司德、华医王吉民、陈家恩及看护等暂驻上海，以备紧急出发。并拟教练救护队百员，于会员中公选教练一月，俾得分遣各处”③。这样短时间内即“编立七队，分驻武汉、宁、镇、沪各处，刻意进行”④。

武汉战场的救护仍在进行之中。由于战火在武汉三镇的蔓延，救护医队设在汉口的“俄界医院，以留养人数过多，不敷安插，且武昌伤兵抬送汉口，跋涉维艰，爰复商借武昌仁济医院，为本会临时分医院，医士、看护人等不敷，则柬请教会襄助”。两处医院常有伤兵 200 余人，拥挤不堪，后又于汉阳

---

① 《辛亥革命时中国红十字会暨各分会活动成绩》，中国红十字会总会编：《中国红十字会历史资料选编，1904—1949》，南京大学出版社 1993 年版，第 288 页。

② 《红十字会扩充范围》，《新闻报》1911 年 11 月 4 日。

③ 《红十字会扩充范围》，《新闻报》1911 年 11 月 4 日。

④ 《红十字会医队战地来书》，《申报》1911 年 11 月 5 日。

设立医院，“救护机关益臻完备”[①]。

与以往的救护形式不同（如日俄战争的救护在战场之外进行），武汉救护是在战场之内，这就使危险系数大大增加，救护队员为流弹所伤在所难免，居所被炸之事也有发生，而清军多次“误”击，更造成救护行动的险象环生。据1911年11月14日、16日《申报》报道：“红十字会医生过江抢救伤兵，官军放排枪阻之，飞弹如雨”；“前日红十字会医员王培元君乘萍发小轮过江上岸，方至武胜门外，对江旗兵忽向之放枪，王即高举十字旗，使之辨认，讵该旗兵不理，又发大炮，一弹掠面而过，相隔仅五寸许。”[②] 惊险之状，不难想象。另据报道，“有上海来之红十字会会员一人为北军枪伤，大约有性命之虞，北军逢人便放枪，红十字会员被击，确系有意之举”[③]，令人发指[④]。正是在这种险恶的环境中，红会救护队员冒着生命危险抢救伤兵。

鉴于“近日战祸尤烈，汉阳之红会医院不敷拯救”，沈敦和“爰急发第六医队专驻汉阳，聘定邓祥光、关衍辉、刘仲篪三医士及医学生看护人等，定初六日（11月26日）由沪起身”[⑤]，前往支援。

对于救治伤兵，救护队员更是不遗余力，他们用回春之术，把许多垂危伤兵从死神手中夺回，“有伤兵弹从前胸洞穿而过，伤及心膜，气息奄奄，经

---

① 《辛亥革命时中国红十字会暨各分会活动成绩》，中国红十字会总会编：《中国红十字会历史资料选编，1904—1949》，南京大学出版社1993年版，第289页。

② 《红十字会抢救伤兵》，《申报》1911年11月14日；《武汉闻闻见见》，《申报》1911年11月16日。

③ 《在客栈内》，《民立报》1911年11月11日。《申报》证实：“上海红十字会会员某君被官军枪伤甚重，恐有性命之忧。”（《红十字会会员被官军枪伤》，《申报》1911年11月11日）

④ 清军盗用红十字会徽章滥杀无辜的事情亦有发生，汉阳铁厂上海经理西人文纳司回沪后就披露了他的亲见亲闻：“北军中有挂红十字会徽章者名为救伤实则屠戮受伤遗下之民军，汉阳战后余与红十字会员赴战场搜寻受伤兵士，自清晨八时出至晚间六时回，乘自由车四处找，寻一路所见北军之蛮野令吾辈发指。一日见北军之挂红十字徽章者四人并无救急器具只背枪械，遇有北军之伤者则送回，然遇受伤民军则立时击毙，余辈见之数四，曾向之婉言劝阻，不但不从，反起而仇视。战场中有遗下受伤民军及平民，四五日滴水粒米无著，一日余辈过某村，一村妇向余辈言该处有伤兵一名，余辈即搜寻至路旁，见草堆中有一兵饥饿四日未得粒米滴水，路旁过客无有敢与之食者，当即嘱乡人搬运，而乡人皆有难色，余辈遂自行弁之，移入草棚中，旋询问乡人何以如此恐怕，据云某村有某妇一日见受伤民兵一名、北军四名逃入，与之食，并以屋居之，翌日北军至，即将受伤之北军带出，然后将房屋锁闭四处放火，将一家焚毙云云。乡人言后复分余辈至火烧处，见尸首尚在。是日，余辈未带工人，不能一一迁回，后得一法，逢伤兵即以名片与之，书明经红十字会查过者之。翌日余辈回时见一受伤者已被北军枪毙，血肉模糊，幸一人未被扰，然已恐吓几死，余辈调查，得有北军一队路过见伤者即以名片出示，北军不顾复以排枪击之，平民伤者甚多，有一村竟多至八人，某村老妇二人被北军击伤脚部，又有一老者年七十六亦伤腿受伤，无人敢相助者，因鉴于北军之寻仇也。呜呼世界中尚有此种野蛮军，诚进化之一碍也。”（《汉阳归客谈》，《民立报》1911年12月7日）

⑤ 《组织第六医队》，《民立报》1911年11月24日。

柯师医生救治苏生。更有民军弹穿脑部垂毙，众皆束手，本会峨利生医生独出心裁设法救治，未几竟愈。又有伤及腿腹部者，血流殆尽，气仅属纩，亦由峨医治愈，于是有神医之称”①。但令人惋惜的是，因积劳成疾，峨利生医生于12月12日不幸“积劳病故”②，年仅35岁。

峨利生，丹麦人，解剖专家，为中国红十字会总医院医生兼医学堂教习，此次赴鄂，躬入战线，不避危险，“活人甚众”，“成绩优美，声誉鹊起”③。“名医不寿，深堪悼惜”。他的去世，是中国红十字事业的一大损失。为了表达对其逝世的悲痛，“红会总、分各医院及事务所均下半旗三日，以志悲悼”④。12月21日下午4时，中国红十字会在上海友宁礼拜堂召开追悼大会，红十字会理事总长沈敦和、议长英按察司苏玛利及中西会员400余人出席，“旋由沈君报告开会宗旨，略谓峨君在本会总医院二年，成绩卓著。此次赴汉，伤兵过多，日夜拯治，不遑寝食，因之积劳病故，良深惋惜。除向驻沪丹国领事致唁外，并电丹国外务部道慰。诸君冒雨莅会，咸表哀思，而峨利生舍身救人之盛德，尤为不可及云云”⑤，向这位国际友人表示沉重的哀悼和深深的敬意。“是月某日，本会武汉救护队员暨中西士绅葬君于汉口，事定，为立石碑，以志不朽”⑥。1912年，中国红十字会常议会做出决议，“抚恤银三千五百两，以示景慕”⑦。

武汉救伤，持续月余，综计汉口医愈病兵576名、伤兵415名、病民31名、伤民106名，医治无效而死者34名；武昌治愈病兵860名、伤兵562名、病民18名、伤民116名，医治无效而死者25名；汉阳治愈病兵571名、伤兵120名⑧。

救伤固然重要，葬亡亦为分内之事。自武汉开战以来，“陈尸累累，白骨磷磷”⑨，“战殁军民积尸遍野，不下五六千人，血肉狼藉，雀狗争食，惨不

---

① 中国红十字会总会编：《中国红十字会历史资料选编，1904—1949》，南京大学出版社1993年版，第289页。

② 《附录汉口无线电》，《新闻报》1911年12月14日。另据报道，“该医初以积劳成疾，嗣变腹泻，带疾从公，犹复不肯休养，竟致因病逝世”（《红会名医逝世》，《申报》1911年12月14日）。

③ 《红十字会特开峨利生医博士追悼大会》，《申报》1911年12月21日。

④ 《红会名医逝世》，《申报》1911年12月14日。

⑤ 《红会追悼峨利生志盛》，《新闻报》1911年12月23日。

⑥ 池子华、崔龙健主编：《中国红十字运动史料选编》第1辑，合肥工业大学出版社2014年版，第322页。

⑦ 池子华：《峨利生：把生命留在中国的“神医”》，《中国红十字报》2018年7月6日。

⑧ 中国红十字会总会编：《中国红十字会历史资料选编，1904—1949》，南京大学出版社1993年版，第289页。

⑨ 《大慈大悲之掩埋队》，《申报》1911年11月21日。

忍言，且臭气熏蒸，恐酿疫疠，尤足灰士（兵）之心，更宜亟行掩埋，以慰忠魂”①。为此，中国红十字会从会费中凑足洋万元，采办芦席、绳索、石炭酸喷壶、铁铲、竹篓、抬杠等工具，并在《申报》刊登《聘请掩埋队干事董》广告，从第一届征集会员内遴选年富力强的热心会友为掩埋队干事，“川资、旅费、伙食、夫马悉由本会供应”②，驰赴武汉“葬亡”。11 月 20 日，掩埋队在队长朱庆章（字殿卿），副队长沈石农、姜彰容、周际唐带领下，乘日清公司“大元丸”号轮出发，25 日驶抵汉口，会两军复战，炮声动地，火光烛天，路断行人，掩埋队无从措手，幸蒙北京政府电饬前敌予以保护，掩埋队才得以进入战地收葬。关于武汉掩埋队葬亡情形，参与其事的沈石农曾撰文做了较为详细的描述，择要录之如下：

初七晨，全队干事，拟渡江谒黎都督。请示掩埋方针，至码头，将登救护小轮，但闻炮声大震，枪如连珠爆竹。回视伤兵满船，血殷舱板。有气息仅续者，有犹能呼号者。本会及各国红十字会中外救护员，正从事抬送，余度不能渡江，遂亦助抬伤兵，抬完时日已向午矣。午后本会医院主任柯师医士，使来言四码头死尸无数，亟须收敛，余等急往视之。见跑船两艘，俱已受损，船中尸骸纵横，满舱皆血水，观者如堵，莫不磋伤。时芦席草绳等件已运至，余等即雇小工将船中尸骸运至码头，所有军装均归工部局收去，以在租界内也！余则遍检尸身，以录其姓氏，各尸胸中俱尚温暖，验其戎服，大都湘军，身中所藏，至多铜元数十枚，亦有仅有当票数纸者，其穷苦可知已，有一尸，胸藏符咒书二本，揣其意谓可避枪炮，其愚真不可及。又有一尸，自其衣袋取出发辫一条，想将以返诸母妻者。尸凡二十有八，头仅半片者一，大炮洞穿胸部者五，轰碎头颅者三，余皆枪中要害而毙者，其中有一舟子，年已花甲，与老妻同及于难，血泊中卧一孩提，呼吸仅续，当由圣公会代为留养，并取破船板箱藏之，以为此儿成长后之纪念。吁，可惨已。余且检且录，得其姓氏者仅三人，捡毕饬工人一裹之以芦席系之以草棚，由工部局车送埋葬，此余等之第一次手续也！

越日，汉阳失守，两军休战议和。余等乃领取北军护照，雇工携芦席锹锄，前赴汉阳赫山，路过兵工厂钢铁厂一带，在汉水之旁，夹岸房屋尽毁，断垣中枪痕如蜂窝，间有穴一大孔者，炮弹所经处也！地上枪壳无数，闻父老云：是处战争最烈，当两军隔水相持，本会救护队，于枪林弹雨之中，坐救护小轮（名庆来）驶入汉水，抢救伤兵，船身中二枪，而全队无恙，亦云

① 《红十字会理事总长沈敦和报告》，《申报》1911 年 11 月 19 日。

② 《聘请掩埋队干事董》，《申报》1911 年 11 月 19 日。

幸矣。既至赫山，血殷遍地，兵士所掘之濠，历历在目，尸骸零落，沿途埋葬，至古高庙，见一尸轰去两股，上身尚全，臀际焦黑若炭，惨不忍睹，亟为瘗之，时已薄暮，遂归。途遇一火车头，正驶向大智门，全队干事登车，驶行甚速，俄顷及大智门，下车时已昏暮，布幕林立，灯火荧荧，兵营也！大智门口，刀枪森然，兵士见余等大疑，以枪拟之，示以护照始已。十二晨，由花楼前进，遍地瓦砾，无复全屋，隐隐犹闻哭声，自断垣中出，即之嫠妇之哀家毁也！既至龟山，山甚高峻，实扼汉阳之要，适其巅，武昌全城，历历可睹，时北兵守甚严，余冒险上登，几为所毙，是日将山麓荒地中尸骸，悉为瘗之，归时路过平浪宫，入庙小憩，妇孺群向余乞药，且示余以创痕，则皆枪炮所伤者，彼等但知红会中人，俱能疗伤，而不知掩埋队之专事掩骼也！余良愧无医学知识，无以应此无辜，乃示以医院所在而行。既入汉口境内，瞥见一头颅抛墙下，视之发辫尚存，有途人过此云，此汉奸之髅，宜暴露，法不应葬。余曰余以博爱为旨，今又专事掩埋，见尸即瘗，实余天职。因令瘗之，于此见鄂人之好义，有如是者，连日四出掩埋。至十四晨六时起身，晨餐后，全队由俄租界过武圣庙，至由义门，路旁发现一尸，本已入棺，为犬曳出，食腿、腹之肉且尽，不觉悚然，急瘗之。循此东行，一片焦土，埋去尸骨无数。午正过王文成公祠，建筑精致，像身及石座，均用白石雕成，庙貌虽半毁，然瞻仰之余，犹低徊不能去也！是处父老言：当两军争战时，我等之死于非命者二十有七人，伤者不计，闻之黯然。

十五日再至汉阳龟山，闻朝宗门外江边，溺毙兵士无数，往观之。果见裸体浮尸，蔽江而下，盖衣服大半为水冲去矣。江□军帽，若恒河砂砾，时北军正持钩捞取，盖得一枪持归，可易洋三元；又尸身中存有银钱者，亦颇不乏，故益趋之若鹜。余等急饬工人助捞，捞起者悉抬至龟山埋葬，计百数十具。间有尚未成丁者，父老告余曰：若辈初守汉阳，北军至，倒戈披靡，拥出朝宗门，竞渡舟覆，尽没于江，此累累者皆是也！我又闻诸友人言：兵及沙场，进或不致于死，退则必无生理，何则进攻必时起时伏，以避枪炮，退则不及起伏也！然则为武士者，当烟火迷目之际，宁勇进以尽其天职，毋图遁以自速其死亡也！余于是更有感焉！彼身为将领，于招军之际，苟不详慎，急于成军，而滥竽充数，或未及操演，而遽令之战，致戕众生于无辜，其罪实等于嗜杀，往事已矣，后人戒诸。

十八日晨，由韵生路西行，于博学书院前田中，发现腐尸数具，筋肉已为犬食尽，零星腐肉，犹存髈蹶之间，睹之令人胃栗，间有戎服依然者，尚可辨识，则湘中健儿之装束也！询诸士人，知九月二十七日攻黑山时殉难者，遂命妥瘗之。

汉口掩埋既竣，遂渡江谒黎都督，请得护照。即日从事掩埋，旬日始竣，立碑于梅家山，志其颠末，武昌情形迥殊汉口。汉口北军，见无辫者，辙隐踪之，罹其酷者，颇不乏人，武昌则反是，巡缉之严，更甚汉口，尝见湘军十数人，拥一垂辫少年而去，云系汉奸，越日过其地，则此少年身首异处矣！询所谓汉奸之铁证者，火药一小包耳，余时发辫已去，年正少，故未受纤微之惊。队长朱君，会被疑为张彪，余等力白始免，所谓战地人民刍狗者，殆非无因①。

从上述记事中，我们可以感受到掩埋队的工作情形，尤其是他们对生命的尊重和对逝者尊严的维护，感人至深。武汉掩埋队收葬改葬之尸，共计2200余具②。

武汉战地救护，红会恪尽职守，受到社会各界及两军将士的交口称赞，“北军易统领（总参谋长易乃谦——引者）来院察看，并抚视伤兵，特馈米粮以示优异。南军黎都督（黎元洪）并其夫人临院慰问，给赏伤兵及仆役人等有差，复捐助湘米五百石，钞洋三千元用以奖励”③。尤其是黎元洪夫人黎本危亲至红十字会医院慰问伤兵，“凡见受伤兵士必赠以鲜花数朵，橘子两枚，洋两元，并以和善之言安慰之。时官军与民军分排而卧，黎夫人并无彼此之

---

① 《武汉战闻见录》，池子华、丁泽丽主编：《中国红十字运动史料选编》第2辑，合肥工业大学出版社2015年版，392—394页。另据红会史书记述：“时北军力攻汉阳，弹雨枪林，奋勇前往。适红十字小轮由汉阳拖来炮船一艘，划子两叶，兵士舟子，统已击毙，血水满船，尸横其中，乃将尸骸拖至岸上，解其衣服，录取姓氏，用席裹葬计二十八具。旋至赫山，队员皆携干粮，褛被露宿山头，越三日而始竣事。在三山收葬亦多。在汉口由义门左右，则捞葬河中腐尸，又聚善堂所殓棺柩而葬之。至汉阳朝宗门外，见江滩黑点累累，皆军士号帽，因知江中遗尸甚多，雇工购长钩捞之，凡五日，得尸约五百具，爰卜地大别山之麓垒成三大冢，均树牌标识。至汉家墩，见群尸为群犬聚噬，血肉狼藉，秽气逼人，将石炭酸水遍洒尸身，然后裹埋。至大智门，见河中及粪坑中小河内，各有遗尸发现，乃合破柩残骨而聚葬之，计八穴。此外零肢残骸，散见荒郊，犬雀争食，为状至惨，乃复四处寻觅，聚葬无遗。渡江至武昌中和门外义冢界内，见所埋之尸覆土过浅，有被犬扒出者，有已暴露者，雇工重埋，共计八处。至梅家山，得尸益多，又二大坑填尸积压，上覆浮土，拨视则腐尸枕藉，乃雇工开地宣泄积水，将暴露者重埋，未暴露者亦加土成冢，计成十二处。复派人至城厢内外搜寻，遇暴尸移送该处，凡二十余具，并白骨乱发，汇理一处，复成二冢。壹是工竣。除树立木牌外，并勒石书上海红十字会掩埋队葬字样，以垂永久。”（《辛亥革命时中国红十字会暨各分会活动成绩》，中国红十字会总会编：《中国红十字会历史资料选编，1904—1949》，南京大学出版社1993年版，第290—291页）

② 《辛亥革命时中国红十字会暨各分会活动成绩》，中国红十字会总会编：《中国红十字会历史资料选编，1904—1949》，南京大学出版社1993年版，第291页。一说2500余具：“掩埋队在汉阳一带埋葬两军阵亡兵士二千五百余具。”《红十字会研究大会志》，《新闻报》1911年12月13日。

③ 《辛亥革命时中国红十字会暨各分会活动成绩》，中国红十字会总会编：《中国红十字会历史资料选编，1904—1949》，南京大学出版社1993年版，第289页。

分。有一北军谓我为敌军，不能受夫人赠品。夫人告以我等皆属同胞，何分尔我！”① 红十字人道、博爱理念，赢得了广泛的理解和尊重②。这也是辛亥战时救护的一个标志性成果。

第四节　南京战场的救护

武汉开战不久，南京大战拉开序幕。

南京为两江总督所在地，武昌起义发生后，总督张人骏、江宁将军铁良以为新军“不可恃，靳予子弹”。新军统制徐绍桢对此极表不满，率部“愤怒出城，决意为变”。为平息事端，布政使樊增祥偕谘议长仇继恒向张人骏、铁良进言，谓：“秋浸以后，民无所食，自戒严令布，交通绝，贸易罢，今复敛其囤蓄以实军库，比户搜缉，若兴大狱，人心皇皇，衔防营刺骨，不自毙必自乱，扬汤止沸，适速其祸，恐揭竿斩木，不发于防地，而发于城中，不起于党人，而起于良懦，计不如宣布宁属独立，给新军弹药，召使还城，责以维持秩序，则商肆得以安堵，旗民得以保全，此万全之策也。”③ 但此议为江南提督张勋坚阻未能实行。于是，11 月 8 日，徐绍桢发动起义，兵临南京城下，终因子弹缺乏，不支退却，至镇江重整旗鼓，苏军统领刘之洁、浙军司令朱瑞、沪军统领黎天才以及扬州都督徐宝山、镇江都督林述庆等各率部来会，组织苏、浙、沪联军，举徐绍桢为总司令，另由沪军都督领衔，联名电请江苏都督程德全出山督师。11 月 24 日，联军向南京进发。

宁战在即，救伤迫在眉睫，好在预作准备，可以从容应对。据 11 月 11 日《新闻报》的报道：“南京金陵医院美医施尔德君等与上海红十字会理事总长沈仲礼君约会联合办理，当南京未起事之先，业已布置井然，故能临时出

---

① 《黎都督夫人至红十字会医院慰问伤兵》，《申报》1911 年 11 月 17 日。

② 有一个例子也颇能说明问题，据《申报》报道：“北军陆军卫生队野蛮无理，亦佩红十字佩章。二十九日，俄界红十字医院救护队救得伤兵三人，用第一级止血法及包扎法装卧病车，正待唤夫役抬送时，忽来有红十字记号之工役二人，袖出利刃，将伤兵杀死。医院姚教士见之大怒，立扭持刀者之发辫同往见丁统制，以该役假（红）十字名义杀人，已违万国公法，应立正军法。丁允交司法处处治，姚许之。乃初一日下午，又见该役在英界外扶送伤兵，姚教士立邀红会医队医士等往追获住，又见丁统制，要求立刻杀死，始行用枪击毙，并出示张贴各处，如有违犯者，皆以法从事。”（《红十字会短讯》，《申报》1911 年 11 月 25 日。另见《武昌革命军四十二志》，《新闻报》1911 年 11 月 25 日）对践踏人道宗旨的行为，红十字人毫不妥协地进行抵制，尽最大的努力去捍卫“红十字”的圣洁，由此赢得交战双方的尊重。

③ 张国淦编著：《辛亥革命史料》，龙门联合书局 1958 年版，第 232 页。

发。”不过，因“战地过广，伤人尤多，殊有鞭长莫及之虞”[①]。上海方面为此积极准备，沪宁铁路也及时襄助，“沪宁铁路总办朴爱德特备红十字专车数辆，以备受伤军民乘载来沪，函请理事总长沈仲礼知照宁镇红会各理事，凡有受伤人准其送铁路医生克时装运，一概免费”[②]。

11 月 24 日，即苏、浙、沪联军挺进南京的同一天，“沪会”及时派出侯逸如诸医士组成的救护医队赴宁，并于沪宁铁路沿线的镇江、常熟、苏州、吴淞等处，设立临时医院，红会总医院“亦已预备一切”[③]，随时准备接纳伤兵。南京开战后，“沪会”：（一）与美国红十字会江安分会、旱西门金陵医院、螺丝湾贵格医院、鼓楼基督医院联手，救治伤兵病民；（二）商请沪宁铁路医长齐福果医士、总办朴爱德，“特备红十字医车数辆，由宁镇一带往来驶救，一遇伤兵，即行抢救至伤车内，随到随医”[④]；（三）以南京尧化门车站为战地医院，该战地医院可容纳伤兵 50 人；（四）请齐福果医士会商白廉医生，“借镇江金鸡岭医院为本会临时机关，以便救护医车运送伤兵留养”[⑤]；（五）雇工百人编为担架队，“倩西友十余人督队，专供抬送伤兵之用”[⑥]。

尤其值得注意的是，南京大搏战期间，中国红十字会万国董事会首次使用的救护医车发挥了特殊的作用，据《辛亥革命时中国红十字会暨各分会活动成绩》的记载：“大战之时，每日医车约收容伤兵百余，镇江医院尚不敷住，则运至上海，分送沪宁铁路医院及本会总、分医院。”[⑦] 对此，《新闻报》中的多篇消息、文章做了如下报道：

《红十字会迎接伤兵》的报道称：“联军进攻宁城，伤兵甚众。本会红十字会理事总长沈仲礼君接镇江医院齐福果医士来电，伤兵过多，镇院床位不

---

① 《南京医士救济之勇》，《新闻报》1911 年 11 月 11 日。

② 《预备红十字车》，《新闻报》1911 年 11 月 12 日。又据《申报》报道，“宁镇烽烟，生灵涂炭，沪宁铁路总办朴爱德君恻然悯之，特备红十字医车数辆，由宁镇一带往来驶救，一遇伤兵即行抢救至伤车内，随到随医，一路开驶，至镇江红十字分会医院留养，倘病榻不敷再运至上海车站（沪宁铁路医院），或徐家汇红十字总医院、天津路红十字分医院。该会理事总长沈仲礼君与朴君协商妥帖，职掌医车之医士为英人齐福果君、培林君两医博士。该医车镌就红十字标识，往来驰救，并不搭客云。”（《救苦救难之医车》，《申报》1911 年 11 月 21 日）

③ 《辛亥年中国红十字会大事记》，中国红十字会总会编：《中国红十字会历史资料选编，1904—1949》，南京大学出版社 1993 年版，第 287 页。

④ 《急募红十字会捐款启》，《申报》1911 年 11 月 25 日。

⑤ 《辛亥革命时中国红十字会暨各分会活动成绩》，中国红十字会总会编：《中国红十字会历史资料选编，1904—1949》，南京大学出版社 1993 年版，第 290 页。

⑥ 《辛亥革命时中国红十字会暨各分会活动成绩》，中国红十字会总会编：《中国红十字会历史资料选编，1904—1949》，南京大学出版社 1993 年版，第 290 页。

⑦ 中国红十字会总会编：《中国红十字会历史资料选编，1904—1949》，南京大学出版社 1993 年版，第 290 页。

敷，拟将伤兵十五人于前晚特别车抵沪。七点三十五分，红十字医队王吉民医士、理事部江君趋丹、武君敬仲、袁君仲蔚偕医员学生三十余人带病马车、橡皮病车、抬床廿余架，排队驰赴沪宁车站起运伤兵。将轻伤四人雇车自行赴医外，其余重伤之兵均有医生等慎重抬扶上床，列队赴天津路红十字会分医院医治。闻逐日尚有伤兵陆续运沪云。”①

《红会迎接第二次伤兵》的报道说：“十一夜十句钟，本埠红十字会沈仲礼君（接）南京救护医车齐福果医长急电云：由南京特开夜车载两军受伤兵士准三点钟抵沪等语。沈君即饬上海总会王吉民、陈家恩医士偕同庶务员邓笠航君、医学生等三十余人带同卧病马车等至车站守候。至三点半钟，专车共载两军受伤兵士一百六十人，除留镇江本会分医院医治六十七名外，其余三十九人由医生侯光迪，会员吴汾恢、徐子科两君护送来沪。抵站时有江苏三十六标副兵王常有一名，年十九岁，清河县人，弹伤要害身故。又有上海先锋军第五队第六号军士亦因受伤过重在本会沪宁铁路临时医院身故。均由沈君备棺厚殓，两柩均寄保安堂义冢暂厝中备各该家属认领。沈君将伤兵十八人送至沪宁铁路临时医院医治，又以十九名送至天津路红会分医院医治。闻此次各兵均因夺攻天保城，以致伤势甚重。”②

《红会养生送死之忙碌》的报道：“本埠红会沈仲礼君悯战争之惨酷，出发医队于各大埠遍立分会，多至三十余处。宁城战争，特商沪宁铁路备红十字医车，终日往来驶救抢获，除就近送往尧化门医院及南京车站医院、镇江医院外，设床位不敷，应由宁镇分会医院专车运沪送天津路红十字分医院、徐家汇红十字总医院及巴于路沪宁铁路医院医治，业于初七、初八、初九三日三次运沪。除第一次伤兵三人由赤十字会第二团负送至同仁医院医治外，统计三次伤兵因重伤而死者四人，悉由沈仲礼君嘱分医院邓笠航君备棺成殓、编号存查，并函知陈都督出示招领，并将各伤兵缮具年岁、籍贯名单咨送都督府存案。”③

救护模式的转变，的确使救护效率大大提高，统计资料表明，“由医车救治之伤兵共约五百余人”④。新的转变，意味着新的开始，这对未来中国红十字会的战事救护，具有积极的影响。

坚守中立，一视同仁，是红十字会救护的基本立场。《申报》报道过这样

① 《红十字会迎接伤兵》，《新闻报》1911 年 11 月 30 日。

② 《红会迎接第二次伤兵》，《新闻报》1911 年 12 月 3 日。

③ 《红会养生送死之忙碌》，《新闻报》1911 年 12 月 5 日。

④ 中国红十字会总会编：《中国红十字会历史资料选编，1904—1949》，南京大学出版社 1993 年版，第 290 页。

一件事："据红十字会医生云，此次大战民军伤者仅七十人，更有未抵沪者即在镇江医治。又谓十一已乘专车抵沪之伤兵三十人内有二人乃清军，民军初欲杀之，为红十字会办事人营救得免。"① 此事得到《新闻报》的证实，云："自宁地伤兵陆续运至本埠红十字总医院、分医院及铁路医院后，该会理事总长沈君仲礼逐日赴各医院亲视慰问。……内有张兵二人已分病室，各兵恨如刺骨，谓太平门一役该贼兵假投降哄人致伤弟兄百余，欲共食其肉。沈君答云，交战时乃仇敌，就医后为兄弟。"② 一句"交战时乃仇敌，就医后为兄弟"，正是红十字会宗旨的通俗表达，也正是这样的坚守，才能取得敌对双方的认可与尊重。

作为总指挥的理事总长沈敦和，日夜奔忙，统筹调度，尽可能使伤员得到及时救治，而对伤病人员，也给予精神上、物质上的关怀。有报道称："本埠红十字铁路医院会沈仲礼君将总医院、分医院所有受伤军士格外优待，并不时慰问，更以书籍图书凡可为兵士消遣之物随时分送。故各伤兵谓入此医院无异由地狱而登天堂。日前经陈英士都督派员犒赏外，日昨四点钟沈君携带食品、洋元分投各医院，每名给发，欢声雷动。"③ 他之受到获救伤兵的普遍爱戴，良有以也。

南京之役，亦甚激烈，据铁良、张勋电奏称："徐绍桢、程德全带粤、浙、苏、镇等匪万数千人，于初四日分攻雨花台及各城门，我选精兵出朝阳门，遇贼于马群、孝陵卫之间，鏖战五日夜，毙贼八九百人。初九日贼援大至，众寡大悬，遂婴城固守。是日贼先犯雨花台及各城门，为牵制之计，徐挥敢死队猛攻紫金山，水路兵轮，炮击沿江炮台，幕府山、老虎山炮台降贼，反击狮子山、北极阁各处，隔江另军攻浦口，断江防归路。此初四至初九战况也。"④ 酷战情形，可见一斑。

12 月 2 日，南京光复。"血战之后，雨花台、南门外伏尸最多，孝陵卫伤亡者亦复不少，督署后面尸首猪犬争食，惨不忍睹，护城河内男女浮尸充塞"⑤，令人不寒而栗。理事总长沈敦和"向持人道主义，救伤送死，惟日孳孳。虽经济竭蹶，而掩埋一事刻不容缓"⑥，急电南京都督府、民政部及联军司令请派员专事掩埋外，又在《申报》登载《急聘南京掩埋队》启事，"聘

① 《南京短讯》，《申报》1911 年 12 月 2 日。
② 《沈仲礼慰问伤兵》，《新闻报》1911 年 12 月 9 日。
③ 《绅商各界资助伤兵》，《新闻报》1911 年 12 月 11 日。
④ 张国淦编著：《辛亥革命史料》，龙门联合书局 1958 年版，第 238 页。
⑤ 《红十字会研究大会纪事》，《申报》1911 年 12 月 13 日。
⑥ 《南京掩埋队出发》，《新闻报》1911 年 12 月 9 日。

请年富力强、热心慈善之干事员十余人，克日成队赴宁”①。12 月 8 日，中国红十字会南京掩埋队许文卿、孙益三、吴若许、贝祖冀、宋友裴、黄念萱、程秉之、顾念劬等，在于少彰、宋培之的带领下乘火车赴宁②。据史料记载，南京掩埋队在“凤台关埋三十六具，一枝园等处约埋二百具。在五龙桥、将军署、后宰门等处约百余具，皇城数十具，紫金山顶七十余具。其在南门外者，由同善堂派人埋葬，计在雨花台等处葬二十余具。该队在宁共约葬七百具，均立本会石碑，永留纪念”③。

经历了血与火的“洗礼”，南京残破不堪，民不聊生。据报道：“宁垣难民自遭兵事，食粮告匮，日有饿死，甚至鬻子卖女以谋升斗。旗城难民尤为惨苦，呼诉无门。”④ 其中“旗城难民三千四百余人，束手待毙”⑤。理事总长沈敦和“恻然悯之，先行拨洋数千元，特发赈济队，定二十人，到宁挨户查放，施当其急”⑥。接着，12 月 20 日，沈敦和邀集“旅沪宁绅组织上海绅办南京急赈会”，于“万家春”商讨赈济办法⑦。“首由社会党代表江亢虎君报告调查南京难民惨苦情形，合坐为之动容，公决由沈君筹垫三千元。陈彦清、李悦生、魏梅村、蒋星阶、童弼臣、刘然青诸君议将龙潭振余二千数百元及江苏义振会所拨之三千元、仇徕之君牛草费洋三千元统移缓救急，为南京急振用费，众赞成。举悦生为办事总董，设事务所于法界恒义，公请童君于翌日早车赴宁先行布置。拟请宋裴之君驻宁放振并将各项存款悉数提交，李君克日采办米榖、铜元先往旗城散放急赈云”⑧。这样，红十字会与南京急赈会携手合作，给难民带来福音。与此同时，鉴于“南京、汉口难民遍地，无衣无褐，饥寒交迫，惨苦万状，即留养本会医院受伤兵士人数尚多，衣服、被褥需用尤众，除陆续在沪赶制装运济急外”，红十字会发布“劝募棉衣裤”的启事，呼吁“仁人君子如有旧存之棉衣棉裤，不拘男女，不拘单夹皮棉，慨赐捐助”⑨，得到各界响应，如“月初，承刘姓不留名助狐皮外套一件，昨承惠赐南京急赈费洋二百元，棉衣五件，棉裤六条，嘱解南京散放”⑩；又如

① 《急聘南京掩埋队》，《申报》1911 年 12 月 4 日。

② 《南京掩埋队出发》，《新闻报》1911 年 12 月 9 日。

③ 《辛亥革命时中国红十字会暨各分会活动成绩》，中国红十字会总会编：《中国红十字会历史资料选编，1904—1949》，南京大学出版社 1993 年版，第 291 页。

④ 《南京难民延颈待赈》，《申报》1911 年 12 月 17 日。

⑤ 《绅办南京急振会成立》，《新闻报》1911 年 12 月 23 日。

⑥ 《南京难民延颈待赈》，《申报》1911 年 12 月 17 日。

⑦ 《红会之未雨绸缪》，《申报》1911 年 12 月 21 日。

⑧ 《绅办南京急振会成立》，《新闻报》1911 年 12 月 23 日。

⑨ 《中国红十字劝募棉衣裤》，《申报》1911 年 12 月 28 日。

⑩ 《中国红十字会谨谢刘姓不留名捐助南京急赈》，《申报》1912 年 1 月 2 日。

“苏州阊门顺康庄红十字分会洪少圃君与钱业同人特发宏愿，于协助南京掩埋事外，又捐助棉衣，交绅办南京急赈会散放。今悯汉口难民处冰天雪地之中，又捐棉衣三百四十件，特嘱迅运汉皋”①，为既遇锋镝又罹寒冻的难民，送上温暖。

在南京战场，“沪会”救护医队、掩埋队，救伤葬亡，各尽其责，难民救济，有序推进。他们无私奉献，救死扶伤，实践着红十字人道主义精神。

第五节 其他战场的救护

武昌首义成功，引起连锁反应，湘、陕、赣、晋、滇、沪、黔、江、浙、皖、桂、闽、川等省区，纷起叛清“独立”，硝烟滚滚，弥漫全国。

战垒连珠，烽烟四起，“彼时若仅恃本会救护人员，断断不敷调遣”。为此，中国红十字会万国董事会于1911年11月2日向通商各埠发出通电，请“各通商口岸教会医院改设红十字会临时医院，俾有备无患”②。与此同时，争战各地纷纷组织分会，与总会相互呼应，广泛开展救护活动。

在上海，10月31日，革命党人陈其美（字英士）和绅商代表李平书、王一亭、沈缦云、叶惠钧等在白克路贞吉里李平书寓所集会，决定于11月3日发动上海光复起义，确定南市以江南制造局和苏浙太兵备道衙门为主攻目标，闸北以上海巡警总局为主攻目标。11月3日上午，民军占领闸北、吴淞巡警总局，闸北、吴淞光复。与此同时，张承槱、刘福彪率领的敢死队火烧上海道台衙门，占领上海县城。上海道台刘燕翼（字襄荪）、知县田宝荣（字春庭）等，纷纷逃往租界。11月4日，革命军猛攻制造局，由后院破门而入，上海全部光复。据次日《申报》报道：“敢死队施放炸弹，伤亡人数颇多。”沈敦和闻讯，急派汽车两辆，延请洋医亨司德、华医侯光迪、周光松、王吉民、陈家恩及看护李安登女士驰赴现场施救，受到国民军的欢迎和优待，“由李平书君引导，特开制造局大厅作为红十字会临时医院”③。侯光迪医生留住该院相机救援，另以徐家汇路中国红十字会总医院为总养病所、天津路分院为分养病所，收治伤兵，同时派调查员袁仲慰等四出调查“并筹募经费，故

① 《中国红十字会谨谢洪少圃君经募苏州钱业同人捐助棉衣三百四十件》，《申报》1912年1月7日。

② 《辛亥年中国红十字会大事记》，中国红十字会总会编：《中国红十字会历史资料选编，1904—1949》，南京大学出版社1993年版，第287页。

③ 《红十字会医队救伤》，《申报》1911年11月5日。

袁君暂假小东门内正丰永金店、花门内万源永珠玉号两处为办事事务所，愿纳助者颇极踊跃”①，20余名雇员及橡皮卧室马车两辆、橡皮病车（相当于救护车）数辆随行，遇有伤兵，立即送养病所救治。据统计，红十字医院收治伤兵，“计前后三十余人，因伤死者三人，其余或已治愈出院，或尚在院中。闻该院中医士及看护人多半派往汉口，故甚形忙碌。各处男女医士纷纷愿为，期望院中医士择其深知医术者留之院中，皆系担任义务，不支薪水”②。刚刚成立的上海城内分会（即沪城分会，上海市红十字会的前身）予以协助。

在镇江，11月8日，镇江新军第十八协第三十六标第一营营官林述庆在岘凉山起义，攻占镇江，宣布独立，林述庆为镇军都督。镇江于是成为苏浙沪联军进攻南京的基地。月底，联军大举围攻南京，与张勋等部展开激战，“伤痍遍野，救护无人”。镇江近在咫尺，中外慈善家“惄焉悯之”，遂集议创设红十字会，公举瑞记洋行大班址茂生及吴某董其事，组织救护队（除医士外，中西看护男女21名）和担架队（78人），11月26日赴宁，设临时医院于马群，“别设支部于孝陵卫，以随军队前进”。金陵光复时，镇江分会救治伤兵数百人，“有血竭骨折者，俱抢救出诸枪林弹雨中”③。

在杭州，11月4日，浙江光复；5日，杭州分会成立。实际上，在4日的激战中，杭州的慈善家们即组织了两支救护队，一赴城西，一赴城东，从事救护。分会成立后，救伤葬亡，不遗余力。南京光复，负伤军士30余人返浙，均由杭州分会救治。

在滁州，“分会成立于阴历九月初，始以江防溃军过境，继以四乡土匪蜂起，淮镇之军又时驻于滁，故到院救治者踵相接，而尤以乡民殃及受伤者为多，计治愈人数共二千人”。

在芜湖，“分会得弋矶山医院院长胡登君之许可，暂改为红十字分医院，嗣因弋矶（山）距战场较远，特于马路增设临时医院”。

在宜昌、沙市、荆州等处，“战事迭兴，本会就宜昌铁路医院设立临时医院，而沙市则由商会捐赀，设立红十字会分医院。宜昌医院于九月二十四日开办，共治愈一千四百余人，沙市约治愈伤兵一百数十人，病者四百余人”。

在长沙，“分会设医院于东茅巷，收诊病兵及武汉运来伤兵都三百人。战事告终，即改为永久医院，医治疠疫等症，至今犹存”。

在苏州，“苏为三吴重镇，军队林立，光复后意国医博士白纽昔君，自愿

① 《上海大革命》，《民立报》1911年11月8日。

② 《医院救伤之热心》，《申报》1911年11月7日。

③ 《辛亥革命时中国红十字会暨各分会活动成绩》，中国红十字会总会编：《中国红十字会历史资料选编，1904—1949》，南京大学出版社1993年版，第292页。

将前办之广仁医院，暂为红十字分医院，义务救治兵民。金陵之役，受伤军士回苏就治者三十余人，皆应手而愈”。

在常熟，“苏沪光复后，常熟女医士周惠莲君，驰函总会愿设临时医院，义务医治伤兵。金陵光复时，伤兵之返常熟者，均由周女士医治之”。

在江阴，“分会成立于光复之后，救护人员悉借福音医院，军士之就医者达三千人，住院者二十有六，大割症多至数十起，而诸医士之心力交瘁矣”。

在福州，“分会既成立，即以福州大学为临时医院，由金雅丹医博士义务医治，光复时所伤兵民，俱由金医士手愈，成效颇著”。

在南昌，“分会成立于辛亥十月十五日，集资设立医院，兵民并治。十一月初二日，联合九江分会组织救护团开赴汉口，当在战地及祁家湾设立临时医院。值两军休战，遂兼治平民，曾由各国红十字医院拨重伤军士数十人留院治愈”①。

其他分会的救护成绩，亦相当可观。

总之，“及各省光复，凡白旗所到之处，红十字旗亦随白旗后，已遍设廿余处，日求进行之法”②。中国红十字会总会、分会，相互配合，共同谱写出辛亥救援的协奏曲。

第六节　留日医学生的救护行动

在辛亥革命的战事救护中，“沪会”还有一支重要力量，即留学日本的医学生的加盟。

日本是当时中国留学生最为集中的国家。中日一衣带水，路近费省，加上教育的发达和综合国力的强大，吸引着广大的中国青年寻求救国救民、富国兴邦的真理。从 1903 年起，每年都有成千的中国人漂洋过海，东渡扶桑。在留日学生中，有不少人学习医学，他们希望通过自身的努力，来改变“东亚病夫”的可耻形象。留日医学生大多加入日本赤十字社，成为国际红十字大家庭中的一分子。辛亥战事发生后，留日医学生以天职攸关，乃决意回国参加战事救护，据 10 月 26 日东京电称：“留学日本各处之中国医学学生皆入

---

① 《辛亥革命时中国红十字会暨各分会活动成绩》，中国红十字会总会编：《中国红十字会历史资料选编，1904—1949》，南京大学出版社 1993 年版，第 290—293 页。

② 《红会进行会志盛》，《新闻报》1911 年 11 月 18 日。

赤十字队。”他们以东京为中心，联络医学生，组成颇具规模的“留日医药界红十字团”[1]，11月18日由东京启程，19日在横滨登上“博爱丸”号轮泛海驶沪。11月26日，以王曾宪为团长的留日医药学界红十字团到达上海，受到沈敦和等人的热烈欢迎和盛情款待[2]。

留日医药学界红十字团抵达上海后，即整装待发。为保证救护行动规范、有序进行，特制定《中国红十字会留日医药界红十字团章程》。《章程》规定：

“本团由留日医药界组织而成，定名为留日医药界红十字团”；

“本团以博爱为宗旨，凡军人及因公服务于军队之人员有负伤及罹病者，不问其为南军、北军，悉殷勤救护”；

“万国红十字条约有可适用于本会（团）者悉行遵守”；

“本团援万国红十字条约得用白地（底）红十字徽章、旗帜”；

“本团出发队至交战地后，务与各国及中国各红十字团为一致之行动”；

“本团对于南、北两军皆毫无偏袒行为”；

“本团出发队至交战地后即通知南、北两军，并援万国红十字条约第三章第九条，请求其对于本团人员与各国红十字人员加同等之保护”；

“本团出发队在交战场内所收容之受伤人及罹病人，遵万国红十字条约第一章第四条，于南、北两军之死伤者及伤病者之人数及人名，俟本团查明后即行通告南、北两军”；

“本团出发队在交战场地以救护受伤军士为责任，如南、北两军有以罹病军士嘱托本团治疗者，本团当随时斟酌办理”；

“无论南、北两军有以卫生材料及捐款寄赠本团者，本团皆可领受”；

“本团所有之卫生器械、药品、固定营造物及一切应用物品，得援万国红十字会条约第二章第三条，请求南、北两军悉行尊重保护”；

“本团人员遵万国红十字会条约悉于左腕备用白地红十字臂章，在胸备中国红十字会总会徽章并持本会证明书”；

---

① 关于留日医药界红十字团的人数，据1911年11月20日《申报》报道：“千叶医学专门学校及东京女子医学校中国学生三十名组织红十字队，又东京中国学生百五十名并中国红十字会长嘱托之有贺长雄等皆乘博爱丸于二十八日前赴上海”。毫无疑问，30名医学生是“留日医药界红十字团”的骨干，至于另外150名留学生是否全是医学生，是否都加入到红十字团，则不得而知。根据《红十字会研究大会纪事》记载：“日本回华医士六十人赴长沙，又六十人赴滁州、临淮关一带救护”（《申报》1911年12月13日），加上“大阪、长崎二校诸君已赴镇江”（《留日医药学界红十字团广告》，《申报》1911年12月4日）有几十人，红十字团总人数当在150人左右。或认为“留日医药学界红十字团”由140名成员组成（周秋光：《晚清时期的中国红十字会述论》，《近代史研究》2000年第3期，第170页），待考。

② 《留日医药学界红十字团广告》，《申报》1911年12月4日。

“本团之卫生器械、药品、固定营造物及应用物，遵万国红十字会条约，悉附红十字旗章（本团人员所持腕章、旗章，均盖有红十字总会印章，其所持证书除总会盖印外，并盖有团长及该队长之印为凭）”；

“本团出发队皆本团成员，但本团人员缺乏时，得（聘用）酌量以本国或外国人补充”；

“本团一切经费，除已承各慈善家直接寄赠本团外，均由（中国红十字会）总会担任”；

“各出发队应用经费由各队会计每月作决算报告总会”；

“本团所收捐款，由会计盖印掣付收条时，以盖有团长或队长公私两印为凭。”①

这个《中国红十字会留日医药界红十字团章程》的内容包括了宗旨、红十字团与万国红十字会条约上之关系、“对南北两军之地位”、徽章之佩用、经费等，由《章程》不难看出：“留日医药界红十字团”隶属于中国红十字会，冠以“中国红十字会留日医药界红十字团”，命意即在此，所以“所有此次后援，一切均由沈（敦和）先生规画，商同本团合意办理”②；尽管留日医药界红十字团为辛亥战时救护行动的“后援”，但是属于中国红十字会辛亥战时救护行动的有机组成部分；留日医药界红十字团的救护行动“不问其为南军、北军，悉殷勤救护”，表明它的中立性，这与中国红十字会“救人宗旨不分革军（革命军）、官军”完全一致，体现出红十字会的“博爱”本色。

留日医药界红十字团到来之时，苏浙沪联军由镇江进攻南京，来自大阪、长崎的留日医学生乃受命先赴镇江前线，迅即投入救死扶伤的行动中，其余分编甲乙两队，整装待发。12 月 11 日，甲队以陈任梁为领队、乙队以孙家树为领队，开赴湖南、江北前线③。甲队 60 人抵达湖南后，因长沙已有医院，遂分驻京口、岳州、常德三处，开办临时医院，“适两军休战，兼治平民”，先后治愈伤兵病民 5000 人④。乙队 60 人原定赴金陵救伤，并于下关设立临时机关，因战局北移，中国红十字会“特派留日医药团编队往救，于是江北、皖北一带，沿津浦路线遍设临时医院。医生半属教士，而以美国宝琅医生总其成，犹恐救护队员不敷遣派，议定会旗随战旗而进，前敌增设一队，殿后

① 《中国红十字会留日医药界红十字团章程》，《民立报》1911 年 12 月 24 日。

② 《留日医药学界红十字团广告》，《申报》1911 年 12 月 4 日。

③ 《辛亥年中国红十字会大事记》，中国红十字会总会编：《中国红十字会历史资料选编，1904—1949》，南京大学出版社 1993 年版，第 288 页。

④ 《辛亥革命时中国红十字会暨各分会活动成绩》，原载《中国红十字会杂志》创刊号，中国红十字会总会编：《中国红十字会历史资料选编，1904—1949》，南京大学出版社 1993 年版，第 293 页。

即撤去一队，以其人员移调至前，用是递推递进，费省功溥，并借津浦铁道组织救护医车，机关愈形灵敏”[①]。1912 年 2 月 2 日，为救护宿州之役伤兵，留日医药界红十字团乙队乘车驰往，不料火车中途出轨，据 2 月 3 日《申报》登载临淮关红十字会医长宝琅电称：“救护专车随同客车礼拜五（2 月 2 日）午前赴宿州，行经北塘沙（译音）将近大高台（译音），忽出轨，幸中西会员无恙。”[②] 宿州之战正在进行，而“轨道业已阻塞不能前进”，无奈之下，医学生迫不及待，舍车徒步，跋涉数十里抵宿州，使伤兵得到及时救护，“厥功尤伟”[③]。留日医药界红十字团乙队还沿津浦铁路南段“择要组织病院，无事时专医病兵”[④]，扩大救护范围。

救护工作圆满结束后，留日医药学界红十字团返回日本（返回的具体时间不详，当在 1912 年 2 月后）继续肄业。临行时，中国红十字会特“开会欢送”[⑤]，表达红会同仁对留日医学生慈善懿行的敬意。

---

① 《辛亥革命时中国红十字会暨各分会活动成绩》，原载《中国红十字会杂志》创刊号，中国红十字会总会编：《中国红十字会历史资料选编，1904—1949》，南京大学出版社 1993 年版，第 290 页。

② 《临淮关红十字会医长宝琅电》，《申报》1912 年 2 月 3 日。

③ 《中国红十字会首次统一大会·理事长江趋丹君报告》，原载《中国红十字会杂志》创刊号，中国红十字会总会编：《中国红十字会历史资料选编，1904—1949》，南京大学出版社 1993 年版，第 276 页。

④ 《红会布置之周密》，《申报》1912 年 2 月 8 日。

⑤ 《辛亥年中国红十字会大事记》，中国红十字会总会编：《中国红十字会历史资料选编，1904—1949》，南京大学出版社 1993 年版，第 288 页。

第五章　辛亥革命战时救护行动（中）

——“京会”的救护行动

在辛亥革命这场惊天动地的大变乱中，“沪会”的救护成绩固然突出，但“京会”组织的救护行动同样不应小视。本章就此问题进行考察。

第一节　“京会”的人道资源

“京会”是相对于“沪会”而言的。虽然清政府罢免盛宣怀并把“大清红十字会”正名为中国红十字会（京会），希图包容中国红十字会万国董事会（沪会），而且吕海寰也为此做出了一些努力，但如前所述，双方究竟谋而不合，均以“正统”自居。于是，辛亥革命期间“京会”演化为以吕海寰为会长的中国红十字会及所设各分会，主要集中在京津冀以及东北地区进行救护活动；“沪会”是以沈敦和为首的中国红十字会万国董事会及所设各分会，以长三角地区为中心进行救护，按沈敦和的话说：“武汉事起，风云日紧，受伤军民莫不延企以待救拯，本会当亟组织甲乙丙三医队，派英医柯师为领队，会同峨利生、班纳德、王培元、杨智生诸医博士暨男女看护三十余人，于本月初出发，备带药品器具、担架、绷带、帐幕等件，驰往战地。业在俄租界设立临时医院，旋由武汉普济、同仁、普爱、仁济、天主教各医院特派代表来沪联合，均认为本会分医院，协力救护，他如宜昌、长沙、南昌、九江、南京、镇江、扬州、清江、苏州、无锡、常熟、杭州、福州、山东、吴淞等埠，及上海城内亦经联合英美各国教会医院组织分会，次第推广，并续编医队，以备缓急。”[①] “沪会的” 发展可谓一日千里，这是“京会” 所望尘莫及的。“京会”“沪会” 两大系统基本上是各行其是。

不过，“京会” 也有自己的优势，浸淫官场多年的吕海寰亦尽力动员人道资源，构建后援保障体系。

一、寻求官方最大可能的支持

与“沪会” 相比，“京会” 的最大优势在于其官方背景。10 月 26 日，“监国摄政王奉隆裕皇太后懿旨，现在设立慈善救济会，著赏宫中内帑银三万两以资拯救。钦此”[②]。同时，鉴于“盛宣怀现已革职，著尚书吕海寰妥速筹办，并督饬派往各员于医伤救难两事认真救济”[③]。这笔经费，吕海寰以其中的一部分开办慈善救济会，一部分支持“沪会” 的救援行动希图“统一” 并加以“吞并”，据《中国红十字会第二届捐款汇总志谢》披露，上海中国红十字会事务所捐务处“经收北京红十字会第一批拨助银五千廿五两六钱九分，北京红十字会第二批拨助银三千四十五两”[④]，这对上海方面而言，实属难能可贵了。但这也会给人一种错觉，以为“沪会” 已与“京会” 合二为一，都在官方的保护之下。有贺长雄就有这样的评论：

> 中国政府于宣统二年特命盛宣怀为大清红十字会会长。盛为中国大臣，即此次主张铁路国有引起革命之乱者。而红十字会非政府之物产，若为政府之物产则仅能救治官军。若是则与红十字会之宗旨不合，请将大清二字除去，后果改为中国红十字会，然北京并未改名。此次战事一起，北京之红会除少数官吏外，其他一般人民均不肯入会，即此可知中国国民于革命一方面深表同情。后政府亦改红十字会为慈善救济会，至盛宣怀失败之后，即委前驻德公使吕海寰为会长。因无效果，遂与上海红十字会合并，并在北京捐集款项，寄与上海，故上海红十字会实在政府保护之下也[⑤]。

有贺长雄所看到的只是一种表象。沈敦和抛弃“大清红十字会” 另行组建中国红十字会万国董事会（媒体一般简称中国红十字会），以及清政府将大

---

① 《红十字会理事总长沈敦和报告》，《申报》1911 年 11 月 19 日。

② 《谕旨》，《大公报》1911 年 10 月 28 日。

③ 《谕旨》，《大公报》1911 年 10 月 28 日。

④ 《中国红十字会第二届捐款汇总志谢》，《申报》1912 年 1 月 7 日。

⑤ 有贺长雄：《日本赤十字社及中国红十字会》，原载《日本赤十字日报》，参见《新闻报》1912 年 2 月 8 日。

清红十字会重新正名回归“中国红十字会”并任命吕海寰为会长，名称趋同，看似“统一”，其实两个红会对峙的局面一直到民国建立后的1912年9月29日中国红十字会首届会员大会通过《京沪合并章程》（又称《中国红十字会合并条议》），才使双方实现了真正意义上的“合并”与“统一”，这是后话。此时吕海寰主持的中国红十字会，只是一个空壳，也只能依托沈敦和主持的中国红十字会来实施救援。说他是使用了笼络的“策略”也好，自身无力不得已而为之也罢，就吕海寰对上海的支持而言，还是值得肯定的。

清王朝处于风雨飘摇之中，国库空虚。吕海寰以中国红十字会的名义推广慈善救济会，仍需官方的支持。为此，吕海寰提出“变通”之法，上奏朝廷：

慈善救济会需款甚繁，虽经刊启广募，而各省乱事迭起，风声鹤唳，人心惶惶，一时殊难应手，且零星凑集，尤虑缓不济急。自非优予奖励，悬格相求，不足以动观感。查定例，绅富捐银一千两者，准其请旨建坊，自应照旧办理。现拟凡捐助棉衣及他项救济物品，核有银数实逾一千两以上者，比照前案，由臣具奏请旨，准其建坊，略事推广。又从前捐银万两至数万两者，准其请奖四五品京堂候补或赏给卿衔以示优异。现拟变通办理，如有捐此项巨款者，准由臣随时比较成案，奏请特旨施恩。惟此项捐输与从前办理善后及各省水旱赈捐不同，合无再恳天恩，准如所请，无庸交部核议，俾免文法限制。又从前捐局收款为广为招徕起见，大半暗减成数，故有名为一万两，实则仅收五六千两不等。臣现办此事，实用实销，则捐输必不踊跃，但使所捐之款于灾区实受其益，于朝廷名器无滥无亵，不得不稍予变通。惟有随时据实上陈，仰求宸断，破格给奖，庶捐生可以奋兴会事，亦不致掣肘，灾黎幸甚。所有略拟推广变通捐输缘由，是否有当，伏乞皇上圣鉴训示遵行，谨奏①。

这样的“变通”，在清王朝大厦即将倾覆之时，显然不合时宜，吕海寰只好动员社会资源。

二、社会资源的动员

社会资源的动员，少不了刊印捐册、派员劝募，为此吕海寰委派候选道李春湘负责。11月29日《大公报》刊登了吕海寰的“札委”：“中国红十字会会长兼慈善救济会事宜大臣尚书吕为札委事：照得本会长奉旨派充中国红

① 《宣统政纪》第63卷。

十字会会长仍兼办慈善救济会事宜，事繁款绌，亟应遴员分头劝募，藉资补助。查有该道早游欧美，热心祖国，见义勇为，不辞劳怨，堪以派为本会会员，臂助一切。为此札委，札到该道即便遵照联络中外绅富慈善大家，广为劝募，俾成巨款，接济灾区，实行救护，使数百万生灵不致尽浩劫，庶可推广皇仁而全善举，本会长有厚望焉。切切，此札。右札候选道李春湘准此。”①

同时，吕海寰也深知媒体力量的巨大，非常希望媒体能够助一臂之力。南方的《申报》是沈敦和的“舞台”，而北方最具有影响力的报纸《大公报》自然成为吕海寰的首选。为此，吕海寰致函《大公报》，借以号召社会各界的支持。函称：

迳启者：海寰奉命派充中国红十字会长仍兼办慈善救济会事宜，款绌事繁，虑难策应，业经奏准刊启劝募。惟收集款项必须按期登报方昭信实，现拟请贵界诸公勉尽义务，共襄善举。凡有本会收款报告及关于本会他项宣布文件，一经函送即为排登，俾供众览，免致隔阂。想诸公分天职，见义勇为。当必乐于赞助，专布区区，祇请中国报界诸位善长公鉴。中国红十字会会长吕海寰谨启②。

《大公报》不负所望，给予臂助，及时发布捐赠信息，使吕海寰的社会动员，取得一定成效。《大公报》发布三次“会长吕海寰谨启”的收款广告，如下：

《中国红十字会第一次收款广告》：截至宣统三年九月底止，信果堂主人捐银五百两，清荫斋主人捐银五百两，季沄主人捐银三百两，徇贝勒同夫人捐银一千五百两，浦杰、浦洸各捐银一百两，韫媖、韫□各捐银一百两③。

《中国红十字会第二次收款广告》：无名氏捐洋二百元，谢伯森四元，那中堂一百元，锡清帅一百元，王璧臣捐京足银四两，徐中堂、荫大臣捐京足银五百两，第三军司令处捐京足银三百两，重鑫捐洋十元，书瑞甫捐京松银一百两④。

《中国红十字会第三次收捐广告（截至十月二十日止）》：庆王爷捐京足银一千两，德本堂张门唐氏捐京松银四千两，德本堂张云亭捐京松银三千两，德本堂张云桥捐京松银二千两，德本堂张书森捐京松银一千两，北洋大臣陈小帅捐洋一千元，直隶□方伯捐库平银五百两，那王府捐京足银一百两，陆

① 《札派红十字会会员》，《大公报》1911年11月29日。

② 《来函》，《大公报》1911年11月26日。

③ 《中国红十字会第一次收款广告》，《大公报》1911年11月26日。

④ 《中国红十字会第二次收款广告》，《大公报》1911年12月3日。

世补捐京足银一百两，增将军捐洋三百元，世中堂捐洋三百元，荣中堂捐京足银一百两，景大人印丰捐洋一百元，侍讲学士周爰诹捐京足银七十两，侍讲学士杨捷三捐京足银七十两，编修高振霄捐京足银七十两，编修张琴捐京足银七十两。

郑伯卿捐洋二元，沛霖堂冯二元，吴淑芳二元，祥源荷包店二元，裕丰钱店二元，致养斋二元，乾泰义漆店二元，玉庆堂张二元，尚志堂二元，宝善堂俞二元，清河郡二元，郝绪堂二元，汝南郡二元，同春堂药铺二元，慎余堂诸二元，琴鹤堂赵一元，曹智臣二元，泰和酒店一元，有恒堂丁一元，彝宝斋纸店一元，正泰茶店一元，闰正芳帽铺一元，何浦臣一元，高保卿一元，青云书屋一元，存德堂一元，贻穀堂丁一元，周兰舫一元，王仲生一元，徐子仁一元，汪宅一元，精善堂董一元，陈宅一元。

于宅捐洋一元，朱宅一元，陈柄如一元，刘祖照一元，李炳堃一元，张以德一元，张以敬一元，于典一元，康跃门一元，张盛魁一元，宋庚荫一元，钟树森一元①。

之所以列出上述捐款名单，就在于展示捐款的构成情况。三批捐款收入，总计银15904两、洋2175元。捐款构成中，最引人瞩目者就是官员的捐款，捐款的绝大部分来自于官员或官员的家属，这一方面得益于朝廷的倡导，另一方面得益于吕海寰的人脉。“官味十足”，不难理解。相比之下，普通市民的捐款，少得可怜，海外捐助就更不用说了，这是否如有贺长雄所说辛亥革命“战事一起，北京之红会除少数官吏外，其他一般人民均不肯入会，即此可知中国国民于革命一方面深表同情?”② 但与“沪会”相比，“京会”社会资源动员缺乏“广泛性”的特点，至少说明“京会”的社会动员机制不够健全、不够深入，没有得到社会各界的广泛响应。这对“京会”的救援行动，不能不产生影响。

三、分会的整合

分会是遂行人道救援行动的重要依托。但与“沪会”分会组建得遍地开花相较，“京会”在分会组建方面显得沉寂，少见积极推动，更多的是北方一些地方组建分会后与吕海寰联系，获得认可。

例一：1911年11月11日，张家口都护溥良、盛桂、崑源致电吕海寰，告以牧政公所科员张毓芳、电报局委员赵宗诒、洋务局委员董玉书、张绍曾、

① 《中国红十字会第三次收款广告》，《大公报》1911年12月15日、17日、18日。

② 有贺长雄：《日本赤十字社及中国红十字会》，原载《日本赤十字日报》，参见《新闻报》1912年2月8日。

沈惟馨等会同美国传教士海保尔筹办张家口红十字会，仿照京师教会附设救济妇孺慈善会，请电咨先行立案等情。鉴于“该会系慈善宗旨，相应会同电请允准立案，分咨电复，并将章程颁发饬遵”①。14 日，吕海寰复电称：“贵处拟办红十字会附设妇孺救济善会，事属可行，请将开办章程咨送备案，再由敝处将钤用关防、编列号数之旗章寄备应用。先此电复，惟希公鉴。”②

例二：1911 年 11 月 14 日，山东中西医院总办刘崇惠（字荔孙）致电吕海寰，告以“山东现办红十字会，请将章程迅速赐寄”③。15 日，吕海寰回复：“现办红十字会，均遵守陆战时救护病院条约，即日来弗红十字会条约，可查照酌行。敝处未立另章。”④

例三：奉天学政卢靖、盐运使熊希龄派道员吴剑丰等专程赴京与吕海寰联系，欲设立救济分会，但 11 月 1 日吕海寰回复主张暂不设立，原因是“经费支绌，多一名目，即多一耗费”⑤。

天津、保定、开封等分会的设立，大多如此。关于分会组织建设，总体而言，北京总会显得较为被动，只是进行必要的引导、整合。尽管如此，分会对“京会”救援行动的支持同样不能忽视，尤其是天津分会，助益良多（详见下文）。

第二节　“京会”救援行动概观

辛亥救护，如前所述，“沪会”行动迅速；而“京会”动作迟缓，以致引起舆论不满。12 月 17 日，《大公报》报道：“红十字会自奉旨办理后，迄今月余，尚未赴鄂，以致外间啧有繁言。兹探得确实原因。当该会成立之始，已由部允拨十六万两充作经费，嗣部中库储已竭，未能照拨。经吕大臣一再咨催，亦未据部制定的（拨）款。不得已，始由吕设法劝募。月余来，仅募

---

① 《张家口溥都护来电》，沈云龙主编：《近代中国史料丛刊》第 3 编第 58 辑《吕海寰往来电函录稿》，（台北）文海出版有限公司印行，第 611—612 页。

② 《致溥、盛、崑都护电》，沈云龙主编：《近代中国史料丛刊》第 3 编第 58 辑《吕海寰往来电函录稿》，（台北）文海出版有限公司印行，第 731—732 页。

③ 《济南刘崇惠来电》，沈云龙主编：《近代中国史料丛刊》第 3 编第 58 辑《吕海寰往来电函录稿》，（台北）文海出版有限公司印行，第 614—615 页。

④ 《致刘荔孙观察电》，沈云龙主编：《近代中国史料丛刊》第 3 编第 58 辑《吕海寰往来电函录稿》，（台北）文海出版有限公司印行，第 732 页。

⑤ 《致沈阳卢学台、熊运台电》，沈云龙主编：《近代中国史料丛刊》第 3 编第 58 辑《吕海寰往来电函录稿》，（台北）文海出版有限公司印行，第 725 页。

得款项二千余金，故日来始见著手布置云。”[①]

“京会”救护的“靠山”是协和医学堂（北京协和医学院的前身）。史料记载，“武汉倡义，战局猝开，两军以炮火相冲，男士健儿捐躯赴义，伤颅折股，惨不忍言。时吕先生海寰办理红十字会，商请敝协和医学堂襄理会中事宜”，得到协和师生的积极响应，举英国医师吉义布为总队长，谢恩增为襄理，选拔教习 12 名、医士 8 名、学生 34 名，共 54 名，分编 4 个救护医队，“分往战地，救济军人”[②]。

关于救护医队开拔时间及工作成绩，作为组织者之一的谢恩增[③]，1912 年出席中国红十字会统一大会时，做了专题报告：

> 自去岁阳历十月二十四号，经外交团认可，西医士襄助，中国红十字会随于二十七日组织成为四队。时京内有举义之信，虑有战事，先留第一队驻京，以备不虞；第二队于三十日派赴孝感，特乘专车，风驰南下，逾二三日由孝感趋赴汉口；十一月一号，文医士海率第三队取道信阳，经至汉口，渡长江，履不测之险，直入武昌。时武昌将士以医队来自北方，译系侦探，后验明情形，见各医师终日救死扶伤，夜以继日，遂各以诚相见，备极欢迎，疗治逾月，医愈者三百余人；九号第四队发至石家庄，值两军轰击，遂乃冒烟突弹同赴阵前，不论南军北军，凡负伤者，一概立行救治[④]。

第一队驻京；第二队出发时间，按照谢恩增所说，为 1911 年 10 月 30 日；第三队为 11 月 1 日；第四队为 11 月 9 日。但时间记载有误，当时的吕海寰刚刚接替盛宣怀主持慈善救济会事务，尚未出任会长，即便组织医队，也只能以慈善救济会的名义。而“京会”救护行动，远远滞后于“沪会”，不可能在 10 月底 11 月初展开，否则不会如《大公报》报道的那样，因行动迟缓而

---

① 《红十字会出发迟滞之原因》，《大公报》1911 年 12 月 17 日。

② 《谢隽甫医博士报告》，中国红十字会总会编：《中国红十字会历史资料选编，1904—1949》，南京大学出版社 1993 年版，第 273 页。

③ 谢恩增（1884—1965），字隽甫，天津人。1911 年协和医学堂首届毕业生，并任协和医学堂教职（1915 年，洛克菲勒基金会以 20 万美元的代价购得协和医学堂资产，将学校重新命名为北京协和医学院。1921 年，协和医学院正式举行开学典礼）。1913 年，他在崇内大街创办华安大药房，并挂牌行医。后留学美国，回国后在北京协和医学院任教。九一八事变后，被聘为国联调查团医官，同时在天坛防疫处兼职。日本侵占北平后停止行医，闭门谢客，专心致力于医药学著述。1943 年 8 月出版《新药本草》，正文 2380 页，收载药物及制剂 4691 种，成为畅销书。1947 年出版《最新传染病学及治疗法》。新中国成立后，编写《药物大全》，篇幅超过《新药本草》近一倍，但因失火，书稿被毁。后被聘为《中华人民共和国药典》通讯委员。1956 年被聘为北京医药公司医药顾问。1956 年加入国民党革命委员会，同年加入农工民主党。

④ 《谢隽甫医博士报告》，中国红十字会总会编：《中国红十字会历史资料选编，1904—1949》，南京大学出版社 1993 年版，第 273 页。

引发舆论的不满。这一推断是可以得到证实的。

“京会”救护医队的组织，吕海寰委托福开森经办，10 月 25 日《申报》有“福开森在京组织红十字会，日内将率中外医生起程赴汉”的报道[①]，吕海寰在 11 月 4 日分别致电鄂督王占元、河南巡抚宝芬，请给予医队保护、照料[②]，按照这样的速度，10 月底 11 月初的确可以开赴战地。但如前引《大公报》报道，因经费问题，并没能采取行动，直到一个月后的 12 月 1 日，福开森致电沈敦和，通报北京医队行程：“上海红十字会沈仲礼兄转中西各报馆鉴：北京红会组织第一医队，西医劳赉、卜尔脱、麦鲁乃、刘君四人，佐理员十二，京汉专车，驻孝感。第二队医士温含、维楼、乌伯兰、张医及佐理等，初十专车出发，驻信阳，并转电汉分会医院柯师联合。福开森。真。”[③]这里提到的第一队，实为第二队，因第一队驻守京师。第一队出发时间，应该是发电报的同一天，即 12 月 1 日。第二队“初十专车出发”，阳历应为 11 月 30 日。由此反观谢恩增的报告，作为襄理人的他，不可能将刚刚过去不久的事，在时间上造成如此大的误差，极有可能是资料录入时“笔误”所致，我们不妨试着将谢恩增报告几个时间关节点顺延一个月，即“阳历十月”为“阳历十一月”，“第二队于三十日派赴孝感”（即福开森所说第一队，30 日为 11 月 30 日），第三队“十一月一号”为 12 月 1 日，那么出发时间基本上与福开森所说时间吻合了。尽管有细微出入。“九号第四队发至石家庄”的时间为 12 月 9 日，也符合事实（下文论及）。由此可以看出，谢恩增报告在月份上出现差错，不是记忆上的误差，而是“笔误”，可以修正。这几个时间节点，从以下资料中可以得到证实。

据 1911 年 12 月 5 日《大公报》的报道：“中国红十字会因日前奉旨著派多员前往战地掩埋尸骸、医治伤残。已经组织成第二、第三两医队，每队洋医员三人、华医员一人、医学生十二人。第二队赴孝感，已于十一早由西车站乘专车前往。第三队则于十二日前赴信阳。其第二队之医员为刘毛卜三君及林君，第三队则为韩威魏三君及张君云。”[④] 这里的十一日，是阴历十月十一日，阳历

---

① 《福开森在京组织红十字会》，《申报》1911 年 10 月 25 日。

② 《致鄂督电》称：“探投署鄂督王聘帅鉴：荣任欣贺，弟奉朝旨，办理慈善救济会，督员赴鄂办理，日内组织中西员司先成一队，由火车进发，请即通饬行营军官及地方官沿途保护照料，襄助一切，以免滞碍而广皇仁，不胜企祷。”《致河南抚台电》称：“河南宝湘帅鉴：弟奉朝旨筹办慈善救济会，督员司赴鄂办理，取道京汉火车南下，拟请通饬巡防各军及地方官沿途保护照料，襄助一切，以免滞碍而广皇仁，不胜企祷。”〔参见沈云龙主编：《近代中国史料丛刊》第 3 编第 58 辑《吕海寰往来电函录稿》，(台北) 文海出版有限公司 1978 年版，第 726—727 页〕

③ 《北京红十字会专电》，《新闻报》1911 年 12 月 3 日；另见《申报》1911 年 12 月 4 日。

④ 《红十字会医队出京》，《大公报》1911 年 12 月 5 日。

是12月1日，第二队出发孝感。这与福开森、谢恩增修正时间完全吻合。至于“第三队则于十二日前赴信阳”，可以理解为“十一日（12月1日）”“十日（11月30日）”，也可以是抵达信阳的时间，与上述记载没有太大的出入。

吕海寰是中国红十字会会长，对于救护医队的组织、派遣以及行程安排，不可能不劳神费心，出发时间自然牵挂于心。12月4日，吕海寰在《致连仲甫方伯电》中谓：“萧家港探投连仲甫方伯鉴：敝处十一日请胡竹筠中翰乘军用火车前往汉口，属（嘱）其先到遵处晤谈”救护事宜①。其中的“十一日”即12月1日，时间与《大公报》等正相吻合。萧家港为孝感属地。同日，吕海寰接到连甲（字仲甫）回电，告以该医队已乘专车前往汉口②。同日，吕海寰又收到汉口胡瑞中来电，得知第二队于12月3日抵达汉口以及“刘大夫留孝感，沿途调查。信阳养伤兵四百，孝感三百，汉口各医院均共五百”等伤情报告③，这些都是有力的证明。

至于第四队，据12月8日吕海寰透露，“石家庄虽未开仗，亦备有第四队”④。这说明12月8日第四队已经组织起来，谢恩增所说12月9日“第四队发至石家庄”，是可信的。

第二队、第三队的目的地都是武汉。这时的武汉，硝烟已经散去，战地救护已经结束，主要工作当然是伤兵的医治以及难民的救助。至于与上海救护医队的合作，基本谈不上，有报道说：“日前北边派来红十字会员二十余人，皆服西装，气象尚觉文明，惟闻其中混有满人在内，故南边红十字会不与联络，以防奸谋。”⑤ 南、北存有芥蒂，北京医队只能独自开展活动。

救助行动的开展，离不开经费的支持。12月4日，负责汉口接洽等事宜的内阁中书胡瑞中致电吕海寰，除告知北京医队的行程外，并称：“此间死尸已由军队及鄂会掩埋过半，即拟设局雇人扫净。工物奇贵，乞速汇款若干。”⑥ 12月6日，吕海寰即通过汇丰银行汇兑银5050两，“俟此款收到，即先照来

---

① 《致连仲甫方伯电》，沈云龙主编：《近代中国史料丛刊》第3编第58辑《吕海寰往来电函录稿》，（台北）文海出版有限公司1978年版，第743—744页。

② 《萧家港连方伯来电》，沈云龙主编：《近代中国史料丛刊》第3编第58辑《吕海寰往来电函录稿》，（台北）文海出版有限公司1978年版，第629页。

③ 《汉口胡中翰瑞中来电》，沈云龙主编：《近代中国史料丛刊》第3编第58辑《吕海寰往来电函录稿》，（台北）文海出版有限公司1978年版，第630页。

④ 《致天津军医学堂徐静澜观察电》，沈云龙主编：《近代中国史料丛刊》第3编第58辑《吕海寰往来电函录稿》，（台北）文海出版有限公司1978年版，第749页。

⑤ 《民军与北军停战议和记》，《申报》1911年12月13日。

⑥ 《汉口胡中翰瑞中来电》，沈云龙主编：《近代中国史料丛刊》第3编第58辑《吕海寰往来电函录稿》，（台北）文海出版有限公司1978年版，第630页。

电办理掩埋及雇人扫净等事”①。这些方面，当然不是医队的主要工作。根据胡瑞中报告，12 月 10 日，第三队已在武昌设立医院，第二队在汉口兵站医院服务②。但没过两天，第二队不辞而别。据 12 月 13 日胡瑞中致吕海寰电称：“二队由孝感到汉兵站备房屋招待，旋闻黄陂有战事，前往约定，事竣回汉。念二日来电，嘱租楼房另住，当觅定念余间大房，并雇人包伙食，兵站预备器具，忽来电二十二日晚已回京，诧甚。或中等办理不善，惟有自罪。”③ 12 月 15 日，吕海寰复电抚慰，云二队“刘大夫今午到京来谒，云实因无事可办，故暂回京，并无他意，二公万勿介介”④。这样武汉只有第三医队继续工作，据 15 日胡瑞中电称：“三队在武昌极得力，拟日内移至汉，与绅合办医院。”⑤ 另据何亮标报告，三队拟于 1912 年 1 月 10 日“专车北上”⑥，但没有成行，直到 1 月 23 日，何亮标报告称，“孝感下铁路不通，会员回京，临时再酌”⑦。第三队何时回到京城？《吕海寰往来电函录稿》中没有明确的记载，根据谢恩增的报告，“（正月）二十六日第三队始由武昌遄返”，这里所说的正月，应该是阳历，即 1912 年 1 月 26 日才得以回返，可谓辛苦异常。第三队所取得的成绩，即上引谢恩增报告，“医愈者三百余人”，其余史书语焉不详。谢恩增的报告，还提及其他医队的行踪：1911 年 12 月，“九号第四队发至石家庄，值两军轰击，遂乃冒烟突弹同赴阵前，不论南军北军，凡负伤者，一概立行救治。十五日第二队送伤兵至长沙；十九日第四队入太原；二十六日调第二队至洛阳；应潼关之招，本年（1912 年）正月三号第四队由太原返京，旋复开往徐州；嗣复遣医队至保定，手术受伤兵士多名”⑧。这里的“本年正月三号”实为阳历，即 1 月 3 日；4 日第四队开赴徐州，但并不是单独行

---

① 《致连仲甫方伯电》，沈云龙主编：《近代中国史料丛刊》第 3 编第 58 辑《吕海寰往来电函录稿》，（台北）文海出版有限公司 1978 年版，第 747 页。

② 《汉口胡中书瑞中等来电》，沈云龙主编：《近代中国史料丛刊》第 3 编第 58 辑《吕海寰往来电函录稿》，（台北）文海出版有限公司 1978 年版，第 636 页。

③ 《汉口胡中书来电》，沈云龙主编：《近代中国史料丛刊》第 3 编第 58 辑《吕海寰往来电函录稿》，（台北）文海出版有限公司 1978 年版，第 639 页。

④ 《致汉口胡瑞中、徐鸿宾电》，沈云龙主编：《近代中国史料丛刊》第 3 编第 58 辑《吕海寰往来电函录稿》，（台北）文海出版有限公司 1978 年版，第 757—758 页。

⑤ 《汉口胡瑞中来电》，沈云龙主编：《近代中国史料丛刊》第 3 编第 58 辑《吕海寰往来电函录稿》，（台北）文海出版有限公司 1978 年版，第 640 页。

⑥ 《汉口何亮标来电》，沈云龙主编：《近代中国史料丛刊》第 3 编第 58 辑《吕海寰往来电函录稿》，（台北）文海出版有限公司 1978 年版，第 661 页。

⑦ 《何道亮标来电》，沈云龙主编：《近代中国史料丛刊》第 3 编第 58 辑《吕海寰往来电函录稿》，（台北）文海出版有限公司 1978 年版，第 667 页。

⑧ 《谢隽甫医博士报告》，中国红十字会总会编：《中国红十字会历史资料选编，1904—1949》，南京大学出版社 1993 年版，第 273 页。

动，而是与天津分会的联合行动。这也是京会自武汉救援之后开展的一次重大行动，天津分会扮演了重要角色，因此有必要对“京会”的重要支柱天津分会及其参与的人道救援做专门性考察。

第三节　“京会”辛亥救援的助力
——天津分会的个案研究

要了解天津分会在“京会”辛亥救援行动中扮演的角色、发挥的作用，首先要考察天津分会成立的过程以及如何与“京会”建立联系并成为其分会的具体情况。

一、天津分会的组建

天津是京畿重地，也是对外开放的港口城市，经济发达，战略地位重要，是红十字文化传播的一方重镇。甲午战争、八国联军侵华战争以及日俄战争中，天津都是红十字会救援行动的前沿（如前所述），因而天津各界对红十字会并不陌生。辛亥革命爆发后，天津各界即将建会提上日程。1911 年 11 月 1 日，《大公报》就发表了“天津各界同人公启”的《天津中国赤十字会发起广告》，谓：“武汉构兵，伤痍满目，风声所及，一夕数惊，同人悯焉，拟联合天津各界发起赤十字会，同谋救济之方，务恳诸大慈善家于本月十四日（公历 11 月 4 日——引者）午后二时惠临本埠河北第一蒙养院内公议办法，无任企祷。”① 这是天津创建红十字会的“先声”，目的很明确，即为了救助武汉等地的伤兵难民。

11 月 4 日，“发起会”在河北第一蒙养院如期召开，到会者 300 余人，公举白雅雨为临时会长②，胡伯寅、钟惠生、郑崇瑞、刘善庭、刘子良、曾栋臣、陈泽浦、仲子凤为临时干事员，“公议卜期再开成立大会”③。

11 月 8 日，《大公报》发布发起人关于召开成立大会的通告：“择定本月二十日（公历 11 月 10 日——引者）下午五点钟借法租界新学书院宫保堂开

① 《天津中国赤十字会发起广告》，《大公报》1911 年 11 月 1 日。

② 白雅雨（1867—1912），名毓昆，字雅雨，号铣玉，江苏南通人。1908 年，任教于北洋法政学堂，同年与张蔚西一同首创中国地学会；1910 年，创办我国第一个地理学期刊——《地学杂志》，是我国最早的爱国地理学家。同盟会员，天津共和会组织者。1912 年 1 月 1 日发动滦州起义，旋被捕殉难。

③ 《十字会开幕》，《大公报》1911 年 11 月 5 日。

成立大会，务请仁慈君子、中西医士、各界同志届时移玉到会，无任盼切！”①

随后，发起人又在11月10日的《大公报》上发表公开信，披露发起会出现的“缓急二派”的不同主张：“主缓者谓，恐资力不足，不克出赴战地救护病伤军士，姑筹备于天津，一方面为静以待动之计。主急者谓，不分畛域，方和（合）万国红十字会宗旨及章程。自非实在停战，要须实赴战地，不至于虚糜极艰难、极宝贵之款项，即不至辜负苦行募化之热心君子。”如何是处，“特专函奉请志士仁人届时移玉贲临大会，并求多约同人，当场发言，督促预备出发一部分事宜。至若组织驻津会务，不妨与此并进。否则，缓不济急，何时实惠足以及人。况闻往汉军队残杀之惨，殃及居民数以千计。虽有西善士曾往救疗，然人少力薄，应接不暇，可悯孰甚。苟能早一日出发，则多活岂止百人，尚乞仁慈玉成斯志，人民幸甚”②。急切之情，跃然纸上。

11月10日，成立大会在法租界新学书院宫保堂内召开，“到会之华洋男女志士约千人，为向来会场所未有”，颇为隆重。首先由发起人陈哲甫（1867—1948，名恩荣，又字蔗圃）报告组织情形及开会宗旨，并研究会章相关规定③。“有鲁君嗣香谓，干事规定六人，为数太少，恐不敷用。张君国体等赞成多数，故暂未限定人数”；接着白雅雨发表演说，谓：“此简章系属办事细则，会中章程当本诸万国红十字会定章。全体公认。”大会决定红十字会事务所设在河北官立第一蒙养院内。大会公举徐静澜为正会长④，中国红十字运动的先驱孙淦、女医局局长金韵梅为副会长（孙淦不久因故辞职，孙子文接替副会长）；干事部举定英敛之、陈蔗圃并华洋教士医士男女志士若干人；庶务部举定刘子良、任纪堂等；会计部举定刘兰轩、赵善卿等；书记部举定鲁嗣香、陈凤楼；洋文书记李子白等；复有男女热心志士自认看护者。“当由会长定于二十一日（公历11月11日——引者）早十钟在事务所内开职员会

① 《天津红十字会定期特开成立大会》，《大公报》1911年11月8日。

② 《红十字会要函》，《大公报》1911年11月10日。

③ 11月13日《大公报》发布了《天津红十字会简章》，共4条，包括宗旨——本人道主意（义），遵守万国红十字会章程，救护因战受伤之人，不论在何方面，均视同一体；会员——凡年在十六岁以上无论男女，有第一条宗旨，并不背第三条第四条规则者皆得入会为会员，以及“入会规则”“职员及其责任”（《天津红十字会简章》，《大公报》1911年11月8日）。《简章》较为简略，包括机构设置、会费、会员大会等内容，尚未明确。经修改、补充，于11月19日、20日在《大公报》正式发布《天津红十字会会章》。《会章》有定名、宗旨、机关、会员、职员、职务、职俸、经费、会费、改章，共10章21条，详细而具体（《天津红十字会会章》，《大公报》1911年11月19、20日）。

④ 徐华清（1861—1924），字静澜，广东梅州五华人，是我国最早被派到德国学医的留学生之一，也是我国第一批西医。学成回国后，在京津一带开医院，办医学堂，成绩卓著，誉满京华。清廷封一品花翎顶戴，总理医政。总办北洋陆军军医学堂、马医学堂和天津士官医院，被誉为“中国军医之父”。

议，研究进行办法”[①]。

11月11日，在第一蒙养院开职员会，50余人出席，“首由徐会长定天津红十字会名称，继由孙副会长演说十字会性质”，推举中、西董事长（中董事长为宁星浦；西董事长为赫牧师）和董事（中董事为李子香、吴捷南、孙子文、严范孙、张幼菴、阎瑞庭、张伯苓、李宴林、赵聘卿、仲子凤、杨少农、徐朴菴、王古愚、顾梦臣、王厚斋、朱荩臣、孙仲英；西董事为赫嘉立、魏大夫、雷司铎、袁牧师），以及各股职员，确定11月13日召开董事会，商讨具体事宜[②]。

11月13日，公董会（董事会）召开，“首由干事陈蔗圃报告公董会宗旨及讲解红十字会大略方针。继由徐正会长谓，本会无分中外，望诸会董量力捐助，维持善举，共襄进行等语”，明确了董事会宗旨、职责，其中最重要的职责是款项的筹措，“于是正会长徐君首先提倡捐助五百元，副会长孙君捐助二百元，副会长金君捐助一百元。继则众会员纷纷捐助，争先恐后。董长宁星普君首倡捐助五百元，并言滦州官矿尚有巨款，俟提出时可供作会中经费。众会董亦纷纷捐助”[③]，热情高涨。天津红十字会决定“先以急救为要务，俟会中经费充足，即实行出发”[④]，组织救护队，开赴前线。

但救护队组织，并非易事。一方面，天津红会“克期即派军医学生一名前往湖北调查妥善地址，以备该会到时应用”；另一方面，“招募看护科学生若干名，为军医指挥敷药、缠伤及传递药品之用，一俟该学生四星期毕业后，当即开往前线”[⑤]。11月20日开始，“报名诸生各就附近处医院入学肄业”[⑥]。招募救护人员进行为期4个星期的培训，在平时周期并不算长，但在非常时期，显得缓不济急。

时间在流逝，而天津红会依然“按兵不动”。12月3日，《大公报》特发《善会注意》的“提醒”文稿，谓：“昨有慈善会中人由前敌来津者，据云，每日从早至晚，官革两军及人民求治枪伤者，直有应接不暇之势。想我津之

① 《红十字会志略》，《大公报》1911年11月12日。

② 《红十字会纪事》，《大公报》1911年11月13日。

③ 《红十字会纪事》，《大公报》1911年11月15日。

④ 《红十字会纪事》，《大公报》1911年11月16日。

⑤ 《红十字会纪事》，《大公报》1911年11月17日。据报道，“天津红十字会自有信招考看护生以来，男女各生报名者异常踊跃，约有百名之多。已定于昨今两日分赴各医院学习。兹将看护简章录下：（一）年龄四十岁以内，二十岁以外，身体强壮，素无嗜好者谓合格；（二）修业四星期毕业；（三）于会场指定之处所入之听候开学；（四）无本所凭信者，报名处概不收录；（五）另有四路分院（狮子林官医院、经司胡同青年会、马大夫医院、北洋女医学堂——引者），即可就近挂号；（六）女生俱到北洋女医学堂挂号”（《红十字会纪事》，《大公报》1911年11月18日）。

⑥ 《定期入学》，《大公报》1911年11月20日。

红十字会亦应从速开往鄂省，以资臂助。”① 人们在期待着。

组织红十字会，开展战事救护，开支浩繁，“非筹有大宗款项，恐难持久”②。一方面，天津红会希望诸董事鼎力支持，为此发布广告吁请，“启者：本会开董事大会，蒙诸大善士共谋进行筹款之法，本会深赖臂助。惟本会购置药品、棉花、搭床、绷带等物需款甚巨，凡我董事与中西慈善大家均请量力出资，竭力筹款，总期达到出发战地救护同胞之目的。现在男女学看护者多名，不日毕业，敬候款项稍裕，即行出发，想诸善士素具爱群之热诚，必不忍见此项看护生因无款阻行也”③；另一方面，则希望得到官方的臂助，《大公报》报道称：“天津红十字会理事徐静澜观察禀请督宪恩准饬拨国民捐款以资应用由。昨经批复：禀悉，查此项国民捐款，前据咨议局呈请拨作兴办实业之用，当经札行藩司，确查拟议，详夺在案。迄尚未据详复到院。兹据来禀后，即饬司迅速查明，具复核报。”④ 但无论如何，不能久拖不决。

救护人员培训即将到期，救护队的组织已经“箭在弦上”。12 月 11 日，天津红会在《大公报》上广而告之：“天津红十字会认为，湖北前敌慈善会之分会现习学看护各生将次毕业，即会中一切出赴战地应用物品亦已备办齐整，专待慈善会长吕大臣之电调云。”⑤ 这里所说的“吕大臣”，即中国红十字会兼慈善救济会会长吕海寰。天津红十字会与“京会”确立了隶属关系，天津红十字会的人道救援行动，即将成为“京会”人道行动的有机组成部分。

二、与“京会”隶属关系的确立

事实上，天津各界创建红十字会之举，吕海寰是关注的。11 月 10 日，也就是天津红十字会举行成立大会的同一天，他致电任锡汾之子、时任天津津浦铁路局会办的任凤苞（字振采），告以“本会奉旨准按红十字会办理，贵处缔合办法若何，速示”⑥。这里的“缔合办法”，耐人寻味，联合之意包含其中。11 日，任凤苞复电吕海寰，谓：“津会注重自保治安，与红会宗旨不符，

---

① 《善会注意》，《大公报》1911 年 12 月 3 日。

② 《广筹会费》，《大公报》1911 年 11 月 19 日。

③ 《天津红十字会广告》，《大公报》1911 年 12 月 3 日。

④ 《红十字会纪事》，《大公报》1911 年 12 月 7 日。

⑤ 《红十字会将出发》，《大公报》1911 年 12 月 11 日。

⑥ 《致任振采观察电》，沈云龙主编：《近代中国史料丛刊》第 3 编第 58 辑《吕海寰往来电函录稿》，（台北）文海出版有限公司 1978 年版，第 730 页。

已由津埠绅商自行筹办。"[1] 显然，任凤苞对天津红会创设宗旨，缺乏足够的了解，"缔合"无从谈起。

创建红十字会，理所当然要取得地方当局的认可与支持。在 11 月 14 日召开的职员会上，徐华清会长"报告已面见督宪，允许代为出奏，咨部立案"[2]。随后，《大公报》发表了天津红十字会上呈直隶总督陈夔龙的"呈文"及直督的批示：

呈直督文云：为医伤救难，意美法良，公恳恩准。在天津设红十字会附设救济会，以期推广而资拯济事。窃维红十字会仿自泰西，渐及全球，是红十字会为万国共有之善政。我国亦仿行成法，认真规画，至慈善救济会范围极广，魄力极厚，更足以拯民命而奠民生。九月十九日尚书吕奏准推广慈善救济会按红十字会章程办理，又奏慈善救济会需款甚繁，捐助救济物品者请优予奖励。各折片业经奉旨依议，已登内阁官报。仰见朝廷深仁厚泽，视民如伤之至意。伏查天津一埠为南北往来要冲，本年霪雨为灾，地方已形凋敝，加以武昌事变，风声所播，市面恐慌，银钱机关不灵，商民苦难万分，慨惊于兵燹，睹满目之疮痍疾苦，情形不堪言状。惟有按照红十字会章程在津创立红十字会附设慈善救济会，妥筹医伤救难之策，并恳宪台设法筹款提倡，俾得早日成立。再援照奏准章程按捐款分别奏奖，以地方捐助之款，办地方公共之事，则互相维持以资补救于时局，深有裨益。为此据情公乞督宪大人恩准在天津创设红十字会附设慈善救济会，以期推广而资救济，实为公便。谨呈。九月二十七日奉督宪批示：据禀已悉。查红十字会系属慈善之举，该会拟在天津创设，甚堪嘉。尚惟近闻本埠绅商多有提议仿办者，自应合力组织，以期易于集事，并将各种进行办法公同拟议，呈复核夺[3]。

"呈文"陈述了天津设立红十字会的缘起，旨在响应朝廷的号召，按吕海寰所奏创立红十字会附设慈善救济会的模式运行。"呈文"的具体时间没有明确，但得到批示的时间是清楚的：阴历九月二十七日，即公历 11 月 17 日。11 月 20 日《大公报》又刊发直督批复，告知已上报备案，"仰候咨明内阁军咨（谘）府陆军部查照"[4]。显然，天津红会已纳入吕海寰"京会"系统。

有报道称，11 月 20 日，天津红十字会曾"接到上海红十字会所致公函一

① 《天津任道振采来电》，沈云龙主编：《近代中国史料丛刊》第 3 编第 58 辑《吕海寰往来电函录稿》，（台北）文海出版有限公司 1978 年版，第 613 页。

② 《红十字会纪事》，《大公报》1911 年 11 月 16 日。

③ 《汇纪宪政协议会文稿》，《大公报》1911 年 11 月 21 日。

④ 《督批照录》，《大公报》1911 年 11 月 20 日。

件，闻其内容系为南北两会拟联合一起，力谋进行办法云”[①]，但未见到与“沪会”联合的下文。后天津红会致电“沪会”，请“遇事维持及军政府发给护照，俾得万一再有战事，可以双方救治。然为日久，并未接得回电。说者谓或系电局之误”[②]。这很难说是一种“偶然”，毕竟“京会”“沪会”各行其是，“对峙”之下，天津红十字会不能不表明自己的“立场”，尽管红十字会本身是中立的。

天津红会在得到陈夔龙“甚堪嘉”的肯定之后，11 月 23 日，徐华清会长即致电吕海寰称：“天津红十字会蒙陈督批候咨明内阁军谘府陆军部查照等因，请贵大臣承认本会成立，拨官款接济。”[③] 在《吕海寰往来电函录稿》中，没有发现吕海寰立即回复的电文，但“承认”不在话下。在 12 月 20 日举行的理事会上，就有“会长徐华清报告与北京慈善会吕海寰大臣商妥认该会为分会及陆军部承认该会等事”的议程[④]。有鉴于此，我们有理由认为，11 月天津红十字会与“京会”正式建立了隶属关系，尽管仍沿用天津红十字会的称谓，直到 1912 年 1 月 5 日才公开使用“中国红十字会天津分会”之名[⑤]。

隶属关系的确立，意味着听从“京会”的统一安排，徐华清会长提出“拨官款接济”的请求，无非要参与“京会”的统一行动，徐华清确有此请。12 月 8 日，吕海寰一并复电，称：“天津军医学堂徐静澜观察：两禀俱悉，医队出发事，迭与陆军部协商，据云武汉战事伤亡甚少，第二医队到孝感时，因见伤病无多，业已前进至汉，信阳有第三医队，保阳又有路医士及陆军二、六两镇医院，似均无须派人襄助。石家庄尚未开仗，亦备有第四医队，所有徐静翁之队，请其在津稍候，暂勿入京，俟将来潼、洛一路，如须派队，即以该队充任，方为妥善等语。特此电达，即希查照。”[⑥] 天津红十字会满腔热情，而“无须派人襄助”的电报，不啻为冷水灌顶。

天津红十字会如此，保定红十字会也是一样，12 月 25 日，陈哲甫从保定致函天津红会云：“保定红十字会出发赴汉，已经登车。忽被北京救济善会吕

① 《红十字会联合》，《大公报》1911 年 11 月 21 日。

② 《红十字会纪事》，《大公报》1912 年 1 月 9 日。

③ 《天津红十字会来电》，沈云龙主编：《近代中国史料丛刊》第 3 编第 58 辑《吕海寰往来电函录稿》，（台北）文海出版有限公司 1978 年版，第 623 页。

④ 《红十字会纪事》，《大公报》1911 年 12 月 22 日。

⑤ 《红十字会纪事》，《大公报》1912 年 1 月 5 日。在 1911 年 12 月 9 日举行的天津红十字会女干事会时使用了“红十字驻津分会”之名（《红十字会纪事》，《大公报》1911 年 12 月 13 日）。

⑥ 《致天津军医学堂徐静澜观察电》，沈云龙主编：《近代中国史料丛刊》第 3 编第 58 辑《吕海寰往来电函录稿》，（台北）文海出版有限公司 1978 年版，第 648—649 页。

大臣海寰来电阻止，谓：汉口刻已停战，无伤可救，暂缓出发。”[①] 吕海寰所言固然是事实，但至少说明“京会”与地方分会不能很好地协调，造成人力资源的浪费以及效率的低下。

天津红十字会因“京会”的“稍候”指令迟迟没有行动，也引起舆论的质疑。《大公报》就发表评论指出：“本埠红十字会，其进行迟缓原因，闻为一般捐款善士以该会性质为北京救济善会之分会，又似北京陆军部之前敌救生队，迹近只救官军，不救民军，殊非红十字会之性质。所有已捐之款，不愿交纳。其实该会确遵万国红十字会章程，无论官民两军均一体救治。惟北京吕大臣对于该会之举动，使人不能无疑。”[②]

何去何从，天津红会不能不有所考量。12 月 20 日，天津红十字会召开董事会，数十位董事出席。会计长刘兰轩报告财务收支情况，统计共入款 3000 余元，支出相抵，“所余不过数十元”，简直到了山穷水尽的地步。而某董事的慷慨陈词，更令人无地自容：

> 本埠为北洋通商巨埠，而本会自成立以来仅入款三千余元，除去开办费及置物费，已将用罄。现在汉阳、南京，山陕娘子关、雁门关、大同府各处官革两军互战，虽大小轻重不同，而受伤军人切需红十字会拯救。则一乃本埠红十字会两月以来尚无出发之萌芽，岂不愧死！且南军为政治改革谋全国同胞之幸福，流血者有之，破产者有之，处于战斗地为两军波及毁家丧命者有之。独吾北洋及本埠官吏绅富依然安享幸福，不但毫无政治思想，且并红十字会之慈善思想亦无之，无脑筋，无道德，不但见笑于邻邦，且愧对南军多多矣。又云袁内阁眷属家人妇女，均已出发武汉前敌拯救受伤南北军人，牺牲一切为之提倡。我北洋官吏人民，我天津各界当知警愧急起，维持捐助经费，俾得本会及时出发。盖各处受伤军人除各国及本国各红十字会，救济尚多不及也等语[③]。

虽然言辞过于激烈，但犹如棒喝，令人警醒。董事会“公决禀请督宪陈制军由公家拨款协济，再请陈小帅以个人名义从丰捐助。然后再请司道府县及有差缺诸君捐助，并一面请交涉使将先年南斐洲周恤死亡工人无主承领之款三万五千七百余元全数拨归该会。又辛丑年天津保卫医院余款两万余两，在宁君世福处存放，亦请拨归该会。又钦差办理慈善会吕大臣海寰昨曾函致

① 《红十字会纪事》，《大公报》1911 年 12 月 26 日。
② 《红十字会纪事》，《大公报》1911 年 12 月 29 日。
③ 《红十字会纪事》，《大公报》1911 年 12 月 22 日。

运司洪观察，请将本埠各盐商所捐之北京红十字会款拟商留该会作为经费”①。但这一“公决”不太现实，在第二天的董事会上遭到否决：“筹款事暂行从缓，先尽已捐未收之款催入，出发一队，然后再议筹款。”② 当务之急是把救护医队组织起来，开赴前线。

三、“联合”行动的实施

辛亥革命高潮已过，但战事并没有结束。事不宜迟，一方面天津红十字会组织救护医队，“专待慈善会长吕大臣之电调”，随时准备出发；另一方面筹集款项，提供后援支持，同时主动出击，寻求发挥作用的机会。

12 月 22 日，天津红十字会致电山西巡抚张锡銮以及第三镇统制曹锟，告以“敝会出发事备齐，拟赴贵省救伤。有否？请速复天津红十字会”。23 日，山西巡抚复电称：“现因停战，娘（娘子关）、同（大同）一带无伤可救，特复。”③ 25 日，《大公报》报道：“兹悉该会出发地点系在浦口。昨由该会会长徐华清、董事鲁嗣香、赞成人王伯辰三君面谒津浦铁路北段总办朱桂华君请领该路免票，以便起行。”④ 使命使然，令人敬佩。

当然，吕海寰也希望能够发挥天津红十字会的作用。12 月 26 日，他收到何守仁发自信阳的电文，告以“娘子关之战，我军伤者仅二十余人，已运至石家庄随营医院施治，正太路似毋庸贵医队救治。洛、潼一带，俟调查后再闻。本部现拟暂借保定师范学堂设陆军医院，将前伤兵均运回调治，贵会能否协助?”⑤ 吕海寰闻讯，当日即致电保定分会李师彦，谓“有信阳运到伤兵廿八名，保垣医生谅已不敷分布，现天津分会医队医生看护共十余人，急于出发，可否令其赴保赞助?”⑥ 12 月 27 日，保定分会回电，以保定“医生看护尚敷用，津队似可暂缓”⑦，婉言谢绝。但这没有影响天津红十字会救护的热情。在吕海寰的安排下，“京会”医队总队长吉义布会同天津红十字会会长

---

① 《红十字会纪事》，《大公报》1911 年 12 月 22 日。

② 《红十字会纪事》，《大公报》1911 年 12 月 23 日。

③ 《红十字会纪事》，《大公报》1911 年 12 月 25 日。

④ 《红十字会纪事》，《大公报》1911 年 12 月 25 日。

⑤ 《信阳州何守仁来电》，沈云龙主编：《近代中国史料丛刊》第 3 编第 58 辑《吕海寰往来电函录稿》，（台北）文海出版有限公司 1978 年版，第 651 页。

⑥ 《致李师彦电》，沈云龙主编：《近代中国史料丛刊》第 3 编第 58 辑《吕海寰往来电函录稿》，（台北）文海出版有限公司 1978 年版，第 770 页。

⑦ 《保定分会来电》，沈云龙主编：《近代中国史料丛刊》第 3 编第 58 辑《吕海寰往来电函录稿》，（台北）文海出版有限公司 1978 年版，第 653 页。

徐华清一道已于27日乘津浦铁路火车南下徐州[①]，以及泰安“调查一切，以备该会出发。因万一和局不成，该处为战斗地点也”[②]。这就意味着“京会”将携手天津红十字会，合力开展救护行动。

与此同时，天津红会的筹款募捐活动也在推进中，天津各界积极赞助，如12月26日《大公报》报道：“本埠士绅窦砚峰、吉润泉、卞耀庭及保卫局诸绅，近日极力维持该会财政及一切事务”；“某女士典卖首饰得款数十元，捐助该会，以为女界同胞倡”；“又美人赫立德君定于十五日在紫竹林袁宫保堂内邀请欧美男女善士开音乐劝捐会一节，兹悉此项座券，各界热心士绅，预先代为销售者极为踊跃”；“又某君拟联合戏界同胞演唱义务戏，得款亦助该会。”如此火热的场面，如《大公报》所评：“该会前途定能发达矣。”[③]

善款的接济，为联合行动提供了物质保障。而联合行动的目的地，正是徐州。12月底，总队长吉义布自泰安致电吕海寰：“张勋甚欲北京、天津医队早期到徐州，许为筹备住所，命医队十四日早由津开发。徐大人（徐华清——引者）拟住津，战时到徐，欲命恩大夫（英国医生恩浩施——引者）暂总带两医队，请发给医士头等免票。”[④]

张勋希望医队出发的日期是阴历十一月十四日，即1912年1月2日，而中华民国已于1月1日宣告诞生。张勋退守徐州负隅顽抗，但徐州革命党人酝酿起义，以林述庆为总司令的北伐军三路北进，剑指“五省通衢”的战略要地徐州。徐州之战不可避免。

1月2日，吕海寰致电张勋，告知医队行程日期，请其妥为保护，电文称：“敝会医员徐道清华、洋医士吉义布前谒麾下，极承关照。现派本会第四医队及天津分会医队，前往徐州，相机进行，以补军医不足之用。准于十六日（阳历1月4日）由津乘津浦火车南下，请派妥员开车北上探接，并望代备宽洁屋宇及看护妥役，实纫公谊。”[⑤]

1月3日，吕海寰致电天津分会徐华清会长，对津会的臂助表示谢意：“贵分会医队明日偕本会第四队南下，感荷无似。天寒路远，极盼一切平安，

---

① 《致信阳州何怀德电》，沈云龙主编：《近代中国史料丛刊》第3编第58辑《吕海寰往来电函录稿》，（台北）文海出版有限公司1978年版，第772页。

② 《红十字会纪事》，《大公报》1911年12月30日。

③ 《红十字会纪事》，《大公报》1911年12月26日。

④ 《泰安吉义布来电》，沈云龙主编：《近代中国史料丛刊》第3编第58辑《吕海寰往来电函录稿》，（台北）文海出版有限公司1978年版，第654—655页。

⑤ 《致徐州江防会办张少轩电》，沈云龙主编：《近代中国史料丛刊》第3编第58辑《吕海寰往来电函录稿》，（台北）文海出版有限公司1978年版，第774页。

早日蒇事，至为祷祝。”[1]

安排妥当，“京会”第四医队于2日抵天津，与天津分会医队汇合待命[2]。

1912年1月4日，“联合”行动实施。当日第四医队联手天津分会南下徐州。1月5日，《大公报》报道：“天津红十字会已于昨早七钟乘津浦火车偕同北京总会医官、看护生等开往济南，再由济南开抵徐州。是日，除该会各职员董事及东西洋友人送行照料外，并有广济医院日本两商人携酒两瓶为之饯别云。兹将出发诸公衔名探纪如左：（北京）医官恩浩施、万大夫，看护生谢天培、奚以通、刘恩来、崔常山、杨国柱、唐国钧、赵学文、冯之秀、张志勋；（天津）医官李少良、常彩臣，看护生陆文郁、冯士奎、干权存、谭德仁、毕茂生、张文敬、卓越、章保文、贺启允、陆云祥、李志铭、张鸿达。”[3] 25人组成的医队，浩浩荡荡，规模可观。

为了协调一致，两会制定了《出发战地章程》，内容包括：（一）本队行动须听从中国红十字会天津分会通告进止；（二）本队全体人员应确守万国红十字会章程，遇有北南军将士被伤一律救护医治；（三）本队职员及看护生等由本队医员指挥服务一切；（四）本队人员于战地勤务中不得托故告假；（五）本队各人员职守由本队医员随时随事指定；（六）本队医员有监督本队职员及看护生等责任，敬告战地救护诸君；（七）留神飞弹及岩墙深垒一切危险各事；（八）出入战线内之规则悉听西中医官之指挥；（九）饮食宜少并留意于腹部之寒泄（酌带中药）；（十）同行及他队皆同志，宜相爱相亲，相扶佑；（十一）用款由汪、朱两君支领，如特别多支，须候李医官之认可；（十二）此事纯尚道德，对于个人皆须从权忍待以期不负初心；（十三）每日出发入息及事毕还津之时期由医官裁定[4]。《章程》具有约束性，对协调医队的救护行动是有益的。

1月5日，医队抵达徐州，开始了救护工作。就在同一天，徐华清会长接到芦台陆军第三镇统制曹锟电报，“谓该军因与滦州军队接仗，受伤军人待治孔殷”[5]。徐华清立即致电吕海寰，“乞电知京奉路局发给免票”[6]。天津分会

---

① 《致天津徐静翁观察电》，沈云龙主编：《近代中国史料丛刊》第3编第58辑《吕海寰往来电函录稿》，（台北）文海出版有限公司1978年版，第776页。

② 《红十字会出发》，《大公报》1912年1月3日。

③ 《红十字会纪事》，《大公报》1912年1月5日。

④ 《红十字会纪事》，《大公报》1912年1月5日。

⑤ 《红十字会纪事》，《大公报》1912年1月8日。

⑥ 《天津分会来电》，沈云龙主编：《近代中国史料丛刊》第3编第58辑《吕海寰往来电函录稿》，（台北）文海出版有限公司1978年版，第662页。

拟1月14日出发第二队，“惟需款浩繁，诸多拮据，第三队又需筹备”①。天津分会罗掘俱穷，不得不开源节流，多次呼吁社会各界给予赞助。

特别值得一提的是，为了让普通民众了解红十字、支持红十字会事业，天津分会创新宣传方式，编发了《天津红十字会劝捐浅说》，用通俗易懂的语言，娓娓道来：

现在天津已成了一个红十字会，这十字会是个什么会呢？是个慈善会，救两军打仗受伤人的。打仗是因公受伤，因为本军队里，既顾了打仗，就顾不了救命。受伤之后，既然尚未死，要是再没有人救，够多么可怜啊！而且救护还是不得法，把受伤人救去之后，给他治伤，并得人看护，才能够把他救活了。所以战地上是非有十字会不行的。我们十字会的性质，是遵守十字会章程，其中紧要的四条：一、医治战时病伤军民及战地人民出险；二、设总医院、分医院救治平时病伤，维持地方卫生；三、设立医学堂，培养本会医学人才；四、拯济水旱偏灾，救护疫疠。这是会中的大旨。无论他是哪一军的人，哪一省的人，哪一国的人，全一样的看待，只要是受伤的就救。我们这一处十字会，因为事务所设在天津，故名天津红十字会。并不是只于天津一县的十字会，亦并不是竟在天津作事，哪儿有战争往哪儿救人去，实在是中国的十字会，遵守万国红十字会的章程，就是万国红十字会。这十字会各国皆有，是个极慈善的事。故此我们中国亦成立这个会。现在我国官革两军打仗，各国十字会全来救人，人家隔着国全来热心救我们国的人。我们两军所伤的，全是我们同胞，比人家关系密切。我们同胞受了难，别人全来救，我们要是不救去，不独对不起外人，亦对不起我们自己的心哪！所以我们天津才急于成立红十字会。自经成立以来，各国的大善士，给我们助款，帮我们作事，人家程度够多么高，心够多么热！现在蒙中外志士帮助的力量，十字会进行的各事，如男女看护，救伤的物品，亦全预备了，出队救人去了。那位说全预备好了，还短少什么呢？就是短少钱哪，你想无论作什么事，离了钱全不成，何况作这们大的事呢？到了战地救了人来，吃用药料哪样不得钱？受伤的人再叫他受委曲还行吗？虽说有中外善士助了款，究竟少数人的力量薄，必须合众力凑办才行。大家齐心一助，可就集腋成裘了。而且助款亦不在多少，惟有量自己的力量就是啦！能助千万元亦不嫌多，助一角两角亦不为少，助款虽然有多少，心可全是一样的热心，本会是一样的欢迎。如有善士愿助的，即送交本会事务所，在河北吴楚公所内，领取收条，并登报

---

① 《红十字会纪事》，《大公报》1912年1月9日。

鸣谢。请诸君多发一点热力，咱们好去救人啦！①

用这样的“白话”进行宣传鼓动，扩大了受众面，有助于激发民众的参与热情。因此，筹款募捐的呼吁得到了各界的响应。

例如，公务人员的倡导：“天津县议事会各议员以红十字会一事本为当务急需，现既款项不足，各机关自应酌予捐助，以襄善举。当由各议员每人捐洋一元以为之倡。”②

再如，演艺界人士，“义务戏”连台，极大地调动了市民的积极性，“丹桂茶园前后台李长山、高福安、陈鸣山、时惠宝、刘凤樵、李荩臣诸君为捐助红十字会经费起见，特发起于初四初五初六演唱义务戏三天，已纪前报。兹闻初四日晚间，男女座客一千四百余人，所演诸剧，莫不各尽所长。并有卞耀庭、鲁嗣香演说，再由刘伯年、姚少臣、杨品侯作寓意小技，尤足令人捧腹”③。

又如，慈善音乐会，别开生面，为此天津红十字会发布启事：“启者：现有义国子爵威君为代红十字会募款，特发起联合同志会多人，准于十二月初一日下午九点开演唱音乐大会，并加演各样电影。座落法界权仙茶园内。此会为各国各界所称望。诸君届期速临为盼。讳将价目列左（正面包厢每厢洋三十元），（两旁包厢每厢洋二十五元），（池子前座每位洋三元），（池子后座每位洋二元），（两廊每位五角）。”④ 与此同时，天津红十字会“约请绅界所组织之十番学生合奏之音乐（会）”⑤，也取得了巨大成功，《大公报》报道称：“慈善音乐会于初三日晚假座广东会馆开会各节已纪本报。兹悉，是晚中西男女客位座为之满。当由窦砚丰、王君直、刘少泉、陈香雪、陈玉如、赵子斋诸君及美善会之十番并医务公所之乐队先后奏技，莫不各尽所长。除有严范孙侍郎在台上照料一切外，并有杨品侯、辛幼樵诸君赠给来宾绢花，刘君伯年及十字会看护女生等敬送楼上下座客茶点。此外并由王君竹林捐款一百元，其他助款者多少不一，共有九十余元。又闻初五日晚（即今日）仍假该会馆演唱电影，系由天主教雷神父邀来者，均皆特别新片云。”⑥

又如，天津分会为发挥妇女的作用，特组织成立天津妇女红十字会，加入筹款募捐的队伍。1月12日，《大公报》就专门发表了天津分会的“来函”

---

① 《天津红十字会劝捐浅说》，《大公报》1912年1月16日。

② 《议员捐款》，《大公报》1912年1月23日。

③ 《戏界善举》，《大公报》1912年1月24日。

④ 《天津红十字会广告》，《大公报》1912年1月18日。

⑤ 《热心筹款》，《大公报》1912年1月18日。

⑥ 《音乐会志盛》，《大公报》1912年1月23日。

称："敬启者：战祸日深，摧残备至，久为我女同胞所共惨，虽有诸善士慈善家提倡兴义举，拯救群生，然我女同胞亦国家一份子，既不能远赴前敌救济同胞，复不能捐助巨款。俯思之下，良有所愧，不得已，同人特组织一会，名为天津妇女红十字会，以补助社会为目的，凡天下红十字守中立者，本会一视招待，不分畛域。所虑者，本会开办伊始，款项维艰，敝同人特请演电影并组织一音乐会，定于本月二十五日晚六时半在法界海大道美以美会微斯里堂内开演，先期售票，票价五毛，所有收入券资悉充本会经费，惟望男女诸慈善家早日购票，届期光临，幸甚盼甚，售票处海大道美以美会刘马可牧师宅内。天津红十字分会启。"① 从落款可知，天津妇女红十字会不是一个独立的红十字会，而是从属于中国红十字会天津分会，是专为筹款而设，还在海大道中西女学堂设立了"收款处"②，以便各界捐款。

在捐助活动中，"妓界善举"尤其引人瞩目。据报道，同庆部名妓杨金子、赵湘云因闻天津红十字会款项支绌，特商之同庆茶园掌柜定期约集名花演艺资助。该园掌赵连第、穆恩铭、刘华堂及后台夏万达、赵春圃均甚赞成，定于1月15日、16日两日晚间演艺，"将该两晚所得茶资全数捐助天津红十字会，以资补助"。不仅如此，杨金子、赵湘云"发愿分往各妓馆向各妓女竭力劝捐，以助该会经费，可谓热心公益矣"③；两人为此"持捐启向各妓馆劝募。有捐三十元者，有捐十元、五元者，有捐一元、二元者，颇为踊跃"。捐启称："敬启者：现在各战地受伤兵士，急待救济者甚多，闻之殊堪怜悯。故天津诸大慈善家在津创设红十字会，以便分往各战地设法救济，惟闻需款极多，碍难筹措。我辈操业虽贱，岂无人心，亦应略节脂粉之资，以为涓流之助。如蒙慨允，则造福无穷矣。单到请书芳名如左。俟将捐款送交天津红十字会，再分给收条，并将芳名登报。"④ 杨金子、赵湘云劝募义举，受到时论的赞誉，《大公报》评论说："妓界如此，亦可闻风兴起矣。"⑤

众擎易举，各界的爱心支持，为救援行动提供了坚强的后盾。

"联合"救护行动有序推进中。1月10日，天津分会接到战地救护报告，知徐州一带"土匪蜂起，官革两军时有捕匪受伤事"⑥，医队给予及时救治。12日，天津分会第一队庶务员汪贵生由徐州返津报告救护详情。据云："该

① 《来函》，《大公报》1912年1月12日。
② 《天津妇女红十字会广告》，《大公报》1912年1月26日。
③ 《妓界善举》，《大公报》1912年1月12日。
④ 《再纪妓界善举》，《大公报》1912年1月13日。
⑤ 《再纪妓界善举》，《大公报》1912年1月13日。
⑥ 《红十字会纪事》，《大公报》1912年1月11日。

同人初到徐州时，即由中外医士谒见张军门勋，说明该会对于官民两军均应一体救护之宗旨，已为张军门允许且极欢迎优待，军士将官尤其感戴。该队暂驻徐州西关内美国教堂，刻已救痊二十余人，徐州城内之官绅尤为非常欢迎。盖以此项善举，该人民尚属创见也。继又报告云，该处为民军北伐必争之路，倘和议不成，徐州定为一大激战场，应于城外设备病院，以免临时仓卒，然则一切铺张及供养伤军之饮食被褥等费需款必巨等语。”①

徐州之战并不是很激烈，伤亡无多，因此，1 月 22 日联合医队回到天津。24 日，天津分会在事务所举行欢迎会，“函请中西董事诸君报告阵前治伤情形，并据看护生归述该会在徐州颇蒙张军门优待。路过济南，又承刘观察优遇。该会极为感激，业已专电申谢矣”②。鉴于“天津红十字分会以会中出发徐州第一队之医官、救护生等奔走勤劳，慈善之怀不可泯没”，2 月 10 日，天津分会“特给与褒状，以彰善举”。褒状文称：“中国红十字会天津分会总董徐、副董孙、金为给奖状事，照得本会遵照日来弗红十字会章程组织分会，业经禀明直隶总督陈、中国红十字会会长吕核准在案。惟本会成立以来，赖中西董事、医官、救护生热心，毅力出队，救护拯济同胞。因是会结成机关，筹款办公，辛苦不易。查有出发战地之救护生某某应发褒状，以表慈怀而彰善绩，须至褒状者。”③

但徐州之战并未结束，革命军的北伐之师日益逼近，1 月 26 日，接徐州来电，“内云该处将次开战，即请出发等语”④，因此，天津分会派出第二队救护人员于27 日早晨“会同北京红十字会队乘坐津浦火车出发徐州”⑤。2 月 5 日，天津分会接徐州医队来电，“言今日有受伤四十五人，该处缺少被褥，请即运往，则徐州又有战事可知”⑥。2 月 9 日，天津分会即派干事员曾栋臣“携带药料等物赶赴徐州”⑦，进行接济。

徐州之战接近尾声了。2 月 11 日，北伐军抵达，张勋北撤济南，徐州光复。第二天，即 2 月 12 日，清帝宣布退位。联合救护行动的使命完成。

“京会”与天津分会，相互协作，联合行动，产生了一定的“规模效应”，在中国红十字运动史上具有一定的地位，不容抹杀。

---

① 《红十字会纪事》，《大公报》1912 年 1 月 13 日。

② 《红十字会返津》，《大公报》1912 年 1 月 24 日。

③ 《发给褒状》，《大公报》1912 年 2 月 11 日。

④ 《红十字会将出发》，《大公报》1912 年 1 月 27 日。

⑤ 《红十字会纪事》，《大公报》1912 年 1 月 28 日。

⑥ 《徐州又有战事消息》，《大公报》1912 年 2 月 6 日。

⑦ 《执事易人》，《大公报》1912 年 2 月 10 日。

总之，“京会”与其各分会，在辛亥革命的救护中，发挥了重要作用，“是役也，统计全治活者，约千有余人”。尤其“京会”各医队“诸医士学生，一本热诚，不畏险阻，负囊携药，冒枪烟（林）弹雨以争先，宿露餐风当雪地冰天而竞进，东至于青岛、济南，西抵于潼关、河洛，南达于武昌、汉口，北及于宣化、大同，凡遇伤痍，靡不竭力救治，刀圭甫毕，痛楚立捐，计所全活，为数甚广，以故医队所莅，到处欢迎，事毕将行，更相留挽。略可见在事诸君，备历艰辛，而不敢少负其责任也”。特别是总队长吉义布，更是尽心尽责，他与“襄理谢恩增，于各医队出发后，亲往各战地详细调查情形，斟酌办理一切，随于徐州、泰安、登州、营口普济医院、秦皇岛矿务、唐山矿务医院、昌黎医院七处，业经商明各该院长，改设红十字会医院，以备有事之用”①。对此，历史不会忘记。

① 《谢隽甫医博士报告》，中国红十字会总会编：《中国红十字会历史资料选编，1904—1949》，南京大学出版社1993年版，第273页。

第六章　辛亥革命战时救护行动（下）

——赤十字会与赤十字社的救护行动

辛亥之役，战事惨烈，伤亡累累。中国红十字会全力以赴，其他慈善团体如战地慈善会、上海救恤公会、学生救伤社、学界救伤社、华洋义赈会、中国赤十字会、中国赤十字社普济善会（简称中国赤十字社、赤十字社）等也身体力行，纷纷加入伤兵救护行列。他们的义举与中国红十字会的善行交相辉映，奏出高亢激越的人道主义协奏曲①。特别是巾帼豪杰张竹君发起成立的中国赤十字会，俨然与中国红十字会比肩，举世瞩目。它虽然自树一帜，但却不是"另类"，而是中国红十字运动的"旁系"，在中国红会史上当有一席之地。本章重点考察中国赤十字会，同时对赤十字社亦有论列。

第一节　中国赤十字会的辛亥懿行

一、"穗城奇女"张竹君

中国赤十字会的发起人是被称为"穗城奇女""女界梁启超"的张竹君。

关于张竹君生年，史书没有明确记载，有 1876 年、1878 年、1879 年三种说法。1904 年出版的《女子世界》第 9 期上刊登《张竹君女士小影》的照片，说明文字有

① 参见孙柏秋主编，池子华、杨国堂等：《百年红十字》，安徽人民出版社 2003 年版。

“甲辰四月摄影，时年二十有六”[①]。甲辰年即1904年，据此推算，生年当为1878年。1902年，马君武作《女士张竹君传》，追溯1901年他聆听张竹君演说之后发出“二十三岁之弱女子，何以文明程度高起如此”之感慨[②]，1901年23岁，亦可证其生年恰为1878年。这一年，她生于广东番禺（今广州市）的一个官宦之家，据说她小时候患有“脑气筋病，半身麻木，家里把她送到博济医院调治，后来慢慢的好了，那时候她虽年幼，很觉西医的法子精妙，她就发愿学医”[③]。1887年，她如愿以偿，入美国教会在广州开设的博济医院附设南华医学堂学习[④]，与孙中山算是校友。经过13年寒窗苦读，张竹君学业大进，于内、外两科，均有心得。

1900年，张竹君毕业后，在其父和好友徐佩萱（即后来成为黄兴夫人的徐宗汉[⑤]）的资助下，在广州荔枝湾畔和漱珠桥旁开办禔福、南福两医院（严格说来应为诊所），悬壶济世，“粤垣妇女从事西医接生者，为第一人，开风气之先，生涯茂盛”[⑥]。是时，西医尚未普及，人们对之抱有偏见，而张竹君竟开办西医诊所，引为奇闻，不足为怪。

张竹君的确“出奇”，她以“奇装异服”的洒脱装扮表达对封建伦常的

---

① 《张竹君女士小影》，《女子世界》1904年第9期，插页。

② 马贵公（马君武）：《女士张竹君传》，《新民丛报》1904年汇编本，第942页。

③ 《女士张竹君传》，《大公报》1902年10月19日。

④ 关于张竹君学籍，史料中有不同的记载：一说毕业于柔济医院附设的夏葛女医学堂（冯自由：《女医士张竹君》，载《革命逸史》第2集，中华书局1981年版，第37页）；一说毕业于博济医学堂，陆丹林认为，谓张竹君毕业于夏葛女医学堂，与史实“有点出入。因为夏葛女医学堂，是在前清光绪二十五年（一八九九年）才创立，即便开办时招收转学生，但普通的四年级生是很难转学，尤其是医科，这是一点。还有一点，梁培基医生，是博济毕业的。他曾告诉我，毕业后在母校助教，曾教过张竹君。前几年，我在上海，有几次和张医生谈天。她也说是在博济出身。从这点看，张竹君毕业是博济，不是夏葛。”（陆丹林：《革命史谭·评价〈革命逸史〉》，转引自荣孟源、章伯锋主编：《近代稗海》第1辑，四川人民出版社1985年版，第590—591页）张竹君义父李平书及曾经的恋人马君武，均持此说（李平书、穆藕初、王晓籁：《李平书七十自叙　藕初五十自述　王晓籁述录》，上海古籍出版社1989年版，第52页；马君武：《女士张竹君传》，《新民丛报》1904年汇编本，第941页）。本人表示认同。按：博济医院创设于1835年11月，由广东巨商伍秉鉴（又名伍敦元，1769—1843）捐资，美国传教士伯笃医师创办，是外国人在华开办的第一所西医院。1866年，博济医院附设南华医学堂，也是我国第一所西医专科学校。博济医院院史资料亦显示“张竹君的确是南华医学堂毕业的”，是“中国第一位女西医”（陈华新：《中国第一位女西医张竹君》，转引自吴传清：《辛亥女杰张竹君学籍考》，《华中师范大学学报》1994年第5期，第87页）。

⑤ 有资料记载说，“在诸友好中，以住居河南（广州珠江南岸地名）跃龙里之李二少奶最为相善。二少奶名徐佩萱，即豪绅李庆春之媚媳也。性豪侠，好施与，其子李强、女李雄均称竹君为契爷（粤语指干爸爸），竹君每有兴创，恒鬻珍饰以助无吝色。竹君初募资建禔福医院于荔枝湾，继在河南柳波桥（一说漱珠桥）侧设南福医院，各耗资巨万，李二少奶之力为多焉”（冯自由：《女医士张竹君》，载《革命逸史》第2集，中华书局1981年版，第38页）。

⑥ 涤非：《女志士张竹君传》，《辛亥月刊》1948年第6、7期合刊，第15页。

“离经叛道”。在广州，人们经常可以看到，她“头戴礼帽，一身男式西装，乘坐无顶小轿，或滑竿，穿街过市，这在封建气息浓厚的当时是独一无二的”[①]。这种“出格”的非常之举，惊世骇俗，不啻为“叛逆”。“张竹君坐大轿——倒看洋书”，这是当时广州颇为流行的一句歇后语[②]，从中亦不难想见张竹君之为人。

张竹君的“叛逆”之举，正表达了她对自由、平等的渴望和对男尊女卑的不满，照她的话说：“人生要求自由，男子可以梳大松辫，穿学士装鞋，妇女为什么不可以！男子坐藤兜（轿子），可以把双脚提高，踏在杠上，妇女为什么做不得！做了，就要讥评她是‘男人婆，招摇过市’。我要做男女平权的运动，一切以身作则，要打破几千年禁锢妇女的封建枷锁，把不平等的旧思想，恶习惯，彻底扫除。那些头脑冬烘，思想陈腐的礼教奴隶，我要和他们搏斗，任何的耻辱牺牲，我都是不管的。”[③] 正是这种“叛逆”精神，使她走上妇女解放的道路。

更为“出奇”的是，张竹君还发起成立了一个“演说会”，针砭时政，宣传维新思想，抨击封建纲常礼教，提倡男女平等，为妇女解放摇旗呐喊。据报载，“每到礼拜的日子，她就讲说，听的人一天比一天多”。演说中，“她常说，现在各国强盛的缘故，是在乎努力争求有用的学问，若稍懈怠一点，就难存留，故此中国该当人人专心有用的实学。国是众人合成的，人人该当想尽自己的职分。如今主张变法革命的这些人，志气虽然不小，到底世间上万事万物，没有一个没原由的，这些人不懂得寻找那原由的根子，竟指望着得现成的效验，焉能成功呢？我们如今的责任，要紧是把西洋那些好规矩，好学问，慢慢的栽下种子，后来果然能够发达生长出来，慢慢的真能比人强了，再讲自立的道理也不晚，比如西洋人，讲自由，是我的自由不要碍着别人的自由，不是任意妄为，无法无天，那叫自由，自由一定也有个界限。”[④] 张竹君的“宏论”，新人耳目，难怪听过她演说的人惊叹：“二十三岁的姑娘，怎么高明到这步天（田）地！”对三纲五常，尤其是男尊女卑，张竹君深恶痛绝，因而批评尤力，“痛讲中国风俗是男女的分别太过”，力倡“男女该当平

---

① 刘松洲：《一片冰心——记我国红十字人道救助的先驱张竹君》，《博爱》1996 年第 1 期，第 14 页。

② 冯自由在《革命逸史》中亦称：“是时粤中风气尚极闭塞，世俗多不信西医，独竹君生涯鼎盛，每日来往柔济医院及出入城南城西，恒西服革履，乘四人肩扛之西式藤制肩舆，前呼后拥，意态凛然，路人为之侧目。故当时有谓竹君在轿上观英文书时，其书实为上下倒置者，殆好事者故甚其辞耳。”（冯自由：《女医士张竹君》，载《革命逸史》第 2 集，中华书局 1981 年版，第 37 页）

③ 陆丹林：《妇女运动先锋张竹君》，《茶话》1947 年第 9 期，第 170 页。

④ 《续女士张竹君传》，《大公报》1902 年 10 月 21 日。

等”，号召女界“力争”平权，“怎么争呢？就是发奋在学问上头，……学西洋有用极新的学问”[①]。为此，她身体力行，开办育贤女学，“自己教导她们，除了医学以外，还教天文、地理、格致各样浅近的学问，每在讲论的时候，说到国家的艰难，万事的败坏，总是悲痛叹息，至情感人”[②]。

“穗城奇女”的“奇谈怪论”不胫而走，如石投水，在穗城激起层层涟漪。当时不少社会名流若胡汉民、马君武、朱执信、周自齐、卢少岐（他与马君武均曾向张竹君求过婚[③]）等对她肃然起敬，不仅成为“演说会”的常客，而且引为知己，时相过从，“咸奔走其门，隐然执新学界之牛耳”[④]。

经济独立是妇女解放的重要标志。张竹君不仅鼓吹妇女解放，而且为妇女走出“深闺”、走向独立创造条件。1904 年 3 月，她在广州开设了女工艺厂，招收了 120 名女工，生产线袜及刺绣产品，“这是中国历史上第一家女子企业”[⑤]，由此拉开女子兴办近代实业的序幕。

开医院，办学堂，组织演说会，张竹君“出尽风头”，当时“一般志士咸称之曰妇女界之梁启超，其魔力可见”[⑥]。

张竹君热衷社会公益活动。1900 年，广州发生大水灾，各界筹款赈济，举行实物赈灾会，张竹君“在人山人海的实物赈灾会里，大声疾呼，口若悬河的演说，激发观众的热愿，解囊相助。一连十天，直到闭会之日才停止。这次的收入，得了十多万元”。号召力、感染力如此之强，使新闻媒体也刮目相看，“一反以前对她嬉笑的态度，一致颂扬这次筹款，十之八九的力量，出

---

① 《续女士张竹君传》，《大公报》1902 年 10 月 21 日。

② 《女士张竹君传》，《大公报》1902 年 10 月 19 日。

③ 冯自由在《革命逸史》中对这段往事就有这样的记载，称：“竹君往还诸绅富中有卢宾岐者，东莞人也，其子少岐少有大志，与竹君相谈时事，过从甚密，因有定婚之议。少岐久拟东渡留学，及厄于家庭不果，赖竹君慨然假以旅费二百元，乃得成行。少岐去后半载，竹君忽因事与卢府中人发生嫌隙，遂与少岐日渐疏远，婚约遂亦无形解散。同时有马君武者，桂林人，而康氏万木草堂弟子也，能文章，美词藻，从广西至粤攻读法文，闻竹君在教会演讲福音，语涉时政，异常崇拜。自是每次福音堂布教，恒有马之足迹，渐露爱恋之意。卢少岐遇之，辄视为情敌。一日，马忽在张之客室取去张之诗扇一柄，张四觅无着，旋得马之法文求婚书，情辞恳切，张不能从，乃以素持独身主义一语拒之。未几，马亦赴日本留学，尝作《张竹君传》登诸横滨《新民丛报》，附以七绝诗一首，誉扬备至。有‘女权波浪兼天涌，独立神州树一军’之句。此辛丑壬寅间（一九〇一至一九〇二）事也。时胡汉民尚在广州，备知其详，尝语人谓此一幕剧为驴马争獐，可谓谑而虐矣。”（冯自由：《女医士张竹君》，载《革命逸史》第 2 集，中华书局 1981 年版，第 39 页）这便是流传甚广由姓氏谐音生出的“驴马争獐”故事的由来。

④ 冯自由：《女医士张竹君》，载《革命逸史》第 2 集，中华书局 1981 年版，第 38 页。

⑤ 赵长征：《近代女子实业之考评》，《黄淮学刊》1990 年第 3 期，第 45 页。

⑥ 冯自由：《女医士张竹君》，载《革命逸史》第 2 集，中华书局 1981 年版，第 40 页。

于她的任劳任怨不辞艰辛的宣导能力，才能够得到这样空前的美满成果”①，张竹君由是名声大震。

张竹君的“奇闻”流布遐迩，而其人格魅力更具感染力。据《大公报》的报道：“京中近来时疫流行，传染极易。有某女士向以课读为业，近患时疫，病已垂危，忽有人将第三期《女报》与之阅看，昏迷中阅至番禺女士《张竹君传》，跃身起坐，曰：中国竟有此女丈夫哉！我辈庸庸，可以观，可以兴矣！自是病遂霍然。”② 此事或真或假，并不重要，重要的是它反映了人们对妇女解放运动先驱者张竹君女士的景仰与折服。有诗赞曰：

沦胥种国悲贞德，破碎河山识令南；
莫怪初逢便倾倒，英雄巾帼古来难。

推阐耶仁疗孔疾，娉婷亚魄寄欧魂；
女权波浪兼天涌，独立神州树一军。

千古兰闺有志人，几多热力屈难伸；
最怜种族沦胥后，渺茫平权乍造因。

文明极点犹遥隔，千载何时复女权；
唤起柔魂争独立，仁风吹活万婵娟③。

的确，张竹君“超凡脱俗”的胆识，非一般人所能望其项背。由此衍生的感召力，也使她具有了一定的权威影响，这为她立足上海以及创办中国赤十字会奠定了基础，创造了条件。

二、“迁寓上海，另创基业”

1904年，张竹君“迁寓上海，另创基业”，由此开辟了一片新的天地，也为她日后创建中国赤十字会提供了机缘。那么，张竹君在广州顺风顺水，得到广泛的认可，发展势头良好，何以离开熟悉的热土而到陌生之地的上海滩打拼？史书主要有两种说法：

第一种说法出自冯自由《革命逸史》中的记载，说：“竹君在粤悬壶数

---

① 陆丹林：《妇女运动先锋张竹君》，《茶话》1947年第9期，第170页。

② 《医疫奇方》，《大公报》1902年7月18日。

③ 《续女士张竹君传附赠竹君女士诗》，《大公报》1902年10月21日。前二首诗出自马君武的手笔（参见马贵公：《女士张竹君传》，《新民丛报》1904年汇编本，第942页），后二首为《大公报》发表时的新作，是否为马君武所赋，不得而知。

年，以笞责学生伍庙藩、黄素波二人事发生风潮，经绅商学界多方调停始解。甲辰（一九〇四年）伍、黄二生赴日本，肄业横滨山手共立（公立）女子中学。竹君亦舍弃所设广州两医院，迁寓上海，另创基业。”[①] 就是说因为学潮，事业发展受挫，她不得不离开广州。其实，既然经调停问题得到了解决，张竹君不至于非离开广州不可。冯自由的说法显得较为勉强。因此，再看第二种说法，即皓翁在《解放先锋张竹君》一文中提出的，1904 年“日俄战事发生，两广总督岑春煊，请她组织救伤队，到旅顺服务”[②]。就是说，张竹君为参与日俄战争救护而先到上海。这一说法，从张竹君的自白中得到证实，其谓“鄙人当时被本省官绅命急至沪”[③]，向沈敦和请缨。显然，这一说法是可靠的，时论也注意到她来上海的目的性。

根据《警钟日报》的报道，张竹君 4 月 27 日抵达上海[④]，旋即受邀在爱国女子学校发表演说，《警钟日报》刊发演说全文，并加编者按，概要介绍张竹君事迹及其上海之行的目的，云：“女士张竹君，广东人，十余龄即精医学，兼通外国文字。在粤创南福医院、女学堂、女子保险会、实业学堂等，所费无虑十数万，吾女界中救国之伟人也。竹君今年二十余，其成立已如此。今以东省战祸方炽，欲投身红十字会，以自效于国，道出上海，爱国女学校特开会欢迎，并请竹君演说。本社记者得就旁听，因速记其辞如左。吾国女子闻竹君之论可以兴矣。”[⑤] 记者的亲自采访，当然无误。为了投身红十字会战地救护，张竹君置广州的事业于不顾，满腔热情投奔上海万国红十字会，但遗憾的是，沈敦和“婉言谢之”[⑥]，这使张竹君大失所望，郁闷不平，久久不能释怀，埋下日后“张沈之争”的伏笔。

张竹君原本“道出上海”，过客而已，她完全可以打道回府，但张竹君“女中豪杰”形象经媒体的渲染，早已为人所熟知，各界推崇备至[⑦]，作为传奇式的人物，一当她踏入上海，便立即受到欢迎[⑧]。4 月 30 日，即她抵达上海的第三天，便受邀出席由蔡元培等于 1902 年创办、犹太大富商哈同夫人罗

① 冯自由：《女医士张竹君》，载《革命逸史》第 2 集，中华书局 1981 年版，第 39—40 页。
② 皓翁：《解放先锋张竹君》，《礼拜六》1934 年第 542 期，第 3 页。
③ 《张竹君致沈仲礼书》，《民立报》1911 年 10 月 26 日。
④ 《中国之摩尼（上海）》，《警钟日报》1904 年 4 月 28 日。
⑤ 《记张竹君女士演说》，《警钟日报》1904 年 5 月 2 日。
⑥ 《沈仲礼驳张竹君女士书》，《申报》1911 年 10 月 28 日。
⑦ 经元善：《在上海女学会第一次会议上演说》，参见虞和平编：《经元善集》，华中师范大学出版社 1988 年版，第 379 页。
⑧ 徐辉琪：《辛亥革命时期著名的爱国女医生张竹君》，《广州研究》1987 年第 6 期，第 60 页。

迦棱赞助的爱国女学校为她举办的欢迎会[①]，并发表长篇演说。她强调教育之于妇女解放的重要意义，谓：“欲言救国，必先教育，欲先教育，必先于女子，而女子所宜先者，则首自立自爱，次则肆力学问，厚结团体，此余演说之大旨也。”[②] 而要妇女“自立”，在张竹君看来，必须兴办实业，“故欲救空论，必兴实业，且女子苟能实业，即为自立之首基”，因此她希望爱国女学校“亦能注意于女子之实业，则有裨于吾女子者大矣！”[③] 张竹君的演说受到热烈欢迎，“合座拍掌，声动四壁”。爱国女学校“教习汤君、校长钟君，致答辞甚长”[④]，对张竹君的远见卓识表示赞赏，希望得到张竹君的臂助。张竹君接受聘请，担任爱国女学校舍监，学校并专门开设女子手工传习所，由她担任传习师[⑤]。因报名者众，传习所乃迁至沪北江湾（1904 年 6 月复迁胜业里），扩大规模，独立开办，改名广东育贤女子工厂分院（不久改名育贤女工业学堂，简称育贤女学堂），融职业教育与生产经营为一体。此举立即受到舆论的高度评价，称：“近日所可推为实行家者，于男界得一人也，曰张季直；于女界得一人也，曰张竹君。自季直创公司于通州，从而继起之公司，不知凡几。自竹君创女工院于上海，从而继起之工所，又不知凡几？……竹君不过一弱女子，既无财力，又无辅助，而亦能振臂一呼，大江南北之女界，为之响应，咸知研究实业，以自谋其生计，其功岂在季直下哉？”[⑥] 把她与张謇比肩，足见她在上海滩的影响之高。上海各界对她充满期待。

上海有“魔都”之称，有着比广州更广阔的施展舞台，加之如雷贯耳的声望和各界对她的期待与支持，她决定留在上海，“另创基业”了。

当然，张竹君立足上海滩，并非一帆风顺，有时不免陷入尴尬难堪的窘境。在此过程中，时任上海制造局提调的李平书对其支持尤力。在她创办育贤女学堂遭遇困难时，就是李平书解囊相助，使其渡过难关的。忆及此事，李平书做了这样的记述：

---

① 按：张竹君于 1904 年 4 月 27 日抵达上海，然后接受爱国女学校邀请发表演说，演说全文在 5 月 2 日、3 日《警钟日报》连载。在欢迎会上发表演说的时间，据演说词云，爱国女学校“遇礼拜必开演说会”，这里的“礼拜”一般指礼拜六或礼拜天。张竹君演说的那个“礼拜”究竟是哪一天，没有明确。但张竹君在演说的最后，说了这样一段话：“吾今操粤音，甚憾不适于诸君子之耳，今将竭一礼拜之脑力，学习官话，倘征程未发（指出发东北救护难民——引者），当于下礼拜六再来赴会，以罄所怀。”（《记张竹君女士演说》，《警钟日报》1904 年 5 月 3 日）由“当于下礼拜六再来赴会”可以推断张竹君演说时间为礼拜六，即 4 月 30 日。

② 《记张竹君女士演说》，《警钟日报》1904 年 5 月 3 日。

③ 《记张竹君女士演说》，《警钟日报》1904 年 5 月 3 日。

④ 《记张竹君女士演说》，《警钟日报》1904 年 5 月 3 日。

⑤ 徐辉琪：《辛亥革命时期著名的爱国女医生张竹君》，《广州研究》1987 年第 6 期，第 60 页。

⑥ 《中国实业界之扩张》，《警钟日报》1905 年 1 月 16 日。

（光绪三十年）十月下旬，姚子让同年来制造局，谈及公共租界胜业里有粤人张竹君女士设立之育贤女校，成绩颇佳，惜乏经费，行将散学。子让令爱在该校肄业，故知其详。余闻之颇动维持之念，爰偕往视察。是日适月杪，索逋者坌集。房主以欠租三月，声言钉门，校中纷扰。校主往外筹款，学生倍觉恐慌。余先与收租人负责取消钉门之说，其他木器租金，庖人垫款，一一担任，学生心安。既而校主回，相见之下，始知张女士为广东番禺张少壁之胞侄女。张君昔在粤东石井枪弹局监工，与张逸槎君同事，余故相识。当将维持现状告知，嘱其安心办学。女士以是处房屋不适用，议择他处迁居。十二月，乃迁于派克路十七、八号洋房①。

1905 年 2 月 13 日，育贤女学堂在新校址开学，“特请李平书先生董理一切，并请名誉董事暨议事员多位”②。课程“除手工外，如读书、习字、算术、乐歌之属，固已兼治矣”③。由于设备完善，生源日多，“不数月间，四方响应，广厦为满，盖自有女校以来，未有如贵院之盛者也”④。张竹君在短期内即打开局面，没有李平书的臂助是难以想象的。出于感恩，张竹君拜认李平书夫妇为“义父母”。李为此特于 1905 年春节期间，“假愚园宴请地方绅董及粤籍巨商观礼，男女宾客到者甚众”⑤。李平书（1854—1927），祖籍苏州，虽然曾经署广东陵丰、新宁、遂溪知县，但毕竟不是广东人，而他以其在上海滩的影响邀请地方绅董尤其是广东籍富商巨贾参加认干亲的宴会，显然意在为张竹君拓展人脉。

在上海站稳了脚跟的张竹君，除了继续兴办女子实业教育外，一如既往地宣传革新，鼓吹妇女解放，创建女子保险会并担任会长⑥，参与慈善公益事业等，对她来说，最重要的还是“老本行”，即与红十字相关的医疗卫生事业。这是她立足上海的根基所在，也是她日后创建中国赤十字会的“资本”。

1904 年 5 月，初到上海的张竹君即开办了卫生讲习会，普及卫生防病知识，强身健体，强国保种⑦，通过这种方式，希望“变此病夫之中国为少年之

---

① 李平书、穆藕初、王晓籁：《李平书七十自叙　藕初五十自述　王晓籁述录》，上海古籍出版社 1989 年版，第 51—52 页。

② 《育肾女工业学堂告白》，《申报》1905 年 1 月 5 日。

③ 三自女士：《致张竹君女士书》，《女子世界》1904 年第 10 期，第 4 页。

④ 三自女士：《致张竹君女士书》，《女子世界》1904 年第 10 期，第 3 页。

⑤ 李平书、穆藕初、王晓籁：《李平书七十自叙　藕初五十自述　王晓籁述录》，上海古籍出版社 1989 年版，第 52 页。

⑥ 张竹君：《女子兴学保险会序》，《中国新女界杂志》1907 年第 4 期，参见《辛亥革命前十年间时论选集》第 2 卷下册，生活·读书·新知三联书店 1977 年版，第 898 页。

⑦ 《卫生讲习会章程》，《警钟日报》1904 年 5 月 27 日。

中国”，因此“与吾国种族存亡有密切之关系也”[①]；但另一方面，开办医院，对学医出身的她，更能施展才华，而同样是学医出身的李平书，为她搭建了舞台。据李平书自述称：“余尝涉猎西医译籍，屡思沟通中西医”，于是“博求方治，庶几冶中医西医于一炉”。张竹君的到来，使他的愿望得以实现，“适见张女士素习西医，毕业于粤东博济医院，于辨症用药俱有神悟，因叹中国女医之少，议创设女子中西医学堂”[②]。1905 年 2 月 23 日，女子中西医学堂（学院）正式开学，校址设新马路梅福里对门洋房。办学“一切经费及中医教术由李平书担任，西医教术及宿舍事宜由张竹君担任”[③]，分工合作。同时，“于学堂之侧，设女病院”[④]，为女性提供诊病医疗服务。为使女子中西医学院能够办出特色，李平书“与女士订六年之约”[⑤]。按照合同，“六年之内，李平书不出仕，不赴他省当差；张竹君不回粤办事，不往他处，各尽心力，务底于成”[⑥]。按照约定，张竹君当然不能再回广州了。

女子中西医学院为“第一所近代中西合璧的女子医科学校”[⑦]，旨在“造就女医，为各省倡”[⑧]，毫无疑问，树立了中国医学史上新的标杆。李平书、张竹君，珠联璧合，筚路蓝缕之功，功莫大焉。

女子中西医学院虽然成绩尚佳，但规模较小。于是 1908 年，李平书又于南市三泰码头积谷仓兴建上海医院。1909 年夏，上海医院落成。在李平书看来，张竹君是监院（院长）的不二人选：“监院一席，非从医院出身者不克胜

---

① 汤尔和：《卫生讲习会演说》，《警钟日报》1904 年 5 月 24 日。

② 李平书、穆藕初、王晓籁：《李平书七十自叙　藕初五十自述　王晓籁述录》，上海古籍出版社 1989 年版，第 52 页。

③ 《女子中西医学院简章》，《申报》1905 年 1 月 23 日；《警钟日报》1905 年 1 月 24 日。按：《女子中西医学院简章》包括缘起、宗旨、学额、年岁、学科、学期、学课、学费膳宿费、假期、凭照，共 10 条。女子中西医学院的宗旨在于贯通中西医学，“而专重女科，使女子之病皆由女医诊治，通悃愫而达病情”；首次招生，额设 40 名；14 岁至 23 岁“资质聪明，身体强健，曾读书识字者”，均可报名；学科分正科、豫科，正科 5 年毕业，豫科 6 年毕业；正科生授以中医、课本、修身、国文、算学、理化、西语、音乐 8 门课程；豫科生授以修身、国文、算学、理化、西语、音乐、中医课本 7 门课程，一年后升入正科，再习西医课程；肄业期满，考试合格者给予文凭，准其行医。如院中助教需人，须留堂充当教习，薪水优给。

④ 李平书、穆藕初、王晓籁：《李平书七十自叙　藕初五十自述　王晓籁述录》，上海古籍出版社 1989 年版，第 54 页。

⑤ 李平书、穆藕初、王晓籁：《李平书七十自叙　藕初五十自述　王晓籁述录》，上海古籍出版社 1989 年版，第 52 页。

⑥ 《女子中西医学院简章》，《申报》1905 年 1 月 23 日；《警钟日报》1905 年 1 月 24 日。

⑦ 张效霞：《第一所近代中西合璧的女子医科学校：上海女子中西医学院》，《中国中医药报》2015 年 1 月 29 日。

⑧ 李平书、穆藕初、王晓籁：《李平书七十自叙　藕初五十自述　王晓籁述录》，上海古籍出版社 1989 年版，第 54 页。

任，凡男女西医之诊治方药，男女看护之调护疏密，男女工人之服务勤惰，无一不当注意。而最紧要者，在男女病人之饮食起居，皆须监院时时察看。论理应分男女两人，然分则事权不一，窒碍良多，不得不一人兼顾。但男兼女职，势所不能，惟有女兼男职，为泰西通例。张竹君女士在广东博济医院毕业，后在院充医生二年，自办南福医院三年，又曾往外洋游历，故经验多而能服众，遂推张女士为监院。”①

1909 年 7 月 18 日，上海医院举行落成典礼，上海道台蔡伯浩以及梅问羹、王一亭等官绅出席，“先由创办人李君平书报告医院诊病养病之办法，并演说医院内参用西医之缘由；次由来宾沈君缦云演说，大旨谓地方上人，均应扶助医院成立；次由育贤女学生陈衡哲演说：上海医院系李平书先生与女医张竹君先生费尽心力，始得成立，为我中国第一特创之医院，愿大众扶助等语；次官长致颂词；次答词；次育贤女学生唱中西贺歌；次奏军乐；次推定梅问羹、王一亭、顾馨一、沈缦云、莫子经、严子均、周金箴、虞洽卿、苏葆生、李平书为董事，并推举梅君问羹为主任董事；次募捐，上海道蔡认写特别捐洋一千元，来宾约共认捐洋六千余元；次奏军乐散会”②，极一时之盛。对此盛举，有评论指出：“上海医院为李平书先生与张竹君女医经营落成，实为中国第一特创之医院，自此而中国之生灵，可免庸医之杀戮。中国之生灵死于庸医之手者，月以千万计。自上海医院成立，而各省闻风则效者，必且有继长增高之势。然则李平书先生、张竹君女医两人普渡众生之功远过于药王婆萨。”③

上海医院在张竹君精心管理下，运营仅一年，即收治病患者近 3 万人④，堪称成效显著。张竹君在上海站稳了脚跟，也奠定了厚实的人道救助基础。得天独厚的条件，成就了她创建中国赤十字会的机缘。

三、中国赤十字会的成立

辛亥剧战，伏尸遍地，江水为赤，以救死扶伤为天职的张竹君自然不能熟视无睹。上海虽为大清红十字会基地，但红会官办色彩浓重，不具有“中立”本色，难以指望。张竹君乃决意自树一帜，决意发起成立中国赤十字会。

---

① 李平书、穆藕初、王晓籁：《李平书七十自叙　藕初五十自述　王晓籁述录》，上海古籍出版社 1989 年版，第 54—55 页。

② 《上海医院落成志盛》，《申报》1909 年 7 月 19 日。

③ 《上海医院落成》，《申报》1909 年 7 月 20 日。

④ 李平书、穆藕初、王晓籁：《李平书七十自叙　藕初五十自述　王晓籁述录》，上海古籍出版社 1989 年版，第 57 页。

1911年10月18日，张竹君在《申报》发布《发起中国赤十字会广告》，言："上天降灾，中原多故，比者蜀鄂两省同胞，因国事而死者不可以数计。夫救死扶伤，医者之职，亦仁人之事也。鄙人不敏，窃有志于此，愿率同学数十人先赴鄂，次赴蜀，略尽义务"，同时呼吁"吾伯叔兄弟诸姑姊妹不乏抱扶持同胞之愿者，愿相与力以成斯举"。为此定于次日集议于上海医院，发起成立中国赤十字会，"吾邦人君子当必乐与有成也"①。《广告》一经发布，立即引起反响，"南市上海医院院长张竹君女士因川鄂战事，拟发起中国赤十字会，赴两地救疗受伤之人，院中本设有女子医学堂，学生二十余人，皆欣然乐从。闻务本女塾毕业生某某二女亦愿随往。此外，闻有是役者，多纷然请同行"②。对此创举，有人感叹："上海医院院长张竹君女士发起赤十字会赴战地救疗受伤军士，此为我国破天荒之文明举动，而一般女学生之风从者争先恐后，更足见吾国年来风气之开通。"③

10月19日，成立大会在南市上海医院召开，到会者约500人。会上，张竹君报告中国赤十字会发起缘由、宗旨，宣布草章；接着，李平书、杨千里、陈继武等纷纷登台，发表演说；最后宣布董事会组成人员名单：会董伍廷芳、宋跃如、虞洽卿、李登辉、曹锡根、顾馨一、李平书、王一亭、莫子经、吴怀久、王培生、沈缦云，会长张竹君，汉口事务所长何乃全，上海事务所长王维廉，干事员田北湖、朱少屏、杨千里、王宝仑④。

中国赤十字会是"急于出发以救同胞"仓促成立的民间社团，来不及登记注册，甚至连正式的章程也来不及制定，只"暂定"一个《临时章程》，以便遵循。《临时章程》共8章21条，对宗旨、会员及入会规则、职员、事务所、经费、出队、装束及记号、输捐及劝募等，做了原则性规定。《章程》强调"本人道主义，救护因战受伤之人，不论何方面人，视同一体"，表明其"中立性"，这与官办的"大清红十字会"显然已不可同日而语⑤。

中国赤十字会一经成立，便在上海滩引起轰动，张竹君也因此成为大上海的"闻人"和令人敬仰的"焦点"人物。赤十字会成立的当日，《民立报》即发表评论，盛赞："中国女子久为男子所轻视，以其柔懦无能也。今张竹君女士组织女子红（赤）十字会，往汉口施救受伤兵队，诚中国从来未有之创举，英雄肝胆，儿女心肠，虽须眉亦莫能及。女士此举，非特有光于女界，

① 《发起中国赤十字会广告》，《申报》1911年10月18日。

② 《发起中国赤十字会》，《新闻报》1911年10月18日。

③ 钝根：《海上闲谈》，《申报》1911年10月19日。

④ 《赤十字会开会记》，《申报》1911年10月20日。

⑤ 《中国赤十字会临时章程》，《民立报》1911年10月27日。

亦且有光于国，有益于同胞，吾不禁为女界前途贺。呜呼，巾帼生色，须眉有愧多矣！”① 上海五洲药房经理项松茂甚至把张竹君比作“南丁格耳（尔）之再见”②，推崇备至。

作为女流，张竹君的豪举，在“男人世界”里不能不激起回响，中国赤十字会第二团的组建，就是一个例子。《民立报》所刊《中国赤十字会第二团广告》称：“武汉用兵，伤痍必惨，敝同人心焉悯之，正在联合团体前往救疗，只以种种困难未及即时成立，适张竹君女士亦发起中国赤十字会，以第一团出发，尽女子看护救伤之职。敝同人力薄能鲜，益滋惭沮。惟以战事剧烈，战地散漫，断非一团足以济事，不得不组织男子第二团，即日起程，同赴战地，普救受伤之人。”③ 这段广告词，读来颇耐人寻味。组建“男团”固然为救伤起见，但多少夹杂着性别偏见（至少是“不服气”“争口气”）于其中。其实，赤十字会成立之时，陈继武演说时特别强调：“男女医士宜联络一气，西人赤十字会无无男子，亦无无女子者。”④ 所谓“第一团”（张竹君从未打出“中国赤十字会第一团”的旗号），也并非全是女子。“男团”的偏激情绪，激起女界同胞的不满。作为回应，张善甫等11位女士发起成立了一个“中国赤十字会第二团女子协助会”⑤，针锋相对，认为前敌救护裹创扶伤，固然以男子为优，而护理等事，女子占强，“且性情柔淑，操作耐劳，更较男子为胜，此为女界赤十字会第二团协助会所由发起者”⑥。巾帼不让须眉，这是近代中国妇女解放运动向前推进的重要标志。第二团的发起人是中国赤十

① 思雪：《女子红十字会之可敬》，《民立报》1911年10月19日。

② 《上海五洲药房经理项松茂致上海医院院长张竹君女士书》，《申报》1911年10月21日。南丁格尔，1820年5月12日出生于意大利佛罗伦萨，后随家移居英国。她自幼好学，兴趣广泛，多才多艺，完全可望跻身上流社会，但她不顾父母反对，毅然选择护理职业。在1854年至1856年的克里米亚战争中，南丁格尔率领38名护士从事伤兵护理，在她的精心呵护下，伤兵死亡率由50%下降到2.2%，创造出非凡业绩。每夜，她持油灯巡视伤病员，士兵们都亲切地称她为“提灯女士”。战后回国，这位传奇式人物，被尊为民族英雄。1860年，她用英国政府奖励的4400英镑，创建了世界上第一所正规护士学校——南丁格尔护士学校，随后又参与创建几所护士学校，在医院管理、军队卫生保健、护士教育培训等方面，都做出了卓越的贡献，被誉为现代护理教育的奠基人。1907年，她荣获英王颁发的功绩勋章，成为英国历史上第一位获此殊荣的妇女。她逝世后，世人为表示对她的崇敬与景仰，把她的生日（5月12日）作为国际护士节。张竹君与南丁格尔确有相似的经历：均出生于富有家庭，均献身红十字事业，均终生未嫁……从张竹君身上，人们可以看到南丁格尔的影子。不过，项松茂把张竹君视为“南丁格耳（尔）之再见”，并非刻意比附，而是对她敢为天下先的开创精神的赞赏与折服。

③ 《中国赤十字会第二团广告》，《民立报》1911年10月23日；另见《申报》1911年10月24日。

④ 《赤十字会开会记》，《申报》1911年10月20日。

⑤ 谈社英：《中国妇女运动通史》，《民国丛书》第2编之18，上海书店1990年版，第39页。

⑥ 《中国赤十字会第二团女子协助会广告》，《申报》1911年12月13日。

字会干事员田北湖，他虽有“自立”意向，但隶属关系还是很清楚的。从中国赤十字会第二团的组建和中国赤十字会第二团女子协助会的成立这件事上，可见张竹君善举的冲击力之强，其意义也远远超出赤十字会成立本身而具有了妇女解放的深层蕴涵。

张竹君发起成立中国赤十字会，对中国红十字事业的“创业者”沈敦和等人来说，更是强有力的刺激。作为有近10年历史、在民众中具有崇高声誉和良好形象的红十字会，在这场改变中国命运的大决战中，不能无所作为。于是沈敦和公然抛开具有官办色彩的“大清红十字会”，改弦更张，10月24日另组“中国红十字会万国董事会”，并迅速组织多支医队，开赴战地。

但是沈敦和改弦更张的举措，却遭到张竹君的激烈抨击，她在10月26日出版的《民立报》上发表致沈敦和的公开信称：

（沈）窃慈善二字欺世盗名利久矣，今又欲将牛头马面之红十字会以混世人耳目，公之罪尚可数乎？日俄之役，公忽异想天开，以万国红十字会名义搜刮资财，即以吾粤而论，汇至公处者二万金，他国他省可以类推，而公未尝有一次报告。鄙人当时被本省官绅命急至沪诣公，待出发至今已八年矣。公顾未尝一命鄙人出至战地，乃未几而万国红十字会变为大清红十字会。及川鄂事起，公又未尝一遣所谓红十字会者往救同胞。鄙人不忍坐视，爰约同人发起中国赤十字会，将急赴战地，而公又将大清红十字会变为绅办红十字会。始之变也，殆欲掩外人之资也，继之变也，又欲掩全国官民之资而貌为公等数人之事也。公虽善变，亦知天下人不可以尽欺乎？鄙人此行生死不可知，而于濒行时为公一言者，欲公知慈善事业非公所能任，且不得以巧取豪夺自鸣得意也。公倘尚恤人言，则请将八年来收支之数报告天下，否则当以吾粤所捐二万金还诸吾粤，吾粤人必能自为之①。

对张竹君的非议，沈敦和投书报端，进行公开反驳，云：

鄙人之办红十字会，始于光绪二十九年冬间俄日之战，其时战地华人遭池鱼之殃，企足以待援救，而中国尚未同瑞士红十字总会缔盟，照日来弗条约所载未能悬挂红十字旗以施战地救护之法，不得已商之旅沪西人，公同办理，创设上海万国红十字会，推举中西董事十二人，鄙人与其列，皆绅也。光绪三十年中国政府允鄙人与各绅商之请，遣使臣张德彝至瑞士缔盟入会，由是中国得援用日来弗条约设立正式之红十字会，为总董者鄙人与任逢辛、施子英两观察，皆绅也。中国之有红十字会，于今八年，国家承认，全球承

① 《张竹君致沈仲礼书》，《民立报》1911年10月26日。

认，而始终不离乎绅办，本无所掩，更何所谓变乎？

对沽名钓誉，希图射利说，沈敦和均一一驳斥：

鄙人办理慈善事业，虽募款三百余万，未尝经理银钱，红十字会财政历由会计总董施子英观察主持，逐年账目俱在，所以不即造报销者，因辽沈救护之后，即以余款建筑会所及医院、学堂，年来缔造经营，由渐而进，所建之割症剖解房热度光线既贵，适宜舭式椭形，尤为繁复。新瑞和洋行承造此项房屋，完工未久，医院甫于前月开幕。红十字会规模于今粗具，而用款亦始有结束。施观察正在赶造报销以副中外捐户乐观厥成之意。造竣后自当刊册宣布，女士拭目俟之可矣。鄙人才短竭蹶，女士若以办事迟缓责鄙人，鄙人当悚息听命，今以报销责鄙人，是教鄙人以越俎也，鄙人不敢也。鄙人之于红十字会，薪水夫马丝毫无所取，本非图利而来，硁硁之愚且不能见信于女士，更何足以欺世盗名乎？承女士教督，在鄙人非不乐受尽言，但既布之报章，恐阅者不察，有伤中外慈善家饥溺之怀，故敬布区区以求谅于女士者，求谅于天下。三光在上，实鉴此心，非好为无意识之争辩也①。

应该说，张竹君对沈敦和的指责，大多言而无征，沈敦和的反驳，有理有据。张竹君、沈敦和之争，有人认为："合理的解释似乎只能是：张竹君的所有行为，其本质并非一场人道救援行动，或者说，并不主要是为了人道救援，而是为了护送革命党首脑们抵达前线。红十字的大旗、义正词严的公开诘问，都只是为了将水搅浑，以便暗度陈仓。"其结论是："对于相差两天而先后成立的'中国赤十字会'和'中国红十字会万国董事会'，我们可以肯定：张竹君的'赤十字会'，主要的、甚至唯一的目的，就是为了掩护黄兴等革命党骨干开赴前线；而沈敦和的'红十字会'，其目的极为单纯，救死扶伤而已。"② 本人认为这实在是一种误解。

在张竹君的救护队伍中，的确有黄兴夫妇，这是不争的事实。那么，究竟是为了掩护黄兴前往武汉领导革命而发起成立了中国赤十字会，还是黄兴夫妇正好借中国赤十字会而"乔装"？这是问题的关键。换句话说，张竹君创立中国赤十字会的动机究竟是什么？据陆丹林的记载：

辛亥秋天，革命党人在武昌首义，惊动全世界。可惜当时干部的党人多不在场，弄得群龙无首，鄂都督黎元洪又不是党中同志。当事者手足无措，

---

① 《沈仲礼驳张竹君女士书》，《申报》1911 年 10 月 28 日；又见《民立报》1911 年 10 月 28 日。

② 雪珥：《1911：褪色的红十字——民国"郭美美"事件》，《包头晚报》2011 年 9 月 29 日；雪珥：《1911：褪色的红十字》，《中国经营报》2011 年 9 月 5 日。

军事政治，紊乱不堪。黄兴当时由香港赶到上海，敌人的奸细，异常活动，行动不敢过于冒险，恐怕因小失大。恰值张医师组织赤十字会救伤队，率领中西医生及救伤员数十人，由上海乘长江轮船出发，溯江西上，实行救护工作。事先和黄氏商好，化装混入队伍，逃避清兵检查，掩饰奸细的注意。果然，一帆风顺，九月初七日，黄氏得以安全抵达汉口，躬亲策划，指挥一切。这个故事，是在一次她约了马君武、江天铎、王秋湄、冯文凤和我们几个人，在她上海余姚路寓所吃晚饭，当着一钩新月，凉风习习，她却娓娓细诉她的生平①。

从“恰值”的描述，不难辨析其中的因果关系，而且是张竹君亲口所言。也就是说，黄兴夫妇正好借中国赤十字会而“乔装”，并非是为了掩护黄兴前往武汉领导革命而发起成立了中国赤十字会。事实上，“就在张竹君出发当天，同盟会领导人黄兴偕徐宗汉自香港到达上海”②，这个时间节点，恰恰说明已经成立的中国赤十字会正好为黄兴等的“乔装”提供了便利。因此，笔者持后一种看法，这才符合张竹君长期以来对人道主义事业的执着追求。如果“主要的、甚至唯一的目的，就是为了掩护黄兴等革命党骨干开赴前线”，那么中国赤十字会抵达武汉后，使命即告完成，宣告解散或做做样子回撤即可。而事实上，中国赤十字会在武汉救伤近两个月，救护伤兵，不稍停歇，尤其是张竹君，在救伤过程中几次遇险③，会员朱竹生女士且献出了宝贵的生命④。所有这些事实，怎么能说“张竹君的所有行为，其本质并非一场人道救援行动”呢？笔者认为，张竹君组织中国赤十字会，与沈敦和组织中国红十字会万国董事会一样，都是为了救死扶伤，遂行人道主义。

张、沈“口水战”，如前述，源于个人恩怨，《沈仲礼驳张竹君女士书》也承认：“俄日之役，女士顾念同胞，抱冰而至，适值两国将次议和，鄙人在事言事，婉言谢之……不料开罪已在八年前也。”⑤ 个人恩怨也好、意气之争也罢，不应该影响我们对历史事实的认定，如笔者在《百年红十字》一书中所言，沈敦和还是沈敦和，张竹君还是张竹君。

① 陆丹林：《妇女运动先锋张竹君》，《茶话》1947 年第 9 期，第 171 页。

② 徐辉琪：《辛亥革命时期著名的爱国女医生张竹君》，《广州研究》1987 年第 6 期，第 62 页。

③ 刘松洲：《一片冰心——记我国红十字人道救助的先驱张竹君》，《博爱》1996 年第 1 期，第 15 页。

④ 《追悼中国赤十字会朱竹生女医士开会广告》，《民立报》1912 年 1 月 28 日。

⑤ 《沈仲礼驳张竹君女士书》，《申报》1911 年 10 月 28 日；又见《民立报》1911 年 10 月 28 日。

四、中国赤十字会的救护行动

战事如火如荼，伤痍嗷嗷，待救孔亟，唇枪舌剑，于事无补，很快张、沈息争，倾注于战地救护事宜。10 月 24 日午后，中国赤十字会会员男女数十人在派克路育贤女子学堂聚齐后至寰球中国学生会，列坐草地，摄影留念，之后，随张竹君会长一起，前往怡和码头，“途行时道旁观者皆惊为未见，而西人皆肃然尊敬”①。

中国赤十字会员乘“瑞和”号，鼓轮西上。考虑到“武汉正值攻战时代，恐有匪类乘乱滋扰”，10 月 23 日，中国赤十字会董事伍廷芳“函致沪道转电驻扎汉口之海军总统萨军门，如张女士在汉埠施医，应请妥为保护”②。

10 月 28 日，张竹君一行到达汉口。是时，清军正进攻武昌，两军酣战，炮声隆隆，街上行人逃避一空。张竹君原打算“到埠之日先在中西旅馆或商务印刷所小住，而两地均在中国界内，又因汉口失利，故与余之初意大为相反”。正当张竹君迷惘徘徊、茫然不知所向之际，“适有红十字会马医生来，谓现时伤者极多，幸得君等来，极为欢迎”③。红、赤名异色同，本无区别，无所谓此疆彼界。

在马医生和一外国传教士的帮助下，张竹君等找到栖身之处，并以美国圣经书会（圣公会）为事务所。尚未安顿就绪，即有军政分府遣人前来，请张竹君诊治受伤的某标统。分府距事务所有 5 里之遥，张竹君平素乘车坐轿，不惯行走，但她顾不上这些，二话没说，拎起药箱就走。沿途疮痍满目，哀号之声不绝于耳。张竹君边走边为伤员包扎，重伤者嘱送圣公会医治。及至军政分府，已治伤 30 余人，回到寓所，尚有 50 余名伤者候诊。正在疗伤之中，税务司来人，邀张竹君一行到邮政总局开办临时医院，但局内“无一切用物，幸于印字馆假得茶炉方可烧水，然亦尽饮白开水而已，至各会友之赴大智门抬受伤者，则饮食皆无矣”④。正是在这样极端艰苦的条件下，赤十字会员在张竹君的带领下克服超乎常人想象的困难，投入救死扶伤的工作。

---

① 《欢送赤十字会》，《民立报》1911 年 10 月 25 日。

② 《赤十字会之余闻》，《新闻报》1911 年 10 月 25 日。

③ 《赤十字会长张竹君女士演说词》，《申报》1911 年 12 月 27 日。按：此处所说“马医生”，当指美国教会马维理医士；1912 年，中国红十字会向在美国举行的国际红十字会第九次大会提交的《中国红十字会中央部赴会报告》中称：“时上海支会经本会长所请已赴汉口办事矣。当有美国教会马维理医士亦在该处另设支部，故在革命起事之初，病伤者得获救援，皆马医士之功也。”（《吕海寰往来电函录稿》，沈云龙主编：《近代中国史料丛刊》第 3 编第 58 辑，（台北）文海出版有限公司 1978 年版，第 888—889 页）

④ 《赤十字会长张竹君女士演说词》，《申报》1911 年 12 月 27 日。

武汉救伤一个多月，其间“无日不有受伤者送诊，称药量水，日夕大忙”；“队中男女医士及看护员皆热心任事，饥渴劳瘁，虽苦不厌，军士感之，至为泣下”①。特别是会长张竹君在救伤过程中几次遇险，险些送命，据刘松洲先生文称：

愚蠢顽固的封建卫道者——清朝军队，连张竹君治疗受伤的清军兵士都不容许，更甭说治疗革命军人。他们痛恨她的人道主义宣传，严密监视她的一举一动，多次企图暗算她。11 月 10 日，张竹君和往常一样，在汉口一偏僻码头登船去武昌宣传，清军却突然涌现，向她开枪，幸亏小船疾驰而去，一连 7 枪都被她躲过了。11 月 15 日，张竹君率队去汉阳作救护工作，她因劳累过度无法步行，只得由轿子抬着前行，队员们都佩着红十字臂章，队列前后又都打着红十字会旗，可就在他们通过汉水浮桥时，不讲人道的清军竟向他们开枪。见没打中后，清军恼羞成怒，竟朝刚登岸的轿子开炮。轿旁的温医生听到炮弹的呼啸声，猛然将张竹君连人带轿推倒在地。轰然一声巨响，炮弹着地爆炸，张竹君幸免于难②。

尽管如此，张竹君没有退缩，依然勇往直前。在一次手术中，她的左手被划破，伤口感染化脓，高烧不止，加上过度劳累，终于病倒。“两手尽肿，而两军适又停战”，12 月下旬，张竹君“因暂回沪上略为休养，且采办冬衣、药料”③。

值得称颂的是，在武汉救护行动中，赤十字与红十字相互协助，无分彼此，照《赤十字会长张竹君女士演说词》中的话说：“此次为慈善事业而来，何分畛域?”大家目标一致，心愿相同：尽可能多地救治伤员，共纾国难。在行动中，双方互相配合，绝不会因张竹君、沈敦和之争的公开而相互推诿。张竹君在她的演说词中就提及：11 月 2 日夜，战火烧近邮政总局，张竹君因在武昌医治某标统，夜深不能渡江，投宿一小客栈，第二天回到汉口，才知道局内病人均已安全转移到红十字会病院，她松了一口气；11 月 26 日，汉阳激战时，张竹君和她的会友帮助红十字会将百余名伤员转移到汉口。相互配合，相得益彰，宛如并蒂莲，鲜艳夺目，光彩照人。他们在武汉战地，共同谱写一曲人道主义赞歌。事实上，红十字、赤十字在伤兵病民眼中，并没有任何区别，都是同样的“红”十字。张竹君在她的演说词中深有感触地说：

---

① 《赤十字会赴镇记》，《民立报》1911 年 11 月 21 日。

② 刘松洲：《一片冰心——记我国红十字人道救助的先驱张竹君》，《博爱》1996 年第 1 期，第 15 页。

③ 《赤十字开大会》，《民立报》1911 年 12 月 25 日。

"一见到十字会三字，频送受伤者来。"[①] 本是同根生，理所当然。

战线在延伸，赤十字会的救护范围也在扩大。南京开战后，中国赤十字会又于11月19日派出由20位男队员、21位女队员组成的"第二队"开赴战地。他们在南京西华门中西医院收治伤兵，成绩可观[②]。其中，朱竹生女士尤为突出。据《民立报》报道："泰兴朱竹生女士毕业于女子医学校，本年（1911年）为上海医院女医。九月中，上海光复，民军攻制造局，受伤来医，女士为治愈者甚众。十月攻南京，女士以中国赤十字会女医，率同男女会友，往来于镇江、金陵间，不辞劳瘁，医愈受伤军士尤多。"1912年1月27日，她随张竹君会长乘夜车赴宁，至下关"喉痛发热"，在张竹君力劝下次日返沪，不治病逝[③]。2月11日，中国赤十字会特在上海医院开追悼会，缅怀她在辛亥救护行动中的骄人业绩[④]。

综上所述，"上海医院自武汉事起，即行组织赤十字会，以院长张竹君为会长。（阴历）九月三日由会长率同第一队赴汉口，继复分队驻汉阳，计两月中两处救疗受伤战士一千三百余人，事务殷繁，常至不遑寝食。两军战酣时，每出入枪林弹雨之中，亲畀伤者至病院，耐劳冒险，中外人皆称道不置，西人至屡载报章以颂扬之。九月二十九日，该医院续发第二队赴镇江，旋即随先锋队入南京，所救疗亦千余人，其勤劳亦为中外人所赞叹"[⑤]。张竹君和其会友，"热心办事，可为中国四万万人模范"[⑥]。

1912年4月27日，中国赤十字会"功成身退"，《申报》报道说：当日"上海医院为取消临时赤十字会事，特开大会，由院长张竹君女士报告临时赤

---

① 《赤十字会长张竹君女士演说词》，《申报》1911年12月30日。

② 《赤十字第二团之成绩》，《申报》1911年12月27日；《赤十字会第二团救疗记》，《民立报》1911年12月4日。

③ 《追悼中国赤十字会朱竹生女医士开会广告》，《民立报》1912年1月28日。

④ 《民立报》报道追悼会情形，云："昨日午后，南市上海医院为该院女医士朱竹生君开追悼会。女士本该院医学校毕业生，毕业后留院，助院医治病人。光复军起，女士在院治愈伤兵甚众。及民军攻南京，该院发赤十字队赴战地，女士实率之。民军入南京城，女士即率全队随民军先锋继进，在城中所治伤病千余人，经女士手者居多，返沪后仍在上海医院为军中人治病。一月廿七日，南京电召该院赤十字队，该院长张竹君再率队至宁，女士欣然愿随往。及下关，喉病发热，遂归，越三日而逝。故昨日特开追悼会，会中来宾甚众，述行状时，多泣下者。会场内外，遍悬挽联。该院总董李平书君联文曰：以弱女子任救护军人之职分，伊古未尝闻也；于毕业后尽医院义务而勤劬，此去复谁赖哉！张竹君联曰：中邦救病藉良材，培养六年仅乃得此；医界乏人况女子，又弱一个伤如之何！是日，陈都督遣代表至会致诔言，市政厅长莫子经君亲莅致诔。来宾登坛致诔者数人，皆表哀敬之意。女医学生及育贤女生皆作歌以悼，歌声凄恻动人。及闭会，合院中人摄一影，以为纪念云。"（《女医生追悼会》，《民立报》1912年2月12日）

⑤ 《赤十字会开大会》，《民立报》1911年12月25日。

⑥ 《赤十字大会记》，《民立报》1911年12月26日。

十字会经过之历史，又由院董李平书君略述筹措经费之不易。”① 中国赤十字会存在的时间虽然很短，但其辛亥善举，弥补了中国红十字会救护力量的不足，扩大了救护范围，也赢得了社会各界的交口称赞。作为发起人的张竹君女士，亦可谓厥功甚伟。

第二节　中国赤十字会第二团的辛亥事功

一、中国赤十字会第二团的重组

如上所述，中国赤十字会第二团原本应属于张竹君赤十字会系统，但隶属关系较为松弛，而重组之后，自成体系，已与中国赤十字会渐行渐远。尤其在民国建立后，更是以“中华民国赤十字会”申请立案。应该承认，中国赤十字会第二团本质上是独立于张竹君中国赤十字会之外的红十字组织。因此这里做专门考察。

中国赤十字会第二团的改组，与中国红十字运动的先驱陆树藩有关。如前所述，八国联军侵华战争期间，陆树藩发起成立中国救济善会，在红十字旗帜下，开展了卓有成效的救援行动。中国赤十字会成立后，陆树藩不甘人后，发起成立普济善会，准备开展救援。但陆树藩自知势单力薄，有意合并于中国赤十字会第二团，以厚集救援力量。第二团表示欢迎。1911 年 11 月 11 日、12 日，中国赤十字会第二团分别在《民立报》《申报》发布启事，谓：“中国赤十字会自八月念七日成立后，已分派各队赴各战地医救受伤兵士，历见报告。日来战地愈广，掩埋、普济等部未及举办，现由发起同人议商于陆纯伯君等，将其发起之普济善会归并一起，扩充中国赤十字会范围，除医治受伤者外，兼及掩埋、普济二事。定本月二十二日（阳历 11 月 12 日——引者）下午两时在康脱路五号徐园开会集议，以举三部部长，后推定经济、庶务、医药各主任，请发起同人、会董事、职员及全体会员准时莅会云。”②

11 月 12 日，中国赤十字会第二团与普济善会“合并”会议在徐园如期召开，先由第二团发起人之一的杨千里君报告开会宗旨：“大致谓二会宗旨相同，惟办法不同，历史不同，现拟合并办理，扩充范围。除本部医药之外，

---

① 《上海医院开会记》，《申报》1912 年 4 月 28 日。

② 《扩充红十字会》，《民立报》1911 年 11 月 11 日；《中国赤十字会广告》，《申报》1911 年 11 月 12 日。

添设普济、掩埋二部，所有经费亦应归入赤十字会。后经众举，杨千里君为临时主席，主席即请汪惕予君报告赤十字会成绩，大致谓本会原因张竹君女士发起赤十字会，是以组织赤十字会第二团，已经整治（救治）上海制造局受伤之人，又苏州、嘉兴、杭州、崇明、乍浦等处各已出发医队。”接着，陆树藩报告开办普济善会情形：“略谓武汉事起，张竹君女士开办赤十字会，甚为欢迎。鄙人于庚子年创办救济善会，本用红十字旗，此次仍邀集同志开办普济善会，适汪、田二君有合办之意，因宗旨相同，愿为赞助。”① 既然普济善会合并于赤十字会，那么，普济善会之名自然不复存在，按照杨千里的话说：“今日之合并者，必消纳一名，义成一会名，吾人以良心并合，以后即共同任事，为赤十字会尽力，自无意见之可言。”② 大会推举胡二梅为会长，费朴安为副会长，“众皆起立赞成”；又推举陆树藩为普济部部长，郑普一为掩埋部部长，陆叔桐为会计部部长，姚一指为交通部部长，汪惕予为医药部部长，冯聃生为庶务部部长。“又以两会发起人、赞成人能当时到会者为驻会议董，余则均推为名誉议董”。

11 月 13 日，“合并”大会继续召开，并举杨千里为总董事。但因第二团发起人田北湖、郑普一等人无意合并，“自愿仍办中国赤十字会第二团”，因而合并普济善会的中国赤十字会第二团公议更名为赤十字社，以免混淆。人事安排，也相应进行调整：姚一指为会计部长，葛久香为账目员；张望岂为交通部长，周又仿、沈节甫副之；孙询刍为掩埋部长，石亮丞副之；添举沈季璜为医药部副长；又举冯聃生为驻社理事；董事吴少珊为庶务部长，徐怡堂副之③。这样，赤十字社从中国赤十字会系统中游离而出。

11 月 16 日，中国赤十字会第二团发表声明称：“合并”大会“系由汪、陆二君召集，敝会会员赴会傍听，并非中国赤十字会第二团之开会”；“中国赤十字会第二团、中国普济善会并合为赤十字社，系由千里先生主持其说，敝会员虽极赞成而未认可，所举职员系属赤十字社办事之人”；“赤十字会第二团并不改易名义，敝会同人当场宣布即行退出会场，将旧事务所移至新闸路江宁公所，其赤十字社则由汪、陆二君另行自办，不与敝团相涉矣”④。这就意味着中国赤十字会第二团出现分化，重组也在所难免。

11 月 20 日，第二团召开董事会，到会者有张梅谷、程鸿宾、张骏良、郑锦峰、周颂屏、程松卿、丁夔生、张道庵、王翰伯、郁彪如、陈子斌、李悦

① 《赤十字社大会纪》，《民立报》1911 年 11 月 15 日。
② 《赤十字社大会纪》，《民立报》1911 年 11 月 15 日。
③ 《赤十字会大会记（续）》，《民立报》1911 年 11 月 16 日。
④ 《赤十字会大会记（续）》，《民立报》1911 年 11 月 16 日。

生、周树三、徐宇君、余子涵、谢俊臣、郁葆生、孙大年、华瀛庭、陈汉三等，先由田北湖报告办事状况及开会秩序。议决事项：（一）函请全体董事推举领袖；（二）每星期日下午三时在事务所开董事常会；（三）公推夏逸斋为经济主任；（四）到会诸人均签字担任募捐事宜①。

重组后的中国赤十字会第二团，独树一帜，已与张竹君创设的中国赤十字会渐行渐远。

二、中国赤十字会第二团的救护行动

在 11 月 20 日第二团召开的董事会上，有“函请全体董事推举领袖”的议程。那么，“领袖”是谁，根据《申报》的记载，会长为祝大椿，副会长为顾敬斋、张子标②。

祝大椿（1856—1926），著名工商实业家，字兰舫，江苏无锡人。1872 年到上海，在铁行当学徒。1885 年左右，开设源昌号，经营煤铁五金商业。后又经营海运业，购买轮船多艘，来往于新加坡、上海、日本及所经沿海各港口，并在上海经营房地产。1898 年起，陆续开办源昌机器碾米厂、源昌机器缫丝厂，合资开办华兴面粉公司、公益机器纺织公司、怡和源机器打包公司等。1900 年前后，成为怡和洋行买办。1908 年，因兴办实业，由清政府赏给二品顶戴。曾任上海商务总会董事、锡金商务分会总理。

顾敬斋，原名寿岳、寿臧，字子嘉，浙江湖州南浔人，著名实业家，上海总商会多届议董。在上海、无锡创办多家缫丝厂，如上海宝昌缫丝公司、乾康缫丝厂、无锡源康缫丝厂等，其中无锡源康缫丝厂是 1909 年他与祝大椿合办，可见两人关系不一般。

张子标，近代民族资本家，广州人。1868 年，至上海一家家具厂当学徒，一年后提升为工头。1873 年，开设“仁立昌油漆号”，生意逐渐发展。1881 年，在上海开设“虹口铁厂”，为中国最早的民族资本经营的机器厂之一。中法战争时破产。后从事投机事业，常获巨利，遂重操旧业。

正、副会长均为上海工商界“闻人”，这对中国赤十字会第二团的人道救援行动，显然是有力的支撑。比如顾敬斋就联手祝伊才、陈可扬、赵灼臣共同发起“新社会筹助赤十字会第二团”的活动，《民立报》刊登“启事”云：

新社会筹助赤十字会第二团启云：大汉义旅，不得已而用兵，战斗所及，伤痍必多。中国赤十字会第二团首先组织团体，出发医队，稍尽人民之义务，

---

① 《赤十字会纪事——第二团董事会》，《民立报》1911 年 11 月 21 日。

② 《中国赤十字会第二团改定名义紧要告白》，《申报》1912 年 2 月 22 日。

先后分赴苏、杭、嘉兴、乍浦、崇明、镇江等处，尚有成绩可观。崇明、松江、绍兴、枫泾又复设立支部，辛苦经营，日渐发达。其总事务所由大马路泥城桥移至新闸路江宁公所，极力扩充，期能始终，其事务达慈善事业之目的。惟是继续进行，需费正巨，值此物力艰难，捐募尤非易易，同人等担任义举，惄焉忧之。用特公恳学界新社会诸君，于十月初五、初六日（阳历11月25、26日——引者）下午二时至十二时，假老靶子路一百十号赵氏宸虹园演剧二日，佐以赛菊大会、改良滩簧，娱我嘉宾。其入场券每位售洋一元，全数充作赤十字会第二团经费，所有一切费用概由发起人与新社会诸君自行担任，不另开支，届时务乞慈善大家、闺阁仁媛，惠然贲临，襄此盛举，同人等当为受伤兵民九顿首以谢①。

如此积极地筹款募捐，对中国赤十字会第二团的人道行动，多有裨益。中国赤十字会第二团组建后，12月5日、6日、9日陆续派出救护队分赴苏州、杭州、嘉兴、乍浦、崇明等处，这些地方军事碰撞并不是很激烈，伤兵无多，但“军士抱病者要求疗治，几于日不暇给”②。南京战事发生后，又组织第三队，先赴镇江，“再图进行”。据《申报》报道，“近日医员入会大率远道而来，争尽义务，最为热心，其编入第三队者多属杭州广济医院”医护人员。第三队队长为吴伯英，医员主任吕守白，医员有扬子羽、陈凤湖、瞿宪成等，药剂师阮其煜，救护员有杨则行、汪成文、黄臣信等，共计25人③。第二团甚至派员远赴皖北颍州，救死扶伤④。

第二团主要通过设立分事务所的方式，因地制宜，开展战事救护，如：

《中国赤十字会第二团分设绍兴事务所声明广告》称：“本团现承绍绅陈君□□、孙君庐升热心担任赴绍分设事务所，募助经费，业经全体公同承认。孙、陈两君为绍郡分事务所经董，除照会浙江军政府汤、绍兴军政分府王暨山会商务分会协力筹助，并声明此后绍地设有战事，即由敝团担任救伤之责，

---

① 《赤十字会纪事——慈善事业之赞助》，《民立报》1911年11月22日。

② 《赤十字会第二团报告》，《申报》1911年11月16日。

③ 《赤十字会第二团报告》，《申报》1911年11月16日。

④ 《民立报》发表颍州府红十字分会全体会员的感谢信，称：“自武昌起义以来，风云日急，淮上相继光复，议和阁内，吾颍民军与清军屡启战端，伤兵乏人医治。于去年十二月初十日激战更剧，两□相持两昼夜之久，死伤遍野，惨不忍睹。□经颍郡西教士伏格思君联合上海红十字总会，在颍邀请会员成立红十字分会，即设临时医院二处，安置受伤军民七十余人。奈上海派来医士行抵正阳，因医治军民、伤兵不暇分身，□颍众会员束手无策，虽即协商邀请赤十字会第二团医士赵君汉江、王君元林到颍救治伤兵，溯自开战以来，所治兵民不下百人，成效卓著。迄今计算，获痊而得庆更生者已有大半，如二君之不惮劳悴加惠于颍□者，实可钦佩之至也。”（《来鸿去雁》，《民立报》1912年3月14日）

以副感意，特此登报广告。”①

《中国赤十字会第二团分设扬州事务所广告》云：“本团现承驻扬浙绅金君友芝热心担任，在扬分设事务所，募助经费，业经全体公认为扬州分事务所经理员。除照会扬州军政分府暨扬州商会协力筹助外，特此登报广告。”②

《中国赤十字会第二团分设南京事务所广告》谓：“会董周□三、郑介澄二君，现就南京古□营尚始公所设立分事务所，已承商界戴子明、王金韶、宋荩臣、岳庆生、戴钰昆、沈少云、宋厚庵、朱华堂诸君热心倡捐，并为代募共洋一千元，业经本团收到，另行登报鸣谢。二十七日常会议决，即请周、郑二君为南京分所经董，戴子明、王金韶、宋荩臣、岳庆生四君为名誉董事，除照会苏都督外，特此广告。”③

如上所举，凡第二团所到之地，大多设有分事务所，筹募经费，联手当地士绅，为伤兵难民服务，“成绩甚著”④。如在镇江，“中国赤十字会第二团经救攻宁一役重伤兵士、平民，护送镇江医院救治者计六十九人，就近留宁医治者计三十七人，……尚有宁地轻伤兵民先后来就门诊，并未留入医院者，人数繁伙”⑤。在南京，据《申报》报道，“中国赤十字会第二团在南京西华门中西医院留治各伤兵，计浙军一标二营右队六棚杨寿春，浙军一标二营前队九棚戴翰，浙军二标一营后队九棚郑伦，浙军一标一营左队六棚胡玉林，浙军一标一营前队七棚厉开昌，浙军一标二营右队七棚萧国均，浙军一标一营左队八棚吴留明，浙军一标二营右队四棚余利，浙军一标二营右队二棚曾锦士，浙军一标二营右队二棚王兴林，浙军一标三营前队六棚郑鼎光，浙军廿一标炮队一营中队二棚毕正元，浙军一标二营左队七棚颜廷山，浙军一标二营右队五棚吴春连，镇军三标三营左队二棚卜志创，浙军一标二营左队四棚李显鑫，浙军步队一标二营吴加福，浙军一标二营四棚吴国庆，镇军一标二营前队一棚石凤鸣，镇军三标三营左队一棚陈伯雄，宁军三标二营前队高殿卿，平民李儿、王家定、魏臣宰、刘大架、邵木兴、童以和、徐吉万，宁练军二营前队张廷标，宁练军前徐淮选录第一营小队王明儒，粤军前队四棚张明胜，镇军一标一营前队二棚洪祖培，宁练军二营前队许沿远。”⑥ 救护业绩由此可见一斑。

战事救护不仅仅局限于伤兵，对伤民亦一体救治。其中救治王顺昌之子

---

① 《中国赤十字会第二团分设绍兴事务所声明广告》，《申报》1911 年 12 月 10 日。

② 《中国赤十字会第二团分设扬州事务所广告》，《民立报》1911 年 12 月 17 日。

③ 《中国赤十字会第二团分设南京事务所广告》，《申报》1911 年 12 月 21 日。

④ 《新社会演剧捐助赤十字》，《申报》1911 年 11 月 23 日。

⑤ 《赤十字会救治人数》，《民立报》1911 年 12 月 15 日。

⑥ 《赤十字第二团之成绩》，《申报》1911 年 12 月 27 日。

王家庭，就是一例。为答谢中国赤十字会第二团再生之恩，王顺昌投书《民立报》申谢：“鄙人有子家庭，年十八岁，在雨花台附近嬉戏，误触炸弹，右手碎如齑粉，左足损去其半，头部及身体被伤三处，血肉狼藉，气息奄奄，见之者均以为虽遇华佗再世，莫可救药矣。鄙人于无可设法之时，姑招赴中国赤十字会第二团临时医院，当蒙大医士吕守白、杨子羽、瞿缦云、赵汉江、阮其煜、倪伦元、陈凤翙、张之佩、董国贤、崔贤增、虞心炎、董鼎松悉心疗治，刀药并施，已日就痊。可起死生而肉白骨，其吕、杨、瞿、阮、倪、陈、赵、张、董、崔、虞、董诸大医士之谓乎？小儿受此再造之恩，无可以报，用特登报，以扬仁风，而志不忘。”① 对中国赤十字会第二团建立的历史功勋，历史当然不会忘记。

三、更名中华民国赤十字会

民国肇建，中国赤十字会第二团面临转型，因为其原本“系一时权宜之计，颇与事实不甚符合”。民国建立后，中国赤十字会第二团曾举行全体会议，决定取消中国赤十字会第二团称谓，更名为中华民国赤十字会，并“公举正副会长代表赴宁”，得到临时大总统孙中山的“褒嘉”，允如所请，并于1912 年 2 月 20 日启用中华民国赤十字会钤记图章。为此，“中华民国赤十字会正、副会长祝兰舫、顾敬斋、张子标暨全体会员”在 2 月 22 日《申报》刊登《中国赤十字会第二团改定名义紧要告白》，“以昭信用”②。

不过，正如该《紧要告白》所说，“本会发起仓猝之时，未及举行正式大会报告成立，中西慈善家函电交询，以为缺点”③，不免受到质疑。1912 年 2 月 15 日，南京参议院正式选举袁世凯为临时大总统后，2 月 21 日，祝兰舫、顾敬斋、张子标致函袁世凯，希望能够维持中华民国赤十字会的合法存在。22 日，袁世凯复电赞成，云：“中华民国赤十字会祝、顾、张会长鉴：支三电具悉。贵会组织百余人，奔驰四阅月，扶伤救困，非特南北兵民同声赞美，即环球观听咸表同情。际此改正名称，正式成立，鄙人无任欢贺纫佩之至，嗣后自当维持一切，以副诸君子慈善之怀。”④

4 月 19 日，中华民国赤十字会公布辛亥收支账目，计：

——收捐款洋一万六千八百十二元三角五分；

---

① 《江宁王君顺昌答谢中国赤十字会第二团驻宁医员来函》，《民立报》1912 年 1 月 21 日。

② 《中国赤十字会第二团改定名义紧要告白》，《申报》1912 年 2 月 22 日。

③ 《中国赤十字会第二团改定名义紧要告白》，《申报》1912 年 2 月 22 日。

④ 《北京袁总统电》，《申报》1912 年 3 月 11 日。

——收银元一千零八十五两，合洋一千三百七十三元四角二分；
——收小洋七千五百卅八角五分，合洋六百六十三元三角九分；
——收钱卅三千九百八十七文，合洋廿六元一角四分；
——收保证金洋一百五十元，统共收洋一万九千零廿五元三角正；
——支医具、药品洋三千七百七十二元零四分；
——支金银、徽章洋二千零廿五元；
——支厚呢制服、羊皮大衣洋二千零四十二元三角；
——支水瓶、皮袋洋四百七十元零零三分；
——支绵（棉）衣被褥洋六百四十四元二角五分；
——支篷帐、病床洋四百九十七元三角；
——支照相纸片洋一百六十八元；
——支火车运费洋三百九十一元五角五分；
——支各种器具洋一千二百二十七元七角三分；
——支杂项零用洋九百三十三元八角；
——支零用、出发、饭食，苏、杭、乍、浦、崇明、锁（镇）江、南京、正阳、临淮、颍（州）徐（州）、颍上等处共洋三千九百四十九元九角六分；
——支总会饭食洋四百六十五元三角三分；
——支总会写生、司账、信差、薪工洋四百四十元零八角六分；
——支总角车力洋一百廿三元三角八分；
——存南京分会洋一百八十一元二角四分；
——现存洋一千六百九十二元五角三分，内有裕宁裕苏汉口钱局银行各纸币，统共计洋一万九千零二十五元三角正；
——捐存金饰平见二两九钱六分，银约指一只，重一钱，又收浙路股票一纸，缴过股本洋五十元。再上海本会总事务所承江宁公所同人概免房金，即南京城南北两路临时医院，一在小油坊巷，一在复成仓，应缴房金亦承会董彭君桂臣、钱君友琴概予捐助，是以此项款目不列，收支合并声明①。

账目清楚，这是公信力之所在。这也意味着辛亥救援行动的终结，由此翻开中华民国赤十字会新的一页。

赤十字会与红十字会，原本没有区别。按照国际规则，一个国家只能有一个统一的红十字会组织，中国红十字会已获得民国政府的立案，并于1912

① 《中华民国赤十字会辛亥九月朔日起至十二月终止收支广告》，《申报》1912年4月23日。

年10月30日在上海召开“统一”大会，中国红十字会的“唯一性”获得确认，中华民国赤十字会存在的合法性问题凸显出来。

1913年7月27日、28日、29日等日，中华民国赤十字会连续在《申报》刊登“紧要广告”，以“本会自南北统一后，未请官费，捐款寥寥，开支不敷，致沪会仅存名称”，祝兰舫会长宣布辞职，在沪会董会员“群情难望继续，衹得将前借江宁公所房屋擅先让还，并撤销在会牌号，以免名实不符”[①]。中华民国赤十字会至此终结。

第三节　赤十字社的救助活动

一、赤十字社组织架构

如前所述，赤十字社是从中国赤十字会第二团游离而出的，是中国赤十字会第二团中的一部分合并陆树藩普济善会（亦称中国赤十字社普济善会[②]）而成。“本社办事社员均应赠给徽章、制服、执照，决议应照红十字会、赤十字会略加改换，以示区别”[③]，会长为胡二梅，费朴安为副会长。

胡二梅名胡琪，安徽建德人，曾任分省使用道；费璞庵（又作费朴安、费璞安），即著名社会学家费孝通之父，曾留学日本，归国后创办吴江中学。与中国红十字会、中国赤十字会、中国赤十字会第二团比较，赤十字社的发起人虽然没有广泛的社会影响和雄厚的经济基础，但一样热心于慈善事业。

赤十字社组织架构、运作方式（办法）、人事安排（干部），在其制定的《赤十字社简章》中有所规定。“组织”方面，赤十字社内分医药部、卫生队、普济队、掩埋队4部：医药部医治战争受伤军士及一般同胞之有伤病者，无论民官两方受伤军士，本会一视同仁，尽力治疗；卫生队专司搬运受伤者送至医药部为其治疗；掩埋队为掩埋战地尸骸，免致暴露，“又内属医师二员，为随时检察尸骸中有带传染性之微生物者，分别火葬，预防战地传染病

① 《中华民国赤十字会紧要广告》，《申报》1913年7月27日、28日、29日。

② 《中国赤十字社普济善会开会日期广告》，《申报》1911年11月6日。中国赤十字社普济善会，系陆树藩与汪惕予共同发起。汪惕予（1869—1941），安徽绩溪人，原名志学，字自新，又字哉。1876年随父在沪从师习经，后随奉贤名医夏景垣习医，1897年开始在沪悬壶济世。1899年3月，赴日本学习医学，1903年返沪行医。创办自新医科学校，发行《医学世》月刊。1909年，他又在上海创办中国女子看护学校，是近代著名医学教育家。他还经营汪裕泰茶庄。

③ 《赤十字会大会记（续）》，《民立报》1911年11月16日。

因，以免疫疠大作，有害军士身体健康，特以为伤病者谋健康，为健康者犹谋其免伤病也”。至于普济队，主要是对难民的救助。“办法”方面，一是设临时事务所，置办事员，二是延聘医师、药剂师、看护妇等，三是备办医学各种器具。“干部”方面，设总理一人，正、副会长二人，会计二人，书记二人，医药部长一人，医员若干人，看护妇若干人，卫生队长一人，干员无定数，临时酌量多寡，普济队长一人，干员无定数，掩埋队长一人，干员临时增加。

关于赤十字社宗旨，《赤十字社简章》明确：“以博爱为主义，凡关于两军受伤兵士及一般同胞商民，概行救护医治，为纯粹之慈善事业。立于战争国体之外，于两方军事无涉，其办法遵守万国赤十字公共章程。”① 这与中国红十字会万国董事会、中国赤十字会宗旨并没有实质性区别。

赤十字社因较少有大企业家做后盾，因而经费来源主要是社会捐款。《民立报》是赤十字社捐助信息公开的平台，上海赤十字社总事务所会分批次公布捐款名单。如第56次“收捐致谢”称：“本社兹承吴少珊君经募高秋荃君洋十元，崔少棠君四元，孙贻谷、王香圃、薛金、林文君、李献庭、宣星臣、冯金生、卞庭桢君各二元，顾君、胡君、高廷梁、宰厚存、徐汝薰、浦金才、孙开来、宋兰亭、张君、杨家鼎、孙广才、张和尚、江阿福、王菊亭君各一元，又经募诸善士共捐小洋五十九角；李振亚君经募郑子记洋二元，彭少奶［奶］、凤公、李二媛、闵君、胡叔英、蒋平安、蒋凤梧、袁吴慧、朱小姐、蔡小姐各洋一元，又诸善士小洋六十二角；施仲芳君经募杜留名、汪鸣凤、李姓各二元，范荩臣、张子安、唐碧仙、俞少秋、蒋文祺、陈怡安、张信来、祥泰丰、孔伯生、严燮臣、雷仲隐、奚叔平君各一元，又诸善士小洋一百二十五角。以上统共大洋七十四元，小洋二百四十六角。合并登报，以扬仁风，而志谢忱。”② 赤十字社致谢名单，大多如此。由此不难发现，捐款者以普通市民居多，且捐款额较小，是其突出的“特色”。当然，赤十字社组织者也都尽其所能，解囊相助，如会长胡二梅捐洋200元③，率先垂范。聚沙成塔，社会力量的支持，使赤十字社的救助行动得以展开。

二、战事救护与难民救助

战事救护包括伤兵、病兵的救治和尸体的掩埋。面对辛亥革命的烽火，“以博爱为主义”的赤十字社，自然加入战事救护的行列。《赤十字社广告》

① 《赤十字社简章》，《民立报》1911年12月11日。

② 《赤十字社第五十六次收捐志谢》，《民立报》1912年1月29日。

③ 《赤十字社志谢》，《民立报》1911年11月23日。

中就表达其旨趣："自战争发现以来，受伤待救甚迫。我国除沈仲礼先生前组红十字会，暨张竹君女善士发起之赤十字会及田北湖诸君发起之赤十字会第二团外，别无组织救伤医队以赴前敌。但匝月以来，民军恢复已有十余省之广，若专恃红十字等会，恐难普及救护。是以同人等亟亟发起赤十字社，联络留学东西洋医界诸同志，成一完全救伤大团体，分派各战地，设立野战及临时医院，并设立普［济］、掩埋两部，援战地失所人民，埋葬暴露尸骸。"①因此之故，赤十字社陆续派出救护队前往苏州、杭州、嘉兴、湖州、崇明、汉口、镇江等地，参与战事救护，并在扬州设立分社②。其中，在上海、南京的救护，成效较著。

在上海，以赤十字社医药部长汪惕予经营的自新医院为养病院，"凡受伤兵士到本社就视者，莫不悉心医治，以副调护之实意"。在上海"光复"之战中，敢死队队长刘福彪、队官胡元奎、正目刘强姜、兵士胡当福攻制造局时均被炸伤，"迭经本社医生诊治，日渐痊愈"。吴淞驻扎的海、陆军"患病兵士日有十数，本埠各处军队亦复如是，均经本社医生竭诚调治，力尽义务"③。

在南京，据报告，"赤十字社自派队驻宁后，即在洋务局组织临时医院，选举职员"④，对伤兵实施救治，如"宁军差遣周伯英铳伤右腿，弹痕直径一寺（寸），流血狼藉。镇军兵士左骏荪铳伤左臂，凡四处，经社员竭诚施治，均著成效。十七日，旗城弹药库爆裂，有两脚受弹者，有头面烧毁者，有全身焦烂者。当时分别轻重，内外兼治，咸感激致谢而去"。据统计，"迭由先锋队指挥部伤兵来治，先后不下百人"⑤。

对尸体的掩埋，赤十字社亦尽力而为，使逝者安息。1912 年春，虽然民

---

① 《赤十字社广告》，《民立报》1911 年 11 月 26 日。

② 12 月 24 日《民立报》报道称："赤十字社在扬州设立分社，兹已组织完备，举定职员，现正竭力进行，藉广善举。各员姓名如左：理事汪纶瀛，干事金鳌、蒋景缄、谭济、郭荣椿，募捐王庆钟、汪纶瀛、华链、周景琪、周鑫，书记王维松、方镜蓉，看护刘舜英女士、蒋慎傅女士，庶务刘辅臣、周锦珍，招待陈文斌、吴永锡。"（《扬州赤十字社成立》，《民立报》1911 年 12 月 24 日）

③ 《赤十字会（社）报告书》，《民立报》1911 年 11 月 25 日。

④ 《民立报》公布的赤十字社南京临时医院职员名录：（治疗部医长）蒋可宗，（副医长）韩兴，（医员）黄实存、盛在衍、何积根、胡澄、张敝卿、田丙午、周伯、郑鸣镇，（助医员）蒋志新、冯祖昭、萧蔚露、朱荣锦、江衡、陈宪、赵翰恩、刘炎、余岩、江圣钧、汪芍美、瞿钧、汪于冈、帅葆镕、王秉钺、夏建安、焦焕混、萧翌庚、崔炽黄、徐樵青、赵铸，（药剂长）金体，（选药剂员）戚学绣、李寿康、张楷、丁维屏、周军声、张银海、蔡东贤、薛先钊，（看护妇长）孙志英，（看护妇）王沪筠、胡宛、李爱芳、汪鹤符、孙铭坤、严振坤，（理事部理事长）蒋可宗，（庶务员）朱荣锦、汪于冈、黄实存、郑鸣镇、胡澄，（书记员）汪芍美、余岩、蒋志新、张楷，（会计员）刘炎、王秉钺（《赤十字社驻宁之成绩》，《民立报》1911 年 12 月 23 日）。

⑤ 《赤十字社驻宁之成绩》，《民立报》1911 年 12 月 23 日。

国已经建立，但小规模的战事以及兵变时有所闻。费璞庵的岳父杨敦颐“自苏至宁，拟办贫女习艺所，适值兵变，乃急办掩埋事。穷日之力，奔走不遑”①。他在家书中诉说了南京兵变中赤十字社掩埋尸体的情形：

此次兵变，民间损失之资财与军界损失之生命大约相等。计自十一夜间起事以来，有为乱兵拒捕而殉难者，为广军八人。当场格毙之乱兵，如白门桥前后左右横巷口，几乎每巷有之。鼓楼街一带直至三牌楼到处皆有，劝业会场内、模范马路中亦皆有之。至十二天明以后，为留守府各司令部捕获正法者约计二、三百名。赤十字社经理之沿路尸首，穷三日之力，三家棺铺之赶制，尚有不及，而用被席卷裹者，其多可知矣。内有一名在狮子桥外交部门口者，系骑兵第一联队二百四十二号兵士李开发者，死得真冤。盖是人本驻浦口数日，前因无钱洗澡，向连长借洋三角。此时正值关饷，带有小洋四十八角，过江寻熟人觅寄家信，正值乱起，中枪身死。赤十字社收尸时，身畔搜出符号一张，向连长借洋三角之笔据一纸，并洋四十八角。已经埋葬后，乃有其表兄陶义清由该兵士之同营许由义、芮春山介绍来社，问其葬处，遂将尸身、遗物一律交与陶义清收去，并指示其埋棺之所。据陶云，其家中尚有老母，已三日断粮，开发为安家而误死，其母得信，恐不能保其余年矣！言罢痛哭，匍匐不起，社员亦为之下泪。此最足伤心惨目者也。通计埋葬尸首七八十具，皆系格毙路旁者。营中正法之尸尚未动手，亦有由队官招呼代葬。然此三日内，社员四、五人，小工十数名，寅出戌归，通身臭汗，沿途以大饼充饥，亦劳悴极矣②。

救伤瘗亡是红十字会的天职，赤十字社用行动做了诠释。对于战争中的难民，赤十字社也给予力所能及的救助。辛亥南京之役，难民众多，赤十字社普济部长陆树藩“特筹棉衣、饼干运往施放，连日在皇城一带及难民生计所查得大小近四千名，类皆啼饥号寒，惨不忍睹”③。12 月 17 日，“由火车装运棉衣裤六千零伍十件，饼干二千磅，面饼两大箱，交驻（宁）事务所散

---

① 《南京兵变后视察记》，《民立报》1912 年 4 月 16 日。杨敦颐（1859—1928），字粹卿，后号苏民，吴江同里人，费孝通的外祖父。他是较早从清朝官僚体制中走出来的资产阶级民主革命人士之一。1895 年，他辞去训导一职，凭借深厚的国学功底，到上海商务印书馆担任编辑。旅沪期间，杨敦颐先后接受了资产阶级维新思潮和民主革命思潮。他除了编写《汉字元音释》等初级小学教科书，参与《辞海》的编纂工作外，还撰写了《满夷猾夏始末记》一书，鼓吹资产阶级民主革命，号召民众推翻清王朝、建立共和国。他还热衷于慈善，并参与赤十字社苏州苦儿院的创建。

② 《南京兵变后视察记》，《民立报》1912 年 4 月 16 日。

③ 《赤十字社之成绩》，《民立报》1911 年 12 月 29 日。

放”[①]。1912 年 1 月 6 日，又“由宁沪火车装载棉衣裤陆千件，棉被一百条，小棉衣裤一千余件及鞋帽等，又饼干五千磅，面饼九大箱，运交南京事务所散放”[②]。赤十字社为饥寒交迫的难民送去温暖，使获得救助的难民“咸欣欣然有更生之庆”[③]。

对辛亥首义之地的武汉，赤十字社对难民亦施以援手，派商人孙询刍前往汉口开办事务所。12 月 20 日，陆树藩接到汉口来函，谓“敝会到汉，民军北军极欢迎，惟深盼衣被御寒，米粮平粜”。陆树藩立即发布广告：“伏乞诸大慈善家慷慨解囊，源源接济。如蒙捐助棉衣米面等物，请即交本社总事务所，随时解往，以救同胞，不胜感激之至。”陆树藩表示：“敝人历办慈善事业，兢兢自守，遇事则和衷商榷，不敢稍存意见；办事则勇往争先，不敢略分畛域；功则归人，遇责则己，总以款不虚縻，功归实际为主义。此心可质天日，匡扶全赖诸君，区区愚忱，伏维公鉴。”[④] 承蒙各界支持，武汉难民救助得以实施。1912 年 1 月，陆树藩“以汉口被难者众，饥寒交迫，特先运棉衣裤一千件前往散放，中西人士同声称许，谓造福于穷黎不浅”。同时，赤十字社“又续行筹备衣粮，即日解往施给，以期普及”[⑤]。在此过程中，不言而喻，陆树藩竭尽心力，而此项难民救助，“由诸大慈善家捐助本社，并声明不愿扬名登报，实心慈善，尤足钦感”[⑥]。

三、创办“苏州苦儿院”救助难童

受战争影响，孤苦伶仃、无依无靠的难童越来越多，赤十字社给予这些“苦儿”以人道关怀。正如“苏州苦儿院”发起人陆树藩所说：“江苏于改革之际，人民流离琐尾，耳不忍闻，目不忍睹，于金陵为尤甚，老弱转乎沟壑者不知凡几，其幸而仅存者多无家可归之童稚。当时战斗剧烈，枪林弹雨，血肉横飞，井灶万家绝无生气。同人等集款往救其可以自寻生计者，随处安排，其无家室父母可依者暂为留养。”[⑦] 据报道，赤十字社“在苏州原设有分医院一所，现因南京乱后，所收贫苦小孩甚多”[⑧]，如何让他们居有定所、健康成长，成为赤十字社所关切的问题，为此陆树藩“谋诸盛杏荪（盛宣怀）

① 《赤十字社广告》，《申报》1911 年 12 月 21 日。

② 《赤十字社来函》，《申报》1912 年 1 月 14 日。

③ 《赤十字社普济部之成绩》，《新闻报》1911 年 12 月 30 日。

④ 《赤十字社广告》，《申报》1911 年 12 月 21 日。

⑤ 《普济部之成绩》，《新闻报》1912 年 1 月 20 日。

⑥ 《赤十字社来函》，《申报》1912 年 1 月 14 日。

⑦ 陆树藩：《苏州苦儿院报告书序》，载《陆纯伯文稿》（抄本），上海图书馆馆藏。

⑧ 《苦儿院之佳况》，《民立报》1912 年 1 月 28 日。

宫保，慨助其已落成之孤儿院学舍”[1]，筹办苏州苦儿院。著名教育家、复旦大学创始人马相伯对此也给予支持，1912 年 1 月，特禀代理江苏都督庄蕴宽[2]，请予立案。庄蕴宽表示照办，乃发布“教令”云：“代理江苏都督庄教令：禀及简章阅悉。我国无业游民仰衣食于他人者，当十居其四五。该社拟从举办惰儿院为入手办法，俟经费充足，徐图推广，将来国无游民未始非该社首创之力，所请指拨苏州阊门外沿马路前清盛宣怀所建之贫儿院房屋及对面平屋地场暨花步别墅作为开办之所，应准照办，候行令指拨，并由警局出示晓谕。至该院名称，兹拟以惰儿院改为苦儿院，仰即知照。此令。”[3] 由“教令”可知，原“禀”所称“惰儿院”，由庄蕴宽改定名称为“苦儿院”。

经过几个月的筹备，4 月 21 日苏州苦儿院正式开幕[4]，陆树藩为院长。开办经费方面，陆树藩同乡刘承干[5]，“独捐万金”，并“担任常年经费”；又有徐贯云、徐凌云昆仲“除担任（常年经费）外，与王颂墀诸公竭力劝募，并经杨粹卿先生规定章程，沈季璜先生主持院务”[6]，苏州苦儿院得以顺利运行。

在陆树藩看来，“养而不教，亦为慈善之大缺憾”，因此“诸苦儿自衣履以及饮食，皆由院中供给”之外，还“延师授读，添设女学，兼立工场，举凡一艺之微，亦酌聘教员，随时指导，即所谓各就其性质之所近而栽培之”，希望“他日学成，无论男女，无论智愚，均能挟其所长，以发名成业”。正所谓“泰山不让土壤，河海不择细流”，陆树藩“于诸生不无厚望焉”[7]。

赤十字社苏州苦儿院，教养兼施，学工并举，生活起居，井井有条，给人留下抹不去的印象。两年后，《字林西报》记者进行采访，写下《游苦儿院记》的文字，《申报》译成中文发表，不妨录之如下：

苏州车站相距一英里之遥，居马路之右有广场焉，昔为兵站，近则雉堞云连书有苦儿院一所，西人之游吴者必一往观之。

---

① 陆树藩：《苏州苦儿院报告书序》，载《陆纯伯文稿》（抄本），上海图书馆馆藏。《苏州市志》称，陆树藩“通过东北三省协督徐世昌，商请逊清邮传部大臣盛宣怀将阊门外广济桥北堍私人花园别墅捐赠”，作为苦儿院校舍（苏州市地方志编纂委员会编：《苏州市志》第 3 册，江苏人民出版社 1995 年版，第 482 页）。

② 庄蕴宽（1866—1932），字思缄，号抱闳，晚号无碍居士，江苏常州人。中国近代政治家、书法家。历任浔阳书院主讲，百色厅同知，梧州府知府，太平思顺兵备道兼广西龙州边防督办等职。1912 年 1 月 1 日，接替程德全出任代理江苏都督，5 月辞职，程德全复任江苏都督。

③ 《苏州通信》，《申报》1912 年 1 月 28 日。

④ 《苦儿院定期开幕》，《申报》1912 年 4 月 17 日。

⑤ 刘承干（1881—1963），字贞一，号翰怡、求恕居士，晚年自称嘉业老人，浙江吴兴（今湖州市）南浔人，近代著名的藏书家与刻书家。

⑥ 陆树藩：《苏州苦儿院报告书序》，载《陆纯伯文稿》（抄本），上海图书馆馆藏。

⑦ 陆树藩：《苏州苦儿院报告书序》，载《陆纯伯文稿》（抄本），上海图书馆馆藏。

是院占地约三四十亩，创办才二载，已建有极大二层楼洋房一所，为盛杏荪先生所捐助者。近来沿墙又建有工场、寄宿所，房屋不少。记者往谒其地，方入即见沈君痴僧操英语极精，闻曾就学南洋公学者。是院约有男学生二百人，女学生二三十人，大都为鼎革时死伤兵士之裔。职教员共三十人，内有女教习、保姆合八人，藉以教育年龄幼稚之学生者。其学龄大概自七岁至十六岁不等，半日读书，半日习工，亦有英文课教习，来自南洋公学。一切课程皆用中文教授，六年毕业，毕业后每生拟给以百五十金即为其成家立业之基金焉。其每年平均对于每生之教养费需八十元左右，沈君云担任此项经费者，皆沪地富厚丝商，有刘翰怡先生者，独资担养百余人，年助万金，抑何慷慨也。

是院工场异常发达，规模又宏，在硐造马鞍靴鞋等物，更有金工、中外木工及藤竹织布各工，为其师者既不惮殷殷教授，学者又能矻矻耐劳，故出品精良，在苏地销路已广，不必远至上海发售也。

是院于卫生上种种布置，均极美备。围墙于内共有井六，平常洗濯所用水皆取自井中，饮水则取自运河。记者又亲观其会食，十人共一长桌，有日本毕业医生鉴定其食量多寡，食三碗者与三碗者同一室，食二碗者与二碗者同一室，日三餐，早八时，中十二时，晚六时，与西人同。平常素食，星期日、星期三及节日均肉食。学生洗衣洒扫皆自任之，除厨役外无仆人，有洗衣所，宽广极合宜，湫盥所尤布置得当。沈君又云，拟自制肥皂以供院内自用，屋后墙角又有焚烧废纸之所，布置可谓周详矣。

是院又有足球会运动会，更有二十四人组合之赛船会，有时须至吴淞比赛云。其运动之发达有如是者。有营乐队，以四十人组合而成，其将来之希望诚多而且难限量矣。

沈君又赠予等以章程数册，面刊赤十字，知前兹是院为赤十字社所创设者。

学生每日晨六时起，所为事皆有一定，载之表格，晚九时熄灯，在星期日谢绝参观，运动、军乐等事亦停止，盖实行休息也。又有所谓牛角帽学生，犯过则堌之，以为廉耻上之示罚。暗室则过失重大者，皆须狗穗其中也①。

在记者眼中，苏州苦儿院的经营管理，堪称中国慈善事业的典范，对慈善事业的未来充满期待：

今日社会事业渐期发达，中国慈善事业亦复不少，然初以为尚少同力合作之义，教会虽设有孤儿院，势亦难尽育中国孤儿，乃有上海贫儿院、苏州

---

① 《译字林西报记者游苦儿院记》，《申报》1914 年 5 月 1 日。

苦儿院继起于后，其为之先导者，吾人又何敢让焉！吾信华人本敏于仿效，且恻隐心人所同赋，征之是院之组织即可知也。至其将来之发达，则全欲仗其坚忍不屈之志矣①。

但苏州苦儿院的维持，困难重重，尤其是经费来源的不稳定，常使苦儿院陷入困境，陆树藩在《五年度报告书序》《民国六年度报告书序》《七年分（份）报告书序》等序文中，为苦儿院“种种艰难”而叫苦不迭②，呼吁各界解囊相助。

苏州苦儿院在困境中艰难前行，至1937年抗日战争爆发，经费无着，学生疏散，苏州失守前夕，只剩学生30余人、员工2人。1938年春，将最后无人招领的6名学生转送上海孤儿院收养，苦儿院停办③。苏州苦儿院能够维持近30年，救助“苦儿”数百名，实属不易，而赤十字社创始之功，功不可没。

四、发起“江淮难儿救济会”救助灾童

辛亥之年，烽烟四起，民不聊生。雪上加霜的是自然灾害肆虐，尤其是江淮一带，大水为灾，陷民众于水深火热之中。天灾人祸交乘影响，民国肇始，江淮一带春荒严重，饿殍载道。刚刚就任临时大总统的孙中山，在《批卢安济等呈》中称：“皖省灾情之重，为数十年所仅见。居民田园淹没，妻子仳离，老弱转于沟壑，丁壮莫保残喘。本总统忝为公仆，实用疚心。”④ 安徽如此，江苏也是一样。3月27日，孙中山发布《令财政部拨款实业部赈济清淮灾民文》，文中引用江北都督蒋雁行电文云：“前奉大总统来电，以江北灾情甚重，已筹款发交张总长（指实业部总长张謇——引者）分别办理。现在清淮一带，饥民麇集，饿尸载道，秽气散于城郊，且恐郁为鼠疫。当此野无青草之时，定有朝不保夕之势。睹死亡之枕藉，诚疾首而痛心。现虽设有粥厂，略济燃眉，无如来者愈多，无从阻止，粥厂款项不继，势将停止。苟半月内无大宗赈款来浦接济，则饥民死者将过半矣。”⑤ 面对如此严重的灾情，赤十字社不忍坐视，乃发起成立“江淮难儿救济会”，进行救助。这是赤十字社辛亥救援行动的自然延续。

---

① 《译字林西报记者游苦儿院记》，《申报》1914年5月1日。

② 陆树藩：《五年度报告书序》《民国六年度报告书序》《七年分（份）报告书序》，载《陆纯伯文稿》（抄本），上海图书馆馆藏。

③ 苏州市地方志编纂委员会编：《苏州市志》第3册，江苏人民出版社1995年版，第482页。抗战胜利后，苏州苦儿院改办为私立念达小学，苏州解放后被接收并入新民桥小学，原院址让给茶厂使用。

④ 李文海等：《近代中国灾荒纪年》，湖南教育出版社1990年版，第803页。

⑤ 李文海等：《近代中国灾荒纪年》，湖南教育出版社1990年版，第803—804页。

“江淮难儿救济会”，顾名思义，救助对象为江淮灾区无依无靠之儿童。江淮难儿救济会的成立时间，当在1912年5月初。5月8日，《民立报》刊发了《赤十字社江淮难儿救济会缘起并简章》称：

偏灾流行，连年不息，又经兵燹，民间生计益艰。南自宁垣，北至皖省，强壮流离，羸弱坐毙。本社同人办理普济，目击心伤，首先汇资开办苦儿教育院于苏州，继创贫女工艺厂于南京，又奉江苏都督内务司令，以淮北一带饥疲之民待拯尤急，该社员等于募集资金，如已足敷办理工厂之用，则公家借拨之款即专作拯救淮北一带难儿之用，尤属两得，仰即自行酌办可也等因。同人等仰体当道慈爱之心，筹急则治标之策，遵即遴派妥员，搭坐津浦火车，前往临淮一带，沿途援救，运还苏浙余米之乡，择差可温饱之户，准其认领，或作儿女，或为媳妇，俾得出死入生，并免流入下贱。一面筹募善捐，源源接济，定名为江淮难儿救济会，所有办法列之简章①。

显然，江淮难儿救济会“缘起”于对灾区灾童的人道救助，即“赤十字社驻宁社员因滨淮一带连年荒歉加兵灾，沟壑余生，待援孔亟。广军凯旋时，携带男女孩童数以千计，闻彼处尚有无数髫年求人携出灾区而不可得。均是同胞，能无悯恻?”② 而其《简章》，则对往来运送办法、收养章程、安置章程、募捐章程等，都有具体规定，凡5章18条③。

---

① 《赤十字社江淮难儿救济会缘起并简章》，《民立报》1912年5月8日。

② 《南京通信——江淮救济队出发》，《民立报》1912年5月8日。

③ ［第一章 往来运送办法］一、请都督府给发护照，申明宗旨，俾沿送民政长，尽保护之责任；二、请都督府咨商津浦铁路南段总理，凡本会会员来往运送难儿，一律免收运资，庶少几许旅费，多救几人性命；三、沿津浦南段车站，见灾民麇集之处，即在此间设局收运，作节节进行之计。［第二章 收养章程］四、设局收运之地，先向民政长呈验护照，请其拨借，局所派警保护，并出示晓谕；五、年在八九岁以上、十四五岁以下无力自存者，由女干事验明身无恶疾、废疾，本会均得运出灾区，妥筹安置；六、本会收运之难儿，如有家属亲族，均须填明证书；七、难儿既经本会收运，其父母或祖父母，并酌给抚恤。［第三章 安置章程］八、所收难儿运至苏、常、嘉、湖一带余米之乡，择乡民之安分营业者，准其领养，惟只准作为子女或媳妇；九、安置难儿之处，先借［育］婴堂、抚恤局等善会之地为屯留之所；十、愿领作子女者，先具愿书，并觅的实妥保出具保证书，声明不虐待、不作仆妾、不转给他人；十一、愿领作媳妇者，先带其子来局查验，无恶疾，无废疾，大致诚实，然后指配年岁相当之女子，双方合意，由主婚人具婚书，并邀的实妥保具介绍书，声明与领作子女者同；十二、凡来局认领，均须调查确系土著，安分营业，方许领养，一年之内，派人往各家调查两次，如有病故及意外之事，须即报明本会，以便稽查登记；十三、本会收放之难儿作为赤十字社之子女，负家族一切责任。［第四章 募捐章程］十四、凡领养难儿之家，劝令量力捐助，以资循环救济；十五、刊印捐册，广募各慈善家，并设救济会募捐桶，置之阛市殷实铺家，十日一开；十六、募得各项捐款，一律登《民立报》鸣谢；十七、收支款项除核实登报声明外，并印征信录遍送各捐户，以昭信用。［第五章 附则］十八、此项章程系就大概拟定，所有未尽周密之处，由出发员随时斟酌增订，报告本会总事务所办理（《赤十字社江淮难儿救济会缘起并简章》，《民立报》1912年5月8日）。

为践行江淮难儿救济会宗旨，赤十字社“乃发愿派员前往救济”，为此专门组织江淮救济队，“承江苏都督府内务司马相伯先生移请财政司蒋奂亭先生拨款资助，并蒙津浦铁路南段总局赞成善举，免收出发员并所救难儿车费，业已派出普济部干事员杨君德范协同万君子清、孙女士漱钦于五月六号渡江首途矣”①。救济队抵达临淮后，即在此“设局救济”②，拯救灾童。

关于江淮难儿救济会救济灾童情况，《民立报》有这样一则报道：“赤十字社在南京所办之江淮难儿救济会，于十五日由徐州解来男女幼孩三十一名。适值北京幼幼会会员、贫儿院院长臧君佑宸由苏州苦儿院参观后，寻来南京参观该社所办之贫女工艺厂，因悉本日有救济会解来难儿，特地逗留一日，同赴浦口，兼承照料进城，并愿分领一半至北京留院教养，以后尚有联络一气之约。似此热心社会，为国家培植基础，倘得各处多有如臧君其人，何患教育不普及，而国民程度不日进文明耶!”③ 至于总共救助多少灾童，不得其详，但其人道之举，值得称道。

总之，如时论所评：“赤十字社经杨君千里、汪君惕予、陆君纯伯、费君朴安等发起，于去年阴历九月初成立。内分医药、普济、掩埋三部，各设部长，即先后支配医队，出发苏州、杭州、嘉兴、湖州、崇明、汉口、镇江各处。南京剧战，复遣派东洋留学组织之医药团联络进行，并于苏州、南京设立完全医院，镇江曾设临时医院。战祸停止，即切实举办掩埋、普济等事。计在南京收尸二百余具，汉口、南京、镇江各发棉衣万余件，饼干等数千磅。近于苏州开办苦儿院，收养被难男女幼孩百数十名，施以相当之教育。南京、镇江并各设留养所，以便陆续收留，俾无失所。”④ 整个辛亥革命中，据汪惕予称：“辛亥光复时组织赤十字社，联合同志分投救护。战事告终，统计遇救获生者不下五千余人。”⑤ 赤十字社可谓成绩斐然。

第四节　辛亥人道救援的影响

辛亥革命是中国近代史上开天辟地、改朝换代的重大历史变革，在短短的几个月中，旧貌新颜，飙转豹变，历史的车轮在向前推进，中国红十字会

---

① 《南京通信——江淮救济队出发》，《民立报》1912 年 5 月 8 日。

② 《临淮通信——江淮难儿救济会》，《民立报》1912 年 5 月 19 日。

③ 《淮徐救运难儿记》，《民立报》1912 年 6 月 18 日。

④ 《赤十字社成绩》，《民立报》1912 年 3 月 11 日。

⑤ 《介绍医书》，《申报》1914 年 9 月 20 日。据该报道称，汪惕予“因惧当时之成效日久湮没，特辑《销伤治验纪略》一书，以供医界之考镜”。

也出现了蓬勃发展的可喜局面。据统计，辛亥革命期间，先后设立分会65处，分会医院30余所，这是前所未有的，难怪有人说中国红十字事业“发轫于俄日之战，而大彰于武汉之师”了①，而中国红十字会“善功所及，非特鄂省一役而已”了②。

应该强调的是，辛亥救援，虽然以“沪会”为主体，如有贺长雄所言：“中国目前虽有许多赤十字会，而办理之善皆不如上海中国红十字会。自日俄战争以来，该会有历史经验，医院学堂之设，政府且赐金相助，该会可为中国多数赤十字会之中心。虽中国不如日本东京之有本部，各府县之有支部。然自今年各省独立时战争之际，上海红十字会奔走其间，颇着成绩。且该会成立最早，名誉最着，故募捐亦较易，此为现在之状况。”③ 但“京会”以及赤十字会、社的人道行动，弥补了“沪会”救护力量之不足。“沪会”“京会”以及赤十字会、社，同构共存，形成“合力”，共同推动了中国红十字运动的发展。所谓“各会各自为力，不相依赖，其款之虽各不同，来源虽各不同，而同力办事则毫无意见，固皆认定以民命为前提，是本会正式组织虽云未备，而功用已昭然可见；分会虽云林立，而实际则同归一致，要皆从事会务者一心一德之所致也”④。

辛亥人道救援的影响是多方面的，其中以下几个方面尤其值得注意。

一、“红十字”深入人心

无论是红十字会，还是赤十字会，还是赤十字社，在公众眼里，没有任何区别，都是中立性的人道救助组织。因此，在救援行动中，社会各界热情赞助，尽力支持。《申报》《民立报》《新闻报》等刊登的“鸣谢”广告，连篇累牍。《申报》所载《中国红十字会第一届捐款汇总志谢》就是一例，录之如次：

本会自九月初三起至九月底止为第一届报告捐款收数汇总登报之期，谓善士如有已送捐款未列此单者，即系本会未收到之证据，善士可将某日捐洋若干赐函至上海三马路新闻报馆楼上事务所查询为感。本会向无人在外挨户募捐，亦未在园场车站逢人募捐等事。再，凡关于会员入会费，不列此单。

---

① 沈敦和：《中国红十字会杂志》弁言，载《中国红十字会杂志》创刊号（1913年5月）。

② 《武昌黎副总统转孙大总统致总会的电文》，中国红十字会总会编：《中国红十字会历史资料选编，1904—1949》，南京大学出版社1993年版，第57页。

③ 《中国红十字会之过去及将来（续）》，《新闻报》1912年1月30日。

④ 《中国红十字会中央部赴会报告》，沈云龙主编：《近代中国史料丛刊》第3编第58辑《吕海寰往来电函录稿》，（台北）文海出版有限公司1978年版，第889—890页。

又铜洋、药材、棉衣棉被、杂物等另单汇总报告，合并声明。兹将善士台衔列后：

第一届捐款一览表，九月初三日至九月三十日止。事务所经收沈洪赉君经募四明公所、各医局、各善会洋五千元；日本大阪中华商务总会丛良弼、张益三经募日金九百七十四元，合银八百十两八钱五分；陈润夫君经募上海商务总会洋六百元，施子英洋五百元；日本长崎中华商务总会苏道生、潘达初、梁肇三经募日金三百元，合银二百四十七两五钱；十龄童徐奉母命洋二百元；张君求病速愈，施涵香，李柏安，杨信之君经募无名氏，以上各助洋一百元；长源泰交来筹办皖赈协所银六十二两八分三厘，梁炳光、张寿波各洋五十元，金云徒、柳萃之合洋五十元；□源油号、贤记、和聚栈，信大祥交来裘业公所洪少圃、田丰记、木作、田益辉、袁仲蔚经募唐凤墀，以上各助洋五十元；曹星垣洋三十元，朱合记洋二十五元，谢筠亭银廿两；洪昌隆茶栈洪玉如洪君经募程醴泉、陈渭宾、郁屏翰、安宁、太平、瞿致恭、协丰、昌记、尤昌记、张复女士、洪文廷、潘祥生，以上各助洋廿元；汉口鑫隆煤矿公司洋十五元，沈安庆银十两，中英药房陈镜如，五洲药房项松茂、陈镇甫，洪昌隆茶栈账房郁屏翰君经募敦裕号石调梅、会稽施童十老人、周有宝女士、唐宗猷、普昌、良记、吕梦麟、管明义、尹平昌、蒋昌权女士、朱节香、吴成相、徐紫峰，以上各助十元；郁仲华洋八元，甘翰臣洋六元，苏州崇文女学校邵丽生同上；武崇文、梁达樵、保泰纲庄、陈保钦、江西安义彭介寿、江西奉新熊应瑞、包秀中、朱哲夫、胜家缝纫女学校关锦裳女士、杨兆云女士、陈□荷女士，以上各助洋五元；解英生洋四元，丰治、通记、留东学生中国一份子、黄少岩、程杏坪、席少卿、张嗣昌、连僧氏、石门蔡芹士、石门蔡朱氏、熊应瑞夫人、胜家缝纫女学校吴兆初女士、吴咏霓女士、吴振球女士、张惠女士、关兆芳女士、梁桂卿女士、周惠君女士、吴琼华女士、贝祥珍女士、何融文女士、徐秀芬女士、郑渭卿女士、陈惠琪女士、吴月娇女士、郑凤芝女士，以上各助洋二元；何幼仙、严泸熊、石门蔡品嘉、张海尽、无名氏、胜家缝纫女学校马宝英女士、李氏琼仙女士、吴琼珍女士、包良箴女士、胡龙清女士、唐尚书女士、李丽清女士、蔡汉侠女士、沈组青女士、宋杰庄女士、韦吴氏夫人、徐淑英女士、徐文英女士、雷秋姊女士、汤振华女士、李莲珍女士、赵佩琳女士、侯陈氏夫人、罗淑英女士、玉珍女士、何秀珍女士、温李氏夫人，以上各助洋一元；韦佩文女士、韦季超女士合洋一元，张士珍女士小洋六角，江西兴安马兴旺、江西铅三陈旺庆、杨静宜女士、周裴煌女士、胡惠芳女士、李方兰女士、叶氏、林祥渭、郑冠贤，以上各助小洋五角；蔡显荣、蔡显灵合助小洋二角，正金银行经收美国三藩市埠中国少年同盟会第一批捐助洋二千元，域（维）多利亚埠中华公所洋二千四百四十元，纽约埠中华公所（银）一千两，驻美中国领事黄荣良君经募银五百八十二两五分，雪利埠帝国宪政会银二百七十六两六钱一分，日本邮船会社银一百两，仁记洋行银一百两，葛主教经募圣马利学堂教员学生合助洋三十六元，南昌曾林汉洋二十五元，曹业记洋四元，隐名氏洋三元，蔡根发洋二元，金云卿洋一元，宫诗洋一元，麦旦尼尔洋八角五分。

西十月廿四号至西十一月三十号止。慎裕号经收唐稼轩洋十元，乐安子洋二元，无名氏洋一元；红十字会分医院邓笠航君经收郑耀廷洋五十元，汤崇厚堂洋二十元；裕大恒、陈望坤、李殿云、百忍堂、陶华瑚、方仁钦、毛叔全、两金书屋，以上各助（洋）十元；侯逸如、黄攸堂、王吉民、陈家恩、爱日轩、笠裕大恒糖行、林继荣，以上各助洋五元；无名氏洋四元，侯赓良、无名氏、胡炳莲、李伯贤、陈裕仁，以上各助二元；陈国振、黄家祥、无名氏、谭东平、无名氏，以上各助洋一元；张醒石助小洋一百角，新闻报馆经收凤阳英霖洋一百四十一元，铜元四枚，表件等列入杂物项下；四明隐名氏洋一百元，吴免初洋三十元，徐芳莲、吕希复各助大洋九元，赵鹤□洋五元，无名氏、郑君奔西、寄闲畅咏轩，以上各助洋二元，洽和小洋二十二角；朱绍伯、小松林庄君、莫厘无力子，以上各助洋一元；四明公所沈洪实君经收四明长生会洋二百元，存义会、郑桂春各助洋五元，陶宗耀洋三元，任昌生、鲍安祥、毕□丰、柳福金、柳生桂、柳宿生、柳生和，以上各助洋两元；潘水兴洋一元。

九月十六日至九月三十日止，四明公所经收捐款洋二百二十八元。自九月初二日起至九月三十日止，第一届共收捐款银三千二百九两九分三厘，洋一万二千九百二十八元八角五分，小洋一百六十五角，钱四十文。第二届续刊①。

以上所引《中国红十字会第一届捐款汇总志谢》，可见士、农、工、商、海外华侨华人以及国际友人都给予中国红十字会可贵的支持。捐款来源的广泛性，说明“红十字”深入人心，赢得社会各界的认可与信赖，这是救护行动成功的保障。而红十字人道行动的推进，不断扩大其社会影响，为红十字事业的未来发展，奠定了更加坚实的社会基础。

二、为红十字走向世界开辟道路

1912 年 1 月 12 日，新年伊始，瑞士日内瓦国际红会联合会会长阿铎尔致

① 《中国红十字会第一届捐款汇总志谢》，《申报》1912 年 1 月 5 日。

函中国红十字会万国董事会总董沈敦和，告知中国红会已得到国际红会的正式承认，享有与各国红会同等待遇，函称："俱征贵大臣善与人同，友谊克敦，遵即分电寰球入会各国，皆已一律承认，合电奉告。"① 中国红会由此正式成为红十字"国际联合会"大家庭的一员②。

中国红十字会之所以得到国际红会的正式承认，同样与辛亥救护行动密不可分。如前所述，1904 年 3 月上海万国红十字会建立后，清政府积极加入红十字国际组织，瑞士政府也曾将中国政府入会一事布告在约各国，但中国因补签"原议"而被接纳为会员国，只是取得开办红会的资格，不符合《承认条件》③，因系五国合办上海万国红十字会而非独自拥有，不可能得到承认。这就难怪日内瓦国际红会会长穆业、副会长欧第业在 1904 年 8 月 12 日给中国外务部的复函中告知在"将贵国入会一事布告在约各国"的同时，还"深望贵国设立红十字会"了④。

1907 年，上海万国红十字会解组，中国红十字会走上"自立"之路，初步具备了被"承认"的条件。但基础薄弱，无力在全国范围内开展人道主义工作，甚至连一个正式的章程也没有（只有一个《中国红十字会试办章程》），争取"承认"，尚需时日。尽管如此，沈敦和等人仍以"承认"宣之于外，他在《驳张竹君女士书》中就说："中国之有红十字会，于今八年，国家承认，全球承认。"⑤ 其实所谓"全球承认"，也只是承认中国为红十字会会员国而已。

---

① 《中国红十字会特别广告》，《申报》1912 年 2 月 7 日。

② 红十字会与红新月会国际联合会的前身国际红十字会协会于 1919 年 5 月 5 日才宣告成立，这里所说的"国际联合会"，是清末民初对红十字国际委员会（1880 年由瑞士民间团体"伤兵救护国际委员会"即"五人委员会"演变而来）的习惯称呼，此处一仍其旧。红十字国际委员会在当时又译为万国红十字联合会、红十字会国际联盟等。其职责之一即承认符合条件的新成立或改组的红十字会，并通告他国红十字会或红新月会。

③ 关于《承认条件》，早在 1887 年，卡尔斯鲁厄第四届国际红十字大会授予红十字国际委员会在"核实了各国新红十字会基本原则之后"通告其成立的特权。为完成这一使命，国际委员会制定并不断完善组织规则和《承认条件》，其中《承认条件》规定：建立在一个独立的国家领土上，而且《改善战地武装部队伤者病者境遇之日内瓦公约》已在该国生效；是该国唯一的全国性红十字会或红新月会，并由一个中央机构领导；本国合法政府已依照日内瓦公约和国家立法正式承认它为志愿救护团体，担任政府当局的人道主义工作助手；具有独立的地位，从而得以按照国际红十字运动的基本原则进行活动；采用日内瓦公约规定的红十字或红新月的名称和标志；组织机构应能便于履行该会章程所确定的任务（包括平时就做好准备，一旦发生武装冲突，便于履行公约所规定的任务）；该会活动需遍及本国领土；在吸收志愿工作者和专职工作人员时，不得考虑种族、性别、阶级、宗教和政治见解等（中国红十字会总会编：《红十字手册》，辽宁科学技术出版社 1988 年版，第 280—281 页）。

④ 《日内瓦红十字会会长为中国入会事复函》，《历史档案》1984 年第 2 期，第 43 页。

⑤ 《沈仲礼驳张竹君女士书》，《民立报》1911 年 10 月 28 日。

辛亥革命爆发，沈敦和改弦更张，发起成立中国红十字会万国董事会，开展卓有成效的战地救护。中国红十字会声名鹊起，引起国际社会的关注，争取“承认”的时机已经成熟。于是沈敦和拟借助日本赤十字社的臂助来实现这一夙愿。

日本赤十字社（初名“博爱社”）诞生于1877年，1887年得到红十字国际委员会的正式承认①。中日两国一衣带水，不仅距离近，而且大批中国留日生加入了日本赤十字社。日本赤十字社的成功经验成为中国效法模仿的榜样，中国红十字运动从启蒙宣传到立会、制定草章、征集会员，无不参照仿行，按周秋光先生的话说：“中日两国红会的关系其实是学生与老师的关系。”②

辛亥之役，日本赤十字社应沈敦和之请，给予中国红十字会以援助，除派医队参与战地救护外，还派法学博士有贺长雄前往上海，对中国红十字会的运作有所规划。有贺长雄从1911年11月26日到沪至12月11日回国，在沪半月，其间“该会理事总长沈仲礼君，每日带秘书、通译前来……谘询红会详细办法。有贺博士于二十七日先将条约缔盟，与万国红十字会联合之故，详细说明。沈氏闻之，深为致谢，并谓中国红十字事业，将来如能发达，皆为博士之赐。当将该会试行章程，求请修订”③。1912年会员大会上通过的《中国红十字会章程》（6章20条），就是在有贺长雄博士的帮助下“参照东西各国成法”拟制的④。

中国红十字会各种创制和规模日臻完善。1911年12月26日，日本赤十字社社长松方侯爵特致函国际红会联合会会长阿铎尔，介绍中国红会加盟。函称：“中国红十字会已开办，设总会于上海地方。该会组织完全，办理合法，愿具保结，请即知照万国承认，以利进行。”⑤ 鉴于中国红十字会已符合《承认条件》，1912年1月12日，阿铎尔会长函告：中国红会得到红十字国际委员会的正式承认。8年的期待，终于变成现实。这其中，辛亥救护的“助力”显然不能忽视。同时，也为中国红十字会走上国际舞台铺平道路。1912年5月7日至17日，在美国首都华盛顿举行第九届红十字国际大会，中国红

---

①《各国红十字会与红新月会一览表》，中国红十字会总会编：《红十字手册》，辽宁科学技术出版社1988年版，第273页。

②　周秋光：《晚清时期的中国红十字会述论》，《近代史研究》2000年第3期，第189—190页。

③　有贺长雄：《中国红十字会过去及将来》，中国红十字会总会编：《中国红十字会历史资料选编，1904—1949》，南京大学出版社1993年版，第447页。

④《中国红十字会二十年大事纲目》，中国红十字会总办事处1924年编印，第5页。

⑤《中国红十字会特别广告》，《申报》1912年2月7日。

十字会代表团首次“亮相”，为“全场所极注意”①。中国红十字会由此与世界联系在一起，意义重大而影响深远。

三、壮大了红十字会自身的力量

辛亥救护的卓有成效，也得力于赤十字会、赤十字社及各分会的积极协助与配合。红十字分会如雨后春笋般涌现，毫无疑问，促进了中国红十字会自身力量的壮大，为红十字事业发展奠定了坚实的基础。

1904 年，为救护日俄战争中被难民众，中国红十字会曾在东北以及烟台、金陵等地设立数十处分会，但救护结束后，各地分会无形中解体，蓬勃发展之势急转直下，这无疑是一个教训。直到辛亥革命爆发后，这种局面才得到根本改观：

中国红十字会会长沈仲礼君，英按察司苏玛利君暨中西董事部议决遍设分会病院，分道施救，除已设各分会六十处重加整顿，添配药品器具，加聘西医外，并在津浦南段一带（济南、烟台、青州、济宁、莱州、徐州、蚌埠、临淮、滁州、颍州、正阳、凤阳、怀远、浦口、六合），联合教会医院及留日红十字医团，择要组织病院，无事时专医病兵。刻闻凤阳驻有民军六千，病者甚多，由梅司令允给学堂房屋为医院，经奚尔治、哈达两医士购置药料器械，添聘医士，每日治病者约有百人。临淮城隍庙医院每日就医者亦有七八十名，新桥、固镇、宿州等战争地点亦均设有医院，下关、镇江、清江、扬州各分会医院业均加聘医生，先行医病，设遇战祸，随地抢救。即关外之营口、辽阳、吉林等处，亦已一律设立分会病院，伤病兼治，布置井然，并闻英、美、日和各华侨刻正广募捐款，以资接济，瑞士国内所设之万国红十字联合总会亦已缔盟合约②。

本会自武汉事起，次第添设分会或临时医院于各省要隘，若庐州，若芜湖，若淮安，若扬州，若清江浦，若吉林，若常熟，若全椒，若绍兴，若安东，若厦门，若杭州，若登州，若梧州，若颍州，若莱州，若安庆，若烟台，若福州，若无锡，若宁波，若苏州，若重庆，若宜昌，若六合，若滁州，若牛庄，若怀远，若徐州，若嘉兴，若吴淞，若南京，若临淮关，若正阳关，若凤阳，若蚌埠，若固镇，若新桥，若宿州，若长沙，若岳州，若常德，若

① 《万国红十字会在美京华盛顿开第九次联合大会　中国红十字会特派驻美公使张荫棠参赞容揆留美学生监督暨本会顾问福开森诸君为代表赴会事毕报告》，中国红十字会总会编：《中国红十字会历史资料选编，1904—1949》，南京大学出版社 1993 年版，第 392 页。

② 《红会布置之周密》，《申报》1912 年 2 月 8 日。又见《新闻报》1912 年 2 月 8 日。

京口，若镇江，若江阴，若广东，若南昌，若香港，若青州，若济宁，若黄县，若潍县，若奉天，若辽阳，若成都，若上海城内等处均是。其办事成绩，已据正式报告者，条列如上，亦有成立未久，成绩未据报告者，则暂付阙如，留待续刊云尔①。

为了巩固辛亥革命救护成果，中国红十字会在 1912 年先后召开了首届会员大会和“统一”大会，赤十字会、赤十字社完成使命退出历史舞台，中国红十字会的“唯一性”（一国之内只能有一个全国统一的红十字会组织）得以确立。在“统一”大会上，制订并通过了《中国红十字会分会章程》5 章 16 条，统一分会名称为“中国红十字会某处分会”，“分会所用旗帜袖章，均由中国红十字会总会给发”，“分会须遵照总会章程办理”，“在战时应遵守本国海陆军部定章及临时军司令官命令，协助医队救护病者伤者”，“在平时应筹募款项，设立医院，造就医学人才，置办医务材料，并预备赈济水旱偏灾、防护疫疠及其他各项危害之用”②。这就统一了分会名称，明确了分会的义务以及分会与总会的关系等。中国红十字会通过对分会的规范化管理，奠定了红十字事业可持续发展的基础。

总之，在辛亥革命这场翻天覆地的历史大变革中，救援组织在“红十字”这面旗帜之下，凝聚社会力量，并以中国红十字会为主体，展开了卓有成效的人道救援，建立了卓越的历史功勋。

---

① 《辛亥革命时中国红十字会暨各分会活动成绩》，中国红十字会总会编：《中国红十字会历史资料选编，1904—1949》，南京大学出版社 1993 年版，第 294 页。

② 中国红十字会总会编：《中国红十字会历史资料选编，1904—1949》，南京大学出版社 1993 年版，第 226—227 页。

第七章　北京政府时期的中国红十字（上）

1912 年中华民国诞生，中国历史翻开了新纪元。但不久，袁世凯攫取大总统职位，在北京建立临时政府，开始了北洋军阀的统治。民国北京政府时期（1912—1927），军阀混战，干戈扰攘，加以天灾，中国社会遍体鳞伤。作为人道救助团体，中国红十字会一如既往，救伤恤难，扶危济困，以实实在在的行动履行着红十字赋予的神圣职责。

第一节　民国肇建与中国红十字会转型

1912 年，民国肇建，中国历史翻开了新的一页。1912 年，对中国红十字会而言，也是极不平常的一年。这一年，中国红十字会正式被批准加入“国际联合会”；这一年，中国红十字会首次亮相国际舞台；也是在这一年，中国红十字会召开首届会员大会及“统一”大会，红会“唯一”的地位得到最终的确认。1912 年，中国红十字会实现了华丽转身。

一、积极奔走达成“立案”之请

1912 年 1 月 1 日，孙中山在南京就任临时大总统，庄严宣告中华民国诞生。统治中国两千多年的封建帝制时代一去不复返，中国历史开始了新纪元。

1912 年对中国红十字会来说，更是新征程的起点。1 月 12 日，中国红十字会得到红十字国际委员会的正式承认，这是对中国红十字会自 1904 年成立以来不断完善自我并在人道救助领域取得辉煌业绩的嘉勉。

大清帝国灭亡，中华民国诞生，中国红十字会面临新的转折。吕海寰的会长职务为清政府所任命，如今等于自动作废，在没有选出正式会长之前，诞生于辛亥革命中的中国红十字会万国董事会之董事部长（即总董）沈敦和、苏玛利就是理所当然的会长（实际上是代行会长之职）。2 月 3 日的《申报》刊登《中国红十字会谨谢美国波士顿中国学生会会长贺懋庆君洋五百九十五元》的广告，落款仍为“部长沈敦和苏玛利同启”，但 2 月 7 日后的广告落款，就变成了“会长沈敦和苏玛利同启”了（2 月 6 日南京临时参议院正式通过清帝退位的《优待条例》，清帝退位已不在话下）①。当然，沈敦和为会长及沈敦和、苏玛利两位会长并列，都不值得大惊小怪，因为这是过渡时期的“过渡现象”。

民国建立，举国同庆，中国红十字会也向新政府表达了美好愿望，2 月 15 日《红十字会致北京临时政府袁及孙大总统、黎副总统》电云：“统一已见明文，南北战祸永息，本会乐赞和平，曷胜额庆！”对中国红十字会的良好祝愿，即将接替孙中山的袁世凯以及黎元洪表示赞赏，17 日袁复电云：“中国红十字会沈敦和会长暨全体中外会员同鉴：勘电悉。共和成立，战祸永息，贵会乐赞和平，今已幸告成功，谨代南北军界同胞叩谢。”18 日黎元洪电复沈敦和称：“诸公持人道主义，抱和平宗旨，不独中华民国所倚赖，亦天下万国所共仰。现南北战祸永息，为诸公庆，为贵会庆，更为民国庆。”②

旧王朝已不复存在，作为国际性的人道救助团体——中国红十字会理当争得新政当局立案，维持她的合法存在。为此，沈敦和会长向黎元洪提出立案请求，并于 2 月 17 日致电袁世凯，吁请“维持保护”：“本会军兴以来，联合教会中西医士，设立分会医院六十五处，治愈伤兵万余，收葬鄂、宁遗骸各数千。中外会员三千余人，战地奔驰，业逾百日，险阻备尝，事迹已蒙万国红十字联合会采取宣布，公允联盟。先是甲辰冬业与瑞士日来弗缔约，基础已定。民国成立伊始，红会进行未敢稍懈，自应力任其艰，以期永久，庶侪于万国红会之林。敬乞垂念缔造艰难，加以维持保护，无任叩祷。”③

对中国红十字会的“立案”之请，民国政要做出了积极回应。副总统黎元洪目睹红会武汉救护情形，感受颇深，他曾偕夫人前去慰问救伤队员，并

---

① 《中国红十字会谨谢三级鞋庄开市随润田君乐助洋一百元》，《申报》1912 年 2 月 7 日。

② 《红十字会圆满功德》，《申报》1912 年 2 月 21 日。

③ 《公电——红十字会电》，《申报》1912 年 2 月 22 日。

给予物质和精神上的鼓励。民国初建，黎元洪对红会工作极表关心，2 月 21 日，他亲自致电孙中山，恳请予以立案。电文称：“鄂省自起义以来，血战数十日，尸骸枕藉，无算伤残，幸赖中国红十字会设立临时医院，救治被伤兵士，并施掩埋。兹查该会已由日本赤十字社社长松方侯爵特派法学博士有贺长雄来沪，商榷改修会章。复承日本介绍，得邀万国红十字联合会公认该会为中华民国正式红十字会。此次民军起义，东西南各省，均设立分会，（共）五十余处，所费不赀，其功甚巨。如此热心慈善事业，似不可不特别表彰，伏恳准予立案，揭诸报章，以资提倡而重观感，是为至要。”①

其实，学医出身的孙中山对红十字事业较之其他政要当有更深的体验，他是中国红十字启蒙运动的有力推动者之一，所译《红十字会救伤第一法》影响非同一般。红会立案，孙中山当然支持，2 月 23 日，特电黎元洪，“准予立案”，并对红十字会在辛亥革命中救伤葬亡功德高度赞扬，电文说：“查民国军兴以来，各战地将士赴义捐躯，伤亡不鲜，均赖红十字会救护、掩埋，善功所及，非特鄂省一役而已，文实德之。兹接电示，以该会前在武汉设立临时病院，救伤掩亡，厥功尤伟。复经日本有贺氏修改会章，已得万国红十字会公认，嘱予立案等因。该会热心毅力，诚不可无表彰之处，应即令由内务部准予立案，以昭奖劝。”② 电文揭诸《临时政府公报》和 2 月 27 日《申报》，这对红会会员来说是一个巨大的鼓舞。

袁世凯是辛亥革命的最大受惠者。他在一步步攘夺革命成果的同时，也对中国红十字会的吁请表示出热切关注，并寄予厚望。2 月 19 日，他在给沈敦和的电函中称：“此次战事，承贵会联合中西会员，医伤收骸，仁声卓著，感佩同深。现在宣布共和，尤应扩充义举，维持保护，责无旁贷，总期与万国红十字会联盟共济，尚祈同志诸君协力进行，无任企祷。”③

政坛风云，变幻莫测，但政界要人对红十字事业的首肯和支持是始终如一的。2 月 28 日，内政部为中国红十字会办理了“立案”事宜。中国红十字会在新旧交替之中，实现了平稳过渡。

二、首次跨出国门“亮相”国际舞台

中国红十字会得到红十字国际委员会承认不久，第 9 届国际红十字大会

① 《武昌黎副总统致南京孙大总统电》，中国红十字会总会编：《中国红十字会历史资料选编，1904—1949》，南京大学出版社 1993 年版，第 57 页。

② 《复黎元洪电》，《孙中山全集》第 2 卷，中华书局 1982 年版，第 125 页。

③ 《红十字会致袁项城及孙大总统黎副总统电》，《新闻报》1912 年 2 月 22 日；《公电——北京袁内阁电》，《申报》1912 年 2 月 22 日。

在美国华盛顿召开。

国际红十字大会是国际红十字与红新月运动的最高审议机构，每 4 年召开一次（特殊情况例外，首届大会于 1867 年在巴黎召开），讨论有关本运动的重大事项并通过决议，规划国际红十字运动，修改国际红十字与红新月运动章程等。如此重大国际活动，新被“承认”的中国红十字会当然不会放弃，但在代表的人选上，“京会”“沪会”之间产生重大分歧，以致波折横出，情形颇为复杂。

“京会”“沪会”之间的矛盾，如前所述，在辛亥革命以前即已存在。辛亥革命胜利后，随着中华民国的成立，中国红十字会在新旧交替过程中，呈现出“虚脱”状态。吕海寰的中国红十字会会长，为清廷所任命，清政府土崩瓦解，这一任命的法理出现问题，实际上等于自动作废。但红十字会毕竟不是清政府的官僚机构，它是民间社团，只要红十字会存在和新的任命没有下达之前，吕海寰照样可以以会长自居。“沪会”的沈敦和则不这样认为，在他看来，大清帝国灭亡，它所任命的会长已经“过期”，作为中国红十字会万国董事会董事部长的他和苏玛利，是理所当然的会长。如上述，他正是以会长的名义在《申报》上发布广告的。袁世凯 2 月 17 日给他的复电中，以“中国红十字会沈敦和会长”相称，也会给人以沈敦和确系会长的强烈印象。

事实上，相对吕海寰而言，沈敦和对中国红十字事业的发展显示出更高的热情，除想方设法争取红十字国际委员会的“承认”之外①，民国肇始，他还积极争取新政当局“立案”，维持中国红十字会的合法地位，并得到孙中山、袁世凯、黎元洪等的支持。因此，中国红十字事业得到国际、国内的“承认”，显然，沈敦和之功居首。换言之，在确定出席第 9 届红十字国际大会人选上，他更有发言权。

红十字国际大会的通告一般提前半年以上的时间行知各会员国。由于战争的影响，外交部延至 3 月下旬方将通告转送中国红十字会。3 月 24 日，袁世凯命红会自筹经费选派代表参加（政府代表由驻美公使张荫棠任之）。

京、沪两会得此消息，各自造报成绩，选派代表。沪会选派留美学生监督黄鼎代表红会赴会，沈敦和并以中国红十字会会长的身份发布《致美京万

---

① 吕海寰对此表示反对，他曾电告沈敦和：“缘本会各事均须与陆军部接洽，不能独断独行也。再中国现已入会，刻下无须再事介绍，亦无须托人联合，千祈将此议取销，免生枝节。”（《致上海沈仲礼观察电》，沈云龙主编：《近代中国史料丛刊》第 3 编第 58 辑《吕海寰往来电函录稿》，（台北）文海出版有限公司 1978 年版，第 741—743 页）

国红十字会第九次大会会长函》[1]，“将本会当时组织情形与夫日俄相战之际所办事项暨近当革命之时本会医队人员在汉所办各事先述及之，此外尚有补述数件”。

京会则拟派驻美参赞容揆代表吕海寰莅会，福开森为顾问。沈敦和闻讯，致电吕海寰：“前接美会函请赴会报告成绩，即电请总统示，奉敬电，饬由本会（沪会）筹款派员与会。佳日奉外（交）部庚电，派张代表届时赴会并许本会电请留美监督黄鼎代表赴会讨论，业将红会始末历史邮寄美会及黄代表各在案。按此次万国大会，京、沪两会各派代表报告成绩，显有异同，不特贻笑邻邦，尤足为红会之玷。吾公热心慈善，素所钦佩，目下西董将次告退，拟举公为总裁，和仍处总董地位……大局定后，京、沪两会本须合并也。”[2]

对沈敦和的“苦口婆心”，吕海寰不加理会，在他看来，“沈派黄鼎是独树一帜之意，只好复外（交）部以并未来告。沈既派黄某，可与本会（京会）所派员并行不背（悖）”[3]。他电告沈敦和称：“红十字第九次开会在即，业由大总统派驻美张星使代表莅会，敝处现请外（交）部转电张憩翁加派驻美参赞容揆暨福开森为弟代表，随同张使莅会与议。福君礼拜五由京起身，已嘱其将尊处办事情形暨张竹君女士、汉口马医生各处办法并南北各支会进行事宜详细报告以示联络而资研究，特此奉闻。”[4]

京、沪两会各行其是，无法协调，总统府外交部门只好“均认可”，并“电张使照会美使转达美外（交）部一律接洽”[5]。

1912年5月7日至17日，第9届红十字国际大会在美国首都华盛顿如期举行。其间，京、沪两会的代表权问题又一次凸显出来，据记载，“会长阿铎尔君以沈敦和君报告上海红十字会情形手函一件，面交本会代表等阅看。查函中所言北京、上海两会往来情形颇有争议之处”。这给中方代表出了一个难题：京会、沪会究竟何者为合法代表？面对尴尬，中国代表不得不“特地会商对付此函办法究竟如何方妥当”。会商达成一致意见：“将沈函交还阿君，不置一辞，另致阿一函，不作答复，专为声明本会所处地位。”致阿铎尔函由

① 《照译沈敦和君致美京万国红十字会第九次大会会长函》，载《吕海寰往来电函录稿》，沈云龙主编：《近代中国史料丛刊》第3编第58辑，第877—881页，（台北）文海出版有限公司印行。

② 《上海沈仲礼来电》，沈云龙主编：《近代中国史料丛刊》第3编第58辑《吕海寰往来电函录稿》，（台北）文海出版有限公司1978年版，第715—716页。

③ 《青岛来电》，沈云龙主编：《近代中国史料丛刊》第3编第58辑《吕海寰往来电函录稿》，（台北）文海出版有限公司1978年版，第717页。

④ 《致上海沈仲礼电》，沈云龙主编：《近代中国史料丛刊》第3编第58辑《吕海寰往来电函录稿》，（台北）文海出版有限公司1978年版，第839—840页。

⑤ 《致吕会长电》，沈云龙主编：《近代中国史料丛刊》第3编第58辑《吕海寰往来电函录稿》，（台北）文海出版有限公司1978年版，第844页。

张荫棠、容揆、黄鼎、福开森“会同署名”。函称：“中国红十字会之总会所暨总会办事员均在北京设立。总会长为吕公海寰。凡有关于会务函件均应寄送吕公核办，特以奉闻。”虽然“不作答复”，但实际上等于牺牲沪会，毕竟中国红十字会只能有一个，不可能一分为二。“至论中国各处红十字会所争声望地位一层，代表等当已公同商定，不欲以此问题烦扰此次万国大会。乃自沈君之函寄交到会后，遂令代表等不得不将北京总会奉有政府委任办理情形向大会会长陈明，惟是代表等之意，本国各会若果有所争竞之事，自应在本国境内开会公判，断不可交万国大会提议，以免有伤本国体面。所幸沈君之函，会长未作正式收入，否则渠当正式交阅，而代表等亦不得正式拒而驳之。今将原函交还会长，免致大会提议，沈君之函，自归无效，此办法代表等以为至简易而省唇舌”①。京、沪两会之间的问题，就这样“摆平”了。

中国红十字会代表团首次“亮相”国际大会，应该说还是引人注目的。一则“中国代表座在前一排，故地位较优”；二则“举本会代表黄鼎君为会场书记”；三则中国代表的表现比较出色。在大会开会前，中国代表团在中国使馆“会议一次，议定中国代表所呈大会关于本会之报告，应由黄鼎君宣读，如有讨论本会特别事件，由福开森君相助解释，因光复时本会所办各事，福开森君较为熟悉，并议定关于各国代表审查特别事件，中国一面由福开森君代表”，分工明确。黄鼎宣读中国红十字会报告时，“到会者极众。黄君于英文造诣精深，诵时音声清亮，会众闻之，极深赞叹。其时本会医员办事照片暨上海沪会照片册，均已悬挂会堂，以资会员观览，见者莫不欢爱，为他国代表索去者甚多”。福开森数度发言，都具有针对性，如“第一次发表意见，即在大会讨论英代表富尔理宣颂论说之后。该论说题为国家红十字会与附属各会。按富君所论红十字会所办事宜，应限在战时勤力办事，不应于平时兼办各项善举。讵会员不表同意者居多，福开森君遂亦起而驳之，先将太平时红十字会可办善举，略为陈说，又将本会近办救荒各事指以为证，并言深望普天同庆，共乐升平，使红十字会宁为升平之表记，而无为战事之表记”。福开森的意见，得到绝大多数与会代表的认同，“于是各会员意见，大致均以为平时红十字会亦应办理慈善事业”。这可视为中国红十字会对国际红十字运动的一种贡献。

参加第9届红十字国际大会的有32国代表，“有数国新会初次遣派代表

---

①《万国红十字会于千九百十二年五月初七日至十七日在美京华盛顿开第九次大会　中国红十字会代表专员奉派赴会事毕谨具报告呈请中国红十字会总会长吕钧鉴》，沈云龙主编：《近代中国史料丛刊》第3编第58辑《吕海寰往来电函录稿》，（台北）文海出版有限公司1978年版，第856—859页。

莅会，其中惟中国红十字会为全场所极注意”①。这是中国红十字会首次“亮相”国际红会舞台所取得的积极成果，中国红十字会也由此登上了红十字运动的国际舞台。

三、首届会员大会确立新的运行机制

中国红十字会在国际舞台上有出色的表现，在国内，通过“立案”，其合法地位亦得到民国政府的确认。但中国红十字运动如何推进，成为一个无法回避的现实问题；而且，京会、沪会之间的矛盾如果得不到妥善的解决，亦足以陷红会于四分五裂之境地。“虚脱”状态亟须结束，体制问题更需理顺，纷繁复杂的局面，需要通过会员大会来公商解决。召开会员大会，可以说乃势所必然。

不过，在会员大会召开之前，还有一个遗留问题需要处理，那就是解散万国董事会。第9届红十字国际大会曾通过一项决议：“传闻有人私设一会，名为万国红十字会，另定入会章程。今由本会决定，无论何国内所有联合会及团体，均不得称为万国红十字会。凡本会所承认者，均系各该国政府按照日来弗条约已经承认之会。”② 这个决议是否针对中国红十字会，不得而知，但中国红十字会万国董事会，作为应急而设的临时机构，在完成自己的历史使命之后理当解散。为此，发起人沈敦和、苏玛利忙碌了几个月。

1912年7月16日，中国红十字会万国董事会董事、名誉董事数十人在英国按察使署举行“报告大会”。首先由大会主席苏玛利报告“自民军起义万国董事会辅助红会进行概略及办事成绩”以及收支账目等，并宣布：“中国战事已息，董事会全体辞退，银钱存款经众议决仍由会计董事正金银行儿玉君、朱葆三君执管。”接着，沈敦和报告辛亥战时救护成绩，特别强调：“此次战务红会得以有美满效果，西董之力是赖”，“分会至六十余处，办事手续虽有不同，而得教会西董之力居多”③。言语之中，表达了中国红十字会对西董人道主义援助的颂扬和款款谢意。“报告大会”商定，万国董事会解散后，从原董事中挽留沈敦和、李佳白、朱礼琦、亨司德、朱葆三、儿玉、施则敬7人办理会务，以便交接。

---

① 《万国红十字会在美京华盛顿开第九次联合大会　中国红十字会特派驻美公使张荫棠参赞容揆留美学生监督暨本会顾问福开森诸君为代表赴会事毕报告》，中国红十字会总会编：《中国红十字会历史资料选编，1904—1949》，南京大学出版社1993年版，第389—392页。

② 《万国红十字会在美京华盛顿开第九次联合大会　中国红十字会特派驻美公使张荫棠参赞容揆留美学生监督暨本会顾问福开森诸君为代表赴会事毕报告》，中国红十字会总会编：《中国红十字会历史资料选编，1904—1949》，南京大学出版社1993年版，第391页。

③ 《红十字报告大会详志》，《申报》1912年7月18日。

万国董事会解散后，沈敦和等“留守”人员立即投入会员大会的筹备工作中。中国红十字会自成立以来，还没有召开过会员大会，头绪繁、任务重，不言而喻。8 月 7 日、14 日，“筹备组”即红十字会事务所在《申报》刊登广告，郑重宣告：中国红十字会首届会员大会即将召开，深望全体会员与会，共襄盛举。广告称：

本会创始于日俄之战，已加入日来弗条约。去秋民军起义，添设分会及临时救护机关共六十余处，救伤葬亡，力任艰巨。蒙孙前总统、袁大总统及黎副总统奖许立案，并承日本赤十字社社长松方侯爵推荐加入万国红十字联合同盟，当经万国公认本会为中国正式红十字会。兹已拟订正式会章，择于阳历九月十五号（即旧历八月初五）准下午四点钟在上海英大马路小菜场议事厅开全体会员大会，报告会务、账目并正色选举常议员，再由常议员中选举会长、理事等职员，协力进行，以宏博爱恤兵宗旨。凡属会员均有选举被选举权。又曾纳捐或经募捐款者，本会亦概认为会员。务请分别携带佩章、凭照、收据等咸来与会，无任欢迎。俟常议员会成立，凡纳捐募捐诸君，照章应特赠特别或名誉会员者，再当会议推举，以重荣誉。红会为世界的慈善事业，万国均极推崇，具有选举被选举资格者，幸勿放弃，实深企祷①。

首届会员大会，关系到中国红十字事业的前途和命运，意义重大，理所当然受到社会各界特别是会员的关注。

会期迫近，但“因各种印刷品赶办不及”，遂决定推迟两周即 9 月 29 日举行②。为方便外埠会员莅会，中国红十字会与沪宁铁路公司相商，允半票乘车③。外埠会员“不拘客车、通车、特别快车，均可乘坐”④。

9 月 29 日，“天朗气清，风不扬波”。在这秋风送爽、桂花飘香的迷人季节里，中国红十字会首届会员大会隆重开幕。下午 3 时，来自各地的 1352 名会员，相聚英租界大马路议事厅。大会主席沈敦和报告开会宗旨，言辛亥革命一年来，中国红十字会声誉日隆，已有会员近 2000 人，纳捐善士数千人，捐款 155270 余元，分会 60 余处，进步迅速，诚非意料所及，“然以创办九年未经展发之红十字会，一旦得见其旗帜飘扬于全国且与万国红十字会旗相映而增辉，固可博世界之荣誉增本会之光宠，而诸公博爱之仁声亦可永垂不朽

---

① 《中国红十字会第一次会员大会广告》，《申报》1912 年 8 月 7 日、14 日。

② 《上海中国红十字会大会改期广告》，《申报》1912 年 9 月 12 日。

③ 《中国红十字会商允沪宁铁路公司发给半价车票》，《申报》1912 年 9 月 12 日。

④ 《中国红十字会阳历九月二十九日旧历八月十九日开会广告》，《申报》1912 年 9 月 21 日、25 日。

矣。今日开会，正欲申谢诸君之仁德，筹商进行方法，并推举议员，组织议会，以立永久之基础。盖凡文明各国，无不有极展发之红十字会以代表其国家之程度。今中国共和成立，首重人道。兵戈虽息，疮痍未复，顺、直、温、处等，又复水灾仍频，乞振之电纷至沓来。揆以红十字会之广义，本会悉应救济，故望诸公以一劝十，以十劝百，务使捐纳入会者得臻发达之极境，此实今日所期于诸公者也。考日本赤十字社，有社员数十万人，基本款项二千万元。中国幅员之广，人口之多，何止十倍于日本？例此一年内本会展发之速度，则后之视今犹今之视昔，虽远驾日本而上之，亦何难之有哉！诸公与本会皆属休戚相关。本会能发达，固同胞之福，亦诸公之荣。务望群策群力，公同维持，无任感盼”①。沈敦和演说毕，王培元用白话演说武汉战地救护情形，“庄谐杂出，娓娓动听，合座为之击掌”②。施则敬报告收支账目，会员没有异词。会议通过了《中国红十字会章程》并推举英国按察使苏玛利、日本总领事有吉明、日本赤十字社外务顾问有贺长雄、尚贤堂监院李佳白和福开森“五君为顾问”③。

推举常议员，选出新一届红会领导，为此次会员大会的中心议题。经讨论，推举施则敬、洪毓麟、朱佩珍、席裕福、唐元湛、汪龙标、陈作霖、狄葆贤、张蕴和、周晋镳、童熙、李厚祐、金世和、蒋辉、何怀德、哈麟、何亮标、谢纶辉、丁榕、施肇曾、郁怀智、叶韶奎、桂运熙、徐镜澜、袁嘉熙、叶德鑫、邵廷松、贝致祥、王勛、林志道、朱礼琦、余之芹、洪肇基、江绍墀，计 34 人为常议员。

10 月 6 日，常议会成立，常议员集会，参照东西各国定章，公举大总统、副总统为名誉总裁；选举吕海寰为正会长，沈敦和为副会长兼常议会议长，江绍墀为理事长。9 日公电政府，请以明令宣布正副会长，“昭示中外，策励将来”④。19 日“大总统令”：“派吕海寰充中国红十字会正会长、沈敦和充中国红十字会副会长。”⑤

首届会员大会的召开，在中国红十字运动史上具有重要意义，它结束了万国董事会解散后出现的无正副会长、无理事的“虚脱”状态；通过了《中国红十字会章程》，使中国红十字事业的发展步入正轨；完成了董事会制向常

---

① 《红十字会开会纪》，《申报》1912 年 9 月 30 日。

② 《红十字大会志盛》，《新闻报》1912 年 9 月 30 日。

③ 《红十字会移北京》，《民立报》1912 年 10 月 15 日。

④ 《红十字会之公电》，《申报》1912 年 10 月 18 日。

⑤ 《临时大总统令》，《政府公报》1912 年第 171 期。

议会制的会内运作体制的转变；特别是通过《京沪合并章程》①，化解了京会、沪会之间的隔膜，实现了“合并”，这有利于红会事业的协调发展。

四、“统一”大会建章立制理顺管理体制

首届会员大会极一时之盛，但还有一个关键性的问题没来得及解决，那就是“统一”问题。“统一”，包括中国红十字会内部关系的“统一”和外部关系的“统一”。

按照国际红十字运动的基本原则，任何一个国家只能有一个红十字会或红新月会。而中国红十字会，虽然自成立以来即具有全国性，但从未实现过真正意义上的“统一”，其“唯一性”随时可能受到挑战，中国赤十字会、赤十字社的出现就是如此。事实上，一方面只要需要，谁都可以创建红会组织或借用红十字旗号；另一方面，红十字会“大彰于武汉之师”，在辛亥革命中取得长足发展，而不“统一”的局面也令人瞠目结舌，如广东就有广东红十字会、中华红十字会、粤东红十字会、济群红十字会、大汉红十字会、广东河南赞育红十字会等，名目繁多，令人眼花缭乱。毫无疑问，这是国人慈善热情高涨的体现，本无可厚非，正如沈敦和所言：“民军起义于武昌，战祸蔓延于全国，热心救济之士，投袂奋发，争先组织慈善团体，救死扶伤。或以赤十字会命名，或以红十字会命名，不下数十起，其博爱恤兵之大旨，与

① 1912年9月19日，沈敦和、福开森在上海达成《中国红十字会合并条议》12款：议将中国红十字会总会设在都城，以合各国办法；公请袁大总统、黎副总统为名誉总裁；公请吕公海寰为正会长，福开森君为顾问官，冯恩崐君为秘书长，驻于都城总会办事；总会设在都城，专与政府及各部接洽会务并办外交各事；公请沈敦和君为副会长，常驻上海管理会务；上海会所改名为中国红十字总会办事处，设在上海，举江绍墀君为理事长，以一事权而专责成；公举会员及输捐者三十人为常议员（即议事部），举副会长为领袖，管理一切会务、医务、筹款等事，所有沪会从前所办之事，以及与西医所订合同、哈佛医学堂所订办法，又各省所设之分会，所置之地产、房屋，一切悉仍其旧，毫不改动，惟总会设在都城，上海总办事处应将寻常之事每月报告会长一次，其重要事件随时报告会长或商明而后施行；规则大纲南北既经合并，自可商改数条，以免抵触；京会所设各分会合并后，应由总会介绍与上海办事处交通，以归一律；上海大会订期九月二十九号，万难再改；各省统一会，吕会长原拟择定适中地址开会一次，今查上海为各省交通利便之区，即于十月间在上海开会。正会长主席，如正会长不能莅席，由其电请副会长主席合并后，应将合并情形由吕、沈公函执照万国联合会，并将规则立案（《直隶巡警道为□札发中国红十字会合并条议通饬知照文》，《大公报》1912年11月3日）。黎元洪《复上海中国红十字会》函件载为《京沪合并章程》10条：一总会设于北京；二聘请正副总统为（名誉）总裁；三吕海寰为会长、福开森为顾问；四总会除与政府各部会接洽外兼办外交；五沈敦和为副会长，常驻上海管理事会务；六上海红十字会定名为中国红十字会总会总办事处，举江趋丹为理事长；七总办事处管理全国各分会事务、医务、募捐、赈济、防疫、执掌会中财产等事；八全国代表大会定于9月29日在上海举行；九各省统一大会之后亦于上海召开；十京沪合并情形由正副会长以公函向全国宣布（沈云龙主编：《近代中国史料丛刊》第3编第67辑《黎副总统政书》，（台北）文海出版有限公司1978年版，第176—177页）。

本会如出一辙，于是普通人民，始知红十字会关系之重要与其立会之精义，会务发达，遂有一日千里之势。”① 但“宗旨相同，而手续互歧，间有以本会名义设立分会而迄未与本会接洽者”②，造成一定程度的混乱。在新的时代条件下，如沈敦和所说，红十字会作为“世界万国惟一慈善事业，民国成立，一切政治机关莫不革故鼎新，期与东西各国齐驱并驾，则此重要之慈善团体，亦安可不正厥名义，求合乎世界大同？此本会之所以急谋统一也”③。况且，中国红十字会已得到红十字国际委员会的正式承认，应该与国际接轨，且与“日来弗条约及万国红十字会规约之关系”，需要有一个明确“统一”的界定。红十字会是一个国际性的民间慈善救护组织，与陆军、海军、外交、内务等各部门之关系，也需要“统一”规范。

总之，“苟不谋统一，必至各自为政，办法纷歧，既无团结之精神，即无巩固之基础，对内对外，能力薄弱，如是而欲期发达，不其难欤?”有鉴于此，中国红十字会在成功举行首届会员大会时，即决定“特开统一大会，联合政府及各省分会，共筹进行。举凡对内对外之关系，与夫本会事业之必要，一一详加讨论，列为条件，俾共遵守，冀他日事业，可与万国红十字会相辉映”④。

“统一”大会的筹备工作在会员大会结束后即已开始，由内务部会同中国红十字会负责实施。10月上中旬，内务部在总会协助下调查“各省红十字会处所地址以及办事人员姓名，……以便召集会议”⑤。随后通电各省，要求“各省红十字会派代表与会，携带现时办事规则及一切成绩报告以备研究”⑥。《中国红十字会统一大会》的广告也在10月中下旬不时见诸报端：“凡各省已与本会联合或未与本会联合之红十字会或赤十字会以及其他慈善团体统祈一体莅会，光斯盛举。”⑦ 为方便外埠代表与会，中国红十字会商允沪宁铁路、津浦铁路，给予半票乘车的优待⑧。中国红十字会“为全国惟一慈善事业”，

---

① 《副会长沈敦和君宣布开会宗旨》，中国红十字会总会编：《中国红十字会历史资料选编，1904—1949》，南京大学出版社1993年版，第266页。

② 《中国红十字会二十年大事纲目》，中国红十字会总办事处1924年编印，第6页。

③ 《副会长沈敦和君宣布开会宗旨》，中国红十字会总会编：《中国红十字会历史资料选编，1904—1949》，南京大学出版社1993年版，第266页。

④ 《副会长沈敦和君宣布开会宗旨》，中国红十字会总会编：《中国红十字会历史资料选编，1904—1949》，南京大学出版社1993年版，第266页。

⑤ 《部查红十字会员》，《民立报》1912年10月22日。

⑥ 《北京电》，《申报》1912年10月13日。

⑦ 《中国红十字会统一大会》，《申报》1912年10月23日、24日。

⑧ 《中国红十字会商允沪宁铁路、津浦铁路半价优待券》，《申报》1912年10月23日。

当局“力任维持”，黎元洪副总统以及外交部、内务部、海军部、陆军部特派代表莅会，如此盛举，如《申报》评论员文章所说，“必可为中国慈善界放一异彩也”[①]。

1912年10月30日下午2时，中国红十字会“统一”大会在上海大马路黄浦滩汇中旅馆五楼大会堂隆重开幕，参加会议的代表有中国红十字会名誉总裁黎元洪副总统代表赵俨葳（伯威），奉天都督代表司督阁，江苏都督代表许葆英（伯明），外交部代表陈懋鼎（征宇）、王继曾（述勤），内务部代表刘道仁（伯刚），陆军部代表汪行恕（植圃），海军部代表谢天保（卫臣）、温秉文，上海交涉使陈贻范（子安），北京总会代表福开森（茂生）、冯恩崑（伯岩）、萧敏（智吉）、谢恩增（隽甫）、徐盅（森玉），总会总办事处代表沈敦和（仲礼）、江绍墀（趋丹）、张在新（铁民）、吴宝义（敬仲）、金祖圻（兰荪）、邓济川（笠航）和厦门、常熟、安东、南昌、烟台、庐州、重庆、济南、保定、天津、芜湖、颍州、滁州、吉林、潮州、江阴、九江、黄县、武昌、成都、西安、南京、奉天、安庆、绍兴等分会代表以及陆军第十六师师长代表、北京幼幼会代表、广东济群、广东中华、广东大汉、粤东、肇庆、广东河南赞育红十字会的代表[②]，加上来宾，“约数百人”[③]。中国红十字会名誉总裁黎元洪副总统和国务总理赵秉钧发来贺电。

大会开始后，首先由赵俨葳颂读名誉总裁黎元洪副总统祝词。黎在祝词中说：“承诸君子不弃，公推元洪为名誉总裁。元洪身羁鄂事，不克与会，谨委托发起武昌赤十字会之鄂都督府顾问官赵君俨葳代表到会，藉以表示元洪爱重本会之意！”黎元洪对中国红十字会自成立以来尤其在辛亥革命中的救护业绩，极为称赏，对红会事业发展寄予厚望。他在祝词中说：“迄于今日，四方无事，则必有谓本会为不急之务者矣！庸讵知天下事，皆设备于无事之日，而后收效于有事之时。本会人才，岂一日所能养成，本会经费，岂一日所能筹集？各国章程，宜广为搜集，而师其特长；内地支会，宜预为提倡，而壹其手续，所待规画，盖非一端。……所愿基本日固，范围日广，使本会施济之愿，由战时而推及于平时，拯恤之行，由本国而推及于他国，将见数年之内，我中华民国必当为召集万国红十字总会并附开红十字博览会之地点。”[④]

① 《红十字会开会忙》，《申报》1912年10月16日。

② 《补录中国红十字会统一大会汇刊》，中国红十字会总会编：《中国红十字会历史资料选编，1904—1949》，南京大学出版社1993年版，第259—262页。

③ 《红十字会统一大会记事》，《申报》1912年10月31日。

④ 《中国红十字会名誉总裁黎副总统祝词》，中国红十字会总会编：《中国红十字会历史资料选编，1904—1949》，南京大学出版社1993年版，第264—265页。

祝词毕，应由会长宣布开会宗旨，然吕海寰“因病未到，由秘书长冯伯岩君代表诵开会词”①。吕海寰在开会词中谓，中国红十字会自成立以来虽然取得了令人瞩目的成绩，但“各会办事条件，大半临时拟订，不无缺点。是以呈明大总统，特开此会，规定办事章程及应行筹备及推广各事，以固基础，以期统一”②。接着，大会主席沈敦和副会长宣布开会宗旨，他以日本赤十字社为例，“极言统一之万不可少”。他说：“考日本赤十字会社发起之初，亦皆出自个人组织，未能全国统一，精神涣散，发达颇难。嗣后迭经战事，始群起而谋合并，且国民皆以入赤十字社尽力社会为荣，故通国之人不为社员者甚鲜。社员既多，基本金自富，现已积至二千万元。于是日本之赤十字社遂一跃而成为世界卓著之法团。是可见合则益，分则损，日本之事，前例具在。”因此，“务求同心协力，共赞厥成，庶几中国红十字会得与共和名义，同享世界上之荣誉焉!”③ 沈敦和报告完毕，秘书长冯恩崑（伯岩）报告红会规条及章程；徐盅（森玉）、赵俨葳（伯威）、谢恩增（隽甫）、江绍墀（趋丹）报告红十字救伤葬亡成绩；陈懋鼎（征宇）、刘道仁（伯刚）、汪行恕（植圃）、谢天保（卫臣）分别就红十字会与外交、内务、陆军、海军各部之关系做了阐述。

31 日下午，会议继续进行，施则敬、石美玉等就《红十字会筹款方法》《女界赞助本会并筹款法》《红十字会应得医士之协助》《禁止滥用红十字会记章旗帜及袖章》《初级救伤》《分会组织法》《编辑红十字会印刷品鼓吹事业之发达》等问题发表见解或做解释说明④。11 月 1 日，与会代表饶有兴致地参观了中国红十字会总医院，听柯师医生讲述武汉战地救护情形，观赏医学生担架队演习和战地救护幻灯⑤。统一大会就此结束。

“统一”大会，顾名思义，旨在“统一”。而要改变各自为政、涣散如一盘散沙的局面，如吕会长海寰所说，就要“规定办事章程”，加以规范。

在首届会员大会上，中国红十字会曾通过“办事章程”——《中国红十字会章程》，共 6 章 20 条，这是中国红会史上第一个正式会章⑥。统一大会

---

① 《红十字会统一大会记事》，《申报》1912 年 10 月 31 日。

② 《正会长吕海寰君宣布开会宗旨》，中国红十字会总会编：《中国红十字会历史资料选编，1904—1949》，南京大学出版社 1993 年版，第 265 页。

③ 《副会长沈敦和君宣布开会宗旨》，中国红十字会总会编：《中国红十字会历史资料选编，1904—1949》，南京大学出版社 1993 年版，第 266 页。

④ 中国红十字会总会编：《中国红十字会历史资料选编，1904—1949》，南京大学出版社 1993 年版，第 270—276 页。

⑤ 《中国红十字会恭请政界、各省代表参观本会总医院》，《申报》1912 年 11 月 1 日。

⑥ 《中国红十字会章程》，《中国红十字会杂志》1913 年第 1 期。

上，该《章程》获得通过，并以此为蓝本，制定并通过了《中国红十字会分会章程》5章16条，统一分会名称为“中国红十字会某处分会”，“分会所用旗帜袖章，均由中国红十字会总会给发”，“分会须遵照总会章程办理”，“在战时应遵守本国海陆军部定章及临时军司令官命令，协助医队救护病者伤者”，“在平时应筹募款项，设立医院，造就医学人才，置办医务材料，并预备赈济水旱偏灾、防护疫疠及其他各项危害之用”①。这就统一了分会名称，明确了分会的义务以及分会与总会的关系等。设立分会不再像从前那样随意而为，而要履行《中国红十字会组织分会申愿书》规定的程序向总会提出申请（申愿），经总会审批后始能开办②。总之，通过“办事章程”，中国红十字会向规范化管理迈出了至关重要的一步。

中国红十字会统一大会是一次成功的大会，它使中国红会告别了“散漫”，实现了“统一”，确立了“唯一”的地位。这在红会史上，具有里程碑意义，“实奠中国红十字会万年不拔之基”③。

综上所述，民国肇建，中国红十字会顺应时局的变化，改弦更张，调适自我，于内于外，力图变革。经过努力，无论是国际事务，还是运作机制，抑或管理体制等方面，都相较之前有了新的超越，实现了新形势下的“华丽转身”。

第二节　“二大”前后人事变动与组织建设

一、沈敦和“解职”事件

首届会员代表大会和“统一”大会的陆续召开，使中国红十字会逐步摆脱了一盘散沙的局面，管理体制得以理顺，事业发展渐入正轨，但这并不意味着中国红十字事业发展一帆风顺。沈敦和“解职”事件，就成为“二大”召开前人事变迁中的“焦点”。

按照红会章程，会长、副会长由常议会选举产生，然后报请政府任命，

---

① 《中国红十字会分会章程》，原载《中国红十字会杂志》1913年第1期，中国红十字会总会编：《中国红十字会历史资料选编，1904—1949》，南京大学出版社1993年版，第226—227页。

② 《中国红十字会组织分会申愿书》，中国红十字会总会编：《中国红十字会历史资料选编，1904—1949》，南京大学出版社1993年版，第227—228页。

③ 《统一大会记》，原载《中国红十字会杂志》第1号，中国红十字会总会编：《中国红十字会历史资料选编，1904—1949》，南京大学出版社1993年版，第259页。

履行一下手续而已。可是1919年4月28日，“中央命令开去”沈敦和副会长职务，委任蔡廷干取而代之[①]。既然是“中央命令”，沈敦和不得不请辞。5月3日，中国红十字会召集常议会，接受沈敦和的“辞职”请求。事起突然，令人震惊。

沈敦和是中国红十字会创始人之一，一直以来是红十字会的“主心骨”，为红十字事业发展呕心沥血。那么，当局何以将其罢免？人事变动对红十字会产生什么样的影响？不能不稍做探究。

根据周秋光教授的研究，沈敦和被罢免源于他与美国红十字会的矛盾与冲突：“中美两国红十字会关系一直都很融洽。但在1918年，美国红十字会意欲在中国设立分会并募集捐款以及推广会员等情事，受到了中国红十字会中沈敦和等人的抵制和反对”，“从此，中美红十字会之间，以能否在中国设立分会为端点，开始了长达1年多的争论。争论由点及面，不断升级，最终影响了中国红十字会的正常发展，并迫使沈敦和辞职”[②]。其间，虽因中英文翻译问题做出澄清，美国红十字会并将所设机关译为“美国红十字会筹备救护材料处”，化解了纷争，但对沈敦和耿耿于怀，乃派人对中国红十字会进行调查，认定“中国红十字会现存的种种弊端以及由此造成的对红十字会声誉的玷污，都源于沈敦和的错误领导。为此，美国红十字会要越俎代庖，决定对沈敦和采取行动”。于是，美国红十字会“利用他们在中国的特殊地位，通过其驻华机构，向中国政府施压，以求实现其整顿和改造中国红十字会的目的。而中国由于在近代社会国际地位的低下，才导致这种怪现象的出现，也同时使得美国红十字会的获胜成为必然”[③]。沈敦和被解除职务，美国红十字会如愿以偿。随后，当局发出通电，要求“内（务）、海（军）、陆（军）三部请将京红十字会实力进行并祛（祛）积弊，以重中美邦交”[④]。也说明沈敦和的被解职，的确由于他与美国红十字会的矛盾与冲突直接相关。

可以说，沈敦和被罢免，一方面，固然是他“抵制和反对”美国红十字会在华设立分会企图，关涉主权，当局亦持同样立场[⑤]；另一方面，自然也可

① 《红十字会常议会纪事》，《申报》1919年5月5日。蔡廷干，字耀堂，1861年出生于广东香山。曾留学美国，回国后入天津水雷学堂，1911年任海军部军制司长，1912年任袁世凯总统府高等军事顾问，授海军中将。1913年9月任税务处会办，1919年4月任中国红十字会副会长（8月1日就职视事），1921年任华盛顿会议中国代表团顾问，1924年任税务处督办，1926年7月署杜锡圭内阁外交总长，1927年解职，1935年于北京逝世。

② 周秋光：《红十字会在中国（1904—1927）》，人民出版社2008年版，第164、165页。

③ 周秋光：《红十字会在中国（1904—1927）》，人民出版社2008年版，第164、165页。

④ 《中国各通信社电——北京电》，《申报》1919年5月5日。

⑤ 周秋光：《红十字会在中国（1904—1927）》，人民出版社2008年版，第165页。

以理解为当局为顾全大局“以重中美邦交”而“牺牲”沈敦和的无奈之举，这的确是不能忽视的。但更深层次的原因在于，沈敦和一直以来抵制“官办”红十字会的态度引起当局不满，这才是问题的症结所在。

在晚清时期，官方就力图将中国红会置于政府统制之下，1910 年，中国红十字会“易名”为大清红十字会，就是“官化”的一种扭曲形态，尽管沈敦和坚决抵制，但却无力扭转变局。进入民国后，北京政府一直没有放弃对红会控制的努力，并于 1914 年和 1915 年未经国会议决，先后颁布《中国红十字会条例》[①]《中国红十字会条例施行细则》[②]，一度造成红会与官方关系的紧张。《中国红十字会条例》（以下简称《条例》）共 11 条，其内容如下：

第一条　中国红十字会依陆军部、海军部之指定，辅助陆、海军战时卫生勤务，并依内务部之指定，分任赈灾、施疗及其他救护事宜。

第二条　中国红十字会得募款设立医院，造就救护人材，并储备救护材料。

第三条　中国红十字会设总会于北京，设分会于各省。分会均隶属于总会。总会设会长一人，总理会务，监督各分会；副会长一人，辅助会长办理一切会务。

第四条　中国红十字会会长、副会长由大总统派充。分会长由分会推举，经会长认可后得就任，并由会长报明内务、陆军、海军各部。分会长就所在地范围内执行紧急职务时得直接陈请于该地军事长官及地方长官，余均陈请总会转陈。

第五条　中国红十字会之资产及帐簿得由陆军部、海军部、内务部各就所管事项随时派员检查。

第六条　中国红十字会须于每年一月以内将上年收支之计算、事业之成绩造具清册，报告陆军部、海军部及内务部。

第七条　中国红十字会战时随军救护人员之待遇与军属同，救护队之编制及其服装之定式暨阶级之比较，由陆军部、海军部协商核定。

第八条　中国红十字会战时随军救护人员及救护材料需用国有轮舶、铁道时，得依陆、海军人员及军用品例办理。

第九条　中国红十字会战时随军救护人员在战地应用房屋、粮食、船车、马匹，得由会长分别陈请陆、海军部转饬支给。

第十条　中国红十字会有功人员得由会长分别陈请内务、陆、海军各部

① 《中国红十字会条例》，《申报》1914 年 9 月 29 日。

② 《中国红十字会条例施行细则》，《大公报》1915 年 10 月 14 日、15 日、16 日、18 日。

审核呈请大总统给奖。中国红十字会奖励条例另定之。

第十一条　本条例自公布日施行[①]。

从上述内容中不难发现：其一，《条例》旨在取消上海总办事处和驻沪副会长一职，这就意味着上海作为中国红十字会大本营地位的丧失和沈敦和权威影响的消弭，沈敦和主导的常议会亦将不复存在；其二，会长、副会长由政府委派，等于剥夺了红会的民主权利；其三，诸多限制性条款，使红会的一切活动都受制于官方，没有自主性。一言以蔽之，按照这个《条例》改铸红会，红会的中立性、独立性本质，将丧失殆尽，民间慈善团体势将流变为政府的附庸机构。所有这些，理所当然遭到上海方面的极力反对。因此，《条例》一经公布，便在红会内部激起轩然大波，沈敦和特派代表与政府交涉，“议订施行规则，藉施行规则妥订变通办法。会议数次，阅时甚久”，虽然于1915年10月公布了《中国红十字会条例施行细则》，其在表述方面具有一定的弹性，但“其中仍不无凿枘之处”，实际上并没有根本性的改变。如第14条解释谓：“本会机关除本条例第三条规定设立总会、分会外，因管理便利起见，另于上海设总会驻沪办事处。”[②] 明眼人一看便知，总会驻沪办事处，与中国红十字会上海总办事处，完全是两码事。可见，以沈敦和为首的总办事处，与当局处于对峙状态。至1917年2月13日，红会议案虽有“特既经公布，即不能不暂时遵守等语”[③]，沈敦和等亦表现出太多的无可奈何，但这只是表面上的“屈服”，实际上红会一如既往，自行其是。因为在红会看来，“政府公布之法律案，必先经过国会之议决而后能发生效力。民国三年，于时无国会，民国五年，新国会虽经召集，而此中国红十字会条例及施行规则，初未闻其提交会议，是则不成为法律，更绝无效力之可言”。既然没有法律效力，红会大可不必受其约束，所以红会作为“公共组织之慈善团体，仍常以公共意思为根据”[④]。

沈敦和的抗拒和我行我素，是官方所不能容忍的，只是上海为中国红十字会发源之地，沈敦和苦心经营15年，根基较厚，当局不便断然罢免。恰巧美国红十字会以沈敦和种种“倒行逆施”而“向中国政府施压，以求实现其整顿和改造中国红十字会的目的”，暗合当局意愿，当局于是顺势而为，向沈敦和发难。1919年3月，北京政府令内务部、陆军部、海军部三部门派员前

---

① 《中国红十字会条例》，《申报》1914年9月29日。

② 《中国红十字会条例施行细则（续）》，《大公报》1915年10月15日。

③ 中国红十字会总会编：《中国红十字会历史资料选编，1904—1949》，南京大学出版社1993年版，第466页。

④ 《中国红十字会全国大会纪》，《申报》1922年6月27日。

往上海进行调查，“兹悉此事原因系美国红十字会向顾维钧公使探询中国红十字会情形，内务部以不详内容，遂照红十字会办事细则第五条办法，由陆海等部各派司员到沪检查”。名为“检查”，实际上就是“查办”，为罢免沈敦和做准备。尽管“内（务）部委员田伏候君检查甚严，持论亦极正当，查阅账册及历届刊布之征信录等均颇满意”①，但一个月后，当局还是采取行政命令的形式解除沈敦和副会长职务，并不经红会常议会推举直接任命蔡廷干为副会长，意欲何为？正可谓“司马昭之心，路人皆知”了。

沈敦和被解职，在红会领导层引发“塌方”，“以敦和去留为去留”的江趋丹②，以及理事长吴宝义、医药稽查王培元相继辞职，这不能不说是对当局“官化”之举的抗议。至于蔡廷干致电沈敦和，谓“红会捐户疑改官办，实属误会，仍请力为解释，以资维护”③，也印证了官方控制红会企图之不虚，是此地无银三百两，“误会”亦可谓由来已久。

5月3日，中国红十字会召开临时常议会，“当经常议员公同讨论，佥以沈君去志坚决，未便挽留，但会务关系重大，应请沈君暂留维持，以俟新任到沪，然后卸职”。各常议员又提议“沈副会长办理会务十有余年，前后集款至二百余万元之巨，中国之有红十字会，实创自沈君。爰由在座诸君发起为沈君立碑或制铜像以志纪念”④。这对沈敦和来说，多少会感到些许欣慰。

蔡廷干公务缠身，迟迟不能接手红会事务，沈敦和虽“迭次函电催请新任克日来沪接事”⑤，但蔡一延再延，这使“暂留维持”会务的沈敦和心灰意冷，颇为难耐。直到7月13日，税务处股长文博亭、前财政部科长黄友柏等一行6人，先行到沪“接收红十字会事务”⑥，办理交接，沈敦和才算息肩。7月20日，沈敦和在《申报》发表《中国红十字会卸事副会长沈敦和启事》，对自己、对同道有一个交代。《启事》称：

谨启者：廿世纪以来，世界多故，残贼人道，干犯天和，水旱疫疠，兵祸颠连，十年五乱，政争党争，南北背驰。本会应时势之需要，尽匹夫之责任，摈绝权利，以尽义务，赤手空拳，成此基础。与斯世水深火热之灾黎，断肢折胫之疮痍争生存于旦夕，冒锋镝之凶，托沿门之钵，日处惊风怒浪之中，际困苦艰难之境，陨越堪虞。

---

① 《部查红十字会之结果》，《新闻报》1919年3月25日。
② 《中国红十字会卸事副会长沈敦和启事》，《申报》1919年7月22日。
③ 《蔡廷干致沈仲礼电》，《申报》1919年7月25日。
④ 《红会开临时议会》，《新闻报》1919年5月5日。
⑤ 《红会副会长急待交替》，《申报》1919年7月6日。
⑥ 《红会新副会长派员来沪接收》，《申报》1919年7月16日。

兹幸缔盟万国，遍设分会，设医学以备人才，开医院以拯疾苦，集三万会员，募二兆善款，国内国外，天灾人祸，无役不从，是皆捐户输诚，职员效力，光荣本会，功实尸之。敦和追随其际，无补时艰，衰朽余年，日荷重负，良以众志成城，不愿谢绝热心同志独善其身，国无宁岁，更不忍抛弃无告穷民坐视不救。本应遵壬子会员大会组织选举常议员之法公举正、副会长，呈请政府准予退职，原议秋间开大会宣告于捐户会员之前遂我初服，今幸政府鉴谅，明令退职。两月以来，不敢存五日京兆之心，以滋有初鲜终之诮。

兹者欣逢副会长蔡公委派妥员文博亭、黄友柏诸君来会接替，以清交代，从此进行整顿，扩大范围，继起有人，会务有属。特念十余年来承中外善士南洋侨胞慨输巨款，得资挹注，拜谢鸿施，感同身受，除将开支各款每届公举查账董事核实查明，由常议会通过刷印征信录，并拟于存付各款截至八年阳历七月交卸之日第六届征信之期，余若总医院、南北市医院、防疫医院地契房产医药器具，总办事处积存银洋股票公债储蓄金银饰物衣服杂件造册移交，以重善款而昭慎密。至常议会议长一席与副会长有连属之关系，拟一并交卸，除函呈吕会长常议会并通告分会外，特各地会员各处侨胞捐户散处四方，未能一一函谢，谨布微忱，诸惟公鉴。

再江君趋丹为本会辛亥创办出力之人，披荆斩棘，历尽义务，成此基础，功实赖之。甲寅夏初，因公赴鄂，挽留无术，担负愈增。去夏，经常议会公推为驻会办事董事，纯粹义务，历六阅月，至岁底告辞。四月底奉政府命令退职时又承常议会诸君公推江君来会襄理会务，维持现状，当时电促江君返沪，约定以敦和之去留为去留，不拘名义，不受夫马，不耗本会茶饭，业逾两月，深资臂助，感荷良深，兹届新任接事之时，理应克践前言，咸遂初服，除备函道谢外，谨附数言，以志诚意。

卸事中国红十字会副会长兼议长沈敦和谨启

在这则《启事》中，沈敦和回顾了中国红十字会创业的艰辛和坎坷历程，在多事之秋的时代，“国无宁岁”，红十字会量力而为，“天灾人祸，无役不从”，做出了自己应有的贡献，而红十字事业的发展进步，与中外人士的热心参与是分不开的，作为当事人的沈敦和，也是充满感激之情。

平心而论，沈敦和“赤手空拳”，白手起家，在各界鼎力支持下，中国红十字事业从无到有、从小到大，堪称厥功甚伟，如《中国红十字会二十年大事纲目》所评：“沈副会长办理会务，前后十六年，集款二百数十万元，分会一百四十余处，连年天灾人患，胥赖红十字（会）拯恤，虽有各善士慷慨乐输，但非沈公任劳任怨，曷克臻此？中国向无红十字会，日俄之战，东省人民惨遭兵祸，若非沈公首肯任事，当时红会又何由成立？是中国之有红十字会，实创自沈公也。”[①] 而他却受到如此不公正对待，心中的郁闷可想而知。经此打击，沈敦和身心交瘁，“过分的刺激和劳累的缘故”，使他在一年后，即1920年7月5日，便撒手人寰[②]，享年64岁。

沈敦和是中国红十字会的缔造者，办理会务前后十六载，功勋卓著，诚如《中国红十字会二十年大事纲目》所评：“论开创则百世不祧之祖，论慈善则万家生佛之宗。”他的去世，是中国红十字事业的巨大损失，“闻者同深悲悼”[③]。

二、“二大”的召开

沈敦和被“解职”，总办事处“文卷积压，诸务停顿”[④]。千呼万唤中，蔡廷干于1919年7月28日晨抵达上海[⑤]，而此时距沈敦和被“解职”已过去整整3个月。

7月30日，新、旧副会长办理交接手续，沈、蔡“均未莅会当面交替，蔡会长系派新任理事唐露园为代表，沈仲礼则派江趋丹为代表，将该会各项册籍文件彼此检点交收云”[⑥]。8月1日，蔡廷干就职。

蔡廷干视事后，面临的首要问题就是红十字会组织与人事的调整。既然蔡廷干接替沈敦和，按说应该驻沪，但中国红十字会的“副会长”对蔡廷干而言，只是兼职，不可能像沈敦和那样长期驻沪，如蔡廷干自己所称，“只以廷干兼膺京职，不克常驻沪会处理会务”。那么如何兼顾会务呢？蔡廷干决定延聘中国红十字会常议员唐元湛为总办事处理事长，“此后进行事宜，悉由唐

---

① 《中国红十字会二十年大事纲目》，中国红十字会总办事处1924年编印，第22页。

② 周秋光：《红十字会在中国（1904—1927）》，人民出版社2008年版，第172页。按：该书谓沈敦和逝世的时间为1920年7月9日，误，应为7月5日。1920年7月6日《申报》报道，“前红十字会副会长沈仲礼患病多日，于昨日下午五时在白克路退思里寓所逝世。闻沈君享年六十四岁云”（《沈仲礼逝世》，《申报》1920年7月6日）；同日《申报》发布沈家人讣告，告以“沈仲礼大人于民国九年夏历五月二十日寿终白克路寓所”，夏历五月二十日，即阳历7月5日；7月6日《新闻报》亦报道，“前红十字副会长沈仲礼于昨日下午五时半在寓所病故，而其所办之时疫医院则适于昨行开幕礼云”（《沈仲礼昨日逝世》，《新闻报》1920年7月6日）；7月9日《新闻报》还发表了《沈仲礼之传略》，缕述其一生功业，亦谓其“购定大世界对面西藏路地亩，建筑洋式医院为永久之计，日夜赶造，于月底前竣工。七月五号开幕，中外人士咸往观礼，而公即于是日下午作古矣”（《沈仲礼之传略》，《新闻报》1920年7月9日）。

③ 《中国红十字会二十年大事纲目》，中国红十字会总办事处1924年编印，第22页。

④ 《沈仲礼复蔡耀堂电》，《新闻报》1919年7月26日。

⑤ 《蔡廷干昨日到沪》，《新闻报》1919年7月29日。

⑥ 《红会新旧副会长之交替》，《申报》1919年7月31日。

君遵照向章办理”①。

唐元湛（1861—1921），号路园，广东香山人，1873 年第二批官费赴美留学幼童。回国后，曾任邮政总局提调、邮政总局上海分局总办、上海电报局局长、上海商业银行常务董事等职，是中国电报事业的奠基人之一。1918 年，任复旦大学代理校长。“上海各重要中外团体几无不以列唐先生之名为荣”②，足见其是上海滩颇有影响的人物。延聘唐元湛为理事长，是蔡廷干上任后的第一大举措。

第二大举措是扩充常议员，实行科层化管理。在蔡廷干看来，“我国红会所获效果，端赖常议员为之枢纽，现拟略增额数，以示扩充行善之意”。据报道：“沪上各界被其罗致聘为常议会议员者已有数十人之多。闻蔡君之意，拟将来各就专门学识组织委员会，遇事分类审查云。”③ 8 月 12 日，蔡廷干召开常议会，将这一设想付诸实施，决定常议员由原来的 36 人逐渐增加到 48 人，并在总办事处内分设财政、赈灾、卫生、交际 4 股：财政股股员为宋汉章、盛竹书、钱新之、陈光甫、李馥荪、虞洽卿；赈灾股股员为王一亭、朱葆三、劳敬修、聂云台、汪汉溪、洪文廷、袁仲蔚、陆伯鸿；卫生股股员为牛惠霖、刁信德、胡宣明、唐乃安、侯逸如；交际股股员为金伯平、庄得之、张策云、曹锡赓、蔡翔如、朱少屏、沈联芳、余日章④。“各事分任而易成”⑤，科层化管理，职责明确，有助于提高工作效率。至于议长，常议会认为：“沈（敦和）议长服务红会十余年来，舆论翕服，中外咸钦，此次辞职应恳切挽留，以维会务，请付表决，全体起立赞成。”⑥ 沈敦和仍为议长，直到 1920 年 7 月 5 日逝世后，议长职位由常议会公推杨晟接替。

第三大举措是发展学生会员。在 8 月 12 日的常议会上，蔡廷干强调：“现举办红十字会学生会员，此事有美国先例可循，于红会发展具有关系，故首先注意及此。”⑦ 以往红十字会会员仅有名誉会员、特别会员、正会员三种，范围不广，限制了会员队伍的扩大，而发展普通会员，尤其是学生会员，有助于壮大会员队伍和红十字事业的长远发展。

上述举措，的确使红十字会呈现出一些不同以往的新气象，尽管蔡廷干

---

① 《中国红十字会副会长蔡廷干就职启事》，《申报》1919 年 8 月 7 日。

② 池子华、崔龙健主编：《中国红十字运动史料选编》第 1 辑，合肥工业大学出版社 2014 年版，第 323 页。

③ 《红会扩充常议员额数》，《申报》1919 年 8 月 5 日。

④ 《中国红十字会二十年大事纲目》，中国红十字会总办事处 1924 年编印，第 23 页。

⑤ 《红会常议员会纪事》，《新闻报》1919 年 8 月 13 日。

⑥ 《红十字会常议员会纪事》，《申报》1919 年 8 月 13 日。

⑦ 《红会常议员会纪事》，《新闻报》1919 年 8 月 13 日。

一再宣称“此次莅沪接任一切，概照向章办理，并无更张”①。

蔡廷干“于十五日接收事竣，由沪返京”②。在沪停留半个月的他，虽然有所“更张”，但一个根本性的问题并没有解决，那就是红十字会与官方的关系问题。“官办”与“反官办”，尖锐对立，红十字会与官方的博弈并未尘埃落定。蔡廷干以为“红会捐户疑改官办，实属误会”③，力图加以澄清，但事态的发展并不以其意志为转移。

1920 年 5 月，北洋政府责成陆军部、海军部、内务部修订《中国红十字会条例》及《施行细则》；6 月，《条例》及《施行细则》颁布④。其实所谓“修订”，不如说是重新发布，与 1914 年的《条例》比较，1920 年的《条例》没有任何变化，11 条中竟然没有一字之差。换句话说，上海总办事处、驻沪副会长、红会民主选举正副会长等权利仍被剥夺。这样的结果，当然是红十字会无法接受的。不仅如此，当局故伎重演。9 月，吕海寰以年事已高，提出辞呈⑤。10 月 2 日“大总统令”，同意吕海寰辞去中国红十字会正会长职务，并不经红十字会选举，直接任命汪大燮为中国红十字会正会长⑥。沈敦和此前的抗争努力付诸东流。红十字会何去何从，亟待解决，会员大会的召开于是提上日程。

可是，中国红十字会第二次全国会员大会直到 1922 年 6 月 25 日才在上海举行，距离首届会员大会的召开已过去了 10 个年头，显然这是极不正常的现象。对此，1922 年 4 月，总办事处在《通告各分会来赴会员大会启》中做了解释，谓：“三载以前曾通函各分会准拟召集大会，旋以沈前副会长即世，一遭顿挫，忽忽至今。今蔡副会长自太平洋会议归国，襜帷暂驻沪滨，常会议

① 《红十字会常议员会纪事》，《申报》1919 年 8 月 13 日。

② 《中国红十字会副会长蔡廷干呈大总统呈报接收红十字会日期并选派理事驻沪办事情形文》，《政府公报》1919 年第 1291 期。

③ 《蔡廷干致沈仲礼电》，《申报》1919 年 7 月 25 日。

④ 《内务总长田文烈、陆军总长靳云鹏、海军总长萨镇冰呈》，《政府公报》（1920 年 6 月 2 日），（台北）文海出版社有限公司 1980 年版，第 77—86 页。

⑤ 《中国红十字会会长呈请辞职》，《新闻报》1920 年 9 月 29 日。

⑥ 中国红十字会总会编：《中国红十字会历史资料选编，1904—1949》，南京大学出版社 1993 年版，第 476 页。汪大燮（1859—1929），字伯唐，又字伯棠，浙江钱塘（今杭州）人，举人出身，曾任总理各国事务衙门章京。1902 年，任留日学生监督，次年充外务部参议。1905 年，受命为出使英国大臣，1907 年回国，旋授考察宪政大臣，出使英、德等国。1908 年任邮传部左侍郎。1910 年出使日本，1913 年回国后任熊希龄内阁教育总长。1914 年任平政院院长、参政院参政。1916 年任交通总长，次年任外交总长，代理国务总理。第一次世界大战结束后，任巴黎和会外交后援会委员长。1922 年再次出任平政院院长，1925 年兼任全国防灾委员会和外交委员会委员长。

事提议筹备联合大会（即会员大会——引者）事宜，公决于十一年六月间举行。”① 不管怎么说，召开会员大会“不可再缓”②。

还在3月25日时，常议会在上海总办事处召开第20次会议，副会长蔡廷干出席，盛竹书提议本年仍在上海开第二届会员大会，“全体议员一致赞成”③。4月23日，第21次常议会议决本年6月25日为第二届会员大会日期④，当即通告全国各分会，各选举代表2人，依期赴会，“届时将讨论推广分会整顿会务及一切重要问题”⑤。5月21日，第22次常议会议决起草《中国红十字会章程之修正案》提交会员大会⑥。

会员大会究竟要解决什么“重要问题”？常议会提出三大主张：

（一）红十字会之会长、副会长从前本由选举，民国三、四两年，政府不经国会议决，突然颁布一种条例及施行细则，剥夺红十字会会员对于会长、副会长之选举权，常议会以为此种不合法律手续之命令，并无服从之义务；（二）上海之总办事处已有十九年之历史，恤兵救灾皆于国中为之首倡，又尝参预华盛顿及日来佛红十字会联合大会，政府自三年以来，总思将上海总办事处取销，归并北京，常议会以为北京只可作为政治之策源地，而万不可作为慈善之总机关；（三）常议会与总办事处同时在上海成立，政府主张取销总办事处后，即将常议会移至北京，常议会既主张上海之总办事处必须存在，因主张对于总办事处之监督机关必须仍在上海设立，常议会欲将此三种主张取决于全体会员⑦。

除此之外，“《中国红十字会章程》为民国二年（元年）第一届会员大会所通过，常议会此番提出修正草案之意思，欲以全体会员之意思为根据，免受政府非法命令所束缚，反致不能发展”⑧。很显然，第二届会员大会之目的

① 《通告各分会来赴会员大会启》，池子华、崔龙健主编：《中国红十字运动史料选编》第1辑，合肥工业大学出版社2014年版，第116页。

② 《通告各分会来赴会员大会启》，池子华、崔龙健主编：《中国红十字运动史料选编》第1辑，合肥工业大学出版社2014年版，第116页。

③ 《中国红十字会会员大会纪略》，池子华、崔龙健主编：《中国红十字运动史料选编》第1辑，合肥工业大学出版社2014年版，第117页。

④ 《红十字会将开全体会议》，《新闻报》1922年5月24日。

⑤ 《红会召集二次联合会》，《新闻报》1922年6月23日。

⑥ 《中国红十字会会员大会纪略》，池子华、崔龙健主编：《中国红十字运动史料选编》第1辑，合肥工业大学出版社2014年版，第117页。

⑦ 《中国红十字会会员大会纪略》，池子华、崔龙健主编：《中国红十字运动史料选编》第1辑，合肥工业大学出版社2014年版，第117页。

⑧ 《中国红十字会会员大会纪略》，池子华、崔龙健主编：《中国红十字运动史料选编》第1辑，合肥工业大学出版社2014年版，第117页。

就是“叫板”，与当局的“官办”企图“抗争”。

召开会员大会，解决制约红十字事业发展的组织与人事等“重要问题”，急不可缓。不料，此举却遭到会长汪大燮的反对，总办事处《通告各分会来赴会员大会启》发出后，汪大燮通电各分会，极力阻挠，“大放厥词，隐欲阻止分会代表来沪”。在汪大燮看来，“本会常议员业已期满，此次应照章选举，嗣后常议员应设于总会所在地等语”[①]。总之，他坚持官方立场。

汪大燮会长的言行，引起常议会的极端不满。6月21日，常议会“特发电诘之”云：

查民国二年（元年）统一大会议决，红十字会总会办事处设于上海，常议会设于总办事处所在地等因，议案具在，断非非法之条例规则所得而变更之。尊处之通电，固藉条例规则以为词。查此项所谓条例规则系于民国九年发现（布），未经本议会常会通过，即不为本会同人所承认。常议会员任职九年，勉尽义务，牺牲已多，岂不愿亟卸仔肩，藉纾□负。惟自二年后，迭次议开大会，迄因时局之故，权宜轻重，谋周万全。顷甫经议决，召开全国大会，通告中外，开会有期，尊处乃忽出此违众悖章非法武断之事，或非先生之本意。在同人何难故为缄默，乘此脱肩。惟思本会为全国人民公共慈善机关，外关国家之体面，内系国民之人格，中外注目，讵容紊乱。今谨以一言上质尊处，是否蓄意变更本会性质，推翻向来办法，不复募捐，以官款收回官办，应请克日明白示覆，俾便布告中外，请求公论。本会既已入万国红十字会，本常议会设于上海，又久为万国所公认，所有措施更不能不出以慎重也。冒昧陈词，迫切待命[②]。

尽管汪大燮多方阻挠，但第二届会员大会还是于6月25日下午在上海总商会议事厅如期召开。会长汪大燮没有出席，副会长蔡廷干也未到场，这在红会史上是绝无仅有的。全国22省中分会共217处，出席第二届会员大会者：热河1处、江苏19处、湖南13处、江西9处、河南11处、广东4处、广西2处、福建3处、浙江5处、四川27处、安徽19处、湖北15处、山西2处、山东2处、陕西4处、贵州2处、奉天2处、吉林2处、黑龙江1处，共19省区143处（其中到会分会106处，函电赞同大会议案者37处），达总数五分之三以上[③]，符合法定人数。出席者复有江苏都督代表何宗清、江苏省长

---

① 《红会常议会致汪大燮电》，《新闻报》1922年6月25日。

② 《红会常议会致汪大燮电》，《新闻报》1922年6月25日。

③ 《中国红十字会会员大会纪略》，池子华、崔龙健主编：《中国红十字运动史料选编》第1辑，合肥工业大学出版社2014年版，第117页。

代表沈宝昌、江海关监督姚文敷，以及宋汉章、王一亭、钟紫垣、张箫云、杨小川、盛竹书等，共500余人，规模可观。

大会主席盛竹书致辞，“希望今日到会代表努力，以促进本会应有之职务”①。所谓“促进本会应有之职务”，就是争取红会应有的权利。由于正、副会长没有出席，大会本身的合法性问题成为热议的焦点。大会主席报告后，“宁波代表发言，谓今日大会正副会长均未出席，在法律上，尚有疑问，不如改称为恳亲会。嗣经沪北分会、常州分会等解释，略谓此次大会系常议会议决，当然合法”；“殷寿（受）田质问，总会欲移常议会往京，议会愿否，此次大会是否蔡副会长同意。主席谓议会应移北京与否，权在出席代表，须请表决。张天锡云，今日大会，正副会长暂不出席，是否合法，尚须讨论。滨江代表称，须根据万国红十字会章程讨论。汉口代表谓汪会长欲移议会往京，实系错误，应由会员大会议定地点，非会长遽可以命令式指定之，汉口代表谓总会总办事处是一非二。襄阳代表谓蔡副会长早有书面承认大会，则所付议表决不为非法，今正副会长不出席，是荒弃职责”，一时“雄辩纷起，人声庞杂”。最后决定通过表决的方式来确认大会的合法性问题，“主席乃请赞成承认为大会者起立，起立者十分之九。主席遂宣布今日为中国红十字会会员大会成立云”②。

大会的中心议题就是修改会章。在27日的会议上，专门就此问题进行讨论，副会长蔡廷干“列席”，谓：“鄙人上次大会缺席，诸君引以为憾，惟副会长职务三年期满，鄙人早经电辞职，幸勿误会。再本日修改税则委员会开会，不克久陪，请理事长代行主席职务。”③ 讨论中，尽管“汉口分会忽声明退席，略谓今日通过会章，如与政府条例有所抵触，本会亦不同意”④，尽管“每通过一条，必经剧烈之辩论”⑤，但最终通过了《中国红十字会修正章程》（以下简称《修正章程》）。《修正章程》共15章71条，对“总会与总办事处之职权”“事业”“财产”等均有详细具体的界定。《修正章程》明确规定：“本会设总会于中央政府所在地，设总办事处于上海”；“本会设会长一人，副会长二人，由常议会选举之，陈请政府加以任命”；“会长驻于总会之所在地，

① 《中国红十字会全国大会纪》，《申报》1922年6月26日。

② 《红十字会全国代表大会纪》，《新闻报》1922年6月26日。

③ 《红会全国大会再志》，《新闻报》1922年6月28日。

④ 《红会全国大会修改会章再志》，《申报》1922年6月28日。

⑤ 中国红十字会总会编：《中国红十字会历史资料选编，1904—1949》，南京大学出版社1993年版，第482页。

副会长一驻总会，一驻总办事处所在地”等[①]。这与此前官方公布的《中国红十字会条例》大相径庭。

29日下午，继续开会。根据《修正章程》，投票选举48位常议员，“得六百〇七票，内除去废票十纸，实数有五百九十七票”[②]。庄得之、杨小川、王一亭、朱葆三、盛竹书、宋汉章、余日章、蔡耀堂、劳敬修、贝润生、许秋帆、陈光甫、王培元、江趋丹、任筱珊、丁斐章、顾馨一、袁仲蔚、朱芑臣、汪汉溪、沈联芳、唐乃安、金伯平、张尔云、哈少甫、穆藕初、李敏斋、沈鼎臣、沈韫石、钟紫垣、傅小庵、姚文敷、刘襄荪、蒋星阶、荣宗敬、狄楚青、郭亮甫、倪远甫、杨叔英、李馥荪、姚虞琴、周金箴、牛惠霖、邵子愉、叶明斋、蔡翔如、俞凤宾、聂云台当选[③]。第二届会员大会至此落下帷幕。

7月6日，新当选的48名常议员举行第一次会议，互选议长、副议长。王一亭当选为正议长，盛竹书为副议长。推举庄得之仍为理事长[④]。

7月8日，常议员举行第二次常议会，选举汪大燮（字伯唐）为会长、蔡廷干（字耀堂）为驻京副会长、杨晟（字小川）为驻沪副会长[⑤]，又公推金伯平、陈光甫、李馥荪、叶明奇、倪远甫为财产委员[⑥]。

从以上的缕述中可以看出，第二届会员大会的预期目标圆满完成，但能否得到官方的认可，还需要争取。

7月25日，中国红十字会常议会议长王震（王一亭）、副议长盛炳纪（盛竹书）代表常议会向时任大总统的黎元洪进呈《常议会呈文》，详细说明第二届会员大会实情，尤其是常议会提出的《中国红十字会章程修正案》为什么与此前所颁布的《中国红十字会条例》及《施行细则》颇不一致，给出理由，即“实缘内审国情，外又鉴于国际交通之形势，意在辅助国家权力所不逮，而非故与政府相违异”。这其中，“不得不为大总统陈明者”有五个方面：

会长、副会长按之条例由大总统径行任命，此次修正章程虽存民国二年（元年）原章选举之制，而于选举之后仍行陈请大总统特加任命，系采日本赤十字社社长先选举而后任命之办法，比者时贤议宪于省长一职尚主选举，何况公共团体，似不当尽夺其选举之权，此不得不为大总统陈明者一也。会长、

① 《中国红十字会修正章程》，中国红十字会总会编：《中国红十字会历史资料选编，1904—1949》，南京大学出版社1993年版，第228—234页。

② 《红十字会续开会议》，《新闻报》1922年6月30日。

③ 《红会选举常议员揭晓》，《新闻报》1922年7月4日。

④ 《红十字会选举议长》，《新闻报》1922年7月7日。

⑤ 《红十字会选举正副会长》，《新闻报》1922年7月9日。

⑥ 《中国红十字会会员大会纪略》，池子华、崔龙健主编：《中国红十字运动史料选编》第1辑，合肥工业大学出版社2014年版，第118页。

副会长按照原章及奉颁条例各只一人，此次参照《美国红十字会章程》定为会长一人、副会长二人，以一人驻京辅助会长，以一人驻沪综持会务，期尽推行之利，不虚博爱之名，此不得不为大总统陈明者二也。两次颁布之条例及施行细则未将上海之总办事处列入，查中国红十字会托始甲辰，即上海士绅醵金所成立，辛亥冬初始定设总会于北京，设总办事处于上海，仍由上海组织医队分赴武汉、江皖、京豫一带救护伤残，大总统在武昌奖以所费不资，其功甚巨，电请南京孙前总统准予立案，并经日本赤十字社之介绍，得邀万国红十字联合会公认为中华民国正式红十字会。自甲辰至今十九年来，天灾人祸几于无岁不有，上海总办事处亦无役不从，早为中外所具瞻，尽瘁灾荒之赒恤，因仍旧贯，似尚足溥大总统仁民之泽，故此次修正章程仍按原章置总办事处于上海，此不得不为大总统陈明者三也。民国二年（元年）原章略仿《美国红十字会章程》，以北京总会专任外交及对于政府交接事宜，以上海总办事处专任一切会务，此次修正章程一仍其旧，诚以权限若不分明，办事即多窒碍，此不得不为大总统陈明者四也。按照施行细则，常议会当置于北京，然常议会与总办事处同时成立，如驹有靳未可相离，且上海总办事处既为执行会务之机关，常议会对于总办事处即立于监督之地位，自当同居一地，而且慈善机关如红十字会者，超然于政治之外，含有中立性质，则慈善机关之议会即不当援政治上之议会为例必与总会俱集于北京，故此次修正章程仍以原章为依据，主设常议会于上海，此不得不为大总统陈明者五也①。

常议会据实陈情，有理有据，期盼能够得到大总统的理解与支持。同时，吁请大总统“除将当选会长汪大燮、驻京副会长蔡廷干、驻沪副会长杨晟电请特加任命外”，并请饬内务部、陆军部、海军部三部门“俯顺舆情”，依据《中国红十字会修正章程》将1920年三部修正之《中国红十字会条例及施行细则》“量加修改，以利进行”②。

黎元洪一向支持中国红十字事业，如前所述。但由于政局动荡，其对红十字会官办与否，无暇顾及，因此对常议会之请大体上表示认可。1922年8月17日“大总统令”：“派汪大燮为中国红十字会会长，蔡廷干、杨晟为副会长，此令。”③ 随后中国红十字会向各官厅发出通函，谓：“《中国红十字会章

① 《常议会呈文》，池子华、崔龙健主编：《中国红十字运动史料选编》第1辑，合肥工业大学出版社2014年版，第120—121页。

② 《常议会呈文》，池子华、崔龙健主编：《中国红十字运动史料选编》第1辑，合肥工业大学出版社2014年版，第121页。

③ 《中华民国十一年八月十七日政府命令》，池子华、崔龙健主编：《中国红十字运动史料选编》第1辑，合肥工业大学出版社2014年版，第122页。

程》规定设总办事处于上海，兹奉大总统令，派杨晟为副会长，特驻上海总办事处，依据修正章程第三章第九条执行会务，自应刊刻关防，以示郑重而昭信守，文曰‘中国红十字会总办事处关防，于本年九月一日，敬谨启用。’除呈报大总统暨外交、内务、陆军、海军、交通各部外，特此函达，即希查照为荷，此致。”① 常议会提出的三项主张，第二届会员大会通过后，经过多方努力，终于达成预期目标，红十字会的地位重新得到确认，“抗争”取得了成效，并且得以延续。1924 年任期届满，3 月 23 日常议会选举颜惠庆为会长，蔡廷干为驻京副会长，杨晟为驻沪副会长，电请政府任命，4 月 29 日，照准。但 1927 年南京国民政府建立后，“二大”的成果很快化为乌有，这是后话，暂且不论。

“抗争”是“二大”的主旋律，其中组织与人事是焦点，修订章程、选举常议员等无不瞩目于此。虽然“二大”取得一定成果，但并不巩固。

“抗争”因“控制”而起，这两个方面的互动，使中国红十字运动跌宕起伏，迂回曲折。

三、分会组织建设

经过第二届会员大会的“顶层设计”，总会组织架构逐渐臻于完善。而分会组织建设，在新形势下，理所当然应该加强，毕竟“有干必有枝，有五官必有四肢，本会与分会之相需亦若是”②。分会组织建设的重要性不言而喻。

1912 年首届会员大会及统一大会后，分会组织建设在《中国红十字会分会章程》（5 章 16 条）规范下，逐步走向正规，分会数量不断增加，至第二届会员大会召开时，如上所述，全国已有分会 217 处。

分会从 1912 年的 57 处③，增加到 1922 年的 217 处，增长速度差强人意。但总体来说，数量偏少，分布不均，且体制机制都不够健全。因此，第二届会员大会通过《中国红十字会修正章程》时，理当相应修订分会章程，以推动分会组织的建设。在 1922 年 6 月 29 日的大会上，与会代表公推怀宁分会江友白，蚌埠分会邓拙斋，当涂分会黄秉彝，崇阳分会殷松龄，开封分会王耀岑、任平甫，吴城分会黄笑侯，洮昌分会吴维民，南京分会柏鹤年，万县分

---

① 《各官厅通函》，池子华、崔龙健主编：《中国红十字运动史料选编》第 1 辑，合肥工业大学出版社 2014 年版，第 122 页。

② 《会员大会主席报告词》，池子华、崔龙健主编：《中国红十字运动史料选编》第 1 辑，合肥工业大学出版社 2014 年版，第 120 页。

③ 池子华：《辛亥革命期间中国红十字会新建分会数量考》，《苏州科技学院学报》2011 年第 3 期。

会陈敬之等10人为《分会通则》“起草员”[①]，草拟《中国红十字会分会通则》，由常议会通过施行，《中国红十字会分会章程》随即废止。

《中国红十字会分会通则》分“总则”“职员”“议事会”“事业”“惩罚”“奖励”“保护”“医院”“救护队”“附则”，共10章28条，较之《中国红十字会分会章程》更加详细、具体。如在“总则”中，规定了分会设立的条件及基本权利，“国内各县属地方及国外各侨埠有赞同本会宗旨者，得依据本会第二次会员大会通过修正章程，备具愿书，报由地方官厅、或法团、或商会、农会、教育会，或邻近分会证明实心为善，陈送本会总办事处，交由常议会通过后得设立，分会在未成立之前则称筹备处”；“凡分会筹备处陆续劝募正会员，会费全数汇交本会总办事处，以上海通用银元为准，俟募足三十人以上时得成立。分会定名为中国红十字会某处分会”；“凡一县属地方或一侨埠，只能设一分会，如因地方需要，得由分会择定地点设办事处，名为中国红十字会某处分会驻某办事处，仍将理由陈明本会总办事处备案，商埠巨镇不在此限”；“分会应择定地点为会所，订期开会公举会长、副会长、理事长，随将履历报告本会总办事处，经常议会审查确定，分别发给通知书后方得就职，并由本会总办事处报明外交、内务、陆军、海军各部暨该省军民长官立案，依据《日来弗条约》第五、第六、第九、第十各条，请予尊重、保护，其余各职员由各该分会长聘任后，陈报本会总办事处备案”等。

分会“职员”有会长、副会长、理事长、理事、资产委员，由议事会选举之，任期各三年，连举得连任，当选者以正会员为限；文牍员、会计员、书记，由分会长酌量任用。分会长综理分会一切事务，副会长、理事长辅助分会长执行会务。

“议事会”是分会的权力机构，其职权为初审分会预、决算；议决会员入会之准否及除名；选举分会长、副会长及各职员；议决分会重要事件。

“事业”也即分会的“核心业务”，有两大项，即（甲）战时应遵守中国海、陆军部令及临时军事长官命令，协助医队救护伤者、病者，并救济战地居民出险，如在事人员受有侮辱、损失或危及生命者，得申请所在地军事长官保护、赔偿及相当恤典；（乙）平时应筹募捐款，设立医院及医学校，造就医学人才，置备医院材料，并预备救灾、防疫及其他慈善事业，如无力筹设医院、医学校时，得就所在地之医院、医学校与订互助条件，以利会务之进行，俟确有成绩，报明本会总办事处，当酌予助力。

---

① 《中国红十字会会员大会纪略》，池子华、崔龙健主编：《中国红十字运动史料选编》第1辑，合肥工业大学出版社2014年版，第118页。

奖惩分明，也是《分会通则》的一大亮点，“凡捐款一千元以上及募捐五千元以上，或对于会务有异常劳绩者，得由分会详报本会总办事处照章推赠会员，或分别情形陈请政府呈明大总统从优奖励”；“凡捐款在二百元以上、募捐一千元以上，或对于会务著有成绩者，得由分会陈报本会总办事处照章推赠会员，或分别优奖以资鼓励”。而“本会会员有犯刑事者，或违背会章者，得由议事会公决，详叙事由报明本会总办事处取消其会员资格，如有假冒本会名义招摇诈欺、损害本会名誉者，应即报告本会总办事处函知地方官厅查明，按律严办”；“分会长、副会长及各职员，如有品行不正，违法营私，一经本会总办事处查觉，得知照该分会改选或撤换，情节重大者，并予以相当之处分”。

至于红十字标志的保护、医院、救护队，《分会通则》也都有具体的规定[①]。

《中国红十字会分会通则》的施行，对分会组织的建设而言，是强有力的推动。至1924年5月30日，各地分会达到286处（含筹备处），其分布如表7－1所示[②]。

表7－1　中国红十字会各省分会一览表

省区	数目	分会名称
京兆	1	京兆分会
直隶	6	保定分会、天津分会、蠡县分会、大名分会、霸县分会、固安分会
热河	7	朝阳分会、承德分会、建平分会、赤峰分会、凌源分会、经棚分会、围场分会
江苏	30	南京分会、沪城分会、吴江分会、吴淞分会、睢宁分会、宿迁分会、徐州分会、扬州分会、沭阳分会、海赣分会、泰县分会、涟水分会、盐城分会、阜宁分会、东台分会、建阳分会、江阴分会、淮泗分会、灌云分会、常州分会、兴化分会、刘庄分会、无锡分会、如皋分会、仪征分会、镇江分会、溧阳分会、下关分会、苏州筹备处、昆山筹备处

① 《中国红十字会分会通则》，池子华、崔龙健主编：《中国红十字运动史料选编》第1辑，合肥工业大学出版社2014年版，第110—113页。

② 资料来源：池子华、崔龙健主编：《中国红十字运动史料选编》第1辑，合肥工业大学出版社2014年版，第113—115页。

（续表）

省区	数目	分会名称
湖南	23	长沙分会、常德分会、永州分会、宝庆分会、衡阳分会、岳阳分会、新宁分会、宁乡分会、洪江分会、桂阳分会、津市分会、湘潭分会、耒阳分会、益阳分会、浏阳分会、衡山分会、平江分会、永顺分会、芷江分会、醴陵分会、桃源分会、靖县筹备处、郴州筹备处
江西	13	南昌分会、临川分会、九江分会、赣县分会、鄱阳分会、宜黄分会、吴城分会、万安分会、吉安分会、黎川分会、河口分会、南城分会、玉山分会
河南	45	许昌分会、固始分会、水寨分会、开封分会、安阳分会、荥阳分会、鹿邑分会、信阳分会、沁阳分会、汝郏分会、邓县分会、泚源分会、洛阳分会、禹县分会、西平分会、舞阳分会、河阴分会、南桥分会、南宛分会、北宛分会、灵宝分会、宝丰分会、新野分会、商邱分会、赊旗分会、洛宁分会、武安分会、永城分会、遂平分会、襄城分会、临颍分会、确山分会、沈邱分会、扶沟分会、叶县分会、西华分会、汲县分会、郑县分会、镇平筹备处、渑陕筹备处、内黄筹备处、宜阳筹备处、新安筹备处、上蔡筹备处、张镇筹备处
广东	9	南海分会、番禺分会、顺德分会、汕头分会、香山分会、阳江分会、澄海分会、高要分会、江门筹备处
广西	3	梧州分会、桂林分会、南宁筹备处
福建	13	建瓯分会、福州分会、厦门分会、莆田分会、上洋分会、仙游分会、浦城分会、邵武分会、麻沙筹备处、将乐筹备处、长汀筹备处、归化筹备处、建阳筹备处
浙江	10	绍兴分会、普陀分会、安吉分会、孝丰分会、宁波分会、吴兴分会、泗安分会、长兴分会、龙泉分会、杭州筹备处
四川	47	成都分会、乐山分会、宜宾分会、重庆分会、华阳分会、雅安分会、涪陵分会、新津分会、威远分会、富顺分会、崇庆分会、仁寿分会、灌云分会、邛崃分会、大竹分会、夔县分会、达县分会、万县分会、简阳分会、隆昌分会、泸县分会、綦江分会、忠县分会、梁山分会、丰都分会、巫山分会、渠县分会、宁远分会、新都分会、合江分会、江津分会、垫江分会、郫县分会、中江分会、资中分会、邻水分会、江北分会、广安分会、岳池分会、绵竹分会、铜梁筹备处、会理筹备处、德阳筹备处、合川筹备处、叙永筹备处、罗江筹备处、安岳筹备处

（续表）

省区	数目	分会名称
安徽	22	临淮分会、庐州分会、正阳分会、芜湖分会、广德分会、滁县分会、盱眙分会、六安分会、寿县分会、当涂分会、宿县分会、怀宁分会、凤台分会、桐城分会、太和分会、泗县分会、蚌埠分会、阜阳分会、屯溪分会、亳县分会、涡阳筹备处、蒙城筹备处
湖北	20	武昌分会、汉口分会、潜江分会、通城分会、崇阳分会、宜都分会、沙市分会、襄阳分会、郧县分会、黄冈分会、樊城分会、大冶分会、宜昌分会、鄂城分会、蕲水分会、枣阳分会、蕲春分会、光化分会、当阳筹备处、老河口筹备处
山东	8	烟台分会、即墨分会、莱州分会、黄县分会、惠民分会、青岛分会、曹县分会、高密分会
山西	2	阳曲分会、平遥分会
云南	2	昭通分会、昆明分会
陕西	7	西安分会、大荔分会、凤翔分会、武功分会、周至分会、三原分会、鄜县分会
贵州	3	贵阳分会、赤水分会、安顺分会
奉天	3	安东分会、锦西分会、兴城分会
吉林	11	哈尔滨分会、长春分会、延吉分会、同五宾分会、宁安分会、敦化分会、阿城分会、珲春分会、桦川分会、桦甸分会、双城分会
黑龙江	1	龙江分会
总计	286	

从1912年的57处分会到1922年二大召开时的217处，再到1924年5月的286处（含筹备处），分会组织的数量应该说年有增加，这是一种可喜的现象。但也应该看到，分会组织建设也存在不能尽如人意之处，主要表现在如下几个方面：

其一，分布不均。多者几十处，如四川、河南、江苏；少者一、二处，如京兆、黑龙江、山西、云南。造成这种局面的原因当然很多，但与战乱的影响、重大自然灾害的发生以及总会的推动密切相关，这从后文的论述中可以得到印证。

其二，稳定性弱。不少分会没有可持续性，旋建旋撤，然后重建。如江苏的常熟分会，辛亥革命中诞生并在战事救护中发挥作用，但到1924年5月统计时，已不复存在。苏州分会、杭州分会都在辛亥革命的隆隆炮声中孕育而生，但到1924年5月，都还只是“筹备处”。类似情况说明分会的稳定性不够强。两次会员大会，都要求各地上报分会组织情况，也是基于分会稳定性弱的状况，不得不反复登记。

其三，受时局影响大，尤其是大规模的军事冲突，呼唤红十字会的人道救援。红十字组织适应战争救护的需要，往往如雨后春笋般涌现，辛亥革命、二次革命、护国战争固然如此，江浙战争也是一个典型的例子。在1924年9月至1925年1月两次江浙战争中，苏南（包括上海）及浙江就组建（包括重建）分会56处，其中还有嘉兴新塍镇分会、嘉定娄塘分会、宝山大场分会、嘉兴濮院镇分会、吴江盛泽分会、嘉善西塘分会、奉贤胡家桥分会等30处乡镇分会[①]，可谓“遍地开花”[②]。而一当时局稳定，硝烟散去，许多分会自觉使命完成即“功成身退”，这是导致分会组织建设稳定性弱的重要原因。

其四，会员人数少。第一届会员大会召开时，会员人数不满2000人，1919年约2万人，至1921年年底，发展到2.6万余人[③]。第二届会员大会召开时，全国会员人数也就3万余人。会员人数过少，难怪第二届会员大会主席报告称：“美红十字会员得人口总额十之六，本会会员仅仅三万余人，得人口总额万分之一，弱镜未抚，颜先赧矣。”[④] 这是限制红十字事业发展的一个重要因素。

上述表明，分会组织建设虽然取得较大成绩，但依然任重道远。

第三节　“二次革命”的人道救援

组织建设，说到底是为“博爱恤兵”宗旨服务的。战事救护就是红十字会的天职，而北京政府时期动荡的时局，不断召唤红十字会投身战争救护的人道行动中。

中国红十字会首届会员大会、“统一”大会召开不到一年，政局突变，“二次革命”爆发。中国红十字会开始了新的救援行动。

---

① 梁旻：《人道的力量：中国红十字会救援江浙战争研究》，合肥工业大学出版社2016年版，第229—230页。

② 马强、池子华主编：《红十字在上海（1904—1949）》，东方出版中心2014年版，第162页。

③ 池子华、崔龙健主编：《中国红十字运动史料选编》第1辑，合肥工业大学出版社2014年版，第54页。

④ 《会员大会主席报告词》，池子华、崔龙健主编：《中国红十字运动史料选编》第1辑，合肥工业大学出版社2014年版，第119页。

一、战地救伤

民国创立伊始，中国红十字会曾向当局表达“乐赞和平”的美好愿望。1912年2月15日的《红十字会致袁项城及孙大总统、黎副总统电》云：“统一已见明文，南北战祸永息，本会乐赞和平，曷胜额庆！”① 对此，即将接替孙中山的袁世凯表示赞赏，复电云：“中国红十字会沈会长暨全体中外会员同鉴：勘电悉。共和成立，战祸永息，贵会乐赞和平，今已幸告成功，谨代南北军界同胞叩谢。”② 但恰恰是袁世凯，在继任临时大总统以后，把“深愿竭其能力，发扬共和之精神，涤荡专制之瑕秽”③ 的宏愿大誓抛开，走上了专制独裁的道路。1913年3月20日，在上海火车站刺杀宋教仁；接着在6月9日、14日、30日，相继免除江西都督李烈钧、广东都督胡汉民、安徽都督柏文蔚职务，公开向革命党人宣战。在袁世凯步步进逼之下，革命党人决定发动“二次革命”，用“铁血”捍卫共和。7月12日，李烈钧在湖口起义，宣布江西独立，“二次革命”爆发（即“讨袁之役”；1913年为旧历癸丑年，又称“癸丑之役”；因主战场为江西、南京，所以又称“赣宁之役”）。

江西独立不久，7月14日，江苏宣布独立；17日、18日，安徽、上海先后独立；接着，粤、闽、湘、渝等地相继独立，举兵讨袁。袁世凯急忙调兵南下“戡乱”，一时烽烟四起，天昏地暗。

兵连祸结，死亡枕藉。天职所在，中国红十字会迅速做出反应，组织救护队，“次第出发，分赴战地”④。7月18日，中国红十字会在上海召开常议会全体特别会议，力谋救护之策，决定：

——“电泰东、西红十字同盟各国协助。”

——“本人道主义，不分畛域，一体救护。”

——“九江分会报告湖口等处死伤情形、疗伤掩埋成绩。九江红会医院医生缺乏，星夜派医协助外，再发医队。”

——“南京红十字联合会基督医院宝琅医生电：由津浦南段韩庄运来受伤兵官范尚武（译音）队兵三十余人，业已入院医治，急需药料、棉花、帮（绷）带等。当晚运出。”

——“沪南谣诼纷传，业由城内分会组织救护队外，本会亦预备二、三

① 《红十字会致袁项城及孙大总统、黎副总统电》，《新闻报》1912年2月22日。

② 《红十字会圆满功德》，《申报》1912年2月21日。

③ 徐有朋：《袁大总统书牍汇编》第1卷《文辞》，上海广益书局1914年版，第1页。

④ 《中国红十字会设立初级救伤救护担架讲习所招生》，《申报》1913年7月19日。

队，一遇警报，随时出发。”

——“急练救护、担架队教授初级救伤法四十人，招集青年子弟，在本会教授，请王培元、希尔治医生主任。”

——“请中外绅商协助捐款。”

——“赶发掩埋队，以免腐尸为疫。”

——“邀集寓沪东、西绅商、医药界，组织万国红十字协会，协助进行。”

——“分电各军队，凡遇本会会员，一体优待保护。”

——“增设各省分会及临时医院。”

——“凡红十字徽章，禁止滥用，并严禁以红十字为作战机关。”①

事不宜迟。常议会特别会议后，救护行动全面展开。

在江西战场，据报道，“湖口战事，北军死伤甚多，附近商民尤极震恐”。中国红十字会总办事处闻讯后，急电南昌分会，开赴战地施救②。南昌、九江、吴城等分会，“出发医队，救护掩埋，罔不尽力，各职员奔驰战地，异常劳苦”③。

在上海战场，7 月 18 日上海独立，北军、讨袁军剑拔弩张，流血冲突势所难免。中国红十字会总办事处组织以王培元为总队长的救护团队，添备救护马车、汽车、担架等“一切医药器具，俟制造局一有警报，立即出发至战地救护”④，并改徐家汇路总医院为第一伤兵医院，收治重伤兵民，以天津路市医院为第二伤兵医院，时疫医院为第三伤兵医院（开战后又增加两处医院），同时，特设救护队召集机关，由邓笠航负责，以便协调各救护队的行动⑤。23 日晨，沪南开战，“战事骤起，流弹横飞”。红会救护队闻警“均赴战地，援救伤兵”⑥，“自朝至夕，沿路时见有红十字会病车、抬床络绎不绝”⑦。23 日、24 日、25 日连夜剧战，28 日搏战尤烈。“救护队分道抢救，昼夜不息，出入枪林弹雨之中，奋不顾身。获救伤痍，悉送本会医院。院中医士日夜轮替，随到随治”⑧。8 月 10 日，江湾开战，救护队复“全队乘红十字

① 《红会紧要会议》，《申报》1913 年 7 月 20 日。

② 《红十字会赴浔记》，《民立报》1913 年 7 月 16 日。

③ 《中国红十字会癸丑成绩撮要》，中国红十字会总会编：《中国红十字会历史资料选编，1904—1949》，南京大学出版社 1993 年版，第 301 页。

④ 《维持上海秩序之种种》，《新闻报》1913 年 7 月 20 日。

⑤ 《红十字会之布置》，《民立报》1913 年 7 月 21 日。

⑥ 《特别访函》，《申报》1913 年 7 月 24 日。

⑦ 《制造局血战志详》，《新闻报》1913 年 7 月 24 日。

⑧ 《中国红十字会癸丑成绩撮要》，中国红十字会总会编：《中国红十字会历史资料选编，1904—1949》，南京大学出版社 1993 年版，第 295 页。

专车至江湾，获伤兵并济良所留养幼女二百余人，载之来沪”[①]。王培元、苏荔棠（裳）两度前往，于玉佛寺救出妇孺救济会妇孺180人并乡妇43人。11日4时，王培元偕队员钱玉斋、陈德宝、李智让等再次乘车驰往江湾，“值两军开战，弹雨横飞，急如暴雨。培元身陷火线，进退维谷，蛇行汽车下，俯凫濠中，卒伏牛背渡河，始免于难。七时全队复往，救护伤兵三十余人回沪”[②]。计上海开战以来，红会五医院共收治伤员947人，重伤不治而死者仅11人。

在江苏战场，从7月17日开始至24日，冷遹所部讨袁军与北洋第五师方玉普部及张勋武卫军在徐州附近展开激烈角逐，战事之惨烈，过于他处。中国红十字会徐州分会一面组织救伤医队奔赴战地，一面急电总办事处请援：“战事惨苦，死亡枕藉，敝会力薄，乞协助。”[③] 19日，江苏都督程德全致电总办事处：“徐州以下已经开仗，津浦（铁路）南段负伤兵士甚多，祈多派会员，速赴浦口以北各处，妥为救护。”驻沪讨袁军总司令陈其美亦函致总会：“徐州前面利国驿之战甚为剧烈，两方面负伤不少，恳贵会速派员赴战地，曷胜盼感。”[④]

求助函电，如雪片纷飞，总办事处立即商请南京宝琅医生组织救护车、救护队，往来徐州、浦口一带救助，同时决定于“南京、浦口、滁州、临淮、怀远、颍州至徐州一带加派掩埋、救护队”[⑤]。

与此同时，张竹君女士应徐州分会之请[⑥]，仍以赤十字会的名义率临时救护队（由32人组成）于7月21日乘车抵达徐州[⑦]，参与救护伤兵的行动。各支救护队通力合作，在徐州附近的利国驿、柳泉、韩庄等地，救死扶伤，克尽天职。7月24日，北军攻占徐州，讨袁军败退南京，战事转移到南京地区。

二、壮哉“大通”

南京之战，惨酷异常。从7月15日到8月11日，不到一个月的时间里，南京经历了三次独立起义，讨袁战事复杂多变，救护工作紧张而繁重。特别

---

① 中国红十字会总会编：《中国红十字会历史资料选编，1904—1949》，南京大学出版社1993年版，第296页。

② 《中国红十字会癸丑成绩撮要》，中国红十字会总会编：《中国红十字会历史资料选编，1904—1949》，南京大学出版社1993年版，第296页。

③ 《红会接到函电一束》，《新闻报》1913年7月22日。

④ 《红十字会函电汇录》，《申报》1913年7月22日。

⑤ 《红十字会之布置》，《民立报》1913年7月21日。

⑥ 《徐州红十字会来电》，《申报》1913年7月21日。

⑦ 《维持上海秩序之种种》，《新闻报》1913年7月22日。

是8月11日革命党人何海鸣发动第三次独立起事之后，南京之役进入最为残酷的阶段，讨袁军与北军张勋、冯国璋部鏖战兼旬，遗尸遍地，血流成河。南京分会疲于应付，有鉴于此，中国红十字会总办事处在“请苏州柏乐文、惠庚生教会医生、镇江白廉教会医生组织沿沪宁铁路救护队并苏、镇临时医院”援应的同时①，又加派王培元往援。8月17日王培元抵宁后，筹划战时救护：“南京城内、下关由红十字会南京分会、宝琅医生带队拯救；掩埋归同善堂、南京分会主任；镇江以上由红十字沪宁救护专车王培元医生带甲乙两班救护队往来驰救；上海车站运伤兵则责任江趋丹、邓笠航两君。”② 分工合作，同心协力，保证了救护行动的有序进行。

宁战仍在激烈进行中。饱受战火灼烤的南京市民无法冲出“围城”，麇集江边，露宿餐风，朝夕莫保，祈盼红十字会从天而降，援救出险。8月21日，如皋、镇江绅士杨鸿发、李耆卿、焦霱堂、道劭吾等向沈敦和副会长发出乞援电谓：“南京江边难民数万，无路逃生，轮船过境，难民哭跪求救，置之不理，乞速借轮船，并电镇（江）赁凑轮船、民船到宁飞救出险，送各处暂寄，免填沟壑。”③ 22日，南京分会派出的求援者亦到达上海总办事处，“报告城内被困人民苦况：西门每日下午开二小时或四小时，居民纷往城外逃难，奔驰江边，无船可趁，欲下乡则交通已阻，群聚江边，哭声震天。城内白米每升贵至三百数十文，中户每日煎粥而食，兵士抢劫虽止，难民因无路可走，兼有出而无入者。金陵医院亦有人满之患，宝琅医生及中西医士十余人，眠食俱废，救护员手茧足裂，频受危险而迄不少衰。伤兵之惨状，非笔墨所能形容。该分会医院接沈仲礼（副）会长信后，每日清晨救护难民出城一次，惟交通已断，走头（投）无路”④。如此惨状，令沈敦和浩叹不止，急筹“救急之法”：“一请宁分会医生派人救护难民出险；一拟租船直放南京；一请王培元医士带救护队乘专车随北军之后抢救；一预筹南京善后救济事宜。”⑤

救难出险，刻不容缓。8月23日，中国红十字会沈敦和副会长打算租用英国太古洋行商轮“大通”号作为红十字救护医船，不过租船费用高，每天需银750两，经沈敦和反复沟通，最后减价至500两，租用9天，租费4500

---

① 《红十字会之布置》，《民立报》1913年7月21日。

② 《红十字会纪事》，《申报》1913年8月19日。

③ 《如皋、镇江绅士杨鸿发等来电》，中国红十字会总会编：《中国红十字会历史资料选编，1904—1949》，南京大学出版社1993年版，第68页。

④ 《报告南京人民之惨状》，《申报》1913年8月23日。

⑤ 《红十字会纪事》，《新闻报》1913年8月23日。

两。蒙中国红十字会原会长盛宣怀从广仁堂善会慷慨划拨租船费用[①]，沈敦和副会长才租得“大通”轮[②]。同日，中国红十字会总办事处向社会公布《中国红十字会救护医船大通草章》，声明：

——本会将由沪赴宁。由宁抵沪日期，预先一、二日电海陆军部黎副总统转电各军长核准，并电镇江张镇抚使，船到镇江，派员上船稽查后再行启轮；一面知照上海郑镇守使，候船到沪即派员上船稽查后登岸。

——租船经费，蒙广仁堂善会捐助，事权均归红十字会专主办理。

——救护医船专救受难人民或受伤兵，不载非受难或军界中人。

——难民上船后立刻开饭，每日三餐，伙食茶水，小轮驳船，种种费用，悉由本会核给。

——避难人民愿助捐款者，当时掣给收条，到沪后即登报征信。

——救护医船租船经费由广仁堂善会捐助，伙食赈粮医药种种费用，悉由本会各善士捐款项下开支，无论何人，不得向搭客收取丝毫，如有讹索情事，立刻关照队长船主究罚。

——船上自船主及本会救护员，无论何人不得自由行动，须听王队长主裁。

——难民伤兵上船后，一切招待分派事宜归总干事员邓笠航君专办。

——轮船行动、停止事宜，归王队长作主，别人无权。

——总干事员有协同王队长办事责任，关于种种庶务银钱事宜，邓君专责。

——船到何处，先发电报或发无线电，知照总办事处及各机关。

——难民已满即开，沿途幸勿耽误，亦勿代人传递信息、载运物件商货。

——救护轮船上除装本会药料赈粮外，概不装货，亦不搭客。

——救护轮船上非本会穿制服之救护员外，凡职员之亲戚朋友恕不搭载。

——救护轮船由沪上驶经过各埠，概不停轮，亦不搭客。

——南京境内停轮后，当设法派小轮民船，插红十字旗救护难民，随机应变，总期达救人之目的。

——第一次由南京下驶之前，当通告下次到宁日期，并请税务司美领事及本会分会等各机关，预备船只趸船或邻近江边房屋，派员备办食物，不令失所，候下次轮到，先行引渡，或候下水之他公司江轮请其搭载，款由本会认缴。

---

① 《中国红十字会大通救护医船经收捐款总数志谢》，《申报》1913年9月4日。

② 池子华：《“大清没了”之后的盛宣怀》，《中国红十字报》2018年5月4日。

——救护轮船人数满足后，用旗号知照接应员停止上轮①。

总而言之，“大通”是救伤救难的专用船，严格操作规程，才能达到“救人之目的”。

24日，“大通”医船“今晨由沪赴宁”的广告揭诸《申报》②。上午8时，王培元队长率救护员列队由天津路红十字医院出发，经大马路向太古码头行进，据报道，“沿途聚观者，途为之塞，拍掌欢送，各西商参观者，咸称美不止”③。宁籍绅士哈少甫、蒋星阶、陈彦清、李月生等数十人早早在码头上恭候，沈敦和副会长以及沈鼎臣、江趋丹、吴敬仲等全体职员也前来送行。10时，“大通”号鼓轮起航，“停泊浦江之各国兵船见红十字救护船出口，一律升红十字旗致敬”④。救护医船随带药料20箱、防治疫疾药水10箱、饼干4000磅、大米50石、面包5000件、洋2500元、担架40副，“而临时捐助之食物甚多，一并装运”⑤。25日下午，“大通”轮抵达南京，“值两军开战，弹越船身而过，为状至危。苏荔棠（裳）率队员乘民船分赴四乡，引救难民。王培元则入城引渡难民出险，躬冒枪林弹雨，卒救出难民二千数百人”⑥。

28日，“大通”平安返沪，将伤兵、难民妥为安置后，未及喘息，29日晨，即由太古码头起碇，次日抵南京下关。王培元复冒险入城，“再欲引渡难民出险，格于禁令，不果。值剧战，培元被困城中”⑦。据报载，被困城中的王培元“受五次危险，几不能生还”⑧。经多方交涉，始得出城。9月1日，“大通”返抵上海，因封锁严密，仅救难民808人、伤兵伤民53人。

“大通”两度赴宁，救护难民出险3000余人、伤兵伤民160余人⑨，受到社会各界的交口称赞。尤其以王培元为首的救护队员，不支薪水而甘冒生命危险，出入于弹片横飞的战地，救伤恤难，令人感佩。但不和谐的声音亦时有耳闻，据报道：“红十字救护船大通二次往南京救渡难民，所有驳船、车资、伙食、酒钱，本不向乘船者收取分文。近闻宁城无耻之徒，竟将该会所

① 《中国红十字会救护医船大通草章》，中国红十字会总会编：《中国红十字会历史资料选编，1904—1949》，南京大学出版社1993年版，第306—307页。

② 《中国红十字会救护医船大通今晨由沪赴宁》，《申报》1913年8月24日。

③ 《红十字会纪事》，《新闻报》1913年8月25日。

④ 《援救南京难民续志》，《申报》1913年8月25日。

⑤ 《红十字会纪事》，《新闻报》1913年8月25日。

⑥ 《中国红十字会癸丑成绩撮要》，中国红十字会总会编：《中国红十字会历史资料选编，1904—1949》，南京大学出版社1993年版，第298页。

⑦ 中国红十字会总会编：《中国红十字会历史资料选编》，南京大学出版社1993年版，第298页。

⑧ 《救护医船二次抵沪纪事》，《申报》1913年9月2日。

⑨ 《中国红十字会谨谢盛杏荪君经募广仁善堂捐助大通租船费元四千五百两》，《申报》1913年9月4日。《中国红十字会二十年大事纲目》谓“引渡出险者四千人”，显然夸大了。

发难民乘船券转辗出售，乘危渔利。”[①] 对这种“灭绝人道”的丑行，红十字会当然不会袖手旁观，沈敦和副会长除电请张勋、冯国璋“两军使一体查拿并函知宁分会访缉”外，还登报声明，提醒难民“注意”：“红十字会救护医船大通号两次抵宁，由南京分会宝琅医生、马林医生逐户分送乘船券，无论何等船位，概不收取乘船者分文船资。即由南京江干乘船至大通，该款亦由本会救护队发给，业于该券后面详细注明，即伙食、茶房酒资丝毫不令避难人民破费分文。近悉极无人道之人将此券出售得价，闻有受其愚者，特此通告，如有人将此券骗取人钱者，即扭交军警惩儆，除电张（勋）镇抚使、冯（国璋）军统外，特告。”[②] 总之，绝不容许不人道的行为污染红十字的纯洁性。

9月2日后，南京的炮声终于停了下来，“大通”救援，功德圆满。

三、瘗亡善举

战争意味着流血、死亡。在“二次革命”中，成千上万兵民被炮火吞噬，遗尸累累，如不及时掩埋，不仅无以告慰亡灵，而且极易引发疫病的流行。因此，中国红十字会在救伤恤难的同时，对亡者亦给予应有的人道关怀，组织掩埋队，予以安葬。

在上海战场，据报道，7月23日制造局战后，中国红十字会“黎明均赴战地援救伤兵，因伤兵过多，致使车辆等件不能敷用，午前保安堂受红十字会委托，向棺材店购棺木五百具，兵士死亡之众于此可见”[③]；7月26日，柯师医生带救护队乘小轮在龙华一带抢救伤兵，“抬埋尸身二十余具”[④]；8月8日，王培元医士至沪杭车站南杨家宅后“遍寻残骸，得六具，其在河中者尸胀如鼓，头存片，躯全而缺腿，同时共获三尸，因穴地深三尺，广七尺，宽五尺，而共埋之，复垒土为冢，颇称高大。军士之见者佥谓本队作事不苟，而叹若辈之愈于丛葬万万也”[⑤]；8月12日，王培元等“乘红十字救护专车赴江湾张华浜获伤兵四人，八时抵沪，沿途死尸多至百余人（具），定午刻一时带掩埋队运棺木百具、石灰百担乘专车收尸”[⑥]。据统计，在上海战场，红十字会先后掩埋尸骸共371具[⑦]。

---

① 《红十字会纪事》，《申报》1913年9月3日。

② 《南京被难人民注意》，《申报》1913年9月5日。

③ 《特别访函》，《申报》1913年7月24日。

④ 《特别访函一》，《申报》1913年7月27日。

⑤ 《战地瘗骸记》，《新闻报》1913年8月9日。

⑥ 《特别访函一》，《申报》1913年8月13日。

⑦ 《中国红十字会癸丑成绩撮要》，中国红十字会总会编：《中国红十字会历史资料选编，1904—1949》，南京大学出版社1993年版，第304页。

在南京战场，由于争战激烈，遗尸遍地，目不忍睹。根据约定，救伤由总会总办事处负责实施，瘗亡则由南京分会承担。在会长于少彰（恩绂）的带领下，南京分会会员“随阵掩埋”[①]，不遗余力，表7－2为南京分会掩埋尸骸冢具数统计[②]。

表7－2　癸丑掩埋城厢内外军民尸骸冢具总数一览表

地　别	具　数	冢　数
萧营富贵山城隍庙蜈蚣山一带	416	178
毗卢寺竺桥马炮标珍珠桥西华门一带	129	54
钟鼓楼北极阁丁家桥三牌楼仪凤门内一带	98	84
宫后山五台山龙蟠里虎踞关清凉山石城门内一带	454	414
西方寺复成桥东关头洪武门内明故宫一带	124	96
双乐园万竹园双塘边造币厂狗皮山三山门内一带	114	79
周处台东花园王府园暨城西黄土山一带	126	96
聚宝门外雨花台制造局刘园后花神庙安德门眼香庙沙洲圩赛公桥一带	361	165
通济门外城根双桥门火药局前东岳庙鬼神堂一带	216	103
朝阳门外城根吴帝墓明孝陵一带	654	252
卫冈口孝陵卫灵谷寺蚂蚁腰万寿寺紫金山大山顶一人泉一带	750	472
太平门外城根龙脖子天堡城大埂后湖边一带	1316	174
板仓蒋王庙岔路口紫金山鹅瘤峰白云寺一带	412	107
五棵松马群小青龙山谷口冈后水洞庵仙鹤门一带	117	73
幕府山上元门迈高桥蟠龙山神策门一带	234	130
金川门外车站岔路口象山宝塔桥一带	1275	561
仪凤门外城根绣球山一带	487	246
三山门外莫愁湖大王庙鬼脸城石城桥一带	67	43
总　计	7350	3327

① 《中国红十字会二十年大事纲目》，中国红十字会总办事处1924年编印，第10页。

② 资料来源：中国红十字会总会编：《中国红十字会历史资料选编，1904—1949》，南京大学出版社1993年版，第319页。

从上表可见，在癸丑之役中，南京分会共计掩埋尸骸7750具，积为3327冢，并“就地随时摄影，共立碑一十八座”①。

时光易逝，日月轮回。南京红十字分会所立18座阵亡军士纪念碑，目前仅存灵谷寺内的一座，弥足珍贵。为永存这一“历史的见证”，1987年11月，南京市红十字会整修重立；1999年9月，建亭妥为保护，以昭红十字人道精神于永久。碑文称：

一九一三年袁世凯称帝，引发各地讨袁军兴起。七月黄兴率领江苏讨袁军与图攻南京的袁军张勋部喋血，相持二十余日，史称癸丑战役。南京红十字会遂随阵掩埋，到战后清理郊野，共计掩埋阵亡军民骸骨尸棺七千三百五十具，毕三千三百二十七冢，立碑十八座，现仅存此座。一九八七年十一月，南京市红十字会将此碑整修重立。一九九九年九月，中国红十字会、江苏省红十字会和南京市红十字会为保护此碑，并承蒙中山陵园管理局协助，筹资建亭，以昭红十字人道精神于永久②。

睹此碑，仿佛回到百年前那不平凡的岁月。当然，南京分会取得的骄人成绩，与总会及社会各界的支持是分不开的。据《申报》报道：“红十字会据南京分会暨医队报告，宁城尸骸遍地，野犬争食，战争剧烈，掩埋为艰，适以酿成疫疠，特由上海制就厚重棺木，第一批五百具克乘江轮运宁，日后陆续装运，并请南京同善堂、红十字分会于少彰、陈履源、宋培之诸君专办掩埋事宜，一切费用由上海红十字会核拨。”③ 9月7日、9日，总办事处连续在《申报》刊登《中国红十字会急募南京急赈、掩埋、善后捐启》，广募捐款，赶运棺木2000具。总会的鼎力支持和各界善士的热心捐助，保证了南京葬亡善举的顺利实施。

其他战场，如徐州、滁州、九江等地，分会瘗亡之成绩亦颇有可称道之处，此不具述。

四、难民救济

战争是滋生难民的温床。在战火的灼烤下，民不聊生，走死逃亡，他们居无定所，衣食无着，在死亡的边缘挣扎。他们诅咒战争，更渴望得到红十字的人道关怀。

救伤恤难是红十字会的天职。难民如潮，中国红十字会自然不能坐视。

---

① 《中国红十字会二十年大事纲目》，中国红十字会总办事处1924年编印，第10页。

② 《中国红十字报》2001年5月11日。

③ 《红十字会记事》，《申报》1913年9月2日。

事实上，在救济癸丑之战难民方面，中国红十字会开展了卓有成效的工作。分述如下：

在上海，本地难民、淮北难民、沿江江南难民，纷至沓来，加上救护出险的无家可归者，人数众多，救济工作异常繁重。为此，中国红十字会总办事处主要采取如下措施加以安抚。

其一，散放急赈。沪南开战时，市民顿失居所，纷纷避难租界，鸠形鹄面，席地而卧，嗷嗷待哺。总办事处急派人员散放面包、干粮赈饥。随着战事的持续，难民日增，红会罗掘俱尽，难以为继。7 月 31 日、8 月 2 日，总办事处遂连续在《申报》刊发《急募捐款、饼干、食物》广告，发动社会各界向处于饥饿状态的难民伸出救援之手。广告称：

天不厌乱，战祸猝兴，浔江肇衅，继及皖徐，近且弄兵沪渎，瓜蔓四延，烽火烛天，风云变色。一声炮震，遍野横尸，伤心惨目，有如是耶！而一般受伤军士以及被殃人民，断肢残体，肉薄血飞，呻吟枪弹之林，宛转沟壑之际，其颠连痛苦，尤为目不忍睹，耳不忍闻，矧吾沪贫苦小民，奚啻数万？平日既鲜盖藏，临难更形仓猝，栖身乏所，果腹无粮，莫不扶老携幼，觅子寻妻，孑立道隅，露宿檐下，愁云匝地，哭声震天。嗟嗟吾民何辜，罹此惨酷，有不为之椎心泣血痛哭流涕者乎？重以溽暑郁蒸，陈尸腐臭，酿成疫疠，固自易易，灾害之来，正未有艾。本会恪守万国约章，实行尊重人道天职，所在匪敢偶懈，业经飞电开战区域分会，组织医队，设立临时医院，一面赶派本部救护、掩埋等队，分头出发，并赈抚沪上被难人民及溃散兵士一致进行，力尽救济。惟兹事体大，需款浩繁，来日方长，何能支持？务祈薄海内外乐善之士之痌瘝，念切恻隐心殷，缩食节衣，慷慨输助，俾本会得以始终其事，庶大江南北数百万流离失所之同胞出水火而登衽席，咸拜仁人之赐矣。专此布启，曷胜企祷[①]。

红会的呼吁得到积极回应，捐款、食物源源而来，基本保证了红会随时散放急赈的需要。在捐款活动中，中国红十字会名誉总裁袁世凯捐银 2 万元以为倡[②]。而红会自身急难民之所急，想难民之所想，也为世人做出表率，“中国红十字会医队救护队谨辞筵席”就是一例：

承永昌煤号詹铭珊君嘉同人躬履战地，抢救伤痍，以为义勇莫匹，特赐嘉（佳）肴旨酒以旌其劳，拜赐之余，莫名钦感。惟值此衅起国门，阋墙交

① 《中国红十字会急募捐款、饼干、食物》，《申报》1913 年 7 月 31 日、8 月 2 日。

② 《红十字会纪事》，《新闻报》1913 年 8 月 5 日。

哄，枪弹横飞，殃及无辜，同人对此正深燃萁煮豆之悲，彼结庐战线者，祸起仓猝，挈妻携子，舍命奔逃，虽保余生而服食无托，露宿风餐，嗷嗷待哺。同人睹此，五内为酸，玉食在前，何能下咽？况我红会宗旨，博爱恤兵，瘗死疗伤，实其天职，何功勋之足伐，何劳绩之足旌？特念詹君雅意不可却，谨将其厚贶变价助捐，既足表詹君之热忱，又足表同人之心迹，区区苦心，惟我同胞实式鉴之①。

这虽是一件小事，亦足以表明红会一切为了难民、为了难民的一切之诚。

其二，设平粜局。受战争影响，米店关门，加之难民云集，供应紧张，物价腾涨，“沪地战事初定后，南市米肆俱未开市，居民有绝粟之虑，食力之流，饥肠粟碌，手持百钱，奔波北市，往返为难，终日劳动，难谋一饱”②。难民即便手中有钱，也无粮可买，人心惶惶。中国红十字会想方设法，购粮平粜。8 月 5 日，第一平粜局在南市龙德桥龙王庙开局，局长朱鉴生。8 月 7 日、9 日，第二、三平粜局分别于沪南码头商船会馆、沪西万生桥西首西方庵开局，局长分别为唐星垣、邵子奋。平粜局每日晨 8 点开局，下午 5 点止，每人以 5 升为度，每升 1.96 斤，取价 65 文、60 文不等③。平粜局开办两个多月，大大缓解了因战祸而引起的“绝粟”恐慌，为沪上穷民及难民排解了购粮之难。而此中红十字会会员所付出的辛苦，是常人难以想象的，如《新闻报》报道说，红会三处平粜局“日来拥挤异常，龙华、曹河泾、浦东穷民来粜者纷至，每日共需米二百数十石。而局长以下诸执事，终日操作，手为之折，而对于贫民和颜悦色，亦足见道德心之发达云”④。他们身上所体现的正是红十字无私奉献的精神。

其三，开办留养院。难民络绎不绝，如不妥为安置，一旦发生骚乱，后果堪忧。他们是战争的受害者，属于弱势群体。天职攸关，红十字给予他们人道关怀，义不容辞，责无旁贷。在弱势群体中，妇女儿童尤为脆弱，所谓“烽火云霄，生灵涂炭，流离转徙，困苦颠连。最堪怜者，青年妇女，黄发儿童，风餐露宿，粟六饥肠，啼哭终宵，酸人心肺，盖以家室荡然，依靠俱无，行见鬻子卖女，演成惨剧，人道之谓何？”⑤ 给妇孺儿童以格外关注，是理所

① 《中国红十字会医队救护队谨辞筵席》，《申报》1913 年 8 月 4 日。

② 中国红十字会总会编：《中国红十字会历史资料选编，1904—1949》，南京大学出版社 1993 年版，第 297 页。

③ 中国红十字会总会编：《中国红十字会历史资料选编，1904—1949》，南京大学出版社 1993 年版，第 297 页。

④ 《红十字会纪事》，《新闻报》1913 年 8 月 23 日。

⑤ 《中国红十字会临时妇孺留养院阳历八月九号旧历七月初八开院》，《申报》1913 年 8 月 9 日。

当然的。为此，中国红十字会拟特设临时妇孺留养院加以留养，“经新舞台夏月珊昆仲慨允借给，不收房租”[①]。8月9日，临时妇孺留养院在上海南市十六铺新舞台旧址开院，院长为沈敦和、张乐君，总理事为叶庚三，副理事杨菊生，稽查沈鼎臣、江趋丹，发起人顾馨一、袁祝三等。同日，公布《中国红十字会临时妇孺留养院简章》18条[②]，内容为：

——本院系因沪地战事之后临时设立，与常设机关有别，故名中国红十字会临时妇孺留养院。

——借设上海南市新舞台旧址。

——本院专收贫苦无依之避难妇孺，如有下开各项情形之一者，概不收留：甲，虽系贫苦并非被难者；乙，有别项隐情者；丙，有毒疾或残废者；丁，小孩年十二岁以上身长逾四英尺半者。

——本院经费由红十字会暨豆米业及各界热心善士募捐集合，其款项出入由总办事处常议会稽核之。

——公举院长二人，总理事一人，副理事一人，稽查员二人，悉尽义务。又男女干事若干人由院长以下督率之。

——留养额数悉（先）以二百名为度，如可增添，随时由院长及发起人议决。

——妇孺入院时先由审查员问明年岁、籍贯，妇女有无丈夫翁姑儿女，小孩有无父母，详载审簿，编列号数，交女干事收养。

——本院所备三餐均有定时，晨八时备粥，午十二时备饭，晚六时半备晚饭，或用粥，或用面食。逢阴（历）初二、初八、十六、二十四酌加荤菜。

——本院所收妇孺，每日给以三餐，概不取资。

——妇孺入院后，先令盥漱沐浴毕，给以公用之衣服，限期更换，以重卫生。

——本院延有女干事数人，教妇孺以浅近字义及寻常手工，每日以二三小时为教课时间。

——妇孺不得任意出院，如有万不得已要事欲告假出院者，须经审查员允准给予假条方可，回院时即凭条销假。

——妇孺入院后有患病者，由女干事查明实在，即请医生诊治，重病送红十字会医院或时疫医院，轻病迁入本院病房以免传染。

——妇孺入院后如有病故者，立时迁入太平间，即予棺殓并拍照后寄存

① 《红十字会纪事录》，《民立报》1913年8月5日。

② 《中国红十字会临时妇孺留养院简章》，《申报》1913年8月9日；另见中国红十字会总会编：《中国红十字会历史资料选编，1904—1949》，南京大学出版社1993年版，第305页。

善堂殡舍，待家属认领。

——本院所收捐款均有中国红十字会临时妇孺留养院收据为凭，翌日即登报征信，他日另刊征信录分送。

——以上简章经发起人三分之一之请求即可修改。

——简章有未尽善处可随时修改。

——此简章于开院日实行。

临时妇孺留养院“开院不及二旬，妇孺竟能识字唱歌、浅近工艺”①，令人称叹不止；原定收养妇孺200名，而多时超过500人，红会压力之重，可想而知。

除临时妇孺留养院外，中国红十字会又在爱而近路纱业公所特为由“大通”轮救护出险的南京难民开办第二留养院，举闻兰亭、哈少甫为院长，沈鼎臣为总理事，田资民为理事。南京难民中有不少人信奉伊斯兰教，习俗异，饮食岐（歧），中国红十字会常议员蒋星阶、哈少甫于是开办第三留养院，专门安置伊斯兰教难民。

留养院工作人员，耐心周到，无怨无悔，“妇孺留养院男干事劝募捐款，防闲匪类，保护孑遗；女干事与避难妇孺共起居饮食，医药卫生如姑嫂姊弟怡如也。第二、三留养院三餐之外，慰问无休时，而纱业公所闻田诸君，广开大厦，担任饭食，照料护持，视难民如戚友”②。他们以炽热的爱心驱散了笼罩在难民心中浓重的“失乐园”阴霾。

战乱平息后，第二、三留养院分别于9月11日、12日闭院，妇孺留养院于10月1日截止。“保全弱质，完人骨肉”，红十字会这一人道之举，赢得社会各界的普遍赞誉，“舆论韪之”③。

其四，资遣难民。各地避难上海的难民，“衣食旅费，为日过久，典质俱穷。家乡辽远，举目无亲，弱者转乎沟壑，强者流为盗贼”，以致治安混乱。“欲谋沪地之治安，当令若辈各归故乡，藉谋生计”④。中国红十字会出于人道，募集捐款，对流落上海滩的各地难民以及经红会治愈的受伤兵民、溃勇败兵予以资遣。如红十字会开办的三个留养院共资遣“男女小孩一千八百二十八

---

① 《红会留养院开幕记》，《申报》1913年8月28日。

② 《红会宴劳职员记》，中国红十字会总会编：《中国红十字会历史资料选编，1904—1949》，南京大学出版社1993年版，第308—309页。

③ 中国红十字会总会编：《中国红十字会历史资料选编，1904—1949》，南京大学出版社1993年版，第299页。

④ 中国红十字会总会编：《中国红十字会历史资料选编，1904—1949》，南京大学出版社1993年版，第299页。

(人),除船票衣服之外,每人酌给一、二元四、五角不等”[①]。留养、资遣,这个过程持续了半年时间,据统计,从7月到12月,先后共资遣难民10401人[②]。

在南京,城破之日,张勋纵兵大掠。劫后余生的南京市民,再罹惨祸,“居户店铺,果然十室九空”。据江绍墀(趋丹)报告说:“花牌楼某姓男女二十二口被抢七次,只剩铜元三枚,问之已二日不举火,既无颜乞赈,日来赈米亦乏,将合家自尽,哭声震屋宇。过某绸庄,店伙三十余人亦患绝粒,惨楚之语,相对流涕……惟最难堪者,身无衣,睡无被,病无医,食无米,死者无棺殓,比比皆是。”[③] 放赈赈济,急不可缓。9月11日,红会派出江趋丹等,将赈粮200石,饼干、面包15000磅,被褥20包解往南京散放。23日,又派詹润祥将500条棉被送往南京,以济燃眉之急,而“号寒之请”纷纷不已,沈敦和特赶制棉衣裤1000套,拟26日装火车运宁[④]。10月7日,沈敦和再次请詹润祥乘沪宁车将新棉衣500套、绸布男女棉衣1000件解送南京[⑤]。

严冬渐逼,寒气袭人。虽然南京的硝烟早已散尽,但饱受战火之苦的南京难民仍然忍受着饥寒的煎熬,而红会的救济行动依然没有停歇。11月5日,红会又将新制棉衣1000套,以及从宁波采购的旧棉衣2200件,交“江孚”轮运宁转南京分会于少彰会长散放其中的一半(另一半用以救济徐州难民)。

救济行动仍在持续中。“宁人对于本(红)会非常欢迎,颂声载道”[⑥],是极其自然的。正是红十字的人道关怀,使劫后余生的宁地难民得以挣脱“死”的困扰而充满“生”的希望。

徐州也是“癸丑之役”的重灾区,特别在利国驿、柳泉附近,“纵横数十里之村庄,皆为军队所住,炮火所经之地矣,蹂躏之惨,不言可知”。及战事南移,“各村人民纷纷归来,而已衣物荡尽,一空如洗,此时既概无食,又嗟无衣,人民面目之憔悴,村庄气象之萧条,目睹情形,令人心痛。复查柳泉及利国驿一带,皆山麓,地高惧旱,而麦季所收仅三四成,又秫秫为蝗所伤,现又两月不雨,晚收无望。兵祸而外,又遇天灾,此惨之惨者。若不筹给抚恤,藉资生理,来日方长,饿殍可待”;“又查铜山地方,本多盗贼,战事起后,匪势更炽,聚集成股,到处骚扰,无论数十家一村,或百数十家一村,

---

① 《红十字会纪事》,《新闻报》1913年10月1日。

② 中国红十字会总会编:《中国红十字会历史资料选编,1904—1949》,南京大学出版社1993年版,第300页。

③ 《来件:红十字会江理事长上沈会长书》,《新闻报》1913年9月16日。

④ 《红十字会纪事》,《申报》1913年9月25日。

⑤ 《红十字会纪事》,《申报》1913年10月8日。

⑥ 中国红十字会总会编:《中国红十字会历史资料选编,1904—1949》,南京大学出版社1993年版,第313页。

土匪一至，全村皆墟，劫资财，烧房屋，杀事主，掳妇女，残酷情状，笔难尽书。耕牛抢劫殆尽，农民无牛可耕，往往以人力代牛，故田多抛荒，民食不足”[①]。有鉴于此，红会特派江苏省议员王宝槐（字叔相）于9月21日驰往徐州调查灾情。经查，利国驿居民3000户，自经兵燹，“无家不破，饥寒交迫，惨苦万状”；又山东韩庄，与徐州利国驿仅一河之隔，“全镇为墟，流民数万”。面对此情此景，中国红十字会常议员施则敬“特发宏愿，首先筹垫一万元，并由红十字会捐款项下发（拨）洋一万元及棉衣数千套”[②]，请王宝槐核实散放。11月下旬赈毕，“费款三万，民赖以苏”[③]。

“癸丑之役”，中国红十字会忙于救护、留养、资遣、赈济，应接不暇。在此过程中，沈敦和副会长总揽全局，日夕奔波，心力交瘁，以致病倒。《新闻报》报道说：“红十字会副会长沈仲礼君自赣乱发生蔓延淞沪以来，布置调度，寝食俱废，且有时亲历战地，督饬救护队冒险抢救，而一切掩埋、拯济、善后、防疫种种机关以及有战地各省组织分会医队，日夜筹划，精力交疲，形神俱困。月前患失眠心悸之症，迭请西医诊治，力劝静养，不预外事，闻以入医院养病云。”[④] 他若王培元、江绍墀、施则敬、吴敬仲、王子香、邓笠航等，无不尽心尽力，废寝忘食。总之，在整个“癸丑之役”中，中国红十字会“闻警报早经出发，则部署惟恐不先；赴战地收拾伤残，则救护惟恐不勇；葬骸骼消弭疫疠，则掩埋惟恐不周；设医院以疗损伤，则救治惟恐不力”。至于无辜被难人民，“则运以火车，济以轮船，居以留养院，保全妇孺，以杜拐卖；散放衣食，以拯饥寒”[⑤]，堪称人道保障。

红十字事业的开展，离不开社会各界的支持。红会自身没有经费，其经费来源主要倚赖社会捐助。在“癸丑之役”中，红会各项开支所费甚巨，粗略计算，“上海一隅设医院五处，吴淞设临时病院一所，疗治受伤军民，前后计九百四十七人，伤重不治者只十一人，平均计算每百人中死一人，耗费一万五千元，平均每人十七元；又救护队救护九百人，耗费约二千五六百元，平均每人三元左右；留养院三处，留养男妇婴孺三千三百十余人，耗费约四千七百元，平均每人约一元有奇；救护难民出险（大通轮船，汉源、江元、

① 《照录徐州查灾专员来函》，中国红十字会总会编：《中国红十字会历史资料选编，1904—1949》，南京大学出版社1993年版，第63页。

② 《红十字会纪事》，《申报》1913年11月4日、6日。

③ 《红十字会纪事》，《申报》1913年12月29日。

④ 《沈会长积劳成疾》，《新闻报》1913年9月2日。

⑤ 中国红十字会总会编：《中国红十字会历史资料选编，1904—1949》，南京大学出版社1993年版，第303页。

致远等小轮五艘，民船、汽车、沪宁免费专车，前会长盛杏荪善士独助大通船费四千五百两），共五千数百人，耗费约万元之谱，平均每人二元；上海江湾、吴淞掩埋尸骸三百七十一具，耗费一千二百数十元（棺木大半系捐助者）；平粜局三处，平粜五十日，采米共五千二百十三石有奇，计价洋二万九千五百三十元有奇，除收入平粜价外，耗费五千二百八十三元；防疫治病药料药水等费约千元；赈济露宿难民（闸北、英界、南市、浦东、六里桥、西乡、大场、镇江、南京、大胜关、新河口），面包、食物、饼干、痧药等费约三千元（面包等物半有善士捐助者）；资遣伤军、难民、溃勇、败兵回籍一万四百人，费五千五百元（有时招商局捐助免票，江永卓达吾君、江宽林晓泉君、江孚袁仲蔚君、江新许楚卿君、江华施子芗君、江裕黄毓斋君，竭诚赞助，时蒙慨免船费，又沪宁铁路惠给难民半价票）；南京分会医院（鼓楼医院、基督医院、金陵医院）宝琅医士，救护疗治受伤兵民一千九百数十人（轻伤入院即去者不计），耗费八千数百元，平均每人约计五元；镇江医院白廉医士主任救护疗治受伤兵民六百十二人，耗费二千数百元，平均每人不足五元；南京分会于少彰君主任救护难民甚夥，掩埋尸骸计七千三百数十具，由于君独立捐垫六千元”，加上其他开销，共支出 13 万余元。

虽然开支浩繁，但海内外捐款源源不绝，从上海开战至 11 月底，各界善士共捐洋 165700 余元，这就使得红会“虽日处困难之中，尚无陨越之累”，保证了救援行动的实施。中国红十字会之取得癸丑战事救援的卓越成就，如谓“皆赖大善士捐输之力，我同胞协赞之功”①，并不为过。

五、分会之功

在“二次革命”的人道救援中，分会之功，功不可没。

“二次革命”发生后，总会总办事处分电战地各分会，协力救护，一致进行。各分会立即响应，组织救护队奔驰枪林弹雨中，救伤掩埋，成绩昭然。

江西九江、南昌、吴城分会，赣浔战起，即出发医队，设立临时医院，疗治受伤兵民，“成绩颇著。且办事核实，不虚美，不浮夸，良足嘉也”。

镇江分会设有临时伤兵医院，白廉医士与吴丽山“内外经营，躬亲百役，伤兵留院者数百人，无不满意。外人急公好义，赞襄惟恐不及，良足嘉也”。任兆霆另设分会医院于粮米仓，留养伤兵数百人，亦“成绩灿然”。

广东分会“系麦吉甫君所手（首）创。麦君急公好义，慨出巨资筹划会

① 中国红十字会总会编：《中国红十字会历史资料选编，1904—1949》，南京大学出版社 1993 年版，第 303—305 页。

务，极为完备。此次广东济陆二军争战，立即出队救护，疗伤掩骼，成绩优美，且能兼事赈济，尤为可风”①。

四川红十字会于1911年成立，“兹闻渝事发生，大兵东下，不日即有战事，该会中人现已组织救护队，以备战地救护之用，推举启尔德、谢道坚为队长云”②。

济南分会，当徐州开战时，即出发医队赴兖州救护，恪尽天职。

滁州分会，医士师古德、理事长石晓澜率救护队开赴徐州战地，救伤葬亡，“颇著成绩”。

临淮关分会为医士徐月崖发起成立，“徐君热心救济，率队驰赴战地，竭诚救护”。

正阳关地当要冲，分会早经成立，“此次战事，救护掩埋，罔不称职”。

徐州分会是战事发生后“请愿本会（中国红十字会总会）正式承认者”。鉴于徐州迭遭兵燹，居民贫病交加，徐州分会特设医院“以嘉惠之，厥功甚伟”。

芜湖分会“成立于辛亥光复时，设有弋矶山医院，疗伤瘗亡，颇著成效。此次战事，出发医队，四出救护，兼事掩埋。复于大通设临时医院，活人亦众，义闻益昭”。

颍州、吴淞、寿州等切近战地各分会，无不组织医队、医院，救死扶伤，以尽天职③。

在“癸丑之役”中，天津、南京、沪城分会救护成绩尤为突出。

天津分会在“二次革命”爆发后，“赶紧编发医队”④，由徐镜澜医士率领，星夜乘津浦车南下，在利国驿、韩庄、宿州、蚌埠、临淮、滁州、浦口均设临时医院，并深入险地，救护伤兵病民，历尽艰苦。天津分会救护医队长驱南下，使战地救护力量为之大增。更可贵的是，救护医队并没有因徐州之战的结束打道回府，而是冒险进入南京城，“几濒于危”不稍退却，设临时医院3处，“竭诚救护”。

天津分会远离战地，乃不辞万苦，奔波南下，投入火热的救援行动之中，令人钦佩，“其义勇可以风矣”⑤。

---

① 中国红十字会总会编：《中国红十字会历史资料选编，1904—1949》，南京大学出版社1993年版，第300—302页。

② 《救护队出发记》，《申报》1913年9月1日。

③ 中国红十字会总会编：《中国红十字会历史资料选编，1904—1949》，南京大学出版社1993年版，第300—302页。

④ 《红十字会编队出发》，《大公报》1913年7月24日。

⑤ 中国红十字会总会编：《中国红十字会历史资料选编，1904—1949》，南京大学出版社1993年版，第300页。

南京分会身处战地，救伤葬亡，义不容辞。在救护行动中，会长于少彰（恩绂）组织得力，调度有方，特别值得称道。《中国红十字会二十年大事纲目》谓，“南京分会会长于恩绂，善人也，自辛亥开办分会至民二癸丑七月二十二日总会电准成立，从未领基本金，亦无外捐，亦未受有官厅补助。辛亥战事发生，救护掩埋。至癸丑又发生战事，随阵掩埋……癸丑乱后，宁垣十室九空，疮痍满地，乃提倡征文社，抚恤寒儒，协助急赈，救济灾黎，所需巨资，均亦自行筹垫”①，诚可谓满腔热忱。

南京战时，鼓楼、基督、金陵三医院均改为红十字医院，宝琅医士负责管理，“其救护队不惮寒暑，不畏炮火，四出拯救。院中留养伤兵伤民常千人，诸医士当炮火连天之际，施圭奏刀，无间昼夜，执事之辛勤，成绩之昭著，用款之俭约，惟镇江白廉医士差足近之”②。

南京分会的“二次革命”救护卓有成绩，沪城分会的救护业绩也不能小视。

沪城分会诞生于辛亥革命的血雨腥风中，“由医界同人组织而成，经总会之认可颁发分会凭照正式成立”③，会长夏绍庭（字应堂）。辛亥革命后，每逢五、十之期，演习担架队法、初级救伤要法，常备不懈。所以当癸丑上海战事爆发后，“沪城分会救护医队早经编练，当即出发救护受伤兵民，掩埋路遗尸骸”④。总会总办事处在上海的一切救护行动，几乎都得到沪城分会的倾力协助，如《申报》报道云：“沪城红十字分会，因交通不便，暂迁老北门外西城根五金公所内。此次救活伤残兵民甚多，兹复念避难贫民流离载道，饥饿露宿，特于上月（7 月）二十八号起，筹办急赈，散放面包、大饼等物，以济贫黎，每日须发五千余枚云。”⑤ 又据报道：“红十字会城内分会医院业借沉香阁布置病房，可容百人，只收（挂）号金铜元二枚，不取医药等费。”⑥ 沪城分会与中国红十字会总会总办事处同城，协助总会做好人道救助工作，当属义不容辞的分内事。而沪城分会之所以“日同总会救护队争先恐后，抢救伤亡不惜牺牲性命，为我苦难之同胞弥补缺憾，不求名利，不求人知，而其目的之所在无他，为中国红十字会六字”。因此，沪城分会的“办事

---

① 《中国红十字会二十年大事纲目》，中国红十字会总办事处 1924 年编印，第 10 页。

② 中国红十字会总会编：《中国红十字会历史资料选编，1904—1949》，南京大学出版社 1993 年版，第 300 页。

③ 《中国红十字会沪城分会启事》，《申报》1913 年 9 月 7 日。

④ 《中国红十字会二十年大事纲目》，中国红十字会总办事处 1924 年编印，第 9 页。

⑤ 《城内访函》，《申报》1913 年 8 月 2 日。

⑥ 《红十字会纪事》，《申报》1913 年 8 月 7 日。

成绩”，不仅得到总办事处的“极为称许”，而且“中外人士赞叹不置”[①]。

分会是总会的基干力量，但从“癸丑之役”的救护中可以看出，分会的功能并没有得到充分发挥，分会与分会之间的协作也比较欠缺，这说明，红会组织建设还有待于强化。

第四节　红十字会：从“狼”战到护国战争

战灾的救护远远没有结束。北京政府时期，内战迭起，匪灾交乘，外强入侵亦时有所闻，战垒连珠，硝烟弥漫，中国社会动荡不安。在烽烟四起的时代氛围中，中国红十字会一如既往，奔赴战地，救伤恤难。在本节中，我们以时间为序，摭拾若干实例，以见大概。

一、“狼”战救济

“二次革命”的救护刚刚告一段落，“狼”烟又起——白朗之乱引发的豫皖兵灾，中国红十字会紧接着又投入新的救援工作中。

白朗（1873—1914），字明心，河南宝丰人，身材高瘦，腿长行快，故时人按“白朗”谐音给他“白狼”的绰号，官方称“狼匪”，“虽目不识丁，而胆略颇壮”。他曾投军营效力，后因“犯律”潜逃回乡，落草为寇，“拉杆”啸聚山林。

河南“盗风之炽，甲于各省”，尤其豫西，山箐丛密，土匪出没，“尤号盗薮”[②]。白朗“拉杆”时，豫西著名的“杆子首”（绿林头目，又称“杆首”“架杆”）就有数十人，但白朗因“性豪爽，善驭人，疏财仗义，以是能得众，先奔走于汝、鲁、宝之间，结识豪侠，渐成规模。但以武器缺乏，未能大举，乃将宝丰县长的儿子劫去勒赎，索价新式五响钢枪十支，械到手后即有很快的发展”[③]，后来居上，一跃成为豫西屈指可数的“杆子首”。他以舞阳母猪峡一带为基地，四出“打家劫舍”。1913 年 6 月 15 日，一举攻克禹县县城，缴获大量枪支弹药，“自此白朗声振豫西，各地绿林附合者骤达二千人”[④]。

白朗飘忽无定，攻城略地，已成尾大不掉之势，河南都督张镇芳东迎西

---

① 中国红十字会总会编：《中国红十字会历史资料选编，1904—1949》，南京大学出版社 1993 年版，第 309、459 页。

② 徐珂：《清稗类钞 · 盗贼类》，中华书局 1986 年版，总第 5323 页。

③ 乔叙五：《记白狼事》，转引自李新、李宗一主编：《中华民国史》第 2 编第 1 卷，中华书局 1987 年版，第 356 页。

④ 杜春和：《白朗起义》，中国社会科学出版社 1980 年版，第 321 页。

拒，疲于奔命，无力控制局面。9月下旬，白朗率军南下湖北，攻占鄂北重镇枣阳县城，10月6日弃城北上，11月12日占领宝丰县城，满载而去，并以鲁山为根据地，伺机大举。白朗自称中华民国扶汉讨袁司令大都督，已成为二次革命后国内规模最大的一支武装反袁力量，不能不引起袁政府的高度关注。袁世凯一面严令张镇芳限期肃清，一面增兵河南，进入豫西的总兵力达3万人[①]，形成会剿之势。当大兵云集之时，白朗乘虚蹈隙，跳出包围圈，并于1914年1月11日、15日、16日连拔光山、光州（即潢川）、商城三县城，接着兵进安徽，24日克六安，2月6日陷霍山，鄂豫皖三省震动。

战火蔓延，生灵涂炭，“而百万灾民家室荡然，流徙四方，饥寒交迫，情形尤为急迫”[②]。天职攸关，中国红十字会当然不能置若罔闻，坐视不救。2月2日，沈敦和副会长分电固始、颍州、庐州、正阳、临淮等地分会，请速“遣队出发”，实施救援[③]。但毕竟战灾面广，分会之力有所不逮，仍不得不向总会请援。固始分会求援急电云：“光、潢、商、六惨状剧烈，由潢两次电闻。现匪踞县南，大兵集县，开仗在即。前战积尸暴露，恐酿时疫，伤兵病民，分会治疗难给，刻正筹备救护器物，惟款项支绌，地方隔膜，仍请总会速拨医药，克日来县，以纾危难，无任翘企”[④]；“六安破后，匪窜固境叶家集，拱卫军迎敌失利，死伤兵民甚众，分会勉事其难，现大兵逾万，战线密迩，开仗在即，待援甚急，仍请速发医队及他种救护，以纾危急，万众亟盼”[⑤]；“廿日之战，积尸遍野，受创兵民，呼号痛苦，医不暇给，且大兵云集，已逾万人，大战在即，医药、银钱均甚缺乏”[⑥]。又安徽六安、颍州、寿州分会报告称：“六安全城被焚，几无完土，焚死被杀及自经者达二千五六百人，被难居民达八万人，逃往山中乡下者悉无人色。而正阳关红十字会会员刘君驰赴救济受伤民人，设临时救伤机关。讵白狼党徒犹敢勒索银钱，甚将刘君严刑拷逼，刀折其腿，弹穿左目，幸遇匪魁释放，护送至庐州医治，可保性命。惟遍地饥民，负伤抱病者尤居多数，非有巨款，曷克救济？且徐州、江北春荒已成，兵燹余生，急待救援。”[⑦]

救援急不可缓。中国红十字会除组织战地各分会救伤葬亡外，电请庐州、

① 李新、李宗一主编：《中华民国史》第2编第1卷，中华书局1987年版，第358页。
② 《红会救护之困难》，《新闻报》1914年2月24日。
③ 《中国红十字会甲寅年第一次通告》，《申报》1914年2月22日。
④ 《固始分会来电》，《申报》1914年2月17日。
⑤ 《固始分会电》，《申报》1914年2月18日。
⑥ 《红会救护之困难》，《新闻报》1914年2月24日。
⑦ 《红会救护之困难》，《申报》1914年2月24日。

芜湖等地分会派员冒险前往被兵之地，调查灾情，以便实施赈济。调查员周历罹难之区，将需赈信息及时上达总办事处：

霍山调查员余荫庭报告：“（白朗军）所到之处，奸掳焚杀，无所不为。霍山为偏僻之区，此次遭匪蹂躏，元气大伤，断非旦夕所能补救。”

六安调查员朱应璋报告：“兵灾之后惨象迭呈，沿路难民纷纷逃窜，妇人身中枪弹犹抱小孩坐路旁啼哭，有老者因子被匪戕、居庐被毁欲归不得者。分会掩埋尸骸异常忙迫。统计各灾民不下十万之多，无食无衣，沿途求乞，一见调查员，疑系本会放赈而来，麇集恳求，铁石人见之亦当泪下。当经允为转报总会，代募捐款救济，各灾民崩角有声。现在待赈之殷急于星火，若多延一日即多饿毙千百余人，务祈迅汇巨款或干粮、面包以救残喘，实为迫不及待。”

颍州、固始调查员张星槎报告：“光、潢、六三县城陷后，全城精华劫掠一空，房屋半成焦土，间有未毁者，亦复残破不完，难庇风雨。所遇难民，鸠形鹄面，道路相属，内有殷实绅商羞于行乞，团坐路隅，坐以待毙。且少壮者多为匪掳，迫令服役，而老幼妇孺则以无所用之弃置空城，往往数日不得食，给以面包等物，如得甘露，感泣之声令人酸鼻，核计三县难民不下百余万口，若无大宗款项，万难救济。”①

从上述报告中，人们可以强烈感受到灾情的严重性和赈灾的紧迫性。中国红十字会可谓重负在肩。不过，巧妇难为无米之炊，赈济“狼灾”，红会不得不先行筹款募捐。3 月 14 日，中国红十字会沈敦和副会长以总办事处的名义在《申报》刊登《劝捐公启》，呼吁社会各界“慨解仁囊，源源惠助”②。4 月 12 日，沈敦和再次以总会总办事处的名义在《申报》刊登《中国红十字会急募皖豫两省匪灾赈款》，言辞凄切，感天动地：

天不厌祸，狼氛四扰，警电传来，多于雪片。综计被匪地点，河南则商城、潢川、光山，安徽则六安、霍山、英山，境跨两省，地占六邑，繁盛市廛，焚掠一空，富豪巨室，蹂躏殆遍。尤可惨者，青年妇女奸淫之后，辄毙以枪，因而投河入井以求免者累累皆是。骸骨满地，膏血殷渠，腥秽之气，远腾数里。少壮之民幸免掳役，则流转四方，骨肉离散；老弱妇孺穷无所归，则麇集呼号，嗷嗷待哺。败壁颓垣之畔，风雨交侵，茆檐廊屋之中，炊烟久断，困苦颠连，哀哀莫告。甚有以数日不食，饥饿难忍，勉割道旁陈尸挥涕下咽者，实令人见者堕泪，闻者伤心。嗟我豫皖同胞抑何奇惨极酷一至于斯耶！本会天职攸关，责无旁贷，业电固始分会就近赶组医队，出发六安、霍

① 《红会调查豫皖灾情》，《申报》1914 年 3 月 7 日。

② 《劝捐公启》，《申报》1914 年 3 月 14 日。

山等处，尽力救护，除疗伤瘗亡外，并请安徽旅沪同乡会公举张瑞臣君、朱星五君赴六安、霍山等处散放银洋衣米等物急赈，一面调查被灾各邑人户确数，亟筹赈济方策。惟灾区既广，灾民众多，计非集筹巨款，不足以宏救济而起疮痍。本会经费竭蹶，心力相违，远望江云，弥深焦灼，敢申托钵之求，发棠之请，冀薄海内外诸慈善家笃念痌瘝，仁囊慨解，多施一金即多活一命，早惠一日即早救一人。谨代豫皖两省数百万哀鸿九顿以俟，幸公鉴焉①。

沈敦和的“托钵之求，发棠之请”，产生了一定的社会反响，捐款源源不断。特别是中国红十字会前会长盛宣怀，又一次慷慨解囊，捐银万两②，做出表率。安徽旅沪同乡会也伸出援助之手，筹垫洋千元③。

款项仍在筹措中，而赈灾亦不容稍缓。安徽是重灾区，安徽旅沪同乡会义不容辞地担负起放赈的使命。受总会总办事处委托，同乡会张瑞臣、朱星五、周谷生携款2万元并药物、食品等，3月18日“乘江浮轮赴芜（芜湖），

---

① 《中国红十字会急募皖豫两省匪灾赈款》，《申报》1914年4月12日。

② 《中国红十字会谨谢前会长盛杏荪先生指赈六、霍银壹万两》，《申报》1914年3月16日。1914年4月30日，沈敦和致函盛宣怀，尊称“补公会长”（盛宣怀，字杏荪，号次沂，又号补楼、别署愚斋），感谢他慷慨支持，同时特制金表两块，作为纪念。5月6日，沈敦和又致函盛宣怀，再次感谢，并遵照《中国红十字会章程》，授予他“有功章”及“特别会员”荣誉（参见池子华：《“大清没了”之后的盛宣怀》，《中国红十字报》2018年5月4日）。1916年4月27日，73岁的盛宣怀病逝于上海，走完了他跌宕起伏的人生之路。12月10日，中国红十字会与汉冶萍公司、招商总局、通商银行、三新公司联合，在上海天津路红十字会时疫医院举行隆重的追悼会（追思会），追思这位先贤。会上，中国红十字会副会长沈敦和致词，对盛宣怀兴办轮船、电报、铁路、矿山以及捐助水旱兵灾、资助学校教育等方面的事迹，做了简要回顾，称他为“大实业家而兼大慈善家”。沈敦和深有感触地说：“前清日俄之战，东三省客民数百万众，红十字会尚未与万国红十字会缔盟，公贻书赞成，而中国红十字会遂以成立。”（《五团体追悼盛杏荪》，《申报》1916年12月11日）盛宣怀“开创”之功，永载史册。值得备忘的是，作为清末民初的中国“首善”人物，在他生命终结的最后时刻，立下遗嘱，遗产的一半由子女继承，一半设立“愚斋义庄”，救助盛氏族人、贫苦人家及支持社会慈善公益，包括红十字事业。1917年6月1日，李鸿章之子李经方主持召开盛氏家人参加的亲族会，宣布成立“愚斋义庄”。又经过两年半的努力，财产总算清理完毕，确认盛宣怀遗产总额为白银1160多万两。1920年，依据盛宣怀遗嘱，由盛氏亲族会议做出议决，一半分给5个儿子，一半捐入愚斋义庄，各得580多万两。盛氏五房子孙将580多万两银子平分，每房各得遗产116万两。1924年9月、1925年1月，接连爆发两次江浙战争，长三角地区深受其害。中国红十字会总会总办事处及各分会竭力救护。盛宣怀遗孀庄德华夫人继承盛宣怀遗志，给予红十字会力所能及的支持。但令人遗憾的是，盛宣怀遗产没能发挥更大的作用。1927年庄夫人离世后，盛氏子孙无视盛宣怀遗嘱，为瓜分“愚斋义庄”六成的慈善基金遗产而闹上法庭。江苏省政府趁机插手，命令把愚斋义庄财产的四成上缴国库，充作军需。“愚斋义庄”分崩离析，至此夭折，也断送了盛宣怀的慈善之路。为了慈善事业，盛宣怀煞费苦心，精心勾画“愚斋义庄”蓝图，可是竟成泡影，令人惋惜（参见池子华：《“大清没了”之后的盛宣怀》，《中国红十字报》2018年5月4日）。

③ 《中国红十字会谨谢安徽旅沪同乡会筹助六、霍兵灾急赈洋一千元》，《申报》1914年3月13日。

星夜驰赴六（六安）、霍（霍山）”①，在分会和地方官绅协助下，散放急赈。根据受灾程度，“分投施放，计分福、禄、寿三项，会同官绅择要散放”②，直到5月底，赈毕回沪复命。

河南战灾的赈济由1913年10月25日经总会审批正式成立的固始分会负责实施，在理事长张玉缜的领率下，分会同仁疗治伤残，赈救难民，不遗余力。总会总办事处给予扶助，协济大洋千元。

1914年5月，白朗军转战陕、甘，中国红十字会鞭长莫及，无法组织起有效的救援，只好请被兵各地传教士调查灾情，量力接济③。黎元洪副总统捐助洋400元④，表示出对红会工作的支持。

皖豫兵灾的救护持续到8月初白朗之乱被完全平息才告结束，在这半年中，中国红十字会在力所能及的范围内投入救援，于事不无小补，“全活数万人”⑤。

二、胶东救援

皖豫兵灾的救护尚未结束，山东半岛又风云突变。中国红十字会随即将救护的重点转向胶东。1898年，德国强租胶州湾，把山东半岛变成它的“势力范围”。但日本对这块富饶的土地垂涎已久，必欲据为己有而后快。第一次世界大战的爆发，恰好为彼取而代之、推行其“大陆政策”提供了可乘之机。

1914年7月28日，以英、法、俄等协约国为一方，以德、意、奥等同盟国为另一方，双方在欧洲大动干戈，第一次世界大战爆发。两大军事集团忙于欧战，无暇东顾，日本便跃跃欲试。8月15日，日本政府以“日英同盟”“确保东亚和平”为借口，向德国政府发出最后通牒，要求德国解除驻华武装，将胶州湾租借地转交日本，8月23日如无满意答复，日本将采取军事行动。德国同意将青岛“交还中国”，条件是日本也应将台湾交还中国，这当然是日本难以接受的。8月23日，日本即以德国无满意答复为由，正式对德宣战，并派出军舰20艘向威海卫集结，准备向驻山东德军发起进攻。

战争阴云密布，而北洋政府则忍看列强为争夺中国领土在中国厮杀，严守所谓“中立”。

战争一触即发，中国红十字会不能不为大战救护预作准备。早在8月初，

---

① 《红会赴六霍放赈员起程》，《新闻报》1914年3月19日。
② 《六、霍放赈员回沪》，《申报》1914年6月1日。
③ 《红十字会调查陕甘灾情》，《新闻报》1914年6月18日。
④ 《中国红十字会敬谢黎副总统捐助洋四百元》，《申报》1914年7月19日。
⑤ 《中国红十字会二十年大事纲目》，中国红十字会总办事处1924年编印，第12页。

中国红十字会已意识到战争之不可避免，“时势紧迫，组织医队、救护队实不容缓”而着手“筹备要需”[①]。与此同时，中国红十字会理事长江绍墀“以义务四年，历丁大难，精力不及”[②] 而请辞理事长职务时向会长、常议会《条陈十则》，其中建议：“中国处中立国地位，而列强于中国领海及海口租借地区域内，设有战端，各该国红会断难超越重洋从事救援，应如何预筹救护方法组织救护船驰赴战域救护以尽地主而崇人道”，“兵祸在在可虞，惟经费竭蹶，支持为难。而组织救护队、医队尤不容缓，而筹款一层尤为第一问题。”[③] 这里提出了组织救护医队和筹款两大基本问题。

8 月 9 日，沈敦和副会长以总会总办事处名义，在《申报》登出《中国红十字会召集救护队员》广告，决定从辛亥、癸丑救护员中遴选、组建救护队[④]。21 日，沈副会长召集特别常议会，决定“预筹海战救护船、陆战救护队、临时病院，以便青岛如有战事即可出发救济，并预备沿海渔船救护难民”，同时“筹募临时救护经费，由常议员担任分头劝募，并电致政府暨日来弗万国总会接洽一切”。据报道，“现在沈副会长政躬不豫，尚未康复，但会务急迫，故已力疾到会视事云”[⑤]。22 日，为组建陆战救护队，总办事处再次在《申报》登出广告谓：“辛亥、癸丑两次战役，本会所延请医队、救护（队）出发战地，极承诸君子热心赞助，成绩优美。本届欧洲战事将延东陆，本会以天职所在，拯救伤亡，拟仍征集陆路救护医队出发山东沿海一带，务乞前往武汉、沪宁战地曾经出力医员队员迅至二马路本会总办事处与王培元医博士接洽，俾得刻日成队出发，事关紧急，即希从速惠临，无任企盼之至。”[⑥] 这些曾经出力的救护医员、队员，经验丰富，一经招集有人，即可成队驰赴战地。

光有陆路救护队仍然不够，还必须有一支海上救护队，方能应付裕如。为落实 8 月 21 日特别常议会议案，红会总办事处决定“招集惯习风涛之人，编集海面救护队，教以初级救伤法，以便将来水上救护”[⑦]。

战事日迫，红会的救护准备也在紧锣密鼓地进行着。中国是“中立国”，出队救伤，须征得交战双方的认可“方无障碍”，为此，沈敦和副会长电请政

① 《中国红十字会急募筹备要需》，《申报》1914 年 8 月 6 日。

② 《红十字会纪事》，《新闻报》1914 年 8 月 12 日。

③ 《红十字会江理事之意见》，《申报》1914 年 8 月 7 日。

④ 《中国红十字会召集救护队员》，《申报》1914 年 8 月 9 日。

⑤ 《红十字会纪事》，《新闻报》1914 年 8 月 22 日。

⑥ 《中国红十字会延请本会前往武汉沪宁战地救护医员队员启》，《申报》1914 年 8 月 22 日。另见《新闻报》1914 年 8 月 23 日。

⑦ 《红十字会纪事》，《新闻报》1914 年 8 月 25 日。

府“照会各（大）使转知前敌各军保护”①；久寓青岛的吕海寰会长也组织红十字医院，“以备就近救护伤兵”②；烟台接近战地，交通便利，总办事处特别关照烟台分会建立临时医院，“以备为疗治伤兵之根据地点，并择重要之区组织分医院数处，以便重伤军士就近救治”③。

“筹款一层尤为第一问题”，在8月21日举行的特别常议会上，决定“筹募临时救护经费，由常议员担任，分头劝募”。取之于社会，集腋成裘，聚沙为塔，一向是红会开展救护工作的法门，此次也不例外。8月27日、28日、9月1日，总会总办事处仍以沈敦和的名义在《申报》连续刊登广告，号召海内外同胞“情殷赞助”：

> 欧洲宣战，万变风云，浩浩祸机，东渐日迫，我山东沿海一带无量同胞将惨罹池鱼之殃，忧心北望，痛何可言？本会恤兵救难，天职攸关，现正组织海陆救护医队出发烟台，赶设临时医院以为救护根据地并谋济渡难民。惟此次手续不仅拯救东省同胞，且关欧亚历国邦交，苟能肆应适宜，则本会声誉当必与列强红十字旗齐驱并驾，同垂无限光荣，其关系我中华国体不亦大哉？兹虽承热心志士、经验医员联袂偕来，赞襄会务，第兹事体大，需款浩繁。本会成立十年，粗著成效，全赖薄海同善资助进行。溯自武汉、赣宁，连年兵役，加以各省水旱偏灾，节次赈救，耗资巨万，方且余喘未息，遽肩重任，绵力曷胜？抚时机之孔亟，顾来日以大难，冀海内同胞念切痌瘝，情殷赞助。以我国地大人众，果使人人乐善，慨解仁囊，无论一元一角之微，自不难巨款立集，况此次事出非常，尤赖群策群力，俾本会得达完善之目的，固不独东省数百万哀鸿咸出水火而登衽席，其功德容有涯量耶？④

广告合情入理，于大于小，于国于民，均应涓滴资助，其感召力之强，不待言可知。

9月2日，日军第十八师团在龙口登陆，日德青岛之战正式拉开战幕。中国红十字会由于准备充分，水、陆两组救护队也已编就，9月1日，陆路组闻警先行。

值得注意的是，中国红十字会特别制定了《临时章程》（6章25条）和

---

① 《红十字会国际救护问题》，《申报》1914年8月26日。

② 《红十字会纪事》，《申报》1914年8月25日。

③ 《红十字会纪事》，《新闻报》1914年8月25日。

④ 《中国红十字会立募救护急捐请海内外同胞公鉴》，《申报》1914年8月27日、28日、9月1日。

《临时要则》（6 条），以规范救护行动[1]。《临时章程》要求："全体队员共应遵守本会拯难救伤之宗旨，一切行为不得越出范围之外"；"拯救伤痍，不论中外兵民，一律待遇，不得越出范围以外"；"队员应尊重本会及一己之名誉，各宜廉洁自爱，待人诚敬，处世谦和。凡购买物品、租赁房屋车舟等事，宜优给价值，不得稍有强迫"。与此相配套，《临时章程》还专门就"奖恤惩罚"做出规定：凡服务勤劳，热心任事的队员，给予奖励（包括陈请政府给予奖章、红会赠与奖章或感谢状或奖金），对因救护而致伤残或牺牲者给予抚恤；相反，"队员如行为暴戾，操守难信及一切不端之事者，查明斥革外，损失者保证人赔偿，如情罪轻（较）重违反法律者，送有司惩办，对于附带私诉，亦归保证人担负责任"。同时，《临时要则》也对救护队员提出"注意事项"，包括"本会以拯难救伤为天职，队员皆应守此宗旨，待人接物，宜以仁爱为心"；"救护队与军队略同，首重纪律，始能克尽厥职，凡本会章程及上级队员之约束，皆应遵守"；强调："红十字会为世界最高尚最慈善之事业，救护队员之地位之清高，名誉隆重，久为世人钦敬，故队员皆宜自爱，凡贪鄙淫暴之事，痛切戒之。"制定这些条款，对保证救护行动的顺利实施，应该说是完全必要的，其积极意义值得肯定。

但令人不解的是，《临时章程》专门就"津贴川资"做出规定："队员除上级员另有章程外，一应救护队员、庶务员每月津贴计分六等如左：一等四十元，二等三十五元，三等三十元，四等二十五元，五等二十元，六等十六元"，"队员津贴除前曾服务本会及查明确有学术经验者预定等级外，一切投效人员概照第六等支给津贴，如将来办事勤敏，劳绩出众者，不论时日久暂，可以不次迁擢，即品行方正，循善无过者，亦得按级递升"云云。这在中国红十字会的历史上是前所未有的。志愿服务一向是红十字会奉行的行为准则（后成为国际红十字与红新月运动的"七项基本原则"之一），中国红十字会自成立以来历次救援行动如日俄战争、辛亥革命、二次革命的人道救援，红十字志愿者从不支薪水，也没有津贴之说，完全是无私奉献，这种精神也是中国红十字会一贯倡导与弘扬的"红十字精神"。然而此次救援划分等级，给予津贴，使救护队具有了浓重的"雇佣"性质，这不能不说是一种倒退。中国红十字会之所以反其"道"而行之，无非是想以之激励救护队员的工作热情，圆满完成救援任务，其良苦用心固无可厚非，但毕竟与红十字精神背道而驰，是不可取的。

陆路救护队于 9 月 1 日先行，但行进不远，忽接胶州电报，"即墨一带大

---

① 池子华、崔龙健主编：《中国红十字运动史料选编》第 1 辑，合肥工业大学出版社 2014 年版，第 103—105 页。

雨旬日，积水盈渠，途中淤泥三尺，不便进行”[①]，救护队不得不折回上海待命。

日德之战仍在进行中。9月10日，日军攻占平度，置中国政府“领土行政权及官民身（生）命财产，各交战国仍须尊重”的严正声明于不顾，所到之处骚扰不断。12日兵临即墨、高密，13日占领胶州，后续部队也将从崂山湾登陆，直攻青岛。战火熊熊，炮声隆隆，战地居民，纷纷外逃，亟待救助。直到这时，红会救护队才踏上救援征程。

9月13日，水陆两组合二为一，搭乘“新济”轮出发烟台，并计划转往临近青岛之海阳，遂行战地救护使命。救护医队由43人组成，队长为上海南市医院医生陈杰初，副队长为吴丽山、邓笠航，另以金幼香为掩埋队队长、吴凯为担架队教练、金汉声等3人为医员[②]。临行前，沈敦和副会长假座群雅菜馆为医队饯行，“以人道主义及博爱恤兵等旨为临别赠言”。沪城分会、南市医院各备筵饯别，而后医队“整队登轮。队员服制全系黄色，臂系红十字袖章，由陆军部及该会会盖关防以为识别。队员之等级以帽上金线之道数及阔狭为区别，并均执有证书，且悬救护记章”[③]。据报道，救护队“随带药料、医具、食物等项不下二百余件”[④]。船行三日，16日到达烟台。而此时距战争爆发已整整两个星期了，行动稍显迟缓。好在胶东有吕海寰会长坐镇，能够做到有备无患，及时采取救护行动。吕海寰会长本打算在青岛开办临时医院以备就近救护伤兵，“嗣经胶督一再劝其脱离战地，情不获已，乃将所组织之医院并其瀛眷迁出战线之外”[⑤]，移往潍县（吕不久因故离开山东赴京），同时扩组鲁省分会，推定陈绮垣为烟台分会理事长、尉礼贤为青岛分会理事长、傅稚谷为莱州平度理事医长、艾体伟为黄县分会理事医长、顾林森为海阳临时分会医长、庄钰为济南分会理事长（不久因滥用红十字标志而被屏退），“其余在战线接近之处，由各该分会分驻救护医队”[⑥]。总之，“鲁省战线所在之处，业经布置缜密，如果战事剧烈，救护手续似可从容施展”[⑦]。

9月16日，总会总办事处所派救护队到达山东，救护力量大大增强。19日，救护队由烟台乘小轮至虎头岸登陆，开往平度[⑧]，设立临时医院，在地方

---

① 《红十字会纪事》,《申报》1914年9月6日。

② 《中国红十字会实行出发》,《新闻报》1914年9月13日。

③ 《红十字会医队出发》,《申报》1914年9月13日。

④ 《中国红十字会实行出发》,《新闻报》1914年9月13日。

⑤ 《红十字会纪事》,《新闻报》1914年8月25日。

⑥ 《红十字会在鲁之消息》,《申报》1914年9月18日。

⑦ 《红十字会常议会纪事》,《申报》1914年9月24日。

⑧ 《救护队开往平度之电音》,《申报》1914年9月21日。

分会的配合下，实施救护。但“战线甚广，各处虽有分会，仍恐不敷展布，且医队行动在在均关外交”。有鉴于此，沈敦和副会长另举王培元医生为临时监察员，偕4位医学生，携带药料、医疗器械，于10月31日“前往援助”①。

日德青岛之战并没有想象的那么激烈，德国在青岛的驻军仅五六千人，自知势单力薄，几乎未做强硬抵抗。日军的进攻表现为对中国山东领土的侵吞与强占，其目标不仅仅是一个海滨城市青岛，这种怪诞的态势，正是日本孜孜以求的效果。换句话说，中国红十字会的“国际”人道救援，也没有想象的那么紧迫与繁重。事实上，因适逢胶东大水为灾，红会的工作重心由战地救护转向了灾民赈济（后文详叙）。

11月7日，驻青岛德军战败投降，中国红十字会的战地救护任务完成。在这次行动中，据《中国红十字会二十年大事纲目》所载：“由沪出发救护队，设临时医院于胶州各区，会同日本赤十字社赴战地，且于青岛、平度、即墨等县设分会，并设临时医院。又于高密大刁村一带多设救护机关。死亡载道，孑遗之民，为状至惨，济南分会，会同救护。济渡灾民，以数千计。”②

1914年是中国红十字会成立十周年大庆，从1913年开始，总办事处即着手筹备庆典活动，但皖豫、青岛兵灾、山东水灾接踵而至，以至于在1914年无暇举办庆典。但事实上，红十字人以人道主义行动为十周年大庆献上了一份厚礼，为中国红十字运动增色不少。

三、“护国战争”救护

日本乘欧战完成了对山东的军事行动后，不仅继承了德国原先在山东的一切特权，而且企图通过“二十一条”变中国为其独占殖民地。1915年5月9日，以支持“称帝”为交换条件，袁世凯接受“二十一条”，并于12月13日在居仁堂“圆梦”，31日下令改明年为“洪宪”元年，决定在元旦举行“登极”大典。袁世凯出卖国家主权、复辟帝制的行为，激起国人的普遍反对，孙中山、梁启超、蔡锷等人纷纷发表通电，号召民众行动起来，用武力捍卫共和，讨袁护国。“护国战争”因此爆发，中国红十字会于是开始了新的救援行动。

“护国战争”首先在云南打响。1915年12月19日，原云南都督蔡锷间关万里辗转潜回昆明，联络云南督军唐继尧于25日通电反袁，宣布云南独立，成立讨袁“护国军”。1916年元旦，云南军政府宣告成立，举唐继尧为都督，

① 《红十字会纪事》，《新闻报》1914年11月1日。

② 《中国红十字会二十年大事纲目》，中国红十字会总办事处1924年编印，第13页。

组织三路讨袁军：蔡锷任第一军总司令，出兵四川；李烈钧任第二军总司令，进军两广；唐继尧兼第三军总司令，坐镇云南。1 月 10 日，讨袁军誓师出征。

滇事发生后，袁世凯派曹锟为总司令，统兵南下，一场残酷的军事碰撞势将不免。中国红十字会预料到“滇事起后，邻近各省恐不免兵戈之祸”①，乃致电成都、梧州各分会，迅速“召集医队，并分组涪州、泸州、重庆、叙州、荣县、雅州、自流井、南宁等处临时救护机关及固定医院”②，做好战地救护的充分准备。

战地遥远，中国红十字会总会总办事处鞭长莫及，由其组织救护医队遣往西南边陲，极不现实，因此充分发挥分会的作用，无疑是必要的。2 月 11 日，总办事处致电北京总会转咨陆军部，明确表示：“此次滇事猝起，谣诼繁兴，且闻中央三路遣师，诚恐干戈蔓延。本医队追随鞭镫，实力未逮，且稍有不慎，尤易滋生流弊。兹本会为杜渐防微起见，拟通电各处一律就地备设救护机关及固定医院，万一当地起有战事，均由该军队就近送往医治，本会各救护队概不出发，以昭慎重。”③

在总会的倡导和推动下，分会及临时救护机关在西南遍地而起，到 3 月初，经总会总办事处核准设立的分会、临时救护机关及其负责人如下：

四川：成都分会理事长李士桢，宁远临时机关主任江医博士，雅州临时机关主任达维迪医博士，嘉定临时分会医务主任金辅仁医博士，叙州临时机关主任唐医博士，泸州临时机关主任樊立德医博士，自流井临时机关主任古祖贻医博士，荣县临时机关主任康德贻医博士，重庆临时分会理事长魏诩丞、医务主任阿思密、沈德才、斐纶医博士，涪州临时机关主任高文明医博士，忠州临时机关主任别其原医博士。

湖南：长沙分会理事长颜福庆医博士，常德临时分会理事长熊希龄、医务主任罗威恩医博士，辰州临时机关主任黄治中医博士，洪江临时机关主任费思德医博士，麻阳临时机关主任柯慕林医博士。

贵州：铜仁临时机关主任柯慕林医博士（兼），安顺临时机关主任费医博士。

云南：昭通临时机关主任林医博士。

广西：梧州分会理事长周之济、医务长夏丽生，百色临时机关主任琼司④。

---

① 《红会组织救护队之报告》，《新闻报》1916 年 1 月 29 日。

② 《中国红十字会对于滇军之筹备》，《申报》1916 年 1 月 23 日。

③ 《红十字会之审慎》，《申报》1916 年 2 月 12 日。

④ 《中国红十字会总办事处沈仲礼启事》，《申报》1916 年 3 月 7 日。

分会及临时救护机关纷纷设立，需款之浩繁，可想而知，总会总办事处则担负起筹款募捐的重任。受欧战影响，如沈敦和副会长所言：“百物俱昂，即东西各药品其价值亦日进而不已，需款之巨已可概见。且战区弥广，分会繁多，既负担之綦重，亦肆应之维艰，茫茫四顾，曷胜杞忧！”① 筹款募捐，谈何容易。尽管如此，总办事处力任艰巨，奔走呼吁，多方筹措。还在2月15日，总办事处就以沈敦和的名义在《申报》《新闻报》刊登了《中国红十字会急募兵灾救护经费》广告，号召“海内外仁人君子，笃念伤痍宏施，救拯相与，慨解仁囊”②。接着，3月7日《申报》发布《中国红十字会总办事处沈仲礼启事》，12日发表《红十字会募捐通函》，4月2日、6日、10日、12日、14日、16日、18日、20日连续刊发《中国红十字会急募兵灾救护经费》启事，大声疾呼：

滇黔事起，祸结兵连。目下湘蜀等省战哄日紧，满目戈鋋，一般兵士枪伤弹击，体折肢残，痛苦呼号，情殊可惨。而战线以内，浩浩居民，或缘贫乏，或迫时机不及逃避者，辄多遭池鱼之殃，疮痍遍地，尤为痛心。本会职司救护，义不容辞，经已组织临时医院二十余处，一律委托中外教会医士分头疗治，药值既极昂贵，杂用又极浩繁。至如阵殁军民，尸骸狼藉，血肉模糊，亦断难任其暴露，则掩埋需费也。劫后余生，饥馑满道，哭泣盈野，亦何忍听其流离，则赈恤需费也。凡兹重任，独立奚支？近据各该省分会报告，泸、叙一带医院疗治被伤军民，病榻皆满，广需药品、经费，纷纷催请前来，竭蹶情形，非言可喻。用敢吁恳薄海内外大慈善家，本恻隐以为心，悯伤痍之满目，仁囊争解，义举同襄，行见一滴甘霖洒遍大千世界，其功德容有涯量耶！大旱云霓，无任跂祷③。

红会的呼吁赢得社会各界的广泛回应，从《申报》所载的《中国红十字会敬谢隐名氏大善士捐助四川兵灾洋一百元》《中国红十字会谨谢蒋稷顷大善士以太夫人七秩华诞资移助洋一百元》《中国红十字会谨谢许邦兴大善士捐助洋二百元》《中国红十字会敬谢重庆分会魏诩丞君介绍会员交来会费洋二千五十元》《中国红十字会谨谢浙宁槐廷居士捐助救济兵灾洋一百元》《中国红十字会敬谢瑞康号春筵资移助兵灾洋二百元》《中国红十字会谨谢吴伯琴大善士

① 《中国红十字会急募兵灾救护经费》，《新闻报》1916年2月15日。

② 《中国红十字会急募兵灾救护经费》，《申报》1916年2月15日、《新闻报》1916年2月15日。

③ 《中国红十字会急募兵灾救护经费》，《申报》1916年4月2日、6日、10日、12日、14日、16日、18日、20日。

捐助救济兵灾洋二百元》《中国红十字会谨谢何丽初大善士筵资移助兵灾洋二百元》《中国红十字会敬谢赵芹波君介绍杨妙珍女士捐助兵灾洋二百元》《中国红十字会敬谢李云程大善士捐助兵灾赈捐银元二百两》《中国红十字会敬谢郭子彬大善士捐助兵灾洋五百元》《中国红十字会敬谢钱维之大善士捐助洋五百元》《中国红十字会谨谢刘老太太指捐兵灾洋一百元》《中国红十字会敬谢尤葛民大善士生孙之喜筵资拨助洋一百元》《中国红十字会敬谢黄怀清君经募无名氏大善士捐助兵灾洋一百元》《中国红十字会谨谢纪仲仁大善士捐助救护兵灾经费银二百元》《中国红十字会谨谢晚悔斋同志诸公捐助兵灾救护经费银一千元》《中国红十字会敬谢丁问槎君经募纳尔逊大善士捐助本会洋一百七十元一角》《中国红十字会谨谢梁杰廷大善士捐助兵灾救护经费银一百元》《中国红十字会谨谢杨富臣大善士令郎弥月移助亲友礼洋一百零一元》《中国红十字会敬谢刘然青君经募八仙桥四图洋龙公所拨助洋三百元》《中国红十字会谨谢沈君代募隐名氏大善士兵灾赈捐洋二百元》《中国红十字会季理斐博士经募梵古斐埠中华教友捐助兵灾洋二百元》《中国红十字会敬谢赵芹波君经募周业勤大善士捐助兵灾洋一百元》《中国红十字会谨谢陈素芳女士慨助银二百元》《中国红十字会敬谢周师竹大善士捐助兵灾救护经费洋一百元》《中国红十字会敬谢陆文中大善士捐助兵灾救护经费四年公债票洋一百元》《中国红十字会敬谢高炳生大善士育麟之喜筵资移助洋一百元》《中国红十字会敬谢许春霆君经募郑子嘉大善士捐助兵灾救护经费洋二百元》《中国红十字会敬谢南昌分会介绍李卓吾大善士捐助洋二百元》《中国红十字会谨谢雷允上大善士捐助救济兵灾经费洋一百元》《中国红十字会敬谢沪城分会华星垣君交来汪舜丞大善士经募捐款洋三百元》等①连篇累牍的征信广告中，不难想见社会各界热心善士捐款之踊跃。这在民生凋敝的时代条件下，尤为难能可贵。

社会各界急公好义，源源捐助，增强了中国红十字会人道救援的信心，保证了分会救护行动的顺利展开。

“护国战争”以四川战场最为激烈，泸州、叙州、纳溪之战，均极惨酷，伤亡累累。据报道，2月中旬以来，“血薄肉飞之众，断臂折足之俦，运送至院就医者已络绎不断，大有坑谷皆满之慨”②。中国红十字会各分会及临时救护机关，全力救治，“自流井已疗伤五百余名”③，泸州、荣县等战地医院

① 《申报》1916年2月24日、28日，3月3日、5日、6日、8日、9日、10日、11日、12日、13日、14日、15日、16日、17日、19日、21日、23日、25日、31日，4月9日、15日、17日、18日、19日、20日、23日、26日、27日、28日、30日。

② 《中国红十字会急募兵灾救护经费》，《申报》1916年2月15日。

③ 心森：《闲评二》，《大公报》1916年2月21日。

“就治伤兵均有五六百名之伙，医院满塞，几不能容”①，红十字会救护人员无分昼夜，敷药疗伤，应接不暇。

对于内战救护，在《日内瓦公约》中没有明文规定，因此救援行动“极形困难”②，红会也只能变通办法，“纯抱慈善观念，畛域不分”③。无论北军伤兵，抑或护国军伤兵，一体收治，这符合红十字会“中立”品格。

随着战事的持续，伤员人数也在“水涨船高”。据《大陆报》报道，到3月上旬，各救护机关收留的伤兵已达3000余人④，救治任务之繁重，可想而知。

湘西战场的争战亦甚激烈，伤亡颇多，身兼湖南麻阳和贵州铜仁临时机关主任的柯慕林医士，采用“调剂”的办法，在一定程度上弥补了湖南救护力量的相对不足。据《大公报》的报道称：“柯慕林医博士来电，谓由麻阳至铜（仁），全系水道，日来伤兵甚伙，势非转运医疗不可，现已购备船只，以资应用。”⑤ 湖南各救护机关亦能同心协力，互相配合，如辰州临时医院开办后，“前敌伤兵陆续来此就治者计百余人”，人手不够，长沙分会派医士薛受益及看护员4名前往“帮同诊治”，而医药费用则由前内阁总理熊希龄筹措。辰州、常德、长沙三地救护机关还达成默契：辰州战地医院“如此后伤兵继续增多、辖院不敷容留，即令转送来常（德），常院不敷再送长沙”⑥。密切合作，相得益彰，尽管湖南救护力量相对薄弱，但战地救伤还是颇有声色的。

救死扶伤之外，分会及临时机关还组织掩埋队，掩埋尸骸，以慰亡灵，如自流井、叙州、纳溪等临时机关“掩埋双方阵亡兵士并民人尸骸共二百余人（具）”⑦，由此可见一斑。

烽烟四起，干戈遍地，生灵涂炭。赈济战区难民，红会责无旁贷。如常德分会专门组织救济队，赈救难民。据《常德红十字会之报告》称：“救济一方（面），则自驻常事务所成立后，二月十八日派会中干事前赴辰州分设驻辰事务所，于三月七日由干事田梓材、胥大诚二君，携款前赴辰溪灾区施赈，并拟再由溪进赴洪江一带调查办理。刻据辰溪来电，该地缺乏粮食，已电省巡按先拨仓谷三万石运赴辰州。”⑧ 各地分会及临时机关，大多肩负着救伤和

---

① 《中国红十字会总办事处沈仲礼启事》，《申报》1916年3月7日。

② 《红会向华侨募捐函牍》，《新闻报》1916年3月12日。

③ 《上海红会筹捐之通启》，《大公报》1916年3月15日。

④ 《红十字会之需款急》，转引自《申报》1916年3月10日。

⑤ 《湘西前敌红会之电音》，《大公报》1916年3月8日。

⑥ 《常德红十字会之报告》，《大公报》1916年4月4日。

⑦ 《红十字会之川西消息》，《申报》1916年4月8日。

⑧ 《常德红十字会之报告》，《大公报》1916年4月4日。

恤难的双重使命。

毋庸讳言，由于远离战地的客观原因，也由于“一二报纸载有本会甘作政府侦探机关之语，殊碍进行”的主观因素①，中国红十字会总会总办事处无法组织起快速、高效的救援行动，较之辛亥革命、二次革命的救援，太过逊色，而分会及临时救护机关开办仓促，力量单薄，战地救护顾此失彼，多有疏漏，如滇桂战场，几乎看不到红十字旗的飘扬。由此可见，红会地方组织建设任重道远。

1916年6月6日，袁世凯在四面楚歌中黄粱梦碎，护国军取得了讨袁战争的胜利。在整个“护国战争”的救护中，中国红十字会总会总办事处“托钵四出”，筹款募捐“至十余万元”②，基本上保证了战区分会和临时机关救伤恤难的需要。在总会和社会各界的鼎力支持下，战区分会和临时救护机关尽心尽职，“疗伤瘗亡，厥功尤著”③，救援行动取得了较为圆满的成功。

第五节　“军阀时期”的战事救护

袁世凯死后，中国进入“军阀时期”④，皖、直、奉、晋、滇、桂6大军阀集团加上遍布全国的小军阀，把整个中国分割得七零八落。各派军阀，纵横捭阖，相互攻伐，中国由此陷入军阀混战的大动乱年代，“祸机遍布，有触即发”，“国内战争之祸，无时或已”⑤。在这个不幸的时代，中国红十字会本博爱襟怀，继续着救伤恤难的人道主义事业。

一、从“复辟之役”到“直皖战争”

“护国战争”救援行动结束不久，“复辟之役”的炮声响起。1917年6月，张勋以调停“府院之争”为名，率“辫子军”进入北京，7月1日拥废帝溥仪，复辟帝制，激起民愤。被总统黎元洪罢免的国务总理段祺瑞在天津马厂组织“讨逆军”，兵分两路，于7月12日兵临北京城下，与“辫子军”

---

① 《中国红十字会紧要广告》，《申报》1916年4月29日。

② 中国红十字会总会：《中国红十字会历史资料选编，1904—1949》，南京大学出版社1993年版，第465页。

③ 《中国红十字会二十年大事纲目》，中国红十字会总办事处1924年编印，第16页。

④ 1916年到1928年这段时间一般被称为“军阀时期”，参见费正清主编：《剑桥中华民国史》第1部（章建刚等译），上海人民出版社1991年版，第299页。

⑤ 来新夏主编：《北洋军阀》第4册，上海人民出版社1993年版，第7页。

展开激战，史称“复辟之役”。鉴于“乱事忽起，伤亡枕藉，军民待救孔殷”①，中国红十字会总会总办事处致电北京总会、天津分会、山东及津浦铁路沿线各分会“克日筹备”②。7月10日，沈敦和副会长召开临时常议会，决定“召集医队，置备器械、药品等件，预备出发”③。

“复辟之役”救护，天津分会首当其冲，迅速行动，组织起救护医队第一队，举定王延年为医务长、赵善卿为庶务长，于7月7日“出发廊坊战地，拯救伤亡，以重人道，并致两方总司令，请其布告前敌军队，遇事妥为保护”④，不久开赴北京永定门，救护伤兵⑤。7月13日，天津分会又组织起第二医队，进驻丰台⑥。北京总会也组织了第一医队，一切医务均由协和医校医员主持，随时准备开赴战地，如军情紧急，即增派第二医队。京城各医院联合收治伤病兵民，“每次津车抵京，均派人在站迎护伤军”⑦。京奉铁路管理局给予配合，“预备红十字会医队专车，以便救济伤军。”⑧

7月12日，“讨逆军”进攻北京，“辫子军”一触即溃。“复辟之役”迅速结束，总办事处没有派出医队，仅由北京总会会同天津分会从事救护，“虽为日无多，而成绩昭然，京津人士交口翕颂”⑨。7月13日，前任大总统黎元洪以中国红十字会天津分会“迭次出发，成绩昭著”，赏给“肫然慈力”匾额一方⑩，以示褒奖。

段祺瑞驱逐张勋后，再次出任国务总理兼陆军总长，黎元洪辞职，冯国璋虽继任大总统，但徒具虚名。为建立专制独裁统治，实现“武力统一”，段祺瑞向日本大借外债，积极扩军备战，并公开宣称“一不要约法，二不要国会，三不要旧总统”⑪，拒绝恢复象征共和的《中华民国临时约法》和国会，招致社会各界和国民党人的强烈反对。1917年8月，孙中山在广州举起“护法”旗帜，成立以“勘定叛乱，恢复临时约法”为职责的军政府，并出任海陆军大元帅，依恃西南军阀发动“护法战争”。段祺瑞调兵南下，师抵“两粤门户”“滇黔咽喉”的湖南。

---

① 《红十字开会忙》，《大公报》1917年7月8日。
② 《中国红十字会敬募兵灾救护急赈》，《申报》1917年7月12日、13日。
③ 《红会医队预备出发》，《申报》1917年7月12日。
④ 《红十字开会忙》，《大公报》1917年7月8日。
⑤ 《红十字会救护伤兵记》，《新闻报》1917年7月19日。
⑥ 《看护生选定出发》，《大公报》1917年7月14日。
⑦ 《京津红会电讯》，《申报》1917年7月13日。
⑧ 《关于红会之种种》，《大公报》1917年7月16日。
⑨ 《中国红十字会二十年大事纲目》，中国红十字会总办事处1924年编印，第16页。
⑩ 《大总统赐匾额》，《大公报》1917年7月14日。
⑪ 觉民：《天津通讯》，《民国大新闻报》1917年7月22日。

大战即将来临，湖南一些分会筹备救护，如创始于1916年的衡阳分会，“主持者华人为杨承曾、廖廷铨，西人为白医生、莪医生，昨已在商会协议二次，共筹得会金数千，此亦当地必不可少之举也”①；宝庆分会组织救护队，准备驰往战地，10月8日电请总会总办事处知照前敌各军予以保护②。

10月中旬，两军在湖南等地展开激烈交锋。是时，中国红十字会正全力赈济北京、直隶水灾，焦头烂额，疲惫不堪，“值此天灾人祸相逼而来，本会正办京、直水灾，区内之武清、天津、文安、沧县、东光、徐水及获鹿之石家庄等七县春冬急赈，并担任天津被灾妇孺留养经费至明春二月为度，需款数十万，业已力竭声嘶，实无余力兼顾”③。但天职攸关，岂忍坐视？战争爆发后，红会总办事处急电长沙、岳阳、常德、衡州、永州、汉口、重庆、威远、樊城、潜江、富顺、自流井、灌县、析津等分会分别组织救护医队出发战地，设临时医院救护病伤兵民，同时募集捐款，量力接济④。如《申报》报道说：“川、湘、鄂等省军事日紧，本埠（上海）红十字会近接重庆、常德、岳阳、樊城、潜江、汉口各分会先后来电报告，业经分设临时医院并组医队出发救护，当经沈仲礼（副）会长分拨巨款并药品、器具等物以资补助。”⑤ 不仅如此，1918年2月3日，总办事处还在接到“通城分会电称，通城驻兵万计，每日疗治伤军，病舍几满，请速派医员，多携器药至通协助”的请求后，特派刘月如、曹晨涛医生偕同药剂员李安福、看护唐永年、职员鲍康宁、鲍康祚等携带药品、器具乘招商局“江宽”号轮前往通城协助救护⑥。

战火在蔓延，总办事处支应为难，不得不向社会求助。1918年2月6日，沈敦和在《申报》刊登“敬募”启事：

川、湘、鄂、粤诸省战云日紧，早经本会分电战区分会召集医队出发救护并设临时医院疗治受伤兵民，以及创办妇孺救济所引渡难民在案。迭接重庆、常德、岳阳、通城、樊城、崇阳、潜江、汉口及广东各分会纷纷来电，佥称日来血战未已，受伤军民，肢残骨折，血肉模糊，呻吟郊野，痛楚不胜，而战地人民多受池鱼之殃，或为流弹所摧残，或遭匪徒之劫夺，兵戈所指，

---

① 《湘局危险中之消息》，《申报》1917年10月8日。

② 《宝庆红会救护队出发》，《新闻报》1917年10月9日。

③ 《中国红十字会办理川湘兵灾救护敬募捐款》，《申报》1917年10月29日、11月2日。

④ 又据《大公报》报道，“因湘南战事吃紧，人民慌恐异常”，当地士绅李润生、罗顺循、阳惠舟“集合绅商等筹备一切，仍名为红十字会湘潭分会，并附设救济会，专以救护战地人民出险为主义”（《湘潭筹设红十会》，《大公报》1917年11月5日）。

⑤ 《红十字会之战地报告》，《申报》1918年2月4日。

⑥ 《红会所得之战地消息》，《新闻报》1918年2月4日。

村市皆墟，其惨酷情形，尤难言状，现经力行救护并设法济渡难民，量予资遣，惟费繁款绌，请速接济等语。亦经本会筹垫巨款，购备药品，分别寄汇并派遣医员前往以资协助。特是本会正在办理京、直水灾赈务，泛应无穷，棉（绵）力有限，虽深披发缨冠之义，殊有声嘶力竭之情，为此登报广募，务祈薄海内外仁人君子，悯战事之凶危，拯斯民于水火，慨解仁囊，共襄义举，曷胜跂祷[①]。

社会各界纷纷响应，给予红会以有力支持。1918 年 5 月 21 日，受西南军阀排挤，孙中山愤而离开广州前往上海，护法运动失败。在整个“护法战争”中，湖南始终是双方争逐的“角斗场”，而战灾蹂躏已深，水患继之，诚可谓“水深火热”。中国红十字会把赈济的重点投向这一“重灾区”，不仅筹集巨款予以救助，且特设湘赈干部处，举交通部专门学校校长唐慰芝为部长，驰赴湘省办赈。据《中国红十字会二十年大事纲目》统计：“湘赈款项共计一万四千元，连南洋公学经募七千二百元，共二万一千二百元；运往新旧棉衣二万四千六百六十五件。又查八年四月四日议案，报告结束，前后用款总计六万元左右。”[②] 有效缓解了人祸天灾带给湖南民众的苦痛。

护法战争后，时局仍处于动荡之中。各派军阀，相互攻伐，冲突愈演愈烈，并导致江浙战争的人道灾难。

1918 年 8 月，粤桂联军向福建北军发起进攻，连克龙岩、宁津、汀州、武平、清流、上杭、永定、平和、连城、宁洋、安溪、漳平、永春、大田、德化、仙游、龙溪、延平等地，福州大震。福州分会组织救护医队紧急出动，并频电总会总办事处，凡医队所需药品、敷料等，请总办事处筹措速寄福州以应急需[③]。总办事处立即照办，并组织延平、莆田等处分会开赴战地[④]。

1919 年 12 月，冯国璋死后，曹锟、吴佩孚继起成为直系核心人物。曹、吴对皖系段祺瑞的“武力统一”予以抵制，由此激起直皖矛盾的白热化。为了对付皖系，直系与西南军阀、奉系军阀结成“三角同盟”。1920 年 5 月，直系吴佩孚置段祺瑞“不准撤防”的命令于不顾，从湖南撤军北上（6 月撤至河南布防）。在撤防中，湘军赵恒惕根据与直系达成的默契，捷足先登接防，武力驱逐皖系湖南督军兼省长张敬尧的势力。“湖南战局重开，浩劫当

---

① 《中国红十字会敬募川湘鄂粤兵灾救护伤兵济渡难民经费》，《申报》1918 年 2 月 6 日。

② 《中国红十字会二十年大事纲目》，中国红十字会总办事处 1924 年编印，第 18 页。

③ 《红会筹备出发救护队》，《申报》1918 年 9 月 10 日。

④ 中国红十字会总会编：《中国红十字会历史资料选编，1904—1949》，南京大学出版社 1993 年版，第 468 页。

头，灾情过重”[①]。中国红十字会总会总办事处“闻湘南发生战事，特电宝庆、衡山、衡阳各分会探询战况”[②]，并致电常德、衡山、耒阳、衡阳、宁乡、宝庆、湘潭、长沙、岳州分会协力救护。各分会筹集款项，救济难民，以尽天职[③]。

吴佩孚由湘撤防北归，“实为直皖战争的起点”[④]。1920 年 7 月，直皖战争爆发，这是北洋军阀集团内部发生的首次大规模武装冲突。7 月 14 日，直皖大战在京郊正式展开，涿州、固安、高碑店（西战场）以及津浦线左近的梁庄、北极庙、杨村一带（东战场）顿成逐鹿之场，“京兆分会、天津分会，协力救护”[⑤]。值得一提的是在这次救护行动中，北京女界红十字会积极参与，除组织救护队外，还设立妇孺救济会、妇孺收容所等[⑥]，成绩突出，赢得社会各界的普遍赞誉。

直皖大战，直胜皖败，直系开始主宰中国政坛，但军阀之间的纷争恶斗并没有因此而停歇。

1921 年 3—4 月，靖川军刘成勋部进攻四川，战火在新都等地腾起，成都分会组织救护队、掩埋队，并设临时妇孺救济所，竭力救护[⑦]。

1921 年 6 月，第二次粤桂战争爆发。在 1920 年第一次粤桂战争中，桂系军阀战败，陆荣廷撤出广东，陈兵梧州，时刻准备反攻。6 月 13 日，第二次粤桂战争开始后，桂军沈鸿英部进攻广州，粤军陈炯明指挥反击，连战皆胜，8 月 5 日进入南宁。陆荣廷逃亡，战争结束。战争期间，桂林等处分会奔赴战地，救护伤兵，掩埋弃尸。总会总办事处筹资洋 500 元汇桂林分会，给予支持[⑧]。

1922 年，直系、奉系利益之争加剧，由此导致第一次直奉战争的发生。4 月 29 日，吴佩孚、张作霖各投入 10 余万兵力，在马厂、固安、长辛店展开激烈战斗。保定分会筹备救济会 21 处并救护队 2 队，其第一队由副队长景受川带领于 28 日开赴霸县，第二队由保定分会会长钱启嘉亲自带队开赴大城。

---

① 《湘省红会乞赈电》，《申报》1920 年 6 月 25 日。

② 《湘战中之红会往来电》，《申报》1920 年 6 月 4 日。

③ 《湘省待赈之往来函电》，《申报》1920 年 6 月 28 日。

④ 濑江浊物：《直皖战争始末记》，转引自李新、李宗一主编：《中华民国史》第 2 编第 2 卷，中华书局 1987 年版，第 503 页。

⑤ 中国红十字会总会编：《中国红十字会历史资料选编，1904—1949》，南京大学出版社 1993 年版，第 468 页。

⑥ 《中国女十字会分会附设天津妇孺救济会组织简章》，《大公报》1920 年 7 月 21 日。

⑦ 《川战中之红十字会报告》，《申报》1921 年 4 月 17 日。

⑧ 中国红十字会总会编：《中国红十字会历史资料选编，1904—1949》，南京大学出版社 1993 年版，第 475 页。

29 日，第一救护队到达霸县，恰逢两军开战，救护队不顾个人安危，冒险救护伤兵 80 余名，除送军医院外，余下 36 人送分会医院调治。5 月 4 日，直奉两军在大城一带交火，第二救护队于枪林弹雨中救护伤兵 300 余名[①]。次日，奉军全线溃退，此时天津分会组织了三支救护队，“竭力救护”[②]。

此外，广东全省分会合组联合救护队对四川兵灾的救护，赤水分会对贵州兵灾的救护，信阳、开封、固始分会对河南兵灾的救护，南昌、赣州、吉安、赣县分会对江西兵灾的救护，寿州分会对安徽兵灾的救护，福州分会对福建兵灾的救护，桂林分会对广西兵灾的救护，长春分会对吉林兵灾的救护等[③]，均不遗余力。总会总办事处一方面筹款补助，一方面知照前敌各军，对红会救护行动予以保护。

1923 年，战灾救护仍在进行。四川久战不息，成都、隆昌、万县、简阳、罗江、崇庆、威远、乐山、梁山、大竹、渠县、新都、华阳等分会，于川战救护，勤劳不怠。而广东番禺、高要、顺德、南海等分会于滇桂之战，贵阳分会于黔战，广西桂林、梧州等分会于粤桂之战，江西黎川分会、福建厦门分会于闽战，湖南常德、醴陵等分会于湘战等，也都积极投入救援[④]。

中国红十字会总会总办事处在筹款募捐资助分会的同时，还组织了对临城劫车案的直接救援。1923 年的 5 月 6 日，一列由浦口开往天津的火车行至沙沟、临城间，被山东匪军孙美瑶、孙美珠截劫，是为震惊中外的“临城劫车案”。被劫往抱犊崮山中的百余名乘客中，有 26 名“洋票”，分别来自美、英、法、意、墨西哥和罗马尼亚。“该匪以外人为质，挟持官府与之交涉，要求改编官军，给饷给械”。事关外交交涉，北洋政府不得不与孙匪举行和平谈判。中国红十字会出于人道主义，为尽救护天职，庄箓理事长特请总会总医院牛惠霖院长率领医队，由上海出发，前往山东，“始则暂驻枣庄车中，组织临时医院，旋即借中兴煤矿公司新医院，终则达其入山救疗之目的。中外旅客，除始被掳时，一外人在车拒匪被匪枪击毙命，一华人被掳上山，年老不能攀登被匪击死，一华人坠崖跌死，共死三人外，均于六月十二日、二十四日前后释放，完全出险”[⑤]。

---

① 中国红十字会总办事处编：《慈善近录》（1924 年刊），第 26、28 页。

② 《中国红十字会二十年大事纲目》，中国红十字会总办事处 1924 年编印，第 35 页。

③ 中国红十字会总办事处编：《慈善近录》（1924 年刊），第 23、24、26、27、30、31、33、37、42、44、53 页。

④ 参见中国红十字会总办事处编：《慈善近录》（1924 年刊），第 60—140 页。

⑤ 中国红十字会总会编：《中国红十字会历史资料选编，1904—1949》，南京大学出版社 1993 年版，第 492 页。

二、江浙战争救护

1924年，战争阴云密布。直、皖冲突升级，9月3日，江浙战争爆发。皖系浙江督军卢永祥因通电反对曹锟贿选总统为直系所不容，在曹锟、吴佩孚授意下，直系江苏督军齐燮元、安徽督军马联甲、江西督军蔡成勋、福建督军周荫人结成攻浙联盟。双方投入的兵力各近10万人。3日上午10时许，两军前哨相遇于黄渡、安亭间，“各放排枪，正式接触”①。苏军为宫邦铎部约一营一连，浙军为杨化昭部约一营。战前，苏浙两军都进行了相应的战争部署。

苏军方面，齐燮元联合皖、闽、赣等省直系势力，四路进军。齐燮元任总司令，亲率三路军队：一路攻打上海，由宫邦铎、马玉仁等担任指挥；一路攻广德，以王普等任之；一路守宜兴，以陈调元等任之。第四路军由孙传芳统领，攻仙霞岭。

浙军方面，卢永祥浙军联合上海、福建皖系武装力量，组成浙沪联军，分为南北两路。北路由卢永祥任总司令，下设三军：淞沪方面，由何丰林、臧致平、杨化昭等担任指挥；长兴、合溪一带，由陈乐山担任指挥；泗水一线，由王宾担任指挥。南路则由张载扬任总司令，潘国纲任副司令，“坚守杭州，并负责联络奉张”②。

战争持续了一个多月，直到10月12日，卢永祥宣布下野，江浙战争以浙军失败而告终。战争期间，“官兵战死，无辜人民罹难，军费消耗，物资被劫，损失之重直使人痛心疾首”③。为救护伤兵难民，除中国红十字会总会总办事处、沪城分会外，上海战区各地亦纷纷组织分会，犹如“遍地开花”。大致情况如下：

吴淞分会：初建于1911年。此次江浙之战，吴淞风声日紧，战祸难免，吴淞绅商乃与公共防疫医院西医曹思句对吴淞分会进行重组，将“徽章、制服、器械、医药等备就”④，设办事处于镇西苣市街救火会内，并筹商四明公所为被难妇孺收容所。战争一爆发，则由“总会派员至淞，会同救护队员出

---

① 丁中江：《北洋军阀史话》第4集，中国友谊出版公司1992年版，第152页。

② 来新夏主编：《北洋军阀史稿》，湖北人民出版社1983年版，第298页。

③ 涂开舆：《齐卢之战松江、青浦战区暴行录》，江苏省政协文史资料研究委员会编：《江苏文史资料选辑》第18辑，江苏古籍出版社1986年版。

④ 《吴淞筹备红会之续讯》，池子华等主编：《〈申报〉上的红十字》第3卷，安徽人民出版社2011年版，第22页。

发”[①]，赶往前线施救。

嘉定分会：9月1日成立，项如松为会长（戴思恭代理）、朱吟江为副会长、顾吉生为理事长，分会设立了收容所和临时医院。

娄塘分会：9月2日成立，举印沾伯为会长，王侍庭、陈仲衡为副会长，殷子盘为理事长，所聘医生印七襄、张应芹即于9月4日由上海携带药品前往战地，开始了救护行动[②]。

南翔分会：9月初成立，朱庚石为会长。南翔分会成立后，救护掩埋，全力以赴。9月18日，朱庚石会长专程“至总会报告掩埋赴嘉服务情形，于下午五时，仍搭兵车赴翔”[③]。

青浦分会：9月3日在明伦堂成立，徐熙春任会长，有会员310人[④]。

大场分会：宝山大场于9月4日组建分会后[⑤]，即“由陆、王两会长召集大会，讨论救护事宜。当即组织救护队，设立疗养院及收容妇孺暂留所，向沪上汽车公司包定汽车两辆，逐日前往战地分投营救”[⑥]。

宝山分会：据《申报》报道，9月8日宝山代表陈石和到中国红十字会总办事处要求设立分会，“按照章程缴费立案，领取旗章，正式成立分会”[⑦]。宝山分会由袁叔畲任会长，会所设于一高小学校内，“经费由地方公款内支拨”[⑧]。

泗泾分会：9月24日，松江泗泾镇派员到总会总办事处，商定成立分会[⑨]，公举李文来、徐淮清为正副会长，汪启愚为理事长，程访湖、秦雨生为正副议长，“组织救护队，往就近各战线，救护伤兵及难民”[⑩]。

---

① 《红会救护之筹备》，《申报》1924年9月2日。

② 《娄塘红十字会分会昨讯》，池子华等主编：《〈申报〉上的红十字》第3卷，安徽人民出版社2011年版，第32页。

③ 《救护中之伤兵难民》，《新闻报》1924年9月19日。

④ 参见冯学文主编：《青浦县志》，上海人民出版社1990年版，第716页。

⑤ 《大场红会之救济讯》，池子华等主编：《〈申报〉上的红十字》第3卷，安徽人民出版社2011年版，第77页。

⑥ 《大场红十字分会之救护情形》，池子华等主编：《〈申报〉上的红十字》第3卷，安徽人民出版社2011年版，第69页。

⑦ 《各地纷纷要求设立红会分会》，池子华等主编：《〈申报〉上的红十字》第3卷，安徽人民出版社2011年版，第36页。

⑧ 《本埠新闻二》，《申报》1924年9月11日。

⑨ 《红十字会消息》，池子华等主编：《〈申报〉上的红十字》第3卷，安徽人民出版社2011年版，第64页。

⑩ 《泗泾镇组织红十字分会之经过》，池子华等主编：《〈申报〉上的红十字》第3卷，安徽人民出版社2011年版，第77页。

闵行分会：10 月 1 日，闵行代表徐亚伯前往总会总办事处，商定成立分会①。10 月 2 日举行成立大会，“举定乔念椿为正会长，徐亚伯为副会长，马柳江为理事长，潘村山为理事，顾鹫云、吴履平为正副议事长。并经议定组织救护、掩埋各队及疗养、收容等所，分别进行”②。

南汇分会：据《申报》报道，10 月 5 日“组织分会者，有南汇红十字分会会长徐光禄，到总办事处接洽一切”③，说明南汇分会在 10 月 5 日即组织成立，但成立大会在 10 月 11 日召开，“爰于本月十一日在该会（即二高校）开成立大会。下午一时开会，到会者四五百人，公推杜顺之主席，宣布开会宗旨，徐会长报告筹备经过情形，县长代表王警官致词勖勉。教育局、县议会、县商会、商会代表鞠会长致词极力赞助，来宾会员相继演说，语多热心感慨，后由该会职员劝募经费，县长代表慨捐数十元，继起者非常踊跃，达数百元云”④。

鲁家汇镇分会：10 月 5 日成立，因“南汇鲁家汇镇，接近浦南战区。现由该镇绅商组织红十字分会，已与总办事处庄得之理事长接洽妥善，选举西联乡议长徐光禄为会长，王保康为副会长，李宝然为理事长，徐庆之为资产委员，并由分会长聘任秦葆青为文牍员，徐典文为书记员，徐信孚为会计员。业已组成救护队，克日前往战地救护伤兵，一面组织难民收容所云”⑤。

莘庄分会：10 月 8 日，“借孙氏粟阁为会所，开成立大会”，公推金石声、荣善钧为正副会长，孙翰青为理事长，阮书华等 6 人为理事，丁又新、何永江为资产委员，钱亦庄、陈花孙为正副议长，并议员 18 人，“随即呈报总会遵章进行”⑥。

胡家镇分会：10 月 9 日，“组织分会者，有松江县胡家镇”⑦。

---

① 《红会救护之昨讯》，池子华等主编：《〈申报〉上的红十字》第 3 卷，安徽人民出版社 2011 年版，第 71 页。

② 《红十字会闵行分会成立》，池子华等主编：《〈申报〉上的红十字》第 3 卷，安徽人民出版社 2011 年版，第 776 页。

③ 《红十字会救护消息》，池子华等主编：《〈申报〉上的红十字》第 3 卷，安徽人民出版社 2011 年版，第 79 页。

④ 《南汇红十字分会成立》，池子华等主编：《〈申报〉上的红十字》第 3 卷，安徽人民出版社 2011 年版，第 92 页。

⑤ 《南汇组织红十字分会》，池子华等主编：《〈申报〉上的红十字》第 3 卷，安徽人民出版社 2011 年版，第 82 页。

⑥ 《莘庄红十字分会声明事实》，池子华等主编：《〈申报〉上的红十字》第 3 卷，安徽人民出版社 2011 年版，第 103 页。

⑦ 《红十字会消息》，池子华等主编：《〈申报〉上的红十字》第 3 卷，安徽人民出版社 2011 年版，第 84 页。

胡家桥分会：10 月 10 日，奉贤胡家桥分会正式成立，正会长徐伯勋，副会长唐护行，理事长何志梅，“连同正会员等名单，昨均向总办事处报告矣”①。

三林塘分会：当地士绅组织，初名“红十字会支会”，10 月 13 日“报告成立，以备救护云”②。但支会（部）与体制不符，10 月 14 日总会总办事处函请易名“中国红十字会上海分会三林乡办事处”。函称：“得悉三林乡汤君拟在该乡设立分会支部，办理救护，事属可行。惟按照定章，应以中国红十字会上海分会三林乡办事处为名义，不得称为支部，其办事人应称为正副主任，亦不得称为正副部长，案关全局，务希注意转知遵照云云。”③

上述分会的组建，既是江浙战争的产物，同时分会组织的“遍地开花”，亦为战争救护的顺利开展创造了条件。

江浙战争“战局一开，地方糜烂。战线绵长数百里，战期迁延四十日。大兵所指，人民遁逃；炮火所经，村市为墟；兵匪劫掠，十室九空；流弹横飞，伤亡盈野；灾遍九邑，焚烧千户。灾民无衣食住者，数十万家；农田被蹂躏者，百余万亩。直接损失，六千万元以上。诚洪杨以还，吾苏未有之巨劫也”④，生命财产损失惨重⑤，造成了严重的人道灾难⑥。

在第一次江浙战争中，嘉定受害最深，全邑 34 市乡全部遭受冲击。据调查资料称，“两军相持之地，以嘉境为最广，战线最长，历时最久，剧战最多”⑦，因此嘉定战场救护成为江浙战争救护的中心。嘉定分会及属镇娄塘、南翔分会，都积极从事兵灾救助。总会、沪城分会也尽其所能，以为支援⑧。

中国红十字会嘉定分会在 1924 年 9 月 1 日成立后，立即投入救护工作。9 月 7 日，嘉定分会“以该地粮食不给”⑨，特派人至沪采办面包以及药品，并运送难民 200 人至沪。同时，设立妇孺收容所、掩埋局及临时防疫医院，治疗

---

① 《各团体之救济与讨论》，《新闻报》1924 年 10 月 11 日。

② 《浦东三林塘红会分会成立》，池子华等主编：《〈申报〉上的红十字》第 3 卷，安徽人民出版社 2011 年版，第 92 页。

③ 《救济中之伤兵与难民》，《新闻报》1924 年 10 月 15 日。

④ 娄东、傅焕光、黄允之等：《江苏兵灾调查纪实：兵灾各县概论》，江苏兵灾各县善后联合会 1924 年编印，第 1 页。

⑤ 大山：《战后的江南》，《东方杂志》第 21 卷第 23 号（1924 年 11 月），第 5 页。

⑥ 冯嘉锡、朱祖荫辑：《赈务要编》，江苏赈务处 1924 年编印。

⑦ 娄东、傅焕光、黄允之：《江苏兵灾调查纪实·嘉定县》，江苏兵灾各县善后联合会 1924 年编印，第 1 页。

⑧ 参见池子华、曹金国：《上海红会组织救护第一次江浙战争述论》，《江南社会历史评论》第 12 期，商务印书馆 2018 年版。

⑨ 《红白两会救护》，《民国日报》1924 年 9 月 8 日。

伤病员，“并发动居民清除街道、河流中的脏物，掩埋遗尸”[①]。项如松会长、朱吟江副会长、顾吉生理事长在沪募款接济，“救护船只，络绎于途”[②]。据统计，嘉定分会先后遣送难民万余人；至9月29日，掩埋局已收殓死尸128具。

嘉定娄塘分会作为一个乡镇分会，在救护行动中发挥了重要作用。娄塘地处浏河、嘉定之间，两军争战最为激烈，伤亡累累。9月4日，两军在嘉定激战，娄塘分会随即前往协助嘉定分会救护。6日前后，嘉定浙军与太仓苏军在黄渡连续剧战，“西北乡、娄塘等处乡间人民，无法逃避、狼狈不堪”，娄塘分会派救护员雇大舟3艘，载运难民300人抵沪。12日晨，娄塘分会救获难民三大船，共400余名。16日，又送出难民千余名，分载大船2艘、小船7艘，由救护员张国英及职员唐耀环、陆道生、潘子久等护送至沪。18日，救护队张应芹医生等6人赴嘉定救出难民男女老幼计60余人。经全体职员的努力，娄塘分会连日救护难民4600余名，其中，运沪难民有3000余人，经旅沪同乡招待，分别安插于江宁公所、太王庙、纱业公所等处。此外，尚有千余人留本镇，分派各庙宇留养，娄塘分会皆悉心照料，考虑到“粮少人多，恐有断绝之虞”[③]，遂派人至沪采办。

娄塘分会还设立了临时医院，聘请印七襄、张应芹医生负责诊治。分会对疗伤事宜十分热心，“附近乡民被流弹及土匪击伤者，每日到院医治多至一二十人”[④]，重伤者，则一律运赴天津路红会医院诊治。该分会中西医士先后施诊计3862人次，其中西医诊视3000人次，中医诊视862人次，救治受伤难民284人，“经治见效，颇得军民感激”[⑤]。掩埋方面，娄塘分会共收殓尸身30余具。

南翔分会驻沪办事处李功孚、顾吉生、胡湛华等，9月11日召集紧急会议讨论组织营救部，救济难民，分为两组：甲组乘长途汽车赴大场，乙组乘专轮拖民船至南翔。黄渡连日大战，“阵亡兵士，被害农民，尸首急需掩埋，免至酿为时疫”[⑥]，南翔分会派员组成掩埋队前往施救。

总会总办事处、沪城分会对嘉定战场救护施以援手。黄渡、嘉定、南翔、

---

① 杨于白主编：《嘉定县志》，上海人民出版社1992年版，第923页。

② 《嘉定红会致昆山红会函》，池子华等主编：《〈申报〉上的红十字》第3卷，安徽人民出版社2011年版，第78页。

③ 《娄塘镇红会救护难民来沪》，池子华等主编：《〈申报〉上的红十字》第3卷，安徽人民出版社2011年版，第34页。

④ 《娄塘红会救护重伤难民到沪》，池子华等主编：《〈申报〉上的红十字》第3卷，安徽人民出版社2011年版，第57页。

⑤ 《娄塘红十字分会之成绩》，池子华等主编：《〈申报〉上的红十字》第3卷，安徽人民出版社2011年版，第108页。

⑥ 《掩埋队赴南翔》，《民国日报》1924年9月15日。

马陆等地位于战争前线，伤兵甚众，总办事处便派遣救护队前往救护，其他分会也将重伤伤员送沪医治。9月3日，黄渡、安亭间发生战事，有伤兵数人移至南翔，总办事处救护总队长牛惠生率领队员20余人前往救治，轻伤者在南翔车站医治，重伤者运往吴淞海军医院。据报道，从9月7日至10月14日，总会医院共救治嘉定黄渡、嘉定（城厢）、南翔、马陆等地伤兵1200余人①。

掩埋方面，9月11日，张卜雄等乘专车赴黄渡督率队员，掩埋死亡兵士。另外还派徐乙藜医生、庶务员王锦城等人赴嘉定掩埋，历经数日，12月9日才返沪。救援队共计掩埋嘉定遗尸18人、黄渡7人、外冈2人、马陆9人，“皆用石灰覆盖深葬，有查考者均用标杆插记”②。

沪城分会，9月23日在南翔黄渡一带救出伤兵21名，“皆形容憔悴，或伤手臂，或伤双足”③，都送往上海新普育堂及公立医院医治。

嘉定战场之外，遭受池鱼之殃的上海周边各地亦依托分会，展开积极救援④。

10月12日，卢永祥宣布下野，齐卢之战结束，而红会善后疗伤、掩埋、赈济工作仍在进行，直到11月初方告一段落⑤。两个月中，中国红十字会总会总办事处先后在沪设立医院12处，向昆山、常州、浏河等处派出6支救护队，参与战地救护的医生、男女看护等共400余人，规模空前⑥。沪城分会及

---

① 根据《救护伤兵与难民》（《申报》1924年9月8日、9日）、《慈善家之救济兵民》（《申报》1924年9月10日）、《红十字会昨讯》（《申报》1924年10月14日）、《红会昨日无锡兵到》（《申报》1924年10月16日）等资料统计。

② 《红会派员赴黄渡掩埋放赈之报告》，池子华等主编：《〈申报〉上的红十字》第3卷，安徽人民出版社2011年版，第114页。

③ 《沪城红会救护伤兵》，池子华等主编：《〈申报〉上的红十字》第3卷，安徽人民出版社2011年版，第63页。

④ 例如：在宝山，宝山分会成立后，便将城中贫苦妇孺一百七八十人先行运沪收容。大场分会成立后设立疗养院及妇孺暂留所，并向沪太汽车公司包定汽车两辆，逐日开往战地营救。分会张初吉医生率队员屡入战线，自9月6日起，先后救出受伤士兵40余人，由疗养院临时安置后转送总会医院治疗。大场分会张行五、邢宾仪等救护队员在浏河、罗店、大场、嘉定等处，先后救出难民达四五千人。又如：在松江，因该地“南濒大海，北连苏宁，东通沪渎，西接浙江，又是沪杭铁路的重要车站”，因而两军争战激烈，损失惨重。松江战事发生后，总办事处立刻派员救护，10月12日，总会派救护队队长李景畴率领医士、救护员、夫役等20余人，出发松江救护。22日，总会救出松江佘来庙难民数百人。再如：在青浦，城厢附近妇女老幼不及逃出者约有2500余名，均避入青浦分会。青浦分会初设收容所3处（县立第一小学校、县立初级师范学校、明伦堂），计收容妇孺2372人，后又在佘山教堂设收容所收容300余人，另送往上海至圣善院收容382人，送吴县分会收容99人。另外，青浦分会还附设伤兵疗养院，治愈伤兵和流弹所伤之难民134人。如此等等（参见池子华、曹金国：《上海红会组织救护第一次江浙战争述论》，《江南社会历史评论》第12期，商务印书馆2018年版）。

⑤ 参见梁旻：《人道的力量：中国红十字会救援江浙战争研究》，合肥工业大学出版社2016年版。

⑥ 《红会救护员之宴聚》，《申报》1924年10月31日。

昆山、吴县等地分会也投入大量人力、物力、财力协力救援，卓有劳绩。在这场大规模的军事冲突中，中国红十字会走过了20周年的风雨历程。

1925年元旦刚过，第二次江浙战争爆发了。原来，1924年10月北京政变后，中央政权转移到奉系军阀手中。12月，被张作霖、冯玉祥捧为中华民国临时执政的段祺瑞，任命卢永祥为苏皖宣抚使，免去齐燮元苏皖赣巡阅使兼江苏督军职务。张作霖为扩展地盘，派张宗昌随卢南下。齐燮元先发制人，与孙传芳联合组织江浙联军，于1925年1月9日进攻北京政府派来上海的淞沪护军使张允明部获胜，接着与南下奉军交战于无锡、苏州等地。战事持续到月底，以齐军的失败而告终。

战火突起，伤亡惨重，被灾难民，颠连无告。中国红十字会总会总办事处以及沪城分会立即组织救援[①]。淞沪之战中，红会第五疗养所在松江设立9处收容所，三日内收容难民3000余人。莘庄、七宝等地成立红十字事务所，协助救护。苏州附近战火燃起，红会总办事处于13日派沈金涛率救护队乘"大利"轮前往苏州施救难民，14日入城，救出避难妇孺310人[②]。至27日，救护船已8次往返苏州与上海之间，救出难民数千人[③]。

两次江浙战争，中国红十字会及所属分会，前后救治受伤兵士、难民4000余人，救护难民近10万人出险，掩埋尸体数百具，赢得社会各界的广泛赞誉。正如《锡报》所云："各地士绅组织红会，办理战地救济救护事宜，热心救险，殊甚嘉尚。"[④] 为褒奖红会办事人员，总会总办事处特定制一种饭碗，上刊"江浙战争救护纪念"八字，以作纪念[⑤]。

三、北伐战争救护

第二次江浙战争结束，奉浙战争又起。张作霖奉系为了向南方渗透，1925年8月29日，要求段祺瑞任命杨宇霆为江苏督军，姜登选为安徽督军。孙传芳先发制人，联络苏军旧部及鄂、皖、赣三省直系军阀，组成浙闽皖赣苏五省联军（孙传芳自称联军总司令），于10月15日兵分五路，进逼上海。杨宇霆、姜登选不战而败，放弃沪、宁等地。奉系山东督军张宗昌奉命固守徐州，与联军展开激战，11月7日，奉军战败回鲁，战争结束。

---

① 《红会救护难民之忙碌》，《新闻报》1925年1月28日。

② 《红会救护之昨闻》，《申报》1925年1月17日。

③ 《救护难民之消息》，《申报》1925年1月28日。

④ 《韩省长颁赠红会匾额》，《锡报》1924年12月17日。

⑤ 马强、池子华主编：《红十字在上海（1904—1949）》，东方出版中心2014年版，第175页。

在持续近两个月的争战中，中国红十字会总会总办事处进行了广泛的救护动员，分会积极响应，据《申报》报道，参与救护的分会有镇江、泗泾、松江、高邮、南京、常州、扬州、昆山、丹阳、宝应、仪征、阜宁、宿迁、泰县、武邑、清江浦、徐州、盐城、惠民、涟水、淮安、明光、滁州、临淮、蚌埠、宿县、泗县、江阴、郾城、永城、渑池、虞城等，有一些乡镇如三河镇、刘庄、板浦、楚旺、众兴、高资、窑湾等亦组建分会，参与救护。救护成绩也很显著，如安徽宿县分会，据该分会致总办事处函称："此次联军与奉军旬日大战，均在宿县境内，前次分会向南出发，所有救护掩埋实在情形，业经呈报在案。县北战事，尤为剧烈，兹于十一月一日黎明，第一救护队长赵良璧、副队长张秉钊率队役二十名，掩埋队长李景堂率队役三十名，医务长任冠五、医生任玉杰、刘汉三、齐载三、李济柔、庶务长胡寿山等，向东北出发；本日下午第二队救护队长任梅村、副队长柏运生率队役十六名，掩埋队长王永清率队（役）二十四名，医务长蔡黎堂、庶务长李绍成等率员向正北出发。第三（一）队经历单庄、王家场、万渡口、顺河集、黄家嘴、王家寨、鹤山集等处，救出伤兵三百六十八名、掩埋亡兵二百四十七名；第二队经历九空桥、符离集、黄山头、丁家寨、褚庄、离山铺等处，救出伤兵二百八十三名，掩埋亡兵二百五十七名。战地居民逃避不及为流弹所中者，两队共救治四十一名。至于伤兵，除即时治愈不计外，共载送四百九十五名于城内医院，所有伤兵，一概安置妥贴。"① 由此可见分会救护情形之一斑。分会的广泛参与，使奉浙战事救护取得了圆满的成功。

北洋军阀穷兵黩武，弄得兵戈四起，天下大乱，以致民不聊生。人们渴望结束战争，社会各界包括中国红十字会不断呼唤和平，声嘶力竭。顺应民意，1926 年，一场结束战争的战争——北伐战争拉开了序幕。

北伐战争分为两个阶段。第一期北伐是国共两党联手共同遂行的。自 1924 年第一次国共合作建立以来，两党为北伐作战做了充分的准备。北伐的目的是结束军阀割据局面，实现统一。北伐的对象是盘踞两湖、河南的吴佩孚集团、割据苏浙皖赣闽的孙传芳集团和据有东北、直隶、山东、热河、察哈尔等地的张作霖集团。1926 年 7 月 9 日，国民革命军在广州举行北伐誓师大会，北伐战争正式开始。

北伐战争在两湖战场、江西战场、福建战场、浙皖苏战场、河南战场展开。战火燎原，生灵涂炭。罹兵各省分会，组织救援。

---

① 《宿县红会来函》，《申报》1925 年 11 月 16 日。

在两湖战场，8月19日，北伐军攻克湖南平江时，平江分会派队掩埋阵亡兵士尸体53具，设临时医院3所，救治伤兵370余人，收容妇孺千余人①；湖北蕲春分会在两军交战时，设妇孺收容所3处，并派出由40名队员组成的救护队赴前线救伤②。汉口分会自湘鄂军兴以来，“即已组织救护队出发岳州，实行收埋与医疗职务（责）”，武汉开战后，“枪炮之声，日夜不绝，人民纷纷逃避，市面备极萧条”③。汉口分会设临时医院2处，收治伤兵千余名，分设妇孺救济所47处，收容难民妇孺5万余人，“并掩埋死尸浮棺数千具，见义勇为，有口皆碑”④。在这次救护行动中，汉口分会出动的救护人员达200余人⑤。

在江西战场，曾在“二次革命”救护中取得卓越成绩的吴城分会，组织起救护队，赴战地救伤葬亡，同时开办妇孺救济所，留养落难妇孺⑥；“南昌临时红十字会”（应为南昌分会，该分会成立于1911年10月）自9月投入战事救护，一个多月中即掩埋尸骸2000余具，收容难民、伤兵4000余人⑦；九江分会“一面疗治痊伤，一面分运食粮”，救伤恤难，勉力为之⑧；吉安分会在邻县军情告急之时不分畛域，出队救护⑨。

在江浙战场，杭州、宁波分会组编医队，参与战地救护⑩。松江分会在1926年底即着手筹备战事救护适宜⑪，战争发生后，受总会总办事处委托，1927年2月18日，开办中国红十字会第五疗养所，至3月初收容伤兵、难民达3000余人⑫。松江所属莘庄、七宝，均有红十字会组织，两镇分会开办收养所，组织救护队，积极投入救援行动。沪城分会在3月15日派出救护医船，前往青浦，救出难民240余名⑬，23日派掩埋队前往闸北，掩埋尸骸百余具⑭。扬州分会“因时事之需要，设有医院四所，自军兴以来，受伤兵民住

① 《湘战剧烈之红会报告》，《新闻报》1926年9月11日。
② 《红会救护鄂省战事之往来要电》，《申报》1926年9月12日。
③ 《汉口红分会救护战事之报告》，《新闻报》1926年9月13日。
④ 《汉口红十字会代表莅沪》，《新闻报》1926年12月14日。
⑤ 《汉口红会报告救护情形之两电》，《申报》1926年10月20日。
⑥ 《赣战中红会救护讯》，《申报》1926年9月26日。
⑦ 《南昌红会乞赈电》，《新闻报》1926年11月2日。
⑧ 《九江红分会请募灾赈》，《申报》1926年11月12日。
⑨ 《赣省红分会救护战事之来电》，《新闻报》1926年11月13日。
⑩ 《宁波救护队纷纷组织》，《申报》1927年1月8日；《杭州快信》，《申报》1927年1月20日。
⑪ 《松江红会筹备收容所》，《新闻报》1926年12月28日。
⑫ 《第五疗养所为灾民请命》，《申报》1927年3月21日。
⑬ 《各界救护消息》，《申报》1927年3月19日。
⑭ 《沪城红分会等掩埋闸北死尸》，《申报》1927年3月24日。

院者先后达六百人之谱，每日门诊至少亦在百号以上”①。新成立的六合、奉化、南通、砀山、漕河泾等分会，也都开展了力所能及的救援活动。

其他战场，也有红十字分会的人道救助活动开展。

特别值得一提的是，在北伐战争中，宋庆龄发起的中国国民党党立红十字会（简称党红十字会、党立红十字会），组织起女子北伐救护宣传队（又称北伐妇女救护队，简称北伐救护队），国民党中央妇女部干事高恬波担任救护队长②。她率领13名救护队员，辗转湘、鄂、赣三省，随军救护。而宋庆龄则在1926年9月29日接受党立红十字会聘任的征募部部长职务③，筹款募捐，为北伐救护事业提供后援支持。

北伐战争捷报频传，但1927年的四一二反革命政变，标志着国共两党合作破裂。宋庆龄一方面在武汉发起讨伐蒋介石的运动，捍卫孙中山的“三大政策”；另一方面，鉴于集中于武汉的北伐军伤兵逾万，缺医少药，备受折磨，乃与何香凝等人发起成立北伐红十字会，并在5月27日举行的由汪精卫、徐谦、孙科、顾孟余、吴玉章、彭泽民等国民党中央委员及周恩来等300余人参加的谈话会上，正式定名“北伐伤兵救护大会”。每团体举一至二人共同组织；聘请专门救护人才，分别担任救护事宜；设立执行委员会执行会务，

---

① 《地方通信——扬州》，《申报》1927年5月30日。

② 《中央妇女部七八月份工作报告书》，《妇女之声》第25期（1926年11月15日）。高恬波（1898—1929），原名慕德，广东惠阳县（现惠州市惠阳区）人。父亲高若汉是当地受人尊重的名医。受家庭的熏陶，高恬波从小就有悬壶济世、治病救人的仁心。1915年，高恬波如愿以偿，考入广州妇孺产科学校，成为一名医学生。1923年春，高恬波加入中国社会主义青年团（1922年5月在广州成立，1925年1月26日改称中国共产主义青年团）。6月，“新学生社”成立，这是广州青年团外围组织，高恬波出任执行委员会常委，书记则是共产党员阮啸仙，共同的理想使他们走到了一起，不久经组织批准，二人喜结连理，成为一对“革命夫妻”。1924年春，高恬波加入中国共产党，成为广东省第一位女党员。也正是在这一年，国共两党第一次合作建立，高恬波以个人身份加入国民党，任国民党中央妇女部干事，成为国民党左派妇女部长何香凝的得力助手，妇女运动的积极分子。1925年冬，为配合国民革命军北伐，何香凝、邓颖超等人在广东大学医科学院（1926年改名中山大学医学院）组织“军人家属妇女救护员传习所”，培训战地救护人员，学员120余人，高恬波担任培训教师，讲授止血、固定、搬运、包扎“四大技术”中的包扎技能以及传习所管理事务。北伐军辗转湖南、湖北、江西三省之间，行军强度高，战事密集。高恬波不负众望，率着救护队随军进退，行程万里。她的事迹在北伐军中广为流传，官兵们亲切地称她是北伐救护队的“女将军”。1927年12月11日，在中共广东省委书记张太雷以及叶挺、叶剑英、聂荣臻、徐向前等的领导下，发动了广州起义。高恬波动员妇女，组织救护队，抢救伤员，三天三夜未曾合眼。起义失败后，高恬波随部队转移到鄱阳湖，不久被派到南昌担任中共江西省委特派员，恢复党组织，开展秘密活动，使江西革命形势逐渐好转。但遗憾的是，1929年12月25日，高恬波在南昌市区执行任务时，不幸被捕，被残忍杀害，年仅31岁。

③ 《广州民国日报》1926年9月30日，转引自简海燕、池子华主编：《〈红十字会救伤第一法〉——孙中山唯一译著的整理与研究》，合肥工业大学出版社2014年版，第203页。

宋庆龄担任执行委员会委员长①。这个“北伐伤兵救护大会”，脱胎于北伐红十字会，仍是红十字会组织。

6月8日，宋庆龄出席“北伐伤兵救护大会”召集的各团体代表联席会议，决定为救护伤兵筹款募捐。美国记者安娜·路易斯·斯特朗有评论说：“我还记得在她家花园中为国民党红十字会募捐而举行的那次招待会。这是在革命的汉口有外国政府代表参加的第一次社会活动。……她的魅力使敌人也不得不大掏腰包。”② 为了培养救护伤兵的工作人员，宋庆龄又创办了看护训练班③，培训后即分派伤兵医院工作。培训所用教材为孙中山翻译的《红十字会救伤第一法》，孙中山博爱思想在宋庆龄组织的活动中熠熠生辉，闪耀着人道主义的光芒。

在北伐战争的救护行动中，中国红十字会总会应当说也发挥了相当的作用，总会总办事处在致电前敌各军对红会的救护行动给予“一体保护”之外④，还亲自参与江浙战场的救护。1927年3月15日，为救济松江难民，总办事处特租内河招商轮船局“恒吉”轮加挂船只，驶往松江，救出难民227人⑤。17日，“恒吉”再赴松江，救出难民352人⑥。3月23日，闸北突遭兵燹，总办事处派员乘汽车，往返救护⑦，并派出掩埋队，会同沪城分会，掩埋遗尸。豫战发生后，载往汉口的伤兵骤增至9000余人，汉口分会无力招架，总会总办事处随即组织一支由23人组成的救护队，于1927年6月11日乘“南洋丸”号赴汉增援⑧。

但是与以往的救护行动相比，中国红十字会总会在北伐战争中的救护表现，呈现出令人不解的“消极”：一则没有亲自组织、协调各分会的战地救护，各地分会近乎沉寂的救护局面，与此不无关系；二则没有积极的救援行

---

① 《北伐伤兵救护大会成立，宋庆龄致开幕词》，《汉口民国日报》1927年5月27日。各团体推定的代表有中央党部顾孟余、徐谦；国民政府汪精卫、孙科；军事委员会刘骥；总政治部郭沫若、章伯钧；中西医会罗佩昂、冉雪峰；全国总工会林育南、李人甲；华侨协会许甦魂、鲍慧僧；第四方面军总指挥部宋英仲、伍毓崙；商民协会郑慧吾；财政部张肇元、唐海安；汉口天主堂医院郑香亨；宗教团体代表吴德施、江虎臣；女医生会佛德尼基；司法部沈仪彬、徐璋；交通部沈卓吾、庄智焕；外交部吴之椿；武汉医士马毅良、舒厚仁；国民政府秘书处连声海、曾仲鸣；战时经济委员会黎照寰、杨伯后。

② 张戎、［英］乔恩·哈利戴：《孙逸仙夫人——宋庆龄传略》，中国和平出版社1988年版，第32页。

③ 尚明轩等编著：《宋庆龄年谱》，中国社会科学出版社1986年版，第61页。

④ 《关于红会救护之电文》，《新闻报》1926年9月26日。

⑤ 《各界救护消息》，《申报》1927年3月18日。

⑥ 《各界救护消息》，《申报》1927年3月20日。

⑦ 《各界救护消息》，《新闻报》1927年3月24日。

⑧ 《救护队出发赴汉》，《申报》1927年6月12日。

动方案，除了江浙战场有总会的直接参与外，其他战场很难看到总会直属的救护医队出入枪林弹雨之中；三则没有举办必要的募捐活动，翻检《申报》，从 1926 年 7 月到 1927 年 7 月，整整一年中，几乎找不见直接与北伐救护有关的募捐启事，这与以前的做法大相径庭，在中国红十字运动史上也是极其罕见的。没有募集事业基金，慈善救护自然无从着手。

作为专事人道救护的慈善组织，中国红十字会近乎冷眼旁观地、消极地面对北伐战争的人道需求，此种反常之举（个中“奥秘”尚无法揭开，留待专文探究），不能不令人感到遗憾，更激起前敌各军的强烈不满。正因为如此，国民革命军总司令部专门成立“彻查上海红十字会委员会”，对红会进行“彻查”；在 1927 年 8 月 13 日彻查委二次会议上，总司令部军医处处长陈方之表示：“彻查原因，为红会历年积弊太深，并此次前方救护工作，不但不予协助，竟敢置若罔闻，殊失创办红会宗旨。”[①]“彻查”后，红会先后派出 5 支医队前往南京、常州、镇江等地救护沪宁战伤，救护工作稍有起色。

“军阀时期”是最需要人道关怀的非常时期，然而，另一种情况同样令人咋舌。一位外国观察家发现：

虽然没有一个中国将军曾公开谈论过作者所了解到的事实，但作者还是得到这样一个印象，即从人道主义观点出发，总的来说，中国人不太关心红十字会的宗旨，而实际上却把它当作是没有用处的军队附属部门。从这个观点出发，任何人只要见过一场长期战役，就会发现一个严重过失。撇开人道主义不谈，对待轻伤员的首要问题是尽快使他们能返回火线。人们也许会从直（系）军中对待伤亡人员的情况作出判断。实际上，一个中国士兵受了伤，就会使部队永远失去了他，这是因为后方的绷扎站和急救站是非常原始的。作者曾访问过石门寨和肖浦罗附近的几处这样的机构，发现那里没有护理医生，而负责的下士竟没有或几乎没有一点处理重伤员的知识。一桶水和一些绷带是许多地方仅有的设备。可以想象得出这些伤员在得不到消毒或杀菌几天之后的严重情况。因缺乏医疗、护理，轻伤员受伤后从火线上需要步行回队治疗，使他们受到极大的痛苦。由于担架不够充分，许多重伤员不能及时运回后方医疗，情况就更为严重了。到达秦皇岛后他们的情况略微好些，但该处也没有合适的医生。通常需要等两三天才能在去唐山和天津的所谓“医院列车”上找到一个位置。无数伤员则使用牛车运送，通常因伤口暴露竟死于车中。即使幸存者，到达基地医院后所接受的治疗，也不大可能使他们在

① 《彻查红十字会昨日集会》，《申报》1927 年 8 月 14 日。

几个月内重返前线。对目前这样短暂的战争来说这也许不太重要，但是，如果战争持续半年或一年，由于缺乏医疗机构的及时抢救，将使精兵减少约百分之三十，这将会严重影响战争的胜败①。

显然，脆弱的医疗卫生保健系统需要全社会的共同呵护，从这个意义上说，红十字事业的发展，更显得重要而不可或缺。

① ［英］劳伦斯·英培：《中国军队的军事力量——军阀统治时期》，参见来新夏主编：《北洋军阀》第4册，上海人民出版社1988年版，第861页。

第八章　北京政府时期的中国红十字（下）

救伤葬亡，固然是红十字会的天职，而拯灾赈饥，扶危济困，也是红会分内之事，照沈敦和的话说，“遇战事，疗伤瘗骼，固其天职，而平时济荒赈饥，亦其当尽之义务”①。这一理念，使中国红十字会的工作领域由单纯的战时救护扩展为赈灾救荒和社会服务，尤其是赈灾救荒，逐渐成为红会的“特色”服务领域。

红会拯灾赈饥，开端于晚清时期。1910 年夏，“皖北旱灾（误，应为水灾——引者），继以大疫，死亡枕藉。本会急派医士学生，携带救疫药物器具，组织救疫医队，为甲乙丙丁四队，冒暑驰往皖北之临淮、寿州、凤阳、正阳、凤台、怀远、宿州、蚌埠，及苏省之清江、海州、桃源等处，竭力拯救，治愈者六万七千五百余人。于时办理急赈者，为本会组织之华洋义赈会，集款至百七十万，全活无算，成绩昭然，故本会得以全力专任救疫”②。民国北京政府时期，天灾人祸肆行，中国红十字会在救护兵燹的同时，广泛参与自然灾害及其他意外之灾的救助，在中国救荒史上留下闪光的业绩。

第一节　水灾的救济

人祸天灾，莫过于刀兵水火，“夫天下之大变有三：攻城杀人，喋血遍野，莫如刀兵；天昏扎瘥，死亡俄顷，莫

---

① 沈敦和：《〈人道指南〉发刊词》，中国红十字会总会编：《中国红十字会历史资料选编，1904—1949》，南京大学出版社 1993 年版，第 104 页。

② 《中国红十字会二十年大事纲目》，中国红十字会总办事处 1924 年编印，第 3—4 页。

如疫疠。至如河决海溢，淫潦为灾，则莫如水；暵干炎熇，赤地千里，火山爆裂，陵谷易位，则又莫如火”。刀兵之外，对水旱自然灾害的救助，也是中国红十字会义不容辞的职责，这是其存在的重要理由，正所谓“消其沴，澹其灾，以冀补救于什一，此红十字会所以踵行于中国也”①。先看民国北京政府时期中国红十字会对水灾的救济。

一、水灾救济概况

1912 年，民国刚刚诞生，便遭遇顺直和浙江温处特大水灾。这年夏，顺直阴雨连绵，山洪暴发，酿成“数十年未有之奇灾”，永定、大清、滹沱、子牙等河“相继泛决，一望无涯，可数百里。灾区有三十六州县之广，灾民达一百四十余万之多。非随流漂泊，即露宿风栖”②。此次大水，天津受灾尤为严重，“查此次四河陡涨，为庚子后十余年所未有。该省西北、东北各州县均成泽国，而以天津、武清、宝坻各县为尤甚”③。灾情发生后，中国红十字会天津分会代表杨宝恒、卞荫昌、刘家桢、刘孟扬 4 人利用参加“统一大会”之机，与总会总办事处“协商筹赈事宜”④。他们报告称：

查本年夏间顺直地方，阴雨连绵，山水猛发。始则永定、北运、大清等河，继则滹沱、子牙、减水等河，先后漫溢决口，畿南一带，竟成泽国。诸大河同时泛决，实为十余年来未有之惨灾。其距河近者，田庐冲损，人畜漂流，固已惨不忍言。其距河稍远者，又因雨水积潦，田禾淹没，颗粒无数。直隶本系瘠苦之区，民间鲜有盖藏，加以如此大祲，数百里间，一片汪洋，灾民遍地。近月以来，露宿风餐，无所栖止者有之，扶老携幼，一任流离者有之。指日隆冬，嗟彼灾民，其将何以卒岁？有心人闻之，未有不为之落泪者也。计报灾之处，共四十四州县，七千四百八十余村，每村平均得一百户，每户平均约三口半，每口以发给铜元九十六枚计算，约共用银洋一百七十四万二千二百余元。当此国库空虚，筹赈已难为力，而又加以京津保三月二日之变，巨贾富绅，均被损害。以如此巨款，由地方筹措，更属力不从心。敝代表等奉直隶都督之委任，来与红十字会统一大会，并协商筹赈事宜。诸公慈善为怀，谅必能协力救援，以匡不逮，代表等特为顺直灾民请命，谨述灾

① 沈金涛：《〈中国红十字会月刊〉发刊词》，中国红十字会总会编：《中国红十字会历史资料选编，1904—1949》，南京大学出版社 1993 年版，第 105 页。

② 李文海等：《近代中国灾荒纪年》，湖南教育出版社 1990 年版，第 806 页。

③ 《天津大水纪》，《申报》1912 年 8 月 9 日。

④ 《顺直乞赈函》，《申报》1912 年 11 月 11 日。

情大略如此[①]。

总办事处对顺直水灾十分重视，“统一”大会结束后，沈敦和立即在《申报》发布劝募顺直赈捐启事，接着又专程赴京“商顺直赈务”[②]，并“亲往顺直灾区，调查月余，岁除返沪，尚有未到之处，请代表朱静波、姚廷薰亲历调查”[③]。返沪后，除募集棉衣6万套、粮食数万石运往灾区散放急赈外，总办事处还“分电各省团体、英荷各属华侨、万国红十字会等处告急募捐。而常议员、赞助团亦分头劝募，不遗余力”[④]。

北方顺直水祸未已，东南温处又告陆沉。夏秋之交，浙江温州、处州遭洪水狂飙席卷，酿成巨灾，淹毙人口达30余万，尤其处州府，“水灾异常奇重，实为数百年所未有。顷悉该处共有十县，青田、云和等五县漂没无存，共计淹毙人口至二十二万有奇”[⑤]。浙东温州遭飓风袭击，溺毙无算。两处“未经淹毙者数几百万，但家室荡然，饥寒交迫，无住无食，何以为生?”[⑥]温处沉灾，引起中国红十字会的严重关切，11月初，沈敦和副会长特举陆军第一军军医司长柏栋臣医士为队长，陈士芬医士为副队长，连同看护、配药20余人，组成救疫医队；掩埋队一队，专埋沙掩水冲及暴露之尸骸；放赈队随带棉衣2000套、白米数百担、洋银数千元，“医赈兼施”。鉴于青田受灾至重，“全邑被淹只余房屋四处”，沈副会长特商请唐锡晋善士组织赈务专家十余人，以“中国红十字会协济青田义赈局”的名义，带旧棉衣万余套，小包面粉2万袋，于11月5日乘“普济船”赴处州，专办青田赈务[⑦]。

救疫、掩埋、放赈三队驰赴灾区，“医赈兼施，救生葬亡，不遗余力”。据报道，红十字志愿者于温州瓯江、外洋、双溪、安溪、平偃、钱仓、石郭以及江南沙头、西湾、下湾、临福等村“施诊给米”后，于12月开赴小溪、密溪、乌云、白岩等地，随带棉衣、银钱、药材、粮食，“查明户口，核实散放”，沿途“饿殍腐尸，随地掩埋”[⑧]。温处赈务至次年春告毕，“灾民受赈者

① 《中国红十字会天津分会代表卞荫昌、杨宝恒、刘孟扬、刘家桢报告顺直水灾大略情形》，池子华、丁泽丽主编：《中国红十字运动史料选编》第2辑，合肥工业大学出版社2015年版，第257—258页。

② 《红十字队员救灾热》，《新闻报》1912年12月12日。

③ 《报告灾区惨状》，《申报》1913年1月16日。

④ 《红十字会之筹赈忙》，《新闻报》1913年1月12日。

⑤ 李文海等：《近代中国灾荒纪年》，湖南教育出版社1990年版，第807页。

⑥ 《杭垣筹办水灾急振会纪事》，《申报》1912年9月24日。

⑦ 《红十字会温处赈务记》，《申报》1912年11月5日。

⑧ 《红十字队员救灾热》，《新闻报》1912年12月12日。

二万余人，疗治伤病数千人，掩埋尸棺数百具”[①]，救援行动赢得广泛赞誉。青田县知事兼执法长梁竞兹、青田水灾筹赈会、永嘉知事冯敩典、瑞安水灾筹赈事务所、永安筹赈公所以及当地乡绅，均致函总会总办事处，表达谢意[②]。

1914 年，日德之战本已使胶东半岛的民众惨遭池鱼之殃，而雪上加霜的是水灾接踵，更陷他们于水深火热的痛苦境地。据《东方杂志》报道，9 月以来，胶东“淫雨经旬，潍县、胶县、高密、即墨等四县，河流漫溢，冲塌民房，淹毙人口甚多，生命财产，损失颇巨”[③]。水灾发生后，鲁省当局向中国红十字会发出求助吁请，谓：“贵会系慈善性质，原不必限于军事，可否商请在会诸君就近遇有灾民一视同仁，量力赈济，尤为造福不浅。如蒙允可，敝处当电饬各县，遇事接洽，以资协助。”[④] 内务部亦致电红会，望“贵会仁心毅力，慈善为怀，度必能一视同仁，救斯民于陷溺，拟请酌集赈款，转饬医队，衡量情形，就近协同赈济，庶难民不致流离失所，造福实为无量”[⑤]。9 月 17 日，中国红十字会莱州分会傅医长也向总会总办事处发出乞赈急电云：“莱州西、北两境被水极酷，竹筏冲散，村庄水淹者百余处，死亡何止数千人，水势浩涨，较之三年前淮灾尤高数尺。就近境而言，被水之区广五十里，袤二百里，秋收全毁，由此至平度，非舟不行，食物已尽，需赈极巨且急，即请速筹款项，以惠灾黎。”[⑥]

乞赈函电，纷至沓来。沈敦和副会长立即电请青岛兵灾救护队庶务长邓笠航改充调查员，率同书记前赴灾区查赈，“并照摄灾民惨状，详细报告，以凭核定赈济办法”[⑦]。9 月 22 日，总办事处在沪召开第九次常议会，鉴于“此次鲁省水灾有六、七县之广，生命财产损失甚巨，水势之大较之三年前皖灾尤烈，哀鸿嗷嗷待哺，本会迭经该省将军、巡按使及各分会来电告灾乞赈”，决定“筹募捐款，酌量放赈”[⑧]。沈敦和当场捐出 200 元，常议员蒋星阶、江趋丹等亦纷纷解囊。9 月 28 日，总办事处在《申报》刊发《中国红十字会急募山东水灾赈捐并新旧棉衣广告》，深望“海内外仁人君子，慨解仁囊，源源

① 《中国红十字会二十年大事纲目》，中国红十字会总办事处 1924 年编印，第 7 页。

② 池子华、丁泽丽主编：《中国红十字运动史料选编》第 2 辑，合肥工业大学出版社 2015 年版，第 276—279 页。

③ 《中国大事记》，《东方杂志》第 11 卷第 4 号，第 20 页。

④ 《胶澳战云中之水灾》，《新闻报》1914 年 9 月 17 日。

⑤ 《红十字会之鲁省救济》，《申报》1914 年 9 月 20 日。

⑥ 《红十字会之鲁省救济》，《申报》1914 年 9 月 20 日。

⑦ 《胶澳战云中之水灾》，《新闻报》1914 年 9 月 17 日。

⑧ 《红十字会常议会纪事》，《申报》1914 年 9 月 24。

接济”，如有穿旧棉衣裤等，“弃置勿御，不惮手足之劳，检助本会，汇解灾区”[①]，以解燃眉。

浩浩哀鸿，荡析离居，嗷嗷待哺。沈敦和副会长心系灾民，常议会后即携款万元、棉衣5000件驰赴胶东，散放急赈[②]。但灾区既广，灾民众多，所携之款，杯水车薪。沈敦和旋即赴京求助。由于沈副会长“不远数千里，奔走呼号于冰天雪地之中，且又自垫巨款以为之倡”，“至诚足以动人”，终使大总统命令财政部会议特别筹划，并得陇海铁路督办施省之、交通银行行长任振采“慨然允代筹募”[③]，部拨资金及捐款陆续汇往山东。赈务持续到1915年春，据放赈员报告，被灾村庄244处，其间受灾最重者1547户，次重者8599户，较轻者3237户，“均已一律放讫”[④]。此次放赈，计用款约3.2万余元，由于“事前先派救护队邓笠航携书记及摄影者实地调查，故灾区沾惠无虚”[⑤]。

1915年是一个大灾之年，地震、蝗灾、旱灾、水灾、风灾、火灾层见，其中以水灾为甚，水灾救济自然成为中国红十字会的工作重心。

7月初，浙江淫雨连绵，山洪陡发，衢州地区所属开化、常山、龙游等县“霪雨兼旬，蛟虹暴发，猝患水灾。四乡之淹没者至数千余家，田庐牲畜尽付汪洋，溺毙男女不可胜计，而被灾难民且多至十余万众，嗷嗷待哺，一息仅奄，謦耗传来，欲哭无泪”[⑥]，“实为从前未有之奇灾”[⑦]。灾情发生后，浙江巡按使屈映光及财政厅长先后向红会乞赈。救灾恤难，为红会天职所关，总办事处当即垫银洋5000元，于23日派蔡天泰、盛钟英等驰赴灾区赶放急赈[⑧]；同时在《申报》连续刊登《中国红十字会敬募浙江衢属水灾急赈》《中国红十字会沥陈浙江灾况敬募急赈》广告，劝募捐款，源源接济，计前后用款2.4万元[⑨]。

浙江衢州水患乞赈方殷，粤省奇灾同时告警。7月以来，广东三江流域洪水为灾，“北江之连县、连山、阳山、翁源、清远、佛冈、英德、龙门等县皆被灾，而以连县、连山、阳山三县为尤重；东江之增城、河源、兴宁、博罗、

① 《中国红十字会急募山东水灾赈捐并新旧棉衣广告》，《申报》1914年9月28日。

② 《沈会长躬亲查灾》，《新闻报》1914年12月31日。

③ 《红十字会筹赈之进行》，《新闻报》1915年1月18日。

④ 《红十字会放赈报告》，《申报》1915年2月17日。

⑤ 《中国红十字会二十年大事纲目》，中国红十字会总办事处1924年编印，第13页。

⑥ 《中国红十字会敬募浙江衢属水灾急赈》，《新闻报》1915年7月22日。

⑦ 《中国大事记》，《东方杂志》第12卷第10号，第2页。

⑧ 《红十字会垫款放赈》，《申报》1915年7月25日。

⑨ 中国红十字会总会编：《中国红十字会历史资料选编，1904—1949》，南京大学出版社1993年版，第463页。

惠阳、龙川、东莞亦皆被灾。近因连日风雨，西江水旁又涨，以致高要、三水、四会、德庆、新兴、南海各县，同被重灾”[①]。广东分会急派医队救援，并于7月22日致电总会总办事处，“请赶募急赈，协力救济云”[②]。23日，《中国红十字会急募广东水灾赈捐》的广告便在《申报》上刊出，在此后的月余中，募捐广告刊出10余次，所募捐款汇往广东，协济分会的救灾善举。在广东水灾的救助中，天津分会伸出援手，8月15—17日，连续三日，通过电影、书画展等形式，筹集善款，“稍尽绵薄，聊赈灾区”[③]。

浙江、广东灾赈尚未办竣，江西乞赈之声又起。自7月初旬开始，江西大雨如注，洪水横流，“冲毁城垣，平地水深丈余，淹毙人口无算”[④]。大水很快退去，而灾害影响却一时无法消除，饥民载道，饿殍遍野，直到秋后，啼饥号寒之声不绝。11月初，江西巡按使戚杨电致中国红十字会总办事处乞赈，称：“赣省近年水患频仍，今夏灾情尤巨，万安、泰和、吉安、临江等县灾民十余万之多，村社田庐漂没殆尽，哀鸿载道，惨不忍言，虽请帑筹捐藉资补救，惟将届冬令，民情困苦，饥则无食，寒则无衣，来日方长，嗷嗷待毙。环顾灾众，寝馈难安，因思贵会好善为怀，对于粤、浙等省，一经呼吁，无不立沛甘霖，毅力热心，钦仰无既，赣省事同一律，定荷哀矜，若蒙派员调查，协筹赈抚，则昏垫余生，悉受嘉惠。”[⑤] 中国红十字会“营救灾难，一视同仁，自应继续进行，拯兹痛苦”[⑥]。接乞赈电后，总办事处在《申报》刊登《中国红十字会敬募江西万泰吉临等县水灾急赈》的同时，派苏筱斋等前往灾区调查灾情。隆冬时节，灾民露宿荒郊，饥寒交迫。12月21日，总办事处特解第一批棉衣1000件运赴南昌交省公署转发灾区散放，第二批棉衣也在赶制之中[⑦]。同时“筹巨款汇到灾区，决定以工代赈，修筑堤圩，俾图永安之策”[⑧]。

应该特别指出的是，中国红十字会对浙江、广东、江西水灾的赈济，得助于社会各界的广泛支持，从7月至次年春，《申报》所载红会“敬谢”“谨谢”各界捐款、捐助棉衣等的征信广告连篇累牍。不难想见，没有社会各界的热心参与，红会的善行无由得施，这是不言而喻的。

---

① 李文海等：《近代中国灾荒纪年》，湖南教育出版社1990年版，第849页。
② 《红会筹赈粤灾》，《申报》1915年7月23日。
③ 《天津红十字分会书画慈善会广告》，《大公报》1915年8月14日。
④ 《中国大事记》，《东方杂志》第12卷第9号，第3页。
⑤ 《赣省乞赈电文》，《申报》1915年11月11日。
⑥ 《中国红十字会敬募江西万泰吉临等县水灾急赈》，《新闻报》1915年11月13日。
⑦ 《赣巡按对于红十字会之感谢》，《申报》1915年12月23日。
⑧ 《中国红十字会二十年大事纲目》，中国红十字会总办事处1924年编印，第15页。

1916年夏秋之交，安徽大雨滂沱，河湖并涨，山洪怒发，“江淮一带，上而豫之固始、光、息，皖之阜阳、颍上、霍邱、寿县、凤台、怀远以迄于临淮、五河、盱眙等县，汪洋千里，一望无际。而沿村庐舍、大地、禾黍悉浸入洪涛骇浪之中，累累浮尸，触目皆是，甚者森森树木，竟如沿岸芦柴飘摇水面。孑余穷黎，无家可归，无食可觅，类都穴山巢树，露宿风餐，号哭之声，昼夜不绝。一种惨酷情形，断非郑侠流民图所能曲绘”①。告灾乞赈，函电交驰，总会总办事处一方面通过传媒向社会各界劝募急赈，一方面于9月17日与安徽旅沪同乡会合组中国红十字会安徽义赈会，沈敦和、余诚格（字寿平）、李经方（字伯行）任干事部长，共筹皖赈②。23日，召开第一次干事会，决定由义赈会垫洋2万元，分请灾区传教士会同义赈会查赈员择被灾尤重之户先为酌放，而后募集捐款，次第放赈③。12月16日，查赈员回沪复命，据报告，此次沿淮淮北被灾各县以怀远、凤台、五河为最重，凤阳之淮北岸、寿州之正阳关、颍上之东乡、霍邱之三河尖、灵璧之南四区、盱眙之水七堡、阜阳之南八保为次。中国红十字会安徽义赈会遂决议，购白米3000石、棉衣3000件，刻日运抵蚌埠转运怀远、凤台、五河三县，又购买高粱万石、黄豆3000石，散放被灾各县以为籽种④。转瞬交春，“各灾区田皆被淹，颗粒无收，非特无度日之粮，抑且无耕田之种，非广购高粱、黄豆、绿豆、珠（芝）麻等种籽及时散放，则浩浩哀鸿，将永无出水火而等衽席之一日”⑤。赶办春赈迫在眉睫，在社会各界的资助下，中国红十字会安徽义赈会于1917年2月在上海、镇江分购红粮1600余包、豆饼2.9万张，装运蚌埠分转灵璧、盱眙、阜阳、涡阳、蒙城等5县散放⑥。皖北赈务直到1917年夏初始告结束，“灾民获沾实惠者，数逾十万”⑦。

1918年5月下旬，“湘省大雨如注，山洪暴发，省河漫溢。长沙、株洲、醴陵、湘潭、宁乡、湘阴、湘乡等县，沿河皆被水灾”⑧。夏秋之交，阴雨连

---

① 《中国红十字会敬募江皖水灾急赈》，《新闻报》1916年8月15日；另见《申报》1916年8月17日。

② 《安徽义赈归并办理》，《新闻报》1916年9月19日。

③ 《中国红十字会安徽义赈会通告成立并谨募急赈》《筹办皖赈之垫款》，《申报》1916年9月23日、24日。

④ 《安徽义赈会记事》，《申报》1916年12月17日。

⑤ 《中国红十字会安徽义赈会之最近报告并敬募冬春赈》，《申报》1917年1月5日。

⑥ 《赈济皖北灾黎》，《申报》1917年2月28日。

⑦ 中国红十字会总会编：《中国红十字会历史资料选编，1904—1949》，南京大学出版社1993年版，第466页。

⑧ 《中国大事记》，《东方杂志》第15卷第7号，第196页。

绵，江水泛滥，华容、常德、宁乡、安乡、临湘、南县、沅江、湘阴、汉寿、益阳等县，“均被水灾，人民荡析离居，田庐牲畜，淹没殆尽”①。湘省“连天锋镝，旋嗟匝地洪流”，令人浩叹，“望愁云之黯黯，痛浩劫兮茫茫，当非郑侠流民图所能穷形尽相者”②。职责所在，痛痒相关，水灾发生后，中国红十字会即在《申报》登载《敬募湘省水火刀兵之急赈》：“务祈薄海内外仁人君子痌瘝在抱（胞），饥溺为怀，不拘多寡，解囊慨助，多得一金即可多活一命，早施一日即可早救一人。”③

灾难还在继续，乞赈函电纷至，“佥称湘省自兵燹后，大水疫疠相继为灾，以致产米之区颗粒无存，数百万饥民嗷嗷待哺，惨不忍言，纷请迅筹赈济等语”④。7月11日，红会特开常议会，决议除6月已汇银5000元交由长沙分会赶放急赈外（旋追加4000元），再拨银6000元交宝庆分会刘直余就近向武冈采购谷米运宝平粜。随后，接受江趋丹建议，专门成立“湘赈干事部”，举交通部专门学校校长唐蔚芝和沈敦和为干事部长，阮子衡、聂云台、魏旭东为总干事，叶晴峰、张松亭为经济干事，购就四号大包面粉1万件并暑药、银洋、铜元、饼干、挂面百余箱，运往灾区散放⑤。湘赈从6月开始到年底结束，前后用款约6万元⑥。

1919年入夏以来，湖北雨水过多，“襄水陡涨，加以川湘之水交并而至，又兼山洪暴发，以至滨临江襄各县堤防多被水灾。现在各县或以水涨堤危，或以水冲堤溃，或以被灾请赈各等情纷纷呈报，计江汉道属则有夏口、汉川、沔阳、孝感、应城、安陆、蕲春、黄冈、汉阳等县，襄阳道属则有天门、潜江、京山、钟祥、荆门、竹溪等县，荆南道属则有枝江、宜都、松滋、石首、江陵、监利、兴山、五峰等县，无不大水为灾，告急之文日必数起”⑦。中国红十字会得讯后，即分电湖北各分会“调查灾况，以凭散放急赈”，并商请南洋烟草公司先行筹垫洋万元汇鄂，“以应急赈”⑧。特别值得一提的是，刚刚卸任副会长职务的沈敦和，并没有歇手，9月14日，他借棋盘街496号民房，发起成立“湖北义赈会”，朱葆三和湖北驻沪募赈专员劳敬修为副会长，沈敦

---

① 李文海等：《近代中国灾荒纪年》，湖南教育出版社1990年版，第864、875页。

② 《中国红十字会敬募湘省水火刀兵之急赈》，《申报》1918年6月5日。

③ 《中国红十字会敬募湘省水火刀兵之急赈》，《申报》1918年6月5日。

④ 《红会筹赈湘灾》，《新闻报》1918年7月12日。

⑤ 《红十字会湘赈进行》，《申报》1918年7月28日。

⑥ 中国红十字会总会编：《中国红十字会历史资料选编，1904—1949》，南京大学出版社1993年版，第467页。

⑦ 李文海等：《近代中国灾荒纪年》，湖南教育出版社1990年版，第883—884页。

⑧ 《红十字会筹办鄂赈》，《申报》1919年8月26日。

和则担任会长，继续为慈善事业挥洒热血。此举得到前总统黎元洪的赞赏，他在致沈敦和电文称："诸公历赈偏灾，活人无算，兹为敝省设会筹赈，义浆仁粟，悉仗鸿施，谨代江汉灾民称谢。"①

9月18日，总办事处开会讨论鄂赈事宜，决定由红会垫洋5000元汇鄂放赈，此款归入湖北义赈会名下，由沈敦和筹还②。这意味着在湖北水灾的赈济中，沈敦和领导下的"湖北义赈会"扮演着主要角色，而中国红十字会湖北各分会给予配合。

1920年是一个大旱之年，同时水灾亦有发生。8月，浙江台州地区因"洪潮泛滥，巨浪奔腾，致旧台属之临海、黄岩、温岭、宁海等县一带，遍地尽成泽国，冲决塘堤数千丈，淹毁田地数万顷，庐墓人畜多有漂流溺毙"③。中国红十字会与上海各慈善团体登报劝募捐款④，量力救济。不久，湖北又告水灾，据《锡报》所载《荆州大水为患记》说："荆州古称泽国，频遭水患，而尤以监（利）、石（首）为最甚。今年江水涨势，较往年为益盛，舒公堤（荆江大堤）本素号坚固，近已抢险多次，而水势不杀，距堤面不过尺余，苟继涨增高者，则其危险殆难言状，缘荆城较堤身低洼故也。至荆属四十八垸，业冲坏二十余垸，其余能否保，尚难逆料云。"⑤ 桑田沧海，嗷嗷哀鸿，待哺孔亟，沙市分会虽全力以赴，筹办急赈，无如灾民众多，杯水车薪，势难普济，8月31日急电总办事处求援："谨代灾黎请命，电恳力予劝募，源源接济。"⑥ 9月1日，总办事处接到"水灾乞赈"电后，即于9月3日《申报》刊登《中国红十字会劝募湖北上游水灾急赈启》，赶办急赈。

1921年夏秋，"豫、苏、皖、浙、陕、鲁、鄂、冀大水，以淮河区域罹灾最重，灾区达二七〇〇〇方里"⑦。8省水灾，其中江浙皖被灾最惨，"沿江沿海百余县尽成泽国，遍地哀鸿"⑧。中国红十字会有求必应，量力接济。7月20日，安徽凤台分会电告水灾，总办事处汇洋500元、空白章照20份由分会征收会费截流散放急赈；7月25日，汇安徽正阳分会洋500元；8月19日，

---

① 《汇纪乞赈之函电》，《申报》1919年9月20日。

② 《赈务消息汇纪》，《申报》1919年9月20日。

③ 《赈务通告》民国九年十二月五日，参见李文海等：《近代中国灾荒纪年续编》，湖南教育出版社1993年版，第21页。

④ 《中国红十字会敬谢高邮醒迷僧经募明轩堂捐助浙省水灾洋五百元》，《申报》1920年8月26日。

⑤ 转引自李文海等：《近代中国灾荒纪年续编》，湖南教育出版社1993年版，第23页。

⑥ 《沙市水灾乞赈》，《申报》1920年9月2日。

⑦ 邓云特：《中国救荒史》，上海书店1984年影印本，第42页。

⑧ 李文海等：《近代中国灾荒纪年续编》，湖南教育出版社1993年版，第30页。

汇安徽寿县分会现洋500元，并于10月间派出由黄禹九医生率领的医队前往寿县疗治疫病；8月19日，汇安徽太和分会洋500元，“令择赤贫者散放之”；8月间，寄安徽泗县分会空白章照40份，由分会劝募会费；寄江苏建阳分会空白章照50份，现洋500元；8月19日，筹洋500元汇湖北樊城分会；8月30日，筹洋500元助赈浙江宁波水灾；10月12日，寄江苏阜宁分会空白章照30份；11月，续拨江苏常州水灾药品，12月筹拨洋500元、棉衣200件助赈；12月2日，汇江苏盐城分会洋500元①。

1922年浙江水灾，其中温州所属缙云、丽水“水灾甚重”，兼之“疠疫丛生，死亡相继”②。水灾发生后，浙江瓯海道尹林致函中国红十字会总会总办事处，“以缙云、丽水两县水灾甚重，疠疫丛生，情极可惨，请贵会酌派救疫队，携带药品即日驰往，依法施治”③。总办事处即于9月20日派出以潘佩声为首的救护队，乘“飞鲸”轮赶赴温州，医赈灾民④。

1923年，湖北潜江县内江堤溃决，潜江分会全力赈救，并致电总会总办事处“乞赈”：“敝邑禹王庙、龙头拐相继溃决，田庐人畜，飘（漂）荡无算，敝邑及沔阳、监利、江陵各属，尽成泽国。敝会现正从事拯救，无如杯水车薪，殊不济事，务恳速赐急赈，以惠灾黎，无任盼祷。”⑤ 总办事处表示给予支持。8月26日，总办事处接河南汜水县“快邮代电”告灾乞赈，言汜水山洪暴发，城池陷没；9月6日，总办事处即派开封分会出发赈灾；9月19日接开封分会来电，云汜水赈灾完毕，计救济3000余人，施款5000元⑥。奉天安东县淫雨为灾，安东分会会同商会设立水灾临时救济会，派员乘船赴后沟、江岸、北坎子等处救护灾民，设救济所收容灾民2400余名⑦。

1924年入夏以来，湖南淫雨不止，湘、资、沅三江及洞庭湖水暴涨，酿成自1906年以来“最大”之水灾，全省75县中有70县被灾，灾民476万，占全省总人口的1/6⑧。水火无情，湖南各分会义不容辞地投入灾害救济中，

---

① 《中国红十字会二十年大事纲目》，中国红十字会总办事处1924年编印，第30—33页。

② 李文海等：《近代中国灾荒纪年续编》，湖南教育出版社1993年版，第56页。

③ 《中国红十字会为浙省温属缙云丽水水灾乞赈启事》，《申报》1922年9月7日。

④ 《红会派员救护温州水灾》，《申报》1922年9月21日。

⑤ 《湖北潜江县决堤之请赈》，《新闻报》1923年8月23日。

⑥ 《河南汜水县水灾救济会告灾》《开封分会救护汜水县水灾》《复河南汜水县各公团告灾代电》《开封分会救护水灾告竣》，参见中国红十字会总办事处编：《慈善近录》（1924年刊），第106、108、110页。

⑦ 《奉天安东分会救济水灾之报告》，中国红十字会总办事处编：《慈善近录》（1924年刊），第131页。

⑧ 李文海等：《近代中国灾荒纪年续编》，湖南教育出版社1993年版，第98页。

并纷电总办事处给予协助：

宁乡分会“快邮代电”称：“宁邑不幸，天降鞠凶，突于六月谏日，彻夜倾盆大雨，江水暴发，骤涨高度四丈以上。越日拂晓，举沩江、靳江、乌江流域以及沿河两岸全区面积数百余里，悉成泽国，所有人命牲畜、田屋桥梁及盖藏各物，悉行席卷，一无所有，溺毙生灵，不可数计，损失财产，千万以上，现虽水势退去，而被淹之区，尸骸狼藉，男女号泣，死生塞途，遍野哀鸿，嗷嗷待哺，伤心惨目，天地为愁，是亘古未有之奇灾，近年特有之浩劫。敝会派队冒险，多方营救，除于沿河救出灾民不计数外，在屋顶树梢救活者六百余人，并收埋溺毙尸骸数百具。刻下难民屯集城厢，已达数千，敝会义难坐视，一面设法救济，安辑流亡，一面分途出发，携款散赈。所虑者，灾区广大，饥巨痛深，并顾兼施，心余力歉。夙仰贵会痌瘝在抱（胞），己溺己饥，吁恳立予捐助，引手同援，并恳不惜齿芬，广为劝募，源源惠款，以拯灾黎。”①

宝庆分会电请急赈，云：“宝庆阴雨月余，洪水为灾。微日入城，东北埂垣，水逾数尺，附郭田原，悉成泽国，水毁房屋，淹毙人畜，不计其数，断绝交通，前后六日。四乡沿江灾情，迩正着手调查，尚未确悉。城区内外灾氓，露宿者三万余人，哭声彻夜，状极可惨。现河流虽平，而潮雨如故。水患未已，症疫又发，死者已矣，存者偷生。分会救灾防疫，曾出全力，惟灾情重大，莫补万一，吁恳仁恩，决施赈济，以苏孑遗，无任盼祷。”②

衡山分会致总办事处“水灾乞赈书”疾呼：“山邑不幸，灾祲荐至，元气凋丧，公私俱穷。六月下旬，河伯肆虐，湘水深水陡涨数尺，高阜丘陵，悉成泽国，田土沙砾，庐舍丘墟，人畜压死，不可胜计，幸而生存，栖止无所，号泣悲哀，闻者塞耳。忆昔丙午初夏，洪水泛滥，田禾土产，栽种未久，再播再耕，生计尚有。今则禾谷含苞，土产结实，扼喉而吭，再无生理，哀我灾黎，何以堪此！敝会提倡拯救，绠短汲深，不能不将伯呼助。贵会痌瘝在抱（胞），饥溺为怀，务恳广为劝募，仁浆义粟，惠此灾黎，衡岳不骞，功德不朽矣。”③

乞赈函电纷驰而至，不能不引起总会的关注。其实，在水灾发生之初，总办事处在“闻湖南宁乡水灾奇重，情形极惨”时，即“特电湘省红十字会派员前往灾区，详查电复”。7 月初，“筹得赈款，由银行汇寄湘省，赶赴宁

---

① 《宁乡红会之告灾电》，《新闻报》1924 年 7 月 12 日。

② 《湖南宝庆水灾之呼吁》，《申报》1924 年 7 月 29 日。

③ 《衡山红会之水灾乞赈书》，《申报》1924 年 8 月 2 日。

乡散放”[①]。随着灾情的持续与扩大，总办事处罗掘俱穷，遂不止一次在《申报》等媒体劝募捐款，同时“分电各处分会，对于灾区救济事务，嘱为极力进行。至应用药品、赈款，均由该会总办事处直接汇寄各处分会散放”[②]。当然，由于江浙战争爆发，总会全力救护战灾，而对湖南等地的水灾救济，只能量力而行了。

1925 年，红会忙于战灾的救济，对河北、山东、广东等地的水灾，不遑兼顾。

1926 年，山东大水，又兼黄河漫口，一片汪洋，“约计全省一百余县，几无一不在被灾之中，亦无一不在待赈之中”[③]。其中，济宁“灾情最重”，“平地水深数尺，非船不能通行，房屋倒塌无算”，灾民“上被雨淋，下被水没，无衣无食，难卧难坐，男号女哭，惨不忍闻”[④]。济宁分会全体会员无分昼夜，乘船救出难民数千人，收容妇孺数百人[⑤]，为中国红十字事业增色不少。

二、1917 年顺直水灾救济的个案研究

民国北京政府时期，中国红十字会几乎年年从事水灾的救济，虽然投入的人力、物力、财力历年有所不同，虽然所提供的救助可能是杯水车薪，但对灾民的慈善关怀，却是令人难忘的。人道主义甘霖滋润心田，鼓起了灾民们生活的风帆，其效应并不比红粮、饼干稍逊。从 1917 年顺直水灾救济的个案中，可以得到对此更深刻的理解。

1917 年夏秋之际，直隶连降大雨，永定河、南北运河、潮白河等河堤相继溃决，洪水泛滥，造成京兆、直隶大面积受灾，“水患所至，几及全境”[⑥]。直隶督军曹锟来电称：“直省霪雨连旬，河流漫溢，近畿十四县，尽成泽国，田禾被淹，居庐冲塌，巨万哀鸿，枵腹露处，已成极大灾况。”[⑦] 入秋后，大雨滂沱，“水势猛烈，防御宣泄，势均不及”，再罹洪祸。天津“瞬间泽国，难民数十万，流离荡析，栖食无所”[⑧]；天津所属 7 县及东光各县“均成汪洋，如此巨灾，数百年所未见”[⑨]；石家庄“地本高阜，向无水患，阴历六月初六

---

① 《红十字会救济宁乡水灾讯》，《申报》1924 年 7 月 6 日。
② 《红会对各省灾区之救济》，《申报》1924 年 7 月 31 日。
③ 李文海等：《近代中国灾荒纪年续编》，湖南教育出版社 1993 年版，第 163 页。
④ 李文海等：《近代中国灾荒纪年续编》，湖南教育出版社 1993 年版，第 164 页。
⑤ 《中国红十字会济宁分会济宁水灾急赈募捐启》，《申报》1926 年 8 月 29 日。
⑥ 李文海等：《近代中国灾荒纪年》，湖南教育出版社 1990 年版，第 865 页。
⑦ 《直省水灾乞赈电》，《新闻报》1917 年 8 月 19 日。
⑧ 《中国大事记》，《东方杂志》第 14 卷第 11 号，第 213 页。
⑨ 《旅沪顺直同乡乞助棉衣赈款》，《申报》1917 年 10 月 18 日。

日晚，天忽大雨，三日不止。初八日，街巷已水深三四尺，宣泄无路，房屋地址稍有洼下者已淹倒数百间。初九早，山洪暴发（九里山又名莲花山），河流泛滥，（滹沱河）每过一小时，水涨四五寸，房屋坍塌之声不绝于耳，傍午尤甚。男女扶老携幼争相逃命，此时马路街衢已水深六七尺不等，其有逃避不及者多淹毙水中，并有拴系长绳全家遭劫者。尸身浮沉，蔽流而下，坟墓并遭漂泊，棺木纵横水中，白骨零星，随波逐浪，而妇孺啼哭声，房屋倒塌声，呼号求救声，以及风声飒飒，雨声淙淙，水声潺潺，当时人虽铁石，亦不能不闻之泣下也……两日间并坍塌房屋一万数千间，淹没家具货物无数，被灾者一千四五百户（石庄居民共一千九百余户）"①。据 1918 年 2 月 5 日《申报》刊登的督办京畿一带水灾河工善后事宜处熊希龄致上海总商会函云："总计京直被灾一百余县，灾区一万七千六百四十六村，灾民达五百六十一万一千七百五十九口，尚有大名、无（抚）宁、长垣未据造报，未经列计在内。"灾情之奇重，可想而知，这是一场号称 170 年来未遇的浩劫②。

大灾发生后，乞赈函电如雪片般飞至中国红十字会总会总办事处。先是直隶督军曹锟来电乞赈，并请政府将前此青岛兵灾救济批准未拨之 2 万元如数拨交红会，以便赶办急赈。接着京兆尹王达致电沈敦和副会长求助，谓："京兆于七月十五日后淫雨积旬，黄流盛涨，永定、北运及各县河流同时漫决，致近河十数县尽成泽国，淹毙人口无算，幸存者岩栖露宿，无衣无食，朝不谋夕，现虽请款赶放急赈，惟灾区过广，普及为难，诚恐迁延，道馑相望。我公痌瘝在抱，夙所钦心。京兆为中央根本，必蒙休戚相关，代为呼吁，为此驰电，为民请命，务乞仁施立沛，救此孑遗。"继而旅津浙绅严昭明来函，以"直属被灾，极重各县为武清、宝坻、涿州、房山、文安、大成、获鹿等处，而石家庄向称繁盛之区，近以被灾，仅存五六户，其惨可知。至于津埠，现由南方友人代为调查并放急赈，每日约放千元以上，并散馒头、面饼。转眼秋凉，饥寒交迫，非有大宗款项，万难救济，务祈迅为劝募巨款接济云"③。

中国红十字会闻讯，立即在《申报》刊发《谨募直隶水灾急赈》广告。8 月 31 日，沈敦和在总办事处召开职员会，议决"赶紧设法筹捐并多制痢疾、疟病、疥疮药品携往散放。因此次直隶水灾蔓延至十数州县，地面既大，灾民又众，非有大宗赈款，断难普及，且水灾之后必患疥疮、疟疾、痢疾等症，

① 《京畿赈务近讯并录》，《新闻报》1917 年 10 月 10 日。

② 《中国红十字会急募京直水灾赈款棉衣并报告放赈情形》，《申报》1917 年 10 月 19 日。

③ 《乞赈函电雪片飞来》，《申报》1917 年 8 月 2 日。

故特备此药以救之”①。9 月 15 日，总会总办事处派蔡吉逢、朱仲宾、邓笠航、姚衢笙为放赈员，携粮款药品北上，分赴京兆、天津、石家庄、文安等“被灾尤重区域先行散放（急赈）”②，并“以灾后疫疠必盛，特募购专治虐、痢等症大批中西药品，装由新铭轮船运津并交该放赈员转解灾区，随查随放”③。

直隶巨灾，地面广，灾民众，“非集有大宗（款项）急赈断不足以普骏惠而全蚁命”④。然而，市面凋敝，金融竭蹶，筹集巨款，谈何容易。为此，总办事处费尽心机，在筹款方式上大胆创新，做了如下尝试。

首先，仍然是借助大众传媒劝募，但在广告内容上，在保留“雅”的传统广告特色的同时，增发“俗”广告，语句通俗，娓娓道来。《中国红十字会敬募京直二次水灾急赈》就是一例：

今秋京兆、直隶两省水灾，多至九十余处，实为从来未有的大劫，那料上一次的水尚未净退，而天津地面，第二次大水又来了。阿吆，这样的天灾叠至，叫北地灾民，如何能受呢？日昨本会放赈员来电说道，天津各河的水，顿时涨起，三岔河、三条石、三宫庙、侯家后等处，水深没踝，都成泽国，居民不及逃避，葬入水中，那幸而活着的，大家躲在高阜，呼号待救，故而本会放赈员，冒险雇舟，在那高楼上、屋顶上，以及大树梢头，极力的抢救，保全灾民至六七百人之多，除去男壮，有可以投靠的自己散去外，那妇孺老弱之辈，皆送到女子工艺传习所暂为留养，一面购办干粮、药物、芦席等件，见人散放，以济目前。无奈现在避难的灾民，扶老携幼，成群结队的，沿路不绝，其枵腹露体，嗷嗷待哺的情形，言之实在可惨。本会接电后，现正赶办杂粮饼干棉衣等，刻日续运至津散放。但是灾区既大，灾民极多，倘要一律赈济，断不是本会独立所能办到的，故而要求恳普天下的仁人君子，大家量力捐助，或省吃一桌酒席，或省做一件新衣，将那款子送至本会，充助急赈。多得一金，就可以多活一命，早施一日，就可以早救一人。况且北方地方寒冷得很，一到八九月间，就要穿着棉衣了，但望诸位大善士，大家捐助棉衣，不拘新的旧的大的小的都可以合用的，但使北省灾民，大家保全性命，免得饥，免得冻，岂不是助捐诸公的公德吗？天道好远，报应不爽，积善余庆，可以预先算定的。诸公诸公，快，来捐助吆。倘蒙乐助，不论现款棉衣，均请送至二马路本会总办事处，立取收据，并登报征信，决不有误⑤。

---

① 《红十字会筹备顺直义赈》，《新闻报》1917 年 9 月 1 日。

② 《红十字会派员放赈》，《申报》1917 年 9 月 16 日。

③ 《急赈员北上放赈》，《新闻报》1917 年 9 月 16 日。

④ 《沈仲礼朱葆三谨募京兆直隶水灾急赈》，《申报》1917 年 9 月 5 日。

⑤ 《中国红十字会敬募京直二次水灾急赈》，《申报》1917 年 9 月 28 日。

这种近乎“大白话”的语言风格，毫无疑问，更容易走近普通民众，激发起最大多数人的捐助热情。“雅”“俗”并行，可收“广而告之”之效。

其次，广告语言固然可以激发人们的慈善之心，但缺乏直观性，利用灾区惨状图片可以弥补这方面的缺憾。所以，总办事处在收到天津分会所摄多幅灾区惨状照片后，立即放大、翻印，张挂通衢。照片的传真性、直观性，给人以感官的强烈刺激，震撼人心，大大“引起一般善士乐助观念”，这就难怪照片刚挂出一个星期，“捐款颇多，法公董局捐送银二千五百两，连同零星之款，已集有一万八千余元”①。

其三，举办灯会、游园等活动筹集赈款。9月8日至12日，中国红十字会假上海大世界“特开京直水灾救护灯会”（15日、16日续开两日），展出欧战中红十字会救护器械、飞艇、潜艇、武装汽车（装甲车）、救护汽车等新奇照片，还有南丁格尔肖像、盆景、名画、灾民图等等，“灯彩亦均极光怪陆离”，以这种市民喜闻乐见的形式，“藉以披露灾情及世界红会种种救护真相（相片），以兴起沪人士好善观念”②。门票收入，全部移作赈款。同时，“有英美烟公司购券一千元助赈外，另又派人在场兜售，各种香烟所售之资连本悉数助赈”③。11月18日至22日，中国红十字会又假座苏州拙政园“特开京直水灾筹赈游览大会”，游览券每张洋5角，游览内容包括军乐队、说唱、焰火、灯彩、书法绘画、名菊展以及“天津各国租界水灾发时真象（照片）并本会救灾、留养妇孺活动影戏”。市民及游客“既极游观之乐，实拯饥溺之灾”④，自然具有吸引力。

其四，为方便市民捐款，总办事处在上海各大宝号“设立木箱，张贴灾民惨状以为募捐之助”，是为中国红十字会设立募捐箱之始，意义重大。募捐箱“议定每一星期由本会派员会同各宝号监视开检一次以昭郑重而免流弊”。10月下旬第一次开箱，共收大洋107元、小洋330角、铜元1376枚，另有赤金琐片、储蓄彩票、俄币等⑤。11月11日，上海公共体育场举办童子军联合运动会，红会亦添设募捐箱，“请观者解囊，随缘乐助，以救灾民”⑥。

其五，寻求外援。10月29日，沈敦和副会长特委托路透社“拍发全球通

---

① 《红十字会纪事两则》，《申报》1917年10月9日。

② 《中国红十字会假座大世界特开京直水灾救护灯会露布》《中国红十字会假座大世界续开京直水灾救护灯会两天游资日夜仍售两角》，《申报》1917年9月5日、15日。

③ 《大世界之筹赈会》，《新闻报》1917年9月10日。

④ 《中国红十字会假座苏州拙政园特开京直水灾筹赈游览大会》《中国红十字会假座苏州拙政园特开京直水灾筹赈游览大会续延初七八两天》，《申报》1917年11月20日、21日。

⑤ 《中国红十字会开检第一次募捐箱志谢》，《申报》1917年10月23日。

⑥ 《红十字会之赈务》，《申报》1917年11月12日。

电，报告京直灾情”，起到一定作用，11 月 3 日，总办事处即收到英国代领事转交的曼谷《太晤士报》代募赈款银 400 余两[①]。12 月 23 日，《大公报》刊登天津分会鸣谢广告透露，“敝会前接由天津商务总会交到日本大阪中华总商会赈款日金五十元；又交到日本大阪三江公所赈款日金五百五十五元；又交到中日贸易亲友会赈款日金三百元；又交到日本大阪中华总商会赈款五百元，以上共日金一千四百零五元。敝会均按照天津商会交来之数目收讫，散放赈济，以惠灾黎，特此登报宣布，并申谢悃”[②]。由此可见一斑。

募捐形式的别致和多样，新人耳目，产生了广泛的社会效应，从《申报》所刊《中国红十字会敬谢芜湖无名氏捐直隶水灾急赈洋二百元》《中国红十字会谨谢诸大善士捐助京直水灾急赈戴质庵君经募潘璧臣君五百元、无名氏二百元、济南氏一百元、无名氏一百元、郑王氏一百元、罗氏不留名一百元》《中国红十字会敬谢朱立言大善士捐助京直水灾急赈洋二百元、贾芝山大善士二百元》《中国红十字会敬谢诸大善士捐助京直水灾急赈饼干棉衣：无锡仁德堂义赈会捐助旧棉衣二千一百四十件，又承沈景麟君经募诸大善士捐助饼干二千八百磅》《中国红十字会敬谢日本总领事有吉明君、藤村义朗男爵经募各大宝行、善士捐助京直水灾急赈洋一千五百六十元》《中国红十字会敬谢王寒松大善士捐助京直水灾急赈洋二百元》《中国红十字会敬谢隐名氏大善士捐助京直水灾新棉衣裤三百件》等连篇累牍的征信广告中[③]，可以想象社会各界捐助之踊跃。在京直水灾的救济行动中，中国红十字会能筹集到 20 余万元的巨款，与募捐形式的创新大有关系。

款物滚滚而来，保证了赈灾的顺利展开。

在天津，10 月 2 日，总办事处将棉衣 6000 件并饼干、药物装“通州”轮运津，又制备棉衣 7000 件陆续发往天津散放。鉴于“津埠大水除施救得生者外，其余淹毙人口久置水中，居民再饮此水，必生大疫”，特电天津分会打捞尸骸，“运赴远地埋葬”[④]，全部费用由总会担负。同时开办妇孺留养所，收容无家可归的妇孺 400 余人至次年春。天津所属杨柳青被灾尤重，查赈员姚衢笙采购 3000 元杂粮，“临灾地急济哀黎”，“查得极贫者六千七百余人，散放红粮、棉衣、饼干、药品等，筹备至周，措施极当，并于孤寡产妇四百余口特别赈济，尤为完善”[⑤]。杨柳青民众“送匾纪念”，表达谢意，“此等举动

① 《红十字会赈务二则》，《申报》1917 年 11 月 4 日。

② 《红会谢赈》，《大公报》1917 年 12 月 23 日。

③ 《申报》1917 年 9 月 5 日、10 月 10 日、10 月 18 日、11 月 2 日、11 月 20 日、11 月 25 日。

④ 《红会拟收葬灾民尸骸电》，《申报》1917 年 10 月 4 日。

⑤ 《天津杨柳青全镇绅耆谨谢中国红十字会》，《申报》1917 年 12 月 21 日。

虽皆虚文积习，然姚君办事热诚，亦足动人感念”[①]。

在京兆，10 月 19 日，总办事处制备棉衣 7000 件，由太古公司“奉天”轮承运，散放京兆各县并天津四乡[②]。不久，京兆尹王达与美国红十字会代表顾临商妥以工代赈办法：招集京属被灾 12 县难民 2 万人修筑由京至汤山公路，每人每月工资 5 元，另给棉衣一套，工资由美国红十字会支付，棉衣则由中国红十字会提供[③]。总会总办事处立即行动，赶制棉衣 2 万件，如数运达。11 月 11 日，又将新制棉衣万件附装太古公司“颍州”轮，由朱仲宾押运赴京散放[④]。

石家庄为中国红十字会指赈之地，由蔡吉逢前往放赈。蔡到石后，会同当地士绅，采取如下急赈办法：以工代赈修复堤坝、桥梁、道路等水毁工程；搭建茅屋以为灾民栖息之所；掩埋尸骸，“顷拟购买义地一区，将冲毁之棺木，暴露之尸骸，统为掩葬，以杜疫疠发生”[⑤]；从寿阳、榆次等地购买小米 300 石赈饥[⑥]。石赈于 10 月底结束，“地方非常满意”[⑦]。11 月 4 日，石家庄商会王佩、周维新致电沈敦和副会长，深表谢意，同时以“此次灾民栖息所盖造甚为坚固，正定文若有西教士、石家庄林仁义西教士均来参观，且多主张附设工厂，俾此等灾民得以自谋生计。同人等已多方筹措开办经费，惟本镇自经大水后，劝募甚难。知我公救济情殷，拟请拨款留养此等灾民六月，每月约洋二百元即可敷用，余款归地方担任。始终玉成，感且不朽”[⑧]。沈敦和当即复电：“每月计需留养经费洋二百元，准由敝会担任。”[⑨]

文安为红会另一指赈之地。文安地势卑下，形如釜底，积潦成灾，史不绝书。此次大水，全县 360 村尽成泽国，淹毙居民无算。10 月中旬，红会放赈员蔡吉逢携款 5000 元会同官绅购粮放赈。10 月 25 日，总会总办事处托怡和公司“官升”轮装运棉衣 5000 件，发文安散放。惟文安“无地不水，无民不灾”，31572 户（153609 口），以每户赈粮 1 斗，即须 3000 石，每石红粮约 5 元上下，须洋 1.5 万余元。有鉴于此，11 月 20 日，总办事处在接到蔡吉逢灾情报告后，立即加拨洋 2 万元、棉衣万套，刻日汇运[⑩]。文赈于 1918 年 1

① 《沪赈实惠》，《大公报》1917 年 12 月 20 日。

② 《关于赈务汇志》，《新闻报》1917 年 11 月 4 日。

③ 《实行以工代赈法》，《大公报》1917 年 11 月 21 日。

④ 《关于赈务汇志》，《新闻报》1917 年 11 月 12 日。

⑤ 《大水灾近闻汇志》，《大公报》1917 年 10 月 11 日。

⑥ 《报告石家庄水灾详情》，《申报》1917 年 10 月 10 日。

⑦ 《关于赈务汇志》，《新闻报》1917 年 10 月 29 日。

⑧ 《关于赈务一束》，《新闻报》1917 年 11 月 6 日。

⑨ 《关于救灾善后之电稿》，《申报》1917 年 11 月 6 日。

⑩ 《红十字会办赈电稿》，《申报》1917 年 11 月 21 日。

月结束，“计查极次灾民三万七千九百八十三户，极贫每口散给红粮二斗，次贫一斗，棉衣每户二三套不等。查有被水溺毙者施棺掩埋，疾病不起者给药疗治，……城内粥厂补助红粮，左庄难民代盖芦屋，设立救护水船二十艘捞救落水之人。……复择适宜地设立第一二三灾民留工所，各筹数千元之款留养流离失所极贫之子弟，每所容留百人，限期五个月，给以口粮，聘工师，购机器，教以工艺，免目前之饿死，资将来之谋生”。抚绥周至，“灾民感激”[①]。

武清由邓笠航负责施赈，据其灾情报告称，该县“房屋塌倒甚多，周回榆柳树皮均为灾民食净，惨苦之状，目不忍睹，耳不忍闻”[②]。鉴于灾情极重，10 月 29 日，总办事处加拨 5000 元赶放急赈，加放棉衣 5000 件也于同日附装太古公司“奉天”轮起运[③]。

赈灾行动仍在推进中。10 月 24 日，沈敦和副会长突接蔡吉逢来电，告知京畿一带水灾河工善后事宜处督办熊希龄有意请红会担任文安、沧县、东光、玉田、徐水 5 县急赈。沈敦和表示接受，救灾恤难，本是红会天职，理当万苦不辞；25 日，他致电熊希龄，“查文安本系敝会指赈地点，其余各县，既承尊嘱，自应勉力担任”[④]。

玉田赈务由红会常议员施则敬力任其难，沧县、东光、徐水三县先拨洋 1.5 万元，分别派员前往查放（沧县、东光由红会与仁德堂联合办赈），10 月 30 日赶装棉衣 1.2 万件、面粉 2500 袋、饼干 13 箱，由招商局“新铭”轮运天津分发各县[⑤]。4 县中，徐水灾情较重，1918 年 1 月 3 日，加拨 3000 元，以为难民留养之费[⑥]。

涞县僻处荒陬，向称瘠苦。洪水暴发，“沿拒马河一带丁田庐墓冲刷一空，其孑遗之民，率皆露处岳颠，啼饥忍冻。尼尼生息，绵缀残冬，开春以来，苦难尤甚，草根树皮，吞食殆尽”[⑦]。因“涞邑三面环山，河流萦绕，调查灾状必须越岭涉河，冒险临危”[⑧]。红会放赈员蔡吉逢不避艰难险阻，会同保定、天津分会，分三路查灾，共调查 67 村灾民千余户，给赈无遗。同时以工代赈，筑堤挖河，修路架桥，并于城内设立留养习工所，其“寒儒孀妇残

---

① 《直隶文安县知事吴增兰公民郭镛等敬谢中国红十字会赈款》，《申报》1918 年 1 月 23 日。

② 《关于赈务汇志》，《新闻报》1917 年 10 月 29 日。

③ 《红十字会之赈务》，《申报》1917 年 10 月 29 日。

④ 《红十字会之赈务电稿》，《申报》1917 年 10 月 27 日。

⑤ 《关于赈务汇志》，《新闻报》1917 年 11 月 1 日。

⑥ 《红十字会加拨徐水赈款之复电》，《申报》1918 年 1 月 5 日。

⑦ 《涞邑放赈告竣后之谢电》，《申报》1918 年 6 月 17 日。

⑧ 《红会赈济涞灾志》，《大公报》1918 年 6 月 3 日。

废等人加放重赈，体恤灾黎，无微不至”[①]。

赈务尚未办结，新的灾难又发生了。1917 年 12 月底，安平县两次水淹之后，再遭“冰涨”之灾。据红会查赈员报告：“安平水又大涨，河冰冲裂三五丈不等，顺流而下，势若山崩，沿河老树多为摧断，其余冰床船只人畜什物，竟至一扫无存，确已伤人二千余名，盖近日天气奇寒，人一落水不溺毙，即冻毙，故伤人孔多。”[②] 总办事处闻讯，派员驰赴安平调查灾情，同时在《申报》刊登《中国红十字会续募直隶第三次水灾急赈》，呼吁海内善士“慷解仁囊，共襄义举，以达救人救彻之目的”[③]。在社会各界的支持下，中国红十字会二次拨款共万元赈灾，派蔡吉逢“一力进行（放赈），如款尚不敷，准再加拨”[④]。

京直水灾赈济，衣、食、住统筹兼顾，繁难可知。由急赈而继以冬赈，计共散放赈款 11.2 万余元，棉衣 10.4 万余件，连同药品、面粉等，共合洋 22 万有奇。“后复力筹款项，散放春赈，拯彼青黄不接之厄，以达救人救彻之旨”[⑤]。赈务持续到 1918 年春夏之交。在此过程中，中国红十字会副会长沈敦和筹措万端，“日临总办事处，与理事长、各职员规划一切，募捐放赈兼营并筹，几逾半载，诚以京直水灾之重为百七十年来所未尝有也”[⑥]。红会上下同心，各慈善团体相互配合，协力以赴，取得了京直水灾救济的巨大成功。

第二节　旱灾的救济

旱灾“莅临”之常，虽然没有水灾频繁，而其为祸之烈，有时较水灾犹甚。如果说水灾具有“突发性”特点，那么旱灾则是“渐进式”的，持续时间相对较长。尽管旱灾救济显得不若水灾救济紧迫，但一旦成灾，仍然刻不容缓。

中国地域辽阔，气候多样，此淹彼旱，极为常见。骄阳似火，烈日如焚，大地龟裂，赤地千里，为大旱之年惯见而又令人生畏的惨象。旱魃肆虐之下，饥馑随之，蚕食生灵，饿殍满地，不堪言状。人道攸关，中国红十字会对旱灾的救济亦尽力为之。

---

① 《涞邑放赈告竣后之谢电》，《申报》1918 年 6 月 17 日。

② 《安平又发大冰之惨状》，《申报》1918 年 1 月 6 日。

③ 《中国红十字会续募直隶第三次水灾急赈》，《申报》1918 年 1 月 9 日。

④ 《红十字会续拨安平赈款》，《申报》1918 年 1 月 24 日。

⑤ 《中国红十字会二十年大事纲目》，中国红十字会总办事处 1924 年编印，第 17 页。

⑥ 中国红十字会总会编：《中国红十字会历史资料选编，1904—1949》，南京大学出版社 1993 年版，第 466 页。

一、旱灾救济概况

1913年，徐州利国驿及山东韩庄等处，“自遭兵燹后，十室九空，且又二月不雨，旱魃为虐”[①]。中国红十字会常议员施则敬“戚焉悯之，爰垫巨款，征募棉衣”，派员驰赴灾区“核实散放，全活灾民甚众”[②]。据报道，红十字会“特请王叔相君为徐州放赈队队长，冯子英为监视员，随带现元二万元，辅以棉衣、棉被、食粮等物”，定于10月22日开赴徐州[③]，直到11月26日竣事回沪复命[④]。徐州放赈，最终“费款三万，民赖以苏”[⑤]。这是民国北京政府时期中国红十字会救济旱灾之始。

1914年至1919年，烽烟四起，兵燹时闻，水灾、疫情此消彼长，旱灾相对较轻，中国红十字会把主要精力投放到兵灾、水灾及疫灾的救济上，也是极其自然的，而对旱灾则力所不逮。直到1920年，黄河流域发生特大旱灾，中国红十字会才重新启动对旱灾灾民的救援（下文详论）。

1921年夏，湖南久旱不雨，旱魃为虐，烈日似火，田地焦灼，禾苗枯槁殆尽，“草皆赤焦”，灾情极重，“报告旱灾者，全省有五十余县之多，收获多者三四成，少者只一二成，尤以湘西为最”，“全省饥民近二百万”[⑥]。饥民室如悬磬，“争食树皮草根，饿殍载道，离家他适者颇不乏人”[⑦]，惨不忍睹。6月30日，中国红十字会特拨永顺、宝庆分会款各2000元，以赈济灾黎，云“湘省被灾，情状至惨，本会当尽力补助”[⑧]。8月30日，总办事处在接到耒阳、平江乞赈电后，立即各拨500元助赈，并复平江分会函云：“平江亢旱成灾，本会良深悯念，极应设法筹赈。惟是各省兵灾水灾，迭起循生，各分会函电交驰，纷纷告急。而本会基金毫无积蓄，劝捐久成弩末，无任惶歉。兹于无可设法之中，勉筹现洋五百元，又空白佩章凭照二十份，望即募集会员，

① 《红十字会纪事》，《新闻报》1913年9月22日。

② 中国红十字会总会编：《中国红十字会历史资料选编，1904—1949》，南京大学出版社1993年版，第461页。根据中国红十字会的请求，内务部专门“电致徐州观察使保护红十字会散赈文”，称“准红十字会总会函称，现由沪备款二万并棉衣食物，请省议员王宝槐率队于二十日前往徐州利国驿散赈，恳为保护等语。特电达，希查照办理”（《内务公报》1913年第2期，第107—108页）。

③ 《红十字会纪事》，《新闻报》1913年10月19日。

④ 《红十字会纪事》，《新闻报》1913年11月26日。

⑤ 《红十字会纪事》，《新闻报》1913年12月29日。

⑥ 《湖南省志》第1卷，第464页，参见李文海等：《近代中国灾荒纪年续编》，湖南教育出版社1993年版，第49—50页。

⑦ 《湖南永州旱灾乞赈》，《申报》1921年9月22日。

⑧ 中国红十字会总会编：《中国红十字会历史资料选编，1904—1949》，南京大学出版社1993年版，第476页。

照章征收会费，一并截留，量予择尤赈济，并将办理情形报查为祷。”① 兵灾水旱，迭起循生，筹款为难，道出了总会无力专注旱灾救济的苦衷。

1922 年，虽然湖南旱灾缓解，但仍有部分地区疮痍未复。5 月 5 日，总会总办事处收到江西省临川县李家渡桂为棠函，内附湖南省耒阳县同善分社印刷的“募捐通函”，称耒阳“连年大旱，秋后歉收，才草尽枯，去岁尤甚，米贵如珠，已为亘古未有之奇荒，加有供给不敷需要之大势。哀我元元，生机奚恃?”这个“通函”引起总办事处的关切，当日致电耒阳分会会长谢炳彝，询问：“耒阳灾情究竟何若？同善分社印刷通函，到处募捐，赈济办法是否得力?”如有“应予援助之处，务望协同设法为要”。耒阳分会按照总办事处的要求，协助同善分社赈济灾民②。而这年秋，湖北遭遇旱魃，到冬季越发严重，“地赤已经千里”，灾情之重，“为数十年所仅见，被灾地面占全省三分之二以上”③。粮食奇缺，物价腾涨，米珠薪桂。中国红十字会总办事处从沙市云锦碾米公司购米 4000 袋，运宜昌平粜④。

1922 年，河南秋旱，收成歉薄，导致 1923 年春荒。南阳、灵宝、许昌等分会或设粥厂，或购食粮，赈济灾民。总会总办事处给予一定关注，3 月 26 日，致电山西督军阎锡山，请为灵宝分会购粮救荒开绿灯，电文称：“山西太原阎督军大鉴：据湖（河）南灵宝红十字分会来电，以豫境旱荒，民食告绝，拟赴晋省河东道属各县，采购粮食，运灵平粜，请转电督署，施恩逾格，暂行弛禁，令行河东道尹，饬属验放，以济饥黎等语前来。除函复由灵宝县知事备具护照呈文注明石数投辕请求采购外，特此电达，伏乞俯准，同深感荷。”⑤ 表达了中国红十字会对灾民的牵挂之情。

1924 年，陕西、山西、甘肃、吉林以及江苏、四川、云南部分地区旱情严重，总会因全力投入战灾救护而无暇顾及。

1925 年，战灾救护仍在继续，尽管如此，总会还是尽可能地给予各地旱灾救济。本年，号称“天府之国”的四川，由于连续几年干旱少雨，终于衍成骇人听闻的大饥荒。据媒体报道，四川“三年来均遭荒旱者实居多

---

① 《中国红十字会二十年大事纲目》，中国红十字会总办事处 1924 年编印，第 31 页。

② 《本会设法赈救湖南耒阳奇灾》《耒阳分会来电》，中国红十字会总办事处编：《慈善近录》(1924 年刊)，第 24、28 页。

③ 李文海等：《近代中国灾荒纪年续编》，湖南教育出版社 1993 年版，第 61 页。

④ 《中国红十字会总办事处复沙市分会电》《中国红十字会总办事处复宜昌分会电》，中国红十字会总办事处编：《慈善近录》(1924 年刊)，第 38 页。

⑤ 《中国红十字会总办事处电山西阎督军为灵宝分会购米救荒》，中国红十字会总办事处编：《慈善近录》(1924 年刊)，第 70 页。

数，……不特被灾各县，室如悬磬，即素称肥沃地方，亦野无青草”①。灾情之惨重，触目惊心，“综计全川饿死者达三十万人，死于疫疠者约二十万人，至于转徙流离，委填沟壑者，在六七十万人以上。灾情极重者，亦达三十六七县。有争掘草根杀伤人命者，有攫食黄泥，名观音粉，腹塞而死者，有饿逼自缢或投河者，有先杀儿女再行自食（尽）者，有全家服毒同死者，有聚众向官索食，求予枪毙者，有相率逃亡，估吃大户，死亡载道者”②。种种惨象，笔难形容。

饥荒年岁，食料缺乏，物价飞涨，如川东达县，“赤地千里，颗粒无收，人民赖以延残喘者，惟靠草根树皮，及数千里外运来极有限之谷米、杂粮而已。此种粮食运至该地时，价值至昂，计每斗米须大洋六元左右，每斗杂粮需五元左右。因之该地近八、九月间饿死者竟达数千人之众，而近来甚至每日必死数十人”③。因此，购粮平粜紧迫而不容稍缓，中国红十字会总会总办事处委托夔州分会救护队长蔡云樵前往宜昌采买赈米万石，并于5月2日致电北京税务督办“俯念灾民”，请转饬宜昌关税务司，请予“免税放行”，得到允准④。除此之外，总办事处还为贵州旱灾灾民捐助赈款1000元。

1926—1927年，遭受旱灾的省份有四川、甘肃、陕西、河南、山东、奉天、吉林、黑龙江、新疆、山西、直隶、安徽等，由于战灾救济等方面的原因，总会总办事处已无力采取行之有效的措施予以救助。

二、1920年北五省旱灾救济的个案研究

1920年，黄河流域天干地燥，亢旱异常，直、鲁、豫、晋、秦5省发生“四十年未有之奇灾”⑤。东起海岱，西达关陇，南至洛阳，北抵京畿，禾苗枯槁，赤地千里。灾民“统计亦不下三千余万人。而此等灾民生活状况，始犹采摘树叶，参杂粗粮以为食；继则剥掘草根树皮，和秕糠以为生；近则草根树皮搜掘殆尽，耕牛牲畜屠鬻无遗，遂至典卖儿女，青年女子不过十数元，不及岁者仅值二、三元。又其甚者，或因出外逃荒，将幼儿抛弃，或因饥饿不能出门户，合家投缳自尽。此外逃赴未被灾各地者，经过京汉、津浦、京奉、京绥各路（车）站，日有数起，扶老携幼，露宿风栖，嗷嗷待哺之声，

① 李文海等：《近代中国灾荒纪年续编》，湖南教育出版社1993年版，第126页。

② 李文海等：《近代中国灾荒纪年续编》，湖南教育出版社1993年版，第126页。

③ 章有义：《中国近代农业史资料》第2辑，生活·读书·新知三联书店1957年版，第634—635页。

④ 《红会赈济川灾之两电》《运米赈济川灾之红会消息》，《申报》1925年5月5日、27日。

⑤ 《北方四十年未有之奇灾》，《申报》1920年9月14日。

尤属惨不忍闻”①。

如此奇重之灾，举世震惊。鉴于“北五省灾荒频仍，饥民流离失所，惨不忍言”，北京各慈善大家于9月11日集会于熊希龄府，磋商“救济”之法，决定联合各慈善团体，共组“北五省灾区协济会”，举前总统黎元洪及梁士诒为名誉会长，赵尔巽为会长，熊希龄、汪大燮（不久即出任中国红十字会会长）为副会长，以金鱼胡同中国红十字会总会为会所，“当由到会发起诸君公捐四千余元，以为提倡，即日组织成立，积极进行”②。这预示着中国红十字会将在这次旱灾救济中发挥举足轻重的作用。10月1日，北京各救灾团体代表举行联席会议，正式成立了“中国北方救灾总会”（10月6日与万国救济会联合组织“北京国际统一救灾总会”），公推梁士诒为会长，中国红十字会会长汪大燮、副会长蔡廷干为副会长。就是说，中国红十字会的救灾活动纳入“救总”系统，合力遂行。

北五省灾民数千万，赈济之款，“最少统计，亦须有二万万元，始能救活灾民”③，红会自身无能为力，只有向社会“劝募”。早在9月23日，《申报》刊出的《中国红十字会劝募七省灾民急赈启》云：“本年入春以来，雨泽稀少，北方各省旱象早成，夏秋之间或罹兵燹，或被蝗蝻，载道流离，赤地千里，灾区宽广，为数十年来所未有。被灾之民，树草食尽，十室九空，卖妻鬻子，偷生旦夕，情状凄惨，殆不忍言。浙湘等省，或遭水患，或受兵灾，待哺嗷嗷。哀鸿遍野，转瞬冬令，饥寒交迫，老弱转乎沟壑，少壮流而为匪，目击灾情，能无心恻？迭据各省官绅函电到会，除分行（电）分会调查灾况筹办急赈外，伏乞各界仁人君子，大发宏愿，慷慨解囊，不论金钱、衣物、首饰、古玩、书画，凡有施舍，皆可充赈，所愿诸公痌瘝在抱（胞），饥溺为怀，义粟仁浆，源源施济，俾救数千万灾民出水火而等衽席。”④ 10月30日，汪大燮会长、蔡廷干副会长再次“为数千万灾民乞赈”，情真意切，“伏乞各界善士速解慈囊，金钱而外，如有衣饰、古玩、书画等件亦可充赈。俾数千万奄奄待毙，灾民得有再生之庆，涕泣陈词，伏维悯鉴。”⑤ 为收到更好的劝募效果，中国红十字会还将“调查灾区实况，摄影制成铜版，加以说明书，印发各省张贴，并撰浅俚文言乞赈歌二首，印成传单散布”⑥。其中一首歌

---

① 李文海等：《近代中国灾荒纪年续编》，湖南教育出版社1993年版，第1—2页。

② 《筹议救荒之各面观》，《申报》1920年9月15日。

③ 《北方四十年未有之奇灾》，《申报》1920年9月14日。

④ 《中国红十字会劝募七省灾民急赈启》，《申报》1920年9月23日。

⑤ 《中国红十字会为数千万灾民乞赈启》，《新闻报》1920年10月30日。

⑥ 中国红十字会总会编：《中国红十字会历史资料选编，1904—1949》，南京大学出版社1993年版，第474页。

词云：

北方旱灾遍五省，蔓延直鲁豫陕晋，
饥民数达三千万，四五十年耳未听，
说起灾情实惨伤，玉米豆麦棉高粱，
颗粒无收不得食，树皮草根争相鬻，
农民无力养妻子，投井悬梁自寻死，
牛羊驴马价最廉，儿女贱卖不值钱，
饥躯奔走将远徙，旅费缺乏坐待毙。

我今且说避灾民，夫携妻妹到天津，
三人饥饿四五日，路途叫卖馍馍人，
其夫取出四铜子，买得馍馍夫妇分，
阿妹饿极无钱买，夺取数个忙咽下，
卖主争论向索钱，旁有好善代付价，
三人幸得腹一饱，小妹哭啼牵衣道，
哥哥不能养活我，请君慈悲一援救，
道旁太息更咨嗟，力劝善人携还家。

又闻灾民两夫妇，手携孩童年四五，
父欲弃儿不一顾，母不忍抛抱持哭，
霎时将身悬高树，夫不见妻猛回看，
伤心妻命已黄泉，可怜夫亦同时缢，
树下仅留一童稚，叫号跳踯不忍闻，
灾民情况类如是，呜呼此言过路人。

灾区情形实更炽，北京筹设救济会，
外人亦开赈灾议，海上不乏慈善家，
好善之诚岂独后？我思豪富极奢侈，
酒肴动辄百金费，更有杂项可省处，
日日销耗不少钱，诸公苟能稍节省，
灾民已可活多命，奉劝男女各同胞，
大发善心与宏愿，不论金钱或衣饰，
慷慨解囊毋吝惜，众擎易举腋成裘，
施舍灾民都得食，此中造福实靡穷，

功德无量万口同[①]。

这首《红十字会为三千万灾民含泪乞赈歌》，如泣如诉，震撼人心，产生了强烈的社会效应。这对动员社会各界参与赈灾无疑是有力的推动。

总会在呼吁各界人士捐款捐物、参与赈灾的同时，还动员各地分会积极行动，群策群力，协力推进。9月23日，总办事处致电各分会："红十字分会鉴：直鲁豫陕晋北五省，亢旱成灾，赤地千里，草根树皮，剥食殆尽，哀鸿遍野，待哺嗷嗷，而南中之浙台闽垣又因大水成灾，本会天职所在，自应协济，惟灾深地广，非有大宗捐款，难期普及，务望我分会同仁，大发慈悲，就地协力劝募，源源解沪，以便汇送灾区，藉资散放，分电特达，立盼鸿施。"[②]

赈款是灾害救济的基石。为筹集赈资，中国红十字会总会及分会除在国内募捐外，总办事处还借助传媒向海外劝募。此外，多次延请上海四大舞台艺员义演助赈[③]。"从我做起"的示范也很重要，据9月26日《申报》报道，中秋佳节，红会医院同人特省节宴折资作为赈捐，"住院病人亦受感应，多节其家庭宴饮，将费助赈"[④]。9月28日，《申报》报道《红十字会时疫医院定期闭幕》说，"该院同人并以灾民待赈孔亟，将例有节宴二桌折资移作赈款，闭幕时所有费用，亦求节省，以之捐入赈项中"[⑤]。红会身体力行，经传媒报道，赢得社会各界的交口称颂，产生了良好的"感应"之效。在社会各界的支持下，据《中国红十字会二十年大事纲目》记载："计是年共拨过救护兵灾国币五千六百五十元，水旱灾七万七千一百元，救护药品一千五百元，共计灾赈实款八万四千一百五十元（应为84250元——引者），棉衣裤八千件。所以赈款，除由上海办事处迳交各省驻沪义赈机关代收转解外，余均分别解交北京总会及华洋义赈会，汇解散放。"[⑥]

在北方五省旱灾的赈济中，中国红十字会作为"救灾总会"的发起人之一和主要参与力量，与其他各慈善团体精诚合作，同心协力，联合行动。同时，"特派救济队数队，分赴灾区，从事救济，开设诊疗所计有三处：（一）

---

① 《红十字会为三千万灾民含泪乞赈歌》，《申报》1920年9月22日；另见《新闻报》1920年9月25日。

② 《各业为北方灾区筹赈纪闻》，《新闻报》1920年9月24日。

③ 《中国红十字会为天蟾舞台全体艺员演剧助赈启》《各方面之筹赈声》《四大舞台合演助赈》，《申报》1920年10月19日、10月23日、11月4日。

④ 《各方面之筹赈声》，《申报》1920年9月26日。

⑤ 《红十字会时疫医院定期闭幕》，《申报》1920年9月28日。

⑥ 《中国红十字会二十年大事纲目》，中国红十字会总办事处1924年编印，第27页。

北通州临时诊疗所；（二）保定临时诊疗所；（三）大名临时诊疗所，均经组织完善，在该处从事救济，每日诊视灾民，为数甚多，并加施种牛痘，更形忙碌”①。总会及分会在这次旱灾救济过程中的作用，应该说是引人注目的。

总的来说，尽管民国北京政府时期中国红十字会对旱灾的救济不若兵灾、水灾救济来得踊跃，但还是给予一定程度上的关注，特别是对北五省旱灾的救济，成绩斐然，有目共睹。

第三节　其他灾患的救济

民国北京政府时期多灾多难，天灾人祸，层出不穷，陷广大民众于水深火热之中。中国红十字会本博爱襟怀，对于遭受刀兵水火之外各种灾患的难胞亦给予物质救助和精神慰藉，让他们的生活充满阳光。这其中对火灾的救济、风灾的救济以及疫病防治，同样引人瞩目。

一、风灾救济——以“八二风灾”为中心

风灾指因暴风、台风或飓风过境而造成的灾害。中国红十字会对风灾的救济，也是经常性的。

1915 年 7 月 27 日晚，上海突遭“飓风奇变，……受灾极重”②。据史料记载：“当风力最猛之时，吹坍房屋不少，其船只之遭险，电杆之被折者，亦不计其数。……黄浦江中大小民船冲翻沉溺者甚多，查至二十八号午刻为止，计有二百余艘，溺毙男女人口不少；沿浦滩所览电灯电话杆木，被风吹倒折断者，约有一百余根；房屋墙壁吹坍者亦颇不少。……闸北药水厂北面且有潮水上岸，冲去茅棚一百余间，瓦屋数十间，其他各处茅棚亦都被冲。……沿路之树亦为风拔起，受伤者约数十人。……又闻闸北共和路塌倒房屋数十处，新闸路川虹浜平屋吹塌墙壁数十处，其他如西藏路、大庆里北、福建路、云南路、九江路等处倒塌房屋。……大南门外江北贫民所搭之草屋平屋，均遭风坍毁”③，“风灾之大为数十年所未有”④。

上海为中国红十字会总会总办事处所在地，救济上海风灾，总办事处更

---

① 中国红十字会总会编：《中国红十字会历史资料选编，1904—1949》，南京大学出版社 1993 年版，第 475—476 页。

② 《拨补红会经费》，《新闻报》1915 年 9 月 19 日。

③ 李文海等：《近代中国灾荒纪年》，湖南教育出版社 1990 年版，第 842 页。

④ 《中国红十字会筹办上海风灾贫民急赈募捐广告》，《申报》1915 年 7 月 29 日。

是责无旁贷。救护医队迅速组织起来，队员顶着疾风暴雨，分南北两队，随带粮食、药物奔赴现场，散放急赈，“伤者为之医疗，并送本会医院留治，死者为之棺殓掩埋以妥魂魄，并清查被毁草房以筹善后方法”[①]。善后救济工作在次日午后风停雨止后展开，一方面，总办事处在《申报》刊登《中国红十字会筹办上海风灾贫民急赈募捐广告》《中国红十字会谨募上海风灾贫民急赈》《中国红十字会经募本埠风雨奇灾平粜急赈》等募捐广告；另一方面散放急赈，并于7月29日发放米票，“以便就近领米充饥”[②]。同时发给灾民赈票，大口每名钱400文，小口减半，被毁草棚每座赈洋4元，从8月2日起至6日在南市医院及二马路总办事处发放[③]。据报道，8月2日放赈第一天，“灾民扶老携幼，络绎而至，……共有大小灾民四千余口”[④]。8月3日、11日，相继在南市龙王庙、闸北开办平粜所[⑤]，“以资周济，所费不赀”[⑥]。放赈、平粜，被风灾民赖此渡过难关。

在对风灾的救济中，“八二风灾”救济最具有典型意义。

1922年8月2日午后，广东沿海飓风突起，风狂潮卷，酿成沉灾。据报道，汕头“倒塌屋宇无数”；潮安“船只损失大小百余只，淹毙水手不下千人”；潮阳“江河水涨数丈，平原变成泽国”；揭阳“满城瓦砾横飞”；澄海“竟有全村人命财产化为乌有者”[⑦]。飓风中遇难人数，据不完全统计，“澄海县属约死六万余人，汕头市约死五千余人，饶平县属约死六千余人，潮阳县属约死五千余人，揭阳县属约死千余人，潮安县属约死五百人，普宁县属约死百余人，南澳县属约死二百余人，惠来县属约死百余人。……死者既多，何以觅得棺木，若澄海之沿海岸，有掘一大砂窟，即葬百数十人者，可谓惨矣！而牲畜之死亡殆尽，横街塞项（巷），恶臭逼人”[⑧]。至于财产损失，更是难以数计，仅房屋即“倒塌数万间”[⑨]。

“八二风灾”，潮汕等地“铺屋倒塌，船艇漂陆，死亡枕藉，哀鸿遍地，

---

① 《申报》1915年7月29日、30日、31日。

② 《沪南访函》，《申报》1915年7月30日。

③ 《中国红十字会定期散放本埠风灾急赈》，《申报》1915年8月1日。

④ 《红十字会放赈》，《申报》1915年8月3日。

⑤ 《中国红十字会定期开办本埠第一平粜所募捐启》《中国红十字会开办本埠南北市风灾平粜募捐》，《申报》1915年8月1日、10日。

⑥ 《拨补红会经费》，《新闻报》1915年9月19日。

⑦ 李文海等：《近代中国灾荒纪年续编》，湖南教育出版社1993年版，第66页。

⑧ 李文海等：《近代中国灾荒纪年续编》，湖南教育出版社1993年版，第67页。

⑨ 《中国红十字会总办事处拯救潮汕风灾乞赈启事》，《申报》1922年8月10日。

耳闻目见，不寒而栗，诚亘古未有之奇殃，阖潮弥天之浩劫也”[1]。灾情发生后，乞赈函电纷达中国红十字会总会总办事处。总办事处迅速做出反应，在《申报》刊登《中国红十字会总办事处拯救潮汕风灾乞赈启事》[2]；在募集捐款的同时，于11日派出医生郁廷襄、沈嗣贤，看护钱宝珍、潘遵福、张一鸣、张永清、刘宣辅、魏宝兴、陈国宝等9人组成的医队，乘“苏州”轮前往香港，转赴灾区[3]。惟“灾地甚广，灾民甚众，灾情甚重，所带药品，不敷应用”，红会遂于26日加派第二医队（以施兆堂为领队），携带药品数箱，搭乘太古公司“新宁”轮，乘风破浪，驶往汕头增援[4]。美国红会也给予了可贵的支持[5]。

善款为人道救助之保障。虽然总会拯救风灾难民乞赈呼吁得到回应，如《申报》载有《中国红十字会敬谢黎集云大善士捐助潮汕风灾洋五百元》《中国红十字会敬谢存心子经募慰记大善士捐助潮汕风灾洋一百元》《中国红十字会敬谢孙月三大善士捐助潮汕风灾洋三百元》《中国红十字会敬谢喜闻过斋大善士捐助潮汕风灾洋一百元》《中国红十字会敬谢周龙章君经募偷生氏蔡静记二大善士捐助潮汕风灾共洋二百元》《中国红十字会敬谢陈庸庵大善士捐助潮汕风灾洋二百元》《中国红十字会敬谢孔金声大善士捐助潮汕风灾洋一百元》《中国红十字会敬谢裘焜如君经募延年子大善士捐助潮汕安徽灾赈洋一百元》《中国红十字会敬谢鲍子丹大善士筵资助赈潮汕水灾洋一百元》《中国红十字会敬谢吴熙元孙贞道安定根经募韩国赤十字会捐助潮汕风灾洋一百元》等征信广告[6]，虽然红会中人亦纷纷解囊，如理事长庄箓捐助洋300元[7]，但所筹款项仍属杯水车薪，为此中国红十字会总会总办事处特于8月21日致电中央政府，为灾民乞赈：

大总统、国务院钧鉴

并分送税务处孙督办、北京红十字会汪会长、蔡副会长鉴：

汕头飓风为灾，全埠房屋倒塌，伤毙人口三千有奇；潮属沿海乡村被水漂没，淹毙乡民约及十万。灾区广大，灾情奇重，为历来所未有。该处现正

---

① 中国红十字会总办事处编：《慈善近录》（1924年刊），第82页。

② 《中国红十字会总办事处拯救潮汕风灾乞赈启事》，《申报》1922年8月10日。

③ 《红会医队出发》，《申报》1922年8月13日。

④ 《中国红十字会救护汕灾》，《申报》1922年8月26日。

⑤ 《中美红会筹赈汕头灾民》，《新闻报》1922年8月25日；《中美两红会之携手》，《新闻报》1922年9月29日。

⑥ 《申报》1922年8月15日、18日。

⑦ 《中国红十字会敬谢本会庄理事长捐助潮汕风灾并经募洋三百元》，《申报》1922年8月13日。

筹办急赈，无如灾广费巨，募捐势成弩末，拟恳政府一视同仁，商明各国驻使，援照直北加捐赈济成案，饬令总税务司，先就汕头进口货物附加一成赈捐，由潮汕关税司征收，交汕埠筹赈绅商，核实赈济以救沉灾，谨为灾民九顿首以请①。

总办事处的上述请求，得到支持，经内务部税务处核准，关税拨用附捐10万元，作为汕头赈灾费②。这对灾民来说，不啻为福音。

中国红十字会救济“八二风灾”行动仍在推进中。在赈灾过程中，中国红十字会南海分会、汕头分会、澄海分会、番禺分会均积极参与，量力协助③。如番禺分会，先后派出两支救护队参与风灾救护，并设立临时医院救治伤民④；汕头分会两支医队分赴澄海、潮阳，月余时间共诊治5369人⑤；南海分会也派出医队，“两月以来，共医愈男女各症共五千二百六十八人”，苏南区救灾分所、澄海县长李公、救灾善后处，分别赠送匾额三方，曰“活我灾黎”“术可回天”“慈航普济”，表达对南海分会人道之举的谢意⑥。

值得注意的是，澄海分会即岭东分会在风灾救援中，“协助尤力”⑦。澄海分会自飓风乍起时，“全埠电灯失光，莫名真相，救护方法，极难下手，迨夜深，本分会幸墙垣坚固，不至倒塌。爰督役冒险，就本分会附近铺屋倒塌露天浸水之男女，极力救护，即将本分会看症房开辟，吸纳安藏达旦。翌早，即由理事黄作卿、医务长吴济民率医队，巡行全埠救伤，医治无数，三四五等日继之”⑧。旋接各灾区来函，请派医队救护，澄海分会即“赶办医队出发，由队长颜钦洲、医长吴济民，率队前往，按定报告灾区，挨次出发，以期救灾恤邻，不分畛域”⑨，先后7次出发医队，救护伤民病民：

---

① 《中国红十字会上海总办事处出发两次救护队救疗潮汕巨灾》，中国红十字会总办事处编：《慈善近录》（1924年刊），第39页；《红会电请加税赈济汕灾》，《新闻报》1922年8月22日。

② 李勇、池子华：《中国红十字会救护1922年广东“八二风灾”述略》，郝如一、池子华主编：《〈红十字运动研究〉2007年卷》，安徽人民出版社2007年版，第103页。

③ 《中国红十字会二十年大事纲目》，中国红十字会总办事处1924年编印，第38页。

④ 池子华、崔龙健主编：《中国红十字运动史料选编》第1辑，合肥工业大学出版社2014年版，第206页。

⑤ 《分会成绩：汕头分会来函》，《中国红十字会月刊》1922年第14期，第33–34页。

⑥ 池子华、丁泽丽主编：《中国红十字运动史料选编》第2辑，合肥工业大学出版社2015年版，第105页。

⑦ 中国红十字会总会编：《中国红十字会历史资料选编，1904—1949》，南京大学出版社1993年版，第484页。

⑧ 《八二风灾本分会救护之情形》，中国红十字会总办事处编：《慈善近录》（1924年刊），第82页。

⑨ 中国红十字会总办事处编：《慈善近录》（1924年刊），第82页。

第一次出发鮀江灾区，由义务队长颜钦洲、医长吴济民带队，深入大井乡、大场乡、天港乡等乡镇。每到一处，“求救者纷至沓来”，共医治200余人。

第二次出发潮阳各区，潮阳县署“派员引导前往附近灾区挨次救护”，除“沿途便施救人数不计外，统计各区医治男女二百九十余人”。

第三次出发外砂、莲阳等处，“除年壮伤微尚可自行来医所受诊外，其余有重伤困卧而不能匍匐就医者，有伤轻老弱而追医莫及者，均饬队士用布床前往病家舁来医所，一一按治”，共医治530余人。

第四次出发潮安、东陇等处，“逐日派医员分途赴东里区、南沙乡一带鸿沟乡、盐灶乡、鸿门区、井洲乡等处，统共医治男女二百七十九人”。

第五次出发鸥汀乡，由辛子基领队，与中国红十字会总会总办事处特派医队会合，于辛氏大宗祠开办临时医所，医治因灾被伤难民多人。

第六次配合总办事处医队再往鮀江区、大场乡等处，开办临时诊所，并逐日派医员“循环巡医”，统计10余天医治数百人。

第七次总办事处医队开赴潮阳，借林氏洋楼开办临时医院，澄海分会“仍派员帮忙焉”[①]。

11月15日，中国红十字会驻沪副会长杨晟与王培元博士赴暹罗（泰国）出席红十字国际大会途径汕头，顺访岭东分会，对该会在风灾救护中取得的业绩表示赞赏，谓此次“风灾之救护，其成绩俱足以动人”[②]。

“八二风灾”救护，持续月余，救死扶伤上万人。中国红十字会总会总办事处在救护兵灾及他处自然灾害的同时，筹款募捐，为灾民请命，遣派医队，诚可谓恪尽天职。总会、分会相互配合，取得了“八二风灾”救护的圆满成功。

二、火灾救济

火灾是指在时间或空间上失去控制的燃烧所造成的灾害。在各种灾害中，火灾是最经常、最普遍地威胁公众安全的灾害之一。因火灾的经常性和普遍性，作为社会救助组织的红十字会，自然尽力救助。

1918年10月28日，湘潭火灾，“城外居民不戒于火，一时烈焰飞腾，延烧二千余户，寸衫尺缕，一炬无遗，烂额焦头，呼号震野，诚数百年来未有

① 《中国红十字会总办事处会同澄海分会（即岭东分会）救潮汕灾》，中国红十字会总办事处编：《慈善近录》（1924年刊），第83—85页。

② 池子华、丁泽丽主编：《中国红十字运动史料选编》第2辑，合肥工业大学出版社2015年版，第351页。

之浩劫也。且被灾各户多属贫寒，不惟栖身无所，抑且衣食无资，严冬转届，其奚以堪，不有救济之方，安得来苏之望”。总办事处接到湘潭县商会求赈后，致电长沙分行，嘱从湘赈款下支款散放，加以救助①。

1919 年，吴淞发生火灾，吴淞分会赈济难民，“极贫者棉衣一套，米八升，次贫者六升，商人不愿受衣米者，每人借以十元二十元不等”②。

1921 年 11 月 12 日，上海闸北邢家木桥一带发生火灾，数千间棚屋顷刻化为灰烬，烧死 22 人。中国红十字会闻讯即派员赶赴火场调查，“其景象之悲惨，令人目不忍睹。至于烬余之民无家可归者不下三万名”③。17 日，红会散放银圆、棉衣救赈，“共发去现金二千余元，棉裤数千套”④；21 日，在《申报》刊登《中国红十字会劝募闸北火灾急赈启》，呼吁上海市民伸出援助之手。

1922 年 3 月 20 日，上海虹口分水庙住户因“午炊不慎”引发火灾，“当时风势甚大，以致被灾各户，仓皇失措，无从扑灭”，造成 77 户 341 口被灾；22 日，胡家木桥住户“因夜间烧饭遗火于薪，遂成燎原之势”，103 家 477 口被灾。“两处居民，大概（多）为劳苦工人，男以推车做工，女以缝衣缫丝度日者居多。此次被灾各户，有因出外谋生而家门闭锁者，有仅留小孩在家男女出外者，及收业回家，已成灰烬，可谓惨矣”⑤。火灾发生后，中国红十字会总会总办事处于 3 月 27 日《申报》刊发《中国红十字会为被火灾民募捐启》，为“劫后之遗”的难民筹募赈款，按名放赈，共施现银 2000 余元，“灾民各沾实惠，颇为感激”⑥。

1923 年 2 月 19 日夜，四川梁山（应为乐山）县城内校场附近大火为灾，800 余家遭殃。乐山分会筹款 2300 余串，赈济极贫及次贫 500 余户⑦。四川灌县小南街失火，灌县分会“急赈火灾”⑧。

1923 年 12 月 21 日，红会总办事处得悉苏州阊门外横马路火灾，被灾者

① 《湘潭火灾之求赈》，《申报》1918 年 11 月 12 日。

② 《中国红十字会二十年大事纲目》，中国红十字会总办事处 1924 年编印，第 20—21 页。

③ 《中国红十字会劝募闸北火灾急赈启》，《申报》1921 年 11 月 21 日。

④ 《红十字会赈济火灾难民》，《新闻报》1921 年 11 月 18 日。

⑤ 中国红十字会总办事处编：《慈善近录》（1924 年刊），第 21—22 页。按：关于分水庙火灾的时间，3 月 27 日《申报》报道为 3 月 21 日；关于胡家木桥火灾受灾人数，《中国红十字会二十年大事纲目》第 35 页记为 471 口。

⑥ 《红会赈济被火灾民纪》，《申报》1922 年 3 月 30 日。

⑦ 《红会梁山分会救护之报告电》，《申报》1923 年 4 月 3 日；《乐山分会电告赈济燹灾》，参见池子华、崔龙健主编：《中国红十字会史料选编》第 1 辑，合肥工业大学出版社 2014 年版，第 231 页。

⑧ 中国红十字会总会编：《中国红十字会历史资料选编，1904—1949》，南京大学出版社 1993 年版，第 489 页。

有百余家之多，“均属贫民，甚为凄惨”。庄箓理事长特派职员沈金涛赴苏调查，拨棉衣400件救助①。

1924年1月，上海闸北邢家宅大火，数百户人家遭焚②。朔风凛冽，灾户无家可归，“啼饥号寒，极为惨苦”③。18日，中国红十字会总办事处特派职员多人，会同该地警察6人，前往勘灾，按户计口，发给领米票证，灾户凭票即可“分往各店领米，计每人约得米五升，发出米票有五百数十张之多，灾户得此，莫不喜形于色”④。

上海闸北简直遍地干柴，遇有星火即可燎原。邢家宅大火不久，再酿惨剧。3月10日午夜，闸北川公路祥经织绸厂“失慎”发生重大火灾，救火不及，百余女工葬身火海，数十人焦头烂额，300余人幸免于难，“如此浩劫，实所罕闻”，“诚沪上最近莫大之惨剧！”⑤ 惨剧的发生，舆论多有指陈，一谓公共设施之不济，火灾发生时，因“无水灌救，遂致不可收拾，任其燎原。……闸北自来水，济人则不足，误事则有余，万姓号呼，不能邀主政者之一顾。若此次祥经厂之火，倘闸北水厂之水量充足，断不致灌救无方，焚毙百命。推论及之，凡此百人，非死于祥经之厂火，实殉于闸北之厂水耳。现在惨剧既演，水厂之应扩充，刻不容缓”⑥；一谓经营管理之不善，大火“焚毙工人多命，现时约略估计，据称已有百余人之多。别有一说，则谓该工人等，均携有子女，每人或携带一二三人不等，合并计算，当尚不止此数。似此求食远方，老弱稚幼，同归一烬，惨目伤心之事，孰过于此？据当时实地勘验者所言，俱称火起时东屋只有一梯，梯身又小，遂致阻塞出路，其寄宿之二楼窗外，又阻以铁栅，火势萦绕，无处逃生，葬身火窟之多，实由于此，一言蔽之，则该厂因设备之不良，以致惨毙多命，征诸舆论，殆属众口一辞”⑦。

在祥经大火中，“死者吴江、震泽人十居其九”。生者由厂方发给每名15元，小孩5元，“着其回籍”。死者魂归故里，“生者虽有十五元在手，从此无

① 《捐助苏州阊门外火灾贫民棉衣四百件》，中国红十字会总办事处编：《慈善近录》（1924年刊），第139—140页。

② 1924年3月14日《申报》所载《川公路织绸厂失火惨剧四志》提及“邢家木桥焚屋六百余间”，当指此次火灾。

③ 《上海闸北邢家宅地方火灾放赈》，中国红十字会总办事处编：《慈善近录》（1924年刊），第150页。

④ 《红会救济邢家宅烬余灾户》，《申报》1924年1月19日。

⑤ 《川公路祥经丝织厂焚毙女工一百余人大惨剧》，《民国日报》1924年3月12日。

⑥ 《川公路织绸厂失火惨剧四志》，《申报》1924年3月14日。

⑦ 《川公路织绸厂失火惨剧八志》，《申报》1924年3月18日。

衣无食。死别生离，不归何往，归不生全”，人间悲剧，莫此为甚。闸北公学校长冯明权为被难工人鸣冤叫屈，“该厂门狭上锁，遇险不开，事后复草草安排，在工人虽曰天命，工厂方面，人道何在?”①

祥经织绸厂“被火焚毙女工案”如石投水，在上海滩激起层层波澜（如抬棺游行，酿成冲突），也引起社会各界的严重关切。事发后，作为人道载体的中国红十字会，于3月12日特派职员鲍康宁、夏凤池，“带同夫役，前往详细调查”，将寄寓宜乐里幸存者年龄、籍贯一一登录在册。13日，携带棉衣170套，现洋数百元前往施赈，并按照水陆路程，分别给以船票、车票，资遣回籍②。据报道，14日，由红会资遣回籍者共84人③。17日，闸北公学派人与红会接洽，“谓现在留沪女工，大半思归乡里，请为设法”。理事长庄箓于是派职员往戴生昌轮船局，接洽遣送事宜，得到首肯，并允“将船费房资减半收取”。此次资遣女工32人（另有9人尚留医院诊治），连同被灾女工家属55人，共87人④。中国红十字会的人道关怀，给遭火灾之殃的不幸者以慰藉，这是值得称道的。

1924年可谓“野火烧不尽，春风吹又生”。3月21日，四川郫县东城居民“洪姓失慎，延烧街房壹百九十七家，十室九空，灾民等嗷嗷待哺，惨不可言”。次日，郫县分会会长应兆鳌率职员前往赈济，每户给米2升、钱数百文。“灾民等见红会之溥施济众，体上天好生之德，存仁爱之心也，灾民等感激之至”⑤。还是四川，涪陵县“不戒于火，延烧数千家”。重庆分会闻讯，募集捐款数千元，于5月22日派职员周芳圃、刘承泽、王孝达乘“蜀亨”轮，前往赈济⑥。与此同时，重庆分会会长魏国平以“灾区过大”，函请总会总办事处“代募赈款”⑦。

1925年，上海火警时闻。4月，闸北孔家桥、太阳庙火灾，总会散放赈款600余元⑧。12月3日，闸北安康里火灾，230余户受灾，“被焚之户，多属贫民，家室荡然，情殊可悯”⑨。4日，中国红十字会总办事处庄箓理事长派职员鲍康宁等前往实地勘灾，“以备放赈”；5日，红会职员沈金涛等“运

---

① 《闸北公学之报告》，《申报》1924年3月13日。

② 《祥经厂火灾后之所闻》，《新闻报》1924年3月13日。

③ 《祥经厂焚毙工人案牍闻》，《新闻报》1924年3月14日。

④ 《祥经厂火案之善后问题》，《新闻报》1924年3月18日。

⑤ 《郫县分会赈救火灾》，见中国红十字会总办事处编：《慈善近录》（1924年刊），第175页。

⑥ 《重庆分会赈救火灾电》，见中国红十字会总办事处编：《慈善近录》（1924年刊），第174页。

⑦ 《救济四川涪陵巨灾之沪闻——重庆红会已携款前往救济》，《申报》1924年5月23日。

⑧ 中国红十字会总会编：《中国红十字会的九十年》，中国友谊出版公司1994年版，第44页。

⑨ 《红会救济闸北火灾》，《新闻报》1925年12月5日。

棉衣裤数百套及现款会同四区二分所警察施救急赈”①。

同年 11 月 15 日，四川灌县东门外大米市坝居民“不慎于火”，引发火灾，延烧 165 户。灌县分会闻警，派员前往调查。据报道，“受灾之家，纯系极贫小贩，当兹米珠薪桂，几于炊断釜悬，何堪岁暮天寒？又复家亡室毁，餐风露宿，惨不胜言，妇叹童号，情尤可悯”。灌县分会当即托钵四出，募捐筹款。次日临场散放急赈，“灾民等见十字旗来，咸夹道欢呼，其望赈之殷，不异云霓”。分会按照名册，每户给钱 8 串、米 1 升，共赈钱 1320 串、米 1 石 6 斗 5 升②。

1926 年 4 月 1 日，上海闸北广肇路、裕通路黑烟滚滚，烈火熊熊，又酿火灾。大火“伤毙多人，焚毁千余户”③，灾民达 3700 余人。火灾发生后，中国红十字会总办事处特派职员散放急赈以济燃眉，“惟人数极多，事机极急，车薪杯水，救济为难”，乃发布劝捐通启，“敬乞诸大善士热心补助，义浆仁粟，多少不拘，俾眼前灾民得沾实惠，造福正无穷也”④。

天有不测风云，人有旦夕祸福。1927 年 11 月 5 日，上海发生“空前之大惨剧”。这天，沪北新和、公和等厂女工组织工会，假闸北开封路更新舞台前之品芳楼召开成立大会，到会者约 500 人，上海工会统一委员会亦派指导员沈言信等莅会“指导一切”。下午 1 时 45 分，大会气氛热烈，但“楼上正在呼喊之时，忽然瓦砾崩圮，三层楼全部坍倾，压及正兴馆之二层楼及楼下，一时惨声弥天，碧血横飞，当经间壁北公益里祝姓报告闸北救火会到场救护，不及营救，横尸满地，鬼哭神号，其情形之惨酷，为空前所未有”。当场压毙 126 人之多，200 余人受伤，工统会指导员沈言信亦遭斯厄，“此种不幸事件，实为上海空前之惨剧，见者莫不下泪，言之实堪痛心”⑤。悲剧发生时，适有中国红十字会队员靳纬曾经过，目睹此种惨状，立即打电话报告总办事处，总办事处立派总医务股沈金涛率领队员、夫役，分乘 4 辆救护车，疾驶品芳楼急救治疗，“到场后，但闻哭声震天，惨不忍闻。幸该处三段救火会极力将房屋拆卸，运出受伤男女，分批用救护车及救火车运至天津路红十字会伤兵医院及新闸路红十字会北市医院”。至下午 5 时，伤者陆续运毕，计天津路红十字会伤兵医院收治 60 余人，除轻伤敷药自行回家调治和不及救治 5 人外，住院重伤者 20 余人；新闸路红会医院收治 40 余人，除轻伤敷药和不及救治

---

① 《红会赈济闸北火灾难民》，《新闻报》1925 年 12 月 6 日。

② 《灌县红分会赈济火灾之报告》，《申报》1926 年 2 月 5 日。

③ 《广肇路大火之救济》，《新闻报》1926 年 4 月 3 日。

④ 《中国红十字会为闸北火灾急赈募捐启》《赈济闸北火灾难民之昨闻》，《申报》1926 年 4 月 3 日、6 日。

⑤ 《上海空前之大惨剧》，《申报》1927 年 11 月 6 日。

者外，留院重伤者亦有 20 余人，其他医院也有数十人送往医治。红会医院“本系伤兵已满，当由庄（箓）主任会同王总队长及吕监察，令将伤兵归并，俾让受伤女工安插治疗”[①]。竭力救治，尽职尽责之外，红会还参与了这一悲惨事件的善后工作[②]。

三、疫病防治——以 1918 年浙江宁绍疫患为中心

“兵，厉气也，水旱非时之气，亦谓之贼，故往往酿为疫疠。”[③] 疫病流行，中国红十字会责无旁贷，积极参与疫病防治事业。在总办事处所在地上海，红十字会依托时疫医院，每年采取防治措施，减轻或消除疫病对社会公众的伤害[④]。除此之外，总办事处对上海之外的疫病，也给予力所能及的支持。1918 年浙江宁绍疫患救治，就是一个典型的例子。

1918 年入秋以来，疫病流行，浙江宁波、绍兴一带疫患尤烈，据 10 月 19 日《申报》报道，该疫“初起时类似伤风，如带咳嗽，命尚可延，否则一经腹泻，旋即毙命”，绍兴有的地方“自发现是疫以来，死亡人数已占百分之十，棺木石板，所售一空，枕尸待装，不知其数”[⑤]，令人不寒而栗。疫患引起总会总办事处的关注，19 日，沈敦和副会长特致电绍兴柯桥红十字分会倪仲敬：“顷见各报载有绍属上虞西乡发生剧烈之时疫，死亡无数，延至宁属，苦无医药等情，请即查明病情电示，敝处立派王医生培元带医队及医品来绍救治，务请设法照料。”[⑥] 22 日，总办事处即派出以曹思劬、谢筠寿、李家骥、林春山、鲍康宁等医生组成的救疫医队，乘宁绍轮船前往上虞救治患者[⑦]，并致电浙江督军、省长，“务请尊处电饬该县知事妥为照料，共襄义举”[⑧]。

10 月 23 日，绍兴七邑旅沪同乡会致函中国红十字会，以“余姚一县疫势现正蔓延，无法遏止，用特仰恳尊处迅派医员，克日专赴余姚一县施治，俾

---

① 《上海空前之大惨剧——红十字会之救护情形》，《申报》1927 年 11 月 6 日。

② 《发放闸北灾户恤款会记事》，《申报》1927 年 11 月 14 日。

③ 中国红十字会总会编：《中国红十字会历史资料选编，1904—1949》，南京大学出版社 1993 年版，第 180 页。

④ 曹金国：《民国前期红十字医疗事业刍议——以上海天津路时疫医院为个案》，池子华、郝如一主编：《红十字运动与慈善文化》，广西师范大学出版社 2010 年版。

⑤ 《绍属时疫剧烈之来函》，《申报》1918 年 10 月 19 日。

⑥ 《红会医队之近事》，《新闻报》1918 年 10 月 20 日。

⑦ 《宁绍时症流行之救济》，《申报》1918 年 10 月 22 日。

⑧ 《红会派员往浙防疫》，《新闻报》1918 年 10 月 22 日。

得早杜疫患”[1]。次日，总办事处组织第二医队，以王培元为领队，“带有济生会特制救疫灵丹三千瓶”，奔赴余姚，“以期早杜疫患”[2]。

时疫仍在蔓延。10 月 30 日，湖州辅善会会长谭德润致函中国红十字会总会总办事处求救，云该地“天气亢旱，时疫盛行，其传染之速等于影响，以致死亡枕藉，不下绍属。近日南乡一带，如菱湖、双林、荻港等镇，棺材均已卖空，故生者之恐慌，如有倒悬之厄，而扑灭方法仍乏把持。敝会施药联单虽已送尽，而苦无良医救治，效果不生，惟有请求大会派医生来湖施救。敝处已备临时治疫事务所，代为布置一切，如蒙许可，祈先行函复，俾慰湖人云霓之望，则全邑铭感”[3]。沈敦和接信后，立即复函，并筹备救护。11 月 3 日，由总办事处从杭州医生处借调的医生刘冰心、药剂师章德钦等组成的第三医队，“带有药品甚多”，乘小轮从杭州驶往湖州救疫[4]。

湖州时疫未杀，宁波疫疠告剧。总办事处复聘请医生杨任林、药剂师蔡金鑫组织第四医队，于 11 月 6 日乘“江天”轮船驶往宁波救治。“疫症四起，该会派医配药，大有应接不暇之势”[5]。4 个救疫医队，在当地慈善组织的协助下，迅速控制了疠疫的蔓延，20 余日，共治愈疫病患者 6000 余人[6]。

应该说中国红十字会在 1918 年浙省时疫救治中表现出较强的积极性和自愿性，发挥出政府强制政策所不能企及的优势，取得了较好的时疫救治效果。综观此次时疫救治活动，有以下几个鲜明的特色[7]：

其一，慈善组织在这次时疫救治中发挥了主力军作用，从派发医队、配制药品到施诊赠药，全程参与其间。面对瞬时而起、迅速蔓延的疫灾，中国红十字会内部协调一致，与宁绍同乡会、济生会、辅善会等慈善组织紧密配合，协力以赴，组织医队奔赴疫区，送诊施药，治病救人，保证了疫灾救治工作的顺利进行。时疫发生后，宁绍同乡会一面派员赴绍调查疫情，一面当即“备洋二千元送交济生会，请即遣派济生队前往宁波、绍兴等处施送药品及棺木”，并“将洋二千元送交红十字会代为布施”[8]。上海济生会先后派出

---

① 《红十字会近事两则》，《申报》1918 年 10 月 23 日。

② 《红会第二医队赴绍》，《新闻报》1918 年 10 月 24 日。

③ 《红会救治时症之忙碌》，《申报》1918 年 11 月 2 日。

④ 《关于时疫之红会消息》，《新闻报》1918 年 11 月 4 日。

⑤ 《浙省疫症之红会消息》，《新闻报》1918 年 11 月 6 日。

⑥ 据统计，第一医队治愈 2000 余人，第二医队治愈 1987 人，第三医队治愈 1200 人，第四医队治愈 1000 余人（参见《中国红十字会二十年大事纲目》，中国红十字会总办事处 1924 年编印，第 19 页）。

⑦ 参见池子华、郭进萍：《中国红十字会救治 1918 年浙江时疫述论》，《南京农业大学学报》2012 年第 2 期。

⑧ 《宁绍时症流行之救济》，《申报》1918 年 10 月 22 日。

三支济生队，携带大量药品驰往浙省救治，且承担了配制药品的重任。显然，中国红十字会的疫患救治得助于相关慈善组织的有力配合。然而，与慈善组织的积极参与相比，地方政府则显得有心无力。时疫发生后，纷纷发出乞赈函电，向红十字会寻求援助，且提供相关协助外，几乎无所作为。因此可见，慈善组织的活动在一定程度上代替政府承担了社会救济的职能。

其二，中国红十字会医务人员的专业素质和无私奉献精神是这场疫灾得以顺利肃清的重要保障。一般而言，时疫具有传播速度快、致病率高的特点，治疗必须对症下药，而初起时医生不知治法，“误投方剂，将燥病作温病医，以致每多误事”①。中国红十字会医务人员抵达疫区后，一方面实地调查病因、病症；一方面竭尽全力地实施救治，“日每忘餐，夜几废宿”②。如“王医生与魏子翔不辞劳瘁，乘民船至东北乡浒山等处设所救治，并取有染病者痰粪带沪化验，荣仁终日诊视，每日百余号，大都流行之恶伤风为多数”③。红会医务人员以无私奉献的实际行动诠释了红十字精神的真谛。需要指出的是，治疫医学人才的培养也是不可或缺的。沈敦和因参加上海的时疫防治工作，由此开始重视培养医学人才，1909 年开始创办红十字会总医院和医学堂，培养了大批医学人才，为时疫救治工作的顺利开展提供了人力资源保障。

其三，预防和治疗并重的救治策略。治疫采用中西医结合治疗的方法，既注重西医的化验以查清病源，又结合农村的特点，分发见效快、易于被村民接受的中药丸。而预防的成效则取决于宣传的力度和有效性。中国红十字会医疗队在加强避疫宣传方面，采取了下发布告和散发传单相结合的方式，普及避疫常识，降低民众被传染的概率，有效遏制了时疫的蔓延。此外，救疫医队还重视时疫的善后工作，“将尸棺设法埋葬，以免秽气传染，庶易肃清”④，为时疫救治活动画上了一个圆满的句号。

总之，中国红十字会在 1918 年的浙江时疫救治中发挥了举足轻重的作用，不仅弥补了政府在时疫救治中的“缺位”，而且在一定程度上提高了浙省民众的卫生防疫意识，推进其公共卫生建设，显示出民间慈善组织在社会救济中的巨大潜力。

1918 年浙江时疫救治，是中国红十字会在疫病防治方面采取的一次较大规模的人道行动。其实，对其他地区疫患的救治，中国红十字会也给予应有的支持。

---

① 《救治宁绍时症详纪》，《申报》1918 年 10 月 31 日。

② 《颂中国红十字会词》，《申报》1918 年 11 月 30 日。

③ 《红会救治浙疫消息》，《申报》1918 年 11 月 6 日。

④ 《红会赴绍医队之续报》，《申报》1918 年 10 月 30 日。

1918 年，安徽凤台时疫流行，“愈演愈烈，近于瘟疫，有病数日而死者，有病一日而死者，甚至有得病半日而丧命者，传染既速，死亡率日增”①。中国红十字会总会总办事处虽没有派出救疫医队，但在接到凤台分会函电后，立即寄上“曾经试验各方，以及急救治疫药丸五百瓶”②，以解燃眉之急。对安徽蒙城、桐城、祁门、宁国、芜湖、六安、青阳、绩溪、屯溪等地时疫，总办事处也寄去“济生丸”，委托分会散放，予以救治③。

1919 年，局部地区仍有疫疠流行，如安徽滁县，夏季“时疫大作”，中国红十字会滁县分会组织时疫诊治所，从事救护，英美烟公司、南洋兄弟烟草公司、亚细亚洋油公司予以资助④。山东济宁疫患，总会总办事处亦提供“济生丹”。

1920 年 9 月，浙江南浔霍乱流行，“死亡日众”⑤。9 月 15 日，总会总办事处接南浔自治办事处“请贵会速组临时救疫队莅浔施救”的求援电后，即派出以北市医院徐兆蓉医士为领队的救护医队附轮前往南浔救治⑥。

1921 年，皖北大水之后疫疾流行，“人民染患疫病，死亡载道”⑦。总办事处于 10 月 15 日派出以黄禹九医生为领队的救疫医队赴寿州“急施疗救，两月以后，始告肃清。县知事程鉴，率地方各团体致电申谢”⑧。

1922 年夏秋，皖北亳县、蒙城、涡阳霍乱流行，“死亡无数，不但小儿传染，老人且亦染痘毒致死”⑨。中国红十字会派出“防疫团”前往救治。蚌埠分会会长邓愚山（拙斋）协助尤力，“备著勤劳”，皖北地方官绅均具函申谢，如《亳县各公团致上海中国红十字会总办事处函》称，“天祸亳民，疫氛蔓延，因而致死者，日难屈数。嗣经蚌埠贵分会邓（拙斋）、李（振九）诸先生到亳，旬日之内，全活者何止千百。敝县感戴大德，莫可名言。兹谨略述数语，乞转致各报登载，用当奉扬仁风耳”；《蒙城谢蚌埠分会防疫团函》亦称：“今值盛夏，瘟疫时行，大概情形，不外霍乱瘪螺等类，或朝染而夕死，或暮染而朝亡，踵不及旋，医药罔效，以致死亡枕藉，目不忍睹。敝邑

① 《安徽凤台亦有疫症》，《申报》1918 年 10 月 27 日。

② 《安徽凤台亦有疫症》，《申报》1918 年 10 月 27 日。

③ 《时疫纷纷求医》《桐城告疫》《安徽祁门报告患疫》《安徽疫讯》，《申报》1918 年 11 月 3 日、5 日、7 日、20 日。

④ 《滁县红十字分会鸣谢》，《申报》1919 年 10 月 25 日。

⑤ 《红会组织南浔时疫救护队》，《新闻报》1920 年 9 月 18 日。

⑥ 《红会医士赴南浔》，《申报》1920 年 9 月 16 日。

⑦ 《红会医队赴皖救济》，《新闻报》1921 年 10 月 17 日。

⑧ 《中国红十字会二十年大事纲目》，中国红十字会总办事处 1924 年编印，第 30 页。

⑨ 中国红十字会总办事处编：《慈善近录》（1924 年刊），第 65 页。

之中，人人自危，无法可施，幸蒙贵分会会长邓、医长李两先生大驾来蒙，施药诊治，每日户限为穿，昏夜求诊者尤众，计来蒙数日，治活大小男女五百人，诚为有脚之阳春施以无形之甘露也，谨此鸣谢。”① 为表彰邓拙斋的救疫殊勋，中国红十字会常议会决定授予其“头等纪念章”，以昭激劝②。

1923年春，阜阳“天痘流行，染毒甚易”，会员秦东臣、张纯福、沈良材、马耀山在阜阳分会合设牛痘局，施种牛痘，“吴坤一医士代理种痘婴孩数百人，亦不取分文，用款均由秦东臣等四人担任”③。蒙城、太和“天痘流行，死亡无数，不但小儿传染，老人且亦染痘毒致死”，红会仍以蚌埠分会会长邓愚山为首率医队前往防治④。同时，购置特效救急药品数种交与总会，分赠皖北各公署、公团，防患未然⑤。9月17日，邓愚山又在宿州组织第三支医队，前往涡阳、临淮等地防治疫病⑥。

为了整合人道力量，提高疫病防治效率，蚌埠分会医队联合阜阳、太和、蒙城、亳县、涡阳5县，发起成立“中国红十字会蚌埠分会皖北联合救护队临时医院”，分驻10地，即驻蒙城小涧镇第一临时医院制药部、驻蒙城县第二临时医院施疗部、驻涡阳县第三临时医院施药部、驻涡阳义门集第四临时医院施疗部、驻亳县第五临时医院施疗部、驻亳龙台区第六临时医院施药部、驻太淝河集第七临时医院施疗部、驻太和县第八临时医院施药部、驻阜北四区第九临时医院施疗部、驻阜阳县第十临时医院施药部⑦。这些临时医院在每年春季、夏季及战时临时开幕⑧，不仅可以及时应对疫情，且于战时亦可就近组织救护。而“联合”本身，可以整合各方资源，收到“联动”之效。

1924年初，蒙城再现时疫，白喉、天花等症蔓延。蒙城县立第二高等小学校致电总会，恳请总会转电蚌埠分会邓愚山会长，携药来蒙设法救济，蚌埠分会得此讯息，欣然前往，救活者甚多⑨。

---

① 中国红十字会总办事处编：《慈善近录》(1924年刊)，第45、47页。

② 中国红十字会总会编：《中国红十字会历史资料选编，1904—1949》，南京大学出版社1993年版，第485页。

③ 《阜阳分会救护匪灾及施种牛痘》，池子华、崔龙健主编：《中国红十字运动史料选编》第1辑，合肥工业大学出版社2014年版，第232页。

④ 中国红十字会总办事处编：《慈善近录》(1924年刊)，第65页。

⑤ 《蚌埠分会分赠药品之通函》，《中国红十字会月刊》第21期（1923年7月），第24页。

⑥ 《蚌埠分会三届出发医队报告》《蚌埠分会第三支医队出发救灾》，中国红十字会总办事处编：《慈善近录》(1924年刊)，第105、111页。

⑦ 《中国红十字会月刊》第23期（1923年9月），第29页。

⑧ 《中国红十字会蚌埠分会皖北联合救护队临时医院通则》，《中国红十字会月刊》第23期（1923年9月），第27页。

⑨ 《皖北防疫函邀蚌埠会长邓愚山》，《中国红十字会月刊》第28期（1924年2月），第23页。

1924年2月28日，中国红十字会总办事处收到湖南永州分会来电：“今春天痘流行，急须施种牛痘，恳给豆苗四打，各种解毒药水药膏数瓶，并祈代购放苗器具四套，速寄来永，以便施种，价容后付，功德无量。”总办事处立即照办①。

疫患救治之外，对其他灾害的救助，红十字会也是尽心尽力。如1918年2月13日，广东潮梅各属惨遭地震，“巨声如雷，震澈（彻）遐迩”②，“汕头一隅民房商店圮坍十之六七，人民压毙及伤残者不可胜数。其幸存者，无处逃生，鹄立海滨，风餐露宿，连日继夜。潮安、澄海、揭阳、饶平亦同此惨状。且各属堤基崩裂，春水将至，横决可虑。其尤惨者，南澳县屋宇夷为赤地，人民死伤十分之八，尸压败垣，无人收葬”③。2月21日，中国红十字会总会总办事处接潮梅镇守使刘志陆“巧（2月18日）电”，沈敦和副会长当即拨垫银2000元汇刘镇守使散放急赈，并致电汕头分会“调查详细灾情并设法劝募，冀集有巨款以谋善后”④。

以上所述，当然不是中国红十字博爱事业的全部，每年夏天，红会时疫医院定期开幕，免费半免费为普通民众防治疫病，如1924年上海时疫医院医治时疫患者1348人，1925年2816人，1926年10634人⑤。他如每年春秋天的免费种痘以及总会、分会开展的其他社会服务。总而言之，人道主义服务领域不断拓宽。中国红十字会救死扶伤、扶危济困的自觉行动，可歌可泣，尽管他们的行动存在着有待改进之处。

第四节 日本关东地震的人道救援
——中国红会援外行动的一个范例

中国红十字会拯灾恤难，不仅尽职于国内，而且采取援外行动，以弘扬红十字国际人道主义精神。

“援外”是中国红十字会国际交往的一个有机组成部分。自从1912年中国红会首次亮相国际红会舞台以来，国际交往日渐频繁。“中国红十字会的国际交往主要体现在参加国际性会议、参与国际性救护以及经常性地开展一些

① 《红会中之永州天痘流行讯》，《新闻报》1924年2月29日。
② 李文海等：《近代中国灾荒纪年》，湖南教育出版社1990年版，第871页。
③ 《中国红十字会敬募广东潮梅地震急赈》，《申报》1918年2月26日。
④ 《红会拨垫地震赈款》，《申报》1918年2月23日。
⑤ 《红会去年治疫之统计》，《申报》1927年1月16日。

会与会之间的联络交往等方面。中国红十字会参加国际性会议，使其得以走出狭隘、走出封闭、走向世界；参与国际性救护，使其得以充分体现出‘恤邻’的慈善胸襟；开展经常性的会际间的联络交往，使其得以走出一条独特的值得肯定的平等外交道路”①。

在中国红十字会的国际交往中，“援外”活动是一项重要内容②。红十字会本是国际性的组织，没有种族歧见，无分政治畛域，在人道主义旗帜下，各国红会互相援助是理所应当之事。

中国红十字会“援外”活动开始于清末，1906 年，美国旧金山地震，中国红会捐银元 2 万元，“汇寄灾区，从事抚恤”③。进入民国后，“援外”行动有增无减。据《中国红十字会二十年大事纲目》记载，1914 年，日本鹿儿岛地震，“本会谊切同盟，又为近邻，乃以国币二千元合当日时价日币一千元之约数，聊助急赈。事后承日本赤十字社惠赠银杯以为纪念”；1918 年，中国红十字会派出救护医疗队 19 人，赴海参崴参加国际救护工作；1919 年，为救济西伯利亚俄国难民，红会募款 7700 元、棉衣 1500 套托美国红十字会驻沪办事处携往施赈；1922 年，俄国旱灾，“上海设立俄灾赈济会分部，为募捐起见，组织游行运动队，本救灾恤患之谋，寓亲仁善邻之意。本会加入队团，尽国民外交义务，为灾民请命，出水火而解倒悬。事后由俄灾赈济会上海部，赠纪念状”；同年，中国红会以“欧战之余，土耳其灾民待救，本会酌赠二千佛郎，交彼国红十字会（红新月会）助赈，稍尽恤邻之谊”；1923 年，募捐 2 万元，救助避难来沪的俄国难民，等等④。在“援外”的众多行动中，1923 年对日本关东大地震的人道救援，颇有声色，堪称“范例”。

一、“刻日组队，驰赴救援”

1923 年 9 月 1 日，日本关东地区发生 8.2 级强烈地震，这场“亘古未有之大地震，重以烈火海潮，涉为世界之大浩劫，人民生命财产伤害颇多”⑤。

① 周秋光：《民国北京政府时期中国红十字会的国际交往》，《湖南师范大学社会科学学报》2002 年第 4 期，第 81 页。

② 有关民国北京政府时期中国红十字会参加国际会议以及会际联络交往情况，《湖南师范大学社会科学学报》2002 年第 4 期所载周秋光先生《民国北京政府时期中国红十字会的国际交往》一文详有论述，此不赘。

③ 中国红十字会总会编：《中国红十字会历史资料选编，1904—1949》，南京大学出版社 1993 年版，第 452 页。

④ 《中国红十字会二十年大事纲目》，中国红十字会总办事处 1924 年编印，第 12、18、21、36、40、43 页。

⑤ 《红十字会消息汇志》，《大公报》1923 年 9 月 7 日。

据记载，地震造成14.3万人死亡，20万人受伤，50万人无家可归①。生命财产损失惨重②，这是日本历史上罕见的大浩劫。

关东地震，举世震惊，也引起上海中国红十字会总办事处的关切，“救灾恤邻，本为天职，何况侨胞学子，殃受池鱼?”③ 遂决议“刻日组队，驰赴救援”④。总办事处牛惠霖医务长“愿亲自赴救，此外自告奋勇前往者甚多”⑤。救护医队一呼毕集，热情之高，不难想见。

不约而同，北京中国红十字会总会也已组织救护队，准备即日东渡。9月4日，总会致电总办事处云：“日本发生亘古未有之灾，人民生命财产及我旅日华侨，伤害不可计数，惨痛情形，殊堪怜悯，善后救济，刻不容缓。总会现已组织救护队，刻日出发，并电各埠分会，设法集项（款），汇总办理，贵处谅已竭力提倡进行，情形若何，急盼电复，时通消息为荷。”⑥ 总办事处当即回电：“日灾奇重，自应救护。已决由沪出发医队，前往东京，专任救护。”⑦ 尽管总会与总办事处之间未能及时沟通，但心同此想，并无轩轾。

总办事处职司救护，是中国红十字会的执行机关，日震救护，自然一力承担。救护医队组织起来后，总办事处一方面与驻沪日本总领事矢田七太郎接洽赴日事宜⑧；一方面奔走联络，动员社会各界参与赈灾，促成9月6日“中国协济日灾义赈会”的成立。加入义赈会的团体，除中国红十字会外，还有仁济堂、中国济生会、联义善会、上海总商会、宁波同乡会、海员工会、闸北慈善团、上海慈善救济会、工商研究会、广益堂、银行公会、公教进益会、中华学艺社、青年协会、普善山庄、绍兴同乡会、上海慈善团、妇孺救济会、纱厂联合会、中国义赈会、江苏防灾会、玻璃制造同业会、面粉公会、煤业公会、女青年会全国协会、沪南慈善会、县商会、上海女青年会、位中善堂、至圣会、城北慈善会、书业商会、书业公所、上海青年会等数十家之多⑨。中华民族之乐善好施，于此可见一斑。“中国协济日灾义赈会”公推朱

---

① 赵咏等：《世界100灾难排行榜》，中国经济出版社1994年版，第207页。

② 李原、黄资慧编著：《20世纪灾祸志》，福建教育出版社1992年版，第27页。

③ 《中国红十字会二十年大事纲目》，中国红十字会总办事处1924年编印，第50页。

④ 中国红十字会总会编：《中国红十字会历史资料选编，1904—1949》，南京大学出版社1993年版，第493页。

⑤ 《救济日本地震大灾消息种种》，《申报》1923年9月7日。

⑥ 《中国红十字会救日本震灾纪事本末》，中国红十字会总会编：《中国红十字会历史资料选编，1904—1949》，南京大学出版社1993年版，第417页。

⑦ 中国红十字会总会编：《中国红十字会历史资料选编，1904—1949》，南京大学出版社1993年版，第417页。

⑧ 《各方赈济日灾之昨讯》，《申报》1923年9月13日。

⑨ 《救济日本地震大灾消息种种》，《申报》1923年9月7日。

葆三为会长，盛竹书、王一亭为副会长，三人均系红会中人，难怪红会史籍称：“成立中国协济日灾义赈会，上海各团体合组，而本会领袖之。”①

中国红十字会不仅参与“中国协济日灾义赈会”的发起，而且率先垂范，在9月6日的成立大会上当场认捐万元赈款。在红会的“表率”下，其他团体亦纷纷解囊。据次日《申报》报道，成立大会共集款6.5万元，这为救护工作的展开，奠定了坚实的物质基础。

红会的善行义举，得到了官方的首肯与激励。9月5日，亦即“中国协济日灾义赈会”正式成立的前一天，上海护军使何丰林致函总办事处称：“兹闻贵会集合沪上各善团，合组救灾大会，筹商赈济事宜，先得我心，至深钦佩。除派本署陆秘书守经，业于昨日前往日总领事署，代表慰问，并嘱加入救灾大会共同进行外，特由敝处勉捐国币五千元，聊资涓滴之助，尚希贵会迅予筹划进行为荷。”② 外交、交通等部门，也为中国红十字会的扶桑之行铺平道路。

万事俱备，9月8日晚，救护医队在理事长庄箓亲自率领下，登上“亚细亚皇后”号轮，扬帆东渡。救护医队组成人员有：队长庄箓，医务长牛惠霖，医生焦锡生、汤铭新、华阜熙、张信培，女医生刘美锡，日文顾问陆仲芳，会计沈金涛，英文书记李桐村，看护生杜易、朱继善、张惠理、陈威烈、史之芬、孙有枝、钱宝珍、孙文贤，女看护曾德光、刘振华、王秀春、钱文昭，连同队役4人，共26人，携带现款2万元，药品器具90余箱③。同日，总会“特请中国医界前教育总长汤尔和、中华民国医药学会会长侯毓汶、陆军军医学校校长戴棣龄、京师传染病院院长严智毓、前山东医学校校长孙柳溪五君代表该会赴日本慰问并协助日本赤十字社救护伤民”，因“五君均系留日医学出身，在中国医界上素有名望，且资格极老，即在日本医界亦所深悉，故此行于终日国际上当然有良好之结果”④。两支医疗队同日出发，开始了中国红十字运动史上第一次大规模的国际人道救援。

---

① 《中国红十字会救日震灾概要》，中国红十字会总会编：《中国红十字会历史资料选编，1904—1949》，南京大学出版社1993年版，第442页。

② 《中国红十字会救日本震灾纪事本末》，中国红十字会总会编：《中国红十字会历史资料选编，1904—1949》，南京大学出版社1993年版，第417页。

③ 《红会医队今日出发》，《申报》1923年9月8日；《中国红十字会救日本震灾纪事本末》，中国红十字会总会编：《中国红十字会历史资料选编，1904—1949》，南京大学出版社1993年版，第417页。按：《中国红十字会救日震灾概要》将“史之芬”作“史之芳”，“孙有枝”作“孙有杖”，“刘振华”作“刘赈华”，“王秀春”作“黄秀春”（中国红十字会总会编：《中国红十字会历史资料选编，1904—1949》，南京大学出版社1993年版，第442页）。

④ 《救济日灾之京闻》，《新闻报》1923年9月11日。

二、“不分畛域，救拯灾民”

经过4天乘风破浪，救护医队于12日安抵神户，受到神户商业会议所副会长西川庄之、外事课长西川涉及神户市长石桥为之助代表的接待，临时下榻前田旅馆、田中屋旅馆、西村旅馆三处①。

9月14日，中国红十字会救护医队抵达东京后，一方面与中国驻日使馆取得联系，了解灾情及旅日侨胞被灾情形；一方面与日本赤十字社往返联络，“接洽办理救护事务”②。有消息说：“该会救护队，前由庄（箓）君率领至日本东京，先调查灾况，即与日本赤十字社共同合作，不分畛域，救拯灾民。”③

19日，庄箓理事长前往横滨勘察灾情，22日复至神户，沿途所经，但见“昔者锦绣交错之场，今则胥为灰烬，前为轮奂崇墉之所，斯时俱是颓垣，碧血青磷，四野频闻鬼哭，断肢折足载道，途见残骸，触目伤心，其情形有非特别筹募不足以资援救者”。有鉴于此，庄箓一行4人于25日由神户搭乘“塔虎脱”轮先行回国（27日至上海），“筹商捐务”④，东京救护事宜，全权委托牛惠霖医务长代理。

救护医队在东京麻布区高树町设有临时医院，主要为日本灾民提供医疗服务，同时“日赴华侨收容所，为华侨诊治病症，并分遣队员至横滨从事救护难民”⑤，繁忙异常，不言而喻。

中国红十字会救护医队在东京从事医疗救护三个星期，其间，与日本赤十字社甘苦与共，精诚合作，“东京赤十字会（社）病院往日容病榻约四百五十具，自地震以后，复增病榻四百具，所诊病人，均为受火伤压伤甚重者”，其中“中国红十字会所担任医治者，计有病榻四十号”，他们尽心尽责，直到该院病人“病势伤势，均已恢复，无复须其诊治”，才于10月6日乘“约弗生总统号”离开东瀛返程。由于此次“在日服务，中日双方，感情极洽，故当救护队动身时，赤十字院（社）医院均冒雨到站欢送”。临行前，中国红会救护医队将“所有未经用去之药料，约值五千元，均赠日本赤十字会（社），此外并四千元支票一纸，俾该会（社）得以于日后留治其他病人”⑥。10月

---

① 《各方赈济日灾之昨闻》，《申报》1923年9月18日。

② 《关于日本震灾之昨闻》，《新闻报》1923年9月19日。

③ 《红会救济日灾续闻》，《申报》1923年9月29日。

④ 《中国红十字会敬告各慈善团公启》，《申报》1923年10月3日。

⑤ 《中国红十字会敬告各慈善家公启》，《申报》1923年10月5日。

⑥ 《红会赴日救护队返沪》，《申报》1923年10月12日。

11 日，牛惠霖一行 21 人抵达上海。

另一支赴日医护队在汤尔和率领下，9 月 8 日晚乘火车从北京动身，经奉天、安东、釜山，12 日抵大阪后，“即分头办事，以二人在阪与各机关接洽，以二人坐电车赴神户，访本国领事”①。14 日，汤尔和一行到达东京，即在陆军卫戍病院、帝大医院和赤十字病院服务。日人“划出病室全部，使其独当责任，医员看护妇悉听指挥，日本医事机关，素不容外国医师插足，而陆海军所属机关尤为不可通融，今能如此，亦一难得之例也”②。至 10 月初，诊治病人“合计不下五千人，于灾民亦不无小补”③。

两支医疗队，其中以上海派出的医疗队为主体，兢兢业业，与日本赤十字会精诚合作，“不分畛域，救拯灾民”，圆满完成救护使命。

三、“救运灾胞，为第一要义”

中国红十字会救护医队日本之行的目的，固然是“救灾恤邻”，但于“恤邻之外，原以疗治灾胞，及救运灾胞，为第一要义”④。不言而喻，旅日侨胞在这次大浩劫中并不能幸免。据统计，地震中死难华人约 2000 人、伤约 3000 人，尚有近万人流落街头，苦不堪言。他们绝大多数为工人，次为学生、商人，遭此大难，思归心切。“救援灾侨，也就是救援日本”⑤，因此中国红十字会救护医队在与日本赤十字社合力救治日本难民的同时，与神户中华会馆合作，以资遣难侨为“第一要义”。

回国难侨由中华会馆发给绒毯一条，现金 5 元，救护医队则给予协助，如联系船只、电告总办事处难侨抵沪日期以备接护等。而总办事处显得更为忙碌，每次难侨抵沪，以中国红十字会为“领袖”的“中国协济日灾义赈会”负责接待、安置，总办事处则派出医护人员，收治伤病同胞。表 8－1 是总办事处公布的“返国难民逐日到沪”统计数字⑥。

---

① 《从北京到大阪》，《晨报》1923 年 9 月 20 日。

② 《东京见闻杂缀》，《申报》1923 年 9 月 28 日。

③ 《华工被灾后之实况》，《晨报》1923 年 10 月 12 日。

④ 《中国红十字会救日本震灾纪事本末》，中国红十字会总会编：《中国红十字会历史资料选编，1904—1949》，南京大学出版社 1993 年版，第 430 页。

⑤ 李灼华：《1923 年日本关东大地震后中国红十字会在救援难侨中所作的努力》，《中国红十字》1991 年第 2 期，第 13 页。

⑥ 资料来源：《中国红十字会救日本震灾纪事本末》，中国红十字会总会编：《中国红十字会历史资料选编，1904—1949》，南京大学出版社 1993 年版，第 434—435 页。

表8-1　返国难民逐日到沪统计表

抵沪日期	所乘船只	人　数	备　注
9月8日	加拿大皇后号	37	
9月17日	熊野丸号	171	
9月19日	麦克来总统号	412	
9月20日	新铭号	741	
9月21日	千岁丸号	575	其中学生208人
9月21日	俄皇后号	156	
9月24日	近江丸号	119	
9月27日	千岁丸号	501	其中1人已故
9月27日	山城丸号	108	学生，其中女生6人
9月27日	阿里梭纳丸号	448	
9月28日	大洋丸号	20	
10月1日	熊野丸号	140	
10月1日	德加大号	450	
10月4日	月光丸号	30	
10月4日	弘济丸号	497	
10月6日	博爱丸号	449	内学生20人
10月11日	千岁丸号	741	
10月12日	山城丸号	63	
10月14日	长城丸号	524	
10月16日	熊野丸号	97	内学生13人
10月18日	白野丸号	42	
总　计	21　批	6321	

40天接待21批6321位难胞，加上10月22日（97人）、29日（11人），11月4日（107人）、8日（36人）、18日（52人）陆续抵沪难侨，总数达6624名，任重事繁，不待言可知。

上海只不过是一个中转站。抵沪后，要根据难侨籍贯，分批资遣，所费不赀。难侨以浙江、山东、江苏省籍为多，尤以浙江温州籍为最。截止到12

月 11 日，有 8 批 3000 余名温州难侨，在中国红十字会医护人员的护送下，“回里安业”①。其他省籍的难胞，也在红十字的人道关怀下，回到故乡。

四、“款不任多，热心正同”

对日震灾的救援行动，是一项繁重的“生命工程”。中国红十字会全力以赴，有序推进，取得此次“援外”行动的成功。但成功的背后，毫无疑问，有许多现实的条件作保证，如社会各界的支持、“中国协济日灾义赈会”的“后盾”保障等，而中国红十字会各分会的“后援”之功亦未可小视。

如前所述，9 月 4 日，设在北京的中国红十字会总会发出“支电”，号召各分会筹集款项，一致进行。南京分会首先响应，捐款千元。9 月 6 日，南京分会会长于恩绂致电总办事处称：“此次日本地震，日民暨旅日中西人士受灾甚巨。昨奉北京总会支电，以事关国际，饬即广为劝募，以尽救灾恤邻之谊等因。奉电之下，理应遵办，惟际此时局艰难，劝募不易收效，绂惟有勉竭棉薄，仅自助大洋一千元，兹嘱舍侄近农，就沪立交钧处察收转解。明知戋戋之款，杯水无济车薪，不过藉济急需，聊尽寸忱而已。”② 天津分会对救灾行动表示关切，“元电”（13 日）询及“出发医队若干人？更带米粮若干石？救回华人若干人？待救华人尚有若干人？报载贵办事处由新铭等轮船，救回华人甚多，东京、横滨现时如何情形，请速电覆为盼”，云云③。

分会的“后援”，当然主要表现在善款的筹措上。经济凋敝，时局动荡，筹款为难，尽管如此，分会还是量力接济。除南京分会会长于恩绂自捐大洋千元之外，翻检红会资料，其他分会的捐助情况，可以汇总如下：沙市分会 1000 元，临汝县汝郏分会 50 元，天津分会捐助和服 1000 件，商邱分会 61 元，仪征十二圩分会 100 元，宜都分会 100 元，新野分会 53 元，正阳分会 10 元，郧县分会 119 元、债票 15 元，洛宁分会 5 元，汕头分会 400 元，玉山分会 150 元，阿城分会 52 元，经棚分会 35 元，襄阳分会 100 元，曹县分会 30 元，上洋分会小洋 1090 角，樊城分会 100 元，大荔分会 30 元，沘源分会 25 元，仙游分会 30 元，蚌埠分会 30 元，禹县分会 25 元，扬州分会 21 元，屯溪分会 67 元，武安分会 4 元，广州分会 20 元，武功分会 64 元，高密分会 4 元，西平分会 12 元，黎川分会 100 元，鄱阳分会 50 元，泰县分会 5 元，安顺分会 44 元，临淮分会 5 元，潜江分会 12 元，安阳分会 30 元，兴化刘庄分会 35

---

① 中国红十字会总会编：《中国红十字会历史资料选编，1904—1949》，南京大学出版社 1993 年版，第 440 页。

② 《各方赈济日灾之昨闻》，《申报》1923 年 9 月 15 日。

③ 《红十字分会开会纪事》，《大公报》1923 年 9 月 15 日。

元，万安分会10元，昆明分会100元，贵阳分会62元，荣县分会10元，南宛分会50元，朝阳分会25元，浦城分会60元，南昌分会500元[①]。总计不过4000余元，算不上巨款，有的分会仅能捐助数元，但“款不任多，热心正同”[②]。这种体现国际人道主义精神的“热心”，是可歌可颂的。特别值得一提的是，西安分会会长杨鹤庆（字叔吉），还受陕西省政府“特派”，带队赴日“调查灾况”，慰问灾民[③]，表达了中国人民“恤邻”的深情厚谊。

日震救助，据红会史籍记载，“共用款一万七千二百十七元六角四分，各分会多有捐助”[④]。实数当不止此，《中国红十字会救日震灾概要》提及：“（9月15日）北京总红会有代表到东京：汤尔和、孙柳溪、戴棣龄、侯毓汶四君。据云已有赈款二万元，由北京红会交现驻京日本公使等语。此款系向北京税务处商借，即以上海总办事处昔年借与中国政府遣归德奥华侨之二万元垫款划抵。”[⑤] 这笔款，理应算在红会救助日震款内，尽管它是以捐款的形式捐出。再加上西安分会会长杨鹤庆带去的万余元赈款[⑥]，总数当在5万元左右。这在贫穷落后的时代背景下，实属不易。

五、“日人感激，列邦称赞”

对中国红十字会的“热心”捐助以及遣派医队漂洋过海、冒风涛之险莅灾地救援的善行义举，日本各界由衷感激。离日前的10月2日，日本载仁亲王接见中国红十字会救护医队，外务省为之送行，“上下一体，感激靡已”[⑦]。红会医队回国后，日本赤十字社、神户商业会议所均具函申谢。日本赤十字社社长平山成信谢函云：“此次东京、横滨等地方大地震，承贵会关心甚切，医务长牛惠霖君率领救护班来此服务，勤勉尽职，不胜感激之至”[⑧]，“自医务长牛惠霖君及队员诸君在东（京）锐意尽瘁于罹灾患者之救护，与本社事业上以多大之补助，此节即敝社总裁载仁亲王殿下所深为嘉尚。又承惠赐各

---

① 中国红十字会总会编：《中国红十字会历史资料选编，1904—1949》，南京大学出版社1993年版，第424—445页；中国红十字会总办事处编：《慈善近录》（1924年刊），第161页。

② 《中国红十字会救日本震灾纪事本末》，中国红十字会总会编：《中国红十字会历史资料选编，1904—1949》，南京大学出版社1993年版，第435页。角、分忽略不计。

③ 《中国红十字会救日本震灾纪事本末》，中国红十字会总会编：《中国红十字会历史资料选编，1904—1949》，南京大学出版社1993年版，第438页。

④ 《中国红十字会二十年大事纲目》，中国红十字会总办事处1924年编印，第50页。

⑤ 《中国红十字会救日震灾概要》，中国红十字会总会编：《中国红十字会历史资料选编，1904—1949》，南京大学出版社1993年版，第443页。

⑥ 杨叔吉：《日本大震灾实记》，中国红十字会西安分会发行1923年编印，第7页。

⑦ 杨叔吉：《日本大震灾实记》，中国红十字会西安分会发行1923年编印，第68页。

⑧ 《日本赤十字社函谢中国红会》，《申报》1923年10月16日。

种物资并金币（大洋）四千元，尤胜感荷，兹谨表深厚之谢意。”① 神户商业会议所会长泷川仪作、副会长森田、西川庄之致函中国红十字会理事长庄箓，谓：“此次敝国遭灾，乃蒙阁下亲临代表贵国对于敝国，实心体恤，极为诚挚，吾等不胜感激，且深悉此等美善之意，必使两国，更加亲密。”② 日本外务省司长冈部谢函称中国红十字会救护队“远涉海洋，惠临东京，专心致力于救护灾民之事，特对于伤病者厚赐治疗，使我国人同深感泣”③。感激之情，溢于言表。

为答谢中国人民给予日本震灾的援助，日本派出以臼井哲夫、铃木富久弥、砂田重政、半泽玉城等组成的“超政府超党派之纯粹代表日本国民”的“国民表谢团”，10 月 20 日起程来华答谢。“表谢团”首先抵达大连，而后奉天、天津、北京、洛阳、汉口、南京、杭州，11 月 21 日到达上海，特别拜会中国红十字会总办事处，称谢不置，谓：“此次贵国人民，对于敝国震灾所给与伟大之同情，与贵会派遣医队之协助，殊足使敝国上下一致感动。此次来沪，敬表谢意，极希望此后中日两国国民益臻亲善。”④

的确，中国红十字会的扶桑救护的人道之举，“日人感激，列邦称赞”⑤，对加深中日两国人民的友谊，意义重大，而其良好的国际影响亦不可低估，这是历史所不能忘却的。

---

① 《日本赤十字社社长之谢函》，《申报》1923 年 10 月 18 日。

② 中国红十字会总会编：《中国红十字会历史资料选编，1904—1949》，南京大学出版社 1993 年版，第 432 页。

③ 中国红十字会总会编：《中国红十字会历史资料选编：1904—1949》，南京大学出版社 1993 年版，第 438 页。

④ 《中国红十字会救日本震灾纪事本末》，中国红十字会总会编：《中国红十字会历史资料选编，1904—1949》，南京大学出版社 1993 年版，第 439 页。

⑤ 杨叔吉：《日本大震灾实记》，中国红十字会西安分会发行 1923 年编印，第 67 页。

国家出版基金项目
NATIONAL PUBLICATION FOUNDATION

中国红十字运动通史（1904—2014）

总主编　池子华

第一卷

近代的红十字运动历史变迁

池子华　著

下

合肥工業大學出版社

第一卷
下册

目　录

第九章　适应与变革

从 1927 年南京国民政府建立到 1937 年全面抗战爆发，中国红十字会在外力的强制下，不断改变“自我”，调适“自我”，以适应剧变的时局。这个 10 年，是中国红十字运动史上的“适应与变革”时期。

第一节　从“民办”到“官办”

1927 年 4 月，国民政府在南京建立，军阀割据的局面势将结束，“统一”的曙光崭露。近代中国进入一个新的历史时期，中国红十字会则不得不适应新形势的变化，由民办而“统一”到“官办”体制中。

一、流产的“三大”

国民政府建立不久，前文曾提及，发生了“彻查”中国红十字会之事。众所周知，中国红十字会不是政府机关，而是超然独立的民间社团，其职责的履行完全出自“自我”。所谓“彻查”，说白了，就是要淡化民办色彩，强化官方对红会的影响与控制，使之受制于“官”，为其所用。

“彻查”，是因为红会的工作远逊从前，特别对北伐战争的救护，红会表现出前所未有的消极，这就为国民政府“彻查”制造了口实。实际上，红会即便没有消极的表现，“彻查”也在所难免。这是因为国民政府的建立，标志着“强势”国家的形成，“国民党从巩固政权合法化的愿望出发，努力树立自己政治、军事权威，其结果却是使它走上了专制、独裁的道路。其表现形式即加强对社会的全方位控制，……控制的对象无非是共产党和各种民间社团”①。中国红十字会自然也在控制之列。

经过1927年的“彻查”，中国红十字会由“抗争”而“适应”。1928年第二期北伐完成后，国民政府提出红会章程“应予修改”以加浓官办色彩，红会也因此在1929年至1930年间“屡次酝酿改组”②，削足适履。第三次会员大会在此背景下召开了。

1929年9月，中国红十字会即发布“通告”，决定举行第三次会员大会。“通告”称，自1922年“二大”以来，“因国内多故，天灾迭告，救伤拯饥不遑宁处，加以局部称兵，道路为梗，未能照修正章程第五十条三年一次开会员大会之文”；如今“大局已定，公议召集大会，以六个月为筹备期”，宣布“即日成立三届会员大会筹备委员会”，以筹备大会③。

与此同时，国民政府也加紧对红十字会的管控，11月4日，派出的外交、内政、卫生三部门的专员抵达上海，开始对红十字会进行“整顿”。据《新闻报》的报道称：“中国红十字会成立迄今，成绩卓著，历届战事，又多良好功绩，惟内部组织及今后设施，均有再加整顿之必要。前经国府第四十二次会议议决，着外交、内政、卫生三部召开联席会议，推定外交部国际司司长稽（嵇）镜、卫生部医政司严智钟、内政部参事杜曜箕等三人为专员，负责办理一切，兹悉稽（嵇）、严、杜三专员，业于昨日由京抵沪，即日将召集红十字会重要人员开会，讨论整顿标准云。”④ 5日，红十字会即召开常议会，决定两月内召开会员大会，“取决整理办法”⑤，那就意味着“三大”的召开提前。

11月6日，常议会继续就“三委员来沪调查整理红十字会事”举行会议，商讨应对之法，王培元报告，“与三员晋接及陪往参观灾童留养院、市医院、南市医院、总医院，对于建设工作，深为满意”；江趋丹报告，“与部派员接谈，谓本会名称章程似不适用，召集会员大会，尚需时日，拟为修订章程，为善意之整理。其日行善举，一切仍旧，望勿停顿”。会议认为：“本会为中外会员捐户组织之善团，为保障国内、国际赈恤机关，为各同盟会视听，关系甚为重大，似应于最短期间照章召集临时会员大会，以便极早解决会务，

---

① 王仲：《强势国家与民间社团之命运》，苏州大学2002年博士学位论文，第48页。

② 胡兰生：《中华民国红十字会历史与工作概述》，中国红十字会总会编：《中国红十字会历史资料选编，1904—1949》，南京大学出版社1993年版，第500页。

③ 《中国红十字会筹备第三届会员大会通告》，《新闻报》1929年9月20日；另见《申报》1929年9月20日。

④ 《整顿红会二专员抵沪》，《新闻报》1929年11月5日。

⑤ 《三部整理中国红十字会》，《新闻报》1929年11月6日。

并可修改章程。”经讨论，决定 1930 年 1 月 5 日“开全国会员临时会，修改章程，举行选举”①。为此，红十字会所推王一亭、李伟侯、林康侯三代表于 11 月 7 日专门向部派专员汇报，“讨论进行方针”，希望收“促进之善意整理”②，得到部派专员认可。

“三大”会期已定，中国红十字会常议会即向各分会发出“通告”，说明缩短原筹备时间的理由，宣布“为选举常议员、修订章程、讨论会务一切计划，拟于最短期间召集会员临时大会集众讨论，以利进行，公决定于十九年一月十五日为第三届会员大会之期”③。

会期迫近，但常议会又突然宣布延期至 1930 年 2 月 15 日，原因是原定“一月十五适旧历年关，年事正繁，交通未畅，各省分会会员未能偕来公议”，故而“延缓至二月十五日，为决定大会之期”④。

可是，临近会期，“迭接四川泸县、陕西西安分会及河南、山东、安徽、湖北、河北各分会各会员函电，以雨雪载途，河冰地冻，铁道不通，航路亦阻，废历年头凶荒年岁，或任灾区赈务，或受土匪影响，交通阻滞，致二月十五日开会势难列席，环请展期前来”⑤。而且，会员登记“人数不足”⑥，达不到法定人数，不得不展期，“应准延期至四月二十日为三届会员大会之期，并定二月十五日起至三月卅一日止为会员登记之期，务望如期登记，合行通告，统希鉴谅”⑦。

大会一再展期，在此过程中，红会内部又发生不和谐的一幕。据《申报》报道称：

> 查本会应行各事，不论巨细，必先经常议会议决而后施行，否则概难发生效力。兹查江门分会会长陈则臣、白蒲分会会长沈来森、溧阳分会会长程延康等置本届会员大会筹备处帮办委员于不顾，一意图组全国分会驻沪通讯处，并不问其组织是否合法，即遍发通告，广向各地分会征取经费，如此任意行为，于法理事实殊欠允当。近各地分会因该通讯处组织非法，且系少数分会之意思，难免无腐化份子从中捣乱，因是反对之声日必数起。本会以该通讯处产生未经合法手续，对于该通讯处一切行为当难承认。惟该通讯处倘

① 《红会召集会议纪详》，《新闻报》1929 年 11 月 7 日。
② 《红会代表与部派员讨论进行方针》，《新闻报》1929 年 11 月 9 日。
③ 《中国红十字会定期召集三届会员大会通告》，《申报》1929 年 12 月 7 日。
④ 《中国红十字会定期召集三届会员大会通告》，《申报》1930 年 1 月 5 日。
⑤ 《中国红十字会会员大会展期通告》，《申报》1930 年 2 月 13 日。
⑥ 《中国红十字会各省分会代表声明》，《申报》1930 年 2 月 22 日。
⑦ 《中国红十字会会员大会展期通告》，《申报》1930 年 2 月 13 日。

有意外行动，则本会为法益起见，即行依法办理，决不坐使慈善机关受人操纵。务希各地分会注意为荷。此启[①]。

未经授权竟敢非法设立驻沪通讯处，是否有人“从中捣乱”，是否“受人操纵”，疑云密布。

筹备进程的一波三折、三部专员进驻上海的“善意整理”、分会未经授权擅自设立“全国分会驻沪通讯处”，种种迹象表明，“三大”阴霾笼罩。

中国红十字会第三次会员大会于1930年4月20日在上海天后宫桥上海商人团体整理委员会（前上海总商会）召开。值得注意的是，在2月22日的《申报》上，红会刊登出《为国际善业悲鸣、被灾同胞请命》的文章，特别指出：“民七（1918年），安福政府下令停沈（敦和）故（副）会长职务，派蔡（廷干）副会长继其事，是为本会由民办而入官办时代。”[②] 明明白白宣告中国红十字会自1918年后即进入“官办时代”，这意味着“抗争”的成效已烟消云散，“适应”已成无可奈何之局。从这“悲鸣”中，人们仿佛听到了第三次全国会员大会的基调。

4月20日，第三届会员大会举行，泸县、歙县、东台、高资、淮安、沧县、嘉善、梧州、楚旺、涟水、珲春、菏泽等128处分会代表与会[③]。会上宣布由常议员林康侯、王晓籁、闻兰亭起草、外交部部长王正廷及内政、卫生二部共同修正的会章。会章全文共分总则、会务、会员、组织、财产、战时及灾患时之特例、分会、保护、奖励及惩罚、附则10章61条，要点为改会长制为委员制、常议员由49人组成、执行委员11人、理事长1人等[④]。

21日、22日、23日的会议议程，围绕各分会所提议案展开，如“东台代表牛秉钧提议，规定表决权，以代表有三十权，会员一权为标准，通过。高资分会代表动议，总会护士学校，应由各分会遵章保送。主席王培元述护士学校成立之经过，以后由六十名学生中，分四十名由分会保送，二十名在沪招考，众无异议，通过。淮安分会代表蒋达秋动议，以后红会赈务收支，一律在报公布，至散放手续，须将凭何机关，灾民清册散放票根，一律存案，以备审查。全体赞成，通过。东台代表牛秉钧动议，红会应有一永久纪念日，扩大会务，即以一九〇四年七月八日红会正式加入万国同盟会之日，为永久

---

① 《中国红十字会启事》，《申报》1930年3月28日。

② 《为国际善业悲鸣、被灾同胞请命》，《申报》1930年3月22日。

③ 《中国红十字会大会开幕》，《新闻报》1930年4月22日；《红会前日开代表大会》，《申报》1930年4月22日。一说136处分会出席大会（《中国红十字会第三届会员大会筹备改选委员会宣言》，《申报》1930年5月1日）。

④ 《红会前日开代表大会》，《申报》1930年4月22日。

纪念年日，通过”[①]。他如“涟水城区分会代表嵇鹤琴提议，由大会呈请国府，通令全国各机关，根据日来佛条约，一律取缔非直属红十字会之机关用红十字会标记案。通过”；“珲春分会提议，分会无故受县政府公文停办，应否接受案。通过，不应接受”；“昆明分会提议，分会出力人员，照章汇请总会核奖，应请免缴奖章费案”；“嘉兴分会提议，辅导各地救济院养老院，实行收容所，在地方之老弱残废贫苦无依者，责成各地红十字会酌量资助案”；等等[②]。

“三大”连续“已开四日之久，而议案甫达三分之一，总商会会场逾五日后即满期，而到会代表已纷纷离沪”。为“节省时间而重会务”，遂决定24日举行选举[③]。

24日的常议员选举，结果令人大跌眼镜，“当开票时，即由监票员董霖、叶植生、顾克用宣布票数与人数不符并有其他疑议，即将会员所投之票封存，迄未宣布开票结果”[④]，进而“宣布无效”[⑤]。何以至此？造成选举无效的缘由是什么？据《中国红十字会第三届会员大会筹备改选委员会宣言》透露，主要有4个方面的问题：一是签到会员72人，而票箱中检出有效87票，多出15张票，显然有人作弊；二是“发现江浦分会投票二纸，经本人声明曾委总会代表以致重复”；三是投票时并未发给笔砚，而检视选票，用毛笔书写者超过半数，达三分之二，显系“场外所书”；四是上午投票，12时封投票箱，可是“午后二时犹有场外寄来之票，究系何时所发，不问可知”[⑥]。这种不规范操作在红会史上是前所未有的。

更奇怪的是，据理事长王培元称：“在上海商整会内开票结果之时，突来数十人，手持武器，声称非取消选票，另行改选不可，培元答以此乃大会问题，此刻不能答复，众咆哮多时始去。”[⑦] 弄得乌烟瘴气。

选举无效，遂决定改选。25日，与会代表在天津路灾童留养院继续开会，产生中国红十字会第三届会员大会筹备改选委员会，公推叶植三、董霖、吴甲三、顾克用、周国埙、周光九、沈来森、王培元、吴耀三、卫锐锋、沈金

---

① 《中国红十字会大会纪》，《新闻报》1930年4月23日；《红十字会续开大会记》，《申报》1930年4月23日。

② 《中国红十字会大会纪》，《新闻报》1930年4月24日；《红会续开大会记》，《申报》1930年4月24日。

③ 《红会续开大会记》，《申报》1930年4月24日。

④ 《红会举行改选消息》，《新闻报》1930年4月26日。

⑤ 《中国红十字会第三届会员大会通告》，《申报》1930年4月28日。

⑥ 《中国红十字会第三届会员大会筹备改选委员会宣言》，《申报》1930年5月1日。

⑦ 《严查扰乱红会大会者》，《申报》1930年6月27日。

涛等11人为委员（分会代表7人，总会职员4人），“当即宣誓就职，并闻已电请国民政府声请备案暨派员莅临监选，以昭郑重云”①。

26日，改选委员会在总办事处楼上会议室举行第一次会议，通过组织规程草案，并遵章推定4处职务：秘书处由吴甲三、吴耀三、卫锐峰担任；总务处由沈来森、沈金涛、顾克用担任；审核处由董霖、周光九担任；交际处由王培元，叶植三担任；并“公推吴甲三起草本届改选宣言书，将前日大会各代表所举意见，加以归纳，宣告全国本届改选会”②。会议决定“四月二十八日下午一时，在天津路灾童留养院重行投票”③，并“柬邀各界观礼”④。似乎峰回路转，前景看好。

28日改选投票，不料，当日上午发生总会总办事处被多人“捣毁”的恶性事件，“涟水代表遂将该项纪录摄影，分呈国府及特区法院请求保护”⑤。恐怖气氛一时间弥漫整个会场。下午投票，鉴于24日已选出数十人，“王一亭、关炯之等提议，补选二十四人，陈请国府圈定，当场通过，而投票时忽又变更，仍投四十九人，并注明票上为改选。及国府派代表胡鸿基、市党部派代表王延松监视开票时，闻兰亭力辟改选之非法，并指出事实多种，嵇鹤琴提出董霖、吴甲三之亲笔威吓证据。胡鸿基等遂不允开票而去”⑥，选举无果而终。这里提及的董霖、吴甲三，以及叶植生、顾克用均系改选委员，他们“曾均分总会款五百余元”，并与“总会不良分子勾通，以此款收买少数分会代表，意图推翻选举”⑦，实为红会败类。

“三大”持续8日，“各代表以来沪多日，未能久候”，29日下午遂举行闭幕式，“宣告闭会”⑧。无果而终的“三大”至此落下帷幕。

红会选举丑闻曝光，舆论哗然。“中央以红十字会为各国人民自办之良好慈善机关，该会竟发生此种不规则情事，自应查办”⑨，电令上海市长转饬卫生局“彻查”；市卫生局表示一查到底，揪出“主使及帮助持械扰乱会场暨捣毁总办事处之人”⑩，但雷声大，雨点小，结果还是不了了之。幕后之人究竟

---

① 《红会举行改选消息》，《新闻报》1930年4月26日。

② 《红会改选委员会第一次会议》，《申报》1930年4月27日。

③ 《中国红十字会第三届会员大会通告》，《申报》1930年4月28日。

④ 《红会今日改选常议会议员》，《申报》1930年4月28日。

⑤ 《红十字会改选风潮》，《新闻报》1930年5月6日。

⑥ 《红会定期开大会》，《申报》1930年7月24日。

⑦ 《红会昨开常议会》，《申报》1930年7月25日。

⑧ 《红会大会昨日闭会》，《申报》1930年4月30日。

⑨ 《市卫生局查办红会总会近讯》，《申报》1930年8月18日。

⑩ 《红会选举纠纷查办情形》，《新闻报》1930年6月19日。

为何人，成为难以廓清的历史迷雾（一度认为江绍墀为主谋，便停止其常议员职务，旋查无实据，复职[①]）。但有一点值得注意，那就是官方借整顿为由，实际介入红会事务，不仅令资产委员会核查红会财产及经费收支等情况，而且下令："（一）迅即开会，议订常议会议员、选举规则及会员大会议事细则等章程；（二）迅即由常议员通告红十字会各分会，召集分会会员大会，推派出席临时会员大会代表，如期出席（应分别电达或用双挂号函知，以凭查考），分会代表出席时，须携带盖有分会图记之正式公函；（三）通知红十字会总办事处，将举行临时会员大会时之一切手续，按照开会一般通例及定章，准备完妥，以免再生枝节；（四）临时大会未及召集以前，由现任各常议员按照会章，负责行使常议会之监督职权"云云[②]。显而易见，这个"善后办法四条"，传达了"国府"控制红会的意向。由此或可联想到，第三届会员大会未能成功举行，罪魁祸首也许正是"国府"。

二、临时大会与修改会章委员会

第三届会员大会"虽经投票而无结果"，如何补救？第95次常议会讨论，"公议召集会员代表临时大会，以三个月为限"[③]。旋"通函各分会，定于八月十日，开临时代表大会，解决选举及一切问题"[④]。

临时大会于1930年8月11日在上海宁波会馆二楼举行，国民政府派代表胡鸿基、上海市政府派代表阎森"监督"。但议长王一亭没有出席，"与章程未免不符"，实际上没有真正开起来，只得"追认本日之会为谈话会"。谈话会决议事项就是推举嵇鹤琴代笔起草致王一亭电稿，请其莅会视事："代表大会公认非议长出席，不能开会，务望火速来沪，毋任盼切。中国红十字会第三届临时大会到会代表会员公叩。"[⑤] 再就是发牢骚，侃大山：

会员嵇鹤琴提议，在三日前，议长请假，由黄涵之先生代行职权。黄先生负起责任，于五日之内，两开常议会，一开执委会，今日忽来函，谓既患腹泻，又生痔疮，何以为屈映光谋理事长而精神强健，今日忽病魔缠绕？常议员到会者共三人，姚虞琴先生略坐而去，袁仲慰、哈少甫两先生尚在座，何以两日前能到此开会之议员，而今日竟不能来？如下次议长议员等，以消

① 《红会常议会应办各案》，《申报》1930年8月9日。

② 《国府严查红会案》，《申报》1930年7月27日。

③ 《中国红十字会通告》，《申报》1930年5月9日。

④ 《红会定期开代表大会：解决选举及一切问题》，《新闻报》1930年7月24日；《红会定期开大会》，《申报》1930年7月24日。

⑤ 《红十字会大会记》，《申报》1930年8月12日。

极方法抵制，使大会不能开成，则吾等惟有请求政府，派员监督，由分会公推代表，接收总会。全体鼓掌赞成。董心琴提议，谓议长如推病不来，吾等推代表前往恭请。台安分会李振邦提议，现在天灾人祸，遍野尸横，掩埋救护，是我红会之责任，为何常议会诸先生，袖手旁观？红会定章，三年开会一次，为何八年不开？今年虽开，改期改期又改期，一连改了四五期，现有函电通知，八月十号开会，各分会派代表来申，常议会函邀今日下午二时赴宁波同乡会楼上开会，为何常议会议长、副议长等，均不到场？如此炎热之天，我等分会代表、会员等，吃苦无方（妨），对于会务未免儿戏。对于诸公所提各件，本席非常赞成。如议长不来，吾等自备川资，到宁波开会。全体鼓掌赞成，遂散会①。

临时大会成为“谈话会”“牢骚会”“侃山会”，没有开起来，也没有解决任何问题，这是极具讽刺意味的事。但临时大会还得开。8 月 17 日，中国红十字会在《申报》发布《紧要通告》，告以“本会第三届临时会员大会，兹定于八月十九日下午二时假座西藏路宁波同乡会二楼继续开会，务希各分会代表、各级会员莅会，无任企盼，入场均以佩章为凭，特此通告”②。

8 月 19 日下午，临时大会在宁波会馆如期举行，仅 20 余处分会代表及各级会员 50 余人与会，国民政府、上海市政府分别派代表胡鸿基、阎森“莅会致词”③。

临时大会首先碰到的问题就是合法性问题。大会主席王一亭议长报告开会宗旨：“本会会员十万余人，全国分会五百余处，此次大会出席者寥若晨星，应否成立，希各注意。”为此争论良久，最后采取表决的方式认定，“赞成大会成立者多数，通过”④。

既然临时大会合法性得到确认，那么接下来大会要做的事就是“应接受国民政府颁发红十字会善后办法四条，组织修改章程委员会，并推定委员十一人，修正章程及选举法”，其目的就是“以副国府殷殷之望”⑤。换句话说，按照官方的旨意“改造”红十字会。

修改章程（会章）委员会，经大会公推，以洪雁宾、徐熙春、薛少廷、闻兰亭、蒋达秋、杨克、叶植生、吴甲三、周光九、李振邦、董心琴 11 人为委员，“并请该会执行委员会诸委员参加列席。复公议开会时间，公推闻兰亭

---

① 《红十字会大会记》，《申报》1930 年 8 月 12 日。

② 《中国红十字会紧要通告》，《申报》1930 年 8 月 17 日。

③ 《红会临时大会决议修改章程》，《申报》1930 年 8 月 21 日。

④ 《红十字会临时大会纪》，《新闻报》1930 年 8 月 21 日。

⑤ 《红十字会临时大会纪》，《新闻报》1930 年 8 月 21 日。

先生召集之，经多数表决通过”[①]。修改章程成为临时大会的中心，或者说临时大会使命（选举产生修改章程委员会委员）完成，流变为修改章程委员会会议了。但既名“中国红十字会第三届临时大会修改会章委员会”，也可以认为修改章程会议依然属于“临时大会”的题中应有之义；换句话说，临时大会还将延续，直到修改章程中心任务的完成。

20日下午，修改会章委员会举行第一次会议，李振邦、薛少廷、徐熙春、洪雁宾、闻兰亭、王培元、周光九、董心琴、叶植生等出席，公推闻兰亭为委员长。不过，第一次会议不啻为“务虚会”，正如洪雁宾委员所说：“今日开会伊始，各种旧有章程，均未研究，无从讨论”，因此“应请主席将本会各种章程，详细研究后，俟下次开会时，再行提出讨论。”[②] 乃决定23日举行第二次会议。同时，接受叶植生委员建议，修改会章委员会“应定办事细则”，才能名正言顺、有条不紊地开展工作。“主席准定叶委员为起草员，议毕散会”[③]。

23日，修改会章委员会举行第二次会议。会议首先讨论通过了叶植生所订《中国红十字会第三届临时大会修改会章委员会简章及办事规则》，共9条：

第一条，定名，本委员会由第三届临时大会产生，故定名为第三届临时大会修改会章委员会。

第二条，宗旨，本委员会，以修改中国红十字会全部会章为宗旨。

第三条，组织，本委员会由第三届临时大会公推十一人组成之，另设主席一人，由十一人中推定之。

第四条，职权，本委员会各委员，纯属义务职，有修改中国红十字会会章全部之权。

第五条，集会，本委员会每次开会，由推定之主席召集之，时间由主席酌量之。

第六条，会议，本委员会专议修改会章，不及其他事项。会议时，对于某条某项有修改之必要，应由一人提出，二人副议，方可动议，经出席委员过半数之通过，得表决之。

第七条，法定人数，以过半数为法定人数。

第八条，任期，本委员会以修改会章终了，交付常议会，呈请国府备案

---

① 《红十字会临时大会纪》，《新闻报》1930年8月21日。

② 《红会临时大会决议修改章程》，《申报》1930年8月21日。

③ 《红十字会临时大会纪》，《新闻报》1930年8月21日。

为满期。

第九条，实任，本委员会各委员，既经公推，定应负一部分之责，每届开会时应按时到会，不得藉故不到，有妨会务之进行①。

据此，修改会章委员会对章程、分会通则等进行逐一修订。从8月20日起至9月20日，经过16轮的反复推敲，修改会章终于完毕。修订的过程持续一个月，可谓“持久战”，而细致入微，字斟句酌，又可谓“拉锯战”。兹将9月5日下午第五次会议讨论的情况抄录如下，可见一斑：

主席起言，红十字会章程今日应提出三读。吴甲三起言，本会名称，宜更为中华民国红十字会，请公决，多数赞成。爰将本章程名称，改为中华民国红十字会章程。第一条，改为本会为国际上慈善法团，由本会会员组织之，定名为中华民国红十字会，简称为中国红十字会。洪雁宾起言，第六条第二项，总医院内附设护士学校，与第五条造就义勇医士护士一语不符，应改为总医院附设义勇医士护士学校。蒋达秋起言，第十四条，应改为其代表选举法及应派代表之人数另定之。洪雁宾起言，第十八条应改为执行委员会，由常议员互选执行委员十一人组织之。又第二十三条第三项，应改为特赠名誉会员、特别会员及推赠各种奖章。又第二十四条各项亦须改易次序，应改（一）对于政府及各机关接洽事件；（二）审查入会会员之资格；（三）核准分会之设立；（四）监督各分会事务；（五）监督所属机关；（六）编造预算决算。蒋达秋起言，杨克附议，常议员及执行委员是否义务职，应用明文规定，多数赞成。爰将第二十八条改为常议会议员，及执行委员，任期三年，连举得连任之，但均为义务职。又第三十条亦欠完备，应改为分会总额五分之一以上，或会员总额十分之一以上联合之请求，召集临时大会。吴甲三起言，第十九条下，应添均由执行委员互选之一句。第三十条，由常议会于六星期内召集之一句。时间究嫌太短，应改为两个月。杨克起言，第三十一条目的，应改为事项。洪雁宾起言，第三十八条第二项钱字，应改为银字。第三十九条分会所有财产，呈报总会，由总会转呈备案一节，应改在第五十三条之后，另立一条。蒋达秋起言，第三十八条第三项屋字，应改为产字。洪雁宾起言，第四十五、六二条，运输材料等或需用飞机，每项内应添飞机二字，须临时陈请之机关依海陆军人员行军法办理一句内，应添一空字。蒋达秋起言，第四十七条，应改为如遇战时，凡常议员及执行委员之任满，得延长其任期，但不得超过一年。吴甲三起言，分会应受总会之补助，宜照旧章

① 《红会修改会章委员会第二次会议》，《申报》1930年8月25日。

保留，多数赞成，照旧章，改为得受总会及地方官厅之补助。又第五十四条，尚须研究，薛少廷附议，公决，改为得派代表列席常议会及执行委员陈述意见。洪雁宾起言，第五十五条，分会通则另定之一句，可删，应改在第四十九条之下。蒋达秋起言，第五十六条第四项，须改易次序，应改为（四）凡有功于本会者，视其成绩，得赠上列各项奖章。上列各项奖章，须经常议会之议决。薛少廷起言，第五十七条第四项末句，应添捐款二字，改为但所纳会费及捐款，概不发还。吴甲三、叶植生、蒋达秋、洪雁宾、杨克先后起言，对于附则第五十八、五十九两条，须详加讨论，妥为修改，公决，将第五十八、五十九两条字样删去，改为一二两项，并由蒋达秋改为：（一）本章程于会员大会通过，呈请政府核准备案，发生效力；（二）本章程之修改，须经全国会员大会出席代表过半数之通过。主席提议，本会章程，业已三读完竣，应即修改分会通则，及常议员选举法，定下星期二（九月九日）起，每日下午二时，继续开会。议毕散会，已五点余矣①。

如此细腻推敲、打磨，可谓煞费苦心。对选举办法、分会通则、执行委员会细则等规章制度，也都逐条进行修改。9月22日，第102次常议会对修改会章委员会所修订的各项规章进行审核，“认为满意”，决定“先呈报国民政府查核备案”②，并强调：“此次修改会章委员会，以职会为国际上慈善法团，直隶于中央政府，与地方上办理慈善机关有别，爰本斯旨，加以编订。所有中国红十字会章程、及选举法、分会通则、执行委员会细则，业经修改会章委员会三读通过，并提交第一百零二次常议会审查，当经议决，应先呈报钧府备案后，再行函知各分会查照，以便开第四届会员大会举行选举。理合将修改会章缘由，连同中国红十字会章程及选举法、分会通则、执行委员会细则，备文呈送。仰祈钧座核准备案，不胜迫切待命之至。谨呈国民政府主席蒋。”③

11月15日、16日，修改会章委员会继续开会，会员大会规程、会员大会会议规则进行修订。鉴于“所有各项章则已编订完毕”，16日举行闭幕典礼，“该会修改会章，至此告一落段”④。临时大会的使命完成。

“中国红十字会第三届临时大会修改会章委员会”从8月20日组建到11月16日结束，存在了近3个月时间，对红十字会章程、分会通则、选举法、

① 《红会修改会章委员会五次会议》，《申报》1930年9月7日。

② 《红会常议会开会纪》，《新闻报》1930年9月26日。

③ 《红会各项章则呈送国民政府备案》，《新闻报》1930年10月16日；《红会各项章则呈送国民政府备案》，《申报》1930年10月16日。

④ 《红会修章会继续开会　修改完竣即行闭幕》，《新闻报》11月20日。

执行委员会规则、会员大会规程、会员大会会议规则6种规章进行系统修订。如此大规模的、系统的制度建设，堪称中国红十字运动史上的首次。虽然系统修改会章之举，是在“外力”（官方）推动下做出的反应，但对红十字会自身的规范发展，显然具有不可低估的意义。

章程是社团组织经特定的程序制定的关于组织规程和办事规则的法规文书，是一种根本性的规章制度。因此，会章的修改备受关注。中国红十字会的定位及其与官方关系的表达，决定了中国红十字会未来发展的方向。在这里，最为引人瞩目的是中国红十字会这一通用名称“更为中华民国红十字会”。在修改会章委员会第五次会议上，“吴甲三起言，本会名称，宜更为中华民国红十字会，请公决。多数赞成。”虽然有少数委员不赞成，但按照少数服从多数的原则，通过改名动议，并“将本章程名称，改为中华民国红十字会章程。第一条，改为本会为国际上慈善法团，由本会会员组织之，定名为中华民国红十字会，简称为中国红十字会”①。

把中国红十字会改称中华民国红十字会，显然加浓了官办色彩，尽管简称中国红十字会，而这恰恰是官方所乐见的。1932年12月16日，国民政府公布《中华民国红十字会管理条例》。1933年6月3日，行政院长汪兆铭、内政部长黄绍竑、外交部长罗文干、军政部长何应钦、海军部长陈绍宽联衔以“训令”的形式颁布《中华民国红十字会管理条例施行细则》(43条)，明定：“中华民国红十字会依军政、海军两部之指定，辅助陆海空军战时后方卫生勤务，并依内政、外交两部之指定，分任国内外赈灾、施疗及其他救护事宜。又规定设总会及分会。总会以内政部为主管官署，并受外交、军政、海军三部之监督；分会隶属总会，以所在地地方行政官署为主管官署。又规定总会之理事及监事，由部转呈国民政府聘任。”② 至此，中国红十字会已成为官方事实上的附庸机构。

中国红十字会从“抗争”到“适应”，再到成为官方事实上的附庸机构，表明官方对红会的影响和控制不断加强。中国红十字会作为国际性的民间慈善组织，在“强势”国家的专制下，尚且如此，其他民间社团的命运亦可想而知了。当然，作为官办机构，红十字会可以得到官方更多的支持，有助于红十字事业的发展，但独立性、中立性的丧失，不可避免带来负面影响，比如抗战中中国红十字会救护总队对八路军、新四军抗战救护的支持，就受到种种阻挠，救护总队总队长林可胜更是因此被罢免。这是

① 《红会修改会章委员会五次会议》，《申报》1930年9月6日。

② 《中国红十字会全国代表会昨开幕》，《申报》1934年9月25日。

后话，暂且不论。

三、“为中国赈务作一模范”——1928—1930年的旱灾救济

在“抗争—适应—抗争—适应”的过程中，中国红十字会并没有忘记扶危济困的人道职责，于天灾人祸降临之时，仍一如既往，给予救助。例如，1928年上海闸北火灾，红会特备“棉夹衣裳大小数百件，装载救护汽车，由职员鲍康宁等，驰往灾地，按民施放，以资御寒之用”①。1929年，“政府成立救灾委员会，一九三〇年政府公布救灾准备金法以来，本会救灾工作，已属辅助性质，除各地分会尚从事救灾工作外，本会救灾工作之规模与次数均较前期为小矣”②。尽管如此，1931年、1935年长江水灾救助中，红会志愿者活跃的身影仍历历在目。在各种天灾人祸的救济中，红会对1928—1930年西北、华北旱灾的救助，盛极一时，在此略作考察。

1928年，西北、华北旱灾，尤其是陕、甘、晋、绥等省，终岁不雨，赤地千里。1929年，旱情发展到无以复加的程度，其中甘肃、陕西、山西、绥远、河南、察哈尔最为严重，据李文海等著《近代中国灾荒纪年续编》记载，甘肃旱情较上年益烈，60余县绝粮，饥民骤增至500余万，每日饿毙者恒数千人，甚至发生烹煮幼童、捕食生人惨象；陕西入夏后无县不旱，田野如焚，尤以关中渭北为甚，全省灾民达700余万，流民78万，饿殍50万，食人惨剧时有发生；绥远人口约250万，灾民达190万，“甚至大人食小孩，活人食死尸，至食树皮草根，在绥省不以为奇”；山西灾民数百万，“树皮草根，尽食无余，服毒自杀，辄毁全家，人将相食，惨状极苦”；河南112县，无县不灾，饥民达1500余万，死亡载道③。无须过多引述，那是怎样一幅“奇惨活地狱”图，已不难想见。

饥荒愈演愈烈，整个社会焦灼不安，各慈善团体如晋冀察绥赈灾委员会、豫陕甘赈灾委员会（两团体于1929年4月归并到国民政府赈灾委员会名下）、华洋义赈会、旅沪陕西赈灾会、旅京山西旱灾救济会、河北山东赈灾委员会、华北灾赈会、中国济生会等，纷起组织赈灾。面对浩劫，中国红十字会当然

---

① 《闸北大火后红会救济火场灾民》，《申报》1928年10月7日。

② 胡兰生：《中华民国红十字会历史与工作概述》，中国红十字会总会编：《中国红十字会历史资料选编，1904—1949》，南京大学出版社1993年版，第503页。

③ 李文海等：《近代中国灾荒纪年续编》，湖南教育出版社1993年版，第231—246页。

不能袖手旁观，1929 年初，垫款 5000 元、棉衣 2000 套，散放急赈①。但杯水车薪，无济于事。为筹集赈款，从 2 月 4 日始，连续在《申报》刊发《中国红十字会总办事处为豫陕甘晋冀察绥灾民乞赈启事》《中国红十字会代陕西甘肃河南晋冀察绥数百万嗷嗷待哺早不保暮灾民求赈》《中国红十字会谨代陕西甘肃河南及晋冀察绥七省数百万灾民叩求大慈善家随缘乐助以救垂毙灾民生命》《中国红十字会谨代河南甘肃陕西及晋冀察绥数百万灾民叩求大善士大发慈悲救此垂毙饥民性命》《中国红十字会代陕甘豫晋冀察绥数百万灾黎劝募赈款》《中国红十字会为奄奄一息河南陕西绥远等处灾民求救》《中国红十字会谨求国内仁人国外侨胞大发慈悲以救陕甘豫晋冀察绥七省同胞浩劫一元可救一命十元可救一家百元可救一村为百万将死饥民救命恩人》《中国红十字会谨告海内外大善士捐户会员各省分会乞赈》《中国红十字会为江苏盐城陕甘豫晋灾民乞赈》等乞赈广告，如《中国红十字会筹赈处行乞》云：

> 吾处天堂，彼陷地狱，无物救饥，烹孩食肉；
> 吾之儿女，锦衣华屋，彼之儿女，不如牲畜；
> 鸟且翼雏，兽且舐犊，沿路遗弃，忍饱兽腹；
> 华北灾童，生机顿蹙，设院留养，保此种族；
> 布施金钱，消灾降福，红会缔盟，五十三国；
> 吾能爱群，彼即佩服，争先捐输，人人捷足；
> 机会难逢，生死骨肉，哿矣富人，哀此茕独②。

中国红十字会为灾民求赈，如泣如诉，几于声嘶力竭。

中国红十字会的“乞赈”呼吁，应该说得到相当的回应，从《申报》揭载《中国红十字会谨谢仙源无名氏大善士指赈陕西甘肃河南洋五百元》《中国红十字会谨谢新闻报馆排字印刷工友指捐豫陕甘洋一百三十三元》《中国红十字会谨谢源记号善士捐助豫陕甘洋一百元经募不书名洋五十元》《中国红十字会谨谢洪念七大善士指赈豫陕甘洋四百七十一元》《中国红十字会谨谢更新堂愿记大善士指赈陕甘豫洋二百元、朱仲生君捐洋一百二十元、潘友于大善士指赈陕甘豫洋二百元、韦鹏飞君赈捐洋一百元》《中国红十字会谨谢同善合助指赈豫陕甘洋一百元、胡门庄氏女士捐助豫陕甘洋一百元、刘桂芳善士指赈豫陕甘洋一百元、敦厚堂善士捐助豫陕甘洋一百元》《中国红十字会谨谢唐啸庐、唐蘅芳、唐述铭、唐述芝大善士共捐豫陕甘晋冀察绥赈洋二百元》《中国红十字会谨谢黄潘氏法名净化大善士助豫陕甘晋冀察绥洋壹百元、陈隐名奶

---

① 《中国红十字会总办事处为豫陕甘晋冀察绥灾民乞赈启事》，《申报》1929 年 2 月 4 日。

② 《中国红十字会筹赈处行乞》，《申报》1929 年 8 月 1 日。

奶助豫陕甘洋壹百元》《中国红十字会谨谢章灿生君为令堂太夫人寿辰筵资移助洋二百元》等征信广告，可以想见社会各界助赈之踊跃。

但灾区广袤，灾情奇重，非集有巨款，无补沉灾。5月10日，新任中国红十字会第五届正会长颜惠庆、副会长王正廷、虞洽卿（1928年9月改选）就职后，决定另设筹赈处，成立筹赈委员会作为该处立法监督机关，完善筹款募捐程序。6月15日，假座“一枝香”，召开筹赈委员会成立大会，“宣布另设筹赈处及委员会之主旨，有集成巨款之可能”。欲筹巨款，“尚须公推声望隆重中外钦敬之人为委员长”，与会者共识，李鸿章之孙李国杰（字伟侯）“学问道德，为世所崇，应推为委员长”。筹赈处主任江绍墀（趋丹）“宣告近来陕、甘、豫、绥奇惨极酷情形，非得巨款及时救济，必致酿成灭种弱国之祸”，要募集巨款，应更新募捐办法。与会者认为，红会所编《救命功德》一书，“文义浅显，动人恻隐，为轻而易举聚沙成塔之募捐办法，以及百两赤金宝塔，与真金表、观音像种种赠品，尤足增助捐款人兴趣”[①]。因此，决定发行“宝塔捐”（类似于福利彩票，1913年春曾经发行过，可视为中国红十字会发售福利彩票之始）。“宝塔捐为有心无力善士、家人、父子、店号、职工随意输将，即每人铜元数枚、小洋数角，合若干人造成一塔，或一人独造一塔，为积少成多、聚沙成塔之法。每户捐款达二元五角者、劝募逾廿五元者，均赠功德券”[②]。为动员社会广泛参与，中国红十字会组织“募赈宣传队”，宣传鼓动，分送宝塔捐“宝号”（抽奖号码）。这一创造性举措在上海滩产生强烈的“轰动效应”。《申报》报道说：“本埠中国红十字会筹赈处因陕甘灾情奇重，灾深款绌，特印救命功德宝塔捐为轻而易举聚气（沙）成塔之法，又以增助输捐人兴趣鼓励劝募者劳苦起见，另制真金宝塔、红十字真金表、观音像等赠品，颇邀社会嘉许。昨由该会总医院、市医院、南市医院、时疫医院男女看护数人，组织宣传队，赴公共租界及南市、闸北分送与字号居户，并拟将一切赠品陈列于大马路杨庆和银楼，以备参观。曾函知工部局巡捕房、公安局等处，随时稽查冒收捐款敛钱肥己者。日来该会捐款，颇形踊跃。”[③] 这也使红会会员信心倍增。

的确，自宝塔捐开办以来，外埠不计，仅上海一隅，“每日零星捐款，逾百数十户，平均达千余元，为红十字会有史以来未有之盛况”[④]。劝捐久成

---

① 《红会筹赈委员会集会记》，《申报》1929年6月17日。

② 《中国红十字会筹备处谨谢杨庆和久记银楼沈文鉴君陈列百两赤金宝塔观音像》，《申报》1929年7月6日。

③ 《红会组织募赈宣传队》，《申报》1929年6月22日。

④ 《红会救灾治标治本之办法》，《申报》1929年7月1日。

“弩末”的局面得到改观。

善款日聚日多，红会的赈灾力度自然“水涨船高”。筹赈委员会成立之前，中国红十字会赈款无多，救济行动较为零散，主要为：一是对灾情奇重省份给予力所能及的资助，如1929年2月25日阎锡山致电红会，感谢“贵会诸君子倡捐大洋二千元以助急赈”[①]；二是遣派查灾员吴亚亭、钟谨庵等分赴灾区，考察灾况，以为放赈张本；三是支持分会的赈灾工作，例如当了解到河南南宛、驻马店、商丘等分会设粥厂拯饥困因“款绌灾深，难乎为继”，请求总会“速再汇款数千元或红粮二三千石妥交各分会继续设厂，亦救一命是一命之法”等情，特电徐州、天津、北平分会（因国民政府建都南京，北京总会改为北平分会，上海总办事处履行总会职能）“星夜派员采办押运，克日散放，并酌量支配现银，电致豫、陕、察、绥红十字分会择尤急赈”[②]。这些举措，当然不能谓无效果，任润生善士在致红会函中称：“豫、陕、甘三省灾情之重，受灾之人数千万之多，由尊会尽力赈济救援，实惠施放，不畏劳苦，不辞艰难，由是而得生活之灾民数十万之多，诚令人感佩之至。”[③] 但总的来说，赈济行动尚未形成规模。

筹赈委员会成立之后，改弦更张，推出“宝塔捐”，激起民众高昂的捐助热情，这保证了红会救灾办法的次第实施。鉴于“陕、甘、豫等十省区灾状奇惨极酷，竟有以人肉为食料之现象，而卖子鬻女，视为通常交易，恐酿成买卖黑奴猪仔之恶习。绥远、察、冀多小脚女孩，清秀儿童，大都流入张家口、北平，甘为人奴，竟有幸灾乐祸屯买居奇者”[④]，6月底，红会出台“治标治本之办法”。“治标”办法：在北平、开封、西安各设临时灾童留养院、灾女教养院6处，每处额定1000人，开办费共约2万元，月支衣食每处5000元，共需3万元；在西安、郑州、张家口、南口等“最要区域”各设灾民流亡接济所，凡遇逃荒者，给以干粮、零用钱及护照使其赴丰足之省做工，减少饿殍；邮汇救急赈款，交红十字分会，保养老弱儿女，勿落匪手。至于“治本办法，须外埠及国外华侨巨款汇集时，设开河、筑路之工作”，以工代赈，“以期杜绝永远之灾患”[⑤]。7月14日，放陕甘赈款各1.5万元，汇北平收容灾童费5000元，前后用款已达5万元。

灾难还在持续，陕、甘等旱魃肆虐之区，几乎成鬼魅世界，死亡累累，

---

① 《阎锡山向红会谢赈》，《申报》1929年2月26日。
② 《中国红十字会为奄奄一息河南陕西绥远等处灾民求救》，《申报》1929年3月17日。
③ 《中国红十字会筹赈处谨谢任润生大善士赈捐二百元》，《申报》1929年4月20日。
④ 《红会救灾治标治本之办法》，《申报》1929年7月1日。
⑤ 《救灾之治标治本办法》，《新闻报》1929年7月1日。

遍地尸骸，“食人”惨剧时有所闻，“惟最悲痛而为中外所未有之惨剧，厥惟灾区遗弃之儿女是已（矣）。嗟乎，兽舐其犊，鸟翼其雏，物犹如是，人岂忍心？天灾人祸，无国蔑有。吾国灾患，史不绝书。夫卖妻鬻子，已露背理（离）天伦之兆，今将亲生子女，随地遗弃，祸及幼稚，至如此其酷且虐者，良可慨矣……豫、陕僻远之区，时闻匪徒恶兽，以妇孺为食者，岂四千年文化古国，演此野蛮无人道之恶剧可乎哉?”① 此情此景，红会志愿者忧心如焚。7月15日，中国红十字会筹赈委员会召开第三次委员会，决定救援行动“侧重逃荒妇孺勿令倒毙，收养灾童造就成材，并防甘陕有灭种之祸”②。灾区广袤，红会力有不逮，遍济为难，不得已而出此“釜底抽薪，救人须救彻，救弱不救强之法，并为秦晋幽燕保人种留原（元）气”之下策。会议议定“移沪就食”之策，在上海开办“中国红十字会灾童留养院”，额定收容500名灾童，并举杜月笙为名誉院长。

“保种”是一个系统工程，涉及面广，如何是处，尚须群策群力。7月22日，筹赈委员会在《申报》《新闻报》刊出《征求收养灾童善策》，列出“问题”24条，“广征高见”。24条主要有：“灾区遗弃之童女为数甚多，即照北平及绥、甘来电，在途者已有四五百，请求收容至五六千名之多，今虽额定五百名，不及十分之一，究以沪人士之财力，以童女多少为限度”；“灾童女并收或收男拒女”；“童男女兼收，以六岁至十三岁身量（高）若干英寸为限度，过限应如何办法”；“沿途须有接应者，须预备干粮、食水、药品、车旅费”；“譬如由北平起点，由京奉至天津下车，天津即须有寄宿之地，候船期后途中伙食等”；“童抵上海，派各处救护病车，运至留养院”；“留养院中管理教养人才，按月经常费，常年基金，及劝募衣米鞋袜”；“上海预备大屋及干事、看护、教习、医生等”；“善门难开，如十省灾区援例要求，何以善其后?”③ 云云。这些都是开办灾童留养院需要解决的问题。7月24日，中国红十字会筹赈委员会在《申报》发布《征求灾童留养院房屋家具衣履、收容运送费用、管理教养人才、临时常年基金》广告，呼吁社会各界伸出援手。

留养妇孺，收容灾童方案，在“救弱救彻主义”指导下逐步推进，但举步维艰。9月2日《申报》报道《红会收养灾区妇孺现况》谓：

甘陕豫绥被灾两年，草根树皮，剥掘已罄，……食尽援绝，死亡更众。红十字会筹赈处以灾深款绌，赖此积少成多之宝塔捐，两月以来，募集十一

① 《红会征求收养灾童善策》，《新闻报》1929年7月22日。

② 《红十字会昨开第三次委员会》，《申报》1929年7月16日。

③ 《红会征求收养灾童善策》，《申报》《新闻报》1929年7月22日。

万元，亦已力竭声嘶，除将七万五千元电汇甘肃、陕西、河南等赈务会、红十字会（分会）散放急赈，专赈逃荒妇孺，以两万元收容灾童灾妇。而灾区遗弃之无父儿女，触目皆是，特电请西安红十字分会、洛阳红十字分会、开封总商会、刘海楼、绥远等处成立妇孺收容所，在北平设甘陕绥察灾童总收容所，公聘周敬甫为总主干（事）。陕省宋主席派员护送灾童二百名于二十八日到北平，大都骨瘦如柴，面无人色者，甘肃、绥远省政府送五百名，已过包头镇，大约中秋前如数抵平，八月下旬悉数送至上海。于开封收容所，选送灾童三百名，洛阳收容所选送百五十名。约八月底，上海骤增灾童数百名。江趋丹主任以担负过重，合计陕、豫洛阳、绥远六处妇孺收容所及北平、上海灾童留养院，总数达七千名，月计衣食需洋四万元，加以收容护送川旅费、上海灾童留养院开办费约二万元，甘、陕等妇孺棉衣共计二万件，……非有赈款十万元、棉衣三万件，不能渡此深秋，至为焦急①。

尽管困难重重，但为“九死一生千里求生之灾童争一日之生存”，中国红十字会“日夜筹备”②，废寝忘食，救济工作仍在进行中。经多方努力，中国红十字会灾童留养院亦在上海天津路新新公司后兴建，10月底完工，其间“上海工部局工程处长、卫生处医官、救火会会长、自来水公司均热诚赞助，时往该院督工，以期对于卫生、火政，增美善之法。又闻各善士认捐灾童、月费食粮物品甚多，而于各工厂各公司各居户，亦愿承领各童，教以技艺”③。

正是由于社会各界的鼎力赞助，中国红十字会灾童留养院才得以开办。10月30日，第一批123名灾童乘“新铭”轮抵达上海港，“该童自十岁至十五岁者达十分之九，在平医养已逾四旬，于牛痘、痢疾、热疮均已治愈，已面无菜色，穿学生装新鞋草帽，随带被褥书包，已能识字，略知礼节。该会筹赈处李伟侯、江趋丹赴新铭察看，由理事长王培元总指挥一切。因天黑道挤，不便起岸，每人给铜元四枚，热水一杯，定今晨九时三十分排队步行，红十字会救护队全体出发，英法捕房均派捕照料，自金利源经爱多亚路过广西路，达天津路第一留养院并由影片公司承接摄影。”④

据《新闻报》报道，31日晨，“委员长李伟侯御红十字会制服，通饬码头稽查查询丁加意弹压，法捕房派安南捕三道华捕领导，并由沈企文、鲍康宁指导，摄成影片。王培元指挥排队，经爱多亚路过广西路时，灾童齐声唱

---

① 《红会收养大批灾区妇孺》，《新闻报》1929年9月2日。

② 《红会收容灾童之困难》，《申报》1919年9月28日。

③ 《红会留养灾童之情况》，《申报》1929年10月14日。

④ 《红会头批灾童昨晚抵沪》，《新闻报》1929年10月31日。

歌，声韵悠扬，服青布操衣，胸佩景泰蓝留养灾童红十字佩章，下悬留养第一院图章、布鞋软帽，面貌丰腴，步履整齐。又经英界老闸捕房西捕三道华捕领队，前有国旗、党旗、红十字会旗、留养院旗，分四队，每队有男女看护四人，后随红十字救护汽车两辆及行李车、食物车，其中查得病足者二人，患疟者三人，车送新闸路市医院医治。该童抵院后，向总理党国旗行礼毕，李伟侯、林康侯、杜月笙、杨渔生均有训词。筹赈处主任江趋丹，因连日劳倦过度，咳喘复发。工部局、卫生处、工程处、救火会西人到院资助。至会员捐户来院参观者纷至沓来”①，颇为壮观。

11 月 14 日，第二批灾童 123 名乘新铭轮抵上海金利源码头，红会理事长王培元与江趋丹、沈金涛、鲍康宁等，带同夫役，分乘汽车至码头，“为灾童起运行李”。灾童登岸后，“排成队伍，由红会职员率领步行，法捕房派捕四名沿途护送。至与公共租界交界处由公共租界捕房派捕两名迎接，护送至天津路红会医院收容”②。

12 月 7 日，第三批灾童乘奉天轮抵达上海，“临时留养于静安寺路斜桥一百卅三号”③。

灾童入院后，得到中国红会的精心呵护，“来院时磅重，其身材长短、重量、胸部呼吸、有无宿疾，验明牙鼎、沙眼、牛痘、虫积，各人编制号数摄影，暨姓名、籍贯、年岁、生辰，有无父母。每日上课六小时，体操一小时”④。同时红会向社会公布《灾童留养院简章》，内容为：

第一条　定名：曰中国红十字会灾童留养院，设立于上海，隶属于中国红十字会筹赈处（于灾童众多时，得设第二院）。

第二条　宗旨：陕、甘、豫、绥各省区，浩劫频乘，壮丁流徙，饿殍载道，除在当地设妇孺收容所外，并收容被灾儿童，运沪留养，择优秀者，授以教育技艺，为本会服务，或浅近字义，并得分送各工厂各富庶地方学习工艺为宗旨。

第三条　经临费：经常、临时经费，及一切收容护送开办诸费，全赖国内外善士捐款，由筹赈会设法募集之。

第四条　由筹赈处筹赈委员会公举名誉院长一人，院董二十一人，聘任总干事一人，总理院务。

---

① 《头批灾童登陆入院》，《新闻报》1929 年 11 月 1 日。

② 《红会收容灾童第二批抵沪》，《新闻报》1929 年 11 月 15 日。

③ 《中国红十字会筹赈处谨谢希安氏指赈灾童洋一千元玲美女士灾童棉衣裤一百套》，《申报》1929 年 12 月 6 日。

④ 《红会待遇灾童之慎重》，《新闻报》1929 年 11 月 18。

第五条　本院以事务之繁简，酌任干事、教员数人，承院长之命、总干事之指挥，分别管理训练留养灾童及办理内外一切事宜。

第六条　本院对于留养灾童，教养兼施，均授以相当教育，并注重于修身道德及清洁卫生。

第七条　本院为留养灾童将来谋生自立计，如各处工厂公司银行商号、各省有成绩之分会，应须艺徒学徒习艺请求调用时，（调用规程另订之）本院即以灾童之性习，遣送学习，或派送工商业各公司为学徒，以资造就。

第八条　本院鉴于陕、甘灾民，死亡过众，留养灾童，本为救生殖种补救浩劫之计，惟逸居无教，固非所宜，除上项规定，由各工厂调用学徒习艺外，如有俊秀天才，得以教练救护队、音乐队为本会服务，又为改进世道人心计，教练各种技艺，学成回籍，除团聚家庭之外，以文化美术，开通陕、甘风气，其中如有勉力好学，本院当予以充分发展，设法升学，以资深造，或就陕、甘等省区所产原料（如皮毛棉花等），教以改良制造之技能，本院愿送儿童性习相近者于各工厂中，使之学习机械织染铁木工业及其他手工之类，俾不仅就食一时，将来能发展西北实业，为百年富强自立之基。至灾童中如有特殊情形，不能久留上海，可由父母自行具领回籍。

第九条　本院经常、临时费，概由筹赈募集，关于一切收入支出，由委员长、经济委员节制之，收入及置办之物品，逐月册报保管委员复核。

第十条　本院各项细则另定之，随时陈报筹赈处筹赈委员会审核，转报常议会备案。

第十一条　本简章由筹赈委员会通过后施行之，并转常议会备案①。

从《简章》的内容不难发现，中国红十字会对这批被遗弃的灾童倾注了极大的爱心，立足长远，虑及他们未来出路乃至西北实业的发展与社会的进步，这比单纯的赈济更加深沉。

“宝塔捐”依然火爆，“救灾保种”的救援行动仍在继续。

河南本是重灾区，但雪上加霜的是1929年10月，冯玉祥“反蒋”的“豫战”爆发，“劫后余生，重罹锋镝，疮（创）伤遍地，庐舍荡然，一般生不如死久饿乏食之孑遗，日处冰天雪地之中，此中痛苦，极人类所未有”②。11月14日，蒋介石“佳（9日）电”，要求红会“与赈灾委员会合作，成立战地赈灾委员会，组织医伤、赈饥、御寒，随军推进”③。红会照办，派张执

① 《红会待遇灾童概况》，《申报》1929年11月18日。

② 《红会战地赈济队出发》，《申报》1929年12月20日。

③ 《红会组织随军拯灾队》，《申报》1929年11月15日。

中等一行6人，由上海航海至海州，押运棉衣1.3万套及粮食、药品等，“竭军政绅界九牛二虎之力，得陇海路车头篷车一列，由大埔起运，经开封，旋由（河南）省赈务会副处长伴送”，于12月19日抵洛阳，将赈灾物资分拨洛阳红十字分会妇孺收容所及豫西各作战灾区，“灾民御寒有具，欢声雷动”①。此外，“东省受暴俄炮击枪伤被掳之义勇健儿边塞良民、浙江台州、江苏江北、安徽皖中皖北、湘南湘西（灾民），无衣无食，至惨极酷”，中国红十字会量力赈济，“托董兰芳君运绒线袄棉衣一千三百件赴东省，托台州急赈会运棉衣二千三百件银洋二千元赴台州，托合肥急赈会汇银洋二千元棉衣一千件运合肥，托江苏义赈会汇银洋三千元赴江北，托盐城、建阳等红十字分会运棉衣三千五百件银洋等，托昆明红十字分会集填（滇）币一万数千元救济云南火药灾”等②。

中国红十字会对西北、华北旱荒的救济，应该说是卓有成效的。救援行动从1928年底开始，到1930年春结束，首尾一年有余。在此过程中，红会志愿者本博爱襟怀，全身心投入，江绍墀、王培元甚至积劳致疾，这种无私奉献的精神，受到社会各界的普遍赞誉，是理所当然的。特别是募捐方式的转换，为红会在这次旱灾救济中“为中国赈务作一模范”③，奠定了经济基础，据报道：“自开收宝塔捐以来，人心之奋发，输捐之踊跃，可为中国作一新纪录。”④

宝塔捐从1929年6月发行，到1930年2月21日截止，筹集赈款近25万元，这在时局蜩螗、金融枯涸的时代条件下，实属不易。虽然这笔款项仍系杯水车薪，无补沉灾，但对红会“救灾保种”，意义重大，如时论所评：

（宝塔捐款）于陕甘豫绥皖浙苏滇各省散放急赈，设粥厂多所，设逃荒接济所八处，西安、洛阳、开封设妇孺收容所常养妇孺三千数百名，又备棉衣裤三万数千套，出发豫西战地赈济队，种种设施，亦已力竭声嘶矣。而最为辛苦艰难者，厥惟收容灾区遗弃之灾童。尝闻有合家自尽、全家逃亡、烹婴宰孩诸说。竭三阅月各省赈务会、红十字分会、北平周敬甫、熊希龄、朱庆澜之力，护送至北平收容所者达九百数十人，移运来沪天津路新新公司后背灾童留养院者二百四十六人，医治宿疾、种痘、洗剃，三月以来，恢复健康。每日教以初小功课及西乐歌曲，活泼其天真。新春列队，赴李伟侯、杜月笙、

① 《红会得洛潼奇灾惨状》，《申报》1930年2月7日。

② 《中国红十字会拜求请救雪地哀鸿》，《申报》1930年1月10日。

③ 《红会昨开筹赈会议》，《申报》1929年7月5日。

④ 《红会催募宝塔捐》，《申报》1929年9月19日。

江趋丹、张啸林、林康侯、黄楚久、谭蓉圃公馆，考试训话。兹正订立承领灾童章程，请各工厂各公司各学堂善团，任意承领，教以工艺学业，为他日成人立业之举，俾得将北平、洛阳、开封各收容所多数之童，分别运沪，一面再电陕甘绥豫善会，托其四出搜罗，陆续护送至北平、开封，集中留养，诚救灾保种之良谋也①。

众擎易举，独立难支。红会创造性的募捐方式，激起国人高昂持久的救灾热情。据统计，《申报》刊登红会宝塔捐征信广告，上海本埠60次、外埠23次，赞助委员代收宝塔捐31次，加上其他捐款，几乎每天都有，的确收到“聚沙成塔”之效，保证了中国红会1928—1930年旱灾救济的巨大成功。

但不无遗憾的是，“宝塔捐”发行火暴之时戛然而止，终致红会“治本”的救灾计划因款项不继而搁浅（“治标”亦难以为继），个中原因较为复杂，其中与虞洽卿极力反对直接相关。虞为中国红会副会长，1929年5月10日上任，但不久于8月6日突发辞职电文，宣布从8月1日起，“所有该会（中国红十字会）开会出席，以及支款署名等事，概不负责”②。虞洽卿“忽然辞职之原因”，照他自己的话说：“实因不赞成红会内附设筹赈处。筹赈并不反对，但不能把筹赈处设在红十字会内，致将红会每年之收入捐款，完全被筹赈处支用，开销激增，来源告竭，数十万基金，不数年间，必当提取净尽，届时点金乏术，红会非实行倒闭不可。但筹赈处系常议会所通过，鄙人感于事实之困难，来日之危险，不得不出于一辞，并停止支付筹赈处用款，免红会根本被其动摇。近常议会组织临时执行委员会，进行改组，及修改章程事项，外交内务卫生三部，前亦以会务停顿，派员来沪调查内容，结果亦主应速修改章程，鄙人主张极赞成组织执行委员会。红会系国际事业，决不能凭少数人包办把持，章程不修改，决无办法，我唯有辞职以谢云云。”③ 归纳起来，不外乎两大原因：一是反对设筹赈处，所谓“决不能凭少数人包办把持”，实际上把矛头指向了常议会驻办董事兼筹赈处主任江绍墀；二是章程不修改，会务不整顿，他无法履行副会长职务。

不管怎么说，虞洽卿的辞职，在红会内部引发震荡，势必对募捐赈灾行动造成负面影响。在官方的干预下，虞洽卿于1930年2月20日复出视事，第二天即以“筹赈处有不合手续之处”为由，停止发行“宝塔捐”，并将“全

① 《红会救灾保种之成绩》，《申报》1930年2月10。

② 《虞洽卿辞红会副会长》，《新闻报》1929年8月9日。

③ 《红十字会昨开会欢迎虞洽卿视事》，《申报》1930年2月21日。

部账目交虞副会长审查”[1]。而筹赈处主任江绍墀立即发表《为国际善业悲鸣、被灾同胞请命》的公开信，除陈述自己自辛亥革命以来投身红十字事业的一腔热血和“忍气受辱”规范运作筹赈处之艰辛外，还特别提及“印送之十大罪状、驱江宣言十二大罪，拥护某人打倒某人请求书、恐吓信、大晶报之记载、中国晚报之长篇累牍、时事新报之新闻”对他的不实指责使他蒙冤受屈，并谓“尚有人以大权独揽把持会务向诘责，绍墀上承议长、正副会长之委托，理事长之指挥，力所能为，劳怨不辞”云云，显然是对虞洽卿指责的回应。最后，江绍墀表明态度：“破坏易，建设难，本会为国际善业，为万国视听所关，如有不惬于鄙人之处，尽请暴诸常议会公判之。幸勿多费笔墨，丧失不易恢复之本会元气。绍墀事繁多病久欲息养，俟大会终了，当邀游湖上，以乐余年。”[2]

不管个人恩怨如何，红会的“内耗”使原本如火如荼的救灾行动受到巨大冲击，这是令人遗憾的。旱情仍在持续，但红会救助行动却因“宝塔捐”中止而草草收场。健全完善筹款募捐机制，固然至关重要，而置嗷嗷待哺、饥寒交迫的灾民于不顾一味“内耗”，却非人道之福，这其中的教训值得省思。

总之，尽管在1928—1930年西北、华北罕见旱荒救济中红会既“迟到”又“早退”，但“此次筹划陕甘赈务，于散放急赈，遍设粥厂，设所收容妇孺，留养灾童，接济逃荒，煞费经营”[3]，其所发挥的巨大作用，理应给予肯定。

第二节　抗战初期的战地救护

红会内部的动荡，当然不利于事业的发展，不仅西北、华北旱灾救济半途而废，而且1931年长江大水的救助，也显得较为低沉。但九一八事变后，中国面临严重的民族危机。国难当头，中国红十字会不能不改变自我，振奋精神，投入到伟大的民族自卫战争的救护中去。

一、淞沪抗战救护

1931年9月18日夜，日本关东军炸毁沈阳北郊柳条湖铁道，并以此为借口向中国驻军发动进攻，拉开蓄谋已久的侵华战争的序幕。“中国方面绝对采

① 《中国红十字会启事》，《申报》1930年2月22日。
② 《为国际善业悲鸣被灾同胞请命》，《申报》1930年2月22日。
③ 《红会赈济队出发》，《申报》1929年11月14日。

取不抵抗主义”①，消极避战。日军横冲直撞，如入无人之境。短短4个多月时间，整个东北沦落敌手。1932年3月9日，傀儡政权——伪满州国开张。

九一八事变后，中国红十字会准备“组织救护队出发前方工作，当时因山海关交通梗阻，迟迟未发”②。不久，沪战爆发，中国红十字会开始了抗战救护的伟大事业。

1932年1月28日，日本海军陆战队向上海发起大规模的军事进攻，一·二八事变爆发。蔡廷锴所部十九路军“决议抵抗”③，“虽牺牲至一卒一弹，绝不退缩”④，誓与上海共存亡。从1月28日到3月2日，与敌激战数十次，战事之惨烈，可以想见。

沪战突起，中国红十字会迅速做出反应，连夜组织起救护队，以王培元为总队长，29日晨“全队出发”⑤，冒着枪林弹雨，抢救伤兵难民。沪城分会给予协助，“召集队员，日夜轮流驻会，并借上海医院为临时医院，所有闸北掩埋事宜，均归该分会担任”⑥。

1月30日，中国红十字会在《申报》发布紧急启事，称鉴于“本埠不幸发生战事，本会职责所在，急行组织救护队出发，救护伤残兵民，业经准备数队及疗养院等均已就绪，并拟救济贫苦出险难民等，以素乏基金之本会难为无米之炊，惟有叩乞各界，诸大善士迅予捐助，事机紧急，待命之至”⑦，呼吁社会各界伸出援手。

救护支队不断组织起来，临时伤兵医院亦纷纷组建，战地救护紧张地进行着。国难当头，社会各界响应红会号召捐款捐物，支援抗战救护行动⑧。特别值得一提的是，妇女界领袖何香凝女士也加入红会的行列，据《申报》报道：“中委何香凝女士，原设有‘国难妇女救护训练班’，现已改称‘国难战士救护队’，计队员六十人，假新闸路江海关监督公署为办公处所，昨特倩由刘毅夫夫人持函前往红十字会接洽合作，当经该会允许，指为第七救护队，专任官兵救护事宜，并函复何氏请纯粹办理救护事宜，切勿与任何方面发生

① 《满铁调查课时局综合情报》，参见佟冬等主编：《九·一八事变》，中华书局1988年版，第157页。

② 胡兰生：《中华民国红十字会历史与工作概述》，中国红十字会总会编：《中国红十字会历史资料选编，1904—1949》，南京大学出版社1993年版，第503页。

③ 《蔡廷锴戴戟致行政院电》，参见佟冬等主编：《九·一八事变》，中华书局1988年版，第538页。

④ 彭明主编：《中国现代史资料选辑》第4册，中国人民大学出版社1989年版，第8页。

⑤ 《救护队加紧工作，红十字会冒险救护》，《申报》1932年1月30日。

⑥ 《红会分会救护工作》，《申报》1932年2月2日。

⑦ 《中国红十字会紧急启事》，《申报》1932年1月30日。

⑧ 《各界捐助红会之踊跃》，《申报》1932年2月3日。

关系，以期完全遵照日来弗万国红十字会条约，其所救伤兵可分送红会各医院云。”[①] 何香凝女士“除组织救护队，创设伤兵医院，捐款输物之外，复至再至三，不辞劳瘁亲至前线及伤兵医院散物慰劳，使将士忘身，伤兵忘痛，敌忾同仇，都愿得一光荣的死所。这样的热烈的情景，实为中国空前所未有”[②]。万众一心，共赴国难，这种高昂的爱国热情，也给红会救护行动以巨大的推动。

战事仍在持续。中国红十字会救伤队员，出生入死，奔赴火线，救护伤员。在开战以来的一个月中，中国红十字会先后组织起 20 支救护支队[③]，队员 471 人[④]，他们都是来自各条战线的志愿者；开办临时伤兵医院 41 处（后增加到43 处）[⑤]，医护、服务人员 1400 余人[⑥]。此外，设难民收容所多处，收容难民。

红十字会是中立性、国际性人道主义团体，根据日内瓦公约之规定，在为战争受难者提供救援服务时，红会人员、设施、车辆等，任何情况下都应

---

① 《何香凝加入红会》，《申报》1932 年 2 月 2 日。

② 《十九路军抗日血战史料》，《民国丛书》第三编之“二十九”，上海书店 1991 年版，第 475 页。据《申报》报道，2 月 14 日，何香凝女士“亲至第十一医院，对于伤手及重伤士兵，均亲自以面包、牛奶等喂之。又有各女校学生持饼干等，赴各医院慰劳，为伤兵任拭面、洗手、喂食等工作。伤兵多感激涕泣，谓生身父母，亦无此项爱护，誓以此身报国”（《红会各救护队消息》，《申报》1932 年 2 月 15 日）。

③ 根据《新闻报》《申报》报道：第一支队长为海宗启，第二支队长薛振翼、史济山，第三支队长陆洪元、史志杰，第四支队长任桂庭，第五支队长杨钟甫，第六支队长俞松筠、蒋益生，第七支队长汤蠡舟、郭琦元，第八支队长叶植生、俞卓初，第九支队长吴云卿、陆东升，第十支队长张箴言、庄振家，第十一支队长周濂泽，第十二支队长陈亚夫、沈宗铨，第十三支队长谈颂文，第十五支队长吴甲三、傅德培，第十六支队长杨素兰，第十九支队长朱学苑。第十四、十七、十八、二十支队长阙如。

④ 《红会一月间之工作》，《申报》1932 年 3 月 1 日。

⑤ 《民国丛书》第三编《十九路军抗日血战史料》载有中国红十字会各伤兵医院院长或负责人名录如下：第一伤兵医院颜福庆，第二伤兵医院王培元，第三伤兵医院王一亭，第四伤兵医院刘鸿生、史量才，第五伤兵医院俞松筠，第六伤兵医院张竹君，第七伤兵医院牛惠生，第八伤兵医院周楚良，第九伤兵医院陈秋田，第十伤兵医院王一亭，第十一伤兵医院何香凝，第十二伤兵医院王一亭、陈荣章、翁演初，第十三伤兵医院叶露，第十四伤兵医院金燮章，第十五伤兵医院王汉礼，第十六伤兵医院陆伯鸿，第十七伤兵医院金伯琴、席云生、顾吉生，第十八伤兵医院 S. Reisenthel，第十九伤兵医院李元善，第二十伤兵医院惠主教，第二十一伤兵医院王苏香，第二十二伤兵医院庄德，第二十三伤兵医院张佩年，第二十四伤兵医院俞松筠，第二十五伤兵医院钱龙章，第二十六伤兵医院方液仙，第二十七伤兵医院范守渊，第二十八伤兵医院庄桂生，第二十九伤兵医院陆伯鸿，第三十伤兵医院阙如，第三十一伤兵医院瞿直夫，第三十二伤兵医院阙如，第三十三伤兵医院郭守纯，第三十四伤兵医院张维光，第三十五伤兵医院邵声涛、边瑞馨，第三十六伤兵医院朱世恩，第三十七伤兵医院魏鸿文，第三十八伤兵医院顾南群，第三十九、四十伤兵医院阙如，第四十一伤兵医院张箴言，第四十二伤兵医院牛惠生，第四十三伤兵医院陆伯鸿、周学文。

⑥ 《红会一月间之工作》，《申报》1932 年 3 月 1 日。

得到充分的尊重和保护。但日军置国际公法于不顾，不仅肆意屠杀平民百姓，而且连红十字会也不放过。据报道：

2月3日上午，第二救护支队在队长薛振翼率领下前往闸北救护伤兵，行至宝山路，“甫近防线，遽遭日兵射击，虽高悬红十字旗，日军竟不之顾，计受伤者，有司机王敦富腿部、队员王志芳左膀、纪文卫头部，危险异常，当即送至海格路医院”。为此，中国红十字会“电告日内瓦世界红十字总会，请转告各友邦主持公道”①。

2月6日上午，海格路红十字会美国女医生（Dr. Love Sankio）率领中央大学医学院救护队出发，至真茹救护。“于十时半，在真茹暨南大学门口，指挥救护。预备往前线时，有敌飞机一架，翱翔天空，掷下炸弹一枚，落在大树旁，距美医生约六尺之遥，炸毁运输汽车一辆，该医生炸倒于地，全身被泥土盖满，事后经同伴救起，察得臂腕受伤，幸不甚烈，旋即车送总院疗治。按国际公法，凡两国交锋，红会救护队出发工作，任何国不得加以侵害，此次暴日举动，不顾一切，故意违背国际公法，其残酷可见一斑矣”②。

2月6日上午，红十字会济字第一〇〇号救护员袁士兴赴闸北救护难民出险，会同蓝十字会主任王彬彦从事掩埋阵亡将士工作。“王、袁两君殓毕，经棺运至普善山庄暂厝。讵为天空日机所见，即投弹一枚，落山庄对面之丝头厂内爆炸，王、袁两君急驶车返驰，日机在上追逐，至太阳庙复投弹一枚，落于车右侧数武，炸伤小剃头之右脸，当救护上车急驰。日飞机追逐至大统路海昌路口，又投一弹，炸毁路侧电杆一根。经该处守兵闻枪射击，日机始遁去。前后连投三弹，均近在咫尺，未能命中，亦云幸矣。袁君车至闸北慈善团，复救护六十余人出险。其中除自行投亲者外，余悉送至临时救济会转送大陆商场收容。据袁君云，当日机投弹时，飞度极低，必能看清红十字会旗，乃竟追逐投弹，足见其蛮横之极，不惜破坏万国公约云”③。

2月15日上午，第七救护支队队员刘祁瑞以战事稍停，“实为救护职责已到”，乃“特率同看护等廿余人，再向闸北战区救护伤兵。时闸北筑有防御工作（工事）之沙袋，刘见沙袋前面伤兵甚多，亟应前进救护，遂越过第三第二沙袋而进至第一沙袋线内，并携有红会救护旗帜，以示敌方明了系救护人员，当不至发生其他危险。不料甫抵线内，正在实施工作之际，而敌方阵线，忽向我开枪，其枪弹尤集中红会旗帜之下，当时我红会同人曾高呼系救护者，

① 《日军不顾国际公法枪击红会人员》，《申报》1932年2月4日。

② 《真茹死伤中外男女》，《申报》1932年2月7日。

③ 《红蓝十字会掩埋阵亡将士》，《申报》1932年2月7日。

讵敌兵竟置而不睬，仍继续发枪，刘君忠于职责，虽在枪林弹雨之下，仍从事工作。惨无人道之日兵，更瞄准向刘氏连射十余枪，遂集（击）中刘氏左臂上及肚部、腿部等处。氏受枪击后，乃退出阵线，而日兵竟敢追击之，于是又续中两弹，刘氏顿时昏倒，不能行动，经同人等抬之上车，赴宝隆医院诊治，经医生施行手术急救，无如伤势太重，且系中毒弹，卒无法挽救，遂延至十六日下午四时气绝身死”①。

2 月 29 日晨，江湾红十字会第十五伤兵医院“忽被敌军纵火焚烧，内藏大旗一面，亦被焚毁，幸该院伤兵及医生等，早经迁避，未遭殃及。综计该院房屋、器械、药品等损失，约二万余金”②。

2 月 29 日上午，红会第一支队队员郁鸿章赴前线救护伤兵，在邢家桥附近被日军“瞄准连开两枪，一弹适命中郁之前胸，当即倒地，又被一弹击中后股，流血更多。同行者急架之登车，车中救有伤民一人，急将车开至宝隆医院救治，但以弹中要害，延至下午四时溘然长逝”③。

3 月 1 日，第十九救护支队队员陆春华、陈祖德、潘家吉出发南翔救伤时，在纪王庙附近“被隐伏竹林内之日军捕去”，惨遭杀害，“陆之两臂肌肉为刀割去，股部被弹穿一洞，臀部又有刀痕，厥状甚惨，不忍卒睹”④。

又据《国军淞沪抗日记》记载：“有红十会救伤队，前往真茹、大场、江湾等处救护伤兵，及被难灾民，当工作进行中，忽有大队日兵驶至开枪，向红十字会队员射击，所有救护车内伤兵、灾民四百余人，均遭屠杀，无一生还。”⑤

日军的残暴行径激起国人的极大愤慨，中国红十字会电告日内瓦红十字国际委员会，强烈要求各友邦主持公道⑥。3 月 6 日，红十字国际委员会为日军残杀中国红会职员，特派秘书长博浪博士来沪调查，王培元报告中国红会职员被日军射杀者三人，重伤身死者二人，失踪者四人，炸毁大场伤兵医院一处，轻伤王志芳、王敦甫等数十人，“博浪深为骇异”⑦。

---

① 《红会救护队刘祁瑞被日兵射死经过》，《申报》1932 年 2 月 18 日。2 月 19 日《申报》报道《刘祁瑞葬万国公墓》消息称“第七队队长刘祁瑞”。按：第七支队长为汤蠡舟，刘或为副队长，亦未可知，此处存疑。

② 《江湾伤兵医院被焚》，《申报》1932 年 3 月 1 日。

③ 《日兵枪杀红会队员》，《申报》1932 年 3 月 2 日。

④ 《红会三救护员尸身发现》，《申报》1932 年 5 月 17 日。

⑤ 佚名辑：《国军淞沪抗日记》，沈云龙主编：《近代中国史料丛刊》第 3 编第 21 辑第 210 册，（台北）文海出版有限公司 1988 年版，第 192 页。

⑥ 《红会请求各领主持正义》，《申报》1932 年 3 月 2 日。

⑦ 《万国红会代表到沪》，《新闻报》1932 年 3 月 8 日。

与日军的野蛮行径相比，中国军队对日本赤十字会的救护给予了极大的宽容。据《新闻报》报道：“庙行现为作战重心，我军在该处抵抗亦最烈，昨日红十字会救护队运到伤兵皆系庙行一带战伤之□师部队，法政大学现已改作后方医院。昨日自前线运来之伤兵，悉收容于该校。惟尚系前日受伤者，据伤兵云，我军最前线，因敌飞机及炮队滥放枪弹，救护队虽有红十字标帜，日军绝不守国际公法致我军战伤士兵无法迅速运出火线，颇多失去医治机会。但小场庙附近，日伤兵纵横满地，日本红十字会于昨午高扬红十字旗，我军为遵守万国红会条例停止追击，任听红会队员收拾死伤日兵，绝未加以妨碍。”相较之下，不能不令人慨叹，“中日军队文明与否之判，于此可见！”①

不仅如此，为了救治日本伤兵，中国红十字会还专门组织第 29 伤兵医院，恪尽人道：“中国红十字会以日本受伤俘虏，应依据万国公约办理，特与陆伯鸿君在杨树浦圣心医院组红十字会第二十九医院，专送日本受伤军人，一切手续均遵一九〇七年海牙公约第七十九条俘虏规则办理。”② 如此人道之举，彰显了红十字会国际主义精神。

日军肆意践踏国际公法的野蛮行径，使红会的救护行动变得愈加险恶。尽管如此，红会“秉承博爱恤兵宗旨，严守万国红十字会章程，不避艰险，努力工作”的信念③，绝不动摇。在 2 月 18 日为刘祁瑞举行的葬礼上，800 余名救伤队员打出了“为国牺牲”的巨幅标语④，这既是对死难者的褒扬，同时表达了他们不畏艰险的凌云壮志。的确，在整个沪战救护中，人们随时可以看到红会志愿者，冒着生命危险，穿梭于滚滚硝烟中，无分昼夜，恪尽天职，有的队员甚至积劳染疾，献出了年轻的生命，《申报》报道《救护王队员积劳殒命》就是一例：“王君和平，江苏阜宁人，现年二十岁，肄业真茹华夏大学，学行均优。沪地战事发生，君慷愤殊深，即与同学加入红十字会第四救护队工作，往来枪林弹雨中，未尝畏缩，对于患传染病之伤兵伤民，亦绝不嫌避，至染天花，竟至不治，本月（2 月）二十三日病殁工部局隔离医院内，闻者无不为之唏嘘。”⑤

3 月 1 日晚，十九路军因后援不继，全军撤退至第二道防线——嘉定、黄渡一线。中国红会上海战地救护遂于 3 日宣告结束，而队员“激于义愤，贯

① 《所述战地情形》，《新闻报》1932 年 2 月 27 日。

② 《红十字会廛念日本伤兵组织第二十九伤兵医院》，《新闻报》1932 年 2 月 24 日。

③ 《红十字会宴请万国红会代表》，《申报》1932 年 3 月 13 日。

④ 《红会救护队刘祁瑞被日兵射死经过》，《申报》1932 年 2 月 18 日。

⑤ 《救护王队员积劳殒命》，《申报》1932 年 2 月 27 日。

彻始终，决心仍赴我军后方工作”[①]。从4日晨起，第七、四、二十救护支队陆续开赴苏州等地，设立伤兵医院，施行救护。为协调各支队的救护行动，6日，红会专门成立了“前方办事处”，以张箴言为主任，沈金涛为副主任，俞松筠为医务股股长，罗希三为运输股长，周濂泽为交涉股长，俞卓如为总务股长[②]。8日，红会复抽调各支队队员混编一大队，以张箴言为正队长、沈金涛为副队长，随带大宗药品，乘轮驶往前线。据报道，“其目的地并不预先规定，由该队相机进行。至该队内部组织，则非常完备，计分医务股、总务股、交涉股、运输股，以下分交际组、材料组、文书组、通信组、庶务组、摄影组、调查组，及医生护士夫役等，计有六十七人”[③]。前方战事渐趋平静，伤兵无多，但救护队员没有丝毫懈怠，时刻准备大战救护，这种“忍苦耐劳，始终如一”的精神，“尤为难能可贵”[④]。5月5日，中日达成《淞沪停战协定》，战事告一段落，救护队使命完成，于5月10日从前线撤回[⑤]。在长达3个多月的救护行动中，据统计，红会共救伤兵8600余名，收容难民5.3万余人[⑥]。正如美国红十字会副会长别克纳而盛赞的那样，淞沪抗战中“最足使人得到深刻感觉者，厥为中国红十字会之救护工作”[⑦]。

淞沪抗战救护行动，用款达28.3万余元之巨，药品、食物、衣服等不计其数，“全仗临时捐助，尤以海外侨胞，迭捐巨款为最踊跃”[⑧]。正是在海内外爱国同胞的慷慨资助下，中国红十字会抗战救护的首次行动取得成功。

二、从“东北救护队”到“华北救护委员会”

淞沪战场的硝烟刚刚散尽，东北告急。1933年1月3日，被称为“天下第一关”的山海关（榆关）被日军攻陷，伤亡惨重[⑨]。

战火在长城脚下蔓延，中国红十字会立即进入战地救护状态。其实自九一八事变以来，红会一直关注东北局势的变化，旋因沪战爆发，红会有心无

---

① 《红会救护队已出发》，《申报》1932年3月5日。

② 《红十字会组织前方办事处》，《新闻报》1932年3月7日。

③ 《红会救护队即赴前方》，《申报》1932年3月9日。

④ 《红会第七队救护消息》，《申报》1932年4月7日。

⑤ 《红会救护队结束返沪》，《申报》1932年5月11日。

⑥ 胡兰生：《中华民国红十字会历史与工作概述》，中国红十字会总会编：《中国红十字会历史资料选编，1904—1949》，南京大学出版社1993年版，第503页。

⑦ 《美红会赞美中国红会》，《申报》1932年6月24日。

⑧ 胡兰生：《中华民国红十字会历史与工作概述》，中国红十字会总会编：《中国红十字会历史资料选编，1904—1949》，南京大学出版社1993年版，第503页。

⑨ 中国社会科学院近代史研究所中华民国史研究室编：《中华民国史资料丛稿》，中华书局1989年版，第27页。

力。淞沪抗战救护结束后，1932 年 5 月 27 日《新闻报》曾报道说：“中国红十字会特组救护队自前方撤回后，因感于东北战祸方殷，尚须出发救护，特成立救护同志会，赁定长沙路报本堂为会所，开始办公以来积极筹备赴东北救护事宜。兹悉该会第一批出发会员二十余人已于昨日下午三时许，由北站乘车起程，开赴东北，其余社员，一俟编制就绪，即将继续出发云。”① 似乎开始了救护行动，但两天后《新闻报》澄清：“至日前各报所载，红十字会组织东北救护队，出发东北救护等情，兹据该会负责人员谓并无此事，闻该会因遣送东北某队回籍，或有此种误会。”② 尽管报道不实，但不排除“东北救护队”的组建已在中国红十字会的酝酿之中了。

“鉴于东北灾情奇重，亟待赈济”，上海各慈善团体委托中国红十字会理事长王培元前赴东北“视察灾情”。1932 年 10 月 29 日，王培元返沪，宣布“与北方各慈善团体洽商办法，已有决定，并已由中国红十字会电达万国红十字会，请求通知日方当局，勿加阻挠，一俟接得复电，当即派员驰往工作”③。山海关失陷后，红会除参与“上海各慈善团体赈济东北难民联合会”的工作外，还迅速组织起“东北救护队”，整装待发。

1933 年 2 月 3 日，“东北救护队”乘火车北上天津。救护队组成人员为：

总队长王培元；

医务部主任刘崇恩，副主任纪长庚；事务部主任沈金涛，副主任周根镛；

病院组主任周鸿章，副主任陆懋卿；救护组主任耿国祥，副主任李观一；

卫生组主任周鸿章，副主任张万骏；药物组主任秦瑞庭，副主任吴菊坡；

担架组主任靳纬曾，副主任贾鸿桐；绷带组主任周鸿庚，副主任陆洪元；

会计组主任季忠泽，副主任吴增荣；文书组主任朱子京，副主任朱振新；

运输组主任马仁甫，副主任朱云波；材料组主任李耐霜，副主任邱耕豪；

交涉组主任马序治，副主任孙鹿鸣；庶务组主任吴玉麟，副主任葛道平。

另有救护组员马锡田、张云亭、石希曾，病院组员黄培生、张子骏，文书组员王稚涵、嵇让枝，庶务组员毛晋藩，材料组员沈祖根，勤务葛兰生、毛春海、方瑞金、姚阿荣、张子贞、张桂宝等④。加其他人员，全队共计 50 余名⑤。他们“一律身穿制服，备带旗帜、重要药品及行李担架等杂物数十

---

① 《中国救护同志会第一批开赴东北救护》，《新闻报》1932 年 5 月 27 日。

② 《红十字会救护工作完全结束》，《新闻报》1932 年 5 月 29 日。

③ 《王培元谈视察东北灾情》，《申报》1932 年 10 月 30 日。

④ 《中国红会东北救护队今晨出发》，《申报》1933 年 2 月 3 日。《申报》所列人员共计 44 人，而《新闻报》报道为 45 人（《红会救护队今晨全体北上救护》，《新闻报》1933 年 2 月 3 日）。

⑤ 《红会救护队昨北上》，《申报》1933 年 2 月 4 日。

件”，乘坐“铁道部特备免费二等车一辆，暨装载药品等铁篷车一辆，由京沪路经津浦路赴津集中，再行分头出发至热边秦皇岛及山海关一带救护伤兵，并组织掩埋队收殓尸体”。据报道：“此次出发之医生护士及各员役等，事前均立志愿书与保单，概遵中央所颁红十字会条例办照。”①

2月6日，“东北救护队”抵天津后，“分别派往前方并组织绷带所及后方医院等，积极筹备以尽职责”②。总队长王培元随即前往北平，与军政当局取得联系，并与卫生署长刘瑞恒、中华医学会上海地方协会代表颜福庆、协和医学院教授林可胜筹商救护事宜，决议整合各方救护力量，以红会名义，成立联合救护机关。2月14日，名为“中国红十字会华北救护委员会”的联合组织宣告成立，刘瑞恒为主任委员，颜福庆、姜文熙为副主任委员，王培元、梅贻琳、关箐麟、严智钟、全绍清、吴祥凤、林可胜、方石珊为委员，费兴仁、王树芳、赵耀如、李庆丰等25人为干事，医师、护士、医学生、事务员等计有77人③。“东北救护队”遂纳入“华北救护委员会”系统。

2月21日，日军兵分三路，大举进攻热河。大战爆发，王培元率大队救护人员驰赴前方救护。为保证救护行动的顺利进行，总会于21日特电国民政府，“请行政院速令铁道部按照万国红十字会章程，速拨车辆，免费载运，以救伤亡”④。26日，总会加派闻兰亭北上，办理难民赈济事务⑤。

救护行动迅速展开。3月6日，华北救护委员会派出林可胜等三人前往密云、顺义、遵化、蓟县等处实地视察，以便择地设置救护医院。8日，林可胜等回京后，华北救护委员会当即开会，议决派梅贻琳为第一救护队队长，前往多伦；卢致德为第二救护队队长，往喜峰口；张先林为第三救护队队长，往古北口；第四救护队因北平临时救护院收治伤兵较多而被派往担任救护工作。各救护队长“率领人员，携带药品分路前往，择地设置救护医院”⑥。

救伤行动在“中国红十字会华北救护委员会”的统一部署下紧张而有序地进行着，在此过程中，新成立的北平分会也发挥了重要的作用。

自国民政府定都南京后，总会迁上海，与总办事处合二为一。1928年筹备组建北平分会（因北京已易名北平），由总会聘请江朝宗、关菁麟、张执中

---

① 《红会救护队今晨全体北上救护》，《新闻报》1933年2月3日。

② 《中国红十字会救护总队启示》，《大公报》1933年2月18日。

③ 《中国红十字会华北救护委员会报告》，中国红十字会1933年编印，第33页。

④ 《红十字会请拨车辆》，《申报》1933年2月22日。

⑤ 《红会委员闻兰亭昨北上》，《新闻报》1933年2月27日。

⑥ 《华北救护委员会报告最近救护情形　已派四队出发战地工作》，《新闻报》1933年3月15日。

等15名议事员参与其事。10月29日，在干面胡同22号原中国红十字会总会举行议事员会，宣布北平分会正式成立，推举颜惠庆、毕桂芳、江朝宗、汪大燮、何其巩5人为名誉会长，胡惟德为会长，刘瑞恒为副会长（1929年1月胡、刘辞职，商震为会长，关菁麟为副会长，2月因商震调任山西省主席，推举江朝宗为会长），杨晟为议长，严智怡为副议长，章元善为理事长，卓定谋、容卓璋、林熙、郑言为理事①。北平分会建立后，南下河南救济“中原大战”，北上辽宁救济难民。

中国红十字会华北救护委员会成立后，北平分会作为一个方阵加入其中，组织担架队、救伤队开赴热河前线，救伤瘗亡，不遗余力。据报道：“孙殿英部在赤峰围场一带，激战兼旬，因担架缺乏，阵亡官兵，在激战之际，收埋不及，以大雪掩盖，受伤者多滚卧雪中呼号。此等伤兵，被日军枪杀及冻死雪中各处，共遗下尸身九百具。（北）平红十字会救护队，前往担架，救得重伤二百余，轻伤能动者六百余，共八百余名。”② 他们被陆续送往张垣、沽源伤兵医院救治。

热河沦陷，中国军队退守长城各口。1933年3月，长城抗战，华北救护委员会所隶各队不遑喘息，迅即奔赴战地。由于战线的延长，红会救护队分编成13组，分别派往康庄、喜峰口、通州、三屯营、遵化、蓟州、密云、帅府园、冯大、广化寺等处救护伤员。此外，中国红十字会设直辖救护医院2所：第一救护院设在帅府园，3月10日接收北平临时救护院扩充而成，收容量500人；第二救护院在冯庸大学（张学良挚友冯庸创办，冯为校长），3月27日接办，收容量600人。这两处医院所需经费，全部由红会支给。截至4月8日，“热河及华北各部伤兵六七千人，其中五千人皆为本会设立之战地及后方医院所收容”③。

救伤疗伤之外，有一项新举措值得注意，那就是“灭虱组”的工作，“伤兵最易发生传染病，其中以斑疹伤寒之传染，以虱为媒介，凡收容伤兵之医院，若能及早灭虱，即能预防斑疹伤寒之发生也”。为此，华北救护委员会特设防疫组，置备蒸汽锅炉一具，专为灭虱之用，伤兵“应用之件，同时灭虱，仅费十五分钟。此项锅炉，可以移动，现在第一救护院实行灭虱，本月（3月）六日，第一救护院灭虱工竣，即可移往他院”④，为伤兵提供更为人性化的服务。

---

① 孙敬敏编纂：《北京红十字会的65年（1928—1993）》，文津出版社1995年版，第3页。

② 《平红十字会救护孙军伤兵》，《申报》1933年3月30日。

③ 《颜福庆谈前方救护工作情况》，《申报》1933年4月8日。

④ 《中国红十字会华北救护报告》，《申报》1933年4月11日。

长城抗战于1933年5月结束，两个多月间，中国红十字会华北救护委员会所隶各救护队“热血奔放，工作极佳”①，救护成绩如表9-1所示②。

表9-1　各救护队救护成绩统计表

成绩＼队号	一	二	三	四	五	六七八	九十十一	十二	十三	总数
治疗伤兵	488	2913	1148	494	428	1258	418	180	159	7486
预防注射破伤风	218	1822	1153	447	276	436	418	0	91	4861
种痘	367	0	301	960	311	415	401	0	108	2863
总数	1073	4735	2602	1901	1015	2109	1237	180	358	
死亡	1	2	13	2	0	41	8	0	0	67

救治伤兵7486人，其中67人死亡，死亡率仅为0.895%③，这在当时实属不易。

当然，此次救护亦存在不足之处。主要表现在：

其一，未见开展难民救援工作。此次救护集中于伤兵救护，对于饱受战争之苦四处逃离的难民，从现有资料看，华北救护委员会既没有设立难民收容所，亦鲜见接济难民行动。

其二，救护不够及时。一方面救护委员会成立不及时，1932年10月底王培元赴东北视察回沪，直至1933年2月14日救护委员会方成立，此间3月有余，战火不熄，伤亡枕藉，难民载道，10万余人无处容身，纷纷逃离④，而救护委员会未及时成立以部署救护行动。另一方面，救护工作开展不及时，2月14日华北救护委员会成立，然救援行动的真正展开只能从3月10日算起。自2月14日至3月4日，救护队虽赴前线，但因战事影响无功而返。3月4日承德失陷后，救护委员会调整救护部署，直至3月9日第一救护队方前往多伦，开展工作。前后一周，长城各口每日遭日军轰击，伤亡不小，然救护并未及时到位。

其三，前后方队员分配比例失调。此次救护前方战地救护队仅3队，共

① 胡兰生：《中华民国红十字会历史与工作概述》，中国红十字会总会编：《中国红十字会历史资料选编，1904—1949》，南京大学出版社1993年版，第503页。

② 资料来源：《中国红十字会华北救护委员会报告》，中国红十字会1933年编印，第8页。

③ 《中国红十字会华北救护委员会报告》，中国红十字会1933年编印，第18页。

④ 《十万难民何处归》，《大公报》1933年1月5日。

35 人，其余 10 队、331 人均服务于后方医院[①]，以至前方救护行动受限，未能将救护行动全面展开。

其四，部分队员遣散过早。4 月 10 日，第二救护院被中央陆军医院接收后，服务于该院的 32 名队员即解散南归，然喜峰口、古北口一带仍在激战，前方救护未尽，即将队员解散，有“有始无终”之嫌。

然瑕不掩瑜，相比以往救护工作，此次救护的组织构成、行动安排有所创新、有所超越，为全面抗战救护积累了经验[②]。

三、绥远抗战的前方与后方

1933 年 5 月 31 日《塘沽协定》签订，中日达成停战协议。中国红十字会战地救护暂告一段落，转入自身建设阶段，以提升抗战救护的能力。

1936 年 11 月 12 日，日伪军向绥远红格尔图发起进攻，绥远省主席兼第三十五军军长傅作义率军迎头痛击，苦战 7 昼夜，重创来犯之敌，歼灭敌伪军 1700 余人，俘虏 300 余人[③]。绥远初战告捷，大快人心，举国欢腾。“沪上各界，热血忿涌，奔走呼号，誓为绥远将士之后援”[④]。11 月 17 日，上海市商会主席王晓籁、上海市地方协会会长杜月笙，“为慰劳救护绥远剿匪将士事”，特召集各团体联席谈话会。沪上名流虞洽卿、钱新之、穆藕初、王晓籁、江问渔、杜月笙、黄任之、裴云卿、秦润卿、陈光甫、邵燕山、金润庠、林康侯、严谔声、庞京周等出席，决议：由上海市商会、地方协会、红十字会三团体，合组绥远剿匪慰劳救护委员会；推定徐寄庼、刘鸿生、王儒堂、颜福庆、李馥荪、吴蕴斋、严谔声、柯干臣、胡筠秋、萧延芳等 25 人为委员会委员；推定金润庠为委员会总干事，杨管北为副总干事；筹垫巨款，慰劳前线战士；指定中国、交通、浙江兴业、浙江实业、大陆、盐业、金城、中南、中汇等十银行，四行储蓄会及福源、同裕、同康三钱庄，代收各界慰劳救护捐款；推陈光甫、杜月笙、徐新之、李馥荪、秦润卿、邵燕山、裴云卿等 7 人为经济委员[⑤]。

11 月 18 日，由上海市商会、上海市地方协会与中国红十字会总会三团体联合发起的“绥远剿匪慰劳救护委员会”（简称慰劳会，王晓籁、杜月笙、刘鸿生为主席委员，陈光甫、邵燕山、钱新之、穆藕初、林康侯、庞京周为常务委员）

---

① 《中国红十字会华北救护委员会报告》，中国红十字会 1933 年编印，第 24—30 页。

② 池子华、丁泽丽：《中国红十字会华北救护委员会与抗战救护》，《河北学刊》2014 年第 6 期，第 36 页。

③ 董其武：《戎马春秋》，中国文史出版社 1986 年版，第 95 页。

④ 《各界积极援绥精神慰劳物质输将》，《申报》1936 年 11 月 20 日。

⑤ 《各团体决组绥远剿匪慰劳救济会》，《申报》1936 年 11 月 18 日。

成立，表示将全力支持绥远抗战。慰劳会在致国府的电文中称：“匪逆入寇，经守土将士在中央指导之下，浴血痛剿，大义震天，群情向往，现上海市各团体经议决合组绥远剿匪慰劳救护委员会，即日起筹募捐款，备为后援。”①

同时，慰劳会又致电傅作义将军：“公（傅作义）率将士，冒雪剿匪，风声所播，举国振奋。海上各团体，现已合组绥远剿匪慰劳救护委员会，募集捐款，实力援助。绥居国防前线，为西北屏障，关系至大，务祈督饬所部，继续杀贼，大张挞伐，永固边圉。”②

“募集捐款，实力援助”乃慰劳会支持绥远抗战的重心，红十字会全力协助。11月20日，《申报》刊登《上海市商会、中国红十字会总会、上海市地方协会合组绥远剿匪慰劳救护委员会公告》，以“绥远居国防前线，为西北屏障，关系至为重大。此次匪伪进犯，经傅主席督率全体将士，迎头痛剿，全国人心，莫不振奋。惟是冰天雪地，苦战为难，将士亟应慰劳，同胞亦待救护，用特发起本会，广募款项。念国难严重，已达极点，民族生命，系于一线，救国自救，在此须臾”，号召“各界人士，慷慨输将，踊跃捐纳，坚将士卫国之心，作同胞将伯之助，仁心义举，胥在于此”③。慰劳会的号召，得到社会各界的广泛响应。根据《申报》公布的捐款数据，统计后制图9－1所示。

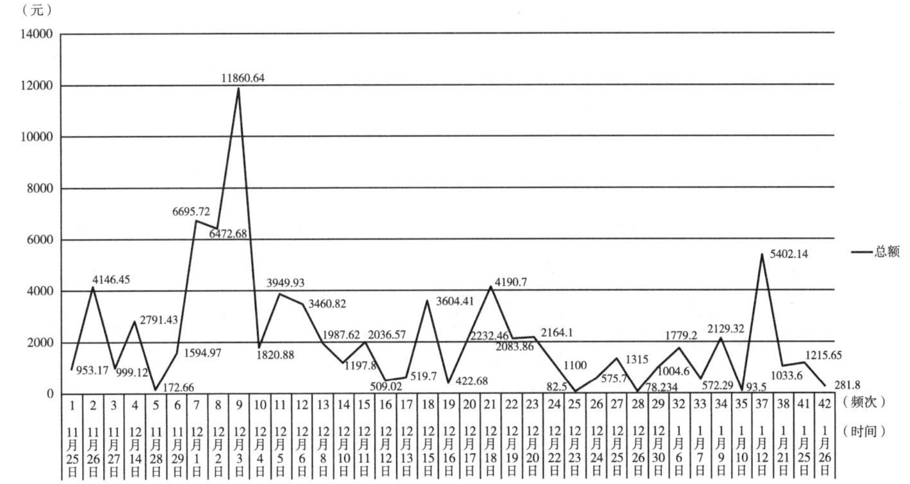

图9－1　慰劳会收款统计图

① 《全沪各重要团体一致奋起援绥》，《申报》1936年11月19日。

② 《全沪各重要团体一致奋起援绥》，《申报》1936年11月19日。

③ 《上海市商会、中国红十字会总会、上海市地方协会合组绥远剿匪慰劳救护委员会公告》，《申报》1936年11月20日。

由上图，除第30、31、37、39、40次，《申报》上公布有遗漏没有数据外，从1936年11月25日至1937年1月26日，两月中募集捐款达8万余元，日最多捐款逾万元，平均每日募集达2000余元，可见各界捐款之踊跃①。

御寒物品的捐助也十分踊跃，据报载，慰劳会“收到各界慰劳御寒物品甚伙”，其中以丝绵马夹及绒线手套、绒线衫裤为最多。为保证慰劳物资及时运达绥远前线，慰劳会特于干事部内添设运输组，石芝坤、董子华为正、副主任。1936年12月24日，第一批御寒物品：卫生衫裤529件、丝棉背心3014件、各种手套1621双、绒钱背心123件、冲毛袜318双、上等皮手套54副等，共计48箱运往前线②。12月29日，第二批御寒物品开始募集，至1937年1月8日，仅仅10天，慰劳会即收到丝棉背心10832件、棉背心1434件、卫生衫裤8709件、各种驼绒布手套10213件、毛线手套1300副、纱线手套6880副、新旧棉衣裤1347件、毛袜4406双、纱线袜6391双、毛巾6000条、毛线背心270件、毛线绒衫171件、棉布袜415双、前门牌牙粉10万袋等，共计307箱，于1月20日运往前线③。慰劳会前后输送前方两批御寒物品，共计355箱，对于在“冰天雪地，苦战为难”的将士而言，无疑是雪中送炭。太原绥靖公署特函鸣谢：“承贵会募集大宗物品慰劳剿匪将士，隆施稠迭，感佩莫名，已宣告前方袍泽同深感惠也。”④

慰劳会捐助行动，自然有红十字会的功劳。绥远抗战仍在继续，11月24日，中国军队收复百灵庙。据慰劳会代表王晓籁等赴绥劳军时听傅作义介绍，“是役以百灵庙之捷，关系尤为重大。因敌方从多伦张北商都一线向西直至额济纳，设站甚多，皆有军事上布置及设备，而以百灵庙为中心，一经摧毁，东西便不能联接。此后难保不大举反攻，但我方已有充分准备，现绥境已无匪踪。是役获得机关枪等军用无算，仅面粉一项，计两万余包。因百灵庙为交通中心要站，备藏机油甚多，悉数没收”⑤。百灵庙大捷后，我军士气大振。12月3日，日伪军反攻百灵庙被击退。12月9日，绥远守军乘胜追击，收复被日伪军盘踞的大庙（锡拉木楞庙）。

守土将士在冰天雪地中，挥洒热血，作为人道救护组织的中国红十字会，

---

① 丁泽丽、池子华：《绥远抗战与中国红十字会的人道救助》，《河北大学学报》2016年第2期，第122页。

② 《慰劳救护会首批物品已起运》，《申报》1936年12月26日。

③ 丁泽丽、池子华：《绥远抗战与中国红十字会的人道救助》，《河北大学学报》2016年第2期，第122页。

④ 《太原绥靖公署复谢收到慰劳品》，《申报》1937年3月11日。

⑤ 《慰劳会书面报告》，《新闻报》1936年11月28日。

理应担负更多的责任与义务。因此除全面参与慰劳会的工作之外，中国红十字会还在以下几个方面发挥着独特的作用。

首先，成立中国红十字会绥远经济委员会募集救援物资。

11 月 19 日，也即慰劳会成立的第二天，中国红十字会总会“以绥远告急，亟须加紧工作，爰特成立经济委员会，同时并举行第一次会议。该会经济委员会委员，均为本埠（上海）名流”①，其中王正廷会长为主席，杜月笙、刘鸿生为副主席，林康侯、虞洽卿、王晓籁、钱新之、俞佐庭、穆藕初、宋汉章、袁履登、张慰如为常务委员，吴铁城、朱子桥、叶誉虎、姚慕莲、赵晋卿、徐新六、朱吟江、汪伯奇、金廷荪、唐寿民、陈光甫、秦润卿、叶扶霄、卢学溥、顾馨一、叶琢堂、闻兰亭、王一亭、关炯之、陆伯鸿、黄涵之、姚虞琴、沈联芳、劳敬修、狄楚青、竺梅先、孙卫甫、吴蕴斋、王伯元、金润庠、王培元为委员②。经委会的首要职能为筹集款项，“值此非常时刻，筹募救护经费，刻不容缓”。委员会决议：“全体委员，每人担任募款五千元，刊印捐册，定于本年十二月一日起，至二十六年（1937 年）一月三十一日止，在此二个月内，筹募竣事。”③

其次，组织协调战地救护。

战事惨烈，伤亡不可避免。在战火燃起之前，“绥远红十字分会即已准备”。但绥远抗战开始后，绥远分会难以应付，“因经费无着，捐款无方，致应办事业心长力拙，进行棘手”④，只好“快邮代电到沪报告，并请求总会予以协助”⑤。总会除汇款千元“作为救护之用”外⑥，特派庞京周“搭机飞往绥远，视察分会工作，予以协助”⑦。另据红会报告称：“绥战既开，本会常务理事林康侯、王晓籁、救委会正副总干事颜福庆、庞京周代表本会暨各团体，乘坐飞机驰往西安继赴太原再至归绥视察，并往各地伤兵医院调查情况（11 月 23 日出发，26 日回到上海——引者），督当地分会加速进行救护事宜。”⑧ 前方虽有绥远红十字分会从事战地救护，但毕竟势单力薄，缺医少药的状况亦亟待改观，正如庞京周所说，“在本人等赴绥时，据傅主席云，军医在目前尚能勉强应付，然一旦战事扩大，而塞外村落甚稀，药品人才既不够

---

① 《红十字会绥委会成立》，《申报》1936 年 11 月 20 日。

② 《红十字会总会成立经济委员会》，《时事新报》1936 年 11 月 20 日。

③ 《红十字会绥委会成立》，《申报》1936 年 11 月 20 日。

④ 《绥远分会来电》，《中国红十字会月刊》第 19 期（1937 年 1 月），第 36–37 页。

⑤ 《中国红十字总会副总干事庞京周日内飞绥》，《新闻报》1936 年 11 月 20 日。

⑥ 《总会复电》，《中国红十字会月刊》第 19 期（1937 年 1 月），第 37 页。

⑦ 《中国红十字总会副总干事庞京周日内飞绥》，《新闻报》1936 年 11 月 20 日。

⑧ 《中华民国红十字会总会三年来总报告》，中国第二历史档案馆档案，全宗号 476，卷号 3198。

应用，而伤兵医院之设置及运输伤兵等问题，均将发生绝大困难”①。有鉴于此，12月1日，红会派庞京周赴南京，与中央防疗处、卫生署“接洽药品材料等物”，而后转赴北平，“组织训练救护队”②，以充实前方救护力量。庞氏到北平后，即着手筹备中国红十字会总会救护委员会华北分会事宜③，因筹备需时，恐缓不济急，遂于12月上旬成立了一个“中国红十字会总会救护委员会华北临时分会”（正式分会成立于1937年1月20日——引者），接受总会之托“办理华北临时救护防疫工作之补助事宜”④。临时分会成立后，迅速组队驰赴前方，开办临时医院，救护伤员。到12月中旬，“前线一带，已布遍红十字会之旗帜”⑤，而即将出任红会秘书长的庞京周也再度飞往绥远前线，指挥调度，悉心尽力⑥。

再次，募集药械医品以应急需。

11月25日，傅作义将军在绥远会见王晓籁、林康侯、黄炎培、陆京士、颜福庆、庞京周等一行时，有“御寒品及药品，如能不断接济，尤为感激”之语⑦。前方函电亦称，“因日来天气严寒，伤兵医院急需被褥及应用医药材料等，均为最关紧要之用品”⑧。御寒品由慰劳会筹备，药品主要由红会募集。前方急需医疗用品如棉花、纱布、绷带、黄典（碘）、石碳酸、来苏儿、双养水、刀剪、镊子、注射液、注射器等，“因华北置办不易，非由沪地总会筹募大宗材料供应不可”⑨。为此，12月10日起，总会在《申报》刊登《中国红十字会征募救护材料启事》《中国红十字会征募救护材料》《中国红十字会募急救药囊》等广告⑩，动员社会各界踊跃捐助。1936年12月25日、1937年1月20日及2月10日，分三批将募集到的大宗药械医品运往绥远前线⑪（具体数字如表9－2所示）。

---

① 《庞京周述个人观感》，《新闻报》1936年11月28日。

② 《各方援绥消息汇志》，《新闻报》1936年12月2日。

③ 《各方纷纷援绥劳军》，《申报》1936年12月8日。

④ 《中国红十字会总会救护委员会华北临时分会章程及手术组预算案》，《大公报》1937年2月9日。

⑤ 《红会前方电告需要救护药品》，《申报》1936年12月14日。

⑥ 《庞京周从前线归来谈话》，《申报》1936年12月17日。

⑦ 《慰劳救护会昨开会慰劳赴绥代表》，《申报》1936年11月28日。

⑧ 《中国红十字会总会征募救护材料启事》，《申报》1936年12月10日。

⑨ 《庞京周电告前方亟需材料》，《申报》1936年12月10日。

⑩ 分别见《申报》1936年12月10日、13日、15日。

⑪ 《中华民国红十字会总会工作概况报告》，上海市档案馆藏档，档号Q0-12-611。

表 9-2 中国红十字会输送前线医药用品统计表①

方向 批数	傅作义主席	绥远红十字会分会	华北临时救护委员会	军民联合会
第一批	急救等药品 87775 包，计 186 件	射药品及急救药品 5000 包，装 50 罐	急救等药品 2 箱	/
第二批	急救包 20000 包	/	急救包 1 万包	救护药品及急救包 1 万包
第三批	生药包 30700 包，药品 21 件，棉花 385 磅，纱布 287 磅，消毒盐 14 盒，白凡士林 100 罐，止痛油 12 罐，丝绵背心 50 件，共装 102 件			

总计医械药品 400 余件及急救包 20 余万包，分批输送前线，为医疗救护提供了有力的保障。

复次，募集救护车为救护行动提供便利。

鉴于前方救护车辆不敷应用，中国红十字会联络慈善团体联合会及道路协会“为援绥发起筹募救护车运动”。1936 年 12 月 15 日，三团体特请上海各大汽车公司，在青年会举行茶话会，“商讨购车办法，并组织购车委员会负责进行”，40 余人出席。中国红十字会会长王正廷报告筹募宗旨：“此次匪伪窃发，犯我绥边，傅作义将军为民族生存计，督率部属起捍边围，幸赖将士用命，万众一心，百灵庙一役，敌人望风披靡，瞻念前途，曷胜庆幸。惟是白刃相见，锋镝交摧，我军伤亡，在所不免，益以雪地冰天，交通险阻，辗转输送，迁延需时，救护前方武装同志，自属刻不容缓之举。本会素以服务社会为职志，对于救国工作，不敢后人，爰拟发起筹募救护车运动，征集汽车若干辆，送交红十字会，以便在前方专作救护伤兵之用。兹事体大，端赖群策群力，除向各方募集捐款备购外，并请本市各大汽车公司，鉴于为人道而救护伤兵，将售价特别通融，减价收费云。”商定购车办法为：“（一）此项汽车，特商各行购买，然定价予以特别折扣；（二）某行允售若干辆，本会即将牌号定价，现售实价及特别折扣，分别列表注明捐启，俾资矜式；（三）前项车辆，一律送交中国红十字会，以备救护前线伤兵之需，不得移作他项用

① 资料来源：《本会及绥远剿匪慰劳救护委员会暨各方征求药品由本会运寄前方者开列于后》，《中国红十字会月刊》第 20 期，第 96—99 页；《红会大批药品昨日运绥》，《申报》1936 年 12 月 25 日；《红十字会二次会议寄运药品》，《申报》1937 年 1 月 20 日；《总会第三次运绥药品》，《中国红十字会月刊》第 22 期，第 73—75 页；白淑兰：《中国红十字会的创立及抗战前后的工作》，《北京档案史料》1993 年第 4 期，第 41 页；丁泽丽、池子华：《绥远抗战与中国红十字会的人道救助》，《河北大学学报》2016 年第 2 期，第 123 页。

途；（四）此次购置车辆，由本会联合本市各慈善团体募集征收捐款，随时交由指定银行收存，于购车时提用之。”① 为此，组建由三团体赵晋卿、颜福庆、钱新之、楼兆念及各汽车公司推派的史密司、马爱尔司、佛兰特、门克劳、（另一人代表友福或大昌汽车公司）9 人组成的“购车委员会”加以落实。有救护车辆作保障，便利前线救护行动的展开。

此外，“本会鉴于绥远战区附近难民綦众，特先捐助拾万元，设立难民收容所”②，给予难民以人道关怀。

总之，绥远抗战的辉煌，与中国红十字会、慰劳会等社会各界的“后援”是分不开的。慰劳救护行动，不仅激发起前方将士高昂的斗志，而且唤起人们对祖国前途命运的强烈关注，诚如傅作义将军所言：“此次绥远抗战，迭蒙海内外爱国人士热情援助，既予物资补充，复荷精神鼓励，可钦可敬。但慰劳意义，非仅限于今日作战官兵，要在激励将来无穷斗志；非仅限于今日爱国热忱，要在唤醒将来全民奋起。”③ 可见其积极效应有不可低估者。

抗战初期救护，是中国红十字会全面抗战救护的预演。通过上述几次救护行动的锻炼，红会的使命感和责任感提高了，红会也意识到自身存在的不足，因此完善自我、强化自身建设提上了红会议事日程。中华民国红十字会（简称中国红十字会）第一次全国会员代表大会正是在这种情况下召开了。

第三节　国难当头

一、“重开一个新纪元”

中国红十字会直辖内政部后第一次全国会员代表大会于 1934 年 9 月 24 日在上海召开。这也是中国红十字会成立以来举行的第四次会员大会（“三大”虽然流产，但有临时大会加以弥补）。

之所以要召开会员代表大会，主要为应对即将到来的旷日持久的民族自卫战争救护的需要，这是此次大会召开的深刻背景。那么，如何应对迫在眉睫的人道需求，则是大会需要解决的问题，也即大会召开的具体原因。具体而言，包括三个方面：一是如何理顺关系；二是如何加强自身建设；三是如

① 《三团体援绥筹募救护车运动》，《申报》1936 年 12 月 16 日。

② 《中华民国红十字会总会工作概况报告》，上海市档案馆藏档，档号 Q0—12—611。

③ 孙兰峰、董其武：《绥远抗战始末》，全国政协文史资料委员会编：《文史资料精华丛书》第 2 卷《从国内战争到共同抗日》，安徽人民出版社 2000 年版，第 432 页。

何动员人道资源。这些方面，都需要通过会员大会的讨论达成共识，形成决策。

第一个方面，所谓理顺关系，就是要理顺红十字会与政府之间的关系。本次大会原本就是应国民政府内政部的“训令”召开的：“由内政部训令总会，依法召集第一次全国会员代表大会，以便集合全国同志，慎选负责人员，树立永久计划，发扬全会事业。”① 这其中要通过“改组”的方式，理顺红十字会与政府、总会与分会的关系。内政部次长甘乃光在出席大会时就明确指出：“中华民国红十字会，欲完成其应负之使命，亟需有一完全严密之组织，以实行其任务。所谓严密之组织，不仅总会与分会，须分别依法改组，推选负责之人员，而总会与分会间，尤须取得亲切之联络。分会之事业及会计，固须受总会之监督，总会对于分会，亦须随时注意指导。本部已训令总会，拟订总会章程与分会章程草案，提交大会审查。此项章程，为中华民国红十字会组织精神所寄，凡属会员及职员，均须恪守勿渝，深盼代表诸君，殚精竭虑，妥为议定。”② 所谓“依法改组”，就是依据《中华民国红十字会管理条例》及《施行细则》，修正总会和分会章程，希望通过大会形成制度来确认管理体制和运行机制，包括理顺红十字会与政府、总会与分会的关系。既然“依法改组”，总会组织架构与人事安排，显然也在大会讨论之列。

第二个方面，加强自身建设来应付复杂的时局，关键在于发展会员。在甘乃光看来，“红十字会应以全力普遍征求会员，为完成其一切计划之根本要件”，原因很简单，“中华民国红十字会，现仅有会员十余万人，为数过少”。因此，红十字会“应于最近期间，努力征求会员，至少一百万人以上，尤须注意于青年会员之征求，使青年认识红十字会之精神，养成其个人之健康习惯与服务社会之训练。一方面应努力与（于）红十字会事业及卫生教育之宣传，获得人民之信仰”，激励人们加入红十字会。对此“根本要件”，自然应该通过会员大会“分别议定详细计划，责成总会负责进行”③。其实，中国红十字会已深深意识到了“红十字会在我国事属创举，人民之认识尚有未具，以故会员无多，资历薄弱，所办种种事业终不免有力不从心之慨”④。因而，会员大会召开之时，征求会员运动已在进行之中了（下文详述），甘乃光以“根本要件”加以强调，是希望与会代表对此问题有足够的重视，以便更好地

① 《中国红十字会开第一届全国会员代表大会》，马强、池子华主编：《红十字在上海资料长编（1904—1949）》下卷，东方出版中心 2015 年版，第 3 页。

② 《中国红十字会全国代表会昨开幕》，《申报》1934 年 9 月 25 日。

③ 《中国红十字会全国代表会昨开幕》，《申报》1934 年 9 月 25 日。

④ 《中国红十字会全国会员代表大会宣言》，中国第二历史档案馆档案，全宗号 476，卷号 1471。

加以推进。

第三方面，人道资源的动员，主要涉及人、财、物的整合。如甘乃光所说："中国红十字会过去工作，虽有相当之努力，惟以救护材料，平时既无充分之储备，救护人才，并无充分之训练，一遇事变，往往不能应付裕如。兹已由本部训令总会，拟订设立医院、储备救护材料及造就救护人才计划草案，先期分送各分会签注意见，并已由总会分别整理，提交大会讨论，深盼代表诸君，悉心审查，议定详细办法，责成总会努力进行。"救护人才的培养、救护材料的储备固然重要，而经费的基础地位亦至为关键，"每一事业之进行，均须先树立其财政上之基础，实为不易之原则"。中国红十字会经费"其用途是否正当，其收支有无浮滥，实需要一完备之预算制度及会计组织并会计检查制度以整理之，此为会务成败之关键所在，不容忽视"。为此，内政部也专门"遴派会计师实施检查，裨益增社会之信任"。同时，督促总会拟定总会会计规程及分会会计等规程，"以备施行"。鉴于"总会及各分会事业甚多，经费有限，今后如何方能使收支适合、预算平衡，均须加以精密之探讨"①，这是会员大会的一项重要议题。

总之，奉令召开的会员代表大会，意在理顺关系、强化自身建设、汇聚人道力量，为民族自卫战争救护做准备，所谓"此次大会预备提案颇多，但非常重要，盖因恐世界大战不久将暴（爆）发，故该会决计及时扩充会务，筹备大宗药品担架旗帜等物，并拟招收男女救护员十余万名，分队组织，加以训练，以便临时应付救护"即是②。正是在这样的历史背景下，召开了首届会员代表大会。

经内政部核准，1934 年 9 月 24 日至 28 日为开会日期，为此总会成立大会筹备委员会，从 7 月 1 日开始筹备，其中心工作是代表的选举。

总会方面，9 月 15 日召开总会直属会员大会，黄涵之、关炯之、顾馨一、王培元、王振川等百余人出席，经投票，闻兰亭、林康侯、王晓籁、虞洽卿、关炯之 5 人当选为出席中国红十字会全国会员代表大会代表，王振川、沈金涛两人为候补出席代表③。

分会方面，1934 年适逢中国红十字会诞生 30 周年。30 年来，全国各地共设分会 438 处，会员有 10 余万人。经内政部核准，出席代表每分会会员 30 人以上者推举 1 人，60 人以上者推举 2 人，依次类推，并通告各地分会。至 8

① 《中国红十字会全国代表会昨开幕》，《申报》1934 年 9 月 25 日。

② 《中国红十字会定期举行全国代表大会》，《新闻报》1934 年 8 月 7 日。

③ 《红会开直属会员大会选举出席代表》，《申报》1934 年 9 月 16 日。

月6日，已有200余处分会回复表示报名参加。总会“根据报到之分会，连日办理寄发大会出入证及选举票，颇形忙碌”①。

9月15日，大会筹备委员会举行会议，决定成立大会秘书处，推王一亭为秘书处主任，王晓籁、黄涵之、关炯之、虞洽卿、王培元、闻兰亭为秘书。秘书处下设四股：文书股王晓籁、关炯之兼股长，以魏瑞峰、沈金涛、卫铁铮、朱振新等为干事；议事股推虞洽卿兼股长，以嵇鹤琴、朱子京、冯子明、唐炳璋等为干事；会计股推黄涵之、闻兰亭为股长，以谢波澄、杨赞唐、江思白、吴桂林等为干事；庶务股推王培元兼股长，以鲍康宁、王耀庭、李耐霜、吴耀三、周鸿章、张丹卿、耿国祥、靳纬曾、周根镛、秦瑞庭、张子道等为干事。17日，秘书处正式成立并开始办公②。

遵照《中华民国红十字会管理条例施行细则》第四章第二十条之规定，“全国会员代表大会开会日期及会议之主要事项，应于两个月前通知各分会，并于指定之报纸公布之”。8月7日，总会分别在《申报》《新闻报》刊登《中国红十字会定期开全国代表大会》《中国红十字会定期举行全国代表大会》的公告，通告开会日期、选举代表办法以及主要事项。会期临近，9月22日、23日，总会再次分别在《申报》《新闻报》刊登《中国红十字会总会为举行第一次全国会员代表大会公告》，通告会议召开的时间、地点、联系方式：“九月二十四日起至二十八日止，每日上午十时起下午五时止；会场：假座上海天后宫桥堍上海市商会，电话四〇一二六号；总会地址上海九江路三百四十二号，电话九〇一〇九，九〇一〇〇”；同时通告会议的主要事项：“为讨论总会、分会遵照条例细则实行改组，修订各项章则，选举总会理事、监事，审查总会预算、决算，讨论设立医院，储备救护材料及造就救护人材详细计划草案等重要事项。”③

1934年9月24日上午，第一次会员代表大会如期举行。会场设于上海天后宫桥市商会大礼堂内，大门悬有党、国旗及“中国红十字会第一次全国会员代表大会”横幅。会场内主席台正中悬有总理遗像，党、国旗交叉两旁，并分置部派代表席、常议员席、新闻记者席、纪录席等座位，中悬万国旗成十字形；会场四周遍悬红十字白布旗，布置简洁而壮观。内政部代表甘乃光、民政部代表曹钟麟、军政部代表陈辉、海军部代表陈泰鳌、外交部代表赵铁

---

① 《中国红十字会定期举行全国代表大会》，《新闻报》1934年8月7日。

② 《红十字会代表大会——报到代表一百卅七人，大会秘书处开始办公》，《申报》1934年9月19日。

③ 《中国红十字会总会为举行第一次全国会员代表大会公告》，《申报》1934年9月22日、《新闻报》1934年9月2/3日。

章及总会、分会代表共164人与会（报道人数248人）。因王一亭因病缺席，会议由闻兰亭主持，甘乃光、陈辉、陈泰鳌、赵铁章等依次致训词①。会议完成各项议事日程后于28日闭幕。

在这次会议上，与会代表依法选举出林康侯、王培元、王晓籁、虞洽卿、关炯之、闻兰亭、杜月笙、王一亭、王正廷、朱子桥、颜惠庆、许世英、史量才、王振川、刘鸿生15人为理事，黄涵之、姚虞琴、顾竹轩、李应南、张仙台、钱新之、朱吟江7人为候补理事；劳敬修、汪伯奇、黄涵之、沈联芳、叶恭绰、钱新之、穆藕初、姚慕莲、狄楚青、陆伯鸿、袁履登、宋汉章、赵晋卿、徐新六、胡孟嘉15人为监事，顾馨一、陈光甫、王清泉、王奎璧、屈文六、黄炎培、张蕴山7人为候补监事②。会议还讨论通过了征求会员案、舟车免费案、发行月刊案、章程修正案、保护及抚恤救护队员案、减轻会费案、补助经费案、拨助药品案、电报免费案、奖励义务职员案、请将红会历史编入教科书案、筹措医院院所及经费案等诸多议案③，其要点有："一、遵照国民政府公布《中华民国红十字会管理条例》及行政院公布《中华民国红十字会管理条例施行细则》，修改本会总、分各会章程，以期组织完密，俾得增进办事之效率；二、减低会员会费，多收青年会员，增设妇女部，并训练救护人才，预储救护材料，以便平日得以充实内部，遇变亦可应付裕如；三、于首都及各巨埠设立规模完善之医院，并附设赈济及救济等机关，以便平日得以治疗平民之疾病，及拯救贫民之疾苦，遇变亦可救治中外伤兵，以重人道，庶不至临时新设，效力不充。"④ 大会发表了《中国红十字会全国会员代表大会宣言》，"郑重宣告于总、分各会会员者，此次议决各案，期在必行，务使总、分各会之本身组织健全，则平时战事之应付，乃生效力。须知国际间和平破裂之期不远矣，届时我国态度无论如何，其地位终极危险，凡我红会会员既无力挽救此厄运，惟有大发愿力，为本会努力服务，本爱人救人之一念，藉以博得国人及国际间之同情，其在平时，亦应努力于济贫救灾等等事业，直接为社会造福"。《宣言》号召全国会员以本次代表大会为契机，本"力图改进之精神"，扩充会务，完善自身，"从此另换一番新气象，重开一个新纪元"⑤。

经过这次大会，红会体制出现新变化，即理监事会取代了常议会，行使

---

① 《中国红十字会全国代表会昨开幕》，《申报》1934年9月25日。

② 《红会当选理监事昨日全部揭晓》，《申报》1934年9月30日。

③ 《全国红会代表会议第二日》，《新闻报》1934年9月26日。

④ 《中国红十字会代表大会昨日闭幕》，《申报》1934年9月29日。

⑤ 《中国红十字会全国会员代表大会宣言》，中国第二历史档案馆档案，全宗号476，卷号1471。

选举会长、副会长、审查预算决算、审查入会会员资格、订定各项规则等职权，成为红会的中枢机构，而且理事、监事同会长、副会长一样也要由政府任命。

10 月 1 日，中国红十字会第一届理监事会假座巨籁达路刘公馆举行联席会议，公推蒋介石为名誉会长，内政部长黄绍竑、上海市长吴铁城为名誉副会长（10 月 11 日第二次理监事会添聘颜惠庆、虞洽卿为名誉副会长[①]），王正廷为正会长，史量才、刘鸿生为副会长（11 月，史量才被刺后改推杜月笙为副会长），王一亭、闻兰亭、林康侯、杜月笙、王晓籁为常务理事，黄涵之、钱新之、陆伯鸿为常务监事[②]。10 月 3 日上午 10 时，新任红会领导成员“宣告正式就职”[③]。

直辖内政部后这首届会员大会，选举产生了新一届红会领导人，通过了一系列有益于自身建设的议案，明确了工作方向与目标，可谓意义重大，影响深远，体现了红会“合乎时代之需要”、与时俱进的可贵品质。但要在未来大战救护中应付裕如，必须大力开发人力资源，征求会员运动于是掀起。

二、“为国人谋福利，为国际增光荣”——征求会员运动

从 1934 年到 1937 年，中国红十字会掀起了三次大规模征求会员运动，这在红会史上是前所未有的。

（一）征求会员运动的背景及原因

所谓“征求”会员，即“发展”会员，壮大会员队伍。早在 1922 年 6 月 25 日中国红十字会召开第二届会员大会时，中国红十字会常议会议长盛竹书就指出：“有欲为本会之永久计，为会务之进行计，皆不能不从征求会员入手。”[④] 虽然之后加快了征求会员的步伐，但并未采取“运动”的方式加以推进。1934 年开始，中国红十字会之所以发起征求会员运动，固然是遵照《中华民国红十字会管理条例施行细则》第十八条之规定，中国红十字会每年得征求会员一次[⑤]，但根本原因还在于红十字会力量弱小，无法适应国际国内局势恶化的“时代之需要”。

---

① 《红十字会理监事会议》，《新闻报》1934 年 10 月 14 日。

② 《红会常务理监联席会》，《新闻报》1934 年 10 月 3 日。

③ 《红会会长等昨日就职》，《新闻报》1934 年 10 月 4 日。

④ 马强、池子华主编：《红十字在上海资料长编（1904—1949）》上卷，东方出版中心 2015 年版，第 196 页。

⑤ 马强、池子华主编：《红十字在上海资料长编（1904—1949）》中卷，东方出版中心 2015 年版，第 379 页。

从国际局势看，战争阴霾，弥漫全球，第二次世界大战随时可能发生，作为国际性的慈善组织，中国红十字会不能不心存忧患，《中国红十字会第一次全国会员代表大会宣言》即申明：

世界局势之不安，未有更甚于今日者也。回溯十六年前欧洲大战，以全世界企望和平而结束；国际联盟以全世界企望和平而产生。所有直接参战各国，已各有悔祸之心；其未经参战而间接受战事之影响者，已各憬然于战事之太伤人道。于是弭战缩军之论，亦随之嚣然而起，一时和平之空气，弥漫于全世界，此诚可谓人类之幸运、国际之福音矣！讵为时不久，国际间又以利害之新冲突，渐发生杌陧不安之象。各国相互间虽仍阳为和平之运动，而实阴为军备之扩张，于是有时局观测家突发表一种一九三六年将发生第二次世界大战之推论。前之企望和平者，缘兹已为之短气，乃忽又发生‘九·一八’之东北事变，全世界更为之震动，以为此即第二次世界大战之征兆。各国间遂各从事于大战之准备，揭去其和平假面具，愈进行其扩张军备之竞争，如此则第二次世界大战，虽不必果于一九三六年发生，恐终不过为时间问题耳！我以积弱之国，介处其间，倘果不幸而遭逢此变，试问将何以应付？岂忍坐视地方糜烂，军民死伤而不思所以拯救之？际此时期，藉以保全我国在国际间之地位者，其惟我红十字会乎？①

因此，要“应付时变”，必须强化自身建设，这是时代的呼唤。

从国内局势看，九一八事变、一·二八事变、长城烽烟、绥远抗战，战火连绵，民族危机日趋严重，中国势将成为二次世界大战的主战场。中国红十字会亲历战事救护，倍感心力交瘁，倘若战祸进一步扩大，将如何应对？“际兹第二次世界大战空气弥漫之顷，若仍因陋就简，不思所以改进，倘一旦遭逢较欧战尤烈之巨变，我华北及东南沿海一带，恐将陷于不堪闻问之境，即全国通商巨埠，恐亦难保其安全。以此等规模狭小设备不完全之红十字会，将何以尽其博爱恤兵、救苦救难之天职？”② 因此，大力开发人力资源，壮大救护队伍，对中国红十字会而言，实为当务之急。

征求会员也是提升中国红会国际地位的需要。中国红十字会历经30年的发展，会员人数超过10万，乍看起来，令人欣喜，1934年2月7日《申报》即以“红十字会会员发达”为题报道说，“我国红十字会组织已有五百零七

① 《中国红十字会全国会员代表大会宣言》，中国第二历史档案馆档案，全宗号476，卷号1471。

② 中国红十字会总会编：《中国红十字会历史资料选编，1904—1949》，南京大学出版社1993年版，第100页。

处，会员十一万二千二百八十六人”[①]，的确增长迅速，但稍作横向比较，差距立刻显露无遗，“因为东方各国，像暹罗（泰国）人口约八百万，会员有九万多；日本红十会入会的会员，有三百八十八万，占全国人民百分之二十。中国号称四万万同胞，入会的只十万有零，未免相形见绌，使世界人看中国人慈善有逊于友邦”。所以要“使得中国在国际上慈善地位，一天一天提高起来”，非多多征求会员不可[②]。

“基金之募集为道多端，征求会员，其一也”[③]，征求会员，当然亦是红会自身建设的需要。红十字会经费来源主要有以下几种渠道：（一）基金；（二）政府补助金；（三）会员之会费；（四）募捐；（五）事业上生产的收入；（六）财产的息金。“这几种里面基金是分毫不能动用的，政府的补助金到现在才每月有几千块钱，为维持本会经常费尚且不够。事业上生产的收入完全无有，财产的息金也有限得很，募捐更无把握，唯一的收入就完全靠会员的会费”。但是，如曹云祥秘书长于 1935 年 9 月 29 日晚在佛音电台播音演讲时所说：“中国红十字会创立三十余年，到现在不过十余万会员，每年入会的仅及几千人。诸位，由此就可以知道红十字会财力和人力是如何的薄弱了。我们再来看世界各国红十字会的情形是怎样，比较起来真是让人羞愧。美国红十字会一九三三年全国会员共有一千余万人，他的基金达千六百余万，还有政府资助他的赈款约七千三百万金，以为振救灾难之用；日本红十字会经政府的倡导，全国人民多踊跃入会，所以他的会员也有五百余万人，他的基金也有二千余万，分会有二千五百余处，所以他们红十字会的力量是非常强大的。在全国一旦发生灾难的时候，他们的人民就可以得着救济的效果，我们中国红十字会现在的情形还能够与他们相比吗?”[④] 30 年来，红会之所以没有得到充分发展，经费的捉襟见肘，是最大的障碍因素，所谓“会员无多，资力薄弱，所办种种事业，终不免有力不从心之慨”[⑤]。如会员规模庞大，仅会费收入一项，即可以解决许多问题，用曹云祥在第二次征求会员运动开幕之日的话说：“美国红会会员，有千万人以上，日本亦有五百余万人，我国号称四万万同胞，入会者仅及十万余人，以此比例，本会至少应有百万以上之

---

① 《红十字会会员发达》，《申报》1934 年 2 月 7 日。

② 《红十字会征求会员昨开幕》，《申报》1934 年 3 月 2 日。

③ 马强、池子华主编：《红十字在上海资料长编（1904—1949）》上卷，东方出版中心 2015 年版，第 196 页。

④ 马强、池子华主编：《红十字在上海资料长编（1904—1949）》下卷，东方出版中心 2015 年版，第 60 页。

⑤ 中国红十字会总会编：《中国红十字会历史资料选编，1904—1949》，南京大学出版社 1993 年版，第 100 页。

会员，则每人每年捐洋一元，即有百万之会费”①，这对红十字事业的发展而言，其作用至关重要。

从以上的分析可见，征求会员，急不可缓。

（二）三次征求会员运动实况

征求会员工作在第一次全国会员代表大会召开前即已着手。1933 年 12 月，中国红十字会会长颜惠庆、副会长王正廷、虞洽卿呈文内政部，拟于 1934 年发起征求会员运动，1 月 1 日起至 3 月底，为筹备期。经内政部复核，认为“所请征求会员，与中华民国红十字会管理条例施行细则第十八条规定，尚无不合，惟期限过长，仍应照章以两月为限。旋据该会复呈，遵即改订分为筹备与征求两个时期，自二十三年一月至二月为筹备期间，三月至四月为正式举行征求期间。业已核复，准予备案，并分咨各省市政府饬属协助”②。

遵照内政部“明令”，中国红十字会从 1934 年 3 月 1 日起，正式启动为期两个月的第一次征求会员运动。根据《第一次征求会员章程及酬赠给奖办法》之规定：“学生会员每人一元，普通会员十元，正会员二十五元，特别会员二百元，名誉会员一千元”；“各省市长、县长因所辖地境有分会者，概为委员长，其给奖办法：一百分（一元为一分——引者）以上者推为普通会员，五百分以上者推为正会员，一千分以上者推为特别会员，五千分以上者推为名誉会员，一万分以上者推为名誉会员并呈请内政部褒扬”；“凡能建筑会所、医院、学校之全部或一部分者，得分别勒石铸像，以垂不朽”；“凡分会及各队总分在一千以上者赠奖旗，五千分以上者赠匾额，一万分以上者赠奖旗及匾额，五万分以上者呈请内政部褒扬”；③ 名誉会员、特别会员、正会员均为终身会员，普通会员有效期 10 年，学生会员以在校肄业期间为有效期④。以上章则，具体明确，简便易行。

为推动征求工作，总会成立了由王一亭、虞洽卿、黄涵之、闻兰亭、王晓籁、关炯之、王培元 7 人组成的征求会员委员会，负责运作。1934 年 3 月 1 日，为第一次征求会员开始之日，“依据各国先例及查照中华民国红十字会管理条例施行细则征求会员章程之规定，聘请林主席、蒋委员长、汪院长暨各院长、部长、各委员长为名誉总队长，各省市长、厅长、社会局长、县长为各分会征求会员委员会委员长，全国各分会同时举行，凡赞成本会宗旨者不

① 《中国红十字会今日起征求会员二月》，《申报》1935 年 8 月 1 日。

② 《中华民国红十字会征求会员之核准》，《中国国民党指导下之政治成绩统计》1933 年第 12 期，第 25 页。

③ 《内政部颁发红十字会征求会员章则》，《新闻报》1934 年 2 月 25 日。

④ 《中国红十字会第一次征求会员委员会启事》，《申报》1934 年 3 月 1 日。

分国籍与性别，请向总会及各地分会踊跃入会，以襄善举”[①]。3 月 2 日，中国红十字会在上海大东旅馆宴请各征求总队总队长，市政府秘书长俞鸿钧及沪上名流数十人出席，表示“一致协助红十字会之发展”[②]。上海作为中国红十字会发源地和彼时的总会所在地，红十字文化积淀深厚，征求运动刚刚启动，“连日本埠各界自动向该会入会及索取会章者，已达千余人之多”[③]，令人鼓舞。

征求会员的期限为两个月，4 月 30 日应为征求运动的截止之日，因边远分会筹备不及，纷纷请求展期。经内政部批准，延期一个月[④]，而实际截止日期，上海本埠宣布 7 月 31 日结束[⑤]，外埠则是全国会员代表大会之后，9 月 30 日才全部结束[⑥]。其间，总会“恭请国府林主席、蒋委员长暨汪院长等为名誉总队长，兹聘海上闻人一百零五人为总队长。其分会方面，发出临时收据等四百三十八处，其间完全未经举办者二百十八处”[⑦]。在这 7 个月中，共征求新会员 5055 名[⑧]（其中总会 1619 名），会费 75189 元（其中总会 30544 元、分会 40944 元、机关 757 元、个人 2944 元）[⑨]。其中总会方面征得会费千分（1 元作 1 分）以上有 8 支总队，子桥总队成绩最为突出，征得 11172 分，被推赠为名誉会员并由总会呈请内政部依照褒扬条例转呈奖给匾额，其余 7 支总队晓籁总队（4805 分）、培元总队（3128 分）、涵炯联合总队（1949 分）、弃尘总队（1138 分）、海田总队（1066 分）、吟江总队（1000 分）、绶珊总队（1000 分），均推赠为特别会员；分会方面征得千分以上者有 12 处，分别为南昌分会（3422 分）、汕头分会（3339 分）、上海市分会（2739 分）、梧州分会（2712 分）、盐城分会（2516 分）、南京分会（2391 分）、建阳分会（2166 分）、绍县分会（1633 分）、澄海分会（1617 分）、揭阳分会（1530

---

① 《中国红十字会第一次征求会员委员会启事》，《申报》1934 年 3 月 1 日。

② 《中国红十字会昨日宴请各队长》，《新闻报》1934 年 3 月 3 日。

③ 《中央委员赞助红会征求》，《新闻报》1934 年 3 月 5 日。

④ 《中国红十字会第一次征求会员委员会启事》，《申报》1934 年 4 月 20 日。

⑤ 《中国红十字会征求结束》，《新闻报》1934 年 7 月 30 日。

⑥ 《中国红十字会第一次征求会员成绩报告》，中国红十字会总会编：《中国红十字会历史资料选编，1904—1949》，南京大学出版社 1993 年版，第 320 页。

⑦ 《中国红十字会第一次征求会员成绩报告》，中国红十字会总会编：《中国红十字会历史资料选编，1904—1949》，南京大学出版社 1993 年版，第 320 页。

⑧ 胡兰生：《中华民国红十字会历史与工作概述》，中国红十字会总会编：《中国红十字会历史资料选编，1904—1949》，南京大学出版社 1993 年版，第 504 页。5055 名新会员，包括名誉会员 1 名、特别会员 51 名、正会员 1538 名、普通会员加正会员 25 名、普通会员 2281 名、分期交款正会员 5 名、学生会员 1154 名，共计 5055 名（《中国红十字会月刊》1935 年“征求号”，第 159 页）。

⑨ 《征求会员特载：（甲）上届成绩报告》，《中国红十字会月刊》第 1 期（1935 年 7 月），第 145—159 页。

分）、舒兰分会（1375分）、北平分会（1318分），均赠给奖旗一面[①]。不过，征求成绩虽然差强人意，但离百万会员的目标相去甚远。红十字会原“计划于征求会员闭幕之后，即训练战时救护员，储购救护材料，购置海上病院船，并训练外国语看护等等，以备战时之用”[②]，看来这个计划一时难以实现。

“普遍征求会员，为完成其一切计划之根本要件”[③]。因此，征求会员仍是这一时期红会的一项中心工作。鉴于第一次征求会员运动成效不著，红会决定发起第二次征求会员运动。

1935年4月18日，中国红十字会总会制定出第二次征求会员章程及酬赠给奖办法，并呈报内政部审核[④]，经内政部核准后，于5月1日开始筹备。原定“七月一日起至八月三十一日止为正式举行期间”，但“因筹备不及，经提请第一届理事会第一次会议决议，改自本年八月一日起至九月三十日止为正式举行期间”[⑤]。在内政部核准后，总会成立了以王正廷会长为委员长，杜月笙、刘鸿生副会长为副委员长，林康侯、王一亭、闻兰亭、王晓籁、关炯之为常务委员[⑥]，黄涵之、钱新之、陆伯鸿、王培元、朱子桥、许世英、王振川、姚虞琴、顾竹轩、李应南、劳敬修、汪伯奇、沈联芳、叶誉虎、穆藕初、姚慕莲、狄楚青、袁履登、宋汉章、赵晋卿、徐新六、胡孟嘉为委员的征求会员委员会[⑦]，仍聘请各级行政长官为总队长。根据全国会员代表大会议定降低会费精神，各类会员除正会员一次缴入会费10元外，其余均按第一次征求会员入会收费标准的一半核收[⑧]。至于酬赠给奖标准，也做出相应调整，其如“凡各总队长暨各该地方委员长在征求会员期内对于征得会员之成绩分别酬赠给奖如下：（甲）总分在一百分以上者赠给奖状一张；（乙）总分在五百分以上者赠给奖旗一面；（丙）总分在一千分以上者赠给银盾一座；（丁）总分在三千分以上者赠给纹银宝塔一座；（戊）总分在五千分以上者赠给银鼎一座；

---

① 《中国红十字会第一次征求会员成绩报告》，中国红十字会总会编：《中国红十字会历史资料选编，1904—1949》，南京大学出版社1993年版，第321—322页。

② 《红十字会征求会员开幕》，《新闻报》1934年3月1日。

③ 《中国红十字会全国代表会昨开幕》，《申报》1934年9月25日。

④ 《本会呈内政部文》，中国第二历史档案馆档案，全宗号476，卷号1971。

⑤ 马强、池子华主编：《红十字在上海资料长编（1904—1949）》中卷，东方出版中心2015年版，第343页。

⑥ 《中国红十字会二次征求大会》，《申报》1935年7月10日。

⑦ 马强、池子华主编：《红十字在上海资料长编（1904—1949）》中卷，东方出版中心2015年版，第346页。

⑧ 《中华民国红十字会总会第二次征求会员章程》，中国第二历史档案馆档案，全宗号476，卷号1971。

（己）总分在一万分以上者赠给匾额；（庚）总分在五万分以上者赠给内政部依照褒扬条例转呈奖给匾额；（辛）总分在十万分以上者呈请内政部依照褒扬条例转呈奖给褒章”①。各总队之下各分队及各委员会之下各委员或其他个人在征求会员期间征得一定的分数，同样给予奖励，且奖励力度比第一次有所加大。中国红十字会希望“本届征求大会后，训练救护人员十万人”②，目标远大，“故其工作之紧张、郑重实有过于第一届大会也”③。

1935年8月1日，第二次征求会员运动开始，在全国20省中共有435处分会，计江苏72处，浙江28处，安徽31处，福建5处，河南78处，湖北20处，江西9处，广东10处，广西7处，陕西2处，云南2处，四川33处，山西2处，贵州2处，山东41处，河北41处，热河8处，辽宁15处，吉林18处，黑龙江11处④，“同时举行”⑤。此次征求会员运动，打出了“为国人谋福利，为国际增光荣”的响亮口号⑥。总会工作人员亦全身心投入，“漏夜工作，努力进行，以期达到最后目的”。市面虽不景气，而入会者尚称踊跃，“可见国人对于红十字会，已有相当认识，将来造就救护人才、储备救护材料之计划，不难实现”⑦。红十字会工作者信心百倍。

9月30日为截止日期，因救济长江流域水灾灾民等原因，不得不展期，上海本埠至12月中旬截止，“外埠方面，业经呈请内政部批准，从接到该会去函后，以足两个月为满期，所有一切新会员，均须限期报到”⑧，而实际截止日期是1936年6月30日。在这近一年的时间中，有资料说，共征得会员68326名⑨。这个记载有误，在《中国红十字会第二次征求会员成绩报告》中有详细报告，并就征集的会员分类统计（如表9－3所示）⑩。

① 《中华民国红十字会第二次征求会员酬赠给奖办法》，中国第二历史档案馆档案，全宗号476，卷号1971。

② 《中国红十字会后日起开始征求会员》，《时事新报》1935年7月30日。

③ 《红十字会之十万救护人员》，《时代日报》1935年7月31日。

④ 《中国红十字会今日起征求会员，四百余处分会同时举行》，《申报》1935年8月1日。

⑤ 《中国红十字会今日起征求会员》，《新闻报》1935年8月1日。

⑥ 《中国红十字会第二次征求会员委员会启事》，《申报》1935年8月1日；《欢迎各界入会中国红十字会第二次征求会员开幕——为国人谋福利，为国际增光荣》，《申报》1935年8月12日。

⑦ 《红十字会征求赈品》，《申报》1935年8月8日。

⑧ 《中国红十字总会征求会员展期》，《申报》1935年12月8日。

⑨ 胡兰生：《中华民国红十字会历史与工作概述》，中国红十字会总会编：《中国红十字会历史资料选编》（1904—1949），南京大学出版社1993年版，第504页。

⑩ 资料来源：《中国红十字会第二次征求会员成绩报告》（民国二十四年七月一日至二十五年六月三十一日止）之“会员种类统计表”，《中国红十字会月刊》总第16期（1936年10月），第76页。

表 9－3　第二次征求会员种类统计表

（1935 年 8 月 1 日至 1936 年 6 月 30 日）

征求者 会员种类	总会	分会	各地方政府	其他	总计
名誉会员	/	/	/	1	1
特别会员	1	9	3	2	15
正会员	53	4482	43	124	4702
普通加正会员	/	167	1	2	170
普通会员	84	3458	129	68	3739
青年加普通会员	/	3	/	/	3
青年会员	266	2603	860	141	3870

表 9－3 的统计表明，第二次征求会员运动共征得各类会员总计 12500 名，而不是 68326 名。尽管如此，较之第一次征求会员的成绩，增长还是相当可观的。

至于会费，因按第一次征求会员会费标准减半收取，因此会费收入略少于第一次，总计征得 72737 元（其中总会 1083 元，分会 67348.50 元，各地方政府 1810 元，其他 2495.50 元）①，其中盐城分会成绩最优，征得 15897 分（每分计国币 1 元），荣获匾额一方。此外，建阳分会征得 8923 分，获银鼎一座；灌云分会征得 3318 分，获银塔一座；莒县分会（2390 分）、青岛分会（1446 分）、阜宁分会（1286 分）、石港分会（1285 分）、商丘分会（1199 分）、崇明分会（1179 分）、遂宁分会（1127 分）、江北分会（1100 分）、松江分会（1068 分）、阜宁城区分会（1051 分）均征得千分以上，获银盾奖励②。第二次征求会员运动，虽然距既定目标尚远，但总体较上次为佳。

经过两次征求，红会人数有所增加，但还远远不够。战争阴云密布，特别是绥远抗战后，中国实际进入全面抗战的战争状态，战地救护，任重道远，征求会员工作，仍势在必行。1936 年 11 月 25 日，中国红十字会总会向卫生署（1936 年 6 月 30 日，立法院修正并通过《中华民国红十字会管理条例》，

---

① 《中国红十字会第二次征求会员成绩报告》（民国二十四年七月一日至二十五年六月三十一日止）之“会费及赞助捐统计表”，《中国红十字会月刊》总第 16 期（1936 年 10 月），第 77 页。按原表合计为 72837 元，与各项相加之和略有出入。

② 《中国红十字会第二次征求会员成绩报告》，中国红十字会总会编：《中国红十字会历史资料选编，1904—1949》，南京大学出版社 1993 年版，第 326—327 页。

将中国红十字会的主管官署由内政部改为卫生署，总会领导机构设南京）提出第三次征求会员请求，并“遵批将本会第三次征求会员章程分别修正另缮呈送，仰祈连同前送酬赠给奖办法一并核准备案，并分行各省市政府饬属协助办理”①。经卫生署核准后，红会积极筹备。会员的种类、会费标准仍旧，酬赠给奖办法也没有太大的变化，仅将征得总分100分以上者的奖品由“奖状一张”变更为“银杯一座”②。

按照《中华民国红十字会总会第三次征求会员章程》之规定，征求会员运动从1937年1月1日开始，2月28日终止③，但因时局多故，征求工作至10月方告结束。

值得注意的是，此次征求运动的声势，远不如前两次为大，从《申报》这一“晴雨表”中看不出运动的跌宕起伏。中国红十字会也没有发布《中国红十字会第三次征求会员成绩报告》，因为抗战全面爆发，红十字会全身心投入抗战救护工作，不可能按部就班，系统整理、发布。不过，中国红十字会机关刊物《中国红十字会月刊》，还是从第23期起（1937年5月1日），开辟“题名录”专栏，编者按称：“自民国二十六年一月一日起入会各级会员按月将姓氏并分别总、分会登载……此后该项会员题名专刊不再发行，特以附闻。”④ 对第23期至31期“题名录”逐一进行整理，可以得到第三次征求会员的基本情况（如表9－4）⑤。

表9－4 第三次征求会员统计表

（1937年1月1日至10月30日）

会员种类／月份	名誉会员	特别会员	正会员	普通会员	青年会员
一月	1	/	339	192	126
二月	/	/	146	33	20
三月	1	/	429	370	175

① 转引自《青岛市政府训令》第3320号，参见青岛市政府《市政公报》1936年第89期，第12页。

② 《中国红十字会总会第三次征求会员酬赠给奖办法》，中国红十字会总会编：《中国红十字会历史资料选编，1904—1949》，南京大学出版社1993年版，第238—239页。

③ 《中国民国红十字会总会第三次征求会员章程》，马强、池子华主编：《红十字在上海资料长编（1904—1949）》中卷，东方出版中心2015年版，第9页。

④ 《题名录》，《中国红十字会月刊》总第23期（1937年5月），第145页。

⑤ 资料来源：《中国红十字会月刊》总第23期（1937年5月）至第31期（1938年1月1日）“题名录”。

（续表）

会员种类 / 月份	名誉会员	特别会员	正会员	普通会员	青年会员
四月	/	10	605	369	658
五月	/	1	230	122	242
六月	/	10	310	221	444
七月	/	6	322	145	418
八月	1	1	293	132	89
九月	1	2	85	30	13
十月	/	5	807	465	353
合计	4	35	3566	2079	2538

以上征求的各类会员，总计8222名，而不是《中国红十字会的九十年》一书所说的138418名[①]，138418应该是新老会员的总人数。8222名各类新会员中，总会征得名誉会员2人、特别会员5名、正会员104名、普通会员52名、青年会员95名，其余基本上是各级分会所征得。

至于征得的会费，虽然《中国红十字会月刊》从第22期（1937年4月1日）起按月发布1937年1月以来的会费及捐款的“征信录”，但有时会费和捐款纠结，统计起来难以精确。其实，根据《中国民国红十字会总会第三次征求会员章程》，征求会员种类及入会会费标准为：（甲）名誉会员一次缴入会费国币500元；（乙）特别会员一次缴入会费国币100元；（丙）正会员一次缴入会费国币10元；（丁）普通会员一次缴入会费国币5元；（戊）青年会员一次缴入会费国币5角[②]。按此规定计算为：名誉会员4人2000元，特别会员35人3500元，正会员3566人35660元，普通会员2079人10395元，青年会员2538人1269元，会费合计52824元。

尽管第三次征求运动没有大张旗鼓的宣传鼓动，效果也不如第二次，但如胡兰生所说，此次征求，“设非时局多故，征求结果，当较上次更圆满”[③]。因为在御侮求存、保家卫国的时代精神感召下，入会者颇不乏人，征求会员

---

① 中国红十字会总会编：《中国红十字会的九十年》，中国友谊出版公司1994年版，第55页。

② 《中国民国红十字会总会第三次征求会员章程》，马强、池子华主编：《红十字在上海资料长编（1904—1949）》中卷，东方出版中心2015年版，第10页。

③ 胡兰生：《中华民国红十字会历史与工作概述》，中国红十字会总会编：《中国红十字会历史资料选编》（1904—1949），南京大学出版社1993年版，第504页。

工作还是小有成绩的。

（三）特点与不足

三次征求会员运动，共征求会员 25777 人，使会员总数接近 14 万。会费收入 200750 元，对中国红十字会进行抗战救护准备裨益良多。纵观三次征求会员运动，可以发现有几个鲜明特点：

其一，政府推动，各级官员率先垂范。

每次征求会员运动，均组织征求委员会，聘请各级行政长官为名誉总队长或总队长，各级行政长官也热情参与，率先垂范。在第一次征求会员运动中，从《申报》报道的《中央委员赞助红十字会征求》《汪精卫、何应钦赞助红十字会征求》《王世杰、朱家骅担任红十字会总队长》《红会征求会员，各地长官就职委员长》《蒋委员长致红会电，担任征求会名誉总队长》《各部长纷纷加入红会》《蒋委员长赞助红会征求会员运动》等新闻的标题中[①]，可见一斑。特别是蒋介石，不仅亲自担任征求会员委员会名誉总队长，而且还特电总会，“希将入会志愿书，先行检寄三百份，以便分发各师师长以上军事长官”[②]，动员师长以上军官入会。在第二次征求会员运动大幕即将拉开之时，总会“全国征求总队长，已聘定国府主席林、军事委员会蒋委员长、行政院汪院长、立法院孙院长、监察院于院长、考试院戴院长、司法院居院长、建设委员会张委员长、全国经济会宋常务委员、内政部黄部长、外交部汪兼部长、军政部何部长、海军部陈部长、财政部孔部长、实业部陈部长、教育部王部长、交通部朱部长、铁道部顾部长、司法行政部王部长、铨叙部石部长、审计部陈部长、蒙藏委员会黄委员长、侨务委员会陈委员长、振务委员会许委员长、考选委员会陈委员长等担任”[③]。上行下效，中央如此，地方各级行政官员更不在话下，并发布“训令”加以督促，如青岛市政府对公安局、社会局发布第 3320 号“训令”[④]，用行政手段加以推动。这些对征求工作而言，无疑是有力的促进。

其二，借助地方名流影响力，发挥“名人效应”。

政府官员固然具有号召力，社会名流的能量同样不容小视。总会及地方分会对此也是极为重视，以求发挥“名人效应”。这在上海尤其突出，第一次

---

① 《申报》1934 年 3 月 5 日、9 日、10 日、14 日、20 日、29 日；6 月 2 日。

② 《红十字会征求会员展期，蒋委员长来电赞助》，《申报》1934 年 4 月 19 日。

③ 《中国红十字会后日起开始征求会员》，《时事新报》1935 年 7 月 30 日。

④ 《青岛市政府训令》第 3320 号，参见青岛市政府《市政公报》1936 年第 89 期，第 12 页。

征求会员，总会即“聘海上闻人一百零五人为总队长”[①]。第二次也有99人出任总队长，即王儒堂、王一亭、王晓籁、王培元、王延松、王汉良、王孝英、王云五、王振川、王绥珊、牛惠霖、方椒伯、朱子桥、朱吟江、朱寿丞、朱学范、朱素启、朱世恩、杜月笙、宋汉章、沈联芳、沈君怡、李廷安、李组绅、李大超、李登辉、李应南、吴铁城、吴醒亚、吴凯声、吴经熊、狄楚青、汪伯奇、林康侯、林克聪、金廷荪、金里仁、屈文六、周祥生、周宗良、周渭石、俞鸿钧、俞佐庭、洪雁宾、胡凤翔、胡孟嘉、唐寿民、徐乾麟、徐佩璜、徐补荪、徐新六、郭秉文、陆京士、陆伯鸿、姚虞琴、姚慕莲、陈光甫、袁履登、泰润卿、孙梅堂、许静仁、冯炳南、张啸林、张公权、张效良、张一尘、张子廉、张嘉甫、张慰如、曹云祥、杨啸天、杨梅南、叶誉虎、劳敬修、叶扶霄、黄金荣、黄涵之、褚民谊、闻兰亭、赵晋卿、黎照寰、乐振葆、潘公展、潘序伦、蔡劲军、蔡增基、刘鸿生、刘湛恩、卢学溥、邝富灼、钱新之、穆藕初、谢蘅牕、聂云台、颜福庆、关絅之、谭蓉圃、窦耀廷、顾馨一[②]，上海各界“闻人”几乎“一网打尽”。他们具有广泛的社会影响力，借助他们的“名人效应”，自然有助于征求运动的开展。

其三，酬赠给奖，建立激励机制。

为使征求运动广泛开展，激励民众投身红十字事业，每届征求运动都会有相应的酬赠给奖办法出台，建立激励机制。除“各总队长暨各该地方委员长在征求会员期内对于征得会员之成绩分别酬赠给奖”外，各总队之下各分队及各委员会之下各委员或其他个人在征求会员期间征得一定的分数，同样给予奖励。如《中华民国红十字会第二次征求会员酬赠给奖办法》就做出如下规定：“（甲）五十分以上者，推赠为普通会员；（乙）一百分以上者，推赠为正会员；（丙）五百分以上者，推赠为特别会员；（丁）一千分以上者，推赠为特别会员，并给丙等奖状、奖章；（戊）二千分以上者，推赠为特别会员，并给乙等奖状、奖章；（己）三千分以上者，推赠为特别会员，并给甲等奖状、奖章；（庚）五千分以上者，推赠为名誉会员；（辛）一万分以上者，推赠为名誉会员，并给匾额；（壬）五万分以上者，推赠为名誉会员，并呈请内政部依照褒扬条例转呈奖给匾额；（癸）十万分以上者，推赠为名誉会员，并呈请内政部依照褒扬条例转呈奖给褒章。”[③] 无论征求者抑或被征求者，只

---

① 《中国红十字会第一次征求会员成绩报告》，中国红十字会总会编：《中国红十字会历史资料选编，1904—1949》，南京大学出版社1993年版，第320页。

② 《第二次征求会员之工作状况》，马强、池子华主编：《红十字在上海资料长编（1904—1949）》中卷，东方出版中心2015年版，第346页。

③ 《中华民国红十字会第二次征求会员酬赠给奖办法》，中国第二历史档案馆档案，全宗号476，卷号1971。

要做出一定贡献，都会受到表彰。这样的激励机制，无疑在征求运动中发挥了推波助澜作用。

其四，利用大众传媒，宣传鼓动。

每届征求运动，中国红十字会都会利用《申报》《新闻报》等媒介宣传鼓动，同时借助广播进行造势，如第二次征求运动中，全沪 40 余处无线电台友情赞助，中国红十字会通过电台播放“特别节目”，进行社会动员①；尤其是佛音电台，多次播送特别节目，总会编译宣传股主任沈金涛多次发表演讲，就征求会员的意义、会费的使用等等，进行宣传。又如，著名画家熊松泉之女熊赛英发表广播演讲，动员女界同胞积极响应：

现在的时代是男女平等，女权伸张，确是一椿可喜的事情。可是权利已经平等了，那末义务应当亦要去平等一下子，就像现在红十字会正在征求会员，希望我们女界要踊跃的加入，才显得我们女界的光荣。本人细细的查考红十字会的会员名册，十二万人之中，我们女界不及一万人，未免太落后啦！我想，应和他们竞争的，要知道，美国红十字会的会员，有一千万以上的人数，其中女会员亦很多，并且女青年对于红十字会的服务，非但在战时，就在平时也没有一天不去帮忙的。这种精神、毅力值得钦佩，值得效法。我们呢，非但女会员少，而且男会员亦不多，我们要想增高国际地位，必须男女各界一致的踊跃参加。我们号称文化之邦，对于慈善事业，岂能漠然不问、不关痛痒呢？现在中国红十字会，为了欧洲的风云非常严重，所以要积极的筹备救护工作，特地发行一种赞助证，这赞助证的意思，就是请全国同胞大家担任一块钱，四万万同胞以百分之一来计算就有四百万块钱，也就是红十字会有了四百万元的救护基金，那末无论遇到什么战，我们就有保障了，这是最紧要的一点。请诸位大家来考虑一下，我们是应当每人要去捐助这一块钱的赞助证②。

沈金涛 12 岁的儿子沈宝恒也做客电台向小朋友进行宣传：“诸位小同胞，现在各省水灾这样严重，被水淹死的和嗷嗷待哺的灾民都是我们的兄弟姊妹。已死的，我们要静默几分钟去追悼他们；未死的，我们要快快的去救济他们。我们应当把看影戏和吃糖果零用钱，这许多费用省下来，助到红十字会去放振，以尽我们国民的天职。诸位小同胞，赞成我的提议么？倘蒙赞同，请快快实行罢。”③ 这样的宣传动员，自然会引起共鸣。除此之外，红十字会还聘

① 《红会征求会员播音》《红十字会今晚播音》，《申报》1935 年 8 月 13 日、9 月 1 日。

② 《无线电台播音宣传》，《中国红十字会月刊》总第 4 期（1935 年 10 月），第 55 页。

③ 《无线电台播音宣传》，《中国红十字会月刊》总第 4 期（1935 年 10 月），第 55—56 页。

请沪上名票名角若李白水、汪其俊、章耀泉、沈元豫、洪雁宾等“合演拿手好戏”，以激发市民入会热情，凡“购戏票五张，可得一红会会员，购票十元，可得红会一永久会员，戏票每张仅定价一元，如此好戏价廉，而得亲听之乐，又可红会会员，想届时定异常热闹也”①。如此征求，未免竽滥，但其用心之良苦，可以理解。

通过以上几种具有鲜明特点的方式，的确使征求运动极一时之盛。不过，总体而言，征求成绩距离设定目标相去甚远，这除了国贫民弱、时局动荡的客观原因之外，至少有两点不足，是红十字会值得改进的：一是进度把握不够精准，每次征求，按规定为两个月期限，但没有哪一次不延期，虎头蛇尾，缺乏运动的紧迫感，能拖则拖；二是社会名流的能力没能充分激发，如第一次上海“闻人”有105人出任征求总队长，但征求有成绩者只23人，第二次有99人，征求有成绩者也只有18人，而18人中，总计仅仅征得1825分，其中还有征得半分者②，不能不说，十之七八的“闻人”仅仅挂个虚名而已。

“征求会员，意在增加本会之新细胞，俾今后本会会务，更形发达，为社会为国家作更大之贡献”③。三次大规模征求会员运动，使红十字会新增会员25777人，“新细胞”有所增加，不言而喻，这有利于中国红十字事业的发展，有利于提升中国红会的国际地位，有利于全面抗战救护力量的整合。毋庸置疑，抗战初期三次征求会员运动，在中国红会史上具有重要意义，尽管还存在不能尽如人意之处。这时全国分会有464处，红十字医疗卫生机构262处④，红会整体实力有所增强。

三、救护委员会的成立

经过三次大规模的征求会员运动，红会实力有所增强，但要提高“应付时变”的能力，必须统筹全局，有所擘画，有所整合。战争救护已成红会首要任务，适应时局的要求，中国红十字会于全面抗战爆发前夕在上海发起成立了救护委员会。

中国红十字会救护委员会成立于1936年6月1日（一说5月6日），据红会档案记载：“本会鉴于时局日亟，风云益急，为未雨绸缪计，延揽本市各

---

① 《红会演剧征求会员》，《申报》1935年9月26日。

② 中国红十字会总会编：《中国红十字会历史资料选编，1904—1949》，南京大学出版社1993年版，第321、326页。

③ 《红会前晚欢宴各公会》，《申报》1934年5月19日。

④ 胡兰生：《中华民国红十字会历史与工作概述》，中国红十字会总会编：《中国红十字会历史资料选编，1904—1949》，南京大学出版社1993年版，第504页。

医药团体及公团代表，组织救护委员会，于二十五年四月开始筹备，至六月一日即告成立，由本会正副会长为当然正副主席，推定常务委员七人，执行委员四十一人，正副总干事各一人，负责进行，并分设‘训练’‘供应’‘人事’三委员会，分别办理各项事宜。”① 各组人员名单如下：

救护委员会组成人员

主席：王正廷；

副主席：杜月笙、刘鸿生；

常务委员：林康侯、朱恒璧、陆伯鸿、徐乃礼、许超、金润庠、言潘景芝；

执行委员：闻兰亭、曹云祥、翁之龙、李宣果、任廷桂、诸民谊、宋悟生、顾毓琦、曾立群、郭琦元、汤蠡舟、王霖生、蔡禹门、许晓初、徐翔孙、朱玉泉、袁鹤松、周邦俊、张辅忠、陈思义、裘少白、周梦白、俞佐廷、王伯元、陆书臣、严大有、徐采臣、任矜苹、蔡金瑛、吴戴仪、杨益惠、彭三美、谢祖仪、张志学、张祖华、徐宝彝、邝安堃、颜雅清、胡美、陈梁佩淋、麦惠而。

训练委员会组成人员

主席：颜福庆；

委员：郭琦元、朱恒璧、顾毓琦、翁之龙、张祖华、宋悟生、杜和生。

供应委员会组成人员

主席：林康侯；

委员：金润庠、许超、许晓初、徐翔孙、项绳武、何子康、袁鹤松、任廷桂、周邦俊。

人事委员会组成人员

主席：陆伯鸿；

委员：徐乃礼、言潘景芝、周梦白、王霖生②。

救护委员会制定有《组织规程》，对救护委员会组织架构、运作方式等，都有明确的规定。救护委员会“以平日训练救护人才，储备救护材料，遇有战事或灾害时组织救护队及各项救护机关，办理救护工作为目的”③。据此，训练、供应、人事三个专门委员会分别制定了《章程》或《简则》，明确各

---

① 《中华民国红十字会总会工作概况报告》，上海市档案馆馆藏，档号 Q0-12-611。

② 《中华民国红十字会总会三年来总报告》，中国第二历史档案馆档案，全宗号 476，卷号 3198。

③ 《中国红十字会总会救护委员会组织规程》，《中国红十字月刊》总第 13 期（1936 年 7 月），第 66 页。

自的职责：训练委员会主任负责救护人员的培训，如“担任分期训练下列人员：一、医学院一二三四年级生（四年级已往南京训练）；二、医学院四五年级生；三、大学男女学生；四、高中三年级男女学生”以及“以团体为单位请求训练者”，培训课程主要为《战争外科学》（训练医师及医学生用）、《实用护病学》（训练女学生用）以及《简易实验诊断学》《简易药剂学》《毒气学》《担架学》等①；供应委员会担负后勤保障重任，除了储备救护材料（如药品、食物、手术用器）、制备救护人员用品（如旗帜、服装、帐篷、担架、车辆等），还要“担任接洽救护人员往来舟车宿舍及一切运输事宜”，“设法接洽劝募关于救护用之医药用品及食物等类”，“一切用品非劝募能得必须购置者所需经费另制预算表呈报中国红十字会救护委员会核准后置备”②，任重事繁；人事委员会“专任调查于国家遇有战争或灾害时能为本会服务救护事宜之医药护士人才为职责”，制定“职员服务调查表”，填表的“规定事项如后：一、姓名；二、年龄；三、性别；四、籍贯；五、曾在何处及何校毕业；六、现任何职；七、擅长何科；八、原担任何种工作；九、能否往外埠服务；十、如只能本埠担任工作注明（专任或兼任）；十一、能否尽义务，若要酬报每月若干；十二、现在通讯处”，发放、回收调查表，对“未曾填报志愿服务调查表之医药及护士人才，本委员会有设法劝动其填报之责”③。显然，人事委员会是救护人才的“储备库”。

救护委员会自成立后，积极筹备全面抗战救护，采取了如下“应变”措施：

首先，统计现有医护人才，以备调用。“救护委员会即由文化及职业各团体所组织，筹备救护事宜，以为国家遇有非常事变或灾害时之需用，其中医药、护士人才极关重要。为统计准确计，特印就志愿服务调查表，分送中华医学会三千份，全国医师联合会三千份，中华护士会五千份，中华民国医学会一千五百份，由各该团体分寄会员填就寄回汇集存案，至必要时能在二十四小时内得召集之”④。志愿服务调查表发出后，得到医护人员的热烈响应，不出一个月，“填就履历寄会者，已属不少”⑤。

---

① 《中国红十字会救护委员会训练委员会简则》，《中国红十字月刊》总第13期（1936年7月），第71—72页。

② 《中国红十字会救护委员会供应委员会章程》，《中国红十字月刊》总第13期（1936年7月），第68—69页。

③ 《中国红十字会救护委员人事委员会简则》，《中国红十字月刊》总第13期（1936年7月），第70页。

④ 《中华民国红十字会总会工作概况报告》，上海市档案馆馆藏，档号Q0-12-611。

⑤ 《救护委员会近况》，《中国红十字会月刊》总第14期（1936年8月），第61页。

其次，培训救护人员，提高救护能力。通过征求运动，会员人数骤增，但会员数量的增多，并不意味着救护能力的提高。实际上，绝大多数会员出于爱国热情或对红会事业的支持缴费入会，但对“救护”不甚了了。为此，救护委员会成立后，即着手“培训”事宜。9 月 23 日、25 日、27 日，救护委员会在《申报》发出《通告》，决定开班培训救护人员。《通告》说：“本委员会为培植救护人材起见，特邀请医药各界组织救护训练组，兹已筹备就绪，特先设战时外科学、实地护病学、毒气学三科。有志之士，不论男女，具相当资格者，均可邀具妥保，备四寸半身照片，开具履历，来会报名，经本委员会审查合格后，并每科报名者三十人以上，即行开始训练。”①《通告》一经发出，即得到会员的积极响应，护病、防毒两训练班于 10 月开办，并于年底续开护病班，由管桂祖女士担任教授。为加快培训速度，1937 年 2 月开始招收“业余班”。业余班“设晨班、夜班两种，计分护病学：晨班上午七时至八时，夜班下午七时至九时，每星期均三次；担架术及急救常识：晨班每星期二次，上午七时至八时，夜班每星期三次，下午六时至七时”②。当然，对报名的学员要求符合一定条件，如护病班，要求初中毕业以上程度，担架术及急救常识班，要求高小毕业以上或有相当程度；年龄要求在 18 岁以上、45 岁以下，且“体格健全者”③。

随着战事的临近，救护人员的培训也在紧锣密鼓地进行着，4 月 22 日，《申报》报道说：“中国红十字会总会自上年开办救护训练（班）以来，毕业者已有数班。该会为欲完成伟大使命起见，不断推进，决不中止，以期造就多量人材，而备非常时期之需要。”④ 至七七事变前，经救护委员会训练组培训的救护人员近千人（不包括“业余班”）⑤。

中国红十字会救护委员会培训救护人员主要课程有战时外科学、实用护病学、简易实验诊断学、简易药剂学、毒气学、担架学、急救常识等，其讲义“呈请教育部核准，通令全国学校凡有训练救护者，应一律采用本会讲义为标准课本，并经本会推动全国分会一致促进，训练结果，响应者凡三十余分会”⑥。其如：1924 年成立的松江分会决定，自 1936 年 11 月 1 日起开始训

---

① 《中国红十字会总会救护委员会训练组通告第一号》，《申报》1936 年 9 月 23 日、25 日、27 日。

② 《红会加紧训练救护》，《民报》1937 年 2 月 25 日。

③ 《中国红十字会救护训练班招收学员》，《新闻报》1937 年 2 月 26 日。

④ 《红会续办救护训练班》，《申报》1937 年 4 月 22 日。

⑤ 《中华民国红十字会总会工作概况报告》，《中国红十字会月刊》总第 55 期（1940 年 1 月），第 12 页。

⑥ 《中华民国红十字会总会三年来总报告》，中国第二历史档案馆档案，全宗号 476，卷号 3198。

练会员，第一期额定培训60位学员①；11月27日，上海市分会救护人员培训班在县政府礼堂举行开学典礼，首批30名会员接受为期两个月的救护训练②。除此之外，1936年11月18日，由虞洽卿等发起成立的“上海市救护事业协进会”（1937年7月20日改名为“中国红十字会总会上海市救护委员会”③），在中国红十字会总会救护委员会的支持下，先后开办4期救护训练班，共培训200余人④。

通过培训，造就了一批具有一定战地救护技能的专业队伍，他们随时准备开赴前线，为全面抗战挥洒热血。

再次，添设救护委员会华北分会。自九一八事变以来，特别是东北沦陷后，华北危机四伏，而救护委员会鞭长莫及。要组织起高效快捷的救护行动，添设华北分会看来至为紧迫。如前所述，为救护绥远抗战，1936年12月先行组织了“中国红十字会总会救护委员会华北临时分会”，办理救伤事宜。1937年1月20日，中国红十字会救护委员会华北分会正式宣告成立，聘请姜文熙为主席，齐清心为副主席，全绍清、林可胜、方石珊、杨朗川、吴祥凤为常务委员，庞京周、朱其辉、王锡炽、贾魁、江清、侯宝璋、尹萃农、刘韵涛为委员⑤。救护委员会华北分会的成立，可以有效整合以北平为中心的医疗救护资源，实现救护效益的最大化，对华北乃至全国抗战救护事业意义重大（前文的研究中，已可概见）。

除此而外，救护委员会在为绥远抗战提供药品等救伤物资的同时，积极储备药品材料，“责成新药业公会预先准备多量药品（以五百床为单位），存储于各药商号，于事变时得随时取用，并征募大量‘药囊’‘防毒面具’，作为训练之用，筹备大量急救包，以为发给伤兵自疗之需，均经预为约定，以防临事仓卒”⑥。

总之，救护委员会一经成立，便未雨绸缪，积极筹措“应变”方略，为全面抗战救护做好准备。中国红十字会救护委员会，也因此成为红十字救护网络的中心，发挥着救护资源整合、调配的特殊功能。

---

① 《松江分会训练会员》《松江开办救护训练》，《申报》1936年8月27日、10月28日。

② 《红会训练救护队》，《申报》1936年10月28日。又据1937年6月7日《申报》的报道《红十字会分会救护队昨毕业》所说，6月6日，全体受训队员举行毕业典礼。

③ 《中国红十字会总会上海市救护委员会第四次工作报告》，中国第二历史档案馆档案，全宗号476，卷号1975。

④ 《救护事业协进会办四期训练班》，《申报》1937年7月20日。

⑤ 《中华民国红十字会总会工作概况报告》，上海市档案馆馆藏，档号Q0-12-611。

⑥ 《中华民国红十字会总会三年来总报告》，中国第二历史档案馆档案，全宗号476，卷号3198。

第十章　全面抗战中的中国红十字（上）

七七事变拉开了全面抗战的序幕。在八年全面抗战这场艰苦卓绝的民族自卫战争中，中国红十字会展开前所未有的、规模巨大的救护行动，前方、后方，乃至域外，都留下了救护队员的脚印。抗战的胜利，红十字会亦功不可没。

本章对全面抗战初期阶段中国红十字会战事救护进行考察，呈现这一阶段中国红十字会人道行动的几个侧影。

第一节　平津战场救护

从七七事变到1938年10月广州、武汉失守，为全面抗战的初期阶段。在这一阶段中，中国红十字会“以办理伤兵救护为主要”①。

当中国红十字会救护委员会筹备救护物资、加紧训练救伤队员之时，大战不期然而然。1937年7月7日，日军在北平西郊的卢沟桥附近进行军事演习时，公然向中国驻军挑衅，炮击宛平城，挑起全面侵华战争的战火，史称“卢沟桥事变”（七七事变）。宋哲元所部第二十九军奋起自卫，由此拉开了全面抗战的序幕。

宛平城的炮声，举国震惊，抗日气氛骤然而起。7月8日，中共中央发表《为日军进攻卢沟桥通电》，大声疾呼：

---

① 中华民国红十字会总会编：《中华民国红十字会战时工作概要》，1946年内部印行，第2页。

“平津危急！华北危急！中华民族危急！只有全民族实行抗战，才是我们的出路。”[①] 7月17日，蒋介石发表庐山谈话，态度强硬，虽然表示“希望由和平的外交方法求得卢沟桥事件的解决”，但是，任何解决办法不得侵害中国主权与领土之完整；冀察行政组织不容任何不合法之改变；中央所派地方官吏不能任人要求撤换；第二十九军现在所驻地区不能受任何约束，此为最低限度的立场[②]。社会各界也纷纷行动起来，支援抗战。

危难之秋，中国红十字会更是责无旁贷。卢沟桥事变发生后，总会以“事起仓猝，由上海派员前往，势必需时”，乃急电救护委员会华北分会“从速组织救护队，赴卢沟桥方面救护”[③]。近在咫尺的华北分会，当然不会坐视。卢沟桥事变发生后，即组织起重伤手术组和救护组两组，并与北平市长秦德纯、师长冯治安接洽救护事宜，“出发前方实施工作”[④]。北平分会、天津分会也筹组救护队，准备开赴前线。

总会时刻关注着华北局势的变化。总会秘书长庞京周，9月因公赴庐山，“因中途消息日趋紧张，当即于沿途各埠，随时电华北救护委员会，指示一切”[⑤]。

7月中旬，华北分会会同北平红十字会组织的救护队，分赴琉璃河、廊坊、黄村、榆垡及长辛店等地，为抗日军民和战区难民提供医疗服务，救护受伤军民500余人[⑥]。

华北战火蔓延，需用浩繁。7月18日，总会在《新闻报》发布《中国红十字会总会募捐华北救护经费启事》，“以筹措浩繁，需款孔殷，亟盼各界人士踊跃输将，慨捐救护经费，以应急需”[⑦]。23日，又在《申报》刊登《中华民国红十字会总会募捐华北救护经费启事》，筹集款项[⑧]。27日，总会召开全体理监事联席会议，听取华北战区救护报告后，决议“积极筹集经费”并“分电北平分会暨华北救护委员会，加紧前方救护工作”[⑨]。接着在《申报》发布《紧要启事》，谓：“本会为国际法定团体，平日办理医疗卫生、赈灾等

---

① 《中国共产党为日军进攻卢沟桥通电》，中央档案馆编：《中共中央文件选集》第11册，中共中央党校出版社1991年版，第274页。

② 何基沣等：《七七事变纪实》，全国政协文史资料委员会编：《文史资料精华丛书》第3卷《抗日战争的正面战场》，安徽人民出版社2000年版，第8、9页。

③ 《中国红会派队赴卢救护》，《申报》1937年7月15日。

④ 《红十字会扩大救护训练》，《新闻报》1937年7月25日。

⑤ 《红十字会庞京周今讲救护问题》，《申报》1937年7月17日。

⑥ 孙敬敏编纂：《北京市红十字会的65年（1928—1993）》，文津出版社1995年版，第14页。

⑦ 《中国红十字会总会募捐华北救护经费启事》，《新闻报》1937年7月18日。

⑧ 《中华民国红十字会总会募捐华北救护经费启事》，《申报》1937年7月23日。

⑨ 《各界积极准备救护训练工作——红十字会》，《申报》1937年7月28日。

工作，战时依照日内瓦条（公）约得实施救护事宜。现在时局日趋严重，本总会职任所在，责无旁贷。除已由华北救护分会出发工作及通令全国分会加紧准备外，已迭接前方来电，亟待设立医院，购置药物并设所收容妇孺，以符博爱恤兵宗旨。惟本总会统辖全国分会，应付救护经费，需款浩大”，因而呼吁社会各界伸出援手，“值此存亡绝续之顷，凡我爱国仁人，即希慷慨乐助，踊跃输将，以期减少人类之痛苦，保障民族之生存”。同时，“本会刻正筹设多量伤兵疗养医院，惟伤兵到达时，须换新制衣服，业已规定式样，估定价格，每人替换二套，合计国币二元二角五分，如荷爱国同胞源源捐助，无论自行购制或代办，均所欢迎”①。

7 月 29 日、30 日，北平、天津相继沦陷，华北平原，狼烟四起。为厚集救护力量，总会电令清苑分会与救护委员会华北分会“克日切实合作，扩大救护工作”②。保定分会救护队“亦同时出动”③，只因“前方缺乏医具药品，迭电告急。刻总会已将应用材料及旗帜臂章运去，但日后需用浩繁，绠短汲深，颇以为虑”④。

战地救护全面铺开。除由北平协和医院、山东齐鲁大学医科同学为基干会同清苑、保定分会组队分赴卢沟桥、天津、廊坊、南苑、北苑、杨村等地救护外，总会又加派三支医疗大队奔赴前线：一在沧州，由齐鲁大学担任；一在定兴、保定一带，由保定医学院担任；一随军救护，由中央医学院担任⑤。同时，令小站、武清、蠡县、任丘、饶阳、献县等地分会分别组织救伤医队，出发战地，而青岛、沧县、宣化、洛阳、定兴、惠民“各分会也都自动函告，已积极准备。宣化方面请款补助，并经准予拨发。定兴、献县并都请发药械准备办理后方医院，并力协助”⑥。这种相互配合、不分畛域的协作精神，令人钦敬。

“此次平津政局，变化太速，致该地救护工作，事实上只可由平津医学界所组织之中国红十字会华北救护委员会尽力办理”⑦。总会远离战地，颇感鞭长莫及。但随着战区的扩大，华北救护力量明显不足。为此，总会救护委员会组织两支医疗队，分别由国立上海医学院与国立同济大学担任。8 月 5 日，

---

① 《中国红十字会总会紧要启事》，《申报》1937 年 7 月 30 日。

② 《红会华北救护》，《申报》1937 年 7 月 30 日。

③ 《本市各界救护工作》，《申报》1937 年 7 月 31 日。

④ 《红十字组织救护队》，《新闻报》1937 年 7 月 30 日。

⑤ 《中华民国红十字会总会三年来总报告》，中国第二历史档案馆档案，全宗号 476，卷号 3198。

⑥ 庞京周：《抗战中救护事业底一个断面》，中国红十字会总会编：《中国红十字会历史资料选编，1904—1949》，南京大学出版社 1993 年版，第 350 页。

⑦ 《慈善机关积极推进救护工作》，《新闻报》1937 年 8 月 2 日。

两支医疗队驰赴前线①。有鉴于“天津方面难民达二十万众，饥饿交迫，无家可归”，中国红十字会与各慈善团体筹商援救办法，“首由红十字会总会担任二万元，并由各团体分别认定凑足五万元，即派代表驰赴天津，会同当地善团，除放急赈外，并设所收容”②。

正当中国红十字会总会筹集药品、医疗器械源源接济华北战地救护之需时，上海战火燃起，总会不得不将救护工作的重点转移到上海方面。

第二节　淞沪抗战与中国红十字会的人道行动

华北战地救护仍在推进中，而上海又成为逐鹿之场。8 月 13 日，沪战爆发，中日双方在淞沪地区鏖战，上海这座中国最大的都会，被硝烟炮火所笼罩。

上海为中国红十字会总会所在地。按照红会章程及 1936 年 6 月 30 日立法院通过的《中华民国红十字会管理条例》，总会理应设在首都（南京），但由于诸种原因，一直没有“例行故事”。所以，沪战爆发后，总会直接担负起救护职责。

一、淞沪抗战爆发与红十字会的应对

沪战爆发时，总会不似中国红十字会救护委员会华北分会那样于七七事变后始“仓卒间筹划布置”③，而是从容应对，有条不紊展开救护工作。这主要得益于战前的精心准备。

自七七事变后，沪地风云日紧，处于临战状态。中国红十字会除扩大救护训练积极准备外，于 7 月 20 日联络上海市商会、地方协会、医师公会、中华医学会、药业公会、医事教育机关及其他与救护有关的团体，在上海市救护事业协进会基础上，重组“中国红十字会总会上海市救护委员会”，以“扩大组织，充实力量”④。救护委员会内设总务、医务两组，下设事务、医院、材料、救护、文书、纪录、会计、庶务、运输、情报、交际、稽查、慰劳、掩埋等 14 课，其组织架构如下：

---

① 《红会救护队今日出发》，《申报》1937 年 8 月 5 日。按：《中华民国红十字会总会工作概况报告》（上海市档案馆馆藏，档号 Q0-12-611）记载，该两支医疗队出发时间为 8 月 3 日。

② 《红会救护队今日出发》，《申报》1937 年 8 月 5 日。

③ 庞京周：《抗战中救护事业底一个断面》，中国红十字会总会编：《中国红十字会历史资料选编，1904—1949》，南京大学出版社 1993 年版，第 351 页。

④ 《救护事业会扩大组织》，《申报》1937 年 7 月 21 日。

正主任：颜福庆；
副主任：许冠群、俞松筠、翁之龙、郭琦元；
总干事：王揆生；
总务组组长：杨怀僧；
副组长：陈奇恩、任作君；
文书课：陆砥平、庄智源、端木馨；
记录课：沈金涛、蔡书祥；
会计课：（会计师）龚懋德、（会计员）王庭桂、郑燕宝、林国华；
庶务课：（主任）陈奇恩（兼），蔡致源、周绥和、吴玉麟、刘缘生；
运输课：胡会林、马启锠、胡国城、徐绍宇、郭汉兴、韦梓；
情报课：俞慎初、潘超群、林树椿、姚谒斌；
交际课：任作君（兼）；
稽查课：胡会林（兼）；
慰劳课：（总务担任）；
掩埋课：陈良玉、黄庭瑞（普善山庄代表）。
医务组组长：郭琦元；
副组长：汤蠡舟、朱恒璧、叶植生、吴利国；
事务课：关凝一；
医务课：艾世光、王增泉、朱席儒、汤垒、黄钦文、孙本生、王益智、项斯征、周泰惠、吴德瑛、蒋公谷；
材料课：江晦鸣、程斌、方人麟、盛启英、张训隐、张其美；
救护队课：汪民视、雷树德、李伟业①。

同时，“设办公处于总会内”，以便“在红十字会旗帜下集中力量，统一组织，依照日内瓦条例编练救护人员”②。这种救护资源的大整合，为淞沪抗战救护准备了条件。

7月27日，总会又在新闸路会所召开全体理监事联席会议，决定正式加入“上海市各界抗敌后援会”“上海慈善团体联合救灾会”等团体③，与各团体精诚合作。这样红会的救护工作，很大一部分融注于慈联会等社团的救助

① 《中国红十字会总会上海市救护委员会职员名单》，《中国红十字会月刊》总第29期（1937年11月），第83—85页。

② 《中华民国红十字会总会三年来总报告》，中国第二历史档案馆档案，全宗号476，卷号3198。

③ 《各界积极准备救护训练工作——红十字会》，《申报》1937年7月28日。

行动中，以收规模效应。同时，“积极募集经费，举办战地救护训练事宜”①。8月9日，中国红十字会上海市救护委员会在大吉路公共体育场“举行救护训练班检阅典礼，到督察局代表原克武，中国红十字会总会朱振新，分会蒋茂银，职业教育社姚惠泉，地方协会徐采丞，救护委员会王揆生，及学员二百余人，检阅项目为担架、防毒、绷带等，手法纯熟，秩序井然”②。

由于战前准备较为充分，所以大战来临，中国红十字会可以从容应对。8月13日，中国红十字会上海市救护委员会在中德医院集合救护训练班毕业人员进行初步编队，“编队方法，为第一批就各人住址相近，编入某地防护队，共需六队，每队十人，举队长一人；第二批编入红十字会救护队，约编十队，每队十人；第三批预备队，所有未编入前两批者，悉数编入”③。编队已定，立即行动，遂行救护任务。

淞沪抗战从8月13日开始，至11月13日结束，历经三个月，其间几乎无日不战，虹口、杨树浦、狮子林、川沙口、罗店、北新泾……都是著名战例，搏战激烈，伤亡惨重。中国红十字会全力以赴，竭力施救。在整个淞沪抗战中，“由本会联合上海市救护委员会，组织救护队十队，急救队十二队，救护医院二十四所，征集救护汽车九十八辆，另特约公私医院十六所及国际委员会所设之医院，分布淞沪前线及上海租界，协同一致，执行救护、输送、医疗等作业，并于接近前线之交通孔道，设置伤兵分发站，为受伤军民办理登记、交换绷带，然后分批指送医院收容”④。具体情形如下文所述。

二、救护队、急救队的应急救护

从8月13日至20日，在短短的一周时间内，红会先后成立救护队6队，按照《中央救护大纲》加以缩编，每队队员56人，择其“干练者”，由红会委任为各队队长。各业救护团体纷请参加救护，除煤业公会单独组织救护队一队、队员百余人外，其余经红会审查编为急救队6队，每队16人，因其“多数无医师，即队员亦鲜有受过训练者，此项队伍，不能称为救护队，仅可称为急救队”，对其进行整合，“以期统一事权，藉取分工合作之效”⑤。救护、急救队分布江湾、大场、闸北、浦东一带，互相策应，“颇能应付”。8月25日后，战线逐渐扩大至吴淞、罗店等处，原编组的救护、急救队不敷调

① 《各界积极准备救护训练工作——红十字会》，《申报》1937年7月28日。
② 《上海市救济会昨日成立，各团体进行救护工作》，《申报》1937年8月10日。
③ 《救护组织已有头绪》，《申报》1937年8月13日。
④ 中华民国红十字会编宣股编：《中华民国红十字会战时工作概况》，1942年内部印行，第3页。
⑤ 《中华民国红十字会总会工作概况报告》，上海市档案馆馆藏，档号Q0-12-611。

遣，乃续编救护队4队、急救队6队，先后出发前方，协助工作。具体组织情况如表10－1所示①。

表10－1　救护、急救队驻屯地点及人数统计表

序　号	队　长	驻　地	队　员
第一救护队	陈荣长	昆山	30人
第二救护队	田仓本	青安公路	/
第三救护队	王金魁	/	34人
第四救护队	俞卓初	公共租界	28人
第五救护队	刘士林	太仓	48人
第六救护队	韩一雷	浦东	39人
第七救护队	叶露	南市	54人
第八救护队	徐伟	南市	53人
第九救护队	瞿绍伟	浦东	74人
第十救护队	蒋方九	浦东	76人
第一急救队	张丹卿	顾家宅	16人
第二急救队	谢葆生	郊外	64人
第三急救队	雷树德	大场	16人
第四急救队	蔡香荪	/	/
第五急救队	褚一峰	华界	18人
第六急救队	何惠钧	公共租界	31人
第七急救队	汪政卿	法租界	19人
第八急救队	刘星耀	红十字会	16人
第九急救队	陈培德	法租界	40人
第十急救队	郑连坤	曹家渡	16人
第十一急救队	蒋传源	公共租界	40人
第十二急救队	李从善	法租界	16人

其实，救护、急救队人员并不是固定的、整齐划一的，而驻地也会因战

① 资料来源：《国难时期红十字会工作概况》，（台湾）《红十字会会刊》第16期（1999年2月出刊），第59页。按：直接负责全面实施救护的主任为叶植生，副主任为李伟业、张子道。

地转移而屡有变更，以至于上海周围“九十余公里外均有我队员分布其间”。尽管各队队员有增有减，驻地也时有变换，但不论距离远近，队员们都能做到“昼伏夜行，餐风宿露，不畏艰险，奔走于枪林弹雨之中，不惜任何牺牲，均能密切合作”，着实难能可贵。据统计，经救护、急救队所救伤兵总计3.9万余人[①]。根据《中国红十字总会上海市救护委员会报告》记载，各队救护情形，简介如下[②]：

第一救护队：成立于8月13日，陈荣章为队长，队员60余人，分为3个支队，设绷带所于大场、罗店、嘉定三处。8月23日，日军由石洞口潜渡占据罗店时，该队因执行任务，医师苏克己、护士陈秀芳、谢惠贤、刘中武4人，惨遭日军杀害，“实为该队工作史上所不可磨灭惨痛之一页。同时亦为该队表现救护精神之一斑”。经此重挫，自10月份起，与第三急救队合并，由雷树德、陈荣章二队长领导，出发苏州、昆山。旋陈荣章队长由总会派为驻苏办事处副主任，于是合并后的第一队救护队，由雷树德全权指挥，驻扎昆山、苏州间，从事救护工作，“须臾未尝疏懈”。3个月以来该队综计救护伤兵1011名。

第二救护队：成立于8月13日，龚继长为队长，有队员50人。设临时医院于真茹东南医学院。8月18日起，日军不断向该地轰炸，该院礼堂被其炸毁，龚继长、葛林宗、谷逸民受伤，担架长“勇敢前驱，不稍回避，卒以身殉”。后因龚队长另有任务，由田仓本继任队长。为适应前线需要起见，田队长率同全体队员，改赴罗店、大场、顾家镇、杨行、南翔等处工作。旋以战线转移，于10月1日一度移驻南翔、黄渡之间，因日机狂轰滥炸，救护行动无法进行，不得已集中全部队员，暂住外交大楼，相机出发。不幸的是，田队长为救护车撞伤腿部，乃由全仁忠继任队长，与野战救护队分工合作。总计该队3个月以来救护伤兵凡5551名。

第三救护队：成立于8月13日，计有队员18人，王金奎任队长。于8月14日出发大场、顾家镇、南翔等处工作。未及两旬，即因内部发生纠纷，不能合作，遂于9月10日明令解散。其中一部分工作成绩良好者，编入他部。因“该队存在时期既甚短，复受纠纷之影响，以致甚少成绩可言”，综计救护伤兵1746人。

第四救护队：成立于8月16日，俞卓初为队长，担任市内伤兵难民救护

---

① 《中华民国红十字会总会三年来总报告》，中国第二历史档案馆档案，全宗号476，卷号3198。

② 参见马强、池子华主编：《红十字在上海资料长编（1904—1949）》中卷，东方出版中心2015年版，第176—182页。

工作，“颇有相当成绩”。嗣前方战事紧急，乃出发大场、真茹、杨行一带工作，“各队员均能含辛茹苦，以尽天职”。9 月 1 日，第四救护队调回，分组输送各路伤兵。初为 10 余人一组，后以分发较繁应接不暇，乃改 4 人为一组。“于是杭州、苏州、嘉兴、松江、湖州、木渎、无锡等处，莫不有该队员之分布。其间跋涉奔驰，虽在敌机极端威胁之下，从未稍间，实堪嘉尚”。总计 3 个月以来，前后运送伤兵达 2 万余名，救回伤兵 285 人。殉难队员 10 余名。

第五救护队：成立于 8 月 12 日。队员初为 70 余人，嗣因重新编制，减缩为 53 人，其中大都为救护委员会训练班学员。李伟业为队长。八一三战事发生后，即出发大场、闸北、顾家宅一带，分别从事救护工作。“各队员纪律森严，颇足规范”。至 9 月 20 日，李队长奉调救护队课干事，队长一职改由刘士林接任，并分拨队部，输送伤兵至杭州、嘉兴、苏州、湖州等处。“当时该段路线，日机侦察轰炸甚烈，该队员几历险境，伤及救护员十余人，卒能从容趋避，敏捷运护，以大无畏之精神克当前之危境，卒使呻吟创痛之战士，多能安全到达此目的地，洵为该队过去工作上之一大成绩也”。综计该队前后救回伤兵计 4030 名，运送伤兵 807 名。

第六救护队：成立于 8 月 17 日，韩一雷任队长，设总队部于浦东周浦。开始工作时，队员仅 40 余人，后增至 70 余人，成立 3 个支队。第一支队在沿浦春江码头、塘桥、三林一带；第二支队在南汇、望海楼、小洼港、老港一带；第三支队在大团、新开河、万祥外、三灶、泥城一带驻扎。“该队人数虽多，其始颇能分工合作，不意经过两月后，意见丛生，纠纷迭起，韩队长以整饬不力之咎，呈准辞职。由副队长韩尚德代理队务。未久即遭局变，而该队即在无形中解散”。综计救护伤兵 533 人、伤民 416 名。

第七救护队：成立于 8 月 26 日，由上海市铁业公会所组织，经呈报中国红十字会，得核准，叶露为队长。“叶氏本为医生，该队组织时，对医务人才正感缺如，同时该队长住居南市多年，本课当委任时，深庆得人，盖既身居南市，则对此苦难同胞，必更抱己饥己溺之心肠，竭尽服务之天职”。该队共有队员 48 人，分两个支队，在南市流动救护，以救济难民为重，“盖日机频施轰炸，无辜难民，被击死伤者颇多”；同时，原有医院大都迁避一空，故该队除分别视察巡救外，又在大佛厂设门诊部，专事疗治贫苦难民，“当时南市民众，虽相率迁避，然老弱无处可奔者，仍有数万人，以故就诊者颇不乏人”。该队自开始工作以来，尚能勉尽天职，“惟以内部时起纷争”，10 月 15 日明令解散。该队综计救回伤兵 99 名，伤民 276 名。

第八救护队：成立于 8 月 23 日。由国医战地救护队与上海市中医药界救护队联合组织，共有队员 53 人，经呈请中国红十字会核准成立，徐伟为队长。初驻闸北共和路西铭里，后迁至白克路上公小学，后复迁方斜路。在闸北、虹口、江湾、大场、杨行、刘行一带救护伤兵。“其初出发时间，大都早出晚归，嗣以日机空袭甚烈，乃昼伏夜行，本队各队员，均在医药界受有相当教育者，同时该队徐队长领导得利，颇能分工合作，不分畛域，在同一目标下，共尽天职。当时本市流弹惨案迭起，该队长躬率驰救，不遗余力，其尤为难能可贵者，虽在极度纷乱环境之下，而能力持纪律，有条不紊，受伤者既得以减少苦痛，安然得治；施救者因亦能按部就班，以推进工作效率，实为当时一般伤兵伤民所称道，而本课所认为足资表率之队部也”。综计前后救护伤兵 2248 名，伤民 16 名。在此过程中，救护队员宋叔钧，“在前线救护伤兵于枪林弹雨中，不避艰险，日夕工作，绝鲜休息，终至积劳成疾，医治无效”，不幸于 10 月 18 日晨逝世①。

第九救护队：成立于 8 月 28 日，系集合浦东川沙地方青年与红十字会训练班学员合组而成，瞿绍伟为队长，设队部于浦东川沙，“当时浦东尚非战区，而炮弹流射，飞机空袭，一时民众受伤者甚多，故主要工作为拯救伤民”。至 9 月底，该处逐渐发生剧烈战争，于是伤兵伤民同为救护对象。川沙乡村多，且无汽车可通，伤兵运输，极感困难，乃分组数小队，队员增至 70 余人，“密布全沙，互相策应”。尽管交通不便，困难重重，但“各队员忍苦耐劳，且大都为地方青年，颇收驾轻就熟之效”。至 10 月底，该队奉命改编时，综计救护伤兵 679 名，伤民 97 名。

第十救护队：成立于 8 月 21 日，队员 50 余人，由浦东保卫团及救火会人员组合而成，经红十字会核准后编入救护队，蒋方九医师为队长。“因蒋医师在浦东各慈善医院服务有年，深洽舆情，以故开始工作以来，深得各方之辅助”。设总队部于浦东太古华通堆栈内，下设 10 个支队，分驻四乡，互谋策应，并设 30 床位的疗养所于华通堆栈内，为重伤临时急救之用。因其工作区域大多乡僻之区，队员们“辛勤奔走，艰苦不辞，尤能通力合作，各尽所能”。至 10 月底解散、“听候改编”时，综计救回伤兵 606 名，伤民 650 名。

第一急救队：成立于 8 月 12 日，张丹卿为队长，队员 16 人。八一三战事发生后，驻扎顾家宅宝兴纱厂开展救护事宜。“其初尚能遵循本会救护意旨，实施工作。乃未经一月，该队长以行为不检，经人举发。本课为整饬救护纲纪起见，经详细侦查，结果发现该队长确有超越救护范围之嫌”，乃于 9 月 25 日宣令解散。该队在 40 余日中救护伤兵凡 593 人。

---

① 《救护员宋叔钧积劳逝世》，《申报》1937 年 10 月 20 日。

第二急救队：由上海市公仁社救亡委员会救护组所组织，经红十字会核准编列急救队后，聘谢葆生为队长。于8月16日开始，分6组出发前方各战区实施救护工作。该队共有队员64人，“均多奋发青年，怀志救国者”。后“以该队内外纷争突起，虽经本会设法疏解，终未解决，结果停止工作”，于10月自行解散。总计工作凡两月余，救护伤兵1009名。

第三急救队：由雷树德集合同志10余人组织成立，雷树德为队长。其队员全为上海市民立女中、东亚体专、审美女中女生，于8月15日开始出发至八字桥、大场驻扎，每日分赴各战地救护。所救伤兵，大多经过包扎后，分送后方医院疗治。“该雷队长身先部署，率同全体队员，在最前线实行任务，当时受伤战士挣扎前线，不克得他队救治者，经该队奋勇疾趋，均能一一驰救”。其后战线转移，该队部迁设真茹真北路照常出发工作，不久与第一救护队合并，以陈荣章、雷树德为正副队长，“各遣所属，相辅而行，继续工作以来，颇收指臂之效”。未几陈队长因另有任务，由雷队长递补正缺。至10月底止，该队仍在前方工作，所救伤兵计1425名（尚有在前线实施急救者，600余人不在其内）。

第四急救队：成立于8月23日，由原组织人蔡香荪担任名誉队长，谈益民为副队长，负责实际领导工作。谈益民“为一热心救护工作者，且受有高深教育”，队员17人多为“江湾智识青年”，出发战地工作后，“对外力谋联络呼应，对内统求一德一心。相共奋勉，始终如一，以故工作颇获优良成绩，从无意外纠纷。此固由各队员训练有素，然该队长应付有方，智勇兼备，实足以资表率也”。旋因调谈益民赴苏州协助郭琦元组织苏州办事处，第四急救队于10月5日归并到第二救护队。该队自成立迄归并凡40余日，所救伤兵达1857名，“成绩良可观也”。

第五急救队：上海酱业青年服务团，在八一三战事发生后，联合同志20余人出发战地从事救护工作，因力量薄弱，在工作方面发生种种障碍，乃请求参加红十字会序列，经核准后编为第五急救队，褚一峰为队长，9月10日正式成立，设队部于南阳桥方浜路寿祥里40号，“每晚出发工作地点无定。当时前方战事逐渐紧张，各队员均能奋勇工作。后因车辆不断损坏，不能顺利救护伤兵；同时前方战线，亦发生变化”，乃于10月15日自动宣告解散。月余时间，综计救护伤兵299人。

第六急救队：初由一·二八救亡协会名义组织，于9月11日成立，费光华为队长。工作未几，内部发生纠纷，自行解散。后由八一三救亡协会改编，加入红十字会序列继续工作，由何惠钧任队长，队员16人，一切给养，均自行筹给，唯汽油、车辆、药品由红十字会补助。队部设牯岭路高民里，每晚出发各战区工作。“在第一日开始工作时，司机杜连生即被炸殒命，并伤及队员涂忠明，经本会分别收敛医治后，各队员照常工作”。迄10月底，所救伤兵达1499名。

第七急救队：由海员公会所组织，于9月11日呈请编列红十字会急救队。队员计16人，汪政卿为队长，“每晚集合本会，出发前方工作”。该队一切给养，皆自行负担，后以战线转移，于10月15日自行解散。一个月中，综计救护伤兵1106名，成绩颇佳。“该队之所以有如此成绩者，盖由该队长英勇耐劳，每日奔驰于炮火之中，对于重伤将士，尤其爱护有加，乃他队所不及者也”。

第八急救队：八一三战事发生后，骆亦文组织担架队未成，遂选其优良担架员16人，编入红十字会序列，列为第八急救队，由刘星耀为队长，于9月8日开始工作，“各队员勇敢努力，颇负盛誉”。综计救护伤兵达1788名。

第九急救队：由镇丹金溧扬五县旅沪同乡会，集合救护人员20余人，经红十字会核准后，于10月18日成立，陈培德为队长，出发真茹、嘉定、真北路一带，实施救护工作。“为时旬余，该段战线即发生重大变化，同时本课归并红会，各队均将重新改编，于是该队工作遂告停顿。其一切给养，均由该队自理”。在极短时间内，该队救护伤兵1432名。

第十急救队：由沪西救火会救火人员与童子军联合组成，经红十字会审核准许后，于9月17日正式成立，救火会郑连坤任队长，计有队员16人。“斯时沪西战事极烈，该队即出发该段附近地点，实施救护工作。一切给养费用，纯由该郑队长负担。各队员多数具有救火之训练与经验，奔驰救护，极为勇敢。惟工作未及一月，战线变动，即自行解散”。计前后救护伤兵239名，伤民142名。

第十一急救队：上海市商会童子军第五十团，自八一三战事发生后，即率童军40人，热心参加红十字会救护课工作，协助运送伤兵，“日夜宣劳，至为兴奋”。几度为敌机轰炸，队员郑志强、徐健来、陈香荪等受伤。至10月中旬，该团部改组加入红十字会序列，列为第十一急救队，蒋传源为队长。驰赴太仓、真茹、周家桥一带，专任救护工作。至10月底止，前后仅10余日，计救回伤兵达411人。

第十二急救队：为上海职业青年战时服务团所组织，经红十字会核准后，列入第十二急救队，李从善任队长。成立未久，战线西移，“缺少实际工作，颇少成绩可言”。自11月底，有队员10余人自发出发前方，一切给养及其他费用，均由该队自理，“唯该团组织，除救护队外，内有救护组，曾发生滥用会名，擅行募捐情事，经本课察觉后，呈报本会彻究在案。最后该队李从善辞职，由冯少山自行担任”，不久即告解散。

救护队、急救队内部组织情况及战事救护情形，大致如上所述。虽然救护队、急救队参差不齐，时有内部纷争，甚或出现滥用红十字标志擅自募捐情事，但总体而言，队员们舍生忘死，出入于枪林弹雨之中救护伤兵伤民，功勋卓著，有的因此献出宝贵生命，可歌可泣。

救护队、急救队从战场上救回伤兵，分送各救护医院救治。医院无疑寄托着抗日伤兵们生的希望。

三、救护医院与特约医院的伤兵救治

当淞沪军情日趋急迫、战事爆发危在旦夕之际，总会即着手组织救护医院，以便及时收治伤兵。八一三战端既开，第一至七及第二十救护医院即次第开办，随后第八至十三及第十八救护医院相继成立，至 8 月底，已有 15 处救护医院投入救护。9 月以后，战线扩大，战事趋烈，伤兵日增，已有的救护医院不敷收容，又相继开办 9 所医院，其中有总会直接办理负担全部经费者，有与其他机关或团体联合开办由总会承担部分经费者，有经费独立而医院本身隶属于总会者。淞沪会战中救护医院情况如表 10－2 所示①。

表 10－2　淞沪会战中红十字救护医院情况表

院　名	床　位	开办天数
第一救护医院	448	129 天
第二救护医院	325	96 天
第三救护医院	508	244 天
第四救护医院	339	43 天
第五救护医院	249	291 天
第六救护医院	222	38 天
第七救护医院	215	64 天
第八救护医院	285	157 天

① 资料来源：《中华民国红十字会总会工作概况报告》，上海市档案馆馆藏，档号 Q0-12-611。按：第十五、十六、二十二救护医院为原表所无。据《新闻报》等媒体报道称，“原定由魏立功医师筹办之第十五及第十六救护医院始终并未成立，所有各界捐助该两院之款项物品，已由魏医师声明负责退还原捐助人，特此公告”（《中国红十字会总会上海市救护委员会公告》，《新闻报》1937 年 10 月 20 日；《救护医院最近动态》，《神州日报》1937 年 10 月 21 日）。第二十二救护医院应该属于同类情况。

（续表）

院　名	床　位	开办天数
第九救护医院	205	92 天
第十救护医院	109	29 天
第十一救护医院	210	35 天
第十二救护医院	130	94 天
第十三救护医院	224	153 天
第十四救护医院	103	73 天
第十七救护医院	436	43 天
第十八救护医院	129	113 天
第十九救护医院	195	140 天
第二十救护医院	117	117 天
第廿一救护医院	100	66 天
第廿三救护医院	540	159 天
第廿四救护医院	140	107 天

上述救护医院，规模不一，开办时间有长有短，而于收治伤兵，则不遗余力。根据《中华民国红十字会总会工作概况报告》记载，几家主要救护医院救治伤兵的情形，简介如下①：

第一救护医院：八一三战事爆发，即奉中国红十字会上海市救护委员会之命，成立第一救护医院于胶州路 397 号。医院房屋借于贫儿教养院，设第一、二病室于大礼堂与图书馆，床位 100 张，“未及筹备完毕，伤兵已纷至沓来，院务遂难井然有条，幸赖诸同人尽心竭力，夜以继昼，始克应付”。嗣因大世界惨剧发生，被难同胞日众，遂另添床位 150 张于延平路申园体育馆，为第三病室。至 9 月中旬，战事激烈，伤兵增多，又增设第四、五、六、七、八、九诸病室于贫儿教养院，病床乃增至 500 张。至 10 月中旬，该因经济关系，将申园病室转并于国际第四医院；及 12 月中旬后，因时局转变，除继续遣送轻伤士兵外，其余重伤 60 余名，转入国际第四医院与第二十三救护医院，该院遂告结束。统计该院开办历时四月有余，共收伤兵 1113 名，伤民百

① 《中华民国红十字会总会工作概况报告》，《中国红十字会月刊》总第 57 期（1940 年 3 月），第 17—28 页。

余名，伤愈出院伤兵计1013名，死亡率占全数8%，每日住院人数达470名。

第三救护医院：震旦大学医学院于8月14日集合毕业同学、在校师生暨法医研究所同人等组建，经中国红十字会上海市救护委员会核准定名为第三救护医院，假震旦大学为临时院址，推选孙逵方医师任院长，分总务、收发、医务三科，设床位200张，并商由广慈医院为该院第一特约医院，设床位50张，医师除原有驻院医师外，并由五、六年级学生分别担任。护士方面，均由方济各会拨助爵会天主教修女30余人暨圣心医院、公济医院男女护士10余人，分别担任。“所有办事人员，均勉尽义务，为国宣劳，一概不支薪给”。迨至10月1日，孙院长因公离沪，经院务会议议决，公推吴雪瑞医师继任院长，于10月3日接收视事，增设床位100张，又商得安当医院为该院第二特约医院，另设床位20张，共计为370张。11月上旬，战事紧张，伤兵日多，乃于震旦大学中学部开让校舍数间，尽量收容。至11月9日，在院伤兵达508人。至12月初，各医院以时局转变，多数办理结束，计有第一救护医院等先后转来伤兵300余人。至1938年4月15日完成使命，8个月中，该院先后收容伤民500余人，伤兵1400余人。

第五救护医院：由中西疗养院所组织，院址设于蒲石路536号中西疗养院内，8月14日起开始收容伤兵。1938年5月31日奉命结束时，共计收容伤兵1349人（内有伤民8人），其中直接自前线救护来院者达750人，由本市其他救护医院因伤势严重，以及因院务结束关系转送来院就医者达599人；内因伤势过重不幸死亡者91人，占全数6%强，伤愈归队及伤势将愈转送后方医院疗养者计有1227人。

第六救护医院：设于上海中山医院，8月16日起开始收容伤兵，至9月22日结束，共计收容伤员419人，内官兵404人、平民15人。8月22日起，中国红十字会上海市救护委员会为便利输送伤兵起见，令该院附设伤兵包扎所于门诊处，负责收容并予以适当治疗与看护，每夜限收150名，次日须将轻伤重伤，分别输送，伤重者经诊治与包扎后，送入租界内救护委员会指定救护医院，伤势较轻而能行动者，包扎后用救护车、火车或由船舶转往后方医院。由包扎所转入租界者计有千余人，转后方者有2267人。9月中旬，战区内霍乱猖獗，伤兵送入租界渐感困难，租界卫生当局为防止霍乱蔓延起见，于19日起禁止负伤者输入租界，救护委员会鉴于问题严重，几经磋商，租界卫生当局即提出补救办法，在租界区外设立一霍乱医院，专事收容界外霍乱病人，医院经费则由本市卫生局及两租界卫生处共同负责，并指定中山医院为院址，第六救护医院于是奉命结束，即于9月22日起，将全院住院及包扎所收容之负伤者，一概转送至救护委员会指定医院或后方医院中。

第七救护医院：原系中国红十字会第三医院，八一三事变卒起，该院秉承中国红十字会上海市救护委员会之意旨，筹备改组为第七救护医院，觅得四川路一号物品交易所为院址，一切人员均由前第三医院调用，“故工作方面，颇为联络，又得总会加派医师来院助理，并有本市热心同志自动投效，分任各职。于十月间，因鉴于受伤平民之众多，遂停止收容伤兵，本院乃告结束，恢复第三医院，专门治疗平民，以应环境之需要”。第七救护医院自8月15日开办，至10月17日结束，共收治伤兵371名。

第八救护医院：“本院由友声旅行团秉承中国红十字会上海市救护委员会之意旨组织成立，定名为中国红十字会上海市救护委员会第八救护医院”，于8月16日开办，总计前后收治伤兵、伤民共1072人，“后以战事西移，伤兵日少，本院奉命办理结束。除治愈者逐渐送往后方外，尚有未愈伤兵，悉数转至他院继续治疗，本院乃于二十七年一月三十一日结束”。

第十二救护医院：民立疗养院院长高济民先生组织设立，以慕尔鸣路光夏中学为院址，高济民为院长，赵启华为医务主任，于8月25日正式成立，11月27日结束，历三阅月，共收治住院伤兵、伤民398人（内官兵384人、伤民14人），门诊伤民138人。住院官兵384人中计治愈转送前方归队者39人，将愈转送后方休养者238人，结束时转送他院者85人，伤重死亡者22人。

第十三救护医院：设于新闸路赫德路培明女子中学，8月26日开始收容伤兵，除组织董事会外，并推定同济校长翁之龙为院长，秘书蒋益生为副院长，“翁院长为校务及其他公务关系，未能常驻办公，一切院务概由副院长蒋益生全权办理”。金问淇医师为医务长，曾耀仲、阮尚丞二医师分任内外科主任。9月上旬院址迁至海格路大沪花园，“此处前曾充作难民收容所，水电俱无，而房屋园亭，污秽不堪，整理清除，煞费工夫，房屋又不敷应用，乃搭盖芦席棚，以济急需。是时前方战事方酣，致沪上各医院均感无法容纳，故芦席棚盖造甫竣，伤兵伤民接踵而来，一日间达七十余人之多，常感不敷容纳，乃再行搭盖席棚一座，四日内即告完工。而是时适当本市沦陷之前夕，留居沪西南市之伤兵，全数移入租界，本院亦收容八十余人。是时亦为本院收容伤兵之最高额，计达二百五十余名，以后伤兵次第痊愈，陆续送往后方，本院救护工作，乃暂告段落”。前后共计收容伤兵587人、伤民24人，因伤重不治53人，占总数8%强。

第十四救护医院：由中华妇女互助会主办，院址系假福煦路中德医院之一部分。9月6日筹备就绪后，7日即开始收容伤兵，至11月20日止，计共收容伤兵320人，其中完全治愈者14人，将愈转送后方者193人，转送本市各医院者 84 人，伤重不治而死者 29 人。

第十七救护医院：设于古拔路蒲石路业广公司，设床位 400 张，9 月 20 日起开始收容伤兵。其时战事方烈，伤兵拥至，床位不敷，又添设临时病房，尽量收容，最多时收容达 450 余人。至 11 月间，沪郊沦落，交通阻塞，伤兵不能来院，其他医院次第结束，而该院则以所收病人，重伤居多，处理匪易，他院之创重未愈者，又归并该院，直到年终尚存病人百余名，“大多断腿折臂，已成残废”。因中国红十字会上海国际委员会有筹设残废医院之议，以该院设备尚称完善，故就本院原址，由上海国际红十字会接办残废医院。1938 年 2 月 1 日起移交，“所有本院自建蓬屋，及装修家具，医药，器械，以至一切剩余物品，统由该院点收，而本院所有未愈病人九十六名，则由该院继续负责治疗，本院乃告结束”。

第二十救护医院：原为私立平民疗养院，自八一三沪战发生，即于 8 月 15 日改组成立第二十救护医院。嗣以战事西移，伤兵日少，12 月 10 日奉命办理结束。自开始收容伤兵两阅月内，经济由上海华商证券交易所及本院院长担任，收治伤兵 232 人，出院人数 163 人，转院 62 人，死亡 7 人。

第二十三救护医院：9 月 12 日决定设立，朱恒璧医师为院长，以汉口路 131 号四行大厦为院址，邀请张伯钧、吴兴业二医师为副院长，任廷桂医师为医务主任，“负责筹备”，15 日准备就绪，16 日开始收容伤兵。“本院规模较宏，设备亦求周全。院屋有楼房六层，除底层设置警卫、收发、材料、厨房四处，六层为职工宿舍外，余二、三、四、五，四层全作医疗病室及办公室之用。计设病房二十一间，病床五百四十架，手术台二架，消毒器全副，爱克司光机一具，化验室、药剂室、材料库各一间，水灶二具，厨房一所，重病房二间，停尸室一间，木匠间一间，理发室一间，（其余各种办公室及医师护士宿舍十余间）应用医疗仪器一应具备”。收治负伤官兵 1425 名，内有 128 名因伤重不治死亡。

第二十四救护医院：为国民战时互助会所主办，9 月 29 日成立，1938 年 1 月 14 日奉命结束。前后综计收容伤兵 263 人、伤民 3 人，死亡 29 人，“因治疗神经系转送中国红十字会第一医院者二人，治疗眼疾转送广慈医院者五人，余因奉命办理结束转第三救护医院者六人，至于治疗结果成为残废者六人，转国际委员会残废医院办理，其余均陆续归队，或转往后方”。

以上为几家救护医院收治伤兵伤民情形。除救护医院之外，还有“特约医院”参与红十字会救护工作。

当战事初起之时，救护医院未及全部开办，为求尽量收容伤兵计，总会与上海原有医院洽商兼收伤兵，由红会按收容伤兵人数给予津贴（每名每日药品伙食费5角）。与红会合作的“特约医院”的情况如表10－3所示①。

表10－3 淞沪会战中红十字特约医院情况表

院　名	床　位	开办天数
人和医院	36	34天
大德医院	35	28天
大华医院	20	33天
太和医院	71	34天
中德医院	60	17天
生生医院	38	34天
永川医院	61	40天
同德医院	48	36天
同德产科医院	23	34天
东南医院	100	16天
红十字会第一医院	259	216天
红十字会第三医院	140	169天
惠旅医院	54	34天
劳工医院	52	34天
宝隆医院	216	241天
铁路医院	40	91天

特约医院床位共千余张，对于伤兵之收容，不无助力。随着救护医院的次第开办，床位日增，为便于管理起见，自9月10日起，除少数几个特约医院外，其余一律结束，并将所收伤兵转送各救护医院治疗。

除上述红会所属救护医院24处、特约医院16处外，还有一些社团或私立医院，其组织、经费完全独立，但仍与红会合作，“对于伤兵之收容及遣送悉由本会负责”。从1937年8月14日至1938年4月30日，综计由上述各类医院收治伤兵、伤民凡19539名②。

① 资料来源：《中华民国红十字会总会工作概况报告》，上海市档案馆馆藏，档号Q0-12-611。。

② 《中华民国红十字会总会工作概况报告》，上海市档案馆馆藏，档号Q0-12-611。

四、伤兵“分发”与沪战救护结束

由于战事扩大，军事碰撞加剧，伤兵运沪日有数百名，多时近千名，而上海各救护医院床位最多时仅5000余张，势不能全体收容，所以自8月22日起就于第六救护医院内设立伤兵分发站一所，自前线救回伤兵视其伤势轻重分别处理，重者送入医院，轻者暂留分发站，等候火车、船只转送后方。9月20日，第六救护医院结束，伤兵分发站改设于枫林桥外交大楼，此处可容伤兵千名，内设站长1人、医师2人、护士10多人，司理伤兵换药包扎事宜。特别值得一提的是，由上海市商会童子军团部派童子军一队，驻站维持秩序及料理伤兵登记、转送后方诸事，为伤兵分发做出重要贡献。据《第五十团童军向红会报告服务经过》称，从1937年8月13日起至11月8日止为在上海服务时期，其工作：“（一）负责押乘救护车辆驰往前线各地救护伤兵，运回各医院；（二）夜半出发至天明始返或转往他处，则三四日后始返，兼以民船押运伤兵至各地；（三）九月二十五日起，担任外交大楼伤兵分发总站工作；（四）十月二十八日国军正移新阵地，公路桥梁均被轰炸，多数受损，救护工作无法施行。该团爰组织探路急救队，冒险前往抢救伤兵，服务人数共六十人。”总计该团战时救护，历江浙两省10余县，出勤1871次，行程93556公里，前后协助红会救护伤兵难民62007人[①]。在此过程中，罗文光、彰麟才、郑志强等18人受伤，何国寿、杜象贤、苍成全献出宝贵的生命[②]。

第六救护医院附设之伤兵分发站自8月20日至9月20日，共收容分发伤兵2267名；外交大楼分发站自9月21日起至11月8日止，共收容分发伤兵17940人[③]。

在淞沪抗战救护中，昆山伤兵分发站的工作也是值得注意的。

在淞沪抗战之始，中国红十字会上海市救护委员会即在昆山设立第一伤兵医院，旋因该院部分被日机炸毁，出于安全考虑，10月21日将伤兵转移到苏州诊治，而令第一救护队由嘉定调昆山接办伤兵医院。救护队长雷树德率同队员缜密观察之后，认为该地不宜设立伤兵医院，应依照枫林桥外交大楼伤兵分发站办法，“办理于伤兵到站后立即换药给食，其重伤者设法用军政部卫生船舶运往后方医院，轻伤者则由军委会野战救护处分送苏州等地”[④]。这

---

① 《第五十团童军向红会报告服务经过》，《新闻报》1939年2月27日。

② 《第五十团童军向红会报告服务经过（续）》，《新闻报》1939年2月28日。

③ 《中华民国红十字会总会三年来总报告》，中国第二历史档案馆档案，全宗号476，卷号3198。

④ 《中华民国红十字会总会工作概况报告》，《中国红十字会月刊》总第57期（1940年3月），第28页。

就是昆山伤兵分发站的由来。

昆山为伤兵集散地之一，因舟车缺乏，转送困难，加以前线伤兵源源而来，分发站人满为患，只好另觅兴学路某住宅两座为临时收容处所，但不幸的是，该处遭日机轰炸，造成多名伤兵死亡。不得已乃将民立女中童军营帐12顶架于青阳港畔，加以伪装以避袭击，“该队全部人员在此种状况之下继续努力工作，其勇敢毅力实属难能可贵。迨后前方战士奉令西移而敌人踪迹亦逐渐迫近，该队人员仍镇静处理，将轻伤者分别用舟车运苏，能步行者则步行至苏，而重伤者搬运至帐内或河畔遮蔽处候船运送”，直到11月13日完成分发任务始奉命撤退，途中“一部分人员路遇敌机轰炸，以致失散九名，迄今存亡莫卜”。昆山伤兵分发站自10月26日开办，至11月13日结束，在不足20天的时间里，分发伤兵计达3200余名①，工作紧张情形，不难想见。

11月13日，上海沦陷，后方交通顿告断绝，留沪伤兵势成孤悬，安危可虑，中国红十字会遂将救护工作的重点转移到疏散伤兵上来（疏散伤兵的工作实际上在上海陷落前即以开始）。当时上海轮船，由外商经营者尚可航行至浙江温州、台州，红会“遂冒万分艰危，于十一月二十七日派员分批护运伤兵由台州入浙，分两路疏散，一路由台州转宁波，一路由台州经百官转萧山，集转浙赣路各军医医院收容。并分拨人员驻金华、衢州，照料接运，亘至十二月间，留沪伤兵悉皆顺利遣归内地，未入敌手，至可庆幸”②。据红会资料统计，上海沦陷前后经红会疏散安置的伤兵：杭州5750名，松江264名，苏州405名，嘉兴659名，吴兴321名，无锡67名，香港91名，宁波5607名，温州291名，其他1603名，伤愈归队895名，残废院158名，综计16111名③。

11月13日，上海被日军占领，淞沪抗战结束，而救护工作仍在进行之中。在整个淞沪抗战救护中，中国红十字会遇到重重困难，据《中华民国红十字会总会三年来总报告》称：“根据数月工作之实际情形所认为困难而不能使救护工作顺利进行者（一）工具尚感不敷；（二）租界门禁无定阻碍交通；（三）日机轰炸只能昼伏夜行；（四）医院床位有限有输送无从之时；（五）车辆缺乏征集维艰调遣为难；（六）军部卫生队时感不足不能与救护队联系输送。以上数端均足使受伤将士多尝痛苦增加死亡。”④ 尽管如此，但红会仍然

---

① 《中华民国红十字会总会工作概况报告》，上海市档案馆馆藏，档号Q0-12-611。

② 中华民国红十字会编宣股编：《中华民国红十字会战时工作概况》，1942年内部印行，第4页。

③ 《中华民国红十字会总会三年来总报告》，中国第二历史档案馆档案，全宗号476，卷号3198。

④ 《中华民国红十字会总会三年来总报告》，中国第二历史档案馆档案，全宗号476，卷号3198。

取得可观成效，有资料称："综计自二十六年（1937年）八月十四日至二十七年（1938年）四月三十日完全结束止，由上海市各医院收容兵民一万九千五百三十九名，由伤兵分发站运送后方各地者计七千一百二十八名，由前线直接运送后方各地者一万七千七百二十二名，合计先后救运受伤兵民凡四万四千三百八十九名。"① 实际当不止此数，根据《中华民国红十字会战时工作概要》的统计，自1937年8月14日至1938年4月30日，救护医院收容伤病兵民19539名，由上海伤兵分发站运送伤病兵民7128名，由上海前线急救队及救护队救送伤病兵民43446人②，三项相加为70113人。这个数据更接近史实。

值得注意的是，在淞沪抗战救护中，中国红十字会一反常态，并未借助《申报》等大众传媒，广事宣传、鼓动，连篇累牍报告救护详情，呼吁社会各界捐款捐物，量力接济，支持红会的救援行动。从这一时期《申报》这一最能反映红会动向的媒介中，无法确知红会的动态，即使有报道，也是零星的、非连续的，这种情况不免引起人们的质疑甚至非议。为此，中国红十字会发布启事谓："本会综理全国救护，负有重大使命，迩来夙夜布置，紧张万分，尤以沪战，当前各路救伤，急如星火，一切办理经过，他日自有详报。乃各界人士感于爱国热忱，纷纷来会探询前线状况、伤亡数字及本会工作详情，本当掬诚相告，然格于军部约束，未便率尔宣扬，惟有埋头做去，暂安缄默，至因此引起各方之怀疑与责难，目前亦无可置辩，事后自可明瞭，有识之士，谅能鉴原。"③ 红会固然有红会的难处，可以理解，但也因此造成救护工作的困难重重，无法取得社会各界最大限度的支持，这与一·二八抗战救护中红会所需一呼可集之情形不可以道里计，就是说，红会的做法并非无可挑剔，就连总会秘书长庞京周也认为救护工作"毁誉参半"④，而亟思有所补救了。

---

① 胡兰生：《中华民国红十字会历史与工作概述》，中国红十字会总会编：《中国红十字会历史资料选编，1904—1949》，南京大学出版社1993年版，第505页。

② 《中华民国红十字会战时工作概要》，中国红十字会总会编：《中国红十字会历史资料选编，1904—1949》，南京大学出版社1993年版，第521页。

③ 《中国红十字会总会启事》，《申报》1937年8月20日。

④ 《秘书长庞京周发副会长杜月笙、刘鸿生暨各理事电报》（1937年10月3日），贵州省档案馆馆藏《红十字会档案》，116—280。转引自张建俅：《抗战时期战地救护体系的建构及其运作——以中国红十字会救护总队为中心的探讨》，（台北）《"中央研究院近代史研究所"集刊》总第36期（2001年12月），第134页。

五、“三十年代青年的光辉榜样”——上海红十字会煤业救护队淞沪抗战救护的一个个案

在淞沪抗战救护中，有一匹“黑马”杀出，格外引人瞩目，这就是上海红十字会煤业救护队。

淞沪抗战爆发后，上海各界民众纷纷成立抗日救亡协会和各种战时服务团，大家“有钱出钱，有力出力”，全力以赴支援抗战。“在各个抗日团体和战时服务团中，红十字会上海煤业救护队是规模最大、力量最强、最先行动的队伍之一”①。

实际上，上海煤业界参与红十字会抗战救护，早在一·二八事变后淞沪抗战时就已显示出巨大的能量。据报道，煤业公会“捐助红十字会卡车十余辆，连日该会开往大场救出伤兵难民等，皆由该会卡车发运”②。同时，“推谢宝兴、王文正二君担任车务，专供红十字会救护之用。凡红会分配救护车辆，均由二君担任，每日自午前五时至午后八时，无片刻之休息”③。出车、出人、出力，煤业界的参与，为中国红十字会战事救护提供了强有力的保障。

尤其值得备忘的是，煤业巨商、敦大成煤号老板郁复之子郁鸿章还献出了宝贵的生命。媒体报道称：“鸿章，现年二十二岁，尚未结婚，一度肄业于复旦大学，且极富于爱国心。自九一八沈案发生，鸿章即深恨日人暴行，屡欲投袂从军，均为家庭所阻，然其报国之心，固未尝一刻忘怀也。此次本埠战事又告爆发，鸿章乃与煤业同人，立时组织上海煤队（业）公会救护队，并亲自加入第一特别队，每日赴前线工作。”④ 2 月 29 日上午，郁鸿章赴前线救护伤兵，在邢家桥附近“被日本伏兵由楼上枪击贯穿郁鸿章胸部。当即驰回送宝隆医院检查，肝肺等部均受伤，至午后三时逝世”⑤。郁鸿章家境“富有，竟肯如此牺牲，尤属难能可贵”⑥，红会历史亦不会忘却。

一·二八之后，日本并未停止侵华步伐，对上海更是虎视眈眈。因此，八一三淞沪抗战爆发之前，上海煤业界即开始了抗战救护的准备。1936 年，

---

① 叶进明：《上海红十字会煤业救护队支援新四军》，上海市邮电管理局编：《华东战时交通通信史料汇编》（上海卷），人民邮电出版社 1999 年版，第 349 页。

② 《各界救济工作》，《新闻报》1932 年 2 月 23 日。

③ 《各方救护工作》，《新闻报》1932 年 2 月 25 日。

④ 《日兵枪杀红会队员——郁鸿章牺牲精神不死，日本兵残暴人道全无》，《申报》1932 年 3 月 2 日。

⑤ 《残忍之日军人枪杀红会会员》，《新闻报》1932 年 3 月 2 日。

⑥ 《日兵枪杀红会队员——郁鸿章牺牲精神不死，日本兵残暴人道全无》，《申报》1932 年 3 月 2 日。

鉴于“山雨欲来风满楼”的战争局势，煤业公会会同市商会敦促市政当局组织市民军事训练，以作应敌准备。市长吴铁城接受这一建议，遂分期分批开展由各行各业参加的军事训练——“公民训练”，当年举办三期，第一期4500余人，8月2日毕业；第二期7878人，11月8日毕业，均在龙华飞机场举行隆重的毕业典礼；第三期12月开始，未举行毕业典礼。煤业界由煤业公会上层爱国人士潘以三、魏志大、田荸芳、陈渭滨、叶晋荣、罗德传等人出面支持发动所属企业职工参加了全部三期训练，每期100多人①。他们受到军事操练的同时，也掌握了战地救护的基本技能。

卢沟桥事变后，煤业同业公会“鉴于迩日风云非常紧急，凡属国民均应奋起，为国效劳。因特着手训练救护队，并请红十字会派员指导”，为此在1937年7月28日《申报》发出通告，号召业界同仁积极参与。通告称：“为紧急通告事：中国存亡，在此一决，本会会员一致奋起，为国效劳，兹定即日组织救护队，并定期训练，为特紧急通告，凡我会员，愿任救护工作者，请即来会报名，与闵百里君、王文正君接洽办理。”② 煤业救护队在红十字会教员陈珩、朱运骏指导下，开展应急救护培训，为淞沪抗战救护做了充分准备③。

8月9日，日军在虹桥无端枪杀我驻军人员而挑起事端的“虹桥机场事件”发生后，大量难民涌进租界。为救济难民，煤业公会成立“救护委员会”，潘以三、魏志大、鲍哲荟、陈渭滨、王文正任委员，下设“上海煤业救护队”，田荸芳、罗希三、罗德传、金振华任正副大队长。大队之下共辖15个中队和分队，上海煤业救护队由此诞生④。

8月13日淞沪抗战爆发后，“拥有500多名队员和50多辆汽车”的规模巨大的煤业救护队⑤，迅速组织起来，分赴八字桥、宝山、罗店、江湾、大场等地救护伤兵难民，昼夜奔忙，“把伤兵送到医院后，往往连吃饭喝水都顾不上，又奔赴前线了”⑥。

---

① 杨秉超、罗志诚等：《上海煤业的“公民训练”》，中共上海市委党史资料征集委员会主编：《皖南从军纪实——上海红十字会煤业救护队抗战史料选编》，1987年编印，第117页。

② 《各界积极准备救护训练工作》，《申报》1937年7月28日。

③ 《救护工作一致进展——煤业救护》，《申报》1937年8月12日。

④ 《抗战初期上海煤业救护队大事记（1937—1938）》，中共上海市委党史资料征集委员会主编：《皖南从军纪实——上海红十字会煤业救护队抗战史料选编》，1987年编印，第265页。

⑤ 乐时鸣：《中国红十字会上海煤业救护队》，上海市邮电管理局编：《华东战时交通通信史料汇编》（上海卷），人民邮电出版社1999年版，第354页。

⑥ 忻元锡：《从戎记——我与上海煤业救护队》，中共上海市委党史资料征集委员会主编：《皖南从军纪实——上海红十字会煤业救护队抗战史料选编》，1987年编印，第54页。

为救护伤兵和车辆出入租界的方便，8 月 16 日起，煤业救护队并入中国红十字会上海市救护委员会交通股，改称“上海红十字会煤业救护队”，挂红十字旗帜，佩戴红十字臂章①。红十字会方面则负担汽油及汽车修理费用。

在淞沪抗战期间，上海红十字会煤业救护队分布在三处场地活动：第一处以天津路浙江路口的煤业公会本部为总指挥所，全面调度车辆人员。第二处在南市福佑路“煤炭公所”大院内，设难民收容所和医治医务站。这两处的救护队员主要是煤业职员和参加过“公民训练”的人员。第三处以辣斐德路迈尔西爱路（现复兴中路茂名南路）口华北煤栈为据点，广泛联络各煤号派车派人，参加的救护队员以救国会会员为主体，开赴前线救护伤兵②。随着战事的持续和战线的延伸，煤业救护队的足迹遍及嘉定、太仓、南翔、昆山等地。队员们不顾个人安危，穿梭于枪林弹雨之中，尽心尽力抢救伤兵。姜怀先在回忆录《一个驾驶员的经历》中“现身说法”，再现了淞沪战场上上海红十字会煤业救护队员战事救护的情景：

我是个运煤的汽车司机，每天同煤炭和汽车打交道，我的足迹遍及车站、码头、煤栈、发电厂，以及上海市区大街小巷。为了抗击日本侵略者，我把新婚不久的妻子送到浙江余姚乡下，与我年迈的父母作伴。我开着我的“司蒂培克”三吨汽车严阵以待，听候召唤。8 月 13 日下午 3 点钟，我参加了上海煤业救护队，奔赴闸北抗敌前线。从此，我开的“司蒂培克”卡车装运的不再是煤炭，而是上海民众送给抗战军队的慰问信、慰劳品——罐头、雨衣、电话机、自行车……每天从八仙桥青年会、新闸路中国红十字会、天津路煤业公会等后方抗敌团体，把物品源源不断地输送到前线。在海格路红十字医院（现华山路华山医院）、中山公园华华中学第十九救护医院、福佑路煤炭公所难民收容所、大华路（现南汇路）伤兵救护运输站、松江火车站……人们昼夜不停、通宵达旦忙碌着。一切为了前线，一切为了民族生存，前方和后方汇集成一道抗日的巨流。

在一个雨后的夜晚，我开着“司蒂培克”从昆山月城湾归有光祠出发，沿着泥泞的道路缓慢地朝罗店方向行驶。我已记不清这是罗店拉锯战第几个夜晚。白天日军侵占了罗店镇，夜晚前线部队打反击又夺了回来。午夜时分，我的车到达前沿附近一个破庙里，救护队员们抬着担架，架着伤兵登上用竹

① 《抗战初期上海煤业救护队大事记（1937—1938）》，中共上海市委党史资料征集委员会主编：《皖南从军纪实——上海红十字会煤业救护队抗战史料选编》，1987 年编印，第 266 页。

② 叶进明：《红十字会旗帜下的赤子心——忆上海煤业救护队坚持抗战集体参加新四军前后》，中共上海市委党史资料征集委员会主编：《皖南从军纪实——上海红十字会煤业救护队抗战史料选编》，1987 年编印，第 18—19 页。

叶棚伪装的卡车车厢，迅速打开急救包作了简单的包扎，拧开水壶盖给伤兵润湿了干裂的嘴唇。所有这一切，都在无声中进行着。伤兵们的痛楚是可想而知的，但没有一个人哼出声来。天亮之前，我的“司蒂培克”安全回到了设在昆山的后方医院。

在3个月的淞沪抗战中，与我共同战斗的有大队长田萼芳、罗希三、罗德传，年轻的中队长、分队长忻元锡、周中奎，地下党员乐时鸣、王公道，救护队员郭步洲、顾吉祥、洪德生，驾驶员王炳奎、孙章海、张云发、朱晋迁和他的哥哥朱家福等近百人。

在战场上，白天不能开车。但遇紧急情况，如救重伤员、急需药品、送伤兵赶火车等，我就头顶着日本飞机照样开车。敌机来了，如是侦察机，我开我的车。如是轰炸机，就和它斗智。我没有文化，不懂得用几何学原理来计算时间、速度和里程的时差，但我在战争中学会了一个简单的公式：敌机在我前方扔炸弹，我就急刹车停顿；敌机飞到头顶上，我就加速前进。我多次同敌机捉迷藏，都冲过了敌人的一道道空中封锁线[①]。

姜怀先的“个案”，呈现了上海红十字会煤业救护队战时救护的生动场景，读后使人犹如身临其境，难以忘怀。

淞沪抗战的三个月中，煤业救护队出生入死，救护伤民难民，建立了卓越的功勋。在红十字会救护队、急救队“各队救回伤兵总数一览表”中，煤业特组队（煤业救护队）总计救回伤兵1.4万余名，位列榜首[②]。

在硝烟弥漫的战场上穿梭，危险无时不在，尤其是日机的恶意“跟随轰炸”，给煤业救护队的伤兵救护造成严重威胁。在9月4日的救护行动中，煤业救护队的队员史济贵被炸伤腰部[③]。相反，遇到日本伤兵，煤业救护队秉持人道精神，给予救助。《民报》就报道了这样一个事例：“煤业同业公会煤业救护队，自淞沪战争发生后，积极出发赴前方救护工作，颇为努力，对于经费车辆，均归该公会负担，并在昆山苏州等设立分办事处，前晚该煤业救护队队长罗希三，率领队员，奋勇赴前方救护，至罗店忽发现日军五六十人，均已重伤死亡，其中二日兵，因轻伤未死，该队遂即将二日兵，救护至昆山医院，该院对于二日兵非常优待，正在留院医治云。”[④] 日军践踏国际公法，

① 姜怀先：《一个驾驶员的经历》，中共上海市委党史资料征集委员会主编：《皖南从军纪实——上海红十字会煤业救护队抗战史料选编》，1987年编印，第126—128页。

② 参见马强、池子华主编：《红十字在上海资料长编（1904—1949）》中卷，东方出版中心2015年版，第183页。

③ 《日机轰炸救护队》，《时报》1937年9月5日。

④ 《我救护队救到日兵二人》，《民报》1937年9月28日。

屡屡残暴枪击红十字会救护人员、轰炸救护车辆，而上海红十字会煤业救护队员对日本伤兵一视同仁，给予人道救助，用行动捍卫了日内瓦公约的尊严，令人钦敬。

11 月 12 日，上海沦陷。数千名伤兵亟待运往后方。中国红十字会总会交通股主任金芝轩等派乐时鸣率领第十九救护医院孟燕堂、施奇等部分人员去宁波，会同市商会童子军建立接待站，专任接运和医疗从上海撤往内地的数千名伤兵。为加速接运伤兵，1938 年 1 月，中国红十字会总会和上海煤业公会决定将交通股接运站和煤业救护队合并，改称中国红十字会总会交通股一、二组。交通股正副主任由红十字会派金芝轩、煤业公会派田萼芳担任。二组对外仍沿用“上海红十字会煤业救护队”名称。两组并肩战斗，经过艰难曲折，分别经由昆山、宜兴、南京，长兴、宣城，宁波、永康、丽水等三路到达皖南和江西南昌，集体加入新四军，转战大江南北①。

上海红十字会煤业救护队积极投身淞沪抗战救护，为中国红十字会救护事业留下浓墨重彩的一笔，而百余名队员集体加入新四军，也使这支特殊的救护队伍，成为“三十年代青年的光辉榜样”②，在中国红十字运动史上书写了永不磨灭的华丽篇章。

第三节　上海国际红十字会与伤兵难民救助

战争导致蜂拥的难民潮。淞沪会战在中国最大的都市展开，难民如潮，引起严重恐慌，社会各界纷纷行动起来，给予救助。在各慈善团体中，上海国际红十字会成为难民救助的主导力量，尤其是上海沦陷后的“孤岛”时期，上海国际红十字会的人道关怀，谱写了一曲国际主义的赞歌。

一、上海国际红十字会的组建

上海国际红十字会的组建，最主要的考量乃难民的救助。

淞沪会战持续时间长，战事惨烈，加之日机的狂轰滥炸，硝烟滚滚，血肉横飞，繁花似锦的上海，转瞬成为一座人间地狱！“呜呼！战时民众苦，飞机掷炸弹，人民遭涂炭，只炸得，妻孥散，父母不周全，衣物与财产，俱都

---

① 《抗战初期上海煤业救护队大事记（1937—1938）》，中共上海市委党史资料征集委员会主编：《皖南从军纪实——上海红十字会煤业救护队抗战史料选编》，1987 年编印，第 262—263 页。

② 陈丕显题字，中共上海市委党史资料征集委员会主编：《皖南从军纪实——上海红十字会煤业救护队抗战史料选编》，1987 年编印，“插页”。

被摧残，尸骨已载道，目睹好心酸，战区难民扶老携幼逃难真可惨”[①]。他们涌入租界，如猬之集。有报道称，“在炮火下避至租界者，总数在二十万人以上”[②]。不仅如此，上海周边的难民也纷纷流入上海，流向租界或在租界边缘徘徊，最多时可达“七十万人左右”[③]。一时间，“上海几乎成为难民世界”[④]。被炮火撵出家园的难民，生活悲惨，挣扎在死亡线上。

难民遭浩劫，家破又人亡。
剩兹伶仃身，无归路彷徨。
间关走沪渎，到处受惊惶。
街头行踯躅，饥寒苦难当[⑤]。

一曲《救济难民歌》，就唱出了难民悲催的生活境遇，他们渴望得到社会各界的救助，渴望得到红十字的人道关怀。

事实上，难民潮涌起后，社会各界立即行动起来，组织难民救助，诸如上海市救济委员会、上海慈善团体联合救灾会、上海国际救济会、各地的旅沪同乡会等，都在难民救助中发挥了重要作用。尤其是上海市救济委员会，从8月13日至9月30日的一个半月中，就设立难民收容所104处，收容难民多达8.4万余人[⑥]，堪称成绩卓著。

不过，淞沪难民救助毕竟是一项庞大的系统工程，如何整合各方力量，开展卓有成效的人道救助，就是一大难题。在此背景下，上海国际红十字会应运而生。

9月18日，在中国红十字会前会长颜惠庆的奔走联络下，中外名流在国际饭店举行会议，达成“亟望有一国际红十字委员会之组成”的共识[⑦]。筹组上海国际红十字会提上日程，颜惠庆显然是这一动议的主心骨。

颜惠庆（1877—1950），字骏人，上海人，著名政治家、外交家。早年毕业于上海同文馆，1895年赴美留学。1900年毕业于弗吉尼亚大学，回国后出任圣约翰大学英文教授，兼职商务印书馆编辑，1908年随伍廷芳出使美国，任驻美使馆参赞。次年回国，任外交部股长，1910年兼清华大学总办。1912

---

① 《难民歌》，《中国红十字会月刊》总第33期（1938年3月），第54页。

② 上海社会科学院历史研究所编：《“八一三”抗战史料选编》，上海人民出版社1986年版，第395页。

③ 马强、池子华主编：《红十字在上海，1904—1949》，东方出版中心2014年版，第285页。

④ 瞿寡东：《救济难民的刍议》，《中国红十字会月刊》总第32期（1938年2月），第92页。

⑤ 航僧：《救济难民歌》，《救灾会刊》第14卷第12期（1938年2月），第128页。

⑥ 马强、池子华主编：《红十字在上海，1904—1949》，东方出版中心2014年版，第286页。

⑦ 《上海国际红十字会报告（民国二十六年十月至二十八年三月卅一日）》，上海图书馆馆藏，旧档信字第109号。

年任外交部次长。1913 年任驻德国、丹麦、瑞典三国公使。1919 年任中国出席巴黎和会代表团顾问。1920 年回国，先后出任外交总长、内务总长、国务总理等职。1926 年以国务总理摄行总统职务，旋被奉系军阀张作霖逼下台，移居天津，任天津大陆银行董事长、自来水公司董事长等职。南京国民政府成立后，先后任驻英大使、驻苏大使，出席国际联盟大会首席代表。抗日战争爆发后，在上海从事慈善及教育事业，并于 1924—1934 年担任中国红十字会会长，1931—1935 年出任中国华洋义赈救灾总会会长。他在政界、外交、红十字、慈善诸多领域的号召力、影响力，使他成为上海国际红十字会的当然发起人。

9 月 18 日国际饭店举行的会议，事实上是一个筹备会，会议商定成立一个执行委员会加以推进，并推举颜惠庆、白赛德（Major A. Bassett）、邓纳（J. Donne）、马晓尔、蔡增基、冯炳南、安献金（G. Findlay Andrew）、普兰特（W. H. Plant）、礼德（B. E. Read）、饶家驹、李劳生（Rev. R. Rees）、颜福庆、施思明、劳白生（R. C. Robertson）、钟思、田伯烈（H. J. Timperley）等 16 人为执行委员会委员[①]。9 月 24 日，执行委员会于冯炳南府邸举行会议，“对于中国红十字会所提供于该会之章程作原则上之通过”，同时成立 5 个分委员会：会章起草由颜惠庆主持，难民救济问题由饶家驹神父主持，防疫事宜由劳白生医师主持，救济伤兵事务由颜福庆院长主持，医务用品由施思明博士主持[②]。

10 月 2 日，执行委员会在国际饭店召开会议，讨论会章及人事安排，公推颜惠庆为主席，饶家驹、钟思、普兰特为副主席，施思明为秘书，贝诺德（C. R. Bennett）为司库，贝铁德（C. W. Petitt）、朱友渔为执行干事。标志着该组织的成立，只是正式名称尚未确定。鉴于“亟待举行各项工作之繁重，该委员会向中国华洋义赈救灾总会要求该会同仁之义务合作。当由华洋义赈总会予以接受”。该华洋义赈总会总干事贝克不久出任中国红十字会上海国际委员会总干事。6 日，执行委员会决定向中国红十字会总会申请许可证，并请求拨款万元作为办公经费。8 日，中国红十字会总会同意该委员会许可证申请。12 日，执行委员会会议正式通过组织章程，并推任施肇基为宣传征募委员会主席，旋成立财务委员会，推贝诺德为主席。16 日，接受中国红十字会授权，并正式定名为中国红十字会上海国际委员会（Shanghai International

---

① 《上海国际红十字会报告（民国二十六年十月至二十八年三月卅一日）》，上海图书馆馆藏，旧档信字第 109 号。

② 《上海国际红十字会报告（民国二十六年十月至二十八年三月卅一日）》，上海图书馆馆藏，旧档信字第 109 号。

Committee of the Red Cross Society of China），简称上海国际红十字会（Shanghai International Red Cross，缩写为 S. I. R. C.），设会址于国际饭店内[①]。

1938 年 3 月，又成立支配赈款顾问委员会。这样经过不断组合与完善，架构起上海国际红十字会的组织系统（如图 10－1 所示）。

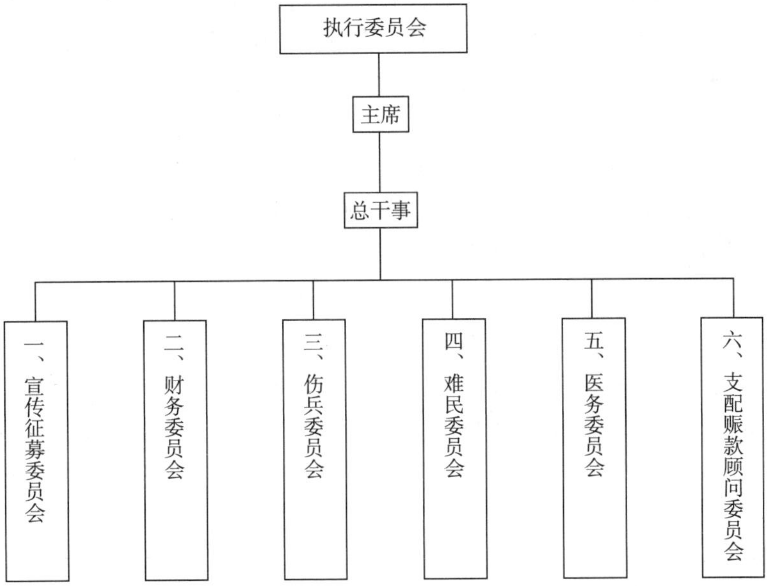

图 10－1　上海国际红十字会组织系统架构图

1937 年 11 月 23 日，在会章基础上，正式出台《中国红十字会上海国际委员会组织大纲》，共 13 条，明确“本会定名为中国红十字会上海国际委员会”，“本会以办理善举为宗旨，尤注重于筹募款项，用以救济伤兵难民，并协助与本会主旨相同之各种慈善事业，但各项事工以与市政当局及其他慈善团体已经实施者不相妨碍为限，并力谋与之合作”，“本会执行委员会定额十九人，由中国红十字会特聘之，主持各项会务”[②]。换句话说，上海国际红十字会是中国红十字会指导下的由中外人士共同发起、从事伤兵难民救济的国际性慈善组织。它的成立，为淞沪会战伤兵，尤其是无家可归的难民，带来生的希望。

---

① 《上海国际红十字会报告（民国二十六年十月至二十八年三月卅一日）》，上海图书馆馆藏，旧档信字第 109 号。

② 《中国红十字会上海国际委员会组织大纲》，《中国红十字会月刊》总第 30 期（1937 年 12 月），第 51 页。

二、多渠道筹款募捐

伤兵丛集，难民蜂拥，数十万之众，需款甚巨，不难想象。因此，筹款募捐成为摆在上海国际红十字会面前的巨大难题。

救助伤兵难民，政府当然不能袖手旁观。据《新闻报》报道："中国红十字会国际委员会为各国领事及中外慈善界人士所组织，以筹募捐款、救护伤兵难民为务，经呈请孔财长由政府拨款倡导，当允拨给救国公债八十万元，现币二十万元，共计一百万元。"① 政府的表率值得肯定，但无法从根本上解决问题。因此，上海国际红十字会成立后，先后在1937年11月1日出版的《中国红十字会月刊》、12月13日《新闻报》、12月16日《时报号外》等报刊，发布募捐启事，为伤兵难民请命：

敬启者：淞沪战祸爆发以来，战区数百万居民，均已流离失所，纷纷扶老携幼，向租界避难；率多流浪街头，无衣缺食，露宿风餐，困顿情形，殊堪怜惜！同时前线将士，在弹雨枪林中浴血战争，遭大炮飞机伤残者，厥状更惨！虽经中外各善团收容救护，无如日久人多，给养医药，均感困难；更值天时转冷，又须筹备御寒衣被；若不广事征募，来日方长，何足以善其后？中外慈善界同人，爰本正义人道主旨，特组织本会，除伤兵、难民不分国籍概予救济外，并筹募大宗捐款，为调剂各善团之需，刻查上海一埠，救济、救护费用日达五万元左右，日后战区扩大，更将随而加增！同人等熟思详计，须募集国币一千万元，方足以应六个月内之需要，除由国民政府拨助一百万元外，其余九百万元，不得不向中外热心人士作将伯之呼。伏祈，推好施乐善之忱，念恤难救灾之急，俯加赞助，慨赐输将，俾劫后余生，得资苏活！仁风义举，薄海同钦，固不独本会感谢已也。②

上海国际红十字会的呼吁，得到爱心人士的热烈响应，"中外团体、个人自动输助者颇为踊跃"③。但要达到千万元的筹款目标，必须拓宽筹资渠道。为此，上海国际红十字会无论在国内，还是在国外，均采取了多样化的募捐方式以筹募捐款，其中以下方式颇具特色：

---

① 《红会国际会财部拨助款》，《新闻报》1937年10月29日。

② 《中国红十字会上海国际委员会为难民伤兵请命》，《中国红十字会月刊》总第29期（1937年11月），第76页；《中国红十字会上海国际委员会筹募救济费》，《新闻报》1937年12月13日；《红会函请各界宏施输助》，《时报（号外）》1937年12月16日。

③ 《经收捐款报告》，《中国红十字会月刊》总第30期（1937年12月），第80页。

其一，举办“募捐运动周”（或称“红十字募捐周”）。

经筹备，上海国际红十字会拟定于12月1日至8日“在上海举行募捐运动周，吁请本埠各界人士踊跃捐输，共襄善举”①。在这一周之内，“该会将派红十字女子至各商店、各事务所募捐，不论多寡，均所欢迎”②。同时征求赞助员，“分年捐一元，普通捐五元，赞助捐十元，补助捐二十五元，特别捐不等”。募捐周筹款目标是10万元③。

12月1日，募捐周第一天，上午9时，上海国际红十字会派出“护士五百名，衣白色救护服装，手持捐筒，在南京路等处，向往来中外人士劝募，并有中英文说明书请求赞助，迄晚始歇”。阵容庞大，颇为壮观，且效果良好，“捐款者十分踊跃”④。中午，国际友谊社假国际饭店举行聚餐大会，“招待中外慈善家，表示谢意”。颜惠庆、颜福庆、饶家驹等中外来宾百余人出席，“济济一堂，颇极一时之盛”。上海国际红十字会“并派四女士到场发售红十字纪念徽章，所得捐款，完全为救济难民之用云”⑤。下午5时，上海国际红十字会在静安寺路387号美国妇女俱乐部举行募捐周开幕典礼，颜惠庆、施肇基“亲为主持”⑥，开幕典礼茶会上，“该会委员长颜大使报告募捐意义，总干事贝克博士报告办理救济经过，饶神父报告南市难民区情形并有美海军司令演说，护士表演救护，满座动容，至七时始散”⑦。

12月2日，募捐周第二天，由青心、中西、培成、穆尔堂及工部局女校等共同组织的街头募捐队，分赴公共租界、法租界等人流密集区域劝募，“各队员均穿白色看护制服，沿街募捐，态度和蔼，各界亦以灾黎待救，莫不踊跃捐输”。劝募成绩可观，当天募款万余元。“又该会为增加捐款人兴趣，特制有精美日历及红十字纪念徽章，以赠各捐款人”⑧。

12月3日，募捐周第三天，“劝募队仍继续出发，赴各街头募捐”。虽然“以日军由极斯非而路向虹口换防，交通上发生障碍，故出发队员相当减少，但出发各队所募得捐款，仍极可观”⑨。

12月8日，上海国际红十字会假座虞洽卿路大上海剧院举行中西音乐大

① 《红会国际会定期举行募捐运动》，《申报》1937年11月26日。
② 《国际红会一周募款活动》，《新闻报》1937年11月28日。
③ 《国际红会红十字募捐周开幕》，《新闻报》1937年12月2日。
④ 《国际红会征求赞助员昨红十字募捐周开幕》，《申报》1937年12月2日。
⑤ 《国际红会征求赞助员昨红十字募捐周开幕》，《申报》1937年12月2日。
⑥ 《国际红会红十字募捐周开幕》，《新闻报》1937年12月2日。
⑦ 《国际红会征求赞助员昨红十字募捐周开幕》，《申报》1937年12月2日。
⑧ 《各校女学生沿街募捐救济难民，红十字募捐周积极进行》，《新闻报》1937年12月3日。
⑨ 《红十字国际委会定期演义务戏》，《申报》1937年12月4日。

会，“聘请中外歌剧家，演唱义务剧，节目已开始编排，异常精彩。闻票价分三元、二元、一元三种，售票所得，悉以充救济难民之用云”①。市民倾情赞助，“各界仕女购票参加，尤形踊跃”②。

募捐周原定8日闭幕，但因“南京路事件（即12月3日日军举行入城仪式——引者）中辍数十小时，特延长二日，至本星期六（11日）闭幕”③。

募捐周期间，“自一日至八日，已募得五万二千三百余元。八日至昨晚（11日），确数未结，惟当在二万元左右，故总数当在七万元以上”④。虽然没有达到既定的10万元募款目标，但在动荡的时局中能取得如此成绩，已属不易。

其二，成立“三元救命会”（亦称“一角救难运动”）。

短期的“募捐运动周”结束不久，1938年1月7日，上海国际红十字会在国际饭店举行会议，决定创立“三元救命会”，以为长久之计。颜惠庆、施肇基、贝克等10多人“首先加入，并组织委员会。不论何人，只须月纳三元，即可为该会会员”⑤。办事处设于河南路505号华洋义赈会4楼，由干事骆传华具体负责。会费规定为月捐3元，“盖以难民口粮日需一角，每月三元，即可维持一人之生命，故取此义而定会名”⑥。月捐3元，等于日捐1角，故又称“一角救难运动”⑦。“三元救命会”（“一角救难运动”），显然取法上海国际救济会于1937年11月开始实施的每日“一角捐运动”⑧。对“三元救命会”，上海国际红十字会充满期待，“该会发起人颜惠庆、施肇基、刘湛恩、郑莱、郭承恩、罗公侠、陈逵夫人、富文寿、杨少南夫人、骆传华、J. E. Baker、G. Findlay Andrew、C. R. Bennett、R. Calder Marshall、J. Hers、Mrs.

---

① 《红十字国际委会定期演义务戏》，《申报》1937年12月4日。

② 《红会昨举行音乐会》，《申报》1937年12月9日。

③ 《红十字运动捐展期闭幕》，《申报》1937年12月9日。

④ 《红十字捐运动周今日结束》，《新闻报》1937年12月12日。

⑤ 《红会国际会创三元救命会》，《新闻报》1938年1月8日。

⑥ 《三元救命会成立》，《中国红十字会月刊》总第32期（1938年2月），第63页。

⑦ 《上海国际红十字会报告（民国二十六年十月至二十八年三月卅一日）》，上海图书馆馆藏，旧档信字第109号。

⑧ 上海国际救济会启事称：“敬启者：查沪战发生以来，难民多至三十万人，虽蒙各慈善团体竭力设法救济，但人数众多，给养浩繁，我社会热心人士，务恳竭力济助。兹照本市保险界服务团发起每日一角捐建议办法良善，本会决议施行。自即日起，征求此项一角捐，每人日捐一角，积成三元为单位，一俟足数，即交本会。凡团体公司机关或店号职员，可将总收汇集每月缴一次，并恳节俭膳食，节省费用，每月凑三元，即能救难民一人一个月之生活。聚沙成塔，集腋成裘，唯我各界仁人体念灾民之困苦，慨解仁囊，热心济助，不胜感盼之至。”（《上海国际救济会为救济难民征募每日一角捐运动启事》，《申报》1937年11月21日）

Dana Nance、G. W. Pettit、W. H. Plant、Mrs. Arthur、N. Young 等，均属沪上中外名流，业经函请各界广劝入会。沪多善士，行见踊跃参加，惠济灾黎也！”①

“三元救命会”一经成立，即发布启事，为难民“作将伯之呼”：

敬启者：上海慈善团体收容之难民，数在二十万人以上，给养浩繁，开支巨大，非妥筹办法，势必难以持久。本会以筹募款项，办理救济，并协助各善团为使命，鉴此前途，殷忧殊甚！除向中外各界劝募捐款外，复成立三元救命会，广征会员，共襄善举。凡愿每月捐助国币三元为难民救济费者，均可加入。缘难民口粮，日需一角，每月三元，即可维持一人之生命。世多悲天悯人乐善好施之士，如果各就衣食日用，月节三元，惠捐本会，则聚沙为塔，集腋成裘，难民生计，不难解决。用作将伯之呼，敬请鼎力赞助，并广劝亲友，相偕入会，俾嗷嗷哀鸿，资生有望，此本会所馨香祷祝者也！②

“三元救命会”的“救命”吁请，得到了广泛响应，“加入三元救命会者亦甚踊跃”③。据报载，“中国红十字会上海国际委员会，前鉴于本埠各慈善团体收容难民数在二十万以上，给养浩繁，开支巨大，维持匪易。经成立三元救命会，请各界人士，月节三元，共襄善举。兹悉加入会员极为踊跃，迄现在止，已有八百余人，共纳捐三千八百余元云”④；“征求以来，加入会员颇形踊跃，闻已有千人以上云”⑤；“国际红十字会发起之三元救命会，现加入会员已达一千余人”⑥。媒体的这些报道足以反映出上海各界对上海国际红十字会难民救助事业的支持。终于，上海国际红十字会使命完成，“三元救命会”共收会费 592300 元⑦，对解决难民衣食之需，不无小补。

其三，海外劝募。

上海国际红十字会筹款募捐，“不仅在国内进行，而且在海外各地进

① 《中国红十字会上海国际委员会纪事》，马强、池子华主编：《红十字在上海资料长编（1904—1949）》下卷，东方出版中心 2015 年版，第 217 页。

② 《中国红十字会上海国际委员会征求三元救命会会员》，《中国红十字会月刊》总第 31 期（1938 年 1 月），第 88 页。

③ 《红会国际委会讨论难民给养问题》，《新闻报》1938 年 1 月 15 日。

④ 《三元救命会已有会员八百余人》，《中国日报》1938 年 5 月 28 日。

⑤ 《三元救命会会员达千名》，《生活日报》1938 年 3 月 10 日。

⑥ 《红会三元救命会，新会员参加踊跃》，《申报》1938 年 11 月 10 日。

⑦ 《上海国际红十字会报告（民国二十六年十月至二十八年三月卅一日）》，上海图书馆馆藏，旧档信字第 109 号。

行”[①]。上海国际红十字会由中外人士共同发起，具有国际性，且如颜惠庆、施肇基等，都曾出任驻外大使，这种人脉关系，使上海国际红十字会海外募捐成为可能。

上海国际红十字会成立后，主席颜惠庆、宣传征募主任施肇基、总干事贝克等，即电请中国红十字会会长、驻美大使王正廷，“通知美国各慈善机关、华侨团体，将捐款汇寄该会，以便集中分配，调剂各地救济费用。此外，驻英、法等国大使处，亦有相同之电发出”[②]。各友邦亦“纷纷汇寄捐款，协助救济”[③]。如美国，“自战事发生以来，美国各善团抱救灾恤邻正义，募助中国救济难民经费，为数甚巨”[④]，尤其美国总统罗斯福，特函请美国红十字会“向全国人民捐募百万美金，以为救济中国战区难民之需”。对此，“我国朝野对美国人民此种同情之援助，及罗斯福提倡之美意，深为感激”。行政院长兼财长孔祥熙致电罗斯福，“表示诚恳之谢意”[⑤]。据统计，截至 1938 年 11 月 10 日止，救济中国战时难民团体中国教会赈济委员会、美合众国中国灾赈会、中华人民赈救联会等，共募集美金 775598 元，“其中以上海所收到之美国捐款为最巨”，计美金 57164 元、国币 484410 元[⑥]。再如英国，在英国红十字会、英国教会联合会、伦敦中国社会等团体的呼吁下，“英国人士闻风兴起，踊跃输将，慨助金钱、衣服及医药用品，为数颇巨”。其中英国华灾救济会“为上海国际红十字会及全国救济难民团体之重要捐助者”[⑦]，捐助上海国际红十字会达法币 32 万余元[⑧]。此外，澳大利亚、加拿大、意大利、法国、荷兰等国红十字会或政府、民间团体也都有赞助。

在海外劝募中，特别值得一提的是饶家驹的美国之行。饶家驹（1878—1946），法国天主教神父。1913 年来华传教，曾在圣心堂管理外侨教徒，并担任法国驻沪陆海军与公共租界“万国商团”随军神父、上海天主教所办各外

① 颜惠庆：《颜惠庆自传：一位民国元老的历史记忆》（吴建雍等译），商务印书馆 2003 年版，第 303 页。

② 《红会国际会财部拨助百万——分向海外劝募并演剧筹捐补助各善团救济伤兵难民》，《申报》1937 年 10 月 29 日。

③ 《友邦捐款续有汇到》，《中国红十字会上海国际委员会救济月刊》第 1 卷第 1 期（1938 年 6 月），第 4 页。

④ 《美国各善团助华》，《申报》1938 年 12 月 20 日。

⑤ 《美募金救济我难民由詹森等负责》，《申报》1938 年 1 月 28 日。

⑥ 《美人救济中国难民》，《申报》1938 年 11 月 24 日。

⑦ 《英国华灾救济会之创立与其工作概况》，《中国红十字会上海国际委员会救济月刊》第 1 卷第 4 期（1938 年 9 月），第 6 页。

⑧ 《上海国际红十字会报告（民国二十六年十月至二十八年三月卅一日）》，上海图书馆馆藏，旧档信字第 109 号。

侨子弟学校童子军指导员。因在沪失去右臂，人称“独臂神父”。他热心慈善事业，并于1926年出任华洋义赈会会长。作为上海国际红十字会执委会副主席，饶家驹负责难民救济问题，“奔走救济工作，厥功甚伟，为中外所同钦”[①]。为筹集难民救济经费，1938年4月，“红会国际委员会，爰推饶氏赴美一行，藉与彼邦慈善界取得密切联络而宏救济”[②]。饶家驹表示万苦不辞。

5月2日，饶家驹搭乘加拿大“皇后”号轮赴美。按照计划，饶家驹“将访谒罗斯福总统及美国红十字会各高级职员”，“请求美国人民慷慨捐助”[③]。25日，饶家驹抵达美国首都华盛顿，据美联社电，“饶神父此行，目的在往各处演说，俾美国民众了解中国方面救济问题之严重，希望筹捐款项，国务院方面已请白宫准备饶神父与总统会晤事宜，预料于数日之内，即可竣事云”[④]。26日，作为上海红十字会国际委员会代表，饶家驹在法国大使圣冈旦陪同下前往白宫，“晋谒罗斯福总统”，对于中国难民之痛苦，描述甚详，云“余曾将上海方面之情形，告知罗总统，总统对于吾人之工作，颇为嘉许，并谓对于中国难民之情形，亦甚了解”。事后，饶家驹向报界发表谈话，“描述中国难民痛苦情形，并谓罗斯福总统告以美国亟愿以全力赞助救济工作云”[⑤]。

旅美期间，饶家驹为中国难民筹款募捐，奔走呼吁，声嘶力竭，尤其是“一碗饭运动”，轰轰烈烈。6月17日，在中国难民救济会会长小西奥多·罗斯福支持下，饶家驹在纽约唐人街组织了一场“旧中国之夜”的大型募捐晚会，“由此在美国全国范围内发起了一系列被称为‘一碗饭’晚会的宣传活动”，即举办简单招待餐会，邀请各界人士参加，自由捐款，数额不定，“介于买一碗米饭与买一顿正餐的费用之间”[⑥]。据报道，“美国境内为人道主义而举行之运动，当以此次规模最大”[⑦]。这使饶家驹颇感自豪，“现在美国进行之募款援助中国难民运动，颇得当地人民之热烈响应，上月在美国各州一千六百余城市举行之‘一碗饭’劝募运动，所得捐款共达美金百万元”[⑧]，堪

① 《饶神父赴美联络美国慈善界推进在华救济事宜》，《新闻报》1938年5月4日。

② 《饶神父赴美联络美国慈善界推进在华救济事宜》，《新闻报》1938年5月4日。

③ 《饶神父赴美将访美总统及红会当局》，《大美晨刊》1938年4月28日。

④ 《饶神父抵美谒罗总统》，《时报》1938年5月27日。

⑤ 《饶神父为我国难民请命》，《新闻报》1938年5月28日。

⑥ ［美］阮玛霞：《饶家驹安全区：战时上海的难民》（白华山译），江苏人民出版社2011年版，第128页。

⑦ 《二千城市举行一碗饭运动》，《申报》1938年7月17日。

⑧ 《饶神父在美电告一碗饭捐得美金百万》，《生活日报》1938年7月7日。

称“成绩至为美满”。使命完成，饶家驹“乃整束行装，由温哥华乘亚洲皇后号轮回华”①，8月1日晨抵达上海。

经过多方努力，海内外各界人士的爱心涌动，至1939年3月31日，上海国际红十字会“计收中外捐款及国民政府协款共三百十二万九千九百二十六元七角四分”②，保障了伤兵难民救助工作的有序开展。

三、伤兵难民医疗救助

上海国际红十字会“由中外慈善界同人及各国领事所组织，以救护伤兵、收容中外难民为职务”③。因此，伤兵救护为其重要职责，毕竟上海国际红十字会诞生于淞沪抗战的隆隆炮声中。

伤兵救护由上海国际红十字会下设的伤兵委员会“专司其事”。鉴于战地救护由中国红十字会救护队、急救队力任艰巨，上海国际红十字会遂偏重于医疗服务。但其本身没有伤兵医院，而是以合作的方式，对伤兵实施医疗救助。据《上海国际红十字会报告》称：“在上海国际红十字会名义下，设立医院五处，其费用之大部分多由私人支持。”④ 5处医院的基本情况如表10－4所示⑤。

表10－4 红十字会上海国际委员会伤兵医院序列表

医院名称	成立时间（1937年）	院　长	地　址	床位	收治伤兵
第一伤兵医院	10月	托　德	枫林桥（中山纪念医院原址）	500	/
第二伤兵医院	10月	兰　森	枫林桥（国立上海医学院原址）	500	/
第三伤兵医院	10月	柏尔森	姚主教路（今太平路）200号（国立税务专门学校第一分校原址）	/	/

① 《副委员长饶神父返沪》，《中国红十字会上海国际委员会救济月刊》第1卷第3期（1938年8月），第3页。

② 《红会经募捐款三百余万》，《申报》1939年5月29日。

③ 《万国红十字会成立伤兵医院》，《申报》1937年10月28日。

④ 《上海国际红十字会报告（民国二十六年十月至二十八年三月卅一日）》，上海图书馆馆藏，旧档信字第109号。

⑤ 资料来源：《另一所红十字医院开办》，上海市档案馆藏英文档案，档号U1-16-783，缩微号126；《中国红十字会上海国际委员会第四医院公函》，上海市档案馆藏英文档案，档号U1-16-784，缩微号62-63；《中国红十字会上海国际委员会第五救护医院致工部局的信》，上海市档案馆藏英文档案，档号U1-16-784，缩微号64-66；《一九三七年收容中国伤兵医院情况》，上海市档案馆藏英文档案，档号U1-16-793；《新药业伤兵医院开始收容伤兵》，《申报》1937年11月9日。参见崔龙健：《中国红十字会上海国际委员会研究》，苏州大学2016年博士学位论文，第97页。

（续表）

医院名称	成立时间（1937 年）	院　长	地　址	床位	收治伤兵
第四伤兵医院	11 月 11 日	富文寿	延平路申园足球场（中国红十字会第一救护医院分支机构原址）	200	176
第五伤兵医院	11 月 6 日	徐翔荪	宁波路（今淮海东路）33 号楼上（大陆舞厅原址）	200	178

其中前 4 所伤兵医院均由私人开设，上海国际红十字会给予资助，每一伤兵每日津贴 5 角，至 1938 年 10 月共计拨助款 171616.97 元①。而第五伤兵医院则由上海新药业公会筹办，“所有医药给养”均由新药业公会“自理”，并函请上海国际红十字会“赐予番号，并派员指导”②，得到上海国际红十字会允准而“列入第五伤兵医院”③。据报道，该院于 1937 年 12 月 21 日“正式宣告结束”，虽然只存在一个多月的时间，但收治伤兵 170 余人，“办理成绩，极为优良，深得社会各界之称许”④。

特别值得一提的是，除上述伤兵医院外，上海国际红十字会还专门开办“残废伤兵医院”。

残废伤兵医院“本来是上海商界组织的第十七救护医院，后来为了经费的关系，改为中国红十字会上海国际委员会残废伤兵医院”⑤。1938 年 1 月 10 日开办，2 月 1 日迁至蒲石路、古拔路口原第十七救护医院，美籍外科医师单惠泉（Dr. Thornton Stearns）任院长，虞心炎任副院长⑥。“除了正、副院长，还有沈、李诸医师，女看护十六七人。教师是市商会童子军庄瑶卿女士、刘明传先生等十余人。虽都是义务，然而他们的工作，是有条不紊，精神都很饱满”⑦。医院宗旨“在予伤兵以德智育之指导与职业训练，教以轻便工作，

① 《上海国际红十字会报告（民国二十六年十月至二十八年三月卅一日）》，上海图书馆馆藏，旧档信字第 109 号。

② 《新药业伤兵医院开始收容伤兵昨函国际红会编定番号》，《申报》1937 年 11 月 9 日。

③ 《新药业公会热心救护》，《中国红十字会月刊》总第 30 期（1937 年 12 月），第 81 页。

④ 《第五救护院结束》，《社会朝报》1937 年 12 月 22 日。

⑤ 苏迅：《残废伤兵医院》，《中国红十字会月刊》总第 35 期（1938 年 5 月），第 56 页。

⑥ 《上海国际红十字会报告（民国二十六年十月至二十八年三月卅一日）》，上海图书馆馆藏，旧档信字第 109 号。

⑦ 苏迅：《残废伤兵医院》，《中国红十字会月刊》总第 35 期（1938 年 5 月），第 56 页。

冀出院后能自食其力，成为社会生产之一份子”[1]。

残废伤兵是在淞沪抗战中为抗击日军而负伤，“他们全为了争取民族的独立与解放，在罗店以迄闸北的一线上受了光荣的重伤，当他们在战地上昏睡过去，再在后方睁开眼睛的时候，一部分的肢体已离开了他们，从此他们只有个残缺的胴体了”[2]。对这些抗日英雄，上海国际红十字会给予格外的人道关怀，不仅为其安装假肢[3]，“抑且予以适宜之娱乐”[4]，“施以职业训练”[5]，使他们残而不废，对未来的生活充满信心。的确，伤兵们生活起居得到精心照料，有一种“宾至如归”之感。一位名叫苏迅的记者，专门到残废伤兵医院进行采访，对残废伤兵的生活状况做了一番描述：

伤兵们虽都是残废，有的确已装上假腿，扶着木杖，在行动着，散步着。有许多却还不能行动，终天躺在病房里。据他们告诉作者，生活和军队中一样有纪律，早晨五点半钟起身，六时早餐，餐后上课或工作，但没有固定。下午三时到五时上课，功课分歌唱、国文、新文字。作者去的时候，正是庄瑶卿女士在教唱义勇军歌。庄女士一口北平话，声音很雄壮。国文课本用陶行知多少通，已上到第三册。礼拜一上午八时，举行纪念周，病重不能起床的，教师便到病房中教课。晚上九时入睡。出入要领通行证。卫生方面，相当注意，半个月换一次被褥。并由流通图书室、京戏，调剂他们的精神。因为生活有规律，伤兵们都感到满意[6]。

透过这段记述，可以了解残废伤兵日常生活的一个侧面。残废伤兵医院从1月10日开办至10月31日正式宣告“完满结束”[7]，10个月内，共收治残废伤兵403名。“鉴于此等残废伤兵出院后不能与常人同样谋生，故教以特种手艺技术，俾出院后得谋生自立”[8]。

伤兵医疗救助的同时，对难民的医疗救助同样体现了上海国际红十字会的人道情怀。数十万难民中，有不少受伤者或是罹患各种疾病者，需要

---

① 《中国红十字会残废伤兵医院报告摘要》，《中华医学杂志》第24卷第7期（1938年7月），第563页。

② 《遗留沪滨的残废战士》，《中国红十字会月刊》总第34期（1938年4月），第76页。

③ 《国际红会成立残废伤兵医院》，《晶报》1938年2月17日。

④ 《残废兵士百余接骨》，《华美报》1938年5月12日。

⑤ 《上海国际红十字会报告（民国二十六年十月至二十八年三月卅一日）》，上海图书馆馆藏，旧档信字第109号。

⑥ 苏迅：《残废伤兵医院》，《中国红十字会月刊》总第35期（1938年5月），第56页。

⑦ 《红会国际会终止直接救济工作》，《新闻报》1938年9月25日。

⑧ 《上海国际红十字会报告（民国二十六年十月至二十八年三月卅一日）》，上海图书馆馆藏，旧档信字第109号。

及时救治。为此，上海国际红十字会“设有医药委员会，由施恩明医师为主席”①，整合各方资源，根据难民需要，陆续设立各类医院25家（详见表10－5）②。

表10－5　上海国际红十字会难民医院及约定难民医院一览表

类　别	名　称	地　址
普通医院	上海国际红十字会第一难民医院	海格路476号
	上海国际红十字会第二难民医院	祁齐路172号
	中国红十字会第一医院	海格路363号
	仁济医院	山东路145号
	宝隆医院	白克路415号
	慈联会难民救济分会第一救济医院	爱多亚路730号
	慈联会难民救济分会第二救济医院	小沙渡路1000号
	上海疗养卫生医院	莫利爱路51号
	同仁医院（第一医院）	九江路219号
	同仁医院（第二医院）	白利南路3713号
	广慈医院（第一医院）	金神父路197号
	广慈医院（第二医院）	吕班路149号
	上海国际救济会难民医院	北河南路上海市商会内
传染病院	老年病弱肺病疗养院	小沙渡路
	上海时疫医院	虞洽卿路25号
	工部局隔离医院	北海路162号
	难民肺病疗养院	白利南路35号
	国立麻风医院	池浜路41号
儿童医院	难民儿童医院	慕尔鸣路65号
	上海国际红十字会难民婴儿临时医院	威海卫路737号

① 《红会国际会注意难民医药事项》，《新闻报》1938年5月23日。

② 资料来源：《国际红十字会发表难民医院一览表》，《中国红十字会月刊》总第35期（1938年5），第27—29页。

（续表）

类　别	名　称	地　址
妇女及产科医院	西门外妇孺医院	徐家汇路850号
	广仁医院	爱文义路361弄2号
	惠旅医院	爱文义路130A号
	广仁医院（第二医院）	愚园路838号
神经病医院	Shanghai Merey Hospital（上海普慈疗养院）	闵行北桥闵行路12号

各类医院为难民提供周到的医疗服务，而上海国际红十字会则给予各类难民医疗机构以经费支持。据记载，上海国际红十字会除创办第一、第二等难民医院外，主要采取合作的方式，与“广仁、同仁、宝隆、仁济、公济、时疫等医院；中华麻疯（风）、难民肺病等疗养院特约治疗难民，分别门诊、住院，按月给与相当津贴；而其它善团所办难民医院，如救世军交通大学医院、广东难民医院、上海工人医院、难童医院等，亦均受该会之补助。总计全埠二十四处，至本年（1938年）一月底止，共拨助国币五万七千三百余元”①，从而为难民生命与健康构建起安全保障体系。

四、南市难民区——难民救助的典范

淞沪抗战中，难民数量庞大，难民救助无疑是一个巨大的系统工程。难民收容、管理、供养、安置等等，无不牵一发而动全身。为此，上海国际红十字会殚精竭虑，专设难民委员会，由饶家驹神父主持难民救济工作。

1937年10月4日，难民委员会举行首次会议。是时难民人数约10万人，在公共租界中者62425人，在法租界者29568人，其余为散处街头者，“盖除数千难民无法觅得收容所者外，所有难民均住入收容所内。各收容所皆由本市各善团所设立或为所主持者。诸慈善团体有一部分为旧有之善团，一部分则为战事发生后所设立”。在此种情况下，上海国际红十字会“之功能，实需精准之规定”。几经讨论，其功能定位为：“一、上海国际红会不拟直接自办或管理任何收容所；二、上海国际红会拟设法使收容所之状况，管理及费用均标准化；三、上海国际红会拟于诸已成立之善团不胜负担时予以援助；四、给予诸善团之援助将采取物质或劳务之方式，直接提供于各收容所，而不以

① 《难民医院之组织与补助》，《中国红十字会月刊》总第32期（1938年2月），第66页。

现金补助金之方式给予收容所或各善团。”① 为有序开展救助工作，难民委员会特设视察组、房舍组、衣服组、运输组、食粮管理组、难民工作组、职业介绍组等 7 个小组，各司其职，相互配合。

在难民救助中，南市难民区的设立，是一大创举，在世界范围内，亦堪称难民救助的典范。

南市是难民最为集中的区域，但难民的安全毫无保障。为此，上海国际红十字会成立后即“从人道的动机，近向中日双方提议，将毗连租界的南市北段划为难民收容区。在这区域以内，双方军队避免作战”②。这一动议，经过饶家驹神父的不懈努力，最终得以“落地”。11 月 4 日，上海市政府批准设立南市难民区；6 日，日本方面亦表示认可。南市难民区最后确定的范围为旧城厢北部约三分之一区域，南至方浜路，东、西、北至民国路，呈半圆形，东西间距约 1.5 公里，南北间距约 0.5 公里③。对于该区域的权属，南市难民区管理委员会发表声明称：“难民区设立之提议，纯出于人道动机，决不损害中国主权。”④

11 月 9 日，南市难民区正式运行，由南市难民区监察委员会管理。监察委员会由饶家驹、工部局董事麦克诺登、法租界公董局董事巴布德、法租界公用事业司库贾斯帕、柏韵士、安献金、普兰特等 7 人组成。救助事务为上海各有关慈善团体协同参与，如卫生工作，由中国济生会、中国红十字会担任；医药治疗，由中国红十字会及中华医学会主持办理；掩埋尸体，由普善山庄负责；难童收养，由中华慈幼协会办理；区内秩序，由上海国际红十字会派外籍警士维持；还设草绳工场和板刷作坊，等等。难民区的经费主要靠捐助，这些款项直接汇给上海国际红十字会，由红十字会调拨使用⑤。

据报道：“难民区内共有大小收容所一百一十八所，收容难民八万八千余人，住户要求面包救济已登记者三万八千余人，未登记者六万余人，尚未收容餐风露宿之难民约三千余人，难民总数不下二十万人。”⑥ 他们被汇聚到上海国际红十字会旗帜下，得到人道关怀与救助，直到 1940 年 6 月 30 日南市难

---

① 《上海国际红十字会报告（民国二十六年十月至二十八年三月卅一日）》，上海图书馆馆藏，旧档信字第 109 号。

② 宜：《南市难民区的建议》，《申报》1937 年 11 月 4 日。

③ 郑少民、沈士伟：《抗战时期的南市难民区》，吴汉民主编：《20 世纪上海文史资料文库》第 9 册，上海书店出版社 1999 年版，第 309 页。

④ 航僧：《南市难民区之筹设及战区人民罹劫惨况》，《中国红十字会月刊》总第 30 期（1937 年 12 月），第 74 页。

⑤ 参见池子华、徐璐：《“孤岛”时期上海国际红十字会的人道救济事业》，载苏智良主编：《饶家驹与战时平民保护》，广西师范大学出版社 2015 年版。

⑥ 《沪市成立难民区》，《国际劳工通讯》第 4 卷第 12 期（1937 年 11 月），第 118 页。

民区完成使命圆满收官。这期间，饶家驹不辞劳瘁，奔走维持，居功甚伟。如英国著名记者田伯烈所言："成千成万的难民，为死亡所威胁，为黑暗所包围，他们的一线曙光，只是希望能够达到一个外国人管理的安全区域。去年十一月间，上海饶神父曾在南市设立难民区，容纳二十五万人，这是一个不可掩饰的功绩。"①

南市难民区是在上海国际红十字会支持下，由饶家驹主持设立，是上海国际红十字会难民救助的有机组成部分。正因为难民区由饶家驹主持，故南市难民区亦被称为"饶家驹区""饶家驹安全区"②，而其坚强的后盾则是中国红十字会授权的上海国际红十字会，"难民区所悬旗帜为中国红十字会及上海国际救济委员会（即中国红十字会上海国际委员会——引者）会旗"③，正是难民区的"安全保障"。

饶家驹的人道之举，赢得国际社会的交口称赞④，1938 年 3 月 9 日，蒋介石亦特专函致谢：

饶家驹神父道席：

寇氛张盛，淞沪沦陷，我同胞锋镝余生，重遭荼毒，蔽无片瓦，储无斗粮，饥寒待毙者，二十余万人。乃荷贵神父及难民救济委员会诸同仁抱己饥己溺之怀，施解衣推食之仁，奔走勤劳，迄今不懈。中正忝主戎行，緬怀弥感，用特专函，代表全民，敬致最诚挚之谢忱！专此敬颂大安！

蒋中正谨启⑤

南市难民区从 1937 年 11 月 9 日开办直至 1940 年 6 月 30 日结束，不到 3 年的时间，约 30 万生灵免遭涂炭⑥，如此丰功伟绩，得救的难民不会忘却，历史不会忘却，饶家驹因此被誉为"难民之父"⑦。

南市难民区救助战争难民，卓有成效，形成"上海模式"，并得以在南京、杭州、汉口、吴江、香港、广州、福州等地得到"复制"，不少于 50 万

---

① ［英］田伯烈：《外人目睹中之日军暴行》（杨明译），江西人民出版社 1986 年版，第 1 页。

② ［美］阮玛霞：《饶家驹安全区：战时上海的难民》（白华山译），江苏人民出版社 2011 年版。

③ 《南市难民区定明日起实行》，《申报》1937 年 11 月 8 日。

④ 参见崔龙健：《中国红十字会上海国际委员会研究》，苏州大学 2016 年博士学位论文。

⑤ 《蒋介石致饶家驹神父的信》，南市难民区监察委员会编：《中国上海"饶家驹区"的故事》（英文版），上海别发书局 1939 年版，附录。

⑥ 苏智良：《上海二战难民救助与〈日内瓦第四公约〉》，《中国社会科学报》2015 年 12 月 8 日。

⑦ 苏智良：《"难民之父"饶家驹》，《光明日报》2015 年 10 月 8 日。

难民得到救助①，影响深远。这一模式，作为战时保护平民的成功范例，写入 1949 年 8 月 12 日《关于战时保护平民之日内瓦公约》（即日内瓦第四公约），其中第十五条“一般背景”中明确指出：“1937 年中日战争期间，一个中立区也在上海建立起来……它被称为饶家驹区，是为了纪念成立这个区的人。”②日内瓦第四公约是国际人道法的重要组成部分。“上海模式”作为战时难民救助成功的典型案例，被国际人道法所吸收，既是饶家驹的创举，也是上海国际红十字会的贡献。

五、不可磨灭的历史功绩

上海国际红十字会至 1939 年 3 月 31 日宣告结束，但南市难民区的救助工作尚未终止。在这将近一年半的时间里，无论伤兵救护，还是难民救助，上海国际红十字会都全力以赴，建立了不朽的功勋。综合起来说，主要表现在以下几个方面：

首先是伤兵救护方面，上海国际红十字会或设立或赞助伤兵医院 5 所，开办残废伤兵医院 1 所。至上海沦陷时，各处伤兵医院收治伤兵共计 44271 人，另外残废伤兵医院收容残废伤兵 403 人，实施截肢等各类手术 288 起，装置假肢等各种辅助器械 299 具，并为这些失去作战能力的残废兵士，授以针线、缝纫、园艺等职业训练，使其痊愈出院后可谋生自立。

其次是难民救助方面，由于难民工作涉及方方面面，上海国际红十字会为此付出了不少努力，在难民医疗、卫生、教育、给养、生产等问题上均有所建树。

一是推动南市难民区（即饶家驹安全区）的成立。上海国际红十字会同人不忍大量难民被困于南市挨饿受冻，于是委托其副主席兼难民救济分委员会主席饶家驹，分途接洽中日当局同意在南市辟出一处“非战斗员之安全区”，面积相当于旧城厢的三分之一，由饶氏等 7 名外籍人士组成监察委员会负责日常管理，于 1937 年 11 月 9 日正式对外开放。该安全区的成功建立，在国内国外都产生了重要影响，国际红十字会更将其选作交战国在战时保护平民的成功范例而写入 1949 年日内瓦第四公约，推动了国际人道法的完善。

二是提供难民医疗及防疫服务。上海国际红十字会开办有难民医院 2 所、难民收容所、诊疗所 6 处、流动诊疗所 8 处。至结束救济工作时，两所难民

① ［美］阮玛霞：《饶家驹安全区：战时上海的难民》（白华山译），江苏人民出版社 2011 年版，第 117 页。

② ［美］阮玛霞：《饶家驹安全区：战时上海的难民》（白华山译），江苏人民出版社 2011 年版，第 180—181 页。

医院总计收治患病难民 2861 人，经治愈出院 2686 人，住院总日数达 69651 天，其中第一难民医院收治 1523 人，出院 1413 人，住院日数为 35123 天；第二难民医院收治 1338 人，出院 1273 人，住院日数为 34528 天。所主持难民诊疗所及流动诊疗所共计施诊 486316 起；由救护车送院患病难民 4188 人，其中 3465 人系用汽车输送，其余 723 人则用人力车输送；分配医务人员计有 840 余人；收集化验标本 3028 件，共作细菌培养、结核杆菌检验、肥达氏试验、梅毒絮状试验、大小便及血液检验等化验 4260 次；做胸部、骨骼、尿道、胃肠及异物等放射摄影 927 件，以及做胸部、胃肠等 X 光检查 624 次。根据其他团体开办的 25 所难民医院、20 处难民诊疗所受诊情形，分别拨赠现金 174330.01 元及医药用品计值 73489.35 元。此外还开展了防疫运动，为难民及贫穷病人免费注射，其中预防伤寒、虎列拉注射 96853 人，计 182214 次；施种牛痘 6188 次。

三是推进难民教育。难民教育是特殊时期的一种特殊教育，上海国际红十字会办理此项工作颇为用心，经聘请教育专家陈鹤琴等人全力擘画，开展了儿童教育、成人教育、职业教育三类，其中儿童教育开设国语、常识、算术、唱歌、体育 5 门课程；成人以识字教育为主，辅以演讲、说书、电影、健身体操等科；职业教育则分为职业训练和生产教育两种。至结束时，计有儿童、成人 725 个班级，受教难童 42508 人、受教成人 34080 人。其中开设新文字教育班 171 个，包括儿童 80 班、成人 66 班、妇女 25 班，总计受教儿童 3144 人、成人 381 人、妇女 760 人。其间举办难童教育升学考试一次，分低、中、高三级进行，参加者总计 13940 人，其中参加低级考试者 1695 人、参加中级考试者 2572 人、参加高级考试者 9673 人；还举办中学程度失学难童免费学额考试一次，计参加初中考试者 179 人，录取 122 人，参加高中考试者 35 人，录取 21 人。

四是协助各主管善团督促各收容所改善所内设施及环境卫生。鉴于各慈善团体所办收容所或优或劣殊不一致，上海国际红十字会于是制订了收容所标准化计划。先是编印《收容所管理指南》分发各收容所管理员参照，并在其难民委员会下设收容所视察组，定期派赴各所视察、指导；后又制定收容所甲、乙两种设备标准，由各视察员依照逐条检查、打分，并成立特别指导团，加强监督改进。上海国际红十字会还为老弱残废难民设置特别收容所 16 处，其中收容难童者 7 所，收容自给难民者 3 所，收容妇孺者 2 所，收容老年、残废、乞丐及备遣难民者各 1 所。

五是统筹全沪难民给养。战事发生以来，上海国际救济会等慈善团体所用经费均靠自行筹措，不过随着战线扩大，伤兵、难民增加，开支益繁，加上经费来源枯竭，导致难以为继，纷纷向上海国际红十字会请求援助，于是上海国际红十字会自1938年1月1日起先后担负14团体所收容难民给养，最多时须同时给养17万人。上海国际红十字会还根据救世军救济难民经验和难民食粮平衡需要，制定难民给养标准和难民膳食制作法，分发各收容所参考，难民健康状况因而得到明显改善。

六是组织难民生产。难民给养一项耗费巨大，该会遂也发生难民给养危机，在实行降低给养标准、剔厘平民等措施效果不佳的情况下，决定创办小规模工场，组织难民训练和生产，并组织难民生产教育推销团、设立难民出品联合销售处和难民职业介绍所，帮助难民实现自力更生。

此外，该会还先后成立近郊救济委员会和支配赈款顾问委员会，向南京、汉口等地提供经费和医护人员支持①。

从以上罗列的事实中，不难想见上海国际红十字会为抗战救护事业做出的重要贡献。尤其是在上海沦陷后国民政府救助功能“缺位”的情况下，这种救助更显得难能可贵。毫无疑问，上海国际红十字会在淞沪抗战救难中建立了不可磨灭的历史功绩。

第四节　首都沦陷与南京大屠杀人道救助

1937年11月12日上海沦陷，首都南京已有唇亡齿寒之感。日军步步进逼，中国军队节节败退，长江三角洲这块中国最富庶的地区，被战火烤焦，支离破碎。战局扩大，战线延伸，中国红十字会的救护工作只能因时因地而宜，不断进行必要的调整。

还在淞沪抗战期间，中国红十字会已先后在松江、苏州、杭州、昆山、无锡等地，设立了重伤医院，既减轻上海各救护医院的压力，同时也为持久抗战救护准备了条件。另一大措施则是在首都南京“设立打破世界纪录能容五千床位之大规模重伤医院”②。

首都医院设于中央大学（今南京鼓楼医院），由总会秘书长庞京周主持筹办，国民政府给予财力上的支持③，因为进展顺利，10月中旬即筹备就绪，并在上海公开招聘医务人员：“本会首都伤兵医院急需征聘下列四项医务人员：

① 池子华、崔龙健主编：《中国红十字运动史料选编》第7辑，合肥工业大学出版社2017年版，“前言”。

② 《中国红十字会将恢复野战救护队》，《申报》1938年4月6日。

③ 《红十字会在京筹设伤兵医院》，《申报》1937年10月5日。

一、外科助理医师五人，资格：正式医学校毕业并曾在各大医院外科病室服务一年以上者，月给津贴八十元；二、五年级医学生五十人，月给津贴三十五元至四十元；三、有经验之男护士二十人、女护士五十人，月给津贴二十五元至三十五元；四、护士长助理员二人，月给津贴七十五元至八十元。凡愿就征者请携带证明文件，亲至上海新闸路八五六号本会与汪民视医师接洽。”①首都医院所需器物在上海定购，因“交货需时，迫不及待”，乃向市民征募，诸凡棉被、枕头、白布、毛巾、热水瓶、搪瓷器具，均所急需②。首都医院为“伤兵医院之冠”③，它的创建，为沪宁沿线抗战提供了有力的救护保障。

日军攻陷上海后，即以首都南京为进击目标，拟乘新胜之威，一鼓而下。首都保卫战实际上从上海陷落之日起即已开始。

上海是中国的门户，更是南京的门户，全国经济重心之所在，它的陷落，对南京国民政府是一个沉重打击，军心濒于瓦解，抗战决心动摇，国府随时准备迁都重庆。

上海的失陷，也打乱了中国红十字会的救护行动计划，按照庞京周秘书长的话说，“自上海沦陷，总会乃失去活动能力”④。上海沦陷前夕，救护股从中国红十字会上海市救护委员会救护课剥离出来，由中国红十字会总会单独办理，以适应战局的改变，救护股事务仍由原救护课正副主任叶植生、张子道主持。救护队第一、二、五队仍在前方施救，第九、十一急救队出发苏州一带工作，由于战事陡转急下，实际已失去与总会的联系，留在上海的各支救护队、急救队暂行解散，打算“严格甄别，另行改编”⑤。

战事日非，而救护工作也陷于混乱无序的状态。值得红会引以为自豪的是，10 月 15 日正式开办的首都医院一跃而成抗战救护的重地。这一拥有 5000 床位（一说 3000 床位），“内部工作之医护人员达三百余人，工役凡四百人，其手术室同时可供七个患者之用，实为抗战初期我国最大之伤兵医院”⑥，的确令人鼓舞。除此而外，红会还在南京和平门外市立孤儿院原址设立和平分院，在下关车站设伤兵接应所。没有人怀疑，红会完全可以在首都保卫战中大有作为。但令人遗憾的是，因风声日紧，11 月 16 日红会“奉令赶

① 《中国红十字会征求医务人员启事》，《申报》1937 年 10 月 20 日。

② 《中国红十字会征募医院器物启事》，《申报》1937 年 10 月 21 日。

③ 中华民国红十字会总会编：《中华民国红十字会战时工作概要》，1946 年内部印行，第 1 页。

④ 《中国红十字总会救护伤兵工作——庞京周由沪抵汉谈片》，《大公报》1937 年 12 月 9 日。

⑤ 《红十字会救护队着手改编》，《申报》1937 年 11 月 18 日。

⑥ 中华民国红十字会总会编：《中华民国红十字会战时工作概要》，1946 年内部印行，第 2—3 页。

办结束”，所有全体医师护士，除遣散一部分外，其余200余人分三批撤退武汉，“听候调用”[①]。所收伤兵2800余人“乃沿江南铁路及长江移送皖赣各地军医院分散收容”[②]。首都医院开办仅一个月，耗费117820元[③]，却没有收到应有之效，国民政府实有难辞之咎。

侵华日军分三路，兵临南京城下，国民党10万大军，稍一接触，未作有力的抵抗，即“突围”而去。12月13日，日军占领首都，开始了惨绝人寰的大屠杀……

面对血腥屠杀，中国红十字会的救护工作陷于前所未有的困境。救护人员大都撤退武汉，12月3日新成立的“第二救护总队”（属于军队系统）担负起“城防救护事宜”，城陷之后不复成队。另有苏州红十字会救护队20余人在队长蒋雄率领下于11月30日徒步到达南京，参与“第二救护总队”的城防救护，“此时所有重要命令的传达，伤兵过江的护送，都是由他们不避艰险地负责担任的”。12月12日，苏州救护队护送数百名伤兵过江，“及后情形混乱，他们能否安然转回，则不得其详了”[④]。这意味着，中国红十字会直属的救护组织，在城陷之后，已难觅踪迹。

难能可贵的是，南京分会义不容辞地担负起救护职责。南京沦陷前，设有两处红十字分会：一处在贫儿院，一处位于下关静海寺11号（后迁至静海寺9号）。按照有关规定“一地不能有两个分会”，故“下关分会遂于1937年秋改称‘中国红十字会南京分会办事处’，城内分会于南京沦陷前迁往重庆”[⑤]。南京沦陷后，下关“南京分会办事处”，即以中国红十字会南京分会的名义开展活动，80余位成员在日军疯狂暴行的白色恐怖下，救伤、掩埋、济困，不遗余力。其中以下几点值得关注：

其一，参与“国际红十字会南京委员会”的工作。

上海沦陷后不久，“考虑到可能在南京或南京附近爆发敌对行动这一情

---

① 《中国红十字总会救护伤兵工作——庞京周由沪抵汉谈片》，《大公报》1937年12月9日。

② 中华民国红十字会编宣股编：《中华民国红十字会战时工作概况》，1942年内部印行，第5页。

③ 庞京周：《抗战前两年中之中国红十字会总会》，参见张建俅：《抗战时期战地救护体系的建构及其运作——以中国红十字会救护总队为中心的探讨》，（台北）《“中央研究院近代史研究所”集刊》总第36期（2001年12月），第135页。关于收容伤兵数字，庞氏此文统计为3381人。

④ 中央档案馆、中国第二历史档案馆、吉林省社会科学院合编：《日本帝国主义侵华档案资料选编》第12辑《南京大屠杀》，中华书局1995年版，第194页。

⑤ 孙宅巍编：《南京大屠杀史料集——遇难者的尸体掩埋》，江苏人民出版社、凤凰出版社2005年版，第158页。

况”①，为了保证南京难民们的安全，留驻南京的丹麦、德国、英国和美国等外籍人士“鉴于饶神甫与其同志在上海南市设立难民区所获之成功”，决定在南京设立类似的安全区域②。12 月 12 日，日军兵临城下，南京危在旦夕，即“决定立即组织一个国际红十字会”③，并“呈请上海国际红十字会及中国红十字会，分别予以承认”④，同时致函日本使馆参赞福田，恳请日本当局准许委员会进行人道救援工作并给予保护。尽管未能得到日本方面的认可，但 12 月 13 日，国际红十字会南京委员会宣告成立，美国圣公会牧师约翰·马吉（John G. Magee）为主席，中国红十字会南京分会会长李春南（又译为李春楠、李健南）、洛（W. Lowe）为副主席，福斯特（Rev. Ernest H. Forster）为秘书，克里斯蒂安（Christian Kroeger）为财务主管，戴籁三夫人（Mrs. Paul de Witt Twinem）、金陵女子文理学院教务长及教育系主任美国人魏特琳（Miss Minnie Vautrin）、威尔逊（Dr. Robert O. Wilson）、福勒（P. H. Munro-Faure）、特里默（Dr. C. S. Trimmer）、麦卡伦（Rev. James McCallum）、金陵大学美籍教授贝德士（Dr. M. S. Bates）、德商西门子洋行南京办事处主任拉贝、金陵大学教授美国人史迈士（Dr. Lewis S. C. Smythe）、美国长老会牧师米尔斯（Rev. W. P. Mills）、波德希沃洛夫（Cola Podshivoloff）、沈玉书等 12 人为委员，旨在开展伤兵救护与难民救助工作⑤。中国红十字会南京分会会长李春南出任副主席，意味着南京分会对国际红十字会南京委员会的人道救援工作给予了积极的配合，这是不言而喻的。

其二，设粥厂赈济难民。

南京分会除在宁海路 25 号和平仓巷 6 号两处设立收容所收容妇孺难民外，还于 12 月 13 日在金陵女子学院开设施粥厂，“供收容所难民之用”⑥，每日施粥两次，“一次自上午八时起至十时止，一次自下午三时起至五时止”⑦，

① ［德］约翰·拉贝：《南京大屠杀史料集——拉贝日记》（刘海宁、郑寿康、杨建明等译），江苏人民出版社、凤凰出版社 2006 年版，第 73 页。

② ［德］约翰·拉贝：《南京大屠杀史料集——拉贝日记》（刘海宁、郑寿康、杨建明等译），江苏人民出版社、凤凰出版社 2006 年版，第 124 页。

③ 章开沅编译：《南京大屠杀史料集——美国传教士的日记与书信》，江苏人民出版社、凤凰出版社 2005 年版，第 226 页。

④ 《1937 年 12 月 15 日国际红十字会南京委员会致日使馆参赞福田公函》，［英］田伯烈：《外人目睹中之日军暴行》（杨明译），江西人民出版社 1986 年版，第 130 页。

⑤ 尹集钧：《1937，南京大救援——西方人士和国际安全区》，文汇出版社 1997 年版，第 34—35 页。

⑥ 曹必宏：《南京国际救济委员会史料一组》，《民国档案》1997 年 4 月。

⑦ 朱文新：《南京市分会敌后工作之大屠杀中恤难埋尸》，中国第二历史档案馆馆藏档案，全宗号 476，卷号 1980。

难民倘若“能付得起钱，一碗饭交三个铜钱；如果她们确实没钱而且经过核实，就发给她们一个红色标牌，可以免费就餐”①。据记载，“每日领粥人数最多时曾至八千余人”。至 1938 年 6 月 18 日将施粥厂移交金陵女大自行办理时，“领粥人数共计八十六万四千零二十口，米煤用费约二万元，员工开支及一切设备共计二千一百元”②。

其三，施医送药。

鉴于下关一带为“受兵灾最惨之地，故难民染病者实无力就医”，南京分会乃在下关设立施诊送药所一处，南京分会理事郭子章任施诊送药所所长。施诊送药所内分内科、外科，内科系用中医中药，外科则用西医西药，“每日就诊者内科以肠胃病居多数，外科则十九为皮肤病，全系因难民环境不良，不知注重卫生所致。唯南京在事变之后，药物原料非常缺乏，当此夏令疫疠将盛行之际，有医无药，殊为可忧之事焉”③。

其四，施送棺木。

南京沦陷之前，南京分会在会员中发起“募集施材运动”，要求“每一会员请求捐助一具，募集结果，共得九百六十具”④。南京沦陷后，尸骸随处可见，急需棺木安葬，所募棺材陆续施出，因“此项施材，系预先由募集而来，故本分会未曾费去分文”⑤。

其五，掩埋尸骸。

南京屠城，举世震惊，30 万同胞惨遭杀戮，尸横遍野，血流成河。掩埋遗尸，以慰亡灵，义不容辞。从 1937 年 12 月起，南京分会即在下关沿江及和平门外附近一带从事掩埋工作，现将第一、二掩埋队工作情况列表如下（表 10－6）⑥。

---

① 章开沅编译：《南京大屠杀史料集——美国传教士的日记与书信》，江苏人民出版社、凤凰出版社 2005 年版，第 318 页。

② 《中国红十字会南京分会关于难民救济工作概况》，中国第二历史档案馆档案，全宗号 476，卷号 3118。

③ 《中国红十字会南京分会工作报告》（1938 年 6 月 1 日），中国第二历史档案馆馆藏档案，全宗号 476，卷号 1976。

④ 孙宅巍编：《南京大屠杀史料集——遇难者的尸体掩埋》，江苏人民出版社、凤凰出版社 2005 年版，第 177 页。

⑤ 《中国红十字南京分会工作报告》，中国第二历史档案馆馆藏档案，全宗号 476，卷号 1976。

⑥ 资料来源：中央档案馆、中国第二历史档案馆、吉林省社会科学院合编：《日本帝国主义侵华档案资料选编》第 12 辑《南京大屠杀》，中华书局 1995 年版，第 299—309 页。按：1938 年 1 月 6 日以前，第一掩埋队已在和平门外一带联合乡人共掩埋军民尸体 5704 具，因非单独工作，未列入表内；第二掩埋队在 1938 年 1 月 6 日前已在下关一带掩埋军民尸体 3247 具，“因该时尚未得日军正式许可，故未列入统计”。

表 10－6　中国红十字会南京分会掩埋队第一、二队按月统计表

（1938 年 1 月—5 月）

第一掩埋队		第二掩埋队	
月份	掩埋人数	月份	掩埋人数
1 月	2131	1 月	2175
2 月	1728	2 月	2924
3 月	2344	3 月	1636
4 月	484	/	/
5 月	300	/	/
小计	6987	/	6375
合计	13722		

从 1937 年 12 月至 1938 年 5 月底，半年中，南京分会共掩埋军民尸体 22371 具，“此项尸体多数系掘土掩埋，用棺木者只有数百具，现仍在下关沿江岸一带捞取上游漂来浮尸，随时加以掩埋”①。

其六，开办义学义渡。

南京失陷后，学校都已停课，大量难童求学无门，终日无所事事，下关区域的情况尤甚，南京分会“为补救起见，举办下关义务小学一所”②。最初只有一间教室，最多只能容纳 50 名学生，但当时实际要求入学难童逾百人，南京分会工作人员不辞劳苦，四处寻觅新校舍，“以备扩充学额至一百五十名”，使“一般失学儿童，能重聆弦歌，不致如目前之终日奔驰街衢中也”③。为解决难民渡江往返受滞的困境，南京分会又“办理义渡”，免费为难民提供服务④。

上述之外，还有抗战胜利后，南京分会副会长许传音于 1947 年 7 月 26 日在远东国际军事法庭作证日军在南京大屠杀情形，今将证词转录于此，以志“备忘”：

① 《中国红十字会南京分会关于难民救济工作概况》，中国第二历史档案馆档案，全宗号 476，卷号 3118。

② 《中国红十字会南京分会工作报告》（1938 年 6 月 1 日），中国第二历史档案馆馆藏档案，全宗号 476，卷号 1976。

③ 《中国红十字南京分会工作报告》，中国第二历史档案馆馆藏档案，全宗号 476，卷号 1976。

④ 《中国红十字会南京分会工作报告》（1938 年 6 月 1 日），中国第二历史档案馆馆藏档案，全宗号 476，卷号 1976。

检察官与证人许传音（前南京红十字会副会长）问答词

问：南京陷落前后日军之暴行若何?

答：当时余为红十字会副会长，目睹日军野蛮暴行，日军见人即予枪击。当日军占领南京后第三日，余曾往市内巡视一次，见随处皆有尸体，约计有五百之数；余曾亲见相识之中国人被杀卧倒于其住屋大门进口，尸体均为一般老幼男女，从未见着军服者。其时余往难民所配给红十字会物品，有日兵前来用绳将难民捆缚，约解去千余人之数，次晨八时许，在国际委员会及红十字会附近听到机关枪声音，嗣后调查，知多数中国人已被杀死。余等知此即前日载去之中国人。其后在任何华人集中场所，日军一来必有人被拉去杀死，日方谓此即为中国兵，实则被杀任何人均无武器。日军对于妇人行为更坏，为文明国所想象不到者。某次，日军开来货车三辆，至华人集中地，将所有妇女尽行载去强奸。余曾将此等暴行向驻南京日副领事（现吉田总理之秘书官福田笃泰）陈述，并请发给禁止日军出入收容所布告，张贴后仍无效。又余素所尊敬之一家族，于乘船渡河中，被日军二名检查，日兵见其中有青年妇女二人，即在其双亲及丈夫面前实行强奸，全家尽跳入河中溺死。日军占领南京后，中国人被杀死者极多，经红十字会掩埋者为数约四万三千人，此为最低数之估计。死骸多自河中或建筑物中发现，且均将手连结集体杀害。日兵遇见爱好之物，即随便携走，并用火将房屋烧毁灭迹，此为常见之事，苏联公使馆亦被火焚①。

总之，在南京沦陷后，南京分会在无法取得总会支持的情况下，在阴森恐怖的险恶环境中，对战争受害者，提供了力所能及的人道救助，如史书所载，南京分会“以少数经费（从来未向外捐募分文从未向外捐募分文——原注），历无数艰险，幸赖本分会员共八十余人之精神（诚）团结，对于京市方面之难民救济工作，遂能稍尽绵薄”②。他们的人道行动，为这一时期中国红十字会抗战救护留下光彩的一页。

① 《南京红十字会副会长许传音在远东国际军事法庭作证日军在南京大屠杀情形》，中央档案馆、中国第二历史档案馆、吉林省社会科学院合编：《日本帝国主义侵华档案资料选编》第12辑《南京大屠杀》，中华书局1995年版，第845—846页。

② 《中国红十字南京分会工作报告》，中国第二历史档案馆馆藏档案，全宗号476，卷号1976。

第十一章　全面抗战中的中国红十字（中）

上海、南京相继沦陷，战线仍在延伸，而此时中国红十字会的救护工作穷于应付，陷入极端尴尬的境地。转变救护策略，重整旗鼓，势在必行，且急不可缓。中国红十字救护总队应运而生。本章就救护总队的变迁及其战事救护进行探究。

第一节　救护总队的组建及变迁

一、救护总队的组建

1937 年底，中国红十字会“原在京、沪等地之工作人员及器材，大都退集汉口”①。为配合战事需要，12 月 6 日，总会成立了临时救护委员会，以王正廷为主席，杜月笙、刘鸿生、王晓籁、林康侯、钱新之、刘月如为委员②。鉴于“南北战线延长数千里，战地重心，随时更易，本会交通工具，又颇感缺乏，维持医院组织，已感不易，且各地伤兵医院，为数已多，在事实上，本会并无另行筹设医院之必要”，救护委员会乃决意改弦更张，放弃在大城市办大医院的传统做法（首都医院经营寡效就是一个教训），而采用更灵活、更实用的救护理念，以适应抗战救护的需要。在救护委员会看来，“至善计划，莫如与各治疗伤兵机关合

① 中华民国红十字会总会编：《中华民国红十字会战时工作概要》，1946 年内部印行，第 3 页。

② 《中华民国红十字会总会临时救护委员会组织规程》，贵阳市档案馆编：《战地红十字——中国红十字会救护总队抗战实录》，贵州人民出版社 2009 年版，第 440 页。

作，派遣本会技术人员，分至各该机关，专理救护医疗工作，以收互助之效”。所以在12月6日的会议上，救护委员会“当经决定组织各种医疗队，配制切合实用之器械药料，分路前往各战区，专任技术工作，以补原有治疗伤兵机关之不足，而材料与运输事宜，亦经另行组织，使在可能范围内，供应与运输，均感便利”[①]。换句话说，“组织机动性之医疗队，俾随时适应战机，深入前线，并求技术设备之充实，以辅军医所不逮”[②]。这种改变，更切合战争变化的态势。

另一项重大决策，就是聘请林可胜为救护委员会总干事，“秉承总会办理一切救护工作”[③]，彭达谋、张祖棻、陈璞、胡会林、柳安昌、杨崇瑞、高家聚等7人为干事，“分办各主管事项，协助进行”[④]。林可胜由此脱颖而出(关于林可胜生平，详下文)。干事室下设总务、医务、运输、材料4股，架构起救护组织系统。干事室有11人，总务股9人，医务股693人（其中包括各医疗队人员，内女性222人），材料股32人（女性3人），运输股73人，总计818人（详见表11－1）[⑤]。

表11－1　救护总队组织简况表

	主任	医师、练习医师	药师、药剂生	医护员	医护助理员	技术员、事务员	总计
干事室	1	10	/	/	/	/	11
总务股	1	/	/	/	/	8	9
医务股	1	89	13	218	188	184	693
材料股	1	10	8	/	/	13	32
运输股	1	/	/	/	/	72	73
总　计	5	109	21	218	188	277	818

上述各类人员，就是中国红十字会总会救护委员会直属救护机关全部工作人员。

---

① 《红十字会首次报告书》，《申报》1938年3月10日。

② 中华民国红十字会编宣股编：《中华民国红十字会战时工作概况》，1942年内部印行，第6页。

③ 《调整中国红十字会总会救护事业办法》，贵阳市档案馆编：《战地红十字——中国红十字会救护总队抗战实录》，贵州人民出版社2009年版，第441页。

④ 《红十字会首次报告书》，《申报》1938年3月10日。

⑤ 资料来源：王化棠：《红会救护总队的组织简况》，载《贵阳文史资料》第22辑《红会救护总队》，第96页。

林可胜不仅出任总干事，而且受命筹组救护总队部，兼救护总队部总队长。干事室所辖医务等股实际上就是救护总队部的基干力量。

林可胜出任总干事兼救护总队长后，立即着手医疗队的改编。关于“改编”情况，《新华日报》做了这样的报道：“为适应环境及继续实施救护工作起见，（红十字会）不得不彻底改编，经会同该会救护委员会代总干事林可胜教授详筹办理，编竣者已有甲乙两种医疗队十六队，分担大手术及绷扎任务，每队包括医师、护士、事务员等二十人，每队每月经费预计为国币一千二百元，且有数队业已出发平汉、赣湘两路，实施救护。此种医疗队特点有四：（一）技术及医疗器械俱极优良；（二）人数少而移动方便；（三）男女分队工作，前后方支配适当；（四）经济而易于举办。”[①] 显然，这种“彻底改编”收到了一定的成效。

经过积极筹备，1938 年春，救护总队部（史书及今人著述，经常称“救护总队”，多数情况指救护总队部而言，已约定俗成）宣告成立，林可胜是理所当然的总队长。救护总队部是中国红十字会“专负军事救护之机构”[②]，它的成立，翻开了抗战救护新的一页。

救护总队部成立后，在前期改编经验的基础上，加快救护队的改编和组织进程，到 3 月底，编就 47 队，陆续派往各地[③]。到 6 月撤离前后，救护总队已拥有医疗队 28 支、医护队 20 支、救护队 7 支、医防队 6 支、X 光队 1 支，共 62 支，其在各地分布情况如表 11 - 2 所示[④]。

表 11 - 2　救护总队各支队分布简况表

省份	陕西	湖北	湖南	江西	广东	广西	浙江	卫训班	材料总库	X 光队	总计
队数	7	10	9	17	7	2	2	6	1	1	62

这些救护组织，遍布各战区，或协助军医工作，或开展野战救护，“成绩颇佳”[⑤]，为中外所瞩目。

① 《红会成立医疗队》，《新华日报》1937 年 12 月 15 日。

② 胡兰生：《中华民国红十字会历史与工作概述》，中国红十字会总会编：《中国红十字会历史资料选编，1904—1949》，南京大学出版社 1993 年版，第 506 页。关于救护总队部成立的时间，回忆文章有记为 1937 年 10 月或 11 月者，地点有作长沙者，均不准确。

③ 《中国红十字会将恢复野战救护队》，《申报》1938 年 4 月 6 日。

④ 资料来源：王化棠：《红会救护总队的组织简况》，载《贵阳文史资料》第 22 辑《红会救护总队》，第 97 页。

⑤ 《中国红十字会将恢复野战救护队》，《申报》1938 年 4 月 6 日。

救护总队部1938年春正式成立，抗战胜利后于1946年5月撤销，其间因战事关系，先迁长沙，继迁祁阳，最后迁至贵阳图云关。救护总队长林可胜于1942年秋因“内部风潮”被迫辞职，继任者有潘小萼、胡兰生。而林可胜担任总队长的时间最长，救护总队的“林可胜时期”，实际上也是中国红十字会抗战救护最辉煌的时期。因此，这里有必要对林可胜的生平稍作介绍。

二、总队长林可胜生平志略

林可胜（Robert Khoseng Lim，1897—1969），祖籍福建海澄（今属福建龙海市），1897年10月15日生于新加坡，其父林文庆（1869—1957）为著名华侨医生和社会活动家，曾任孙中山先生的随身医生和机要秘书、南京临时政府内务部卫生司司长，1921年在爱国华侨陈嘉庚资助下创办厦门大学并担任首任校长（至1937年厦门大学改为国立为止）①。母亲黄端琼是著名老同盟会员黄乃裳之女。由于家学渊源，林可胜8岁就被送往英国读书。1913年他考入爱丁堡大学学习医学，第一次世界大战爆发后，应征入伍，以英国印度远征军廓尔喀团准尉军医在法国服役两年，主要从事新兵的战地救护训练工作，这一经历，为他之后经营救护总队积累了丰富的经验。

1916年，林可胜重返爱丁堡大学，继续他的学业，1919年毕业，以优异成绩获双学士学位②，并留校担任生理学讲师。之后几年中，他以过人的精力、卓越的学术成就，先后获哲学博士学位（1920年）③、生理学博士学位（1921年）④ 和科学博士学位（1924年）⑤，1923年当选为英国皇家学会爱丁堡分会会员。

1923年底，林可胜获得美国洛克菲勒基金会资助，赴美留学一年，在芝加哥大学生理系卡尔森实验室，对胃液分泌的调节机制进行研究，多有创获。

林可胜在国际生理学界的影响与日俱增，但报效祖国之心，未尝一日能忘，他决定回国创业，到美国洛氏基金会创办的北京协和医学院寻求发展机遇。恰好协和医学院生理系主任克鲁克山克（Ernest W. H. Cruickshank）1924—1925年休假，驻华医社（洛氏基金会驻华机构，现称中华医学基金

① 曹育：《中国现代生理学奠基人林可胜博士》，《中国科技史料》1998年第1期，第27页。

② 曹育称林可胜获医学和化学双学士学位，参见曹育：《中国现代生理学奠基人林可胜博士》，《中国科技史料》1998年第1期，第27页；陈民则谓其获医学内科学士和外科学士学位，参见陈民：《林可胜》，《中华民国史料丛稿》第12辑《人物传记》，第94页。

③ 吕运明：《林可胜教授在抗日战争期间的卓越贡献》，《贵阳文史资料选辑》第22辑《红会救护总队》，第187页。

④ 曹育：《中国现代生理学奠基人林可胜博士》，《中国科技史料》1998年第1期，第28页。

⑤ 陈民：《林可胜》，《中华民国史料丛稿》第12辑《人物传记》第94页。

会）考虑推荐林可胜接替，为此征询芝加哥大学生理系主任卡尔森教授的意见，卡尔森答复说：“迄今为止，林可胜博士给我的印象是，无论在教学还是科研上，他都是个一流的人才。他有很好的素质，思路清晰，非常勤奋。他给我们每个人，甚至给那些对华人抱有偏见的人，留下了极好的印象。……我可以这样肯定地说，如果一旦需要，我会毫不犹豫地把我们实验室的任何生理学课交给林博士来上。我认为，他完全有资格担负起在北京的生理学工作，当然，这得假定那儿校董会的欧美成员没有对华人学者的个人偏见。”①

1924 年 10 月，林可胜如愿进入协和医学院，担任生理系教授兼系主任，“为协和医学院第一个华人教授”②。林可胜“深爱他的工作，以至于无论是清晨、中午还是夜晚，几乎是从不离开他的实验室。他难得有一分钟无所事事”③；他“为人富于思想，博学多艺，其能力之强，精力之旺，责任心之重，非常人可比”④。《协和医事》如是说：“生理学系的林可胜教授，是协和医学院的一道独特的风景。这位出生在新加坡、早期在英国接受教育的华人，是协和医学院的第一位当上系主任的华人教授。”⑤ 正因为如此，他成为协和医学院三人领导小组成员之一，执行院长职务。在协和的 12 年中，他开拓进取，锐意创新，于科研、教学、人才培养诸方面，取得卓越成就。1926 年 2 月 27 日，在他的积极推动下，中国生理学会宣告成立，他出任首任会长；1927 年春，《中国生理学杂志》创刊，他担任主编，1928 年出任中华医学会会长。他成为不争的中国现代生理学奠基人、“中国三大军医先进”之一⑥和“中国生命科学之父”⑦。他发现的“肠抑胃素”⑧，引起海内外医学界的广泛关注，至今仍有生命力。

林可胜是位爱国学者。1925 年，上海发生震惊全国的“五卅惨案”，他

---

① 转引自曹育：《中国现代生理学奠基人林可胜博士》，《中国科技史料》1998 年第 1 期，第 29 页。

② 陈民：《杰出的华侨生理学家林可胜》，宋嘉沛主编：《民国著名人物传》第 4 卷，中国青年出版社 1997 年版，第 659 页。

③ 温源宁：《林可胜博士，一位科学家》，温源宁：《不够知己》（江枫译），岳麓书社 2004 年版，第 165 页。

④ 陈韬：《领导战时救护之林可胜先生》，《贵阳文史资料选辑》第 22 辑《红会救护总队》，第 191 页。

⑤ 讴歌主编：《协和医事》，生活・读书・新知三联书店 2007 年版，第 53 页。

⑥ 周谷：《胡适为林可胜辩冤白谤》，（台北）《传记文学》1999 年第 9 期，第 19 页。另两位先进为伍连德（林可胜姨夫）、刘瑞恒。

⑦ 饶毅：《几被遗忘的中国生命科学之父：林可胜》，《世纪中国》（网络版）2002 年 7 月 9 日。

⑧ 肠抑胃素是一种胃肠激素，是由食进脂肪后在肠内引起的，林可胜发现了这个物质，并为它命了英文名“Enterogastrone”，至今仍被胃肠学家广泛引用（陈民：《林可胜》，《中华民国史料丛稿》第 12 辑《人物传记》，第 95 页）。

毅然两次与协和学生一道上街游行示威，抗议英帝国主义的暴行，同时积极策划、支持学生成立救护队，以援救在示威活动中受伤的学生和市民。为此，1925 年 7 月，驻华英国公使曾派非正式代表去协和，找到校方负责人，表达了对林可胜行为的不满，并威胁说："我们不希望看到林失去他的英国护照。"林可胜得知此事，并未被吓倒，1927 年他又曾带领学生卢致德悄然上街，四处张贴由他亲笔所画的反对英国人在租界对华人施行暴行的宣传漫画①。

1931 年九一八事变后，日军侵占东北，进窥华北，长城各口，烽火连天。林可胜组织协和学生，成立救护队，开赴古北口前线，实施救护。林可胜敏感地意识到，抗日战争将是长期的、持久的，因而，他在协和医学院组建了军医官救护训练队（Medical Officer Training Corps，简称 MOTC），以卢致德为队长，俞焕文为司务长，除实习医生外，一至三年级同学共 40 多人积极参加。救护训练队利用课余时间进行训练，"当时大家情绪极为高昂，训练中一丝不苟，充满着高度爱国主义精神"；训练课目主要是战地急救和担架搬运操练，指定外科讲师杨静波主讲外科急救，文海楼舍监负责督导担架操练。他还制定标准手术器械箱和急救药箱示范。这支军医官救护训练队于"长城抗战"时，"曾在古北口、喜峰口、多伦等地的战地医疗救护工作中，担负了艰巨任务"②，经受了战地救护的洗礼。"实践证明，这是以后红会救护总队的一次小型预演"③。事实上，"以这支林、卢为首的救护队，作为技术核心力量，成功地组成了我国八年抗战中的'中国红十字会医疗救护总队'及散布在包括解放区在内全国各地的十来个大队和几十个中队和小队"④。

华北局势日趋紧张，全面抗战势将不免。有鉴于此，七七事变前夕，林可胜特向协和校长胡恒德（H. S. Houghton）建议，派遣协和医疗队南下首都南京待命，以便在战争爆发时为前线将士提供服务。胡恒德考虑到美国及校方的自身利益，不敢得罪日方，拒绝了林可胜的提议，并建议林可胜去英国休假⑤。1937 年 9 月，林可胜即以休假为名，"潜出北平，急趋南京会晤刘部长瑞恒。经漏夜之研商，乃出任中国红十字会总干事，筹组救护总队部，兼任总队长"⑥。林可胜由此成为中国红十字会救护总队的核心人物，担负起全

---

① 曹育：《中国现代生理学奠基人林可胜博士》，《中国科技史料》1998 年第 1 期，第 33 页。

② 北京市政协文史资料研究委员会：《话说老协和》，中国文史出版社 1987 年版，第 450 页。

③ 薛庆煜：《记中国红十字会救护总队与战时卫生人员训练所》，《中国科技史料》1999 年第 2 期，第 162 页。

④ 北京市政协文史资料研究委员会：《话说老协和》，中国文史出版社 1987 年版，第 450 页。

⑤ 曹育：《中国现代生理学奠基人林可胜博士》，《中国科技史料》1998 年第 1 期，第 34 页。

⑥ 陈韬：《领导战时救护之林可胜先生》，《贵阳文史资料选辑》第 22 辑《红会救护总队》，第 191 页。

面抗战救护的历史重任①。

三、武汉·长沙·祁阳·贵阳

救护总队在林可胜的领导下，以武汉为中心，组织医队，遣往各战区，为抗日军民提供医疗服务。林可胜总队长以及庞京周秘书长亲往徐州、开封、西安等战区“实地视察”②，以资推动。

但不久，救护总队部所在地武汉成为日军进攻的目标。1938 年 6 月，日军越淮河南下，连拔寿县、正阳关、合肥、安庆、马当，进逼武汉。救护总队部于是于 6 月（一说 5 月）迁往长沙③，设在长沙一个中学堂里（广雅中学④），“这所学校为避免遭敌机轰炸，已迁出郊外去了，把所有可搬走的家具如桌、椅、凳等都带走，只剩下宽敞空空如也的课堂。所以一度总队部办公或开会要利用药箱以代凳椅！”⑤

在长沙，救护总队与内政部卫生署合办“战时卫生人员训练班”，招收社会上医护人员及流亡青年，进行短期医疗救护卫生训练后，编成医护卫生队（每队 20 至 30 人不等），“派赴全国各战区担负救护伤兵及民众的工作”⑥。

1938 年 10 月 25 日，武汉失守，长沙震动。救护总队部于是奉命撤出，11 月 6 日，西迁至 300 公里以外的祁阳，在县城隔江的一块平地上安营扎寨，“红总队部需要的建筑，如办公室、放存医药材料的仓库、汽车停车间和修理车间、职工住的宿舍、公共食堂等都要白手起家，由红总队部自己建造。凡此各种房屋建筑是最经济的，也是极简陋的，如屋顶都用茅草覆盖，墙壁是竹编加石灰泥土，窗是用纸糊的，‘地板’是砸实了的泥土加石灰”⑦。条件

---

① 抗战胜利后，林可胜出任上海国防医学院首任院长，1948 年当选为中央研究院院士。同年，蒋介石委任其为卫生部部长，林坚辞不就，次年去美国，先后任伊利诺斯大学客座生理研究教授、克莱顿大学生理药理系主任教授、印第安那州麦尔斯实验室生理药理部主任、麦尔斯医学科学研究实验室主任。1969 年 7 月 8 日与世长辞。

② 《野战救护队》，《申报》1938 年 4 月 6 日。

③ 于怀卿：《红会救护总队在贵阳》，《贵阳文史资料选辑》第 22 辑《红会救护总队》，第 90 页；胡兰生：《中华民国红十字会历史与工作概述》，中国红十字会总会编：《中国红十字会历史资料选编，1904—1949》，南京大学出版社 1993 年版，第 506 页。

④ 薛庆煜：《记中国红十字会救护总队与战时卫生人员训练所》，《中国科技史料》1999 年第 2 期，第 163 页。

⑤ 王春菁：《参加中国红十字会工作的回忆》，《贵阳文史资料选辑》第 22 辑《红会救护总队》，第 115 页。

⑥ 郭绍兴：《回忆抗战时期党在中国红十字会救护总队的工作》，《贵阳文史资料选辑》第 22 辑《红会救护总队》，第 3 页。

⑦ 王春菁：《参加中国红十字会工作的回忆》，《贵阳文史资料选辑》第 22 辑《红会救护总队》，第 116 页。

之艰苦，可想而知。

救护总队部迁祁阳不久，即派员将医务、材料、运输三股工作概况（截至 1938 年 11 月底）编列呈报，为我们了解这一时期救护总队的整体情况提供了难得的资料（详见表 11－3）①。

表 11－3　救护总队配属简表（1938 年 11 月）

队　别	队长姓名	暂驻地点	所辖队数	番　号
第一大队	万福恩	西安	/	/
第二大队	彭达谋	泸溪	/	/
第三大队	汤蠡舟	吉安	/	/
第四大队	尹弈声	吉安	/	/
第一中队	万福恩	西安	5 队	7、25、10、29、23
第二中队	王贵恒	沅陵	7 队	52、57、8、12、5、51、47
第三中队	徐崇恩	宜昌	3 队	19、16、15
第四中队	张先林	桂林	7 队	58、68、22、34、50、3、49
第五中队	阮尚丞	衡阳	7 队	53、55、9、71、6、48、20
第六中队	何鸣九	祁阳	6 队	64、65、67、32、2、31
第七中队	尹弈声	祁阳	7 队	73、74、39、45、46、38、43
第八中队	朱润深	柳州	7 队	75、69、44、41、14、40、42
第九中队	汤蠡舟	吉安	9 队	66、76、77、72、17、27、33、4、26
第十中队	墨树屏	山西	3 队	13、35、61
第十一中队	罗成昭	桃源	6 队	62、63、21、60、11、59
第十二中队	汪凯熙	沅陵	6 队	54、55、18、70、1、36

表中第一中队长系第一大队长万福恩兼任，第七中队长由第四大队长尹弈声兼任，第九中队长由第三大队长汤蠡舟兼任。各中队所辖队数原规定为 7 队，计医疗、医护、救护各 2 队，医防 1 队，因战局变化，因时制宜，加以调整，略有参差，也在情理之中。

材料股为救护总队提供后援保障，截止到 1938 年 11 月底，库存卫生材

① 资料来源：《本会救护委员会工作报告》，中国第二历史档案馆档案，编号：苏 038。

料如表 11－4 所计[1]。

表 11－4　救护总队库存卫生材料表（1938 年 11 月）

库　别	负责人	约存件数
长沙库	张岭德	1000
祁阳库	许崇德	2850
柳州库	凌世雄	2000
西安库	朱景森	1000
衡阳库	金卓然	400
吉安库	张庆钺	250
宜昌库	张葆善	400
泸溪库	张尚科	600
桂林库	徐百汇	100
总　计		8600

救护总队当时的 9 大仓库中，长沙库正向祁阳移动，吉安库系由南昌库移设，宜昌库由汉口库改组而来，泸溪库由桃源库移设。至于库存医疗卫生材料件数，仅是约略计算而得出的数字。尽管各库材料按月报表，但因库地时有变动，很难如期编制报表，只好取其约数。

救护总队运输股，拥有运输工具汽车（卡车、救护车等）68 辆、船只（汽船、民船）37 条、骡马 20 匹，编有汽车队 14 队、骡马队 1 队，加油站 12 处[2]。

以上是救护总队迁祁阳后的“家底”。

救护总队在祁阳仍未能“安家落户”，因战局不幸，不得不再次“开拔”，目的地是距祁阳千里之遥的贵阳。关于迁移情况，王春菁追忆道：

总队部在祁阳不过几个月，于是在一九三九年二月间春节前后，我们又出发从祁阳前往贵阳图云关了。幸亏我们坐的是红总队自己的卡车，七、八个人乘一辆车，车上装满了行李铺盖卷和医药器材木箱。车子沿着泥土公路上颠簸地进行，以广西桂林为第一“驿站”，路上就在路旁的小客栈里过夜，我们这些不速之客的光临，惊动了正在冬眠的老鼠、虱子和臭虫。它们活跃

① 资料来源：《本会救护委员会工作报告》，中国第二历史档案馆档案，编号：苏 038。

② 《本会救护委员会工作报告》，中国第二历史档案馆档案，编号：苏 038。

起来，大肆其淫威，无情地折磨我们这些疲劳不堪的过路人。

我们在桂林逗留了两天，略作休整。久闻其名的“桂林山水甲天下”，但我们没有游兴去欣赏风景。因为敌机二十七架天天上午十时左右飞来空袭轰炸，有时投下燃烧弹，有时俯冲扫射。桂林是一个不设防的城市，倭寇居然狂轰滥炸，惨无人道，我和同仁们得到这次切身的体会，都同仇敌忾，深恨残暴的倭寇，欺我太甚，立誓要与他拼个你死我活，决不罢休！

经过桂林两天的休整后，又要上路进发，直指贵阳图云关红十字会救护总队部——我们最后的目的地。路经广西的柳州、河池（金城江），然后入黔南的独山、都匀、贵定等城镇。路上共走了九天，终于抵达贵阳图云关，时已一九三九年三月初了①。

图云关地处贵阳城东五公里的黔桂公路上，是贵州通往广西、湖南的咽喉要道。在救护总队部未迁入前，这里是一片植林场地，公路两旁及其附近的山谷地带栽种了片片松柏，路边间种着一排排刺槐，较远的山坡旷野，遍开了野生的杜鹃花。总队部就在这块环境优美的土地上“安家落户”，直到抗战胜利。

来到图云关，也意味着“红总队又得再次平地起家，因为除了栖在关口上的几家杂货小铺、一家小饭店外，别无其他建筑。所以红总会所需要的办公室、仓库、宿舍等建筑物，都得从头修建”②。当地砖瓦等建筑材料比较缺乏，且造价高，“只好用芦苇或秫秸代瓦铺盖屋顶，用竹片编成墙板，内外涂泥加刷石灰水以代砖墙，泥土加石灰砸实为‘地板’”。贵阳号称“天无三日晴”，阴雨天多，雨量也大，“以上述建筑材料造的房屋，一不御寒，二则屋外已停止降雨，屋内还在滴水！”③ 条件虽然艰苦，但“大家心怀一个共同目标投入到人道主义救死扶伤的行列。同事之间都以同志相称，感到十分亲切。从上到下和谐相处，平等相待，相互尊重，犹如一个战时大家庭。当时生活比较艰苦，住的是草棚，吃的是糙粮，因为所有房屋建在山坡上，宿舍在上坡，食堂在下坡，有次一场大雨宿舍厕所内的流水冲向食堂的蓄水池，大家

---

① 王春菁：《参加中国红十字会工作的回忆》，《贵阳文史资料选辑》第22辑《红会救护总队》，第117—118页。到达图云关的时间一般记载为1939年2月（胡兰生：《中华民国红十字会历史与工作概述》，中国红十字会总会编：《中国红十字会历史资料选编，1904—1949》，南京大学出版社1993年版，第506页）。

② 王春菁：《参加中国红十字会工作的回忆》，《贵阳文史资料选辑》第22辑《红会救护总队》，第118—119页。

③ 施正信：《回忆图云关》，《贵阳文史资料选辑》第22辑《红会救护总队》，第77页。

吃了几顿尿汤饭也毫无怨言”①。这种精神状态，是“图云关精神”的重要表现②。

图云关原本荒凉，人口不多，只有几家铺面，自从救护总队部迁来后，“人口突然增多了，饭馆、烟酒食杂店、小百货店从图云关公路两旁山腰，一直排到山顶，由一个村很快变为一个热闹的市镇。居民由点菜油灯照明变为点电灯照明（电灯用电系救护总队部发电机发出的电），方便了老百姓，也方便了救护总队上下班的同志，可到店铺吃到面食或饭菜”③。总之，一派繁荣兴旺的景象。

1976 年，曾在救护总队部工作过的大连医学院薛庆煜教授旧地重游，重访图云关，追忆逝去的时光，向人们摊开救护总队部的“平面图”：

在空旷荒芜的山区，依稀可辨当年以茅舍为主的建筑群的各个位置，路北有两座很不起眼的茅舍，西为总队部，东为总所（战时卫生人员训练总所），站在后者位置向南俯瞰自东向西有卫材总库，单身职工宿舍，政治部，汽车大队和修理所，沿小径越过山头向北进入山谷，那时首先映入眼帘的是第十八救护队，其次自东而西依次是门诊部，X—线、物理、理疗组，一六七后方医院，运动场，教室，护理部示范教室，生理、生化学组，微生物学组，矫形外科中心的义肢工厂，发电站，复健学组，学院宿舍和卫生大队。沿南山麓自西而东则有护理学组，防疫学组，环境卫生工程学组及其示范场和礼堂。家庭宿舍几乎全是茅屋，少者一两间，多者三四间，星罗棋布，遍布山坡。就是从这个地方指挥着全国各战区一百几十个救护队的作业④。

四、“一室四股”，和衷共济

1939 年 5 月 2 日，总会核定救护总队部的中西名称为“中国红十字会总会救护委员会救护总队部”（Chinese Red Cross Medical Relief Corps，缩写

---

① 沈新路：《回忆抗日战争时期的救护总队部》，《贵阳文史资料选辑》第 22 辑《红会救护总队》，第 81 页。

② 陈韬：《领导战时救护之林可胜先生》，《贵阳文史资料选辑》第 22 辑《红会救护总队》，第 193 页。

③ 余世法：《红会救护总队部的一些情况》，《贵阳文史资料选辑》第 22 辑《红会救护总队》，第 108 页。

④ 薛庆煜：《在贵阳图云关的红会救护总队》，《贵阳文史资料选辑》第 22 辑《红会救护总队》，第 38 页。

M. R. C)。6 月 1 日，救护总队部图记及橡皮章正式启用[①]。

图云关救护总队部下设 1 室 4 股，即总队长办公室、医务股、材料股、运输股和总务股。

（一）总队长办公室

总队长办公室即原来的干事室（秘书室），设中、英文秘书 4～5 人，专司中、英文函件、公文的拟稿、打印和收发以及总队部档案的保管，主任蒋旭东医师[②]。因救护总队部与国际红十字会和海外援华团体在业务上往来，如药品、医疗器材及其他物资的联系和签收等，都需用英文办理，所以要求办公室工作人员具有相当高的英文水平，自是理所当然。

（二）医务股

“医务股是处理一切外科手术、防疫工作、卫生以及看护事宜的”[③]。医务股是救护总队的主体，人数也最多，主任为协和医学院 1929 年毕业的荣独山教授。如前所述，初辖 3 个医疗大队（后增至 4 个）。“落户”图云关后，为了加强战地救护、医疗、医防等工作，医疗大队增加 9 个、中队增至 40 个、区队 94 个、手术队 9 个。各大队、中队、区队及手术队，均以战区划分，每个战区配属大队 1 个，每个大队辖中队 5 个，每个中队设区队 2 个，这只是原则规定，实际上每一大队“所辖中队之多寡，则按照该战区运伤线之繁简分配之；中队所辖医务队之多寡，以视该线驻军之疏密分配之”[④]。“大队部设有大队长或副大队长一至二人，事务、文书、工友二至三人。大队部之下设有几个中队，中队长一般是主治医师以上的人担任。中队管理几个区队，区队长一般是医学院刚毕业的医师担任，一个区队另有一至二名医师，几名护士或护理员，还有一名助产士，一至二名环境卫生或防疫人员，一名事务员，一名工友，共约十余人组成，这样便于随时调动，担任医疗救护工作。医疗队的工作安排，根据战争情况在大队长及中队长的领导下层层负责”[⑤]。

1939 年时各大队分布情况是：第三大队驻福建邵武，大队长刘培；第四

---

① 《救护总队部——红十字会的前方》，贵阳市档案馆编：《战地红十字——中国红十字会救护总队抗战实录》，贵州人民出版社 2009 年版，第 67 页。

② 施正信：《回忆图云关》，《贵阳文史资料选辑》第 22 辑《红会救护总队》，第 78 页。

③ 《救护总队部——红十字会的前方》，贵阳市档案馆编：《战地红十字——中国红十字会救护总队抗战实录》，贵州人民出版社 2009 年版，第 67 页。

④ 林可胜：《救护总队部工作述要》，《会务通讯》总第 4 期（1941 年 6 月），第 3 页。

⑤ 余世法：《红会救护总队部的一些情况》，《贵阳文史资料选辑》第 22 辑《红会救护总队》，第 110 页。

大队驻广西柳州，大队长舒道隆；第五大队驻湖北均县，大队长马家骥；第六大队驻湖北恩施，大队长董先奎；第七大队驻广东曲江，大队长钱惠伦；第八大队驻四川重庆，大队长王先麟；第九大队驻湖南长沙，大队长林竟成；第十大队驻云南昆明，大队长钱崇恩；预备大队驻贵阳，大队长马玉汝①。至1942 年时，第三大队至第十大队，以及预备大队配属情况，如表 11 －5 至表 11 －13 所示②。

表 11 －5　救护总队部医疗队配属表（第三大队）

大队长	中队	中队长	区队	区队长	工作		驻在地	战区	备考
					军	医院			
刘培（代）（福建南平）	31	黄兴汉	311	黄兴汉兼	25 集团军	/	浙江江山	三	
			312	魏方	19 师	/	江西南丰		
	32	华骏选	321	华骏选兼	19 师	/	福建南平		
			322	范国义	8 军	/	福建南平		
	33	李昊盘	331	李昊盘兼	/	民众诊所	江西浮梁		
			332	潘立人	100 师	/	江西黎川		
	34	廖学礼	341	廖学礼兼	52 师	/	安徽宁国		
			342	黎学滨	/	民众诊所	安徽宁国		
	35	田曾基	351	田曾基兼	9 预备师	/	福建漳州		
			352	罗玉森	21 军	/	江西婺源		
	19	陈生白	191	陈生白兼	/	民众诊所	江西上饶		预备大队配属
			192	黄英兰	/		江西上饶		
	20	林和鸣	201	林和鸣兼	/	民众诊所	福建建瓯		
			202	张锡麟	/		福建建瓯		

① 王化棠：《红会救护总队的组织简况》，《贵阳文史资料选辑》第 22 辑《红会救护总队》，第 100 页。

② 资料来源：《中国红十字会总会救护总队部各医疗队配属表》，贵阳市档案馆编：《战地红十字——中国红十字会救护总队抗战实录》，贵州人民出版社 2009 年版，第 493—498 页。

表 11－6　救护总队部医疗队配属表（第四大队）

大队长	中队	中队长	区队	区队长	工作		驻在地	战区	备考
					军	医院			
朱润深（广西柳州）	41	张家乐	411	张家乐兼	31 军	/	广西南宁	四	
			412	赵昌荣	/	173 医院	广西柳州		
	42	王玉麟	421	王玉麟兼	/	民众诊所	广西柳州		
			422	戴耐秋	/		广西柳州		
	43	王夫谷	431	王夫谷兼	/	民众诊所	广西桂林		
			432	沈伯平	/		广西柳州		
	44	王行之	441	王行之兼	/	民众诊所	广西河池		
			442	汪东荣	工兵 2 团		广西柳州		

表 11－7　救护总队部医疗队配属表（第五大队）

大队长	中队	中队长	区队	区队长	工作		驻在地	战区	备考
					军	医院			
马家骥（湖北均县）	51	侯道之	511	侯道之兼	卫训所	/	湖北均县	五	
			512	/	25 所	/			
	52	谢景奎	521	谢景奎兼	卫训所	/	湖北均县		
			522	/	25 所	/			

表 11－8　救护总队部医疗队配属表（第六大队）

大队长	中队	中队长	区队	区队长	工作		驻在地	战区	备考
					军	医院			
彭达谋	61	夏荫桐	611	夏荫桐兼	/	130 站院	河南洛阳	六	
			612	郑从周	/	93 站院	河南渑池		
	62	薛培基	621	薛培基兼	/	161 站院	陕西宝鸡		
			622	陈德星	29 军	/	河南禹县		

（续表）

大队长	中队	中队长	区队	区队长	工作		驻在地	战区	备考
					军	医院			
彭达谋	63	李汇文	631	李汇文兼	/	7 站院	河南南阳	六	
			632	江涛声	21 集团军	/	安徽立煌		
	64	邹公鼎	641	邹公鼎兼	/	民众诊所	湖南桃源		
			642	张宗洵	44 军	/	湖南津市		
	65	赵廷杰	651	赵廷杰兼	18 军师	182 站院	湖北乐天溪		
			652	段从周	/	/	湖北兴山		
	21	刘伦善	211	刘伦善兼	18 军	/	湖北窑溪湾		预备大队配属
			212	王华	/	9 站院	湖北香溪		
	24	凌长庆	241	凌长庆兼	/	民众诊所	湖南衡阳		
			242	盛术良	/	/	湖南衡阳		

表 11－9　救护总队部医疗队配属表（第七大队）

大队长	中队	中队长	区队	区队长	工作		驻在地	战区	备考
					军	医院			
钱惠伦（广东曲江）	71	黄廷泉	711	黄廷泉兼	/	民众诊所	广东曲江	七	
			712	黄廷泉	/		广东曲江		
	72	胡献可	721	胡献可兼	64 军	/	广东揭阳		
			722	朱伯寅	2 野院	/	广东英德		
	73	材国华	731	材国华兼	65 军	/	广东英德		
			732	马世忠	65 军	/	广东新丰		
	74	周家声	741	周家声兼	/	民众诊所	江西赣州		
			742	敖国辉	/		江西赣州		
	75	倪国乔	751	倪国乔兼	/	民众诊所	湖南衡阳		
			752	纪振刚	/		湖南衡阳		
	25	盛梅卿	251	盛梅卿兼	62 军	民众诊所	广东白沙		预备大队配属
			252	傅骥	/		广东青塘		

表 11－10　救护总队部医疗队配属表（第八大队）

大队长	中队	中队长	区队	区队长	工作		驻在地	战区	备考
					军	医院			
王元一（四川成都）	81	廖子禾	811	廖子禾兼	/	民众诊所	四川泸县	八	
			812	干天佑	/		四川泸县		
	82	黄家禄	821	黄家禄兼	/	民众诊所	四川宜宾		
			822	朱德民	/		四川宜宾		
	83	周庆桢	831	周庆桢兼	/	民众诊所	四川重庆		
			832	陆维铨	/		四川重庆		
	84	孙希武	841	孙希武兼	/	民众诊所	四川成都		
			842	毛钟理	/		四川成都		
	85	生力勋	851	生力勋兼	/	民众诊所	四川綦江		
			852	白庆钊	/		贵州遵义		
	16	徐宗海	161	徐宗海兼	/	民众诊所	四川重庆		预备大队配属
			162	刘息戈	/		四川重庆		
	26	李书田	261	李书田兼	/	卫训所（分所）	陕西褒城	川陕	预备大队配属
			262	靳连仲	/		陕西褒城		
	27	韩业傅	271	韩业傅兼	/	卫训所（分所）	陕西褒城		
			272	孙家瑜	/		陕西褒城		

表 11－11　救护总队部医疗队配属表（第九大队）

大队长	中队	中队长	区队	区队长	工作		驻在地	战区	备考
					军	医院			
林竟成（湖南长沙）	91	唐文铭	911	唐文铭兼	/	临时医院	湖南长沙	九	
			912	谢显	/		湖南长沙		
	92	祖张琪	921	祖张琪兼	20 军	/	湖南岳阳		
			922	赵坚白	9 师	/	湖南湘阴		
	93	刘廷杰	931	刘廷杰兼	73 军	临时医院	湖南长沙		
			932	李成江	/		湖南长沙		

（续表）

大队长	中队	中队长	区队	区队长	工作		驻在地	战区	备考
					军	医院			
林竞成（湖南长沙）	94	赵罗华	941	赵罗华兼	/	13后院	湖南衡阳	九	
			942	李玉纯	/	14后院	湖南衡山		
	95	林大章	951	林大章兼	/	73收容所	湖南平江		
			952	许信兰	/		湖南平江		
	11	李景泌	111	李景泌兼	73军	民众诊所	江西修水		预备大队配属
			112	冯作新			江西修水		
	12	朱文俊	121	朱文俊兼	九战区	127站院	湖南浏阳		
			122	谭超然			湖南浏阳		
	13	周知礼	131	周知礼兼	11集团军	/	江西上高		
			132	杨玉初	2挺进队		江西靖安		
	14	王文浚	141	王文浚兼	58军	/	江西分宜		
			142						
	15	侯崧生	151	侯崧生兼	/	138后院	江西万安		
			152	钱兆元	吉泰师营处		江西万安		

表11－12　救护总队部医疗队配属表（第十大队）

大队长	中队	中队长	区队	区队长	工作		驻在地	战区	备考
					军	医院			
贾宗兴代（云南下关）	01	王贵誉	011	王贵誉兼	11集团军	/	云南大理	滇缅	
			012	徐友仁	36师	/	云南惠通		
	02	伊宝林	021	伊宝林兼	11师	/	云南保山		
			022	张宗仪	11师	/	云南保山		
	03	倪桐华	031	倪桐华兼	198师	/	云南泸西		
			032	章钦章	18师	/	云南蒙自		

表 11－13　救护总队部医疗队配属表（预备大队）

大队长	中队	中队长	区队	区队长	工作		驻在地	战区	备考
					军	医院			
马玉汝（代）	17	/	171	钱芳	/	演习场	贵州扎佐	贵州	
			172	/	/				
	18	陈芳谷	181	陈芳谷兼	/	俘虏营	贵州镇远		
			182	薛昂	/		贵州镇远		
	22	陈学渊	/	/	/	诊疗所	贵州贵阳		
	23	甘扬道	/	/	/	诊疗所	贵州图云关		
	X 光	康爱德	/	/	/	/	贵州图云关		
	检验	甘曼妮	/	/	/	/	贵州图云关		
	环境卫生	傅拉都	/	/	/	/	贵州图云关		
	预备医师	陈学渊	/	/	/	/	贵州图云关		配属167后院及卫训所
	预备医护	张荪芬	/	/	/	/	贵州图云关		

1942 年较之 1939 年，各大队的分布态势略有变化，大队长亦有更替的情况。

医务股的工作，主要对各战区医疗大队的工作进行指导，处理答复医疗大队部请示的问题，负责医务人员的调配、晋升等事务。医务股之下，还有一个 X 光队，队长由荣独山兼任。为便于领导 X 光队的工作，自武汉迁长沙、祁阳、贵阳图云关时，X 光队一直跟随着医务股。X 光队的工作分为两部分：一部分是在全国各地医疗队中的工作，一部分是在图云关工作（康爱德负责）。由于 X 光机数量少，用途大，因而备受重视。

（三）材料股

“材料股是管理各材料库所存药品仪器的，并负责以药品仪器分配给各队”①。材料股主任汤蠡舟（先）、陈璞（后）。前者于新中国成立后曾任安徽

① 《救护总队部——红十字会的前方》，贵阳市档案馆编：《战地红十字——中国红十字会救护总队抗战实录》，贵州人民出版社 2009 年版，第 67 页。

医学院院长，后者抗战时期曾担任过军医署药政司司长[①]。材料股主要负责卫生材料的收发、管理、分配等事务。红会所需药品、器械，多由海外捐赠，材料股厥责甚重。材料总库设在图云关[②]，总库长由陈璞兼任，下分5个组，即药品组、器械组、敷料组、制造组、总务组及仓库。前三个组负责自海外运来的药械敷料等医疗器材，清点后入账，并由救护总队给援助单位出收据，然后根据《中国红十字会卫生材料标准表》，整理装配成标准箱，发运各材料分库，按需或定期补给红会各医疗队[③]。不言而喻，材料股是维系救护系统的物资命脉。

（四）运输股

“运输股是管理一切运输事宜的，包括汽车、船舶、驴马，下设油站和修理部”[④]。运输股的任务，主要是运输救护队需要的人员、装备，必要时承担部队伤病员的运送，因“当时国民党军队的运输力量很弱，有伤病员也运不下来，因此依靠救护总队的运输队来解决问题”[⑤]。运输股主任是胡会林，股里有办事人员若干人。该股下设汽车大队，大队长为清华大学毕业的章宏道（即章文晋）。汽车大队拥有汽车200余辆，救护总队部“依交通之状况分设运输站，站以下视情况之需要配属运输队，每一运输队以汽车五辆组织之”[⑥]。这些车辆分布在总部、各医疗大队所在地，担任运输重任。运输股在图云关

---

① 薛庆煜：《记中国红十字会救护总队与战时卫生人员训练所》，《中国科技史料》1999年第2期，第165页。

② 为规范材料库的管理，救护总队部专门制定了《组织规程》（10条），规定“材料总库综理卫生材料之保管、出纳、制造、分装等事宜，设于救护总队部所在地”；“甲种材料分库专司卫生材料之保管、制备事宜，简称制备库”；“乙种材料分库专司卫生材料之保管、供应事宜，简称供应库，必要时得斟酌情况分设支库。各种材料分库设置之地点选择战区内适宜地境设置之”；“材料总库设库长1人，稽查专员1至2人，组长5人，组员10至13人，助理员12至20人，仓库库员5人，技工3人，库丁40人，并置下列各组：一、总务组；二、制造组；三、药品组；四、敷料组；五、器械组；六、仓库及山洞”；“甲种材料分库设库长1人，库员1人，助理员8人，库丁4人。乙种材料分库设库长1人，库员1人，库丁4人，但分设支库时，得酌增设助理员、库丁各1人”；“各种材料库均隶属救护总队部并受其指挥监督，但分库派属于办事处或大队部者，亦应受各该管之指挥及监督”等（参见《中华民国红十字会总会救护总队部材料库组织规程》，贵阳市档案馆编：《战地红十字——中国红十字会救护总队抗战实录》，贵州人民出版社2009年版，第506页）。

③ 于怀卿：《救护总队卫生材料总库工作简况》，《贵阳文史资料选辑》第22辑《红会救护总队》，第160—162页。

④ 《救护总队部——红十字会的前方》，贵阳市档案馆编：《战地红十字——中国红十字会救护总队抗战实录》，贵州人民出版社2009年版，第67页。

⑤ 朱崇演、张建军：《荣独山教授谈红会救护总队》，《贵阳文史资料选辑》第22辑《红会救护总队》，第85页。

⑥ 《中华民国红十字会总会救护总队部运输站（队）组织规程》，贵阳市档案馆编：《战地红十字——中国红十字会救护总队抗战实录》，贵州人民出版社2009年版，第509页。

还有一个汽车修理厂，规模大，各类人员亦多，可承担汽车的大检修[①]。“运输股的工作主要是将药品等物资运往前线供应医疗队，同时配合医务股、各医疗大队调动工作人员时的转运工作。运输股工作很艰苦，经常夜间担任运输的任务。股里有部分人员是原上海的童子军。他们多是汽车队长或汽车运输押运员，工作很负责，而且廉洁奉公，不私自带客，不私自收费，如朱志钧等队长就是这样做的”[②]。运输股是救护总队的动力系统，通过这一载体，有效地维系总队部与各战区之间的联系，将医药、人员送往所需之地。

（五）总务股

总务股主任张祖棻是浙江医专毕业的眼科专家，用一位眼科名医担任总务主任，可见救护总队对后勤工作的重视。总务股下设总务、财务、会计诸科，担负救护总队各部门和全体工作人员的事务工作，如负责修建图云关办公房屋、采购办公用具及其他物资、管理集体伙食、供给全部工作人员（包括各战区医疗队、运输队、材料库人员）的制服等等。衣食住行用，诸务总汇，总务股堪称救护总队的后勤保障系统。

以上 1 室 4 股，各司其职，相互配合，和衷共济，形成一个有机整体，支撑起抗战救护的一片蓝天。

救护总队部工作重点是在抗战前线，救护战伤病员，因而救护总队部的行动口号是“救死扶伤，博爱恤兵”。林可胜总队长并为所有工作人员订有八条救护信条：一具丰富情感，二抱牺牲志愿，三本博爱襟怀，四献科学身手，五作精密准备，六求迅速效率，七保伤病安全，八增人类幸福[③]。这些“行动口号”和“救护信条”鞭策、激励着救护总队全体工作人员忘我工作，用实际行动履行红十字会的人道天职。

救护总队部自迁图云关后，在林可胜的苦心经营下，呈现出前所未有的繁荣，1940 年前后，医疗队扩充至 114 队，医护工作人员达 3420 人，“至于事务及机工人员等犹未计焉”[④]。救护总队成为全国抗战救护的中心。

五、救护总队与卫训总所

在贵阳图云关救护总队部的机构构成中，军政部战时卫生人员训练总所

① 《中华民国红十字会总会救护总队部运输站（运输队、修理厂、零件库）编制表》，贵阳市档案馆编：《战地红十字——中国红十字会救护总队抗战实录》，贵州人民出版社 2009 年版，第 510—511 页。

② 余世法：《红会救护总队部的一些情况》，《贵阳文史资料选辑》第 22 辑《红会救护总队》，第 111 页。

③ 沈新路：《回忆抗日战争时期的救护总队部》，《贵阳文史资料选辑》第 22 辑《红会救护总队》，第 57 页。

④ 中华民国红十字会编宣股编：《中华民国红十字会战时工作概况》，1942 年内部印行，第 6 页。

（简称卫训总所）是不可缺漏的，实际上，卫训总所与救护总队几乎是一而二、二而一的关系，尽管卫训总所有其特殊性。

卫训总所的前身是战时卫生人员训练所，1938 年 6 月由救护总队长林可胜创办于长沙，“分批予以战时医护防疫训练，并就地编组防疫大队分驻各战区，执行防疫工作，直隶于卫生署”①。训练所由林可胜任主任，陈韬（沈阳小河沿医学院毕业）为大队长兼总务主任，其他骨干均由救护总队部指导员调兼，如组织组主任马家骥兼任，护理组主任周美玉兼任，内科组主任周寿恺兼任，外科组主任张先林兼任（均协和医学院毕业），卫生工程组主任由美国北卡州大学毕业专攻卫生工程的过祖源兼任。“二合一”的性质是显而易见的。

抗战日深，伤患益增，后方医院亦日形拥挤，设备既简陋，人力更不足，中外人士颇有烦言。培训正规医护人员需时太长，缓不济急，利用救护总队雄厚的师资力量进行短期培训，不失为一种权宜应急之策。蒋介石得悉林可胜的成就，手令其兼事军医训练，战时卫生人员训练所遂增加军医班，并更名为内政部军政部战时卫生人员联合训练所。不久，长沙大火，救护总队部先迁祁阳，再迁贵阳图云关，训练所一直紧跟其后。为军事需要，训练所又改名为军政部战时卫生人员训练所，以培训军医为主，计有看护士兵班、军医尉级班、军医高级班及军医分期教育班。图云关成为“军医的摇篮”。

卫训所自迁图云关后，由于客观需要和为了充分发挥红会各救护大队医护人员的作用，相继在陕西、江西、湖北、四川、湖南建立了 5 个卫生训练分所（自有分所之设，军政部战时卫生人员训练所便更名为军政部战时卫生人员训练总所）。第一分所在陕西褒城，陈韬医师为主任；第二、三、四、五分所分别在江西上饶、湖北老河口、四川黔江、湖南东安，负责人分别为刘经邦、马家骥、彭达谋、林竟成医师。每个分所驻地同时驻有红十字医疗大队，大队长即为分所主任。各分所利用健全完善的设备和教育系统为所在战区不断培训医护人才，并对各战区医护工作就近给以指导。卫训总所与分所，构成了一个网络式的教育体系②。

为了教学的需要，卫训总所和分所都成立了不同学组，学组主任悉由救护总队委派指导员兼任。卫训总所设有学组 18 个，负责人及主要教官都是救护总队的精英，具体名单如下：

组织学组（相当于教务处）：马家骥（先），协和医学院 1934 年毕业的汪

---

① 陈韬：《领导战时救护之林可胜先生》，《贵阳文史资料选辑》第 22 辑《红会救护总队》，第 193 页。

② 陈韬：《领导战时救护之林可胜先生》，《贵阳文史资料选辑》第 22 辑《红会救护总队》，第 194 页。

凯熙（后）；

内科学组：协和医学院 1933 年毕业的周寿恺，主要教官有陶桓乐、曾享能、吴国兴；

外科学组：主任张先林，主要教官有华侨王贵恒、协和医学院 1938 年毕业的刘庆东和周金华、中央大学医学院毕业的张涤生等；

妇产科学组：协和医学院 1937 年毕业的熊荣超，主要教官有协和医学院 1937 年毕业的徐湘莲和香港的何绮华；

儿科学组：协和医学院 1936 年毕业的聂重恩，主要教官陶滦；

防疫学组：协和医学院 1931 年毕业的容启荣（先）、英国留学归来的施正信（后）和协和医学院 1940 年毕业的薛庆煜（代），主要教官有王申望、方镕铨等；

矫形外科学组：德国留学归来的屠开元，主要教官王桂生；

X 射线学组：荣独山（兼），主要教官有曾在协和医学院进修的林伯元、石顺起、龙名扬等；

护理学组：协和医学院护校 1930 年毕业并曾获美国双重硕士学位的周美玉，主要教官有齐鲁大学的孙秀德、协和医学院 1932 年护校毕业的龚棣珍；

眼耳鼻喉学组：李泰钧，教官董民生（新中国成立后曾任河南医学院副院长、省政协副主席）；

理疗学组：张天民；

物理学组：钱家骐，教官顾菊珍；

生物学组：康乃尔大学出身的林绍文（先），曾在华盛顿大学进修的梁序穆（后），高级教官许织云；

生理学组：柳安昌，高级教官是协和医学院进修过的吕运明（新中国成立后任青岛医学院生理教研室主任、教授）；

生化学组：主任曾是在协和医学院与美国进修的李冠华；

环境卫生学组：过祖源（先），哈佛大学毕业的刘永懋（后），交通大学毕业的倪世槐和戴根法为高级教官；

微生物学组：陈文贵，高级教官有协和医学院 1932 年毕业的林飞卿和叶天星、史敏言；

复健学组：邹玉阶①。

卫训总所内分学员大队和学生大队两个体系。学员大队为在职军医进行

① 薛庆煜：《记中国红十字会救护总队与战时卫生人员训练所》，《中国科技史料》1999 年第 2 期，第 166—167 页。

复训和提高，是短期训练性质，每期培训 3 到 6 个月后回原单位工作。这是卫训总所的工作重心。学生大队则为养成教育，有分期军医教育班、高级护士教育班、初级护士教育班、检验班等，学制也较长，如分期军医教育班招收初中毕业及高中肄业学生，学制为 8 年，在校学习 2 年后，分配到部队见习 1 年，再回学校学习 2 年，再返部队见习 1 年，最后两年在校学习和留医院实习，“如此反复培养训练，既掌握理论知识，又有了实践经验，这样可达到医学院毕业水平。这个计划由于抗日战争胜利与相同机构合并而未全实现”①。

为了有效地从事医疗救护工作，统一教学和作业，林可胜总队长制定了各种作业规程，责成有关专家撰写：《内科学规程》由周寿恺执笔；《外科学规程》由张先林执笔；《防疫学规程》由容启荣、施正信撰写；《环境卫生规程》由过祖源、刘永懋、倪世槐执笔；《护理学规程》由周美玉、孙秀德执笔。所有规程都由林可胜亲自审定后在香港付印，出版后运来大后方，分发给红会各救护队、卫训总所与分所各学组和科室，以及有关部队的军医机构，这对教学和战地救护“起了指导性作用”②。

在图云关军医教育系统中，实习医院也是不可或缺的。为配合教学，林可胜创办了军政部战时卫生人员训练所“实习医院”（1944 年改称“贵阳陆军医院”，拥有病床 200 余张），高级医务人员均属卫训总所编制。这所综合性教学医院既是卫训总所的实习基地，同时也是设备先进、人才济济的正规医院③。

卫训总所是抗战时期中国最大的医护人员培训基地，总所连同 5 个分所，有人估计，“共训练将近两万人，泰半服务于前方，深入各部队，具有图云关旺盛服务精神，再配合红十字会救护总队各医务队技术支援，形成一种新生力量”④，不仅为抗战救护事业做出了不可磨灭的贡献，而且为新中国医疗卫生事业积累了有生力量。

卫训总所由军政部管辖，但培训费用的大部分，则由救护总队筹措，培训计划、教学管理等，均由救护总队统筹安排，救护总队长林可胜同时兼任卫训总所主任，救护总队的一些主要医疗技术人员如荣独山、张先林、周寿恺、周美玉、屠开元“等很多人，同时又是战时卫生人员训练所各部门的负

---

① 姚仁里：《红会救护总队与卫训所的培训关系》，《贵阳文史资料选辑》第 22 辑《红会救护总队》，第 157 页。

② 薛庆煜：《在贵阳图云关的红会救护总队》，《贵阳文史资料选辑》第 22 辑《红会救护总队》，第 44 页。

③ 杨锡寿：《回忆贵阳陆军医院》，《贵阳文史资料选辑》第 22 辑《红会救护总队》，第 168—169 页。

④ 陈韬：《领导战时救护之林可胜先生》，《贵阳文史资料选辑》第 22 辑《红会救护总队》，第 196 页。

责人和主要教师，又是贵阳陆军总医院各科室的一些负责人。各单位工作关系非常密切，很难予以截然分开。一切医疗、教学培训安排与计划无不出于他们之苦心筹划，真如一个单位之感”①。笔者称之为“二合一”的关系，是符合实际的。

卫训总所除例行军医教育外，还随时接受救护总队指令，担负临时性任务。如1941年，湘北部队广有体虱寄生，受到回归热、斑疹伤寒流行的威胁，林可胜即调卫训总所以戴根法工程师为首的环境卫生队，开赴湘北，为部队大搞灭虱治疥，指导改善环境卫生。1941年，日机一架盘旋于湖南常德上空，投下棉絮块和谷物。旋在鸡鸭巷、关帝庙和东门一带暴发疑似鼠疫的疫病，地方政府急电林可胜请求支援，林迅即派卫训总所微生物学专家陈文贵带领技术人员和设备，星夜出发赶到常德，经尸体解剖和细菌学检验，证实为败血性鼠疫，是日本侵略军灭绝人性的细菌战的铁证，除采取有效防护措施阻断流行外，并向重庆国民政府和国外发出了报告，引起了国际舆论的谴责。1942—1943年，在为远征军提供医疗服务方面，林可胜抽调卫训总所精干人员，如马安权、戴根法、杨文达、虞颂庭、刘庆东、孔庆德、汪凯熙、李庆杰、薛荫奎、张涤生等，在异域开展战地救护工作②。类似的例子不胜枚举。卫训总所与救护总队名二实一，如把卫训总所视为救护总队的下属单位，虽然比较勉强，但亦无不可。

六、“内部风潮”

救护总队在林可胜总队长的苦心经营下，蓬勃发展，欣欣向荣。然而，1941年1月，林可胜总队长突然向中国红十字会总会提出辞呈，在红会内部激起轩然大波。

林可胜提出辞职，并非出自本意，而是一系列因素的综合迫使其不得不出此选择而急流勇退。可以说，林可胜被迫辞职的“激素”复杂多样，其中主要原因有以下几个方面：

首先，树大招风遭人猜忌。救护总队的兴旺发达，使林可胜在海内外的影响与日俱增，盛名远扬。由于林可胜出身华侨，又是国际知名学者，在海外侨胞中颇著信誉，同时由于海外侨胞爱国心切，既愤恨蒋介石的丧权辱国，又痛恨日本侵略军蹂躏祖国大地，因而纷纷组织爱国援华机构，例如巴达维

---

① 姚仁里：《红会救护总队与卫训所的培训关系》，《贵阳文史资料选辑》第22辑《红会救护总队》，第156页。

② 薛庆煜：《在贵阳图云关的红会救护总队》，《贵阳文史资料选辑》第22辑《红会救护总队》，第44—47页。

亚兄弟援华会、马来亚华侨医药援华会等组织，大声疾呼为国捐献，据在救护总队卫生材料总库工作的于怀卿说，“当时所捐献及购买的医药、运输器材，以及救济物品，均指定交给中国红十字会救护总队林可胜收”①。英、美等国援华医疗物资也是如此，林可胜因此“掌握着全部国外捐款和医药卫材物资”，这不能不使“某些人分外眼红，也使当时安住重庆、身居中国红十字会总会高位的理事诸公深感不悦”②，希图加以控制。据口述资料记载：“当时中国红十字会总会某些领导人，曾企图将海外捐献材料，由他们接收，再转发给救护总队。由于捐献组织都是指定由林可胜接收的，因此林可胜不同意这样做，以致引起中国红十字会上层官僚人物的不满。于是他们与反动政府相勾结处处对林可胜刁难。”③ 如“造谣说他贪污”云④。总之，“组织、物资与经费，更吸引了野心人之企图。林氏遂不得不因谤，在万人萦怀的心情中，辞去红十字会总干事及亲自创造之救护总队，即便战时卫生人员训练所，亦委托严智钟先生代理”⑤。

其次，根据张建俅先生的研究，林氏长期以来与总会关系不睦，是其辞职的“根本的原因”。林可胜从在汉口设立救护总队开始，与红十字会总会的关系便不甚愉快，这是因为林氏到汉口之初，基于工作需要，先是代表刘瑞恒径行前往接收总会驻汉办事处。接收失败后，更先斩后奏，先挂上红十字会的旗号，组成救护委员会，组织各救护队，最后成立救护总队。其间由卫生署出面与总会副会长杜月笙、常务监事钱新之签订调整《红十字会总会救护事业办法》，其中即规定由林可胜代理救护委员会总干事。总会等于被迫承认林氏在红十字会的新职务，但林须“秉承总会办理一切救护工作”。

林可胜的职务虽然获得任命，但总会对其一直心怀疑虑。一则由于历史原因，林可胜以卫生署官员的身份组织救护队，虽为总队长，但仍在卫生署支薪，脚踩两只船，在总会看来，此种兼职，用心不专。1940 年，常务理事王晓籁到贵阳视察时，当面向林氏表示：“本会希望林总干事专任本会救护工作，以示专一，近兼任卫生实验处处长职务，希加解释，俾回港提出报告。”随行的秘书长潘小萼也要求林辞去卫生署兼职，薪津由总会支付（后林辞卫

---

① 于怀卿：《红会救护总队在贵阳》，《贵阳文史资料选辑》第 22 辑《红会救护总队》，第 90 页。

② 薛庆煜：《在贵阳图云关的红会救护总队》，《贵阳文史资料选辑》第 22 辑《红会救护总队》，第 47 页。

③ 于怀卿：《红会救护总队在贵阳》，《贵阳文史资料选辑》第 22 辑《红会救护总队》，第 92 页。

④ 朱崇演、张建军：《荣独山教授谈红会救护总队》，《贵阳文史资料选辑》第 22 辑《红会救护总队》，第 87 页。

⑤ 陈韬：《领导战时救护之林可胜先生》，《贵阳文史资料选辑》第 22 辑《红会救护总队》，第 196 页。

生署兼职未准）。再则，林“秉承总会”办理一切救护工作，但1940年理监事联席会议上，即有人抱怨救护总队成立两年以来从未呈报工作报告，颇有尾大不掉之势。更有甚者，1940年10月1日，林犯了官场越级报告之大忌，抛开总会，径直《呈蒋委员长报告书》，提出救护总队军管主张。此事立即引起总会领导层的震动，在香港办事处的中国红会会长王正廷与常务理事林康侯、王晓籁联名致电在重庆的副会长杜月笙、刘鸿生，指责林“事先既未具报，又违定章”，请杜、刘“就近查明实情，应即设法制止”。林可胜“擅自条陈”，激起与总会矛盾的白热化，由是导致林氏的去职①。

上述两点，都是林可胜被迫辞职的“激素”，尤其是张建俅先生的研究，揭示出林辞职的深层原因。换句话说，林的去职也有其自身的问题。但是，导致林可胜辞职的“根本原因”，则是他的“左倾嫌疑”引起官方注意，辞职避嫌，不得已而为之。

所谓“左倾”嫌疑，不言而喻，是指他与共产党多有交往。1941年2月21日，蒋介石在致驻美大使胡适的“马电”中透露：“近据密报，林左倾颇甚，且有利用交通工具，阴助延安情事。最近美红会代表贝克向索车辆，林竟以破车搪塞，致贝不满，电美停止接济云，亦可注意，特并知照。”

蒋介石之所以将“林左倾颇甚”之事透露给胡适，是因为胡适对林可胜辞职事件表示出严重关切。2月7日，他曾密电蒋介石（通过国民政府军事委员会侍从室主管政务的第二处主任陈布雷转呈），表达他对红会内部风潮及林被迫辞职的震惊与不解，电文称：

极密。乞呈介公（蒋介石——引者）。今日美国红十字会副会长Swift特电告适（胡适——引者），谓得香港讯，中国红十字会救护总队部总队长林可胜因内部风潮，被迫辞职，已定以红会秘书长C. Pan（潘小萼——引者）继任云。Swift并云，此实为中国最大不幸之消息云。适按中国红会自王儒堂兄（指王正廷会长——引者）用其私人刘云舫替代C. Y. Wc（伍长耀）任驻港办事处，国外已多疑虑。若林可胜去职，国外必有甚不幸之猜测。中国红会近年在国外之信用与声誉，实由林可胜在科学医学界素负重望，又其办理救护事业勤劳清（谨）慎，实足令人敬服。美国红会本已决定陆续运送医药救济材料，其总额由罗总统内定为五百万至七百五十万美金，其主任Norman Davis与Swift两君及其派遣赴华人员贝克等，皆对林可胜绝对信任。故适不敢缄默，特电请公留意此事，勿令群小把持破坏我国红会在海内外辛苦造成之荣

① 张建俅：《抗战时期战地救护体系的建构及其运作——以中国红十字会救护总队为中心的探讨》，（台北）《“中央研究院近代史研究所”集刊》总第36期（2001年12月），第148—151页。

誉，国家幸甚。将来若能进一步根本改善红会组织，使主持者皆为公忠谋国能得海内外信任之人，则更幸甚。

在胡适看来，林可胜人才难得，为中外人士所器重，国府应以大局为重，“垂注维持”。所以，胡适在接到蒋介石“马电”后，2月24日“敬电”蒋介石（仍通过陈布雷转呈），为林可胜辩冤白谤：

马电云据密报林左倾颇甚云云，足证实有人造此排挤谗毁之空气。其所云林以破车供贝克，致贝不满，电美停止接济云云，最可证其有意谗毁。盖美红会所得贝克一行人报告，均无不满林可胜之语。美红会所需车辆，原定由我政府运输机关供给，本不由林供给也。贝克深感我政府交通工具困难，故曾主张将原定药物暂减去一部分。适与子文（宋子文）均力劝美红会当局勿减损。但此中关键在于交通工具之管理支配。贝克本是交通管理专家，曾任我旧交通部顾问多年。鄙意颇盼公电召贝克与林可胜等来渝报告各项救济事业之运输状况，以明真相，并图改善之方。此事关系美红会七百万金之救济工作，实甚重要。林为中外人士所器重，如实有左倾情事，亦可嘱翁咏霓（即翁文灏，时任经济部长）、周诒春（即周寄梅，时任贵州省财政厅长）诸兄恳切劝导之。乞尊裁①。

其实，蒋介石所得密报，并非空穴来风，胡适谓有人谗毁，亦非子虚乌有。在救护总队开办之初，林可胜即与共产党有所交往。1938年，由十八集团军驻武汉办事处出面，与林可胜建立关系。林对中共全面抗战主张和抗日民族统一战线政策表示赞同，要求派人到战时卫生人员训练班帮助开展政治宣传工作。办事处叶剑英出面，介绍中共党员毛华强（又名毛维如）、冯骥（又名方纪）、黄群三人，以非党流亡青年身份入班受训，毕业后编入救护总队第58队。这个队是训练班的教导队，负责辅导学员学习，毛、冯、黄三人任生活指导员，在学员中进行政治宣传。救护总队迁长沙后，在八路军驻湘代表徐特立指示下，建立了中国共产党红十字会支部，隶属于中共长沙市委北区委员会，郭绍兴任支部书记，高忻为组织干事，杨震为宣传干事，冯骥为青年干事（领导“民族解放先锋队”），公开宣传党的抗日民族统一战线政策，秘密发展党员和“民先”队员，动员医务人员积极投入抗战救护工作。在林可胜总队长的支持下，支部工作开展顺利，发展党员10余人、“民先”队员20余人。

救护总队进驻图云关后，在中共南方局和八路军贵阳交通站站长袁超俊

① 周谷：《胡适为林可胜辩冤白谤》，（台北）《传记文学》1999年第9期，第25页。

领导下，成立中国共产党红十字会总支委员会，郭绍兴任总支书记，高忻、毛华强、章宏道（又名章文晋）为总支委员，下分贵阳、桂林、运输股三个分支部，分别由郭、高、章兼任分支书记。1939 年冬，郭绍兴在党的指示下，接受林可胜委派，担任救护总队第 70 队队长，带队赴陕、晋、豫国民党战区做军队卫生工作。中共红会总支的领导工作经上级同意，先后由毛华强、高忻、章宏道三人负责①。

国共合作，共同抗日，救护总队吸纳共产党人，原本不足为奇，林可胜自然也无所谓“左倾”之嫌。但问题是，国民党消极抗日，积极反共，共产党在救护总队的活动，终究为国民党所不容。1940 年起，国民党采取了一系列针对性措施，如派中统特务进行监视，派特务搜查救护总队运输股，抄走书报供应社发起人名单及一批马列著作、毛泽东著作和进步书刊，逮捕汽车队队长张世恩（未暴露党员身份，后经林可胜保释）等②。这些事实表明，救护总队长林可胜不说“包庇”“纵容”，至少也有“失察”之责。

红十字会是一个救死扶伤的人道主义组织，在战地救护中无分敌我，一视同仁，以体现其“博爱”本旨。这种“红十字精神”，为世界各国所遵循。“林可胜先生也是本着这个精神办事。对于国外爱国华侨捐赠的药物，是为一致抗日用的，在国内也不分彼此，凡是抗战的军队均可享用它”③。所以，在救护总队的“林可胜时期”，在“任何战区的红十字会救护物资均按当时当地的需要，积极运送。在西北的救护医疗物资，常向延安八路军地区运送，在东南地区的救护物资向皖南和江北的新四军输送”④。这原本不成“问题”的问题，却引起国民党的强烈不满，林可胜因此受到指控。口述资料有关这方面的记载很多，不妨摘引两段：

《荣独山教授谈红会救护总队》说：林可胜“到香港接受了一批国外左翼人士捐赠的药品、器械，直接运交了白求恩医院。为此，他曾受到指控，说他亲共。他据理反驳说：这是人家指名叫交白求恩医院的，我不能违背国外友人的委托”⑤。

---

① 郭绍兴：《回忆抗战时期党在中国红十字会救护总队的工作》，《贵阳文史资料选辑》第 22 辑《红会救护总队》，第 4—7 页。

② 郭绍兴：《回忆抗战时期党在中国红十字会救护总队的工作》，《贵阳文史资料选辑》第 22 辑《红会救护总队》，第 7—8 页。

③ 施正信：《回忆图云关》，《贵阳文史资料选辑》第 22 辑《红会救护总队》，第 81 页。

④ 吕运明：《林可胜教授在抗日战争期间的卓越贡献》，《贵阳文史资料选辑》第 22 辑《红会救护总队》，第 190 页。

⑤ 朱崇演、张建军：《荣独山教授谈红会救护总队》，《贵阳文史资料选辑》第 22 辑《红会救护总队》，第 87 页。

《参加红会救护总队部工作的回忆》谓："林可胜总队长还派一些医疗队到解放区及新四军工作，并赠送大量药品器材，这是个很大胆的行动，因此（包括邀请一些东欧共产党医生来救护总队工作）他被控告为救护总队有赤化嫌疑而获罪。此外救护总队有许多青年人（流亡青年），爱国热忱，吃苦耐劳，不贪污，敢说敢做，也被认为赤化嫌疑罪名之一。据说，林可胜被蒋介石召见，宋美龄当翻译（林可胜的汉语说不好）。蒋问：'你为什么派队及送药给八路军及新四军?'林答：'红十字会是国际组织。'蒋厉声说：'这是中国'！"①

此外，林可胜与美籍左派女记者史沫特莱交往密切②，中共之所以获得林可胜的医药援助，很大程度上得助于史沫特莱的穿针引线③。这也是林氏援人以"左倾"把柄的原因。

救护总队中"共党活动频繁"，林总队长"左倾颇甚"的"密报"也呈递到蒋介石手中，引起蒋的关注。1940 年 9 月 7 日，林可胜被蒋召到重庆，面谈一个多小时，要点有三："（1）对林以本身的国际声望关系，给红十字会争取到大量国外（包括爱国华侨）捐赠的药品器械、救护车辆（附担架），以及军毯和捐赠款项等，加以赞赏。（2）由于林缺少中国行政经验，人事管理制度不够健全，总队部、卫生人员训练所，所属各大队、中队、小队，还有四个卫训分所，人数庞杂，难免有乱党分子（指中共党员——引者）混入。（3）我（指蒋）要你回去好好整顿一下。为此近期内，我会命令有关部门派个能干的人来贵阳成立政治部协助一切。"④ 这意味着国府要向救护总队"开刀"。

果然，没过多久，以王洽民为首的一伙国民党政工人员入驻图云关，成立政治部（1942 年改为特别党部），王出任政治部主任；接着，查封由进步青年团体主办的红十字工作者书报供应社⑤；大力发展国民党员，办理集体签

---

① 林竟成：《参加红会救护总队部工作的回忆》，《贵阳文史资料选辑》第 22 辑《红会救护总队》，第 70 页。

② 艾格尼丝·史沫特莱（1892—1950），出生于美国密苏里州的奥斯古德，是美国著名记者、作家和社会活动家。抗战时期，她目睹日本对中国的侵略，不断向世界发出正义的声音。她写的《中国的战歌》《伟大的道路——朱德的生平和时代》等书，都是影响广泛的"红色经典"。作为中国红十字会志愿者，她为伤兵救护事业奔走呼号，不遗余力，被誉为中国"伤兵之母"。

③ 吕荣斌：《在国统区的周恩来》，中共中央党校出版社 1996 年版，第 78 页。

④ 汪犹春：《在红会救护总队部的回忆》，《贵阳文史资料选辑》第 22 辑《红会救护总队》，第 106、113 页。

⑤ 红十字工作者书报供应社成立于 1939 年秋，其宗旨为："做好前线浴血抗战将士的救死扶伤工作；宣传抗日到底；加强学习时事，关心国家大事，提高政治思想觉悟；提倡正当文化娱乐活动，发挥团结友爱精神，支援救亡工作。"（汪犹春：《在红会救护总队部的回忆》，《贵阳文史资料选辑》第 22 辑《红会救护总队》，第 103 页）

名入党[①]；大肆进行反共宣传[②]，把整个图云关搅得乌烟瘴气。中共在图云关的活动被遏制[③]，而有“亲共”之嫌的林总队长，据说一度“被军统局的人弄走，后来是通过陈诚把他保出来的”[④]。此情此景，林可胜颇不自安，乃决意辞职。

1941 年 1 月，林可胜辞职的消息一经传出，便引起中外人士的关注。如前所述，驻美大使胡适特电蒋介石，极力为林可胜鸣冤抱屈。蒋向胡适表示：“林可胜并无更调之说。即有此事，亦必嘱令该会（中国红十字会）慰留也。”[⑤] 加上与宋子文及蒋夫人关系匪浅的刘瑞恒从中协调，中国红十字会在随后召开的第 60 次常务理监事会上决定将辞呈退回[⑥]。

林可胜暂时打消去意，但导致林可胜辞职的因素并未消散，特别是国共两党关系日趋恶化，“左倾”嫌疑时时困扰，使他无法施展，便于 1942 年 8 月再次提出辞职。总会考虑林氏辞职恐影响海外捐款，乃给假半年，总队长职务由秘书长潘小萼兼任[⑦]。但林可胜去意已决，9 月 5 日再度请辞，总会乃派人前往贵阳办理交接事宜[⑧]。担任救护总队长近 5 年的林可胜博士，离开救护总队部，被派往海外负责中国远征军的救护工作。

“内部风潮”导致林可胜辞职事件，对中国红十字会抗战救护事业的影响非同一般，有人说，正是由于林的去职，“盛极一时的中国红十字会救护总队就逐步衰落下去”[⑨]。揆诸史实，斯言诚是。

林可胜在海外久享盛名，他的去职势必影响海外友人捐赠救护物资的热

---

① 施正信：《回忆图云关》，《贵阳文史资料选辑》第 22 辑《红会救护总队》，第 82 页。

② 郭绍兴：《回忆抗战时期党在中国红十字会救护总队的工作》，《贵阳文史资料选辑》第 22 辑《红会救护总队》，第 8 页。

③ 据郭绍兴回忆说，红会总支鉴于形势恶化，决定贯彻执行党中央关于“隐蔽精干，长期埋伏，积蓄力量，以待时机”的方针，停止公开活动，疏散党员。具体措施是：“将集中在贵阳图云关红十字会总部的一部分党员以总队名义，分别调到西北、华中、西南各救护队去工作；红会运输股各汽车队的一批清华大学生党员，回到西南联合大学复学；政治面貌较‘红’的卫训总所组织科的党员毛华强自行离职，秘密送往解放区工作；李壬练辞职，到重庆《新华日报》工作；查立平随组织科主任马家骥一同调往湖北卫训三分所工作。由于采取了这些措施，红会党组织没有遭到破坏。”（郭绍兴：《回忆抗战时期党在中国红十字会救护总队的工作》，《贵阳文史资料选辑》第 22 辑《红会救护总队》，第 8 页）

④ 朱崇演、张建军：《荣独山教授谈红会救护总队》，《贵阳文史资料选辑》第 22 辑《红会救护总队》，第 87 页。

⑤ 周谷：《胡适为林可胜辩冤白谤》，（台北）《传记文学》1999 年第 9 期，第 25 页。

⑥ 张建俅：《抗战时期战地救护体系的建构及其运作——以中国红十字会救护总队为中心的探讨》，（台北）《“中央研究院近代史研究所”集刊》总第 36 期（2001 年 12 月），第 153 页。

⑦ 《林总队长可胜休假半载》，《会务通讯》总第 11 期（1942 年 10 月），第 25 页。

⑧ 《总会琐事纪要》，《会务通讯》总第 12 期（1942 年 11 月），第 44 页。

⑨ 于怀卿：《红会救护总队在贵阳》，《贵阳文史资料选辑》第 22 辑《红会救护总队》，第 92 页。

情，同时也会影响救护总队工作人员的情绪，许多人纷纷离去。“由于总会办红十字会的宗旨是在大城市办大医院，改变了林先生创建救护总队为战地军民服务的大方向，救护总队的使命也就从此结束。其成员大部分转调总所及各分所，小部分自动离去，各奔前程，有的返回原侨居国家和地区，东欧籍友人也相继归国”①。由于人员流失严重，继任者潘小萼不得不进行缩编：每个战区设医疗大队 1 个（共 10 个），每个大队配属 5 个中队（共 50 个）、10 个区队（共 100 个），人员编制削减了一半②。这种江河日下之势，直到 1944 年仍未有改观（详见表 11 - 14）③。

表 11 - 14　救护总队组织简况表（1944 年）

人数＼人员		高级医师	医师	医护员	医护助理员	药师、司药	非医务人员	总计
总队长室	男	2	8	/	/	/	3	13
	女	/	/	/	/	/	/	/
医务股	男	1	126	133	124	/	179	563
	女	/	12	186	258	/	40	496
材料股	男	1	1	/	/	10	32	44
	女	/	/	/	/	2	/	2
运输股	男	1	/	/	/	/	133	134
	女	/	/	/	/	/	/	/
总务股	男	1	/	/	/	/	16	17
	女	/	/	/	/	/	/	/
总　计		6	147	319	382	12	403	1269

从表 11 - 14 可见，救护总队各类人员总计为 1269 人，与林可胜辞职之前的 3420 人相比，几乎减少了三分之二。这就使救护总队的救护效能大打折

① 薛庆煜：《在贵阳图云关的红会救护总队》，《贵阳文史资料选辑》第 22 辑《红会救护总队》，第 48 页。陈韬先生在回忆文章中也述及：“救护总队工作人员大部响应林氏之号召来自国外华侨从事义务服务。林氏去后，因政策之改变，该队效忠国家人士，多返回侨居地，原属于国内之人士，亦有部分星散于民间。”（陈韬：《领导战时救护之林可胜先生》，《贵阳文史资料选辑》第 22 辑《红会救护总队》，第 197 页）

② 潘小萼：《三十二年元旦告全体工作同仁书》，《会务通讯》总第 14 期（1943 年 3 月），第3 页。

③ 资料来源：王化棠：《红会救护总队的组织简况》，《贵阳文史资料选辑》第 22 辑《红会救护总队》，第 99 页。

扣，不能不使人感到遗憾。

救护总队虽有“内部风潮”困扰，但救护工作并未终止。在8年抗战中，救护总队取得的业绩是有目共睹的。1938年1月至1945年9月的救护总体概况，统计如下：

外科方面：手术119856人次，骨折复位35522人次，敷伤8784731人次；

内科方面：住院人数2142997人，门诊军人2481685人，门诊平民2002996人，预防接种4632446人；

其他：X光照相5631人，X光透视52798人，灭虱人数792148人次，灭虱物数3881176件，检验226593人次，特别营养934833人[①]。

这一组数字是颇能说明问题的。救护总队的抗战救护，可谓成就辉煌。

战地救护是救护总队理所当然的中心工作，尤其是救护总队的“林可胜时期”，更是如此。在保卫大武汉之战中，在广州之战中，在台儿庄、马回岭、昆仑关、中条山、鄂西、湘北等大会战中，都留下救护总队闪光的足迹。以下我们截取几个断面，以展示救护总队抗战救护的英姿。

第二节　第九大队与四次长沙会战：救护总队抗战救护案例之一

1938年10月，广州、武汉失守，抗日战争进入相持阶段。为争取战略主动权，日军不断发起新的攻势。1939年3月27日攻下南昌后不久，日军制订“湘赣作战”计划：进攻湘赣北部，歼灭第九战区主力，打通粤汉路，呼应鄂中日军西进。9月14日，第一次长沙会战开始，湘北是日军的主攻方向。中国红十字会救护总队第九大队“好几个医疗队、医防队和卫生队，初次推进湘北最前方部队工作”。救护队员立下誓言：“中国部队所能到的地方，我们中国红十字会救护人员也应该能到”[②]，随军进退。湘北许多公路被破坏，只好安步当车，这对救护人员是一个“严峻的考验”。在大队长林竟成的带领下，第49医防队等支队，历尽艰辛，随军徒步十多天，行程近千里，救护因战受伤的伤兵。

救护固然重要，防疫尤不可缓。斑疹伤寒、回归热在军中肆虐，以致病兵多于伤兵，影响军队战斗力甚巨。鉴于“病兵人数多于伤兵，尤以传染病之流行，最为可虑，而军医之作业，又以野战卫生，亟待加强”[③]，救护总队

① 中华民国红十字会总会编：《中华民国红十字会战时工作概要》，1946年内部印行，第5—6页。

② 林竟成：《第九大队与四次湘北会战》，中国第二历史档案馆档案，全宗号476，卷号1985。

③ 中华民国红十字会总会编宣股：《中华民国红十字会战时工作概况》，1942年内部印行，第7页。

乃将防疫纳入1939年救护工作的重点，“展开集体灭虱、抗疟、防疫及改善环境卫生等运动”①。这种救护、防疫并重的救护理念，在第一次长沙会战中得到贯彻，据大队长林竟成说，第九大队将“灭虱站设立在距敌人五里地，在战壕里治疥”②。第49医防队首创酒灶式灭虱站及灭虱器，简便易行，受到救护总队的赞许，迅速加以推广。在会战间隙，第九大队医护人员广泛宣传环境卫生工作的重要性，力图加以改进。总队部也派技术专家到前线指导。通过灭虱、治疥、饮水消毒、清洁厕所等一系列措施的推行，天花、斑疹伤寒、回归热、痢疾、下腿溃疡等发病率显著减少。

1939年10月初，第一次长沙会战结束，日军无功而返。第九大队各队“赶回长沙，做民众炸伤救护、预防霍乱注射、伤病兵灭虱及重伤员的医疗手术工作”③。

1941年9月6日，日军又集中10万兵力，由湘北二次进攻长沙，双方在新墙河以北之港口、甘田、草鞋岭、白羊田一带展开激战。17日，日军突破新墙河；28日，一度攻占长沙，中国军队组织反击；10月1日，日军撤退。会战中，救护总队所属第三、六、九大队均开往战地，实施救护，其中分布在衡阳、衡山、湘潭、长沙、益阳等地的第九大队所属各队“最先推进前方部队工作”。日机沿要道低飞狂轰，给救护工作带来极大的困难，险象环生，但救护队员不稍退却，“表现了空前的耐劳、吃苦、冒险、犯难、勇敢、牺牲的精神”④。在这次救护行动中，“出了一位女英雄畅革新小姐，一个人于敌机狂炸中俘了两匹日本马和救了一位同志，冲出重围”⑤，一时传为佳话。

第二次长沙会战结束不到三个月，日军集中12万兵力，发动了第三次长沙战役。12月22日，进攻新墙河；24日、27日，先后突破新墙河、汨罗江，进抵永安；1942年1月2日，进攻长沙，受到中国军队的顽强抵抗；4日，后撤，遭到中国军队的围追堵截，伤亡5万余人，付出惨重代价。在这次“空前的大捷”中，第九大队工作人员“随军进退，配合作战，没有一个人落伍，没有一队不照命令动作；而且知道什么地方为伤兵必经之路，而设裹伤

---

① 中国红十字会总会编：《中国红十字会历史资料选编，1904—1949》，南京大学出版社1993年版，第521页。

② 林竟成：《第九大队与四次湘北会战》，中国第二历史档案馆档案，全宗号476，卷号1985。

③ 林竟成：《参加红会救护总队部工作的回忆》，《贵阳文史资料选辑》第22辑《红会救护总队》，第69页。

④ 林竟成：《卫生工作应再接再厉才能配合愈战愈强的部队》，《会务通讯》总第7期（1942年4月），第3页。

⑤ 林竟成：《第九大队与四次湘北会战》，中国第二历史档案馆档案，全宗号476，卷号1985。

站于该地。这一次工作最有效，最痛快”[①]。日军退出长沙后，第49、33医疗队不顾湘江布有水雷的危险，乘汽船赶回长沙，开展伤兵医疗手术及民众防疫工作，动作之神速，连湖南卫生处处长张维也由衷叹服，钦佩不已。

三次会战中“各队员卒所表现之精神，一次较一次为佳”[②]。第九大队出色的救护行动，受到救护总队的通令嘉奖，被誉为“红会模范大队”。这是全队（共辖4、5两个中队10多个区队）医护人员“通过长期锻炼，团结合作，共同努力，不断克服困难，发扬救死扶伤创造性劳动的结果”[③]。同时，与救护总队部的鼎力支持密不可分，总队部不仅源源供给救护物资，而且派出周寿恺、周美玉、戴根法等精干技术人员到湘北指导工作，总队长林可胜也多次前往视察，给予鼓励。

第三次长沙会战结束后，第九大队除在野战医院协助工作外，着重于部队环境卫生的改善，颇见成效[④]。1943年7月间，美国医药援华会主席柯尔波先生到湘北视察部队卫生工作，赞叹不止：“愈到前线，部队环境卫生愈优良，印象之佳，是出乎意料之外的。”[⑤]

三次长沙会战中，湖南省内如衡阳、衡山、湘潭、长沙、益阳、湘阴、平江、岳阳、浏阳、醴陵、安江等地都驻有第九大队各队。各队每到一地，一般住在民众家中，为民众免费医疗和预防，深受欢迎。据林竟成大队长回忆说：“各队队员与湖南老百姓建立了牢固的友谊。敌人来了，他们就帮助我们把药品器材等埋存在地下，他们自己带着粮食、牲畜上山躲避。在湖南，我到过四十多个县，湖南是我的第二故乡，我对湖南人民有着深厚的感情。湖南人民朴素、诚实、直率、肯干、勇敢、富有革命斗争精神，抗日情绪强烈而顽强。敌人在湖南吃了很大苦头。湖南的妇女热情大方，特别是湘北妇女。我们曾住在湘北一个农民家里，我问这家的一位年青姑娘：‘你们为什么待我们这样好？’她说：‘我哥哥出外当兵抗日，我希望人家同样待他好’。一个不识字的姑娘回答的多好呀！湘北前方民间小饭店的女主人，总是给我们许多照顾，热情让位，给我们吃瘦肉不放大辣椒。”[⑥] 由此可见，第九大队之

---

① 林竟成：《第九大队与四次湘北会战》，中国第二历史档案馆档案，全宗号476，卷号1985。

② 林竟成：《三次湘北会战中之工作回顾》，《会务通讯》总第8期（1942年6月），第4页。

③ 林竟成：《参加红会救护总队部工作的回忆》，《贵阳文史资料选辑》第22辑《红会救护总队》，第72页。

④ 吴宏宇：《记第六十四医疗队》，《贵阳文史资料选辑》第22辑《红会救护总队》，第147—148页。

⑤ 转引自林竟成：《第九大队与四次湘北会战》，中国第二历史档案馆档案，全宗号476，卷号1985。

⑥ 林竟成：《参加红会救护总队部工作的回忆》，《贵阳文史资料选辑》第22辑《红会救护总队》，第72页。

所以取得可嘉的救护业绩，与湖南民众的支持是分不开的。

1944 年 4 月至 12 月，日军发动旨在打通中国大陆南北交通并与南洋连接的“一号作战”，即豫湘桂战役，作困兽之斗。湖南作战始于 5 月 26 日。日军兵分三路，麾师南进，中路军以长沙为正面主攻方向。受河南战场惨败的影响，湖南守军军无斗志，连战皆败，6 月 18 日长沙失守。

中国军队屡战屡败，第九大队不得不随军撤退。经过前三次长沙会战的磨砺，医护人员已练就“饿得、冻得、晒得和走得”四大“看家的本领”。面对恶劣形势，他们镇定自若，将价值一万万元的存放在衡阳、邵阳两个材料库中的医疗卫生器材抢运出来。在衡阳，第九大队还专门组织了手术组和换药组，一直工作到衡阳沦陷。在第四次长沙会战的整个过程中，第九大队“各队都是自动地热情紧张地工作着，有的是在到处找重伤将士施行手术；有的在卫生列车上工作，随车奔驰，日夜不息，雨淋日晒是够辛苦的了，他们除了本身工作外，还附带协助运输本会器材公物及通讯的使命；有的在医院内为千百万受伤将士忙着裹伤，并且还开设诊所，忙着为军人、难民治疗和预防注射；有的在负责保管及供应药品公物和照料职员眷属；有的在前方随军工作，和部队同进退，作七百里长途的跋涉”①。总而言之，“他们都遵守一个原则就是：各尽所能，随战局发展，随时随地工作”②。中国红十字会博爱恤兵、救死扶伤的信条，在这里得到了充分的体现。

四次长沙会战，是抗日战争正面战场重大战役。大战中，中国红十字会救护总队第九大队全力投入救护，创造出辉煌业绩。在抗战救护中，他们创下多个之“最”或“首先”：“湘北各队是救护总队部中最先推进前方部队工作的，军邮局和红十字会救护队在前方是最受部队们欢迎的。他们首先将环境卫生介绍到前方部队每一个连部去，他们首先将灭虱站设立在最前方和游击区里，……他们首先将特别营养工作实施到野战医院去。他们是参加了最多次数的会战之救护工作。”③ 女护士王孝义且因公殉职，第九大队全体队员表现出高昂的工作热情和可贵的牺牲精神，的确可歌可颂。第九大队不愧为“红会模范大队”④。

---

① 贵阳市档案馆编：《战地红十字——中国红十字会救护总队抗战实录》，贵州人民出版社 2009 年版，第 38 页。

② 林竟成：《第九大队与四次湘北会战》，中国第二历史档案馆档案，全宗号 476，卷号 1985。

③ 林竟成：《第九大队与四次湘北会战》，中国第二历史档案馆档案，全宗号 476，卷号 1985。

④ 池子华：《长沙会战中的“模范大队”——中国红十字会救护总队第九大队参与四次长沙会战救护纪实》，《中国红十字报》2015 年 8 月 21 日。

第三节　敌后战场的救援行动：救护总队抗战救护案例之二

在正面战场，救护总队不遗余力，进行战地救护；对敌后战场，救护总队也给予了应有的重视。

红十字会是一个中立性的人道救助组织，中国红十字会也不例外。但中国红会，如前所述，官办色彩浓重，甚至不能自已。尽管如此，为与国际惯例接轨，红会的“民间”性仍然得到官方一定程度的认可。更重要的是，国共合作，共同抗日，对八路军、新四军战场进行救援，乃救护总队义不容辞的职责。

还在救护总队部筹办之时，林可胜总队长即特别关注西北敌后战场的救护工作。1937 年底，他应周恩来的请求，首批派出第 7、23、39 三支医疗队开赴西北，协助八路军开展医疗卫生救护工作。三支医疗队中，由中央大学、齐鲁大学联合医疗队改编的第 23 医疗队最为精干，1937 年 10 月，该队曾在安庆的一个后方医院为上海战场及沪宁路沿线作战中负伤的重伤员进行手术治疗，在短短的 40 天时间里，完成大小手术近 800 例。12 月中旬，该联合医疗队到达武汉后被整编为第 23 医疗队，由 14 人组成，队长为外科医师侯道之，队员有内科医师谢景奎、妇产科医师金茂岳、外科医师李汇文、姜传习、张伯英、护士朱朝政、朱芹、王学礼、王金泉、朱朝城（后改名朱朝成）、事务员吕起润、工人李福淮、刘长山。其中 6 名医师均是齐鲁大学七年制医疗系毕业，护士是四年制高级护校毕业。

1937 年 12 月 20 日，三支医疗队由汉口乘车北上郑州，转趋西安。途中几经周折，月底始抵西安中国红十字会第一大队部。八路军驻西安办事处中共中央代表林伯渠在七贤庄驻地接见了三支医疗队全体队员。随后，三队由侯道之领队，乘卡车向延安进发。在延安，队员们受到八路军留守处首长萧劲光、中共联络员姬鹏飞、后勤部卫生部副部长饶正锡、孙仪之和边区医院院长傅连暲等的热烈欢迎和盛情款待，当晚还举行了欢迎会，毛泽东主席致词欢迎，这使队员们深受鼓舞①。鉴于第 23 医疗队总体实力较强，姬鹏飞及卫生部二位部长与侯道之队长商定：第 23 医疗队到距离前线最近的第二后方

① 池子华：《红十字人在敌后战场——中国红十字会抗战期间的敌后救护行动》，《中国红十字报》2015 年 7 月 7 日。

医院（后改为兵站医院）协助工作，负责该院手术治疗任务；妇产科医师金茂岳、内科医师谢景奎及第7、第39医疗队留在边区医院协助工作。

第二后方医院位于延安东80里的甘谷驿，院部原是一个旧天主堂，依山穴洞而成，灰砖铺地，石灰粉墙，倒也显得整洁、明亮。手术室、药房、消毒室、办公室、食宿地都在这“山洞医院”。医院的仓库、病区设在院部后面的山坡上，条件简陋。第二后方医院除院部外，还设有4个医疗所：一所在甘谷驿东延水边上的杨家湾，距院部10余里；二所在延川县禹居镇，距院部上百里；三所在延长县交口镇，距离院部近百里；四所在院部西北数十里。医院范围之大、驻地之分散，出乎队员的意料。分散救治可以尽量接近前线，便于就近收容伤员，一旦形势紧张，也便于农民分散掩护伤员，但不便之处也是显而易见的，队员要不辞辛劳，奔波于各医疗所，为伤兵敷药、疗伤。加以山路崎岖，交通不便，困难之多，可想而知。

后方医院的医疗救护工作异常繁重，因当时八路军129师、115师、120师和薄一波领导的山西新军对同蒲路、石太路沿线日军形成大包围态势，扫荡与反扫荡持续不断，伤兵众多，院部原有的救护力量有限，队员们几乎处于超负荷工作状态。尽管如此，第23医疗队还先后抽调两个手术组，于1938年春和1939年春，分别由侯道之和谢景奎率领到延长县交口镇第三医疗所和延川县禹居镇第二医疗所开展手术活动。西安救护总队第一大队部派于保良带一台X光机到第23医疗队协助工作。这是边区的第一台X光机。

第23医疗队服务的对象主要是八路军和山西新军伤病员，其中包括周恩来、林彪、王稼祥等部队首长。

1940年5月，第23医疗队被抽调至第五战区的湖北老河口前线开展医疗工作①，临别之时，中共中央副主席周恩来、八路军总司令朱德等各级领导以及后勤部卫生部、边区医院、第二兵站医院等有关团体赠送锦旗，并召开隆

① 第23医疗队并非所有救护队员全部撤走，妇产科医生金茂岳就留了下来。金茂岳看到共产党领导的八路军是积极的抗日武装，共产党领导下的边区政府也是一派民主的气氛。更重要的是，金茂岳认为他在延安的使命还没有真正完成，国际友人马海德、白求恩的事迹也激励着他。最后，金茂岳毅然决定不随队转移，继续留在延安开展医疗卫生事业。中央领导同志为了鼓励金茂岳为边区医疗事业贡献更大的力量，毛泽东、朱德和周恩来，在1941年先后为金茂岳题词留作纪念。毛泽东的题词是，“努力救人事业”；朱德的题词是，“不但医人，还要医国”；周恩来的题词是，“为边区卫生工作创新纪元”。这使金茂岳深受鼓舞。金茂岳一直负责中央医院的妇产科，他的一个生产记录本上记录了他的接生情况。据不完全统计，从1939年9月中央医院开院到1949年4月止，金茂岳共接生婴儿3814个，被誉为“红都名医”。抗战胜利后，金茂岳在河北平山县朱豪医院（即中央医院）继续为中央机关服务，1949年4月随中央机关进入北京，在北京医院任妇产科主任；1958年4月调任宁夏回族自治区卫生厅厅长；1972年任北京市卫生局副局长；1987年7月17日在北京病逝（参见王帅、池子华：《金茂岳：毛泽东朱德周恩来题词的“红都名医”》，《中国红十字报》2018年4月20日）。

重的欢送会，表达边区军民对医疗队衷心的谢意。的确，第23医疗队在陕北的近800天中，完成各类大小手术3000余例，无一死亡病例，这在红会史上是不多见的。他们之受到普遍赞誉，是理所当然的①。

1938年初，林可胜总队长派齐清心大队长率两个医疗队、一个医护队和一个X光队到延安八路军战区服务。到达目的地后，他们受到延安军民的隆重欢迎。两个医疗队分别被安排在“中国最大之山洞医院”宝塔山边区医院②、甘谷驿兵站医院工作，医护队分配在市内门诊部服务，两架X光机配备到两个医疗队。X光机更是得力“帮手”，颇受重视，负责边区医院和甘谷驿后方医院X光机操作的分别是齐鲁医学院毕业的刘筠和山东医专毕业的于保良。他们出色的工作，大大提高诊断准确率。X光队西北区负责人姚浩然，经常往返于延安与西安之间，视察工作。在延安时，他曾与加拿大医生白求恩和印度援华医疗队的柯棣华大夫等就X光机的工作切磋交流③。

到达了延安，“自工作开展以后，医疗队的医师们无论手术及诊疗均能与该院医师们共同研究，悉心诊治，对病员极度负责，做出了成绩。医护队的护士们在门诊部与医师们配合，积极主动，认真负责，也得到医师们和病员们的好评”④。1940年元旦，八路军第二兵院第三收容所全体工作人员、休病伤员，特向第54救护队赠予荣誉锦旗一面：“中国红十字总会第54队全体同志存念，‘不避艰苦，发挥了医人救国的热忱。’八路军二兵站院第三所工休人员敬赠”⑤，并举行了隆重的献旗典礼，表达了对中国红十字会救护队全体救护人员的敬意。

山西是中国红十字会救护总队的另一救护中心。1938年9月，救护总队部组织了三个医疗队——第61医疗队、第13医疗队和“驴马队”——前往山西，1939年1月辗转抵达山西潞城，受到朱德、杨尚昆、康克清等的款待，随后派到沁县八路军野战医院，开展医疗救护工作，直到1939年返回西安大队部休整⑥。

1939年，细菌学家江涛声自德国回国，途经香港时与宋庆龄不期而遇。

---

① 侯道之、朱朝政、朱朝成：《中国红十字会第23医疗队在延安》，《中国红十字》1992年第1期，第44—47页。

② 《延安之山洞医院》，《新闻报》1938年10月8日。

③ 姚浩然：《去延安》，《贵阳文史资料选辑》第22辑《红会救护总队》，第22页。

④ 姚浩然：《去延安》，《贵阳文史资料选辑》第22辑《红会救护总队》，第21页。

⑤ 《第54卫生队关于八路军赠送本队锦旗与慰劳品的报告》，贵阳市档案馆编：《战地红十字——中国红十字会救护总队抗战实录》，贵州人民出版社2009年版，第224页。

⑥ 梁钧铤：《抗战时期我在红会医疗队的一段经历》，《贵阳文史资料选辑》第22辑《红会救护总队》，第12—13页。

宋庆龄以“民主大同盟”的名义[①]，向国外募集一批医药器械，托新西兰友好人士詹姆斯·贝特兰护送至西安，转运延安，江涛声及其妻希尔达护理员要求同往[②]。经过千辛万苦，一行人到达目的地。江涛声决心留在敌后战场，他向西安中国红十字会救护总队第一大队部请求派其到五台山白求恩医院为八路军服务，得到嘉许。第一大队部将要求去敌后为八路军服务的人员组合一起编为第40医疗队，队长即江涛声，成员有：护理员希尔达、外科医师奥地利人纪瑞德、护士赵春霞、郭步洲、梁钧铤和事务员张自中等。

第40医疗队于1939年冬天在八路军办事处刘民的帮助下，离开西安赴五台山白求恩医院。几经波折，渡河到了桓曲，途经山西新军即抗日决死队独三旅驻地时，应邀在该军后方医院为重伤病员施行手术，还办了一个培训班为院方培训医务人员。不久，第40医疗队被阎锡山军队围困，几经交涉，始准放行。祸不单行，当医疗队步行到东路地区时，又遭到国民党第二十七军范汉杰部的围困，坚阻医疗队上五台山。在多次强烈要求下，第40医疗队

① 应为“保卫中国同盟”（简称“保盟”），1938年6月14日，宋庆龄在香港发起成立。宋庆龄担任主席，中国银行董事长宋子文出任会长，香港大学高级讲师诺曼·法朗士任名誉司库，香港华比银行副经理邓文钊任司库，廖仲恺女儿廖梦醒任秘书，爱泼斯坦担任宣传。另有邹韬奋、冯玉祥、孙科、许乃波、廖承志等一批社会名流加盟。还有一位希尔达·塞尔温-克拉克的英国人，身份特殊，她是香港政府医务总监的夫人，担任名誉秘书。而这年夏她发起成立并担任秘书的中国红十字会国外后援会，成了红十字会救护总队的香港办事处。她的“一身二任”，意味着“保盟”与中国红十字会的“亲密”关系。“保盟”有两大目标：一是“在现阶段抗日战争中，鼓励全世界所有爱好和平民主的人士进一步努力以医药、救济物资供应中国”；二是“集中精力，密切配合，以加强此种努力所获得的效果”。它是一个民间组织，宋庆龄以其在国际社会的影响力成为该组织的“灵魂”。“保盟”主要任务是“成为需要者（中国人民）和资金、物资捐赠者（包括红十字会在内的国际援华机构）之间的桥梁”。目的很明确，就是为了争取国际援助，包括人力、物力、财力、道义等方面。物力，主要是红十字会急需的药品及医疗卫生器械；财力，主要是捐款；道义，是希望中国的民族自卫之战得到国际社会和一切爱好和平人士的声援与支持。宋庆龄的努力没有白费。“保盟”成立刚一年，就募集捐款25万元港币。这些钱，多数用在了在抗日根据地建设国际和平医院所需的药品和器材上，对中国红十字会救护总队部、八路军和新四军医疗队、延安抗日军政大学等单位也有不少援助。如1939年冬，“保盟”以中国红十字会的名义，从图云关将10吨医疗器材、药品，运送到延安。有人统计，“保盟”在香港共送出120多吨药物和其他救济物资，平均每月送出3吨左右。它的价值，“不亚于以飞机、坦克和枪支的支援”。人力的国际援助，更值得大书特书，像白求恩、柯棣华等我们耳熟能详的国际友人以及国际援华医疗队加盟中国红十字会救护总队，都与宋庆龄的“纽带”作用分不开。1941年12月，香港沦陷后，宋庆龄到了重庆。1942年8月，“保盟”中央委员会在重庆重建，宋庆龄众望所归成为理所当然的主席，委员有爱泼斯坦、邱茉莉、王安娜、廖梦醒等。重建的“保盟”，一如既往为抗战服务，直到1945年抗战胜利后，使命完成，改名“中国福利基金会”，迁到上海。1950年，“中国福利基金会”改名为“中国福利会”，以宋庆龄倡导的“全心全意为妇女儿童服务”为宗旨，继续前行（参见池子华：《宋庆龄：抗战时期的红十字“守护者”》，《中国红十字报》2018年4月13日）。

② 詹姆斯·贝特兰：《战争的影子》（节译），参见《贵阳文史资料选辑》第22辑《红会救护总队》，第29—33页。

终于获准，由二十七军押送过黄河，返回西安大队部①。

第 40 医疗队返回西安后，江涛声、郭步洲分别向中国红十字会第一大队部和西安八路军办事处汇报了情况。医疗队重新整编，人员扩增到 19 人，内有 5 位医师，其中还有国际友人。江涛声继续担任新编第 40 医疗队队长。整编完毕，该队又被派往湖北老河口第五战区，为新四军服务②。

“人力”支援外，“物力”的援助也是经常性的，如 1938 年 7 月，在巴黎召开反轰炸不设防城市恢复和平大会时，英援华会提议在中国设立国际和平医院，“专为救济中国伤兵难民之用”。次年，国际和平医院在晋南一所教会医院落定。中国红十字会承担每月经费中的 50 镑。这座医院自然也就成为国际援华医疗队与红十字会医疗队共建的基地③。1939 年冬，以英国牛津大学教授巴吉尔为首的英国援华团，携带约 10 吨贵重医疗器械和药品，自贵阳图云关出发，由林可胜博士以救护总队长的名义，委派西北视导员郭绍兴在陕西汉中接待，转运西安，交第十八集团军办事处。几经周折后，这批物资大部运达延安④。

对新四军的医疗援助，也为救护总队所关注。皖南事变前，新四军主要活动在江西、皖南、苏南等地。在林可胜看来，抗日战场只有一个，因此，对新四军进行医疗援助，乃题中应有之举。不过，援助行动的实现与美国作家、民主人士史沫特莱女士的“纽带”作用分不开的。1938 年，史沫特莱在汉口“结识了中国红十字救护总队及其著名的创办者和领导人林博士。从此，我的大部分精力就投入了为伤员服务的工作”⑤。当时，她以《曼彻斯特卫报》特约通讯员身份深入新四军战地，每周向外邮寄两篇通讯，报道新四军医疗工作和红十字医疗队救护实况；向国际组织写报告呼吁医药、救护车辆等物资的援助。同时，她将战地调查情况写成文章，随时寄送红十字会救护总队部，作为总队部了解敌后战场、调整救护力量的依据。

1938 年，史沫特莱从江西新四军方面、由一个“小鬼”陪同由陆路来到长沙，请求林可胜总队长拨发前线奇缺的医药，尤其是治疗“打摆子”（疟疾）的奎宁片和针剂，“那里的部队在每天同一个时刻，成百士兵倒在路边或山道

---

① 池子华：《红十字人在敌后战场——中国红十字会抗战期间的敌后救护行动》，《中国红十字报》2015 年 7 月 7 日。

② 梁钧铤：《抗战时期我在红会医疗队的一段经历》，《贵阳文史资料选辑》第 22 辑《红会救护总队》，第 15—19 页。

③ 《援华运动：国际和平医院设晋南》，《新华日报》1939 年 3 月 5 日。

④ 郭绍兴：《回忆抗战时期党在中国红十字会救护总队的工作》，《贵阳文史资料选辑》第 22 辑《红会救护总队》，第 6—7 页。

⑤ ［美］艾格尼丝·史沫特莱：《中国的战歌》（江枫译），作家出版社 1986 年版，第 222—223 页。

上，全身发抖、发烧”①。在她的建议下，林可胜适时派出两支医疗队前往新四军战区开展医疗救护工作②。关于医疗队工作情形，作为战地记者的史沫特莱多有报道，她在随新四军经过南昌时，就目睹了一次红十字医疗队的紧急救护：

第二天，又一场可怕的空袭刚过，我就穿过仍在冒烟的街道到一〇九后方医院去了。有一个红十字救护队在那里工作。……刘医师告诉我：最近一次空袭开始时，红十字救护队恰巧在做一个大手术，但是，甚至在炸弹落到医院四周的时刻，他们也不曾畏缩。我们穿上白罩衣，戴上白帽子，走进手术室。一名伤员躺在手术台上，一位美国医师站在他头颅的一旁给他施用麻醉剂。一位身材纤弱的中国女医师在俯身为伤员截去一条腿。直到截肢完成，无论是她或是她的同事没有一个人抬起头来看一眼，当她摘下口罩，我才看清她就是香港华人医务工作者志愿队的领队马医师。另一位医师阿什兰是救护总队惟一的一名美国志愿人员。三月前，他毫不张扬地抵达中国，参加工作后便立即出发，来到了这条战线。医生和护士们又迅速为另一件手术作好准备……③

在这里，我们同样可以领略到为新四军敌后战场服务的救护总队医疗队“抱牺牲精神”“保伤病安全”的克己奉职的风范。

史沫特莱有“中国伤兵之母”之美誉④。她穿梭于新四军各战场，及时向救护总队部报告新四军战区伤兵难民状况。她至少三次亲往救护总队部与林可胜洽商救护事宜⑤。她的行动，遭到一些人的嫉恨，据说1938年底她曾接到署名“铁血团”的恐吓信⑥，但她不为所动。正是她的不懈努力，新四军得到救护总队在人力物力等方面的大力支持。

作为林可胜的挚友，红会的“内部风潮”引起史沫特莱的关切和担忧。她在《中国的战歌》一书中写道：“林博士本人曾经历了一番艰苦的奋斗。从那时往后的一些年月，我不断听到来自中国人和外国人两方面的对他提出的几乎是能想得出来的一切指责。汉口国际红十字会的一位传教士就曾尖酸地指控他喜欢喝酒，喜欢女人，喜欢唱歌，而不会说中国话。另一位则宣称，

---

① 王春菁：《参加中国红十字会工作的回忆》，《贵阳文史资料选辑》第22辑《红会救护总队》，第116页。

② 郭绍兴：《回忆抗战时期党在中国红十字会救护总队的工作》，《贵阳文史资料选辑》第22辑《红会救护总队》，第7页。

③ ［美］艾格尼丝·史沫特莱：《中国的战歌》（江枫译），作家出版社1986年版，第251—252页。

④ ［美］艾格尼丝·史沫特莱：《中国的战歌》（江枫译），作家出版社1986年版，第360页。

⑤ 薛庆煜：《记中国红十字会救护总队与战时卫生人员训练所》，《中国科技史料》1999年第2期，第170页。

⑥ 郭绍兴：《回忆抗战时期党在中国红十字会救护总队的工作》，《贵阳文史资料选辑》第22辑《红会救护总队》，第7页。

他所有的服装都是在伦敦定做，所有的衬衣都要送到英国去洗，去熨烫。在红十字救护总队发展成为强大的组织之后，有一位急欲取代他职位的红十字会中有野心的医师，指控他和斯蒂培克汽车公司暗中交易，并在他的工作班子里窝藏共产党人。”面对这样的指控，“心胸狭隘一点的人就会离开中国，前往英国或美国，那里的科学界同行一定会欢迎他而且为他提供和他才能相称的工作机会”。但令人钦佩的是，“他是个坚强的男子汉，他的爱国精神要比诽谤他的那些人真挚深沉。他放弃了前途无量的事业和为数极高的收入，来接受战争的混乱，接受甚至不足以维持他两个孩子教育费用的生活津贴，以及在各方面远不如他的宵小之辈的造谣中伤”①。

1940年夏，史沫特莱在回国前夕来到图云关，看到救护总队在林可胜的领导下“发展成一个十分庞大的机构”，对林总“敬意更深”，但“一些胸怀野心的人已经认为，这个机构过分有权势而且有利可图，不应该由一个无党派而有民主思想的人主管。政治性的阴谋在不断妨碍他的工作，他已经花费太多的时间来为自己辩护和保护救护总队，应付那些企图利用中国盖世太保加害于他的诽谤者的恶意中伤”。他为林可胜鸣不平，更为林可胜的“未来前途深感忧虑”②。两年后，史沫特莱担心的事情还是发生了，林可胜被迫辞去总队长职务。

救护总队的“林可胜时期”，给予“中共所指挥的军队以医药援助”，实属难能可贵。但这种“基于道义及职责关系”的援助行动③，却因国共两党关系的紧张而被抹上政治色彩，林可胜因此遭受指责和他人排挤，这实在是历史的悲剧。

第四节　域外救护：救护总队抗战救护案例之三

林可胜虽然遭受排挤和不公正对待，但他并没有离开抗战救护第一线，而以中国远征军军医视察总监的名义④，亲率医疗队，前往缅甸战场，为中国

① ［美］艾格尼丝·史沫特莱：《中国的战歌》（江枫译），作家出版社1986年版，第226页。

② ［美］艾格尼丝·史沫特莱：《中国的战歌》（江枫译），作家出版社1986年版，第512—513页。

③ 周谷：《胡适为林可胜辩冤白谤》，（台北）《传记文学》1999年第9期，第20页。

④ 薛庆煜：《记中国红十字会救护总队与战时卫生人员训练所》，《中国科技史料》1999年第2期，第172页。又，吕运明在《林可胜教授在抗日战争期间的卓越功绩》中称其为“远征军卫生总视察”（《贵阳文史资料选辑》第22辑《红会救护总队》，第190页）；陈韬在《领导战时救护之林可胜先生》中称其为“远征军军医总视察”（《贵阳文史资料选辑》第22辑《红会救护总队》，第196页）。略有不同。

远征军提供医疗救护服务。

太平洋战争爆发后，日军相继占领香港、印度支那地区以及新加坡，接着挥师北上，进攻缅甸，1942 年 3 月 12 日攻占仰光，滇缅路这条关系中国抗战命脉的国际交通运输线受到威胁。根据 1941 年 12 月 23 日达成的《中英共同防御滇缅路协定》，1942 年 3 月 16 日，中国正式组织远征军，下辖第五军（军长杜聿明）、第六军（军长甘丽初）和第六十六军（军长张轸）3 个军，在杜聿明（不久改由罗卓英）统率下，由云南进入缅甸，先后在同古、仁安羌、腊戍等地对日作战。中国红十字会救护总队部迅即抽调医护人员，组成 3 支救护医疗队，以计苏华、严家贵和龚念慈为队长[①]，另由运输股修理所长张世恩组织一个救护车队，在林可胜博士亲自率领下，3 月 22 日由贵阳启行，“出发时，当地各机关特举行欢送会”[②]。当救护队“抵达缅境之时，前方战事日烈，兼程驰往，开始工作”[③]。战事激烈，救护总队复加派 3 支医疗队“出征”缅甸，进行支援，但因战局突变，路途受阻，暂留滇边工作。

原来，中英美三方各自为战，“指挥多变，系统紊乱，权限不明，各有所私，以及指挥无能，部队战斗力悬殊等等，既未能适时适地集中主力与敌作战，以期收复仰光，又未能退而凭据险要与敌作持久战，保全我腊戍的物资，徒使将士浴血”[④]。日军乘机增派机械化快速部队，4 月底从缅东绕道北进腊戍，以切断中国远征军的退路。战事日非，中国远征军一部由缅退回滇西，另一部分进入印度。中国红十字会 3 支医疗队只好放弃在西保开办临时收容医院的打算，带领伤病员回国。

4 月 23 日，医疗队在林可胜带领下，拟由眉苗取道密支那到云南腾冲。途中渡伊洛瓦底江，过那巴、喀什，一路险象环生。将到密支那时又因日军堵截而“上野人山，去印度”，然后转道回国。经过 26 天的艰难跋涉、风餐露宿，医疗队穿越了被日军封锁、无路可循的缅甸丛林，到达印度阿萨姆邦的利多火车站[⑤]。这次出色的转移，完好保存了入缅的 3 支医疗队，使之继续为战场服务，林可胜也因此获得了美军高级勋章[⑥]。

---

① 薛庆煜：《在贵阳图云关的红会救护总队》，《贵阳文史资料选辑》第 22 辑《红会救护总队》，第 46 页。

② 《本会医疗队入缅工作》，《会务通讯》第 8 期（1942 年 6 月），第 13 页。

③ 《红十字会半年工作概况》，《新华日报》1942 年 10 月 2 日。

④ 杜聿明：《中国远征军入缅对日作战述略》，全国政协文史资料委员会编：《文史资料精华丛书》第 3 卷《抗日战争的正面战场》，安徽人民出版社 2000 年版，第 549 页。

⑤ 汪犹春：《难忘的岁月——记中国红十字会贵阳医疗队在缅甸》，《贵阳文史资料选辑》第 22 辑《红会救护总队》，第 179—182 页。

⑥ 曹育：《中国现代生理学奠基人林可胜博士》，《中国科技史料》1998 年第 1 期，第 35 页。

中国远征军在缅作战失利后，一部分部队由司令官罗卓英与中国远征军最高统帅部参谋长史迪威带领，于1942年5月20日到达印度英帕尔。根据史迪威与印度当局达成的协议，在加尔各答的蓝珈（莱姆加）建立中国军队训练营。蓝珈成为中国驻印军的训练基地。林可胜到达那里，主持中国军医训练。为此，他抽调图云关卫生训练总所的马安权和戴根法工程师率医疗环境卫生工程队20多人去蓝珈，开设短期军医训练班，培训驻印军医护卫生人员，传授丛林作战救护和防疫知识。同时，留在滇西的中国军队，由陈诚任司令长官，组成滇西远征军。林可胜又派杨文达医师为首的包括虞颂庭、刘庆东、孔庆德等医护环境卫生工程人员在内的30多人，到昆明黑林铺，协助军医军护的培训[①]。不久增派汪凯熙、李庆杰等医师，充实黑林铺师资，这对提高军队医护人员素质是大有裨益的。

培训工作步上正轨后，1942年7月中旬，林可胜携秘书汪犹春自印度阿萨姆邦的汀江军用机场搭乘美军便机回国，“渝市友好，均往机场迎接”。随后，他回到图云关。喜讯传来，图云关一片沸腾，8月3日，救护总队部、卫训总所在卫训所大礼堂举办了热情洋溢的欢迎会，救护总队部工作人员及来宾千余人出席[②]，“颇极一时之盛”[③]。图云关到处悬灯结彩，还邀请“厉（慧良）家班”演戏3天，以资庆祝[④]。中文秘书詹汝嘉赋七律一首：

欢跃声中发浩歌，
迎来绝域异闻多。
林林壮志怀诸葛，
总总雄心迈伏波。
队伍伤残蜀道苦，
长官慈爱醉颜酡。
回春妙手膏肓起，
国土无双一笑呵[⑤]。

---

① 薛庆煜：《在贵阳图云关的红会救护总队》，《贵阳文史资料选辑》第22辑《红会救护总队》，第46—47页。

② 《欢迎林总队长纪盛》，《会务通讯》总第10期（1942年9月），第27页。

③ 《林总队长可胜载誉归来》，《会务通讯》总第10期（1942年9月），第26页。

④ 薛庆煜：《记中国红十字会救护总队与战时卫生人员训练所》，《中国科技史料》1999年第2期，第173页。

⑤ 陶天白：《抗战期间红十字会生活琐忆》，《贵阳文史资料选辑》第22辑《红会救护总队》，第128页。薛庆煜《记中国红十字会救护总队与战时卫生人员训练所》（《中国科技史料》1999年第2期，第173页）末句作“国才无双一笑啊”。

这是一首“藏头诗”，诗的首字组成“欢迎林总队长回国”，表达了救护总队及卫训总所全体工作人员对林可胜孜孜奉献于人道事业的崇高敬意。

林可胜重新回到图云关，仍以卫训总所主任的身份关注着中国驻印军抗战救护工作。是年夏，他由卫训总所派出防疫学组代理主任薛庆煜去印度阿萨姆邦的雷多，出任驻印军新三十八师军医处长①，加强对防疫工作的指导与管理。

域外救护工作因战事复起而重新启动。1943 年 10 月，中国驻印军由卡拉奇一线向南挺进，进击拉班、沙都苏、虎关盆地，取得重要进展。同时抽出新三十八师、五十师之一部与美军两个营合组中美联军，1944 年 4 月进攻密支那。在中国驻印军发动缅北战役时，中国政府又重组中国远征军，由滇西出击缅北，并于 5 月西渡怒江，形成对日军夹攻之势。由于林可胜未雨绸缪，军医培训到位，驻印新军战事救护有条不紊展开。新组建的中国远征军，由救护总队第十大队担负起救护任务②。1944 年 4、5 月间，第十大队所属 011、012、021、022、031、032、041、042、051 等 9 个支队及附属英国公谊三队、新运会四队到达前线③，随军开展野战救护。

战事激烈，伤亡颇多，第十大队所属各队救护“任务特别严重”，药品消耗量亦大，“往往超过预算应用量，其间数度因运输困难，接济不及，常有捉襟见肘之感”，第十大队所属第六材料分库尽量供给，仍“有十日九空之慨”，幸得美国红十字会及美军供应局拨助，救护工作得以顺利展开。在短短数月中，第十大队取得了优异的工作业绩：内科住院 52058 人，外科住院 86936 人，门诊 106266 人，手术 1140 人，化验 13544 例，特别营养 44414 例，预防接种 18300 人，X 光检查 176 人次④。

战事仍在进行，救护力量也在不断充实，8 月，052 队组建；11 月，第一至第六手术队报到。这为滇缅反攻提供了有力的医疗保障。

野战救护，意味着不仅要冒兵戈之险，在生死线上穿梭，而且还得经历辛苦备尝的行军。滇西前线，地广人稀，丛林密布，救护队涉川渡江，翻越崇山峻岭遂行救护任务，是常有之事，而其中遇到的困难超乎想象。第十大

① 薛庆煜：《记中国红十字会救护总队与战时卫生人员训练所》，《中国科技史料》1999 年第 2 期，第 174 页。

② 汤蠡舟：《一年来之救护工作》，《会务通讯》第 26 期（1944 年 3 月），第 4 页。

③ 徐崇恩：《远征军救护概况》，中国红十字会总会编：《中国红十字会历史资料选编，1904—1949》，南京大学出版社 1993 年版，第 359 页。

④ 徐崇恩：《远征军救护概况》，中国红十字会总会编：《中国红十字会历史资料选编，1904—1949》，南京大学出版社 1993 年版，第 359 页。

队队长徐崇恩不无感慨地记述道：

> 怒江两岸的交通困难，到了陆地上，只有步行，一脉的高山崇岭，常常会遇到大雨滂沱，一个不小心，就会跌而堕下崖去。在路上，很容易发现驮马堕崖的惨剧。英国公谊救护第三队和我们红十字会051医疗队有一次在雨中跋涉，深晚还投不到宿处，便在敌人放弃的工事中睡过一宵，全体队员全身浸在水中，一夜不能安眠。随军工作的“吃”的问题，在美军中他们有标准的给养，携带方便，当然不成为问题，我们就很难了。我们“吃”的是原始式的埋锅造“饭”，有时给养中的“米”运济不及，常常早上一顿，一天空肚，要挨到晚上，也许才得果腹，但是伤兵拥来，就是要“吃”这晚上一顿，也只好放弃①。

面对窘境，队员们仍以饱满的精神，勤奋工作着，甚至置生死于度外。第051医疗队队长甘理安医师，在高黎贡山施行急救手术时，对面的排炮飞来，几遭不测，“但虽知道危险，而他仍在危险中完成手术”。林可胜总队长倡导的“具丰富情感，抱牺牲志愿，本博爱襟怀，献科学身手，作精密准备，求迅速效率，保伤兵安全，增人类幸福”八条救护信条，在域外得到发扬光大。

域外救护随着1945年滇缅反攻的胜利而结束。在此过程中，林可胜依然关注着战局的变化和救护工作的进展。1944年8月收复密支那后，林可胜所派新三十八师军医处长薛庆煜调任新一军军医处长，他又派遣卫训总所外科学组教官张涤生接替新三十八师军医处遗缺②。他们不负林可胜厚望，圆满完成域外救护任务。

特别值得注意的是，1944年底，国民党内部进行人事调整，林可胜被任命为军医署长，恢复了他对战地救护工作的组织、领导职权③。林氏之重新得到重用，除他在海内外崇高的声望、胡适等人的推荐以及人事关系的调整等因素之外，与他开创的远征救护工作的新局面有直接的关系，如有学者所分

---

① 徐崇恩：《第十大队与滇缅反攻》，《会务通讯》总第30期（1944年），第55—56页。

② 薛庆煜：《记中国红十字会救护总队与战时卫生人员训练所》，《中国科技史料》1999年第2期，第174页。

③ 曹育：《中国现代生理学奠基人林可胜博士》，《中国科技史料》1998年第1期，第36页。薛庆煜在《记中国红十字会救护总队与战时卫生人员训练所》一文中说：“1944年的下半年，陈诚出任了重庆政府的军政部长，夙仰林可胜的贤名，拟请他出任军医署长。办法是双方对调，即把林先生从卫训总所主任调为军医署长，把他的学生卢致德从军医署长调为卫训总所主任。就林先生本身而言，因在红会任内，吃尽苦头，根本无意担任此职，尤其是要他接替他的学生。但调令下达，推辞无方，只好勉强就任。”（《中国科技史料》1999年第2期，第174页）

析的那样：

军医总视察，在一般衡量，本是一时休闲安置，无力量足以发挥作为。林氏则不然，以其最高智慧与耐力，又构成一新局面，使远征军之军医，成为深山丛林中忠勇将士健康之保障，防蚊防疟之先驱。林氏首先推荐协和医学院毕业少壮有为薛荫奎医师，任远征军军医处处长，并成立第六训练所于昆明，组织远征军军（医）作业，灌输服务精神，并征调协和毕业杨文达、外科汪凯熙、李庆杰、交通大学戴根法及李新民卫生工程师前往赞助，不久即成为远征军卫生中心，为远征军军医带来一股新气象，中外将领无不称赞。而林氏之科学、哲学、医学根基纯厚，其思想、其见地、其气质，更为英美人士所推崇。贤者多助，故林总视察，在远征军内声望日隆。远征军抵达印度时，印度总督郊迎四十里，所迎接者非其他人士，乃军医总视察也，总视察何许人，乃国际生理学权威英国皇家科学院士林可胜博士也。联军之推崇，导致国内之重视，任总视察未及一年，即被蒋委员长调升为军医署长，主掌全国军医事业[①]。

林可胜依然为抗战救护事业挥洒着热血[②]。

① 陈韬：《领导战时救护之林可胜先生》，《贵阳文史资料选辑》第22辑《红会救护总队》，第196—197页。

② 抗战胜利后，林可胜组建了国防医学院，并当选为中央研究院院士。1948年，蒋介石任命他为卫生部部长，他没有接受。1949年他到了美国，1969年因病在牙买加去世，终年72岁（智效民：《救护队长林可胜对民国红十字会的贡献》，《南方都市报》2014年8月10日）。

第十二章　全面抗战中的中国红十字（下）

全面抗战的八年中，中国红十字会围绕着抗战救护这一“首务”，在“内务”和“外交”方面，积极开拓。“内务”方面，除组织救护总队部开展战地救护、成立战时卫生人员训练所培训战时救护所需医务人员之外，在自身组织建设、发展会员、开展社会服务诸方面，均有所兼顾，而为争取“外援”——人员、物资、道义——的“外交”活动，也取得了可观的成效。在本章中，我们的考察不可能面面俱到，只能择要缕析。

第一节　“内务”与“业务”

一、分会组织建设

“分会为（总）会之细胞，犹如人体之血液，彼此关系密切，莫此为甚”①。从理论上说，分会是中国红十字会总会的基础和依托，所谓“分会为本会之基层组织，为发展红十字事业之中心干部”②。但全面抗战爆发后，总会与分会之间的联系受战事影响，大为削弱，这从1936年和1937年全国分会一览表（表12－1）的比较中一目了然③。

---

① 冯子明：《推进分会业务之商榷》，《会务通讯》总第26期（1944年3月），第11页。

② 中华民国红十字会总会编宣股：《中华民国红十字会战时工作概况》，1942年内部印行，第11页。

③ 资料来源：中国红十字会总会编：《中国红十字会历史资料选编，1904—1949》，南京大学出版社1993年版，第156—160、179—189页。

表 12－1　1936 年和 1937 年全国分会比较表

省　份	1936 年	1937 年
江　苏	75	29
浙　江	30	13
安　徽	31	15
福　建	6	5
江　西	9	6
湖　南	8	7
湖　北	20	13
广　东	17	11
广　西	7	6
河　南	81	60
四　川	33	22
山　西	3	2
山　东	45	32
陕　西	2	2
河　北	43	24
绥　远	1	1
察哈尔	2	1
云　南	2	2
贵　州	2	1
热　河	8	/
辽　宁	15	/
吉　林	18	/
黑龙江	11	/
甘　肃	/	1
西　康	/	1
总　计	469	254

从上表中可以发现，在短短的一年中，登记在册的分会由 469 处减少到 254 处，净减 210 处，几乎一半。这其中，除少数分会未及更换新图记未列入

统计外，绝大多数分会因战争原因被迫宣告解体，东北各地分会就是如此，北平分会也是一样。1937 年 7 月 29 日北平沦陷，9 月敌伪勒令北平分会停止活动，继而取消名义①。其他被迫中止活动的分会类皆如此。随着国土的沦陷日广，分会遭破坏者日多，这意味着红会基层组织在战争中被严重削弱，这是我们不可否认的事实，如《中华民国红十字会战时工作概要》所言："战时分会，虽经本会之努力推动，但若干分会，在成立之后，因受战局影响，旋告沦陷，故其波动极大。"② 如何建立健全分会组织，成为摆在总会面前的一个难题。

1940 年 4 月 1 日，总会由上海迁重庆小龙坎梅园新村办公。内部组织，因"事业开展较前扩大，共设三处"，第一处处长由主任秘书康承宗兼任，第二处处长由秘书冯子明兼任，第三处处长由秘书长潘小萼兼理③。第二处专门负责分会整建事宜。鉴于"各地分会因沦陷而仍能与本会保持联系者，已属罕觏"，总会将"组织大后方各地分会列为要政之一"④，乃"决定发动西南各省之市县，积极组织新的分会，并尽量扶植广大自由区之原有分会，使之健全"⑤。整建工作首先从四川开始，继之扩及贵州、云南诸省。其中四川省成绩最佳，整建分会达 33 处。

作为基层组织，分会面向地方，为基层民众服务，因而"以救灾恤难最为艰巨，其中医药一项亟须补给"，所以在整建分会时，总会"尽先助其谋此一方面之发展。举如创设医院，或诊疗所，或救护队，并代为介绍医护人员至分会服务。其力量不足者，则利用本会之医疗队，协助分会发展医务"⑥。在总会的指导和支持下，"新成立之分会，正如雨后春笋"⑦，出现了喜人的景象。

分会的组建是一回事，维持是另一回事。由于战事的变幻莫测，分会旋起旋灭的情况并不鲜见。据统计，至抗战胜利时，川、黔、滇、陕、豫、鄂、湘、赣、浙、闽、粤、桂、甘等省所设分会得以生存下来的共计 90 处，虽然不及全面抗战初期 254 处的一半，但在极端恶劣的环境中能够维持下来，已属不易。

---

① 孙敬敏编纂：《北京市红十字会的 65 年（1928—1993）》，文津出版社 1995 年版，第 14 页。

② 中华民国红十字会总会编印：《中华民国红十字会战时工作概要》，1946 年内部印行，第 11 页。

③ 《总会迁渝后内部组织暂行办法》，《会务通讯》创刊号（1941 年 1 月），第 7 页。

④ 冯子明：《推进分会业务之商榷》，《会务通讯》总第 26 期（1944 年 3 月），第 11 页。

⑤ 中华民国红十字会总会编：《中华民国红十字会战时工作概要》，1946 年内部印行，第 11 页。

⑥ 中华民国红十字会总会编：《中华民国红十字会战时工作概要》，1946 年内部印行，第 11 页。

⑦ 中华民国红十字会总会编宣股：《中华民国红十字会战时工作概况》，1942 年内部印行，第 12 页。

分会，无论是新设分会，还是“自由区之原有分会”，均能按总会的要求，因地因时制宜，或开设医院，或开办诊所，或组织救护队，为地方军民提供医疗服务。具体情况如表 12－2 所示①。

表 12－2 抗战时期各地分会及其附属机构

省 别	分会数	医院数	诊疗所数	救护队数
四 川	33	8	15	12
贵 州	2	／	1	／
云 南	5	1	1	／
陕 西	3	1	／	1
河 南	20	8	2	8
湖 北	3	／	1	1
湖 南	5	4	3	4
江 西	2	1	1	1
浙 江	1	1	／	1
福 建	4	2	／	1
广 东	6	3	3	10
广 西	5	2	2	1
甘 肃	1	1	／	1
合 计	90	32	29	41

上表所列分会及其附属机构，“适应战时环境需要”，“热心为地方服务”，尤其是接近战地的分会，更是如此，“除实地参加救护，犹作清除战场之工作，三十一年（1942 年）一月，美国《纽约时报》记者福尔门氏赴湘北视察战地时，曾目睹本会工作人员，正在掩埋日军尸体。广州分会，自移曲江后，在前线救护伤兵难民，异常出力，可见一斑。其在后方分会，办理地方医疗防疫，固极普遍，而遇地方灾害，从事救护赈恤，亦甚出力，三十一年度，各地霍乱流行，昆明、大理等分会，均能以全力扑灭，克尽红十字会神圣之任务”②。至于诊治病人情况，以 1945 年为例，综计达 374823 人③。成就之显著，确乎不可小视。这里不妨举几个例子：

① 资料来源：中华民国红十字会总会编：《中华民国红十字会战时工作概要》，1946 年内部印行，第 11—12 页。

② 中华民国红十字会总会编宣股：《中华民国红十字会战时工作概况》，1942 年内部印行，第 11—12 页。

③ 中华民国红十字会总会编：《中华民国红十字会战时工作概要》，1946 年内部印行，第 11 页。

广州分会。原设9个救护区，800余队员，“人数既多，程度参差不一，药物器材亦感缺乏”。乃于1938年进行整合，将全市划分为市东、市北、市西、河南、芳花5个救护区，每区酌量拨助经费，将原有队员分别改编，发给药物器材，并在各区装设电话，构成通讯网；另组特务队7队，分驻广州分会及5个救护区，“无论水陆发生灾情，立即出动救护”。同时，改善附属医院医疗条件，“为适应环境及时势所需求，乃锐意整顿，扩张院务。由本会左副会长兼任院长，朱、李两副会长兼任副院长。重新聘任于国华、黄德光、李锡芬等医师，主理医务。另请富有经验之护士十余人，担任看护工作。院内设备，日臻完善。由是来院就医病人激增，二月至七月间，留医者由九人增至五十五人，门诊赠医者由一百二十五人增至八百三十七人”。此外“该院负责为难民收容所诊治患病难民，一切费用完全豁免”①，为时论所称道，也得到社会各界的鼎力支持。即如1937年香港《华侨日报》为广州分会发起劝募救护车运动，仅一个月即募得11辆，并现金3500余元，“以之购置电船，为水上救护之用”。劝募运动结束后各界仍踊跃捐赠，复得救护车5辆。广州分会“平添此项救护工具，得以便利工作，将来救护事业发展，当无限量也”②。

武昌分会。在1938年保卫大武汉战役中，武昌分会全力投入救护伤兵难民工作。关于救护情形，有报道说：“五月三日上午七时，本会（武昌分会）接第九收容所电话传知，有第六十军由平汉线转来负伤官佐士兵约六百余人到达武昌鲇鱼套请予派队出发协助等情，当即通知所属救护、医疗、担架等队立往该处工作，至十一时完毕返会。又同日下午二时续接该所电达嘱本会医疗队出发协助医疗约四百余伤兵之赴湘专车，当即赶往绷扎、换药，历数小时之久始行回会”；“五月五日下午一时第一次接第九收容所电达请派医疗队出发协助该所医疗留院轻重伤军共五百余人。又下午四时第二次接该所来电续请医疗队出发协助医疗由汉口江岸转武昌鲇鱼套登车伤军三百余人，闻讯立往，或予换药，或予包扎，全体队长队员尽力工作，颇得一般伤军称赞，俟任务告竣始行言旋”；“五月六日上午七时，本会医疗队应湖北伤军管理处电约，立即出发到该处，有伤军四百余人，帮同包扎、换药完毕归会，旋于十一时又接该队携带药品分往各难民收容所诊治患病难民，治愈者甚众，下午六时回会”；“五月八日下午六时，本会接湖北省后援会电称，现有伤军计三百二十人过鄂转湘，当命医疗、担架两队联合出发，前往鲇鱼套分途工作，直至深

---

① 宗象：《广州红十字会分会半年来会务概况报告》，中国红十字会总会编：《中国红十字会历史资料选编，1904—1949》，南京大学出版社1993年版，第342页。

② 宗象：《广州红十字会分会半年来会务概况报告》，中国红十字会总会编：《中国红十字会历史资料选编，1904—1949》，南京大学出版社1993年版，第343页。

夜任务终结率队归来。”类此情形，为常有之事。从5月3日到8月16日，3个多月时间中，武昌分会协助救治伤兵难民计达万余人，“颇得伤军赞扬”①。

昆明分会。自抗战开始，即组训救护队三期，结业队员共251名，编为3个中队，9个分队，划定区域，分队驻守，遇有警报，不分昼夜，从事工作，“嗣因统一救护机构，配属云南防空司令部，改编为独立大队，负责昆明市县灾区救护事宜”。历年敌机空袭昆明51次，昆明分会“几至无役不从”，统计救护伤兵难民3207人②。

从上述几例中，可以概见分会在抗战救护中所发挥的重要作用。可以说，在相当程度上弥补了总会救护力量的不足，扩大了救护范围。

当然，由于客观原因，中国红十字会总会之于分会的组织、建设，受到很大局限，新建分会数量有限，救护效能不可能得到充分、全面释放。尽管如此，中国红十字会毕竟注意到非常时期基层组织建设的重要性，并给予指导、扶助，也取得了一定的成效，特别是西南地区，原是红十字力量极端薄弱之区，经总会全力推动，组织建设出现了崭新的局面，“即蔽塞之区，今亦有分会之组织”③，这为中国红十字事业在西南地区的发展奠定了基础。毫无疑问，总会“推动之功”不可没。

二、“红十字周”的期盼

与组织建设相关联，征募工作亦不可或缺，否则红十字组织就会徒具空名，对此中国红十字会有清醒的认识：“征募工作，乃红十字会最基本的工作，‘征’是征求会员，‘募’是筹募基金。红十字会的组织细胞是会员，红十字会的组织营养是基金。明乎此，红十字会的生命泉源，便少不得会员，缺不得基金。红十字会的生命力量，就是要会员健全，就是要基金充足。”④特别是在抗战这样的“非常时期”，征募工作显得格外重要而紧迫。

全面抗战前，如前所述，中国红十字会曾举办过三次颇具规模的征求会员运动，为抗战救护创造了良好的条件。然而，随着日本侵华战争的持续，原有分会大多遭到破坏，会员人数锐减，会费收入微乎其微，只有依赖外援。为了改变这一局面，总会迁重庆后，在整建分会组织的同时，开始了“征募”

---

① 《中国红十字会武昌市分会报告》，中国红十字会总会编：《中国红十字会历史资料选编，1904—1949》，南京大学出版社1993年版，第343—346页。

② 卢鸣章：《昆明市分会之回顾与前瞻》，中国红十字会总会编：《中国红十字会历史资料选编，1904—1949》，南京大学出版社1993年版，第347页。

③ 中华民国红十字会总会编：《中华民国红十字会战时工作概要》，1946年内部印行，第11页。

④ 中华民国红十字会总会编：《中华民国红十字会征募手册》，1946年内部印行，“扉页”。

工作，不过，形式与以往征求会员运动不同，“征募”以“红十字周”的新面目出现在世人面前。

“红十字周”，与当今世界盛行的“5・8”世界红十字日颇为相似，每年选定一个相对固定的时间举行（从1942年起每年10月1日为“红十字周”开始之日），时间一般为10天（1944年为一个月）。“周”在这里只是一段时间的象征，与7天为一周不能同日而语。具体情况分述如下。

（一）首届红十字周

首届“红十字周”于1941年1月1日至10日举行，行政院副院长孔祥熙亲自出任征求队总队长①，金宝善、卢致德为副总队长，并聘请各界热心社会事业人士70余人为征求队长②，以广泛征求会员，筹集款项，“以能收得国币五十万元为目的”③。开幕前夕的1940年12月27日，总会在重庆汇利大饭店举行记者招待会，中央社、路透社、合众社以及《大公报》《时事新报》《新华日报》《中央日报》《益世报》《扫荡报》《商务日报》等新闻单位的30余位记者到会。潘小萼秘书长介绍了中国红十字会抗战期间的工作及举办红十字周的意义，“全体报人，极为注意。次日中外各报，登载本会新闻甚多，中央社并曾以新闻电广播各地，风动全国”④。

12月28日晚，总会在重庆嘉陵宾馆招待全体征求队长，金宝善、卢致德、刘扶经、吴国桢、谷正纲、洪兰友、史良、朱学范等30余人出席，副会长刘鸿生致辞：

本会成立以来，已有三十六年，过去曾举行数次征求会员大会，会员总数约计十四万人，但是举行红十字周，还是第一次。在过去三十六年中，本会的工作，是赈济灾变安抚难民，自从抗战以来，本会的工作侧重救护，现在派在前后方工作的人员共有三千余人，分为九个医疗队，配合着药品及运输工具，主要的工作，为运输伤兵，并为伤兵包扎创口，施行手术治疗灭□，办理特别营养等技术工作；在后方则为民众治病，防疫，以及空袭救护，并且在重庆、昆明、上海办理有医院。至于本会的经费，大部是靠海外侨胞的捐助，每月约在国币六十万元左右。各界近二年来，对本会的工作亦感极大兴趣，希望在此红十字周期间，得各位先生的热心提倡，有多数人士加入本会为会员，使本会的工作日益扩充，并希望各位对于本会临时予以指导，这

① 《红十字征求会员元旦开始》，《申报》1940年12月29日。
② 《红十字周在积极筹备中》，《会务通讯》创刊号（1941年1月），第10页。
③ 《中国红十字会征求会员》，《大公报》1940年12月28日。
④ 《民国三十年度的“中国红十字周”》，《会务通讯》总第2期（1941年2月），第10页。

是本人代表本会全体同仁所祈祷的[①]。

行政院副院长孔祥熙发表讲话，略谓："抗战以来，中国红十字会贡献国家功绩甚大，故此次美国红十字会对中国抗战极为同情，援助大批医药用品，价值在五百万美元以上，希望各界人士，踊跃加入为会员，使中国红会事业，将来能与美国红会并驾齐驱云。"[②]

1941 年元旦，中国红十字会在重庆民权路新运总会礼堂举行红十字周开幕式，各界人士百余人出席。开幕式后，连续三天"展览救护工作照片、模型、图表"，引起公众极大兴趣，"三天之内，计参观者一万五千人"[③]，其中"观众自动加入会员者四百人"[④]。

红十字周之在中国，"尚为破题儿第一遭，恰巧又系在战时举办的。须知战时各地情形，变化多端，断不能如承平时代之得以从容筹备"，所以通令各分会"暂斟酌各该地情形分别举办，不拘仪式，不尚铺张，以实际的宣传，作初步的推动"[⑤]。同时，根据《红十字周工作大纲》规定："凡本会工作人员未经入会者，应一律加入为会员。"[⑥] 也正因为红十字周之在中国为"破题儿第一遭"，所以宣传的意义大于实际行动。会长王正廷亲自撰文《为什么要举办红十字周》，阐述举办红十字周的目的和意义，指出："红十字会的组织，非从分会努力合作不可。单就红十字会会员而论，亦须由分会广为招致，尽量征求，方能造成新的纪录，这便是举办红十字周的主要目标。希望全国民众，予以热烈的赞助，人人以做红十字会会员为无上的荣誉，为应尽的责任，然后中国红十字会的前途，更无限量了。"[⑦] 红会理事许世英在中央电台发表广播讲话，阐述抗战以来中国红十字会的工作及举行红十字周的意义，"希望全国民众，予以热烈的赞助"[⑧]；副会长刘鸿生则在国际电台进行英语广播

---

① 刘鸿生：《中国红十字会战时工作的各方面》，《大公报》1941 年 1 月 13 日。

② 《民国三十年度的"中国红十字周"》，《会务通讯》总第 2 期（1941 年 2 月），第 10 页。

③ 《民国三十年度的"中国红十字周"》，《会务通讯》总第 2 期（1941 年 2 月），第 11 页。

④ 《红十字周速写》，《大公报》1941 年 1 月 13 日。

⑤ 王正廷：《为什么要举办红十字周》，中华民国红十字会总会编：《中华民国红十字会征募手册》，1946 年内部印行。

⑥ 《总会职员入会规定推赠办法》，《会务通讯》总第 2 期（1941 年 2 月），第 17 页。根据该《办法》，（一）总会秘书长推赠为名誉会员；（二）总会主任秘书、各处处长；总办事处主任、秘书、各办事处主任、救护总队部总队长推赠为特别会员；（三）总会各办事处、救护总队部、救护事业会计课职员一律推赠为正会员，各医疗队、材料库、汽车队、油站等队长、库长、站长以上，一律推赠为正会员；队、库、站长以下服务满一年以上者，一律推赠为普通会员。

⑦ 王正廷：《为什么要举办红十字周》，《大公报》1941 年 1 月 13 日。

⑧ 许世英：《抗战以来中国红十字会的工作及举行红十字周的意义》，《大公报》1941 年 1 月 13 日。

（先播送到马尼拉而后转播美国）[1]。各大报刊，如《新华日报》《大公报》《申报》等，也广为宣传，尤其是《大公报》，还推出“中国红十字周特刊”，刊出王正廷《为什么要举办红十字周》、金宝善《国民对于红十字会应有之认识》、谷正纲《抗战建国必胜必成之保证——为中国红十字会征求会员特刊作》、洪兰友《红十字周献词》、杜镛《红十字周的希望》、刘鸿生《中国红十字会战时工作的各方面》、潘小萼《今后红会事业之展望》、许世英广播稿《抗战以来中国红十字会的工作及举行红十字周的意义》等系列文章[2]，造成一定的声势。

值得注意的是，红会还贴出一系列宣传标语，如：

博爱恤兵，是人类高尚理智的表现！
实行有钱出钱有力出力，快来加入红十字会！
参加红会工作与参加前方工作同样重要！
人类伟大的同情，要救人胜于救己！
中国红十字会事业的发展，是中国人的荣誉！
充实中国红十字会的力量，是我民众全体的责任！
众擎易举，欢迎各界都来赞助红十字会的事业！
发扬当仁不让，见义勇为的精神！
集中力量做神圣的救护事业！[3]

以系列标语的形式进行宣传鼓动，这在红会史上还是第一次，令人耳目一新。红十字周征求会员，理应上下联动，总会与各地分会同时举行。一些分会为此做出了努力，如成都分会“响应总会征求会员运动，于一月一日至十日举行红十字周”[4]，会长王放组织征求会员委员会，聘请党政军长官张岳军、黄季陆、邓晋康等为名誉“赞成员”，窦晓东等 12 人为征求队长[5]，“成绩至为良好”，不几日“会费闻已收入一万元”[6]；重庆分会亦组织征求会员委员会，以吴国桢为委员长，何北衡、康心如、温少鹤为征求队长，在重庆市区内征求会员；“北碚分会决定征求会员一万人”[7]；昆明方面，“由本会昆明分办事处主任高仁偶与昆明分会积极筹备”，征募成绩，据报告，截至 1 月

① 《红十字会征求会员》，《新华日报》1941 年 1 月 4 日。
② 均见《大公报》1941 年 1 月 13 日。
③ 《红十字周宣传标语》，《大公报》1941 年 1 月 13 日。
④ 《简讯——成都电》，《新华日报》1941 年 1 月 7 日。
⑤ 《中华民国红十字会征求会员委员会成都市分会启事》，《会务通讯》创刊号（1941 年 1 月），第 10 页。
⑥ 《民国三十年度的“中国红十字周”》，《会务通讯》总第 2 期（1941 年 2 月），第 12 页。
⑦ 《民国三十年度的“中国红十字周”》，《会务通讯》总第 2 期（1941 年 2 月），第 12 页。

10 日，会费收入总数逾 2 万元，有名誉会员 2 人，特别会员 27 人，正会员 271 人，普通会员 93 人，青年会员 20 人①。其他“各地分会成立征求会员委员会者八十余处”②。

作为全国各战场救护枢纽的贵阳图云关，当然也积极参与，“中国红十字周在贵阳方面，由本会救护总队部负责举办”，但“因筹备不及，延于 1 月 30 日在图云关开幕”，党政军学各界人士出席。次日，图云关对外开放，“参观民众，极为踊跃”，几于“万人空巷”③。有评论指出：“中国红十字会总会在贵阳举行这庞大规模的红十字周，并征求会员，推展会务，就是实际引导同进走向光明的大道。”④

首届“红十字周”至 4 月底止，共征得会员 2 万余人，会费收入 45029 元。其中征求队长以（卢）致德队得分最多，达 5422 分；分会方面，以成都分会成绩最佳，达 12141 分。这其中，以名誉会员加入者有刘峙、李宗仁、余汉谋、张发奎、张群、邓锡侯、霍揆章等 20 余人；以特别会员加入者有孙科、梁寒操、周恩来、胡伯翰等 160 余人；以正会员加入者有顾一樵、陈访先、贺国光等 5000 余人；其他普通会员、青年会员加入者亦各达数千人⑤。

（二）第二届红十字周

第二届红十字周定于 1942 年 10 月 1 日至 10 日举行，1941 年 8 月即开始筹备，以“征求纪念会员十万人”为目标⑥，并制定《征求章程》《入会简章》《给奖办法》等⑦，其内容与此前的征求会员运动没有实质性变化。

10 月 1 日，第二届红十字周在重庆新运模范区礼堂如期开幕，会场大门前悬一红布横幅，上书“中华民国红十字会第二届红十字周开幕欢迎各界入会”，主席台正中悬挂孙中山遗像，“博爱恤兵”条幅及 10 面红十字旗以梯形

---

① 《民国三十年度的“中国红十字周”》，《会务通讯》总第 2 期（1941 年 2 月），第 11 页。

② 《民国三十年度的“中国红十字周”》，《会务通讯》总第 2 期（1941 年 2 月），第 12 页。

③ 丁白：《红十字周在贵阳》，《会务通讯》总第 3 期（1941 年 4 月），第 9 页。

④ 李菲：《到图云关参观红十字周》，《会务通讯》总第 3 期（1941 年 4 月），第 10 页。

⑤ 《本届红十字周会员已达两万余人》，《会务通讯》总第 4 期（1941 年 6 月），第 8—9 页。朱子会在《中国红十字周史话》中有不同的记载，谓：“总计本届红十字周结果成绩，计征得各级会员一万六千九百零七人（总会征七四七六人，分会征九四三一人），收入会费及捐款共十六万七千七百三十一元（总会收四四七五九元，分会收一二二九七二元）。”参见《红十字月刊》总第 20 期（1947 年 8 月），第 10 页。

⑥ 《第二届红十字周征求纪念会员十万人》，《会务通讯》总第 9 期（1942 年 8 月），第 21 页。“一次交纳会费国币五元”者即可成为“纪念会员”（《入会简章》，《会务通讯》总第 9 期，第 24 页）。

⑦ 参见《会务通讯》总第 9 期（1942 年 8 月），第 22—25 页。

分挂左右，庄严隆重[①]。孔祥熙、金宝善等政界要员暨红会副会长刘鸿生、理事许世英、监事屈映光及会员200余人出席，“盛况热烈空前”[②]。许世英主持开幕式，刘鸿生报告红会半年来工作概况，金宝善、洪兰友也发表演说，对红十字周活动寄予厚望[③]。

第二届红十字周仍以孔祥熙为征求队总队长，卫生署长金宝善、军医署长卢致德为征求队副总队长，俞松筠、洪兰友、蒋廷黻、马超俊、吴铁城、王正廷、刘鸿生、杜月笙等社会名流及红会正副会长、理监事86人为征求队长[④]。总会除在《大公报》刊登“中华民国红十字会第二届红十字周特刊”外，还在《会务通讯》第11期出版第二届红十字周的专号，军政大员纷纷题词，以资推动，例如：孔祥熙题词“胞与为怀”；吴铁城题词“扶伤救死，泛爱亲仁，军民感激，遐迩同钦”；孙科题词“解除疾苦”；白崇禧题词“爱昭人群”；王世杰题词“为天地立德，为生民立命”；张嘉璈题词“天地之大德曰生，人群之互助曰仁，博施泛爱仁之至也，救死扶伤义之至也。体自然之要道足以康济斯民，扩而充之可以万物同春”；居正题词“民胞物与，饥溺为怀”；张治中题词“痌瘝在抱，康济为怀”；刘峙题词“中国红十字会是以民众力量协助军队救死扶伤最完善的组织，抗战五年红十字人员的劳绩对国家的贡献是不可埋没的，大家应该踊跃的走进红十字阵营里去，树立真正军民合作的楷模”；吴国桢题词“济世慈航”；其他尚有陈绍宽、傅秉常、卢致德、洪兰友、金宝善等人的题词[⑤]。

受首届红十字周征募成绩的鼓舞，总会对本届红十字周“寄以无穷之希望”：

> 红十字周的举行，其目的即在推进会务，解除本身所遇之困难，因为红十字会的事业，是为人群谋福利，是容易得到社会人士的同情和赞助。我们从第一届红十字周的成绩来看，实足以鼓舞我们的旨趣，坚定我们的信念，有若干分会，因征求到大批的会员，便可照章留下半数的基金，对于业务方面，已经得到一个不小的补助，如其这个征求会员的工作，能够获得广大的同情，更顺利的进行起来，当然对于分会的业务发展，更有莫大的补助[⑥]。

本届红十字周“预定全国征求会员十万人”[⑦]，为了实现这一“预定”目

---

① 《第二届红十字周十月一日隆重举行开幕礼》，《会务通讯》总第12期（1941年11月），第12页。
② 《第二届红十字周十月一日隆重举行开幕礼》，《会务通讯》总第12期（1941年11月），第11页。
③ 《红十字会半年工作概况》，《新华日报》1942年10月2日。
④ 《征求队长题名录》，《大公报》1942年10月1日。
⑤ 参见《会务通讯》总第11期（1942年10月）插页。
⑥ 刘鸿生：《红十字周与推进分会业务》，《大公报》1942年10月1日。
⑦ 杜镛：《红十字周的展望》，《大公报》1942年10月1日。

标，各征集队利用茶会、游园会、运动会等各种场合进行宣传鼓动，吸引人们入会。尤其是总会举办的“红十字杯”篮球锦标赛，为征募活动“生色不少”①；篮球赛举办3次，售票716张，每张5元，收入3580元②。

红十字周期间，为便利各界入会，总会委托重庆各大商店代为征求纪念会员，“各商店均热心征求”③，成绩良好，95家商店征求入会人数共计4260人，会费收入21295元④。截至2月底，总会各征求队征集各类会员7202人（包括纪念会员6902人、名誉会员5人、特别会员122人、正会员38人、普通会员134人，另外还有1个团体会员），会费收入47762元。地方分会征集各类会员计5837人（包括纪念会员5757人、特别会员1人、正会员48人、普通会员31人，另外还有5个团体会员），会费收入37995元⑤。合计征集会员13039人，距离10万人的征集目标相去甚远，且有效期为一年的纪念会员占了97%以上。会费收入11万余元，较上届红十字周有大幅增长。总体而言，尽管各征集队不遗余力，但无法实现既定目标。

（三）第三届红十字周

1943年8月13日，总会致电各分会，要求各地分会，遵照总会安排，10月1日至10日按期举办第三届红十字周。8月25日，总会召开第一次筹备会议，部署第三届红十字周组织事宜与人事安排，决议：总干事由秘书长胡兰生担任，副总干事为印公田处长、冯子明处长，各组负责人为文书组唐大本、庶务组霍光裕、会计组余昭明、宣传组朱文新、交际组张晋筌、劝募组鲁复生、游艺组印公田（兼）、展览义卖组钟嘉桐。“各项工作，刻正赶紧进行中”⑥。

9月30日，第三届红十字周临近，总会假青年会招待重庆新闻界，胡兰生秘书长介绍总会的工作情况，为第三届红十字周做宣传⑦。

鉴于物价上涨因素，7月1日起，总会施行新订会员入会收费办法⑧，因

---

① 《“红十字杯”球赛结束，黑队连战皆捷荣膺冠军》，《会务通讯》总第13期（1943年1月），第23页。

② 《总会征求队及各地分会缴到征求会员数统计》，《会务通讯》总第14期（1943年3月），第41页。

③ 《第二届红十字周商店征求队成绩揭晓》，《会务通讯》总第14期（1943年3月），第29页。

④ 《第二届红十字周商店征求队成绩揭晓》，《会务通讯》总第14期（1943年3月），第36页。

⑤ 《总会征求队及各地分会缴到征求会员数统计》，《会务通讯》总第14期（1943年3月），第40、42页。

⑥ 《召开首次第三届红十字周筹备会》，《会务通讯》总第20期（1943年9月），第12页。

⑦ 《第三届红十字周开幕》，《会务通讯》总第21、22期合刊（1943年11月），第37页。

⑧ 《中国红十字会会员入会收费改订办法》，《会务通讯》总第16期（1943年5月），第11页。

此，第三届红十字周对各类会员的征求执行新标准，即名誉会员，一次交纳会费国币2000元；特别会员，一次交纳会费国币500元；会员，一次交纳会费国币25元；青年会员，一次交纳会费国币10元；团体会员，一次交纳会费国币1000元①。征募委员会“给奖办法”也做了适当调整②。

第三届红十字周于10月1日在重庆新运服务所礼堂举行开幕典礼，卫生署长金宝善、国民党重庆市党部主任杨公达、重庆市长何耀祖及各界来宾百余人出席，美国医药援华会、国际红十字会派代表参加。刘鸿生副会长报告会务概况，金宝善致辞，指出：“现在中国红十字会会员人数，仅二十万人，凡我同胞，都有介绍入会的责任。”美国医药援华会代表也“诚挚希望中国红十字会发扬光大，为人类谋福利”③。同日，红十字周在全国各地同时举行，“本届运动周之主要目的：（一）宣传，（二）征求会员，（三）募捐”④。新任会长蒋梦麟⑤，在10月1日出版的《大公报》“中国红十字会第三届红十字周纪念特刊”上发表《回顾与瞻望——为第三届红十字周而作》文章，呼吁全国同胞“热烈援助，以冀增强本会的力量”，“希望全国的亲爱同胞，与本

① 《第三届红十字周征募委员会章程》，《会务通讯》总第18期（1943年7月），第27页。

② 各征募队队长暨各地分会征募委员会所属各征募队队长及其他个人在征募期内（十月一日至十日）征募得之会费或捐款，按其成绩分别给奖如下：甲、总分在五千分以上者，赠给奖状；乙、总分在一万分以上者，赠给名人题字一幅；丙、总分在五万分以上者，赠给名人书画一幅；丁、总分在十万以上者，赠给匾额一方。前项总分以征得会费或捐款合并计算，分数均以一元作一分。参见《第三届红十字周征募委员会给奖办法》，《会务通讯》总第18期（1943年7月），第29页。

③ 《第三届红十字周昨天举行开幕礼》，《新华日报》1943年10月2日。

④ 《红十字周今日开始，全国各地同时举行》，《大公报》1943年10月1日。

⑤ 1943年1月26日，总会改组，蒋梦麟出任会长。蒋梦麟（1886—1964），浙江余姚人。1917年毕业于美国哥伦比亚大学，获哲学及教育学博士学位。回国后担任《新教育》杂志主编，并协助孙中山制订实业计划。1919年，代理北大校长。1928年，国民政府大学院改为教育部，蒋梦麟出任首任部长。1930年，受蒋介石之聘正式出任北大校长。抗战爆发后，高校内迁。1938年，北大、清华、南开在昆明合组西南联大，由蒋梦麟、梅贻琦、张伯苓组成常务委员会主持校务，直到抗战胜利前夕。作为教育界名流，蒋梦麟对红十字事业表现出极大的热情。早在1936年底，总会在北平设立中国红十字会救济委员会华北临时分会时，蒋梦麟受聘为委员，“筹募救护经费”。西南联大组建后，蒋梦麟时刻关注人道救护事业。1941年，他和学生带着美国红十字会赠送的药品到后方视察。在贵州的壮丁收容所中，蒋梦麟在与广州来的壮丁谈话时得知，从曲江动身的700名壮丁，现在只剩下17人！条件艰苦，环境恶劣，缺衣少食，加上卫生条件差，大部分人死于路途。这种情况相当普遍。在广西等地，经常可以见到野狗争食被丢弃壮丁尸体的惨剧，令人毛骨悚然。这简直就是人道灾难！蒋梦麟忍无可忍，上书军事当局，要求查办。蒋介石派人前往重庆某壮丁营调查，印证了蒋梦麟陈述的事实，主持役政的兵役署署长程泽润被执行死刑（参见沈璐、池子华：《蒋梦麟：从北大校长到红会会长》，《中国红十字报》2018年6月1日）。1943年1月26日，红会改组，决定蒋梦麟为会长，刘鸿生、杜月笙仍为副会长，胡兰生任秘书长。名誉会长为蒋介石，名誉副会长有宋美龄、戴季陶、孔祥熙、宋子文、吴铁城、王正廷、虞洽卿。2月8日，蒋梦麟会长、胡兰生秘书长正式就职视事。

会取得更密切的联系，共同来发扬‘博爱恤兵’的伟大善举”①。

本届红十字周，征求队总队长仍由孔祥熙担任，副总队长仍为金宝善和卢致德。在征募方式上，“新添国画展览义卖一事”，乃为创新之举。从10月1日起，总会在公园路青年会举行国画展览会，陈列许士麒、傅抱石、张聿光等名画家的作品160多幅②。展览持续5天，“每日参观者甚多，冯委员玉祥亦曾莅临”③。参观者多达5000余人，售出画作16幅，得款56100元④。

陪都重庆固然是红十字周的中心，贵阳救护总队部同样是红十字周的中心，且各项活动颇有特色：9月29日，救护总队部假贵阳招待所举行茶会，贵州省主席吴鼎昌、贵阳市长何辑五及各界人士百余人出席，何辑五主席，救护总队副总队长汤蠡舟报告会务，吴鼎昌发表讲话，号召各界支持红十字事业。次日，仍假贵阳招待所招待贵阳新闻界人士，汤蠡舟副总队长阐述红十字周意义，东方、合群、华南三大足球队及图云剧社全体人员亦应邀出席。为举办红十字周，贵阳市中心建立起新型红十字周牌楼，各商店橱窗广贴红十字周彩色标语，“乃于十月一日至十日，一幕一幕展开其盛大热烈之活动焉”⑤：

10月1日，为红十字周宣传日，贵阳区《中央日报》及《贵州日报》同时出版“第三届中国红十字周专刊”，贵阳中央通讯社发表专电，通告全国，“以为广大之宣传”。

10月2日，为红十字周电影日，由救护总队部商请贵阳大戏院放映电影《铁马》一场，并加映《抗战中红十字会救护工作人员在前方努力救护之写真》。

10月3日，为红十字周足球日，东方、合群、华南足球队混合编组为上海、香港两队在贵阳南厂举行义赛，“以资纪念沦陷已久之足球圣地上海与香港”，救护总队交通车来往接送观众，广播车“广播红十字周意义及球赛情形，备增热闹”。

10月4日，为红十字周话剧日，救护总队部图云剧社自10月1日开始在

---

① 蒋梦麟：《回顾与瞻望——为第三届红十字周而作》，载《大公报》1943年10月1日“中国红十字会第三届红十字周纪念特刊”。“纪念特刊”还刊有杜镛《三届红十字周小言》、贺耀祖《战时疾病与医疗》、胡兰生《天下一家》、刘鸿生《我的希望》、朱文新《中国红十字会近况》、谢爽秋《扩大“人性”战斗的阵容》、胡定安《发挥人类应有的博爱精神》、陆诒《救苦救难的红十字会》、江晦鸣《第三届红十字周献辞》等文章。

② 《红十字周今天开幕》，《新华日报》1943年10月1日。

③ 《第三届红十字周开幕》，《会务通讯》总第21、22期合刊（1943年11月），第38页。

④ 《总会琐事纪要》，《会务通讯》总第23期（1943年12月），第38页。

⑤ 饮虹：《红十字周在贵阳》，《会务通讯》总第23期（1943年12月），第27页。

贵州省党部大礼堂公演《重庆二十四小时》话剧，当日在市中心红十字周牌楼前，广播话剧台词，“市民摩肩接踵，立听街头，兴致非常”。

10 月 5 日，为红十字周征募日，为便于贵阳市民加入红十字会起见，特约贵阳市社会服务处及各大商店，公开征求会员，直到双十节结束。

10 月 6 日，为红十字周音乐日，傍晚在市中心红十字周牌楼前，约请贵阳市音乐名家梁在平、吴南青、陈曼鹤等举行音乐会演，“华灯初上，途为之塞”。

10 月 7 日，为红十字周播音日，特商请贵州省广播电台赞助，于晚间播出蒋梦麟会长《请大家都做红十字会会员》的讲词，有救护总队部江晦鸣秘书代为播讲，“对于红十字会之既往历史及其将来之趋向，阐述綦详”。

10 月 8 日，为红十字周工作日，救护总队部特将贵阳市与社会服务处合办的诊疗所，以及与贵州军管区司令部合办的出国军人病兵收容所同时全部开放，欢迎各界参观，并印“健康福利券”，分赠贵阳市红十字会会员，凡持券者，可免费享受健康检查，以为试办“健康保险”之先声，“实为战时保健之佳话”。

10 月 9 日，为红十字周演讲日，救护总队部假社会服务处礼堂举办演讲会，扩大宣传。汤蠡舟副总队长、马玉汝科长等发表演讲。同日，还请厉家班在红十字周牌楼前广播平剧，精彩纷呈。

10 月 10 日，为红十字周游行日，红十字周大牌楼改作灯彩，灯火辉煌，光彩夺目。全体工作人员均于当晚参加火炬游行，大红十字旗队、小红十字旗队，步伐整齐，庄严肃穆，既庆祝双十节，“又作红十字周宣传，实为特色”。

贵阳区红十字周，在救护总队部主导下，可谓轰轰烈烈。总会本届红十字周有筹款千万元的目标，贵阳方面“征募成绩，异常圆满，将为各地之冠”①。

本届红十字周，总会各征求队计 85578 分，各商店 8440 分，各地分会 160475 分②，按 1 分作 1 元计算，共收到会费 254493 元。距离千万元的目标，显然效果并不理想。

（四）第四届红十字周

1944 年 10 月 1 日，第四届红十字周如期举行③。时在昆明视察的蒋梦麟

① 饮虹：《红十字周在贵阳》，《会务通讯》总第 23 期（1943 年 12 月），第 27—32 页。

② 《第二届红十字周成绩揭晓》，《会务通讯》总第 24 期（1944 年 1 月），第 31 页。按：当为“第三届”，应系笔误或印刷错误。

③ 《第四届红十字周隆重揭幕》，《会务通讯》总第 30 期（1944 年 12 月），第 23 页。

会长于5日乘飞机赶回重庆，主持本届红十字周①。当日下午，会长蒋梦麟、副会长杜月笙、刘鸿生邀请征募队各队长和新闻界人士在青年会举行茶会，中央党部秘书长吴铁城、卫生署长金宝善、国民参政会秘书长邵力子及红会名誉副会长王正廷等到会。蒋梦麟会长报告会务概况，略谓："本会经费固定的每月只有七百万元，其余全仗各方捐助和会员的会费，总计每月收入八千余万元，颇为拮据。"② 希望新闻界朋友摇旗呐喊，推波助澜。

本届红十字周"以扩大征求会员及募捐为中心工作"③。会员种类及缴费手续：名誉会员，一次交纳会费国币5000元；特别会员，一次交纳会费国币1000元；会员，一次交纳会费国币100元；青年会员，一次交纳会费国币50元；团体会员，一次交纳会费国币10000元④。总会、分会及各征求队长以及其他个人征求成绩优良者，仍由总会核给奖品，奖励办法：总分在1万分以上者（1元为1分）赠给奖状，总分在2万分以上者赠给名人题字一幅，总分在10万分以上者赠给名人书画一幅，总分在20万分以上者赠给匾额一方⑤。

本届红十字周，各地分会积极行动。重庆区，红十字周由总会主办，重庆分会参与工作。昆明区，由红会昆明办事处主办，"甚热烈"。贵阳区，由救护总队部主办，假贵州省科学馆举办"救护活动展览"，平均每日参观人数在1500人以上，同时举行新会员"健康检查"，参加者以公教人员、工人、学生为最多⑥；每晚由救护总队部女青年部同仁在贵阳市中心区大十字街头举行"红十字小姐广播"，广播分英语、粤语、沪语、黔语，"听众拥挤，盛况空前"⑦；其间，为庆祝中国红十字会成立40周年，还在贵阳公演评剧、话剧、电影等，扩大宣传。

征募日期原定10月31日截止，但为扩大征求，延期结束。如在重庆，据《新华日报》报道说："中国红十字会总会，自从在十月一日开始举行第四届红十字周以来，各地负责征求会员的单位，已展开工作竞赛。本市（重庆）方面，除原聘征求队长外，继又增聘重庆市商会主席周懋植等百余人，正向各阶层中广泛征求。本市征求队已报解会费和捐款者，有贺国光等。至征求

---

① 《蒋梦麟到渝》，《新华日报》1944年10月5日。

② 《中国红十字会总会举行四届红十字周，蒋梦麟招待报界报告工作》，《新华日报》1944年10月6日。

③ 《第四届红十字周隆重揭幕》，《会务通讯》总第30期（1944年12月），第23页。

④ 《本会各级会员收费办法》，《会务通讯》总第27期（1944年4月），插页。

⑤ 《第四届红十字周隆重揭幕》，《会务通讯》总第30期（1944年12月），第25页。

⑥ 贵阳市档案馆编：《战地红十字——中国红十字会救护总队抗战实录》，贵州人民出版社2009年版，第401页。

⑦ 《第四届红十字周隆重揭幕》，《会务通讯》总第30期（1944年12月），第24页。

会员时期，原定十月三十一日为止，兹因各方纷纷加入，决（定）暂延长结束日期。”[①] 据红会史料记载，本届红十字周，“延至年底结束”[②]。

从1941年到1944年，中国红十字会在全面抗战时期共举办4届红十字周，其中首届红十字周差强人意，其余3届收效甚微。由于战局不稳定、百业凋敝以及基层组织数量有限等，4届红十字周，总计征求会员42069人[③]，按照每届征求10万、4届40万人会员的预定目标，仅完成十分之一强。看来在“非常时期”，尽管红十字事业期盼全社会的热心参与，但付诸实施，却困难重重。即便如此，“红十字周”毕竟取得了一定的成绩，增加了一些新生力量，募集到一些经费，对抗战救护不无裨益。

三、民众医疗·教授医助·荣军福利

发展会员，强化组织建设，固然重要，兴建基础设施，如医院、诊所，开展社会化服务，也为中国红十字会总会所重视。

全面抗战前，中国红十字会以中心城市为基地，全面开展与红十字会宗旨相关的社会救助活动，如上海医院林立，成为中国红会的重要依托。全面抗战爆发后，随着上海、北平、南京等中心城市的相继陷落，依托城市进行抗战救护，已不合时宜。故而有救护总队部的成立和野战救护的全面实施。不过，总会并没有完全放弃在大城市办大医院的传统做法，只要有可能；特别在林可胜辞去中国红十字会救护委员会总干事和救护总队部总队长职务后，总会的工作重心尽管仍偏重于战地救护——这是战时工作的客观要求，但已逐渐有所倾斜，1943年第三届红十字周时总会就明确宣布，“今后将注重民众福利事业”[④]。尤其在总会所在地的陪都重庆，更要发展民众医疗等福利事业。

其实，民众的医疗服务是中国红十字会的一项传统业务，从来就没有停止过。自1940年起，总会先后设立直属医防服务队24队（后有所增加），为普通百姓提供医疗服务。1942年，医防服务队归并于救护总队部，但于贵阳、桂林、赣州、曲江、成都、昆明、柳州、衡阳、恩施、福州等地，则由医疗队开设诊疗所，为民众提供免费服务[⑤]。在这方面，总会在重庆的工作颇引人注目。

---

① 《红十字会总会扩大征求会员》，《新华日报》1944年11月3日。

② 《蒋梦麟会长出席太平洋会议的报告》，中国红十字会总会编：《中国红十字会历史资料选编，1904—1949》，南京大学出版社1993年版，第408页。

③ 朱子会：《中国红十字周史话》，《红十字月刊》总第20期（1947年8月），第13页。

④ 《红十字周今日开始，全国各地同时举行》，《大公报》1943年10月1日。

⑤ 胡兰生：《中华民国红十字会历史与工作概述》，中国红十字会总会编：《中国红十字会历史资料选编，1904—1949》，南京大学出版社1993年版，第508—509页。

1939 年 8 月 29 日，总会在重庆沙坪坝建成重庆时疫医院（旋改名为重庆医院）。院中设备完善，病人一律免费。除正常门诊外，住院病人随到随收。同年 11 月，又在重庆近郊设 4 处诊疗站（所），每天免费为平民诊病。但不幸的是，两年后，也即 1941 年 8 月，重庆医院在日机的一次空袭中被炸毁。

重庆人口密集，且“渝市医药高昂，病而苦于医药负担者日众”，社会化医疗服务为时人所呼唤。为此，总会特于市中心新运模范区开办诊疗所，向市民提供“免费服务。附设 X 光部、检验室，以助诊查。因地点适中，治疗认真，门诊户限为穿，受惠病众，咸加额庆”。为更好地防治传染性疾病，隔离医院的建设十分必要。总会所接收的重庆市分会的一所医院“地处南岸，远离市廛，极合设置隔离病院之用”，因此为“协赞中枢及地方卫生之建设”，总会将此院改为隔离医院，“期适合陪都之需要”①。

重庆“为战时陪都，人口众庶，空袭频繁，全市公私医院，床位不满一千，难供需求”，出于职责，1941 年冬，中国红十字会总会“乃兴创设大规模医院之动机”，由秘书长潘小萼负责筹备，派员物色屋宇，均不适宜，只得登报征求地基，并经派员多方访求，选定高滩岩空地为院址，复经常务理事王晓籁亲往履勘，认为适当，遂以 12 万元地价成交，聘工程师蒋振南设计，建设公司承造。工程于 1942 年 2 月兴工，5 月 10 举行了奠基典礼，本年秋建成开幕。重庆医院占地 72.89 公亩，院内设门诊部、手术室、特别营养室、头二等及普通病房，他如宿舍、浴室、饭厅、汽车间、招待所、防空洞等配套设施一应俱全。医院暂设普通床位 144 张，头二等床位 68 张，建筑费用连同电气、给水、道路等工程用款，超过 400 万（因物价上涨，实际用款计达千万元②）。该院特点是，对于内科、外科、小儿科、妇产科、眼科、耳鼻咽喉科、泌尿生殖器科、理疗科等各科人才设备“力求充实完善，藉供教学，以期储备人才。对于战时安全设备，力求周到适宜。对于病家服务，力求亲切便利。尤对于医药救济，尽可能范围内以免费为原则。深可以告慰爱护红十字会事业之人士”③。1944 年 2 月，重庆医院与卫生署中央医院合并，改名为重庆中央医院，增设床位，改善医疗设施④。

---

① 中华民国红十字会总会编宣股：《中华民国红十字会战时工作概况》，1942 年内部印行，第 8—9 页。

② 朱文新：《中国红十字会近况》，《大公报》1943 年 10 月 1 日。

③ 中华民国红十字会总会编宣股：《中华民国红十字会战时工作概况》，1942 年内部印行，第 9—10 页。

④ 胡兰生：《中华民国红十字会历史与工作概述》，中国红十字会总会编：《中国红十字会历史资料选编，1904—1949》，南京大学出版社 1993 年版，第 509 页。

兴建重庆医院，为总会社会服务的一项重要举措，取得了良好的社会效益。据门诊部社会服务科统计，从1943年7月15日到1944年2月12日，门诊病人13041人，减免药费诊病的贫民、荣誉军人、难童、公教人员等达175516人①。

教授医助，也是红会医疗服务社会化的一个重要方面，而具有鲜明特色。

抗战时期，中国经济濒临破产边缘，物力维艰，供应紧张，物价腾涨，普遍的贫困化成为战时中国突出的“社会病”。教授，作为学界精英，也与其他阶层一样，陷于贫困之中。

教授的清寒，引起中国红十字会的爱心关怀。1943年6月18日，总会制定的《中国红十字会大学教授医药服务补助办法》②，开始在重庆、昆明先行实施，据《大公报》报道，总会“近并举办渝昆两区国立大学教授医药补助。重庆区受补助者计十三校，共一千五百六十九人；昆明区受补助者六校，五百五十六人”③。至1944年，补助范围扩大到39所院校，补助金额总计达626698850元④。受医药补助的院校及补助金额如下：

重庆区

国立中央大学：126962350元

国立重庆大学：19902800元

国立复旦大学：21322900元

国立中央研究院：3267300元

国立社会教育学院：12725500元

国立交通大学：13675000元

国立艺术专科学校：700000元

国立中央工业专科学校：10417300元

国立音乐（学）院：1388000元

国立体育师范专科学校：6710000元

国立医学专科学校：1636000元

① 《中央医院扩充设备》，《新华日报》1944年3月8日。

② 《中国红十字会大学教授医药服务补助办法》界定，“大学”包括专科以上各级校、院；“教授”包括讲师以上专任人员（教授、副教授、与教授同等待遇而不任课之专任人员如总务长、秘书、图书馆主任、注册课主任等及讲师），“凡合于是项资格者均有申请本办法规定医药服务补助之权利。”参见《会务通讯》总第19期（1943年8月），第33页。

③ 《红十字周今日开始，全国各地同时举行》，《大公报》1943年10月1日。

④ 胡兰生：《中华民国红十字会历史与工作概述》，中国红十字会总会编：《中国红十字会历史资料选编，1904—1949》，南京大学出版社1993年版，第509页。

国立江苏医学院：358000 元
国立上海医学院：123700 元

昆明区

国立西南联合大学：223240000 元
国立云南大学：81970000 元
国立北平研究院：7910000 元
国立中央研究院：24280000 元
国立东方语文专校：1670000 元
国立药学研究所：2015000 元
国立贵阳师范学院：2300000 元
国立湘雅医学院：4100000 元
国立武汉大学：10600000 元
国立浙江大学：14905000 元
国立女子师范学院：9500000 元
国立贵阳医学院：1350000 元
国立交通大学贵阳分校：800000 元
国立西北工学院：1100000 元
国立西北师范学院：2050000 元
国立贵州大学：1450000 元

江津区

国立体育师范专校：1850000 元
国立商学院：450000 元
国立师范学院：180000 元
国立西北大学：6000000 元
国立同济大学：1800000 元
国立西康艺术专校：2880000 元
国立湖南大学：700000 元
国立边疆学校：1750000 元
国立河南大学：2300000 元
国立中山大学：360000 元①

“医药补助”，实际上是生活补贴，实质意义上的“药品之供给，多不在

① 中华民国红十字会总会编：《中华民国红十字会战时工作概要》，1946 年内部印行，第 8—10 页。

此费用之内”①。这在物价飞涨的时代条件下，比较有效地缓解了教授们生活上的压力，有助于教育的振兴和教育事业的发展，实为功德无量之举。

荣军福利，是中国红十字会社会服务的又一重要方面。在抗日战争这一伟大的民族自卫战争中，爱国将士抛头颅，洒热血，筑起保家卫国的钢铁长城。他们是中华民族的脊梁，理应受到全社会爱戴，拥军荣军应是社会各界自觉的行动。中国红十字会作为国际人道救助组织，也用自己特有的方式，向抗日健儿献上一份爱心。

中国红十字会的“荣军福利”，主要分为两个方面，一是对残废军人的扶助，二是对军属的关爱。

在红会看来，“英勇健儿，杀敌成残，国家虽有恤典，然而断肢残臂，失去生活机能，在人力所能挽救者，亦应设法助其复健”。因此，在力所能及的范围内，总会不时开展扶助军残的活动，其中最有特色者当属矫形外科中心的开办。该中心于1940年会同军政部共同开设，延揽专家，对残废军人进行康复治疗，装配“义肢”（假肢），同时，根据残废军人的具体情况，给予相宜的职业培训，“使残而不废，足以营生”②。这种助残义举，颇得残废军人的交口称赞，更鼓起他们生活的风帆。矫形外科中心设备充实、完善，为“崇国家痌念荣军之至意”，1941年总会即将该中心移交军政部独办③。

对抗日军属，红会给予多方面的关怀与救助，特别是对陪都辅助抗属会的工作，予以积极配合，据《新华日报》报道说：“陪都辅助抗属会为解除抗战军人家属疾病痛苦，前经推行义诊，并谋解决药品问题。现红十字会新运模范诊疗所、社会服务处诊疗所、浙江庆余堂广济服务所、及辅助抗属会和清溪疗养院合办的优待抗属义诊所等五处，又对患病抗属一律免费送诊送药。”④ 这是红会为抗属服务的一个侧面。

中国红十字会战时工作重心为医疗卫生救护，因此，红会的“民众福利事业”烙上了鲜明的“施医赠药”特色，无论是民众医疗、教授医助，抑或荣军福利，均是如此，这种“个性化”服务，是红十字会工作性质决定的。

上述之外，防疫、接种等群众性医防工作，是红会的传统业务，在全面抗战时期仍在继续实施，此处不一一赘述。

---

① 中华民国红十字会总会编：《中华民国红十字会战时工作概要》，1946年内部印行，第8页。

② 中华民国红十字会总会编：《中华民国红十字会战时工作概要》，1946年内部印行，第8页。

③ 胡兰生：《中华民国红十字会历史与工作概述》，中国红十字会总会编：《中国红十字会历史资料选编，1904—1949》，南京大学出版社1993年版，第509页。

④《救济生病的抗属，红十字会等设义诊所》，《新华日报》1944年3月22日。

四、关注弱势群体

抗战时期，关注弱势群体，给予他们以人道救助，成为红会一项经常性工作。弱势群体，在全面抗战的时代背景下，主要是为炮火撵出家园的战争难民，他们流离失所，无家可归，挣扎在死亡线上，尤其是妇孺儿童，处于异常脆弱的困难境地。

针对日军全面侵华造成的人道主义灾难，中国红十字会义不容辞地担负起一份责任。还在抗战初期，无论在东北、长城沿线、绥远抗战，还是在上海，中国红十字会均筹集捐款，对难民进行救助，饥则食之，寒则衣之，竭尽全力。七七事变后，日军发起全面侵华战争，难民如潮，中国红十字会对弱势群体的救助工作也进入最艰苦的阶段。此处“以点带面”，展示红十字会难民救济工作的几个侧影。

在天津，1937 年华北烽火连天，大批难民云集天津，中国红十字会会同天津分会设难民收容所，收容妇孺老弱。鉴于“天津难民达三十万众，饥饿难忍，无家可归”，总会“又拨款二万元，即派代表驰赴天津会同当地善团施放急赈”[①]。为发挥更大的救难能力，红十字会与其他团体多方联合。7 月底，红会理监事会议决定加入上海市各界抗敌后援会、救护委员会，协助上海慈善团体联合会设计委员会设计救护事宜。该设计委员会将绥远抗战募捐款项所余全部充作平津难民救济费，先期汇 5000 元由赈务委员会驻北平办事处及专员杨子功查放，并“广事收容处于危难中之难民”[②]。不久，红十字会、上海慈联会等 6 团体向天津汇款 4 万元，作为难民救济费用。

在上海，自八一三淞沪抗战开始后，法租界、公共租界“两租界以国际关系，幸免糜烂，附近难民，群相奔集，如水就壑”。嗣以战区益广，战祸愈烈，“四方锋镝余生，更扶老携幼，相率来归”。中国红十字会会同上海国际救济会、上海慈善团体联合救灾会、上海地方协会等团体，竭力收容，妥为安置。至 1937 年 12 月，租界弹丸之地以及南市难民区共大小收容所 300 余处，难民多达 30 万[③]。在沪难民的救济，由各社会团体共同实施，而以中国红十字会上海国际救济委员会（简称中国红十字会国际救济会、或称上海国际红十字会）为主[④]。如前所述，该团体由中外人士共同发起。既然冠以

---

① 《中华民国红十字会总会三年来总报告》，中国第二历史档案馆档案，全宗号 476，卷号 3198。

② 《本市各界救护工作》，《申报》1937 年 7 月 31 日。

③ 《上海难民今后之救济》，中国第二历史档案馆档案，全宗号 476，卷号 1977。

④ 密勒氏：《沪战一年来难民救济概况》，中国红十字会总会编：《中国红十字会历史资料选编，1904—1949》，南京大学出版社 1993 年版，第 355 页。

“中国红十字会”之名，中国红十字会当然参与筹款募捐、难童教育、资遣难民等工作，其中，医疗服务依然是其“特色”业务。从 1938 年 11 月起，中国红十字会担负起中国红十字会上海国际委员会医务委员会医务工作，继续办理难民诊疗事务。据记载，从 1938 年 12 月至 1939 年 1 月，两个月中，红会固定诊疗队为难民诊治疾病 28489 人次，巡回诊疗队诊治疾病 38333 人次，第一难民医院收治病人 252 人①。由此可见一斑。上海难民救济工作，直到 1940 年才基本结束②。这是一个漫长的过程。总会虽然西迁，但由红会上海办事处负责实施，一直坚持到最后，实属不易。

在南京，如前所述，南京分会投入难民救济工作。另据档案资料记载，1937 年 12 月 17 日至 31 日，南京“正式粥厂共 5 处，……其一为红十字会所办，系全部供收容所难民之用”。在 1938 年春难民收容所开展的“防疫运动”中，红十字会也积极参与③。

首都南京沦陷后，武汉成为日军进攻的目标，难民于是成为社会关注的“热点”问题。1937 年 9 月 15 日，由中外人士共同发起的华中万国红十字会，职司救护伤兵难民④。该会得到国民政府的支持，卫生署长刘瑞恒即捐款 2 万元赞助⑤。武汉为中国红十字会总会临时驻地（设有汉口办事处），1938 年春救护总队部即诞生于此，对该地难民工作，理当襄助。汉口、武昌分会即在总会指导下开办难民收容所。1938 年 2 月 18 日、19 日，红会常务理事林康侯分别赴武昌、汉口分会“所设之难民收容所视察，为该两分会办理救护工作之努力不懈，实深嘉慰，拟予以药品材料之补助”⑥。汉口分会还组织巡回医疗队二队，“每日赴各难民收容所治疗染疾难民”。同时开办“难民产妇病院”，为那些落难的产妇提供更周到的服务⑦。武汉以难民为主体的弱势群体最多时超过 10 万，救济难度之大，可想而知。

在广州，1938 年 5 月 28 日，70 多架日机狂轰广州城，投弹数百枚，顿时烟焰冲天，伤毙平民甚多。6 月 6 日，日机再次空袭广州，造成 2000 多无辜平民伤亡⑧。几次轰炸后，广州一片狼藉，断瓦残垣中哭喊声不绝于耳。中国

① 《中国红十字会总会医务委员会难民诊疗工作报告》《本总会医务委员会难民诊疗工作报告》，中国第二历史档案馆档案，编号苏 037、039。

② 赵朴初：《抗战初期上海的难民工作》，《文史资料选辑》第 4 辑，第 48 页。

③ 曹必宏：《南京国际救济委员会史料一组》，《民国档案》1997 年第 4 期，第 7、17 页。

④ 《华中万国红十字会努力救济伤兵难民》，《大公报》1937 年 10 月 2 日。

⑤ 《刘瑞恒捐款二万元赞助华中红十字会》，《大公报》1937 年 10 月 10 日。

⑥ 《中国红会》，《大公报》1938 年 2 月 22 日。

⑦ 《难民产妇病院》，《申报》1938 年 2 月 5 日。

⑧ 《广州灾场纪实》，《申报》1938 年 6 月 7 日。

红十字会广州分会与其他慈善团体联手，开办难民收容所，给予救助。中国红十字会副会长杜月笙“以广东（州）连日备受敌机狂炸，灾情惨重，特以红十字会名义，捐助国币一万元，以为救济广州难民之用”。海外华侨及红十字会驻港办事处纷纷捐输款物。荷属华侨慈善会6月中旬捐款5万元和药品70多箱给中国红十字会，用于粤难救济[①]。

在重庆，日军不断空袭，造成大量的难民，加之他处难民的络绎而至，使陪都弱势群体充斥。中国红十字会与其他社会团体一道，对难民实施救济，重庆分会给予配合，如1939年初，该分会设粥厂，施粥3个月，以解难民腹枵之苦[②]。

豫湘桂战役爆发后，西南、华南难民潮风起云涌。中国红十字会在对伤兵进行救护的同时，也给落难同胞以人道关怀。据《新华日报》报道说：“中国红十字会总会，派到桂省的医疗队，已调驻黔桂线要地，集中力量，从事难胞的医药救济，该会秘书长胡兰生，曾由渝赴筑，到总队部亲自督导，看到难胞患病日多，又增派医疗队，并拨运大批药品材料，配置都匀、独山、马场坪一带，以便内迁难胞得到医药的便利。”[③] 救济情况，据口述资料称：“救护总队部为此派遣医疗预备大队四个医疗中队到黔桂线上对逃难民众进行伤病治疗（逃难时有日机空袭轰炸），在黔桂线上的都匀、独山；在黔川线上的遵义、桐梓都驻有医疗中队；在贵阳难民收容所也派驻一个医疗中队，为难民诊治疾病和防治传染病，直到难民收容所撤销为止。”[④] 如在都匀诊疗所，带队救护难民的中队长徐植回忆说：“我到都匀后即设立诊所。难民们内科方面的病多半为上感和疟疾。这时是冬季，没有蚊子，难民们的疟疾是夏秋季感染，未得到彻底治疗而复发的。外科多半是下肢外伤，皮肤病多半是疥疮，于此可见难民们平时生活之困难与逃难时之艰苦了。”[⑤]

而图云关救护总队部，也成为难民获得救助的一个“基地”，口述资料说：

一九四四年冬，日寇魔爪由广西步步深入到贵州边境的独山县城时，对平民百姓和路过难民进行狂轰滥炸。不堪敌人蹂躏的人民，纷纷逃难来到贵

① 《救济灾黎各界捐款热》，《申报》1938年6月14日。

② 《本市简讯》，《新华日报》1939年1月12日。

③ 《红十字总会救济湘桂难胞》，《新华日报》1944年11月18日。

④ 王从炎：《救护总队部医疗队工作简介》，《贵阳文史资料选辑》第22辑《红会救护总队》，第133页。

⑤ 徐植：《我在红会救护总队的经历》，《贵阳文史资料选辑》第22辑《红会救护总队》，第152页。

阳。每天途经图云关的难民在数百人以上，其中部分难民被敌机轰炸受伤，部分因长途跋涉，再加沿途食宿条件恶劣，很多人染上疾病。救护总队部当即给予各方面的服务。在礼堂内设立了接待站，为路过难民供应茶水，对寒衣有困难的给予衣着帮助，有病的给予医药治疗。当时以患猩红热和斑疹伤寒的最多，这些病严重威胁人体健康，不及时治疗可能危害人的生命。于是救护总队部在图云关上都一一进行检查和治疗，一时不能转移的，设临时病床及时处理。当时我有一个朋友，从广西逃难到独山时遇到敌机轰炸，弹片炸到他左肩背上，混乱中只作简单的包扎就向贵阳转移。经过几个月的步行到达图云关后找到了我，由于长时间伤口没有换药，以致不但身上发臭，而且长了不少的蛆，经门诊部诊断换药，由于长时间没有换药已经染上破伤风，病情十分严重危险。经过医生们的抢救和悉心治疗，终于转危为安恢复健康。以后参加了救护总队部工作①。

综计从 1944 年 9 月至 12 月，救护总队部所属各队，在黔桂线医治难胞 166606 人，在湘黔线医治难胞 153790 人，在川黔线医治难胞 731588 人②。

以上所述，只是中国红十字会救助了弱势群体的一个主要方面——难民，至于对灾民、饥民、乞丐等弱势群体，亦有所体恤，此不赘述。

抗战时期，难民如潮，规模巨大，有人估计，整个抗战时期的难民总数当在 6000 万人以上③。他们流离失所，过着“处处无家处处家”的悲惨生活。面对规模如此庞大的弱势群体，中国红十字会虽然无力全方位参与救济，但尽其所能地给予关注与救助，亦可谓恪尽天职了。

第二节 争取外援的“外交”

在尽可能搞好“内务”的同时，中国红十字会积极开展民间外交，以争取外援。

外援，不仅仅是物资方面的援助，还包括人力支援和道义声援等。红十字会是国际性的组织，在人道主义旗帜下，各国红会相互援助，乃应尽之义务。在中国红十字运动史上，“援外”“外援”的例子不胜枚举（前文已述），

---

① 沈新路：《回忆抗日战争时期的救护总队部》，《贵阳文史资料选辑》第 22 辑《红会救护总队》，第 58 页。

② 贵阳市档案馆编：《战地红十字——中国红十字会救护总队抗战实录》，贵州人民出版社 2009 年版，第 413—414 页。

③ 孙艳魁：《苦难的人流——抗战时期的难民》，广西师范大学出版社 1994 年版，第 62—63 页。

而在抗日战争这场关系到中华民族生死存亡的大搏战中，国际红十字组织给予中国人道援助，也是理所当然的。

1937 年 7 月，日军发动全面侵华战争，“战争之烈，为远东有史以来所未有，城郭化为灰烬，田园夷为平地，兵士死于沙场者以百万计，平民妇孺被炸罹难者，流血成池，悲惨之状，罄竹难书”，引起国际社会前所未有的广泛关注。鉴于“抗战发生以来，伤亡之惨，旷古无两，救护工作，殆已成为全世界人士所瞩目之问题”①，中国红十字会一方面及时向国际社会特别是红十字国际委员会通报日军不顾国际公法以红十字为攻击目标的残暴行为，以争取国际社会的同情与声援②；一方面向红十字国际委员会吁请给予救助。据报道，红十字国际委员会“为之呼吁，计响应者有十二国，其中有两国红会，更形努力，募捐结果几两倍于救济西乱（西班牙内乱——引者）之捐款。中国红会，又单独提出巨额资金，辅助红委会办理救济工作，达总数百分之八十，红委会因此派员驻华，以利进行”③。

的确，国际红会组织的对华援助，与中国红十字会利用各种场合呼吁、争取是分不开的，如 1938 年 6 月 22 日，中国红十字会代表团在第 16 届国际红十字会大会上慷慨陈词④，一方面，“谨以至诚，代表中国全体人民，向各友邦红十字会及其他慈善团体，表示万分感激之意。中日战事爆发以来，倏已一载，荷蒙各国人士，鉴其因求民族生存及因维护世界和平而抗战，予以深切同情，或则慨解仁囊，或则慨助药品，仁风义举，感佩无既”；另一方面，鉴于“最近战事又有扩大趋势，不特华中腹地之陇海路线，早被波及，华南各地之天空轰炸，亦变本加厉，屠杀之惨，非言语所能形容，同时黄河水患，大有不可收拾之势，将来救护工作之种种困难，可以想见。中国红会，本人道立场，不倚不偏，尽力设法减少人民痛苦，惟责任綦重，恐非一朝一夕所克完成”，因此真诚“敬愿国际同情之士，继续援助，并予以指导，诚不

① 林康侯：《参加第十六届万国红十字会大会报告书》，《中国红十字月刊》总第 55 期（1940 年 1 月），第 248 页。

② 《我向红十字联盟报告敌机屡炸救护人员》，《申报》1937 年 9 月 13 日。

③ 中国红十字会总会编：《中国红十字会历史资料选编，1904—1949》，南京大学出版社 1993 年版，第 402 页。

④ 第 16 届国际红十字会大会于 1938 年 6 月 20 日在英国伦敦开幕，58 国代表出席。以王景春为团长的中国政府代表团和以林康侯为团长的中国红十字会代表团出席大会。在本届大会上，中国红十字会当选为国际红十字会联合会执行委员（《中国红会汇缴国际红会会费》，《申报》1938 年 10 月 13 日）。

独中国人民之幸，亦世界和平之福也”。中国代表的报告，赢得“全场鼓掌，颇为热烈”①，这是一种道义的力量。英、美、法、比、荷、澳、捷、加、埃及等国代表于散会后“亲来握手道贺，表示同情，并愿回国报告，继续作有效之援助”②。援华行动由此得到强有力的推动。1938 年 6 月以后，《申报》有关“外援”的报道很多，如 1938 年 7 月至 1939 年 7 月一年中的有关报道有：

1938 年 7 月 7 日，《饶神父电称美捐金百万救济中国难民》；

1938 年 8 月 6 日，《菲红十字会赠我霍乱药剂》；

1938 年 10 月 3 日，《印度救护队即将出发前方服务》；

1938 年 10 月 20 日，《美红会捐难民碎麦》；

1938 年 12 月 30 日，《美红会同情中国难民捐赠美麦运华》；

1939 年 1 月 24 日，《捷克卫生局长夫人冒险制药援华》；

1939 年 2 月 22 日，《瑞典医师霍尔曼将来华襄助救护工作》；

1939 年 3 月 12 日，《檀香山医药救护会继续捐助医药费》；

1939 年 3 月 20 日，《美红会馈赠难民》；

1939 年 4 月 15 日，《美红会续捐二批美麦》；

1939 年 4 月 19 日，《瑞士同情我抗战派两医生携药物来华》；

1939 年 6 月 9 日，《美医药援华会募捐运动》；

1939 年 6 月 19 日，《外籍医师纷纷来华参加救护工作》；

1939 年 7 月 4 日，《美红会捐美麦救济难民第三批月底运港》。

我们无须详其内容，单从报道的题目就可以想象到援华运动的波澜壮阔。据不完全统计，从 1937 年 8 月 30 日至 1938 年 3 月 21 日，中国红十字会共收入国币 44844398 元③，1942 年 2000 万元，1943 年 2500 万元，1944 年 14000 万元，1945 年 60000 万元。这其中捐款数目最大，占一半以上，“而国外捐款，又占百分之九十五以上。就中以英国红十字会与援华会等经常捐助及美

① 《中国红十字会代表参加第十六届万国红十字会大会报告书》，中国第二历史档案馆档案，全宗号 476，卷号 3198。

② 林康侯：《中国红十字会代表参加第十六届万国红十字会大会报告书》，中国红十字会总会编：《中国红十字会历史资料选编，1904—1949》，南京大学出版社 1993 年版，第 407 页。

③ 胡兰生：《中华民国红十字会历史与工作概述》，中国红十字会总会编：《中国红十字会历史资料选编，1904—1949》，南京大学出版社 1993 年版，第 516 页。有评论指出，美国医药助华会“历来捐助我国救护药物器材，为数甚巨，对于本会（中国红十字会）之经募款项捐输药物器材数量价值均巨。……易言之，中国红十字会救护总队部之能有今日的成绩，不得不归功于美国医药助华会矣”。参见刘云舫：《美国医药助华会》，贵阳市档案馆编：《战地红十字——中国红十字会救护总队抗战实录》，贵州人民出版社 2009 年版，第 72—73 页。

国医药助华会捐助为尤巨”[①]。

就拿美国红会来说，1941 年 12 月，太平洋战争爆发，美国也陷入战争的泥淖，但是，美红会对华援助并未因之停止和减少。这一时期，美红会除致力于本国救济事务及大力援助欧洲外，中国也是其人道援助的重点区域。12 月 9 日，太平洋战争开战仅两天，美红会便发起了募捐 5000 万元赈济中国兵灾的号召，借以救济因日机空袭而受灾的平民。1942 年 3 月，为救济四川各县市被炸城区小学生，美红会特捐赠蓝布 40 吨作为衣料。同年，美红会续捐重庆市社会局布匹 10 吨，重庆市政当局专门组织了赠布分配委员会进行分发。1942 年以来，中国红会因海外侨胞捐款锐减而经费支绌不堪，美红会驻华代表伊文思、李德为此电商美红会捐款协助中国红会，以便维持中国的伤兵救护和平民救助等工作。为此，美红会除捐助中国红会 10 万美金作为其运作经费外，另赠予中国妇女指导委员会及战时儿童保育会 5 万美金，均由中国红会收转，美红会甚至表示“将来对中国红会经费尚有源源接济之希望”[②]。为协助中国发展童子军事业起见，美红会尚捐赠童子军总会 1000 美金，指定该款项作为办理中国女童子军事业之用[③]。1943 年 3 月 23 日，美红会又捐赠中国红会 5 万美金，用以救济伤兵和难民。

抗战胜利前夕，为救济广州、贵州、湖南等地灾民，美红会还慷慨捐助中国红十字会救护总队部 2000 多万元（法币）。尽管战争屡屡阻碍着国际红十字组织医药物资运华的进度，但是，其人道援助中国的步伐却一直在继续。仅 1943 年 11 月至 1944 年 5 月半年间，美红会援华医药用品已有 235 吨以上由空中运到中国。1943 年以来，美红会赴华工作人员骤增，至抗战胜利前夕，美红会在华工作人员已达 70 余人。另外，美红会还先后在中国设立战地服务所 7 处，从而成为中国战地救护体系的重要外援力量。

再就英国红会而言，从 1942 年起，英红会多次捐款援助中国，而且捐助的对象主要为中国红十字会。如 1942 年 4 月，英红会捐赠中国红十字会医疗队 6000 镑，同时，英国救济中国难民募捐委员会捐赠中国红十字会 2500 镑[④]。1943 年 6 月 1 日，英红会决定拿出 25 万镑，“以备在中国从事红十字会工作”[⑤]，同时，克利浦斯夫人所主持之联合援华委员会又以 2.5 万镑充实是项经费。而在 1942 年间，为响应救治中国伤兵的号召，英红会特派遣医务人

---

① 中华民国红十字会总会编：《中华民国红十字会战时工作概要》，1946 年内部印行，第 14 页。

② 《本会外捐之先声》，《会务通讯》总第 7 期（1942 年 4 月），第 13 页。

③ 《教育消息：美国红十字会赠款办理我国女童子军事业》，《教育通讯》总第 19 期（1942 年 7 月），第 6 页。

④ 《英助我红会共达五万镑》，《新华日报》1942 年 6 月 20 日。

⑤ 《英国红十字会拨款廿五万镑在我国从事救济工作》，《新华日报》1943 年 6 月 8 日。

员来华协助，当年10月，英籍医师一行计22人行抵长沙，队员包括医生8人、看护12人、X光技术员1人、会计1人。该队除准备在长沙设立后方医院一所外，还计划在湘潭设立医院，以便在前线附近工作①。经过短暂筹备，至迟12月初，英红会救护队在长沙所筹设之医院已开始正式应诊伤兵及难民②。据1944年2月21日电文称，英国红十字会战时委员会和耶路撒冷圣约翰教团，应中国红会的请求和英红会的建议，捐赠中国红会3958762元（法币），供云南前线救护之用。4月初，英红会续捐中国红十字会昆明办事处法币188万元，作为其运作经费。同年，英红会又捐助中国红会2.5万镑用于帮助办理西南灭虱站和运输所需，其时，英红会自身收支尚且不敷，其经常开支已达每月700万元上下，在这种情况下，英红会依然对中国慷慨捐输，其援华情谊是值得中国人民铭记的。此外，英红会还和伤兵之友社合作组织伤兵服务队4队，并每月资助其经费30万元，而该社及救世军则负担工作③。

在外援物资中，大部分为药品，其余为敷料和器械④。贵阳图云关救护总队部内外援药品器材“堆积如山，只奎宁丸一项，竟以吨位计”。医药物资源源而来，与总队长林可胜的“外交”努力也是分不开的，据口述资料说：“救护总队之卫生药品器材的经费，端赖国内外平民与忠义之士支援与捐助，其中以美国平民为最多，并由美国医学界人士，组织美国医药援华会，筹划医药装备，热诚支援。此类捐赠随工作成果与表现日有所增。林氏每年必一次或二次携带救护总队工作成果、图表、影片、照片飞往美国，作广泛之报道。总计林氏六年任内，捐款达六千六百万美元。此一数字，今日视之，或不为奇，当抗战时期，实乃一庞大数字。当年政府向美国贷款，一次亦不过一千五百万美元耳。故此一捐赠，对我国家战时卫生辅助甚大。”⑤ 正是林氏不懈的“外交”努力，保证了医药物资的供应，救护总队也“才能藉以进行救护工作”⑥。

提到外援，人们不会小视海外侨胞的鼎力资助。抗战爆发后，世界各地

---

① 《英籍医师来华服务，一行廿二人已抵长沙》，《新华日报》1942年10月15日。

② 《长沙英红会医院开始应诊》，《新华日报》1942年12月4日。

③ 参见池子华、阎智海：《全面抗战时期国际红十字组织对华人道援助述论》，《史学月刊》2016年第1期。

④ 中国红十字会总会编：《中国红十字会的九十年》，中国友谊出版公司1994年版，第84页。

⑤ 陈韬：《领导战时救护之林可胜先生》，《贵阳文史资料选辑》第22辑《红会救护总队》，第192页。

⑥ 施正信：《回忆图云关》，《贵阳文史资料选辑》第22辑《红会救护总队》，第79页。1943年，林可胜因“滥用资金”“左倾嫌疑”接受审查。1944年初，审查虽未得结果，但他仍被“清除出局”，到美国后他选择了参加美国医药援华会的工作，继续筹集救护物资（曹育：《中国现代生理学奠基人林可胜博士》，《中国科技史料》1998年第1期，第36页）。

的华侨激于民族大义，慷慨捐输，“近则南洋，远则美洲，莫不争先恐后，组织筹款会，热烈捐输以助战费及救济伤兵等项”①。他们为抗战胜利做出了巨大贡献，“我国抗战所需金钱，实与海外华侨有密切关系”②，斯言诚然。

华侨捐助同样是中国红十字会抗战救护的重要保障。自全面抗战以来，中国红会一直把争取海外华侨的资助作为“外事”活动的中心工作之一，不仅通过媒体进行呼吁，而且派专人前往南洋等地劝捐，《申报》就报道说，1937 年 12 月，“中国红十字会以救济难民伤兵问题日渐扩大，会内经费益感缺乏，故经理事会公决，特派冯少山、王志圣赴南洋群岛向侨胞劝募”③。华侨纷纷响应，捐款捐物，源源不断。救护总队部成立之初，第 36、29、2、16、28 医疗队所需开支，即由华侨资助④。救护总队长林可胜本人就出生在新加坡，在东南亚华侨中享有盛名，因此在争取海外侨胞的“外援”时，当然更具有号召力了。另外，他与华侨领袖陈嘉庚颇多交往⑤，1940 年，陈嘉庚率南洋华侨回国慰劳视察团回国慰劳时，专程到图云关救护总队部与林氏会晤，当他“知医校（即卫训总所——引者）逐月尚需加一万多元，则应承逐月由南侨总会捐助一万元”⑥。

海外赤子，不仅热心捐助，而且量大惊人，款项、药品、器材、救护车辆等，凡有所需，均量力赞助，美国记者史沫特莱由衷慨叹：“中国所依靠的药物和救护车辆的来源主要是华侨，和他们的支援相比，我们国家（美国）的帮助微不足道。”⑦

这里，我们再以缅甸华侨为例，稍作考察。缅甸为华侨较为集中的国家之一，人数 40 余万⑧，为中国红十字会争取“外援”的重要区域。1937 年 9 月，中国红十字会专函致缅甸华侨救灾总会，“请代征集救济伤兵难民之药品及物品”。救济总会立即响应，“发表通告征集”。缅甸华人慈善社团及热心人士，“赠送药品及物品，甚为踊跃”。为扩大征募起见，决定组织“缅甸华侨红十字会”，以专责成。经筹备，9 月 30 日宣告成立，推举侨界领袖黄登科、陈献南为正副主席，陈清德、陈重贤主管财务，黄登祥、陈炳坤为秘书。对此盛举，中国红十字会总会极表赞赏，“授以许可状，负责缅甸各地筹募捐款

① 陈嘉庚：《陈嘉庚回忆录》，山西古籍出版社 1996 年版，第 452 页。
② 陈嘉庚：《陈嘉庚回忆录》，山西古籍出版社 1996 年版，第 347 页。
③ 《中国红会派员赴南洋劝募》，《申报》1937 年 12 月 14 日。
④ 《各界捐款维持红会医疗队》，《申报》1938 年 5 月 15 日。
⑤ 陈嘉庚：《陈嘉庚回忆录》，山西古籍出版社 1996 年版，第 269 页。
⑥ 陈嘉庚：《陈嘉庚回忆录》，山西古籍出版社 1996 年版，第 270 页。
⑦ ［美］艾格尼丝·史沫特莱：《中国的战歌》（江枫译），作家出版社 1986 年版，第 509 页。
⑧ 陈嘉庚：《陈嘉庚回忆录》，山西古籍出版社 1996 年版，第 455 页。

事宜”。缅甸华侨红十字会成为中国红十字会总会在海外的基层组织，这在中国红十字运动史上，少有其例。缅甸华侨红会成立后，“历年以来，肩负红十字会天职，馈药输财，协助运务，有口皆碑”，取得令人瞩目的成绩①。

1941 年，中国红十字会举办首届“红十字周”活动，缅甸华侨红十字会作为总会的下属单位，积极参与，特组以陈碧峰为主任、陈献南、李崇楹为副主任的“中国红十字会总会缅甸华侨征募会员委员会”，专责征募会员事宜。总会闻讯，给予鼓励，王正廷会长特函申谢，函称：“迳启者：阅五月十三日仰光日报，悉贵会为征求会员事，特组‘中国红十字会总会缅甸华侨征募会员委员会’，在积极进行，毋任欣慰。查贵会领导侨胞，肩负红十字会天职，输财馈药，协助运务，功绩具在，佩慰实深，兹复集群彦于一堂，商征募之善举，行见登高一呼，万众响应，成绩美满，可以预卜，正廷忝总会是企望尤殷，用特函达，专致谢忱，并期策勉，即希亮察为荷。”②

中国红十字会总会缅甸华侨征募会员委员会成立后，根据《中国红十字会征求会员章程》，制定“征求会员办法”，规定：征求会员期间为 4 个月，自 1941 年7 月1 日至10 月30 日；征求会员种类：名誉会员一次缴纳国币 500 元（折缅币 100 盾），特别会员一次缴纳国币 100 元（折缅币 20 盾），正会员一次缴纳国币 10 元（折缅币 2 盾），以上为终身会员；普通会员一次缴纳国币 5 元（折缅币 1 盾，有效期 10 年），学生会员一次缴纳国币 2 元（折缅币 4 安，有效期 5 年）；会员征求队征募成绩突出者给予奖励。

6 月 17 日，征募会员委员会发布《为征求会员请侨胞踊跃参加由》的通告，号召缅甸华侨积极加盟。通告称：“查红十字会之任务，完全以济世为怀，凡稍具慈悲之士女，无不乐予赞助，或加入为会员。我国自‘七七’抗战以来，后方救伤之责任，概由红十字会支持，友邦同情于我国者，亦莫不尽力赞助。吾侨旅缅之士女，素抱慈悲为怀，对于救济事务无不慷慨输将。本会为谋充实我国红十字会资源，增强救济伤兵难民之医药计，依据总会征求会员办法，组织本会，发动征求会员，除本埠方面由本会委员会订本月十七日起出发征求外，关于缅属方面，函请各埠救灾支分会代为办理。事关增强救济任务，仰全缅属侨胞，踊跃参加。”③

---

① 《缅甸华侨响应征募会员》，中国红十字会总会编：《中国红十字会历史资料选编，1904—1949》，南京大学出版社 1993 年版，第 361 页。

② 《缅甸华侨响应征募会员》，中国红十字会总会编：《中国红十字会历史资料选编，1904—1949》，南京大学出版社 1993 年版，第 360 页。

③ 《缅甸华侨响应征募会员》，中国红十字会总会编：《中国红十字会历史资料选编，1904—1949》，南京大学出版社 1993 年版，第 362 页。

征求会员工作得到缅甸侨胞的支持，“侨胞见义勇为，加入会员者至为踊跃”，至6月25日，不到10天时间，仅仰光一地即征求名誉会员28人、特别会员90人、正会员44人，“成绩甚佳”①。

在中国红十字会总会的推动下，缅甸华侨不仅捐款捐物，全力支持抗战救护，而且还于1938年1月组织“缅甸华侨救护队”，经培训后于8月回国，投入火热的抗战救护中去，为抗战救护事业增色不少②。

总之，海外华侨为支援中国红十字会抗战救护事业，竭尽全力，慷解仁囊。没有华侨的鼎力相助，抗战救护工作无法得以顺利展开，难怪红会文献称：“本会战时工作经费，仰赖侨胞捐助者甚多，故侨胞亦堪称‘中国红十字会之母’。”③

以上对中国红十字会争取外援的“外交”工作及业绩等做了粗线条的勾勒，不难发现，中国红会的民间外交努力卓有成效，国际社会，不仅有医药物资的源源接济，更有“人力”的援助，特别是国际援华医疗队，直接参与了中国红十字会的抗战救护，谱写出一曲国际人道主义的颂歌。

第三节　“为了中国的抗战”
——国际援华医疗队参与中国红十字会抗战救护略记

自全面抗战以来，国际红十字组织为支援中国抗战，纷纷派遣救护队来华，“为正义而服务”④。

1938年仲夏，史沫特莱在她的《中国的战歌》一书中提到：“扬子江流域热气腾腾，红十字救护队得到了一位最可贵的外国志愿者。这是一位英国

① 《缅甸华侨响应征募会员》，中国红十字会总会编：《中国红十字会历史资料选编，1904—1949》，南京大学出版社1993年版，第360页。

② 马兴惠：《缅甸华侨救护队回国抗日纪实》，全国政协文史资料委员会编：《文史资料精华丛书》第10卷《旧中国的社会民情》，安徽人民出版社2000年版，第346—359页。

③ 中华民国红十字会总会编宣股：《中华民国红十字会战时工作概况》，1942年内部印行，第12页。又据该资料记载，太平洋战争爆发后，东南亚、南亚侨胞相继归国者不少。中国红十字会与中央赈济委员会合作，担任难侨接护工作，并在贵阳救护总队部设立归侨招待所；又于1942年3月间在曲江设医防第二大队部，与赈济委员会第九办事处协同救治经粤归来的病侨，工作地点随归侨所经路线随时变更。入缅作战移至滇边时，侨胞纷纷向滇境移徙，中国红十字会原设昆明医防服务队第一大队部及所属第13、14队，均自动为病侨服务。1942年夏，红会又与赈济委员会合作，在昆明开办传染病院一所，“是以本会于侨胞福利及地方疫患，曾已再三致意”。迁往重庆的病侨，途经桂、黔时沿途都得到红十字医疗机构的特殊照料。在渝所设各医疗机构都为病侨提供周到服务。所有这些，既是红会的分内工作，同时亦表达了红会对海外赤子情股赞助红会抗战救护的深深谢意。

④ 《为正义而服务之印度救护队昨抵港》，《申报》1938年9月15日。

妇女，希尔达·塞尔温-克拉克，香港政府医务总监的夫人。……她飞回香港后，便在那里成立了中国红十字会国外后援会，这后援会成了红十字救护总队的香港办事处。”① 希尔达是红十字志愿者（她同时担任宋庆龄主持的保卫中国同盟的秘书），她发起成立并担任秘书的中国红十字会国外后援会，实际上成为国际红十字医疗援华组织的纽带和桥梁，印度救护队、“西班牙医生”等，都是“中转”香港，到达抗日前线。

一、印度救护队的中国之行

1938年秋，印度国民大会党“以我国此次发动全面抗战，不特为争取中华民族之生存，且为维护远东和平，打击世界侵略者之抗战，极表同情，特组织印度救护队来华服务”②。

印度救护队来华服务，是多方争取的结果。自七七事变后，中国的全面抗战引起国际社会的关注，也赢得印度国民大会党领袖贾瓦哈拉尔·尼赫鲁的同情与支持，他多次举行“中国日”，号召印度人民抵制日货，声援中国。尼赫鲁是宋庆龄的老朋友，1927年在苏联相识。对尼赫鲁的支持，宋庆龄深表感谢。1938年7月7日，宋庆龄致信尼赫鲁，谓中国人民“获悉印度人民所表示的同情和支持，深为感谢和极受鼓舞，我借此机会表示我们的感激和同志情谊”。朱德总司令也给尼赫鲁写信，希望得到印度人民的进一步支援。尼赫鲁遂决定组织一支医疗队，为中国红十字会抗战救护助一臂之力③。

1938年9月1日，印度救护队首批5人——爱德（又译称亚特、雅图、亚达尔、阿塔尔、阿泰尔）医生、巴苏（又译称巴素、巴森、巴士）医生、卓克（又译称高路拿、乔尔克古）医生、柯棣尼斯（又译称吉尼士、德巴斯、考尼斯，即人们熟知的柯棣华）医生、木克吉（又译称摩卡治、莫克介尔）医生——备救护车两辆、医药仪器55箱，以爱德医生为领队，乘英邮轮“兰浦丹拿”号自孟买起航；14日抵达香港，受到中国红十字会、香港中华医学会的隆重欢迎；15日下午，中国红十字会驻港办事处、香港中华医学会联合假座华商俱乐部举行欢迎大会，中国红十字会副会长杜月笙、中华医学会会长李树培以及何香凝、倪士钦、黄炎培、王晓籁、伍长耀等社会名流共百余人参加欢迎大会，“情形异常热闹，济济一堂，极一时之盛”。红会副会长杜月笙致欢迎词：“贵队抱宝贵的热忱，断然莅止，准备参加我们红十字会服

① ［美］艾格尼丝·史沫特莱：《中国的战歌》（江枫译），作家出版社1986年版，第236页。
② 《为正义而服务之印度救护队昨抵港》，《申报》1938年9月15日。
③ 池子华：《柯棣华：从印度来的第二个“白求恩”》，《中国红十字报》2018年6月29日。

务，而我们前线苦战受伤的将士，将受到春风一般的吹拂。鄙人今天谨代表中国红十字总会表示无限的感佩。”杜月笙的欢迎词，表达了中国红会对印度救护队国际人道主义精神的褒扬。爱德致答词：“此次余等立志来华惟一目的，即希能即前赴中国内地救伤，……此次中国为自由而抗战，其神圣已震惊世界，各国亦莫不予中国以同情，盖中国非独为自卫而战，且为世界和平与人类自由而抗战也。此行来华遭遇危险，在所不免，但为人类幸福与正义，吾等已非所顾及矣。”① 表达了献身红十字事业的决心与信念。

9 月 17 日，援华医疗队到达广州，宋庆龄亲自到码头迎接，这使医疗队员深受感动。宋庆龄“很年轻，风度迷人，讲一口漂亮的英语”②，给他们留下美好的印象。

印度救护队在广州停留数日，即赴汉口，9 月 30 日抵达，参加中国红十字会救护总队的工作，并被编入第 15 救护队③。当时英国领事希望他们参加汉口国际红十字委员会（即 1937 年 9 月 15 日成立的华中万国红十字会）的工作，理由是“这样一来，他们就可以随时得到他们所需要的物资供应，并能在设备良好的教会医院里工作。一个额外的诱饵是，据他说，万一被日本人抓住时，他们就不会像中国人那样被杀，因为这个委员会已经和日本人达成了一项其精神大致如此的协议”。但英国领事的一番好意被谢绝，爱德直截了当地回答：“你所说的一切都证明，我们应该和中国人在一起。”④

武汉沦陷后，印度救护队于 11 月 21 日撤至重庆待命，受到重庆各界“盛大欢迎”⑤。医疗队员要求去延安，奔赴华北敌后，救护八路军伤兵难民，却遭到国民党的阻挠。他们据理力争，国民党只好妥协。队员们还特意请中印文化协会创办人、著名佛学家谭云山为他们每个人都起了一个中国名字：爱德华、卓克华、巴苏华、柯棣华、木克华。即取印度名字前两个字，后面加上中华的“华”字，这就是柯棣华名字的由来。随后，该队奔赴华北敌后，救护八路军伤兵难民⑥。

二、“西班牙大夫”接踵而至

继印度救护队之后，“西班牙大夫”接踵而至。

---

① 《中华医会红会欢迎印护队盛况》，《申报》1938 年 9 月 16 日。
② 池子华：《柯棣华：沿着白求恩的足迹前行》，中国红十字会微信号。
③ 《印度救护队达到武汉》，《武汉日报》1938 年 10 月 1 日。
④ ［美］艾格尼丝·史沫特莱：《中国的战歌》（江枫译），作家出版社 1986 年版，第 240 页。
⑤ 《国际友人印度救护队到渝》，《新华日报》1938 年 11 月 22 日。
⑥ 《印度援华救护队历在华北各地做救伤工作》，《新华日报》1941 年 1 月 6 日。

1939年秋，中国红十字会救护总队部图云关迎来了一支“国际援华医疗队”，他们来自欧洲，因来华之前曾参加过1936—1939年西班牙内战共和国派的国际医务纵队，所以图云关人士称他们为“西班牙大夫”。史沫特莱则说：“（他们）虽然分属不同的国籍，但是我们都叫他们‘西班牙医生’，因为他们使用西班牙语作为他们之间的混合通用语言，而且，因为他们都曾在西班牙的共和部队中工作过。挪威红十字会设法使他们从法国集中营获得释放，支付他们到中国来的生活费。”① 他们中间共有8个国籍，通过伦敦的英国援华会组合而成“国际援华医疗队”。他们“都是三十余岁的外科大夫，颇富经验。他们来到图云关会见了林总，略事休息，介绍战局及红总队的医务和一般情况后，即按情况被分配到前方各红会医务队工作。他们和我们医务队队员同住、同食、同工作，兢兢业业地为伤、病兵员治病救伤，直到抗战胜利后的翌年红总会解散才回国。这些大夫的国际主义及红十字精神，是值得我们钦佩和颂扬的”②。他们的名字，历史不会忘记。根据中国人民对外友好协会提供的资料，国际援华医疗队名单如下③：

Dr. S. FLATO　斯·弗拉托医生（波兰，傅拉都）
Dr. V. TAUBENFLIGEL　维·陶本弗利盖尔医生（波兰，陶维德）
Dr. F. KRIEGEL　弗·克里格尔医生（波兰，柯理格）
Dr. W. JUNGERMAN　沃·云格尔曼医生（波兰，戎格曼）
Dr. L. KAMIENIECKI　列·卡梅涅茨基医生（波兰，甘理安）
Mrs. M. KAMIENIECKI　玛·卡梅涅茨基夫人（波兰，甘曼妮）
Dr. Y. KRANZDORF　雅·克兰兹多尔夫医生（罗马尼亚，柯烈然）
Mrs. KRANZDORF　克兰兹多尔夫人（罗马尼亚，1944年病逝于中国）
Miss. E. MARKUS　艾·玛库斯小姐（德国）
Dr. G. SCHON　捷·舍恩医生（匈牙利，沈恩）
Dr. J. KANETTI　杨·卡内蒂医生（保加利亚，甘扬道）
Dr. H. BAER　赫·贝尔医生（德国，贝尔）
Dr. D. JANCU　达·杨库医生（罗马尼亚，杨固）
Dr. W. FREUDMANN　沃·弗雷德曼医生（奥地利，富华德）
Dr. A. VOLOKINE　亚·沃罗金医生（苏联，何乐经）

① ［美］艾格尼丝·史沫特莱：《中国的战歌》（江枫译），作家出版社1986年版，第514页。

② 王春菁：《参加中国红十字会工作的回忆》，《贵阳文史资料选辑》第22辑《红会救护总队》，第120页。

③ 中国人民对外友好协会提供的《国际援华医疗队名单》，见《贵阳文史资料选辑》第22辑《红会救护总队》，第36—37页。

Dr. C. COUTELLE 卡·考泰勒医生（德国，顾泰尔）

Dr. H. KENT 亭·肯特医生（奥地利，肯德）

Dr. R. BECKER 罗·贝克尔医生（德国，白乐夫）

Dr. F. KISCH 弗·基什医生（捷克，纪瑞德）

Dr. F. JENSEN 弗·严森医生（奥地利，严斐德）

Dr. WANTOCH 王道医生（奥地利，1945 年逝世于重庆，葬于南岸墓地）

他们分三批陆续到达中国。第一批出发的是白乐夫、严斐德及纪瑞德，1939 年 5 月 1 日从英国利物浦出发，6 月抵达中国。第二批是贝尔、富华德、杨固及甘扬道，他们于 1939 年 8 月 5 日从伦敦乘船抵达法国马赛港口，与傅拉都、戎格曼、甘理安夫妇、柯理格、陶维德、柯烈然（柯让道）、沈恩、何乐经以及戎格曼太太汇合，9 月 13 日一同抵达香港，10 月 16 日抵达贵阳图云关。第三批医生是顾泰尔及肯德（肯特），直到 1940 年才抵达中国①。他们陆续被派往前线，“离开贵阳时，每个人都起了个与自己原名发音接近的中国名字”②。他们以新的姿态，投身到伟大的抗日战争救护事业之中。

三、英美等国援华医疗队纷至沓来

印度救护队、“西班牙大夫”之外，英美等国援华医疗队纷至沓来，不绝如缕。

1939 年 4 月，瑞士红十字会派遣伯尔乐医生、何尔姆（又译称贺木、霍尔曼）医生，携带药品来到中国红十字会总会驻香港办事处，23 日起程前往贵阳图云关中国红十字会救护总队部，听候调遣③，不久被分配到长沙某士兵医院中服务。

1939 年夏初，据报道：“由美国自动来华加入红会工作之外科医生有五

---

① 倪慧如、邹宁远：《当世界年轻的时候：参加西班牙内战的中国人（1936—1939）》，广西师范大学出版社 2013 年版，第 355—356 页。关于第二批“西班牙医生”的人数，同书引白乐夫口述资料称：“1939 年 8 月，第二批外国医生也脱离法国集中营，从伦敦和马赛坐船，在 9 月抵达香港。波兰医生甘理安（Kamieniecki）的太太也随行当护士，还有一位从英国来的女医生，此外还有波兰、捷克、保加利亚、罗马尼亚、德国、奥地利、匈牙利和苏联医生，总共有十五位外国医生。”（同书第 334 页）白乐夫的描述是准确的，15 位医生 1 位护士，共 16 人，加上第一批 3 人、第三批 2 人，共 21 人，与中国人民对外友好协会提供的《国际援华医疗队名单》相吻合。

② ［奥］富华德、严斐德：《起来！中国胜利了——“西班牙医生”在中国》（张至善等译），北京师范大学出版社 1994 年版，第 51 页。

③ 《瑞士同情我抗战　派两医生携药物来华》，《申报》1939 年 4 月 19 日。

名，同时自德国被驱逐出境的犹太籍医生多名，亦已加入。”①

1941 年，由英、美、加合组的救护队来华，“救济滇缅路上被日方炸伤之平民”。据《申报》报道，这支救护队有队员 50 人，救护车 10 辆，并有流动手术室、消毒器、发电机及爱克司光等设备②。

1941 年 9 月 4 日，柯恩女士乘轮抵达香港，而后前往贵阳中国红十字会救护总队部服务，她是“美国赴自由中国服务女医生之第一人，系美国医药助华会所派遣，伊将转赴贵阳。伊所订之合同，期限为二年，在此期间决集中全力扫除肺结核症，该症在战时难民缺乏营养之情况下，极为流行。柯氏因恐内地牛油缺少，携有维他命 A 片甚多。柯氏谈及美国援华问题称：美国之援助，正以各种方式倾入”③。

1942 年 4 月 20 日，美国医药助华会宣布，将派遣一支由内外科医生、护士、技术人员组成的医疗队赴华，与中国红十字会救护总队合作，“担任医药指导及医师双重职务”④，“帮助中国克服目前因缺乏有训练之医药人员所引起之困难”⑤。

1942 年 5 月 4 日，中国驻英大使顾维钧在大使馆设宴，欢送即将赴华的英国援华医疗队全体队员，“对英方对华所表示之同情与医药援助，表示谢意”。该队由 24 位队员组成，队长为佛罗尔斯，他表示，“全队决尽力在华服务”⑥。另据 10 月 15 日《新华日报》报道：“为响应救治中国伤兵，英国红十字会特派遣医院工作人员一队来华，现已抵达长沙，即将在该处设立后方医院一所，以应需要。该队包括医生八人，看护十二人，X 光技术员一人，会计一人。该队除长沙之后方医院外，并计划在湘潭设立医院，且已成立流动医疗队，以便在前线附近工作。”⑦ 这支医疗队，应该即是顾维钧大使设宴欢送的医疗队。

国际红十字组织的“人力”援华，从 1938 年以来，持续不断，到 1942 年达到高潮。来华服务的医护人员，虽然缺乏可靠的资料统计，但仅从上述罗列的不完全的史实看，也已超过百人。这在当时的历史条件下，是一支相当可观的救护力量。

---

① 《外籍医师纷纷来华参加救护工作》，《申报》1939 年 6 月 19 日。

② 《英美加合组救护队来华》《美人组救护队来华服务》，《申报》1941 年 5 月 31 日、6 月 21 日。

③ 《美医药助华会派女医来华服务》，《新华日报》1941 年 9 月 5 日。

④ 《美籍医师来华服务》，《申报》1942 年 4 月 22 日。

⑤ 《美派大批医师来华服务》，《新华日报》1942 年 4 月 22 日。

⑥ 《顾大使在英设宴欢送来华医药队》，《新华日报》1942 年 5 月 6 日。

⑦ 《英籍医师来华服务》，《新华日报》1942 年 10 月 15 日。

中国红十字会的抗战救护事业，“因有不少外籍医生之加入，效率大见强固”[①]。外籍医疗队员在红十字旗帜下，与中国红会救护队员，甘苦与共，在反法西斯战争中建立了不朽的丰碑。

四、不朽的丰碑

国际援华医疗组织遵照中国红十字会订定的《外籍医生服务办法》[②]，前往各战区，致力于救死扶伤的神圣职业，鞠躬尽瘁，一往无前。他们为抗战救护所做出的伟大贡献，是有口皆碑的。

1983年5月的一天，中国红十字会总会迎来了两位远方的客人，男的是位身体健壮、面孔红润的欧洲老人，他就是国际援华医疗队领队保加利亚医生杨托·卡内蒂（中国名字甘扬道）。女的是位头发花白的保籍中国老太太、甘扬道夫人张荪芬女士。访问期间，他们两次来到贵阳图云关总队部“过去战斗过的地方走一走，看一看”。旧地重游，甘扬道夫妇浮想联翩。

1937年，甘扬道刚从医学院毕业即响应第三国际的号召，奔赴西班牙，参加国际纵队。1939年被俘，经英国援华医学会保释，才得以出狱。不久率国际援华医疗队，不远万里，来到中国，被分配到中国红十字会救护总队部工作，担任救护总队第三中队队长和救护总队部顾问。回忆起在救护总队部的日日夜夜，甘扬道犹历历在目：战时的医疗条件是非常差的，在救护总队部里设有许多医疗小组，由于医务人员很少，每个组只有一个医生。从前线抬下来的伤兵，80%的人都由于回归热、疟疾、营养不良等病而死亡。尽管如此，甘扬道和他的战友们还是尽自己的最大努力而工作。军队里没有受过训练的医务人员，他们就开办医疗训练班进行教学。他们还训练担架队。没有医院，他们就和中国军民一道，用竹子、茅草搭起了战地医院。他们还向老百姓和士兵宣传卫生知识，让他们知道怎样灭虱，怎样进行食用水的消毒。

---

① 《外籍医师纷纷来华参加救护工作》，《申报》1939年6月19日。

② 1939年3月，中国红十字会鉴于“外籍医生因同情我国抗战，仗义来华投效者为数颇多”，特订定《外籍医生服务办法》，内容如次：“（1）体格适宜年龄在四十岁以下者；（2）在政治上同情中国者，并须持有经外交部或中国驻外外交机关证明之必须文件；（3）专科毕业外科医生而由适当当局介绍者；（4）志愿接受国币薪金者（最高额每月国币二百元），其衣食住行系依照中式；（5）遵守及服从《中国红十字会章程》，准备前赴任何地点工作；（6）在华军前线来往，中国红十字会不负料理之责。”（《红十字会订定外籍医生服务办法》，《新闻报》1939年3月22日、《申报》1939年3月23日）

甘扬道和他的战友们就是这样忘我地工作着①，收获友情，也收获了爱情，甘扬道和护士张荪芬走到了一起②。

援华医疗队以贵阳图云关救护总队部为基地，分赴各个战区医疗大队，参加实地救护，为抗日前线战士做了大量救死扶伤、博爱恤兵的工作，如印度救护队到华北后，“组织一手术组至前线工作，救护伤员二百六十余”③。这样的例子，并不少见。工作中，虽然“他们全都看见了中国在卫生条件和科学知识上的落后，但是他们能从正确角度去理解这种状况，并且以尽可能肩负一分重担的行动做出反应”④。在此过程中，留下许多佳话。

一支由外籍人员组成的医疗队开到第四大队所在的金城江。队长是德国籍医生贝尔（中国名字白尔），还有 3 个外籍医生，每人配 1 个翻译，另配 1 名炊事员和 1 名壮族翻译。他们分乘 4 辆卡车，带着药品和医疗器械，从贵阳出发，经独山进入广西。当时部队食品不足，营养不良，药品缺乏，疥疮蔓延。他们利用当地物产，卓有成效地开展了工作。桂西、滇东南盛产毛竹，他们用竹子做成简易病床、竹夹、竹碗，还把竹筒一头接到热水桶旁，热水从竹筒小孔喷出，再用竹子搭成低矮结实的竹架上面覆盖竹编的篱笆，做成洗澡间。洗澡间加上自配的硫磺凡士林药膏，在短短半个月的时间里，就控制了部队疥疮的蔓延。他们起早贪黑，废寝忘食地工作着。每到一地，便忙着看护伤病员，抓紧时间做手术。他们由广西百色到云南富宁，因没有同驻军联系上，步行 300 多里，一路荒山野洼，荆棘遍地，受尽磨难。担任翻译

① 孙燕：《为了中国人民的解放事业》，《贵阳文史资料选辑》第 22 辑《红会救护总队》，第 23—25 页。1989 年 11 月 6 日，中国红十字会总会在京举行“纪念援华医疗队来华工作 50 周年”座谈会，谭云鹤副会长代表中国红十字会向甘扬道夫妇授予中国红十字会荣誉会员称号（尉颖颖：《总会举行座谈会欢迎甘扬道夫妇，纪念援华医疗队来华工作 50 周年》，《中国红十字》1990 年第 1 期，第 4 页）。

② 1940 年，张荪芬自燕京大学护理系毕业，即只身从北平至上海、香港，绕道越南，抵达图云关，参加中国红十字会。在这里，她和甘扬道很快成为恋人。据张荪芬访谈资料称，“张荪芬和甘扬道要好的消息传到周美玉那儿。周美玉是她的上司——护理科主任，在图云关很多人都怕周美玉。也许因为她们是校友，周美玉对她特别照顾，跟她住在同一间寝室。周美玉就提醒她说：‘你知道那些人是共产党。’等到 1942 年她和甘扬道登记结婚后，她就在两人隔间的竹帘里塞了一张纸条，通知周美玉，但是周美玉从头到尾没有对这件事说过一句话，好像它从未发生过。”张荪芬和甘扬道的新房，“是朋友借给他们的一间草房，上下四周全是稻草，只留下一个容身的通道为门，张荪芬喷笑着说：‘像个鸡棚！’次年 3 月儿子保中出世，周美玉差人给她送了只老母鸡坐月子，张荪芬眯着眼笑着说：‘那时候在图云关哪里找得到鸡！真不知她从哪里弄到那只老母鸡。’对于周美玉的照顾和严格的工作态度，张荪芬还一直念念不忘。”（倪慧如、邹宁远：《当世界年轻的时候：参加西班牙内战的中国人（1936—1939）》，广西师范大学出版社 2013 年版，第 352 页）

③ 《印度援华救护队历在华北各地做救伤工作》，《新华日报》1941 年 1 月 6 日。

④ ［美］艾格尼丝·史沫特莱：《中国的战歌》（江枫译），作家出版社 1986 年版，第 514 页。

的苏永苏感到吃不消了。这时，贝尔大夫语重心长地对他说：“密斯特苏，我们到中国来就是为了工作，如果没有你，我们就成了哑巴，就寸步难行啦！我们要工作，我们希望我们的事业与你们的事业都获得成功，可这一切无论如何离不开你的帮助啊！”这番话深深地鼓舞和激励着他，使他和他们一道坚持工作到胜利[①]。

1939 年冬，捷克著名外科医生纪瑞德（即基什，又译称基希）被编入由德国留学归来的江涛声（即江晴恩）医师为队长的第 40 医疗队，前往八路军战区服务，与之同往的还有希尔达护理员，德国人，系江队长夫人[②]。途经山西新军（抗日决死队独三旅）驻地时，被挽留为后方医院重伤员施行手术，第 40 医疗队随即与院方“连夜用白布制成一顶大号方形蚊帐式的帐篷，将它放在蒸锅里消毒后当作手术间。纪大夫看到帐篷就高兴地跷起大拇指称赞说：‘好！好！’他与江队长合作，连日替伤员开刀。同时又为他们的医护人员办了一个培训班”。第 40 医疗队终因阎锡山军队的阻挠，1940 年秋被迫返回西安，经重组后派驻湖北老河口第五战区工作；奥地利籍内科医师王道和他的夫人苏珊被编入第 40 医疗队，“王道医师在郧阳后方医院工作时，认真负责，对伤病员非常热情。学起中国话来很快，为人和蔼可亲，大家与他开玩笑他从不生气。他们夫妻非常恩爱，大家仿照‘玉堂春’这出戏，叫他（她）们是‘王公子’和‘苏三’”[③]。

1940 年 7 月，日军占领越南，滇、桂边境告急，中国军队第五十师开往靖西县桂越边境布防。这里环境恶劣，恶性疟疾流行，士兵患病者颇多，幸而红会派来一个医生，他就是 30 多岁的波兰人陶本杰（维·陶本弗利盖尔，中文名字又称陶维德）。他白天下连队，巡回看门诊，夜间给部队医护人员讲课，对预防、治疗、隔离、消毒、扑灭蚊蝇、处理粪便等等，一样一样地从理论上讲解，并亲到现场实地去做。“他成天工作，不事休息，夜晚也只有五六小时的睡眠，而脸上总是笑呵呵的。对病人不论官兵一视同仁，用热情的手势，表达了他对病人的关心。由于陶医生不怕脏，不怕累。态度亲切和蔼，大大带动了我军医护人员，更教育了他们，使他们不再呵斥病兵，病兵也愿意接受治疗。陶医生在 3 个多月时间里，从这个连到那个连，辛勤地、热情地、精心地治好了上千的病人。痢疾扑灭了，恶性疟疾势头减弱了，他还是

---

① 中国红十字会总会编：《中国红十字会的九十年》，中国友谊出版公司 1994 年版，第 84—85 页。

② 参见江柘舟：《活动在晋东南的国际医疗队》，《山西文史资料选辑》第 27 辑，第 87—93 页。

③ 梁钧铤：《抗战时期我在“红会”医疗队的一段经历》，《贵阳文史资料选辑》第 22 辑《红会救护总队》，第 15—19 页。

那样不知疲倦地笑呵呵地从事工作”[①]。

第十大队第01医疗队队长甘理安，“在高黎贡山施行急救手术时，对面的排炮飞来，几遭不测，过后他虽知道危险，而他仍在危险中完成手术”[②]；肯德“虽是个外国人，但他勇于任事的精神，真是中国人的好朋友，尤其是胆识过人，和中国人爱中国没有两样，红十字会的救死扶伤的工作，便在他这样的热情中格外的焕发了光彩”[③]。贝克尔、严森、弗拉托……每个人都有不平凡的经历，都在那个惊心动魄的时代大舞台大显身手，建功立业。救护总队第十大队大队长徐崇恩由衷感叹：“我们救护的队伍，就是一个‘工作同盟’的小集团，有中国人，也有外国人，这些外国的救护人员之中，有与我们并肩作战的英国人、美国人，还有欧洲反侵略的许多国家的志愿参加抗战的匈牙利人、波兰人、保加利亚人、西班牙人。我们都在同一个目标下，去发扬红十字会的救死扶伤的精神，担起我们为人生而服务的责任。”[④] 在此过程中，他们中有的甚至奉献出年轻的生命。白求恩的故事家喻户晓，柯棣华何尝不是如此。

1939年1月16日，在重庆的印度救护队获得批准，准备奔赴延安的前夕，柯棣华接到父亲不幸去世的消息。重庆八路军办事处的同志和其他几位医生劝他回国料理丧事，他强忍悲痛说：“我的家庭确实遭到了巨大的不幸，但这里千千万万无辜受难的人民更需要我。”他执意留了下来。2月12日，救护队历经千辛万苦终于抵达延安。寒风中，延安军民几千人夹道欢迎，使柯棣华一行热血沸腾。在八路军卫生部大礼堂举行的盛大欢迎会上，队员们受到毛泽东等中共中央领导的亲切接见，这使他们深受鼓舞。在延安，柯棣华和爱德华、巴苏华被分配到八路军军医院工作，木克华和卓克华被分配到八路军卫生学校工作。1940年，爱德华、卓克华、木克华或因病或服务期满先后回国。柯棣华和巴苏华继续留在中国。这一年，柯棣华、巴苏华冒着生命危险，穿越日军封锁线，抵达晋察冀边区。6月21日，柯棣华应聂荣臻司令员邀请，出席白求恩大夫陵墓揭幕仪式，代表印度援华医疗队向这位他所敬仰的国际主义战士献上花圈。柯棣华表示，要像白求恩那样，践行红十字会

---

① 鲁止渊：《援助我国抗战的国际友人事迹拾遗》，《成都文史资料选辑》第27辑，第163—164页。

② 徐崇恩：《第十大队与滇缅反攻》，贵阳市档案馆编：《战地红十字——中国红十字会救护总队抗战实录》，贵州人民出版社2009年版，第7页。

③ 徐崇恩：《中印公路一滴汗》，贵阳市档案馆编：《战地红十字——中国红十字会救护总队抗战实录》，贵州人民出版社2009年版，第14页。

④ 徐崇恩：《第十大队与滇缅反攻》，贵阳市档案馆编：《战地红十字——中国红十字会救护总队抗战实录》，贵州人民出版社2009年版，第7页。

的人道使命。8 月 20 日，百团大战打响了，柯棣华和巴苏华投身战地救护工作。在前线的 13 天，柯棣华收治伤员 800 余名，为其中 580 人施行了手术，平均每天施行手术 43 人次。如此高强度的工作，常人难以想象。

1941 年 1 月，柯棣华被任命为白求恩国际和平医院院长，继承白求恩大夫的未竟事业。就职欢迎会上，他动情地说："我决不玷污白求恩的名字，我要像他那样，献身于你们和我们的、也属于全人类的反法西斯事业。"柯棣华全身心投入抗战救护事业，医院的院务和医务蒸蒸日上，受到一致好评，人们称他是第二个"白求恩"。同时，他也赢得了中国姑娘郭庆兰的爱慕之情，1941 年 11 月，两人喜结良缘。次年 8 月，他们的儿子出世。聂荣臻司令员亲自给孩子起了"印华"的名字，寓意中印两国人民的友谊地久天长。就在儿子出生前的 7 月 7 日，柯棣华被批准加入中国共产党，这对他来说，可谓"双喜临门"。但令人惋惜的是，1942 年 12 月 9 日，柯棣华大夫因癫痫病发作，在河北唐县不幸离世，年仅 32 岁。

1942 年 12 月 30 日，柯棣华追悼会在延安中央大礼堂举行。毛泽东主席送来亲笔挽词："印度友人柯棣华大夫远道来华，援助抗日，在延安华北工作五年之久，医治伤员，积劳病逝，全军失一臂助，民族失一友人。柯棣华大夫的国际主义精神，是我们永远不应该忘记的。"宋庆龄发去唁电，表达了对他的无限哀思。

1943 年，在白求恩陵墓的右侧，晋察冀军民为柯棣华大夫建造了宏大的陵墓，朱德总司令亲笔题词："生长在恒河之滨，斗争在晋察冀，国际主义医士之光，辉耀着中印两大民族。"他的陵墓塑像，同白求恩陵墓塑像，如今一同并立在华北军区烈士陵园，供后人瞻仰。

柯棣华虽然去世，但精神永恒。1943 年 2 月 7 日，宋庆龄写信给柯棣华的妻子，向她表示慰问。4 月 5 日，毛泽东主席、朱德总司令联名致信印度国民大会党，表达中国人民的诚挚谢意，寄托中印两国人民世代友好的美好愿望。中华人民共和国成立后的 1955 年 12 月 16 日至 1956 年 1 月 2 日，宋庆龄应邀访问印度，专门看望医疗队队员的家属。对于柯棣华大夫，她写道："如同白求恩大夫一样，柯棣华大夫的名字将被永志不忘。"①

类似事例还有很多。例如高田宜，英国人，曾在印度热带病研究所工作。来华后，被分配到救护总队部。当她得知日本侵略军投掷细菌弹，给中国人民造成巨大灾难时，要求参加到广西的医疗队，去治疗传染病，临行前，因感冒而匆忙地打了防疫针，不料引起反应，不到二十四小时就不幸去世。当

---

① 参见池子华：《柯棣华：从印度来的第二个"白求恩"》，《中国红十字报》2018 年 6 月 29 日。

晚正是1942年“三八”国际妇女节前夕。同事们含泪把她葬在图云关的小墓地里，竖了一块碑，刻上她的英文和中文名字①。

第031医疗队的罗马尼亚籍女医生柯兰芝（克兰兹多尔夫夫人），1944年在云南昆明参加防疫时，染上回归热，3月14日离开了与她并肩战斗的丈夫和国际援华医疗队的朋友②。

英国红十字会配属红会救护总队部昆明办事处指挥的医疗队，队长韩正义，致力于中国救济事业，兢兢业业，1944年1月29日积劳成疾，不幸去世，安葬于大理郊外西友公墓。中国红十字会“以该故队长韩正义自配属本会救护总队部以来，办事负责，救死扶伤，不遗余力，卒因积劳过度，终至不起，殊堪惋惜，特电请卫生署转函外交部呈请行政院予以褒扬”。经行政院院会通过报请，国民政府于1944年6月2日下令褒扬：“英国红十字会医疗队队长韩正义，以外籍人员在华从事医疗队工作有年，急难扶伤，忠勇任职，于湘豫等省早著令誉，远近受其惠者，为数非其少，博爱存心，良深嘉尚。迩因调动繁剧，积劳病逝，特予明令褒扬，以彰异绩，而永仁声。此令。”③

上述几位不愧为白求恩、柯棣华式的人物，他们无私的奉献精神、可贵的国际人道主义精神在中国人的心目中竖起了一座不朽的丰碑。1985年，在纪念世界反法西斯战争胜利40周年的日子里，中共贵阳市委、贵阳市人民政府做出决定，在图云关树立国际援华医疗队纪念碑，碑文是：“为支援中国抗战，英国伦敦医药援华会组成医疗队，于1939年来贵阳，为中国人民抗击日本侵略者作出贡献。兹刻碑以志不忘。”④ 对所有来华服务的国际友人，中国人民都会永志不忘的。

第四节　为了忘却的纪念

在八年抗战中，中国红十字会医护人员出入于枪林弹雨之中救死扶伤，他们中有不少人因此献出了宝贵的生命。在红会史料中，我们发现了这样一份《追思录》，揭载“殉职员工”和“积劳病故”者名录，转录如次：

---

① 中国红十字会总会编：《中国红十字会的九十年》，中国友谊出版公司1994年版，第85页。另见《贵阳文史资料选辑》第22辑《红会救护总队》插图。

② 中华民国红十字会总会编：《中华民国红十字会战时工作概要》，1946年内部印行，第23页。

③ 《外籍医师韩正义来华服务七年积劳病故　本会呈请国府予以褒扬》，《会务通讯》第29期（1944年6月），第30页。

④ 中国红十字会总会编：《中国红十字会的九十年》，中国友谊出版公司1994年版，第88页。

殉职员工：苏克己、墨树屏、李树藩、宋国清、刘宗歆、陈乃宽、刘中武、谢蕙贤、陈秀芳、张松林、杨全兴、胡瀛学、方顺宝、湛小林、游联苐、杜运生、沈毛毛、曹惠丰、翁福根、王元发、陈亚头、谭海萍、薛士汉、张海霖、吴庸、古少真、唐寿生、鹿文林、王孝义、邹学树、毛熙臣、王清弼、王家龢、梅碧芳、徐锡汉、龙春庭、曾宜材、何克潜、刘万春、张砚塘、李硕瑞、秦昌明、戴慕庄、谢少林、苏多加、D. HANKEY，C. KRANZDORF。

积劳病故：王正明、杨硕庆、傅贤锡、王剑鸣、周国元、文宗杰、杨从周、梁仙佩、朱少道、邱长汉、周仙珍、李书迟、高伯明、李成生、赵广义、袁树德、秦松霖、王仲申、方克庆、谢天明、洪亮生、王克明、丁林民、王永谦、刘立达、杨隶忠、彭鉴、崔翠云、苍生成、张华、徐正祥、梅华、王文英、郑玉顺、卜政、钱心慈、陈仁强、刘星阶、杨瑞华、沈金福、丁孝雍、刘传玉、韩真全、彭玉麟、陈沛华、李云、陈学忠、吴国斌、姜仲彝、钟学之、朱旭东、韩绍愈、张俊峰、谢绍林、林生嘉、吴健生、周金生、蒋传彬、麦淑贞、刘明经、柏子然、朱金发、胡鸿鹏、陈汉清、王裕华、柳桂林、B. G. . COURTNEY①。

这份《追思录》，应该说主要是在中国红十字会总会直接发起的救护行动中殉职的会员名录，共计 114 名。他们舍生忘死，用行动诠释了人道的真谛。在红会史籍中，有一篇《义士列传》，记录了墨树屏、王孝义、刘宗歆、胡瀛学、刘万春 5 位义士光辉灿烂的人生②，值得每一位红十字人“追思”。1943 年 10 月，为纪念抗战以来殉职员工，救护总队部特立“中华民国红十字会救护总队部殉职员工纪念碑”于总队部门首花圃内。上有殉职员工题名：墨树屏、刘宗歆、胡瀛学、游联苐、薛士汉、古少其、王孝义、王法弼、徐锡汉、李树藩、陈乃宽、方顺宝、陈亚头、张海霖、唐寿生、邹学树、王家和、龙春庭、杨全兴、宋国清、谌少林、谭海萍。他们理所当然载入中国红十字会抗战救护的光荣史册。总会秘书长兼救护总队部总队长胡兰生撰书碑记：

丁丑之秋，倭寇荐侵神州，妄蓄开疆辟土之谋，阴使盗窃掠夺之事，狼烟所起，万姓成虚。中华民国红十字会，本博爱恤兵之怀，当救死扶伤之任，左袒一呼，裂裳千里。墨君树屏等，天与拳勇，闻义能涉，或沙场救护或挽

---

① 中华民国红十字会总会编：《中华民国红十字会战时工作概要》，1946 年内部印行，第 15 页。

② 《义士列传》，贵阳市档案馆编：《战地红十字——中国红十字会救护总队抗战实录》，贵州人民出版社 2009 年版，第 115—117 页。

车引辎，未睹功靖，身已先死，芳徽伟烈，足多矜式。爰有救护总队部汤副总队长蠡舟，縻卫生员雪亭，捐资建碑，永立兹丘，用崇彰德报功之盛，益励同仇敌忾之风。於戏，急病攘夷，为义之先，图国忘身，乃贞之大，愿斫坚珉，假辞纪美，英风永在，望慕无穷！①

至于地方红会在抗战救护中有多少会员献出生命，不得而知，但历史不该忘却那些“无名英雄”。

关于红会人员殉职的具体情况，红会史籍以及当时的报刊有所披露，其中特别引人注意的是侵华日军的加害，表 12－3 的统计颇能说明问题。

表 12－3　抗战期间中国红十字会遭受日军危害行为调查表②

年	月	日	事　实	危害行为		
				人　员	器　材	财　产
1937	8	18	第二救护队设于上海真茹东南医院内，遭敌机轰炸，该院实习馆、大礼堂、图书室被炸全毁，该队队长龚继长医师炸伤头部，队员葛林宗、谷逸民医师轻伤，担架队长张松林炸死，卫生器材全失	死：担架队长 1 人；伤：医师 3 人	卫生器材全失	东南医学院实习馆 1 所，大礼堂 1 所，图书室 1 所，（即办公大楼之一角）被炸毁
1937	8	23	第一救护队设于上海罗店惠生助产学校，忽遭受敌人侵入，苏克己医师当场被枪杀，陈秀芳护士伤腹部死医院中，谢惠贤、刘中武护士被枪杀后，弃尸未获，所携卫生器材全失	死：医师 1 人，护士 3 人	卫生器材全失	

① 《救护总队部业务概况》，《会务通讯》总第 24 期（1944 年 1 月），第 75—76 页；《活动纪要》，《救护通讯》总第 1 期（1943 年 10 月），第 4 页。

② 资料来源：秦孝仪主编：《革命文献》第 100 辑，《抗战建国史料——社会建设》（五），（台北）“中央文物供应社”1983 年版，第 184—190 页；另见《中华民国红十字会抗战以来遭受日本危害行为调查表》，《红十字月刊》总第 1 期（1946 年 1 月），第 4—7 页。

（续表）

年	月	日	事　实	危害行为		
				人　员	器　材	财　产
1937	8		第三救护队设于南翔，队部被炸，伤队长傅尧、队员赵汝信医师2人，平房一所震坍	伤：医师2人		平房一所震坍
1937	8至10		第四救护队奔驰于上海、大场、真茹间救护，后更分派队员于苏州、嘉兴、木渎一带工作，综8月至10月间，因遭炸毙队员凡10余员，迄尚有数员尸身未获	死：队员10余人		
1937	8至10		第11急救队由上海市商会童子军第50团所组织，奔驰于沪淞前线，急救伤兵，几度遭受轰炸，队员徐健来（足部炸伤）、陈香荪（腿部腰部炸伤）、陈应乾（额部受伤）、郑志强（肺部枪伤），均受伤害	伤：队员4人		
1937	9	13	司机杜运生在真北路真大桥附近遇飞机掷弹受伤殒命	死：司机1人		
1937	10		红十字会汽车（救护）行经昆山附近被炸中焚毁			汽车1辆炸毁
1937	10	6	司机沈毛毛驾车至龙华港附近，时已深夜，因防空未开车灯，下车问路误堕港内，而潮流甚急，当时即漂流无踪，次日尸身浮起	死：司机1人		

（续表）

年	月	日	事　实	危害行为		
				人　员	器　材	财　产
1937	10	26	第95号救护车于真南被敌机炸毁			汽车1辆炸毁
1937	10	28	司机曹惠丰、翁福根、王元发同驾车至昆山拖车，行至洛阳桥附近有敌机十余架追车掷弹受伤殒命，并毁汽车1辆	死：司机3人		汽车1辆炸毁
1937	10	30	第94号救护车于昆山被敌机炸毁			汽车1辆炸毁
1937	10		第97、99号救护车于苏州、第98号救护车于南京，均被敌机炸毁			汽车3辆炸毁
1938	4	17	救护总队部派车14辆由海防接运卫生材料进口，行经平马，遭遇敌机轰炸，其中第001、001、003号汽车3辆，连同车上卫生材料9吨，全部炸毁		卫生材料9吨全失	汽车3辆炸毁
1938	4	21	救护总队部第82号救护车1辆，行经广西宾阳，遭敌机炸毁			汽车1辆炸毁
1938	7	2	第5医疗队队员胡民范医师、汤国桢医助、林春申医助等在湖北武昌遭敌机炸伤	伤：医师1人，医助2人		
1938	8	23	第53救护队队附（副）胡学瀛在江西马回岭救护伤兵时，突遭敌机炸伤脑部当时伤重殒命，为救护总队部成立以来，因救护而殉职之第一人	死：队附1人		

（续表）

年	月	日	事　实	危害行为		
				人　员	器　材	财　产
1938	8	23	第55医疗队部在江西虬津被炸毁		卫生器材全失	队部房屋被炸毁
1938	9	26至28	第5医疗队及第8医疗队分率第74、第80号救护车两辆，驻在湖北崇阳，于9月26、28两日，连续遭受敌机狂炸，结果两队安全，两车被焚毁			汽车2辆炸毁
1938	9		救护总队救护车2辆，当驰往前线救护之际，行经江西虬津，遭敌机炸毁			汽车2辆炸毁
1938	10	4	第26医疗队全队人员于南昌遭敌机机枪扫射，幸未遇害，惟医师黄时影颞颥部擦伤，配在该队工作童子军徐德福，时担任护送伤兵之押车任务，臀部遭枪弹射伤	伤：医师1人，童子军1人		
1938	10		第57医疗队驻湖北崇阳工作，房屋被炸全毁		卫生器材全失	队部房屋被炸毁
1938	10	30	第34医防队驻广东新昌，遭敌机轰炸，队部房屋震坍，公私物品，及卫生器材全毁		卫生器材全毁	队部房屋震坍，公私物品炸毁
1938	11	7	第80医疗队医助徐锡汉，于湖南零陵进行救护工作之际，遭敌机炸毙，队部房屋全毁	死：医助1人		队部房屋全部炸毁
1938	11	10	是日敌机狂炸湖南长沙，第59医疗队医助刘万春，当被炸毙，运输队司机张得胜，第62医疗队医护员吴望新，医助陈洪琪、潘云生等俱遭炸伤	死：医助1人；伤：司机1人，医护员1人，医助2人		

（续表）

年	月	日	事　实	危害行为		
				人　员	器　材	财　产
1938	11		第16医疗队及第19医护队同驻湖北宜昌，两队队部同遭敌机炸毁，公私物品及卫生器材全部损失		卫生器材全毁	队部房屋及公私物品炸毁
1938	11		救护总队部设于湖南长沙时，曾遭敌机扫射，但停在湖迹渡之救护车两辆，均遭炸毁			汽车2辆炸毁
1938	11	30	第71医疗队护士张怀瑾于广西桂林进行救护工作时，遭敌机炸伤。	伤：护士1人		
1939	3	7	第7医护队、第10医疗队、第6运输队同驻陕西西安，各队队部同遭敌机炸毁，第6运输队工友张海霖、第7医护队工友毛熙臣当被炸毙，第7医护队工友杨楷云炸伤，第61、第63、第66号救护车同时被毁，卫生器材及油料全部损失	死：工友2人；伤：工友1人	卫生器材全部损失	各队队部房屋全毁，3辆救护车被毁，油料全部损失
1939	3	21	第49医防队于湖南长沙所设之灭虱站遭敌机炸毁			灭虱站房屋设备全毁
1939	3	30	第二大队部于湖南长溪所设之灭虱站遭敌机炸毁			灭虱站房屋设备全毁
1939	4	6	第49医防队设湖南衡阳之队部，遭敌机轰炸，所设灭虱站、特别营养室等设备及卫生器材，全部炸毁，工友储茂隆腿部炸伤	伤：工友1人	卫生器材全失	队部房屋及灭虱站、特别营养室设备全毁
1939	5	13	第33医疗队护士王孝义于湖南祁阳，参加防疫工作，并于重病病室照料斑疹伤寒患者，卒被感染身故	死：护士1人		

（续表）

年	月	日	事 实	危害行为		
				人 员	器 材	财 产
1939	7	15	第43医防队护士古少真，于广西柳州进行救护之际，遭敌机炸毙。同时该队医助吴秀英、汪玉琳、苏琴芳，同被炸伤。队部房屋被炸全毁	死：护士1人；伤：医助3人		队部房屋全毁
1939	7		救护总队部第27号救护车1辆，载运卫生材料至前方，于南宁田东线上，遭敌机炸毁，车上规（奎）宁丸约2吨，亦全部损失		规（奎）宁丸约2吨全失	汽车1辆炸毁
1939	7	31	第四大队于广西，遭敌机轰炸，毁门前第178号救护车1辆。			汽车1辆炸毁
1939	11	7	第76救护队医助薛士汉，于湖南零陵担任空袭急救工作，遭敌机炸毙	死：医助1人		
1939	11	20	第7、第10医疗队设于陕西延安之门诊部，遭敌机炸毁。所有房屋卫生器材及设备全失		卫生器材全失	门诊部房屋设备全毁
1939	12	2	第7医疗队医助李树藩，自河南渑池出发前线救护，途中遭敌军枪杀身死	死：医助1人		
1940	6	15	第142医疗队输卒杨全兴、宋国清，由江西修水担运材料至湖南长沙，遭敌机炸毙	死：输卒2人		
1940	7	14	救护总队部司机秦昌明，担任卫生材料输送，行经四川綦江，遭敌机轰炸，仓皇奔避，堕河而死	死：司机1人		

（续表）

年	月	日	事　实	危害行为		
				人　员	器　材	财　产
1940	8	21	第60医疗队医助郑亦乔于浙江金华进行救护工作之际，遭敌机炸伤	伤：医助1人		
1940	8	25	第44医疗队医助刘蘅、陈其清，于湖南郴州进行救护工作之际，遭敌机炸伤	伤：医助2人		
1940	8	25	第43医疗队驻柳州队部被炸，特别营养室全毁，队员陈金贞炸伤（左下肢骨折），吕珩炸伤背部	伤：队员2人		队部被炸、特别营养室全毁
1940	8	29	第17医疗队通译员汤文卫于广西黄沙河行进之间，遭敌机炸伤	伤：通译员1人		
1940	10至11		敌机于10月4日在浙江衢县，11月4日于湖南常德，11月27、28两日于浙江金华，先后散布鼠疫杆菌，各地先后发生鼠疫，流行颇剧。当此期内浙江宁波及义乌等地，忽有鼠疫发生，经由救护总队部指派专家会同卫生当局所派防疫专家检定结果，认为确系敌机散布鼠疫杆菌，危害地面居民之所致。时第312医防队队长刘宗歆，在浙江衢县疫区任防疫医院主治医师工作，并协助卫生当局在浙江义乌一带调查防治，致染鼠疫，于1940年12月13日死于衢县防疫医院	死：医师1人		

（续表）

年	月	日	事　实	危害行为		
				人　员	器　材	财　产
1941	2	5	第33医疗队工友唐寿生，当湘北三次大捷时，长沙伤兵涌到，该工友在隔离病室工作，致染天花身死	死：工友1人		
1941	5	3	第011医疗区队工友邹学树、王家和，于缅甸八莫突围时，因担运卫生器材，遭敌俘去枪杀	死：工友2人	卫生器材全失	
1941	5	8	第74医疗队医助张砚塘、鹿文林、吴庸子在山西垣曲，被敌俘去，生死不明	被俘：医助3人		
1941	10	18	第一大队副大队长墨树屏医师，于河南林县出发救护，因越山绕径，堕崖而死	死：医师1人		
1943	4	27	第012医疗队医助陈乃宽，于云南大理参加防疫工作，致染斑疹伤寒而死	死：医助1人		
1944	3	14	第031医疗队罗马籍医护员柯芝兰，于云南昆明参加防疫工作，致染回归热而死	死：医护员1人		
1944	12	4	第432医疗区队医护员戴慕庄，于贵州独山四方井，遭遇敌人，致被枪杀，弃尸未获	死：医护员1人		
1945	2		第711医疗区队护士梅碧芳，于广东仁化楼下镇四面遭敌合围，情势危急，将陷敌手之顷，遂仰药自尽而死	死：护士1人		

（续表）

年	月	日	事　实	危害行为		
				人　员	器　材	财　产
1945	3	8	第411医疗区队护士何克潜，于贵阳贵定参加难民防疫工作致染回归热而死	死：护士1人		
1945	5	14	第922医疗区队护士苏多加，于湖南晃县参加防疫工作，致染斑疹伤寒而死	死：护士1人		

从表12－3中可见《追思录》中红会职员罹难的事实，其中红会会员殉难与日军危害行为之间的对应关系一目了然。不过，该表所列并不系统，问题主要有三：

其一，遗漏很多，尤其是地方分会。例如：

1938年4月，“莒县县政府在寨里河被敌袭击，会长王次甫殒难”①。

1940年5月，湖北光化县分会被炸，“重要文件等，均被炸毁”②。

1940年7月28日，“敌机八架经桂袭筑，其中三架在本部（救护总队部）上空作有计划之低飞轰炸，各投弹一枚，一落卫训所大礼堂附近空地，一落于球场，一落于实习医院第十五病室附近空地，附近房舍震毁数间，员工及伤兵轻伤者五人”③。

1940年8月21日，敌机轰炸金华白龙桥一带，救护总队第60队医助蔡一舟被弹片击伤腿部④。

1941年4月7日，日机大举轰炸不设防城市昆明，中国红十字会昆明办事处及昆明分会均被炸毁⑤。

---

① 《莒县分会概况》，《会务通讯》第19期（1943年8月），第54页。

② 《光化分会筹备改选》，《会务通讯》第19期（1943年8月），第58页。

③ 贵阳市档案馆编：《战地红十字——中国红十字会救护总队抗战实录》，贵州人民出版社2009年版，第332页。

④ 贵阳市档案馆编：《战地红十字——中国红十字会救护总队抗战实录》，贵州人民出版社2009年版，第335页。

⑤ 《昆明分会遭敌机轰炸》，《会务通讯》总第4期（1941年6月），第9页。

此外，中国红十字会煤业救护队队员先后殉职者多达 20 余人[①]。如此等等，类似遗漏的史实不少。

其二，不够全面。表 12－3 中虽然列举 1937 年 8—10 月“第 11 急救队由上海市商会童子军第 50 团所组织，奔驰于沪淞前线，急救伤兵，几度遭受轰炸，队员徐健来（足部炸伤）、陈香荪（腿部腰部炸伤）、陈应乾（额部受伤）、郑志强（肺部枪伤），均受伤害”的事实，但很不全面。据《第五十团童军向红会报告服务经过》称：

殉难团员：该团参加服务而殉难之团员，共计三人：（一）何国寿，二十二岁，上海合盛洋行职员。于二十六年八月二十二日下午一时，到团报到服务，途经先施公司附近，遭弹炸死。尚有老母在堂，本人未婚。（二）杜象贤，年二十五岁，上海爱礼司洋行职员。在沪工作过度，积劳成疾，转成伤寒，于二十六年十月三十一日，殁于宝隆医院。老母在堂，有兄一人，妹二人，本人未婚。（三）苍成全，年二十二岁，上海春生运动器具公司职员。因公途经贵阳，身罹瘴气，于二十七年十二月三十一日，逝于贵阳中央医院。老父在堂，有兄一人，本人未婚。

受伤团员：团员之因服务受伤者计有：（一）罗文光于二十六年八月十八日押乘救护车辆，中途在真茹附近遭飞机放射机枪，跳车躲避，伤及手腕节骨；（二）彰麟才，二十六年九月二日为驾乘自由车传报，避让对方车辆，在真茹车倾马翻，伤及□□□□；（三）吴士庭在刘行伤前额；（四）何焯然在中山路伤头胸腰部；（五）郑志强在南翔伤头胸腰部；（六）许荣寿在大场伤头胸腰部；（七）何士魁在真茹、南翔间伤左肘；（八）陈刚在真茹附近伤臂部；以上六人均系二十六年九月三日押乘救护车辆，往前方救护伤兵，黑夜与他车相撞。（九）郑志强，二十六年九月二十五日押乘救护车辆往永安桥前线救护伤兵，穿越交通壕，觅寻伤兵，为哨兵狙击，伤肺部洞穿；（十）陈杏荪；（十一）陈应干；（十二）徐健来；以上三人，二十六年十月二十五日押乘修理车往济阳桥前线，遭飞机投弹袭击，均伤腰部腿足部，现陈杏荪团员尚卧住于本埠医院中。（十三）罗嘉鸿，二十六年十月二十六日调赴伤兵站工作，在金神父路中途跌出车外而昏厥；（十四）陈应干，二十七年四月三十日押乘运输车赴南昌，车窗震落，伤及鼻梁；（十五）何明九；（十六）荣养泉；均系二十七年五月四日押乘运输车辆赴重庆，在贵阳松坎县山道中途覆

① 计有金克华、余继良、王鑫甫、杨志华、叶梧影、毛中玉、董纯道、田锦卫、周玉寒、王心渊、邵延鸣、施奇、洪德生、毛纪法、黄飞雄、毛梅卿、周惠成、缪凤楼、陆稼檣、周中奎（周山）、齐棋华，参见中共上海市委党史资料征集委员会主编：《皖南从军纪实——上海红十字会煤业救护队抗战史料选编》，1987 年编印，第 277—280 页。

车，伤胸腰部。（十七）骆真宏，二十七年六月五日押运输车辆，在广东九峰山顶中途车箱沸水射激，伤胸腰部；（十八）孙德福，二十七年七月三十一日押乘运输车辆，在沅水公路上矮寨车上引擎走火，灼伤膝盖部及手指；（十九）徐德福，十月五日在南昌赴医，途中遭飞机空袭，机枪射扫，伤腿部；（二十）张德荪，服务途次于二十七年十一月十日在平江县长寿镇遭飞机炸伤臂部，现尚卧于祁阳第一六七号后方医院中。以上截至二十七年年底，共计团员受伤二十起，内郑志强、陈应干各受伤两次，实计团员受伤者十八人①。

据此可知，第 50 童军团中的 3 人殉职、18 人负伤的情况，表 12－3 中显然记录不全。

其三，不够完善。表格所列“抗战期间”，是指全面抗战时期。实际上，抗战时期应从 1931 年九一八事变算起，这样有将近 6 年的史实没有被列入，不免遗憾。

事实上，在抗战初期的战事救护中，有不少救护队员被日军伤害，对此，前文已有论述。仅在 1932 年初的淞沪抗战的救护中，“中国红会职员被日军射杀者三人，重伤身死者二人，失踪者四人，炸毁大场伤兵医院一处，轻伤王志芳、王敦甫等数十人”②。令人震惊，而这还是不完全的统计。

倘若能够统计出整个抗战时期为救护事业死伤的红十字人，可以肯定，总数当有数百人之多。其中多数为日军所加害。

根据《日内瓦公约》所规定的救护原则：“（一）各交战国，应对伤者病者不分国籍，负责收集护养；（二）凡在作战时，伤者病者及救护车辆与医院暨从事伤病救护各级人员，不论在任何时期与环境，皆应视为中立者。旋陆战法规亦有明文规定：（一）不能妨碍红十字会的救护工作；（二）敌方伤兵亦应负看护之责；（三）不能轰击救护伤兵的车辆；（四）不能囚锢敌方的医师和护士。这些战时国际性的公约和法规，可谓充满了人道主义的精神，并于一九〇六年及一九二九年两次外交代表会议中，均能表示精诚维护这万国红十字公约之精神。”③ 中日两国都是《日内瓦公约》缔约国。自战争爆发后，中国红十字会即给予日军伤兵以人道救护，1942 年、1944 年，还先后派医疗队担任贵州镇远俘虏收容所 700 名战俘、重庆南温泉敌侨集中营 200 名战俘的医疗卫生保健工作，“营所卫生，一致显有改进，死亡率因之锐减”。

---

① 《第五十团童军向红会报告服务经过（续）》，《新闻报》1939 年 2 月 28 日。

② 《万国红会代表到沪》，《申报》1932 年 3 月 8 日。

③ 汤蠡舟：《日本危害中国红十字会的罪行》，《红十字月刊》创刊号（1946 年），第 3 页。

1944 年，国际红十字会联盟派员来华视察俘虏卫生时，“获有良好之印象”①。相反，日军则不顾国际公法和中国红十字会的严正声明、抗议及国际红会的强烈谴责，肆意枪杀、轰炸红会人员和设施，造成红会重大生命财产损失。

美国战地记者史沫特莱曾寄救护总队部一封信，披露了这样一个事实：

（美国名记者史沫特莱特最近由皖南寄一信，对本部旧同志张英在沦陷区被敌人残害及奋斗情形的叙述甚详，兹将原信译刊如下）

张英的故事——我要把新四军随营学校某学科教师的故事报告红十字会的一切工作者。当我初次看见他的时候，他那副奇形怪状的脸像，真丑得可怕。深凹的一条刀疤刻划在他的颊上。这刀疤很长，从他的鼻子上过右耳底下，直达他脖子后部。我问过他这个刀疤是怎样来的，他说日本人想把他的头割掉，但割了一刀以后，又把他抛在河里，以为他一定已死了。他叫张英。他是从前在某处附近工作的红十字会救护队队员。他于民国二十六年和同事的十一人带了一些药品及救护车数辆退出某处。十一月八日，这十二人在某地北面被敌营日本兵包围着。他们拿出红十字会臂章给日本兵看，但其中九人依然当场被杀，其他三人逃跑了。可是日本兵还是把他们全体捉到，当场处死了两个，并且要弄死张英。有一个日本兵要想砍掉张英的脑袋，但只砍了一刀又把他抛在河里。冷水的刺激，使他苏醒过来。他爬上岸，爬到红会的收容所。那里没有一个人。他看到那里遍地都是敷料，就拾起一些把自己的伤口包好，又把其余都拾了起来。他爬出收容所，发现了一个壕沟。那是一般老百姓躲避轰炸的地方，他在那里躲了九天，由老百姓拿东西给他吃，他自己包扎他的伤口。到了第九天，有一个老百姓告诉他说，附近山上有一个天主教的神甫会救他。这是一个法国神甫，他把张英带上了山，藏在观象台的一个房间里。那里另外还有十个受伤的躲在那里，都是军人。日本兵常到那里去搜索中国兵，但这位法国神甫总是不让他们进去。由于这位神甫的帮助，张英的伤慢慢的好了，后来他到内地，参加了新四军。他曾经加入新四军随营学校受训，后来当了学科的教师。他本是吴淞附近某小学的教师。现在此间随营学校担任学科方面的教师②。

张英的故事，从一个侧面反映了日军的残暴行为。更令人发指的是，日军经常寻找红十字目标，进行野蛮轰炸。1938 年，史沫特莱女士报道说：“每

---

① 中华民国红十字会总会编：《中华民国红十字会战时工作概要》，1946 年内部印行，第 12—13 页。

② 《张英的故事》，贵阳市档案馆编：《战地红十字——中国红十字会救护总队抗战实录》，贵州人民出版社 2009 年版，第 401 页。

天我都看见覆盖着厚厚灰尘的红十字卡车和救护车在医院里卸下血肉模糊的伤员，听司机们说，日本飞机沿公路扫射和轰炸红十字会的车辆。终于再没有一个伤员愿意上车了，除非是用泥把红十字的标志涂掉。”“有一天，我在长沙看见一个中国女医师，脸色灰白而焦急，从她领导着一队女医师和女护士在工作的前线乘着车子来了。她和她那一队医护人员两星期内已经被日本飞机从三座医院里炸了出去，她们的药物和器械也被炸得一干二净。她在路上曾经眼看着前面的一辆红十字卡车遭到扫射，甚至可看见头上机舱里驾驶员咧着嘴在笑的面孔。到了天黑，这位女医师又在返回前线的路上了，带去了一些补充的物资。”① “红十字”这一保护性标志竟然成为刻意攻击的目标，堪称世界战争史上的“奇观”。

更有甚者，日军连中国红十字会救护总队部也不放过。1940 年夏，正在图云关访问的史沫特莱亲历了这一骇人听闻的残暴行为：“七月二十八日，敌人的海军飞机专程绕道来炸红十字总部和医疗中心。那次空袭使得这里的医生不得不为第二次受伤的伤兵作第二次手术，而由正在康复的士兵构筑过夜的临时住所。林（可胜）博士开始考虑疏散病房的计划——那将是一种会使医疗工作变得更加困难的局面。”② 史沫特莱所说“专程”轰炸救护总队部，并非虚言渲染，据《申报》报道：“查七月九日，曾有日方侦查飞机至该村（指救护总队部——引者）详细侦察中国医药团与红十字医院，显系摄取照相。”③ 幸而总队部及时得到情报，预作防范，否则后果不堪设想。损失情况，据总队部英文秘书王春菁说：“敌机一架在毗邻卫训所的教学医院——一六七后方医院投弹三枚，炸毁了医院的一部分，炸伤了五人，其中一人是护士。史沫特莱女士是位作家和新闻记者，她当日和连夜伏在打字机上，嘴含着香烟，拍发电报给世界各通讯社，控诉日军无视国际公约，轰炸红十字会及医院的残暴行为。”④

日军肆意践踏日内瓦公约，危害中国红十字会的事例不胜枚举。这种危害行为，直接造成红会重大生命财产损失，《追思录》和《中华民国红十字会抗战期间遭受日军危害行为调查表》所传达的信息，虽然并不完全，但相关关系昭然若揭。这是不争的事实。

对在抗战救护中殉职的中国红十字会会员，人们深表怀念。抗日战争之

---

① ［美］艾格尼丝·史沫特莱：《中国的战歌》（江枫译），作家出版社 1986 年版，第 234 页。

② ［美］艾格尼丝·史沫特莱：《中国的战歌》（江枫译），作家出版社 1986 年版，第 513 页。

③ 《贵阳红十字村惨遭炸毁》，《申报》1940 年 8 月 2 日。

④ 王春菁：《参加中国红十字会工作的回忆》，《贵阳文史资料选辑》第 22 辑《红会救护总队》，第 121 页。

所以能取得最终胜利，中国红十字会与有功焉！这是有目共睹、不容抹杀的。但从本质上说，“红十字”是和平的使者，正因为如此，为了忘却的纪念，中国红十字会将日军之于红会罄竹难书的危害行为记为“血帐”而非“血债”，旨在唤起人类对和平的珍视和对战争的唾弃。汤蠡舟副秘书长在《日本危害中国红十字会的罪行》一文中就表达了这一美好愿望：

不把敌人的罪行写作“血债”，而写作“血帐”总是应该的。因为“血债”一定要还的，就难免以牙还牙“冤冤相报”，我们需要的是未来人类的和平，更需要的是世界的集体的安全，我们不容再见人类残杀和流血了。但我们为了保护国家和自己的权益，为了维持国际法的尊严，为了惩儆战争罪犯和永保未来人类的和平，这笔“血帐”我们该记也该清算的。我们必须完成这个工作，尤其是自红十字会的立场上格外要记上这篇“血帐”，意义是十分重大的①。

这是历史的警示，值得人们永远记取。

① 汤蠡舟：《日本危害中国红十字会的罪行》，《红十字月刊》第1期（1946年1月），第3页。

第十三章　中国红十字会的“复员”时期

1945 年 8 月 15 日，日本宣布无条件投降。中国人民经过艰苦卓绝的斗争，终于取得抗日战争的伟大胜利。为抗战胜利做出巨大贡献的中国红十字会也由此进入一个新的历史时期——“复员”时期。在新的历史条件下，中国红十字会的工作重心适时由战时救护转向社会服务，开始向新的工作领域进发。

第一节　“复员”与工作重心转移

一、“改隶”的意义

1945 年夏秋之交，抗战胜利的曙光呈现。胜券在握，善后工作自然提上日程，虽然战地救护工作尚未结束。为配合善后救济总署的计划，中国红十字会总会开始办理收复区民众医药救济工作，这项工作由黔桂路开始，随收复区逐步推进。同时组织流动医疗队，开展反攻战事救护。

抗战胜利后，中国红十字会以战地救护为重中之重的工作宣告结束，但善后救济仍需要红会的配合。1945 年 12 月，救护总队部由贵阳图云关“全部迁渝，与总会同地办公”①，且仍与行政院善后救济总署合作，办理民众医疗救济工作。根据变化了的新形势，医疗队缩编为 40 个区队，

① 《工作动态》，《红十字月刊》总第 1 期（1946 年 1 月），第 15 页。

分布情况如表 13－1 所示[①]。

表 13－1　医疗队各省分布统计表

省别	浙江	江苏	江西	湖北	湖南	四川	福建	广东	广西	贵州	总计
队数	4	2	2	3	5	7	3	2	6	6	40

1946 年起，40 个区队，除在光复区者外，后方各队多数搭乘木船护送难民或随军工作，向南京、汉口、芜湖、南昌、上海、杭州、郑州等地集中，原在俘虏营及集中营者，则由汽车护送俘虏集中于汉口。这 40 个区队直到 6 月份完成任务后，被总会分别编遣，其中 12 个经改编配属于南京、上海、北平、广州、汉口、常州等 6 个分会诊疗所[②]。救护总队部完成了自己的历史使命亦被撤销。

40 个区队从 1945 年 11 月到 1946 年 6 月医疗服务情况，红会史籍有如下统计：内科诊疗 135818 人；外科诊疗 231510 人；防疫注射 135169 人；检验人数 86382 人；X 光照像人数 321 人；X 光透视人数 1544 人。共计受惠人数 587744 人[③]。

抗战胜利，意味着中国红十字会抗战救护的使命已告完成，工作重点势必发生转变，协助行政院善后救济总署办理民众医疗救济工作，实际上就是工作重心转移的一个信号。“改隶”则是重心移位的明显标志。

在抗战时期，红会工作依《中华民国红十字会战时组织条例》之规定，以卫生署为主管官署；又依《军事委员会战时监督红十字会暂行办法》之规定，接受军委会监督。抗战胜利后，行政院在 1945 年 11 月 20 日举行的第 21 次例会上，通过《复员期间管理中华民国红十字会办法》（12 月 8 日颁布）[④]，提出了红会“改隶”及相关事宜。《办法》规定：

第一条　复员期间管理中华民国红十字会依本办法之规定。

第二条　中华民国红十字会业务，参照日内瓦红十字会协会之规定，及中国社会实际需要，就其人力物力财力之可能，随时决定之。

第三条　中华民国红十字会设总会于首都，以行政院为主管官署。并依其业务性质，受社会部、卫生署、善后救济总署之指挥监督。

① 资料来源：《红十字月刊》总第 1 期（1946 年 1 月），封底。

② 胡兰生：《中华民国红十字会历史与工作概述》，中国红十字会总会编：《中国红十字会历史资料选编，1904—1949》，南京大学出版社 1993 年版，第 507 页。

③ 中国红十字会总会编：《中国红十字会历史资料选编，1904—1949》，南京大学出版社 1993 年版，第 511 页。

④ 《工作动态》，《红十字月刊》总第 1 期（1946 年 1 月），第 14 页。

第四条　总会置会长一人、副会长二人，理事十五人至二十一人，组织理事会，并就理事中指定七人为常务理事，均由行政院聘任之。秘书长一人，副秘书长一人或二人，由会长遴请行政院聘任之。其他办事人员，由总会派充，汇报行政院备案。

第五条　理事会每三个月开会一次，常务理事会每月开会一次，均由会长召集，以会长为主席，秘书长、副秘书长均列席。其他主管人讨论有关业务时，亦得列席。

第六条　总会得分处室办事，并设所、队、库等机构，其办法另定之。

第七条　总会应按月编造工作报告，呈送行政院备案，并按业务之性质分送有关主管机关备案。

第八条　总会经费除政府补助及业务收入外，得以募捐方式征集之，按月终造收支，请会计师查核，报主管机关备案。

第九条　中华民国红十字会各市县分会之调整管理办法，由总会拟呈行政院核定后施行。

第十条　总会得派员出国考察红十字会业务，并欢迎友邦红十字会派员联络指导或协助等工作。

第十一条　本办法自公布日施行，至复员业务终了时，以命令废止之①。

根据这个《办法》，中国红十字会的主管官署“改隶”行政院，会长、副会长及常务理事（监事废止）均由行政院聘任。

“改隶”以及“复员”从1946年1月开始。1月初，行政院正式聘任蒋梦麟为会长，杜月笙、刘鸿生为副会长②。中国红十字会完成改组，正式进入“复员”时期。

“改隶”不过是业务主管官署的变更，不变者，则是红会与政府的隶属关系，正如蒋梦麟所说：“本会虽经一再改隶，然始终属于半官性，则未改变。……抑有言者，本会虽仰助于政府，但能补助政府施政所不及；而政府虽给予本会之辅助，亦系一种道义上之义务，衡诸其他各国情形，正复相同。此次改隶，则本会与政府间之关系，当更较为直接，对于会务之推行，殊多裨助也。”③ 中国红十字会仍然没有抹去浓重的官办色彩。

---

① 《复员期间管理中华民国红十字会办法》，中华民国红十字会总会编：《中华民国红十字会战时工作概要》，1946年内部印行，附录第25—26页。

② 《红十字会改隶（行）政院》，《大公报》1946年1月5日。

③ 蒋梦麟：《中国红十字会改隶之意义》，中国红十字会总会编：《中国红十字会历史资料选编，1904—1949》，南京大学出版社1993年版，第126页。

二、“还都”与总会组织调整

抗战胜利后，国民政府还都南京。根据《复员期间管理中华民国红十字会办法》之规定，中国红十字会总会设于首都所在地。因此，中国红会在办理“复员”事宜的同时，亦准备“还都”。1946 年 1 月 19 日，曾大钧副秘书长飞抵南京，“勘定会址”①，购得中山路 275 号一处三层楼房作为新会址。新厦巍峨耸立，素有“白屋”之称，于屋脊两端高树红十字标帜，颇为赏心悦目。红会还都人员分两批自渝东下，首批于 1946 年 4 月乘飞机抵宁，次批携带文卷档案等乘两条木船顺流而下，于 5 月中旬平安抵京②。

还都声中，总会内部组织架构也在调整、完善之中，以适应“复员”工作的要求。根据《复员期间管理中华民国红十字会办法》之规定，“复员”期间，总会机构仍实行会长、副会长制，以会长、副会长综理一切会务；以理事会为最高权力机构，取消监事会，以秘书长、副秘书长主持日常事务。

“复员”期间，红会应办事务甚多，主要有“辅佐社会安全设施、推行会员保健及青年、妇女退役军人等福利工作”；“国内外灾变之救护、赈济及伤病之治疗”；“训练从事红十字会工作之各种专业人员”；“策划红十字会永久事业并奠定其基础”等。根据需要，办事机构由原来的二处扩充为四处二室：第一处主总务，下设人文、事务两课；第二处主会务，下设分会、编宣两课；第三处主社会服务，下设青年、妇女两课；第四处主医务，下设医务、材料两课；秘书室下设机要、视导两课；会计室下设账务、审计两课。以上处室除第三处外，其他各处室均系就原有组织及救护总队部编并充实，第三处为新设，社会服务设专处办理，足以表明红会对此项工作的重视。第三处于 1946 年 1 月 1 日正式成立③。同时，根据《复员期间中华民国红十字会总会组织规程》第八条“总会视业务之需要分区设办事处”之规定，设上海、北平、汉口、广州区办事处（总会迁南京后增设重庆办事处），承总会之命“辅导分会会务及筹办服务实验区等事宜”④。通过调整，架构起中国红十字会总会基本组织系统，此时中国红十字会的主要人员名单如下：

---

① 《工作动态》，《红十字月刊》总第 1 期（1946 年 1 月），第 14 页。

② 中国红十字会总会编：《中国红十字会的九十年》，中国友谊出版公司 1994 年版，第 94 页。

③ 《复员期间中华民国红十字会总会组织规程》，中华民国红十字会总会编：《复员期间中华民国红十字会法规辑要》，1946 年内部印行，不著页码。

④ 《复员期间中华民国红十字会总会区办事处组织规程》《复员期间中华民国红十字会总会区办事处通则》，中华民国红十字会总会编：《复员期间中华民国红十字会法规辑要》，1946 年内部印行，不著页码。

名誉会长：蒋介石；

名誉副会长：宋美龄、戴季陶、孔祥熙、吴铁城、王正廷、宋子文；

会长：蒋梦麟；

副会长：杜月笙、刘鸿生；

常务理事：蒋梦麟、蒋廷黻、金宝善、马超俊、吴有训、关颂声、徐国懋；

理事：杜月笙、刘鸿生、钱大钧、张蔼真、谷正纲、杭立武、王晓籁、徐寄庼、刘瑞恒、王云五；

秘书长：胡兰生；

副秘书长：曾大钧、汤蠡舟；

秘书室主任：赵凤洲；会计室主任：江声镳；

第一处处长：江晦鸣；第二处处长：冯子明；

第三处处长：陈惠君；第四处处长：马玉汝；

上海区办事处主任：印公田；北平区办事处主任：舒敏杰；

汉口区办事处筹备主任：于恩德；广州区办事处筹备主任：李佳弼①。

此外，总会根据《复员期间中华民国红十字会总会组织规程》第七条“设会务顾问委员会”的规定，制定了《复员期间中华民国红十字会总会顾问委员会组织简则》，“依各种专门问题及技术上之研究”，设置社会服务、灾难救济、卫生福利、基金筹募、会员征求、分会业务、妇女组训、青年训导、编印事业、会章起草等10个顾问委员会，作为总会“设计谘询之机构”②。

理顺管理体制，当然不能漠视。从1946年1月至8月，总会出台的政策法规，除文中提及的之外，还有《复员期间中华民国红十字会分会组织规程》《复员期间中华民国红十字会总会调整及管理分会办法》《复员期间中华民国红十字会诊疗所暂行通则》《复员期间中华民国红十字会资产管理办法》《复员期间中华民国红十字医药事业资产管理办法》《中华民国红十字会总会任用工作人员暂行办法》《中华民国红十字会总会工作人员考核办法》《中华民国红十字会总会职员给假规则》《中华民国红十字会总会职员领用证章规则》《中华民国红十字会奖励抗战有功人员暂行办法》《中华民国红十字会总会选

① 《中华民国红十字会总会主要人员名单》，中华民国红十字会总会编：《中华民国红十字会战时工作概要》，1946年内部印行，“封底”。

② 《复员期间中华民国红十字会总会顾问委员会组织简则》，中华民国红十字会总会编：《复员期间中华民国红十字会法规辑要》，1946年内部印行，不著页码。

送国外考察及进修人员暂行办法》《中华民国红十字会分会会计处理纲要》《中华民国红十字会总会所属各单位报销须知》《中华民国红十字会各分会诊疗所（医院）药械请领报销办法》《中华民国红十字会各分会诊疗所、医院工作报表填送办法》《中华民国红十字会救护车服务办法》等①。一系列政策法规的相继出台，保证了总会组织的规范管理，提高了组织运作效率。

经过调整，总会组织机构趋于完善，并进入良好的运行状态，这对推动“复员”时期中国红十字运动的发展，是至关重要的。

三、“重心”转移与工作目标的确立

“复员”并不是解体，而是工作重点的转移。抗战胜利，和平肇始，中国红十字会迎来“复员”的“新机运”。“新机运者维（为）何?”曾大钧副秘书长对此的解释是：“易抽象而为具体之言曰：盖以新生之力，以谋免去人群生活之匮乏，起人于疾病、冻馁、愚昧、困恼之中者也。是故凡与人生活攸关者，赖时代之赐与，借红十字会之力，而予人以满足，并以之丰富人之生命，涵煦人之精神，启迪人之智慧，泯除人之痛苦，以新的方法，作新的服务，皆足以当新机运之契机也。”所谓“新的服务”，当然是服务社会，而非战争，这是符合世界潮流的大势。曾大钧指出：

> 回溯既往，中国红十字会之工作，救灾恤难，仁爱博施，然其观念，乃为慈善，有功利心无责任感；要其工作领域，只限于战争及灾变范围。今者，世界潮流，莫不痛绝战争，而由于科学进步，已可防制灾变，所谓未雨绸缪，防患未然，固无不宜，但何能背逆潮流、忘怀杞忧？况人群生活之匮乏，不起于刀兵水火者，亦可起于贪病愚私，受政治经济之影响者，不减于战争灾变，故近世贤达之士，倡社会安全者，首揭免去人群生活之匮乏，以为根本之图。万国红十字会之始创也，取博爱之义，广济众人，倘扩大此目的，与日常新，则济人之道，左右逢源，正有以日拓新境焉②。

开拓新的工作领域，参与社会保障（“社会安全”即社会保障的别称），开展广泛的社会服务，乃红会“复员”期间的工作重心。曾大钧副秘书长的上述表达，是对红会“复员”时期“服务社会，博爱人群”总的宗旨的

① 中华民国红十字会总会编：《复员期间中华民国红十字会法规辑要》，1946 年内部印行，不著页码。

② 曾大钧：《中国红十字会之新机运》，《红十字月刊》总第 1 期（1946 年 1 月），第 2 页。

阐释①。

要“为社会服务，为人群造福”，就必须突破救护的藩篱，使红会工作纳入社会安全计划，按照蒋梦麟会长的解释，“战时红十字会的中心工作是偏重救护，只限于医药卫生范围。复员后必须突破救护的藩篱，而进行广泛的社会救济。这是要根据大西洋宪草（章）中‘免除匮乏之自由’的精神，不但是为了救饥，救冻，救病，而作物质的救济，必然的要达到全面的精神救济”。在蒋梦麟看来，那种“认为战后复员的救济工作完了，红十字会的工作就要告一段落，那是极错误的观念。复员后红十字会的工作，不但是建国的卫生建设中一个重要助力，在积极方面，她的工作实在是中国未来命运中的一个新机运”。总而言之，“复员期间的中国红十字会，她要向世界各国的红十字会学习，她要彻底解放旧慈善的观念，她要具有责任感的为人群服务，她要为改造新社会而努力”②。

复员期间工作目标，蒋梦麟会长概括为两点：“一，打定会的基础；二，促进社会安全。”前者指调整组织，刷新会务，后者指“发展人群生活，增进社会福利”。这两个方面实际上是统一的密切相关的有机体。要“促进社会安全”，必须“打定会的基础”，而“打定会的基础”，为的是“促进社会安全”。这两大工作目标，实二而一③。

目标确定，为打开工作局面，1946 年 1 月，总会出台了《复员期间中华民国红十字会总会初步工作实施计划纲要》。《纲要》根据“复员”期间的工作目标，提出 11 项工作要点：

一、“调整总会组织”，以刷新会务，提高工作效率；

二、“增进分会机能”，健全基层组织，使分会成为现代化的社会服务团体；

三、“推广征募运动”，增强红会实力；

四、“建立服务中心”，推广医药救济、会员保健、青年工作、退伍军人工作以及其他社会服务工作；

五、“扩大医药救济”，于各大城市、交通要道设诊疗所、医院、急救站，扩大医药救济的覆盖面；

六、“推行全员保健”，使会员享有健康检查、疾病诊疗的权利；

七、“训练专业人才”，就服务中心实验区举办家庭妇女短期之急救、助

① 中华民国红十字会总会编：《中华民国红十字会战时工作概要》，1946 年内部印行，附录第 35 页。

② 蒋梦麟：《复员期间的中国红十字会》，中华民国红十字会总会编：《中华民国红十字会战时工作概要》，1946 年内部印行，附录第 31—34 页。

③ 蒋梦麟：《复员期间的中国红十字会》，《大公报》1946 年 2 月 17 日。

产、医护、家事等训练，或在南京、重庆开办红十字会服务人员见习班，吸收有志参加红十字会事业青年，予以短期见习，分发各地办事处或分会工作；

八、“加强国际联络”，扩大与国际红十字组织工作交流与合作；

九、“出版宣传书刊”，如《红十字月刊》，以发布红十字会工作动态，介绍各种学科新知；

十、“整理本会会史”，总结历史经验，以求继往开来；

十一、“搜集服务资料”，特别是对各国红十字会历史沿革、经验总结等书刊资料，要广事搜求，分类编目，以为工作借镜和改进会务之参考①。

工作目标明确，工作实施计划也具有了针对性、可操作性，有利于红会业务的开展。

“复员”时期是中国红十字会历史上的转型时期，转变工作重点，转变工作作风，更新观念，开拓进取，以新的姿态顺乎新的时代潮流，肩负起“促进社会安全”的新使命。这是一个新的转折点，如曾大钧副秘书长所言，中国红十字事业，“在复员期间，为一最大之转折点，另言之，须使本会一切之事业，变消极性为积极性，变慈善性为社会性，变局部性为普遍性，成为划时代一大转变。将从量的扩充，质的改进，以达成一切皆合于现代化之标准”的宏伟目标②。这是中国红十字会孜孜以求的新境界。

四、奖励抗战救护有功人员

“复员”伊始，百务待理，千头万绪。在这“新机运”到来之际，人们不会忘记为抗战救护做出巨大贡献的红十字志愿者。

抗日战争是中华民族的壮举，惊天动地的伟业，也是中国红十字运动史上的里程碑。在这场关系到民族生死存亡的大搏战中，各级红会会员，义无反顾，置身于枪林弹雨之中，践行“红十字”赋予的“博爱恤兵，救死扶伤”的天职。在整个抗战过程中，红会“以全力从事军民之救护，血汗交织，艰苦卓绝，救治军民达一千六百万人，其贡献于国家者殊大”③。红会的光辉业绩，得到社会各界盛赞，“其伟绩宏效，历八年抗日战事而益显”④。红会

---

① 《复员期间中华民国红十字会总会初步工作实施计划纲要》，中华民国红十字会总会编：《中华民国红十字会战时工作概要》，1946 年内部印行，附录第 27—30 页。

② 《曾副秘书长大钧报告》，中华民国红十字会总会编：《复员期间中华民国红十字会第一届理事会议事录》，1946 年内部印行，不著页码。

③ 沈怡：《本会募集事业基金——人人有帮助红十字的义务》，《红十字月刊》总第 20 期（1947 年 8 月），第 1 页。

④ 《红十字会筹集基金，蒋主席题词》，《申报》1947 年 7 月 18 日。

的国际地位，也因此得到显著提高，1945 年，蒋梦麟会长当选为国际红十字会协会副主席①，这是中国红十字会第一次担任这一职务。胡兰生秘书长于抗战胜利后多次出席国际红十字会议，“深感本会在国际间之地位，业因抗战艰苦光荣之贡献，已具增高”②。

抗战胜利，举国同庆之时，人们不会忘记那些为抗战救护挥洒热血甚至献出宝贵生命的红十字工作者。根据前文所引不完全的统计，抗战期间因公殉职的红会人员有 47 人，积劳病故者 67 人，至于有突出贡献者，更是指不胜屈。为表彰抗战救护有功人员，总会在“复员”之初制定了《奖励参加抗战有功人员暂行办法》，并于 1946 年 5 月 19 日在上海召开的抗战胜利后第一届理事大会上通过③。《暂行办法》主要内容如下：

（一）下列情形之一者“如合于政府勋奖条例得转请政府酌予勋奖或由本会给予奖章”：“对于本会确具特殊贡献之事迹者”；“迭经战役救护有功者”；“身经战役因公负伤者”。

（二）下列情形之一者由红会分别奖励：“在会工作十年以上成绩卓著者除给奖章外另给一次酬劳金十万元”；“在会工作五年以上成绩卓著者除给奖章外另给一次酬劳金五万元”；“在会工作两年以上成绩卓著者给以奖状”。

（三）下列情形之一者“报请国史馆及红十字会国际联合会载入史篇或转请政府给予褒扬”：“特殊劳绩因而病故者”；“前方救护壮烈牺牲者”。上述规定之外，“如有身陷敌后维护红十字会业务经证明确无附逆行为者得比照以上各款予以奖励”；“分会工作人员如有合于本办法第二项甲乙两款之规定者除由总会给以奖章外其应给之酬劳金应由分会自行酬给或酌情作为受奖人之捐款”。

《暂行办法》要求，“本会工作人员呈请奖励须填具功绩表总会由秘书长分会由会长其他单位由各该主管报请总会会长核定之”④。

根据《暂行办法》的规定，总会对符合条件的红会人员给予奖励。经总会报请，1946 年 5 月 5 日，国民政府发布政府令，对胡兰生、曾大钧、印公田、冯子明、庞京周、唐承宗、郭兰馨、汤蠡舟、朱润深、倪葆春、江晦鸣、马玉汝、俞百新、陈德星、祖张琪、袁松人、唐文铭、林竟成、钱惠伦、刘

---

① 中国红十字会总会编：《中国红十字会的九十年》，中国友谊出版公司 1994 年版，第 90 页。

② 《蒋会长报告》，中华民国红十字会总会编：《复员期间中华民国红十字会总会第一次常务理事会议事录》，1946 年内部印行，不著页码。

③ 《红十字会理事会通过七提案》，《申报》1946 年 5 月 20 日。

④ 《中华民国红十字会奖励参加抗战有功人员暂行办法》，中华民国红十字会总会编：《复员期间中华民国红十字会法规辑要》，1946 年内部印行，不著页码。

培、舒道隆、林和鸣、陈生白、侯崧生、田增基、黄兴汉、朱文俊等27名优秀红十字工作者，“各给予胜利勋章”[1]，这是中国红十字会的光荣。

云南大理分会因在抗战期间，成绩优异，特别“对于防治霍乱贡献颇巨”，1946年4月，中国红十字会总会特颁与奖状[2]。

壮志赴国难，英名垂青史。1946年10月，一座雄伟的红十字纪念碑在上海罗店拔地而起。这是红十字会上海区办事处及上海市分会为纪念红会“因参加抗战救护牺牲之第一人”——总会第一救护队副队长苏克己医师（江苏武进人，毕业于南洋医大，红十字会罗店医院院长），以及护士谢惠贤、刘中武、陈秀芳等4位烈士而树立的。碑址所在地——罗店即为烈士的殉难处。4位烈士是在1937年淞沪抗战中，因冒险救护被迫降落战地的空军人员而于8月23日遭日军残酷杀害的[3]。当时，如果弃伤员于不顾，他们有足够的时间安全转移，但以苏克己为首的4位医护人员，胸怀救死扶伤的人道、博爱精神，在情况万分危急之下，平静地为伤员做好手术，并将其安全隐蔽起来，而此时撤退为时已晚。他们把生的希望留给了伤员，自己却牺牲在敌人的屠刀之下。事件发生后，各界人士强烈谴责日军枪杀红会工作人员、残暴践踏国际公法的行为，宋美龄并在中央广播电台，以“日军残杀我红十字会苏克己医师”为题用英语广播，昭告世界，赞颂死难英烈之悲壮，抨击侵略军之残忍[4]。纪念碑于1946年10月12日举行揭幕仪式，上海市政府、医师公会等机关团体，上海各界代表及伞兵代表等数百人参加致祭[5]。蒋梦麟会长与杜月笙、刘鸿生副会长合撰的祭文，向人们诉说着4位烈士悲壮的死事：

日寇嚣张，卢桥难作，八一三沪战继起，军民一致，敌忾同仇，全面抗战军兴。烽烟弥漫万里，八年浴血，丑类卒告降伏。而本会于抗战之役始终活跃枪林弹雨之中，贡献最丰，牺牲亦重，尤以本会第一救护队苏副队长克己，队员谢惠贤、刘中武、陈秀芳临难不苟，慷慨殉职，情形最为惨烈。既充分发挥本会服务国家社会之精神，更足为抗战史中可歌可泣者。苏克己医

---

① 《国民政府公报》第2517号，参见《红十字月刊》总第5期（1945年5月），第10页。

② 《中华民国红十字总会卅五卅六年度工作简报》，《红十字月刊》总第28期（1948年4月），第3页。

③ 苏洁：《红十字下眠忠魂——谒苏克己等四烈士纪念碑》，《中国红十字报》1992年7月17日。

④ 魏民：《壮士赴国难，英名垂青史——献给四位红十字烈士牺牲五十三周年》，《中国红十字》1990年第10期，第6—7页。

⑤ 《中国红十字会新闻》，《红十字月刊》总第10期（1946年10月），第40页。

师，江苏武进人，南洋医大毕业，任本会罗店医院院长。八一三沪战爆发，为本会第一救护队副队长。八月二十三日，罗店队部遭敌空袭，屋宇尽毁，全队方议西撤。适我空军斗士苑君对敌空战，机毁人伤，降于近郊。苏副队长闻讯，急率队员驰往救归。讵手术未终，寇兵遽至。苑君蒙苏君等掩护，匿猪圈中得不死。而苏君及队员等，因是被俘矣。据目击者言，苏氏被俘后，大节不屈，意气凛然，曾以药囊击群寇。敌大忿，立枪杀之，并支（肢）解其体为六段，血肉狼藉，惨不忍睹。队员谢慧贤、刘中武亦以不屈遭枪杀，陈秀芳伤腹部，旋亦死。时中华民国廿六年八月廿三日也。

蒋主席夫人宋美龄女士曾于中央广播电台以日军残杀红十字会苏克己医师为题作英语播讲，昭告世界，其死难之悲壮，敌寇之残酷，引起国际之感奋，自勿待言。以上壮烈事迹已由本会报请国史馆、国际红十字会分别载入史籍。爰特镌碑留念，以彰忠贞云尔。

诔曰：

炎炎华夏，浩浩相尘。八年抗战，泣鬼惊神。
壮哉诸子，罔顾艰辛。枪林弹雨，重义轻身。
恤伤遇难，慷慨成仁。沸腾热血，惨烈绝伦。
以寒敌胆，以式国人。河山不改，姓字常新①。

巍峨耸立的纪念碑，寄托着人们无限的哀思。

打虎亲兄弟，上阵父子兵，在抗战救护中，父子携手投身人道事业的例子并不鲜见。娄氏父子就是其中的典型。

娄云鹤，中国红十字会正定县分会会长，行伍出身，曾任职北洋直系部队，官至团长。1924年，直奉战争中直系战败后，娄云鹤厌倦了自相残杀的军阀战争，更惋惜在战争中失去的年轻生命，痛下决心弃官还乡。随后，在当地士绅举荐下，出任正定分会会长。任内创立医院、举办救济事业，颇具成绩。七七事变后，素有“燕南故郡，京师屏障”之称的正定，成为日军进攻的目标。1937年9月24日，日军在攻克保定后，继而占领新乐县；10月4日，进逼正定郊外；10月8日，分兵三路占领正定城，开始了灭绝人性的凶残大屠杀。据《正定县志》记载，日军3天之内在正定城内及近郊的13个村庄屠杀百姓达1526人。

面对日军的疯狂进攻，娄云鹤“忧愤于心，乃联络国军守城”②，并亲率

---

① 《中国红十字总会第一救护队抗战殉职烈士纪念碑》，上海市档案馆馆藏档案，档号：Q6-10-390。

② 《会务杂缀》，《红十字月刊》总第23期（1947年11月），第23页。

担架队，出入枪林弹雨抢救受伤官兵。其子娄家骥（红会史书有作“娄家骧”者，根据其后人口述，应为“娄家骥”①）当时在南京求学，在日军全面侵华战争爆发后，以为“国家将亡，上学何用”，毅然回到正定老家，出任正定红十字会救护队队长。10 月 9 日（红会史书所载“9 月 6 日”为农历），日军攻破古城正定，展开杀人竞赛，将娄云鹤残忍杀害。娄身中七刀，壮烈殉国，时年 56 岁，年仅 29 岁的娄家骥同时罹难。

战后，正定县有感于娄氏父子同一天为国殉难的壮烈事迹、爱国恤民情怀，为悼念民族英雄，在正定县古城北门里立碑镌文，以此纪念。为缅怀烈士，经总会报请，国民政府行政院于 1947 年 12 月 6 日颁发“忠烈成仁”匾额一方②。

上述事例，使人们感受到“红十字精神”之伟大和人道力量之强。抗日战争中“飘扬于血海和苦难之中的红十字旗帜，正如汪洋大海荒山孤岛之上的一盏明灯，它代表一种崇高无比的理想，吸引无数正直和平的人们，渐渐地走向真善美的理想境地！这正是红十字会的精神。”③ 这种精神，必将成为“复员”时期红十字工作者“服务社会，博爱人群”的强大动力。

第二节 “打定会的基础”

一、基层组织的恢复与重建

“打定会的基础”是“复员”期间中国红十字会的工作目标之一。中国红十字会要在“促进社会安全”方面有所作为，必须加强自身建设，必须有强大的支撑力量，基层组织、会员、基金，就是中国红十字事业发展的三大不可或缺的支撑力量。所谓“打定会的基础”，毫无疑问，应着眼于三大支撑力量的培植。否则，“促进社会安全”无从谈起。

分会是中国红十字会的基层组织。抗战中，由于众所周知的原因，分会组织不仅没有得到发展，反而严重削弱。因此，分会组织的恢复与重建，

---

① 豆兴林：《永远难忘的日子》，池子华、王国忠、吴玉林主编：《〈红十字运动研究〉2016 年卷》，合肥工业大学出版社 2016 年版，第 386 页。

② 池子华：《鲜血染就人道之“红”——纪念抗日战争中为人道事业捐躯的红十字英烈》，《中国红十字报》2015 年 9 月 8 日。

③ 胡兰生：《红十字会的性质与任务》，中国红十字会总会编：《中国红十字会历史资料选编，1904—1949》，南京大学出版社 1993 年版，第 123 页。

显得急不可缓。蒋梦麟会长指出：“中国红十字会，战时由于本身的努力，获得盟邦输财捐物的援助，已形成同盟国家直接帮助中国抗战的一个新动力。但，本身的基础，就要像个金字塔，必须奠基于全国各地分会之上的。可是，战时由于地方的支离破碎，不仅原有机构无法健全，即新的机构亦无法产生，徒见其衰落而脆弱了。今后的红十字会，是要利用战时已得的国际新动力，来推动国内未来的新动力，中国红十字会的发展，不是专门依赖人家的力量来推动的，而是需要自立自强来进步的。因此，我们要在复员期间，打定会的基础，必须使全国各地分会普遍健全，替中国红十字会树立一个基础稳固的金字塔。”[①] 况且，“各国红十字会之通例，皆以分会反哺总会，使分会为总会根深蒂固之基础。故分会之能力应强于总会，分会之工作应优于总会，而后总会合群力而光大之”[②]。中国红十字会欲壮大发展，理当借鉴国外红会的先进经验，强根固本。恢复、健全分会组织，已成当务之急。

基层组织建设，主要包括两个方面的工作。首先是量的扩充。“战前共有五百一十二个分会，抗战期间，多数分会无法支持，在渝登记仅九十一个分会”[③]。分会数量锐减，无法适应“复员”时期红会工作的需要，必须大加扩充。

其次是质的提高。要严格把关，使恢复、重建或新设分会“一律成为现代化之社会服务团体，须具有（一）高度募集基金与征求会员之能力；（二）相当社会服务之才学及经验之干部；（三）现代社会服务之事业”[④]。

恢复健全基层组织的工作，在中国红十字会“复员”之初即已开始，总会在 1946 年 1 月出台的《复员期间中华民国红十字会总会初步工作实施计划纲要》中提出，在 1946 年内，“拟调整或组织合乎标准（即上述三条标准）之分会四十个。第一期于上半年内，尽先健全较有基础各大城市之分会二十个，第二期于下半年内继续健全另二十个，其他各地分会无论原有或新设，并依此标准推进”[⑤]。同时，在《复员期间中华民国红十字会总会调整及管理

---

① 蒋梦麟：《复员期间的中国红十字会》，中华民国红十字会总会编：《中华民国红十字会战时工作概要》，1946 年内部印行，附录第 32 页。

② 曾大钧：《中国红十字会之新机运》，《红十字月刊》总第 1 期（1946 年 1 月），第 2 页。

③ 《复员期间中华民国红十字会总会第一次会务座谈会记录》，《红十字月刊》总第 6 期（1946 年 6 月），第 12 页。

④ 《复员期间中华民国红十字会总会初步工作实施计划纲要》，中华民国红十字会总会编：《中华民国红十字会战时工作概要》，1946 年内部印行，附录第 28 页。

⑤ 《复员期间中华民国红十字会总会初步工作实施计划纲要》，中华民国红十字会总会编：《中华民国红十字会战时工作概要》，1946 年内部印行，附录第 28 页。

分会办法》中，对战时后方分会、收复区分会的恢复以及新设分会的程序进行了规范[①]。1 月 20 日，总会在《申报》刊登启事，谓“此项办法如各分会尚未奉到，可迳向重庆本会或本会上海办事处索取”[②]，遵照执行。

分会的调整工作，任重事繁，特别对收复区分会，得“从调查着手。本会虽系国际性中立团体，但依国家民族之利害而言，绝不容附逆份子，以辨忠奸，此为调整收复区分会之前提。其要点（1）依调查历年工作及经济状况（2）现任各负责人之身份，确定其扩大或改组”[③]。这其中，繁难之状，可以想见。这是基层组织建设的“难点”所在。工作进展情况，1946 年 1 月创刊的红会机关刊物《红十字月刊》，在“内外大事”专栏中给予及时通报。

恢复重建工作的“重点”，乃“首先特别健全各大城市之分会，必须具有推行现代社会福利事业之能力，以为各地分会之示范”[④]。在这里选取北平、南京、天津几个“个案”，稍作“浏览”。

北平分会在全面抗战爆发后不久即停止活动。抗战胜利后，率先“恢复”。1945 年 12 月 11 日，召开大会，“选举理监事，正式复会”[⑤]。但体制依旧。1946 年 2 月 9 日总会颁布的《中华民国红十字会分会组织规程》取消了监事，北平分会又按此规定于 1946 年 4 月 26 日召开会员大会重新选举，总会

---

① 《复员期间中华民国红十字会总会调整及管理分会办法》共 18 条，主要内容有：第五条：“战时后方曾由总会核准设立并相与经常保持联系之各市县分会，除照本办法之规定，并须参酌当地环境之需要，计划原有及新兴会务之开展，以奠定平时永久事业之基础”；第六条：“收复区内战前原有各市县分会，得进行恢复，除先行填送总会制定各项调查表外，一面应将抗战期间经过情形及会务近况详实呈报总会核备，一面规划有关人事、经费及其他一切事项，以为今后推行会务之准备”；第八条：“复员期间分会设会长一人，副会长二人，会长除综理一切会务外，并于召开理事会或常务理事会时为当然主席。理事会设理事十一人至十五人，其中常务理事五人，必要时理事名额得增减之。分会于必要时得设名誉会长一人，名誉副会长二至四人，但须对国家或地方具有信望者，并须列具事迹转请总会聘任之”；第九条：“凡未成立分会之市县，由当地各界领袖及热心社会事业之人士发起，得筹组分会（筹备程序有 8 个方面，此略）”；第十条：“复员期间各市县分会理事会之整理办法规定如下：甲、战时后方各市县分会应依照本办法第八条之规定进行改选，并应尽量参加当地各界领袖及热心社会事业人士，选举候聘理事十一人至十五人，即由理事互推常务理事，再由常务理事互推会长、副会长，一并造具名单呈请总会备案，并请颁发聘书及立案证书；乙、收复区各市县原有分会之恢复应依照本办法第八条之规定，进行改组，由仍留所在市县之原任理监事而确无附逆行为者负责征得当地各界领袖及热心社会（事业）人士之同意，选举候聘理事十一人至十五人，即由理事互推常务理事，再由常务理事互推会长、副会长，一并造具名单呈请总会备案，并请颁发聘书及立案证书。”（中华民国红十字会总会编：《复员期间中华民国红十字会法规辑要》，1946 年内部印行，不著页码）

② 《中国红十字会各地分会鉴》，《申报》1946 年 1 月 20 日。

③ 《工作动态》，《红十字月刊》总第 1 期（1946 年 1 月），第 14 页。

④ 《工作动态》，《红十字月刊》总第 1 期（1946 年 1 月），第 14 页。

⑤ 中国第二历史档案馆档案，全宗号 476，卷号 1980。

北平区办事处主任舒敏杰及北平市社会局代表出席会议。选举结果，王正黼为会长，全绍清、凌其峻为副会长，关颂韬、周梁令娴为常务理事。杨光弼、王锡炽、谷韬琦、孙瑞芹、周华康、江长川、温崇信、吴吉臣为理事，袁永贞、吴扶青、崔谷忱为候补理事。1946 年 6 月 3 日，总会为 13 名理事颁发了聘书①。

南京分会在首都沦陷之初，如前所述，开展了难民救济、掩埋等慈善工作，不久会务即告停顿。“复员”之始，1946 年 2 月，由总会聘定理事，筹备复会工作。5 月，理事会推选沈慧莲为会长，傅况鳞、彭湖为副会长，穆华轩、乐干为常务理事，龚伯炎、程觉民、吴柏芳等为理事。会务由会长、副会长负责，下设总干事 1 人指导总务、业务两组，各设组长 1 人、干事 3 人，医务方面诊疗所主任由会长兼任，下设医务主任 1 人，掌理一切诊疗事宜，财务方面设财务委员会，负财政保管筹划之责。南京分会“自复会之始，举凡战前会址、财产，均荡然无存，其时京市房荒，又极严重，几经困难，蒙总会常务理事马市长超俊先生及敌伪产业处理局之协助，租得太平路四十二号破旧平房一幢，数度修建，耗费逾三千余万，始勉可作本会办公室与诊疗所之用，后又增建宿舍购置床桌，各同仁生活稍告安定，复会规模亦于焉粗具”②，其难可知。

天津分会历史悠久，抗战前对于伤兵救护、贫民施疗、难民救济等工作，无不尽心尽力。抗战期间，“因在沦陷区域，故毫无活动”。复员后奉总会之命改组，于 1946 年 10 月 20 日召开全体大会，选举理事，市党部、社会局、教育局均派代表参加，中国红十字会北平区办事处主任舒敏杰莅会指导，会议选出刘道平、姚鹤荪、孟子清等 15 人为理事。天津分会经“重行改选，今后当可重整旗鼓，扩大发展”③。

上海、广州等大城市分会的改组工作也在总会指导下顺利完成。

基层组织的恢复与重建，是“复员”期间中国红十字会的中心工作。经过几年的努力，取得了一定的成绩。关于各地分会组织恢复状况（分会数）如表 13－2 所示④。

---

① 孙敬敏编纂：《北京市红十字会的 65 年（1928—1993）》，文津出版社 1995 年版，第 15—16 页。

② 《中华民国红十字会南京市分会三十五年度工作简报》（内部印行），第 1—2 页。

③ 《红十字会津会改组，公推舒敏杰为当然理事，刘道平等十五人为理事》，《大公报》1946 年 10 月 21 日。

④ 资料来源：中国红十字会总会编：《中国红十字会历史资料选编，1904—1949》，南京大学出版社 1993 年版，第 206—215 页。

表 13－2　中国红十字会分会组织恢复重建简表

年代 省别	1946 年	1947 年	1948 年
江　苏	11	19	24
浙　江	5	9	9
安　徽	10	13	14
江　西	3	4	4
湖　北	10	13	13
湖　南	5	5	5
广　东	7	8	8
广　西	4	5	5
福　建	3	4	4
四　川	16	20	21
贵　州	1	2	2
云　南	3	3	3
河　南	31	38	42
河　北	5	9	10
陕　西	1	2	2
甘　肃	2	2	2
山　东	7	14	14
东三省	5	6	5
绥　远	1	1	1
察哈尔	2	2	2
山　西	/	/	1
台　湾	/	/	1
总　计	132	179	192

三年中，经恢复、重建和新设分会总计为 192 处，虽然仍未恢复到全面抗战前的水平，但较抗战时期，还是取得不小进展。

“复员”时期，中国红十字会的基层组织又多了一新成员——支会，因东北、台湾赤十字社于“各市县均有分会组织，其下各乡镇亦设有机构，辅助所隶分会推行征募工作，深入民间，成绩卓著，极可仿行”[①]。总会乃于1947年4月24日在第二次常务理事会上通过《复员期间中华民国红十字会支会组织规程草案》。《规程草案》共14条，主要内容有：“支会以分会为主管机关，其设立范围限于其所隶分会所在市县境内之乡镇”；“支会以所在乡镇之名称定名为中华民国红十字会00市县分会00乡镇支会”；“支会以协助所隶分会征求会员、募集基金，其服务事项依分会之指导推行社会福利及医药救济为中心工作”；“复员期间支会之设立以征得会员五百人以上为标准”；“支会设主任一人、副主任一人，处理一切会务，干事一至三人，承主任、副主任之命办理事务”；“支会主任、副主任由支会会员大会推选之，干事由主任遴选报请分会任用”等[②]。条件具备的分会，可设立支会，以推进乡村服务。从1947年7月至1948年12月，经总会核准成立的支会详见表13-3[③]。

表13-3　中国红十字会支会简况表

支会名称	所隶分会	设立地点	成立时间	主任姓名
东双河支会	信阳分会	东双河镇	1947.7.1	陈会元
龙湖乡支会	连城分会	龙湖乡	1947.7.4	吴敏斋
东石峡支会	凤台分会	东石峡乡	1947.11.21	詹凯臣
展沟乡支会	凤台分会	展沟乡	1947.11.22	王子逊
行署乡支会	凤台分会	行署乡	1947.11.23	朱冠臣
花园支会	孝感分会	花园镇	/	/
新台子支会	铁岭分会	新台子镇	1948.3.12	佟英琦
马牧镇支会	商邱分会	马牧镇	1948.5.29	任时禄
古宋镇支会	商邱分会	古宋镇	1948.6.10	赵景文
宋石支会	当涂分会	宋石镇	1948.12.25	徐伯申

经过努力，总会基层组织建设初具规模，这为“复员”时期社会服务工作的展开，奠定了良好的基础。

① 蒋梦麟：《拟具支会组织规程请核定施行案》，中华民国红十字总会编：《复员时期中华民国红十字会第二次常务理事会议事录》，1947年内部印行，不著页码。

② 《复员期间中华民国红十字会支会组织规程草案》，中华民国红十字总会编：《复员时期中华民国红十字会第二次常务理事会议事录》（附件二），1947年内部印行，不著页码。

③ 资料来源：中国红十字会总会编：《中国红十字会历史资料选编，1904—1949》，南京大学出版社1993年版，第546页。

二、东北、台湾分会的接管与整顿

在基层组织建设中，东北、台湾分会最具特殊性，也颇为棘手。

东北、台湾长期在日本的军事占领下，日本出于殖民统治的需要，对两地的建设“颇费心机”，赤十字社（即红十字会）当然也在“建设”之列。

1931 年九一八事变前，东北为中国红十字会基层组织较为发达的地区之一，共有分会 52 个，计热河 8 个、辽宁 15 个、吉林 18 个、黑龙江 11 个[①]。九一八事变后，东北沧陷。1932 年，伪满洲国成立。1934 年，伪满洲国拨款百万元为基金，创设财团普济会，侧重社会事业之奖励，及医药救护之普及；同时，日本赤十字社在东北设立满洲委员本部，办理红十字事业。1938 年，伪满洲国正式组建赤十字社，继承上述两机构之财产与事业，在新京（长春）设伪满赤十字社总部，各省设赤十字社支部，各市县设办事处，会员共 65 万余人[②]。医疗机构计有沈阳、哈尔滨、呼兰、锦州、牡丹江、佳木斯、孙吴、虎林、丰满、开山屯等 10 个赤十字医院，沈阳、锦州、哈尔滨赤十字医院并附设“救护看护妇养成所”（相当于护士训练班）；此外，尚有恤兵院、长春聋哑学校、长春助产士学校、民众诊疗所等附属机构，可谓事业庞大，但为日本人全权掌管[③]。

伪满赤十字社的会务运行，如于恩德概括的那样，有四大特点：

其一，“伪满赤十字社组织之目的为军事性的”。伪满洲国为日本的傀儡政权，伪满赤十字社亦为日本之傀儡事业，为日军军事扩张服务，按伪满《赤十字社事业概要》所载：“尤以我满洲帝国，四围情形，不许瞬息偷安，故在战时或事变之际，对于国军（指伪满军队）及国内作战之日本军，负有帮助战时卫生勤务重责之本社，一朝有事，必须迅速整顿战时态势，期其万全，铲除或减轻战祸之痛苦”。军事目的（战时救护）相当明确。

其二，“伪满赤十字社之社员入社为勉强性的”。该社社员（通称赞助员，有正赞助员、特别赞助员、名誉赞助员之别）60 余万人，规模庞大，但入社动机，究竟情非所愿，而是“东北民众慑于日人之淫威，一经日人之通知，不能不入社为社员，并按个人经济之情况，而定入社之等级”。入社带有强制性。

---

① 中国红十字会总会编：《中国红十字会历史资料选编，1904—1949》，南京大学出版社 1993 年版，第 159—160 页。

② 中国红十字会总会编：《中国红十字会的九十年》，中国友谊出版公司 1994 年版，第 99 页。

③ 中国红十字会总会编：《中国红十字会历史资料选编，1904—1949》，南京大学出版社 1993 年版，第 332—334 页。

其三，“伪满赤十字社之机构为官办性的”。总裁、理事长、副理事长、理事以及监事等，均“由政府任命之”，且“该社之事业，非经主管大臣之认可，不得废止或停止其一部，故伪满赤十字社纯受政府之统制”，完全是官办组织。

其四，“伪满赤十字社之经费受政府之监督补助”。补助经费为该社资金主要来源，并置于“政府”监控之下，“该社重要财产，非经主管部大臣之认可，不得让渡或供为担保。主管部大臣认为必要时得派员检查金库、账簿及其他物件，故就经济情形而言之，该社亦与政府有密切之关系”①。

上述四大特点，决定了伪满赤十字社的畸形性。抗战胜利后，曾由东北人士张益三等组织中华民国东北红十字会总本部，呈请中国红十字会总会办理接收。当时事业“自从日寇败降以来，因财源枯竭，限于极大的困难中”②。总会遂于1946年4月拨款30万元，同时商请东北善后救济分署拨助流通券10万元，嘱其暂予维持。1946年8月13日，在“复员”期间中国红十字会首届常务理事会上，专门讨论了“东北及台湾红十字会应如何处理”问题，决议：在长春及台湾分设区办事处，负责整理东北及台湾境内所有红十字会资产；医药事业由区办事处协同当地分会接收，按照红会《医药事业资产管理办法》，商请当地有关机关合作办理；呈请政府申明红会具有国际性之立场，所有敌伪红十字会事业，亦应归红会接管，并请予以维护③。9月，总会奉行政院令，接管东北及台湾赤十字社事业及资产。1947年1月9日，总会派视导于恩德赴东北。5月28日，在沈阳正式设立“中华民国红十字会总会接管东北敌伪赤十字社事业资产委员会”，聘请东北各省地方行政长官及各分会会长25人充任委员④，负责办理接管事宜。后因东北战事复起，接管工作受到影响，实际改组者仅有长春、沈阳、铁岭、绥中、山海关、北镇等6个分会⑤。

台湾自甲午战争后即处于日本的殖民统治之下。在台湾，日本设有赤十字社台湾支部，由台湾总督府总务部部长负责指导，于台北市内设支部事务所⑥。台湾支部下辖台南、台北、台中、高雄、新竹5个州部，其他各县市则

---

① 于恩德：《胜利前东北及台湾之红十字会》，《红十字月刊》总第20期（1947年8月），第27页。

② 江声镳：《中国红十字会的经济复员》，《红十字月刊》总第9期（1946年9月），第23页。

③ 《东北及台湾红十字会应如何处理案》，中华民国红十字会总会编：《复员期间中华民国红十字会总会第一次常务理事会议事录》，1946年内部印行，不著页码。

④ 《中国红十字新闻》，《红十字月刊》总第17期（1947年5月），第38页。

⑤ 中国红十字会总会编：《中国红十字会历史资料选编，1904—1949》，南京大学出版社1993年版，第210页。

⑥ 于恩德：《胜利前东北及台湾之红十字会》，《红十字月刊》总第20期（1947年8月），第27页。

于地方行政机关内附设事务所，以推进会务。台北市内经营大规模医院一所，总计全台“共有社员五十万人”①。1945 年初，继任日本赤十字社台湾支部部长的为成田一郎②。

台湾光复后，1946 年 9 月，奉行政院令，中国红十字会总会负责接管日本赤十字社台湾支部。总会遂请台湾大学校长罗宗洛先生会同当地人士进行接收改组。1947 年 7 月，总会派视导于恩德前往台北组织“接管台湾敌赤十字社资产事业委员会”，负责办理接管该社资产手续，并筹组台湾分会。经多方努力，1947 年 11 月 28 日，台湾分会正式宣告成立，会长为蔡培火先生③。考虑到“过去台湾各地赤十字社，系由台北支部一个单位领导，故台湾全境仍拟统设一个分会，各县市分设支会，以求会务之整个发展”④。为此，总会制定了《复员期间中华民国红十字会台湾分会所属支会暂行组织规程》，以便进行规范管理。《组织规程》规定：“支会以台湾分会为主管机关，其设立范围限于各县市或县与市”；“支会以所在地名称定名为中华民国红十字会台湾分会00 市、县支会，但县与市合办创设者在县名下附加县市两字定名之”，云云⑤。这与大陆情形相较，显然具有特殊性。这是历史造成的。

东北、台湾等地红十字会基层组织的改组回归，令人欢欣鼓舞。它不仅结束了中国红十字会不统一的局面，而且增强了红会的实力，为社会服务的全面铺开，奠定了基础。

三、红十字周与征募运动

“打定会的基础”，说到底，会员是依靠，基金是保障。会员、基金历来被视为红十字会的“细胞与营养”，是红十字事业的生命之源⑥。因此，在进行基层组织建设的同时，征募运动也在不断推进中。

中国红十字会自成立至抗战胜利，会员总计不过 22 万人⑦，与发达国家相比，简直不可以道里计，“美国红十字会之所以发达，因为美国平均每四人中就有一个人是红十字会会员，而我们中国红十字会呢，差不多平均每一千

① 《中国红十字会新闻》，《红十字月刊》第 20 期（1947 年 8 月），第 40 页。

② 中国第二历史档案馆档案，全宗号 476，卷号 2183。

③ 《中华民国红十字会台湾分会呈》，中国第二历史档案馆档案，全宗号 476，卷号 2183。

④ 于恩德：《胜利前东北及台湾之红十字会》，《红十字月刊》总第 20 期（1947 年 8 月），第 27 页。

⑤ 《复员期间中华民国红十字会台湾分会所属支会暂行组织规程》，中国第二历史档案馆档案，全宗号 476，卷号 2183。

⑥ 曾大钧：《中国红十字会之新机运》，《红十字月刊》总第 1 期（1946 年 1 月），第 2 页。

⑦ 《蒋会长报告》，中华民国红十字会总会编：《复员期间中华民国红十字会总会第一次常务理事会议事录》，1946 年内部印行，不著页码。

五百人中才有一个红十字会会员，这是中国红十字会的事业不如人家的最大原因”。且“事业的基础是否坚固和事业之范围是否广阔，全视会员人数之多寡以为定”①。不仅会员人数少，基金也很欠缺，特别在新的历史条件下，红会业务范围扩大了，“所定之服务对象，广及于儿童、青年、妇女、荣军与平民，所定之服务范围，广及于灾难、伤害、贫困、疾病与愚弱，所定之服务目的，广及于保健、乐育、安全、助人与益世，……其任务即如此重大，其业务自更加广泛，而其所需开辟财源，实至殷切”②。基于此，征求会员、募集基金，不能不为红会所推重，这是达成“服务社会，博爱人群”宗旨的关键所在。

抗战时期的1941—1944年，中国红十字会连续4年以举办“红十字周”的形式，开展征求会员工作。1945年，因办理善后诸务，未及举行。“复员”伊始，总会立即将此项工作提上日程。1946年5月19日，“复员”后第一届理事大会上把征求会员、筹募基金确立为中国红十字会的中心工作③。《复员期间中华民国红十字会分会组织规程》亦明确提出：“复员期间分会办理之事务，以征求会员、筹募基金为中心工作。”④ 总会、分会共同努力，重新掀起大规模的征募运动。

（一）征求会员工作

“复员”时期，红会会员分5种：团体会员，一次缴纳会费国币10万元以上；名誉会员，一次缴纳会费国币5万元以上；特别会员，一次缴纳会费国币1万元；普通会员，每年缴纳会费国币1000元；青年会员，每年缴纳会费国币500元。“以上会费数目规定，得按实际情形，由总会斟酌变更公布施行。分会收入会费，应以半数解缴总会充作备用金，并留半数充作分会备用金”⑤。团体会员、名誉会员、特别会员为永久会员，由总会统一颁给证书和证章。普通会员、青年会员只给证书，不发证章⑥。

---

① 朱子会：《红十字周与征募运动》，《红十字月刊》总第32期（1948年8月），第4页。

② 金宝善：《慷慨解囊捐助红会》，《红十字月刊》总第20期（1947年8月），第2页。

③ 《红十字会理事会通过七提案》，《申报》1946年5月20日。

④ 《复员期间中华民国红十字会分会组织规程》，中华民国红十字会总会编：《复员期间中华民国红十字会法规辑要》，1946年内部印行，不著页码。

⑤ 《复员期间中华民国红十字会总会调整及管理分会办法》，中华民国红十字会总会编：《复员期间中华民国红十字会法规辑要》，1946年内部印行，不著页码。

⑥ 证书正面载有姓名、性别、年龄、籍贯、职业、入会日期、入会地点，反面是“使用简则”；证章上题：“查本会经瑞士国际红十字委员会立案缔约公认为中华民国红十字会并加盟红十字会国际联合会为会员。兹有000君赞成服务社会博爱人群之宗旨，志愿入会为特别会员，合给证书为凭”（团体会员、名誉会员证章格式相同。中华民国红十字会总会编：《中华民国红十字会征募手册》，1946年内部印行）。

征求会员既为分会中心工作，征求成绩自然也就成为分会考核、定级的依据，《复员期间中华民国红十字会分会组织规程》明文规定，“复员期间分会暂分甲、乙、丙三级，以征求会员之多寡为标准”。征得会员 3 万人以上者为甲级分会，征得会员 1 万人以上 3 万人以下者为乙级分会，征得会员千人以上万人以下者为丙级分会①。各地分会积极行动，广征会员，以增强实力、提高等级。

征求会员在“复员”时期成为总会、分会经常性的工作，可以随时举行，也可以定期举行，特别是“红十字周”期间，更形成征募运动的亮点。

“红十字周”举办过 4 次，1945 年停办一次，1946 年恢复。在 1946 年 8 月 13 日召开的“复员期间中华民国红十字会总会第一次常务理事会”上，关颂声提出“请明定十月一日至十日为中国红十字宣传周案”。理由是：“各国红十字会例于每年有红十字月或红十字周之宣传，藉以公开会务，报告工作，争取同情，扩大征募。本会自二十八年（即 1939 年，误，应为 1941 年）始亦经发起于十月一日至十日全国各地一致举行红十字周，扩大征募，其间虽有中断，已历四届，惟在战时，收效虽未普遍，但易深入人心，良法美举，似应赓续进行，俾宏宣传。”具体办法是：“明定每年十月一日至十日为中国红十字宣传周，全国各地分会同时举行宣传，并扩大征募运动。本年适值复员伊始，即由总会成立第五届中国红十字宣传周筹备委员会，负责策划宣传方针，及征募技术等一切事宜。”② 关颂声的提案得到通过，“红十字周”于是成为“复员”期间中国红十字会“法定”的宣传周、征募周。

征求会员运动从 1946 年初在各地陆续涌起，“红十字周”期间达到高潮。为使各地征求工作有序推进，总会专门编印了《中华民国红十字会征募手册》，对“如何征求会员”以及“宣传资料”“征信手续”等一系列技术问题，条分缕析，颇有指导意义③。

各分会的征求工作各具特色，其中南京、上海、重庆等分会的工作最具声色。

南京为首都，又是总会所在地，征求工作受到格外重视。南京市市长马超俊亲自挂帅，受聘出任南京分会征求队总队长，市党部主任委员萧赞育、副市长马元放、市参议会议长陈裕光、首都警察厅长韩文焕、市银行公会理

---

① 《复员期间中华民国红十字会分会组织规程》，中华民国红十字会总会编：《复员期间中华民国红十字会法规辑要》，1946 年内部印行，不著页码。

② 关颂声：《请明定十月一日至十日为中国红十字宣传周案》，中华民国红十字会总会编：《复员期间中华民国红十字会总会第一次常务理事会议事录》，1946 年内部印行，不著页码。

③ 中华民国红十字会总会编：《中华民国红十字会征募手册》，1946 年内部印行，不著页码。

事长程觉民、市商会理事长王绎斋为副总队长，各机关、各公会、银行、学校负责人担任队长。征求运动于1946年9月12日正式揭幕，总会蒋梦麟会长出席指导。征募运动得到了工商界、银行界、教育界、卫生界、妇女界等社会各界的热烈拥护，“入会者极为踊跃”①。“红十字周”期间，南京分会加大宣传力度，“十日之中，日日出新”，计第一日为新闻日，第二日为广播日，第三日为教师联谊日，第四日为康乐活动日，第五日为征募日，第六日为音乐日，第七日为妇婴运动日，第八日为体格检查日，第九日为慰劳日，第十日为庆祝国庆日。“套餐”丰富多样，使征求运动迭起高潮，盛况空前。征求成绩如表13－4所示②。

表13－4　南京市分会征募会员统计表

日　期	9月份	10月份	11月份	12月份	合　计
团体会员	2	28	23	8	61
名誉会员	76	68	69	16	229
特别会员	161	575	464	300	1500
普通会员	1165	15364	9165	2678	28372
青年会员	495	31769	5417	1116	38797
合　计	1899	47804	15138	4118	68959

南京分会1946年度预定征求目标为5万名会员，募款亿元，从上表可见，这一目标超额完成（仅10月“红十字周”期间即接近预定目标）。至于募款，会费收入为82282400元，加上捐款1941741880元③，超出额达20倍以上，可谓成就不凡。

上海市分会的征求工作从1946年5月10日拉开帷幕。市分会聘请总会蒋梦麟会长为征求队名誉总队长，杜月笙、刘鸿生副会长为名誉副总队长，钱大钧为总队长，各界名流650人为队长，声势浩大④。他们利用报刊、广播、球赛等各种形式宣传鼓动，打出“红十字会有帮助人人之义务，人人有帮助红十字会之义务”的响亮口号，号召市民积极投身红十字事业。在多样化的征求形式中，以“流动服务站”最有创意。

① 《红会谋发展工作》，《大公报》1946年10月3日。

② 资料来源：《中华民国红十字会南京市分会征求会员成绩统计》，《中华民国红十字会南京市分会三十五年度工作简报》（内部资料），第6页。

③ 《中华民国红十字会南京市分会三十五年度工作简报》（内部资料），第2页。

④ 《中华民国红十字会上海市分会三十五年度工作特辑》（内部资料），第1、21—22页。

1946年夏，上海霍乱流行，严重威胁着市民的健康。为扑灭时疫的蔓延，上海市分会除开办诊疗所免费注射防疫针外，特地借来新式大卡车一辆，“用红十字的大标识和布标语，替卡车穿上了一件美丽的外衣”，并装置了广播器，举办流动服务。从6月19日起，流动服务站分赴曹家渡、梵皇渡、闸北、徐家汇、南市、虹口等人口密集之处，向市民提供免费注射防疫针服务，指导环境卫生，宣传防疫的重要性和霍乱的危险性，答复医药咨询。每到一地，卡车一停，服务员开始播音：

诸位：这辆车子是中国红十字会上海市分会的服务车，现在上海的霍乱，已经闹得很利（厉）害，染传的人一天一天在多起来，传染到这个毛病的人，利（厉）害一点的就可在二十四小时以内死掉，并且又呕又吐，非常的痛苦。传染的速度又非常的快，所以只有事先想法预防，预防的方法，就只有打防疫针，不要吃生冷的东西。……我们红十字会是以服务社会为目的的机关，因此就设立这个流动服务站，便利各处的市民，可以就近打到防疫针，我们并不强迫，并不要费用，凡是知道霍乱的利（厉）害，而愿意打防疫针的市民，请就来打吧！

在播音器的声浪中，市民愈聚愈多，服务员请他们排成两队，依次注射防疫针。接着，宣传员先用国语，然后用上海话开始征求会员的宣传：

——中国红十字会上海市分会，现在正在举办征求会员大会，因为中国红十字会上海市分会是上海市市民的红十字会，所以希望全上海的市民，都去参加做一个会员。

——红十字会工作的目的是“服务社会，博爱人群”，红十字会是“伤兵之母，难民之友”。红十字会是“贫病的救星，健康的导师”。“免去人群生活的匮乏，奠定社会秩序的安全”，是今后红十字会的重大使命。“丰富人的生命，涵煦人的精神，启迪人的智慧，泯除人的痛苦”，是今后红十字会的重要工作。

——要使世界各国对中国国民服务社会的精神得到一个新的认识，必先奠定中国红十字会的基础，要想增进上海市市民在国际上的地位，必先发展红十字会上海市分会的事业。

——加入红十字会做一个会员，一方面是享受会员的权利，一方面是尽了我们的义务。红十字会的会员越多，服务社会的力量就越大，蒙受到利益的人也就越广。

——红十字会是国际性的社会团体，是万国公认的人民自动组织的团体，是发扬人类互助精神的最崇高的团体。

——要得到医药顾问，要保障身体健康，要享受团体生活，要希望服务社会，请加入红十字会，中国红十字会上海分会的会址在新闸路卡德路口，电话是三四三六六，各界如要加入做会员，请打电话接洽。

——各区区公所也同红十字会代收会员，请各位可以到区公所讨取志愿书入会。

——现在各位假使愿意入会，就可以来填写志愿书，我们马上可以发给会证。

宣传员的宣讲，打动着市民，“于是有好多人走到车旁陈设着笔砚的写字桌前，填写入会的志愿书”①。

由于“流动服务站”这种形式的新颖独特，颇受市民欢迎，征求效果也在不言中。表13－5是1946年度上海市分会的征求成绩②。

表13－5　上海市分会征募会员统计表

类　别	册报人数	尚未册报人数	合　计
团体会员	11100	/	11100
名誉会员	825	1	826
特别会员	3406	24	3430
普通会员	23387	169	23556
青年会员	22556	6982	29538
总　计	61274	7176	68450

上述征求成绩，应该说是相当可观的。

重庆分会在“复员”之初有宏大的征求目标，据称，总会拟与重庆分会联手，“打算在重庆征求二十万会员”③，但由于“还都”的影响，这一目标当然不可能实现。尽管如此，重庆分会采取各种形式，开展广泛的征求活动，取得了显著成效，计1946年征得团体会员37个、名誉会员61人、特别会员150人、普通会员4597人、青年会员39370人，总计征求会员44215人④。

① 《记流动服务站怎样服务了一天》，《中华民国红十字会上海市分会三十五年度工作特辑》（内部资料），第40—42页。

② 资料来源：《征募大会征得会员统计表》，《中华民国红十字会上海市分会三十五年度工作特辑》（内部资料），第9页。

③ 《红十字会扩大征求会员，推行福利工作》，《新华日报》1946年2月21日。

④ 《中国红十字新闻》，《红十字月刊》总第12期（1946年12月），第33页。

1946年征求会员成绩突出者，尚有北平分会（征得会员20327人）、汉口分会（征得会员19193人）、广州分会（征得会员12339人）等。

在1946年8月13日第一届常务理事会上，蒋梦麟会长曾信心十足，谓“今年一年征求总额，可达二十万人以上”①。这一设想，没有落空，最终统计，1946年全国共征得会员23万余人。

征求会员工作从1946年至1948年，连续三年，未曾间断，特别是一年一度的“红十字周”，使征求运动千姿百态，蔚成大观。征求总体情况如表13－6所示②。

表13－6　1946至1948年征募会员统计表

年份 类别	1946年	1947年	1948年	总　计
名誉会员	1472	928	1355	3755
特别会员	6975	17275	20959	45209
普通会员	67563	29066	13845	110474
青年会员	121137	32906	29816	183859
团体会员	224	126	154	504
未分类	32666	/	32514	65180
合　计	230037	80301	98643	408981

从上表可见，1947年、1948年的征求成绩，远逊于1946年，不言而喻，这与时局的动荡有莫大的关系。不过，红会的整体实力有了明显的增强，则是毋庸置疑的。

（二）筹募资金工作

“经费为事业之母”，没有基金，红会事业无法拓展。因此，筹募资金成为“服务社会”的必要条件，这是“征募运动”的另一重要方面。

中国红十字会从建会到“复员”，已走过42个春夏秋冬，然而“经济来源，向无一定之基础，大抵随灾害战乱之发生，救济工作孔殷，乃奔走呼号火速筹募，集国内外捐款从事，初无储款准备以应不时之用。因此事实上凡

① 中华民国红十字会总会编：《复员期间中华民国红十字会总会第一次常务理事会议事录》，1946年内部印行，不著页码。

② 资料来源：《红十字月刊》总第12、24、33期；中国红十字会总会编：《中国红十字会的九十年》，中国友谊出版公司1994年版，第101页。

遇水旱风火兵匪灾祸来临，始筹募金钱应急，以后工作即告停顿，平时毫无基金可言”。战后“复员”，随着红十字会业务的与日俱增，“其工作不仅止于消极之救济，进而从事积极性之建设及预防，业务既广，耗费随而激增，仅赖少数人之自动捐输，实感不足，于是筹募经费工作，遂为重要问题之一，且直接关系红十字会生命之繁衍”①。有鉴于此，1946 年 5 月 19 日，第一届理事大会通过《积极筹募基金稳定本会财源案》，提交常务理事会讨论，8 月 13 日，第一次常务理事会讨论认为：“以目前社会经济状况，及捐款条件，尚未能充分具备，原案拟交总会研究，充分准备，从缓实施。”② 同时呈请行政院，增加补助费，以维持会务。

经费捉襟见肘，成为束缚红会一条粗大绳索。为了摆脱困境，在 1947 年 4 月 24 日举行的第二次常务理事会上，通过《中华民国红十字会总会筹募事业基金实施办法》，决定筹募事业基金 50 亿元，在全国各地及向海外侨胞劝募，捐额分配为政府 5 亿元，各大城市 33 亿元（其中上海 10 亿元、南京 3 亿元，其他各分会根据实际情况从 2 亿元至 100 万元不等），义卖 2 亿元，国外募捐 10 亿元，“筹募期间暂定为四个月，自三十六年（1947 年）七月一日起至十月底止，但视实际情形得提请本会常务理事会公决提早或延期结束之”③。蒋梦麟会长热切希望通过举行“筹募事业基金五十亿元运动”，能够“加强本会服务力量，增进民众福利”④。

从 7 月开始，各地根据总会的部署，纷纷组建筹募事业基金委员会，聘请社会名流，成立劝募队，进行劝募活动。

在南京，沈怡市长出任筹募委员会主任委员兼总队长，党政、金融及各业公会领袖 150 余人担任劝募队长，8 月 20 日于洪武路介寿堂举行茶会，招待劝募队及新闻记者。总会胡兰生秘书长及分会会长沈慧莲亲自招待，情景至为热烈。沈怡市长亲自撰文指出：“红十字会为人人而服务，故人人有帮助红十字会之义务。”⑤ 为红会募集基金呼吁呐喊。

在上海，比总会计划提前一个月，6 月 1 日上海市分会假新生活运动俱乐

---

① 中华民国红十字会总会编：《中华民国红十字会征募手册》，1946 年内部印行，不著页码。

② 中华民国红十字会总会编：《复员期间中华民国红十字会总会第一次常务理事会议事录》，1946 年内部印行，不著页码。

③ 《中华民国红十字会总会筹募事业基金实施办法案》，中华民国红十字会总会编：《复员期间中华民国红十字会第二次常务理事会议事录》，1947 年内部印行，不著页码。

④ 蒋梦麟：《本会筹募事业基金之意义》，中国红十字会总会编：《中国红十字会历史资料选编，1904—1949》，南京大学出版社 1993 年版，第 125 页。

⑤ 沈怡：《本会筹募基金——人人有帮助红十字会之义务》，《红十字月刊》总第 20 期（1947 年 8 月），第 1 页。

部举行征募大会开幕典礼，前会长王正廷出席，号召社会各界“有钱出钱，有力出力”①。上海市市长吴国桢担任劝募委员会主任委员兼总队长，各界名流担任劝募队长，广为劝募。8 月 20 日，上海区亦举行筹募大会。筹募委员会由吴国桢市长为主任委员，潘公展议长、徐寄庼副议长为副主任委员，工商、金融及各界领袖为委员，全力推动，以期完成 10 亿元的额定目标②。为此，9 月 15 日、16 日、17 日，上海市分会还与上海市民营电台同业公会“合办流动诊疗车空中劝募大会”，播送“特别节目”，有名人演讲、中外歌曲以及“名票名媛名伶名花平剧大会串”，欢迎各界捐助点唱③。“特别节目”引起市民的浓厚兴趣，“综合三天特别节目，计募得一亿二千余万元，大会充满和谐与兴奋的情调中，圆满结束”④。

其他分会的劝募形式也多种多样。

筹募事业基金运动，得到国民政府的支持，蒋介石为筹募基金题词：

红十字会原为国际性社会救济事业之团体，战时则着军伤病兵之救治，盖其目的，厥为人群服务，无宗派之立场，泯国家之界限，推思四海，一视同仁，盖为今日人类精神之最高活动。我国红十字会创始于一九〇四年日俄之役，已具四十余年之历史，其伟绩宏效，历八年抗日战事而益显著。经济来源初无基础，每逢灾难发生，视情形缓急，临时捐赈，勉赴事功，甚悖事预则立之教，尤感临时乞助之苦。复员以来，工作加强，灾难救济而外，兼及社会服务，而举办永久事业，奠定财政基础，遂为当务之急。历届理事众谋佥同，尔经决定筹募事业基金五十亿元，成立委员会、各地同时分区劝募，期集成数，树厥鸿兹，诚知战后疮痍，民生久困，人怀乐义之心，力有难从之憾，惟仁民爱物莫大于救恤，积黍累铢，众擎则易举，推己饥救溺之怀，几指困载舟之意，利被民生，讵云小补，凡我邦人君子，奉抒慈抱，共摛同情⑤。

此次筹募事业基金运动，总会和分会进行了较为广泛的动员，但除了南京分会完成目标（共收捐款国币 302409500 元⑥）外，多数地区未达到预期的

---

① 《红十字会沪分会征募大会开幕礼》，《申报》1947 年 6 月 2 日。

② 《中国红十字会新闻》，《红十字月刊》总第 20 期（1947 年 8 月），第 40 页。

③ 《中国红十字会上海市分会上海市民营电台同业公会合办流动诊疗车空中劝募大会》，《申报》1947 年 9 月 16 日。

④ 申屠长真：《三个月来的流动诊疗车——上海市民营电台公会与本会上海市分会合办的医药服务事业》，《红十字月刊》总第 25 期（1948 年 11 月），第 15 页。

⑤ 《红十字会募集基金，蒋主席题词》，《申报》1947 年 9 月 10 日。

⑥ 《筹募事业基金初期揭晓》《红十字月刊》总第 23 期（1947 年 11 月），第 19 页。

目标。至 1947 年 12 月底，共募集捐款 1547049510 元①，距“五十亿元运动”的期望值相差甚远。

“五十亿元运动”的目标在当年没有实现，只好延续到第二年。鉴于“各自为战”的募捐方式存在诸多缺陷，中国红十字会决定采取统一行动，为此在 1948 年 4 月颁布了《中华民国红十字会统一募捐办法》14 条，规定：“中华民国红十字会（以下简称本会）为筹集经费及临时灾害救济费，得举行定期及不定期之统一募捐（包括现金与物资）”；“本会一切募捐，统以总会名义举行，分会不得自行筹募”；“定期统一募捐，于每年十月举行红十字周时由总会通知全国分会一致举行，不定期统一募捐于遇国内外发生重大灾害及特殊需要时随时由总会通知分会举行”；“本会除举行定期及不定期之统一募捐外，并得随时接受社会人士及本会会员之自动捐献，此项捐献如未经捐献人指定用途或为不动产，应列收定期捐款项下，如为不动产其产权仍属总会”；“本会统一募捐所需捐册及正式收据，均由总会制发，如因时间仓卒或邮寄不便，捐册及临时收据由总会斟酌情形授权分会就地照样印制”；“本会为加强募捐运动得作普遍宣传，宣传品由总会统筹印发”等②。尽管募捐方式得到了进一步改进，但效果并不理想，截止到 1948 年 10 月，近两年中全国共收到捐款 26. 52 亿元③。

“五十亿元运动”的目标最终没有实现，一个重要原因是民生的凋敝，整个社会破败不堪，在这样的国情国力之下，50 亿元的目标显然高了。另一个值得注意的原因是时局的动荡，战争阴云密布，征募运动难以广泛开展，只在几个大城市艰难推进，无法形成全国性的运动，运动的效果自然大打折扣。政治、经济、社会的多重原因，虽然使预期的目标没有完全实现，但近 27 亿元的捐款，对红会开展社会服务活动，不无小补。

四、红十字青少年组织的建立

“打定会的基础”，除了健全基层组织，开展征募运动之外，中国红十字会还把注意的目光转向学校，筹建红十字青少年组织。学生是未来社会的主人，是建国事业“新生的元气”，当然也是红十字会的“新细胞”，发展学生

---

① 《中华民国红十字总会卅五卅六年度工作简报》，《红十字月刊》总第 28 期（1948 年 4 月），第 3 页。1547049510 元中，政府拨捐 500000000 元，上海区 544955000 元，南京区 311259500 元，军中及部院 44033010 元，各地分会 130010000 元，同仁捐款 16792000 元。

② 《中华民国红十字会统一募捐办法》，《红十字月刊》总第 28 期（1948 年 4 月），第 29—30 页。

③ 中国红十字会总会编：《中国红十字会的九十年》，中国友谊出版公司 1994 年版，第 102 页。

会员，可以“增加我们红十字会的原动力”[1]，使中国红十字事业建立在更加牢固的基础之上。

自第一次世界大战以来，红十字青少年运动在许多国家兴起，波澜壮阔，格外引人注目。据统计，截止到1945年底，有49个国家红会建立了青少年组织，会员人数达3000万[2]。相形见绌，中国红十字会不能不急起直追。况且，国际红十字组织对青少年工作也倍加重视，1922年红十字会国际联合会专门成立了红十字青年会员部。

1945年10月15日至11月2日，红十字会国际联合会召开咨询会议，与会各国代表（共39国红会59名代表参加，中国红十字会代表为胡兰生秘书长）一致认为，“推行红十字青年会员（泛指在校学生——引者）运动，确系灌输红十字会的博爱人道思想和根绝战争保障和平的最彻底最有效的方法”，为此建议：

（1）本会议建议应由各国红十字会推行直接而有力的国际合作教育方案，以红十字会本身的行动作为模范，使人民了解文明社会之持续，实有赖于国家间的互相了解。此种方案，尤须侧重灌输于红十字青年会员。其尚未有红十字会的国家，亦须采用适当步骤以同样有效之教育灌输青年；（2）本会议愿提请各国红十字会注意，红十字青年会员组织，不惟应予维持，且须进一步与其他青年组织（如童子军）谋取协调与合作；（3）本会议以为红十字青年会员组织，系世界青年密切联系之最好方法，故凡促进国际合作及青年联系所用之方法，愿见其日趋发达，其中如国际学校通讯，不但应予恢复举办，且须大规模推进，各国红十字青年杂志，尤须促进交换。本会议并以为影片系向儿童灌输红十字会理想之最好最有教育价值之工具[3]。

接着，1946年7月8日至12日在英国牛津举行的红十字会国际联合会第19届理事会上（胡兰生秘书长与会），通过5项决议：

（1）已有红十字青年部之各国红十字会应立即增加其人员、经费及组织，使红十字青年运动能吸收全部学校儿童，接受红十字会真正理想的熏陶，而为社会国家及世界服务；（2）未有红十字青年部之各国红十字会应即开始组织，惟组织之先，应尽量获得教育当局之准许，各国红十字会于决定及推行

① 吴耀麟：《红十字会与中国青年》，《红十字月刊》总第9期（1946年9月），第14页。

② 中国红十字会总会编：《中国红十字会历史资料选编，1904—1949》，南京大学出版社1993年版，第366页。

③ 胡兰生：《红十字青年会员组织的新动向》，《红十字月刊》总第13期（1947年1月），第1页。

红十字青年部之组织及活动时，尤须尽量获取学校及教师之充分合作；(3) 红十字青年会员组织应特别着重健全发展青年之心理、体格及其精神，俾其胜任履行红十字会人道博爱理想所寄之任务；(4) 红十字青年会员组织应负之责任，旨在发展各国青年有关增进国际合作及亲善之活动，俾于消灭战争发生之原因，有所贡献；(5) 红十字会国际联合会应鼓励各国红十字会于必要时设置专门部门，适应已离学校而尚未加入为成年会员的青年之需要①。

经过这两次国际会议的推动，红十字青少年运动更加广泛地开展起来。中国红十字会作为国际红会大家庭的成员，理所当然应响应国际红会的号召，积极行动，只有这样，中国的红十字运动才谈得上与国际接轨。

红十字青少年运动，在中国“远自民国八年即已萌芽”，当年即1919年，王培元代表中国红会出席在日内瓦召开的红十字会国际联合会第一次大会，“此时红十字青年运动开始提倡，我国即称为学生会员，在次年征求会员时，即正式宣布开始征求学生会员，不过并无妥善的办法，所以也没有什么成绩，每次征求会员时徒有学生会员名目而已”。这种情况，直到抗战时期“未能有所发展，青年会员人数甚少，并不为人所重”②。

抗战胜利后，红会“复员”，在“打定会的基础”行动中，青少年工作得到应有的重视，1946年1月，总会特设第三处，下设青年、妇女两课主管其事，“同时指示各地分会工作，本年度着重征求会员，对于青年会员尤其注意，欢迎在校学生与红十字会发生关系，而分会发展社会服务工作亦以青年为主要对象”③。1946年开始的征求会员运动，得到教育行政部门的配合与支持，收到良好效果，“据本会月刊第二十二期已发表统计，三十五年度全国各地已征得会员一九七三七一人中，青年会员为一二一一三九人，占三分之二，此乃复员以后红十字会之新气象，亦即红十字会之新生命泉所在。”④ 中国红十字青少年运动由此进入“草创试验时期”⑤。

在“试验”阶段，南京分会的工作堪称楷模。1946年5月4日，南京市分会举行复员后第一次理事会议，根据总会建议，正式通过在玄武湖开办服务站的决议，并制定了《中华民国红十字会南京市分会玄武湖服务站组织规

① 胡兰生：《红十字青年会员组织的新动向》，《红十字月刊》总第13期（1947年1月），第2页。

② 吴耀麟：《红十字青年运动》，《红十字月刊》总第7期（1946年7月），第10页。

③ 中国红十字会总会编：《中国红十字会历史资料选编，1904—1949》，南京大学出版社1993年版，第372页。

④ 吴耀麟：《如何发动中小学教师倡导红十字青年工作》，《红十字月刊》总第13期（1947年1月），第11页。

⑤ 吴耀麟：《红十字青年运动》，《红十字月刊》总第7期（1946年7月），第7页。

程》，随后租地兴工。7月10日，经第二次理事会商定，沈慧莲会长兼服务站主任，总干事吴耀麟担任副主任[①]。8月15日，服务站正式开幕，在盛大的开幕仪式上，还为沈慧莲、叶公超、中国红十字会总会、中国银行、基泰工程公司等捐制的游艇正式命名为吉林、安东、长春、松花江、辽宁、兴安、合江、黑龙江号。以东北地名命名，“藉予人以深刻之印象，使不忘于东北”[②]。服务站内有帐篷、营具、篮球场、滑梯、秋千、轩轾板（跷跷板）等，可供成人及儿童锻炼身体之用。每当风和日丽，各界人士前往划艇及运动者甚众，周末并举行露营，各校学生均可免费享用营具，从8月15日到12月底，来站露营者达500人[③]。玄武湖服务站被誉为“年青人的乐园”[④]。

玄武湖服务站以康乐活动为主题，虽然服务的对象主要是学生会员，但还不是严格意义上的红十字青少年组织，红十字青年服务团的组建，才真正吹响“中国红十字会青年运动的前奏”。

1946年10月3日，是南京市分会举办“红十字周”的第三日，根据日程安排，这一天为教师联谊日，南京市分会在玄武湖举行了全市中小学校长招待会，发出组织红十字青年服务团倡议，希望得到各学校的支持。同时拟定《南京市分会组织红十字青年服务团暂行办法》，对青年服务团组织原则、宗旨、任务、方法等做了明确规定。《暂行办法》共13条，主要内容为：“本团为训练青年会员养成服务社会能力、培育博爱人群精神，特组织服务团，定名为‘中华民国红十字青年服务团’”；“本团事属草创，故首先由本市内中学校高中一二年级学生已入本会为会员者选送若干人，再由团甄选男女各半共四十人组织之”；“本团以团员五人为一服务小组，二小组为一服务队，平时学习与服务活动，均以小组及队为单位，其组长及队长均自选充，由团加委”；“团员训练项目暂以公共卫生、急救训练、药物常识、社会服务项目为限，每周定星期四集合一次，星期日全日活动，其社会服务项目另行规定之”；“团员服装暂用蓝色布制短装长裤，女用蓝衣连裙，团徽暂用红十字白梅花底，缀右胸袋上，左臂上另佩橄榄形白底红十字臂章”；“服务团之口号暂用‘服务’两字，必要时并可将此两字嵌制臂章上，白底黑字。”[⑤]

---

① 吴耀麟：《玄武湖服务站与红十字青年服务团——中国红十字会青年运动的前奏》，《红十字月刊》总第11期（1946年11月），第25页。

② 《中国红十字会新闻》，《红十字月刊》总第7期（1946年7月），第31页。

③ 《中华民国红十字会南京市分会三十五年度工作简报》（内部资料），第3页。

④ 徐知冕：《年青人的乐园》，《红十字月刊》总第8期（1946年8月），第31页。

⑤ 《南京市分会组织红十字青年服务团暂行办法》，吴耀麟：《玄武湖服务站与红十字青年服务团——中国红十字会青年运动的前奏》，《红十字月刊》总第11期（1946年11月），第25页。

南京市分会组织红十字青年服务团的倡议很快得到各学校的回应，不到半月，即组织就绪。团员来自10个学校，计正中中学、市立一中各5人，青年会中学、金陵中学各4人，市立二中3人，安徽中学2人，均男生；明德女中、市立一女中、汇文女中各5人，中华女中4人，总计42人。他们多数是初中一二年级学生，小部分为高中一年级学生，这与《暂行办法》中的规定颇有出入，不过年龄上有一定要求，即15岁至18岁之间①。他们均系品学兼优的学生，经学校推荐及家长同意而本人承认“自助助人的理想”自愿入团服务。红十字青年服务团于10月31日正式成立，它是红十字事业中的新气象，“是南京市分会今后展开社会服务的新生命，也是中国红十字青年运动的初页”②。

服务团成立后，初设松、竹、兰、菊4队。队名命意，意味深长，按照总教练吴耀麟的解释：松，如松之芪，象征体育；竹，如竹有节，象征德育；兰，王者之香，象征美育；菊，隐逸之士，象征智育；而徽章上的白梅花是国花，象征群育。组织者希望团员们“人人不断地学习，不断地努力，不断地服务，五育并进，身心愉快，在红十字会工作人员和社会各界协助指导之下发育成长，开花结果”③。

服务团从成立到1947年10月，一年的时间内举办各类活动27次，主要有“参加母婴保健会慈善游园会服务”“红十字讲话”“公共卫生讲话”“制作国际交谊纪念册”“举行同乐会”“参加征募活动”“举行救护实习”“参加划船比赛服务”“外科救护实习”等④，丰富多彩。通过这些活动，达到了“训练青年会员养成服务社会能力，培育博爱人群精神”的初衷。

南京分会的玄武湖服务站与红十字青年服务团是“总会提倡红十字青年运动声中首先产生的一双姊妹花，同时也是红十字青年运动发芽、生长、实验的序幕。”⑤

鉴于南京分会的“实验”卓有成效，中国红十字会总会决定从1948年开始，开展红十字少年运动。

---

① 《中华民国红十字会南京市分会三十五年度工作简报》（内部资料），第4页。

② 吴耀麟：《玄武湖服务站与红十字青年服务团——中国红十字会青年运动的前奏》，《红十字月刊》总第11期（1946年11月），第26页。

③ 吴耀麟：《玄武湖服务站与红十字青年服务团——中国红十字会青年运动的前奏》，《红十字月刊》总第11期（1946年11月），第27页。

④ 《独乐不如众乐——红十字青年服务团成立一周年纪念记》，《红十字月刊》总第23期（1947年11月），第15页。

⑤ 吴耀麟：《玄武湖服务站与红十字青年服务团——中国红十字会青年运动的前奏》，《红十字月刊》总第11期（1946年11月），第23页。

红十字青年与红十字少年组织，其组织单位、对象当然不同，按照吴耀麟的解释，小学生称为红十字儿童，初中生称为红十字少年，高中生称红十字青年，而“要普及红十字少年的训练，组织单位就要着重所有的中小学校”①，那就意味着红十字少年吸纳的对象是中小学生。事实上，这正是总会开展红十字少年工作的基本前提。如是观之，南京分会的青年服务团组织，还不是严格意义上的红十字“青年”组织。

1947年底，中国红十字会总会决定将组建红十字少年会作为1948年度主要工作之一，“既以发扬此新的教育工作，巩固本会事业根基，抑且迎合世界潮流，勿再还落人后”②。1948年1月，总会专门成立红十字少年委员会，胡兰生秘书长担任主任委员，视导吴耀麟为总干事，“专责推动，共策进行”。委员会先后制定下发了《中国红十字会总会红十字少年委员会组织暂行简则》《中华民国红十字会各地分会推行红十字少年工作办法》《学校团体组织红十字少年会办法》《红十字少年会训练实施办法》等③，对组织红十字少年会的目的、任务、程序等做了详细的规定。总会“希望全国教育当局、各级学校校长、教师和家长们赞助这件工作，各地红十字会分会发动组织红十字少年会使其普遍展开，我们要发挥红十字少年的功效，造就身心健康的一等国民，发扬人生以服务为目的的精神，同时也广播世界大同天下一家的和平善意，达到博爱人群的理想”④。

1948年2月4日，总会为筹组红十字少年会，特致电南京、上海、江都、武进分会，嘱先行试办。电文称：“兹为发动红十字少年组训工作起见，经决定先在南京、上海、江都、武进四处试办，由该分会在理事会之下，组织红

① 吴耀麟：《写在开展红十字少年工作之前》，《红十字月刊》总第24期（1947年12月），第7页。

② 吴耀麟：《红十字少年活动六个月》，《红十字月刊》总第30期（1948年6月），第12页。

③ 中国红十字会总会编：《中国红十字会历史资料选编，1904—1949》，南京大学出版社1993年版，第251—253页。其中《学校团体组织红十字少年会办法》内容如下：“一、中华民国红十字会为辅助少年公民教育、增进其身心健康、培育其服务能力、发扬其博爱精神起见，特提倡红十字少年会组织；二、凡各学校团体有红十字少年会员二十人以上并有合格之指导人员及活动场所，经申请当地分会认可后，得依法组织红十字少年会；三、各学校组织红十字少年会定名为中华民国红十字会00市县分会00学校红十字少年会，简称为00学校红十字少年会；四、各学校红十字少年会由会员中推选干事五人至九人（男女同校者男女生各半），组织干事会，并由干事中互推一人为主席；五、干事会工作包括事务、文书、会计、康乐、服务、卫生等项，由各干事依照干事会之决议并秉承指导人员之指导推行会务；六、各学校红十字少年会以校长为指导员，教师一人至三人为导师，与红十字会合作，经常负责辅导；七、各学校红十字（少年）会为促进会务，加强指导举办各种活动作业，得聘请学生家长及校外人士担任顾问或技术指导；八、各学校红十字少年会所需经费以自筹为原则。”

④ 红十字少年委员会：《红十字少年的工作与活动》，中国红十字会总会编：《中国红十字会历史资料选编，1904—1949》，南京大学出版社1993年版，第375页。

十字少年委员会，并选举当地中、小学校若干所，筹组红十字少年会……合亟令仰该分会积极进行办理，并将筹办情形具报为要。”[①]

南京分会在红十字青少年运动的组织方面，一直扮演着“拓荒”的角色。在接到总会筹组少年会电文后，立即行动，3 月 20 日，召开各校指导员及导师座谈会，商讨组织办法。事属创举，决定在人数方面进行限制，规定会员人数以 20 至 40 人为宜，待办有成效后，再行扩充。但一经发动，学生报名极为踊跃，最终仍有 4 所学校即三牌楼国民学校（50 人）、第一区中心国民学校（56 人）、老虎桥国民学校（50 人）、私立中华女子中学（48 人），突破了此项限制。从 3 月下旬至 6 月，南京市共有 14 所学校建立了红十字少年会，会员 565 人，其中男 331 人、女 234 人[②]。

1948 年 6 月，上海市分会也在私立麦伦中学、储能中学和市立戏剧学校成立了红十字少年会，会员共 245 人，其中两校会员超过 90 人，较之南京市少年会的规模为大。

红十字少年会的训练由经过培训的导师指导进行，学习、实践相结合，其主要活动归纳起来大体分为三种：

一、健康活动。会员们根据所学知识，积极宣传夏令卫生知识，预防传染病发生，协助学校搞好环境卫生，监督学校厨房卫生清洁，参加卫生室服务，包括协助制棉球、协助防疫注射、协助种痘、协助全校体格检查等。会员们都严格保持个人卫生，以促进家庭卫生及校内外的公共卫生。

二、社会服务。分会发、借劳作器材，由会员制作蝇拍、毛巾、围嘴、童衣等，锻炼会员动手能力，培养他们参加社会服务的技能，以制成品交还分会，作慰劳或救济之用。另外，还帮助贫苦平民处置损伤、指导失学儿童清洁卫生等。

三、红十字少年知识的宣传。各少年会利用出版壁报、讲演等方式，发布红十字少年会消息，宣传红十字少年应参加的活动与应掌握的知识，讲解国际间学校通讯办法。藉此宣传，扩大影响[③]。

国际友谊工作也应为少年会的一个重要活动项目，红会曾建议“每一红十字少年会每学期合力制作学校通讯纪念册两本以上，交由红十字会转寄国

---

① 《中华民国红十字会总会关于筹组红十字少年会的电文》，中国红十字会总会编：《中国红十字会历史资料选编，1904—1949》，南京大学出版社 1993 年版，第 101 页。

② 吴耀麟：《红十字少年活动六个月》，《红十字月刊》总第 30 期（1948 年 6 月），第 12—13 页。

③ 池子华：《红十字运动：历史审视与现实思考》，合肥工业大学出版社 2016 年版，第 237 页。

外红十字会，与友邦红十字少年采用同样方式交换”[①]。但此项工作没有真正开展起来。

上述活动，虽然小不起眼，但可以使会员养成良好个人卫生习惯，陶冶情操，锻造服务社会技能，以收“五育并进”之效。然而1948年下半年，国内战事趋烈，局势动荡，红十字少年会工作不可能照常进行，只好宣告结束。

红十字青少年是中国红十字事业的“根基”所系，开展红十字青少年运动具有久远而深沉的意义。为“打定会的基础”，中国红十字会注意开发这一取之不尽、用之不竭的“资源”，实属难能可贵；尽管“草创试验时期”没有取得骄人成绩，但为中国红十字运动的未来发展开辟了道路，筚路蓝缕，功不可没。

第三节　“服务社会，博爱人群”

一、服务信条

“打定会的基础”，如前所述，为的是“促进社会安全”，这是“复员”期间红会工作的两大目标之一。促进“社会安全”（即社会保障），归根到底，就是“服务社会，博爱人群”，这既是中国红十字会的宗旨，也是红会工作的重心所在。红会基层组织建设、征募运动以及组建青少年会等“打定会的基础”的一系列举措，无不是为此宗旨、重心工作铺平道路、创造条件的。

为广泛开展社会服务，蒋梦麟会长于1946年手订“服务信条”8条：具丰富情感、抱牺牲志愿、本博爱襟怀、献科学身手、作精密准备、求迅确效率、策社会安全、增人群幸福[②]。对8条的内涵，蒋梦麟会长做了如下阐释：

（1）具丰富情感。人为万物之灵，具四端，备万善，是最富有情感的，虽然弱肉强食，优胜劣败，是天演的公例，然而人与人之间的情感，终是不可抹灭的，世界上最伟大最神圣就是人类的情感。

（2）抱牺牲志愿。见义勇为，当仁不让，这是何等的光荣，抱牺牲志愿的人，只要是合乎仁与义的条件，他们不计成败祸福，更不计生死，彻底去干，拼命去干，所谓杀身成仁，舍生取义，这都是伟大牺牲者。

（3）本博爱襟怀。基督最宝贝的教训是“博爱为怀”，孔子的道理是“泛爱众而亲仁”，国父遗教是“天下为公”，可见爱的精神伟大，世间上苟

---

① 《红十字少年导师参考资料》，《红十字月刊》总第27期（1948年3月），第9页。

② 中华民国红十字会总会编：《中华民国红十字会征募手册》，1946年内部印行，不著页码。

非是这个爱字来维系的一切，恐怕我们不会有生存，更不会有幸福。

（4）献科学身手。世界上进步，日新月异，所以总理的遗言，是教我们迎头干（赶）上去，富有革命精神的人，首先就要有科学的头脑与身手，“故步自封”，那是落伍的政策，那是自杀的途径。

（5）作精密准备。未雨绸缪，有备无患，是做事的基本训练，是成功的秘密要诀，所以说知己知彼，百战百胜，如漫无准备，仓皇应付，未有不一败涂地者。

（6）求迅确效率。迅速确实，这是新生活运动的要件，也是办事的至宝，就是说差之毫厘，失之千里，吾人做事做人，要力求迅确的效率，要有狮子般的体力，骆驼般的精神，猴子般的迅速，庶几可以完成使命。

（7）策社会安全。民为邦本，本固邦实，社会上的人民，如能安居乐业，那国家也强盛了，民族也兴旺了，试看古今中外的历史，如遇有人民不安居乐业，老弱死于沟壑，少壮散而之于四方者，则国危矣，势所必趋，理所必然。

（8）增人群幸福。人类幸福，是要达到至真至善至美的生活，这种幸福，绝非一方而演成的，也不是少数人演成的，这就是国父的“大同世界”，是要人人都能造幸福，才能人人享受幸福。

以上8条，在蒋梦麟会长看来，“是红十字会服务的信条，扩大言之，也就是公民的信条，更是世界人类的信条，愿我同志同胞，切实的记着，将这种精神，在每个人身上发扬出来，这才是红十字会的会员，才算是我国的国民”①。

蒋梦麟会长手订的8项服务信条，旨在强化会员的服务意识以及会员所应具备的资质。如此明确而具体的要求，这在中国红十字运动史上还是第一次，而其丰富的内涵，直到现在仍令人回味无穷。

服务信条是“服务社会，博爱人群”宗旨的明细化，是“复员”时期红会工作的纲领性文件，对指导红会社会服务工作的开展，具有非同一般的价值和意义。的确，在红十字会的征募宣传中，我们可以看到这样的标语：

“服务，牺牲，创造”；
“为最大多数，谋最大幸福”；
“本科学技术，为人生服务”；
“爱无等差，乐与人同”；

① 蒋梦麟：《红十字会服务信条》，中国红十字会总会编：《中国红十字会历史资料选编，1904—1949》，南京大学出版社1993年版，第113—114页。

“使全人类充满和平思想，为全世界铺平安全大道”；

“救苦救难，不求积德儿孙。利世利民，只为造福社会”；

“谋人群幸福，开万世太平”；

“红十字会的服务观念，无功利心，有责任感”；

“凡是危害人类生存和安全的对象，都是红十字会工作的对象”；

“由旧式的善堂工作，到新型的社会服务”；

“红十字会服务的对象，是儿童、青年、妇女、荣军、平民”；

“红十字会服务的范围，是灾难、伤害、贫困、疾苦、愚弱”；

“红十字会服务的目的，是保健、乐育、安生、助人、益世”①。

这些标语口号，无不折射出“服务社会，博爱人群”的精神。从服务中去体现“博爱”的红十字精神，从服务中去获取红十字事业发展的助力，这是中国红十字会得以生存和发展的重要条件。“本博爱襟怀”地投入广泛的社会服务中去，才是“复员”的真正意义。

1946 年 1 月 1 日，总会成立第三处，专司社会服务工作。“还都”南京后，第三处随即开始擘划社会服务工作初步计划，计有 7 个方面的中心工作：筹设各种服务站，办理疾病治疗、卫生指导、营养补助、康乐活动、水上安全等工作；在诊疗所内设社会服务部，办理家庭访视、助产士和产婆训练、母亲会、儿童会、妇婴卫生指导、环境卫生指导、健康咨询等工作；推行民众教育，办理失学儿童及成人之补习教育；举办急救训练，办理学校、工厂、铁路之急救训练工作；举办儿童服务，办理儿童营养站、康乐园、托儿所等工作；举办妇女福利，办理妇女生产合作工厂、妇女各种技能训练班等工作；举办联谊会，办理职业妇女、家庭妇女、会员、学生等联谊会。“以上工作项目，由各地分会按其实际情形选择办理”②。在总会的指导下，各地分会积极行动，开展了多姿多彩的社会服务。

二、儿童福利

中国红十字会开展的社会服务，范围广泛，涉及社会生活的方方面面，这里仅择其要者，进行一些审视。先看儿童福利工作。

儿童关系到国家的前途，民族的命运，如时人所评：“要建立一个强大的国家，必须要培植下一代健全的国民，因为今日的儿童，是明日的主人，所以要健全今日儿童的体格，来培植明日强盛国家的基础，这是一个远大而积

① 中华民国红十字会总会编：《中华民国红十字会征募手册》，1946 年内部印行，不著页码。

② 陈蕙君：《红十字会的社会服务》，《红十字月刊》总第 9 期（1946 年 9 月），第 18 页。

极的建国工作之一。”① 因此，儿童福利工作成为“复员”时期红会社会服务的一项重要工作。

中国红十字会对儿童的人道关怀，当然不是自“复员”后开始的。对妇孺儿童的救助，一直是红会的一项业务，这在前文的叙述中可以领略一二。值得注意的是，1922 年，中国红十字会加入国际儿童救济协会，成为该协会的会员国，办理失养及残废儿童救济、开办难童留养院、战争及灾难儿童救济等，不言而喻，为其义不容辞的职责。在抗日战争中，抢救战区儿童、设立儿童保健门诊部等，成为其救护工作的一部分。

1942 年，红会与贵州省社会服务处合办贵州儿童福利指导所，设委员 11 人，负责指导贵州全省儿童福利事业，该所并附设儿童乐园 1 所，育婴院 1 所，并经常办理难童收容工作。除此之外，红会还与各地的许多儿童福利机关保持经常性联系，给予帮助，联系单位有：儿童保育会贵州分会、湘东女难童教养院、战时儿童第三保育院、贵州儿童福利指导所、贵阳二四托儿所、曲江育婴堂、贵阳女青年会托儿所、贵阳儿童保育院、广西第一儿童保育院、中国儿童保健会、战时儿童保育会、桂林博爱托儿所、第一难儿临时收容所、东北儿童教养院、桂林难胞救济会、重庆北泉慈幼院、难童训练班、陪都育幼院、第一儿童福利站、中国劳动协会托儿所等 20 家，总会除捐赠衣物及营养补助品外，还“发给以上各合作机关医药卫生用品，约计五千公斤”②。

1946 年 9 月，国际儿童救济协会与国际儿童福利促进协会合并，改组为国际儿童福利协会，中国红十字会遂转入该组织为会员，并被推为执行委员。这样中国红十字会的儿童工作由战时“儿童救济”为主，转变为和平“复员”时期的“儿童福利”工作。

“复员”期间中国红会的儿童福利工作，主要集中在以下几个方面：

其一，开办儿童营养站。从 1946 年 7 月起，红十字会与行政院善后救济总署（简称行总）各地分署合作，办理儿童营养站，“站内所需的牛奶、奶粉、代汤粉、鱼肝油、面包等营养品的来源，概由行总所在地的各分署负责供给，经费则由所在地的分署及承办分会各负其半”③。儿童营养站的服务对象为 12 岁以下的贫苦儿童、贫穷的孕妇及乳母。“二岁以下婴儿每日可领淡奶一磅，二岁以上及孕妇、乳母均为半磅，至医师证明需要特别营养者，另

---

① 吴逸樵：《武进分会的营养服务》，《红十字月刊》总第 27 期（1948 年 3 月），第 17 页。

② 王一正：《本会儿童福利工作之回顾》，《红十字月刊》总第 23 期（1947 年 11 月），第 4 页。

③ 胡道珂：《儿童福利工作在中国——民国三十五年度的调查》，中国红十字会总会编：《中国红十字会历史资料选编，1904—1949》，南京大学出版社 1993 年版，第 377 页。

行增发之”①。

1946 年 7 月 25 日，由中国红十字会南京市分会与行总苏宁分署合办的第五儿童营养站在中华路 354 号基督教堂内“正式开幕”②。营养站设顾问 5 人，由总会副秘书长汤蠡舟、第三处处长陈蕙君、南京分会会长沈慧莲、中华路基督教会堂惠牧师及卫生署保健处处长施正信担任③。南京市分会沈慧莲会长兼营养站主任，有专任干事 1 人主持站务，义务干事数人协助之。营养站从 7 月 25 日开幕到 12 月底，供奶 36818 听，饮奶人数 51928 人次④。

1946 年 9 月 11 日，上海市分会在会所二楼开办儿童营养站 1 所，“登记营养不良儿童四百人，每日上午八时至十时，凭登记证至服务站饮奶一杯”。至年底，供奶 5368 听，领饮儿童 23011 人次⑤。上海分会准备次年在贫民集中的地方，择要设立 4 个分站。

继南京、上海分会开办儿童营养站之后，1946 年 10 月，安阳县分会与行总河南分署合办营养站 1 所，“每日平均到站饮奶者二百八十人至三百人”。11 月 1 日，广州市分会建儿童营养站 1 所，“每日供应牛奶以百人为限”。11 月 5 日，郾城分会与行总河南分署合办营养站 1 所，“每日供应牛奶以一百五十人为限”⑥。从 10 月底至 11 月底，武进分会与行总苏宁分署合办儿童营养站 5 所，“每日有两千多营养不良的儿童无条件的享受着牛乳的特别营养”⑦。1947 年 3 月 1 日，南京市分会复与行总苏宁分署合作于玄武门国民小学内开办儿童营养站 1 所，为缺乏营养的小学生提供营养服务。3 月 3 日，在联合国善后救济总署（简称联总）和总会的支持下，江都分会儿童营养站开幕，当月饮奶者儿童 294 人，婴儿 134 人，孕妇 9 人，乳母 7 人，产妇 4 人，病弱者 3 人，共计 451 人，供应淡奶 3360 听⑧。

从 1946 年 7 月至 1947 年春，中国红十字会南京、上海、广州、武进、郾城、安阳、江都 7 个分会共建儿童营养站 12 所。虽然营养站数量少，规模小，但“颇具成效，深受人民爱戴及外人好感”⑨。

其二，设立儿童福利机构。“复员”期间，中国红十字会各分会设立的儿

---

① 王一正：《本会儿童福利工作之回顾》，《红十字月刊》总第 23 期（1947 年 11 月），第 5 页。
② 胡道珂：《孩子们笑了》，《红十字月刊》总第 8 期（1946 年 8 月），第 30 页。
③ 《中国红十字会新闻》，《红十字月刊》总第 7 期（1946 年 7 月），第 30 页。
④ 《中华民国红十字会南京市分会三十五年度工作简报》（内部资料）第 3 页。
⑤ 《中华民国红十字会上海市分会三十五年度工作特辑》（内部资料）第 6 页。
⑥ 《中国红十字新闻》，《红十字月刊》总第 11 期（1946 年 11 月），第 33 页。
⑦ 吴逸樵：《武进分会的营养服务》，《红十字月刊》总第 27 期（1948 年 3 月），第 17 页。
⑧ 《中国红十字会新闻》，《红十字月刊》总第 16 期（1947 年 4 月），第 41 页。
⑨ 《中国红十字会新闻》，《红十字月刊》总第 13 期（1947 年 1 月），第 40 页。

童福利机构不少，主要有：

儿童福利站——武进分会设有儿童福利站 1 所，收容贫苦失学儿童 500 人，“每日除从事教育活动外，并供应牛奶等营养品”[①]。

儿童福利社——重庆市分会与基督教青年会合办儿童福利社 1 所，专收贫苦儿童，供给衣食，施以教育[②]。

恤孤育婴院——平凉县分会设有恤孤育婴院 1 所，专收无父母的女弃婴，“开办以来，成绩颇多，但因受经费的限制，仅能收容少数的婴儿，这种方法虽嫌陈旧些，但在平凉这种未开化的县内，对于女孩素不重视，这种救济工作如能在经济物质方面给予帮助，使其能扩大收容量，未始不可拯救一部分不幸的孩子”[③]。

盲哑学校——长春市分会设有盲哑学校 1 所，收容盲哑儿童，施以特殊教育[④]。

育婴院——“苍梧县分会以目前人民生活艰苦，无力哺养婴孩，以致街头弃婴甚多，该分会特筹设育婴院一所，于（1948 年）五月一日成立，并请求总会拨发物资。总会以此项工作诚属紧要，除令在可能范围内举办日间托儿所一所外，特拨蚊帐布一千码，毛毯三十条，浴巾二十条以为补助”[⑤]。

难童教养站——亳县分会设难童教养站 1 所，“专收外乡迁亳之难民儿童，除施教育外并供给营养品”[⑥]。

除创设儿童福利机构外，中国红十字会还为许多儿童福利机构提供医药卫生用品以及食品、衣物，共同促进儿童福利事业的发展。

其三，爱心助学。1946 年，上海市分会办有“业余补习班”，原打算“为了使青年会员，如学徒等有业余补习的机会”，但“开办结果，倒是失学儿童占了多数”。该会每晚为这些失学儿童补习两小时，“书籍费杂费全免，教员都是尽义务的，只拿五六万元车马费。因为投校的人多，该会已将办公室、候诊室都辟作临时教室了”[⑦]。

爱心助学，形式多样，南京市分会所设“贫苦儿童奖学金”特别值得一提。鉴于“自抗战复员，儿童失学为数不少，培植下一代之主人，实急不容

---

① 王一正：《本会儿童福利工作之回顾》，《红十字月刊》总第 23 期（1947 年 11 月），第 5 页。

② 《中国红十字会新闻》，《红十字月刊》总第 17 期（1947 年 5 月），第 39 页。

③ 胡道珂：《儿童福利工作在中国——民国三十五年度的调查》，中国红十字会总会编：《中国红十字会历史资料选编，1904—1949》，南京大学出版社 1993 年版，第 377 页。

④ 王一正：《本会儿童福利工作之回顾》，《红十字月刊》总第 23 期（1947 年 11 月），第 5 页。

⑤ 《本会新闻》，《红十字月刊》总第 29 期（1948 年 5 月），第 29 页。

⑥ 王一正：《本会儿童福利工作之回顾》，《红十字月刊》总第 23 期（1947 年 11 月），第 5 页。

⑦ 《中华民国红十字会上海市分会三十五年度工作特辑》（内部资料）第 29 页。

缓者”，1948 年 1 月，总会马玉汝处长、孙以琴课长向南京市分会捐款 1500 万元，并与沈慧莲会长洽商，决定办理贫苦儿童奖学金暨儿童门诊部。南京分会随即制定《贫苦儿童奖学金暂行简则》，经呈请总会核准施行。《暂行简则》有如下 7 条内容：“（1）本会为救济学行优良之贫苦儿童努力学业起见特设贫苦儿童奖学金；（2）受奖学金之学校暂以南京市区内之小学校为限；（3）受奖学金之学生应具备下列之条件：青年会员、家庭贫寒及品学优良；（4）凡合以上条件之学生得由校方填写申请书，附上学期成绩单及家庭调查表迳送本会；（5）经本会调查后决定该学生确与本会奖学金之各条件符合，按照学生实际需要之学杂等费给予奖学金；（6）奖学金之名额，视该校青年会员人数之多寡为定，其有青年会员占全校学生人数三分之一者，得设一奖学金额，三分之二者设二额，最多者设三额；（7）受本会奖学金之学生必要时得受本会各项训练，并担任本会之服务。”① 至 4 月，已发奖学金 130 万元②。

除上述之外，还有开办小学校卫生实验区，为在校儿童健康检查、防疫注射，“四四”儿童节举办儿童同乐会活动，赠送儿童用品等等，这些工作，按南京市分会沈慧莲会长的话说属“琐碎事务”，但正是从这些琐碎的事务中，“表现了高度的人类爱”③。

儿童福利工作，在抗战后的中国，还处于“初期阶段，许多现代儿童应享的权利，中国儿童还没有梦想到，相反的，许多残废、疾病、贫穷、失学、犯罪的儿童正伸着待援的手，等待着社会福利工作者的援救”④。中国红十字会深感“责任至为繁重”，虽然做了一些工作，但终因“经费物资，均有待筹募”⑤，而有力不从心之叹，毕竟这是一个庞大的社会系统工程，需要全社会的共同参与。胡道珂提出“目前最迫切的工作”的 5 点建议⑥，值得关注。不

---

① 帆影：《南京分会的社会服务》，《红十字月刊》总第 33 期（1948 年 9 月），第 12—13 页。

② 《服务汇报》，《红十字月刊》总第 28 期（1948 年 4 月），第 31 页。

③ 帆影：《南京分会的社会服务》，《红十字月刊》总第 33 期（1948 年 9 月），第 12 页。

④ 胡道珂：《儿童福利工作在中国——民国三十五年度的调查》，中国红十字会总会编：《中国红十字会历史资料选编，1904—1949》，南京大学出版社 1993 年版，第 382 页。

⑤ 王一正：《本会儿童福利工作之回顾》，《红十字月刊》总第 23 期（1947 年 11 月），第 5 页。

⑥ 该 5 点建议为：“一、由社会部、中国红十字会以及其他儿童福利机关共同发起组织全国性的儿童福利工作计划会议，负责统筹全国儿童福利工作；二、着重普遍发展与质的改进，并举办几种新的实验工作，如儿童问题研究、少年犯罪法庭、家庭寄养、天才及低能儿童教育班等；三、开设儿童福利事业训练班，一方面调训在职人员，一方面招收志愿从事儿童福利工作者予以短期训练；四、扩充公私立大学社会系，并增开儿童福利有关课程以培养高级干部人才；五、划定儿童福利事业经费，由国库开支，至少应占国家总预算之百分之五。”（胡道珂：《儿童福利工作在中国——民国三十五年度的调查》，中国红十字会总会编：《中国红十字会历史资料选编，1904—1949》，南京大学出版社 1993 年版，第 382 页）

过，由于时局动荡，许多设想只能流于“纸上论道”。

三、医疗服务

医疗服务是中国红十字会的特色业务。抗战胜利后，救护医疗队经裁并，保留40个，散布在10个省，计浙江4、江苏2、江西2、湖北3、湖南5、四川7、福建3、广东2、广西6、贵州6。适应“复员”时期“服务社会”的需要，医疗队进行调度与裁并，设立诊疗所，转为办理平民医疗服务。转建情况大致如下：

原在浙江杭富公路工作的第331、332两医疗队在完成杭州全市小学生接种牛痘任务后，与311、351两队开赴南京，先在下关办诊所为难民施诊，1946年7月改建为南京市分会太平路街红十字诊疗所。

第631医疗队经河南临颍、郑州调到北平，改为北平市分会红十字诊疗所。

在江西的第741、742两医疗队，当年12月改建为南昌市分会红十字诊疗所。

在湖北的第621、622两医疗队，加上从湖南调来的第931医疗队，当年7月合并改建为汉口市分会红十字诊疗所。

在湖南的第921、922两医疗队由晃县调至祁阳，改为地方诊所；第941、942两医疗队在衡阳改为地方诊所，协助衡阳县进行地方卫生建设。

第451医疗队由柳州调郑州，与行总河南分署合并建立为郑州市的一个诊疗所。

在广东的第751、752两医疗队与从广西调来的第422、431两医疗队合并组成广州市分会红十字诊疗所。

第821、822两医疗队随同第二俘虏收容所，由重庆南温泉沿川湘公路到汉口，担任民众医疗工作。

在福建的第321医疗队与行总浙闽分署合作在福州成立诊所，负责防治当地鼠疫及流行性脑膜炎。第341、342医疗队在福建邵武协助军政部第三训练所进行教学工作。

在贵州的第221、222医疗队由桐梓开赴重庆，随船护送难民至汉口、芜湖，同年7月调到江苏武进，组建为武进县分会红十字诊疗所。

第261、262两医疗队在贵阳与市社会服务处合并组成民众诊疗所。

第151、951、952等医疗队均调入上海，加入上海市的医疗队伍行列①。

---

① 中国红十字会总会编：《中国红十字会的九十年》，中国友谊出版公司1994年版，第106—108页。

上述裁并调整，是根据《复员期间中华民国红十字会医院疗诊所调整管理办法》的规定进行的，“各院、所以分会设立为原则”，总会已设之院、所得视情况与分会合办，或移交分会主管，总会适当给予补助。据统计，1946年，总会给南京、长春、北平、汉口、上海、广州、重庆等地分会补助经费17294万元，1947年又补助26个分会诊疗所16620万元[①]。

诊疗所“本服务社会，博爱人群之宗旨，推行医疗保健及社会服务工作”，因而“诊疗所门诊除酌收挂号费外，以免费为原则，其他如有必需收费者，须呈报总会核定之，但均以低于当地公共卫生机关者为原则”[②]。例如：上海市分会诊疗所“挂号费初诊一百元，复诊五十元，医药费全免”[③]；重庆市分会接办的中央医院“减免费的规定也很广泛，经保甲长证明或自己要求，主治医师批准，即可减免医药或住院费。必要时连伙食费也可酌减”[④]；红会南京中央医院“对于住院及门诊患者，尽力设法予以免费之服务。病愈患者，资助旅费，使之返籍，或代介绍适当工作，或贷予小数资本，使之谋生，患者如需输血，则代设法接洽让血人”[⑤]。免费低费，显然服务对象“主要是穷人”[⑥]。向最需要帮助的人提供这样的服务，更能显示出“服务社会”“促进社会安全”的真谛。

红十字诊疗所及医院[⑦]，是复员期间“各地分会进行社会服务的重要设施之一，是民众迫切需要且受益人数众多的仁爱设施，成为这一时期红十字会工作的一大特色”[⑧]，而且成绩斐然。从1946年1月至1947年6月，医疗服务统计：内科诊疗人数309453人，外科诊疗人数308445人，防疫注射236416人，X光透视4577人，X光照像623人，检验69983人，共计受惠人数929497人[⑨]。由此可见一斑。

服务形式也由单一逐渐趋向多样化。按照《复员期间中华民国红十字会

---

① 中国红十字会总会编：《中国红十字会的九十年》，中国友谊出版公司1994年版，第108页。

② 《复员期间中华民国红十字会诊疗所暂行通则》，中华民国红十字会总会编：《复员期间中华民国红十字会法规辑要》，1946年内部印行，不著页码。

③ 《本市简讯》，《申报》1946年4月21日。

④ 《艰苦挣扎中的红十字医院》，《新华日报》1946年11月8日。

⑤ 《中央大学医院社会服务部》，《红十字月刊》总第33期（1948年9月），第20页。

⑥ 《艰苦挣扎中的红十字医院》，《新华日报》1946年11月8日。

⑦ 据统计，1946年诊疗所有24所，医院11处；1947年诊疗所66所，医院41处；1948年诊疗所84所，医院46处。（《红十字月刊》总第12、24、35期封底）

⑧ 中国红十字会总会编：《中国红十字会的九十年》，中国友谊出版公司1994年版，第108页。

⑨ 胡兰生：《中华民国红十字会历史与工作概述》，中国红十字会总会编：《中国红十字会历史资料选编，1904—1949》，南京大学出版社1993年版，第513页。

诊疗所暂行通则》的规定：“诊疗所以门诊为主，除助产及家庭访视外，概不出诊。”① 这为患者就诊造成一定的困难，“许多远途来求治的人，往往车费比挂号费多了好几倍”②。作为补救，红会上海市分会率先与上海市民营电台同业公会联合，推出了“流动诊疗车”服务——“一种新的服务和新的实验”——“送诊给药，不取分文，作为彻底的救济贫病的一件事业”。流动诊疗车由美国红十字会捐赠的救护车改装而成，1947 年 10 月 10 日国庆节开诊，基金来源于电台的“空中劝募”，作为答谢，“个人捐助一百万以上者将姓名刻在车上留念，五百万元以上者除刻姓名于车上留念外并赠红十字会总会奖状一张，团体捐助一千万元以上者，除刻团体名称于车上外并赠红十字会总会荣誉奖状一张”③。流动诊疗车的诊疗站，分为沪东、沪南、沪西、沪北 4 个区，“依着日程时间排列”，轮流到各站点，“给全市人民做免费的医疗工作”，并利用节假日，开到青浦、嘉定乡间，“给那些毫无近代医药设备的农民去服务”④。

陈范我编赠《穷人的救星》开篇歌词一阕，热情歌颂了上海市分会流动诊疗车这项为民众服务的新事业：

朔风凛凛近黄昏，秋尽冬来夜色沉，小楼一角声寂寂，独对寒灯闷黄昏，想我是，药炉茶社相依命，无端一病到如今，（可怜我）骨立形消成病态，面黄肌瘦误青春，（可怜我）胃口全无胸膈闷，一盂薄粥过黄昏，（可怜我）咳嗽频来气又急，鲜红吐血沾衣襟，（可怜我）小鹿心头如烈火，肢酸足软苦呻吟，（可怜我）白发双亲来看护，劬老未报不安心，（可怜我）家无财产身沾病，典质无门两袖清，（可怜我）出门劳碌求医苦，来去奔波怨煞人。（如今是）忽来喜信传消息，确是穷人好救星，电台公会多提倡，红十字会诸公自赞成，（合办那）流动诊疗车一辆，施医给药好良心，内外各科多预备，更将药品送穷人，不须跋涉多行路，（仿佛那）出诊医生到我门，此中功德令人敬，永留印象好声名，（但是那）经费还须多劝募，（方能够）左右逢源事业成，诸君怜惜穷人苦，慷慨捐款表同情，集腋成裘从古道，聚沙为塔不虚文，

① 《复员期间中华民国红十字会诊疗所暂行通则》，中华民国红十字会总会编：《复员期间中华民国红十字会法规辑要》，1946 年内部印行，不著页码。

② 申屠长真：《三个月来的流动诊疗车——上海市民营电台公会与本会上海市分会合办的医药服务事业》，《红十字月刊》总第 25 期（1948 年 11 月），第 14 页。

③ 《申报》1947 年 9 月 15 日。

④ 申屠长真：《三个月来的流动诊疗车——上海市民营电台公会与本会上海市分会合办的医药服务事业》，《红十字月刊》总第 25 期（1948 年 11 月），第 15—16 页。

（将来是）扩充内部范围大，毕竟穷人有救星，保佑（你）诸君多子孙①。

红十字医院、诊疗所大多集中在城市，广大的农村地区差不多成为“被遗忘的角落”。农村地区兼顾不到，“服务社会，博爱人群”的广泛性难以具备。“在乡村贫苦的人多，在乡村科学的医护人员缺乏，红十字会的服务便应该找寻这些没人照顾的贫苦人群，红十字会的正义同情正应该为这些人抒发”②。在这方面，武进分会的工作具有开拓性。自 1947 年 2 月开始，武进分会先后设立了前黄镇、湟里镇、寨桥镇、厚余镇、西夏墅、马迹山、湖塘桥、雪堰桥和坂上镇共 9 个乡村服务站，以医疗工作为重点，开展社会服务活动。如前黄镇服务站设于杨家祠堂里，内有疗养室、待产室、手术室、门诊室等，设置了 8 张病床、两张产床，备有检查台、检查床等，一般医疗器械全部具备。站内有医护人员 4 名。自 1947 年 2 月成立后至 1948 年 4 月，“共计诊治病人四九九五二人，其中内科五八五八人，外科七五二二人，预防接种二〇四九三人，接生一五四次”。厚余镇服务站设有门诊部，有 2 位医师，1 位护士，1 位助产士。自 1947 年 8 月开幕至 1948 年 4 月，8 个月来，内科诊治病人 2063 人，外科 2581 人，接生 51 次③。其余 7 个服务站的医疗服务工作也相当出色，这在当时的时代条件下，可谓难得。

中国红十字会的乡村医疗服务一向薄弱，特别是“复员”之初，乡村医疗服务几成盲区，这种情况，直到 1948 年才有比较大的改观。1948 年 7 月，红会利用美国援华经费设置了上海、南京、武进、砀山、灌县、邕宁、长泾、青浦、江都、孝感、开封、长春 12 个乡村巡回医务队④，深入民间，为民众服务。同时，凤台、昆明、重庆等分会也组织起巡回医疗队，上山下乡，为贫病交煎的农民朋友施医送药。

此外，中国红十字会还在南京、西安、北平、上海、昆明、广州开办 6 处沙眼防治所，为民众开展沙眼防治服务，受到民众欢迎，美国红十字会驻华代表马迪成给予高度评价：“这些沙眼防治所均由美国红十字会在协助中国红十字会的计划中，供给材料和少数经费。在中国红十字会开始此项服务以前，中国对于沙眼防治做得很少。……沙眼防治所由当地各界所组织的顾问

---

① 《本会新闻：白色诊疗车流动服务：陈范我先生编赠歌词》，《红十字月刊》第 24 期（1947 年 12 月），第 22 页。

② 《本会新闻：红十字旗帜在乡村——武进分会前黄、厚余服务站鸟瞰》，《红十字月刊》总第 29 期（1948 年 5 月），第 27 页。

③ 《本会新闻：红十字旗帜在乡村——武进分会前黄、厚余服务站鸟瞰》，《红十字月刊》总第 29 期（1948 年 5 月），第 27 页。

④ 中国红十字会总会编：《中国红十字会历史资料选编，1904—1949》，南京大学出版社 1993 年版，第 215 页。

委员会协助，其全部治疗均系免费。大规模的宣传运动亦由中国红十字会推展中，以期每个人都得知道这种疾病的起因，传染的方式以及免费治疗之利用。”①

四、社会救济

社会救济是中国红会的传统业务，灾民、贫而无告者等弱势群体是救济的主要对象。

日本侵华战争，本已给中国造成深重灾难，抗战胜利后不久，内战爆发，不啻雪上加霜，然而天灾又不期而至，“1946 年至少有六百万亩的耕地遭水灾，受灾人口达三千万以上，1947 年，山东、四川、广西、广东等十六省受水、旱、蝗、雹等灾农田达九千八百万亩。1948 年，河南、福建、广东等省也都有大水灾。1949 年受灾农田达一亿二千一百五十六万亩，灾民约四千万人。全年粮食总产量只有二千二百六十亿六千万斤”②。广大民众生活在水深火热之中。

救济灾害，为中国红十字会“社会服务工作最重要之一环，因应各地方之需要，各地分会对是项工作，无时不在推进。”③

（一）水灾救济

1947 年夏，两广、四川大水。在广东，丰顺受灾綦重。丰顺分会为救济难民，“特发动暹罗（泰国）华侨开展寄米回乡运动，寄回之米，由该分会代运，从中抽出百分之三十赈济灾民”④。这一办法，得到旅泰华侨的积极响应，据统计：“卅六年全年受托运米八百四十大包，配发侨胞家属外，放赈贫户四千八百余户，受赈人数，二万七千余人。”⑤ 9 月，丰顺分会又从韩江水灾救济会领得赈米 29 大包（计重 4652 磅），麦片 3 大包（计 300 磅），“分赈各户”⑥。同时，经总会核准，该分会发起募集名人书画义卖活动，“分请国府部门首长，当代名流，惠赠书画”。总会蒋梦麟会长首起响应，为此活动题字一幅。之后，该分会还先后收到李宗仁、孙科、于右任、居正、白崇禧、薛岳等政界要人的题字，以及名画家罗晓帆、宋省予、蔡澄安等人的书画作品

---

① 连栋译：《本会医药卫生服务》，《红十字月刊》总第 23 期（1947 年 11 月），第 6 页。

② 《中国大百科全书·中国历史》第 2 册，中国大百科全书出版社 1992 年版，第 660 页。

③ 《中国红十字会新闻》，《红十字月刊》总第 17 期（1947 年 5 月），第 39 页。

④ 《中国红十字会新闻》，《红十字月刊》总第 17 期（1947 年 5 月），第 39 页。

⑤ 《中华民国红十字会总会卅五卅六年度工作简报》，《红十字月刊》总第 28 期（1948 年 5 月），第 6 页。

⑥ 《灾难饥馑到处有，救恤工作在丰顺》，《红十字月刊》总第 23 期（1947 年 11 月），第 22 页。

113件。由于邮寄途中耽搁，至1948年4月4日方于汕头的广州会馆正式展览，举行现场募捐，以书画为酬谢品，共“募得二亿二千九百五十万元”①。此项捐款，由红十字会电请丰顺县政府填发白米采购证后，到兴宁采购白米，为灾民施粥。

在广西，苍梧合城被淹，“全城尽成泽国”。苍梧县分会与当地善堂联手，设粥厂6处，自6月19日至30日，“每天平均施粥一百五十担，每日就食灾民六千人”②。邕宁被灾后，邕宁分会派出救护队，乘小船往返施救，向特困户发放赈米；直到10月份，该分会还“续发该县城区水灾救济米二六四六市斤，计赈灾民二六四六人”③。

作为“天府之国”的四川，在1947年的大水中，也受到严重冲击，“夏初，川西一带大雨倾盆，延十余日不止，川北各县均为水溢，加以泯、沱江上流山洪暴发，水势尤为汹汹，沿河圮泛，田地庐舍冲毁无数，桥梁折毁，交通断绝，如是者三十余县，而成都系属盆地，泛滥之重，为四川近数十年所未有”④。灾情发生后，总会连同两广水灾一并发动募捐赈济，筹集赈款上亿元，先拨380万元，汇发灌县分会（因成都分会尚未正式恢复），就近办理救济事务，另拨药品一批，嘱灌县分会组织巡回医疗队，办理灾后防疫救护事宜。灌县分会按总会的要求，立即行动，赈济灾民；同时，组织以分会医院院长欧阳健堃为队长的巡回医疗队赴蓉援救，巡回医疗队在蓉工作9日，“医治二千八百二十四人，预防接种七十五人”。此次在蓉巡回诊疗除去药物消耗不计外，共计用去国币7861700元，均由总会拨给。“由于此次巡回医疗之实施及总会以后拨发之一千三百套单衣，不仅对水灾后之人民发挥了救济之效果，且将红十字的博爱人类的精神，永留在成都人们的心里”⑤。

（二）火灾救济

“水火无情”，除进行水灾的救济外，各分会还组织或参与火灾的救济，例如：“四川灌县分会，当本年（1946年）七月三日该县新民镇发生火灾时，曾派员救济，经查得被毁灾户十二家，由该会每家发给救助金二千元”⑥；

① 《丰顺分会之两项活动》，《红十字月刊》总第29期（1948年5月），第28页。

② 《中国红十字新闻》，《红十字月刊》总第19期（1947年7月），第32页。

③ 《凡有灾难发生之处，都有红十字旗》，《红十字月刊》总第22期（1947年10月），第23页。

④ 《成都大水本会拨款救济，灌县分会办理巡回医疗》，《红十字月刊》总第23期（1947年11月），第21页。

⑤ 《本会新闻》，《红十字月刊》总第23期（1947年11月），第22页。

⑥ 《中国红十字会新闻》，《红十字月刊》总第7期（1946年7月），第30页。

1947年1月，江都砖街居户发生火灾，延烧14户，损失惨重，江都分会立即发动紧急捐赈，“经向银行界会员募得捐款五十七万元，本会捐凑三万元，共六十万元，散发被灾各户，聊尽‘我为人人’之责”①；

“灌县东门外于（1947年）四月十一日发生火灾，被焚房舍计三百五十五户，该分会乃发动劝捐赈济，共募款三九〇五〇〇〇元，每户发款一万一千元”；

“邕宁县分会设有消防队一队，（1947年）四月十四日下午八时，该县模范镇发生火灾，该分会即派消防队抢救，因抢救工作迅速，仅焚毁房舍五间，事后该分会并为灾民设法住处施粥赈济三日”；

“安庆市分会于（1947年）四月十六日因该市吴樾街发生火灾，焚烧商店多家，曾出动消防队抢救，因抢救迅速，致未酿成巨灾，事后深得社会人士好评，并登报鸣谢”②；

“镇远县城内四牌正街于（1947年）十一月初发生大火，受灾户口甚多，均无家可栖，嗷嗷待哺，镇远县分会协同县政府发动劝募，共捐国币九百余万元，赈济灾户，并由县府与分会分呈贵州省政府及总会设法救济”；

“绥宁县分会因该县城区镇于（1947年）十一月上旬发生火灾，被毁房屋二十余间，受灾者多属贫民，情至惨恻，乃发起紧急募捐运动，计募得捐款二百二十四万元，按灾情轻重发放赈款，灾重者每人发四万元，灾轻者每人发两万元，于十一月十一日会同当地保甲长发放竣事，计轻灾十六人，共发三十二万元，重灾四十八人，共发一百九十二万元”③；

“邕宁县城内西关街北一里于（1947年）十月七日下午二时发生火警，邕宁县分会闻讯后，立即派消防队救护队携带灭火器具卫生药囊驰赴抢救，当场救护被火灼伤灾民梁氏李氏等六人，当晚由该会收容住宿并施粥三天，用米三五〇斤，用款八十五万三千元，救济一六三人”④；

1947年12月6日，邕宁城内发生火灾，“邕宁分会闻讯后，立派救护、消防两队全体工作人员九十五名，驰往抢救，经五小时，始工毕返会，救出灾户财产及人口甚多，甚得当地人之称赞”⑤；

“邕宁县分会以该县古城村第九甲于（1948年）四月三十日上午发生火警，烧毁民房二十四间，灾民七十六人住食顿成问题，当即办理施粥，自即

① 江都县分会：《江南秋老话扬州——江都分会会务报告》，《红十字月刊》总第22期（1947年10月），第15页。

② 《中国红十字会新闻》，《红十字月刊》总第17期（1947年5月），第39页。

③ 《本会新闻》，《红十字月刊》第24期（1947年12月），第24页。

④ 《本会新闻》，《红十字月刊》总第23期（1947年11月），第22页。

⑤ 《本会新闻》，《红十字月刊》总第25期（1948年1月），第23页。

日下午起，连续三天，使受灾难民得以安心重建住屋”；

“南京市分会于（1948 年）四月二十九日赴西郊二道埂子火灾区救济灾民一〇一户，每户分发食盒一大盒”①，等等。

灾害救济，并非“复员”时期中国红十字会的中心工作，但毕竟属“服务社会，博爱人群”工作的一部分，职责所在，各地分会量力从事，总会也量力支持，仅 1946 年至 1947 年，有资料显示，总会即 15 次拨款，赞助分会的救灾行动②。如 1947 年入夏以来，两广及四川西部均遭受严重水灾，“人民流离颠困，亟须救济”，总会拨出药品一批，急电广州市分会及灌县分会先行办理医药救济外，并在京沪各大报吁请各界慷慨捐款，7 月 24 日至月底，已收到大陆银行等捐款 646.5 万元。7 月 26 日，又与善后救济总署接洽，获拨布匹 20 捆，棉花 5 包，“分发灾民应用”③。随后又发动缝制救济难民衣服 3000 套，8 月 28 日开工，由南京市女青年会缝制部承制，同时向善后救济总署请拨衣服 5 万套“以惠灾黎”④。

（三）冬令救济

除水火等灾害的救济之外，冬令救济也是红会的一项“例行”业务。每届冬季，天寒地冻，许多无家可归者以及贫而无告者饥寒交迫，苦不堪言。红会雪中送炭，给予救助。例如，1946 年至 1947 年，总会下发童衣 5396 件，棉衣 8489 件，毛衣 210 件，毛线 910 镑，袜子及手套 3209 件，棉花 143 斤，面粉袋 422 个，裙子 72 条。其中毛线发给徐州、江都、安庆三个分会，就地动员女学生编织成衣，发给贫民⑤。各地分会也采取行动，实施冬令救济。

南京分会在 1946 年度“数度协助地方政府、社会团体办理冬令救济发放寒衣等事宜”⑥。1948 年 1 月 22 日，南京市分会会同金陵大学学生自治会赴四所村棚户区向贫民发放寒衣千余件，“该日适值天雨，气候突然转变，各棚户于风雨中得此寒衣对本会及金大同学，尤表感谢之情”⑦。

上海分会 1946 年度“转准上海区办事处呈奉总会核准，拨发该处战前余存之大小棉衣裤及白布短衫裤等，计三千五百〇六件，分发贫民穿着，以资

① 《本会新闻》，《红十字月刊》总第 29 期（1948 年 5 月），第 29 页。

② 中国红十字会总会编：《中国红十字会的九十年》，中国友谊出版公司 1994 年版，第 109 页。

③ 《中国红十字会新闻》，《红十字月刊》总第 19 期（1947 年 7 月），第 32 页。

④ 《中国红十字会新闻》，《红十字月刊》总第 20 期（1947 年 8 月），第 40 页。

⑤ 中国红十字会总会编：《中国红十字会的九十年》，中国友谊出版公司 1994 年版，第 110 页。

⑥ 《中华民国红十字会南京市分会三十五年度工作简报》（内部资料）第 5 页。

⑦ 《本会新闻》，《红十字月刊》总第 25 期（1948 年 1 月），第 22 页。

救济。其办法分门前散发及团体转发二种，由各慈善团体或保甲长证实，凭领据来会领衣。截至年底止，全部发完”①。

北平分会于1946年12月开办了国子监暖厂及极乐庵粥厂，受救济者计暖厂每天平均40多人，粥厂每天平均1900余人。从1946年12月至1947年3月，施济贫民就食领粥者共190066人，寄宿就食者4824人。1948年1月19日始，北平分会在干面胡同22号向贫民施放玉米面窝头，每天上午11时起到下午1时止，每天只限100人，每人2个。从1月19日到4月15日，共支出4.515亿元，此款均为社会各界捐助，共捐款16.53亿元，所余之款购买棉衣、鞋帽子等物，发放给贫民度过冬荒②。

武进分会于1947年冬季发起“一衣运动”，号召民众捐助衣物以救助赤贫。自1947年12月28日起至1948年1月7日止，共收到各方捐来寒衣2850余件，鞋帽280余件，现款2091000元，待义卖书画13件③。武进分会把所捐寒衣，迅速发给贫苦民众。继一衣之后，武进分会复发起“一升运动”，呼吁每户捐出白米一升，以挽救挣扎在饥饿线上的贫民，帮助他们渡过难关④。

蚌埠分会的刘楚南会长自捐国币1200万元，于1948年1月5日开办粥厂，“每日领粥者二千人”⑤。

苍梧分会于1948年2月3日举办冬令救济，对象为“（一）无户籍之露宿街头者；（二）有户籍之鳏寡孤独贫苦无告者”，每名一次发给食米5斤。同时派出队员前往附近防空洞内调查乞丐，发放领米证。计受赈人数2000名，食米万斤⑥。

以上所举，只不过是红十字会冬令救济中的几个片断。从量上说，红会所能提供的救助是非常有限的，杯水车薪，但爱心无价，红会“对这寒冷之社会投送一点温暖，表示这人类的社会毕竟尚存有高洁的同情”⑦。

社会救济，正如总会第一处江晦鸣处长所说：“不是临渴掘井，也不是枝节应付，就那样时而拨一点款子，时而拨一点衣物，没有全盘的计划，也没有一个根本的办法，所能济事。救济不忘效率，要能够对于挣扎在饥饿线上死亡线上的同胞，免于‘饥饿’和‘死亡’，还要能够‘克善其后’，才是真

① 《中华民国红十字会上海市分会三十五年度工作特辑》（内部资料）第7页。

② 孙敬敏编纂：《北京市红十字会的65年（1928—1993）》，文津出版社1995年版，第29页。

③ 《本会新闻》，《红十字月刊》总第25期（1948年1月），第20页。

④ 《本会新闻》，《红十字月刊》总第25期（1948年1月），第21页。

⑤ 《本会新闻》，《红十字月刊》总第25期（1948年1月），第23页。

⑥ 《本会新闻》，《红十字月刊》总第26期（1948年2月），第26页。

⑦ 《红十字月刊》总第23期（1947年11月），第20页。

正救济的目的。"① 应该说，红会的救济效率是有的，但受物质条件的限制，也只能是"枝节应付"，不可能达到所期待的"真正救济的目的"。

五、开辟社会服务"新径"

儿童福利、医疗服务、社会救济之外，中国红十字会努力开辟新的服务领域，其中开办图书阅览室、妇女职业培训班以及查人转信等，都是令人耳目一新的服务项目。

（一）开办图书阅览室

开办图书阅览室，向渴求新知的人们提供精神食粮，是中国红十字会社会服务新举措——文化服务的重要方面。由于"兵乱年荒，物价加速度的往上涨，订一份报，买几本新书，在贫困阶级的公教人员，是一种奢侈的开支，许多好读书的公教人员和大中学生，都把阅读的空间从家庭学校转移到书局和公共阅览的场所，然而书局是以卖书为目的，不能长久让人很消闲的去享受这种便利，而且能让人阅读的又只是那些不三不四的作品。公共阅览的场所呢？在南京尚不易多见。以南京之大，知识分子之多，精神食粮之供应，是件很要紧的工作，然而这项工作尚为人所忽视"②。

有鉴于此，1946 年 8 月 13 日，汤蠡舟副秘书长在"复员"之后第一次常务理事会上提出："设书报阅览室，专供会内外人士阅读，藉以介绍本会思想，及时代新知，俾使一般人士对于本会更增一番认识。"③ 这一动议，得到红会同仁的一致赞同。经短期筹备，9 月 17 日，图书阅览室在总会二楼正式开幕，免费服务。这一南京城北"惟一供给众人阅览的场所"开办不久，就吸引了大量读者，冬天"炭火熊熊，不虑寒冷，晚间阅览人数尤见拥挤"④。阅览室开办之初，图书、杂志数量少，供不应求，总会不断追加经费添购，至 1947 年 10 月，"库内存书共有一千四百九十五册，文艺及科学杂志六十八种，医学杂志百种，西文杂志十二种，报纸十二种，画报六种，比之初成立时，书籍已超增四倍，杂志画报亦已超出一二倍不等"⑤。与此同时，阅览人数也水涨船高，"平均每日有 110 人，在最初数月，每月阅览人数约二千六七

---

① 《红十字月刊》总第 19 期（1947 年 7 月），第 26 页。

② 《加强精神食粮供应，为文化服务辟一角》，《红十字月刊》总第 22 期（1947 年 10 月），第 19—20 页。

③ 《汤秘书长蠡舟报告》，中华民国红十字会总会编：《复员时期中华民国红十字会总会第一次常务理事会议事录》，1946 年内部印行，不著页码。

④ 《中国红十字新闻》，《红十字月刊》总第 13 期（1947 年 1 月），第 41 页。

⑤ 《本会新闻》，《红十字月刊》总第 22 期（1947 年 10 月），第 20 页。

百人，至今年（1947年）六月间已超过三千二百余人”。阅览人数的“逐月增加，使我们对于此项服务更增信心”①。

1947年4月15日，总会又推出了流动图书供应服务，选定中央医院和鼓楼医院，暂以住院的外科病人为对象，先行试办。供应的书籍以小说、画报、杂志期刊为主，每两周调换一次，由红十字会服务人员直接送往，颇受患者欢迎，“极为病人需要，尤以画报及文艺小说供不应求”②。至10月底，两医院阅读者6109人。此外，总会还向南京市第六区区公所、南京分会会员交谊室、下关过境军人招待所及联勤总部特勤处流动图书馆捐赠书刊共170册，以推动文化事业的进步。

“文化服务是社会服务中最富有精神营养的一项活动”③，因此有不少分会推出此项服务。如中国红十字会北平区办事处在1946年8月开办图书阅览室，每日阅览人数平均40人④，区办事处停办后，阅览室移交分会主管；1947年10月，章邱县分会书报阅览室开放，每天阅览人数30余人⑤；1948年5月1日，丰顺县分会“为了调剂人民的精神”，特从汤坑民众图书馆商借图书3716册，自购一批报纸杂志，开设了图书阅览室，图书阅览室每天上午9时至12时，下午2时至5时开放，限室内阅览，“待将来稍为充实后，还预备组织巡回供应服务，推动医院中病人的图书服务，让他们在养病的时期得一点好的精神食粮”⑥。邻水、上海、南京、郾城、临汝、泸县、灌县等分会，也都开办图书阅览服务。这一新的服务项目，在一定程度上满足了人们对时代新知的渴求，因而“极受社会人士之欢迎”⑦。

（二）举办妇女职业训练班

举办妇女职业训练班，是开辟社会服务“新径”的又一举措。据《中国红十字会的九十年》一书的记述，“总会将8架缝纫机调拨给南京、上海、郾城三个分会，开办缝纫训练班，每周训练三次，每三个月为一期。对贫困家庭的学员可酌情免费（半免或全免）。两年中，共培养近万名妇女就业。南京分会与妇女会等机构联合举办妇女训练班，对象是歌女、女侍，87人，课程有生活指导、

① 《本会新闻》，《红十字月刊》总第22期（1947年10月），第20页。

② 《中国红十字新闻》，《红十字月刊》总第16期（1947年4月），第40页。

③ 《加强精神食粮供应，为文化服务辟一角》，《红十字月刊》总第22期（1947年10月），第21页。

④ 《中国红十字会新闻》，《红十字月刊》总第10期（1946年10月），第41页。

⑤ 《本会新闻》，《红十字月刊》总第22期（1947年10月），第23页。

⑥ 《丰顺分会之两项活动——书画展览和图书》，《红十字月刊》总第29期（1948年5月），第28页。

⑦ 《中国红十字新闻》，《红十字月刊》总第11期（1946年11月），第33页。

卫生常识、急救知识等，并帮助她们治病，指导其就业”[1]。虽然这一服务项目没有得到全面推广，但颇有新意，这比单纯的救济要优越得多。

(三) 查人转信

查人转信、办理战俘及失踪人员的查询服务，中国红十字会曾于1944年开展过[2]，1948年重新启动。据《红十字月刊》报道，1948年4月，总会“收到国际红十字会上海办事处转来通讯三百〇五件，美国红十字会传来通讯九件，合计三百一十四件，均已分别寄往台湾、上海、汕头、北平等地分会探递”[3]；5月，“计收台湾、澳门等地转来通讯一十三件，均经分别转往各地查询”[4]；6月，“计收北平市分会转来通讯九件，国际红十字委员会寄来通讯七十五件，已分转台湾分会查询”[5]。在整个“复员”时期，中国红十字会共受理查询业务452件，查询有结果的343件，退回29件，无回音的80件[6]。这项工作没有开展多久，因战争复起而中止。

中国红十字会因“需要”而服务[7]，在“服务社会，博爱人群”宗旨的指导下，服务领域得以拓宽而成为“促进社会安全”的一支重要力量。尽管物质条件所限以及时局的动荡，中国红十字会服务社会的能量没有得到充分发挥，但其所做的探索与尝试，新人耳目，值得借鉴。

第四节　“改组”新生

一、解放战争救护的点点滴滴

“复员”时期并没有持续多久。1947年底，随着国共内战的日趋加剧，

---

① 中国红十字会总会编:《中国红十字会的九十年》，中国友谊出版公司1994年版，第112页。

② 《中华民国红十字会战时工作概要》记载:“第二次世界大战爆发以来，各方人士，或沦为敌俘，或下落不明，通讯阻隔，无法联络。日内瓦国际红十字会，本其中立性之地位，联络各交战国红十字会，办理转发国际通讯，使发信人与受信人皆可由红十字会而探明下落，互通消息。本会于一九四四年受国际红十字会之委托，代办通讯，两年以来，先后经发函件计三九四二件，寄件人约三五〇〇人，通讯范围，以南洋各地居多，德国次之，印度、法国又次之。此皆应事势之需要，克尽最大之努力，使数千不幸而不明消息者，得以通达衷曲，实为战时最富有意义之工作。”(中国红十字会总会编:《中国红十字会历史资料选编，1904—1949》，南京大学出版社1993年版，第527页)

③ 《红十字通讯服务》，《红十字月刊》总第28期(1948年4月)，第31页。

④ 《红十字月刊》总第29期(1948年5月)，第29页。

⑤ 《红十字月刊》总第30期(1948年6月)，第28页。

⑥ 中国红十字会总会编:《中国红十字会的九十年》，中国友谊出版公司1994年版，第112页。

⑦ 《红十字月刊》总第23期(1947年11月)，第14页。

中国红十字会的“复员”时期理应画上句号，但红会没有重新“改隶”，仍归行政院主管，这就意味着战争救护并不是红会的中心工作。红会也没有改变“服务社会，博爱人群”这一“复员”时期的工作宗旨，组织仍旧，体制仍旧。在1947年11月13日举行的第四次理事会议上，蒋梦麟会长表达了这样的希望：“此次理事会之主要目的，在于确定本会体制，良以本会目前之组织，系根据行政院颁布《复员期间管理红十字会办法》之规定。现值复员终了，国家动员戡乱，本会体制自不宜受军事影响随时变更。”① 但体制无暇确立，也没有因军事影响而有所变更，中国红十字会实际上仍处于“复员”中。

中国红十字会虽然把“服务社会”作为“复员”期间的中心工作，然而战争阴霾挥之不去，1946年6月全面内战爆发。在这场解放战争中，中国红十字会始终没有规划战事救护方略，也没有采取积极的救护行动，这是令人遗憾的。但是，救死扶伤乃是中国红十字会的天职，在血雨腥风中，红会岂能无动于衷？因此，战区各分会在开展社会服务的同时，或多或少地兼顾了战地救护工作。

在山东战场，章邱县分会自1946年7月复会后，鉴于“鲁境仍有不幸战事发生”，乃组织救护队，备置担架50副，随时投入战地救护。11月，该分会又设临时收容所5处，收容伤兵。据载，从11月9日至13日，5日内收容伤兵281人②。“该分会以救护成绩优异，曾获山东省政府颁电嘉奖”③。

1947年6月，青岛外围不断有战事发生，平度县分会组织救护队，在队长徐墨林、吴德宽率领下，深入战地，救治伤兵病民228名④。

博山、济宁、日照、桓台、淄川等地也有红十字分会或临时设立的红十字救护组织参与救伤工作⑤。

在河南战场，1947年10月，郾城县分会“因豫东战局吃紧，淮阳等地逃来难民甚多，特觅定空房一处，设立收容所”，办理战灾难民救护事宜⑥。

10月，洛阳分会以豫西激战，伤亡颇多，乃就分会医院成立“伤兵治疗站”，并在郊外设立伤兵治疗所，为伤兵服务。又因“军医缺乏，乃发动义务医师为伤亡服务，以十区公立医院院长为队长，该分会会长为副队长，成立医务人员战时服务队，每日出发至野战医院担任伤兵治疗工作。该分会复以

① 《本会新闻》，《红十字月刊》总第23期（1947年11月），第17页。
② 《中国红十字新闻》，《红十字月刊》总第11期（1946年11月），第33页。
③ 《中国红十字会新闻》，《红十字月刊》总第14期（1947年2月），第43页。
④ 《中国红十字新闻》，《红十字月刊》总第19期（1947年7月），第33页。
⑤ 山东省红十字会编著：《山东红十字事业九十年》，山东友谊出版社2002年版，第73—74页。
⑥ 《本会新闻》，《红十字月刊》总第22期（1947年10月），第23页。

战区负伤民众甚多，亦待治疗，乃于每日派出救护队巡回治疗”。同时于城内设立临时妇孺避难所，仅10月份即收容难民152人[①]。郏县分会组织起40人的救护队，于10月开展战地救护，计治疗伤兵319人，救出难民及重伤兵民1500余人，掩埋尸体129具[②]。新蔡、商丘、潢川等地分会，也积极参与战事救护工作。

1948年6月，开封战役结束，“历时七日，战况空前激烈，军民死伤惨重”[③]。开封分会立即组织救援。一方面开办收容所收容伤兵难民，至23日累计收容伤病军人651名、难童245名、难民1442名，“由本会每人每日供给蒸馍一斤，茶水尽量饮用”；另一方面，救治伤病，掩埋尸体。至30日，累计诊视病人2437名，其中军人930名、难童480名、难民1027名。掩埋弃尸从20日开始，开封分会“竭全力以从事”，至28日累计掩埋军民尸体1623具。同时，为预防传染病之流行，开封分会在全市范围内开展环境卫生消毒，巡回注射防疫针，历时9日，共计注射12722人[④]。

在东北战场，1947年3月初，长春外围的德惠、农安有激战，伤亡较大，5日，长春分会派出救护队，“前往救护，以利伤运”[⑤]。9月，绥中县分会“会长马书麟、副会长黄宝恒率同总干事、医师及救护队员四十人于九月七日清晨出发救护，工作一周，经过兴城、大寨、汤上、黎树、沟门、凉水、泉子、二道沟、三道沟等地，救护伤兵二十八人，掩埋死亡尸体六具”[⑥]。

在江苏战场，1946年8月9日，鉴于砀山局势紧张，砀山县红十字分会集合县卫生院及各诊所人员45人，组织志愿救护队，开赴战地救死扶伤，至12日晚，救护负伤官兵150人、负伤贫民120余人，救护难民500余人，掩埋尸体150余具[⑦]。1947年9月，砀山县分会设临时负伤军民收容所一处，内有病床20张，以救治伤兵。11月8日，砀山发生激战，分会立出动救护队，分往四门裹伤，并设收容所5处，收容负伤军民。此次战役，砀山分会总计“掩埋死尸四百四十一具，马尸三匹，治疗负伤民众三百六十人，收容负伤官

---

① 《本会新闻》，《红十字月刊》总第23期（1947年11月），第22、25页。

② 《本会新闻》，《红十字月刊》总第23期（1947年11月），第25页。

③ 开封分会：《劫后开封的紧急救济——自三十七年六月十六日至三十日开封市分会救济战灾概况》，《红十字月刊》总第31期（1948年7月），第12页。

④ 开封分会：《劫后开封的紧急救济——自三十七年六月十六日至三十日开封市分会救济战灾概况》，《红十字月刊》总第31期（1948年7月），第13页。

⑤ 《塞外春暖服务忙》，《红十字月刊》总第19期（1947年7月），第25页。

⑥ 《本会新闻》，《红十字月刊》总第22期（1947年10月），第23—24页。

⑦ 《中国红十字会新闻》，《红十字月刊》总第9期（1946年10月），第37页。

兵六十一人”①。

在河北战场，1947年11月12日，武清县城发生巷战，武清县分会“派出全体救护队员，掩埋……尸体七十二具，救护负重伤之守城自卫队兵二十三人，并与十三日清晨，由会长亲率救护队，分赴县城附近各村医治轻重军民五十六人，掩埋死亡八名”②。当时“情形紧张，秩序紊乱，该救护队以人道立场，办理救护，当地人民莫不称赞之至”③。1948年7月23日，武清县城解放，“受伤军民百余名，廿四日武清分会派救护队前往救护，并掩埋尸体廿一名”④。

在安徽，1947年2月1日，亳县分会“派救护队、担架队、掩埋队出发工作，并设难民收容所三处，计收容难民三千余名，收容伤兵二百一十名，掩埋尸体一千〇五十余具”⑤。总会以该会“热心会务，工作努力，特予颁发奖状，以资矜式”⑥。

在陕西，1947年2月20日，西安市分会开始协助西安市政府调查河北籍难民，至3月20日一个月的时间内，“共登记难民七千九百二十人，三月二十九日发款，每大口发四千元，小口发二千元”⑦。

在天津，1948年5月1日，天津市分会组织救护医疗队，前往杨村前线，救护伤兵163人。

在北平，1947年2月15日通县发生军事冲突时，北平分会总干事吕芝山偕同结核医院侯振岱医师、卢展援护士、诊疗所医护员金德峦前往现场实施救护，救治伤兵伤民16人⑧。

从上述列举的史实中可以看出，中国红十字会各分会的战事救护是零星的、自发的和无序的。总会既没有长远规划，分会也是自行其是，而且后援乏力，往往造成救援行动的力不从心。1949年1月14日，蚌埠市分会为救护淮海战役而向各界发出的“呼救书”就透露出此中的无奈，这份“呼救书”，也是有关红会救护解放战争的难得的珍贵文献，录之如下：

各机关团体首长、社会贤达、各报馆暨请广大仁人善士钧鉴：中国不幸，战乱频仍，经过八年艰苦之抗战，人民喘息未舒，方冀胜利而后，获得休养

① 《本会新闻》，《红十字月刊》总第24期（1947年12月），第25页。
② 《本会新闻》，《红十字月刊》总第24期（1947年12月），第24页。
③ 《本会新闻》，《红十字月刊》总第25期（1948年1月），第23页。
④ 《本会新闻》，《红十字月刊》总第33期（1948年9月），第22页。
⑤ 《中国红十字会新闻》，《红十字月刊》总第14期（1947年2月），第43页。
⑥ 《中国红十字会新闻》，《红十字月刊》总第15期（1947年3月），第36页。
⑦ 《中国红十字会新闻》，《红十字月刊》总第16期（1947年4月），第41页。
⑧ 孙敬敏编纂：《北京市红十字会的65年（1928—1993）》，文津出版社1995年版，第30页。

生息之机，徐图恢复元气，不意天祸吾民，又起国共之战，攻城略地，到处兵戎，烽火弥天，哀鸿遍野，一时愁云惨雾，布满人间。去冬徐蚌会战，中心南移，即以淮河北之双堆集为主力角逐地，双方动员五十余万众，往来鏖战于此方圆仅百里之地区，加以陆空战车，炮兵搏斗，如此成拉锯势者，时逾递月，被毁村庄百余处，死亡人民逾万人，而被炮火之威胁弃家离徙者亦近十万，满目荒凉，朝如临鬼域。方今死者暴骨未葬，伤者负创无医，侥幸得生者，亦少衣缺食，露宿于凄风荒雨之中，厥状之惨，虽郑侠复生，亦难绘其形状于万一。谁无父母，谁无兄弟，谁无妻子，孰为为之，孰令致视，伤心惨目，有如是耶？本会接近前线，目击情形，难安坐视，虽就力量所及，临时组织救护掩埋队，为死者掩埋遗骸，设立医院，为伤者医疗创痛，设置难民所及施粥厂，俾生者暂免饥寒露宿之苦。然因经费支绌，设备难周，仅能救助于一时，实难维护于普及，哀此孑遗，岂忍恝置，不谋急济，何缓生机，惟有向我各机关团体首长、社会贤达暨仁人善士，代作将伯之呼，仰祈垂念劫后生灵，如临水火，发广大慈悲，作慈航普渡，或请拨给赈粮，或为募赐捐款，以为冬赈之资，而施普遍救济，俾甘霖广沛，化棘路为春台，义粟遥颁，生死人而肉白骨感恩遐迩，生福无疆，迫切陈词，无任翘企①。

蚌埠分会的“呼救”，表达了红会同仁对战灾的关注，表达了天职攸关责无旁贷的强烈愿望，而从中折射出来的有心无力的尴尬，也跃然纸上。

总而言之，中国红十字会在解放战争中，虽然参与救护工作，但从整体上看，所发挥的作用极为有限，没能在中国红十字运动史上留下光彩夺目的一页，这是令人遗憾的。

二、新的抉择

经过三大战役，国民政府在大陆的统治分崩离析，陷于瓦解。作为具有浓重官办色彩的中国红十字会，面临新的抉择。

中国红十字会不同于一般社会团体，它是具有中立性的国际性的民间组织，尽管它有着浓重的官办色彩，但在内战中是尽可能保持“超然”独立的立场，这也是解放战争中中国红十字会没有追随国民党采取大规模救援行动的一个原因。面对激烈的军事冲突，红会吁请双方尊重红十字标志，对其力所能及的救护给予方便和保护。

1949 年，在中国人民解放军的强大攻势面前，国民党统治岌岌可危，南京的达官要员纷纷离京，国民政府诸多部门已处于瘫痪状态。中国红十字会

---

① 中国第二历史档案馆馆藏档案，全宗号 476，卷号 225。

的部分领导人业已离职，红会工作难以开展与普及，总会及各地分会陷入困境，维持为难。鉴于这种情况，日内瓦国际红十字会总部向中国伸出援助之手。在上海解放前夕，总部“激于人道主义动机，基于绝对中立及无政治性之立场”，备文向国共双方表示，愿在战事期间对上海市民施以援助及救济。文称：“日内瓦红十字会国际委员会系一决无政治性而完全中立之组织，对于上海无数市民面临之危险威胁，极为关切，激于纯粹人道主义及希望尽可能减轻将来之艰难痛苦，如对敌双方愿意，本委员会在活动范围内，协助任何方式之救济工作，以造福于战事期间上海市民。而对敌双方则应尊重红十字会标志，并保护支持本会所派之代表团。”① 这项人道倡议，得到了交战双方的欢迎。

1949 年 5 月，全国大部分地区已经解放，中国红十字会总会鉴于“解放区各地分会因社会制度及会内人士多有变更”，特于 5 月 30 日颁布《中华民国红十字会解放区分会目前会务注意要点》，对过渡阶段会务进行规范。《注意要点》是解放战争时期总会颁布的最后一份正式文件，共 14 点，主要内容有：“解放区各地分会在新工作纲领未公布前，仍应恪守博爱人群服务社会之宗旨，目前工作应特别注重城市与乡村劳动大众之服务”；“成立未久之分会，过去尚未举办具体事业者，应依三十年所订分会工作纲要第四项‘社会服务’规定之工作项目，参照当地环境之需要及经费之情形，积极举办，不得少于一项之事业，为人民服务，藉以建立服务之基础”；“分会不得迁离所在市县之境地，其在解放前迁离原市县者，应即刻迁回，否则将予解散之”；“在分会组织章程未公布前，新分会暂不设立，其已设立筹备处尚未正式成立分会者，筹备期间予以延长至新章程公布为止”；“征募工作除征求会员仍应照常进行外（大规模征求会员应先通告当地人民政府），但筹募捐款须经报请总会指示后始可办理”；“解放以后各界人士捐赠分会之财产（不动产），应先获得当地人民政府之同意，始得接受”；“分会所有之土地，应依照人民政府法令办理”；“分会得向当地人民政府登记并接受其指导，但分会本身之组织及工作，仍不受一般人民团体法令之拘束”；“分会应尽量参加当地人民政府发动之防疫救灾工作”；“分会办理训练工作，暂限于急救及职业训练，并应事先通知当地人民政府”②。对解放后分会名称变更、总干事以上人员变更的办法，《注意要点》也做了具体规定。

---

① 《市民可能遭受灾难，红十字会愿予援助》，《申报》1949 年 5 月 19 日。

② 《中华民国红十字会解放区分会目前会务注意要点》，中国第二历史档案馆馆藏档案，全宗号 476，卷号 3038。

《注意要点》颁布之时，南京、上海都已解放，总会会长蒋梦麟随国民党政府逃往台湾，副秘书长汤蠡舟回东南医学院任职，副秘书长曾大钧参加上海洋行的工作。中国红十字会“群龙无首”，境况之尴尬可以想见。总会在胡兰生秘书长苦撑之下，发布《注意要点》，表达了红会渴望向人民政府靠拢的一片赤诚之心。这是中国红十字会在新的历史条件下的新的抉择。

1949 年 5 月 28 日上海解放后，胡兰生秘书长令留守南京的红会工作人员全部迁往上海，与上海办事处合并。8 月，总会迁上海办公。总会中青年职工组成的职工会正式加入上海医务工会的行列，通过工会组织系统参与了上海市的卫生救护活动，同时积极要求上海军管会接管红十字会，但因红十字会属国际性组织，涉及对外关系，未便接管。

1949 年 10 月 1 日，中华人民共和国宣告成立，中国历史翻开新的一页。“一切都在向新的转变”，有着 45 年历史的中国红十字会，理所当然也要“脱胎换骨”。

1950 年 3 月间，总会在上海召集各地分会代表 40 余人，举行工作检讨（研讨）会，讨论中国红十字会的前途命运。上海市军管会外事处、卫生处各派代表参加会议。这次工作检讨会，“可以说是改组工作的发动点。经过了这次会议，我们才毅勇的走向人民，那就是推举代表团来北京，向政府反映改组的要求”①。会后，代表团团长胡兰生与红会职工会主席朱子会、南京分会会长杨登瀛、西安分会会长马产翀、重庆分会会长黄次咸、武汉分会会长宋镜如、天津分会会长舒敏杰一行 7 人，来到北京，拜访中央人民政府卫生部、内务部、外交部。卫生部部长李德全、副部长苏井观等接见了代表团，并听取了胡兰生秘书长关于中国红十字会历史、现状的汇报以及红会同仁要求人民政府接管红会的意见。接着卫生部党组书记、副部长贺诚专门接见了胡兰生秘书长，并应允将代表团的意见转报周恩来总理。

4 月初，总会接到上海军管会卫生处转来的卫生部的通知：周总理指示，红十字会迁北京改组，由卫生部和中国人民救济总会负责领导改组工作，具体筹备工作由救济总会负责。

5 月初，胡兰生秘书长再次进京商谈总会迁京和改组事宜，中国人民救济总会秘书长伍云甫接见胡兰生并告之：根据周总理指示，经卫生部、外交部商议，提出四点意见：（一）鉴于红十字会的特点及历史状况，采取改组方式而不是接管方式，将旧中国红十字会改组为中国红十字会；（二）总会迁北

---

① 《新的转变，新的开始——记中国红十字会总会改组经过》，《新中国红十字》创刊号（1950 年 9 月），第 2 页。

京，现有职工除不愿赴北京者外，全部留用；（三）总会所有资产妥善保管，不得随意处理；（四）将北京市民政局幼儿园占用的北京东城干面胡同22号房屋腾出来作为总会迁京后的会址①。

1950年7月，总会全部人员陆续到达北京，“迈出了改组的第一步”②。

三、走向“新生”之路

1950年8月2日至3日，中国红十字会协商改组会议在北京召开，这也是新中国成立后中国红十字会第一次全国代表大会。会议由中国人民救济总会和中央人民政府卫生部主持召开，由于事前经过充分的酝酿和多方面的协商，所以会议开得非常迅速和顺利。

为了扩大红十字会的群众基础和加强与群众的联系，这次协商会的组成人员是全国性的和多方面的：

政府方面参加的有中央人民政府卫生部、外交部、内务部、民族事务委员会、华侨事务委员会、军委卫生部和北京市人民政府等机关的代表李德全、苏井观、龚普生、谭锡三、高伯玉、王士方、傅连暲、丁执中；

群众团体方面参加协商会议的有中国人民救济总会、中华全国总工会、中华全国民主妇女联合会、中华全国民主青年联合会、中华全国文学艺术工作者联合会的代表伍云甫、林仲、朱学范、张元、黄振声、陈企霞；

中国红十字会原有人员参加协商会议的有旧中国红十字会理事刘鸿生、吴有训、金宝善、徐国懋、徐寄庼、王晓耒及职工会代表胡兰生、朱子会、付况鳞等9人，所以这次会议有足够的代表性，因之也就决定了她在全国会员代表大会未召开之前有足够的权力代行全国会员代表大会的职权。

协商改组会议主席由苏井观、伍云甫、胡兰生三位代表轮流担任，“他们做到了充分的民主，照顾到每个人的意见，哪怕这个意见是已经提过或者是与多数人的意见相反的，也让他慢慢的提出请大家再考虑，经过大家再次的辩驳由原提意见人自动收回意见为止。这一方面说明人民的代表对人民事情真正的负责，另一方面说明代表们对红十字会的重视和关心”③。

在协商改组会议上，胡兰生秘书长做了《中国红十字会总会会务报告》。报告概括了中国红十字会以往工作情况，检讨了思想、观点和组织、工作、经济等方面存在的问题，表示“为了红十字会事业的开展，更好的为人民服

---

① 中国红十字会总会编：《中国红十字会的九十年》，中国友谊出版公司1994年版，第122页。

② 周辑：《改组》，《中国红十字》1983年第9期，第8页。

③ 《新的转变，新的开始——记中国红十字会总会改组经过》，《新中国红十字》创刊号（1950年9月），第2页。

务，上面这些问题，必须彻底的解决，同时我们也相信在我们人民自己的政府领导和帮助之下，这些问题也必定可以解决的，我们庆祝着这个团体的新生，我们企望着这个团体的发展”①。卫生部部长李德全、救济总会秘书长伍云甫也发表了讲话。

协商改组会议于8月3日胜利闭幕。会议通过了新的《中国红十字会会章》（共6章25条），明确规定：中国红十字会为“中央人民政府领导下的人民卫生救护团体”，“以协助各级人民政府，面向人民大众，宣传并推广防疫、卫生、医药及救济福利事业为宗旨。”② 会议选举产生中华人民共和国成立后第一届红十字会领导人：

会　长：李德全（中央人民政府卫生部部长）；
副会长：彭泽民（华侨事务委员会委员）
　　　　刘鸿生（工商界事务委员会委员）
　　　　熊瑾玎（中国人民救济总会监察委员会副主任）
　　　　胡兰生（原中国红十字会总会秘书长）；
常务理事：金宝善（卫生部技术室主任）
　　　　　苏井观（卫生部副部长）
　　　　　陈其瑗（内务部副部长）
　　　　　龚普生（外交部国际司司长）
　　　　　伍云甫（救济总会秘书长）
　　　　　林　仲（救济总会副秘书长）；
理　事：吴有训（华东教育部长、交通大学校长）
　　　　徐国懋（金城银行总经理）
　　　　王晓耒（工商界）
　　　　朱子会（中国红十字会总会组织组主任）
　　　　付况鳞（中国红十字会总会宣传组主任）
　　　　徐寄庼（浙江兴业银行董事长）
　　　　傅连暲（军委会卫生部副部长）
　　　　杨静仁（民族事务委员会办公厅主任）
　　　　朱学范（全国总工会副主席、邮电部部长）
　　　　曹孟君（全国妇联妇女部部长）

---

① 胡兰生：《中国红十字会总会会务报告——在改组协商会议上的报告》，《新中国红十字》创刊号（1950年9月），第3—5页。

② 《中国红十字会会章》，《新中国红十字》创刊号（1950年9月），第8页。

吴　晗（全国青联秘书长，北京市人民政府副市长）
梅兰芳（文艺界）
康克清（全国妇联儿童福利院院长）
周鲠生（外交部顾问）
谢雪红（台湾自治同盟会主席）
邓裕志（女青年会全国协会总干事）；
秘书长：胡兰生（兼）；
副秘书长：林士笑（卫生部办公厅副主任）
倪斐君（救济总会副秘书长）①。

这次协商改组会议的顺利召开并取得圆满成功，揭开了中国红十字会历史的新篇章。它是中国红十字会“转向新生的开始”的标志，是中国红十字运动史上新的里程碑，为新中国红十字事业的发展奠定了基础。中国红十字会“珍惜这个美好的开始，不断的奋斗，不断的改造，去掉旧的，迎接新的，努力奔向那广阔的道路”②。

① 《中国红十字会总会正副会长、理事、常理、正副秘书长名单》，《新中国红十字》创刊号（1950年9月），第9页。

② 《新的转变，新的开始——记中国红十字会总会改组经过》，《新中国红十字》创刊号（1950年9月），第2页。

主要参考文献

一、文献资料

上海万国红十字会编：《上海万国红十字会图说》，光绪三十三年（1907 年）刊印，中国社会科学院近代史所图书馆馆藏。

《上海县续志》，1918 年铅印本。

中国红十字会总办事处编：《中国红十字会二十年大事纲目》，1924 年内部印行。

中国红十字会总办事处编：《中国红十字会二十周年纪念册》，1924 年编印。

中国红十字会总办事处编：《慈善近录》，1924 年编印。

《江浙大战记》，上海共和书局 1924 年印行。

娄东、傅焕光、黄允之：《江苏兵灾调查纪实·嘉定县》，江苏兵灾各县善后联合会 1924 年编印。

吴馨等修：《民国上海县志》，1936 年版。

中华民国红十字会编宣股编：《中华民国红十字会战时工作概况》，1942 年内部印行。

中华民国红十字会总会编印：《中华民国红十字会战时工作概要》，1946 年内部印行。

中华民国红十字会总会编印：《中华民国红十字会征募手册》，1946 年内部印行。

中华民国红十字会总会编：《复员期间中华民国红十字会法规辑要》，1946 年内部印行。

中华民国红十字会总会编：《复员期间中华民国红十字会第一届理事会议事录》，1946 年内部印行。

中国红十字会上海市分会编：《中华民国红十字会上海市分会三十五年度工作特辑》，1946 年编印。

中华民国红十字会总会编：《复员期间中华民国红十字会第二次常务理事会议事录》，1947 年内部印行。

阿英编：《庚子事变文学集》，中华书局 1959 年版。

北京大学历史系近代史教研室编：《盛宣怀未刊信稿·致吕尚书函》，中华书局 1960 年版。

盛宣怀：《愚斋存稿》，(台北) 文海出版社 1963 年版。

沈云龙：《中日战争资料》，(台北) 文海出版社 1967 年版。

《吕海寰往来电函录稿》，沈云龙主编：《近代中国史料丛刊》第 3 编第 58 辑，(台北) 文海出版有限公司 1978 年版。

上海社会科学院历史研究所编：《辛亥革命在上海史料选辑》，上海人民出版社 1981 年版。

冯自由：《革命逸史》，中华书局 1981 年版。

中国史学会：《辛亥革命》，上海人民出版社 1981 年版。

上海通社编：《上海研究资料续集》，上海书店 1984 年版。

上海图书馆编：《汪康年师友书札》，上海古籍出版社 1986 年版。

涂开舆：《齐卢之战松江、青浦战区暴行录》，载江苏省政协文史资料研究委员会编：《江苏文史资料选辑》第 18 辑，江苏古籍出版社 1986 年版。

全国政协文史资料研究委员会编：《七七事变——原国民党将领抗日战争亲历记》，中国文史出版社 1986 年版。

上海社会科学院历史研究所编：《“八一三”抗战史料选编》，上海人民出版社 1986 年版。

中共上海市委党史资料征集委员会主编：《皖南从军纪实——上海红十字会煤业救护队抗战史料选编》，1987 年版。

王彦威纂辑：《清季外交史料》，书目文献出版社 1987 年影印版。

佟冬等主编：《九·一八事变》，中华书局 1988 年版。

上海市档案馆编：《上海市各界抗敌后援会》，档案出版社 1990 年版。

莫永明、范然：《陈英士纪年》，南京大学出版社 1991 年版。

上海市政协文史资料委员会编：《上海人物史料》，上海市政协文史资料编辑部 1992 年版。

中国红十字会总会编：《中国红十字会历史资料选编，1904—1949》，南京大学出版社 1993 年版。

李文海等编：《近代中国灾荒纪年续编》，湖南教育出版社 1993 年版。

戚其章编：《中国近代史资料丛刊续编·中日战争》，中华书局 1994 年版。

张明岛、邵浩奇主编：《上海卫生志》，上海社会科学院出版社 1994 年版。

章伯锋、庄建平主编：《抗日战争》，四川大学出版社 1997 年版。

闵杰：《近代中国社会文化变迁录》第 2 卷，浙江人民出版社 1998 年版。

孙武、龙锋：《中国红十字会上海国际救济会工作报告（1937 年 8 月—1938 年 2 月）》，《民国档案》1998 年第 1 期。

池子华、郝如一主编：《中国红十字历史编年，1904—2004》，安徽人民出版社 2005 年版。

上海市地方志办公室编：《上海乡镇旧志丛书》，上海社会科学院出版社 2005 年版。

《大清万国红十字会档案》，全国图书馆文献缩微复制中心 2009 年版。

贵阳市档案馆编：《战地红十字——中国红十字会救护总队抗战实录》，贵州人民出版社 2009 年版。

严晓凤、池子华、郝如一主编：《苏州红十字会志资料长编》（上下册），安徽人民出版社 2010 年版。

祁龙威、周新国主编：《辛亥革命江苏地区史料合集》，江苏人民出版社 2011 年版。

《龙溪盛氏宗谱》编修组：《龙溪盛氏宗谱》，2011 年修订本。

池子华、严晓凤、郝如一主编：《〈申报〉上的红十字》，安徽人民出版社 2011 年版。

池子华、傅亮、张丽萍、汪丽萍主编：《〈大公报〉上的红十字》，合肥工业大学出版社 2012 年版。

国家清史编纂委员会：《盛宣怀档案选编》，上海世纪出版股份有限公司、上海古籍出版社 2014 年版。

张丽萍主编：《嘉定红十字历史编年实录（1918—2013）》，合肥工业大学出版社 2014 年版。

池子华、丁泽丽、傅亮主编：《〈新闻报〉上的红十字》，合肥工业大学出版社 2014 年版。

池子华、崔龙健主编：《中国红十字运动史料选编》第 1 辑，合肥工业大学出版社 2014 年版。

马强、池子华主编：《红十字在上海资料长编（1904—1949）》（三卷），东方出版中心 2015 年版。

池子华、丁泽丽主编：《中国红十字运动史料选编》第 2 辑，合肥工业大学出版社 2015 年版。

池子华、欧贺然主编：《中国红十字运动史料选编》第 3 辑，合肥工业大学出版社 2016 年版。

池子华、阎智海主编：《中国红十字运动史料选编》第 4 辑，合肥工业大学出版社 2016 年版。

池子华、丁泽丽主编：《中国红十字运动史料选编》第 5 辑，合肥工业大学出版社 2016 年版。

池子华、李欣栩主编：《中国红十字运动史料选编》第 6 辑，合肥工业大学出版社 2016 年版。

池子华、崔龙健主编：《中国红十字运动史料选编》第 7 辑，合肥工业大学出版社 2017 年版。

池子华、李欣栩主编：《中国红十字运动史料选编》第 8 辑，合肥工业大学出版社 2017 年版。

中国第二历史档案馆档案，全宗号 476。

上海市档案馆馆藏，档号 Q0-12-611。

《申报》 《大公报》 《广智报》
《时务报》 《集成报》 《湘报》
《岭学报》 《大同报》 《中外日报》
《盛京时报》 《新闻报》 《妇女时报》
《民立报》 《时报》 《民国日报》
《锡报》 《时事新报》 《神州日报》
《战时日报》 《救亡日报》 《文汇报》
《中国日报》 《生活日报》 《人道指南》
《中国红十字会杂志》 《中国红十字会月刊》 《会务通讯》
《救护通讯》 《红十字月刊》 《临时政府公报》
《政府公报》 《外交公报》 《救灾会刊》
《东方杂志》 《中华医学杂志》 《华美晨刊》
《近代史资料》 《新中国红十字》 《中国红十字》
《中国红十字报》

二、学术专著

苕水外史：《沈敦和》，集成图书公司 1911 年版。

庞京周：《抗战与救护工作》，商务印书馆 1938 年版。

行政院新闻局:《中国红十字会》,1947 年印行。

陶菊隐:《孤岛见闻——抗战时期的上海》,上海人民出版社 1979 年版。

来新夏主编:《北洋军阀史稿》,湖北人民出版社 1983 年版。

尤德新:《闪光的红十字》,湖北科学技术出版社 1992 年版。

丁中江:《北洋军阀史话》,中国友谊出版公司 1992 年版。

中国红十字会总会编:《中国红十字会的九十年》,中国友谊出版公司 1994 年版。

金立人:《上海抗日救亡史》,上海社会科学院出版社 1995 年版。

邓云特、陈凌云:《中国救荒史》,北京出版社 1998 年版。

曲折主编:《中国红十字事业》,广东经济出版社 1999 年版。

余子道、张云:《八一三淞沪会战》,上海人民出版社 2000 年版。

江苏省红十字会编著:《江苏红十字运动 88 年》,东南大学出版社 2001 年版。

梁其姿:《施善与教化——明清的慈善组织》,河北教育出版社 2001 年版。

孙柏秋主编,池子华、杨国堂等:《百年红十字》,安徽人民出版社 2003 年版。

蔡勤禹:《国家、社会与弱势群体——民国时期的社会救济(1927—1949)》,天津人民出版社 2003 年版。

[日] 小浜正子:《近代上海的公共性与国家》(葛涛译),上海古籍出版社 2003 年版。

王立忠、江亦曼、孙隆椿主编:《中国红十字会百年》,新华出版社 2004 年版。

池子华:《红十字与近代中国》,安徽人民出版社 2004 年版。

马学强:《江南望族——洞庭席氏家族人物传》,上海社会科学院出版社 2004 年版。

[英] 李提摩太:《亲历晚清四十五年——李提摩太在华回忆录》(李宪堂、侯林莉译),天津人民出版社 2005 年版。

黄文德:《非政府组织与国际合作在中国:华洋义赈会之研究》,(台北)秀威资讯科技股份有限公司 2004 年版。

[日] 夫马进:《中国善会善堂史研究》(伍跃、杨文信、张学锋译),商务印书馆 2005 年版。

陈桦、刘宗志:《救灾与济贫:中国封建时代的社会救助活动(1750—1911)——19 世纪中国社会研究》,中国人民大学出版社 2005 年版。

蔡勤禹：《民间组织与灾荒救治：民国华洋义赈会研究》，商务印书馆2005年版。

朱浒：《地方性流动及其超越：晚清义赈与近代中国的新陈代谢》，中国人民大学出版社2006年版。

周秋光、曾桂林：《中国慈善简史》，人民出版社2006年版。

池子华、郝如一等：《近代江苏红十字运动（1904—1949）》，安徽人民出版社2007年版。

钱益民、颜志渊：《颜福庆传》，复旦大学出版社2007年版。

［英］杜格尔德·克里斯蒂著、［英］伊泽·英格利斯编：《奉天三十年（1883—1913）——杜格尔德·克里斯蒂的经历与回忆》（张士尊、信丹娜译），湖北人民出版社2007年版。

张建俅：《中国红十字会初期发展之研究》，中华书局2007年版。

王垂芳主编：《洋商史：上海：1843—1956》，上海社会科学院出版社2007年版。

郝如一、池子华主编：《〈红十字运动研究〉2007年卷》，安徽人民出版社2007年版。

郝如一、池子华主编：《苏州红十字会志》，安徽人民出版社2008年版。

周秋光：《红十字会在中国，1904—1927》，人民出版社2008年版。

靳环宇：《晚清义赈组织研究》，湖南人民出版社2008年版。

郝如一、池子华主编：《〈红十字运动研究〉2008年卷》，安徽人民出版社2008年版。

池子华：《中国红十字运动史散论》，安徽人民出版社2009年版。

［瑞士］亨利·杜南：《索尔费里诺回忆录》（杨小宏译），社会科学文献出版社2013年版。

王春霞、刘惠新：《近代浙商与慈善公益事业研究（1840—1938）》，中国社会科学出版社2009年版。

郝如一、池子华主编：《〈红十字运动研究〉2009年卷》，安徽人民出版社2009年版。

池子华、郝如一主编：《红十字运动与慈善文化》，广西师范大学出版社2010年版。

中国红十字会总会编：《探本溯源——来自博爱论坛的声音》，北京大学出版社2010年版。

周秋光：《近代中国慈善论稿》，人民出版社2010年版。

刘超英主编：《昆山红十字运动发展史》，安徽人民出版社2010年版。

郝如一、池子华主编：《〈红十字运动研究〉2010年卷》，安徽人民出版社2010年版。

郝如一、池子华主编：《〈红十字运动研究〉2011年卷》，安徽人民出版社2011年版。

严晓凤、池子华、郝如一主编：《苏州红十字会百年纪事》，安徽人民出版社2011年版。

池子华、郝如一主编：《中国红十字会百年往事》，合肥工业大学出版社2011年版。

池子华、张丽萍、汪丽萍主编：《中国红十字运动的区域研究》，合肥工业大学出版社2012年版。

严晓凤、池子华、郝如一主编：《〈红十字运动研究〉2012年卷》，安徽人民出版社2012年版。

戴斌武：《抗战时期中国红十字会救护总队研究》，天津古籍出版社2012年版。

戴斌武：《中国红十字会救护总队与抗战救护研究》，合肥工业大学出版社2012年版。

池子华：《红十字运动：历史与发展研究》，合肥工业大学出版社2013年版。

池子华等：《红十字：近代战争灾难中的人道主义》，合肥工业大学出版社2013年版。

池子华：《中国近代社会史论》，合肥工业大学出版社2013年版。

方娅、池子华主编：《江西红十字运动百年回眸》，合肥工业大学出版社2013年版。

孙语圣：《中国红十字会灾害救助机制研究》，合肥工业大学出版社2013年版。

严晓凤、池子华、郝如一主编：《〈红十字运动研究〉2013年卷》，安徽人民出版社2013年版。

池子华、张丽萍、汪丽萍主编：《〈红十字运动研究〉2014年卷》，合肥工业大学出版社2014年版。

简海燕、池子华主编：《〈红十字会救伤第一法〉——孙中山唯一译著的整理与研究》，合肥工业大学出版社2014年版。

池子华等：《红十字：文化传播、危机管理与能力建设》，合肥工业大学出版社2014年版。

池子华：《晚清中国政治与社会》，苏州大学出版社2014年版。

马强、池子华主编：《红十字在上海，1904—1949》，东方出版中心2014年版。

丁超英、池子华主编：《峥嵘岁月歌　奋进的20年——浦东新区红十字会大事记》，合肥工业大学出版社2014年版。

池子华、张丽萍、吴玉林主编：《〈红十字运动研究〉2015年卷》，合肥工业大学出版社2015年版。

池子华：《中国近代史论稿》，合肥工业大学出版社2015年版。

池子华：《红十字运动：历史回顾与现实关怀》，合肥工业大学出版社2015年版。

高鹏程：《近代红十字会与红卍字会比较研究》，合肥工业大学出版社2015年版。

罗治雄、戴斌武：《贵州红十字运动研究（1916—2013）》，合肥工业大学出版社2015年版。

袁灿兴：《国际人道法在华传播与实践研究（1874—1949）》，合肥工业大学出版社2015年版。

代华：《民族主义与人道主义——1923年日本关东大地震的中国响应》，合肥工业大学出版社2015年版。

池子华、王国忠、吴玉林主编：《〈红十字运动研究〉2016年卷》，合肥工业大学出版社2016年版。

池子华：《红十字运动：历史审视与现实思考》，合肥工业大学出版社2016年版。

顾丽华、池子华主编：《弥足珍贵的红十字文化遗产——〈中国红十字会常熟分会民国廿一年纪念册〉整理与研究》，合肥工业大学出版社2016年版。

梁旻：《人道的力量：中国红十字会救援江浙战争研究》，合肥工业大学出版社2016年版。

池子华、王国忠主编：《红十字青少年理论与实践》，合肥工业大学出版社2016年版。

池子华、王国忠、陈海高、傅琦红主编：《〈红十字运动研究〉2017年卷》，合肥工业大学出版社2017年版。

吴康丽、池子华主编：《陆树藩：中国红十字运动的先驱》，合肥工业大学出版社2017年版。

池子华、王国忠、陈海高、傅琦红主编：《〈红十字运动研究〉2018年卷》，合肥工业大学出版社2018年版。

池子华：《红十字运动：历史传承与当代发展》，合肥工业大学出版社

2018 年版。

池子华主编：《红十字运动研究评论集》，合肥工业大学出版社 2018 年版。

三、研究论文

养科：《中国红十字会早期在上海设立的医院》，《中国红十字报》1987 年 8 月 5 日。

罗义俊：《上海南市难民区述略》，《上海师范大学学报》1990 年第 2 期。

何克明：《中国的红十字启蒙运动》，《中国红十字》1991 年第 11 期。

孙兴林：《血雨腥风聚正气，爱国救民献丹心——纪念中国红十字会先师吕海寰诞辰 150 周年》，《中国红十字》1992 年第 3 期。

何克明：《中国红十字会创始人沈敦和先生事略》，《博爱》1993 年第 1 期。

刘松洲：《一片冰心——记我国红十字人道救助的先驱张竹君》，《博爱》1996 年第 1 期。

李学智：《1923 年中国人对日本震灾的赈救行动》，《近代史研究》1998 年第 3 期。

周秋光：《晚清时期的中国红十字会述论》，《近代史研究》2000 年第 3 期。

周秋光：《民国北京政府时期中国红十字会的慈善救护与赈济活动》，《近代史研究》2000 年第 6 期。

池子华：《吕海寰是中国红十字会的首任会长吗?》，《河北大学学报》2002 年第 2 期。

池子华：《中国红十字会的 1912 年》，《钟山风雨》2002 年第 4 期。

周秋光：《民国北京政府时期中国红十字会的国际交往》，《湖南师范大学社会科学学报》2002 年第 4 期。

郑祖安：《“八一三”事变中的租界与中国难民》，《史林》2002 年第 4 期。

池子华：《“二次革命”中的中国红十字会人道救援》，《钟山风雨》2003 年第 2 期。

池子华：《抗战初期中国红十字会的战事救护》，《江海学刊》2003 年第 4 期。

池子华：《中国红十字会救援 1923 年日本震灾行动述略》，《慈善》2003 年第 4 期。

池子华:《1937 年中国红十字会淞沪会战救护简论》,《徐州师范大学学报》(哲学社会科学版) 2003 年第 4 期。

李国林:《民国时期上海慈善组织研究 (1912—1937 年)》, 华东师范大学 2003 年博士学位论文。

池子华:《红十字的起源及其在中国的传播》,《合肥学院学报》2004 年第 1 期。

池子华:《中国红十字会辛亥战时救护行动》,《民国档案》2004 年第 1 期。

李文海、朱浒:《义和团运动时期江南绅商对战争难民的社会救助》,《清史研究》2004 年第 2 期。

池子华:《辛亥革命中留日医学生的救护行动》,《徐州师范大学学报》2004 年第 2 期。

池子华:《张竹君与中国赤十字会》,《上海市历史博物馆馆刊》2004 年第 2 辑。

张建俅:《中国红十字会经费问题浅析 (1912—1937)》,《近代史研究》2004 年第 3 期。

周秋光:《民国北京政府时期中国红十字会的会内宣传与经费筹措》,《湖南师范大学社会科学学报》2004 年第 4 期。

池子华:《中国红十字会救护总队抗战救护的几个断面》,《苏州大学学报》2004 年第 4 期。

朱浒、杨念群:《现代国家理念与地方性实践交互影响下的医疗行为——中国红十字会起源的双重历史渊源》,《浙江社会科学》2004 年第 5 期。

池子华、吕志茹:《“复员时期”的中国红十字会》,《河北大学学报》2004 年第 6 期。

池子华:《“军阀时期”中国红十字会的兵灾救护》,《上海师范大学学报》2004 年第 6 期。

羡萌:《民国时期中国红十字会研究 (1912—1924)》, 天津师范大学 2004 年硕士学位论文。

阮清华:《非常时期的民间救济——以“庚子之变”后上海绅商义赈为例的探讨》,《华东师范大学学报》2005 年第 1 期。

靳环宇:《试论中国慈善文化形态及其变迁》,《船山学刊》2005 年第 1 期。

张建俅:《近代中国政府与社团关系的探讨——以中国红十字会为例》,(台北)《“中央研究院近代史研究所”集刊》2005 年第 47 期。

池子华：《上海万国红十字会救济日俄战灾述论》，《清史研究》2005 年第 2 期。

池子华：《从中国救济善会到上海万国红十字会》，《史林》2005 年第 2 期。

池子华：《中国红十字会救济 1917 年京直水灾述略》，《淮阴师范学院学报》2005 年第 2 期。

池子华：《中国红十字会救助 1928 至 1930 年西北华北旱荒述略》，《社会科学战线》2005 年第 2 期。

孙语圣：《民国时期的疫灾与防治述论》，《民国档案》2005 年第 2 期。

朱浒：《中国红十字会的地方性起源》，《石家庄学院学报》2005 年第 4 期。

朱浒：《江南人在华北——从晚清义赈的兴起看地方史路径的空间局限》，《近代史研究》2005 年第 5 期。

周秋光、徐美辉：《论近代慈善思想的形成与发展》，《湖南师范大学社会科学学报》2005 年第 5 期。

胡勇：《传染病与近代上海社会（1910—1949）——以和平时期的鼠疫、霍乱和麻风病为例》，浙江大学 2005 年博士学位论文。

池子华：《孙中山与中国红十字运动》，《光明日报》2006 年 1 月 6 日。

靳环宇：《论晚清基层民间慈善组织的筹赈模式》，《贵州文史论丛》2006 年第 1 期。

周秋光、靳环宇：《早期红十字会在中国的演变》，《光明日报》2006 年 3 月 3 日。

朱浒：《地方谱系向国家场域的蔓延——1900—1901 年的陕西旱灾与义赈》，《清史研究》2006 年第 2 期。

靳环宇：《中国民间慈善组织的历史嬗变》，《中州学刊》2006 年第 2 期。

靳永震：《甲午战争时期的红十字会医院》，《湖南第一师范学报》2006 年第 2 期。

吕志茹、池子华：《“复员时期”中国红十字青少年运动简论》，《河北大学学报》2006 年第 3 期。

谢忠强：《民初沪上慈善事业兴盛原因初探》，《船山学刊》2006 年第 4 期。

李传斌：《教会医院与近代中国的慈善救济事业》，《中国社会经济史研究》2006 年第 4 期。

池子华：《略论孙中山对中国红十字运动的贡献》，《民国档案》2006 年第4期。

池子华：《民国北京政府时期中国红十字会的赈灾行动述略》，《中国社会历史评论》第6卷，天津古籍出版社2006年版。

池子华：《北洋政府时期长三角地区社会救助的民间参与——以中国红十字会为中心》，《安大史学》第2辑，安徽大学出版社2006年版。

彭善民：《近代上海民间时疫救治》，《广西社会科学》2006年第9期。

吕志茹、马红英、池子华：《“复员时期”中国红十字少年运动简论》，《江苏教育学院学报》2007年第1期。

池子华：《中国红十字会“护国战争”救护述论》，《合肥学院学报》2007年第2期。

池子华：《“复员”时期中国红十字会慈善活动论纲》，《文化学刊》2007年第5期。

池子华：《中国红十字会成立于一九一二年说质疑》，《光明日报》2007年9月21日。

池子华：《1914年中国红十字会的胶东救援》，《文化学刊》2008年第1期。

池子华：《辛亥革命中红十字会的江苏战场救护》，《史学月刊》2008年第9期。

吴佩华、池子华：《从战地救护到社会服务——简论抗战后期中国红十字会的“复员”构想》，《民国档案》2009年第1期。

曾桂林：《民国时期的红十字会立法初探》，《苏州大学学报》（哲学社会科学版）2009年第5期。

冀艳芬：《南京国民政府前期河南慈善机构研究（1927—1937）》，河南大学2009年硕士学位论文。

夏现伟、孙善根：《中国红十字运动第一人沈敦和述评》，《宁波职业技术学院学报》2010年第1期。

池子华：《红十字会创建：中国慈善界“第一伟举”》，《中国社会科学报》2010年7月20日。

戴斌武、池子华：《抗战初期中国红十字会战地救护工作述论》，《历史教学》2010年第18期。

戴斌武、池子华：《中国红十字会救护总队抗战救护论述——以武汉广州会战时期为中心》，《深圳大学学报》2010年第5期。

池子华：《全面抗战时期中国红十字会的“内务”与“外交”》，《民国研究》2010年冬季号，社会科学文献出版社2010年版。

张祖平:《清代慈善组织的信息披露机制》,《辽东学院学报》2010 年第 5 期。

刘敏:《20 世纪三十年代上海地区战争难民问题研究》,上海师范大学 2010 年硕士学位论文。

刘正平:《虎跑藏殿湖隐佛祖报本团与清末民初江南绅商慈善救济——兼论〈虎跑佛祖藏殿志〉的性质》,《宗教学研究》2011 年第 2 期。

王琪森:《上海光复起义与辛亥革命》,《文汇报》2011 年 8 月 8 日。

池子华、代华:《1923 年日本关东大地震及其援救》,《安徽师范大学学报》2011 年第 4 期。

池子华:《辛亥革命期间中国红十字会新建分会数量考》,《苏州科技学院学报》2011 年第 3 期。

代华、池子华:《日本关东大地震与中国红十字会的人道救援》,《福建论坛》2012 年第 1 期。

邱广军:《日俄战争期间传教士的难民救助活动》,《吉林师范大学学报》2012 年第 1 期。

蒋露:《晚清至北京国民政府时期的中国红十字会医院》,《湖南工程学院学报》2012 年第 1 期。

池子华、郭进萍:《中国红十字会救治 1918 年浙江时疫述论》,《南京农业大学学报》2012 年第 2 期。

孙语圣:《中国红十字会救援 1923 年日本大地震述论》,《商丘师范学院学报》2012 年第 2 期。

张化:《饶家驹与南市难民区》,《文汇报》2012 年 7 月 9 日。

池子华:《民国肇建与中国红十字会的转型》,《民国研究》2012 年秋季号,社会科学文献出版社 2012 年版。

冯志阳:《庚子救援研究》,华东师范大学 2012 年博士论文。

邓文池:《〈申报〉对晚清红十字会的舆论功效研究》,湖南师范大学 2012 年硕士学位论文。

夏涵:《清末民初上海绅商阶层慈善公益思想及活动研究》,湖南师范大学 2012 年硕士学位论文。

李佳霖:《红十字会在近代东北地区的建立及活动研究》,辽宁大学 2012 年硕士学位论文。

池子华:《〈博爱〉杂志的前世今生——纪念〈博爱〉杂志创刊百周年》,《博爱》2013 年第 5 期。

池子华:《红十字何以在中国落地生根》,《光明日报》2013 年 9 月 5 日。

唐燕：《家族与慈善：近代吴江施氏家族的慈善公益事业》，湖南师范大学2013年硕士学位论文。

池子华：《中国红十字会诞生记》，《中国红十字报》2014年4月1日。

池子华、崔龙健：《抗战时期红十字会战事救护研究述评》，《民国档案》2014年第2期。

池子华：《孙中山：红十字文化中国化的先驱》，《中国红十字报》2014年8月15日。

池子华：《她与“红十字”割不断的“缘”——宋庆龄对孙中山博爱精神的继承与弘扬》，《中国红十字报》2014年9月5日。

池子华、丁泽丽：《中国红十字会华北救护委员会与抗战救护》，《河北学刊》2014年第6期。

池子华、李欣栩：《改革开放以来孙中山博爱思想研究述评》，《史学月刊》2014年第12期。

崔家田：《民国前期中原地区红十字组织的医卫实践———以〈中国红十字会月刊〉为中心》，《甘肃社会科学》2014年第6期。

崔龙健、池子华：《抗战时期中国红十字运动研究述评》，《民国档案》2015年第2期。

池子华、徐璐：《“孤岛时期”上海国际红十字会的人道救济事业》，载苏智良主编《饶家驹与战时平民保护》，广西师范大学出版社2015年版。

池子华：《红十字人在敌后战场——中国红十字会抗战期间的敌后救护行动》，《中国红十字报》2015年7月7日。

池子华：《长沙会战中的“模范大队”——中国红十字会救护总队第九大队参与四次长沙会战救护纪实》，《中国红十字报》2015年8月21日。

池子华、崔龙健：《“华文的第一部关于红十字会的书籍”——孙中山译著〈红十字会救伤第一法〉述论》，《江苏社会科学》2015年第4期。

池子华：《抗战中一支不能忽视的人道力量——中国红十字会战时救护行动概述》，《光明日报》2015年9月5日。

池子华：《鲜血染就人道之“红”——纪念抗日战争中为人道事业捐躯的红十字英烈》，《中国红十字报》2015年9月8日。

丁泽丽、池子华：《“一·二八”事变与中国红十字会的沪战救护》，《民国研究》2015年春季号，社会科学文献出版社2015年版。

池子华、阎智海：《全面抗战时期国际红十字组织对华人道援助述论》，《史学月刊》2016年第1期。

池子华：《还原历史真相：1911年红十字会“舆论风波”——张竹君与

沈敦和上海“龙虎斗”探源》，《江南社会历史评论》第8期，商务印书馆2016年版。

丁泽丽、池子华：《绥远抗战与中国红十字会的人道救助》，《河北大学学报》2016年第2期。

池子华、樊翠花：《中国红十字会何以首先诞生于上海》，《历史教学》2016年第10期。

池子华、刘思瀚：《民国前期红十字会皖北救援活动管窥》，《安徽史学》2016年第4期。

池子华：《1923年日本关东大地震人道救援——中国红十字会援外行动的一个范例》，《中国红十字报》2016年8月30日。

傅亮：《清末民初红十字会的本土化》，《苏州科技学院学报》2016年第4期。

丁泽丽、池子华：《20世纪30年代中国红十字会救灾机制的转变》，《安徽师范大学学报》2016年第5期。

池子华、傅亮：《中国红十字运动区域研究：理论与方法》，《河北学刊》2016年第6期。

池子华：《中国红十字运动的地方实践》，《苏州大学学报》2016年第6期。

池子华：《从〈红十字会条例〉到〈红十字会法〉——中国红十字事业的法制化进程》，《中国红十字报》2017年2月28日。

池子华：《中国红十字会第一分会何以设在营口》，《中国红十字报》2017年3月10日。

李欣栩、池子华：《中国红十字会史上的“监事会”》，《中国红十字报》2017年3月17日。

刘思瀚、池子华：《陆树藩：国人得红十字风气之先者》，《中国红十字报》2018年3月23日。

池子华：《林可胜：图云关的“战地传奇”》，《中国红十字报》2018年3月30日。

池子华：《宋庆龄：抗战时期的红十字“守护者”》，《中国红十字报》2018年4月13日。

王帅、池子华：《金茂岳：毛泽东朱德周恩来题词的“红都名医”》，《中国红十字报》2018年4月20日。

池子华：《在深化改革中砥砺前行——中国红十字事业改革史》，《中国红十字报》2018年4月24日。

池子华：《“大清没了”之后的盛宣怀》，《中国红十字报》2018年5月4日。

池子华：《庚子救援：成功背后的无奈与辛酸——陆树藩及其中国救济善会人道行动述论》，《河北学刊》2018年第3期。

刘思瀚、池子华：《陆树藩——将红十字带进中国的先驱者》，《湖州日报》2018年5月8日。

沈璐、池子华：《蒋梦麟：从北大校长到红会会长》，《中国红十字报》2018年6月1日。

池子华：《李提摩太：国际红十字运动的东方“布道者”》，《中国红十字报》2018年6月22日。

池子华：《柯棣华：从印度来的第二个“白求恩”》，《中国红十字报》2018年6月29日。

池子华：《峨利生：把生命留在中国的“神医”》，《中国红十字报》2018年7月6日。

池子华：《廖太夫人：女界参与红十字运动首倡者》，《中国红十字报》2018年7月20日。

池子华：《施则敬：满门子弟入“红门”的创会“四公”》，《中国红十字报》2018年7月27日。

池子华、曹金国：《上海红会组织救护第一次江浙战争述论》，《江南社会历史评论》第12期，商务印书馆2018年版。

国家出版基金项目
NATIONAL PUBLICATION FOUNDATION

中国红十字运动通史（1904—2014）

总主编　池子华

第六卷

中国红十字运动大事编年

池子华　主编

合肥工業大學出版社

图书在版编目(CIP)数据

中国红十字运动通史(1904—2014). 中国红十字运动大事编年/池子华主编. —合肥:合肥工业大学出版社,2018. 12

ISBN 978-7-5650-4281-2

Ⅰ. ①中… Ⅱ. ①池… Ⅲ. ①红十字会—历史—中国—1904-2014 Ⅳ. ①D632. 1

中国版本图书馆 CIP 数据核字(2018)第 271263 号

中国红十字运动通史(1904—2014) 第六卷

中国红十字运动大事编年

池子华 主编

选题策划	钟小要 李克明 朱移山
责任编辑	章 建 江 鼎
责任印制	郑 洁 樊珊珊
出版发行	合肥工业大学出版社
地 址	(230009)合肥市屯溪路 193 号
网 址	www. hfutpress. com. cn
电 话	总 编 室:0551-62903038 市场营销中心:0551-62903198
开 本	710 毫米×1010 毫米 1/16
总 印 张	176. 25
总 字 数	3150 千字
版 次	2018 年 12 月第 1 版
印 次	2018 年 12 月第 1 次印刷
印 刷	安徽联众印刷有限公司
书 号	ISBN 978-7-5650-4281-2
总 定 价	400. 00 元(共 6 卷)

第六卷

目　　录

1904 年

2 月 8 日，日军向旅顺俄国舰队发动突然袭击，日俄战争爆发，东北同胞蒙受战火，颠沛流离。

2 月 20 日，《申报》发表《劝中西官绅急救北方难民说》的文章，希望借鉴陆树藩创设中国救济善会的“前规”，在红十字的旗帜下，北上救助东北难胞。

3 月 3 日，上海记名海关道沈敦和、前四川川东道任锡汾、直隶候补道施则敬等，为救助东北难民，在上海英租界六马路仁济善堂发起成立东三省红十字普济善会，“专以救济该省被难人民为事”。东三省普济善会，“特中国红十字会之先声耳!”

3 月 5 日，鳜生在《申报》发表《中国宜入红十字会说》，建议中国政府“商之瑞士万国红十字会，得以列名其间”，加入国际红会组织，“俾红十字徽帜进而照耀于中国二十一行省”。

3 月 10 日，因东三省普济善会具有浓重的传统善堂阴影而无法取得日俄交战双方的认可，在沈敦和、李提摩太的联络奔走下，中、英、美、法、德五国董事会集于上海英租界公共工部局议事，宣告上海万国（即国际之意）红十字会支会成立。上海万国红十字会支会设董事 45 人，内西董 35 人，以李提摩太为首，华董 10 人，以沈敦和为首，并从 45 名董事中推出 9 名组成办事董事（其中西董 7 人，华董 2 人为沈敦和、施则敬，后增加任锡汾）。它的成立标志着中国红十字会的诞生。

3 月 11 日，施则敬邀集各华董集会于上海丝业会馆，决定“先行筹备五万金，以期及早开办”，援救被难北方同胞。

3月16日，清政府商部致电吕海寰、盛宣怀、吴重熹，要求与上海绅商兴办红十字会，“切实筹办，以成善举”。

3月17日，上海万国红十字会中西办事各董初次会议于英按察使署召开，英按察使威金生、工部局总董安特生、律师麦尼而、医生巴伦、李提摩太、沈敦和、施则敬到会。会议决定：将“上海万国红十字会支会”正式定名为“上海万国红十字会”；推举李提摩太、沈敦和为司理文牍的中、西方书记；议定司理财务、代理银行、刊发捐册、接收捐款、申谢捐助、拨款救济、设牛庄分会和京津代理等事。

3月21日，外务部、商部致电驻日大臣杨枢，以上海万国红十字会业已成立，请切商日、俄两国政府，“承认此会”。未能如愿。

3月22日，施则敬致电商部转请电报大臣吴重熹，上海万国红十字会及各省分会往来电报费请“照赈济电报章程办理”，一律免费。得到批准。

3月26日，驻美使臣梁诚以“近今各国行阵救疾扶伤，不分畛域，其法良意美，尤推红十字会为最”，上奏清廷“请联约各国仿设红十字会”，建议成立中国红十字会。

3月28日，御史夏敦复“奏请成立中国红十字会片”，受到朝廷的重视，当日发交外务部办理。

3月29日，为筹集救济日俄战灾赈款，由吕海寰、盛宣怀、吴重熹、吴郁生、刘宇泰、杨士琦、李经迈、庞元济、顾肇臣、沈能虎、杨廷杲、朱宝奎、沈敦和、任锡汾、施则敬等暨在沪绅商“同叩”联名的通电“元电”发各省将军、督抚、海关等，呼吁“拨助捐款”。

4月6日，上海万国红十字会牛庄（营口）分会成立，推选中西董事10人，美国驻牛庄领事密勒为总董，英国传教士魏伯诗德负责办理文案。这是中国红会史上第一个分会。随后，辽阳、奉天、开原、铁岭、安暑河、沟帮子、新民屯、海城、山海关及塘沽、烟台、金陵等地分会相继开办。

4月25日，外务部上奏朝廷，请颁驻英大臣张德彝补签日内瓦红十字会原约全权“敕谕”。朝廷照准，颁给张德彝补签原约“敕谕”：“兹特命尔为全权大臣，办理入会事宜，会商大瑞士国驻英使臣，知照总会补行画押。尔其敬谨将事，毋负委任。特谕。”

4月27日，张竹君抵达上海，向沈敦和请缨，参与日俄战争救护。不过，张竹君的一片热忱为沈敦和“婉言谢之”，这使张竹君心怀不平，埋下“张沈之争”的伏笔。

5 月 16 日，《申报》报道，劝捐呼吁得到各省当局的积极响应，短短的一个多月中，广东捐助 2 万元，盛京将军增祺助银万两，两江总督拨库平银 8000 两，清江漕运总督 3000 两，湖北、湖南、江西、山东各万两，河南、陕西各 5000 两，天津 2 万两等。

5 月 24 日，光绪皇帝颁发上谕，对上海万国红十字会，着“颁发内银十万两，以资经费”。

6 月 3 日，“日内瓦万国红十字会总理为中国入会事”致函外务部，一方面对上海万国红十字会的成立表示“深为欣幸”，一方面希望与国际红十字会“联络一气”，并告知加入国际红会组织所应履行的手续等事宜。

6 月 13 日，吕海寰、盛宣怀、吴重熹在致袁世凯电文中称：“昨据沪道备文，批解恩帑京平足银十万两，饬据沈、任、施道等公议，该总董等拟以五万两为现在办经费，以五万两为开办中国红十字会经费。”明确将帑银 10 万两拨出 5 万两，作为开办中国红十字会经费。

6 月 29 日，驻英公使张德彝在瑞士日内瓦补签《日内瓦红十字会公约》（即《1864 年 8 月 22 日改善战地陆军伤者境遇之日内瓦公约》）。中国由此成为国际红十字会的会员国。

7 月 8 日，瑞士政府将中国政府加盟国际红十字会一事通告缔约各国。

7 月 12 日，上海万国红十字会制定《暂行简明章程》8 条，对万国红会的宗旨、性质、任务、经费、分会等做了原则规定。内称“此会系中、英、法、德、美五中立国联合倡办，由中国政府知照两战国政府，转告战国军队将帅士卒，皆知此会，其名曰‘上海万国红十字会’”，“专以医治战地因战被伤之战国及局外兵民，救护战地之无关战事因战被难人民”。《章程》特别声明：“救护出险，无论华人西人何国人，均一体相待”，以体现红十字的博爱精神。

8 月 12 日，日内瓦万国红十字会会长穆业、副会长欧第业联名为中国入会一事复函：“贵国附入日内瓦万国红十字会一节，事已成就”，仍“深望贵国设立红十字会”（意即成立独立的全国统一的红十字会，而不是合办）。

1905 年

1 月 18 日，清政府电旨："奉省兵灾，地广人众，着周馥转饬上海红十字会总办，多延员绅，速拨巨款，前往奉省会同地方官广施赈济，以全民命，钦此。"上海万国红十字会遵旨迅筹银两，增派史善诒、谢文虎、邓笠航等人前往东北，会同传教士魏伯诗德等办理放赈事宜。

8 月，自上年 6 月至本年 8 月，《申报》馆协赈所为红会代收捐款，计洋银 4506 元、规元 357 元、铜洋 118 元、铜质伪洋银 26 元、票元 1136 两、英洋 509 元、鹰银及龙银 609 元、制钱 250 文。

9 月 5 日，日俄在美国朴次茅斯签订《朴次茅斯条约》，日俄战争结束。战争期间，上海万国红十字会设在东北及其他地区的各分会，前后留养妇孺 1 万余人、难民 3 万余人，治疗伤者数千人，资遣回籍者多至 13 万余人。救助日俄战灾，历时三载，救护出险、收治伤病、留养资遣、赈济安置总人数达 46.7 万人，因伤重不治而亡者仅 331 人。"此次救护工作，得到教会和医院以及中国官方最高的合作，所以成绩特佳"。

12 月，旅居海参崴华人遭俄兵扰害，"华商房屋，焚毁殆尽"，800 余人受伤。事件发生后，外务部致电北洋大臣饬令沈敦和等"酌支红会捐款"，购买饼干、棉衣等物，派员赈济。沈敦和即派廖锦春、陈刚、余树勋等由上海赴烟台，搭乘"海定"轮前往海参崴"查明救济"。

1906 年

4 月 14 日，清政府任命出使荷兰大臣陆徵祥赴瑞士日内瓦，出席《红十字会公约》修订会议。

4 月 18 日，美国旧金山地震，伤亡惨重。中国红会捐银元 2 万元，“汇寄灾区，从事抚恤”。

5 月，京师女学卫生医院院长廖太夫人在京发起成立“中国妇人红十字会”（又称中国妇人会）。这是中国第一个具有红十字会性质的妇女团体。

7 月 6 日，《日内瓦改正红十字条约》颁布，共 9 章 33 款，除第六、八章外，余由出使荷兰大臣陆徵祥“从众画押”。

9 月，日俄战争全部赈济工作圆满结束，五国合办上海万国红十字会虽然名义上还在，但基本上停止运作。

10 月，中国妇人红十字会选举职员，以前大学士崑冈夫人、前大学士裕德夫人和廖太夫人为总裁，肇秀珊为北京会长，占柱臣夫人为评议长，钟稚珊为北京执行干事，刘碧泉为会计长，雷爱璜为掌书记，陈宣严为庶务干事，英淑仲为北洋分会总会长、驻天津，钟稚珊为南洋分会总会长、驻上海。次年春创办机关刊物《中国妇人会小杂志》，以扩大影响。

1907 年

2 月，《民报》社在东京再版孙中山所译《红十字会救伤第一法》，为即将开始的反清起义做救护工作的知识准备。

4 月 29 日，外务部致电保和会专使陆徵祥，嘱将上年在瑞士修订条约会议上公布的《日内瓦改正红十字条约》“第六章补行画押”。

7 月 21 日，由吕海寰、盛宣怀联衔的《沥陈创办红十字会情形并请立案奖叙折》上达清廷，一方面为上海万国红十字会“在事尤为出力员绅”“奏请奖叙”；另一方面提出建医院、办学堂等“善后持久事宜”的种种构想和举措，“以结万国红十字会之全局，即以巩中国红十字会之初基”。这份奏折，标志着历时三年有余的上海万国红十字会的终结，中国红十字会“流变”而出，走上独立发展的道路。适应这一变化的需要，中国红十字会推举盛宣怀为首任会长。

1908 年

4 月，东三省总督徐世昌遵旨查明上海万国红十字会“在事出力中西员绅职名，奏给奖叙”。28 日，《申报》登出《东督等奏保红十字会名单》，其中“创始及办事人”：中国总董记名海关道沈敦和、前四川川东道任锡汾、直隶候补道施则敬、江西补用道任凤苞、江苏提学使毛庆蕃、江海关道梁如浩、前直隶通永道沈能虎、浙江候补道徐润、江苏候补道周晋镳、候选道唐德熙、陈作霖、候选主事黄镈，共华员 12 名；西总董领袖威金生，西总董裴式楷、安特生、勃鲁那、麦尼而、宝隆、葛累、李提摩太、潘慎文、书记李治，分会西董领袖魏伯诗德、西董屠达纳、霍医士、虞医生、密勒、法勒、额必廉、大理医生、魏华司德、克澜斯惕、麦克诺顿、费有顿、英格烈司、伯勒、葛澜格、克禄福、杨克罗、魏雅格、远来、傅密生，共洋员 30 名，荣获“中国红十字会一等金质勋章”，其余“异常出力人员”“寻常出力人员”百余名也分别受到表彰。

夏秋间，上海时疫流行，红十字会在上海天津路 316 号创设临时时疫医院，聘请悬壶沪上的苏州名医徐相任担任顾问，率先采用中西医结合疗法，对患者进行诊治，取得良好疗效，“嗣后岁以为常，全活无算，成绩最著”。

8 月 31 日，9 月 4 日、7 日，中国红十字会在《申报》刊登广告，面向社会招考医学生，借同济德文医学堂，培养医护人才。

1909 年

本年，沈敦和等用救助东北日俄战灾余款，在上海徐家汇购地 10 余亩，动工兴建中国红十字会总会总医院（今华山医院）。次年春医院落成，“其间冷热水管、解剖房（病理室）、割症房（手术室）、蒸洗器械房（消毒室）、爱克司电光房、配药房（制剂室）、储药房、发药房、化学房（化验室）、汽锅房（锅炉房）、浴室、病房、议事厅（会议室）、殡殓所（太平间），无一不备”，设备之“精美，为沪之冠”。医院延聘著名西医柯师为内科医生，解剖专家峨利生为外科医生，血液学专家亨司德为血液检验医生，克立天生女士为看护妇（护士），王培元为驻院医生并主持医院事务。

1910 年

2 月 27 日，吕海寰、盛宣怀、吴重熹联衔会奏《酌拟中国红十字会试办章程请旨立案折》特别强调："惟会务头绪繁多，关系中外交涉，可否简派大臣作为会长，以昭郑重，如蒙俞允，即由会长督率该董等妥为筹办，并将办事情形随时报部查核以期核实"，提出了"官派"会长的正式请求。当日朝廷准奏，"著派盛宣怀充红十字会会长"。盛宣怀因此成为政府正式任命的首任会长。

3 月 13 日，中国红十字会会长盛宣怀咨行礼部，以中国红十字会系遵旨开办，应行奏请添铸"大清红十字会"关防，以昭郑重。

4 月 30 日，外务部咨复，告知"大清红十字会"关防已缮模具奏，俟铸妥后再行知照请领。据《大公报》透露，"进呈印模系照参赞大臣关防，纯用铜质，长三寸二分，阔二寸，其文清汉合璧小篆文曰：大清帝国红十字会之关防"。

5 月 5 日，盛宣怀札委山东补用直隶知州袁鉴赉文专程赴京候领"大清红十字会"关防。

5 月 20 日，由"军谘处主稿，会同外务部、筹办海军事务处、陆军部办理，合并声明谨奏"之《军谘处奏详核红十字会原奏敬陈管见折》上达朝廷，裁定：《中国红十字会试办章程》按日内瓦新约办理；战时红会归陆海军指挥；总会设于京师；由陆军医学堂培训红会医才；筹办药厂，制造药械；制备红会标志、勋章及使用规定等。

6 月 5 日，"大清红十字会"关防正式启用，中国红十字会蜕变为大清红十字会。

6月7日，盛宣怀以“钦命红十字会会长、太子少保尚书衔、正任邮传部右堂”的名义向驻华各国公使、驻沪各国领事发出照会，说明中国红十字会的源流以及“钦命”的过程。

6月30日，《申报》报道：“考察军政大臣（载）涛贝勒电告由奥赴瑞士调查红十字会条约及其办法以便回国参考办理。”

夏初，中国红十字会在上海红会总医院旁建医学堂，招收有英文基础的学生20人，专攻医学，5年毕业。学堂特聘著名西医柯师、峨利生、亨司德及王培元为教员，“用最新学术教授专门医科”。同时选拔熟悉英文者20人，分派于各医院，学习护理。

夏，皖北、苏北水灾，“继以大疫，死亡枕藉”。中国红十字会派医生和同济德文医学堂学生组织甲、乙、丙、丁4支医疗队，携带救疫药物器具，由江趋丹率领，驰往皖北，竭力拯救，合计治愈67580人。由红会参与发起的华洋义赈会募捐170万元，灾后散赈，成绩昭然。

8月21日，军机大臣毓朗在内廷提署公所会晤会长盛宣怀，“议及组织红十字会事，闻朗贝勒对于此事极为赞成，拟将各国红十字会章程编列成书，以便联合各亲贵王公贝勒奏请承认会员，以期该会之发达云”。

12月26日，中国红十字会在上海天津路80号开设分医院，“利便租界居民治病”。该医院与沈敦和经理的中国公立医院分医院合办，名为“大清红十字会中国公立医院分院”。继设南市医院于沪南十六铺，“大清红十字会中国公立医院分院”易名为北市医院。医院“诊病给药，只收号金（挂号费）。病较重者留院疗治，酌量收费，贫者则免，只收膳费，极贫者膳费亦免”。

1911 年

3 月 18 日，为便利沪上租界居民治病起见，特于英大马路巡捕房后天津路 80 号设大清红十字会中国公立医院分医院，“各类中西学医士常川到院诊治，并附设公立医院租界检疫办事处，以便通讯”。医院当日开幕。

3 月，清廷以东北鼠疫流行“各国皆派有红十字会来华相助施救”，谕外务部致电各国政府，以表谢意。

4 月 3 日，万国防疫大会在沈阳召开，中国红十字会派王培元与会。

10 月 10 日前后，中国红十字会沪城分会（上海城内分会）成立，它是上海红十字会的前身。

10 月 19 日，鉴于 10 月 10 日武昌起义爆发后，战事激烈，死亡甚重，张竹君女士在上海发起成立“中国赤十字会”，组织医疗队，开赴前线，“第一队赴汉口，继复分队驻汉阳，计两月中两处救疗受伤战士一千三百余人，事务殷繁，常至不遑寝食。……第二队赴镇江，旋即随先锋队入南京，所救疗亦千余人，其勤劳亦为中外人所赞叹”。中国赤十字会参与辛亥战事救护，弥补了中国红十字会救护力量的不足，扩大了救护范围，赢得了社会各界的交口称赞。

10 月 22 日，四川恤济公会创设上海救恤公会，以红十字会为宗旨。

10 月 23 日，给事中涂国盛上奏朝廷，要求大清红十字会会长盛宣怀担起救护之责，谓：“鄂陷现已旬余，难民困毙无算，请饬督办大臣盛宣怀酌拨巨款，电商善堂义绅，援案设救局会，速救余生。”

10 月 24 日，沈敦和 23 日接到由汉阳某国兵轮上发来的无线电报，“以两军死伤过多，请即亲率红十字会中西医队迅速前来战地，普救同胞”。24 日，沈敦和即在上海发起成立“中国红十字会万国董事会”，推举古柏、麦尼尔、包克斯、吴板桥、马医生、爱德华医生、福医生、亨司德医生、施则敬、任锡汾、丁榕、江趋丹、汪汉溪、王西星为董事，沈敦和与英按察使苏玛利为总董，开大会，募捐款。

10 月 24 日午后，中国赤十字会会员男女 120 余人在派克路育贤女子学堂聚齐后至寰球中国学生会，列坐草地，摄影留念，之后随张竹君会长一起前往怡和码头，乘“瑞和”轮西上武汉，“施救因战受伤军人”。黄兴、徐宗汉夫妇“乔装”随行。

10 月 24 日，记名御史学部郎中陈曾寿、高等审判庭推事王基磐、农工商部参议上行走赵椿年、内阁统计局副局长张国淦以及京外 26 名官员复联名上书朝廷，以“武汉糜烂，变起仓猝，居民遭此惨祸，困苦万状，日来战事一开，当更有不堪设想者”，吁请盛宣怀主持的红十字会从速救助。

10 月 24 日，西安同盟会员康毅如组织医护人员，成立“秦军恤伤院”，组织“红十字战地医疗救护队”，救护伤兵。旋正式组建西京（西安）红十字会，康毅如任会长。

10 月 25 日，中国红十字会（“沪会”）组织甲、乙、丙三支医疗队，驰赴战地。三支医队，以上海总医院柯医生（英国人）为队长，会同峨利生、班纳德、王培元、杨智生及男女看护 30 余人，30 日到达武汉，次日于武昌、汉口、汉阳三镇设立临时医院，治疗伤者数千人。另派掩埋队赴武汉，共掩埋尸骸 2200 余具。

10 月 25 日，盛宣怀上呈一折两片，即《遵旨设立慈善会派员赴鄂救济被难人民折》《拟派沈敦和、福开森赴鄂办理救济事宜片》《在京设立会所片》，表示“迅速设法救援，以活民命”，并称“此次赴鄂救济人民，医治受伤军士，只可用红十字之办法，不便用红十字会之名义。臣斟酌再四，拟请设立慈善救济会，仍按照红十字会宗旨，以救难及医伤两事为切实办法”。

10 月 26 日，朝廷发布上谕，以“盛宣怀不能仰承德意，办理诸多不善。盛宣怀受国厚恩，竟敢违法行私，贻误大局，实属辜恩溺职”，著革去包括大清红十字会会长在内的所有职务，“永不叙用”。

10 月 26 日，戴谒天等人创兴粤东红十字会。

10 月 26 日，张竹君在《民立报》上公开发表《张竹君致沈仲礼书》，

“炮轰”沈敦和，谓其“窃慈善二字欺世盗名”，“将牛头马面之红十字会以混世人耳目”。

10 月 28 日，沈敦和在《申报》上发表《沈仲礼驳张竹君女士书》，对张竹君的“炮轰”进行反击。

10 月 28 日，张竹君一行到达汉口后，随即开始了武汉战事救护。

11 月 1 日，中国红十字会首次征集会员。会员分为名誉会员、特别会员、正会员三种，“先行征集特别会员、正会员，共谋进行。除将会员徽章速电欧洲加工制造外，凡纳会费二百元以上作为特别会员，二十五元以上作为正会员”。至次年 1 月下旬，两月余时间，先后征集三届会员，入会人数逾千人。

11 月 2 日，中国红十字会万国董事会向通商各埠发出通电，请“各通商口岸教会医院改设红十字会临时医院，俾有备无患”。

11 月 4 日，革命军猛攻制造局，“敢死队施放炸弹，伤亡人数颇多”。中国红十字会竭力救护，新成立的上海城内分会（即沪城分会）予以协助。

11 月 5 日，杭州分会成立后即组织浙江光复之战的救伤葬亡事宜。南京光复，负伤军士 30 余人返浙，均由杭州分会救治。

11 月 9 日，吕海寰上奏朝廷，“恳恩推广慈善救济会，按照红十字会章程办理，以广皇仁”。清廷即颁布谕旨，准吕海寰“推广慈善救济会，按照红十字会（章程）办理，并准其另举红十字会会长”。

11 月 10 日，天津红十字会成立，公举徐静澜为正会长，孙淦、金韵梅为副会长。

11 月 10 日，沈敦和面晤日本驻沪领事，电请日本赤十字社派医员、看护等 20 余人于 12 日赴汉口合力救护。当日，日本赤十字社复电，允派员 34 人，定于 12 日启程赴汉口日本租界参与救护行动。

11 月 12 日，黎元洪代表湖北军政府向中国红十字会捐赠白银万两。

11 月 12 日，中国赤十字会第二团与陆树藩发起成立的普济善会在上海徐园开会，达成“合并”意向，推举胡二梅为会长，费朴安为副会长，陆树藩为普济部部长，郑普一为掩埋部部长，陆叔桐为会计部部长，姚一指为交通部部长，汪惕宇为医药部部长，冯聃生为庶务部部长。13 日，“合并”大会继续召开，并举杨千里为总董事。但因第二团发起人田北湖、郑普一等人无意合并，“自愿仍办中国赤十字会第二团”，因而合并普济善会的中国赤十字会第二团公议更名为赤十字社，以免混淆。

11 月 13 日，清廷颁发谕旨，“命前外务部尚书吕海寰充中国红十字会会长，仍兼办慈善救济会事宜”。大清红十字会“正名”为中国红十字会，吕海寰成为政府任命的第二任会长。

11 月 15 日，中国红十字会关防经吕海寰奏明启用。

11 月 16 日，中国红十字会万国董事会假上海大马路工部局议事厅召开“特别大会”（进行大会），“中外来宾计千人”参加，盛况空前。沈敦和发表演说，报告中国红十字会缘起及辛亥救护进程。大会选举英国按察使苏玛利为“议长”，负责对外交涉。沈敦和为理事总长，综理会务。

11 月 16 日，黎元洪都督夫人亲至红十字会医院慰问伤兵，“凡见受伤兵士必赠以鲜花数朵，橘子两枚，洋两元，并以和善之言安慰之。时官军与民军分排而卧，黎夫人并无彼此之分。有一北军谓我为敌军，不能受夫人赠品。夫人告以我等皆属同胞，何分尔我！”

11 月 16 日，截至当日，经“沪会”正式承认的第一批分会计江苏（包括上海）9 个、湖北 2 个、安徽 2 个、江西 2 个、福建 2 个、湖南和浙江各 1 个，涉及 7 个省，共 19 处。

11 月 18 日，日本赤十字社救护团（共 29 人）在上野信四郎率领下乘“筑后丸”轮抵达上海。中国红十字会理事总长沈敦和等“特柬请日本官绅商界及该会医事理事假座汇中旅馆开欢迎大会”。当晚该团乘“大利丸”轮前赴武汉，参与战地救护。

11 月 19 日，中国赤十字会派出由 20 位男队员、21 位女队员组成的“第二队”开赴南京，在西华门中西医院收治伤兵，成绩可观。

11 月 20 日，以朱庆章为队长，沈石农、姜彰容、周际唐为副队长的中国红十字会掩埋队，乘“大元丸”轮从上海起航，前往武汉掩埋战场尸骸。据统计，红会掩埋队掩埋尸骸，共计 2200 余具，“除树立木牌外，并勒石书上海红十字会掩埋队葬字样，以垂永久”。

11 月 24 日，中国红十字会派出由侯逸如诸医士组成的救护医队赴南京，救护辛亥革命南京之役；同时于沪宁铁路沿线的镇江、常熟、苏州、吴淞等处，设立临时医院，以备应用。

11 月 26 日，以王曾宪为团长的留日医药学界红十字团（150 名）乘“博爱丸”轮到达上海，受到沈敦和等人的热烈欢迎和盛情款待。是时，苏浙沪联军由镇江进攻南京，来自大阪、长崎的留日医学生先赴镇江前线，其余分编两队，甲队以陈任梁为领队、乙队以孙家树为领队，于 12 月 11 日开赴湖南、江北前线，各救护伤兵病民数千人，次年春完成使命后东返扶桑。

11 月 26 日，日本法学博士有贺长雄应沈敦和之邀抵达上海，帮助中国红十字会修订《章程》。

11 月 26 日，镇江分会组织救护队、担架队赴宁，设临时医院于马群，“别设支部于孝陵卫，以随军队前进”。金陵光复时，镇江分会救治伤兵数百人。

11 月 27 日，沪军都督陈其美联合红十字会组织赴川救恤会出发，行前陈其美致电黎元洪、黄兴，“希进而勖之”。

12 月 1 日，在吕海寰的主持下，“京会”依靠协和医学堂组织 4 支救护医队（包括教习 12 名、医士 8 名、学生 34 名，共 54 名），举吉义布为总队长，谢恩增为襄理，先后开赴战地。第一队驻京。第二队当日出发孝感，次日第三队前赴信阳，均转赴武汉。第四队预备开赴石家庄救援。

12 月 8 日，中国红十字会南京掩埋队乘火车赴宁，在“凤台关埋三十六具，一枝园等处约埋二百具。在五龙桥、将军署、后宰门等处约百余具，皇城数十具，紫金山顶七十余具。其在南门外者，由同善堂派人埋葬，计在雨花台等处葬二十余具。该队在宁共约葬七百具，均立本会石碑，永留纪念”。

12 月 11 日，有贺长雄离开上海回国。有贺长雄“驻沪旬日，本会应办诸端，多资其力，厚意深情，实可感激”。

12 月 11 日，红十字会中西董事假英按察署特开“研究大会”，到会 40 余人，由董事部长苏玛利演说，缕述上海万国红十字会创建以来红十字事业发展历程，希望“目下战事平息，此会亦宜保存，以备将来救灾之需”。沈敦和报告了各地战事救护进展。

12 月 12 日，参加武汉救护的丹麦医生峨利生，积劳成疾，病故，时年 35 岁，葬于汉口。“红会总、分各医院及事务所均下半旗三日，以志悲悼”。21 日，中国红十字会在上海友宁礼拜堂为峨利生举行追悼大会，向这位国际友人表示沉重的哀悼和深深的敬意。

12 月 25 日，中国赤十字会借上海张园举行大会，到会者除该会男女会员外，还有中外男女来宾数百人。会长张竹君登坛演说该会在汉口、汉阳战地救护情形。

12 月 26 日，日本赤十字社社长松方侯爵致函国际红会联合会会长阿铎尔，介绍中国红会加盟。函称："中国红十字会已开办，设总会于上海地方。该会组织完全，办理合法，愿具保结，请即知照万国承认，以利进行。"

12 月，中国红十字会编辑出版《红十字会战地写真》一书，再现辛亥战时救护场景，刊登照片 50 余幅，书后附有"本会职员一览表及试行章程"。

12 月，山东巡抚孙宝琦批准成立山东省红十字会，会址设于中西医院内，中西医院总办刘崇惠出任会长。

本年，辛亥革命中，内蒙古组建"五大民族女子红十字会"，由汉族祝宗梁、满族华赫爱、蒙古族托欢布、回族马善良、藏族三音伯彦等主持，"本大同之旨，救护受伤军队"。"五大民族女子红十字会"的成立，被誉为"二十世纪女界之特色也"。

本年，中国红十字会在苏、皖、闽、浙、湘、鄂、川、鲁、粤、桂等省和香港建分会 50 余处，竭诚救护。

1912 年

1 月 1 日， 孙中山在南京就任临时大总统，庄严宣告中华民国诞生。统治中国两千多年的封建帝制时代一去不复返，中国历史开始了新纪元。

1 月 1 日， 中国红十字会饬文，接收山东省红十字会为中国红十字会分会，命以“中国红十字会山东分会”之名并“刊刻木质关防之图记呈报”。

1 月 6 日， 赤十字社普济部长陆树藩通过“宁沪火车装载棉衣裤陆千件，棉被一百条，小棉衣裤一千余件及鞋帽等，又饼干五千磅，面饼九大箱，运交南京事务所散放”，救济难民。

1 月 12 日， 瑞士日内瓦国际红会联合会会长阿铎尔致函中国红十字会万国董事会董事部长沈敦和，告知中国红会已得到国际红会的正式承认，享有与各国红会同等待遇。函称：“俱征贵大臣善与人同，友谊克敦，遵即分电寰球入会各国，皆已一律承认，合电奉告。”中国红会由此正式成为红十字“国际联合会”大家庭的一员。

1 月 19 日， 奉临时大总统孙中山之命，粤东红十字会事务长马达臣暨正副医务长余献之、刘量臣等带同男女看护、救伤队、军乐队数十人，抵达上海。22 日搭乘“吉和”轮“前赴南京听遣”，参加战事救护。

1 月 28 日， “中国红十字协会幼幼会”经内务部允准立案，正式成立。4 月 16 日《大公报》刊布《中国红十字协会幼幼会章程》，声明幼幼会“专以救济战地灾区之男女儿童分别资遣留养”为宗旨。

2 月 11 日， 中国赤十字会特在上海医院开追悼会，缅怀 1 月 27 日为救护南京战事染病殉职的朱竹生女士。

2 月 15 日，民国建立，举国同庆，中国红十字会特《致北京临时政府袁及孙大总统、黎副总统》电贺："统一已见明文，南北战祸永息，本会乐赞和平，曷胜额庆！"17 日，袁世凯复电云："共和成立，战祸永息，贵会乐赞和平，今已幸告成功，谨代南北军界同胞叩谢。"18 日，黎元洪电复沈敦和，称："诸公持人道主义，抱和平宗旨，不独中华民国所倚赖，亦天下万国所共仰。现南北战祸永息，为诸公庆，为贵会庆，更为民国庆。"

2 月 17 日，沈敦和致电袁世凯，提出"立案"维持中国红十字会的合法存在之请求，谓："本会军兴以来，联合教会中西医士，设立分会医院六十五处，治愈伤兵万余，收葬鄂、宁遗骸各数千。中外会员三千余人，战地奔驰，业逾百日，险阻备尝，事迹已蒙万国红十字联合会采取宣布，公允联盟。先是甲辰冬业与瑞士日来弗缔约，基础已定。民国成立伊始，红会进行未敢稍懈，自应力任其艰，以期永久，庶侪于万国红会之林。敬乞垂念缔造艰难，加以维持保护，无任叩祷。"

2 月 19 日，袁世凯致电沈敦和，对中国红十字会的"立案"之请表示首肯，称："此次战事，承贵会联合中西会员，医伤收骸，仁省卓著，感佩同深。现在宣布共和，尤应扩充义举，维持保护，责无旁贷，总期与万国红十字会联盟共济，尚祈同志诸君协力进行，无任企祷。"

2 月 20 日，中华民国赤十字会钤记图章启用，中国赤十字会第二团称谓正式取消。中华民国赤十字会会长为祝兰舫，顾敬斋、张子标为副会长。

2 月 21 日，副总统黎元洪致电孙中山，恳请给予中国红十字会"立案"。电文称："鄂省自起义以来，血战数十日，尸骸枕藉，无算伤残，幸赖中国红十字会设立临时医院，救治被伤兵士，并施掩埋。兹查该会已由日本赤十字社社长松方侯爵特派法学博士有贺长雄来沪，商榷改修会章。复承日本介绍，得邀万国红十字联合会公认该会为中华民国正式红十字会。此次民军起义，东西南各省，均设立分会，（共）五十余处，所费不赀，其功甚巨。如此热心慈善事业，似不可不特别表彰，伏恳准予立案，揭诸报章，以资提倡而重观感，是为至要。"

2 月 21 日，祝兰舫、顾敬斋、张子标致函袁世凯，希望能够维持中华民国赤十字会的合法存在。

2 月 22 日，袁世凯复电祝兰舫、顾敬斋、张子标，对维持中华民国赤十字会的合法存在表示赞成，云："贵会组织百余人，奔驰四阅月，扶伤救困，非特南北兵民同声赞美，即环球观听咸表同情。际此改正名称，正式成立，鄙人无任欢贺纫佩之至，嗣后自当维持一切，以副诸君子慈善之怀。”

2 月 23 日，孙中山特电黎元洪，“准予立案”，并对红十字会在辛亥革命中救伤葬亡功德，高度赞扬，电文说：“查民国军兴以来，各战地将士赴义捐躯，伤亡不鲜，均赖红十字会救护、掩埋，善功所及，非特鄂省一役而已，文实德之。兹接电示，以该会前在武汉设立临时病院，救伤掩亡，厥功尤伟。复经日本有贺氏修改会章，已得万国红十字会公认，嘱予立案等因。该会热心毅力，诚不可无表彰之处，应即令由内务部准予立案，以昭奖劝。”

2 月 29 日，《临时政府公报》第 25 号发布了《大总统令内务部准予中华民国红十字会立案文》，“应予立案，以昭奖劝”。

3 月 3 日，四川红十字会图章正式启用。

4 月 12 日，中华民国军政府秦军大都督张凤翙以西安红十字会在西安辛亥之战中，“慈悲为怀，毅力救济，厥功甚伟”，特加表彰。

4 月 21 日，赤十字社苏州苦儿院正式开幕，陆树藩为院长。1938 年春，因抗战爆发，经费无着而停办。

4 月 27 日，中国赤十字会“功成身退”，宣布解散。

5 月 7—17 日，第 9 届红十字国际大会在华盛顿举行，中国红十字会推举驻美公使张荫棠、参赞容揆、留美学生监督黄鼎及中国红十字会顾问福开森等参加。中国红十字会代表团首次“亮相”国际大会，“为全场所极注意”。

5 月，赤十字社成立“江淮难儿救济会”，以救助江淮水灾灾区无依无靠之儿童。

7 月 16 日，中国红十字会万国董事会董事、名誉董事数十人在英国按察使署举行“报告大会”，大会主席苏玛利宣布：“中国战事已息，董事会全体辞退。”中国红十字会万国董事会自此解散。

8 月 15 日，鉴于辛亥武昌之役数百伤兵被截去下肢，沈敦和“特向日本定制象皮腿（假肢）”，请日本医博士田中前往装配。为此，沈敦和当日致电黎元洪副总统，告知田中乘“大福丸”轮将于 19 日到汉口，因其“人地生疏，不谙华语，乞派日语通译到船招待”。

8 月 20 日，黎元洪复电沈敦和，告知“田中安抵武昌，现正装配伤兵，感德”。

8 月，吕海寰上书大总统袁世凯，阐明中国红十字会“统一”的必要性、紧迫性，呈请召开大会“核定永久统一办法”。

8 月，吕海寰的呈文得到官方的支持，“大总统盖印，陆徵祥、赵秉钧署名”的批文下达，“所请秋冬间开会各节，应即照准，并交外交部、内务部立案”。中国红十字会“统一”问题正式提上日程。

9 月 2 日，国务院会议议决“吕海寰呈请，由内务部电咨各省都督，饬查各该省已设立之红十字支会共存若干处，并将会所地址办事员名造册送部转知该会”。

9 月 15 日，中国红十字会高等医学堂开学，1916 年停办。

9 月 19 日，沈敦和、福开森在上海达成《中国红十字会合并条议》12 款，化解了京会、沪会之间的隔膜，为“合并”奠定了基础。

9 月 29 日，中国红十字会第一次会员大会在上海召开。各地分会代表及有关方面人士 1352 人出席，会议主席沈敦和报告会务，施则敬报告历年收支账目。会议推举英国按察使苏玛利、日本总领事有吉明、有贺长雄、李佳白为顾问，施则敬、洪毓麟、朱佩珍、席裕福、唐元湛、汪龙标、陈作霖、狄葆贤、张蕴和、周晋镳、童熙、李厚佑、金世和、蒋辉、何怀德、哈麟、何亮标、谢纶辉、丁榕、施肇曾、郁怀智、叶韶奎、桂运熙、徐镜澜、袁嘉熙、叶德鑫、邵廷松、贝致祥、王勋、林志道、诸礼琦、余之芹、洪肇基、江绍墀共 34 人为常议员。首届会员大会的召开，在中国红十字运动史上具有里程碑意义：通过了《中国红十字会章程》（共 6 章 20 条），这是中国红会史上第一个正式会章，使中国红十字事业的发展步上正轨；完成了董事会制向常议会制的会内运作体制转变；特别是通过《京沪合并章程》，化解了京会、沪会之间的隔膜，实现了“合并”，有利于红会事业的协调发展。

10 月 1 日，为“联络感情，交换知识，研究进行”，中国红十字会在上海红十字会总医院召开会员捐户恳亲会，“中外男女来宾达千人，座为之满”。沈敦和“招待入座，款以茶点，参观医院养病室、割症室、药房、蒸气间、外症室及医学校。成绩优美，交口称赞”。

10 月 6 日，中国红十字会常议员举行第一次会议，常议会正式成立。会议参照东西各国定章，公举中华民国大总统、副总统为中国红十字会名誉总裁，吕海寰为会长、沈敦和为副会长兼常议会议长、江绍墀为理事长。

10 月 9 日，34 位常议员联名公电政府，请以明令宣布正、副会长。

10 月 18 日，袁世凯发布“大总统令”：“派吕海寰充中国红十字会正会长、沈敦和充中国红十字会副会长。”

10 月 28 日，国务总理赵秉钧以中国红十字会统一大会即将召开，发来贺电：“贵会经营缔造，博爱为怀。兹闻本会三十日在沪开会，曷胜庆幸！秉钧忝总国务，不获躬亲盛会，先此电贺！”

10 月 28 日，中国红十字会名誉总裁黎元洪副总统以中国红十字会统一大会即将召开，发来贺电：“本会统一大会，元洪身羁鄂事，不克亲临，已委任鄂都督府顾问官赵俨葳君代表，并赉送祝词到会，想荷鉴及。即日开会盛况，洪不胜萦念！两会长及诸君予以热心毅力，成此伟举，仁声义闻，炤耀千秋，岂惟民国之光，盖实人道之福，江天翘企，谨贡贺忱！”

10 月 30 日，中国红十字会统一大会在上海黄浦滩汇中旅馆五楼大会堂召开。参加会议的代表有中国红十字会名誉总裁黎元洪副总统代表赵俨葳，奉天都督代表司督阁，江苏都督代表许葆英，外交部代表陈懋鼎、王继曾，内务部代表刘道仁，陆军部代表汪行恕，海军部代表谢天保、温秉文，上海交涉使陈贻范，北京总会代表福开森、冯恩崑、萧敏、谢恩增、徐盅，总会总办事处代表沈敦和、江绍墀、张在新、吴宝义、金祖圻、邓济川和厦门、常熟、安东、南昌、烟台、庐州、重庆、济南、保定、天津、芜湖、颍州、滁州、吉林、潮州、江阴、九江、黄县、武昌、成都、西安、南京、奉天、安庆、绍兴等分会代表以及陆军第十六师师长代表、北京幼幼会代表，广东济群、广东中华、广东大汉、粤东、肇庆、广东河南赞育红十字会的代表，加上来宾，“约数百人”。国务总理赵秉钧和中国红十字会名誉总裁黎元洪副总统发来贺电。会议议决：总会设于北京，总办事处设于上海，会长常驻总会，专任对外及对政府交涉事务，副会长及常议会则驻总办事处，总办事处以副会长为领袖，会同理事长，督率各职员办理，凡筹募款项、联络分会、征集会员及其他一切会务，均属总办事处负责。大会还就红十字会筹款方法、女界赞助红十字会并筹款法、红十字会应得医士之协助、禁止滥用红十字会记章旗帜及袖章、初级救伤、分会组织法、编辑红十字会印刷品鼓吹事业之发达等问题，展开讨论。大会同时制订并通过《中国红十字会分会章程》5 章 16 条，统一分会名称为“中国红十字会某处分会”，“分会所用旗帜袖章，均由中国红十字会总会给发”，“分会须遵照总会章程办理”，“在战时应遵守本国海陆军部定章及临时军司令官命令，协助医队救护病者伤者”，“在平时应筹募款项，设立医院，造就医学人才，置办医务材料，并预备赈济水旱偏灾、防护疫疠及其他各项危害之用”。设立分会不再具有随意性，要履行《中国红十字会组织分会申愿书》规定的程序向总会提出申请（申愿），经总会审批后始能开办。中国红十字会向规范化管理迈出了至关重要的一步。大会的成功召开，使中国红会告别了“散漫”，实现了“统一”，确立了“唯一”的地位，在红会史上具有里程碑意义，“实奠中国红十字会万年不拔之基”。

10月，顺直阴雨连绵，山洪暴发，酿成“数十年未有之奇灾”。灾情发生后，沈敦和在《申报》发布劝募顺直赈捐启事，接着专程赴京“商顺直赈务”，并“亲往顺直灾区，调查月余，岁除返沪”，除募集棉衣6万套、粮食数万石运往灾区散放急赈外，“分电各省团体、英荷各属华侨、万国红十字会等处告急募捐。而常议员、赞助团亦分头劝募，不遗余力”。

10月，浙江温州、处州遭洪水狂飙席卷，酿成巨灾，淹毙人口达30余万，引起中国红十字会的严重关切，11月初，沈敦和副会长特举陆军第一军军医司长柏栋臣医士为队长，陈士芬医士为副队长，连同看护、配药20余人，组成救疫医队前往灾区；又掩埋队一队，专埋沙掩水冲及暴露之尸骸；放赈队随带棉衣2000套、白米数百担、洋银数千元，“医赈兼施”。鉴于青田受灾至重，“全邑被淹只余房屋四处”，沈敦和副会长特商请唐锡晋善士组织赈务专家10余人，以“中国红十字会协济青田义赈局”的名义，带旧棉衣万余套，小包面粉2万袋，于11月5日乘“普济”轮赴处州，专办青田赈务。“温处水灾，受赈者二万人，疗治伤病者数千人”。

11月9日，黎元洪副总统致电沈敦和，对统一大会的召开表示祝贺，谓：“会场繁盛，闻之欢忭，元洪谬领戎符，不获躬亲致贺，殊深歉仄。惟来日方长，进行无已，宁望海天，谨驰电贺。”

11月13日，红会常议会公议，每月出画报一册，为劝捐张本。这次会议还决定对赞助本会千元以上者，赠送红十字会金表。

11月，中国红十字会与上海电车公司达成协议，红十字会募捐广告可在流动电车上免费悬挂。

12月1日，沈佩贞、陈振志在北京发起成立“女界看护协会”，以“实行红十字会规程，补助野战病院，冀尽女国民义务”为宗旨。

本年，美国哈佛大学拟设分校于中国，因见中国红十字会总医院“器械并剖解（解剖）室等一切设备适合医学堂制度，请与合办，以成一完备之大医校，由哈佛每年补助银九万元，以作经费”。经常议会许可，沈敦和“遂与订立合同七年。当经哈佛派胡医士为院长驻院管理校务、医务，敦和以副会长节制之”。

1913 年

1 月 23 日，浙江温州、处州水灾救护队返沪，“濒行时，温处绅商团体开会欢送并赠对匾额二十余起”。

3 月，《人道指南》杂志在上海出版发行，月出一册，“分送本、外埠会员、各巨绅宅第、大公司、大商号”。沈敦和在“发刊词”中呼吁“国人共起而力图之”，合力推进中国慈善事业的发展。《人道指南》是中国红十字会最早的机关刊物（目前仅发现两期）。

3 月，中国红十字会总办事处印送《救人一命》一书，“是书纯以露布各灾区惨状并引起同胞的慈善心为原则”。

4 月 6 日起，中国红十字会发行“宝塔捐”，筹集善款。

5 月 1 日，中国红十字会机关刊物《中国红十字会杂志》创刊，“所以为是编者，诚欲发挥人道主义以感动人心”。

5 月 2 日，名誉总裁黎元洪副总统特捐第一号“宝塔捐”1000 元，“以资提倡”。

7 月 1 日，中国红十字会时疫医院开院施诊并于 7 日举行“正式开幕礼”。该院自成立“五年以来，活人逾万”，受到社会各界的交口称赞。

7 月 12 日，江西都督李烈钧在江西湖口宣布赣省独立，组织“讨袁军”，发布讨袁通电，“二次革命”（即“讨袁之役”；1913 年为旧历癸丑年，又称“癸丑之役”；因主战场为江西、南京，所以又称“赣宁之役”）爆发。当日赣军与北洋军即开始战斗。中国红十字会总办事处闻讯后，急电南昌分会，开赴战地施救。南昌、九江、吴城等分会，

“出发医队，救护掩埋，罔不尽力，各职员奔驰战地，异常劳苦”。

7 月 18 日，中国红十字会上海总办事处召开第六次常议会，商讨“二次革命”战事救护事宜，决定：“电泰东、西红十字同盟各国协助”；“本人道主义，不分畛域，一体救护”；“请中外绅商协助捐款”；“增设各省分会及临时医院”等。同时推举王培元为救护队长，组织医疗队、掩埋队，“次第出发，分赴战地”。

7 月 18 日，上海宣布独立。23 日凌晨沪南开战，以江湾、吴淞战事最烈。红会救护医队当即出发，救护受伤兵民，掩埋路遗尸骸。据统计，自上海开战以来，红会开办的 5 个伤兵医院共收治伤员 947 人，重伤不治而死者仅 11 人，掩埋尸骸共 371 具。

7 月 21 日，张竹君女士应徐州分会之请，仍以赤十字会的名义，率临时救护队（由 32 人组成）乘车抵达徐州，参与救护伤兵的行动。

7 月 22 日，南京分会“奉总会电准正式成立”。南京分会的前身为 1904 年成立的金陵分会。

7 月 27 日，中华民国赤十字会在《申报》刊登“紧要广告”，以“本会自南北统一后，未请官费，捐款寥寥，开支不敷，致沪会仅存名称”，祝兰舫会长宣布辞职，在沪会董会员“群情难望继续，祇得将前借江事公所房屋擅先让还，并撤销在会牌号，以免名实不符”。中华民国赤十字会至此终结。

8 月 5 日、7 日、9 日，中国红十字会分别在上海南市龙德桥龙王庙、沪南码头商船会馆、沪西万生桥西首西方庵设 3 所平粜局（局长分别为朱鉴生、唐星垣、邵子奋），以缓解因战祸而引起的“绝粟”恐慌，为沪上穷民及难民排解购粮之难。平粜 50 日，共购大米 5213 担，计价洋 29530 元。

8 月 8 日，中国红十字会总办事处编辑出版《中国红十字会癸丑战地写真》，该书于“战地惨状、红十字救护手续、医院治疗、掩埋情形、民房被毁、两军作战、难民流离、善士救济种种”，均有披露。

8 月 9 日，中国红十字会在上海南市十六铺新舞台旧址开办临时妇孺留养院（27 日举行正式开幕礼），院长为沈敦和、张乐君，总理事为叶庚三，副理事杨菊生，稽查沈鼎臣、江趋丹，发起人顾馨一、袁祝三等，“专收贫苦无依之避难妇孺”。后总办事处借纱业公所开第二留养院，院长为闻兰亭、哈少甫；开第三留养院，院长为蒋星阶，“奉回教宁民”。

8 月 9 日，经与法国领事馆交涉，法租界大马路非法设立的红十字会救护团被取缔，“并将该团门首红十字标帖一纸揭下，函送交涉使转送红十字会查收矣”。

8 月 10 日—9 月 1 日，北洋军张勋、冯国璋部围攻南京，国民党员何海鸣等率军奋力抵抗。中国红十字会派救护队驰赴战地抢救伤兵，另租“大通”轮（租费 4500 两，蒙原中国红十字会会长盛宣怀慷慨从广仁堂善会中划拨）作为红十字救护专用轮船，往返驰救，引难民出险者达 3000 余人。9 月 1 日，南京陷落，北洋军入城后大肆劫掠烧杀，幸存之民嗷嗷待哺。江绍墀、王培元等，备载干粮、衣被、药物、银钱各项，专车赴宁，散放急赈。南京战场救伤由总会总办事处负责实施，瘗亡则由南京分会承担，在会长于少彰（恩绂）的带领下，南京分会会员“随阵掩埋”，共计掩埋尸骸 7750 具，积为 3327 冢，并“就地随时摄影，共立碑一十八座”。

8 月 12 日，黎元洪副总统致电沈敦和，希望严厉查禁滥用红十字标志的现象，“以保名誉而杜弊端”。

8 月 24 日，沪城分会开设沪城分会医院，推举夏应堂任院长，殷受田任监院。当日举行“开幕礼”，发起人夏应堂、殷受田以及中国红十字会沈敦和副会长等数百人出席。自此沪城分会医院成为沪上重要的医护力量。

8 月，直隶永定河决口，沿河各县受灾严重，中国红十字会拨款 1400 元，散放急赈。

9 月 9 日，黎元洪副总统与江西省省长汪瑞闿、民政长赵惟熙联名致电中国红十字会，以“天祸赣民，凶荒叠告”，请求臂助。

9 月 10 日，中国红十字会复电黎元洪副总统及江西省长汪瑞闿、民政长赵惟熙，以江西“兵燹余生，复遭旱灾”，特捐洋 5000 元以资救助。

9 月 21 日，红会特派江苏省议员王宝槐（字叔相）驰往徐州调查灾情，查得利国驿居民 3000 户自经兵燹，“无家不破，饥寒交迫，惨苦万状”。中国红十字会常议员施则敬“特发宏愿，首先筹垫一万元，并由红十字会捐款项下发（拨）洋一万元及棉衣数千套”，请王宝槐核实散放。11 月下旬赈毕，“费款三万，民赖以苏”。

9 月 21 日、22 日，红会开办的第二、第三留养院先后闭院。10 月 1 日，妇孺留养院闭院。3 处留养院共留养男妇婴孺 3300 余人，耗费约 4700 元。红十字会“保全弱质，完人骨肉”，得到了舆论界的广泛称赞。

9 月，“二次革命”虽然失败，但此次癸丑之役，中国红十字会“闻警报早经出发，则部署惟恐不先；赴战地收拾伤残，则救护惟恐不勇；葬骸骼消弭疫疠，则掩埋惟恐不周；设医院以疗损伤，则救治惟恐不力”。至各分会组织医队，从事救护者如南京、天津、镇江、广东、上海、徐州、芜湖、颍州、吴淞、寿州、济南、滁州、临淮关、正阳关，无不竭诚殚虑，成绩昭然。救援行动中，各界善士共捐洋 16. 57 万余元，中国红十字会之取得癸丑战事救援的卓越成就，“皆赖大善士捐输之力，我同胞协赞之功”。

10 月 14—24 日，施则敬出资发起中国红十字会南京征文社，举行征文活动，征文题目为“南京被劫记”“赈抚善后策”“中国红十字会创办十年其成绩以何时最著、近来会事发达一日千里试说明其理由”。1401 人参加征文，评出最优等 10 名、优等 20 名、一等 170 名、中等 600 名，并在 11 月 10 日《申报》公布获奖名单。

10 月 25 日，中国红十字会固始分会经总办事处批准正式成立，“公举张玉缜为理事长”。

11 月 25 日，中国红十字会南京征文社在《申报》发布第二次征文题目，为“止杀篇；天道福善，祸淫古语，作善降祥，试历举数事以证其说；拟白话募捐启”。12 月 10 日截稿，征文 2041 篇。

11 月 29 日，中国红十字会举行第七次常议会，通过置办十周年纪念品分赠各捐户、禁止滥用红十字标志等议案。

12 月 2 日，为救张家口兵灾，中国红十字会组织的医队——“计谢恩增、范福林、杨清秀、李连奎四医士，并救护生仆役人等”，由北京启程，次日抵达张家口，实施救治。

12 月 27 日，中国红十字会南京征文社发布第三次征文题目：（一）人道说；（二）红十字会与宗教之关系；（三）劝人为善文（白话体）。1914 年 1 月 5 日截稿，征文 1887 篇。

1914 年

1 月 1 日，总会总办事处停止资遣因“二次革命”滞留上海的难民。自 1913 年 7 月至年底，总办事处共资遣难民、伤兵、溃勇、散兵 10401 人，“舆论德之”。

1 月，日本鹿儿岛火山喷发，造成重大生命财产损失。中国红十字会捐款 2000 元助赈，“事后承日本赤十字社惠赠银杯以为纪念”。

1、2 月间，以白朗为首的反袁军连克安徽六安、霍邱，河南商城、光山、固始、潢川等地。段祺瑞率大军围剿，豫、皖之交战火蔓延，总会急电固始、颍州、正阳、庐州等分会，请速“遣队出发”，实施救援。同时募集捐款，派员“分投施放，计分福、禄、寿三项，会同官绅择要散放”，救济难民，8 月初结束，“全活数万人”。

2 月，设防疫机关 4 处，以王培元、郁燕生、陈杰初等为主任。同时颁布《防疫保赤机关简章》，使每年春、秋两季施种牛痘成为定制。

3 月 16 日，《申报》报道，为赈济豫、皖兵灾，中国红十字会前会长盛宣怀慷慨解囊，捐银万两。

4 月 27 日，国务总理孙宝琦、陆军总长段祺瑞以“中国红十字会山西分会、晋北救护团会长尚文明，于上年五月蒙匪内犯，我军血战时，特率团员随队募捐施药，尽力治疗。计数月以来，共医活兵士百数十人之多”，上呈大总统，“拟请给予二等奖章，以昭激励”。准如所请。

4 月 30 日，沈敦和致函盛宣怀，感谢他对豫、皖兵灾救护的慷慨支持，同时特制金表两块，作为纪念。

5 月 6 日，沈敦和致函盛宣怀，再次感谢他对豫、皖兵灾救护的慷慨支持，并遵照《中国红十字会章程》，授予他“有功章”及“特别会员”荣誉。

7月11日，中国红十字会时疫医院开幕。

7月19日，《申报》报道，中国红十字会名誉会长、副总统黎元洪以“西北狼氛未靖，人不聊生，兵燹之余，嗷嗷待拯”，特捐大洋400元。

8月9日，沈敦和副会长以总会总办事处名义，在《申报》登出《中国红十字会召集救护队员》广告，决定从辛亥、癸丑救护员中遴选、组建救护队，为胶东救援做准备。

8月11日，《申报》报道，中国红十字会总办事处以第一次世界大战爆发，连日“电瑞士日来弗总会暨各国红十字会，详询战事伤亡救济状况，并声明中国红会志愿协助款项并救伤事宜”；“专电美国本会顾问福开森君，专派一员赴瑞士总会协商中立国救济事宜，并将战事惨状随时电函该会”；“电青岛吕会长，请其在青岛迅行成立红十字会机关”；“由常议会具名，电请政府协助经费，一面向绅商劝募”。

8月21日，沈敦和副会长召集特别常议会，决定“预筹海战救护船、陆战救护队、临时病院，以便青岛如有战事即可出发救济，并预备沿海渔船救护难民”。

9月22日，因日、德青岛之战蹂躏，而大水继之，高密等地，哀鸿遍地，总办事处在沪召开第九次常议会。鉴于“此次鲁省水灾有六、七县之广，生命财产损失甚巨，水势之大较之三年前皖灾尤烈，哀鸿嗷嗷待哺，本会迭经该省将军、巡按使及各分会来电告灾乞赈”，决定“筹募捐款，酌量放赈”。会后总会派员携带款物，分赴灾区散放。赈务持续到次年春，据放赈员报告，被灾村庄244处，其间受灾最重者1547户，次重者8599户，较轻者3237户，“均已一律放讫”，计用款约3.2万余元，“济渡灾民，以数千计”。

9月24日，北京政府公布《中国红十字会条例》共11条。条例规定，中国红十字会依陆军部和海军部的指定，辅助陆、海军战时卫生勤务，由内务部指定，分任赈灾、施诊和其他救护事项；得募款设立医院，培育救护人才，储备救护材料；总会设于北京，各省设立分会，总会设会长、副会长各一人，由大总统派充，分会长由分会推举，经会长认可后方可就任，并由会长报内务、陆军、海军各部备案；红十字会的资产和账簿，得由内务、陆军、海军各部随时派员检查，每年收支及工作情况，应向各部报告。

9月30日，大总统令：命吕海寰会长“督办山东筹振事宜，此令。”

9 月，第一次世界大战爆发后，中国红十字会特向红十字国际联合会捐款8000 元（一说万元），用于战争救护。

9 月—11 月，中国红十字会由上海派出救护队（由 43 人组成，队长为上海南市医院医生陈杰初，副队长为吴丽山、邓笠航，另以金幼香为掩埋队队长、吴凯为担架队教练、金汉声等 3 人为医员）前往胶东，设立临时医院，进行日、德青岛之战战地救护，同时于青岛、平度、即墨等地设分会及临时医院，又于高密一带多设救护机关。济南分会会同救护。

10 月 17 日，北京政府发布嘉奖令，表彰在辛亥、癸丑两次战事中异常“出力”之红十字会救护人员，“给予各洋员六等嘉禾章，华员则给一、二、三等陆军奖章”。

本年，中国红十字会创始者之一施则敬在其家乡吴江震泽发起成立震泽红十字会，“原以赈济四乡贫乏为职志，当时会员约四十余人”。施则敬“因劝办红十字会有功，由陆军部奖给金色奖章”。

1915年

1月28日，沈敦和副会长在《申报》发布《中国红十字会敬谢名誉总裁黎副总统》广告，鸣谢黎元洪副总统为青岛兵灾“慨捐廉俸银一千元，充助赈需”。

1月，为办理青岛兵灾善后事宜，沈敦和副会长“亲携银一万元并棉衣五千件，特往鲁省实地调查，赶放急赈”，并“前赴京津筹商善后方法”。

2月1日，中国红十字会刊印之《青岛战地写真》月份牌，“无论本外埠，一律普送”。会员暨捐款大善士如“索阅，函知住址，立即邮寄，不取分文”。

2月27日，上海突降暴雨，闸北、沪南许多棚户被灾，总办事处派员进行赈济。

3月16日，沪城分会在县桥北会所设立第四防疫机关，开始施种牛痘。

4月4日，为创建北京医院，沈敦和副会长假王府井大街安合群保险公司召开筹备会，“到者极众”。沈敦和报告筹备各种事项，“旋议定开办费及常年经费得二万余元，除已经红十字会拨助三千元外，余均为同人担任募集”。当由梁燕荪、张岱杉、林宗孟诸君认募数千元，意在克期成立，以防灾疠，“闻总统、副总统、徐国务卿、周财政总长亦极赞成”。

5月15—22日，远东运动会在上海举行，是为“上海自古以来未有之奇观”。中国红十字会特组“远东运动会救护医队”，在会场设诊疗所，“举凡担架、病车以及临时应用医药器，无不完备，以防不虞”，保证了运动会的顺利进行。

7月10日，中国红十字会时疫医院开幕。

7月初，浙江淫雨连绵，山洪陡发，猝患水灾，浙江巡按使屈映光及财政厅长先后向红会乞赈。总办事处当即垫银洋5000元，并于23日派蔡天泰、盛钟英等驰赴灾区赶放急赈；同时在《申报》连续刊登《中国红十字会敬募浙江衢属水灾急赈》《中国红十字会沥陈浙江灾况敬募急赈》广告，劝募捐款，源源接济，计前后用款2.4万余元。

7月下旬，上海时疫流行，红会研制的时疫药水“销场甚广”，总办事处又在城内、南市设分销处，以便居民就近往购。

7月27日晚，上海骤起狂风，“风灾之大为数十年所未有”。中国红十字会总办事处迅速组织救护医队，奔赴现场，散放急赈，“伤者为之医疗，并送本会医院留治，死者为之棺殓掩埋以妥魂魄，并清查被毁草房以筹善后方法”。29日发放米票，“以便就近领米充饥”。同时发给灾民赈票，大口每名钱400文，小口减半，被毁草棚每座赈洋4元。8月3日、11日，又相继在南市龙王庙、闸北开办平粜所，购粮平粜。

7月31日，红会总办事处应上海市民请求，在英租界增开时疫医院。

7月以来，广东三江流域洪水为灾，广东分会急派医队救援，并于7月22日致电总会总办事处，“请赶募急赈，协力救济云”。23日始，总办事处连续在《申报》刊出《中国红十字会急募广东水灾赈捐》广告，所募捐款，汇往广东，协济分会的救灾善举。天津分会伸出援手，8月15、16、17日连续三日，通过电影、书画展等形式，筹集善款，“稍尽绵薄，聊赈灾区”。

7月以来，江西大雨如注，洪水横流，“冲毁城垣，平地水深丈余，淹毙人口无算”。秋后，啼饥号寒之声不绝。11月初，江西巡按使戚扬电致中国红十字会总办事处乞赈。总办事处在《申报》刊登《中国红十字会敬募江西万泰吉临等县水灾急赈》的同时，派苏筱斋等前往灾区调查灾情。12月21日，总办事处特解第一批棉衣1000件运赴南昌交省公署转发灾区散放，同时“筹巨款汇到灾区，决定以工代赈，修筑堤圩，俾图永安之策”。

8月21日，《申报》刊登《中国红十字会褫夺会员布告》，以特别会员、前南昌分会理事长曾纪佑假冒红会名义前往修水擅组支会，招摇撞骗，中国红十字会总办事处乃依据会章第3章第7条之规定，褫夺其特别会员资格，“以昭儆戒”。

10月5日，北京政府颁布《〈中国红十字会条例〉施行细则》，对中国红十字会各项事业、会员、议会、职员、资产等，都做了详细规定。

10月15日，宝山县吴淞镇大火为灾，全镇房屋几成灰烬，沈敦和副会长闻讯遣派医队驰往救护，并赶办急赈事宜，“受惠各人咸颂功德无量云”。

1916 年

1 月 9 日，为表彰苏州已故慈善家丁梅庵对红十字事业的赞助支持，经沈敦和副会长“呈请政府特别褒奖”，得到批准，“准给见善勇为匾额颁发到会，并由该会另奖匾额一方，文曰：遗爱在人”，一并派员送丁宅。

1 月 10 日，讨袁军誓师出征，“护国战争”爆发。中国红十字会预料到“滇事起后，邻近各省恐不免兵戈之祸”，乃致电成都、梧州等分会，迅速“召集医队，并分组涪州、泸州、重庆、叙州、荣县、雅州、自流井、南宁等处临时救护机关及固定医院”，做好战地救护的充分准备。

2 月 15 日，总办事处以沈敦和的名义在《申报》《新闻报》刊登《中国红十字会急募兵灾救护经费》广告，号召“海内外仁人君子，笃念伤痍宏施，救拯相与，慨解仁囊”，为红十字会护国战争救护助一臂之力。

3 月 30 日，上海医院院长张竹君，以经费不继，将医院移交公办，“由上海县地方接收”。

3 月，为救护“护国之战”伤兵难民，中国红十字会致电川、湘各省传教士，请以教会医院为红十字会临时医院，并电川、湘、黔、滇、桂各分会，多方救护。

4 月 27 日，中国红十字会创始人、首任会长盛宣怀病逝于上海，享年 73 岁。

4 月，中国红十字会因江阴宣战，苏、常一带谣言亦盛，特分请江阴福音医院华尔德医士、常州福音医院王完白医士、苏州齐门外福音医院魏更生医士和葑门天赐庄博习医院芮真儒医士筹备救护，即以各该医院为红十字会临时机关，应需经费悉由红会承担。

5 月，武昌分会正式成立，理事长为盛春颐。

6 月 13 日，汉口各界假万寿宫召开大会，发起成立汉口分会，选举临时干事 30 人并互选干事长 1 人，“俟组织妥协，再选举会长。汉口有此善团，裨益于地方殊为不少也”。

6 月 27 日，贵阳分会召开成立大会，全庶熙任会长。

7 月 1 日，中国红十字会时疫医院开幕，院长沈敦和、朱葆三、沈鼎臣及理事长赵芹波“招待极为周到”，中外来宾 300 余人出席。

8 月 14 日，鉴于入夏以来，皖北大水为灾，漂没数十县，灾民荡析离居，栖风宿露，嗷嗷不可终日，中国红十字会总办事处决定筹办江皖义赈。当日接安徽省长倪嗣冲来电，略谓：“江皖水灾，既蒙贵会议决筹办义赈，热心宏愿，感慕实深。”

9 月 17 日，中国红十字会总会总办事处与安徽旅沪同乡会合组中国红十字会安徽义赈会，沈敦和、余诚格（字寿平）、李经方（字伯行）任干事部长，共筹皖赈。皖北赈务直到 1917 年夏初始告结束，“灾民获沾实惠者，数逾十万”。其间，美国红十字会捐银 15 万元赈济皖北饥荒。

9 月 23 日，中国红十字会安徽义赈会召开成立后的第一次干事会，干事部长沈敦和提议，先行由义赈筹垫洋两万元，分请各灾区传教士会同该会查赈员分头调查，对被灾尤重之户先为酌放，得到与会干事的赞同。

11 月 28 日，陆军总长段祺瑞呈大总统请颁给天津、重庆分会匾额，“以示奖励”。大总统指令：“呈悉，应准分别颁给。此令。”

12 月 10 日，中国红十字会与汉冶萍公司、招商总局、通商银行、三新公司假天津路红十字会时疫医院为盛宣怀举行追悼会（追思会）。盛宣怀为中国红十字会首任会长，4 月 27 日去世。追悼会上，“先由沈仲礼演说，历叙盛之创办轮电、路矿及捐助各处水旱兵灾、资助学校等事绩，谓盛系大实业家而兼大慈善家。且举其所与有关系者，谓前清日俄之战，东三省客民数百万众，红十字会尚未与万国红十字会缔盟，公贻书赞成，而中国红十字会遂以成立云”。

1917 年

1 月 1 日，吕海寰会长、沈敦和副会长在《申报》发表新年祝词，“中国红十字会谨贺新年并祝慈善界进步”。

2 月 4 日，红十字会安徽义赈会因“蚌埠灾民麇集，受寒冻毙者日有所闻”，赶备棉衣千件运蚌散放。

2 月 22 日，沪城分会开始施种牛痘，不取分文。“当此天花盛行，该分会及时施惠，其有益贫民，岂浅鲜哉！”

4 月 28 日，大总统令：“黄庆澜给予二等嘉禾章，屠友益、金祖壎、郭秉彝、刘安德、丁锥庵均给予五等嘉禾章，余交内务部核办。此令。”因中国红十字会安徽义赈会以沪绅黄庆澜、屠友益、金祖壎、郭秉彝、刘安德、丁锥庵诸君暨永年人寿公司及胡方女士等均捐助巨款，“洵属急公好义，当经专案函请驻京安徽筹赈处转呈中央政府，恳请奖叙”，得到批准，故有此嘉奖令。

5 月 3 日，上海总商会鉴于其筹款兴办的吴淞口防疫医院，经费无着，“势难久支”，乃“呈请中央每年在江海关拨费洋五千元，移交中国红十字会经管”，得到批准。当日，沈敦和副会长会同上海总商会会长朱葆三及该院理事长赵芹波医士、王培元等乘新关河司小轮前往吴淞接收。

5 月 25 日，中国红十字会在《申报》发布《中国红十字会谨募川省兵灾善后赈捐》，为四川灾民请命。

7 月 1 日，张勋以调停“府院之争”为名，率“辫子军”进入北京，拥废帝溥仪复辟帝制，激起民愤。被总统黎元洪罢免的国务总理段祺瑞在天津马厂组织“讨逆军”，兵分两路，于 7 月 12 日兵临北京城下，与“辫子军”展开激战，史称“复辟之役”。鉴于“乱事忽起，伤亡枕藉，军民待救孔殷”，中国红十字会总会总办事处致电北京总会、天津分会、山东及津浦铁路沿线各分会“克日筹备”。天津分会迅速行动，先后组织起两支救护医队，出发战地。北京总会也组织了第一医队，开展战事救护。“虽为日无多，而成绩昭然，京津人士交口翕颂”。

7 月 13 日，黎元洪以中国红十字会天津分会在讨逆战争中“迭次出发，成绩昭著”，赏给“肫然慈力”匾额一方，以示褒奖。

7 月下旬，京、直地区连日大雨，23 日永定河决口，洪水泛滥，被灾之区多达百余县，天津受祸尤惨。中国红十字会急筹巨款，派员会同天津分会，先放急赈于天津杨柳青等处，接着在徐水、文安、东光、沧县及石家庄等处办理急赈。

8 月 15 日，四川邛崃分会“奉到总会颁发旗帜、印信，正式成立”。

8 月 31 日，中国红十字会总办事处以京畿水灾严重，特开职员会，“拟赶紧设法筹捐并多制痢疾、疟病、疥疮药品携往散放”。

9 月 3 日，四川崇庆分会正式成立。

9 月 8—12 日，中国红十字会假上海大世界“特开京直水灾救护灯会”（15 日、16 日续开两日），展出欧战中红十字会救护器械、飞艇、潜艇、武装汽车（装甲车）、救护汽车等新奇照片，还有南丁格尔肖像、盆景、名画、灾民图等等，“灯彩亦均极光怪陆离”，以这种市民喜闻乐见的形式，“藉以披露灾情及世界红会种种救护真相（相片），以兴起沪人士好善观念”。门票收入，全部移作赈款赈济京、直水灾。为方便市民捐款，总办事处还在上海各大宝号“设立木箱，张贴灾民惨状以为募捐之助”，是为中国红十字会设立募捐箱之始，意义重大。

9 月 17 日，中国红十字会总办事处开会，议定京直水灾急赈办法 12 条。自水灾发生后，沈敦和副会长日临总办事处，与理事长、各职员规划一切，募捐放赈，兼营并筹，几逾半载，“诚以京直水灾之重为百七十年来所未尝有也”。

10 月，“护法战争”自湖南开始，川、赣、粤、闽继之。兵燹所经，村镇为墟，惨不忍睹。中国红十字会电请长沙、岳阳、常德、衡州、永州、汉口、重庆、威远、樊城、潜江、富顺、自流井、灌县、析津等分会分别组织救护医队出发战地，设临时医院救护病伤兵民，同时募集捐款，量力接济。

10 月 29 日，沈敦和副会长特委托路透社“拍发全球通电，报告京直灾情”，呼吁国际社会伸出援手。11 月 3 日，总办事处即收到英国代领事转交的曼谷《太晤士报》代募赈款银 400 余两。另外，日本赤十字社捐助 5000 元、美国红十字会捐银 25 万元救助京津水灾。

11 月 11 日，上海公共体育场举办童子军联合运动会，红会特设募捐箱，“请观者解囊，随缘乐助，以救灾民”。

11 月 18—22 日，为救济京直水灾灾民，中国红十字会假座苏州拙政园“特开京直水灾筹赈游览大会”，游览券每张洋 5 角，游览内容包括军乐队、说唱、焰火、灯彩、书法绘画、名菊展以及“天津各国租界水灾发时真象（照片）并本会救灾、留养妇孺活动影戏”。市民及游客“既极游观之乐，实拯饥溺之灾”。

12 月 27 日，灌县分会由新津分会介绍呈准总会颁发印旗图记，正式成立，并假北街江西馆举行成立大会，“颇极一时之盛”。

1918 年

1 月 23 日，沈敦和副会长以沪上天花流行，在《申报》上发布启事，“敬劝种痘”，红会各医院施种牛痘，“不取分文”。

2 月 13 日，广东潮梅各属惨遭地震，“汕头一隅民房商店圮坍十之六七，人民压毙及伤残者不可胜数”。21 日，中国红十字会总会总办事处接潮梅镇守使刘志陆“巧（18 日）电”，沈敦和副会长当即拨垫银 2000 元汇刘镇守使散放急赈，并致电汕头分会“调查详细灾情并设法劝募，冀集有巨款以谋善后”。

2 月，因“天时亢燥，天花盛行”，沪城分会开种牛痘。

3 月 15 日夜，上海邑庙东辕门街发生火灾，中国红十字会南市医院对受伤者数十人进行诊治。

4 月 7 日，沈敦和派员乘招商局“飞鲸”轮前往海参崴，救济一战中被困华侨。

4 月 14 日，中华武术运动大会在上海西门体育场举行，总会派汽车、救护队开展现场救护，使赛事井然有序进行。

5 月 2 日，孙中山在《兴华》杂志公开发表《孙中山赞成美国红十字会华人协会致美总领事函》，对美国红十字会为救护第一次世界大战，来华发起赞助员征求活动，募集款项，制作绷带，救护欧战伤兵之举，表示支持。

5 月 18 日，美国红十字会因在华设分会受阻，乃与沈敦和会商，更名为美国红十字会筹备救护材料处，设于上海。

5 月 20 日，美国红十字会正式开始征求赞助员的活动。

征求时间为5月20日至27日，在上海、北京、广州、南京等地同时进行。征求活动取得巨大成功，共募赞成员人数为中国会员27418人，外国会员1805人，其中仅在上海就征得“名誉会员”31人、“永久会员”160人，共23201人，银89137元。

5月下旬，湖南连降暴雨，湘江漫溢，“匝地洪流”。中国红十字会筹款募捐，组织赈济。7月11日，红会特开常议会，决议除6月已汇银5000元交由长沙分会赶放急赈外（旋追加4000元），再拨银6000元交宝庆分会刘直余就近向武冈采购谷米运宝平粜。随后，接受江趋丹建议，专门成立“湘赈干事部”，举交通部专门学校校长唐蔚芝和沈敦和为干事部长，阮子衡、聂云台、魏旭东为总干事，叶晴峰、张松亭为经济干事，购就四号大包面粉1万件并暑药、银洋、铜元、饼干、挂面百余箱，运往灾区散放。湘赈从6月开始到年底结束，前后用款约6万元。

7月1日，中国红十字会时疫医院“开幕”。

7月30日，中国红十字会在《申报》发布“紧要通告”，以代理事长赵芹波退职，经常议会公举朱煜（字芑臣）为理事长，并举姚虞琴为华文秘书。

8月1日，会计董事朱葆三以年迈事繁，具函辞职，经常议会核议，公举施则敬为会计董事。施则敬当日任事。

8月7日，朱煜正式就任中国红十字会理事长职务。

8月，粤桂联军向福建北军发起进攻，连克龙岩、宁津、延平等地，福州大震。福州分会组织救护医队紧急出动，并频电总会总办事处，凡医队所需药品、敷料等，请总办事处筹措速寄福州以应急需。总办事处立即照办，并组织延平、莆田等处分会开赴战地。

9月11日，《申报》刊登美国国务卿来电，内述总统威尔逊“庆贺美人红十字分会在中国组织告成办理有效之意，并嘱向赞助此举之美人华人及其它协约国人转达美总统感谢之忱云”。

10月6日，红十字会总医院与哈佛7年合同期满，沈敦和请美国安息会主持经理，并于其下附设“区泽民纪念上海养身疗病院”。两院本日在上海徐家汇路263号联合开幕。

10月19日，中国红十字会总办事处就组织医队参与国际救援事宜召开常议会，“经众公决，即日请江趋丹往京与正会长吕海寰、顾问员福开森商定出发手续，并请朱仲宾亲至满洲里督率云”。

10 月 28 日，湘潭火灾，总办事处从湘赈款下支款资助湘潭分会的难民救助工作。

10 月，浙江宁、绍等地鼠疫流行，24 日总会组织救疫医队，以王培元为总干事，分四队赶赴救治：一队去上虞，治愈 2000 余人；一队至余姚，治愈 1987 人；一队到湖州，治愈 1200 人；一队达宁波，治愈 1000 余人。安徽风台、蒙城、桐城、祁门、宁国、芜湖、六安、青阳、绩溪、屯溪等地时疫流行，总办事处寄去“济生丸”，委托分会散放，予以救治。

11 月 9 日，湖北樊城分会正式成立，杨承恩为理事长。

11 月 20 日，中国红十字会派出以理事长朱煜为领队的救护医疗队 19 人，赴海参崴参加国际救护工作。沈敦和副会长“复请黑省鲍督军就近组织第二医队，分驻齐齐哈尔、满洲里等处”。

11 月 20—22 日，为庆祝协约国胜利，上海举行游行提灯大会，“深恐是数日内与会及参观者有受病被伤种种危险，除设临时汽车救伤队六起外，并请童子军百人为红十字初级救伤，游行热闹之处，加意巡逻”，统计三日内受伤经医队救护者 50 余人。

1919 年

1 月 4 日，鉴于理事长朱煜辞职，中国红十字会召开第 19 次常议会，公举吴宝义（字敬仲）“赓续理事长之职”。

1 月 13 日，中国红十字会会长吕海寰、副会长沈敦和在《申报》发布《中国红十字会劝募西伯利亚难民寒衣启》，为欧战难民劝募寒衣。

自 1 月起，北京总会经费，由上海总办事处汇寄，月支 300 元。

2 月 13 日，中国红十字会召开常议会，会商救济德奥华侨办法，推举中国银行经理宋汉章、浙江兴业银行经理盛竹书为临时常议员兼任会计董事。

2 月，中国红十字会筹垫 2 万元，用于接济德奥华侨回国。

4 月 29 日，大总统令：“派蔡廷干为中国红十字会副会长。此令。”

4 月 29 日，大总统令：“令内务总长钱能训、陆军总长靳云鹏、海军总长刘冠雄：呈查复上海红十字会办理情形酌拟整顿方法由，呈悉。沈敦和著开去副会长职务，已有令以蔡廷干派充矣，余如所拟办理。此令。”

4 月，在中国红十字会的资助下，德奥华侨 260 人回到国内。

5 月 3 日，中国红十字会召集常议会，接受沈敦和的“辞职”请求。

5 月 5 日，由美国红十字会倡导发起的红十字会协会（红十字会与红新月会国际联合会前身）在法国巴黎召开成立大会，中国红十字会派王培元赴会。中国红十字会正式加入红十字会协会。

7 月 10 日，中国红十字会时疫医院开幕。

7 月 13 日，新任中国红十字会副会长蔡廷干因公暂时不能离京，先行委派之文博亭（税务处股长）、黄友柏（前财政部科长）、邵厚夫（内务部秘书）等 6 人到沪，办理“接收红十字会事务”。

7 月 28 日，新任中国红十字会副会长蔡廷干抵达上海。

8 月 1 日，蔡廷干履职中国红十字会副会长。

8 月 12 日，常议会开大会，欢迎副会长蔡廷干赴沪就职。蔡廷干发表就职宣言。因理事长吴宝义辞职，改推唐元湛为理事长，唐于本日就职。常议会决定，增补常议员，组织委员会，设财政、赈灾、卫生、交际 4 股，还决定在军界、政界、华侨、社会各界征集扩充会员。

8 月，湖北水灾，中国红十字会分电湖北各分会“调查灾况，以凭散放急赈”，并商请南洋烟草公司先行筹垫洋万元汇鄂，“以应急赈”。

9 月 14 日，为救济湖北水灾，刚卸任副会长职务的沈敦和发起成立“湖北义赈会”，沈敦和担任会长，朱葆三和湖北驻沪募赈专员劳敬修为副会长，募款赈济，此举得到前总统黎元洪的盛赞：“诸公历赈偏灾，活人无算，兹为敝省设会筹赈，义浆仁粟，悉仗鸿施，谨代江汉灾民称谢。”

10 月 3 日，《申报》刊登启事，中国红十字会总会由喜鹊胡同迁移至东城金鱼胡同 9 号。

12 月，吴淞防疫医院颁布《上海吴淞两口防护染疫章程》，对时疫救治工作进行了具体规定。

本年，为救济西伯利亚俄国难民，红会募款 7700 元、棉衣 1500 套托美国红十字会驻沪办事处携往施赈。

本年起，中国红十字会开始积极投入资金购买公债、股票等有价证券，以便慈善资金增值，用于社会救助事业。

1920 年

3 月 2—9 日，红十字会协会第一次大会在日内瓦召开，王培元代表中国红十字会出席。

3 月 30 日—4 月 7 日，国际红十字第十次联合大会在日内瓦召开，中国红十字会代表劳敬修、王培元与会。

4 月 13 日，陕西省教育厅为表彰红十字会女子职业学校（后改称素梅小学）学监赵素梅女士以往功绩和善行，下文优恤，并令中国红十字会西京分会代为刻“垂型巾帼”匾，悬挂赵女士家门楣，以褒奖其功绩。

5 月 5 日，红会总办事处举行欢迎会，欢迎王培元欧洲归来。王培元报告出席国际红十字大会及协会情况。

5 月，内务、陆军、海军三部会议，依照《〈中国红十字会条例〉施行规则》第七十五条，“将该项目条例及施行规则修改数端，俾臻尽善”。6 月 3 日公布实施。

5 月，湘军驱张（张敬尧）战争爆发，浏阳分会设妇孺救济会，“城乡共设十所，保全妇孺计三千余名”。

6 月 5 日，四川崇庆分会组织救护队，开赴叙府、泸州一带，救护川滇黔战事伤兵难民，至 8 月 13 日收队，共计治疗受伤军民 328 名，沿途引渡难民 69 人，掩埋军民尸骸 32 具。

6 月 15 日，中国红十字会时疫医院开幕。

6 月 19 日，根据沈敦和呈请，国民政府给予中国红十字会常议会议员宋汉章五等文虎章、驻海参崴医队理事朱礼琦六等文虎章。

7 月 5 日，沈敦和逝世。沈敦和是中国红十字会的缔造者之一，办理会务前后 16 载，功勋卓著，红会史籍赞曰：“论开创则百世不祧之祖，论慈善则万家生佛之宗。”他的逝世，是中国红十字事业的巨大损失，“闻者同深悲悼”。

7 月 14 日，直皖大战在京郊正式展开，涿州、固安、高碑店（西战场）以及津浦线左近的梁庄、北极庙、杨村一带（东战场）顿成逐鹿之场，“京兆分会、天津分会，协力救护”，北京女界红十字会亦积极参与，除组织救护队外，还设立妇孺救济会、妇孺收容所等，成绩突出，受到社会各界的普遍赞誉。

8 月 20 日，中国红十字会医疗救护队 30 余人，携带物品到达麻盖，与日军交涉后将食品散发给避难华侨，并于 10 月 16 日将 2000 余名华侨悉数送至哈尔滨，交由滨江县及警厅安插，所有购备米面、食盐、租船价值，共计支出国币 5.6 万余元。

9 月 15 日，浙江南浔霍乱流行，“死亡日众”，总会总办事处接南浔自治办事处“请贵会速组临时救疫队莅浔施救”求援电后，当日即派出以北市医院徐兆蓉医士为领队的救护医队附轮前往南浔救治。

9 月 23 日，黄河流域天干地燥，亢旱异常，直、鲁、豫、晋、秦 5 省发生“四十年未有之奇灾”，灾民“统计亦不下三千余万人”，引起包括中国红十字会在内的社会各界的广泛关注。中国红十字会在《申报》发布《中国红十字会劝募七省灾民急赈启》，号召“各界仁人君子，大发宏愿，慷慨解囊”，救济灾民。

10 月 1 日，北京各救灾团体代表举行联席会议，正式成立了“中国北方救灾总会”（10 月 6 日与万国救济会联合组织“北京国际统一救灾总会”），公推梁士诒为会长，中国红十字会汪大燮、蔡廷干为副会长。

10 月 3 日，大总统令：“中国红十字会正会长吕海寰呈请辞职，吕海寰准免本职。此令。”又“派汪大燮充中国红十字会正会长。此令”。

10 月 4 日，汪大燮就任中国红十字会正会长之职。

10 月 7 日，华盛顿电，美国红十字会决议“拨款五十万元，以赈济直省灾民”。

11 月 5 日，中国红十字会延请沪上大舞台、亦舞台、第一台及新舞台艺员在九亩地新舞台“联合演出好戏，所得券资，尽充灾赈”。同时“红十字会特备纪念章，分赠观客”。

12 月 11 日，沪城分会以“现届仲冬，天气严寒，一般贫民，身无棉衣，肃瑟破怜”，特发给棉衣裤若干套，以资御寒。

本年，直皖战争、粤桂战争，川、湘、粤、桂 4 省兵灾，总会拨赈款，委托各分会组织救护；赈济直、鲁、晋、陕、湘、闽、浙等省水旱奇荒，总会共拨赈款合计 84250 元，棉衣 8000 套。

本年，蔡廷干着手会员制改革，增设普通会员、学生会员两类，全年共征集会员 6000 余人。至年末，红会共有会员 2.6 万余人。

1921 年

1 月 3 日，《申报》报道："湖南战事又起，中国红十字会总办事处拟编救护队出发，已着手预备矣。"

2 月，江苏常州分会正式成立。

3 月 3 日，中国红十字会会长汪大燮、副会长蔡廷干在京举行宴会，欢迎国际红会代表凡尔纳。

3、4 月间，靖川军刘成勋部进攻四川，战火在新都等地腾起，成都分会组织救护队、掩埋队，并设临时妇孺救济所，竭力救助。

4 月 7 日，中国红十字会以华北五省旱灾，饿殍载于道途，疫症为害颇烈，拟在大名、正定组织临时医院各一处，"以治灾民疾病而防疫症蔓延"，为此咨请直隶省政府"希即转饬各该处地方官妥为接洽保护"。

6 月 1 日，上海中国红十字会时疫医院开幕，"院中布置甚为整齐，病室间床铺等皆颇清洁"。

6 月 1 日，江苏兴化分会成立，会所在兴化东门外济急局。

6 月 2 日，江苏督军齐燮元、省长王瑚发布训令，给予建阳分会召开成立大会以保护。

6 月 5 日，由总会陈请，总统徐世昌为南京分会颁"乐善好施"匾一块，以表彰该分会救死扶伤、扶危济困的光辉业绩。

6 月 22 日，中国红十字会衡山分会会长陈毓峰逝世，总会总办事处同人致唁，赠以"德高南岳"四字。

6 月，第二次粤桂战争爆发，13 日，桂军沈鸿英部进攻广州，粤军陈炯明指挥反击，连战皆胜，8月5日进入南宁，陆荣廷逃亡，战争结束。战争期间，桂林等处分会奔赴战地，救护伤兵，掩埋弃尸。总会总办事处筹资洋500元汇桂林分会，给予支持。

夏秋之交，豫、苏、皖、浙、陕、鲁、鄂、冀8省大水，江、浙、皖被灾最重，“沿江沿海百余县尽成泽国，遍地哀鸿”。中国红十字会量力接济。7月20日，安徽风台分会电告水灾，总办事处汇洋500元、空白章照20份，由分会征收会费截流散放急赈；7月25日，汇安徽正阳分会洋500元；8月19日，汇安徽寿县现洋500元，并于10月间派出由黄禹九医生率领的医队前往寿县疗治疫病；8月19日，汇安徽太和分会洋500元，“令择赤贫者散放之”；8月间，寄安徽泗县空白章照40份，由分会劝募会费；寄江苏建阳分会空白章照50份，现洋500元；8月19日，筹洋500元汇湖北樊城分会；8月30日，筹洋500元助赈浙江宁波水灾；10月12日，寄江苏阜宁分会空白章照30份；11月，续拨江苏常州水灾药品，12月筹拨洋500元、棉衣200件助赈；12月2日，汇江苏盐城分会洋500元。

夏秋之交，湖南大旱，“全省饥民近二百万”，饿殍载道，惨不忍睹。6月30日，中国红十字会特拨永顺、宝庆分会款各2000元，以赈济灾黎；8月30日，总办事处在接到耒阳、平江乞赈电后，立即各拨500元助赈。

8月4日，因湘鄂战起，汉口分会特派代表李养和、徐忠海偕医士10名、队员20名，督率夫役80名，携带药品、材料、器具等件，由武岳铁路开赴蒲圻、赵李桥等处实行救护。

8月16日，安徽当涂分会正式成立。

10月3日，王培元代表中国红十字会赴瑞士参加红十字万国联合会。

10月15日，中国红十字会总会总办事处鉴于皖北大水之后，疫疾流行，派出以黄禹九医生为领队的救疫医队赴寿州，“急施疗救，两月以后，始告肃清”。

10月23日，广东番禺分会会同南海、顺德二分会，决定共同组织联合救护队，推定番禺分会副会长霍芝廷为办事处主任，林伯翘为救护队总监，“一俟前方战事发生，即行出发”。

10月31日，湖北鄂城分会成立，高华为会长。

10月，《中国红十字会月刊》创刊，至1924年停刊，共出版31期。

11月9日，中国红十字会理事长唐元湛（露园）病逝。红会常议会特开紧急会议，推举上海银行行长庄箓（得之）继任理事长。

11 月 11 日，为唐元湛举行葬礼，“中外人士送葬者数以千计”。赞曰：“服务社会，尽瘁殒身，万家生佛，一代完人。”

11 月 12 日，上海闸北邢家木桥一带大火为灾，3 万余众荡析离居。17 日，红会散放银圆、棉衣救赈；21 日，在《申报》刊登《中国红十字会劝募闸北火灾急赈启》，呼吁上海市民伸出援助之手。

12 月 12 日，上海闸北突发火灾，总会庄箓理事长派员火速前往急赈。

12 月，红十字会将徐家汇总医院收回自办。牛惠霖任主任，负责院务。

本年，宋庆龄组织番禺红十字会 10 余人组成救护队，随孙中山进行战事救护，并遵章加入中国红十字会，亲自担任南海、番禺、顺德分会联合会总裁。孙中山为番禺红十字分会题写“博爱”二字。

1922 年

1 月 30 日，总会总办事处接到安徽寿县知事程鉴谢函，对黄禹九到寿施医，“救活民人甚众”，深表谢意。

3 月 20 日，上海虹口分水庙住户因“午炊不慎”引发火灾，造成 77 户 341 口被灾；22 日，胡家木桥火灾，103 家 477 口被灾。火灾发生后，中国红十字会总会总办事处于 3 月 27 日的《申报》上刊发《中国红十字会为被火灾民募捐启》，为“劫后之遗”的难民筹募赈款，按名放赈，共施现银 2000 余元，“灾民各沾实惠，颇为感激”。

3 月 25 日，常议会在上海总办事处召开第 20 次会议，副会长蔡廷干出席，盛竹书提议本年仍在上海开第二届会员大会，“全体议员一致赞成”。

3 月 30 日，总办事处收到南海、番禺、顺德联合救护队（旋改名广东全省分会联合救护队）总监林伯翘电报，称救护队抵达韶关，将“迳赴湖南，以备临战救伤，乞电湖南赵总司令转饬所部一体保护”。总办事处即致电湘军总司令赵恒惕给予保护。

4 月 23 日，第 21 次常议会议决本年 6 月 25 日为第二届会员大会日期，当即通告全国各分会，各选举代表 2 人，依期赴会，“届时将讨论推广分会整顿会务及一切重要问题”。

4 月，俄国灾荒振济会上海部以赈济俄灾游行大运动蒙中国红十字会热心参与，特赠“纪念状”。

4 月底 5 月初，第一次直奉战争在马厂、固安、长辛店展开，保定分会设救济会 21 处、救护队 2 队，天津分会组织 3 支救护队，实施救护。

春夏之交，受上年旱灾影响，湖北粮食奇缺，物价腾涨，米珠薪桂。中国红十字会总办事处从沙市云锦碾米公司购米4000袋，运宜昌平粜。

5月21日，第22次常议会开会，议决起草《中国红十字会章程之修正案》提交会员大会。

6月25—29日，中国红十字会第二次全国会员大会在上海举行，修订章程，选举48位常议员。

6月30日，美国驻沪商务参赞安诺德假座四川路青年会，代表美国红十字会欢迎中国红会各分会代表，并放映“关于华美两国红会事业之电影，以供观摩”。

6月，开办“上海中国红十字会总医院护士学校”，由中国红十字会理事长庄箓与总医院院长牛惠霖发起，聘请总医院看护长伍哲英为校长，培养护理人员。

6月，辽宁凌源分会成立。

7月6日，新当选的48名常议员举行第一次会议，互选议长、副议长。王一亭当选为正议长，盛竹书为副议长，推举庄箓仍为理事长。

7月8日，常议会举行第二次会议，选举汪大燮为中国红十字会会长、蔡廷干为驻京副会长、杨晟为驻沪副会长，即日呈请大总统加以任命。

7月12日，葡萄牙红十字会澳门分会成立。

夏秋之交，皖北亳县、蒙城、涡阳霍乱流行，中国红十字会派出“防疫团”前往救治，蚌埠分会会长邓愚山（拙斋）协助尤力，“备著勤劳”，皖北地方官绅均具函申谢。为表彰邓拙斋的救疫殊勋，中国红十字会常议会决定授予其“头等纪念章”，以昭激劝。

8月2日，广东沿海飓风突起，风狂潮卷，酿成沉灾（即“八二风灾”），潮汕等地“铺屋倒塌，船艇漂陆，死亡枕藉，哀鸿遍地”。总办事处迅速做出反应，在《申报》刊登《中国红十字会总办事处拯救潮汕风灾乞赈启事》募集捐款的同时，于11日派出医生郁廷襄等9人组成的医队，乘“苏州”轮前往香港，转赴灾区，26日加派第二医队（以施兆堂为领队），携带药品数箱，搭乘太古公司“新宁”轮，驶往汕头增援。赈灾过程中，中国红十字会南海、汕头、澄海、番禺等分会，均积极参与，量力协助。其中澄海分会（即岭东分会），“协助尤力”，先后7次出发医队，救护伤民病民；汕头分会各医队及临时医院共诊治5369人；南海分会医队救疗5268人，救灾善后处赠送匾额三方，曰“活我灾黎”“术可回天”“慈航普济”。

8 月 17 日，大总统令：“派汪大燮为中国红十字会会长，蔡廷干、杨晟为副会长。此令。”

8 月 21 日，总会总办事处收到安徽蒙城县教育会会长王效文函，对蚌埠分会的援助表示感谢。

9 月 1 日，总字会总办事处通告：“兹奉大总统令派杨晟为副会长，特驻上海总办事处执行会务，自应刊刻系示郑重而昭信守。文曰：中国红十字会总办事处关防，于本年九月一日敬谨启用。”

9 月 20 日，鉴于浙江温州所属缙云、丽水水灾，又兼“疠疫丛生，死亡相继”，总办事处派出以潘佩声为首的救护队，乘“飞鲸”轮赶赴温州，医赈灾民。

10 月 17 日，中国红十字会总办事处发出通告，以上海为通商巨埠，车马如梭，难免发生交通事故，特组织马路“救急队”，以便及时救治。

10 月 30 日，大总统令：“令中国红十字会总会：呈暹罗开东方红十字会会议拟请派杨晟、罗昌等前往参与会议由。呈悉，均准派充。此令。”

11 月 5 日，中国红十字会总办事处开会，欢送杨晟副会长、王培元医士前赴暹罗（泰国）出席红十字国际大会。

11 月 28 日—12 月 11 日，红十字国际大会在泰国曼谷召开，杨晟副会长、王培元医士出席。

12 月 18 日，上海新闸路 21 号新建中国红十字会北市医院开诊，结束了北市医院租屋开办医院的历史，“沪地人民无不称便”。

本年，广东全省分会合组联合救护队对四川兵灾的救护，赤水分会对贵州兵灾的救护，信阳、开封、固始分会对河南兵灾的救护，南昌、赣州、吉安、赣县分会对江西兵灾的救护，寿州分会对安徽兵灾的救护，福州分会对福建兵灾的救护，桂林分会对广西兵灾的救护，长春分会对吉林兵灾的救护等，均不遗余力。各地分会还组织赈济广东、浙江、湖北部分地区水、风灾民。

本年，中国红会以欧战之余，土耳其灾民待救，“酌赠二千佛郎，交彼国红十字会（红新月会）助赈，稍尽恤邻之谊”。

本年，中国红十字会加入国际儿童救济协会，成为该协会的会员国，办理失养及残废儿童救济、开办难童留养院、战争及灾难儿童救济等工作。

1923 年

1 月 6 日，中国红十字会总办事处举行欢迎会，欢迎出席泰国红十字国际大会代表杨晟副会长、王培元医士一行归来，杨晟副会长报告出席国际大会简况。

1 月，中国红十字会救济于 1922 年年底由海参崴驶抵吴淞的俄舰 15 艘所载白俄难民，共集捐款 2 万元，购备粮食、饼干、萝卜干等，交俄舰队司令接收。

2 月 19 日夜，四川乐山县城内校场附近大火为灾，800 余家遭殃。乐山分会筹款 2300 余串，赈济极贫及次贫 500 余户。四川灌县小南街失火，灌县分会“急赈火灾”。

3 月 25 日，上海举行取消“二十一条”马路大游行。红会于集合地点和游行所经之处设立救护医队，出动救护汽车，参与救护。当日“天气颇暖，时有昏闷之人，队员施救甚忙”。

4 月 14 日，中华全国武术运动大会在上海西门公共体育场举行。中国红十字会派出“汽车救护队、自行车救护队到场参列”，保证运动会顺利进行。

5 月 6 日，津浦铁路北上客车在山东临城被孙美瑶、孙美珠匪伙劫持，酿成震惊中外的“临城劫车案”。总会总医院牛惠霖院长率医队由上海赶往救护。中外旅客仅死 3 人，其余均于 6 月 24 日脱险。

5 月 9 日，上海举行国耻纪念游行大会，红十字会医士张丹卿等到会救护，救治晕厥数人。

7 月 1 日，中国红十字会时疫医院开诊，并邀请中外来宾参观。

8 月，湖北潜江县内江堤溃决，潜江分会全力赈救，并致电总会总办事处“乞赈”，总办事处表示给予支持。

9月1日，日本关东地区发生8.2级强烈地震，东京、横滨、横须贺均遭灭顶之灾，14.3万人死亡，20万人受伤，50万人无家可归。“救灾恤邻，本为天职，何况侨胞学子，殃受池鱼?”中国红十字会组织医护队共26人，由理事长庄箓、医务长牛惠霖率领，携带药品、器械等，8日乘“亚细亚皇后”轮，扬帆东渡，赶赴日本参加救护，并与神户中华会馆合作资助华侨回国。此次救援（10月11日结束回国），共用款1.7万余元，各分会多有捐助。

9月6日，总办事处派开封分会出发河南汜水县赈济水灾。19日接开封分会来电，云汜水赈灾完毕，计救济3000余人，施款5000元。此外，奉天安东县淫雨为灾，安东分会会同商会设立水灾临时救济会，派员乘船赴后沟、江岸、北坎子等处救护灾民，设救济所收容灾民2400余名。

10月20日，为答谢中国人民给予日本关东震灾的援助，日本派出以臼井哲夫、铃木富久弥、砂田重政、半泽玉城等组成的“超政府超党派之纯粹代表日本国民”的“国民表谢团”，起程来华答谢。“表谢团”首先抵达大连，而后奉天、天津、北京、洛阳、汉口、南京、杭州，11月21日到达上海，特别拜会中国红十字会总办事处，称谢不置。

12月4日，上海闸北广肇山庄西首安康里空地草屋发生大火。总办事处闻讯立即前往救济，除对受灾民众进行经济补助外，还对残障人士给予安置，此次大火总办事处共救助208人。

12月21日，红会总办事处得悉苏州阊门外横马路火灾，被灾者有百余家之多，“均属贫民，甚为凄惨”。庄箓理事长特派职员沈金涛赴苏调查，拨棉衣400件救助。

12月，红会分会增至241处，共有会员4万余人。

本年，四川久战不息，成都、隆昌、万县、简阳、罗江、崇庆、威远、乐山、梁山、大竹、渠县、新都、华阳等分会，于川战救护，勤劳不怠。而广东番禺、高要、顺德、南海等分会于滇桂之战，贵阳分会于黔战，广西桂林、梧州等分会于粤桂之战，江西黎川分会、福建厦门分会于闽战，湖南常德、醴陵等分会于湘战等，也都积极投入救援。总会总办事处筹款募捐给予资助。

1924 年

1 月 18 日，中国红十字会总会总办事处特派职员多人，会同警察 6 人，前往闸北邢家宅勘灾。因此前该处大火，数百户人家遭焚，“啼饥号寒，极为惨苦”。有鉴于此，按户计口，发给领米票证，灾户凭票即可“分往各店领米，计每人约得米五升，发出米票有五百数十张之多，灾户得此，莫不喜形于色”。

1 月 25 日，江苏金陵道尹朱文劭发布布告，以下关商埠分会已核准成立，“合行布告诸色人等一体知悉，该分会系慈善机关，毋得有骚扰不法情事”。

2 月 19 日，浙江龙泉县分会经总会核准成立。

3 月 7 日，江苏涟水发现时疫喉痧、鼠疫等，涟水分会特组织临时医疗队，进行诊治。

3 月 10 日午夜，闸北川公路祥经织绸厂“失慎”发生重大火灾，救火不及，百余女工葬身火海，数十人焦头烂额，300 余人幸免于难，“如此浩劫，实所罕闻”。事发后，总办事处于 3 月 12 日特派职员鲍康宁、夏风池，“带同夫役，前往详细调查”，将寄寓宜乐里幸存者年龄、籍贯一一登录在册。13 日，携带棉衣 170 套，现洋数百元前往施赈，并按照水陆路程，分别给以船票、车票，资遣回籍。

3 月 23 日，常议会开会，以正、副会长任期满，照章投票选举，颜惠庆当选为会长，蔡廷干当选为驻京副会长，杨晟当选为驻沪副会长，电请政府任命。

4 月 29 日，大总统令：“派颜惠庆为中国红十字会会长，蔡廷干、杨晟为副会长。此令。”

5 月 22 日，重庆分会以涪陵县“不戒于火，延烧数千家”，募集捐款数千元，是日派职员周芳圃、刘承泽、王孝达乘“蜀亨”轮，前往赈济。

6月22日，中国红十字会时疫医院开幕，“悬旗札彩，粉刷一新”，各界人士百余人出席开幕仪式。

6月30日，中国红十字会创始人之一的施则敬在上海病逝，享年69岁。红会史籍称，施则敬服务中国红十字会20年中，“建议最多，赞助最力”。

6月，国务总理兼任外交委员会委员长孙宝琦为《中国红十字会二十周纪念册》作序，盛赞中国红十字会“举儒家同仁之量、墨家兼爱之怡、佛家普度之心三者之善备于一宗”。

7月，鉴于入夏以来，湖南淫雨不止，湘、资、沅三江及洞庭湖水暴涨，酿成自1906年以来“最大”之水灾，总会“特电湘省红十字会派员前往灾区，详查电复”，并“筹得赈款，由银行汇寄湘省，赶赴宁乡散放”。在此过程中，宁乡、宝庆、衡山等地分会给予积极配合。

9月1日，嘉定分会成立，项如松为会长（戴思恭代理）、朱吟江为副会长、顾吉生为理事长，分会设立了收容所和临时医院。

9月1日，宝山大场分会成立。

9月2日，娄塘分会成立，举印沾伯为会长，王侍庭、陈仲衡为副会长。

9月3日，“齐卢之战”（又称江浙战争）爆发。总会总办事处及战区各分会出入于枪林弹雨之中，救治伤兵，救助难民。救护工作于11月初方告结束。两个月中，中国红十字会总会总办事处先后在沪设立医院12处，向昆山、常州、浏河等处派出6支救护队，参与战地救护的医生、男女看护等400余人，规模空前。

9月3日，青浦分会成立，徐熙春任会长，有会员310人。

9月3日，昆山分会成立，设立妇孺收容所，“专收容被难贫寒之妇孺”。

9月4日，总会总办事处发布《中国红十字会救济妇孺收容所简章》（13条），规定中国红十字会，不论总会、分会，为地方发生战事及灾害时救济妇孺，得设立收容所。

9月8日，宝山代表陈石和到中国红十字会总办事处要求设立分会，“按照章程缴费立案，领取旗章，正式成立分会”，袁叔畲任会长。同日，嘉善代表徐士寿、吴兴南浔代表吴颂芳、溧阳代表蒋国贤来沪，领取旗章，正式成立分会。

9 月 10 日，教会同仁正式成立美国红十字会（中国红十字会难民救济会），救护江浙战争难民脱险，救护范围西至昆山，东至真茹、南翔，北至太仓之浏河，南至青浦之重固，计救出 4000 人左右。

9 月 11 日，丹徒高资镇红十字分会筹备处代表焦尔昌、李方成等到总办事处要求备案成立分会，“当由该总办事处准予正式成立分会”。

9 月 11 日，洞庭东山旅沪各同乡公推周介繁、施晓文前往总会总办事处，接洽组织洞庭东山红十字分会手续，“当经总会承认”后，即集合热心同乡士绅严秋庚、席侍丰等 30 余人，集议组织办法。当经推定施晓文为正会长，周介繁为副会长。

9 月 12 日，到总会总办事处履行成立分会手续者有平湖代表许兆麟、嘉善西塘代表李熙谋、吴兴马青镇代表卢学浔，“均由总办事处备案，并发给凭证，准予成立云”。

9 月 14 日，《申报》报道，吴县分会，“恐事急时，妇孺无法躲避，特商借学校教室及公共场所，分组临时收容所”，共计 87 处，“以便趋避”。

9 月 17 日，来总办事处接洽组织分会者，有衢县、濮院、德清新市三处。

9 月 18 日，温州分会成立，正会长林卓，副会长杨振炘、白文俊。

9 月 19 日，永嘉分会会长吕渭英到总办事处接洽组织分会，得到认可。

9 月 21 日，丽水分会成立。

9 月 22 日，浙江金华县商会致电总办事处，“报告金华地方组织红十字分会，并由该商会证明会员足额”。

9 月 23 日，北京总会公函总办事处，告以山东福山李为章等请设分会，“已照准”。

9 月 24 日，交通部训令：“中国红十字会因公发给电报，前经本部核准，一律改收半价。”

9 月 24 日，松江泗泾镇派员到总会总办事处，商定成立分会，公举李文来、徐淮清为正、副会长，汪启愚为理事长，程访湖、秦雨生为正、副议长，“组织救护队，往就近各战线，救护伤兵及难民”。

9 月 24 日，安徽宣城派员到总会总办事处，磋商组织分会。

9 月 26 日，中国红十字会常熟分会重建，张鸿任会长，张玉、宗舜年为副会长，张建铭为理事长。常熟分会于北门大街设立伤兵医院，收治伤兵；

设难民收容所10余处，收容难民；派出医疗队，实施战地救护。

9月27日，苏州周庄分会筹备处代表高云光到总办事处磋商组织分会，“一俟手续完备，即可正式成立”。

9月，南翔分会成立，朱庚石为会长。

9月，齐卢交战之际，吴县知名人士张仲仁、宋铭勋等，在公园图书馆内发起成立“中国红十字会吴县分会”，办理兵恤、救护、防疫、救灾事务。

10月1日，徐亚伯前往总会总办事处，商定成立闵行分会。10月2日举行成立大会，“举定乔念椿为正会长，徐亚伯为副会长，马柳江为理事长，潘村山为理事，顾鹭云、吴履平为正副议事长。并经议定组织救护、掩埋各队及疗养、收容等所，分别进行”。

10月1日，通信组织分会者，有四川忠州红十字分会。

10月5日，南汇鲁家汇镇分会成立，徐光禄为会长，王保康为副会长，李宝然为理事长。

10月8日，莘庄分会“借孙氏粟阁为会所，开成立大会”，公推金石声、荣善钧为正、副会长，孙翰青为理事长。同日，江西广丰县分会成立。

10月9日，松江县胡家镇分会成立。

10月10日，奉贤胡家桥分会正式成立，正会长徐伯勋，副会长唐护行，理事长何志梅。

10月13日，浦东三林塘分会“报告成立，以备救护云”。

10月17日，吴淞发生火灾，吴淞分会火速赶往收容难民数百人。总办事处派员乘内河、招商、河安小轮出发吴淞，将难民运沪留养。

11月27日，中国红十字会总办事处，以此次江浙战事，派员救护，为期月余，办事人员皆甚辛劳，特定制纪念饭碗一种，上刊“江浙战争救护纪念”八字，并绘营垒及红会救护伤兵图，题曰“博爱恤兵”，当日分赠出力人员及有关系各法团，以留纪念云。

12月13日，江苏省长特向诞生于江浙战争中的吴江盛泽分会赠匾额一方，题“见义勇为”四字，以表彰该分会救死扶伤之功。

截至本年底，中国红十字会全国分会总计286处，会员4万人。

1925年

1月1日，中国红十字会第五疗养所在松江成立，“三日内陆续送所灾民达三千余众，其未收容者，尚不知凡几”。

1月4日，七宝红十字会事务所成立，公举骆友仁为主任、李锡堂为理事。

1月7日，黄渡分会成立，金文翰为会长。

1月9日，第二次江浙战争爆发。中国红十字会总会总办事处会同沪城等分会投入救援。苏州附近战火燃起，总办事处于13日派沈金涛率救护队乘“大利”轮前往施救，至27日8次往返苏州、上海间，救出难民数千人。

1月28日，许昌分会前往禹县救护兵灾，至2月8日结束，“计掩埋人民尸体一千五百三十八具，兵士尸体一百六十余具，乡民领回七百余具。人民受伤者九百余名，兵士受伤者二百余名，医治者五百余名”。

1月30日，中国红十字会吴江分会城区办事处宣告成立，“并曾拯救过路难民，施送时疫药水等”。

1月，金山分会成立，陈贻芬被推为会长。

1月，嘉定分会横泾办事处，由时任交通银行、中国通商银行、中国实业银行等多家银行总经理的嘉定望仙桥人曹汝霖捐资设立。

1月，江阴旅沪同乡会“因鉴于江阴发生战事，特组织青旸红十字分会，分派救护队前往援救难民出险”。

2月1日，中国红十字会常州分会会长伍玑（字琢初）致信盛宣怀夫人庄德华，告知常州地方兵灾严重，常州分会不遗余力进行救助，只是经费困难，恳请庄夫人解囊相助。2月17日，庄夫人回信，捐助3000元，并在上海开办一个收容所，尽绵薄之力。

2月27日，《中国红十字会二十年纪念册》印就，“特分送各省机关法团，以留鸿爪”。

4月，上海闸北孔家桥、太阳庙火灾，总会散放赈款600余元。

5月，苏州一带时疫流行，吴县分会组织临时时疫医院2处、分院6处，就诊者达7000余人，留院诊疗者500余人。

春夏之交，号称“天府之国”的四川，由于连续几年干旱少雨，终于衍成骇人听闻的大饥荒。中国红十字会总会总办事处委托夔州分会救护队长蔡云樵前往宜昌采买赈米万石，并于5月2日致电北京税务督办“俯念灾民”，请转饬宜昌关税务司，请予“免税放行”。除此之外，总办事处还为贵州旱灾灾民捐助赈款1000元。

6月11日，中国红十字会总办事处理事长庄箓恐国民大会，天热人多，发生急症，特派职员沈金涛、朱子京暨医生、看护等20余人，分乘救护车两辆，前往救护，“于数小时内共诊得因热发昏等症有四百六十余人之多”。

6月30日，庄箓理事长因上海工商学联合会为五卅被难烈士开追悼会，深恐天热人众，发生疫症，特派救护队员靳纬曾、张芝水、龚定中、王一心等10余人，随救护汽车施救，“是日前后共治约有数百人之谱，回会已近黄昏矣”。

7月4日，中国红十字会时疫医院开幕，该院“布置甚为清洁，中西来宾咸加赞美”。

8月，常熟时疫流行，常熟分会拨法币500元，于庙后宫开办时疫医院，聘请刘见山、邵预凡、胡心如等11位医师治疗疫病患者。

10月，江苏泗阳县众兴镇分会成立，苏康甫为正会长，廖子勤为副会长。

10月，江苏徐州窑湾镇分会成立，臧增庆为正会长，阎承武为副会长。

10月，江苏灌云大伊山分会成立。

10月、11月间，中国红十字会总会总办事处广泛动员分会参与奉浙战争的救护，分会积极响应，据《申报》报道，参与救护的分会有镇江、泗泾、松江、高邮、南京、常州、扬州、昆山、丹阳、宝应、仪征、阜宁、宿迁、泰县、武邑、清江浦、徐州、盐城、惠民、涟水、淮安、明光、滁州、临淮、蚌埠、宿县、泗县、江阴、郾城、永城、渑池、虞城等，有些乡镇，如三河镇、刘庄、板浦、楚旺、众兴、高资、窑湾、大伊山、乌衣等也组建分会，积极配合，成绩显著。

11 月 1 日，经中国红十字会总会总办事处核准，中国红十字会吴江城区分会（前身即中国红十字会吴江分会城区办事处）正式成立，费树蔚（仲深）为会长，钱强斋为副会长，唐昌言（闰身、闰生）为理事长，吴铭刚等为理事，张圣瑜、费石嵌为正、副议事长，李汝航等为议事员。

11 月 9 日，总办事处核准设立河南渑池、虞城两分会。

11 月 15 日，四川灌县东门外大米市坝居民"不慎于火"，引发火灾，延烧 165 户。灌县分会募捐筹款，次日临场散放急赈，"灾民等见十字旗来，咸夹道欢呼，其望赈之殷，不异云霓"。分会按照名册，每户给钱 8 串、米 1 升，共赈钱 1320 串、米 1 石 6 斗 5 升。

11 月 18 日，总办事处核准河南内黄县楚旺镇成立分会。

11 月 19 日，总办事处核准安徽滁州乌衣镇成立分会。

11 月 21 日，总办事处核准河南郾城县漯河寨成立分会。

11 月 22 日，总办事处核准安徽盱眙县明光镇成立分会。

11 月 24 日，总办事处核准奉天绥中县成立分会。

11 月，浙江长安分会成立，会长张步青。

12 月 3 日，上海闸北安康里火灾，230 余户受灾，"被焚之户，多属贫民，家室荡然，情殊可悯"。4 日，中国红十字会总办事处庄箓理事长派职员鲍康宁等前往实地勘灾，"以备放赈"。5 日，红会职员沈金涛等"运棉衣裤数百套及现款会同四区二分所警察施救急赈"。

12 月 4 日，美国红十字会副会长别克奈尔夫妇莅沪，受到中国红十字会总办事处的欢迎。

12 月 30 日，四川灌县东门外大米市坝居民，不慎于火，延烧共计 165 户。灌县分会闻警，立即派员前往调查，散放急赈。

1926年

1月，江苏淮安益林、河南温县分会成立。

1月24日，救济东方俄难民委员会委员长古埃拿到访总会总办事处。

2月15日，辽宁绥中分会正式成立，马书麟为会长。

2月26日，中国红十字会总医院护士女校举行第一次毕业典礼，150余人出席。校长伍哲英女士演说毕，即给予毕业生文凭，毕业者计有王荣美、马欢贞、盛凤英、金乃恩、项克庄、鲍先启、桑美元、梁马利等8人。

3月29日，总办事处接美国红十字会会长潘得翰来函，邀请参加美国红十字会联美大会。

4月1日，上海闸北广肇路、裕通路大火为灾，数千户遭殃，灾民达3700余人之多。中国红十字会总办事处特派职员散放急赈以济燃眉。

5月30日，上海各团体开会纪念五卅死难烈士，中国红十字会"深恐天气炎热，发生疫症，派救护车驰往救护"。

7月1日，中国红十字会时疫医院开幕。

7月9日，国民革命军在广州举行北伐誓师大会，北伐战争正式开始。在两湖战场，8月19日，北伐军攻克湖南平江时，平江分会派队掩埋阵亡兵士尸体53具，设临时医院3所，救治伤兵370余人，收容妇孺千余人；湖北蕲春分会在两军交战时，设妇孺收容所3处，并派出由40名队员组成的救护队赴前线救伤；汉口分会设临时医院2处，收治伤兵千余名，分设妇孺救济所47处，收容难民妇孺5万余人，置备棺材2000具，派员至武昌城垣内外收埋浮尸。北伐战争中，宋庆龄与何香凝一道组织红十字会，“发动慰问伤兵运动和策划战时救济工作，她曾亲自电请苏俄工联全国理事会，并发动各工联团体，救济武汉等地的伤兵，有力地配合和推动了北伐革命战争的胜利进展”。在江西战场，吴城分会组织救护队，赴战地救伤葬亡，同时开办妇孺救济所，留养落难妇孺；南昌分会自 9 月投入战事救护，一个多月中即掩埋尸骸 2000 余具，收容难民、伤兵 4000 余人；九江分会“一面疗治痊伤，一面分运食粮”，救伤恤难，勉力为之；吉安分会在邻县军情告急之时不分畛域，出队救护。在江浙战场，杭州、宁波分会组编医队，参与战地救护；松江分会受总会总办事处委托开办中国红十字会第五疗养所，先后收容伤兵、难民达 3000 余人；莘庄、七宝两镇分会开办收养所，组织救护队，积极投入救援行动；沪城分会于 3 月 15 日派出救护医船，前往青浦，救出难民 240 余名，23 日派掩埋队前往闸北，掩埋尸骸百余具；扬州分会“因时事之需要，设有医院四所，自军兴以来，受伤兵民住院者先后达六百人之谱，每日门诊至少亦在百号以上”。新成立的六合、奉化、南通、砀山、漕河泾等分会，也都开展了力所能及的救援。其他战场，也有红十字分会的人道救助活动开展。

7 月 19 日，鉴于“今年时疫发生极速”，中国红十字会在闸北“假借海昌公所，增设时疫医院”。

7 月 22 日，中国红十字会沪城分会特设临时时疫医院正式开幕。

7 月，苏州疫患深重，吴县分会于旧长洲县署和四摆渡铁房子（原美孚洋行仓库内）设临时时疫医院两处，聘请方嘉谈、陈鲁珍分任院长。上海同济大学宝隆医院也派医护人员来苏襄助，开诊一周，诊治 2000 余人。

8 月，山东大水，又兼黄河漫口，一片汪洋，百余县受灾，其中济宁“灾情最重”，济宁分会全体会员不分昼夜，乘船救出难民数千人，收容妇孺数百人。

9 月 29 日，宋庆龄接受国民党党立红十字会聘任，担任征募部部长职务，筹款募捐，为北伐救护事业提供后援支持。

10 月 23 日，沪城分会奉总办事处令于南区救火会内设立伤兵集合运输处，以便伤兵到沪转送医院。

11 月 1 日，“砀山人士，以迭经军事匪患，救济颇感困难，组织红十字会”，举王立廷为正会长，刘稳元为副会长，黄建立为理事长，唐锦亭为议事长。

11 月，中国红十字会派任伍哲英女士出席在东京召开的国际红十字会远东第二次大会。

12 月 13 日，美国红十字会会长兼万国红十字会会长倍恩氏，美国红会书记罗奇子爵，巴黎红会书记祁尔古氏等一行，自北京到上海，受到总办事处的热情接待。

本年，时疫极其严重，总会上海天津路时疫医院、闸北分医院，共医治 10634 人，比 1925 年的 2856 人多 4 倍，比 1924 年的 1348 人多 8 倍。

1927 年

1 月 23 日，中国红十字会总医院为筹集善款，特邀中华全国体育协进会举办慈善足球赛，比赛双方为上海队和中西混合队，因“多系海上有名球家”，吸引众多球迷往观。

2 月 17 日，奉化分会成立，孙表卿、孙道生、孙益甫等发起，“先拟设立医院一所，以惠疾苦”。

3 月 15 日，为救济松江难民，总会总办事处特租内河招商轮船局“恒吉”轮加挂船只，驶往松江，救出难民 227 人。17 日，“恒吉”轮再赴松江，救出难民 352 人。

3 月 16 日，青浦分会、松江分会、金山分会联合组成“松青金难民收容所”，收容三县难民。

3 月 17 日，闵行分会召开全体会员大会，重新组织成立闵行分会。

3 月 23 日，上海闸北突遭兵燹，总办事处派员乘汽车往返救护，并派出掩埋队，会同沪城分会，掩埋遗尸。

3 月 30 日，红十字会松江分会第五疗养所主任陆规亮及红十字会常议员王一亭发起“松沪丁卯善后救济会”，进行难民的安置救济工作，经过数月的努力，松江难民陆续归家并得到了有效安置，松江救护结束。

4 月 15 日，英国红十字会在上海设立分会，地址在南京路 B 字 33 号。

5 月 27 日，宋庆龄与何香凝等人发起成立的北伐红十字会举行谈话会，汪精卫、徐谦、孙科、顾孟余、吴玉章、彭泽民等国民党中央委员及周恩来等 300 余人参加，会上将北伐红十字会正式定名为“北伐伤兵救护大会”，每团体举一至二人共同组织；聘请专门救护人才，分别担任救护事宜；设立执行委员会执行会务，宋庆龄担任执行委员会委员长。

6月11日，总会总办事处派出由23人组成的救护队乘“南洋丸”轮赴汉口增援（豫战发生后，载往汉口的伤兵骤增至9000余人，汉口分会无力招架，向总会请援，故有此举）。

6月17日，中国红十字会时疫医院开幕。

7月1日，因中国红十字会总医院院长牛惠霖医生辞职，总办事处“特延聘刁信德博士为正院长兼治内科疑难各症，张逢怡博士为常川驻院院长兼外科主任”。

7月23日，常熟县署会议决议，由常熟分会办理时疫医院，并于北伐军到达时举办军人治疗所。

7月27日，中国红十字会总办事处鉴于闸北地方辽阔，居户稠密，值此天气酷热之时易染时疫，特在闸北站沪宁铁道南面海昌公所内，开办“中国红十字会闸北时疫医院”，当日举行开幕典礼。

8月1日，中国红十字会松江时疫医院开幕，院长陆伯鸿，院董周学文，医务主任焦湘宗。

8月，国民革命军总司令部成立“彻查上海红十字会委员会”，对红会进行“彻查”，在13日彻查委二次会议上，总司令部军医处处长陈方之陈述“彻查原因，为红会历年积弊太深，并此次前方（北伐战争）救护工作，不但不予协助，竟敢置若罔闻，殊失创办红会宗旨”。“彻查”后，红会先后派出5支医队前往南京、常州、镇江等地救护沪宁战伤，救护工作有所起色。

10月3日，中国红十字会总办事处邀请上海名医到总医院参观“日见发达的医务和尤臻美善的设备”，“海上名医，群英会聚，颇极一时之盛”。

11月5日，上海发生“空前之大惨剧”——沪北新和、公和等厂女工组织工会，假闸北开封路更新舞台前之品芳楼召开成立大会，到会者约500人，突然三层楼全部坍倾，当场压毙126人之多，200余人受伤。中国红十字会总办事处闻讯，立派沈金涛率领队员、夫役，分乘4辆救护车，疾驶品芳楼急救治疗，“分批用救护车及救火车运至天津路红十字会伤兵医院及新闸路红十字会北市医院”救治，红会医院“本系伤兵已满，当由庄（箓）主任会同王总队长及吕监察，令将伤兵归并，俾让受伤女工安插治疗”，之外，并参与了这一悲惨事件的善后工作，尽职尽责。

本年，山东大水为灾，济南分会派员赈灾，募款数十万元用于赈济；冬季设粥场、栖流所，共收容灾民 10 余万众。

1928 年

4 月 10 日，中国红十字会在《申报》刊登广告，“为江苏盐城陕甘豫晋灾民乞赈”。

4 月 29 日，《申报》转引《大晚报》消息云：“近数日内，有在鲁省前敌受重伤之兵若干名运抵上海医治，至今日止，上海红十字会所管之四医院，共已收容伤兵一百五十名……本星期杪将有伤兵三百余名续运至沪，下星期内尚有一百五十名续抵。红会且以前敌受伤待医之兵甚多，现以外科医士六人，看护妇二十人，组织救护队，驰往鲁省服务。”

6 月 23 日，中国红十字会时疫医院开幕。

8 月 1 日，中国红十字会与国立中央大学医学院签订两年合同，并以红十字会总医院为国立中央大学医学院第一实习医院，聘请中大医学院院长颜福庆为红十字会总医院院长，当日办理交接。

9 月 21 日，常议会举行第 75 次会议，“以迭奉内政部部长薛来函，嘱即改选正副会长，现任正会长颜惠庆、副会长蔡廷干、杨晟，亦以南北统一，各来电辞职。当经议决，即行改选，并选举颜惠庆为正会长、王正廷为驻京副会长、虞和德（虞洽卿）为驻沪副会长”。

10 月 6 日，为救济上海闸北火灾灾民，红会特备“棉夹衣裳大小数百件，装载救护汽车，由职员鲍康宁等，驰往灾地，按民施放，以资御寒之用”。

10 月 29 日，鉴于国民政府定都南京，北京总会改为北平分会，上海总办事处执行总会事务。当日，北平分会正式成立，推举颜惠庆、毕桂芳、江朝宗、汪大燮、何其巩 5 人为名誉会长，胡惟德为会长，刘瑞恒为副会长，杨晟为议长，严智怡为副议长，章元善为理事长，卓定谋、容卓璋、林熙、郑言为理事。

12 月，总会各医院设公共卫生指导科，负责公共卫生事务。

1929 年

1 月 27 日，鉴于理事长庄箓“任职七年，力棉（绵）任重，迭函常议会正副议长王一亭、钱新之力求息肩，以均劳逸”，常议会乃召集“临时紧急会议，佥谓庄君辞意坚决，无术挽留，公举王培元医务长兼代理事长”。

4、5 月间，上海脑膜炎流行，总办事处特在总医院、南北市医院、吴淞防疫医院，置备血清，以灭此疫。南汇县脑膜炎严重，总会王培元理事长，特派西医傅仲明等前往救疗，共医治 456 人。

5 月 10 日，中国红十字会总办事处召开欢迎新任第五届正会长颜惠庆，副会长王正廷、虞洽卿就职大会。颜惠庆的代表史悠明，副会长王正廷、虞洽卿，议事长王一亭，理事长王培元等出席。

5 月 26 日—6 月 1 日，孙中山奉安大典，总会派出理事长兼医务长王培元率领医士、护士等多人随侍。

6 月 15 日，为救济西北、华北旱灾，中国红十字会总办事处召开筹赈委员会成立会，借以“集成巨款”。而要达成目标，“尚须公推声望隆重中外钦敬之人为委员长。众意以李伟侯君为合肥李文忠公冢孙，学问道德，为世所崇，应推为委员长”。委员有林康侯、杜月笙、穆藕初等。

6 月，为赈济 7 省奇旱，中国红十字会开始发行“宝塔捐”，次年 2 月 21 日截止，筹集赈款近 25 万元，保证了中国红十字会“救灾保种”各项救援行动的巨大成功，“为中国赈务作一模范”。

7 月 15 日，中国红十字会筹赈委员会召开第三次委员会，决定西北、华北旱灾救援行动“侧重逃荒妇孺勿令倒毙，收养灾童造就成材，并防甘陕有灭种之祸”。为此制定“移沪就食”之策，在上海开办“中国红十字会灾童留养院”，额定收容 500 名灾童，并举杜月笙为名誉院长。

7 月 20 日，中国红十字会时疫医院开幕。

8 月 6 日，虞洽卿副会长突发辞职电文，宣布从 8 月 1 日起，“所有该会（中国红十字会）开会出席，以及支款署名等事，概不负责”。

8 月 17 日，美国红十字会派到中国调查陕甘豫旱灾振恤团由宁抵沪。中国红十字会议长王一亭、理事长王培元、筹赈处主任江趋丹、常议员张天赐和刘鸿生等前往沪宁车站欢迎。

8 月 20 日，美国红十字会赴华调查陕甘豫旱灾振恤团主任别克纳尔一行，在南京觐见蒋介石。蒋介石“一再慰劳，并祝团员健康，感谢宏济等盛意”。21 日，别克纳尔一行回到上海。

8 月 22 日，别克纳尔一行参观中国红十字会办事厅、常议会、海格路红十字会总医院及看护学校、新闸路红十字会北市医院、十六铺红十字会南市医院、天津路红十字会时疫医院。

10 月 30 日，第一批 123 名灾童乘“新铭”轮抵达上海港，得到红十字会妥善安排。

11 月 9 日，冯玉祥“反蒋”的“豫战”爆发后，蒋介石“佳电”要求红会“与赈灾委员会合作，成立战地赈灾委员会，组织医伤、赈饥、御寒，随军推进”。红会即派张执中等一行 7 人，由上海航海至海州，运送棉衣 1.3 万套及粮食、药品等，于 12 月 19 日抵洛阳，将赈灾物资分拨洛阳红十字分会妇孺收容所及豫西各作战灾区，“灾民御寒有具，欢声雷动”。

11 月 14 日，第二批灾童 123 名乘“新铭”轮抵上海金利源码头，红会理事长王培元与江趋丹、沈金涛、鲍康宁等，带同夫役，分乘汽车至码头，“为灾童起运行李”。

12 月 7 日，第三批灾童乘“奉天”轮抵达上海，“临时留养于静安寺路斜桥一百卅三号”。

本年，常州发生时疫，总会派医疗队诊治，一个月内门诊病人 1000 余人，收住院病人 216 人；“东省受暴俄炮击枪伤被掳之义勇健儿边塞良民、浙江台州、江苏江北、安徽皖中皖北、湘南湘西（灾民），无衣无食，至惨极酷”，中国红十字会量力赈济，“托董兰芳君运绒线袄棉衣一千三百件、赴东省，托台州急赈会运棉衣二千三百件、银洋二千元赴台州，托合肥急赈会汇银洋二千元、棉衣一千件运合肥，托江苏义赈会汇银洋三千元赴江北，托盐城、建阳等红十字分会运棉衣三千五百件及银洋等，托昆明红十字分会集滇币一万数千元救济云南火药灾”等。

1930 年

1 月 9 日，鉴于“今岁天气严寒，首都雪深数尺，闸北南市，见有不少冻死者。筹赈处主任江趋丹悯之，兼备棉衣数千袭，米票一万张”，派出多人，“驰赴南北市一带，择老弱妇女散放”。

2 月 20 日，中国红十字会召开欢迎副会长虞洽卿就职视事大会，王一亭、王晓籁、陈世光及各地分会代表等共数十人参加。

3 月 28 日，中国红十字会在《申报》发布启事，声明“本会应行各事，不论巨细，必先经常议会议决而后施行，否则概难发生效力”。

4 月 20 日，中国红十字会第三届全国会员大会在上海天后宫桥上海商人团体整理委员会（前上海总商会）举行，128 处分会代表与会。会上宣布由常议员林康侯、王晓籁、闻兰亭起草，外交部部长王正廷及内政、卫生二部共同修正的会章。会章全文共分总则、会务、会员、组织、财产、战时及灾患时之特例、分会、保护、奖励及惩罚、附则 10 章 61 条，要点为改会长制为委员制，常议员由 49 人组成，执行委员 11 人、理事长 1 人等。但因暴徒“捣毁”总办事处，致使大会无果而终。

4 月 28 日，中国红十字会第三届会员大会进行改选，“到会代表，占签到全部四分之三以上。是日因国府代表及党部方面，未及派员监视，公决，将票匭当场封存，由检票员王培元、周国埙、董霖、周光九等四人，面交主席团王一亭负责保管，静候国府派员监视启封，以昭慎重”。

5 月 9 日，《申报》刊登《中国红十字会通告》，云：“本会第三届会员代表大会，虽经投票而无结果，业经本会第九十五次常议会讨论补救办法”，即“通函各分会，定于八月十日，开临时代表大会，解决选举及一切问题。”

5月14日，中国红十字会“鉴于日来时局不靖，已组织救护队，预备出发战地，实施工作”，特致电蒋介石、阎锡山、冯玉祥“加以保护”。

5月29日，中国红十字会总会“前因战事（中原大战）紧张，特组救护队与掩埋队，赴前线工作”。

6月5日，南京军医司以铁蓬货车7辆送来重伤官兵150余人，中国红十字会理事长王培元，带同秘书、干事、护士、夫役人等40余名，除用该会救护车辆外，另雇上海搬场公司货车4辆，轮流装运至天津路医院。

7月10日，中国红十字会时疫医院开幕。

8月11日，中国红十字会举行临时大会，国府派代表胡鸿基、上海市政府派代表阎森“监督”。但议长王一亭没有出席，“与章程未免不符”，遂“追认本日之会为谈话会”。

8月19日，因第三届全国会员大会流产，中国红十字会乃在上海宁波会馆二楼召开临时大会加以补救，20余处分会代表及各级会员50余人与会，国民政府、上海市政府分别派代表胡鸿基、阎森“莅会致词”。鉴于“本会旧有章程已不适用，又不完备”，决议成立修改章程委员会，“修正章程”。从8月20日起至9月20日，经过16轮的反复推敲，终将章程修改完毕，9月22日常议会通过后呈报国民政府备案。“修正章程”最大的变动为“章程”名称改为《中华民国红十字会章程》。第一条改为：“本会为国际上慈善法团，由本会会员组织之，定名为中华民国红十字会，简称为中国红十字会。”中国红十字会由此抹上较为浓重的官办色彩。

8月，常熟分会与医师协会联合会创办时疫医院，并募集捐款，购买痧药水6000瓶，施与贫民患者。

10月，红十字会总医院与中央大学医学院续约。

11月20日，中国红十字会迭接辽宁各分会函报水灾，时届隆冬，灾民无衣御寒，特派台安分会会长李振邦，携带棉衣1000件、棉被200条，由海道乘“联星”轮赴辽，“会同各该地分会，核实散放，俾一般灾民，得以渡过严寒”。

11月，中国红十字会前因“中原大战”，曾组织救护队出发救护，战事结束返沪。陆海空军总司令部兵站总监俞飞鹏赠大号银盾一座，兵站卫生处处长刘传连又致赠银盾一座与救护队鲍康宁队长，特派章毓森送沪，并附函慰劳。

本年，中国红十字会拨发江苏义赈会 5000 元、开封妇孺收容所 5600 元、北平灾童收容所 4000 元；经赈务委员会转交陕县救灾委员会 2000 元、灵宝 1000 元；此外因辽西水灾严重，特拨款 2000 元，专办急赈，并派员至辽西散发棉衣 1000 件、棉被 200 条。

1931 年

1 月，中国红会总办事处先后接到江西旅扬同乡赣灾善后协进会、泗阳县、宿迁县、郾城县、滑县、石首县、杞县、禹县等地灾报，希冀红十字会给予赈救。

2 月 15 日，中国红十字会“以东三省各地，时有冒用红会名义，作轨外行动，路途遥远，视察难周，良莠不分，影响甚大，各分会会务，因之亦难进展”，特派名誉交际员李振邦为东北视察员进行指导。当日，特派员乘轮北上。

3 月，陕西大灾之后，继以瘟疫。中国红十字会备就西药数百种，装成木箱，交轮运至浦口，转运陕西灾区。

4 月 6 日，中国红十字会以上海“近数日间寒燠不时，市面发生脑膜炎、感冒、天花时疫等症，为保护民众健康起见”，特分派医生及女护士多人，“以该会救护车载赴华、租两界，插以红十字旗帜，附以传单多份，劝告市民免费种痘，及注射防疫针等务”。

5 月 12 日，《申报》报道：“今日为万国红十字会成立纪念日，中国红十字会以世界同盟各国，均于此日休假志庆，亦放假一日，与各国一律。”

5 月 27 日，《红十字会月刊》复刊第一期出版，涉及红十字会会务、业务的方方面面，“内容极为丰富”。

5 月 28 日，杜氏宗祠落成，中国红十字会“以杜月笙大善士，对于慈善事业，努力兴办”，特制“源远流长”金匾一方，由王培元等数十人送至杜月笙寓所。

6 月 1 日，吴淞防疫医院移交上海海港检疫所接收，脱离红十字会。

6 月—8 月，长江、黄河流域发生百年罕见的大洪水，殃及十余省，灾民逾 5000 万。中国红十字会给予力所能及的救助，筹款 53 万余元，并派防疫医队出发汉口等重灾区从事医疗防疫工作。各地分会募集捐款，协助赈灾。

7 月 5 日，中国红十字会时疫医院，因拆造房屋，特迁至大马路新世界西隔壁开幕。各界要人，前往参观，“对于一切布置，深佩井井有条”。

7 月 15 日，中国红十字会附设之江西急赈会，“除由发起人认捐十余万外”，特派秘书卫锐锋、顾问吴甲三，“前赴灾区，实地调查，以为分配赈款之标准”。

8 月 14 日，中国红十字会为各省水灾乞赈，并公布募捐办法：“（一）凡捐款十元者，推赠普通会员；（二）凡捐款二十五元者，推赠为正会员；（三）捐款二百元，或代募捐款一千元以上者，推赠为特别会员；（四）捐款一千元，及代募捐款五千元以上者，推赠为名誉会员；（五）如曾经入会之会员捐款，或代募者，则增进其会员阶级，或转赠其至亲好友；（六）特别出力者，由本会常议会，酌议嘉奖。”

8 月 21 日，中国红十字会以长江流域大洪水，致电美国红十字会“请予援助”。

9 月 18 日夜，日本关东军炸毁沈阳北郊柳条湖铁道，并以此为借口向中国驻军发动进攻，拉开蓄谋已久的侵华战争的序幕。九一八事变后，中国红十字会准备“组织救护队出发前方工作，当时因山海关交通梗阻，迟迟未发”。

9 月 24 日，中国红十字会为分配赈款事，特开常议会。讨论结果，计江苏、安徽、湖北、湖南各 7500 元，河南 5000 元，江西 3000 元，浙江、广东、四川各 2000 元。“其散放手续，由各该地红十字分会，会同地方各公私机关团体，共同散放，并将灾民领赈手续及清册，汇送总会备案”。

9 月 28 日，北平红十字分会致函日本驻辽宁司令官，以“此次辽宁不幸（即九一八事变），事同一律，本会职责所在，不能不为之拯救。兹经组织救护一队，内计人员二十五名，由北平开赴辽省各地实行救济工作，请烦贵司令饬属一体保护”。

9 月 30 日，中国红十字会北平女界分会致函北平红十字分会，表示量力支持北平分会的救援行动。

10 月 1 日，北平红十字分会所组救护队出发，3 日抵达辽宁后，在皇姑屯设立难民临时流通收容所，但由于日军的阻挠和自身组织不力，救济工作开展不足10天便草草收场。

本年，总会与《时报》馆合组救济队前往镇江、扬中、兴化一带，救济灾民，共发放药品20余箱、面粉4000包、饼干9万余磅。此外，拨助河南灾民棉衣500件，拨助汉口、绥中分会赈款各2000元，拨助江西购买育婴用品费用1000元。冬令救济分拨各分会棉衣万余套。

1932 年

1 月 28 日，沪战爆发后，十九路军奋起抗日，到 3 月 2 日，与敌激战数十次。沪战中，红会组织 30 多支救护队，设临时伤兵医院 40 余所，难民收容所 5 处，共救护伤兵 8600 多人，收容难民 53100 多人。这次救护行动，用款达 28.3 万余元之巨，药品、食物、衣服等不计其数，“全仗临时捐助，尤以海外侨胞，迭捐巨款为最踊跃”。

2 月 1 日，原中国赤十字会会长张竹君女士致函中国红十字会，谓其沪西胶州路星加坡路 42 号健华颐疾园“可住一百数十人，情愿纯尽义务，供给伤兵医药食用”。

2 月 3 日上午，红会第二救护支队在队长薛振翼率领下前往闸北救护伤兵，行至宝山路，“甫近防线，遽遭日兵射击，虽高悬红十字旗，日军竟不之顾，计受伤者，有司机王敦富腿部、队员王志芳左膀、纪文卫头部，危险异常，当即送至海格路医院”。为此，中国红十字会“电告日内瓦世界红十字总会，请转告各友邦主持公道”。

2 月 15 日上午，红会第七救护支队队员刘祁瑞在闸北战区救护伤兵时，“惨无人道之日兵，更瞄准向刘氏连射十余枪”。经抢救无效，刘祁瑞次日去世。

2 月 18 日，中国红十字会为刘祁瑞举行追悼大会，遗体安葬于万国公墓，总队长王培元致悼词，“送葬执绋者八百余人”。

2 月 29 日上午，红会第一救护支队队员郁鸿章赴前线救护伤兵，在邢家桥附近被日军枪杀。

3 月 1 日，红会第十九救护支队队员陆春华、陈祖德、潘家吉出发南翔救伤时，在纪王庙附近“被隐伏竹林内之日军捕去”，惨遭杀害。

3月1日晚，十九路军因后援不继，撤退至嘉定、黄渡一线。中国红会上海战地救护遂于3日宣告结束，而队员“激于义愤，贯彻始终，决心仍赴我军后方工作”。从4日晨起，第七、四、二十救护支队陆续开赴苏州等地，设立伤兵医院，施行救护。6日成立“前方办事处”，以张箴言为主任，沈金涛为副主任，俞松筠为医务股股长，罗希三为运输股长，周濂泽为交涉股长，俞卓如为总务股长。8日，复抽调各支队队员混编一大队，计67人，以张箴言为正队长、沈金涛为副队长，随带大宗药品，乘轮驶往前线。直到5月5日中日达成《淞沪停战协定》，战事告一段落，救护队使命才完成，乃于5月10日从前线撤回。

3月6日，红十字国际委员会为日军残杀中国红会职员一事，特派秘书长博浪博士来沪调查，王培元报告中国红会职员被日军射杀者3人，重伤身死者2人，失踪者4人，炸毁大场伤兵医院1处，王志芳、王敦甫等数十人轻伤，“博浪深为骇异”。

3月24日，松江分会重新组织成立，公推盛元音为正议长，杜若洲为副议长，旋由议事会投票选举正、副会长及理事长，朱久望当选正会长，周学文当选理事长。

5月19日，中国红十字会特组救护队全体队员所发起之救护同志会举行成立大会，会员70余人出席，通过章程，并选出赵作霖、钟权、周濂泽等9人为执行委员，沈金涛、陆洪元、程新民3人为监察委员，即日开始办公。

6月23日，美国红十字会副会长别克纳尔致函中国红十字会，盛赞淞沪抗战中中国红十字会人道救护业绩，称战争中“最足使人得到深刻感觉者，厥为中国红十字会之救护工作”。

7月10日，上海市分会时疫医院开幕，9月20日结束，共诊治病人2228人。

7月11日，中国红十字会总办事处迁至二马路望平街西大陆商场，在新会址举行迁移开幕礼，百余人出席，“各界致送匾额对联甚多”。

7月12日—8月28日，因霍乱流行，江苏常熟分会于城内西弄校友小学设时疫医院，聘请医务主任邵预凡、主任医师李富华、医师吴国庆等30余人负责医护工作，先后收治病人204名，治愈175人，其中霍乱患者98人。门诊病人349人。同时组派医护人员分赴各乡，进行霍乱疫苗预防注射6106人次，施送时疫药水28175瓶。

7 月 29 日， 闵行时疫医院开幕，经费由中国红十字会补助。

8 月 1 日起， 红十字会总医院改名为第一医院，北市医院改为第二医院，南市医院改为第三医院。

11 月 1 日， 中国红十字会理事长王培元前往菲律宾出席美国红十字会菲律宾分会大会及新会所落成典礼，7 日抵达，11 日开会，数十个国家的代表出席。24 日，王培元回到上海。

11 月 25 日， 国民政府立法院第 213 次会议讨论通过《中华民国红十字会管理条例》14 条。

12 月 16 日， 国民政府指令（京字第一〇五号），令立法院："呈为议决《中华民国红十字会管理条例》修正通过录案并缮具条文，请鉴核公布施行由。呈件均悉，《中华民国红十字会管理条例》业经明令公布，并通饬施行矣，仰即知照。此令。"

12 月 24 日， 山东济宁、济南、青岛红十字会联合组织救护队，赴掖县一带救护韩（复榘）、刘（珍年）战争中的难民。

本年， 总会拨给热河赈款 3000 元；散放吴淞贫民米 300 余石、施衣 1100 件，捐助上海三友实业社断炊工友米 100 担。

1933年

1月3日，山海关失守，华北危急。红会除参与“上海各慈善团体赈济东北难民联合会”工作外，迅速组织起“东北救护队”，整装待发。

2月3日，“东北救护队”乘火车北上天津。救护队组成人员为：总队长王培元，医务部主任刘崇恩，事务部主任沈金涛，病院组主任周鸿章，救护组主任耿国祥，卫生组主任周鸿章，药物组主任秦瑞庭，担架组主任靳纬曾，绷带组主任周鸿庚，会计组主任季忠泽，文书组主任朱子京，运输组主任马仁甫，材料组主任李耐霜，庶务组主任吴玉麟，加上救护队员，共计50余名。

2月14日，“东北救护队”与卫生署长刘瑞恒、中华医学会上海地方协会代表颜福庆、协和医学院教授林可胜等发起的前方救护队合组为“中国红十字会华北救护委员会”，刘瑞恒为主任委员，颜福庆、姜文熙为副主任委员，以整合华北抗战救护力量。

2月21日，为保障华北战事救护的顺利进行，总会特电国民政府：“请行政院速令铁道部按照万国红十字会章程，速拨车辆，免费载运，以救伤亡。”

2月26日，总会派闻兰亭北上，办理华北难民赈济事务。

3月，长城抗战，华北救护委员会所属各救护队分编成12组，分赴康庄、喜峰口、通州、三屯营、遵化、蓟州、密云、帅府园、冯大、广化寺等处救护伤员。另设直辖救护医院2所，第一救护院设在帅府园，3月10日接收北平临时救护院扩充而成，收容量500人；第二救护院在冯庸大学，3月27日接办，收容量600人。两处医院所需经费，全部由红会支给。长城抗战于 5 月结束。两个多月中中国红十字会华北救护委员会救治伤兵 7486 人，其中 67 人死亡，死亡率仅为 0. 895% 。

4 月，为纪念一·二八抗战，弘扬红十字“尽力于社会”的服务精神，常熟分会编印《中国红十字会常熟分会民国廿一年纪念册》，于右任题写书名，国民政府主席林森、军事委员会委员长蒋介石、行政院院长汪兆铭、十九路军总指挥蒋光鼐、十九路军军长蔡廷锴等军政要员题字。

6 月 3 日，行政院长汪兆铭、内政部长黄绍竑、外交部长罗文干、军政部长何应钦、海军部长陈绍宽联衔以训令的形式颁布《〈中华民国红十字会管理条例〉施行细则》(43 条)，明定“中华民国红十字会依军政、海军两部之指定，辅助陆海空军战时后方卫生勤务，并依内政、外交两部之指定，分任国内外赈灾、施疗及其他救护事宜。又规定设总会及分会。总会以内政部为主管官署，并受外交、军政、海军三部之监督；分会隶属总会，以所在地地方行政官署为主管官署。又规定总会之理事及监事，由部转呈国民政府聘任”。中国红十字会已成为官方事实上的附庸机构。

7 月 1 日，中国红十字会时疫医院开幕。“查本会时疫医院开办迄今已有二十五年，救治病人二十余万之谱，成绩卓著，为中外人士所信仰”。

8 月 20 日，四川叠溪溃堤，沿江数百里“田庐尽没，人畜葬于鱼腹者无数”。灾后灌县分会觅得死尸 717 具，招人收领者 206 具，其余均“就地掩埋，刊碑纪事”。

9 月 13 日，路透社电，“北平美使署近收到美国红十字会捐助鲁灾赈款，计国币五万元，现已由济南美领事送交鲁省韩主席”。

12 月 7 日，中国红十字会于上海正式启用“中华民国红十字会”关防，原总办事处名称取消。

本年，总会分拨东北、蒙边、康、皖、鄂、豫各省赈款 11900 元，陕、豫、北平等各处灾童孤儿婴孩救济费 6800 元，拨款 5000 元交天津分会救济难民，拨款 3000 元交热河购买医药用品，捐款 700 元救济安徽立煌县灾民。

1934 年

2 月 27 日，《申报》报道：“福建自被中央军克复后，十九路军伤兵为红十字会收容，总数二千七百余人。”

3 月 1 日，中国红十字会发起第一次征求会员运动，学生会员每人 1 元，普通会员 10 元，正会员 25 元，特别会员 200 元，名誉会员 1000 元。9 月 30 日截止，共征得会员 5055 名（其中总会 1619 名），会费 75189 元（其中总会 30544 元）。

3 月 8 日，行政院长汪精卫、军政部长何应钦致函中国红十字会，对于征求会员运动，“欣允担任名誉总队长之职”。

3 月 9 日，教育部长王世杰、交通部长朱家骅致函中国红十字会，“均愿担任该会征求会员名誉总队长之职”。

3 月 10 日起，中国红十字会以闸北连日大火，连续多日派员散放赈米，“计大人每名白米八升，小孩每名四升”。

3 月 14 日，蒋介石致电中国红十字会：“贵会以民胞物与为怀，努力救护工作，至深钦迟，承蒙嘱为征求会员委员会名誉总队长，自当遵命。除近照一份，饬即寄上外，特此电复。”

3 月 15 日，中央研究院院长蔡元培致函中国红十字会，愿任该会征求会员名誉总队长之职。

7 月 7 日，中国红十字会时疫医院开幕。

9 月 1 日，内政部制定的《部派中华民国红十字会指导员暂行服务规则》公布施行。

9 月 24—28 日，中国红十字会在上海召开直辖内政部后第一次全国会员代表大会。这也是中国红会史上第四次全国会员大会。大会选举林康侯、王培元、王晓籁、虞洽卿、关䌹之、闻兰亭、杜月笙、王一亭、王正廷、朱子桥、颜惠庆、许世英、史量才、王振川、刘鸿生等 15 人为理事；劳敬修、汪伯奇、黄涵之、沈联芳、叶恭绰、钱新之、穆藕初、姚慕莲、狄楚青、陆伯鸿、袁履登、宋汉章、赵晋卿、徐新六、胡孟嘉等 15 人为监事。会议讨论通过征求会员案、舟车免费案、发行月刊案、章程修正案、保护及抚恤救护队员案、减轻会费案、补助经费案、拨助药品案、电报免费案、奖励义务职员案、请将红会历史编入教科书案、筹措医院院所及经费案等诸多议案。大会发表了《中国红十字会全国会员代表大会宣言》，表示以此次全国会员代表大会为契机，本“力图改进之精神”，扩充会务，完善自身，“从此另换一番新气象，重开一个新纪元”。

10 月 1 日，中国红十字会总会第一届理事会理事、监事会监事第一次联席会议举行，18 人出席。“决议事项：一、推定为王儒堂（即王正廷）为临时主席；二、推定王儒堂为会长，史量才、刘鸿生为副会长；三、公议先推定名誉会长一人，名誉副会长二人。名誉会长推定蒋介石先生担任，名誉副会长推定黄季宽先生、吴铁城先生担任；四、选定王一亭、闻兰亭、林康侯、杜月笙、王晓籁为常务理事；五、选定钱新之、黄涵之、陆伯鸿三人为常务监事。”

10 月 13 日，中国红十字会电请驻日公使蒋作宾代表出席在东京举行的第 15 届红十字会国际大会。

10 月 24 日，中国红十字会总会“以本届万国红十字会在日本召集国际会议，非常重要”，特致电祝贺。

11 月 20 日，中国红十字会会长王正廷、副会长刘鸿生假静安寺路国际饭店欢宴国际红十字会代表生恩特暨英国慈幼协会会长贝杰夫人，以及美国红会领袖陶霭德夫人等。

11 月 22 日，中国红十字会总会第一届理事会理事、监事会监事在红十字会议事厅举行第四次联席会议，18 人出席。决议“聘请曹云祥先生为本会秘书长”；因史量才 11 月 13 日被刺身亡，推定杜月笙为继任副会长。

本年，就救济上海闸北火灾，发放 4 升米票 5000 余张，捐款 500 元救济福建难民。

1935 年

1 月 10 日，中国红十字会会长王正廷，副会长杜月笙、刘鸿生等，“以万国红十字会秘书白郎氏，前年一·二八沪战协助该会赴战区奋勇救护，甚为出力”，特假静安寺路国际饭店举行宴会，欢迎前来到访的白郎。王正廷会长致欢迎词，“宾主济济一堂”。

1 月 27 日，松江分会召开议事会，决议设立浙江旱灾过境灾民收容所。30 日，收容所正式开幕，3 月内收容所收容灾民达 1.6 万余人。

3 月，松江分会开始遣送灾民回籍。前因浙江旱灾，海宁、硖石等处粒米无收，民众成群结队，相率到松，即由松江分会在超果寺设立收容所收容灾民，给养两个多月。21 日第一批，用火车 20 辆遣送灾民 1747 名，民船 65 艘载运 700 余名；25 日第二批，火车 20 辆遣送 1924 名，民船 46 艘载运 400 余名；4 月 2 日第三批，火车 20 辆遣送 2000 余人，民船 36 艘载运 660 名。前后遣送灾民共约 7400 余人。后复三批遣送灾民，至 5 月初，据报道，3 个多月总计收容灾民 1.6 万余名。

4 月 18 日，中国红十字会总会制定出第二次征求会员章程及酬赠给奖办法，并呈报内政部审核。经内政部核准后，于 5 月 1 日开始筹备，总会成立以王正廷会长为委员长，杜月笙、刘鸿生副会长为副委员长，林康侯、王一亭、闻兰亭、王晓籁、关䌹之为常务委员的征求会员委员会，仍聘请各级行政长官为总队长。根据全国会员代表大会议定降低会费精神，各类会员除正会员一次缴入会费 10 元外，其余均按第一次征求会员入会收费标准的一半核收。

6 月 20 日，上海新闸路 856 号中国红十字会第二医院停办，以节省经费。

7 月 12 日，国民政府修正公布《中华民国红十字会管理条例》（18 条），规定“中华民国红十字会，依内政部、外交部、军政部、海军部之指定”，“辅佐陆海空军战时卫生勤务及平时军事人员医务及救护”及“国内外灾变之救护、振济及伤病之治疗”；“总会以内政部为主管官署，并依其事务之性质，受外交部、军政部、海军部之监督。分会隶属于总会，以所在地地方行政官署为主管官署”；“总会置会长一人及副会长二人，由总会全体理事、监事推选，呈由内政部转报行政院转呈国民政府聘任之”；“分会置理事、监事各若干人，由分会员大会选举之，分会于理事、监事选出后，应陈报总会核准聘任之，并报请地方主管官署备案”等。

7 月，《中国红十字会月刊》复刊，至 1940 年 6 月停刊，共出版 60 期。

7 月，中央民众运动指导委员会，以红十字会“实属人民团体，应向党部予以指导”，出台《中华民国红十字会各地分会申请各地高级党部备案办法》。

7 月起，财政部按月拨助中国红十字会“经常费用”，每月 3000 元。

8 月 1 日，第二次征求会员运动开始，全国 445 处分会“同时举行”。此次征求会员运动，打出了“为国人谋福利，为国际增光荣”的响亮口号。第二次征求会员运动历时近一年（1936 年 6 月 30 日截止），共征得会员 12500 名，征得会费 72737 元。其中盐城分会成绩最优，征得 15897 分（每分计国币 1 元），荣获匾额一方。此外建阳分会征得 8923 分，获银鼎一座；灌云分会征得 3318 分，获银塔一座；莒县、青岛、阜宁、石港、商邱、崇明、遂宁、江北、松江及阜宁城区共 10 个分会均征得千分以上，获银盾奖励。

8 月 21 日，美国红十字会因轸念我国水灾灾民，特捐华币 10 万元救济，由美使馆拨交中国红十字会收讫。

8 月 28 日，《中国红十字会总会救济各省水灾募捐办法》由内政部批准。《办法》规定：“本会为救济各省水灾起见，特经理监事会第十二次联席会议决议组织募捐委员会，以正副会长为正副委员长，全体理监事为委员，统筹办理”，募捐日期定于 9 月 1 日至 10 月 31 日，“一俟募有成数，即由本会组织放赈委员会决定各灾区赈款数额之支配”。

8 月，临沂红十字会设立收容所，接收来自鲁西南黄泛区灾民 4000 余人，并派医生赴各收容所为难民治病，分发药品。

9 月 2 日，中国红十字会第二医院开诊，计分内、外二科。院长由第一医院院长颜福庆兼任。

9 月 15—25 日，全美红十字会会议在巴西举行，中国红十字会呈请内政部转咨外交部指派驻巴西国大使熊崇志代表中国红十字会出席。

9 月 24 日，总会核准崇明县成立分会。

9 月 27 日，中国红十字会总会救济各省水灾放振委员会举行会议，王正廷、许世英、王一亭、关䌹之等参加，会商放振办法。决议先放湖南、湖北、山东、江苏 4 省，每省各拨振款洋 1 万元、面粉 2000 包、衣服 2500 件、治疫药水 500 匣，共计振款洋 4 万元、面粉 8000 包、衣服 1 万件、治疫药水 2000 匣，统交由中国华洋义振救灾总会代为散放。

10 月 10—20 日，第六届全国运动大会在上海市中心区新建体育场举行，红会救护队与卫生局暨童子军担任卫生组事宜，红会并担任场地救护，派有救护车两辆随时服务。11 天中共治疗 172 人，“服务勤奋，纪律严明，各界莫不赞誉”。

1936年

1月1日起，依据军政、海军部批复，中国红十字会统一救护队服装定式。

3月29日，《申报》报道，因美国东部水灾严重，中国红十字会王正廷会长特致电慰问。

4月29日，福建连城分会成立，童魁枫为会长，吴荫椿、谢宏裕为副会长。

5月6日，中国红十字会总会救护委员会执行委员会在上海举行第一次会议，宣告中国红十字会救护委员会正式成立，正、副会长王正廷、杜月笙、刘鸿生为当然正、副主席，陆伯鸿、朱恒璧、徐乃礼、许超、金润庠、林康侯、言潘景芝等7人为常务委员，颜福庆为总干事。

5月11日，中国红十字会救护委员会常务委员会举行第一次会议，决定成立训练、人事、供应三个委员会。

6月6日，总会呈文教育部，“请将红十字会历史编入教科书”。6月15日，教育部部长王世杰批文，表示同意。

6月30日，立法院修正并通过《中华民国红十字会管理条例》18条（7月23日公布），规定“中华民国红十字会依内政部、外交部、军政部、海军部之指定办理左列事务：一、辅佐陆海空军战时卫生勤务及平时军事人员医务与救护；二、国内外灾变之救护、振济及伤病之治疗”；“中华民国红十字会设总会于首都，设分会于各地。总会以卫生署为主管官署，并依其事务之性质，受内政部、外交部、军政部、海军部之监督。分会隶属于总会，以所在地地方行政官署为主管官署”；“总会置会长一人及副会长二人，由总会全体理事、监事推选，呈由卫生署转报行政院转呈国民政府聘任之。总会置理事、监事各若干人，由全国会员代表大会就会员中选举之，理事互选常务理事五人，监事互选常务监事三人，由本会呈请卫生署转报行政院转呈国民政府聘任之”等。

10 月 3 日，中国红十字会会长、新任驻美大使王正廷，率世运代表团乘意大利邮轮“康脱罗梭号”抵上海，各机关、各团体代表“前往欢迎者颇为拥挤”。

10 月 12 日，中国红十字会救护委员会举办之救护训练班正式开办，“入班受训者颇形踊跃”。红会救护训练班训练内容有战时外科学、实地护病学、简易实验诊断学、简易药剂学、毒气学、担架学等 6 个方面。

10 月 27 日，中国红十字会常熟分会理事长俞九思，“鉴于近来会中救护工作人员，极感需要，以便将来应付”，特选征会员 30 人，进行救护训练，当日在县政府礼堂举行了开学典礼。

11 月 1 日，上海市分会“为养成救护人才以合时代之需要起见，经理监事第三次联席会议之决议组织救护训练班，额定学员四十人，聘请朱善恒医师教授”，当日开班。

11 月 5 日，中国红十字会总会“以绥远告急，亟须加紧工作，爰特成立经济委员会”，王正廷会长为主席，杜月笙、刘鸿生为副主席，林康侯、虞洽卿、王晓籁、钱新之、俞佐庭、穆藕初、宋汉章、袁履登、张慰如为常务委员，吴铁城、朱子桥、王培元等 31 人为委员。经委会职责为“筹募救护经费”，以保证战地救护的开展。当日，中国红十字会总会经济委员会举行第一次会议，商讨筹募经费事宜。

11 月 12 日，日伪军向绥远红格而图发起进攻，绥远省主席兼第三十五军军长傅作义率军迎头痛击，苦战 7 昼夜，重创来犯之敌。红十字会为支持绥远抗战，积极行动。

11 月 18 日，中国红十字会与上海市商会、上海市地方协会合组的“绥远剿匪慰劳救护委员会”（简称慰劳会，王晓籁、杜月笙、刘鸿生为主席委员，陈光甫、邵燕山、钱新之、穆藕初、林康侯、庞京周为常务委员）宣告成立，募集捐款，“实力援助”傅作义将军绥远抗战义举。红会派秘书长庞京周赴绥组织战地救护。

11 月 18 日，虞洽卿、江问渔、黄炎培、钱新之等发起成立“上海市救护事业协进会”（1937 年 7 月 20 日改名为“上海市救护委员会”），该会在红十字会总会支持下，先后开办 4 期救护训练班，培训 200 余人。

11 月 23 日，红会常务理事林康侯、王晓籁，救护委员会正、副总干事颜福庆、庞京周等乘飞机前往西安继赴太原再至归绥视察，调查伤兵医院情况，“督当地分会加速进行救护事宜”。

11 月 25 日，中国红十字会总会向卫生署提出第三次征求会员请求，并“遵批将本会第三次征求会员章程分别修正另缮呈送，仰祈连同前送酬赠给奖办法一并核准备案，并分行各省市政府饬属协助办理”。经卫生署核准后，红会积极筹备。会员的种类、会费标准仍旧。

11 月 26 日，红会常务理事林康侯、王晓籁，救护委员会正、副总干事颜福庆、庞京周等乘飞机途经洛阳，“见蒋委员长陈述公意。蒋委员长嘱对各公团及民众表示谢意，对于绥远剿匪工作前途，已有充分之决心与准备，自可安慰，即日下午飞回上海”。

12 月 1 日，红会特派庞京周赴南京，与中央防疗处、卫生署“接洽药品材料等物”，而后转赴北平，“组织训练救护队”，以充实前方救护力量。庞京周到北平后即筹备成立了“中国红十字会总会救护委员会华北临时分会”（正式分会成立于次年 1 月 20 日），接受总会之委托“办理华北临时救护防疫工作之补助事宜”。临时分会成立后，迅速组队驰赴绥远前线，开办临时医院，救护伤员。到 12 月中旬，“前线一带，已遍布红十字会之旗帜”。

12 月 10 日起，总会在《申报》刊登《中国红十字会征募救护材料启事》《中国红十字会征募救护材料》《中国红十字会募急救药囊》等广告，动员社会各界踊跃捐助。12 月 25 日及 1937 年 1 月 20 日、2 月 10 日，分三批将募集到的大宗药械医品 433 件、急救包 20 余万只运往绥远前线，为医疗救护提供了有力的保障。

12 月 15 日，鉴于前方救护车辆不敷应用，中国红十字会联络慈善团体联合会及道路协会“为援绥发起筹募救护车运动”。

本年，为救济绥远难民，总会拨款 10 万元，设立难民收容所及临时医院。

1937 年

1 月 1 日起，第三次征求会员运动，经过 10 个月努力，共征得各类会员 8222 名，会费收入 5 万余元。这时全国分会发展到 464 处，红十字医疗卫生机构 262 处。红会整体实力有所增强。

1 月 11 日，中国红十字会第二期救护训练班开班。

1 月 20 日，中国红十字会救护委员会华北分会正式宣告成立，姜文熙为主席，齐清心为副主席，全绍清、林可胜、方石珊、杨朗川、吴祥凤为常务委员，庞京周、朱其辉、王锡炽、贾魁、江清、侯宝璋、尹莘农、刘韵涛为委员。

1 月 31 日，庞京周出席追悼四烈士五周年纪念大会。淞沪抗战救护中有上海市商会童子军团参加红十字会救护工作，在战地抢救难民时，团员罗云祥、应文远、毛征祥、鲍正武四烈士奋不顾身，遽尔失踪，曾建衣冠墓于江湾高境庙淞沪路上海公墓。此次召开纪念大会以表哀悼。

2 月 1 日，庞京周秘书长接任视事。

2 月 2 日，上海各界联合救灾委员会主席孔祥熙，为美国水灾特电美国红十字会会长克雷苏表示慰问，并先电汇 10 万元至美，以济灾黎。

3 月 20 日，中国红十字会与清华同学会等 9 团体，为追悼曹云祥，于八仙桥青年会大礼堂召开纪念大会。曹云祥一生致力文化、慈善事业，“慷慨热忱，功在社会，历任丹京代理大使、华府会议代表、清华大学校长”。2 月 8 日突以心疾逝世。

4 月 10 日，卫生署制定中国红十字会新式关防启用。

4 月 19 日，会长王正廷“膺命使美，行将出国，对于促进中美邦交关系至巨”，总会暨上海市商会等团体，“为表示慰勉贤劳起见”，特“举行盛大茶会欢送行旌”。

5 月 4 日，王正廷会长乘“胡佛总统”轮启程赴美出任驻美国大使。杜月笙副会长、红十字会理监事及各界代表不下 500 人送行。

6 月 1 日起，总会职员在履行公务时，统一着中山装，“其衣料概用国货，以资提倡”。

6 月 21 日，庞京周秘书长前往庐山晋见军事委员会委员长蒋介石，报告红十字会工作，提出征求民间医师入会、健全总会及分会组织以利救护等建议，得到蒋氏肯定。

7 月 7 日，七七事变拉开了全面抗战的序幕。救护委员会华北分会组织起重伤手术组和救护组两组，并与北平市长秦德纯、师长冯治安接洽救护事宜。北平分会、天津分会也积极配合，参与救护。

7 月 20 日，中国红十字会联络上海市商会等团体，在上海市救护事业协进会基础上，重组“中国红十字会上海市救护委员会”，举颜福庆为主任委员，许冠群、徐乃礼为副主任委员，俞松筠等为委员，内设总务、医务两组，下设事务、医院、材料、救护、文书、纪录、会计、庶务、运输、情报、交际、稽查、慰劳、掩埋等 14 课，“设办公处于总会内，在红十字会旗帜下集中力量，统一组织，依照日内瓦条例编练救护人员”。

7 月 29 日、30 日，北平、天津相继沦陷。为厚集救护力量，总会电令清苑分会，与救护委员会华北分会“克日切实合作，扩大救护工作”。同时总会派出三支医疗大队奔赴前线：一在沧州，由齐鲁大学担任；一在定兴、保定一带，由保定医学院担任；一随军救护，由中央医学院担任。

8 月 2 日，美国红十字会为救济华北战区各国难民，“助美金一万元”。

8 月 5 日，总会救护委员会组织的由国立上海医学院和国立同济大学担任的两支医疗队驰赴华北前线。

8 月 9 日，日军在虹桥无端枪杀我驻军人员而挑起事端的“虹桥机场事件”发生，大量难民涌进租界。为救济难民，煤业公会成立“救护委员会”，潘以三、魏志大、鲍哲芗、陈渭滨、王文正任委员，下设“上海煤业救护队”，田荛芳、罗希三、罗德传、金振华任正副大队长。大队之下共辖 15 个中队和分队。上海煤业救护队由此诞生。

8月13日，淞沪会战开始，中国红十字会组建救护队10个、急救队12个、临时救护医院24所和“特约医院”16所，进行全面战场救护。

8月14日—10月31日，吴县分会急救队会同城外办事处分送各伤兵医院及伤兵临时转送所者共计12318人。

8月16日起，为救护伤兵和车辆出入租界方便起见，煤业救护队并入中国红十字会上海市救护委员会交通股，改称“上海红十字会煤业救护队”，挂红十字旗帜，佩戴红十字臂章。

8月16—21日，青浦分会遣送难民共14286人，其中江苏11980人，浙江2131人，安徽108人，山东28人，其余为湖北、河北、广东、四川、江西、湖南人。先后雇船73艘。

8月18日，第二救护队设于上海真茹东南医院内，遭敌机轰炸，该院实习馆、大礼堂、图书室被炸全毁，队长龚继长医师炸伤头部，队员葛林宗、医师谷逸民轻伤，担架队长张松林炸死，卫生器材全失。

8月23日，第一救护队医师苏克己，护士陈秀芳、谢惠贤、刘中武在罗店遭日军残杀（胜利后在罗店立碑纪念），总会电驻美大使兼会长王正廷提请红十字会国际联合会，予以严厉谴责。宋美龄闻讯于中央广播电台做了题为“日军残杀红十字会苏克己医师”的英语广播，向全世界揭露日寇的罪行。

8月30日，日军飞机在沧县车站一带施行轰炸，投弹百余枚，并用机枪扫射；又以沧县分会会所为目标，前后轰炸，致服务人员张书元被炸殒命。

8—10月间，第四救护队奔驰于上海、大场、真茹间救护，后更分派队员于苏州、嘉兴、木渎一带工作，其间被日军飞机炸毙队员凡10余员。

9月1日，中国红十字会“为防止奸人混迹妨碍军机，并保持本会信誉起见”，公布《中国红十字会救护证章暂行条例》11条，规定“凡本会救护人员须一律填具志愿书，声明不参预本会宗旨以外一切工作”等。

9月13日，中国红十字会急救第六队由队长何惠钧，率领队员张子友、徐鼎仪及组长涂忠明，乘车驰往前线救护，驰至小八字桥附近，突遭日机投弹轰炸，致涂、徐、张及司机杜连（运）生，均被炸伤，被送往中西疗养院救治，涂、张、徐因受伤尚轻，先后出院，杜因炸伤腹部，虽经竭力救治，卒告无效，延至29日终因伤重逝世。

9月13日，《申报》报道，汕头分会“自奉令组织救护队以来，队员已达五百余人，各队日夜工作，努力从公，不意日机连日轰炸，死伤无辜民众甚多，救护队员蔡锦才，亦因公殉难”。

9 月 15 日，“武汉三镇中外人士近以敌机到处肆行轰炸，残酷野蛮，不能述状，致我前方士兵及后方非战斗员之民众，被炸伤亡者甚多”，特组织华中万国红十字会，从事救济伤兵伤民。

9 月 18 日，在中国红十字会前会长颜惠庆的奔走联络下，中外名流达成“亟望有一国际红十字委员会之组成”的共识，并商定成立一个执行委员会加以推进，特推举颜惠庆、白赛德（Major A. Bassett）、邓纳（J. Donne）、马晓尔、蔡增基、冯炳南、安献金（G. Findlay Andrew）、普兰特（W. H. Plant）、礼德（B. E. Read）、饶家驹、李劳生（Rev. R. Rees）、颜福庆、施思明、劳白生（R. C. Robertson）、钟思、田伯烈（H. J. Timperley）等 16 人为执行委员会委员。筹组上海国际红十字会提上日程。

9 月 22 日，国际红十字会代表华脱维而（尔）抵达上海，调查中国伤兵及难民之需要。

9 月 27 日，中国红十字会召开第九次常务理监事联席会议，决议在南京设立首都办事处。

9 月 30 日，“缅甸华侨红十字会”宣告成立，侨界领袖黄登科、陈献南为正、副主席，陈清德、陈重贤主管财务，黄登祥、陈炳坤为秘书。

9 月 30 日，路透社电，美国红十字会捐助 10 万美元，“作为中国境内各国病伤人等之医药救济之用。此款将汇交中国红十字会及其他在战区工作之各慈善机关”。

9 月 30 日，中国红十字会参与的上海市救济委员会奉令结束，改组为非常时期难民救济委员会上海市分会。“该会自开办至今，由八月十二日至九月三十日，计一个半月有余，共收容难民人数，最多时曾至八万四千余人，所设收容所多至一零四所”。

10 月 1 日，非常时期难民救济委员会上海市分会正式成立，中国红十字会仍参与其中。

10 月 2 日，上海国际红十字会执行委员会召开会议，讨论会章及人事安排，公推颜惠庆为主席，饶家驹、钟思、普兰特为副主席，施思明为秘书，贝诺德（C. R. Bennett）为司库，贝铁德（C. W. Petitt）、朱友渔为执行干事。

10 月 4 日，中国红十字会首都办事处在南京正式设立，庞京周任办事处主任。

10 月 9 日， 河北省正定县红十字分会会长娄云鹤在日军攻占县城时“身中七刃，壮烈殉国”，时年 56 岁。其年仅 29 岁的儿子娄家骥，时任红会救护队长，同时罹难。为缅怀烈士，抗战胜利后经总会报请，行政院于 1947 年 12 月 6 日颁发“忠烈成仁”匾额一方。

10 月 15 日， 被称为“伤兵医院之冠”“打破世界纪录能容五千床位之大规模重伤医院”的首都医院，于中央大学（今东南大学）正式开办。

10 月 16 日， 上海国际红十字委员会正式接受中国红十字会授权，并正式定名为中国红十字会上海国际委员会（Shanghai International Committee of the Red Cross Society of China），简称上海国际红十字会（Shanghai International Red Cross，缩写为 S. I. R. C. ），设会址于国际饭店内。

10 月 18 日， 第八救护队队员宋叔钧，“在前线救护伤兵于枪林弹雨中，不避艰险，日夕工作，绝鲜休息，终至积劳成疾，医治无效”，不幸逝世。

10 月 24 日， 上海市分会第十队队员龚维纲、郁善章等，在浦东其昌栈码头救护时，突被日舰以机枪扫射，郁氏伤及肺部，龚君则伤肩部。

10 月 28 日， 红会司机曹惠丰、翁福根、王元发同驾车至昆山，行至洛阳桥附近有敌机 10 余架追车掷弹，三人受伤殒命，汽车被毁。

10 月， 鉴于上海战事日趋激烈，副会长杜月笙与部分理监事移往香港，成立总会香港办事处。自此总会重心逐渐转移至香港。

11 月 5 日， 由黄雯发起并组织广州万国红十字会服务团，在孙逸仙博士纪念医学院正式成立。服务团由黄雯担任团长，博济医院儿科主任许刚良任秘书，公共卫生科主任老恩赐（Frank Oltd）任医院委员会主席，内科主任嘉惠霖（William Warder Cadbury）则任难民委员会委员。

11 月 6 日， 美国红十字会宣布捐赠 4 万美金并汇交驻华大使詹森，用以救济中国伤兵、难民。

11 月 9 日， 上海南市难民区正式对外开放，该难民区北起民国路、南至方浜路、西至方浜桥、东至小东门（初以安仁街为界），包括城隍庙、豫园等处，呈月牙形状，东西间距约 1.5 公里，南北间距约 0.5 公里，面积约占旧城厢的三分之一，可同时容纳 20 万难民。

11 月 13 日， 昆山伤兵分发站完成分发任务奉命撤退，途中“一部分人员路遇敌机轰炸，以致失散九名，迄今存亡莫卜”。昆山伤兵分发站自 10 月 26 日开办，至 11 月 13 日结束，在短短不足 20 天时间里，分发伤兵计达 3200

余名。

11 月 13 日，上海沦陷前后经红会疏散安置的伤兵：杭州 5750 名，松江 264 名，苏州 405 名，嘉兴 659 名，吴兴 321 名，无锡 67 名，香港 91 名，宁波 5607 名，温州 291 名，其他 1603 名，伤愈归队 895 名，残废院 158 名，总计 16111 名。

11 月 13 日，上海被日军占领，淞沪抗战结束。在整个淞沪抗战救护中，中国红十字会遇到重重困难，但仍然取得可观成效。根据《中华民国红十字会战时工作概要》的统计，自 1937 年 8 月 14 日至 1938 年 4 月 30 日，救护医院收容伤病兵民 19539 名，由上海伤兵分发站运送伤病兵民 7128 名，由上海前线急救队及救护队救送伤病兵民 43446 人。三项相加，救护总人数超过 7 万人。

11 月 16 日，红会首都医院“奉令赶办结束”，所有全体医师护士，除遣散一部分外，其余 200 余人分三批撤退武汉，“听候调用”。

11 月 17 日，红会首都办事处撤离南京，21 日抵达汉口，随即将首都办事处撤销，改称为总会驻汉办事处。

11 月 21 日，牛惠霖医师逝世，享年 49 岁。1922 至 1927 年，牛惠霖受聘为中国红十字会总医院院长，同时兼任红十字会时疫医院院长，“中经临城劫车案、日本大地震华侨受灾惨重、齐卢之战，牛博士均担救护队总队长”。1932 年淞沪抗战中任上海地方协会救护伤兵第一医院院长、红十字会第 42 伤兵医院重伤外科顾问，为红十字事业发展做出了杰出贡献。

11 月 30 日，苏州红十字会救护队 20 余人在队长蒋雄率领下徒步到达南京，参与首都保卫战的救护工作。

11 月，青浦分会努力开展掩埋工作，自 11 月 27 日至 12 月 23 日，共掩埋军民尸体 866 具，畜类尸体 106 具。

12 月 6 日，总会在汉口成立临时救护委员会，以王正廷为主席，杜月笙、刘鸿生、王晓籁、林康侯、钱新之、刘月如为委员；决定成立救护总队部，聘请林可胜为总队长兼救护委员会总干事，“负责全面综理医疗救护事宜”，彭达谋、张祖棻、陈璞、胡会林、柳安昌、杨崇瑞、高家聚等 7 人为干事，“分办各主管事项，协助进行”。干事室下设总务、医务、运输、材料 4 股，架构起救护组织系统。

12 月 6 日，卫生署代表金宝善等在香港与中国红十字会副会长杜月笙、常务监事钱新之、秘书长庞京周等会商，议定《调整中国红十字会总会救护事业办法》。《办法》规定：办事机构随同中央主管机关迁移至汉口，由离开上海之杜月笙副会长及理、监事等主持；总会在沪会所与一切救护事宜，由留在上海的刘鸿生副会长及常务理、监事等斟酌办理；将香港办事处扩大，或另在其他地方设置办事处，以办理接受捐款、征集转运器材等事项。

12 月 13 日，国际红十字会南京委员会成立，美国圣公会牧师约翰·马吉（John G. Magee）为主席，中国红十字会南京分会会长李春南（又译为李春楠、李健南）、洛（W. Lowe）为副主席，福斯特（Rev. Ernest H. Forster）为秘书，克里斯蒂安（Christian Kroeger）为财务主管，戴籁三夫人（Mrs. Paul de Witt Twinem）、金陵女子文理学院教务长及教育系主任美国人魏特琳（Miss Minnie Vautrin）、威尔逊（Dr. Robert O. Wilson）、福勒（P. H. Munro Faure）、特里默（Dr. C. S. Trimmer）、麦卡伦（Rev. James McCallum）、金陵大学美籍教授贝德士（Dr. M. S. Bates）、德商西门子洋行南京办事处主任拉贝、金陵大学教授美国人史迈士（Dr. Lewis S. C. Smythe）、美国长老会牧师米尔斯（Rev. W. P. Mills）、波德希沃洛夫（Cola Podshivoloff）、沈玉书等 12 人为委员，旨在开展伤兵救护与难民救助工作。

12 月 13 日，南京沦陷后，日本侵略军进行了灭绝人性的血腥大屠杀。南京分会除在宁海路 25 号和平仓巷 6 号两处设立收容所收容妇孺难民外，还在金陵女子学院开设施粥厂，“供收容所难民之用”，每日施粥两次，“一次自上午八时起至十时止，一次自下午三时起至五时止”，难民倘若“能付得起钱，一碗饭交三个铜钱；如果她们确实没钱而且经过核实，就发给她们一个红色标牌，可以免费就餐”。据记载，“每日领粥人数最多时曾至八千余人”。至 1938 年 6 月 18 日将施粥厂移交金陵女子学院自行办理时，“领粥人数共计八十六万四千零二十口，米煤用费约二万元，员工开支及一切设备共计二千一百元”。

12 月 20 日，中国红十字会派出第 23 医疗队 14 人乘车北上陕北，为八路军提供医疗救护服务，受到八路军留守处首长萧劲光、中共联络员姬鹏飞、后勤部卫生部副部长饶正锡、孙仪之和边区医院院长傅连暲等的热烈欢迎和盛情款待，并商定第 23 医疗队到距离前线最近的第二后方医院（后改为兵站医院）协助工作，负责该院手术治疗任务；妇产科医师金茂岳、内科医师谢景奎及同行的第 7 医疗队、第 39 医疗队留在边区医院协助工作。第 23 医疗队在陕北的近 800 天中，完成各类大小手术 3000 余例，无一死亡病例。

12 月，国民党将士 38 人署名，将“功在国家”纪念匾赠送西京市红十字会医院，以表彰西京分会在抗战救护中做出的卓越贡献。

本年，登记在册的分会由 464 处减少到 254 处，净减 210 处。这其中，除少数分会未及更换新图记未列入统计外，绝大多数分会因战争原因被迫宣告解体。

1938年

1月4日，上海国际红十字会收到旧金山旅美华侨统一义赈救济会续助捐款4万元。

1月7日，上海国际红十字会举行会议，决定创立“三元救命会”，以为长久之计。颜惠庆、施肇基、贝克等10余人“首先加入”。会费规定为月捐3元，“盖以难民口粮日需一角，每月三元，即可维持一人之生命，故取此义而定会名”。月捐3元，等于日捐1角，故又称“一角救难运动”。截至上海国际红十字会使命完成，“三元救命会”共收会费592300元，对解决难民衣食之需，不无小补。

1月10日，中国红十字会上海国际委员会设立残废伤兵医院，美籍外科医师单惠泉（Dr. Thornton Stearns）任院长，虞心炎任副院长。医院从开设至10月31日正式宣告结束，10个月内，共收治残废伤兵403名。

1月25日，武昌分会战区救护、担架、掩埋队正式成立，“各队设备均甚充实”。

1月，美国总统罗斯福呼吁“国民慷慨解囊，捐助美金一百万元，以救济中国战区难民。此款将由美国红十字会募集”。

1月，汉口分会开办难民产妇病院，并组织巡回治疗队两队，轮赴各收容所为难民诊治疾病。

春，中国红十字会救护总队部在汉口成立，林可胜为总队长。救护总队部是中国红十字会“专负军事救护之机构”，它的成立，翻开了抗战救护新的一页。

春，林可胜总队长派齐清心大队长率两个医疗队、一个医护队和一个X光队到延安八路军战区服务。

2 月 20 日，汉口分会在药王庙成立难民病院，“专收重病难民”。

3 月 3 日，总会副会长杜月笙，常务理事林康侯、王一亭、王晓籁在香港举行常务理事会会议，决议自 9 月起在总会下成立购料委员会，以庞京周、林可胜、伍长耀、毛和源为委员。

3 月 9 日，因法国神父饶家驹主持创建上海南市难民区保护救助中国难民的人道之举，蒋介石特专函致谢。

3 月 11 日，德国红十字会鉴于我国此次兵灾严重，特派代表浦革斯基、陶德曼两医师，并助手苗尔亚、巴度等携带药品 21 箱 400 包，重量 200 吨，乘德邮船“香霍斯特号”抵香港。中国红十字会副会长杜月笙等，特假香港大酒店设宴欢迎。

4 月 17 日，救护总队部派车 14 辆由海防接运卫生材料进口，行经平马，遭遇日机轰炸，其中第 001、002、003 号汽车 3 辆，连同车上卫生材料 9 吨，全被炸毁。

4 月 21 日，救护总队部第 82 号救护车一辆，行经广西宾阳，被日机炸毁。

4 月，山东莒县县政府在寨里河遇敌袭击，莒县分会会长王次甫遇难。

5 月 2 日，饶家驹搭乘加拿大“皇后”轮赴美。按照计划，饶家驹“将访谒罗斯福总统及美国红十字会各高级职员”，“请求美国人民慷慨捐助”。

5 月 3 日—8 月 16 日，在保卫大武汉战役中，武昌分会协助救治伤兵、难民计达万余人，“颇得伤军赞扬”。

5 月 26 日，作为上海红十字会国际委员会代表，饶家驹在法国大使圣冈旦陪同下前往白宫，“晋谒罗斯福总统”。事后饶家驹向报界发表谈话，“描述中国难民痛苦情形，并谓罗斯福总统告以美国亟愿以全力赞助救济工作云”。

5 月 26 日，上海国际红十字会支配赈款顾问委员会召开成立大会，公推颜惠庆为主席，贝克为副主席，施思明为秘书。

5 月 28 日，70 多架日机狂轰广州城，投弹数百枚，6 月 6 日，日机再次空袭广州，造成 2000 多无辜平民伤亡。中国红十字会广州分会与其他慈善团体联手，开办难民收容所，给予救助。中国红十字会副会长杜月笙“以广东（州）连日备受敌机狂炸，灾情惨重，特以红十字会名义，捐助国币一万元，以为救济广州难民之用”。海外华侨及红十字会驻港办事处纷纷捐输款物。荷属华侨慈善会 6 月中旬捐款 5 万元和药品 70 多箱给中国红会，用于粤难救济。

6月6日，鉴于上海各收容所产妇众多，原有产科医院不敷容纳，中国红十字会上海国际委员会联合上海国际救济会团体，特组大规模难民产妇医院一所，以应需要。难民产妇医院当日正式开幕，“并通知各收容所，遇有分娩，即行送入云”。

6月9日，《华美晚报》报道称：“今日有华籍医师一名，在实施救护工作时，炸去两腿，终因流血过多而死亡。”

6月17日，在中国难民救济会会长小西奥多·罗斯福支持下，饶家驹于纽约唐人街组织了一场“旧中国之夜”的大型募捐晚会，“由此在美国全国范围内发起了一系列被称为‘一碗饭’晚会的宣传活动”，即举办简单招待餐会，邀请各界人士参加，自由捐款，数额不定，“介于买一碗米饭与买一顿正餐的费用之间”。

6月20—24日，国际红十字第16届大会在英国伦敦举行，58国代表出席。以王景春为团长的中国政府代表团和以林康侯为团长的中国红十字会代表团出席大会。林康侯报告了抗战以来战地救护情形，引起强烈反响，“全场鼓掌，颇为热烈”。

6月，救护总队由汉口迁长沙后，与卫生署合办战时卫生人员训练所，“分批予以战时医护防疫训练，并就地编组防疫大队分驻各战区，执行防疫工作，直隶于卫生署”。训练所由林可胜博士主持。

7月1日，中国红十字会上海国际委员会教育委员会主办的难民学艺成绩展览会在浦东同乡会三楼中华第四职业学校开幕，“各项出品，不但物美，而且价廉，故人人乐于购买”。

7月，在巴黎召开反轰炸不设防城市恢复和平大会时，英援华会提议在中国设立国际和平医院，“专为救济中国伤兵难民之用”。次年，国际和平医院在晋南一所教会医院落成，中国红十字会承担每月经费中的50镑。这座医院成为国际援华医疗队与红十字会医疗队共建的基地。

8月1日，代表上海国际红十字会前往北美募捐的饶家驹圆满完成使命后回到上海。

8月8日，苏门答腊亚齐华侨机师回国服务团一行22人，由尤钦仙率领，返国服务，当日乘飞华轮船公司“万福士”轮抵香港，中国红十字会驻港分会总干事伍长耀派汽船前往欢迎。

8月13日，东吴大学特乘八一三纪念之期，组织献金委员会，就师生中广募捐款，以充救济难民之用。至31日止，募集捐款1018.11元，由童希天、张培扬送交中国华洋义赈救灾总会转致中国红十字会上海国际委员会。

8月23日，第53救护队副队长胡学瀛在江西马回岭救护伤兵时，突遭敌机炸伤脑部而殒命，“为救护总队部成立以来，因救护而殉职之第一人”。

8月，缅甸华侨在中国红十字会总会的推动下，不仅捐款捐物，全力支持抗战救护，而且还于1月组织“缅甸华侨救护队”，经培训后，8月回国，投入火热的抗战救护中去，为抗战救护事业增色不少。

9月1日，印度国民大会党“以我国此次发动全面抗战，不特为争取中华民族之生存，且为维护远东和平，打击世界侵略者之抗战，极表同情，特组织印度救护队来华服务”。印度救护队首批5人——爱德（又译称亚特、雅图、亚达尔、阿塔尔、阿泰尔）医生、巴苏（又译称巴素、巴森、巴士）医生、卓克（又译称高路拿、乔尔克古）医生、柯棣尼斯（又译称吉尼士、德巴斯、考尼斯，即人们熟知的柯棣华）医生、木克吉（又译称摩卡治、莫克介尔）医生——备救护车两辆、医药仪器55箱，以爱德医生为领队，乘英邮轮“兰浦丹拿号”自孟买起航，14日抵达香港，受到中国红十字会、香港中华医学会的隆重欢迎。

9月15日下午，中国红十字会驻香港办事处、香港中华医学会联合举行集会，欢迎印度救护队来华服务。印度救护队在港停留数日，即赴汉口，30日抵达，参加中国红十字会救护总队的工作，并被编入第15救护队。

9月17日，援华医疗队到达广州，宋庆龄亲自到码头迎接，这使医疗队员深受感动。宋庆龄“很年轻，风度迷人，讲一口漂亮的英语”，给他们留下美好的印象。

9月，救护总队部组织了三个医疗队——第61医疗队、第13医疗队和“驴马队”——前往山西，1939年1月辗转抵达山西潞城，受到八路军朱德总司令及杨尚昆、康克清等的款待，随后派到沁县八路军野战医院，开展医疗救护工作，直到1939年返回西安大队部休整。

10月1日，总会驻汉口办事处向长沙转移（改称长沙临时办事处）。

10月10日，延续30年之久的中国红十字会时疫医院停办。

11月6日，救护总队及战时卫生人员训练所由长沙西迁祁阳。

11月7日，第80医疗队医助徐锡汉，于湖南零陵进行救护工作之际，为日机炸毙，队部房屋被毁。

11 月 10 日，日机狂炸湖南长沙，第 59 医疗队医助刘万春当场被炸毙，运输队司机张得胜、第 62 医疗队医护员吴望新、医助陈洪琪和潘云生被炸伤。

11 月 13 日，著名书画家、慈善家、中国红十字会常议会议长王震（字一亭）病逝于上海，享年 72 岁。12 月 4 日，中国红十字会等 8 团体举行公祭。

11 月 21 日，印度救护队在武汉沦陷后撤至重庆待命，受到重庆各界“盛大欢迎”。随后，该队奔赴华北敌后，救护八路军伤兵、难民。

11 月，第 16 医疗队及第 19 医护队同驻湖北宜昌，两队队部均被日机炸毁，公私物品及卫生器材全部丧失。

11 月起，中国红十字会担负起上海国际红十字委员会医务委员会医务工作，继续办理难民诊疗事务。从 12 月至 1939 年 1 月，两个月中，红会固定诊疗队为难民诊治疾病 28489 人次，巡回诊疗队诊治疾病 38333 人次，第一难民医院收治病人 252 人。

12 月 31 日，截止到本日，美国红十字会共拨赈款 179697. 33 元、国币 793025. 93 元，用于救助中国难民。

本年，在史沫特莱建议下，林可胜总队长派出两支医疗队前往新四军战区开展医疗救护工作。

本年起，与总会失去联系的常熟分会以“集成善团”名义进行“潜伏工作”，办理施诊给药及冬令救济等事宜。

1939 年

1 月 22 日，中国红十字会等百余团体，在上海贵州路湖社举行王一亭追悼大会。大会公决奉谥王氏为“勤达公”，并组织永久纪念研究委员会。

2 月 25—26 日，中国红十字会在香港举行第22 次全体理监事联席会议，报告工作，讨论会务，确定总会“应以会长副会长所在地为办事重心地点”，亦即香港；决议成立临时救护委员会。

2 月，救护总队、战时卫生人员训练所辗转迁到贵阳图云关。图云关救护总队部下设 1 室 4 股，即总队长办公室（主任蒋旭东医师）、医务股（主任荣独山教授）、材料股（主任汤蠡舟、陈璞）、运输股（主任胡会林）和总务股（主任张祖棻）。图云关成为全国战区救护工作的指挥中心。救护总队部工作重点是在抗战前线，其行动口号为“救死扶伤，博爱恤兵”。林可胜总队长并为所有工作人员订立 8 条救护信条：一具丰富情感，二抱牺牲志愿，三本博爱襟怀，四献科学身手，五作精密准备，六求迅速效率，七保伤病安全，八增人类幸福。

3 月 7 日，第 7 医护队、第 10 医疗队、第 6 运输队同驻陕西西安，各队队部同遭敌机炸毁，第 6 运输队工友张海霖、第 7 医护队工友毛熙臣当场被炸死，第 7 医护队工友杨楷云炸伤，第 61、第 63、第 66 号救护车同被毁，卫生器材及油料损失殆尽。

3 月，中国红十字会鉴于“外籍医生因同情我国抗战，仗义来华投效者为数颇多”，特订定《外籍医生服务办法》，内容为“（1）体格适宜年龄在四十岁以下者；（2）在政治上同情中国者，并须持有经外交部或中国驻外外交机关证明之必须文件；（3）专科毕业外科医生而由适当当局介绍者；（4）志愿接受国币薪金者（最高额每月国币二百元），其衣食住行系依照中式；（5）遵守及服从《中国红十字会章程》，准备前赴任何地点工作；（6）在华军前线来往，中国红十字会不负料理之责”。

4 月 1 日，根据第 22 次全体理监事联席会议决议，总会总办事处在香港九龙柯士甸道 111 号成立，下设秘书处、干事部，前驻港办事处同时宣告撤销，并入干事部（不久总会关防由理事徐采丞由上海送至香港）。临时救护委员会同时宣告成立，会长王正廷，副会长杜月笙、刘鸿生，常务理事林康侯、王晓籁，常务监事钱新之，理事刘瑞恒等 7 人为委员，会长为主席，随即命林可胜将原救护委员会改称救护总队部，重新任命林可胜为救护委员会总干事兼救护总队长。

4 月 6 日，第 49 医防队设于湖南衡阳之队部，遭日本飞机轰炸，所设灭虱站、特别营养室等设备及卫生器材，全部炸毁，工友储茂隆腿部炸伤。

4 月，瑞士红十字会派遣伯尔乐医生、何尔姆（又译称贺木、霍尔曼）医生，携带药品来到中国红十字会总会驻香港办事处，23 日起程前往贵阳图云关中国红十字会救护总队部，旋被分配到长沙某士兵医院中服务。

5 月 1 日，中国红十字会昆明分办事处正式成立，总会总办事处秘书高仁偶出任主任。

5 月 2 日，总会核定救护总队部的中西名称为：“中国红十字会总会救护委员会救护总队部”（Chinese Red Cross Medical Relief Corps，缩写 M. R. C）。

5 月 4 日，中国红十字会重庆分办事处正式成立，总会秘书唐承宗兼办事处主任。

5 月 13 日，第 33 医疗队护士王孝义于湖南祁阳参加防疫工作，并于重病病室照料斑疹伤寒患者，卒被感染身故。

5 月 15 日，香港中国妇女会捐赠中国红十字会救护车一辆，中国红十字会会长王正廷、副会长杜月笙等莅场接收，“情形极为热闹”。

6 月 1 日，中国红十字会救护总队部图记及橡皮章正式启用。

6 月 9 日，上海第五十团童子军团员徐正祥，服务红十字会救护运输事宜，因奔走积劳，患伤寒症，在桂林省立医院逝世。

6 月 29 日，中国红十字会总会驻海防专员临时办事处成立，徐可澄为专员。

7 月 15 日，第 43 医防队护士古少真，于柳州进行救护之际，遭敌机炸毙。

7 月，救护总队部第 27 号救护车，载运卫生材料至前方，于南宁田东线上遭敌机炸毁，车上奎宁丸约 2 吨，亦全部损失。

8 月 22 日，秘书长庞京周辞职，由郭兰馨暂代。

8 月 29 日，总会在重庆沙坪坝建成重庆时疫医院（旋改名为重庆医院）。院中设备完善，病人一律免费。除正常门诊外，住院病人随到随收。

9 月，第一次长沙会战，被救护总队视为模范大队的第九大队立下誓言："中国部队所能到的地方，我们中国红十字会救护人员也应该能到"，与部队同进退，治疗伤兵。

秋，国际援华医疗队到达贵阳图云关中国红十字会救护总队部，共 20 余人，来自欧洲，因来华之前曾参加过 1936—1939 年西班牙内战共和国派国际医务纵队，所以图云关人士称他们为"西班牙大夫"。

10 月 18 日，广州万国红十字会举行感恩会，"团长黄雯报告该会退出广州后一年来工作经过，与先后在各县市设立医院六所，诊疗所三所，统计一年来赴红会医院及诊疗所门诊者九万七千余人，留医者亦有二千人云"。

11 月 7 日，第 76 救护队医助薛士汉，于湖南零陵担任空袭急救工作，被日机炸毙。

11 月 20 日，第 7、第 10 医疗队设于陕西延安之门诊部，遭日军飞机轰炸，房屋、卫生器材及设备全部被毁。

12 月 2 日，第 7 医疗队医助李树藩，自河南渑池出发前线救护，途中遭日军枪杀身死。

12 月 4 日，救护总队长林可胜由云南转赴香港，向临时救护委员会及总会报告要务。

12 月 5 日，第三大队部所属第 9 中队各队划由第四大队部指挥，中队长由朱润深兼任。

12 月 8 日，由国际援华委员会介绍来华参加红会工作的外籍医师 14 人，经救护总队部聘为外科顾问或预备医师，于本日由贵阳出发前往邵阳。

冬，细菌学家江涛声及奥地利外科医生纪瑞德等组成的第40医疗队在晋陕地区开展医疗救护工作。

冬，以英国牛津大学教授巴吉尔为首的英国援华团，携带约10吨贵重医疗器械和药品，自贵阳图云关出发，由林可胜博士以救护总队长的名义，委派西北视导员郭绍兴在陕西汉中接待，转运西安，交第十八集团军办事处。几经周折后，这批物资大部运达延安。

1940 年

1 月 1 日，八路军第二兵站院第三收容所全体工作人员、休病伤员，特向第 54 救护队赠荣誉锦旗一面，内绣文曰："中国红十字总会第 54 队全体同志存念，'不避艰苦，发挥了医人救国的热忱'。八路军二兵站院第三所工休人员敬赠"，并举行了隆重的献旗典礼，表达了对中国红十字会救护队全体救护人员的敬意。

1 月 14—15 日，总会在香港举行第 23 次全体理监事联席会议，会长王正廷报告三年来救护工作概况，通过 1940 年度预算草案及工作计划大纲，决定聘任潘小萼为秘书长。

1 月 15 日，福建连城县分会设立齐安治疗院，每日诊病人数达数百人，旋奉总会训令，齐安治疗院改成连城县分会医院。

1 月 30 日，常务理监事会议讨论决定将总会迁往重庆，原重庆办事处并入总会，原上海总办事处改为驻沪办事处，总办事处仍设于香港九龙。

1 月，救护总队部第四次工作报告编印完竣后，寄呈蒋介石"鉴核指正"，旋接军委会办渝字第 222 号指令嘉奖，内开："呈件均悉。该队艰辛工作，成绩斐然，热诚为国，良嘉慰，希益加奋勉，俾利抗战。此令。"

3 月 9 日，救护总队部外籍顾问严斐德医师前往桂南前线，推进第四大队所属第 8 中队各队战地医务工作。

3 月 11 日，救护总队派外籍医师白乐夫顾问赴南昌，推进第三大队所属第 12 中队各队战地医务工作。

4 月 1 日，总会由沪迁重庆小龙坎梅园新村办公。内部组织，因"事业开展较前扩大，共设三处"，第一处处长由主任秘书唐承宗兼任，第二处处长由秘书冯子明兼任，第三处处长由秘书长潘小萼兼理。

4月4日，林可胜总队长启程前往桂、粤、赣、浙等地视察战地救护工作。

4月7日，日机大举轰炸昆明，中国红十字会昆明办事处及昆明分会均被炸毁。

4月17日，云南石屏县地震，伤亡惨重。中国红十字会昆明办事处会同昆明分会派员救护，救治轻重伤员共147人。

4月21日，中国红十字会第一期会计人员训练班在贵阳开课，共30名学员参加培训。

4月，救护总队部鉴于战线绵亘，交通困难，为使战地负伤将士获得及时治疗，乃将所属各医疗队分为三个支队，深入战地，随军工作，并定于次年1月1日起，每一支队概称医务队，“以便办事简便，运动灵活”。

5月1日起，救护总队部医疗、医护、医防、急救各队，一律改编为医务队，推进至野战区，开展医疗服务。

5月1日，敌机8架空袭贵阳，中央医院、南门外甲秀楼附近均被投弹。救护总队部闻讯当即派出救护车辆驰往被炸地点急救。

5月，在陕北为八路军服务的第23医疗队被抽调至第五战区的湖北老河口前线开展医疗工作，临别之时，中共中央副主席周恩来、八路军总司令朱德等各级领导以及后勤部卫生部、边区医院、第二兵站医院等有关团体赠送锦旗，并召开隆重的欢送会，表达边区军民对医疗队衷心的谢意。

5月，湖北光化县分会被炸，“重要文件等，均被炸毁”。

6月30日，上海南市难民区结束。从1937年11月9日开办以来，不到3年的时间，约30万生灵免遭涂炭，上海国际红十字会执行委员会副主席饶家驹功勋卓著，被誉为“难民之父”。

6月，救护总队部派外籍顾问白尔医师为第8中队队长。

7月14日，救护总队部司机秦昌明担任卫生材料输送工作，行经四川綦江时遭日机轰炸，躲避不及，堕河而死。

7月22日，四川合川、綦江两县同时遭日机轰炸，伤亡惨重。总会闻讯，当即派出医疗队前往救护。

7 月 23 日，敌机 70 余架分 3 批对泸县狂轰滥炸，伤亡惨重。救护总队第 81 中队迅速投入救护，救治轻重伤员近千人。

7 月 28 日，日军飞机轰炸贵阳图云关救护总队部及卫训总所教学医院，“投弹三枚，炸毁了医院的一部分，炸伤了五人，其中一人是护士。史沫特莱女士是位作家和新闻记者，她当日连夜伏在打字机上，嘴含着香烟，拍发电报给世界各通讯社，控诉日军无视国际公约，轰炸红十字会及医院的残暴行为”。

8 月 16 日，南洋华侨筹赈总会主席陈嘉庚偕同该会常委侯西友、秘书李铁民访问救护总队部。

8 月 21 日，敌机轰炸金华白龙桥一带，救护总队第 60 队医助蔡一舟被弹片击伤腿部。

8 月 25 日，敌机多架轰炸全州，第 44 队女性医助陈金贞、吕珩不幸受伤。陈金贞一腿骨折，吕珩伤及肺部。救护总队部去电慰问。

8 月起，总会规定，凡各地分会，设有医院或诊疗所者，均应称为“中华民国红十字会某某县分会医院或诊疗所”，以示一律。

9 月 7 日，救护总队长林可胜在重庆晋见蒋介石，建议救护总队“与军医机关作进一步之联系，以宏救护”。蒋即命林书面报告呈核。

9 月 22 日，湖南临湘分会“奉令正式成立”。

9 月，撤销驻海防专员办事处，设立仰光办事处，陈朝俊为主任。

10 月 1 日，林可胜递《呈蒋委员长报告书》，提出救护总队及其所属各队应受军政部及后方勤务部指挥、指导，各队的组织、编制比照军方防疫大队予以改组。次日，蒋介石命军政部长何应钦召集后方勤务部与中国红十字会总会开会，讨论林可胜之建议，没有被通过。

10 月 22 日，美国红十字会职员贝克博士偕美国赈济处官员韦斯礼飞抵重庆，就美国红十字会捐赠价值 500 万美元药物援华接运事宜，与总会对接。

11 月 14 日，设计委员王洽民奉军事委员会政治部张治中部长之命，前往贵阳救护总队部，并兼任总会秘书工作。

11 月 15 日，纽约电，中国难民救济委员会昨晚开始向美国全国募捐百万美元运动，以救助中国难民。该会系著名作家赛珍珠女士领导，由罗斯福总统夫人担任名誉主席。

12 月 3 日，中国红十字会第 54 次常务理监事会议通过《管理分会医院办法》，并于本月 16 日颁布施行。

12 月 11 日，日机 7 架，在河南光山县投弹 70 余枚，炸毁房屋 145 间，死伤平民 26 名。光山分会“救治掩埋，颇为得力”。

12 月 13 日，第 312 医防队队长刘宗歆，在浙江衢县疫区任防疫医院主治医师，并协助卫生当局在浙江义乌一带调查因日军投放鼠疫杆菌致使鼠疫流行的防治，致染鼠疫，死于衢县防疫医院。

12 月 27 日，总会在重庆举行记者招待会，为首届“红十字周”造势。

12 月 28 日，为举办红十字会周，总会在重庆嘉陵宾馆招待全体征求队长，金宝善、卢致德、刘扶经、吴国桢、谷正纲、洪兰友、史良、朱学范等 30 余人出席，副会长刘鸿生致辞，行政院副院长孔祥熙发表讲话，“希望各界人士，踊跃加入为会员，使中国红会事业，将来能与美国红会并驾齐驱云”。

截止到 12 月，中国红十字会会员人数统计为：名誉会员 441 名，特别会员 2709 名，正会员 95307 名，普通会员 36032 名，青年会员 24976 名，总计 159465 名。

1941年

1月1日，救护总队部在贵阳为张止戈、张侣苹，于怀卿、谢培，孔传忠、朱志强等共8对情侣举行了第一届“集团结婚”（集体婚礼）。婚礼“朴素庄严，盛况空前”。

1月1—10日，第一届红十字周活动举行（除1945年外，至1948年共举办7次红十字周活动，时间一般为10月1日至10日，后形成定制），以征求会员，筹措资金。行政院副院长孔祥熙出任征求队总队长，金宝善、卢致德为副总队长，并聘请各界热心社会事业人士70余人为征求队长。本届红十字周共征得会员2万余人，会费收入45029元。其中征求队长以（卢）致德队得分最多，达5422分；分会方面，以成都分会成绩最佳，达12141分。这其中，以名誉会员加入者有刘峙、李宗仁、余汉谋、张发奎、张群、邓锡侯、霍揆章等20余人；以特别会员加入者有孙科、梁寒操、周恩来、胡伯翰等160余人；以正会员加入者有顾一樵、陈访先、贺国光等5000余人。

1月7日，总会电令各办事处及救护总队部，要求“凡本会工作人员未经入会者，应一律加入为会员”。

1月31日，军委会政治部派王洽民为中国红十字会救护总队部政治部主任，王即于本日由重庆赴贵阳筹备一切。

1月，中国红十字会总会创办《会务通讯》，以“检讨工作，增进会务”。至1945年1月，《会务通讯》共出版34期。

2月，救护总队长林可胜前往重庆晋谒蒋介石，“报告工作，并具呈《中华民国红十字会总会救护总队部工作述要》一册”。

3月5日，敌机轰炸弋阳，“全城繁荣全毁，伤亡达二百余人”。中国红十字会第26医务队及军政部战时卫生人员训练所弋阳分所实习医院人员“共同出发救护”。

3月10日，中国红十字会昆明办事处主任高仁偶视察大理分会。

3月11日，美国红十字会碎麦8000包运抵上海，将在上海附近四郊散发，赈济难民。

3月21日，总会曲江接运站成立，齐检身为站长。

3月25日，广州分会第五救护队奉调担任前线救护工作。

3月27日，重庆市政府于望龙门一带，建造经济住宅多所，建筑费35万元，系美国红十字会捐助，本日举行落成典礼，由吴国桢市长主席，美国驻华大使詹森及中外来宾百余人到场观礼。

4月7日，日机大举轰炸不设防城市昆明，中国红十字会昆明办事处及昆明分会均被炸毁。次日，日机继续狂轰滥炸，昆明分会“照常热心服务”，救护伤兵难民。

4月12日，四川灌县东门外大火，延烧621户，死伤多人。灌县分会散发赈款，进行救济。

4月19—25日，缅甸仰光市民在大湖公园举行盛大嘉年华活动，欢送任期将满之缅甸总督夫妇。中国红十字会仰光办事处主任陈朝俊，借此机会，展览中国红十字会抗战救护工作情况，“参观者络绎不绝”。

4月21日，中国红十字会会计人员训练班在贵阳开课，初级20名，高级5名，并调现职人员5名，共计30名入训。

4月26日，总会嘉奖第85医疗队，队长生力勋、医师刘继宽、事务员高隆昌在四川特种工程委员会服务期间，“卓著勋劳，特予嘉奖，以纪有功”。

5月3日，第011医疗区队工友邹学树、王家和担运卫生器材，于缅甸八莫突围时，被日军俘去枪杀。

5月8日，第74医疗队医助张砚塘、鹿文林、吴庸子在山西垣曲，被日军俘去，生死不明。

5月9日，王正廷会长视察贵阳图云关救护总队部，并发表讲话，“要大家明了本身工作的价值”，为抗战救护事业贡献力量。

5月9—15日，总会在重庆举行夏令卫生运动宣传周活动，“以阐扬新运精神，促进市民健康，减少市民疾病，加强抗战力量为目的”。

5 月 19 日，洛阳分会医院被日机炸毁，“药品器材，悉付一炬”。

5 月 22 日，四川灌县北蒲阳场惠元街发生火灾，受灾者达 177 户。灌县分会于 28 日募捐 2500 元前往灾区散放，每户发 15 元，共发振款 2655 元。

5 月，由英、美、加合组的救护队来华，“救济滇缅路上被日方炸伤之平民”。据《申报》报道，这支救护队有队员 50 人、救护车 10 辆。

6 月 1 日，救护总队部第 4 中队在长沙湘雅医院设 X 光透视检验处，余世法主持，免费为军人透视检查，“颇博得外界之好评”。

6 月 17 日，中国红十字会总会缅甸华侨征募会员委员会发布《为征求会员请侨胞踊跃参加由》通告，号召缅甸华侨积极加盟。

6 月 22 日、23 日，敌机连日轰炸陕南安康。安康分会医院全体职员及会员，“分头出发救护”。医务主任邓道生，不顾自家被炸，“仍率医士医治伤胞”，受到总会嘉奖。

7 月 7 日，救护总队部成立劳动服务团，张祖芬任主任，开垦图云关附近荒地，“推行杂粮栽种运动”。

7 月 19 日，救护总队豫晋战区 701 队队长孙桂芳报称，该队队员鹿文标、张砚塘、吴庸三人，被日军俘虏，“迫作挖井苦工”。日军“蔑视人道，滥俘本会救护队员，使作挖井苦工，俱堪发指”。

7 月 27 日，敌机 80 余架轰炸成都，投弹百余枚，炸毁街巷 40 余处，一片狼藉。成都分会救护队，未待警报解除即出发救护，伤者送医，“死亡者并施送棺木”，克尽人道。

9 月 4 日，柯恩女士乘轮抵达香港，而后前往贵阳中国红十字会救护总队部服务，她被称为“美国赴自由中国服务女医生之第一人”。

9 月 12 日，敌机大举轰炸西安，西京分会派出救护队、担架队“四出救济，救治伤者六十余人”。

9 月 24 日，四川永川县分会举行会员大会，选举首届职员，会长朱恒修，副会长张宪斌、萧雨笙。

9 月，第二次长沙会战中，救护总队所属第三、六、九大队均开往战地，实施救护，其中分布在衡阳、衡山、湘潭、长沙、益阳等地的第九大队所属各队“最先推进前方部队工作”。

10 月 18 日，中国红十字会救护总队部第一大队副大队长墨树屏医师，于河南林县出发救护，因越山绕径，堕崖而死。

11 月 1 日起，救护总队部将总会直属医疗队 8 队，陆续扩充为医防服务队 40 队，除分驻四川 8 队外，其余 30 余队分驻于黔、滇、桂、粤、湘、赣、皖、苏、浙、闽各省，配置于水陆交通重要地点设立诊所，担任免费医疗及防疫工作，协助推行公共卫生，并借以组织发展分会或加强分会力量。

11 月 1 日，中国红十字会在重庆新运模范区设立的诊疗所开幕。诊所"内部设备完善，颇得各界好评"。

11 月 10 日，中国红十字会救护总队部特别党部宣告成立，并举行执行委员会宣誓就职典礼，国民党中央派贵州军管区特派员吴鼎昌监誓。执行委员为王正廷、刘鸿生、郭兰馨、印公田、冯子明、林可胜，特派员王晓籁，书记长王洽民。

12 月 5 日，全国内政会议在重庆举行，总会派出医护人员到会服务。

12 月 12 日，香港被日军攻陷，总办事处被迫停止工作，常务理事林康侯，理事刘瑞恒、颜惠庆及监事叶恭绰等遭日军软禁（旋释放），总会工作重心集中于重庆。

12 月 18 日，敌机轰炸昆明，昆明分会"奋勇出动救护，至为努力"，总会致电慰勉。

12 月 25 日，山东沾化成立分会，张士宾为会长，韩北昇、颜承山为副会长。

12 月 30 日，救护总队第三大队第 312 队队长刘宗歆在浙江义乌防治鼠疫时不幸被传染，医治无效而病逝，"各界定期举行追悼，民众闻讯莫不叹息"。

12 月，第三次长沙会战，第九大队工作人员"随军进退，配合作战，没有一个人落伍，没有一队不照命令动作，而且知道什么地方为伤兵必经之路，而设裹伤站于该地"。第九大队出色的救护行动，受到救护总队的通令嘉奖，被誉为"红会模范大队"。

1942 年

1 月 14 日，四川遂宁分会龚集生副会长“积劳病故”，总会闻讯唁电致哀。

1 月 18 日，敌机轰炸邕宁市区，被炸民房甚多。邕宁分会设立收容所，办理赈济。

1 月 21 日，中国红十字会救护总队部第 10 医防服务队与宜宾分会合办的诊疗所开幕，“病人咸称便不置”。

1 月 25 日，美国红十字会代表伊文思先生访问总会。

2 月 1 日，总会秘书陈香沂由重庆出发，受命赴东南各省，“考察各省近年地方救济工作情形”。

2 月 24 日，临湘分会召开首届理监事会，推举李若谷为会长，梅浩然为副会长。

3 月 1 日，云南开远分会成立，会长杨诚，副会长杨元吉。

3 月 7 日，曾在印度热带病研究所工作的英国人高田宜来华后，被分配到救护总队部。当她得知日军投掷细菌弹，给中国人民造成巨大灾难时，要求参加到广西的医疗队，去治疗传染病，临行前，因感冒而匆忙打了防疫针，不料引起反应，不到 24 小时就不幸去世。当晚正是“三八”国际妇女节前夕。同事们含泪把她葬在图云关的小墓地里，竖了一块碑，刻上她的英文和中文名字。

3 月 11 日，印度医务署署长周立将军飞抵重庆，中国红十字会救护总队部总队长林可胜、卫生署署长金宝善、军医署署长卢致德等前往机场迎接，双方拟就中印医务合作进行洽商。

3月11日，广东丰顺分会成立，会长丁季彬，副会长徐影三、丘梦熊。

3月20日，南阳分会开始施种牛痘，迄5月15日止，共种痘12175名。

3月22日，林可胜率救护队由贵阳出发，赴缅甸为中国远征军服务。

3月，总会于曲江设医防第二大队，与赈济委员会第九办事处合作，及时救治经粤归来的病侨。总会原设昆明的医防服务队第一大队及所属第13、14队，均自动为病侨服务。

4月9日，总会接办重庆分会医院，汤蠡舟兼任院长。

4月10日，总会派出第17医防服务队前往贵州镇远第二战俘收容所，担任700名战俘的医疗任务。

4月15日—6月25日，昆明分会医院免费诊疗归侨各科病症，计16434人。

4月20日，美国医药助华会宣布，将派遣一支由内外科医生、护士、技术人员组成的医疗队赴华，与中国红十字会救护总队合作，“担任医药指导及医师双重职务”。

5月3日，为远征军服务之第71、72两医队工友邹学树、王家和二人由缅甸八莫突围时被冲散。6月8日，二人在楚雄车站遇敌被俘，“敌人俘去后用机枪杀死”。

5月4日，中国驻英大使顾维钧在大使馆设宴，欢送即将赴华的英国援华医疗队全体队员，“对英方对华所表示之同情与医药援助，表示谢意”。该队由24位队员组成，队长为佛罗尔斯。

5月10日，中国红十字会总会重庆医院举行盛大奠基典礼，社会各界300余人出席。重庆医院占地72.89公亩，这年秋天落成。院内设门诊部、手术室、特别营养室、头二等及普通病房，其他如宿舍、浴室、饭厅、汽车间、招待所、防空洞等配套设施一应俱全。

5月10日，中国红十字会常务理事王晓籁抵达贵阳，开始视察救护总队部。

6月13日，鉴于“本会在东南省区，业务日形发展”，乃派前驻香港总办事处主任秘书郭兰馨前往浙江设立驻浙办事处。当日郭兰馨搭机先飞广西，“再行设法前往”浙江。

6月20日，大理分会与中国红十字会第4中队合办的霍乱医院开幕，大理分会会长余振广兼任院长。

7 月 5 日，行政院以中国红十字会侨捐断绝经费困难，决定补助经常费 60 万元，以半年为限。

8 月 3 日，救护总队部假卫生人员训练所大礼堂举行盛大欢迎会，欢迎林可胜总队长域外救护载誉归来，救护总队部工作人员及来宾千余人出席，“颇极一时之盛”。

8 月 20 日，红会第 74 次理监事会议决议，救护总队部林可胜总队长辞职，准给假 6 个月，所有救护委员会总干事及总队长职务，由秘书长潘小萼兼任，另派汤蠡舟处长担任副总队长。

9 月 1 日，为造就护士人才，福建仙游分会创办护士职业学校，当日正式开课，首期招生 30 名。仙游分会医院陈杜勋院长兼任校长。

9 月 5 日，林可胜总队长再电辞职，定于 15 日移交，总会令救护总队副总队长汤蠡舟先行接收。

9 月 22 日，王正廷会长偕潘小萼秘书长前往贵阳，办理救护总队部交接事宜。

10 月 1 日，第二届红十字周在重庆新运模范区礼堂开幕，孔祥熙为征求队总队长，卫生署长金宝善、军医署长卢致德为征求队副总队长，俞松筠、洪兰友、蒋廷黻、马超俊、吴铁城、王正廷、刘鸿生、杜月笙等社会名流及红会正副会长、理监事 86 人为征求队长。

10 月 7 日，湖南永兴县分会举行成立大会，选举李达三为正会长，段镇元、曹家瑞为副会长。

10 月 8 日，总会增设会计处，派卢春芳、徐曾渊为正、副处长。

10 月 8 日，敌机轰炸洛阳，炸毁民房 300 余间，伤亡百余人，洛阳分会“出动救护，殊为努力”。

10 月 12 日，四川内江县分会正式成立，萧述明为正会长，雷鸿应、傅瀚文为副会长。

10 月 27 日，杜月笙副会长偕主任秘书唐承宗赴西北考察。

11 月 20 日，美国军事代表团中国战区参谋长史迪威将军致函中国军方，“请派在华中国红十字会外援志愿医师八人至十人至印度兰姆加医院服务”。救护总队表示支持。

12 月 2 日，救护总队部贵阳市诊疗所开幕。

12 月 11 日，救护总队部图云关诊疗所开幕。

12 月 19 日，救护总队部选派外籍医师陶维德、顾泰尔、孟乐克、杨固、富华德、白尔、何理经、柯理格、纪瑞德、傅拉都等 10 人赴印度为远征军服务，本日抵昆明，25 日专机飞印。

12 月底，统计各类会员共计 182583 人。

1943 年

1 月 1 日，四川南川分会医院开幕。

1 月 5 日，曲江第七大队部及第 71 医疗中队部被敌机炸毁，被迫移设附近黄金新村开展工作。

1 月 6 日，日军占领河南固始，烧杀抢掠，9 日弃城而去。固始分会立即组织救援，掩埋尸体 26 具，救护伤兵 12 名，并办理善后救济事宜。

1 月 15 日，总会开办查人转信的“国际通讯”业务，“通讯本文不得超过二十五个字”。

1 月 20 日，经总会认可，郭兰馨在安徽屯溪隆阜镇设立东南办事处。

1 月 24 日，总会镇远民众诊疗所开幕。该诊疗所系担任第二战俘收容所医疗服务的救护总队部预备大队第 18 医疗队，应民众需求而增设，“以利民间疾苦”。2 月 2 日正式开诊。

1 月 25 日，陕西雒南分会举行成立大会，王泰山为会长。

1 月 26 日，总会改组，蒋梦麟为会长，副会长杜月笙、刘鸿生，胡兰生为秘书长。名誉会长蒋介石，名誉副会长宋美龄、戴季陶、孔祥熙、宋子文、吴铁城、虞洽卿。取消救护委员会，救护总队直接由总会指挥，由秘书长胡兰生兼任总队长。

2 月 4 日，广西梧州分会会址遭日机轰炸，分会常务理事李贯三，消防队员覃德明、李玉成、欧树芬 4 人及杂役黎树华、何奴 2 人，同时殉职，会员梁杰林、易寿三和市民 10 余人毙命。该会文牍员何丰阳受重伤，不治身亡。

2 月 9 日，四川遂宁分会李含辉会长去世，总会赠绸质挽联一副，上书“遗风可述”四字，表彰他对红十字事业发展所做的贡献。

2 月 9 日，湖南零陵县遭敌机轰炸，损失惨重，被灾难民 517 户 3011 人。零陵分会办理急赈 3 天，“供给难民饭食”。

2 月 11 日，蒋介石召见胡兰生秘书长。

2 月 24 日，临时救护委员会命令撤销，从此救护总队部直属总会。

2 月 25 日，四川江安分会举行成立大会，郎竹勋当选为正会长，吕楚池、罗子卿当选为副会长。

2 月 27 日，总会派彭达谋为救护总队部副总队长。

2 月，国防最高委员会通过《红十字会战时组织大纲》（立法院通过后改称《红十字会战时组织条例》）。

3 月 6 日，河南临汝分会会长王景元，以临汝饥荒，与同人宋春旭共出资 5 万元，本日起在西南乡龙兴观煮粥施赈，饥民“莫不感同再生”。

3 月 10 日，总会派刘绥亘为重庆市分会医院院长。

3 月 13 日，昆明办事处改组为救护总队部办事处，派倪葆春兼主任。

3 月 15 日，总会派陈崇寿为重庆医院院长。

3 月 15 日，四川什邡分会与该地中医师公会联合创办《医药卫生月刊》，“抗战以来，分会中创办刊物者，当推该分会第一”。

3 月 22 日，胡兰生秘书长赴贵阳图云关救护总队部办理交接事宜。

3 月 23 日，重庆市分会诊疗所开幕，总会调派徐宗海医师前往主持。

3 月，总会订定《中华民国红十字会制服处理规则》，统一制服。

4 月 1 日，国民政府颁布《红十字会战时组织条例》（1946 年 2 月 15 日明令废止），规定会长、副会长、理监事均由军事委员会委员长令派，卫生署长、军政部军医署长为当然理事；各战区救护队受战区司令长官指挥。国民政府将红会纳入军管体系。

4 月 1 日，总会重庆沙坪坝诊疗所正式成立，赵叔骥医师为主任。

4 月 1 日，河南南阳分会成立灾童教养所，暂以收养百名为限，至二麦登场为止。

4 月 1 日，为救济饥荒，河南临汝分会会长王景元，劝募会中同人魏小游等各捐巨资，共 6 万元，本日起设立粥场，“煮粥济人，每日就食者，约计千人以上”。

4 月 1 日，河南光山分会派员分赴四乡施种牛痘，至月底种痘 6835 人。

4 月 1 日，自四川内江分会诊疗所开幕后，“每日就诊者达百人以上”。

4 月 1 日，福建莆田分会召开第三届会员大会，会上，“以豫灾严重，动议募款救济”，得到一致赞同，当场募集捐款 4130 元，送交总会转汇，受到总会嘉许。

4 月 8 日，国民政府军事委员会公布《国民政府军事委员会战时监督红十字会暂行办法》，规定“红十字会举办战时事业由军事委员会核定并监督之”。这意味着战时红十字会主管官署由卫生署转换为军事委员会。

4 月 27 日，第 012 医疗队医助陈乃宽，于云南大理参加防疫工作，致染斑疹伤寒而死。

4 月 29 日，广东丰顺分会开始煮粥赈济饥民，持续一个月，“每天赈济人数达一千以上。现仍在继续施赈中”。

5 月 1 日，派蔡善德为总会副秘书长。

5 月 1 日，蒋梦麟会长视察重庆医院、沙坪坝诊疗所。

5 月 8 日，敌机 36 架轰炸昆明市郊，中国红十字会昆明办事处驰往救护。

5 月 12 日，总会创办员工合作社，为员工谋福利。

5 月 12 日，河南固始分会会同当地官绅散放赈款 3 万元，以救济灾民。

5 月 13 日，总会召开本年度首次空袭救护会议，就空袭救护问题进行研讨。

5 月 17 日，蔡善德副秘书长代表救护总队部出席全国第二次防疫会议。

5 月 23 日，贵州镇远分会召开成立大会，潘东山当选为正会长，聂友兰、江荣华当选为副会长。

5 月 25 日，总会第二处冯子明处长带领随员，由重庆出发，前往各地分会视察。

5、6 月间，日军发动鄂西战役。中国红十字会救护总队第六医疗大队配合野战医院救护伤兵。

6月1日，陕西雒南分会诊疗所开幕。诊疗所由该会王泰山会长出资2000元设立，其他会员亦热心捐助。

6月1日，四川灌县分会救济火灾灾民，用款4.03万元，惠及灾户243户806人。

6月15日，中国红十字会捐献国币2000元，慰劳鄂西将士。

6月16日，灌县分会前往石羊乡，赈济因8日火灾陷入困境的灾民，每户75元，165户灾民得到救济，用款12375元。

6月18日，总会制定的《中国红十字会大学教授医药服务补助办法》，并开始在重庆、昆明先行实施。

7月1日，《改定会员收费办法》今起实施。《办法》规定：名誉会员：一次纳入会费国币2000元；特别会员：一次纳入会费国币500元；（普通）会员：一次纳入会费国币25元；青年会员：一次纳入会费国币10元；团体会员：一次纳入会费国币1000元。各种会员，除名誉会员、特别会员均为终身会员，如青年会员以年在25岁以下，在学校求学之学生为限。所有正会员、普通会员、纪念会员名义，嗣后统称为会员。

7月3日，敌机轰炸河南固始，投弹数十枚。固始分会立即派救护队驰往救护。

7月11日，重庆各界在夫子池新运服务所体育场举行盛大欢迎会，欢迎中国红十字会名誉副会长宋美龄由美返国，中国红十字会为举办团体之一。在美期间，宋美龄对中国红十字会战时救护工作“及时宣传，冀加强医药援华”。

7月15日，重庆医院开幕，首任院长陈崇寿。

7月28日，湖南洪江分会救济高坡宫火灾灾民，发放赈款6830元。

7月间，美国医药援华会主席柯尔波先生到湘北视察部队卫生工作，对第九大队的工作业绩称赞不置。

8月10日，驻英大使顾维钧在大使馆约见英国红十字会主席及执行委员，商谈加强援助中国红十字会事宜。

8月13日，总会致电各分会，要求各地分会遵照总会安排，10月1日至10日按期举办第三届红十字周。

9月8日，美国医药援华会决定自9月份起，拨助中国红十字会西南及湖南战区医药补助费每月国币 65 万元，至 12 月为止。

9 月 16 日，卫生署奉令组织手术队 6 队随远征军工作，手术队归红会节制指挥。

9 月 16 日，救护总队部派驻成都第八大队部暂行撤销。

9 月 29 日，为举办第三届红十字周，救护总队部假贵阳招待所举行茶会，贵州省主席吴鼎昌、贵阳市长何辑五及各界人士百余人出席，何辑五主席，救护总队副总队长汤蠡舟报告会务，吴鼎昌发表讲话，号召各界支持红十字事业。

9 月 30 日，总会假青年会招待重庆新闻界，胡兰生秘书长介绍总会的工作情况，为第三届红十字周做宣传。

10 月 1 日，第三届红十字周在重庆新运服务所礼堂举行开幕典礼，卫生署长金宝善、国民党市党部主任杨公达、重庆市长贺耀祖及各界来宾百余人出席，美国医药援华会、国际红十字会派代表参加。本届红十字周，总会各征求队计 85578 分，各商店 8440 分，各地分会 160475 分，按一分作一元计算，共收到会费 254493 元。

10 月 1 日，第三届红十字周国画展览开幕，5 日闭幕，展览期间，参观者达 5000 余人，售出画作 16 幅，得款 56100 元。

10 月 1 日，《大公报》报道说，总会“近并举办渝昆两区国立大学教授医药补助。重庆区受补助者计十三校，共一千五百六十九人；昆明区受补助者六校，五百五十六人”。至 1944 年，补助范围扩大到 39 所院校，补助金额总计达 626698850 元。

10 月 1—10 日，贵阳区第三届红十字周，在救护总队部主导下，开展得轰轰烈烈，颇具特色：1 日为红十字周宣传日，2 日为电影日，3 日为足球日，4 日为话剧日，5 日为征募日，6 日为音乐日，7 日为播音日，8 日为工作日，9 日为演讲日，10 日为游行日。“征募成绩，异常圆满，将为各地之冠”。

10 月 6 日，总会及重庆各机关团体为红会监事会监事、“棉纱大王”穆藕初（9 月 19 日因病去世）举行追悼会，“素车白马，颇极哀荣”。

10 月 9 日，美国红十字会代表倪克斯在胡兰生秘书长陪同下参观总会及重庆医院，“印象甚佳”。

10 月 15 日，救护总队部政治部主任兼特别党部书记王治民奉调他职，遗缺由陈宗蓥接充。当日新主任就职。

10 月 18 日，浙西大战时，中国红十字会救护队在距离天目山 20 里处的交通岔道口设立临时伤兵站，至 11 月 4 日敌退撤销，前后 18 日，共收容伤病兵 162 名。

10 月，为纪念抗战以来殉职员工，救护总队部特立“中华民国红十字会救护总队部殉职员工纪念碑”于总队部门首花圃内。总会秘书长兼救护总队部总队长胡兰生撰书碑记。殉职员工题名：墨树屏、刘宗歆、胡瀛学、游联苐、薛士汉、古少其、王孝义、王法弼、徐锡汉、李树藩、陈乃宽、方顺宝、陈亚头、张海霖、唐寿生、邹学树、王家和、龙春庭、杨全兴、宋国清、谌少林、谭海萍。

11 月 9 日，美国红十字会代表倪克尔前往陕西考察，受到西京市分会的欢迎。

11 月 13 日，蒋梦麟会长视察重庆医院。

11 月 15 日，蒋梦麟会长到昆明视察红十字会工作。

12 月 1 日，总会恢复第八医疗大队部，以专员王先麟兼大队长。

12 月 9 日，驻湖南东安第五卫训分所 921 队队长祖张琪、931 队队长许信刚深入基层，为民服务，受到民众和美国红十字会代表柯尔波赞许，救护总队部传令嘉奖。

1944 年

1 月 9 日，东南办事处撤销，前主任郭兰馨调派为视察。

1 月 9 日，救护总队部总队长胡兰生飞昆明视察，并与倪葆春副总队长会商远征军救护设施等事宜。

1 月 28 日，美国医药援华会董事林语堂受救护总队部之邀在图云关战时卫生人员训练所大礼堂演讲“旅美观感”，并参观救护总队部各工作部门。

1 月 29 日，英国红十字会配属红会救护总队部昆明办事处医疗队队长韩正义，积劳成疾，不幸去世，安葬于大理郊外西友公墓。外籍医师杜甫接任队长职务。

2 月 12 日，重庆医院与卫生署歌乐山中央医院合并，改名为重庆中央医院，增设床位，改善医疗设施。陈崇寿任院长。

2 月 14 日，总会秘书长兼救护总队部总队长胡兰生抵贵阳，督导救护总队部业务，审核本年度工作方针。

2 月 14 日，救护总队部图云关小学举行开学典礼，学生及来宾数百人出席，“情况极盛”。

3 月 6 日，救护总队部特别党部召开国民党党员大会，欢迎胡兰生执行委员，“席间由胡训话，颇见改造精神，情词恳切，聆者感动”。

3 月 14 日，第 031 医疗队罗马尼亚籍医护员柯芝兰，于云南昆明参加防疫工作，致染回归热而牺牲。

3 月 15 日，救护总队部实行紧缩，裁编员工约 200 人。

3 月 16 日，核准《救护总队部医事人员进修暂行办法》，每大队每年保送两人在红会自办医院或各训练班进修 6 个月。

3 月 22 日，河南唐河分会召开首次会员大会，李子中会长报告会务，并在会后召开理监事联席会议，“决议要案多起”。

3 月 24 日，应葡萄牙红十字会之请，总会聘我国驻葡萄牙公使张谦为中国红十字会驻葡代表。

3 月 29 日，总会聘美国红十字会驻华代表巴克为名誉顾问。

4 月 8 日，第三届红十字周获奖征求队长，由冯玉祥、许世英题字作为奖品。

4 月 16 日，总会副秘书长蔡善德抵救护总队部，“协导本部处理业务”。

4 月 27 日，总会聘美国红十字会驻华总干事倪克迩为名誉顾问。

4 月 29 日，总会召集重庆各医疗单位，讨论本年度空袭救护联系事宜。

4、5 月间，第十大队所属 011、012、021、022、031、032、041、042、051 共 9 个支队，以及附属英国公谊三队、新运会四队到达缅北前线，随军开展野战救护，改善部队环境卫生，防病治病。短短数月中，第十大队取得了优秀的工作业绩：内科住院 52058 人，外科住院 86936 人，门诊 106266 人，手术 1140 人，化验 13544 例，特别营养 44414 例，预防接种 18300 人，X 光检查 176 人次。

5 月 12 日，敌机 4 架空袭广西苍梧，苍梧分会派出救护队驰往救护。

5 月 23 日，蒋梦麟会长视察救护总队部，并发表《认清大势加紧努力》演讲，勉励工作人员“提高服务热情，以期完成使命”。

5 月 25 日，蒋梦麟会长在贵阳举行茶会，招待新闻界记者，30 余人出席，美国军医官金初锐亦被邀参加，“席间对本会工作，颇多欣快观感”。蒋会长报告会务，据称自 1937 年至 1943 年度止，外科受医人数计 7601409 人，内科受医人数 3019728 人。

5 月 25 日，行政院善后救济调查设计委员会组织各种专门委员会，胡兰生秘书长被聘为善后救济流离人民专门委员会主席。

5 月 27 日，蒋梦麟会长在总会副秘书长蔡善德、救护总队部视察袁松人陪同下，前往桂、湘一带视察前、后方救护工作。

5 月，联合国救济善后总署专家史泰雷、陶森飞抵重庆，与总会秘书长兼救护总队部总队长胡兰生交换战后复员意见，并由中国红十字会提供战后复员计划，以供参考。

5 月，第四次长沙会战爆发，救护总队第九大队人员通力合作，救治受伤官兵。“他们都遵守的一个原则就是：各尽所能，随战局发展，随时随地工作”。

6 月 2 日，国民政府下令褒扬英国红十字会配属红会救护总队部昆明办事处医疗队队长韩正义：“英国红十字会医疗队队长韩正义，以外籍人员在华从事医疗队工作有年，急难扶伤，忠勇任职，于湘豫等省早著令誉，远近受其惠者，为数非其少，博爱存心，良深嘉尚。迩因调动繁剧，积劳病逝，特予明令褒扬，以彰异绩，而永仁声。此令。”

6 月 15 日，蒋梦麟会长偕同救护总队部汤蠡舟副总队长、马玉汝科长、袁松人视察等一行访视镇远俘虏收容所。日本战俘举行盛大欢迎会，感谢中国红会解除他们疾病的痛苦。

6 月 20 日，蒋梦麟会长在贵阳招待各界人士，席间市长何辑五、贵州省财政厅厅长周诒春，“对红十字会当前之工作，咸有宝贵意见之发表”。

6 月 25 日，美国副总统华莱士在宋子文陪同下访问昆明，并约见救护总队部副总队长倪葆春，“对本会参加远征军最近各项救护工作情形，垂询甚详”。

7 月 1 日起，总会各级会员收费办法调整为：名誉会员，一次交纳入会费国币 5000 元；特别会员，一次交纳入会费国币 1000 元；会员，一次交纳入会费国币 100 元；青年会员，一次交纳入会费国币 50 元；团体会员，一次交纳入会费国币 1 万元。

7 月，救护总队部原设湖北均县第五大队，暂行撤销，所辖第 511、第 512、第 521、第 522 医疗区队，拨归第六大队指挥。

8 月，中英科学合作馆主任、剑桥大学生物化学教授李约瑟偕夫人访问贵阳，“曾在图云关数次公开学术演讲，并与本部汤副总队长蠡舟晤谈，对本部救护作业，颇多意见交换”。

8 月，原第五大队恢复建制，以应对鄂东、鄂北战事救护之需。

9 月 26 日，救护总队派出三支医疗队，随带药械 150 件、棉背心 600 件等，分赴独山、都匀、马场坪一带，开设诊所，救济湘桂难胞。

9 月 29 日，为举办第四届红十字周，救护总队部假贵阳招待所举行茶会，各界领袖 80 余人出席，总会监事周诒春、救护总队部总队长胡兰生、副总队长汤蠡舟等“亲任招待”，贵阳市市长何辑五主席，贵州省主席吴鼎昌致词。汤蠡舟副总队长报告抗战以来救护工作，“颇予到会来宾以极深刻之印象”。

9月，国际联合会各国红十字会代表咨询会议在日内瓦召开，总会秘书长胡兰生出席。

10月1日，第四届红十字周如期举行。由于战局不稳定、百业凋敝以及基层组织数量有限等，四届红十字周，总计征求会员42069人，距离每届征求10万、四届40万会员的预定目标相去甚远。

10月2日，昆明灭虱站开始工作。中国红十字会所属灭虱站经费，由英国红十字会每年捐助2.5万英镑，已先在曲靖、楚雄、下关成立，“成绩极佳”。

11月15日，社会部部长谷正纲在救护总队部医务科科长马玉汝陪同下，前往黔桂沿线视察难胞救济事宜。

12月4日，第432医疗区队医护员戴慕庄，于贵州独山四方井，遭遇日军，致被枪杀，弃尸未获。

12月26日，总会秘书长兼救护总队部总队长胡兰生抵贵阳视导业务“并宣慰前方工作人员”。

12月30日，社会部部长谷正纲到访救护总队部，会商黔桂、川黔两线及贵阳市难胞医药救济等事宜。

12月，后方勤务部部长俞飞鹏假贵阳南明堂召开救护伤兵及有关后勤业务会议，救护总队部副总队长汤蠡舟出席，商定由救护总队部协运伤兵及医疗等联系事宜。

12月，为救护赈济途经图云关的难民，救护总队部开放博爱堂，留宿过境难胞以及供给过路难民水、衣物，有病者给予医药治疗。

年底，国民政府内部进行人事调整，林可胜被任命为军医署长，恢复了他对战地救护工作的组织和领导。

1945 年

1 月 25 日，红会秘书长兼救护总队部总队长胡兰生，就任救护总队部特别党部特派员。

2 月，第 711 医疗区队护士梅碧芳，于广东仁化楼下镇四面遭敌合围，情势危急，将陷敌手之顷，遂仰药自尽而殉国。

3 月 7 日，蒙巴顿夫人代表英国红十字会，由印度飞抵重庆，视察中国红十字会伤兵救护工作。留渝期间，参观了新运诊疗所及第九材料库，“印象甚佳”。

3 月 8 日，第 411 医疗区队护士何克潜，于贵阳贵定参加难民防疫工作致染回归热而死。

3 月 12 日，蒙巴顿夫人飞抵昆明，并参观红会昆明灭虱站，“盛赞该站设备之完善，并咨询关于灭虱工作之情况甚详”。

3 月 20 日，总会以英国红十字会驻华专员波朗德自来华以来，“对于本会，颇多协助”，特推赠其为中国红十字会名誉会员，“以谢协助本会之意”。

4 月 3 日，总会副秘书长蔡善德因病辞职，秘书曾大钧接替担任副秘书长。

4 月 26 日，中国红十字会名誉副会长虞洽卿因病在重庆去世。总会常务理事王晓籁等 17 人组成治丧委员会。虞洽卿曾担任中国红十字会副会长，“在职时，热心公益，对于本会，尤贡献至巨”。

5 月 14 日，第 922 医疗区队护士苏多加，于湖南晃县参加防疫工作，染斑疹伤寒，因公殉职。

5 月，救护总队部按照总会裁员简政原则，实施裁编，关于医疗队在不妨碍救护范围内，酌予裁减单位，充实固有机构，以期增进工作效率。其中，第三、第七两大队合并，第三大队裁去医疗区队 4 个，第七大队裁去医疗区队 6 个；第四、第九两大队合并，第四大队裁去医疗区队 3 个，第九大队裁去医疗区队 4 个；第五大队裁撤，并裁去医疗区队 4 个；第六、第八两大队合并，第六大队裁去区队 4 个；第十大队裁去医疗区队 3 个；预备大队裁去医疗区队 2 个；第三、第六战区医院撤销。

5 月，黔南战役，救护总队部战地救护及医疗难胞工作人员 32 人——视察祖张琪、大队长马玉汝、林竟成、舒道隆等，荣膺行政院非常时期人民荣誉奖状。

6 月 20 日，前往美国出席太平洋学会会议的蒋梦麟会长事毕回国。旅美期间，"曾向美国有关各方报告本会会务，颇获佳评"。

8 月 15 日，日本宣布无条件投降。中国人民经过艰苦卓绝的奋斗，终于取得抗日战争的伟大胜利。抗战中，中国红十字会的战事救护，可谓成就辉煌。据统计，1938 年 1 月至 1945 年 9 月的救护概况，外科方面：手术 119856 人次，骨折复位 35522 人次，敷伤 8784731 人次；内科方面：住院人数 2142997 人，门诊军人 2481685 人，门诊平民 2002996 人，预防接种 4632446 人；其他：X 光照相 5631 人，X 光透视 52798 人，灭虱人数 792148 人次，灭虱物数 3881176 件，检验 226593 人次，特别营养 934833 人。抗战胜利后，中国红十字会进入"复员时期"，工作重点转为和平建设之社会服务。"服务社会，博爱人群"为其宗旨。

8 月 23 日，解放军鲁中军区第三师七团攻克博山城，县委、县政府机关进驻城里。在县人民政府的领导下，博山城各开业医院、诊所及部分社会人士组织红十字会医院，医治从前线送来的伤病员。参加医治的医师 15 人，治疗解放军伤员及战时受伤的市民 253 名。

9 月 1 日，由连平迁回广州的广州市分会，"开始办理复员"。

10 月 15 日—11 月 2 日，红十字会协会在日内瓦召开咨询会议，39 国红会 59 名代表参加。胡兰生秘书长出席，向各国代表报告中国红十字会自 1937 年以来各项工作情况。与会代表一致认为："推行红十字青年会员（泛指在校学生）运动，确系灌输红十字会的博爱人道思想和根绝战争保障和平的最彻底最有效的方法。"红十字青少年运动由此得以广泛开展。

11 月 14—16 日，胡兰生秘书长出席红十字会协会于巴黎召开的第八次理事会。中国红十字会会长蒋梦麟当选为红十字会国际联合会（红联）副会长之一（共5位），“本会自成立以来，国际地位推此时为最隆著”。

11 月20 日，行政院第21 次例会，通过《复员期间管理中华民国红十字会办法》（11 条）。12 月8 日公布，其中规定“中华民国红十字会设总会于首都，以行政院为主管官署。并依其业务性质，受社会部、卫生署、善后救济总署之指挥监督”；“总会置会长一人、副会长二人，理事十五人至二十一人，组织理事会，并就理事中指定七人为常务理事，均由行政院聘任之。秘书长一人，副秘书长一人或二人，由会长遴请行政院聘任之。其他办事人员，由总会派充，汇报行政院备案”。1947 年11 月，奉行政院令“复员时期”终结，《复员期间管理中华民国红十字会办法》终止。

11 月21 日，总会在渝发布通告，谓“现值抗战胜利，国土重光之际，本会对于各收复区分会亟须整顿，以振会务”。由此拉开复员时期整顿会务工作的序幕。

11 月，胡兰生秘书长前往纽约、华盛顿，“考察美国红十字会新设施”。

12 月1 日，吴县分会“正式开始办公”，成为抗战胜利后江苏省率先恢复的红十字分会组织。

12 月11 日，北平分会召开大会，“选举理监事，正式复会”，但体制依旧。

12 月，救护总队部由贵阳图云关迁重庆，与总会同地办公，仍与行政院救济总署合作，办理民众医疗救济工作。根据变化了的新形势，医疗队缩编为40 个区队，分布在浙江、江苏、江西、湖北、湖南、四川、福建、广东、广西、贵州等地，截止到次年6 月完成任务后被总会分别编遣。救护总队业绩：内科诊疗135818 人；外科诊疗231510 人；防疫注射135169 人；检验人数86382 人；X 光照像人数321 人；X 光透视人数1544 人，共计受惠人数587744 人。

1946 年

1 月 1 日，行政院聘蒋梦麟为中国红十字会会长，杜月笙、刘鸿生为副会长，胡兰生为秘书长，曾大钧、汤蠡舟为副秘书长。取消监事会，理事会为最高权力机构。常务理事有蒋梦麟、蒋廷黻、金宝善、马超俊、吴有训、关颂声、徐国懋；理事有杜月笙、刘鸿生、钱大钧、张蔼真、谷正纲、杭立武、王晓籁、徐寄庼、刘瑞恒、王云五。

1 月 1 日，总会成立第三处，专司社会服务工作。为广泛开展社会服务，蒋梦麒会长手订“服务信条”8 条：具丰富情感、抱牺牲志愿、本博爱襟怀、献科学身手、作精密准备、求迅确效率、策社会安全、增人群幸福。

1 月 1 日，广州分会改组成立，陈策为会长，朱赓陶、张勇斌、黄雯为副会长，张发奎、罗卓英、曾养甫为名誉会长，张宗象为总干事。

1 月 19 日，曾大钧副秘书长飞南京，为总会迁首都做准备。

1 月 21 日，总会第二处冯子明处长前往上海，主持上海分会改组事宜。

1 月 31 日，《红十字月刊》创刊，1948 年停刊，共出版 36 期。

1 月，总会出台了《复员期间中华民国红十字会总会初步工作实施计划纲要》，提出调整总会组织、增进分会机能、推广征募运动、建立服务中心、扩大医药救济、推行全员保健、训练专业人才、加强国际联络、出版宣传书刊、整理本会会史、搜集服务资料等 11 项工作要点。

2 月 1 日，中国红十字会中央大学服务站正式成立，着力改善校园环境卫生，为师生提供医疗服务。

2 月 12 日，重庆分会举行征募会员运动大会开幕式，蒋梦麟会长以及重庆市长张笃伦、社会局长徐鸿涛、教育局长任觉五、美国红十字会代表周叔卫等百余人出席。至 6 月，共征集各类会员 44215 位，会费、捐款合计 950 余万元。

3 月 11 日，上海市分会召开复员后首次理事会，选举徐采丞为常务理事兼会长，章荣初、唐承宗为常务理事兼副会长。

3 月 19 日，中航公司 139 号客机由重庆飞往上海，因气候原因在川南团岩坠毁，30 位乘客，包括中国红十字会总会原秘书长潘小萼，不幸遇难。

4 月 20 日，上海市分会诊疗所正式开办，至年底，诊治病患达 42587 人。

4 月 21 日，汉口市分会举行整理委员会筹备复会会议，推举候聘理事，提请总会聘任。

4 月 26 日，鉴于 2 月 9 日总会颁布《中华民国红十字会分会组织规程》取消了监事会，率先“恢复”的北平分会按此规定召开会员大会重新选举，总会北平区办事处主任舒敏杰及北平市社会局代表出席会议。选举结果，王正黼为会长，全绍清、凌其峻为副会长，关颂韬、周梁令娴为常务理事。

4 月，总会以大理分会抗战期间成绩优异，“对于防治霍乱贡献颇巨”，特颁予奖状。

4、5 月间，总会工作人员全部返回首都南京。

5 月 4 日，南京市分会正式改组成立，选举沈慧莲为常务理事兼会长，她由此成为当时全国分会中唯一的女会长。傅况麟、彭湖为常务理事兼副会长。根据总会建议，正式通过在玄武湖开办服务站的决议。

5 月 5 日，国民政府发布政府令，对胡兰生、曾大钧、印公田、冯子明、庞京周、唐承宗、郭兰馨、汤蠡舟、朱润深、倪葆春、江晦鸣、马玉汝、俞百新、陈德星、祖张琪、袁松人、唐文铭、林竟成、钱惠伦、刘培、舒道隆、林和鸣、陈生白、侯崧生、田增基、黄兴汉、朱文俊等 27 名优秀红十字工作者，“各给予胜利勋章”。

5 月 10 日，上海市分会的征求会员工作拉开帷幕。市分会聘请总会蒋梦麟会长为征求队名誉总队长，杜月笙、刘鸿生为名誉副总队长，钱大钧为总队长，各界名流 650 人为队长，声势浩大。至 7 月 15 日结束，共征得会员 59136 人（至征募结束时共征得会员 61274 人），会费及捐款收入共计

55582100 元，成绩可观。

5 月 19 日，总会在上海新生活俱乐部召开复员期间第一届理事会，通过《扩大征求会员宏扬本会事业案》等提案。

5 月 24 日，长春市分会新组建两处诊疗所，正式开诊。

6 月 2 日，总会于还都后在南京召开第一次会务座谈会，总会及南京市分会全体工作人员共 70 人参加，以交流工作，改进会务。

6 月 10 日，蒋梦麟会长代表中国红十字会全体理事致函美国红十字会主席奥康纳，对美红会之于中国红会抗战救护的支持，表示感谢。

6 月 14 日，安徽安庆分会改组成立，马伯瑶为会长，孙国玺、胡子穆为副会长。

6 月 19 日起，上海分会流动服务站分赴曹家渡、梵皇渡、闸北、徐家汇、南市、虹口等人口密集之处，向市民提供免费注射防疫针服务。

6 月，救护总队部完成善后工作后宣告撤销。

7 月 1 日，美国红十字会主席奥康纳复函蒋梦麟会长，对中国红十字会致力于社会服务事业表示赞赏。

7 月 1 日，由南京分会与社会服务处合办的义务诊所在新街口开诊，每日平均就诊人数约 300 人。

7 月 3 日，四川灌县新民镇发生火灾，12 户遭殃，灌县分会派员救济，每户发给救助金 2000 元。

7 月 7 日，抗战纪念日当天，南京分会沈慧莲会长假励志社招待抗战先烈遗族及荣誉军人，以示慰问。

7 月 8—20 日，红十字会协会在英国牛津举行第十九届理事会，通过关于促进红十字青少年运动开展的 5 项决议。胡兰生秘书长与会。

7 月 13 日，四川灌县北城一带贫民住宅发生火灾，“延烧甚烈”，168 户被灾。灌县分会筹款 90 余万元，赈济灾民。

7 月 26 日—8 月 3 日，国际红十字委员会召集各国红十字会研究公约及其他红十字会问题之准备会议。胡兰生秘书长出席。

7 月，山东章邱县分会自复会后，鉴于“鲁境仍有不幸战事发生”，乃组织救护队，备置担架 50 副，随时准备投入战地救护。11 月，该分会又设临时收容所 5 处，收容伤兵，从 11 月 9 日至 13 日，5 日内收容伤兵 281 人。“该分会以救护成绩优异，曾获山东省政府颁电嘉奖”。

8 月 9 日，鉴于江苏砀山局势紧张，砀山县红十字分会集合县卫生院及各诊所人员 45 人，组织志愿救护队，开赴战地救死扶伤。至 12 日晚，救护负伤官兵 150 人，负伤贫民 120 余人，救护难民 500 余人，掩埋尸体 150 余具。

8 月 13 日，在“复员”期间中国红十字会首届常务理事会上，专门讨论了“东北及台湾红十字会应如何处理”问题，决议：在长春及台湾分设区办事处，负责整理东北及台湾境内所有红十字会资产。

8 月 13 日，在“复员”期间中华民国红十字会总会第一次常务理事会上，关颂声提出“请明定十月一日至十日为中国红十字宣传周案”，得到通过，“红十字周”于是成为“复员”期间中国红十字会“法定”的宣传周、征募周。

8 月 15 日，南京市分会玄武湖服务站正式开幕，南京分会沈慧莲会长兼服务站主任。

8 月 15 日，南京市分会在太平路 42 号开设诊疗所，免费为市民服务。

8 月 15 日，中国红十字会北平区办事处开办图书阅览室，每日阅览人数平均 40 人。区办事处停办后，阅览室移交北平分会主管。

8 月 15 日，安徽广德分会诊疗所开幕。

8 月，甘肃平凉分会设恤孤育幼院，收容弃婴。

8 月，上海市分会受统益纱厂委托开办诊疗所一所，自年底，就诊人数为 10941 人。

9 月 4 日，山东即墨分会复会并召开选举大会，公选黄礼亭为会长。

9 月 11 日，上海市分会在会所二楼开办儿童营养站一所。至年底，供奶 5368 听，领饮儿童 23011 人次。

9 月 12 日，南京市分会征求会员运动正式揭幕，市长马超俊出任征求队总队长，市党部主任委员萧赞育、副市长马元放、市参议会议长陈裕光、首都警察厅长韩文焕、市银行公会理事长程觉民、市商会理事长王绎斋为副总队长。总会蒋梦麟会长出席指导。征募运动得到社会各界的热烈拥护，“入会者极为踊跃”。到年底共征求会员 69959 人，征得会费为 82282400 元，成绩骄人。

9 月 14 日，广州市分会香港区征募会员委员会假香港安乐园招待新闻界，征募委员会主席许世英致词，“吁请新闻界予以言论协助”。

9 月 16 日，广州市分会香港区征募运动拉开序幕，聘有 400 多位征求队长。征求运动至 11 月底结束，总计征得会员 10578 人，收入会费港币 51612 元、国币 9000 元。

9 月 17 日，总会图书阅览室正式开幕，为大众免费提供“精神食粮”，至 1947 年 12 月底，共计阅览人数达 38836 人次。

9 月 17—21 日，儿童保育国际委员会在日内瓦举行会议，胡兰生秘书长代表中国红十字会出席。

9 月 20 日，广州市分会开办第一诊疗所。

9 月，奉行政院令，总会负责接管东北及台湾赤十字社事业及资产。

9 月，南京市分会与南京陵园管理处合办的陵园诊疗所开幕。

9 月，美国红十字会赠送急救箱 100 只，总会分赠各地红十字少年团体。

9 月，上海市分会与行政院善后救济总署（简称“行总”）上海分署合作，为肺病患者办理营养补助。

10 月 1—10 日，中国红十字会举行第五届红十字周。

10 月 3 日，总会与南京市分会在玄武湖举行中学校长招待会，倡议组建红十字青年服务团。31 日，“南京市红十字青年服务团”成立，它是红十字事业中的新气象，“是南京市分会今后展开社会服务的新生命，也是中国红十字青年运动的初页”。

10 月 10 日，英国援华会主席克利浦斯爵士夫人访华，为答谢该会抗战期间对中国红十字会的援助，蒋梦麟会长假国际联欢社举行欢迎宴会，英大使施谛文夫妇及在京理事谷正纲、马超俊、杭立武、吴有训、金宝善、林可胜等出席。蒋梦麟会长代表中国红十字会推赠克利浦斯夫人为中国红十字会名誉会员，克利浦斯夫人欣然接受，并对中国红十字会“服务社会，博爱人群”宗旨，“表示最大同情，愿为此共同理想而努力”。

10 月 10 日，“双十节”及 10 月 27 日，上海分会两次在沪西中山公园举行青年会员游园会，并请名人演讲“宣扬红十字会之使命”与“青年会员之责任”。

10 月 12 日，中国红十字会在上海罗店举行苏克己、谢惠贤、刘中武、陈秀芳 4 烈士纪念碑揭幕仪式，上海市政府、医师公会等机关团体、上海各界代表及伞兵代表等数百人参加致祭。蒋梦麟会长与杜月笙、刘鸿生副会长合撰祭文，并将“壮烈事迹已由本会报请国史馆、国际红十字会分别载入史籍”。

10 月 15 日，行政院发布训令（京玖字第 15743 号），以“我国自抗战以来，各地非法定卫生机构及开业医师等，普遍滥用白底红十字符号，实有碍国际信誉”，现“值复员整理期间”，通令“各省市政府转饬所属会同地方卫生主管当局严加取缔，以正国际视听”。

10 月 20 日，天津分会奉命改组，选出刘道平、姚鹤荪、孟子清等 15 人为理事，中国红十字会北平区办事处主任舒敏杰莅会指导。

10 月 28 日，此前移北平工作的张家口分会，组织医疗服务队，携带救济物品，返回张家口开展工作并办理复员。

10 月，安阳县分会与行政院善后救济总署（简称“行总”）河南分署合办营养站一所，“每日平均到站饮奶者二百八十人至三百人”。

10 月，泸县分会开设儿童阅览室，每日阅览人数达数十人。

10 月，美国红十字会驻沪办事处转赠中国红十字会糖果，共有 114600 余包，每包为朱古力糖果 4 两。总会即分发上海、南京及附近各分会馈赠学生及青少年会员。

10 月底—11 月底，武进分会与“行总”苏宁分署合办儿童营养站 5 所，“每日有两千多营养不良的儿童无条件的享受着牛乳的特别营养”。

11 月 1 日，广州市分会建儿童营养站一所，“每日供应牛奶以百人为限”。

11 月 1 日，广州市分会开办第二诊疗所。

11 月 2—19 日，中国红十字会北平区办事处为增进青年对红十字会的认识，派业务组长杨宝煌至崇实中学、崇德中学、市立第三女中等学校巡回演讲《本会史略、任务及工作意义》，听讲者每校 400 人至 1300 人不等，“颇为一般青年所注意”。

11 月 5 日，郾城分会与“行总”河南分署合办营养站一所，“每日供应牛奶以一百五十人为限”。

11 月 7 日，胡适函请北京大学同仁加入中国红十字会。函称：“敬启者：

红十字会系国际慈善团体，在抗战中对教育界贡献甚多，中国红十字会会长蒋梦麟先生又系本校前任校长。本年该会征求会员，特请本校积极赞助。谨此奉达，务恳加入该会为普通会员。”

11 月 10 日，长春市分会开始征求会员，预订征求目标 12 万人，募集会费东北流通券 3000 万元（每 1 元折合国币为 5 角）。共组织 4 个征募大队，分头推进。

11 月 29—30 日，副秘书长曾大钧代表会长出席在巴黎召开的红十字会协会执行委员会会议。

12 月 1 日，中国红十字会江都分会假南京大戏院举行成立大会，选举朱干臣等 21 人为理事。

12 月 10 日，广东丰顺分会以该县水灾严重，饥民甚多，乃发米赈济，受赈人数达 27127 人。

12 月 22 日起，南京分会与金陵大学等单位合作，于每周六开会讨论儿童福利工作的理论与实践诸问题，直到 1948 年底未曾间断。

12 月 29 日，广西邕宁发生火灾，邕宁分会施粥赈济，共赈灾民 152 人，用米 2464 斤。

12 月，北平分会开办国子监暖厂及极乐庵粥厂，受救济者计暖厂每天平均 40 多人，粥厂每天平均 1900 余人。从 12 月至 1947 年 3 月，施济贫民就食领粥者共 190066 人，寄宿就食者 4824 人。

12 月，中国红十字会原设上海、北平、汉口、广州、重庆的 5 个区办事处，以复员工作完成而撤销，但上海方面，为便于国际联络，将上海区办事处改设为上海办事处。

本年，恢复重建分会共 132 个，共征得会员 230037 人。

1947 年

1 月 9 日，为整理恢复东北各地分会及接收伪满洲国赤十字社事业资产，总会派视导于恩德赴东北督导办理。

1 月 15 日，曾大钧副秘书长访问美国芝加哥红十字会，受到热情接待。

1 月 18 日，安徽怀远县分会发动募捐，先由分会各理事共捐 31 万元，购米救济雪灾灾民。

1 月 25 日，即墨分会出发救护队，救护鲁东战役伤兵。

1 月，刘鸿生副会长收募中纺公司捐款 1 亿元，委托武进分会在常州向厂方订购布料，赶制棉袄 1000 件，分发亳县、凤台、南京及上海等分会散放贫民。

1 月，江都县砖街居户发生火灾，延烧 14 户，损失惨重。江都县分会募集捐款 60 万元，“散发被灾各户，聊尽‘我为人人’之责”。

2 月 1 日，亳县战事激烈，亳县分会“派救护队、担架队、掩埋队出发工作，并设难民收容所三处，计收容难民三千余名，收容伤兵二百一十名，掩埋尸体一千〇五十余具”。总会以该会“热心会务，工作努力，特予颁发奖状，以资矜式”。

2 月 15 日，通县发生军事冲突时，北平分会总干事吕芝山偕同结核医院侯振岱医师、卢展援护士、诊疗所医护员金德峦前往现场实施救护，救治伤兵伤民共 16 人。

2 月 20 日，西安市分会开始协助西安市政府调查河北籍难民，至 3 月 20 日一个月的时间内，“共登记难民七千九百二十人，三月二十九日发款，每大口发四千元，小口发二千元”。

2 月 26 日，砀山分会会长汪湘向总会呈文称：由山东巨野县运来负伤官兵及俘虏伤病员计 200 余人，“现职分会派员实施救治”。

2 月，武进分会先后设立 9 个乡村服务站，以医疗工作为重点，开展社会服务活动。

3 月 1 日，长春市分会成立救护队 8 队，以救护伤兵难民。

3 月 5 日，长春分会派出救护队，前往德惠、农安战地开展救护，“以利伤运”。

3 月 11 日—4 月 17 日，南京市分会为国民教育实验区小学生进行健康检查、种痘，汉口路国民小学等 7 所学校共有 6238 人受检，5205 人种痘。

3 月 13 日，河南郾城分会受国际救济委员会漯河分会委托开办儿童营养站，供应牛奶。

3 月，中国红十字会受美国红十字会补助，在南京联合各卫生医疗机关，设立沙眼防治所。

3 月，砀山县分会举行兵灾急赈，发放面粉 6500 袋，受赈难民 2 万余人。

3 月，四川泸县分会设立蓝田服务社，开展乡村服务。

3 月，四川大足分会设立高穴、新店服务站，开展乡村服务。

4 月 1 日，湖北孝感县分会开办救护训练班，37 人参加培训。

4 月 4 日，陕西西京分会、河南临汝分会开办儿童阅览室。

4 月 11 日，四川灌县东门外发生火灾，355 户遭灾，灌县分会乃劝捐赈济，共募款 390.5 万元，每户发款 1.1 万元。

4 月 11 日，长春市分会开始为各中小学校学生及一般市民接种牛痘，至月底结束，接种牛痘共计 33407 人。

4 月 14 日，广西邕宁县模范镇发生火灾，邕宁县分会消防队立即出动进行施救。

4 月 14—26 日，副秘书长汤蠡舟出席红十字会国际委员会在日内瓦召开的讨论保护战争受难者公约之政府专家会议。

4 月 15 日，总会推出了流动图书供应服务，选定中央医院和鼓楼医院，以住院的外科病人为对象。至 10 月底，两医院阅读者 6109 人。

4 月 16 日，安徽安庆市吴樾街发生火灾，安庆市分会“出动消防队抢救，因抢救迅速，致未酿成巨灾，事后深得社会人士好评，并登报鸣谢”。

4 月 20 日，南京市分会为筹募基金，在玄武湖五洲公园举行春季游园大会，“中外仕女如云，颇极一时之盛”。计到游客万余人，收入票款 3000 余万元。

4 月 20 日，河南郾城县分会诊疗所成立。

4 月 24 日，在总会第二次常务理事会上通过《复员期间中华民国红十字会支会组织规程草案》（共 14 条），支会于是成为中国红十字会基层组织中的新成员。从这年 7 月至 1948 年 12 月，经总会核准成立的支会共 10 个。

4 月，总会与南京市瑯琊路小学等 7 个学校合办卫生实验区，总计健康检查 11835 人，牛痘接种 5205 人，霍乱预防注射 12899 人，X 光透视 1046 人，灭虱 717 人，沙眼治疗 16749 人，皮肤病防治 213 人，召开卫生座谈会 96 次。

5 月 7 日，汤蠡舟副秘书长赴伦敦访问英国红十字会。

5 月 13 日，安徽亳县分会开办难童教养站，收容难童 60 名。

5 月 15 日，山东昌邑县分会诊疗所成立。

5 月 16 日，江苏砀山分会在该县崇教乡设立服务站，办理防疫保健、灾害救济等事。

5 月 19—20 日，副秘书长汤蠡舟出席国际红十字会协会在巴黎举行的特别小组会议。

5 月 20 日，河南杞县分会诊疗所开幕。

5 月 21—23 日，副秘书长汤蠡舟出席红十字会协会在巴黎召开的执行委员会会议。

5 月 28 日，复员期间中国红十字会第三次理事会在上海新生活俱乐部举行，蒋梦麟会长报告会务。会议决定自 8 月 1 日起至 10 月底，募捐事业基金 50 亿元。

5 月 28 日，为办理接收东北 9 省敌伪赤十字社事业及资产，总会特在沈阳设立“中华民国红十字会总会接管东北敌伪赤十字社事业资产委员会”，聘东北各省地方行政长官及东北各地分会会长共计 25 人为委员。后因东北战事复起，接管工作受到影响，完成改组者仅有长春、沈阳、铁岭、绥中、山海关、北镇等 6 个分会。

5 月，湖北大冶县分会以夏季时疫流行，派出医护人员分赴附近乡村，

“施救贫病人民”。

5 月，江苏砀山县分会发放赈款 1036 万元及米面、豆粉等，赈济难民 2332 人。

6 月 1 日，上海市分会假新生活运动俱乐部举行征募大会开幕典礼，前会长王正廷出席，号召社会各界“有钱出钱，有力出力”。上海市长吴国桢担任劝募委员会主任委员兼总队长，各界名流担任劝募队长，广为劝募。

6 月 1 日，北平分会沙眼防治所成立，“分学校、教育机关、教育团体及市民四方面进行工作”。

6 月 1 日，四川泸县分会儿童阅览室设立。

6 月 8 日，河北武清县分会组建救护队，下设 3 个分队。

6 月 10 日，辽宁绥中县分会开办救护训练班，40 位青年会员参加培训。

6 月 11 日，南京市分会沙眼防治所门诊部成立，次日开诊。

6 月 11 日，广西邕宁县分会以县城平民房舍多被水淹，乃派出救护队分乘小艇四出救护，救出灾民 37 人，医疗 17 人，注射防疫针 235 人。

6 月 13 日，中国社会团体救济日本中南部地震灾民捐款及行政院拨赠之捐款共计 2 亿余元，连同中国红十字会捐赠的 25 箱药品，交中国驻日代表团驻京通讯处，请代运日本，转赠地震灾民。

6 月 15 日，陕西西京市分会沙眼防治所成立。

6 月 17 日，总会以安徽亳县分会会长王乃朴捐献房屋 12 间，副会长蒋璧清捐款 300 万元，发动救济军民工作，成绩优良，颁给奖状以示奖励。

6 月 18 日，总会以南京、上海、广州、西安、北平、重庆、汉口、武进 8 市县分会能遵照计划推进业务，且征募成绩优良，特颁给甲等奖状；长春、昆明、南昌、邕宁、江都、郾城、砀山、丰顺、灌县、内江、永嘉等 11 分会颁给乙等奖状。

6 月 18 日，广西邕宁分会为筹募医院基金，发起募捐运动，至 30 日结束，收到捐款 23000 万元。“地方人士响应之热烈，诚为空前之盛事”。

6 月 19—30 日，广西苍梧县分会为救济水灾灾民，与当地善堂联手，设粥厂 6 处，“每天平均施粥一百五十担，每日就食灾民六千人”。

6 月 21 日，汤蠡舟副秘书长代表卫生部门出席在布鲁塞尔举行的比利时皇家学院医学会年会。

6 月 25 日，河南郾城县分会为一般民众免费注射防疫针，并协助中医公会成立施诊所，分 11 组轮流应诊。

6 月，青岛外围不断有战事发生，平度县分会组织救护队，在队长徐墨林、吴德宽率领下，深入战地，救治伤兵病民 228 名。博山、济宁、日照、桓台、淄川等地也有红分会或临时设立的红十字救护组织参与救伤工作。

6 月，总会以福建仙游县分会办理医院 25 年之久，成绩卓著，颁给奖状。

6 月，河南临汝县分会设儿童阅览室一所。

6 月，辽宁绥中县分会为预防夏令疫病，联络各机关，举行夏令卫生座谈会，开展清洁运动及其他预防工作。

6 月，甘肃平凉县分会为高平中学 198 名学生进行身体检查。

6 月，昆明市分会组织流动医疗队 10 队，在市区免费为贫民病兵提供医疗服务。

7 月 1 日起，上海市分会与民锋社合办沪南防疫服务站，免费为民众防疫注射。

7 月 1 日，浙江永嘉县分会筹设时疫医院及第三、四、六急救站，办理时疫急救工作。

7 月 1 日，江苏长泾分会诊疗所成立，先设内、外两科，并定于 15 日开始防疫注射。

7 月 13 日，河南荥阳县突遭暴风冰雹，造成 55 人死亡，损毁房屋 3854 间，受灾农田 77858 亩，灾民 92129 人。荥阳县分会立即发动募捐，进行救助。

7 月 16 日，副秘书长汤蠡舟在华盛顿访问美国红十字会。

7 月 19 日，上海市分会开办妇女缝纫班，第一期 20 位妇女接受培训。

7 月 24 日，鉴于入夏以来，两广及四川西部均遭受严重水灾，“人民流离颠困，亟须救济”，总会拨出药品一批，急电广州市分会及灌县分会先行办理医药救济外，并在京沪各大报吁请各界慷慨捐款，当日至月底，一周之内即收到大陆银行等捐款 6465000 元。

7 月 30 日，安徽凤台县分会医院成立，即日开始门诊。

7月，总会派于恩德前往台湾，联络当地人士，组织“接管台湾敌赤十字社资产事业委员会”，办理接管事宜。

7月，江苏武进分会设儿童福利站，收容贫苦失学儿童约500人。

7月，安徽亳县分会设失学儿童教育班，收容儿童183人。

7月，上海市分会成立巡回防疫注射队，备有汽车载乘医护人员巡回注射。

7月，南京市分会与新生活运动委员会合组巡回防疫注射队，备有汽车，巡回服务。

7月，湖北黄陂县分会诊所开办。

8月1日，为落实第三次理事会筹募事业基金50亿元之决定，总会印制捐册、标语及征募特辑分发各地分会办理筹募。

8月1日，河南郾城县分会在城内北大街成立第二诊疗所，办理医疗工作。

8月1—6日，副秘书长汤蠡舟出席由美国红十字会主办的医学会议。

8月13日，受暴雨冲击，四川灌县城墙崩塌10余丈，压毁附近贫民房屋4家，压毙住民2人。灌县分会除雇人抬土掩埋死者外，募捐38万余元，作为被灾贫民安养费用。

8月21日，中国红十字会总会接管台湾赤十字社资产事业委员会在台北市蓬莱阁正式成立，蔡培火出任主任委员。

8月28日，为救助两广及四川灾民，总会发动缝制救济难民衣服3000套，当日开工，由南京市女青年会缝制部承制，同时向“行总”请拨衣服5万套“以惠灾黎”。

8月，南京市分会在玄武湖服务站举办儿童暑期补习班，43名儿童参加补习。

8月，南京市分会与金陵大学社会服务组合作在下关四所贫民区组设诊疗所一处，为难民及贫民提供医疗服务。

8月，江苏砀山县分会派出救护队前往第四区、第五区受水灾区域救治灾民，并注射霍乱疫苗3569人。

9月7日，辽宁绥中县分会会长马书麟、副会长黄宝恒率同总干事、医师及救护队员 40 人，出发战地，开展伤兵救护。

9 月 10 日，汤蠡舟副秘书长访问美国芝加哥红十字会。

9 月 11 日，河南新蔡县分会诊疗所成立。

9 月 15 日、16 日、17 日，上海市分会与上海市民营电台同业公会“合办流动诊疗车空中劝募大会”，播送“特别节目”，有名人演讲、中外歌曲以及“名票名媛名伶名花平剧大会串”，欢迎各界捐助点唱。“特别节目”引起市民的浓厚兴趣，“综合三天特别节目，计募得一亿二千余万元，大会充满和谐与兴奋的情调中，圆满结束”。

9 月 24 日，汤蠡舟副秘书长在旧金山访问美国红十字会太平洋区办事处。

9 月，江苏砀山县分会设临时负伤军民收容所一处，内有病床 20 张，以救治伤兵。

10 月 1 日，重庆市分会于和平路 191 号开设第二诊疗所，便利市民。

10 月 1 日，安徽凤台县分会在新芦、行署、东石峡等乡各设诊疗所一处，以推进乡村医疗工作。

10 月 1—10 日，红会举行第六届红十字周，其中南京市分会十日活动安排颇具特色：1 日发展业务，2 日慰劳过境军人，3 日防痨运动，4 日健康检查，5 日康乐活动，6 日营养补助，7 日母婴保健，8 日广播宣传，9 日会员联谊，10 日国庆日。

10 月 7 日，广西邕宁县城内西关街北一里发生火警，邕宁县分会闻讯后，立即派消防队、救护队携带灭火器具、卫生药物驰赴抢救。

10 月 10 日，上海市分会流动诊疗车开诊，轮流到各站点，“给全市人民做免费的医疗工作”，并利用节假日，开到青浦、嘉定乡间，“给那些毫无近代医药设备的农民去服务”。

10 月 13 日，英国议会访华团成员、英国红十字会伦敦分会会长 Amulree 爵士访问南京市分会，“对该分会各部门工作备加赞扬，印象至佳”。

10 月，河南郾城县分会“因豫东战局吃紧，淮阳等地逃来难民甚多，特觅定空房一处，设立收容所”，办理战灾难民救护事宜。

10 月，河南洛阳分会以豫西激战，伤亡颇多，乃就分会医院成立“伤兵治疗站”，并在郊外设立伤兵治疗所，为伤兵服务。

10 月，河南郏县分会组织 40 人的救护队，开展战地救护，计治疗伤兵

319 人，救出难民及重伤兵民 1500 余人，掩埋尸体 129 具。

10 月，山东章邱县分会书报阅览室开放，每天阅览人数 30 余人。

11 月 8 日，江苏砀山发生激战，砀山分会立出动救护队，分往四门裹伤，并设收容所 5 处，收容负伤军民。

11 月 11 日，辽宁绥宁县分会因该县城区镇发生火灾，被毁房屋 20 余间，乃发起紧急募捐运动，计募得捐款 224 万元，按灾情轻重发放赈款，灾重者每人发 4 万元，灾轻者每人发 2 万元。

11 月 12 日，河北武清战事激烈，武清县分会“派出全体救护队员，掩埋……尸体七十二具，救护负重伤之守城自卫队兵二十三人，并与十三日清晨，由会长亲率救护队，分赴县城附近各村医治轻重军民五十六人，掩埋死亡八名”。

11 月 12 日，河南新蔡分会出发救护队，救护 12 人，掩埋尸体 23 具。

11 月 13 日，中国红十字会在南京举行第四次理事会，通过“请政府颁布《红十字会法》以崇体制案”，第一次明确表达依法建会的愿望。

11 月 16 日、18 日及 29 日，南京市分会派员赴挹江门新兵招待所慰劳过境新兵，代写家书 3558 封。

11 月 28 日，台湾红十字分会在台北改组成立，蔡培火任会长。

11 月，贵州镇远县城内四牌正街发生大火，镇远县分会协同县政府发动劝募，共捐国币 900 余万元，赈济灾户，“并由县府与分会分呈贵州省政府及总会设法救济”。

11 月，浙江永嘉县分会设立沙眼防治所。

12 月 2 日，山东平度县分会诊疗所开始在青岛开诊。

12 月 6 日，广西邕宁城内发生火灾，邕宁分会“驰往抢救”。

12 月 7 日，国际红十字会驻华办事处代表爱格尔应日本赤十字社请求，在中国红十字会协调下，访问江湾战犯收容所。

12 月 14 日，江苏嘉定县分会诊疗所开诊。

12 月 15 日，总会通电各分会，征集会史资料。

12 月 15 日，广西邕宁县分会医院恢复诊疗业务。

12 月 28 日，江苏武进分会发起“一衣运动”，号召民众捐助衣物以救助赤贫，至 1948 年 1 月 7 日止，共收到各方捐来寒衣 2850 余件，鞋帽 280 余件，现款 209.1 万元，待义卖书画 13 件。该分会把所捐寒衣，迅速发给贫苦民众。

12 月 29 日，广西苍梧县城内龙母贫民住区发生火警，苍梧分会立即派出消防队抢救。

12 月，山东平度县分会因鉴于青岛难民收容所医药缺乏，乃派出全体救护队员，携带药品，每日按时前往各难民收容所免费为患病难民医治，“治愈难民甚多”。

本年，恢复重建分会累计为 179 个。本年共征得会员 80301 人，总计会员人数 310428 人，其中团体会员 350 个、名誉会员 2490 人、特别会员 24250 人、普通会员 96629 人、青年会员 154043 人、未分类会员 32666 人。

本年，总会补助 26 个分会诊疗所 16620 万元。

1948年

1月1日，江苏丹阳县分会诊疗所成立并开诊。

1月3日，江苏南汇县诊疗所成立并开展诊疗及防疫工作。

1月5日，安徽蚌埠分会刘楚南会长自捐国币1200万元，办理粥厂，“每日领粥者二千人”。

1月19日始，北平分会在干面胡同22号向贫民施放玉米面窝头，每天上午11时起到下午1时止，每天限100人，每人2个。至4月15日，共支出4.515亿元。费用均为社会各界捐助，共捐款16.53亿元，所余之款购买棉衣、鞋帽子等物，发放给贫民度过冬荒。

1月22日，南京市分会会同金陵大学学生自治会赴四所村棚户区向贫民发放寒衣千余件，“该日适值天雨，气候突然转变，各棚户于风雨中得此寒衣对本会及金大同学，尤表感谢之情”。

1月29日，红会理事谷正纲召集会章起草委员会，会同秘书长胡兰生、社会部参事黄友郢草拟完成《中华民国红十字会法（草案)》共8章40条。

1月，总会马玉汝处长、孙以琴课长向南京市分会捐款1500万元，并与沈慧莲会长洽商，决定办理贫苦儿童奖学金暨儿童门诊部。南京分会即制定《贫苦儿童奖学金暂行简则》，经呈请总会核准施行。至4月，已发奖学金130万元。

1月，总会专门成立红十字少年委员会，胡兰生秘书长担任主任委员，视导吴耀麟为总干事，“专责推动，共策进行”。

2 月 3 日，广西苍梧分会举办冬令救济，同时派出队员前往附近防空洞内调查乞丐，发放领米证。计受赈人数 2000 名，食米万斤。

2 月 4 日，总会为筹组红十字少年会，特致电南京、上海、江都、武进分会，嘱先行试办。

2 月 15 日起，红会执行会费新标准：团体会员，一次缴纳会费国币 50 万元以上；名誉会员，一次缴纳会费国币 30 万元以上；特别会员，一次缴纳会费 10 万元以上；普通会员，每年缴纳会费 2 万元；青年会员，每年缴纳会费 1 万元。

2 月 26 日，总会第三次常务理事会通过《中华民国红十字会法（草案）》，并呈请行政院依立法程序核准颁行。

3 月 1 日，湖北汉口市分会医院应武汉行辕商请，成立过境部队招待委员会，为过境官兵提供医疗服务。

3 月 1 日，山东济宁分会筹设红十字小学一所，对流亡难童及贫苦儿童全部免费。

3 月 11 日，河北唐山分会诊疗所在该县永安路 12 号成立。

3 月 18 日，重庆市分会在临江门红十字街筹设之励志儿童医院正式开幕，该医院专收卧病街头的贫苦儿童并予以全部免费治疗。

3 月 20 日，南京分会召开各校指导员及导师座谈会，商讨组织红十字少年会办法。至 6 月，南京市共有 14 所学校建立了红十字少年会，会员 565 人，其中男 331 人、女 234 人。

3 月 25 日，江苏砀山县分会成立 3 支巡回医疗队，开展医疗服务。

3 月 27 日，湖北孝感县分会花园支会诊疗所成立。

4 月 4 日，广东丰顺分会于汕头广州会馆举办书画展，现场募捐，以书画为酬谢品，共“募得二亿二千九百五十万元”，此项捐款专为灾民施粥。

4 月 4 日，广东丰顺分会举行儿童同乐会，参加单位 15 个，学生 3700 余人。

4 月 4 日，江苏青浦分会医院开幕。

4 月 10 日，广西邕宁分会协助县政府组织冬令救济，开设粥厂，当日起施粥两个月，每日就食难民约 540 人。

4月29日，南京市分会“赴西郊二道埂子火灾区救济灾民一〇一户，每户分发食盒一大盒”。

4月30日，广西邕宁县古城村第九甲发生火警，烧毁民房24间，灾民76人的住食顿成问题。邕宁县分会“当即办理施粥，自即日下午起，连续三天，使受灾难民得以安心重建住屋”。

4月，总会颁布了《中华民国红十字会统一募捐办法》14条，规定：“中华民国红十字会（以下简称本会）为筹集经费及临时灾害救济费，得举行定期及不定期之统一募捐（包括现金与物资）”；“本会一切募捐，统以总会名义举行，分会不得自行筹募”等。

4月，总会重新启动查人转信服务。在整个“复员”时期，中国红十字会共受理查询业务452件，查询有结果的343件，退回29件，无回音的80件。

5月1日，广西苍梧县分会设育婴院一所，“总会以此项工作诚属紧要，除令在可能范围内举办日间托儿所一所外，特拨蚊帐布一千码，毛毯三十条，浴巾二十条以为补助”。

5月1日，广东丰顺县分会“为了调剂人民的精神”，特从汤坑民众图书馆商借图书3716册，自购一批报纸杂志，在会内开设了图书阅览室，免费开放。

5月1日，天津市分会组织救护医疗队，前往杨村前线，救护伤兵163人。

5月1日，山东历城县分会诊疗所成立。

5月5—16日，上海市分会派出救护队，为第七届全运会保驾护航。期间急救治疗共计2114人。

5月8日，中国红十字会第五次理事会在南京召开，会议通过关于设置财务委员会、聘请名誉正副会长、上呈请拨永久会所等决议。

5月10日，安徽蚌埠市分会施粥厂结束，计受惠人数19.88万人。

5月12日，湖北应山县分会成立，吴子珊为会长，梅润卿、胡少濂为副会长。

5月25日，南京市分会在挹江门招待所慰劳海陆空部队，分发慰问品。

5月29日，广东丰顺县分会假汤坑公共体育场办理施粥，连赈4天，合计受惠人数 12311 人。

5 月 30 日，南京市青年服务团“博”“人”“群”“服”4 队团员 30 人，在南京市分会沈慧莲会长带领下，前往中华门外难民营慰问。

5 月，浙江永嘉县分会联合当地卫生界人士，组织服务队一队，开展医疗服务。

6 月 1 日，广州市分会第三诊疗所开诊。

6 月 1 日，湖北麻城分会救护训练班开课。

6 月 4 日，南京市分会举办妇女急救训练班，32 人受训。

6 月 7 日，福州火警，2000 余户受灾，福州市分会组织各区队奔赴火场救护。

6 月 14 日，广西苍梧县体育场码头路火警，苍梧县分会派员 90 人进行扑救。

6 月 16—28 日，开封分会组织战地救援。一方面，开办收容所收容伤兵难民，至 23 日累计收容伤病军人 651 名，难童 245 名，难民 1442 名；另一方面，救治伤病，掩埋尸体。至 30 日，累计诊视病人 2437 名，其中军人 930 名、难童 480 名、难民 1027 名。掩埋弃尸从 20 日开始，开封分会“竭全力以从事”，至 28 日累计掩埋军民尸体 1623 具。同时，为预防传染病之流行，开封分会在全市范围内开展环境卫生消毒，巡回注射防疫针，历时 9 日，共计注射 12722 人。

6 月，总会成立财务委员会，由程觉民出任委员。

6 月，上海市分会在私立麦伦中学、储能中学和市立戏剧学校成立了红十字少年会，会员共 245 人。

7 月 1 日，天津市分会诊疗所开诊。

7 月 1 日，天津县分会救护训练班开班。

7 月 1 日，由广州市分会与扶轮社合办的沙眼防治所在沙面中兴路 3 号挂牌成立。

7 月 1 日，江苏无锡分会诊疗所开诊。

7 月 1 日，昆明市沙眼防治所开诊。

7 月 15 日，江苏江都分会第八乡村巡回医务队开始工作。

7 月 15 日，江苏武进分会第九乡村巡回医务队开始工作。

7 月 16 日，四川内江县连日暴雨成灾，沿江居民受灾严重。内江分会筹款购买米面，施粥 3 日，救济无家可归灾民 3270 余名。

7 月 23 日，河北武清县城“受伤军民百余名，廿四日武清分会派救护队前往救护，并掩埋尸体廿一名”。

7 月 25 日，江苏长泾分会第五乡村巡回医务队开始工作。

7 月，红会利用美国援华经费设置了上海、南京、武进、砀山、灌县、邕宁、长泾、青浦、江都、孝感、开封、长春 12 个乡村巡回医务队，深入民间，为民众服务。

8 月 1 日，湖北孝感县分会第三乡村巡回医务队开始工作。

8 月 6 日，山东莱阳县分会诊疗所成立并开始门诊。

8 月 10—16 日，胡兰生秘书长出席在斯德哥尔摩举行的国际儿童福利协会改组后的第一次全体大会。

8 月 14 日，江苏砀山县分会第七乡村巡回医务队开始工作。

8 月 20 日，国民政府宣布币制改革，发行金圆券，所有公私会计均以金圆券计算，中国红十字会各级会员会费标准相应修订为：青年会员年纳会费金圆券 2 角，普通会员年纳会费金圆券 1 元，特别会员一次纳会费金圆券 5 元，名誉会员一次纳会费金圆券 20 元，团体会员一次纳会费金圆券 50 元。

8 月 20—30 日，胡兰生秘书长出席在斯德哥尔摩举行的红十字会国际会议第 17 届大会。

9 月 1 日，太原市分会第二诊疗所成立并开始门诊。

9 月 1 日，河南济源县分会诊疗所在郑州成立。

9 月 1 日，河南东双河支会诊疗所成立。

9 月 26 日，江苏镇江分会诊疗所成立，总会特派业务处马玉汝处长前往参加开幕典礼。

10 月 1—10 日，红会举行第七届红十字周。

10 月 8—10 日，总会在南京社会服务处举办第七届红十字周展览，展览分为八年抗战军中救护照片、胜利以后难民医疗照片、各分会医院及诊疗所工作照片等。居正、马超俊等前往参观。各界参观者络绎不绝。

10 月 20 日，江苏镇江分会在镇江伯先公园举行第七届中国红十字周及诊疗所开幕典礼，同时借总会各种展览物品举办展览 3 天。

11 月 27 日，立法院卫生委员会召开会议审议《中华民国红十字会法（草案）》。

本年，恢复和重建分会累计为 192 个，共征得会员 408981 人。

1949 年

1 月 14 日，蚌埠市分会为救护淮海战役难民向各界发出“呼救书”，号召社会各界向战争难民伸出援手。

4 月 23 日，南京解放后，中国红十字会总会除少数上层人士赴台外，大部分职员留上海。留在南京的职工组织成立职工会，旋迁上海，与上海办事处合并。

5 月 28 日，上海解放后，胡兰生秘书长令留守南京的红会工作人员全部迁往上海，与上海办事处合并。

5 月 30 日，中国红十字会总会鉴于全国大部分地区已经解放，特颁布《中华民国红十字会解放区分会目前会务注意要点》14 点，表达了红会渴望向人民政府靠拢的一片赤诚之心。这是中国红十字会在新的历史条件下的新的抉择。

8 月，总会迁上海办公。总会中青年职工组成的职工会正式加入上海医务工会的行列，通过工会组织系统参与了上海市的卫生救护活动，同时积极要求上海军管会接管红十字会，但因红十字会属国际性组织，涉及对外关系，未便接管。

10 月 1 日，中华人民共和国成立，总会在维持各分会机构的同时，集中全力于总会的改组、改造工作，开始走向“新生”之路。

1950 年

2 月 1 日，中国红十字会总会向尚有联系的 64 处分会发出通知，希望派员参加 3 月在上海新闸路 856 号召开的红十字会工作检讨会，共商中国红十字会的前途。

3 月，总会邀请各大城市红十字会分会负责人 40 余人在上海召开工作检讨会，是为"改组工作的发动点"。会议决定派以胡兰生秘书长为首的红会代表团赴京，向中央人民政府汇报工作及商议改组问题。

3 月，胡兰生秘书长一行 7 人来到北京，拜访中央卫生部、内务部、外交部。卫生部李德全部长、苏井观副部长等接见了代表团，并听取了胡兰生秘书长关于红十字会历史、现状的汇报以及红会同仁要求人民政府接管红会的意见。

4 月初，总会接到上海军管会卫生处转来的卫生部的通知：周总理指示，红十字会迁北京改组，由卫生部和中国人民救济总会负责领导改组工作，具体筹备工作由救济总会负责。

4 月 28 日，外交部周恩来部长致电国际红十字会协会秘书鲁希、红十字会国际委员会秘书长杜旭沙，否认国民党反动派残余集团的所谓"代表"。

4 月 28 日，中国红十字会秘书长胡兰生致电国际红十字会协会秘书鲁希及红十字会国际委员会秘书长杜旭沙，告以中国红十字会机构正在改组，一俟改组完毕，即将派代表参加以上两组织，并出席该两组织的各项会议。

5 月初，胡兰生秘书长再次进京商谈总会迁京和改组事宜，中国人民救济总会秘书长伍云甫接见胡兰生并告以：

根据周恩来总理指示，经卫生部、外交部商议，提出四点意见：（一）鉴于红十字会的特点及历史状况，采取改组方式而不是接管方式，将旧中国红十字会改组为中国红十字会；（二）总会迁北京，现有职工除不愿赴北京者外，全部留用；（三）总会所有资产妥善保管，不得随意处理；（四）将北京东城干面胡同22号作为总会迁京后的会址。

6月，总会组织农村巡回医防服务队（11人），赴苏南农村进行巡回医防服务，开展卫生宣传，并为2万余人进行4万多次的预防霍乱、伤寒的注射。

7月26日及8月22日，中国红十字会总会以美帝滥炸朝鲜、侵犯中国领空，先后发表声明，“严重抗议美帝国主义的犯罪行为”。

8月2日、3日，中国红十字会协商改组会议（新中国成立后的第一次全国会员代表大会）在北京召开。会议选举产生了新中国成立后第一届理事会，李德全出任会长，彭泽民、刘鸿生、熊瑾玎、胡兰生为副会长，秘书长为胡兰生（兼），林士笑、倪斐君为副秘书长。

9月5日，总会电告国际红十字会协会，要求恢复中国红十字会的合法席位。

9月6日，中央人民政府政务院批准公布协商改组会议通过的新的《中国红十字会会章》，明确中国红十字会为“中央人民政府领导下的人民卫生救护团体”，其任务：团结群众，担任救护训练及宣传公共卫生；推广卫生防疫工作，进行医疗服务；办理灾害救助及救济性医药卫生工作；在必要情形下，经中央人民政府政务院批准，担负国际性救助及医疗服务。中国红十字会以白底红十字为标志，总会设于首都。

9月30日，《新中国红十字》月刊创刊（1954年底停刊，共出47期）。

10月16日，内务部、卫生部联合通令各省、市人民政府协助中国红十字会整顿各地分会。

10月16—21日，以李德全会长为团长，伍云甫、纪锋、陈翘、阎明智组成的中国红十字会代表团出席在摩纳哥举行的第21届国际红十字会协会理事会，中国红十字会当选为协会执委。会后访问日内瓦国际红十字会协会及捷克、苏联红十字会。

11月6日，为整理各地分会，贯彻中国红十字会改组会议的精神，中国红十字会总会特召集汉口、南京、上海等30个分会干部，举行“学习会”，本日举行开学礼。

12 月 14 日，中国红十字会总会及中国人民救济总会举行招待会，欢迎日前抵京的朝鲜红十字会中央委员会副委员长金世光及该会卫生部长李昌植。

12 月 18 日，总会从西安、济南、汉口、上海、南京等分会抽调精干人员，在南京开办“中国红十字会医防服务干部训练班”，培训学员 137 人。

12 月 28 日，北京分会召开协商改组会议，定名为中国红十字会北京市分会，推选严镜清为会长，方石珊、裘祖源、赵树屏为副会长，制定了第一个《中国红十字会北京市分会组织规则》。

12 月 30 日，政务院总理办公室发出通报，确定中国人民救济总会及中国红十字会由政法委员会领导，救济总会及红十字会业务中有关卫生部分，将同时受中央卫生部的指导；有关外交事项，将同时受中央外交部的指导。

1951 年

1 月 14 日，朝鲜战争爆发后，中国人民保卫世界和平反对美国侵略委员会（简称“中国和大”）与中国人民救济总会、中国红十字会总会联合发出在全国开展大规模募集慰劳中朝人民战士和救济朝鲜难民物品的号召。

1 月 19 日，总会响应毛泽东主席“一定要把淮河修好”的号召，组织成立第一医防服务大队（5 个中队共 175 人，后增至 8 个中队 298 人），由南京开赴皖北凤台、颍上、临淮关、寿县治淮工地，为民工和当地居民服务。

1 月 22 日，总会向全国各地分会发出通知，号召全体会员和工作人员，组织志愿医疗服务队，积极参加抗美援朝医疗救护工作。

2 月 3 日，“中国和大”和中国红十字会总会发出关于组织医疗队的通知，希望各医疗队能迅速组织起来，以便出发抗美援朝前线。

2 月 21 日，北京市千余名归国华侨在劳动人民文化宫举行反对美国武装日本游行示威大会，中国红十字会会长李德全应邀讲话。

2 月 23 日，中国红十字会向世界各国红十字会发出反对美国重新武装日本的声明。

3 月 5 日，中国人民救济总会、中国红十字会总会发表拥护世界和平理事会宣言及决议的声明。

3 月 10 日，中国红十字会总会和“中国和大”等单位联合举行欢送大会，欢送即将赴朝的国际医防服务大队。大会由“中国和大”副主席陈叔通主持，中国红十字会会长李德全宣读了国际医疗服务队全体人员名单，把队旗授给周立新、冯雁忱两位大队长和 14 位队长。

3 月 12 日，中国红十字会总会发表声明，拥护中国人民救济马来亚难侨委员会关于派调查团赴马来亚调查马来亚侨胞受难情形的决定。

3 月 13 日，中国红十字会会长李德全发表书面谈话，建议全世界红十字会发起正义的呼声和实际制裁行动，制止美国侵略军在侵略朝鲜战争中使用毒气的罪行。

3 月 14—22 日，中国红十字会接待瑞士红十字会国际委员会主席吕格夫妇一行 4 人的来访。

3 月 17 日，第一、第二国际医防服务大队 224 人肩负爱国主义、国际主义和革命人道主义的光荣使命，登上赴朝列车，中国红十字会会长李德全、“中国和大”副主席陈叔通等 400 余人前往火车站送行。

3 月 30 日，天津市红十字会完成改组。

5 月 3 日，中国红十字会总会为最近美帝国主义将我国被俘志愿军作细菌武器试验，特向国际红十字委员会及国际红十字会协会提出控诉，并要求予以制裁。

5 月 9—12 日，国际红十字会协会第 21 届理事会第 2 次执行委员会会议在日内瓦召开，中国红十字会会长李德全率团出席。

5 月 25 日，由天津市医务工作者 55 人组成的第三国际医防服务大队，从天津出发赴朝。

6 月 12 日，中国红十字会总会以“京（51）宣字第 1993 号文”，通知各地分会响应展开捐献“救护机”运动。

6 月 28 日，由 155 名医护工作者组成的第四、第五国际医防服务大队离京出发开赴朝鲜，陈叔通主持欢送仪式。

7 月 11 日，由 55 人组成的第六国际医防服务大队从北京出发，李德全会长等到车站送行。

9 月 8 日，为庆祝中国红十字会总会改组一周年，总会在京举行盛大庆祝会，中央卫生部、内务部、财政部等单位代表到会祝贺。

9 月 15 日，中国红十字会总会为配合政府救济辽河地区遭受水灾的同胞，特组织“中国红十字会生产救灾医防服务队”（27 人），携带应用药品由北京出发前往灾区服务。

9 月 27 日，国际医防服务队第七大队 117 人由天津出发，天津各界代表举行了隆重的欢送会。至此中国红十字会派往朝鲜的 7 个国际医防大队的工作人员共计 600 余人。

9 月 30 日，李德全会长代表红会全体会员上书毛泽东主席祝贺国庆，报告一年来各项工作取得的成绩和做好今后工作的信心。10 月 6 日，毛泽东主席阅后嘱中央办公厅秘书室函谢。

10 月 24 日，中国红十字会国际医防服务队第一大队在朝鲜完成工作任务后返抵北京，中国人民抗美援朝总会、中国红十字会、中国人民救济总会等单位代表 200 多人到车站欢迎。

11 月 24 日，天津市分会举行扩大宣传会议，中国红十字会会长李德全莅会做专题报告。天津分会所属产科医院同时举行开幕典礼。

11 月，第二医防服务大队成立（共 249 名医护人员），年底分赴江西革命根据地、海南岛，为老区和少数民族群众防病治病，直到次年 10 月。

11 月，中国红十字会代表团访问苏联红十字会与红新月会联合会。

12 月 9 日，红十字会协会执行委员会会议在日内瓦开幕，有包括中国在内的 27 国红十字会或红新月会的代表参加。中国红十字会会长李德全呼吁制止侵朝美军暴行。

1952 年

1 月 17 日，苏联红十字会与红新月会联合会副主席、莫斯科大学教授巴什科夫等一行，应中国红十字会总会的邀请来华访问。

2 月 14 日，《朝鲜人民军报》发表该报记者张景周的报道《高贵的生命之恩人们!》，盛赞中国红十字会国际医防服务队第七大队为朝鲜人民“高贵的生命之恩人”。

2 月 28 日，中国红十字会会长李德全发表声明，抗议美国侵略军在巨济岛疯狂屠杀我方被俘人员。

4 月 28 日，中国红十字会会长李德全发出了给全世界红十字会会员们的一封公开信，揭发美国侵略者在朝鲜和中国进行细菌战的罪行，并呼吁一致行动起来制止这一罪行。

4 月 30 日，中央人民政府秘书厅通知：关于中国红十字会的隶属问题，奉周恩来总理指示，明确中国红十字会归中央卫生部直接指导和联系。

5 月 22 日，中国红十字会国际医防服务队第七大队回到北京。中国红十字会总会李德全会长、中国人民抗美援朝总会代表彭泽民等到车站欢迎。

6 月 19 日，苏联红十字会“派遣到我国为中国人民服务”的“北京苏联红十字医院”在北京举行隆重的开幕典礼。北京苏联红十字医院院长甫罗哈洛夫致开幕词，中国红十字会会长李德全、中央人民政府卫生部副部长贺城、北京市副市长吴晗相继致词，热烈庆祝该院的成立，并对苏联红十字会和苏联人民的热诚援助表示感谢。彭真市长、罗申大使为医院开幕剪彩。

6月21日，中国红十字会会长李德全代表中国红十字总会赠送救济印度粮荒区域人民的赠款20亿元人民币（旧币制），由中国驻印度大使馆申健代办送交印度红十字会会长考尔夫人。

7月9日，中国红十字会总会与卫生部、内务部联合发出通知，要求各地分会与卫生部门合署办公。

7月26日—8月7日，中国政府代表团（由首席代表苏井观，代表宦乡、黄华，顾问周鲠生等8人组成）和中国红十字会代表团（由首席代表李德全，代表伍云甫、廖盖隆等10人组成）出席在加拿大多伦多召开的第18届国际红十字大会，大会承认中国红十字会是中国唯一合法的全国性的组织。这是新中国在国际组织中恢复的第一个合法席位。

8月21日，出席第18届国际红十字大会的中国红十字会代表团由加拿大返国途中抵莫斯科访问。

9月3日，中国红十字会发表声明，抗议美机滥炸朝鲜和平城市。

10月12日，北京分会创刊《北京红十字》，月出一期，是为全国第一家红十字报纸。

10月24日，国际医防服务队第一大队139人由黄超汉大队长率领首批胜利归来（其余30余人仍留朝鲜继续工作），总会及首都医药卫生界人士200余人在北京车站举行盛大的欢迎会。会上由中国人民抗美援朝总会代表彭泽民、中国红十字会会长李德全、朝鲜驻华大使馆参赞崔英、救济总会秘书长伍云甫等分别致欢迎词，热烈欢迎队员载誉归来。

12月11—13日，红十字会协会执行委员会在日内瓦举行会议。参加会议的有包括中国在内的23国红十字会的代表。

12月15—21日，中国红十字会全国工作会议在北京开幕，到会的有71个红十字分会的代表共94人。会议在总结两年来红十字工作经验的同时着重讨论如何发展红十字会组织和会员的工作，以及关于今后推行急救训练等项工作。

12月19日，朝鲜驻华大使权五稷代表朝鲜民主主义人民共和国最高人民会议常任委员会将“朝鲜最高人民会议功劳章”授予为朝鲜军民服务的中国红十字会国际医防服务队第一和第七两大队的模范工作者薛炳坤、张兴樵等30人。参加授奖仪式的有中国红十字会副会长彭泽民及外交部亚洲司副司长何英等。

12 月 21 日，30 位荣获功劳章的国际医防队员上书毛泽东主席致敬，“保证在不同的岗位上，加倍努力”。

本年，湖北省红十字会宣告成立。至本年底，先后完成改组的分会有北京、天津、上海、武汉、广州、重庆、西安等 51 个。

1953 年

1 月 31 日，由日本红十字会、日中友好协会、日本和平联络委员会三团体组成的代表团乘火车由广州抵达北京，与中国红十字会洽商协助日侨回国的来华船只及其他具体问题。

2 月 15 日，中国红十字会代表团与日本红十字会、日本和平联络委员会和日中友好协会三团体组成的代表团，就协助愿意回国的日侨归国问题举行第一次正式会谈。中国红十字会方面出席的有首席代表廖承志，代表伍云甫、赵安博、林士笑、倪斐君、纪锋等 6 人；由日本三团体组成的日方代表团出席的有团长岛津忠承，副团长平野义太郎、高良富，代表内山完造、工藤忠夫、畑中政春、加岛敏雄等 7 人。

3 月 5 日，中国红十字会在北京与日本红十字会、日本和平联络委员会、日中友好协会三团体组成的代表团，经过多轮会谈，通过《关于商洽协助日侨回国问题的公报》，其中规定：中国红十字会为了照顾日侨的困难，对他们从开始集中到上船前的费用愿意帮助解决。为感谢中国红十字会对日侨归国的协助，日方代表团团长、日本红十字会会长岛津忠承郑重提出“邀请中国红十字会各代表在今年秋间访问日本，以便加强中日两国人民的友谊”。

3 月 20—22 日，第一批归国日侨 1936 人，由天津、秦皇岛、上海乘船回国。截止到 10 月 10 日，共有 7 批日侨回国，人数达 26026 名。

5 月 19—22 日，红十字会协会第 22 届理事会执行委员会会议在日内瓦召开。中国红十字会会长李德全率团参加。

6 月 5 日，中国红十字会会长李德全参加在丹麦召开的世界妇女代表大会。

7 月 7 日，我国牺牲在日本的抗日烈士遗骨 560 具，由日轮“黑潮丸”护送回到祖国塘沽港。中国红十字会等团体在天津举行了隆重的迎灵和追悼仪式。

9 月 8 日，中国红十字会会长李德全致电红十字会协会，抗议美国军事当局无理阻挠朝中红十字会代表对战俘提供人道服务和伤害朝中红十字会代表的野蛮行为。

10 月 28—31 日，红十字会协会执行委员会本年度第二次常会在瑞士日内瓦召开。会议通过苏联关于号召各国政府尽量谋取和平解决朝鲜问题的提案。以常务理事苏井观为团长的中国红十字会代表团一行 5 人出席会议，并在会上谴责美国阻挠战俘遣返工作的行为。

11 月 11 日，印度发生严重水灾，中国红十字会与中国人民救济总会联合捐款 15 亿元人民币。

12 月 15 日，中国红十字会李德全会长出访印度。

12 月，第一、二医防服务大队集中于河南开封市，改编为三个医防服务大队，分赴华北、西北、中南三个大区，“以便积极为生产服务”。

1954 年

1 月 1 日，归国日侨组成的“在华日侨归国者全国联络会”函致中国红十字会，对中国人民的深情厚谊表示感谢。

2 月 16 日，规模宏大、设备完善的北京苏联红十字医院新院址落成并举行隆重的开幕典礼，北京市长彭真、中苏友协副会长吴玉章、卫生部部长兼中国红十字会会长李德全，以及苏联驻我国大使尤金、苏联红十字会与红新月会联合会代表等 170 多人出席落成典礼。

2 月 21 日，日本和平联络委员会在东京召开常任理事会会议，通过促进邀请中国红十字会代表团访问日本等决议。

5 月 24—29 日，红十字会协会第 23 届理事会会议在挪威奥斯陆举行，李德全率领中国红十字会代表团与会。

5 月 27 日，日本国会众议院开会，一致通过决议，要求迅速实现邀请中国红十字会代表访问日本的诺言。

5 月 29 日，日本参议院集会，一致通过要求吉田政府同意邀请中国红十字会代表访问日本的决议。

7 月 9—11 日，日中友好协会在大阪举行第四届全国大会，通过了促进邀请中国红十字会代表团到日本访问等项决议。

7 月 29 日，李德全会长会见应邀来华访问的日本和平代表团和日本国会议员代表团，对日本红十字会会长岛津忠承邀请中国红十字会代表团访日一事至今未能实现表示遗憾。

8 月 4 日，中国红十字会接到日本红十字会的正式邀请。从岛津忠承发出邀请到代表团的访日正式成行，经历了 20 个月，中间波折横出。

8 月 26 日，中国红十字会电告日本红十字会、日中友好协会和日本和平联络委员会三团体联络事务局，通知日方于 9 月 15 日至 20 日间派船将获得宽赦的 417 名前日本军人和个别申请回国的日本侨民接回日本。

9 月 1 日，河南省红十字会成立，时称“中国红十字会河南办事处”。

9 月 8 日，中国红十字会成立 50 周年纪念大会在北京举行，中国红十字会会长李德全，中央人民政府卫生部副部长徐运北，中国红十字会总会副会长兼秘书长胡兰生等 4000 多人参加。邮电部发行纪念邮票一枚。

10 月 30 日—11 月 12 日，以李德全为团长、廖承志为副团长的中国红十字会代表团应邀对日本进行了为期 13 天的友好访问。中国红十字会代表团是作为新中国的第一个民间使节访问日本的，也是战后对日进行友好访问的新中国第一个代表团。代表团所到之处，受到普遍而热烈的欢迎。这次访问揭开了中日关系史上新的一页。

11 月 11—13 日，红十字会协会第 23 届理事会执行委员会第二次会议上，中国红十字会代表团就本会访日做了发言。

12 月 15 日，由崔义田任团长的中国红十字会代表团飞赴莫斯科，应邀参加将于 12 月下旬在此地召开的苏联红十字会与红新月会联合会第三届全苏代表大会。

1955 年

1 月 11 日，中国红十字会发出将继续协助愿意回国的日本侨民回国的通知，并请愿意回国的日侨迅速向当地外侨管理机关申请。

4 月 24 日，应中国红十字会总会的邀请前来我国参加五一劳动节观礼的捷克斯洛伐克红十字会代表团团长爱德华·图马一行乘飞机抵达北京。中国红十字会会长李德全、卫生部副部长崔义田等前往机场迎接。

5 月 20 日，国务院副总理陈毅接见捷克斯洛伐克红十字会代表团团长爱德华·图马一行。接见时在座的有中国红十字会会长李德全和捷克斯洛伐克驻我国大使格里哥尔。21 日，图马一行离京返国。代表团离京前曾赴武汉、广州、杭州和上海等地访问。

6 月 8 日，中国红十字会通过红十字会协会致电希腊红十字会中央委员会，对希腊地震灾民表示同情和慰问，同时捐赠 2 万瑞士法郎作为救济灾民之用。

6 月 8—27 日，应英国红十字会邀请，李德全率中国红十字会代表团访问英国，受到英国红十字会会长伍尔顿爵士等的热情款待。

6 月 30 日，中国红十字会会长李德全在访问英国红十字会后路过日内瓦时访问了红十字会协会总部。红十字会协会执行委员会主席桑兹特朗接待了李德全。在访问过程中，双方就中国红十字会和红十字会协会相互间的若干问题交换了意见。

8 月 29 日，中国红十字会通过中国驻印度大使袁仲贤捐赠 10 万元人民币（折合 191570 印度卢比）给印度总理全国救济基金会，以援助印度水灾灾民。

8 月 29 日，为救济因遭受旱灾而面临饥荒的 300 万尼泊尔灾民，中国红十字会捐赠 5 万元人民币给尼泊尔政府。

9 月 22 日，中国红十字会通过中国驻巴基斯坦大使韩念龙捐赠 5 万元人民币（合巴基斯坦货币 95785 卢比）给巴基斯坦红新月会作为救济巴基斯坦最近遭受水灾的灾民的款项，并致电巴基斯坦红新月会中央委员会，对当地灾民表示深切关怀和慰问。

10 月 12 日，国务院总理周恩来接见了应中国红十字会总会邀请来中国访问的苏联红十字会与红新月会联合会执行委员会主席格·阿·米捷列夫、乌克兰红十字会中央委员会主席瓦·阿·潘钦科和白俄罗斯红十字会中央委员会主席彼·伊·巴拉涅斯基。

11 月 18 日，为援助越南民主共和国海防地区遭受台风灾害的灾民，中国红十字会捐赠给越南民主共和国红十字会价值 20 万元人民币的物资于本日在北京装车启运。

本年，中国红十字会所属医院、诊所、护士学校、助产学校等先后移交给地方卫生部门。

1956 年

2 月 18 日，中国红十字会副会长胡兰生代表中国红十字会捐款 8 万元人民币，救济柬埔寨王国首都金边市遭受火灾的人民。柬埔寨王国国家代表团团长西哈努克亲王当即致函对中国红十字会的援助表示感谢。

3 月 1 日，日本红十字会副会长率代表团应邀来访并去太原探视日本战犯，对战犯们所受到的人道待遇深表满意。

3 月 13 日，南斯拉夫驻华大使馆参赞米里切维奇拜会中国红十字会副会长兼秘书长胡兰生，代表南斯拉夫驻华大使波波维奇和南斯拉夫红十字会感谢中国红十字会最近对南斯拉夫雪崩及水灾的捐款援助。

3 月 16 日，中国红十字会捐款 2 万元人民币（合 34013 瑞士法郎）救济意大利受到寒潮灾害的人民，中国红十字会会长李德全参加了当日在魁里纳尔宫举行的赠款仪式，受到意大利总统夫人、意大利红十字会负责人当纳·格隆基的欢迎。

4 月 3 日，《新中国红十字》杂志改名为《中国红十字》复刊。

4 月 16—24 日，中国红十字会全国工作会议在北京召开，会议讨论了今后的工作任务和 1956 年的工作计划要点，决定“整顿成立地方组织，大力发展会员”。

5 月 5 日，以格奥尔基·戈斯波季诺夫为首的保加利亚红十字会代表团应中国红十字会会长李德全之邀访华。

6 月 24 日，中国红十字会将免予起诉的 335 名日本战争犯罪分子移交给日本红十字会、日中友好协会、日本和平联络委员会三团体代表的仪式在天津举行。

6 月 24—28 日，中国红十字会代表和日本红十字会、日中友好协会、日本和平联络委员会三团体代表在天津举行会谈，双方发表了联合公报并举行了签字仪式。

6 月 27 日，国务院总理周恩来接见了日本红十字会、日中友好协会、日本和平联络委员会三团体代表长野重右卫门、阿部行藏、冈田好治、松井松次、中原淳吉、池田利子和中岛利重。日本三团体代表对中国政府释放日本战争犯罪分子和中国红十字会对这些被释放的日本人所给予的协助，表示感谢。

7 月 24 日，被释放的 328 名日本战争犯罪分子和被假释的武部六藏由中国红十字会移交给日本红十字会、日中友好协会、日本和平联络委员会三团体代表。

7 月 28 日，中国红十字会打电报给希腊红十字会，对 7 月 9 日希腊地震中受灾人民和死难者家属表示慰问并捐款 1 万瑞士法郎。

8 月 26 日，中国红十字会把 354 名被释放的日本战争犯罪分子移交给日本红十字会、日中友好协会和日本和平联络委员会三团体代表。移交仪式在天津饭店大厅里举行。中国红十字会代表彭炎、纪锋、吴士法和日本红十字会代表木内利三郎、日中友好协会代表山西清雄、日本和平联络委员会代表福岛重之在移交证书上签字。

8 月 29 日，以田崎健作为首的日本“中国殉难烈士骨灰护送团”全体人员和日本红十字会“兴安丸”随船代表高木武三郎在北京访问中国红十字会，李德全接见了他们，并感谢日本人民在送回中国在日本殉难烈士骨灰工作中表现出的真挚友谊。

9 月 15 日，广东省红十字会正式成立。

10 月 23 日，巴基斯坦总理苏拉瓦底结束对华访问时向中国红十字会捐赠了 13718 元人民币，李德全会长对他的友好捐赠表示了感谢。

10 月，江西省红十字会宣告成立。

11 月 5 日，全国人民代表大会常务委员会正式批准加入 1949 年 8 月 12 日日内瓦四公约——《1949 年 8 月 12 日关于改善战地武装部队伤者病者境遇之日内瓦公约》《1949 年 8 月 12 日关于海上武装部队伤者病者及遇船难者境遇之日内瓦公约》《1949 年 8 月 12 日关于战俘待遇之日内瓦公约》《1949 年 8 月 12 日关于战时保护平民之日内瓦公约》，但对其中某些条款做了保留。

11 月 7 日，江苏省红十字会宣告成立。

11 月 25 日，埃及红新月会打电报给中国红十字会，对中国人民给予埃及人民的捐助表示感谢。中国红十字会不久前曾经打电报给埃及红新月会，捐给埃及红新月会 10 万元人民币，用来购买埃及人民所需要的医药物资。

11 月，河北省红十字会成立、湖南省红十字会成立。

12 月 30 日，黑龙江省红十字会宣告成立。

本年，安徽省红十字会、内蒙古自治区红十字会成立。

至年底，全国共发展会员约 168 万人。

1957 年

1 月 24 日，中国红十字会汇给印度尼西亚红十字会 6574.85 元人民币，救济苏门答腊岛北部及爪哇岛东部、西部各地的水灾灾民。

2 月 19 日，辽宁省红十字会成立。

3 月 4—23 日，南斯拉夫红十字会代表团访问中国。

3 月 12 日，苏联政府将北京苏联红十字医院的全部设备无偿赠送给我国。在移交仪式上，李德全会长代表周恩来总理一一给苏联专家佩戴了“中苏友谊万岁”纪念章。外交部副部长姬鹏飞、苏联驻中国大使尤金参加了移交仪式。

3 月 21 日，北京苏联红十字医院更名为北京中苏友谊医院，目的是为了永远纪念中苏两国人民的友谊和北京苏联红十字医院的功绩。

4 月 3—10 日，总会在北京召开全国工作会议，确定今后红十字会的工作任务为在整顿、健全和巩固原有组织的基础上重点建立地方红十字会组织，做好卫生教育与宣传工作，深入开展各种群众性卫生活动，继续本着促进和平和友谊的精神，进行各种国际活动。

4 月 22 日—5 月 7 日，应保加利亚红十字会中央委员会邀请，中国红十字会代表团对保进行为期半月的友好访问。

4 月，《中国红十字》杂志由月刊改为双月刊。

5 月 15 日，中国红十字会把第四批获释的 6 名日本战争犯罪分子移交给日本红十字会、日中友好协会、日本和平联络委员会三团体代表的仪式在天津饭店大厅里举行，中国红十字会代表彭炎宣读了移交证书。

7月8日，山东省人民委员会转发《山东省红十字会筹备委员会关于1957年山东省红十字会工作意见的报告》，同意立即建立山东省红十字会。同月，召开正式成立大会。

7月23日，中国红十字会为了帮助伊朗北部遭受7月1日地震灾害的人民，向伊朗红狮和太阳会汇去1.5万元人民币，请他们代购救济物资发放给需要救济的人们。

9月8—23日，以伍云甫为团长的中国红十字会代表团对南斯拉夫进行了为期15天的访问。

10月28日—11月7日，第19届国际红十字大会在印度新德里召开，以中国驻印度大使潘自力为团长的政府代表团（团员有龚普生、符浩、邵天任等）和以李德全会长为团长的红十字会代表团（团员有伍云甫、胡兰生、彭炎、梁思懿、纪锋等）出席会议，会间挫败了美国制造“两个中国”的阴谋。

11月28日，国务院副总理陈毅接见了红十字会国际委员会副主席西奥尔德特和红十字会国际委员会主席团秘书鲍新杰，李德全会长接见时在座。

12月6日，以李德全为团长、廖承志为副团长的中国红十字会代表团一行13人，应日本70多个团体组成的“中国红十字会访日代表团欢迎委员会”委员长大谷莹润先生的正式邀请，开始对日本进行为期三周的访问。

12月16日，中国红十字会捐给蒙古人民共和国红十字会7万元人民币，以帮助蒙古西部地区遭受地震灾害的人民。

本年，山西省红十字会成立。

本年，取消“分会”名称，改称省、市、县红十字会。

1958 年

1 月 7 日，锡兰（今斯里兰卡）驻华大使馆临时代办摩尔西把锡兰班达拉奈克总理的一封电报送交周恩来总理，感谢中国政府和中国红十字会捐款救济锡兰水灾灾民。

4 月 13 日，中国红十字会宣布，从本月中旬起将协助约 2000 名自愿回国的在中国的日本侨民分批回日本。

4 月 15 日，在日本友好团体和中国红十字会的协助下，被日本法西斯掳去的难胞刘连仁乘日本轮船“白山丸”到达天津新港，受到了祖国人民的热烈欢迎。

4 月 15 日，在抗日战争时期被日本帝国主义掳劫到日本而殉难的抗日烈士遗骨 84 具和 64 个灵位，由日本轮船“白山丸”运回祖国。中国红十字会总会、天津市人民委员会和天津市红十字会负责人以及各界代表在新港码头上举行了隆重的迎接烈士遗骨和灵位的仪式。

6 月 18 日，国务院副总理兼外交部长陈毅接见了以波兰红十字会会长伊伦娜 · 杜曼斯卡夫人为首的波兰红十字会代表团。中国红十字会会长李德全等接见时在座。

6 月 26 日，中国红十字会为协助泰国扑灭在曼谷和附近地区所发生的霍乱疫情而捐给泰国红十字会的霍乱菌苗共 50 万毫升从上海运往泰国。

9 月 11 日—10 月 24 日，以李德全会长为团长的中国红十字会代表团先后访问了波兰、民主德国、罗马尼亚三国。

10 月 11 日，中央宣传部批复将《中国红十字》（月刊）和《讲卫生》（月刊）合刊，改名为《爱国卫生》（半月刊），编辑方针明确规定以宣传爱国卫生运动为主。

12 月 8 日，福建省红十字会成立。

1959 年

1 月 31 日，中国红十字会总会发表声明，强烈抗议南越吴庭艳集团屠杀富利集中营 1000 多名爱国者的罪行，呼吁各国红十字会联合起来制止这样的罪恶行动。

2 月 25 日，中国红十字会会长李德全写信给越南民主共和国红十字会会长武庭颂，对旅泰越侨的遭遇表示深切同情，对泰国当局迫害旅泰越侨的违反人道主义行为深感遗憾。

3 月 4 日，中国驻印尼大使黄镇拜访了印尼社会事务部长穆尔雅迪・佐约马托诺、印尼红十字会副会长佩伦卡胡，转交中国红十字会赠给印尼红十字会的 100 吨大米的提单，表示中国人民对印尼水灾受害者的关怀和同情。

4 月 11 日，中国红十字会会长李德全率领代表团乘飞机去莫斯科，出席将在 13 日举行的苏联红十字会与红新月会联合会全苏第四次代表大会。

4 月 29 日，应中国红十字会邀请，以路德维希会长为首的民主德国红十字会代表团到达北京。前往机场迎接的有中国红十字会会长李德全，副会长胡兰生等。

4 月，周总理对红十字会工作批示：“根据需要与可能适当发展。”

4 月，总会决定撤销基层委员会，以红十字卫生站为基层会员活动中心。

5 月 18 日，中国红十字会最近分别致电乌拉圭和阿根廷红十字会，对这两个国家遭到水灾的灾民表示深切同情和慰问，并分别捐给 2 万元人民币救济灾民。

6 月 16 日，民主德国红十字会将一套急救站装备赠送给中国红十字会。中国红十字会会长李德全对民主德国人民和红十字会对中国红十字会的关怀表示感谢。

10 月 27 日， 中国红十字会寄给日本红十字会 10 万元人民币，救济因回国受到阻挠而生活困难的旅日朝侨。

11 月 14 日， 中国红十字会会长李德全打电报给印度红十字会主席阿姆里特·考尔夫人，慰问印度水灾灾民，并捐款 5 万元人民币。

11 月， 陕西省红十字会成立。

12 月 11 日， 中国红十字会打电报给印度尼西亚红十字会，对从苏拉威西岛内地山区撤出的难民表示关怀，并且捐赠 3 万元人民币。

12 月 14 日， 中国红十字会汇 1.5 万元人民币给摩洛哥红新月会，救济因食油中毒瘫痪的万名摩洛哥人民。

1960年

3月4日，中国红十字会会长李德全致电摩洛哥红新月会会长马利卡公主，对阿加迪市的地震受害者表示慰问，并捐款5万元人民币帮助救济灾民。

3月8日，中国红十字会会长李德全致电古巴红十字会会长努斯少校，抗议美帝国主义制造“勒库布尔号”轮船爆炸事件的罪行。

4月2日，卫生部与中国红十字会总会联合发出《关于开展红十字工作的通知》，要求“各级红十字会组织应与各级爱国卫生运动委员会结合起来，共同拟定工作计划，开展工作”。

5月28日，中国红十字会总会捐款2.5万元人民币给智利红十字会，救济智利地震灾民。

6月2日，中国红十字会会长李德全打电报给阿尔巴尼亚红十字会会长尼索瓦，对阿尔巴尼亚科尔察市地震灾民表示慰问，并捐款3万元人民币。

9月1日，中国红十字会会长李德全打电报给菲律宾红十字会，对吕宋岛中部彭潘加河流域遭受水灾的居民表示慰问，并捐款1.5万元人民币。

10月6日，李德全会长打电报给印度红十字会中央理事会主席阿姆里特·考尔夫人，对印度奥里萨、旁遮普等邦遭受水灾表示慰问并汇给印度红十字会3万元人民币。

11月2日，李德全会长打电报给巴基斯坦红新月会理事会主席西耶·瓦季·阿里·沙阿，对东巴基斯坦沿海地区及岛屿遭受旋风和海潮突袭的灾民表示深切的同情并汇去 1.5 万元人民币。

12 月 19 日，卫生部办公会议决定，中国红十字总会与卫生部有关部门合署办公，总会国际联络部与卫生部对外联络室合署办公，其他国内工作部门与爱卫会合署办公。

1961 年

4 月 30 日，应中国红十字会邀请来我国访问的匈牙利红十字会代表团在团长卡尔帕提率领下乘飞机到达北京。李德全会长会见了代表团。

5 月 24 日，中国红十字会会长李德全举行晚宴，热烈欢迎以大谷莹润为首的日本“中国殉难烈士名单捧持代表团”。中国亚非团结委员会主席廖承志出席了宴会。李德全会长发表讲话，向中国人民的战友、老朋友大谷莹润先生和各位日本朋友几年来为收集和送还中国殉难烈士的遗骨，表示崇高的敬意和感谢。

9 月 19 日，中国红十字会打电报给缅甸红十字会，对缅甸的水灾灾民表示慰问，同时汇去 1 万元人民币作为救济捐款。

9 月 30 日—10 月 7 日，红十字会协会第 26 届理事会会议在布拉格举行。由林士笑率领的中国红十字会代表团出席了会议。会上，中国红十字会代表团发表备忘录，主张制止美国制造“两个中国”的阴谋。

10 月 23—27 日，中国红十字会在京召开第二次全国会员代表大会。会议改选了领导机构，修改和拟定了组织章程。选举李德全为会长，伍云甫、刘清扬、赵朴初、熊瑾玎为副会长，彭炎为秘书长，倪斐君为副秘书长。会议提出“红十字会的国内工作必须有计划、有重点，根据需要与可能，适当发展”，“国内国际工作结合进行”。

1962 年

1 月 27 日，中国红十字会打电报给菲律宾红十字会，对菲律宾最近流行的霍乱表示关切，并决定捐赠霍乱疫苗 50 万毫升，以协助菲律宾红十字会扑灭这一流行病。

2 月 27 日，中国红十字会秘书长彭炎打电报给南斯拉夫红十字会秘书长米洛舍维奇，对南斯拉夫遭受地震灾害的灾民表示慰问，并汇去 5000 元人民币作救济之用。

6 月 29 日，卫生部和中国红十字会总会联合发出《关于加强开展群众性的爱国卫生运动和国防卫生救护训练，健全和建立红十字卫生站、队的紧急通知》，要求各地把经过训练的卫生员组织成队，以适应平时和战时的需要。

8 月 10 日，“中国红十字会河南办事处”更名为河南省红十字会。

9 月 10 日，中国驻巴基斯坦大使馆把中国红十字会赠送给巴基斯坦红新月会的 2 万元人民币交给巴基斯坦红新月会以救济东巴基斯坦的水灾灾民，并转交了中国红十字会会长李德全打给巴基斯坦红新月会会长赛义德 · 瓦吉德 · 阿里 · 沙阿的一封电报。李德全在电报中对巴基斯坦的灾民表示同情和慰问。

9 月 18 日，中国红十字会总会打电报给伊朗红狮与太阳会，慰问遭受地震灾害的伊朗居民，同时汇去 1 万元人民币帮助救济灾民。

12 月 8 日，中国红十字会打电报通知印度红十字会，中国西藏地方边防部队将于 12 月 12 日和 13 日再次释放向我边防部队发动进攻而被俘的印军伤病人员 140 名，请印度红十字会届时派人到约定的地点与中国红十字会人员接洽办理交接手续。

12 月 16 日， 中国红十字会打电报通知印度红十字会，向我西藏地方和新疆地方边防部队发动进攻而被俘的 927 名印军官兵中的第一批共 399 人的名单，已由北京航寄新德里。

1963 年

1 月 23 日，中国红十字会打电报通知印度红十字会，把向我边防部队发动进攻而被俘的印军官兵 453 人的名单，由北京航寄新德里。

1 月 31 日，中国红十字会打电报通知印度红十字会，把向我边防部队发动进攻而被俘的印军人员 820 人的名单，由北京航寄新德里。

2 月 10 日，中国红十字会打电报通知印度红十字会，把向我边防部队发动进攻而被俘的印军官兵 915 人的名单，由北京航寄新德里。这是中国红十字会第六次寄给印度红十字会的被俘印军人员名单。至此，中国红十字会已将全部被俘印军人员名单寄给印度红十字会。

4 月 10 日—5 月 25 日，中国红十字会协助在中印边界武装冲突中被俘的印度军人 3211 名回国。

5 月 23 日，中国红十字会决定捐赠 30 万毫升霍乱疫苗给缅甸红十字会，协助扑灭缅甸南部毛淡棉和丹那沙林海岸的奄哈士县等地于 4 月底先后发生的霍乱。

6 月 4 日，中国红十字会打电报给巴基斯坦红新月会，对东巴基斯坦孟加拉湾沿岸地区最近遭到飓风袭击的受难灾民表示慰问，并决定捐助 3 万元人民币。

7 月 14 日，中国红十字会负责人宣布：为了援助越南南方人民的反美爱国斗争，中国红十字会决定捐赠价值 10 万元人民币的药品和医疗器械给越南南方解放红十字会。

7 月 30 日，中国红十字会秘书长彭炎打电报给南斯拉夫红十字会秘书长奥索尔尼克夫人，对遭受地震灾害的人民表示慰问并提供 2.5 万元人民币的救灾捐款。

8 月 21 日，中国红十字会打电报给尼泊尔政府，对尼泊尔西一区山崩的受害者表示慰问，并汇去捐款 1 万元人民币。

8 月 31 日，中国红十字会举行报告会，纪念世界红十字会成立一百周年。报告会由中国红十字会会长李德全主持，副会长伍云甫做了《中国红十字会纪念红十字百周年》的报告。

10 月 15 日，中国红十字会会长李德全打电报给古巴红十字会会长塞万提斯，对古巴东部最近遭受飓风灾害的人民表示深切慰问，决定捐赠 100 万元人民币。

10 月 28 日，北京市红十字会 1500 多名会员在天桥剧场举行集会，热烈欢迎由朝鲜红十字会中央委员会委员长朴信德率领的朝鲜红十字会代表团。

11 月 8 日，周恩来总理接见来访的朝鲜民主主义共和国红十字会代表团团长、朝鲜红十字会中央委员会委员长朴信德等。

11 月 27 日，陈毅副总理接见红十字会协会秘书长亨利克・比尔。

11 月，广西壮族自治区红十字会成立。

12 月 1 日，红十字会协会秘书长亨利克・比尔先后在广州、武汉、上海、北京进行了 10 天的访问，当天上午乘飞机离开北京返回日内瓦。

1964 年

1 月 25 日，中国红十字会打电报给阿尔及利亚红新月会，向奥雷斯省和绿洲省遭受水灾的灾民表示慰问，并捐赠 2 万元人民币现款和价值 8 万元人民币的奶粉、布匹、药品等物资帮助灾民克服困难。

4 月 7 日，中国红十字会为蒙古遭受风雪灾害赠给蒙古红十字会的第一批药品运到乌兰巴托。11 日，第二批药品运到乌兰巴托。

5 月 14 日，中国驻肯尼亚大使王雨田代表中国红十字会把 1000 镑救济金的支票交给肯尼亚代理内政部长奥尼科，供救济尼安萨地区水灾灾民之用。

8 月 17 日，中国红十字会打电报给巴基斯坦红新月会，慰问东巴基斯坦省遭受水灾的居民，并捐款 8 万卢比协助救灾。

8 月 29 日，中国红十字会赠送给被刚果（利）冲伯傀儡集团驱逐出境的刚果（布）侨民 500 万非洲金融共同体法郎。

9 月 7 日，中国红十字会和北京市红十字会干部和会员 1000 多人举行集会，热烈欢迎由阮明芳率领的越南南方解放红十字会代表团。

11 月 10 日，中国红十字会打电报给南斯拉夫红十字会，对克罗地亚和斯洛文尼亚两加盟共和国最近遭受水灾的人民表示慰问，同时汇去 5000 元人民币。

11 月 28 日，中国红十字会总会致电越南南方解放红十字会，向最近遭受水灾的越南南方人民表示亲切的慰问，并宣布捐助价值 100 万元人民币的物资。

12 月 31 日，锡兰红十字会收到中国红十字会的捐款 3 万锡兰卢比，用于救济锡兰部分地区最近遭受风灾的居民。

本年，浙江省红十字会成立。至此，除西藏、青海、宁夏、甘肃、新疆、贵州六省（区）外，全国普遍建立了省级红十字会，同时市、县级红十字会达 300 多个，会员人数达 500 多万。

1965 年

4 月 5 日，中央批复中国红十字会领导机构的改选，钱信忠任会长，伍云甫、刘清扬、熊瑾玎、赵朴初、彭炎、孟谦任副会长，彭炎兼任秘书长。

4 月 11 日，李德全会长分别打电报给国际红十字常设委员会主席弗朗索瓦·庞赛和奥地利红十字会会长汉斯·冯·劳达，抗议国际红十字常设委员会顺从美国的意志，制造“两个中国”阴谋。

5 月 19 日，中国红十字会赠送 20 万卢比给巴基斯坦红新月会，救济遭受风灾的居民。

7 月 20 日，中国红十字会打电报给南斯拉夫红十字会，对南斯拉夫遭受水灾的灾民表示同情，并捐赠 1 万元人民币。

8 月 19 日，中国红十字会打电报给马里红十字会，对马里最近遭受水灾的灾民表示慰问，同时汇出 10 万元人民币救济灾民。

9 月 26 日，中国红十字会发表声明，谴责国际红十字常设委员会不顾中国以及许多国家政府和红十字会的抗议，在美国的操纵下坚持邀请台湾的所谓红十字会代表团参加第 20 届国际红十字大会，放肆地进行制造“两个中国”的政治阴谋。声明宣布：中国红十字会决定不参加第 20 届国际红十字大会，并且断绝同常设委员会的一切关系；对于大会通过的一切决议，中国红十字会将不受其约束，也不承担任何义务。

10 月 15 日，中国红十字会打电报给菲律宾红十字会，慰问因塔尔峰火山爆发而受灾的灾民，并捐款 1 万元人民币和捐赠价值 1 万元人民币的物资。

1966年

3月15日，卫生部与中国红十字会总会联合发出《关于1966年地方红十字会工作意见》，要求继续抓好国防救护训练工作，做好街道红十字卫生站工作和农村卫生员训练的试点工作，做好献血宣传动员和组织工作。

4月11—16日，总会在广西南宁召开水上救护训练经验交流会，副会长彭炎做了总结报告，对各地开展这项工作提出了明确的要求。

7月8日，中华人民共和国主席刘少奇打电报给尼泊尔国王马亨德拉陛下，对尼泊尔西北部地区发生严重地震表示慰问。中国红十字会已捐赠5万尼泊尔卢比给尼泊尔受灾地区人民，以表示对灾区人民的同情和支援。

7月20日，以副会长安德烈·毕隆波为首的刚果（布）红十字会代表团一行5人，应中国红十字会邀请来我国访问。28日，陈毅副总理接见了毕隆波，接见时在座的有中国红十字会会长钱信忠等。

9月3日，中国红十字会打电报给土耳其红新月会，对8月19日土耳其东部地震死难者表示哀悼，同时捐款3.5万元人民币救济受灾人民。

9月15日，中国红十字会为救援尼泊尔西部地震中的受难者，把5万毫升五联制剂赠送给尼泊尔红十字会。

12月22日，中国红十字会总会复函河南省、上海市、长沙市等红十字会："当前无产阶级文化大革命运动正处于高潮，这个运动预计还会进行一个相当长的时期……红会如何开展工作当另行通知。"这是"文革"中总会向地方红十字会发出的最后一次"复函"。此后红会国内工作完全陷于停顿。

1967 年

4 月 17 日，卫生部与中国红十字会总会发出联合通知，“红十字会所有会务工作一律停止”。各级红十字会组织被迫撤销，国内的会务活动陷于停顿。

5 月 3 日，应中国红十字会邀请，以罗马尼亚红十字会副主席依·图拉依为首的罗马尼亚红十字会代表团来我国进行友好访问。

7 月 24—26 日，巴基斯坦卡拉奇连降暴雨造成水灾，灾民无家可归。中国红十字会决定捐款 5 万元人民币。

9 月 12 日，中国驻苏丹大使馆代表中国红十字会交给苏丹红新月会 2 万元人民币，作为中国红十字会赠送给最近因暴雨而受灾的苏丹居民的一笔捐款。

11 月 3 日，中国驻马里大使馆临时代办刘和林会见马里红十字会主席多洛·索米内，转交中国红十字会 10 万元人民币现金捐款，以救济尼日尔河泛滥受灾的马里人民。

1968 年

4 月 21 日，中国红十字会委托中国驻索马里大使馆二等秘书张景芳，把 1100 多箱罐头食品交给索马里红新月会会长艾哈迈德・穆罕默德・哈桑，表示对因水灾而造成生活困难的索马里灾民的慰问。

5 月 17 日，中国驻坦桑尼亚大使馆一等秘书石智纯把中国红十字会捐赠给坦桑尼亚水灾灾民的 4 万先令交给坦桑尼亚红十字会。

6 月 15 日，中国驻伊拉克大使馆临时代办韦建业把中国红十字会慰问电及 3 万元人民币的捐款交给伊拉克红新月会会长阿拉丁・卡亚特，以救济伊拉克水灾灾民。

7 月 19 日，中国红十字会捐赠了 10 万卢比救济东巴基斯坦遭受水灾的难民。本日中国驻巴基斯坦大使馆临时代办徐英把这笔赠款送交巴基斯坦外交部。

10 月 4 日，中国驻索马里大使馆临时代办郑佩堂拜会索马里总理埃加勒，转达中国红十字会对遭受水灾的索马里人民的关怀，并决定捐赠价值 3 万元人民币的物资。

1969 年

4 月 7 日，中国红十字会打电报给阿尔巴尼亚红十字会，向地震灾区人民致以亲切慰问，并汇去捐款 50 万元人民币。

5 月 2 日，中国红十字会打电报给东巴基斯坦红新月会，向东巴基斯坦地区遭受强烈暴风袭击表示慰问，并汇去捐款 10 万元人民币。

9 月 6—13 日，第 21 届国际红十字大会在土耳其伊斯坦布尔举行。大会在美国操纵下，公然邀请我国台湾地区红十字组织出席，违反了国际红十字运动的“统一性”原则，妄图制造“两个中国”。中国红十字会表示愤慨和强烈反对，拒绝参加大会。

9 月 10 日，中国红十字会向尼泊尔红十字会赠送牛痘疫苗和四联疫苗各 100 万人份。在本日举行的赠送仪式上，中国驻尼泊尔大使王泽代表中国红十字会把这些疫苗正式交给尼泊尔红十字会主席普林塞普・沙阿王妃。

10 月 13 日，中国红十字会打电报给阿尔及利亚红新月会，慰问水灾灾民，并捐赠了价值 4 万元人民币的毛毯、罐头食品。

1970 年

1 月 10 日，中国红十字会捐赠给索马里旱灾灾民的价值 4 万元人民币的食物和药品由中国驻索马里大使馆转交。

1 月 20 日，中国驻阿尔及利亚大使杨琪良把中国红十字会为慰问阿尔及利亚灾民而捐赠的价值 4 万元人民币的毛毯和食品罐头，移交给阿尔及利亚红新月会。

1 月 26 日，中国驻锡兰大使馆临时代办奚业胜拜会锡兰外交部常任秘书萨马拉沁格，转交中国红十字会慰问电报。1969 年底锡兰东方省和南方省发生水灾，灾民达 15 万户，中国红十字会捐赠 80 吨大米。

2 月 3 日，中国驻摩洛哥大使馆临时代办徐波会见摩洛哥红新月会秘书长洛特菲时，交给他一份中国红十字会的慰问电。中国红十字会为慰问摩洛哥水灾灾民，决定向摩红新月会捐赠 1000 条毛毯。

2 月 23 日，中国红十字会应巴勒斯坦红新月会的请求，支援该会 10 万元人民币的药品等，以救护受伤的突击队员和难民。

3 月 23 日，中国驻苏丹大使馆临时代办雪呐拜访苏丹国民指导部长奥马尔 · 哈克 · 穆萨时，交给他中国红十字会捐赠给苏丹抗旱运动秘书处的 4 万元人民币，对苏丹遭受旱灾的灾民表示亲切的关怀。

5 月 21 日，中国红十字会打电报给罗马尼亚红十字会，对最近罗马尼亚一些地区遭受严重水灾表示慰问，并且捐赠 50 万元人民币。

6 月 9 日，中国红十字会打电报给秘鲁红十字会，慰问因严重地震受灾的秘鲁灾民，并汇去了 150 万元人民币。

6 月 12 日，中国红十字会打电报给匈牙利红十字会，对匈牙利蒂萨河地区遭受严重水灾表示深切同情与慰问，并捐款 50 万元人民币。

6 月 27 日，中国红十字会打电报给阿拉伯也门共和国政府，对最近也门一些地区遭受严重旱灾表示同情和慰问，“特向他们提供五千公吨小麦的捐赠”。

8 月 8 日，中国红十字会打电报给巴基斯坦红新月会，对东巴最近遭受严重水灾地区的人民表示慰问，并捐赠 100 万元人民币的款物。

8 月 19 日，中国红十字会打电报给尼泊尔红十字会，对尼泊尔发生水灾表示慰问，决定捐赠 30 万元人民币的物资。

9 月 26 日，中国红十字会打电报给巴勒斯坦红新月会，谴责美帝国主义指使约旦军政府对巴勒斯坦游击队和巴勒斯坦人民的进攻，并捐赠价值 100 万元人民币的药品等。

11 月 8 日，中国红十字会打电报给菲律宾红十字会，慰问遭受强台风袭击的灾民，并决定捐赠价值 20 万元人民币的罐头食品。

11 月 13 日，中国红十字会打电报给越南南方解放红十字会，对越南南方遭受严重风灾和水灾的 5 省人民表示亲切的慰问，并决定捐赠 500 万元人民币的物资。

11 月 17 日，中国红十字会打电报给巴基斯坦红新月会，对东巴遭受旋风袭击的灾区人民表示亲切的慰问，并捐赠 300 万元人民币的物资和现款。

1971 年

1 月 6 日，中国驻尼泊尔大使王泽在加德满都举行的赠送仪式上，代表中国红十字会把 100 万人份四联疫苗及包括 1 万条毯子和一些药品在内的一批水灾救济物资捐赠给尼泊尔红十字会。尼泊尔红十字会主席普林塞普·沙阿王妃对中国红十字会的赈济表示感谢。

1 月 16 日，中国驻索马里大使樊作楷拜会索马里内政部长侯赛因·库勒米，向他转交了中国红十字会的慰问电。中国红十字会在慰问电中对索马里灾区人民表示关切和同情，并决定捐赠价值 50 万元人民币的大米、罐头食品和药品。

3 月 10 日，肯尼亚总统乔莫·肯雅塔在总统府接见了中国驻肯大使馆临时代办王惠民。接见时，王惠民转交了中国红十字会的慰问电。中国红会在电报中表达了中国人民对肯尼亚受灾人民的同情和慰问，并决定捐赠 100 万元人民币（包括 20 万元人民币现款和价值 80 万元人民币的粮食、食品和药品）。肯雅塔总统感谢中国政府和中国人民的慰问，并对中国红十字会捐赠款项和物品表示谢意。

5 月 28 日，中国红十字会打电报给土耳其红新月会，对土耳其东部地震地区受灾人民表示同情和慰问，并赠送现款 150 万元人民币。

6 月 20 日，中国红十字会打电报给乍得政府，对乍得霍乱疫区民众表示慰问，并捐赠霍乱疫苗 20 万人份，捐款 100 万元人民币。

6 月 29 日，中国红十字会打电报给智利内政部长托亚并智利政府救灾专门委员会，对最近不幸遭受暴风雨雪严重灾害的智利中南部一些省区的居民表示慰问和关怀，并捐赠现款 500 万元人民币。

7 月 16 日，中国红十字会打电报给智利内政部长托亚并智利救灾专门委员会，为地震灾民捐大米 1 万公吨、奶粉 20 公吨、食品罐头 270 公吨、毛毯 2 万条、药品 50 公吨。

8 月 2 日，中国红十字会致电阿富汗红新月会会长艾哈迈德·沙阿皇太子殿下，对阿富汗最近遭受严重旱灾和水灾地区的灾民表示亲切的慰问并捐赠价值 500 万元人民币的物资。

8 月 23 日，中国红十字会打电报给英国红十字会，对香港地区遭受台风灾害同胞甚为关怀，并捐款 300 万元人民币。

9 月 12 日，应中国红十字会邀请，由团长皮·库南比率领的坦桑尼亚红十字会代表团来我国进行友好访问。

9 月 14—25 日，红十字国际委员会主席纳维尔和夫人应邀对我国进行访问，先后参观了北京、上海、杭州、无锡等地的工厂、学校、农村。20 日，李先念副总理接见了客人。

9 月 17 日，国务院副总理李先念接见由团长皮·库南比率领的坦桑尼亚红十字会代表团全体成员，同他们进行了亲切友好的谈话。

11 月 1 日，中国红十字会打电报给越南南方解放红十字会，对越南南方中部沿海地区遭受风灾和水灾的人民表示慰问，并决定捐赠 500 万元人民币的物资。

12 月 17 日，中国驻赞比亚大使秦力真会见赞比亚外交部常任秘书桑帕，代表中国政府和中国人民，向在科珀贝尔特省穆富利拉矿区卡菲龙达炸药厂附近一次爆炸事故中不幸伤亡的工人的家属和伤员表示深切的慰问，并捐款 5 万元人民币。

1972 年

3 月 2 日，中国红十字会打电报给阿尔及利亚红新月会，对君士坦丁等地区水灾灾民表示慰问，并捐赠 10 万元人民币。

3 月 20 日，中国红十字会打电报给秘鲁红十字会，对鲁伊卡、利马等几省发生严重水灾表示关注，并捐 60 万元人民币。

3 月 22 日，中国红十字会打电报给玻利维亚红十字会，慰问被水灾民并捐款 20 万元人民币。

4 月 15 日，中国红十字会打电报给伊朗王国特别救济委员会和伊朗红狮与太阳会，对伊朗南部地区发生的强烈地震表示慰问，并捐款 30 万元人民币和价值 20 万元人民币的物资。

5 月 26 日，中国红十字会捐赠给毛里塔尼亚人民的 5000 吨玉米和高粱在努瓦克肖特港举行了移交仪式。

6 月 6 日，中国红十字会将 4000 吨小麦、25. 26 万米棉布、642 包针织品、22 吨药品和 55 吨搪瓷用品等运到苏丹港。中国驻苏丹大使馆商务参赞金旭代表中国红十字会将这批物资交与苏丹当局，用来救济和安置苏丹南部难民。

6 月 29 日，中国红十字会打电报给英国红十字会香港分会转港九工会联合会和香港中华总商会，对最近因暴雨受灾的香港同胞表示慰问，并捐款 200 万元人民币。

7 月 24 日，中国红十字会打电报给菲律宾红十字会，捐赠 100 万元人民币的物资，以救济菲律宾吕宋岛遭受台风袭击的灾民。

8 月 2 日，中国驻尼泊尔大使王泽在加德满都代表中国红十字会把 50 万人份四联疫苗送给尼泊尔红十字会。

11 月 4 日，中国红十字会致电斐济红十字会，对遭受飓风袭击的斐济灾区人民表示慰问，并捐赠 10 万元人民币。

12 月 27 日，中国红十字会打电报给缅甸红十字会主席吴山貌，对缅甸丹老市遭受火灾的居民表示慰问，并捐赠价值 20 万元人民币的物资。

12 月 28 日，中国红十字会打电报给尼加拉瓜红十字会，慰问最近因严重地震而受灾的尼加拉瓜人民，并捐赠 50 万元人民币及价值 50 万元人民币的物资。

1973 年

2 月 2 日，中国驻冰岛大使陈东会见冰岛红十字会主席比耶登·特里格瓦松，向他转交了中国红十字会捐赠给冰岛红十字会的 15 万元人民币，救济因冰岛的海迈伊岛最近火山爆发而受灾的人民。

3 月 28 日，中国驻阿富汗大使甘野陶代表中国红十字会把 10 万元人民币的汇款交给阿富汗外交部政治司司长阿卜杜勒·瓦希德·卡里姆，以救济灾民。

4 月 12 日，中国红十字会打电报给上沃尔特（今布基纳法索）红十字会，对上沃尔特麻疹疫区人民表示深切的同情和亲切的慰问，并捐赠麻疹疫苗 30 万人份和价值 10 万元人民币的抗生素。

4 月起，中国红十字会先后向毛里塔尼亚、马里、塞内加尔、乍得、尼日尔、上沃尔特等 6 个遭受严重旱灾的国家捐赠粮食共计 3.5 万吨。

6 月 12 日，中国驻马里大使馆临时代办冯越代表中国红十字会向马里公共卫生和社会事务部赠送了可供 30 万人注射的麻疹疫苗。

7 月 16 日，阿拉伯也门共和国共和委员会委员、总理阿卜杜拉·哈吉里接见了中国大使张灿明。张大使转告哈吉里总理，中国红十字会决定向阿拉伯也门共和国政府捐赠 5000 吨小麦。

8 月 19 日，中国红十字会打电报给巴基斯坦中央救灾委员会，就巴基斯坦旁遮普省等地区发生严重水灾表示亲切慰问，并决定捐赠现款 100 万元人民币和价值 100 万元人民币的物资。

10 月 13 日，中国红十字会致电埃塞俄比亚红十字会，捐赠小麦 1 万吨，帮助遭受旱灾的埃塞俄比亚灾民克服困难。

10 月 27 日，中国红十字会打电报给牙买加内阁专门小组委员会，对牙买加人民最近遭受严重水灾表示慰问，并通知捐赠 10 万元人民币。

11 月 2—7 日和 11 月 8—15 日，第 32 届红十字会协会理事会和第 22 届国际红十字大会先后在伊朗的德黑兰举行，以驻伊朗大使陈辛仁为团长的中国政府代表团和以中国红十字会常务理事欧阳竞为团长、秘书长王敏为副团长的红会代表团出席了会议。第 32 届协会理事会会议上，中国红十字会当选为执行委员。

11 月 19—29 日，以欧阳竞为团长的中国红十字会代表团对阿尔及利亚进行友好访问。

11 月 27 日，中国红十字会打电报给越南南方解放红十字会，捐赠价值 500 万元人民币的物资，赈济越南南方风灾和水灾灾民。

1974 年

1 月 31 日和 2 月 5 日， 中国红十字会根据日内瓦公约，协助遣返两批在西沙群岛自卫反击战中被俘的南越战俘 48 人和 1 名美国人。

2 月 1 日， 中国红十字会捐赠埃塞俄比亚旱灾的 1 万吨小麦移交仪式在阿萨布港举行。

4 月 26 日， 以陈致明为团长的中国红十字会代表团一行 3 人，应土耳其红新月会的邀请，于本日乘飞机离开北京，前往安卡拉访问。

6 月 19 日， 中国驻秘鲁大使焦若愚代表中国红十字会向秘鲁全国民防委员会赠送救济秘鲁水灾的 30 万元人民币和 1 万条毛毯。

8 月 29 日， 中国红十字会打电报给孟加拉国红新月会，就孟加拉国发生严重水灾表示亲切慰问，并捐赠价值 200 万元人民币的物资。

9 月 3 日， 中国红十字会打电报给塞浦路斯红十字会，决定捐赠价值 30 万元人民币的物资，帮助在塞浦路斯武装冲突中的受难者克服困难。

9 月 3 日， 中国红十字会赠送给塞内加尔政府的 2000 吨玉米的移交仪式在达喀尔港举行。中国驻塞内加尔大使王锦川代表中国红十字会把这批粮食交给了塞内加尔灾民救助专员乌马尔·科利。

9 月 5 日， 中国红十字会打电报给缅甸红十字会，为了帮助受灾人民克服水灾带来的暂时困难，捐赠价值 40 万元人民币的物资。

9 月 29 日， 中国红十字会打电报给洪都拉斯红十字会，向受到飓风灾害的灾区人民表示慰问，并决定捐赠 10 万元人民币。

10 月 20 日，中国红十字会打电报给卢旺达共和国政府，对卢旺达遭受雨灾的人民表示深切同情和慰问，并决定赠送 500 吨小麦。

10 月 22 日，中国红十字会打电报给苏丹政府，对苏丹南方遭受水灾的人民表示同情和亲切慰问，决定赠送 1000 吨高粱。

10 月 22 日，中国红十字会为救济毛里塔尼亚遭受旱灾的人民向毛里塔尼亚红十字会赠送 6000 吨粮食的移交仪式在努瓦克肖特港举行。中国驻毛里塔尼亚大使馆临时代办林秉南代表中国红十字会把这批粮食交给了毛里塔尼亚红十字会主席萨勒·奈·托科塞尔·西夫人。

10 月 24—26 日，红十字会协会第 90 次执委会会议在日内瓦举行。中国红十字会秘书长王敏率代表团参加会议，会上就召开和平大会的问题阐明了中国红会的原则立场。

11 月 20 日，中国红十字会打电报给菲律宾红十字会，慰问最近遭受台风袭击的菲律宾吕宋岛地区人民，决定捐赠价值 15 万元人民币的物资。

12 月 4 日，中国红十字会打电报给索马里最高革命委员会，亲切慰问索马里最近遭受严重旱灾地区的人民，决定捐赠 4000 吨高粱和价值 5 万元人民币的药品与医疗器械。

1975 年

1 月 2 日，中国红十字会致电巴基斯坦红新月会，对巴基斯坦北部地区遭受地震灾害人民表示亲切慰问，决定捐赠价值 20 万元人民币的食品、药品和毛毯协助灾民克服暂时困难。

1 月 21 日，中国驻马里大使馆政务参赞田达成代表中国红十字会将 30 万人份的预防麻疹疫苗移交给马里公共卫生和社会事务部，以援助马里遭受旱灾的人民。

2 月 20 日，中国红十字会打电报给毛里求斯拉姆古兰总理飓风破坏重建基金会，对毛里求斯灾民表示同情和慰问，决定捐赠价值 2 万元人民币的罐头食品。

4 月 3 日，为了援助遭受风灾和水灾的马尔加什（今马达加斯加）人民，中国红十字会向马尔加什政府捐赠 5 万元人民币。

4 月 28 日，全国人大常委会副委员长李素文接见以日本红十字会会长东龙太郎为团长的日本红十字会代表团。中国红十字会负责人钱信忠等会见时在座。

5 月 24 日，应中国红十字会的邀请，由巴尔博伊·康士坦察副会长率领的罗马尼亚红十字会代表团来华进行友好访问。28 日，全国人大常委会副委员长李素文接见了客人。

8 月 6 日，中国红十字会打电报给罗马尼亚红十字会，对罗马尼亚最近部分地区遭受水灾表示慰问，并且捐赠 50 万元人民币。

9 月 16 日，中国红十字会就土耳其遭受地震灾害致电土耳其红新月会，对灾区居民表示亲切的慰问，决定捐赠

10 万元人民币。

9 月 30 日，中国红十字会致电苏丹政府，慰问苏丹水灾灾民，决定捐赠5 万元人民币。

10 月 28 日—11 月 1 日，红十字会协会第 33 届理事会在日内瓦召开，以欧阳竞为团长的中国红十字会代表团与会。

11 月 20 日，以罗冬祥为团长的中国红十字会代表团应南斯拉夫红十字会的邀请，前往贝尔格莱德进行友好访问。

12 月 2 日，以罗冬祥为团长的中国红十字会代表团在结束了对南斯拉夫的友好访问后，前往罗马尼亚进行友好访问。

1976年

2月13日，中国红十字会打电报给马达加斯加全国救灾委员会，对马达加斯加遭受龙卷风灾害的人民表示同情和慰问，并捐赠15万元人民币。

2月16日，中国红十字会打电报给危地马拉红十字会，向危地马拉遭受地震灾害的人民表示同情和亲切慰问，并捐赠5万元人民币。

5月10日，中国红十字会打电报给阿富汗红新月会，对阿富汗发生地震和水灾地区的人民表示深切慰问，为此决定赠送1吨药品。

8月20日，中国红十字会打电报给菲律宾红十字会，对菲律宾南部地区发生地震地区的人民表示深切同情和慰问，并决定捐赠价值20万元人民币的物资。

8月20日，中国驻埃塞俄比亚大使杨守正代表中国红十字会在迪雷达瓦市将1000吨玉米和1万条棉毯捐赠给埃塞俄比亚救济和复兴局局长希梅利斯·阿杜纳，以救助埃塞俄比亚遭受旱灾地区的人民。

9月8日，中国红十字会向冈比亚政府赠送500吨大米的移交仪式在班珠尔举行。中国驻冈比亚大使馆临时代办陈世培代表中国红十字会，把大米移交给冈比亚政府代表、外交部副常务次长瓦达。

10月6日，党中央一举粉碎了“四人帮”，宣告十年“文革”的结束。中国红十字事业迎来明媚的春天。10年中，中国红十字会共向138个受灾国家和地区的灾民提供了169次援助，款物合计达1亿多元人民币。

11月30日，中国红十字会打电报给土耳其红新月会，捐款10万元人民币。

1977年

3月9日，中国红十字会致电罗马尼亚红十字会，对罗马尼亚地震灾区的人民表示深切的同情和慰问，并决定赠送药品20吨和50万元人民币。

3月10日，中国红十字会打电报给莫桑比克政府，向莫桑比克遭受水灾的人民表示慰问，并赠送5000吨粮食和5吨药品。

4月26日，中国驻马达加斯加大使田志东代表中国红十字会将5万元人民币捐款交给马达加斯加外交部长拉科托马沃。

5月13日，中国驻马达加斯加大使田志东代表中国红十字会，把一批气象器材交给马达加斯加政府，以帮助马达加斯加政府和人民同飓风灾害做斗争。

11月26日，中国红十字会致电阿根廷红十字会，对阿根廷遭受地震灾害表示深切同情和慰问。

12月24日，中国红十字会打电报给伊朗红狮与太阳会，对伊朗东南部地震灾区人民表示深切同情和慰问。

1978 年

1 月 27 日，中国红十字会向卫生部提交《关于国内工作和体制问题的意见》的报告，提出在对外开放的一些重点城市恢复红十字会工作。

2 月 9 日，中国驻塞内加尔大使馆临时代办郭瑾在达喀尔代表中国红十字会将 1000 吨小麦交给塞内加尔政府，以援助塞内加尔遭受旱灾的人民。

3 月 29 日，卫生部与外交部联合向国务院呈送《关于恢复红十字会国内工作的报告》。

4 月 7 日，中国驻毛里塔尼亚大使馆临时代办刘祥纶受中国红十字会的委托，向毛里塔尼亚红新月会主席托科塞尔·西夫人转交 10 万元人民币的支票，作为赠款以帮助毛里塔尼亚红新月会进行抗旱救灾。

4 月 10 日，国务院以“国发〔1978〕63 号”文件向各省、自治区、直辖市和国务院各部委批转卫生部、外交部《关于恢复红十字会国内工作的报告》。报告中提出：“拟在开放城市的街道、工厂及郊区供外宾参观的公社恢复红会工作。红会的具体任务是在当地党委统一领导下，协助卫生部门，进行爱国卫生运动、群防群治、输血和战备救护训练（包括在中学青少年中进行训练）。第一步先恢复北京、上海、天津、南京、杭州、广州、长沙、武汉、西安、沈阳等十个大城市的红会工作。”

5 月 6 日，中国驻坦桑尼亚大使馆临时代办张立垣代表中国红十字会向坦桑尼亚红十字会副主席姆·阿·肖马里捐款 5 万元人民币，以救助坦桑尼亚南部和西南部遭受水灾地区的人民。

5 月 26 日，广州市红十字会恢复建会，成为全国最早恢复红十字组织的城市。

6 月中旬，在全国医药卫生科技大会召开期间，中国红十字会总会领导请10 个城市和有关省的卫生局负责人专题座谈红十字会恢复国内工作问题，杨纯副会长在会上就如何做好红会工作讲了话。

6 月 26 日，中国红十字会、卫生部发出通知，要求各地将红十字工作恢复情况和问题及时上报。

8 月 8 日，中国红十字会打电报给苏丹救灾委员会，决定捐送价值 20 万元人民币的物品，以帮助该国遭受水灾的人民克服灾害造成的暂时困难。

10 月 14 日，中国红十字会打电报给泰国红十字会，捐款 5 万元人民币慰问泰国遭受水灾的灾民。

11 月 24 日，国务院批转卫生部《关于加强输血工作的请示报告》，明确指出，“红十字会要积极协助卫生部门搞好输血和义务献血的宣传、动员、组织工作”。

12 月 8 日，中国红十字会致电斯里兰卡红十字会，对巴提卡洛阿等地区居民遭受龙卷风袭击所蒙受的痛苦和损失深表关切，决定捐赠价值 5 万元人民币的物资。

本年底，广州、长沙、天津、北京、上海、杭州、武汉、南京、沈阳、西安、南宁等 11 个城市恢复红十字会组织并开展活动。

1979 年

1 月 25 日—2 月 3 日，中国红十字会会长钱信忠率代表团应邀访日，受到日本红会的欢迎。

2 月 20—24 日，中国红十字会第三次全国会员代表大会在京举行，出席会议的代表 65 人。会议选出第三届领导人：会长钱信忠，副会长杨纯、沈其震、赵朴初、彭炎、熊天荆、龚普生、孟谦、王肇元、邓启修、魏龙骧、顾锦心、王仪、刘鹏飞、王敏，秘书长王敏（兼）。会议修改和通过了《中国红十字会章程》。会议期间，廖承志副委员长、陈慕华副总理接见出席“三大”的全体代表。

4 月 4 日，中国红十字会向毛里求斯捐款 2 万毛里求斯卢比，以帮助该国罗德里格斯地区遭受风灾的人民克服暂时的困难。

4 月 7 日，中国红十字会打电报给斐济红十字会，对斐济东南部几个岛屿最近受到飓风灾害及人民财产受到的损失，表示极为关切，并决定捐赠 5000 元人民币。

4 月 23 日，中国红十字会打电报给圣文森特救灾委员会，慰问圣文森特受火山爆发灾害的灾区人民，决定捐赠 1 万元人民币。

5 月 7 日，全国人大常委会副委员长姬鹏飞接见以马赛尔·纳维尔为团长的红十字国际委员会代表团，就加强红十字国际委员会和中国红十字会的合作等问题交换了看法。

5 月 22 日，中国红十字会代表团与越南红十字会代表团在中国友谊关口岸举行了第一次会谈，商定中国方面将于 5 月 28 日在友谊关至同登公路零公里处释放被我云南边防部队俘获的 118 名越南武装人员伤病员。越方同一天将释放 20 名中国被俘人员。

5 月 26 日，中国红十字会代表团与越南红十字会代表团举行第二次会谈。双方交换了全部被俘人员的名单，并达成协议，这些被俘人员共分五批释放。

6 月 18 日，中国红十字会致电牙买加内阁救灾委员会，对牙买加最近遭受严重水灾表示慰问，并决定捐赠 1 万元人民币。

7 月 4 日，日本“阿波丸”沉船死难者遗骨、私人遗物交接仪式在上海举行。上海市红十字会副会长白备伍代表中国红十字会受中国政府的委托，将遗骨 158 具，私人遗物 61 项、384 件，移交给由日本厚生省大臣桥本龙太郎率领的日本政府派遣的领取“阿波丸”沉船死难者遗骨访华团。桥本大臣代表日本政府表示深深的感谢。

7 月 19 日，陈慕华副总理接见红十字会协会秘书长亨利·毕尔一行，钱信忠会长等接见时在座。

7 月 20 日，泰国总理江萨在总理府接受中国红十字会帮助泰国救济难民的赠款 20 万元人民币。

7 月 20 日，中国红十字会总会致电台湾红十字组织，表示查找亲朋下落是台湾和大陆骨肉同胞的共同愿望，建议与台湾红十字组织就查人和家人团聚、探亲等问题进行商谈。

8 月 14—26 日，联合国难民事务高级专员公署的代表亚历山大·卡赛拉和杰奎斯·莫切来华访问，并与中国红十字会副会长杨纯就安置印支难民进行了会谈。

9 月 8 日，中国红十字会打电报给多米尼加联邦政府，对该国遭受飓风袭击表示同情和慰问，决定捐款 1 万元人民币。18 日，中国红十字会又致电多米尼加红十字会，再次捐款 1 万元人民币给该国红会用于救灾。

10 月 4—6 日，在日内瓦召开的第一届国际红十字会协会大会上，杨纯副会长介绍了中国红十字会安置印支难民的情况。

11 月 5 日，中国红十字会打电报给泰国红十字会，为协助泰国救助柬埔寨难民，决定捐赠 3490 公斤药品、12970 公斤罐头食品、18120 米布匹。

11 月 18 日，福建省红十字会恢复工作。

12 月 22 日，中国红十字会打电报给哥伦比亚红十字会，对哥伦比亚最近遭受严重地震灾害表示慰问，并决定赠送 5 万元美金。

本年，中国红十字会积极协助我国政府安置印支难民，对难民进行慰问，做好医疗卫生、防疫等工作。至年底，接待和安置被越南当局驱赶来华的难民 21 万余人。

1980 年

2 月 17 日，中国红十字会打电报给巴基斯坦红新月会，向该会赠送价值 30 万元人民币的物资，协助救济流入巴基斯坦的阿富汗难民。

4 月 9 日，辽宁省红十字会恢复工作。

5 月 4 日，国务院副总理陈慕华接见由恩里克 · 德拉玛塔会长率领的西班牙红十字会代表团。中国红十字会会长钱信忠、西班牙驻中国大使德拉莫莱纳接见时在座。

5 月 9 日—6 月 2 日，杨纯副会长率代表团应邀访美，参加美国红会第 55 届代表大会并先后访问洛杉矶、芝加哥、华盛顿、纽约、旧金山、夏威夷等地。这是新中国成立后中国红十字会首次访美。

6 月 10 日，中国驻泰国大使张伟烈向泰国外长西提 · 沙卫西拉转交了中国红十字会捐赠给柬埔寨难民价值约 50 万元的物资。

6 月 13 日，国务院副总理姬鹏飞在人民大会堂接见由阿尔及利亚红新月会会长贝拉万 · 穆卢德率领的阿尔及利亚红新月会代表团，同他们进行了亲切友好的交谈。

7 月 20 日，《中国红十字》杂志复刊。

7 月，陕西省红十字会恢复工作。

8 月 5 日，国务院副总理陈慕华在人民大会堂接见了以美国红十字会主席杰罗姆 · 霍兰博士为团长的美国红十字会代表团。

8 月 7 日，山东省人民政府下发《关于恢复山东省红十字会的通知》，标志山东省红十字会恢复工作。

8 月 21 日，中国红十字会致电尼泊尔红十字会，对尼泊尔西部地区地震灾区的人民表示同情和慰问，并赠款 1 万美元。

11 月 5 日，全国人大常委会副委员长廖承志接见红十字国际委员会主席亚历山大 · 海一行。

本年，黑龙江省红十字会恢复工作。

1981 年

1 月 24 日，四川省道孚县发生强烈地震，红十字会协会和南斯拉夫、巴基斯坦等国的红十字会和红新月会纷纷致电中国红十字会，向地震灾民表示慰问。红十字会协会 2 月 6 日为我国这次地震发出了国际救济呼吁。到 27 日，中国红十字会已收到由协会转来的由比利时、加拿大、丹麦等国红十字会捐赠的 173320 瑞士法郎（折合人民币约 14 万元）的救灾物资和款项。这是中国红十字会第一次接受国际救灾援助。

3 月 7 日，总会发出通知，要求各级红会积极投入“五讲四美”活动，为精神文明建设做出新贡献。

5 月 11 日，突尼斯总统夫人瓦西拉·布尔吉巴被接纳为中国红十字会第一位荣誉会员。杨纯副会长把荣誉会员证书交给了突尼斯驻中国大使穆罕默德·梅米，请其转交。

6 月 13 日，中国红十字会打电报给伊朗红新月会，对伊朗地震灾区人民表示慰问。

9 月 17 日，青海省红十字会成立。

10 月 4 日，中国红十字会会长钱信忠发表谈话，表示愿意与台湾红十字组织携手，为祖国和平统一大业出力，并提出了四点建议：（一）中国红十字会总会愿同台湾红十字组织就查人转信服务进行合作，如果台湾红十字组织现在为祖国大陆同胞办理此项业务有困难，总会愿意为台湾同胞进行这项工作；（二）中国红十字会总会愿意为台湾同胞与祖国内地的亲友联系、团聚提供帮助，如台湾红十字组织在这方面感到不方便的话，中国红十字会总会可以接受、安排台湾红十字组织的个人或团体来大陆探亲，并保证来去自由；（三）相互选派代表团进行访问，增进相互了解和发展红十字会业务；（四）中国红十字会总会希望台湾红十字组织在双方认为合适的地方进行接触。

10 月 21 日，中国红十字会决定向民主柬埔寨红十字会赠送价值 5 万元人民币的物资。

10 月，湖南省红十字会恢复工作。

11 月 7—14 日，第 24 届国际红十字大会和第 2 次红十字会协会大会在菲律宾马尼拉举行，卫生部长兼中国红十字会会长钱信忠率政府代表团和红十字会代表团参加会议。

本年，四川省红十字会恢复工作。

1982 年

2 月 12 日，中国驻科摩罗大使馆最近将中国红十字会捐赠的 5500 余公斤大米转交给科摩罗政府，以救助遭受严重旱灾的灾民。

2 月 19 日，中国驻马达加斯加大使甘野陶将中国捐赠的救灾款 4 万元人民币交给马达加斯加代理外交部长安皮·波尔托，并转达了中国红十字会对马达加斯加灾民的深切同情。

2 月 22 日，总会再次发出通知，要求各级红会积极投入“五讲四美”活动。

3 月 13 日，中国红十字会打电报给汤加王国红十字会，对该国人民最近遭受严重飓风袭击，蒙受痛苦和损失表示深切的慰问和同情，并捐赠 2 万美元。

4 月 10 日，中国红十字会致电地处南太平洋的所罗门群岛政府，对该岛最近遭受旋风袭击而蒙受损失和痛苦表示深切的同情和慰问，并捐赠 1 万美元。

5 月 2—23 日，由中国红十字会副会长、卫生部副部长杨纯率领的中国红十字会代表团访问阿尔及利亚、突尼斯、摩洛哥三国红新月会。

5 月 5 日，中国驻博茨瓦纳大使王人三把中国红十字会捐赠的 1 万美元交给博茨瓦纳财政和发展计划部长穆西，以帮助这个国家遭受旱灾的居民。

5 月 6 日，中国驻莫桑比克大使馆代表中国红十字会，向莫桑比克政府捐赠 5 万元人民币。这笔捐款是帮助莫桑比克遭受旱灾地区居民的。

6 月 3 日，由德意志联邦共和国红十字会援助兴建的海南兴隆红十字医院扩建工程竣工，中国红十字会副会长杨纯和德意志联邦共和国红十字会代表团团长海因克参加竣工仪式并剪彩。

6 月 15 日，中国红十字会致电巴勒斯坦红新月会，对在反以斗争中的巴勒斯坦受难者表示慰问，并决定捐赠 20 吨药品和医疗器械。

6 月 15 日，中国红十字会致电黎巴嫩红十字会，决定向该会捐赠 20 吨药品和医疗器械，以表示对黎巴嫩人民反对以色列侵略的支持。

8 月 12—19 日，首次中国红十字青少年夏令营在北京举行，116 名红十字青少年和 60 多名红十字工作者参加。

10 月 31 日，中国驻卢旺达大使馆向卢旺达政府转赠了中国红十字会向卢旺达难民提供的救济款 1 万美元现汇。

10 月—11 月，中国红十字会副会长杨纯一行对南斯拉夫、瑞士、瑞典进行友好访问。

11 月 16 日，中国驻津巴布韦大使夫人徐君珮代表中国红十字会向穆加贝总理夫人转交了赠送给津巴布韦的 15 箱药品。

11 月 21 日，中国红十字会向在巴基斯坦的阿富汗难民捐赠 4 辆吉普车，支援在巴基斯坦的阿富汗难民的医疗保健事业。

12 月 2 日，中国驻马里大使馆临时代办申连瑞代表中国红十字会将 1 万美元的赠款交给马里内政部长阿卜杜拉赫曼·马伊加，以援助马里遭受旱灾的人民。

12 月 14 日，由中国红十字会副会长顾锦心率领的中国红十字会代表团，在结束对缅甸的两周访问之后今天离开这里回国。

12 月 17 日，本月 13 日阿拉伯也门共和国发生强烈地震，造成人民生命财产的严重损失。中国红十字会今日决定赠给阿拉伯也门政府 3 吨药品，用于救灾。

1983年

1月22日，中国红十字会向在巴基斯坦的阿富汗难民赠送了3辆救护车和389箱药品及医疗设备。中国驻卡拉奇总领事王第三代表中国红十字会把这批救济品交给了巴基斯坦负责阿富汗难民事务的专员阿扎尔·赛义德。

2月23日，中国驻秘鲁大使徐晃代表中国红十字会向秘鲁红十字会会长埃尔南·奥塔伊萨转交了1万美元的捐款，用于救助遭受水灾的灾民。

3月7日，红十字会志愿工作者第一次国际会议在墨西哥城开幕，中国红十字会副会长顾锦心率领中国红十字会代表团出席会议。

4月1日，中国驻埃塞俄比亚大使赵源向埃塞俄比亚红十字会递交了中国红十字会赠送的2万美元救灾款，用于救助遭受干旱影响的灾民。

4月2日，中国红十字会打电报给玻利维亚红十字会，对玻利维亚人民遭受水灾表示慰问，并决定向该会捐赠2万美元。

4月5日，中国红十字会向哥伦比亚红十字会捐款4万美元，援助哥伦比亚地震灾民。该款由中国驻哥伦比亚大使馆临时代办杨金凯转交。

6月2日，中国红十字会向莫桑比克捐款2万美元，援助最近遭受南非轰炸的马托拉地区人民。

6月16日，中国红十字会向毛里塔尼亚赠送1000吨小麦，毛里塔尼亚粮食安全署专员穆拉耶感谢中国人民的援助。

6月20日，中国驻冈比亚大使馆临时代办刘奋之在班珠尔向冈比亚副总统巴卡里·达博递交了中国红十字会赠送的 5 万元人民币的援款。

7 月 5 日，中国红十字会会长钱信忠向正在北京访问的中非共和国卫生部长加布里埃尔·恩加因迪罗捐赠 5 万美元，恩加因迪罗代表中非共和国灾民对此表示感谢。

7 月 11 日，中国红十字会和中华护理学会在北京人民大会堂召开第 29 届南丁格尔奖章颁奖大会。全国政协主席、中华护理学会名誉理事长邓颖超向王琇瑛颁发南丁格尔奖章和奖状。卫生部部长崔月犁，北京市副市长、北京市红十字会会长白介夫，中国科协主席周培源，中国红十字会会长钱信忠参加了颁奖大会。

7 月 25—27 日，红十字会与红新月会协会主席德拉·玛塔访华。

8 月 11—18 日，青岛市红十字会承办首届全国保健医师夏令营，钱信忠会长等出席。

9 月 14 日，全国人民代表大会常务委员会决定加入《1949 年 8 月 12 日日内瓦四公约关于保护国际性武装冲突受难者的附加议定书》《1949 年 8 月 12 日日内瓦四公约关于保护非国际性武装冲突受难者的附加议定书》两个附加议定书，但对“引渡问题”提出保留。

10 月 8—14 日，杨纯副会长率代表团参加在日内瓦召开的红十字会协会第三届大会和国际红十字代表会议。会后对南斯拉夫、瑞士、瑞典三国进行了友好访问。

11 月 1 日，中国红十字会向乌干达三个县流离失所的人们（约有 20 万人）赠送 20 吨大米。乌干达总理阿利马迪在接受这批大米时发表讲话，感谢中国政府在乌干达困难时期赠送这批救济品。

11 月 21 日，国务委员姬鹏飞接见红十字会协会秘书长汉斯·赫格和夫人，并同他们进行了友好的谈话。

11 月 21 日，中国红十字会通过驻尼泊尔大使馆向尼泊尔灾区人民转交一批救灾物资，包括 12 吨大米和 500 条毯子，救济遭受水灾的灾民。

12 月 31 日，中国红十字会就几内亚地震向几内亚政府捐赠 1 万美元。

至本年底，北京、上海、天津、浙江、辽宁、黑龙江、江苏、福建、山东、湖南、湖北、广东、广西、四川、云南、陕西和青海等 17 个省、市、自治区，以及广州、杭州、武汉、南京、长沙、西安、沈阳、南宁、长春等 9 个市已先后恢复建立红十字会并开展工作。

1984 年

1 月 11 日，中国驻尼日尔大使王毓培代表中国红十字会将捐款 2 万美元转交给尼日尔红十字会，援助尼日尔遭受旱灾的灾民。

2 月 10 日，中国驻贝宁大使孙志诚在科托努代表中国红十字会把 1 万美元赠款交给贝宁外交和合作部长蒂亚米乌·阿吉巴德，向长期遭受旱灾的贝宁人民表示慰问。

2 月 11 日，中国驻安哥拉使馆临时代办张宝生拜会安哥拉罗安达省省长马里亚诺·加西亚·普科，转交中国红十字会的慰问电和 1 万美元的赠款，以帮助遭受水灾的灾民。

2 月 15 日，中国驻莫桑比克大使王浩向莫桑比克抗灾救灾委员会副主任阿兰达·达·席尔瓦转交了中国红十字会 2 万美元赠款，对遭受强台风袭击的灾民表示慰问。

2 月 20 日，中国驻冈比亚大使梁枫以中国红十字会的名义，将 1.4 万英镑的赠款交给冈比亚副总统达博，以援助长期遭受旱灾的冈比亚居民。

3 月 5 日，中国驻佛得角大使馆临时代办李琛光向佛得角合作计划国务秘书若泽·巴里托转交了中国红十字会 1 万美元的赠款，以援助遭受严重旱灾的佛得角人民。

3 月 6 日，国务院副总理田纪云代表中国红十字会，将赠送给阿富汗难民的一批药品和医疗器械的清单转交给巴基斯坦财政、经济事务和商业部长伊沙克·汗。

3 月 10 日，中国驻塞内加尔大使梁枫代表中国红十字会，把 5 万美元的赠款交给塞内加尔农村发展部长、援助农村团结委员会主席巴托尔·迪奥普。

3 月 14 日，中国驻博茨瓦纳大使路德芳代表中国红十字会把 1 万美元的捐款赠给博茨瓦纳政府，以援助遭受旱灾的博茨瓦纳人民。

3 月 21 日，中国驻毛里塔尼亚大使孙浩代表中国政府和中国红十字会向毛里塔尼亚负责食品安全的委员穆拉耶赠送了 40 万法国法郎，以帮助毛里塔尼亚克服旱灾造成的困难。

3 月 23 日，中国驻加纳大使贾怀济在阿克拉代表中国红十字会，把赠送加纳政府医院和红十字会组织的 72 箱药品交给科学和技术部长、前卫生部长查尔斯·布阿杜。

3 月 31 日，中国驻索马里大使王世琨向索马里红新月会会长阿卜迪努尔·优素福·艾哈迈德转交中国红十字会捐赠的 2 万美元，供救济该国旱灾灾民。

4 月 4 日，中国驻马达加斯加大使戴平代表中国红十字会向马达加斯加外交部长让·贝马南贾拉捐赠 2 万美元，援助遭受旋风袭击的当地居民。

4 月 12 日，中国驻缅甸大使黄明达向缅甸红十字会副会长佩登博士转交了中国红十字会捐给曼德勒遭受火灾的灾民的 1 万美元赠款。

4 月 18 日，中国驻莱索托大使牟屏代表中国红十字会，把 1 万美元的捐款转交给莱索托财政大臣拉赫特拉，以救济莱索托遭受旱灾的灾民。

4 月 18 日，中国红十字会向安提瓜和巴布达政府捐赠了 1 万美元的救灾款。

4 月 19 日，中国红十字会决定向进入泰国境内的柬埔寨难民提供价值 10 万元人民币的救济物资。

4 月 23 日，中国驻埃塞俄比亚大使赵源代表中国红十字会，将一张 2 万美元的支票赠送给埃塞俄比亚红十字会，以援助这个国家遭受旱灾的居民。

5 月 8 日，北京市红十字会与北京市义务献血办公室首次开展无偿献血活动，有 19 人成为第一批献血者。

6 月 7 日，国务委员姬鹏飞在人民大会堂接见以会长贾努斯·汉托斯为团长的匈牙利红十字会代表团。钱信忠会长接见时在座。

6 月 7 日，中国驻津巴布韦大使褚启元代表中国红十字会向津巴布韦劳动、人力计划和社会福利部代部长约翰·恩科莫捐赠 2 万美元，以援助遭受旱灾的灾民。

6 月 13 日，中国红十字会训练中心大楼破土动工。王敏副会长宣布奠基仪式开始，钱信忠会长发表讲话。训练中心由瑞典红会提供 150 万瑞士法郎、由中国红会提供 250 万瑞士法郎，共同筹建。

6 月 15 日，中国红十字会隆重庆祝成立 80 周年，国务委员姬鹏飞、全国政协副主席赵朴初、外交部副部长温业湛、卫生部副部长郭子恒、北京市副市长白介夫、中国红十字会会长钱信忠及副会长杨纯、沈其震、熊天荆、彭炎、龚普生，以及各界知名人士邓朴方、吴作人、严镜清、林士笑等和来自全国的 500 多名新老红十字会员欢聚一堂。

6 月，江西省红十字会恢复工作。

8 月 16—26 日，以杨纯副会长为团长的中国红十字会代表团访问朝鲜。

9 月 2—6 日，第二届世界红十字与红新月和平大会在芬兰召开，中国红十字会顾锦心副会长率代表团参加。这次大会的主题是“人道主义——通向和平的道路”。

10 月，山西省红十字会恢复组建。

12 月 8 日，中国红十字会总会致电台湾红十字会组织，慰问海山煤矿惨遭不幸的矿工家属。

本年，安徽省红十字会、浙江省红十字会、贵州省红十字会恢复重建。至此，全国已有 26 个省、自治区、直辖市恢复或建立了红十字会，会员达 187 万多人。

1985 年

1 月 1—2 日，杨纯率中国红十字会代表团慰问埃塞俄比亚灾民。

2 月 10 日，国务委员姬鹏飞接见了埃塞俄比亚红十字会会长达维·佐乌德。

2 月，中国红十字会代表团赴澳大利亚参加第三次亚太地区会议，会后对新西兰进行友好访问。

3 月 28 日，中国红十字会总会发出《关于为非洲灾民开展社会募捐的通知》："建议于今年 4—5 月份开展为非洲灾民募捐的活动。"这次募捐的主题是"为了非洲的旱灾灾民"，这是自 1950 年以来第一次开展的规模较大的全国性社会募捐活动。

4 月 25 日—5 月 9 日，中国红十字会先后在广州、上海、杭州、北京举办红十字青少年国际联欢活动，邀请朝鲜、日本、澳大利亚等国家以及我国香港地区红十字青少年代表参加，对促进国际红十字青少年之间的友谊，相互交流工作经验，起了重要作用。

5 月 8 日，全国人大常委会副委员长朱学范接见前来参加亚太地区红十字青少年联欢活动的代表。

5 月 8 日，中国驻莫桑比克大使馆临时代办董相臣代表中国红十字会将 2 万美元捐款转交给莫桑比克内贸部长席尔瓦。

5 月 10 日，中国佛教协会会长、中国红十字会副会长赵朴初从新近在日本接受的庭野和平奖金中捐出 2 万元人民币，支援非洲灾民。

5 月 31 日—6 月 1 日，中国红十字会第四次全国会员代表大会在北京召开。26 个省、自治区、直辖市红十字会和 3 个自治区卫生厅的 123 名代表参加了大会。全国人大常委会副委员长朱学范、国务委员姬鹏飞、全国政协副主席赵朴初等国家领导人亲切接见了与会代表。大会讨论通过钱信忠会长代表第三届理事会所做的工作报告；通过新的《中国红十字会章程》（5 章 21 条），规定“中国红十字是中华人民共和国的全国性的人民卫生救护、社会福利团体”；选举产生第四届理事会。

6 月 2 日，红会举行四届一次理事会议，推选中国红十字会第四届领导人：朱学范、赵朴初、钱信忠为名誉会长，崔月犁为会长，谭云鹤、章明、沈辰、何理良、蔡壬癸为副会长，秘书长为蔡壬癸（兼）。

6 月 3 日，全国人大常委会副委员长、中国红十字会名誉会长朱学范接见由会长林敬三率领的日本红十字会代表团。中国红十字会会长崔月犁等接见时在座。

6 月 4 日，中国政府为帮助孟加拉国克服最近由于旋风和海啸所造成的灾害，决定提供价值 50 万美元的救灾物资。

6 月 15 日，全国政协副主席、中国红十字会名誉会长赵朴初在人民大会堂会见国际红十字常设委员会主席阿布古拉和红十字会与红新月会协会主席德拉玛塔。

6 月 22 日，中国红十字会举行第 30 届南丁格尔奖颁奖仪式，全国人大常委会副委员长朱学范向获奖的优秀红十字护理工作者司堃范、梁季华、杨必纯颁奖。

6 月 26 日，河南省红十字会恢复工作。

7 月 6 日，经甘肃省人民政府批准，甘肃省红十字会正式成立。

9 月 4 日，全国人大常委会副委员长黄华在人民大会堂接见由会长赛因·韦特根斯坦率领的联邦德国红十字会代表团。崔月犁会长参加了接见。

9 月 24 日，中国红十字会致电墨西哥红十字会，对遭受地震灾害的人民表示最深切的同情和诚挚的慰问，并决定捐赠 5 万美元。

9 月 25 日，总会在北京举行新闻发布会，宣布援非募捐圆满结束。名誉会长朱学范、赵朴初、钱信忠，会长崔月犁，副会长谭云鹤出席大会。此次活动共募集善款 13870146. 33 元人民币，募捐款最多的是山东省红十字会，其次是江苏、辽宁、四川、上海、北京等省、市红十字会，均在百万元以上。

9 月，在纪念世界反法西斯战争胜利 40 周年的日子里，中共贵阳市委、贵阳市人民政府决定在图云关树立国际援华医疗队纪念碑。

10 月 20—24 日，第四次红十字会与红新月会大会在日内瓦举行。谭云鹤副会长率领中国红十字会代表团参加大会并以最多票数当选为执行理事。

10 月，河北省红十字会恢复工作。

11 月 22 日，中国红十字会致电哥伦比亚红十字会，对在鲁伊斯火山爆发中受灾的居民表示深切慰问，并决定捐赠 4 万美元。

12 月 18—24 日，总会在济南召开全国工作会议，讨论通过中国红十字会五年规划和 1986 年计划要点。

12 月 28 日，总会和国家教委联合下发《关于在学校中积极开展红十字青少年活动的通知》。

本年，湖北省红十字会恢复工作。

1986 年

1 月 16 日，全国人大常委会副委员长陈丕显在人民大会堂会见由朝鲜最高人民会议副议长、朝鲜红十字会中央委员会委员长孙圣弼率领的朝鲜红十字会代表团。

2 月 4 日，中国红十字会向黎巴嫩南部遭受以色列入侵的难民捐赠 5 万元人民币。

2 月 17 日，中国驻乌干达大使金伯雄在受到乌干达总统穆塞韦尼接见时，代表中国红十字会转交了 5 万美元的救济金，帮助乌干达安置难民工作。

3 月 9 日，陪同中华人民共和国主席李先念访问孟加拉国的主席夫人林佳楣在参观孟加拉国国际腹泻症研究中心时，代表中国红十字会向该中心捐赠了 1 万美元。

4 月 7 日，中国红十字会先后向马达加斯加赠款 2 万美元、向乌干达赠款 5 万美元、向缅甸赠款 1 万美元，用于救灾。

5 月 8 日，总会与外交部等联合发出《关于在部分民航机场、外宾宾馆、货币兑换处等公共场所试设红十字募捐箱的通知》，首先由北京、上海、广州、西安、南京、桂林等 6 城市在部分宾馆、旅游点及民航机场设置了 30 多个募捐箱。

5 月 18—26 日，中国红十字会代表团访问匈牙利红十字会，并参加国际红十字会在尼古拉斯举办的第九届电影节。总会拍摄的电视剧《妈妈，你在哪里》获最高特别奖。

6 月 19 日，中国红十字会为纪念“非洲难民日”，决定通过非洲统一组织向非洲难民赠送价值 50 万元人民币的救济物资。

6 月 26 日，西藏自治区红十字会成立。

8 月 1—7 日，中国红十字会总会在厦门市鼓浪屿举办首届有港澳红十字青少年参加的中国红十字青少年夏令营。

8 月 15 日，国际援华医疗队纪念碑揭幕仪式在贵阳举行，碑文是："为支援中国抗战，英国伦敦医药援华会组成医疗队，于 1939 年来贵阳，为中国人民抗击日本侵略者作出贡献。兹刻碑以志不忘。"

8 月 28 日，喀麦隆西北省尼奥斯火山湖喷发毒气造成严重伤亡后，中国红十字会决定给喀麦隆红十字会捐赠 1 万美元。

9 月 6 日，宁夏回族自治区红十字会成立。

9 月 13—19 日，总会在北京新落成的训练中心大楼举办了心肺复苏师资训练班。这是总会训练中心落成后举办的第一个训练班。

9 月 15 日，全国人大常委会副委员长、中国红十字会名誉会长朱学范在人民大会堂接见并宴请前来参加中国红十字会训练中心落成典礼的国际红十字会组织代表和来自联邦德国、日本、芬兰等国家的红十字会代表团。

9 月 15 日，中国红十字会训练中心在北京举行落成典礼，中顾委副主任宋任穷、名誉会长赵朴初和钱信忠、卫生部副部长顾英奇、常务副会长谭云鹤以及国际红十字会与红新月会协会主席德拉玛塔、协会亚太地区主任西瓦拉特南和瑞典、芬兰、澳大利亚、德意志联邦共和国等国的来宾、外交使节参加了落成典礼。

9 月 16 日，全国政协副主席、中国红十字会名誉会长赵朴初在人民大会堂接见由第一副会长克德伦·戈伦森夫人率领的瑞典红十字会代表团。

10 月 14 日，中国红十字会打电报给萨尔瓦多红十字会，对近日来遭受地震的萨尔瓦多灾民表示慰问，并捐赠 3 万美元支援救灾活动。

10 月 29 日，总会会同卫生部召开了"第一届全国输血工作会议"，以此来推动我国血液事业由公民义务献血向无偿献血方向的转变。

11 月 11 日，泰国红十字会受泰国政府委托，向 8 月份遭受严重水灾的我国东北地区提供价值 14. 2 万元人民币的药品，于本日空运抵京。

11 月 15 日，台湾花莲附近发生强烈地震。中国红十字会总会致电台湾红十字组织表示亲切慰问，并捐款 5 万美元。这笔捐款本日汇往台北。

11 月 28 日，以副会长谭云鹤为团长的中国红十字会代表团参加了第 25

届国际红十字大会。大会通过了新修改的国际红十字与红新月运动章程，将“国际红十字”运动这一称呼正式定名为“国际红十字与红新月运动”。

12 月 18 日，中国红十字会与国家教委联合发出通知，要求各省、自治区、直辖市在学校中积极开展红十字青少年活动。

本年，中国红十字会募捐人民币 450 万元，用于援助乌干达等 18 个非洲国家。

本年，吉林省红十字会恢复工作。

1987 年

1 月 5 日，《中国红十字报》正式创刊（月出一期），在国内外公开发行。

1 月 10—16 日，中国红十字会全国工作会议在湖北省武汉市召开，全国 26 个省、自治区、直辖市红十字会的 101 名代表出席了会议。

2 月 20 日，蔡壬癸副会长约见巴勒斯坦解放组织驻京办事处副主任夏海尔时向他通告，中国红十字会决定向巴勒斯坦捐款 5 万美元，以帮助巴勒斯坦难民摆脱目前困境。

2 月 20 日，中国红十字会联合卫生部、公安部、铁道部、交通部、商业部、中国民航总局、国家旅游局发出了《关于开展群众性卫生救护训练的通知》，要求各地红十字会广泛开展卫生救护训练。

2 月 24 日，新疆维吾尔自治区红十字会（初名新疆维吾尔自治区红十字会与红新月会联合会）成立。

3 月 2—5 日，中国红十字会副秘书长曲折率团参加第 18 届阿拉伯红新月会与红十字会会议。

3 月 16 日，中国红十字会致电厄瓜多尔红十字会，对厄瓜多尔遭受地震灾害的人民“表示深切的同情和慰问”，决定捐赠 1. 5 万美元。

3 月 19 日，中国红十字会总会与林业部联合下发《关于在林区开展群众性卫生救护训练的通知》，“希望在有条件的林业局和林区逐步建立红十字会组织，积极发展会员，认真开展群众性的卫生救护训练”。

3 月 30 日—4 月 4 日，中国红十字会总会与中国民用航空局在总会训练中心联合举办了首届民航急救训练班。

4月16—26日，应日本红十字会邀请，以副会长谭云鹤为团长的中国红十字会代表团对日本红十字会进行了友好访问。

5月7日，中国红十字会总会与中国邮票博物馆联合举办的首次“国际红十字邮票展览”在北京开幕。中顾委副主任宋任穷等为开幕式剪彩。

5月8日，为纪念“世界红十字日”，中国红十字会在人民大会堂举办“为了儿童的健康”大型义演。郝建秀、王平、姬鹏飞、黄镇、班禅额尔德尼·确吉坚赞、荣高棠以及各国驻华大使及夫人，同首都观众一起观看了演出。

5月11—17日，由红十字国际委员会、红十字会与红新月会协会、美国红十字会协助，中国红十字会主办的首届“国际人道主义法讲习班”在北京举行。全国政协副主席雷洁琼参加开学典礼并会见了讲课专家。

5月20日，内蒙古自治区红十字会恢复工作。至此，全国大陆29省、自治区、直辖市已全部建立和恢复了红十字会组织。

6月5日，中国红十字会总会与煤炭部、石油部、地质部联合下发《关于开展群众性卫生救护训练的通知》，以促进群众性卫生救护训练在更多的行业、系统开展起来。

6月5—20日，由副会长章明为团长的中国红十字会代表团对朝鲜进行友好访问。

6月8日，中国红十字总会与卫生部联合出台了《无偿志愿献血奖励办法（试行）》。

6月12日，总会在人民大会堂举行南丁格尔奖授奖大会，乌兰夫、郝建秀、康克清、班禅额尔德尼·确吉坚赞、赵朴初、崔月犁等出席，并向荣获第31届南丁格尔奖章的优秀护理工作者陈路得、史美利、张云清颁奖。

7月19—24日，总会在昆明举办首届国际红十字青少年夏令营，美、日、奥地利、印度及中国13个省、市红十字青少年参加。

7月22日，中国红十字会总会组织医疗队赴大兴安岭火灾区参与灾后医疗工作，这标志着中国红十字会的救灾工作进入“自筹款物，自组队伍，独立工作”的新阶段。

9月24日，总会在天津召开社会福利工作座谈会，向全国红十字会发出开展群众性社会服务活动的号召，提出主要服务对象是散居在社会上的孤、老、病、残疾人。

10 月 19—31 日，首届中医急救技术讲习班在北京举办，瑞典、芬兰、澳大利亚、马来西亚和瑞士等国 16 名学员参加学习。

10 月 31 日，台湾当局公布台胞赴大陆探亲规定，台湾红十字组织开始受理台胞寻查大陆亲人的工作。

11 月 4—19 日，以谭云鹤副会长为团长的中国红十字会代表团对美国进行了友好访问。

11 月 16—20 日，总会和国家教委联合在成都召开红十字青少年工作座谈会，并下发《关于在学校中开展红十字青少年活动的通知》。我国红十字青少年工作由此进入了一个新的发展时期。

11 月 23—26 日，谭云鹤副会长率团出席在巴西里约热内卢召开的红十字会与红新月会协会第 6 届大会，会议结束后顺访巴西、美国、英国红十字会。

12 月 10 日，中国红十字会总会主办、海鹰服务总社协办的“海峡两岸骨肉情”专题文艺晚会在北京首都体育馆举行，名誉会长赵朴初为晚会题写会标。

1988 年

1 月 7 日，以人道主义为主题的“中国红十字首届美术、书法、摄影展览”在中国美术馆正式展出。国务委员姬鹏飞为展览剪彩，全国政协副主席赵朴初为展览题写会标。

2 月 20—23 日，红十字会与红新月会协会主席维拉罗尔·兰德尔一行 3 人来访，中国红十字会副会长谭云鹤与来宾举行会谈。

3 月 1 日，中国红十字会通过中国驻巴西大使陶大钊向巴西外交部转交 1 万美元的救灾捐赠，用于对巴西里约热内卢和阿克雷地区最近发生特大水灾的救助。

3 月 9—23 日，以崔月犁为团长的中国红十字会代表团对缅甸红十字会进行了为期两周的友好访问。

3 月 14 日，中国红十字会与外交部、国家教委、国家体委、广电部等五部委向国务院呈递《关于参加一九八八年国际体育援助计划活动的请示》，4 月 5 日得到批准。

3 月 18 日，中国红十字会决定向埃塞俄比亚红十字会提供价值 20 万元人民币的食品援助，以救济埃塞俄比亚旱灾灾民。

4 月 24 日，身披彩带和佩戴红十字标志的 1300 名青少年在北京市少年宫进行了长跑活动，由总会与外交部、国家教委、国家体委等发起参加的“’88 国际体育援助计划活动”拉开序幕。

5 月 7 日，中国红十字会在总会训练中心举行纪念“5·8”世界红十字日和国际红十字运动 125 周年大会。会上，首次播放了作曲家王世光为红十字会谱写的《红十字之歌》。

5 月 24 日—6 月 4 日，捷克斯洛伐克红十字会主席率团访华。

6 月，中国红十字会总会与国家教委联合下发《学校红十字会工作暂行规程》（12 条），要求大中小学校“把红十字会工作列入学校工作议事日程”。

8 月 5—11 日，总会在秦皇岛举办国际红十字青少年夏令营，法国、联邦德国、泰国、新加坡、匈牙利和我国香港、澳门共 7 个国家和地区，以及中国红十字青少年代表参加。

9 月 11 日，“’88国际体育援助计划活动”北京长跑仪式在天安门广场举行，全国人大常委会委员长万里出席仪式并亲自点燃火炬。各地红会在这次活动中共募得捐款 1200 多万元，将用于开展儿童健康福利工作。

9 月 19—24 日，受国际红十字组织委托，总会在北京举办亚太地区红十字输血会议。

10 月 8—15 日，红十字国际委员会副主席莫里斯·奥贝尔一行 5 人访华。10 日，外交部部长钱其琛接见了代表团全体成员。

11 月 5—9 日，阿拉伯地区红十字会与红新月会第 19 届年度会议在开罗举行，崔月犁会长一行 3 人作为观察员列席了会议。

11 月 6 日，云南发生地震，总会即于 9 日向灾区拨款 5 万元用于派遣红十字医疗队及救援之费用。香港、台湾地区及国际社会也纷纷伸出援助之手。

11 月 21 日，总会与红十字国际委员会在北京召开“国际人道主义法圆桌会议”研讨会。

11 月 23—26 日，第 6 届红十字会与红新月会协会大会在巴西里约热内卢召开，以谭云鹤副会长为团长的中国红十字会代表团参加大会。

12 月 7 日，苏联亚美尼亚地区发生强烈地震，中国红十字会受政府委托，迅速担负起筹集和运送援苏救灾物资的任务。15 日和 17 日，第一、二批物资由中国民航班机运往莫斯科。

12 月 20 日，总会在北京举行颁奖仪式，副会长谭云鹤为荣获美国红十字会 1988 年国际人道主义服务荣誉奖的山东曲阜市红十字诊所所长姜健颁发了奖状，她由此成为我国第一个获此殊荣的红十字工作者。

自本年始，中山市每年定于农历正月初七为“慈善万人行”活动日，广泛开展社会募捐活动。

1989 年

1 月 21 日，总会在郑州召开台湾事务服务工作研讨会。副会长蔡壬癸、副秘书长曲折及总会理事、国务院台办副局长乐美真等出席了会议。

3 月 13 日，谭云鹤副会长在卫生部召开的全国卫生厅局长会议上就红会工作做了发言，介绍了近几年来红会组织发展建设概况。

4 月 19 日，总会紧急拨款 2 万元救援四川巴塘地震灾民，并拨款 4 万元救济四川泸州地区遭受暴风雨袭击的灾民。

4 月 24 日，在伊斯兰堡举行的捐赠仪式上，中国驻巴基斯坦大使田丁代表中国红十字会，把价值 8 万美元的药品直接交给了阿富汗难民署首席专员艾哈迈德。

5 月 27 日，国务委员李铁映发表电视讲话，纪念国际红十字和红新月运动 125 周年，并表达了中国政府希望人道主义能在全世界得到更广泛尊重的良好祝愿。

5 月 30 日，谭云鹤副会长在北京会见了以奥巴尼特·费伦妮卡为团长的罗马尼亚红十字会代表团。

6 月 24 日，中国驻毛里塔尼亚大使柳白在会见毛里塔尼亚外交与合作部长西迪亚时，向对方转交了中国红十字会捐赠的 1 万美元，用于安置侨民。

7 月 15 日，为庆祝中国红十字会成立 85 周年、纪念国际红十字与红新月运动 125 周年，总会在京举办纪念笔会。副会长谭云鹤出席庆祝活动并向书画家颁发荣誉会员证书和证章。

7 月 20 日，中国红十字会总会在人民大会堂举行南丁格尔奖暨首届无偿献血金杯奖颁奖仪式。国务委员李铁映、中国红十字会名誉会长赵朴初等参加了颁奖大会。全国政协主席李先念向林菊英、陆玉珍、周娴君、孙秀兰4位护士颁发南丁格尔奖章。

8月17日，红十字会与红新月会协会救灾考察团在四川、浙江两省灾区考察后回到北京，就290万瑞士法郎捐款和价值10万瑞士法郎捐赠物资的使用问题与总会领导进行会谈。

8月24—31日，名誉会长钱信忠率领的中国红十字会代表团，对朝鲜民主主义人民共和国红十字会进行了友好访问。

9月27日—10月11日，以吴吞吴副会长为团长的缅甸红十字会代表团对中国红十字会进行工作访问。

10月13日，中国红十字会总会发出通知，要求各地红十字会和红十字会员向姜健同志学习，树立以无私奉献和热情服务为天职的风气，为社会主义精神文明建设做出新贡献。

10月21—27日，国际红十字会与红新月会协会第7届大会于日内瓦举行。中国红十字会常务副会长谭云鹤率代表团参加，并当选为协会副主席。这是新中国成立后中国红十字会第一次出任该协会副主席职务。

11月1日，捷克斯洛伐克向中国水灾、地震灾区捐赠21吨救济物资的移交仪式在全国政协礼堂举行。全国政协副主席钱正英和正在中国访问的捷克斯洛伐克外长雅罗米尔·约翰内斯等出席了移交仪式。

11月8日，中国红十字会总会召开以“人道·友谊”为主题的欢迎中国人民的老朋友甘扬道夫妇的座谈会。

11月15日，联邦德国红十字会代表佐兰滋来华，就援助我国水灾地区千吨大米一事同总会达成协议。

11月21日，中国红十字会总会与中央电视台联合举办了纪念中国红十字会成立85周年文艺演唱会。

12月30日，中国红十字会致信台湾红十字组织同仁祝贺新年，希望双方在新的一年里继续通力合作，进一步推动海峡两岸交往。

从1987年至本年，据不完全统计，中国红十字会共向64个国家和地区提供了498万元人民币和98.5万美元（包括物资折款）的援助。

1990 年

1 月 30 日，中国驻突尼斯大使朱应鹿代表中国红十字会向突尼斯红新月会主席加尔比转交 2 万美元捐款，以援救突尼斯遭受水灾的居民。

2 月 15—17 日，中国红十字会第五次全国会员代表大会在北京召开。李鹏总理写来贺信。大会通过了副会长谭云鹤代表四届理事会所做的报告。大会通过了修改后的《中国红十字会章程》及《1990—1994 年中国红十字会五年工作规划提要》；推举朱学范、赵朴初、钱信忠、崔月犁为名誉会长；谭云鹤为顾问；选举陈敏章为会长，顾英奇为常务副会长，张得江、邹时炎、郝长元为副会长，孙柏秋为专职副会长，韩长林为秘书长。国务委员李铁映在闭幕会上发表讲话。

2 月 23 日，中国红十字会捐赠 50 万克瓦查（约合 12500 美元）给赞比亚政府，帮助赞比亚消灭最近在首都卢萨卡发生的流行性霍乱。

4 月 6 日，陈敏章会长以个人名义向台湾红十字组织负责人徐亨先生发出邀请，“诚挚地欢迎您在方便的时候来大陆访问”。

4 月 29 日，青海省海南藏族自治州境内发生 6.9 级地震，全国各省、自治区、直辖市与各族群众纷纷捐款捐物进行援助，中国红十字会也捐赠 3 万元救灾款。

5 月 9—24 日，应美国国际援助公司的邀请，副会长孙柏秋率团访美。

5 月 24 日—6 月 10 日，台湾红十字组织负责人徐亨、副秘书长常松茂一行访问大陆，首开两岸红会组织直接接触的记录。

6 月 6—9 日，全国首届输血大会在北京召开，这是中国输血协会成立以来召开的第一次全国输血学术交流会，来自各地的 300 余名代表参加了大会。

6 月 23 日，由于本月 21 日伊朗西北部地区发生强烈地震，中国红十字会决定向伊朗地震灾区提供价值 50 万元人民币的药品、医疗器材和其他救灾物资的援助。

7 月 24 日，中国红十字会向菲律宾红十字捐款 1 万美元，用于菲律宾地震灾区的救助。

7 月 31 日，中国驻苏丹大使惠震在喀土穆向苏丹救国革命指挥委员会主席巴希尔转交了中国红十字会向苏丹地震灾区提供的 2 万美元捐款。

9 月 5 日，中国红十字会向安哥拉红十字会赠送价值 10 万元人民币的药品和棉毯，以帮助安哥拉旱灾灾民和防止霍乱疫情的蔓延。

9 月 12 日，总会与台湾红十字组织在金门达成双向遣返见证协议，即著名的“金门协议”，以确保遣返作业符合人道精神与安全便利为原则。大陆方面派出的代表是总会理事、国务院台办副局长乐美真，总会秘书长韩长林等，台湾谈判代表为台湾红十字组织秘书长陈长文、副秘书长常松茂等。

9 月 22 日，“中国红十字展览”在意大利国际红十字博物馆隆重开幕，这是中国红十字会首次举办这样的展览。

10 月 6—15 日，以孙柏秋副会长为团长的中国红十字会代表团访问日本并与日本红十字会签订《中日红十字血液事业合作计划》。

10 月 8 日，根据金门协议，海峡两岸红十字组织在马祖岛首批遣返 55 名大陆私渡人员，总会副秘书长曲折与台湾红十字组织副秘书长常松茂分别在两份《遣返见证书》上签字。

10 月 19—23 日，第一届国际红十字人类白细胞抗原研讨会在北京举行，10 多个国家和地区的 80 多名专家参加研讨会。卫生部部长、中国红十字会会长陈敏章出席。

12 月 5—22 日，以韩长林秘书长为团长的中国红十字会代表团访问缅甸、泰国红十字会。

12 月 14 日，由中国红十字会总会、徐州市人民政府、长春电影制片厂电视部联合摄制的电视片《血情》在京举行首映式。

1991 年

1 月起，《中国红十字报》缩短刊期，改为半月一期。

2 月 13 日，大陆红十字会与台湾红十字组织负责人通过传真相互拜年。这是 40 年多来的第一次。

2 月 16 日，中国红十字会从人道主义出发，决定通过红十字国际委员会向海湾地区受海湾战争殃及的平民提供价值 100 万元人民币的药品和儿童食品。

4 月 17 日，中国驻马达加斯加大使祝成才代表中国红十字会向马达加斯加政府赠送救灾款项 1.5 万美元，用于马达加斯加遭受飓风袭击后的救助。

4 月 18 日，中国红十字会向缅甸密铁拉灾民提供 1 万美元的捐款，用于 4 月 7 日当地大火后的救灾事宜。

5 月 7 日，总会与农工民主党、卫生部、全国妇联、中华全国总工会共同举办了“歌颂和平、友爱、人道和爱的奉献”大型纪念活动。国务委员李铁映等出席了纪念大会，全国人大常委会副委员长雷洁琼在会上致词。

5 月 8—23 日，美国红十字会 HLA 实验室主任李政道博士应中国红十字会邀请来华进行学术访问。

5 月 12 日，总会举行百名书画艺术家大型笔会，纪念世界红十字日和国际护士节。著名书画家沈鹏、刘炳森、廖井文、欧阳中石等参加。

5 月 19 日，中国红十字会向孟加拉国遭受飓风袭击的灾民提供价值 40 万美元的救济物品。捐赠的第一批紧急救济物品运抵孟首都达卡。

5 月 28 日，中国驻阿富汗大使馆临时代办张敏代表中国红十字会和中国伊斯兰教协会向阿富汗红新月会转交了价值 50 万元人民币的救济物资。

6 月 21 日，中国红十字会出台《中国红十字会参与自然灾害救济工作的暂行规定》。这标志着中国红十字会的救灾工作步入程序化、规范化和制度化的轨道。

7 月 2 日，全国第一所由中国红十字会命名的医院——中国红十字会华山医院揭牌命名仪式在上海举行。

7 月 4 日，“中国红十字会援外物资供应站”在上海成立。

7 月 4—8 日，总会和国家教委联合在青岛召开红十字青少年工作会议。会议修订了《学校红十字会工作暂行规程》，研究制定了《关于进一步加强全国红十字青少年工作的意见》。

7 月 8 日，《人民日报》报道，为救助长江流域洪灾，台湾红十字组织捐款 20 万美元，并将陆续捐赠部分救灾物资。

7 月 13 日，由于南方洪涝灾情的进一步加重，中国红十字会向国际红十字会和红新月会协会通报灾情，呼吁各国红十字会给予人道主义的援助，得到了积极响应。

7 月 18 日，第 33 届南丁格尔奖章暨第二届无偿献血金杯奖颁奖大会在北京举行。万里、李铁映、钱正英等国家领导人出席并为南丁格尔奖章获得者吴静芳和金杯奖获得者魏凤英等 34 人颁奖。全国政协副主席、中国红十字会名誉会长赵朴初和陈敏章会长在会上发表讲话。

7 月 18—30 日，应中国红十字会总会的呼吁，红十字会与红新月会协会派出以科尔特为团长的灾情考察团视察苏皖灾情。

7 月 21 日，18 位福建渔民因在台湾海峡与台湾渔船发生渔事纠纷，有 7 位渔民被台中“地检署”起诉，另 11 位渔民日前被送到金门。这就是轰动一时的“7・21”事件。

8 月 12—19 日，以登布日勒达西副会长为团长的蒙古红十字会代表团一行 5 人应邀对中国红十字会进行友好访问。

8 月 14—16 日，由香港红十字会副会长兼主席郑栋材博士等一行 4 人组成的香港红十字会代表团专程来京拜访中国红十字会，代表香港红会和香港公众向灾区人民表示慰问。名誉会长赵朴初、副会长孙柏秋在人民大会堂会见代表团。会见时，郑栋材先生将香港同胞的捐款 1800 万港元转交中国红十字会。在此之前，中国红十字会已收到香港红会转来的香港同胞捐款 1350 万港元以及价值约 100 万港元的六批救灾物资。

8 月 20 日， 中国红十字会副秘书长曲折等一行赴台湾探视因“7·21”渔事纠纷而被扣押的大陆 18 位渔民，几经周折，终于于当日抵达台北，进行为期三天的访问。这是海峡两岸隔绝 42 年后，中国红十字会总会第一次派人前往台湾。

8 月 26 日， 孙柏秋副会长会见了红十字会与红新月会协会救济代表斯图尔特先生。斯图尔特先生此次来华是帮助总会实施欧洲经济共同体对中国水灾的援助计划。

8 月 27 日， 中国红十字会向厄瓜多尔赠送了价值 5 万美元的 3.5 吨药品和一批净化器，以帮助厄瓜多尔防治霍乱。

8 月 29 日， 海南省红十字会选举产生了第一届理事会，正式成立了海南省红十字会。

8 月， 为募捐抗洪救灾款项，中国红十字会和北京市体委等单位在北京光彩体育馆联合举办“同心曲”大型赈灾义演晚会。

9 月 12 日， 以拉乃主席为团长的缅甸红十字会代表团来华进行为期 10 天的友好访问。

9 月 20 日， 国家副主席王震在人民大会堂接见以山本正淑会长为团长的日本红十字会代表团。

10 月 20—28 日， 孙柏秋副会长率团专程赴港、澳答谢各界同胞的赈灾义举。

10 月 25 日， 由红十字国际委员会资助、北京科学电影制片厂拍摄的新闻纪录片《红十字运动》首映式在北京举行。

11 月 19—23 日， 以谭云鹤顾问为团长、孙柏秋副会长为副团长的中国红十字会代表团出席在匈牙利布达佩斯举行的国际红十字会与红新月会第 8 届联合会大会，报告了中国政府和红十字会在抗洪救灾中取得的成就。

本年， 中国红十字会杭州备灾救灾中心建成，这是日本红十字会通过红十字会与红新月会国际联合会援建的第一个备灾救灾机构。

1992年

1月26日，孙柏秋副会长在北京接受了德国红十字会捐赠的3吨救灾物资。

1月，经国家新闻出版署批准，《中国红十字报》由半月刊单页4版小报，改为周刊对开4版大报。

2月，《中国红十字》杂志改为双月刊。

3月14日，中国红十字会在人民大会堂举行新闻发布会，宣布由中国红会牵头的中国非血缘关系供者骨髓移植工作从即日起正式开始。与此同时，“中国非血缘关系骨髓移植供者资料检索库”——“中华骨髓库”正式启动。

3月18日，中国驻土耳其大使胡昌林代表中国红十字会把3万美元捐款交给土耳其红新月会会长凯末尔·德米雷，以帮助土耳其地震灾区人民。

3月19日，中国红十字会总会通过中国驻俄罗斯大使馆向乌克兰赠送了一批药品，以帮助消除切尔诺贝利核电站事故所造成的后果。

3月20日，红十字会与红新月会国际联合会主席马里奥·维拉罗尔·兰德尔复电中国红十字会陈敏章会长，确认中国红十字会常务副会长顾英奇接任联合会副主席，并向顾英奇先生转达最良好的祝愿与祝贺。

3月25日，中国驻纳米比亚大使吉佩定代表中国红十字会向纳米比亚农业部长哈内科姆转交了1万美元捐款，用于帮助纳米比亚人民战胜今年遭受的严重旱灾。

3月30日，以吴长康副会长为团长的中国红十字会立法考察团一行6人，应瑞士红十字会的邀请，赴瑞访问。

4 月 14 日，中国红十字会副会长吴常康、副秘书长曲折代表红十字会与红新月会国际联合会，出席了在北京召开的联合国亚洲和太平洋经济社会委员会第 48 届会议。

4 月 20—26 日，以秘书长乔治·韦伯为团长的加拿大红十字会代表团一行对中国红十字会总会进行正式访问。这是加拿大红会代表团首次访华。

4 月 25 日，中国红十字会总会联合卫生部在人民大会堂召开以“人道·奉献·无偿献血”为主题的全国无偿献血促进大会，全国政协副主席赵朴初、钱正英，国务院副秘书长徐志坚，卫生部副部长、中国红十字会常务副会长顾英奇，中国红十字会顾问谭云鹤等出席大会。

5 月 18 日，香港、台湾红十字组织向中国红十字会捐赠 100 辆赈灾救护车仪式在上海市体育场举行。孙柏秋副会长出席仪式并会见了香港红十字会主席郑栋材先生和台湾红十字组织副秘书长常松茂先生。

6 月 6 日，总会会同卫生部下发《关于红十字医院、血站命名的暂行规定》。

6 月 17—19 日，澳大利亚红十字会秘书长阿兰·麦克林对中国红十字会总会进行工作访问。

6 月 20 日—7 月 2 日，应中国红十字会总会的邀请，以朝鲜红十字会副委员长、保健部副部长崔昌植为团长的朝鲜红十字会代表团一行 4 人来华进行为期 12 天的访问。

6 月 23 日，中国红十字会在北京举行颁奖仪式，常务副会长顾英奇为获得美国红十字会国际人道主义服务奖的四川省内江市第一人民医院护士长张振坤颁发奖杯。

7 月 5—9 日，首次全国学校红十字工作者夏令营在浙江普陀山举行。

7 月 15 日，中国红十字会决定向阿富汗红新月会紧急援助价值 30 万元人民币的药品，以解决阿难民药品紧缺问题。

7 月 20 日，中国红十字会向吐库曼斯坦提供了价值 10 万元人民币的药品和药械的紧急援助。

7 月 24 日，乌干达与卢旺达边境发生冲突，大批难民流离失所，中国红十字会决定向该地区提供价值 10 万元人民币的物资和药品的紧急援助。

7 月 30 日，国务委员李铁映会见美国红十字会 HLA 实验室主任、血液专家李政道。

8 月 6 日，中国红十字会向赞比亚红十字会赠款 1 万美元，以帮助赞比亚防治北部卢安夏地区发生的霍乱。

8 月 17—28 日，应台湾红十字组织的邀请，以专职副会长孙柏秋为团长的赴台答谢访问团对台进行访问，以此开始了双向交流的新格局。

8 月 24 日—9 月 3 日，日本红十字会副会长近卫忠辉一行 4 人，应邀对中国红十字会进行友好访问。

9 月 1 日，总会紧急向遭受第 16 号强热带风暴袭击的浙江、福建两省拨款各 50 万元人民币，要求两省红十字会赶赴灾区，全力投入救灾工作。

9 月 11 日，国务院总理李鹏接见来华访问的红十字国际委员会主席科纳里奥 · 索马鲁加，双方进行了亲切友好的交谈。

9 月 14 日，由副会长金荣祯女士率领的韩国红十字会代表团一行 4 人抵京，对中国红十字会进行正式友好访问。

9 月 28 日—10 月 2 日，红十字会与红新月会国际联合会第三届泛非地区会议在斯威士兰举行，常务副会长顾英奇、副会长吴常康出席会议。

10 月 5—6 日，总会常务副会长顾英奇、副会长吴常康出席在斯威士兰召开的红十字会与红新月会联合会执行理事会第 30 次会议。期间受到斯威士兰国王姆斯瓦蒂三世陛下的接见。

10 月 16 日，中国驻布隆迪大使江康会见布隆迪公共卫生部长恩吉达班，代表中国红十字会向布隆迪捐赠 1 万美元，用以资助流脑防治工作。

10 月 26 日—11 月 3 日，应中国红十字会邀请，红十字会与红新月会国际联合会亚太部部长杰里 · 塔尔博特先生，对中国红十字会进行工作访问。

10 月 30 日，中国红十字会向菲律宾红十字会捐赠 2 万美元，用于救助皮纳图博火山灾民。

11 月 5 日，中国红十字会总会决定通过红十字国际委员会向波黑提供 5 万美元的人道主义捐款。

11 月 27 日—12 月 1 日，孙柏秋副会长率团参加首届亚洲红十字会与红新月会艾滋病研讨会。

1993年

1月29日—2月2日，中国红十字会五届四次理事扩大会议在广州召开。会议审议通过了《中国红十字会九十年代工作纲要》。

2月27日，中国驻圭亚那大使王保民向圭亚那政府转交了中国红十字会捐赠的300万片土霉素，用于治疗霍乱。

2月，经国家新闻出版署批准，《中国红十字》双月刊杂志更名为《博爱》（双月刊）出刊。

3月7日，中国红十字会副会长孙柏秋会见并宴请了以魏火曜为团长的台湾中华血液基金会访问团一行。

4月4—7日，中国红十字会救灾备灾会议在广西南宁召开，各省、自治区、直辖市及计划单列市、国家审计署的代表近100人参加会议。

4月5日，中国驻瓦努阿图大使馆临时代办杨国平代表中国红十字会向瓦努阿图政府捐赠了1.5万美元的救灾款，援助受灾的瓦努阿图中部地区。

4月9日，中国红十字会常务副会长顾英奇、副会长孙柏秋会见了台湾海峡交流基金会副董事长兼秘书长邱进益一行，并就有关遣返作业等问题交换了意见。

4月11日，中国铁路红十字会在杭州举行成立大会，这是继煤炭、邮电等行业系统之后建立的又一支红十字组织。

4月19日，中国红十字会向安哥拉红十字会捐赠20万元人民币药品的交接仪式在罗安达举行。

5月8日，中国红十字会总会、北京市义务献血委员会和北京市红十字会在颐和园联合举办了“庆5·8盼奥运无偿献血宣传服务”活动。

5月24—29日，红十字会与红新月会第4届亚太区域大会在北京召开，60多个国家和地区的130多名代表和观察员出席会议。全国人大常委会委员长乔石、国务委员彭珮云、中国红十字会会长陈敏章、常务副会长顾英奇等参加开幕式。乔石委员长在开幕式上致词，江泽民主席给大会发来贺信。大会发表了《北京宣言》。

5月25日，新加坡红十字会向中国红十字会捐款30多万新加坡元，以支持中国红十字会的建设。

5月27日，中国红十字会辽宁备灾救灾中心奠基典礼在沈阳经济技术开发区隆重举行。红十字会与红新月会国际联合会代理秘书长乔治·韦伯及亚太部官员中田先生专程参加了奠基典礼。

5月31日，总会常务副会长顾英奇会见了韩国红十字会姜英勋总裁。

6月10日，湖南省岳阳市率先成立了第一个红十字志愿工作者协会。

6月16日，中国红十字会在北京隆重举行第34届南丁格尔奖章暨第三届无偿献血金杯奖颁奖大会。全国人大常委会委员长乔石、红十字会名誉会长赵朴初、国务委员彭珮云、卫生部部长兼红十字会会长陈敏章向3名南丁格尔奖章获得者和50名无偿献血金杯奖获得者颁奖。

6月22日—7月12日，孙柏秋副会长访问美国和加拿大红十字会。

7月26日，首届闽台红十字青少年夏令营在厦门市鼓浪屿开营。

7月，由红十字会与红新月会国际联合会、德国红十字会援助兴建的“中国红十字会湖北备灾救灾中心”在孝感市新产业开发开放实验区内落成。

9月13日，中国驻布隆迪大使江康代表中国红十字会向布隆迪卫生部长米纳尼转交1万美元捐款，用于援助布隆迪防治细菌性痢疾。

10月4日，中国红十字会总会向印度红十字会紧急提供5万美元的援助，以帮助印度地震灾区人民重建家园。

10月5日，总会专门制订下发《中国红十字会备灾救灾中心建设与管理暂行规定》。

10月18日，中国常驻联合国副代表陈健大使向洪都拉斯常驻联合国代表门布雷尼奥大使转交了中国红十字会就洪都拉斯遭受热带风暴灾害向洪红十字会捐赠的 2 万美元。

10 月 25—28 日，红十字会与红新月会国际联合会第 9 届大会在英国伯明翰举行，以常务副会长顾英奇为团长的中国红十字会代表团出席会议。中国红十字会再次当选为执行理事。

10 月 31 日，江泽民主席签发中华人民共和国主席令第十四号：“《中华人民共和国红十字会法》已由中华人民共和国第八届全国人民代表大会常务委员会第四次会议于 1993 年 10 月 31 日通过，现予公布，自公布之日起施行。”《红十字会法》的颁布，标志着中国红十字会的工作开始纳入法制化的轨道。这是中国红十字运动史上新的里程碑。

12 月 27 日，中国红十字基金会经中国人民银行批准正式成立。

1994 年

1 月 6 日，总会副会长孙柏秋、血液事业部副部长洪俊岭等赴本溪参加中国红十字会本溪血液中心命名与授匾仪式。这是全国首家以中国红十字会名称命名的血液中心。

1 月 29 日，中国红十字会与中共中央办公厅老干部局在人民大会堂联合举办了“纪念中国红十字会成立九十周年、庆祝《红十字会法》颁布实施”迎春茶话会。全国人大常委会副委员长王光英、布赫、李沛瑶，全国政协副主席钱正英等应邀出席。

2 月 19 日，在中国政府将向马达加斯加政府提供救灾物资，以帮助该国遭受热带风暴袭击的灾民之前，中国红十字会已向该国政府提供了 2 万美元的援助。

3 月 26 日，中共中央办公厅老干部局红十字会正式成立。这是中国红十字会成立 90 年来经批准成立的第一个中央机关红十字会。

4 月 15 日，中国驻莫桑比克大使宓世衡在马普托代表中国红十字会，向莫桑比克预防和抵御自然灾害全国委员会转交了 2 万美元的救灾款。

4 月 23 日，中国红十字会第六次全国会员代表大会暨中国红十字会成立 90 周年纪念大会在北京隆重开幕。国家主席江泽民、副主席荣毅仁、国务院副总理钱其琛等中央领导接见与会代表。江泽民为中国红十字会成立 90 周年题词“发展红十字事业，为世界和平与人类健康作出更大贡献”；李鹏的题词是“开展红十字事业，弘扬人道主义”；乔石题词“坚持人道主义，救死扶伤、扶危济困、敬老助残，发展中华民族传统美德”；刘华清题词“弘扬人道主义，发扬奉献精神”。钱其琛、彭珮云、钱正英等也题了词。会议聘请江泽民为中国红十字会名誉会长，这是新中国成立以来中国红十字会史上首位兼任名誉会长的国家首脑，表明党和政府对中国红十字会人道主义事业的关怀和支持。赵朴初、王光英、李沛瑶、钱信忠、崔月犁、陈敏章为名誉副会长。选举钱正英为会长，顾英奇为常务副会长，范宝俊、杨崇春、林炎志、孙柏秋（专职）、曲折（专职）为副会长，李长明为秘书长。

6 月 13 日，中国红十字会会长钱正英会见了以丁昊为团长的缅甸红十字会访华团。

7 月 18 日，截至目前，中国红十字会已筹集 1 亿多元的款物援助南方水灾地区。其中，来自香港、台湾红十字组织向大陆华南灾区捐赠的款物折合人民币共 9070 万元。

8 月 4 日，中国驻扎伊尔大使周贤觉以中国红十字会的名义捐款 2 万美元，用于援助卢旺达难民。

8 月 6 日，中国红十字会决定向柬埔寨红十字会捐赠 5 万美元，用于帮助柬埔寨水灾灾民。

8 月 16 日，由加拿大红十字会援建的中国红十字会沈阳备灾救灾中心在沈阳经济技术开发区举行落成典礼。加拿大红十字会会长莫利・沃凯博士等参加落成典礼。

9 月 8—17 日，应中国红十字会的邀请，以秘书长汉斯・波尔斯特为团长的奥地利红十字会代表团对中国红十字会进行友好访问。

9 月 11 日，中国红十字会近日向几内亚政府赠送一批价值 4 万美元的药品，用于紧急医治霍乱病人。

9 月 20 日，钱正英会长在北京亲切会见了克莫・丹米尔率领的土耳其红新月会访华团。

10 月 24—31 日，以中国红十字会常务副会长顾英奇为团长的中国红十字会代表团赴日内瓦出席红十字国际委员会筹资委员会会议、国际联合会执行理事会第 34 次会议和红十字国际委员会委员同国际联合会执行理事会成员之间的交流会议。

11 月 2—4 日，由中国红十字会常务副会长顾英奇等组成的中国红十字会代表团在香港参加了红十字会“华南赈灾工作答谢会”。

11 月 29 日，中国红十字会常务副会长顾英奇会见红十字会与红新月会国际联合会主席维拉罗尔・兰德尔。

12 月 17 日，中国红十字会 1994 年赈灾工作汇报会在北京举行。中国红十字会名誉副会长王光英，中国红十字会会长钱正英及国家有关部委领导，香港红十字会、台湾红十字组织代表出席汇报会。会议听取了常务副会长顾英奇对 1994 年赈灾工作的情况汇报："今年夏天我国 22 个省、自治区遭受洪水灾害，中国红十字会从境内外筹集到 1.65 亿元款物，已全部交给 550 万灾区群众。"

1995 年

1 月 21 日，中国驻日本大使徐敦信向日本红十字会转交了中国红十字会对日本地震灾区的 10 万美元捐款，以表达对兵库县南部地震灾区人民的慰问。

1 月 25 日，中国红十字会再次向日本兵库县南部震区无偿援助食品和儿童生活用品，总价值 20 万元人民币。

2 月 28 日，中国红十字会西安备灾救灾中心在西安市经济开发区奠基。这是西北地区第一家备灾救灾机构。

4 月 3 日，钱正英会长在北京亲切会见了以秘书长恩斯特·狄克曼为团长的德国红十字会访华团。

5 月 11 日，内蒙古自治区编委批准下发“自治区红十字会五定方案”文件，机构规格为正厅级，内设三个处级部室。内蒙古自治区红十字会成为全国省级红十字会中第一个单独建制的机构。

5 月 21 日，西藏自治区红十字会备灾救灾中心举行奠基典礼。该中心是瑞士红十字会及挪威红十字会的援助项目。

5 月 22—28 日，海峡两岸红十字组织首次联合举办的水上救护训练班在福建省福州市马尾经济开发区举行。

5 月 24 日，土耳其红新月会会长丹米尔先生随土耳其总统访华，总会副会长曲折、秘书长李长明会见了丹米尔会长。

5 月 31 日，国务院副总理兼外长钱其琛在钓鱼台国宾馆同马其顿外长斯·茨尔文科夫斯基会谈时说：“我们理解原南危机和难民问题给马造成的困难，为表示中国人民对马人民的心意，中国红十字会决定向马提供 5 万美元现金的人道主义援助。”

6 月 5 日，中国红十字会决定向俄罗斯联邦红十字会捐赠 10 万美元作为对俄罗斯萨哈林岛地震灾区的人道主义援助。

6 月 29 日，中国红十字会在人民大会堂隆重举行颁奖大会，国家主席、中国红十字会名誉会长江泽民向第 35 届南丁格尔奖章获得者孙静霞、邹瑞芳颁奖。

7 月 3—10 日，以顾英奇常务副会长为团长的中国红十字会代表团一行 6 人对日本红十字会进行了友好访问。

7 月 12 日，孙柏秋副会长代表中国红十字会接受香港红十字会捐赠的价值 500 万人民币的 4 辆无偿献血车。

7 月 15 日，云南省红十字会备灾救灾中心在昆明举行奠基典礼。该中心为中国红十字会总会与奥地利红十字会共同实施的援助项目，总投资 110 万美元。

7 月 27—29 日，红十字会与红新月会国际联合会派出救灾代表威尔玛·德海杰女士一行，到江西重灾区考察灾情和慰问灾民，承诺给灾区价值 55 万元人民币的物资援助。

9 月 2 日，由中国红十字会总会主办、以“妇女在人道主义救助事业中的作用”为主题的 NGO 非政府论坛研讨会，在第四次世界妇女大会非政府组织论坛北京怀柔会场举行。

10 月 9—15 日，应钱正英会长邀请，罗马尼亚红十字会主席尼·尼科阿拉一行 3 人来访。

10 月底—11 月初，中国红十字会会长钱正英率团访问了韩国红十字会，并与姜英勋会长签署了《中韩两国红十字会六年交流与合作协议》。

11 月 1 日，《深圳经济特区公民无偿献血及血液管理条例》施行，这是我国第一部关于公民无偿献血的地方法规。深圳市由此成为我国第一个实行公民无偿献血、免费用血的城市。

11 月 4—7 日，由全国人大常委会委员、教科文卫委员会副主任委员郝治纯率领的“红会法”执法检查团一行 7 人对天津市“红会法”落实执行情况进行检查。这是全国人大首次对“红会法”执法情况的检查。

11 月 20—23 日，以顾英奇为团长的中国红十字会代表团在赴日内瓦参加第 26 届红十字与红新月国际大会途中，顺访丹麦红十字会。

11 月 25 日，由瑞士红十字会和挪威红十字会援建的西藏红十字会备灾救灾中心交付使用。瑞士驻华大使希容博士与红会副会长孙柏秋出席了落成典礼。

11 月 29 日，由中国红十字会总会和卫生部举办的全国首届无偿献血先进城市奖励状、第四届无偿献血奖杯颁奖大会在人民大会堂隆重举行。国务委员彭珮云、中国红十字会会长钱正英、卫生部部长陈敏章等出席会议并为 79 名无偿献血金杯奖获得者和 26 个无偿献血先进城市颁发了奖杯和奖励状。

12 月 2 日，中国红十字会常务副会长顾英奇与罗马尼亚红会会长尼·尼克阿拉在日内瓦签署了双边合作与交流协议书，从而使两国红会友好关系进入一个新的阶段。

12 月 3—7 日，第 26 届红十字与红新月国际大会在日内瓦召开。以顾英奇为团长的中国红十字会代表团和以中国驻日内瓦联合国机构代表金永健大使为团长的中国政府代表团参加了大会。

12 月 4 日，土耳其红新月会向我国南方灾区捐赠 1 万美元。

12 月 8—10 日，以顾英奇常务副会长为团长的中国红十字会代表团访问了荷兰红十字会并参加了荷兰红十字会全国代表大会。

1996 年

1 月 29 日，《中华人民共和国红十字标志使用办法》由国务院总理李鹏、中央军委主席江泽民以中华人民共和国国务院、中华人民共和国军事委员会第 194 号令发布施行。《使用办法》对红十字标志保护性使用和标明性使用做了明确具体的规定。

2 月 3 日，云南省丽江纳西族自治县发生 7.0 级地震，损失严重。总会立即行动，通报灾情，争取外援，并向灾区筹运价值 20 万元人民币的药品及价值 20 万元人民币的棉大衣。

2 月 7 日，云南丽江发生地震后收到境外首批捐赠，包括台湾红十字组织提供的 10 万美元、香港红十字会提供的 50 万港元和日本红十字会提供的 300 万日元。

2 月 7 日，以孙柏秋副会长为团长的救灾考察团一行 7 人赶赴云南，与同日抵达的香港红十字会助理秘书长黄莫辉、赈济部主任邹秉熙共同考察灾情，筹商赈灾事宜。

2 月 7—9 日，在中国访问的法国外长埃尔韦·德沙雷特表示法国政府决定通过中国红十字会向云南地震灾区灾民提供 100 万法郎的人道主义援助。

2 月 9 日，为了救济马达加斯加东北部地区遭受风灾的灾民，中国驻马达加斯加大使赵宝珍向马达加斯加红十字会名誉会长、扎菲总统夫人和会长拉扎芬特拉库特女士转交了中国红十字会提供的 2 万美元的赠款。

3 月 11 日，中国驻莫桑比克大使宓世衡代表中国红十字会转交给莫桑比克全国防灾抗灾局局长兰加 1 万美元捐赠，用于该国的水灾救济。

3 月 26—29 日，中国红十字会六届三次理事会暨工作会议在上海召开。钱正英会长、顾英奇常务副会长等参加了会议。会议发出了向云曙碧同志学习的号召。

4 月 17 日，卫生部和中国红十字会总会向全国各省、自治区、直辖市卫生厅（局）、红十字会发出《关于开展无偿献血宣传周活动的通知》，决定从今年起，每年 5 月份第二个星期日至第三个星期日为全国无偿献血宣传周。

5 月 3 日，内蒙古包头市发生 6.4 级地震，自治区红会全力投入救灾工作。7 日，中国红十字会副会长孙柏秋一行抵达灾区视察灾情，组织赈济。

5 月 28 日，钱正英会长在北京会见红十字会与红新月会国际联合会秘书长乔治·韦伯一行。

6 月 3 日，中国驻刚果大使叶弦良代表中国红十字会在布拉柴维尔将帮助该国灾民重建家园的 50 吨建筑物资转交给刚果政府负责灾民事务的部长级代表伊布里特索女士。

6 月 27 日，由美国红十字会捐资和广东省人民政府拨款共同兴建的中国红十字会广州备灾救灾中心举行竣工仪式。红十字会与红新月会国际联合会亚洲地区代表团团长安·罗根、美国红十字会国际部官员迪姆·麦克库里、美国驻广州总领事林震铎，以及中国红十字会名誉副会长陈敏章、副会长孙柏秋等出席竣工庆典。

7 月 1 日，由加拿大红十字会捐助和四川省政府资助建立的中国红十字会成都备灾救灾中心举行落成典礼。红十字会与红新月会国际联合会亚洲地区代表团团长安·罗根、中国红十字会孙柏秋副会长专程赴蓉祝贺。

8 月 8—14 日，中国、泰国等 17 个国家和地区的近万名红十字青少年参加了第 7 届亚太地区红十字青少年夏令营活动。

8 月 9—19 日，中国红十字会总会副会长孙柏秋等陪同红十字会与红新月会国际联合会救灾代表让·库班一行对新疆、湖南、湖北发生的洪灾进行为期 11 天的考察。

8 月 22 日，泰国公主、泰红十字会常务副会长诗琳通访问中国红十字会，受到钱正英会长的亲切会见。

8 月 22 日，上海华山医院成功地为患白血病 5 年的杭州 11 岁男孩高天翀做了骨髓移植手术。这是全国首例非血缘关系供者外周血造血干细胞移植手术。

8 月 31 日—9 月 15 日，中国红十字会常务副会长顾英奇率团对罗马尼亚、马其顿、瑞典三国红十字会进行友好访问。

9 月 2—14 日，中国红十字会秘书长李长明率团对澳大利亚、新西兰两国红十字会进行友好访问。

9 月 18 日，由奥地利红十字会、中国红十字会、云南省政府共同实施兴建的“云南省红十字会备灾救灾中心”竣工典礼在昆明举行。奥地利红十字会秘书长汉斯·波斯特、国际联合会代表让·库班、奥红会沃拉尔堡地区分会会长杰拉尔德·科特·哈麦尔、中国红十字会副会长孙柏秋及云南省副省长赵淑敏、云南省红十字会会长陈立英等各界来宾 150 余人参加了典礼。

9 月 20 日，由日本红十字会通过国际联合会援建、陕西省政府资助共同建立的中国红十字会西安备灾救灾中心竣工典礼举行。国际联合会代表让·库班、日本红十字会福冈支部事务局长竹冈畅二、中国红十字会副会长孙柏秋专程赴西安祝贺。

10 月 14 日，在北京房山区政府的协助下，由日本友人古川泰龙及意大利“天下一家”等个人和团体捐款 49 万美元兴建的中国红十字会房山儿童康复中心举行奠基仪式。中国红十字会副会长孙柏秋出席仪式。

10 月 23 日，柬埔寨农村发展大臣兼红十字会秘书长洪逊霍一行访问中国红十字会。

11 月 7 日，根据中共中央组织部和国家人事部下达的《关于印发〈中国红十字会总会机关参照《国家公务员暂行条例》管理的实施方案〉的通知》精神，“各级红十字会机关参照《国家公务员暂行条例》进行管理”。

12 月 20 日，中国红十字基金会在人民大会堂举行成立大会。宋平、赵朴初、钱正英和中国红十字会常务副会长顾英奇，副会长孙柏秋、曲折，秘书长李长明及中国红十字基金会第一届理事会理事、监事和高级顾问团成员等出席大会。红十字会与红新月会国际联合会秘书长乔治·韦伯、红十字国际委员会东亚地区代表团团长克里斯托夫·斯文纳斯基等为基金会的成立发来贺电。经中央批准，原中共中央政治局常委宋平任基金会荣誉会长，全国政协副主席赵朴初和全国政协原副主席杨成武等任名誉会长。理事会选举顾英奇为基金会会长，孙柏秋为常务副会长。

1997 年

2 月 22 日，南京市政府隆重召开大会，宣告“南京市红十字会捐献遗体志愿者之友”正式成立。

3 月 10 日，为了救助巴基斯坦俾路支省地震灾区，中国驻巴基斯坦使馆参赞张春祥代表中国红十字会向巴基斯坦红新月会转交了 2 万美元赠款。

3 月 19—24 日，以蒙古红十字会会长鲁·奥登其米德为团长的蒙古红十字会代表团一行 4 人访华。19 日，常务副会长顾英奇会见了来宾。

4 月 1—4 日，中国红十字会第六届理事会第四次会议在厦门隆重召开。全国政协副主席、中国红十字会会长钱正英，常务副会长顾英奇，副会长孙柏秋、曲折等出席会议。顾英奇在工作报告中正式提出创建由“生命工程”“救援工程”“爱心工程”组成的“红十字博爱系列工程”。

4 月 28 日—5 月 3 日，以顾英奇常务副会长为团长的中国红十字会代表团一行 5 人，对德国红十字会进行了工作访问。

5 月 13 日，中国红十字会决定向伊朗红新月会提供总价值为 50 万元人民币的紧急救援物资，以救助地震灾民。

7 月 1 日起，香港特别行政区红十字会随着中国政府恢复对香港行使主权而成为中国红十字会一个享有高度自治的分会。

7 月 7 日起，《中国红十字会募捐和接受捐赠工作条例》施行，“此前总会的相关文件与本条例不一致者，以本条例为准”。

7 月 21—23 日，由全国人大教科文卫委员会与中国红十字会联合召开的部分省、自治区、直辖市红十字会执法情况座谈会在北京举行。全国人大常委会副委员长吴阶平、中国红十字会会长钱正英、全国人大教科文卫委员会副主任委员郝诒纯、中国红十字会常务副会长顾英奇在座谈会上发表讲话。

8月1日，全国人大常委会副委员长王光英在人民大会堂接见了以伊里亚茨维诺斯基为团长的马其顿共和国红十字会代表团。

8月12日、13日，中国红十字会常务副会长顾英奇、副会长孙柏秋分别率队赴广东、广西灾区慰问灾民，调查灾情。

8月26日，由中国红十字基金会援建的全国首家博爱医院在河北省宽城满族自治县汤道河镇落成。中国红十字会常务副会长、中国红十字基金会会长顾英奇参加落成仪式。

9月2日，中国红十字会在人民大会堂隆重举行南丁格尔奖颁奖大会。国家主席江泽民出席大会并为第36届南丁格尔奖章获得者汪赛进、关小瑛、陆冰、孔芙蓉、黎秀芳颁奖。中国红十字基金会荣誉会长宋平出席颁奖大会，全国政协副主席、中国红十字会会长钱正英主持了大会。会上，国务委员彭珮云发表了《大力弘扬南丁格尔精神，推动卫生事业的改革与发展》的讲话。

9月10日，中国红十字基金会、中央电视台、光明集团联合发起主办“九七”复明行动开始实施。行动于10月26日结束，共做白内障人工晶体置换复明手术508例，同时初诊1569人次，复诊治疗1895人次。

10月9日，由中国人自己创建的第一所红十字会医院——上海华山医院，迎来建院90华诞。江泽民为华山医院题词：“发展医学科学技术，提高人民健康水平。”李鹏题词：“发扬救死扶伤精神，全心全意为患者服务。”

10月28日，中国红十字会会长钱正英会见由郑元植率领的韩国红十字会访华团。

10月29日，卫生部、中国红十字会在人民大会堂隆重召开第五届全国无偿献血表彰大会。国务委员彭珮云、中国红十字会会长钱正英等向45个无偿献血先进城市的代表、10位无偿献血先进组织者和112位获得无偿献血奖杯的先进个人颁发奖杯、奖状。

10月31日—11月2日，国际输血协会第八届亚太地区输血会议在北京国际会议中心举行，26个国家和地区的600多位中外输血界专家出席会议。

11 月 20—25 日，红十字会与红新月会国际联合会第 11 届大会在西班牙塞维利亚举行，中国红十字会常务副会长顾英奇率团参加。

11 月 30 日，以钱正英为团长、顾英奇为副团长的中国红十字会代表团应邀参加香港红十字会举行的“红心同心显爱心会操嘉年华九七”庆祝活动。

12 月 29 日，第八届全国人大常委会第 29 次会议上通过的《中华人民共和国献血法》规定：“各级红十字会依法参与、推动献血工作。”

1998 年

1 月 10 日，河北张家口地区发生 6.2 级强烈地震，造成重大生命财产损失。中国红十字会总会拨出第一笔救急款 10 万元，并向全国各省、自治区、直辖市红会发出了《关于向张家口市地震灾区提供紧急救援的通知》。

1 月 13 日，中国红十字会根据灾情，与国际联合会协商后，正式发出为张家口地震灾区争取 1000 万元人民币国际救援的有限呼吁，得到德、美、英等国政府及红十字会组织的积极回应，仅 10 天即完成呼吁计划。

1 月 15 日，总会收到红十字会与红新月会国际联合会提供的 7.5 万瑞士法郎。

1 月 20 日，欧盟决定通过国际红十字组织向中国红十字会转交救助中国河北张家口地震灾区 52.5 万埃居（约合 56.7 万美元）捐款。

1 月 24—25 日，受江泽民总书记、李鹏总理委托，国务院副总理姜春云到张家口地震灾区察看灾情，慰问灾区军民。中国红十字会副会长孙柏秋随同慰问。

4 月 4 日，中国红十字会与中宣部、全国人大教科文卫委员会、国务院法制办、教育部、民政部、卫生部等 14 家单位联合下发《关于学习宣传和贯彻实施〈中华人民共和国献血法〉的通知》。

4 月 15 日，卫生部下发《关于启用医疗卫生机构统一标志的通知》，结束了长期以来医疗卫生机构使用红十字标志的历史。

6 月 8 日，中国红十字会秘书长李长明会见日本大阪归国者中心理事长、感谢中国养父母之碑委员会代表竹川英幸一行。

7 月 6 日，中国红十字会名誉副会长何鲁丽在北京会见以让·格林主席为团长的澳大利亚红十字会代表团一行。

7 月 10—12 日，孙柏秋副会长率总会救灾工作组，与红十字会与红新月会国际联合会官员一同赴江西、福建灾区考察水灾灾情，慰问灾民。

8 月 4 日，为了救助中国水灾，埃及驻华大使穆罕默德·努曼·贾拉勒、德国驻华使馆官员倪曼婷，分别代表本国政府和红十字组织向中国红十字会捐赠了 3.7 吨药品和 20 万德国马克。中国红十字会副会长孙柏秋接受捐赠，并对其人道主义援助表示衷心感谢。

8 月 8 日，香港红十字会会长兼总监董赵洪娉呼吁全港市民行动起来，尽自己一份力量帮助内地灾民。

8 月 16 日晚，中央电视台、中国红十字会总会、中华慈善总会主办的抗洪赈灾义演“我们万众一心”大型文艺晚会牵动亿万人心。这次赈灾义演，收到捐款捐物折合 6 亿元人民币，创历史新高。

8 月 18 日，江泽民主席会见吉布提总统古莱德，此前古莱德总统已向中国红十字会捐赠 1 万美元，支援中国的抗洪救灾。

8 月 18 日，中国红十字会常务副会长顾英奇在北京会见以理卡多·卡尔沃副会长为团长的古巴红十字会代表团。

8 月 18 日，日本佛教界知名人士阿含宗管长桐山靖雄先生派专人至北京，通过中国国际友好联络会转交了 2000 万日元给中国红十字会，以支援我国灾区的救灾工作。

8 月 19 日，总会及地方各级红十字会共募集款物 2.4 亿元人民币，已投放灾区的达 1.8 亿元。

8 月 22 日，中国红十字会常务副会长顾英奇率救灾考察组赴湖北灾区考察，部署救灾、防病治病工作。

8 月 22 日，王立忠副会长率考察组深入松花江、嫩江重灾区，察讯情，看灾情，慰问受灾群众。

8 月 22 日晚，悉尼华人为支援国内救灾举办了赈灾筹款晚会，晚会进行的同时还进行捐款和义卖活动。晚会结束时共筹得 44600 多澳元，将全部由中国红十字会转交灾区。

8 月 24 日，美国驻华大使尚慕杰近日在湖北省进行考察访问，并代表美国政府捐给中国红十字会 25 万美元，指定用于我国灾区饮用水及医疗卫生设施。

8 月 25 日，为支援灾区，《世界时装之苑——ELLE》杂志出版者在北京宣布：取消为庆祝该杂志创刊 10 周年举办的大型国际时装表演及花园晚宴，将节省下的经费 200 万元人民币捐给中国红十字会，用于抗洪救灾。

8 月 31 日，作为世界最大的媒介公司之一的澳大利亚新闻集团在北京宣布：为支援灾区人民抗灾重建家园，将通过中国红十字会向遭受洪灾的灾区捐款 100 万美元。

9 月 15 日，由中国红十字基金会、中国人口文化促进会、中华文学基金会和中国社会效益工程组委会联合主办的大型图片展“献血——生命的呼唤”在中国革命历史博物馆隆重开展。全国人大常委会副委员长吴阶平为本次展览题词“无偿献血是高尚行为”，全国政协副主席、中国红十字会会长钱正英题词“实行无偿献血制度，弘扬人道主义精神”。

9 月 15—28 日，以常务副会长顾英奇为团长的中国红十字会代表团对美、加红十字会进行工作访问。

9 月 18 日，卫生部召开了全国动员施行《中华人民共和国献血法》电视电话会议。国务院副总理李岚清致信电视电话会议并做了重要指示。

9 月 19 日，中国红十字会总会与全国政协办公厅等单位联合举办“同舟共济，重建家园”赈灾义演晚会，共接受认捐款物折合 2.4 亿元人民币，书画作品 70 多幅。

10 月 1 日，《中华人民共和国献血法》正式实施。

11 月 5 日，中国红十字会总会和全国人大教科文卫委员会在京联合举行纪念《中华人民共和国红十字会法》颁布实施五周年大会。全国人大常委会副委员长彭珮云，全国人大常委会副委员长、中国红十字会名誉副会长何鲁丽出席纪念大会。

11 月 10 日，中国足协德籍顾问克劳斯·施拉普纳在北京向孙柏秋副会长转交了 15 万元人民币的捐款，用于救助中国灾区。

11 月 16—19 日，第 5 届亚太地区红十字会与红新月会会议在越南河内举行。王立忠副会长率中国红十字会代表团出席会议。

11 月 25 日，中国红十字会常务副会长顾英奇在北京会见了来访的红十字会与红新月会国际联合会秘书长乔治·韦伯一行，双方就共同关心的问题交换了意见。

12 月 2 日，中国红十字会举行“’98抗震抗洪救灾总结表彰大会”，来自红十字会系统的 700 多名代表出席大会。中国红十字会常务副会长顾英奇做总结报告，全国政协副主席、中国红十字会会长钱正英出席大会并讲话。会上，王立忠副会长宣布授予江西省南昌市红十字会等 102 个单位“中国红十字会抗洪抗震救灾先进集体”光荣称号；授予湖南省岳阳市红十字会唐贵卿等 323 人“中国红十字会抗洪抗震救灾先进个人”光荣称号。

1999年

2月2日，中国红十字会总会开始实施春节送温暖救灾特别行动。这次行动由总会领导分别带领5个慰问组到在1998年水灾中受灾较重的省、自治区进行为期10天的慰问。

2月2日，北京市红十字会“999复明工程”正式启动，它以募捐的方式为贫困眼疾患者免费实施复明手术，使他们重见光明。

4月21日，卫生部和中国红十字会总会在青岛召开全国无偿献血经验交流会，国务委员彭珮云做了《认真贯彻实施献血法，抓紧抓好无偿献血工作》的讲话。

4月28日，由中国红十字会总会牵头，吴忠仪表股份有限公司与美国血液技术公司共同合作的“中国血液银行”签字仪式在北京举行。

5月8日，由总会与天津市红十字会主办、天津蓟县红十字会承办的“纪念世界红十字日暨迎接新世纪庆典”大型活动在黄崖关长城举行。全国政协副主席、中国红十字会会长钱正英，常务副会长顾英奇参加了活动。

5月17—23日，中国红十字会救灾备灾研讨会在香港举行，总会及19个省、自治区、直辖市红十字会的代表参加了会议。

6月14日，第37届南丁格尔奖章颁奖仪式在北京人民大会堂隆重举行，国家主席、中国红十字会名誉会长江泽民，国务院副总理李岚清出席大会并为获奖者曾熙媛、王桂英、秦力君颁奖。

6月17—24日，总会常务副会长顾英奇率团访问俄罗斯、保加利亚红十字会。

7 月 2 日，红十字会与红新月会国际联合会主席海伯格应邀访问中国红十字会总会，副会长王立忠与海伯格举行了工作会谈。

7 月 2—6 日，新任澳大利亚红十字会主席理查德·摩根抵京，对中国红十字会进行友好访问。

7 月 7—10 日，以葡萄牙红十字会会长苏亚雷斯夫人为团长的葡萄牙红十字会与澳门红十字会代表团应邀对中国红十字会进行工作访问。

7 月 11—22 日，王立忠副会长率团前往日内瓦对红十字会与红新月会国际联合会、红十字国际委员会进行工作访问，并顺访挪威红十字会。

7 月 12—18 日，应中国红十字会总会的邀请，美国红十字会副会长斯蒂夫·斯塔切尔斯基率骨髓移植供者检索工作代表团来华访问。顾英奇常务副会长会见了客人。

9 月 21 日，台湾地区发生 7.1 级强烈地震，造成人民生命财产严重损失。中国红十字会常务副会长顾英奇致函台湾红十字组织负责人徐亨，对受灾同胞表示亲切慰问，并将提供 10 万美元和价值 50 万元人民币的救灾物资的紧急救援。

10 月 6 日，自中国红十字会总会公布接收捐赠账号后，已收到北京、上海、福建、广东各界的救济台湾地震款物近千万元人民币。各地还举行了不同形式的捐赠活动。

10 月 10 日，中国红十字会总会再次向台湾红十字组织汇出 20 万美元款项，援助在“9·21”地震中受灾的台湾同胞。

10 月 11—13 日，中国红十字会第七届全国会员代表大会在人民大会堂召开。国家主席、中国红十字会名誉会长江泽民，国家副主席胡锦涛，国务院副总理李岚清会见了全体与会代表并合影留念。国务院总理朱镕基向大会发了贺信，李岚清副总理代表国务院发表讲话。全国政协副主席、中国红十字会会长钱正英主持了开幕式。国务院副总理钱其琛、中共中央组部部长曾庆红、全国人大常委会副委员长王光英等出席会议。红十字会与红新月会国际联合会主席艾丝特里德·海伯格、红十字国际委员会主席索玛鲁加分别为大会发来贺信。大会讨论通过《中国红十字会 2000—2004 年工作规划纲要》；修改中国红十字会章程；选举产生第七届理事会及常务理事会。

10 月 13 日，中国红十字会第七届理事会第一次会议在北京召开。国家主席江泽民继续担任中国红十字会名誉会长，赵朴初、王光英、何鲁丽、钱信忠、钱正英、张文康为名誉副会长。会议选举彭珮云为会长，王立忠为常务副会长，孙爱明为副会长；根据彭珮云会长的提名，苏菊香为秘书长。

10 月 21 日，中国红十字会向台湾红十字组织提供 50 万美元救灾款。

10 月 23—27 日，红十字会与红新月会国际联合会第 12 届大会在瑞士日内瓦召开。以王立忠为团长的中国红十字会代表团和由乔宗淮为团长的中国政府代表团出席大会。

10 月 31 日—11 月 6 日，第 27 届红十字与红新月国际大会在瑞士日内瓦举行。以中国常驻日内瓦办事处和瑞士其他国际组织代表团乔宗淮大使为团长的中国政府代表团和以王立忠为团长的中国红十字会代表团出席大会，并响应大会号召，分别代表中华人民共和国政府和中国红十字会向大会递交承诺书。

12 月 20 日，从零时起，澳门红十字会正式脱离葡萄牙红十字会，成为中国红十字会大家庭的一员。

12 月 24 日，中国红十字会、卫生部、解放军总后勤部卫生部联合主办的全国无偿献血表彰大会在北京人民大会堂召开。国务院副总理李岚清为大会发来贺信。全国人大常委会副委员长、中国红十字会会长彭珮云，名誉副会长钱信忠，卫生部部长张文康等出席了大会并颁奖。48 个城市获得了“无偿献血先进城市奖”，598 名个人荣获“无偿献血奖”，29 个单位和个人获得“无偿献血促进奖”。

本年度，中国红十字会共向遭受灾害和战乱的 16 个国家提供了 17 批 49 万美元的捐款，向 7 个国家提供了 1137 万人民币的物资援助。

2000年

1月13日，中国红十字会由“卫生部代管”改由国务院领导联系。

1月21日，中国红十字会在北京举行“弘扬人道主义，温暖千家万户”送温暖活动启动仪式。彭珮云会长在启动仪式上讲话。

3月13—17日，红十字国际委员会亚洲及拉美地区总代表莫诺来华访问，常务副会长王立忠会见了客人。

3月20日，全国人大常委会副委员长、中国红十字会会长彭珮云为《中国红十字报》第500期题词：“办好《中国红十字报》，为建设有中国特色的红十字事业服务。”

3月20日，中国红十字会会长彭珮云在重庆市红十字会第一次会员代表大会上发表了《知难而进，勇于开拓，努力把红十字会工作提高到新的水平》的讲话。

4月21日，日本东京高等法院就“花冈事件诉讼案”下达了“和解劝告书”。主要内容：双方确认1990年7月5日的共同声明；被告方日本“鹿岛建设”将5亿日元的基金交中国红十字会托管；“托管金”用于受害者祭奠和追悼活动、受害者及遗属的生活补助、中日两国历史研究及相关活动；和解方案旨在谋求对有关“花冈事件”遗留问题的解决，并需据此制定实施细则。

5月8日，“纪念世界红十字日座谈会暨《南丁格尔在中国》画册首发式”在人民大会堂举行。中国红十字会会长彭珮云，名誉副会长王光英、钱信忠、张文康，红十字国际委员会顾问、教育部副部长韦钰，全国人大教科文卫委员会副主任委员张怀西，中国红十字会常务副会长王立忠等参加了座谈会。会上彭珮云做了《人道的力量——面向新世纪》的讲话。

5月15—21日，彭珮云会长率中国红十字会代表团对韩国进行了正式友好访问，郑元植会长向彭会长赠授了代表韩国红十字会最高荣誉的“红十字会太极勋章”。

5月17日，为救助台湾“9·21”强烈地震，中国红十字会向台湾红十字组织汇出第六笔赈灾款，共168.674万美元（折合1400万元人民币）。六笔累计331.754万美元。

5月28—30日，中国红十字会组织工作座谈会在山西太原召开，彭珮云会长发表了《切实解决好组织建设的几个重大问题》的讲话。

5月31日—6月5日，日本红十字会会长藤森昭一行3人访华，两会签订了《2001—2006年合作协议》。

6月9日，中国红十字会总会和中央电视台联合举办“圣洁的红十字”电视文艺晚会，彭珮云会长等出席。

6月10日，为援助印尼苏门答腊岛遭受地震的灾民，中国红十字会向印尼红十字会捐助2万美元。

6月27日—7月8日，王立忠常务副会长率团访问罗马尼亚和斯洛伐克红十字会。

7月11—14日，以全国人大常委会副委员长、中国红十字会会长彭珮云为团长的中国红十字会代表团出席了澳门红十字会成立80周年庆祝活动，并在庆祝晚宴上发表《携手共创新的辉煌》的讲话。

7月17—20日，香港红十字会举办成立50周年国际研讨会。全国人大常委会副委员长、中国红十字会会长彭珮云出席研讨会开幕仪式、庆祝酒会和欢迎晚宴。在开幕式上，彭珮云发表《加强交流，相互学习，推动红十字事业向前发展》的讲话。

7月27日，由于希腊的持续高温和大风引起全国性的森林火灾造成了严重的经济损失，中国红十字会向希腊红十字会援助2万美元，以帮助希腊灾民救灾与重建家园。

9月25日，中国红十字会向越南红十字会捐助2万美元，以救助越南南方龙江平原地区遭受的水灾。

10月12日，中国红十字会向刚果水灾灾民提供3万美元的物资援助。中国驻刚果大使曲阜君代表中国红十字会将这批捐赠物品转交给刚果政府代表。

10 月 25 日，为救助乌干达北部埃博拉病区人民，中国红十字会向乌干达红十字会捐赠 3 万美元。中国驻乌干达大使张序江代表中国红十字会在捐赠仪式上将捐款转交给乌干达红十字会秘书长克韦西加。

11 月 29 日，日本东京高等法院开庭宣判，日本鹿岛建设公司因奴役中国劳工而为被告、以耿谆等 11 名被日本侵略者绑架的中国劳工幸存者为原告、历经 10 余年的“花冈事件”诉讼达成和解。根据和解方案，鹿岛建设公司将在 12 月 11 日之前，通过中国红十字会向 986 名受害者支付赔偿金 5 亿日元。中国红十字会将把这笔赔偿金作为“花冈和平友好基金”进行管理，同时设立“花冈和平友好基金运营委员会”。

12 月 8 日，中国红十字会网站开通仪式举行，全国人大常委会副委员长、中国红十字会会长彭珮云亲自点击开通按键。

12 月 22—25 日，常务副会长王立忠陪同国务委员司马义 · 艾买提访问伊拉克。

2001 年

1 月 8—15 日，孟加拉国红新月会主席谢克・卡比尔・侯赛因率团来访，常务副会长王立忠会见来宾。

1 月 11 日，中国红十字会“红十字博爱送万家”活动启动仪式在北京举行。国务委员司马义・艾买提，全国政协副主席张思卿、万国权，全国政协副秘书长齐续春，中国红十字会常务副会长王立忠等出席仪式。

1 月 15 日，常务副会长王立忠会见美国红十字会旧金山湾区分会会长 Mr. Brooks 一行，来宾转达了美国红十字会向内蒙古雪灾灾区捐款 5 万美元的意愿。

1 月 15 日，中国红十字会总会向内蒙古遭受雪灾地区提供价值 150 多万元的救灾款物。总会和一些地方红十字会仍继续在境内外向社会各界为受灾地区筹集物资。

1 月 18—21 日，由中国红十字会总会、红十字会与红新月会国际联合会、香港特别行政区红十字会联合组成的灾情考察团，赴内蒙古考察雪灾灾情。

1 月 27 日，中国红十字会致电印度红十字会，对印度西部古吉拉特邦 26 日发生的强烈地震造成的损失表示慰问，决定向印度红十字会提供 5 万美元的捐款援助。

1 月 28 日，为救助受印度古吉拉特邦地震影响的巴基斯坦南部部分地区，中国红十字会致电巴基斯坦红新月会，决定向其提供 5 万美元捐款。

2 月 21 日，中国红十字会第七届理事会第二次会议在北京举行。国务院副总理李岚清致信祝贺，彭珮云会长出席会议并发表重要讲话。

2 月 26 日，中国红十字会从人道主义出发，决定向莫桑比克红十字会捐赠 3 万美元，用于救助该国中部 4 省水灾区的灾民。

3 月 24 日，彭珮云会长接见了为贫困眼疾患者做免费复明手术的美国著名眼科专家伊丽莎白·旺博士及北京市红十字会光明眼科诊所医务人员。

4 月 8—16 日，应中国红十字会邀请，红十字会与红新月会国际联合会主席阿斯特丽·海贝格一行 3 人来访，彭珮云会长、王立忠常务副会长分别会见了海贝格主席。

4 月 23 日，“中国造血干细胞捐献者资料库”工作委员会会议在北京召开，全国人大常委会副委员长、中国红十字会会长彭珮云，常务副会长王立忠等 60 人出席会议。这次工作会议的召开标志着“中国造血干细胞捐献者资料库”工作“正式全面重新启动”。

5 月 1 日起，《中国红十字会会费管理办法》施行，1997 年 4 月 14 日制定的《中国红十字会会费收缴与管理办法》同时废止。

5 月 5 日，为纪念“5·8”世界红十字日，中国红十字会总会和北京市红十字会联合在陶然亭公园举办以“捐献干细胞、关爱生命、展示人道力量”为主题的宣传活动，彭珮云会长出席开幕式。

5 月 9—12 日，由会长文拉妮·洪森率领的柬埔寨红十字会代表团对我国进行友好访问。全国人大常委会副委员长、中国红十字会会长彭珮云会见了代表团，并代表中国红十字会捐赠给柬埔寨价值 20 万元人民币的救助物资款。

6 月 8 日，中国造血干细胞捐献者资料库“爱心大使”命名仪式暨情况通报会在人民大会堂举行。全国人大常委会副委员长、中国红十字会会长彭珮云出席命名仪式并向获得“爱心大使”荣誉称号的运动员李宁、相声演员姜昆、歌手黄格选颁发了牌匾。

6 月 26 日，第 38 届南丁格尔奖章颁奖大会在人民大会堂隆重举行。国家主席、中国红十字会名誉会长江泽民出席大会并为获奖者吴景华、王雅屏、李秋洁颁奖。国务院副总理李岚清在颁奖大会上发表讲话。全国人大常委会副委员长、中国红十字会会长彭珮云出席大会并讲话。

6 月 27 日，以姜英勋会长为团长的韩国红十字会代表团来华进行友好访问，全国人大常委会副委员长、中国红十字会会长彭珮云会见了客人。

7 月 3 日，全国人大常委会副委员长、中国红十字会会长彭珮云在新疆维吾尔自治区考察时，发表了《不断总结经验，做好预防艾滋病青年同伴教育工作》的讲话。

8月4日，全国人大常委会副委员长、中国红十字会会长彭珮云在北京会见了来访的红十字会与红新月会国际联合会秘书长沙佩戴尔。

8月20—27日，孙爱明副会长率团对朝鲜红十字会进行工作访问，并向朝鲜红十字会提供价值15万元人民币的物资援助。

8月24日，中国红十字会总会与教育部等联合下发《关于印发〈中国红十字会关于广泛深入开展救护工作的意见〉的通知》，要求"有关部门要给予大力支持，红十字会要切实组织、开展救护工作，为我国的经济建设和人类健康事业，为红十字人道主义事业做出更大的贡献"。

9月12日，中国红十字会常务副会长王立忠致电美国红十字会会长西利，向在"9·11"事件中的遇难者表示哀悼，并表示中国红十字会愿尽力帮助美国红会的救援工作。

9月13—20日，全国人大常委会副委员长、中国红十字会会长彭珮云在黑龙江检查工作期间，做了《要想有地位，必须有作为》的讲话。

9月30日—10月8日，全国人大常委会副委员长、中国红十字会会长彭珮云率代表团赴日内瓦。10月2日访问国际联合会及国际委员会总部，并同联合会主席海贝格博士举行会谈。

10月9日，中国红十字会向红十字会与红新月会国际联合会捐款3万美元，用于救助在巴基斯坦境内的阿富汗难民。

10月31日，中国红十字会总会和司法部在京联合召开了纪念《中华人民共和国红十字会法》颁布实施八周年暨"四五"普法动员电视电话会议。全国人大常委会副委员长、中国红十字会会长彭珮云到会并做了重要讲话。

11月6—14日，以王立忠常务副会长为团长的中国红十字会代表团，应邀出席了在瑞士日内瓦召开的红十字会与红新月会国际联合会第13届大会，以及在大会之后举行的代表会议。

11月17日，彭珮云会长到江苏省红十字会调研，听取了省红十字会的工作汇报。

11月28日，由中国红十字会与中国商业联合会联合开展的"全国商业企业顾客紧急救护系统"启动仪式在京举行。常务副会长王立忠及有关单位的领导出席了仪式。

11 月 29 日，中国红十字会、国家广播电影电视总局、北京市人民政府、中国关心下一代工作委员会等单位联合主办的大型文艺晚会《关爱生命——献给中国造血干细胞捐献者资料库》在中国剧院演出，彭珮云会长等出席了晚会。

12 月 13 日，由卫生部、中国红十字会总会、解放军总后勤部卫生部共同举办的全国无偿献血表彰大会在广东省广州市召开。全国人大常委会副委员长、中国红十字会会长彭珮云，卫生部部长张文康等领导出席会议并讲话。

2002 年

1 月 8 日，常务副会长王立忠会见蒙古红十字会会长 Mr. Odonchimde，就两会合作事宜进行了商谈。

1 月 24 日，中国红十字会总会 2002 年“红十字博爱送万家”送温暖活动启动仪式在北京举行。全国人大常委会副委员长、中国红十字会会长彭珮云，全国政协副主席、中国红十字会名誉副会长钱正英，全国政协副主席万国权等出席。

1 月 28 日，彭珮云会长视察海南省红十字会工作，并为海南省红十字会题词“发展红十字事业，为海南两个文明建设服务”。

2 月 21 日，中国红十字会总会和教育部联合下发了《关于印发〈学校红十字会工作规则〉的通知》，要求各地结合素质教育的实施，因地因校制宜，在大、中、小学校施行。1988 年制定的《学校红十字会工作暂行规程》同时废止。

3 月 28 日，由于阿富汗北部的巴格兰省发生强烈地震，给当地人民的生命和财产造成重大损失。中国红十字会向阿富汗红新月会捐赠了 5 万美元以支援其救灾工作。

4 月 1 日，彭珮云会长会见了香港、澳门特别行政区红十字会负责人，希望港澳红十字会与总会在救灾、社会福利等多方面探索合作项目，加强交流，共同促进红十字事业的发展。

4 月 1—3 日，中国红十字会第七届理事会第三次会议暨全国红十字会系统先进集体和先进工作者表彰大会在山东济南召开。北京市红十字会等 31 个先进集体和杨有平等

30 名先进个人受到人事部和中国红十字会的联合表彰，全国人大常委会副委员长、中国红十字会会长彭珮云出席会议并做重要讲话。表彰会上，彭珮云会长还向香港、澳门特别行政区红十字会颁发“特别贡献奖”。

4 月 3 日，全国人大常委会副委员长、中国红十字会会长彭珮云在山东省红十字血液中心调研时做了《做好两项利国利民的好事》的讲话。

4 月 15 日，常务副会长王立忠会见印度尼西亚红十字会会长马里·穆罕默德一行。

4 月 17 日，全国人大常委会副委员长、中国红十字会会长彭珮云会见了巴基斯坦红新月会会长赛义德·沙希德·阿里率领的代表团，宾主双方进行了亲切友好的交谈。

5 月 7 日，以“红十字在行动——关爱生命”为主题的纪念“5·8”世界红十字日大型宣传活动在北京西单图书大厦举行，全国人大常委会副委员长、中国红十字会会长彭珮云，常务副会长王立忠等参加。

5 月 10 日，美国红十字会马霍宁分会向中国红十字会捐赠 10 万元人民币，常务副会长王立忠出席了捐赠仪式。

5 月 24 日—6 月 7 日，应澳大利亚、新西兰红十字会的邀请，全国人大常委会副委员长、中国红十字会会长彭珮云率中国红十字会代表团对两国红十字会进行了工作访问。

6 月 18 日，中国红十字会总会、卫生部联合下发《关于加强中国造血干细胞捐献者资料库（中华骨髓库）及分库建设的通知》，要求各地红十字会与卫生行政部门密切配合，争取政府和社会的支持，加速中国造血干细胞捐献者资料库的建设。

6 月 24 日，截至 24 日，中国红十字会总会共募集境内外救助洪灾的捐款 256 万元人民币。截至 9 月 27 日，总会共募集救灾款物 10413.28 万元，并将募捐款物用于 18 个受灾省、自治区、直辖市的救灾活动。

6 月 25 日，红十字会与红新月会国际联合会发出了救援中国水灾的“国际呼吁”。

7 月 7—10 日，全国人大常委会副委员长、中国红十字会会长彭珮云在陕西汉中灾区考察灾情，慰问受灾群众。

7 月 16 日，中国红十字会会长彭珮云在听取内蒙古红十字会工作汇报时做了关于《发扬无私奉献精神，做好红十字会工作》的讲话。

8 月 4—8 日，全国人大常委会副委员长、中国红十字会会长彭珮云赴湖南张家界考察灾情，慰问受灾群众。

8 月 11—19 日，中国红十字会常务副会长王立忠会见蒙古红十字会代表团。

8 月 20—22 日，红十字会与红新月会国际联合会亚太部部长西蒙率团来访，常务副会长王立忠会见了客人。

8 月 31 日，中国平安保险公司向中国红十字会捐赠 38 辆“平安采血车”（价值 1000 万元人民币），并在中华世纪坛举行了捐赠仪式。全国人大常委会副委员长、中国红十字会会长彭珮云，常务副会长王立忠以及中国平安保险公司董事长马明哲等出席捐赠仪式。

9 月 9 日，为帮助朝鲜部分遭受台风灾害的地区恢复生产，中国红十字会向朝鲜红十字会捐赠了 2 万美元。

9 月 18 日，彭珮云会长就吉林省红十字会工作汇报情况做了《创造性地开展人道主义救助工作》的讲话。

9 月 20 日，由中国红十字会总会主办、北京东方卓然广告公司承办的“中国红十字会 2002 年国际公益广告大展”在中国现代文学馆开幕，全国人大常委会副委员长、中国红十字会名誉副会长何鲁丽出席并为展览剪彩。

10 月 13 日，中国红十字会会长彭珮云在听取云南省红十字会工作汇报时做了《红十字会工作大有可为》的讲话。

10 月 15 日，全国人大常委会副委员长、中国红十字会会长彭珮云会见并宴请以陈长文先生为团长的台湾红十字组织代表团。

10 月 22 日，中国红十字会会长彭珮云在上海视察社区红十字会工作。

10 月 27 日，中国红十字会总会与强生公司支持中国造血干细胞捐献者资料库建设的合作项目在人民大会堂举行签约仪式。全国人大常委会副委员长、中国红十字会会长彭珮云，美国强生公司董事长兼首席执行官威廉·韦尔登出席签字仪式并为该项目揭牌。

10 月 29 日，中国红十字会常务副会长王立忠会见澳门文化司司长崔世昌、澳门红十字会主席黄如楷一行。

10 月 31 日，国内首家县级红十字救援中心“西柏坡救援中心”在河北省平山县落成。中国红十字会会长彭珮云为“平山县红十字会西柏坡救援中心”题词。

11 月 24—28 日，第 6 届亚太地区红十字会与红新月会会议在菲律宾首都马尼拉召开，中国红十字会常务副会长王立忠率团出席。

11 月 27 日，国家主席、中国红十字会名誉会长江泽民在北京接见红十字国际委员会主席雅各布·克伦贝格尔。

11 月 28 日，全国人大常委会副委员长、中国红十字会会长彭珮云会见了红十字国际委员会主席雅各布·克伦贝格尔一行。

12 月 11 日，日本政府向中国红十字会总会捐款 8.1021 万美元，将援助江西省灾区，用于购买粮食及车辆。

12 月 16 日，中国红十字会总会和民政部联合发出《关于开展社区红十字服务工作的通知》，要求各地红十字会开展多种形式的符合红十字会宗旨的社区红十字服务活动。

12 月 18—19 日，全国人大常委会副委员长、中国红十字会会长彭珮云出席在北京召开的“中国红十字会理顺管理体制座谈会”，并做了《坚定不移地依法理顺红十字会的管理体制》的讲话。

12 月 25 日，辽宁、深圳、江苏、海南、河南、山西、河北、四川、湖北等省、市造血干细胞捐献者资料库的 HLA 分子生物学分型检测数据输入总库。以此为标志，中国造血干细胞捐献者资料库管理中心覆盖全国的电脑网络正式开始运行。

2003 年

2 月 16—22 日， 红十字国际委员会东亚地区代表团团长章马克等 4 人到云南考察假肢项目。

2 月 17 日， 为帮助秘鲁南部地区水灾灾民，中国驻秘鲁大使馆将中国红十字会捐助的 1 万美元转交给秘鲁红十字会。

2 月 24 日， 新疆发生 6.8 级地震，总会紧急向新疆维吾尔自治区红十字会拨 25 万元救灾款并呼吁社会各界伸出援助之手，得到社会各界的积极响应。截至 28 日，总会已经收到及发往新疆地震灾区价值 905.629 万元的救灾物资。

3 月 7 日， 罗马世家公司向新疆地震灾区捐赠 50 万元服装、美宝集团向新疆地震灾区捐赠 30 万元药品捐赠仪式在总会举行，副会长孙爱明出席。

3 月 20 日， 副会长孙爱明等出席在总会举行的美宝集团向新疆地震灾区捐赠 100 万元药品仪式。

3 月 21 日， 中国红十字会发表《关于伊拉克战争爆发的声明》，呼吁停止战争，通过政治手段和平解决国际争端，并表示中国红十字会愿“本着人道主义宗旨和红十字与红新月运动的基本原则，提供一切力所能及的援助”。

3 月 26—28 日， 中国红十字会第七届理事会第四次会议在湖南长沙召开，彭珮云会长出席会议并发表重要讲话。

4 月 6—13 日， 以阮仲仁会长为团长的越南红十字会代表团访问中国红十字会，常务副会长王立忠会见了代表团。

4 月 9—20 日， 总会秘书长苏菊香率中国红十字会代表团访问克罗地亚、乌克兰红十字会。

4 月 18 日，全国人大常委会副委员长、中国红十字会会长彭珮云在听取福建省红十字会工作汇报时做了《要有一个好的领导班子》的讲话。

4 月 29 日，中国红十字会向全国奋战在抗击“非典”第一线的医护人员发出慰问信。

5 月 3 日，中国红十字会总会、民政部、卫生部和中华慈善总会共收到防治“非典”捐赠款物折合人民币 2.11 亿元。

5 月 8 日，常务副会长王立忠前往美国驻华使馆，接受使馆转交的美国政府援助抗击“非典”捐赠 50 万美元。

5 月 8 日，总会举行“抗非典献爱心——红十字在行动”大型捐赠仪式。仪式上为 17 家企业颁发了由彭珮云会长签发的证书、感谢状以及博爱奖章。

5 月 12 日，全国人大常委会副委员长、中国红十字会会长彭珮云，常务副会长王立忠等到解放军小汤山医院慰问战斗在抗击“非典”一线的医护人员，并送去捐赠款物。

5 月 13 日，深圳市三九医药贸易有限公司捐赠 100 万元人民币和价值 200 万元德国进口免疫调节制剂施宝利通，用于抗击“非典”工作。常务副会长王立忠等出席捐赠仪式。

5 月 19—20 日，常务副会长王立忠等赴山西省慰问战斗在抗击“非典”一线的医护人员，并向山西省转赠用于抗击“非典”的救助款 200 万元和价值 202.8 万元的物资。

5 月 22—23 日，常务副会长王立忠等赴内蒙古自治区慰问战斗在抗击“非典”一线的医护人员，并转赠用于抗击“非典”的救助款 200 万元和价值 205.3 万元的物资。

5 月 26 日，常务副会长王立忠接受香港汇丰银行捐赠的 20 万套“非典”防护服。

5 月 27 日，常务副会长王立忠等出席了中国保健科技学会所属的 8 家企业向总会捐赠价值 4212 万元人民币保健品的捐赠仪式，该保健品用于抗击“非典”工作。

5 月 27 日，中国红十字会总会收到香港工商界关怀非典型肺炎受难者基金通过香港特别行政区红十字会捐赠的 1500 万港元，用于补贴各省、自治区、直辖市经卫生部门证实感染 SARS 的病人和因 SARS 病故者家庭的生活。

5月28日，常务副会长王立忠等赴天津市慰问战斗在抗击“非典”一线的医护人员，并转赠用于抗击“非典”的救助款100万元和价值122.57万元的物资。

5月30日，常务副会长王立忠等赴河北省慰问战斗在抗击“非典”一线的医护人员，并转赠用于抗击“非典”的救助款200万元和价值222.76万元的物资。

6月3日，常务副会长王立忠接受了新西兰大使转交的新西兰政府抗击“非典”捐款15万元新西兰币。至此，中国红十字会已接收社会各界捐赠的抗击“非典”款物近5亿元。

6月5日，常务副会长王立忠等参加了在总会举行的第三次抗击“非典”捐赠仪式，中国银联股份有限公司等14家企业和个人捐赠款物总价值1129.86万元。

6月6日，常务副会长王立忠等参加了美国辉瑞制药公司捐赠20万美元的捐赠仪式。

6月9日，常务副会长王立忠等慰问民航总局抗击“非典”一线的工作人员，并送去价值75.26万元的物资。

6月19日，常务副会长王立忠等到北京市政管委慰问抗击“非典”一线环卫工人，并送去价值68万元的慰问物资。

7月11日，常务副会长王立忠出席在总会举行的第四次抗击“非典”献爱心接受企业捐赠仪式。颐中烟草集团有限公司青州卷烟厂、好时食品国际贸易有限公司等19家企业捐赠了价值1074.75万元的款物。

7月22日，红十字会与红新月会国际联合会发出紧急呼吁，寻求739.2万瑞士法郎的资金、物品和服务支持，以救助中国水灾地区。

8月5日，第39届南丁格尔奖章颁奖大会在人民大会堂隆重举行，国家主席胡锦涛出席大会并为获奖者叶欣（已殉职）、钟华荪、李淑君、姜云燕、苏雅香、巴桑邓珠、章金媛、梅玉文、李琦、陈东颁奖。国务院副总理吴仪及中国红十字会会长彭珮云在大会上讲话。

9月8日，总会召开干部会议宣布中央决定：江亦曼担任中国红十字会总会党组书记；王立忠仍然担任中国红十字会常务副会长，改任党组成员，主持总会机关的日常工作。

9月18日，民政部公布抗击“非典”社会捐赠款项。总会及地方各级红会共收到 6.36 亿元。

9 月 23—30 日，总会秘书长苏菊香率中国红十字会代表团访问朝鲜红十字会。

9 月 29 日，常务副会长王立忠会见了挪威红十字会新任秘书长斯特尔。

10 月 9—13 日，中国红十字会会长、全国妇联名誉主席彭珮云在美国华盛顿出席“妇女事务部长特别会议”之后，应美国红十字会邀请，率中国红十字会代表团对美国红十字会进行正式访问，并与美国红十字会会长玛蒂·伊文思共同签署了《中国红十字会与美国红十字会关于合作的谅解备忘录》。

10 月 31 日，《中华人民共和国红十字会法》颁布实施十周年电视电话会议在北京召开。全国人大常委会副委员长顾秀莲、中国红十字会会长彭珮云、全国人大教科文卫委员会副主任桑国卫等出席会议。彭珮云会长做了《发扬成绩，推动红十字事业沿着法制化的轨道向前发展》的重要讲话。

11 月 13 日，彭珮云会长在甘肃省红十字会调研时发表了《用实际行动争取政府的支持赢得群众的信任》的讲话。

11 月 28 日，以王立忠常务副会长为团长的中国红十字会代表团在瑞士日内瓦出席了红十字会与红新月会国际联合会第 14 届大会。

12 月 2—6 日，在日内瓦召开的第 28 届国际红十字大会的主题为“维护人类尊严”，以中国常驻日内瓦联合国机构和其他国际组织代表沙祖康大使为团长的中国政府代表团和以王立忠常务副会长为团长的中国红十字会代表团出席了大会。

12 月 9—11 日，彭珮云会长赴福州市出席海峡两岸遣返专用船“海峡号”授匾仪式，并向专用船全体官兵授予亲笔题写的“海峡号”牌匾。10 日，彭珮云会长做了《继续做好海峡两岸私渡人员的遣返见证工作》的讲话。

12 月 27 日，中国红十字会致电伊朗红新月会，对伊朗东南部地区发生的强烈地震表示慰问，并紧急提供 10 万美元捐款。

12 月 29 日，中国造血干细胞捐献者资料库管理中心在人民大会堂举行新闻通报会，宣布原计划在 2005 年建设 10 万人份数据资料库的目标提前两年实现。中国红十字会会长彭珮云出席大会并讲话。

2004年

1月13日，中国红十字会会长彭珮云到北京市红十字会考察调研。

1月18日，中国红十字会总会在北京举办了“红十字之友”联谊会，全国人大常委会副委员长司马义·艾买提、中国红十字会会长彭珮云、常务副会长王立忠、党组书记江亦曼、卫生部副部长朱庆生等参加了活动。

2月10日，国务院副总理吴仪在听取中国红十字会的工作汇报时说：“希望中国红十字会不断加强自身建设，加强国际交流与合作，继续履行《中华人民共和国红十字会法》和《中国红十字会章程》赋予的职责，做好备灾救灾工作，普及卫生救护和防病知识，传播红十字运动知识，推动无偿献血工作、社区红十字服务和学校红十字青少年活动，协助政府做好公共卫生和应对突发事件等方面的工作。”

2月15日、19日，中国红十字会会长彭珮云应邀分别访问了香港、澳门特别行政区红十字会，听取了两会的工作情况介绍，并就其开展的特色项目进行了实地调研。

2月26—27日，中国红十字会工作会议在江西南昌举行。中国红十字会会长彭珮云发表《抓住契机，大力推进红十字事业》的讲话。

2月28日，彭珮云会长在听取江西省宜春市红十字会工作汇报时发表《“2带5”的工作模式是一种很好的尝试》的讲话。

3月10日，彭珮云会长在《人民日报》发表《纪念中国红十字会建会一百周年》的文章。

3 月 29 日，中国平安保险（集团）股份有限公司向中国造血干细胞捐献者资料库捐赠保险仪式在北京人民大会堂举行。中国红十字会会长彭珮云、常务副会长王立忠等出席捐赠仪式。

4 月 4 日，“第九届志愿无偿献血者招募国际大会”在北京开幕。全国政协副主席张思卿、中国红十字会会长彭珮云、全国政协副秘书长齐续春等出席开幕式，彭珮云发表讲话。

4 月 21 日，为纪念中国红十字会建会 100 周年，由总会主办的“百年红十字，百家书画情”书画笔会在北京人民大会堂举行。彭珮云会长等出席了笔会开幕式。

4 月 28—29 日，中国红十字会会长彭珮云对辽宁省红十字会工作进行调研。

5 月 8 日，中国红十字会建会 100 周年纪念大会在北京人民大会堂举行。国务院总理温家宝向大会发来贺词，国务院副总理吴仪到会并讲话。全国人大常委会副委员长何鲁丽，全国政协副主席周铁农，中国红十字会名誉副会长王光英、会长彭珮云出席会议。红十字会国际委员会、红十字会与红新月会国际联合会及有关国家红十字会的代表到会祝贺。

5 月 8 日，中国人民银行发行“中国红十字百年纪念”套装银币。

5 月 8—12 日，为庆祝中国红十字会建会 100 周年，中国红十字会总会在人民大会堂举办了“百年红十字，博爱誉中华”展览，彭珮云会长为展览开幕剪彩。

5 月 24 日—6 月 7 日，中国红十字会会长彭珮云率领中国红十字会代表团应邀对奥地利红十字会、约旦红新月会、荷兰红十字会进行友好访问。

7 月 12 日，中国红十字会会长彭珮云在山西省红十字会调研时发表了《创造条件，逐步开展农村红十字工作》的讲话。

8 月 16 日，中国驻肯尼亚大使馆代表中国红十字会向肯尼亚捐赠价值 2 万美元的 6 万公斤玉米面粉，用于救助当地遭受旱灾的灾民。

8 月 24—26 日，常务副会长王立忠率总会慰问组赴安徽宿州、六安灾区发放救灾物资，看望受灾群众。

8 月 25—27 日，秘书长苏菊香和澳门特别行政区红十字会主席黄如楷等前往 12 日遭受台风“云娜”袭击的浙江省乐清市慰问灾区群众、发放救灾物资。

9月3日，中国红十字会会长彭珮云在听取浙江省红十字会工作汇报时做了《既要做好本省的人道救助工作，又要积极支援兄弟省市》的讲话。

9月13日，俄罗斯发生别斯兰人质事件，中国红十字会提供10万美元的援助。

9月22日，总会已收到全国27个省（区、市）红十字会的灾情报告，根据灾情和需求，支援了18个省（区、市）红十字会的救助工作。总会调拨的救助款物已达1799.6409万元。

9月24日，由总会主办的“健康援助——红十字在行动”大型公益活动正式启动。

10月10日，在纪念《天津市实施〈红十字会法〉办法》颁行10周年座谈会上，中国红十字会会长彭珮云做了《依法治会大力推进红十字事业》的讲话。

10月27—29日，中国红十字会第八次全国会员代表大会在北京召开，国家主席胡锦涛会见与会代表并发表讲话。国务院总理温家宝、国家副主席曾庆红参加会见。国务院副总理吴仪代表党中央、国务院致开幕词。大会审议通过了《中国红十字会第七届理事会工作报告》《中国红十字事业2005—2009年发展规划》以及《中国红十字会章程修正案》等相关文件。选举产生了新一届领导班子，彭珮云再次当选为中国红十字会会长，江亦曼当选为中国红十字会常务副会长，朱庆生、姜力、赵沁平、肖捷、沈国放、苏菊香（专职）、郭长江（专职）当选为中国红十字会副会长。在八届一次理事会会议上，根据《中国红十字会章程》聘请国家主席胡锦涛为中国红十字会名誉会长，聘请全国人大常委会副委员长司马义·艾买提、何鲁丽、韩启德、傅铁山和全国政协副主席黄孟复、张怀西为中国红十字会名誉副会长。

11月4日，中国红十字会会长彭珮云在黑龙江省红十字会调研时发表了《理顺管理体制，抓住工作重点，促进事业发展》的讲话。

11月26日，国务院办公厅转发中国红十字会总会《关于进一步加强红十字会工作的意见》，要求各地“认真贯彻执行”。

12月30日，中国红十字会发出紧急呼吁以援助印度洋地区地震及海啸灾民。

2005 年

1 月 6 日，中国红十字会与外交部等单位联合，在北京工人体育馆举行“中国人爱心大行动，为印度洋海啸赈灾义演”大型赈灾演唱会。

1 月 9 日，中国红十字会主办的“爱，来自中国演艺界赈灾义演”在北京首都体育馆隆重举行。

1 月 10 日，中国红十字会联合中国曲艺家协会在北京民族文化宫大剧院联合举办“笑星大义演，共同献爱心”的专场晚会。

1 月 13 日，由中国红十字会、国美电器等联手发起的“让世界充满爱”援建海啸受灾国孤儿院计划正式启动。国美电器出资 1000 万元，并成为第一个投资灾后重建的中国企业。

1 月 14—20 日，中国红十字会会长彭珮云在安徽滁州出席了中国红十字会“红十字博爱送万家”活动安徽启动仪式，并在滁州、淮南、合肥等地慰问了困难群众。

3 月 29 日，中国红十字会紧急拨付 30 万美元，支持印度尼西亚红十字会开展抗震救灾工作。

4 月 4 日，全国人大常委会副委员长乌云其木格和中国红十字会会长彭珮云分别在人民大会堂会见克罗地亚副议长、红十字会副会长玛托 · 阿尔洛维奇一行。

4 月 6 日，国务院副总理吴仪和中国红十字会会长彭珮云先后会见国际红十字会与红新月会联合会主席苏亚雷斯 · 托罗。

4 月 6 日，首例向香港同胞提供造血干细胞交接仪式在北京举行，捐献者是无锡市民王经，他的造血干细胞与香港患者配对成功。郭长江副会长向王经颁发“荣誉证书”。

4 月 12 日，中国红十字会会长彭珮云到山东省邹城市视察基层红十字组织建设工作。

4 月 13 日，中国红十字会会长彭珮云为福建省石狮市锦尚镇红十字会题词："弘扬人道博爱奉献精神，协力办好农村红十字会。"

4 月 22—25 日，常务副会长江亦曼率团访问海啸后的印度尼西亚，考察了海啸受灾最严重的亚齐灾区，走访了灾民，并实地察看了"中—印尼友谊村"村址。中国红十字会将提供 340 万美元，用于建设友谊村的房屋、学校、诊所、活动场所等。

5 月 9 日，由中国红十字会、北京市红十字血液中心主办，完美（中国）日用品有限公司承办的"完美百城千店万人无偿献血周"活动在北京启动，中国红十字会会长彭珮云出席启动仪式并为无偿献血者题词"奉献爱心　回报社会"。

5 月 16—21 日，中国红十字会会长彭珮云考察了河南省红十字会工作。

5 月 26 日，天津天狮集团在北京人民大会堂向中国红十字基金会捐款 1000 万元，设立"天狮爱心基金"，启动"天狮助学计划"。全国政协副主席阿不来提·阿卜杜热西提、中国红十字会会长彭珮云，以及首批受助的 20 个省（区、市）的红十字会代表出席了捐赠启动仪式。

5 月 31 日，中国红十字会印度洋海啸救援表彰大会在北京召开。北京、江苏等 16 个省级红十字会获最佳组织奖，中国石油天然气集团公司等 15 家企业和单位以及丁磊等 7 人获特别贡献奖，中央电视台新闻中心等 25 家单位获特别支持奖，中国红十字会赠予香港、澳门特别行政区红十字会特别奖。全国人大常委会副委员长、中国红十字会名誉副会长司马义·艾买提出席表彰大会，中国红十字会会长彭珮云代表中国红十字会向获奖单位和个人表示敬意和感谢。截至表彰大会召开，中国红十字会共为印度洋海啸救援募集救助资金达 4 亿元人民币。

6 月 2—9 日，中国红十字会会长彭珮云前往四川考察红十字会工作。

6 月 21 日，美国驻华大使雷德代表美国政府向中国红十字会副会长苏菊香递交了 10 万美元的捐赠善款，用于中国灾害救助工作。

6 月 22—24 日，中国红十字会慰问组在常务副会长江亦曼的带领下，前往黑龙江省宁安市沙兰镇，慰问遭受洪水袭击的受灾群众。

7 月 12 日，中国红十字会在北京人民大会堂举行第 40 届南丁格尔奖颁奖大会。国家主席、中国红十字会名誉会长胡锦涛出席大会，并为获奖者刘振华、陈征、冯玉娟、任万琪、王亚丽颁发奖章。国务院副总理吴仪、中国红十字会会长彭珮云分别发表重要讲话。韩启德、黄孟复、张怀西和中央军委委员廖锡龙以及有关方面负责人出席颁奖大会。

7 月 12—16 日，以会长塔蒂安娜·尼柯兰科为团长的俄罗斯红十字会代表团应邀来华进行工作访问。彭珮云会长会见了俄罗斯代表团一行。

7 月 20 日，国家主席、中国红十字会名誉会长胡锦涛在人民大会堂接见了红十字国际委员会主席雅各布·凯伦伯格一行。中国红十字会会长彭珮云、外交部部长李肇星等参加接见。

7 月 25—29 日，中国红十字会常务副会长江亦曼率考察组分赴内蒙古自治区兴安盟、呼伦贝尔市的水灾、龙卷风灾区考察灾情，慰问受灾群众。

8 月 10 日，“红十字天使计划”在北京人民大会堂正式启动，中国红十字会会长彭珮云、常务副会长江亦曼等出席了启动仪式。

8 月 11 日，中国红十字会总会发出通知，要求各地开展“世界急救日”活动。红十字会与红新月会国际联合会确定本年 9 月 10 日为“世界急救日”，主题为“救护与弱势群体”。

8 月 23—27 日，应朝鲜红十字会的邀请，副会长兼秘书长郭长江率领中国红十字会代表团对朝鲜红十字会进行友好访问。

9 月 1 日，中国红十字会向美国红十字会提供了 10 万美元的捐款，以支持美国红十字会的赈灾工作，帮助遭受“卡特里娜”飓风袭击的美国灾区人民早日恢复正常生活。

9 月 4 日，由中国红十字会、教育部、卫生部、共青团中央联合召开的全国红十字青少年工作会议在北京举行。全国人大常委会副委员长、中国红十字会名誉副会长何鲁丽，全国政协副主席、中国红十字会名誉副会长张怀西，中国红十字会会长彭珮云等领导以及红十字国际委员会、红十字与红新月会国际联合会的代表出席会议。

9 月 19—28 日，中国红十字会会长彭珮云率领中国红十字会代表团对西班牙、葡萄牙红十字会进行友好访问。

10 月 8 日，巴基斯坦发生 7.6 级强烈地震，巴基斯坦、印度、阿富汗三国同时遭到重创，死亡人口突破 4 万。中国红十字会分别向巴基斯坦红新月会和印度红十字会发出慰问电，并决定向巴基斯坦红新月会提供 10 万美元救助金，向印度红十字会提供5万美元救助金。

10月17日，首届“中国公益事业与构建和谐社会”高层论坛在人民大会堂举行。全国人大常委会副委员长、中国红十字会名誉副会长司马义·艾买提，全国政协副主席、中国红十字会名誉副会长张怀西，中国红十字会会长彭珮云等出席论坛。

10月21—22日，中国红十字会农村工作座谈会在青岛召开，中国红十字会会长彭珮云出席会议并发表讲话。

10月29日—11月12日，中国红十字会会长彭珮云率领代表团对斐济、萨摩亚进行友好访问。

11月13日，在韩国首尔召开的第15届红十字会与红新月会国际联合会大会上，中国红十字会以136票的绝对优势再次当选为国际联合会领导委员会成员。

11月29日，由中国红十字会和铁道部联合举办的“红丝带神州行——预防艾滋病列车宣传活动”在北京正式启动。活动在全国主要铁路沿线开展。全国人大常委会副会员长、中国红十字会名誉副会长韩启德，全国政协副主席、中国红十字会名誉副会长黄孟复，中国红十字会会长彭珮云等出席了启动仪式。

12月3—12日，中国红十字会“博爱送万家”慰问团在会长彭珮云和常务副会长江亦曼的带领下，深入云贵少数民族深山聚居区进行慰问。

12月7日，由苏州市红十字会和苏州大学社会学院携手共建的国内第一家“红十字运动研究中心”正式成立。

12月8日，中国红十字会会长彭珮云到云南省红十字会视察工作。

12月13日，装满救助物资的5辆卡车次第驶出北京民族文化宫广场，标志着新一年的“红十字博爱送万家”活动正式启动。全国人大常委会副委员长、中国红十字会名誉副会长司马义·艾买提，中国红十字会会长彭珮云等出席启动仪式。

12月26日，中国红十字会在北京举行“超越国界的爱——印度洋海啸救援工作通报会”。中国红十字会会长彭珮云、全国政协副主席张榕明等参加了通报会。截至2005年11月，中国红十字会共接受社会捐款4.27亿元，接受捐赠物资价值1560万元；已向11个受灾国家提供1.68亿元，向重建项目承诺支付捐款7200万元，合计2.4亿元，占捐款总额的59%。

2006 年

1 月 19 日，中国红十字会会长彭珮云视察深圳市血液中心、深圳市红十字会华强北路无偿献血点，并慰问了现场的无偿献血者。

1 月 20 日，常务副会长江亦曼、副会长兼秘书长郭长江应邀出席影片《霍元甲》的全球首映典礼。电影主演李连杰代表《霍元甲》剧组向中国红十字会捐款 50 余万元。郭长江副会长代表中国红十字会给李连杰颁发“博爱大使”的证书和奖杯。

1 月 27 日，中国红十字会会长彭珮云、常务副会长江亦曼在春节前夕，拜会了在北京修养的柬埔寨红十字会名誉会长、前国王西哈努克夫人莫尼列王太后。

2 月 5—15 日，应泰国红十字会和柬埔寨红十字会的邀请，中国红十字会会长彭珮云、常务副会长江亦曼率代表团对两国红十字会进行正式访问。

2 月 6—7 日，中泰两国红十字研讨会在泰国曼谷成功举行。这次研讨会以“为更美好的明天建立希望：红十字会与人道主义使命”为主题，中国红十字会会长彭珮云率团出席研讨会。

2 月 23 日，中国红十字会捐赠 5 万美元，以支持菲律宾红十字会正在开展的泥石流灾害救援工作。

2 月 27 日，常务副会长江亦曼一行在湖南开展为期一周的工作调研。

3 月 3 日，郭长江副会长一行赴贵阳市调研群众性卫生救护培训工作。

3 月 15—17 日，郭长江副会长一行赴内蒙古自治区进行初级救护培训工作情况调研。

3 月 19 日，中国红十字基金会“玉米爱心基金”设立启动仪式在北京举行，来自全国各地的 160 多名李宇春的歌迷（玉米）代表应邀参加了启动仪式。

3 月 23—24 日，中国红十字会在美国红十字会的资助下，在北京召开禽流感预防会议。全国人大常委会副委员长、中国红十字会名誉副会长何鲁丽，中国红十字会会长彭珮云、常务副会长江亦曼等出席会议。

3 月 31 日，中国红十字会总会召开卫生救护工作讨论会，彭珮云会长出席会议并讲话。

4 月 10—11 日，中国红十字会会长彭珮云一行考察天津市红十字会工作。

4 月 29 日，中国红十字基金会全资筹办的富春江长青国际老年公寓在浙江省富阳市的富春江畔举行奠基典礼，江亦曼常务副会长出席奠基仪式并发表讲话。

5 月 8 日，中国红十字会 2006“红十字博爱周”启动仪式在北京举行，全国人大常委会副委员长顾秀莲、中国红十字会会长彭珮云、常务副会长江亦曼等出席启动仪式。

5 月 9 日，由中国红十字会主办，主题为“发展公益事业，建设社会主义新农村”的“博爱论坛”在北京人民大会堂举办。中国红十字会会长彭珮云，全国政协常委、全国政协社会与法制委员会副主任伍绍祖等领导出席。

5 月 10 日，由北京电视台和中国红十字基金会联合主办的“救救白血病孩子——‘心手牵连’电视公益行动”在北京启动。全国政协委员、中国红十字基金会理事长王立忠等出席了启动仪式。

5 月 14 日，中国红十字会在北京人民大会堂举办同一首歌“博爱情”大型公益演唱会，常务副会长江亦曼等 6000 多人观看了演出。

5 月 15 日，中国红十字会总会和武警总医院举行了“扶贫救心——红十字会在行动”救助贫困心脏病患者 200 例新闻通报会，中国红十字会会长彭珮云等领导同志出席通报会。

5 月 15—17 日，中国造血干细胞捐献者资料库（中华骨髓库）管理中心在北京召开首届年会。全国人大常委会副委员长韩启德、中国红十字会会长彭珮云，以及卫生部、国家发改委、财政部等部门领导参加会议。

5 月 19 日，台湾富士康基金会在北京向中华骨髓库捐款 1.0385 亿元人民币，用于中华骨髓库的扩容。这是中华骨髓库截至 2006 年 5 月收到的最大一笔捐款。中国红十字会会长彭珮云、国台办主任陈云林、中国工程院院士陆道培、富士康科技集团总裁郭台铭等出席捐赠仪式。

5 月 27 日，常务副会长江亦曼出席了在北京市大兴区举行的“同享蓝天，共享关爱”庆“六一”慰问流动人口子女、农村留守儿童暨全国千所流动人口子女、农村留守儿童示范家长学校授牌仪式。

5 月 29 日，中国红十字会向印度尼西亚红十字会捐款 5 万美元，用于帮助地震灾后的援救工作。

6 月 13 日，由中国红十字会主办、中国输血协会协办的“龙族血脉——2006 无偿献血知识普及”系列活动启动仪式在人民大会堂举行，常务副会长江亦曼等出席了仪式。

6 月 14—16 日，中国红十字会会长彭珮云出席了广东省红十字志愿者工作会议暨广东省红十字志愿者工作委员会成立大会，并发表讲话。

6 月 26 日，西藏自治区红十字会召开庆祝大会，隆重纪念自治区红十字会成立 20 周年，常务副会长江亦曼等出席庆祝大会。

7 月 1 日，中国红十字会会长彭珮云来到湖南省红十字会考察工作。

7 月 12 日，由中国红十字基金会和中国乡村医生培训中心、首都医科大学联合主办的“万名乡村医生培训计划”第一期乡村医生培训班结业典礼在首都医科大学举行。

7 月 16 日，受今年 4 号强热带风暴“碧利斯”影响，湖南、福建、广东、广西、浙江等地相继发生严重洪涝灾害。截至 16 日，总会已接到 24 个省（区、市）红十字会上报的灾情，并向其中较为严重的 18 个省（区、市）提供了价值 711 万多元的款物救助。

7 月 19—20 日，常务副会长江亦曼率团考察湖南洪涝灾情，红十字会与红新月会国际联合会东亚地区代表处救灾代表谷庆辉等陪同考察。

7 月 28 日，中国建设银行通过中国红十字会总会向因受台风影响遭受洪涝灾害的湖南、广东、福建、广西、浙江、江西等南方 6 省、区捐款 450 万元。

8 月 10 日，中国海洋石油总公司向中国红十字会捐款 1000 万元，获得中国红十字会最高表彰荣誉——红十字勋章；中国建设银行捐款 450 万元，获得中国红十字博爱奖章；中国建筑总公司捐款 50 万元、德国大众汽车公司北京办事处捐款 10 万元，均获相应奖励。所有捐款将用于救助南方灾区。常务副会长江亦曼出席捐赠仪式，并为捐赠企业颁发荣誉证书和牌匾。

8 月 25 日，美国驻华使馆向中国红十字会转交了美国政府向中国受灾严重地区捐赠的 25 万美元。中国红十字会常务副会长江亦曼、美国驻华使馆公使谢伟森、红十字会与红新月会国际联合会东亚地区办事处主任亨利等出席捐赠仪式。

8 月 25 日，为纪念李德全同志诞辰 110 周年，缅怀她对红十字事业所做出的历史贡献，中国红十字会总会在全国政协礼堂举行“李德全与红十字会”座谈会。全国政协办公厅、中国红十字会等有关部门的负责人以及李德全同志的亲属和生前好友共 70 人参加了座谈会。座谈会由彭珮云会长主持。

8 月 31 日，中国红十字基金会“红十字书库”公益项目启动暨捐赠仪式在北京举行。中国红十字会会长、红十字书库指导委员会名誉主任彭珮云，中国红十字基金会理事长王立忠，中国红十字会副会长郭长江等领导出席启动仪式。

9 月 8—10 日，由中国红十字会和卫生部联合举办的全国红十字卫生救护工作会议在北京开幕，中国红十字会会长彭珮云、卫生部长高强等出席会议。

9 月 26 日，《中国红十字报》创刊 20 周年纪念表彰会暨“政府、媒体、企业与发展公益事业论坛”在北京人民大会堂举行，中国红十字会会长彭珮云、常务副会长江亦曼出席会议并讲话。

9 月 27 日，中国红十字会会长彭珮云出席了在北京人民大会堂举行的中国第一部慈善公益电影、音乐故事片《星光灿烂》捐赠暨首映式。这部电影由中华慈善总会监制、广东日升集团投资摄制。全国政协副主席黄孟复、中华慈善总会会长范宝俊以及电影制作人员代表百余人出席了捐赠暨首映式。

10 月 7—15 日，常务副会长江亦曼率领调研组赴新疆维吾尔自治区进行工作调研。

10 月 9—16 日，彭珮云会长考察云南省红十字会工作。

10 月 19 日，中华骨髓库入库数据 50 万人份情况通报会暨中国平安保险集团向中华骨髓库捐赠保险签字仪式在北京举行。全国人大常委会副委员长、中国红十字会名誉副会长韩启德，中国红十字会会长彭珮云、常务副会长江亦曼等出席了会议。韩启德向第 50 万名志愿者、来自河北省的武战芳颁发“造血干细胞志愿者荣誉证书”，彭珮云向第 500 例造血干细胞捐献者、来自山西的王阔颁发“造血干细胞志愿者荣誉证书”。之前，全国人大常委会副委员长、中国红十字会名誉副会长何鲁丽、韩启德，与彭珮云等还分别为庆祝中华骨髓库入库达 50 万人份题词。

10 月 20 日，中国红十字基金会发起并组织实施的“温暖中国——贫困肿瘤患者救治行动”在北京正式启动，中国红十字会会长彭珮云，全国政协委员、中国红基会理事长王立忠等出席启动仪式。

10 月 25—27 日，红十字会与红新月会国际联合会领导委员会在日内瓦召开第 14 次例会，中国红十字会常务副会长江亦曼作为领委会成员率团与会。

10 月 27 日，中国红十字会、全国人大教科文卫委员会、全国政协社会和法制委员会、司法部、国务院法制办联合主办了中国红十字会“五五”普法动员电视电话会议。中国红十字会会长彭珮云、全国人大教科文卫委员会副主任委员桑国卫、全国政协社会和法制委员会副主任委员伍绍祖等出席了会议。

10 月 28 日—11 月 1 日，常务副会长江亦曼应意大利红十字会的邀请，率团访问意大利红十字会总部以及托斯卡纳、拉齐奥地区分会，罗马省分会和佛罗伦萨省分会。

10 月 30 日—11 月 9 日，副会长郭长江率中国红十字会代表团对巴基斯坦和印度进行了友好访问。

11 月 6 日，中国红十字会会长彭珮云在北京会见了埃及红新月会会长苏珊·穆巴拉克夫人，双方共同签署了《中国红十字会与埃及红新月会合作与谅解备忘录》。

11 月 8 日，中国红十字会与中国电信集团公司、中国网络通信集团公司、中国移动通信集团公司、中国联合通信有限公司四大电信运营商在北京联合举办“9993 在呼唤，五湖四海爱心联动”中国红十字会短信募捐启动仪式。

11 月 10—11 日，中国红十字会会长彭珮云在厦门市听取了福建省和厦门市红十字会的工作汇报。

11 月 13 日，中国红十字会会长彭珮云出席了辽宁省红十字会第七次会员代表大会，并做了重要讲话。

11 月 17—18 日，中国红十字会参加新型农村合作医疗和医疗救助试点工作座谈会在北京召开，中国红十字会会长彭珮云、常务副会长江亦曼等出席了座谈会。

11 月 21 日，由李亚鹏、王菲夫妇倡导发起，在中国红十字基金会的支持和管理下设立的专项公益基金——嫣然天使基金正式启动。嫣然天使基金的资助对象为 14 周岁以下家庭贫困身患唇腭裂的儿童，患儿法定监护人可作为申请人向嫣然天使基金申请资助。

11 月 24—28 日，应缅甸红十字会的邀请，常务副会长江亦曼率团对缅甸进行友好访问。

11 月 29 日，江苏省红十字会成立 50 周年纪念大会在南京召开，中国红十字会会长彭珮云出席大会并发表讲话。

12 月 1 日，中国红十字会在昆明市金马碧鸡广场举办纪念“世界艾滋病日”大型宣传活动，常务副会长江亦曼出席启动仪式。

12 月 2 日，彭珮云会长考察南京市红十字会工作。

12 月 4 日，彭珮云会长考察苏州市红十字会的工作。在苏州市红十字中心血站，彭珮云视察了中国造血干细胞捐献者资料库 HLA（苏州）高分辨实验室，并题词“无偿献血，利国利民”。

12 月 8 日，常务副会长江亦曼、副会长郭长江、秘书长王海京在北京会见了来华访问的塞浦路斯总统夫人、塞浦路斯红十字会会长佛蒂妮·帕帕佐普洛夫人。

12 月 8—14 日，郭长江副会长会见李连杰先生，并决定启动“中国红十字会李连杰壹基金计划”，该计划旨在开展慈善募捐活动。

12 月 14—15 日，中国红十字会理顺县级红十字会管理体制工作座谈会在河北省召开，中国红十字会会长彭珮云等出席会议。

12 月 18 日，由中国红十字会总会与中国演出家协会联合主办、中华骨髓库和中演协演出经纪公司承办的“与生命同歌——扩容中华骨髓库救助华人患者”大型公益宣传启动仪式在北京举行。中国红十字会会长、活动组委员会名誉主任彭珮云，全国政协常委、科教文卫委员会主任、中国演出家协会主席刘忠德，中国红十字会常务副会长江亦曼等出席活动。

12 月 19 日，由中国红十字基金会发起的“天使总动员——红十字爱心储蓄罐”募捐行动在中国儿童中心正式启动。中国红十字基金会理事长王立忠、中国红十字会副会长郭长江等出席了启动仪式。彭珮云为“红十字爱心储蓄罐”亲笔题名。

12 月 20—22 日，中国红十字会会长彭珮云、副会长郭长江一行出席了江西省红十字会建会 50 周年纪念活动。

12 月 26 日，中国红十字基金会嫣然天使基金“爱心圣诞”慈善晚宴在北京举行。“嫣然天使基金”倡导发起人李亚鹏、王菲夫妇和来自演艺界、企业界的 350 多位爱心人士出席了晚宴。中国红十字会会长彭珮云、副会长郭长江、中国红十字基金会理事长王立忠等出席了晚宴。当晚有 60302 人向“嫣然天使基金”捐款，累计捐款总额已达 1201 万元人民币。

12 月 27 日，以“为梦想插上飞翔的翅膀”为主题的“中国红十字基金会三全博爱助学基金”启动仪式在人民大会堂隆重举行。中国红十字会会长彭珮云、常务副会长江亦曼、副会长郭长江等出席了启动仪式。

12 月 28 日，中国红十字会通过中国驻印度尼西亚大使馆向印尼红十字会转交 3 万美元捐款，支援亚齐特区洪水灾区的救助工作。

12 月 28 日，常务副会长江亦曼等会见了来访的香港红十字会会长曾鲍笑薇女士一行。

2007 年

1 月 11 日，中国驻马来西亚大使程永华代表中国红十字会向马来西亚国家救灾基金会捐款 3 万美元，马来西亚总理巴达维出席了捐款仪式。

1 月 17 日，中国红十字会 2007 年“红十字博爱送万家”活动在北京启动。全国人大常委会副委员长、中国红十字会名誉副会长何鲁丽，中国红十字会常务副会长江亦曼等领导出席启动仪式。

1 月 23 日，由中国红十字基金会和中央电视台《道德观察》栏目联合发起“血脉相连——红十字救助白血病儿童公益行动”在北京人民大会堂启动。中国红十字会会长彭珮云为此次行动题词。

1 月 25 日，卫生部、中国红十字会总会制定印发《关于医疗机构冠名红十字（会）的规定》。

1 月 30 日，中国红十字会向玻利维亚红十字会捐款 5 万美元，用于该国水灾灾区的人道主义援助。

1 月 31 日—2 月 4 日，常务副会长江亦曼率代表团应邀访问了肯尼亚红十字会。

2 月 26 日，“中国红十字会李春平博爱基金管理委员会”和“北京市慈善协会李春平慈善基金管理委员会”揭牌仪式在北京举行。全国人大常委会副委员长、中国红十字会名誉副会长何鲁丽，中国红十字会常务副会长江亦曼、副会长郭长江出席了仪式。

3 月 4 日，“慈善万人行”20 周年庆典暨 2007 年万人行起步仪式在中山市兴中体育场举行，中国红十字会会长彭珮云、副会长郭长江等参加庆典。

3 月 5 日，中国红十字会会长彭珮云出席了由中山市举办的“传承博爱，共建和谐”理论研讨会并做了重要讲话。

3 月 9 日，中国红十字会在北京召开中国红十字会冠名医疗机构座谈会，彭珮云会长等参加会议。

3 月 16 日，北京奥组委与中国红十字会在北京奥运大厦举行《合作备忘录》签字仪式。北京市副市长、北京奥组委执行副主席刘敬民，中国红十字会常务副会长江亦曼等出席签字仪式。

3 月 28 日，强生公司在北京接受了中国红十字会授予的“中国红十字勋章”，以表彰其在长期支持中国造血干细胞捐献者资料库（中华骨髓库）建设中做出的贡献。

4 月 2 日，中国驻阿富汗大使杨厚兰向阿富汗红新月会会长盖拉尼转交中国红十字会向阿方提供的 5 万美元救灾援款。

4 月 10 日，由李宇春粉丝自发捐设的“玉米爱心基金”捐款突破百万元。中国红十字基金会在京召开新闻发布会，宣布将“玉米爱心基金”确定为独立的专项基金，并聘请李宇春为该基金的终身形象代言人。

4 月 19 日，中国红十字会框架下独立运作的一项慈善专项基金计划——“李连杰壹基金计划”在北京正式启动，常务副会长江亦曼等出席启动仪式。

4 月 21 日，“博爱中国 · 走进扬州”大型公益晚会在扬州大剧院举行。中国红十字会常务副会长江亦曼等观看了演出。

4 月 25 日，中国红十字会“江西革命老区特别行动”在江西省赣州市启动，该市首批 20 名贫困心脏病患儿接受了专家的检查和筛选。

4 月 26 日，中国红十字会会长彭珮云到天津调研红十字会工作。

5 月 8 日，全国人大常委会副委员长、中国红十字会名誉副会长司马义 · 艾买提、何鲁丽、韩启德，中国红十字会会长彭珮云、常务副会长江亦曼等和有关部委的领导在北京出席“2007 红十字博爱周”启动仪式。

5 月 8 日，由中国红十字会联合北京城建投资发展股份有限公司主办的“博爱中国——2007 世界红十字日大型公益晚会”在人民大会堂隆重举行。中国红十字会会长彭珮云等有关领导出席晚会，并为社会各界爱心人士颁发“博爱”奖牌。

5 月 9 日，中国红十字会与武警总医院在北京联合举办了“爱心手牵手，健康到永久——扶贫救心500例主题活动”，中国红十字会会长彭珮云参加了活动。

5月10日，由中国红十字会和北京大学人民医院共同发起组建的中国红十字会“爱心工程”胡大一爱心志愿服务队正式成立，中国红十字会会长彭珮云、常务副会长江亦曼等出席了成立仪式。

5月16日，在香港回归十周年之际，中国红十字会总会和香港红十字会签署了《合作备忘录》，未来三年将在“备灾救灾”“急救培训”“志愿服务”等方面展开进一步的合作。

5月16日，中国红十字会会长彭珮云在北京会见了前来访问的香港红十字会主席杨铁樑爵士一行，并和杨铁樑一行举行了会谈。

5月18日，复旦大学附属华山医院迎来百年华诞。全国人大常委会副委员长韩启德、卫生部部长高强、上海市委书记习近平等领导发来贺信或贺词，中国红十字会会长彭珮云出席华山医院百年庆典。

5月20日，上海市红十字会在浦东新区宣布，“迎世博、现场初级急救培训项目”全面启动，中国红十字会会长彭珮云、常务副会长江亦曼出席启动仪式。

5月21—31日，中国红十字会会长彭珮云到广西考察红十字会工作。

5月23日，中国造血干细胞捐献者资料库管理中心批准西藏建立分库。自此，我国大陆地区31个省、自治区、直辖市均已建立分库。

5月25日，中国红十字会总会紧急向重庆灾区调运价值31万元的救灾物资，以协助当地开展救灾工作。

5月26日，常务副会长江亦曼到辽宁铁岭市调研。

5月26日，郭长江副会长代表中国红十字会与江苏黄埔投资集团董事长陈光标签订了关于《建立长期战略合作伙伴关系的协议》。这是中国红十字会与企业签订的第一个战略合作协议。

6月3日，云南普洱市宁洱哈尼族彝族自治县发生6.4级地震，中国红十字会总会紧急向灾区调拨了帐篷、食品、棉被、家庭包等价值39万余元的救灾物资用于支持当地救灾工作。

6月4—7日，第18届美洲红十字大会在厄瓜多尔召开，中国红十字会常务副会长江亦曼率团与会。

6 月 8—10 日，中国红十字会总会向湖南、广西、广东、贵州等省、区洪涝灾区紧急调拨了价值 67 万余元的救灾物资，以协助当地开展救灾工作。

6 月 10 日，彭珮云会长出席新疆维吾尔自治区红十字会成立 20 周年表彰大会，考察新疆红十字事业发展情况等，并带来了价值 700 余万元的款物，用于帮助新疆贫困地区。

6 月 17 日，常务副会长江亦曼在北京会见了来访的红十字国际委员会常务副主席福斯特。

6 月 19 日，中国红十字会总会紧急向四川灾区调拨价值 32 万余元的救灾物资，用于救助近日在暴雨洪涝灾害中受灾的群众。

7 月 1—6 日，常务副会长江亦曼一行到广东进行工作调研。

7 月 11 日，中国红十字基金会推出的“博爱视窗——红十字电子募捐行动”启动仪式在北京人民大会堂隆重举行，中国红十字会副会长郭长江等出席仪式。

7 月 17 日，中国红十字会在人民大会堂举行第 41 届南丁格尔奖章颁奖大会，国家主席、中国红十字会名誉会长胡锦涛出席大会，为获奖者泽仁娜姆、陈海花、丁淑贞、聂淑娟、罗少霞颁发奖章，并代表党中央、国务院向获奖者表示热烈的祝贺，向全国所有的护理工作者、红十字工作者和广大志愿者表示亲切的问候。

7 月 18 日，中国红十字会从湖北、沈阳备灾救灾中心紧急调拨价值 55 万元的救灾物资用于重庆、河南自然灾害救助工作。

7 月 18—27 日，应匈牙利红十字会及克罗地亚红十字会邀请，中国红十字会副会长郭长江率团访问两国红十字会。

7 月 19 日，印度尼西亚亚齐特区首府班达亚齐近郊尼亨村，由中国红十字会和中华慈善总会募集近 1.1 亿元人民币民间捐款建造的“中国—印尼友谊村”举行了隆重的竣工交接典礼，中国红十字会秘书长王海京、中国慈善总会会长范宝俊等出席典礼。

7 月 27 日，中国红十字会会长彭珮云在河北唐山进行调研。

7 月 27 日，中国驻柬埔寨大使张金凤在金边向柬埔寨红十字会会长文拉妮 · 洪森转交了由中国红十字会捐赠的 3 万美元，用于登革热防治工作。

8 月 7 日，泰国红十字会名誉主席、泰国王后诗丽吉，通过泰国红十字会向中国红十字会捐款 20 万美元用于灾区救援。

8 月 9—10 日，王海京秘书长到四川参加德特食品（大连）有限公司捐赠四川省红十字会 300 万元救灾物资仪式，并赴南充灾区考察灾情。

8 月 22—25 日，中国红十字会常务副会长江亦曼作为国际联合会领委会成员率团参加 2007 年中国哈尔滨国际减灾会议。

8 月 28 日，中国驻希腊大使田学军代表中国红十字会向受灾严重的希腊奥林匹亚市提供 5 万美元的紧急救助款。

8 月 29 日—31 日，东亚五国红十字会领导人会议在蒙古首都乌兰巴托举行，中国红十字会秘书长王海京率团参会。

8 月 31 日，由“中国红十字会李连杰壹基金计划”和北京娱乐信报联合发起的“童心·同爱”名人慈善拍卖盛典在北京举行，中国红十字会副会长郭长江、著名影星李连杰出席了拍卖盛典。此次慈善活动总共筹得善款 36.5 万元，全部捐赠给中国红十字会。

9 月 3—6 日，中国红十字会会长彭珮云到内蒙古自治区考察红十字会工作。

9 月 5 日，由中国红十字会主办的“心系百姓、爱心护心”全国心脏病患者关爱行动在京启动。

9 月 15 日，中国红十字会协同办公系统正式启用。这是建立全国红十字会统一协同办公平台迈出的中国红十字会系统信息化的第一步。

9 月 19 日，第二届亚洲地区“通过运动预防艾滋病”研讨会在北京召开，中国红十字会常务副会长江亦曼参加并致欢迎辞。

9 月 19 日，第 13 号强台风“韦帕”在苍南县登陆，正面袭击浙江省，中国红十字会紧急下拨价值 25 万元的大米，用于灾害救助。

9 月 21—22 日，由海峡两岸红十字组织在福建有关部门协助下举办的首次“海峡两岸红十字海上救生救护协同演练暨研讨会”在厦门市成功举行。王海京秘书长到会祝贺。

10 月 3—5 日，红十字会与红新月会国际联合会领导委员会在日内瓦召开第 16 次例会，郭长江副会长率团与会。

10 月 9—16 日，应朝鲜红十字会的邀请，秘书长王海京率中国红十字会代表团对朝鲜红十字会进行了友好访问。

10 月 10—12 日，总会在湖北省赤壁市召开“中国红十字会参与新型农村合作医疗及医疗救助试点工作经验交流会”，江亦曼常务副会长等有关领导出席了交流会。

10 月 25 日，由中国红十字基金会和国寿慈善基金会联合发起的“健康新村工程”援建的全国第一所“国寿博爱卫生站”，在河南省周口市鹿邑县高集新王庄正式挂牌。

11 月 3 日，由中国红十字基金会与北京城建集团联合兴建的北京曜阳老年公寓项目在密云县正式开工建设。北京曜阳老年公寓是中国红十字基金会继在江苏、浙江之后兴建的第三座老年公寓。

11 月 5 日，中国红十字会会长彭珮云到江苏省红十字会视察工作。

11 月 6—8 日，中国红十字志愿服务工作会议暨经验交流会在珠海市召开，中国红十字会会长彭珮云、常务副会长江亦曼及红十字国际委员会、红十字会与红新月会国际联合会的代表出席了会议。江亦曼向大会做工作报告，彭珮云在会上讲话。

11 月 10 日，由“中国红十字会李连杰壹基金计划”拨款资助、中国红十字会心灵阳光工程主持实施的“心灵阳光关爱中心”项目在北京正式启动，首批 58 所高校揭牌仪式同时举行。

11 月 11 日，中国驻墨西哥大使殷恒民代表中国红十字会向墨西哥红十字会转交 3 万美元水灾捐款。

11 月 17—18 日，中国红十字会首次筹资工作研讨会在京举行，中国红十字会会长彭珮云、常务副会长江亦曼等参加了会议。

11 月 19 日，彭珮云会长代表中国红十字会向孟加拉国红新月会发去慰问电，表达了对在超级气旋风暴袭击中受灾群众的慰问，决定提供 5 万美元的捐款。

12 月 1 日，在第 20 个“世界艾滋病日”到来之际，中国红十字会与中国奥委会等联合在北京体育大学举办“红十字与奥运同行——预防艾滋 履行承诺”活动启动仪动，副会长苏菊香与中国奥委会、联合国艾滋病规划署、国际红十字组织代表等出席并讲话。

12 月 6 日，由中国红十字会总会和卫生部主办的纪念《中华人民共和国献血法》颁布 10 周年知识竞赛活动在北京举行抽奖仪式，常务副会长江亦曼等出席仪式。

12 月 6 日，中国驻巴布亚新几内亚大使魏瑞兴向巴新红十字会主席杰克布转交了中国红十字会为巴新北方省水灾地区捐助的 3 万美元救灾资金。

12 月 9 日，中国红十字会总会备灾救灾物资库奠基仪式在北京顺义区牛栏山镇举行，中国红十字会会长彭珮云等出席了奠基仪式。

12 月 16 日，全国红十字会应急工作会议在长沙召开。中国红十字会会长彭珮云，国务院有关部委及全国 31 个省（市、区）、新疆建设兵团红十字会，香港、澳门特别行政区红十字会，铁路、商业系统红十字会和台湾红十字组织，中国红十字会援外物资站等代表参会。

12 月 19 日，由天津市 17 家自行车生产企业通过中国红十字会捐赠给非洲 8 个国家红十字会的 7430 辆自行车，满载着中国人民的友好情谊，在天津新港装船，起运非洲。

12 月 27 日，由总会和卫生部联合主办的纪念《中华人民共和国献血法》颁布 10 周年公益晚会在北京长安大戏院上演，中国红十字会会长彭珮云、卫生部副部长刘谦等与来自社会各界的近千名观众一同观看了晚会。

2008 年

1 月 7 日，中国红十字会第八届理事会第四次会议暨全国红十字模范校表彰大会在浙江杭州召开，中国红十字会会长彭珮云出席会议。

1 月 10 日，中国红十字基金会在北京人民大会堂启动“天使之源——贫困肾病儿童救治行动”。

1 月 16 日，由中国红十字基金会和中国新闻周刊联合主办的第三届“中国·企业社会责任国际论坛”暨“2007 最具责任感企业”颁奖典礼在北京举行，中国红十字会会长彭珮云出席活动，并为获奖企业及获奖媒体颁奖。

1 月 19 日，中国红十字会向肯尼亚红十字会提供 5 万美元的紧急人道主义援助，资助对骚乱受害者的救援工作。

1 月 23 日，由中国红十字会主办的首届红十字公益广告展评颁奖仪式在北京举行，郭长江副会长出席。

2 月 1 日，中国驻玻利维亚大使赵五一在拉巴斯转交了中国红十字会向玻利维亚红十字会捐赠的 5 万美元援助款。

2 月 2 日，中国红十字会呼吁社会各界积极行动起来，发扬中华民族“一方有难，八方支援”的传统美德，积极捐款捐物，参与到南方雨雪冰冻灾害的紧急救助当中来。

2 月 2 日，中国红十字会李连杰“壹基金”继 1 月 29 日拨款 95 万元救助灾区后，又于本日增拨 15 万元，对 14 个受灾省、市进行尽可能的物资救助。

2 月 4 日，“老牛基金会”联合内蒙古蒙牛乳业集团股份有限公司捐赠 1000 万元用于资助南方雪灾救助，中国红十字会会长彭珮云向蒙牛总裁杨文俊颁发红十字勋章和博爱奖章。

2月4日，中国再保险（集团）股份有限公司向中国红十字会捐款100万元，用于南方雪灾救助，彭珮云会长接受捐款，并向该公司颁发奖章和纪念牌匾。

2月4日，中国红十字基金会“崔永元公益基金”管委会做出决定，拨款100万元资助湖南、广西、江西、四川、安徽等省（区）红十字会开展救灾工作。

2月5日，美国驻华大使雷德代表美国政府向中国红十字会捐款15万美元，以救助中国南方遭受雨雪冰冻灾害的民众。

2月5日，沃尔玛公司向中国红十字会捐款100万美元，用于援助严重遭受雨雪冰冻恶劣天气影响的地区。

2月6日，为了让雪灾地区人民过上温暖祥和的春节，中国红十字会总会决定再次紧急下拨2000万元救灾款，用于湖南、贵州等受灾较严重的省（区）。

2月21日，中山市第21届“慈善万人行”隆重举行，中国红十字会常务副会长江亦曼等参加巡游活动。

2月26—27日，中国红十字会会长彭珮云调研厦门市红十字会工作。

2月28日，南方雪灾灾情发生后，中国红十字会启动应急预案，积极投入雪灾救助工作，先后派出12支救灾工作考察组赴湖南、湖北、安徽、贵州、广西、江西等受灾严重省（区）考察灾情、慰问受灾群众及参加抗灾抢险的一线人员。截至本日，全国红十字会系统已累计接收款物价值2.473亿元。

3月13日，泰国红十字会常务副会长兼泰国国王基金理事长诗琳通公主在位于攀牙府的“中—泰友谊村”举行颁奖典礼，向为泰国海啸灾区重建工作做出重要贡献的中国红十字会颁发特别贡献奖。中国红十字会秘书长王海京出席颁奖仪式。

3月21日，新疆和田地区发生里氏7.3级地震，总会立即启动应急预案，并派出救灾工作组赴灾区考察。

3月22日，中国红十字会紧急向新疆和田地区调拨价值20多万元的帐篷，并紧急下拨10万元救灾资金，用于协助当地开展救灾工作。

3月24—27日，彭珮云会长在天津调研红十字会基层组织建设工作。

3 月 28 日，中国红十字会艾滋病全球行动同盟启动会议在北京召开，这标志着中国红十字会艾滋病预防工作翻开了新的一页。中国红十字会会长彭珮云、常务副会长江亦曼等出席了开幕式。

4 月 4—13 日，常务副会长江亦曼率中国红十字会和中华慈善总会联合代表团访问斯里兰卡、马尔代夫，出席中国红十字会与中华慈善总会共同援建的斯里兰卡红十字会高尔地区分会综合办公楼工程、马尔代夫福纳多岛的“中—马友谊村”的竣工交接仪式。

4 月 10—22 日，郭长江副会长率团对南非和肯尼亚红十字会进行了工作访问。

4 月 15 日，中国国际人道法国家委员会召开第一次工作组会议，常务副会长江亦曼和各成员单位代表出席会议。

4 月 17 日，彭珮云会长出席在河北承德召开的红十字工作座谈会。

4 月 17—22 日，德国红十字会会长塞特斯·鲁道尔夫率代表团对中国红十字会进行了友好访问。

4 月 23—29 日，以首席行政官尼古拉斯·杨爵士为首的英国红十字会代表团一行 4 人来华进行工作访问。

4 月 28 日，“中国红十字国际交流中心”奠基仪式在海南博鳌举行，中国红十字会会长彭珮云、常务副会长江亦曼等百余人参加了奠基开工仪式。

4 月 29 日，民政部召开“基金会评估工作总结暨授牌大会”，中国红十字基金会被授予 5A 级基金会，这是中国基金会等级评估中的最高级别。

5 月 12 日，四川汶川县发生 7.8 级地震，损失严重。中国红十字会发出呼吁，要求各级红十字会立即行动起来，严格依照《中华人民共和国红十字会法》的有关规定，依法开展募捐，积极投入救灾工作。

5 月 12 日，汶川地震发生后，中国红十字会总会在第一时间启动一级救灾应急预案，从成都备灾中心紧急调拨第一批救灾物资（单帐篷 557 顶、棉被 2500 床，共计价值 788646 元），运往都江堰、绵阳、德阳灾区，接着调拨价值 26.04 万元的 9300 床毛巾被运往四川灾区。

5 月 13 日，中国红十字会总会与红十字会与红新月会国际联合会、香港红十字会、澳门红十字会联合组成第一支抗震救灾工作组赴都江堰市和北川县考察灾情。

5月14日，中国红十字会会长彭珮云出席抗震救灾捐赠仪式。仪式上，北京新奥集团捐赠200万，中国煤炭集团公司捐赠1000万，内蒙古伊泰集团有限公司捐赠2000万，微软（中国）有限公司捐赠100万，施耐德电气（中国）投资有限公司捐赠100万，辉瑞制药有限公司捐赠500万现金和价值300万元的药品，索尼（中国）有限公司捐赠100万，宝马（中国）和华晨宝马汽车有限公司捐赠100万，西门子（中国）有限公司捐赠200万，西安银桥生物科技有限责任公司捐赠价值100万元的奶粉，佳能（中国）公司捐赠100万，才子服饰股份有限公司捐赠价值200万元的服装，华晨汽车集团控股有限公司捐赠价值260万元的汽车。

5月14日，中国红十字会会长彭珮云出席"出发为了生命的色彩——中国当代艺术家赈灾义拍大型公益活动"启动仪式，并接受了北京保利国际拍卖有限公司捐赠价值不低于3000万元的字画。

5月14日，台湾红十字组织通过中国红十字会为灾区捐赠30万美元，澳门红十字会通过总会为灾区捐款50万元人民币。

5月14日，内蒙古伊泰集团有限公司向中国红十字会捐款2000万元，用于四川抗震救灾。这是截止到目前总会接收到的最大一笔企业捐赠。

5月15日，红十字会与红新月会国际联合会正式向国际社会发出紧急呼吁，呼吁额为2000万瑞士法郎，用于购买帐篷、食品、衣被等紧急救灾物资和灾后重建。国际社会对此呼吁给予积极响应，所提出的2000万瑞士法郎呼吁额已在当日完成。

5月15日，总会决定向四川、甘肃、陕西、重庆、云南、贵州6省、市紧急拨付救灾资金1亿元，用于采购帐篷、棉被、方便食品、饮用水等救灾物资。

5月15日，香港特别行政区红十字会通过总会捐赠1388万元人民币的救灾款物。

5月16日，中国红基会"嫣然天使基金"管委会做出决定，从专项基金中安排500万，特别用于为四川汶川地震中受伤的儿童提供医疗救助。

5月16日，国家电网全体员工踊跃捐赠7600万元。公司已累计向地震灾区捐款及捐赠物资设备超过2.1亿元。

5月19日，中国红十字会受权接受德国、日本、俄罗斯和意大利等国医疗队来华协助医疗救援工作。由67名队员组成的俄罗斯医疗队乘两架专机抵达成都，在中国红十字会的协调下前往彭州灾区开展工作。

5 月 20 日，中国红十字会总会首支心理救援队从北京出发赶赴灾区，其中包括中国红十字会爱心大使邓亚萍等。

5 月 23 日，中国红十字巴蜀力量基金成立，中国红十字会会长彭珮云出席了在北京举行的成立仪式。

5 月 27 日，总会向四川、甘肃、陕西三省下拨地震灾区重建资金 2 亿元，其中四川省 1 亿元，甘肃省 6000 万元，陕西省 4000 万元。

5 月 27 日，中国红十字会会长彭珮云出席国资委代表部分中央企业通过中国红十字基金会向地震灾区捐赠仪式并讲话，国资委代表部分中央企业通过中国红十字基金会向地震灾区捐款 3.5336 亿元人民币。

6 月 3—5 日，中国红十字会会长彭珮云到四川省视察灾情。

6 月 4 日，人力资源和社会保障部、中国红十字会总会印发《关于表彰红十字会系统抗震救灾英雄集体和抗震救灾英雄的决定》，授予四川省红十字会等 4 个集体为“红十字会系统抗震救灾英雄集体”荣誉称号；授予四川省红十字会周百年、四川省红十字会志愿者大队队长唐建华两位同志“红十字会系统抗震救灾英雄”荣誉称号。

6 月 5 日，中国红十字会会长彭珮云、常务副会长江亦曼，红十字会与红新月会国际联合会主席托罗、顾问费尔，联合会副主席、日本红十字会会长近卫忠辉，联合会驻东亚地区办事处主任卡尔一行，到德阳市、什邡市慰问了湖南省红十字会紧急救援队。

6 月 6 日，常务副会长江亦曼出席中国红十字会在彭州市援建的 27 所过渡学校竣工仪式。

6 月 8 日，常务副会长江亦曼赴甘肃地震灾区进行灾后重建考察。

6 月 10 日，彭珮云会长赴陕西地震灾区进行灾后重建考察。

6 月 10 日，副会长郭长江在总会出席民生药业捐赠仪式，该企业向中国红十字会捐款 1015 万元人民币。

6 月 10—12 日，常务副会长江亦曼在甘肃陇南市的康县、文县、武都区考察灾后重建工作。

6 月 11 日，彭珮云会长一行赴汉中市宁强县看望慰问受灾群众。

6 月 12 日，副会长郭长江在总会出席了日本津村株式会社捐赠仪式，该企业向中国红十字会捐款 100 万元人民币。

6 月 15 日，中德红十字会野战医院交接仪式在都江堰市举行，德国红十字会正式将中德红十字会野战医院设施捐赠和移交给中国红十字会。

6 月 17 日，常务副会长江亦曼在总会出席英孚教育捐赠仪式，接受捐款 526 万元。

6 月 19 日，常务副会长江亦曼在北京会见了德国红十字会灾害管理部部长克里斯托夫一行。

6 月 25 日，总会在北京召开中国红十字会系统汶川地震灾后重建座谈会，彭珮云会长出席会议并做重要讲话。

7 月 10 日，中国红十字会援助甘肃省地震灾区灾后恢复重建项目签字仪式在兰州举行。

7 月 14 日，中国红十字会援助陕西省地震灾区灾后恢复重建项目签字仪式在西安举行。

7 月 17 日，中国红十字会总会和红十字会与红新月会国际联合会在陕西西安联合召开汶川地震灾后恢复重建工作国际会议，中国红十字会常务副会长江亦曼以及来自美国、加拿大、德国等国家红十字会、红新月会的代表出席了会议。

7 月 19 日，中国红十字会与奥地利、丹麦、西班牙和英国红十字会 ERU 应急队捐赠移交签字仪式，在四川绵竹九龙镇丹麦 ERU 大本营顺利举行。

7 月 29 日，“中国红十字会汶川抗震救灾表彰会”在北京举行，中国红十字会会长彭珮云、名誉副会长何鲁丽等参加了会议。北京市红十字会等 21 个省级红十字会和中国红十字基金会被授予“抗震救灾最佳组织奖”，河北省红十字会等 11 个省级红十字会被授予“抗震救灾组织奖”，北京市朝阳区红十字会等 101 个红十字会和志愿者组织被授予“抗震救灾先进集体”，陈蓓等 247 名同志被授予“抗震救灾先进个人”，赵文斌等 286 名同志被授予“抗震救灾优秀志愿者”，中国民用航空局运输司等 62 个单位被授予“抗震救灾特别支持奖”，国家电网公司被授予“中国红十字特级勋章”，中国三星等 22 个单位被授予“中国红十字勋章”，香港特别行政区红十字会、澳门特别行政区红十字会、台湾红十字组织、红十字会与红新月会国际联合会东亚地区代表处被授予“抗震救灾特别贡献奖”。

8 月 7 日，中国红十字会会长彭珮云在北京会见了前来参加 2008 年奥运会的泰国诗琳通公主一行。

8 月 13 日，“中国红十字会援助四川首批灾后重建项目备忘录签字仪式”在成都举行。备忘录显示，中国红十字会援助四川首批项目总金额为 25 亿元。

8 月 13 日，中国红十字会会长彭珮云、常务副会长江亦曼和红十字会与红新月会国际联合会主席托罗，在北京饭店亲切看望了国际奥委会主席罗格。

8 月 14 日，中国红十字会会长彭珮云、副会长苏菊香和郭长江一行，参观了射击馆外的红十字奥运服务站并慰问了志愿者。

8 月 14 日，中国红十字会援助四川德阳的首批 49 个灾后重建项目举行签字仪式，并为援川首个重建项目黄许小学奠基，这标志着中国红十字会援助四川灾后重建项目正式启动。

8 月 15—16 日，常务副会长江亦曼一行到广元市察看“5・12”地震灾情，落实总会灾后恢复重建项目。

8 月 22 日，第六届“芭莎明星慈善夜”在北京举行，有 11 件国际顶级限量版珍藏品被拍卖，共募得善款 1035 万元人民币，全部捐赠给“中国红十字会李连杰壹基金计划”，支援四川地震灾区的重建，中国红十字会常务副会长江亦曼和李连杰接受了捐赠，同时也见证了中国红十字会奥运火炬手基金的成立。

8 月 30 日，四川省攀枝花市和会理县交界处发生 6.1 级地震。“壹基金”迅速行动，一天内先后两次调拨价值 275 万元的救灾物资。

8 月 31 日—9 月 5 日，彭珮云会长视察辽宁省红十字会，强调积极推进理顺县级红十字会管理体制，大力发展学校红十字组织。

9 月 1 日，中国红十字会第一批总价值 27.95 万元的救灾物资运抵四川省会理县重灾区黎溪镇。

9 月 6 日，中国红十字会会长彭珮云和副会长苏菊香应邀前往北京港澳中心，与前来参加 2008 年残奥会开幕式的荷兰红十字会副主席、荷兰公主玛格丽特会面。

9 月 12 日，中国红十字会会长彭珮云等参观 2008 中国国际福祉博览会。

9 月 17 日，中国红十字会会长彭珮云等前往残奥村参观慰问。

9 月 18—19 日，中国红十字会会长彭珮云在安徽考察红十字会工作。

9月20日，中国红十字会总会援助绵阳首批灾后重建项目签字仪式举行，援助重建项目涉及金额近1.595亿元。

9月25日，常务副会长江亦曼赴河南开展红十字组织建设调研活动。

10月5日，新疆维吾尔自治区乌恰县发生6.8级地震。总会向新疆地震灾区紧急调拨棉被200床、棉衣200件、棉帐篷50顶等，总计价值12.161万元。

10月6日，西藏当雄县发生6.6级地震后，中国红十字会总会及时向西藏自治区红十字会了解灾情，并向西藏自治区红十字会紧急拨付20万元。

10月8日，中共中央、国务院、中央军委在人民大会堂举行全国抗震救灾总结表彰大会。中国红十字会总会赈济救护部、北京市红十字会999救援队、复旦大学附属华山医院、中德红十字会野战医院荣获“全国抗震救灾英雄集体”称号，云南省红十字会备灾救灾中心赈济科科长李琼芬、中国造血干细胞捐献者资料库辽宁省志愿捐献者服务中心副科长王玉伟、江苏省红十字会兼职副会长、江苏黄埔再生资源利用有限公司董事长陈光标荣获“全国抗震救灾模范”称号。

10月11—21日，彭珮云会长率中国红十字会代表团应邀对土耳其红新月会和希腊红十字会进行了工作访问。

10月13—19日，常务副会长江亦曼赴四川成都、雅安、阿坝等地震灾区，代表总会分别与三个受灾市（州）签订了价值2.9亿、1亿、2.3亿元的首期重建项目协议。

10月17—19日，常务副会长江亦曼一行深入四川省阿坝州重灾区调研灾情，并与汶川县、茂县、理县等13个县人民政府分别签订了2.3亿重建项目协议书。

10月29日，中国红十字会参与奥运工作总结表彰大会召开，中国红十字会会长彭珮云、常务副会长江亦曼等出席表彰大会。会议决定授予北京、天津、上海、沈阳、青岛、秦皇岛6个参赛城市红十字会及北京市东城区等7个区红十字会“中国红十字会参与奥运组织工作奖”；授予服务奥运会和残奥会的北京市红十字会、青岛市红十字会等13个单位，以及对红十字会参与奥运工作给予特别支持的中央电视台广告部等17个企事业单位“特别贡献奖”；授予韩陆、丁刚等110位同志“中国红十字会参与奥运优秀工作者”称号；授予杨曦等476位同志“中国红十字会参与奥运优秀志愿者”称号。中国红十字会总会报刊社作为先进集体获颁“中国红十字会参与奥运特别贡献奖”，授予报刊社副总编辑吕进福“中国红十字会参与奥运优秀工作者”称号。

11月8—13日，常务副会长江亦曼率团对加拿大红十字会进行友好访问。

11月11日，北京市红十字会召开成立80周年纪念大会，中国红十字会会长彭珮云，全国人大常委会原副委员长、中国红十字会名誉副会长何鲁丽等出席大会。

11月25日，中国红十字会组织建设工作会暨“十佳百优千星”表彰会在郑州市召开。中国红十字会会长彭珮云、常务副会长江亦曼等出席会议，彭珮云发表了重要讲话。

11月27日，作为中国红十字会组织建设工作会议的重要内容，全国冠名红十字（会）医疗机构工作会议在郑州市召开，中国红十字会会长彭珮云、常务副会长江亦曼参加会议。

12月3日，中国红十字会会长彭珮云、常务副会长江亦曼在京分别会见了来访的台湾红十字组织负责人陈长文一行。

12月3日，在国际志愿者日来临之际，中国红十字会总会与中央电视台联合主办了一台旨在讴歌和表现汶川地震抗震救灾期间志愿者的大型公益晚会“人道力量——2008国际志愿者日主题晚会”。中国红十字会会长彭珮云、常务副会长江亦曼等出席晚会。

12月5日，第二届中华慈善大会暨2008年度中华慈善奖颁奖仪式在北京人民大会堂举行。中国红十字会常务副会长江亦曼、山西省红十字会会长王昕、内蒙古自治区红十字会会长宝音德力格尔、上海市红十字会会长谢丽娟、江苏省红十字会会长吴锡军、浙江省红十字会会长鲁松庭被授予“中华慈善贡献奖”。中国红十字会总会赈济救护部王平，中国红十字基金会王汝鹏，宁夏回族自治区红十字会刘静，陕西省宝鸡市红十字会张碧芳，四川省德阳市红十字会邱绵山，山东省青岛市红十字会陈敏，陕西省红十字会赵玉哲、黄旭，北京市红十字会韩陆，湖南省红十字会曾凡国、刘迎建，广东省中山市红十字会吴彬等被授予“优秀慈善工作者”称号。李连杰壹基金计划、中国红行动、中山市慈善万人行、红十字乐和家园、生态厕所参与灾区重建获评“最具影响力慈善项目”，中国红基会天使妈妈志愿者团队获评“最具爱心慈善行为楷模”。

12月10日，由中国红十字会总会协同卫生部、解放军总后勤部卫生部举办的2006—2007年度全国无偿献血表彰电视电话会议在北京召开，中国红十字会会长彭珮云、卫生部部长陈竺、解放军总后勤部卫生部部长张雁灵等出席北京主会场活动。

12 月 12 日， 由中国红十字会总会主办、中国红十字爱心企业联盟承办的“人道力量——中国红十字汶川地震救援纪实”图片展在北京中华世纪坛开幕。中国红十字会会长彭珮云、中国红十字会名誉副会长司马义·艾买提、巴蜀力量基金常务副理事长李蒙、中国红十字会常务副会长江亦曼等出席开幕式。

2009 年

1 月 7—8 日，中国红十字会第八届理事会第五次会议暨全国社区红十字服务示范市（区）表彰会议在四川成都召开，中国红十字会会长彭珮云、常务副会长江亦曼等出席会议。

2 月 13 日，中国红十字会就澳大利亚发生特大山林火灾向澳红十字会提供 3 万美元现汇紧急援助。

2 月 16 日，红十字会与红新月会国际联合会秘书长贝克莱·格雷塔一行访问中国红十字会总会。

2 月 17—20 日，中国红十字会会长彭珮云先后深入山西省长治、晋城、太原等地考察红十字会工作。

2 月 18 日，得到温家宝总理救助的白血病患儿李瑞在北京儿童医院再次得到中国红十字基金会 3 万元的资助。

2 月 20 日，中国红十字会援助四川“5·12”地震灾后重建项目签字仪式在成都举行，常务副会长江亦曼出席仪式并讲话。

2 月 26 日，中国足协召开新闻发布会，宣布将中超联赛的 800 万元广告费用赠予中国红十字基金会，参与对贫困肿瘤患者的救助。加上此前两年的捐赠，中超联赛连续三年的捐赠已经超过 2000 万元。

2 月 28 日—3 月 4 日，加拿大红十字会秘书长塞弗应邀访问中国红十字会，并与中国红十字会签署合作备忘录。

3 月 22—28 日，常务副会长江亦曼应邀率中国红十字会代表团访问美国红十字会。

3 月 29 日—4 月 4 日，应台湾红十字组织的邀请，中国红十字会会长彭珮云、副会长郭长江一行赴台访问。彭珮云是1949年以来大陆以红十字会会长身份踏上祖国宝岛台湾的第一人。此次会晤是自20世纪80年代两岸红十字组织开展交流与合作活动以来，两岸红十字组织在台湾举行的首次最高级别的会晤，具有不同寻常的意义。

4月10—11日，由红十字国际委员会东亚地区代表处、中国红十字会总会报刊社、江苏省红十字会主办，苏州市红十字会与苏州大学社会学院共同承办的首届“红十字运动与慈善文化”国际学术研讨会在苏州大学召开。来自学术理论界和红十字会系统的百余位代表参加了会议。会议开幕式上，中国红十字会常务副会长江亦曼发表讲话，江苏省红十字会会长吴瑞林、红十字国际委员会东亚地区代表处代表马文德、苏州大学党委书记王卓君先后致词。会议期间，与会代表参观了“从索尔费里诺到关塔那摩——红十字国际委员会珍藏图片世界巡展”；江亦曼向苏州市红十字会和苏州大学社会学院颁授彭珮云会长题字的“红十字运动研究中心”和“江苏红十字运动研究基地”牌匾。

4月20日，中国红十字基金会援助重庆市“5·12”地震灾后重建项目签约仪式举行，共援建重庆市41个灾后重建项目，援助资金达2956万元。

4月21日，常务副会长江亦曼在总会亲切会见到访的联合国主管人道主义事务的副秘书长霍尔姆斯先生一行。

4月23日，中国红十字（博鳌）国际交流中心落成典礼暨“博爱无疆——中国红十字历史文化展”开幕式举行，中国红十字会会长彭珮云、常务副会长江亦曼等出席落成典礼仪式。

4月30日，中国驻墨西哥使馆向墨西哥红十字会转交了中国红十字会捐赠的5万元美金。中国是世界上第一个向墨西哥捐赠以抗击A（H1N1）型流感的国家。

5月4—6日，中国红十字会常务副会长江亦曼在巴黎参加红十字会与红新月会国际联会成立90周年庆典和国际联合会领导委员会第19次会议。

5月8日，为纪念国际红十字运动150周年、5·12汶川地震一周年和政府确定的第一个防灾减灾日，中国红十字会在北京举行以“凝聚人道力量，重建美好家园”为主题的“2009红十字博爱周”系列活动新闻通报会。据悉，截至目前，全国红十字会系统（包括港、澳、台红十字组织，国际联合会及有关国家红十字会）共募集款物达191亿元人民币，其中总会和地方各级红十字会募集款物165亿元人民币，国外及港澳台红十字会（组织）募集款物 26 亿元人民币。目前已向汶川地震灾区拨付款物及立项安排资金 144 亿元人民币。

5 月 9 日，以“凝聚人道的力量”为主题的“红十字应急救护宣传活动”在北京举行，中国红十字会会长彭珮云、常务副会长江亦曼等出席活动。

5 月 11 日，中华骨髓库在北京中关村生命科学园区举行中华骨髓库样品库揭牌仪式，中国红十字会会长彭珮云为样品库揭牌。中华骨髓库样品库的揭牌标志着全球最大的华人血样库建成并投入使用。

5 月 11 日，中国红十字会援建四川汶川地震灾区的首个学校项目——柳林瑞华红十字博爱实验学校在成都市温江区举行落成典礼，中国红十字会副会长郭长江等出席典礼。

5 月 22—24 日，中国红十字会汶川地震灾后重建工作会议在甘肃天水召开，常务副会长江亦曼等出席会议。

6 月 2—5 日，中国红十字会会长彭珮云、常务副会长江亦曼等在江西调研红十字会工作和遗体器官捐献工作。

6 月 9 日，中国红十字会会长彭珮云在北京会见了台湾慈济慈善事业基金会副总执行长林碧玉一行。

6 月 16 日，由倪萍、唐国强、夏雨等 45 位青岛籍演员联袂出演的电影《寻找微尘》在北京首映，全国政协原副主席郝建秀、国家广电总局党组成员王莉莉、中国红十字会常务副会长江亦曼等出席首映式。

6 月 17 日，中国红十字会援助汶川地震重庆、宁夏、云南灾区灾后恢复重建项目签字仪式在北京举行，常务副会长江亦曼等出席签字仪式。

6 月 22 日，由红十字国际委员会、北京市红十字会、瑞士驻华大使馆共同举办的“战争中的世界”大型图片展在北京开幕，中国红十字会常务副会长江亦曼等出席图片展并致辞。

6 月 23 日，中国红十字会会长彭珮云会见了罗马尼亚参议长夫人、罗马尼亚红十字会会长米哈埃拉·杰瓦讷。

7 月 6—8 日，中国红十字会会长彭珮云到山东省调研红十字会工作。

7 月 12—21 日，副会长苏菊香率中国红十字会代表团访问德国红十字会和丹麦红十字会，考察了两国红会的应急管理机制。

7 月 15 日，常务副会长江亦曼出席了“2009 年中国成都国际灾害风险大会”，并做了《中国红十字会汶川地震救灾应对及思考》的发言。

7月28—30日，中国红十字会国际暨港澳台工作会议在内蒙古自治区满洲里市召开，常务副会长江亦曼等参加了会议。

8月5—9日，中国红十字会会长彭珮云一行赴青海调研红十字会工作。

8月11日，中国国际人道法国家委员会第二次全体会议召开，中国红十字会会长、中国国际人道法国家委员会主席彭珮云出席会议并讲话。

8月12日，为帮助受“莫拉克”台风影响的台湾受灾同胞早日恢复正常生活，中国红十字会通过台湾红十字组织向受灾同胞提供首批1500万元人民币的人道救助资金，支援台湾红十字组织的赈灾救援活动。

8月15—20日，常务副会长江亦曼对青海省红十字会工作进行调研。

8月17日，中国红十字会再次向台湾受灾同胞提供685万元人民币（折合100万美元）的人道救助资金，用于台湾红十字组织的赈灾救助活动。

8月19日，中国红十字会与成都等地震灾区签订协议，再次增加4.91亿元人民币用于四川灾后重建。

8月25—26日，中国红十字会总会和卫生部在上海联合召开全国人体器官捐献工作会议。中国红十字会会长彭珮云、常务副会长江亦曼，卫生部副部长、卫生部人体器官移植临床应用委员会（OTC）主任委员黄洁夫等领导同志出席并发表讲话。

8月28日，“中国红十字传播基金启动新闻发布会”于北京人民大会堂召开，标志着中国红十字传播基金的正式启动。

9月14—23日，中国红十字会会长彭珮云赴四川、湖北、湖南三省考察红十字会工作。

9月15日，“中国红十字会中华骨髓库百万志愿者数据入库新闻通报会暨博爱基金启动仪式”在北京举行，中国红十字会名誉副会长张怀西、常务副会长江亦曼等相关部门的领导出席了会议。

9月17日，中国红十字基金会“众基金”在北京正式启动，由该基金组织实施的面向全国农民工的系列公益活动——“爱心医务室”“爱心健康包”项目同时启动。

9月22日，2010年上海世博会国际红十字与红新月馆交馆暨“红十字与世博同行”志愿服务活动启动仪式在上海世博局隆重举行，这是2010年上海

世博会第一个交馆的国际组织馆。中国红十字会副会长、上海世博会国际红十字与红新月馆总代表郭长江等出席了仪式

9 月 24 日—10 月 3 日，常务副会长江亦曼率团先后赴约旦安曼和瑞士日内瓦，参加捐款国合作论坛和国际联合会领导委员会第 20 次会议。

9 月 30 日，印度尼西亚西苏门答腊省发生特大地震灾害，中国红十字会向印尼红十字会提供了 5 万美元援助。

10 月 12 日，中国驻柬埔寨大使张金凤在金边代表中国红十字会向柬埔寨红十字会捐赠 3 万美元紧急人道主义援助，以帮助遭受“凯萨娜”台风袭击的地区恢复重建。

10 月 27—29 日，中国红十字会第九次全国会员代表大会在北京举行。国家主席、中国红十字会名誉会长胡锦涛出席开幕式，并为第 42 届南丁格尔奖章中国获奖者王文珍、鲜继淑、杨秋、潘美儿、张桂英、刘淑媛颁奖。大会选举产生了由 194 名理事构成的第九届理事会，一致拥护国家主席胡锦涛同志继续担任中国红十字会名誉会长，聘请全国人大常委会副委员长韩启德、桑国卫，全国政协副主席黄孟复、张榕明和李金华担任中国红十字会名誉副会长。选举全国人大常委会副委员长华建敏为中国红十字会会长，王伟当选为中国红十字会常务副会长，何亚非、朱之鑫、陈小娅、窦玉沛、王军、马晓伟当选为中国红十字会兼职副会长，郭长江、郝林娜、王海京当选为中国红十字会专职副会长。

11 月 6 日，烟台市红十字海上救援队成立仪式暨现场演习在烟台山下举行，这是全国第一支红十字海上救援队。

11 月 9 日，常务副会长王伟会见了挪威红十字会秘书长博格布兰德一行。

11 月 13 日，副会长郝林娜会见了蒙古红十字会会长卢维桑一行。

11 月 15 日，中国红十字基金会“仁爱传递——情动中国”慈善公益行动在北京启动，1000 名贫困心脏病患者将有望获得救助。

11 月 18 日，《福布斯》中文版首次发布了“中国慈善基金榜”，这是国内第一份关于慈善基金会的榜单。在全国性公募基金会中，中国红十字基金会、中国教育发展基金会、中国宋庆龄基金会分列前三位。

11 月 19 日，致力于关心和保护中国婴幼儿健康成长的中国红十字基金会“幸福天使基金”在北京启动，贝因美集团向红基会捐赠 2000 万元和价值 1 亿元的婴幼儿产品。全国人大常委会副委员长、中国红十字会会长华建敏出

席启动仪式，并向贝因美集团董事局主席谢宏颁发“中国红十字特级奖章”和博爱奖牌。

12 月 3 日，全国人大常委会副委员长、中国红十字会会长华建敏对北京市红十字会工作进行调研。

12 月 5—8 日，全国人大常委会副委员长、中国红十字会会长华建敏来到四川，考察灾后重建特别是中国红十字会援建项目建设情况。

12 月 8 日，四川省红十字会第七次会员代表大会在成都开幕，全国人大常委会副委员长、中国红十字会会长华建敏出席开幕式并发表讲话。

12 月 30 日，副会长郝林娜与国家发改委所属国家物资储备局局长王庆云签订合作备忘录。国家物资储备局以无偿代储红十字会备灾救灾物资的方式支持红十字事业。

2010年

1月8—11日，中国红十字会常务副会长王伟考察云南省红十字会及大理州红十字会工作。

1月9日，由中国红十字会总会、中国文联、中国音协与中共云南省委宣传部主办的“送欢乐、下基层”主场慰问演出在楚雄市活力广场举行，常务副会长王伟等参加活动。

1月12—13日，中国红十字会2010年工作会议在深圳召开，全国人大常委会副委员长、中国红十字会会长华建敏，中国红十字会常务副会长王伟等出席会议。华建敏发表讲话，提出要把2010年定为“能力建设年”，大力加强红十字会的能力建设。

1月13日，全国人大常委会副委员长、中国红十字会会长华建敏到深圳市红十字会考察工作。

1月14日，广州亚组委与中国红十字会在广州举行《合作备忘录》签字仪式。中国红十字会副会长郝林娜、广州亚组委副秘书长叶细权分别代表合作双方签署备忘录。《合作备忘录》的签署，标志着中国红十字会参与广州亚运会、亚残运会服务工作正式启动。

1月18日，中国红十字会向阿尔巴尼亚红十字会捐款3万美元，用于阿尔巴尼亚西北部水灾地区的抗洪救灾和灾后重建工作。

1月21日，为响应红十字会与红新月会国际联合会为海地地震发出的紧急募捐呼吁，中国红十字会捐款50万美元。

1月22日，中国红十字会在北京举办以“今夜，我们为爱而来”为主题的红十字之友联谊会。全国人大常委会副委员长、中国红十字会会长华建敏，全国政协副主席、中国红十字会名誉副会长张榕明，中国红十字会常务副会长王伟等出席了活动。

1月27日，由中国红十字会与上海世博会特许生产商江苏省海门市明天家用纺织品有限公司共同发起设立的“中国红十字世博温暖基金”启动仪式在北京人民大会堂举行，中国红十字会副会长郭长江、著名电视节目主持人杨澜、明天家用纺织品有限公司董事长王灵杰等出席启动仪式。明天家用纺织品有限公司作为基金发起人，首先为基金捐赠200万元善款及价值150万元的物品。中国红十字会向明天家用纺织品有限公司颁发了博爱奖章和博爱奖牌，同时授予杨澜“世博温暖大使”荣誉称号，并颁发聘书和奖杯。

1月27日，常务副会长王伟会见了红十字国际委员会行动部主任皮埃尔·克雷恩布尔。

2月23日，全国人大常委会副委员长、中国红十字会会长华建敏在天津调研红十字会工作。

2月25日，云南省楚雄彝族自治州禄丰县、元谋县交界处发生5.1级地震，中国红十字会总会紧急向灾区调拨价值15万余元的物资，用于当地开展抗震救灾工作。

2月26日，2010年上海世博会国际红十字与红新月馆战略合作伙伴授牌暨“中国红十字世博爱基金”启动仪式在北京人民大会堂举行。全国人大常委会副委员长、中国红十字会会长华建敏，中国红十字会常务副会长王伟，副会长、国际红十字与红新月馆展区总代表郭长江，贝因美集团董事局主席谢宏等社会各界嘉宾出席活动，共同启动“中国红十字会世博爱基金”。

2月26日，中国红十字基金会荣获民政部授予的“全国先进社会组织”称号。

2月28日，中国红十字会会长华建敏向智利红十字会会长洛伦萨发出慰问电，代表中国红十字会向智利受灾群众表示诚挚的慰问，对地震遇难者表示深切的哀悼。华建敏表示，中国红十字会将尽力给予灾区支持和帮助。

2月28日，江苏黄浦再生资源利用有限公司董事长陈光标向中国红十字会捐款100万元用于智利地震灾区救援工作，郭长江副会长接受了捐款，并向陈光标颁发感谢状。

2月28日，第23届“慈善万人行”活动在广东省中山市城区兴中道隆重举行，中国红十字会副会长郝林娜等参加了巡游。

3 月 1 日，中国红十字会总会决定向智利提供 10 万美元人道主义紧急援款。

3 月 4 日，台湾高雄县、屏东县交界处发生 6.7 级地震，中国红十字会常务副会长王伟致电台湾红十字组织负责人陈长文，表示慰问。

3 月 5 日，“中国红十字世博爱基金”向智利地震灾区捐赠 120 万元人民币。基金发起方之一的贝因美集团为这笔捐款出资。

3 月 24 日，全国人大常委会副委员长、中国红十字会会长华建敏在上海考察红十字工作。

3 月 25 日，中国红十字会总会再次向云南省拨付 30 万元救灾款，用于旱灾受灾地区的救助工作。截至目前，中国红十字会总会已累计向西南遭受旱灾地区拨付款物 260.3 万元。

3 月 27 日，全国人大常委会副委员长、中国红十字会会长华建敏视察苏州大学，苏大党委书记王卓君教授、红十字运动研究中心主任池子华教授分别汇报了相关情况。

3 月 31 日，中国海洋石油总公司向中国红十字基金会“春雨行动”捐款 1000 万元，这是支援西南旱灾的“春雨行动”自 3 月 23 日发起以来收到的最大一笔善款。

3 月 31 日，常务副会长王伟会见了来访的红十字会与红新月会国际联合会筹资与关系管理部部长西蒙·密西里。

4 月 3 日，中国红十字会参与主办的大型公益晚会“抗旱救灾　我们在行动”在北京电视台演播大厅成功举办，全国人大常委会副委员长、中国红十字会会长华建敏，中国红十字会常务副会长王伟等出席晚会。截至晚会结束，中国红十字会筹款 8113 万元。

4 月 9 日，总会决定向云南、贵州、广西红十字会各下拨 100 万元，以帮助当地灾区群众抗旱救灾。

4 月 13—14 日，常务副会长王伟实地考察贵州旱灾灾情。

4 月 14 日，青海省玉树县发生 7.1 级地震。中国红十字会总会启动应急预案，呼吁社会各界开展募捐活动，支援地震灾区，并紧急调拨 10 万元救灾款、500 顶帐篷、1000 床棉被和 1000 件棉衣，总价值 110 万元人民币款物发往灾区。副会长郝林娜带工作组赶赴青海，考察灾情。

4月14日，中国红十字基金会紧急向青海省红十字会拨款200万元，用于地震灾区救援。

4月17日，青海省红十字会举行“玉树‘4·14’抗震救灾大型募捐”仪式，中国红十字会副会长郝林娜等出席。据不完全统计，截至当日，青海省红十字会共收到社会各界捐款及意向捐款1.5亿余元。

4月17日，中国红十字会发往地震灾区的第二批物资到达玉树，包括500顶帐篷、4000床棉被、4000件棉衣。

4月17日，受青海玉树地震影响，四川省甘孜州也不同程度受灾，中国红十字会决定从位于成都的四川备灾救灾中心紧急调拨价值22.13万元的2000床棉被、2000件棉衣、200箱环境消毒剂运往甘孜地震灾区。

4月19日，继4月9日向西南重旱灾区拨付1950万元央企援助资金后，中国红十字基金会“春雨行动”再次从该基金中下拨4350万元用于云南、贵州、广西抗旱救灾工作。

4月20日，由中宣部、民政部、国家广电总局、中国红十字会总会等单位联合主办的“情系玉树，大爱无疆”抗震救灾大型募捐晚会播出后，引起了广泛的社会影响。截至4月22日12时，全国各级红十字会接收玉树地震捐赠款物总价值8.87亿元。

5月1日，上海世博会正式开园之际，国际红十字与红新月馆迎来了首批参观者，中国红十字会副会长、国际红十字与红新月馆展区总代表郭长江向前来参观的前10位参观者赠送了展馆纪念品并合影留念，向前100位参观者赠送了展馆馆徽。

5月7日，全国人大常委会副委员长、中国红十字会会长华建敏到上海市卢湾区和中国红十字会华山医院视察红十字工作。

5月9日，上海市红十字会召开“纪念‘5·8’世界红十字日、红十字与世博同行、红十字能力建设”研讨会，常务副会长王伟等参加了此次研讨会。

5月18—20日，常务副会长王伟一行赴山西长治参加“扶贫救心——红十字在行动”太行老区行启动仪式，并深入长治市城区和武乡县进行调研。

5月24日，常务副会长王伟一行到青岛市调研红十字会工作。

6 月 6 日，由北京城建集团和中国红十字基金会合作建设的北京曜阳国际老年公寓在密云县举行落成典礼。全国政协原副主席、中国红十字会原名誉副会长张怀西宣布老年公寓落成，并和北京市政协主席阳安江、中国红十字会常务副会长王伟等一起启动公寓落成标志。

6 月 8 日，中国红十字会与红十字国际委员会签署《中国红十字会与红十字国际委员会 2010—2012 年合作框架协议》。

6 月 13 日，上海世博会比利时国家馆日，应比利时世博事务政府总代表戴明哲（Leo Decloix）的邀请，中国红十字会副会长郝林娜赴沪参加了在世博园区举行的比利时国家馆日官方仪式，并在欧盟比利时馆内会见了比利时王储菲利浦王子。

6 月 18—21 日，郭长江副会长率团访问澳大利亚红十字会。

7 月 1—4 日，常务副会长王伟等一行对挪威红十字会进行了友好访问。

7 月 5—8 日，常务副会长王伟等一行对英国红十字会进行了友好访问。

7 月 10—14 日，郝林娜副会长率团访问蒙古红十字会。

7 月 27 日，根据四川、陕西、河南、辽宁省红十字会上报的洪涝灾情及需求，总会启动相应应急响应，向四川、陕西、河南、辽宁洪涝灾区共调拨 11000 床棉被、4000 件夹克衫、2000 床毛巾被、2000 件毛毯、600 个家庭包、500 箱饮水消毒剂。

8 月 5—6 日，全国人大常委会副委员长、中国红十字会会长华建敏到内蒙古自治区调研红十字会工作。

8 月 11 日，以常务副会长王伟为组长的中国红十字会救灾工作组抵达舟曲县城，并代表中国红十字会向灾区捐赠救灾款物 2000 万元。

8 月 16 日，由中国文联、中国红十字会、中国曲协主办，中国广播艺术团、民族文化宫、中国红十字基金会协办的“情系舟曲 · 大爱无疆——曲艺界赈灾义演”在北京民族文化宫大剧院举行，中国红十字会常务副会长王伟等观看演出。此次赈灾义演中国红十字会总会及中国红十字基金会共募集款物 3429 万元人民币。

8 月 17 日，截至本日，中国红十字会总会共接收玉树地震抗震救灾捐赠款物折合 23. 22 亿元（捐赠资金 23. 09 亿元，捐赠物资 0. 13 亿元）。其中中国红十字会总会直接接收 6. 97 亿元，地方红十字会汇缴 14. 75 亿元，中国红十字基金会接收 1. 5 亿元。

8 月 19 日，中共中央、国务院和中央军委在青海省西宁市举行全国抗震救灾总结表彰大会。全国红十字会系统 6 个单位 3 名个人分获“全国抗震救灾英雄集体”“全国抗震救灾模范”称号。

8 月 26 日，澳门特别行政区红十字会援助舟曲灾后恢复重建签约仪式在兰州举行，援助资金共计 1500 万元。

8 月 30 日，中国国际人道法国家委员会第三次全体会议在北京召开，全国人大常委会副委员长、中国红十字会会长、国际人道法国家委员会主席华建敏，中国红十字会常务副会长、中国国际人道法国家委员会常务副主席王伟及相关成员单位代表出席了会议。

9 月 1 日，首届全国红十字应急救护大赛决赛在贵阳市举行，天津市红十字会代表队获得一等奖。全国人大常委会副委员长、中国红十字会会长华建敏，常务副会长王伟等出席决赛。

9 月 6 日，美国金士顿科技公司在北京向中国红十字基金会捐款 350 万元，用于甘肃舟曲泥石流灾区的灾后重建工作。中国红十字会秘书长、中国红基会常务副理事长王汝鹏等出席捐赠仪式。

9 月 9 日，挪威外交部国务秘书英格丽德 · 菲斯卡率团访问中国红十字会，常务副会长王伟会见外宾一行。

9 月 9—15 日，中国红十字会副会长郝林娜率代表团访问了西班牙红十字会、红十字会与红新月会国际联合会、红十字国际委员会和瑞士红十字会。

9 月 10 日，在杭州举行的淘宝网半年年会上，淘宝（中国）软件有限公司向中国红十字会总会捐款 1000 万元人民币建立的“中国红十字会 · 淘宝公益基金”正式成立并启动。中国红十字会秘书长王汝鹏、阿里巴巴总裁马云出席仪式。

9 月 20 日，中国红十字基金会三届一次理事会会议在北京召开，全国人大常委会副委员长、中国红十字会会长华建敏，常务副会长王伟等出席会议。

9 月 25—26 日，由红十字会与红新月会国际联合会主办、中国红十字会承办的 2010 年捐款国红会论坛在江苏苏州召开。红十字会与红新月会国际联合会主席近卫忠辉、秘书长比开利 · 格雷塔，中国红十字会常务副会长王伟等出席论坛。

9 月 26 日，红十字会与红新月会国际联合会主席近卫忠辉视察上海世博会国际红十字与红新月馆。

10 月 13 日，常务副会长王伟会见巴基斯坦驻华大使马苏德·汗一行。

10 月 14 日，为支持巴基斯坦红新月会开展水灾救助工作，中国红十字会继向巴红新月会提供 5 万美元捐款之后，决定再向其提供 200 万元人民币的捐款。

10 月 17 日，中国红十字基金会携手强生（中国）、京华时报社在京共同启动了中国首支关爱老年人“身心灵”健康的专项基金“强生·中国老年人关爱基金”。

10 月 23 日，广东省红十字会在华南理工大学举办“红十字与亚运同行”——红十字志愿者服务亚运誓师大会，中国红十字会副会长王海京等出席大会。

10 月 29 日—11 月 1 日，全国人大常委会副委员长、中国红十字会会长华建敏在安徽省调研红十字会工作。

11 月 1 日，副会长郝林娜在总会会见来访的红十字与红新月博物馆馆长罗格·马佑。

11 月 4 日，世界著名球星马拉多纳在北京正式受聘成为中国红十字基金会“温暖大使”，将为中国贫困癌症患者募集善款。

11 月 4—7 日，常务副会长王伟一行调研江西省红十字会工作。

11 月 8 日，中国红十字会总会在京召开新闻宣传工作座谈会，全国人大常委会副委员长、中国红十字会会长华建敏，常务副会长王伟等出席座谈会。

11 月 11 日，由中国红十字会总会和武警总医院共同举办的“扶贫救心——红十字在行动”2000 例发布会暨“中国扶贫救心介入诊疗基地”揭牌仪式在武警总医院举行，全国人大常委会副委员长、中国红十字会会长华建敏出席活动。

11 月 16 日，全国人大常委会副委员长、中国红十字会会长华建敏在上海考察红十字会关爱老人暨红十字基层组织能力建设工作。

11 月 22 日，由香港仁爱堂主办的“关顾民困、共建和谐，慈善组织的角色和挑战——海峡两岸四地论坛”在香港会展中心举行，中国红十字会副会长、中国红十字基金会理事长郭长江应邀出席论坛。

11 月 29 日，全国人大常委会副委员长、中国红十字会会长华建敏在北京听取了贵州省红十字会和长顺县开展“绿色家园行动”的情况汇报，常务副会长王伟等参加汇报会。

12 月 1 日，中国红十字会总会、国家体育总局联合举办的“遏制艾滋履行承诺——举重冠军救助艾滋孤儿捐赠活动”在北京人民大会堂举行，中国红十字会常务副会长王伟等出席活动。

12 月 28—29 日，全国人大常委会副委员长、中国红十字会会长华建敏在福建省调研红十字会工作。

2011年

1月7日，由中国红十字基金会主办的“红十字天使计划”五周年座谈会在北京人民大会堂举行，全国人大常委会副委员长、中国红十字会会长华建敏，常务副会长王伟出席会议。

1月12日，常务副会长王伟在安徽合肥启动中国红十字会2011年“博爱送万家”慰问活动，中国红十字会2011年的“温暖之旅”由此启程。

1月12日，《胡润百富》发布“2011千万富豪品牌倾向报告”，中国红十字基金会被评为“最受富豪青睐的基金会”。这是继2010年后，中国红十字基金会再次获评此项殊荣。

1月16—18日，全国人大常委会副委员长、中国红十字会会长华建敏，常务副会长王伟一行，在江苏无锡、扬州、南京视察红十字会工作。

1月19日，中国红十字会第九届理事会第二次会议暨理顺管理体制工作经验交流会在江苏南京召开，全国人大常委会副委员长、中国红十字会会长华建敏出席会议。

1月20日，南京青奥组委会与中国红十字会总会签署《南京2014年青奥会合作备忘录》，标志着中国红十字会参与第二届青奥会服务工作正式启动。中国红十字会常务副会长王伟等出席签字仪式。

1月25日，“中华骨髓库捐献造血干细胞2000例情况通报会”在京举行，全国人大常委会副委员长、中国红十字会会长华建敏，中国红十字会常务副会长王伟，卫生部副部长黄洁夫等出席。

2 月 17 日，常务副会长王伟在广东中山市参加了“慈善万人行”活动。

2 月 21—22 日，香港红十字会副主席林胡秀霞、总监胡郭秀萍、秘书长陈启明一行赴中国红十字会总会，就香港红十字会 2010 年参与国内赈灾工作情况及 2011 年工作重点进行会谈。

2 月 22 日，卫生部、中国红十字会总会、中国人民解放军总后勤部卫生部在京隆重召开 2008—2009 年度全国无偿献血表彰大会，对获得“无偿献血奉献奖”的 112347 名个人（金奖 34333 人、银奖 19580 人、铜奖 58434 人），获“无偿献血促进奖”的 80 个单位和 13 名个人，获“无偿献血先进省（市）奖”的 9 个省和 240 个市（区），获“无偿献血先进部队奖”的 18 个部队单位及获“无偿捐献造血干细胞奉献奖”的 616 名个人予以表彰。全国人大常委会副委员长韩启德、卫生部部长陈竺、中国红十字会常务副会长王伟等出席会议。

2 月 24 日，中国红十字会总会决定向新西兰地震灾区提供 5 万美元人道主义援助，用于地震灾区救助工作。

2 月 24 日，“石汉基、石国基向中国红十字巴蜀力量基金捐赠图书仪式暨‘石景宜博士杯’华夏书画创作大赛颁奖典礼”在全国政协礼堂举行。香港汉荣书局有限公司向中国红十字巴蜀力量基金捐赠价值 774 万元的 172080 册繁体版图书。全国人大常委会副委员长韩启德，全国政协副主席白立忱，原中共中央政治局委员、全国政协原副主席、中国红十字巴蜀力量基金理事长杨汝岱，中国红十字会副会长、中国红十字巴蜀力量基金管委会常务副主任郭长江等出席活动。

2 月 24—25 日，常务副会长王伟一行赴新疆生产建设兵团进行工作调研。

3 月 7 日，全国人大常委会副委员长、中国红十字会会长华建敏会见了香港红十字会会长曾鲍笑薇。

3 月 10 日，云南省德宏傣族景颇族自治州盈江县发生 5. 8 级地震，中国红十字会总会立即启动三级应急响应，紧急调拨价值 38. 67 万元的救灾物资，用于支持当地红十字会开展救助工作。

3 月 14 日，中国驻玻利维亚大使馆临时代办王坚向玻方转交了中国红十字会捐赠的 3 万美元洪涝灾害紧急援助款。

3 月 21 日，为支援日本地震灾区福岛核电站注水冷却作业，三一重工股份有限公司通过中国红十字会向日本捐赠灾区急需的泵车一台。中国红十字会秘书长王汝鹏接受了捐赠。

3 月 22 日，中国红十字会数据库筹款公益项目及“爱心直邮温暖 2011”活动启动仪式在北京举行，常务副会长王伟等出席仪式。

3 月 24—25 日，中国造血干细胞捐献者资料库（中华骨髓库）2011 年工作会议在贵州省贵阳市召开，常务副会长王伟等 170 余人参加了会议。

3 月 29 日，继 3 月 12 日、15 日两次向日本红十字会捐赠 100 万元和 500 万元的紧急援助款后，本日中国红十字会决定第三次向日本地震灾区提供 2000 万元的紧急援助，用于支持日本红十字会开展灾后救助和重建工作。

4 月 6 日，中国红十字会总会向各省、自治区、直辖市红十字会，新疆生产建设兵团红十字会，铁路、商业系统红十字会印发《全国红十字模范单位标准（试行)》，分别就红十字志愿服务组织、红十字基层组织、冠名红十字（会）医疗机构、中小学及高校红十字组织、社区红十字组织是否达到模范单位标准规定了评审项目、内容和评审办法。

4 月 11—14 日，中国红十字会 2011 年赈济救护工作会议在昆明召开，常务副会长王伟等出席会议。全国 30 个省、自治区、直辖市红十字会和新疆生产建设兵团红十字会领导与赈济救护负责人等 100 余人参加了会议。

4 月 12—14 日，常务副会长王伟一行先后深入昆明市、德宏州盈江县、保山市腾冲县，就各地红十字会工作进行考察调研。

4 月 20—21 日，由北京市红十字会与北京市民间组织国际交流协会联合主办的第四届北京红十字工作国际研讨会在国家会议中心举行，本次研讨会的主题是“世界城市，应急准备”。中国红十字会原会长彭珮云、中国红十字会副会长郝林娜等出席会议。

4 月 29 日，湖北省红十字会第六次会员代表大会隆重召开，全国人大常委会副委员长、中国红十字会会长华建敏，常务副会长王伟等出席开幕式。

5 月 5 日，中国红十字会汶川地震三周年援建成果总结报告会在成都召开，全国人大常委会副委员长、中国红十字会会长华建敏出席会议并讲话。

5 月 5 日，汶川地震抗震救灾红十字国际研讨会在成都召开，全国人大常委会副委员长、中国红十字会会长华建敏，常务副会长王伟，红十字会与红新月会国际联合会主席、日本红十字会会长近卫忠辉，国际联合会副主席、卡塔尔红新月会会长穆罕默德·阿尔马迪德，中国红十字会顾问江亦曼等出席了研讨会。来自国际联合会，红十字国际委员会，国际劳工组织，兄弟国家红十字会与红新月会代表；香港、澳门特别行政区红十字会，台湾红十字组织代表；全国各省级红十字会、副省级城市及计划单列市红十字会代表以及来自相关部委、国内外捐赠企业代表共200多人参加了此次研讨会。

5月5日，“红十字向您报告——中国红十字会援助汶川地震三周年公益晚会”在成都举行，全国人大常委会副委员长、中国红十字会会长华建敏，全国人大常委会原副委员长、中国红十字会特别顾问彭珮云等出席并观看演出。

5月5日，中国红十字基金会玉米爱心基金资助“听障儿童康复训练计划”在北京正式启动。仪式上，玉米爱心基金拨付42万元用于资助首批30名听障儿童康复训练。

5月6日，全国人大常委会副委员长、中国红十字会会长华建敏一行来到汶川县映秀镇、水磨镇，都江堰市玉堂镇视察地震灾后恢复重建情况。

5月6日，上海市红十字会成立100周年系列活动之一“中华文化与红十字运动——纪念5·8世界红十字日”论坛在上海嘉定举行。红十字国际委员会东亚地区代表处传播代表大卫·皮埃尔·马尔凯等出席开幕式。论坛的举办，拉开了“回眸百年，再创辉煌——纪念上海市红十字会百年华诞”系列活动的序幕。

5月7日，中国红十字会会长华建敏考察了中国红十字会成都备灾救灾中心眉山仓库及四川省红十字会应急救援中心眉山基地建设项目现场。中国红十字会常务副会长王伟等陪同视察。

5月8日，庆祝重庆市红十字会成立100周年大会隆重举行，中国红十字会常务副会长王伟等出席大会。

5月8—9日，中国红十字会特别顾问彭珮云在郝林娜副会长陪同下，赴四川汶川、北川考察“5·12”地震灾后恢复重建工作。

5月9日，常务副会长王伟在上海调研中国红十字会援外物资供应站工作，听取援外物资供应站站长洪俊岭做的工作汇报并看望了全体干部职工。

5月26日，中国红十字博爱理事会副理事长释妙乐在病榻上向“红十字帮帮基金”捐赠了100万元善款，这是“红十字帮帮基金”成立以来获得的最大一笔善款。

5月26—27日，常务副会长王伟率调研组在浙江调研红十字会工作。

5 月 26 日—6 月 1 日，应台湾红十字组织邀请，全国人大常委会副委员长、中国红十字会会长华建敏率团赴台访问，受到台湾红十字组织热烈欢迎。国民党荣誉主席连战设宴招待代表团一行。

6 月 8 日，由中国红十字会总会主办，中国红十字基金会、江西省红十字会、赣州市委和市政府协办的“红十字老区行”在瑞金市体育馆正式启动。全国人大常委会副委员长、中国红十字会会长华建敏，中国红十字会常务副会长王伟等出席了启动仪式。

6 月 9—12 日，全国人大常委会副委员长、中国红十字会会长华建敏在浙江调研时强调，中国特色的红十字事业一定要有中国特色的红十字文化。

6 月 12 日，海峡两岸红十字博爱论坛在厦门海峡会议中心举行，中国红十字会领导、各省市红十字会负责人、台湾红十字组织同仁、两岸有关专家学者及中国红十字博爱理事会理事约 160 人出席了论坛。

6 月 13 日，中国红十字会总会在重庆召开全国红十字志愿服务项目发展研讨会，副会长郭长江等出席会议。

6 月 15—18 日，常务副会长王伟率团对匈牙利红十字会进行友好访问。

6 月 15—18 日，副会长郝林娜率团访问马尔代夫红新月会。

6 月 16 日，“同心·红十字天使计划”民族地区乡村医生培训班在南宁举行。这是中国红十字基金会联合上汽通用五菱汽车股份有限公司在广西开展的“红十字老区行”系列活动之一，共有 100 名来自河池、百色、南宁、桂林等地的乡村医生参加本次培训。

6 月 19 日—6 月 23 日，副会长郝林娜率团访问柬埔寨红十字会。

6 月 21 日，中国红十字会主办的“红十字老区行”系列活动河北省启动仪式在西柏坡举行，副会长王汝鹏出席仪式。

6 月 23 日，常务副会长王伟与保加利亚红十字会会长赫里斯托·格里戈罗夫在索非亚签订了两国红十字会友好合作协议。

6 月 24 日，中国红十字会总会继 6 月 22 日发表郑重声明后，又于本日再次发表声明：中国红十字会没有“红十字商会”的机构，也未设“商业总经理”的职位，更没有“郭美美”其人。中国红十字会一贯反对企图通过制造虚假信息进行炒作的行为，也希望社会各界以平和心态看待此类问题，不被利用。当日下午，总会已就此事向公安机关报案，并决定启动法律程序，以维护红十字会的合法权益，维护中国红十字会的良好声誉。

6 月 29 日，在纪念中国共产党成立 90 周年之际，由中国红十字会援建的玉树地震灾后恢复重建第一个竣工项目——玉树县隆宝镇寄宿制小学竣工仪式隆重举行，中国红十字会副会长郝林娜等参加了竣工仪式。

6 月 29 日，由中国红十字会主办的“红十字老区行”系列公益活动湖北站启动仪式在红安县七里坪镇熊家咀红军小学举行。

7 月 1 日，中国红十字会总会对发生的“郭美美事件”高度重视，曾先后两次发表声明：我们在此对媒体、公众一直以来的关注、监督和信任表示衷心的感谢，并就我们工作中的不足给公众带来的疑虑和不安表示歉意。现就公众关注的中国商业系统红十字会运作方式问题做如下声明：中国商业系统红十字会是由中国商业联合会于 2000 年 11 月 15 日向中国红十字会总会提出申请，经中国红十字会总会批准成立的行业红十字会组织（非法人性质）。中国红十字会总会与中国商业系统红十字会属业务指导关系，不参与中国商业系统红十字会的行政、人事和账户管理工作。

7 月 4 日，中国红十字会总会获得新浪微博认证，正式开通官方微博，近距离与博友沟通交流。

7 月 7 日，北京市公安局东城分局证实，警方接受报案后，经依法开展工作，现查明，郭美美（女，20 岁，湖南省益阳市人）及其母与中国红十字会总会无直接关联。在审查中，郭美美对自己的不当行为表示后悔和歉意。

7 月 9—14 日，朝鲜红十字会副会长白勇虎率团访问中国红十字会，常务副会长王伟会见了客人。

7 月 15 日，由民政部主办的第六届中华慈善奖表彰大会在北京人民大会堂举行。江苏省红十字会推荐的“江苏省波司登羽绒服装有限公司”和“南通市红十字阳光爱心车队”分别荣获“中华慈善奖爱心捐赠企业”“中华慈善奖慈善楷模团体”称号。国务院副总理回良玉，全国人大常委会副委员长、中国红十字会会长华建敏，全国政协副主席张梅颖等出席表彰大会，接见获奖代表并为获奖个人和单位颁奖。

7 月 22 日，意大利红十字会托斯卡纳地区委员会主席卡波尼和意大利红十字会东南亚地区项目代表乌加罗赴中国红十字会总会拜访，副会长郝林娜会见了来访的客人。

7 月 25 日—8 月 5 日，中国红十字基金会项目管理部、财务部工作人员联合社会监督员组成 3 个巡视组，分赴宁夏、甘肃、重庆，对当地“5・12”灾后重建项目实施、项目资金管理使用及项目社会效果进行巡视检查，并对已竣工项目进行了验收。

7 月 26 日，中国红十字基金会“红十字老区行”山东站在蒙阴县启动。

8 月 8 日，中国红十字基金会“红十字老区行”山西站启动仪式在武乡县八路军总部王家峪旧址拉开帷幕。

8 月 16 日，中国红十字会紧急筹措 800 万元人民币对“非洲之角”干旱和饥荒地区进行人道援助。其中，援助肯尼亚红十字会 200 万元，援助埃塞俄比亚红十字会 200 万元。另 400 万元将通过红十字会与红新月会国际联合会援助该地区其他受灾国，其中包括深圳壹基金公益基金会和阿里巴巴集团公司各捐赠的 100 万元人民币，用于援助索马里。

8 月 25 日，全国人大常委会副委员长、中国红十字会会长华建敏在北京会见红十字国际委员会主席克伦贝格尔，常务副会长王伟等参加会见。

8 月 26 日，第 43 届南丁格尔奖章颁奖大会在北京人民大会堂举行。国家主席、中国红十字会名誉会长胡锦涛出席大会，为 8 名中国获奖者孙玉凤、张利岩、陈声容、陈荣秀、吴欣娟、姜小鹰、赵生秀、索玉梅颁发奖章，并代表党中央、国务院，向获奖者表示热烈的祝贺，向全国护理工作者、红十字工作者和志愿者表示亲切的问候。颁奖大会前，胡锦涛接见了红十字国际委员会主席雅各布·克伦贝格尔。

8 月 26 日，中国红十字会第 43 届南丁格尔奖章获得者座谈会在总会训练中心会议室举行。全国人大常委会副委员长、中国红十字会会长华建敏，常务副会长王伟等和 8 名第 43 届南丁格尔奖章获得者共 50 余人参加座谈会。华建敏向 8 名获奖者表示祝贺并颁发了获奖证书。他勉励获奖者再接再厉，继续发扬志愿服务精神和南丁格尔精神，为提高人民的健康水平做出新的更大的贡献，并号召全国护理工作者和红十字工作者，以 8 位获奖者为榜样，向她们学习。

9 月 21 日，全国人大常委会副委员长、中国红十字会会长华建敏会见台湾红十字组织负责人陈长文一行。

9 月 21—28 日，王汝鹏秘书长率中国红十字会代表团对西部非洲的塞内加尔和加纳两国红十字会进行了考察访问。

10 月 8 日，受台风“纳沙”影响，广西部分市县受灾严重。总会再次下拨一批蚊帐、毛毯、棉被、毛巾被等救灾物资，总价值 28 万余元，支持广西灾区抗灾救灾。

10 月 11 日， 中国红十字会人事调整，国家人口计生委党组副书记、副主任赵白鸽担任中国红十字会党组书记、常务副会长，王伟改任中国红十字会副会长（兼职）。

10 月 15 日， 为了纪念上海红十字会百年华诞，由上海市红十字会主办的“上海市大学生红十字知识游园活动暨红十字青少年志愿者培训基地落成典礼”在松江大学城上海外国语大学举行。中国红十字会副会长郭长江及有关部门负责同志出席了典礼。

10 月 18 日， 中国红十字会常务副会长赵白鸽会见了来访的台湾血液基金会董事长林国信一行。

10 月 21 日， 中国红十字会南方片区工作座谈会在江苏省昆山市举行。全国人大常委会副委员长、中国红十字会会长华建敏，常务副会长赵白鸽等出席座谈会。

10 月 24 日， 西安市红十字会成立 100 周年纪念大会隆重举行。

10 月 24—26 日， 红十字品牌管理座谈会暨第二届新闻发言人培训班在北京举行，常务副会长赵白鸽出席了开班仪式。

10 月 25 日， 常务副会长赵白鸽会见了红十字会与红新月会国际联合会东亚地区代表处主任马丁·法勒，就加强双方合作进行交流。

11 月 1 日， 新疆伊犁哈萨克自治州伊宁县、巩留县交界处发生里氏 6.0 级地震。中国红十字会总会紧急启动三级应急响应，调拨了 100 顶棉帐篷、2000 床棉被和 2000 件棉衣，用于支持当地红十字会开展救助工作。

11 月 11 日， 中国红十字会筹资工作委员会 2011 年年会在北京召开，常务副会长、筹资工作委员会主任委员赵白鸽出席会议并讲话。

11 月 16 日， 山西省红十字会建会 100 周年庆祝大会在太原举行，中国红十字会副会长郭长江出席大会并讲话。

11 月 28 日，《福布斯》中文版发布“2011 年度中国慈善基金会榜”，同时推出“中国最透明的 25 家基金会”榜单。在这份以慈善基金会透明度为主要评价标准的榜单中，中国红十字基金会以 94 分的成绩位列第三。

11 月 28 日—12 月 1 日， 第 31 届红十字会与红新月会国际联合会大会在日内瓦召开，来自 187 个国家红会代表团、194 个国家政府代表团的 1500 名代表出席了此次会议。中国红十字代表团全程参与会议，并与各国红会及相关国家政府代表团广泛交流。中国红十字会常务副会长、代表团团长赵白鸽应邀在“加强助手作用”分委会及“气候变化的人道后果”研讨会上作主题发言。代表团向大会提交了中国红十字会 2012—2015 年承诺。

12 月 5—6 日，总会在北京举办省级红十字会领导干部培训班暨组织建设信息系统管理培训班，常务副会长赵白鸽出席了开班仪式。

12 月 7 日，中国红十字会第九届理事会第三次会议在北京举行。全国人大常委会副委员长、中国红十字会会长华建敏，常务副会长赵白鸽等出席会议。华建敏在会上作了重要讲话，赵白鸽受常务理事会委托向大会作 2011 年工作报告，并部署了 2012 年的工作。理事会将 2012 年工作主题确定为“以改革为主线、以提升公信力为重点的能力建设年”。

12 月 22 日，由商务部、中国红十字会总会、联合国人口基金联合主办，总会训练中心承办的联合国人口基金第七周期国别计划——生殖健康紧急服务项目启动大会在北京召开。

12 月 31 日，“郭美美事件”发生后，由监察部、中国社科院、北京刘安元律师事务所、中国商业联合会和中国红十字会总会相关人员组成的联合调查组对商业系统红十字会（以下简称“商红会”）的有关问题进行调查。本日，中国红十字会向社会通报了调查结果。调查结果证实，“商红会”中不存在“红十字商会”这一机构，没有设立“红十字会商业总经理”这一职务；郭美美与中国红十字会总会及“商红会”没有任何关系，与“商红会”合作的中红博爱资产管理有限公司的银行对账单及财务支出明细均显示，该公司从未向郭美美支付任何费用。郭美美炫耀的财富与红十字会、公众捐款和项目资金无任何关系。同时调查发现，“商红会”自成立后没有按照《中国红十字会章程》的要求，召开会员代表大会，没有理事会、常务理事会等领导机构，不符合行业红十字会的基本组织要求；没有建立完善的财务、合同与项目管理制度，内部管理混乱。鉴于“商红会”存在的问题，经商中国商业联合会同意，中国红十字会决定撤销商业系统红十字会，并将依据法律法规对遗留问题进行相应处理。

2012 年

1 月 5 日，2012 年“红十字博爱送万家”活动在广西百色市百色起义纪念广场举行。全国人大常委会副委员长、中国红十字会会长华建敏，副会长郭长江等出席启动仪式。

1 月 6 日，以“博爱中山　和美幸福”和“同襄善举担道义、万人同行齐修身”为主题的第 25 届中山“慈善万人行”举行起步暨巡游典礼，中国红十字会常务副会长赵白鸽参加了活动。

1 月 7 日，云南省红十字会 2012 年“红十字博爱送万家”活动在昆明启动，全国人大常委会副委员长、中国红十字会会长华建敏等出席启动仪式。

1 月 10 日，“红十字博爱送万家”新疆慰问活动在伊犁州伊宁市启动，全国政协副主席、中国红十字会名誉副会长、中国人口文化促进会会长李金华等参加启动仪式。

1 月 17 日，中国红十字会总会与来访的香港红十字会举行会谈，双方对 2011 年开展的合作情况进行了交流总结，并就下阶段合作意向展开讨论。中国红十字会常务副会长赵白鸽等参加会谈。

2 月 3 日，中国造血干细胞捐献者资料库 HLA 高分辨分型确认实验室在苏州大学附属第一医院学术报告厅举行美国 ASHI 认证实验室揭牌仪式，中华骨髓库专家委员会主任委员陆道培院士、江苏省血液研究所所长阮长耿院士、苏州大学党委书记王卓君教授、中华骨髓库管理中心主任洪俊岭、江苏省红十字会常务副会长张立明和中华骨髓库专家委员会委员、美国费城血液中心 HLA 分子遗传学实验室主任徐胡蜀山出席会议并讲话。

2 月 24 日， 中国国际人道法国家委员会第四次全体会议在北京召开。全国人大常委会副委员长、中国红十字会会长、中国国际人道法国家委员会主席华建敏，中国红十字会常务副会长、中国国际人道法国家委员会常务副主席赵白鸽等出席会议。华建敏做重要讲话。

2 月 29 日， 湖北省学习《关于加强新时期全省红十字会工作的意见》专家座谈会在武汉举行，中国红十字会常务副会长赵白鸽做了《新时期红十字会工作的改革与发展》的主题报告。

3 月 1 日， 中国红十字会总会和中央文明办联合发文，共同开展“学雷锋——红十字志愿服务活动”，积极弘扬雷锋精神，打造红十字志愿服务活动品牌，推动学雷锋活动常态化，为党的十八大胜利召开营造文明和谐的社会环境。

3 月 3 日， 全国政协十一届五次会议在北京开幕，全国政协委员、中国红十字会副会长郭长江递交提案，建议成立中国红十字会器官捐献管理中心，推动人体器官捐献工作规范开展。

3 月 5 日， 十一届全国人大五次会议在北京开幕。全国人大代表、中国红十字会顾问江亦曼提交了 8 个议案，涉及志愿服务立法、网络信息监管、建立统一捐助信息平台等议题。

3 月 6 日， 香港红十字会组织机构与管理模式研讨班在中国红十字会总会举行，常务副会长赵白鸽等出席研讨班。

3 月 9 日， 在十一届全国人大五次会议上，全国人大代表、中国红十字会原常务副会长江亦曼，全国人大代表、中国人民大学教授、第十一届全国人大常务委员会委员、全国人大内务司法委员会委员郑功成分别递交议案，建议尽快修订《中华人民共和国红十字会法》。

3 月 12 日， 中国红十字会副会长郝林娜在北京会见来访的塔吉克斯坦红新月会秘书长扎法·穆哈巴托夫一行，双方共同签署了中塔两国红会友好合作协议。

3 月 13 日， 中国红十字会总会在中国政府采购网发布审计服务招标公告，正式启动审计服务会计师事务所招标工作。这是中国红十字会总会首次面向社会公开招标审计服务，旨在进一步加强中国红十字会总会财务审计工作，推动财务收支工作的公开和透明。

3 月 22—23 日， 中国红十字会总会和卫生部联合主办的全国人体器官捐献试点工作总结会在浙江杭州召开，全国政协副主席、中国红十字会名誉副会长、中国人体器官捐献工作委员会名誉主任委员李金华，全国政协原副主席王忠禹，卫生部副部长黄洁夫，中国红十字会常务副会长赵白鸽等出席会议。各试点地区代表及国务院法制办、公安部、总后卫生部、中国医院协会等部门共200余人参加会议。会议还邀请了世界卫生组织和世界器官移植学会及国内外器官移植方面的代表、专家参会。

3月23—24日，王汝鹏秘书长率中国红十字会总会筹财部有关人员访问香港红十字会，就加强筹资等方面的合作进行交流与研讨。

3月29日，中国红十字基金会“春雨行动——2012再出发”向云南省红十字会拨付首批抗旱资金100万元，用于在特旱、重旱地区援建中小型水利工程。

4月6日，民政部公布了第七届“中华慈善奖”获奖名单，通过中国红十字会推荐上报的多个企业、个人和慈善项目榜上有名。其中，广西梧州中恒集团股份有限公司获评“最具爱心捐赠企业”，崔永元和“磨刀老人”吴锦泉当选为“最具爱心慈善楷模”，中国红十字会心灵阳光工程当选“最具影响力慈善项目”。此外，通过中国红十字会总会上报的胡大一、中国红十字会捐献造血干细胞志愿服务总队、谢东祥和卓先顺入围“最具爱心慈善楷模”，姜明入围“最具爱心捐献个人”，乡村医生培训计划入围“最具影响力慈善项目”。

4月17日，中国红十字会总会工作调研汇报会在北京召开。全国人大常委会副委员长、中国红十字会会长华建敏，全国人大常委会副委员长、中国红十字会名誉副会长桑国卫出席，国家发改委副主任连维良、中国红十字会执委会成员以及相关部委的代表和专家学者参加了汇报会。会上，6个调研组的代表分别进行了汇报。会议由中国红十字会常务副会长赵白鸽主持，华建敏会长做了重要讲话。

4月17—20日，副会长郭长江率团对意大利红十字会进行了友好访问。

4月24日，副会长郭长江访问了国际红十字与红新月博物馆，与馆长罗杰·马友进行了会谈。

4月24日，中国红十字会公开招标审计服务机构入围会计师事务所名单揭晓：北京兴华会计师事务所有限责任公司、天职国际会计师事务所有限公司、中磊会计师事务所有限责任公司、中审亚太会计师事务所有限公司和中准会计师事务所有限公司（按拼音顺序排序）5家百强会计师事务所中标。

4 月 24—25 日，由红十字会与红新月会国际联合会秘书处管理支持、政策执行和监督部部长 Frank Mohrhauer，国际联合会亚太地区代表团合作事务部部长 Sofia Stoimenova，国际联合会秘书处高级地区顾问 Carine Layoun，国际联合会东亚地区代表处主任 Martin Faller 组成的评估小组，在北京对中国红十字会申办 2014 年第 9 届红十字与红新月亚太地区大会的准备情况进行了评估考察。中国红十字会常务副会长赵白鸽在总会会见了评估组一行。

5 月 8 日，中国红十字会与加拿大红十字会在江苏太仓签署了《合作备忘录》。中国红十字会常务副会长赵白鸽、加拿大红十字会秘书长兼首席执行官康拉德·塞弗，以及福建、四川、北京、陕西、甘肃、内蒙古、新疆等省级红会的代表参加签约仪式。

5 月 8 日，中国红十字会秘书长王汝鹏在江苏太仓会见了来此出席“中非国家红会合作论坛”的塞内加尔红十字会会长阿卜杜勒·迪亚洛和秘书长阿利乌·巴。

5 月 8—11 日，由中国红十字会、商务部、江苏省人民政府共同举办的中非国家红会合作论坛暨中非国家红会能力建设研讨班在江苏太仓启动。全国人大常委会副委员长、中国红十字会会长华建敏，红十字国际委员会总干事伊夫·达科尔，中国红十字会常务副会长赵白鸽等出席活动。来自红十字国际委员会、红十字会与红新月会国际联合会，以及 20 多个国家和地区红十字会的代表，各省级红十字会、铁路系统红十字会和香港特别行政区红十字会的代表共 500 余人参加活动。

5 月 9 日，针对近期湖南省发生的风雹灾害，总会紧急启动了三级救灾应急响应，先后分两批向灾区调拨棉被 1500 床、棉衣 1500 件、家庭包 1000 个，用于支持当地红十字会开展灾害救助工作。

5 月 14—16 日，中国红十字会秘书长王汝鹏应邀出席在日本东京召开的“国家红十字会核灾害防备国际研讨会”。研讨会由红十字会与红新月会国际联合会主办、日本红十字会承办，红十字会与红新月会国际联合会主席、日本红十字会会长近卫忠辉出席会议并讲话。来自 20 多个国家和地区的红十字会、红十字组织以及相关国际组织的代表共 60 余人参加了会议。香港红十字会和台湾红十字组织的代表也应邀参加了会议。期间，王汝鹏秘书长拜会了近卫忠辉，并转达了中国红十字会会长华建敏、常务副会长赵白鸽的问候和感谢。近卫忠辉代表日本红十字会感谢中国红十字会在东日本大地震海啸发生后所提供的 7300 多万元人民币的紧急人道援助。

5月21—23日，中国红十字会总会与香港特别行政区红十字会在内蒙古自治区包头市共同举办红十字志愿服务发展研讨会暨志愿服务项目策划管理能力培训班，中国红十字会副会长郭长江等出席研讨会。

5月21—25日，王汝鹏秘书长率中国红十字会代表团对朝鲜红十字会进行了工作访问。

5月27日，在社会各界爱心人士的关心和支持下，经过两年半的筹备，北京嫣然天使儿童医院举行落成典礼，北京市卫生局向医院颁发了执业许可证。在完成其他相关登记手续及试运营后，北京嫣然天使儿童医院将于7月1日正式开业。

5月29—31日，中国红十字会首届信息员培训班暨新闻传播业务培训班在北京举行，常务副会长赵白鸽出席开班仪式，总会各部门、各直属单位及各地红十字会的代表参加培训。

6月6日，为促进社会各界对红十字运动及中国红十字会人道使命的理解，中国红十字会总会举办首次红十字开放日活动，中国红十字会常务副会长赵白鸽、红十字会与红新月会国际联合会东亚地区代表处主任马丁·法勒、红十字国际委员会东亚地区代表处副主任樊尚·卡萨尔等共240余人参加了当天的活动。赵白鸽、马丁·法勒和樊尚·卡萨尔共同为国际红十字运动创始人亨利·杜南塑像揭幕。

6月10日，由中国红十字会总会主办，青岛市文明办、青岛市红十字会、青岛市卫生局承办的“世界献血者日”纪念宣传活动在青岛市五四广场举行。中国红十字会副会长王海京等参加活动并慰问了活动现场的无偿献血志愿者、捐献造血干细胞登记采样志愿者。

6月14日，第九个世界献血者日的主题是“每一位献血者都是英雄——用行动为生命加油”。当天上午，中国红十字会副会长王海京，著名媒体人、中国红十字会常务理事杨澜，影视演员濮存昕等来到北京市红十字血液中心，和这里的志愿者一起参加无偿献血活动，并呼吁社会各界关注和支持无偿献血事业，积极献血，挽救他人的生命。

6月16日，欧盟负责国际合作、人道主义援助和危机应对委员克莉丝塔里娜·乔奇瓦一行，在中国红十字会副会长郝林娜等的陪同下参观了北京市红十字会999紧急救援中心。

6月16日，针对台湾地区“6·10”大雨和水灾，中国红十字会总会决定向台湾红十字组织捐款10万美元，用于帮助开展救灾工作。

6 月 17—18 日，海峡两岸红十字博爱论坛在福建厦门举办，中国红十字会副会长王海京等约 200 人参加了论坛。

6 月 18—21 日，常务副会长赵白鸽一行深入新疆维吾尔自治区及新疆生产建设兵团红十字会考察调研，为新疆红十字会专（兼）职干部做了《新时期红十字会工作的改革与发展》专题报告。

6 月 25 日，云南省宁蒗县、四川省盐源县交界处发生里氏 5.7 级地震。总会立即启动三级应急响应预案，从云南省红十字会备灾救灾中心紧急向宁蒗灾区调拨单帐篷 300 顶、棉被 2000 床，同时下拨紧急救灾备用金 10 万元，用于为灾区群众采购大米等食品。

6 月 27 日，全国副省级城市红十字会志愿服务工作研讨会在浙江省宁波市召开，中国红十字会副会长郭长江参加会议并讲话。

6 月 30 日，针对新疆发生的 6.6 级地震，中国红十字会总会立即调拨棉被 4000 床、棉帐篷 200 顶，用于支持当地红十字会开展灾害救助工作。

7 月 2 日，由中国红十字基金会主办的“翰墨书人道，丹青传播爱”红十字电子募捐箱公益书画展在全国政协礼堂开幕。全国政协副主席张梅颖，中国红十字会副会长、中国红十字基金会理事长郭长江，中国红十字基金会秘书长刘选国等 200 余人出席开幕式。

7 月 9—10 日，在北京空军总医院，中国造血干细胞捐献者资料库实现向国（境）外捐献第 100 例造血干细胞。中华骨髓库管理中心主任洪俊岭前往医院慰问捐献者小张，并向她颁发了捐献证书。

7 月 10 日，国务院下发《关于促进红十字事业发展的意见》（国发〔2012〕25 号），指出：充分认识发展红十字事业的重要意义，着力推进红十字事业改革创新，积极支持红十字会依法履行职责，大力加强红十字会的组织和队伍建设，不断优化红十字事业发展的社会环境，切实加强对红十字事业的领导和支持。这些指导意见对红十字事业发展具有重大意义。

7 月 10—11 日，由中国民间组织国际交流促进会（中促会）和非洲联盟（非盟）委员会联合主办，中国国际交流协会、中国人民争取和平与裁军协会、中国和平发展基金会和苏州市人民政府协办的第二届中非民间论坛在苏州举行。300 多名来自中国和非洲 35 国的民间、政治、经济、学术、媒体等各界代表及非盟委员会的代表参与了会议，其中包括多位非洲国家前国家元首。国家副主席习近平出席了论坛开幕式，并以“推进中非新型战略伙伴关系新发展”为题发表主旨讲话，就推动中非新型战略伙伴关系前进提出 5 点建议。中国红十字会副会长郝林娜出席论坛。

7 月 16 日，中国红十字会总会决定在全国红十字会系统中广泛开展学习红十字志愿者、第 39 届南丁格尔奖章获得者章金媛及其爱心团队先进事迹的活动。

7 月 19 日，中国红十字基金会第三届理事会第三次会议在北京召开。中国红十字会常务副会长赵白鸽，中国红十字会副会长、中国红基会理事长郭长江出席会议并讲话。会议选举孙硕鹏担任中国红基会常务副理事长兼秘书长，刘选国担任中国红基会副理事长。

7 月 23 日，中国红十字会 2012 年财务工作研讨会在青海西宁召开，中国红十字会副会长王海京专题宣讲《国务院关于促进红十字事业发展的意见》精神。会后，就贯彻落实《意见》精神进行了专题讨论。

7 月 27 日，红十字青少年关爱留守儿童系列活动启动仪式暨全国红十字青少年夏令营开营式在青岛举行，郭长江副会长出席仪式并讲话。

7 月 27 日，中国红十字会在北京举行宣传贯彻《国务院关于促进红十字事业发展的意见》座谈会。全国人大常委会副委员长、中国红十字会会长华建敏出席会议并作重要讲话，常务副会长赵白鸽主持会议。

7 月 28 日，中国红十字核心项目工作座谈会在北京举行，副会长王海京、秘书长王汝鹏出席座谈会。

7 月 30 日，中国造血干细胞捐献者资料库管理中心主任洪俊岭点击鼠标，中华骨髓库的 5 万人份造血干细胞数据信息便实时显示在世界骨髓捐献者资料库网站上。中国红十字会副会长郝林娜、中国红十字会顾问苏菊香出席上传仪式。

8 月 7 日，紫光软件、赛尔网络等公司与中国红十字会举行签字仪式，标志着中国红十字会信息化系统建设进入全面实施阶段。

8 月 16 日，美国驻华大使馆向中国红十字会捐赠 5 万美元，用于中国国内台风、洪涝灾区救助。中国红十字会副会长郝林娜签署捐赠协议，并接受了捐赠。

8 月 16 日，截至本日，针对 2012 年以来国内各地各类自然灾害，中国红十字会总会共启动灾害应急响应 40 次，其中二级响应 1 次、三级响应 9 次、四级响应 30 次，灾害种类涉及雪灾、地震、干旱、洪涝等。中国红十字会总会先后向青海、云南、江西、湖南、甘肃、贵州、广西、新疆、湖北、内蒙古、四川、河南、山东、陕西、重庆、江苏、山西、北京、辽宁、河北、浙江、安徽等 22 个省（区、市）及新疆生产建设兵团的受灾地区调拨救灾款物价值 2120 多万元，其中物资包括衣被 111600 床（件）、家庭包 31482 个、帐篷 2860 顶。

8 月 17 日，中国红十字会总会举办座谈会，加拿大红十字会秘书长兼首席执行官康拉德·赛弗介绍了加拿大红十字会工作经验。中国红十字会常务副会长赵白鸽主持座谈会，副会长郝林娜、王海京，秘书长王汝鹏出席。

8 月 21 日，中央文明办、教育部、全国总工会、共青团中央、全国妇联、中国残联、中国红十字会总会等 7 部委在吉林长春召开“关爱他人、关爱社会、关爱自然志愿服务活动”座谈会。中国红十字会副会长郭长江出席会议。

8 月 28 日，天津市红十字会召开学习贯彻《国务院关于促进红十字事业发展的意见》工作会议，中国红十字会常务副会长赵白鸽出席会议并就学习贯彻《意见》精神作专题报告。

8 月 30 日，广东省红十字会、陈绍常慈善基金会“救心行动”总结会在广州召开，中国红十字会副会长郝林娜赴会参加相关活动并专题宣讲《国务院关于促进红十字事业发展的意见》精神。

9 月 7 日，云南省彝良县、贵州省威宁县交界处发生 5.7 级地震。总会立即启动应急响应，向灾区紧急调拨了价值 95.66 万元的救灾帐篷 550 顶、棉被 2000 床、夹克衫 2000 件。云南省红十字会向灾区紧急调运了价值 50 余万元的救灾药品 110 箱、帐篷 100 顶、棉被 1000 件、夹克衫 1000 件。

9 月 8 日，第 13 个世界急救日，中国红十字会在北京举办亚太国家和地区红会合作论坛暨中国红十字会应急救援演练。全国人大常委会副委员长、中国红十字会会长华建敏，中国红十字会特别顾问彭珮云，红十字会与红新月会国际联合会主席近卫忠辉出席开幕式。红十字会与红新月会常设委员会主席格雷格·维克利，红十字会与红新月会国际联合会秘书长比开利·格雷塔，红十字国际委员会东亚、东南亚及太平洋地区行动部部长阿兰·埃什利曼，中国红十字会执委会成员参加了开幕式。华建敏发表重要讲话。

9 月 8 日，郭长江副会长深入云南彝良灾区查看灾情，指挥救灾工作。

9 月 12 日，为期 5 天的亚太国家和地区红会合作论坛暨能力建设研讨班顺利闭幕。红十字会与红新月会国际联合会亚太地区代表团团长亚甘·扎普干，红十字国际委员会东亚地区代表处主任蒂埃里·梅拉，中国红十字会常务副会长赵白鸽，副会长郝琳娜、王海京出席闭幕式。

9 月 14 日，中华骨髓库第 3000 例造血干细胞捐献交接仪式在北京解放军 307 医院举行。常务副会长赵白鸽，副会长郝林娜，中国工程院院士、中华骨髓库专家委员会主任委员陆道培等出席仪式。

9 月 14 日，中国红基会启动“天使之旅”志愿者活动，首个中国红基会“天使驿站”在云南彝良灾区成立。

9 月 16 日，全国人大常委会副委员长、中国红十字会会长华建敏，副会长郭长江等到山西省红十字会调研。

9 月 19 日，四川省红十字会成立 100 周年纪念大会在成都举行，中国红十字会常务副会长赵白鸽出席大会并讲话。

9 月 27 日，常务副会长赵白鸽、副会长王海京等一行赴中国红十字会总会备灾救灾中心视察并指导工作。

9 月 29 日，青海省贯彻落实《国务院关于促进红十字事业发展的意见》报告会在西宁举行，中国红十字会常务副会长赵白鸽做专题报告。

10 月 10 日，常务副会长赵白鸽赴湖南长沙，参加湖南省贯彻落实《国务院关于促进红十字事业发展的意见》报告会，并做专题报告。

10 月 12—15 日，常务副会长赵白鸽赴贵州，参加贵州省贯彻落实《国务院关于促进红十字事业发展的意见》报告会，并调研红十字会工作。

10 月 16 日，中国红十字会与新加坡红十字会项目合作签约仪式在北京举行。中国红十字会常务副会长赵白鸽、副会长郝林娜，新加坡红十字会会长郑大岩，新加坡驻华大使罗家良等出席签约仪式。

10 月 19 日，副会长郝林娜在广西南宁专题宣讲《国务院关于促进红十字事业发展的意见》精神。

10 月 29 日，常务副会长赵白鸽在江苏省委党校做《新时期红十字会工作的改革与发展》专题报告。

11 月 2 日，常务副会长赵白鸽到海南省红十字会机关调研指导工作，并出席座谈会。

11 月 7—8 日，国家彩票公益金重点资助项目——中国红十字基金会“红十字天使计划”定点医院工作会议在西安召开。中国红十字会副会长、中国红基会理事长郭长江，中国红基会常务副理事长兼秘书长孙硕鹏等出席会议。

11 月 16 日，中国红十字会总会召开学习贯彻党的十八大精神报告会，党组书记、常务副会长赵白鸽，党组副书记、副会长郭长江等出席。

11 月 23 日，斐济总统、斐济红十字会名誉会长拉图·埃佩利·奈拉蒂考在总统府会见了到访的全国人大常委会副委员长、中国红十字会会长华建敏。

11 月 27 日，全国人大常委会副委员长、中国红十字会会长华建敏，常务副会长赵白鸽一行对柬埔寨红十字会进行工作访问。

12 月 1 日，中国红十字会总会、上海市红十字会和上海市教委联合举办“‘行动起来，向零艾滋迈进’2012 年‘预防艾滋、反对歧视’”系列宣传活动。中国红十字会副会长王海京，“国艾办”计划督导部主任胡虹，红十字会与红新月会国际联合会东亚地区代表处宣传代表 Francis Markus 等出席活动。

12 月 4—6 日，全国红十字志愿服务暨宣传工作会议在北京召开，全国人大常委会副委员长、中国红十字会会长华建敏，常务副会长赵白鸽等出席开幕式。

12 月 7 日，中国红十字会第九届常务理事会第四次会议在北京召开，全国人大常委会副委员长、中国红十字会会长华建敏，中国红十字会特别顾问彭珮云，常务副会长赵白鸽等出席会议。

12 月 10 日，中国红十字会社会监督委员会在北京成立。经多方推荐和严格遴选，中国（海南）改革发展研究院院长、研究员迟福林，中央编译局副局长俞可平，北京师范大学公益研究院院长王振耀，中央电视台主持人白岩松等 16 人被聘为社会监督委员会委员。全国人大常委会副委员长、中国红十字会会长华建敏向各位委员颁发了聘书。

12 月 12 日，为增强南非红十字会的能力建设水平，促进两国红十字会的友好合作关系，中国红十字会决定向南非红十字会提供 130 万元的非紧急人道主义援助物资。

12 月 13—14 日，中国红十字会九届四次理事会会议在北京举行。全国人大常委会副委员长、中国红十字会会长华建敏，常务副会长赵白鸽，副会长郭长江、郝林娜、王海京，秘书长王汝鹏等出席会议，华建敏会长做了重要讲话。

12 月 26 日，“中国基金会透明指数 2012 排行榜”发布，中国红十字基金会获得满分，和另外 16 家基金会并列第一名。

2013 年

1 月 5 日，中民慈善捐助信息中心正式发布《2012 年度中国慈善透明报告》，中国红十字会排名第 32 位，比去年提升 11 位。

1 月 15 日，中国红十字会总会举办信息化建设专题培训会，常务副会长赵白鸽，副会长郭长江、郝林娜、王海京，秘书长王汝鹏参加培训。

1 月 20—25 日，应红十字国际委员会邀请，中国红十字会常务副会长赵白鸽率团对阿富汗进行了为期 5 天的访问。

2 月 20—22 日，中国红十字会总会举办“学习贯彻党的十八大精神，推动红十字事业改革发展”专题研讨班。中国红十字会党组书记、常务副会长赵白鸽，党组副书记、副会长郭长江等参加研讨班。来自总会机关全体党员干部、直属单位处级以上党员领导干部 120 多人参加了研讨班。

2 月 22 日，全国人大常委会副委员长，中国红十字会会长华建敏一行到广东省红十字会和中国造血干细胞捐献者资料库广东省管理中心看望工作人员和志愿者，并与大家亲切交谈。

2 月 24 日，全国人大常委会副委员长、中国红十字会会长华建敏，中国红十字会秘书长王汝鹏参加中山市 2013 年“慈善万人行”巡游活动。

2 月 25 日，卫生部与中国红十字会总会共同召开全国人体器官捐献工作视频会议。全国人大常委会副委员长、中国红十字会会长、中国人体器官捐献工作委员会名誉主任委员华建敏，卫生部部长陈竺，卫生部人体器官移植技术临床应用委员会主任委员、中国人体器官捐献工作委员会主任委员黄洁夫，卫生部副部长马晓伟出席会议并讲话。中国红十字会常务副会长、中国人体器官捐献工作委员会主任委员赵白鸽主持会议。

2 月 25 日，中国红十字会特别顾问彭珮云访问广东省红十字会，就基层红十字会理顺管理体制、红十字会面临的外部舆论环境挑战等问题进行了调研。

3 月 2 日，中央宣传部、中央文明办、教育部、民政部、环境保护部、水利部、共青团中央、全国妇联、中国残联、中国红十字会联合召开学雷锋电视电话会议，部署学雷锋志愿服务工作。中国红十字会副会长郭长江出席会议，并介绍了红十字会系统学雷锋志愿服务工作部署情况。

3 月 3 日，全国政协十二届一次会议开幕。全国政协委员、中国红十字会副会长郭长江提交两项提案：建议让南丁格尔奖章获得者享受全国劳模待遇；加大政府购买公共服务力度，建立贫困重症患儿人道救助机制。

3 月 5 日，十二届全国人大一次会议开幕。全国人大代表、中国红十字会常务副会长赵白鸽递交议案，建议适时修订《中华人民共和国红十字会法》，以进一步加强和规范新形势下红十字会工作，促进红十字会改革创新，为推动中国红十字事业持续健康发展提供法律依据和保障。

3 月 8 日，《中国红十字报》搜狐新闻客户端正式上线，读者可通过智能手机免费订阅。

3 月 8 日，我国第一部通过亲情故事全景展现非血缘造血干细胞捐献全过程的公益电影《血缘关系》在北京举行新闻发布会。该片由中国红十字会总会、中国造血干细胞捐献者资料库管理中心、中国文化艺术有限公司联合摄制，将于 3 月 12 日在央视电影频道播出。

3 月 19—21 日，常务副会长赵白鸽一行赴辽宁，就贯彻落实《国务院关于促进红十字事业发展的意见》、推进红十字事业综合改革进行调研。

3 月 25 日，应台湾红十字组织邀请，中国红十字会常务副会长赵白鸽一行赴台湾访问。

4 月 10 日，《博爱》搜狐新闻客户端正式上线，读者可以通过智能手机免费订阅。

4 月 15—16 日，中国红十字会“博爱家园”现场会在成都召开。会议总结了“博爱家园”项目启动以来取得的工作进展及经验，对项目开展中存在的问题和难点进行分析讨论，对“博爱家园”项目下一步全面推广实施做出部署。中国红十字会常务副会长赵白鸽，副会长郭长江、王海京，秘书长王汝鹏及红十字会与红新月会国际联合会东亚地区代表处主任范·马丁等出席会议。

4月20日，四川雅安发生7.0级地震，中国红十字会总会紧急调拨帐篷用于当地红十字会开展救助工作，同时组成救灾工作组赶赴灾区了解灾情。

4月21日，中国红十字会会长华建敏接受泰康人寿保险股份有限公司向雅安地震灾区捐赠的500万元善款和珠海远光软件股份有限公司董事长陈利浩的100万元个人捐款。

4月22日，著名慈善家李春平以个人名义向雅安地震灾区捐款600万元。浙江泰普森集团向雅安地震灾区捐赠500顶帐篷和50万元善款。中国红十字会特别顾问彭珮云接收捐赠并分别颁发了感谢状。

4月22日，由广东省红十字会与南方影视传媒集团、南方日报报业集团、羊城晚报报业集团、广东省慈善总会、广东南方电视台等单位联合主办，南方电视台承办，广东人民广播电台、广东电视台、壹基金协办的大型慈善爱心晚会在广州举行。晚会共筹集善款1.07亿元，接受物资价值2355万元。

4月23日，中国红十字会总会下发《关于加强接受四川芦山地震捐赠款物管理的通知》（中红办字〔2013〕57号），要求各级红十字会依法开展募捐和接受捐赠工作，按照尊重捐赠者意愿、专款专用的原则管理使用捐赠款物；要求严格救灾物资接收、采购、分配及使用的管理和监督，加大捐赠信息的公开透明度，及时向社会公告接受捐赠的收支情况，主动接受捐赠人和社会的监督，配合政府部门的专项审计，确保四川芦山地震捐赠款物全部用于抗震救灾工作。

4月23日，内蒙古伊泰集团向芦山地震灾区捐款1000万元，河仁慈善基金会捐款1000万元。中国红十字会会长华建敏接受捐赠并颁发博爱奖牌。

4月24日，芦山地震发生后，中国红十字会紧急启动重建家人联系工作，与红十字国际委员会联合开设了寻人网站。

4月25日，韩国浦项（中国）投资有限公司向中国红十字会捐赠300万元人民币用于芦山地震抗震救灾工作。

4月28日，中国红十字会在京召开新闻发布会，宣布“4·20中国社会组织灾害应对平台”正式成立。中国红十字会常务副会长赵白鸽和北京师范大学社会发展与公共政策学院院长张秀兰共同介绍了平台运行及工作机制。

5 月 3 日，根据中国红十字会总会芦山地震灾区前方指挥部的统一调度和要求，浙江省红十字会派出首支心理救援队奔赴地震灾区参与救援工作。

5 月 4 日，香港红十字会宣布，已收到逾 1200 万港元捐款，支持该会在四川芦山地震中的赈灾工作。

5 月 8 日，中国红十字会 2000 万元“芦山地震专项资金”救灾物资继续在四川省芦山县发放。

5 月 13 日，国家主席习近平在人民大会堂会见红十字国际委员会主席莫雷尔。习近平高度评价红十字国际委员会成立 150 年来在国际人道主义事务方面所做的大量工作，感谢红十字国际委员会积极参与中国人道救援。习近平表示，红十字不仅是一种精神，更是一面旗帜，跨越国界、种族、信仰，引领着世界范围内的人道主义活动。人道主义事业是全人类共同的事业，相信红十字精神将不断发扬光大。习近平强调，中国高度重视和支持红十字事业，愿同红十字国际委员会加强合作，积极参与国际人道援助，为更多弱势群体提供帮助，在力所能及范围内履行国际责任和义务，为国际人道主义事业做出更大贡献。莫雷尔感谢中国对红十字国际委员会的支持，表示中国有着重要的国际影响力，为国际红十字事业做出了重要贡献，红十字国际委员会愿进一步扩大与中国的合作，更好地在世界范围积极开展人道主义救助活动。

5 月 13 日，“发展与人道”中非合作部长级研讨班在北京举行。红十字国际委员会主席莫雷尔，红十字会与红新月会国际联合会秘书长格雷塔，联合国开发计划署驻华代表罗黛琳应邀出席。中国红十字会会长华建敏、常务副会长赵白鸽等出席开幕式。肯尼亚、埃塞俄比亚、乌干达等非洲国家红会和有关部委官员、支持企业以及各省（市、区）红十字会代表参加活动。

5 月 25—26 日，中国红十字会秘书长王汝鹏带领总会抗震救灾工作组在雅安开展灾后重建工作的调研与对接工作，为中国红十字会更好地参与灾后重建工作进行前期沟通和协商。

6 月 4 日，截至当日，四川省红十字会直接接收捐助芦山地震资金累计 3219.45 万元，救灾物资累计价值 2824.4 万元，并已全部发往灾区。

6 月 14 日，由中国红十字基金会主办的“天使 · 映像——‘天使之旅’付春来摄影作品展”在北京开幕，中国红十字会副会长、中国红十字基金会理事长郭长江等出席开幕式。

6 月 14 日，作为第三届海峡两岸红十字博爱论坛的序幕，由福建省红十字会主办，宁德市红十字会、福鼎市人民政府承办的福建省红十字水上安全救生夏季演练在福鼎游泳协会基地拉开帷幕。中国红十字会常务副会长赵白鸽等百余人现场观摩演练。

6 月 16 日，第三届海峡两岸红十字博爱论坛在厦门举行。论坛以“人道救援救护中的红十字志愿服务”为主题，首次在闽台两地共同举办论坛活动。中国红十字会常务副会长赵白鸽出席论坛并致辞。

6 月 17—19 日，由商务部、中国红十字会总会主办的“中亚地区国家红会人道工作能力建设研修班”在新疆乌鲁木齐举行，中国红十字会常务副会长赵白鸽等出席了研修班开幕式。

6 月 19 日，日本红十字会副会长大冢义治代表日本红十字会向雅安地震灾区捐款 1.3 亿日元（约合 840 万元人民币），中国红十字会特别顾问彭珮云接受捐赠。中国红十字会副会长郭长江，日本红十字会国际部副部长粉川直树、驻华项目代表位坂和隆参加捐赠仪式。

6 月 27 日，由中国红十字会总会主办、中国青年网承办的全国青少年红十字知识竞赛在北京启动。全国政协原副主席、中国红十字会名誉副会长李金华，中国红十字会常务副会长赵白鸽，红十字国际委员会中央委员会委员伊夫·桑多，红十字国际委员会东亚地区代表处主任蒂埃里·梅拉，中国红十字会副会长郭长江等参加启动仪式。

6 月 27 日，由红十字国际委员会与中国国际人道法国家委员会共同举办的“东亚和东南亚国际人道法：宣传和实施行动”地区会议在北京开幕。全国政协原副主席、中国红十字会名誉副会长李金华，中国红十字会常务副会长、中国国际人道法国家委员会常务副主席赵白鸽，红十字国际委员会中央委员会委员、国际人道法原理研究中心前主任伊夫·桑多，红十字国际委员会东亚地区代表处主任蒂埃里·梅拉，中国红十字会副会长郭长江等出席会议。

6 月 29 日，由中国红十字会携手嫣然天使基金举办的“第四届唇腭裂治疗国际学术研讨会”在北京召开，中国红十字基金会常务副理事长兼秘书长孙硕鹏，嫣然天使基金创始人、北京嫣然天使儿童医院创始董事李亚鹏等出席会议。

7 月 11 日，针对四川、重庆、安徽、江西、内蒙古发生的暴雨洪涝灾害，中国红十字会总会迅速启动应急响应，向受灾地区提供应急救助金 30 万元用于为受灾群众紧急采购粮食，并调拨单帐篷 273 顶、家庭包 4008 个、夹克衫 7517 件、棉被 8500 床。

7 月 12 日，中国红十字基金会“天使之旅——合生元西藏行动”在素有“藏区江南”之称的林芝正式展开，这是迄今为止在西藏地区进行的最大规模先心病儿童筛查活动。

7 月 18—21 日，中国红十字会副会长、中国红十字基金会理事长郭长江率队赴西藏开展“天使之旅・西藏行动”救助先心病患儿活动，并调研西藏自治区红十字会工作。

7 月 22 日，甘肃省定西市岷县、漳县交界处发生 6.6 级地震，中国红十字会总会派出救灾工作组赶赴灾区，并从西安备灾救灾中心紧急调拨帐篷 200 顶、家庭包 1000 个、夹克衫 2000 件等救灾物资，用于支持当地救灾工作。

7 月 22 日，中国红十字会总会在北京召开芦山地震捐赠人代表座谈会，围绕中国红十字会对芦山地震捐赠款物的管理和使用情况进行深入交流。中国红十字会会长华建敏，常务副会长赵白鸽，副会长郭长江、王海京，秘书长王汝鹏以及总会相关部门、省级红十字会负责同志，与来自全国各地的 40 多名捐赠人代表进行了座谈交流。

7 月 22 日，中国红十字基金会紧急启动抗震救灾响应机制，启动“天使之旅・定西行动”，广泛动员社会资源，支援甘肃定西抗震救灾工作。

7 月 23 日，中国红十字会第九届常务理事会第五次会议在北京召开。中国红十字会会长华建敏，常务副会长赵白鸽，副会长郭长江、王海京，秘书长王汝鹏和各常务理事出席会议。

7 月 25 日，海峡两岸红十字青少年夏令营在北京拉开帷幕，中国红十字会副会长郭长江等和来自北京与台湾的 60 名红十字青少年共同出席开营式。

8 月 9 日，中国红十字会会长华建敏前往四川省雅安市考察中国红十字会援建芦山地震灾后重建项目，常务副会长赵白鸽等陪同考察。

8 月 10 日，中国红十字会与四川省人民政府在成都签署《关于援助芦山地震灾后恢复重建备忘录》。中国红十字会总会承诺，除在紧急救援阶段已提供的 3.8 亿元款物外，再提供不低于 6 亿元资金，用于援助灾后恢复重建项目。中国红十字会会长华建敏出席签约仪式。

8 月 24 日，第 44 届南丁格尔奖章颁奖大会在北京人民大会堂举行。国家主席习近平出席大会，为中国获奖者蔡红霞、成翼娟、林崇绥、王海文、王克荣、邹德凤颁发奖章，并代表党中央、国务院，向获奖者表示热烈的祝贺，向全国广大护理工作者、红十字工作者和志愿者表示诚挚的问候。国务委员王勇、中国红十字会会长华建敏发表讲话。出席大会的红十字国际委员会主席彼得·莫雷尔在致辞中称赞各位获奖者以自己的行为诠释了承诺和奉献，为在社会上推广和发展人道行动和人道理念做出了特殊贡献。

8 月 24 日，中国红十字会第 44 届南丁格尔奖章获得者座谈会在北京举行。中国红十字会会长华建敏，常务副会长赵白鸽，副会长郭长江、郝林娜、王海京，副会长兼秘书长王汝鹏以及蔡红霞等 6 位获奖者参加座谈会。

8 月 29—30 日，中国红十字会宣传工作会议在北京举行，常务副会长赵白鸽出席会议并作大会讲话，副会长郭长江做工作报告。

9 月 3—5 日，"发展与人道"亚太地区国家红会合作研讨班由中国商务部、国家行政学院、中国红十字会主办，红十字会与红新月会国际联合会、红十字国际委员会和联合国开发计划署协办。参加此次研讨班的有来自国际联合会、红十字国际委员会、美国红十字会的嘉宾，以及来自柬埔寨等 9 个亚太地区国家红会和政府部门的代表，共计 80 多人。全国政协原副主席、中国红十字会名誉副会长李金华，国际联合会亚太地区代表团团长亚甘·扎普干，红十字国际委员会东亚地区代表处主任蒂埃里·梅拉等出席开班式。中国红十字会常务副会长赵白鸽主持开班式。

9 月 10—12 日，中国红十字基金会 2013 年彩票公益金项目工作会议在河南郑州召开。中国红十字会副会长王海京充分肯定了中国红基会"红十字天使计划"实施 8 年来的成绩，中国红基会常务副理事长兼秘书长孙硕鹏回顾和分享彩票公益项目的发展历程及中国红基会开展彩票公益金项目的经验。

9 月 11 日，为贯彻落实党的群众路线教育实践活动精神，中国红十字会副会长王海京、中国红十字基金会常务副理事长兼秘书长孙硕鹏一行赴河南省新郑市调研。

9 月 13 日，中国红十字基金会幸福天使基金携手首捐企业贝因美共同发起的幸福天使"美丽中国行"全国公益救护行动暨"以爱育爱——幸福天使红十字救护站"湖北省援建计划在十堰市启动。

9 月 15 日，中国红十字会总会与香港红十字会共同举办的第二届筹资工作坊在江西省南昌市举行开班仪式，中国红十字会副会长兼秘书长王汝鹏等出席仪式。

9 月 26 日，“大爱髓缘——中外骨髓捐受者相见欢”大型公益活动在苏州举行，本次活动由中国红十字会、苏州市人民政府主办，中华骨髓库、江苏省红十字会协办，苏州市红十字会、苏州市广电总台等单位承办。中国红十字会会长华建敏等出席了活动。

9 月 27 日，青海省红十字会第八次会员代表大会在西宁召开，中国红十字会副会长兼秘书长王汝鹏等出席大会。

9 月 28 日，中国红十字会会长华建敏到无锡调研红十字会工作。

10 月 11 日，为进一步推进中国红十字救援队规范化建设，创建具有中国特色的红十字应急救援体系，中国红十字会总会组织应急救援相关领域的专家对搜救、赈济、医疗、供水、大众卫生、心理、水上及通讯等 8 种类型中国红十字救援队进行了评审认证，确定了 21 支中国红十字救援队。当日，中国红十字会总会隆重举行中国红十字救援队授旗仪式。国务院应急办、民政部、国家卫计委、国家地震局等相关部门负责人，红十字国际委员会、红十字会与红新月会国际联合会、联合国人道事务办公室代表，美国、加拿大、英国、日本、韩国、新加坡驻华大使馆官员，中国红十字会常务副会长赵白鸽，副会长郭长江、郝琳娜、王海京以及来自全国的 21 支中国红十字救援队的代表参加了授旗仪式。

10 月 12—15 日，中国红十字会会长华建敏到江西进行红十字工作调研。

10 月 15 日，在美参加灾后重建体系建设培训的中国红十字会副会长兼秘书长王汝鹏一行访问了位于波士顿的美国马萨诸塞州红十字会，就应急救灾管理、资源动员和筹款、志愿者管理、物资及后勤管理等业务进行了深入的工作交流与互动。

10 月 19 日，中国人体器官捐献管理中心主办的“中国公民死亡后器官捐献与移植论坛暨 2013 年两岸三地器官移植高峰论坛”在天津举行，中国红十字会常务副会长、中国人体器官捐献工作委员会主任委员赵白鸽，中国人体器官捐献工作委员会主任委员、卫生部原副部长黄洁夫出席开幕式并讲话。

10 月 25 日，北京市红十字会召开纪念建会 85 周年暨《中华人民共和国红十字会法》实施 20 周年座谈会，中国红十字会副会长兼秘书长王汝鹏出席座谈会。

10 月 30 日，十二届全国人大常委会立法规划公布，《红十字会法》被纳入修法规划。

11月3日，中国红十字会总会开发的“红十字急救掌上学堂”手机软件对社会发布，中国红十字会会长华建敏等启动“红十字急救掌上学堂”手机软件上线。

11月12日，红十字会与红新月会国际联合会第19届全体大会及红十字与红新月运动代表会议在澳大利亚悉尼开幕，187个国际联合会成员国家红会的1000多名代表出席会议，中国红十字会常务副会长赵白鸽率团参加会议。

11月12—16日，华建敏会长、王汝鹏副会长兼秘书长到浙江调研红十字会工作。

11月13日，在红十字会与红新月会国际联合会第19届全体大会上，中国红十字会常务副会长赵白鸽当选为国际联合会副主席。

11月15日，红十字会与红新月会国际联合会第19届全体大会举行颁奖仪式，中国红十字会获得了“2013年志愿服务发展奖”“2013年青年行动奖”，这是中国红十字会首次获得该奖项。

11月20日，以孙硕鹏为队长的中国红十字会国际救援队第一批救援队员抵达菲律宾首都马尼拉，将转赴菲国中部遭受“海燕”台风重创地区参加人道主义救援行动。中国红十字会先后派出三支救援队，参与人道救援，受到菲律宾以及国际社会的好评。

11月21日，中国红十字会常务副会长赵白鸽一行抵达菲律宾首都马尼拉，这是赵白鸽担任红十字会与红新月会国际联合会副主席之后，首次应对区域内重大灾情。

12月1日，第26个世界艾滋病日，由中国红十字会总会、北京市红十字会、北京市教育委员会主办，北京市红十字会学校工作委员会、首都医科大学红十字会承办的“为艾携手　情系你我”——12·1艾滋病日系列活动爱心会演在首都医科大学举行。

12月3—5日，由红十字国际委员会、红十字会与红新月会国际联合会、中国红十字会总会合作主办，中国红十字会总会训练中心承办的“国际红十字运动中的中国红十字会能力建设培训班”在北京举办，中国红十字会副会长兼秘书长王汝鹏、红十字国际委员会合作主管伊丽丝出席开班式。

12月11日，中国红十字会会长华建敏到海南省红十字会调研。

12 月 28 日，由中国红十字基金会与中国工艺美术协会、贵州茅台酒厂（集团）白金酒有限责任公司共同发起的“中国原创公益基金”正式成立。全国人大常委会原副委员长、中国红十字基金会名誉副会长司马义·艾买提，全国人大常委会委员、外事委员会副主任委员赵少华，中国红十字会副会长、中国红十字基金会理事长郭长江，中国红十字基金会常务副理事长兼秘书长孙硕鹏，贵州茅台集团总经理刘自立等出席仪式。

2014 年

1 月 6 日， 中国红十字会芦山地震灾后恢复重建工作情况通报会在四川省雅安市召开。全国政协原副主席、中国红十字会名誉副会长李金华，中国红十字会常务副会长赵白鸽等出席会议。

1 月 17 日， 中国红十字会第九届常务理事会第六次会议在北京召开。中国红十字会会长华建敏，常务副会长赵白鸽，副会长郭长江、郝林娜、王海京，副会长兼秘书长王汝鹏等出席会议。

1 月 25 日， 由中国红十字会援建的 166 间临时校舍共计 9960 平方米全部完工。至此，中国红十字会援助菲律宾塔克洛班灾区临时校舍建设项目胜利完成。当日，中国红十字会将价值约 827 万比索（约合 111 万元人民币）的集装箱、建设工具设备及部分后勤物资捐赠给菲律宾红十字会，郭长江副会长代表中国红十字会签署了物资捐赠协议。

2 月 10 日， 中国红十字会在菲律宾台风“海燕”重灾区援建的 166 间临时校舍正式移交菲方，当地近万名学生受益。中国红十字会常务副会长赵白鸽与菲律宾红十字会主席戈登、菲教育部部长助理拉固达、塔克洛班市市长罗穆尔德斯等出席校舍移交仪式。

2 月 12 日， 中国红十字会与几内亚红十字会正式签署非紧急人道主义物资援助项目交接证书。中国红十字会将向几内亚红会提供 130 万元人民币的人道物资。

2 月 12 日， 新疆于田发生 7.3 级地震。中国红十字会紧急从喀什备灾中心调运 60 顶棉帐篷、800 床棉被前往灾区支援抗震救灾工作。

2 月 13 日，中国红十字会与柬埔寨红十字会签署非紧急人道主义物资援助项目交接证书。中国红十字会将向柬埔寨红会提供 130 万元人民币的人道物资。

2 月 14 日，中山“慈善万人行”活动隆重举行。

2 月 17—20 日，由中国红十字会和加拿大红十字会共同举办的“中国红十字会国际救援能力建设培训班”在北京举行。中国红十字会常务副会长赵白鸽，副会长郭长江、郝林娜、王海京，副会长兼秘书长王汝鹏，加拿大红十字会国际部应急与恢复处主任侯塞姆·埃卡维、国际部东亚区项目经理张云红出席培训班。

2 月 22 日，中国红十字会与缅甸红十字会签署人道主义物资移交文件，将 1 万个“中国红十字会赈济家庭箱”移交缅方。中国红十字会副会长郝林娜等参加签字仪式。

2 月 26 日，中国红十字会援助新疆于田地震灾区款物交接仪式在乌鲁木齐举行。中国红十字会副会长兼秘书长王汝鹏等出席交接仪式，将全国红十字会系统筹集的款物 1000.04 万元交到灾区人民手中。

2 月 28 日，中华骨髓库第 4000 例造血干细胞捐献交接仪式暨新闻通报会在北京举行。中国红十字会会长华建敏，副会长郭长江、郝林娜，国家卫生计生委副主任马晓伟，中国工程院院士陆道培，中国军事医学科学院副院长张为等领导出席。

3 月 1 日，中国人体器官捐献与移植委员会成立会议在北京召开，该委员会将在国家卫生计生委和中国红十字会总会共同领导下，对全国器官捐献和移植的管理工作进行顶层设计并拟定相关政策和措施。华建敏、李金华、李斌任名誉主任委员，黄洁夫任主任委员，赵白鸽、马晓伟、李清杰任副主任委员，郝林娜、王羽任委员兼任秘书长。

3 月 3 日，全国政协十二届二次会议开幕。全国政协委员、中国红十字会副会长郭长江向大会提交了包括《关于制定公益慈善捐助信息公开标准的建议》《关于解决南丁格尔奖章获得者参照享受全国劳模待遇问题的建议》《关于完善公益捐赠税前扣除政策的建议》和《关于将中国红十字会养老服务工作纳入国家整体养老服务工作体系并予以支持的建议》等 4 个提案。

3 月 20 日，中国红十字基金会理事会战略咨询委员会成立并召开第一次委员会议，中国红十字会副会长、中国红基会理事长郭长江，中国红基会常务副理事长兼秘书长孙硕鹏等出席会议。

3月21—22日，亚太地区红会智库研讨会在云南召开，来自该地区的10位国家红十字会的会长、秘书长出席会议，国际联合会主席近卫忠辉也专程到会，国际联合会副主席赵白鸽全程主持讨论。

3月24日，中国红十字会副会长郝林娜会见了来访的伊朗红新月会秘书长艾哈迈德·穆萨维和国际部部长哈山·埃斯凡迪亚尔。

3月28日，“4·20”芦山地震三星（中国）援建项目启动仪式在四川省雅安市雨城区上里镇中心学校举行。三星集团大中华区总裁张元基、中国红十字会副会长兼秘书长王汝鹏等出席启动仪式并为新建教学楼奠基。

4月9日，亚欧国家红会人道工作能力建设研修班在北京开班，来自白俄罗斯、塔吉克斯坦、吉尔吉斯斯坦等7个国家的22名官员参加此次培训。中国红十字会常务副会长赵白鸽出席开班式并致辞。

4月18日，在四川芦山地震一周年前夕，由中国红十字基金会和筑福抗震集团联合发起的“抗震公益基金”在北京成立。中国红十字会副会长、中国红十字基金会理事长郭长江等出席成立仪式。

4月29日，中央国家机关工会联合会在京表彰一批荣获“五一劳动奖状奖章”的先进集体和先进个人。中国红十字会总会筹资与财务部获先进集体荣誉称号，中国红十字基金会常务副理事长兼秘书长孙硕鹏获先进个人荣誉称号。

5月5日，新疆维吾尔自治区红十字会和新疆和田地区行署签署《援建于田地震灾后重建工作备忘录》，标志着中国红十字会系统援助于田地震灾后恢复重建项目全面启动。

5月12—13日，中国红十字会举行灾害应急人道物流评估启动会，常务副会长赵白鸽，副会长郭长江、王海京，副会长兼秘书长王汝鹏，红十字会与红新月会国际联合会全球物流服务中心主任 Birgitte Olsen 等出席会议并参与讨论。

5月12—13日，第三届中非民间论坛在苏丹首都喀土穆举行，中国红十字会副会长郝林娜出席论坛并发言。

5月14日，全国人大科教文卫委员会在京召开《红十字会法》修改专家学者座谈会，征求对《红十字会法》修改的意见和建议。会议由全国人大科教文卫委员会副主任委员王陇德主持，主任委员柳斌杰出席座谈会并讲话。全国人大常委、修法专家组组长郑功成及中国红十字会副会长郭长江、副会长兼秘书长王汝鹏出席会议。

5 月 16 日，中国红十字会副会长郝林娜访问乌干达红十字会东部区域总部姆巴莱分会。

5 月 19—23 日，全国人大教科文卫委员会主任委员柳斌杰率调研组赴湖北进行《红十字会法》的修法调研，中国红十字会副会长兼秘书长王汝鹏等陪同调研。

5 月 22 日，中国红十字会总会与红十字国际委员会 2014 年探索人道法师资研讨班开班，中国红十字会副会长郭长江、红十字国际委员会东亚地区代表处代表高兰博等出席开班式。

6 月 4—7 日，郭长江副会长赴陕西省开展联系点考察工作，正式启动总会党组基层联系点工作。

6 月 9—12 日，副会长王海京赴贵州省联系点开展工作调研。

6 月 9—13 日，副会长兼秘书长王汝鹏赴新疆联系点开展工作调研。

6 月 14 日，第四届海峡两岸红十字博爱论坛在厦门开幕，中国红十字会副会长郝林娜发表主旨演讲。

6 月 15 日，由中国红十字会总会主办、北京市红十字会承办的“世界献血者日”宣传活动在京举行，中国红十字会副会长王海京等出席活动。

6 月 20 日，中国红十字会灾害应急人道物流评估总结会在京举行，常务副会长赵白鸽等出席会议。

6 月 22—26 日，第六届亚洲部长级减灾大会在泰国曼谷举办，来自亚太和其他地区共 63 个国家以及相关国际和区域组织的 5200 余名代表参加此次大会，中国红十字会副会长王海京等参加会议。

6 月 30 日—7 月 4 日，副会长郝林娜赴甘肃联系点开展工作调研。

7 月 8—11 日，全国人大《红十字会法（修改）》起草工作组赴广东省广州市、东莞市、深圳市进行修法调研。全国人大《红十字会法（修改）》起草工作领导小组成员、中国红十字会副会长兼秘书长王汝鹏等参加调研。

7 月 15 日，中国红十字会副会长兼秘书长王汝鹏应邀出席江苏省红十字会工作研讨班，认真听取对红会工作以及《红十字会法》修改的意见和建议。

7 月 19 日，受第 9 号台风“威马逊”影响，海南、广东、广西多地出现狂风暴雨天气。中国红十字会总会迅速启动应急预案，向海南省红十字会调拨家庭包2500个、夹克衫5000件，向广东省红十字会调拨家庭包1500个、棉被3500床，向广西壮族自治区红十字会调拨家庭包1000个、单帐篷100顶，用于支持当地红十字会开展救灾工作。

7月22日，由中国红十字基金会、中国公益研究院联合主办的第二届中国儿童大病救助论坛在京举行，中国红十字会常务副会长赵白鸽出席并致辞。

7月24—30日，由中国红十字会总会、香港红十字会、红十字会与红新月会国际联合会共同主办，上海市红十字会承办的2014年全国红十字青年骨干训练营在上海成功举办。

7月26—28日，美国红十字会高级副会长哈罗德·布鲁克斯访问中国红十字会并赴四川省进行工作考察，中国红十字会常务副会长赵白鸽陪同。

7月29日，中国红十字基金会爱必递基金启动暨首批自动体外除颤器（AED）捐赠仪式在北京举行，中国红十字会副会长、红基会理事长郭长江宣布基金成立并颁发捐赠纪念牌。

8月3日，公安机关公布了郭美美涉嫌赌博一案的最新调查进展。针对公众关注的“郭美美红会炫富”事件，根据警方的调查和郭美美本人的供述，她以及她的资金来源都与中国红十字会毫无关系。

8月4日，云南省鲁甸县发生6.5级强震。按照中国红十字会总会的指令，中国红十字蓝天救援队（青岛）16名队员分别乘坐救援车和飞机奔赴灾区；中国红十字蓝天救援队（四川）17名队员携带地震搜救、通讯、医疗等装备，从成都出发奔赴鲁甸地震灾区。云南、浙江、海南等省也派出红十字救援队赴灾区参与抗震救灾。当日，全国红十字会系统共接受社会捐赠款物总计3835.75万元。

8月5—7日，总会举办2014年玉树地震捐赠人回访活动，王海京副会长以及来自青海、宁夏、山西、福建等省、区的捐赠人代表参加活动。

8月5—9日，中国红十字会副会长兼秘书长王汝鹏应邀访问柬埔寨红十字会，出席了柬埔寨红十字会第六次全国会员代表大会，并就中柬红会双边合作计划与柬红会秘书长帕姆·婵蒂尼尔女士进行了工作会谈。访问期间，柬埔寨红十字会会长文拉妮·洪森会见了王汝鹏一行。

8月12—15日，全国人大教科文卫委员会《红十字会法（修改）》工作组赴吉林省进行修法调研。全国人大《红十字会法（修改）》起草工作领导小组成员、中国红十字会副会长兼秘书长王汝鹏等参加调研。

8 月 13—14 日，中国红十字会“博爱家园项目”现场会在湖南召开，常务副会长赵白鸽、副会长王海京出席会议。

8 月 15 日，中国红十字会在北京举行云南鲁甸地震抗震救灾捐赠仪式。三星中国捐款 2000 万元，内蒙古伊泰集团捐款 1000 万元，中国工商银行捐款 500 万元，北京市国有资产经营有限公司捐款 500 万元，中央国家机关工委捐款 100 万元，北京红太阳药业有限公司捐款 100 万元。在捐赠仪式上，慈善家李春平先生现场追加 100 万元，共计捐款 300 万元。全国政协原副主席、中国红十字会名誉副会长李金华代表中国红十字会接受了上述机构和个人的捐赠，并为他们颁发“博爱”奖牌。

8 月 18 日，中国红十字会总会报刊社官方网站——“中红在线”正式改版上线。

8 月 18—22 日，副会长郭长江率团访问朝鲜红十字会。

8 月 20 日，由商务部、中国红十字会共同举办的中非人道合作部长级研讨班在北京举行。中国红十字会常务副会长、红十字会与红新月会国际联合会副主席赵白鸽，红十字会与红新月会国际联合会秘书长哈吉·阿马杜·西，以及来自埃塞俄比亚、肯尼亚、苏丹、坦桑尼亚、乌干达、赞比亚、埃及、马拉维、津巴布韦等 9 个非洲国家红会负责人及政府相关部门官员参加研讨班。

8 月 22 日，红十字会与红新月会国际联合会副会长赵白鸽、秘书长 Elhadj Amaduo G Sy、亚太地区主任 Jagan Chapagain 一行视察上海市红十字备灾救灾中心。

8 月 23 日，常务副会长赵白鸽到无锡市考察红十字会工作。

8 月 24 日，常务副会长赵白鸽视察南京市鼓楼区凤凰社区红十字生命安全体验馆，并与馆内群众亲切交流。

8 月 25 日，红十字会与红新月会国际联合会副主席、中国红十字会常务副会长赵白鸽代表国际联合会出席在南京举办的 2014 年第二届夏季青年奥林匹克运动会。

8 月 26 日，中国红十字会常务副会长赵白鸽应邀出席联合国发展计划署代表联合国驻华机构召集的“中国的国际人道主义援助和中国红十字会的作用”主题会议，并做主题发言。

8 月 28 日，中国红十字会会长华建敏会见红十字国际委员会主席莫雷尔，常务副会长赵白鸽，副会长郭长江、郝林娜等参加会见。

8月29日，由中国外交部、红十字国际委员会举办的纪念《1864年日内瓦公约》及国际红十字与红新月运动150周年研讨会在北京举行。红十字国际委员会主席彼得·莫雷尔，中国红十字会常务副会长、红十字会与红新月会国际联合会副主席赵白鸽，中国外交部副部长王超，瑞士驻华使馆临时代办萨洛梅·梅耶尔出席研讨会并致辞。

9月1日，截至当日，中国红十字会总会共接收鲁甸地震灾区捐款3.7亿多元，其中物资1.7亿、资金2.5亿。

9月2日，为提升中国红十字会的备灾救灾能力，优化备灾救灾体系和战略分布，经中国红十字会人道物流专家评审认证，中国红十字会举行中国红十字备灾库授牌仪式，向辽宁、浙江、湖北、广东、四川、云南、陕西、新疆等8个省、自治区红十字会备灾库授牌。中国红十字会常务副会长赵白鸽，副会长郭长江、郝林娜、王海京，副会长兼秘书长王汝鹏，红十字国际委员会、红十字会与红新月会国际联合会东亚地区合作代表及官员，来自以上8个省、自治区红十字会领导及备灾仓库负责人，总会备灾中心相关负责人和相关专家出席仪式。

9月2日，日前，经中央批准，徐科同志任中国红十字会党组书记，免去赵白鸽同志中国红十字会党组书记职务；提名徐科同志为中国红十字会常务副会长人选，赵白鸽同志不再担任中国红十字会常务副会长职务，按《中国红十字会章程》规定办理。

9月3日，在云南鲁甸地震发生一个月之际，中国红十字会总会在北京召开鲁甸地震救援工作报告会。中国红十字会特别顾问彭珮云，副会长郭长江、郝林娜、王海京、王汝鹏，红十字国际委员会、红十字会与红新月会国际联合会代表，中国红十字会社会监督委员会代表等出席报告会。

9月16—18日，中国红十字基金会2014年彩票公益金项目评估暨定点医院工作会议在山东淄博召开，中国红十字会副会长、中国红十字基金会理事长郭长江出席会议并讲话。

9月22日，鉴于加纳霍乱疫情持续蔓延，中国红十字会向加纳红十字会提供5万美元援助，以帮助该国抗击疫情。

9月24—25日，全国人大教科文卫委员会在北京召开《红十字会法（修改）》征求意见座谈会。全国人大常委会委员、全国人大教科文卫委员会副主任委员、《红十字会法（修改）》起草领导小组副组长王陇德，中国红十字会副会长兼秘书长、《红十字会法（修改）》起草领导小组成员王汝鹏等出席并讲话。

9 月 25 日，“幸福天使红十字救护站”中山陵园站落成揭牌。中国红十字会会长华建敏，副会长、中国红基会理事长郭长江等出席揭牌仪式。

9 月 26 日，中国红十字会在南京召开部分省份工作座谈会。中国红十字会会长华建敏，常务副会长徐科，副会长郭长江、郝林娜、王海京以及 16 个省（自治区、直辖市）红十字会负责人参加会议。

10 月 7 日，云南省普洱市景谷县发生 6.6 级地震，总会立即从广西红十字备灾仓库调运 2000 床棉被、196 顶帐篷支援灾区。

10 月 19—21 日，红十字会与红新月会国际联合会第二届亚太地区青年峰会在北京举行。中国红十字会副会长郭长江、郝林娜，红十字会与红新月会国际联合会、国际红十字会与红新月运动常设委员会、红十字国际委员会、联合国志愿人员组织官员和代表，总会各直属单位和北京市红十字会负责人出席开幕式。

10 月 22 日，中国红十字会会长华建敏在北京会见了前来出席第 9 届红十字会与红新月会国际联合会亚太地区大会的国际联合会副主席弗朗西斯科·卢卡、赵白鸽，秘书长哈吉·阿马杜·阿西，红十字与红新月常设委员会主席格雷格·维克里，红十字国际委员会副主席克里斯蒂娜·伯莉等会议代表。

10 月 22—24 日，第 9 届红十字会与红新月会国际联合会亚太地区大会在北京举行。中国红十字会会长华建敏在开幕式上表示，中国红会将坚定不移地打造公开透明的红十字会，切实保障捐赠人和社会公众的知情权和监督权，守住生命底线和道德底线。

10 月 25 日，东亚五国红十字会领导人会议在北京举行，中国、蒙古、朝鲜、韩国、日本红十字会代表参加会议，会议由红十字会与红新月会国际联合会主办。中国红十字会常务副会长徐科、副会长郝林娜出席会议。

11 月 14—18 日，中国红十字会副会长兼秘书长王汝鹏率团访问斯里兰卡红十字会，并出席国际联合会在科伦坡举行的印度洋海啸 10 周年纪念活动暨 T10 峰会。

12 月 12 日，云南省红十字会纪念建会 100 周年座谈会在昆明隆重召开。

12 月 26 日，中国红十字会第九届理事会第六次会议在京召开。中国红十字会会长华建敏，中国红十字会特别顾问彭珮云出席会议，会议由中国红十字会常务副会长徐科主持。

12 月 26 日， 纪念中国红十字会成立 110 周年座谈会在北京举行，国务委员王勇、中国红十字会会长华建敏出席会议并讲话，中国红十字会特别顾问彭珮云出席座谈会。

后　　记

中国红十字会成立于1904年，历经清朝、中华民国、中华人民共和国三个历史时期，是近代以来历史最为悠久的民间社团。为弘扬红十字人道主义精神，全面反映中国红十字会成立110年的辉煌成就，我们特别推出《中国红十字运动通史（1904—2014）》。

2004年，由孙柏秋主编、笔者主持撰写的《百年红十字》一书出版后，我一直有一个愿望，假以时日，希望能够出版一套多卷本的通史。因为体例所限，《百年红十字》中对很多问题只能是蜻蜓点水、浮光掠影、一笔带过。一晃10多年过去了，现在再重新审视这本书，感觉令人不满意之处甚多：一是占有资料有限，不少问题的探讨尚不够深入；二是研究的广度和深度不够，尤其对地方分会涉及较少；三是对有些问题的看法有失偏颇。换句话说，在此基础上对中国红会史进行一番深入细致的研究，是完全必要的。从2014年开始，我和研究团队就开始了多卷本通史的研究与撰述工作；2018年，在国家出版基金的资助下、在团队成员共同努力之下，这一夙愿总算实现了。

《中国红十字运动通史（1904—2014）》共六卷八册，皇皇数百万言，其中包含了团队成员的几多心血，不难想见。从总的体例上来说，第一卷至第三卷，是按照时间顺序对中国红十字会110年辉煌历史的分阶段的论述；第四卷和第五卷，则是专门针对红十字运动中所特有的“国际性”和“文化性”而展开的专题性论述；第六卷则是中国红十字会110年历史的“大事年表”，属于资料集成的性质。

《中国红十字运动通史（1904—2014）》的第一至第五卷各有专属，第六卷则是集体劳动的结晶，其具体分工如下：

1904—1960年，由池子华编写；

1961—1984年，由薛丽蓉编写；

1985—1992年，由齐现厂编写；

1993—1998年，由王媛媛编写；

1999—2001年6月，由杨红星编写；

2001年7月—2002年，由邵晓芙编写；

2003—2004年，由潘楷红编写；

2005—2006年，由姚惟尔编写；

2007—2008年，由邓通编写；

2009年，由傅亮编写；

2010—2014年，由池子华、邓通编写；

最后由池子华审稿、定稿。

要特别说明的是，苏州市红十字会与苏州大学社会学院曾联合编写了我国第一部专门检索红十字运动历史和重大事件的工具书——《中国红十字历史编年，1904—2004》（池子华、郝如一主编）。随后又推出了续编《中国红十字历史编年，2005—2009》（池子华、张丽萍、汪丽萍主编）和《中国红十字历史编年，1910—2014》（池子华、邓通主编）。《中国红十字运动通史（1904—2014）》第六卷吸收了相关内容而又多有损益，尤其是1949年之前新增大量内容，并适当呈现地方分会的活动风貌，毕竟这一时期有关地方分会的资料较少，有些资料弥足珍贵。但因篇幅所限，1950年后地方红会的内容较多，不可能过多涉及，因此有很多重要信息忍痛割爱做了删除或“瘦身”，有些遗憾。至于第六卷中的遗漏或错误之处，也在所难免，敬请读者批评指正。

笔者从1999年开始从事红十字运动的研究，倏忽已20年矣！在笔者从事红十字运动研究的过程中，难忘卫生部原部长、中国红十字会原会长钱信忠，全国人大常委会原副委员长、中国红十字会原会长彭珮云、华建敏，全国人大常委会副委员长、中国红十字会会长陈竺等领导同志的理解、关心与厚爱，得到了红十字国际委员会东亚地区代表处、红十字会与红新月会国际联合会东亚地区代表处、中国红十字会总会、中国红十字基金会、江苏省教育厅、江苏省红十字会、苏州市红十字会、苏州大学、苏州大学社会学院、合肥工业大学出版社及学界师友的鼎力支持，得到了红十字运动研究中心全体同仁的协助，谨此鸣谢！

池子华

2018年9月